U1014726

图书在版编目（CIP）数据

中国文物大典. 第1卷/王然主编. —北京：中国大百科全书出版社，2001. 1（2008. 1重印）

ISBN 978-7-5000-6417-6

I. 中… II. 王… III. 出土文物—中国—图录 IV.K873

中国版本图书馆CIP数据核字（2000）第078976号

中国文物大典

中国大百科全书出版社出版发行

地址：北京阜成门北大街17号 邮政编码：100037 电话：010－88390732

http: //www.ecph.com.cn

新华书店经销

北京地大彩印厂印刷

开本：889×1194 1/16 印张：47.5 字数：1330千字

2001年1月 第1版 2008年1月 第2次印刷

ISBN 978-7-5000-6417-6

定价：288.00元

编委会名单

主　编： 王　然

副主编： 孙华、蒋迎春

编　委(按姓氏笔画顺序排列)：

王　然	牛克诚	古　方	从德新
权奎山	朱岩石	齐东方	孙　华
李水城	李宗山	余　辉	俞永炳
晋宏逵	徐良高	唐际根	蒋迎春

本书分类主编：

铜器：孙　华

陶器：李水城

石器：李宗山

玉器：古　方

摄影： 祁庆国、薛玉尧、吕文渊

序

汉语中的“文物”一辞，古今涵义有很大差别。在现存古文献中，《左传·桓公二年》最早使用了此辞。此年宋国的华父督弑其君宋殇公，于郑国迎立宋庄公，为取得邻国的容忍，对鲁、齐、陈、郑诸国皆施贿赂。鲁桓公接受了所贿赂的“郜大鼎”，并纳于太庙。鲁大夫臧哀伯以为此事非礼，遂以西周以来不同身份的人物，其宫室、车辆、饮食、衣冠、服色、用玉、马饰、旗帜的使用制度皆有一定规格的传统相谏，并晓以利害曰：

“夫德，俭而有度，登降有数，文物以纪之，声明以发之，以临照百官；百官于是乎戒惧而不敢易纪律。”

在这段记述中，所谓“文物”主要指礼乐制度，所以中华书局1947年初版的《辞海》就是作这种解释。可见“文物”一辞的本义是指一些文化现象，而不是指古器物或其他文化物品而言。后来，“文物”一辞的涵义虽有扩大，但也只是指文化现象的总貌。

到了当代，“文物”一辞的涵义则逐渐转变为指文化遗物而言。1935年北平市政府编辑的《旧都文物略》一书，则把反映明、清故都若干文化现象的古建筑都称之为文物。中华人民共和国建立后，各级政府发布的文件，就把“文物”的概念规定为一切历史文化的物质遗存，包括可移动的历史文化遗存，如古器物、古钱币、古雕塑、古碑刻、古地图、古书画、古碑帖拓本、古写本、古印本等，以及不可移动的历史文化遗存，如古遗址、古墓葬（群）、古建筑、古摩崖石刻、近现代纪念性历史活动旧址及建筑物等。1950年创办的《文物参考资料》，即后来改名为《文物》的月刊，英译名就是根据上述概念而确定的“Cultural Relics”，即文化遗物。

“文物”一辞当被赋予这种涵义后，其内涵就远为扩大。一切考古学遗存都可归入“文物”的范畴；一切传世古物也在这个范畴中；近现代的若干历史遗物，甚至是当代的一些艺术品和纪念性物品，也可作为“文物”来看待；各族群能反映其生产、生活、信仰、社会结构特点的各种物品，则是一种对许多学科（特别是人类学）的建设有着重要意义的民族民俗文物。按此概念，如果极而言之，似乎一切人工制品，甚至是与人类活动有关的东西，都可以算作“文物”。但在实际工作中，当然不能这样来对待。因此，作为“文物”，又被赋予必须具备的第二重涵义，即具有相当的历史、科学、艺术价值。

这三大价值，当然是就“文物”的整体而言。其中，历史的价值是最基本的，任何一件“文物”都会具有不同程度的历史价值。特别是对于“古代文物”来说，其历史价值具有普遍的性质。正是出于这种认识，在世界范围内，一般地讲，凡属近现代以前的物品，都被认为是“文物”。

“文物”既是历史文化的遗物，对其界定自然又存在一个所属时代的下限问题。如果从“文物”的根本概念出发，只要具有相当的历史、科学、艺术或重要纪念意义的价值，就可以包括许多今天的物品。但要确定当代物品的“文物”与“非文物”的准确界限，真是太困难了，于是在实际工作中，对于这些物品，一般是要等到以后再作判定。这当然会对“当代文物”的收集和保存有所损失，但这是一种难以逃脱的历史的无奈。国际上的许多历史文化性质的博物馆（专门的美术馆不在其内），对于当代艺术家的作品，也往往是要等到艺术家死后，即“盖棺定论”之后才正式收藏其作品。正是因为这个道理，本书内容的时代下限，就到推翻最末一个封建王朝的辛亥革命，即1911年为止。把“古代”的时间下限定在此时，也正是当今许多书刊中常见的一种做法。

在中国，古代文物受到普遍重视，始于北宋中期。此时，一些文人学士发现了古代铜器和石刻的历史价值，于是就搜集资料，编著成书，印刷流传，金石学开始诞生，其目的是为了证经补史。

金石学的研究是从商周的青铜礼器和汉代的石刻文字开始的，后来又慢慢扩大到其他许多方面。至清代乾、嘉以后，金石学更为发达，其传统一直延续到民国时期，甚至当今。近千年的金石学研究，保存了大量古文物资料，揭示出了许多古文物能说明的历史内容，今天已获得的大量古文物的研究成果中，就包含着许多金石学的贡献。

欧洲在中世纪时也出现了搜集古物的行为。文艺复兴后，由于出现了推翻中世纪制度的强烈的社会需要，对于古代文物的研究，也就走了一条与同时期中国不一样的道路。

古希腊、古罗马的许多雕刻和神庙、斗兽场等建筑遗迹，本来一直残存在地面，却长期未被重视。从15世纪后期起，人们在观察了古罗马的雕刻后，好像突然发现了一个远远优于当代的新世界，出现了收藏罗马古物的热潮。随后又发观了古希腊的雕刻，人们更为惊讶，至18世纪时，又出现了收藏希腊古物的热潮。欧洲从重新发现古典时代的最优秀的雕刻品开始，进而研究古典时代的其他文化，就以古典时代所存在的民主制为事实和理论根据，逐渐建立起一整套政治的、法律的、经济的、文化的新理论，推翻了欧洲的封建制度。正是在这种文化背景下，欧洲便出现了美术考古这个新学科，同时也逐渐形成了古物学。至18世纪时，丹麦等国又注意收藏北欧古物，古物学在北欧也就形成了一个很发达的传统，一些学者为了探寻古物的年代和族属，就对古物（主要是工具、武器、装饰品等）的质地、形态和纹饰通过分类方法而研究其变化过程，在19世纪前期学者们便发现了人类的生产能力曾经历了石器、青铜器、铁器三个时代，至本世纪初更形成了一整套研究古物形态变化过程的方法，即考古类型学。美术考古学的出现和发展以及古物学的逐渐成熟，就从两个方面为近代考古学的诞生奠定了坚实的基础。

与此同时，英国的一些古物学家则注意了在英国保存较多的、现在则因地理调查的发现而受到重视的地面上的巨石遗迹。这意味着英国的古物、古迹研究较早地就和地理学相结合。至19世纪上半叶，法国学者在法国北部的阿布维利等地发现了旧石器时代遗存，到1859年，英国的地质学和考古学者联手投入研究，确定了旧石器时代的存在，使近代考古学的出现发生了转折性的变化。

正是因为美术考古学、古物学和地质学三者的结合，至19世纪中期，近代考古学在欧洲终于形成了。这个学科，至20世纪初期，以考古地层学、考古类型学、考古学文化论为其基本研究方法的理论框架已经形成，并逐步在两河流域、埃及、小亚细亚、欧洲乃至印度、中南美和日本等地建立起考古学文化的系列。古代文物的研究当被纳入考古学研究的轨道后，说明的内容已不仅是古文物本身，而是在探索各地区历史文化的总体前进过程。

近代考古学自20世纪20年代传入中国后，古代文物的研究则逐渐从金石学的范畴转入考古学的轨道，但金石学的研究仍继续存在，两个方面都在进行古代文物的研究；不过，金石学的队伍在逐渐缩小，并日益受到考古学方法的影响。未来的前景大概将是二者的差别逐渐消失。

金石学和考古学在研究古代文物上的差别，表现在研究的目的性以及研究的对象、内容、方法等许多方面。

就研究的目的性而言，金石学从一开始就是为了证经补史。后来，随着史学的进步和考古学的影响，修正古史的已有认识或提出新认识的愿望比从前强烈起来，但主要还是在考订史实。正因这种局限性，金石学研究就很少关心史学理论的进步或变化。

考古学的目的，直到二次世界大战前，主要是为了“重建”（Reconstruction）已经消逝的生活。这个目标是英国考古学家F.彼特里提出来的，这个“重建”，按照英文的原义，含有复建之义，所以这个目标实际是要求考古学家按照发掘出来的遗存现象，恢复古代遗址及当时人们生活情况的具体面貌；至于历史文化发生变化的因果关系甚至其进步规律，则彼不要求去追索。当F.彼特里提出这个目标时，欧洲的史学思潮正笼罩在兰克学派的影响之下，考订清楚历史事实，是史学研究最重要的目标，其时欧洲的史学思潮和考古学思潮正是一致的。

至20世纪60年代以后，西方的考古学在新人类学中文化生态学的影响下，注意生态环境对人类文化面貌的深刻作用，并进一步把人类学的目标引入考古学，要求考古学应通过考古学遗存来研究其文化过程，甚至进而探索其文化进步的法则。至80年代中期以后，又特别注意探索在文化进步过程中古人的主观能动性的作用。此时，法国的论坛史学已成为西方史学思潮的主流派，这个学派主张对历史要作整体性的、长时段的研究，认为只有这样，才能看清楚历史的真相。同时在西方的考古学中，重新认识考古学与人类学或历史学的一体性，强调人类的客观环境和自身的主观因素都对文化的变化具有重大作用，进一步加强与地学及生物学的合作研究，开辟了利用遗存基因来研究人类起源和古今族群的关系的新途径等等意见和新情况，也正纷纷出现。重视整体性和长时段研究的趋向，亦已开始有所显露。

中国的考古学研究经过70多年的努力，已经大致建立起考古学文化的发展谱系，并开始了中国古史发展过程自身特点的探索。出于这种目的，对众多古代文物的研究，都是为建设古史新体系大厦奠定基石或添砖加瓦。

就研究对象而言，金石学从古代铜器和石刻文字开始后，又逐渐扩大到古钱币、古玺印、古封泥、古陶文、古代度量衡等方面，但总体来说，不外乎古器物和古代文字及铭文、碑文、志铭、摩崖题刻等内容。

考古学的研究对象，包括了一切古代的人工制品，不仅是古器物及各种铭文、题刻，各种居址中的所有建筑遗迹、矿冶作坊、瓷窑作坊、墓地中的墓葬整体和陵园或茔地内的地上建筑物遗迹等等，都在其内。此外，为了解古人的生活和生产情况，还要研究农作物种子、动物遗骸，甚至是土壤、岩石、各种植物的孢粉，以了解其自然环境。为了探索古人的族群情况，则还要研究其人体遗骸和遗存基因。这就是说，若干自然物品尽管不宜算作文物，但为理解共存的其他文物，也要研究某些自然物品。总之，考古学的研究对象要远远多于金石学。

在研究内容方面，金石学主要是对各种古器物（含古钱币）和文字题刻（含书写材料），分门别类地研究其使用情况及使用制度，或亦寻找其变化过程。对于文字材料的研究，则可揭示或订正某些历史活动。这对了解古代的历史文化当然有一定价值，但仅仅是某项研究并不能说明某一古文化的总面貌，而且金石学也并不要求探索古文化的整体情况。

考古学的研究内容按研究者的认识过程来说，是通过各种遗存的具体研究，综合出某一考古学文化的总体面貌，然后进而研究这一考古学文化的变化过程以及与其他考古学文化的相互关系。如果说，金石学是把某件或某种古器物作为其研究单位，考古学就是把某一遗址或某一考古学文化作为其研究单位；换言之，对考古学文化总体面貌的研究是考古学研究的主要内容。

这种总体面貌，最初主要是从其遗存的外部形态出发，概括出若干特征，寻找本文化的变化过程，然后通过与其他文化的比较，探索某些族群的兴衰、迁徙，对于这些文化的结构，则主要是探索其物质生产能力。但现在已认识到对任何考古学文化的了解，应该从物质的（即技术的）、精神的（即信仰等意识形态）和社会的（即人们的相互关系及其社会的组织形态）三个方面来探索其文化结构。

其中，物质技术的了解可以通过各种人工制品生产技术的分析而得到；意识形态则可以通过祭祀遗址、祭祀用品、埋葬制度、聚落形态、艺术品题材等方面来进行研究；社会形态又能通过比较同时期不同遗址的分布地点及其在规模和内涵（包括遗址内不同性质的区域存在情况的异同）上的差别，分析墓地内不同墓葬的墓位排列情况和推定墓葬的等级差别来进行探索。

考古学对古文化的研究既已深入到这个程度，古代文物如系发掘的，只要放在这种研究背景中，也就能够对这三个方面提供重要信息。

在研究方法上，金石学还主要是从所研究的古器物和文字材料的自身出发，联系历史文献记载作单位式的研究。考古学则是从出土时成组的共存物品以及遗址或墓葬内的出土位置出发，所得信息就比观察单位材料要远为丰富。例如两周时期的成组玉佩，如果孤零零地审视一件件佩玉，不仅不会知道玉佩的成组形态，每一单件佩玉的使用方法也将说不清楚。

对古代文物的研究，又势必牵涉到其制法、产地、原料的来源、交换的范围乃至其途径等方面，而这又必须把工艺学、金相学、矿物学、微量元素分析等等科学技术和考古学研究结合起来，才能得到一定的认识。考古学对古文物的研究，正在日益把多种科学技术使用起来，其研究方法要比金石学远为多样，所得成果自然也远为深入。

考古学和金石学都对古代文物进行研究，但是金石学本质上是一种中世纪的研究方法，在考古学及其他当代人文科学的影响下，目前仍在进行的金石学式的古文物研究，其观察的角度、相关学科的应用程度，都发生了一定变化，但古代文物在应用考古学方法的研究之后，它本身所具有的价值和内涵的信息量才得到最大限度的发现和展示。我们看到的这部工具书，就是将现代考古学方法论运用到工具书中的一次很好的尝试。从体例、框架到正文表述，不难看出作者对考古学方法论的理解和运用。这些作者大都为中国社会科学院考古研究所、北京大学、故宫博物院、中国国家博物馆、中国艺术研究院及地方文物考古研究单位的专家，长期从事考古发掘和研究，并颇有建树，故本书对大量古代文物的介绍、阐述和研究成果的归纳，正是建立在考古学研究的基础上的。除借鉴和吸收金石学研究方法及成果外，更注意分析所介绍的文物的时空位置，着重表现文物本身所体现出的文化意义，揭示器物本身变化的深层次原因和发展脉络，从而通过对历代各种文物风格演变的分析与研究．道出中国传统文化的精神和物质内涵。这就是这部书有别于当前一些文物类辞书的一大特点。换句话说，一种是经验的直白，另一种则是科学的判别。

最近这些年来，各类辞书出版之盛，可称大有时代特点。这大概一则是由于近半个世纪来各门学科迅速发展，并且出现了许多新学科，知识接连作爆炸式的扩充，人们自然需要各种专业内容的辞书；二则似乎是因为商业利润的追求，刺激着各种辞书的快速编纂和及时出版。后一种力量还非常巨大，导致读者们在书店的辞书架下，大发望洋兴叹的牢骚，图书馆也为如何选定开架辞书而大伤脑筋。

但是我知道，这部辞书的编纂经历了8年的时间，许多部分曾多次返工，最多修改了8次。期间，有些人无法忍受这漫长的等待，有些人难以理解编委会的“叫真”，离开了编写组，但编委会的中坚一直坚持着，始终如一，直到今天这部书的诞生。我且不论这部辞书的水平，读者自有评说，就说这种兢兢业业、甘于寂寞的韧性，精益求精的严谨态度，在名利影响下产生的浮躁心态充斥社会各个角落的今天，实在已不多见。我为此书作序，不仅是向读者推荐这部书，更重要的是向大家推荐一种严谨负责的做人与治学的态度。

著名历史学家、考古学家 俞伟超
写于北京小石桥寓所

前 言

中华民族在人类历史的长河中创造了光辉灿烂的古代文明，并与尼罗河流域、两河流域、印度河流域、爱琴海等地的先民们首先奏响了人类文明的乐章，不同的是这些地区在一度兴盛之后，由于种种原因，文化中断，辉煌的文明从此衰落沉寂，唯独中华文明数千年来虽历经坎坷却连绵不绝，成为人类文明史上最完整的一脉文化体，为人类文化宝库留下了丰厚的遗产。

文物作为人类旅途中的路标，给后人留下了了解人类过去的大量信息，通过它人们可以感受到人类的发展脉搏。20世纪20年代中国诞生了近代田野考古学，至今已形成了自己独特的学科体系，取得了很大成绩，特别是中华人民共和国成立以来，重大文物考古发现层出不穷，许多文物的发现常常给人们带来意想不到的惊叹，文物早已冲破了神话传说和文献记载的局限，使历史的本来面目逐渐清晰起来，考古的重大发现向依靠文献的传统史学发起了挑战。编写历史离不开文献，但单纯依靠文献的历史是片面的，而且是远远不够的，它还需要充实。文物具有这样一种特质，它表述的是一种客观生活情趣，一种工艺水平，一种审美理念，一种价值取向，这些真实的流露是神话传说和文献无法替代的，文物正在从不同的角度诉说着中国文明的发展历史，这就是文物的价值和魅力所在。因此编纂一部系统而科学的中国文物大型工具书已成为时代的要求，丰富而翔实的文物资料、考古研究成果以及科学的方法论为这项工作提供了良好的前提和可能。本书试图将考古学的方法论运用到工具书中，通过体例、框架的编排、设置，充分体现文物的时空概念，通过正文的表述，揭示出文物本身所特有的深层次的文化内涵，道出中华文明的漫漫历程。学科的理论性与工具书的实用性的有机结合是本书的追求，我们确信，它做到了。

8年的编写，我们与文物朝夕相处，每一次的触摸，每一次的凝视，都为我们增添了几分激动和感叹，我们常常感叹文物的斑驳陆离、绚烂多彩，以及由此折射出的我们祖先的聪明才智及中华文明的博大精深。但现实中时常发生着的文物惨遭破坏的事件也时时敲打着我们的心灵，使我们痛心疾首。从出土还不足两个月的文物就会登上伦敦、香港的拍卖行这一事实，可以想象文物流失的数量和速度，令人奇怪的是文物的每一次劫难几乎都没有引起社会的震撼，上至高官，下至百姓，人们到底把文物当成了什么？是高谈阔论“悠久历史”时才提及的一个标签，还是一个可有可无的道具？只是因为它远离生活、远离社会就对它漫不经心吗？不是，因为我们远远没有认识到它对于我们民族过去、将来的意义。如果我们到发达国家，哪怕是到印度、埃及看看他们对待自己文物的态度，就会明白我们与人家的差距远远不只是物质上的。一位以色列的历史学家说过：“文物是历史文化中唯一具有灵性的实在，它已注入了一个文化的血脉之中，任何一个民族都应倍加珍惜……对于破坏民族文物的行为，我们都视为对我们民族尊严的羞辱！”我们肯定在意别人对我们民族的羞辱，但我们在意我们自己羞辱自己吗！这是一个多么可怕的现实啊，它深深地刺痛着我们。于是编写这部工具书又有了另外一个意义，就是要唤起人们热爱文物的热情和保护文物的责任。一个不珍视自己历史、文化的民族是没有希望的民族，无视自己的历史、无视自己的文化，就无以面对现代和未来!

这部书经过8年的努力即将付梓，但我们却丝毫没有如释重负的感觉，相反，面对众多的老师、学长、同行及广大读者，犹如接受一次严格的考试，尚显稚嫩的学术功底使我们忐忑不安，希望学界前辈、同行和广大读者多提宝贵意见。

这部书的完成历经8年，多少个日日夜夜，每位作者、摄影者、绘图者为此付出了艰苦的劳动，没有他们的努力，一切难以想象；在这里我们也不能忘记那些做出牺牲的作者家属，特别是蒋迎春的妻子董晓娟女士，她实际上就是该书的义务参与者，稿件的录入、目录的排列、照片的粘贴都离不开她的双手，对于像她这样付出牺牲的家属们我们心存歉意和感激；在学术方面我们有幸得到了俞伟超先生、李伯谦先生热情的支持、指导和教诲，他们的博学与经验，使我们受益良多，避免了不少弯路，而且俞先生还亲自为此书作序，我们深信他们的教诲和支持如同在大学时的教导一样使我们终身受益；此书的出版更离不开出版社的工作，从中国大百科全书出版社原社长单基夫、原副总编王德有、社长龚莉，编辑室主任常汝先、杨小凯、赵淼到责任编辑王铁柱、陈生铮，图片编辑王静祥，不知付出了多少辛勤的汗水，特别是原社长单基夫同志，在我们遇到困难时，是他的理解、宽容和不懈的支持使我们渡过了一道道难关。为了本社精品书的出版，单基夫同志呕心沥血、不辞劬劳，亲自过问《中国文物大典》出版过程中的每一个细节……这正是一个出版家的工作态度及对待事业的献身精神。8年的工作接触，使我们与出版社的同志结下了深厚的友谊，对于他们，我们满怀感激和敬意！需要感谢的人实在太多，由于篇幅有限，恕我们不一一列举，但请相信，对于众人的无私帮助我们已铭记在心，在这里一并致以衷心的感谢!

《中国文物大典》编委会

凡 例

一、编 排

1.本书按文物类别编排，包括铜器、陶器、石器、玉器、瓷器、金银器、玻璃器、绘画、书法等多种门类。

2.以文物某一发展阶段为单元设置5级条目，每个上下级条目之间都可以构成一个相对独立的单元，以此表示各类文物自身发展的内在关系及演变过程。如以陶器为例：

新石器时代陶器

长江下游地区新石器时代陶器

河姆渡文化陶器

河姆渡文化陶釜

……釜

不同地区、不同文化、不同器类的条目顺序依其出现的早晚排列，时间一致时则依重要性排列，同一器类的典型文物条目依时间顺序排列。典型单位文物根据所属关系，置于其所属时代、地区、文化条目单元的后面依时间顺序排列。

3.在分类条目目录中有些低级条目隶属关系不明，为使脉络清晰，在其上以方括号的形式设立虚设条目表明隶属关系。

二、条目设置

1. 凡同一名称的文物的命名，视其具体情况，或冠以所属朝代、所属考古学区域文化，或冠以出土地点、形制特点。

2. 选目以考古出土文物、地上文物为主，酌收有代表性的传世品。

3. 条目上方加注汉语拼音。

三、释 文

1. 释义使用规范化现代汉语。条目释文一般不重复条目标题。

2. 较长的条目设置释文内标题。

3. 有个别条目在两类或在更多类出现，其释文安排在靠前的类别里，其他类只设参见条，没有释文。

4. 出土文物一般注明出土时间、出土地点、所属年代、发掘单位及厘米尺寸。

5. 历史时代的表述除极个别外统一用旧石器时代、新石器时代、夏、商、西周、春秋、战国、秦、西汉、东汉、三国、西晋、东晋、南北朝、隋、唐、五代、北宋、南宋(两宋包括辽、西夏、金)、元、明、清；分期表述统一用早、中、 晚或一期、二期、三期等。

四、插　　图

第5级条目，除典型单位外，基本一条一图，插图随文，其下注明文物名称。

五、参考书目

在重要条目的释文后附有参考书目。

六、其　　他

1. 本书所收文物时间以1911年清王朝灭亡为下限。

2. 所有科学技术名词以各学科有关部门审定的为准，未经审定和尚未统一的，从习惯。地名以中国地名委员会审定的为准。

3. 本书字体除必须用繁体字的以外，一律用《简化字总表》所列的简化字。

4. 本书所有数字，除习惯用汉字表示的以外，一般用阿拉伯数字。

第一卷总目录

铜 器

铜 器 目 录

目录

铜器

Xinshiqi Shidai Moqi tongqi

新石器时代末期铜器

（距今4500年～4000年）

中国新石器时代末期（或称中国铜石并用时代）的以铜为主要材质的器具。这一时期在中国考古学文化年代序列中大致相当于龙山时代，铜器的出土已不是个别现象，出土地点几乎遍布整个黄河流域，是中国铜器发展史上的初始阶段和探索阶段，也是由新石器时代向青铜时代过渡的时代。

● **技术背景** 在世界冶金技术发展史上，以铜器出现的时间为最早。这主要有两方面的原因：一是自然界中有一定数量的自然铜存在。铜矿石（孔雀石）又具有绚丽的色彩，新石器时代的人们在寻找石料的过程中，有可能发现天然的铜料或铜矿石；二是铜的熔点比铁低。新石器时代陶窑烧造陶器所能达到的温度，以及烧制灰陶和黑陶所掌握的控制窑内燃烧气氛的技术，为铜的冶炼提供了前提条件。铜器早在龙山时代以前的仰韶时代就已出现。已知仰韶时代铜器共3件。最早的一件是陕西临潼县姜寨遗址出土的约距今6600年的仰韶文化早期半坡类型残铜片，呈半圆形；经检测，其含铜65%、锌25%，另有少量的锡、铅、硫、铁等，系为含杂质较多的黄铜。另一件是辽宁建平县红山文化牛河梁遗址Ⅱ地点4号冢1号墓中出土的红铜环，年代约距今5900年～4500年。还有一件是甘肃东乡县林家马家窑文化遗址出土的铜刀，以青铜铸成，保存较好，形制为拱背、垂首、短柄，年代距今5200年～4000年（见林家弧背青铜刀）。此外，在山东泰安市大汶口文化墓葬中还发现有可能为仰韶时代的带有铜器加工痕迹的器物。这些铜器和与铜器有关的遗迹、遗物散布在东北、西北、广义的中原和山东地区，材质既有红铜和青铜，还有很晚才出现的黄铜。这些发现表明龙山时代的铜器冶铸工艺可能萌生于仰韶时代的中国本土，发源于黄河流域及辽西等不同的地区和不同的文化中。不过，仰韶时代铜器的数量毕竟很少，材质又很杂，有的铜器出土地层的可靠性尚被一些审慎的学者所怀疑。中国铜器即使在仰韶时代就已发明，那也只是偶然和个别的现象。铜器真正成为技术和生产力进步的标志，致使中国古代社会由石器时代开始向铜器时代转变，是从龙山时代开始的。

● **分布状况** 龙山时代铜器比仰韶时代明显增多，出土铜器的遗址已达10余处。其中位置最西的是黄河上游的甘肃永登县蒋家坪马家窑文化残铜刀，最东的是位于渤海之中的山东长岛县北长山岛店子龙山文化铜片，其他还有内蒙古伊金霍洛旗朱开沟遗址铜锥、准格尔旗二里半遗址铜环，山西襄汾县陶寺遗址铜铃形器，河南郑州市董砦方铜片、登封县王城岗铜容器残片，山东胶县三里河铜锥、栖霞县杨家圈残铜锥、诸城县呈子铜片和安徽含山县大城墩铜刀。此外，在河南郑州市牛砦、淮阳县平粮台、临汝

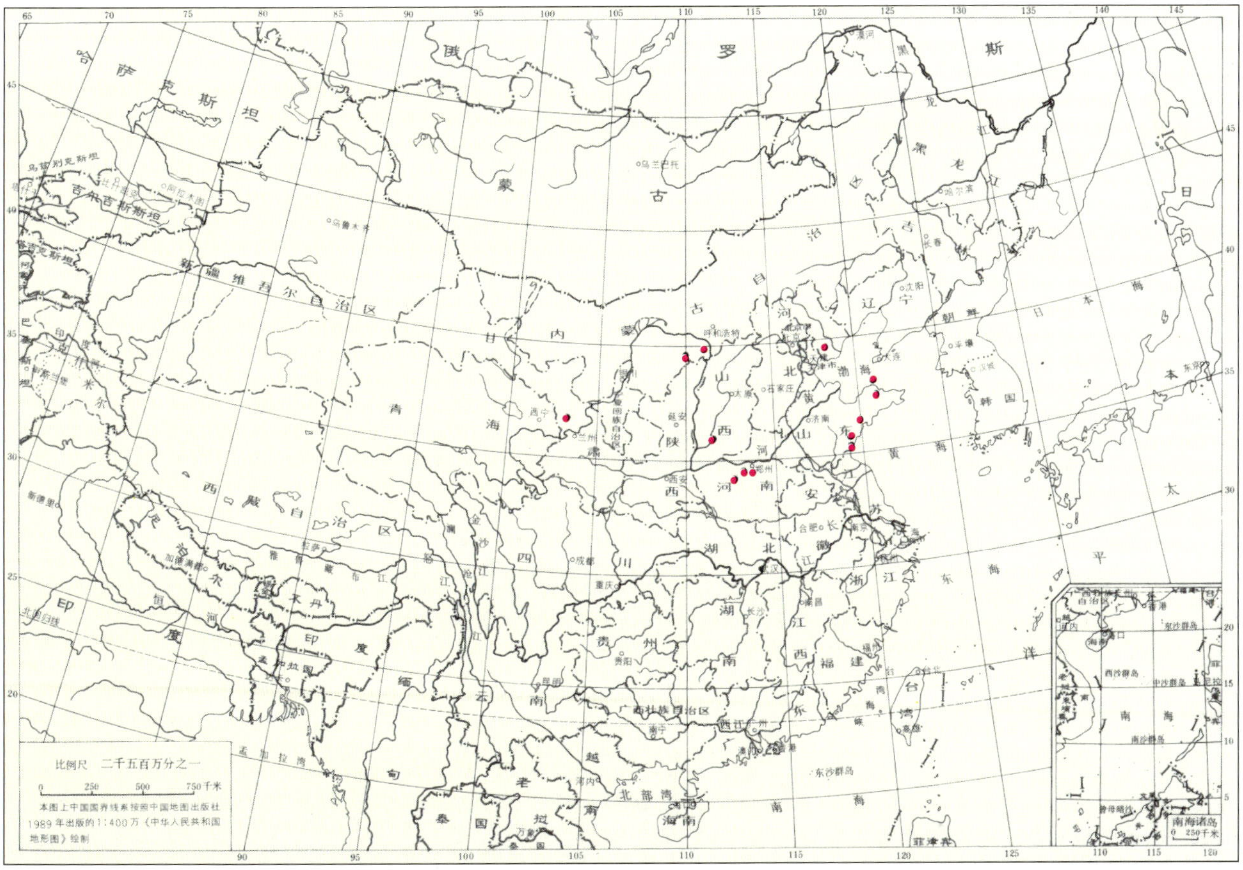

新石器时代末期铜器出土地点示意图

县煤山，山东栖霞县杨家圈、日照市尧王城等龙山时代遗址或城址中还发现有炼铜炉或炼铜渣等遗存。这些铜器及炼铜遗存基本上都散布在黄河流域和山东沿海地区，分属于马家窑文化马家窑类型、客省庄文化（或称陕西龙山文化）、陶寺文化（或称陶寺类型）、王湾文化（或称河南龙山文化）、龙山文化等。这些发现和分布状况说明：这时黄河流域使用铜器的现象已较为普遍，不少地区和文化区的人们已经掌握冶铜技术，铜器在龙山时代已是一项具有显著特征的重要技术成就。夏代是黄河流域中下游地区首先出现的强大的早期王朝，铜器冶铸技术的发展应是其形成的重要原因之一。

● **时代风格** 除王城岗铜片可能是容器残片外，其余都为小件器具。铜器质料多样，红铜、青铜、黄铜皆有，而以红铜质的为最多。红铜在自然界有天然状态的存在，是人类最早利用的金属。陶寺铃形器、杨家圈残铜锥及呈子和店子的铜片均为红铜制作。青铜是铜和锡、铅的合金，具有熔点低、硬度高、工艺性能好等优点，它在仰韶文化时代出现，经过龙山时代的发展，逐渐成为铜器的基本质料。蒋家坪残铜刀、董砦和王城岗铜片都已是青铜制品。黄铜是铜和锌的合金，冶炼比较困难，一般认为黄铜出现的时代较晚。三里河黄铜锥应当与仰韶时代的姜寨黄铜片一样，是由于这些地区有较多的铜锌或铜锌铅共生矿这一自然条件带来的偶然结果，不是有意识炼铸的黄铜产品。

龙山时代铜器的制造方法有锻打和铸造两种，前一种制法主要用于红铜器，后一种制法则青铜器和红铜器均采用。铸造铜器使用范铸法，实心器用单面范，空腔器已使用带内范的双合范。此外，王城岗铜容器片如果确是鬶或斝的残片的话，此时还可能采用3块外范加1块内范的三合范。三合范是夏代以后中原地区铸造圆形铜容器的主要造型工艺，其技术要求更高。

● **技术成就** 新石器时代末期，中国有着不同于世界其他地区铜石并用时代的独特特征，不仅较多地使用红铜器，同时也使用少量青铜器。铜器冶铸在黄河流域比较普及，已经出现青铜器行将取代红铜器、范铸法取代锻打法的趋势，多合范铸制铜容器的技术已经产生。然而，铜器质料和制法的多样与铜器种类和形态的单调，反映出铜器制造业尚处于初期阶段。铜器的使用还不很普遍，许多应当使用铜器的领域仍在使用石器；铜器制造工艺还比较原始，锻打法仍占有相当大的比例，铸造法刚刚起步，红铜器还占多数，青铜器的合金比例远未成熟，许多技术正在探索之中。值得注意的是，新石器时代末期的青铜器目前主要发现于黄河中游地区，仅有的两件空腔铜器——陶寺铃形器和王城岗容器残片便发现于中原地区。夏代以后中原地区铜器制造业超越其他地区，这在新石器时代末期就已显露端倪。

● **研究状况** 新石器时代末期铜器在中国通常也被称作早期铜器。由于牵涉到以生产工具为标准的中国古代社会分期、中国冶铜工艺的起源和传播、中国青铜文化的出现和发展等一系列重要问题，因而这一时期铜器引起历史学、考古学、科技史等学科学者们的极大关注。北京钢铁学院（今北京科技大学）冶金史组首先系统检测并研究了一批早期铜器，认为中国新石器时代向青铜时代转折阶段具有红铜、锡青铜、铅青铜并用的特点。不少学者进而论述铜器特别是青铜器在中国古代文明形成过程中的地位和作用问题。一些学者还对中国早期铜器全部分布于黄河流域的原因、中原地区和甘青地区这两个早期铜器分布区是各自独立起源还是只有一个源头、早期铜器的技术水平和工艺成就等问题加以探讨。尽管还有部分学者对龙山文化时代以前的一些早期青铜器持怀疑态度，但越来越多的材料和研究成果已经向人们展示，中国青铜器的出现无疑应在龙山时代或稍前，中国的冶铜技术本来就是源远流长的。

参考书目

北京钢铁学院冶金史组：《中国早期铜器的初步研究》，《考古学报》1981年3期。

安志敏：《中国早期铜器的几个问题》，《考古学报》1987年3期。

严文明：《论中国的铜石并用时代》，《史前研究》1984年1期。

（孙 华）

Linjia hubei qingtongdao

林家弧背青铜刀

新石器时代晚期马家窑文化马家窑类型的青铜工具。年代距今5200年～4000年。是中国已知年代最早、保存最完整的青铜器。1977年由甘肃省博物馆在东乡县林家马家窑文化遗址20号房址中清理出土。现藏于甘肃省博物馆。

林家弧背青铜刀

全长12.5厘米。锡青铜双面范浇铸而成。弧背，垂首，短柄，前端和下端开刃。刃部前端有使用痕迹，柄端有装木柄的迹象。其形态虽古拙原始，但已具夏、商时代广为流行的刀、削的雏形。由于其材质及形态已比较进步，有的学者对其年代表示怀疑。但多数学者认为，它出土层位明确，年代勿庸置疑。林家遗址中还发现有同时期的冶铜残渣，可知它应是在当地铸制的。

（孙 华）

Taosi lingxing tongqi

陶寺铃形铜器

新石器时代晚期陶寺文化晚期的铜制品。器形似铃，用途不明。是中国已知年代最早的合范铸造的铜器。1983年由中国社会科学院考古研究所等单位在山西襄汾县陶寺遗址3296号墓中发掘出土。现藏于中国社会科学院考古研究所。

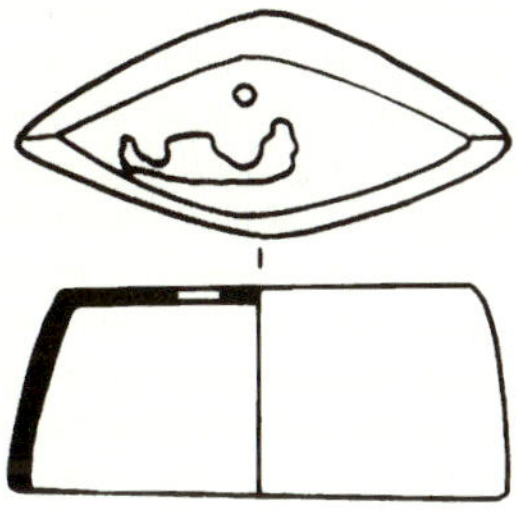

陶寺铃形铜器

出土时放置于墓主人一中年男性的大腿根部之间，器表有布纹痕迹，估计原曾用丝麻织物包裹。口长6.3厘米、宽2.7厘米、通高2.65厘米。平面呈梭形，立面如梯形。器形中空，断面呈菱形，上小下大，平顶敞口。顶上本应铸相对的二圆孔，因纯铜的流动性差及浇铸工艺的缺陷，一孔已与铸件冷却收缩时形成的孔洞连成一片。经化学定量分析，含铜97.88%、含铅1.54%、含锌0.16%，属含杂质的红铜。其形态与遗址中出土的陶制铃形器相同，应当是使用比较普通的器物。用铜制作这样的器物，需要掌握铸造铜容器的整套技术，表明龙山时代晚期已出现了铜容器。（孙 华）

Xiadai tongqi

夏代铜器

（约公元前21世纪～公元前16世纪）

夏王朝统治时期中国各地区、各文化以铜为主要材料制作的器具。对于哪些铜器属于夏代铜器，学术界尚存分歧。在目前研究状况下，将二里头文化作为夏王朝统治前后夏人的文化遗存，应当是一种可能性较大的推测。夏代是中国铜器发展史上由初始期向兴起期的转折阶段，青铜冶铸技术得到推广和发展，铜器制造技艺提高，数量、种类增多，分布范围扩大。青铜已逐步取代红铜成为铜器的基本质料。从这个时代起，中国社会便脱离了铜石并用时代而进入青铜时代。

● **技术成就** 铜器冶铸业开始发生巨大变化。这种变化首先反映在青铜器的普遍使用上。青铜是铜与锡或铅的合金，与纯铜即红铜相比具有巨大的优越性：①青铜的熔点比红铜低，冶炼青铜比红铜更容易。在熔铜时加入一定量的锡，就可以降低熔点。红铜的熔点为1083℃，如加入15%的锡，熔点就降至800℃；加锡量达25%，熔点还可降至800℃以下。②青铜的铸造性能比红铜优越，可以铸成更为精美的器物（红铜制品往往有沙眼）。青铜，尤其是加入一定量铅的铅青铜或铅锡青铜，可以显著改善合金的流动性，提高铸造工艺性能。③青铜的硬度远较红铜大，可以铸造实用的工具和武器。红铜的硬度只有布氏35度，如加锡9%～11%，其硬度便可增至布氏60度～70度，可用来铸造各种工具和兵器，从而扩大了铜器的使用范围。当这些优越性被人们认识以后，青铜就很快取代了红铜。传西汉袁康所著的《越绝书》（卷十一）称夏代以前用玉、石制造兵器和工具，“禹之时，以铜为兵”，反映出夏代已制造和使用了铜兵器和工具。在夏代铜器中，青铜器已占相当大的比重，在不少地区已基本取代红铜，彻底改变了龙山时代以红铜器为主的状况。不过，由于社会发展的不平衡，以及冶炼青铜所需的锡矿分布范围较小、锡料较铜料难得等原因，夏代铜器冶铸业和工艺也存在着地域性的不平衡现象。地处黄河中下游地区的中原地区尽管并无锡矿，但由于强大的夏王朝的建立及随之而来的夏王朝向周围地区的扩展，各地先进的技术和周边铜、锡等资源都可以被夏王朝利用，故青铜冶铸业最为发达。甘青地区是中国最早出现青铜器的地区，早在马家窑文化中就出现了青铜刀，稍后的马厂类型遗存中也有残青铜刀发现。到了夏代，由于强盛的齐家文化等考古学文化的出现，使得青铜器在这一地区亦得到了普遍应用。其他地区的青铜冶铸业在夏代前后或尚未发展起来，或很不发达。

● **时代风格** 夏代铜器的分布范围扩大，在东迄辽东半岛南端的辽宁锦县大嘴子遗址，西至西藏拉萨市曲贡遗址的广大地区都有出土，但尚不及商代广阔，出土数量也较少。在制作工艺方面虽比龙山时代有巨大进步，但无论在铜器合金及铸造工艺，还是在器物造型、器表装饰等方面，都显得比较原始古拙，具有鲜明的时代特色。除一些地区还存在相当数量的红铜器外，青铜器也往往含锡量偏低，一般都在10%以下。材质主要为铜、锡合金的锡青铜，铜、锡、铅的三元合金较少，几乎不见铜、铅合金的铅青铜。这种现象一方面表明夏代青铜器的制造者已经知道加入锡可增加铜器的硬度，另一方面说明在当时铜器数量不多、锡原料问题还不很突出的情况下，人们尚未注意到寻找锡的代用品，没有采用在一些次要铜器中用铅来代替锡的做法。铜器铸造均采用范铸法，中原地区以陶、泥范为主，西北地区以石范为主。铜器种类不多，容器仅见于中原地区的二里头文化中。不过，从西北地区亦有必须安置内范才能铸制的空腔铜器（如齐家文化铜斧、四坝文化的火烧沟四羊铜杖首）来看，夏代西北甘青地区的铜器制造业的技术水平并不低。夏代铜器的器形比较简单，器物一般较轻薄，即使像二里头文化的铜礼器这样比较复杂的铜器，其造型也显得古拙而不够均衡。绝大多数器表为素面，只有很少的器物饰简单的兽首纹、连珠纹、斜格纹、旋纹等。另外，当时器表镶嵌绿松石的工艺已出现并流行，代表了夏代铜器装饰工艺的最高水平。

● **分期** 在中国铜器发展史及中国青铜时代分期上，夏代的期别归属随着新的考古材料的增加而在不断变化着。20世纪40年代，郭沫若在《青铜器时代》（群益出版社，1946）一书中，曾推测中国青铜时代的滥觞期在夏、商之际。60年代，郭宝钧在《中国青铜器时代》（三联书店，1963）等著述中，根据当时

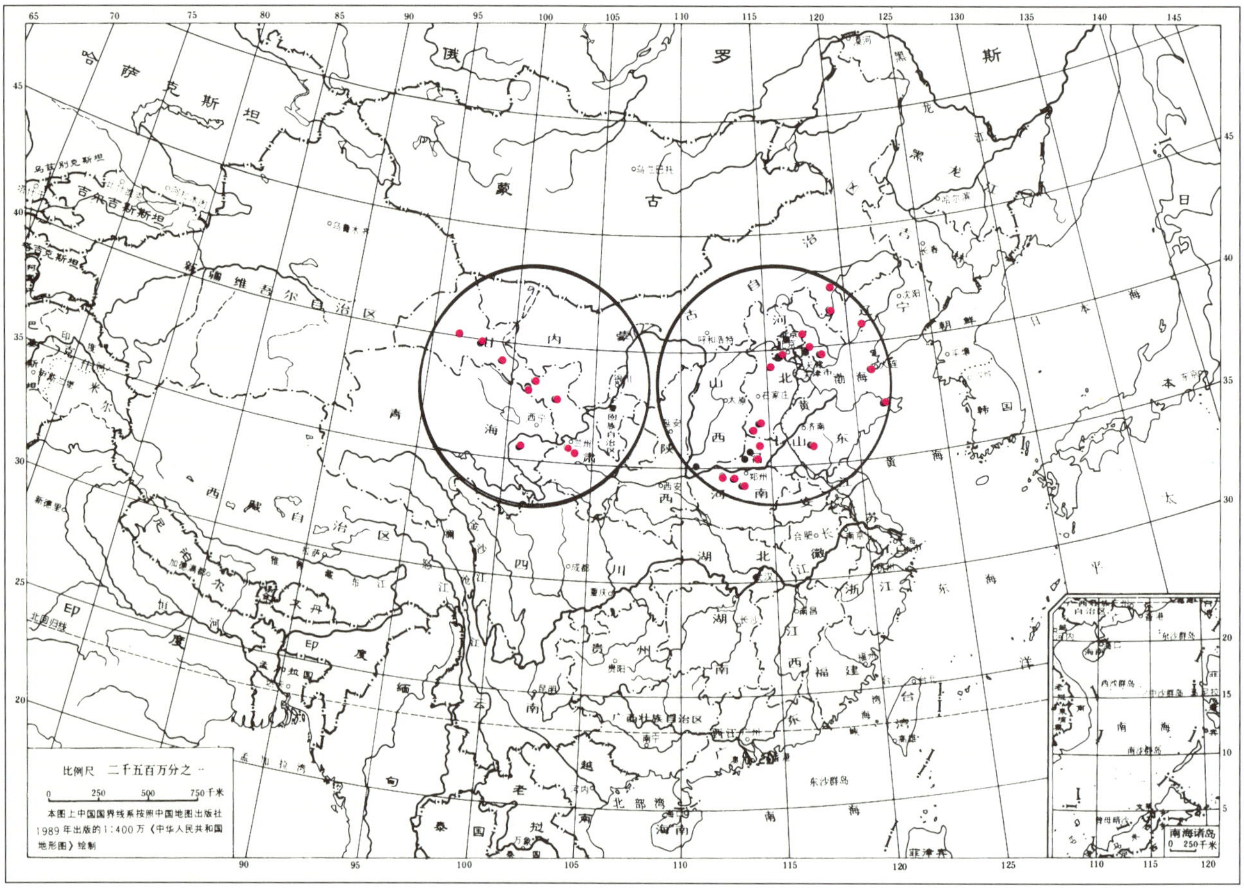

夏代铜器出土地点及其分区示意图

中国早期铜器的发展情况，认为夏代处在从铜石并用时代到青铜时代的转变阶段。随着考古材料的增多，70年代，郭沫若主编的《中国史稿》第一册（人民出版社，1976）就已将夏代归入青铜时代。根据中原二里头文化和西北齐家文化早、晚期铜器的变化情况，夏代后期青铜文化分布地域的扩大和青铜器数量的增多，以及从龙山时代到商代铜器技术的发展进程，夏代铜器大致可以中原二里头文化前后期之间为界，分别归属于两个时期：

（一）夏代前期铜器　以二里头文化前期（一、二期）和齐家文化早期铜器为代表。与龙山时代一样，这一时期是中国青铜冶铸技术的草创时期，也是中国铜器发展史上的初始期。铜器数量少，器形小，形制简单粗糙，制造技术还处在摸索阶段，区域风格尚未形成。红铜器的比例仍较高，青铜合金用共生矿或不同类型的矿石混合冶炼，铜器铸造除采用单面范外，还采用双面范和带内范的多合范，但合范技术还很幼稚。

（二）夏代后期铜器　以二里头文化晚期（三、四期）、齐家文化晚期和四坝文化的铜器为代表。这一时期与商代前期的二里冈下层文化时期同属中国铜器发展史上的兴起时期。红铜器的数量明显减少，青铜器在数量及分布上都较前期大大增加。铜器的铸造工艺已有较大进步，出现了数种铜容器和铜石复合器具。二里头文化的青铜礼器、镶嵌绿松石的饰牌，齐家文化的铜镜，四坝文化的火烧沟四羊铜杖首等，就是这一时期铜器工艺水平的代表。中原地区和西北地区不同的铜器工艺传统和区域文化风格，在这时已具雏形。

● **分区**　夏代是铜器区域文化特色刚刚形成的时期，铜器种类少，器形简单，不同地区、不同文化的铜器之间的差别并不很大。从铜器工艺传统和器类组合等方面来看，夏代铜器可分为4个地区，其中以中原和西北两个区系最为重要。

（一）中原地区铜器　中原地区是中国早期铜器冶铸业的发生地之一。到夏代前夕，这一地区各小区均已基本完成了从红铜向青铜的技术转变，出现二里头文化、岳石文化、下七垣文化等青铜文化和像河南偃师县二里头遗址这样拥有较大铸铜工场的都邑。青铜器数量较多，出土地点较集中，大件青铜容器、兵器和嵌绿松石的饰件富于特色。青铜器冶铸技术在各地区中最为进步。

（二）西北地区铜器　主要分布于黄河上游地区及河西走廊一带，这里也是中国早期铜器冶铸业的发生地之一。夏代前后，这里的铜器制造业继续发展，基本完成了从红铜向青铜的过渡，诞生了齐家文化和四坝文化这样的铜器出土地点多、分布广、数量较多的青铜文化。青铜器长期与红铜器并存，铜器成型工艺多样。

（三）北方地区铜器　北方地区

泛指广义的中原以北的长城沿线地带。从文化和技术传统两方面来看，这里的铜器可分为东西两小区。东区在夏代前后存在着强大的夏家店下层文化，其铜器冶铸技术主要来源于中原地区；西区在此间尚无已命名的青铜文化，只知夏代前后这里有一种以花边鬲为代表的文化遗存，铜器冶铸技术估计应受到西北和中原两个方向的影响。目前出土铜器数量很少，特征不显著。

（四）南方地区铜器　南方地区泛指长江流域广大地区，在龙山时代曾有着高度发达的新石器文化，如江浙一带的良渚文化、江汉地区的屈家岭文化和石家河文化，但到夏代前夕，这里却陡然衰落，中原地区的影响逐渐加深。夏代前后这一地区出现的青铜文化，如江浙的马桥文化、四川的三星堆文化，都包含有明显的中原二里头文化因素。其铜器产生的契机和技术传统无疑应来自中原一带。

参考书目

北京钢铁学院冶金史组：《中国早期铜器的初步研究》，《考古学报》1981年3期。

张忠培：《齐家文化研究》，《考古学报》1987年1、2期。

李先登：《试论中国古代青铜器的起源》，《史学集刊》1984年1期。

（孙　华）

Zhongyuan Diqu Xiadai tongqi

中原地区夏代铜器

夏代前后分布于黄河中下游地区，以二里头文化铜器为代表的诸青铜文化的铜制器具。是中原系铜器的最早作品，是构成这一时期中原青铜文化特色系统的主要因素，对中原系铜器风格的形成产生重要的影响。中原地区的地理范围包括今河南、山东、山西的全部，安徽、河北的大部，以及湖北的部分地区，是当时中国铜器制作工艺最为先进、青铜文化最为发达的地区之一。

● **文化背景**　夏代中原地区青铜文化是在当地原始文化的基础上逐渐形成的，新石器时代及铜石并用时代的文化传统对夏代中原青铜文化的谱系有着重要影响。在黄河中下游地区，早在新石器时代中期就出现了以河南西部为中心和以山东半岛为中心的两个文化区。前一个文化区从磁山文化、裴李岗文化到仰韶文化再到“河南龙山文化”自成谱系，而后一个文化区从后李文化、北辛文化到大汶口文化再到龙山文化也自成一统。在前一个文化区“河南龙山文化”的不同类型的基础上，夏代形成了分布于豫西、晋南的二里头文化和分布于豫北、冀南的下七垣文化（或称先商文化）；而在后一个文化区的龙山文化的基础上出现了岳石文化。在这3个青铜文化中，以二里头文化最为发达，铜器工艺水平最高，出土数量也最多；其次为岳石文化，其铜器使用已相当普遍；下七垣文化的铜器目前发现较少，显得相对落后。

● **冶铸工艺**　中原地区早在龙山时代就有一定规模的铜器冶铸业存在，不仅出土多件龙山时代铜器，还发现多处铜器冶铸遗迹。夏代中原诸文化继承、发展了龙山时代诸文化的铜器冶铸技艺，铜器材质以青铜为主，红铜数量已大大减少，青铜器所占比例远远大于红铜器，这与同时期甘青地区红铜器仍居主导地位相对照，显然进步得多。铜器的范型采用泥土烘制，无论是铸造铜容器还是铜工具或兵器，主要用泥范、陶范而很少用石范，与周边地区青铜文化的范型材质有所不同，是以后商、周文化铜器范型的一个特点。这主要是由于中原地区厚厚的黄土覆盖或冲积层的地理环境造成的。范型的组合方式有单面范、双面范和复合范。其中铸造容器和乐器所用的加内范的双合范及多合范，需要解决诸如外范间榫卯设计、内范及芯座的制作、内外范的套合、范型的预热处理等一系列复杂的问题，这些都代表了夏代铜器工艺的最高水平。

● **区域特征**　目前仅在二里头文化二里头类型遗存中发现有铜容器，整个区域的铜器形态特征尚未显露。但从该地区乃至北方的诸青铜文化陶礼器和铜兵器均有相同的器物种类的情况看，夏代中原地区铜器已具有不同于甘青地区的风格，形成中原系铜器的基本文化特征。这些风格和特征是：均采用范铸法铸制铜器，且范型基本为泥范和陶范；器类以用作礼器的容器及兵器为主，形态富有特点，容器主要是鼎、爵、斝等三足器，兵器主要是戈等横穿于柲中的勾兵。这些特征被以后的中原系铜器继承发展，影响至为深远。

● **传播与影响**　从铜器的材质和复杂程度来说，中原地区的技术工艺水平显然要比甘青地区更胜一筹。先进的铜器制造工艺，自然成为周围地区人们争相仿效和学习的对象。以中原地区为统治中心的夏王朝以其强大的政治和军事力量将中原文化的重要构成因素——铜器带到周围方国和古族之中。在与山东半岛相对的东北地区东区，岳石文化的照格庄类型通过散布在渤海中的庙岛群岛传播至辽东半岛南端，从而形成了岳石文化的变体“双砣子二期类型”，使得辽东半岛跨入了青铜时代。在北方地区，与中原地区下七垣文化等有着密切联系的夏家店下层文化的铜器制造业似乎不甚发达，但其制铜工艺也无疑受到中原地区诸文化尤其是二里头文化的影响。在东南地区，安徽斗鸡台遗存中曾发现具有二里头文化特色的单鋬铜铃；而分布于更远的宁沪平原上的马桥文化，虽然从出土的少量小件铜工具中难以看出它们是否与中原的影响有关，但从该文化是当地最早的青铜文化，文化结构中又有浓郁的二里头文化因素来看，该地区青铜文化应当是在中原青铜文化的传播和影响下兴起、发展出来的。在西南的四川盆地一带，三星堆文化的铜器冶铸工艺受二里头文化的影响而兴起，其嵌贴绿松石饰牌等铜器具有典型的中原二里头文化的作风。

（孙　华）

Erlitou wenhua tongqi

二里头文化铜器

夏代及稍后的主要分布于河南中西部和山西南部以河南偃师县二里头遗址为代表的考古学文化的铜制器具。或称夏文化铜器。在当时以先进的冶铸技术、造型复杂的青铜容器及多样的类型和铜石复合工艺而成为夏代诸青铜文化铜器的代表。以此为开端，中原系铜器的特质日益形成并成为中国铜器的主体。

● 发现与认识 通过考古发掘明确辨识的二里头文化铜器最早发现于二里头遗址。1959年在这里曾发现一柄残青铜刀。1961年～1964年又在这里发掘出土刀、锥、镞、铃、鱼钩等小件青铜器。1973年，中国科学院考古研究所又在遗址内征集和发掘出二里头文化的铜爵2件。这是最先发现的中国年代最早的铜容器，说明至迟在夏代晚期或夏、商之际，中原地区就已能够制造复杂的空腔铜容器，其铜器冶铸工艺已走在中国诸青铜文化的前列。此后，二里头文化铜器的出土屡见不鲜，出土地点仍然集中在二里头遗址，包括爵、斝、鼎、封口盉、镶嵌绿松石镜形器、镶嵌绿松石饰牌及戈、戚等。河南洛阳市东干沟、登封县王城岗、淅川县下王岗及山西夏县东下冯等二里头文化遗址中也有少许小件铜器出土。此外，从河南商丘地区征集到的一组铜容器，也可能属于二里头文化。已知发掘出土的二里头文化铜容器和镶嵌绿松石的铜器有鼎1、爵12、斝2、盉1、饰牌3和镜形器1。另外，国内外一些博物馆也藏有部分可能属于二里头文化的铜器。

二里头文化铜器在居址和墓葬中皆有出土。居址出土的大都为小件器具，大件铜容器仅在二里头遗址中发现一件。小件器具除常见的工具外，还有镞。镞是一种消耗性兵器，它在二里头文化遗址中多次出土，从一个侧面反映出二里头文化铜器使用的广泛性。墓葬出土铜器是二里头文化铜器的主体，已知的铜容器及饰牌几乎都出自墓葬。从这些墓葬规模不大、墓主人身份不很高的情况来看，已知铜器只是二里头文化的中低品级的铜器，还不能全面反映该文化铜器的制作水平。要了解该文化铜器的全貌，还有待于高品级铜器的发现。

● 技术与工艺 经过理化鉴定的铜器数量不多。已公布化学分析结果的两件铜器，爵含铜91.89%、含锡2.62%、含铅2.34%，锛含铜91.65%、含锡7.03%、含铅1.23%。还有一件经电子探针分析的铜爵，其铜和锡的含量分别为92%和7%。这3件铜器均属青铜器，说明二里头文化已经脱离使用红铜的铜石并用时代而进入青铜时代；但它们既呈现出铅锡含量偏低的共同特点，又表现出不同于商文化铜器的一定的原始性，说明二里头文化进入青铜时代的时间并不长久。铜器均用陶范铸造。锛、凿等简单的小件器具，多采用单面范铸法；戈、戚等稍复杂的小件器具，一般用双面范铸法；铜容器则使用双合范或多合范法来铸造。铜器铸造工艺在二里头文化早、晚期之间有着比较明显的变化：早期只有铜铃一种采用双合范法铸成的空腔铜器，其余几乎全为单面范或双面范铸造的简单小件器物，惟一的一件复杂器物——嵌绿松石铜饰牌，其年代已在早期偏晚即接近晚期；晚期工艺比较进步，采用双合范和多合范铸造的铜容器均发现于此期。除整体浑铸的外，有的铜器还采用了分铸铸接的技术。二里头遗址2号墓出土的铜爵，平底下出圈足，其下再铸接3条另铸的锥足。这在当时无疑是一种相当先进的技术。这时制作精工的铜器已不罕见，除铜容器外，像内上饰流畅的卷云状纹样的二里头曲内戈、以绿松石在器边和器内镶嵌放射状纹带的镜形器及先铸镂空铜框架再用绿松石镶嵌出兽形纹的饰牌等，都是二里头文化的代表性铜器。

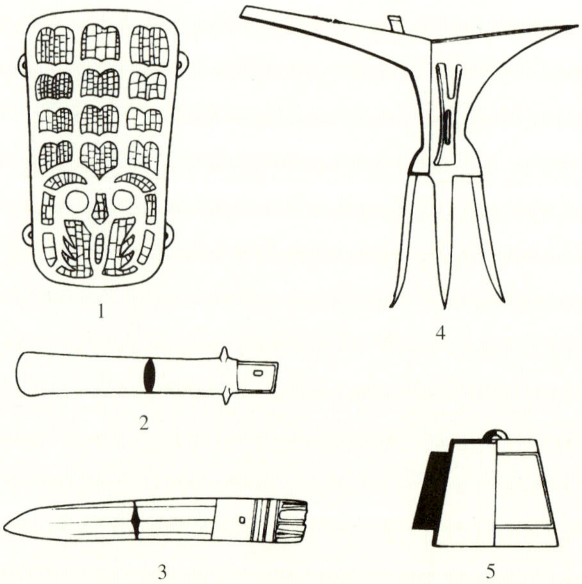

1.嵌贴绿松石铜饰牌　2.铜戚　3.铜戈　4.铜爵　5.铜铃

二里头文化铜器举例

二里头文化铜器均为该文化自身的产品。二里头遗址内分布有面积达1万平方米以上的大型铸铜遗址，其内遗留的大量坩锅残片、陶范、泥模和木炭等，反映出昔日冶铜业的繁荣。陶范所表现的器形，有口径达36厘米的重器，也有花纹繁缛精美的器物。这些铸造供当时王室和上层贵族所使用的高品级铜器的陶范，集中反映出二里头文化铜器的冶铸工艺和制铜业水平。

● 种类与组合 器类包括工具、兵器、容器和饰品4种。工具有锛、

凿、刀、锥（钻）、鱼钩、刻刀等。兵器有戈、戚和镞。容器有鼎、爵、斝、盉，可能还有觚。饰品有饰牌、铃、泡等。此外还有一些不能判断名称和用途的铜器，如圆铜片、镜形器等。工具类铜器几乎均为手工业器具而非农业工具，这似乎说明青铜器在当时最主要的生产部门——农业上并没有得到广泛运用。兵器以戈为主，近距离格斗兵器中没有刺兵，开创了中原系铜兵器以勾兵为主的传统。容器基本上都是造型复杂的三足器，形制与商文化同类铜器有着一定的嬗变关系，应当与后者一样，都是礼器而非普通容器。镶嵌绿松石的饰牌和单鋬铃等饰品均为商文化所不见，是一种富有文化特征的器物。铜礼器组合比较简单，有爵、爵（一平底，一圈底），爵、斝、鼎，斝、觚（？）等组合，其规律虽然尚不很清晰，但与其后的商文化铜礼器鼎、觚、爵、斝的基本组合有着一脉相承的密切关系。

● 分期与特征 与以后中原系铜器相比，二里头文化铜器种类简单，器轻壁薄，器表以素面居多，具有明显的早期铜器的特征。在铜容器中，圆鼎平底，三棱锥状足垂直向下而不外撇；爵细亚腰，流、尾长且流部浅窄；斝有圜底和平底两型，下置半圆形或三棱形的空锥足。这些均与商文化二里冈上层期同类铜器形制有别。镶嵌绿松石饰牌形制独特，除与二里头文化在族属上有联系的三星堆文化外，其他文化中均不见类似的装饰品。铜铃一侧带单鋬，为以后所不见，在同时期具有二里头文化因素的相关文化中却有发现。

二里头文化目前一般分为早、晚两大期，各大期内又各分两小期共四小期。铜器形态的变化通常比陶器缓慢，演变节奏与主要以陶器为标准的文化分期不一定完全吻合。二里头文化早期的铜器比较少见，铜容器尚未发现，只有小件铜工具，但具有该文化特征的单鋬铃、镶嵌绿松石饰牌在早期末（即第二期偏晚）已经出现。晚期，铜器种类及数量大大增加，且在第三期、第四期间还呈现出明显的变化。以铜容器为例，第三期只有铜爵一类，第四期新出现鼎、斝、盉、觚（？）。铜器的形制变化在第三期、第四期间也较明显：第三期爵三足较短，鋬为双梁，流后多无柱；第四期爵三足细高，鋬为单梁，流后多有柱。铜铃在第三期时鋬较宽，在第四期时鋬较窄。铜饰牌在第三期系铸铜片为底垫，其上粘贴绿松石拼成的图案；第四期则为铸镂孔图案的铜框，镂孔内镶嵌绿松石为装饰。

● 王朝与族属 铜器上均无铭文，本身没有关于它们族属的信息。从年代、分布、中心遗址的历史地理考证及社会发展状况分析，学者们多认为该文化是夏王朝时期以夏人为主体的遗存。也有一些学者认为，二里头文化早期属夏王朝，晚期属商王朝，这样该文化铜器的最主要部分就应当是商人的遗存。考古学文化的年代范围与历史上的王朝年代不一定完全吻合。二里头文化的分布地域、中心遗址与传说中的夏王朝的统治区域、都邑地望相切合的只是在二里头文化第二期、第三期。基于这些事实，并参照有关年代材料，可将二里头文化推定为夏代及其稍后的以夏人为主体的考古学文化，其铜器主要是夏人及夏遗民所制作和使用的。

参考书目

邹衡：《试论夏文化》，《夏商周考古学论文集》，文物出版社，1980。

（孙　华）

Erlitou wenhua tongding

二里头文化铜鼎

夏代和商代前期二里头文化的铜制炊食器及礼器。由于二里头文化很有可能即为夏文化，夏王朝又有铸制九鼎作为国家政权象征的传说，故其铜鼎在中国先秦铜礼器的形成过程中具有重要的地位，也受到学术界的格外关注。

在先秦时期的文献中，屡见关于夏铸九鼎的记载。《墨子·耕柱篇》说："昔者夏后开使蜚廉折金于山川，而陶铸之于昆吾。是使翁难雉乙卜于白若之龟曰：鼎成，四足而方……以祭于昆吾之虚……九鼎既成，迁于三国。夏后氏失之，殷人受之；殷人失之，周人受之。"关于夏代九鼎的流传情况，还见于《左传》、《战国策》等先秦典籍的记载。夏九鼎最后的下落见于《史记》。《史记·秦本纪》载："（昭襄王）五十二年，周民东亡，其器九鼎入秦。"秦亡以后，这组被夏、商、周三代视为王权象征的礼器便下落不明了。已发现的二里头文化铜鼎只有圪垱头锥足铜鼎一件，它出自小型墓中，制作粗劣，远不能代表二里头文化和夏王朝铜鼎的工艺水平。在二里头文化遗址（如河南偃师县二里头遗址、山西夏县东下冯遗址）中常见一种陶制的深腹、四足的小方形器，学者们一般将其称作"小方鼎"，认为它是铜方鼎的仿制品。不过，与铜方鼎最为相似的还是1983年出土于二里头遗址的陶方鼎，该鼎口沿两侧有双耳，四足呈方锥状，鼎身前后两面有太阳纹，左右两壁面饰动物纹。这是确切无疑的铜方鼎的仿制品，二里头文化和夏王朝九鼎的形状或许与此类似。

参考书目

唐兰：《关于"夏鼎"》，《文史》第七辑，中华书局，1979。

（孙　华）

Gedangtou zhuizu tongding

圪垱头锥足铜鼎

夏、商之际二里头文化第四期的铜制炊食器。1987年出土于河南偃师县圪垱头村二里头遗址Ⅴ区范围内的一座墓葬中，同出铜器有一觚（已散失）。现藏于中国社会科学院考古研究所。

口径15.3厘米。以青铜铸造。环状立耳，斜折沿，圆鼓腹，小平底，菱锥状半空足。耳、足呈四点配列，足在腹底转折处。腹中部饰

斜格纹。鼎铸造粗糙，花纹草率，工艺水平甚至不及二里头文化第三期的铜制品。这可能与该鼎的所有者在社会上的地位不很高有关。尽管制作工艺欠佳，但它却是中国有明确出土地点的最早铜鼎。与该鼎共存的器物群是迄今发现最早的食器和酒器相配的铜礼器组合，对研究商文化铜礼器的发展演变等方面同样具有重要价值。

（孙　华）

圪垱头锥足铜鼎

Erlitou wenhua tongjue

二里头文化铜爵

夏代及商代初期二里头文化的饮酒兼温酒的铜制器皿。是中国已知年代最早的铜容器，也是最早的盛酒铜礼器。为最能反映夏代铜器冶铸工艺水平和礼器制度的铜器种类之一。

爵是先秦饮酒器的总称，又是一种酒器的专名。作为专名的爵，东汉许慎《说文解字》称："象爵之形，中有鬯酒。"也就是仿照鸟雀形状制作的礼器。这种名"爵"的酒器，宋人认为是一种前伸长流、后出尖尾、体似杯筒、旁置鋬手的二柱三足铜器，即所谓"前若喙，后若尾，足修而锐，形若戈然，两柱为耳"（北宋王黼《博古图·总论》），与雀最为相似。宋人对爵名义的考订十分粗疏，自宋代以来，古器物学家和考古学家不无疑问，但终因无足够的证据和更恰当的名称来改易，以致于沿用至今。

关于铜爵的基本功用，有饮酒、注酒和煮酒三说。由于爵的形体较小，鋬位于器身侧面而不是后面，便于把持饮用，作为饮酒之用当比注酒备酌之用更为适宜。至于煮酒一说，虽然商代部分铜爵的底部确有烟炱痕迹，但其数量少，温酒或煮酒当只是爵功能的一部分，或者说仅是部分爵在使用中的附属功能。在二里头文化铜礼器中，爵为铜器组合的基本器种，数量最多，约占已知铜礼器的75%，凡仅出一件铜礼器的单位，必然就是爵。所以，爵的礼制功能在二里头文化中表现得尤为突出。这正如《博古图》卷十四所称："盖爵于饮器为特小，然主饮必自爵始，故曰在礼实大。爵于彝器是为至微，然而礼天地、交鬼神、和宾客，以及冠、昏、丧、祭、朝聘、乡射，无所不用，则其为设施也至广也。"铜爵的这种礼制功能也为商文化所继承，其数量、比例较二里头文化已有减少。

迄今二里头文化铜爵共发现12件，分属于二里头第三期、第四期，未有更早的发现。从二里头第一期、第二期陶爵的形制分析，铜爵或许是仿自陶爵制造的。按形态可分为两类，一类器身束腰、平底，一类器身鼓腹、圈足，以前者为主。其特征表现为：爵身平面呈狭长的梭形，流部狭窄，立面为长流短尾，柱小如钉头且位置紧贴流部，鋬多宽扁而中有镂孔，底平而三足细直，上部比下部宽大许多，显得不够稳定。器身一般素面无纹，朴素原始。在自身的发展进程中，爵的形态已有一定变化：第三期两类形态的铜爵皆有，第四期则只见束腰平底一类，似乎鼓腹圈足类已经消失；从第三期到第四期，铜爵口沿由无柱演变为有柱，鋬由双梁演变为单梁，足由较矮变得较高。商文化二里冈期铜爵直接承袭二里头文化铜爵而来。

参考书目

杜金鹏：《商周铜爵研究》，《考古学报》1994年3期。

（孙　华）

Sijiaolou pingdi tongjue

四角楼平底铜爵

夏代晚期或商代初期二里头文化第三期的铜制酒器。1975年出土于河南偃师县翟镇公社四角楼大队的二里头遗址中。可能出自一座墓葬，同出器物尚有玉钺、玉刀、玉璋、玉柄形器等。现藏于偃师市博物馆。

四角楼平底铜爵

流尾间长31.5厘米、通高22.5厘米。以青铜铸造。器身断面呈椭圆形，流窄而细长，流与器身相交处立二钉状小柱。腰斜收，下腹外鼓与平底相接。器身左侧设鋬，上有镂孔，与鋬相对的一面腹部施旋纹两道，其间填以连珠纹。三足细高，修长而外撇的实足弥补了上部流尾太长太平的缺陷，使稳定感和匀称感增强。器表素面，朴素无华。它采用二里头文化铜爵最流行的形制，但在铸造工艺及造型艺术等方面都超越其他铜爵，是二里头文化铜爵中的代表作。（孙　华）

Erlitou jiafu loukong tongjue

二里头假腹镂孔铜爵

夏代晚期或商代初期二里头文化第三期的铜制酒器。1980年由中国社会科学院考古研究所在河南偃师县二里头遗址Ⅲ区2号墓中发掘出土。现藏于中国社会科学院考古研究所。

二里头假腹镂孔铜爵

流尾间长23.2厘米、高22.4厘米。以青铜铸造。器身断面呈橄榄形，阔叶形口，窄长流，短尾，口上无柱。腰腹下端略侈，左侧安镂孔鋬。平底，下接外鼓如圈足的假腹，腹上镂四孔，孔边缘凸起如兽目。三足较短，足尖外撇。造型较为美观。

该爵作假腹圈足型，与之类似的铜爵在二里头文化中少见，是夏代铜爵中数量较少且流行时间不长的非主流形制。河南商丘曾出土一件形制与之相似的假腹圈足铜爵。

（孙 华）

Erlitou wenhua tongjia

二里头文化铜斝

夏代及商代初期二里头文化的盛酒兼温酒的铜制器具。也是中国出现最早的铜礼器之一。基本形态为敞口，圆身，三足，口上有二立柱，身侧有鋬；形态与爵相似而稍大，且无爵的流和尾。在已知二里头文化铜容器中数量仅次于爵。

斝在先秦文献中常见。将商周铜器中二柱三足带鋬的器类认作文献记载中的斝，始于北宋王黼的《博古图》。清罗振玉从文字的演变上推测这类铜器的器名为斝，又怀疑文献中的斝和散实际上都是指这类铜器。王国维更著《说斝》，为罗氏之说罗列证据，并根据清端方藏器中铜斝放于铜禁上的现象，推定斝为酒器。此后，斝的名形关系为学术界广泛认同，尽管至今在斝这类器物上还未发现自名。

迄今能确定的二里头文化铜斝仅有3件，均属二里头文化四期，皆出自河南偃师县二里头遗址。它们分属于两种类型：①平底空足斝。是以后商代铜斝的主要形制，如出土于二里头遗址Ⅵ区9号墓的二里头平底铜斝；②圜底袋足斝。沿用至商代前期偏早的二里冈下层期，以后消失不见，如二里头遗址Ⅴ区1号墓铜斝等。

器体均细长，立柱短小不作菌状，鋬多折曲。其中平底斝的腹部短浅而向外斜张，锥足修长微向内勾，足为半圆形空足；圜底斝的颈、腹相交处不成直线，三足也略向内勾，特征比较突出。

（孙 华）

Erlitou pingdi tongjia

二里头平底铜斝

夏代晚期或商代初期二里头文化第四期的铜制酒器。1984年由中国社会科学院考古研究所在河南偃师县二里头遗址Ⅵ区9号墓中发掘出土。现藏于中国社会科学院考古研究所。

二里头平底铜斝

口径17厘米～18厘米、通高30.5厘米。以青铜铸造。敞口，口沿前部有对称的两个棱锥状矮柱。束腰，折腹外侈，腰腹后部设鋬。平底下接三锥状足，足空且挺直。器外无纹饰。它是已知惟一的一件夏、商之际的平底锥足铜斝，数量虽不及当时的圜底袋足斝，却是商代最流行铜斝的原始形态，开一代铜斝形制的先河。

（孙 华）

Erlitou wenhua tongling

二里头文化铜铃

夏代及商代初期二里头文化的富有特色的铜制乐器或饰件。出土时多位于死者胸腰间，应佩系于人的身上，这与商、西周时期其他文化的铜铃多系于犬、马之上有所不同。

二里头文化铜铃

铃以包顶双合范铸造，平面呈橄榄形或椭圆形，立面呈上小下大封顶敞口的梯形。顶平，顶部中心设桥形钮，钮下一般有穿孔，铃侧施扉状鋬。铃表面多光素，或饰旋纹。已知数量在5件以上，都出自该文化的中心遗址——河南偃师县二里头遗址中。早期、晚期皆有，其中二里头Ⅸ区4号墓铜铃等的年代为二里头二期偏晚，二里头Ⅵ区57号墓铜铃等的年代已至二里头四期。早期、晚期铜铃似有形态上的变异，主要反映在单鋬由稍宽变得稍窄上。但在商文化中带单鋬的铜铃已近乎消失。与二里头文化关系密切的考古学文化中通常也有类似单鋬铃的发现。属于夏代江淮地区青铜文化的安徽肥西县大墩子遗址中出土的铜铃，其形态几乎与二里头文化铜铃一模一样。此外，比二里头文化稍晚的分布于四川盆地的三星堆文化，其铜铃也具有二里头文化铜铃的部分特征，广汉市三星堆2号器物坑出土的双錾耳铜铃也应脱胎于二里头文化的单錾铜铃。

（孙　华）

Erlitou wenhua tongge

二里头文化铜戈

夏代及商代初期二里头文化的铜制兵器。对于商周车战时代兵器的类型及作战方式有着重要影响。戈主要由前有锋、上下有刃的“援”，以及作长方形或曲尺形的“内”两部分组成。内横插于木柄前部穿卯内起固定作用，援则是用于勾啄以杀伤敌人的构件。

铜戈源于新石器时代的石戈。随着夏代青铜冶铸业的兴起，锋利的铜戈很快取代石戈成为长兵器的主要种类。已知二里头文化铜戈均发现于河南偃师县二里头遗址的墓葬中，皆穿内戈，可分直内和曲内两种类型：直内戈形如同时及以后的玉石戈，援与内几成一体，其间无阑，内部有一个穿绳固定戈的圆穿；曲内戈援部宽于内部，内端下垂，近阑处也有穿绳捆缚的圆穿一个。

自夏至战国中国青铜兵器均以铜戈为最重要的长兵器。戈用于勾啄，它的广泛使用与逐渐消失与战车在车战中的地位的变化关系密切。二里头文化铜戈对于探索中国车的来源也有一定的启迪作用。

（孙　华）

Erlitou quna tongge

二里头曲内铜戈

夏代晚期或商代初期二里头文化第三期的铜制兵器。是中国已知年代最早的铜戈。1975年由中国科学院考古研究所在河南偃师县二里头遗址Ⅵ区3号坑（可能为墓葬）中发掘出土。现藏于中国社会科学院考古研究所。

通长32.5厘米。以青铜铸造。为曲内无胡型，长援，援中有脊，刃基加厚，锋微下倾。援内间无阑。内窄于援，中有圆穿，尾部下曲，上铸凸起的卷云纹。装饰花纹十分精致，其间可能曾嵌有绿松石。在援、穿之间尚存木柲残痕。

该戈制作精良，形制与以后的商文化曲内戈有着先后嬗变关系，堪称曲内戈的祖型。（孙　华）

Erlitou wenhua tongshipai

二里头文化铜饰牌

夏代及商代初期二里头文化典型的铜制饰件。是中国最早采用贴嵌工艺的青铜制品，在一定程度上反映出当时铜器工艺的最高水平。

饰牌以铜铸成基本形体和纹样框架，其上再用漂亮的绿松石按纹样框架拼贴或镶嵌成兽面等图案。迄今已发现多件，大部分为传世品，且大都流落海外。发掘品仅3件，均出土于河南偃师县二里头遗址的墓葬中。其中出自二里头遗址Ⅴ区4号墓的一件，属二里头文化二期偏晚阶段（见二里头贴石兽面纹铜饰牌）；出自二里头Ⅵ区11号墓的一件，长16.5厘米、宽11厘米，属二里头文化四期。它们形制相同，都呈凹腰的圆角弧边长方形，长边两侧各有两个穿孔钮，正面用绿松石贴嵌兽面图案；出土时均放置在墓主人胸前。与它们工艺、大小、形制、纹饰皆十分相似的还有美国哈佛大学赛克勒博物馆所藏的3件及火奴鲁鲁艺术研究院所藏的1件。据出土位置及埋藏现象可知，这些饰牌是缀于胸前或腰际的装饰品，故被制作得如此精致和漂亮。

饰牌可分为两种类型，一类是在铸凸纹铜牌上用绿松石拼贴，一类是在铸镂空花纹的铜牌上镶嵌绿松石。前一类出现较早，二里头文化二期偏晚就已出现，并一直沿用至四期；后一类仅见于四期，可能是一种稍晚才兴起的类型。

铜饰牌是二里头文化特有的器物，在同时期分布于黄河中下游地区的岳石文化、下七垣文化及后来的商文化中尚未见有这种饰牌。服饰是民族识别的重要标志，贴嵌绿松石铜饰牌仅见于二里头文化中的现象，应当是这些文化族属不同的具体反映。分布于四川盆地一带的三星堆文化也有数件与二里头文化相似的贴嵌绿松石铜饰牌出土，不仅说明两文化间存在着一定的文化源流关系，也暗示两者间族属上的亲缘关系。

参考书目

李学勤:《论二里头文化的饕餮纹铜饰》,《中国文物报》1991年10月20日。

（孙　华）

Erlitou tieshi shoumianwen tongshipai

二里头贴石兽面纹铜饰牌

夏代二里头文化第二期偏晚阶段的铜制装饰品。是中国已知年代最早的采用绿松石贴嵌工艺制成的铜器。1981年由中国社会科学院考古研究所在河南偃师县二里头遗址编号为76VM4的墓葬中发掘出土。同出器物尚有铜铃及玉石器、陶器和漆器。现藏于中国社会科学院考古研究所。

二里头贴石兽面纹铜饰牌

出土于墓主人胸部偏左处。长

14.2厘米、宽9.8厘米。呈中央凸起的弧面圆角长方形。由青铜的牌底和绿松石的贴面两部分构成。上部较下部略宽，中腰微束，两侧各有两钮。牌的背凹面附有麻布纹痕迹，原应穿缀在衣物之上。正凸面用形状、大小不等的绿松石镶贴出兽面图案。饰牌的纹饰构图严谨，贴嵌的绿松石表面加工平整光洁，堪称夏代制铜工艺与玉石工艺相结合的杰作。（孙 华）

Xiaqiyuan wenhua tongqi

下七垣文化铜器

夏代前后分布于河南北部及河北中南部，可能以商人为主体的考古学文化的铜制器具。或称先商文化铜器。对于认识夏代前后这一地区的文明进程具有重要作用。

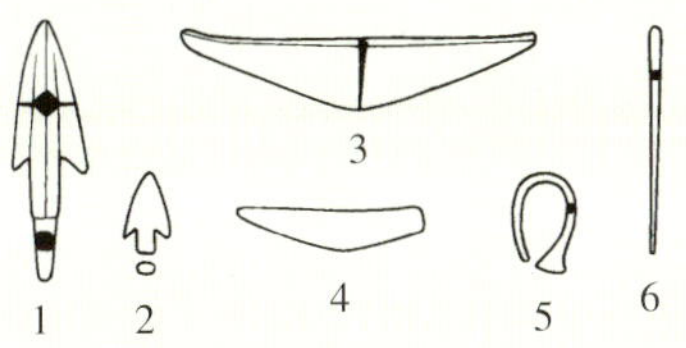

1.带铤镞　2.管銎镞　3.4.刀
5.喇叭首耳饰　6.针
下七垣文化铜器举例

商人是起源于黄河下游地区的古族。在古史传说中，商人的始祖名契，为帝喾高辛氏与有娀氏之女简狄通过玄鸟授卵所生。夏王朝建立前后，契这个子姓族的一代首领，因协助大禹治水有功，被封于“商”这个地方，商氏族由此得名。从契到成汤，是商人历史上的先公阶段，也就是常说的先商时期。这期间商人曾8次迁都，经历一系列重大历史事件，逐渐发展起来。随着夏王朝的衰落，到商王成汤时期，商灭夏，开创了一个新时代。下七垣文化作为与商文化有源流关系的考古学文化，它的状况很可能就是商人这段历史的实物例证。

● 发现与认识 早在1950年就曾在河南辉县琉璃阁遗址1号灰坑中发现一件铜镞。此后，河北邯郸市涧沟遗址和河南安阳孝民屯梅圆庄遗址一期遗存中又各出土一柄铜刀。但由于当时下七垣文化尚未被认识，这些铜器并未引起人们的重视。随着夏代考古的开展，这种年代相当于夏代的考古学遗存开始被注意。20世纪70年代末，已有学者将该遗存作为一种新的考古学文化或类型来加以考察，并将其性质考订为先商文化，该文化的铜器也随之被作为考察先商文化社会发展状况的重要内容之一。与之同时，河北磁县下七垣、易县下岳各庄、河南淇县宋窑等遗址又陆续出土一批铜器。通过对这些铜器的考察，已确知下七垣文化是一种与二里头文化并行的不很发达的青铜文化。

● 种类与形制 发现数量不多，且均未经理化检测，材质不明。已知铜器主要为铜工具，包括刀、锥、镞3种，另有用于装饰的笄。

● 年代与族属 下七垣文化早于以郑州市二里冈遗存为代表的商文化遗存，年代相当于夏代。一些学者通过对以郑州商城为代表的商文化来源的追寻，认为商文化来自太行山东麓的豫北冀南一带。这一带在传说中也正是商人先公先王的活动区域，契所居的蕃和商，昭明所居的砥石，商侯所迁的殷，有关其地望的多种说法中都有在豫北冀南地区之说；至于与王亥、王恒、上甲微有关的有易氏，古今都认为在今河北北部。处于这样一个时空范围内的下七垣文化，不少学者都认为其属于商王朝建立以前商人的遗存。如果这种推测不错的话，商人在取代夏人成为中原主宰以前，其技术水平落后于夏人。

（孙 华）

Yueshi wenhua tongqi

岳石文化铜器

夏代及商代前期分布于山东及相邻地区，以山东平度县东岳石遗址为代表的考古学文化的铜制器具。岳石文化是在当地龙山文化基础上发展起来的与西面二里头文化并列的青铜文化，其铜器主要继承龙山文化铜器的特质，具有当地的工艺传统，是夏代中原地区铜器的重要组成部分，对东北地区的辽东半岛青铜文化的铜器也有一定影响。

● 发现与认识 岳石文化在20世纪70年代末才被逐渐辨识和命名，其铜器的发现与该文化的确定几乎是同步的。通过对山东牟平县照格庄遗址的发掘，获得了首件岳石文化铜器——铜锥。随后山东泗水县尹家城遗址又出土14件岳石文化铜器；在益都县（今青州市）郝家庄遗址也发现一件铜锥。经分析鉴定，它们主要为本地的产品，在材质及工艺上都有一定的特点。

● 材质与工艺 材质主要为青铜，约占全部铜器的80%，红铜器很少。这与龙山文化大多为红铜器相比，显然是一大进步。青铜器中既有锡青铜，也有铅青铜，二者比例大致相等。此外，尹家城遗址还出土一件含砷的锡青铜小刀。铜器多含杂质元素，锡青铜中往往杂铅，铅青铜中往往杂锡，红铜中也含有微量的铅、锡；铜器中有硫化物杂质的现象相当普遍。说明岳石文化铜器原料系采用共生矿冶炼而成，冶炼技术还不够稳定。已鉴定的岳石文化铜器除一件为锻造外，其余均铸造而成。值得注意的是，铸造而成的铜器大多又经过局部锻打，表现出不同于其他文化铜器的制造技术特色。

● 种类与形制 已知均为小件铜器，有工具、武器和饰件3种。工具为刀和锥，数量最多，约占90%；武器仅铜镞一件；饰件也只有铜环一件。铜刀或尖锋，或斜峰，后者很短小，可能用于剥取兽皮。铜锥断面多呈圆形，只有一件断面呈凸字形。铜镞为宽叶圆铤，三角形叶中无脊，显得比较原始。铜环以红铜锻打弯曲而成，反映出当时人们对于铜器材质与器形的关系已有一定认识。需要指出的是，已知铜器均出自居址，墓葬和窖藏铜器尚未发现。已发现的铜器很可能并未反

映出该文化铜器的全貌和最高水平。

● **族属** 岳石文化的中心分布区——山东地区，历史上曾是东夷族群的活动地域。根据《古本竹书纪年》等文献记载，夏代与夏人发生战争和交好关系的东夷部族就有犬夷、于夷、方夷、黄夷、白夷、赤夷、风夷、阳夷。岳石文化铜器应当就是这些古族的遗物。

参考书目

北京科技大学冶金史研究室：《山东泗水县尹家城遗址岳石文化铜器鉴定报告》，《泗水尹家城》，文物出版社，1990。

（孙　华）

Xibei Diqu Xiadai tongqi

西北地区夏代铜器

夏代前后甘肃、青海一带诸考古学文化的铜制器具。这一地区是中国已知夏代前后铜器数量最多、分布最密集的地区，是中国青铜文化和铜器的主要起源地之一。其铜器在中国早期铜器研究上具有重要的地位，是中国北方系铜器风格形成的主要来源之一。

● **文化背景** 西北地区自古以来就是多民族活动的舞台。许多文化在这里发生、发展、碰撞和迁徙，形成复杂多样的文化谱系和明显的区域特征。对于龙山时代末期至夏代甘青地区考古学文化的谱系，主要有两种不同意见：①马家窑文化以后，经由半山、马厂诸类型，约在夏代前夕，出现了分布范围广、文化特征鲜明的齐家文化；②龙山时代晚期至夏代，甘肃东部和青海的湟水流域是齐家文化的分布区，而甘肃西部及青海东部却是从马家窑文化半山类型发展而来的马厂类型分布区。马厂类型仅发现青铜刀一件，且其年代等也还存在一些问题。西北地区已确定的属于夏代前后铜石并用时代的文化或青铜文化只有齐家文化和四坝文化，它们在夏代基本完成由铜石并用时代向青铜时代的转化，使得西北地区成为夏代中原地区以外惟一的独立的青铜文化区。

● **工艺传统** 主要继承龙山时代冶铸技术和工艺传统，并得到进一步发展，铜器出土批次和数量之多，使用范围之普遍，就连中原地区也有所不及。虽然夏代前后的甘青地区与中原地区存在着文化间的间接联系，西北地区与中原地区在铜器冶铸工艺方面可能也存在某种程度上的联系和交流，但由于夏代中原地区与西北地区之间隔有陕西关中地区这样一个文化分隔地带，两者技术上的联系很少甚至在某些时候基本中断，这就使得西北地区无论是在铜器种类还是形制上，都与中原地区有着极大的差异。

● **区域特征** 由于文化背景和技术传统的制约，具有强烈的地方特色。在材质方面，当中原地区以青铜器基本取代红铜器的时候，西北地区仍然存在着数量很大的红铜器，并且还发现少许砷铜制品。砷铜在中国其他地区从未见到，应是受到西亚早期铜器制作技术影响的产物。在成型方法上，西北地区除使用单面范铸造铜器外，还使用比较先进的合范法铸造技术；与此同时，相对落后的用冷锻法和热锻法捶击而成的铜器还在广泛使用。在种类上，西北地区不见大件容器，铜器主要是用于日常生产和生活的工具、饰件及生活用器。多面铜镜的发现，表明西北地区应是中国圆形具钮镜的起源地之一。

（孙　华）

Qijia wenhua tongqi

齐家文化铜器

夏代及稍早于夏代分布于甘肃东部及青海湟水流域的以甘肃广河县齐家坪遗址为代表的考古学文化的铜制器具。在西北地区诸考古学文化铜器中，年代早，数量较多，质料以红铜为主。是已知中国北方系铜器风格产生的最早渊源，与四坝文化铜器一道构成不同于夏代中原诸青铜文化铜器的特色。其跨越铜石并用时代及青铜时代两个阶段，对探讨中国铜器的起源、中国青铜文化体系的源流等均有重要意义。

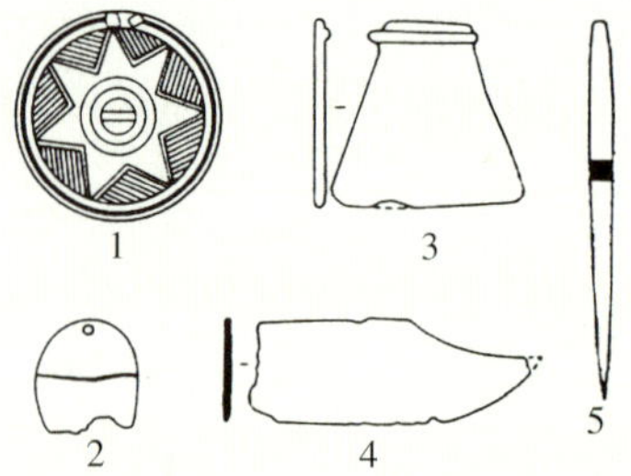

1.镜　2.缀饰　3.斧形器　4.刀　5.锥

齐家文化铜器举例

● **发现与认识** 齐家文化虽早在1924年就已被发现并命名，但其铜器的发现却晚至1957年。这一年，甘肃武威县皇娘娘台遗址发掘出土11件铜器，其后又出土铜器19件。它们多出自居址的白灰面房屋附近的灰层和窖穴中，均为小件器物，且以残器居多。此外，甘肃永靖县秦魏家遗址的居址和墓葬中曾出土6件铜器，甘肃广河县齐家坪墓地出土有铜镜和双耳铜斧，青海贵南县尕马台墓地出土有七角星纹铜镜。这些铜器的发现丰富了人们对齐家文化铜器的认识，说明齐家文化铜器的使用已不是个别的现象，铜器冶铸业已有一定的规模和水平。

● **材质与工艺** 在已鉴定的25件铜器中，纯铜器计16件，占64%；铅锡青铜器9件，占36%，而以铅青铜居多。铜器以锻造或铸造的方法制作，铸造成型的占绝大多数。根据金相鉴定结果和器物外形观察，秦魏家青铜锥系冷锻而成，红铜斧为铸造成型。尕马台的青铜镜（含铜90%、含锡10%）也系铸造而成。铸件或采用单面范（如皇娘娘台铜刀），或采用简单双面范（如皇娘娘台条形饰件）；像尕马台銎内斧这样的空腔器物，无疑采用了带芯的复杂的双合范。有的学者考察了皇娘娘台、秦魏家、齐家坪、大何庄出土的经鉴定的部分铜器在齐家文化分期中的位置，发现早期基本上都为红铜器，直至晚期青铜器方与红铜器并存，这反映出齐家文化制铜业由纯铜到青铜的基本完整的发展轨迹。齐家文化早期铜器只有锻件和简单铸件，晚期方出现复杂铸件，也从另一个方面说明其冶铸工艺发生、发展的历史进程。

● **器类与器形** 已知铜器皆小件器具，可分工具和饰品两类。工具有刀（或称匕）、锥（或称钻）、凿、镰、斧，饰品有环、圆形饰、条形饰和镜。其中铜刀在各遗址中普遍出土，作长条形，翘锋直背，有的可能镶嵌在木柄上使用。铜锥也发现较多，作圆锥或方锥状，前端聚锋，后端也可安装木柄。铜斧共发现2件，秦魏家直内斧呈扁梯形，后部一面有凸阑，似经长期使用，内大部残缺，刃部也已磨钝；齐家坪銎内斧体呈梯形，刃微外弧，长方形銎两侧附双耳。铜镜仅在齐家坪和尕马台各发现一件，均属圆形背钮镜，前者镜面凸起，中薄边厚，是中国已知年代最早的凸面镜；后者镜背铸有几何花纹，古朴美观，集中体现了齐家文化的铜器制作水平。

● **特征与族属** 红铜与青铜、锻打与铸造并存，带有浓郁的早期铜器色彩。种类以小件工具和饰品为主，具有北方系铜器的普遍风格。铜镜是该文化的发明，铜器花纹是最早的铜器纹样。这些对以后西北地区青铜文化有着强烈的影响。齐家文化分布区域秦至东汉以前均为氐羌族系活动的固有区域，故其很可能为氐人或羌人的遗存。

参考书目

安志敏：《中国早期铜器的几个问题》，《考古学报》1981年3期。
张忠培：《齐家文化研究》，《考古学报》1987年1、2期。

（孙 华）

Qijia wenhua tongjing

齐家文化铜镜

夏代前后齐家文化的铜制妆具。是中国已知年代最早的青铜镜，为中国铜镜的最早源头。

已出土铜镜数面，最引人注目的一为甘肃广河县齐家坪41号墓出土的铜素背镜，一为青海贵南县尕马台25号墓出土的七角星纹镜。这两面铜镜均以锡青铜铸成，其中齐家坪素背镜直径6厘米，镜面光洁，中央微凸起，镜背中心有桥形钮，开中国具钮铜镜的先河；尕马台七角星纹铜镜钮已残，但其镜背纹饰显然与商代北方及中原地区出土铜镜的背纹一脉相承。

齐家文化铜镜虽然直径小，背纹简单，但中国古代铜镜的基本特点都已具备。将镜面做成中央微凸的形状，可以以小见大，这种后世小铜镜的镜面做法在齐家文化中已露端倪。 （孙 华）

Gamatai qijiaoxingwen tongjing

尕马台七角星纹铜镜

夏代齐家文化晚期铜制妆具。是中国已知年代最早的一面铜镜。1976年由青海省文物考古队在贵南县尕马台25号墓中发掘出土。现藏于青海省文物考古研究所。

尕马台七角星纹铜镜

出土时位于墓主人胸下。直径8.9厘米、厚0.3厘米，重109克。呈圆形。正面锈蚀严重，背面中为镜钮，钮座外在两道凸旋纹间填以斜线衬底的三角形，构成一不很规则的七角星形图案。由于镜钮已残损，在镜身边缘加钻两孔，供系绳悬挂之用。制作工艺欠精，花纹简单草率，但在存世寥寥的史前铜镜中却弥足珍贵。

它同甘肃广河县齐家坪齐家文化墓葬所出铜镜一样，都是圆形带钮镜。这种铜镜不同于西亚、北非及地中海沿岸古国流行的圆形带柄镜，是古代中国及受中国文化影响的东亚诸国最主要的铜镜样式，也是先秦至唐代中国铜镜的固有形制。这种形制的铜镜后成为中国北方青铜文化系统的基本因素之一，历商、西周时代并影响到中原青铜文化系统，逐渐成为中原式铜器的一个庞大的分支。战国以后，铜器制造业在中原地区日渐衰落，只有铜镜制造工艺日益兴旺发达，且历经千百年而不衰。 （孙 华）

Siba wenhua tongqi

四坝文化铜器

夏代及商代初期分布于甘肃河西走廊地区，以甘肃山丹县四坝滩遗址命名的考古学文化的铜制器具。或称火烧沟类型文化铜器。在同时代青铜文化铜器中以分布广泛、数量众多、形态复杂而著称。与齐家文化铜器一道构成夏代前后中国西北地区铜器的特色，对中国北方系铜器风格的形成有着重要影响。

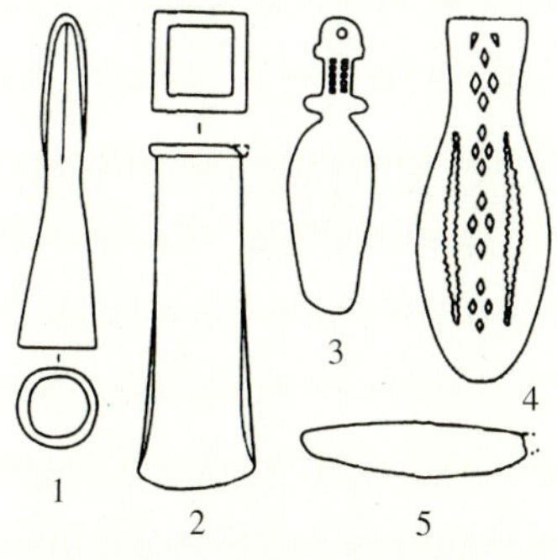

1.矛 2.斧 3.短剑 4.饰件 5.刀

四坝文化铜器举例

● **发现和分布** 四坝文化属于甘青地区青铜文化的认识，是伴随1976年甘肃玉门市火烧沟四坝文化墓地发掘出大批铜器而获得的。在火烧沟墓地的312座墓葬中，出土铜器的墓葬就有106座，铜器的使用相当普及。1987年甘肃酒泉市干骨崖墓地又出土一批铜器。此外，在甘肃民乐县东灰山和西灰山、安西县鹰窝树等遗址也发现一些铜器。据已知材料，其铜器的分布范围很广，几乎与四坝文化的分布范围重合；大多数遗址都有铜器出土，数量众多，仅火烧沟墓地出土的铜器就达200件以上。虽未见容器，但器类不少，其中还有像四羊铜杖首、銎内斧这样的复杂铜器。

● **材质与工艺** 质料多样，既有红铜，也有青铜，还有砷铜。经对火烧沟墓地出土的66件铜器的鉴定，其中纯铜器30件，青铜器36件。民乐县东灰山、酒泉市干骨崖的铜器经鉴定还发现有含砷量小于6%的砷铜器。青铜已成为铜器的主要质料。铜器制作方法以铸造为主，锻造法很少；铸造采用块范法，范可能为石制。火烧沟墓地中曾发现一件铸箭镞的石范，石质为耐火度高且质地较软的泥质沙岩（这种石料既便于刻磨成铸型，又可反复使用），从范上有多次使用的痕迹看，当时已有小规模的批量生产。铸造技术也有较大进步，能够铸制出相当复杂的器形。火烧沟四羊铜杖首，4个羊头先分铸，然后嵌铸成器。这是甘青地区已知最复杂的夏代铜器，也是中国已知最早的嵌铸铸件。它的诞生，表明四坝文化内部的生产分工已经相当细致，出现一批技术熟练、经验丰富的专业工匠，铜器制造业已经发展到较高水平。

● **种类与风格** 有工具、兵器、饰品和礼仪器4种。器类有斧、镢、凿、刀、矛、镞、锥、泡、钏、耳(鼻)环、管、饰牌、镜（镜形器）等。其中骨柄铜锥与俄国米奴辛斯克盆地铜石并用时代的奥库涅夫文化所出者基本相同；有銎铜斧在商代后期及西周时期普遍见于长城沿线地区和俄国南西伯利亚一带；铜镜或镜形器在齐家文化等西北地区及北方地区青铜文化中最早出现且比较流行。这些都反映出四坝文化铜器带有浓厚的北方草原地带铜器的形态风格。此外，铜器均为小件器物，铜饰件往往与金银饰件同出的现象，也都不见于中原地区而是当时乃至于以后北方地区青铜文化的特色。

● **族属** 四坝文化铜器分布区域在先秦时期是氐羌族系活动地区（见《后汉书·西羌传》），而铜杖首做成4个羊头的形状，正与古人把羌人当作“西方牧羊人”的认识相吻合（见《说文解字·羊部·羌》），故其当属氐羌族系的铜器。

参考书目

北京钢铁学院冶金史组：《中国早期铜器的初步研究》，《考古学报》1981年3期。

李水城：《四坝文化研究》，《考古学文化论集》（三），文物出版社，1993。

（孙　华）

Huoshaogou tongmao

火烧沟铜矛

夏代四坝文化早期的铜制兵器。1989年由甘肃省文物考古研究所在玉门市清泉乡火烧沟墓地112号墓中发掘出土。现藏于甘肃省文物考古研究所。

长13.4厘米、銎径3.3厘米。以青铜铸造。前小后大，圆銎，銎内残存木柄朽迹。两面棱角为中脊，两侧棱角为边刃。刃叶较窄，向前收束为圆锋。形制古拙，是甘青地区已知年代最早的铜矛之一。其銎粗大而叶窄小，形制与中原地区出土者有所不同，具有地方特点。

（王　辉）

Huoshaogou tongfu

火烧沟铜斧

夏代四坝文化早期的铜制工具。1976年由甘肃省文物考古研究所在玉门市清泉公社火烧沟墓地229号墓中发掘出土。现藏于甘肃省文物考古研究所。

长14厘米、宽4.3厘米。呈长条形，銎可以穿柄，銎缘有一周凸棱。两侧直边，前部两侧稍凸起，近刃处稍外撇，与弧刃相接。其形制规整，工艺进步，是夏代甘青地区铜工具的代表作之一。

（王　辉）

Huoshaogou tongshipai

火烧沟铜饰牌

夏代四坝文化的铜制饰件。1989年由甘肃省文物考古研究所在玉门市清泉乡火烧沟墓地117号墓中发掘出土。现藏于甘肃省文物考古研究所。

长14.6厘米、宽3.3厘米~5.4厘米、厚0.15厘米。呈垂叶状，分上下两段，上如倒梯形，下呈椭圆形，从上至下中央饰菱形镂孔棱花纹4组，除最上一组多出2个三角形镂孔外，其余每组作4个菱形，下部两侧还装饰有锯齿形镂孔。其年代早，装饰独特，是早期铜饰件中的珍品。

（王　辉）

Huoshaogou siyang tongzhangshou

火烧沟四羊铜杖首

夏代四坝文化的铜制礼器。是甘青地区出土的最复杂的早期铜器。1976年出土于甘肃玉门市清泉公社火烧沟墓地一座四坝文化墓葬中。现藏于甘肃省文物考古研究所。

火烧沟四羊铜杖首

通高8厘米。铸造成型。器形完整，表面显绿锈。形似梨状，其下有銎可装柄，出土时柄已朽。圆腹一周对称设置4个羊头的装饰。4个羊头系分别铸成后再嵌铸成型，制作工艺复杂，在四坝文化墓地中仅见此一件。与之同时出土的还有一

件通体磨光、作椭圆形的玉质权杖首，它们应是权力的象征——权杖之首。这种铜器不见于中原地区铜器中，它的出现或许是受到中西亚青铜文化的影响所致。

（王　辉）

Beifang Diqu Xiadai tongqi

北方地区夏代铜器

夏王朝统治时期分布于河北北部、辽宁西部、内蒙古大部、山西西北部和西部及陕西北部的诸青铜文化的铜制器具。因这一地区处于中原青铜文化系统与南西伯利亚青铜文化系统的接触地带，铜器面貌既富有自身特色，又受到中原地区的强烈影响，并给南西伯利亚地区青铜文化以重要影响。

● **文化背景**　从新石器时代中期开始，北方地区就形成了东、西两个文化面貌差异很大的文化区。东区先后经历红山文化、小河沿文化进入青铜时代；西区先后经历仰韶文化的几种地方类型遗存（如白泥窑子遗存、海生不浪遗存等）和客省庄文化等龙山时代遗存一起进入青铜时代。在夏代前后的北方地区，东、西两区的分区状况仍然依旧。不过，东、西两小区文化的发展并不平衡，在东区出现分布范围广大、修筑有成群土石城邑和拥有一定规模的铜器冶铸业的夏家店下层文化；而在西部地区，虽然发现过龙山时代的铜器，尽管西北的齐家文化曾强烈地影响到这一地区，但当地青铜文化似乎不及邻近地区发达，相当于夏代的铜器尚未发现。

● **技术传统**　在北方地区东端的辽西一带，早在红山文化时期就已出现红铜器；到龙山时代，北方西区也发现铜器（红铜？）。不过，相对于中原和西北地区来说，北方地区龙山时代的早期铜器发现得较少，并且北方东区还存在着红铜制造工艺中断的现象。从这一地区与邻近地区青铜文化的关系分析，其青铜冶铸技术的出现，应主要受到中原地区的影响。内蒙古赤峰市四分地遗址出土的陶范，表明北方东区夏家店下层文化铜器的铸造方法与中原地区相同，均采用范铸法；西区尽管尚未发现这一时期的铜器，但该区文化结构具有浓厚的中原地区和西北地区的因素，其铜器制造工艺当有东、西两个来源。从已知铜器东区多而西区少的分布状况，以及铜器铸造工艺更接近于中原地区的现象来看，该地区青铜文化的兴起及青铜冶铸工艺的来源是显而易见的。

（孙　华）

Xiajiadian xiaceng wenhua tongqi

夏家店下层文化铜器

夏代及商代前期分布于内蒙古东南部、辽宁西南部、河北北部、京津地区的以燕山山地为中心的考古学文化的铜制器具。这里的铜器制造业虽不及中原及甘青地区诸文化发达，但在夏代前后北方地区发现的铜器中数量最多，对北方系铜器风格的形成有着一定的影响。

● **发现与认识**　早在该文化被确认以前就有发现。1952年，河北唐山市小官庄石棺墓曾出土一件喇叭首铜耳环。稍后，唐山市大城山遗址又出土2件“铜牌”，由于当时未将该遗址中的夏家店下层文化与龙山时代的文化遗存区别开来，这2件铜器又属红铜器，故一般将之当作龙山时代的铜器。1960年，内蒙古赤峰市夏家店遗址的发掘，从所谓“赤峰第二期文化”中区别出以该遗址下层为代表的夏家店下层文化，并且从下层遗存中发现铜渣、铜屑，当时认为该文化是年代与商文化大致相当的青铜文化。此后，在燕山南北发现的夏家店下层文化遗址数以百计，发现的铜器也日渐增多，如内蒙古宁城县小榆树林子遗址铜刀、敖汉旗大甸子墓地铜镦等小件铜器，河北大厂县大坨头遗址铜镞、蔚县三关遗址铜耳环、滦南县东庄店遗址铜器，北京昌平县雪山遗址铜刀和镞、房山区刘李店遗址铜耳环及指环，天津蓟县张家园遗址铜刀、镞、耳环及围坊遗址铜刀等。这些铜器的发现，加深了人们对夏家店下层文化的文明进程、区域类型和族属的认识。其中以大甸子墓地铜镦等饰件和辽宁锦县水手营子墓葬出土的铜连柲戈等最为重要。

● **材质与工艺**　经过成份检测的仅有大城山遗址的2件铜牌和小官庄遗址的1件铜耳饰。前者的成份以铜为主，含铜量分别为97.97%和99.33%，属于红铜制品；后者含铜92%、含锡7%，属于锡青铜。青铜器含锡量较低，与同时代二里头文化等其他青铜文化的青铜器合金成份类似，具有早期青铜器的特征。区域文化特色极其明显，属该文化自身的产品。赤峰市夏家店遗址出土的铜渣及四分地遗址出土的铸铜陶范，证明已使用范铸法。其范用陶而不用石，暗示该文化制铜工艺与二里头文化等中原青铜制作工艺关系密切。晚期制铜技术又有较大发展，虽尚无铜容器的发现，但从水手营子连柲铜戈这样柄用铜铸的铜兵器、大甸子玉石钺木柲前端套的鸟兽首形铜饰和后端所套的铜镦，以及可能仿铜器制作的陶器来看，其铜器制造技术不低。这时该文化工匠已掌握铸造空腔铜器、较大和较复杂器形的技能，并能在铜器上铸出复杂的花纹，很可能已制造出铜容器。

● **分期和分区**　夏家店下层文化通常被分为辽西的药王庙类型（或称丰下类型）、燕南的大坨头类型和张家口地区的壶流河类型，它们的起止时间和分期不尽相同。从铜器情况看，大坨头类型出现铜器较早，发现铜器较多，这应当与该类型靠近当时青铜冶铸业最发达的中原地区有关。值得注意的是，被一些学者视为夏家店下层文化典型铜器的喇叭首铜耳饰，绝大多数都出自燕山以南的大坨头类型，构成该文化大坨头类型和药王庙类型铜器的不同特色。有的学者指出：喇

叭首铜耳饰的形制有早晚变化，其中早期喇叭首皆实心，柄呈鱼钩状；晚期出现空心的喇叭首耳饰，柄部多弯曲成环形。在夏家店下层文化晚期，出现像水手营子连柲铜戈那样的较大较先进的青铜器，说明铜器冶铸技术在晚期应有较大发展。

● 种类与形制 基本上均属小件制品（有的学者将出土较多中原系大件铜容器的北京平谷县刘家河商墓也归入夏家店下层文化的范畴，但该墓未出夏家店下层文化因素的典型器物，年代又晚到一般学者认定的该文化时间下限以后的殷墟早期阶段）。可分兵器、工具和饰件3类。兵器中最重要的是水手营子连柲铜戈，其戈头形制近似二里头文化铜戈，但柄用铜铸却仅此一件。铜镞均为双翼类，有带铤镞和銎管镞两型。其中带铤镞的铤部实心，前粗后细，可插绑在箭杆上，是中原系铜器中镞的常见形制；銎管镞的管部中空，前细后粗，箭杆插入管銎内，是北方系铜器中富于地方特色的兵器。铜刀或作兵器，或作工具，一般弧背，翘首，垂柄，形制简陋。饰件中最富特色的是喇叭首耳饰，耳环以铜丝或金丝弯成，一端铸或锤锻成喇叭状。这种饰件主要见于该文化的大坨头类型，以后在张家园文化中更加流行。从赤峰市四分地出土的半截如卵、半截如管的连珠饰管陶范来看，这种在以后北方地区广泛使用的铜饰件很可能源于夏家店下层文化。

参考书目

郭大顺：《赤峰地区早期冶铜考古随想》，《内蒙古文物考古文集》，中国大百科全书出版社，1994。

（孙 华）

Shuishouyingzi lianbi tongge

水手营子连柲铜戈

商代前期夏家店下层文化偏晚阶段的铜制兵器。是夏家店下层文化罕见的大件铜器之一，也是已知惟一一件带铜柄的商代戈。1986年出土于辽宁锦县水手营子村一夏家店下层文化墓葬中。现藏于锦州市博物馆。

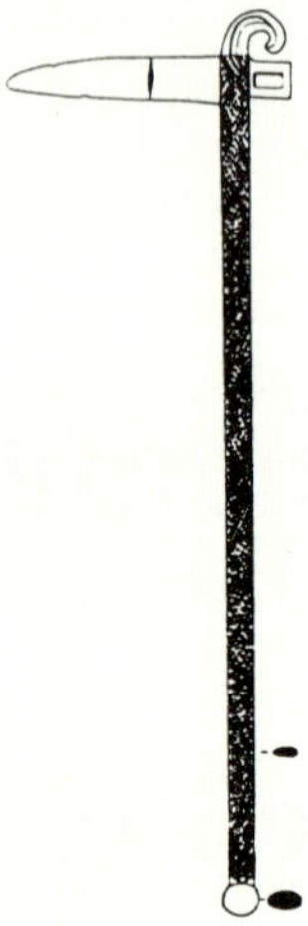

水手营子连柲铜戈

通长80.2厘米。戈头连柄均以青铜铸就。模仿实用的带竹木柄短戈制作，戈头为长援直内无胡式，长23.8厘米；戈柄与竹木质柄一样呈扁圆形，凭手感即可察觉戈援所在方向，以便勾啄。柄上端有向后的弯钩，下端有扁圆形镦。柄身遍饰菱形网格，格内点缀圆珠纹。其制作精细，保存完好，时代及文化性质明确，是研究商代铜戈组合方式及装饰附件的重要材料。

（孙 华）

Shangdai tongqi

商代铜器

（约公元前16世纪～公元前11世纪）

商王朝统治时期中国各地区各文化的铜制器具。较夏代铜器分布地域扩大，出土数量增加，铸造工艺也有很大提高。就反映的文化内涵来看，铜器在技术、功用、形态和纹饰诸方面，均形成自己稳定而鲜明的特质和传统。标志着中国铜器时代从发展阶段已达到鼎盛阶段。

● 文化背景 商代铜器的发展进步与同时期青铜文化的普遍繁荣密不可分。新石器时代末期及夏代所形成的文化分区格局，到商代已开始发生显著变化，形成3个庞大的青铜文化系统：①以黄河中下游地区为中心的中原青铜文化系统。该系统分布区是中国铜器的主要起源地，其青铜文化的特质系融汇夏代华北地区诸青铜文化而来，在西周以后又被全面继承和发扬，是商代青铜文化的主体。②分布于长江流域及东南沿海地区的南方青铜文化系统。自商代后期偏晚阶段开始，该系统铜器突然大量出现，制作工艺、种类、形制和装饰风格又带有浓厚的中原青铜文化系统的色彩，它无疑是在中原文化系统影响下发展并繁荣起来的。③位于长城沿线及其以北地区的北方青铜文化系统。该系统所属的甘青地区虽然是中国铜器的起源地之一，在夏代铜器冶铸业也相当发达，但在商代，铜器制作水平明显落后于前两个文化系统，并受到中原青铜文化系统的强烈影响。

● 技术成就 铜器冶铸工艺较夏代已有长足进步。在铜矿开采方面，商代已有较大规模的且相对完备的铜矿采冶业。如江西瑞昌市铜岭古铜矿，据放射性碳素断代及出土器物分析，其最早的竖井和平巷的年代可早到商代前后期之际；采矿方法是先从地表富矿带进行露天开采，再通过竖井和平巷进行地下掘进，竖井和平巷都有木质框架、顶棚支护；采出的铜矿石很可能经过水洗选矿后，就地冶炼成粗铜，再运往当时的一些重要城邑进行精炼和铸造；精炼是将红铜锭放入熔铜设施进行提炼，使铜质更加纯净，在精炼的过程中再根据铜器的用途和对锡料的拥有情况加入一定比例的锡、铅，使之成为青铜合金。商代铜器基本上皆以青铜铸成，技术成就主要表现为：①在合金成份上，为增大硬度，青铜器的含锡量在总体上比夏代明显增加，并且从早期到晚期，青铜器的含锡量呈现出逐渐增长的趋势。商代工匠已经有意识地在青铜合金中加入适量的铅，使合金成份多样化，除铜、锡和铜、铅的二元合金外，还有铜、锡、铅的高锡的三元合金和铜、铅、锡的高铅的三元合金。这既可节省宝贵的锡料，又可增加铜液的流动性，有利于铸制出装饰繁缛、纹样精细的青铜器。②在铸型工艺上，商代青铜器均使用块范法成型。制模、

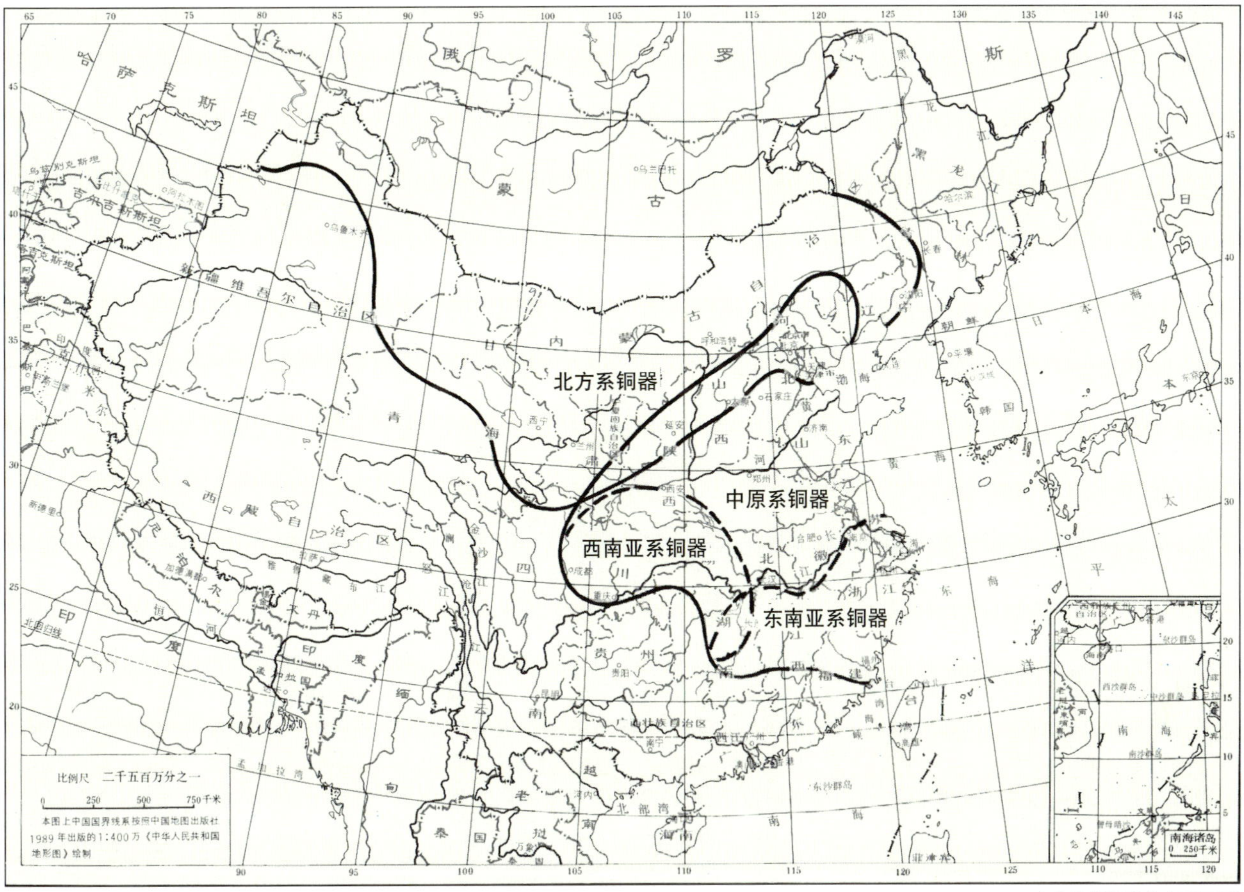

商代后期铜器的主要区系

翻范、修范、合范工艺已相当纯熟。夏代出现的简单的分铸法在商代已得到广泛的运用，并根据器物形状和部位的不同采用不同的分铸法。在器物主体与附件的相互关系上有静连分铸法和动连分铸法；在附件相对于器物主体铸造的时间先后上又有附件先铸的先铸法和附件后铸的后铸法。此外，商代还发明将多块小范镶嵌在一块大范上的嵌范工艺，这既方便了造型、纹饰复杂器物的外范的翻制，又使得传统的范铸法铸造极为复杂而精美的青铜器成为可能。河南安阳市殷墟西北冈牛鹿铜方鼎和侯家庄左中右铜方盉，湖南宁乡及安化与宁乡间出土的转耳仑四羊铜方尊和虎抱人形铜壶等，均为商代铜器的杰作。③在浇铸工艺上，商代不仅出现规模宏大的铜器铸造工场，组织起比较严密有序的劳动协作，采用符合当时铸造工艺水平的工艺流程，而且很可能发明了地槽式浇铸技术，从而大大提高了工效，简化了铸造大型重器的工序。重达800多千克的司母戊大铜方鼎、高达2.6米的四川广汉市三星堆大立人铜像的出现，应与这时铸造工艺水平的提高有着密切的关系。

● **分期** 与夏代相比，铜器出土数量大大增加，分布范围也更广。以中原为主体的中心地带与周围边区青铜文化发展水平的不平衡，使得制作技术、工艺和作风呈现出很大差异。在其纷繁的发展进程中，可以在相当于中原商文化二里冈期与殷墟早期之间、殷墟早期与殷墟中晚期之间划定两条明显的界线，将之分为3期：

第一期，商代前期。相当于商文化二里冈期。依然维持中原与甘青两个独立的铜器中心区域并立的局面，铜器出土地点及数量虽比夏代有所增多，但远不及商代中后期。除中原商文化外，大件青铜容器在其他青铜文化中几乎不见。制作技术进步得有限，分铸法尚未广泛采用。器物尚有夏代铜器的遗意，一般较轻薄，造型较简单，花纹也相当朴实，器表几乎不见立体装饰和浮雕状双层花纹。东方的岳石文化、北方的夏家店下层文化、西北的四坝文化、东南的马桥文化等一些夏代甚至夏代以前就已出现的青铜文化，在这时相当长一段时间内依然存在。

第二期，商代中期。甘青地区这一铜器制造中心衰落，中原地区的中心地位已经确立。铜器出土数量和分布范围较前期有所扩大，制作转向精细，开始用立体鸟兽和扉棱等装饰铜器的范缝，出现凸起的主体花纹，立体像设、打击乐器等一些新器类。中原商文化这时进入转折时期，周边地区一些青铜文化或开始消亡（如夏家店下层文化、四坝文化），或陡然繁盛（如三星堆文化、吴城文化）。中原系铜器及其文化因素开始在周边地区广为传播，北至内蒙古敖汉旗，西至青海西宁市郊，南至江西赣江两岸都发现有中原系铜器；并出现三星堆器物坑铜器、新干县大洋洲商墓铜器等引

人注目的重要边区青铜器群。

第三期，商代后期。青铜文化的格局发生重大变化：中原商文化分布区缩小，但仍呈繁荣景象；东北地区青铜文化开始崛起，并影响到北方东部地区；北方青铜文化的分布中心开始南移，出现传统中断的现象；西北地区青铜文化面貌趋于复杂，多支青铜文化并存；西南四川盆地的三星堆文化衰亡；东南地区也出现新的青铜文化并形成自己的风格。这时铜器制造技术显著提高，出土地点和数量迅速增多，器壁厚重、造型复杂、花纹繁缛的青铜器成为当时的主流。根据器类及风格，可分为中原地区、北方地区、西北地区、西南地区和东南地区等5个区域。

● **分区** 从商代开始，夏代前夕就已形成的中原地区与甘青地区两大铜器制作中心并驾齐驱的格局开始发生变化。中原地区铜器的冶铸技术和工艺不断提高，在数量和种类迅速增多、器物造型和装饰日趋复杂的同时，西北甘青地区的铜器冶铸技术及制造业似乎并未得到大的发展，逐渐与中原地区拉开距离。随着商王朝的日益强盛，以中原商文化为中心的青铜制造技术和青铜器传播到其他广大地区，形成代表中国青铜器主体特征的中原系铜器，从而影响到整个中国青铜文化及其铜器的分区格局。从技术、艺术等方面来综合考察，可分为3大区系：

（一）中原系铜器。中原是具有广、狭二义的地域概念。广义的中原是一个范围不很确定的地域名称，泛指黄河中下游广大地区。有史以来，这一地区主要或全部被所谓正统的中央王朝直接控制。据历史文献、甲骨文和考古学文化研究成果，商代中央王朝的统治中心区域在今河南郑州、偃师及安阳间，统治地域及势力范围在商代前期就已北邻京津，南逾长江，东至海滨，西达关中。这一地区包括商王朝直接统治的“内服”和间接统治的“外服”，分布着以商王国为中心的大大小小的方国和古族。它们在与商王国密切交往的过程中，其文化也受到商文化的同化或强烈影响。代表商文化最高技术成就和工艺水平的青铜冶铸技术随着商文化的传播而被推广到遥远的地方，从而在广大地区中形成“中原系铜器”这样一种有着鲜明技术和艺术特色的铜器风格。商代中原系铜器以煮肉和盛肉的鼎为中心礼器，以饮酒和温酒的觚、爵、斝等的组合及数量为等级标志，以钺为军事权力的象征和以勾啄用的戈为主要作战兵器。

（二）北方系铜器。在中原系铜器形成的同时，分布于长城沿线及其以北地区的诸青铜文化除吸收中原系铜器制作技术及特色外，也逐渐形成自己的风格，出现了北方青铜文化系统和北方系铜器。北方系铜器以管銎军斧、兽首（或铃首或环首）短剑和削刀为基本特征。其形成于商代，并且在商代后期传布于包括西北和东北地区的整个大北方地区，成为商代后期和西周时期北方地区诸文化共同的文化因素。据文化传统和铜器风格的不同，商代北方系铜器又可细分为西北地区、北方地区和东北地区等3个小区。

（三）南方系铜器。早在夏代，中原青铜冶铸技术即已输入长江流域，在这里出现了三星堆文化、马桥文化等青铜文化。但南方青铜文化的繁荣和铜器冶铸业的兴旺却是在商代。商代南方地区铜器通过吸收与消化中原系铜器技术和艺术，孕育出与中原系铜器联系十分密切且又各具地方特色的南方系铜器。这些特色主要表现在：容器以盛酒的尊、壶（卣）等为主体，种类较简单，且一直沿用到西周以后；饮酒器相对缺乏，形成无饮酒器的礼器组合；乐器相当发达，铙、镈等大型打击乐器分布地域广，数量多，年代早，富于特色；工具尤其是农具数量较多，且多集中出土，反映出南方农具的广泛使用和统治者对农具的占有状况。此外，神面像、具有特别含义的动物造型铜器等，也是南方系铜器特有的宗教文化现象。商代南方系铜器至少可分为川湘地区、东南地区等两个具有不同文化传统和区域特征的地区。

● **研究状况** 商代铜器的研究至迟在北宋时期就已开始，当时的吕大临、王黼等在他们的著述中曾尝试辨认商代铜器。清代以来，学者们在讨论铜器分类定名的同时，也涉及到商代铜器。随着殷墟的发掘和商文化的确立，商代中原系铜器的基本面貌已经为人们所认识，李济、陈梦家、水野清一、高本汉等学者开始对殷墟或商代中原系铜器的分类、排序、断代、工艺等问题进行探索。早于殷墟的郑州商城和偃师二里头遗址发掘以后，商文化的发展演变序列和年代分期已经大体确定，从而推进了商代铜器研究的深入。郭宝钧、邹衡、张长寿、杨锡璋等对于商文化铜器的分期研究，华觉民、万家保、N.巴纳德等对商代典型铜器铸造工艺的探讨，张光直等对商代铜器铭文的研究，林巳奈夫、马承源等对商周铜器的综合研究，以及W.贝格利对美国赛克勒博物馆所藏商代铜礼器的研究，都具有一定代表性。

参考书目

M.罗越：《安阳时期的青铜器类型》，《美国中国艺术学会会刊》第7期，1953。
林巳奈夫（日）：《殷周青铜器综览》第一、二卷，吉川弘文馆，1984、1986。

（孙　华）

Zhongyuan Diqu Shangdai tongqi

中原地区商代铜器

（见商文化铜器）

Shangwenhua tongqi

商文化铜器

商代前后主要分布于黄河中下游地区的以商人为主体的考古学文化的铜制器具。以数量多、分布广、制作精、影响大而著称于世，是商代铜器的代表。习惯上所称的“商代铜器”，往往即指此。材质以青铜为主，器物功用以众多的酒器为特征，器类以鼎为中心而以觚、爵、斝为基本组合。

按照《古本竹书纪年》、《尚书序》和《史记·殷本纪》的记载，从商汤建立商王朝到商纣亡国，商王朝的统治中心曾多次迁徙。成汤至大戊共五世十王都以亳为首都，从中丁迁隞起至盘庚迁殷（今河南安阳市殷墟遗址）止，商人在五世九王不长的时间里，先后迁相、庇（或作耿、邢）、奄（《尚书序》和《史记·殷本纪》无此迁），直至盘庚迁殷以后，商人才“更不迁都”。历史学界多将商代的历史分为建都于亳的早期、五世三迁（一说四迁）的中期及建都于殷的晚期。这个分期与考古学上商文化的发展演变大致吻合，只是所谓“九王之乱”的商代中期在考古学文化上的表现并不明显，说明考古学文化的变化略迟于政治的变化。

根据目前的考古材料和研究成果，可将商文化分为前、后两期。商王成汤至武丁为前期，商王武丁至商纣亡国为后期。这一分期如果按照考古学文化序列来表述就是：二里冈文化期——殷墟文化期，在这两个文化期之间存在着一个过渡阶段，该阶段以殷墟遗址第一期遗存为代表，其文化特征与二里冈文化期相似，可将其归入前期商文化之中。

● **发现与认识** 商文化铜器早在战国时代就有发现，《礼记·大学》中就有所谓汤盘铭文的记载。北宋时期，随金石学的兴起，士大夫搜求古铜器之风随之流行开来，商文化铜器也越来越多地见诸于著录。在北宋、南宋的金石学著作中著录的有图像或铭文的商代铜器就在百件以上，并且当时金石学家对区别商、周铜器已经作了一些探讨。清代以来，特别是清末在河南安阳发现甲骨文，证实此地是商王盘庚迁殷后的商王朝都邑后，学者们开始认识到，安阳出土及其他与之类似的铜器应是商代后期商人的铜器。从1928年殷墟发掘起，发掘出土的商文化铜器逐年增多，有的学者开始对以殷墟铜器为主的商文化铜器进行研究。李济《记小屯出土的青铜器》（《中国考古学报》第三、四册）、陈梦家《殷代铜器》（《考古学报》第七册）等是这一时期商文化铜器研究的代表作。中华人民共和国成立后，考古工作者发现并确定了商代前期商文化遗存，并先后在河南郑州和偃师发现了早于殷墟的商代前期都城，初步建立起商文化的年代分期标尺；不仅辨识出一大批商代前期商文化铜器，而且为研究工作的开展奠定了坚实的基础。这期间发现的商文化铜器已不胜枚举，分布地点也不断增多，除殷墟和郑州商城外，其他重要的铜器出土地点还有河南新郑县望京楼、辉县琉璃阁和褚邱、灵宝县东桥、温县小南张、罗山县莽张，河北藁城县台西村、定州市北庄子，北京平谷县刘家河，山东长清县兴复河、滕州市井亭煤矿、青州市苏埠屯，山西平陆县崖底村、长子县北高庙、灵石县旌介村，湖北黄陂县盘龙城，安徽嘉山县泊岗、阜南县月儿河、肥西县馆驿，陕西岐山县京当村、礼泉县驻马嘴、蓝田县怀珍坊、西安市老牛坡等地。在此基础上，一些学者对商文化铜器的合金成份、铸造工艺、分期断代、礼器组合、花纹、铭文及其对邻近地区青铜文化的影响等问题进行了探讨，有的则在先秦铜器综合研究及分类研究中也对商文化铜器有所论及。

● **材质与工艺** 绝大多数以青铜铸制。材质有二元合金和三元合金两类，其中既有主要成份为铜和锡的锡青铜，也有主要成份为铜和铅的铅青铜。根据属于商代前期的郑州商城两个窖藏、黄陂县盘龙城墓葬，以及属于商代后期的殷墟妇好墓、殷墟西区墓地部分铜器的成份测定结果，可看出商文化王室铜

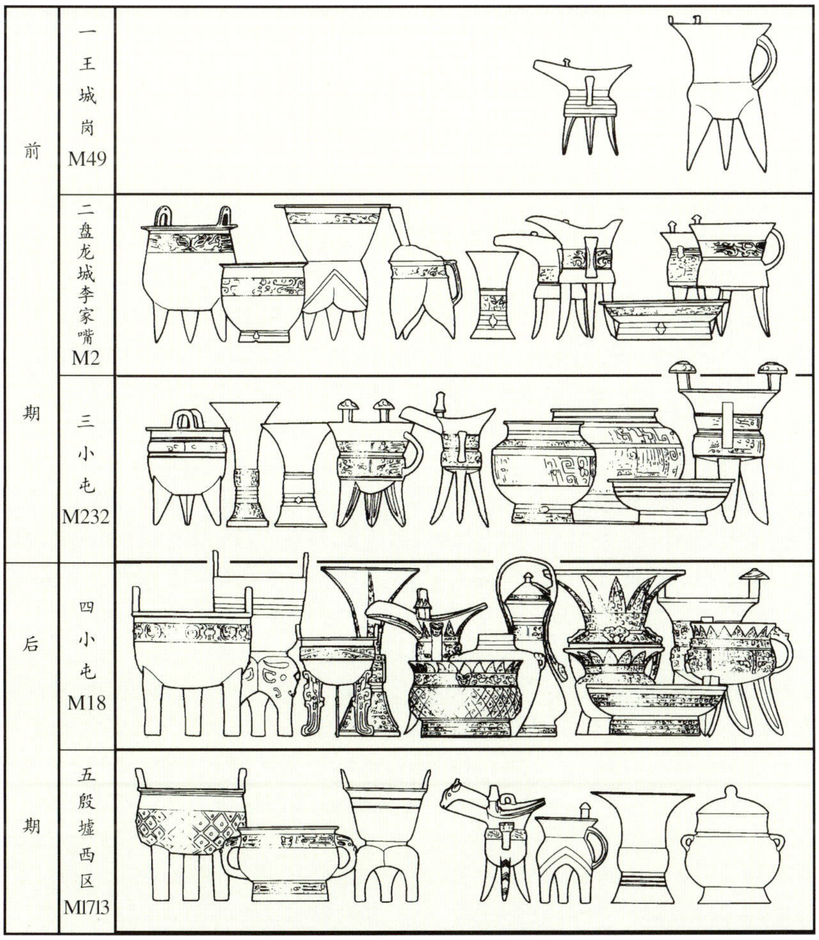

商文化铜器分期示意图

器与非王室铜器的合金成份有着明显区别：王室铜器以锡青铜为主，锡铅青铜也以锡的比重略大；而一般贵族所用铜器则多以铅代锡，常见铅青铜或含铅量较大的铅锡青铜质。这应当与商王朝统治区域远离锡矿产地、锡料贵重有关。这时铸铜工匠已意识到锡在加强铜器硬度中的作用，故铸造实用兵器时往往只加锡而不加铅。不过，在高级贵族的铜礼器中存在含锡量较高与兵器相当的现象，反映出当时还未形成后世那种对不同用途器类采用不同合金比例的所谓“六齐”的认识。

铸造业规模相当可观，工艺也相当进步。如果说商代前期的郑州商城紫荆山、南关外铸铜遗址规模还不是很大，所铸铜器尚以工具、兵器为主的话，商代后期的殷墟苗圃北地等铸铜遗址，范围已达上万平方米，所铸铜器中礼器占相当大的比重，甚至包括一些大型重器。这时的熔铜炉已由先前较小的陶缸发展为专门的大型熔铜竖炉，熔铜炉口径在1米左右。像司母戊大铜方鼎那样的铜器，也只需几个熔炉同时工作即可完成。在殷墟苗圃北地铸铜遗址中还发现可能是从熔铜炉向铸型排放铜液的地槽遗迹，如果这种判断不错的话，那么，至迟在商代后期，就已发明了地槽式浇铸技术。通过对铸铜遗址所出陶范及对器表遗留的铸造痕迹的观察分析，无论是简单的工具兵器，还是异常复杂的礼器，均采用陶质块范法铸造。制模、翻范、烘范、制芯、合范、熔铜、浇铸、修整等各道工序，都显得熟练自如，一丝不苟。模型主要用陶土制成，大型器物多采用分模以提高翻范速度，花纹主要在模上刻划堆塑而成。一模通常只翻一范。陶范以仔细筛选并掺和细砂（以增加透气性）的泥土为原料，根据器物形态的不同而采用不同的翻范和分范方式。大型重器和造型复杂的铜器的型范颇为复杂，铸一件器物有时需用数十块型范，有的型范可能还是由多块分范拼嵌成数块外范的组合范。除采用浑铸法外，还广泛使用先铸附件再放入陶范中与器体铸接的先铸法，以及先铸器物主体然后在其上铸接附件的后铸法。正是巧妙地运用这些方法，像殷墟西北冈牛鹿铜方鼎、左中右铜方盉、三羊罍等一批装饰精美繁复的铜器才得以诞生。

● 种类与组合 器类较夏代二里头文化大大增多，包括容器、乐器、兵器、工具、饰件等几大类。容器是商文化铜器的主体，最能体现商文化的特色，其广泛用于祭祀神灵、宴飨宾客和为死人随葬，是商代贵族标表身份地位的礼器。根据其用途可分为食器、酒器、水器3大类：①食器。有烹煮食物的炊食器、盛放食物的盛食器、分割和抯取食物的分食器的分别。依照器物的外部形态，炊食器又分为鼎、鬲、甗3类，盛食器分为簋、盂、豆3类，分食器则包括匕、刀、俎等；②酒器。种类和数量最多，其中饮酒器有觚、觯、爵、觥、角（爵和角兼有温酒的作用），注酒器和温酒器有斝、盉、卣（或称觥），盛酒器有尊、罍、瓿、方彝、壶（其中的提梁壶一般被称作卣），挹酒器有勺。这些酒器构成商文化铜礼器种类的“重酒”的文化特质，与周文化“重食”的铜礼器形成鲜明的对比。③水器。有匜、盘两类，另有取水的斗。

乐器尚不发达，迄今只见有铙和铃两种。铙出现在商代后期，均3件或5件成组，它们是否能演奏乐章虽难判定，但这种编铙无疑对西周铜编钟的形成有一定影响。

兵器是商文化铜器中仅次于礼器的重要器类，包括钺、戈、矛、刀、镞、胄等。铜钺基本上均为直内钺，有大型与小型之分，其中大型钺多是显示权力的仪仗。大者如苏埠屯神面大铜钺，长达32.7厘米，内部短小且无穿，显然非实用兵器。戈是使用最普遍的铜兵器，是以战车为军队主力这种作战形式的必然产物，包括穿内戈和管銎戈两类。前者从二里头文化继承而来，系商文化铜戈的主要形式；后者则是北方系铜器的因素。矛在商文化中使用不及戈普遍，但在殷墟西北冈1004号王陵中就发现731件，它们10件一捆，与其他资料反映的商人十进位的军队编制相吻合。

商文化铜礼器组合以成对的大方鼎最为显赫。这种方鼎仅见于高级贵族的大型墓葬和窖藏中（王室成员的中型墓如殷墟妇好墓的铜礼器中也有大方鼎），是商文化铜礼器最高级别的象征。不过在商文化铜礼器中，最能区别等级高下的却是爵、觚两种酒器（或以角代爵，如殷墟郭家庄160号墓），它们是商文化铜礼器组合的核心。觚和爵数量的多寡，与持有者的身份等级有着密切关系。从最低级的1觚1爵起，以上依次为2觚2爵，3觚3爵，5觚5爵和10觚10爵诸等级。其中出10觚10爵的殷墟妇好墓，其形制和规模在商文化墓葬中只属中型墓，如果有未经盗扰的更高级别的大型墓发现，其觚和爵的数量一定更多。围绕着这些中心礼器，各铜器群的铜器多寡也不一。1觚1爵的单位有许多就不再有其他铜礼器，如有其他礼器，亦大都仅各一件。如郑州市白家庄2号墓铜礼器组合为1鼎、1斝、1觚、1爵、1尊、1盘，殷墟西区1015号墓铜礼器组合为1鼎、1簋、1觚、1爵、1尊、1壶（通常称卣）等。2觚2爵的单位均有成组的铜礼器，但各类礼器的数量也均以2件为限，如郑州市白家庄3号墓铜器组合为1鼎、2鬲、2斝、2觚、2爵、1尊（或称之为罍或瓿），殷墟大司空村539号墓铜礼器组合为1鼎、1甗、1簋、1斝、1觯、2觚、2爵、1壶、1甗、1盘。3觚3爵的情况与2觚2爵类似，有的器类可多至3件，如殷墟小屯331号墓的铜礼器组合为2鼎、1甗、3斝、3觚、3爵、3尊、1卣、1盉。殷墟小屯18号墓等5觚5爵的单位铜礼器组合为3鼎、2甗、1簋、2斝、5觚、5爵、2尊、1壶、1罍、1盘，鼎的数量多于2觚2爵一级。10觚10爵的铜器墓只有2座，即殷墟妇好墓和郭家庄160号墓。妇好墓铜礼器总数达210件，每一器类往往不止一套，如觚6套53件，爵1套40

件，鼎、斝等也多套多件，其礼器组合更是复杂多样。

● 装饰与铭文 夏代二里头文化的铜器多素面，即使有纹饰的也仅为简单的旋纹和圆圈纹。最早的商文化铜器（二里冈下层期）尚保留二里头文化铜器的基本特征，但从二里冈上层期开始，铜器装饰日益增多，并且越来越繁复。有的器物肩部施立体鸟兽或兽首，有的为掩饰外范范缝造成的器表痕迹而施加扉棱，另有多种布局、构图和母题的铸纹。花纹多施于器物的肩部和上腹部，这是席地而坐生活方式时代的人们视角的最佳位置。纹饰的表现形式有单纯的粗细线条、双层的带地纹的浅浮雕状和高浮雕状，以及少许作透雕状。纹样内容通常以动物纹类为主体，包括兽面纹、夔龙纹、凤鸟纹及蝉纹、鱼纹、龟纹、蛇纹等，其中最常见的兽面纹有虎头、牛头、羊头和鹿头等多类。盘龙、龟、鱼这类水族动物通常施用于水器内，从此成为传统。

铜器铸造铭文的风气开始于商代。商代前期尚无可确定的铜器铭文，已流入美国的刘体智旧藏父辛铜角的鋬内有“父辛”2字，该器从器形和花纹来看应为商代前期之器，但文字却有伪刻之嫌。可以早到商代前期有铭文的铜器是现藏于中国历史博物馆的传世的耳鼎（或名亘鼎），其年代在商文化第三期，即殷墟早期。从商代后期起，铜器上铸造铭文的风气开始流行。铭文的内容主要为作器者的族氏名称和先人谥号，一件铜器上一般只有一字或数字，文字的象形程度高，有的族名或人名还冠以或绕以“亚”字形符号。较多文字的记事性铭文出现在商文化第五期，即殷墟晚期。现存日本的一青铜壶（卣）有铭文44字，是已知字数最多的商代铜器铭文。四祀邲其壶、戍嗣铜鼎等亦为著名的商文化长铭铜器。铭文一般将纪年放在最后称“唯王……祀”，并常用祀典作为日期；铭文只竖行对齐而横向不齐整，文字的大小也不尽一致；表示族名、地名等文字，象形程度很高，显得很原始；字体笔画雄浑，首尾有笔锋，转折有波磔，颇富特色。

● 分期与年代 目前学术界通常将商文化铜器的分期与年代作为衡量商代边区青铜文化的标尺，不少学者所论述的商代铜器的分期实际上就是指商文化铜器的分期。综合各方面的材料，商文化铜器可分为前后相连的5期：

第一期，即二里冈下层期。以河南登封县王城岗49号墓铜器群为代表。已知这一时期铜器数量不多，分布范围也较小，仅见于河南伊洛地区。铸制不精，风格与二里头文化铜器相差不多。器类较少，容器只有鼎、爵、斝、觚、盉等。其中爵口较平而柱小如钉，柱在流上；斝主要为束腰平底类，圜底锥足类斝仍流行；觚体粗大不分段，腰部内弧较小。器表装饰简单，以素面居多，花纹仅见凸旋纹、连珠纹和简化兽面纹。

第二期，即二里冈上层期。铜器数量和种类增多，典型铜器群中较高品级的单位有山西平陆县前庄铜器群、河南郑州市杜岭铜器群（时代为二里冈上层期末，介乎第二三期之间）；中下品级的有河南郑州市白家庄3号墓铜器群、湖北黄陂县盘龙城李家嘴2号墓铜器群。铸造工艺渐趋精工，礼器有鼎（包括方鼎）、鬲、甗、簋、爵、斝、觚、盉、壶、罍、盘。装饰简练美观，一般呈带状布局，花纹多以宽平的线条组成，无主纹、地纹之分。纹样有兽面纹、夔目纹、卷云纹、连珠纹和乳钉纹等。

第三期，即殷墟早期。此时商文化分布范围开始缩小，但铜器的数量大大增加，分布范围扩大。典型铜器群有河南安阳市殷墟232号墓和333号墓铜器群、安徽阜南县月儿河铜器群、河北藁城县台西112号墓铜器群、山西长子县高庙坡铜器群、陕西礼泉县驻马嘴铜器群等。铜器铸制趋于精良，新出现并多见的铜礼器虽仅有瓿等为数不多的几种，但上一期出现的尊、壶等在这时方开始流行。铜器器壁仍较薄，器表流行满花的作风，一些高品级铜礼器上主纹凸起，并且内壁往往随器表主纹的凸起而下凹。纹样有多种形式的兽面纹，以及龙、虎、龟、鱼等动物纹样和斜格乳钉、勾连雷纹、连雷纹、连珠纹等几何纹样。兽面纹的地纹仍然线条粗放，与主纹的区分不甚分明，且由于花纹幅度向上下扩展，地纹通常都如同立羽，修长美观。铜器的肩、腹部的范缝处开始以兽首和扉棱来掩饰，扉棱较短较薄，一般作透空的卷云形。

第四期，即殷墟中期。此时铜器制造业趋于成熟和繁荣，铜器数量急剧增加。典型铜器群有河南安阳市殷墟妇好墓、小屯18号墓和238号墓铜器群，罗山县天湖1号墓铜器群等，其中妇好墓年代明确，可推知该期的年代应当在商王武丁至康丁时期。此时平底的爵和斝、瓿、封口盉减少，新出现觯、方彝、卣（多称觥）、匜（或归入觥类）、贯耳壶和鸟兽造型酒器，上一期出现的甗开始流行。浅腹的圜底斝是这一期最具特色的器物。器体趋于厚重，纹饰繁复多样，主题纹样凸起，附属地纹纤细，主次对比鲜明。除先前的几种纹样外，又出现夔龙、凤鸟、蝉、蕉叶、垂叶、三角云纹等新纹饰。附属立体动物装饰增多，扉棱变长且缺乏起伏。一些铜器开始铸简短的铭文，铭文几乎均为人或族的称谓，文字结构复杂。

第五期，即殷墟晚期。此时铸造工艺基本上处在一个停滞的阶段。典型铜器群有殷墟的戚家庄269号墓、郭家庄160号墓、西区1713号墓铜器群，山东长清县兴复河、寿光县古城村铜器群，山西灵石县旌界村1号墓铜器群等。几乎没有新的器类出现，但一些器类在铜器群中的地位却与前期有所不同，如食器中甗和簋的地位上升，酒器中的尊和觯成为基本器类之一。器形也较上期发生许多变化，如甗由分裆变为联裆，斝由圜底或平底变为袋足，尊由折肩变为圆肩，提梁壶大多由

圆形细长颈变为椭圆形粗短颈等。随葬铜器出现以明器代替实用器的现象。装饰花纹已呈现趋于简易的趋势，出现圆涡纹、四叶纹、直条纹等新纹类，商代前期流行的连珠纹等纹样又重新出现，给人以一种复古的感觉。铭文中开始出现较长篇幅的纪事铭文，有的人名、族名和庙号等铭文可与甲骨文相对照，年代相当于商王武乙至帝辛时期。这一期铜器的许多特征为周文化继承并发扬，使得如何区分商末、西周初铜器成为铜器研究中的课题之一。

（孙　华）

Shangwenhua tongding

商文化铜鼎

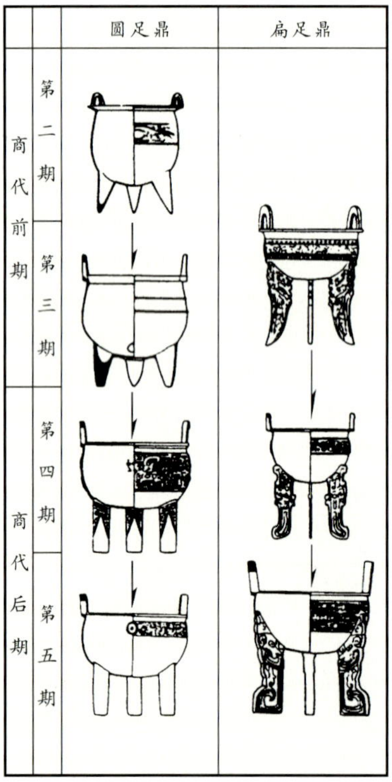

商文化铜鼎形态演变示意图

商代商文化中烹煮及盛放肉食的两耳三足或四足的圆形或方形铜制容器。鼎源于陶制的三足锅，最初仅用于烹煮食物，后主要用于祭祀和宴享，成为铜器中最重要的器类和礼器的中心，被看作是沟通人神的具有某种神性的铜器。殷墟甲骨文中贞卜的“贞”字借用“鼎”字就是这种现象的反映。据文献记载，夏王朝曾用远方贡献的铜铸造九鼎，夏灭亡后“鼎迁于商”（《左传·宣公三年》）。从此，九鼎就成为王权的象征，改朝换代被称之为“鼎革”。

铜鼎的最早实例是夏、商之际或商代初年的圪垱头锥足铜鼎，它属于二里头文化第四期，学术界对于其时代为夏还是商尚有异议。商文化铜鼎出土数量逐渐增加，分布范围不断扩大。到商文化的繁盛期——二里冈上层期时，就出现像杜岭大铜方鼎、前庄大铜方鼎及大圆鼎那样的重器。到商代后期的殷墟中晚期时，更涌现出像司母戊大铜方鼎、司母辛大铜方鼎、西北冈牛鹿铜方鼎和戍嗣铜鼎等那样体高量重、精美庄严的铜鼎杰作。

形制多样，除平底圆鼎外，先秦时期各种类型的铜鼎均已具备。按不同的分类标准有方鼎和圆鼎、圆足鼎和扁足鼎的区别。其中圆足圆鼎的数量最多，使用最普遍。它至迟出现于夏、商之际，以后一直沿用，并在西周时上升为最重要的铜礼器。方鼎在商代铜礼器中的地位最重要，多见形态高大的巨型重器。已知重量最大的先秦铜容器就是商文化的司母戊大铜方鼎。方鼎往往成双成对出土于商王朝都邑或高级贵族墓葬中，这应是当时某种用鼎习俗或制度的反映。

随着时间的推移，商文化铜鼎呈现出明显的时代变化。在造型工艺方面，商代前期圆鼎多采用过足包底的三合范，一般不用底范（大型铜鼎设底范）；商代后期圆鼎均采用不包底的三合范，另设底范。在形态特征方面，从商代前期到后期，方鼎平面由正方形逐渐演变为长方形，立面由器身高于口长逐渐变为口长大于器高，鼎耳由空凹槽耳变为实耳，鼎足由上大下小的短兽足变为上下相等的高柱足；圆鼎平面由耳、足四点配列变为耳、足五点配列，器身立面由深变浅，圆足鼎足部由空锥足逐渐演变为实柱足，扁足鼎足尖的接地面积逐渐增大。

参考书目

李济：《青铜鼎形器的形制与花纹》，《古器物研究专刊》第4本。
楚戈：《法统的象征——从问鼎的故事看实用器地位的提升》，《故宫文物月刊》第一卷第1期。
杨宝成：《商周方鼎初论》，《考古》1991年6期。

（孙　华）

Qianzhuang datongfangding

前庄大铜方鼎

商代前期商文化的铜制食器及礼器。在商文化铜器分期中属第二期，即二里冈上层期。1990年出土于山西平陆县坡底乡崖底村前庄南端的黄河岸边。现藏于山西省考古研究所。

前庄大铜方鼎

口边长50厘米、通高82厘米。系浑铸成型。平面呈正方形，空槽状立耳，斜折沿，深直腹，平底，下连上粗下细的空足。器表装饰花纹简练，腹外饰乳钉纹，乳钉呈凹字形布列，靠上部的四中四隅各饰一道由凸线组成的兽面纹。鼎足中部偏上亦饰兽面纹一周，其上下各施凸旋纹一道。

该鼎器高体大，在已知商代前期方鼎中体量仅次于河南郑州出土的杜岭大铜方鼎。如此重器在商代王都以外的地方出土，本身就是很值得注意的现象。从该鼎的形态纹饰来看，它显得比杜岭大方鼎和郑州市向阳回民食品厂出土的向阳大方鼎更为古朴，是二里冈上层期大方鼎的标准形制。

参考书目

卫斯：《平陆县前庄商代遗址出土文物》，《文物季刊》1992年1期。

（卫 斯 孙 华）

Duling datongfangding

杜岭大铜方鼎

商代前期商文化的铜制食器及礼器。在商文化铜器分期中属第二期，即二里冈上层期偏晚阶段。1974年出土于河南郑州市张寨南街名为“杜岭”的土岗上。现藏于中国历史博物馆。

杜岭大铜方鼎

一对2件，形态、纹饰相同，惟高低、重量有所差别。1号鼎口边长62.5厘米、通高100厘米，重86.4千克；2号鼎口边长62厘米、通高87厘米，重64.25千克。由多块陶范分铸，系先铸造鼎身和足，再将耳与身铸接而成。平面均呈正方形，立面呈口略大于底的斗状。双耳立于鼎侧边的口沿中部，耳微外倾，耳外壁作凹槽状。口沿外折，平沿方唇。器身每面左右及下部边缘均饰以乳钉纹；在器身中部偏上处则饰一周兽面纹。鼎足上粗下细，上空下实。足外上端饰兽面纹，下端饰凸旋纹。鼎下部均有烟熏痕迹。该鼎是迄今所发现的最大的商代前期铜器，它的出土地点又在商代前期都邑郑州商城北城墙外侧不远，因此，它应属于商王室使用的青铜重器。

（孙 华）

Qianzhuang datongding

前庄大铜鼎

商代前期商文化的铜制食器及礼器。在商文化铜器分期中属第二期，即二里冈上层期。1990年出土于山西平陆县坡底乡崖底村前庄南端的黄河岸边。现藏于山西省考古研究所。

一对2件，大小、形制相近。一件口径47.5厘米、通高73厘米，另一件口径45厘米、通高70厘米。用3块外范加1块三角形底范浑铸而成。耳、足平面呈四点配列。空槽状圆顶立耳，斜折沿，深腹，下壁外鼓，下接上粗下细的空兽足。口下、腹上饰纹带一周，纹饰由宽线条组成，共3组，每组中为兽面，两侧为夔目。两鼎足部装饰纹样有所不同，略高的一件上部饰兽面，下部施两道凸旋纹；稍矮的一件仅在下部饰凸旋纹。

前庄大铜鼎

该鼎是罕见的二里冈上层期大圆鼎之一，其体量仅次于河南郑州商城北城墙外侧出土的杜岭大铜方鼎和郑州市向阳回民食品厂出土的大方鼎，其形态则比向阳大方鼎更加古朴，是二里冈上层期大圆鼎的代表作。

参考书目

卫斯：《平陆县前庄商代遗址出土文物》，《文物季刊》1992年1期。

（孙 华 卫 斯）

Baijiazhuang aizhuizu tongding

白家庄矮锥足铜鼎

商代前期商文化的铜制食器及礼器。在商文化铜器分期中属第二期，即二里冈上层期。1955年由河南省文化局文物工作队在郑州市白家庄2号墓中发掘出土。现藏于河南省博物馆。

白家庄矮锥足铜鼎

口径16厘米、通高18.5厘米。耳、足呈五点布列。立耳折沿，深腹圜底，底接3个外撇的空锥足。颈下饰3组由兽面组成的纹带，纹饰由宽平的线条组成，在素净的器表上，给人以减地平钑的浮雕效果。该鼎三足尖短且外撇角度颇大，显得端庄稳定，是二里冈上层期偏早阶段小型铜鼎的代表作。

（王 鑫 孙 华）

Lijiazui datongding

李家嘴大铜鼎

商代前期商文化的铜制食器及礼器。在商文化铜器分期中属第二期，即二里冈上层期。是长江流域已知体量最大的二里冈期铜鼎。1974年由湖北省博物馆等单位在湖北黄陂县盘龙城李家嘴2号墓中发掘出土。现藏于湖北省博物馆。

口径40.7厘米、通高48厘米。

耳、足呈四点配列。槽状立耳，宽斜折沿，深腹，圜底，空锥足。上部饰兽面纹带，纹带较窄，与高大的鼎身相比，显得不够协调。该鼎与出土于山西平陆县黄河岸边的前庄大铜鼎一南一北，同为二里冈上层期商文化大型铜圆鼎的代表作。

（孙　华）

李家嘴大铜鼎

Xiangyang qianfu bianzu tongding

向阳浅腹扁足铜鼎

商代前期商文化的铜制食器及礼器。在商文化铜器分期中属第二期，即二里冈上层期末。1982年出土于河南郑州市向阳回民食品厂内。现藏于河南省文物考古研究所。

向阳浅腹扁足铜鼎

2件成对，大小、形制和纹饰相同，均属浅腹型扁足鼎。口径19厘米、通高31.7厘米，重1.85千克。身、足平面呈四点配列，弧顶实立耳，斜折沿，腹微外鼓，圜底，腹下接3个尖端扁足。腹中部饰以一周反卷雷纹为主纹，上下以连珠纹为界，扁足上满饰夔目纹。

扁足鼎在商代前期较为少见，该鼎是这类铜鼎的最早实例。与之同时出土的还有2件大方鼎、1件大圆鼎及卣、觚、中柱盂、盘等铜器，估计所在地应为一处窖藏。

（孙　华）

Zhumazui shoumianwen tongding

驻马嘴兽面纹铜鼎

商代商文化的铜制食器及礼器。在商文化铜器分期中属第三期、第四期之际。1977年出土于陕西礼泉县北牌公社驻马嘴大队。现藏于陕西昭陵文物保管所。

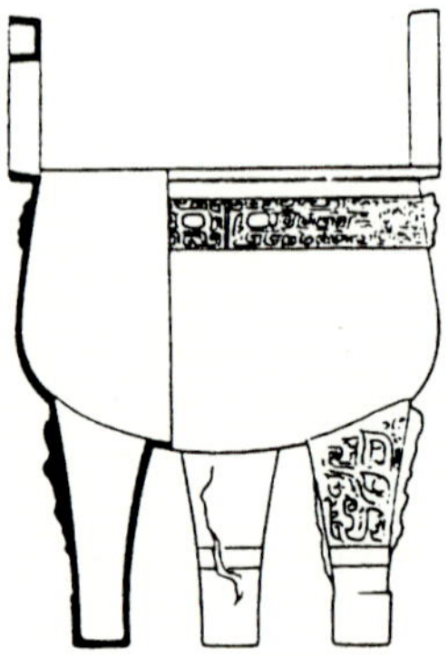
驻马嘴兽面纹铜鼎

口径51厘米、通高88厘米，重64千克。凹槽状空立耳，斜折沿，中腹下垂，圜底下接3个上粗下细的空柱足。口沿下饰一周兽面纹，其间的短扉棱已残蚀，足上部也各饰一兽面，其下施旋纹3道。纹样均以细线组成，非常简练。腹下出土时尚存烟炱，器身有修补痕迹。

该鼎耳、足呈五点布局，腹部不深，已具商代后期铜鼎的部分因素，但耳廓凹入、足空透底的形制及装饰风格，却又具有商代前期铜器的特色。其年代相当于殷墟早期偏晚，接近于殷墟中期。这时中原地区尚无其他大型铜鼎发现，该鼎就体量来说，堪称中原地区已知同时期铜鼎之最。这样的重器发现于陕北高原与关中平原相交地带，对探讨商王朝的政治疆域及方国文化等具有重要价值。

（孙　华）

Simuxin datongfangding

司母辛大铜方鼎

商代后期商文化的铜制食器及礼器。或称后母辛方鼎。以上铸有“司母辛”记名铭文而得名。在商文化铜器分期中属第四期，即殷墟中期。1976年由中国科学院考古研究所在河南安阳市殷墟妇好墓中发掘出土。现藏于中国历史博物馆。

司母辛大铜方鼎

共2件，形制、纹饰相同。一件口长64厘米、宽48厘米、通高80.1厘米；另一件口长64厘米、宽47.6厘米、通高80厘米。平面呈长方形，立耳厚实，折沿方唇，中腹直壁，下腹略收，平底，粗足，足空透底，器身转角及相应的柱足上部均施扉棱。纹饰分3部分：口沿下纹带以每面中央短扉棱和四角扉棱为中心各饰一以云雷纹为地的兽面纹，其下靠近器身边角处各饰3行乳钉纹。柱足上段也饰以扉棱为鼻的兽面纹。鼎内后壁铸有“司母辛”3字。“辛”为日名，是妇好死后卜选的庙号。

“母辛”是子辈对于妇好的称呼，屡见于殷墟商王祖庚祖甲时期的甲骨文中，为商王武丁配偶之一。“司”字旧以为是“祠”的初文，作祭祀解。目前或认为“司”是“嗣”字的初文，将“司母辛”解释为法定王位继承人的生母，庙号为辛；或将“司”读作“后”，指身份（即王后）。该铭文说明，该鼎是妇好死后专门铸造的以供随葬的器物，其年代在商王武丁晚期。它同司母辛组其他铜器一样，都是妇好墓铜器群中年代最晚、最明确的铜器。

参考书目

李学勤：《论“妇好”墓的年代及有关问题》，《文物》1977年11期。

（孙　华）

Simuwu datongfangding

司母戊大铜方鼎

商代后期商文化的铜制食器及礼器。在商文化铜器分期中属第四期，即殷墟中期。因器内有“司母戊”记名铭文而得名。是中国已知最大、最重的先秦铜容器。1939年出土于河南安阳县武官村（很可能出自260号甲字形大墓中），旋即被埋藏，1945年后始被当时的河南主席征集献送南京，后拨归原中央博物院收藏。现藏于中国历史博物馆。

长166厘米、宽79厘米、通高133厘米，重800余千克。先浑铸鼎身和鼎足，然后在铸造好的器身安模翻范，铸接鼎耳而成。平面呈长方形，立耳，直腹，平底，柱足；双耳厚实，口沿宽大，柱足粗巨而上部中空；器身转角处及相应的鼎腿上部饰扉棱。整体形态高大厚重，雄浑庄严。器表装饰繁复，其中耳廓以人面纹为中心，旁列对称的双虎；耳轮排列首尾相连的飞兽；器身中为素面，周边饰对称的兽面纹和夔龙纹；鼎足上部饰兽面纹。除鼎足外，所有动物纹样均以云雷纹衬底，层次丰富。在内壁上铸有“司母戊”3字铭文。于省吾先生认为母戊即殷墟甲骨卜辞中商王武乙的配偶妣戊，作器者应为武乙的儿子文丁；杜迺松先生则通过该鼎与司母辛铜方鼎的比较，认为母戊应为商王武丁的配偶妣戊，该器是祖庚、祖甲为其母所作的。后一种看法目前一般为学术界所接受。

该鼎是商王室铸造的重器，集中反映出当时铜器冶铸业的技术水平和生产能力。制造这样硕大华丽的铜鼎，需要有高超的造型工艺，娴熟的制模、翻范与合范技术，以及同时熔炼大量青铜原料的能力。据冶金史专家推算，它所用金属料总重在1200千克左右，即使用殷墟苗圃北地商代铸铜遗址那样的大型熔铜炉，也要6座炉同时冶炼，须连续倾注或依次地槽浇注。如果没有相当数量的工匠和组织良好的劳动协作，要铸造这样的鼎是不可能的。

参考书目

冯富根等：《司母戊鼎铸造工艺的再研究》，《考古》1981年2期。

（孙　华）

司母戊大铜方鼎

Fuhaomu Yajiang tongding

妇好墓亚弜铜鼎

商代后期商文化的铜制食器及礼器。在商文化铜器分期中属第四期偏早阶段。因出自妇好墓且上有“亚弜”的铭文而得名。1976年由中国科学院考古研究所在河南安阳市殷墟妇好墓中发掘出土。现藏于中国历史博物馆。

妇好墓亚弜铜鼎

口径54.5厘米、通高72.2厘米，重50.5千克。从保留的范缝可知，铸型由包足的3块外范加上1块三角形顶范构成。立耳，窄斜折沿，方唇，口微敛，鼓腹，圜底，下接3空兽足。花纹简练，肩部施兽面纹一周6组，每组皆以一短扉棱为中心，鼎足上部也各饰一兽面纹。纹饰皆为单层花纹，不施地纹。“亚弜”的族名文字铸在口沿上。器表保存有烟炱痕迹。

该鼎形态高大，为晚商早段圆铜鼎之冠。鼎耳、足呈五点配列是商代后期鼎的标准做法，但鼎足中空则又保存商代前期的遗制，与妇好墓出土的其他圆鼎皆作实柱足不同。属于商文化前、后期大型铜鼎间的过渡环节，在商文化铜鼎的分类、排序和分期中具有重要地位。铭文中的“亚弜”是与商王族关系密切的古族，见于殷墟甲骨文中。传世的带“亚弜”铭文的铜器在10件以上，年代早晚不一。其中流失海外的“亚弜鼎”，年代与该鼎相当，都是商王武丁早期的作品。

（孙　华）

Fuhao bianzu tongding

妇好扁足铜鼎

商代后期商文化的铜制食器及礼器。在商文化铜器分期中属第四期。因作器者为妇好而得名。1976年由中国科学院考古研究所在河南安阳市殷墟妇好墓中发掘出土。现藏于中国历史博物馆。

妇好扁足铜鼎

2件成对，形制、大小、纹饰基本相同。812号鼎口长34.1厘米、口宽24.8厘米、通高42.3厘米，重18千克；813号鼎口长33.3厘米、口宽25.1厘米、通高42.4厘米，重17千克。长方形口，立耳，折沿，方唇，腹较浅，直壁向下微收，平底，夔形卷尾实足。鼎腹四中四隅施扉棱，并以腹中扉棱为中线各饰一外卷角大兽面，其中前后两对兽面纹旁还填有头下尾上的夔龙纹，与鼎足上的头上尾下的夔龙纹相呼应。兽面及夔龙纹均以云雷纹为地，上以阳线的卷云、重环、直线纹装饰。内底铸图案化的“妇好”铭文。该鼎上署妇好之名，当为妇好生前所置，年代应在武丁前期。

扁足鼎是商文化常见的鼎类，但通常多见扁足圆鼎，方鼎用扁足者极为罕见。此外，该鼎体大质精，王世器主明确，价值不可低估。

（孙　华）

Xibeigang niu-lu tongfangding

西北冈牛鹿铜方鼎

商代后期商文化的铜制食器及礼器。在商文化铜器分期中属第四期。1935年由前中央研究院历史语言研究所在河南安阳市殷墟西北冈1004号大墓中发掘出土。现藏于台北故宫博物院。

牛鼎

共2件，一主题纹样及铭文为牛，另一主题纹样及铭文为鹿，同出于大墓东墓道与墓室相接处，为配对方鼎。牛鼎口边长64厘米、通高74厘米，鹿鼎口边长52厘米、通高62厘米。立耳，折沿方唇，腹壁近直，底部微凹，柱足粗巨而中空。器身中心及转角处施扉棱。器表满饰花纹：耳饰由阳线组成的兽面及大小

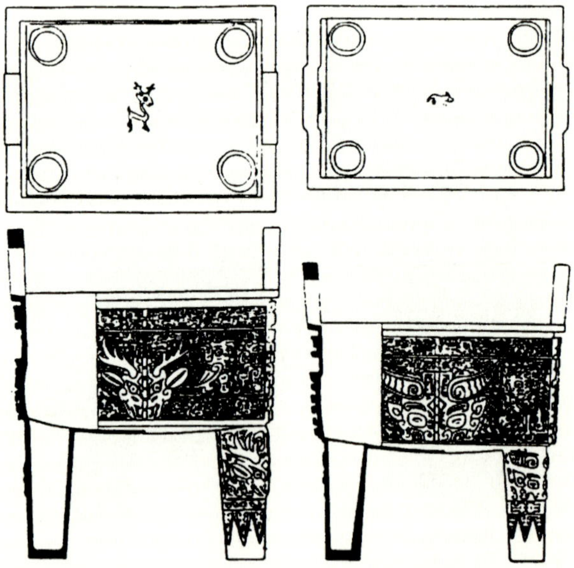

西北冈牛鹿铜方鼎（左为鹿鼎，右为牛鼎）

夔龙，腹壁近口沿处饰夔龙纹一周；口沿下及柱足上部，牛鼎以牛首为主纹，鹿鼎以鹿首为主纹，其旁附以纹符作陪衬；器身主题纹样下均以云雷纹衬底。内底分别铸有象形的牛、鹿图形文字，与鼎上的主题纹样相呼应。

这2件鼎在商文化铜鼎中虽体量仅及司母戊大铜方鼎的一半，但花纹构图巧妙，精美异常，在迄今所见商周铜方鼎中最为美丽。鼎上主题纹样有文字作“注释”，使人们意识到，商代的动物象形文字不一定与族名有关，曾被归入饕餮纹中的带牛角的兽面实际上是牛首纹。这些对于认识商周铜器动物纹样和象形文字的含义具有重要的启迪作用。（孙　华）

Qinzi tongfangding

寝孳铜方鼎

商代后期商文化的铜制食器及礼器。因作器者名为寝孳而得名。是少见的从周人墓葬中出土的有长篇铭文的商文化铜器。1980年由北京大学历史系考古专业等单位在山西曲沃县曲村晋国墓地第6080号西周早期墓中发掘出土。现藏于山西省考古研究所。

寝孳铜方鼎

口边长19.5厘米、宽16厘米、通高25.5厘米。为长方形浅腹式，弧顶立耳，斜折沿，方唇，直腹壁，弧形底，下接较高的4条实心柱足。鼎腹四中四隅设扉棱，壁面饰以云雷纹地的主题花纹两层：上层为相对的4鸟或2鸟，下层为大弯角兽面。鼎足上另饰阴线的对卷云纹及垂角纹。鼎内前后壁铸有铭文，一壁铭文为：“甲子，王赐寝孳赏，用作父辛尊彝。在十月又二遘祖甲劦日，唯王二十祀。”共4行27字（含合文1）；另一壁铭文为族氏铭文“中倗”。前一字像一设錫之干（盾），中倗当即寝孳的族氏。该族在商代铜器铭文中习见，如中偁父癸爵（《三代吉金文存》16·31）等，是商人的一个重要氏族。商代商人铜器发现于西周周人墓中，当与周灭商后“封诸侯，班赐宗彝，作《分殷之器物》”（《史记·周本纪》）的历史事件有关。

该鼎的形制和纹饰均具有商代后期的风格，在商文化铜器分期中应属第五期。至于它所属的商王王世，有的学者认为寝孳之父谥父辛，其祖也就是铭文中最后所记的祖甲。据祖甲传位于子廪辛、廪辛又传位于弟康丁的商王世系，从而推断寝孳为商王廪辛之子、祖甲之孙，也就是商王康丁的侄儿。这样，该鼎就是商王康丁时的铜器，是已知年代最早的商代有长篇铭文的铜器。不过，该鼎铭文中的“遘祖甲劦日”属于当时以固定的商王祀谱记日的记时文字，用此记时的不一定是商王的王族，祖甲不一定就是寝孳之祖。从该鼎铭文与其他商末、西周初铜器类似来分析，该鼎还有属于商王武乙、帝乙、帝辛时期的可能。

参考书目

张颔：《寝孳方鼎铭文考释》，《古文字研究》第16辑，中华书局，1989。

（孙　华）

Xiaochen Fou tongfangding

小臣缶铜方鼎

商代后期商文化的铜制食器及礼器。因作器者为商王属下“小臣缶”而得名。为清宫旧藏，从其未被《乾隆四鉴》收录的情况分析，可能较晚才入藏宫内。原放置于北京颐和园中，现藏于北京故宫博物院。

小臣缶铜方鼎

口边长22.5厘米、通高29.6厘米。立耳，折沿，深腹下收，直壁，柱足较细。腹四中四隅各施一道长扉棱，腹壁纹饰分上下两层：上层作相对的凤鸟纹，下层为卷角大兽面纹，主纹下还衬以云雷纹。四足饰以阴线的云纹和垂叶纹。内壁铸有铭文4行22字：“王易（錫）小臣缶湡責（積）五年。缶用作享太子乙家祀尊。𡆥父乙。”

小臣缶之名见于殷墟甲骨文中，帝乙、帝辛时期的卜辞有：“王其宁小臣缶，惠作册商□□，王弗每”（《殷墟书契前编》4·27·3）。该卜辞与该鼎年代相同，二者中的小臣缶应当是同一人。该鼎是能与殷墟甲骨文中人物发生联系的不多铜器之一。（孙　华）

Shusi tongding

戍嗣铜鼎

商代后期商文化的铜制食器及礼器。在商文化铜器分期中属第五期。因作器者名戍嗣而得名。1959年由中国科学院考古研究所在河南安阳市殷墟后冈一可能为祭祀遗迹的圆形坑中发掘出土。现藏于中国社会科学院考古研究所。

口径34.5厘米～39.5厘米、通高48厘米，重21.5千克。立耳外侈，折沿方唇，下腹微鼓，半空蹄足。

口下饰6组以云雷纹为地的对卷形角兽面纹，兽面鼻梁突起为扉棱。鼎足上部纹饰与口下同，其下施3道弦纹。铭文铸于鼎内后壁，计3行29字(包括合文2)，内容是九月丙午这一天，商王在某地举行祀典，戍嗣参与其事，受到商王廿朋贝的赏赐。铭文末尾缀有“犬鱼”的象意铭文，当是氏族名号。

该鼎形制和纹饰与乃孙鼎、引鼎等西周初期大型铜鼎已很相似，是商代后期大型铜鼎的最晚形式。根据共存陶器及卣、爵、戈、刀等铜器分析，该鼎的年代属殷墟晚期，大致相当于帝辛时代。

（孙　华）

戍嗣铜鼎

Yu tongfangding

禺铜方鼎

商代后期商文化的铜制食器及礼器。因铭文中有似为私名的“禺”字而得名。1957年出土于山东长清县南兴复河王玉庄与小屯村之间，同时出土铜容器16件，另有铜兵器58件、工具11件、车马器14件，估计是一座较大墓葬的随葬品。现藏于山东省博物馆。

2件成对，其中1件口边长16.6厘米、通高22.9厘米。立耳，方唇，有颈，腹部微鼓，柱足。颈部四中和颈、腹部的四隅各施扉棱一段。颈部以四中扉棱为中心饰相对的以云雷纹为地的夔龙纹，腹部各饰一云雷纹为地的大兽面纹，足饰云纹及垂叶纹。器内壁铸有铭文一行：“[illegible]祖辛禺[illegible]”。同样的铭文也见于同出的禺壶上，其首尾二字为族氏名称，前一字在该铜器群所有有铭文的铜器上都可见到，当是器主所属族氏。

该鼎曲颈鼓腹，形态特别。类似的铜鼎仅有现藏于美国大都会艺术博物馆的[illegible]方鼎等不多的实例。它为商代末期出现的一类铜方鼎的代表作。

（孙　华）

禺铜方鼎

Shangwenhua tongli

商文化铜鬲

商代商文化的仿陶鬲制作的烹饪用铜制食器。基本形态为圆形分裆袋足。是商文化中新出现的铜器种类，但数量、比例较小，也没有大型作品发现。这与商文化陶鬲在陶器中的地位和作用形成鲜明的对照。

鬲是煮粥器具，形态与鼎相似而器底三分成袋足，以加大受火面。故《尔雅·释器》称鼎之“款足者谓之鬲”，《汉书·郊祀志》也称鼎之“空足曰鬲”。西周时期铜鬲铭文常自称为鼎，可证其名义和用途与文献记载相符。由于商文化铜鬲在口沿上仿照铜鼎加上两耳，形态及其在铜器组合中的作用有时也与铜鼎相近，故一些学者在铜器分类中将商文化铜鬲归入鼎类。不过，从西周铜鬲的自名及其器底三分成空足的形态看，将商文化铜鬲单独分类应更合适一些。

鬲最早出现在龙山时代的陶器中，到商代成为商文化等考古学文化的最主要的日常生活用炊器。用铜制作的鬲在商文化中至迟出现于二里冈上层期，如河南郑州市白家庄3号墓铜鬲、辉县琉璃阁110号墓铜鬲等。鬲在商代前期是商文化铜器中比较常见的器类，其数量和比例虽少于陶鬲在陶器中的比例，但却远比商代后期为大，在铜器群中起着铜鼎的作用。到商代前后期之际，铜鬲的种类趋于复杂：一方面受到同时期铜斝的影响，在殷墟早期出现并流行一种三棱形实锥足的斝形鬲；另一方面因受铜鼎由空锥足向实柱足演变的影响，鬲足在殷墟中期也变成实柱足，形成鬲的一个新类型——鼎形鬲（或称鬲鼎）。鼎形鬲在殷墟晚期及西周早期成为铜鬲的主要形态。

其形态演变规律比较清楚：二里冈上层期，体态较高，耳、足呈四点配列，颈部收束，袋足肥大，分裆显著，空尖足根；殷墟晚期，

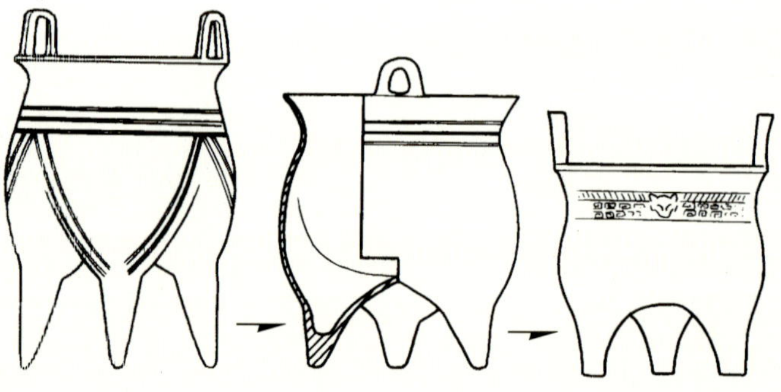

商文化铜鬲形态演变示意图

器体变矮，耳、足呈五点配列，肩、颈不分，联裆，实平足根；殷墟早中期的特征则介于二者之间。

（孙 华）

Baijiazhuang 3-haomu 'aizhuizu tongli

白家庄3号墓矮锥足铜鬲

商代前期商文化的铜制食器及礼器。或称作鼎。在商文化铜器分期中属第二期，即二里冈上层期。1955年由河南省文化局文物工作队在郑州市白家庄3号墓中发掘出土。现分藏于中国历史博物馆和河南省博物馆。

白家庄3号墓矮锥足铜鬲

共2件，形制相同。口径13厘米、通高16厘米，重1.1千克。耳、足呈五点配列，小立耳，斜折领，颈部不明显，下腹微鼓，分裆锥足。领沿下饰一周以连珠纹为边的卷云纹，两足间连以双凸线人字纹。该鬲小巧可爱，花纹别致，古朴美观。其耳小足短，在多长体高锥足的商代前期铜鬲中显得鹤立鸡群，独树一帜。

（孙 华）

Er tongli

耳铜鬲

商代前期商文化的铜制食器及礼器。因上有似“耳”字的铭文而得名。是已知很少几件有铭文的商代前期铜器之一。现藏于中国历史博物馆。

耳铜鬲

口径15.4厘米、通高22厘米。为分裆鬲，耳、足呈四点配列。立耳内倾，侈口卷沿，袋足高裆，锥足中空。颈饰凸旋纹3道，腹、足饰相连的双线人字纹。器口内沿处铸有一“[illegible]”字。学术界对此字隶释不一，或释“戉”，或释“亘”，此从裘锡圭先生释作“耳”。该鬲作商文化二里冈上层期末至殷墟早期前段的流行形制，但这时的铜器一般不铸铭文，有铭文铜器格外珍稀。

（孙 华）

Taoxia shoumianwen dingxing tongli

桃下兽面纹鼎形铜鬲

商代后期商文化的铜制食器及礼器。在商文化铜器分期中属第四期，即殷墟中期偏早阶段。1972年出土于陕西华县桃下村。现藏于陕西历史博物馆。

口径22.5厘米、通高35.5厘米。侈口，立耳，束颈较高，圆肩，鼓腹，分裆柱足。裆脊各有一道高耸的卷云状扉棱，下腹以一道折角宽弦纹将鬲上部的有纹饰部分和下部的无纹饰受火部分区分开来。颈上以裆缝为中线饰兽面纹及云目纹带，上腹以裆脊扉棱为中线饰牛角兽面主纹。鬲的耳、足呈五点配列，造型端庄，主纹雄健，具有商代后期的作风，但纹饰风格和扉棱做法仍保留了商代前期铜器的某些特征。它是商文化铜鬲中值得注意的一件器物。

（孙 华）

桃下兽面纹鼎形铜鬲

Shangwenhua tongyan

商文化铜甗

商代商文化的烹饪用铜制容器。上部形似带耳的盆而下部为无沿的鬲。是商代新产生的铜器种类，形制和礼器作用对周边诸青铜文化的礼器影响较大。

甗是蒸饭器具，其下面的鬲部盛水，上面的甑部盛米，鬲部的水受火后蒸气升腾，通过中腰的隔加热蒸熟甑部的食物。《说文解字》称：“甗，甑也”；又说：“鬳，鬲属”，可见甗与鬲、甑关系密切。西周铜甗有自名为甗者，如现藏于日本泉屋博古馆的遇甗、陕西扶风县齐家窖藏出土的中戎父甗等，其形制功用都如北宋王黼《博古图》中所说：“甗之为器，上若甑足以炊物，下若鬲而足以饪物，盖兼二器而有之。”

商文化铜甗仿自同时的陶甗，后者是商文化典型陶器之一。最早的铜甗出现于二里冈上层期，湖北黄陂县盘龙城李家楼铜甗为已知最早的铜甗实例。不过，直到殷墟早期，铜甗的使用仍不普遍，较广泛的使用已在殷墟中晚期。商文化的铜甗与陶甗相似，中腰内均无专设

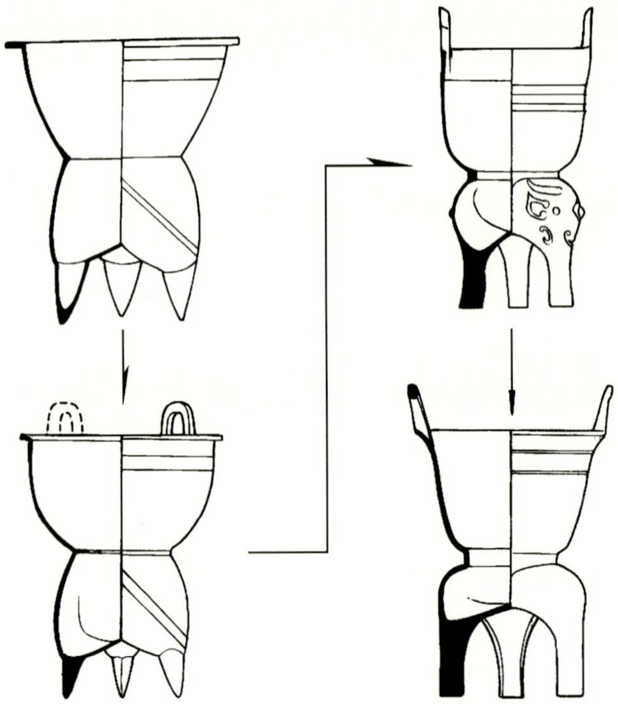

商文化铜甗形态演变示意图

箄，蒸饭时要分置箄，为商代铜甗的特点之一。

商文化的铜甗与鬲一样，基本上以分裆为主。类型比较单一，除河南安阳市殷墟妇好墓出土有分体甗和三联甗外，其他均为联体甗。形态演变较有规律，可明显地分为具有先后关系的4式：①二里冈上层期。口沿平折，上无立耳，甑部肥短；②殷墟早期，口沿斜折，出现鋬耳，甑部仍较宽短；③殷墟中期，口沿直折，形成宽唇，双耳直立，甑部瘦长；④殷墟晚期，口沿外卷，双耳外撇，甑部瘦短。后者的形态为西周铜甗所继承，成为周文化铜甗的基本形制。（孙 华）

Zhumazui shoumianwen tongyan

驻马嘴兽面纹铜甗

商代前后期之际商文化的铜制食器及礼器。在商文化铜器分期中属第三期、第四期之际。1977年出土于陕西礼泉县北牌公社驻马嘴大队。现藏于陕西昭陵文物保管所。

口径43厘米、通高70厘米，重25千克。甑部较短，立耳，盘状宽沿，束腰；鬲部高瘦，空足，高裆。口沿下施间以3扉棱的兽面纹一周，鬲足上部饰以扉棱为中线的3个兽面，下部饰旋纹3周。花纹以细线构成，这在大型铜甗的装饰花纹中显得有些特别。它曾被使用过，遗留有修补痕迹。

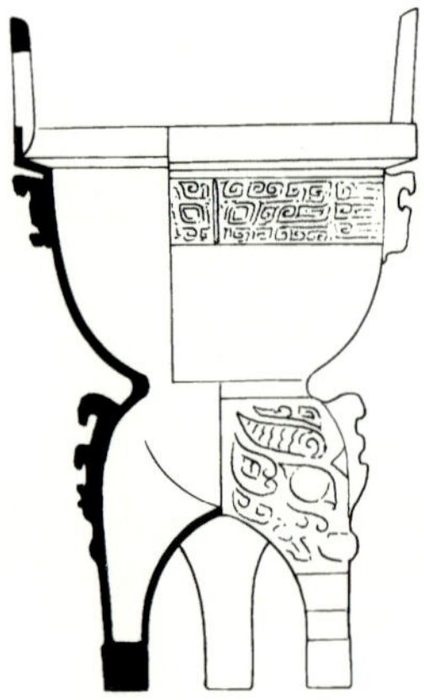

驻马嘴兽面纹铜甗

该甗甑短而鬲长，足空近底，扉棱起伏大而单薄，这些与殷墟早期铜甗相同，但盘状口沿的做法，又主要流行于殷墟中期铜甗。因此，它应为殷墟早期向中期过渡阶段的器物，是中原地区所知年代较早且体量最大的一件铜甗。

参考书目

秋维道、孙东位：《陕西礼泉县发现两批商代铜器》，《文物资料丛刊》（3），文物出版社，1980。

（孙 华）

Fuhao fenti tongyan

妇好分体铜甗

商代后期商文化的铜制食器及礼器。在商文化铜器分期中属第四期偏早阶段。因上有铭文“妇好”而得名。1976年由中国科学院考古研究所在河南安阳市殷墟妇好墓中发掘出土。现藏于中国历史博物馆。

妇好分体铜甗

由甑、鬲两部分上下套合而成。甑部口径24厘米、底径10厘米、高14.3厘米，鬲部口径13.8厘米、高22厘米，套合后通高35.3厘米，重7.5千克。甑部形如带双鋬的深腹盆，敞口，卷沿，器壁内收，平底上有三角形孔4个。甑部外壁饰首尾相接的卷尾鸟纹一周，下饰三角形垂叶纹；内壁铸有“妇好”记名铭文。鬲部小口外侈以纳甑底，平肩出檐，分裆柱足，腹壁饰双重人字形凸弦纹。从鬲部保存有烟炱分析，当为实用器。

商代铜甗一般均为联体甗，分

体甗在春秋以后才流行。该甗与妇好墓中所出的另一件分体甗是商代乃至于西周时期十分罕见的铜甗形式，甗的鬲部伸出的肩檐可防止烟灰污染甑部，分离的甑部可将所蒸饭食端到所需要的地方而不至于被烟炱弄脏，鋬在两侧使甑盖（可能为木制）扣合得更加严密，结构非常合理。 （孙 华）

Fuhao sanlian tongyan

妇好三联铜甗

商代后期商文化的铜制食器及礼器。在商文化铜器分期中属第四期偏早阶段。因上有铭文“妇好”而得名。1976年由中国科学院考古研究所在河南安阳市殷墟妇好墓中发掘出土。现藏于中国历史博物馆。

通长103.7厘米、通高68厘米，总重138.2千克。由3件大甑和1件异形鬲组成。整体形似上放有3件器物的带足禁。甑作圆形，敞口，无肩，斜腹，凹底，底上有扇形孔3个，腹上部设对称的兽首耳。鬲部呈扁长方体，中空，上开3个带颈圈口以纳甑底，下接6条实足以托起鬲而受火。甑部口下饰有以云雷纹和圆涡纹衬托的对龙纹。鬲部上面以绕圈足的蟠龙纹为主题，其间填以兽面，其下以云雷纹为地；四周则以相间的夔龙纹和圆涡纹组成上层纹带，下层则垂以大三角纹。在每件甑上及鬲部中间圈口的内壁铸有“妇好”字样的图案化铭文。下部遗有烟炱痕，当为实用器。其形态奇异，体长器重，一器可同时蒸3件甑或3种食品。它是商、西周时期罕见的巨形炊器，极其珍贵。

（孙 华）

Shangwenhua tonggui(yu)

商文化铜簋(盂)

商代商文化的铜制盛食容器。是商代新出现的铜器种类，对以后周文化铜礼器的构成产生深远的影响。

簋是盛放煮熟的黍、稷、稻、粱等饭食的器具，基本形态如同带有圈足的圆形碗、盆。这种用途和形态的器物在以后的文献中写作“簋”或“匭”，而在西周至战国时期其自名则写作“𣪘”。北宋、南宋时期金石学家误释金文中的“𣪘”字为“敦”，使得这种器物被长期错误命名为“敦”。直到清代始有学者重加考辩，指出金文之“𣪘”即文献之簋，才还簋以本来的名称（清钱坫《十六长乐堂古器款识考》）。但簋的确切命名和定义，则是容庚《商周彝器通考》将椭圆形的盨从簋中分出单另立类后才确定的。

与簋在用途和造型上皆有相同之处的另一种铜食器是盂。《说文》称盂为“饭器也”，西周初的匽侯盂形态如簋而自名“饙盂”，皆说明这一问题。这种情况使铜盂与簋尤其是无耳铜簋很难明确地区分，西周时期有些形态相似、年代相近的铜器，或自名为簋（如伯椃簋），或自命为盂（如父丁盂）。将商代的簋与盂合为一种，不勉强加以区分，是避免分类上顾此失彼的一种办法。

铜簋（盂）是商文化创制的器类，最早出现于商文化二里冈期，已知最早的铜簋（盂）是湖北黄陂县盘龙城出土的李家嘴无耳铜簋。至迟在殷墟早期阶段，带耳铜簋开始出现（从河南偃师县尸乡沟商城出土的二里冈上层期仿铜带耳陶簋来看，这种铜簋的出现应早于殷墟早期）。殷墟中期以后，这两种铜簋数量增加，分布扩大，成为一种较重要的铜礼器。不过，铜簋（盂）在商文化中尚不是礼器组合所必需，其地位远逊于周文化铜簋。这种现象与商人礼器重酒而周人重食有关。

商文化铜簋（盂）有多种类型。除从簋耳的有无可分为无耳簋和带耳簋外，无耳簋据腹部形态又有直腹无耳簋和鼓腹无耳簋的区别，带耳簋据耳部形状则有鋬耳簋和提耳簋（盂）的分类。其中，无耳簋中的鼓腹簋和有耳簋中的鋬耳簋是最主要的类型。从殷墟早期到殷墟晚期，鋬耳簋的耳由小逐渐变大，由无珥变为珥或有或无，器形演变有较明显的规律可寻。鋬耳簋的最后式样为周文化铜簋所继承，成为西周铜簋的基本造型。

（孙 华）

妇好三联铜甗

Lijiazui wu'er tonggui

李家嘴无耳铜簋

商代前期商文化的铜制食器及礼器。在商文化铜器分期中属第二期。1974年由湖北省博物馆等单位在黄陂县叶店村盘龙城城址东面的李家嘴2号商墓中发掘出土。现藏于湖北省博物馆。

口径27.1厘米、底径15.6厘米、

通高23.7厘米。作无耳深腹型，斜折沿，沿面呈阶状，弧腹下收，底接矮圈足。足上施镂孔，肩上饰带状单层宽线条兽面纹。

簋在商代前期颇为少见，二里冈上层期的簋尤为罕见。该簋腹部很深，作为盛放饭食的器具有取用不便的弊端，后来的铜簋不再沿用这种形制。现藏于美国大都会博物馆的一件无耳簋（或称之为盂），形制为深腹，圈足，装饰花纹呈殷墟早期偏晚的特征，造型尚保留有该簋的意味，但它轮廓线条僵直，不如该簋圆和优雅，艺术性要逊色得多。（万全文 孙 华）

李家嘴无耳铜簋

Lijiazui xiao'er tonggui
李家嘴小耳铜簋

商代前期商文化的铜制食器及礼器。在商文化铜器分期中属第二期、第三期之际。1974年由湖北省博物馆等单位在黄陂县叶店村盘龙城东的李家嘴1号商墓中发掘出土。现藏于湖北省博物馆。

李家嘴小耳铜簋

口径24.8厘米、底径16.4厘米。作双錾耳敞口型，口沿斜平，中腹微鼓，圈足较低，颈、腹间设对称的兽首小耳。口沿下施两道旋纹，腹部满饰细线条兽面纹，圈足上也施两道旋纹，并设镂孔。其造型古拙，纹样精美，在铜簋极少见的商代前期尤为珍贵。

该簋双耳细小，形态最为原始，已与属于殷墟早期的陕西城固县龙头火疙瘩双耳簋和江西新干县大洋洲大墓双耳假腹簋较为接近，花纹也有殷墟早期的作风，其年代应当介于二里冈上层期与殷墟早期之间，是已知年代最早的双耳铜簋。

（万全文 孙 华）

Dahai tonggui
大亥铜簋

商代后期商文化的铜制食器及礼器。在商文化铜器分期中属第五期。因作器者为大亥而得名。1958年～1960年由中国科学院考古研究所在河南安阳市殷墟小屯西地商代遗址中发掘出土。现藏于中国社会科学院考古研究所。

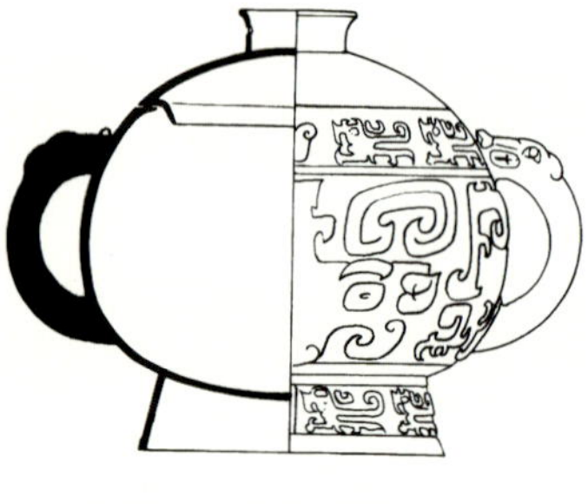

大亥铜簋

口径16.5厘米、通高23厘米，重4.75千克。锈蚀较重。作有耳敛口型，外形如同略扁的球形，盖如覆碗，与器身融为一体；器身敛口，圆肩，圆腹，圜底，旁设兽首耳，下出圈足。口下以前后两个兽首为中心饰2组鸟纹，每组4鸟，两两相对，腹部前后各饰一卷角兽面；圈足和肩部饰一周鸟纹。所有纹饰均素地。器底中部有“大亥作母彝”5字铭文。

该簋出自居址地层中，这在商周青铜容器中实属罕见。其形制为迄今所知的最早的敛口簋，省去地纹的做法在商代铜器中也很少见，在商代铜器研究中具有重要价值。北宋吕大临《考古图》卷三著录的己大丁簋（原作己丁敦），形制、纹饰与之基本相同，铭文格式也近似，当为同时、同地的产品。

（孙 华）

Subutun Rong tonggui
苏埠屯融铜簋

商代后期东夷贵族的铜制食器及礼器。在商文化铜器分期中属第五期。因上有族名文字“融”而得名。1986年由山东省文物考古研究所等单位在青州市（原益都县）苏埠屯村一座甲字型大墓（8号墓）中发掘出土。现藏于山东省博物馆。

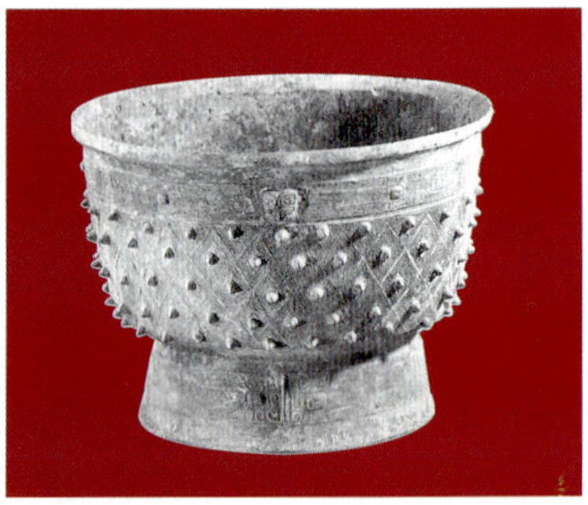

苏埠屯融铜簋

口径25.3厘米、通高21.7厘米。为无耳型，短沿斜折，方唇，中腹，腹壁微内收，圈足较高而足面斜侈。纹饰以腹上云雷纹地的斜格乳钉纹为主体，至口沿下，以二对称的兽面为中心饰以带目云雷纹，其下至圈足上饰以云雷纹地的兽面纹。在簋内底中部铸有“融”字，融作“鬲”形，从二鬲二虫，这是象形程度高且讲究对称的族名文字的常见繁化现象。

该簋的形制、纹饰（即所谓“百乳簋”）是商代后期最为流行的样式。带有与该簋相同族名字的铜器在同墓中共出土15件。融很可能即《墨子·非攻下》中所载的“天命融隆火”的祝融，是中国古史传说中的天神，也是东方及南方一些古族的祖神。祝融又名重黎，而这批铜器铭文中的融字正像二鬲重叠之形，有的学者认为这正象征着祝融的另一名称——重黎（鬲）。据文献记载，以祝融为祖神的古族共有8支，即所谓的“祝融八姓”，其中的己姓等族主要分布在山东地区。该簋及其所在器物群应是东夷祝融族系一支的遗存，它们对于古史传说及古族分域的研究具有重要的价值。

参考书目

王迅：《东夷文化与淮夷文化研究》，北京大学出版社，1994。

（孙 华）

Jingjiecun luo tonggui

旌介村骡铜簋

商代后期商文化的铜制食器及礼器。在商文化铜器分期中属第五期，即殷墟晚期。因上饰独特的骡纹而得名。1985年由山西省考古研究所等单位在灵石县旌介村东的1号墓中发掘出土。现藏于山西省考古研究所。

旌介村骡铜簋

口径25厘米、通高17.7厘米。属双耳敞口型，短折沿，深斜腹，折壁式圈足，两侧施无珥的兽首双耳。器表装饰分颈、腹、足3条纹带：颈部以前后两个凸起的虎头为中心，旁饰对称的鸟纹；腹部前后各饰一折角兽面纹，兽面中央有凸起的扉棱；圈足在四扉棱间各饰一夔龙纹。所有主题纹样均以云雷纹衬底，工艺精致。在圈足内的器底铸有一似马又似驴的动物形象。有的学者认为它不是族氏文字，而是“驴父马母”的骡，是当时北方古族已驯养骡这种家畜的写照。

参考书目

张颔：《“羸簋”探解》，《文物》1986年11期。

（孙 华）

Shangwenhua tongdou

商文化铜豆

商代商文化的铜制盛食容器。为商文化铜器乃至于整个商代铜器中均极为罕见的器物。

豆的基本形态似带高圈足柄的碗、盘，本用于盛放煮熟的黍、稷，殷墟甲骨文中的“豆”字正像盛有饭食的高柄器皿之形。但西周至战国时期的豆则多用以盛荐菹醢，即盛放肉酱等调味品，故古人解释豆说：“豆，荐菹醢也”（《诗·大雅·生民》毛传）。《周礼》也将掌管豆实之事归于醢人。西周铜豆中有自名为豆者，将形态与之类似的商文化的这类铜器称作豆，也是十分自然的。

商文化的豆多为陶制，高级贵族喜用白陶豆。仿陶的铜豆在商文化中尚未见到，只在与商文化有亲缘关系的吴城文化中出土一件。已知不多的几件商文化铜豆，如山东长清县兴复河出土的铜豆及在北京废铜中拣选的铜豆等，其豆盘外壁皆饰仿蚌泡的圆涡纹，应当是仿漆木豆的制品。它们豆盘较深且腹斜收如碗，豆柄粗直不分段，铜豆柄上或有2个～4个镂孔，时代特征较为鲜明。

（孙 华）

Xingfuhe wowen tongdou

兴复河涡纹铜豆

兴复河涡纹铜豆

商代后期商文化的铜制食器及礼器。在商文化铜器分期中属第五期，即殷墟晚期。1957年出土于山东长清县南兴复河。现藏于山东省博物馆。

口径19.8厘米、通高10.2厘米。豆盘平沿无唇，深腹，直壁，豆柄粗矮，较不明显。盘外上下各施旋纹2道，其间饰圆涡纹。其纹饰做法当仿自漆豆上镶嵌的蚌泡。

商文化铜豆发现极少，该豆是珍贵的标本之一。

（孙 华）

Shangwenhua tongjue

商文化铜爵

商代商文化的铜制饮酒或注酒容器。以器口前有槽形流，后有尖叶尾，上立带帽柱，侧有鋬的椭圆形或圆形三足杯为形态特征。它虽是先前二里头文化的典型铜礼器，但在商文化中又得到继承和发展，

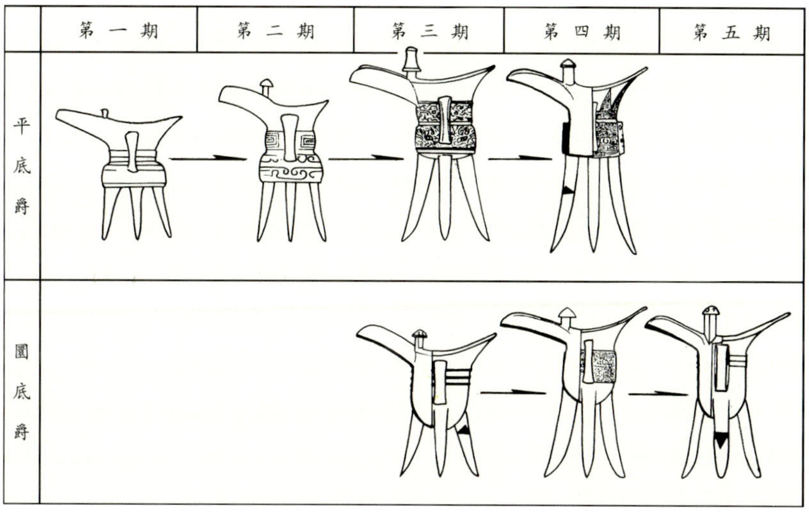

商文化铜爵形态演变示意图

成为商文化铜器中最基本的礼器种类之一，与觚、斝等一起构成重酒组合这一商文化铜礼器的基本文化特征。

主要有两种类型，一种为折腹、底较平或微下凸的平底爵，另一种为腹壁转曲圆和、底下凸如半球的圜底爵。平底爵体分两段，上段收束为器腰，下段鼓出成器腹。这种爵早在夏代就已出现，商代前期仍为铜爵的主要形态，直到商代后期的殷墟晚期才完全消失。圜底爵体不分段，它出现于商代前期末的殷墟早期，商代后期即取代平底爵成为主要形制，并一直为以后的周文化所继承。

在发展过程中，铜爵的形态不断变化。大体上说，爵体及流的平面由窄变宽，爵体平面由橄榄形逐渐变得近似圆形；爵口侧面的下弧弧度逐渐变大，或是流尾上翘得越来越严重；爵柱也由小变大，由低变高，柱帽由钉状到菌状再到菌状、伞状并存，在殷墟早期时还流行单柱的作风。具体地说，平底爵爵体上段由较长逐渐变得较短，下段由上小下大的斜腹变为直腹，底部则由全平变为多微凸；其中殷墟早期盛行一种体形瘦长的平底爵。圜底爵腹部由不很深的鼓腹变为较深的直腹，足部由较短变得较长，再过渡为较短。

参考书目

李济、万家保：《殷墟出土青铜爵形器之研究》，《中央研究院历史语言研究所中国考古报告集新编·古器物研究专刊》第2本，1967。

（孙 华）

Wangchenggang pingdi tongjue
王城岗平底铜爵

商代前期商文化的铜制酒器及礼器。在商文化铜器分期中属第一期，即二里冈下层期。1976年～1981年由河南省文物研究所等单位在登封县王城岗49号墓中发掘出土。现藏于河南省文物考古研究所。

通高15厘米。平面呈椭圆形，体态矮胖，流前浅后深，流与器身相接处设钉状柱。束颈，鼓腹，平底，底下接三棱锥状实足。器身右侧置鋬。纹饰简单，颈、腹部施凸旋纹3周，在腹部2周旋纹间加饰连珠纹（见商文化铜爵形态演变示意图）。

目前可确认的二里冈下层期铜器很少。该爵与同时出土的袋足铜斝均形制古朴，年代可确定为二里冈下层期。它代表了铜爵自二里头文化时期向二里冈上层期发展的过渡形态。

（孙 华）

Guanyi danzhu tongjue
馆驿单柱铜爵

商代前期商文化的铜制酒器及礼器。在商文化铜器分期中属第三期，即殷墟早期。1965年出土于安徽肥西县馆驿。现藏于安徽省博物馆。

馆驿单柱铜爵

口长22.1厘米、通高39.8厘米。高大的伞形单柱下部作人字形，立于流与口沿相交处。流、尾较长，高颈，腹部鼓出，平底下接3条锥状足。柱帽饰云纹，颈部和腹部各饰一周兽面纹。

铜爵通常均体量较小，惟该爵高大雄健，在商代前期铜爵中显得鹤立鸡群，引人注目。

（孙 华）

Fuhao pingdi tongjue
妇好平底铜爵

商代后期商文化的铜制酒器及礼器。在商文化铜器分期中属第四期，即殷墟中期偏早阶段。因上有铭文“妇好”而得名。1976年由中国科学院考古研究所在河南安阳市殷墟妇好墓中发掘出土。现藏于中国历史博物馆。

共10件，形制、大小相同。其中保存较好的664号爵通高26.3厘米，重1.55千克。长流尖尾，伞形立柱，领、腹间分界已不很显著，直腹，平底，三棱形高锥足，兽首鋬。流尾下和与鋬相对处施扉棱，棱尖伸出口外。领部下施一周细兽面纹，其上饰蕉叶形蝉纹，其中流部蝉纹两侧另饰夔龙纹；腹部在云雷纹地上饰相对的夔纹。鋬内铸有铭文“妇好”。

妇好平底铜爵

该爵10件成组，与同时出土的妇好铜觚相配。在已知完整的商代铜器群中，它是铜爵数量最多、品级最高的一组，是研究商文化铜礼器的组合及等级制度的重要实物资料。

（孙 华）

Fuhao daxing tongjue

妇好大型铜爵

商代后期商文化的铜制酒器及礼器。在商文化铜器分期中属第四期，即殷墟中期偏早阶段。因上有铭文“妇好”而得名。1976年由中国科学院考古研究所在河南安阳市殷墟妇好墓中发掘出土。现藏于中国历史博物馆。

2件成对，通高37.3厘米，重4.4千克（1579号爵）。爵流高昂而尾部较平，口沿上立伞状柱，腹下部略外鼓，腹侧施兽首鋬，圜底接三棱锥状实足，其中与鋬相对的一足外撇程度较大，以增强爵的稳定性。爵体从流尾末端到两侧器腹各施扉棱一条。柱帽顶饰圆涡纹，侧饰三角纹；流和尾均饰蕉叶纹；领饰三角纹；器腹两面各饰一兽面纹。另在鋬内壁面铸“妇好”的记名铭文。爵的兽面主纹明显凸起，云雷地纹简练稀疏，主次对比效果极佳。该爵形体高大，厚重庄严，造型恰当，铸造精美，在铜爵中实属罕见。

（孙　华）

妇好大型铜爵

Qinyu daigai tongjue

寑鱼带盖铜爵

商代后期商文化的铜制酒器及礼器。或称亚鱼爵。在商文化铜器分期中属第五期。因作器者为寑鱼而得名。1980年由中国社会科学院考古研究所在河南安阳市殷墟西区1713号商墓中发掘出土。现藏于中国社会科学院考古研究所。

该器为比较少见的带盖爵，从盖首到盖尾长22.2厘米、连盖通高20厘米。盖作短角鹿首形，从流端顺爵口掩至尾尖，中有拱形钮以便捉手。爵身流尾高扬，口立伞状柱，颈部略收，腹部外鼓，一侧有兽首状鋬，圜底，旁接三棱状尖足。花纹简洁，仅在颈下施反首夔龙纹一周，足外施叶脉纹3组。铭文共2行12字：“辛卯，王锡寑鱼贝，用作父丁彝。”铸于尾端器内壁，与通常爵的铭文位置不同。在盖内另有亚鱼的族名文字。盖铭与器铭相对照，并参照同墓出土的亚鱼鼎铭文，可知作者是以族名为氏，亚鱼可直接写作或读作鱼。

寑鱼带盖铜爵

商代铜器铭文多为族名文字，记事铭文很少。爵为小形铜器，像该爵这样上铸铭文的更是前所未见。该爵造型优美，铭文较长，历史价值和艺术价值均很高。

（孙　华）

Shanwenhua tongjue

商文化铜角

商代商文化的铜制饮酒或注酒容器。形制、大小似爵而口部前后皆作尖叶状，无流尾的区别，也没有像爵那样的立柱。在商文化铜礼器中数量虽远少于爵，但有时也代替爵与觚相配，礼器功用应当与爵相似。

角这种礼器见于文献记载。《礼记·礼器》说：“宗庙之祭……尊者举觯，卑者举角。”显然角应为饮酒器。关于角与觯等饮酒器的区分，古人一般认为是容量大小的不同，如《周礼·考工记·梓人》贾公彦疏引《韩诗》称：“一升曰爵，二升曰觚，三升曰觯，四升曰角，五升曰散。”据此，角应为容量较大的酒器。但从北宋以来被称之为角的铜器，其体量大小与爵并无明显差别，文献中所说的角是否即通常所说的角，尚有存疑。从角的名义沿用已久，其形态、功能又与爵相似这两方面考虑，将类似于爵的铜酒器称之为角，认为它是铜爵的一种变体，还是比较恰当的。

角与爵一样，是较早出现的铜容器。现藏于上海博物馆的一件风格不晚于二里冈下层期的管流铜角，是已知年代最早的铜角。从它带管状流来看，角在最初应当有注酒的功能。而角与爵、斝等酒器一样，均有3条细长的足，也应兼具温酒的功能。商代前期铜角尚较为罕见，到商代后期，数量则逐渐增多，在殷墟晚期的河南安阳市殷墟郭家庄160号墓中还出现10件铜角代替铜爵与10件铜觚相配的例子。这时角的形制与同时期的爵一样，基本上都是翼尾高翘、筒形深腹、卵形圜底、下接三棱形锥状足的形状。安阳市殷墟还曾出土一件兽面纹铜角，作袋足分裆之形，实属罕见。商代后期，有的铜角口上罩有器盖，盖多施半环形捉手，也有的将盖做成展翅飞翔的鸟雀之形。这种鸟雀形盖，除起装饰作用外，可能也有标志这种器类名义的作用。

（孙　华）

guanliu tongjue

管流铜角

商代前期商文化的铜制酒器及

礼器。在商文化铜器分期中属第一期偏早阶段。1950年由上海市文物管理委员会从废铜中捡选获得。现藏于上海博物馆。

管流铜角

口长16.3厘米、残高20.6厘米。以青铜铸造，足已缺失。口中部下弧，两尖翼上翘，觚形长身，平底下接外鼓的假腹。假腹形如圈足，圈足上有6个镂孔，下缘原有3条锥足。其身侧有鋬，下部为斜上的直管流，流上有两个曲尺形装饰。器身下部在3道旋纹间饰乳钉纹，腹部镂孔上下分别施一二道旋纹。

该角形态古朴，带有浓厚的二里头文化铜器的风格，其年代有可能早至夏代晚期。不过其造型、装饰均较复杂，在二里头文化铜器中未见，将之归于二里冈下层期商文化中更为合适。它是中国已知年代最早的铜角。（孙 华）

shoumianwen tongjue

兽面纹铜角

商代后期商文化的铜制酒器及礼器。在商文化铜器分期中属第四期，即殷墟中期的偏早阶段。传1935年～1937年出土于河南安阳市殷墟。曾著录于黄濬《邺中片羽》二集。现藏于英国牛津雅士莫里博物馆。

通高20.3厘米。属袋足型。口沿中折，两翼高举，领下微束，鼓腹分裆，下接3条不长的三棱状锥足。腹侧兽首鋬与一足相对，领部前后及无鋬的腹脊各施扉棱一条，3袋足上各饰由粗放流畅的线条构成的卷角大兽面纹。无论从造型还是从纹样类型来看，该角均非常独特，是商代罕见的铜角类型。

（孙 华）

Zaihao tongjue

宰椃铜角

商代后期商文化的铜制酒器及礼器。因作器者为宰椃而得名。在商文化铜器分期中属第五期，即殷墟晚期。出土时间及地点皆不详，最早著录于清钱坫《十六长乐堂古器款识考》（卷一），后流落日本。现藏于日本泉屋博古馆。

宰椃铜角

高22.9厘米。中弧口，长翼，深直腹，圜底，器身右侧安兽首鋬，下为3条外撇的三棱形锥足。角领部饰前后长、两侧短的三角蕉叶纹，腹饰一周兽面纹，足饰由云雷纹组成的柳叶纹。内壁铸铭文5行30字（含合文1）："庚申，王在徲。王格，宰椃从。赐贝五朋，用作父丁尊彝。在六月，惟王廿祀。翌，九五。"另在鋬内有"寠册"的族名铭文。铭文格式为商人文体，纪年又为廿年，故其年代当在商王帝辛时期。

商周时期铜角中有铭文者少见，像该角这样的有长篇铭文的铜角仅此一件，弥足珍贵。（孙 华）

Shangwenhua tonggu

商文化铜觚

商代商文化的铜制酒具，为饮酒用的容器中的一种。形如同上下粗大而中腰细小的圆筒，上为敞口深腹杯，下为外撇的高圈足。是商文化最具特色的铜礼器。在商代以后，铜觚的数量锐减，在铜礼器中的地位已大大降低。

铜觚的形名关系，目前尚未得到证明。这种铜器未见自名，从北宋开始，金石学家就将它用文献中的饮酒器"觚"来命名。最早将铜器中的这种器物比附为文献中觚的是庐江李氏，他根据自己所藏的这种铜器的大小与《韩诗外传》所载"二升曰觚"的觚相近，器上4条扉棱又"削之可以为圜，故曰破觚为圜足之四棱"（吕大临《考古图》卷五引），便认为自己所藏的铜器即是文献中所称的"觚"。这种论证显然缺乏说服力，故容庚等学者曾根据这种器物不尽有扉棱而对觚的命名提出怀疑，只是因约定俗成及没有足够的证据才未改易旧说。关于觚的功用，文献明确记载为饮酒礼器。《说文解字》称："觚，乡饮酒之爵也。"《周礼·考工记》所记"梓人为饮器"中，也列有觚。铜器中被称作觚的器物，"腹小口侈，饮时易四溢"，学者们或怀疑它是否宜作饮酒器（容庚《商周彝器通考》）。但从其容量和形态来看，除饮酒之外，不可能有其他更恰当的用途，觚为饮酒器当无疑义。作为饮酒器，觚体量不会太大，先秦铜礼器中适宜作饮酒器的又只有爵、觚、觯、角等寥寥数种。在先秦文献中，觚与觯又常常相混（如《仪礼·燕礼》"公坐取宾所媵觯"郑玄注："今文觯又为觚。"），觯的名义关系既然已被研究者基本认定，与觯形态相近的这类饮酒器也应当就是文献中

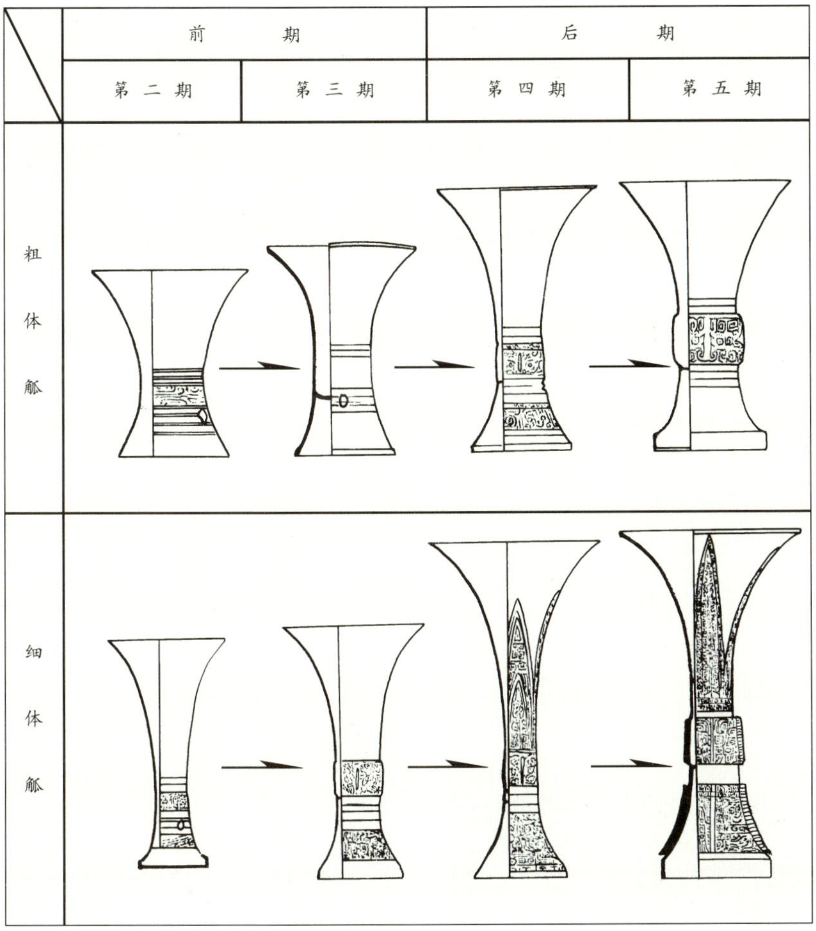

商文化铜觚形态演变示意图

的觚。

铜觚至迟在夏、商之际就已出现。据传河南偃师县圪垱头一座二里头文化末期的墓葬中就有铜觚发现。不过，铜觚的实物在商代前期的二里冈下层期仍几乎不见。直至二里冈上层期，觚才成为铜礼器群中不可或缺的器类，觚、爵相配从此构成了商文化铜礼器的基本组合及文化特色。这时的铜觚有粗、细两型，粗体觚与细体觚通常相配。商代后期，觚、爵相配制度更加严密，觚、爵数量的多寡成为身份和地位的一种标志。觚的粗、细之分在商代后期逐渐模糊，体形较细的铜觚为当时的主流。铜觚形态的早晚变化主要表现在：商代前期觚体显得较为粗短，腹部一般不鼓出，领部不施蕉叶纹；商代后期觚体显得较为瘦长，腹部鼓起，领、腹、足三段分明，领部多施蕉叶纹。

参考书目

李济等：《殷墟出土青铜觚形器之研究》，《中央研究院历史语言研究所中国考古报告集新编·古器物研究专刊》第1本，1964。

（孙　华）

Xiangyang shoumianwen tonggu

向阳兽面纹铜觚

商代前期商文化的铜制酒器及礼器。在商文化铜器分期中属第二期末即二里冈上层期与殷墟早期之际。1982年出土于河南郑州市向阳回民食品厂的铜器窖藏中。现藏于河南省博物馆。

口径15厘米、通高24厘米。属粗体觚类，形如中央收束的圆筒，喇叭口，细腰，平底，圈足外撇，圈足上部施3个十字镂孔。腹部饰上下以连珠纹镶边的兽面纹。该觚腹部不显，轮廓线圆和优雅，并且其体量在同类器物中最为粗大。它与同一窖藏中出土的大方鼎、大圆鼎等铜器一样，均为商王朝高级贵族的用器。（王鑫　孙华）

Lijiazui loukong leiwen tonggu

李家嘴镂空雷纹铜觚

商代前期商文化的铜制酒器及礼器。在商文化铜器分期中属第三期，即殷墟早期偏早阶段。1974年由湖北省博物馆等单位在黄陂县叶店村盘龙城李家嘴1号墓中发掘出土。现藏于湖北省博物馆。

口径12.6厘米、通高16.5厘米。为粗体型，侈口，体粗短，腹不显，圈足下侈。颈饰3道旋纹，腹饰兽面纹，圈足上部为镂空雷纹，下为斜角云目纹。花纹皆由单层宽线条组成，虚实相间，古朴空灵，显示出较高的工艺水平。

李家嘴镂空雷纹铜觚

花纹镂空的技法，在商代铜容器中仅见于铜觚一类器物上，河南安阳市殷墟妇好墓就出土有6件圈足花纹镂空的铜觚(见妇好镂空兽面纹铜觚)。该觚是已知最早的采用镂空花纹技法的铜器，开这种技法之先河。（万全文　孙华）

Fuhao loukong shoumianwen tonggu

妇好镂空兽面纹铜觚

商代后期商文化的铜制酒器。在商文化铜器分期中属第四期。因作器者为“妇好”而得名。1976年由中国科学院考古研究所在河南安阳市殷墟妇好墓中发掘出土。现分藏于中国历史博物馆和中国社会科学院考古研究所。

共6件，形制、花纹相同，大小相差无几。603号觚口径14.4厘米、通高25.8厘米，重1.15千克。属细体觚类，喇叭形口，长颈，直腹，宽腰，平底，矮圈足。腰上设2个十字镂孔，腹、足各饰扉棱4道。纹饰皆以云雷纹为地，颈上饰蕉叶纹4片，下饰云雷纹带一周，腹饰4条相对的倒夔纹，足饰镂空兽面纹2组，但左右不对称。铭文“妇好”铸于圈足内壁。

妇好墓镂空兽面纹铜觚

该觚小巧玲珑，具有较高的工艺水平。觚足花纹镂空的做法较少见，已流落海外的铜觚中有极为精美的圈足镂空铜觚，据传也出自安阳殷墟。殷墟是商代后期的王都，工匠云集，技艺领先。该觚从殷墟出土，也证实了这一点。（孙　华）

Tian Ce Fuji tonggu

天册父己铜觚

商代后期商文化的铜制酒器及礼器。又名天觚、父己觚。在商文化铜器分期中属第五期。因上有“天册父己”的铭文而得名。1977年由中国科学院考古研究所在河南安阳市殷墟西区856号墓中发掘出土。现藏于中国社会科学院考古研究所。

口径15厘米、通高26厘米。属商代后期较少见的粗体类，侈口，直腹，撇足。圈足下端斜侈，这与通常的商代后期铜觚不同。通体施4道三棱形宽扉棱，颈部扉棱上端锐收，与蕉叶纹相配，形同蕉叶之中脉；腹部和圈足在扉棱两侧饰相对的云雷纹地夔龙纹；扉棱本身则饰以分段的倒叶脉纹。“天册父己”的铭文铸于圈足内，阳文，天字居中，有图案装饰意味。

该觚铜质佳好，制作精工，形制和花纹都很有特点。觚上扉棱作宽棱形，既便于把握，又使得这种立体装饰与平面花纹融为一体，设计和铸制均颇具匠心。

（孙　华）

天册父己铜觚

Shang wenhua tongzhi

商文化铜觶

商代后期商文化的铜制饮酒容器。平面呈椭圆形或圆形，立面呈侈口、束颈、垂腹、圈足之状，器口上往往罩有菌状钮弧顶器盖。数量不多，在商文化铜礼器中只起着觚的辅助作用。

在文献记载中觶是饮酒器的一种。《说文解字·角部》称：“觶，乡饮酒角也。”《礼记·礼器》称：“尊者举觶。”其形制古人无说，容量则有四升、三升两说。两说均为铜觶消失后的晚期文献所记，所述爵、觚、觶、角、散的容量关系与实物也多不吻合。文献中的觶究竟是那一种饮酒铜器，北宋王黼《博古图》卷十六以铜器中带圈足的椭圆形或圆形小杯当之，但未申述理由。近代王国维据春秋时期这类铜器有自名“鍴”的（徐王义楚鍴），认为“鍴”与“觶”为同音假借字，文献中的觶应当指这类器物。自王国维考证以后，学术界皆从王说，未见异议。

觶出现于商代后期，殷墟中期偏早阶段的河南安阳市殷墟妇好墓中就出土有2件铜觶。殷墟晚期，铜觶的数量稍有增加，但使用的普遍程度和数量比例仍远少于铜觚。觶多发现于出土铜礼器较多的墓葬中，单位数量以1件居多，最多也仅2件。觶有椭圆体和圆体之分。椭圆体觶出现较早，从殷墟中期一直流行到西周早期，可分为粗体与细体两型，后者较前者出现的时间略晚。圆体觶均较细，早期较粗的也仅相当于椭圆体觶中的细体型。它出现于殷墟晚期，主要流行于西周中期以前，并沿用至春秋时期。商文化觶的形体变化不甚明显，排序分期主要根据其纹饰及共存关系而不是形态。

参考书目

王国维：《释觶觛卮[illegible]䚋》，《观堂集林》卷六。

（孙　华）

Fuhaomu sibanhuawen tongzhi

妇好墓四瓣花纹铜觶

商代后期商文化的铜制酒器及礼器。在商文化铜器分期中属第四期。1976年由中国科学院考古研究所在河南安阳市殷墟妇好墓中发掘出土。现藏于中国社会科学院考古研究所。

妇好墓四瓣花纹铜觯

口长径9.7厘米、通高18.2厘米，重0.95千克。为椭圆粗体型，弧顶菌状钮器盖，斜领，短颈，鼓腹，矮圈足。器表满布以云雷纹为地的多种纹饰：盖面及腹部饰四瓣花纹，领饰蝉形蕉叶纹，颈饰对夔纹，足饰云雷纹。

该觯是已知年代明确的最早的铜觯。它以四瓣花为主纹，在其他铜器中很少见。 （孙 华）

Ji Muyi tongzhi

雧母乙铜觯

雧母乙铜觯

商代后期商文化的铜制酒器及礼器。在商文化铜器分期中属第五期。因上有“雧母乙”的铭文而得名。1962年由中国科学院考古研究所在河南安阳市大司空村53号商墓中发掘出土。现藏于中国社会科学院考古研究所。

口径7.4厘米～8.4厘米，重0.7千克。平面呈椭圆形，体矮胖，带盖，盖如球面凸起，顶立菌形钮。器身侈口，束颈，圆肩，圆腹，圈足外侈。钮帽饰圆涡纹，盖面饰相背的神面，颈上以相对的夔龙组成两兽面，肩、腹部以两神面为主，两旁填以夔纹，足部以4条相对的夔龙组成纹带。所有纹饰皆不用地纹，简洁明快。盖内及器底铸铭文“*雧母乙”，前一符号为族氏名称，后两字为器主的日干庙号。

该觯总体形态及花纹布局均接近于安阳市郊出土的父乙觯，但后者主题纹样为常见的兽面纹，它却作大嘴上翘、含神秘笑意之形，形象与山东青州市苏埠屯神面纹大铜钺上的神面相似。主题纹样不施地纹，这在商代后期铜器中尚较少见。

（孙 华）

Shangwenhua tonggong

商文化铜觥

商代后期商文化的铜制饮酒容器。形体弯曲如牛角，一端大而开敞，另一端小且封闭。是商文化中罕见的器类。

觥通常指前有流、后有鋬、下有圈足的带盖深腹注水器兼注酒器。这种铜器自《续考古图》称之为兕觥以后，经近代王国维论证和阐述（王国维《观堂集林》），已为多数研究者所接受。《诗·豳风·七月》有“称彼兕觥”的诗句，“称”为“举”之意，可见其为体形较小的饮酒铜器无疑。觥又作觵，《说文解字·角部》：“觵，兕牛角，可以饮者也。”铜觥应当为仿照用牛或兕的角而制造的器物。

铜觥在商代前期未见，商代后期也仅在河南安阳市殷墟发现一件，即殷墟西北冈1022号墓龙纹铜觥。觥在商代应主要为角制而非铜制。

（孙 华）

Xibeigang 1022-haomu longwen tonggong

西北冈1022号墓龙纹铜觥

商代后期商文化的铜制酒器及礼器。在商文化铜器分期中属第四期，即殷墟中期的偏早阶段。1934年由前中央研究院历史语言研究所在河南安阳市殷墟侯家庄西北冈1022号商墓中发掘出土。现藏于台北“中央研究院历史语言研究所”。

西北冈1022号墓龙纹铜觥

通高36厘米。整体形似断尖的牛角，穹窿顶形盖，盖上有菌状钮。器身内侧近口部有一贯耳，可以穿绳悬挂腰际。盖沿上及器沿下各饰云雷纹衬底的夔龙纹一周，盖之夔龙两两相对，器之夔龙前后相随，于统一中见变化。

觥在商、西周铜器中罕见。《西清古鉴》曾著录一件，另在江苏丹徒县烟墩山1号墓亦出土一件西周铜觥。其中以此觥年代最早，制作最精，最具代表性。 （孙 华）

Shangwenhua tongjia

商文化铜斝

商代商文化的盛酒兼温酒铜容器。基本形态为敞口外侈，口上有2

立柱，身侧有鋬，下立3足；与爵相似而体量较大，且无爵的流和尾。是商文化铜礼器的重要构成因素。

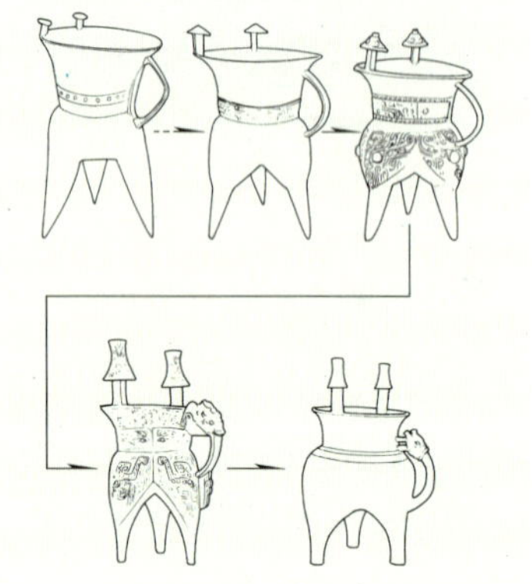

商文化袋足铜斝形态演变示意图

据先秦文献记载，斝是盛酒以行灌礼的用具。《周礼·春官·司尊彝》称："秋尝，冬烝，祼用斝彝、黄彝。"《左传·昭公十七年》中也有"用瓘斝玉瓒"以禳火的记载，瓘斝即祼斝，即祼礼所用之斝。容庚《商周彝器通考》则以斝有3足且多中空，将其列入煮酒器类，认为其用作温酒。另有学者据文献记载、形制特点和出土情况认为斝的基本功能是盛酒，最初兼作温酒之用。从商代斝的形态演变状况及有的斝底遗留烟炱来看，斝兼具盛酒和温酒两种功用应是自始至终的，不仅仅是早期才用作温酒。

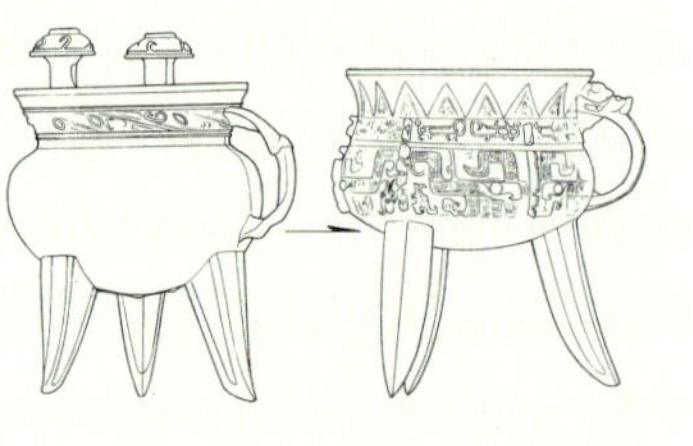

商文化圜底铜斝形态演变示意图

商代铜斝种类多样。以腹部及底部形态为标准，可大致分为球腹圜底、折腹平底或圜底、分裆3大类。圜底斝有长颈空足和短颈实足两型。长颈空足圜底斝以长体深腹和空锥足为特征，出现时期很早，在夏、商之际的二里头文化晚期就已有一定数量的发现，但使用时间并不长，主要流行于商文化铜器分期的第一期，到该期末的二里冈上、下层期之交就已基本不见。短颈实足圜底斝或称罐形斝，作短体浅腹之形，使用时间也很短，出现于殷墟早期，主要流行于殷墟中期，以后十分罕见。

参考书目

李济等：《殷墟出土青铜斝形器之研究》，《中央研究院历史语言研究所中国考古报告集新编·古器物研究专刊》第3本，1968。

（孙　华）

Baijiazhuang huandi kongzu tongjia

白家庄圜底空足铜斝

商代前期商文化的铜制酒器及礼器。在商文化铜器分期中属第一期，即二里冈下层期偏晚阶段。1955年由河南省文物工作队在郑州市白家庄2号墓中发掘出土。现藏于河南省博物馆。

白家庄圜底空足铜斝

通高26厘米。为圜底空足型，侈口，短柱，长颈，细腰，鼓腹，圜底，下接3只介于锥足与袋足间的空锥足，颈、腹间置折曲的扁平鋬。器表装饰简单，颈部饰一周乳钉纹，腹部的两足间各施一凸起的椭圆，当即以后漩涡纹的雏形。现藏于郑州市博物馆的一件铜斝的形态和装饰花纹与此类似。

该斝形制古朴，风格明显，较同墓出土的鼎、爵、瓿、盘等铜器原始，故有的学者认为它应属二里头文化的遗物。从其立柱已有规整的菌状帽，鋬虽尚有折曲之意却已变得较为圆和，以及造型、花纹均呈介于二里头文化与商文化二里冈上层期之间的特点来看，它不大可能早到二里头文化时期，应是二里冈下层时期的作品。

（孙　华）

Zhengzhou daizu tongjia

郑州袋足铜斝

商代前期商文化的铜制酒器及礼器。在商文化铜器分期中属第三期，即殷墟早期偏早阶段。1973年出土于河南郑州市。现藏于开封市博物馆。

口径14.3厘米、通高21.3厘米。为分裆袋足型，高领侈口，沿上立菌状柱，袋足分裆线直抵领下，下接圆锥状空足根，足跟高峻。斝身后部设鋬。领下部在两道连珠纹间施斜角云雷纹。

袋足斝是商代后期至西周初期流行的铜斝形制。商代前期袋足斝很少，且均分裆。该袋足斝年代既早，又铸造精工，造型优雅，是商代前期铜斝中的精品。湖北黄陂县盘龙城分裆斝和上海博物馆所藏的分裆斝造型与此类似，后一斝菌状钮略大，袋足满花，已有殷墟早期铜器的风气，年代应略晚于该斝和盘龙城分裆斝。（孙　华）

郑州袋足铜斝

Panlongcheng yuanwowen pingdi tongjia

盘龙城圆涡纹平底铜斝

商代前期商文化的铜制酒器及礼器。在商文化铜器分期中属第三期，即殷墟早期偏早阶段。1974年由湖北省博物馆等单位在黄陂县叶店村盘龙城李家嘴3号墓中发掘出土。现藏于湖北省博物馆。

口径19.7厘米、通高29厘米。侈口，高领，口沿上立相对的菌状柱，短腹下垂，平底下接3根粗壮的三棱状空锥足，后足领、腹间安鋬。领饰云目纹一周，腹饰圆涡纹6个。

盘龙城圆涡纹平底铜斝

该斝是商代前期常见的铜斝类型，相似形制和纹饰的铜斝在河南郑州也出土有数件。在这些铜斝中，该斝铜质优良，比例适度，纹饰简洁，在同类铜斝中当推第一。

（孙　华）

Guanyi shoumianwen pingdi tongjia

馆驿兽面纹平底铜斝

商代前期偏晚阶段商文化的铜制酒器及礼器。1965年出土于安徽肥西县馆驿。现藏于安徽省博物馆。

口径26厘米、通高54厘米。属平底锥足型，伞形双柱，侈口，长颈，直腹外鼓，平底下接3条断面呈丁字形的锥足。柱帽饰卷云纹，颈部和腹部各饰一周兽面纹。

该斝与同时出土的铜爵一样，均体量高大，纹饰精美。它是已知最高大的商代前期铜斝。

（孙　华）

馆驿兽面纹平底铜斝

shoumianwen daizu tongjia

兽面纹袋足铜斝

商代前期商文化的铜制酒器及礼器。在商文化铜器分期中属第三期，即殷墟早期。现藏于上海博物馆。

兽面纹袋足铜斝

通高31.1厘米。属商代前期较少见的袋足型，侈口，高领，沿上立2伞状柱。袋足分裆，后足与领间设鋬，足下出很高的圆锥形足根。柱帽施圆涡纹，领下部饰上下界以连珠纹的兽面纹带，袋足上则各饰一个大兽面纹。所有纹样均由较宽的单层线条组成，颇具二里冈上层时期的风格，故有的学者将它的年代定为二里冈期；但从领部已较短、袋足满花纹且兽面作高立羽等特征看，该斝的年代应在殷墟早期。

该斝形态与湖北黄陂县盘龙城出土的袋足铜斝非常相似，但花纹较后者更华丽。无论从形制上还是从纹样方面考虑，该斝均堪称商代前期铜斝的优秀作品。

（孙　华）

Xiaonanzhang Xi tongjia

小南张徙铜斝

小南张徙铜斝

商代后期商文化的铜制酒器及礼器。在商文化铜器分期中属第四期，即殷墟中期。1968年发现于河南温县城关公社小南张。现藏于河南省博物馆。

口径20厘米、通高37.3厘米。伞状立柱，侈口，卷沿，斜肩，垂腹，圜底近平，后端设鋬，下为三棱状锥足。器表铸出正面展翅而立的鸱枭图案，鸱枭毛角竖立，直抵沿下。器内底铸“徙”字族氏铭文。

该斝器形为殷墟中期铜斝的常

见形制，鸱枭的纹样在同时期铜卣上也较为多见；但其主题纹样鸱枭呈三分式构图，以鸱枭的羽毛满盖器壁代替通常的云雷地纹，颇为新颖独特。（孙 华）

方斝是少见的铜斝形制，且主要见于圜底锥足型，高体的平底锥足方斝仅发现此组。其体态高峻，造型秀美，作器者明确，极为难得。（孙 华）

Fuhao datongfangjia

妇好大铜方斝

商代后期商文化的铜制酒器及礼器。在商文化铜器分期中属第四期，即殷墟中期偏早阶段。因作器者为妇好而得名。1976年由中国科学院考古研究所在河南安阳市殷墟妇好墓中发掘出土。现藏于中国历史博物馆。

共3件，大小、形制、花纹、铭文均相同。其中752号斝口宽23.4厘米、口长25厘米、通高67厘米，重19.2千克。为平底锥足型，平面呈长方形，长颈外侈，方唇，器口两侧立双柱，柱顶呈四阿帐形。腰微束，腹直而下部外倾，颈、腹后部安兽首鋬。四足呈四棱锥形，下端外撇。四隅及颈、腹无鋬的三面从上至下施扉棱，就连柱帽的四角也不例外。器表满布以云雷纹为地的纹饰：颈为对夔蕉叶纹，腹为卷角兽面纹，足为长体凤鸟纹。内底铸图案化的"妇好"铭文。

妇好大铜方斝

Anyang daizu tongjia

安阳袋足铜斝

商代后期商文化的铜制酒器及礼器。在商文化铜器分期中属第四期，即殷墟中期。传河南安阳出土。现藏于德国科隆东亚美术馆。

安阳袋足铜斝

通高39.3厘米。伞形立柱，侈口，高领，下接瘦高的袋足，裆介于分裆、联裆之间。口与后足间安兽首鋬，鋬下及兽首上出短扉棱。柱帽饰蕉叶纹和倒兽面纹，颈部上层饰云纹，下层饰与云雷地纹交织成一体的兽面纹；袋足在人字纹上饰以云雷纹为地的卷角兽面纹。

该斝造型优雅，在商代铜斝中罕见，代表了从商代前期分裆袋足斝向商代后期以后的联裆袋足斝转化的中间环节。（孙 华）

Dasikongcun Ya tongjia

大司空村亚铜斝

商代后期商文化的铜制酒器及礼器。在商文化铜器分期中属第四期，即殷墟中期。因上有"亚"字铭文而得名。1980年由中国社会科学院考古研究所在河南安阳市殷墟大司空村539号商墓中发掘出土。现藏于中国社会科学院考古研究所。

口径16厘米、通高29.3厘米，重3千克。为圜底锥足型，盖呈弧面圆板状，中立虎形钮，两侧有豁口以置立柱。器身敞口，短颈，圆腹，圜底，上立伞帽形双柱，后设兽形鋬，下出外撇的三棱锥足。器表以云雷纹为地，上施花纹：盖饰二兽面；颈部上饰蕉叶纹，下饰以3个短小扉棱为鼻的兽面纹带；腹部饰3个细长扉棱为鼻的大兽面；足部饰由对鸟组成的蕉叶纹。腹底铸"亚"字形符号。

该斝铜质精好，造型美观，花纹细腻，为商代铜斝之精品。它与已流落海外的传出安阳的母亚斝的大小、形制、纹饰和铭文皆相似，二者有无联系，值得注意。

（孙 华）

大司空村亚铜斝

Shangwenhua tonghu

商文化铜壶

商代前期偏晚阶段至商代末期商文化的铜制盛酒容器。形态如同古文字中"壶"字的象形，口上设盖以覆器口，颈、肩两侧设耳可提挈，腹部鼓出以增加容量，器底有圈足可供陈放。是商文化中的重要铜礼器。

安装提梁的一种壶一般称作卣。这种命名本于北宋吕大临的《考古图》，该书名卣的根据是所谓“乐司徒从卣”的自名。但正如有的学者已指出的那样，该器自名实际上应释为“㔶”而非卣。将这种提梁壶称作卣是缺乏根据的。西周早期提梁壶有自名为“甫”和“㿝”的（甫与壶字古音相近，前者是后者的假借字），这类从北宋以来就被称作卣的铜容器实际上应称作壶。在河南安阳市殷墟郭家庄一座商墓出土的铜提梁壶内，尚存有可能为酒的植物纤维状杂质的液体。河南鹤壁市庞村西周早期墓葬中出土的带有“亚雀鱼父己”铭文的提梁壶内放有挹酒用的铜斗。这些都说明提梁壶的功能应为盛酒以备挹取之用，是商文化铜酒器的一种。

不带铜制提梁的壶在西周时期的同类器物上有自名的甚多，其名称为壶向无异议。壶在先秦文献中为酒器，《诗·大雅·韩奕》中有“清酒百壶”的诗句，西周的《曾伯陭壶铭文》中也有“用自作醴壶”的文字，醴为甜酒，无提梁的铜壶无疑与提梁壶一样，均为盛酒之器。

提梁壶形制变异较多，主要有长体和短体两类。长体提梁壶腹部平面一般呈圆形，另有少数呈方形，器盖子口纳入器口之内。按颈部形状的区别，长体提梁壶又可分为细曲颈和粗直颈两型：前者为主要形制，出现于商代前期偏晚的殷墟早期，流行于殷墟中期，殷墟晚期逐渐减少；后者数量很少，仅见于商代前期的二里冈上层期与殷墟早期之间。短体提梁壶腹部平面一般作椭圆形（方形罕见），器盖均罩于器身子口之外，其中除个别体态稍长者近似长体提梁壶外，一般形态均与长体提梁壶迥然有别。短体提梁壶出现较晚，最早见于殷墟中期晚段，但在殷墟晚期迅速流行，成为提梁壶的主流形制。

（孙 华）

Xiangyang changfu tiliang tonghu

向阳长腹提梁铜壶

商代前期商文化的铜制酒器及礼器。在商文化铜器分期中属第二期，即二里冈上层期末。1982年出土于河南郑州市向阳回民食品厂内的窖藏中。现藏于河南省文物考古研究所。

口径12厘米、通高50厘米。属粗颈长腹型，盖顶隆起，设菌状钮，钮柱上套环链与提梁相连。器身口部微敛，颈部不明显，颈旁环钮内套蛇首提梁；腹部深长，下腹渐鼓，圈足较高，上有4个圆形镂孔。器表满布花纹：提梁饰菱形纹，颈部饰上下界以云雷纹的兽面纹带，腹部施两个高立羽的大兽面纹，圈足饰上下界以连珠纹的云雷纹。

向阳长腹提梁铜壶

该壶是已知年代最早的提梁铜壶。其形制独特，与以后流行的细长颈鼓腹提梁壶及粗短颈中腹提梁壶皆不相同。这说明提梁铜壶在当时刚刚产生，尚未定型。在细长颈鼓腹提梁铜壶出现后，这种形制的提梁壶便消失了。

（王 鑫 孙 华）

Lijiazui xizhijing tiliang tonghu

李家嘴细直颈提梁铜壶

商代前期商文化的铜制酒器及礼器。在商文化铜器分期中属第三期，即殷墟早期偏早阶段。1974年由湖北省博物馆等单位在黄陂县叶店村盘龙城城东的李家嘴1号商墓中发掘出土。现藏于湖北省博物馆。

李家嘴细直颈提梁铜壶

口径7.8厘米、通高31厘米，重1.7千克。直口加盖，小口细颈。肩附索形提梁，通过链与盖上的环钮相连。腹膨出，低圈足。颈饰3道旋纹，肩上饰兽面纹，上加连珠纹，下以2道旋纹为界。腹饰兽面纹，界以连珠纹。圈足设镂孔。铸造精美，以陶合范通体浑铸器身，再铸接分铸的提梁，体现出较高的工艺水平。

壶是商文化二里冈上层期新出现的铜器，非常少见。该壶造型颇具特点，颈部细直，腹部不下垂，形态与向阳长腹提梁铜壶有明显的区别，开以后曲颈鼓腹提梁铜壶的先河。

（万全文）

Dasikongcun xiaoxing tiliang tonghu

大司空村枭形提梁铜壶

商代后期商文化的铜制酒器及礼器。通常称枭卣。在商文化铜器分期中属第四期，即殷墟中期偏早

阶段。1980年由中国社会科学院考古研究所在河南安阳市殷墟大司空村539号商墓中发掘出土。现藏于中国社会科学院考古研究所。

大司空村枭形提梁铜壶

口长11.5厘米、通高19厘米，重2千克。造型似两只背部相连、昂首站立的鸱枭。平面呈椭圆形，盖隆起作枭首之形，枭喙突起如鋬耳，顶上设四阿屋形钮。器身口部较直，肩部斜倾，腹部外鼓，圜底；形似收翅挺胸的枭身。四足粗矮，也作枭足之形。在壶颈两侧设半环耳，内套索状提梁。盖沿及器颈沿各饰一周连珠纹，器表除枭的羽翼、毛角和腹部羽片等纹饰外，其余则在云雷地纹上饰以凤鸟（肩部）、兽面（腹部）、夔龙纹（足部）。尤其值得注意的是，在素净的器外底上还施以阴线的蟠龙纹一条。

枭壶是殷墟中期开始流行的提梁铜壶类型，在西南到湖南南部、西北至陕北高原的广大区域内都曾有枭壶出土。在这些铜枭壶中，该壶分期明确，纹饰繁复，造型与纹饰和谐统一，具有较高的学术价值。

（孙　华）

Guojiazhuang fengniaowen tiliang tonghu

郭家庄凤鸟纹提梁铜壶

商代后期商文化的铜制酒器及礼器。在商文化铜器分期中属第五期，即殷墟晚期。1990年由中国社会科学院考古研究所在河南安阳市殷墟郭家庄西南的160号商墓中发掘出土。现藏于中国社会科学院考古研究所。

口径13.5厘米～15厘米、通高35.8厘米。整体平面呈椭圆形。盖作屋形，盖顶设菌状钮，侧壁出对称的翘耳，器身子口纳于盖壁之内。器身直颈，斜肩，垂腹，高圈足，提梁为避开侧壁伸出的两耳而置于壶身前后，与通常的椭圆形提梁壶提梁的设置状况有所不同。壶外四轴线处从上至下均设宽厚的扉棱，其间器表布满纹饰，其主题纹样除提梁上为4条夔龙纹外，其余皆为凤鸟纹。凤鸟纹呈宽带状布局，其间以直棱纹相隔，盖顶、盖壁、壶颈、圈足部位的凤鸟纹为长尾，腹部的凤鸟纹为短尾。纹饰于统一中寓变化，主次分明，繁复华丽而不琐碎冗杂。

郭家庄凤鸟纹提梁铜壶

该壶是商代后期新出现的豪华型壶。商代的这类壶在南方地区曾多次出土而在中原却很少发现。它对判断南方出土的同类铜壶的年代及认识这种形制铜壶的产生地域很有帮助。

（孙　华）

Biqi tiliang tonghu

邲其提梁铜壶

商代后期商文化的铜制酒器及礼器。通常称作卣。在商文化铜器分期中属第五期，即殷墟晚期。共3件，作器者均为邲其而制作年代不同，故一般冠以年代来区别。其中二祀邲其提梁壶传1940年出土于河南安阳市殷墟，已残，修复后为私家收藏，20世纪50年代初，章乃器将其捐献给国家；四祀邲其提梁壶由北京故宫博物院于1957年收购，亦应出土于殷墟；另有六祀邲其提梁壶，形态与二祀提梁壶相同，但铭文有疑问。现均藏于北京故宫博物院。

二祀邲其提梁铜壶

二祀邲其提梁壶通高38.4厘米。属短体提梁壶。盖弧顶，曲壁，上设瓜棱形钮。器身颈部不显，斜肩，垂腹，折壁式圈足，肩两侧半环耳内套提梁。盖面及颈部饰象头纹，提梁及圈足饰夔龙纹。盖内、器底内均铸有“□（亚獏）父丁”的记名铭文，器底外另铸纪事铭文7行39字，记载某商王二祀正月丙辰这天，商王命令邲其“兄釐，殷于夆，田䚄”，邲其因此得到“贝五朋”的赏赐。

四祀邲其提梁壶通高34.5厘米。形制为商代后期较少见的长体提梁壶型，与二祀提梁壶不同。覆碗形盖，长直颈，斜肩，鼓腹，斜圈足。颈上两侧出半环耳，内套兽首提梁。在颈耳部位的2道连珠纹间饰简化兽面纹和云雷纹。铭文分布与二祀提梁壶相同，器内记名铭文也相同，只是器底纪事铭文有别。铭文8行42字，记载商王举行遘一类祭祀活动，乙酉这天，商王在㭘地赏赐邲其以贝之事。也有的学者认为该壶系伪作。

邲其壶是商代后期少见的有长篇铭文的铜器。二祀邲其提梁壶铭文中记载的“上下帝”，是了解商人天道观中的天人关系的重要材料；四祀邲其提梁壶铭文中的“尊文武帝乙宜”，与周原甲骨文中的“彝文武帝乙宗”可相印证，也证明其应为商王帝辛时期的制品。

参考书目

杜迺松：《邲其三卣铭文考及相关问题的研究》，《故宫博物院院刊》1985年4期。

（孙　华）

Shangwenhua tongzun

商文化铜尊

商代前期偏晚阶段至商末的商文化的盛酒用铜制容器。作为专名的尊，指上有喇叭形长颈大口，中为鼓出的肩部及腹部，下有喇叭形高圈足的形体较大的器皿。铜尊出现于商代前期偏晚阶段，盛行于商代后期。是商文化铜礼器中的重要器类，在商代后期前后成为商人较高级贵族铜器组合中不可或缺的酒器。

“尊”字在铜器铭文中一般与“彝”字组成祭祀用铜礼器的通名“尊彝”，尚未见以“尊”为专名自称的铜器。北宋王黼《博古图》（卷六）将大口、鼓腹、高圈足的这类铜器称之为尊，但其所述命名的理由皆未涉及器的形制。此后的学者们虽认为宋人对这类器物的考证定名缺乏证据，却又因没有足够的证据改易旧说和另立新说，故仍沿用这一定名。在先秦古文字中，尊字像双手捧举一长颈圜底的容器之形，圜底无足之器在先秦铜礼器中基本不见，尊字所反映的器物如加上高圈足，就与传统上所指的尊颇为相似。春秋、战国之际的蔡侯墓出土的铜尊，其自名已磨损不能确认，不过与之配套并可能为承托尊的盘形铜器却自铭为“盤”（舟）。《周礼·春官·司尊彝》注引郑司农云：“舟，尊下台，若今时承盘。”故放于舟上的这类铜器名尊，应当是可信的。尊在西周至战国时期是盛放祭祀郁鬯以备灌酌的酒器，商文化铜尊的用途也应当与之相仿。

与以后的周文化铜尊一样，商代铜尊主要有几何形尊和鸟兽形尊两种。几何形尊可分有折肩尊和无肩尊两大类。折肩尊按其平面形态有方、圆两型，每型按其立面又各有高体和矮体不同的亚型。圆折肩尊出现于二里冈上层期，流行于殷墟早中期，殷墟中期偏晚阶段便趋于消失；方折肩尊的出现略晚于圆尊，始见于殷墟中期偏早阶段的河南安阳市殷墟妇好墓中，却一直沿用至西周时期。无肩尊出现较晚，在殷墟中期偏晚阶段才产生，殷墟晚期方流行开来。依腹部鼓出处的高低，无肩尊又有觚形尊和觯形尊的分别：前者颈、腹、足3段分明，为殷墟晚期商文化铜尊的主要类型；后者颈、腹分段不明显，在商代后期尚不多见，主要流行于西周时期。鸟兽形尊仿照动物造型制作，已发现的商文化鸟兽形尊仅有犀尊一种，这与商代后期南方地区多鸟兽形尊的情况有所不同。

形态的演变在几何形尊中的圆折肩尊上表现得最为明显。该型尊沿用时间较长，数量也较多，具有代表性。商代前期的二里冈上层期，铜尊尚罕见，并且尊的口部较小，肩部无兽首饰，形态与同时的高体瓿（通常称罍，或称甗）差异不大，如河南郑州市白家庄3号墓铜尊。二里冈上层期末，口部大而外侈、肩部饰3个兽首的标准圆折肩尊出现，并在殷墟早期广泛流行，向阳牛首铜尊、月儿河龙虎铜尊均为其代表作。到殷墟早期偏晚阶段，圆折肩尊的颈部及足部普遍变高，仅有少数保留旧制，从而出现矮体、高体圆折肩尊并存的现象，其中后一种圆折肩尊在殷墟中期成为最主要的类型。商文化的高体圆折肩尊对南方青铜文化铜尊影响较大，三星堆文化、皂市遗存的铜尊都具有鲜明的殷墟早中期商文化铜尊的特色。这对认识商文化的传播和影响有着重要价值。

（孙　华）

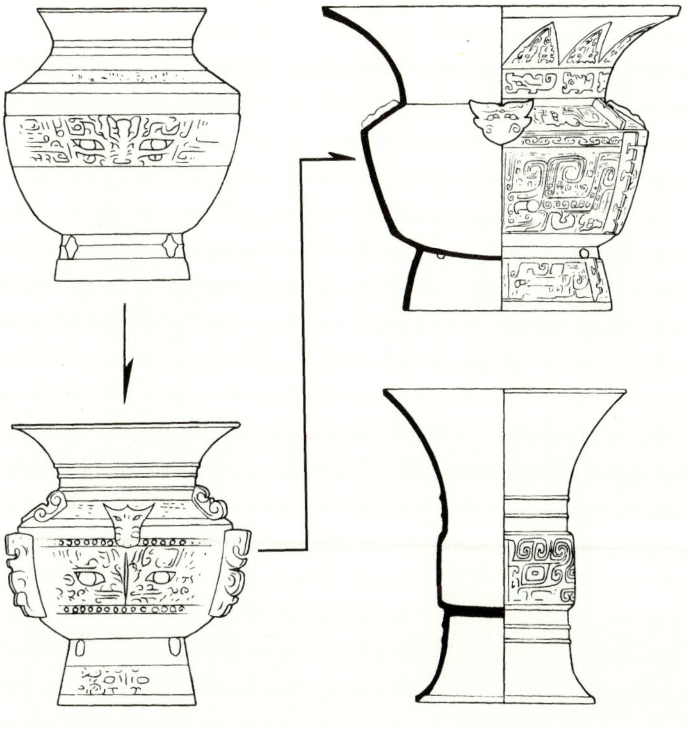

商文化铜尊形态演变示意图

Xiangyang niushou tongzun

向阳牛首铜尊

商代前期商文化的铜制酒器及礼器。在商文化铜器分期中属第二期，即二里冈上层期末。1982年出土于河南郑州市向阳回民食品厂内的窖藏中。现藏于郑州市博物馆。

共2件，形制和纹饰相同，大小略有差异。一件口径32厘米、通高37厘米，重10.5千克；一件口径28厘米、通高32厘米，重7.1千克。为折肩矮体型，喇叭形大敞口，斜折肩，肩部耸起牛首3个，腹部圆转内收，平底下接向外斜倾的两段式中圈足，足上设3个十字形镂孔。除颈、足各饰3道凸旋纹外，另在肩、腹部各饰一周带状动物纹，肩上施云目纹，腹上饰兽面纹。纹样皆由凸起的细线构成，上下以连珠纹镶边。

向阳牛首铜尊

该尊的形制介于二里冈上层期铜尊和殷墟早期铜尊之间，在商文化铜器分期中属于从第二期向第三期过渡的铜尊形制。这时期的铜尊尚未流行，发现极少，而该尊造型稳重，花纹简练，更显珍贵。

（孙 华）

Yue'erhe longhu tongzun

月儿河龙虎铜尊

商代前期商文化的铜制酒器。在商文化铜器分期中属第三期，即殷墟早期。1957年出土于安徽阜南县朱寨月儿河。现藏于中国历史博物馆。

月儿河龙虎铜尊

口径45厘米、通高50厘米。为矮体折肩型，大口外侈，折肩平缓，腹斜下敛，圈足较高。颈上饰凸旋纹3周。肩部用附件后铸法铸接3个探出肩外的立体状龙首，龙身则如浮雕蜿蜒肩上。腹部以龙首下的3条透空扉棱分隔为3部分，其间饰以虎衔人的主题纹样：虎首如龙首伸出腹壁，左右歧出两个浮雕状的虎身，虎首下衔正面蹲立人之首；虎下人旁填以夔龙，扉棱两侧的夔龙相对，组成完整的兽面纹，从而将3组分隔的虎衔人纹又连成一个整体。圈足上部施旋纹一周及十字镂孔3个，下部饰3组兽面纹。肩、腹部主题纹样均以云纹为地，其上还分别饰以雷纹或云纹。浮雕状纹饰的内壁皆随之凹凸，纹饰层次虽多，器壁却厚薄均匀，工艺水平高超，为已知商代前期最精美的铜器之一。

该尊造型作殷墟早期常见的样式，虎衔人的题材也见于虎衔人提梁壶、妇好铜钺、司母戊大铜方鼎上，是考古学家们感兴趣的研究课题。

（王 鑫）

Yue'erhe shoumianwen tongzun

月儿河兽面纹铜尊

商代前期商文化的铜制酒器及礼器。在商文化铜器分期中属第三期，即殷墟早期。1957年与月儿河龙虎铜尊等同出于安徽阜南县朱寨月儿河。现藏于安徽省博物馆。

口径39.3厘米、通高47厘米。喇叭形口，曲颈，折肩，腹壁内倾，圈足外侈。肩部施以3个相间分布的凸起羊首和透空云形扉棱，其间饰宽线条的云目纹。腹部以肩部羊首为中线，各饰一卷角兽面纹，兽面作浮雕状凸起，头上立羽高耸，地纹线条粗放流畅，非常精美。圈足有2个十字形镂孔，并施2道旋纹。

该尊的造型采用殷墟早期前后商文化铜尊流行的样式，但尊上精美的花纹尚未见于同时期其他商文化铜器上，而在当时长江流域的青铜器上却发现有数例。这说明殷墟早期阶段商文化周边地区尤其是南方地区文化正在崛起，青铜工艺日益成熟。

（孙 华）

Dongqiao zhejian tongzun

东桥折肩铜尊

商代前期商文化的铜制酒器及礼器。在商文化铜器分期中属第三期，即殷墟早期。1972年出土于河南灵宝县文底公社东桥。现藏于河南省博物馆。

东桥折肩铜尊

口径30厘米、通高29.5厘米。由3块外范及1块内范倒铸而成。为矮体折肩型，大喇叭口，折肩斜平，腹部下收，圈足外侈而足面微凹。肩、腹间有凸起的兽首3个，其间的肩、腹上各饰3道透空卷云状扉棱。颈上及圈足上各饰2道凸旋纹，肩上及腹部上段饰云目纹，腹下段及圈足上饰兽面纹，另在圈足上设方形镂孔3个。除兽面的角、额、目较为突出外，其余纹样皆由粗细大致等同的线条组成，与云雷地纹浑然一体。

该尊形制、纹饰均与河南郑州市北二七路铜尊相同而形体略大，呈典型的殷墟早期铜器风格，在同时期矮体铜尊中具有代表性。

（孙 华）

Guojiazhuang silong sixiang tongfangzun

郭家庄四龙四象铜方尊

商代后期商文化的铜制酒器及礼器。在商文化铜器分期中属第五期，即殷墟晚期。1990年由中国社会科学院考古研究所在河南安阳市殷墟郭家庄西南160号商墓中发掘出土。现藏于中国社会科学院考古研究所。

郭家庄四龙四象铜方尊

口大33厘米、通高44.3厘米。属折肩方尊型，口折外侈，长颈近直，肩部缓折，直腹下收，高足下端外撇。器表四中四隅各饰3段扉棱，扉棱顶端渐粗，伸出口外。在肩上的四中及四角分别插有可以摘取的立体的龙首和象首，龙首双角如树叶，象鼻上卷而门齿前伸，前者形象神秘狰狞而后者生动可爱。颈饰蕉叶纹，肩饰夔凤纹，腹及足部上饰夔凤纹带，下饰大兽面纹。兽面为角、耳、鼻、眼、嘴分离式，足部兽面的两角由虺龙组成。主体纹样均以云雷纹为地，其上也满布与地纹相同的云雷纹。纹饰繁缛而主次稍欠分明。该尊为考古发掘出土的殷墟晚期铜尊中最精美的一件。

（孙 华）

Tianhu zhixing tongzun

天湖觯形铜尊

商代后期商文化的铜制酒器及礼器。在商文化铜器分期中属第五期，即殷墟晚期偏早阶段。1980年由河南信阳地区文物管理委员会等单位在罗山县蟒张乡天湖村息国墓地28号墓中发掘出土。现藏于信阳地区文物管理委员会。

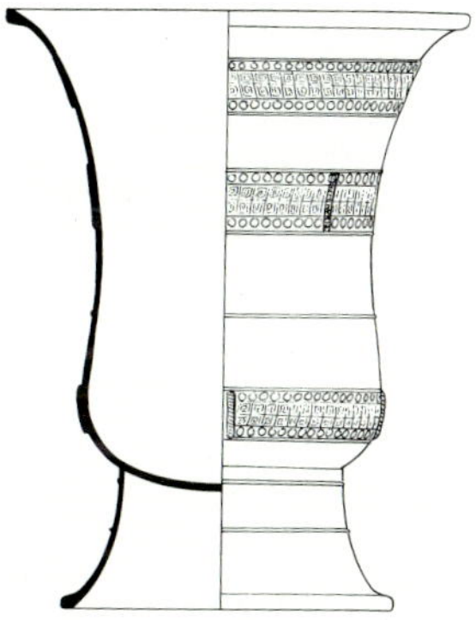

天湖觯形铜尊

口径20.5厘米、通高26厘米。侈口卷沿，长颈垂腹，圜底下接外侈的高圈足。颈、腹部共饰3道以连珠纹为边栏的云雷纹，其中下面2条纹带还以短扉棱为饰。另在腹和圈足上各施一道凸旋纹。该尊形态和花纹均较为别致，在商文化铜尊中仅此一例，但在同时期殷墟陶器中却颇为常见，是一件商文化仿陶铜器的佳作。（孙 华）

Dayugeng tongzun

大御庚铜尊

商代后期商文化的铜制酒器及礼器。在商文化铜器分期中属第五期，即殷墟晚期。1965年出土于湖北汉阳县东城垸。现藏于湖北省博物馆。

口径26.4厘米、通高37.1厘米。属觚形尊，喇叭形口，腹微鼓，高圈足。器表满饰3层花纹，主题纹样以云雷纹为地，颈饰蕉叶纹，其下作回首夔龙纹，腹部及圈足饰兽面纹。在主纹的凸线条表面刻划脉络以为勾勒。器身从上至下起4条侈出口沿的扉棱。圈足上部有2个对称的不透空十字形镂孔。圈足内铸铭“大御庚”3字。铸造极为精美。

大御庚铜尊

该尊造型庄严凝重，峻挺方折，四面侈出的扉棱与镂铸精工的纹饰，使全器显得雄健富丽。其造型、花纹和铭文与河南安阳市殷墟出土的青铜器风格相同，应属中原地区传入江汉地区的器物。

（万全文）

Yinxu ripu tongzun

殷墟日谱铜尊

商代后期商文化的铜制酒器及礼器。又名亚共尊。在商文化铜器分期中属第五期，即殷墟晚期。因上记有某种用途的日谱的铭文而得名。1972年由中国科学院考古研究所在河南安阳市殷墟西区第七区93号墓的腰坑中发掘出土。现藏于中国社会科学院考古研究所。

2件成对，皆口径23厘米、通高

34.4厘米。形制、纹饰相同，仅铭文排列稍异。属无肩型，腹部突起不明显，整体形象就如同上下略大的圆筒。口稍侈，腹微鼓，足略外撇。器表装饰亦极简单，只在颈、腹和腹、足间各施2道凸旋纹，其间腹面施以云雷纹为地的4个突目四叶纹。圈足内壁铸围以亚字形框的铭文3行9字，文字排列错综，应读为："受日甲，覃日乙，共日辛"（甲尊覃字下夺日字）。铭文含义有两种可能：一种是受、覃、共为某种宗教仪式的名称，甲、乙、辛是举行这种仪式的日干；另一种是受、覃、共为祖先名字，甲、乙、辛则是这些祖先的日干庙号。

殷墟日谱铜尊

该尊以放大的突目四叶纹为主题纹样，十分罕见。铭文记祭祀日谱，这也仅见于传世并流落海外的日谱簋和日谱方彝上。这两件铜器的铭文皆在亚字形框中错综排列8字："自乙、箕乙、受丁、若癸"，其中"受"字亦见于该尊，但二者的日干却不同，原因待考。

（孙 华）

Xiaochen Yu tongxizun

小臣艅铜犀尊

商代后期商文化的铜制酒器及礼器。在商文化铜器分期中属第五期，即殷墟晚期。因作器者为"小臣艅"而得名。传清道光或咸丰年间出土于山东梁山县，是著名的"梁山七器"之一，为其中年代最早的一件。著录于《攈古录金文》等书，原藏于江苏吴县潘祖荫家，后流入美国。现藏于美国旧金山亚洲艺术博物馆。

小臣艅铜犀尊

盖已失，长33厘米、通高24.5厘米。整体作站立的犀牛状，鼻上生角，两耳斜立，身躯肥硕，四足粗短，形象与真实的犀牛很相似。犀牛中空，背上开圆形器口。外表如真实犀牛皮那样素净无纹。腹内有铭文4行27字："丁巳，王省夒祖，王锡小臣艅夒贝。惟王来征人方，惟王十祀又五彡日。"意思是丁巳这天，王巡视夒祖，赏赐给小臣艅夒贝一事。人方或隶定为尸方，即古代的东夷。在商王帝辛时期的甲骨卜辞中，有十年征伐人方的记录，此尊所记伐人方一事发生在十五年，当为帝辛第二次征人方。由此可知商人征人方是一场旷日持久的战争，这正与历史文献中所载的"商纣为黎之蒐，东夷叛之"、"纣克东夷而殒其身"（《左传·昭公四年》、《左传·昭公十一年》）的历史背景相吻合。

该尊铭文记载有商王朝征人方这一重大历史事件，其年代明确，内容重要，所记征人方的祀日与传世金文"令伐人方䍙，在十月彡日"（《三代吉金文存》卷八·册三·二）相吻合。并且整体造型逼真，外表写实不加任何纹饰，风格与通常所见鸟兽形器迥异。它是具有重要史料价值和艺术价值的商代铜器珍品。

（孙 华）

Shangwenhua tonglei

商文化铜罍

商代商文化盛酒兼盛水用铜制容器。以小口直颈、圆肩耸起、旁具两耳、下出一鼻为基本形态特征。罍这类铜器在商代后期首先出现于商文化中，并为以后的周文化所继承。是商代后期商文化铜器的重要器类。

罍为大型盛酒和盛水容器的专名。《说文解字·木部》释櫑（罍）为"龟目酒尊"，《广雅·释器》也将罍释为"罇也"。可知罍属尊类，皆为盛酒的礼器。《仪礼·少牢馈食礼》亦载："司宫设罍水于洗东，有枓。"可见罍也可用作水器以盛水。罍的形体一般较大，《诗·小雅·蓼莪》称："瓶之罄矣，维罍之耻。"毛传："瓶小而罍大。"《尔雅·释器》郭璞注："罍形似壶，大者受一斛。"这种大型盛酒和盛水容器，其质地有陶、木和铜之别，故文字也有罍、櫑、鑘的不同写法。木罍制作不便，使用当不广。陶罍利于酒的长期保存，是商文化主要的储酒容器，在河南安阳市殷墟出土陶器中就常见有陶罍。但陶罍朴实无华，难登大雅之堂。常陈列于庙堂，以备祭祀

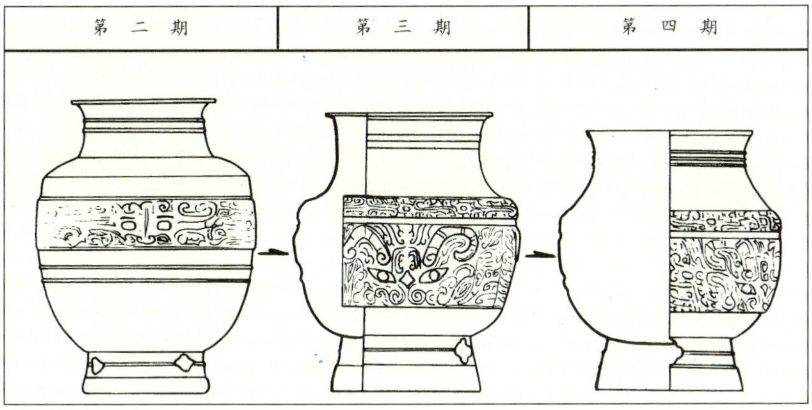

商文化折肩铜罍形态演变示意图

宴享之用，与其他铜礼器相配，则需将陶罍中的酒转注于铜罍之中。铜罍肩有双耳可供抬举，腹有单鼻以便倾倒，其最初当与大口尊等铜器配合使用，即以罍储酒，尊内酒快取尽时，就将罍中酒倾注于尊内。西周时期周文化铜罍有自名者多例，其名形关系可以论定。

商文化铜罍依其平面有方、圆两类。这两类铜罍几乎同时出现于殷墟中期偏早阶段，如殷墟妇好墓中出土有铜方罍一对，小屯238号墓则出土有铜圆罍一件。铜方罍一般形体高大，纹饰精美，是当时高级贵族喜用的铜罍的类型。圆罍多器表素净无纹饰，使用较铜方罍普遍。铜罍的形态变化主要表现在器底足部：殷墟中期早段平底而无圈足，中期晚段出现矮圈足，殷墟晚期则圈足变高。此外，圆罍的颈部变化也较大，颈部由矮变高，口沿由外折不明显变得明显。商文化晚期铜罍的形制被周文化所继承，并对周边青铜文化有一定影响。

在商代前期商文化中还有一种小口直颈、折肩直腹或斜腹、底有圈足的铜礼器。这种器物外形与罍相近，但肩部却折转而非圆转，肩上和腹部也没有罍特有的双耳和单鼻。关于这种器物的名称，学者们或称之为罍，或称之为尊，也有的称之为瓿、甂等。由于这种器物主要流行于商代前期，在时间上恰与产生于商代后期的铜罍先后衔接，将其作为铜罍的早期形制，或与铜罍有亲缘关系的铜器，称之为罍或罍形器而归于罍属，应当比归于其他铜器种类或另取新名更为恰当。罍形铜器出现于商文化二里冈上层期，殷墟早期颇为流行，殷墟中期已几乎不见。形态演变规律是：器口径与肩径的比例由小变大，颈部与肩部的转曲由折转到圆转，肩部由外鼓到内曲。

参考书目

郭宝钧：《商周铜器群综合研究》，文物出版社，1981。

（孙 华）

Baijiazhuang guiwen zhejian tonglei

白家庄龟纹折肩铜罍

商代前期商文化的铜制酒器及礼器。在商文化铜器分期中属第二期。1955年由河南省文物工作队在郑州市白家庄2号墓中发掘出土。现藏于中国历史博物馆。

白家庄龟纹折肩铜罍

口径13厘米、通高25厘米。为瘦体高颈型，小口卷沿，高颈上收，肩颈相连，折肩弧腹，圈足瘦高且下侈。颈下装饰3个龟形图案（或符号），肩上饰斜角云纹，腹部在2道雷纹间施3组兽面纹，圈足上则饰3个十字镂孔及3道弦纹。颈部的龟形图案，有学者认为是文字，释之为“黾”；有学者以铭文未见3处对置的现象，主张是纹饰。无论是文字还是纹饰，这3个龟形图案与器身花纹作相应布局，装饰意味均很强烈。

该罍总体特征与商代前期其他瘦体高颈器相同，但肩部宽平，下腹圆转则又与同时期的尊有几分相似。在腹上主题纹样中，兽面中部稍微突起，已具浅浮雕的效果，是已知主题纹样作浮雕状的商代铜器中年代最早的一件。

（王 鑫 孙 华）

Qianzhuang shoumianwen zhejian tonglei

前庄兽面纹折肩铜罍

商代前期商文化的铜制酒器及礼器。在商文化铜器分期中属第二期，即二里冈上层期。1990年出土于山西平陆县坡底乡崖底村前庄南端的黄河岸边。现藏于山西省考古研究所。

前庄兽面纹折肩铜罍

口径21厘米、通高37厘米。为折肩型，斜折沿，方唇，直颈，颈、肩过渡不显著，腹壁上部直而微内倾，下部圆转内收，底接较高而外侈的小圈足，足壁上有3个十字形镂孔。颈及圈足上分别饰旋纹2道或3道，肩上饰一周分体云目纹，腹部在2道旋纹间饰主纹3组，每组均中为兽面，两侧为夔目。兽面及云（夔）目纹均由宽线条构成，简练明快。

该罍形制规整，花纹流畅，为二里冈上层期铜罍的标准形制。与之形制相近的还有河南郑州市出土的兽面纹铜罍和白家庄龟纹折肩铜罍等。（孙华 卫斯）

Xiangyang sanyang zhejian tonglei

向阳三羊折肩铜罍

商代前期商文化的铜制酒器及礼器。在商文化铜器分期中属第二期，即二里冈上层期末。1982年出土于河南郑州市向阳回民食品厂的窖藏中。现藏于河南省博物馆。

向阳三羊折肩铜罍

口径13.5厘米、通高33厘米，重5.1千克。短折沿，高直颈微中收，窄折肩，肩上有3个扁平的羊首；腹部深长，上腹直而下腹内收；圈足下端略侈，中腰转折近两段式圈足。除颈部和圈足各饰2道凸旋纹外，器表肩部和腹部均饰以宽线条的单层花纹：肩上在3羊首间各饰一兽面；腹部上饰一窄道斜角云目纹，下饰一周宽大的兽面纹。兽面纹线条细密流畅，额中如立羽耸起，两尾对卷如翼，左右有夔目纹为衬托。其构图及表现方式已显露殷墟早期纹样的端倪。

该罍制作精工，纹饰流畅，为商代前期铜罍的佳作。其腹深体长，比较少见，与在郑州市二里冈采集的兽面纹罍及陕西城固县龙头村出土的深腹罍有着年代先后的发展演变关系。（孙华）

Fuhao tongfanglei

妇好铜方罍

商代后期商文化的铜制酒器及礼器。在商文化铜器分期中属第四期，即殷墟中期偏早阶段。因上有铭文“妇好”而得名。1976年由中国科学院考古研究所在河南安阳市殷墟妇好墓中发掘出土。现藏于中国历史博物馆。

妇好铜方罍

口边长13.6厘米～15.6厘米、通高51.4厘米，重14千克。平面呈弧边短长方形。口罩四阿顶形盖，正脊中央的钮状捉手也作四阿顶状。器身直口，短颈，圆肩微耸，深长腹，凹平底。肩部两侧施牛首半环耳，前后两面饰卷角兽首，腹部后面另施一牛首半环钮。器上遍饰以云雷纹为地的动物纹样：盖面各饰一倒置的卷角兽面，颈部每面饰长身兽面纹带，肩饰相对的凤鸟图案，肩、腹间饰以漩涡乳钉相间的兽首纹带，腹部饰由对立夔凤组成的垂叶纹。所有主纹皆如浮雕逐渐突起，圆和自然。铭文铸于器内，盖铭为“妇好”，器身仅有一“好”字。

该罍形态古朴，有明确出土地点的商文化铜方罍仅发现此一件。（孙华）

Siqiaomu sixiao sikui tongfanglei

司鸮母四枭四夔铜方罍

商代后期商文化的铜制酒器及礼器。或称作壶。在商文化铜器分期中属第四期，即殷墟中期偏早阶段。因上有铭文“司鸮母”而得名。1976年由中国科学院考古研究所在河南安阳市殷墟妇好墓中发掘出土。现藏于中国历史博物馆。

司鸮母四枭四夔铜方罍

2件成对，大小、形状均十分相似。标本794口宽19.8厘米、口长23.4厘米、通高64.4厘米，重35千克；标本807口宽19.5厘米、口长23.5厘米、通高约64厘米，重约31千克。平面呈长方形。器口纳盖，盖作盝顶形，盖顶立四阿屋形捉手。器身直口，方唇，窄折肩，直腹，高圈足。从盖至圈足，四中四隅均施扉棱。器表装饰极其精美多样，肩部四角既有类似于圆雕的鸱枭和上腹四中如同高浮雕的共首双身夔龙，也有近似浅浮雕的施于盖面、

下腹和圈足的大兽面纹，以及颈部所饰的类似线刻的蝉纹和遍布全器主纹旁的云雷地纹，层次丰富，错落有致。器内底铸“司粤母”3字铭文，有的学者认为“粤母”是妇好之字，“司粤母”是妇好母族对妇好的称呼，该罍是妇好死后她的母族为之所作的祭器。

该罍造型别致，极为罕见。目前一般将之归于壶类。但从其整体形状与商代前期流行的折肩罍或罍形器颇为相像，而与商文化铜壶差别较大来看，将其归入罍类应当更加合适。它是商代后期商文化铜器中具有代表性的精品之一。

（孙 华）

Pangjiagou Gu tongfanglei

庞家沟蒌铜方罍

商代后期商文化的铜制酒器及礼器。以上铸“蒌”记名文字而得名。1964年由河南洛阳市文物管理委员会在洛阳市老城北庞家沟西周墓中发掘出土。现藏于洛阳市文物工作队。

庞家沟蒌铜方罍

口长13厘米、通高50.3厘米。四阿屋形盖，直口，直颈，圆肩，瘦腹，下接外侈的圈足。肩部前后有兽首，两侧有衔环兽首耳一对，下腹一侧施兽首鼻。盖脊和器身的四中四隅均施扉棱。器表遍布以云雷纹为地的动物纹样：盖钮及盖面饰兽面纹，颈和肩部饰类似兽面的夔龙纹，上腹饰凤鸟纹，下腹饰由对鸟组成的垂叶纹，圈足饰夔龙纹；此外，耳、钮、环上还饰云纹。盖内及器身内口铸蒌字的图案化形象，象征双桴击鼓、二女跽坐而歌之形。它当是商王朝世代以歌乐为职官的家族的族徽。

该方罍出自西周墓葬中，有的学者将其作为西周铜器。从造型和花纹分析，它当是商代后期之器，在商文化铜器分期中属第五期，即殷墟晚期。

（孙 华）

Shangwenhua tongbu

商文化铜瓿

商代商文化的盛酒兼盛食用的铜制容器。瓿为一种大口短颈、肩腹圆鼓、下有圈足的体形较矮的器皿，为商文化所创造，流行于商代前后期之际，但时间较短。在商文化铜器中的作用和地位并不重要。

瓿在先秦文献中不见，是东汉才见诸文献的器物名称。东汉许慎《说文解字·瓦部》载：“瓿，甂也。”又称：“甂似小瓿，大口而卑。”东汉扬雄的《方言》也说：“甀、瓮、瓿甊、甓，甖也……其大者谓之甀，其中者谓之瓿甊。”可见瓿是一种中等大小、体态较矮的大口容器。自北宋吕大临《考古图》（卷五）将似罍或罍形器而口大体矮的铜容器称作瓿以后，大都沿用其说。也有的学者因瓿为东汉人的叫法，对商代这种铜器是否名瓿仍存疑问。不过，由于通常称之为瓿的铜器仅行用于商代前后期之际，那时器物尚无自名，西周至战国文献所记礼器的名称中也不可能出现这种铜器的名称。在这种状况下，仍采用传习已久的旧说，比重新定名称更为妥当。关于瓿的功用，从瓿与折肩罍形态相近，而罍为盛酒器来看，它应主要用于盛酒。但从《汉书·扬雄传》所记以瓿盛酱的情况看，它或许也可兼盛其他食物。

铜瓿出现较晚，在河南郑州商城遗址出土的众多二里冈上层期铜器中未见一件瓿。铜瓿出现并流行于商代前期偏晚的殷墟早期，殷墟中期早段尚不时见到，殷墟中期晚段就已基本消失。瓿均为圆肩型，不见南方青铜文化中的折肩瓿。腹部有深浅之分，深腹者有一部分上置带菌状钮的器盖，其中精美者还在肩部装饰高浮雕状的兽首，一般不带耳。容庚《武英殿铜器图录》著录有清承德行宫所藏勾连雷纹两耳瓿，其肩部带一对小耳，当属特例。因使用时间较短，铜瓿的形态变异不很明显，判断其具体年代主要依靠花纹和附属装饰。

（孙 华）

Taixi shoumianwen tongbu

台西兽面纹铜瓿

商代前期商文化的铜制酒器及礼器。在商文化铜器分期中属第三期，即殷墟末期偏晚阶段。1972年由河北省文物管理处等单位在藁城县台西村商代遗址112号墓中发掘出土。现藏于河北省文物研究所。

口径26.6厘米、通高27厘米。短颈方唇，肩部圆转，腹壁较直，圈足较矮。颈部施凸旋纹两道。肩部及圈足饰云目纹，其中肩部纹带上下还设有连珠纹边栏。腹饰大兽面主纹。兽面的双眼特别巨大，主纹与作为地纹的立羽状云雷纹差异不很明显，这与其他铜器所饰兽面纹轮廓线明显迥然有别，颇具特色。

（孙 华）

台西兽面纹铜瓿

sanyang tongbu

三羊铜瓿

商代前期偏晚阶段商文化的铜制酒器及礼器。或称三羊尊。是已知商文化铜瓿中最为高大雄浑，制作非常精美的一件。现藏于北京故宫博物院。

三羊铜瓿

口径41厘米、通高52厘米，重51.2千克。通体分为颈、腹、圈足3段，折沿方唇，短颈较直，肩部斜平，深腹，腹下部微收，下承较小的高圈足。肩部附铸有3个逼真的立体羊首，圈足上部设3个镂孔。颈饰旋纹，肩及腹部上下饰云目纹，腹部主纹为6个双目突出但轮廓不显著的兽面纹，兽面纹大小各3个，上下交错，旁饰云雷地纹。就纹饰对称线看，以羊头所在和两羊头中间有6道明显的界线。界线在羊头中部和圈足上表现为装饰的扉棱，圈足上的扉棱与镂孔处在一线上。圈足上部饰旋纹，下部饰兽面纹。

该瓿体大质精，常被列为商代后期铜礼器的代表作。但从该器的造型，尤其是主体纹样与高立羽地纹分别不明显、扉棱短小等方面来看，其年代应在商代前期偏晚阶段的殷墟早期。（王光尧）

Fuhao daigai tongbu

妇好带盖铜瓿

商代后期商文化的铜制酒器。在商文化铜器分期中属第四期早段。因作器者为妇好而得名。1976年由中国科学院考古研究所在河南安阳市殷墟妇好墓中发掘出土。现藏于中国历史博物馆。

口径21.8厘米、通高33厘米，重13千克。为短颈矮足型。盖隆起如华盖，顶立菌状钮。器身敛口，方唇，颈、肩合一，弧肩，鼓腹，圈足斜侈。盖面、肩、腹、圈足各施相应的6道扉棱，其中肩、腹部有3条较短的扉棱，上出突起的对卷角兽头。器表遍印花纹，盖面饰向心状布局的3个兽面，肩部主题纹样作相对的6条夔龙，腹部施3个卷角大兽面及6条头下尾上的夔龙，圈足饰相对的6只凤鸟。所有主题纹样皆以突起兽头的3条扉棱为中线对称分布，其旁衬以云雷纹。内底中部铸铭文“妇好”。

该瓿上有盖，花纹繁复，且铸有铭文，为瓿中精品。类似的瓿传世品有数件，均流落海外，考古发掘及可明确出土地点的，除同墓出土的另一件无铭带盖瓿外，最与之相似的是湖南宁乡县黄材寨子带盖瓿。商文化与皂市遗存的联系，由此可见一斑。（孙 华）

妇好带盖铜瓿

Qucun Xiaochen ? tongbu

曲村小臣冩铜瓿

商代后期商文化的铜制酒器及礼器。在商文化铜器分期中属第五期，即殷墟晚期。因作器者为小臣冩而得名。1986年由北京大学考古系等单位在山西曲沃县曲村遗址6384号西周墓中发掘出土。现藏于山西省考古研究所。

曲村小臣冩铜瓿

口径19.5厘米、通高17厘米。敛口，短颈，短沿外折，圆肩，鼓腹，圈足壁面微凸，在肩、腹间有3个等距离的带珥兽首鋬。颈饰2道凸旋纹，肩饰云雷纹地的目纹，腹以3个卷角大兽面为主纹，其下衬以云雷地纹，足饰以云雷纹为地的抽象云龙纹。在器内底铸有铭文2行8字：“王赏小臣冩，宝祖乙”。如果小臣冩属于商王族，祖乙为商王祖乙的话，该瓿的年代就当在商王帝辛之时。

该瓿形态别致，花纹细丽，年代也比较清楚，它是研究铜瓿在商代后期逐步融汇于铜簋过程中的重要标本。（孙 华）

Shangwenhua tongfangyi

商文化铜方彝

商代后期商文化的盛酒用铜制容器。是仿照宫室外形制造的平面呈长方形的屋形礼器，上有四阿顶盖，中为斗形器身，下接方形圈足。

彝为铜礼器的通称。《尔雅·释器》称：“彝、卣、罍，器也。”郭璞注：“皆盛酒尊，彝其总名。”在商至战国铜器中，鼎、鬲、甗、簋等食器，觚、爵、尊、罍等酒器，以及盘、匜等水器，也都有自称为彝的现象（如尊彝、宝尊彝等），可见彝作为共名不仅限于酒器，而是泛指“宗庙之常器”（《左传·襄公十九年》杜预注）。作为专名的彝既不见于先秦文献，也不见于铜器自名。由于方屋形铜器无名所系，故自北宋王黼《博古图》始，就根据这类铜器的形状以及其铭文有共名"彝"的例子，将这类铜器称之为"方彝"。以后的学者虽觉得以铜器通称作为这类铜器的专名未必妥当，但绝大多数学者都主张在发现这类铜器自用专名以前仍沿用旧说。至于方彝的功用，有盛酒与盛食两说。从形态方面分析，方彝腹深壁直，器腹深度超过器口长度，宜于盛酒浆而不利于盛饭食，作盛酒器比用作盛食器更适宜。

从已知的材料来看，最早的商文化铜方彝应是梅原末治《日本蒐储支那古铜精华》著录的一件兽面纹铜方彝。该器除双目突起外，其余主纹与地纹均为殷墟早期流行的纹样，由相同的线条构成，年代可能早至殷墟早中期之际。在考古发掘出土的铜方彝中，年代最早的为殷墟中期的河南安阳市殷墟妇好墓方彝和小屯238号墓铜方彝。不过早在二里头文化的陶器中，就有形似方彝的陶器出土，商文化铜方彝或许是仿照陶方彝而制作的，还有发现更早铜方彝的可能。从殷墟中期到殷墟晚期，商文化铜方彝体态由瘦高变得较矮，腹部与足部连接处由一体变得分离。其形体演变轨迹比较清晰。

参考书目

容庚：《商周彝器通考》，哈佛燕京学社，1941。

（孙 华）

Fuhao shuanglian tongfangyi

妇好双联铜方彝

商代后期商文化的铜制盛酒器。在商文化铜器分期中属第五期。因作器者为"妇好"而得名。1976年由中国科学院考古研究所在河南安阳市殷墟妇好墓中发掘出土。现藏于中国历史博物馆。

通长88.2厘米、通高60厘米，重71千克。平面呈长方形。四阿顶形盖，盖面转折处起扉棱，好似5条屋脊，两端设对称的短柱钮，盖檐下出斜梁头。器身直口，方唇，短颈束领，折肩狭窄，直腹，平底，高直圈足。腹部两侧出附耳，圈足下端中部设缺口，形似下接四短足。器身四中四隅各施扉棱3段，与盖上扉棱相对。器表以云雷纹为地，其上满饰纹样：盖面前后中部饰一凸起的枭面，枭面与中央梁夹相对，后者正好充当枭的喙部，构思颇为巧妙；器身纹样分肩、腹、足3层，各层主题纹样多不相同，富于变化，其中肩中部饰兽首（前后）或象首（左右），旁立鸟纹；腹部中央饰以兽面，前后两面兽面旁还有对称的夔龙纹；圈足饰以螭虺纹和夔龙纹，后者相对构成四角的兽面。"妇好"铭文铸于器内底部，文字变形以求左右对称，有图案化的意味。

该彝整体造型与西汉、东汉时期画像石（砖）上的仓房颇为相似，或许就是模仿这类建筑而铸造的。其形态庄重别致，装饰纹样丰富多彩，为商、西周铜器所仅见，极为可贵。

（孙 华）

妇好双联铜方彝

Shangwenhua tonghe

商文化铜盉

商代商文化的盛水或温水以调酒用的铜制容器。形制多样，以上有口以纳容，前有管状流以倾注，后设鋬以执手为基本特征。是产生最早的铜礼器种类之一，是商文化铜器中的辅助礼器。

已知西周、春秋、战国铜盉上自铭为盉，故盉的形名关系可以确定。《说文解字·皿部》称："盉，调味也。"北宋王黼《博古图》据此谓："夫盉，盛五味之器也。"近代王国维因见清末端方藏陕西宝鸡出土的铜盉与其他酒器一同放置于铜禁之上，于是对盉作调味之器的旧说产生怀疑，认为盉应是调和酒水，以节制酒的浓淡之器。这一说法后为容庚、郭宝钧等学者所赞同，并以盉"有足用立，且备受火"，认为盉兼有温酒的作用。但有的学者指出，有三足或四足并非盉的基本形式特点，盉的外表也罕见烟熏痕迹，它是否为温酒器尚需存疑。也有的学者指出，西周至战国铜器铭文中以盘、盉并称，盉起着与匜相同的作用，即用来盛水。它与酒器组合，可以水调酒；与盘组合，可用水盥浴。根据早期铜盉均为有三袋足的封口盉，而袋足器的作用正是为了增大受火面积等情况，认为早期盉是一种温器应无疑问。

盉在夏代二里头文化陶器中是主要的礼器之一。但铜盉却主要发现于商代。已知最早的铜盉是夏、商之际的属于二里头文化末期的河南偃师县二里头封口铜盉。这种盉

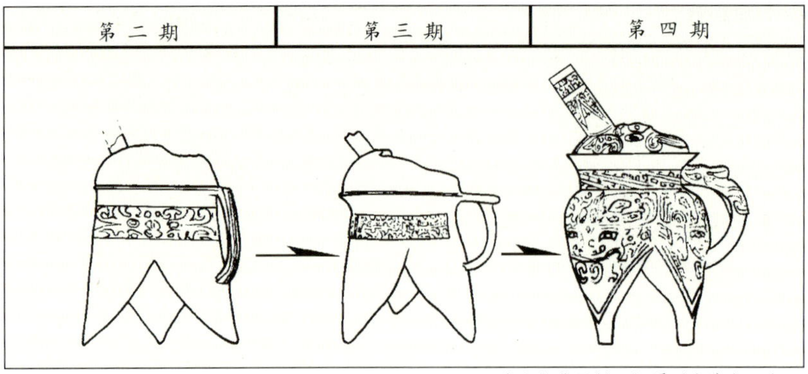

商文化袋足封口铜盉形态演变示意图

顶部封闭，顶前部安装冲天管状流以倾注，后部开口以容受，主体为3个大的分裆袋足，其后足施鋬以捉手。它是商代前期铜盉的主要类型，后期比较少见。商代后期代之而起的是顶部另加器盖的敞口盉。敞口盉的管状流均安于肩、腹部，形态变化较多，以体态及器底为标准，可分圜底盉与袋足盉两型。圜底盉体如上小下大的卵形，小口垂腹，足部有三足与圈足的分别。其中圜底圈足盉主要见于殷墟中期前后，流行时间不长；圜底三足盉出现于殷墟早期，一直沿用至西周以后。袋足盉则有分裆与联裆的差异，分裆者一般为四足，而联裆者以三足为多。两种袋足盉出现均较晚，始见于殷墟晚期，流行于西周时期。

商文化铜盉是一种形态复杂的器物，演变规律比较明显。封口盉由二里冈期的领部不显、袋足无肩部、足尖距较大，到殷墟早期的低领外侈、肩部微鼓、足尖距稍小，再到殷墟中期的高领上卷、袋足肩部耸起、足尖距更小且有柱状实足根。殷墟早中期，圜底三足盉小口内敛，腹部较深，并均施提梁而不用鋬手；到殷墟晚期，口部变大，口沿外卷，腹部变浅，与流相对处安鋬手。

参考书目

张临生：《说盉与匜——青铜彝器中的水器》，《故宫季刊》十七卷一期。

（孙　华）

Fuhao fengkou tonghe

妇好封口铜盉

商代后期商文化的铜制水（酒）器及礼器。在商文化铜器分期中属第四期，即殷墟中期偏早阶段。因上有铭文“妇好”而得名。1976年由中国科学院考古研究所在河南安阳市殷墟妇好墓中发掘出土。现藏于中国社会科学院考古研究所。

妇好封口铜盉

2件成对，大小、形制、纹饰基本相同。一件通高38.7厘米，重8.5千克；另一件通高38.3厘米，重7.8千克。封口，顶面隆起，上立管流。高领，高袋足，分裆。与流口相对的颈、足间设兽首鋬。顶面满布以云雷纹为地的纹样，管流两侧各有一夔龙，其后为一大兽面。兽面张大的嘴即形成盉口，为商代封口盉封顶兽面纹常见的做法。颈饰斜角云纹，袋足上各饰一以云雷纹为地的大兽面纹。在鋬内铸有铭文“妇好”。

封口盉是二里头文化的典型器物之一。铜制封口盉在商代前期商文化中颇为流行，至商代后期已经非常少见。该盉制作精良，在总体上保持前一时期封口盉的特色，但袋足的裆部已从分裆变为联裆，是封口盉演变序列最后一环的代表作。

（孙　华）

Zuo Zhong You tongfanghe

左中右铜方盉

商代后期商文化的铜制水（酒）器及礼器。在商文化铜器分期中属第四期，即殷墟中期。共3件，因上分别铸有“左”、“中”、“右”的铭文而得名。1933年出土于河南安阳市殷墟侯家庄1001号大墓，旋流落日本，为根津嘉一郎所有。现藏于日本根津美术馆。

左中右铜方盉

3件成套，大小、形制、纹饰均很接近。左盉高73厘米、中盉高71厘米、右盉高72.1厘米。均为管状顶流袋足型。封顶，流仰向前，口开于后，侈口，卷沿，高颈，折肩，分裆，袋足下接柱状实足根，与流相对的颈、腹间设兽形鋬。盉顶前后中缝及盉身三中（后面中缝处为鋬）四隅均施扉棱。纹饰从上至下为：流伏龙虎，顶饰兽面，颈饰蕉叶及一周相背的夔龙，肩饰一周相对的夔龙及凤鸟，袋足以四隅为中心，3件盉分别饰以折角兽面、卷角兽面和弯角兽面。在颈、肩之间的前面及侧面，均出立体的兽首，其造型3盉形态各异，其中左盉作蹲兽形，中盉作升龙形，右盉作立鸟形。铭文皆铸于鋬内。

这3件盉形体硕大，为已知铜盉之最，颇有气势。它们造型优雅，装饰复杂，花纹或以阳线浅刻，或如起凸浮雕，或为立体圆雕，手法多样，层次丰富。所铸铭文对研究商文化铜礼器的配列也有启迪作用。

（孙 华）

renmiangai quanzu tonghe

人面盖圈足铜盉

商代后期商文化的铜制水（酒）器及礼器。或称为卣。在商文化铜器分期中属第五期，即殷墟晚期。传河南安阳出土。是先秦时期以人面为造型的仅有的两例铜器之一。现藏于美国弗里尔美术馆。

人面盖圈足铜盉

口径12厘米、通高18.5厘米，重2.78千克。以带龙角的人面为盖，人面两耳平出为鋬，中设圆穿与器身兽首穿孔相对，以穿贯耳绳索。器身低矮，敛口，斜颈，斜肩，垂腹，圈足，颈、肩相交的前部安管状流，两侧施兽首贯耳。人面浓眉，大眼，阔鼻，宽嘴，脑后饰阴线的相对夔龙纹。器身以一条自上而下盘绕器身的龙纹为主题纹样，龙的躯干上端与盉盖人面后脑相连，两前肢接于人面两耳之下，屈肘向前拥抱管流。龙蛇纹躯干以重鳞纹和勾连纹为边，其间填以大方格纹，其外以云雷纹为地。地纹上另有张口含流的对螭纹和分居龙、蛇躯干两侧的立鸟纹和垂龙纹。另在管流上和圈足上也分别饰阴线的夔龙纹和对卷云纹。

该盉造型与花纹结合为一体，构思巧妙，形制独特。其造型和装饰采用常见于中国古代神话的人首龙（蛇）身的神祇形象。这类神像在《山海经》中多有描述，如《海外西经》的轩辕，《海内西经》及《大荒北经》的贰负、烛龙，《海内东经》的雷神等等。此外，在其他一些文献及西汉、东汉画像石（砖）中，亦有女娲、伏羲等神祇形象。该盉上的人面龙（蛇）身神像，是已知这类神祇中最早的一例，在中国古代神话传说研究中的价值不容低估。《西清古鉴》卷十四著录的西周早期铜簋，其器身除去两耳外，造型、纹饰均与之相似，但其盖上兽面却作相对的龙首及牛首，所表现的神祇与该盉的人面龙（蛇）身的神祇有所不同。（孙 华）

Mayong quanzu tonghe

马永圈足铜盉

商代后期商文化的铜制水（酒）器及礼器。在商文化铜器分期中属第五期。因上有“马永”的铭文而得名。传河南安阳出土。现藏于中国历史博物馆。

通高25.1厘米。作口颈和圈足略为收束的圆柱体，颈上有半环形钮套索状提梁，肩下出圆筒状流。盖上设菌状钮，钮帽上饰涡纹，盖面饰一圈斜角云纹。颈、肩饰夔龙纹一周，腹部饰直棱纹，圈足饰一周反卷云纹，流上还饰有蕉叶纹。器内底铸铭文“马永”2字。

该盉造型上下似提梁铜壶而中部似鋞，在商、西周铜盉中仅此一例。其上以直棱纹为主题纹样的做法，多见于西周早期铜器上，在商代铜器上较少见，给人以新颖之感。

（孙 华）

马永圈足铜盉

Shangwenhua tongyou

商文化铜卣

商代后期商文化盛酒或注酒铜容器。通常称铜觥。器盖与颈合为兽首，身前有流而后设鋬，以便捉手提起倾注，器底置圈足可平稳放置。全器上部如同时期的铜匜而流部较短且上扬，下部如同时期的圈足盉而略显椭圆。是商文化铜器中富有艺术色彩的器物种类。

卣是先秦文献中最为常见的器物名称。早在殷墟甲骨文中就有“鬯一卣”或“鬯五卣”的记载（前者见《殷墟书契后编》下七·五，后者见《戬寿堂所藏殷墟文字》二五·七）。西周金文和传世文献中更屡见“赐鬯”或“赐郁鬯”多少卣的文字，如廿三祀盂铜鼎、毛公㾓铜鼎及《尚书·洛诰》、《诗·大雅·江汉》等。但卣为何种形态的器物，由于文献中未对卣的形体作过具体描述，自北宋以椭圆形提梁壶当作卣以后，学术界一般沿用其说。卣在古文字中是个象形的表意字，其形态就像一件放在盘上或圈足状器座上的带流与鋬的鼓腹圜底容器，这与习惯上所指的卣（椭圆形提梁壶）的形态差异很大，却与习惯上称为圈足觥的铜器颇为相似。值得注意的是，这类铜器均作动物造型，而《周礼·春官·鬯人》："庙用修"郑玄注："修读曰卣。卣，中尊，谓献象之属。""献象"即牺象，也即动物造型的器物。可见，旧认作觥器物中的圈足类铜觥，很可能应称作卣；学者吴匡即将觥改称卣。卣是盛装鬯酒的专用器具，常用于赏赐臣下，故造型和纹饰显得奢华，体量亦不太大。

铜卣在商代前期几乎不见，但现藏于英国不列颠博物馆的虎首云目纹卣，形态、装饰花纹最为古朴，年代很可能早至殷墟早期之末。从殷墟中期起，铜卣开始在商文化中流行，河南安阳市殷墟妇好墓就出土有*妇好虎枭铜卣*和龙首卣各2件。商文化铜卣基本上皆呈椭圆形，未见西周时期流行的长方形卣。流上兽的形态有龙、虎、象、羊等种类。形态演变经历3个阶段：殷墟早中期之际，流短且平，颈部收束，腹部鼓出，圈足低矮，与古文字中的卣字最为接近；殷墟中期，流部变长，腹部不鼓，圈足较高，整体形态变得向前倾斜；殷墟后期，流更上昂，尾部后侈，圈足更高，体态较为均衡。

参考书目

吴匡：《说卣》，《大陆杂志》六八卷六期，1984。

（孙 华）

铜器

066

Fuhao hu-xiaotongyou

妇好虎枭铜卣

商代后期商文化的铜制酒器及礼器。或称之为觥、匜。在*商文化铜器*分期中属第四期早段。因上有铭文"妇好"而得名。1976年由中国科学院考古研究所在河南安阳市殷墟妇好墓中发掘出土。现藏于中国社会科学院考古研究所。

2件成对，大小、形制、纹饰差别甚微。一件通长28.4厘米、通高22厘米，重3.35千克；另一件通长28.2厘米、通高21.4厘米，重4千克。平面呈椭圆形，整体造型如同背向的虎和鸱枭。器口前高后低，随势做出器盖。盖前为伸出的虎头，后为枭首，二者间的背脊连扉棱。器身前有宽流，后有短尾，束颈，鼓腹，中圈足，圈足微外撇。在器身前端从上至下饰一道扉棱，后端设一带兽首的鋬。器表看似满布花纹，但除衬底的云雷纹外，主题纹样仅为一虎一枭。虎饰于器体前部，作前足抬起、后足蹲踞之势；鸱枭则满布器物后部，作仰首而立的形状。虎头和枭首虽在盖上，却与器身的虎身和枭身的纹样相连；虎脊上饰的侧扉状花纹既起到分隔虎纹和枭纹的作用，又使得盖与器身纹样浑然一体。整体构思颇为巧妙。铭文铸于内底中部，仅有图案化的"妇好"2字，已不很清晰。

妇好虎枭铜卣

该卣的装饰不像一般铜容器那样呈周带状布局，也不像一般鸟兽形器那样纷繁细碎，而是根据器物造型将纹饰与形制组合成和谐的整体。现藏于美国哈佛大学福格美术馆的枭卣和著录于《尊古斋所见吉金图初集》的枭卣，其造型和纹饰与之相近，年代也应同时或稍迟。

（孙 华）

Fuhao tongxiaoyou

妇好铜枭卣

商代后期商文化的铜制酒器及礼器。在*商文化铜器*分期中属第四期，即殷墟中期偏早阶段。因上有"妇好"铭文而得名。1976年由中国科学院考古研究所在河南安阳市殷墟妇好墓中发掘出土。现藏于中国历史博物馆。

妇好铜枭卣

2件成对，形制、大小、纹饰相同或相近。一件口长径16.4厘米、通高45.9厘米，重16.7千克；另一件口长径16厘米、通高46.3厘米，重16千克。整体以一鸱枭为造型，枭昂首挺胸，收翅垂尾，并足站立。口开于枭首后部，盖呈半圆形，上有立鸟和夔龙形捉手。枭首上立毛角，前有勾喙，颈上背后间设鋬，下垂的宽尾与粗壮的双足共同支撑全尊。尊上遍布花纹，除枭面、翅、尾依鸱枭真实形态并填以卷云纹和方格纹予以美化外，其余部位均饰以兽面纹和夔龙纹，另在枭下近尾处还饰以枭首形象。主题纹样旁衬以云雷地纹。铭文铸于口下内壁，"妇好"2字排列如图案，字迹已不很清晰。

以鸱枭为卣类铜器的造型，在商代后期颇为流行。现藏于日本泉屋博古馆等处的传世的枭卣，形态大多瘦峻，鸱枭的形象也不很真切。该枭卣形体较为肥硕，造型生动逼真，眼、嘴等最能表现鸱枭特征的部位刻划细致，周身布满的动物纹样与整体造型融为一体。它是同类器物中最精彩的一件，也是商代后期铜器制作工艺的典范之作。

（孙 华）

Gaotian tongyou

告田铜卣

商代后期商文化的铜制酒器及礼器。通常称告田觥。因上有铭文“告田”得名。传1927年由军阀党玉琨在陕西宝鸡市戴家湾盗掘出土。现藏于丹麦哥本哈根国立博物馆。

告田铜卣

长41厘米、器高31.2厘米、通高50厘米。器口上覆龙形盖。器身和圈足平面皆呈椭圆形。流上翘，口外侈，颈略收，腹圆鼓，后有鸟形鋬，下接两段式圈足。卣放在短长方形禁上，禁的底面开敞，前后两侧开4个长方形穿孔。纹饰以夔龙纹为主体，其中盖面两侧、器身肩部、禁壁上下均饰长身夔龙纹，器的圈足饰短身夔龙纹，禁面四周饰斜角双首夔龙纹，禁壁两侧饰短身返首夔龙纹；除盖面外，所有夔龙纹均以云雷纹为地。另在禁的侧壁中央饰直棱纹。铭文铸于盖内和器内底，后者铭文倒作“田告”。

该卣与禁的纹饰相同，应属一套器物。卣在古文字中作下有盘座之形，该卣或可作为其实物例证。

（孙 华）

Shangwenhua tongyi

商文化铜匜

商代商文化的盛水用铜制容器。器口前端伸出并上扬为器流，器底下有三足或四足作支撑，器后与流相对处有鋬可执手。是商代后期商文化铜器中新出现的器物，使用尚不广泛。

商文化铜匝出土很少。已知者以河南安阳市殷墟妇好墓出土者年代最早。其类型有两种：一种形态如四足立兽，器盖与器身组成一完整的立兽造型，如司母辛四足铜匜；另一种形态与斝中的一类相似，敞口，圜底，后有鋬手，前或有短流，下有三柱足，如妇好斝形铜匜。前一类铜匜通常称之为觥，日本学者林巳奈夫将其改称匜，但又将圈足的铜卣（通常称铜觥）也归为匜类，则未必妥当。匜是注水洗手的器具，故《左传·僖公廿三年》记怀嬴为公子重耳洗手时有“奉匜沃盥”之语。西周及春秋早期的周文化铜匜一般与铜盘相配，盘用来承接从匜流出的洗手后的余水。商文化的铜盘出现较早，数量较多，而匜出现较晚，数量很少。正如不少学者指出的那样，在商文化及前期周文化铜器中，铜盉往往也起着与匜相同的作用。西周中期的𠑹铜匜形态为匜而自名为盉，就是匜、盉功用相同的一个例证。

（孙 华）

Simuxin sizu tongyi

司母辛四足铜匜

商代后期商文化的铜制水器及礼器。又称后母辛四足铜觥。在商文化铜器分期中属第四期。因上有铭文“司母辛”而得名。1976年由中国科学院考古研究所在河南安阳市殷墟妇好墓中发掘出土。现藏于中国历史博物馆。

2件成对，大小、造型、纹饰基本相同。一件通长46.5厘米、通高36厘米，重8.5千克；另一件通长47.4厘米、通高36.5厘米，重8.4千克。盖、身结合为一整体，作四足立兽形。兽鼻似牛，卷角似羊，前足为兽蹄，后足像鳄鱼。器口从兽嘴向后延伸至尾上，尾部设兽首鋬以代兽尾，在背部和头下胸前各施一道扉棱。器上装饰纹样繁杂，盖面以俯视的卷尾夔龙纹为主，间饰以侧身夔龙纹和虎纹。器身纹类以夔龙最多，但以后部鸟的双翅最为突出，另在尾部中央有一阴线的兽面纹。器表其余部分多以云雷纹为地，尾部及后足则饰以鳞甲纹。铭文“司母辛”铸于器内，为对铭，文字清晰醒目。

该匜兽形奇异，前所未见。其纹饰虽略嫌散乱，但器形引人注目。它丰富了人们对商代铜器的认识。

（孙 华）

司母辛四足铜匜

liuzu niao-shouwen tongyi

六足鸟兽纹铜匜

商代后期商文化的铜制酒器及礼器。或称鸟兽纹觥。在商文化铜器分期中属第五期，即殷墟晚期。出土时间及地点不明，早年曾被溥伟收藏，后流落海外，被美国古董商收购转卖给美国收藏家梅约。现藏于华盛顿弗里尔美术馆。

长31.5厘米、宽21.5厘米、通高31.4厘米，重4.59千克。器表色泽暗绿，保存完好，犹如新铸。口为盖所罩，盖前端随器流升起，作羊角兽头之形；盖脊卧龙，后端下降，作牛角兽头模样。在盖的两侧分别铸有浅浮雕状的虎、鱼、象纹。匜身前有短流，流下微收，前腹鼓而后腹直。腹前部作鸱枭之形，枭喙伸出器外，枭足即器之前足。腹后部饰折角大兽面，兽的大口左右各含一人，人作交手跽坐之形，充当器之后足。匜身后端设鋬，鋬由兽首和立鸟构成，兽首张口含鸟头，立鸟双足及地，成为匜的另外两足。在匜的主题纹样外的空余处，还填有对鸟、对虺等附属纹样。盖、身所有动物纹样均以细密的云雷纹为地，动物纹样之上也饰以重波、重环、重羽、勾云等纹样。

六足鸟兽纹铜匜

该匜造型新颖，纹样繁复而奇特，一件不大的器物之上，竟满布各种动物纹样达37个（包括人物造型）。动物纹样既大小各异，主次分明，又相互含咬，合为一体。如羊角和牛角，各穿双鱼角上，鸱枭双翅各为回首卷尾的虺纹，甚至立鸟的双足也作兽首之形；其纹样组合变化多端，诡秘异常。现藏于日本滕田美术馆的一件铜匜的造型、纹饰和保存状况均与此相似，当为同时同地的产品。（孙 华）

Shangwenhua tongpan

商文化铜盘

商代商文化的承水用带圈足大口浅腹的铜制容器。铜盘在周礼中主要与匜相配，即用匜浇水洗手而以盘承接落水；其次是作为尊下的承盘，故《说文解字·木部》释槃（盘）为“承槃也”。商文化铜盘是否与匜相配，尚不得而知。但从器内多饰龙、龟、鱼等水族动物纹样分析，它用作水器是可以肯定的。

商文化铜盘当承袭龙山时代陶盘或木盘的工艺传统而来。在属陶寺文化的山西襄汾县陶寺遗址蟠龙纹陶盘上，就有与商、西周铜盘相似的龙纹布局。铜盘在商文化中出现最早，属于二里冈上层期的河南郑州市白家庄2号墓就出土有铜盘。不过，铜盘在商文化中的使用远不及周文化广泛，仅在个别较大的墓葬中有所发现，且为数不多。在这些铜器群中，盘通常为1件，只有河南安阳市殷墟妇好墓出土2件铜盘。商文化铜盘在礼器中的作用是否如同周文化，尚不得而知。

商文化铜盘均为不带双耳的无耳圈足盘，口径较小，腹部较深。外腹壁和圈足多饰花纹，内底通常饰头部颇大的蟠龙和俯视的龟纹，周壁多饰鱼纹。值得注意的是，商代后期铜盘的族名文字习惯分列在龙首两侧，颇具特色。按照圈足的形状可分为较低的大圈足盘和较高的小圈足盘两型，前者如妇好龙纹大圈足铜盘，后者如妇好墓小圈足铜盘。大圈足盘的口沿多较窄，小圈足盘口沿一般较宽。这种小圈足盘的稳定性较差，西周早期以后基本消失。

（孙 华）

Lijiazui daquanzu tongpan

李家嘴大圈足铜盘

商代前期商文化的铜制水器及礼器。在商文化铜器分期中属第二期，即二里冈上层期。1974年由湖北省博物馆等单位在黄陂县叶店村盘龙城址东面的李家嘴2号商墓中发掘出土。现藏于湖北省博物馆。

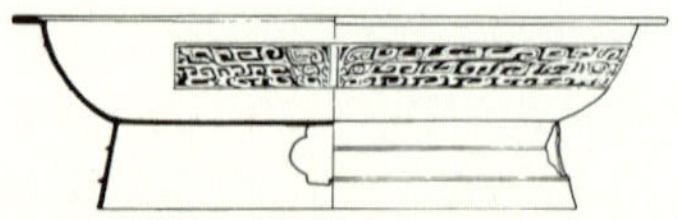

李家嘴大圈足铜盘

口径26.2厘米、底径16.5厘米、通高11.2厘米。宽沿外折，沿呈阶状，腹壁弧形下收，平底，下接大圈足。腹外饰由单层宽线条组成的兽面夔龙纹带，圈足上施十字形镂孔。

盘是商代前期新出现的器类，数量很少，仅在较大的墓葬中才有出土。该盘形制与河南郑州市白家庄2号墓铜盘相似而略浅（装饰花纹不同），年代均为二里冈上层期，同为已知最早的铜盘精品。

（万全文）

Fuhao longwen daquanzu tongpan

妇好龙纹大圈足铜盘

商代后期商文化的铜制水器及礼器。在商文化铜器分期中属第四期，即殷墟中期。因作器者为“妇好”而得名。1976年由中国科学院考古研究所在河南安阳市殷墟妇好墓中发掘出土。现藏于中国社会科学院考古研究所。

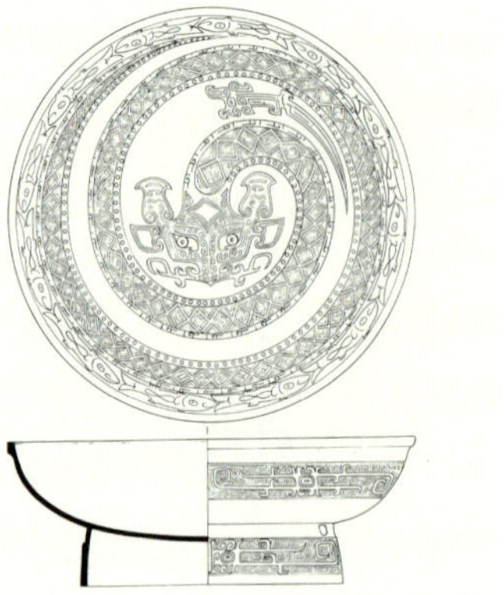

妇好龙纹大圈足铜盘

口径36.6厘米、圈足径23.3厘米、通高13厘米，重5.9千克。敞口，窄沿，腹部较深，圜底较厚，大圈足斜直，足部上方近盘底处有方形镂孔。盘外壁饰以云雷纹为地的纹样两周：腹作行游状的卷尾夔龙纹，圈足为反首长身凤鸟纹。盘内底饰蟠龙纹一条，中央为蟠龙首部，身、尾绕盘底一周，龙首两侧有图案化的“妇好”2字铭文，尾端另有一鸟纹；周围饰一圈相间排列的3组（9

条）行龙、凤鸟和游鱼纹。

该盘装饰纹样复杂多样，作器者和年代较明确，是这一时期商文化铜盘中最具代表性的一件。

（孙 华）

Shangwenhua tongnao

商文化铜铙

商代后期商文化的铜制打击乐器。器体为上大下小的合瓦形空腔，口部开敞，两边下弧；其下有中空与体腔相通的粗柄。通常以大小相次的单数构成一组。这种铜乐器只发现于商代后期和西周时期，名称虽尚不能确定，但它们的组成方式和使用方式无疑与以后的周文化铜钟有着密切的关系。

商文化铜铙

据文献记载，铙似铃而稍大，是可以一手把执、一手打击的用来指挥军队退却的军乐器。《周礼·地官·鼓人》载："以金铙止鼓。"郑玄注："铙如铃，无舌，有柄，执而鸣之，以击止鼓。"故《说文解字·金部》称："铙，小钲也。军法：卒长执铙。"商文化的这种通常被称为"铙"的铜乐器，最大的通高21厘米（河南安阳市殷墟西区699号墓出土编铙中的大者），最小的通高仅7.7厘米（殷墟妇好墓出土编铙中的最小者），其大小、形态与后世文献记载中的铙相近，但以多件成编却又近似于用作祭祀和宴乐的编钟。所以，明确这类铜乐器的名称及功用还有待更多的考古材料来证实。

已发现的商文化铜铙共8组，除1组为2件外，其余多3件成编，最多的1组为殷墟妇好墓铜铙，计5件。据测音可知，这时的编铙已能构成相对合理的音阶序列，但还不能演奏完整的乐曲。它大概是与其他乐器相配的节奏性打击乐器。形态比较一致，腔体两面除鼓部外，在倒梯形框内多饰一个无地纹的大兽面纹。柄部则多作上小下大的筒形，应是插在木柱上使用的铜乐器。

（孙 华）

Shangwenhua tongge

商文化铜戈

商代商文化用于勾啄的铜制兵器。一柄完整的戈由铜制的戈头（有的还有铜柲帽和铜鐏）和断面呈扁圆形的竹木制戈柲（也就是柄）组合而成，戈柲难以保存，流传至今的一般只有铜制的戈头。是商文化最主要的铜兵器种类，是研究商代军事史的重要材料。

商文化铜戈分布广，数量多，几乎凡出土有铜兵器的墓葬就有铜戈出土。其中不乏精美的制品，有的镶嵌玉石，有的嵌贴绿松石，它们应当是礼仪用戈而非实用戈。戈以短柲戈居多，为防止戈柲在手中转动，戈柲断面均呈扁圆形。河南安阳市殷墟西北冈1004号墓出土的铜戈柲长均1米左右，分3排放置，每排有戈19柄～29柄不等，场面蔚为壮观。当时个别的还安装铜柲帽和铜鐏，铜鐏有矛形（如殷墟西北冈1001号墓铜鐏）、鸟爪形（如殷墟妇好墓铜鐏）两种，后一种正与商代后期金文中"戈"字下端的形态相似。

戈头有实内和銎内两大类。实内戈头是中原地区固有的戈头样式，据内部形态又可分为直内和曲内两小类：直内戈头可将内部从戈柲上的穿孔插入，然后用绳索紧缚；曲内戈则需将戈柲顶端劈开以卡入戈内，然后再用绳索将戈头绑紧。由于曲内戈头与戈柲的组合方式不够牢固，这种从夏代就已出现的铜戈头到商代后期末就基本不再使用，长期沿用并不断发展改进的主要是直内戈头。直内戈头在商代前期样式还比较单一，到商代后期就逐渐多样。就援部形态而言，除长条援外，从殷墟早期起还出现了三角援的铜戈头；就胡部的情况而言，从无胡铜戈头发展出有胡铜戈头，其中后者还有短胡、中胡和长胡3种形式。这3种有胡铜戈头几乎同时出现于殷墟晚期，到西周以后成为铜戈的主要形制。銎内戈头可能是北方系铜戈头的作风，在商文化中从商代后期起开始流行。这类戈头也像直内戈头一样有直内、曲内两种形式。

商文化那些沿用时间较长的铜戈的发展演变轨迹表现为：①曲内戈头的内部由商代前期的圆曲变为后期的磬折，后者多作鸟首之形；②直内戈头由无胡变为有胡，其中长条援直内戈头的援部逐渐由长变短，由窄变宽，由平直变得下勾；三角援直内戈头的援部也由长变短，由窄变宽，其演变规律与长条援戈头相同。

（孙 华）

Fuhaomu qiantie lü songshi quna tongge

妇好墓嵌贴绿松石曲内铜戈

妇好墓嵌贴绿松石曲内铜戈

商代后期（或稍早）商文化的礼仪性铜制兵器。在商文化铜器分期中属第四期，即殷墟中期偏早阶段以前。1976年由中国科学院考古研究所在河南安阳市殷墟妇好墓中发掘出土。现藏于中国历史博物馆。

一组共4件。援长26.1厘米～26.3厘米、通长38.5厘米～39厘米。属曲内型，窄长援缓收成锋，无明显的中脊，阑上下出头，内上一穿，尾部向下圆曲。援部及内的后部有绿松石嵌贴的精美纹样，其中援为连接蛇形身的龙形兽面纹，内为短身夔龙纹。该戈的形制尚保持着曲内戈的较早形态，制作精细，装饰华丽，当为仪仗用兵器。

（孙 华）

Sipu santongge

祀谱三铜戈

商代后期商文化的铜制兵器。或称易县三勾兵。在商文化铜器分期中属第五期，即殷墟晚期。是商代重要的有铭文铜器之一。发现于20世纪20年代，出土地点有河北易县、保定和平山3说。原为罗振玉收藏，现藏于辽宁省博物馆。

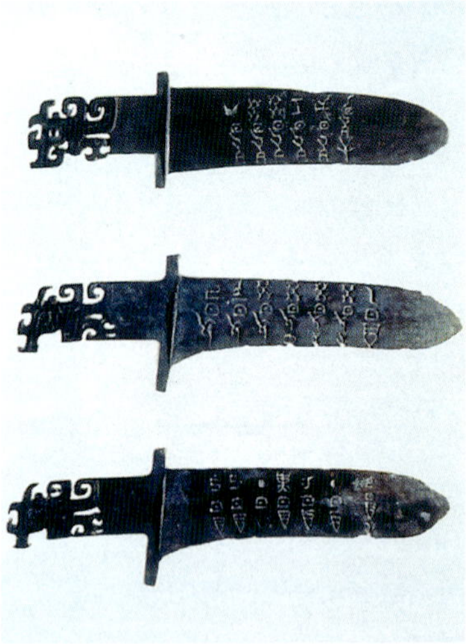

祀谱三铜戈

一套3件，分别长27.5厘米、27.6厘米、27.1厘米。形制、纹饰基本相同，皆为直内无胡或微胡型。长援微下勾，中脊不显，有阑，无穿，内尾作鸟形。援正面刻铭，字数各戈不一，内容为作器者已故祖、父、兄诸世的日干庙号。诸祖庙号戈铭为："大且日己。且日丁。且日乙。且日庚。且日丁。且日己。且日己。"诸父庙号戈铭为（第一个为祖庙号）："且日乙。大父日癸。大父日癸。中父日癸。父日癸。父日辛。父日己。"诸兄庙号戈铭为："大兄日乙。兄日戊。兄日壬。兄日癸。兄日癸。兄日丙。"3戈是宗庙祭祀礼仪用的仪仗而非普通的实用兵器。

该戈是商代仅见的有长篇铭文的铜戈，戈上的铭文对于研究商人的亲族制度和称谓具有重要意义。王国维《商三勾兵跋》（《观堂集林》卷十八）首先对此戈进行研究；郭沫若不仅对该戈铭文反映的商人亲族制度进行考察，更将戈铭与历史文献记载的所谓《汤之盘铭》进行对比分析，更正了后者的错误。此外董作宾、李学勤、马承源等也对该戈所反映的问题进行探讨。另有学者认为其铭文为伪刻。该戈出土于河北中部，或许是商王朝北方诸侯国的铜器。

参考书目

董作宾：《汤盘与商三戈》，《文史哲学报》1期。

李学勤：《论殷亲族制度》，《文史哲》1957年11期。

（孙 华）

Shangwenhua tongmao

商文化铜矛

商代商文化中用于击刺的铜、木复合兵器。主要由木柄和插在木柄一端的铜矛头构成。铜矛头前有可击刺的"锋"，后有可纳柄的"銎"，两侧有加大杀伤力的"叶"。商文化铜矛的出土地点及批次都远较铜戈为少，但出土数量却与铜戈不相上下，与铜戈一起构成商文化铜兵器的主体。

铜矛的出现较铜戈晚，这可能与矛起源于单种材料制成的武器（如削尖的竹、木棍）而戈起源于两种材料制成的武器有关。商文化铜矛出现于商代前期偏晚阶段，已发现的以湖北黄陂县盘龙城楼子湾3号墓出土的铜矛为最早。到商代后期，铜矛开始成为商文化的主要兵器。据统计，河南安阳市殷墟历年出土的铜矛总数已达900余件，数量超过铜戈。仅安阳殷墟西北冈1004号大墓南墓道中一次就出土成捆的铜矛700余件。铜矛这种集中出土的现象可能暗示它的使用者身份一般较低，商人贵族一般喜欢执戈而不执矛。

商文化铜矛头形态多样，不很规范，表现出这时铜矛在形制与功用的关系上还处在探索阶段。铜矛头的形态有长骹短骹、长脊短脊、窄叶阔叶、圆銎扁銎等不同样式。根据特征最明显的矛叶的差异大体上可分为3型：①矛叶前后均缓收，最宽处在中部，如盘龙城楼子湾3号墓铜矛，主要行用于殷墟早期及其以前；②矛叶前缓收而后急收，最阔处在后部，如殷墟E16铜矛，出现并流行于殷墟中期，殷墟后期已少见；③矛叶在后部急收，但尾部却延伸至骹的后端，如殷墟SM108:4铜矛，此型矛头主要见于殷墟晚期。此外，还有一类矛叶刃缘内曲、后端如鱼尾的铜矛头。该型也为殷墟晚期铜矛头的一种样式。从这几型铜矛头的流行年代来看，商文化铜矛头的演变似有矛叶由窄到宽、骹部由延伸至锋到仅及矛叶后部、两耳从环耳到穿耳的规律。至于矛头的銎部，商代前期均呈圆形，商代后期则多作扁圆形甚至菱形。矛为前击冲刺的兵器，矛柄的断面以圆形为最佳，这就是《周礼·考工记》所谓的"勾兵椑，刺兵抟"。商文化早期圆銎铜矛用圆形柄，这是沿用先前竹木矛柄部形状的结果；但商代后期铜矛却使用不适应矛这种兵器的扁圆形柄，这或许是因为受当时铜戈柄影响的结果。这也反映出商文化铜戈尚处在探索阶段的一个侧面。

（孙 华）

Yuye tongmao

玉叶铜矛

商代后期商文化礼仪性铜制兵器。在商文化铜器分期中属第四期，即殷墟中期。现藏于北京故宫博物院。

宽4.9厘米、通高18.4厘米。矛身以玉石琢磨而成，前尖后阔如尖叶，镶嵌在骹上。骹部顶端作蛇首以衔矛身，下部两侧有半环系。表面铸蕉叶等纹饰，原先可能曾嵌有绿松石，已脱落殆尽。

以玉石作锋刃部分的复合铜兵器在商文化中已发现多例，它们均

为仪仗用器。将玉石锋刃镶嵌于铜铸部分上需要较高的技术，该矛骹接部分面积很小，技术难度更大。

（孙 华）

玉叶铜矛

Shangwenhua tongyue(qi)

商文化铜钺(戚)

商代商文化的铜制兵器及礼器。形如斧但较宽扁，宽刃弧边，一般皆有刃边锋，身后设长方形“内”，以穿孔和绳索将钺与柄相连。这种铜器与铜斧不同的是：斧身较长且均为銎内，而钺身较宽且为带穿的直内。它是商文化中具有军事权力象征意义的铜器。

钺起源于新石器时代的阔刃大石斧。至迟在商代，铜钺中的大型钺就不再是单纯的兵器，而成为一种拥有政治和军事大权的标志。有的学者指出，殷墟甲骨文和金文中的“王”字即为大斧钺的象形，以斧钺来作为军事统帅权即王权的象征。当某臣下或某方国被商王赐以斧钺以后，实际上就成为某一区域商王权力的代言人，拥有征伐这一区域别族别国的权力。《史记·周本纪》记载的商王纣赐给周人之祖西伯（文王）“弓矢斧钺，使西伯得征伐”的故事，就形象地反映出这一事实。

商文化铜钺的体量大小差异较大，大者如苏埠屯神面大铜钺，刃宽34.5厘米、通高32.7厘米，小的如盘龙城楼子湾4号墓出土的铜钺，刃仅宽约8.5厘米、通高约17.6厘米。从大型钺均出土于规模较大的墓葬的情况分析，当时铜钺的大小应与所有者的身份和地位有关。铜钺无论大小，形态均较一致：钺身为弧刃、凹斜边，身后端在内的两侧多有对称的长方形穿，内上或有一圆形穿。纹饰通常装饰于钺身和内的后部，其内容除神面或兽面外，最常见的是三圆涡接三角纹。形态有横长方形内窄长身、短长方形或方形内宽短身、纵长方形内宽短身等几种样式。

商文化铜钺已发现的最早标本的年代为二里冈上层期。此后至商代末期，铜钺的演变似乎经历援身和内部由窄到宽的发展进程。此外，商代前期钺身常见的大圆穿在商代后期已基本不见。

参考书目

林沄：《说王》，《考古》1965年6期。

（孙 华）

Fuhao shenmianwen datongyue

妇好神面纹大铜钺

商代后期商文化的铜制兵器及礼器，以“妇好”的记名铭文而得名。1976年由中国科学院考古研究所在河南安阳市殷墟妇好墓中发掘出土。现藏于中国社会科学院考古研究所。

刃宽约37.3厘米、内高5.9厘米、通高39.5厘米，重9千克。钺体宽大，弧刃尖角，平肩宽直，内部短小。钺体近肩处有2个长方形穿，两侧有一丁一竖相间的槽形装饰，后部在一片长方形云雷纹地上饰相对的浮雕状虎纹，二虎间有神面一，二虎后还各有一夔纹。在钺身中心部位，有图案化的“妇好”铭文。与之大小、形态相同的铜钺在妇好墓中还出土一件，但后者主题纹样为一首双身龙纹，二者装饰有别。

妇好神面纹大铜钺

该钺体大身重，是妇好拥有军事统帅权的象征，这与甲骨文记载的妇好生前统领商王朝大军事迹正相对应。双虎神面的纹饰在商文化铜器中数见，对于其含义已有多位学者作出推测。该钺为研究这种引人注目的纹样提供了新材料。

（孙 华）

Subutun shenmian datongyue

苏埠屯神面大铜钺

商代后期商文化的铜制兵器。在商文化铜器分期中属第五期，即殷墟晚期。1965年～1966年由山东省博物馆在益都县苏埠屯一商代大型贵族墓中发掘出土。现藏于中国历史博物馆。

出土时放置于墓室北壁靠墓道处，木柄已朽。共两件，形制大同小异，均为形体巨大的穿内、双肩、宽刃钺，钺身有透空的圆目露齿神面。其中一件刃宽35.8厘米、通高30.7厘米，体宽扁，眉、目、鼻皆突起，口稍凹下。另一件刃宽34.5厘米、通高32.7厘米，体瘦高，眉、目、鼻、耳、口皆突起，两侧有扉棱，嘴角两侧各有一个在亚字形框中的族名文字“䤵”。铭文右为正书，左为反书。

苏埠屯神面大铜钺

钺在中国先秦时期是拥有军事权力的象征。该钺形体巨大，为中国已知商、西周时期铜钺中较大的两例，且出土于与河南安阳市殷墟商王陵同样规模和等级的大型墓葬中，它们很可能是商代后期反叛商王朝而独立的东夷族首领所拥有的象征王权的礼仪性兵器。

（孙 华）

Shangwenhua tongdao

商文化铜刀

商代商文化用于砍伐和削割的铜制兵器及工具。基本形制为前有锋，一侧有刃而另一侧有脊，后有柄。商文化铜刀的数量和样式均较多，在当时日常生活中用途广泛。

铜刀是最早出现的铜器器类之一。商文化铜刀继承和发展了先前和同时其他文化铜刀的形制，种类日趋多样。在大小和用途方面，铜刀有大型刀和小型刀的分别。大型刀为兵器，长度在30厘米以上，无铜柄，需安装木柄后方能使用。大型刀出土很少，但据称河南安阳市殷墟西北冈1355号墓中就曾出土9件铜刀。刀前锋上卷如钩，直刃，刀背一般有2～3个椭圆形管套以纳柄。这类刀主要流行于商代后期的殷墟晚期，西周早期仍然沿用。

小形刀大多为弧背刀，有铜柄，根据刀锋情况可分为翘锋、垂锋两类。翘锋刀包括无首、环首两型：翘锋无首型刀柄短小、刀身宽长，需安装木柄使用，沿用于殷墟中期以后的商代后期，如殷墟妇好墓有扉翘首刀。在殷墟甲骨文中有一个表现用刀割生殖器的文字，刀的形状与此类似，这类刀或许也用作刑具。翘锋环首型刀较为少见，除刀锋上翘外，其余形态与常见的垂锋环首型刀相似，它在商代以前就已出现，并一直沿用到西周时期。垂锋刀有环首、兽首两型：垂锋环首型刀又被称作“削”，出现于商代后期，以后长期沿用；垂锋兽首刀一般较长，刀首被做成马、牛、羊头等形状，数量很少，具有浓郁的北方草原青铜文化的风格。该型刀在商文化中出现于商代前后期之际以后，仅在黄河以北地区出土。

参考书目

李济：《记小屯出土之青铜器》（中），《中国考古学报》第四册，1949。

（孙 华）

Shangwenhua tongzu

商文化铜镞

商代商文化的铜制远距离攻击性武器。时代特征明显，数量很多，出土地域很广。不仅是研究商代兵器的有用材料，也是认识周边地区那些年代不很明确的文化遗存的重要参照物。

镞是安装在箭杆前端的部件，而弓箭是古人狩猎和作战的最有效的武器之一。故当青铜这种坚硬的合金发明以后，人们就开始铸造青铜镞。铜镞早在夏代就已出现，二里头文化、岳石文化和下七垣文化中均发现有铜镞。商代铜镞使用量更大，已知商文化铜镞数以千计，仅河南安阳市殷墟就出土铜镞约980件（统计截止于1985年）。有的墓葬中出土有成束的铜镞，每束多为10枚。殷墟小屯西地39号墓随葬的一束箭镞，共15枚，分2排插入箭菔中。这种15枚镞为一束的现象仅此一例。

商文化铜镞基本上均为带铤镞，北方风格的管銎镞比较少见。带铤镞又主要是双翼类，仿骨镞的圆锥体无翼镞也很少。双翼带铤镞是中国古代铜镞中出现最早、使用时间很长的铜镞样式。它两翼（叶）向前相聚成锋，向后延展如燕尾，大部分两翼中央还有凸起的棱脊，脊后接圆锥状的铤。商文化铜镞翼展较宽，根据脊的长短可以分为两型：①棱脊较短，略短于翼的后锋；②棱脊后延，与翼的后锋近平齐。前者是商代常见的镞形，西周已经不见；后者却一直沿用至双翼镞被三棱镞取代的春秋、战国时期。

（孙 华）

Shangwenhua tongzhou

商文化铜胄

商代后期商文化防御性铜制兵器。胄是保护使用者头部免受敌方兵器伤害的头盔。商文化铜胄保护面积大，装饰富有特色，是当时较为进步的铜胄形态。

胄字不见于商代文字材料中，在西周金文中像上有缨饰、下露眼睛的盖状器，字形与商文化铜胄的形状有几分相似。铜胄材质坚硬沉重，戴在头上不舒服，商代的铜胄应当与后世的头盔一样，里面都垫有布帛一类较松软的材料。已知商文化铜胄皆发现于商代后期，并集中出土于河南安阳市殷墟西北冈1004号大墓中。该墓属殷墟中期偏晚阶段的商王陵墓，在其南墓道中放置有铜胄上百件。这些铜胄大多残破，完整的胄作顶有立管、前额后倾、前开方口、三面下展之形，胄顶立管可插入缨饰，下展的胄壁可保护颈、耳等部位，前额上的纹饰既可用作装饰，又可威吓敌人。纹饰种类有牛角兽面纹、羊角兽面纹、虎形兽面纹、双目纹等，不少铜胄上还铸有铭文和符号。商文化铜胄胄壁较长，与同时期南方地区及以后的其他铜胄形态均不相同。

（孙 华）

Anyang shoumianwen tongzhou

安阳兽面纹铜胄

商代后期商文化的铜制兵器。是商文化铜胄中最完整的一例。传出土于河南安阳。现藏于北京故宫博物院。

安阳兽面纹铜胄

宽22.5厘米、通高22.8厘米。器体深长，前有长方形缺口，周壁较长，上有一道从前到后的凸棱，将胄分为对称左右两半。顶有圆管可插缨饰，浮雕状兽面纹仅突出双眼、双耳和向后弯曲的双角。其形态与安阳市殷墟西北冈1004号大墓出土的铜胄相似。殷墟1004号墓为商王陵墓，数以百计的铜胄与铜戈、铜矛一起出土于该墓的墓道中，故研究者推测它们的使用者为商王侍从。

（孙　华）

Shangwenhua tongcheqi

商文化铜车器

商代后期商文化马车上的铜制保护性构件和饰件。是已知年代最早的一批铜车器，对复原当时马车形制和研究当时马车的用法有着重要价值。

车是用来负重致远的交通工具，也是先秦时期作战工具之一。对于中国古代的车起源于何时，研究者们有不同的看法。从已有考古材料和殷墟甲骨文来看，车至迟出现于夏代二里头文化中。从商代后期起，车的形制已基本定型，并得到较为普遍的使用。河南安阳市殷墟出土的商文化马车已有20辆之多，在殷墟以外的山东青州市苏埠屯、西安市老牛坡等地均发现有商文化的车马坑。这些商文化马车主体皆以木材制成，在车的关键部位如轴的两端、辕的前后端、衡的两头及轭的外侧或端头等，都有铜质的套头保护。这些木车上的铜质护具不仅对车的结构起加固作用，而且也使车的外形更加美观。1936年殷墟小屯20号墓发现的车上，除常见的軎、辖头、踵、轭外，车辕前端还套有青铜龙首，车舆四周还饰有40个铜泡，颇为华丽。

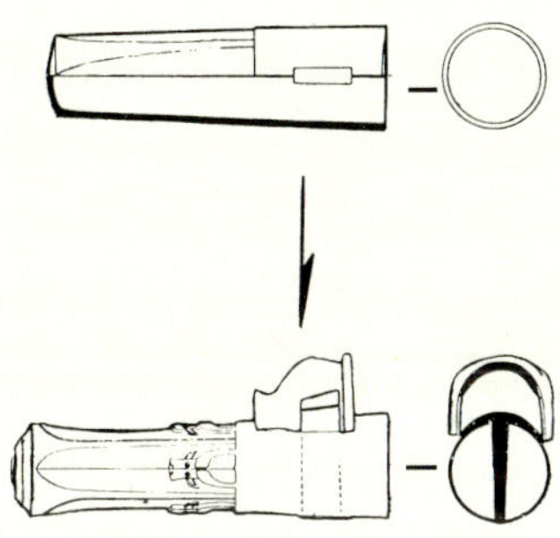

商文化铜軎及车辖演变示意图

主要可分为軎、軏、踵、帆饰、轭饰、衡饰及舆饰等几大类：

軎　是保护伸出车毂外车轴头的青铜套。在后世文献中又写作轊。形态为开敞的一端较粗、封闭的一端较细的筒形器。在靠近敞开的内端的上下方各有一长方形孔，以入销子“辖”（商代的车辖除个别以铜做辖头外，一般均为木质）。商文化铜軎一般较长，线条较僵直。

軏　为车辕前端保护辕首并以持车衡的铜饰件。后世文献中或写作軏。殷墟小屯20号墓出土的铜軏形为龙首，龙颈部为可套入辕端的圆筒形，上下有贯穿的直径2.5厘米～2.7厘米的圆穿可用销子将辕与其上的衡连接起来。

踵　系车辕后端与车舆后端轸下的起保护和装饰作用的铜构件。可分3种形式：①只挡住辕后端和部分轸木的丁字形铜板，如殷墟小屯20号墓出土的R1773号铜踵；②可套入辕后端并可挡住部分轸木的丁字形铜板的带半圆形铜套，如殷墟小屯20号墓R1779及R1780号铜踵；③只有套入辕后端的大半圆形铜套，如殷墟郭家庄7号墓铜锺。后一种铜踵似乎出现稍晚，西周时期逐渐变短并成为铜锺的定制。

軓饰　是位于轸与辕相交处的装饰性铜构件。形状为一块可固定在舆轸木上的窄铜板，板前伸出长方形覆瓦状铜板以盖住辕部。其仅见于少数商文化车上，以后便不再使用。

衡饰　是衡（放置于辕上的与辕成丁字形相交的构件）上的铜制装饰件。衡末常见一种扁平的尖叶形饰件，其背面尖端有銎可插入衡末，并有半环钮可将其固定在衡端。这种形状的铜衡饰是商文化特有的铜车器之一。

轭饰　系木轭（轭是连接马与车的构件，形状如人字，轭的主体以木制成）外起箍合、保护作用的铜饰件。一组完整的商文化铜轭饰由轭首、轭颈、轭肩、轭肢和轭脚组成。铜轭首与轭颈、轭肢与轭脚往往联铸为一体。省略铜轭颈和轭肩等构件，只用铜轭首箍束轭肢及轭脚，是商文化铜轭饰的最常见配置。

舆饰　车舆轸木外侧一圈的铜制装饰品。殷墟小屯20号墓铜舆饰为40颗铜泡，小屯40号墓铜舆饰为22件铜行龙。这些铜舆饰的背面均有钮可穿绳索将其捆缚在舆轸外围，用法比较灵活。

参考书目

杨宝成：《殷代车子的发现与复原》，《考古》1984年6期。

（孙　华）

Shangwenhua tongmaju

商文化铜马具

商代后期商文化马车所驾马的身上尤其是马首上穿戴的驭马和装饰用铜制器具。与铜车器一样，是商代后期才在商文化中行用的器类，对考察当时马与车的系驾用法有着重要作用。

商文化铜马具在商代后期方才出现，除出土于车马坑内马的骨骸上，也出土于一些贵族墓葬中。铜马具种类较为简单，数量也很少，只有衔、镳、鍚、泡几种。衔和镳均为驾驭马的必不可少的器具，以后流行的一些纯粹装饰用的铜马饰此时还未出现。这是早期铜马具重功用的一种反映。

衔 是马口中的嚼子，勒在马口中以便驭马。作两个中有连杆的双环形，内环相互套结于马口之中，外环则穿系革带与马嘴边上的铜镳相连。商文化的衔多用革带制成，铜衔只在河南安阳市殷墟西区1613号车马坑等很少几处出土，可能是殷墟晚期新出现的铜马具。其连杆较粗短，内外环大小相等。这种铜衔在西周早期周文化中仍在使用。

镳 是马口外侧连接马衔与马络头的器具。在商代后期之初已多为铜制。殷墟妇好墓出土的一组铜马具中就有一对铜镳。商文化铜镳皆为方形，中有穿孔，两侧隆起如管状，一侧管外还有半环。对这种镳与衔和络头的连接方式，学者们有3种推测：①将铜镳按双管上下平行放置于马的嘴角旁，中间穿孔系辔，侧环系连马衔，双管穿系络带；②将铜镳按双管前后并列，侧环向后的方向放置于马嘴旁，前管系衔，侧环与络头相连；③将铜镳按双管上下平行放置，但侧环向上，系连方式为衔从中央穿孔穿过，上面的侧环系辔，两侧的管中贯皮条与络头相连。这种铜镳主要流行于商代，西周早期仍在沿用。不过商代铜镳双管间一般较窄，侧环紧贴管外；这与西周时期的镳有一些差别。

鍚 即西汉以后所称的当卢。《周礼·春官·巾车》郑玄注："鍚，马面当卢，刻金为之。"商文化的鍚比较少见，形态有两类，一类为较大的铜圆泡，这种鍚的名称和形状与兵器盾上的鍚完全相同；另一种为双角兽面形鍚，即殷墟郭家庄51号车马坑出土的铜鍚。后一类鍚在商文化中刚刚出现，西周时期较为多见。

铜泡 为马络头带上的表面鼓起的圆形铜饰件。殷墟妇好墓出土铜泡有大小两类，大铜泡3枚，小铜泡109枚。前者可能饰于络带相交处。

参考书目

孙机：《中国古独辀马车的结构》，《文物》1985年8期。

（孙　华）

Shangwenhua tonggongxingqi

商文化铜弓形器

商代后期商文化的铜制驭马用具。整体造型似弓，主体作中央较宽且微微鼓起的扁棱形，两端向外伸出拱形的曲臂，臂端多有圆铃，也有作兽头形的。这种铜器的功用众说不一，名称更难确定，一般按照其形状称之。它是探讨商文化与北方草原青铜文化关系的重要实物资料。

商文化弓形器在车马坑和墓葬中均有出土，数量不多，但仅河南安阳市殷墟妇好墓中就出土有6件弓形器。关于这些弓形器的用途及名称，北宋王黼《博古图》称之为"旗铃"，有的学者重申此说，认为它是当时旗帜上的张縿器具；也有的学者将之视作弓上的附件，或认为是缚于弓弣内侧以保持弓的弧度和发射力度的"铜弣"，或认为是弛弓时才缚于弓内侧以防弓变形的"铜弓柲"；有的学者则认为它是挂在驭者腰际系辔以解放双手的驭马器具，或称之为"挂缰钩"，或称之为"珥"。综合各方面的资料分析，弓形器的用途当以最后一种意见比较合理。

参考书目

唐兰：《"弓形器"（铜弓柲）用途考》，《考古》1973年3期。
林沄：《关于青铜弓形器的若干问题》，《吉林大学社会科学论丛·历史专集》，1980。
孙机：《"弓形器"的用途和定名》，《中国古舆服论丛》，文物出版社，1993。

（孙　华）

Fuhaomu longwen lingshou tonggongxingqi

妇好墓龙纹铃首铜弓形器

商代后期商文化的铜制驭马用具。1976年由中国科学院考古研究所在河南安阳市殷墟妇好墓中发掘出土。现藏于中国社会科学院考古研究所。

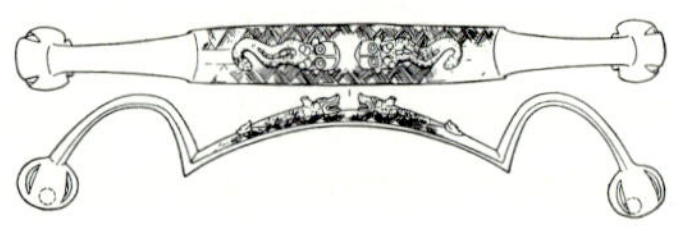

妇好墓龙纹铃首铜弓形器

全长40.4厘米、通高7.4厘米，重0.65千克。整体形似弓，铃首。弓身面部在席状地纹上铸相对的高浮雕状游龙，龙有角无足，双眼及背部镶嵌绿松石。铃似有瓜子形镂孔的圆球，内含弹丸，至今摇动仍可发声。

同墓中共出土青铜弓形器6件，以该器形体最大，且制作精工，装饰华丽，堪称同类器物的代表作。

（孙　华）

Shangwenhua tongcha

商文化铜臿

商代商文化的铜制起土工具。实际上只是铜制刃套，须安装在与刃口方向一致的长木柄上才能使用。平面呈凹字形或长方形，上端有銎口以装木柄，下端为长方形铲身，身部上有两肩，下端起刃。是可能用于农事的商文化铜农具之一。

臿是先秦重要的起土耕地工具，可用作开垦荒地和挖沟起垅之用。刘熙《释名》："臿，插也，插地起土也。"表明了这种工具的名义和用途。因臿为铜、木复合工具，铜制部分仅在工具下端，木柄形状和构造的差异就使得铜臿又有耜和耒的分别。铜耜由新石器时代的尖头掘土木棒发展而来，其上部为较长的木柄，下部为稍宽的扁平耜头，铜臿套装于耜头前端。《说文解字·木部》释梠（徐铉曰：梠“今俗作耜。”）为“臿也”，可见二者名异而实同。铜耒是从新石器时代翻土的树叉演变而来的工具，与耜相似而下部歧头有双齿，齿端可各套一铜臿。《说文解字·耒部》说耒是“手耕曲木也”，仅说明了耒的功用和木柄形状，未说明它与耜的区别。古人对耒、耜两种工具往往相提并论，《易·系辞》说：“神农氏作，斲木为耜，揉木为耒。”其区别主要在木柄的制法和形态上；而套装在耜和耒下端的铜制刃套，二者应无多少区别。因此，将耜和耒的铜刃套统称为铜臿比将二者强行区分更为妥当。商文化铜臿发现不多，仅在河南安阳市殷墟、罗山县天湖、湖北黄陂县盘龙城、安徽怀宁县杨家嘴等地有所发现。值得注意的是，除安阳殷墟的1件铜臿外，其余几件铜臿均发现于商文化分布区的南部，说明铜臿最早行用并流行于南方长江流域。

商文化铜臿的形态以纵长方形为主，刃部有直刃和舌形两种：前者如盘龙城出土的铜臿，后者如现藏于上海博物馆的铜臿。此外，商文化中还有凹字形铜臿，罗山县天湖和怀宁县杨家嘴遗址出土的铜臿均为其代表作。这时期长方形铜臿一般体大厚重，宽多在10厘米左右，适宜于安装在耜上；凹字形铜臿体宽在5厘米～8.5厘米，更适宜用于耒端。已发现的商文化耜和耒工具的痕迹，其宽度分别与这两种铜臿相对应。

参考书目

徐中舒：《耒耜考》，《历史语言研究所集刊》第2本第1分册，1930。

（孙　华）

Shangwenhua tongchan

商文化铜铲

商代后期商文化的铜制起土或平土工具。平面如凸字形，上部为装木柄的管状銎，銎部上粗下细，延伸入铲身，銎上多有穿钉的孔，以固定铜铲和木柄；下部为长方形铲身，身部上设有两肩，下端起刃。是可能用于农事的商文化农具之一。

一般认为，商文化铜铲由新石器时代以来的有肩石斧演变而来。有肩石斧主要分布于中国西南地区，商代后期商文化中出现类似于有肩石斧的铜铲，或许是受西南地区这种技术传统的影响所致。“铲”这种工具名字出现较晚，本应写作“镈”或“钱”。《诗经·周颂·臣工》称：“命我众人，庤乃钱镈。”毛传：“钱，銚。镈，鎒。”在农事活动中，它既可用于翻土，也可用于中耕。故北魏贾思勰《齐民要术》卷一说：“养苗之道……耨不如铲。铲……以刬地除草。”其用途比较广泛。

已知商文化铜铲总数不过20件，绝大多数集中发现于河南安阳市殷墟，仅殷墟妇好墓就出土有5件铜铲。多发现于墓葬中，也有部分出自居址的灰坑和地层中。这说明在商代铜铲还比较贵重，使用范围可能并不很广。铜铲的形态有两种，一种铲体作长方形或方形（由于使用磨损，有的长方形铜铲逐渐变为方形铜铲），数量最多，是常用的铜铲类型；另一种作山字形，铲体呈扁长方形，肩部两翼上卷。山字形铲制作精良，仅见于殷墟妇好墓，当是在某种礼仪场合使用的工具。

参考书目

杨锡璋、杨宝成：《殷墟出土的青铜铲》，《全国商史学术讨论会论文集》（《殷都学刊》增刊），1985。

（孙　华）

Shangwenhua tongjing

商文化铜镜

商代后期商文化照容用铜制生活用具。是商代后期商文化吸收中国西北和北方青铜文化因素而产生的新的铜器种类，在中国古代铜镜发展史上具有重要地位。

商文化铜镜早在1934年发掘河南安阳市西北冈1005号墓时就有出土。由于是孤例，加之当时对中国铜镜产生时代的认识局限，学术界对其是否为铜镜尚存争议。1976年安阳市殷墟妇好墓出土4面铜镜，加之青海贵南县尕马台七角星纹铜镜等夏代齐家文化铜镜的出土，学术界对商文化是否有铜镜的疑问才得以消除。已知商文化铜镜数量较少，可分大、小两类，大铜镜直径在10厘米以上，一般镜面平展；小铜镜直径在7厘米左右，镜面微凸。镜背中央的拱形镜钮较大，多有素面的圆形钮座，内区铸纹有叶脉纹、多圈射线纹、四象限直线纹，外区饰乳钉纹、弓形纹等。纹饰以简单的几何线纹为主，装饰比较古朴。

（孙　华）

Fuhaomu yemaiwen tongjing

妇好墓叶脉纹铜镜

商代后期商文化照容用铜制生活用具。1976年由中国科学院考古研究所在河南安阳市殷墟妇好墓中发掘出土。现藏于中国历史博物馆。

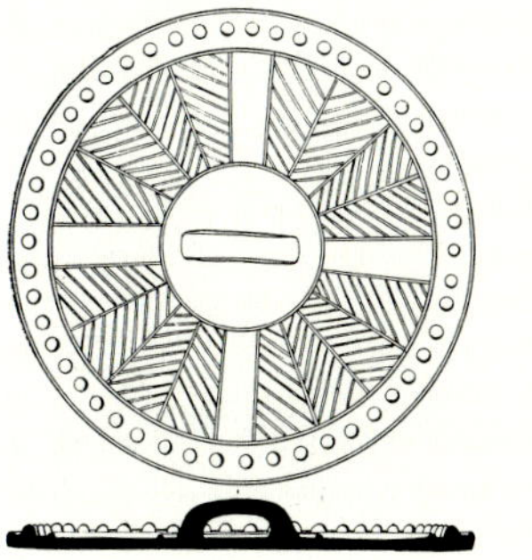

妇好墓叶脉纹铜镜

直径12.5厘米，重0.25千克。镜面平直。镜背中央设一拱形钮，素圆钮座，内区纹饰以十字宽带分为4小区，其内填以叶脉纹，外区饰一周乳钉纹。无明显镜缘。

同墓中共出土大小不一的4面青铜镜，该镜是其中形体最大的一面，在已知商文化铜镜中亦尺寸最大。

（孙 华）

〖商文化其他铜器〗

Gaolouzhuang ti'er tongfu
高楼庄提耳铜釜

商代后期商文化的铜制食器。传1946年出土于河南安阳市高楼庄。现藏于中国历史博物馆。

高楼庄提耳铜釜

口径31.4厘米、通高24.7厘米。侈口，直肩，收腹，平底，肩两侧有双钮，内套活动的提梁耳。口下饰三角纹及方格雷纹。

釜为炊器，一般为陶制，釜流行于中原地区已经是战国以后的事情。该釜制作精好，形态也与同时期南方地区和以后中原地区的釜有所不同。它是已知惟一一件商文化铜釜，在商文化铜器研究中具有特殊的地位。（孙 华）

qian lü songshi shoumianwen tongfangguan
嵌绿松石兽面纹铜方罐

商代后期商文化的铜制酒器。或称作方罍。在商文化铜器分期中属第四期。传1934年出土于河南安阳市。现藏于中国历史博物馆。

盖已失，口径5.8厘米、高10.8厘米。直口，短颈，斜肩圆转，腹下略收，平底微凹。肩部四中各设凸起的小兽头，两侧兽头有孔可贯绳为提梁，四隅施扉棱；腹部四中及四隅也均施扉棱。除颈部和扉棱外，其余器表皆以绿松石镶嵌图案。纹饰扉部饰倒夔纹，肩、腹间施2道旋纹，腹部每面为一卷角兽面纹，就连肩上小兽头也嵌绿松石装点。全器碧绿晶莹，颇为精美。

嵌绿松石兽面纹铜方罐

绿松石镶嵌的铜器最早出现于夏代二里头文化铜器中，在商代前期铜器中极少见到。在商代后期也偶尔见于铜兵器上。像这样通体以绿松石装点的铜容器，迄今仅发现此一件，至为珍稀。（孙 华）

Gong tongguan
共铜罐

共铜罐

商代后期商文化的铜制酒器或水器。在商文化铜器分期中属第五期，即殷墟晚期。因上有“共”字铭文而得名。1973年由中国科学院考古研究所在河南安阳市殷墟西区第七墓区152号商墓中发掘出土。现藏于中国社会科学院考古研究所。

口径10.8厘米、高16厘米，重1.65千克。口略侈，短颈，广肩圆折，斜收腹，小平底。肩上有对称的半环耳，内套索状提梁。器表仅肩上饰2道旋纹、肩下饰1道旋纹，余为素面。口沿内铸“共”字铭文。同样的字在殷墟西区多座墓葬出土的铜器上均可见到，有的共字与日干相连，有的共字及日干文字还被亚字形方框围绕，共当为商王朝重要的族氏之一。

罐为日常生活用器，用铜制作的罐极为罕见。容庚《商周彝器通考》著录有一铜罐，器形与关中地方文化陶罐有些类似；该罐形制非典型商文化陶罐的特点，或许是商人仿照其他族陶器而制作的。

（孙 华）

Meiyang gaobing tongbei
美阳高柄铜杯

美阳高柄铜杯

商代后期商文化的铜制酒器。年代相当于商文化铜器分期中的第四期，即殷墟中期。是已知惟一的商、西周时期的高柄铜杯。1973年出土于陕西扶风县法门公社美阳大队三队。现藏于扶风县博物馆。

口径14.3厘米、通高20.8厘米。侈口，斜腹下收至下部折曲向内，杯底陷入柄中；柄外撇如倒喇叭口，上有十字镂孔4个。杯腹中部有镶以连珠纹边栏的简化兽面纹及云雷纹，其上及柄部另施5道凸旋纹。

高柄杯是龙山时代龙山文化的重要陶器种类。在夏至西周时代诸考古学文化中，无论是铜器还是陶器，均未见高柄杯。该杯的发现，为商、西周铜器增加了一个新的器类。（孙 华）

Xiaoshuangqiao shoumianwen tongshijian

小双桥兽面纹铜饰件

商代前期商文化的铜制建筑饰件。年代相当于商文化铜器分期中的第三期，即殷墟早期偏早阶段。1989年由河南郑州市石佛乡小双桥村农民在村西取土时发现，出自一处可能有同时期大型建筑基址的商文化遗址中。现藏于河南省文物考古研究所。

小双桥兽面纹铜饰件

正面和侧面均高18.5厘米、正面和侧面分别宽18.8厘米和16.5厘米，重6千克。整体大致呈方形，前端封闭，以单层卷角大兽面为饰；两侧中央各有一个6厘米×4.2厘米的长方形穿孔，周围各饰一组龙虎搏象纹；上下两面及后端开敞，可卡套在方柱等建筑构件上。由此可以想见当时建筑的奢华。

该饰件是中国已知年代最早的铜制建筑饰件。现藏于河南省博物馆的一件已被火烧变形的铜制兽面纹饰件也发现于小双桥。可见小双桥遗址是商代前期的一处重要宫苑遗址。它对认识商文化的建筑工艺水平和铜器使用的领域有着重要的意义。（孙 华）

Zhengzhou Shangcheng tongqi

郑州商城铜器

河南郑州市商城遗址内外出土的商代前期铜制器具。以出土商代前期商文化铜器数量大、种类多、品级高、期别全而著称。

郑州商城是一处规模巨大的商代前期商文化遗址。对于该遗址性质，有的学者认为该城是商王成汤至大戊所居的亳都，有的学者认为是商王仲丁至河亶甲所居的隞都。从该遗址内城外郭的城邑规模，丰富多彩的遗迹，以及时间绵长的使用年代来看，该遗址无疑是商代前期商王朝的统治中心所在。通过1952年以来持续的考古发掘和研究，该遗址的商文化遗存已被分为二里冈下层期、二里冈上层期、白家庄期和人民公园期4期，其中前两期是该遗址的繁盛期，已被作为商文化分期的代表；后两期则分别相当于商文化分期中的殷墟早期和中期。出土的商代铜器基本上属于前3期，以二里冈上层期的数量最多，其次是白家庄期，二里冈下层期铜器数量最少。这些铜器多数出自墓葬，少数出自窖藏，还有少许出自各类遗址。铜器墓葬基本分布在内城之外、外郭之内，主要地点有内城东北角外的白家庄、外郭东南角内的杨庄、西郭北段附近的铭功路和北二七路，此外在二里冈、熊耳河、郑州卷烟厂等地也有铜器墓葬发现。典型铜器墓有属于二里冈下层期的东里路32号墓，二里冈上层期的白家庄2号和3号墓、铭功路2号墓，白家庄期偏早的北二七路1号墓等。这些墓葬尽管均为中小型墓葬，但出土铜器种类仍较多，有的还共存陶器或地层关系，是研究商文化墓葬铜礼器组合的重要资料。窖藏铜器只发现西城墙外的杜岭张寨窖藏和城墙东南角外的向阳回民食品厂窖藏两例，另外1974年在人民公园东门外出土的铜尊，或许也为窖藏所出。这些铜器雄大庄严，制作精美，是已知商代前期商文化高品级铜器的代表，或许属于商王室所有。对于这些铜器的埋藏性质，有的研究者认为是祭祀的遗存，不过从这些铜器窖藏年代均集中于白家庄期偏早阶段分析，它们更可能是由于某种变故而埋藏下来的。在其他遗址出土的铜器中，最重要的是南关外铸铜遗址和紫荆山铸铜遗址出土的工具和兵器，它们与各种陶范一起，加深了人们对于商代前期商文化铜器的铸造工艺和器类的认识。

郑州商城历年出土的商代前期商文化铜器很多，仅铜礼器就有100余件。礼器种类有鼎、方鼎、鬲、爵、觚、斝、尊、罍、盉、盂、盘，其中既有杜岭大铜方鼎和向阳大方鼎那样的形体高大的重器，也有白家庄龟纹折肩铜罍、人民公园牛首尊那样造型优雅、铸造精好的铜器，还有向阳浅腹扁足铜鼎、向阳长体无颈铜壶、向阳中柱铜盂这样的同时期仅见的器类。礼器上多带有各种纹饰，动物纹样除通常可见的兽面纹外，还有商代前期较少见的夔龙纹、夔目纹、龟纹；几何纹样中有连珠纹、乳钉纹、圆涡纹、斜角云纹、对转和反转雷纹等类，它们不仅广泛用作动物主纹的衬托，反转雷纹等有的纹类还被用作铜礼器的主题纹样。这些铜礼器多为考古发掘出土，保存完好，组合完整，期别也较明确，它们为商文化乃至于商代前期中原系铜器的分期断代研究树立了可供参照的标尺。兵器、工具等出土数量也较多，种类包括戈、钺、镞、戕、刀、镢、凿、鱼钩等，其中的铜工具反映出铜器在生产领域内的应用情况。

郑州商城出土的商文化铜器均为商城铜器作坊自身的产品。在郑州两处同时期铸铜遗址中发现的铸造铜器的陶范，包括郑州商城出土铜器的绝大多数种类，

并且其陶范所示的器类在二里冈下层期较少，以后逐渐增多。这种情况与郑州商城商文化铜器的发展情况也正相吻合。到商代前期偏晚的白家庄期，随着商王朝都邑的迁移和政治经济中心的变更，郑州商城的铸铜业开始衰落。殷墟铜器从此顶替了郑州商城铜器在商文化铜器中的地位。

参考书目

河南出土商周青铜器编辑组：《河南出土商周青铜器》（一），文物出版社，1981。

裴明相：《郑州商代二里冈期青铜容器概述》，《中国考古学会第四次年会论文集》，文物出版社，1985。

安金槐：《对郑州商代二里冈期青铜容器分期问题的初步探讨》，《中原文物》1992年3期。

（孙　华）

Panlongcheng tongqi

盘龙城铜器

集中出土于湖北黄陂县滠口乡盘龙城商代遗址的商代前期商文化的铜制器具。是除郑州商城外出土数量最多的一批商代前期商文化铜器，对研究这一时期商文化墓葬的铜器组合，以郑州为中心的商代前期商文化制铜技术向南的传播，以及中原与长江流域文化的交互影响，均有重着要价值。

盘龙城是商代前期的一座城邑，其规模不大，城内有2座大型宫殿基址。城外的李家嘴、楼子湾、杨家湾等处为同时期墓地所在。自1957年在杨家湾首次发现铜器以来，1963年和1974年先后发掘墓葬12座，出土铜器159件以上。其中李家嘴1号墓和2号墓是已发现的出土铜器最多的商代前期商文化墓葬，随葬铜器除兵器外，还有铜容器24件。据层位关系、陶器排序和铜器形态，发掘者将这些铜器墓分为两组，第1组为二里冈上层期偏早，第2组为二里冈上层期偏晚至殷墟早期。以后又有的研究者对这些铜器墓的分期作了些调整。但总的说来，盘龙城铜器年代相当集中，几乎均在二里冈上层期至殷墟早期偏早阶段。

铜器种类很多，食器有鼎、鬲、甗、簋，酒器有爵、觚、斝、罍、盉、提梁壶，水器有盘，兵器有钺、戈、矛、镞，工具有臿、斧、锛、凿、锯、鱼钩等，此外还有菱形器、兽面等。在这些铜器中，甗、簋的发现，为中原地区商代前期商文化铜器增添了新的器类。

盘龙城位于商文化分布区的最南端，对于该遗址包括铜器在内的遗存的属性，学术界尚存不同看法。有的学者认为这是商王朝经营南土的一个据点的遗存，还有的学者将其与江西瑞昌市铜岭商代矿冶遗址联系起来，进而推断它们与商王朝保障铜料北运有关；另有学者认为这些铜器是商王朝某方国的遗存。

参考书目

湖北省博物馆：《1963年湖北黄陂盘龙城商代遗址的发掘》，《文物》1976年1期。

湖北省博物馆：《盘龙城商代二里冈期的青铜器》，《文物》1976年2期。

（孙　华）

Yinxu tongqi

殷墟铜器

河南安阳市殷墟遗址出土的商代铜制器具。据历史文献和殷墟甲骨文的记载，这里是从商王盘庚迁殷到纣王灭亡270年间商王朝的都城，故自西汉的司马迁起就将该遗址称作“殷墟”。历年来殷墟出土的铜器，无论是数量还是质量，均为商代铜器之冠，是商代后期商文化铜器的代表。

殷墟出土的铜器早在北宋时期就已见诸记载。北宋吕大临《考古图》中的所谓出自河亶甲城的亶甲觚、乙鼎等均应出自殷墟。《河朔访古记》称：“河亶甲城有冢一区，世传河亶甲所葬之所。宋元丰二年（1079）夏，霖雨，安阳河涨，水啮冢破，野人探其中，得古铜器。”清末殷墟甲骨文被发现和认识以后，随殷墟遗址的性质被确认，1928年～1937年，考古工作者在殷墟进行了15次考古发掘，获得包括铜器在内的大量文物。在这些铜器中，有礼器170余件、兵器1400多件，其中最重要的铜器是小屯早期铜器墓出土的铜器。抗日战争时期，盗墓之风复起，著名的司母戊大铜方鼎正是在这时被盗掘出土的。1950年后，殷墟发掘工作得以恢复并持续开展，商代铜器也不断被发现。据不完全统计，1950年～1986年共发掘出土铜礼器650件，兵器1400件，其中像殷墟妇好墓、戚家庄269号墓等出土的一批重要铜器群，将人们对殷墟乃至于整个商代后期中原地区系铜器的认识向前推进了一大步。

殷墟铜器数量众多，种类齐全，几乎包容商代所有器类。礼器有鼎、鬲、甗、簋、盂、觚、觯、觥、爵、角、斝、尊、罍、瓿、壶、卣、方彝、斗、盉、匜、盘，乐器有编“铙”和铃，兵器有钺、戚、戈、矛、大刀、镞、胄等，工具有铲、刀、斧、锛、凿、锥等，以及车马器和镜等生活用器。其中有不少属于商王室的重器，如司母戊大铜方鼎、西北冈牛鹿铜方鼎、左中右铜方盉等体量巨大，气势雄伟，制作精工的铜器，为它处所不见；而妇好铜器、戍嗣铜鼎、邲其提梁铜壶等具有明确年代信息的铜器，则成为商代铜器分期断代的重要参照物。

在众多商文化铜器中，殷墟铜器由于有甲骨文等已知信息相对照，年代相对最为明确，学术界一般将殷墟铜器作为商代后期铜器断代的标尺。对殷墟遗存进行分期断代始于邹衡的《试论殷墟文化分期》一文，该文通过对殷墟遗存的地层学及类型学分析，以陶器形态变化为主要标准将殷墟遗址分为4期7组，并将殷墟出土青铜器分配至所属期、组。以后，张长寿和杨锡璋等学者根据殷墟铜器本身的组合关系和形态、纹饰的演变，将殷墟铜器分为连续的3期。各家分期尽管存在一些差异，但对殷墟铜器的演变序列及其主要发展阶段的认识并无不同。

参考书目

李济：《记小屯出土之青铜器》，《中国考古学报》第三期，1948年。

邹衡：《试论殷墟文化分期》，《北京大学学

报》1964年4期。
中国社会科学院考古研究所编著：《殷墟青铜器》，文物出版社，1985。

（孙 华）

Yinxu Fuhaomu tongqi

殷墟妇好墓铜器

商代后期贵族妇好的墓葬中随葬的铜制器具。1976年由中国科学院考古研究所在河南安阳市殷墟妇好墓中发掘出土。妇好墓是罕见的未被盗扰、王世明确的商王室贵族墓葬，所出铜器是商代后期商文化铜器群，对于研究商文化铜器的礼器组合、分期断代等具有极其重要的作用。

共466件，另有小铜泡1组109件、玉援铜戈2件；总重量约1625千克。以礼器最多，共219件，其中190件铸有简单的记名铭文。根据这些铭文及铜器的形态和花纹，可知司母辛大铜方鼎、妇好扁足铜鼎、妇好分体铜甗和联体甗、司㚸母大方尊、司㚸母大圆尊、妇好有盖方彝和无盖方彝、妇好铜方罍、司㚸母方壶、司㚸母大圆斝等大型礼器，大多2件成对配置；妇好四棱觚、司㚸母觚、亚其觚、束泉觥、妇好平底铜爵、司㚸母爵、亚其平底爵、束泉圜底爵等小型礼器（主要是饮酒具）数量又多在10件左右。这种铜礼器的种类及数量组合状况对于探讨商人高级贵族的礼器制度很有启迪。铜礼器中有许多前所未见的精品，像司㚸母大方壶、妇好大铜方斝和妇好大型铜爵的体态高大雄奇，妇好三联铜甗、妇好双联铜方彝的造型新颖别致，以及分裆鼎、分体甗、双耳簋和司母辛四足铜匜等前所未见的新器类，均为开一代风气的铜器作品。乐器仅见编铙共5件，内壁铸有“亚弜”的铭文，是已知商文化铜铙中数量最多的一组。兵器共132件，其中像妇好大型钺、镶石曲内戈等，均为罕见的带有礼仪性质的兵器。工具共41件，值得注意的是4件双尾内卷的平刃铲，也当为用于礼仪场合而非实用的器具。此外，生活用具中的4面铜镜，数量多，制作精，对于确定这种圆饼形铜器的用途，探索中原系铜器与北方系铜器的关系也有很高的学术价值。

妇好墓铜器的记名铭文以“妇好”（少数简写作“好”）最多，约占有铭文铜器的一半。根据殷墟甲骨文记载，商王武丁的名妇好的配偶，有男子风度，曾率军队征伐反叛的方国。这个妇好的时代与铜器铭文的妇好相同，地位相似，墓中出土大量兵器也正与甲骨文中的妇好性格相吻合。因此，学者们多将妇好墓推定为武丁的配偶妇好之墓。殷墟甲骨文记述妇好死于商王武丁晚期，妇好墓铜器的年代下限自当不逾此时。在铜器铭文中，数量较多、内容较为重要的还有“司母辛”、“司㚸母”、“亚其”等。不少学者指出，“辛”当是妇好死后的庙号，这与殷墟甲骨文中商王武丁死去的配偶“妣辛”的称谓正好吻合；有的学者认为“㚸母”是妇好的字，是妇好母族对妇好的称呼；“亚其”则有可能是妇好母族的族氏名称，是商代活动于华北地区的商人重要的通婚氏族。

在已发现的商代铜器墓中，妇好墓是罕见的墓主可与殷墟甲骨文发生联系的铜器墓。属于殷墟中期的妇好墓铜器，为商文化铜器的分期断代提供了一个明确界标。

参考书目

中国社会科学院考古研究所：《殷墟妇好墓》，文物出版社，1980。

（孙 华）

Beifang Diqu Shangdai tongqi

北方地区商代铜器

商代分布于商文化分布区以北广阔地区的以浓郁北方系铜器风格为主体的铜制器具。分布区域的东端已至渤海之滨及辽河西畔，西端大致以子午岭和毛乌素沙漠为限，北界可达阴山南麓及西拉木伦河北岸，南端西部伸入陕西渭北台原边缘而东部到达海河水系的易水一带。包括陕西北部、山西西北部、内蒙古中南部及东南部、河北北部、京津地区及辽宁西部。这一区域在商代普遍出现以兽首、铃首、环首的刀、剑、匕，管銎的钺、斧、戈、刀、镞，带铃或动物造型的容器、工具和饰件等富有地方特色的铜器。对于这些铜器，学术界或称“绥远式铜器”，或称“鄂尔多斯式铜器”，或称“北方式铜器”。由于绥远、鄂尔多斯这样的地名都不足以涵盖如此广泛区域，而“式”这一概念在类型学中往往表示同类型器物的先后演变关系。所以，将该区域具有地方特色的商代铜器称之为“北方地区商代铜器”或“北方系商代铜器”应更加适宜。

北方地区地处中国东部季风区向西北内陆干旱区的过渡地带，据研究，这一地区至迟从龙山时代起，其气温、湿度、降雨就一直在缓慢地降低。大致在公元前1500年前后，该地区由相对温润的多雨期转变为干旱的少雨期。随生态环境的恶化，该地区经济和文化也发生变化，由以农业为主的经济形态转变为半农半牧或以畜牧为主的经济形态。这种巨变反映在铜器上，就是从商代前期起，这一地区各青铜文化在接收商文化先进制铜工艺和中原系铜器作风的同时，产生发展出具有共同区域地方特色的北方系铜器，并对周边文化产生不小的影响。

● **区域特色** 商代北方地区东端的辽西地区早在仰韶时代的红山文化中就出现了红铜制造工艺，其后，在内蒙古准格尔旗的二里半龙山时代遗址也发现有小铜环。不过，总的说来，北方地区早期铜器发现较少，所反映的技术工艺水平不高。夏代，西面的齐家文化因素沿着黄河向下传播，影响到河套地区一带；与之同时，南面的二里头文化等因素也渐次影响到辽西一带，这使北方地区青铜制造技术又受到西北和中原两个方向的影响。商代北方地区的铜器制造技术秉承夏代北方地区的工艺传统，在吸收中原先

进青铜冶铸工艺和西北青铜文化因素的同时，逐步形成自己的风格。在器类上，北方的容器与中原基本相同，多数铜器当由中原地区输入。短剑、战斧、刀削、箭镞和匕等兵器和工具在商代后期就已经形成鲜明的特色。短剑形如匕首，剑格如凸齿，剑首作兽首、铃首或环首。刀削一般躬背弧刃，身柄间有凸出于刃缘的齿，刀首也有兽首、铃首和环首3种。战斧一般为管銎型，斧身窄长，斧尾通常不伸出管銎之后，尾有凸钮状饰件。箭镞有实铤和銎铤两类，銎铤镞为富有北方色彩的箭镞。此外，匕的身部如窄叶，柄长而首部作兽首状；勺的柄上多饰立兽，均富有特色。

● 分期与分区 北方地区自新石器时代起就形成东、西两个文化区，构成不同的传统。尽管商代北方地区在青铜器方面已经具有相当大的共性，出现富有特色的北方系铜器，但由于传统的影响，北方地区铜器如同该地区的青铜文化一样，还是可以分为东、西两个区域。这两个区域大致可以山西大同——太原——临汾间的连线作为分界。北方东区的商代铜器主要属于夏家店下层文化晚期、魏营子文化和张家园文化的早期，此外还有一些殷墟早中期前后的不能确定文化归属的铜器。该区铜容器的形制与中原相同，组合却有一定的规律，啄形戈、下端作喇叭首的铜耳饰等不见于西区。北方西区的商代铜器基本上均可归属于朱开沟文化铜器之中，其容器组合无规律，阔刃卷缘的管銎钺、柄部装饰立体动物造型的斗、弓形头饰件和下部呈靴形的耳饰等都不见于东区。

商代北方地区铜器可以分为早晚两期。早期相当于中原商文化的二里冈期至殷墟早期前后。这时北方地区各文化的铜器受商文化的影响很深，出土铜器一般都与商文化相同或相似，虽已有像朱开沟文化铜短剑和銎铤镞等北方系铜器出现，但北方系铜器的群体风格尚未形成。晚期相当于商文化的殷墟中晚期。这时期的北方地区在继续吸收中原商文化铜器的基础上，已经开始形成自己独特的北方系铜器风格，管銎军斧、齿状格短剑、躬背刀削以及伴随着这些铜器的带铃和立兽的装饰，已经扩散至整个北方地区并影响到周邻地区。在这早晚两期之间的前后，由于北方地区的自然和文化背景发生较大变化，以及商王朝政治中心迁往河南安阳市殷墟的影响，中原系铜礼器一度曾在北方地区得到广泛的传布，最北分布点已经达到北方东区的西拉木伦河畔。内蒙古翁牛特旗出土的铜鼎和甗，赤峰市西牛波罗和克什克腾旗天宝同出土的铜甗及北京平谷县刘家河墓葬中出土的与商文化基本相同的铜器群，均说明这一问题。

● 研究状况 北方地区商代铜器的研究始于20世纪30年代以后。当时，通过对商王朝后期都城安阳殷墟发掘出土铜器的初步研究，人们对商文化铜器的文化特质已有一定的认识；而在中国境外的俄罗斯南西伯利亚等地区，考古学家对卡拉苏克（Karasuk）文化铜器和塞伊马（Seima）墓地铜器的风格也有所了解。因此，当在绥远一带征集到一批与商文化典型铜器风格有别、而与之相同或相似的文化因素又见于域外青铜文化铜器之外的北方地区铜器时，一些学者就将之分别与商文化及域外青铜文化同类铜器进行比较研究，对其年代、源流作出种种推测。如日本的水野清一、江上波夫提出，它们的年代相当于卡拉苏克文化的偏晚阶段，发源于俄国黑海之滨的斯基泰，由西向东经由卡拉苏克文化传播影响至中国北方地区；而瑞典学者高本汉则认为，这种铜器作风起源于商文化中，以后通过北方地区渐次传播到俄国叶尼塞河的卡拉苏克文化和斯基泰文化。由于当时的北方系铜器均为征集品，缺乏明确出土地点和共存关系的发掘品，故这些看法只是一种猜想，缺乏实证。以后原苏联的C.B.吉谢列夫与中国一些学者在对北方系铜器的起源及传播等问题上的不同认识，实际上只是前两种观点的推衍，证据仍不充分。随着北方地区田野发掘资料的增加和中原青铜文化分期编年研究的进展，尤其是内蒙古伊金霍洛旗朱开沟遗址的发掘和研究，使人们对北方地区铜器的研究有了可凭借的时空框架。在此基础上，林沄、乌恩、田广金等学者就其起源和发展、区域特征、分期与分区、文化及国族、与中原系铜器及其他邻近地区青铜文化铜器的关系等问题进行了深入的探讨。包括鄂尔多斯高原在内的晋陕高原地区，是商代北方地区铜器最重要的起源地，这已基本成为学术界的共识。

参考书目

乌恩：《殷至周初的北方青铜器》，《考古学报》1985年2期。

林沄：《商文化青铜器与北方地区青铜器关系之再研究》，《考古学文化论集》（一），文物出版社，1989。

（孙 华）

Zhukaigou wenhua tongqi

朱开沟文化铜器

商代分布于内蒙古中南部、陕西北部、山西西北部的以内蒙古伊金霍洛旗朱开沟遗址为代表的考古学文化的铜制器具。在这个时空范围内既出土有与中原地区同时期青铜文化相同的铜器，又出土有具有鲜明北方地区地方特色的铜器。朱开沟文化是商代大北方地区出土铜器最多的青铜文化，其具有文化特色的铜器是中国北方地区铜器的重要源头和北方地区商代铜器的重要代表。

通常认为，朱开沟文化分布于内蒙古中南部及其附近地区，年代范围限定在商代前期前后。但根据在陕北调查发现的朱开沟文化的典型陶器，以及在更南边关中地区一些遗址中发掘出的类似朱开沟文化因素的遗物，朱开沟文化的分布范围应当包括陕北及晋西的部分地区，其年代下限应在商代后期甚至西周早期。陕北地区商代后期的朱开沟文化遗存，有的学者将其另行命名为"李家崖文化"。出土遗物中有许多证据可以表明，所谓"李家崖文化"对朱开沟文化有着继承关系，是同一文化的两个发展阶段。古环境的研究表明，距今约3500年～3000年即早商偏晚至商末西周初时，内蒙古中南部地区环境急剧恶化，年平均温度降低，降水量锐减，绝大多数在湿润气候下固定的河丘（地）活化，可能随环境恶化还伴随着大量的人口向环境适宜生存的东部和南部地区迁移，使得朱开沟文化的分布中心逐渐南移，故北方系铜器在商代后期的陕北和晋西北一带有较大的发展。

● 发现与认识 朱开沟文化是20世纪80年代才被识别和确定的青铜文化，但其铜器的出土和著录却可追溯到30年代。1938年在山西石楼县下庄峁就出土过铜器。那时一些国外学者在中国收集北方系青铜器并加以著录，其中也包括朱开沟文化的铜器。对朱开沟文化铜器的发现与研究主要是在中华人民共和国成立后，大量埋藏于地下的铜器被发现和发掘出来。出土有成批铜器的地点就有陕西绥德县墕头村、后任家沟和薛家渠，延川县刘家塬、用斗村和去头村，清涧县张家坬、解家沟和寺墕，延长县张兰坡，子长县李家塌，山西石楼县二郎坡、后兰家沟、桃花庄、琵琶塬、肖家塌、南沟村、褚家峪、郝家畔、疙垛坪和曹家垣，忻县羊圈坡和牛子坪，永和县下辛角，柳林县高红，保德县林遮峪，吉县上东村，隰县庞村，右玉县大川等。这些铜器均有明确的出土地点，共存关系清楚，使人们对它们的年代分期及文化构成有了较清楚的认识。尤其重要的是，20世纪70年代以来内蒙古伊金霍洛旗朱开沟遗址发掘出土的早商时期典型的中原系铜器及北方系铜器，这些连同在鄂尔多斯地区收集的同时期的标准北方系青铜器，不仅加深了对北方系铜器的总体认识，分辨出具有朱开沟文化自身特色的铜器，而且对追寻北方系铜器的渊源和了解朱开沟文化与同时期周边青铜文化的关系有了很大的帮助。这些出土铜器证明，内蒙古中南部应是北方系铜器的重要起源地之一。

● 器类与器形 朱开沟文化铜器多成群出土，埋藏方式以墓葬为最多，只有少许可能出自窖藏。铜器群既有兼有容器、兵器和工具的，也有的只有兵器、工具或只有一件容器。容器中的食器有鼎、甗、簋、豆，酒器有觚、爵、斝、尊、罍、瓿、壶（卣）、觥、斗，水器有盘。每个器物群中的器类以1件最为常见，2件的有鼎、簋等不多几种，3件以上者只有铜觚。这些铜容器的形态和纹饰基本上与商文化相同，只有饰直纹的高足无耳簋、保德县林遮峪的带铃豆、蛇首匕、高足盘，以及柄上和柄端铸有立体动物的斗等，具有较浓郁的地方色彩。除与商文化相似的铜钺、戈、大刀外，兵器中还有典型的北方系管銎军斧，铃首、兽首或环首的齿状格短剑，以及主要见于朱开沟文化的管銎钺、銎铤桃叶形镞、扁铤带翼镞等。工具中铃首、兽首或环首的刀削，各种带铃的饰件，也颇具北方系铜器的特色。已知乐器极少，仅在石楼县曹家垣发现1件带铃铎，这种铜乐器不见于商文化中，带铃的作风又在朱开沟文化中颇为流行，当为其自身的铜乐器。

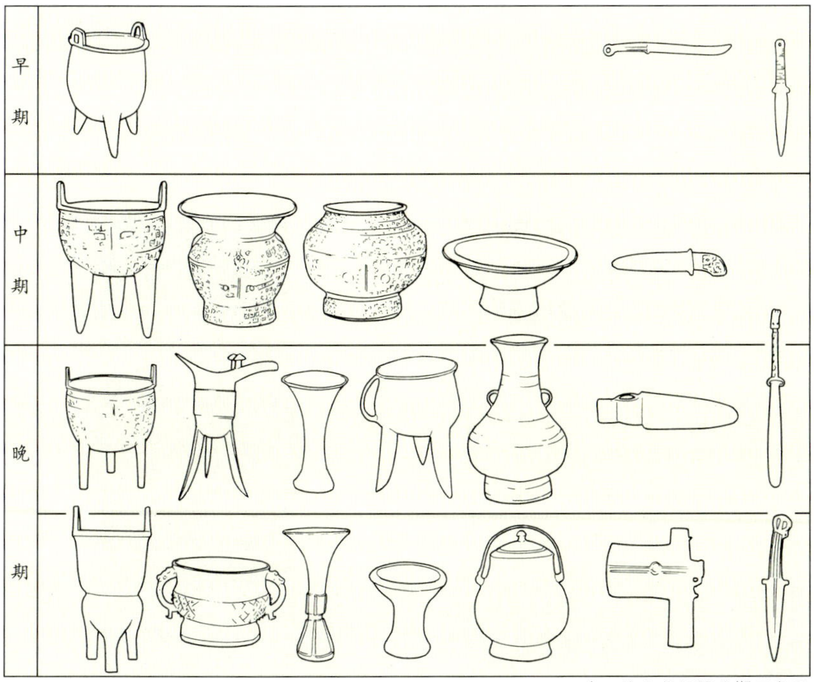

朱开沟文化铜器分期示意图

● 分期及年代 明显可以殷墟早期上下限为界分为早、中、晚3期：①早期，年代相当于商文化二里冈上层期及稍后。以朱开沟遗址5028号灰坑、1040号墓等出土铜器为代表。前者出土鼎2、爵1、戈1、刀2，后者出土戈1、剑1、刀1、圆牌1。器类较少，容器及戈均为商文化二里冈期的典型器类，具有北方系特色的只有双齿状格的环首直刃短剑和圆饰牌等不多几件。②中期，相当于商文化的殷墟早期。典型铜器群有山西石楼县桃花庄铜器群、后兰家沟铜器群、陕西清涧县张家坬铜器群等。器类增加，容器有鼎、簋、觚、爵、斝、壶、觥、盘等。在陕北、晋西及晋北只发现有商式铜器，包括锥足鼎、圈足有镂孔的粗体觚、圈足有镂孔肩微折的瓿、圈足有镂孔的高足盘、直内或曲内的长援戈，表明商文化对该地区有着较强的影响。在内蒙古中南部除发现有商式的鼎、爵、戈、锥外，还有北方式青铜器。在北方系铜器中，直柄环首剑、环首翘头刀、銎铤桃叶形镞、扁铤带翼镞等不见于同时期其他地区，应为代表朱开沟文化特色的铜器。在朱开沟遗址还发现有鍪和耳环。③晚期，相当于

商文化的殷墟中晚期。陕北、晋西及晋北的铜器构成比较复杂，有商式铜器，有经过地方改造的商式铜器，有源于先周文化的铜器，有源于卡拉苏克文化的铜器，还有北方式青铜器。商式铜器主要有鼎、方鼎、簋、甗、匕、觚、爵、斝、瓿、折肩尊、提梁壶、罍、贯耳壶、铃、直内戈和曲内戈、直内钺、窄翼圆铤镞等。这些商式铜器绝大多数的时代在殷墟中期左右，应该与武丁时商王朝和西北方国族的战争有关，应是战争掠夺的反映。经过地方改造的商式铜器有腹饰S形云纹的圆鼎、腹饰以连珠纹为边栏的直线纹高圈足簋、带铃豆、细腰带铃觚、似商式扁壶的提梁壶、侈口细颈的双环耳壶、长直颈带盖鼓腹壶、龙纹觥、柄首饰蛇蛙圆雕的勺、夔龙纹高足浅腹盘、铎形器、翘两角的銎柄钺，这些铜器既有与商式同类铜器相同之处，也有较明显的异于标准商式铜器之处。源于先周文化的铜器有平折沿斜直圈足乳钉纹簋、圈足下部外撇切地处呈直角的簋、窄翼上有镂孔的镞，它们反映出先周文化对该地区的影响。源于卡拉苏克文化的铜器只有双环首刀，说明不仅中国北方式青铜器曾大量影响到卡拉苏克文化，卡拉苏克文化的一些因素也影响到中国。在北方式青铜器中，除兽首刀、环首刀、饰阳纹的锛等普遍见于北方地区外，还有一些不见或少见于北方地区其他区域，如蛇首匕首、镂孔多见于4个的铃首剑、管銎两端出身的钺、三銎大刀、带钮盔、环首中分为二的刀、蛇首带环扣的匕、扁柄上有立雕的匕、蛇首饰立雕柄的勺、梳、靴形器、弓形饰等。不见或少见于北方地区其他区域的这些铜器，集中体现出朱开沟文化晚商阶段的铜器特色。这时内蒙古中南部地区的铜器发现很少，应与朱开沟文化重心南移有关，所发现的铜器中只有北方式青铜器，除龙首匕首和斧不见于它处外，管銎两端出身的钺、曲柄剑、铃首锥与晋陕交界黄河两岸地区所出同类器接近，匕柄带环扣的作风与陕北、晋西所出一些剑、刀带环扣的作风一致。从这些具有地方特色的铜器来看，内蒙古中南部和陕北、晋西及晋北有着十分密切的联系。

● **国族及相关问题**　朱开沟文化是中国北方地区出土大件铜容器最多的青铜文化。其铜器的时空分布状况及组合情况使学术界对该文化拥有如此众多铜器的原因、青铜文化中心的转移等问题提出许多很有意义的推测；更多的学者主要着眼于通过该文化的分布与殷墟甲骨文所记载的古族位置间的关系来推测该文化的族属。朱开沟文化早期铜器只发现于内蒙古河套地区的朱开沟遗址，在该遗址中有以单纯商文化因素的铜戈、陶豆和陶簋为随葬品的墓葬，当时商人的势力是否曾一度远上河套一带，这是一个饶有趣味的问题。根据对殷墟甲骨文反映的商代地理的研究，商代后期的晋陕黄河两岸（或可远至内蒙古中部）是鬼方、邛方等的居地，山西东北与内蒙古、河北交界一带是土方的居地。朱开沟文化中具有地方特色的北方式青铜器所属的国族是不单纯的复合体，至少应包括上面的国族或其一部分。

参考书目

田广金、郭素新：《鄂尔多斯式青铜器》，文物出版社，1986。

李伯谦：《从灵石旌介商墓的发现看晋陕高原青铜文化的归属》，《北京大学学报》1982年2期。

（李海荣　孙　华）

Taohuazhuang gaozu wu'er tonggui

桃花庄高足无耳铜簋

商代后期朱开沟文化的铜制食器。年代相当于商文化铜器分期的第四期，即殷墟中期。1959年出土于山西石楼县桃花庄的一座墓葬中。现藏于山西省博物馆。

口径33.2厘米、通高27.3厘米。无耳敞口型，直口，斜折沿较宽，深腹，圜底，下接较高的圈足，足上端设3个方形镂孔。在腹壁中部及圈足下部各施细密的直棱纹一周，纹带上下镶以连珠纹。

桃花庄高足无耳铜簋

该簋沿宽而足高，直棱纹细密如线，这些均十分别致而颇具地方特色。与之形制、纹饰相同的铜簋在邻近的山西清涧县张家坬也出土一件，不再见于其他地区和其他文化，应当为晋陕高原地区本地所铸制。这种形制的簋虽为商文化所无，但所饰方形镂孔和连珠纹却为商文化铜器固有的装饰手法，应视为仿商式的铜礼器。它反映出商文化对朱开沟文化的影响和两种文化的融合情况。

（李海荣）

Taohuazhuang shuangshoumian tiliang tonghu

桃花庄双兽面提梁铜壶

桃花庄双兽面提梁铜壶

商代后期朱开沟文化的铜制酒

器。在商文化铜器分期中属第四期，即殷墟中期。1959年出土于山西石楼县桃花庄的一座墓葬中。现藏于山西省博物馆。

口长径17.5厘米、高42厘米，重4.6千克。平面呈椭圆形，深垂腹，圈足，兽头提梁。腹上部饰以云雷纹为地的倒兽面纹，腹下部饰以云雷纹为地的蝉纹和“U”字纹，圈足上饰云雷纹。

该壶形似商式扁壶，但带有提梁，应为仿商式的礼器。壶的装饰纹样也颇具特点，主纹倒置，两面兽面纹的嘴唇正好合成壶口；壶的较宽的腹部正好安排兽面纹的额、角部分，使得壶上纹饰简洁明快。

（李海荣 孙 华）

Taohuazhuang longwen tonggong

桃花庄龙纹铜觥

商代后期朱开沟文化的铜制酒器。在商文化铜器分期中属第五期，即殷墟晚期。1959年出土于山西石楼县桃花庄的一座墓葬中。现藏于山西省博物馆。

桃花庄龙纹铜觥

长24.1厘米、宽18.8厘米。觥首作龙头形，龙首昂起，露齿、柱状角。背部有盖，盖部中间设蘑菇状钮。器底有圈足，钮帽饰涡纹；盖面作龙的躯体，龙的两侧衬以涡纹和云雷纹；器侧饰鼍纹及首向后端的龙纹；圈足饰目雷纹。

该觥器形奇异，在青铜器中尚属孤例。器体上所饰柱状角，云雷纹、圆涡纹是商文化铜器的常见纹饰，但形制在商文化铜器中不见。它可能为当地所铸，反映出商文化铸铜工艺对晋陕高原土著文化的影响，代表了朱开沟文化制铜工艺的水平。

（李海荣）

Zhangjiagua gui-yuwen gaozu tongpan

张家坬龟鱼纹高足铜盘

商代前期朱开沟文化的铜制水器。在商文化铜器分期中属第三期，即殷墟早期。1964年出土于陕西清涧县张家坬一窖藏坑中。现藏于清涧县文物管理所。

张家坬龟鱼纹高足铜盘

口径42厘米、高17.6厘米，重4.5千克。折沿宽平加厚，高圈足，圈足上施3个十字镂孔。盘外壁饰带状云雷纹一周。内底中心饰一龟，内壁饰3尾游鱼。整体造型美观，工艺精致。

与该盘造型和纹饰相似的盘在《殷周青铜器通论》等书中都曾有著录。另在河南安阳市殷墟、平谷县刘家河、陕西清涧县寺墕中都有出土。从总体特征来看，该盘与商文化殷墟早期铜盘类似；从纹饰内容来看，盘是水器，饰以龟、鱼等水生动物是商文化铜盘常见的作法；但从纹饰风格来看，主体纹饰以粗犷的阴线条来表示则罕见于商文化而多见于北部边区。

（李海荣）

Yantoucun sheshou tongbi

墕头村蛇首铜匕

商代后期朱开沟文化的铜制食器。年代相当于商文化铜器分期中第五期，即殷墟晚期。1965年出土于陕西绥德县墕头村一窖藏中。现藏于陕西历史博物馆。

墕头村蛇首铜匕

长36厘米、宽3.5厘米。形如短剑，匕身呈长舌状，前阔后窄，有中脊，身柄间有前卷的对卷云纹格，后接蛇首柄，柄饰镂空叶脉纹，蛇舌可以活动。

与之类似的铜匕还出土于山西石楼县后兰家沟、褚家峪、义牒，清涧县寺墕等地，出土地比较集中而不见于其他地区，带有浓厚的北方地区文化特色，为朱开沟文化特有的铜器。该匕保存较好，是其中的代表作。

（李海荣）

Yongdoucun yangshou tongbi

用斗村羊首铜匕

商代后期朱开沟文化的铜制食器。1987年出土于陕西延川县用斗村一座朱开沟文化的墓葬中。现藏于延安地区文物管理委员会。

用斗村羊首铜匕

通长27厘米、宽3.5厘米。柄部略窄，柄端铸一弯曲角羊首。匕前端有一凹槽，圆弧刃。柄正面铸一立虎，虎前铸一踞坐的人。匕背部刻划有“X”符号，并饰2排各7枚乳钉纹。该匕整体设计巧妙独特，制作精工，是青铜匕中的珍品。

与之相似的铜匕在石楼县桃花庄也出土一件。从整体风格看，该匕具有浓厚的北方地区文化特色，应是当地所铸的具有独特风格的器物。

（李海荣）

Houlanjiagou waxing tongshao

后兰家沟蛙形铜勺

商代后期朱开沟文化的铜制酒器。1957年出土于山西石楼县后兰家沟。现藏于山西省博物馆。

后兰家沟蛙形铜勺

勺径4.8厘米、通长17厘米。长柄，深勺。柄首作蛙形，两侧各饰一蛇。勺外壁饰兽面纹，柄饰夔纹、雷纹。整体设计巧妙，制作精工。它所饰的兽面纹、夔纹、雷纹受到商文化的影响，但总体特征仍表现为北方地区文化的风格，这反映出商文化渗透到当地后与土著文化的融合情况。（李海荣）

Caojiayuan dailing tongduo

曹家垣带铃铜铎

商代后期朱开沟文化的铜制乐器。年代相当于商文化铜器分期中的第四期，即殷墟中期。1975年出土于山西石楼县曹家垣一座墓葬中。现藏于山西省博物馆。

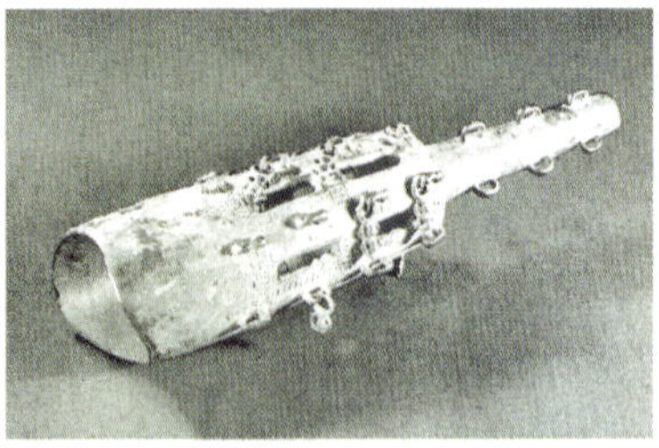

曹家垣带铃铜铎

通高29厘米、柄高11厘米、柄径6厘米。形如钟而细长，口微内弧，长甬。甬部设桥形钮3组，每组3个。钲部施2层整齐的长方形镂孔，其间有4组桥形钮，有的钮穿挂有小铃。钲部饰以细密的云雷纹。从整体形态分析，它显然不是用桴敲击的钟，而是振动发声的铎。

该铎铎身镂孔，铎柄和铎身布列小钮，钮上还带铃，这些做法都不见于中原商文化及其他文化。根据带铃器是朱开沟文化铜器中习见的现象分析，该铎当为朱开沟文化自身别致的铜制乐器。（孙 华）

Yulin guanqiong tongyue

榆林管銎铜钺

商代末期朱开沟文化的铜制兵器。年代相当于商文化铜器分期中的第五期，即殷墟晚期。传出土于陕西榆林县，由北京市文物管理处在来自榆林的废铜中捡选出。现藏于首都博物馆。

榆林管銎铜钺

通长18厘米、宽14厘米。钺身设3圆孔，阔刃，刃角外侈反卷。管状銎，銎的断面呈椭圆形，且上小下大，銎上有4道突起的箍状横带。銎背正中有一瓜形铃，上下各一曲背立兽。箍上下缘饰细点纹，中部2道箍上还施有长方形孔。箍间饰以直线纹、锯齿纹。整体形制与装饰风格具有浓厚的北方地区特色。

与该钺形制、装饰类似的铜钺，在北宋《博古图》、清《西清古鉴》及《欧米蒐储支那古铜精华》、《双剑誃殷契骈枝续编》中均有著录。于省吾认为这类铜钺为甲骨文中"岁"字构形所本。（李海荣）

Xibei Diqu Shangdai tongqi

西北地区商代铜器

商王朝统治时期前后分布于西北甘肃、青海和新疆部分地区的诸考古学文化的铜制器具。这一地区的青铜冶铸工艺在龙山时代和夏代曾经与中原地区并驾齐驱，但到商代，该地区的铜器冶铸业明显落后于中原地区，发现的铜器数量不多，工艺水平不高，区域特征不显著，表明西北地区商代青铜文化从此进入一个新的历史时期。

● **文化背景** 据历史自然地理和环境考古的研究结果，西北地区温暖湿润的气候环境一直持续到公元前1500年前后，此后，西北地区的气候变得寒冷干燥，古遗址的分布范围较以前缩小，遗址离河高度较以前有大幅度下降，先前发达的农业经济迅速衰落。这反映在考古学文化上，就是先前分布范围广大的文化不再存在，出现一些分布范围较小的青铜文化。在甘肃东部的洮河、大夏河流域和青海东部的湟水下游分布着辛店文化；在辛店文化以东甘肃东南部的洮河、渭河和泾河上游，商代后期以后出现寺洼文化；在辛店文化以西的青海湟水流域和黄河上游沿岸则诞生卡约文化。此外在新疆东部的哈密盆地，商代前后还分布着焉不拉克文化。典型的辛店文化、典型的卡约文化和焉不拉克文化主要存在于商代前后，而寺洼文化则主要繁盛于西周前后。这些文化均制造和使用了一定数量的青铜器。由于地理位置制约所导致的文化结构的不同，西北地区商代各青铜文化铜器的风格也有所不同：寺洼文化靠近周人故地关中地区，其初期与商代后期的周文化（或称先周文化）年代相当，故其铜器颇有同时期周文化铜器色彩；卡约文化与中原系青铜文化区

不接壤，其位置正好处在北方半月形文化传播带西段，故其铜器有浓厚的北方系铜器的风格；焉不拉克文化远在新疆东部地区，文化因素比较复杂，区域特征更加鲜明。

● 研究状况 西北地区是中国最早开展考古工作的地区之一。1923年～1924年，瑞典学者J.G.安特生就在甘肃、青海一带进行考古发掘和调查工作，在他发掘和征集的器物中就有一些小件铜器。根据这些铜器，安特生将他首次分辨并命名的辛店文化和寺洼文化推定为青铜时代的遗存。1959年，安志敏等又将分布在青海湟水流域的以卡约遗址为代表的遗存从寺洼文化中分别出来，另行命名为卡约文化。1986年，新疆东部哈密盆地的青铜文化遗存被正式命名为焉不拉克文化。至此，商代西北地区的几支主要的青铜文化都已被辨识出来。由于西北地区青铜文化分布范围一般都不很大，文化面貌又错综复杂，多年来学术界对这些文化内涵和外延的界定、各文化的分期及年代、文化间的彼此关系及该地区总体文化谱系等问题，一直有着不同的看法。但对于这些文化的铜器却很少有人作专门的研究。

● 区域特色 商代西北地区的文化结构是以本地区的文化传统为主，又有相当比例的北方地区和中原地区的文化因素，使得该地区铜器的内容也变得复杂起来，呈现出纷繁多样的风格。这与西北地区夏代铜器的情况显然不同。其中既有本地区固有的铜器，如削刀、管饰、铜镜（甘肃平凉征集的光芒纹镜）等；也有北方系风格的铜器，如青海大通县下治泉管銎戈、銎柄军斧，湟中县潘家梁管銎七孔铜钺，都兰县诺木洪五孔管銎钺，新疆哈密市花园乡兽首刀、环首刀和銎铤镞等；还有属于中原系的青海西宁市郊鲍家寨分裆铜鬲，甘肃庄浪县徐家碾三角援戈、双翼镞等。从总体风格来看，商代西北地区诸文化的铜器已呈现分化的趋势，东部陇东地区及甘青邻近地带，其铜器逐渐带有东面商、周文化铜器的色彩；而西部的青海湖区及河西走廊以东地带，北方青铜文化系统的铜器作风已经强烈地影响着这一地区，使得管銎军斧、管銎钺、兽首或环首刀等典型的北方系铜器也在西部诸文化中出土。

● 分期及相关问题 西北地区已发现的商代铜器大致可以商代前后期之际为界分为两期：早期铜器较少，几乎均为西北地区传统的小工具和饰件；晚期铜器显著增多，尤其是在商代后期偏晚阶段，北方系铜器在这一地区广泛流行，中原系“先周文化”风格的铜器也出现在该区东部地区。

西北地区在历史上主要是氐羌族系活动的舞台，直至东汉时期还存在氐羌族系的诸多群落。夏鼐在1945年就根据寺洼文化中有火葬的现象，推断该文化的族属应为氐羌。此后，卡约文化、辛店文化也大都被认为是氐羌遗存。除焉不拉克文化族属不明外，可以肯定，其余诸文化及其铜器都应与氐羌有关。

参考书目

俞伟超：《关于“卡约文化”和“唐汪文化”的新认识》，《先秦两汉考古学论集》，文物出版社，1985。

南玉泉：《辛店文化序列及其与卡约、寺洼文化的关系》，《考古类型学的理论与实践》，文物出版社，1989。

（孙　华）

Xindian wenhua tongqi

辛店文化铜器

商代及西周前期以甘肃黄河上游的洮河、大夏河流域为中心的青铜文化的铜制器具。该文化的分布范围西起湟水下游的青海民河、乐都县一带，东至甘肃甘谷县以上的渭河上游，北达永登、榆中县一线，南到洮河中游的乐康，出土青铜器数量不多，特征也不够鲜明。

● 发现与认识 早在20世纪20年代，瑞典学者J.G.安特生就曾发现有辛店文化的铜器。1958年～1959年在甘肃永靖县张家嘴遗址清理出辛店文化的铜器及炼铜铜渣，既反映出辛店文化拥有自己的青铜制作业，铜器中铜容器残片还说明其青铜制作技术已达到一定水平；同时在永靖县莲花台遗址的瓦渣嘴和黑头嘴两个地点发掘出的刀、匕、锥、扣等9件铜器，则对认识该文化铜器的文化因素有所帮助。1984年甘肃临夏县莲花台遗址的辛店文化墓葬中还出土2件铜扣和14件铜管，增添了辛店文化铜器的内容。

● 材质与工艺 基本上均以青铜制成。经理化分析，皆为铜、锡、铅或铜、铅、锡合金，而以前者为多。永靖县莲花台遗址出土的一件铜锥的合金成份经定量分析，含铜81.25%、含锡9.56%、含铅3.3%，属含锡量不很高的锡铅青铜。铜器均范铸成型，目前尚不能确定使用的范是陶范还是石范。据永靖张家嘴遗址已出土的铜容器残片等分析，辛店文化应当具有制造包括容器在内的比较复杂铜器的技术。从已发现的辛店文化铜器的材料看，属于辛店文化晚期的张家嘴遗址出土的铜容器残片反映的工艺水平最高，不过，已知铜器数量不多，其面貌很可能尚未完全揭示出来。尽管考古界对辛店文化的发展进程已基本形成从山家头期到姬家川期再到张家嘴期的共识，但较晚的铜容器残片是否就反映了辛店文化铜器制造技术由低到高的发展进程，还难以形成结论。

● 器类及特征 已知铜器种类不多，除不明器形的铜容器残片和1件铜矛（?）外，其他均为小件工具及饰件。器类有刀、匕、锥、扣、管几种，特色相对缺乏。张家嘴铜矛（?）身部与銎部均很宽短，叶刃斜直伸出后锋，形如双翼镞；黑头嘴铜刀身部与柄部长度相当，弧背翘首，前窄后阔，柄首下垂，似有兽首的意味。它们的形制较为别致。

辛店文化通常被分为具有时间先后的3个类型,即山家头类型、姬家川类型和张家嘴类型。这些类型铜器间的异同，限于材料，尚难以分别。

（孙　华）

Kayue wenhua tongqi

卡约文化铜器

商代前后分布于青海境内黄河上游沿岸地区及其支流湟水流域的青铜文化的铜制器具。该文化因首先发现于青海湟中县卡约村而得名，是青海境内自齐家文化以后最主要的一支青铜文化，其铜器在同时期甘青地区诸青铜文化占有重要地位。

● **发现与认识** 1923年～1924年，瑞典学者J.G.安特生首次在青海湟中县朱家寨（今属西宁市）、卡约村、下西河等地调查和发掘时，就已有卡约文化的小件铜器出土。20世纪50年代后期卡约文化从寺洼文化中分离出来单独命名时，该文化属于青铜文化早已成为学术界的共识。不过，对该文化铜器的认识主要还是在70年代中期以后，通过对青海大通县上孙家寨、循化县阿哈特拉山、湟中县下西河潘家梁等遗址和墓葬的发掘，大大丰富了卡约文化铜器的内容。其中湟中县潘家梁、大通县下治泉、循化县阿哈特拉和都兰县诺木洪等地出土的带有浓厚北方系风格的铜兵器，表明了商代后期北方地区的朱开沟文化对西北卡约文化的渗透和影响。尽管已知卡约文化铜器均为兵器、工具和饰件，缺乏大件容器，但从铜器数量、普及程度，以及像潘家梁管銎七孔铜钺等复杂的铜器，仍可看出卡约文化铜器铸造的技术水平并非很低。只是由于这些卡约文化的材料绝大多数都尚未整理公布，年代分期问题尚未完全解决。对于卡约文化铜器的发生、发展及演变的进程，还有待于进一步研究。

● **器类与器形** 已知铜器数量较多，且主要为青铜铸件。大件容器仅在西宁市鲍家寨发现1件年代为殷墟早期的铜鬲（见鲍家寨分裆铜鬲）。小件铜器主要为兵器，另有一些工具和饰件。兵器和工具制作较精，形状规整，包括斧、钺、戈、矛、刀、镞等，而以军斧和钺最具特色。同仁县扎毛管銎斧等军斧，它们均有椭圆或扁圆形管銎，整体形态如角尺状，与山西石楼县曹家垣管銎军斧相似。其中扎毛管銎斧斧身下与管銎间有斜撑，管銎后方并列3个重圆饰件，非常别致。铜钺有管銎和穿内两类，均有宽大的钺身，身上有多个大圆穿，是卡约文化中具有浓郁北方系铜器特色的兵器。潘家梁管銎七孔铜钺、诺木洪五孔钺等管銎钺，管銎甚长，钺身如半月，相同的铜钺亦见于陕西淳化县黑豆嘴等地；循化阿哈特拉七孔钺等穿内钺，钺身极宽，刃角后卷，钺身形态与榆林管銎铜钺相似。这些兵器的装饰均很简单，除饰旋纹、三角纹外，管銎军斧上仿照绳索铸成的箍带纹，比较独特。

● **年代及相关问题** 卡约文化泛指青海境内从齐家文化以后到东汉以前的青铜文化。其延续时间绵长，文化面貌从陶器形制来看，既有共同的因素，也有明显的差异。有的学者因此将卡约文化分为卡约和上孙两个类型，认为其年代与辛店文化相当但延续时间较久。随着阿哈特拉墓地的发掘，又有学者提出上孙类型和阿哈特拉类型是卡约文化的两个时代相同、地域相异的并存的区域类型。以后又有学者将卡约文化细分为卡约、上孙、阿哈特拉、大华中庄4个类型，并提出卡约类型→上孙·阿哈特拉类型→大华中庄类型的发展顺序，它们分别代表卡约文化的3个发展阶段的观点，这使得该文化的面貌更趋庞杂，以致于通常所谓的卡约文化成为夏代以后直到东汉青海河湟地区所有青铜文化遗存的统称。因此，俞伟超等建议将西周至战国时期的“唐汪期”遗存从卡约文化中分离出来单另命名为唐汪文化，并将卡约文化的年代范围限制在夏代后期至商、西周之际。已公布的卡约文化铜器，除鲍家寨分裆铜鬲外，其他均集中在商代后期，尤其是商末、西周初。值得注意的是，商、西周之际的铜器表现出浓厚的北方系铜器的风格，反映出这一时期北方晋陕高原的古族与西北青海高原古族间的密切关系。

参考书目

俞伟超：《关于“卡约文化”和“唐汪文化”的新认识》，《先秦两汉考古学论集》，文物出版社，1985。

高东陆：《略论卡约文化》，《考古学文化论集》（三），文物出版社，1993。

（孙 华）

Baojiazhai fendang tongli

鲍家寨分裆铜鬲

商代前期卡约文化的铜制食器。年代相当于商文化铜器分期中的第三期，即殷墟早期。1963年出土于青海西宁市大堡子乡鲍家寨西山根一座卡约文化墓葬中。现藏于青海省文物考古研究所。

鲍家寨分裆铜鬲

口径12厘米、通高14.3厘米。属分裆锥足型，耳、足平面呈五点式配列，半圆形立耳，侈口，卷沿，颈部微束，腹部下鼓，锥足外撇。器表在颈部饰2道旋纹，裆外饰人字形弦纹。在鬲的裆脊保留有明显的纵向范缝痕，可知其采用3块外范铸造而成，且铸成后未使用很长时间。

该鬲为商代中原地区常见的形制，却出土于卡约文化中，具有非同一般的意义。它是已知卡约文化惟一的铜鬲，也是迄今出土地点最靠西的商代中原系铜容器。该鬲的年代通常被认为是二里冈上层期，从鬲的耳、足已呈五点配列等方面看，应当略晚。此类器在卡约文化的遗址和墓葬现已发现不少，但关于该文化的年代分期问题尚未能解决。该鬲的发现为这一问题的解决提供了重要线索。（孙 华）

Panjialiang guanqiong qikong tongyue

潘家梁管銎七孔铜钺

商代后期卡约文化的铜制兵器。1983年由青海省文物考古研究所在湟中县下西河的潘家梁一墓葬中发掘出土。现藏于青海省文物考古研究所。

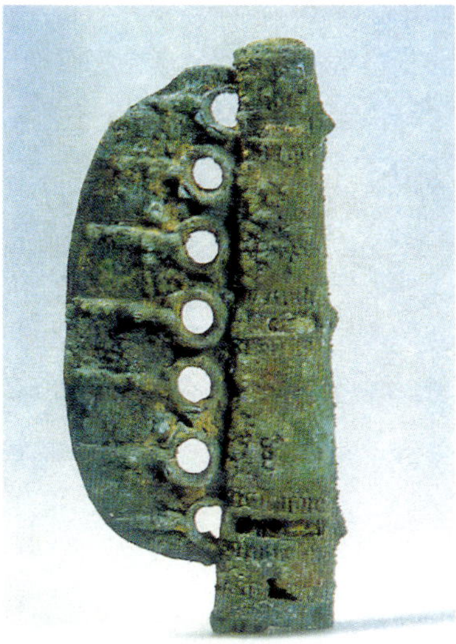

潘家梁管銎七孔铜钺

通长10厘米、宽8.8厘米。属长刃多孔型，以上小下大的扁圆形管銎纳柲，管銎上有3组6道象征捆缚钺身绳索的纹样，每组绳索纹间施一长方形镂孔。銎的一侧为近似半月形的钺身，钺身靠管銎处有7个凸缘圆孔，每个圆孔各出一条凸棱至刃部。

长刃多孔钺是商、西周时期流行于陕北高原及青海高原青铜文化中的铜钺形式，其刃部两端多伸出内卷。像该钺这样弧刃向管銎两端渐收的，仅见于陕西淳化县黑豆嘴等处，较为少见。它反映出商代末期及西周初期北方地区青铜文化对西北地区青铜文化的影响。

（孙　华）

Yanbulake wenhua tongqi

焉不拉克文化铜器

商代分布于新疆东部哈密盆地的以哈密县三堡乡焉不拉克遗址为代表的青铜文化的铜制器具。该文化是甘青地区青铜文化系统诸文化因素延伸至新疆东部地区所形成的新的考古学文化，其铜器是新疆境内已知年代较早的铜器之一。

● **发现与认识**　焉不拉克遗址位于哈密县三堡乡西南绿洲中，面积不大，1957年首次发掘，根据从墓葬中出土红铜镜、铜饰件，推断遗址属于“金石并用时代”。1976年和1986年对哈密市五堡遗址的两次发掘，共发掘竖穴土坑墓111座，发现有小刀、带柄镜、耳饰、饰牌等铜器。1986年再次发掘焉不拉克墓地的76座墓葬，又出土小刀、镞、锥、镜、耳饰等小件铜器112件。通过对出土物的分析，一些学者提出“焉不拉克文化”的概念。此外，在哈密市四堡乡的拉甫乔克墓地、雅满苏矿林场办事处墓地也有小件铜器的出土。通过对该文化包括铜器在内的各种遗存的文化结构分析，焉不拉克文化是在甘青青铜文化影响下兴起的延续至早期铁器时代的文化遗存，这已成为一种共识。

● **种类与形制**　已知均为小件铜器，未见大型容器。工具或兵器主要是随身携带的小刀、刻刀、锥、针、镞等，饰件有作为带饰的扣、管、坠、牌和作为身体装饰的耳饰、指环及整饰容貌的铜镜。较常见且具有一定特点的有小刀、镞、耳饰、扣和镜等。小刀以柄两面有凹槽的长柄短身弧背刀为主，另有刀身与柄分界不明显的环首刀和窄长柄宽长身刀；镞均为銎型镞，銎或有骹或无骹，双叶边缘或外弧或内曲，形态多样；耳饰数量很多，均以铜条卷成，有的如带缺口的环，有的盘丝扭结成带坠的环，还有的盘丝作带坠的双环；扣形如泡，背面有直梁或桥形钮；镜主要为素面圆形单钮镜，但亦见圆形具柄镜，前者为中国中原及北方地区铜镜的传统样式，后者却带有西亚铜镜的风格。

● **年代及问题讨论**　已知铜器以焉不拉克遗址出土数量最多，焉不拉克遗址墓葬已被分为3期，各类铜器散布于3期之中。据放射性碳素断代，各期最早和最晚的分别为：第1期，公元前1684年～公元前1515年、公元前805年～公元前662年；第2期，公元前2111年～公元前1899年、公元前805年～公元前662年；第3期，公元前1878年～公元前1641年、公元前762年～公元前398年。各期数据均相差不大，大多数数据集中在商代前后。由此可知，焉不拉克文化的年代范围主要在商代，延续时期颇长，其产生年代可早至夏代，衰亡年代或可晚至春秋、战国时期。焉不拉克文化铜器究竟何时出现、何时盛行，器类和形制在该文化早晚期有何变化，这些都还有待于对该文化分期的进一步研究后方能确定。

参考书目

新疆维吾尔自治区文化厅文物处等：《新疆哈密焉不拉克墓地》，《考古学报》1989年3期。

（孙　华）

Dongbei Diqu Shangdai tongqi

东北地区商代铜器

商代中国东北地区青铜文化系统各文化的铜制器具。主要分布于今辽宁境内一带，在商代后期分布范围还逐渐向周围扩展。

● **文化背景**　东北曾是中国铜器冶铸业发生最早的地区之一，早在新石器时代的红山文化中晚期遗存中就发现有红铜环，东北地区应当有自己独立发生的冶铜工艺。不过，发生于红山文化的铜器冶铸工艺似乎并未在东北地区传播和延续，该地区青铜文化的发生和发展是与中原青铜文化系统和海岱青铜文化系统向北的影响和传播息息相关。据已知青铜文化遗存及铜器分析，东北地区最早的青铜文化是地跨北方和东北两地区的夏家店下层文化，其年代上限已在夏代前期；其次是分布于辽东半岛南部的双沱子二期类型，它是主要分布于山东地区的岳石文化在最强盛时跨越渤海海峡而进入辽东半岛南端的一种变体，

其年代在夏代后期左右。在东南和西南两翼外来青铜文化的影响下，东北地区进入青铜时代也呈现出左右两翼年代较早，随着时间的推移由西南和东南向中部和北部逐渐发展的总体趋势。

商代东北地区尚未形成较大的地域政治实体，青铜文化也远未统一。已知商代青铜文化基本限于辽宁范围内，并且在这一省范围内就有多支文化面貌截然不同的考古学文化。除辽西地区属于北方青铜文化系统的夏家店下层文化等以外，相当于商代的东北青铜文化主要有分布于辽东半岛南部的羊头洼类型（或称双砣子三期文化、于家上层类型），分布于辽东地区千山山地即太子河流域的庙后山文化，分布于辽北地区即辽河流域的高台山文化等。这些文化均有小件铜器发现。

● **发现情况** 东北地区已知最早的铜器是可能为夏代前后的辽宁大连市甘井区大嘴子遗址下层出土的青铜兵器的残件。不过年代比较明确、数量稍多的铜器还是发现于商代的羊头洼文化和高台山文化等遗存中。早在1933年进行的羊头洼遗址的发掘中就已有青铜片的出土，1977年发掘的大连市于家砣头积石墓中又出土有镞、泡和鱼钩，有的学者据此于1981年提出羊头洼类型已经进入青铜时代。1983年在辽宁本溪县马城子A洞的属于庙后山文化的墓葬中出土有青铜环、铜饰等器物，这是庙后山文化首次发现铜器，该文化墓葬之多和铜器之少，说明该文化尽管已属于青铜文化，但其青铜冶铸工业是相当落后的。1983年～1989年在法库县弯柳街高台山文化遗址又先后征集到青铜削刀、管銎军斧、斧、镜等铜器，并在抚顺市望花遗址发掘出环首削刀，在沈阳新乐遗址上层发掘出铜环首刀和铜斧。这两个遗址，有的学者将其单独命名为“望花类型”和“新乐上层文化”，从各方面的情况考察，将其作为高台山文化的较晚类型可能更为恰当。通过这些铜器与商文化同类器物的比较，高台山文化属于商代前后的青铜文化已无疑问。

● **分区** 从已知铜器看，可分为东、西两个区域。东区即辽东半岛一带，这里发现的器类有镞、鱼钩、环、泡等，皆是与人们生产和生活紧密相关的用品，形制简单粗陋，工艺水平不高。在这些铜器中，有几件比较特别，如大嘴子下层被认为是“戈形器”的残兵器，其中央有柱状脊，已经有西周以后东北地区流行的短茎曲刃剑的意味；大嘴子上层的带铤铜镞双叶呈三角形，叶后部有对称的穿孔，它或许是用于弋射的特殊箭镞。这种矛形铜镞在别处罕见，颇有地方特色。西区即辽宁中、北部地区，该区的青铜冶铸技术来自中原和北方，工艺水平普遍比辽东半岛要高。器类有管銎军斧、斧、弧背削刀、镞、单钮镜等，无论是铜器种类还是形制，都具有鲜明的北方系铜器的色彩。从总体上看，商代前后东北青铜文化系统在铜器上还未形成自己独有的风格。

参考书目

陈光：《羊头洼类型研究》，《考古学文化论集》（二），文物出版社，1989。

许玉林：《辽宁商周时期的青铜文化》，《考古学文化论集》（三），文物出版社，1993。

（孙　华）

Gaotaishan wenhua tongqi

高台山文化铜器

商代分布于辽宁北部的以辽河支流柳河流域为中心的青铜文化的铜制器具。该文化以辽宁新民县高台山遗址为典型遗址，在陶器方面具有极其鲜明的东北地方特色，相比之下，其铜器却完全属于北方系铜器的范畴，对探讨商代北方地区与东北地区青铜文化之间的关系具有重要价值。

● **发现与认识** 高台山文化的遗存在1973年高台山遗址的首次发掘时就已经被辨识出来，当时将其归属于“新乐上层文化”。1981年～1983年，先后有学者提出“高台山上层文化类型”和“高台山类型”的命名。随着考古材料的增多，该文化的年代和分布范围逐渐为人们所认识，1989年就已出现“高台山文化”的命名，并很快得到考古界的认同。不过，高台山文化仍属一种不太发达的青铜文化，其铜器发现很少，人们对其铜器的认识已是在1990年法库县弯柳街遗址历年出土的具有浓厚北方草原风格的铜器发表以后。这些铜器是：1983年征集的铜铃首削刀1件，1988年～1989年征集的铜管銎军斧等8件。通过对它们年代的分析，并对比弯柳街高台山文化遗址的年代，有的学者才对高台山文化铜器的情况有了初步了解。先前文化归属不太明朗的1975年新民县大红旗乡出土的3件管銎军斧，因此也可归入高台山文化的范畴。

● **种类与形制** 已知铜器均为范铸的小件兵器、工具和生活用具。其中数量最多的是削刀，刀身以凸背弧刃为主，也有凹背弧刃的。刀首分兽首、铃首和环首3种，其中

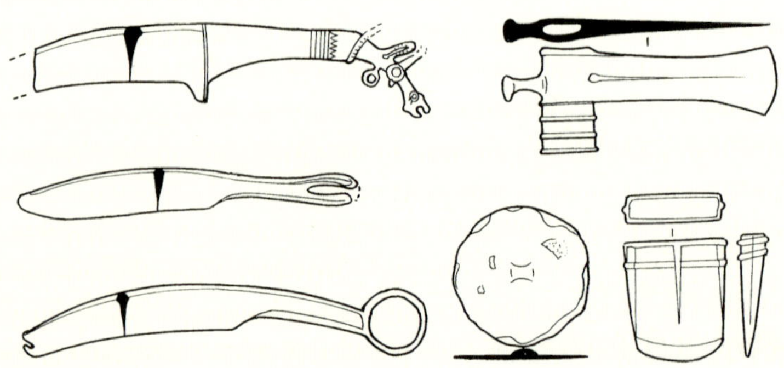

高台山文化铜器举例

兽首者形态似马，在商代北方地区最为流行。管銎军斧亦较多，共发现4件，整体形态均作曲尺形，长条形斧身，扁圆形管銎，斧身后端有小钮。类似的铜军斧在辽宁兴城县杨河铜器窖藏、河北青龙县抄道沟皆有发现。铜斧有长身无銎和短身有銎两种，后者为窄方銎，近銎处施2道箍状纹，这类铜斧是以后东北地区铜斧的主要形制。铜镜属圆形单钮镜，钮居中，无背纹，形态与中原及北方地区的商周铜镜相似。

● **特征及年代** 管銎军斧和削刀这两种铜器是商及西周时期中国北方系铜器的基本器类，具有浓烈的北方草原文化风貌。在这些铜器中，环首削刀的形制与河南安阳市殷墟中期的武官村大墓所出者相似。马首削刀近似河北青龙县抄道沟马首削刀，后者的年代被认为是殷墟晚期，形态与殷墟中期的妇好墓马首削刀已有不同。管銎军斧形态与辽宁兴城县杨河所出基本相同，后者斧身的花纹见于殷墟中期的539号墓管銎斧上，两者年代应当相近。据此，高台山文化铜器的年代都集中在商代后期，它是这一时期北方系青铜文化因素影响到东北系青铜文化中的反映。

高台山文化是商代前后东北地区最为强盛的青铜文化，从陶器方面来看，该文化在商代后期曾向西传布，影响到整个北方系青铜文化东区的文化走向。不过从铜器方面来看，在高台山文化向西发展的同时，北方地区的铜器制作工艺和铜器制品也传入高台山文化中。或许高台山文化先受到西来北方青铜文化的刺激，然后才向西扩展，成为北方地区的魏营子文化和夏家店上层文化形成的一个主要来源。

参考书目

铁岭市博物馆：《法库县弯柳街遗址试掘报告》，《辽海文物学刊》1990年1期。

朱永刚：《论高台山文化及其与辽西青铜文化的关系》，《中国考古学会第八次年会论文集》1996年6期。

董新林：《高台山文化研究》，《考古》1996年6期。

（孙　华）

Chuanxiang Diqu Shangdai tongqi

川湘地区商代铜器

商代四川、湖南、湖北西部和陕西南部青铜文化的铜制器具。该区域在考古学文化分别属于两个不同的系列，四川盆地从新石器时代晚期的龙山时代的宝墩村文化直接发展为夏、商时代的三星堆文化和以后的十二桥文化，湖南一带商、西周时代的“皂市遗存”也是在本地土著文化的基础上发展起来的不同于周围地区的独立的青铜文化。但在铜器上，该地区在商代前后却形成一定的共性，以致于有的学者提出商文化是经由湖南渐次传入四川的假说。川湘地区的铜器在商代中原地区以外各地区中以数量多、制作精、品级高而闻名于世。

● **文化背景** 四川与湖南、湖北地区自然环境相似，文化间的联系也较为密切。从龙山时代起，两湖地区和四川盆地就几乎同时出现拥有多座夯土（夯土的方法与中原不同）古城的发达的新石器文化，进入邦国林立的时代并向早期国家迈进。但是龙山时代的屈家岭文化、石家河文化和宝墩村文化均无出现铜器的迹象，直至夏代，四川盆地才从中原二里头文化中接受青铜冶铸工艺而进入青铜时代。湖南地区青铜文化形成可能比四川盆地要晚，夏代中原与西南文化的联系通道似乎是经由江汉地区再沿汉水而上，通过汉中盆地再进入四川盆地。中原青铜文化的因素在到达湖北西部以后没有再继续南下，使得皂市遗存的出现比湖北和四川整整慢了一个节拍。由于文化传统的不同，商代前后川湘地区的青铜文化明显分为两个系列：一是以四川盆地为主体的三星堆文化，该文化在夏代就已经形成，其前身是宝墩村文化，到商代后期过渡为十二桥文化；一是以湖南洞庭湖及湘江中下游为中心的“皂市遗存”，该文化在商代前期形成，一直延续到西周中晚期。两个青铜文化均有发达的青铜冶铸工艺和较大的生产规模，从商代前后期之际开始，形成四川成都平原的广汉、陕西汉中盆地的城固和湖南湘江流域的宁乡等3个铜器分布的中心。

● **研究状况** 川湘地区的商代青铜器很早就有出土的记录，但由于有铭文铜器很少，引起学术界注意并加以研究却较晚。1959年，四川彭县竹瓦街铜器窖藏中出土有带铭文的铜器，徐中舒、冯汉骥等学者开始对这些铜器的年代和来源进行探讨。1980年，陕西城固铜器的材料公布后，李伯谦就该区域出土铜器的年代、文化结构、族属等进行分析，推断该区铜器是早期蜀文化的遗存，早期蜀文化的中心在汉水流域而不在成都平原。80年代以后，湖南商代铜器也引起学术界的广泛注意，高至喜就湖南商代铜器的来源和族属等问题进行论述，批评了商文化不过长江的观点。随后熊传新也对湖南出土商、西周铜器的历史、类型和年代进行分析。1986年四川广汉市三星堆器物坑发现后，两坑出土的大量前所未见的铜器震撼了国内外学术界，大家就三星堆铜器的种类、年代、功能、埋藏原因和文化背景等进行了热烈的研讨。与此同时，对湖南地区商代铜器的研究开始进入一个新的阶段，学者们不仅就该地区商代铜器的历史背景进行研究，有的还将湖南商代铜器放在整个长江中下游地区来考察，或就湖南青铜器中最具特色的铜铙进行专门的研究。不过，对于川湘地区商代铜器的总面貌，以及该地区铜器与它们所属青铜文化的关系等，还是缺乏比较全面具体的研究。

● **区域特征** 商代川湘地区从考古学文化来说虽然各成系列，但由于四川盆地和湖南地区的青铜冶铸工艺皆源于中原地区，并且两个区域又具有地缘上和文化传统上的联系，该地区铜器在种类上、形态上和纹饰上也具有不少共同的因素，故形成川湘地区商代铜器的区

域特征也是势所必然的。这些特征表现为：①器类以盛酒器最多，少见饮酒器和食器。盛酒器中，尊为最重要的器类，并都有相同形态的折肩罍。②在形态上，铜尊皆流行大口、折肩、高圈足的形制，尊的口沿都内勾如盘口，圈足周壁均微凸起，如三星堆八鸟四牛尊、华容三羊三鸟铜尊等；罍均为折肩、深腹的形态，腹壁都较直，如三星堆四羊铜罍、岳阳四羊铜罍。③在装饰上，流行立体动物的附饰，如鸟、牛、羊都有尖唇口、牌形额的兽面纹，都有较罕见的尊形纹。

● **分期** 川湘地区的商代铜器从商代前期的二里冈期开始，大致可以分为4期：

第一期：年代约商代前期的二里冈期前后。铜器冶铸工业刚刚起步，铜器数量不多，主要有湖南石门县皂市第一期遗存铜器和广汉市三星堆3号坑铜器。均为小件器物，器类有铜镞、凿、锥、鱼钩、嵌绿松石饰牌、嵌绿松石铜虎等。

第二期：年代当在殷墟早期前后。四川一带的铜器铸造业急剧发展，出现像三星堆器物坑这样的铜器数量极多的铜器群，以及像三星堆神面像、大立人像、神树这样的大型铜器。典型铜器群除三星堆1号、2号器物坑外，还有龙头镇火疙瘩等铜器群。器类增多，除富有特色的铜像设等以外，还有多种中原系铜容器。

第三期：年代相当于殷墟中期。四川一带的铜器冶铸业开始衰退，湖南铜器冶铸业迅速发展。典型铜器群有城固县的1976年发现的苏村铜器群，其他如湖南出土的株洲枭壶（卣）、船形山豕形铜尊、双羊形铜尊等著名铜器，也都可归属该期。

第四期：年代较早阶段为殷墟晚期，并一直延续到西周早期。皂市遗存发展至顶峰，形成湖南宁乡这样的铜器分布中心，出现一大批造型庄严、纹饰精美的铜器。如虎抱人形铜壶（卣）、常宁方尊、狮形山象形铜尊、转耳仑兽面象纹铜铙等。

● **分区** 四川及汉中盆地铜器的年代主要集中在商代前后期之际，湖南地区铜器的年代却主要为商代后期。就同一时期两地区共有的铜礼器来说，它们都具有一些共同的特征，如铜尊都口沿微上勾，高圈足，壁微外凸；铜罍的腹壁都较直，圈足都很高等。但从文化传统和整体面貌来看，川湘地区的商代铜器明显可分为两个小区：①三星堆文化区。包括四川盆地、汉中盆地以及湖北西北部地区。铜器出现较早，但繁荣时期却是在殷墟早中期，以后就比较少见。器类以大型像设、神面具、异形兵器、嵌石饰牌等为特征。铜容器除尊、罍外，提梁壶很少，鸟兽造型的器物也极少，不见铙、镈一类打击铜乐器。纹饰中的爬龙纹、对折云纹、波带纹等也比较别致，为他处所不见。②“皂市遗存”区，指除湘西地区以外的湖南大部分地区。铜器出现较晚，年代集中分布在殷墟中晚期及西周早期，延续时间较长。器类主要仿效中原商文化，但动物造型的盛酒器在容器中的比例很大，提梁壶（卣）较多。铙、镈一类铜乐器十分常见，并有别处所不见的兽面纹大铙。纹饰中的凸棱兽面纹基本上只见于大铙之上，构成所谓“湖南型”铜铙的主要特色。

参考书目

熊传新：《湖南商周青铜器的发现和研究》，《湖南省博物馆开馆三十周年纪念论文集》，1986。

（孙　华）

Sanxingdui wenhua tongqi

三星堆文化铜器

夏代晚期至商代后期前段主要分布于四川盆地及汉中盆地的考古学文化的铜制器具。该文化以四川广汉市三星堆遗址为代表，是在本地新石器文化的基础上，吸收中原二里头文化和商文化因素而形成和发展起来的青铜文化。其铜器受到世人的广泛关注，在商代铜器中亦占有重要的地位。

三星堆八鸟四牛铜尊

● **发现与认识** 三星堆文化遗存早在1929年就已有发现，其铜器从1955年以来也曾多次出土；不过在三星堆器物坑发现以前，学术界对其铜器的认识还是相当片面的，陕南城固铜器也未被归入三星堆文化的范畴中去。1980年开始的三星堆遗址的发掘，特别是1986年三星堆1号、2号器物坑的相继发现，三星堆文化的面貌逐渐展现在人们面前。三星堆文化是一种发达的青铜文化，其铜器源自中原青铜文化但又有浓厚的自身文化特质，这已成为共识。已知铜器主要集中出土于四川广汉市三星堆遗址和陕西城固县胥水河畔，包括1955年～1976年城固县苏村出土的鼎、尊、罍、瓿、人面、兽面在内的5批铜器，包括1964年～1965年城固县五郎庙出土的尊、瓿和兵器在内的5批铜器，包括1980年、1981年在城固县龙头镇出土的可能属于一个共存单位的2批铜器，其中鬲、觚、爵、壶、镰形器等均为首次出土的该文化新器类。最为引人注目的还是四川广汉市三星堆遗址两个器物坑中出土的铜器，其中除中原商文化因素的尊、瓿、彝、盘外，也有大量的非中原系铜器，如凸目人面像、带座立人像、各式头像以及铜神树等等。此外，三星堆遗址的另一小器物坑出土的嵌绿石铜带饰，以及巫溪县大昌铜尊，湖北江陵县八户台铜尊，陕西洋县留村铜匝、瓿等，也是较重要的三星堆文化铜器。已

知铜器的年代相当集中，大都属商代早晚期。

铜器出土地点集中在三星堆遗址和胥水河下游，说明这两地应当是三星堆文化的两个中心聚落所在；铜器年代集中，则是由于这些铜器皆出自器物坑或窖藏，它们是创造该文化的古国衰落时因某种特殊原因而埋藏的。

● **材质与工艺** 绝大多数为青铜器，红铜器数量不多。青铜器成份复杂，有4种合金。据对35件三星堆铜器标本所作的成份分析，铅锡青铜比例最大（占40%），其次分别是铅青铜（占23%）、锡青铜（占17%）、锡铅青铜（占9%）。在铅青铜及铅锡青铜中，含铅量在15%以上者就有一半以上，最高者竟达32.71%；而在锡青铜和锡铅青铜中，除3件中原系铜容器标本外，其余的含锡量均在10%以下，尤以3%左右者居多。可见，含铅相当普遍且含量普遍偏高、含锡较少且含量很低，为其铜器的一大特点。从同一类器物铜、锡、铅的比例不一，彼此变化幅度很大的现象来看，三星堆文化青铜器在冶铸原料配方上的随意性还相当大，铜料配方技术比中原商文化铜器显得落后。主要采用陶范铸造，其制模、翻范、做芯、合范、浇铸、打磨等技术与商文化大体相同，但合范等方面的工艺水平似稍逊于商文化铜器。铜容器的铸造采用三合范，铜像设则采用二合范铸造。三星堆大立人铜像等大件铜器先分段预制，然后再铸接成型。复杂的器物，或采用附件先铸，然后嵌入主体外范铸成一体；或采用附件、主体分别铸造（在主体上预留插入附件的孔洞），然后将附件插入主体焊铆固定而成型。铜器的铸缝经仔细打磨，铸后加工水平较高。这些都反映出三星堆文化铜器制造业的兴盛和繁荣。

● **器类与器形** 器类繁多，既有典型的中原系容器和兵器，也有中原地区不见的铜像设和兵器。容器包括鼎、鬲、簋、尊、罍、瓿、卣、斝、觚、爵、盘、罐等类，而以尊、罍、瓿最为常见。容器的形制一般与中原同时期器物相同，只是尊多体态高大瘦长，口沿内面微翻，圈足高且足面微鼓；直腹圈足罍的腹壁垂直、4个兽首贴在肩下腹壁上。这两类铜器形制略异于中原商文化铜器而与湖南地区青铜文化铜器相近。

三星堆大铜鸟首

兵器有戈、矛、钺、镞、勾镰和盾饰，尤以戈、矛最为普遍。其中戈的式样最多，有曲内戈、三角援戈、曲刃戈和长胡戈4型。其中三角援戈援部宽短，戈有穿，是所谓“蜀戈”的雏形；曲刃戈援部上下刃曲作连弧形，阑部宽阔，后接直内，其形制颇为奇特，为别处所不见；长胡戈胡长逾援，胡上四穿，其形制与吴城文化长胡戈近似，属于该型戈的原始形态。在三星堆2号坑中有一种近似车轮的铜器，有学者认为它是盾上的饰件，如果此说不误的话，三星堆文化的盾和盾饰应该都与中原有所不同。

铜像设的数量和类型均超过前两类铜器，可分为人物像（包括人形神像）、动物像（包括虚幻动物）、植物像3小类。人物像有尖耳凸目人面像、怒目露齿人面像、带座大立人像、半跪小人像、跪顶铜尊人像及各式头冠和发形的人头像等；动物像有龙、蛇、鸟、虎的形象及兽面像等；植物像仅见巨大的铜神树两株。兵器铜人像是三星堆文化最引人注目的铜器，与之相似的铜像除在十二桥文化中尚有孑遗外，其他文化均无发现。铜像中的凸目尖耳大面像估计是原有木或泥制身躯的神像，最为壮观；铜立人像身躯瘦高，衣着华贵，头部造型与众多的铜人头像一样，均阔眉大眼、眼中无珠、宽嘴方颐，极富特色。牛首状兽面像虽在陕西西安市老牛坡10号墓和岐山县贺家村1号墓等商代墓葬中也有出土，但仍以三星堆文化最多，应属该文化的因素。

三星堆文化铜器具有鲜明的地方特色。从种类上看，它有一群为其他文化所不见的铜神像和铜人像；其铜礼器组合以尊、罍、瓿为中心，这与商文化以鼎、爵、觚、斝为铜礼器中心显然有别；兵器中的柳叶扁茎剑是这类铜剑的最早实例，为以后周文化中偶见、巴蜀文化中流行的柳叶扁茎剑的渊源。从铜器形制看，铜神像及人像均为方颐巨目，嘴眉宽大，手部极为夸张，人的形象与中原同时期的人物造型差异颇大；铜尊多为瘦高体，口部外翻上卷，圈足高且足面微弧；无胡戈阑宽而上下刃均作锯齿状；这些亦具有很强的地方特色。

● **装饰** 艺术手法多样，除常见的铸纹外，还运用贴金、镶嵌、墨绘等工艺技法。贴金见于三星堆2号坑出土的个别铜人头像，它是用漆将很薄的黄金人面粘贴在铜人头像的脸面上，使之与眉、眼形成强烈的对比。镶嵌铜器集中发现于三星堆一个年代较早的小器物坑中，器类有饰牌和虎，系先用铜铸出基本器形，然后在预留的镂空花纹中镶嵌绿松石而成。饰牌的工艺和器形均与中原二里头遗址出土的相同，前者应当仿自后者。墨绘仅在三星堆个别小铜人像的眉、眼部位上还有遗留，原先是否为铜像的普遍装饰手法尚难肯定。铜器铸纹主要有动物纹样和几何纹样两大类，前者有兽面纹、夔龙纹、凤鸟纹、交蛇纹等，后者有云雷纹、圆涡纹、云目纹、连珠纹等。纹饰多仿效中原，有些铜器的纹饰布局和单元与中原别无二致。三星堆龙虎尊的纹饰与著名的月儿河龙虎铜尊相同，与苏

村对凤纹方罍造型纹饰相同的罍也见于殷墟妇好墓中。不过，三星堆铜容器上的兽面纹多有高耸的长方形额饰，这与同时期中原铜器的兽面纹略有差异。三角援戈上饰的交蛇纹和简化交蛇纹，以及带座铜立人像上衣所饰夔纹、龙纹等，其形象和风格与中原铜器的同类纹饰迥然异趣，当属三星堆文化铜器纹饰的地方特色。

● 分期与年代 已知大多数铜器的时代风格均与中原地区殷墟早期铜器相近，只有少数呈现稍早或稍晚的特征。如按照中原商文化铜器的分期标准，其可以分作3期：①第一期，应是三星堆文化最早的铜器，年代下限当不晚于商代前期的二里冈上层时期。只有三星堆遗址征集到的镶嵌绿松石铜饰牌、镶嵌绿松石铜虎。这些铜器的工艺传统只见于二里头文化之中，其中铜饰牌的造型和花纹均与二里头文化的十分近似。②第二期，是三星堆文化铜器的鼎盛期，年代范围当在商代前期的商王盘庚至小乙时期。包括三星堆1号、2号器物坑铜器及城固铜器中的部分单位。五郎庙分裆鼎、三星堆龙虎尊、八鸟四牛尊、四羊首直腹罍等有已知年代因素的铜器，均不晚于殷墟早期偏晚阶段。③第三期，年代也当在商王武丁至祖甲时期。有苏村三羊首云纹尊、苏村对鸟纹方罍、五郎庙羊首瓿、吕村雷纹百乳簋等，它们的形制、纹饰均呈殷墟中期的作风。

不过，关于三星堆文化铜器的年代，学术界意见分歧较大，以该文化最主要的三星堆器物坑铜器的年代为例，就有殷墟早期、殷墟中期、殷墟晚期、西周晚期、东周时期等5种看法。

● 国别及族属 三星堆文化分布区在历史上主要为蜀国的统治区。据《华阳国志·蜀志》记载，蜀的祖神为蚕丛，其形象为"目纵"，眼睛比较特别。而三星堆文化的铜神像正作眼珠凸起之形，并且在该文化铜器中有许多铜眼睛和铜眼珠，其应为古蜀国的遗存，这已为大多数研究者所认同。蜀国历史上经历蚕丛、柏濩、鱼凫、蒲卑、开明诸王朝，三星堆文化的中心遗址三星堆遗址经一些研究者考证，有可能是蜀国鱼凫王朝的都邑。三星堆1号器物坑出土金杖上的人首及相对的鱼、鸟图案，有的学者认为是古蜀国鱼凫王朝王室的徽号。因此，三星堆文化铜器很可能与蜀国鱼凫王朝有关。

参考书目

四川省文物管理委员会等：《广汉三星堆遗址一号祭祀坑发掘简报》，《文物》1987年10期。
四川省文物管理委员会等：《广汉三星堆遗址二号祭祀坑发掘简报》，《文物》1989年5期。
（澳）诺埃尔·巴纳德：《对广汉埋藏坑青铜器及其它器物之意义的初步认识》，《南方民族考古》第5辑，1993。

（孙　华）

Sanxingdui datongshu

三星堆大铜树

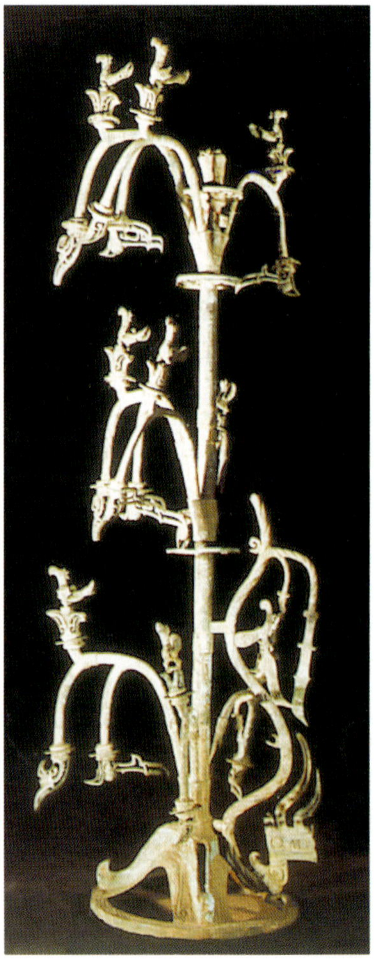

三星堆大铜树

商代前后期之际三星堆文化的铜制像设。是中国已知最为高大的铜制器具。年代相当于商文化铜器分期中的第三期、第四期，即殷墟早中期之际。1986年由四川省文物管理委员会等单位在广汉市三星堆遗址2号器物坑中发掘出土。现藏于四川省文物考古研究所。

高4米以上。树下为圆环形底座，座上3道流水形斜撑托负树干，斜撑间以透空云水纹作屏障。树干挺拔笔直，旁出树枝3层，每层3枝，每枝各栖一鸟，连同立于树尖上的大鸟，总共应有10鸟。枝干上挂缀有花、叶、果、铃及飞禽走兽等物，一条长约2米的蛇蜿蜒树上。

在中国古代神话传说中，东方太阳升起的地方有大树名扶桑，其形状为"九日居下枝，一日居上枝"，"一日方至，一日方出，皆载于乌"（《山海经·海外东经》、《山海经·大荒东经》），在西方日落处有若木，其"赤树，青叶赤华"，"末有十日，其华照下地"（《淮南子·地形训》）。该铜树形状恰为九日（乌）在下枝，一日（乌）在上枝，与文献记载中的扶桑和若木正好相符，对探讨中国古代十日出没神话的形成时间和流布地域具有重要价值。

（孙　华　陈德安）

Sanxingdui tumu tongmianxiang

三星堆凸目铜面像

商代前后期之际三星堆文化的铜制像设。年代不晚于商文化铜器分期中的第四期，即殷墟中期早段。是中国已知的最大的先秦铜像之一。1986年由四川省文物管理委员会等单位在四川广汉市三星堆2号器物坑中发掘出土。现藏于四川省文物考古研究所。

共3具，最大的一具（148号）宽138厘米、通高65厘米。皆中空，后部开敞，断面呈凹字形。左右两侧及前额均设长方形穿孔，估计原固定在某种木制的像设或柱

子上。形象总体似人而局部又非人，均方颐，尖耳，宽眉，大眼，目睛凸起，高鼻，阔嘴，嘴角上翘，带有神秘的笑意。巨大的形体，耸立的尖耳，凸出于眼眶外的目睛，这些都赋予这凸目铜面像以超人的神性，表现出它们在三星堆铜像群中具有凌驾于其他铜像之上的尊崇地位。

三星堆凸目铜面像

该铜面像的形象与中国古代神话传说中的大神烛龙和蜀人祖神蚕丛颇为相似。在《山海经》中，烛龙（又名烛阴）是一位能控制日月出入和四季变化的大神，其“人面蛇身而赤，直目正乘”，长着一双极别致的眼睛；而蜀人的祖神蚕丛，据《华阳国志·蜀志》载，也是“其目纵”，眼睛与众不同。因此，有的学者将该铜面像与烛龙和蚕丛联系起来，将之视为推断三星堆文化为古蜀人遗存的重要证据。

参考书目

四川省文物管理委员会等：《广汉三星堆遗址二号祭祀坑发掘简报》，《文物》1989年5期。

（孙　华）

Sanxingdui daliren tongxiang

三星堆大立人铜像

商代前后期之际三星堆文化的铜制像设。是中国已知体量最大的先秦铜像设。年代相当于商文化铜器分期中的第三期、第四期，即殷墟早中期之际。1986年由四川省文物管理委员会等单位在广汉市三星堆遗址2号器物坑中发掘出土。现藏于四川省文物考古研究所。

立人像站于高座上，高163.5厘米、连座通高260厘米。像大小与真人相仿，用笄束发，头戴花冠，浓眉大眼，阔嘴长耳，耳上穿孔可戴耳饰。身体修长，外着左衽龙纹短袖衣，内着双尾长袖袍。双手弯曲举胸前，手中似各持一物。赤足戴脚镯，立于双层方座上。座的上层为4个长鼻兽首托负的平台，台的四面在连珠纹框内饰云雷纹地的连心对角云纹；座下层则为上小下大的素面方台。立像造型优雅，颇有楚文化艺术造型的风范。人物伟岸庄严，气宇轩昂，衣着华丽，在三星堆器物坑众多铜像中最为引为注目。

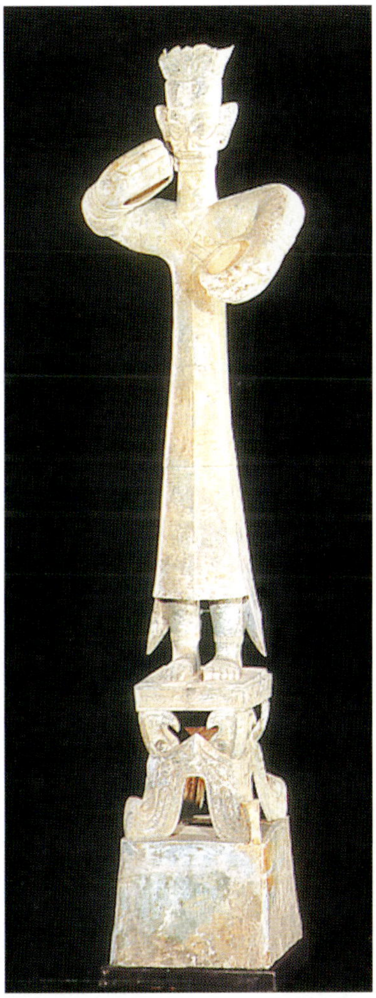

三星堆大立人铜像

关于该像的身份，学术界有大巫师、王者或大巫师兼王者的几种说法。从陕西宝鸡市茹家庄強伯墓出土的类似铜立人来看，它很可能是这一带古国中主持祭祀等原始宗教事务的大祭司或大巫师。

（孙　华　陈德安）

Sanxingdui daize rentou tongxiang

三星堆戴帻人头铜像

商代前后期之际三星堆文化的铜制像设。年代相当于商文化铜器分期中的第三期、第四期，即殷墟早中期之际。1986年由四川省文物管理委员会等单位在广汉市三星堆遗址2号器物坑中发掘出土。现藏于四川省文物考古研究所。

三星堆戴帻人头铜像

共3件，其中58号像头高24厘米、连颈通高46.6厘米。其浓眉大眼，阔鼻长耳，耳垂有穿挂耳饰的圆孔，颈部粗长，下端作三角形，其内中空，可将之安插在木柱或其他质料的身躯中。其发饰最有特色，头部仅顶部保留头发，发向后梳，用巾帻扎成双翼结。

在三星堆器物坑铜器中，铜人头像数量最多，冠发式多不相同。该人头像的巾帻铸造难度大，造型也清秀雅致，为三星堆铜人头像的代表性佳作。

（孙　华　陈德安）

Sanxingdui zhuangjin rentou tongxiang

三星堆妆金人头铜像

商代前后期之际三星堆文化的

铜制像设。年代不晚于商文化铜器分期中的第四期，即殷墟中期早段。1986年由四川省文物管理委员会等单位在四川广汉市三星堆2号器物坑中发掘出土。现藏于四川省文物考古研究所。

头像连带颈部通高40.6厘米，与真实的人头部大小相近。人像平顶辫发，阔眉大眼，鼻高且阔，大嘴紧闭，双耳下有悬挂耳环的穿孔。高颈中空，下端略宽且作三角形，估计原先其下还插有木制的身躯。头像脸部，凡是表现皮肤的部位均用金箔妆点，使得铜像眉睛分明。金箔以漆作粘合剂，并辅之以捶揲工艺而妆成，粘接紧密，有鎏金工艺的效果。

该像是三星堆器物坑铜器中极少的面部妆金的铜像之一，在众多的人像中应当有着特殊的地位。它的脸型同三星堆器物坑其他人头像一样，与现今各人种均有所不同。这究竟是由于古蜀人与今人存在体质上的差异，还是由于艺术夸张的结果，尚有待进一步研究。

（孙 华）

三星堆妆金人头铜像

Longtoucun sizu tongli

龙头村四足铜鬲

商代前期三星堆文化的铜制食器及礼器。或称作甗。年代相当于商文化铜器分期中的第三期，即殷墟早期。1981年出土于陕西城固县龙头镇上街一铜器窖藏中。现藏于城固县文物管理委员会。

口径21厘米、通高23.2厘米，重4.8千克。为四足直领型，宽沿外折，高直领，领下接4个分裆袋足，中实足根。纹饰均阴线组成，颈部在4道旋纹间饰反转雷纹，袋足上各饰一双目突起的兽面纹。纹饰中填满黑色烟炱，为炊煮使用留下的痕迹。

龙头村四足铜鬲

该鬲四足，形制特殊，极其罕见。类似的形制在商代仅见于江西新干县大洋洲鹿耳四足甗的鬲部，其裆部形态虽为联裆，但与该鬲一样，均为四足型，年代也基本相同。它们之间或许有某种联系。

（孙 华）

Longtoucun xiaopan tonggui

龙头村小鋬铜簋

龙头村小鋬铜簋

商代前期三星堆文化的中原系铜制食器及礼器。年代相当于商文化铜器分期中的第三期，即殷墟早期。1980年出土于陕西城固县龙头村。现藏于城固县文物管理委员会。

口径26.3厘米、足径18厘米、通高16.5厘米，重4.35千克。敞口，斜折沿，宽方唇，直腹壁，中圈足，口沿下施对称的兽首小鋬，圈足上段有十字镂孔3个。纹饰由阴线组成：腹上部饰一周斜角云目纹，中下部饰勾连雷纹及乳钉纹，圈足上也饰一周斜角云目纹。主纹中的乳钉仅一层，与以后的百乳雷纹不同。

该簋形制与湖北黄陂县盘龙城李家嘴小耳铜簋相同，是殷墟早期铜簋的标准形制。商代前期铜簋发现极少，已知这两件带鋬簋，一在秦岭以南的汉中盆地，一在长江中游的汉口附近，这种时间和空间分布对于探讨商文化向陕南、四川传播的途径方面有着重要参考价值。

（孙 华）

Sanxingdui siyang tonglei

三星堆四羊铜罍

商代前后期之际三星堆文化中具有地方色彩的中原系铜制酒器及礼器。年代相当于商文化铜器分期中的第三期，即殷墟早期偏晚阶段。1986年由四川省文物管理委员会等单位在广汉市三星堆遗址2号器物坑中发掘出土。现藏于四川省文物考古研究所。

三星堆四羊铜罍

口径26.5厘米、足径26厘米、

通高54厘米。为折肩直腹型，直口，方唇，直领较长，斜窄肩，深直腹，下腹圆转接壁面微凸的高圈足。肩上有4支薄板状立鸟，其间肩、腹转折处有4个紧紧贴着腹壁的立体的羊首，腹壁及圈足各有4道窄长的扉棱。颈上施弦纹4道，肩上饰龙目纹，腹上部饰漩涡纹带，中下部及圈足各饰4个兽面纹。主纹均以云雷纹衬底，不过主题纹样与衬托地纹线条粗细相仿，主次仍欠分明。系典型的殷墟早期商文化铜器的纹样风格。

该罍的整体形态及细部花纹均与中原地区商文化的同类器物和同种纹饰相近，反映出商文化的制铜工艺和造型风格对于三星堆文化铜器的渗透和影响。它是用以判定三星堆2号器物坑的年代并进而推断三星堆遗址各期年代的重要器物。不过，该罍腹壁垂直，羊首附贴于器壁，却是罕见于商文化铜罍的做法。与之相似的铜罍仅见于湖南岳阳市鲂鱼山高足铜罍，两者的差异只是后者圈足较高，花纹主次较分明，年代稍晚一点而已。这是四川盆地与湖南地区商代青铜文化间有着千丝万缕联系的实物例证之一。

（孙　华）

Longtoucun gaojing tonglei

龙头村高颈铜罍

商代前期三星堆文化的铜制酒器及礼器。年代相当于商文化铜器分期的第三期，即殷墟早期。1981年出土于陕西城固县龙头镇龙头村一土丘上。现藏于陕西历史博物馆。

口径22厘米、通高36.9厘米，重6.3千克。斜折沿，高直颈，窄折肩，斜浅腹，折壁式圈足，圈足上设3个十字镂孔。器表装饰繁复，其中颈上施3道旋纹，肩上有一周夔目纹，腹饰大兽面纹。纹饰由宽平的线条组成，主体兽面的鼻、眼、眉、角凸起，但器内相应部位则凹入，为殷墟早期铜器流行的纹饰做法。该罍纹饰铸造极精，兽面纹的表现手法和精美程度与安徽阜南县月儿河兽面纹尊如出一辙，反映出商文化对陕西南部青铜文化的影响和当地青铜冶铸业的发达。

（孙　华）

龙头村高颈铜罍

Sucun tongfanglei

苏村铜方罍

苏村铜方罍

商代后期三星堆文化的铜制酒器及礼器。年代相当于商文化铜器分期的第四期，即殷墟中期。1976年发现于陕西城固县宝山公社苏村大队的商代窖穴中。现藏于城固县文物管理委员会。

共2件，铜色、形制、纹饰均相同，大小略异。其中一件口长15.3厘米、底长12.8厘米、通高51.5厘米，重20千克。上设屋顶形盖，盖上有钮。直口，鼓肩，肩上有半球状钮，腹斜收，平底。器表装饰繁复，盖上施倒置的兽面纹，颈部饰简化兽面纹，肩部施对鸟纹，肩、腹间施相间的漩涡纹及夔龙纹，腹部施夔龙及蝉组成的垂叶纹。动物纹样均以云雷纹衬底，其上还用双卷云纹装点，其主体纹样与衬托纹样对比分明，已是殷墟中期铜器的风格。

该罍是已知三星堆文化铜器中最为精美的容器之一。其造型和纹饰与殷墟妇好墓妇好铜方罍相同，就连大小也相差甚微，它们很像是出自同一批工匠的作品。城固苏村与安阳殷墟，两地相距遥远，但它们的铜器却如此相似，无论该罍是来自中原还是本地仿制，均说明商代巴蜀地区与中原地区联系密切。

（孙　华）

Zhangcun shouxing tongyi

张村兽形铜匜

商代后期三星堆文化的铜制酒器或水器。或称牺尊。年代相当于商文化铜器分期中的第四期、第五期，即殷墟中晚期。1983年陕西洋县张村出土。现藏于洋县文物管理委员会。

张村兽形铜匜

全长22厘米、通高19.2厘米。盖及器身相合成立兽形，兽尖嘴大耳，双角内卷如蟠蛇，四足粗壮，尖尾下垂。兽首盖从流口罩至牛臀部，盖上前部有一夔龙咬住兽首，后部栖一卷尾凤鸟。这些立体的兽鸟在器盖上起着鋬梁的作用。器流较短，前端开在兽首的下颌下，颈下有扉棱一道。全器除四足内侧和腹下外均饰以云雷纹地的立鸟纹，每只鸟的足正与器足相应，其纹样布局和形态均与湖南衡阳牛形铜匜相似。

该匜的动物造型既不像牛也不似羊，与之形态最为接近的铜器除衡阳牛形铜匜外，亦有现藏于日本藤田美术馆的羊形匜（器类名称多归入尊类）。它们都是年代相近的西南一带的铜制品。（孙 华）

Wulangmiao toukong longwen tongyue

五郎庙透空龙纹铜钺

商代前后期之际三星堆文化的铜制兵器。年代相当于商文化铜器分期中的第三期、第四期间，即殷墟早中期之间。1964年出土于陕西城固县五郎庙。现藏于城固县文物管理委员会。

五郎庙透空龙纹铜钺

通长17厘米。属直内型，弧刃较宽，两角外展，本部中央设一直径9厘米的凸缘大圆穿，中施一条透空团身龙，近阑处有一长穿，长方形内中有三角形穿。该钺整体形态仿商文化铜钺，但刃部弧起如圆边，以透空的团身龙纹装饰，这些又具有三星堆文化及以后新一村文化铜器的风格。它应是古蜀人或臣服于蜀的古族古国铸造的具有礼仪用途的兵器。（孙 华）

Sanxingdui palong zhushou tongshi

三星堆爬龙柱首铜饰

商代前后期之际三星堆文化的估计为柱首的铜制饰件。1986年由四川省文物管理委员会等单位在广汉市三星堆遗址1号器物坑中发掘出土。现藏于四川省文物考古研究所。

通高40.5厘米。呈上部略粗的圆柱形，上端封闭而下端开敞，一圆雕状的爬龙从柱后爬向柱顶，伸两前足按在平顶上探首向前眺望。前方以立体的卷云为饰，柱下端四面有半圆形缺口，缺口相对的上方各有一圆形穿孔，可以穿插固定在木柱之上。龙的造型生动，长短弯角各一对，形态比较特别。

（孙 华）

三星堆爬龙柱首铜饰

Sanxingdui qiwukeng tongqi

三星堆器物坑铜器

商代前后期之际三星堆文化的典型铜器群。主要出自位于四川广汉市南兴镇三星村东南三星堆的1号和2号两座器物坑。是已知三星堆文化铜器中最为主要的部分之一。1986年由四川省文物管理委员会等单位发掘，获得大量金、铜、玉、石、骨、牙、陶等类遗物。从此，三星堆文化引起学术界的广泛关注。围绕对这两座器物坑铜器群所作的研究，三星堆文化及四川古代青铜文化的研究已日益深入。其出土铜器现藏于四川省文物考古研究所。

据发掘和调查得知，三星堆实际上是三星堆古城西南部的3个土丘。两座器物坑位于三星堆上，均为不深的长方形竖穴土坑，两者相距约30米。1号坑长4.5米~4.64米、宽3.3米~3.48米、深1.46米~1.64米，内出土各类器物420件，并倾倒有大量经火烧的大型动物的骨渣。1号坑铜器共178件，有人头像、人面像、钏、尊、瓿、戈及各种铜饰件。除13件大小与真人相近的人头像外，还有爬龙柱首饰、跽坐小人像、龙虎尊等铜器精品。2号坑长5.3米、宽2.2米~2.3米、深1.4米~1.68米，内堆放像设、容器、兵器等大批铜器，以及玉石器、海贝和数十枚象牙，数量比1号坑多得多，总数可达1300余件。2号坑铜器计735件，多经火烧或损坏，主要包括神树、神殿、立人像、人神面像、人头像、尊、罍、戈、钏，以及多种原先可能缀挂在铜树、镶嵌在屋壁上的铜眼睛等饰件。在这些铜器中，最重要的要算是高大的九枝铜树、已经火烧变形的造型复杂的神殿、诡异的凸目神像、庄严伟岸的大立人像、神话传说中常见的鸟身人像饰、华丽的妆金人头像、造型传神的大鸟头、头顶铜尊的跽坐人像等。这些前所未见的新颖铜器为研究中国古代铜器和巴蜀古代史提供了难得的实物资料。

这批铜器无论在器物种类、形态还是合金成份上都具有自己的特色，除个别铜尊等容器外，绝大多数铜器应是本地铸造的。铜器尽管显得雄伟壮观，但多数铜器还存在着气孔和铸造缺陷，冶铸工艺的总体水平较中原商文化相对落后。它们以众多的铜像设最具特色，这些铜像又以众多的铜人像最为神奇。铜人像可分3类：①眼珠突出的铜面像。均尖耳，有的还从鼻梁向上伸出卷云，很可能是传说中的蜀国祖神的形象。②大立像和各式人头像。均粗眉大眼，不见眼珠，双耳穿戴耳环，表现的可能是从事祭祀等宗教活动的群巫形象。③如跽坐人像一类的铜像。眼睛用墨表现出眼珠，双耳同于大立像和各式人头像。它们表现的或许是当时普通人的形象。所有的铜人像的造型和特征，都与中国其他地区人物的造型和特征不同，由此引起了学者的许多猜测，或以为三星堆铜人像所代表的不属于蒙古人种，或以为这仅是艺术表现手法不同于中原地区所致。

关于三星堆铜器的年代和性质，与1号、2号器物坑的年代和性质相同，学术界众说纷纭，意见尚未统一。对于三星堆器物坑铜器的年代，多数学者认为2号坑略晚于1号坑，前者相当于商代前期偏晚阶段的殷墟早期，后者相当于商代后期偏早阶段的殷墟中期，也有一部分学者认为它们都属于商代晚期至西周时期，还有的学者认为它们都是春秋时期的遗存。从两个器物坑未见典型的商代晚期铜器的因素，以及从器物坑内采集木炭所作的年代测定数据均在商代早期的年代范围来看，三星堆1号、2号器物坑铜器的年代应当都不晚于殷墟早晚期之际。对于三星堆器物坑铜器的性质，学者们均认为与宗教、祭祀和礼仪用途有关，分歧主要在其埋藏性质上。这些铜器等物被火烧或砸毁，有多数学者认为是用于祭祀目的，也有的学者认为是墓葬的随葬品或其他原因的遗存。

参考书目

四川省文物管理委员会等：《广汉三星堆遗址一号祭祀坑发掘简报》，《文物》1987年10期。

四川省文物管理委员会等：《广汉三星堆遗址二号祭祀坑发掘简报》，《文物》1989年5期。

孙华：《关于三星堆器物坑若干问题的辩证》，《四川文物》1993年4、5期。

（陈德安　孙　华）

Chenggu tongqi

城固铜器

商代三星堆文化具有代表性的铜器群。集中出土于陕西城固县的胥水河两岸。1955年～1981年先后发现商代铜器14起，计563件，是研究商代西南地区青铜文化的重要材料。

主要出土于城固县宝山苏村、五郎庙、莲花、龙头火疙瘩等地。年代相当集中，除五郎庙乡吕村的1件铜簋可能略晚外，其余都属于商文化铜器分期中的第三期、第四期（即殷墟早中期）。包括容器、兵器和宗教装饰器具3种。容器有鼎、鬲、簋、爵、觚、尊、罍、瓿、壶、卣、匜、盘12类，其中尤以尊、罍、瓿3类的出土次数最多，数量也最多。这些铜容器的形制和纹饰与中原地区商文化基本相同，只是铜尊多作高足瘦长体，为四川盆地及湖南、湖北地区这一时期铜尊的流行形制。兵器有戈、矛、钺、斧、镞、勾镰6类。戈的数量最多，除少数曲内无胡戈外，大部分为罕见于商文化的三角援直内戈和同时期商文化不见的长胡四穿戈。勾镰的数量仅次于戈，为城固铜器所独有。宗教装饰器具最引人注目的是人面形器和兽面形器，前者只见于陕西西安市老牛坡和岐山县贺家村商墓中，后者则在黄河流域商周文化的墓葬中时有出土，它们大概是装饰在盾上以恐吓敌人或祈求避免兵刃的神像。

城固铜器群中带有时中原商文化因素的铜器占绝大多数，地方特色只是在容器器类的数量上和兵器的形制上有所反映，推测该铜器群应是与商王朝有密切关系的国族的遗存。关于这些铜器的埋藏原因，学术界有不同的看法，或认为属于窖藏，或认为与祭祀有关。从其铜器年代集中这点而论，窖藏之说应比较合理，它们应是由于某种特殊的社会原因而在一不长的时间内埋藏的。

参考书目

唐金裕等：《陕西省城固县出土殷商铜器整理报告》，《考古》1980年3期。

王寿芝：《陕西城固出土的商代青铜器》，《文博》1988年6期。

（孙　华）

Zaoshi yicun tongqi

皂市遗存铜器

湖南洞庭湖周围以及汇入该湖的湘、资、沅、澧诸水流域出土的商代及其稍后的铜制器具。这一地区商代前后的考古学文化面貌除澧水流域较为清晰外，其余尚在朦胧之中，所出铜器的考古学文化归属难以确指，故暂时以澧水流域商、西周时期遗存的典型遗址湖南石门县皂市遗址为代表统称之为“皂市遗存”。其铜器代表商代南方地区铜器制作工艺的最高水平。

● **发现与认识**　皂市遗存铜器很早就以其精湛的工艺而引起学术界的关注。见于著录的最早发现的铜器是1922年出土于桃源县漆家河畔的方彝。1938年，著名的湖南宁乡县转耳仑四羊铜方尊的出土以及其后虎抱人形铜壶的发现，使人们得以一睹湖南商代铜器的风采。但人们真正对皂市遗存铜器有比较清楚和全面的了解，则是随着一系列考古发掘工作的开展和大量铜器的发现而实现的。据发现和研究，人们认识到皂市遗存是在本地新石器文化基础上吸收商文化先进制铜工艺而发展起来的地方文化。在石门县皂市遗址发现的相当于二里冈上层期的具有浓厚商文化因素的文化遗存中，就有熔铜炉、铜炼渣等铜器冶铸遗迹和石范、小件铜器等遗物，说明铜器冶铸工艺应在商代前期就已传播至这一地区。商代后期，皂市遗存发展到鼎盛阶段，这一时期的铜器在石门、华容、岳阳、桃源、安化、宁乡、长沙、浏阳、湘潭、醴陵、桃江、湘乡、望城、益阳、双峰、邵阳、新邵、衡阳、常

宁、株洲等县市均有出土，数量已逾300件。出土地点最南已到湘江上游的常宁和资水上游的邵阳，甚至在更南的广西全苏县亦有发现，并出现宁乡这样的商代铜器集中出土区域。铜器中多雄伟壮观的巨型重器和精美异常的工艺珍品，如船形山豕形铜尊长达72厘米，转耳仑兽面象纹铜铙通高103.5厘米，重达221.5千克；而著名的转耳仑四羊铜方尊、虎抱人形铜壶等，则是商代青铜器铸制工艺的代表作。

● 技术与工艺 皂市遗存产生的契机是已进入发达青铜时代的商文化的影响，故其铜器材质一开始就以青铜为主。视器物种属不同而质料有所不同：容器均青铜制作，有锡青铜和锡铅青铜两种；乐器则为含铜量在93%～98%的红铜。从冶铸工艺的角度讲，无论是容器还是打击乐器，其质料均以青铜合金为佳，只是其铜、锡合金比例应根据器物的用途来调整。皂市遗存铜容器采用与河南安阳市殷墟相近的青铜合金，材质具有较好的铸造性能，故器表多装饰极为精美的花纹；乐器由于采用的是工艺性能欠佳的几近纯铜的红铜，故尽管有很多体大器重的铙出土，但装饰花纹一般显得粗放，与容器风格迥然不同。均采用陶范和石范铸造，铜容器等采用与中原相同的陶范，铜兵器及工具则一般采用石范。这种情况与吴城文化铜器等的铸型情况相似。铜器的铸造工艺、器物造型和装饰风格多真实地模仿同时期的商文化铜器。器物采用块范法铸制，连转耳仑四羊尊等造型极为复杂的器物也采用复合陶范分铸而不用失蜡法。这些均反映出中原地区铜器制作工艺对皂市遗存的深刻影响。

● 器类与器形 器类包括鼎、鬲、尊、罍、瓿、卣、方彝、爵、觯、铙等，除乐器铙和镈外均为商文化的典型器类。器表装饰有云雷纹地的兽面纹、夔龙纹和凤鸟纹等，为商代后期中原铜器的主要纹样。铭文在湖南商代铜器上发现不多，主要为族氏铭文，其中以“冉”字最为常见（如癸冉壶、己冉鼎），另有“戈”字（如戈卣）。冉和戈皆为商人最重要的族氏，其铜器在湖南发现，更说明商文化对皂市遗存的强烈影响和二者间关系的密切。

● 特征与族属 皂市遗存位于以几何印纹陶和有段石锛工艺传统为特征的东南地区诸青铜文化分布区的西北边缘，自然环境和文化背景使得其铜器在发展演变过程中不可避免地具有一些东南地区铜器的共有因素和少许自己的特征。其铜器的质料普遍含有一定数量的锑，具有比较别致的器表色泽。铜器多单件出土，未见商文化铜器的器类组合。在各类铜器中，量多体大的铙最具特色，堪称各文化之冠；造型各异的鸟兽形容器，也是十分引人注目的器类。在铜器装饰中，用成排的动物组成扉棱，以粗壮的凸棱构成兽面（仅饰于铙上），以及形似铜尊的尊形纹（或称米字纹）等，也都不见于商文化纹饰中。从这些铜器特点并结合其他一些因素，一般多将皂市遗存的族系归于古越人。但它与一般认为属于古越人的东南地区诸文化区别十分明显，其族属很可能为苗蛮。

在湖南一带出土的商代铜器，其埋藏现象颇为奇特：铜器几乎均单件埋在不很深的土坑中，一般体大质精，个别容器内还装有不少玉石器。对于这些铜器，有的学者认为属于窖藏，有的学者则推测为祭祀以后所埋藏。

参考书目

湖南省博物馆：《湖南省博物馆》，日本讲谈社、文物出版社，1981。

王恩田：《湖南出土商周铜器与殷人南迁》，《中国考古学会第七次年会论文集》，文物出版社，1992。

（孙　华）

Zaoshi yicun tongnao

皂市遗存铜铙

商代后期至西周前期湖南一带青铜文化的铜制打击乐器。形如倒置的编钟。出土数量众多，体量雄大，花纹粗放，是该文化铜器中最具特色的器物。对探索中国古代铜编钟的形成过程具有重要作用。

皂市遗存铜铙发现甚多，其总数至少在30件以上。铜铙的出土地点基本上都在湘江流域，以宁乡县最为集中，另在岳阳、湘阴、湘乡、望城、株州、耒阳、浏阳、澧陵等县市也有出土。铜铙以单件出土为多，数件同出者只有1959年在宁乡县老梁仓师古寨一土坑中出土的5件铜铙和1993年在同一地点出土的11件铜铙。这两批铜铙加上零星出土的单件铜铙（仅宁乡县就出土铜铙21件）占湖南全部发现铜铙的三分之二。这些铜铙即使是数件出土，它们也不像编钟那样大小依次递减，彼此间也无固定的音阶关系。这说明这些铜铙只能敲击出一种节奏，并不是演奏乐曲的乐器。

皂市遗存最典型的铜铙为所谓“湖南型铙”，它有着不同于中原型和江浙型铜铙的显著特征。首先，该型铙体量巨大，一般都在半米以上，大者如转耳仑兽面象纹铜铙，高达103.5厘米，体量比中原型和江浙型铙都大。其次，该型铙甬部粗短有旋，与甬部短而甬上端常有箍头的中原型铙、甬部长而无旋无箍的江浙型铙，形态都有所不同。第三，该型铙钲部不分为左右两区，而是以一个完整的大兽面为主纹，主纹线条作凸棱状，周围填以细云雷地纹，既与中原型铙无地纹的兽面纹不同，更不像江浙型铙那样钲部分为左右两区，细凸线的兽面纹仅突出双眼（此外还有勾连云雷纹的铜铙）。应当注意的是：①皂市遗存典型的湖南型铙的年代在殷墟晚期至西周早期，它的出现年代晚于吴城文化和湖熟文化的江浙型铙，也晚于商文化的中原型铙。相当于殷墟早、中期的湖南型铙的形态特征及该型铙的渊源，这仍是需要继续探索的问题。②皂市遗存的铜铙除湖南型外，还有近似江浙型的铙（如1973年在宁乡县黄材三亩地出土的云纹带旋铜铙），以及近似西周铜编钟的铙（如1975年湘乡县黄马寨出土的乳钉状矮枚有旋铜铙）。前者年代在殷墟中期或稍后，后者的年代却从殷墟中期至西周早期。从已有的考古材料看，湖南型铙在形成过程中无疑受到了中原型和江浙型铙的影响，只是它们三者间的关系好像并不是直线发展的演变关系而已。

参考书目

高至喜：《中国南方出土商周铜铙概论》，《湖南考古辑刊》第2辑，岳麓书社，1984。
殷玮璋、曹淑琴：《长江流域早期甬钟的形态学分析》，《文物与考古论集》，文物出版社，1986。

（孙　华）

Zhuan'erlun shoumian xiangwen tongnao

转耳仑兽面象纹铜铙

商代后期皂市遗存的铜制乐器。年代相当于商文化铜器分期中的第五期，即殷墟晚期。1983年发现于湖南宁乡县月山铺公社龙泉大队茶园生产队转耳仑的一浅坑中。现藏于益阳地区博物馆。

铣间长69.5厘米、通高103.5厘米，重221.5千克。器体呈合瓦形，铣间微凹，于部内收，体长适中。甬呈上部略粗的圆筒形，内空与体腔相连，上部有旋。鼓部正中饰一对浮雕状卷鼻立象纹；钲部主题纹饰以弧形粗凸棱构成抽象的大兽面，其底衬以云雷纹；舞部素面，旋上饰羊首形兽面纹。其形制和主题纹饰均为湖南商代大铙常见的式样。

兽面纹铙是富有皂市遗存特色的铜制品。这类铙在宁乡县师古寨、北峰山、陈家湾、岳阳县费家河、湘乡县狗头坝、望城县高冲都有出土，其中师古寨一处就出土兽面纹铙5件。这些铙多体大器重，除狗头坝和高冲兽面纹铙较轻小外（前者通高44厘米，重18千克；后者通高48厘米，重18.75千克），其余高度均逾半米，重量都在50千克以上。该铙在这些兽面纹铙中是最大、最重的一件，最具代表性，也是中国已知商、西周时期最大和最重的单件铜乐器。

（孙　华）

Shiguzhai shoumian-xiangwen tongnao

师古寨兽面象纹铜铙

商代后期皂市遗存的铜制乐器。年代相当于商文化铜器分期中的第五期，即殷墟晚期。1959年发现于湖南宁乡县老粮仓杏村湾师古寨山顶的小土坑中。现藏于湖南省博物馆。

师古寨兽面象纹铜铙

铣间长46.5厘米、通高70厘米，重67.25千克。材质几乎为纯铜，颜色灰褐发暗。体作合瓦形，于部弧形下凹，甬部上面略粗，有旋，中空与体腔相通。主题纹样为粗凸棱构成的大兽面，棱线上布满云雷纹。主纹上方鼓部中央饰兽面纹，两旁各饰一立象纹；左、右及下方饰6虎6鱼，并间以圆涡纹。甬部饰4组圆涡纹，周围与鼓中一样，以云雷纹衬地。

该坑同时出土大小相差无几的兽面纹铙5件，即单纯兽面纹铙1件，兽面虎纹和兽面象纹铙各2件。该铙是其中最精美的一件，其形体高大，花纹繁复，在皂市遗存铜铙中最具代表性。更值得注意的是，南方铜铙多单件出土，像这样5件共存的情况极少。它的出土，表明商代皂市遗存的铜铙是不成编的双铙或单铙，作用与中原商文化的编铙不同。

参考书目

高至喜：《中国南方出土商周铜铙概论》，《湖南考古辑刊》第2辑，岳麓书社，1984。

（孙　华）

〖皂市遗存其他铜器〗

Dahe renmian tongfangding

大禾人面铜方鼎

商代后期皂市遗存的铜制食器。又名人面纹方鼎。在商文化铜器分期中属第五期，即殷墟晚期。因内有“大禾”的记名铭文而得名。1959年由湖南省博物馆在来自宁乡县的废铜中捡选出。据称出自宁乡县寨子山一带。现藏于湖南省博物馆。

大禾人面铜方鼎

口长29.8厘米、宽23.7厘米、通高38.5厘米。平面呈长方形，鼎色碧绿如玉，口略大于底。厚立耳，耳轮两上端呈尖角状，内穿为拱形。口沿斜折，方唇，中腹，腹壁直而向下略收，窄底。四足为实柱足，上部略粗。鼎的四隅及相应的柱足上部有扉棱。在鼎耳外侧铸阴线的夔龙纹；鼎身四面正中铸高浮雕状的人面，两侧有双角、双耳和双爪；鼎足上部各饰一兽面纹。鼎内壁一侧铸有“大禾”的铭文，字体规整有力，当为族氏铭文。

该鼎纹样奇特，是中国古代极为罕见的以人面为主题纹样的铜器之一。它四面均以人面为主题而不

是商、西周铜器上常见的兽面，很可能具有特别的含义。有的学者根据古文献中“黄帝四面”的传说，认为这象征着具有四张脸的黄帝，这与兽面纹为“帝”的表象的主张有相通之处。该鼎人面表现手法写实，脸形与蒙古人种类似，而与同时代的三星堆器物坑铜人像差别甚大。二者间究竟是种族的差异还是表现手法的不同，耐人寻味。

参考书目

高至喜：《商代人面方鼎》，《文物》1960年10期。

（孙　华）

Huarong sanyang sanniao tongzun

华容三羊三鸟铜尊

商代前后期之际皂市遗存的铜制酒器。1967年出土于湖南华容县。现藏于湖南省博物馆。

华容三羊三鸟铜尊

口径61厘米、通高73.2厘米，重22.5千克。大口外卷，沿边上钩，长颈折肩，斜腹较短，圈足甚高且壁面微鼓。肩部伸出3个立体的折角羊头，其间立3只扁平的卷尾卧鸟，鸟下的腹壁和圈足上各有窄长的扉棱一道，圈足上端有3个较大的十字镂孔。腹部及圈足饰云雷纹衬地的折角兽面纹。

该尊形体高瘦，口沿略呈盘形，圈足高而外弧，这些特征皆不见于中原地区，而与四川的三星堆文化铜尊非常相近，兽面纹的作风也颇为类似。这说明商代湖南地区与四川盆地间的文化联系十分密切。

（孙　华）

Zhuan'erlun siyang tongfangzun

转耳仑四羊铜方尊

商代后期皂市遗存的铜制酒器。1938年出土于湖南宁乡县月山铺转耳仑。现藏于中国历史博物馆。

转耳仑四羊铜方尊

口大52.4厘米、通高58.3厘米。整体作方觚形，侈口，方唇，长颈，折肩，圈足斜侈，尊的四中四隅从上至下均施细长的扉棱。颈部饰蕉叶纹和卷角兽面纹，在肩部以下四角处各有一立羊。羊头及上身伸出器表，前足直抵器足下端，羊身饰有夔龙纹和鳞纹，造型生动逼真。

该尊铸制精良，以造型和纹饰精美绝伦而著称于世。其动物附饰从头表现到足，这种表现手法极为少见，湖南桃江出土的西周时期的四马簋，尚有这种手法的遗意。它不仅是皂市遗存最具代表性的铜器，同时也是商代铜器的优秀作品。

（孙　华）

xiangxing tongzun

象形铜尊

商代前后期之际皂市遗存的铜制酒器。出土时间和地点皆不明。现藏于法国巴黎基美博物馆。

象形铜尊

高61.5厘米。器壁甚薄，呈青黑色。整体以象为造型，象作站立状，短鼻上翘，双耳横张，小尾右卷，四足粗巨。象背开口，器盖已失。象腹两侧饰牛角兽面主纹，两旁加饰倒夔纹，主纹周围衬以云雷纹，象鼻两侧、四足中段和器口周边还饰以鳞片纹。兽面纹鼻梁与额饰相连作丁字形，嘴作尖桃形，这些都是湖南地区商代铜器兽面纹的特征，它应出土于湖南一带。

该尊造型虽显得古拙，但在已经发现的商代铜鸟兽尊中，年代最早，体量最大。

（孙　华）

Shixingshan xiangxing tongzun

狮形山象形铜尊

商代后期皂市遗存的铜制酒器及礼器。年代相当于商文化铜器分期中的第五期，即殷墟晚期。1975年发现于湖南醴陵县仙霞公社狮形山。现藏于湖南省博物馆。

长26.5厘米、宽14.4厘米、高22.8厘米，重2.775千克。尊盖已失，椭圆形尊口开于象背之上。象鼻上甩，鼻头前伸，鼻端有孔经鼻管与腹腔相通，象鼻实际上起着流的作用。象整体形态写实，就像是一头在奔走中突然停下的年轻的公象；但象身上的细部装饰却是想象的。象尊外侧遍饰云雷纹衬底的动物纹样：象的鼻端做成凤鸟形状，上伏一虎；身上饰有兽面、夔龙、虎以及龙头蛇身的神物。纹饰做工细腻，至为美观。

狮形山象形铜尊

它是迄今发现的惟一有明确出土地点的商代铜象尊，也是造型最为生动、铸造最为精工的鸟兽尊之一。商代的象尊迄今仅发现3件，另2件早年已流传到海外。现存于美国华盛顿弗里尔美术馆的夔象尊，其形制与该象尊极为相似，据传也出土于湖南，二者很可能是同时同地的产品。夔象尊盖尚存，盖钮被做成与器身同样的象形，而狮形山出土的这件象尊的盖的形制很可能也是如此。与夔象尊比较，该象尊的象的前足下端微向外倾，蹄部高厚，显得更稳重，更美观。

（孙　华）

shuangyangxing tongzun

双羊形铜尊

商代后期皂市遗存的铜制盛酒器具。传民国年间出自湖南长沙县跳马涧，后流落海外。现藏于英国伦敦不列颠博物馆。

通高45厘米，器表碧绿。由后部相连的双羊及羊背托负的筒状器颈组成。羊的双角向内盘曲，有须，每只羊表现前足，双羊四足构成尊的稳定的器足，羊腹下前后两侧有相对的外卷垂饰。羊腹中空，与背上高耸的器口相通。器颈上有宽沿，其下施旋纹3道，再下饰鹿状角兽面纹；羊身遍布鳞甲，另在四肩肘部各饰一卷曲的龙蛇纹。尊整体如同前后两个兽头衔咬住两只羊背部。

该尊的形态与现藏于日本根津美术馆的双羊铜尊极为相似，但后者羊嘴下无须，腹下无垂饰，兽面的双角似牛，整体气势和细部刻划均较前者略逊一筹。这种左右对称的鸟兽尊，庄严稳重，富于想象，在商、西周鸟兽尊中是极罕见的造型。

（孙　华）

双羊形铜尊

Chuanxingshan shixing tongzun

船形山豕形铜尊

商代后期皂市遗存的铜制酒器。1981年出土于湖南湘潭县九华公社桂花大队船形山生产队一圆坑中。现藏于湖南省博物馆。

船形山豕形铜尊

全长72厘米、通高40厘米，重39.5千克。形同野猪，立姿，长嘴微翘，獠牙外露，两耳前竖，既尖且小。背脊鬃毛竖起，粗短尾。椭圆形器口开于背中部，上覆立鸟钮的器盖。器表纹饰以鳞甲纹为主，辅之以云雷纹地的夔龙纹。夔龙纹作回首长身卷尾状，饰于四肢肩肘部。在豕尊头部以粗犷的线条构成兽面纹，兽面纹双目与豕目合为一体，构图颇具匠心。该尊经长期使用，器表已磨得墨绿发亮，且经多次修补，其铸造与埋藏间应有相当的时间距离。

该尊是中国先秦时期仅见的豕形铜容器。其体态硕大，造型逼真，堪称铜器中之珍品。尊前后肩肘各穿一圆管，以便穿索抬运，构思颇为巧妙。

（孙　华）

Fangyushan gaozu tonglei

鲂鱼山高足铜罍

商代后期皂市遗存的铜制酒器。在商文化铜器分期中属第四期，即殷墟中期的偏早阶段。1982年发现于湖南岳阳市荣湾公社农科二队鲂鱼山山腰。现藏于岳阳市文物管理处。

鲂鱼山高足铜罍

口径26.2厘米、通高50厘米，重10.75千克。铸制精良，器表碧绿发亮。侈口，方唇，高直颈，窄折肩，斜直腹，高圈足，足上部有穿孔4个。在肩上等距设扉状卧鸟4只，其下对应的腹壁和圈中上施薄扉棱，其间肩下出凸起的附壁羊首。在4道扉棱间，自上而下分别饰纹饰4组：腹上部为相间的漩涡纹与尊形纹，腹下部为以云雷纹为地的首尾相连的鱼纹，其间宽大腹壁中部饰云雷纹衬底的大兽面纹；圈足中部以相对的窃曲纹为主体，亦以云雷纹衬底。纹饰中尊形纹罕见于中原商文化中，是具有地方特色的纹类。

该罍形制特别，其中下部形态与同时或稍早的铜尊相近，而与通常的铜罍不同。与该罍总体形态比较接近的铜罍只有三星堆直腹铜罍，只不过后者颈部和圈足较矮，肩上无卧鸟，纹饰也不尽相同；但从三星堆其他铜容器肩上多附设卧鸟和牛、羊首的现象来看，四川盆地与湖南地区商代青铜文化间存在着较密切的联系，则是显而易见的事实。

参考书目

岳阳市文物管理所：《岳阳市新出土的商周青铜器》，《湖南考古辑刊》第2辑，岳麓书社，1984。

（孙　华）

Chenjiafang shuang'er tongbu

陈家坊双耳铜瓿

商代后期皂市遗存的铜制酒器。年代相当于商文化铜器分期中的第四期，即殷墟中期偏早阶段。1984年由湖南省博物馆在新邵县陈家坊供销社征集。现藏于湖南省博物馆。

陈家坊双耳铜瓿

口径21.2厘米、通高25厘米。器表呈褐色。口微敛，平折沿，方唇，短颈，肩介于折圆之间，腹呈弧形内收，肩、腹间设兽首小耳一对。高圈足，足面斜侈。颈上饰凸旋纹两道；器身遍布云雷纹，上饰13个扁圆乳钉状眼睛；圈足在两道连珠纹间饰云雷纹。纹饰简单古朴，尚存殷墟早期的遗意。

该瓿的形制和花纹与中原同时期作品别无二致，但出土地点却在湘江上游的新邵，为湖南发现的分布最靠南的商代铜器。它对了解中原商文化对湖南的影响，以及商文化因素通过皂市遗存向南方传播的途径，都有着重要的启迪作用。

参考书目

湖南省博物馆等：《新邵、浏阳、株洲、资兴出土的商周铜器》，《湖南考古辑刊》第3辑。

（孙　华）

Shimen shoumianwen tiliang tonghu

石门兽面纹提梁铜壶

商代后期皂市遗存的铜制酒器。年代相当于商文化铜器分期中的第四期，即殷墟中期。1956年出土于湖南石门县。现藏于湖南省博物馆。

通高47.5厘米。平面呈椭圆形，伞形矮盖，瓜棱形小钮。壶颈粗直，颈部与肩腹部过渡自然，腹部外鼓，圈足斜侈，上有4镂孔。肩部连接龙首提梁，提梁脊背、盖面、器身四中皆起扉棱，其中腹侧扉棱作三鸟形。颈上部施2道旋纹，颈下部和肩、腹部各饰相同的以云雷纹为地的牛角兽面纹，其中肩、腹部的兽面纹两侧还有倒立的夔龙纹。圈足饰云雷纹地的鱼纹。其铸制精工，纹饰严谨，堪称精品。

该壶的造型属于中原地区殷墟中期提梁壶的非主流形态，鸟形扉棱则见于皂市遗存的铜镈钟上，具有地方特色。尤其是器身上下两组兽面主题纹样的花纹布局，非常罕见，应当是皂市遗存自己的创制。

（孙　华）

石门兽面纹提梁铜壶

hubaorenxing tonghu

虎抱人形铜壶

商代后期皂市遗存的铜制酒器。旧称兽面食人卣。年代相当于商文化铜器分期中的第五期，即殷墟晚期。传出土于湖南安化与宁乡间的黄材一带，清末曾为收藏家盛昱所获，后流落海外。现藏于日本泉屋博古馆。

通高35.7厘米，重5.09千克。采用复杂的多合范铸制，色泽青黑，仅局部有薄锈。形似一头猛虎，前足拥抱一人纳头于虎口，后足蹲踞与短尾构成稳定的三足。在虎的后颈部开器口，上覆立鹿形钮的器盖。器口两侧即虎肩部连兽首提梁。虎的造型突出大口利齿。圆眼立耳的虎头，刻划细微，体量占全器的三分之一以上。器身遍布精美的纹饰，主题纹样以云雷纹衬底，以设扉棱的背脊为中线，左右对称从上而下饰以4对形态各异的夔龙纹，同样的纹样也见于提梁表面，只是在人腿上改用一对蛇纹。器底部以阴线作龙、鱼纹，为商、西周盘、鉴类水器常用的装饰手法。其与现藏于法国巴黎赛弩施基博物馆的虎食人形铜壶造型、大小、色泽均相近，它们当为同时、同地的产品。

该壶造型别致，素为学术界所重。学者们对其形态含义已提出多种解释：多数将虎抱人的造型看作虎食人之形，至于其含义，或以为是由于当时统治阶级试图以此恐吓被统治阶级；或认为是古人致厄法术和祭祖祈胜这一原始宗教现象的反映。也有的学者认为，古人有以动物作为沟通人神间关系的媒介的观念，虎抱人的造型实际上是古代巫师以虎通神思想的反映。

参考书目

李学勤：《试论虎食人卣》，《南方民族考古》第一辑，四川大学出版社，1987。

（孙 华）

虎抱人形铜壶

Hengyang niuxing tongyi

衡阳牛形铜匜

商代后期皂市遗存的铜制水器。或称之为牛尊、牺尊。1977年出土于湖南衡阳市郊东方红鱼场进步大队三队。现藏于衡阳市博物馆。

长19厘米、宽8厘米、通高7.4厘米。青铜铸造，通体呈碧绿色。造型如同伫立的水牛，器由盖、身两部分组成，器身如同带四足的铜卣（觥），器盖盖住器口及流，二者合在一起构成完整的牛形。牛体肥硕，昂首垂尾，四足粗短有力，头上有扁平后弯的双角。牛背上立一小虎，以便握手提取器盖。器表除头上及四蹄外，余皆满布花纹。纹饰以云雷纹为地，主体纹样器盖为一俯卧的大鱼，器身颈下为夔龙及兽面，身体两侧各为一长尾鸟，尾部也为兽面。主纹与地纹皆线条粗放，尚有商代前期铜器纹饰的遗意。

衡阳牛形铜匜

该匜是中国已知年代最早的鸟兽形铜匜之一。其牛的造型虽略嫌臃肿，但铜质精良，结构合理，花纹华丽，仍属商代铜器中的上乘之作。（孙 华）

Ningxiang tongqi

宁乡铜器

湖南宁乡县出土的商代至西周初期皂市遗存的铜制器具。以出土商代铜器批次最多、数量最丰富、种类最齐全及出土地点最集中而闻名，是皂市遗存铜器的突出代表。

宁乡一带早就有铜器发现的记载。1938年在宁乡月山铺出土的转耳仑四羊铜方尊，早就被誉为中国商代铜器的精华。稍后出土的著名的虎抱人形铜壶，据说也出自宁乡县与安化县接壤的黄材一带。此后，宁乡铜器的出土屡见不鲜，已公布的商代铜器就有14批242件。其中最重要的有：1959年老粮仓师古寨出土的5件铜铙，是同时共出数量最多的湖南型铙，制作精工的兽面象纹铙为同类器中的佳作；1962年炭河里出土的癸冉卣和1970年王家坟山出土的戈卣，除铜卣本身质精纹美且有族名文字外，卣内还都装有大量的玉器（前者装有玉珠、玉管1100件，后者装有玉管、环、玦320件）；1959年寨子山出土的兽面纹瓿，瓿内盛放线纹铜斧224件，这是该文化出土商代铜工具最多的一次；1983年月山铺出土的转耳仑兽面象纹铜铙，重达221.5千克，为铜铙体量之最。另外，1959年收购的大禾人面铜方鼎，据称也出自宁乡的寨子山一带。

（孙 华）

〖岭南商西周青铜文化铜器〗

Mianling Tianming tiliang tonghu

勉岭天铭提梁铜壶

商代后期至西周早期岭南地区青铜文化的中原系铜制酒器。因上有族名文字“天”而得名。1974年发现于广西武鸣县马头公社全苏大队一队的勉岭山麓的窖藏内。现藏于广西壮族自治区博物馆。

盖径12.8厘米～17厘米，通高40厘米，重10千克。器表呈灰黑色。椭圆屋形盖，菌状钮，盖壁两侧伸出翘耳。短直颈，斜弧肩，鼓腹下垂，两段式高圈足。在颈之前后置牛头形钮，内套宽扁的提梁。盖面四中、颈侧、腹部及圈足的四中各设一道扉棱。纹饰自上而下分别为兽面（盖面）、凤鸟（盖壁和器颈）、翘角大兽面（器腹）和夔龙（圈足），所有主纹皆以云雷纹为地，其中腹部兽面周围还填以对勴纹等纹样。盖内铸有“天”字族名文字，其族氏与广西兴安县出土的天父乙提梁

壶的族名文字相同。

（孙 华）

勉岭天铭提梁铜壶

Dongnan Diqu Shangdai tongqi

东南地区商代铜器

商王朝统治时期分布于江西、江苏、上海、福建及安徽南部和广东北部诸青铜文化的铜制器具。在数量和分布上，表现出由西向东渐次减少的趋势，对研究商文化在东南地区的传播和影响有着重要作用。

● **文化背景** 东南地区气候温和，地湿雨多，自新石器时代早期起就以稻作农业为主要经济产业，并在文化上形成以有段石锛为特征的传统。夏、商时期，在这广阔的区域内相继出现以几何印纹硬陶和原始瓷为共同特征的几个考古学文化，这一共同的文化特征从此成为东南地区青铜时代乃至于早期铁器时代东南地区一脉相承的文化传统。东南地区具有较高的陶瓷烧制技术，又是中国铜矿藏的重要分布地区，其中江西北部至安徽南部一带蕴藏着丰富且易于开采的铜矿资源。这些技术传统和资源状况，为东南地区青铜冶铸业的发展提供了良好的发展背景。当中原夏、商文化先进的青铜冶铸技术和工艺传入后，东南地区的青铜冶铸业就很快发展起来，并在商代渐趋繁荣。由于新石器文化传统和自然地理分区的影响，商代东南地区铜器的面貌较为复杂：在东南沿海地区的上海及浙江一带，夏代就已经出现的马桥文化在商代继续在发展；在太湖以西的江苏南部地区，商代出现具有中原商文化因素和山东岳石文化因素的地方文化——湖熟文化；在西面的江西赣江流域，则出现与商文化有密切关系的发达的吴城文化。在这3个青铜文化中，吴城文化距商文化中心区最近，铜器发现最多，也最具代表性。此外在广东饶平县的顶大埔山出土的属于所谓浮滨文化的铜戈等，可能也属于商代。

● **区域特征** 与东南地区作为相对独立的文化区相一致，其铜器也具有明显的不见于其他地区的区域特征。在铜器组合上，该地区的铜礼器虽然主要仿自商文化同类铜器，但铜礼器以鼎等食器最多，其次是瓿、提梁壶等盛酒器，觚、爵等饮酒器罕见；礼器种类明显比商文化少。乐器是该区最富特色的铜器器类，铙、镈等打击乐器出现时间早，其中江浙型铜铙与同时或稍后的湖南型和中原型铜铙相比，具有更多的原始性。兵器主要模仿中原商文化，但在形制和纹饰方面往往加入本地文化的色彩，并出现矛型无格短剑等富有东南区域特色的兵器。东南地区从商代起就是中国铜农具发现数量较大、种类较多的地区，有的学者认为这种地区差异的原因有：①南方青铜资源丰富，商代前期即已开采，为青铜工具提供了充足原料；②南方地区自然条件异于北方，对青铜农具的需求更为急迫，同时器形也异于北方。在这两者的作用下产生南方多农具的现象。藤蔓状线条的兽面纹、高度发达的连珠纹和人字形燕尾纹等装饰纹样，也颇具特色。

● **分期** 东南地区商代铜器的出土情况很不均衡，除吴城文化铜器出土数量较多外，其他文化出土铜器均较少，分区还难以进行。就已知铜器分析，该地区的商代铜器的发展演变进程至少应分3个发展阶段：

第一期：商代前期偏早阶段，相当于中原商文化的二里冈上层期。已知铜器有吴城文化第一期的铜器盖、刀，湖熟文化的镞、刀、斧、凿、鱼钩等，主要是小件铜器，大件铜器罕见，估计青铜冶铸业尚不发达。

第二期：商代前期偏晚阶段和商代后期偏早阶段，相当于中原地区的殷墟早中期。这时东南青铜文化已是繁盛期，出土铜器众多。已知铜器有吴城文化第二期铜器（包括大洋洲商墓铜器），湖熟文化的江宁三羊铜瓿、塘东村兽面纹铜铙等，以及可能属于马桥文化的徐家畈和金华的连珠地兽面纹铙等。大件铜礼器和乐器已相当普遍，兵器迅速发展，农具也得到广泛的使用。

第三期：商代后期偏晚阶段，相当于中原商文化的殷墟晚期及其稍后。东南青铜文化转入停滞时期，吴城文化衰落，马桥文化也去向不明，只有湖熟文化发生较大变化并延续下来。已知铜器不多，有的具有地方色彩的铜兵器等是否属于此期尚不能肯定，江西遂川县洪门寨皇旛提梁铜壶、可能属于马桥文化的浙江安吉县周家湾斝形鼎、甗、爵，上草楼四耳铜盂和上草楼矮枚铜铙等，应均属此期。

参考书目

高至喜：《论中国南方出土的商代青铜器》，《中国考古学会第七次年会论文集》，文物出版社，1989。

（孙 华）

Wucheng wenhua tongqi

吴城文化铜器

商代分布于江西赣江中下游地区和鄱阳湖西北地区一带的青铜文化的铜制器具。在技术上和艺术上皆脱胎于中原商文化，具有浓郁的中原式铜器的特征；但在铜容器的器类组合和附加装饰上，以及在铜乐器和工具的形制和纹饰上，又具有显著的南方式铜器的风格。是长江中下游地区最具代表性的商代铜器。

吴城文化是伴随着商文化的强盛而兴起，又伴随着商文化的衰退而衰落的与商文化有着密切关系的地方文化。该文化迄今分3期，年代上限可至商文化二里冈上层期，下限则已至殷墟后期（有的学者认为在西周后期）。中原商文化的青铜器冶铸工艺至迟在吴城文化兴起之初即传入江西，在清江县（今樟树市）吴城遗址第一期遗存中就发现有锋刃上翘的青铜刀和鸟形提手的青铜器盖。但当时铜器尚不普遍，数量少，未见大件容器发现。到吴城文化第二期时，该文化陡然繁盛，已知吴城文化铜器绝大多数均属此期，总数已达500件以上。分布地域扩大，除吴城遗址第二期遗存中有较多的矛、戈、刀等青铜器外，樟树市锄狮脑虎耳扁足铜鼎、都昌县大港连体甗等及著名的新干县大洋洲商墓铜器均属此期。其中大洋洲商墓铜器数量最多、种类最多、等级最高，堪称东南地区商代铜器群之冠。吴城文化第三期是该文化的没落期，已知铜器数量很少，大件容器仅在该文化分布区以南赣江上游的遂川县洪门发现铜卣和鼎各1件。这种现象或许与商、西周更替的历史背景有关。从历史文化背景和铜器所反映的文化面貌来看，吴城文化在某种意义上可以说是中原青铜文化系统的旁支，是商文化衍生出的地方青铜文化。

● 材质与工艺 吴城文化是一种比较发达的青铜文化，令人奇怪的是，从已检测的标本看，该文化铜器却主要是含铜量甚高的红铜。在已检测的6件铜器中，除樟树市横塘的2号扁足鼎含铜量较低（71.25%）外，其余的含铜量为92.81%～99.13%，含锡量和含铅量最高也不过1%，如有一件几乎为纯铜的铜斧，本来需要加入较多量的锡以提高硬度，却未这样做。这种现象估计是吴城文化分布区具有丰富的铜矿资源，而锡矿资源相对缺乏的矿藏情况所致。铸造工艺采用块范法，铸型喜用当地产的一种疏松易刻的红砂石，陶范相对较少。出土铸铜石范的遗址在吴城文化中分布较广泛，除吴城遗址外，在樟树市营盘里、筑卫城和樊城堆，以及平乐县凤凰山高岸岭、赣县官村圆背岭、永修县新祺周绍溪山、上高县中宅鹭鸶岭等地都有石范出土。这些石范不仅包括铸造钺、戈、镞、锛、斧、刀、凿等兵器和工具的范，还有铸斝这样容器的范。这说明吴城文化石范的使用范围较广，应与当地出产质地松软细腻石材的自然环境有关。吴城文化工匠已经掌握比较纯熟的铸铜工艺，制范较精细，合范也较准确，采用整体浑铸、分铸铸接等成型工艺，能够铸造出如大洋洲双层底铜方鼎、大洋洲四足鹿耳铜甗等技艺精湛、高大雄浑的铜器。

● 器类与组合 按用途可分像设、礼器、乐器、兵器和工具几种。铜像设只见双面神像和双尾卧虎（见大洋洲双面铜神像和大洋洲双尾铜卧虎），是具有原始宗教含义或图腾崇拜遗迹的铜制品。铜礼器如同中原系铜器以鼎为核心，但有不见于商文化的联裆鬲，它是仿自该文化陶鬲的制品。其他铜容器的形态与商文化同类器差别不大，但只见有鼎、甗、簋、豆、壶、瓿、罍、斝等器类，不见商文化最常见的觚、爵等饮酒器。铜乐器主要是铙和镈，铙与中原商文化及湖南皂市文化铜铙均不同，具有东南地区铜铙的鲜明特色（见吴城文化铜铙）；铜镈则为商代铜乐器中的惟一孤例，十分独特。兵器有戈、矛、勾戟、钺、刀、短剑、镞、胄等，其中形态古朴的直内长胡戈、勾戟和矛形短剑在迄今所见同类器中年代最早。在铜工具中，农具占有很大的比重，在大洋洲大墓就随葬有许多铜农具。农具大致可分为起土工具铧（？）、臿，中耕工具铲、镢、锄，以及收割工具镰、铚等种类。除铜铲和铚外，形制均为商文化铜农具所不见。吴城文化铜农具数量众多，器类齐全，为其他文化所罕见，为研究吴城文化社会经济状况提供了重要资料。

● 形态与纹饰 造型主要模仿商文化铜器。容器中铜鼎就有大方鼎、双层底方鼎、兽足圆鼎、锥足圆鼎、扁足圆鼎、鬲形圆鼎等多种样式；铜甗的鬲部为四足，铜鬲中有折肩联裆的形态；铜簋形态近似假腹豆，腹部很浅，似盘，并施商代前期铜簋特有的小双耳；铜豆整体形态接近商文化的白陶豆，但口沿却与吴城文化陶豆相似。兵器中铜矛的形制大致可分为短骹矛、长骹矛、柳叶形矛、四棱锥形矛等4类，后3类在其他文化中少见或不见，尤其是柳叶形矛，具有浓厚的吴城文化特色。铜戈出土较多，其形制有直内戈和曲内戈两大类，以直内戈占绝大多数。直内戈与商文化的直内戈相似，一般作窄长援，少量是三角形援，但有的直内戈在其内部装饰有人头像，比较特别；曲内戈较少，援作三角形，内成兽首状，制作较精致，恐非普通实用器。勾戟是戈与刀的合体，其形制为三角形长援，长方内，长胡二穿。铜钺有大小两类，大型钺的器形较常见，为宽身弧刃、长方形内，有的钺中部偏上饰一长方形镂孔，上下分别列有三角形利齿，镂孔周围则饰燕尾纹带；小形钺的器形与大型钺相似，只是较小且无镂孔。铜刀为翘首短柄刀，刀身较长，在商文化中较为常见，但有的吴城文化铜刀上还饰有吴城文化特有的燕尾纹，应是吴城文化仿商文化铜刀的制品。铜剑有长銎柄和短扁茎短剑两种，前者为矛形无格，如正塘山矛形铜短剑；后者有宽大的剑身和扁短的剑茎，如大洋洲大墓所出短剑。铜镞的数量最多，形制有长脊短翼镞、短脊宽翼镞、短脊窄翼镞、长铤单翼镞、长铤圆锋镞等多种。其中单翼镞却只见于吴城文化中，镂空翼的铜镞亦为不见于其他商代铜镞的

特殊形态。铜胄正面饰浮雕的兽面纹，顶部有装缨饰的圆管，形制与商文化铜胄基本相似。农具中铜犁呈等边的三角形，两侧薄刃；铜耒整体呈不规则叉状，椭圆形銎，双扁齿；铜耜平面呈等腰梯形，肩平齐，刃微弧，后有三角銎；铜铲一般呈宽体、弧刃、椭圆銎，与中原地区铜铲多为窄体、平刃、方銎有所不同。

铜器纹饰主要采自商文化，各种形态的兽面纹和夔龙纹被用作铜器的主题纹类。但装饰也有别致之处，其容器立耳上常有立体的虎、鹿等饰件，纹饰中有其他文化铜器罕见的人字纹（或称燕尾纹），连珠纹特别盛行，并有用连珠纹和凸线卷云纹构成主题纹样的做法。

● 年代与族属 吴城文化铜器的年代比较集中，主要属于吴城文化第二期前后。但关于吴城文化第二期的年代范围，由于对新干大洋洲铜器群年代认识的不一致，从而影响到对整个吴城文化铜器年代（尤其是年代下限）的认识。持大洋洲铜器群年代为殷墟晚期至西周早期的学者，对吴城文化年代下限的看法肯定就在殷墟晚期或西周早期以后；而持大洋洲铜器群年代为殷墟早期或殷墟中期的学者，一般将吴城文化的下限定为殷墟晚期。综合各方面材料分析，后一种推断的可能性应更大一些。

吴城文化铜器中有一尊颇大的双尾卧虎，铜容器立耳上也多见虎形饰，这可能同该文化人们的重虎习俗有一定关系。至于该文化铜器的族属，铜器本身未留下文字记录和其他标识。至于学术界所提出的扬越说、虎方说、勾吴说等推测，皆缺乏确证。从该文化所属的文化系统来看，它们应为百越中一支的遗存。

参考书目

彭适凡：《江西出土青铜器的分析与分期》，《中国考古学会第一次年会论文集》，文物出版社，1979。

李伯谦：《试论吴城文化》，《文物集刊》第3辑，文物出版社，1980。

江西省文物考古研究所等：《新干商代大墓》，文物出版社，1997。

（孙 华）

Wucheng wenhua tongnao

吴城文化铜铙

商代吴城文化的用于节制乐舞并具有某种礼仪意义的铜制器具。是吴城文化最具特色的铜器种类，以年代早、种类多及与大量年代明确的器物共存而得到学术界的重视，在商代铜乐器的发生、发展和演变的研究中具有重要地位。

长江流域及东南沿海地区是发现铜乐器众多的地区，但吴城文化出土的铜乐器在分布上和数量上均不及湖南及江浙地区的青铜文化，其铜乐器的发现总共不过3批，即1962年江西新余市主龙山出土铜铙1件，1974年湖北阳新县白沙公社刘荣山大队出土大、小铜铙各1件，以及1991年在江西新干县大洋洲商墓出土的1件铜镈和3件铜铙。这些铜乐器的出土地点，除刘荣山铙在吴城文化、商文化及皂市遗存交界处外，其余皆在吴城文化中心区。埋藏情况除大洋洲为墓葬外，其余均出自窖藏一类埋藏坑，与南方其他铜乐器的埋藏情况相同。铜乐器的体量，除靠近湖南地区的主龙山铜铙稍大外，其余均不太大，与湖南地区多大铙不同；在形制方面，也是除主龙山铙为有旋有枚的较晚形制外，其余铙均为无旋无枚的较早形制。铙以江浙型为主，近似湖南型的仅1件。据这些铜乐器的共存情况和数量关系分析，它们的功用与其他南方地区的铜乐器一样，主要不是为了演奏乐曲旋律，而是在于发出某种信号并起到一种表示节奏的作用。这与中原商文化的铜编铙有所不同。刘荣山和大洋洲铙的年代为殷墟早期，主龙山铙的年代为殷墟晚期，其中大洋洲牛首纹镈、刘荣山兽面纹铜铙的形制均十分古朴，在同类铜乐器中最为原始，它们为考察中国古代铜乐器的起源及流传等问题提供了重要线索。

在吴城文化铜乐器中，铙基本均属于典型的江浙系铜铙，类似的铙在浙江余杭县徐家畈、江苏江宁县塘东村、安徽潜山县等地都有出土。其基本形态为粗柱状柄、合瓦形身。

参考书目

罗泰（美）：《论江西新干大洋洲出土的青铜乐器》，《江西文物》1991年3期。

（孙 华）

Liurongshan shoumianwen tongnao

刘荣山兽面纹铜铙

商代前期吴城文化的铜制乐器。年代相当于商文化铜器分期中的第三期，即殷墟早期。1974年出土于湖北阳新县白沙公社刘荣山大队的一座小山顶部。现藏于咸宁地区博物馆。

甬部已残，铣间长21厘米、栾高18.8厘米、甬残长8.2厘米，重4.7千克。器表呈翠绿色。形制与江浙、湖南、中原3种铙均不相同，体如上大下小的合瓦。于部下凹，钲部不显，甬部如空柱，无旋。鼓部中央隐起状如平雕的兽面。主题纹样位于铙体的倒梯形凹区内，为目、额、鼻、眉、角俱全的大兽面；主纹突起，其上以阴线勾勒修饰，其下无地纹，比较特别。

刘荣山兽面纹铜铙

与该铙同时出土的还有属于典型江浙型的形体较小的铙（见刘荣山简化兽面纹铜铙），出土地点位于吴城文化、商文化和皂市遗存相交地带，更靠近吴城文化中心区，故应属于吴城文化的遗存。铙上兽面主纹为一个整体，形象尚未抽象和简化，其年代显然较早。皂市遗存的铙很可能就由这种形制的铙发展而来。

（孙　华）

Liurongshan jianhua shoumianwen tongnao

刘荣山简化兽面纹铜铙

商代前期吴城文化的铜制乐器。年代相当于商文化铜器分期中的第三期，即殷墟早期。1974年出土于湖北阳新县白沙公社刘荣山大队的一座小山顶部。现藏于咸宁地区博物馆。

刘荣山简化兽面纹铜铙

铣间长20厘米、甬残长7厘米、通高24厘米以上，重5.1千克。器表色泽翠绿。属江浙型铙，体如上大下小的合瓦形。于部下凹，钲中仅一道凸线，空柱状甬，甬上无旋。鼓部中央饰状如平雕的兽面纹。钲部随钲体作略凹的倒梯形，凹区四周以填有连珠纹的双阳线构成边框，中央以纵向阳线将凹区分为左右两区，区内以对称的阳线及凸目构成一完整的兽面主纹，主纹旁衬以连珠地纹。

该铙器小无旋，主题纹样分区不显著，兽面主纹整体性较强但主纹与地纹对比不强烈。这些与亦饰简化兽面纹的江西新干县大洋洲商墓出土的简化兽面纹铜铙相比，显得更为原始，其年代应当略早于大洋洲简化兽面纹铜铙，最晚也不过殷墟早期。它是长江流域迄今所发现的铜铙中时代最早的标本之一。

（孙　华）

Dayangzhou goulianleiwen tongnao

大洋洲勾连雷纹铜铙

大洋洲勾连雷纹铜铙

商代前期吴城文化的铜制乐器。年代相当于商文化铜器分期中的第三期，即殷墟早期后段。1989年由江西省文物考古研究所在新干县大洋洲商墓中发掘出土。现藏于江西省文物考古研究所。

铣间长32.5厘米、甬长19.5厘米、通高44.5厘米。体如合瓦形，器身矮短，于部下凹，周壁下收较急。甬呈圆筒形，上下大小相等，中空与体腔相通，无旋。铙体两面遍布阴线花纹，其间以两个阴线方框分为3区：框内（相当于后世钟的篆、枚部分）为主题花纹，其中心各突起一目，其余部分填以勾连雷纹；框外上端的鼓部饰卷云纹；框侧及框下饰勾连云纹。器表装饰颇为独特。

该铙形制古朴，主题纹样仅以二突目象征兽面，与周围纹饰无任何联系，十分别致。勾连雷纹虽常见于商代青铜容器上，但用于乐器上却仅此一件。

（孙　华）

〖吴城文化其他铜器〗

Dayangzhou shuangmian tongshenxiang

大洋洲双面铜神像

商代前期吴城文化的铜制像设。年代相当于商文化铜器分期中的第三期，即殷墟早期末。1989年由江西省文物考古研究所在新干县大洋洲商墓中发掘出土。现藏于江西省文物考古研究所。

大洋洲双面铜神像

通高52厘米。头部中空，两面相同。头长一对向外折卷的长角，角上饰云雷纹，双角间的正中有圆管，估计原来插有表示神性的饰件。脸呈上部略宽的长方形，面部为圆眼，尖耳，阔鼻，大嘴，露

齿，其下犬齿长且外卷，与人不同。头下有方銎，原来应装在一根木枋之上。

该像做成相同的双面，高插在木柱之上，可供人前后瞻仰。神像面目狰狞，特征鲜明，类似的形象在同时及以后的不同地区、不同文化的铜兵器上都可以见到。现藏于日本泉屋博物馆的神像纹铜建鼓、陕西城固县苏村神面铜像、湖北荆门市兵避太岁铜戈上的神像，其形态特征均与此有共同之处。此外，在同墓出土的一些铜戈的内部，以及东南地区其他地区出土的一些战国铜剑之上，也有简化的这种神像存在。根据兵避太岁戈的神像自名太岁，推测这类神像很可能都与太岁等战神或刑神有关，是古人崇奉且敬畏的大神形象。

（孙　华）

Dayangzhou shuangwei tongwohu

大洋洲双尾铜卧虎

商代前期吴城文化的铜制像设。年代相当于商文化铜器分期中的第三期，即殷墟早期。1989年由江西省文物考古研究所在新干县大洋洲商墓中发掘出土。现藏于江西省文物考古研究所。

大洋洲双尾铜卧虎

长53.5厘米、高25.5厘米。虎作半卧欲起状，张口龇牙，尤其突出两侧獠牙，突目粗眉，两耳耸立，粗颈，垂腹，脊背突出，后垂双尾，背伏一短尾鸟，尖喙圆睛。器物造型逼真，栩栩如生。虎背及四肢上部饰以阴线云雷纹，而四肢下部和双尾则装饰较具特色的燕尾状纹。

虎的造型在新干商墓中屡见不鲜，尤其是数件虎耳方鼎引人注目，而这件伏鸟双尾虎，较之那些装饰部件的虎而言，更有独到之处。它不仅造型巨大，长逾半米，而且形象十分生动逼真，半卧欲起状的虎，虎背上栖伏的小鸟，既有虎的威猛，又有小鸟的温顺可爱，同时给人一种“静中有动，动中有静”的意蕴。新干大墓出土器物中“多虎”造型的特色，或许反映了吴城文化的某种崇尚和信仰。而这件形象生动、器体巨大的伏鸟双尾虎，展现出吴城文化高度发达的青铜文化水平。

（孙　华）

Dayangzhou hu'er tongfangding

大洋洲虎耳铜方鼎

商代吴城文化的铜制食器及礼器。年代相当于商文化铜器分期中的第三期，即殷墟早期偏晚阶段。1989年由江西省文物考古研究所在新干县大洋洲商墓中发掘出土。现藏于江西省文物考古研究所。

大洋洲虎耳铜方鼎

口58厘米×49厘米、通高97厘米。口部近方形，斜沿成台阶状，厚方唇，沿面较宽，口沿上有直耳一对，耳上各卧一虎。腹部呈长方形，微内敛，下为中空圆柱足，足底微鼓。通体装饰极为繁密，唇沿饰独具地方特色的燕尾纹，四腹壁周边则以单排连珠纹为大框，内饰3层兽面纹：上层以高扉棱作鼻，由相向夔纹构成；中层以矮凸棱作鼻，以云雷纹构成双身尾上卷的兽面纹，周边又框以连珠纹；下层仅以卷云地纹作鼻，由相向夔纹构成。每层兽面纹的两侧还各有一夔纹，均为臣字目，眼珠突出。足部则饰外卷角的突浮雕式兽面纹，作鼻的扉棱尤为突出。

虎耳鼎是吴城文化中较为常见的一种鼎。与该鼎形制相似、年代相同的还有出土于江西樟树市的铏狮脑虎耳扁足铜鼎。同墓中亦出土有类似的鼎多件，可见伏虎耳的做法是吴城文化铜鼎的一大特色。在装饰风格和形制特点上，该鼎与河南安阳市殷墟妇好墓出土的小铜方鼎及河南温县出土的带“徙”字铭文的方鼎大体相似，如折成台阶状的口沿，呈长方形的口腹，且长大于宽，装饰中特别突出作鼻的扉棱和足部突浮雕式兽面纹，这些特点都显示出殷墟早期的作风。吴城文化能铸造出这样造型生动、工艺复杂精美的铜器，表明它具有和中原地区相媲美的青铜文化水平。

（孙庆伟）

Dayangzhou shuangcengdi tongfangding

大洋洲双层底铜方鼎

商代前期吴城文化的铜制食器。年代相当于商文化铜器分期中的第三期，即殷墟早期末。1989年由江西省文物考古研究所在新干县大洋洲商墓中发掘出土。现藏于江西省文物考古研究所。

口21.4厘米×18厘米、通高27厘米。平面呈短长方形，直耳微侈，阶状口沿，腹壁稍斜，双层平底，两层底间的一面腹壁辟有一扇小门。

四足粗短，上部略粗。腹壁上部和周边饰兽面纹和云目纹，足上部饰兽面纹。

该鼎底部设带门的夹层，可以用来加温保热，这种设计在商至战国时期方鼎中仅此一件，异常独特。

（孙 华）

大洋洲双层底铜方鼎

Chushinao hu'er bianzu tongding

锄狮脑虎耳扁足铜鼎

商代前期吴城文化的铜制食器及礼器。年代相当于商文化铜器分期中的第三期偏晚阶段，即殷墟早期偏晚阶段。1975年发现于江西清江县（今樟树市）三桥公社横塘大队名锄狮脑的小丘上。现藏于樟树市博物馆。

锄狮脑虎耳扁足铜鼎

口径20厘米、通高29厘米，重3.2千克。斜折沿，方唇，立耳，耳上各立一虎。鼎腹呈浅盆形，圜底，腹中两足间有等距的3个短扉棱。扁足亦作虎形，虎头上顶器底，尾部向下外卷，给人以优雅稳定之感。器表满布纹饰：耳上虎身和鼎足虎身均饰云雷纹，器身肩、腹部以扉棱为中心饰3组兽面纹，其上下并各界以一道连珠纹。花纹风格与早期商文化铜器相同。

扁足鼎常见于中原商文化中，也是吴城文化的常见器类，仅在新干县大洋洲大墓中就出土有数件。该鼎耳上饰立虎，扁足作虎形，与大洋洲虎耳扁足铜鼎一样同为吴城文化扁足鼎的特征。它是以商文化因素为主体并以吴城文化因素为附饰的作品。

（孙庆伟 孙 华）

Dayangzhou lixing tongding

大洋洲鬲形铜鼎

商代前后期之际吴城文化的铜制食器及礼器。1989年由江西省文物考古研究所在江西新干县大洋洲商墓中发掘出土。现藏于江西省文物考古研究所。

大洋洲鬲形铜鼎

口径17.6厘米、通高27.3厘米。侈口，高束颈，双立耳，分裆明显，腹部实为三袋足合成，下部为实心柱状足，微向外撇。器体口沿部素面无纹，颈部饰一周鱼带纹，腹部以云雷纹作地纹，饰3组浮雕式曲折角兽面纹，兽面纹以勾连扉棱作鼻，躯干各部位不相连，即形成所谓分解式兽面纹，并突出其眼部。在浮雕式的各部位上还饰以阴线的雷纹，同时穿插乳钉纹。另外，在每组兽面纹的两侧还各饰有一夔龙纹，身尾上竖，呈倒立状。柱足部分素面无纹。

鬲形鼎在中原地区较为少见，河南安阳市殷墟小屯188号商墓出土的鼎是殷墟所见较早的一件分裆鬲形鼎，其束颈，鼓腰，分裆，柱状足。另外，殷墟妇好墓出土的一件分裆鼎，其形制与188号墓出土铜鼎形制相似。小屯188号墓和妇好墓年代均在殷墟中期，其中小屯188号墓为殷墟中期偏早。该鼎与殷墟出土这2件鼎相比，束颈明显，三足呈锥状足向柱状足过渡状，足也较矮且向外撇。这些特征说明它早于殷墟出土的2件分裆鼎，装饰风格也具有殷墟早期的作风。

（孙庆伟）

Dayangzhou sizu lu'er tongyan

大洋洲四足鹿耳铜甗

商代前期吴城文化的铜制食器及礼器。年代相当于商文化铜器分期中的第三期，即殷墟早期。1989年由江西省文物考古研究所在新干县大洋洲商墓中发掘出土。现藏于江西省文物考古研究所。

大洋洲四足鹿耳铜甗

口径61.2厘米、通高105厘米，重78.5千克。为圆形四足连体型，甑、鬲连体，且甑部大于鬲部，甑体深削，鬲部则为四柱足。甑部口沿平折，沿唇较宽，其上饰三角形云纹。口沿上设立耳一对，饰独具特色的燕尾形纹，两耳上各有一圆雕状的回首小鹿；甑颈部饰四组兽面纹，其间以突扉棱相隔，兽面纹带的上下还饰以圈带纹；鬲部通体饰以高扉棱鼻的兽面纹4组。其中以角、眼、鼻部分最为突出显著，其余部分则与衬托纹样分界不明显，但整个画面整齐雄劲。

甗是商周时期常用的一种炊器，有三足、四足之分，而以三足甗居多，四足甗则多为方甗，如叔硕父方甗和河南新郑出土的窃曲纹方甗，均年代较晚。从其整体形态来看，该甗与殷墟中期偏早的河南安阳市殷墟武官村1号墓铜甗有几分相似；从其装饰手法看，该甗动物纹样突出角、眼、鼻部位，并且多用窄而短的扉棱和造型生动的立体饰件（如耳部的小鹿），这些特征都是中原地区殷墟早期时期所流行的做法。该甗是迄今所见最大、最精美的商代铜甗，而且制作工艺精良，浑厚凝重，集中展现吴城文化高度发达的青铜工艺水平。（孙　华）

Dayangzhou jiafu tongdou

大洋洲假腹铜豆

商代前后期之际吴城文化的铜制食器。年代相当于商文化铜器分期中的第三期，即殷墟早期。1989年由江西省文物考古研究所在新干县大洋洲商墓中发掘出土。现藏于江西省文物考古研究所。

口径15厘米、高13.4厘米。属假腹豆，折沿，厚方唇，豆盘较浅，假腹，喇叭状粗圈足。器口部及颈部素面无纹，豆盘内壁饰一周斜角式云纹，中心部位饰一圆涡纹。腹部饰3组内卷角兽面纹，鼻左右各饰一刀状羽形纹，方形目。圈足上部也饰内卷角的兽面纹，角两侧各饰两组羽形纹，并以扉棱作鼻，圈足下部饰以2道凸棱纹及等距的十字形镂孔3个，圈足下部饰云雷纹，间有3个等距的扉棱。整器给人以造型厚重质朴之感。

商文化铜豆罕见，新干大墓中亦仅出土这一件铜豆。从器形上看，它与江西樟树市吴城遗址一期文化中出土的高圈足假腹陶豆相同，与河南郑州市二里冈上层出土的陶豆也相类似，具有较早的时代特征。但从装饰纹样上看，又具备典型的殷墟早期作风。这种古朴的造型和清新纹样的结合，正反映了同一文化在不同发展阶段上的延续性和创造性。（孙庆伟）

大洋洲假腹铜豆

Dayangzhou guxing tongzan

大洋洲觚形铜瓒

商代前后期之际吴城文化的铜制酒器。或称带柄觚。年代相当于商文化铜器分期中的第三期，即殷墟早期。1989年由江西省文物考古研究所在新干县大洋洲商墓中发掘出土。现藏于江西省文物考古研究所。

口径13.2厘米、通高16.5厘米。形如周壁内曲的圆筒，口底外侈，腰部内收，器底位于腰下，其下周壁设十字形镂孔。在圈足的后壁有上翘的扁平宽柄。下腹及圈足各饰云目纹一周，其间为两圈凸旋纹。

瓒是盛酒以“以肆先王，以祼嘉宾”的礼器（《周礼·春官·典瑞》）。该瓒是已知年代最早的铜瓒，其器身与陕西长安县张家坡所出的觚形瓒相似，但后者器柄上部向后折转，为典型的周文化铜瓒的形制，它们表现出铜瓒演变的轨迹。（孙　华）

大洋洲觚形铜瓒

Dayangzhou siyang tonglei

大洋洲四羊铜罍

商代前期吴城文化的铜制酒器。年代相当于商文化铜器分期中的第三期，即殷墟早期。1989年由江西省文物考古研究所在新干县大洋洲商墓中发掘出土。现藏于江西省文物考古研究所。

大洋洲四羊铜罍

口径40.8厘米、通高60.5厘米。为短腹高圈足型，造型与瓿有几分相似，折沿方唇，颈部高直，折肩较广，肩上饰两两相对的高浮雕状的4羊首。斜直腹，中施4道窄扉棱，腹下圆转接底，圈足高且外侈，上设4个等距的十字形穿孔。器颈饰旋纹3道，肩饰4组兽面，腹以雷纹为地，上施眼、鼻、眉、角凸起的简体兽面纹，圈足除2道旋纹外，另有4组细线组成的兽面。

该罍体形高大，雄浑古朴，除口部不往外侈这一点外，其余形制皆与同时期南方地区的铜尊非常接近，具有一定的南方地区特色。

（孙　华）

Dayangzhou tiliang tongfanghu

大洋洲提梁铜方壶

商代前后期之际吴城文化的铜制酒器。年代相当于商文化铜器分期中的第三期，即殷墟早期偏晚阶段。1989年由江西省文物考古研究所在新干县大洋洲商墓中发掘出土。现藏于江西省文物考古研究所。

大洋洲提梁铜方壶

口径7.3厘米、腹宽11厘米、圈足径8.3厘米、通高27.8厘米。圆敞口，带盖，盖顶饰一蟠蛇钮，颈部细长，斜肩，肩两侧置扁平提梁，提梁两端铸以龙首，盖部的蟠蛇钮与其一侧提梁相连；腹呈方形，四面中央各开一长方形孔，互相通连，水平断面呈十字形，腹下为圆形镂空高圈足，略向外撇。器体遍饰花纹，其中提梁上饰以排列整齐有序的燕尾纹，盖、颈和肩、腹部则满饰细线条的兽面纹，均以云雷纹作地。但因主纹均为细线条，铸纹细浅，故和底纹对比不突出。只有作乳丁状的眼部，作短窄凸棱的鼻部较为突出显著；圈足部分素面无花纹，以对称的镂孔为装饰。整体构思精巧，工艺精良。

该壶的造型与河南安阳市殷墟小屯331号商墓出土的提梁方壶十分相似。另外，其以细线条云雷纹为地纹的“浅浮雕”装饰手法，主纹的动物纹样突出双目与鼻梁，以及身尾与底纹相结合等特征，都显示出殷墟早期的装饰特征。而“燕尾状”纹的装饰，又显示出吴城文化的自身特色。

（孙庆伟）

Hongmen xianhuangqi tiliang tonghu

洪门寰皇旛提梁铜壶

商、西周之际吴城文化或与吴城文化密切相关的青铜文化中的中原系铜制酒器。因上有“寰皇旛”的铭文而得名。1975年发现于江西遂川县泉江镇牧江公社的洪门。现藏于遂川县文物保管所。

洪门寰皇旛提梁铜壶

口径15厘米～18厘米、腹径23厘米～27厘米、足径15厘米～17.6厘米、足高6.5厘米、通高39厘米，重10千克。器表铜色碧绿，精美异常，属椭圆粗矮式。上带盖，盖如椭圆形屋舍，顶施六瓣蘑菇状钮。器身直口，斜颈，颈倒安半环形钮与提梁相连，提梁两端做成兽首；斜肩，垂腹，两段式高圈足。在壶身四面中线上，从上至下均设扉棱，其间器身表面布满纹饰：钮饰阴线蝉纹，盖顶和腹部为大兽面纹，盖壁及圈足饰两两相对的夔龙纹，颈饰凤鸟纹，提梁上面饰相对的龙纹，底面则饰以重环纹，所有凸起的动物纹样都以云雷纹衬底。盖及器底有族名文字“寰皇旛（器）”，其中寰字还套以亚字型符号。

该壶制作精致，品级很高。从形制、纹饰和铭文分析，它应当是中原地区铸造的器物。遂川位于江西南部的赣江上游，已在中原青铜文化系统分布区之外，中原的贵重铜器在这里出土，很可能与商、西周之际的政治变动所带来的古族迁徙或者与西周初周人经営南方的活动有关。

（孙　华）

Dayangzhou niushouwen tongbo

大洋洲牛首纹铜镈

商代前期吴城文化的铜制乐器。年代相当于商文化铜器分期中的第三期，即殷墟早期后段。1989年由江西省文物考古研究所在新干县大洋洲商墓中发掘出土。现藏于江西省文物考古研究所。

铣间长26.4厘米、通高33厘米。平面呈扁圆形，立面呈短梯形。舞上有拱形钮。周壁向下斜侈，口沿平齐。舞部近铣处各有一立体小鸟，两铣有相连的卷尾形扉棱。镈体两面周边以燕尾纹带为框，其间中央偏下为浮雕状牛首形兽面主纹，牛角弯曲近圆形，其内饰燕尾纹围绕的圆涡纹。牛首两旁及上面，各有一对简化夔龙纹，其间填以云雷纹地。地纹线条粗放且突起，与主题纹样的某些线条（如牛首纹的双耳）几不可分，是商文化殷墟早期铜器花纹流行的纹饰做法。

该镈是中国已知年代最早的铜镈。在它出土以前，一般以商代后期的美国赛克勒所藏铜镈和北京故宫博物院所藏铜镈为最早。该镈年代最早且明确，装饰又富有特色，花纹中吴城文化特有的燕尾纹说明它为江西本地的产品。它为研究镈钟这类乐器的起源和演变提供了重要线索。

参考书目

罗泰（美）：《论江西新干大洋洲出土的青铜乐器》，《江西文物》1991年3期。

（孙 华）

大洋洲牛首纹铜镈

Wangjiazui yunleiwen tongjiangu

汪家嘴云雷纹铜建鼓

商代前期吴城文化的铜制乐器。年代相当于商文化铜器分期中的第三期，即殷墟早期。1977年发现于湖北崇阳县白霓乡新堰村汪家嘴。现藏于湖北省博物馆。

通高75.5厘米，重4.25千克。属建鼓中的足鼓类，明显是仿自皮木质地的建鼓而来，由鼓首、鼓身和鼓座3部分组成。鼓首铸接于鼓身上部正中，呈上大下小、两端翘起的枕状；鼓身如两头被切去的橄榄，上宽下窄，鼓面呈椭圆形；鼓座平面作长方形，四面中部开启，使座呈现四足的模样。鼓表除鼓面为素面外，其余部分均饰花纹：花纹以云雷纹为主体，鼓身两侧的云雷纹组成不甚明显的兽面，鼓身靠近鼓面处又饰以3列乳钉纹。

建鼓是商至战国时期黄河流域最主要的鼓的形制，它是以木为腔，以皮蒙面的横置双面大鼓的通称。据其放置方式，建鼓也有足鼓、悬鼓等不同名称。由于木皮制的建鼓易腐烂，中原地区又无用铜铸鼓的习俗，故迄今中原地区尚未发现铜制建鼓。但在长江以南，用铜仿制的建鼓却已发现了不止一例。现藏于日本京都泉屋博古馆的一面铜建鼓，其鼓形与该鼓相似，纹样也具南方特色，它的出土地点应当与该鼓同在一个文化大区。此外，在福建闽侯县的黄土仑遗址中也曾出土过一面与上述两鼓形制相似的仿铜陶建鼓。以上3面铜或仿铜的建鼓，它们均出土于南方地区，年代又都早于华南地区的立置单面铜鼓，故引起研究者的关注。

（孙 华）

汪家嘴云雷纹铜建鼓

shenxiangwen tongjiangu

神像纹铜建鼓

商代后期吴城文化铜制乐器。出土地点和时间均不详。是罕见的中国先秦时期铜制双面鼓，也是少有的以全身神像为纹饰的商代铜器。现藏于日本泉屋博古馆。

通高82厘米。为足鼓类，仿自横置的皮木鼓，惟上缘较下缘略长，2个圆形鼓面上铸出鼍皮鳞片的形状，鼓身两端还各铸3列乳钉纹。鼓身之上有后部相连的翘尾立鸟，下部有外撇的4矮足，4足间的底部不封闭。鼓身纹饰独特，除上方在觚形纹带组成的方框内饰有云雷纹地的兽面纹外，两面主题纹饰各为一头长双角、两手如翼的蹲坐神像。神像为男像，均作双目圆睁、呲牙咧嘴之形。神像周围还环列龙、鸟、鱼等形象，并衬以云雷地纹。

该鼓的神像面目奇丑，类似的神面在先秦时期兵器及军乐器上较为常见。它应当是与战争有关的某种神祇。在所有这类神像中，以该鼓上的神像表现得最为全面，刻划最为细致，是研究这类神像的功用和名义的最重要的材料。

（孙 华）

神像纹铜建鼓

Zhengtangshan maoxing tongduanjian

正塘山矛形铜短剑

商代前期偏晚阶段吴城文化的铜制兵器。年代相当于吴城文化二期，即殷墟早期。1976年出土于江西清江县山前公社吴城遗址南面的正塘山。现藏于樟树市博物馆。

正塘山矛形铜短剑

全长37厘米。剑形如矛，故旧称矛，柳叶形剑身，锋部尖锐，刃锷明显，后部急收。无格，椭圆形，长剑茎，剑身宽大，向前斜收，直抵剑锋刃内缘。茎部前后各有箍状凸棱一周，其间饰凹旋纹相间的云雷纹3组。该剑的造型和纹饰与浙江黄岩市小人尖土墩墓出土的西周有翼短剑非常相似，是中国东南地区已知年代最早的青铜短剑，为追溯吴越青铜剑的渊源提供了重要线索。

（孙 华）

Dayangzhou shangmu tongqi

大洋洲商墓铜器

吴城文化典型铜器群。1989年由江西省文物考古研究所在新干县大洋洲一沙丘内的墓葬中清理出土。共出土铜、玉石、陶瓷、骨等类遗物1900余件，其中铜器达480余件。铜器中有礼器54件，兵器273件，工具132件。该铜器群不仅加深了对吴城文化的认识，而且对整个长江流域商周铜器的研究提供了重要材料。

铜器中礼器有鼎、鬲、甗、簋、豆、瓒、罍、瓿、壶，其中以鼎数量最多，达31件。这些礼器多高大精细，高大雄伟者如虎耳大方鼎高97厘米，重49千克；鹿耳四足甗高105厘米，重78.5千克；精致巧妙者如双层底方鼎、提梁方壶等。这在同时期中原商文化中都是很罕见的。铜乐器有铙3件和镈1件，其中铜镈在中国出现最早，它和铜铙在中国铜制打击乐器的发展演变研究中具有重要意义。铜兵器有戈、矛、勾戟、钺、刀、剑、匕首、镞、胄等。铜矛数量及种类均较多，其中带镶嵌绿松石燕尾纹的柳叶形矛具有浓厚的吴城文化特色。铜戈以直内戈为主，有的直内戈内部装饰有人头像，这与大洋洲双面铜神像相近，应均为兵神一类图像。曲内戈内呈兽首状，眼部饰以绿松石，制作较精致，恐非普通实用器。铜兵器中最值得注意的是几件形态古朴的直内长胡戈和勾戟，长胡铜戈在商文化中见于殷墟晚期，而在长江流域除大洋洲以外，也见于同时期的陕西城固县苏村铜器群中，因此有的学者提出了长胡戈可能最早出现在长江流域的推测；勾戟是戈与刀的合体，中原地区只在西周时期的遗存中才有发现，该勾戟则是同类器中年代最早的一例。铜镞数量最多，形制也较复杂，其中单翼和镂空翼的铜镞颇有特色。铜胄仅一件，呈圆顶帽形，两侧及后部略有下伸，中部起一纵向的高脊棱，正面饰浮雕兽面纹，顶部一圆管，用以安装缨饰，形制与商文化铜胄基本相似。铜工具有铧、臿、铲、镰、铚等，总数达20余件。犁、耜、臿等农具的銎部分别为钝角三角形、椭圆形、方形，这显然是为了便于安装不同形状的木柄；镰、铚上则分别设穿，也是为了系绳捆扎柄把。从一些器物上留有明显的使用痕迹来看，如耒的齿部磨损严重，说明它们大都属于实用器。但从另一方面看，这些农具中有的饰有精美的纹饰，如铲上的双目纹，犁上的云雷纹和目纹，耜两面饰卷云、双目纹组成的简体兽面纹；此外，犁、耜等农具出土时，器身上尚留有明显丝织物包裹痕迹，显见其珍贵程度。故有的学者认为部分农具不是普通实用器而是“典礼用器”。事实上，农具和新干大墓中诸多青铜礼器一起埋葬，这本身就说明这些农具具有特殊的地位。农具中最值得注意的是铜铧、耒、耜和镰。铧呈三角宽体式，两侧薄刃，正面中部拱起，形成截面为三角形的銎部，这种形制和后代铜犁乃至铁犁的前部基本相似。铜耒整体呈不规则叉状，椭圆形銎，双扁齿。在大洋洲商墓铜器群发现以前，铧仅见于春秋、战国时期以后，铜耒也仅见西周时期的一件遗物，该铜耒的出土将这两类农具的年代提早到了商代。

大洋洲商墓铜器群是长江中、下游地区已发现的数量和种类最多的铜器群，该铜器群中原系与南方系铜器共存，铜器与陶、瓷器等共存，以及铜器群中新颖别致的器物，为认识吴城文化的年代、商代南方铜器及商文化与吴城文化的关系等提供了十分珍贵的资料。考古学家对大洋洲铜器群的年代、文化结构、埋藏性质、国别族属等问题进行了讨论。尤其是该铜器群的年代问题，目前学术界有商代殷墟早期、殷墟中期、殷墟晚期至西周早期、西周中期等多种意见。从各方面的情况综合分析，当以第一种意见的可能性较大。

参考书目

江西省文物考古研究所等：《新干商代大墓》，文物出版社，1997。

（孙 华 孙庆伟）

Hushu wenhua tongqi

湖熟文化铜器

商代前后分布于江苏和安徽南部青铜文化的铜制器具。对于这种文化，一般多将其归入湖熟文化之中，也有的学者将其早期另命名为“点将台文化”。或将湖熟文化的下限一直下延至春秋、战国时期。就已有材料看，这种文化与西周至战国时期该地区青铜文化有着相当大的差异，商代前后的湖熟文化应当与其后继文化区别开来。湖熟文化铜器数量虽不很多，但却是该地区最早的青铜器，是该地区以后青铜文化铜器制作技术的基础。

● **发现与认识** 在1955年～1958年对江苏南京市的北阴阳营遗址的4次发掘中，于遗址第2、3层中出土铜斧、矛、刀、镞、钻、鱼钩等小件铜器17件。1956年～1957年南京市锁金村遗址又出土属于该文化的铜刀、镞、鱼钩等。基于这些发现及其他一些材料，1963年，曾昭燏、尹焕章等详细论述包括该文化在内的江南青铜文化的铜器冶铸技术是由中原地区传来的观点。20

世纪80年代后，随江苏句容县城头山和白蟒台、江宁县点将台、丹徒市赵家窑团山等遗址的发掘，前湖熟遗存与湖熟文化的区别逐渐为人们所认识，不少学者开始主张，原先统括在湖熟文化中的遗存至少应以西周早期为界分别为两种文化而单独命名。由于前湖熟遗存时空范围的日益明确，一些非考古发掘出土的大件铜容器也可归属前湖熟遗存的范畴。如江苏溧阳县的铜爵和尊，江宁县的三羊瓿、江宁县塘家村的铙，安徽铜陵县西湖乡的爵和斝等。这些使人们对湖熟文化铜器的工艺水平和与中原商文化关系的认识更为深入。

● **技术与工艺** 湖熟文化分布区内的皖南地区有着丰富的铜矿资源和铜矿开采的悠久历史。在江苏句容、溧阳、溧水和江宁县等中心区也有古铜矿的记载和铜矿石的埋藏。在湖熟文化遗址中，铜器冶铸遗存相当普遍，在不少遗址都出土有铜矿石、铜炼渣，以及炼铜的陶钵和浇灌铜液的陶勺。这些炼铜的工具与中原商文化等不同，具有显著的地方特点。根据对南京市北阴阳营遗址出土的小件铜器的光谱分析，这些铜器的主要成份是铜，其次是锡和铅，属于青铜制品。铜器的铸造采用中原地区常见的范铸法，制范材料从同时期邻近的吴城文化和以后本地区青铜文化多用石范的情况分析，可能也是容器等用陶范而兵器、工具等用石范。造型和铸造工艺与中原商文化相同。

● **器类与形制** 容器不多，只有爵、斝、尊、瓿4类。这些容器形制和纹饰与中原同类铜器相同，仅江宁三羊铜瓿形似罍，颈和腹部较长，兽面纹双角高而唇宽，稍有南方商文化铜器的色彩。铜乐器仅发现江宁县塘东村铜铙1件。该铙为直甬无旋式，每面分为两个纹区，各区突起一目组成兽面，兽面纹的线条，如突起的藤蔓，其间填以连珠地纹，形制与属于吴城文化的江西新干县大洋洲商墓出土的一件铜铙非常相似，具有鲜明的东南地区文化色彩。兵器种类很少，除南京市北阴阳营遗址出土的残铜矛外，只有铜镞1种。镞均作短铤双翼式，数量较多，仅在北阴阳营就出土55件。铜工具有斧、刀、钻、鱼钩等。斧身较短，方銎，亚腰，阔刃，与该文化石斧形制相同。刀均窄长柄，宽刀身，有凸背垂锋和凹背翘锋两型。鱼钩比较普遍，这与当地多水的地理环境和渔猎发达的经济形态紧密相关。

● **分期与年代** 就已有材料，可分为3期：①早期，年代相当于商文化铜器分期中的第二期，即二里冈上层期，以北阴阳营遗址第3层为代表。这时冶铜工艺已被该文化普遍掌握，不少遗址均发现有铜器冶炼遗迹和遗物。但只发现刀、钻等类工具，尚无大件铜容器发现。②中期，年代相当于商文化铜器分期中的第三期、第四期，即殷墟早中期，是前湖熟遗存铜器制作技术迅速发展的时期，以丹徒县赵家窑团山遗址第10层为代表。除小件铜器外，还包括安徽南陵县西湖乡的铜爵和斝，江苏江宁县三羊瓿和江宁县塘东村的铜铙。西湖乡的爵和斝形制与纹饰均为商文化殷墟早期流行的作风，而江宁三羊铜瓿和塘东村铙则更像是殷墟早中期之际的作品。③晚期，年代相当于商文化铜器分期中的第五期，即殷墟晚期及西周早期，以南京市北阴阳营第2层为代表。小件铜器种类较多，江苏溧阳县夏村的爵和尊也属于此期。湖熟文化晚期以后，周文化开始对江南地区影响强烈，以土墩墓铜器为代表的青铜文化铜器开始出现。

参考书目

曾昭燏、尹焕章：《江苏古代历史的两个问题》，《江海学刊》，1961年12期。

高至喜：《论中国南方出土的商代青铜器》，《中国考古学会第七次年会论文集》，文物出版社，1992。

（孙　华）

Jiangning sanyang tongbu

江宁三羊铜瓿

商代前后期之际湖熟文化的铜制酒器。1973年在江苏江宁县征集。现藏于南京博物院。

口径24厘米、通高28.6厘米。大口，短折沿，短直颈，斜肩折转，斜腹直壁，圈足外侈。肩上饰凸起的3羊首，其间有短扉棱，其下腹壁相对处也各有较长的扉棱一道，圈足上端设3个方形镂孔。肩饰6只大首虺纹，腹饰3个大兽面纹，圈足饰6个云目纹。该瓿造型介于通常所谓折肩罍与瓿之间，纹饰既有商代前期特点的兽面又有商代后期细密的地纹，整体造型模仿中原商文化同类器物，但扉棱又具有鲜明的南方青铜器的作风。它是殷墟早、中期之际前后湖熟文化模仿商文化铜器所制作的，是少见的湖熟文化铜容器。（孙　华）

江宁三羊铜瓿

Tangdongcun shoumianwen tongnao

塘东村兽面纹铜铙

商代前后期之际前湖熟文化的铜制乐器。年代可能早到商文化铜器分期中的第三期，即殷墟早期。1974年出土于江苏江宁县横溪公社许村大队塘东村后的一座土岗顶部。现藏于南京博物院。

铣间长46厘米、甬长19.5厘米、通高46厘米，重32千克。色泽翠绿。为无旋江浙型，身如合瓦，断面呈六边形。器身较短，于部微凹，柱形甬中空与身腔相通，无旋。器身两面有2个长方形凹区（相当于后世钟的篆、钲部分），其内中央各突出一目，并以凸起如卷曲的细阳线构成角、眼、耳、嘴角等，周围遍施连珠纹（圆圈纹）为地，使之整体组成一抽象的兽面纹；在鼓部中段饰一阴线的兽面，两凹区之间（相当于后世钟的钲部）、两边及下端，均以阴线的卷云纹为饰。纹饰的阴、阳对比鲜明，且均由流畅如藤蔓的细线组成，达到很好的艺术效果。

塘东村兽面纹铜铙

该铙的色泽、形制和花纹都与江西新干县大洋洲大墓的一件铜铙非常相似，大小也相差不多，它们很可能是同一时期、同一地点的产品。两件铙的断面均近六边形，这为其他铜铙所不见；藤蔓状线条的兽面纹也极为罕见。它是商代前后期之际东南地区短暂使用过的铜铙样式。（孙　华）

Maqiao wenhua tongqi

马桥文化铜器

浙江、上海及江苏太湖以东地区出土的夏代后期及商代铜制器具。这一地区商代前后的考古学文化面貌尚不十分明朗，迄今只知龙山时代这里曾分布着极为繁荣发达的良渚文化。良渚文化衰落后，中原青铜文化开始影响到这一地区，中原的铜器冶铸技术也随之传入，先后出现以本地文化为主体并融汇中原二里头文化和山东岳石文化因素的马桥文化（浙江的高祭台类型遗存可归入此文化），以及在本地土著文化基础上发展起来的早期土墩墓遗存。马桥文化的年代范围、分期等问题目前尚未解决，商代后期浙沪地区的文化遗存是否属于马桥文化的范畴，也还不能确定，商代前后马桥文化分布区出土的铜器又大都是零星出土，埋藏情况及共存关系多不清楚，文化归属难以确知，故暂将此地区的商代前后铜器统归入马桥文化之中。

● **发现与认识** 浙沪地区铜器的出现可追溯到夏代晚期。上海马桥遗址第四层遗存中已发现刀、凿、镞等铜器；浙江淳安县进贤遗址的马桥文化堆积中也出土有小件铜器；浙江嘉兴市雀幕桥遗址上层还发现有冶铸铜器留下的铜渣。这些铜器均为小件工具，含杂质较多，技术水平不高。商代前期偏晚阶段以后，浙沪地区在中原商文化先进铜器冶铸工艺的影响下，制铜业迅速进步，已铸出大件青铜容器、乐器和兵器，形成既与中原商文化有一定联系又有鲜明地方特色的铜器风格。属于这一时期的铜器基本上都出自浙江，计有长兴县杨桥叶脉纹铜钺、杨湾村倒山字格短剑、长兴港倒山字格短剑和长援直内刍胡戈、上草楼村四耳盂及短枚铙，湖州市袁家汇直内宽援戈和直内斧及在湖州市捡选的凸缘透孔钺，安吉

长兴县杨桥叶脉纹铜钺

县周家湾斝形鼎、觚、爵和案足，余杭县徐家畈兽面纹铙，海盐县东厨舍村铜甗（仅存鬲部），以及在金华市捡选的铜铙。这些出土铜器的地点大都在钱塘江北的嘉兴地区，尤以天目山西北、太湖西南的一隅分布最密集，数量最多。显然，浙江一带青铜工艺所受中原商文化的影响是通过宁镇地区的湖熟文化而间接传入的。

● **分期与年代** 大致可以分为3期：①早期，年代相当于商文化铜器分期中的第一期、第二期，即二里头文化第四期和商文化二里冈上层期。仅见刀、凿、镞等小件铜器，无铜铙发现。②中期，年代相当于商代中原铜器分期的三期、四期，即殷墟早中期。开始出现大件铜器，包括徐家畈兽面纹铜铙和金华连珠地兽面纹铜铙、杨桥半圆形刃直内铜戈、杨湾村倒山字格铜短剑等。③晚期，年代相当于商文化铜器分期中的第五期，即殷墟晚期，有的铜器年代可能已晚至西周时期。大件铜器数量增多，包括有上草楼和深泽的短枚有旋铜铙、上草楼四耳铜盂、周家湾斝形铜鬲，以及长兴巷微胡长援铜戈和倒山字格三角援铜剑等。

● **结构与族属** 铜器特征比较显著，按文化因素可分为中原、东南、浙沪和融合四组。纯粹的中原系铜器数量不多，只有周家湾铜觚和爵，它们是中原输入或在本地仿制的铜器。东南系铜器为东南地区几何印纹陶分布区诸文化所共有的因素，该文化中的铜铙均可列入此组。浙沪系铜器，如倒山格剑，剑形制作成三角形剑身，格两端及中央后凸如倒山字，后接圆形突援的圆茎，茎上布卷云纹。其形制为其他文化所不见，极富特色，应是该文化的人们独自创造制作的。融合系铜器指具有两种或两种以上文化因素的铜器。如杨桥半圆刃直内钺，其后部形制为中原式的，前部形制为南方式的，而凸阳线的叶脉纹和斜格纹则显然仿自东南地区几何印纹陶的花纹；上草楼四耳铜盂的形态及纹饰虽然具有本地特征，但器内用龟纹则完全仿效中原；周家湾甗形铜鬲的情况与上草楼四耳铜盂相

同，也属于融合式铜器。

浙沪地区在西周、春秋及战国时期属越国的疆域。越是一个古老的族称，《史记·越王勾践世家》称越王之先祖为“禹之苗裔，而夏后帝少康之庶子也”。马桥文化的族属也应为越人。古代越人种姓繁多，号为“百越”，据考古学研究，历经夏、商、西周三代的东南地区几何印纹陶传统工艺的分布区域皆为古越人的活动区域。马桥文化铜器的创造者和使用者究竟为哪一支越人，由于文献阙如，尚难断定。

参考书目

曹锦炎：《浙江出土商周青铜器初论》，《东南文化》1989年6期。
高至喜：《论中国南方出土的商代青铜器》，《中国考古学会第七次年会论文集》，文物出版社，1992。

（孙 华）

Zhoujiawan jiaxing tongli

周家湾斝形铜鬲

商代后期马桥文化的铜制食器。年代相当于商文化铜器分期中的第五期，即殷墟晚期。1976年出土于浙江安吉县三官乡周家湾村。现藏于安吉县博物馆。

周家湾斝形铜鬲

口径15.7厘米、通高20.2厘米。形作独特的袋足斝形，半圆形立耳，侈口，斜直颈，分裆袋足，下接略外撇的三棱实锥足。颈上饰一周卷云纹，袋足腹脊饰薄扉棱，以扉棱为中线饰以卷云纹为地的卷角兽面纹。花纹线条粗放，具有东南地区铜器的地方特色。

该鬲形制上部似鼎，袋足似鬲，颈部和足部又更像斝；装饰纹样中的兽面纹仅突出角、眼，卷云纹的式样也与中原有别。它是越人融汇几种商文化铜器的形制并加以改造而铸制的。

（孙 华）

Shangcaolou si'er tongyu

上草楼四耳铜盂

商代末期及西周初期马桥文化的铜制水器。旧称作簋。1959年发现于浙江长兴县上草楼村附近。现藏于浙江省博物馆。

口径18.1厘米、通高10厘米。为敛口浅腹型，折沿宽平，耸肩，肩上有相对的4个兽首小鋬，腹弧线内收，下接斜侈的高圈足。器表满布各种卷云纹：平沿上饰一周相连的对卷云纹，肩、腹部饰凸凹相间的对卷云纹和勾连云纹的双层主纹，圈足上饰一周卷云纹。器内底中部饰一俯视的大龟纹，表明其应为盛水用的水器。该盂铸制精良，花纹华丽，在存世不多的东南地区商代铜器中尤其显得珍贵。

上草楼四耳铜盂

该盂造型独特，纹饰以单一的卷云纹为基本构图单元，为东南地区铜器流行的做法，具有鲜明的地方特色。同时，其四鋬甚小，有殷墟早期铜簋鋬耳的遗意，器内饰龟纹的做法及龟纹的样式又显然取法于中原地区的商文化铜器。它是具有部分商文化特色的越人铜器工艺的杰作。

（孙 华）

Xujiaban shoumianwen tongnao

徐家畈兽面纹铜铙

商代后期马桥文化的铜制乐器。年代相当于商文化铜器分期中的第三期或稍早，即殷墟早期。1963年发现于浙江余杭县石濑徐家畈。现藏于浙江省博物馆。

铣间长20.2厘米、甬长12厘米、通高29厘米。形态介于江浙型和湖南型之间，更接近于后者。器如上阔下窄的合瓦形，于部微凹，钲部不显，空柱状甬不与器腔相通，甬上无旋。鼓部饰阳线的勾连云纹，其下倒梯形凹区内饰连珠纹地的大兽面主纹，兽面以粗棱线构成，额鼻当钲部，双目突起，上饰漩涡纹；主纹区两侧及下部饰连卷云纹。舞部饰对称的勾连云纹4组，甬部饰勾连云纹两周。

该铙无旋、钲、枚，属于铜铙中的早期形态。但铙体稍长，甬部较短且有分节纹饰，这又比属于殷墟早期的江西新干县大洋洲商墓出土的铜铙略晚。该铙的纹样兼具江浙、湖南两地铜铙的风格，对研究中国南方铜铙的起源、发展和分区具有重要价值。

（孙 华）

Shangcaolou aimei tongnao

上草楼矮枚铜铙

商代后期马桥文化的铜制乐器。年代大致相当于商文化铜器分期中的第五期偏晚阶段，即殷墟晚期偏晚阶段，也有可能属于西周早期。1959年出土于浙江长兴县上草楼村。现藏于浙江省博物馆。

铣间长40.3厘米、甬长18.3厘米、通高51.4厘米。双合范铸制。属江浙型，体较宽短，状如合瓦。于部微凹，篆枚部与鼓部界不很明显，短甬中空与内腔相通，有旋。器表遍布卷云纹，并以云纹的不同样式分隔出钲、篆、枚、鼓各区：鼓部两侧饰连云纹，中央敲击处另以云纹组合成抽象的兽面；篆部为成列的单卷云纹；枚部设3层4组36个低矮的乳钉状枚，枚上饰漩涡纹，枚间饰勾连云纹；钲部及篆枚部的两侧和下部饰对卷云纹。甬部也以卷云纹为饰，其中旋上还突起4卷角，甬下部施4乳钉。

该铙与附近长兴中学出土的一件铙的形制、花纹完全相同，仅大小有别，它们有可能是同一组乐器。其篆部、枚部与鼓部分界不明显，尚存早期铜铙形态，但甬部有旋和出现短枚，已具西周铜钟的雏形。它是研究东南地区铜铙这类打击乐器演变的重要实例。（孙 华）

上草楼矮枚铜铙

Xizhou tongqi

西周铜器

（约公元前11世纪～公元前771年）

周武王灭商后至周平王东迁以前中国各地区各考古学文化的以铜为主要材质的器具。从历史分期的角度来看，西周与春秋、战国时期是两个差别较大的历史时期，但从考古学文化分期来看，西周与春秋早期的文化面貌和铜器风格皆十分相像。西周至战国时期铜器在文化背景、冶铸工艺和器物风格上发生的3次较大的具有分期意义的变化，均与这一时期的历史分期有所不同。西周及春秋早期铜器在技术发展水平、文化分区、种类和纹饰作风等方面都呈现出相同或相似的总体面貌。严格地说，将这一时期铜器称作周代前期铜器（包括春秋早期）应更加合适。西周铜器在中国铜器发展史上是由极盛走向中衰的时期，在冶铸工艺等方面没有取得明显的成就，但在铜器数量和分布范围上却较以前有一定的增加和扩大，并且中原系铜器上往往铸有较长的铭文，为研究这一时期的历史提供了极为丰富的信息。

● **时代背景** 周王朝是起源于陕西关中地区的周人在推翻商王朝后建立的一个新王朝。一般认为，周人灭商以前的经济文化水平均低于商人，周以外服小邦的身份最终取代"大商"的统治地位。商代周人的铜器冶铸工艺水平较低，生产规模也很小，已知铜器的年代绝大多数集中在商代后期偏晚阶段，类型和纹饰也与商文化铜器几乎相同，真正具有周人自己特色的铜器只有一种器体轻薄、饰方格乳钉纹和夔龙纹的无耳铜簋，以及传世的与先周时期周文化陶罐相似的折肩铜罐。因此，在周王朝灭商后占有商王朝大批工匠的情况下，西周前期铜器呈现出明显的对商代后期铜器的继承性，真正周文化特质铜器群的形成则在西周中期偏晚阶段以后。

在北方地区，周文化的传播从来不及商文化深远，西周时期中原系铜器发现的最北的地点没有超过商代中原系铜器的分布区域。原先与中原地区青铜文化面貌接近的北方东部区域的青铜文化，这时开始受到新强大起来的东北地区青铜文化的影响，出现一群很有地方特点的素面铜容器。出土过大量商代中原系铜器的北方西部区域，这时也陡然消沉，铜器相当少见。在南方地区，江西和湖南一带商代曾颇为繁盛的青铜文化（吴城文化和皂寺遗存）在这时先后走向衰落，本地从龙山时代以来的文化传统自此中断；安徽及江苏南部一带的青铜文化这时虽趋于繁荣景象，但其铜器明显表现出守旧和简易的发展趋势，与先前这里铜器精美复杂的情况形成鲜明的对比。

● **技术成就** 在中国青铜器的分期中，这一时期铜器一般被分作两个不同的发展阶段：西周早期同商代后期一样，是中国铜器发展的鼎盛期；西周中晚期至春秋早期为中国铜器发展的中衰期。这种分期主要从周文化铜器制作的精细程度方面考虑，如果从铜器材料的采冶技术、铜器铸制工艺及生产规模等方面考察，西周及春秋早期并没有出现停滞不前，而是不断地在改进和发展。

从铜料的采冶方面来看，西周铜矿开采的规模比商代更大，古铜矿发现地点比商代更多。已知这一时期的铜矿采冶遗址，无论数量还是分布范围都比商代有所增大。如江西瑞昌市铜岭铜矿遗址，开始于商代并沿用至战国早期，其中2号平巷和23号竖井经放射性碳素断代，年代皆属西周时期。湖北大冶市铜绿山和阳新县港下铜矿采冶遗址，均开创于西周时期，其中前者规模宏大，从采矿到冶铜各道工序齐备，并一直使用到西汉时期。安徽南部以铜陵为中心的铜矿采冶遗址，规模巨大，延续时间长，仅铜陵及南陵两地发现的古矿冶遗址就达20余处，其中有的矿冶遗址全部或部分遗存也属于这一时期。辽宁林西县大井古铜矿是一处夏家店上层文化的包括采矿、选矿和冶炼的大型工场，均以露天开采方式采矿，共发现古采坑40余条（最长的达500余米），冶铜炉12座，采矿和冶炼规模都相当可观。

从铸制工艺来看，西周在继承商代铜器铸造技术的同时，进一步发展了范铸工艺。制范技术有所提高，采用一模多范的制范工艺，以铸造多件同样形状的系列器物；分范合铸法运用得更加娴熟，泥芯的设置更加巧妙，金属芯撑的使用更加普遍，先前不得不用复杂的分铸法来解决的问题这时已能够用较简便的浑铸法来解决。这些新的工艺有效地提高了铸造效率，满足了当时社会对几种主要铜礼器的大量需求。

从生产规模来看，西周铜器生产量比商代大大增加，使用范围更加普遍。除中原系周文化铜器的出土数量和出土地点要多于商文化铜器外，中原周边不少地区的青铜文化的铜器在西周时期也普遍进入繁荣阶段。东北地区的铜器在这时大量涌现并形成区域特色，双房文化、夏家店上层文化等青铜文化的墓葬都以铜器为主要随葬品；西北地区的寺洼文化、唐汪文化的铜器也较先前文化在数量和种类上有所增多；东南地区以土墩墓铜器为代表的东南系铜器更是数量众多，分布广泛，远非商代该地区铜器可以比拟。

● **时代特征** 商代后期就已经形成的文化格局在西周时开始逐渐发生变化，新的文化分区正在调整之中。作为最能代表当时青铜文化特征的铜器，也显现承前启后的过渡状态。铜器从精美繁复、婀娜多姿逐渐变得简易粗放、程式规范。在中原地区，由于形成一整套政治经济制度和思想文化观念，出现集三代制度之大成的所谓“周礼”。在“周礼”制约下，中原诸国铜器越来越强调其礼仪作用，种类越来越单纯，形制越来越模式化，花纹也由以复杂的动物纹样为主逐渐演变为以简化的动物纹样和几何纹样为主。在北方地区，由于周文化的辐射和影响力远较商文化弱小，先前的北方系铜器风格衰微，新的北方系铜器风格已经萌生。东北地区的青铜文化也开始对北方地区发生作用，产生具有东北青铜文化因素的夏家店上层文化，素面的铜容器、曲刃短剑等典型的东北系铜器也传布至北方东部地区，后者甚至在山西曲沃县北赵晋侯墓葬中也有出土。南方地区铜器普遍呈现出一种保守的现象，西周中期前流行于中原地区的器类、形制和花纹，在西周中期以后乃至于春秋时期仍流行。如十二桥文化中的铜罍、无胡戈等即从西周早期一直沿用到战国时期；后湖熟文化中的铜尊和提梁壶，也长期沿用至春秋、战国时期的吴越文化中。这些西周时期南方地区铜器与同时期中原地区铜器相同，制作工艺从精细逐渐走向粗放，装饰从细致变得草率和抽象。

● **分期与分区** 这时中国广大地区铜器发展状况尽管极不平衡，但由于中原周文化在中国青铜文化中的主导作用，各地区各文化铜器的发展却存在一种基本相似的总体趋势，可大致以西周中期为界限将这一时期铜器分为两期：

第一期：西周早期及中期前段。这时周王朝国力虽处在上升阶段，但商文化的特质还未消失，周文化的特质正在形成过程中。从殷墟晚期开始出现或已流行的敞口双耳簋、三段式觚形尊、圆肩圈足罍、短颈提梁壶（卣）等铜礼器在西周早期的周文化中得到进一步推广和发展，并伴随周王朝势力的向外扩张而传播到周围地区的青铜文化中。在中原地区，周文化中尚保留浓厚的商文化因素，尤其是在东方商文化故地，商文化因素还占有相当大的比重，铜器也仍然继续保持商代后期商文化铜器器体厚重、种类繁多、花纹繁复的风格，各种酒器还在广泛使用。在北方地区和西北地区，商代后期形成的北方系铜器风格（如管銎军斧、器首繁多的短剑和刀削等）仍然在得到继承，新的北方系铜器还未流行。在东北地区，以短茎曲刃短剑等为特征的东北系铜器刚刚出现，尚未在广大东北地区占据统治地位。在川湘地区，十二桥文化尚与周文化联系紧密，铜器风格还未出现停滞现象；“皂寺遗存”也依然繁荣，铜器状况与商代后期相似。在东南地区，铜器多模仿中原周文化铜器，变形和简化现象还不很严重。

第二期：西周中期后段至春秋早期。为周王朝逐渐衰落的时期，也是周文化特质形成并传播至相当广阔地区的时期。这时，中原地区周文化自身的特质已经取代商文化，商文化传统的铜酒器基本消失，一组新的铜食器产生；器类减少，形态规范，器体轻薄，花纹简朴，列器制度形成。北方地区青铜文化普遍衰落，先前的北方系铜器已基本消失，新的具有北方草原风格的铜器，如动物造型的带饰、兽首饰、连珠饰等饰件，开始出现。东北地区青铜文化开始进入繁荣阶段，东北系铜器自身风格形成，并将这种风格向东西两面传布，曲刃短剑、齿柄刀、空首斧成为该系统最具特色的器类。四川盆地及湖南地区的青铜文化均已衰落，后者的文化传统发生中断，百越文化风格的铜器在该期偏晚阶段已分布于湖南南部地区。东南地区土墩墓遗存进入最为兴盛的阶段，由于与周文化联系中断，该地区铜器形态和纹饰呈现出明显守旧的趋势。西周早中期铜器的基本样式一直沿用至此期以后。

参考书目

郭沫若：《两周金文辞大系图录考释》，科学出版社，1958。

吴镇烽：《陕西西周铜器分期与断代研究》，《陕西金文汇编》（下），三秦出版社，1989。

曹玮：《周原西周铜器的分期》，《考古学研究》（二），北京大学出版社，1994。

（孙 华）

Zhongyuan Diqu Xizhou tongqi

中原地区西周铜器

（见周文化铜器）

Zhouwenhua tongqi

周文化铜器

周人强盛以后特别是周王朝建立后以周人为主体的考古学文化的铜制器具。包括先周时期、西周时期及春秋早期等阶段。从春秋早、中期之际起，由于周王室统治实力的衰弱及诸侯国势力的增长，原先周王朝统治区域内形成以若干大国为中心的地域政治集团，故统一的周文化也就分裂成为若干个与先前周文化密切相关但又各具一定特色的考古学文化或亚文化。因此，严格意义上的周文化铜器并不是整个周王朝统治期间周王朝疆域内的铜

器，而只是西周至春秋早期周王朝统治区域内的铜器。周文化铜器以其纯熟的铸造工艺、等级分明的礼器组合、对比鲜明的纹样风格、内容丰富的记事铭文而成为周代前期铜器的主要组成部分，在周文化和周代历史研究中均有着极其重要的作用。

● **发现与认识** 遗留下来的有关这一时期的历史文献较多，且不少铜器上铸有长篇铭文，故自西汉以来，周文化中有铭文的铜器便引起学者们的注意。西汉宣帝时美阳（今陕西扶风县）曾出土一件铜鼎，其铭文经京兆尹张敞的释读，知是尸臣因受周王册命所作，从而否定了大臣中欲将此鼎供奉于宗庙的意见。东汉许慎在他的《说文解字》序中也称："郡国往往于山川得鼎彝，其铭即前代之古文"，其中所得的铜器也包括这一时期的铜器。不过，西汉至唐，喜好古代铜器的风气尚未形成，尽管发现的周文化铜器中已有不少铸有长篇铭文，但并未得到当时文人学士的重视，其图像和铭文见于专门著录，则是从金石学兴起的北宋时期开始的。

北宋王朝尊经崇儒，铜器的形制、花纹和铭文对于恢复古代礼仪有着现实的作用，因而受到当时统治集团的重视。同时，北宋王朝重文轻武，文风极盛，公私收藏古物蔚然成风，客观上促进了铜器的收藏、整理和研究。在这些金石学的著述中，周文化铜器由于多有记事铭文，数量之多为历代铜器之冠，因而尤为时人所重。已知最早的铜器著录专著——《皇祐三馆古器图》就收录"伯勋父圜旅甗"等周文化铜器；最早的私家藏器著录——刘敞的《先秦古器记》所收的铜器大多也属于周文化。至于当时最重要的金石学著述——吕大临的《考古图》和王黼的《博古图》，更主要根据周文化铜器的自名并结合文献记载，对铜器的名称、功用和分类作了系统的考证和分析，使铜器研究成为专门的学问。南宋以后，铜器研究一度沉寂，直到清代"朴学"兴起以后，以周文化铜器研究为主体之一的金石学才又发展到鼎盛时期。清乾隆年间，在皇帝的敕令下编纂的《西清古鉴》、《宁寿鉴古》和《西清续鉴》甲、乙编，共收录内府所藏铜器4074件，其中西周及春秋早期的周文化铜器就占三分之一以上，不仅推动了金石学的发展，也为周文化的铜器研究提供了大量的珍贵资料。此后，铜器研究日益受到学术界重视，除著录私家所藏铜器的专著外，还出现了陈介祺《甫斋尺牍》等对铜器本身研究的著作及孙诒让《古籀拾遗》等对铜器铭文研究的著述。

清末以来，在西方先进科学技术和学术思想的影响下，罗振玉、王国维开始将以西周铜器为主的地下出土资料与历史文献资料结合起来，采用"二重证据法"进行历史与文物的研究，将传统的金石考据之学发展到顶峰。周文化铜器的定名、功能、分类和铭文反映的史实等，通过罗、王二先生的研究，都比以前有了重要进展。随着田野考古学的发展，周文化铜器群发现逐渐增多，1932年～1933年河南浚县辛村卫国公族墓地的发掘，为周文化铜器研究提供了第一批科学发掘的材料。与此同时，基本上采用考古类型学方法系统研究传世周文化铜器的一部重要著作——郭沫若的《两周金文辞大系》及《图录》和《考释》于1934年先后问世。该书选择西周铜器铭文256篇，图形128幅，首先根据带有明确周王王世信息的铜器作为标准器，然后根据器物形态、纹饰、铭文内容等串连其他铜器，从而将西周周文化铜器按王世排列起来。这种被称之为标准器法的断代方法，不仅开创了铜器研究的一条科学途径，而且首次使周文化铜器从无序走向有序，初步建立起周文化铜器年代分期的框架。此外，容庚的《商周彝器通考》对于铜器的科学分类及其对于铜器功用和名称的考订，陈梦家的《中国铜器概述》对于以周文化铜器为主的铜器的综合研究等，均对周文化的铜器研究做出了重要贡献。

中华人民共和国成立后，考古事业发展迅速，科学发掘出土的铜器数量大大增多，明确的出土地点和共存关系，为周文化铜器的分期、分国研究提供了较为充足的条件。这时期最重要的周文化铜器群和集群主要有：①陕西周原铜器。其中如扶风县庄白1号铜器窖藏，埋藏有微氏家族几代人的有铭铜器，对西周周文化铜器的编年有着重要意义；②河南三门峡市上村岭虢国墓地铜器。为研究西周晚期至春秋早期周文化铜器提供了不同等级的多个完整的器物群；③山西曲沃县曲村铜器。尤其是晋侯墓地8组按年代早晚关系排列的晋侯及其夫人墓葬出土的铜器，是探讨周文化铜器年代分期、组合关系、男妇差异等问题的绝好材料。此外，河南平顶山应国墓地、北京房山琉璃河燕国墓地等出土的铜器，对周文化铜器的研究也有着较为重要的意义。郭宝钧《商周铜器群综合研究》西周部分、白川静（日）《金文通释》卷一

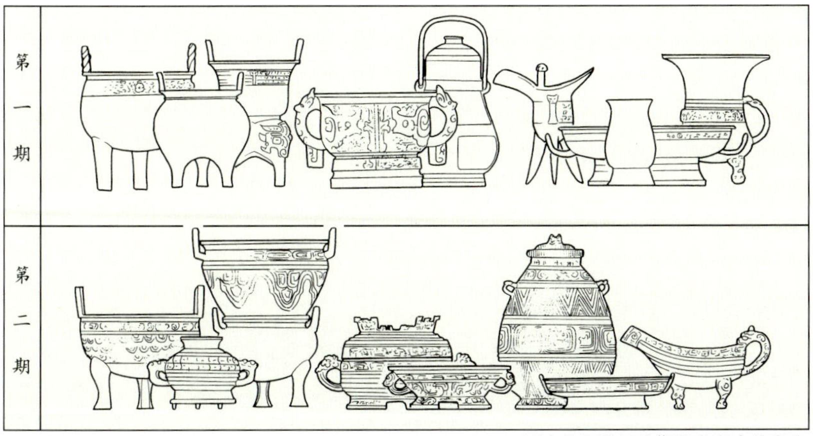

周文化铜器早晚期器类组合的变化

至卷三、林巳奈夫（日）《殷周时代青铜器之研究》西周部分、J.罗森（英）《赛克勒藏西周铜礼器》等铜器研究著作，基本上代表了这一时期周文化铜器的研究水平。

● 材质与工艺 从已知这一时期铜矿采冶遗址来看，南方地区铜矿是周王朝铜料的最重要的来源之一。为保证这些铜料及铸造铜器所必需的锡料的北运，周王朝平时向这一地区的徐、淮诸国族征收铜作为贡赋，并建立铜料北运的通道。这些铜料就是《诗·鲁颂·泮水》的“憬彼淮夷，来献其琛，元龟象齿，大赂南金”的“南金”（在战国以前“金”皆指“铜”）。这些运铜道路就是史墙铜盘铭中“广笞楚荆，唯贯南行”的“南行”，以及曾伯霥瑚铭文中“克狄淮夷，印燮繁汤，金道锡行”的“金道”。当南方徐、淮反叛之时，周王朝更直接派大军南征，掠夺那里包括铜在内的资源。如蓼生鼎铭文中所记载的蓼生从周王南征淮夷，“俘戎器，俘金”。这些从南方运至北方的铜料，在周王室及各国的铸铜遗址中被熔化并铸成各种铜器。中原地区已知铸铜遗址很少，最重要的是河南洛阳市北窑村西周王室的铜器铸造作坊，已发掘出土大量熔铜炉、陶模、陶范等遗物。周文化熔铜炉有大、中、小3类。大型熔铜炉系草拌泥条盘筑的圆形竖炉，内径88厘米～170厘米，形若一个圜底的大圆筒，中部还设有鼓风口；中型熔铜炉形制与大型相同，小型熔铜炉则多以无领的圜底陶瓮为胎，内抹炉衬而外包草拌泥。

周文化铜器材质几乎均为青铜，合金成份有铜、锡、铅或铜、铅、锡的三元合金及铜、锡或铜、铅的二元合金。铜合金成份除与铜器的用途紧密相关外，也与作器者身份等级有着密切的关系。根据美国弗里尔博物馆对馆藏周文化铜礼器的分析，其合金成份主要为高锡（11.7％～21.5％）的锡青铜，高锡低铅或高锡高铅的三元青铜很少，不见铅青铜或高铅低锡的铅锡青铜。其中作册大方鼎、梁其簋、遣尊、令方彝、伯矩觯等铜礼器的作器者均为周王室或周王室同姓大国的高级贵族，他们拥有较为贵重的锡料，其铜器的合金成份以锡青铜为主是很自然的。根据陕西宝鸡市𢐗国墓地铜器的化学定量分析结果，周文化因素的铜礼器合金成份则以三元合金为主，最多的是高铅低锡的铅锡青铜，其次是高锡低铅的锡铅青铜，二元合金锡青铜和铅青铜再次之。值得注意的是，锡青铜和锡铅青铜主要集中在所谓𢐗伯的较高级别的墓葬中，较低级的𢐗国墓葬则以铅锡青铜或铅青铜为主。𢐗国墓地位于周文化与十二桥文化的接触地带，它的周文化因素铜礼器的合金成份也反映出当时锡贵重难得而铅相对较贱的情况。从上海博物馆对馆藏西周铜戈的分析数据来看，周文化铜兵器的合金比例不成规律，高铅的铅青铜和铅锡青铜明显多于锡青铜和锡铅青铜，并且锡青铜中锡的含量显得较低，这与铜兵器高锡的要求（《考工记》：“四分其金而锡居一，谓之戈戟之齐。”）完全背道而驰。造成这种现象的原因，除戈这种车战时代的基本兵器在战斗中损耗较大，损坏的铜戈常常回炉再熔铸，再熔铸时对青铜合金配比难以掌握外，也与西周中期以后墓葬随葬铜器常用非实用的明器有关。周文化墓葬中所发现的铜兵器的合金成份不一定代表当时的实际情况。

周文化铜器的铸造工艺，根据洛阳市北窑村铸铜遗址出土陶范及对一些铜器铸造方法的分析，仍采用商代后期就已高度发展的娴熟的范铸法使器物成型，但又有所创新。器物铸型除传统的一器一模、一模一范外，西周中期以后还出现一模数范，生产效率明显提高。为简化铸造的工序并防止铸接附件脱落，成型方法以浑铸为主，分铸法比商代后期较少，复杂器物别具匠心地采用活块模、活块范和开槽下芯等一系列铸型工艺新措施。对于非分铸不能成型的铜器，视器物自身的形态及结构分别采用附件先铸或附件后铸，并且附件与主体的连接除像商代那样的简单直接铸接外，还新创“铸焊铆”和“自锁”结构以加强连接处的强度。为控制所铸器物器壁厚度，保证型、芯间距离一致，在合范浇铸时，广泛使用泥质和铜质的芯撑。这些工艺的熟练运用，是周文化铜器质量普遍高于周邻其他青铜文化的保证。

● 种类与组合 绝大多数铜器的种类都沿袭商文化，礼乐器、兵器、车马器、工具等一应俱全。其中铜容器中食器包括鼎、鬲、甗、簋、盨、瑚、簠、斗，酒器有爵、斝、觚、觯、瓒、尊、罍、壶，水器有盉、匜、盘，此外还有筒、杯等和非容器的匕、禁等；乐器有编钟、镈、铙、铃；兵器有戈、矛、戟、钺、战斧、短剑、镞、胄、盾饰等。车马器中的车器包括軎、辖、毂饰、轴饰、踵、銮、轙等，马器有镳、衔、当卢、马冠、络饰等。礼器中的盨、瑚、簠等3种食器不见于商文化中，其他如鼎、簋等虽然在商文化中就已出现，但在周文化中极其流行，这些都反映出周文化礼器重食的特点。与此相反，周文化在铜酒器方面没有创造出新的器类，觚、觯等饮酒器的数量也比商文化剧烈减少，反映出周文化铜酒器在礼器中处于附属地位。这正与《尚书》等古文献中关于周王朝统治者禁酒的记载相吻合。编钟是周文化中新出现的铜乐器，可用来演奏出悦耳的乐章，是周礼中具有重要作用的器物。

周文化铜器，特别是礼乐器，已形成一种基本固定的组合方式。铜礼器以鼎和簋为主体，鼎用单数，簋用双数，组合成为9鼎、8簋，7鼎、6簋，5鼎、4簋，3鼎、2簋，1鼎无簋或1鼎、1簋等形式，使之成为铜礼器的构成核心。在这个核心之外，再配以甗、鬲、簠、瑚、盨、爵、觚、觯、尊、壶、方彝、斝、盉、匜、盘等器类。这些器类大都从商文化沿袭而来，真正具有周文化自身特质的铜礼器组合主要体现为鼎、簋（或盨）、壶、匜、盘和编钟。在一个典型的周文化铜器群中，无论其地位高低和铜器数量多寡，鼎和簋的数量分别为1件～9件和2件～8件不等，鼎为单数，大小相次，簋为双数，形制相同；壶一般成双成对，如果使用4件壶，一般为方壶、圆壶各一对；匜和盘往往只有一件，并有用盉代替匜的现象。

周王朝特别注重礼乐制度，铜礼器形成严格的等级制度，根据各级贵族地位的高低和男女的不同，铜器组合和多寡也有所不同。据文献可知，周文化铜礼器至少分为5等：第一等为周天子的礼器，规格为大牢9鼎配8簋；第二等为卿大夫及相应诸侯的礼器，规格为大牢7鼎配6簋；第三等为大夫及相应诸侯的礼器，规格为少牢5鼎配4簋；第四等为士及相应贵族的礼器，规格为牲3鼎配2簋；此外还有低级贵族采用特1鼎配2簋或1鼎配1簋的现象。周王陵尚未发现，其实际铜礼器组合情况不明，但从河南三门峡市上村岭虢国墓地、平顶山市应国墓地、山西曲沃县北赵晋侯墓地等周王朝诸侯国国君及其夫人墓葬随葬铜器的情况来看，这套周人礼器制度至迟在西周中期后段就已基本定型。保存完好的上村岭2001号虢公墓的铜礼器基本组合为7鼎6簋8鬲4盨4壶1匜1盘8钟，2006号虢公夫人墓的铜礼器组合主要为3鼎、4鬲、1甗、2盨、2壶、1盉、1匜；北赵晋侯墓葬的铜礼器基本组合都是5鼎、4簋（或盨）、1甗、2壶、1匜（或盉）、1盘和1套编钟，晋侯夫人墓的铜礼器组合基本上为3鼎、2（或4）簋（盨）、2壶、1匜（盉）、1盘。铜礼器的数量组合与文献记载正好相符，但诸侯夫人墓铜礼器除鼎、簋数较君侯减低一等外，还不用铜编钟等乐器，这不见于文献记载。

● 纹饰与铭文 铜器装饰一方面继承商文化的装饰手法，另一方面则不断改造和创新。商文化铜器盛行的兽面纹、夔龙纹和凤鸟纹装饰在西周时期仍然沿用，但各类动物纹样的使用状况和表现手法却有所不同，数量也在不断减少。兽面纹在周文化铜器上的使用频率远不及商文化铜器，类型也比较单一。夔龙纹和凤鸟纹是周文化铜器所饰动物纹样的主流，不仅数量多，式样也富于变化，如夔龙纹有昂首前行、回首反尾、团身漩涡、回首连体等种类，凤鸟纹也有长尾上卷、长尾下卷、短尾下垂、身尾分离等样式。这些夔龙纹和凤鸟纹随着时间的推移逐渐向抽象化和图案化方向发展，到西周中期不少纹类已变成不大容易辨识其原形的云目纹、窃曲纹、双首反身龙纹等。周文化铜器纹饰中最具特色的是几何纹样，如波带纹、重环纹、垂鳞纹、瓦沟纹、直棱纹等，这些纹饰的线条粗放，往往作为主体纹样饰于器身最醒目处，与饰于同样部位的神秘的动物纹样形成鲜明的对比。几何纹样中的云雷纹数量和使用范围远比商文化小，多数动物纹样已经不再使用云雷纹作地纹，纹饰风格趋于简单明快。

周文化铜器上的附属装饰经历了一个由繁向简的发展过程。在西周早期一些高品级铜器上，扉棱、兽首等附饰颇为发达，兽面纹的双角凸起伸出器表的现象也较常见。这些扉棱一般宽大肥厚，方棱方角，每段扉棱的上端及中部偏上处有凸翼，其侧面形状如同半个“干”字。戴家湾鸟纹提梁铜壶等个别铜器的器表除装饰扉棱外，还有像树枝或鹿角形状的附饰，这种饰件虽也可能兼有一些实用功能，但却增加了使用上的困难，它们是附属装饰发展至登峰造极时期的一种表现。铜器上装饰兽首在商文化中早已出现，在周文化铜器中也得到一度发展，兽首不仅作为鋬、耳、钮等具有实用功能的部件，而且还施用于其他一些部位，如伯格提梁铜壶在提梁转曲处还饰有两个牛首。物极必反，周文化铜器附饰在早期一度繁化的同时，更主要的却是向简化方向发展，华而不实的扉棱日益衰落，影响使用的兽首也逐渐少见，简明粗放逐渐成为周文化铜器装饰发展的基本趋势。

铜器铸造铭文的习俗产生于商文化铜器，在周文化铜器中得到了极大发展，涌现出不少堪与《尚书》、《逸周书》等文献媲美的长篇记事铭文，其中毛公鼎字数多达499字，相当于流传下来的一篇西周诰命文献。对于当时贵族们铸造铭文的动机，学者们的看法不同：有的认为是为了借助铜器这个可以长期保存的载体，以便将自己和家族的丰功伟绩著录下来，流传于后世子孙；有的认为铸造铜器是为了满足祭祀、宴乐等各方面的需求，铭文只是顺便铸造和刻写其上，具有某种标识作用。无论由于那种原因，周文化铜器上的铭文以其众多的文字、典雅的文辞、丰富的内容和大量的历史信息而为学术界所重视。周文化铭文有一套固定的格式，铭文开头是年月历日，然后记述主要内容，最后为作器者、作器缘由和祝愿辞等，这与商文化铜器铭文明显不同。周文化铭文的种类远比商文化复杂，除徽识、庙号、记事外，还出现册命、追孝、训诰、约剂等种类。这些铭文以大量的记事类铭文最为重要，它的格式比较随意，事件发生的历日、地点、背景、经过、结局或多或少都有记述。这些铭文所记的史实或者可与文献记载相吻合，如右史利铜簋铭文记武王征商的历日；或者可以补文献记载的阙失，如晋侯苏铜钟铭文记周厉王三十三年征伐东夷的战事。册命类铭文是西周时期出现并流行的一种特殊的记事铭文，是周王等对臣下进行册封赏赐的记录。完整的册命铭文包括册命的时间地点、册命仪式、诰命内容、赐物名目、受命仪式和作器款识几大部分，如颂鼎铭对研究西周政治制度有着重要的作用。追孝类铭文是一种追述家族历史、炫耀祖考功烈的特殊记事铭文，它与普通记事类铭文有着历史和现实的区别。著名的史墙铜盘铭、师望铜鼎铭皆属此类。这类铭文虽然多有溢美夸耀之辞，但对各自列祖列宗事迹的记述却为考察这些贵族的世系、家世及与周王世之间的关系提

供了重要资料。训诰类铭文也是西周常见的铭文类型，是中上级贵族（主要是周王）对下级的训示和诰命的记录，它与册命类铭文不同的是重在记言而不是记事，如𫋗尊铭等。也有训诰与册命兼具的铭文的例子，如著名的毛公厝铜鼎。约剂类铭文数量较少，它是盟誓之辞和契约券书的记录，是《周礼·秋官·司约》中“凡大约剂书于宗彝”的实物例证。属于这类铭文的有儯铜匜铭、曶鼎铭等，它们对于了解当时的社会关系、法律状况和经济生活，都有着重要的意义。

● **分期与断代** 周文化铜器建立在商文化铜器技术和文化基础之上，因而在周王朝建立以后相当长一段时间内，周文化铜器实际上都是商文化铜器的延续和发展，直到西周中期偏晚阶段才发生大的变化，周文化固有的铜器特征才基本形成。因此，周文化铜器可以西周中期的孝王和夷王之际分为早、晚两大期：

第一期 商代后期至西周中期前段，大致相当于周太王或稍早至周孝王（约公元前1200年～公元前900年）。铜礼器的列器制度尚不严密，一个铜器群中的鼎和簋等一般都是不同形态和纹饰的器物拼凑成组，铜器组合中酒器还占相当的比例，铜编钟仅以尚不能演奏完整音律的3钟或4钟为一组。铜器中传统的觚、觯、爵、斝、尊、盉、提梁壶、方彝、卣等还在广泛使用，周文化特有的新器类尚未出现。纹饰以传统的兽面纹、夔龙纹、凤鸟纹、云雷纹等为基本纹样，高级铜器带扉棱和兽首的风气还很流行。铭文的格式比较自由，铭文后常缀族氏徽号，字体较宽阔敦厚。根据铜器形态、花纹和铭文的变化，这一时期的铜器还可以细分为3段：第1段为商代后期。典型铜器群如陕西岐山县贺家村1号墓、长安县张家坡毛1号墓铜器群。铜器总体情况与殷墟晚期的商文化铜器相同，以器壁甚薄、饰夔龙纹及方格乳钉的无耳簋最具特色。第2段为西周早期，相当于周成王至昭王时期。典型铜器群有陕西长安县马王村1号墓、甘肃灵台县白草坡1号、2号墓、河南洛阳市北瑶登墓、山西曲沃县曲村6210号墓、北京顺义县牛栏山墓等铜器群。总体面貌承袭殷墟晚期铜器，酒器中常见器类有觚、觯、爵、匜、尊、罍、卣、方彝、壶、斗，水器有斝、盘、盂；容器腹部通常中部略鼓，鼎都作体态较高、圆柱足的形制，甗的甑部较瘦长，尊盛行三段式觚形尊，提梁壶体态较高；纹饰中兽面纹流行卷角或牛角形，夔龙纹多大头躬身、漩涡状体、反首联体等型式，凤鸟纹有长身卷尾、长身垂尾、歧身卷尾等样式，蝉纹、虺纹、鱼纹等也较为常见，动物主题纹样多以云雷纹衬托；铭文出现篇幅较长的记事铭文，用笔首尾有锋，波磔明显。第3段属西周中期前段，相当于周穆王至孝王时期。典型铜器群有陕西长安县长由墓、花园村17号墓、山西曲沃县北赵9号、13号、91号、92号墓出土铜器。这是一个旧器类逐渐消亡、新器类逐渐产生的时期，铜食器中的瑚、盨、匜和敛口簋等都在此期出现，铜酒器中觚、斝、卣（觥）相继消失，爵、觯、尊、提梁壶、方彝也已少见，水器中盉、盘形成一种固定的搭配。容器普遍腹部下垂，甗的甑部变得宽短，尊几乎都为两段式觯形尊，提梁壶器体低矮。在装饰上，兽面纹已经少见，夔龙纹和凤鸟纹非常流行，窃曲纹、瓦沟纹开始出现。主要纹类有顾首夔龙纹、垂冠大鸟纹、长身凤鸟纹等。铭文中册命铭文形成定式，规整严谨，字体稍长，笔画较细。

第二期 西周中期后段至春秋早、中期之际，大致相当于周夷王至晋武公始立为诸侯前后（约公元前900年～公元前678年）。这一时期周文化铜礼器的特质已经形成，铜器种类减少，礼器已有严密的列器制度，鼎、簋、壶、匜、盘成为一种基本固定的礼器组合。铜器组合中的酒器除一套很小的仿古器外，实用酒器已很少见。铜编钟以可演奏乐曲的8件或16件为一组，并普遍以石编磬相配。铜器中多见瑚、簠、盨、匜这些新器类，先前不甚流行的壶、盘等在此期也变得较为流行。鼎、鬲等三足器盛行矮蹄足的形制，柱足的截面往往呈C形；簋、盨、盘等圈足器喜欢在圈足下加小扁足；铜戈最常见的是三角锋的形制。装饰风格显得粗放，传统的动物纹样已少见，夔龙纹被抽象成龙目纹或云目纹，凤鸟纹被简化成窃曲纹，重环纹、波带纹、垂鳞纹、瓦沟纹等几何纹样成为最为流行的主题纹样。该期铜器也可以东、西周之际为界线细分为2段：第4段为周夷王至周幽王时期，典型铜器群有陕西扶风县强家村1号墓、河南三门峡市上村岭2001号、2006号和2009号墓、山西曲沃县北赵8号、31号、62号、63号、64号墓出土铜器。该段铜鼎大都为矮蹄足的半球形鼎，鬲都为带扉棱的宽折沿蹄足鬲，甗的甑部宽短，簋多为带盖的敛口鼓腹型，壶流行双耳衔环的长颈垂腹型。中垂冠大鸟纹和长尾凤鸟纹已很少见，新出现对称的交龙纹（纠结龙纹），窃曲纹、重环纹、波带纹、垂鳞纹、瓦沟纹、云目纹等极为流行。铭文字体瘦长，形成所谓“玉箸体”，笔道瘦劲匀称。第5段为周平王至晋武公始立为诸侯前后，典型铜器群有河南三门峡市上村岭1705号、1706号和1721号墓，山西闻喜县上郭村373号、4号、6号墓，湖北随州市苏家垅曾中斿父墓等铜器群。这时铜器制作更加粗糙，常见一些小匜鼎、小罐、小车等新器物，在此段偏晚时期更出现带盖盆、鉶等新器类。铜鼎腹部多较浅斜，甗一般为四足方形，匜出现短流的形制。

从西周开始，有关中国历史的文献记载逐渐增多，铜器铭文中又往往有周王或诸侯国国君的名号，以及较详细的历日记载，因而有可能对周文化铜器进行较细致的王世判断甚至王年推测。对于铜器铭文中的周王名号，如武王、成王等，学术界有西周王号生称说和谥号说两种意见。主张生称说者认为，西周王号是周王在位时的称号，记有某王名号铜器的年代范围包括该王在位的年代；主张谥号说者认为，西周王号如同后世一样，都是周王死后所上的封号，记有某王谥号的铜器，其年代必在该王死后。如果按照王号谥号说，根据铜器铭文反映的王世和年代信息，结合形制、纹饰等特征，周文化铜器中有不少已被学术界认定为王世明确的标准器。如武王时期的天亡铜簋，成王时期的右史利铜簋、㓝铜尊、征提梁铜壶，康王时期的成王铜方鼎、廿三祀盂铜鼎、鲁侯熙铜鬲、宜侯夨铜簋，昭王时期的作册夨令铜簋、作册令铜方彝、旂铜尊、旂铜壶，穆王时期的刺铜鼎、毛伯班铜簋，恭王和懿王时期的师𩛥铜鼎、五祀卫铜鼎、九年卫铜鼎、十五年史趞曹铜鼎、长由铜盉、𠑇铜匜、史墙铜盘，孝王、夷王时期的膳夫克大铜鼎、师兑铜鼎、三年𤼈铜壶，厉王时期的周王㝬铜簋、胡铜钟、虢仲铜盨，宣王时期的颂铜鼎、毛公厝铜鼎、师寰铜簋、不𡢁铜簋、虢季子白铜盘等等。这些标准器不仅为判断周文化铜器的王世提供了重要标尺，而且为西周历史研究提供了翔实而宝贵的材料。

参考书目

吴镇峰：《陕西西周铜器分期与断代研究》，《陕西金文汇编》（下），三秦出版社，1989。

曹玮：《周原西周铜器的分期》，《考古学研究》（二），北京大学出版社，1994。

（孙　华）

Zhouwenhua tongding

周文化铜鼎

西周及春秋早期周文化的煮肉和盛放肉食等的三足（或四足）两耳的铜制容器，也是用于祭祀和宴享的最重要铜制器具。鼎是周文化最重要的铜礼器，鼎内所盛食物的不同、同一类鼎数量的多寡，以及由此产生的礼器组合上的差异，在周文化中都形成一整套规制。鼎制因此成为周文化礼器制度的核心，成为使用者身份和地位的重要标志。通过对于周文化鼎制的研究，可以从一个方面洞察当时社会等级制度的部分内容。

铜鼎是中原系青铜器的中心礼器，到西周前后，这种核心礼器的功能显得更加突出，形成以形制相同或相近、大小高低相次的所谓“列鼎”，列鼎数量的多少与使用者的地位和身份有着密切的关系。在周文化出土铜礼器的墓葬中，铜鼎是不可或缺的器物，数量1～10件不等。墓主最高身份为周王室卿士一级的公侯，其列鼎数量一般为7鼎。如西周晚期的河南三门峡市上村岭2001号虢公墓，出土铜鼎10件，其中列鼎7件。其次为周王室大夫及相当地位的诸侯，其列鼎数量一般为5件。如山西曲沃县北赵晋侯墓地从西周早中期之际到西周末期诸晋侯墓，都出土5件列鼎，有的墓另加2件其他形式的铜鼎，如方鼎或温鼎。其三为周王室地位较高的士，有的诸侯国国君夫人、大夫及其相当身份的贵族，其列鼎数为3件。前者如西周晚期的1964年发掘的陕西长安县张家坡墓等，后者如西周晚期的河南平顶山市应国墓地95号墓等，它们均为3件列鼎。其四为周王室及诸侯国地位较低的士及其相当身份的贵族，其鼎只有1件或2件。这类铜器墓在陕西长安县张家坡、山西曲沃县曲村、河南洛阳庞家沟、三门峡市上村岭、浚县辛村、北京房山县琉璃河等周文化墓地中都有许多发现。

根据使用目的即功能的不同，周文化铜鼎可分为煮牲的镬鼎、登牲的升鼎和加馔的羞鼎三类。镬鼎专名为“镬”，“镬所以煮肉及鱼、腊之器”（《周礼·天官·亨人》“掌共鼎、镬”东汉郑玄注），一般体形较大。周文化铜鼎中自名为镬的仅有《殷周金文集成》所记2100号鼎，更多的镬鼎乃以所煮牲的种类自名为“牛鼎”、“豕鼎”、“羊鼎”、“鸟鼎”、“鱼鼎”等。镬鼎在周文化铜鼎中数量一般不太多，成组的镬鼎最多的是传世的大鼎，仅3件。这与经学家关于镬鼎数量同于升鼎或镬鼎数量较升鼎稍有减少的说法不合。升鼎自名有“荐鼎”、“登鼎”、“𩰫”等，除“荐鼎”一名见于春秋早期铜鼎上外，其余都为春秋中期以后铜鼎的自名，其中尤以“𩰫”最为常见。其名称来源于把镬中煮熟的牲肉转盛于进献用鼎的动作。升鼎是周文化用鼎制度的核心，是铜鼎中的“正鼎”（《周礼·秋官·掌客》郑玄注）。一套正规的升鼎数量成奇数，造型基本相同，大小逐件相次。考古发掘所见的周文化成套铜升鼎数量从九鼎到一鼎均有，根据文献记载，九鼎和七鼎的鼎实即构成牛、羊、豕俱全的“大牢”，五鼎的鼎实为无牛有羊、豕的“少牢”，三鼎和一鼎为仅有豕的“牲”或“特”。羞鼎是盛放滋味备致“庶羞”的铜鼎，它相对于盛放“不致五味”大羹的正鼎（升鼎）而言，称之为“陪鼎”（《礼记·聘礼》郑玄注、《周礼·天官·亨人》郑司农注）。按照《仪礼》等记载，正鼎是大牢九鼎或七鼎可陪羞鼎三，正鼎是少牢五鼎可陪羞鼎二，正鼎是牲三鼎或特一鼎只陪羞鼎一。周文化墓葬随葬铜鼎以只随葬正鼎者居多，正鼎之外的作为陪鼎的羞鼎的数量规律尚不很清楚。

从鼎的形状来看，周文化铜鼎有方鼎和圆鼎两大类。方鼎仍与商文化一样往往成双成对出现，但像商文化那样的大型方鼎在周文化中尚未发现。除四隅呈直角折转的方鼎外，西周早中期之际新出现有四隅呈圆角的方鼎，如滕侯铜方鼎。圆鼎是周文化铜鼎的主体，作为正鼎的升鼎均为圆鼎。圆鼎从器底形态可分为底部三分的分裆鼎、底部较平的盂形鼎和底如半球的圜底鼎。分裆鼎均立耳柱足，只流行于西周早期。盂形鼎也为立耳，多柱足而少兽足，主要流行于西周早中期，西周晚期已少见。其形态演变规律为：腹由深变浅，腹壁由竖直变得下张，足断面由圆形变为“C”形。圜底鼎有立耳附耳两型，足均为矮蹄足。它出现于西周中晚期之际，在西周晚期和春秋早期极其流行。

在周文化铜器中还有一种总体形态像鼎，却又带有炉盘或炉室的铜炊器。这种铜器大体上可以分为带炉盘的圆鼎形器和带炉室的方鼎形器两类。前一类均自名为鼎，如陕西宝鸡市茹家庄2号墓出土的強伯独足带盘铜鼎，其铭文自名“鼎”；后一类有自名的仅有现藏于美国哈佛大学福格博物馆的季贞鼎，其铭文自名为“鬲”。从这两类鼎的形态来看，它们的主体都为鼎的形状；从它们功用来看，都是在器底下添加炭火以防止食物变冷的温食器。因此，可以将这两类鼎形器都称作鼎或温鼎，它们是铜鼎中比较特殊的一种。圆温鼎最多见的为扁足温鼎，它由上部的扁足鼎和下部的扁足炉盘组成，上下三扁足相对联为一体，炉盘上一般有镂孔，如茹家庄1号墓鸟形扁足温鼎。扁足圆温鼎存在于西周早期及稍后，从西周中期前段开始出现了圆足圆温鼎。这类鼎有三足和单足两型，三足者如1975年在陕西扶风县庄白村西周墓中出土的彧鼎，其不高的三圆足中间有腰托，可以托放炉盘；单足者如前述強伯独足带盘鼎，上面的鼎部只有一条不高的圆足承托，下面炉部的三足极其矮小，非常独特。方温鼎形状大体相同，都为附耳鼎，鼎的四足间做出屋室形状，前壁设门以添加木炭，其余三壁开窗以疏导烟气，镂孔的地板由四兽托起可以排除炉灰和通风助燃。鼎有圆角方温鼎和直角方温鼎两型，圆角者如1972年陕西扶风县庄白1号铜器窖藏出土的刖人守门方温鼎，后者如《商周彝器通考》所著录的方温鼎，它们都是西周中、晚期的制品。

参考书目

俞伟超：《周代用鼎制度研究》，《北京大学学报》（哲学社会科学版）1987年1、2期。

周永珍：《西周时代的温器》，《考古与文物》1981年4期。

（孙　华）

Ran tongfangding

塱铜方鼎

西周早期周文化的铜制食器及礼器。因作器者为塱而得名。1924年～1927年由军阀党玉琨在陕西关中西部盗掘出土，出土地点一说为宝鸡县戴家湾古墓，一说为凤翔县的所谓秦文公墓，以前者可能性为大。现藏于美国旧金山亚洲艺术博物馆。

塱铜方鼎

口长边21.1厘米、短边16厘米、通高26.8厘米。器表色泽泛黄。属扁足方鼎类，立耳，折沿方唇，浅腹，腹壁下收，平底，立鸟形扁足。器身每面饰相背的无尾大鸟纹一对，相邻的二鸟纹似为同一鸟分开的两面，其喙相连，伸出器角之外形成扉棱；扁足立鸟的喙部也伸出，与其上扉棱相应。器内铸铭文5行35字：“唯周公于征伐东夷，丰伯、尃古咸戋（斩）。公归，荐于周庙。戊辰，畲秦畲，公赏塱贝百朋，用作尊鼎。”铭文中的周公即周公旦，尃古即文献中的东夷古国薄姑、蒲姑或亳姑。《汉书·地理志》载：“周成王时，薄姑氏与四国共作乱，成王灭之。”可知该鼎的年代当在西周初期的成王初年，即周公东征之时。该鼎王世明确，铭文所记史实可与文献相印证，且形制也颇独到，在铜器研究和历史研究中都有重要价值。

（孙　华）

Taibao tongfangding

太保铜方鼎

西周早期周文化的铜制食器及礼器。因器内有“太保铸”的记名铭文而得名。系著名的“梁山七器”之一。传清道光年间出土于山东梁山县，同出铜器有小臣艅铜犀尊、太保铜簋、伯害鼎、伯害盉、大史友甗。太保方鼎原有大、小两件，大者现藏于天津艺术博物馆，小者经山东曲阜市孔府收藏后下落不明。

现存鼎口长36厘米、宽23厘米、通高50.7厘米。折沿，方唇，双立耳较高，直壁，腹较浅，四柱状足上端略粗，下端稍细。双耳饰相向的龙纹；器体上部饰兽面纹，下部为变形蕉叶纹，四角设扉棱。四足上部各饰一兽面。中部有伞形附饰。器内铸铭文3字：“大保铸”，表明其为大（太）保自作之器。太保为西周三公之一，《尚书·召诰》载：“惟太保先周公相宅。”《尚书·顾命》称：“乃同召太保奭。”从该鼎器形、纹饰均具较早的特征来看，此太保当即西周第一代太保召公奭。召公奭生活于西周早期，经历武、成、康三世。该鼎爬龙形双耳和铭文格式都近似于成王铜方鼎，但鼎足中央施加覆莲柱础形装饰却为商周时期铜鼎所仅见，非常奇异。

（王　迅）

太保铜方鼎

Chengwang tongfangding

成王铜方鼎

西周早期周文化的铜制食器及礼器。因器上铸“成王尊”的铭文而得名。出土时间及地点不详，曾为“沈仲复中丞所藏器”（方濬益《缀遗斋彝器款识考释》）。现藏于美国堪萨斯纳尔逊美术馆。

口长18.5厘米、通高28.5厘米。

立耳上伏相对的爬龙，折沿方唇，浅腹直壁，牛首高柱足，牛首的角、耳均伸出作圆雕状。腹的四中四隅和鼎足的兽首中央饰较高的卷云状扉棱。鼎的口沿下饰云雷纹衬底的长尾凤鸟纹，其下四壁转角处各饰3列尖锥状乳钉纹，中心饰直棱纹。鼎内壁铸“成王尊”3字，字体雄健庄重。该鼎双耳上的爬龙近似太保铜方鼎，扉棱也作西周早期的样式，其年代当在西周早期。鼎上铭文已有周成王的名号，如按西周王号谥号说，该鼎当作于康王时期，是已知惟一一件为死去周王作的铜制祭器。

（孙 华）

成王铜方鼎

Zhifangtou daigai tongding

纸坊头带盖铜鼎

西周早期周文化的铜制食器及礼器。1981年由陕西宝鸡市博物馆在宝鸡市西关纸坊头村一西周残墓中发掘出土。现藏于宝鸡市博物馆。

口径22.4厘米、通高28.5厘米，重3.3千克。盖平扣于口上，中部有方形立耳式提钮，周边有3条头部向下、卷尾向上的夔龙倒立，盖倒置时即成三足。鼎口略呈圆桃形，平折沿，方唇，方形立耳，壁近直，腹较浅，底平阔，三足承腹处外鼓，柱足中部稍细。腹上部饰兽面纹，云雷纹衬地，兽面突目、卷角、尖齿，以扉棱为鼻梁。下腹饰由对称竖立的夔龙组成的蕉叶纹13组，以云雷纹衬地。足上部各饰一兽面。出土时器底尚存较厚的烟炱。该鼎与纸坊头強伯墓四耳方座铜簋同出于一座墓葬，亦当为強伯之器。其造型别致，纹饰华丽，堪称西周青铜器珍品。

（王 迅）

纸坊头带盖铜鼎

Niuniu niu'er shoumianwen tongding

牛钮牛耳兽面纹铜鼎

西周早期周文化的铜制食器及礼器。又名牛鼎，因鼎上牛形附饰及铭文而得名。出土及流传情况不明。现藏于美国宾州大学博物馆。

牛钮牛耳兽面纹铜鼎

通高31厘米。带弧顶盖，盖两侧有缺口以卡住鼎耳，中央有拱形捉手，捉手及鼎耳前后均以立体的牛首为装饰。立耳方唇，鼓腹圜底，下接三兽足。鼎身与三足相应之处各有突出的扉棱，其间器表各饰一云雷纹地的卷角兽面纹，兽面中央鼻梁处也各有一道扉棱。三足上部饰牛角兽面纹及两道旋纹，鼻梁处也装饰有短扉棱。盖内及器底各有象形的牛首符号一个，与鼎上的装饰正相吻合。

该鼎体量虽不大，装饰却很丰富，并且鼎的造型和附饰都呈弧形，给人以和谐的美感。鼎的装饰与象形铭文均作牛形，它们之间可能有着内在的联系。它与商代的西北冈牛鹿铜方鼎一样，都是探讨当时铜器上动物纹样含义和功能的重要材料。

（孙 华）

Xinwangcun goulianwen tongding

新旺村勾连纹铜鼎

西周早期周文化的铜制食器及礼器。1973年出土于陕西长安县沣西公社新旺村一处铜器窖藏中。现藏于西安市文物管理委员会。

新旺村勾连纹铜鼎

口径63厘米、通高85厘米。立耳宽厚，折沿方唇，深腹微鼓，兽足粗壮。耳外侧各饰一对夔龙纹，器身上部饰兽面纹带，4组兽面鼻梁处起短扉棱；其下遍饰规整的勾连雷纹作主纹；三足上部亦饰兽面纹，鼻梁处也饰短扉棱。该鼎体态高大，铸造精良，颇有气势。以勾连雷纹作为主题纹饰，也见于现藏日本白鹤美术馆的西周早期的勾连纹盖鼎、陕西岐山县丁童家南壕出土的西周中期外叔鼎等铜器上，但以该鼎造型制作最精，最具代表性。

（郑 彤）

Jin tongding

堇铜鼎

西周早期周文化燕国铜制食器及礼器。因作器者为堇而得名。1975年由北京市文物管理处等单位在北京房山区琉璃河黄土坡253号墓中发掘出土，墓主人可能为西周早期贵族圉。现藏于首都博物馆。

堇铜鼎

口径47厘米、通高62厘米，重41千克。立耳折沿，微鼓腹，最大径偏下，圜底下接三实足。上腹部饰兽面纹带一周，有扉棱6道，三足上部各饰一兽面和短扉棱一道。器内铸铭文4行26字，记述燕侯命堇到宗周奉献礼物给太保，太保在庚申这天赏赐给堇贝，堇为太子癸铸造这件器物。铭文中的太保即召公奭，燕侯很可能即召公之子，也就是受封于燕的第一代燕侯。该鼎的年代当以燕国建国后不久的成王之世为宜。

燕是西周王朝在北方地区的重要封国，但关于西周时期燕国的文献记载很少。该鼎铭文从一个侧面说明，召公封燕与周公封鲁一样，是以元子就封，而自己仍在宗周辅弼王室。这为研究燕国早期历史、地理情况提供了珍贵的资料。

（王 迅 孙 华）

Niansansi Yu tongding

廿三祀盂铜鼎

西周早期周文化的铜制食器及礼器。或称大盂鼎、大字盂鼎。因由盂于某周王廿三年制作且器体及铭文又较同出的另一件盂鼎大而得名。清道光初年出土于陕西岐山县京当乡礼村，同出有大鼎3件，其中铭文长达400字左右的小盂鼎已佚失，仅有铭文拓本存世。该鼎先归岐山县富户宋金鉴，以后相继为周雨樵、左宗棠所有，左氏后将其送与苏州潘祖荫。1951年，潘氏后人将其献给上海博物馆。现藏于中国历史博物馆。

口径78.3厘米、通高101厘米，重153.5千克。立耳，折沿，斜肩，垂腹，圜底，兽足。肩上饰兽面纹带，兽面共6组，其鼻梁突起为短扉棱；三足上部各饰一鼻中起扉棱的兽面，下有旋纹3道。器内铸铭文19行凡291字（含合文5字），记载周王对盂的训诰和册命。周王在训诰中称商王朝灭亡的原因是朝野上下纵酒无度，表示自己要仿效文王之德治理臣下，命令盂要向其祖先南公那样辅佐王管理兵戎事务，并赏赐给盂舆服和民众。在所赐民众中有“邦司四伯，人鬲自驭至于庶人六百又五十又九夫”，以及“夷司王臣十又三伯，人鬲千又五十夫”。其所记赐民数量之多，为周代金文之冠，是研究西周早期社会制度的重要史料。

该鼎体重且大，铭文长且内容重要，是西周早期的王臣重器，素来为学术界所重视。自最早著录于清吴式芬《捃古录金文》后，关于该鼎的王世，学术界有成王、康王、穆王3说，其中郭沫若、容庚、陈梦家、唐兰等学者力主康王说，且有同出康王时的小盂鼎为证，最为可信。

（孙 华）

廿三祀盂铜鼎

Shijiayuan datongding

史家塬大铜鼎

西周早期周文化的铜制食器及礼器。为已知最大、最重的西周铜鼎。1979年出土于陕西淳化县石桥公社史家塬的1号西周早期中型墓中。现藏于淳化县文化馆。

史家塬大铜鼎

口径83厘米、通高122厘米，重226千克。为立耳、垂腹、兽足式圆鼎。耳高大而宽厚，耳端斜侈，立于宽厚的口沿上。鼎身斜折沿，厚方唇，腹壁下倾，底部近平，在壁上与三足对应处各有一带兽首的鋬，三鋬之间各有一凸起的扉棱和牛首饰件。鼎足粗巨，上空下实，空足处在鼎底形成3个深陷的圆窝。鼎上纹饰简洁明快，除鼎足上部为带扉棱的兽面外，耳外侧和鼎身上部皆以相对的双夔龙为主体纹饰，其下衬以云雷纹；所不同的是，耳上双龙间有“王”字形分隔，器身上双夔头部相连如兽面。

该鼎整体造型近似廿三祀盂铜鼎和堇铜鼎，是西周早期较常见的大鼎形制，但其腹部带鋬的局部做法，以及形同兽面纹的躬背连首夔龙纹的装饰，非常罕见，颇为别致。其铜质精良，工艺娴熟，给人以形体高大而不失稳重，器壁厚重而不失典雅，纹饰简练而不失秀丽的美感。淳化县西北与旬邑县接壤，东南距屡出商周铜器群的泾阳县高家堡也仅8公里，属于记载中周人发祥地古豳邑的范围。该器主人很可能是周王朝王室重臣或畿内诸侯，所以他才能拥有如此非凡气度的大鼎。 （孙 华）

Yu tongding

旟铜鼎

西周早期周文化的铜制食器及礼器。1972年出土于陕西眉县马家镇杨家村西北的一灰坑内。现藏于陕西历史博物馆。

旟铜鼎

口径56.5厘米、通高77厘米，重78.5千克。圆形敛口，直耳，鼓腹，圜底，最大腹径偏下，柱足中部略细。上腹部饰兽面纹带一周，以云雷纹衬底，有扉棱6道。两耳外侧各有2条相对的夔龙纹。三足各饰一兽面。鼎内底部与鼎足相应部位有3个圆窝。圆窝周围可见足与腹合铸时留下的铸缝。出土时，外壁和足部积有厚厚一层黑色烟炱。内壁有铭文4行28字：“唯八月初吉，王姜锡旟田三于待劀，师櫨酤兄，用对王休。子子孙其永宝。”作器人名旟，即寠鼎、员卣铭文中的史旟，在西周早期征伐东夷时，曾受濂公之命率其部属伐东夷。铭文中的王姜，屡见于西周早期铜器铭文，为周王后妃。关于王姜，学术界有武王后妃、康王之后等不同说法。根据该鼎形制和纹饰与康王时期的廿三祀盂铜鼎相近的特征，综合诸家意见，其年代当以康王前后为宜。

（王 迅）

Tenghou tongfangding

滕侯铜方鼎

西周早期周文化的铜制食器及礼器。因作器者为滕侯而得名。1982年由山东滕县姜屯公社里西村农民在村西取土时发现，后经滕县博物馆清理，知其出自一座墓葬中。现藏滕州市博物馆。

滕侯铜方鼎

口长边16厘米、短边11.5厘米、通高27厘米。为圆角方鼎，口上扣圆角平顶浅盖，盖顶四角立尾外卷的夔龙形捉手，揭盖倒置时可以充当四足。鼎身直口斜壁，腹部下垂，附耳高大，柱足短小。器表除耳部外遍布各种花纹：盖沿上及口沿下分别饰一周反身鸟纹加对立鸟纹，腹部每面饰一卷角大兽面纹，鼎足饰卷云纹及垂叶纹。器内铸“滕侯作宝尊彝”的铭文，盖器对铭，计2行6字。滕为西周、春秋时期诸侯国，据文献记载即在今山东滕州。该鼎和同出的滕侯方座簋，以及次年在同一墓地出土的滕侯编钟等滕侯器，不仅说明里西村一带是一处重要的滕国贵族墓地，而且为寻找西周时期滕国的都城所在提供了线索。

该鼎采用西周早期偏晚阶段较为流行的样式。北京房山区琉璃河燕国公族墓地及山西曲沃县北赵晋侯墓地这一时期的墓葬中都出有同样形制的铜方鼎。在这类方鼎中，该鼎铸造最佳，保存最好。

（孙 华）

Shizai tongding

师𩛥铜鼎

西周中期周文化的铜制食器及礼器。因作器者为师𩛥而得名。1974年出土于陕西扶风县黄堆乡强家村西稍北的窖穴内。现藏于陕西历史博物馆。

师𩛥铜鼎

口径64.5厘米、通高85厘米，重105千克。平面呈圆形，立耳，平沿，腹稍鼓，三足似马蹄形。上腹部饰两道带状雷纹，两带状雷纹之间有一突脊，中为阴旋纹。雷纹下有一阳旋纹。鼎腹内底部与鼎足相连处铸成3个深陷的圆窝。腹外壁和足部挂有很厚的烟炱。器内壁铸铭文19行197字，记载周王对师𩛥训诰和赏赐的情况，其中贯穿“德”的思想。有的学者根据铭文中“唯王八祀”的纪年及周王称师𩛥“汝克盡乃身，臣朕皇考穆王”，断定该鼎作于周恭王八年；另有学者认为该鼎形制、纹饰和字体特征都较恭王晚，推测其作于恭王之弟孝王八年。

该鼎形体高大，庄严朴素，是西周中期铜器中少见的重器。尤其语句别致的长铭，文辞高古，不袭常调，可视为一篇水平很高的西周文学作品。铭文的内容对研究西周中期政治历史具有重要的意义。

参考书目

吴镇烽、雒忠如：《陕西省扶风县强家村出土的西周铜器》，《文物》1975年8期。

唐兰：《用青铜器铭文来研究西周史》，《文物》1976年6期。

李学勤：《师𩛥鼎剩义》，《新出土青铜器研究》，文物出版社，1990。

（王 迅 孙 华）

Shiwunian Shi Chuocao tongding

十五年史趞曹铜鼎

西周中期周文化的铜制食器及礼器。因由史趞曹作于某周王十五年而得名。约清末或民国初年出土于陕西关中。旧藏吴大澂处。现藏于上海博物馆。

十五年史趞曹铜鼎

口径22.9厘米、通高23.5厘米。平面呈圆形，双立耳，折沿方唇，腹壁外倾成垂腹，圜底近平，柱足较矮较细。纹饰仅在上腹饰反首折身夔龙纹带一周。器内铭文8行57字：“惟十又五年五月既生霸壬午，龚王在周新宫，王射于射庐，史趞曹赐弓矢、虎庐、冑甲、十殳。趞曹（敢对曹）拜稽首，敢对扬天子休，用乍宝鼎，用飨朋友。”铭文中所称龚王即周恭王，持王号生称说的学者据此认为该鼎为周恭王时器，而持王号谥号说的学者则认为其为周懿王时器。

与之同时出土的七年趞曹鼎，铭文称周王为“王”，而该鼎铭文称周王为“恭王”。有的学者认为七年趞曹鼎作于恭王在位之时，故无谥号；该鼎铸于恭王死后，故有谥号可称。它是西周铜器中年代比较明确的一件。

参考书目

黄奇逸：《甲金文中王号生称与谥法问题的研究》，《中华文史论丛》1983年1期。

（王 迅 孙 华）

Shanfu Ke datongding

膳夫克大铜鼎

西周中期周文化的铜制食器及礼器。又名大克鼎。因作器者为膳夫克并区别于同时出土的膳夫克小鼎而得名。传清光绪十六年（公元1890年）出土于陕西扶风县法门寺任村，曾由潘祖荫收藏。中华人民共和国成立后，潘氏后人潘达于将其捐献给上海博物馆。

膳夫克大铜鼎

口径75.6厘米、通高93.1厘米，重201.5千克。平面呈圆形，立耳，折沿，方唇，鼓腹，最大腹径偏下，三兽蹄状足。颈部饰目云纹带一周，并设短扉棱；腹饰环带纹；足上部各饰一兽面，兽面中部亦有扉棱。腹内铸铭文28行290字，行款及内容明显分前后两段：前段，克称颂其祖父师华父的德行美好，辅佐周王，使周王室内外安定，以致于当今天子还思念师华父的功绩，任用自己为大臣；后段记录周王在宗周对克的册命，记录周王令克出纳王命，并以命服、土地、臣妾赐克。所赐土地，属于不同的地域或邦国，范围相当广大；所赐人员，既有附属于某些土地的臣妾，也有原为井人征发役使的人民。这些内容对于研究西周中晚期社会制度及土地制度，了解周王臣的世官世禄制度及周王朝官制，具有重要的价值。

按照《周礼》的记载，膳夫是地位较低的官职，但从该鼎铭文来看，膳夫克可以出纳王命，并受到极优厚的赏赐，其地位在西周时期应是相当高的，这说明西周实际官制与《周礼》的记载颇有出入。关于其年代，学术界有孝王、夷王、厉王等不同说法。综合各方面材料，其以不晚于孝王的可能性最大。

参考书目

裘锡圭：《古文字释读三则》，《古文字论集》，中华书局，1992。

（王 迅 孙 华）

Shitong tongding

师同铜鼎

西周中期周文化的铜制食器及礼器。因作器者为师同而得名。1981年出土于陕西扶风县黄堆乡下务子村窖藏内。现藏于扶风县文物管理所。

口径34厘米、腹深20.5厘米、通高35厘米，重10.5千克。平面呈圆形，平折沿，立耳，壁近直，深腹，圜底，蹄足。口沿下饰重环纹及旋纹各一周，耳外侧饰两道凹旋纹。腹底有较厚的烟炱。器内壁铸铭文7行54字，记载周王朝某次征伐北方游牧民族戎人，师同从征，斩杀和俘虏若干敌人，俘获敌车马5乘、大车20辆、羊100只，并在龟地向周王进献膳食。并用俘获敌方的铜胄30件、戎鼎20件、簠50件和剑20柄来铸造这些鼎。铭文首末记年月，开头两句显得突兀。多数学者认为原铭文可能分铸于两件鼎上，该鼎铭文只是全篇的后半部分。其中记载的周人与戎人的战事，是研究周代民族关系的珍贵史料。作器者师同之名，曾见于西周中期懿王前后铜器师永盂的铭文中，但该鼎的形制已呈西周晚期流行式样的特征，故其年代应属西周中期偏晚即夷王前后。

参考书目

陕西周原扶风文管所：《周原发现师同鼎》，《文物》1982年12期。
李学勤：《师同鼎试探》，《文物》1983年6期。

（王 迅 孙 华）

Ehou Yufang tongding

鄂侯驭方铜鼎

西周晚期周文化的铜制食器及礼器。因作器者为鄂侯驭方而得名。约清代末年出土。曾由陈寿卿收藏，后由陈大年捐献国家。现藏于上海博物馆。

鄂侯驭方铜鼎

口径31.1厘米、通高35.3厘米。平面呈圆形，立耳，折沿，鼓腹，圜底，柱足中部稍细。上腹部饰回首折身夔龙纹带一周，三足上部各饰一兽面。腹内壁铸铭文11行86字，记载周王在南征角、鄙(淮夷之属)的归途中驻于坯，噩(鄂)侯驭方向王献纳醴酒，王举行射礼，鄂侯与王会射，王再次宴饮之后，赏赐驭方玉、马、矢的经过。据西周晚期禹铜鼎的铭文记载，鄂侯驭方曾率南淮夷、东夷侵伐周室，攻入宗周腹地，后兵败被擒。则鄂地当近淮夷之域，为江汉之鄂。鄂侯对周王朝时服时叛。该鼎的铭文披露周王曾亲征淮夷、礼遇鄂侯的史实，对研究西周王朝与鄂和淮夷的关系，鄂和淮夷的地理位置乃至于西周晚期的政治、军事情况，都有着重要的参考价值。关于该鼎的王世，学术界有夷王、厉王两说，当以厉王之说为是。

（王 迅）

Maogong Yin tongding

毛公㫃铜鼎

西周晚期周文化的铜制食器及礼器。简称毛公鼎。因作器者为毛公㫃而得名。上有铭文499字，是中国已知铭文字数最多的铜器。传清道光末年出土于陕西岐山县。咸丰年间为古董商运至北京出售，为陈介祺重价购入，旋运回山东潍县家中，秘不示人，但终为达官端方设计获得，以后又数易其主。抗日战争后，由陈永仁将其捐献国家。现藏于台北故宫博物院。

毛公㫃铜鼎

口径47.9厘米、通高53.8厘米，重34.7千克。立耳，半球形腹，蹄足。口沿下器腹上以旋纹为边栏，其间填以长圆相间的重环纹。铭文铸于器内底部，分左右两部分排列，共32行499字（含合文3、重文7）。该鼎的铸造工艺不精，器表有沙眼，范缝未经打磨，花纹也简单，为西周晚期及春秋早期铜器常见的现象。关于该鼎的王世，学术界有成王、夷王、厉王、宣王和春秋中期以后诸说，当以厉王、宣王时期为是。

该鼎以其长篇铭文最具价值，铭文记述周王对毛公䚄的宣诰册命，以“王若曰”开始，文例近似《尚书》中的《文侯之命》，王命内容可分4部分：①周王回顾周王朝开国时期的盛况和近世四方不宁的时局；②周王册命毛公以发布王命、统属王臣和治理邦家内外的大权；③周王重申先王对毛公的告诫和劝勉，要求毛公能尽职尽责捍卫自己；④周王赏赐给毛公秬鬯、命服、车马、兵器等物作为权力的标志。这些记载堪与《尚书》中的文献相媲美，对于研究西周晚期社会和历史都十分重要。（孙 华）

Yu tongding
禹铜鼎

西周晚期偏早阶段周文化的铜制食器及礼器。因作器者为禹而得名。1942年出土于陕西扶风县法门寺任家村窖藏中，出土后为西安徐氏收藏，并于1951年将其捐献给国家。现藏于中国历史博物馆。

禹铜鼎

口径46.7厘米、通高54.6厘米，重37.25千克。铜质较差，器表呈黑褐色。厚直立耳，短斜折沿，鼓腹下垂，圜底，下接矮蹄足。纹饰简单，口沿下饰短扉棱相隔的6组相对的窃曲纹，腹部饰波带纹，足上为带短扉棱的兽面纹。铭文铸于后部器壁，共20行208字（包括重文3字、合文2字），从内容看可分为4部分：①禹追述其祖辈、父辈事迹及自己奉上司武公之命继承祖考管理井邦之事；②叙说噩侯驭方率南淮夷侵伐周王朝南土和东土，抵达历内，周王命西六师、殷八师伐噩受阻的军事形势；③叙述禹奉武公之命，率武公徒驭助西六师、殷八师伐噩，擒获其君驭方的功绩；④叙述铸鼎的缘由。铭文字体草率但内容重要，其事迹和人物也见于鄂侯驭方铜鼎的铭文中，二者可以相互印证。该鼎的年代，学术界有夷王、厉王、宣王、幽王4说，从其形制、花纹及铭文记载的历史事件背景看，以厉王前后较为妥当。（孙 华）

Jinhou Su tongding
晋侯苏铜鼎

西周晚期晋国铜制食器及礼器。因系晋侯苏所作而得名。为形态相同、大小相次的5件一组的列鼎，其中4件于1992年从山西曲沃县北赵晋侯墓地8号墓中盗掘出土，1件同年由北京大学考古学系等单位从被盗的墓葬中抢救出土。现分藏于山西省考古研究所、上海博物馆、曲沃县博物馆等地。

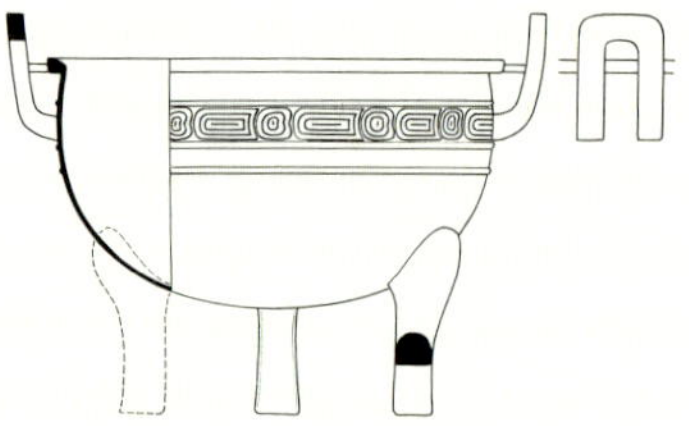

晋侯苏铜鼎

现藏于山西省考古研究所的1件口径24.8厘米、通高19厘米。范缝明显，铸型由3块身范和1块底范构成。色泽青绿，浮锈较厚。通体呈半球形，口微敛，短斜折沿，口下附耳，其间有双梁。肩、腹浑圆，圜底，下接3只瘦蹄足。肩部2道凸旋纹间填以长短相间的重环纹。铭文铸于器内后壁，计3行13字：“晋侯櫘作宝尊鼎，其万年永宝用。”该鼎曾被使用，外表带烟炱，但磨损程度较轻。

该鼎耳有双梁，与北宋吕大临《考古图》卷一著录的春秋早期晋姜鼎类似，是西周晚期至春秋早期晋国铜器的常见形制。铭中的晋侯櫘即晋侯苏，据《世本》及《古史考》是晋献侯之名（《史记·晋世家》索隐所引，《晋世家》记晋献侯名籍），其年代相当西周晚期厉王、宣王时期。它是能与文献相对照的极少数晋侯所作铜器之一，为西周晚期晋国铜鼎的标准器，对于周文化铜器的分期断代和晋国历史的研究均具有重要价值。（孙 华）

Xiaoheishigou longfei niaozu tongwending
小黑石沟龙扉鸟足铜温鼎

西周晚期周文化中铜制食器及礼器。1985年由内蒙古宁城县甸子乡小黑石沟村民在取土时发现，经赤峰文物工作站等单位清理，知出土于一座夏家店上层文化的石椁墓中。现藏于赤峰市博物馆。

小黑石沟龙扉鸟足铜温鼎

口长边12.7厘米、短边9.5厘米、通高19厘米。平面作长方形，上部如通常所见的西周中晚期铜鼎，短沿，敛口，附耳，垂腹，平底，只是四隅增饰回首卷尾爬龙各一。下部炉室以四角的变形立鸟为足，形制如一座没有屋盖的房屋，前设可以开合的双扇门，门外以一刖人和龙首为关，两侧及后壁设窗以使烟气升腾，炉底镂孔以受风和排除炉灰。鼎肩及炉室窗户四周均饰有斜角云龙纹。

该鼎形制似鼎而下有可加木炭的小室，按功用分类应当属于温食器。类似的铜器还有北京故宫博物院所藏无耳温鼎、美国哈佛大学福格博物馆所藏龙扉鸟足温鼎和陕西扶风县庄白铜器窖藏出土的龙扉鸟足温鼎，后二者与小黑石沟所出温鼎尤其相像。在这些温鼎中，该鼎不仅造型复杂，出土单位明确，而且出土于非中原青铜文化系统的夏家店上层文化中，对探讨周文化与夏家店上层文化的关系也有一定价值。（孙 华）

luoren tongfangding

裸人铜方鼎

西周晚期至春秋早期鄅国铜制弄器。山东莒县出土，初为莒县庄湛岩所有，1951年庄氏后人丁德萱将其捐献给山东省文物管理委员会。现藏于山东省博物馆。

裸人铜方鼎

长12厘米、宽7.5厘米、通高11.6厘米，重0.875千克。形如长方形带足奁。器口纳两平盖，盖上分别设裸体男、女像为钮，两裸人相对跽坐，生殖器官显著。器身口部四角凸起，四壁直而微内倾，平底，器旁设6个平抬器身的裸人为足（长边各2、短边各1）。盖上饰波带纹，器壁饰垂鳞纹二层及人字纹（燕尾纹）一周，器底饰“交错菱纹网纹”。该鼎铸造不精，花纹草率，但裸人尤其是盖上相对的男女裸人却着意刻划，至为诡异。对于这些裸人形象，有的学者认为是祈求族类繁衍思想的反映，有的则以为是当时贵族颓废没落思想的表现。现藏于日本藤井有邻馆的裸人方鼎的形制、附饰和花纹都与该鼎相似。类似的铜器还见于《艺林月刊》第99期刊载的裸人方鼎，但其鼎盖上裸人作站立状，器足裸人只有4个，两侧各出螭首，与前两件有所不同。这些裸人方鼎都出土于山东莒县，可能是当地当时风俗的反映。

（孙 华）

Shangguocun shuanghou niugai yixing tongding

上郭村双猴钮盖匜形铜鼎

春秋早期晋国铜制饮食器具。1989年由山西省考古研究所在闻喜县上郭村7号春秋墓中发掘出土。现藏于山西省考古研究所。

上郭村双猴钮盖匜形铜鼎

口径10.4厘米、通高9.6厘米。为管流球腹型。盖呈圆板状，上有相对的猴形钮，以便握手提取，下有3枚螭首钮以防盖滑动。鼎身斜折沿，圆肩，圜底；两侧附耳带双梁加固，前方肩部设兽首状管流；蹄形足。鼎上有纹饰：盖上铸出两条对称的蟠螭，螭有角无足，身躯回旋构成一圆环图案，背饰虎皮纹的双猴就蹲坐在这圆环之上；器身肩部为重环纹，腹部为垂鳞纹。鼎的形体虽小，但铜质精好，造型巧妙，花纹粗放，是一件难得的春秋早期青铜工艺品。

小型匜形铜鼎是西周晚期开始流行的器类，与一般的铜鼎用途不同，是用来熬制并食取肉酱的器具。这种匜形铜鼎在山西南部（即晋国的中心区域）发现最多，形制相近的在侯马市上马13号墓等中也有发现，仅闻喜县上郭村墓地就出土6件。该鼎是其中具有代表性的作品之一。（张崇宁）

Zhouwenhua tongli

周文化铜鬲

西周及春秋早期周文化炊煮稻粱的铜制食器和礼器。较商文化铜鬲在数量上、作用上都发生较大的变化，是周人礼器群的重要组成部分之一。

铜鬲在商代前期商文化铜器中的作用和形态都与铜鼎非常相似。到商代后期，商文化中已经很少见到铜鬲。从西周早期偏晚阶段开始，铜鬲在周文化中开始比较多见。特别是在西周晚期和春秋早期，一种器表饰绳纹的无耳铜鬲相当流行，它在墓葬铜器群中往往以呈大小形制相同的“列鬲”形式出现。铜鬲的数量1～8件不等，多数情况下为偶数，数量与铜簋相当，如河南三门峡市上村岭1052号墓铜鬲和铜簋各为6件，1810号墓各为4件。铜鬲在周文化铜器群中的这种存在现象，应当与它所盛放的食品种类与簋相同有关。

周文化铜鬲受到其礼器地位上升的影响，形态日益丰富多彩。根据鬲耳的有无及形态，可分为立耳、附耳、无耳3类。立耳鬲主要流行于西周早期，本身又有直颈、曲颈、斜领诸型的分别。直颈立耳鬲一般制作讲究，西周早中期皆有，早期者如伯矩铜鬲，颈部较高，袋足较瘦；中期如公姞鬲，颈部低矮，袋足肥硕。曲颈立耳鬲直接承袭商文化后期铜鬲而来，数量最多，是西

周早期铜鬲的代表。斜领立耳鬲制作粗陋，只发现于西周早中期之际及中期前段，流行时间很短。附耳鬲是西周中期出现的新器类，师趛铜鬲就是其中最精美的一例；这类鬲在春秋早期仍然可见。无耳鬲是西周中晚期及春秋早期最为流行的铜鬲类型，也有高斜领与矮折沿两型。前者与斜领立耳鬲流行时间相当；后者为西周中期以后周文化铜鬲的基本形制。

从西周初到春秋早期，周文化铜鬲最明显的形态变化是：体态由高变矮，口沿由斜直变低平，足根由柱足变为蹄足。此外，西周中期以后鬲的袋足脊背几乎都有扉棱装饰，这亦为西周早期铜鬲所不见。

（孙 华）

Bo Ju tongli

伯矩铜鬲

西周早期燕国铜制食器及礼器。因作器者为伯矩而得名。1975年由北京市文物管理处等单位在北京房山县琉璃河燕国墓地251号西周墓中发掘出土。现藏于首都博物馆。

伯矩铜鬲

口径23厘米、通高31.2厘米。采用分铸法制作，先铸器身，然后铸接鼎耳和鼎足。作立耳直颈连裆式。上带盖，盖面和盖钮各由相背的2个牛头组成。其盖面4只牛角翘起，角尖正好与鬲耳内缘相抵，高度也正好与之相当，显得和谐匀称。鬲身斜领，鼓肩，柱足。领上2道旋纹间以6个短扉棱分隔，其间各饰一夔龙纹；牛首纹形同器盖，獠牙外伸，与通常牛首有所不同。所有纹饰皆凸起于素地之上，显得极为简练明快。该鬲的造型和装饰均经巧妙构思，注重整体效果而不事细部雕饰，器形与花纹浑然一体，堪称燕国早期青铜工艺的代表性作品。

该鬲颈内壁和盖内铸有相同的铭文5行15字：“在戊辰，匽（燕）侯锡伯矩贝，用作父戊尊彝。”据此铭文，传世的一批伯矩作铜器可以确定国别。传世的伯矩器计鼎、甗、簋、尊、壶、盉等，其铭文除一件伯矩鼎外，其余内容、行款、书体基本相同，当属同一器物群。它们均属西周早期成王前后燕国的铜器。

（孙 华）

LuhouXi tongli

鲁侯熙铜鬲

西周早期鲁国铜制食器及礼器。因作器者为鲁侯熙而得名。传1927年由军阀党玉琨在陕西宝鸡市戴家湾盗掘出土。后流入美国，现藏于美国波士顿美术馆。

鲁侯熙铜鬲

体宽14.5厘米、至口高17.1厘米。作联裆型，小立耳，短束颈，鼓腹，联裆，柱足。除柱足外，器表被3个以云雷纹为地的卷角大兽面占满，兽鼻凸起为扉棱。器内铸铭文计3行13字：“鲁侯獄作彝，用享鬻厥文考鲁公。”鲁侯獄即《史记·鲁周公世家》中所载的鲁炀公熙（《索隐》：“熙，一作怡。”）。该鬲就是他为祭祀他父亲鲁公伯禽而制作的礼器。

鲁国诸公世次及在位年数的记载在周代诸侯国中最为完备，不少学者均据鲁年以推周年。鲁侯熙为鲁国第2代第3位鲁侯，在位共6年，其时当周康王后期。该鬲是罕见的器铭能与文献相应且王世明确的西周诸侯国铜器之一，是鲁国及周文化铜器研究的重要标准器。

参考书目

陈梦家：《西周铜器断代》（三），《考古学报》1956年1期。

（孙 华）

Shi Yin tongli

师趛铜鬲

西周晚期周文化的铜制食器及礼器。以作器者职官（师）和名字（趛）而得名。是中国已知最雄伟的铜鬲之一。现藏于北京故宫博物院。

师趛铜鬲

口径47厘米、通高50.8厘米，重48.8千克。侈口，方唇，斜颈，附耳，鼓腹联裆，足似蹄形。颈饰云雷地纹的双首夔目纹，三足裆脊有扉棱，两侧饰相背的大首短尾的夔龙纹，主纹也以云雷纹衬底。内有铭文5行28字：“惟九月初吉庚寅，师趛作文考圣公、文母圣姬尊彝，其万年子孙永宝用。”铭文有器名“尊彝”，后一字为它器所未见，不知是否是这类大鬲的专名。

师趛所作铜器，传世的有师趛

鼎和师趛鬲，均属西周晚期偏早的铜器。该鬲体量雄大，纹饰精美，古风犹存，是西周晚期高品级铜器的杰作。（孙 华）

Zhouwenhua tongyan

周文化铜甗

西周及春秋早期周文化蒸煮食物的铜制食器及礼器。形态如同商文化铜甗，上面为装稻粱的甑，下部为盛水的鬲。继承商文化铜甗而来，但比商文化使用更广泛，是周文化铜礼器组合的基本器类之一。

发现十分普遍，出土多件铜鼎的墓葬一般都有一件铜甗出土（个别出土2件）。从山西曲沃县北赵晋侯墓地、河南三门峡市上村岭虢国墓地等处遗址和墓地的出土情况来看，周文化铜甗似乎只在男性贵族墓铜器群中出现，女性贵族铜器群通常不随葬铜甗。这种现象与河南安阳市殷墟妇好墓出土多件铜甗的情况相对照，或许从一个方面反映出商礼与周礼的差异。

均为联裆甗，主要有两种类型：①传统的圆形三足甗。早在商代就已出现并流行，此时仍为主要类型；②新出现的方形四足甗。最早出现于西周中期，西周晚期和春秋早期最为流行。圆形三足甗是西周中期以前甗的基本形制，西周晚期数量减少，形制有从较瘦高变得较粗矮的趋势。如太史友甗等西周早期铜甗，甗足较长，裆下较高；终甗等西周中期铜甗，甗足较短，裆高降低；中伐父甗等西周晚期及春秋早期铜甗，足和裆均低矮，三足间距也较大，其稳定性增强而造型拙劣。（孙 华）

shoumian chuiyewen tongyan

兽面垂叶纹铜甗

西周早期周文化的铜制食器及礼器。是西周时期罕见的体量大且形制精美的大型铜甗。现藏于北京故宫博物院。

口径44.9厘米、通高80.9厘米，重40.02千克。侈口，立耳，深腹较直，腰内有箅，袋足联裆，蹄形高足。耳饰夔龙，甑部上饰间以6短扉棱的3组云雷纹地的兽面纹带，其下连以三角形垂叶纹。袋足各饰一牛角形大兽面，下施旋纹3道。整个甗造型厚重雄浑，气度不凡，纹饰疏密有致，华丽美观，堪称传世重宝。该甗的大小、造型、纹饰均与上海博物馆所藏兽面垂叶纹甗十分相似，二者很可能是同时、同地、同一批工匠的产品。（孙 华）

兽面垂叶纹铜甗

Zhouwenhua tonggui

周文化铜簋

西周及春秋早期周文化最主要的铜制食器及礼器。继承商文化铜簋的基本形制，但在数量上、普及程度上和礼制意义上却有极大发展。与铜鼎一道构成周文化铜礼器的中心。

簋在周文化铜礼器中地位的上升，可追溯到周人灭商之前。在陕西关中西部周人早期活动区域内发现的殷墟四期的周文化铜器墓，铜礼器的基调就是鼎和簋，铜簋成为周人铜器墓所必备。西周时，铜簋在礼器中的重要性更加突出，鼎与簋相配成为铜礼器组合的基本模式。鼎、簋配合依身份地位高低主要有1鼎1簋、3鼎2簋、5鼎4簋、7鼎6簋、9鼎8簋几种。大约从西周中晚期之际的夷王、厉王时起，开始出现大小、形制、纹饰全同的成组列簋；其数成双，两两递增，已发现的列簋每组数量最多者达8件。根据周原铜器和曲村铜器的统计数字，簋在整个周文化铜礼器中的比例超过20%，是仅略低于鼎的第二大类铜器。约至春秋中期，簋在铜礼器中的地位和作用开始发生变化，使用范围缩小，数量锐减。除一些残存旧制的大型墓葬中尚出少许铜簋外，一般的铜器墓已经不再使用铜簋。这时的铜簋通常成对配置，与鼎的数量对应关系已不复存在。到战国晚期以后，铜簋就几乎不再使用。

周文化铜簋形态多样。商文化中数量比较多的无耳簋在灭商前的周文化遗存中还很常见，西周时期已经极少，带耳簋中的鋬耳簋成为周文化铜簋的主体。铜簋以带座与否为标准分为方座簋和无座簋两大类：方座簋几乎都为敞口簋，是簋与禁相结合的产物，其铭文有自名为“囷簋”者（如晋侯苏铜簋）。这类簋出现于商末，一直沿用至战国时期，是最高级的铜簋。周厉王时的胡簋为方座簋，保留古制的晚周大墓所出簋也多为方座类，就说明这一点。无座簋主要有敞口和敛口二型。敞口簋主要流行于西周早中期，无盖者居多，其基本形制为卷沿，侈口，束颈，鼓腹，鋬耳，圈足，著名的宜侯夨铜簋、邢侯簋均属此型。敛口簋则以西周晚期及春秋早期最为流行，一般带盖，盖、器相合形近扁球体，圈足低矮且多带小足。传世的师寰铜簋和河南三门峡市上村岭虢国墓地出土的虢季簋均属此类。在这几类铜簋中，簋耳的差异也十分引人注目，可以据此将各类型的簋再细分为鋬耳、提耳、环耳诸亚型。鋬耳簋数量最多，延续时间最长，西周早期品级较高的鋬耳簋还有四耳（如宜侯夨簋）、珥足（如琉璃河乙公簋）等多种形态。提耳簋形态与盂难辨，腹深器大者往往被称为盂类，也是早晚期皆有、较常见的一种铜簋（如伯𢦏簋）。环耳簋数量最少，基本上只存在于西周中晚期，如陕西蓝田县寺坡村出土的訇簋、扶风县强家村出土的即簋等。

形态的变化主要表现在簋的腹部。无论是方座簋还是无座敞口簋，它们都经历腹部由深变浅的演变过程，由西周早期的腹壁微外倾变成西周中期以后的腹壁外倾下垂。而无座敛口簋的腹部也是早期深晚期浅，西周晚期以后的圈足下一般都加小足。（孙　华）

Tianwang tonggui

天亡铜簋

天亡铜簋

西周早期周文化的铜制食器及礼器。器上铭文字体古朴难通，人器关系不很明确，学者们或以“天亡”为该器作者，或以“朕”为该器作者（故又称朕簋），也根据铭首“王有大礼（礼或释丰）”句称之为大礼簋（或大丰簋）。是已知惟一一件确切无疑的周武王时期的有铭文铜器。清道光末年与毛公鼎同出土于陕西岐山县，不久为陈介祺所有。1956年由北京琉璃厂振寰阁从上海周姓收藏家处购得，后归北京故宫博物院。现藏于中国历史博物馆。

口径20.5厘米、座高9.2厘米、通高20.5厘米。为四錾方座类，侈口，鼓腹，圈足斜直，口腹间有相对的4个兽头大錾耳，錾下垂珥；座呈扁长方体，上接器足，下端开敞。器表最显眼处以涡状团身大鸟纹为主题纹样，圈足饰4对长体卷尾鸟纹，座面四角饰以三角形兽面纹；主体花纹旁均衬以云雷纹。铭文铸于内底，共8行78字，记述乙亥这天，王举行大礼，天亡佑王祭祀文王；第三天丁丑，王又举行“飨”、“宜”之礼，天亡参与其事；故天亡铸此簋以称颂周王的美德。铭文中的周王称文王为“显考”，故该王应为武王；铭文中又有“文王德在上，丕显王……丕克乞（讫）衣（殷）王祀”之句，故该簋应铸于武王灭商以后。它是已知王世最早的西周铜器，也是武王时期的标准器，在西周铜器分期断代中具有重要价值。

参考书目

孙稚雏：《天亡簋铭文汇释》，《古文字研究》第3辑，中华书局，1980。

（王　迅　孙　华）

Gaojiapu kuiwen fangzuo tonggui

高家堡夔纹方座铜簋

西周早期周文化的铜制食器及礼器。1971年出土于陕西泾阳县高家堡1号墓中。现藏于陕西历史博物馆。

高家堡夔纹方座铜簋

一组2件，其中保存较好者口径21.5厘米、通高34.5厘米，重6.4千克。均为敞口方座型，侈口，深腹，腹微鼓，腹两侧伸出龙首垂珥錾，圈足下接方座。器身前后和圈足四面均置扉棱。器表以夔龙为主题纹样，垂珥上亦饰夔龙纹。其中器身和方座为大首涡状身夔龙纹，圈足为曲身蛇纹，主题纹样旁均衬以云雷地纹。该簋的造型和纹饰均与天亡铜簋相似，但纹饰更精致，保存更完好，是西周初期铜簋的代表作。

（孙　华）

Youshi Li tonggui

右史利铜簋

西周早期周文化的铜制食器及礼器。因作器者名利而得名。为西周早期最早的、铭文能与先秦典籍相印证的铜器。1976年出土于陕西临潼县西段村铜器窖藏中。现藏于临潼县博物馆。

右史利铜簋

口径22厘米、通高28厘米，重7.95千克。侈口，鼓腹，平底，圈足与方座相接，簋身两侧有垂珥兽首錾。器身前后及方座四面均饰以云雷纹地的卷角兽面纹，每个兽面两旁均有垂首夔龙，圈足上饰云雷纹地的夔龙纹一周。器内底铸铭文4行32字：“珷征商，唯甲子朝，岁鼎克昏，夙有商。辛未，王在阑师，锡右史利金，用作檀公宝尊彝。”所记周人克商的日期是“甲子朝”，与《尚书·牧誓》、《逸周书·世俘解》等文献的记载相吻合。这从一个侧面证实先秦文献中这些记载是可信的，它是研究商、西周之际这段历史的重要实物资料。

该簋铭文记事简约，学术界对其中“岁鼎克昏(?)夙有商”的解释分歧颇大。铭文中有“珷王”之名，主王号生称说的学者都认为该簋属武王时期，主谥号说的学者则将其定在成王时期。后一种意见认为，铭文所记武王克商事件是参与其事并受到褒赏的作器者利的追述。

（孙 华）

Taibao tonggui

太保铜簋

西周早期周文化的铜制食器及礼器。因作器者为太保召公奭而得名。传清道光年间出土于山东寿张县，为著名的梁山七器之一。现藏于美国弗里尔美术馆。

口径37.5厘米、通高23.5厘米。为四耳圈足型，四耳作兽首形，兽角宽大，高出器口之上，有垂珥。腹微鼓，圈足较高。腹部饰兽面，兽面双目为器耳所隔，为兽面纹中一种罕见的形式。铭文4行35字：“王伐录子耶，𫑡厥反，王降征令于大保，大保克敬亡遣，王口大保易休余土，用乍兹彝对令。”大意是录子反叛，周王命令太保征伐，太保以事功受到周王褒赏，领有余土。与该簋同时出土的铜器有召公、召伯所作之器，故其铭文中的太保应即召公。《尚书·君奭》载：“召公为保，周公为师，相成王为左右。”结合该簋耳部形制、纹饰与成王时器康侯簋、德簋相同的情况判断，其亦应作于成王时期。

（王 迅）

Zhifangtou Yubomu si'er fangzuo tonggui

纸坊头渔伯墓四耳方座铜簋

西周早期強国铜制食器及礼器。1981年由陕西宝鸡市博物馆等在宝鸡市西关纸坊头西周残墓中发掘出土。现藏于宝鸡市博物馆。

口径26厘米、通高38.7厘米。为四耳方座型，有盖。盖顶呈泡形隆起，中部一圈形握手，握手上有两个对称方孔。簋体圆直口，平折沿，方唇，腹壁近直，腹较浅。四兽耳下有垂珥。圈足较高，与方座相连。盖面近握手处饰柿蒂纹带一周及旋纹两周，近沿处饰涡纹与夔龙纹相间的纹带一周及旋纹一周。腹饰涡纹与夔龙纹相间的纹带一周。耳部除兽首外又饰云纹，珥上饰云纹，并有长条形镂孔。圈足部饰4组夔纹组成的兽面。方座四角饰牛面兽面各一，牛面兽面两侧饰夔纹。器盖内壁有铭文2行6字：“強伯作宝尊簋。”強为周王畿西南秦岭山地中一个方国或古族，与周王朝有密切关系，強伯是该国族的首领。该簋装饰简洁，素净大方，在喜用地纹的西周早期铜器中并不多见。

（王 迅）

纸坊头強伯墓四耳方座铜簋

Zhifangtou Yubomu si'er tonggui

纸坊头強伯墓四耳铜簋

西周早期周文化的铜制食器及礼器。1981年由陕西宝鸡市博物馆等单位在宝鸡市西关纸坊头村西周残墓中清理出土。现藏于宝鸡市博物馆。

口径26.8厘米、通高23.8厘米。为侈口圈足型，卷沿，深腹，腹壁近直，圈足较高。颈部饰一周3排乳丁纹，腹部饰一周直棱纹，下腹饰一周4排乳丁纹。四兽耳下有长方形垂珥。兽耳上各饰6个浮雕牛首：上部饰一大牛首，牛首上双角之间立片状铜牌，铜牌正、背两面和垂珥两面各饰一小牛首，大牛首下也饰一小牛首。圈足部饰由两两对称的屈身夔龙合成的兽面纹4组。四耳中空，器体与耳上下结合处铸出突出的榫头，与空耳套合铸接，设计巧妙，颇具匠心。该簋造型和纹饰典雅大方，艺术构思富有创意，是西周铜器中的精品。

（王 迅）

纸坊头強伯墓四耳铜簋

Zuoce Zeling tonggui

作册夨令铜簋

西周早期周文化的铜制食器及礼器。亦称令簋或夨令簋。因作器者为作册（官职）夨令而得名。据传1929年与作册夨令方彝、作册夨令方尊等同出于河南洛阳市东北五里邙山麓的马坡。现藏于法国巴黎基美博物馆。

作册夨令铜簋

共2件，均口径17厘米、通高25厘米。为方座双耳型，失盖，敛口，鼓腹；双兽耳，下有垂珥；方座下有4柱。颈饰小鸟纹带一周，腹饰勾连雷纹，足部饰鸟纹带一周。两器同铭，而行款稍异。铭文各12行111字，记载周王征伐楚伯，中途驻于炎地，作册夨令向随征的王姜敬献酒肴，王姜赏赐夨令贝十朋、臣十家、鬲百人，并由公尹白丁父在冀地完成贶锡之命。夨令称扬周天子的功德，为启告后人，报于死去的父亲而作此器。铭文末尾有“雋册”徽记，与同出的令方彝、令方尊的徽记相同，它们应为一人所作。该簋的年代有成王、昭王两说。史籍记载周伐楚在昭王时，史墙铜盘的铭文也说昭王“广笞楚荆，唯贯南行”。故该簋应属昭王之世。铭文所记内容，有助于了解周王朝与楚国的关系，特别是昭王南征的情况。

（王 迅）

宜侯夨铜簋

参考书目

唐兰：《西周青铜器铭文分代史徵》，中华书局，1986。（王 迅 孙 华）

Mo Situ Yi tonggui

涾司土逘铜簋

西周早期周文化的铜制食器及礼器。以作器者职官和名字而命名，因对作器者的理解不同，又名康侯鼎。传1931年与涾司土逘作铜器一起出土于河南北部，具体出土地点有汲县、辉县和浚县3说，以浚县辛村说较为可靠。出土后不久即流出国外。现藏于英国伦敦不列颠博物馆。

高24厘米。为双耳圈足型，卷沿，侈口，腹部外鼓，圈足高直，两侧设兽首鋬，鋬下垂珥因圈足较高也下垂较长。颈部及圈足分别饰四叶和圆涡相间的纹带，腹饰直条纹。器内铭文4行24字：“王来（？）伐商邑，诞命康侯鄙于卫。涾司土逘罘鄙。作厥考尊彝。䀠。”记载周伐商邑后命康侯在卫戍守，涾司土逘协助康侯的故事。铭文中的康侯即卫国始封之君康叔。多数学者根据《史记·卫康叔世家》中“卫康叔名封，周武王同母少弟也”及“周公旦以成王命兴师伐殷，杀武庚禄父、管叔，放蔡叔，以武庚殷余民封康叔为卫君，居河、淇间故商墟”的记载，认为该簋应作于周公东征之后，属成王时期之器。

Yihou Ze tonggui

宜侯夨铜簋

西周早期周文化的铜制食器及礼器。作器者为名夨的贵族，他原封为虞侯，后改封在宜称宜侯。1954年出土于江苏丹徒县龙泉乡下聂村烟墩山古墓中。现藏于中国历史博物馆。

口径22.5厘米、通高15.7厘米。敞口，方唇，浅腹，四耳，折壁式高圈足。耳作兽首无珥形，其间腹壁饰以相间的圆涡与夔纹；圈足在四耳下的位置设扉棱，其间饰对鸟纹。器内底铸铭文12行120余字（锈蚀缺10余字），记录某年四月的一天，王在观看“武王、成王伐商图”和“东或（国）图”后，举行改封虞侯夨为宜侯的仪式。王在诰命中除赐给宜侯夨鬯酒、商器和弓矢外，还列举赐土和赐民的具体内容，可以与文献记载的《唐诰》、《康诰》等相互印证。它是一件记录西周早期周王朝封邦建国重要事件的铜器，铭文内容十分重要，但学术界对铭文中“虞”字的释读、虞的地望等问题上尚存有很大的分歧。

该簋形制和纹饰均呈典型的西周早期风格，铭文中时王前的先王有周武王、成王之名，可知其应为周康王时作品。对于这样典型的周文化因素出现于东南地区“土墩墓遗存”中，学者们或以为是康王分封的宜侯之国就在今江苏丹徒一带，或以为这是北方诸侯国的铜器因某种原因传到东南地区的。

参考书目

唐兰：《宜侯夨簋考释》，《考古学报》1956年2期。

黄盛璋：《铜器铭文宜、虞、夨的地望及其与吴国的关系》，《考古学报》1983年3期。

李学勤：《宜侯夨簋与吴国》，《文物》1985年7期。（孙 华）

Bo zuo Yigong tonggui

伯作乙公铜簋

西周早期周文化的铜制食器及礼器。或称乙公簋。1975年～1977年由琉璃河考古队在北京房山县琉璃河遗址黄土坡251号西周墓中发掘出土。现藏于首都博物馆。

口径19.2厘米、通高28.2厘米，重4.96千克。属敞口圈足型。盖圜顶，圈状捉手。器身侈口，曲颈，鼓腹，圈足斜侈，两侧双鋬作立鸟形，鸟下以吞鱼兽首为珥，鱼尾长且外卷，形成簋的二足；在簋身前后圈足外也有相同的兽首吞鱼的珥足，与鋬下二足共同将簋身托离地面。盖面四方及簋身前后有扉棱，其间各饰一云雷纹地的象纹，象头以前后扉棱为中心，两两相对。圈足有云雷纹一周。盖内和器内底铸铭文2行6字："伯作乙公尊簋。"伯是以行辈或爵位代指作器者，乙公则当是作器者死去的先人。该簋以伸长的垂珥为足将簋身承托起来，高足起到方座或禁的作用。鋬、足一体，抓兽的鸟形鋬与吞鱼的兽首珥形成呼应；兽首与鱼尾连在一起，其形又与簋上的主题纹样——象的鼻子非常相似。其整体构思巧妙，造型与纹饰俱佳。（孙 华）

伯作乙公铜簋

Chenjian tonggui

臣谏铜簋

西周早期邢国铜制食器及礼器。因作器者为邢国大臣臣谏而得名。1978年出土于河北元氏县西张村东霸王岗的西周墓中。现藏于河北省博物馆。

臣谏铜簋

口径17.1厘米、通高13.1厘米。为侈口圈足型，口部略侈，方唇，斜肩，垂腹，圈足较矮。颈、腹间有4个对称的兽首垂珥鋬，四鋬间各饰一云雷纹衬底的象纹，象纹两两相对，几乎布满器身，圈足上饰有盘龙纹。铭文铸在器内底部，共8行，每行9字，由于锈蚀，现存59字。铭文记载戎人大举进犯，至于軧地，邢侯命臣谏帅部进驻軧地抵御，以及臣谏因离国居軧，又无子嗣，将胞弟长子托付给邢侯的事情。该簋形制、花纹均同于1921年河南洛阳出土的邢侯簋，铭文中又都有邢侯，二器当属同一时期，都在成王、康王之际。

邢国是周成王"广封周公庶子"（《汉书·王莽传》）时建立的诸侯国，其始封地有今河北邢台市和河南温县两说。该簋的出土为邢台说提供可靠的证据。邢国位于周王北土，与北方的戎狄为邻，邢国的命运始终与戎狄紧紧联系在一起。邢始建不久，邢就"搏戎"，此后，邢与戎狄长期对峙，最后邢国终于因戎狄压迫，被中原诸国迁于黄河以南地区。该簋就是邢国早期这段历史的实物证明，是研究西周早期北方地区政治形势和历史地理的重要材料。

参考书目

李学勤、唐云明：《元氏铜器与西周邢国》，《考古》1979年1期。

（孙 华）

Maobo Ban tonggui

毛伯班铜簋

西周中期铜制食器及礼器。1972年由北京市文物管理处在废铜中捡选所得。现藏于首都博物馆。

口径25.7厘米、通高22.5厘米。微敛口，平折沿，鼓腹下垂，矮圈足。四兽鋬下有长、短珥各一，外长珥下垂成器足，将器体悬空托起。颈部饰涡纹、旋纹，腹部饰兽面纹4个，各含一鋬珥，耳部除兽首外又饰云纹，珥部也饰云纹。器腹内铸铭文20行凡197字（含重文2字），记述毛伯（毛公、毛父）之子毛班追述其父的伟业。铭文大意是：周王命毛伯代替虢成公在王室任职，监管繁、蜀、巢诸国。又命毛伯率领邦冢君、徒驭等以及吴、吕等国征伐东方的偃戎。通过长达3年的征战，终于安定东方。班十分缅怀毛伯的功绩，故请大臣为其父作谥。借此表明自己作为文王和王姒后代的显赫家世。铭文中的毛伯之子班，学者们均指出即《穆天子传》中的毛班，其王世在周穆王时期。

毛伯班铜簋

原器当有数件，其一为清宫内府旧藏，曾为清《西清古鉴》著录，称"周毛伯彝"。该器在1900年八国联军攻陷北京后从清宫流出，下落不明。与该簋器形近似的还有北京房山县琉璃河209号墓出土的伯簋，但后者珥足外卷而前者珥足内勾，差异也相当显著。该簋的纹饰以凸阳线组成，不施地纹，草率简单，是同时期较少见的纹饰作法。其铭文所记事件，反映周穆王平服东方徐淮反叛的史实，具有重要的史料价值。

参考书目

唐兰：《西周青铜器铭文分代史徵》卷五·中，中华书局，1986。
李学勤：《班簋续考》，《古文字研究》第13辑，中华书局，1986。

（王 迅 孙 华）

Dong tonggui

㦰铜簋

西周中期周文化的铜制食器及礼器。因作器者为㦰而得名。1975年出土于陕西扶风县法门公社庄白大队白家生产队村西南的墓葬中。现藏于扶风县博物馆。

口径22厘米、腹深12.5厘米、通高21厘米。有盖，盖圜顶，中有圈状握手。器身敞口卷沿，鼓腹下垂，圈足较矮，两侧以相背的立鸟

为鋬，鸟足自然为珥。盖面和器身均以两组相对的垂冠卷尾凤鸟纹为主题纹样，以云雷纹衬底，其中器身凤鸟间还间以兽首。器与盖内各有铭文11行134字，记述某年六月，“戎胡”入侵，㦸率领有司、师氏抵御“戎胡”，杀敌百人，俘敌2人，缴获兵器145件，夺回戎胡俘掠的114人。由于有死去母亲的荫护，㦸在与敌搏斗中没有负伤，所以㦸为其母铸造这件簋，并希望获得母亲的永久保佑。铭文记述的侵周的“戎胡”当即周王朝北方的猃狁之属，戎与胡联称，这也是已知西周文献中出现最早的一例。这些对研究西周中期周王朝与北方戎狄的关系提供了重要材料。（王 迅 孙 华）

㦸铜簋

Pengsheng tonggui

倗生铜簋

西周中期周文化的铜制食器及礼器。因作器者为倗生而得名；因对铭文理解的差异，或认为作器者为格伯，故又称格伯簋。传世品，原数量不明，见于著录的有5件，曾分藏于阮元、朱彦甫、廉访慧、方廷瑚（后归东武刘氏）和曹秋舫等处。以簋数成双推测，原簋数应有6件。最早的著录见于清阮元《积古斋钟鼎彝器款识》，现存者分藏于中国历史博物馆、北京故宫博物院和上海博物馆。

口径21.9厘米、通高31厘米，重9.8千克。为敞口方座型，有盖。盖顶呈泡形隆起，圈形握手。侈口，卷沿，鼓腹，双鋬作头朝上的兽形，卷尾下垂为珥，圈足下接方座。盖沿、器颈、圈足及方座三边分别饰变形夔龙纹间圆涡纹和云目纹，盖壁、器腹和方座中央饰直条纹。器与盖内铸铭文，同铭而字数略异，器铭8行82字，盖铭8行79字。记载贵族格伯从另一贵族倗生处取来良马4匹，价值30田，交换手续完成后，倗生“铸保簋，用典格伯田”一事。这对研究西周中期土地制度有着重要价值。铭文中的倗生又见于箕仲壶铭，有的学者认为其即望簋铭中的宰倗父。望簋铭中的“新宫”之称又见于恭王或懿王时的十五年史趞曹铜鼎铭，故该簋的年代大致相当于周恭王至懿王时期。

（王 迅 孙 华）

倗生铜簋

Wunian Shi Shi tonggui

五年师旋铜簋

西周中期周文化的铜制食器及礼器。因作器者为师旋并为了与元年师旋簋相区别而得名。1961年出土于陕西长安县张家坡铜器窖藏中。现藏于陕西历史博物馆。

共3件，大小、形制相同，口径18.7厘米、通高23厘米。覆碗形盖，圈状握手，盖壁与盖面间折转。直口微敛，腹壁较直，直壁垂腹，肩部有对称的兽形环，内套提环。圈足低矮，下接3只外转的兽形小足。盖面饰直条纹带和夔凤纹带，盖壁饰直条纹带；器身上部施夔凤纹，下部施直条纹。2件簋的内底及1件簋的盖内有铭文7行59字（含重文2字），记载某周王五年九月，王命师旋“羞追于齐”，并赐师旋兵器，严令其务必取胜一事。对于铭文中“羞追于齐”的历史背景，有学者认为，这应当与周夷王烹齐哀公一事有关。《史记·周本纪》正义引《竹书纪年》载：“（夷王）三年，致诸侯，烹齐哀公于鼎。”这与该簋铭文大体相符。据此，该簋可定为夷王之世的标准器。文献记载夷王三年烹齐哀公，而此器铭载五年伐齐，年代有出入，“三年”当为“五年”之误。（王 迅）

五年师旋铜簋

Shi huan tonggui

师寰铜簋

西周晚期周文化的铜制食器及礼器。因作器者为师寰而得名。约清代中后期出土。曾为“湖北汉阳叶氏”等收藏。现藏于上海博物馆。

师寰铜簋

共2件，口径22.5厘米、通高27厘米。为敛口三足型。器口上罩覆盘形器盖，盖顶有圈形握手。敛口，鼓腹，兽首双耳下垂珥。圈足下接三兽蹄形足。盖沿和颈部饰目云纹，体饰瓦沟纹，圈足部饰垂鳞纹。器内铸铭文，盖器对铭，器铭10行117字，盖铭113字。记载周王命师寰率领齐、㠱(纪)、𠩺(莱)、僰、𡰥诸东方国家的军队及周王室的“左右虎臣”征伐淮夷，师寰作战获胜，除“折首执讯”外，还俘获“士女牛羊”和“吉金”的事情。铭文中“淮夷旧我𡨦晦臣”一语，亦见于兮甲铜盘铭文，意即淮夷从来就是向我（周王朝）贡纳财赋的臣民。参加征伐淮夷的纪、莱等国属东夷，本与淮夷同属东方夷人集团，他们追随周王朝与淮夷作战，反映出夷人集团内部的分化状况。这些情况为研究周王朝与东夷、淮夷的关系提供了重要线索。关于该簋的王世，学者们多认为属宣王，另有学者将其排在夷王之世。从该簋铭文所记事件与兮甲盘相同，形态也显然为西周晚期形制等分析，该簋王世当以周宣王之说为是。

（王 迅 孙 华）

Zhouwang Hu tonggui

周王㝬铜簋

西周晚期周文化的铜制食器及礼器。因作器者是名㝬的周王而得名。是中国已知最大的一件西周铜簋。1978年出土于陕西扶风县法门寺齐村铜器窖藏中。现藏于扶风县博物馆。

周王㝬铜簋

口径43厘米、通高59厘米，重60千克。侈口，束颈，鼓腹；双兽首形耳，兽角宽大，高出器口之上，耳下有垂珥；圈足较矮，下接方座。颈与圈足饰连云纹，腹与方座饰直条纹，方座上部四角饰兽面纹。器内底部铸有铭文12行125字（含合文2字、重文1字），记述名叫㝬的周王为祭祀先王而作的祝词。作器者“㝬”，经考证即周厉王胡，铭文末尾所记“隹王十又二祀”说明该簋作于厉王十二年。其形制、纹饰和铭文，也具有明显的西周晚期特征。该簋为周王室重器，器型宏伟，花纹豪放，气派非凡。它是厉王时期一件年代明确的重要的标准器，是研究西周铜器断代及西周史的珍贵资料。铭文中用法有别的“余”、“我”、“朕”三个第一人称代词，为研究西周的语法增添了新资料。

（王 迅）

Jinhou Si tonggui

晋侯断铜簋

西周晚期晋国铜制食器及礼器。因作器者为晋侯断而得名。1992年由北京大学考古系等单位在山西曲沃县曲村遗址北赵晋侯墓地8号墓中发掘出土。现藏于山西省考古研究所。

晋侯断铜簋

原为4件一套的列簋，已被盗，仅余2件。口径24.8厘米、通高38.4厘米。盖形如覆盘，上有圈状捉手；簋身敞口，束颈，鼓腹，圜底，圈足，两旁施兽首垂珥鋬耳一对，圈足下连方座。花纹简练，除捉手内饰重环纹围绕的团身鸟纹外，其余均以瓦沟纹为主，盖肩、盖口、器颈、器腹各饰一周云目纹；另在方座每面三边（除底边外）饰以散云纹带。盖、器对铭，共4行26字，铭文为：“唯九月初吉庚午，晋侯断作𠤳簋，用享于文祖皇考，其万亿永宝用。”除器名外，其余与晋侯断方壶铭相同，簋、壶当为同时铸造的一组器物。铭文中的晋侯断与《史记·晋世家》等文献所记晋侯名难以相合，根据同墓出土的晋献侯苏列鼎和编钟，该墓在北赵晋侯墓地中的位置及对断字形体和意义的分析，晋侯断应以晋僖侯司徒的可能性较大，其在位年代当在周厉王前后。该簋是已知有自名的惟一一组方座铜簋。其铭文表明，这种簋的专名应为𠤳簋。这为周文化铜器的研究提供了新的信息。（孙 华）

Buqi tonggui

不嬰铜簋

西周晚期周文化的铜制食器及礼器。因作器者为不嬰而得名。簋身与盖在西周时期就已分离，盖早年出土，现藏于中国历史博物馆；身1980年出土于山东滕县（今滕州市）后荆沟一座春秋早期的墓中，现藏于滕州市博物馆。

不嬰铜簋

盖径23.2厘米、通高26厘米。盖呈覆盘状，顶部有圈形握手。器体子母口内敛，扁球状腹，兽首形双鋬，有珥。圈足下接伏兽形三足。盖和器体饰目云纹、瓦纹，顶饰蟠龙纹，圈足部饰重环纹。盖、器对铭，盖铭13行152字，器铭12行151

字，主要记载周王室大臣伯氏褒奖不嬰在与猃狁作战中“敏于戎工”、多有斩获，故赏赐不嬰弓矢、土田、臣民的事情。根据铭文，这次战役的经过大致是：驭方猃狁广伐西俞，周王命伯氏抗击。伯氏属下不嬰先在高陵追上猃狁，斩获颇多。但各支戎师在会合后反追周师，不嬰还师与戎师会战，又大败之。有的学者认为这次战役即《史记·秦本纪》所记秦庄公昆弟破西戎之役，不嬰即秦庄公其。如果此说不误的话，不嬰簋就应为周宣王时之器，也是已知最早的秦国铜器。

西周后期，猃狁方兴，经常侵扰周王朝疆土，周王朝与猃狁间战事频繁。虢季子白铜盘铭文、多友鼎铭文以及《诗经》等均记载有周王室对猃狁战争的史实。该簋为研究这一段历史增添了宝贵史料。

参考书目

万树瀛：《滕县后荆沟出土不嬰簋等青铜器群》，《文物》1981年9期。

李学勤：《秦国文物的新认识》，《文物》1980年9期。

（吉琨璋　王　迅）

Xu Jijiang fangzuo tonggui

许季姜方座铜簋

西周晚期周文化的铜制食器及礼器。因作器者为许国国君的姜姓夫人而得名。1985年出土于内蒙古宁城县甸子乡小黑石沟村的一座夏家店上层文化的石椁大墓中。现藏于赤峰市博物馆。

许季姜方座铜簋

口径21.2厘米、通高25.5厘米。敞口，垂腹，腹两侧施双兽耳，前后施如耳的窃曲纹形扉棱。圈足，其下联四方设门的方座。簋的肩、腹及座的四面均饰以直棱纹。器底铸铭文3行16字（含重文2）：“鄦季姜作尊簋，其万年子子孙孙永宝用。”鄦即许，是位于今河南南部的周王朝姜姓封国名；许季姜当是许国国君之女。该簋形制和花纹与周王㝬铜簋相似，采用西周晚期方座铜簋的流行样式。这时期许国国君之女所作铜器在遥远的内蒙古东南部夏家店上层文化中发现，反映出夏家店上层文化所代表的古国、古族与中原周王朝诸国的联系。至于该簋是因何种原因来到夏家店上层文化中，不外乎两种情况：①许国的女子远嫁至创造夏家店上层文化的古族时带来；②创造夏家店上层文化的古族从与许国通婚的诸侯国中劫掠所获，其中以后一种可能性较大。

（孙　华）

Zhouwenhua tongxu

周文化铜盨

西周中期至春秋早期周文化盛食用铜制容器。是盛放黍、稷、稻、粱等饭食的器具，为西周新产生的铜器种类，流行于西周晚期。是周文化特有的礼器种类。

虢仲铜盨

平面呈椭圆形或圆角长方形，立面为隆盖、敛口、双耳、圈足，盖上或设圈状提手，或立四角状提手，圈足或设门或带小足。

流行时间很短，故先秦礼书中无盨之名，东汉许慎《说文解字》等对盨已解释不清。宋人误将簋当作敦，而将盨当作簋。清人循宋人误说，直至容庚的《商周礼乐器考略》始将宋人命名的敦更正为簋，而根据自名为“盨”的铜器将盨从簋中分出单另立类。

盨功用与铜簋相同，形态与同时的带盖敛口簋相近。铜盨铭文除自名为盨外，自名为簋者也有多例（如鲁司徒伯吴盨），甚至还有自名为“盨簋”者（如鲁伯悆盨），盨显然是从簋中分化出来的。盨在周文化铜器组合中用法和数量也与簋相似，一套铜器之盨一般均为偶数，或2盨（如陕西扶风县庄白1号窖藏的㾓盨），或4盨（如陕西长安县张家坡叔专父盨），在虢仲盨铭文中还有一次铸造12件铜盨的记载。已知铜盨以传世和征集的居多，发掘所获也多出自遭盗掘后的残墓，其与鼎、簋等铜器的配合关系尚不很清楚。从已知一些迹象来看，在西周中晚期的部分铜器墓中，存在以盨代替簋的现象。这也正是当时簋与盨功用类似的必然反映。盨的类型主要有錾耳盨和提耳盨两类，另有以四圆足代替圈足的异形盨，如师奐父盨，数量很少，形制介于方鼎与盨之间。

盨最早出现于西周早中期之际。山西曲沃县北赵晋侯墓地13号墓所出铜盨是已知年代最早的铜盨，其出现时间与铜簋中的敛口簋大致相当。盨的数量在西周中期后段逐渐增多，到西周晚期遂成为流行器种之一。春秋早期以后，铜盨的数量锐减，不久就基本消失。由于铜盨的流行时间短暂，其演变规律也不很明显，仅在细部有一些差异。

（孙　华）

Jinhou Dui tongxu

晋侯对铜盨

西周中晚期之际晋国铜制食器及礼器。因作器者为晋侯对而得名。1991年从山西曲沃县北赵晋侯墓地1号、2号墓及其夫人墓中盗掘出土，随即被走私出境。原共8件，其中4件现藏于上海博物馆。

共2组，每组各4件。一组盨平

面作圆角长方形，口长21.3厘米～22.1厘米、宽13.5厘米～13.6厘米、通高16.2厘米～17.6厘米。盖顶有四云形环钮，可倒置，器身两侧有兽形附耳，圈足外撇。器肩饰回首反尾有冠夔龙纹，腹饰横沟纹。盖器对铭，共6行32字：“唯正月初吉庚寅，晋侯对作宝尊及盨，其用田狩，湛乐于原隰，其万年子孙永宝用。”另一组盨平面呈椭圆形，盖有四环形钮，可倒置，器身两侧有双附耳，底设四穿靴裸人为足并负器。盖顶饰夔龙纹，盖沿及器肩饰垂鳞纹，器腹饰横沟纹。铭文亦盖器对铭，共3行23字（含重文2字）：“唯正月初吉丁亥，晋侯对作宝盨，其万年子子孙孙永宝用。”根据“对”字的含义或音读，学者们认为晋侯对是晋厉侯福或晋靖侯宜臼，也有根据晋侯墓地排列认为是晋僖侯司徒；以晋靖侯宜臼的可能性较大。该盨是早期晋国的重要铜器，对于晋国国君世系的研究有着较高价值。

参考书目

裘锡圭：《关于晋侯铜器铭文的几个问题》，《传统文化与现代化》1994年2期。

（孙 华）

晋侯对铜盨

Lubo Yu tongxu

鲁伯悆铜盨

西周晚期鲁国铜制食器及礼器。因作器者为鲁伯悆而得名。1977年～1978年由山东省博物馆等单位在曲阜县鲁故城望父台墓地30号墓中发掘出土。现藏于曲阜市文物管理委员会。

鲁伯悆铜盨

通高19.2厘米。平面呈圆角长方形。隆顶盖，盖上四角立龙首曲尺冠，盖顶中央立一虎为捉手。器身子口纳盖，腹壁较直，两侧施兽鋬耳，圈足外撇，四中有缺口。花纹单调，盖面饰一大夔目纹，盖口上、器口下及圈足各饰单卷云纹一周，其余器表均饰瓦沟纹。盖器对铭，各6行37字，铭文为：“鲁伯悆用公觏，其肇作其皇孝皇母旅盨簋。悆夙兴，用追孝，用祈多福。悆其万年眉寿，永宝用享。”该盨与同墓地所出的鲁司徒中齐盨形态、纹饰、字体均很相似，二者年代应接近。有的学者将其都归入西周中期；但对照与之形态、花纹都相似的西周晚期的梁其盨，其年代应为西周晚期。该盨盖顶饰以立虎捉手，这为其他盨所不见，颇为别致。铭文自名为“盨簋”，说明了西周晚期鲁人对盨和簋关系的认识，对周文化铜盨的研究有着一定价值。

（孙 华）

Zhouwenhua tonghu

周文化铜瑚

西周及春秋早期周文化盛食用的长方形铜制容器。是周人用来盛放稻粱以供祭祀、宴享的器具。为周文化所独创，功用与簋、盨相似但又有所不同。在西周后期以后成为铜礼器群的重要器种之一。

形态如同上下对扣在一起的两个长方形方圈足铜盘。瑚可倒置，盖合为一体，揭盖成二器。这种形态的器物自名有“匡”、“𠤱”、“𥬸”、“𥫓”等多种写法，而“匡”使用最普遍、沿用最长久。“匡”字形变作胡，后又作瑚。胡、瑚的器名屡见于先秦文献，每每胡(瑚)簋连称或对称。从自名为“匡”的这种铜器的功用和“匡”字的形、音来看，认为铜器铭文中的“匡”即文献中的胡或瑚应当毫无疑问。由于瑚在功用上和字音上与另一种名簠的“黍稷圜器”相似，故宋代金石学家将这两种铜器混淆起来，将瑚当作簠。这种错误一直延续到现代，直到陕西扶风县庄白1号铜器窖藏内出土的形态似豆、自名却为簠的铜器出土后，一些学者才将原称作簠的这种方形铜食器更名为𠤱或瑚，纠正了相沿数百年的错误。

瑚产生于西周早期偏晚阶段，传世的直棱纹铜瑚为其最原始的形态。西周早中期的铜瑚非常罕见，直到西周晚期才开始流行。从西周早期到春秋早中期之际，瑚的平面由圆角短矩形发展为直角短矩形，再发展为直角长矩形；立面由体态较高、四坡较陡，发展为体态较矮，四坡较缓。到春秋早期偏晚阶段，铜瑚的盖沿上、器口下开始出现较短的直壁，此后，四坡四壁成为瑚的基本样式，并一直沿用到战国时期。

参考书目

唐兰：《略论西周微氏家族窖藏铜器的重要意义》，《文物》1978年3期。
高明：《𠤱簠考辨》，《文物》1982年6期。

（孙 华）

zhilengwen tonghu

直棱纹铜瑚

西周早期周文化的铜制食器。是中国已知年代最早、体量最大的西周铜瑚。现藏于北京故宫博物院。

口长55.8厘米、通高36.3厘米。口平面呈圆角短长方形，器中部似盨四隅圆转，上下近捉手及圈足处转角分明。盖、身皆为斜直壁，上下分别有长方形捉手或圈足，所不同的只是器盖捉手较器身圈足略小。通体纹饰以直棱纹为基调，在直棱纹上下及捉手和圈足上各饰一周两两相对的夔龙纹。该瑚器大质精，古朴雄浑，是已知铜瑚中年代能早到西周早期的惟一实例，对研究铜瑚这种器物的产生及演变有着重要价值。（孙 华）

直棱纹铜瑚

Bogongfu tonghu

伯公父铜瑚

西周晚期周文化的铜制食器。因作器者为伯公父而得名。1977年出土于陕西扶风县云塘村2号西周铜器窖穴中。现藏于周原文物管理所。

伯公父铜瑚

口长边28.3厘米、短边23厘米、腹高19.8厘米，重5.75千克。器身与器盖造型基本相同，平面皆作长方形。四壁斜倾，两侧壁各有环形耳，盖与器合口处每边正中有一牛首形卡，圈足下部四面皆有一缺口，形成四足。四壁近口处饰重环纹，其上下饰环带纹，捉手和圈足饰垂鳞纹，盖顶饰大窃曲纹。盖、器对铭，各10行61字，记载伯公父择吉金铸造宝瑚，盛放樵稻糯粱，用召飨事辟王、诸考诸兄，以祈求长寿多福。该器自铭为𠤳，即瑚的本字。瑚在文献中或作胡，《礼记·明堂位》载："有虞氏之两敦，夏后代之四琏，殷之六瑚，周之八簋。"《左传·哀公十一年》记仲尼曰："胡簋之事，则尝学之矣……。"可见瑚、簋用途相近，这与该瑚铭文所记瑚的用途吻合。该瑚是已知西周及春秋早期铜瑚中保存较好、铭文较长的一件。（王 迅）

Xiaowangzhuang long'er tonghu

小王庄龙耳铜瑚

春秋早期陈国铜制食器及礼器。或称象首兽纹簠。1963年出土于山东肥城县东孙楼公社小王庄。现藏于山东省博物馆。

小王庄龙耳铜瑚

2件成对。长26.7厘米、通高17.5厘米。盖、器形制基本相同，均为平顶或平底，斜直的盖面或器腹，垂直的盖壁或器口。盖沿前后各有凸起的小兽面卡住器口。四角及四足均作兽形，角兽仰卧，盖却置后与器足同呈站立之状。盖、器两侧，安置相对的回首拱背的卷尾龙耳。盖面和器壁饰抽象的象纹，盖沿及器口饰相连的反卷云纹。该瑚造型独特，附饰生动精巧，花纹别致流畅，是罕见的铜瑚杰作。（孙 华）

Zhouwenhua tongdou ji fu

周文化铜豆及簠

西周及春秋早期周文化的两种形态类似、用途相近的铜制食器，是周文化铜礼器的重要组成部分之一。豆与簠在铜器分类中常常混淆。

豆是周文化陶器的四大器种之一，是当时最为常见的器物，为日常生活及祭祀宴享所必备。早在记录周人早期历史的史诗中，就已有"卬盛于豆，于豆于登"的诗句（《诗·大雅·生民》）。根据先秦文献，当时豆的用量很大，《礼记·礼器》载："天子之豆二十有六，诸公十有六，诸侯十有二，上大夫八，下大夫六。"《周礼·秋官·掌客》更有"凡诸侯之礼，上公……豆四十，侯伯豆……三十有二，子男豆……二十有四"的规定。然而，周文化的豆与商文化一样，都主要以陶和漆木为之，铜豆仍很少见。与豆形态和用途都十分相似的是簠。东汉许慎《说文解字》释簠为"黍稷圜器也"。周文化铜器中有一种盘浅且大、粗柄镂空的豆形器，其铭文自名为簠（见曾中斿父铜簠）或簠莒(见微伯瘐簠)，它应当就是文献中所称之簠。有的学者主张将铜豆均更名为簠，但从盘较深且小、柄略粗而不镂空的周生豆自名为豆来看，铜豆和铜簠是有所区别的：铜豆为仿漆木豆的制品（《说文解字》："木豆谓之梪"），形制为深盘觚形柄，纹饰多在盘外饰圆涡纹；而铜簠则为浅盘镂空柄，盘外一般

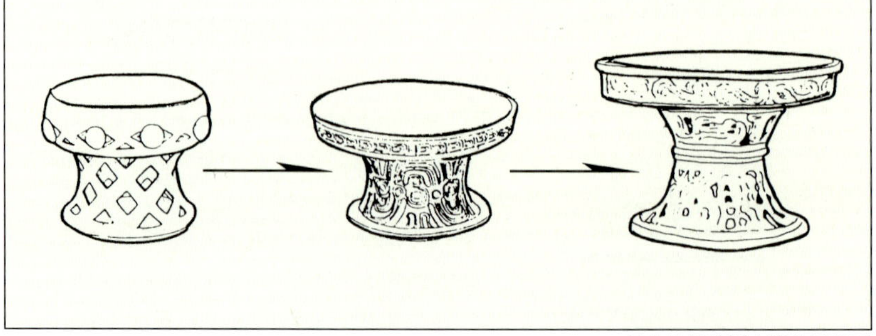

周文化铜簠形态演变示意图

不施圆涡纹。

铜豆在商代就已产生，而铜簠则直到西周早中期之际才出现，西周晚期至春秋早期间方流行开来。在文献记载的周文化礼器组合中，豆总是成偶数出现，即所谓“鼎俎奇而笾豆偶”（《礼记·郊特牲》）。已知周文化铜豆数量太少，无法验证它在铜礼器组合中的数量比例与文献记载是否相合。铜簠仿自笾，也应成偶数出现；但在考古发现的包括铜簠的铜器组合中，铜簠却大多为奇数，如河南三门峡市上村岭虢国墓地铜器墓出土的铜簠均为1件，仅湖北京山县苏家垅曾侯墓出有铜簠2件。这或许是因为西周及春秋早期礼器制度与春秋中期以后有所不同，或是铜簠当时与竹编的笾混合配套的缘故。

目前周文化铜豆的形态演变关系尚不清晰，只有铜簠尚可看出一些规律。西周早中期之际的陕西宝鸡市茹家庄弴伯墓铜簠，盘部与豆有几分相似，假腹，粗柄较直；西周中期偏晚的微伯瘭簠，其盘变浅，粗柄稍细而中腰微内弧；西周末期至春秋早期的曾中斿父铜簠则为浅盘、中柄、折腰，腰际有凸棱。

参考书目

高亨：《说簠》，《河南博物馆馆刊》第5集，1933。

唐兰：《略论西周微氏家族窖藏铜器的重要意义》，《文物》1978年3期。

高明：《𥬯簠考辨》，《文物》1982年6期。

（孙　华）

Kangsheng tongdou

康生铜豆

西周早期周文化的铜制食器及礼器。因作器者为康生而得名。20世纪80年代拣选自山西太原电解铜厂。现藏于山西省博物馆。

口径15.5厘米、足底径11厘米、通高15.1厘米。为直口粗圈足型，无盖，直壁，深腹，沿外有棱，方唇，圈足一侧有半环形把手，盘底之下有系钮，可知原系有铃。盘外壁饰圆涡纹一周，其间饰回首夔纹，圈足上部饰一周对称夔纹带，下部饰兽面角叶纹。通体以云雷纹衬地，把手上部饰兽首。盘内底部铸铭文2行10字：“康生作文考癸公宝尊彝。”

康生铜豆

西周时期铜豆发现不多，像该豆这样一侧有把手，盘底系铃者更为少见。其形制、纹饰和铭文字体都具备西周早期的时代特征，故年代应为西周早期。作器者康生未见于著录，根据铜器铭文惯例，他应与西周初期就封于卫的康叔家族有一定关系。　（王　迅）

Xigaoquan Zhousheng tongdou

西高泉周生铜豆

西周晚期周生所作的周文化的铜制食器及礼器。1978年由陕西宝鸡市博物馆等单位在宝鸡县杨家沟公社西高泉村1号墓中发掘出土。现藏于宝鸡市博物馆。

口径15厘米、通高19.6厘米。敛口，折腰，假腹浅盘，粗柄束腰，足端外侈。腹外饰相间的圆涡纹及四云纹带，豆柄饰垂鳞纹。豆盘有铭2行10字：“周生作尊豆，用享于宗室。”铭文与见于著录的周生豆（《愙斋集古录》一七、一九）全同，系同人同一批次所作。不少学者主张“周生”即琱生簋、琱生鬲中的“琱生”，如果确实的话，该豆的年代也应与琱生簋同在周宣王之时。周生作器的散落估计同犬戎入侵、西周灭亡的历史事件有关。

铜豆在周代前期少见，有自名铭文的铜豆更为罕见。该豆形制、纹饰、大小都与传世两件铜豆（一见原田淑人《周汉遗宝》图11，一见林巳奈夫《殷周时代青铜器研究·殷周青铜器综览》图版，豆4）非常相近。它们或许都是同组之器。

（孙　华）

西高泉周生铜豆

Shangcunling 1074-haomu shouzuo tongdou

上村岭1074号墓兽座铜豆

西周、春秋之际虢国铜制食器及礼器。1957年由黄河水库考古队在河南三门峡市上村岭虢国墓地1704号墓中发掘出土。现藏于中国社会科学院考古研究所。

口径15.2厘米、全长31.5厘米、通高29厘米。整体呈立兽托负之形，兽体中空，外形作立耳短嘴、长身矮腿之形，兽身饰雷纹、重环纹和斜角云纹。背负之豆敛口，斜腹，平底，粗柄，盘外饰斜角夔纹。该豆兽座造型笨拙，形象欠佳，不知仿自何种动物。已知西周及春秋早期铜豆较少，作动物造型的铜豆仅此一件，可谓珍稀。

（孙　华）

Zeng Zhongyoufu tongfu

曾中斿父铜簠

春秋早期曾国铜制食器及礼器。因作器者为“曾中斿父”而得名。1966年发现于湖北京山县坪坝公社苏家垅。现藏于湖北省博物馆。

2件成对，大小、形制、纹饰、铭文均相同。口径25.6厘米、通高20.2厘米。浅盘折沿，直腹，平底，粗柄，束腰，柄壁镂空。纹饰盘外为云目纹带，柄的上下镂空作波带纹。盘内铸铭文2行8字：“曾中斿父自作宝甫。”作器者名字与同墓出土的铜壶相同。该簠形制采用西周晚期至春秋早期铜簠的标准样式，相同形态的铜簠在陕西岐山县董家村窖藏、扶风县齐家窖藏、河南三门峡市上村岭墓地都有出土。该簠成双与同墓出土的其他铜礼器相配，正合文献记载的“鼎俎奇而笾豆偶”（《礼记·郊特牲》）的礼器制度；器上铭文表明该器的国别及名称。

曾中斿父铜簠

曾国未见于春秋、战国时期的文献，学术界对曾国的问题长期存在争论。根据出土的曾国铜器分析，曾国为姬姓，曾人在春秋、战国时期主要分布于今湖北北部的汉水以东，以今河南新野为其北限。该簠与同时出土的曾中斿父铜壶等是明确的一批曾国铜器，为研究曾国历史情况提供了珍贵资料。无论从铜器组合还是铜器本身，该簠都颇为重要。

（孙　华）

Zhouwenhua tongzu

周文化铜俎

西周及春秋早期周文化的切肉及盛肉用铜制器具。是周文化的重要礼器之一。

俎形态似家具中的几，但又比几小，故《方言》卷五称：“俎，几也。”它通常与铜鼎相配用于宗庙宴享，《礼记·玉藻》记少牢用器为“五俎四簋”，就用俎来代指鼎；《周礼·天官·膳夫》记周王每天宴享，“鼎十有二，物皆有俎”。因此俎在周人礼器中有着与鼎类同的作用，通常用多少件鼎也就要用多少件俎。陕西扶风县庄白1号窖藏出土的三年痶铜壶铭文记周王赐痶“口俎”和“彘俎”，明确记载俎的用途是放置彘等牲肉。

俎的起源很早，早在龙山时代的山西襄汾县陶寺遗址的墓葬中就已发现漆俎，俎上还放有石刀。据文献记载，俎是非常重要的礼器，但在出土和传世的铜器中，俎却极其罕见。当时的俎应当主要是漆木器而不是铜器。铜俎一般为弧形面，四足或两足。俎有长短两类。长条形俎与木几非常相似；短长方形俎与河南安阳市殷墟等地出土的石俎基本相同，俎面下有四只宽大的曲尺形足，商末西周初的辽宁义县花儿楼带铃铜俎和西周晚期的山东泰安市龙门口夔龙纹铜俎，均属此类。后一类应是周文化铜俎的主要类型。

（孙　华）

Longmenkou kuilongwen tongzu

龙门口夔龙纹铜俎

西周晚期周文化的铜制食器及礼器。是中国已知惟一一件西周铜俎。出土于山东泰安县龙门口水库。现藏于山东省博物馆。

面长21厘米、通高12厘米。为青铜铸就。俎面平面呈长方形，内弧，两侧上翘，边缘设凸棱。四足宽大，截面如曲尺。俎面周边饰云目纹，足饰云雷纹地的双首联体夔龙纹。纹饰粗放，是典型的西周晚期的风格。

俎在商周时期是常见器类，但以铜铸造的俎却十分罕见。该俎的发现，为了解铜俎的形制演变提供了实物资料。

（孙　华）

Zhouwenhua tongbi

周文化铜匕

西周及春秋早期周文化的挹取肉食和饭食的铜制礼器。基本形态为前有树叶形匙以取食，后有扁平的曲柄以握手。微伯痶铜匕、仲冉父铜匕等上标有自铭，可确定其名称。

匕在先秦时期的主要用途是从鼎俎上挹取牲体。《易·震》载：“震惊百里，不丧匕鬯。”王弼注：“匕所以载鼎实。”《仪礼·士婚礼》载：“匕俎从设。”郑玄注：“匕所以别出牲体也。”西周晚期的陕西永寿县好峙河仲冉父匕出土时就放置在铜鼎之中，春秋、战国时期的河南淅川县下寺2号墓、安徽寿县蔡侯墓、湖北随州市曾侯乙墓等出土的铜匕亦放在铜鼎、鬲中，这些均证实文献中关于匕用途的记载。匕除用于挹取肉食外，也可挹取饭食。《说文·匕部》载：“匕，亦所以用比取饭。”故《诗·小雅·大东》中有“有饛簋飧，有捄棘匕”诗句。春秋早中期之际的陕西宝鸡市福临堡1号墓出土的铜匕放在铜甗之内，也证实匕的这种用途。

铜匕在商文化中非常少见，这可能与商人礼器重酒而不重食的风气有关。周文化铜匕的形制特征表现为：匕身一般呈两端尖锐的阔叶形，匕柄较扁而后部磬折，握手段稍宽。由于发现的材料较少，其形态演变规律尚不太明朗。

（孙　华）

Zhouwenhua tonggu

周文化铜觚

西周早、中期周文化的饮酒用铜制礼器。基本形态如同两端开敞且较大、中部封堵且较细的圆筒。从商代承袭而来，已不再是周文化铜礼器组合所需器类，在周文化铜器中比较少见。

可分为两类：①中央腹部鼓起，觚身立面呈三段式。是商代后期铜觚的基本式样，如陕西长安县沣西沣河铁路桥西15号墓兽面纹觚、扶风县庄白1号窖藏蕉叶纹觚等。②中央凹入呈弧形，颈、腹、足3部分连为一体。这类觚腹部很细，不见于商文化中，是周文化铜觚所特有的类型。如庄白1号窖藏的旅父乙觚、庄白垂鳞纹铜觚等。这两类铜觚在西周早期就已并存，但当时仍主要是第一类铜觚。西周早期有一部分三段式铜觚应当是沿用至西周的商文化铜觚。西周中期的铜觚基本上都是第二类凹腰细体觚。西周晚期以后，铜觚基本消失。

（孙 华）

Zhuangbai chuilinwen tonggu

庄白垂鳞纹铜觚

庄白垂鳞纹铜觚

西周中期周文化的铜制酒器及礼器。1976年出土于陕西扶风县庄白1号西周青铜器窖藏内。现藏于扶风县博物馆。

口径13.5厘米、通高23.9厘米，重0.37千克。喇叭形口和圈足，腰极细。圈足部饰垂鳞纹。根据圈足内残存的红色物质推断，其胎上原髹漆，外施彩绘，并镶嵌蚌泡饰品，但已剥落。该觚形制新颖，为西周时期铜觚的特殊形制；器壁轻薄但工艺精巧，较为少见。根据器壁轻薄及装饰西周中期盛行的垂鳞纹等特征判断，该觚当作于西周中期。

（王 迅）

Zhouwenhua tongzhi

周文化铜觯

西周及春秋早期周文化的饮酒用铜制礼器。觯通常指喇叭形口、腹深而下垂、下有圈足的圆形或椭圆形小型杯状器。它在商文化中数量不多，但在周文化铜礼器中，数量、比例却有所增加，是周文化主要的饮酒用铜器。

铜觯是西周早期至中期偏早阶段周文化铜器群中的常见器类，其出现频率比铜觚更高。在包含有酒器的铜器群中，大多数都有一件铜觯。出土两件觯的墓葬铜器群只有陕西长安县花园村17号墓和宝鸡县弓鱼国墓地14号墓，另在扶风县刘家村丰姬墓出土铜觯3件。西周中期偏晚阶段以后，实用的铜觯已经基本不见，只在较高级的贵族墓中发现少许制作粗糙的明器小铜觯。

从平面上可区分为椭圆形觯和圆形觯两类（其中椭圆形觯有矩形圆角和扁圆形的差异），这两类铜觯在商代都已出现（见商文化铜觯）。椭圆形觯数量较少，一般都较矮胖，主要见于商代后期和西周早期。椭圆形觯的形态变化主要表现在腹部，即腹的最大径逐渐下移，颈和腹部曲线由圆和变得僵直。这与西周早中期铜器腹部由鼓腹到垂腹的演变总趋势相同。圆形觯是周文化铜觯的主流，延续时间稍长，下限可至西周中期的懿王前后。圆形觯的演变规律是：体态由较矮胖变得较高瘦，口部与腹径和足径之比由小变大，颈部由短变长，腹部由鼓腹变为垂腹。

（孙 华）

Xiaochen Dan tongzhi

小臣单铜觯

西周早期周文化的铜制酒器及礼器。因作器者为小臣单而得名。曾先后为江苏吴县潘氏滂喜斋等收藏，中华人民共和国成立后由邱辉捐献给国家。现藏于上海博物馆。

小臣单铜觯

口径9.3厘米～11.6厘米、通高13.8厘米。属矮胖体类，平面呈椭圆形，侈口，束颈，鼓腹下垂，圈足较高，下部外侈。颈部饰反首凤鸟纹一周，其旁不衬地纹。器内底部铸铭文4行22字：“王后臤克商，在成师。周公锡小臣单贝十朋。用作宝尊彝。”其中的“王后臤克商”当指周公东征，平定武庚叛乱，彻底摧毁商人势力这一历史事件，故该觯当作于周成王时期。

觯是饮酒铜器，一般器体小且铭文字数很少。该觯铭文长达22字，且内容十分重要，殊属难得。

（王 迅）

Zhouwenhua tongjue ji jue

周文化铜爵及角

西周早、中期前后周文化的温

酒兼饮酒用铜制器具。爵为前有流、后有尾、左有鋬、上有菌状或伞状双柱、下有三棱锥状足的圆形圜底容器，是从商文化中继承而来的铜器器类。角是北宋以来对类似于铜爵而无柱、且口沿两端均作爵尾之状铜器的习称。

铜爵在西周早、中期铜器群中还比较流行，凡出土有成组酒器的铜器群大多有一两件铜爵出土，有的墓葬铜器群中的爵还与觚、觯形成数量搭配关系，这显然是商文化铜礼器遗俗的反映。在西周中期周文化特有的礼器制度形成以后，铜爵已很少见，只在一些高级贵族墓内尚可见仿照古礼器而制作的明器。

周文化铜爵只见圆体圜底一种，形态与商代后期圆体铜爵相似，但器流稍深、足略粗短。比较而言，西周早期铜爵更近于殷墟晚期，器腹较直或微鼓，圜底部分较深，三足也稍长；西周中期的爵腹壁外倾，具有同时期鼎、簋等铜器垂腹的时代色彩，同时圜底部分较浅，三足也较短。

铜角的用途有饮酒和温酒两说。主张为饮酒器的学者是根据文献中有关角的用途的记载而得出的：礼器“有以小为贵者。宗庙之祭……尊者举觯，卑者举角”（《礼记·礼器》）。文献中作为饮酒器的角与其他饮酒器的差异主要表现在容量上，“四升曰角”（《礼记·礼器》郑玄注），而爵只能容一升（《周礼·考工记·梓人》贾公彦疏引《韩诗说》）。这些文献记载的用作饮酒的角不像是铜器中习称的角，因为铜器的角没有流，翘起的双尾在饮酒时很容易洒出。另外铜器的角与爵之间也没有大小之间的差异，文献与实物不尽相符。主张温酒器说者主要基于对铜器角形态的分析。一些学者认为：“角下有三足，且常有盖，便于置火上以温酒，故与爵同为煮酒器。”（容庚、张维持《殷周青铜器通论》）至于铜器中角与爵的实际功用和礼制功用的差异，还不能确知。由于铜器角是否即是文献中的角尚存有疑问，故铜器中被习称为角的这种器物以温酒器的可能性较大。周文化铜角数量不多，仅在西周早期可见少数标本。

（孙 华）

Kanghou tongjue

康侯铜爵

西周早期周文化的铜制酒器及礼器。传出自河南浚县辛村。铭文曾著录于《三代吉金文存》，早年藏于姚华处。现藏于中国历史博物馆。

康侯铜爵

通高21.5厘米。为双柱圜底型，卵形腹，兽首鋬，扁尖足。柱顶饰圆涡纹，腹饰兽面纹和扉棱，以云雷纹衬地。鋬内有铭文“康侯”2字。这种铭文内容和格式与其他康侯器如康侯觯、康侯斧、康侯刀等相同。

该爵的主人康侯，即周武王同母少弟康叔。西周初年，周公东征攻灭武庚禄父，以殷余民和河、淇间商之故地封康叔，国号卫。康叔是卫国始封之君，成王亲政以后又被举为周司寇，地位显赫。《尚书·康诰》：“孟侯，朕其弟，小子封。”说明康叔初封已为侯，故该爵铭文称其为康侯。结合器形、花纹特征来判断，它当作于周成王、康王之世。

（王 迅）

Puducun Fu Zhuxin tongjue

普渡村茀祖辛铜爵

西周早期周文化的铜制酒器及礼器。1951年出土于陕西长安县斗门乡普渡村东门外2号西周墓葬中。现藏于陕西历史博物馆。

共2件，形制、纹饰、铭文相同。器宽24.5厘米、通高22.5厘米。为短体型，高柱，厚流，卵圆腹，圜底，兽首鋬，三刀形足较矮。流尾和腹部饰兽面纹和扉棱，以云雷纹衬地。柱侧有铭文“茀祖辛”3字。该爵造型古朴，花纹繁缛，可看出其秉承商代后期铜爵的传统。

（王 迅）

普渡村茀祖辛铜爵

Chen tongjue

晨铜角

西周早期周文化的铜制酒器及礼器。因作器者为晨而得名。1986年出土于河南信阳县狮河港乡狮河滩的淤泥层中。现藏于信阳地区文物管理委员会。

共2件，形制、花纹基本相同，有盖。盖径10.6厘米～19.8厘米，与器口相吻合；通高28厘米。口部上加正合于器口的平脊两坡形盖，盖脊中央有半环形捉手。器口两端翘起，中部呈弧形凹入，颈微收，腹下鼓，圜底，身侧安兽首形鋬，腹下出外撇的三棱形尖足。盖脊两侧、

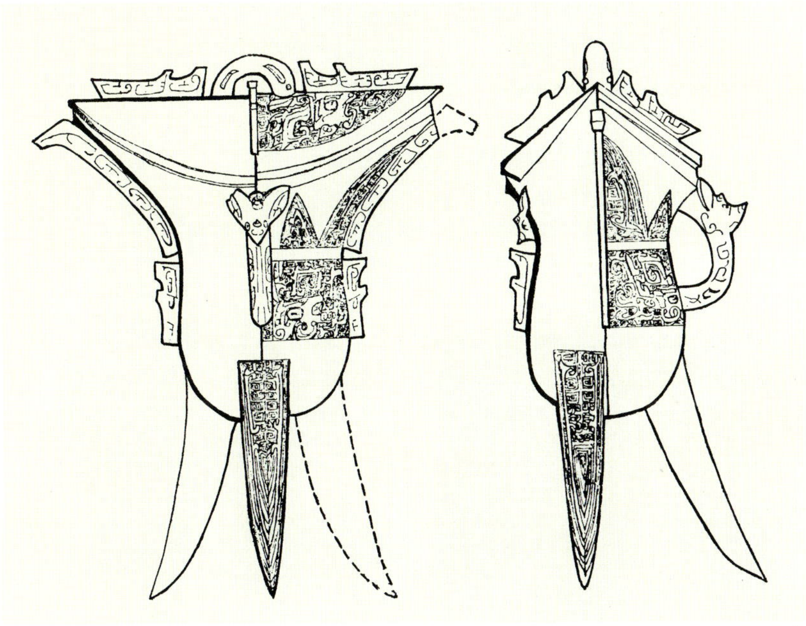

晨铜角

盖面两中、器身前后及左腹与錾相对处均施扉棱，器身前后的扉棱伸出器口外。纹饰以卷角兽面纹为主题，以云雷纹为地。盖面饰相背的三兽面，器颈饰蕉叶纹，器腹两侧饰一兽面，足面满花如蕉叶。盖内和腹内各铸铭文3行12字："晨启贮用作父乙宝尊彝，䣄册。"相同的铭文也见于与之同时出土的簋、尊、壶（卣）、觚等铜器上。"晨启贮"三字或解释为人名，但解释为"晨启用贮金"恐怕更为合适；铭文之末的"䣄册"二字是晨所属的族氏。该角铸制精工，花纹细丽，与商代后期同类器物风格相似，堪称西周时期铜角精品。

（王 迅 孙 华）

Zhouwenhua tongzan

周文化铜瓒

西周时期前后以周人为主体遗存中的铜制饮酒器具。有的像带柄的圆筒（觚），有的形似带曲柄的杯勺；或被称作带柄觚，或被定为勺。1976年在陕西扶风县云塘西周铜器窖藏中出土一对带柄勺形铜器，该器有自名，其字或释为"瓒"，或释为"爵"，以释瓒最为恰当（见伯公父铜瓒）。从此，这类铜器名称得以确定。

瓒为西周时期周文化中新出现的礼器，主要用于盛酒祼祭神祇和宴享宾客。《周礼·春官·典瑞》载："祼圭有瓒，以肆先王，以祼宾客。"瓒的形状，《尚书·文侯之命》"圭瓒"，伪孔传解释为："以圭为杓柄，谓之圭瓒。"《左传·昭公十七年》"若我用瓘斝玉瓒"，杜预注："勺也。"湖北荆门市包山2号楚墓出土的近似勺形的木器，遣册就记作"二瓒"和"二雕瓒"。陕西扶风县云塘出土的伯公父铜瓒，其形状似勺而略大，似杯而带柄，其自名也正为瓒。日本学者林巳奈夫将如伯公父铜瓒一类铜器单独作为一类，名之为瓒，这个意见是正确的。周文化铜瓒发现不多，除伯公父铜瓒外，另外在陕西长安县张家坡铜器窖藏、扶风县召陈村铜器窖藏也有出土。北京故宫博物院所藏的战国时期的前有鸟首、后有长柄的杯形铜器，应当是铜瓒的晚期形态。

参考书目

李家浩：《包山二六六号简所记木器研究》，《国学研究》第二卷，北京大学出版社，1994。

（孙 华）

Bogongfu tongzan

伯公父铜瓒

西周晚期周文化的铜制酒器及礼器。或称伯公父爵、伯公父勺。因作器者号伯公父、自名为瓒而得名。1976年发现于陕西扶风县黄堆乡云塘村的西周窖藏中。现藏于周原文物管理所。

一对2件，口径9.1厘米、通长19.1厘米。形如勺，圆口微敛，肩腹圆折，底有矮圈足。下腹接宽长柄，柄呈圭形，中折为两段，后段平而前段曲。颈饰变形蝉文及云纹，腹饰瓦沟纹，足饰重环纹。柄上后段上面饰连体双头夔龙纹，前段上面铸铭文。铭文两勺连读，共6行28字："伯公父作金瓒。用献用酌，用享用孝，于朕皇考。用祈眉寿，子孙永宝用者。"

铜瓒是周文化铜器中较为少见的器类。该瓒既自名为瓒，铭文又记述该类器物的功能，在周文化铜

伯公父铜瓒

器研究中具有难得的价值。

（孙　华）

Zhouwenhua tongjia

周文化铜斝

商代末期至西周早期周文化的温酒用铜制容器。形制为口有二柱、下有三足、后有单鋬的鬲形或罐形器类。与其他铜酒器一样，都是商人铜礼器的遗制，不为周人所重，在西周早期以后基本消失。

已知铜斝上未见有自名，称斝是对宋人定名的沿袭。罗振玉、王国维根据古文字中“斝”与“散”字形相近，认为文献中的饮酒器名“散”字即“斝”字之讹。这虽与文献记载的爵小而散大的情况相吻合（《《礼记·礼器》》），但周文化铜礼器中被习称为斝的器物一般体量较大，不宜作饮酒器；并且在西周中期以后，这种被习称为斝的铜器已经不再使用，春秋中期以后的文献也不应该记述这种铜器的使用情况。从《左传》等文献中的斝与瓒同时并举的记述分析，当时的斝应当与瓒的大小、用途相似，都为饮酒用铜器而不是温酒备饮的铜器。只是由于这类器物称斝已久，在没有其他可以确定的名称来代替以前，还是沿用旧称斝为宜。

铜斝在周文化中发现很少，一般见于个别较高级的墓葬铜器群中，且主要为男性贵族所有。一个铜器群中斝的数量都为一件，尚未发现拥有2件或2件以上铜斝的铜器群。

周文化铜斝沿用殷墟晚期商文化固有的铜斝形制，有袋足斝和圜底斝两型：①袋足斝，上有斜侈的高领，下作联裆鬲形，领与后足间安兽形鋬，是周文化铜斝的主要类型，庄白旂铜斝等大多数斝均属此型。②圜底斝，比较少见，身如敞口卷沿的深腹罐，后有鋬，下有三柱足，如河南洛阳市北瑶西周墓出土的铜斝。周文化袋足斝与殷墟晚期商文化袋足斝相比较，鬲部较肥大，裆和足都比较矮。

（孙　华）

Hejiacun niaozhu tongjia

贺家村鸟柱铜斝

商代后期周文化的铜制酒器。年代相当于商文化铜器分期中的第四期。1973年由陕西省博物馆等单位在岐山县贺家村西1号墓中发掘出土。现藏于陕西历史博物馆。

贺家村鸟柱铜斝

口径19.5厘米、通高41厘米。作平底锥足形，立柱较高，柱帽作戴羽冠的凤鸟形。敞口斜侈，颈微收束，腹部微鼓，腹壁直而下展，后部颈、腹间安兽首鋬，腹底转折，底微下弧，下接外撇的粗三棱锥足。颈部及腹部各饰卷角兽面纹一周；兽面计4组，每组以扉棱为鼻并间隔，除乳状兽面外，均由线条组成；衬底的云雷纹线条粗细与主纹相当，主次难辨。该斝所在的贺家村1号墓系商代后期偏晚阶段的殷墟晚期墓葬，但该斝年代明显较早，应属于殷墟中期之物。

（孙　华）

Zhuangbai Qi tongjia

庄白旂铜斝

西周早期周文化的铜制酒器及礼器。1976年出土于陕西扶风县庄白1号西周青铜器窖藏内。现藏于扶风县博物馆。

庄白旂铜斝

口径18.6厘米、通高34.1厘米，重5.7千克。作分裆式，有盖。侈口，高领，伞形双柱。平盖，中部有双头蛇形半环钮，两侧有半圆形缺口纳柱。半环形鋬。鼓腹，分裆，袋足下为柱状实足。柱上部饰云纹，盖饰斜角雷纹，间以2组目纹。颈饰旋纹2周。肩饰夔纹组成的兽面纹，以雷纹衬地。腹饰双道折线纹，鋬饰兽首和云纹。盖与鋬内同铭，皆2行8字：“旂作父乙宝尊彝[illegible]”。盖铭第一行“旂”字磨损。该斝与旂觥、旂方彝、旂尊同为徽氏家族中的旂所作。铭末的“[illegible]”是徽氏家族自旂开始使用的氏族符号。而传世的旂鼎铭文使用的是原来的氏族徽号“[illegible]”。新的氏族徽号“[illegible]”应当是旂担任作册职，以官为氏，自立新宗之后所致。

（王　迅）

Zhouwenhua tongzun

周文化铜尊

西周早中期前后周文化的铜制酒器及礼器。在中国古代铜器中，作为专名的尊习指一种上有敞口、中有隆起的腹部、下有圈足的圆形或方形容器。周文化铜尊从商文化铜尊发展而来，在周文化铜礼器组合中虽不重要，但形制却对中国南方青铜文化的铜器产生很大影响。

“尊”字在铜器铭文和先秦礼书中均作青铜酒器的共名，以尊作为一类铜器的专名始于北宋。北宋王黼《博古图》等著述对尊的形制的界定还不严格，一些其他器类的铜器也被误入尊类，容庚《商周彝器通考》始将尊限定在牺象之属和“似觚觯而巨者”。古文字中的尊字很像商文化中被习称为“大口尊”的陶器，与商代前期流行的折肩尊相比较，除没有圈足外，两者形态也很相似。春秋、战国之际的蔡侯墓出土的铜尊与自名为“盥”的盘相配，以及《周礼·春官·司尊彝》注引郑司农云：“舟，尊下台，若今时承槃。”故将放于舟上的这类“似觚觯而巨者”的铜器统称为尊，应当是可取的。西周早期的子尊铭文自名为“䍃”，该字为字书所无，字形有用手从器皿中取鬯酒之意，这与尊的用途相似。根据周代礼书的记载，尊是盛放祭祀秬鬯以备灌酌的酒器。因此，在没有可以确认的专有名称来代替各类尊的情况下，仍然沿用学术界已经认可的旧有名称，这也是必然的。

周文化铜尊几乎均为肩部不突出的无肩尊，但从立面上看，它既有颈、腹、足三段分明的三段式尊，也有颈、腹逐渐过渡的两段式尊。三段式尊形态类似饮酒器中所称的觚，故又习称“觚形尊”。其有方、圆两种，方尊如令尊、齐家天尊等，一般为铸制精、装饰繁的高品级器；圆尊如商铜尊、㺇铜尊等，精好者和素净者均有，是周文化铜尊的主要形态。两段式尊均呈圆形，形态与饮酒器中习称的觯相似，故又简称“觯形尊”。西周早期的铜尊沿袭殷墟晚期的遗制，主要是觚形尊，到西周中期，觚形尊已不多见，觯形尊开始流行。西周中期偏晚阶段，铜尊从实用铜礼器群中基本消失，只在一些高级贵族墓葬的铜器群中还可见体量很小、粗制滥造的仿古铜尊。铜尊在墓葬铜器群中以1件最为常见，多者也不过2件。

周文化的鸟兽造型铜尊比商文化有所发展，尤其是在西周中期以后，鸟兽尊的数量和造型都明显增加。如西周中期的陕西宝鸡市茹家庄1号墓出土鸟尊和象尊各1件，西周晚期的山西曲沃县北赵晋侯墓地8号、64号墓中分别出土兔尊各3件。这些随葬鸟兽尊的墓葬多是侯伯国君一级高级贵族，普通低级贵族墓中一般无鸟兽尊发现。鸟形尊有鸭、鸠等形态，如平顶山鸭尊；兽形尊有象、貘、虎、马、牛、鹿、兔等形态。茹家庄象形铜尊、盠驹形铜尊、贺家村牛形铜尊、异仲鹿形铜尊、晋侯苏墓兔形铜尊等，都是周文化鸟兽尊中的代表作。

参考书目

王国维：《说彝》，《观堂集林》卷三。
林巳奈夫（日）：《殷周时代青铜器的研究》（一）第四章，东京吉川弘文馆，1984。

（孙　华）

Shang tongzun

商铜尊

西周早期周文化的铜制酒器及礼器。因作器者为商而得名。1976年出土于陕西扶风县庄白1号铜器窖藏内。现藏于扶风县周原文物管理所。

商铜尊

口径23.6厘米、腹深22.9厘米、通高30.4厘米，重5.85千克。圆体，侈口，方唇，粗颈，微鼓腹，高圈足边缘加高。口沿下饰4组倒置的兽面蕉叶纹，颈下部饰夔纹带一周，腹与圈足部均饰兽面纹，器身通体饰扉棱4条。器内底部铸铭文5行30字：“唯五月辰在丁亥，帝司（嗣）赏庚姬贝卅朋、迖丝廿寽。商用作文辟日丁宝尊彝，[illegible]。”该尊造型凝重，不施地纹。铭末的族徽于商末、西周初铜器铭文中常见，故其当作于西周初年。作器者商是徽氏家族的烈祖（谥号），他在商尊铭文中不称“王赏”而作“帝嗣赏”，是沿袭商人的传统称谓。这些情况是探讨徽氏家族渊源的重要线索。

（王　迅）

He tongzun

㺇铜尊

西周早期周文化的铜制酒器。又名何尊。因作器者名㺇而得名。1963年出土于陕西宝鸡市贾村。现藏于宝鸡市博物馆。

口径28.8厘米、通高38.8厘米，重14.6千克。整体作圆口方体觚形，形体粗壮，圆敞口，腹与圈足为圆角方形，圈足边缘加高。颈部饰兽形蕉叶纹及蛇纹，腹部和圈足部饰以细雷纹衬地的兽面纹，兽面如高浮雕，卷角耸出器表。器身自上而下饰4条高扉棱。器内底部铸铭文12行122字，尊底原有破洞一处，铭文损伤3字，现存119字。铭文记载周王五年，王“初鄠宅于成周”，接受祭祀武王的“醴福”（据德方鼎铭文，这是镐京延送的祭物）。四月丙戌，王在京室训诰宗小子（即㺇），要他像他死去的父亲那样辅弼王，完成使命，敬慎祭祀。并赏赐给㺇贝卅朋。㺇因此做了这件尊。铭文中的周王五年，有周公摄政称王的五年、成王即位的第五年、成王亲政第五年、康王五年等不同说法。从铭文内容来看，当以成王即位第五年可能性较大。该尊造型雄奇，纹饰精美。因其锡含量高、表面处理技术好，故器表生成的氧化锡层十分光洁。铭文内容涉及文王受命、武王克商、成王继承武王之志营造或迁都成周以统治天下等西周初年的重要史实，可与《尚书》、《逸周书》等传世文献相印证，是西周铜器研究的标准器和西周历史研究的重要史料。（王 迅 孙 华）

何铜尊

Li tongfangzun

盠铜方尊

西周中期周文化的铜制酒器及礼器。因作器者为盠而得名。1955年出土于陕西眉县李村西周窖穴内。现藏于中国历史博物馆。

口径17厘米、通高17.2厘米，重2.75千克。口圆体方，长颈外侈，卷沿方唇，四角扉棱伸出口外。方腹直壁，腹两侧伸出向上卷曲的象鼻形鋬，鋬有垂珥。圈足不高，也作方形。在腹及圈足的四角设扉棱，扉棱棱角分明，与尊颈圆和的扉棱不同。腹正中饰涡纹，两旁填以夔龙纹，颈部饰内有夔纹的仰叶，圈足饰云纹。器内底部有铭文10行108字，记载某年八月初吉，穆公陪盠在周庙接受册命，周王命盠掌管王室、禁卫军西六师五行三有司，兼司六师及八师艺。盠作此器以为纪念。在铭文中，盠称益公为公祖，有的学者认为益公是周共王大臣，懿王五年仍健在，故盠应是周孝王、夷王时期人，该尊的制作年代亦应为孝王、夷王时期；有的学者认为盠方尊铭文中有师遽之名，而师遽方彝与盠方尊器制和花纹皆具有较早的特征，该尊应为周穆王、共王时期的作品。（王 迅 孙 华）

盠铜方尊

Dengzhong luxing tongzun

弄仲鹿形铜尊

西周中期周文化的铜制酒器及礼器。因作器者为弄仲且造型如鹿而得名。1984年由中国社会科学院考古研究所在陕西长安县张家坡村西井叔墓地的163号墓中发掘出土。现藏中国社会科学院考古研究所。

弄仲鹿形铜尊

长41.4厘米、通高38.8厘米。作立鹿形，为增加尊的稳定性，将鹿的四足变短，使之成为长颈短足的模样。鹿尊背部开口，口上承盖，盖上立一昂首垂尾鸟为捉手。在鹿头后部爬一立体的虎，颈下及尾部分别爬一回首的龙，龙、虎的卷尾加上鹿尊腹部两侧的卷云状扉棱，使得整件器物的附饰充满飘逸之感，并使立鹿造型上的不足得到弥补。器表满布云雷纹地的夔龙纹及兽面纹，增添几分豪华的气息。在器腹内及盖内铸有相同的铭文2行6字：“弄仲作宝尊彝。”弄即邓字，为西周、春秋曼姓古国(据西周金文，还有隗姓邓国)，故地在今河南邓县。该尊当为邓国女子嫁与井叔的媵器。

周文化铜牺尊发现不多，制作精工程度已不如商代。该尊铸制精美，造形奇特，装饰华丽，是西周时期铜器的珍品。

（孙 华）

Rujiazhuang xiangxing tongzun

茹家庄象形铜尊

西周中期周文化的铜制酒器及礼器。1974年～1975年宝鸡茹家庄西周墓发掘队在陕西宝鸡市茹家庄1号西周墓葬中发掘出土。现藏于宝鸡市博物馆。

长37.8厘米、通高23.6厘米。整体作象形，象体肥硕，象鼻高挑，鼻头翻卷，中有圆孔与体腔相通为流，圆目突出，耸耳，口微长，齿牙外露。背上有长方形尊口，上扣长方形盖，盖上立有二环钮。尾部自然下垂，四柱足粗短。盖饰4组卷体蛇纹，体饰4组凤鸟纹，凤鸟垂冠，卷体呈圆涡状；中间有2组三角形几何纹，各有4个三角形套连，以云雷纹衬地。该尊造型别致，其头体比例不相称，无颈，躯体丰满，足部较短等特征与其他象尊差异较大。花纹布局巧妙奇特，别具一格。

（王 迅）

茹家庄象形铜尊

Li juxing tongzun

盠驹形铜尊

西周中期周文化的铜制酒器及礼器。因作器者名盠且以驹为造型而得名。1955年出土于陕西眉县李家村西周窖藏内。现藏于中国历史博物馆。

盠驹形铜尊

长34厘米、通高23.4厘米，重5.68千克。整体作马驹形，马驹昂首挺立，竖耳，背有盖，腹中空，垂尾，四足较矮。腹两侧饰涡纹。胸部铭文9行94字，记载某年十二月甲申，周王亲临㡿地举行执驹之礼，赏赐盠两匹马驹，盠感谢周王对旧宗子弟的关怀，甚觉荣耀，作驹尊以为纪念。盖内铭文3行11字，记王在㡿执驹，赐予盠驹，其一名骓子。

该尊现仅存一器，尊盖却存有2件，故器原亦应有2件。现存尊造型生动逼真，有很强的实用性和艺术性。铭文中周王参加执驹之礼的内容，表明西周中期周人对马乘的重视，这应是当时对戎狄、蛮、夷作战亟需大批马乘的反映。

（王 迅）

Hejiacun niuxing tongzun

贺家村牛形铜尊

西周中期周文化的铜制酒器及礼器。1967年出土于陕西岐山县贺家村。现藏于陕西历史博物馆。

长38厘米、通高24厘米，重6.9千克。整体作牛形，牛体圆浑，伸颈作鸣吼状，伸舌为流，牛尾下卷为鋬，蹄腿粗壮有力。牛背上开方形口置盖，盖与器体以环相连。盖上有虎形钮，虎为立耳，伸颈，长脊，体微后缩，作准备扑攫姿势。盖饰回首折身夔纹，器体饰目云纹和云纹。该尊造型新颖别致，牛和虎的形态生动逼真，纹饰粗放流畅，是西周中期铜器中的艺术珍品。

（王 迅）

贺家村牛形铜尊

Jinhou Sumu tuxing tongzun

晋侯苏墓兔形铜尊

西周晚期晋国铜制酒器及礼器。1992年由北京大学考古系等单位在山西曲沃县北赵晋侯墓地的8号晋侯苏的墓中发掘出土。现藏于山西省考古研究所。

晋侯苏墓兔形铜尊

共3件，其中1件于兔背上立喇叭形口，另2件造型相同，大小相次。喇叭口形兔尊体量最大，全长31.8厘米、口径18.4厘米、通高22.2厘米。兔作匍匐状，腹部中空与背上的喇叭口相通，足下有矮长方形圈足。腹两侧各饰同心圆3周，由里向外依此为圆涡纹、四目相间的斜角云雷纹和勾连云雷纹。兔的造型逼真，在腹侧以重圆构图的图案作装饰，这是西周中期以来鸟兽尊喜用的纹饰作法，盠驹形铜尊的纹饰就属于这种类型。

鸟兽尊以兔为造型者，迄今仅见于北赵晋侯墓地，在该墓地的64号晋侯墓中也有兔形尊出土。这些兔形尊以晋侯苏墓中出土的喇叭口兔尊保存最好，制作最精。它丰富了周文化鸟兽形铜尊的内容。

（孙 华）

Zhouwenhua tongfangyi

周文化铜方彝

西周及春秋早期周文化的铜制盛酒容器。为仿照宫室外形制造的平面作长方形的屋形礼器，上有四阿顶盖，中为斗形器身，下接方形圈足。是周文化铜器中的重要器类。

方彝出现并流行于商代后期，西周早期继续使用，西周中期时逐渐趋于消亡（在西周晚期甚至春秋早期的周文化高级贵族墓葬中还有仿古小方彝的明器）。根据方彝外轮廓曲直情况，周文化方彝可以分为两型。一型的盖面和壁面都微向外凸，圈足微内弧，如作册令铜方彝、盠铜方彝等；另一型盖面、壁面和圈足都显得僵直，如齐家村天方彝等。这两型周代铜方彝不同于商代铜方彝共同的特点是：体态一般较矮较宽，圈足外侈较显著，扉棱凸凹变化更丰富。

（孙 华）

Zuoce Ling tongfangyi

作册令铜方彝

西周早期周文化的铜制酒器。或称矢令彝、明公彝。传1929年出土于河南洛阳市白马坡。现藏于美国华盛顿弗里尔美术馆。

口长24.7厘米、通高35.6厘米，重35.6千克。形体矮胖，器上有四阿屋顶形盖，屋脊和屋面四中有厚

重的扉棱，正脊中央立四阿屋形捉手。器身侈口，短颈，鼓腹，圈足，颈、腹、足与器盖对应处也各施扉棱一段。器表满布云雷纹地的花纹，主纹有兽面纹（盖、腹）、虎纹（颈）、凤鸟纹（足），其中颈部的虎纹有凸起的虎首居中，身躯向两侧对称展开，虎皮斑纹深陷，颇有特点。盖器对铭，共14行187字（含合文2字，器铭少一族名文字）。铭文的内容是：某年八月甲申这天，周王命周公的儿子明保管理三吏和四方诸侯，第四天丁亥，周公子派人将此事上告周公之庙。十月初的癸未，周公子到成周发布命令给百官和诸侯。以后两天，先后在京宫和康宫用牲进行祭祀，并“用牲于王”。事后，周公子对亢和令进行赏赐，命令二人协助管理有关事务。令因此铸制宝器，以将这项荣光上推及父丁那里。该方彝造型优雅，纹饰精细，铭文内容丰富，是研究西周早期政治制度的重要材料。其年代有周成王和昭王二说，当以后说为是。

（孙 华）

作册令铜方彝

Li tongfangyi

盠铜方彝

西周中期周文化的铜制酒器及礼器。因作器者为盠而得名。1955年出土于陕西眉县李村的西周窖藏内。现藏于中国历史博物馆。

共2件，形制、花纹、铭文皆相同。口长14.4厘米、通高22.8厘米，重3.6千克。器形仿宫殿式样，平面呈方形，有盖。盖与盖钮皆作五脊屋顶形。器身粗矮，方唇短颈，微鼓腹，圈足，腹两侧有向上卷曲的象鼻形双鋬耳，下有方垂珥。盖、器正中饰圆涡纹，两侧饰变体夔纹，颈部和圈足饰目云纹，通体以云雷纹衬地。纹饰雕镂极为精细工整，为西周中晚期所罕见。盖器对铭，铭辞均与盠铜方尊相同，惟一件铭文章法统整，另一件腹内分隔为两部分，盖有两小口，故铭文亦分两片。这两件方彝造型典雅精致，花纹层次丰富，布置和谐。铭文10行108字，包含内容丰富，是研究西周时期册命制度、官制和军队编制等历史状况的珍贵资料。它们与同时出土的盠铜方尊、盠驹形铜尊组成西周中期一个极为重要的铜器群。

（王 迅）

盠铜方彝

Zhouwenhua tonglei ji ling

周文化铜罍及𬭚

西周早期周文化的铜制盛酒器具。均小口短颈，圆肩较广且耸起，下腹渐收，底有矮圈足之形，肩部设一对兽形耳（耳多衔环）可以提挈，下腹后部有兽首环形鼻以便于提起倾倒。

“罍”字在早期文献中常见，《诗·周南·卷耳》有“我姑酌彼金罍”的诗句，可知罍为盛酒器；《诗·小雅·蓼莪》“瓶之罄矣，唯罍之耻”毛亨传：“瓶小而罍大”，可知罍应为体量较大的铜器。《周礼·春官·鬯人》：“凡祭祀社遗用大罍。”说明罍也应有大小的分别。周文化铜罍实物体量有大有小，而以大罍居多，其大者高逾半米，小者高不及尺。这些罍的铭文中往往有自名，如陕西扶风县庄白1号窖藏中出土的陵方罍的铭文为“陵作父日乙宝罍”，陕西凤翔县劝读村出土的对罍的铭文为：“对作文考日癸宝尊罍。”铜罍的名和器的关系非常清楚。铜罍在墓葬铜器群中的数量为1件～3件，从函皇父簋铭文有“两罍两壶”记载来看，当以2件为周文化铜器群的标准配置。

周文化铜罍有方、圆二类，以圆罍最为常见。西周早期方罍与殷墟晚期的商文化铜罍较为相似，以后几乎不见。圆罍也以西周早期最为流行，中期较为少见，其形态似具由稍瘦削到较矮胖的演变规律。西周晚期铜罍已被与罍相似的铜𬭚所取代。

铜𬭚从罍演变而来。周文化铜器有自名为𬭚的，如传出陕西扶风县任家村的仲义父铜𬭚、湖北随县熊家老湾出土的曾伯父𬭚等。这些自名为𬭚的铜器形态与罍相近，𬭚字的读音与罍字可以相通，它出现

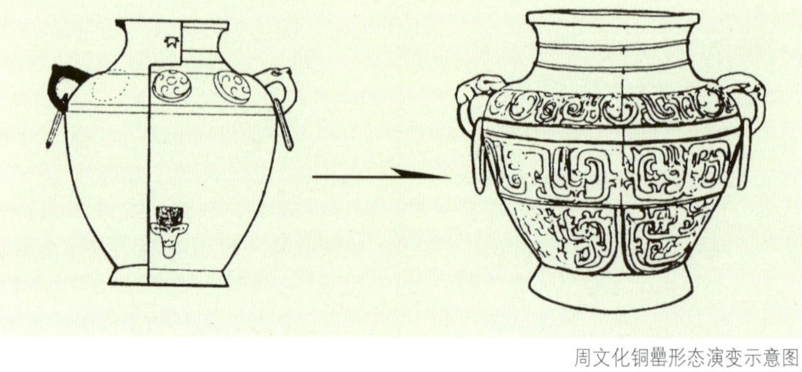

周文化铜罍形态演变示意图

时间又恰与罍的消亡时间相衔接；因此，学者们一般都认为，罍与𬭚系同一种铜器的先后不同发展阶段。与铜罍相比，𬭚肩部圆折，底无圈足；罍有三耳，𬭚仅有肩部二耳；𬭚的整体形制多较罍粗矮。这种铜器基本上只行用于西周晚期至春秋中期偏早阶段，有着口由小变大，肩由圆变折，器由高变矮的发展演变规律。（孙 华）

Yanhou Ke tonglei

燕侯克铜罍

西周早期周文化燕国铜制酒器。或称太保罍。因作器者为燕侯克而得名。1981年由琉璃河考古队从北京市房山区琉璃河燕国墓地1193号大墓中发掘出土。现藏于中国社会科学院考古研究所。

燕侯克铜罍

口径14厘米、通高32.7厘米。盖壁隆起，盖顶微凹，上立圈状捉手。器身较厚，方唇粗颈，耸肩收腹，器底内曲，下接向外斜侈的高圈足。肩上有相对的兽首半环耳，内套圆环；后方下腹有兽首鼻。器表素净。只是盖面和肩部分别饰4个和6个圆涡纹。盖内和器沿内壁铸有相同的铭文6行43字：“王曰太保：‘唯乃明乃鬯，享于乃辟，余大对乃享。令克侯于匽，旃羌、马、叡、雩、驭、微。’克宅匽，入土眔厥司。用作宝尊彝。”对于这篇铭文，学术界看法不一，或以为王指周武王，克是助动词，铭文记载的是武王册封太保召公奭为燕侯之事；或以为王应是周成王，克是人名，铭文记载的是成王褒扬太保召公奭功绩，封其子克为燕侯之事。从各方面的材料来看，后一种意见可能性较大。

该罍与同时出土的燕侯克铜盉是西周时期最重要的燕国铜器。它为研究西周初年燕国始封的历史提供了实物资料。根据铭文，太保建燕是以“元子就国”，其属有羌、马、叡等族。这样铭文的铜器出土于琉璃河1193号大墓，证明该墓很可能就是燕侯克之墓。琉璃河墓地是西周时期燕国公族墓地，燕国的始封地也就在这附近。（孙 华）

Zhongyifu tongling

仲仪父铜𬭚

西周晚期或春秋初期周文化的铜制酒器及礼器。传清光绪十六年（公元1890年）出土于陕西扶风县法门寺任家村。现藏于上海博物馆。

仲仪父铜𬭚

口径15.4厘米、通高44厘米。形制与罍相近。小口，卷唇，细颈，广肩，肩部立有外卷的龙形耳一对，深腹，假圈足，平底。口上承盖，盖面饰瓦纹，边缘饰鳞纹带一周，上置索形环状钮。器口沿下有四系环。颈饰云纹，肩饰瓦纹，肩下部和假圈足部各饰鳞纹带一周，腹饰垂鳞纹。肩上有铭文16字：“仲义父作旅𬭚，其万年子子孙孙永宝用。”该𬭚是已知年代较早的铜𬭚，形体较高，具有刚刚由罍演变而来的形态特征。现藏于北京故宫博物院的郑义伯铜𬭚，造型、纹饰乃至于大小都与此相同，前者作器者称郑义伯，后者作器者称仲仪父，二器原来可能为一对，郑义伯与仲仪父可能为同一人。（王 迅 孙 华）

Zhouwenhua tonghu

周文化铜壶

西周时期及春秋早期周文化的铜制盛酒容器。形态特征主要表现为小口有颈，鼓腹，圈足，颈两侧有耳可以安装提梁或穿贯绳索。包括传统中被称作卣和壶的两种器类。在西周中期以后成为周文化铜礼器组合中的重要组成部分。

传统上分为两种，即从商文化中沿袭下来并流行于西周中期前段以前的双耳带铜制提梁的铜壶，以及双耳穿贯绳索或套双环的铜壶（见商文化铜壶）。前者一般称作卣，后者通常才称之为壶。实际上无论是哪种形态的铜壶，都应名之为壶，卣是与盘配合的形同匜一样的器物。传世铜器中有被称作“盉卣”的提梁壶，器形见于省吾《双剑誃吉金图录》卷上32，该器盖内有“作旅㠱（簠）”的铭文，金文“旅”字后一般为专名，“簠”字应当就是这种器物的名称。西周金文中用作器名的“簠”指的是食器中的粗圈足豆形器，该提梁壶自名“簠”应当是一个假借字。簠与壶字古音相近，这类器物的形态又与壶极为相似，簠字应读为壶。1985年在河南平顶山出土一件西周早期的提梁壶，其盖内有“□作用壶”的铭文，其自名作壶，证实这种传统上称作卣的铜器实际上应名为壶，传统的命名应予更正。流行于西周晚期及春秋早期周文化中的无提梁的铜壶，由

于常有“壶”的自名，其名义早已被确认。

壶为酒器，在西周至战国铜壶铭文中屡见“醴壶”（郑楙叔壶）、“羞醴壶”（杨姞壶）、“用盛旨酒”（殳季良父壶），它在西周晚期以后成为周文化的重要礼器，往往成双成对出现，与鼎、簋、盘、匜构成周文化基本的礼器组合。东汉郑玄认为，在周王朝的礼器制度中，壶的配置数量与簋相同，即9鼎配8壶、7鼎配6壶……依此类推（《仪礼·聘礼》郑玄注）。这种看法是否正确，目前还难下结论。在先秦文献中，壶的用量往往很大，《周礼·秋官·掌客》记接待诸侯之礼所用的礼器，上公需40壶，侯伯需32壶，子男需24壶。《诗·大雅·韩奕》记韩侯入觐，在写到为韩侯饯行时更有“清酒百壶”的场面。但在西周墓葬随葬的铜器中，只见有2壶、4壶的例子。文献所说的用壶的数量，当是合若干套铜礼器而言。

提梁壶（卣）在周文化中只流行于西周早期及中期前段。有圆形和椭圆形两大类。圆形提梁壶又有鼓腹型和直筒型的分别，鼓腹型如陕西扶风县召李村古墓出土的提梁铜壶，直筒形如甘肃灵台县白草坡2号墓出土的潶伯提梁壶。椭圆形壶就是通常所说的卣，它继承殷墟晚期商文化提梁铜壶而来，是周文化提梁铜壶的主要形态。从西周早期到西周中期前段，壶体逐渐变低，腹部愈下垂，变化十分显著。

无提梁铜壶主要流行于西周中期偏晚阶段以后，与提梁壶恰好前后衔接。有圆形壶和圆角方形壶两大类。圆壶又有贯耳和环耳两型，前者体形瘦长，出现稍早，在西周中期前段就已产生，西周晚期已少见；后者产生于西周中期偏晚阶段，一直流行到春秋晚期，似有由高至矮胖的变化规律。圆角方形壶也出现于西周中期偏晚阶段，以后一直是较高级贵族墓葬铜壶的主要形态，直到战国时期的曾姬无恤壶还采用这种形制。

（孙　华）

Gaojiabao tiliang tonghu

高家堡提梁铜壶

西周早期周文化的铜制酒器及礼器。通常称卣。因作器者为鈇而得名。1971年出土于陕西泾阳县高家堡1号墓中。现藏于泾阳县文化馆。

高家堡提梁铜壶

口径11.6厘米~14.8厘米、通高36厘米。作扁圆体，有盖。盖顶中央为瓜棱形钮，盖面隆起，高缘；器体直领，鼓腹，圈足。盖面饰卷体夔纹，盖缘饰卷龙纹，器口下饰双身兽纹，腹饰卷体夔纹，圈足饰龙纹，从器盖至圈足设4道扉棱，全器以细雷纹衬地。盖内有铭文4行7字：“鈇作父戊尊彝，戈。”器底有族名文字“㕚”。该壶装饰纹样以卷体夔纹为主，在壶类铜器中罕见。其造型古朴，纹饰繁缛，铭文简约等特点，具有晚商时期铜器遗风，故其年代应为西周初年。与之同时出土的铜尊上亦见有相同的族名文字。

（王　迅）

Daijiawan niaowen tiliang tonghu

戴家湾鸟纹提梁铜壶

西周早期周文化的铜制酒器及礼器。习称鸟纹卣。传1927年于陕西宝鸡县戴家湾出土。现藏于美国华盛顿弗里尔美术馆。

戴家湾鸟纹提梁铜壶

通高50.9厘米，重23.83千克。合金成份为高锡、铅的三元青铜，由提梁、器盖、器身和4鋬分铸铸接成型，其中器盖和器身分别由4块外范铸成。圆帐形盖，弧顶正中施菌状钮，盖沿略出似檐，盖壁前后各伸出一牛首。器身子口，短颈，鼓腹，两段式高圈足。盖面四方、器颈两侧、腹部和圈足四面均施宽厚的扉棱。肩部的4扉棱间伸出4只上翘的牛首带珥鋬。颈部前后环钮内套龙首提梁，提梁近上方各有一牛首。提梁饰夔龙纹，钮饰兽面纹，盖面上部和器肩部饰直棱纹，盖面下部、盖壁、器颈、器腹和圈足上部均饰凤鸟纹，凤鸟纹分长卷尾和长垂尾两类，均以云雷纹为地，颇为精致。它是中国已知造型最为复杂的提梁铜壶。

（孙　华）

Boge tiliang tonghu

伯格提梁铜壶

西周早期周文化的铜制酒器及礼器。因作器者名格伯而得名。1980年~1981年由陕西宝鸡市博物馆在宝鸡市竹园沟村东7号墓中发掘出土。现藏于宝鸡市博物馆。

口径10.7厘米×8.5厘米、通高27.5厘米。整体作椭圆形。盖顶隆起较高，中央四牺首围成圆形握手。直口，高提梁，鼓腹下垂，高圈足。盖饰大兽面2组，提梁与壶体相接处有卷角羊首高突，提梁中部饰对称

的2个牛首，梁上饰相背夔龙纹2组。颈部饰夔龙纹一周，间有2个兽首。腹部饰大兽面，两侧饰夔纹，圈足部饰夔纹一周。盖与器身、圈足均有4条高扉棱，以云雷纹衬地。大兽面均有卷角翘起。器内有铭文2行6字：“伯各（格）作宝尊彝”。伯格为一代强伯。该壶造型典雅，花纹层次丰富，立体感强，主次分明，繁而不乱，堪称佳作。

（王 迅）

伯格提梁铜壶

Taibao jixing tiliang tonghu

太保鸡形提梁铜壶

西周早期周文化的铜制酒器及食器。通常称太保卣。出土地点一说为河南浚县，一说为山东寿张县（为梁山七器之一），以前说可能性较大。现藏于日本白鹤美术馆。

通高23.5厘米。造型如蹲立的雄鸡，昂首垂冠，挺胸收翅，弯曲的双足和下垂的短尾形成器的三足，使壶显得非常稳定。鸡颈两侧出半环以套不高的提梁。盖内和器内分别铸“太保铸”3字，相同的铭文也见于太保铜方鼎之上，由器形、纹饰和铭文可知，该壶为西周早期任太保的召公奭所作。其造型稳重，生动传神，将鸡的外形和壶的使用功能很巧妙地结合在一起，为西周时期青铜造型工艺的佳品。

（孙 华）

太保鸡形提梁铜壶

Baicaopo Heibo tiliang tonghu

白草坡潶伯提梁铜壶

西周早期周文化的铜制酒器。1967年出土于甘肃灵台县西屯公社白草坡大队1号墓中。现藏于甘肃省博物馆。

白草坡潶伯提梁铜壶

共两件，形制、花纹及铭文基本相同，惟尺寸略有差异。其中一件口径12厘米、通高12厘米。作直筒形，盖顶呈泡状隆起，圈形握手，器体直口，直壁，矮提梁，圈足与器身无明显分界。盖与器上部、器下部各饰一周夔纹带，器上部夔纹带间饰二兽首，器体与提梁相接处有两个兽首高突，提梁上饰夔纹。盖内铭文：“潶伯作宝尊彝”。底内铭文：“潶伯作宝彝尊”。两壶造型庄重大方，纹饰精美。铭文虽短，但对于研究西周早期潶国的情况及周王朝与潶国的关系都十分难得。

（王 迅）

Zhi tiliang tonghu

征提梁铜壶

西周早期周文化的铜制酒器及礼器。又名保卣或宾卣。因作器者为征而得名。1950年或稍早出土于河南洛阳市。现藏于上海博物馆。

征提梁铜壶

口径12.2厘米×9.4厘米、通高25.8厘米。整体作扁圆形。盖顶隆起较高，圈形握手。器体束颈，垂腹，圈足较高。盖与器身上部、圈足各饰夔龙纹带一周，器身与提梁相接处有兽首高突。盖、器内各铸铭文7行46字：“乙卯，王令保及殷东国五侯。征兄（贶）六品，蔑历于保，赐宾；用作文父癸宗宝障彝。遘于四方，追王大祀，祓于周，在二月既望。”关于这段文字的解释，学术界颇多歧异，对作器者是谁的问题，就有太保、太保奭的下属、周公子明保、明保的下属、五侯征及受到太保奭赏赐的降服于周人的

商人的一支——征等6种不同的说法。尽管如此，该壶记录了成王时期周王朝征服反叛的东夷五国的重要史实，并透露出从属于周王朝的商人的作用，对研究西周早期周与东夷的关系和商周关系都有着重要的意义。

参考书目

E.L.夏含夷（美）：《简论〈保卣〉的作者问题》，《上海博物馆集刊》第5辑，上海古籍出版社，1990。

（孙 华）

Sannian Xing tonghu

三年𤼈铜壶

西周中期周文化的铜制酒器及礼器。因由𤼈在某周王三年制作而得名。1976年出土于陕西扶风县庄白1号西周铜器窖藏内。现藏于扶风县周原文物保管所。

三年𤼈铜壶

2件成对，形制、纹饰、铭文皆相同。口径20.1厘米、通高65.4厘米，重26千克。圆形小口，折沿，有颈，兽首衔环耳，鼓腹，圈足外侈。纹饰由2道旋纹分隔为上、中、下3段，以双条粗波状环带纹为主体，波纹上下间以三角、口眉等形。以雷纹衬地。颈上部和圈足部饰目云纹。盖顶饰团鸟纹，盖沿饰重环纹。盖舌铸铭文12行60字，记载周王在郑享醴，命虢叔赐𤼈胙俎，后来周王在句陵又命师寿赐𤼈彘俎等事。作器者𤼈又称微白𤼈，是周代微氏家族的重要成员，其活动年代大约在西周中期的懿王、孝王时期。𤼈器在微氏家族铜器群中数量最多，铭文内容丰富，特别是该壶器形、纹饰精致典丽，铭文反映出西周礼制的重要内容及微氏家族所受的荣宠，弥足珍贵。

（王 迅 孙 华）

Jinhou Si tongfanghu

晋侯断铜方壶

西周晚期晋国铜制酒器及礼器。因作器者为晋侯断而得名。1992年由北京大学考古系等单位在山西曲沃县北赵晋侯墓地8号晋侯苏的墓中发掘出土。现藏于山西省考古研究所。

晋侯断铜方壶

共2件，大小、形制、纹饰、铭文均相同。平面呈圆角长方形，口大18厘米～22.8厘米、通高68.8厘米。带盖，盖顶立波带状山形捉手。壶身双层沿，曲长颈，斜肩，垂腹，大圈足。口上立波带状壶冠，颈施对称的双龙兽套环耳。器表花纹华丽，盖面饰交龙纹，口下及圈足饰云目纹，颈上饰波带纹，肩部饰重环纹；腹部四面各以一高浮雕状的突起龙首为中心，两旁分出龙身，各面龙尾彼此相交，构成一波带状主题纹样。盖内铸铭文4行25字："唯九月初吉庚午，晋侯断作尊壶，用享于文祖皇考，万亿永宝用。"铭中的晋侯断，其名不见于文献，学术界有晋文侯、晋献侯、晋僖侯诸说。从各方面的情况推测，当以晋僖侯的可能性最大，其年代相当于周厉王之世。该壶形似梁其方壶，花纹与著名的颂方壶最为相近，它们的年代肯定都相去不远。梁其方壶年代在周厉王前后，颂方壶的王世则有恭王、懿王、厉王、宣王诸说。该方壶可以验证梁其方壶和颂方壶等的年代，是西周晚期造型和纹饰俱佳的具有标准器作用的铜壶。

（孙 华）

Zeng Zhongyoufu tonghu

曾中斿父铜壶

春秋早期曾国铜制酒器及礼器。1966年出土于湖北京山县坪坝公社苏家垅。现藏于湖北省博物馆。

曾中斿父铜壶

2件成对。口径16.3厘米～23.1厘米、通高66.7厘米，重30.1千克。作长方体形，盖上部呈花瓣形，长颈，双兽衔环耳，鼓腹，圈足下侈。盖饰刀形花纹和云纹，颈上部饰环带纹，下部饰目云纹，腹饰环带纹两周，圈足饰"U"形花纹。盖、口内均铸有铭文12字："曾中斿父用吉金自作宝尊壶"。依铭文可确定该壶为曾国铜器，它与同时出土的一批有"曾侯仲子斿父"铭文的铜器，是研究曾国历史情况的难得的实物资料。

（王 迅）

Houmu tongronghu
侯母铜戎壶

侯母铜戎壶

春秋早期周文化中鲁国的铜制酒器及礼器。因作器者为侯母及器名为戎壶而得名。1977年～1978年由山东省文物考古研究所等单位在曲阜市鲁国故城“望父台”48号墓中发掘出土。现藏于山东曲阜市文物管理委员会。

口径10.2厘米、通高38厘米。立面呈带圈足的卵形，小口，直颈，上有蟠龙形双系盖，斜肩，鼓腹，肩、腹上各有二环耳，矮圈足。器表满布花纹，自上而下分5层布列：最上为夔龙纹，其下依次为三角纹、夔龙纹、三角纹，最下圈足上饰垂鳞纹。铭文铸于盖沿和壶颈，共15字：“侯母作侯父戎壶，用征行，用求福无疆。”铭为对铭，盖铭反书。该壶形状特殊，纹饰别有新意。这样的铜壶不见于其他地区，在齐鲁地区却有多例，如山东莱县中荆乡前河村出土的己侯壶。它应代表西周晚期至春秋中期齐鲁一带铜壶的一种形制。（孙 华）

Zhouwenhua tongyou
周文化铜卣

西周早中期周文化的铜制盛酒器及礼器。通常称周文化铜觥。为上半部作动物造型的容器，兽首及兽背为盖，前有昂起的槽状流，后有鋬，下置圈足。承继商文化铜卣而来，西周中期以后很少见。

铜卣在周文化铜器中数量不多，在墓葬铜器群中只有陕西宝鸡市戴家湾墓葬中可能出土过铜卣（告田卣）。据商代殷墟妇好墓中出土的铜卣分析，周文化铜卣可能也是高级贵族使用和珍爱之物，故在墓葬铜器群中几乎绝迹。

造型比较稳重，不仅身体不向前倾，而且圈足也更向外倾。按形状可分长方形、椭圆形两类。长方形卣除流和颈部外，腹部和圈足的平面都作长方形，四隅或每面中央一般饰扉棱，装饰比较繁复。椭圆形卣一般显得比较素净，器表几乎均不饰扉棱，纹饰也比较简单，有的甚至仅施几道旋纹。周文化铜卣有着不同于商文化的形态特征，体态较宽较矮，流部较短，侧腹也显得更宽。从西周初到中期前段，卣的腹部由上宽下窄逐渐变得上下大小相当，其中方卣还有圈足由较高向较矮、由壁面较直到壁面内曲的演变规律。现藏于上海博物馆的天父乙卣和现藏于日本出光美术馆的诸母方卣等西周早期铜卣，与陕西扶风县齐家铜器窖藏出土的天作文考日己方卣、扶风庄白1号窖藏出土的 铜卣等西周中期铜卣的形态明显不同。（孙 华）

Qi tongyou
旂铜卣

西周早期周文化的铜制酒器及礼器。通常称旂觥或折觥。因作器者为旂而得名。1976年出土于陕西扶风县庄白1号西周铜器窖藏内。现藏于扶风县博物馆。

口纵11.8厘米、口横7厘米、通高28.7厘米，重9.1千克。作长方腹圈足型。有盖，盖前端呈羊首形，高鼻凸目，两齿外露，两角弯曲下垂，额上立一小兽耳，盖顶即为羊背，盖后端有尾。器腹呈长方体形，外鼓。前有流，后有鋬，颈微敛，长方圈足下部外侈。盖顶、器体、圈足均饰兽面纹、夔纹和扉棱，鋬饰兽面、枭鸟和象首，以雷纹衬地。器、盖同铭，铭文6行40字：“隹五月，王在厈。戊子，令作册旂兄（贶）望土于相侯，锡金锡臣。扬王休。隹王十又九祀，用乍父乙尊，其永宝𩰫。”作器者旂是微氏家族重要成员，官职为作册。记载十九年王在厈的铜器又有乍册睘卣，铭文中有康王配偶王姜之称。该卣的形制、纹饰又与康王时的荣子方彝相同，故也应作于康王时期。该卣造型生动，纹饰繁缛，是中国已知最精美的西周铜卣。

（王 迅）

旂铜卣

Shougong tongyou
守宫铜卣

西周早期周文化的铜制酒器及礼器。通常称守宫觥。因作器者的族氏为守宫而得名。传1929年出土于河南洛阳市庙坡。现藏于丹麦哥本哈根市菲兹威廉博物馆。

守宫铜卣

通高18厘米。为椭圆体圈足型，有盖。盖前端作兽首形，前有小孔，双角呈柱状。盖顶作兽脊形，中部有半环形钮，后端微上翘。器体较长，鼓腹，腹内横隔为二室，中藏一斗，柄露于器后，由此可知这类器为盛酒器而非注水器。椭圆形圈足，下部微外侈。盖饰兽面纹和夔纹，器体饰兽面纹和小兽首。鋬上部饰兽首，下有垂珥。圈足饰旋纹两周。盖、器同铭，各2行10字："守宫作父辛尊彝，其永宝。"盖内为刻字，器内为铸字。该卣内部结构独特，放于器内的斗的曲柄很自然地从后面预留的孔中伸出，与卣浑然一体。该卣对认识铜卣的功用具有很好的启迪作用。

（王 迅 孙 华）

Zhouwenhua tongdou

周文化铜斗

西周前后周文化的酌酒和挹酒用铜制器具。前端有中空的圆形圜底的斗首，斗首的后下侧安有弯曲的长斗柄，是与盛酒铜器配套使用的器物。

斗在早期文献中常见，如《诗·大雅·行苇》"酌以大斗，以祈黄耇"和《诗·小雅·大东》"维北有斗，不可以挹酒浆"的诗句，就是周人以斗酌酒和挹酒情景的写照。西周早期的守宫铜卣原配一斗，斗首藏于器内，斗柄从盖后端预留的方孔中伸出；考古发掘出土的铜盛酒器往往器内伴出有铜斗，如在河南鹤壁市庞村西周墓出土的提梁铜壶内装有1铜斗，陕西长安县张家坡87号西周墓出土的铜斗放置于铜尊内，这些都是铜斗用作挹酒器的实物例证。不过在当时，斗也被用于舀水，如《礼记·丧大记》就有"沃水用斗"的文字。舀水的斗应当较大，已知周文化铜斗都较小，应当都为舀酒之用。

与商文化比较，周文化铜斗的首较深，柄曲折，柄尾也更宽阔，形态颇为优雅。殷墟晚期铜斗的柄仅略弯曲，柄尾比柄中部略宽；西周早期铜斗的柄不仅弯曲程度增大，而且折曲，柄尾或呈扇形，或作椭圆形；西周中期铜斗的柄弯曲程度更大，柄的前部冲上扬起，后部折转向下，尾端更加宽大，装饰也更繁复。西周中期偏晚阶段以后，由于酒器的没落，铜斗较为少见。

（孙 华）

Zhouwenhua tongjin

周文化铜禁

西周及春秋早期周文化的列放盛酒器的铜制器座。《仪礼·士冠礼》载："尊于房户之间，两甒有禁。"东汉郑玄注："禁，承尊之器也。"禁为一下端开敞的长方形或方形台子，有的下面还安装有矮足。它是周文化礼器的重要组成部分，不过从已知铜禁很少的情况分析，禁当时可能主要为漆木器，铜禁只是其中一小部分。

先秦时期人们席地而坐，用器也都列放于地上。在器物高度偏低不便使用的情况下，就在器下承托以器座。周王和诸侯使用的盛酒器通常很高大，可不必再用禁；高级贵族的盛酒器一般也较硕大，使用无足的禁即可；而低级贵族的盛酒器较低小，需使用带足的禁。故《礼记·礼器》中称："天子诸侯之尊废禁，大夫、士棜、禁，此以下为尊也。"由此可见，这种承托盛酒器的案形器座可分为无足的棜和带足的禁两类，前一类棜又称为斯禁，后一类则单称作禁（《礼记·玉藻》郑玄注）。根据《仪礼·特牲馈食礼》"棜在其南"郑玄注，可知"棜之制如今大木舆矣，上有四周，下无足"。这种铜制的斯禁最早于清光绪二十七年（公元1901年）出土于陕西宝鸡斗鸡台的一座古墓中，同出有其他铜酒器多件，并且在铜斯禁的表面有明显的陈放过3件尊、壶的痕迹，清端方称之为"柉禁"。1925年~1926年，军阀党玉琨又在宝鸡戴家沟盗掘出土铜棜3件，丰富了铜棜的资料。容庚《商周彝器通考》中对铜禁进行了较全面的分析，指出端方称禁为"柉禁"不妥，应当称之为禁，其功用应为承酒之器，并在铜器分类中专设"承酒器门"。容庚还指出，铜禁不限于可承3件酒器的长方形一型，告田觥器座等只承放1件酒器的方形器座也属禁类。带足的铜禁在周文化铜器中尚未见到，只在春秋时期的楚文化铜器中发现一件，即下寺兽耳兽足铜禁。估计西周时期这种禁皆以漆木器为之。

铜禁出现于何时，尚缺乏充分材料可以说明，不过在商文化铜器中还未见有禁或带方座的器类，可知铜禁可能是周文化特有的器类。这种承托酒器的器类一直沿用到战国时期，曾侯乙铜联禁双壶即为一例。

（孙 华）

Daijiagou kuiwen tongjin

戴家沟夔纹铜禁

西周早期周文化的铜制酒器及礼器。1925年~1926年由军阀党玉琨在陕西宝鸡斗鸡台戴家沟古墓中盗掘出土。共出土3件，其中2件已流出国外，另1件现藏于天津历史博物馆。

戴家沟夔纹铜禁

天津历史博物馆所藏铜禁长126厘米、宽46.6厘米、通高23厘米。作扁平长方体，中空无底。禁上面有3个椭圆形子口，中间的子口稍大，外径16.5厘米~19.5厘米，左右子口略小，外径均17.4厘米~18.8厘米。四壁镂空有栏，前后壁各有2排长方形孔16个，左右两壁各有两排长方形孔4个。禁上面和四壁的周围饰夔纹。该禁保存完好，制作精良，特别是在已知铜禁数量很少的情况下更属难得。

（王 迅）

Zhouwenhua tonghe

周文化铜盉

西周前后周文化的铜制水器。上有带盖的口，前有上翘的管状流，后有可捉手的鋬，盖与鋬间多以链索相连，是周文化中的重要器类。

盉这一器名在先秦文献中不见，但在周文化铜盉中数见，如现藏于美国大都会艺术博物馆的季嬴盉，陕西临潼县零口乡出土的王盉，以及春秋、战国时期吴越文化中的楚叔之孙盉等。这些盉有分裆柱足（季嬴盉）、扁圆体扁足（王盉）、扁球体带提梁（楚叔之孙盉）等多种形态，其自名都为盉，可证它们皆应属于盉属。

关于盉的用途，学术界分歧较大。北宋吕大临《考古图》据东汉许慎《说文解字》推断盉为调味器；王国维据端方藏器中盉与其他酒器放在禁上的现象，推测盉是和水于酒以调酒厚薄的调酒器；容庚、郭宝钧和陈梦家也都将盉归为酒器，但认为盉的用途还有温酒等作用。从早期的盉为封口大袋足来看，盉确实曾经有过温器的作用；从西周铜匜或自名为盉、以及铜盉与匜有先后取代关系来看，盉又应当有水器的功能；但从春秋、战国时期铜盉（鐎）与作为水器的铜匜常常并存于同一器物群的现象来看，盉似乎又应属于注酒器之类。根据周文化铜盉形态多样、自名也有“盉”、“鎣”两种的现象，周文化铜盉中的多数应当属于温器和水器，少数扁球体提梁盉则可能属于酒器。

从主体形态来看，主要有袋足鬲形、圜底釜形、扁体盒形3类：①袋足鬲形盉，是铜盉中最早出现的形态，有分裆四足和联裆三足两型。分裆四足型领部与身部分界明显，裆底较平，圆柱足，管流与鋬手皆接于前后裆缝处，如**燕侯克铜盉**。联裆三足型颈部与肩部或连为一体，或裆底如圆拱，足往往下部略粗于上部，鋬接于袋足脊背上。根据体态高低胖瘦和颈与肩的连接状况，该型盉又可分为如甘肃灵台县白草坡2号墓出土的溪伯盉的颈部和肩部一体的长身型，以及如长由铜盉的颈、肩连接处成曲线的矮体型。②圜底釜形盉，有无颈长腹和有颈短腹两型。无颈长腹型在殷墟晚期商文化中就已经出现，西周早期继续流行，西周中期消失。其以三柱足为主，如日本泉屋铸古馆藏戈初祝父丁盉；也有少量三棱锥足的，如陕西陇县韦家庄出土的父己盉。有颈短腹型于西周初期出现，有柱足、锥足、乳足和扁足四亚型，其中柱足型出现于西周初，延续至西周中期，其形态有从高直颈向矮曲颈的演变趋势（前者如陕西泾阳县高家堡出戈父戊盉，后者如师辅鎣）；锥足型数量较少，仅见于西周早期，如美国旧金山亚洲艺术博物馆藏锥足盉；乳足型为折肩乳足，其主体与陶器中的蛋形瓮颇为相似，其自名为“鎣”（伯百父鎣），出现于西周晚期，春秋早期就逐渐消失；扁足型体似乳足型而足用四扁足，它只见于春秋早期，湖北京山县苏家垅曾国墓曾出土有这一型的铜盉。③扁体盒形盉，主体截面呈长方形，立面呈圆形或近似圆形。有四扁足和方圈足两型，以前者较常见，如陕西临潼县零口乡出土的王盉。这类盉西周晚期偏晚阶段才出现，春秋早期以后逐渐消失。

参考书目

王国维：《说盉》，《观堂集林》卷三。

张临生：《说盉与匜——青铜彝器中的水器》，《故宫季刊》十七卷一期。

张亚初：《对商周青铜盉的初步研究》，《中国考古学研究》，科学出版社，1986。

（孙　华）

Yanhou Ke tonghe

燕侯克铜盉

燕侯克铜盉

西周早期周文化燕国铜制酒器。或称太保盉。因作器者为燕侯克而得名。1981年由琉璃河考古队在北京房山区琉璃河燕国墓地1193号大墓中发掘出土。现藏于北京市文物研究所。

口径14厘米、通高26.8厘米。为分裆四足型。盖隆如伞，顶有半环钮以捉手，后有小钮套环链与器身相连。盉身侈口，高颈，圆肩，鼓腹，裆部四分，下接圆柱足；前出管状流，后设兽首鋬。除流、鋬、钮上饰简单卷云纹等外，只在盖和颈部各饰以云雷纹为地的长尾对鸟纹两组。盖内和器沿铸有相同的铭文6行43字：“王曰太保：‘唯乃明乃鬯，享于乃辟，余大对乃享。令克侯于匽，旃羌、马、叡、雩、驭、微。’克逮匽，入土眔厥司。用作宝尊彝。”铭文中的王应是周成王，太保即历史上著名的召公奭，克为召公之子，铭文记载的是成王褒扬太保召公奭功绩，封其子克为燕侯之事。

该盉与同时出土的**燕侯克铜罍**是西周时期最重要的燕国铜器，不仅为研究西周初期的历史提供了重要实物资料，而且对确定燕国始封地的所在提供了直接证据。

（孙　华）

Jinzhongweifu tonghe

晋中韦父铜盉

西周早、中期之际周文化铜酒器及礼器。因作器者为晋国贵族中韦父而得名。1986年由北京大学考古系等单位在山西曲沃县曲村镇北的晋国贵族墓地的6384号墓中发掘出土。现藏于山西考古研究所。

晋中韦父铜盉

口径13.8厘米、器高19.1厘米、通高25.8厘米。为分裆四足型，上有带子口的弧顶器盖，盖的中心立一只生动的野猪为捉手，盖面后部有半环，钮内套一牛首环链与器身鋬上半环钮相连。器身侈口卷沿，直颈较高，鼓腹四分，下有四柱足。腹前裆缝处安直管流，腹后裆缝处设牛首鋬，裆底有钮套环，或许原本悬挂有铜铃。盖面和器颈各饰一周长尾鸟纹，鸟纹两两相对，其间隔以矮扉棱和抽象兽面纹，空余处填以云雷纹。在鋬盖内的顶部和器内的口部有铭文13字（盖铭2行，器铭3行）：“晋中韦父作旅盉，其万年永宝用。”

该盉造型作西周早期常见的形制，但以生动的野猪为盖钮却很独特。晋国始封的汾浍之间，本是野猪出没的长林丰草之地，以野猪为装饰在晋国铜器中已经数见，野猪应是晋国铜器喜用的装饰题材。

（孙 华）

Qiu Wei tonghe

裘卫铜盉

西周中期周文化的铜制酒器及礼器。1975年出土于陕西岐山县董家村西的一座西周窖穴中。现藏于岐山县博物馆。

口径20.2厘米、通高29厘米，重7.1千克。为连裆三足型，有盖。盖顶呈泡状隆起，置半环形钮。盉身微侈口，束颈，鼓腹，管状流，半环形鋬，盖与鋬以链相连，连裆，柱足。盖沿和器颈饰回首分尾夔纹，盖上增饰旋纹一周，腹部饰双线V形纹，流饰三角雷纹。盖内铸铭文12行132字，记载某周王三年，王在丰邑举行建旗典礼，接见臣下，矩伯因为没有觐见周王的玉璋而向裘卫换取，先要了价值八十朋贝的瑾璋，后来又要了价值二十朋的玉器和皮革制品，分别以十田和三田土地为代价偿付给裘卫。裘卫得到土地即向周王室的主管人员伯邑父等报告，得到同意。伯邑父派三有司参加受田仪式，承认这两次土地转移的合法。该盉一般被认为是周共王时器，铭文反映的西周中期土地买卖转移状况，表明当时土地的价值可以用货币来衡量，贝这种货币是衡量土地和其他实物价值的尺度。这些内容对于研究西周社会经济至为重要。

（王 迅）

裘卫铜盉

Zhouwenhua tongyi

周文化铜匜

西周中期以后周文化中盛行的洗手用铜制水器及礼器。是一种前有倒水的槽状流、后有握手的半环形鋬、下有四足的敞口圜底容器。其礼器的功能是与盘相配在盥沃礼中洗手使用——匜在手上以倾注清水，盘在手下以承接弃水。铜匜是周文化铜器群的基本组成部分之一，在周文化铜礼器中具有不可或缺的作用。

“匜”一词在早期文献中常见。《左传·僖公二十三年》“奉匜沃盥”郑玄注：“匜，沃盥器也。”孔颖达疏：“匜者，盛水器也。盥谓洗手也，沃谓浇水也。怀嬴奉匜为公子浇水，令公子洗手。”将匜的作用叙述得相当清楚。周文化铜匜中有自名者极多，如史颂匜自名为“匜”、司马南叔匜自名为“它”，其名形关系确切无疑。根据周文化铜盉（不包括平面呈长方形的扁圆盉）流行较早，铜匜出现较晚，二者在时间上恰好有先后交替关系，以及早期铜匜如Ⅰ匜、毳匜都自名为“盉”等现象，铜匜应当与铜盉有着密切的联系。西周中期以后的周文化铜器群，无论该群铜鼎、簋数量是多还是少，均常以匜、盘各一件构成固定的组合。铜匜出土时或置于铜盘之中，这也正与《仪礼·即夕礼》“匜实盘中”的记载相吻合。

铜匜大概是模仿瓢的形状而来。它尽管在商代后期就已出现，但在西周中期以前极少使用。直到西周中期偏晚阶段周文化铜器的特质形成后，匜才成为周文化铜礼器中不可缺少的器类。匜是与盘配合使用的礼器，在一个铜器群中，其数量与盘相同，基本上都是一件。已知周文化铜匜以𠑇铜匜为最早，年代可至西周中晚期之际。该匜有盖，盖作兽首并盖住流口，还存有先前铜匜的遗风。从西周中晚期之际到春秋早期，匜流变得稍长且更上扬，流下弯曲程度有所增加（流下角变小）。周文化铜匜有柱足和扁足两类，演变规律基本一致。值得注意的是，绝大多数周文化铜匜都口沿饰窃曲、重环等纹带，其下饰瓦沟纹，风格相当统一。

（孙 华）

Xun tongyi

𠑇铜匜

西周中晚期之际铜制水器及礼器。因作器者为“𠑇”而得名。1975年出土于陕西岐山县董家村，是著名的董家村窖藏铜器之一。现藏于陕西历史博物馆。

𠑇铜匜

流与鋬相距31.5厘米、腹宽17.5厘米、通高20.5厘米，重3.85千克。带虎头形平盖，宽流，直口，流微上翘，圜底，下带四蹄足，后有兽首形鋬，口沿与鋬均饰以带目窃曲纹。器底和器盖均铸有铭文，器铭共6行，每行15字；盖铭接器铭，共7行，除最后一行外，每行10字。铭文记录当时一件法律诉讼的判决情况：牧牛同自己上司𠑇争讼，𠑇上告牧牛，伯扬父负责审理此案。伯扬父以牧牛犯上违誓，应鞭打一千下，并处以墨刑，经过大赦，判处罚铜三百锾，并责令牧牛立誓，不得再与师𠑇争讼，否则将被打一千鞭并处以墨刑。官吏邦和曶到场记录了这一判决。𠑇因胜诉而铸造这件铜匜。该匜是西周铜匜的最早形制，是认识铜盉功用及其与铜匜关系的重要材料。铭文记有中国已发现最早的法律判决书。铭文所记诉讼事，原告、被告、审判官、书记官、量刑过程、判决结果，都很清楚；其中施行的刑罚有不少与《尚书》、《周礼》相契合。它是一篇珍贵的西周法律文献，在中国法律史研究中具有重要地位。

参考书目

李学勤：《岐山董家村训匜考释》，《古文字研究》第1辑，中华书局，1979。

（孙　华）

Zhouwenhua tongpan

周文化铜盘

西周及春秋早期周文化的承水用铜制容器及礼器。基本形态为大口，浅腹，圈足，有的还有双耳。虽在商代前期商文化中就已出现，但在周文化中使用却更普遍，是周文化铜器组合的基本器类之一。

关于周人盘的使用情况，《礼记·内则》所载的“进盥，少者奉盘，长者奉水，请沃盥”一段文字已经说得很清楚：盘是在沃盥时用来承接洗手后弃水的用具。周文化铜盘铭文中常有“般”、“盤”、“鎜”等自名，文字构造或从金从皿，以像用铜所作之盘。铜盘在西周早期还较少，到中期就比较常见，并常与铜盉相配组成一套水器。如陕西宝鸡市茹家庄1号墓出土的强伯盘，铭文作“強伯自作盘鎣”，同墓亦出土有自名“鎣”的铜盉与之相配。到西周中期偏晚阶段，随着周文化铜礼器特质的形成，盘成为铜礼器中必不可少的器具，与匜形成固定的沃盥水器组合。这种盘、匜搭配的水器模式为以后所沿用，直至战国晚期才趋于消失。在一个铜器群中盘的数量，一般与匜一样都为一件，河南三门峡市上村岭2001号墓出土4件铜盘，其中3件为明器，实用铜盘与实用的铜盉仍然只有一件。

周文化铜盘有长方形和圆形两类。长方形盘很少，只有西周晚期的虢季子白铜盘一例。该盘作圆角长方形，形状与一般铜盘不同，却自名为盘，体量很大，号称盘中之王。这样的盘可能不是用来承接洗手弃水，而是用来洗澡。圆形盘数量很多，有小圈足和大圈足两型。小圈足盘圈足较高，一般无耳，如英国伦敦不列颠博物馆所藏的父戊盘。该型盘数量较少，主要见于西周早期。大圈足盘圈足较低，有无耳、立耳和附耳3个亚型，其中以附耳型占绝大多数。无耳矮圈足盘主要流行于西周早期及中期前段，如陕西泾阳县高家堡4号墓出土的龙纹盘。立耳矮圈足盘较为少见，已知只有春秋早期的河南三门峡市上村岭虢国墓地1689号墓铜盘等数例。附耳矮圈足盘是西周中期偏晚阶段以后周文化铜盘的主体，从盘耳的数量来看，除多数为双耳盘外，另有四耳盘；从盘耳的形状来看，除大量提耳盘外，还有少量鋬耳盘，并且鋬耳的形状还有兽首、爬龙等多种形态。从西周中期偏晚阶段到春秋早中期之际，附耳矮圈足双提耳盘的形态变化表现为：双耳由斜侈变垂直，盘腹由较深变较浅，圈足下由不带三足到圈足下流行三足。

因系水器，盘的内底每每喜用蟠龙、游鱼等水族动物为纹饰。不过，总的来说，西周早期铜盘常饰以花纹，西周晚期及春秋早期多在盘底铸以长篇铭文为装饰。《墨子·明鬼下》所载“琢之盘盂，镂之金石”，就是西周后期以来这种风气的反映。

（孙　华）

Shi Qiang tongpan

史墙铜盘

西周中期周文化的铜制水器及礼器。因作器者为史官墙而得名。

史墙铜盘

1976年出土于陕西扶风县庄白1号西周青铜器窖藏内。现藏于周原文物管理所。

口径47.3厘米、深8.6厘米、通高16.2厘米，重12.45千克。平面呈圆形，敞口，浅腹，附耳高出器口，矮圈足下部外侈。腹饰垂冠分尾长鸟纹，圈足饰上下卷曲的云纹，以雷纹衬地。器内底部有铭文18行284字，字体清秀工整，文章典雅，内容可分为两部分：前半部历述文王、武王、成王、康王、昭王、穆王和当时在位的恭王的功德业绩；后半部叙述作器者墙的家族历史，历颂其高祖甲微、烈祖、乙祖、亚祖辛、文考乙公五世事迹，也记载墙本人的事迹。铭文最后说，墙为颂扬天子“丕显休令”，作此器为纪念，并祈求福、禄及长寿。该盘铭文内容涉及西周重大历史事件、政治制度和社会经济诸多方面，有些情况与典籍记载基本相符，可相互印证；有些情况则是对典籍的补充，如盘铭所述武王攻翟祖、伐夷童等。铭文记载微氏家族的历史，对于研究西周历史特别是微国历史和微氏家族在周代的发展有重要意义。与该盘同时出土的铜器共103件，其中61件的铭文表明它们亦属于微氏家族，又记录其先代事迹，因而可以作为此窖藏铜器分期的基准，在青铜器研究中有着特殊的重要性。另外，铭文有的句子有韵，常用四字句，是一篇带有骈文味道的文学作品，在语言学研究方面也有着重要的参考价值。 （王　迅）

Sanshi tongpan

散氏铜盘

西周晚期周文化的铜制容器及礼器。因铭文中有“散氏”而得名，或称“散盘”。有人认为作器者为夨人，又称其为夨人盘。传清乾隆初年出土于陕西凤翔县。现藏于台北故宫博物院。

口径54.6厘米、底径41.4厘米、深9.8厘米、通高20.6厘米，重21.31千克。平面呈圆形，窄缘，附耳，浅腹，高圈足。腹饰变形夔纹，间置三兽首。圈足饰兽面纹和目云纹。器内底部铸铭文19行357字，记载夨国侵害散邑，因而付给散氏土地作为赔偿。夨人所付土地有眉地之田和井邑之田，田的位置、四至等均有详细记述。核定土地疆界之后，夨人和散氏双方的有关人员参加订约和盟誓仪式。夨人一方的鲜、且、西宫襄、武父盟誓说：我方既付给散氏田器、湭田、墙田，日后若违约，愿意受罚。铭文中出现的地名、人名甚多，不易判定。据考古调查和发掘资料，夨国位于今陕西千河流域的千阳、陇县、宝鸡一带。该盘铭文是一篇关于土地转移的完整契约，为研究西周时期土地制度的重要史料。 （王　迅）

散氏铜盘

Guo Ji Zibai tongpan

虢季子白铜盘

西周晚期周文化的铜制水器及礼器。因作器者为虢季子白而得名。清道光年间（公元1821年～公元1850年）出土，出土地一说在陕西宝鸡虢川司（今宝鸡市附近），一说在眉县礼村。当时的眉县令徐燮均得到后将其运回江苏常州家中。太平军攻克常州后，被收入太平天国护王府。清军夺回常州后，曾一度作为马槽，后为清将刘传铭发现，视为至宝，将其运至安徽合肥，并专门建盘亭。中华人民共和国成立后，刘氏后人将其捐献给国家。现藏于中国历史博物馆。

长130.2厘米、宽82.7厘米、通高41.3厘米。呈长方形，体型巨大。折沿方唇，直口，深腹，腹壁圆转内收，下接略矮的四足，四面各有二兽首衔环。口沿下饰一周目云纹，腹饰粗犷的波带纹。盘内底铸铭文8行111字（含合文3字、重文4字），颂扬虢季子白于某周王十二年“薄伐猃狁，于洛之阳，折首五百，执讯五十”的功绩；渲染子白取胜班师后，献俘于王，受王嘉奖的荣耀——“王曰伯父，孔覭有光；王赐乘马，是用佐王。赐用弓，彤矢其央；赐用钺，用征蛮方”。铭文所记伐猃狁的战事，郭沫若认为即《后汉书·西羌传》引《竹书纪年》所载的“夷王衰若，荒服不朝，乃命虢公率六师伐太原之戎”之役，但多数学者认为应当是《诗·小雅·六月》记载的周宣王时尹吉甫率师征伐猃狁之事。因此，该盘的年代或为周夷王十二年，或为周宣王十二年（公元前816）。

该盘形制特殊，为迄今所见最大的先秦时期铜盘。铭文内容是研究西周晚期周王朝与北方国族关系的重要史料，而且行款规整，以四言为主，全篇有韵，且一韵到底，是一篇优美的韵文，素为收藏家和学术界所重。

（王　迅　孙　华）

虢季子白铜盘

Zhouwenhua tongyu

周文化铜盂

西周早期至春秋早期周文化的铜制装水兼盛饭用容器。基本形态为敞口、深腹、矮圈足的带双耳或四耳盆形器。与同时期的簋相比，形态相似而体量更大，耳均为提耳或再加小环耳；与以后的鉴相比，口较小而腹较深，耳部也不相同。较商文化数量明显增多，体量变大，引人注目。

铜器

盂的功用有水器和食器两种说法。《韩非子·外储说左上》有“盂方则水方，盂圆则水圆”之语，且先秦文献中盂字多与盘字连称，可见盂为水器。同时，春秋中期至战国晚期有铜器形制为鉴而铭文自名为“盂”者，如齐侯盂鉴，也表明盂与水器关系密切。食器说的根据是：①大徐本《说文解字·皿部》释盂为“饭器也”，《急就篇》颜师古注释杅为“盛饭之器也”；②传世的要君盂自名为“饙盂”，辽宁喀左县马厂沟出土的燕侯盂铭自名为或“饙盂”，“饙”义为“滫饭”（《说文解字·金部》），“饙”义为“蒸米也”（《诗·大雅·泂酌》释文引《字林》）。从周文化铜盂一般体量很大来看，它应当主要用作水器；但从周文化铜盂与后来铜鉴形制上的差异来看，盂与鉴的功用也应有所不同，其中一些体量较小的盂也可用作盛饭，就如同燕侯盂一样。

铜盂早在商代后期就已出现，河南安阳市殷墟妇好墓就有铜盂出土，在殷墟西北冈1400号墓中还出有自名为盂的寝小室盂。商文化的铜盂口部较直，下腹内收；西周时期的铜盂，口部略侈，腹壁较直。从西周早期到晚期，盂的双耳有从小变大，从低于器口到伸出器口的变化。

参考书目

陈梦家：《西周铜器断代》（二），《考古学报》第10册，

陈芳妹：《簋与盂》，《故宫学术季刊》一卷二期。

张光裕：《从[illegible]字的释读谈到奠、盆、盂诸器的定名问题》，《考古与文物》1982年3期。

（孙　华）

Machanggou Yanhou tongyu

马厂沟匽侯铜盂

西周早期燕国铜制食器及礼器。因铭文中有“匽侯”字样而得名。1955年发现于辽宁喀左县海岛营子村马厂沟小转子山窖藏中。现藏于中国历史博物馆。

马厂沟匽侯铜盂

口径33.9厘米、通高24厘米。器形似簋而较大，侈口，方唇，斜直壁，深腹，附耳，耳上端有横梁与颈相连。腹饰回首垂冠短尾夔纹，圈足饰回首鸟喙夔纹，颇为华丽。口内有铭文5字：“匽侯作饙盂。”“匽侯”即燕侯，与北京近郊和房山区琉璃河遗址出土的燕国铜器中的“匽侯”铭文字体完全相同；“饙盂”即饭盂，这是关于铜盂功用的重要材料。

该盂的器形尚保存较多的商代遗风，腹部纹饰与旂尊圈足纹饰相似，圈足部纹饰与邢侯簋圈足纹饰相似，年代也当与旂簋、邢侯簋的年代大致相当，即在周成王、康王之际。该盂发现于辽西地区，为研究西周早期燕国经营北方的历史及辽西一带古族古国与周王朝的关系提供了重要线索。

（王　迅　董新林）

Shiyong tongyu

师永铜盂

西周中期前段周文化的铜制食器。因作器者官师名永而得名。1969年出土于陕西蓝田县泄湖乡泄湖村。现藏于西安市文物管理委员会。

通高47厘米。卷沿，方唇，直壁，深腹，圈足较高。上腹附有对称的双提耳，耳下饰扉棱，两耳之间的中缝处装饰卷鼻象首。上腹及圈足饰一周接近云目纹的变体鸟纹，下腹饰两个相对的变形夔龙组成的垂叶状纹。腹内铸铭文12行123字，记载某周王十二年某月丁卯日，益公秉承周王之命赏赐师永土地，参与其事的权贵有井伯、荣伯、尹氏、师俗父、遣仲。益公命郑司徒函父、周人司工眉、敔史、师氏、邑人奎父、毕人师同监理将王所赐之田付予永。永作盂以为纪念。铭文中的周王室高级贵族多活动于恭王、懿王之世，故该盂也当是恭王前后的作品。它的铭文详细具体地记述了周王赐田给永的经过，对研究西周历史有着重要的意义。铭文中出现的益公、井伯、荣伯、尹氏、师俗、遣仲、师同等人名又见于西周中期其他铜器的铭文中，为这些铜器铭文的综合研究提供了线索。同时铭文句法特殊，其中又发现鉤识符号，在西周金文中有着特殊的研究价值。

（王　迅　孙　华）

师永铜盂

Zhouwenhua tongzhong

周文化铜钟

西周及春秋早期周文化的主要铜制打击乐器。是继承先前商文化铜编铙的用法并融汇南方地区大铙的形态而发展起来的新的乐器种类，为当时各种乐器的中心。“钟鸣鼎食”构成周文化的重要特征之一。

钟是先秦打击乐器的主要种类，形若带钮或杆悬挂装置的状如合瓦的共鸣体。由若干个大小不等的钟按一定音阶排列组合在一起，使之能演奏乐章，即构成编钟。从整体形态上看，每一件钟好似倒置的商代南方地区的铜铙钟，但从细部特征看，编钟有其特定的模式化的部件和装饰，与同时期的铙钟明显不

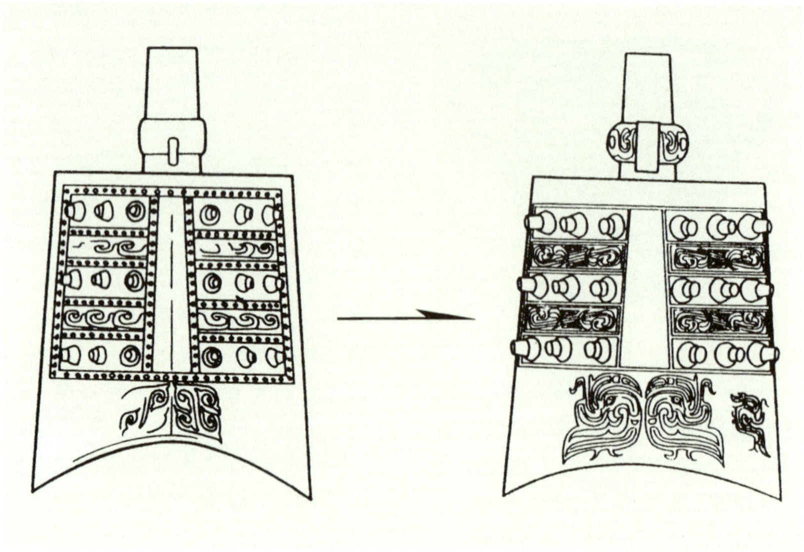

周文化铜钟演变示意图

同。先秦制钟工匠对于编钟各个部位都曾给予专门的名称。《周礼·考工记·凫氏》载："两栾谓之铣，铣间谓之于，于上谓之鼓。鼓上谓之钲，钲上谓之舞，舞上谓之甬，甬上谓之衡。钟悬谓之旋，旋虫谓之干。钟带谓之篆，篆间谓之枚，枚谓之景。于上之攠谓之隧。"经学者们注释考辨，这套名称至今在描述周文化铜编钟时仍然在使用。

编钟最早出现于西周早期的周文化中。年代相当于康王、昭王时期的陕西宝鸡市竹园沟铜钟是已知年代最早的铜编钟。稍晚的有穆王、恭王时期的宝鸡市茹家庄铜编钟和长安县普渡村长甶墓铜编钟。这些编钟均出土于周人的发祥地——陕西关中地区，说明编钟很可能为周人所创造。这些早期编钟均3件成编，侧鼓没有第二基音标志，钟内也未见调音的凹槽（隧），表明它们尚不成熟，音阶规律尚未确定，第二基音并未有意识地使用。据已有资料，周文化铜编钟在西周中期似乎还经历钟数或4件（如山西曲沃县北赵13号晋侯墓铜编钟）或7件（如北赵92号晋侯墓铜编钟）的数量由少到多、不甚规律的过渡阶段。到西周中期偏晚阶段，铜编钟开始普遍使用，不仅在周人统治的中心区域，而且周文化分布区内各诸侯国的墓葬及窖藏中都有铜编钟的发现。铜编钟一般以8件或8的倍数成编，其名称古人有不同的说法。一说8件为半组编钟，古称"堵"；16件即一组完整的编钟，古称"肆"（《左传·襄公十一年》："歌钟二肆，及其镈磬。"杜预注："悬钟十六为一肆。"）。另一说16件钟为"堵"，一堵钟和一堵磬才组成"肆"（《周礼·春官·小胥》："凡悬钟磬，半为堵，全为肆。"郑玄注："钟磬者，编悬之，二八十六枚而在一虡谓之堵。钟一堵、磬一堵谓之肆。"）。通过实物件数与铭文对照分析，周文化铜编钟当以8件为肆，二肆为堵（《吕黛钟铭》："大钟八肆，其竃四堵。"）。属于前一种情况的如柞铜钟、仲仪铜钟、虢叔铜钟、楚公逆铜钟等；属于后一种情况的如晋侯苏铜钟、北赵93号晋侯墓铜钟等。这些编钟均按四声音阶排列，侧鼓一般铸有第二基音标志，钟内多有调音的凹槽（隧）。这表明周人通过一段时间的探索，已掌握编钟8件成堵的音阶规律，开始有意识地使用第二基音，并将编钟作为一种主要的礼器纳入铜器群中。在西周中期至春秋初期的北赵晋侯墓地中，晋侯墓皆使用铜编钟，并且西周中期后段以后的诸晋侯墓的编钟还均与石编磬相配合；而所有的晋侯夫人墓均不使用编钟与编磬。这不仅说明了这一时期铜编钟的使用与身份等级的联系，也反映出当时贵族男、妇在使用礼器上的不同。

按悬挂方式和形态，可分两类，一即钟体顶上（舞部）立筒管形甬的侧悬的甬钟和钟体顶上立桥形钮的直悬的钮钟。春秋早期以前均为甬钟，尚未见钮钟出现。编钟的形态演变如同钟的数量变化一样，在西周中期前、后段之间有着明显变化：西周早期及中期前段的编钟，鼓部和钟枚较短，侧鼓无表示第二基音的鸟兽图案，钟上均不铸铭文；西周中期后段至春秋早期的编钟，鼓部较长，侧鼓以鸟兽图案为第二基音标志，钟上多有铭文。铭文有多种排列方式，有的编钟各钟间铭文相连，不少铭文篇幅较长，内容丰富，具有重要的史料价值。

（孙 华）

Zhuyuangou tongzhong

竹园沟铜钟

西周早期強国铜制乐器。是中

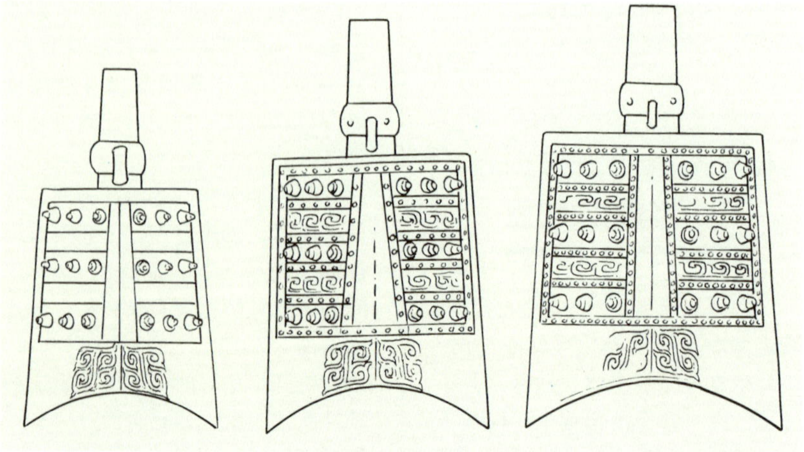

竹园沟铜钟

国已知年代最早的铜编钟。1976年由陕西宝鸡市博物馆在宝鸡市竹园沟7号墓中发掘出土。现藏于宝鸡市博物馆。

一组3件，大小相次，形态相近。最大的铣间21厘米、通高34厘米，重7.25千克；最小的铣间16.2厘米、通高28.8厘米，重4.35千克。钟体呈合瓦形，圆甬中空与体腔相连。甬上有旋，旋上有干，并饰圆乳4枚。钟体两面以夹线连乳纹带分隔出钲、枚、篆诸部，枚每组3枚，篆间及鼓上饰卷云纹。钟体内壁无刮削打磨痕迹，很可能未经调音使用就随葬入墓中。

该编钟出自西周成王、康王时期的墓葬中，年代既早，锈蚀程度又轻，对研究编钟这种乐器的形成和发展提供了重要资料。虽然其铸成后未经调音和音乐实践，无法据此推断西周前期成组编钟的音阶规律，但从3钟共同的音程规律看，它与西周中晚期编钟似存在着明显的差别。

（孙　华）

Ke tongbo

克铜镈

西周中期周文化的铜制乐器。因作器者名克而得名。传清光绪十六年（1896年）出土于陕西岐山县法门寺任村。原藏天津张燕谋家。现藏于天津艺术博物馆。

铣间34.7厘米、通高63.5厘米。作齐口钟形，舞部平整，中央有小孔，钟体修长，四面扉棱、左右扉棱相聚成钮。扉棱皆作缠绕相交的透雕夔纹，与钟体两面的夔纹相呼应。钟体纹样简洁，上部两面各饰2个卷尾大夔纹，其上、下围绕有2个箍状圈，圈上共有16个菱形枚。下箍状圈以下右侧有铭文16行79字，记载周王十六年九月初吉庚寅，王在周康剌（烈）宫，“王亲命克遹泾东至于京师”，并赐克“佃车、马乘”，克作此器以为纪念。

镈是盛行于春秋、战国时期的打击乐器，西周时期罕见。该镈不仅年代较早，而且造型、装饰构思巧妙，制作精美，特色鲜明，十分难得。铭文所记年月和事情，均与同时出土的另一克钟所记相同，二者可以互相参证和补充。铭文中的周王，学术界有共王、夷王、厉王、宣王等不同看法。

（王　迅　孙　华）

克铜镈

Zhouwang Hu tongzhong

周王㝬铜钟

西周晚期周王自作铜制乐器。又名宗周钟。因作器者为周王㝬而得名。原由山阴（今浙江绍兴）陈广宁所藏，后入清内府。现藏于台北故宫博物院。

铣间35.2厘米、通高65.6厘米，重43.9千克。为甬钟，甬下部有旋，旋下逐渐加粗，以增大与舞部的接合面。钟体上小下大，于部上弧，器面以凸线分隔出钲、鼓、篆、枚，枚较长。甬上饰夔龙纹，舞上饰窃曲纹，篆间饰连身反首、双头的龙纹，鼓隧部饰象首纹。铸铭从正面中央钲部始，继鼓隧部左端，然后转背面右端，共17行122字，记载“南国𠬝孳”侵犯周王朝疆土，周王遣军队征伐𠬝国，攻打其国都，“𠬝孳”于是遣人迎见周王，表示臣服，南夷和东夷的26个邦国也因此来朝见这一重大历史事件。“𠬝”见于殷墟甲骨文中，系南方古族。该钟的作器者“㝬”即厉王之名胡。它是中国已知数量不多的周王自作用器之一，年代明确，是厉王时期的标准器。铭文所载征服“𠬝孳”之事，弥补了史籍记载之缺。

（孙　华）

周王㝬铜钟

Jinghou Su tongzhong

晋侯苏铜钟

西周晚期晋国铜制乐器。因作器者为晋国国君苏而得名。是中国已知数量最多、铭文最长的王世基本明确的西周铜编钟，钟上铭文对于研究晋国史及西周史具有重要价值。1992年出土于山西曲沃县北赵晋侯墓地中的晋侯苏墓中。先后分两批出土：盗掘出土的14件被走私至香港，后被上海博物馆悉数购回收藏；劫余的最小的2件由北京大学考古系等单位发掘出土，现藏于山西省考古研究所。

晋侯苏铜钟

共16件，分大小相次的两组。每组最大者分别通高49厘米和50厘米，最小者分别通高22厘米或22.3厘米。器表呈灰褐泛黄绿色。属弧口甬钟，作上大下小的合瓦形，甬部较短，下部有旋有干，旋上饰云目纹。舞部饰勾连卷云纹。钲部以阴线分隔钲带、篆带和枚带。枚较长，分两段。篆带饰长体合卷云纹。正面钲带镌刻铭文，各钟铭文相连。鼓部中央饰勾连对云纹，左侧以鸟纹作第二基音标志。钟上铭文共355字（包括重文9、合文7字），记述周王三十三年，周王亲自征伐东夷，晋侯苏随王东征，两次出战均有斩获，受到周王褒赏之事。铭文中时王年、月、月相、干支俱全，月相除初吉、既望、既生霸外，还有金文中首见的方（旁）死霸，这是研究西周历法的绝佳材料。铭文所记周师进军路线清楚，所记地名的地望基本上都可考释，对于西周历史地理的研究大有裨益。铭文记载的事件不见于史籍，价值堪称西周金文之首。

该钟铭文中的晋侯苏，即《史记·晋世家》的晋献侯籍（《世本》作苏），其在位年代按《史记》的记载是在周宣王六年至十六年，这与铜器铭文所记的王年不符，《晋世家》的晋侯系年肯定有误。西周晚期周王在位年代超过33年的只有厉、宣二王，该钟的年代当在厉王三十三年至宣王三十三年（公元前846年～公元前796年）。从该钟铭文的历日和当时的历史背景分析，年代以厉王三十三年的可能性更大。

（孙 华）

Chugong Ni tongzhong

楚公逆铜钟

西周晚期楚国铜制乐器。因钟上有“楚公逆”的自铭而得名。是已知王世明确的年代最早的楚国铜器。1993年由北京大学考古系等单位在山西曲沃县北赵晋侯墓地中的晋侯邦父墓内发掘出土。现藏于山西省考古研究所。

一套8件。大小相次，形制相同。均为合瓦状弧口甬钟。其中较大的二件通高51厘米。钟体下大上小，鼓部隧中饰以相对的两组夔龙、凤鸟和虎纹，左侧以一犰狳为第二基音标志；钲部以双线夹乳刺为栏分隔钲带、篆带和枚带，篆带以蝉纹为饰，长枚中分作两段；甬部下大上小，旋下出环形干，旋面饰云目纹。铭文铸于钲间及鼓右，前5件钟内容相同，字数随钟的大小递减，最多者8行66字；后3件钟铭文及花纹皆与前5件钟不同。铭文大意是：在一次大规模战事后的八月甲午这一天，楚公逆用“四方首”来祭祀先高祖，一个臣服的部族向楚公逆贡纳“赤金（铜）九万钧”，楚公逆用这些铜铸造钟“百肆”。铭文中的楚公逆即《史记·楚世家》的楚公熊鄂，在位年代为周宣王二十九年至三十七年（公元前800年～公元前792年）。楚公之器在晋侯墓中出土，是西周时期晋、楚间关系的反映。

正如铭文所说，楚公逆编钟当初铸造若干套，其中一件早在北宋政和三年（公元1113年）就已出土于鄂州武昌、嘉鱼县（今湖北武汉）一带，并上献内府，为《啸堂集古录》等著录；此钟直至清代末年尚存，曾归罗振玉收藏，以后下落不明。晋侯邦父墓中出土的这套楚公逆编钟保存完好，铭文与北宋时出土的楚公逆钟铭文的刻本相比，文字清晰，内容丰富。是研究楚国早期历史的重要材料。

（孙 华）

楚公逆铜钟

Zhouwenhua tongyue

周文化铜钺

西周及春秋早期周文化的具有礼仪意义的砍伐用铜制兵器。据文献记载，周王朝与商王朝一样，钺是王权的象征之一。周人征商，武王“左杖黄钺，右秉白旄”誓师于商郊牧野（《尚书·牧誓》）；商王纣自焚后，周王又“以黄钺斩纣头”；灭商后举行社祭仪式时，周之重臣“周公旦把大钺，毕公把小钺，以夹武王”（《史记·周本纪》）。由于铜钺具有这种重要的象征意义，周王赐臣下铜钺就有代王行使征伐权力的含义，西周晚期虢季子白铜盘的铭文有周王“赐用钺，用征蛮方”的赐命。钺不是一般贵族可以使用的铜器。正因如此，铜钺在周文化遗存中很少发现，只有白草坡半环铜钺可能属于文献记载中的钺

类。在周文化铜器群中常见一种管銎窄身的斧形器，有的学者将其归入钺类，称之为小型钺；有的则将这种具有北方系铜器风格的兵器称之为军斧，这似乎更妥当。

在周人砍伐用兵器中还有一种名为戚的礼器，《诗·大雅·公刘》中有“弓矢斯张，干戈戚扬”的诗句，《礼记·祭统》也有“朱干玉戚以舞”的记述。关于戚，古人一般都释为“斧”，或解释作小钺（《说文·戊部》段玉裁注）。从这些文献记载来看，戚当如钺而小，形制似斧，刃部较窄。庙堂武舞中的戚可能与周文化高级贵族墓葬中出土的钺形玉石器相似，如山西曲沃县北赵晋侯墓地晋侯苏墓中出土的“石钺”；实用的戚一种可能如陕西泾阳县高家堡4号墓“钺”，另一种可能是具有北方系铜器色彩的管銎军斧之类。

（孙 华）

Baicaopo banhuan tongyue

白草坡半环铜钺

西周早期周文化的铜制兵器。1967年出土于甘肃灵台县白草坡西周早期墓葬（㴎伯墓）中。现藏于甘肃省博物馆。

白草坡半环铜钺

长23厘米、宽6厘米。呈耳形半环状，短胡，二穿，有銎。钺身主体部分作弓身的虎形，虎背为刃，虎头中空为銎。虎额上铸一“王”字，张口露牙，屈腿钩爪。钺下端延长部分有二穿。造型生动别致。较其他兵器色白而光亮，有较大的合金成份，与一般的实用兵器不同，应当是一件具有征伐权力象征意义的、起着仪仗作用的兵器。

（王 迅）

Zhouwenhua tongge

周文化铜戈

西周及春秋早期周文化的用于勾啄的铜制兵器。由于西周时期战车数量的急剧增多，车战已成为一种主要的作战方式，与车战紧密相关的兵器铜戈更成为周人的基本兵器。铜戈在铜兵器中数量和比例极大，而另一种主要兵器铜矛的数量却比先前的商文化大大减少。

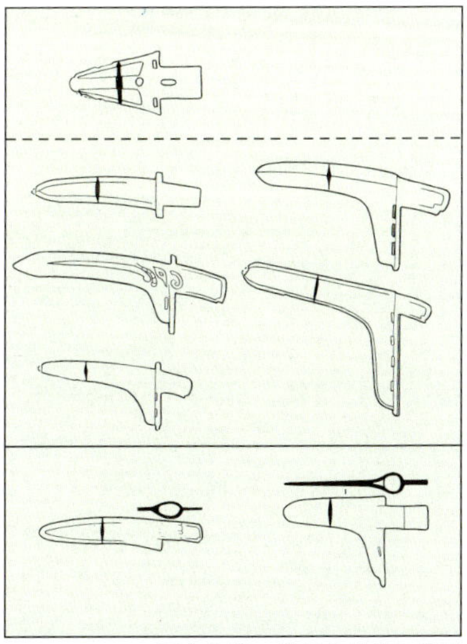

周文化第一期铜戈分类示意图

绝大多数为扁内戈；管銎戈很少，可能是外来因素。扁内戈中的内部下弯的曲内戈已经不见，只有直内戈一种。其形制以援部形态为标准可分为三角援戈和长条援戈两小类，三角援戈援部较宽短，内在援后中央，穿作对称布列。这类戈在周文化中已不多见，主要存在于西周早期，且主要发现于陕西西部及甘肃东部。这里与流行三角援铜戈的四川盆地相邻，流行于这一带的三角援铜戈或许受到当时四川地区青铜文化的影响。长条援戈是周文化铜戈的主体，根据其胡部的有无或长短，可分为4型：①无胡戈。戈阑的上下均出头，一般援部和内部多无穿，即使有也只是在援本下或内上有一穿。主要流行于西周早期，西周中期即已基本消失。②短胡戈。大多数的阑部上下出头，无穿或仅有一穿。流行于西周早期。③中胡戈。以阑部下端出头者居多，胡有二穿或三穿。从西周早期到春秋早期一直沿用。④长胡戈。阑的下端伸出，胡部有四穿。数量不多，见于西周中期以后。

以长条援有胡戈最为常见。这种戈无论胡部长短，其援上刃与内上边大致处在一条直线上，内部通常较短，内与援间的夹角不是直角（75°～80°）。有胡戈中沿用时间最长的中胡戈，在西周中期以前援的锋刃均呈尖叶形，而西周晚期以后则流行三角锋刃援的中胡戈。春秋中期以后，这种三角锋刃援的铜戈才逐渐消失。

（孙 华）

Zhouwenhua tongji

周文化铜戟

西周及春秋早期周文化的铜制兵器。既可用于勾啄又可用于击刺，是由前刺的矛形构件和横勾的戈形构件两部分组成的复合兵器。在西周以前就已出现，在周文化中得到较大发展，成为仅次于戈的一种重要铜兵器。

《说文解字·戈部》称：“戟，有枝兵也。”其意义不很明确，学术界对戟名义的认识存在分歧。一般认为，戟是矛和戟组合在一起的一种兵器；也有学者根据战国早期的湖北随州市曾侯乙墓出土的带有2～3个戈头的戈自名为戟的实例，认为戟是有多枝勾援的兵器，不一定要有前刺的矛形构件。从《说文解字·戈部》“戈，平头戟也”的训释，

以及《考工记·冶氏》对戟形制的描述，前一种意见应当更加符合“有枝兵”的原意。戟的用途与戈相似，主要为战车上的甲士所持，故《诗经·秦风·无衣》“修我矛戟”郑玄笺：“戟，车戟也。”

主要有两种，一种是刺与戈分离的分体戟，如燕侯舞戟；一种是刺与戈联为一体的联体戟，如河南浚县辛村2号墓出土的侯字戟。分体戟在铜兵器中易与铜戈、矛相混，在西周时期尚不多见。联体戟主要流行于西周中期以前的周文化中，除前端带尖刺的标准型，还有不少前端刺部弯曲后勾的勾戟。联体戟较为笨重，费铜费工，其中的勾戟更是丧失戟的前刺功能，故西周中期以后就基本被淘汰。

铜戟至迟在商代前后期之际就已出现。最早的矛、戈组成的铜戟见于河北藁城县台西村17号商墓中，最早的刺、戈联铸的戟是吴城文化的江西新干县大洋洲大墓铜勾戟。周文化铜戟继承发展商代就出现的两种铜戟的形式，并新创制前端带尖刺的标准型连体戟，为铜戟的最终定型进行了多方面的探索。春秋中期以后，其他形式的铜戟被废弃，惟有分体戟被广泛使用。

参考书目

郭沫若：《说戟》，《殷周青铜器铭文研究》，科学出版社，1961。 （孙 华）

Zhouwenhua tongcheqi

周文化铜车器

西周及春秋早期周文化用于保护和装饰马车的铜制构件。有轴器、辕器、衡饰、舆饰及轮饰等几大类。出土数量繁多，对复原周文化马车形制和驾驭方式有着重要作用。

早在1932年发掘河南浚县辛村卫国墓地时，周文化马车就已被清理剔剥出来。此后，陕西长安县张家坡、北京房山区琉璃河、山东胶县西庵、山西曲沃县曲村、河南三门峡市上村岭、甘肃灵台县白草坡等地都清理出周文化的马车，并出土一批铜车马器。通过对这些车马器在车痕上位置的分析，一些学者对周文化马车进行复原研究，使人们对西周及春秋早期周文化车制有了较深入的了解。

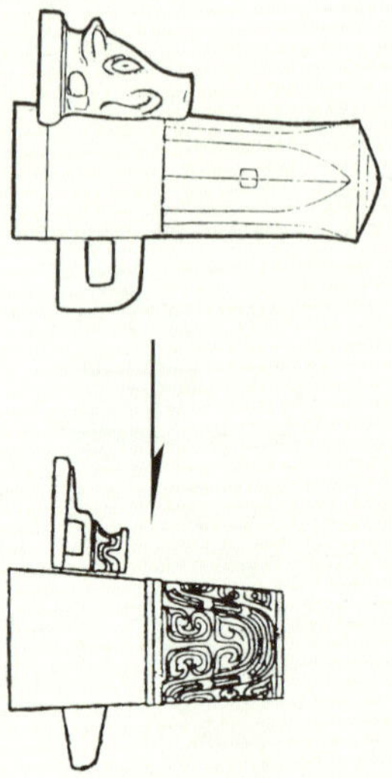

周文化铜軎和辖形态演变示意图

轴器包括保护和装饰轴头并防止车毂外移的軎和辖，加固和装饰车毂的輨、軝、軧，固定和保护毂内侧和伏兔的笠毂这3组车器；辕器有装饰和保护车辕首尾的軏和踵；衡饰是指保护和装饰车衡的衡末、约束马缰的轙、悬挂在衡下的轭及戴于衡上的銮等。这些车器多数在商代就已出现，但全为铜制的辖、复杂的毂饰（輨、軝、軧）及笠毂、轙、銮等却在西周时期才诞生。

辖是固定轴头上所套车軎、防止车毂外移脱离的构件。它在商代通常为木制，有的辖在上端加装有铜兽首，西周时期才将整个辖都用铜来铸制。山西曲沃县北赵晋侯墓地7号墓墓道殉车的铜辖辖首做成鸟状；河南洛阳市庞家沟西周墓出土的铜辖辖首更做成十分逼真的跽坐人形，不仅是周文化铜辖的精品，也是研究当时服饰的重要材料。车毂是外插辐而内穿轴的构件，其自身强度有限却受力颇大，为了防止毂破裂，西周时期开始在毂外施铜箍来加固。最早的铜毂饰出现在最容易破裂的毂的两端，即所谓的“輨”，随后又出现车毂腰部的“軝”和车毂脊部的“軧”。有的车毂铜輨、軝、軧彼此相连，将车毂整个包裹起来。北赵晋侯墓地西周早中期之际的13号墓殉车使用的是輨、軝、軧分离的铜毂饰，河南浚县辛村卫国墓地春秋早期的3号墓殉车则使用的是輨、軝、軧联为一体的铜毂饰。由于车毂受力主要在毂内而不在毂外，仅在车毂外面加铜箍不能解决车毂破裂的问题，故除铜輨外，那种豪华的包铜车毂在春秋中期以后就已消失。笠毂是车毂内、舆轸外套在或扣在轴上的铜饰件，既可防止车毂向内侧滑动，又可保护轴和伏兔。轮饰用以包裹车轮轮牙，在山西曲沃县北赵晋侯墓地等内有所发现。这些铜制的车器不仅使周文化的马车更加牢固，也将其妆饰得更加美观。

在周文化中发展演变较快、有明显规律可寻的常见铜车器主要是车軎。西周早期的铜軎有的比较细长，与商代后期类似；有的则相对较短。西周中期以后，细长的铜軎已经不见，较短的铜軎也有逐渐变粗变短的趋势。但在整个西周时期，軎的辖穿孔与軎的内端之间都有较宽的距离。春秋早期，车軎显得更短，辖的穿孔也非常靠近軎的内端。为了不使辖穿孔内侧磨损成豁口，这时的车軎内侧边缘普遍加厚，形成外折的沿。粗短而有折沿的车軎从此流行，成为整个春秋、战国时期车軎的基本形制。

参考书目

张长寿、张孝光：《殷周车制略说》，《中国考古学研究》，文物出版社，1986。
孙机：《中国古独辀马车的结构》，《文物》1985年8期。 （孙 华）

Zhouwenhua tongmaqi

周文化铜马器

西周及春秋早期周文化中用于马络头革带相交处起系连作用或穿戴于革带上起装饰作用的铜制器具。是驾驭马的重要器具，其中有的马器还起到标示使用者等级和身份的作用。

先秦时期马不单骑，通常都用来拉车，铜马具往往与马车或车器同出。周文化铜马器按照功能可分为驭马器和马首饰两类，前者主要有马口内含的衔、连接衔和络头的镳和施加在络带相交处的节约，后者主要有装饰在马头上的“鋄”（马冠）、穿戴于马额上的“鍚”（当卢）、固定在马鼻梁上的“钩”，另有穿串在革带上的小铜管和小铜泡等。其中“鋄”和“钩”是周文化铜马器特有的饰件。

● **驭马器** 铜衔的使用已经相当普遍，多数与镳分别铸制。衔由2个两端为环、中间为连杆的哑铃状器相套连而成。西周早中期铜衔的形状与商文化相同，连杆较短，内外环均作相同的尖桃形；西周中期偏晚阶段及春秋早期的铜衔连杆变长，内环呈尖圆形，外环为圆形；春秋中期以后的铜衔两端都为圆环，且内环小而外环大。

铜镳形态多样，主要有3种类型：①沿袭商文化的方形镳，镳的中央有圆穿可联系马衔，前后端有半圆或扁圆管可穿皮带将镳固定于马嘴两侧，后端有钮可与络带相连接。主要流行于西周早期，较早的镳络管较粗，管距较窄，钮如低矮的门形；较晚的镳络管细小，管距较大，钮为较高的拱形。②西周早期新出现的角形镳，形状如略弯曲的牛角，分中央有穿孔和无穿孔两种形态。从西周早期到春秋，其镳尾逐渐变宽。③西周早中期的涡形镳，形状如同卷云或漩涡，漩涡中心为系连衔的圆穿。其演变规律是：早期络带从漩涡中心圆穿旁的穿孔穿过，中期的络带系连在镳旁的环钮上。

铜节约只流行于西周及春秋早期周文化中，形状为纵横相交的圆管或半圆管，中心多有凸起的圆形和圆穿。它施于络带相交处，除起装饰作用外，更主要的是为了保持纵向络带纵横关系的相对稳定。有“+”形和“×”形两种。

● 马首饰 最引人注目的是耸立在马头上的马冠，这是西周时期新出现的马首饰，其名称可能就是文献中的“鋄”。东汉蔡邕《独断》载：“金鋄者，马冠也。高广各五寸。”这与周文化铜马冠大小相近。马冠均作兽面形，双目圆睁，咧嘴露齿，比较可怖。

马冠下的马首饰为当卢，也称作“鍚”（《诗·韩奕》郑笺）。这是商代就已出现的马器，周文化继续使用。当卢有长、短两类，短体当卢主要流行于西周早中期，造型似抽象的正视的兽面，上有双尖角，中为圆泡，下为方形，如陕西长安县张家坡183号墓铜当卢；长体当卢从西周早期一直沿用到西周以后，上饰各种形体的兽面，下有长舌，舌下端再接兽面，如陕西扶风县强家村1号墓铜当卢。

西周时期当卢下的马鼻梁上新出现一种钩形马首饰，学者们或认为即《周礼·春官·中车》郑玄注的“漏颔之钩”。其形如长体当卢而前部向下勾曲，如陕西长安县张家坡2号车马坑出土的铜钩。这种铜马饰主要流行于西周中期前后。

参考书目

孙机：《中国古独辀马车的结构》，《文物》1985年8期。

杨英杰：《先秦古车挽马部分铍具与马饰考辨》，《文物》1988年2期。

（孙 华）

Zhouwenhua tongjing

周文化铜镜

西周及春秋早期周文化的铜制照容用具。铜镜本是源自甘青地区诸青铜文化的北方系铜器，传入中原地区商文化后，在中原先进的铜器冶铸工艺条件下，制作质量得到提高，饰容效果及便捷程度超过中原固有的盛水照容器具，并逐渐成为主要的生活用器之一。在铜镜这个发展过程中，周文化铜镜是其中重要的环节。正是在这一时期，铜镜开始在中原一带逐步普及，从而奠定春秋中期以后尤其是战国时期铜镜大发展的基础。

迄今发现的铜镜数量不多，且基本上发现于黄河流域。已知最早的几面铜镜，如陕西凤翔县新庄河和南指挥西村、宝鸡市区及旬邑县崔家河墓葬出土的铜镜，其年代可早到商代末期及商、西周之际。稍后的西周前期铜镜，曾发现于陕西渭南市桑园圃、淳化县史家塬、北京昌平县白浮村的墓葬中。西周晚期及西周、春秋之际的铜镜则在陕西扶风县刘家村窖藏、河南三门峡市上村岭虢国墓地均有出土。这些出铜镜的出土单位，除刘家村窖藏和虢国墓葬等级较高外，其他都属于小型铜器墓，铜镜的所有者级别不高。这种现象与商文化铜镜皆出自商王室高级贵族大型墓葬的情况显然不同，说明周文化铜镜的使用层次已从上层贵族移自下层贵族，开始呈现普及的趋势。

基本上都是镜钮居中的单钮镜，仅三门峡市上村岭1612号墓出土的虎鹿鸟纹镜为双钮镜。该镜比较特别，背纹由单线阳纹构成，镜钮为双桥钮，风格不同于中原地区铜镜，或许从东北地区青铜文化中传入的。镜的背纹比较单调，绝大多数为素背镜。铸纹镜仅有扶风县刘家村窖藏出土的一面，其直径8厘米，镜背中施桥形钮，周围饰西周晚期至春秋早期中原系铜器上流行的重环纹。从上村岭双虎纹铜阳燧用动物纹样为背纹的现象推测，在西周、春秋之际很可能还有以动物为主题纹样的铜镜出现。由于这些铸纹镜的共出器物都反映出其所有者具备较高的社会地位，素背镜和铸纹镜很可能分别为不同等级贵族所使用。素背镜工艺简单，成本低廉，一直到战国以后仍为下层人士普遍使用。

周文化铜镜在中国铜镜发展演变的历史进程中仍属于早期铜镜阶段。这时铜镜镜体较小，直径都在10厘米以下；镜面平直，镜体较薄，镜缘略凸；镜背中施小钮，钮均无座，以无纹素背镜为主，铸纹镜的几何纹样仿自同时的青铜器，动物纹喜用两两相对的构图。

在周文化圆形具钮板状铜器中

有一种类似于铜镜而镜面内凹的器具，或称之为镜，或名之为阳燧。铜镜用于照容，为不致使容貌失真，镜面一般平整光滑；为使小型铜镜可以照看更大的范围，有的铜镜镜面微微凸起。凹面镜形器不利于照容，它很可能是为了聚焦取火之用。利用阳光取火的用具古称阳燧，西周曾专门设有司烜氏职掌阳燧“取明火于日”，以供祭祀火烛之用（《周礼·秋官·司烜氏》）。如西周中期的陕西扶风县周原遗址及河南三门峡市上村岭1052号墓出土的上村岭双虎纹阳燧等。

参考书目

孔祥星、刘一曼：《中国古代铜镜》，文物出版社，1984。

（孙 华）

Shangcunling shuanghuwen tongyangsui

上村岭双虎纹铜阳燧

春秋初期虢国铜制取火用具。1956年～1957年由黄河水库考古队在河南三门峡市上村岭虢国墓地中墓主人可能为虢太子的1052号墓内发掘出土。现藏于中国历史博物馆。

上村岭双虎纹铜阳燧

直径7.5厘米。呈圆形，器面凹入呈弧形，光滑如镜，器背中有弓形钮，下连圆形钮座。外绕首尾相接的双虎纹，再外是一圈相间的凤鸟纹和夔龙纹，窄平缘。整个器形和纹饰就如同一面凹面小铜镜，制作小巧精致，应当就是古代聚集日光取火的阳燧。

（孙 华）

〔周文化其他铜器〕

Hejiacun longshou silian tongbei

贺家村龙首四联铜杯

西周早期周文化的铜制染器。1966年出土于陕西岐山县贺家村一座西周早期墓中。现藏于陕西历史博物馆。

贺家村龙首四联铜杯

通高15厘米。大体呈圆角方形，四角分别直立筒形、深腹、高实足根的袋足形杯，杯口高出所托负的主器的表面。主器悬起，平顶中央有圆口，中空，壁两侧施兽形鋬，前壁下部出弯曲上昂的兽首。

该杯出土时内残存矿物粉末，故有的学者推测其为“调色器”。美国哈佛大学福格博物馆等也收藏有类似的器物。在这些四连杯中，以该器造型最佳，且有明确出土地点和出土情况，最为重要。

（孙 华）

Shangguocun yueren shoumen tongnongche

上郭村刖人守门铜弄车

春秋早期晋国铜制玩具车。1989年由山西省考古研究所在闻喜县上郭村7号春秋墓中发掘出土。现藏于山西省考古研究所。

通长13.7厘米、宽11.3厘米、通高9.1厘米。车形如一带轮的扁长方盒，无轴辕，其行走方式或牵引挽动，或徒手推转。车箱下有6轮：前面4小轮两两成组，轮轴分别插于箱下2只卧虎的前后爪中，组合方式与现代火车箱相似；后面2大轮，轮牙宽阔，8辐，有毂有辖，除辐数较少外，为商西周车通常采用的车轮的形制。车箱前端有双扇板门，门外左侧立一左手拄杖、右手扶门栓的裸体刖人；后端正中有重环缘窗，

上郭村刖人守门铜弄车

内出一螭首；左右两侧正中和四转角处分别爬有头上尾下的虎和龙。车箱顶盖分为两半，中蹲一猴为钮，捉之可开箱盖；每块盖板上都有2只对峙的小鸟。车外纹饰以立鸟卧螭纹为主体，施云水纹为地。纹样简练，线条粗放，尚存西周晚期的余韵；但花纹蟠曲纠结，主次难辨，已开春秋中期晋国铜器纹样风格之先河。

该车构思巧妙，全车可活动部件多达15处。除车轮、双门和顶盖外，门栓可以左右穿插以控制门扉开合；车顶上4只小鸟内部有顶针装置和少许注铅，上轻下重，灵活自如，完全可以因风而旋转。因此，这4只立鸟甚至可以视为中国古代"相风鸟"，即"候风仪"的雏形。它既是一件艺术价值颇高的工艺品，也是一件重要的科技史文物。

（张崇宁）

Zhouyuan tongqi

周原铜器

指陕西扶风、岐山二县间的周原遗址出土的周文化的铜制器具。以铜器出土批次多、数量丰、等级高、铭文重要而闻名于世，对研究周文化铜器的工艺特色、分期断代和礼制变化等具有重要价值。

周原位于岐山之阳，为周人的发祥地。从周人先公亶父避戎狄率族人逾梁山迁都于此，直至西周末年平王东迁，这里一直是周王朝的重要都邑，留下包括铜器在内的大量周文化遗迹和遗物。早在西汉，周原就有出土铜器的记载。清代以来，周原连续发现重要铜器，著名的𠑇铜匜、大小盂鼎、大小克鼎、毛公㢋铜鼎等都出土于此。中华人民共和国成立后，周原铜器出土更是层出不穷，它们大都经过考古调查和发掘，出土地点、埋藏状况、共存关系等一般都很明确，科学价值远远超过以前周原出土铜器。已知周原铜器的出土地点主要集中在畤沟河与美阳河间的北部地区，包括扶风县的刘家、桥东、庄白、庄李、上康、召李、召陈、齐家、齐镇、李家、云塘、强家，岐山县的王家嘴、礼村、贺家、董家、凤雏、朱家等自然村。周原出土铜器的数量，不计清代所出及小件器物，总数已达400件左右，超过西周时期周王朝首都丰镐地区及东都成周地区。

周原铜器的埋藏情况分墓葬和窖藏两种。墓葬铜器多出自中小型墓，年代早晚皆备。其中较早者如岐山县贺家1号墓铜器，年代在周灭商之前；稍晚的如扶风县庄白戜墓铜器，年代相当于西周早中期之际的穆王前后。这些墓葬铜器一般品级不高，但像造型优雅的贺家村鸟柱铜斝，铭文记述周人与淮戎战事的伯戜方鼎，仍颇为重要。窖藏铜器是周原铜器的精华，铜器的主人多为王室重臣等高级贵族，体大器重、质佳纹美的长铭重器屡见不鲜。重要的铜器窖藏如岐山县董家窖藏，出土铜器37件，有铭文铜器就有30件，其中的五祀卫铜鼎、九祀卫铜鼎、裘卫铜匜和𠑇铜匜，是研究西周中期经济和法律状况的难得资料；扶风县庄白1号窖藏出土有铜器103件，主要为微史家族旂、丰、墙、㾓四代之器，是西周铜器断代的重要标尺；扶风县齐村铜器窖藏虽仅有铜簋2件，但其中的周王㝬铜簋系周厉王胡之器，是已知的最大铜簋。这些窖藏铜器早的可到西周初，但以西周晚期者居多。从这些铜器窖藏几乎都有西周晚期之器来看，铜器的埋藏时间都应在西周晚期或西周末，推测是周厉王时国人暴动或周幽王时犬戎入侵，居住于岐山的周贵族们仓惶出逃时埋藏的。

参考书目

李学勤：《青铜器与周原遗址》，《西北大学学报》（哲学社会科学版）1988年2期。

曹玮：《周原西周铜器的分期》，《考古学研究》（二），北京大学出版社，1994。

（孙　华）

Qucun tongqi

曲村铜器

山西曲沃县与翼城县交界处的曲村遗址出土的西周及春秋初期的晋国铜制器具。是西周及春秋早期周文化墓葬铜器最集中和最丰富的一批，对于周文化铜器的组合与礼制关系研究、铜器的分期断代及晋国历史史实的订补等，都有很重要的价值。在这些铜器中，由北京大学考古系等单位发掘出土的铜器现主要存放于山西省考古研究所，少数藏于北京大学赛克勒考古与艺术博物馆；而由盗墓者盗掘出土的则大都流失海外，部分被上海博物馆、台北故宫博物院等处收藏。

曲村鸟盖人足筒形铜器

曲村晋国铜器基本上都出自墓地。墓地主要有两处：一为曲沃县北赵晋侯墓地，一为曲沃县曲村晋国贵族墓地。晋侯墓地呈东西长、南北窄的长方形，内葬晋侯及晋侯夫人墓8组17座，年代从西周穆王、共王之际前后到春秋周平王、桓王之际；晋侯墓随葬铜礼乐器的基本组合主要为5鼎、4簋加水器1套及乐器1组（个别墓为5鼎、6簋），晋侯夫人墓则为3鼎、2簋加水器1套（个别为3鼎、4簋）。铜礼乐器组合在西周中晚期之际有较大变化：此前鼎、簋不成列，壶不一定成对，水器有盘无匜，钟以4件成组；此后鼎、簋

（或以盨代）形制相同，其中鼎大小有序，壶成对，水器盘、匜相配，钟以8件（个别为16件）成组，此外还另备一套复古的明器。这些为确定西周中晚期前后晋国的都邑所在，为理解晋国在列为上国前的“甸服偏侯”地位，为认识西周及春秋早期诸侯的礼器等级制度均提供了绝好材料。贵族墓地范围很大，尚未发掘完毕，墓地制度不很清楚。该墓地的铜器墓有3鼎、2簋，2鼎、2簋，1鼎、1簋和无鼎簋的差异，应当分别代表晋国的大夫、大夫夫人、士和庶人的等级身份。它们与晋侯墓地铜器一道构成完整的晋国铜礼器等级序列，在不少方面印证了先秦礼书的记载。

曲村铜器数量很大，仅礼乐器就有数百件之多。它们大部分为发掘品，出土位置及共存关系清楚，其中许多为具有重要历史、考古和艺术价值的精品。从历史价值来看，晋侯僰马、晋侯喜父、晋侯对、晋侯苏、晋侯断、晋侯邦父诸组晋侯铜器，其晋侯名字除晋侯苏外均与文献记载不同，这为晋侯世系的研究提供了新材料。晋侯苏铜钟铭文所记晋侯苏随周王东征事件为史籍所无，不仅弥补文献之缺，而且铭文记事涉及的一系列年、月、月相、干支俱全的历日，对理解金文月相含义和探讨西周历法很有价值。楚公逆铜钟在晋侯墓中出土，展现了西周时期晋、楚关系。钟铭所记楚公熊逆用四方首祭祀祖先及用方国部族纳献大量铜料来铸钟的史实，对楚史研究也很有意义。从考古价值来看，曲村铜器有多件（组）王世比较明确的器物，如以晋侯苏铜编钟为代表的晋侯苏器、楚公逆铜编钟、晋侯邦父鼎等，可视为西周晚期铜器断代的标准器。铜器中与大量中原系铜器共存的北方系铜器，如具有浓郁北方系铜器作风的立鹿铜杖首、野猪扣铜带饰、铃尾铜戈，以及与夏家店上层文化铜剑类似的角状格曲刃铜剑，为判定北方地区同类器物的年代提供了佐证。从艺术价值来看，兔形尊是鸟兽尊中的新器形，形象生动逼真，堪称西周艺术铜器的杰作（见晋侯苏墓兔形铜尊）；人形足方座提筒造形别致，是它处不见的器类；晋侯断铜方壶造型雄伟、花纹奔放，可与传世的颂壶相媲美；晋中韦父铜盉、鸟盖人形足扁圆铜匜、立鹿铜杖首等铜器，也都是立意新、造形佳、花纹美的精品。

参考书目

北京大学考古学系等：《天马——曲村遗址北赵晋侯墓地第二次发掘》，《文物》1994年1期。

山西省考古研究所等：《天马——曲村遗址北赵晋侯墓地第三次发掘》，《文物》1994年8期。

山西省考古研究所等：《天马——曲村遗址北赵晋侯墓地第四次发掘》，《文物》1994年8期。

（孙 华）

Beifang Diqu Xizhou tongqi

北方地区西周铜器

西周时期中国北方诸青铜文化的以铜为主要材质的器具。地域包括陕西北部、山西西北部、内蒙古大部、河北北部、京津部分地区和辽宁西部地区；其文化由西向东有李家崖文化、张家园文化、魏营子文化以及也可归属该区系的夏家店上层文化。这些文化的铜器承袭商代北方系青铜器的遗风，但因与中原青铜文化关系错综复杂，也带上一些中原系铜器的色彩，是这一时期中国青铜器的重要组成部分。

● 文化背景　早在商代，随商王朝的政治中心北迁至河南安阳市殷墟，商文化对北方东部地区青铜文化就产生了前所未有的强烈影响。强大的夏家店下层文化从此消失，商文化铜器开始在北方东区广泛传布，在河北北部及京津部分地区和辽宁西部地区分别形成张家园文化和魏营子文化。商王朝灭亡后，周王朝开始经营北方，开创“肃慎燕亳，吾北土也”的政治局面（《左传·昭公九年》）。魏营子文化分布区的中心地带出土的带有“燕侯”等铭文的燕国铜器群，就是周王朝所属的燕国开拓北方疆土的见证。在北方西部的陕北和晋西北一带，商代曾经颇为兴盛的朱开沟文化在殷墟中期以后已走向衰落，继之而起的是被称之为李家崖文化的新的青铜文化。李家崖文化铜器的发现远不及朱开沟文化，且很少有大件铜容器出土，反映出其青铜器铸造业的萎缩状况。西周中期以后，北方地区青铜文化系统自商代后期以来的特质依然保持，但已开始呈现没落的趋势，东北地区双房文化的崛起及其文化因素向西的传播，使得原先属于北方青铜文化系统的内蒙古东南部及河北北部的青铜文化带上浓厚的东北青铜文化系统的色彩，形成具有不同于当地传统的新文化——夏家店上层文化。夏家店上层文化位于北方系青铜文化与东北系青铜文化的接触地带，文化间的碰撞产生了新的北方系铜器的火花。这种火花在西周中晚期还是不引人注目的星星之火，以后却成为散布整个大北方地区的燎原之势。西周中晚期，张家园文化和魏营子文化已经衰落，前者一部分融汇于周文化之中，另一部分向春秋、战国时期北方青铜文化系统转变；后者的文化面貌更趋向于东北青铜文化系统，出现以辽宁义县向阳岭遗址为代表的新的青铜文化。晋陕高原地区西周晚期的文化面貌还不明朗，从春秋、战国时期该区域富有北方草原特色的青铜文化开始较晚的情况看，该区域在西周晚期乃至于春秋早中期的考古学文化遗存，有可能仍是先前李家崖文化的延续。

● **区域特征**　北方地区西周铜器最集中的发现地点和出土单位主要有辽宁喀左铜器、北京昌平县白浮墓葬铜器、延庆县西拨子村窖藏铜器群、山西柳林县高红铜器群等。以年代同为西周中期的北方东区白浮铜器和北方西区高红铜器为例，可以对西周时期北方地区铜器的区域特征进行概括。白浮2号、3号墓出土铜器除了中原系铜礼器和兵器外，还有一组具有北方系铜器特点的兵器，如管銎啄戈、管銎军斧、短骹矛、铃首短剑、菌首短剑、兽

首短剑、鸟首刀、头盔等。高红铜器群基本都为北方系铜器，有銎内钺、銎柄军斧、铃首短剑、双环首弧背刀、长骹矛及头盔等。据此，北方地区西周铜器的自身区域特征可以归结为：有一组从商代就已产生，但形制特点又不同于商代的北方系铜兵器及工具，典型器类有带管銎的啄戈、宽短斧身的管銎军斧、剑身较长而茎有透空凹槽的菌首或兽首短剑、鸟首或双环首的刀、前后檐均呈拱形且顶带环钮的头盔等，此外还有多柄中原西周铜器群很少见的铜矛。其管銎军斧斧身比商代变宽，位置从管銎顶端下移至管銎中部，斧的后尾加大且向后伸出，具有某些春秋、战国时期毛庆沟遗存鹤嘴斧的意味。短剑的剑身有变长的趋势，剑格有丁字形和丫字形齿状格两种，剑茎多带凹槽的扁茎，剑首除商代的铃首、兽首外，新产生菌首和鸟首。刀削直背、弧背都有，弧背者转曲处不在相对于齿状格处（商代弧背刀如此）而在刀身中部，刀首新出现鸟首和双环首，它们可能对以后北方系铜器中的双鸟首相对成双环的直柄直刃短剑的出现有直接影响。铜矛均为窄叶型，有骹部向前伸至矛身前端的（如高红铜矛），也有仅伸至矛身后端的（如白浮多数铜矛），在白浮铜矛中还有銎断面呈菱形的。

● **分期与分区** 西周时期北方地区铜器的发展进程与当时整个北方青铜文化系统一样，可以西周早中期之际为界划分两大时期：①西周早期。该期缺乏典型铜器群，有的被归入商代的铜器群可能就属于此期。②西周中晚期。典型铜器群有昌平县白浮诸墓铜器、柳林县高红铜器群、延庆县西拨子铜器群、辽宁建平县烧锅营子墓铜器群。出现戎鼎、戎釜等容器；铜剑剑格出现丫字格，剑茎普遍有凹槽，剑首简化，新出现菌首、鸟首等形式；铜军斧管銎变长，斧身变宽；铜刀身与柄厚度相当，刀背无凸沿，刀首出现双环首。

北方地区新石器时代至青铜时代的文化传统向来就存在东、西两个分支，有北方东区和西区两个小区。西周时期，东、西两个区域间文化面貌的差异在不断缩小，并受到东北青铜文化系统西渐的影响，北方系西周铜器的分区格局与先前既有前后沿袭的共同点，也有一些新的变化。大致可以划分为以晋陕高原为主体的北方西区、永定河与大凌河之间的北方东区、以老哈河流域为中心的北方东北区。①北方西区，即李家崖文化分布区，铜器以十字形管銎军斧、双环首弧背刀和长骹矛为代表；②北方东区，包括张家园文化和魏营子文化，铜器以兽首和菌首直刃剑、长柄短身铃首刀、短骹矛为特征，并共存有较多的周文化铜器；③北方东北区，即夏家店上层文化分布区，铜器风格介于北方系铜器与东北系铜器之间，另有一些中原系铜礼器，比较独特。值得注意的有两点：一是北方东区的长骹矛、鹤嘴斧等，与北方西区同类铜器相似而与北方东区有别，反映出这两小区之间很可能存在一条单独的文化传播通道；二是北方东北区西周中晚期就已经出现的兔首带饰、连珠带饰、卧兽带头等均为春秋中期以后北方地区才流行的典型器类，春秋、战国时期北方系铜器的新因素很可能就产生在这里。

参考书目

乌恩：《殷至周初的北方青铜器》，《考古学报》1985年2期。

林沄：《早期北方系铜器的几个年代问题》，《内蒙古文物考古文集》，中国大百科全书出版社，1994。

（孙 华）

Zhangjiayuan wenhua tongqi

张家园文化铜器

商代后期及西周时期分布于河北北部及北京、天津地区的青铜文化的铜制器具。该文化以天津蓟县张家园遗址上层遗存为代表，故称“张家园上层类型”或“张家园文化”。也有的学者将这种遗存分为早期的“围坊上层类型”和晚期的“张家园上层类型”，或合称为“围坊三期文化”。该文化铜器的容器属中原系，而兵器、工具多为北方系，其特征与魏营子文化铜器有较多相似之处。

● **发现与认识** 与魏营子文化一样，张家园文化是夏家店下层文化衰落后形成的考古学文化，其前身主要是夏家店下层文化的大坨头类型。正如该文化曾一度湮灭于夏家店下层文化一样，其铜器也曾被一些学者归入夏家店下层文化。1977年北京平谷县刘家河一座年代相当于殷墟早期的土坑墓中出土以铜礼器为主的32件铜器，一些学者将其归入夏家店下层文化之中；也有的学者认为，该铜器群均为商文化风格的铜器，不宜将其归入夏家店下层文化。从该墓的年代、地域及富有特色的饰件等分析，该墓铜器群应当是从夏家店下层文化向张家园文化过渡阶段的遗存。1977年～1979年，通过对蓟县围坊遗址和张家园遗址的发掘，首次将这种文化从夏家店下层文化中明确区分出来，提出“围坊三期文化”的命名。稍后，有的学者首次提出“张家园上层类型”的概念，认为它晚于“围坊三期类型”，与夏家店下层文化大坨头类型、围坊三期类型共同构成京津地区商周时期土著文化发展的3个发展阶段。1987年对蓟县张家园遗址进行第3次发掘，从4座商代末期至西周初期的张家园文化墓葬中出土鼎、簋等多种铜器，对了解张家园文化铜器的礼器组合提供了宝贵材料。由于张家园文化的年代及地域范围逐渐明确，一些原先被归入周（燕）文化的张家园文化的铜器也逐渐被辨识。如1975年北京昌平县白浮村3座西周早中期之际墓葬出土的铜器，1975年北京延庆县西拨子村铜器窖藏出土的50余件西周晚期至春秋早期铜器等。此外，天津蓟县邦均、河北卢龙县东阚各庄、滦县陈山头村、迁安县小山东庄等墓葬出土的铜器也都可归入这一范畴。

● **种类及特征** 如果把文化归属有争议的平谷县刘家河墓葬铜器

群排除不计的话，该文化铜器种类主要有鼎、鬲、戎釜、簋、壶、盉等容器，戈、勾戟、斧、刀、矛、短剑、胄等兵器，弓形器、軎、辖、銮铃、镳、衔、当卢等车马器，削刀、斤、凿等工具，以及镜、耳环等生活用器和饰件。在这些铜器中，除较晚的戎釜外，其他容器的形制、纹饰乃至于铭文都与商文化铜器、周文化铜器相同。戎釜为春秋、战国以后北方系铜器的重要器类，其中西拔子村戎釜作大口中腹、圜底无圈足之形，在戎釜中很少见，具有早期的特征。兵器中的戈可分两类，一类是銎内无胡戈和銎内有胡戈，前者又有长管銎和短穿銎的不同；一类是扁内无胡戈和扁内有胡戈。短剑均直刃，但剑身与剑茎的关系却有直条状和勾折状的差异，剑首也有兽首、铃首、菌首的分别。工具中的削刀均弧背，刀首与短剑一样，有兽首、铃首和环首3种。斤、凿一般为方銎，銎宽略宽大于刃宽，其中多数铜斤刃缘直且不上翘。饰件中的耳环系一端锤扁的铜丝弯曲而成，形状与金耳环相同。

已知铜器多出自墓葬。随葬铜器的最基本组合是鼎、簋各一件，如张家园遗址3号墓、4号墓及马哨村墓等。有的墓葬还随葬弓形器、銎内斧等，如卢龙县东阚各庄1号墓、滦县陈山头村墓葬等。昌平县白浮2号墓、3号墓等规模较大的墓葬随葬铜器种类更多，但小型铜器墓那种基本组合仍然基本不变。这与魏营子文化墓葬的铜器组合显然有别。铜器中的戎釜、銎内戈、管銎斧、兽首和铃首的短剑或削刀、喇叭首耳环等，构成该文化铜器自身的文化特征。

● **分期与年代** 同魏营子文化一样，年代大多数都集中在商代末期至西周早期。已知铜器大致可分为3期：①第一期，年代范围当在殷墟晚期至西周早期。包括商代末期的张家园、马哨村、陈头山村、东阚各村等墓葬铜器。其中铜鼎和有鋬铜簋与殷墟晚期铜鼎、铜簋相似，无鋬铜簋也见于先周时期周文化墓葬中，其年代不会晚于商、西周之际。铜短剑剑身一般很短，剑格的双齿垂直于剑身，剑茎往往下勾。管銎军斧斧身窄长，后尾不伸出，管銎后侧与斧身相对处仅有小钮状饰件。②第二期，年代约西周中期。以白浮村墓葬铜器为代表，其中的鼎、簋、壶等都与周穆王、共王时期的周文化铜器相似。具有该文化自身特色的直柄直刃短剑的剑身稍长，出现“丫”字形剑格，剑茎作扁平的长条，多有透空的凹槽，剑首出现蘑菇形。管銎军斧斧身较短较宽，后尾开始伸出管銎，形成鹤嘴斧的模样。③第三期，年代应在西周晚期至春秋早期。以西拔子村窖藏铜器为代表，其中的残铜鼎作西周晚期的样式，铜器中的北方系铜器因素增加。从各期铜器的文化因素来看，早期铜器应当主要为源自中原的商文化铜器；中期铜器则明显受到北面的夏家店上层文化的影响；晚期铜器则已呈现与春秋、战国时期新北方系铜器逐渐融汇的趋势。

张家园文化是与周（燕）文化犬牙交错分布的一种地方文化。该文化的族属，有学者认为与金文中的“其”、“吴”等族名，文献中的孤竹、独鹿、令支、山戎有关。不过，该文化与春秋、战国时期分布于燕山一带的以北京延庆县玉皇庙墓地为代表的遗存差异很大，很可能正是由于燕国文化的发展和玉皇庙类型的出现，张家园文化在春秋早期开始消失，最终融合到燕文化中。

参考书目

李伯谦：《张家园上层类型若干问题研究》，《考古学研究》（二），北京大学出版社，1994。

（孙 华）

Weiyingzi wenhua tongqi

魏营子文化铜器

商代后期及西周时期以辽宁西部大、小凌河流域为中心的青铜文化的铜制器具。该文化分布区是北方地区晚商及西周出土铜器数量最多且最集中的区域之一，也是中原系铜礼器分布的最北地点，对于了解商文化在中国北方的传播和影响及西周早期周王朝“北土”的情况

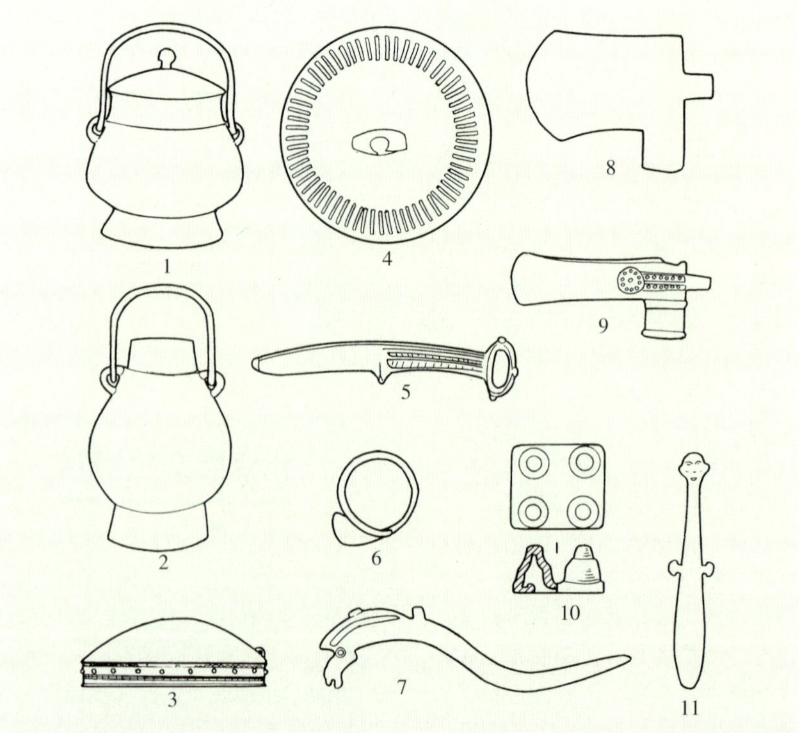

1.2.提梁壶 3.器盖 4.镜 5.环首刀 6.耳饰 7.镳 8.9.管銎斧 10.饰件 11.匕

魏营子文化铜器举例

铜器

有着重要价值。

魏营子文化是在夏家店下层文化衰落后兴起的一支青铜文化，在形成过程中不仅承袭先前夏家店下层文化的部分因素，更主要接受了中心已移至华北中部的商文化的因素，并受到来自晋陕高原和鄂尔多斯高原的朱开沟文化的影响。此外，它还受到东北地区高台山文化的影响。由于文化来源多样，其铜器种类看似简单，但构成因素却比较复杂。

● **发现和认识** 居址和墓葬中发现的铜器不多，墓葬铜器除1971年～1976年辽宁朝阳县魏营子遗址2座墓葬中出土的具有西周时期特点的铜盔和铜车马器外，只有辽宁喀左县和尚沟A墓地1号墓中出土的不同形制的2件提梁壶，喀左县道虎沟一座土坑墓中出土的1件单钮铜镜和5件喇叭首耳环。另有喀左县和尚沟B、C、D地点的墓葬，有的学者认为也属魏营子文化的范畴。在该文化分布区，历年来出土的窖藏铜器很多，它们大多集中在喀左县境内，铜器窖藏附近多有遗址，埋藏时间以西周早期最为集中，这是因有某种特殊事变而形成的。其中重要的窖藏有7批，即喀左县海岛营子村马厂沟出土的匽侯饘盂等6件铜礼器，喀左县北洞村笔架山1号和2号铜器窖藏出土的包括𢍰方鼎及孤竹罍等在内的12件礼器，喀左县山湾子出土的伯矩鬲等22件铜礼器，喀左县坤都营子村小波汰沟发现的包括早商大圆鼎在内的10件铜礼器，义县花尔楼出土的带铃俎等5件铜器，绥中县冯家村出土的钺、管銎斧等48件兵器和工具，兴城县杨河出土的管銎斧等6件兵器和工具等。此外，还有一些零星出土的铜器，它们也多属窖藏之物。

● **种类及特征** 占大多数的窖藏铜器明显分为两种情况：一种如喀左铜器，基本上均为中原系礼器；另一种如兴城县杨河和绥中县冯家村窖藏，皆为具有地方色彩的兵器和工具。两种窖藏铜器加上墓葬和零星出土铜器，器类有鼎、甗、簋、盂、尊、罍、瓿、壶（卣）、盘、俎、匙、斧、戈、短剑、刀、锥、镜、耳环等类。此外还有铜胄、车马器等。在这些铜器中，铜容器只见食器和盛酒器，不见中原同时期流行的饮酒器和注酒器；容器的形制、纹饰乃至于铭文特征基本上与中原同时期的铜器相同。具有鲜明地方色彩的只有喀左小波汰沟铜器窖藏中的一件器盖，它形如圜底覆钵，顶无捉手而旁有环钮，盖壁饰波带纹和方格纹为边栏的乳钉纹，形制、纹饰、色泽均不同于中原系铜器。此外，小波汰沟的悬铃方座簋、铃首匙、花尔楼的带铃俎，在中原系铜器的基调中也透露出一些北方系铜器的色彩。铜兵器和工具风格迥异于铜容器：斧为短管銎、窄斧身，身后有尾；戈有銎以纳柄，援身短而略下啄，内较长；短剑铃首，凸齿格；刀弧背垂锋，首亦带铃，这些都具有强烈的地方特色和北方系铜器的气息。喀左县道虎沟墓葬出土的铜镜为商代前后中国北方地区普遍流行的单钮辐射状条纹镜。车马器除周文化的軎、辖、銮铃等外，还有带饰、羊首饰等具有地方特色的器类。饰件中一头作喇叭形的耳环，只见于先前的夏家店下层文化和同时的张家园文化，为北方东区典型的具有文化传统和族属特征的器物。至于用铜胄随葬，这在夏家店上层文化墓葬中最为流行，出现在魏营子文化墓葬中当是受夏家店上层文化的影响所致。

● **分期与年代** 参照中原地区商、西周铜器的分期断代标准，已知铜器可大致分为早、晚两期：早期铜器只有小波汰沟深腹铜鼎、道虎沟墓葬铜器等很少标本，年代相当于殷墟早、中期；晚期铜器数量很多，包括喀左县铜器窖藏中的绝大多数铜器，以及魏营子墓葬、和尚沟A地点墓葬出土铜器，绥中县冯家村和兴城县杨河铜器窖藏等，其年代相当于殷墟晚期至西周早期。西周中期以后的魏营子文化铜器尚无可以确定的标本。和尚沟B、C、D地点墓葬出土的以短茎曲刃和齿柄刀为特征的铜器，其年代已经在春秋早期前后，典型铜器又分别属于双房文化和夏家店上层文化的因素，与魏营子文化铜器差别较大，它们究竟应该属于哪一种文化遗存，还有待于进一步研究。

参考书目

郭大顺：《试论魏营子类型》，《考古学文化论集》（一），文物出版社，1987。

（孙 华）

Xiaobotaigou shenfu tongding

小波汰沟深腹铜鼎

小波汰沟深腹铜鼎

魏营子文化分布区内出土的商代前期偏晚阶段的铜制食器及礼器。年代相当于商文化铜器分期中的第三期，即殷墟早期。20世纪70年代发现于辽宁喀左县小波汰沟的铜器窖藏中。现藏于辽宁省博物馆。

口径61厘米、通高86厘米。器表铸造痕迹明显。凹槽形耳，双耳直立，平折沿方唇，深腹，腹最大径在下部，三柱足上粗下细，足中空与腹相连。腹上部饰排列均匀的6组卷云式兽面纹，足上施扉棱以增加装饰效果。该鼎形态古朴，耳、足呈五点配列，呈现典型的商代前期铜鼎向商代后期铜鼎的过渡形态。从与之共存器物看，其使用时间较长，埋藏时间已到西周早期。

（董新林）

Bijiashan tongfangding

笔架山铜方鼎

魏营子文化分布区内出土的商代后期的铜制食器及礼器。或称荚方鼎、斐方鼎。年代相当于商文化铜器分期中的第五期，即殷墟晚期。1973年出土于辽宁喀左县平房子乡北洞村南孤山西山坡笔架山顶的2号窖藏中。现藏于辽宁省博物馆。

笔架山铜方鼎

口长40.6厘米、宽30.6厘米、通高52厘米，重31千克。平面呈长方形，口略大于底，口沿斜折，耳立沿上，腹壁斜直，底微下凸，下接上部中空的粗柱足。器身转角处及对应的柱足上部饰扉棱。器表纹饰布局近似于司母辛方鼎，耳廓为环带，上腹为一周云雷纹地的兽面纹，下腹左右及下边设乳钉，四足上部也各饰一兽面。腹内后壁铸铭文4行24字，记述丁亥这一天，𡥈将穆地的“朋二百”贝赏给右正荚，荚用以制作祭祀母己的鼎。内底中央还铸有族名文字“㠱侯，䟆”，其中㠱侯2字在亚字形符号中。这些铭文对于研究商代后期至西周早期商人氏族的构成、分布及其与商周王朝的关系具有重要意义。

根据历史文献和铜器铭文，㠱即其，也就是箕，箕是商人的重要氏族（与周王朝封的姜姓箕侯即纪侯无关），䟆是㠱族的一支。该族在周灭商之时曾有北迁之举，故在北方的喀左县留下该族贵族荚的重器。在周人经营北上的过程中，䟆族逐渐臣服于周王朝，成为燕国的臣属，故在周人故都陕西扶风县出土的㠱□鼎上有它的族名文字，而在亚盉铭文中还有䟆族首领受到燕侯赏赐之事。（董新林 孙 华）

Guzhu tonglei

孤竹铜罍

商代后期魏营子文化的铜制酒器。又称亚矣罍。年代相当于商文化铜器分期的第五期，即殷墟晚期。因上有“孤竹”等字样的铭文而得名。1973年出土于辽宁喀左县北洞村南孤山西山坡笔架山顶1号铜器窖藏中。现藏于辽宁省博物馆。

孤竹铜罍

口径17厘米、通高41.5厘米。作圆体矮圈足型，平沿方唇，短颈，圆肩耸起，肩上有对称的衔环兽首耳，腹斜收，下腹正面有兽首钮。圈足甚矮，近似平底。纹饰简单，颈部饰凸旋纹两道，肩部环列凸起的圆涡纹6个，肩下饰凹旋纹一周。口颈内有铸铭一行：“父丁，[illegible]，亚矣。”其中的[illegible]字在亚字形符号中。罍的两耳内侧上部已磨损成槽，显系穿绳抬运和长期使用留下的痕迹。

铭文中的“[illegible]”即文献中所记的“孤竹”，为中国北方古国名。《国语·齐语》、《史记·齐世家》叙述齐桓公霸业均有伐山戎、孤竹以救北燕之事。孤竹为“殷时诸侯国也”，其首邑之一的“孤竹故城在平州卢龙县南十二里”（《史记·周本纪》正义引《括地志》），也就是今河北卢龙一带，孤竹罍发现于卢龙县北不远的喀左县，这印证了文献中孤竹地望的记载。传世铜器中有孤竹鼎、孤竹方罍和孤竹卣等，这些应都是孤竹国的遗物。该罍的发现，为研究其所在的铜器群的性质及魏营子文化的族属有一定价值。（董新林 孙 华）

Bijiashan panlonggai tonglei

笔架山蟠龙盖铜罍

西周早期魏营子文化的铜制酒器。1973年出土于辽宁喀左县平房子乡北洞村南孤山西山坡笔架山顶的2号铜器窖藏中。现藏于辽宁省博物馆。

笔架山蟠龙盖铜罍

口径16.5厘米、通高44.5厘米。为圆体高圈足型。盖作蟠龙形，用前肢撑起的龙首作钮，卷曲的身躯和尾部为盖，造型设计别具匠心。器身盘口方唇，中曲颈，圆耸肩，斜敛腹，圈足较高呈两段式。肩部有对称的二衔环兽耳，下腹正面出兽头形鼻。花纹精致繁富。盖面及周沿以3条长尾夔纹盘绕，中心饰一蝉纹。器身两面4分，上下4层：肩部为相对的卷体夔龙纹，上腹为4个大兽面纹，下腹及圈足上段饰躬身卷尾夔龙纹；所有动物纹样均以云雷纹为地，美观华丽。该罍的形制、花纹与四川彭县竹瓦街窖藏出土的两件铜罍非常相似，器盖的蟠龙造型也还见于江苏丹徒县烟墩山铜罍盖之上。这些相距遥远地区出土的具有相似性的铜器，是西周早期周文化对周边文化强烈影响的反映，也是周初分封制的实物例证。

（董新林）

Hua'erlou xiling tongzu

花尔楼系铃铜俎

商代后期魏营子文化的铜制食器。年代相当于商文化铜器分期的第五期，即殷墟晚期。1979年出土于辽宁义县稍户营子乡花尔楼村西南靠近医巫闾山西麓坡地的圆坑内。现藏于辽宁省博物馆。

花尔楼系铃铜俎

案面长18厘米、高14.5厘米，重2.5千克。为长方四足型，俎面呈长方形浅盘状，上大下小，足呈对称凹形板状，板足空档两端各悬系扁形小铜铃一个。板足饰兽面纹，细雷纹衬地，制作精巧。器下系铃的作风是北方地区青铜器的特点之一，在晋北地区亦见有铃形铜容器。它当是魏营子文化仿中原系器物所铸制的。俎一般为漆木器，铜俎发现极少，非中原地区青铜文化出土的铜俎更为珍稀。

（董新林）

Chaodaogou lushou hubei tongdao

抄道沟鹿首弧背铜刀

商代后期魏营子文化的铜制兵器。1961年发现于河北青龙县王厂乡抄道沟村西后山台地上。现藏于河北省文物研究所。

抄道沟鹿首弧背铜刀

全长29.6厘米、柄长13.7厘米。作弧背型，背宽厚，呈弓形，柄横剖面为椭圆形，前后铸出2周锯齿纹，上下为2排方格纹，柄端为扁体鹿首，颈下有小环为系绳，鹿角后背成扁环形，角内侧铸锯齿纹，角一端铸出铆钉纹，角后双耳向前直立，制作精巧。

此类兽首刀还见于陕北、晋北、冀北、内蒙古中南部地区，是典型的北方游牧民族的铜器。联系到其共存器物，可知在中国北方地区存在着与当时中原地区铜器风格迥异的铜器群。

（董新林）

Kazuo tongqi

喀左铜器

西周早期魏营子文化分布区内集中出土于一个不大范围内的多个铜器群的总称。多以窖藏的形式出土于辽宁喀左县境内的大凌河上游两岸。1941年～1990年在此先后发现铜器6批计66件，是研究商、西周时期魏营子文化与中原商、周文化关系的重要材料。

铜器年代比较集中，基本上皆属西周早期。但各铜器群所包含的铜器除西周早期铜器外，还有可早到殷墟早期的小波汰沟深腹铜鼎，以及一些殷墟中晚期的铜器。大体可分为中原系和地方系两类。中原系铜器有鼎、甗、鬲、簋、盂、壶（卣）、罍、瓿、尊、皃尊、盘等几类容器，其中簋、甗、鼎、罍等数量最多。这些铜容器的形制和纹饰与中原地区商周文化基本相同，表现出与中原文化的一致性。其中笔架山铜方鼎铭文记载有𠫑受到“朋二百”贝的赏赐，是金文赏贝记录中值得注意的一例；孤竹铜罍为探索“孤竹”这一古族的活动地域，燕侯盂为考察西周早期燕国经营北土的历史，笔架山蟠龙盖铜罍的造型与纹饰对于研究西周时期边区青铜器之间的关系等均提供了重要的资料。地方系铜器有带铃方座簋、铃首匙、带嘴钵形器、器盖等生活用具，具有明显的北方系铜器的特色。特别是器盖和带嘴钵形器等别具一格，与中原商、周文化和北方其他文化铜器迥异。

出土铜器中以商、周文化的铜器为多，说明该铜器群所属文化受着商、周文化强烈的影响，二者间有着十分密切的关系。其文化属性和埋藏性质，学术界看法不尽相同。有的学者根据这些铜器年代多属西周早期，风格与周文化相同，并发现有“燕侯”铭文的铜器，认为它们应当为西周初燕国势力延展至辽西的遗留；有的学者据其时间和空间范围与魏营子文化相同，以及窖藏铜器中少数铜器所具有的地方特色，认为它们应属于魏营子文化范畴。至于铜器埋藏的性质，或认为祭祀，或认为因某种突发性事件而窖藏。其中以窖藏的可能性较大。

参考书目

李学勤：《北京、辽宁出土青铜器与周初的燕》，《考古》1975年5期。

郭大顺：《试论魏营子类型》，《考古学文化论集》（一），文物出版社，1987。

（董新林　孙　华）

Xibei Diqu Xizhou tongqi

西北地区西周铜器

西周时期中国西北甘肃、青海和新疆一带诸青铜文化的铜制器具。这时西北地区尤其是甘青地区传统的青铜文化受到北方青铜文化和中原周文化两个方向的冲击，铜器也向北方系和中原系两个方向明显分化，区域特征已经不及其他区域明显。

● **文化背景** 从商代后期偏晚阶段开始，活动于陕西关中西部地区的周人逐渐崛起，开始沿渭河向西北地区推进。受周文化兴起的影响，原先分布于甘肃东部地区的辛

唐文化逐渐西移至青海东部地区，与当地原有的土著文化相融合，形成新的唐汪文化；在原先辛店文化分布的陇东地区兴起与周文化有密切关系的寺洼文化。也是在商代后期偏晚阶段，北方系青铜文化系统的一支似乎沿着黄河上溯至甘肃与青海间，带去具有鲜明北方系铜器特色的铜短剑、管銎军斧和管銎啄戈等文化因素，从而影响到分布在那里的卡约文化铜器，以及随后西迁到那里的唐汪文化铜器的风格。唐汪文化和寺洼文化是大致与周文化相始终的甘青青铜文化系统的传统文化。前者因置身于卡约文化的固有区域，逐渐失去自身的特色，卡约文化在经过被唐汪文化取代的西周时期以后，又重新复活为“后卡约文化”；后者则因周文化持续不断的影响及春秋时期秦文化的扩张，逐渐融汇在中原青铜文化之中。在甘青地区西北的新疆东部地区，西周前后的青铜文化也受到北方青铜文化系统的两次较大影响。第一次影响在商代后期至西周早期之间，影响范围似乎仅及新疆东部的哈密盆地；第二次影响在西周晚期至春秋中期，影响所及已至新疆中部的焉耆盆地，正是在北方系铜器的作用下，才逐渐形成具有部分北方草原青铜文化色彩的察吾乎沟口文化。

● **区域特色** 西周王朝的政治、经济和文化中心位于陕西关中地区，周人又与活动在西北地区的羌人有着密切的联系，中原青铜文化系统对西北尤其是甘青地区的影响远远超过夏、商时期。此外，从商代后期开始的北方青铜文化系统因素在西北地区的传播，使得这种历史文化背景下的西北地区铜器固有的文化传统逐渐消退，区域特色已不很显著。这时铜器共同的特色是：铜器均为小件器具，无大型容器；都有管銎戈、弧背环首刀、圆泡等器类；铜器器表几乎皆素面无纹饰。

● **分区** 无论从历史自然地理类型还是文化传统来看，西北地区向来都可以划分为甘青地区和新疆地区两个相对独立的区域：①甘青地区铜器。在本地传统之外，东部渭河流域的寺洼文化由于受到周文化的持续影响，总体作风和器类、器形都与周文化有着千丝万缕的联系；而西部河湟地区的唐汪文化由于曾受到北方地区青铜文化的强烈冲击，其铜器也带有早期北方系铜器的一些特征。矛为主要兵器，中原式戈等不见于新疆地区。②新疆地区铜器。哈密盆地的焉不拉克文化在西周早期尚未消失，吐鲁番盆地以吐鲁番艾丁湖、鄯善县苏巴什和洋海墓地为代表的青铜文化基本形成，焉耆以河静县察吾乎沟口墓地为代表的察吾乎沟口文化在这一时期末刚刚出现。

参考书目

王炳华：《新疆地区青铜时代考古学文化试析》，《新疆社会科学》1985年4期。

陈戈：《新疆远古文化初论》，《中亚学刊》第四期，1995。

水涛：《新疆青铜时代诸文化的比较研究——附论早期中、西文化交流的历史过程》，《国学研究》第一卷，北京大学出版社，1993。

（孙 华）

Siwa wenhua tongqi

寺洼文化铜器

商代后期至春秋中期分布于渭河、泾河、洮河及白龙江上游地区以马鞍口双耳陶罐为重要特征的青铜文化的铜制器具。在西北地区诸考古学文化中最接近于周文化铜器，对了解寺洼文化与周文化的关系，以及解决分布在寺洼文化分布区以西的诸考古学文化的年代分期等问题具有重要作用。

● **发现与认识** 早在1923年～1924年，瑞典学者J.G.安特生就发现了属于寺洼文化的小件铜器，次年J.G.安特生在他的《甘肃考古记》中提出“寺洼期”命名并推测该期为青铜时代遗存时，可能就受到该文化铜器的启迪。1952年～1979年，考古学界在寺洼文化研究方面的主要成就是基本查清该文化的分布地域，开始注意到其地域差异和年代差异，胡谦盈《试论寺洼文化》一文代表当时考古学界对该文化的认识。不过这一阶段的寺洼文化铜器材料发现得不多，人们对寺洼文化铜器的面貌有较多的了解还是在20世纪80年代。1980年甘肃庄浪县徐家碾寺洼文化墓葬发掘出土戈、矛、刀、铃等铜器。1982年甘肃西和县栏桥寺洼文化墓葬中出土残铜戈等铜器。1984年甘肃合水县九站遗址的墓葬中也出土有包括直柄短剑、环首刀等铜器。正是基于包括铜器在内的新材料，学术界对寺洼文化的分期年代及其与邻近文化的关系等问题有了更深刻的认识。

● **种类与形制** 寺洼文化是一种比较发达的青铜文化，其铜器虽尚未作理化分析，从色泽等方面来看，一般认为多为青铜铸造。铜器主要为兵器，另有一些饰件。器类包括戈、矛、剑、镞、刀、铃、钏、泡等。戈有三角援无胡戈（或称为戣）和长条援有胡戈两类。矛作短骹阔叶形，叶最宽处在骹中部，有的两侧出丫字形系，如庄浪县徐家碾70号墓出土的铜矛。剑见于偏东北的合水县九站墓葬中，系直柄短剑，为北方系铜器的因素。刀为弧背翘锋，刀柄端或作环首。镞为带铤双翼型。铃身部穿孔，这是北方系铜器常见的作风。从这些材料可知，寺洼文化铜器与同时期周文化铜器非常相似，受到周文化的强烈影响。其文化因素以周文化因素为主，其次为北方青铜文化因素，具有自身文化特征的比较少见。这与寺洼文化陶器具有鲜明地方特色的情况有所不同。

● **年代与族属** 从地层关系来看，寺洼文化的年代晚于甘青地区的齐家文化和陕西地区的客省庄文化；从器物的共存关系来看，它与周文化相始终，并随年代的推移呈现逐渐为周文化所取代的趋势；从放射性碳素断代数据来看，多数数据集中在西周及春秋时期。综合各方面的信息分析，寺洼文化应当是兴起于商代后期、繁盛于西周前后、衰落于春秋时期的与周文化有密切关系的青铜文化，已出土的该文化

的铜器也主要集中在西周早中期。据此推测，寺洼文化的创造者也应当是与周人有密切关系的古族。夏鼐根据寺洼文化中有火葬遗迹的发现，结合文献中氐羌有些部落曾行用火葬墓的记载，推测寺洼文化是氐羌文化的遗存。胡谦盈则根据寺洼文化早期遗存的年代、分布及其与先周文化的关系，推测寺洼文化是曾经迫使周人去豳迁岐的"薰育戎狄"的遗存。

参考书目

夏鼐：《临洮寺洼山发掘记》，《中国考古学报》第四册，1949。

胡谦盈：《试论寺洼文化》，《文物集刊》第2集，文物出版社，1980。

（孙 华）

Tangwang wenhua tongqi

唐汪文化铜器

西周及稍后时期主要分布于青海及甘肃西端黄河上游沿岸地区及其支流湟水流域的以黑彩波浪纹陶器为特征的青铜文化的铜制器具。该文化是甘青地区自辛店文化和卡约文化以后最主要的一支青铜文化，其铜器在同时期甘青地区诸青铜文化占有重要地位。

● **发现与认识** 1956年甘肃东乡县虎浪唐汪川山神遗址出土一批绘有黑彩漩涡纹和波浪纹的陶器，安志敏据此提出"唐汪式陶器"和"唐汪文化"的命名。此后，学术界或将唐汪遗存归入辛店文化中，或归入卡约文化中。由于唐汪遗存特征非常鲜明，辛店文化或卡约文化都不能将其包容，将唐汪遗存单独作为一种与辛店文化和卡约文化都有密切先后联系的考古学文化应当是最为合理的。随唐汪文化的逐渐确立和该文化墓葬材料的增多，其铜器也有较多发现，其中尤以青海循化县阿哈特拉山、大通县上孙家寨等墓地出土数量较多。在这些铜器中最值得注意的是大通县上孙家寨723号墓和1027号墓，两座墓主皆为女性，前者有铜泡达400余件，后者有铜泡和联珠铜饰50余件，说明在唐汪文化的某些部落中，母权制还相当牢固。不过，由于这些唐汪文化的材料绝大多数尚未整理公布，它的文化内涵及外延，它与卡约文化、辛店文化及"后卡约遗存"的关系问题尚未完全解决。唐汪文化铜器的文化面貌可能还没有被完全认识。

● **器类与器形** 已知铜器数量较多，但主要为青铜铸制的小件铜器。其中包括兵器、工具和饰件几大类。兵器和工具制作较精，形状规整，包括斧、钺、矛、戈、刀、镞等。钺有管銎和穿内两类，钺身宽大，上有多个大圆穿，是卡约文化中具有浓郁北方系铜器特色的兵器在唐汪文化中的延续。矛有身部较宽的双叶矛，也有身部细长的三棱矛，从中原铜镞的演变轨迹推断，双叶矛应早于三棱矛。戈的数量较少，其中管銎戈具有北方系铜器的作风。刀有弧背翘首、弧背直锋和直背直锋等类，刀柄或为可安装骨木柄的短直柄，或为环首。镞常见圆锥形、三棱形和扁棱形等类，罕见中原及北方其他地区常见的双翼铜镞。饰件有铃、扣饰、饰牌、联珠、饰管等，并有各种动物形状的杖首。铜饰件往往与骨、牙、石乃至于桦树皮制成的饰件一起穿缀于衣服、箭箙之上。其中铃通常挂于死者的四肢关节处，扣饰、饰牌、联珠等多缀饰于衣襟和帽子的边缘。扣饰的数量和种类均较多，在有的墓地中一般都随葬有几件几十件，上孙家寨723号墓甚至达400件以上。其形状有穹顶圆形、尖顶圆形、穹顶橄榄形等。最引人注意的是铜杖首，杖首有的附饰犬、牛等家畜，有的则作鸡或鸟的形状，颇为生动。在上孙家寨等遗址的墓葬中还发现有铜铸的马、牛、羊等动物形象的小件器物，这些都从一个侧面反映出唐汪文化及其后续文化以发达的畜牧业为主的经济形态。

● **年代与族属** 根据对青海地区青铜文化体系的综合研究结果，青海河湟地区自卡约文化形成以后就形成稳固的文化特质，虽然在商、西周之际，该青铜文化系统受到东面甘肃地区辛店文化的强烈影响，形成唐汪文化，但这种新的文化并未终结卡约文化固有的文化传统。在春秋早期唐汪文化衰落后，卡约文化原有的特质又重新兴起，并一直延续到秦至东汉时期。由于这样的文化背景，唐汪文化的出现尽管有辛店文化的作用，其铜器中也有浓厚北方系铜器的因素，不过作为创造这种文化的主体人群来说，应当与先前的卡约文化和以后的"后卡约遗存"一致。根据《尚书·禹贡》、《后汉书·西羌传》等文献记载，青海河湟地区先秦时期一直是析支等羌人的活动中心，故有学者认为，唐汪文化及其前后相关的文化遗存，都是以该族为主体古族的遗存。

参考书目

俞伟超：《关于"卡约文化"和"辛店文化"的新认识》，《中亚学刊》第1辑，1983。

高东陆：《略论卡约文化》，《考古学文化论集》（三），文物出版社，1993。

（孙 华）

Xiazhiquan panyang guanqiong tongge

下治泉盘羊管銎铜戈

西周早期前后唐汪文化的铜制兵器。1975年出土于青海大通县良教乡下治泉村。现藏大通县文物管理所。

下治泉盘羊管銎铜戈

长18.5厘米。属管銎无胡型，椭圆形短銎，前侧出窄三角援，援中脊棱凸起。管銎后侧立一大角盘曲的盘羊，羊的下方有用以穿坠饰件的方钮。

该戈是一件富有北方系铜器特色并且铸造精良的铜兵器。其形制与山西石楼县义牒所出管銎戈相似，

管銎后饰立体动物形象的作法也见于传出陕西绥德县的管銎大钺上，同出的管銎军斧又是北方系的典型铜器之一。这说明在商代后期，晋陕高原地区与青海高原地区青铜文化之间曾有着密切的联系，前者一度强烈影响到这一地区。

（孙 华）

Dahuazhongzhuang rentouxing tongshijian

大华中庄人头形铜饰件

西周时期前后唐汪文化铜制饰件。是中国古代铜器中比较少见的人物造型铜器之一。1983年由青海湟源县博物馆在该县大华中庄征集。现藏于湟源县博物馆。

大华中庄人头形铜饰件

长7.7厘米、高7厘米。为穿套在某种木器立枋外的饰件。饰件中段呈中空的拱形，上下开长方孔以纳枋，两侧有固定枋的穿。拱的前端为人头像，人头呈仰首长脸、高鼻突颧之形；拱的后端为半身儿童像，像两侧各有一浮雕状人面。整件铜饰就如同一背负孩童的成人，造型颇为奇特，构思巧妙，整体具有现代艺术的意味，是一件难得的唐汪文化的铜制工艺品。

（孙 华）

Huangjiazhai niaoxing tongzhangshou

黄家寨鸟形铜杖首

西周后期至春秋早期前后唐汪文化的铜制饰件。1985年由青海省文物考古队等单位在大通县黄家寨乡16号墓中发掘出土。现藏于青海省文物考古研究所。

黄家寨鸟形铜杖首

高10.8厘米、宽7.8厘米。作昂首欲鸣的鸟形，鸟长喙环眼，矮冠长颈，圆身短尾。身体中空，两侧镂似羽毛的长孔。内有铜丸，摇动如铃作响。在鸟足的部位有圆形管銎，可插在杖柄之上。为防止杖首脱落，銎的一侧有穿孔以固定杖首。它是甘青地区中制作最好的造型铜器之一。

（孙 华）

Dongbei Diqu Xizhou tongqi

东北地区西周铜器

西周及春秋早期分布于中国东北地区的青铜文化系统的铜制器具。分布地域东起鸭绿江畔，西至大兴安岭东麓，北逾松嫩平原，南到燕山山地及辽东半岛南端。包括今辽宁、吉林、黑龙江三省的主要地区，以及内蒙古东端和河北的热河山地一带。该地区青铜文化在夏、商时期就已形成自己的传统，发展出不同于中原青铜文化系统和北方文化系统的独立的文化体系。从西周时期开始，东北青铜文化系统进入繁荣阶段，出现具有鲜明地方特色的青铜器群。其铜器对周边国家和地区，尤其是朝鲜半岛西南部的铜器工艺和风格产生巨大影响。

● **文化背景** 从商代后期起，东北青铜文化系统出现两种值得注意的现象：一是东北本地青铜文化已趋繁盛，开始影响北方东部地区，北方东部地区的一些原属于北方青铜文化系统的地区逐渐转属东北青铜文化系统；二是北方地区青铜文化的某些先进因素也反作用于东北地区青铜文化，在东北地区西部出现典型的北方系铜器。这种文化系统之间的交互作用发展到西周时期，随北方青铜文化系统的衰微，东北青铜文化系统以前所未有的势头向周围发展。在辽宁东部及辽东半岛，在商代的庙后山文化和羊头洼文化的基础上形成东北系青铜器的中心——双房文化。双房文化的分布范围很大，正是其兴起阶段的强大压力，将原分布于下辽河流域的高台山文化排挤向西，演变成一种新的考古学文化。双房文化延续时间较长，直到战国前期在辽东地区还未消失，短茎曲刃剑和扇形斧等典型铜器，影响到整个东北乃至于境外的朝鲜半岛西北部。在河北北部及辽宁西部，西周时期产生的夏家店上层文化，既具有鲜明的东北青铜文化系统的特征，如曲刃剑等典型的东北系铜器，也有浓厚的中原青铜文化影响的遗存，如鼎、簋、罍等铜容器。在以上两个地区青铜文化的影响下，在长（长春）吉（吉林）地区出现西团山文化，更北的黑龙江松嫩平原上也出现被命名为白金宝文化的青铜文化。西团山文化铜器的发现不及前两个地区的青铜文化多，春秋以后其铜器冶铸工艺长期停滞不前，文化上具有明显的保守性。白金宝文化铜器只发现鱼钩等小件铜器，青铜冶铸技术最为落后。

● **区域特征** 西周及其稍后的东北及其邻近地区的青铜冶铸业，与同时期北方地区西区及甘青地区相比，发展进程明显更快。该地区铜器铸造采用的是中原地区传入的范铸法，石范的使用极为普遍。在这一地区不同文化的墓葬中都有用石范随葬的现象，其中尤以双房文化墓葬发现的最多。石范的种类主要有短茎曲刃剑石范和空首斧石范，另在偏南与北方青铜文化系统相交的河北唐山市雹神庙发现过显然属于东北系铜器的齿柄刀和空首斧石范（同出的石矛范不属北方系）。这些石范均采用比较柔软的石材琢磨而成，可反复使用，所以将其作为随葬品放入墓中。铜器均为青铜铸制，虽然铜容器只在夏家店上层文化的等级较高的石棺墓中发现，其他文化几乎未见铜容器，但从该地区东、西两个小区铜兵器铸造精良来看，其青铜冶铸工艺应当不低。从种类上来看，最具区域特征的是短茎曲刃剑、空首方銎斧和齿柄刀，它们在东北不同的文化区中尽管有数量多寡和出现时间早晚的差异，但在该区域绝大多数地区都曾发现，可视为东北系铜器的共同区域特征。

● **分期与分区** 从西周到春秋早期的发展进程大致可以分为早晚两期。早期约当西周早中期，为东北系铜器风格形成的阶段，空首斧已经在整个东北地区出现，但短茎曲刃剑却基本上只发现于东北东部地区（主要是双房文化中）。晚期约当西周晚期至春秋早期或稍后，这时最具东北地方特色的短茎曲刃剑已传布至东北西部区域，空首斧、齿柄刀等使用得更加普遍。

由于受到文化传统和传播途径的影响，西周及其以后的东北地区仍始终存在两个明显区系。东北的东区即下辽河以东地区，铜器种类单调，只有短茎曲刃剑、空首斧、镞、凿等少量器类，不见北方草原地区风格的铜马器及饰件。东北西区即下辽河以西地区，其器类远比辽东地区复杂，除东北系铜器外，还有中原系和北方系的铜器，以及主要流行于该小区才有的銎柄曲刃剑等。该小区的兔首带饰、连珠带饰、卧虎带头、兽形连衔镳等，在同类北方草原地区铜器中出现较早，格外令人注意。在以上两个小区以北的长（长春）吉（吉林）地区即西团山文化分布区，其铜器受到东、西两小区的交互影响，该区的短茎曲刃剑等因素来自辽东，齿柄刀等因素却来自辽西，自身的特色相对较少。

● **研究状况** 东北地区西周及春秋时期的铜器最引人注目的是不同形制的几种曲刃短剑，所以该地区这时的古墓葬往往被冠以“青铜短剑墓”的名称，青铜文化遗存也被有的学者称作“含青铜短剑的遗存”。系统研究东北系铜短剑及其为代表的遗存始于1980年，林沄对东北系铜短剑类型、序列、年代和源流曾进行系统研究。以后又有学者就齿柄刀、空首斧等某一种具有代表性的铜器进行仔细的分析、排比，以推求它们的发展演变和传播的进程。此外，在一些学者对夏家店上层文化、双房文化和西团山文化的研究中，也或多或少地涉及该文化铜器的种类和形态的特征，以及它们的分期和年代等问题。只是由于东北地区铜器的材料相对较零散，铜器的材质工艺等科学分析资料比较缺乏，对这一时期东北系铜器进行的系统、全面研究还相对缺乏。

参考书目

林沄：《中国东北系铜剑初论》，《考古学报》1980年2期。

靳凤毅：《论中国东北地区含曲刃短青铜短剑的文化遗存》（上），《考古学报》1982年4期。

（孙 华）

Xiajiadian shangceng wenhua tongqi

夏家店上层文化铜器

西周早期至春秋中期分布于河北北部热河山地一带以老哈河流域为中心的青铜文化的铜制器具。该文化是继魏营子文化之后北方地区最主要的青铜文化，以颇为发达的冶铜工艺，极具特色的铜器形制及

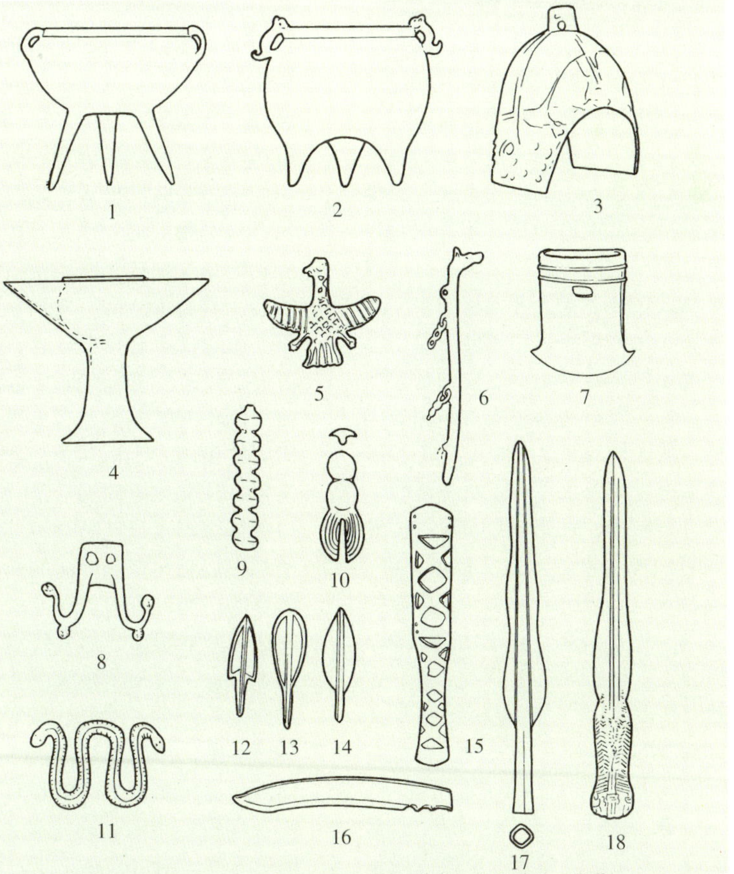

1.鼎 2.鬲 3.胄 4.豆 5.8.9.10.11.饰件 6.兽首镳 7.斧
12-14.镞 15.剑鞘 16.齿柄刀 17.銎柄曲刃剑 18.实柄曲刃剑

夏家店上层文化典型铜器

兼具北方、中原、东北各系铜器的器物群而成为大北方地区西周及春秋铜器的主要研究对象，也是认识中国北方及东北地区其他青铜文化年代等问题的桥梁。

发现与认识 早在夏家店上层文化作为一种独立的考古学文化被辨识并命名以前，该文化的铜器就已发现。1956年，内蒙古赤峰市美丽河收集到一座石椁墓中出土的胄、戈、短剑等铜器。同年在内蒙古宁城县松树梁遗址中还发现一件铜鼎。但当时这些铜器被当作一般西周及春秋铜器，未引起学术界的注意。1958年，在宁城县南山根又征集到71件别具特色的铜器，据调查出自两座石椁墓中，该文化铜器方引起人们的重视。但直至1961年发掘赤峰市夏家店、药王庙遗址及宁城县南山根遗址后，才认识到这些铜器本属于夏家店上层文化的范畴。1963年，宁城县南山根发现一座规模较大的夏家店上层文化石椁墓（101号墓），出土多达500余件铜器，其中除典型的铜兵器、铜饰件和仿照该文化陶器制成的铜容器外，还有西周晚期的鼎、簋等中原系铜礼器及兵器，从而使人们认识到夏家店上层文化的中心年代是在西周晚期前后，其铜器冶铸工艺及形制与当时中原地区有着一定联系。1974年在辽宁林西县大井发现的夏家店上层文化的铜矿采冶遗址，除出土一些小件铜器外，更重要的是发现了从采矿到冶铸规模宏大的铜器作坊，使人们对夏家店上层文化铜器的生产规模及水平有了更全面的了解。1985年，在宁城县小黑石沟发掘的13座夏家店上层文化墓葬中，最大的1号墓出土以铜器为主的遗物多达700件，铜器以该文化因素的器物为主，也有多类中原系铜器。这是继南山根101号墓后夏家店上层文化铜器的又一次重大发现，对全面研究该文化铜器提供了重要材料。

● 冶铸与工艺 除少量中原系铜器可能是通过馈赠、交换或战争等手段从中原周王朝得到的外，主要铜器都是自行铸制。辽宁林西县大井矿冶遗址，是一处包括采矿、选矿和冶炼（也有铸造，但可能规模不大）的大型工场。这里矿苗距地表很浅，均为露天采矿。共发现古采坑40余条，最长的达500余米。已试掘的4号采坑深度在7米以上。在采坑旁不远处的冶炼工场遗留冶铜炉12座，其中椭圆形和马蹄形炼炉直径0.8米～1.2米。其采矿和冶炼规模都相当可观。铜器均采用范铸法铸制，陶范、石范皆有。从赤峰市夏家店发现的斧范及联珠范以滑石制成、林西大井矿冶遗址出土的可能是容器的残范均陶制的情况来看，夏家点上层文化同大北方其他文化一样，小件铜器多用石范而大件容器均用陶范。由于已有大规模的铜矿采冶遗址、广泛分布的铸铜遗物及包括相当数量容器的富有文化特色的铜器群，说明该文化已有比较高的青铜冶炼及铸造水平。

● 种类与形制 可分容器、兵器、工具、饰件4种。铜容器富有特色，除中原系的鼎、簋、盨、瑚、尊、罍、盉、匜外，还有仿照该文化陶器的双环耳釜形鼎、双兽耳鼓腹鬲、大盘豆、多联豆、多联罐、祖柄勺等。这些铜容器与它们所模仿的陶器一样，皆素面无纹饰，喜用兽类动物的形象作为耳或钮。这应当与该文化的经济生活有关。兵器和工具有銎柄剑、实柄剑、短茎剑、中胡戈、叶形矛、胄、镞、弧背刀、斧等。剑既有曲刃也有直刃，曲刃剑中的短茎剑是辽东青铜文化因素的铜剑，銎柄剑为夏家店上层文化自身文化因素的兵器，至于曲刃实柄剑则很可能是北方地区的实柄直刃短剑与东北地区的曲刃剑相结合的产物。直刃剑在夏家店上层文化中数量很多，通常较短，剑柄形态多样，反映出张家园文化等对该文化的影响。铜胄是最常见的防御性兵器，出土数量多，分布范围广；该文化多数出铜兵器的墓葬都伴有铜胄，很有特色。镞有双翼、阔叶等类，后者是该文化有特点的器物。齿柄刀在东北青铜文化系统中普遍存在，但以夏家店上层文化的数量和种类最多。铜斧有长、短两种，均方銎、直缘、弧刃，刃缘两端如钩，与周边文化铜斧有所不同。铜饰件中的鹿首镳、联镳衔、双螭銮铃等马具，鸟形饰、蛙形饰、祖形饰、双螭形饰、双尾形饰、联珠形饰及各种动物造型的饰牌，也颇具地方色彩。

夏家店上层文化自身的铜器一般素面无纹饰，即使装饰纹样也只是铸以线状的单层花纹，纹样主要有相连的三角纹、首尾相接的兽鸟纹等种类。动物纹样的构图单元较写实，不过将若干相同的动物纹样组合成一周花纹，却有浓郁的装饰意味。

● 分期与年代 该文化铜器经历一个较长的发展过程，在组合和形态上也发生一些变化。根据这些变化，可将该文化铜器分为早晚两期：①早期。约相当于西周早中期。以内蒙古克什克腾旗龙头山1号墓、翁牛特旗大泡子墓葬和双井墓葬、赤峰市夏家店12号墓和17号墓、辽宁建平县水泉城子7081号墓出土铜器为代表。这时铜器群尚不见仿照该文化陶器制作的铜容器。剑一般以銎柄曲刃剑为主，不见或罕见短茎曲刃剑；镞多双翼型；空首斧样式较单一，一般作体较短、刃缘及两侧较直的型式。北方系铜器风格的铜饰件，如兔首饰、连珠饰等还较少。②晚期。约相当于西周晚期及春秋早中期。以宁城县南山根101号墓、小黑石沟石椁墓所出铜器为代表。除有同时期中原系容器外，还有不少仿照该文化陶器制作的铜容器，如鼎、鬲、豆、多联罐等。铜兵器中剑以短茎曲刃剑为主，銎柄曲刃剑已少见，并有一定数量的实柄曲刃和直刃剑；镞多为阔叶型；空首斧类型多样，体态普遍变长，刃缘呈弧形，两侧下部多外勾。北方系铜饰件种类及数量增多，除先前的那些饰件外，还出现卧虎形带头、双兽连衔镳、兽纹饰牌等新饰件。

关于夏家店上层文化自身文化因素铜器的创造者，学术界或认为是东胡，或认为是山戎。根据文献记载的这些古族的活动时间及活动地域分析，当以山戎说可能性较大。

参考书目

朱永刚：《夏家店上层文化的初步研究》，《考古学文化论集》（一），文物出版社，1987。

翟德芳：《试论夏家店上层文化的青铜器》，《内蒙古文物考古文集》，中国大百科全书出版社，1994。 （孙 华）

Xiajiadian shangceng wenhua qiongbing tongjian

夏家店上层文化銎柄铜剑

西周中期至春秋中期夏家店上层文化中最具特色的铜制兵器。以管銎状剑柄、与銎柄相连的凸起的剑脊、弧曲的边刃为特征。是夏家店上层文化中最具特色的铜兵器，是东北地区两种主要的青铜短剑之一。

由于剑銎部中空，可纳木柄，不少銎部还有像铜矛一样的用以固定木柄的圆穿，故有人称之为矛，将其归为刺兵类。有的学者根据辽宁建平县发现的这种兵器身部有木质痕迹，以及个别的柄首封死或铸成铃首，指出这种兵器应是作为短兵器使用的剑。内蒙古宁城县小黑石沟石椁墓出土双联铜剑鞘2件，同墓伴出銎柄剑3柄、短茎剑2柄，比剑鞘多出銎柄剑1柄；而这3柄銎柄剑中有2柄銎部无穿，最长的銎部却有对穿。由此推知，很可能銎柄剑除用作短兵器外，其中有些体形较长的剑也可安装木柄作长兵器使用。这种既可前刺又可劈杀的长兵器，应当称之为“铍”而不是矛。从小黑石沟所出双联铜剑鞘还可推知，用作短兵器的銎柄剑，除可用于近距离格杀外，在必要时也可将其中一柄当作投枪掷出。其用途比较灵活多样。

銎柄剑在夏家店上层文化中主要流行于西周中晚期及春秋早期。在春秋中期以后，銎柄剑逐渐减少并消失，而先前就已出现的短茎曲刃剑、实柄直刃和曲刃剑则继续流行。銎柄曲刃剑虽然基本上都发现于夏家店上层文化分布区，但在銎柄曲刃剑最流行的时期，它也应传布到周围青铜文化中。山西曲沃县北赵晋侯墓地64号晋侯墓墓主佩带的铜剑就是銎柄曲刃剑，可以证明这一问题。 （孙 华）

Nanshangen yinyang tongjian

南山根阴阳铜剑

春秋早期夏家店上层文化的铜制兵器。1958年出土于内蒙古宁城县南山根遗址一座石椁墓中，同时出土的另外73件铜器在当时就被文物考古部门征集，而这柄珍贵的铜剑却一直隐藏于当地一农民家中，直到“文革”时期才被发现并收集。现藏于内蒙古自治区博物馆。

南山根阴阳铜剑

全长31.7厘米。铜质优良，保存完好。全剑由身、格、柄3部分组成。剑身形如短茎曲刃剑，中有高凸脊，剑叶两刃中段有剑节，后部宽大圆收。剑格呈抹角菱形，上立一对相背的裸体双面人像为柄。裸人为正面立像，秃顶无发，圆目阔鼻，双脚以剑格为之。其一面为双手抱腹的男像，一面为双手抱乳的女像，男女外生殖器官显著。它是夏家店上层文化中最具历史和艺术价值的铜兵器。

以生殖器官作为器物造型或器物装饰，是夏家店上层文化铜器的特点之一，它们可能是该文化生殖崇拜的遗俗的反映。不过，该剑上的男女裸人的内在含义不一定与生殖崇拜有关，也有可能与中原及南方诸青铜文化铜兵器和铜乐器上的神像（如商文化和周文化的人面盾饰、殷墟出土铜足鼓上的男女神像、吴城文化铜戈的人头像等）类似，是用于作战中保佑自己而不利于敌人的神像而不是普通的人像。

（孙 华）

Xiajiadian shangceng wenhua chibing tongdao

夏家店上层文化齿柄铜刀

西周早期至春秋中期夏家店上层文化的铜制复合工具。这种柄部如齿状的铜刀富有东北文化特色，在东北地区不同青铜文化中有着较广泛的分布，但以该文化的数量最多，出现最早且自始至终都存在，是该文化固有的文化因素，对东北地区其他青铜文化体系特质的构成有着一定作用。

齿柄刀柄部很短，本身不用捉手而是插入木质或骨质的柄来使用。为防止刀柄从木、骨柄中滑出，故在铜刀身与柄间铸出2～3个凸齿，以便使用绳索将铜刀牢固地与木、骨柄捆缚在一起。由于木质和骨质的刀柄难于保存，出土的齿柄刀一般均仅存铜质部分。只是在文化属性尚不能完全确定的辽宁沈阳市郑家洼子墓葬中出土一件保存较为完整的安骨柄的齿柄刀。该铜刀呈躬背弧刃形，刀身宽于刀柄，在刀柄、身相交处有2齿，骨柄由3块骨版拼合成型，在铜齿处以绳索固定。由此可见，齿柄刀本是一种复合铜工具，完整状态应如郑家洼子铜齿柄刀一样。

夏家店上层文化齿柄铜刀主要有躬背垂锋、直背直锋、曲背翘锋3型：①躬背垂锋型齿柄刀，背部上躬成弧形，刀身较宽阔，刀锋不甚尖刺，为齿柄刀的主要形态。早期刀身弯曲度甚小，刀背较窄，如西周中期的内蒙古翁牛特旗大泡子墓葬的齿柄刀；流行期的刀身弧度稍大，刀背宽厚且两侧出棱脊（有的背上还有凹槽），以西周晚期至春秋早期的辽宁建平县水泉城子7701号墓和内蒙古宁城县南山根102号墓的齿柄刀为代表；晚期的刀身弯曲如弓，刀背复古，以沈阳市郑家洼子墓葬出土的齿柄刀为代表。②直背直锋型齿柄刀，较为罕见，背部和刃部呈平行的直线，刀身较窄，前端收束成锋，如西周晚期至春秋早期的宁城县南山根101号墓齿柄刀。③曲背翘锋型齿柄刀，刀身后宽前窄，刀背后部上躬而前部下凹。其多见于西周晚期至春秋中晚期，辽宁朝阳市木头沟1号墓及宁城县孙家沟7371号墓齿柄刀等均属此型。

参考书目

瑜琼：《齿柄式铜刀刍议》，《北方文物》1991年3期。

（孙　华）

〖夏家店上层文化其他铜器〗

Xiaoheishigou long'er tongli

小黑石沟龙耳铜鬲

春秋早期夏家店上层文化的铜制食器。1985年出土于内蒙古宁城县甸子乡小黑石沟一座夏家店上层文化的石椁墓中。现藏于赤峰市博物馆。

小黑石沟龙耳铜鬲

口径15厘米、通高28厘米。短直口，圆肩，鼓腹，分裆不明显，高锥足，口部与肩部间有相对的龙首半环耳，龙身饰云雷纹。该鬲形态不同于中原系铜鬲，器体素面无纹饰，与夏家店上层文化流行的陶鬲基本相同，无疑是该文化自己所创制。类似的铜鬲在宁城县南山根101号墓中也有出土，但二者有龙耳与虎耳之别。

（孙　华）

Xiaoheishigou tong liudou tuopen

小黑石沟铜六豆托盆

西周晚期夏家店上层文化的铜制食器。或称六联豆。1985年出土于内蒙古宁城县甸子乡小黑石沟一座夏家店上层文化的石椁墓中。现藏于赤峰市博物馆。

小黑石沟铜六豆托盆

盆口径18厘米、高9厘米。平面如六瓣花形，以一盆为心，周围环绕6只高柄豆而成。侈口，折沿，鼓腹，平底，肩部伸出6个等距的短鋬与豆相连。豆口径约9厘米、通高15.6厘米。豆为碗状盘、高直柄、喇叭状足，豆盘形状与通常的夏家店上层文化铜豆不同。

该器以豆为足，盆体悬空，可以受火烹煮食物；周围的豆一来可盛放调味品，二来可将盆中滚烫的食物捞取放在豆中，待稍冷后再食用。它反映出夏家店上层文化的人们围火而坐、合器而食的饮食习俗。

（孙　华）

Xiaoheishigou zubing tongshao

小黑石沟祖柄铜勺

西周晚期夏家店上层文化的铜制水器或酒器。1985年出土于内蒙古宁城县甸子乡小黑石沟一座夏家店上层文化的石椁墓中。现藏于赤峰市博物馆。

小黑石沟祖柄铜勺

共2件，形制、大小相同。连柄全长26.5厘米、高8.5厘米。勺体敛口，弧壁，圜底，形如夏家店上层文化常见的多联罐；勺柄呈男性阴茎模样，至为奇特。以男性生殖器为铜器造型，还见于同墓出土的铜杖首等铜器。夏家店上层文化一些铜制深腹圜底罐的器盖造型似乎也有仿照男性生殖器的意味。这些或许是夏家店上层文化男性生殖崇拜的反映。

（孙　华）

Shuangfang wenhua tongqi

双房文化铜器

西周及春秋早期分布于辽宁中部及东部的青铜文化的铜制器具。

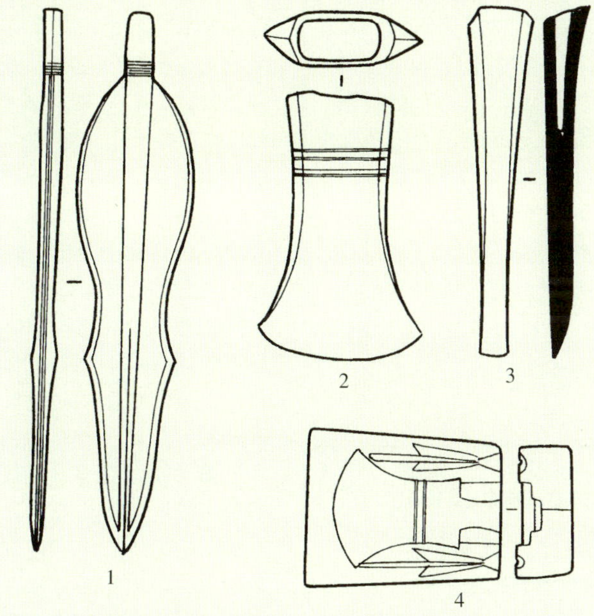

1.短茎曲刃剑　2.斧　3.凿　4.滑石斧、镞范

双房文化铜器

该文化以辽宁新金县双房石棺墓为代表，是一种跨境文化，从考古学文化的面貌分析，朝鲜民主主义人民共和国西北部的青铜文化也应属于该文化的范畴。这种青铜文化尚无统一的命名，中国学者通常以辽宁新金县双房石棺墓为代表将该文化称之为“双房类型”，其中沈阳一带的同类遗存有的学者又称之为“老虎冲遗存”，朝鲜和日本学者或称之为“新岩里第三种遗存”或“美松里上层类型”。该文化是东北地区最为发达的青铜文化，铜器数量多，特征明显，种类及形态对于辽东半岛和朝鲜半岛其他文化有着深远的影响。

● 发现与认识 双房文化以石棺墓、横桥状双耳旋纹罐、短茎曲刃铜剑为基本特征。由于短茎曲刃铜剑在东北地区分布广泛，并延续至以后的其他文化之中，故在相当长一段时间里，双房文化遗存与其他含短茎曲刃剑的遗存都被冠以这种铜剑之名来称呼。1964年，中朝联合考古队在发掘旅大市双坨子遗址时就在该遗址旁的一座双房文化墓葬中发现短茎曲刃剑等遗物，当时推测其年代在公元前8世纪～公元前7世纪。同年发掘的该市后牧驿岗上积石墓又出土一批双房文化遗物。以后，清原县李家卜大葫芦沟石棺墓、辽阳市二道河子石棺墓、清源县门脸村西堡团山沟口石棺墓、抚顺县大甲邦村后山石棺墓也都出土有双房文化的遗物。1980年在新金县安波乡双房村西发现6座石棚墓和3座石棺墓，其中6号墓葬出土一柄非常古朴的短茎曲刃剑，同出有石斧范和陶罐各2件，为认识双房文化铜器的发展演变脉络和年代提供了重要线索。“双房类型”或双房文化是西周至春秋早期或稍后分布于辽河以东地区的青铜文化已基本成为学术界的共识。

● 材质与工艺 双房文化有着较为发达的青铜冶铸业。除以青铜兵器和工具随葬外，墓葬中还发现铸造这些铜器的石范，如新金县双房6号墓出土的斧石范，辽阳市二道河子出土的斧、镞石范等。这些石范都由滑石制成，石质柔软容易琢磨拼合，能够准确合范和浇铸。石范可以反复使用，故人们死后也将其当作财产随葬。从双房文化墓葬出土石范较普遍的现象来看，该文化的铜器铸造作坊似乎以村社和家庭为单位，大规模的城市铜器作坊似未形成。

● 种类与形制 种类比较单调。从已知铜器和铸铜石范反映的情况来看，只有剑、矛、钺、镞、斧、凿等少数几种；以短剑、斧为基本组合。短剑均为剑叶前部有尖节的两段式曲刃短茎剑，尚不见有剑首加重器同出。矛发现较少，均长骹，有叶形弧刃和带尖节曲刃两类。钺发现很少，形若截去一小块的中有大穿的圆环。镞为带铤的双翼镞。斧出土数量较多，均为空首方銎、窄身阔刃的扇形斧。凿上阔下窄，上端有空首可插入木垫。除铜斧斧身上部往往有箍形凸棱或多道旋纹外，其余铜器皆素面无纹饰。

● 序列与年代 只有铜短剑形制较为复杂，演变规律清晰。从已知铜短剑来看，以新金县双房6号墓所出者最为原始。该剑剑刃尖节至锋的长度仅及剑身四分之一；而辽阳市二道河子1号墓、抚顺市大甲邦村墓和清原县门脸村等地点出土的铜短剑，剑身前段与剑身之比大致为十分之三左右。根据晚于双房文化诸青铜文化遗存的短茎曲刃短剑的剑身前段长且剑锋锋缘也长的现象分析，双房文化铜器应当以双房6号墓铜器群最早，其他诸墓铜器群稍晚。双房6号墓出土的横桥耳杯状口旋纹陶壶与辽东地区的羊头洼文化晚期的大连市于家砣头积石墓旋纹壶、庙后山文化的凤城东山大石盖墓横桥耳旋纹壶有形态学上的继承发展关系，放射性碳素断代数据又表明羊头洼文化和庙后山文化的年代范围主要在商代前后，因此，以双房6号墓为代表的早期铜器的年代上限不超过西周早期。至于其他稍晚的双房文化铜器，从其短剑与辽西一带夏家店上层文化晚期铜剑相似而略显古朴的情况分析，其年代当在西周晚期及春秋早期。

参考书目

王巍：《夏商周时期辽东半岛和朝鲜半岛西北部的考古学文化序列及其相互关系》，《中国考古学论丛》，科学出版社，1993。

（孙　华）

Shuangfang wenhua duanjing quren tongjian

双房文化短茎曲刃铜剑

西周至春秋中期双房文化最具特色的铜制兵器。均不很长，剑身中央有柱状脊，前端收聚成锋，后端宽阔圆收，两边刃弯曲并各有一尖节，无格，剑茎短且与剑身柱脊连为一体，剑茎后有铜或其他材质的剑首，剑首内置石制的“加重器”，特征十分鲜明。

可能在西周早期就已出现，西周晚期及春秋早期广泛流行，并传播至周邻其他文化之中。在该文化分布区以西的夏家店上层文化等文化中都有较多短茎曲刃剑发现，其中春秋早期夏家店上层文化的宁城南山根101号墓等出土的短茎曲刃剑，为认识这种铜剑的年代和发展演变规律提供了一个可靠的界标。结合与双房文化以后年代明确的短茎曲刃剑的对比，短茎曲刃剑的演变轨迹是：剑身前段由短变长，锋刃由窄变宽，剑身后段由宽变窄。在已知短茎曲刃剑中，新金县双房6号石棺墓铜剑应当最早，年代当在西周中期；其次为抚顺县大甲邦村石棺墓和门脸村石棺墓铜剑，年代当在西周晚期；稍晚的可以夏家店上层文化的宁城县南山根101号墓铜剑为代表。双房文化以后，短茎曲刃剑继续在东北地区流行，春秋中期的朝阳市十二台营子墓铜剑、春秋晚期的沈阳市郑家洼子墓铜剑和战国前期的喀左县南洞沟石棺墓铜剑可为其代表。这些晚期的短茎曲刃剑剑身变得稍瘦长，节尖逐渐不显著，曲刃的弧度已经很小。

参考书目

林沄：《我国东北系铜剑初论》，《考古学报》1980年2期。

翟德芳：《中国北方地区青铜短剑分群研究》，《考古学报》1988年3期。

（孙 华）

Xituanshan wenhua tongqi

西团山文化铜器

西周至战国时期分布于吉林地区的青铜文化的铜制器具。该文化是东北地区最早发现并被确认的考古学文化，其铜器对认识该文化社会发展水平及与东北地区其他文化的关系等有重要意义。

● **发现与认识** 西团山文化分布区的东界在威虎岭以西，西抵伊通河流域，南达辉发河、饮马河、伊通河上游，北至拉林河上中游的左岸。按行政区划，主要分布于吉林、长春地区，另在四平地区也有少量该文化因素的遗址分布。在这一范围内都曾发现青铜器，而以田野发掘工作开展较多的吉林市一带发现的最多。最先发现西团山文化青铜器的地点是1949年吉林市骚达沟山顶大棺，出土铜器不多，包括铜斧1件、铜刀2件、铜扣13件等。此后在吉林市江北土城子、长蛇山、猴石山、狼头山、泡子沿前山、永吉县星星哨、杨屯大海猛、红旗东梁岗、磐石县小西山、蛟河市八垧地、双阳县万宝山、公主岭市大青山等地也出土一些青铜器，其中1979年和1980年猴石山居址和墓葬中出土的青铜器物数量较多，品种较为齐全。

● **材质与工艺** 西团山文化青铜器尚未做过理化分析，不过年代与其晚期遗存相当（战国时期）、地域与之交错相邻的吉林桦甸县西荒山竖穴岩石墓出土的丁字形曲刃剑的元素成份可作参考。该剑经光谱和化学分析，铜占74.36%，铅占8.6%，锡占13.68%，为铜、锡、铅的三元锡铅青铜。铜器多以范铸法铸造。在泡子沿前山遗址曾采集到以泥质砂岩制成的铸铜泡的石范。这种石范在东北地区青铜文化中常见，与中原地区使用泥范和陶范显然不同。铜器采用锻造方法成型的极少，只有包铜片木梳的铜片应用锻造工艺制作。

限于铜、锡原料的稀少和制造技术的低下，该文化的铜器多为小型器物，直接用于生产的大型器物还不能制造，因而当时主要的生产工具依然是石器。由于铜器具有明显的优越性，而数量又很少，被视为珍爱之物，所以人们往往做一些石器模仿铜器的形状，如在蛟河市八垧地遗址采集的石矛、桦甸市海浪布墓葬与吉林市郊猴石山墓葬出土的石剑，以及许多遗址和墓葬出土的石削刀和有铤带翼石镞等，显然是依照青铜器的形制制造的。

● **种类和风格** 有工具、兵器、饰件和日常生活用品等。工具包括斧、刀、鱼钩等；兵器有短剑、矛、镞等；饰件有泡形饰、联珠形饰、勾形饰、心形镂孔饰、手镯、圆环等；日常生活用品包括包铜片

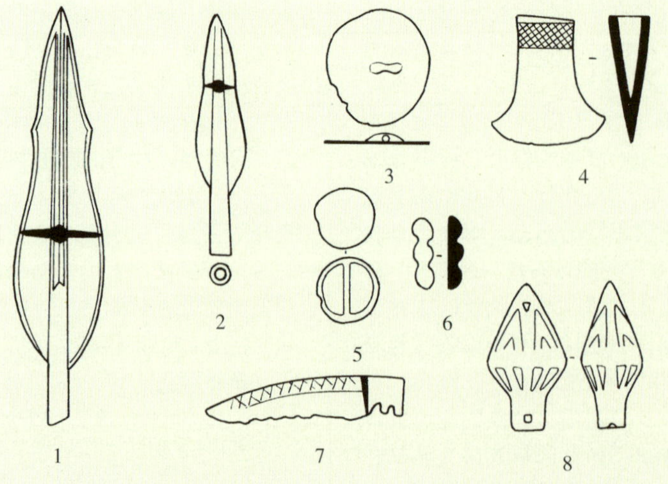

1.短茎曲刃剑 2.曲刃矛 3.镜 4.斧 5.6.饰件 7.齿柄刀 8.镞

西团山文化铜器举例

木梳、小镜（镜形器）和铜扣等。尾部带孔刀、凹背翘尖刀、开口圆环镯、心形镂孔饰、片状钩形饰及包铜片木梳等很有特色，不仅在典型的夏家店上层文化中不见，就是在辽宁和黑龙江的青铜文化中也未见，说明这类青铜器可能不是从外地传播或交换来的，而是西团山文化先民自己制造的。此外，有的铜器则是从外地交换来的，如永吉县星星哨和磐石县小西山石棺墓中出土的两把在辽东地区出土最多的短茎曲刃剑，它们很可能是从当时辽河以东地区的双房文化中传播过来的。

● **分期与年代** 综合各方面的材料，大致可分为两期：早期以星星哨和西团山墓地出土铜器为代表，器类单一，兵器主要是模仿双房文化的短茎曲刃剑和在曲刃风格影响下产生的曲刃铜矛，另有铜环、泡等饰件；晚期以猴石山和长蛇山墓地出土铜器为代表，主要有曲刃矛、空首斜格纹斧、齿柄刀等。星星哨第一墓区19号墓出土的短茎曲刃青铜短剑的型式同辽阳市二道河子石棺墓出土的青铜短剑的型式与大小十分相近，二道河子曲刃剑的年代上限有学者推断为公元前9世纪，而据放射性碳素断代，星星哨第三墓区第21号墓的年代为公元前1389年～公元前1030年，与上述推定的年代基本相符，因此，西团山文化铜器早期应相当于西周时期。长蛇山1号墓出土的尖叶形青铜矛，是中原地区战国时代遗物中常见的形制，所出空首斧与集安五道沟门战国时期积石墓类似，据放射性碳素断代，长蛇山和猴石山的年代范围分别在公元前402年～公元前211年和公元前831年～公元前173年，相当于春秋、战国时期。

根据该文化的分布及文化特质，印证后代文献关于东北古族的记载，考古界多认为西团山文化的族属为秽貊族，系土著秽人的一支，西团山文化铜器属于秽人的遗物。

参考书目

董学增：《试论吉林地区西团山文化》，《考古学报》1983年4期。
刘景文：《试论西团山文化中的青铜器》，《文物》1984年4期。

（董学增）

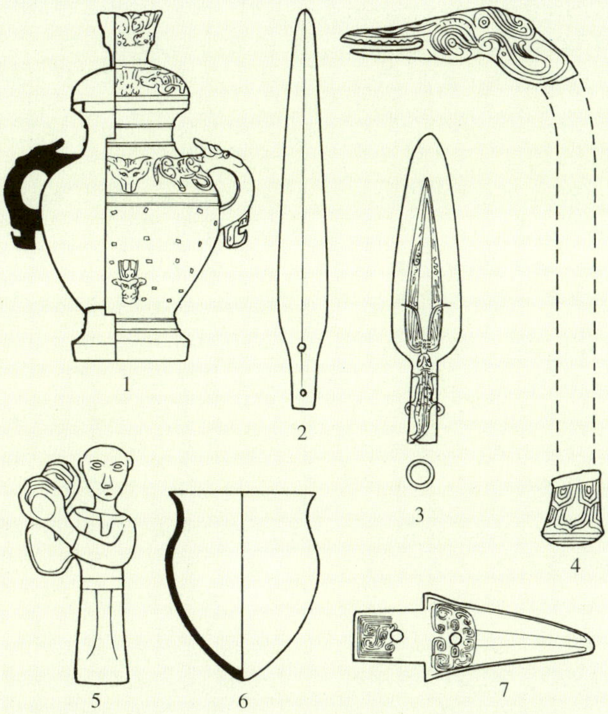

1.罍 2.柳叶剑 3.矛 4.旄饰 5.人像 6.尖底罐 7.戈

新一村文化铜器举例

〔西南地区西周铜器〕

Xinyicun wenhua tongqi

新一村文化铜器

西周时期前后分布于四川盆地及汉中盆地、以四川成都市十二桥遗址为代表的考古学文化的铜制器具。也有的学者将其归入三星堆文化铜器。新一村文化是继承十二桥文化而发展起来的青铜文化，与十二桥文化相比，呈现逐渐衰退的总体趋势；但由于文化背景的变化，其文化因素构成也发生相应的变化。其铜器尤其是铜容器，受到周文化铜器的强烈影响，对认识周人政治与文化在这一地区的作用及此后四川地区文化滞后现象产生的原因，都有启发意义。

● **发现与认识** 新一村文化是1980年以后才逐渐被人们认识的一种考古学文化，其铜器早在抗日战争期间就有出土。那时在成都古董市场出现过一套应当属于新一村文化的铜罍（共5件，1大4小），惜当时即散失，不知下落。1957年～1958年四川新繁县（今新都县）水观音遗址的居址堆积中出土铜镞和铜饰件，并在打破居址堆积的晚期墓葬中出土戈、矛、钺等铜兵器。发掘者认为，居址铜器年代为商、西周之际，墓葬铜器为西周、春秋时期遗物。1959年四川彭县竹瓦街铜器窖藏出土铜容器8件、兵器13件，其中的覃父癸觯、牧正父己觯当时被认为属于商器，是蜀人参加武王伐纣所获。1980年彭县竹瓦街又发现一铜器窖藏，距1959年铜器窖藏的地点仅25米，内有铜罍4件及戈、戟、钺等兵器15件。一些学者认为，该窖藏铜器的年代与先前窖藏铜器一样，均不早于商末、西周初，它们是西周、春秋之际即蜀杜宇王朝灭亡时的埋藏。此外，零星出土的其他较重要的铜器还有成都市一环路铜罍、广汉市城关铜尊等。陕西南部勉县老道寺出土的师朕父鼎也位于该文化的分布范围内。

新一村文化铜器的出土地点不仅限于四川盆地和汉中盆地，在新一村文化与周文化交错地带的陕西宝鸡市強氏墓地也出土大宗铜器。1974年～1981年在宝鸡市竹园沟、茹家庄和纸坊头发掘的27座西周前期強氏墓葬，随葬的铜器多数为周文化因素器物，但也有不少为新一村文化因素的铜器，如铜皂首杖、立人像、尖底罐、柳叶剑等。这些发现加深了人们对四川地区古族与周人之间关系的认识，为了解新一村文化铜器中周文化铜器因素的来源和传播途径提供了重要线索。

● **种类与组合** 主要有容器、兵器、工具、像设、饰件5种。铜容器有鼎、罍、尊、觯、尖底罐、平底罐、圜底釜等；铜兵器有剑、戈、戟、矛、钺、镞；铜工具有斧、凿等；铜像设有小立人像和皂首杖；铜饰件有树状头饰、梳等。这些铜器根据其文化因素可分为3群：①中原系的主要为周文化因素的铜器。其中有的是因战争、婚媾等原因流入新一村文化分布区的周文化铜器，如师眣父鼎、牧正父己觯和覃父癸觯；有的则可能为该文化模仿中原系铜器制作的，如在铜容器中比例较大的铜罍、数量很多的三角援无胡戈。在该群铜器中，最值得注意的是铜罍，它们往往1大4小组成一套，是新一村文化最重要的铜礼器，并影响到以后所谓巴蜀文化铜器的礼器组合。②新一村文化自身文化因素的铜器。如尖底罐、平底罐、圜底釜、柳叶剑、阔叶矛、荷包钺等，此外，皂首杖或许也可归入此组。该群铜器中的尖底罐等素面容器，虽在新一村文化的中心区尚未发现，但从这种形制的陶器是新一村文化的典型器类，以及在強氏墓地中这种形制的铜器均放置于棺内靠近墓主处的现象分析，它们应是新一村文化的主要日常生活用铜器和具有文化标识作用的铜器。柳叶剑是以后的巴蜀文化中最有特色的兵器，有的学者曾认为这种兵器来源于周文化铜器。但由于在相当于商代后期的三星堆遗址晚期和十二桥遗址早期遗存中都发现有柳叶剑，并且早期柳叶剑在属于新一村文化范畴的強氏墓地出土最多，故可以推断柳叶剑应是源于十二村文化和新一村文化，属于该文化及以后巴蜀文化特质的兵器。③先前三星堆文化因素的小立人等铜像。这种铜像与三星堆文化铜器的大立人造型风格相同，应是承续先前文化因素和宗教观念的产物。④中原与当地文化因素融合而形成的复合文化因素的铜器。如戈刺拼合的戟与部分无胡戈等，这些铜器从主体上看与周文化同类器物相近，但在花纹上又具有鲜明的新一村文化特色。

● **形制与装饰** 新一村文化铜器中的中原系铜器，如鼎、罍、尊、觯等礼器，造型、纹饰乃至于铭文都与同时期周文化铜器相同。西周初期的竹瓦街蟠龙盖铜罍与远在数千里之外的辽宁喀左县北洞沟蟠龙盖铜罍非常相像；西周早期偏晚阶段的覃父癸觯和牧正父己觯，体态粗矮，装饰纤细的云雷纹地回首夔龙纹及云目纹；西周中期偏早阶段的师眣父鼎器形垂腹近平底，颈部饰身、尾分离的长体鸟纹一周。这些器形和纹饰在同期周文化铜器中常见，不具新一村文化铜器自身的特色。最具新一村文化器形特色的是尖底铜罐，其器表素面无纹饰恰是该文化陶器的普遍作风，深腹、侈口、溜肩、尖底的器形又正是该文化陶罐的特点。柳叶铜剑剑体一般较宽短，身与柄连为一体，本部无纹或仅饰云目纹、鸟纹，剑鞘的双翼呈不对称形，这显然与以后巴蜀文化柳叶铜剑有别。荷包铜钺的銎部呈棱形，刃部呈半圆或尖圆形，特点也很鲜明。无胡铜戈等兵器的形制虽与商、周文化同类戈无大差别，但其上的抽象动物纹样却很别致,开巴蜀文化纹样之先河。

● **国别与族属** 新一村文化是三星堆文化的后继文化，二者关系密切。在该文化的铜器中有与三星堆文化相似的小立人像，暗示二者原始宗教的连续性和一致性。三星堆文化的许多铜器都反映出它属于古蜀人的文化属性，与之关系紧密的新一村文化铜器自然也属于古蜀人的遗物。在属于新一村文化范畴的宝鸡強氏墓地中的几座被认为是強伯的大型墓葬中，均出土有颇具文化特征和权力象征意义的皂首铜杖首，而在蜀国历史上的王朝名称中，鱼皂、蒲卑（杜宇）王朝都是以皂为名的。从年代等方面考虑，将新一村文化铜器视为蜀蒲卑王朝遗存，应是比较合理的。

参考书目

王家佑：《记四川彭县竹瓦街出土的铜器》，《文物》1961年11期。
冯汉骥：《四川彭县出土的铜器》，《文物》1980年12期。

（孙 华）

Zhuwajie xiang'er kuiwen tonglei

竹瓦街象耳夔纹铜罍

西周早期新一村文化的铜制酒器及礼器。1980年由四川彭县竹瓦公社七大队四队农民取土烧砖时在一窖藏内发现。现藏于四川省博物馆。

两件成对，形制、大小和花纹基本相同。一件口径21.8厘米、通高69.4厘米；另一件口径22.8厘米、通高70.4厘米。半球形器盖，盖顶立菌状钮。侈口，方唇，颈部较长，肩部圆耸，侧立一对象首耳；腹深且瘦，腹下部出兽首鼻环，下接两段式高圈足。除颈部及圈足下段外，器表从上至下皆施四道高而薄的扉棱，就连盖钮与器耳上也不例外。扉棱间满饰以云雷纹为地的多种主纹：盖面或饰兽面纹或饰涡状夔纹；肩部以形同圆涡纹的团身龙纹为主，两侧为简体的回首夔龙纹；腹部饰涡状大夔纹；圈足则为卧牛纹。涡状夔纹是商末、西周初周文化铜器上流行的主体纹样，该罍的年代当不晚于西周早期。

该罍形体高瘦，器形不见于同时期的中原地区，却与同时出土的竹瓦街卧牛纹铜罍基本相同，当是

蜀人仿照周文化铜器所铸。该罍装饰华丽，构思巧妙，尤其是其两耳由象鼻弯曲而成，鼻的前部又向外反卷为垂珥，这与纹饰素净的卧牛纹铜罍有异曲同工之妙。

（孙 华）

竹瓦街象耳夔纹铜罍

Zhuwajie woniuwen tonglei

竹瓦街卧牛纹铜罍

西周早期新一村文化的铜制酒器及礼器。1980年由四川彭县竹瓦公社七大队四队农民取土烧砖时在一窖藏内发现。现藏于四川省博物馆。

竹瓦街卧牛纹铜罍

口径26.8厘米、通高79厘米。盖如覆豆形，“豆”柄为捉手。器身侈口，方唇，曲颈，圆肩，深腹，高圈足，圈足上段外撇而下段直且内收。在肩、腹之间施带珥半环耳，下腹部出一牛首钮。盖钮顶饰蟠龙，四周饰妆饰绿松石的四兽面，盖面饰两两相对的卧牛。器肩两耳上饰牛首，半卧的牛身位于两侧，成为肩部浮雕状花纹；在两组卧牛纹间另有凸起的牛首为饰。器表装饰极为简洁。该罍形体高大，是已知体量最大的新一村文化铜罍；装饰与造型结合紧密，主体纹样间不衬地纹，显得雄浑庄严，干净利落。

（孙 华）

Zhuwajie niaowen tongji

竹瓦街鸟纹铜戟

西周早期新一村文化的铜制兵器。1960年发现于四川彭县竹瓦公社七大队四队一大陶缸中。现藏于四川省博物馆。

竹瓦街鸟纹铜戟

戈长20.3厘米。戈、刺分别铸制，然后将其组合在柲上而成。戈援呈不对称的窄三角形，内如略窄于援的长条，援本部及内中部各有一圆穿，援近阑处有二长方形穿。刺形似半截短剑而中空，后端收束如箍，銎呈椭圆形。在戈援部及刺身各铸一反首长身鸟纹。相似的铜戟也发现于1980年彭县竹瓦街窖藏，而在同时期其他文化中罕见，戟上的鸟纹装饰也常见于新一村文化及以后的巴蜀文化兵器上。它无疑是新一村文化自身铸造的铜制品。

铜戟是商代前后期之际新出现的兵器。按照戟的形态和组合方式，有戈、刺联铸的整体型和戈、刺分铸的分体型两类。该戟属分体型铜戟，类似的铜戟在以后的四川茂县牟托1号石棺墓中也有出土。

（孙 华）

Dongnan Diqu Xizhou ji Chunqiu zaoqi tongqi

东南地区西周及春秋早期铜器

西周及春秋早期中国长江中下游地区及东南沿海地区诸青铜文化的铜制器具。该地区包括江苏、浙江、上海、江西、安徽南部及福建北部，在夏、商时期先后进入青铜时代，但在西周以前，除江西赣江流域青铜冶铸较发达外，其他地区都还比较落后。而在这一时期，其青铜冶铸业获得迅猛发展，出现以土墩墓铜器群为代表的具有东南地方特色的铜器群，剑等一些典型的东南系铜器诞生并流传，一些新的装饰纹样亦形成并流行。这一时期是中国东南地区铜器发展进程中非常重要的阶段，是高度发达的吴越青铜器的基础，也是南方百越铜器的直接源泉。

● **文化背景** 东南地区在周王朝建立以后就与周王朝发生密切的联系，“太伯奔吴”的传说从一个侧面反映出周王朝经营南方的历史。从考古学文化面貌来看，周文化的分布区已包括长江以北的整个淮河流域，长江以南东南地区的“后湖熟文化”也带上浓厚的周文化的烙印。浙江黄岩市小人尖土墩墓出土的具有西周早期周文化铜器风格的青铜器，就是周文化因素在东南地区广泛传布的例证。不过，周文化对淮河以南地区的有效控制时间似乎比较短暂，只有西周中期以前一段不长的时期。西周中晚期以后，由于淮夷叛周，周王朝连年用兵于江淮，战事频繁，东南地区与周王朝的联系因此被隔断，周文化对东南地区的文化辐射和影响随之骤减。

与之同时，发源于东南地区偏南的浙江南部一带的以土墩墓和铜剑为基本特征的地方文化开始由南向北迅速蔓延，很快就扩展至包括江苏宁镇地区、安徽皖南地区和江西东部地区等在内的大部分区域，形成具有鲜明东南地方特色的强大的青铜文化。在这个强大文化实体的烘托下，东南地区的青铜冶铸业得到极大发展，但由于新的中原青铜铸造工艺、新的铜器种类和纹饰风格自西周中期就难以传播到长江以南，使得这一地区的铜器冶铸长期模仿西周早期的铜器种类、形制和纹饰，或者在这些铜器的基础上再作进一步的改造、简省和创新，从而使西周中期以后东南地区的铜器带有明显的守旧和复古的色彩。

● **区域特征** 西周及春秋早期东南地区的铜器主要出土于土墩墓中。这些铜器群都以容器为主，食器主要有鼎、鬲和簋，酒器为尊和壶（卣），水器为盘和盉。既不见西周中期以前周文化中普遍流行的觚、觯、爵、斝等饮酒和温酒器，也不见或罕见西周中期以后周文化流行的盨、瑚、簠、匜，而以鼎、簋、尊、壶、盘形成一种相对固定的组合。这些铜器基本模仿西周中期以前周文化同类铜器的形态，在中原地区已消失的某些器类或器物形态在东南地区却长期存在。如周文化中三段式铜尊只见于西周早期，两段式铜尊只沿用至西周中期，而在东南地区却沿用至春秋甚至更晚；提梁壶（卣）在周文化中也仅见于西周中期以前，而在东南地区也使用到春秋时期。在模仿周文化铜器的过程中，大多铜器经过省简和改造。如铜簋的体态普遍低矮，腹部变浅，錾耳变小或省略，有的簋錾就如同扉棱；铜盘的腹壁较深、较直，双耳紧贴盘口，几乎失去提耳的作用。铜兵器富有特色，与以后吴越铜剑有渊源关系的双翼无格剑和圆茎柄有格剑从西周开始在东南地区出现并逐渐流行，成为该地区颇有特征的铜兵器。这些铜器的纹饰也明显分为两类：①模仿周文化铜器上的兽面纹、夔龙纹和凤鸟纹。这些动物纹样通常比中原地区草率急就，变形较大，简省抽象，有的已几乎变成几何纹样。大量简化和图案化的动物纹样紧密地排列在一起，组成别具风格的细密的东南系蟠螭纹或蟠虺纹。②当地传统的连珠纹、连点纹、编织纹、方格纹等。它们将动物纹样的地方特点衬托得更加鲜明。

● **分期与分区** 西周初期至春秋早期，东南地区铜器的发展进程如同中原周文化铜器一样，经历早、晚两大发展阶段。早期约相当于西周早中期，典型铜器群有江苏丹徒市烟墩山1号墓、大港母子墩墓、浙江黄岩市小人尖墓等。这时铜器群中常常有中原周文化铜器共存，形态也与同时期周文化铜器相去未远，簋和盘的数量还不很多，铜剑较短且双刃向锋部斜收，极细小的蟠螭、蟠虺纹还很少见。晚期大致相当于西周晚期至春秋早期，典型铜器有江苏丹徒市司徒砖瓦厂窖藏、安徽屯溪县奕棋3号墓等。这时铜器的地方性更加浓厚，典型的越系鼎常见，还有多小耳或无耳簋、深腹贴耳盘等；双翼无格剑的双翼开始退化，剑身稍长且双刃后段平行；细化的蟠螭、蟠虺纹、编织纹、棘刺纹等装饰纹样十分盛行。

东南地区西周至春秋早期铜器主要集中发现于江苏镇江地区和安徽皖南地区。这两个地区铜器与浙江所出铜器的文化面貌基本相似，不像东南地区以陶器为主要标识划分的文化那样可以分成若干小区。不过在东南地区的东西两端，即上海及其附近地区和江西赣江流域，其铜器的情况尚不明朗。其中江西地区的吴城文化在这时已衰落，后继文化的青铜冶铸业一落千丈。

东南地区是古越人的主要活动地域，被考古学家称作“越系鼎”的具有百越文化特征的铜器在西周时期就已出现并流行于这一地区。学术界一般认为该地区西周及春秋早期铜器为古越人的遗存。

（孙　华）

Houhushu wenhua tongqi

后湖熟文化铜器

西周至春秋中期分布于江苏和安徽南部、浙江北部一带的晚于湖熟文化的青铜文化的铜制器具。对于这种以台形遗址和土墩墓为特色文化的铜器，学术界或将其归入湖熟文化，或称之为“吴文化铜器”，或比较审慎地以铜器的出土或埋藏形式称之为“土墩墓铜器”。该文化以丹徒县断山墩遗址为代表，晚于湖熟文化但又与之前后紧密相连，在尚无正式命名以前，暂称之为“后湖熟文化”。该文化铜器在东南地区诸青铜文化中出土数量最多，分布最广，对以后吴越文化铜器产生很大影响。

● **发现与认识** 湖熟文化发现于1951年，当时未命名，对其基本情况也缺乏了解。1955年～1958年，通过对江苏南京市北阴阳营、锁金村等遗址的发掘，获得一批小件铜器，当时将这些遗存都归于湖熟文化，并于1959年首次提出湖熟文化的命名。从此后相当长的一段时期内，学者们或将湖熟文化的年代范围从商代一直拉到战国，或认为湖熟文化是商代江南地区的青铜文化。直到20世纪80年代以后，通过江苏镇江市马迹山、丹徒县断山墩、句容县白蟒台，尤其是丹徒县赵家窑团山等遗址的发掘，人们逐渐意识到，江南地区的青铜文化虽自成体系，但这个体系实际上可分为3个大的阶段即3种不同的考古学文化，即江南最早发现并被确认的湖熟文化、湖熟文化以后的后湖熟文化、春秋中期以后的吴越文化。这样，属于西周至春秋早期的一大批出自土墩墓及其相关遗存的铜器就可归于后湖熟文化，大大丰富了该文化铜器的内容，推进了该文化研究的深入。

土墩墓是东南地区特有的一种墓葬形式。它是在平地（或浅坑）放置葬具或修筑墓室，其外覆土形成土丘。这种墓葬最早出现在浙江南部，以后传至浙北和苏南。墓葬

形制有一墩一墓和一墩多墓，以及单纯土墩、石床土墩、石围土墩和石室土墩的演变形式。土墩墓在夏代前后就已出现，不过埋葬成组铜器的土墩墓却出现于西周。其重要铜器群有：①1954年江苏丹徒县烟墩山1号墓出土铜礼器12件，以宜侯夨铜簋最为重要。②1959年安徽屯溪县奕棋1号土墩墓出土鼎、簋、尊、提梁壶、盘、五柱形器等19件铜器，2号土墩墓出土簋（盂）、尊2件铜器；1965年～1975年发掘的奕棋3号～8号土墩墓，其中3号墓出土铜器53件，除方鼎、圆鼎、簋、觯、尊、盉、盘等礼器，还有剑、斧等兵器和工具。③1982年江苏丹徒县大港子母墩土墩石围墓出土的铜鼎、鬲、簋、尊、壶等容器9件，并有富有地方色彩的铜矛、叉、镞和车马器等数百件。④1989年江西上饶县马鞍山一座土墩墓出土的铜盘，使人们认识到土墩墓铜器的分布区已扩展到江西东部。⑤1990年浙江黄岩市路桥小人尖土墩墓出土的尊、斗、剑、戈等铜器，不仅填补了浙江地区土墩墓铜器分布上的空白，而且对土墩墓铜器的分期断代和一些文化因素的渊源问题提供了重要线索。其他比较重要的土墩墓或非土墩墓出土的湖熟文化铜器还有江苏仪征市破口山铜器群、丹阳县司徒铜器群、安徽繁昌县汤家山铜器群和窑上铜器群、宣城县正兴村铜器群等。这些铜器文化结构复杂，时代风格特别，引起学术界的广泛关注。

● **材质与工艺** 皖南地区是古代长江下游地区最大的铜矿开采及冶炼中心。在安徽铜陵、南陵、繁昌、青阳、贵池、泾县等县市发现有古矿冶遗址60余处。其中南陵县江木冲矿冶遗址发现多座炼铜竖炉，炼铜渣分布面积达1.5平方公里，总重量约在50万吨以上，若按每10吨铜渣出铜1吨计，仅该遗址就曾提炼精铜5万吨以上。根据出土陶瓷器和放射性碳素测定数据，该矿冶工场启用于西周中晚期以前，不仅是中原地区铜料的重要来源，也为当地后湖熟文化的铜器制造提供了丰富的铜料。

经理化检测，后湖熟文化铜器的合金成份颇具自身特点。屯溪1号墓的父乙尊为纯粹的中原系铜器，其成份与其他西周文化铜礼器一样，都是高锡的锡青铜，而同墓及宽广墩出土的仿中原的提梁壶，其成份皆为含有较高铅的锡铅青铜。这种情况在“后湖熟文化”铜器中普遍存在，并且还有年代较早的铜器含铅量高、年代较晚的铜器含铅量低的发展趋势。铜礼器一般采用范铸法通体浑铸成型，只有像簋耳、壶提梁、匜鋬等采用分铸铸接的方法。三足器壁范以足为界线三分，再设三角形底范；圈足器则多对称两分壁范。浇铸采用倒浇，在器足部设浇口和冒口，其工艺与中原地区相同。在屯溪县奕棋8号墓出土有红砂石的镞范，另在铜陵市凤凰山、木鱼山等铜矿冶遗址发现有石制的斧、臿、鱼标范，可知后湖熟文化的工具仍多为石制。

● **种类与组合** 种类较多，容器包括鼎、甗、鬲、簋（盂）、尊、壶（或称卣）、盉、盘、匜、觥，兵器有剑、矛、戈、钺、镞，工具有斧、镰、削等，另有用途不明的五柱形器、镂孔筐等。铜鼎有垂腹平底柱足、球腹圜底蹄足和球腹圜底锥足三型；鬲有无耳高联裆锥足和有耳高联裆柱足（蹄足）二型；簋有盆形圈足、盆形方座、瓿形鋬耳、瓿形扉耳和瓿形无耳诸类型；尊有觯形、觚形、折肩三类。此外，壶有提梁、贯耳，盉有三足、圈足，剑有无格有翼、厚格有翼、厚格无翼，矛有折叶鱼形、曲刃琵琶形、直刃镞形的分别。

后湖熟文化铜器的组合很有特色。铜礼器以鼎、簋、尊、壶、盘为中心，它们在铜器群中常常成双成对出现。鼎和簋的配置形式有1鼎1簋，2鼎2簋和4鼎2簋等，与同时期周文化的鼎、簋配置形式不同。铜容器中不仅罕见西周早、中期周文化较常见的觚、爵、觯等饮酒器，也不见西周晚期及春秋早期周文化流行的盨、瑚、簠等。

● **形制与纹饰** 虽不乏像温岭龙首铜盘、汤家山蟠龙盖盉、子母墩凫形尊等造型和装饰都堪称上乘的作品，其他像屯溪双耳簋等也都装饰繁复。但总的说来，少见中原地区的庄严厚重和纹饰严谨的重器，多轻薄灵秀。带耳高联裆小蹄足的鬲，腹浅耳小或无耳的簋，三段式的觚形尊和模仿原始瓷的折肩尊，盘壁和圈足较直、双耳紧贴腹壁的

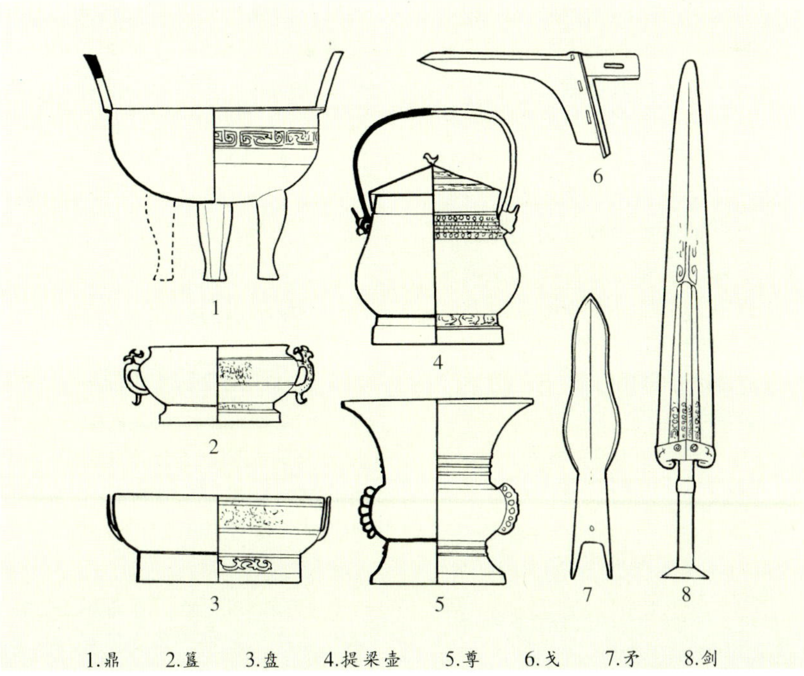

后湖熟文化典型铜器

盘，茎旁出双翼的无格矛形剑，矛叶折转、后有双尾、骹口深凹的矛等，都是后湖熟文化很有特色的铜器形制。

除中原系铜器上那些构图和线条都很严谨的兽面纹、凤鸟纹、蟠龙纹等纹类外，具有地方特色的纹饰主要有3类：①仿中原系铜器纹饰但又仿得较为随意的凤鸟纹、夔龙纹等动物纹样，以及方格乳钉纹、连珠纹、云雷纹等几何纹样。仿效这些纹样的铜器很少刻意追求形似，多数都仿得变形，远不如中原系铜器同类花纹布局和构图严整。②在中原系铜器纹样基础上简单化、细小化和图案化的纹饰，如变形连鸟纹、变形夔龙纹等。它们有的变形非常严重，单元组合又有单个纹饰、单层连续、多层连续、格形排列等多种组合方式，形态有点类似中原系铜器的蟠螭纹、蟠虺纹，但构图略显松散，意趣迥然不同。它们是后湖熟文化最为流行和最具特色的纹饰。③该文化自身的纹类，如锯齿纹、连点纹、网格勾连纹、网格棘刺纹等。锯齿及连点纹是用作其他主体纹样的边栏的附属纹样。网格勾连纹是以勾曲的线条组成的细密的小方格形状，棘刺纹是在每个格形排列的图案单元内突起一根铜芒刺，它们一般作为主体纹样饰于铜尊腹部，并一直延用到吴越文化之中。

● 分期与年代 后湖熟文化铜器文化构成复杂，包括：①纯粹的中原系礼器，如宜侯夨簋、子母墩伯簋等；②仿中原系铜器，如司徒凤鸟纹铜尊、子母墩鸟盖铜壶等；③中原文化传统和当地地方文化因素相结合形成的铜器，如宽广墩变形蟠虺纹无耳簋、磨盘墩带尊等；④当地文化特质的铜器，如屯溪五柱形器、宽广墩镂孔盘、小人尖带翼剑、破山口铍形矛等。此外，还有徐淮文化耸肩高联裆锥足鬲、小口浴鼎，以及百越文化锥足鼎等等。复杂的文化构成，再加上其器形多与西周早中期相似，而纹饰则又似乎有春秋中后期风格的矛盾现象，使得学术界对该文化铜器的分期及年代判断颇多分歧。有的学者将后湖熟文化的土墩墓铜器分为3期，年代范围包括西周早期到西周晚期；有的学者将该文化铜器分为两期，早期属于西周中晚期，晚期属于春秋早期；还有的学者认为“后湖熟文化”的土墩墓铜器都属于春秋时期，乃至于春秋中晚期。

后湖熟文化铜器具有自己独特的文化现象。首先，具有浓厚的西周早中期周文化铜器的作风，而少见西周晚期及春秋早期周文化铜器的因素。西周晚期开始流行的盨、瑚、簠等器形，重环、垂鳞、波带等新纹饰在土墩墓铜器中几乎不见（西周晚期至春秋早期周文化风格的铜器只在非土墩墓中偶尔发现，如安徽繁昌县汤家山、江苏浦口县长山子铜器群）。其次，该文化铜器中所出兵器，如有翼无格剑、折叶矛等，不见于春秋晚期以后的吴越文化中，有格剑也明显较最早的吴越剑古朴。第三，春秋晚期后吴越文化铜器中常见的楚文化因素绝不见于后湖熟文化铜器中。从这些现象看，后湖熟文化铜器的年代上限很可能早到西周中期甚至早期，而其下限在春秋晚期以前。

据历史文献及铜器铭文的记载，后湖熟文化所处的地域范围是春秋晚期崛起的吴国和越国的疆域，它与吴越文化又有前后承袭的密切关系，以致不少学者都将后湖熟文化铜器纳入吴越文化的范畴。不过就后湖熟文化中的土墩墓来说，根据吴越文化铜器墓一般多为土坑墓而非土墩墓，以及江苏南部及安徽南部土墩墓是浙江一带土墩墓向北影响的结果等方面分析，土墩墓铜器很可能是越人的遗存。

参考书目

邹厚本：《宁镇区出土周代青铜容器的初步认识》，《中国考古学会第四次年会论文集》，文物出版社，1985。

马承源：《长江下游土墩墓出土青铜器的研究》，《上海博物馆集刊》第4辑，上海古籍出版社，1987。

杨宝成：《略论西周时期吴国青铜器》，《东南文化》1991年3、4期。

（孙 华）

Houhushu wenhua tonggui

后湖熟文化铜簋

西周至春秋中期分布于江浙一带的后湖熟文化的铜制容器。类型多样，数量较多，特点鲜明，是该文化最主要的盛食用具，也是最具特色的青铜容器。

在后湖熟文化的墓葬、窖藏铜器群中，大多有簋的存在。簋一般1～2件，但在丹徒县司徒公社砖瓦厂窖藏中簋的数量却多达7件。簋有盆形簋和瓿形簋两类。盆形簋侈口，垂腹，兽（鸟）首鋬耳，可分为圈足和方座两型：前者有宜侯夨铜簋，后者有子母墩伯簋。它们是后湖熟文化的中原系铜簋。瓿形簋浅腹，耸肩，形似商代的铜瓿。这种簋数量最多，形态多样，既有摹仿盆形簋的鋬耳簋，也有双鋬简化如扉棱的扉耳簋，还有无鋬无扉的无耳簋（或称作盂）。这些簋形态与中原周文化等的铜簋有别，纹饰更洋溢着地方特色，它们是该文化在中原周文化铜簋基础上简化、改造和创新而形成的新的器形。

后湖熟文化铜簋演变进程不很清楚。总的说来，西周晚期以前，中原系铜簋较为常见；西周晚期瓿形簋开始流行，但簋口较大，腹外鼓不很厉害，簋耳尚多作兽形；春秋早期以后，簋口敛而腹浅，腹部极度外鼓，耳如扉棱，圈足下或有仿中原敛口簋的三小足。

（孙 华）

Situ yunwen tonggui

司徒云纹铜簋

西周晚期至春秋早期后湖熟文化的铜制食器。1976年出土于江苏丹徒县司徒公社砖瓦厂。现藏于镇江市博物馆。

口径18.7厘米、通高10.4厘米。为无鋬簋，卷沿，侈口，短颈，有肩，鼓腹，圈足，簋底中央有一半

环钮。器肩上和腹下各有连珠纹带一周，其间为相间的两道卷云纹带和两道圆点纹带。纹饰线条流畅，简练明快。该簋是典型的后湖熟文化地方因素的铜器，从其形制和纹饰都还可以看出具有脱胎于中原系铜器的痕迹。簋的纹饰以静止的圆点和连珠纹与流动的卷云纹间隔布置，对比鲜明。（孙 华）

司徒云纹铜簋

Houhushu wenhua tongjian

后湖熟文化铜剑

西周至春秋中期分布于江浙一带的后湖熟文化的铜制兵器。是中国南方铜剑从无格向有格发展的重要环节，是精美绝伦的吴越文化铜剑形成的基础。

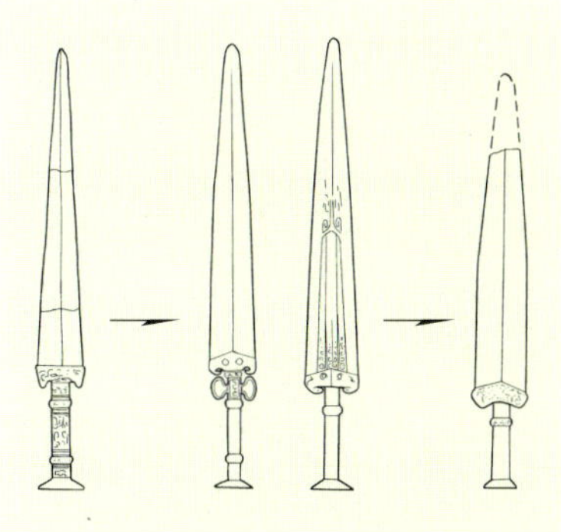

后湖熟文化有格铜剑形态演变示意图

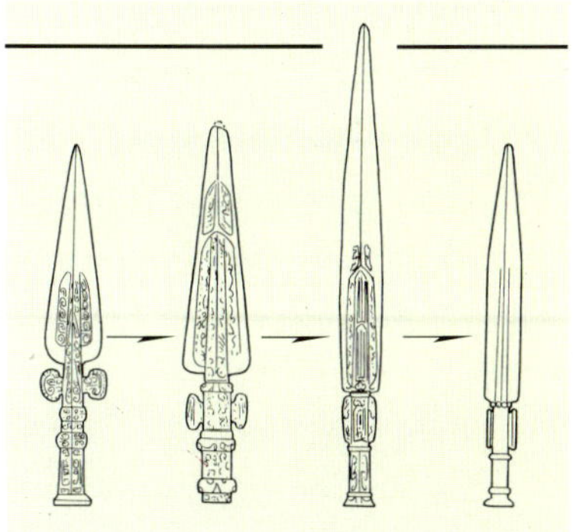

后湖熟文化无格铜剑形态演变示意图

吴越铜剑制作精良，闻名于世。然而已知最早的吴越铜剑不过春秋中晚期之际，吴越铜剑的来源及演变进程一直是人们关注的问题。而后湖熟文化铜剑的发现和年代的确定为吴越铜剑的来源提供了线索。早在20世纪50年代发掘江苏丹徒县屯溪3号墓时就曾出土3柄铜剑。这些剑与吴越铜剑同为宽剑格圆茎剑，但两侧剑锷向剑锋斜收，剑身后部中央有的装饰纹样，剑茎两侧或有小翼，却又与吴越铜剑有别，比吴越铜剑略显古朴。浙江长兴县出土的数柄铜剑可分两种类型，一类有后卷的剑格，两侧剑锷向前斜收使剑身呈三角形；另一类无剑格，剑锷向前缓收，剑身后部有凸脊及花纹，剑茎有小翼。这些剑的形态与吴越铜剑有相着当大的差异，显得更为原始。学者们根据花纹等分析，推测这些铜剑的年代可早至西周时期，有的学者还进而推断，这些铜剑的出土为有格圆茎剑起源于中国南方地区尤其是吴越地区之说提供了实证。1990年浙江黄岩市小人尖一座土墩墓中又出土一柄无格圆茎带翼剑，该剑较短，无剑首，形制及花纹在同类剑中最为古朴。同墓还出土有多件西周中期以前的青铜器，证明这种铜剑的年代当在西周晚期以前。至此，该文化铜剑的起源、发展、演变轨迹和与吴越铜剑的关系已基本清楚。这种剑至迟在西周中期就已出现在浙江南部，西周晚期后逐渐传播至江苏南部的宁镇地区及安徽的皖南地区。其起源及传播恰与土墩墓的情况类似。这种剑的演变主要表现在：剑身由短变长，两锷由剑身后部向剑锋渐收到两锷大致平行至前端再收敛成锋，剑面由有花纹到无花纹；剑格由无到有，由前平后卷到前凸后卷；剑茎由无剑首到有剑首，带双翼到无双翼。到春秋中期，该文化铜剑的形制已与吴越铜剑非常相像。

该分布区与江西相邻，在商代吴城文化的典型遗址——江西樟树市吴城遗址旁的正塘山曾出土一具被称作矛的吴城文化二期铜剑，它除剑茎无双翼外，形制和纹饰都与后湖熟文化早期铜剑很相似。后湖熟文化铜剑的出现和形成很可能与江西的吴城文化有关。

（孙 华）

Houhushu wenhua tongmao

后湖熟文化铜矛

西周中晚期至春秋中期分布于江浙一带的后湖熟文化的铜制兵器。形制多样而别致，为同时期周围其他青铜文化和以后的吴越文化所不见或少见，具有鲜明时代特色和文化特色。

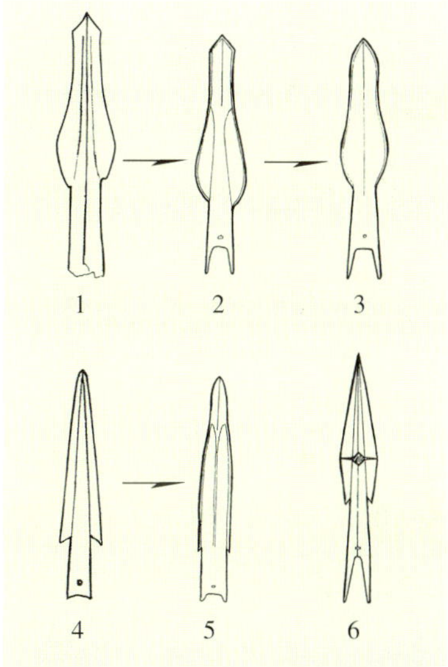

后湖熟文化铜矛的
主要种类及其演变示意图

主要有4类：①矛体呈琵琶形，三角形锋，叶为前窄后宽，曲刃，骹口前后面内弧如拱形（见图1-3）；②矛体似鱼形，舌形锋，叶中部折转，后尾内折如镞翼，骹口内弧十分严重（见图6）；③矛体似双翼镞，舌形锋，窄长叶前窄后宽，紧贴骹旁，叶后尾如第二类，骹口微内弧（见图4、5）；④矛体形如树叶，尖锋，叶短而阔，长骹圆銎，骹口内弧。这其中的前三类，是该文化固有的文化因素。第四类矛多见于楚地，当为楚文化因素。前三类矛在西周时就已出现，一直沿用到春秋中期偏早阶段，第四类却是春秋中期才出现的。

矛是安柄前刺的长兵器，为刺兵之属。刺兵的柄和纳柄之銎一般为圆形，然而该文化铜矛却几乎都是椭圆形銎或菱形銎，极富特色。同时，铜矛骹部銎口周缘一般平齐，而该文化铜矛骹口则上弧成拱形，有的矛上弧的凹口还相当深。中原系铜器的矛，其叶刃多外弧如树叶，而该文化的先内曲再外弧的曲刃矛，以及叶刃折曲的折叶矛，均为其他文化所不见。该文化铜矛的椭圆形銎、凹骹口、曲刃等一些特色为以后的吴越文化所继承，并通过吴越文化传播至楚文化等周边文化中。

（孙 华）

〖后湖熟文化其他铜器〗

Shangxinqiao fengniaowen tongding

上辛桥凤鸟纹铜鼎

西周中期后湖熟文化的铜制食器。1979年出土于浙江长兴县下箬公社上辛桥附近。现藏于长兴县博物馆。

上辛桥凤鸟纹铜鼎

口径21厘米、通高24.8厘米，重3.85千克。由三块壁范、一块底范铸造而成。为垂腹圆鼎，立耳，折沿，斜肩，垂腹，器底较平，其下接3条上粗下细的矮柱足。在鼎肩部施一周云雷纹地的反首回首长尾凤鸟纹，凤鸟两两成对，其间隔以简化的兽面纹。鼎的底部有烟炱，显系实用的炊器。

该鼎制作精好，花纹细致，是浙江地区罕见的西周铜器的精品。它具有中原地区周文化铜器的特点，与东南地区通常仿制的中原系铜器有所不同。这样的铜鼎出土于浙江地区，反映出当时周文化铜器在东南地区的传播和影响。

（孙 华）

Situ fengniaowen tongzun

司徒凤鸟纹铜尊

西周中晚期后湖熟文化的铜制酒器。1976年出土于江苏丹徒县司徒公社砖瓦厂。现藏于镇江市博物馆。

司徒凤鸟纹铜尊

口径41.4厘米、通高34厘米，重18千克。整体作觯形，体大而厚重，侈口，卷沿，曲颈，垂腹，折壁式矮圈足。器表除圈足外满布云雷纹地的纹饰。口下纹饰作四瓣花布局，花瓣内填变形长尾对鸟纹，颈饰一周漩涡纹及双鸟纹；肩、腹部饰以相对的回首卷尾鸟纹，两鸟间还有一很小的龟纹。该尊的形态和纹饰总体上与西周中期前段的丰尊等周文化铜尊相似，但凤鸟纹的细部作法和蛇纹、龟纹等附属纹饰，又显然具有地方特点，当是仿照周文化铜尊而制成的。

（孙 华）

Zimudun yaxing tongzun

子母墩鸭形铜尊

西周中期后湖熟文化的铜制酒器。1982年由江苏镇江博物馆等单位在丹徒县大港公社赵庄大队乔木山子母墩一大型土墩石室墓中发掘出土。现藏于镇江博物馆。

子母墩鸭形铜尊

口径18.3厘米、通高22.2厘米，重3.05千克。形如背负喇叭形圆筒的立鸭，鸭作曲颈收翅伫立状，头有半环形冠，后有扁平的短尾，为保持平衡，在鸭身后部有一根螺纹状立柱支撑。鸭腹中空，上与喇叭形器口相通。器表素净无纹饰。

西周鸭尊已发现数件，分别属于南北不同的考古学文化，如北方地区魏营子文化的辽宁喀左县马厂沟铜鸭尊，中原周文化的河南平顶山铜鸭尊。但以该尊造型最为生动可爱，达到使用功能与艺术造型较为完美的结合。

（孙 华）

Zimudun niaogai tonghu

子母墩鸟盖铜壶

西周中期后湖熟文化的铜制酒器。1982年由江苏镇江博物馆等单位在丹徒县大港公社赵庄大队乔木山子母墩一大型土墩石室墓中发掘出土。现藏于镇江博物馆。

口径20厘米、通高49厘米，重14.4千克。属比较古朴的无颈壶，壶的子口上套卧鸟形盖，鸟形似翅尾展翅的鸠。壶身作椭圆的长体，垂腹，矮圈足，口下肩上有相对的半环耳，可以安装提梁或绳索。壶身前后及两侧各有一道纵向的有菱形乳钉箍带将壶身分为对称的4块，每块以连珠纹镶边，其间填以勾连云纹，云纹中突起一目，尚有兽面纹的遗意。该壶体态高大，造型简练，花纹随意自然，是西周时期东南地区铜器的佳作。

（孙 华）

子母墩鸟盖铜壶

Yandunshan panlonggai tonghe

烟墩山蟠龙盖铜盉

西周中期后湖熟文化的铜制水器。1954年与著名的宜侯夨铜簋等一起出土于江苏丹徒县龙泉乡下聂村的烟墩山。现藏于南京博物院。

通高30.5厘米。盖面微鼓，上蟠一龙，龙首扬起作盖钮。盉身直口，深腹，器壁斜直，外倾成垂腹，圜底近平，底接外撇的3只细蹄足。器身前有上翘的直管流，流上后部有拱形梁加固；后有半圆形鋬，鋬上与腹壁间也有一拱形梁，其内套一环与器盖后端环钮相连。器身上部饰变形夔龙纹一周，其下饰一道旋纹。该盉整体造型别致，细部处理独具匠心，纹饰具有东南西周铜器的风格。它是当地匠师在对周文化铜器学习和模仿的基础上所进行的艺术再创造。

（郑 彤）

烟墩山蟠龙盖铜盉

Louqicun panlong tongpan

楼旗村蟠龙铜盘

西周早期后湖熟文化的铜制水器。1984年出土于浙江温岭县琛山方楼旗村。现藏于温岭县文物管理委员会。

楼旗村蟠龙铜盘

口径61.6厘米、底径37.9厘米、通高52.2厘米。斜宽折沿，方唇，弧腹内收，平底，两段式高圈足。盘外壁及圈足上段分别饰以云雷纹为地的对鸟纹和对龙纹带一周。鸟纹共6组，其间隔以扉棱，每组2鸟，2组相对；龙纹也分为间以扉棱的6组，每组1龙，相对布局。盘内铸头内尾外的蟠龙纹一条，龙身以重方格纹及菱纹为鳞，龙首从盘心扬起，宛如圆雕，最为奇异。

该盘的整体造型及纹饰布局与中原地区周文化铜盘相同，但龙和鸟的形态则不同于中原，具有浓郁的地方色彩。盘内铸蟠龙的装饰手法常见于中原商、西周铜盘上，所不同的是该盘蟠龙龙首如中柱耸起，给人以圆雕与浮雕相结合的艺术效果。它是古代东南地区工匠吸收中原铜器工艺并加以创新的杰作。

（孙 华）

Chunqiu-Zhanguo tongqi

春秋战国铜器

（公元前770年～公元前221年）

周王朝东迁以后至秦统一中国前各地区各文化的以铜为主要材质制作的器具。这时中国中心地区的考古学文化由一统走向多元，南方和北方边区产生新的青铜文化系统，新的制铜产业和铜器工艺、种类及器物形制、装饰手法和花纹题材也纷纷涌现。它既是中国青铜时代向铁器时代的转化时期，同时又是中国青铜文化的复兴期，在中国古代铜器发展史上是一个值得特别注意的发展阶段。

● **文化背景** 西周后期，周王朝内部和外部矛盾逐渐加剧，最终导致西戎的入侵和周王室的东迁。自周平王东迁后，周王朝的声威日下，逐渐失去号令诸侯的能力，一些拥有较强国力的诸侯国相继兴起。不过在春秋早期，周王室余威尚存，一些诸侯国的政治、军事力量也还没有强大到敢“问鼎轻重”的地步。这表现在考古学文化上，就是春秋早期周文化的面貌仍与西周晚期相同，二者在分期上都属于周代前期考古的范畴。从春秋早中期之际起，更具体地说是从齐桓公称霸开始，先后出现几个“挟天子以令诸侯”的霸主，形成“号令征伐自诸侯出”的局面。它们各据一方，兼并或统属周围小国，原先一统的周王朝分裂成以若干个诸侯大国为中心的地域集团。在这种背景下，原先的周文化也分化成几个具有相当地域差异的周文化的亚文化，如晋文化、秦文化、楚文化等。由于周王朝统

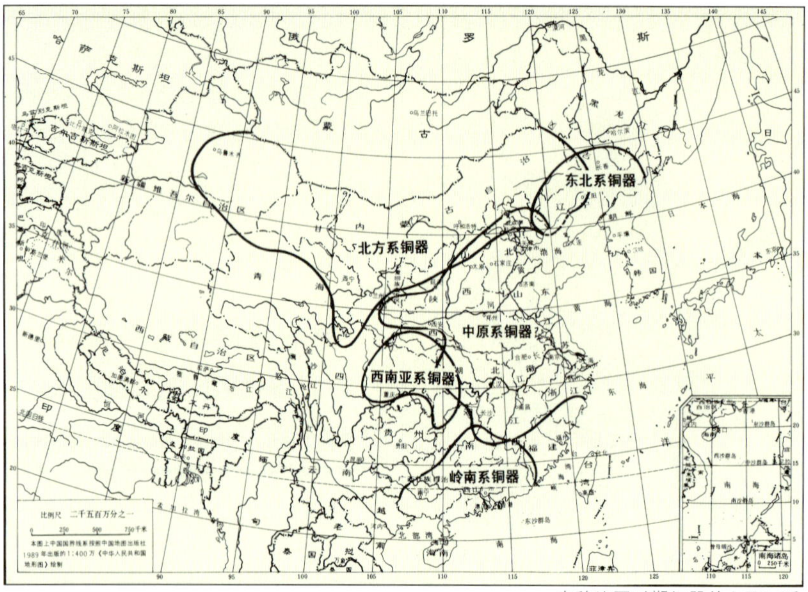

春秋战国时期铜器的主要区系

治区域内的动荡不安，周文化区周边的其他古国古族异常活跃。在北方边区，曾威胁中原诸国的戎狄族群，逐渐形成流动性很大的骑马民族，出现富有共性的北方草原青铜文化系统；在东北边区，从西周以来就开始繁盛的东北青铜文化系统诸文化尚未受到中原青铜文化系统的强烈冲击，继续保持其文化特色；在西北边区，氐羌族群的西戎在强大的秦国的打击下基本分散瓦解，未臣服于秦的氐羌分别向河西走廊和川西高原两个方向迁徙，除青海湖周围地区外，这一地区延绵数千年之久的文化传统从此中断；在南方边区，东南的吴越和百越族群很活跃，相继出现颇为繁荣的吴越文化和百越文化，而西南的巴蜀等古国这时也比较频繁地出现在历史舞台上，巴蜀文化展现出四川盆地青铜文化系统的最后荣光。这种文化背景反映在铜器上，就是制铜工艺的创新和提高，器物风格清新多变，区域特色更加明显。春秋中期以后铜器的分区格局和时代风格与西周中期后段至春秋早期的铜器形成了鲜明的对比，开辟了一个新时代。

● **技术成就** 春秋、战国时期社会对铜器的大量需求促进了铜器冶铸技术的发展进步，一系列新技术和新工艺诞生。在铜器原料的获取上，这时出现了像《山海经》、《管子·地数篇》等记录矿山位置和找矿线索的文献，开始对找矿经验进行文字归纳和总结。随着找矿和采矿经验的积累，出现了湖北大冶市铜绿山、湖南麻阳县九曲湾等规模巨大、设施完备的大型古铜矿，而安徽铜陵一带的古铜矿、江西瑞昌县铜岭铜矿等先前就已出现的古铜矿仍在大规模进行开采。在青铜器的合金成份上，通过对长期青铜器冶铸经验的总结，出现了对青铜合金配方进行理论性总结的“六齐说”（《周礼·考工记》）。不仅能够熟练地根据不同种类青铜器的不同用途，正确地搭配其铜、锡、铅的比例，而且能在同一件青铜器中，根据其不同部位对硬度或韧性的不同要求，分别采用不同的合金比例，制造出像锋刃高锡而剑体低锡的复合兵器。在铜器铸造技术上，传统的范铸法发展到登峰造极的地步。除在制模翻范和模范材料的使用上更加讲究外，还运用分模法和一模多范等新工艺；传统嵌范法、分铸法的运用也更加广泛，并发明和推广了焊接法等新方法。这些都有效地提高了劳动生产率，提高了铜器的产量和质量。尤其重要的是，习惯于使用范铸法的工匠们终于在此时开始采用失蜡法这一新技术，铸造出有镂空透雕装饰效果的极度繁复精细的铜器。铜器的装饰工艺也不仅仅是单一的铸纹，刻纹刻字、镶嵌玉石、金错银错、填漆漆绘及鎏金镀锡等新的装饰工艺也大量应用，将铜器装饰得分外美观，多姿多彩。

● **时代特征** 中国青铜时代经过西周中期至春秋早期的衰落阶段以后，到春秋中期又走向复兴，集中体现出当时青铜文化的时代风貌。尽管不同青铜文化的铜器各自具有独特的文化风格，但由于这期间发生的中原诸国彼此的频繁交往和对边区的开发，以及北方骑马民族形成所导致的古族大迁徙和流动，使得中国各地区和文化间的交互影响加剧，各地区青铜文化铜器的发展几乎具有一些相同甚至同步的趋势和相近的特征。这些特征主要表现为：

①.青铜文化分布更加广泛，铜器的使用更加普遍。过去青铜文化不发达、铜器发现很少的地区，这时也出现颇为发达的青铜文化，如北方新出现的玉皇庙遗存、沙井文化、察吾乎沟口文化、铁木里克遗存，南方新出现的百越文化和以早期铜鼓为代表的遗存等，都出土大量颇具地区和文化特色的铜器。有些新出现的青铜文化的年代亦在战国时代，这时黄河及长江中下游地区已经较广泛地使用铁器。一些边区青铜文化刚刚进入繁盛阶段而中心地区已跨入铁器时代的门坎，中国社会发展的地域性不平衡又呈现出一种新的表现形式。

②.铜器的地域性差异扩大，早先文化面貌基本一致的周文化铜器分化为晋、秦、楚、齐、燕多个文化各自具有一定地方特色的铜器，其他周边青铜文化的铜器面貌更呈现出一幅百花齐放、争奇斗艳的景象。然而，在这多样化的铜器时代风格中，却潜伏着一种总体上的趋同趋势：中原系铜器分布区在不断扩大，一些本来具有显著地方色彩铜器的文化（如徐舒文化、吴越文化等）逐渐融合于其他文化中；北方系铜器共同的北方草原文化的特

色传布到更广大的范围中，以致与南方系铜器发生了联系。这些反映在铜器上的文化现象，已是以后中央秦帝国和北方强大匈奴族群出现的前兆。

③.铜器的数量迅猛增加，铜器制造业规模空前。这一方面是由于社会的急剧变化，新权贵与旧贵族同时并存，过去只供少数贵族使用的青铜礼器开始为更多的人群所使用；另一方面，由于各古族、各国间战争的频繁和战争规模的扩大，对兵器的需求量不断增加，在当时的冶铁业尚不很普及，铁器某些性能尚不能满足兵器技术要求的情况下，当时以铜兵器为主体的武器就得到了更加广泛的使用。社会的需求促进了铜器铸造业的大发展，这时期铜礼器和兵器出土数量之多，都是过去所不能比拟的，如湖北随州市曾侯乙墓出土铜器的总重量就达10.5吨，可见，铜的使用量相当惊人。

④.由于新的青铜文化分区格局的形成，新的青铜文化系统及文化的产生，以及青铜器被更加广泛地使用在社会生活的各个方面，使得大量的新器种、新器类和新器形也随之产生。中原系铜器中的灯、铍、弩机、带钩、铸币等，北方系铜器中的动物带饰等，东南系铜器中的越系鼎、铜句鑃、铜钲、錞于、吴越型剑、齿刃镰等，都是新出现的很有特色的器物种类。而铜镜等过去一些不被重视的铜制生活用器也开始得到广泛使用，并从此成为铜器铸造业的一个主要产品门类。

⑤.铜器装饰手法的多样化，纹饰内容和形式的不断创新，使得这时期铜器风格摆脱了商代及西周前期铜器的神秘和狰狞、西周后期及春秋早期铜器的单调和粗放的气息。如中原系铜器细化了的神话动物纹样（蟠虺、蟠螭、散虺等）、写实的社会生活纹样及多变的几何纹样，北方系铜器和南方系铜器的母题为写实动物、布局呈图案化的动物纹样，以重复的连续折线和简单曲线组成的几何纹样，以及各地出现的大量以造型取胜的素面铜器等，已形成了清新活泼、简洁明快的时代特色。

● **分期与分区** 从全国范围来说，可以春秋早中期之际和战国中期为界分为3期，其中第二期是春秋战国时期铜器的主体，最具该时代的代表性。

第一期：春秋早期。与西周晚期一样，是中国青铜器发展的中衰期。中原周文化铜器的特质在这时表现仍相当明显，周王朝统治下各国铜器的共性依然很强，晋文化、楚文化、秦文化等周文化亚文化的铜器特征还未出现。铜器种类趋于单调，制作不够精工，表现出追求礼仪等级的社会风尚。在北方，西周时期各地区各文化已流行的铜器继续流行，北方草原风格的铜器刚刚在个别文化中出现不久，尚未传布至整个大北方地区。在南方，以土墩墓铜器为特征的东南地区铜器还未被吴越文化铜器所取代，百越文化风格的铜器还未流行。

第二期：春秋中期至战国中期前段。是中国青铜器发展的复兴期。中原系铜器在形式上仍然以传统的礼器作为铜器的主体，这就是近人郭宝钧先生所称的“钟鸣鼎食”的铜器组合。铜镜等生活用器尚未成为铜器铸造业的重要产品部门。铜器纹饰也多为浮雕状铸纹，崇尚繁缛细丽的装饰。北方系铜器的北方草原色彩尚不及以后浓郁，动物造型的饰件还不多见，富有特色的铜饰件分布也不太广泛。南方系铜器的中原色彩还较为浓厚，最具特色的以铜鼓为传统的铜器群尚未出现。

第三期：战国中期后段至秦统一中国前。中原系铜器中传统的礼器开始逐渐退出历史舞台，铜镜普遍使用，铜灯开始流行，作为服饰的铜带钩已成时尚。其他像铜制计量器、铜符节、铜玺印等，也都是从这一时期才开始行用。铜器一改先前极度华丽繁复的风气，素面铜器和以色彩取胜的嵌错纹饰铜器成为铜器的主流。北方系铜器从这时起，北方草原骑马民族文化的风格更为浓厚，铜器的共性增强。透雕状的动物造型带头、带饰，立体的动物饰件成为十分常见的器物。南方系铜器除新出现以铜鼓为代表的具有基本不同于中原系铜器群的青铜文化体系外，北方系铜器的因素已通过川西、滇西的文化传播走廊传入南方系铜器中。

在这个巨变的时代氛围中，中国青铜文化格局呈现出巨大的变化。中国铜器的分区伴随着文化分区的变化也在不断变化中。由于受到强大北方古族崛起所带来的巨大阻力，中原系铜器分布区的北界一直在长城一带徘徊，西界也始终未逾甘肃中部和青海东端，但其南界则由于吴国和越国相继争霸中原，以及楚国对南方群蛮、百濮、百越地区的开发，逐渐向南推移，湖南、江西及江浙一带先后逐渐被纳入到中原系铜器分布区中，影响所及已达岭南地区。北方系铜器分布区的东部范围总的说来与先前变化不大，但其西部的南界和西界却不断向外延展，南方直通滇西与南方系铜器分布区相接，西面则已到达新疆东部。东北系铜器在此间经历了从繁盛到衰落的发展过程，其分布范围依然限于辽宁、吉林和黑龙江南部地区。西北系铜器分布区则发生了较大的变化，原中心区——甘青地区的制铜业似乎已经停歇，而新疆地区却逐渐出现了繁荣起来的数种文化面貌各异的青铜文化，涌现出一批很有特色的铜器，给人以青铜文化重心西移的感觉。东南系铜器分布区的铜器制造业一度显得空前繁荣，但传统的文化特征却在不断地减退，原先的主要分布区江西、浙江和江苏、安徽南部逐渐成为中原系铜器分布区。该区的南界这时已有了较大的扩展，如广东、广西一带已兴起了繁荣的青铜文化，出土有较多的铜器。西南系统铜器分布区在此期间明显缩小，仅局限于四川、湘西和陕南一带，湖南大部分地区已经先后成为属于其他青铜文化系统的百越文化和楚文化的分布区。到

战国中晚期，中国最南方的云南大部、广西南部和贵州西部出现了一个几乎全新的南方青铜文化系统，但该系统的铜器刚刚形成自身的特征，尚未臻于繁荣。

参考书目

林巳奈夫（日）：《春秋战国时代青铜器之研究》（《殷周青铜器综览》第三卷），吉川弘文馆，1986。

李学勤：《东周与秦代文明》，文物出版社，1984。

（孙　华）

Zhongyuan Diqu Chunqiu-Zhanguo tongqi

中原地区春秋战国铜器

周平王东迁至秦统一前中原系铜器分布区域内诸文化的铜制器具。分布地域包括除上游部分地区外的黄河流域，以及长江流域中下游大部分地区。所属文化主要是从周文化中脱胎出来的若干亚文化，即中心地区的以晋国为主体的晋文化、西部秦国疆域中的秦文化、南部以楚国为主体的楚文化、东部以齐国为主体的齐文化、北部以燕国为主体的燕文化。这些文化的铜器制作技术在同时期各地区中具有领先地位，工艺复杂多样，铜器数量特别巨大，大型重器和铜器精品层出不穷，是这一时期中国铜器的主体和代表。

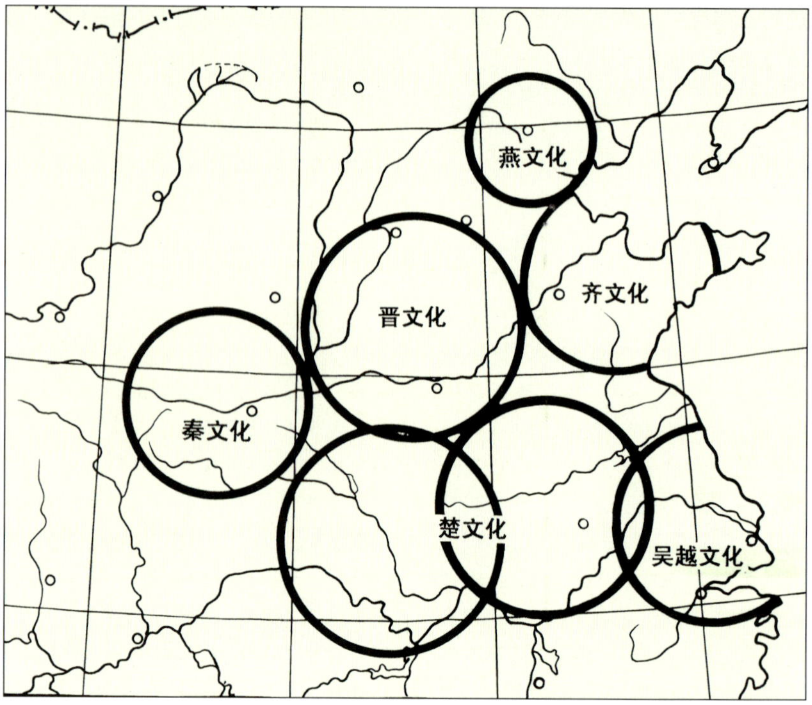

春秋战国时期中原系铜器文化分区图

● **文化背景**　在中国先秦史上，西周王朝的覆灭和平王的东迁被视为具有古史分期意义的重大事件。但正如春秋早期周王室仍保持一定实力、诸侯国的地域中心尚未形成一样，这时周王朝疆域内各国的考古学文化也都具有很大的一致性，具有区域特色的以几个大国为中心的亚文化还未形成。从春秋中期开始，随周王室与诸侯大国彼此力量的消长，出现了围绕几个诸侯大国的亚文化圈，铜器的区域性特征形成。可分为5个较大的文化区：①晋文化区。包括晋国和由晋国分裂出的韩、赵、魏“三晋”、周王室及郑、卫诸小国的遗存。分布地域主要在黄河中游地区。②秦文化区。以秦国为主体的考古学文化。主要分布于黄河最大的支流渭河流域，随着秦国的强大逐渐向外扩展。③楚文化区。以楚国为中心，包括先前周王朝分封在南方的“汉阳诸姬”及众多土著小国。分布中心主要在江汉之间的长江中游一带，并随着楚国对南土的开发和楚国政治中心的迁徙而扩展到更广泛的南方地区。④齐文化区。以东方的齐国为中心，包括鲁、宋、莒、邾、滕、薛、鄫等“泗上十二诸侯”，地域主要在山东及江苏北部一带。⑤燕文化区。以北方燕国为主体，主要分布于河北北部及京津地区，影响所及，东到辽西，西到雁北。与这一时期中原青铜文化体系一样，中原系铜器在总体风格基本一致的情况下，也明显存在着晋、秦、楚、齐、燕文化间的区别。一致性导源于这些文化共同的周文化渊源和当时各国对周王朝名义上正统地位的认可，而差异性则是周王室实际中心地位的丧失和各大国区域性中心逐渐形成的历史背景的产物。

● **工艺特征**　中原地区的铜器制造业经历了西周中后期的沉沦和没落，到春秋中期以后又突然回光返照，开始以崭新的面貌出现于世，形成了中国铜器发展史上又一个发展高峰。这时中原地区开始对千百年来的铜器冶铸经验进行归纳和总结，留下不少关于铜器冶铸的文字记录。《考工记》是齐国官方对于包括铜器铸造在内的当时各种工艺的记录，产生了根据器物的6种不同用途（钟鼎、斧斤、戈戟、大刃、削杀矢、鉴燧）采用不同比例铜锡合金的著名的“六齐”说，这是世界上最早的关于铜器合金配比经验的总结；该书还记述了观察冶铜时的火焰来判断炼铜炉内化学反应情况，从而确定冶炼进程的经验，“青气次之，然后可铸也”已经成为当时的常识，“炉火纯青”的成语就是由此形成。铜器的铸造技术由先前比较单一的范铸法发展成为以范铸法为主，并辅之以失蜡法的新兴工艺。失蜡法又称出蜡法、拨蜡法等，是先用蜡模制成需要铸造铜器的形状，再在蜡模外包裹细泥浆和耐火材料，然后烘烤蜡模使蜡流出成为铸型，直接在铸型中浇铸铜液的方法。失蜡法无需分范，省却了复杂的分范和合范技术，同时使得铸造用范铸法不能成型的铜器已成为可能。这种铜器铸造新技术出现于春秋时期的中原系铜器中，如春秋中晚期楚

文化的楚王酓审铜盏、春秋晚期的下寺2号墓兽耳兽足铜禁上的蟠螭，春秋晚期的战国早期楚文化的曾侯乙铜尊盘和燕文化的南窑庄重金络鑐等，据研究都属于失蜡法的制品。传统的范铸法在此时也获得了新的发展，模范的制作更加考究，模面、范腔面用细腻的面料，模范背面和内部则用含砂或植物质的较粗的材料，既保证了铸件表面的光洁和花纹的精细，又提高了铸型的透气性能，并节省了成本。模和范的设计、翻制、分割和组合更加合理，带花纹的模、范往往采用按构图单元分块制作、拼装嵌合和模范互翻的方式，出现多个单元的花纹模嵌入一块模版的组合模，既解决了复杂花纹的翻范脱模问题，又使得在浇铸中损坏的部分范面容易更换，便于范的重复使用，提高了生产效率。

● **分期** 无论从技术发展进程和种类组合，还是从纹饰风格和铭文特征来观察，春秋、战国时期的中原系铜器都可明显地分为3大期，其中第二期还可以分作3个阶段。

第一期：春秋早期。是西周晚期周文化铜器风格延续的时期，除西边以秦国为主体的秦文化铜器已显露出本身铜器独有的风格外，其余诸文化的铜器风格尚未形成。鼎、簋、壶、匜、盘仍为这时中原地区铜器的基本组合，新的铜器器类还未出现或流行，旧有的波带纹、云目纹、窃曲纹、重环纹、垂鳞纹、瓦沟纹仍为当时的主要纹饰。

第二期：春秋中期至战国中期偏早阶段。是列国文化铜器兴盛，晋、秦、楚、齐、燕5个文化的铜器形成各自的文化特征的时期，最富有春秋、战国中原地区时代特色。铜礼器的等级普遍较先前增加了一级，礼器的组合趋于多样化。新的器类不断产生并不断发生变化，盆（盏）、敦、豆、鉶、錞、鈚、缶等器类出现或流行。纹饰普遍细小化和图案化，蟠螭纹、蟠虺纹、蟠联纹等成为主体花纹。

第三期：战国中期偏晚阶段及战国晚期。是西周以来固有传统的衰落期，也是新风气的兴起时期。传统的礼器组合逐渐分崩离析，“周礼”规定的铜器组合已经不太为人所重。新器类和新器形不断出现或流行，如铜釜、鍪、盛、杯、鋞等。日常生活用器如铜镜、灯等大量出现。装饰重色彩对比而不重凸凹对比，相沿千年的铸纹铜器让位于素面、嵌错和鎏金的铜器。

参考书目

郭沫若：《两周金文辞大系图录考释》，科学出版社，1958。

林巳奈夫（日）：《春秋战国时代青铜器之研究》（《殷周青铜器综览》第三卷），吉川弘文馆，1986。

（孙 华）

Jinwenhua tongqi

晋文化铜器

春秋早中期之际至战国晚期主要分布于中原地区的以晋国（包括从晋国分裂出的魏、赵、韩三国）和周王畿为中心，包括郑、卫、中山诸国在内的考古学文化的铜制器具。晋文化是直接继承西周时期周文化而来的考古学文化，在某种意义上说，所谓晋文化实际上是周王朝衰落后的周文化，是春秋、战国时期周文化的主体。晋文化铜器是这一时期黄河流域铜器的代表，集中体现了当时黄河地区铜器的冶铸工艺水平。

晋国是西周初期始封的甸服小国。从山西曲沃县北赵村晋侯墓出土的铜礼器反映的礼制等级来看，西周晋侯铜礼器规格为5鼎、4簋，只相当于周王室的大夫一级。周平王东迁，“晋郑焉依”（《左传·隐公六年》），晋国已成为周王室的主要依托，地位逐渐上升。至晋文公以后，晋国挟天子以令诸侯，成为北方地区的霸主。战国时期，由晋国分裂出来的韩、赵、魏三国鼎立中原，称雄一方，周王室如同附庸。

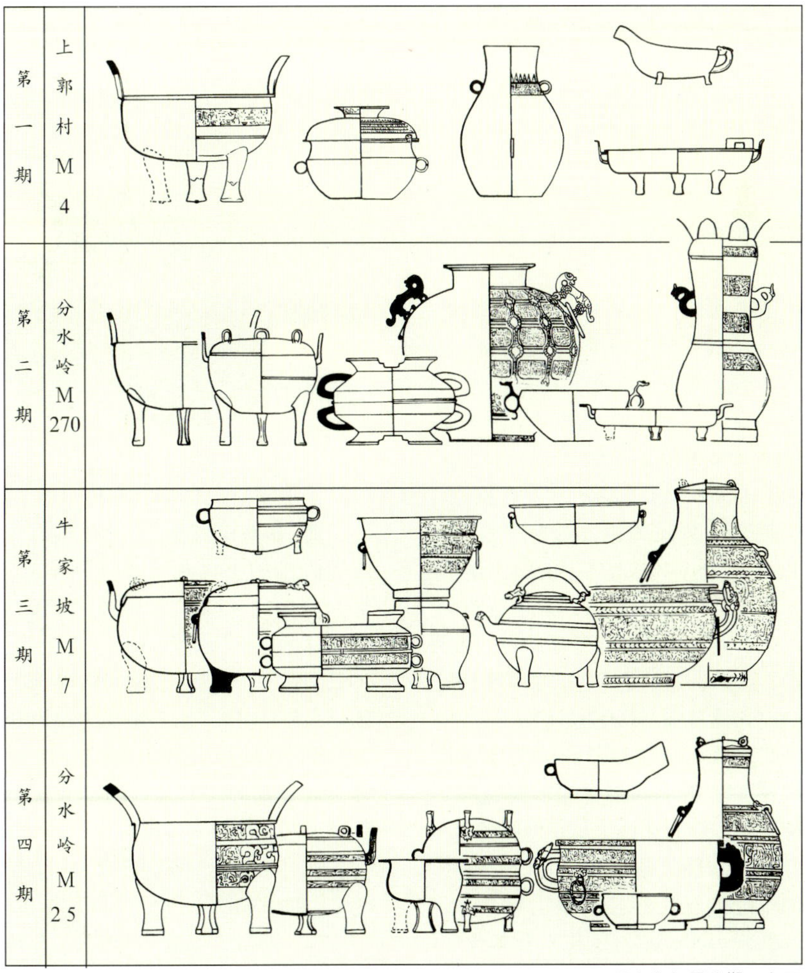

晋文化铜器分期示意图

在这种历史背景下，铜器制作工业的中心也就自然转移到晋国或三晋。山西侯马市晋国铸铜遗址规模之大、模范之精，以及晋或三晋铜器数量之丰、花纹之美，从一个侧面反映出晋国铜器制造业的繁荣。

● **发现与认识** 传世的晋文化铜器较多，著名的有晋公盦、禺邗王铜壶、智君子铜鉴和子之弄鸟尊。晋公盦花纹呈春秋晚期特征，有的学者根据铭文指出它是晋平公嫁女于楚的媵器，年代在公元前537年，是一件重要的晋文化标准器。禺邗王壶和智君子鉴均传出河南辉县，前者铭文记作器者与吴王会盟于黄池，这一事件发生于公元前482年；后者铭文中作器者的"智君子"，学者们多以为是晋国六卿之一智氏的最后一代智瑶，他于公元前453年为赵襄子所杀，该鉴的年代当在这以前不久。

有著录的晋文化铜器的大批出土首推1923年河南新郑县（今新郑市）城关李家楼大墓铜器群。该墓非科学发掘，形制不清，但墓内出土的多达95件的铜礼乐器及9鼎8簋的礼器组合，说明墓主当为国君一级。该器群整体呈春秋铜器特征，这时新郑为郑国国都，其国别无疑属郑。在该墓铜器中有一件著名的王子婴次炉，经王国维等学者的研究，已确认为楚国令尹子重所作之器。与子重同时或稍后的郑国国君是郑成公（卒于公元前571年）或郑僖公（卒于公元前566年），新郑铜器群的年代当在此时。它是春秋中、晚期之际晋文化铜器的典型器群。其次为1961年发掘出土的山西侯马市上马13号墓铜器群。该墓随葬铜礼乐器共34件，铜礼器规格可归入5鼎、4簋（以盏代）的等级，其中徐器庚儿鼎2件，被认为是徐王庚为世子时所作，故该铜器群年代当与李家楼铜器群同在春秋中晚期之际。第三是1987年山西太原市金胜村251号墓铜器群，该墓规模宏阔，随葬铜器达1690件，其中青铜礼器110件。有的学者根据墓葬的位置和年代等方面的联系，指出墓主人为赵卿，还有的学者更具体地推断墓主人为赵鞅。墓中出土的铜器可作为春秋、战国之际晋文化铜器的典型器群。第四是1974年～1977年河北平山县中山王墓出土的铜器。这是已发现的晋文化铜器中数量最多、级别最高的一批，其中出土铜器最多的1号墓根据铜器铭文为中山王嚳之墓，其卒年在公元前310年前后，年代范围明确，是战国中晚期之际晋文化铜器的代表。此外，1928年～1930年发掘的河南洛阳金村古墓群、1935年～1937年发掘的河南汲县山彪镇1号墓和辉县琉璃阁卫国公室墓地、1954年发掘的洛阳市中州路墓群、1954年～1965年发掘的山西长治市分水岭墓地、1963年～1987年发掘的山西侯马市上马墓地、1974年～1989年多次发掘的山西闻喜县上郭墓地、1996年发掘的河南新郑市中国银行工地铜器窖藏坑等，也都出土了许多不同时期、不同国别、不同等级的铜器群，为认识晋文化铜器提供了宝贵资料。

太原市金胜村铜罍

● **器群与组合** 晋文化铜器与西周时期的周文化铜器一脉相承，贯穿在周文化铜礼器中的"周礼"仍然继续施行。也以鼎为中心礼器，从用鼎制度来看，已知铜器群可明显分为5个等级：第一级为大国国君级的铜器群，如春秋中晚期之际的墓主人为郑国国君（有的学者认为是郑成公）的河南新郑市李家楼大墓，出土铜礼乐器有鼎22、鬲9、甗1、簋8、瑚6、敦3、鉶6、壶6（方壶4、圆壶2）、罍3、牺尊1、盘3、匜3、鉴2、编钟18、镈4，其中鼎有3套，鼎数最高者为大牢九鼎。第二级为卿大夫等高级贵族的铜器群，如春秋、战国之际的墓主人为晋国权卿赵氏的山西太原市金胜村251号墓，出土铜礼乐器有鼎21、鬲11、豆14、瑚2、方壶4（另有椭方壶、瓠壶和高柄小壶各1）、罍2、鸟尊1、鉶4、鉴6、匜2、编镈19，其中鼎有3套，鼎数最高者为大牢七鼎；又如春秋中晚期之际的墓主人为晋国贵族的山西长治市分水岭269号墓，随葬的铜礼乐器包括鼎9、鬲4、甗1、瑚2、敦2、鉶2、方壶2、盉1、匜1、盘1、鉴1、编钟18（甬钟、钮钟各9件），其中铜鼎共2套，鼎数最高的为少牢五鼎。第三级为大夫一级贵族的铜器群，如春秋中晚期之际的山西侯马市上马13号墓，其铜礼乐器有鼎7、鬲2、甗1、瑚2、敦4、鉶2、方壶2、匜1、盘1、鉴1、编钟9（钮钟），其中鼎有3种，数量最多的一种计4件，从代替簋的敦的数量为4件的情况看来，应当为少牢五鼎的等级；又如春秋晚期的山西万荣庙前村古墓，其铜礼器为鼎7、鬲3、敦2、鉶2、方壶2、罍2、匜1、盘1、鉴1、编钟9（镈钟），其中鼎数最多的一套为大小相次的5鼎，显然也应为少牢五鼎。第四级为低级大夫和高级士一级贵族的铜器群，如春秋晚期的侯马市上马15号墓的铜礼器为鼎3、甗1、豆2、鉶2、壶2、匜1、盘1，4006号墓的铜礼器为鼎3、豆2、鉶1、匜1、盘1；战国早期的洛阳市中州路2717号墓铜器为鼎3、鬲2、甗1、豆4、壶5（另有高足壶1）、匜1、盘1、鉴1。第五级为普通士或庶人的铜器群，如春秋中晚期之际的洛阳市中州路4号墓铜器群的礼器为鼎1、瑚2、敦（盏？）2、鉶1、罍1、匜1、盘1，战国中晚期之际的洛阳市西工区203号墓铜器群礼器为鼎2、豆2、壶1。从这些不同等级墓葬的铜器组合来看，晋文化铜礼器组合虽继承周文化，但与周文化铜礼器的组合已有较大的变化。这种变化主要表现在以下几个方面：

首先，周文化铜礼器是以鼎、簋、壶、匜、盘为基本组合，其中又以鼎、簋的不同数量的固定搭配为其礼器核心；而晋文化铜礼器中簋的作用明显下降，仅存在于个别高级贵族墓葬的铜器群中，新出现鼎与瑚、或盨（盆）、或敦、或豆的多种食器搭配。

其次，晋文化铜礼器数量增加，与周文化铜礼器相比，同级贵族的礼器数量普遍比西周时期的周文化提高了一个等级。如太原市金胜村251号晋卿墓却使用了比西周晚期山西曲沃县北赵晋侯墓地诸晋侯君墓还高一级的7鼎。

其三，晋文化的铜乐器——编钟的使用范围也比先前的周文化扩大，不仅卿大夫一级贵族墓葬要用两组编钟随葬（一般为甬钟、钮钟各1组），大夫墓葬要随葬一组编钟，就是这些贵族的夫人死后，也无一例外地要用编钟随葬。这与北赵晋侯夫人墓均不用编钟的情形显然不同。

● **种类与形制** 晋文化铜器绝大多数都出自墓葬。种类主要包括容器、乐器、兵器、车马器和生活用器。铜容器中的食器有可以炊煮食物的鼎、鬲、甗、灶、炉，盛放食品的簋、瑚、盨（盆）、盏、敦、豆、鉌；酒器有壶、鈚、錍、鑐、罍（？）、鋞；水器有匜、盉、盘、鉴。其中盨、敦、豆、鉌、鈚、錍、罍（？）、鋞、鉴等都是晋文化中产生的新器类。乐器中编钟有甬钟、钮钟和镈钟3类，其中镈钟在晋文化中一度曾非常流行。兵器有戈、矛、戟、钺、铍、剑、弩机、镞等类，其中以戈数量最多，戈与矛组合而成的戟也相当流行，剑则主要见于战国时期。车马器有軎、辖、軏、笠毂、轙、銮、骹、軿轐、盖弓帽、镳衔等等，其中铜骹、軿轐和盖弓帽为新出现的器类。生活用器有镜、灯、带钩等。铜镜在中国有着古老的渊源，在晋文化中才获得巨大的发展，成为当时铜器制造业的重要产品门类；灯也颇为引人注目，多枝灯、人形灯等开秦汉时期铜灯之先河；带钩是晋文化新产生的铜器种类，形态多样，种类各异，引人注目。

除涌现出不少新器类（尤其是在食器、水器和生活用器方面）外，就是传统的器类的形制也发生了不小的变化。铜鼎中新出现并流行盖身扣合后体如扁球的带盖鼎。铜鬲中也出现带盖和附耳的鼎形鬲或敦形鬲。铜壶中圆壶新产生双兽耳、铺首衔环和环链提梁等新形制；方壶除传统的椭方壶外，出现有转角分明的方壶，此外还有各式扁壶（錍、鈚）和壶颈偏向一边的瓠壶。铜匜新出现封流三足匜、槽流无足匜和槽流圈足匜。铜盘新流行无圈足的三足盘。铜戈则多为三角援锋的中胡戈。这些新器形使得周文化的传统铜器种类在晋文化中也散发出清新的气息。

● **花纹与铭文** 春秋、战国时期是中原系铜器装饰工艺最为发达、装饰风格最为多样的时期。处在中原系铜器中心区的晋文化铜器当然更是妆饰考究，花样翻新。从装饰工艺来说，有精美的传统铸纹、纤细的刻纹、富丽的嵌错纹3大类。由于晋文化铜器的铸范特别考究，当时铜容器大量采用的高铅的铜合金又适合精细纹饰的铸造，因而铜器特别是春秋晚期和战国早期铜器上铸纹的精美程度已达到空前绝后的地步。禺邗王铜壶、李峪四龙鋬铜盖豆等均为晋文化铸纹铜器的代表作。刻纹是用锋利的刀具在器壁很薄的素面铜器上刻划的流畅的线刻图案，其线条浅细，容易被污垢填塞，故此类纹饰主要施用于匜、盘、鉴等水器上，并由于其不够醒目，战国晚期以后就基本不再使用。嵌错纹是晋文化铜器中最引人注目的纹饰种类，它滥觞于春秋晚期，以后常盛不衰，直到西汉中期以后才逐渐减少。嵌错工艺从中原系铜器的工艺发展来看，很可能是从保持模范距离的铜垫片发展而来，不同色泽的铜垫片在素面铜器上的装饰效果启发了富有创新意识的工匠，于是开始有意识地设置各种纹样的装饰性铜垫片，以后又发展成在素面铜器上铸造凹槽，在这些凹槽中填嵌不同色泽的金属丝并加以打磨的制法。所嵌错的材料有红铜、黄金、白银等，此外，在有的高品级金银错铜器上，还有镶嵌绿松石、琉璃和宝石的做法。

晋文化铜器纹饰的题材仍以动物纹样和几何纹样为主，并有少量植物纹和图画纹，远比周文化丰富多彩。动物纹的构图单元普遍比先前周文化细小，如夔龙纹、云目纹、窃曲纹、对鸟纹等，有的要仔细观察才能辨认出来。同时还流行由多个交织在一起的动物纹组合成富有装饰意味的纹带，如蟠螭纹、蟠虺纹、蟠蛇纹等，这些纹带往往位于器物最显眼的部位，作为铜器的主题纹饰。由于这时铜器主题纹样的构图单元一般很小，所以一般不施地纹，即使施地纹，也细小如沙点，如所谓的散虺纹等。几何纹样主要有波带纹、重环纹、垂鳞纹、绹索纹、斜角云纹、勾连云纹、勾连雷纹等，这些纹样一般也比周文化的同类纹样要小，一般不作为主题纹样。植物纹有花朵纹和花瓣纹，后者经常以垂叶状的形式出现在铜器主纹带之下。这两种纹样都前所未见，是晋文化晚期铜器的一种特定纹样。图画纹只存在于战国早中期，或镶嵌或刻镂，表现采桑、射礼、宴享、乐舞、追猎、攻战等各种社会生活场面，生动活泼，不拘一格，极富时代特色。

铜器上铸刻铭文在晋文化中虽不像先前周文化铜器那样风行，但也有不少铜器带有铭文。铭文中称颂祖考功烈、祝愿子孙昌盛、记述历史事件和君主言语等内容逐渐少见，多数铜器只简单地记载铜器器主和铸器之由，在晋文化晚期还新出现许多“物勒工名”的铜器铭文。铭文有铸造和刻划两大类，铸铭多见于春秋时期，具有3种风格：①沿袭西周金文的传统字体，字体较工，用笔拘束，如长子䝞铜瑚铭；②春秋、战国时期流行的玉箸体，字体修长，用笔流畅，如禺邗王铜壶铭、𠫑羌铜钟铭等，是当时晋文化金文的正体；③类似侯马盟书的墨书体，字体较随意，下笔重而收笔轻，笔

道多折转，是当时行用的手写体，如晋公盞铭。刻铭是战国时期晋文化最为盛行的铭文做法，也明显分为两类：一类同于铸铭中的玉箸体，如中山王墓铜器上的刻铭，是用于庄重场合一些铜礼器上的刻铭；另一类是大量兵器及一些容器上的刻铭，往往刻得比较草率，难以辨认，其内容有监造、主造和制造者的官职和人名，或者是放置地点和管理者，容器（特别是计量铜器）还要记容量和重量。由于正书的铭文书法越来越讲究和谐美观，将铭文刻铸于器表，使之兼具装饰功能，就成为晚期晋文化部分铜礼器一种铭文的做法。中山王兽铁足大铜鼎、中山王兽铜方壶、中山嗣王铜壶等的铭文就是这种刻铭的典型例子。

● **分期与年代** 晋文化铜器是中原系铜器的核心，它的风格变化往往影响到整个中原地区甚至中原周边地区，因而它的发展进程与春秋时期整个中原地区铜器的发展进程基本相同。所不同的是，作为晋文化这样一种考古学文化来说，它的形成和发展过程并未经历春秋、战国时期的全过程。在春秋早期，周文化的特征仍然在中原地区占统治地位，晋文化尚未形成自己区别于周文化和属于周文化的其他亚文化的特征，晋文化铜器也自然无从谈起；在战国晚期，秦汉文化的因素已经孕育并显露出自己的特色，这时中原地区的铜器是否能够为晋文化所包容也是一个问题。严格意义上的晋文化铜器应当只是春秋中晚期和战国早中期前后晋（包括“三晋”）、周等国的铜器。这些铜器从其技术工艺、器类组合、形态纹饰和铭文字体的发展变化情况分析，可以分为4期：

第一期：春秋中期。以山西闻喜县上郭村4号墓、侯马市上马、河南洛阳市中州路2415号墓铜器群为代表。普通铜器墓铜礼器的基本器类组合为鼎、盆、鉌、壶、匜、盘，簋已不常见。新出现盞（盆）、鉌、錍、鈚等器类。鼎的双耳大且外撇。有的盘在底部直接加置三足。匜为槽状流、四蹄足的形式。装饰纹样处在由晚期周文化铜器纹样向典型晋文化纹样过渡的阶段，相对钩云纹、斜格钩云纹、三角钩云纹富有特色，蟠螭、蟠虺等纹样刚刚出现，且比较粗放。

第二期：春秋晚期。以山西长治市269号墓和270号墓、侯马市上马村15号墓、河南洛阳市中州路2729号墓、新郑市李家楼墓铜器群为代表。铜器墓礼器的基本器类组合为鼎、敦、鉌、壶、罍、匜（或盉）、盘，有的还有鬲、甗、瑚、豆、鉴。其中敦、豆、鉴为新出现的器类。鼎多带盖。鼎盖及敦盖上多为三环钮。鬲为小直口球状腹。盘均为无圈足的三足盘。匜主要为兽首流、三蹄足的形式。细密的蟠螭、蟠虺、对云三角、对云垂叶、索状箍带纹饰十分流行。

第三期：战国早期。以山西潞城县潞河7号墓、长子县羊圈沟1号、2号墓、河南洛阳市中州路2717号墓铜器群为代表。铜器墓铜礼器的基本器类组合为鼎、鬲、敦、豆、鉌、壶、匜（或盉）、盘，有的还有甗、瑚、瓠壶、高柄小方壶、鉴等。种类与先前相同，但新出现带盖环耳的矮足鬲、长腹的铺首衔环圆壶、圈足或无足的匜、平底的盘等。鼎、鬲盖上的环钮变小，开始流行伏兽钮。细精的蟠螭、蟠虺、散虺等纹饰极为盛行，金银错、刻纹等新的装饰工艺已出现，反映社会生活的图像成为这些新的装饰工艺所采用的重要纹样。

第四期：战国中期。以山西长治市分水岭25号墓和26号墓、万荣县庙前村1号墓、河南辉县赵固1号墓铜器群为代表。铜器墓铜礼器的基本器类组合为鼎、敦、鉌、壶，食器中鬲、豆已经少见，酒器中钫开始行用，匜、盘、鉴这类盥洗水器也不多见。新出现釜甑、如同两个环耳鼎扣合在一起的敦等。装饰开始向素净的方向转化，金银嵌错、刻纹刻铭的装饰极为风行。

战国中期偏晚阶段以后，晋文化铜器开始发生明显的变化。铜器冶铸工业的重心发生转移，普通生活用器和货币等逐渐成为铸铜作坊的主要产品，传统的铜礼器已经很少生产，新的生活器皿不断涌现，外表装饰也从繁缛华丽转向平实素净。秦汉文化铜器的新的作风正在孕育之中。

参考书目

郭沫若：《两周金文辞大系图录考释》，科学出版社，1958。

高明：《中原地区东周时代青铜器研究》，《考古与文物》1981年2～4期。

（孙 华）

Jinwenhua tongding

晋文化铜鼎

春秋中期至战国晚期晋文化的以烹煮及盛放肉食为主的铜制容器。由于晋文化铜器直接承袭周文化铜器的礼制传统，其铜鼎在铜礼器中的功能地位及组合方式与周文化并没有发生很大变化，是该文化所属各国贵族标表身份地位的最重要的礼器。

按用途可粗略地分为烹煮牲牢用的名“镬”之鼎，升登牲牢用的“牢鼎”（或称“牲鼎”）和盛放庶羞用的“羞鼎”3种。镬按其功用应是一种无盖大鼎，不过已知自铭为镬的惟一一件铜鼎——嘉铜鼎（哀成叔鼎）体形并不很大，高仅34厘米。有的学者根据镬、盂二字古音相近，认为镬也就是那种常见的自铭为“盂鼎”或“鼾”的铜鼎。但也有一些学者指出，盂鼎是以其腹深似盂而得名，其用途不一，不能以其指代专用于煮牲之鼎“镬”。牢鼎是晋文化铜鼎的正鼎，用鼎制度中标志身份高下的列鼎指的就是这种铜鼎。根据《仪礼》等礼书的记载及考古发现的贵族墓葬用鼎实例，这一时期牢鼎制度应为：诸侯用大牢九鼎，卿、上大夫用大牢七鼎，下大夫用少牢五鼎，士用牲三鼎或特一鼎；其鼎制与身份等级的对应关系比西周及春秋早期提升了一级。羞鼎属于陪鼎，数量较少，体形较小，是一种小鼎，盛装用肉和菜制作的起调味作用的肉酱。小型的带流的匜鼎也当为羞鼎之属。

晋文化铜鼎均为圜底鼎，不见楚文化特有的平底鼎。按形制可分无盖鼎和有盖鼎两类：①无盖鼎。数量不多，形体一般较大，有立耳和附耳两型。无盖立耳鼎的大耳外撇，口沿外折，圆腹不很深，蹄足较粗大，是周文化无盖鼎发展的末流，如分水岭四螭铜鼎；无盖附耳鼎产生于西周晚期，在春秋、战国时期晋文化中已经少见，以金胜村大铜鼎为代表作。②有盖鼎。有不少属于大小成序的列鼎，牢鼎和羞鼎均属此类，是晋文化铜鼎的主体。有盖附耳鼎是春秋中期新出现的铜鼎类型，子口收敛，腹部较深，蹄足以细小者居多，其中的弧盖鼎加盖后形体如同圆球或扁圆球。

在晋文化诸铜鼎类型中，无盖附耳鼎仅见于该文化早期，形态变异不大。无盖立耳鼎存在时间虽然较长，一直沿用至战国早期，但由于该型鼎同时并存的亚型较多，既有敞口斜腹型，也有收口鼓腹型，后者还有束颈与不束颈的分别，整体变化不甚明显。有盖附耳鼎从春秋中期一直延续到秦统一后，形态变化主要体现在鼎腹、鼎足和体态上：春秋中晚期之际前后，鼎腹很深，鼎足较高，弧盖鼎体态呈卵形；春秋、战国之际，鼎腹稍浅，鼎足略矮，弧盖鼎体态如上大下小的桃形；战国中期前后，鼎腹更浅，鼎足更矮，弧盖鼎体形如同扁球形。

参考书目

俞伟超等：《周代用鼎制度研究》，《北京大学学报》（哲学社会科学版）1978年1期。

张亚初：《殷周青铜鼎器名、用途研究》，《古文字研究》第18辑，中华书局，1992。

（孙 华）

Jinshengcun datongding

金胜村大铜鼎

春秋、战国之际晋国铜制食器及礼器。1988年由山西省考古研究所在太原市金胜村附近的晋国正卿赵氏墓（251号墓）中发掘出土。现藏于山西省考古研究所。

金胜村大铜鼎

口径104厘米、通高100厘米。为无盖附耳鼎，折沿，束颈，深腹，圜底，肩旁出外曲的附耳，腹下接不高的蹄足。鼎外以一道凸棱带将其器表装饰分为上下两段，上段饰相交的龙凤纹与蟠螭纹，鼎耳饰浅线的夔龙纹，鼎足饰高浮雕状的兽面纹。

该墓出土铜鼎共6组19件，该鼎为其中最大的一件，造型古朴，体态巨大，是迄今所见最大的春秋、战国时期铜鼎之一。（孙 华）

Fenshuiling sichi tongding

分水岭四螭铜鼎

战国早期晋文化的铜制食器及礼器。1959年由山西省文物管理委员会等单位在长治市北城墙外的分水岭26号战国墓中发掘出土。现藏于山西省博物馆。

2件成对，大小、形状、花纹相同。口径44厘米、通高51厘米。立耳外撇，折沿方唇，直肩弧腹，圜底近平，蹄足上部做成尖立耳的兽头状。肩上焊有4个螭形鋬。肩部饰蟠虺纹，其下装饰填以对螭纹的垂叶纹。

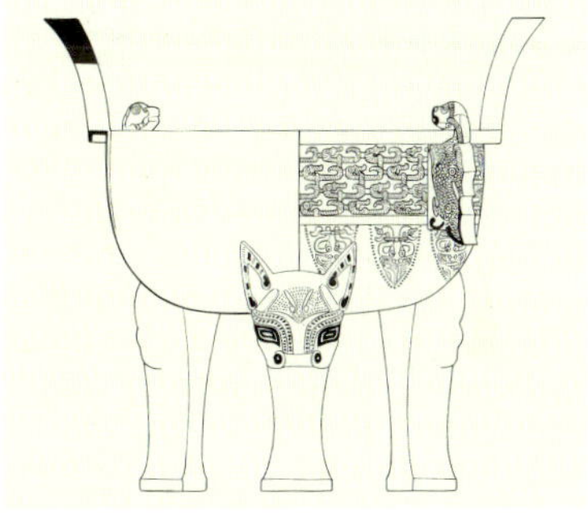

分水岭四螭铜鼎

该鼎腹较浅而足高大，足部兽头伸出的尖耳好似承托着鼎腹，使鼎的外形既显得峻秀美观，又给人以沉着稳定之感。它是这一时期造型最优美的铜鼎。从其年代及相关历史地理方面考虑，它的国别属于韩国的可能性较大。（孙 华）

Jia tongding

嘉铜鼎

春秋晚期周王朝的铜制食器及礼器。又名哀成叔鼎。因作器者名嘉而得名。1966年由河南洛阳博物馆在洛阳市玻璃厂439号周王室贵族哀成叔的墓中发掘出土。现藏于洛阳博物馆。

口径28.5厘米、通高34厘米。造型工艺为四腹范一底范，与通常铜鼎用三块腹范有所不同。为附耳小平底型，带弧形盖，盖中设提环，环外列三鸟形钮，鸟作抽象的曲尺形；鼎身形状如削去上下两端的球形，上作子口以承盖，肩腹间有箍状带，腹内收与小平底相连，腹侧接三蹄足。铭文铸于腹内后壁，共8行54字，叙述一个名嘉的郑国人，“少去父母”来到周王畿，受到哀成叔的恩惠，共同侍奉康公，所以在哀成叔死后，嘉为哀成叔作了这件鼎。铭文缠绵婉转，颇为感人。

嘉铜鼎

关于该鼎的年代，主要有两种意见：一种认为鼎铭中的康公即周王室卿大夫刘康公的谥号，鼎为康公死后所铸，年代在公元前578年～公元前559年；另一种认为康公是郑康公的生称，鼎是韩灭郑后，随郑康公逃亡到周王畿的郑国贵族哀成叔的臣属所作，年代在公元前375年～公元前355年。从鼎的形制与墓葬的年代来看，前一种说法较为妥当。

（孙 华）

Zhongshanwang Cuo tiezu datongding

中山王嚳铁足大铜鼎

战国中期中山国铜、铁制食器及礼器。因作器者为中山王嚳且鼎足为铁制而得名。是已知铭文最长的战国铜器。1974年～1978年由河北省文物管理处在平山县三汲公社1号中山王墓中发掘出土。放置于该墓主室西侧的右库中，是9件一套列鼎中最大的一件。现藏于河北省博物馆。

中山王嚳铁足大铜鼎

最大径65.8厘米、通高51.5厘米，重60千克。盖、器相合呈扁球体。盖作圜顶覆钵状扣于器身的子口外，上立等距的三环钮。器口内敛，鼓腹，腹微下垂，平底，肩部附耳，腹侧接3只粗大的蹄足。器表除肩腹相交处饰凸旋纹一周外，其余皆素面，仅在环钮以下至器身蹄足以上的位置刻铭文为饰。铭文共77行469字（含重文10、合文2），记录中山王嚳十四年铸作此鼎和刻铭于鼎的缘由。中山王嚳在铭文中颂扬相邦赒“左右寡人，使知社稷之任，臣主之宜”，以及“亲率三军之众”趁燕国臣主易位之乱伐燕，“辟启封疆，方数百里，列城数十，克敌大邦”的功绩，提请后人“毋大而泰，毋富而骄，毋众而嚣。邻邦难亲，仇人在旁”。在表面对相邦赒的赞颂后面隐含着对燕国臣主易位事件在中山国重演的担忧。

该鼎铭文内容重要，文句婉转流畅，书体秀丽工整，是一篇极其重要的战国历史文献。铭文中所记中山国趁燕国内乱外患之机掠夺燕国土地城池一事，不见于史籍记载，弥补了文献的缺失，有极高的史料价值。此外，该鼎年代明确，也是战国时期一件重要的断代和区分国别的标准器。

（孙 华）

Xiaotun jin-yincuo sibanhuawen tongding

小屯金银错四瓣花纹铜鼎

战国晚期周王朝铜制食器及礼器。1981年出土于河南洛阳市涧滨小屯村的西汉窖藏中。现藏于洛阳市文物工作队。

口径10.5厘米、通高11.4厘米。整体作扁球体形，盖似圜顶覆钵罩于器口，顶上以铺首衔环为捉手；器口微敛，肩部两侧施附耳，前端设短流，鼓腹，圜底，下腹立3个低矮的蹄足。盖上、盖沿及器口各饰一周错金斜角云纹，耳、流、足也都以金错斜角云纹和卷云纹为饰；在盖及器腹上散布金银错四瓣花纹，花朵既排列有序又错落有致，尤为新颖。

小屯金银错四瓣花纹铜鼎

金银错纹饰的铜鼎比较少见，缺少对比材料，故对该鼎的年代，学者们或认为属战国晚期，或认为属西汉早期。实际上西汉时期已不见以花朵为主题的铜器纹样，故该鼎的年代当在战国。山西长治市分水岭战国早中期墓葬中出土的铜鬲，其中就有器表以花朵纹为主题纹样的例子。

（孙 华）

Jinwenhua tongli

晋文化铜鬲

春秋中期至战国中期晋文化的

以烹煮及盛放米粥为主的铜制容器。继承周文化铜鬲的形制特征和礼器功能而来，在铜礼器中起着与鼎相配合的陪鼎作用，是该文化铜礼器中的主要器种。

同晋文化铜鼎一样，也有无盖和有盖之分。无盖鬲系沿用西周及春秋早期旧有的形制，形态作折沿、束颈、鼓腹、联裆，肩腹上多施扉棱。有盖鬲是春秋中期新产生的铜鬲种类，根据附耳的情况，可分为提耳鬲和环耳鬲二型：带环提耳鬲或被称作“鬲鼎”或“联裆鼎”，其上部形态与弧盖附耳鼎相同，下部形态却与同时期的鬲相像；环耳鬲被有的学者归于敦属，从其基本形态与提耳鬲相同而与敦不类来看，还是称鬲为是。

在晋文化两类三型铜鬲中，无盖鬲延续时间长，演变规律清楚：早期形态与春秋早期周文化铜鬲相近，折沿较宽，束颈明显，裆部较高；春秋晚期，折沿变窄，颈部稍束，裆部变矮；到战国前期，鬲的口沿更窄，颈部已几乎不收束，裆低近平。有盖鬲出现较晚，主要流行于战国早期前后，以后就同无盖鬲一样，从铜礼器中逐渐被淘汰，其消亡进程与陶鬲相似。

（孙　华）

Jinshengcun shuang'er daigai tongli

金胜村双耳带盖铜鬲

春秋、战国之际晋国铜制食器及礼器。1988年由山西省考古研究所在太原市金胜村附近的晋国正卿赵氏墓（251号墓）中发掘出土。现藏于山西省考古研究所。

一组6件，形制、纹饰皆同，尺寸大小相次。最大的口径32厘米，最小的口径24厘米，通高22厘米。为带盖的圆敛口平裆三足型。器盖呈浅钵形，以子母口与器口扣合严实。盖顶刻一环形钮，钮内衔环，周围有3头立雕卧牛，牛昂首竖耳，造型生动。器身口部微敛，溜肩，鼓腹，圜底，平裆，下接3条矮兽蹄形足，器肩两侧各附一铺首衔环。盖饰夔龙夔凤纹。腹上部饰一宽兽纹带，以正、倒相间的牛头为中心，四周饰相互缠绕的夔凤；腹下部饰一条夔龙纹带。纹饰层次丰富，制作十分精细。

由于这组铜鬲出土时里面均遗留有牛、豕、羊等家畜残骸，且6件相次排列，其功用与“牢鼎”相同，故亦称之为“鬲形鼎”。这种铜器多见于三晋地区，系比较典型的晋国铜器。

（侯　毅）

金胜村双耳带盖铜鬲

Jinwenhua tongyan

晋文化铜甗

春秋中期至战国中期晋文化的铜制蒸饭容器。由甑和鬲上下两部分组合而成。一般只出于较大规模的墓葬中，并且在一个铜器群中基本上只有一件。在周人铜礼器制度中是高级贵族的器用之一，具有标表身份的作用。

主要有方、圆两类，几乎都为甑、鬲分体的样式。方甗数量较少，其甑部如带耳的方斗，鬲部作四足两耳之形，如河南新郑市李家楼大墓铜方甗。这种甗沿用西周末及春秋早期周文化铜甗的流行形制，在晋文化中仅见于春秋中期和晚期偏早阶段，以后就趋于消亡。圆甗甑部呈盆形，甑的圈足套置于其下的鬲口之上，甑、鬲部一般附耳，耳以环耳居多。这种甗出现于春秋中期，战国中期以后被或称作甗的釜甑所取代。

在近300年的发展过程中，形制变化主要表现在甗的腰部及下部。春秋中晚期，腰部较粗，裆部较高；而战国早中期，腰部变细，裆部变得极低矮，鬲部形态与当时及以后的釜甑的釜部颇为相像，或许二者间有一定的形态演变方面的联系。

（孙　华）

Jinwenhua tonggui

晋文化铜簋

春秋中期至战国中期晋文化的盛放煮熟的粟稷稻粱的铜制容器。基本形态如带圈足（圈足下或立三足，或加方座）和双鋬的铜盆。这种铜器在春秋早期以前是周文化铜器中与鼎相配的最重要的礼器种类，但到了这时，它逐渐被淘汰，继之而起的盆（盨、盂）、盏、敦等盛装饭食的铜容器开始流行。不过，新出现的这些铜容器在铜礼器群中的地位和作用已经减退，未见相当于铜簋礼器地位的新铜器产生。这与春秋晚期以后“礼崩乐坏”的历史背景相吻合。

出土实物数量不多。形制主要有3类：①第一类如河南新郑市李家楼大墓圈足双鋬耳簋，上置覆碗状盖，圈足下带3只小扁足。这是西周时期周文化铜簋的传统样式在春秋中晚期之际的延续。②第二类如山西长治市分水岭12号墓、26号墓方座双环耳簋，形态如放在方形器座上的盆鉴，两侧安环耳而不是鋬耳。代表战国早中期之际的一种铜簋形制，与春秋早期以前的方座簋不同。③第三类簋形态变异较大，形似带盖鼎但耳如半环，如新郑市李家楼大墓和山西侯马市上马13号墓铜簋，是春秋中期新出现的铜簋形制，春秋晚期后消失。也有的学者将其归入鼎属或敦属。

由于发现数量较少，演变规律

尚不清楚。仅发现春秋中晚期的三足环耳簋，似有着从盖有圈状捉手、三足粗短之形，到盖仅有三个半环钮、足较细高之形的演变轨迹。

（孙 华）

Jinwenhua tongdian(pen yu)

晋文化铜盨（盆、盂）

春秋中期至战国中期晋文化的盛放以煮熟的粟稷稻粱为主的铜制容器。基本形态为大敞口、短窄肩、浅斜腹、平底，肩腹转曲处往往有对称的双耳。这种铜器是春秋中晚期晋文化的重要铜食器，在铜礼器组合中部分起着铜簋的作用。有的学者将这类铜器归入簋类，有的学者将其归入敦类，从其形态和铭文自名来看，称之为盨或盆以与晋文化不同形态的簋和敦相区别，应当更加恰当。

晋文化铜盨有自名者仅春秋晚期的晋公盨一例，该器的器形和铭文最早见于《周金文存》，今不知所在。关于此盨，学术界有晋襄公、平公、定公3说，从其器形和铭文观察，当以晋平公嫁女于楚的媵器之说较为恰当。与晋公盨同样形态的铜器在楚文化中往往称作“盆”，如繁君夔铜盆、息子铜盆等，而在齐文化中却都称作“簋”，这应当是不同地区对同一种器物的不同称呼。“盨”字在文献中有在神前放置食品进行祭盨等意义，故用来盛装食物的这种铜容器也被称作“盨”。楚文化和齐文化中的这种铜器，根据铭文它们均用作食器，如息子铜盆自名为“食盆”，齐侯敦自名为“膳敦”，晋文化铜盨也应用作食器。从一些晋文化铜器群中用盨代替簋的情况看，铜盨的礼器功用应当与簋相似，都是用作盛装饭食。

晋文化铜盨出现于春秋早期偏晚阶段，到了春秋中期和春秋晚期，铜盨在晋文化中相当流行，成为铜器群中比较常见的器类之一。不过，铜盨虽然与铜簋一样是用于盛装饭食的器类，但它并未完全起到簋的礼器功用，一组铜器中盨的数量往往只有一两件，与列鼎没有固定的搭配关系。晋文化铜盨形态变化规律比较明显，从春秋早中期之际到战国早期，盖面由倾斜逐渐变得隆起，捉手由小变大；器由无肩变为有肩，肩由斜直变得内曲，腹壁由斜直变得外弧，器底也由较小变得较大。铜盨的形态演变可以山西闻喜县上郭村出土的铜盨为例：春秋早期末的4号墓铜盨是其中较早的形态；春秋中期的7号墓铜盨为其最流行的形式；17号墓铜盨应当较晚，年代已在春秋晚期。

在战国中期以后的晋文化铜器中，出现一种中央有立柱、柱顶有飞鸟的鸟柱盆。这种盆在赵地陶器中常见，但少见铜制。出土于河北平山县中山王嚳墓中的中山王嚳墓鸟柱大铜盆即为其中代表作。

参考书目

张光裕：《从[illegible]字的释读到盨、盆、盂诸器的定名问题》，《考古与文物》1982年3期。

（孙 华）

Zhongshanwang Cuomu niaozhu datongpen

中山王嚳墓鸟柱大铜盆

战国中晚期之际中山国铜制食器。1974年～1978年由河北省文物管理处在平山县三汲乡灵山下的战国中山国国君嚳的墓中发掘出土。现藏于河北省博物馆。

中山王嚳墓鸟柱大铜盆

出土于墓主室东侧的左库中。口径60厘米、通高46.8厘米，重31千克。器形似豆，由上部的折腹盆和下部的豆形柄两部分组成。盆平折沿，直壁，斜腹，平底，内底铸一鳖，鳖背负立柱，柱上栖一爪攫双蛇的展翅大鸟，盆外壁附有4个衔环铺首。盆底接细柄，柄下部为4对攫蛇交龙构成的镂空圈足。整件器物体态雄浑，造型别具匠心。尤其是柱上的鸟，其形象宛如受到惊扰，正欲展翅飞去，生动无比。是战国时期具有华北区域特色的铜器的代表作。

鸟柱盆是战国时期流行于华北地区燕赵一带的器类。中山地处燕赵之间，其国君使用鸟柱大盆是很自然的。这种盆一般为陶制，铜制鸟柱盆仅此一件。

（王光尧 孙 华）

Jinwenhua tongdun

晋文化铜敦

战国中晚期流行于以“三晋”为主体的考古学文化中的铜制食器。形状如同两个基本相同的环耳铜鼎或环耳铜盂扣合在一起，在一段时间内曾为晋文化铜器中的常见器类。

敦为盛装黍稷稻粱饭食的圆形带盖容器。关于敦的功用，《礼记·内则》“敦牟卮匜”郑玄注：“敦、牟，黍稷器也。”关于敦的形态，《尔雅·释丘》邢昺疏引《孝经纬》称：“敦与簠、簋容受虽同，上下内外皆圆为异。”晋文化铜器中至今尚未发现自名为敦的器类，参照楚文化和齐文化中自名为敦的铜器形态，并将一些著述中常与敦相混的盨（盆）、簋等器类从敦中排除出去，晋文化铜敦就应当特指那些盖、器形态基本相同的圆形三足器和圈足器，它的器身和器盖两侧均有相同环耳。

按形态区分，主要为两类：①圈足敦。由两个以子母口扣合在一起的铜盂组成，肩略鼓，腹弧收，底部和顶部有圈状矮足或捉手。战国中期的山西长治市分水岭26号墓铜敦即为其代表作。其演变规律表现为腹部由较深到较浅，圈足或圈

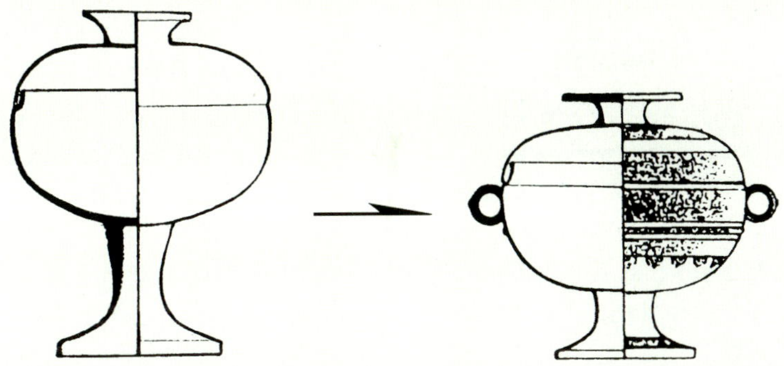

晋文化铜盖豆形态演变示意图

顶由外撇到直立。②三足敦。如同两个扣合在一起的环耳铜鼎。其又可分两型，一种为口径较大、腹部较浅的胖体三足敦，主要流行于战国中期前后，如战国中期的长治分水岭25号墓铜敦；另一种为口径较小、腹部较深的瘦体三足敦，俗称“西瓜敦”，其在楚文化中出现较早，数量最多，晋文化该型敦的制作无疑是受到楚文化影响的产物。春秋晚期的河南新郑市李家村1号墓铜敦是晋文化该型敦的较早形态，体态如球形，足和钮的形状有别；战国中期的长治市分水岭12号墓铜敦是晋文化该型敦的较晚形态，其体态如卵形，上足下钮形状相同。大略同于战国中期的河南洛阳市金村金错铜敦，体态修长呈卵形，而足和钮的形状却不同，它可能是高品级铜敦新旧作风并存的特有形态。

参考书目

高明:《中原地区东周时代青铜器研究》(中),《考古与文物》1981年3期。

（孙　华）

Jinwenhua tongdou

晋文化铜豆

春秋晚期至战国中期晋文化的以盛放黍稷、肉酱等食品为主的铜制容器。基本形态如带柄的碗、钵。铜豆虽在商代就已出现，但直至春秋中期以前，数量均很少，在当时的铜礼器群中还不是重要的器种。春秋晚期至战国中期，铜豆开始成为铜礼器中的主要成员。晋文化铜豆也不例外。

在先秦文献记载中，豆是专门盛放调味品的器皿。《周礼·天官·醢人》所记朝事之豆、馈食之豆、加豆和羞豆的豆实都是韭菹、醓醢之类。但正如有的学者指出的那样，晋文化最常见的被称为“盖豆”的器物在礼器组合中部分起着簋、敦的作用，并且在河南洛阳市烧沟战国墓出土的陶盖豆中还常有粟米的遗存，这似乎又表明，豆应当与簋、敦一样，都是盛装黍稷的用具。需要注意的是，迄今为止，在春秋、战国时期通常被称为“豆”的铜器上还未见有自名为豆的，晋文化那些柄很细的豆形器在形制上是否与文献所说的豆属于一类，尚未得到证明。

晋文化铜豆有深腹带盖豆和浅腹无盖豆两类。带盖豆腹深而柄不高，盖顶有握手如较矮的豆圈足。该类豆是晋文化铜豆的主体，最早出现于春秋晚期。到了战国早期，盖豆已极为流行，不仅出现不少精工细作的精品，还出现下带矮方座的铜盖豆。战国中期铜盖豆已不多见，其礼器地位逐渐为铜敦所取代。无盖豆腹浅如无沿的盘，豆柄颇高，与汉代自名为灯的铜器有几分相似。这种铜豆仅见于战国早期，如河南汲县山彪镇1号墓铜豆，以后就基本消失了。

晋文化铜豆流行时间不长，其盖豆的形态演变却有规律可寻。春秋晚期，盖豆柄较高，腹侧多无环耳，如河南洛阳市中州路2729号墓铜盖豆；战国早期，豆柄变矮，腹侧均有环耳，如山西太原市金胜村251号墓铜盖豆。山西浑源县李峪四龙鋬铜盖豆、分水岭金错连螭纹铜盖豆等，都属这一时期铜豆的精品。

（孙　华）

Liyu silongpan tonggaidou

李峪四龙鋬铜盖豆

战国早期晋文化的铜制盛食器具。1923年出土于山西浑源县李峪村战国墓葬中，系著名的李峪铜器之一。两器成对，其中柄部残损的一件现藏于上海博物馆，完整的一件现藏于美国大都会博物馆。

李峪四龙鋬铜盖豆

盖豆腹径23.5厘米、通高26.6厘米。盖与腹相合形近球形，盖上加有矮柄圈状捉手，腹底承以中长的细柄圈足，腹外施4只爬龙鋬。盖沿有4个突起的小兽面，以此使盖与器能牢固扣合。器身共饰周带状纹饰9道（旋纹不计），自口沿至柄足依次为斜角云纹（2道）、蟠螭纹、单索纹、单螭纹、垂叶纹，以及立叶纹、绹索纹和连体式龙目纹。龙形鋬头部无角似虎，尾部粗大且身躯遍覆鳞甲纹又像龙，造型比较别致。从器形和纹饰上看，该豆应为晋国铜器，是晋文化铜豆中最为精美的作

品之一。（李夏廷）

Fenshuiling jincuo lianchiwen tonggaidou

分水岭金错连螭纹铜盖豆

战国早期韩国铜制食器及礼器。1965年由山西省文物工作委员会晋东南工作组在长治市分水岭韩国墓地126号墓中发掘出土。现藏于山西省博物馆。

共3件，仅1件保存完整。口径17厘米、底径11厘米、通高19厘米。为矮足深腹型。覆盘状盖，上出外撇矮圈足形捉手。器口微收，鼓腹，圜底，下接细而外撇的矮圈足，肩部施两个对称的环状耳。器表遍饰错金纹饰：盖的捉手在柿蒂纹心的周围绕以连螭纹和斜角云纹，盖盘及豆盘各饰连螭纹两周，圈足上施垂叶纹和斜角云纹。作为主题纹样的连螭纹已高度简化，状如行云流水，奔放和谐，至为精美。

从工艺、造型和花纹等方面分析，该豆均与现藏于美国弗里尔美术馆的一件同类铜豆相似。上海博物馆所藏的金错蟠螭纹盖豆的主题纹样虽略异于前二豆，但它们的工艺和风格都很接近，均应属于晋国或三晋地区的产品。

（孙 华）

分水岭金错连螭纹铜盖豆

Zhongshanwangmu yanyue shouliewen tongdou

中山王墓宴乐狩猎纹铜豆

战国中期中山国的铜制食器及礼器。1974年～1978年由河北省文物管理处在平山县三汲乡灵山下的6号中山王墓中发掘出土。现藏于河北省博物馆。

口径18.5厘米、通高21厘米。器盖作半球状，与器身以子母口扣合后形如圆球。盖上设较宽大的圆形提手。器身直口，深球腹圜底，腹上部近沿处有相对的两圈环耳。器底承以圈足，圈足“较”部短而“镫”部大。通体嵌红铜纹样，盖部纹饰以弋射为主题，器身内容分为宴乐、狩猎两类，足上纹饰表现狩猎者与野兽搏斗的情景。

该豆是中山国王室旧物，其上嵌铜的装饰手法和宴乐狩猎的装饰内容均为战国时期晋文化流行的新风尚，从一个侧面展现出中山国文化华夏化的速度和进程。

（王光尧）

Jinwenhua tonghe(xing)

晋文化铜鉌（铏）

春秋中期至战国晚期晋文化的铜制盛羹和盛酒容器。平面呈椭圆形，腹较浅，腹壁内收，平底或圈足，器两侧带二环耳。是春秋中期以后新出现的铜器种类，在晋文化中颇为流行。

鉌通常被称之为舟、椭杯或铏。《周礼·春官·司尊彝》“祼用鸡彝鸟彝，皆有舟。”郑玄注引郑司农说谓：“舟尊下台，若今时承槃（盘）。”可见，文献中的舟，即为载鸡彝、鸟彝等器用的承盘，实际上与鉌这种器类不符。传世铜器中有蔡太史铜鉌，其铭文有自名，其字虽不很清楚，但比较像“鉌”字而不是“舟”或“杯”却是可以肯定的。传世的史孔铜鉌及河南洛阳出土的哀成叔铜鉌，其铭文皆自名为“鉌”，皆为敛口、鼓腹、双环耳的椭圆形器，所不同的是前者与蔡太史铜鉌一样都是无盖的平底杯，后者却为有盖的带四小足的敦形器。关于铜鉌的用途，学术界有饮酒酒器、舀水水器和盛羹食器等3种说法。从铜鉌的带双环耳的形态来看，它较为适合于饮酒或饮羹，不大适合舀水；从体量来看，它容量几近一升，作为饮酒器虽稍嫌偏大，但作为舀水的器物又嫌太小。日本学者林巳奈夫将这种铜鉌比定为文献记载的铏，这种意见值得注意。

铏是先秦盛菜羹的器具。《仪礼·公食大夫礼》“宰夫设铏四于豆西东上”注：“铏，菜和羹之器”。该种器物的形态，根据《韩非子·喻老》“象箸必不加于土铏，必将犀玉之杯”的文句推测，应当与杯相近。至于它的礼器功用，从《礼记·礼运》“实其簠簋，笾豆铏羹”的记述来看，应当与簠、簋、豆等器种类似。在文献中与铏相关的另一种铜器是铏鼎，因此，那种有足而无耳的似羹鼎的铜器或许就是所谓铏鼎，可以归入铏属。在铜器实物中不见有自名为铏的，而文献中又无鉌这种器物，有可能铜器中的鉌也就是文献中的铏。铏本为和羹之器，这类器之所以又自称为鉌，或许与它调和羹的用途有关。

晋文化铜鉌有深腹与浅腹两种类型。腹较深者即通常习惯上所说的舟，腹较浅者一般却称之为鉌。铜鉌最早出现于春秋中期，流行于春秋晚期及战国早期，战国中期以后逐渐消失。春秋中期铜鉌口部较小，鼓腹，圜底；春秋晚期后，鉌的口部变大，肩部逐渐不明显，底多置圈足。河南洛阳出土的哀成叔铜鉌自铭为鉌，其形如浅腹之铏而有四小足，不同于一般所说的鉌，有可能就是所谓的铏鼎一类。清代出土于山东的铜量器左关铜鉌也自铭为鉌，其形态如有流的半球，与晋文化铜鉌大体相同。可见至少是在齐文化的范围内，铜鉌还可以用作量器。

参考书目

刘翔：《说鉌》，《江汉考古》1986年2期。

（孙　华）

Fenshuiling jincuo lianchiwen tonghe

分水岭金错连螭纹铜鉌

战国早期晋文化的铜制食器及礼器。1965年由山西省文物工作委员会晋东南工作组在长治市分水岭126号韩墓中发掘出土。现藏于山西省博物馆。

口径11厘米～16厘米、通高7厘米。呈椭圆杯碗形，敞口，方唇，短颈，斜腹，圈足低矮，上腹部施对称的双环耳。器表醒目部位装饰流畅纹样：颈部及圈足为斜角云纹，肩腹部的上下分别为宽体和窄体的连螭纹。其动物主纹已高度简化抽象，线条与几何云纹粗细相等，主次协调。全部花纹均以黄金嵌错，熠熠生辉，富丽堂皇。

此器与同墓出土的金错连螭纹铜盖豆的花纹作风完全一致，这种花纹见于山西侯马市晋国铸铜遗址出土的战国早期陶范上，它们应为晋国或继承晋国铸铜工艺的韩国的产品。（孙　华）

分水岭金错连螭纹铜鉌

Jinwenhua tonghu

晋文化铜壶

春秋中期至战国晚期晋文化的用以盛装酒浆为主、形态作小口长颈鼓腹的铜制容器。铜壶在西周后期周文化中已成为铜礼器的主要的种类，到这一时期，组合更加固定，成为铜礼器群必不可少的组成部分。

种类较多。如果以壶颈曲直为标准，可以将铜壶划分为普通的壶和特殊的匏壶两种。前者最为常见，器铭自称为“壶”，是铜壶的主体；后者发现不多，形态作细曲颈、溜肩圆腹、带提梁之形，未见自铭，以其形似匏瓜又有壶的特点，故归入壶属。直颈壶如根据其腹部的平面形状，又可以划分为方壶和圆壶两大类。方壶是西周晚期就已流行的壶的样式，在春秋中期至战国早期的晋文化中仍继续流行。圆壶形态较多，以系耳方式可分为无提梁和带提梁二小类，其中前一小类又可按腹部形态再分为垂腹、鼓腹两型。在晋文化无提梁的两型圆壶中，垂腹圆壶是西周时期旧有形态的延续和发展，战国早期后即已不见，其颈部多施对称的爬兽耳；鼓腹圆壶是春秋晚期才出现的新器形，战国时期使用很普遍，并一直沿用至西汉、东汉时期，其肩部一般施铺首衔环。提梁壶于春秋晚期才出现（这比齐文化及戎狄文化都晚），战国中期后就基本不见，流行时间不长。这种壶形似像装上了提梁的鼓腹圆壶，有的提梁壶的提梁原为绳索，绳索朽烂后其形状已与无提梁的鼓腹圆壶没有多大差别。

晋文化铜壶在铜器群中的数量组合与秦、楚诸文化一样，均呈偶数出现，其数量多少与使用者的身份等级有密切的联系。高级贵族的墓葬往往随葬若干对不同形式的铜壶，如河南新郑市李家楼大墓出土铜方壶4件（两对形制略异）和圆壶2件，而规模略小的山西侯马市上马13号墓就只出土方壶一对2件。在各类铜壶中，方壶通常只出于较大规模的高级贵族墓葬中，圆壶则广泛成对出土于各级随葬成套铜礼器的墓葬中。提梁壶或成对或单出。匏壶则仅在大形墓葬中偶有发现。

晋文化铜壶的形态演变主要表现在腹部。铜方壶与垂腹圆壶的发展演变规律大致相同，其腹部的最大径逐渐上移，即由垂腹向鼓腹变化，最后型式已与鼓腹圆壶没有多大差别。鼓腹圆壶的演变规律不很显著，大体说来，其腹部由较瘦变得稍胖，最大腹颈由较下移至较上，圈足也有略为变高的趋势。

参考书目

高崇文：《西周时期铜壶的形态学研究》，《考古类型学的理论与实践》，文物出版社，1989。

（孙　华）

Lijialou lian-he tongfanghu

李家楼莲鹤铜方壶

春秋中晚期之际郑国铜制酒器及礼器。1923年河南新郑县（今新郑市）李家楼大墓出土。2件成对，现分藏于北京故宫博物院和河南省博物馆。

通高分别为122厘米和117厘米。属于当时高级贵族使用的椭方壶类，盖舌插入器口，盖壁由下往上逐渐隆起，盖面四周为向上外卷的20个双层透空莲花瓣，宛如一朵盛开的莲花；盖顶立一展翅欲飞的白鹤作为盖钮。壶侈口，粗颈，垂腹，两段式圈足置于两条顾首卷尾的伏龙背上。颈部两侧有透空的反首卷尾的爬龙为耳，腹部四隅则为四条反首龙型扉棱。器表密布各种铸纹，盖冠为透空对云纹，盖壁云目纹；器身除口沿为素面外，其余部分均饰细化的交龙纹，龙头位于壶的腹部前后，不甚显著。器体花纹不分层次，龙纹盘绕纠结，与蟠螭纹相仿佛。是已知造型最复杂、纹饰最精美且最负盛名的春秋铜壶。

该壶在西周晚期以来旧有方壶的形制上添加各种新的附属装饰，新旧风格交相辉映，再加上高大伟岸的体态，使之成为国之重宝和晋文化铜器的代表作，在青铜器发展史上体现着由西周壶旧制转向后世花盖壶的开端，为新一代方壶形制的滥觞。

（王光尧　孙　华）

李家楼莲鹤铜方壶

Suide niaogai qujing tonghuhu

绥德鸟盖曲颈铜瓠壶

春秋晚期晋文化的铜制酒器。1967年由陕西省博物馆在绥德县城关公社废品收购站鉴选，估计为绥德本地出土。现藏于陕西历史博物馆。

口径5.8厘米、足径8.8厘米、通高39.7厘米。整体造型似匏瓜，腹部形同普通圆壶，颈部斜偏，在壶颈偏转一方的肩、腹部位设一安有握手的鋬，鋬上有环链与壶盖相连。盖作鸟形，鸟嘴有环扣，可开合。鸟盖以象征羽毛的珍珠纹为地，其上凸起图案化的双翅和尾羽；在鸟胸部还饰有二对对称的飞鸟啄蛇的图案。壶颈素面无纹饰，肩腹部饰蟠螭纹6道，蟠螭纹内又饰珍珠纹。圈足低矮无纹饰，底沿外侈。八棱柱状的鋬两端饰螭首，中部素面不加任何装饰，便于握手。环链三节，相互套合，每节均作头朝上，尾部卷屈成环的蛇形。

曲颈匏壶是西周晚期至战国早期流行于中原地区及北方地区的器物。根据先秦文献记载，陶制匏壶是用于盛酒的一种周人礼器（见《礼记·郊特牲》），铜制瓠壶的用途也应如此。在已知铜瓠壶中，传世的垂鳞纹瓠壶年代最早，可至西周晚期；太原金胜村鸟盖瓠壶精致，花纹繁富，年代稍晚；而该瓠壶的形态与日本泉屋博古馆所藏的鸟盖瓠壶相近，是瓠壶最典型的样式。值得注意的是，瓠壶的壶盖多作鸟形，有的学者认为，这与中国古代将“瓠瓜星”称作“天鸡星”不无关系。可见，瓠瓜联天鸡的思想从西周就已开始。

（孙 华）

绥德鸟盖曲颈铜瓠壶

Yuhanwang tonghu

禺邗王铜壶

春秋晚期晋国铜制酒器。因铭文开篇3字为“禺邗王”3字而得名。传20世纪30年代出土于河南辉县附近。现藏于英国喀尔兄弟处。

禺邗王铜壶

2件成对，形制完全相同，花纹

基本一致。通高48.3厘米。八瓣莲花盖，壶口外侈，长颈内曲，颈上有相对的回首卷尾龙耳，溜肩，圆腹，矮圈足。器表以5道箍状绹索纹将器表分隔为6区，上下分别饰以莲瓣纹和垂叶纹，中央4层则填以蟠螭纹。盖缘周围有铭文19字：“禺邗王于黄池，为赵孟介，邗王之惕金，以为祠器”。铭文所记为鲁哀公十三年（公元前482年）晋定公与吴王夫差等在黄池会盟一事，该壶铸造年代必在此事件后不久，是晋文化铜器中年代明确的标准器。

该壶铭文不长，但学术界对其释读颇多歧异。有的学者读“禺”为“遇”，认为作器者为赵孟的摈介；有的学者释“禺”为“吴”，认为是吴王夫差所作。根据它与李峪蟠螭纹壶非常相似及装饰纹样在山西侯马市晋国铸铜遗址常见等分析，前者意见应是正确的。

参考书目

唐兰：《赵孟介壶跋》，《考古社刊》第6期。
陈梦家：《禺邗王壶释》，《燕京学报》第21期。

（孙　华）

Jinshengcun gaobing tongfanghu

金胜村高柄铜方壶

春秋晚期晋国铜制酒器。1988年由山西省考古研究所在太原市金胜村附近的晋国正卿赵氏墓（251号）中发掘出土。现藏于山西省考古研究所。

口径4.4厘米、通高27.8厘米。为方口瘦腹细高柄型。壶盖为盝顶形，盖四坡分别附一环形钮，盖内设子母口同壶口扣合。壶身平沿，小方口，颈微束，溜肩，瘦腹，平底，长柄上翘下细，下接喇叭口形圈足。盖顶方块内饰两条昂首卷尾之龙。盖四角各饰一心形花纹，内填火纹。颈至壶底遍饰菱形格，两菱形交接处有小菱形及圆圈，菱形格内填各种几何形纹。壶柄自下而上饰三周鸟纹，分别为凤、鹤或头附犄角的神鸟。该壶的花纹制法比较新颖，即先在器身铸制凸起的纹饰，周围凹下部位填充镶嵌一层深褐色矿物质，再打磨光滑，纹饰相当精美。

金胜村高柄铜方壶

此器上半部如一铜钫，下接细长柄，器形非常别致。特别是用镶嵌法制作的纹饰，更是春秋时期先进青铜制作技术的体现。

（侯　毅）

Linghujun sizi tonghu

令狐君嗣子铜壶

战国早期晋文化的铜制酒器。或称嗣子壶。因作器者为令狐君嗣子而得名。传1927年出土于河南洛阳市金村古墓中。现藏于中国历史博物馆。

2件成对，口径14.8厘米、底径16.8厘米、通高46.5厘米。器口插莲花形器盖，镂空莲瓣外撇。器身作短曲颈、长圆腹、矮圈足之形，肩两侧有衔环铺首。盖满饰蟠螭纹，其中莲瓣镂空，身饰蟠螭纹带5道，圈足饰绹索纹。颈外有铭文23行50字，最前面两句是：“唯十年四月吉日，令瓜君嗣子作铸尊壶。”根据郭沫若的考证，铭文中的“令瓜”即《左传》文公七年“晋败秦师于令狐”的令狐，地在山西临猗县西南，其地战国早期属韩国，该器作者应系封于令狐而归葬洛阳的韩国宗室。该壶的造型与纹饰俱佳，又有较长的铭文，是战国早期晋文化铜圆壶的重要标本。

（孙　华）

令狐君嗣子铜壶

Baihuatan tongqian shehui shenghuo tu'an tonghu

百花潭铜嵌社会生活图案铜壶

战国早期晋文化的铜制酒器。又称水陆攻战纹铜壶。1965年由四川省博物馆在成都市百花潭中学10号战国墓中发掘出土。现藏于四川省博物馆。

口径13.4厘米、通高40厘米。穹隆顶盖，盖沿栖3只鸭形钮。壶身侈口，曲颈，溜肩，鼓腹，矮圈足，肩两侧有铺首衔环。器表以色泽紫红的铜嵌错各种图案。盖顶饰一周走兽纹。器身以斜角云纹带分隔为3层：上层表现采桑（左）、习射（右）两组图画；中层左侧展现宴乐场面，右侧为射雁及射侯之景；下层左为攻城的陆战图，右为水战画面。其下还有走兽纹带和垂叶状对兽纹。它是已知内容最丰富的嵌错社会生活图案的铜器，其纹

饰亦远比山彪镇铜鉴攻战图复杂，单名之为“水陆攻战”已不能概括。这些图案生动地反映了当时崇尚农战的时代风气和社会生活的一些侧面。

百花潭铜嵌社会生活图案铜壶

该壶的装饰工艺和表现技法流行于战国早期前后的中原系铜器中，在属于晋文化的河南汲县山彪镇1号墓和秦文化中心区的陕西凤翔县高王寺铜器窖藏中也有类似的铜器出土。就像高王寺铜嵌社会生活图案壶与秦文化铜器风格不合一样，该壶也与巴蜀文化铜器的作风格格不入，很可能是从中原地区输入的。无论是哪种情况，战国时期巴蜀地区与中原的联系并未因秦岭巴山的阻隔而发生中断或迟滞，由该壶可窥见一斑。

（孙　华）

Zhongshanwang Cuo tongfanghu

中山王𰯼铜方壶

战国中期中山国铜制酒器及铜礼器。因为中山王𰯼命相邦赒所制而得名。是已知铭文字数仅少于中山王𰯼铁足大铜鼎的战国铜器。1974年～1978年由河北省文物管理处在平山县三汲乡灵山下中山国国君𰯼的墓中发掘出土。现藏于河北省博物馆。

中山王𰯼铜方壶

出土于该墓主室西侧的右库中。腹宽35厘米、通高63厘米。盝顶状盖，盖四面侧壁中央立云形钮。器口微侈，鼓腹居中，下接圈足。肩部四角各附爬龙扉棱，腹部两侧施衔环铺首。器表素面无纹饰，壶身四面于颈下刻铭文为饰。铭文每面10行共40行450字（内含重文3、合文1），记载中山王𰯼十四年，𰯼命相邦赒用夺取燕国的铜铸造此壶，“以享上帝，以祀先王”，“诋燕之讹，以警嗣王”。铭文用大量篇幅赞扬相邦赒“竭志尽忠，以左右厥辟，不贰其心”，抨击燕国“臣主易位”是“上逆于天，下不顺于人”，并引用相邦赒“为人臣而反臣其主，不祥莫大焉”的话，在一片对相邦赒的赞许声中不时流露出对相邦赒的戒惧。铭文文辞华丽，反复套用《诗经》的诗句，充满了儒家思想观念。这反映出中山国这个可能由白狄建立的国家在战国时期已经完全华夏化，与文献记载的中山国“专行仁义，贵儒学，贱壮士”而亡国的情形相符。

该壶造型优雅，壶旁四隅简练的爬龙给庄重的方壶以生动之感，是一件杰出的铜制工艺品。该壶铭文所记中山国从文、武、桓、成王到王𰯼本人的中山国诸君世次，较文献记载更加完备，对中山国历史的研究具有重要价值。

（孙　华）

Zhongshansiwang tonghu

中山嗣王铜壶

战国中晚期之际中山国铜制酒器及礼器。因上刻有中山王𰯼之子妤𧊒纪念其父的铭文而得名。1974年～1978年由河北省文物管理处在平山县三汲乡灵山下中山国国君𰯼的墓中发掘出土。现藏于河北省博物馆。

中山嗣王铜壶

出土时放置于该墓主室东侧的左库中。口径14.6厘米、腹径31.2厘米、通高44.9厘米，重13.65千克。平面呈圆形。盖面圆鼓，侧壁短而下收，上立3个云形环钮。器口斜侈，短曲颈，圆鼓腹，底接凸字形矮圈足，肩部有对称的铺首衔环。器表仅在腹部中段施凸旋纹两道，其间刻铭文59行182字（含重文5）。铭文中中山嗣王妤𧊒称颂先王慈爱百姓、大去刑罚的功烈，表述自己为享祀先王而茅狩畋猎、以取鲜膏的孝行，包含有让先王之灵放心的意味。不过在这篇纪念先王的文章中，也用了相当大的篇幅记述司马赒（即相邦赒）率师征燕、攻城掠地的事迹，从中可见司马赒权势的显赫和中山王对他的戒惧之心。铭文字体修长，用笔流畅，与中山王𰯼铁足大铜鼎和中山王𰯼铜方壶的铭文一样，皆为战国文字艺术的佳品。铭文中记田猎等文句套用《诗经》诗句，与秦《石鼓文》相仿，反映出当时的中山国尚流行周人古风，与当时大多数国家的时尚已有不同。

该壶铭文中的中山嗣王𧊒蚉不见于其他铜器，在中山国后期历史的研究中很有意义。该壶的形制是战国时期最为流行的样式，根据文献及铜器铭文，它的年代当在齐破燕之役后（公元前314年），赵破中山、其王奔齐前（公元前301年），为当时铜壶的研究增添了一件年代明确的标准器。

（孙 华）

Jinwenhua tongpi

晋文化铜錍

春秋晚期至战国晚期晋文化的截面呈椭圆形的壶形铜制酒器。“椑”字从金椑声，以卑为声之字或有椭圆形之意，《周礼·考工记》在记述兵器柄的形状时说：“是故句兵椑，刺兵抟”，即用椑字来形容椭圆形截面的戈柄。铜錍是春秋晚期新产生的器类，在秦以后仍然沿用。

已知春秋、战国时期自名为“錍”的铜器仅2件，一为山西太原拣选废铜获得的土匀廪錍，其铭文为“土匀廪四斗錍”；另一为传世的重金錍，其铭文为“百卌八，重金錍（？），受一斛六□”。这两件自名为錍的铜器形态差异颇大，土匀廪錍为平面作椭圆形的纵长体壶，重金錍却为平面呈长方形的横长体扁壶。后者的自名是否确为“錍”字，尚不能完全肯定，这种形态的器物在秦、西汉时期一般自名为“榼”或者“钾”，将名錍的铜器限制为前者，以土匀廪錍的形制特征作为铜錍这类器物的形制标准，是比较恰当的，否则就容易造成命名上的混乱。按照土匀廪錍的形态、纹饰特征，春秋、战国时期铜錍的形体应为瘦长体的椭圆形，侈口曲颈，圆肩鼓腹，下有矮圈足；肩部两侧一般耸立对称的环耳，器身往往以络带分隔为若干纹区。其形态与纹饰特征与同时期的圆壶、方壶、鈚、榼等均有显著区别。

铜錍与壶和其他壶形器一样，主要用于装酒。它出现于春秋晚期以后，春秋、战国之际的土匀廪錍为其较早的形态；河北平山县中山王譻墓出土的铜錍的形态可紧接土匀廪錍之后，年代在战国中期偏晚阶段；战国晚期的晋文化铜錍尚缺少典型标本，出土于湖北随州市城东角的卅六年邦工师錍或许可作为这一阶段铜錍的代表。从这些铜錍形态及装饰分析，从春秋、战国之际到战国晚期，晋文化铜錍的变化主要表现为：形体变得较瘦高，器口逐渐变小，圈足逐渐加大，錍身所饰络带由细变宽，分区由小变大。秦以后的錍也有一定发现，如传世的西汉鱼形铜錍及江苏金坛县出土的范休可作青瓷钾等，只是它们的名称多变为“钾”了。

参考书目

孙机：《说“柙”》，《文物》1980年10期。
黄盛璋：《关于壶的形制发展与名称演变考略》，《中原文物》1983年2期。
裘锡圭：《说鈚、榼、椑榼》，《中国历史博物馆馆刊》第13～14期，1994。

（孙 华）

Jinwenhua tongpi

晋文化铜鈚

春秋、战国时期晋文化的铜制酒器。形态似壶而平面呈椭方或长方形，立面为侈口曲颈、圆肩平底，底无圈足，肩上一般有两个环耳。是晋文化中出现的新器类，与春秋、战国时期另一种椭圆形壶“錍”有密切关系。

铜鈚之“鈚”在古代字书中没有容器的含义，将这类铜器称之为鈚是根据其自名。已经发现有自名的铜鈚有6器，鈚字或从金比声（丧史賞鈚、襄安君鈚），或从缶比声（若□孟城鈚），或从卤比声（乐大司徒子□之子鈚、魏公鈚）；铭文反映鈚的用途有“行鈚”（若□孟城鈚）、“旅鈚”（乐大司徒子□之子鈚），“用征用行，用祈眉寿”（丧史賞鈚）。陈梦家先生根据这些铜鈚的自名，将鈚字释为从金从声，认为它就是《广雅·释器》中的“瓮”，属于瓶的一种。日本学者林巳奈夫将此字读作鈚，并在铜器中专设铜鈚一类。裘锡圭先生更对这类器物的名称作了专门的研究，论证它的名称确应为从金比声的“鈚”而不是从金从声的“鏦”，并根据鈚与战国至东汉时期一些扁壶的自名“錍”，认为鈚、錍音通，是一字的异体。铜鈚确应如裘锡圭所论称之为鈚，但自名为“鈚”的铜器与自名为“錍”的铜器形态明显有别：鈚为椭方或长方形而錍为椭圆形，鈚为平底无圈足而錍却有椭圆形的圈足。从春秋早期齐国的洹子孟姜壶自名“羞鈚”的情况来分析，铜鈚应当与铜壶的用途相似，都为盛放酒浆的容器。

铜鈚出现于春秋早期，若□孟城鈚肩部饰西周晚期及春秋早期流行的云目纹，其年代当不晚于春秋早期。到春秋中晚期，铜鈚在晋文化铜器中已较为常见，山西闻喜县上郭村7号墓、河南尉氏县河东周村古墓都有铜鈚出土，传世的丧史賞鈚也属这时期的遗物。春秋晚期以后，铜鈚在晋文化中已较为少见，传世的魏公鈚即其一例。春秋时期铜鈚的演变规律比较明显，它的平面由椭圆形至宽长方形再到窄长方形，立面由胖变瘦，环耳由肩部逐渐上移至颈部。

参考书目

裘锡圭：《说鈚、榼、椑榼》，《中国历史博物馆馆刊》第13～14期，1994。

（孙 华）

Jinwenhua tonghe

晋文化铜盉

春秋晚期至战国晚期晋文化的铜制酒器。基本形态为小口的扁球体，上有提梁（多作螭形），下有蹄足，前有弯曲的管流，流嘴往往做成鸟首或兽首形。对于这种铜器，学者们或称之为盉，或称之为鐎，但对其酒器的功用则认识一致。

除晋文化外，盉还广泛见于中原文化系统其他文化及东南地区青铜文化中。

铜盉是从商代就已出现的和酒、注酒之器，种类很多。扁球体螭梁盉只是春秋、战国时期流行的一种盉的形制。江苏吴县何山春秋晚期墓出土的这种铜器上有铭文："楚叔之孙途为之盉"，可作为当时其名为盉的证据。有的学者根据西汉、东汉时期有一种自铭称"鐎"的小口扁球体蹄足铜器与春秋、战国时期这种铜盉的整体形态相似，主张将之也命名为鐎。然而，鐎是西汉、东汉时期对带长柄的小口温酒器的称呼，它分有流的鐎和无流的鐎斗两类，均无提梁。尽管这种鐎与春秋、战国时期的扁球体螭梁盉有先后发展演变关系，但两者用途和形态均有所不同，将春秋、战国时期的扁球体螭梁盉称为鐎显然不如称为盉合适。不过为了表示这种铜盉的形态特征及其与西汉、东汉时期铜鐎的关系，不妨将其称为鐎盉以区别于其他形态的盉。

铜鐎盉是从西周时期蛋形瓮形盉中分化出的一种盉的新形制，诞生时间最早不过春秋早期。湖北京山县苏家垅曾中游父墓出土的铜盉，为小口扁球体，前有较长的略曲的管流，后有兽首鋬手，下立四条扁蹄足，其形态与鐎盉已非常相似，可视为鐎盉的雏形。晋文化典型的铜鐎盉至迟出现于春秋晚期，山西长治市分水岭269号、270号墓铜盉可作为早期铜鐎盉的代表。稍晚的作品有战国初期的山西长子县牛家坡7号墓铜鐎盉。年代近战国晚期的长治市分水岭36号墓铜鐎盉为其最晚阶段的代表作。经对这些不同时期的铜盉分析，其早晚形态变化不大，仅有蹄足由高变矮、提梁弧度由大变小、螭尾由上卷到下垂的演变关系。

参考书目

容庚：《商周彝器通考》上册，哈佛燕京学社，1941。

吴县文物管理委员会：《江苏吴县何山东周墓》，《文物》1984年5期。

（孙 华）

Sanshenzu chiliang tonghe
三神足螭梁铜盉

春秋、战国之际晋文化的铜制水器。为清宫旧藏。现藏于北京故宫博物院。

三神足螭梁铜盉

口径9.8厘米、通高23.1厘米。口微敛，腹扁圆，腹最大径居中。流作鸟形，鸟嘴微张，两翼及爪略向后张，紧贴于器腹，鸟上卧一虎。盖顶附有猴状钮，蹲坐，其颈系一链环与提梁内侧之环相套。梁作螭形，螭首前伸近鸟首尾部，前后足分立于器肩，尾下垂略向外卷。螭颈、尾各附有两翼，螭身弓起，周有小螭盘绕。器腹下承3足，为人面、鸟嘴、四爪、双翼怪兽，两爪并立，腿略向前屈，两爪各操一蛇，蛇身缠绕其腰、肩，蛇尾下垂。通器满布纹样，肩及腹环有宽弦纹两道，以此分器表花纹为3层。均以粟粒纹衬底，上下层饰以勾连云纹，中层有一首两身的蟠螭与两首一尾的怪鸟相缠绕。螭首向下，身相对展开，向里弯曲，足尾置首下。鸟昂首、垂尾，颈与螭身相绕。流、足除个别部位饰以云纹外，主要以重鳞纹为纹。器盖上以6片叶状纹及三角云纹为主题，沿处饰相互缠绕的夔龙纹。

该盉铸造精致，纹饰复杂，尤以蛇、猴、鸟及人面双翼怪兽的造型更显突出，其中器足所作人面鸟身操蛇神怪之形可与《山海经》等古籍记载的相关内容相对应，可视为研究上古神话的实物见证。从花纹风格分析，它当为晋国所铸制。

（王光尧）

Jinshengchun niaoxin tonghe
金胜村鸟形铜盉

春秋、战国之际晋国铜制酒器。或称鸟尊。1988年由山西省考古研究所在太原市金胜村附近的晋国正卿赵氏的墓（251号墓）中发掘出土。现藏于山西省考古研究所。

金胜村鸟形铜盉

长33厘米、高25.3厘米。以一只昂首挺立的鸟为造型，鸟脑后有冠，双目圆睁、尖喙，喙下部固定，上部可自由开合，倾斜时嘴可张开，复位口即闭上。细长颈，腹腔中空，与颈、头、喙相通。鸟背附一虎形捉手。虎头下伏，紧贴鸟颈，前肢微屈，后肢直立，长身拱曲如弓，尾上卷如S形。虎身下鸟背部开一椭圆形口，口上有盖。虎后肢下引出一绞链，与盖上的钮环相连。鸟两足直立，足间有蹼。鸟尾下有一虎形支脚，虎昂首狂吼，前足撑地，后足紧贴鸟身。虎身饰鳞纹与云纹。鸟通身饰羽毛纹，翅与尾部饰粗羽毛，颌下腿上均饰绒毛纹，层次分明，逼真生动。

该盉设计独具匠心，制作十分精致。如此复杂精巧的铜器，并非失蜡法铸造，令人惊叹！它是晋国铜器中的稀世珍宝，也是中国先秦青铜器的精品，可与现存美国弗里尔美术馆的"子之弄鸟"尊相媲美，集中反映出春秋晚期晋国青铜器制作的先进水平。

（侯 毅）

Jinwenhua tongyi

晋文化铜匜

春秋中期至战国中期晋文化的铜制水器及礼器。基本形态为敞口、浅腹、槽状流。匜自西周中期开始流行，但到春秋中期以后，形制更加多样。是晋文化铜礼器的基本组合之一。

在周人礼器制度普遍遭到一定程度破坏的春秋、战国时期，原有的沃盥礼仪也不再为贵族们所遵守，匜有时也被用作酒器。《礼记·内则》载：“敦牟卮匜，非馂莫敢用。”东汉郑玄注：“卮、匜，酒浆器。”这种用于饮酒浆的匜在铜器铭文和器形上也有反映。鲁大司徒元匜自铭为“饮盂”，河南陕县后川2061号墓铜匜鋬耳不设于后尾而设于右侧，它们的用途显然与盛酒备饮有关。

按形态区别，主要有两类：①西周以来一直沿用的蹄足匜。均有较大的鋬手，根据足的数量及形状还可分为四足匜和三足匜两型。前者为扁蹄足，两两前后布置，形制与西周晚期和春秋早期周文化铜匜差别不大，春秋中期早段以后基本消失。后者为圆蹄足，前面两足而后面一足，且多作流首封顶的兽首流。这是春秋中期对传统铜匜形制的改造，春秋中晚期已成为铜匜的主流，战国早期后渐趋消亡。②春秋中晚期出现、战国早期流行的无（圈）足匜。形态如原始的半瓢，鋬手或有或无，器表多素面，给人以返朴归真之感。根据有无圈足也可分为两型。无足匜或平底或圜底，最先出现于春秋早中期之际的河南新郑市李家楼大墓中，以后一直流行；圈足匜始见于春秋晚期的陕县后川2061号墓中，流行于战国早中期。

晋文化蹄足铜匜在整个春秋时期都是铜器群的基本器类，演变规律极为明显，可作为判断同出其他器物大致年代的典型器类。从春秋早中期之际到春秋、战国之际，匜体平面由窄变宽，腹部由深变浅，流由瘦长变得粗短，由敞口变为封口，流下弧度也由较小变较大，鋬由较大兽首鋬到较小的兽首鋬再到很小的环形鋬。战国早期，蹄足匜已基本为圈足匜和无足匜所取代。

（孙 华）

Shoushou tongyi

兽首铜匜

春秋中期晋文化的铜制水器及礼器。现藏于北京故宫博物院。

兽首铜匜

全长42.3厘米、通高20.3厘米。前有上翘的兽首状封顶流，后有垂首张口咬住口沿的龙形鋬，圜底下设4条龙鸟形扁足。流上兽首怒目圆睁，眉角分明，嘴的两侧尖牙耸立，倒水洗手时，如同兽口吐水一般。龙形鋬的装饰极为繁缛，龙身上浮雕或圆雕虎和小兽形象。匜身上部饰两层由较粗放的蟠螭纹组成的纹带。该匜的造型和装饰花纹与《西清续鉴乙编》卷十四著录的所谓“汉蟠虬匜”颇多近似处，只是后者两层蟠螭纹上小下大，其间以旋纹隔断，与该匜有所不同。它们都应是春秋中期偏早阶段晋国铜匜的佳作。

（孙 华）

Jinshengcun tiliang tongyi

金胜村提梁铜匜

春秋、战国之际晋国铜制食器及礼器。1988年由山西省考古研究所在太原市金胜村附近的晋国正卿赵氏墓（251号墓）中发掘出土。现藏于山西省考古研究所。

全长35.8厘米、通高18.8厘米。流作封顶虎头形，器口上以一长身卷尾伏兽为提梁，伏兽张口咬住匜身的虎头。匜身作直口方唇、圜底三足之形，两前足近似三趾鹰足。器口下饰蟠螭纹带一周。

该匜设计合理，制作精巧。首先，它将当时流行的铜匜的捉手从后部改在上部，使用时只需一只手即可向外倒水；其次，它改变了匜流的动物头部造型与匜足造型无关的流行作法，使二者形成有机的呼应。它的艺术价值在晋文化铜匜中当推第一。

（孙 华）

金胜村提梁铜匜

Jinwenhua tongpan

晋文化铜盘

春秋中期至战国早期晋文化的铜制水器。基本形态为大口、浅腹、附耳、圈足或三足。是自商代以来长期沿用的铜礼器，与当时祭祀宴享制度或习俗有着密切的关系。

盘从西周晚期以后就是与匜配套使用的水器。匜用来浇水洗手，盘用来承接污水。晋文化铜盘有圈足盘、三足盘和无足盘3种形制：①圈足盘，是西周以来的旧样式，主要流行在春秋中期以前，以后便很少见。河南洛阳市中州路2415号墓的春秋早中期之际的圈足盘，两侧附提耳，而春秋中晚期之际的山西侯马市上马13号墓和春秋晚期河南辉县琉璃阁乙墓圈足盘，两侧附环耳；后者已具有春秋时期的时代色彩。②三足盘，是春秋中期以后铜盘的主要样式，最早见于春秋中期的山西闻喜县上郭1号墓和春秋中晚期之际的河南新郑市李家楼大墓中，流行于春秋晚期及战国早期。根据

其附耳可分为提耳、环耳二型，其中提耳者还有耳端直上和耳端外撇的不同。三足盘的足在春秋晚期以后有变高和变小两种发展趋势，前者如河南汲县山彪镇1号墓铜盘，后者如洛阳市中州路2717号墓铜盘。③无足盘，见于战国早期的山西长子县牛家坡7号墓，其形制与以后的铜鉴样式已难区别。战国中期以后铜盘基本消失不见，这反映出当时繁琐的沃盥礼仪逐渐被废弃，各阶层贵族已习惯于就盆洗手的时代新风尚。（孙　华）

Huzu chui'er tongfangpan

虎足垂耳铜方盘

春秋、战国之际晋文化的铜制水器及礼器。系清宫旧物。现藏于北京故宫博物院。

虎足垂耳铜方盘

长73.2厘米、宽45.2厘米、通高22.5厘米。平面呈长方形，四角略圆转，口沿向外折，浅腹，上腹垂直，下腹斜收，四足作虎形。通体装饰纹样，其中盘内底部以三角云纹为底，饰7行浮雕的龟、鱼、蛙等动物形纹样，各行内部3种动物交替错置，另有10条蟠螭绕于龟、鱼、蛙间。盘底内四侧饰蟠螭纹，中间填细三角云纹，有12只跳动状的蛙点缀其间。腹壁内侧四角饰粗线勾连云纹。沿上亦以细云纹为底，以互相缠绕的蟠螭纹为主题。盘腹外四周均以粟粒纹、细三角纹、羽状纹为底，腹正面及背面各有兽面衔环的铺首两个。两铺首间附铸相对蜷卧的两熊，熊或动或静，憨厚逼真；铺首外侧各有一鸟嘴带翼怪兽，屈腿蹲坐，作吞食蜥蜴状。盘腹侧两端各有浮雕成的独角怪兽并卷曲着前爪捧着肿胀的乳房作哺乳喂羊状，甚为亲昵，情态逼真。盘底下面四角各有一浮雕的蟠螭向下伸出，螭口衔咬卧虎的背脊，两爪抓住虎背，螭尾蟠在颈上，向下卷曲，怒目圆睁。虎身下伏，臀部隆起，头略昂，口微张，牙外露，四爪抵地作支撑状，虎尾端上卷，其身饰有斑纹。

该盘铸造精美，内容丰富，风格新颖，各类动物造型逼真、生动，这种把当地流行的多种多样的装饰纹样及只有少数器上所特有的装饰题材汇萃于一器上，实为罕见。其装饰纹样的内容恰反映出春秋、战国时代青铜纹饰内容从神话性、图案化的形象向现实生活形象发展的一般规律。（王光尧）

Fenshuiling mofuliren tongpan

分水岭貘负立人铜盘

战国早期晋文化的铜制容器。1965年由山西省文物工作委员会晋东南工作组在长治市分水岭126号墓中发掘出土。现藏于山西省博物馆。

盘径14厘米、通长17.5厘米、通高15厘米。分为镂空盘和立兽座两大部分，前者色泽碧绿，后者却通体银白，二者的合金成份显然不同。镂空盘的盘心呈圆形，下插立柱；盘壁斜折外侈，镂空作方格；盘壁与盘心间以6条交龙相联系。兽座上负一似为女性的深衣右衽立人，她双手前伸以扶持托盘圆柱；立兽粗短颈，矮蹄足，尖短尾，形象与似熊而“卑脚锐头”的貘颇为相仿（《史记·司马相如列传》集解引郭璞语）。貘身除四足外均饰鳞甲纹，其上再施绹索纹及联贝纹以象征颈带及腹带，四足则饰以简化的交龙纹。全器设计巧妙、工艺复杂、造型生动，弥足珍贵。

该器的出土地长治在战国时期称上党，为韩国重镇，分水岭古墓群当属韩国贵族墓地。不过，与该器的造型、纹饰极为相像的铸铜陶范却发现于晋都新田（今山西侯马）铸铜遗址中。该器很可能是侯马晋国铸铜遗址的产品。韩本来就是从晋国分裂出的诸侯国，韩墓中出土晋国都邑的产品，这是很自然的。（王光尧　孙　华）

分水岭貘负立人铜盘

Jinwenhua tongjian

晋文化铜鉴

春秋中期至战国中期晋文化的铜制水器。基本形态为大口、中腹、平底或圈足，肩部安四耳或双耳。这与盆的形态颇为相似，故东汉许慎《说文解字·金部》称：“鑑，大盆也。”（“鉴”又作“鑑”，本作监）铜鉴是春秋中期以后新出现的铜器种类，它器体庞大，一般为高级贵族所拥有，大都精致美观。晋文化铜鉴在其中出现最早，数量最多，较有特色。

鉴在文献中或写作“滥”（如《吕氏春秋·节丧》的“鍾鼎壶滥”的“壶滥”，《吕氏春秋·慎势》就作“壶鑑”），铜鉴自名则多作“鉴”或“监”。中原晋文化的智君子铜鉴的自名写作“鉴”，而吴、楚一带的吴王夫差铜鉴和楚鹅陵君鉴自名却写作“监”，或许鉴字的写法有着地域上的不同。铜鉴从盛水的盆类大口器物发展而来。盛水的大口容器有照容的功效，这在铜镜尚不普及的先秦时期自然就成为照容的主要器物。商代晚期的殷墟甲骨文已有鉴字作“[illegible]”，正像人俯临大口有圈足的器皿上照面之形。不过，用铜制作的专门照容器具却出现在春秋中期以后，其功用往往也不限于照容一种用途。《周礼·天官·凌人》

所记的“春始治鑑……祭祀共冰鑑”中的鑑，作盛冰之用；《庄子·则阳》中“夫灵公有妻三人，同滥而浴”中的鉴，则为盛水洗澡用。曾侯乙铜鉴缶、吴王光铜鉴等已知铜鉴，有的学者推测属冰鉴。至于洗澡用的鉴，其体量必定不小，已发现的铜鉴尚无可容人洗浴的，文献中所说的浴鉴是否用铜铸造尚不得而知。

晋文化铜鉴通常为圆形，形态变异不大。根据其是否有圈足可分为平底鉴和圈足鉴两型。平底鉴最早见于春秋中晚期之际的山西侯马市上马13号墓中，其宽平折沿，敛颈，斜腹，底面较小，尚存先前的盆（盨）之形；春秋晚期的山西长治市分水岭269号墓平底鉴，下部作弧腹、大平底。再以后平底鉴一度消失，直至战国中期的分水岭12号墓及辉县赵固1号墓中才又见到，其形态已变得体态较矮、口沿较短（有的还斜侈），与盆、洗一类器物已不好区分。圈足鉴出现较晚，已知实例不早于春秋晚期偏晚阶段，如智君子铜鉴；这种鉴主要流行于战国早期，山彪镇攻战图画铜鉴、山西长子县牛家坡7号墓铜鉴等都属于这一时期。此后，圈足鉴较为少见，战国中期偏早分水岭25号墓铜鉴可为这时铜鉴的代表作。由于铜鉴体大笨重，使用不便，再加之铜镜制造工艺的提高和广泛使用，战国中期以后便逐渐退出照容用器的行列。（孙 华）

Zhijunzi tongjian
智君子铜鉴

春秋晚期晋国铜制水器。传1938年于河南辉县出土。鉴两件成对，后流出国外，其一现藏于美国弗里尔美术馆。

口径51.7厘米、通高22.8厘米。属圈足型，窄折沿，方唇，束颈，弧腹，矮圈足，颈肩之间相对安套环龙首半环耳。唇饰连贝纹，颈部、上腹部和下腹各施蟠螭纹一周，其间界以绹纹，圈足也以绹纹为饰。腹内铸“智君子之弄鉴”6字。智氏是春秋晚期晋国执政的六卿之一，“君子”是那时对卿大夫的称呼。唐兰先生认为这位智君子就是公元前453年被赵、魏、韩三家杀掉的智氏末代的智伯瑶。从此鉴的时代风格看，这种推断的可能性很大。

智君子铜鉴

该鉴制作精工，花纹细腻，具有典型的春秋晚期晋文化浮雕状铸纹铜器的风格。该鉴与山西太原市金胜村四耳铜鉴、长子县牛家坡双耳铜鉴等的造型和装饰花纹均相同，它们应是同时的制品。（孙 华）

Jinshengcun si'er tongjian
金胜村四耳铜鉴

春秋、战国之际晋国铜制水器。1988年由山西省考古研究所在太原市金胜村西的晋国正卿赵氏墓（251号墓）中发掘出土。现藏于山西省考古研究所。

金胜村四耳铜鉴

口径70.6厘米、通高42.4厘米。平折沿，直口，颈微束。颈与肩部附4个半环形耳，两两对称，耳衔扁体圆环。耳上部正面雕饰一对夔龙，两龙相向组成兽头，兽有眉有目，作卷鼻怒视状。下腹斜收，平底，接矮圈足。颈、腹部饰3条夔凤纹带，凤尖喙豆目，身躯修长似龙，相互交织盘绕。夔凤纹带之间及圈足上饰粗绹纹。器耳上的扁环饰三角形与卷云纹。器身所饰纹带系块模拼制，即在铜器泥范上用块状花纹陶范按印拼接而成。纹饰层次丰富，器形古朴沉稳。

该鉴系典型的晋国晚期铜器。环形耳使用了焊接技术，标志着晋国青铜器制作技术已日臻成熟；青铜器纹饰块模拼制法的出现，反映出这一时期青铜器生产规模已空前宏大。（侯 毅）

Shanbiaozhen tongqian gongzhan tuhua tongjian
山彪镇铜嵌攻战图画铜鉴

（见山彪镇铜鉴攻战图）

Jinwenhua tongzhong
晋文化铜钟

春秋早中期之际到秦统一前后晋文化的铜制打击乐器。包括按大小和音阶排列成序的编钟及镈钟。编钟是“周礼”中的重要组成部分，形成于西周时期的周文化中，在春秋、战国时期的晋文化中得到进一步的推广和发展。在晋文化以后，铜编钟逐渐没落，只有在保留古乐的庙堂祭祀中尚可见到。

有的学者认为，春秋、战国时期铜器组合特征即所谓“钟鸣鼎食”。铜编钟成为当时贵族在祭祀、宴乐等活动中普遍使用的具有标明身份等级作用的乐器。与这一时期礼制中普遍存在的僭越现象相同，晋文化的铜编钟已经不像春秋早期以前那样严格按照“周礼”的礼仪制度——只有相当于王室大夫一级的诸侯才可享用成组的铜编钟，一些诸侯国的大夫及其夫人也都使用铜编钟。如山西长治市分水岭169号墓和

270号墓，该组墓葬为春秋晚期的夫妇并穴合葬墓，墓主人可能是晋国的卿大夫，两墓各出土编钟2组，都与西周晚期的山西曲沃县北赵晋侯墓相当。春秋、战国时期晋文化铜编钟的出土数量比先前同一地域范围内出土的周文化铜编钟成倍增加，正是由于这一缘故。

晋文化铜编钟承袭周文化铜编钟而来，因而在编钟的数量组合和形态纹饰等方面都表现出鲜明的对周文化铜编钟的继承和发展。周文化铜编钟从西周早期到春秋早期，其数量组合经历由3钟到4钟再到8钟的发展进程，而春秋中期以后，晋文化铜编钟的数量多数已增至9件或9的倍数。如山西侯马市上马13号墓铜编钟为一组9件，河南新郑市李家楼大墓铜编钟除齐口镈钟4件外，还有弧口钮钟2套18件。根据测音结果得知，这种9件一组的编钟音阶更完善，它在西周晚期及春秋早期的8件一组的音阶基础上增加“宫”、“角”之间的“商”，构成完整的徵、羽、宫、商、角五音；并且徵、商为中鼓音的钟，其侧鼓音为大三度音程的“变宫”、“变徵”，构成以“徵”为首的七声音阶。完善后的铜编钟，每一钟都有正鼓音和侧鼓音两个基音，从此，在钟鼓部一侧铸刻鸟纹或龙纹来标识第二基音的做法就不再使用。战国时期，每组铜编钟的数量似乎有继续增加的趋势，传河南洛阳市金村出土的战国早期屭羌铜编钟、汲县山彪镇1号墓出土的战国早期铜编钟及战国中期的河北平山县中山王䜣墓铜编钟等，每组数量都为14件。不过，西周时期就已形成的8件一组的编钟组合，在整个春秋、战国时期仍然存在。战国早期的山西潞城县潞河7号墓和战国晚期的长治市分水岭14号墓所出土的铜编钟皆为8件一组。

从悬挂方式和形态分析，晋文化铜编钟有甬钟和钮钟二型。甬钟是西周以来的传统编钟，柄作带旋虫（干）的柱形（甬），以侧悬方式悬挂；钮钟是春秋早期才出现的新的编钟样式，悬挂构件作门形钮，以正悬方式悬挂。在晋文化铜编钟中，正悬的钮钟从春秋中期以后逐渐成为铜编钟的主要形式。在有两组编钟的墓葬中，往往是甬钟和钮钟各1组。如分水岭269号墓出土甬钟8件，钮钟9件；270号墓出土甬钟和钮钟各9件。甬钟与钮钟形态的演变也略有不同，从春秋早期到战国晚期，甬钟钟体和甬部分别经历由短到长的发展过程，甬上之旋也有稍上移的趋势；而钮钟的钟体却由较长逐渐变得较短，钮部由宽短逐渐变得修长。无论是甬钟或钮钟，它们的鼓部与钲部的比例均由窄逐渐变宽，钟壁由较直逐渐变得微鼓。

铜镈为晋文化铜钟的重要种类。镈或写作“鑮”，其总体形态与钟相似，但体量较大，细部也略有差异。东汉许慎《说文·金部》称：“鑮，大钟，錞于之属，所以应钟磬也。堵以二，金乐则鼓鑮应之。”从春秋中期的素镈、春秋晚期的叔夷镈等已知有自名为镈的铜器来看，镈应为双兽形钮、齐口的椭圆形或合瓦形钟。由于镈为钟属，所以铜镈也有不少自名为钟的，如河南固始县侯古堆1号墓铜编镈就自名为“龢钟”。铜镈的用途似乎也不单纯为了“以应钟磬”。晋文化多数铜镈与铜钟一样为9件一组，如山西侯马市上马1004号墓、5218号墓和万荣县庙前村出土的铜编镈，其数量均为9件，它的作用也应与编钟大体相同。铜镈在晋文化铜编钟里所占比例较大，其钮一般作相对的双龙形，这与晋都新田（今山西侯马）铸铜遗址出土的编钟陶范相吻合。从大型铜编钟一般为齐口镈以及像山西太原市金胜村晋卿墓这样的高级贵族墓使用镈形编钟的情况分析，春秋晚期及战国早期前后，晋文化铜编钟可能在形态上也存在一定的等级制度，齐口的编镈的等级可能高于弧口的编钟。

晋文化的铜镈形态与先前的周文化迥然有别。周文化铜镈钟体有4条与钮旁对兽相连的扉棱，钟壁也无篆带和枚带的区分；晋文化铜镈则省去扉棱，镈体像钟一样有篆有枚。铜镈的演变规律主要表现在镈体上，从春秋中期到战国早期，由瘦长逐渐变得宽短，最大径从中央渐往下移，器壁也由较鼓变得较直。铜镈从西周晚期出现以后，在春秋晚期及战国早期的晋文化中已发展到顶点，以后则较为少见。

参考书目

王世民：《西周暨春秋战国时代编钟铭文的排列形式》，《中国考古学研究》，科学出版社，1986。

（孙　华）

Biaoqiang tongzhong

屭羌铜钟

战国前期晋文化的铜制乐器。因作器者为韩氏家臣屭羌而得名。1931年出土于河南洛阳市金村附近的太仓古墓中。共14件，其中大小各一被加拿大人怀履光（W.H.White）购得，现藏于加拿大安大略博物馆；其余12件先归刘体智所有，刘氏后来又将其卖与日本住友氏，现藏于日本京都泉屋博古馆。

属钮钟类，形制相同，大小相次。大者栾长40厘米、钮长14.7厘米、铣间27厘米；小者栾长13.3厘米、钮长6厘米、铣间11厘米。钮部甚长，上饰“之”字形云纹。钟体上下及两侧均有较宽边栏，鼓部宽阔，枚呈漩涡状，篆带及鼓部均饰卷云纹。在前后钲间铸铭文各4行共61字，每一字均以阴线方格为界。铭文内容是：周王二十二年，屭羌随其主韩氏攻打齐国，武功卓著，“赏于韩宗，令于晋公，昭于天子”，故在钟上刻记此事，以使后世永志不忘。文句简练且有韵味，字体工整严谨，书法隽秀流畅，是一则很好的金文作品。

该钟是有王年可考并记有重大历史事件的铜器，自出土以来就引起学术界的极大关注。刘节、吴其昌、唐兰、徐中舒、郭沫若、温廷敬、高本汉、杨宽、白川静等中外学者都曾撰专文对该钟进行讨论。该钟的年代有周灵王二十二年（公元前550年）、周威烈王二十二年

（公元前404年）、周安王二十二年（公元前380年）3说，当以第二说为是。

参考书目

孙稚雏:《羼羌钟铭文汇释》,《古文字研究》第19辑，中华书局，1992。

（孙 华）

羼羌铜钟

Jinshengcun tongbo

金胜村铜镈

春秋、战国之际晋国铜制乐器。1988年由山西省考古研究所在太原市金胜村晋国正卿赵氏的墓（251号墓）中发掘出土。现藏于山西省考古研究所。

出土时位于墓室西北角，与石磬同在一处。分两组，较大的龙凤纹组共5件，最大者重25.5千克，最小者口长24.6厘米、通高35.8厘米，重12千克。较小的散虺纹组共14件，最大者口长21.2厘米、通高29.6厘米，重6.645千克；最小者口长7.1厘米、通高11.3厘米，重0.69千克。两组形制相同，均为透雕双龙含钮，中部微鼓的体腔，半球形蟠龙枚，钲部以凸棱分区。但龙凤纹组编钟鼓部稍短，区间凸棱作绹索状，舞部、篆带和鼓部饰夔龙纹或龙凤纹；散虺纹组编钟鼓部稍长，素凸棱，舞部、篆带和鼓部饰散虺纹。

金胜村铜镈

该编镈铸造工艺复杂，复杂的装饰和纹样全用嵌范的方式来解决（镈的外范多达72块以上），镈体及悬钮一次浑铸成型，故透雕状花纹的钟钮仍能悬挂沉重的钟体。从镈上花纹与晋都新田（今山西侯马）铸铜遗址出土钟范花纹密合无间来分析，该编钟应为新田晋国铸铜遗址的产品。

（孙 华）

Jinwenhua tongjing

晋文化铜镜

春秋中期至秦统一前后晋文化的铜制照容用器。铜镜本是源自甘青地区诸青铜文化的北方系铜器，传入中原地区后，在中原先进的铜器冶铸工艺条件下，制作质量得到提高，照容效果超过中原地区固有的盛水照容的器具而逐渐成为主要生活用器之一。在铜镜发展过程中，晋文化铜镜是最为关键的一环。正是在春秋、战国时期中原地区的晋文化等文化类型中，铜镜的材质和制作技术才趋于成熟和完善，使用才开始普及。对于中国古代铜镜的研究和先秦社会生活史的研究具有重要的意义。

迄今发现的实物已有数十面，

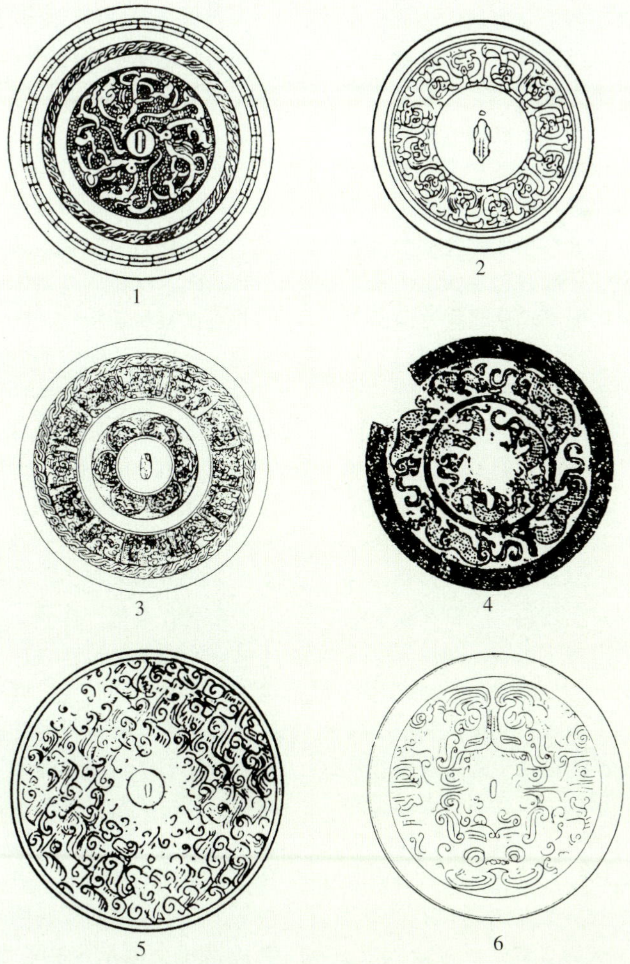

1.三龙纹镜　2.3.蟠螭纹镜　4.虎纹镜　5.羽地纹镜　6.兽面纹镜

晋文化铸纹铜镜分类举例

基本上皆属春秋晚期或春秋、战国之际。年代较早的铜镜有山西新绛县东柳泉猪钮虎虺纹铜镜、太原金胜村铜镜等。战国铜镜发现较多，分部范围也较广，与这时楚文化铜镜形成南北交相辉映的局面。战国早期的河南洛阳市中州路羽状地纹铜镜、河北邯郸市百家村铜镜、山西长治市分水岭花叶蟠螭纹铜镜，以及战国中后期的洛阳市金村金银错斗兽纹铜镜和金错虺龙纹铜镜等，均为其中不可多得的精品。

所发现的这一时期铜镜基本上皆为镜钮居中的单钮镜，种类较为多样。从装饰工艺来看，至少有素背镜、铸纹镜、嵌错镜3种。铸纹镜始终是晋文化铜镜的主流，按所铸花纹的形态通常将铸纹镜分为：①纯地纹镜。背纹由一种几何纹样或抽象为近似几何纹样的细小动物纹样构成，其上无其他主题纹样。这种花纹在铜器上一般是作为衬托其他花纹的地纹出现。纯地纹镜一般不分区，根据地纹的差异可分为散虺地纹镜、羽状地纹镜两小类。散虺地纹镜出现最早，在山西侯马市晋国铸铜遗址中已有散虺纹镜陶范发现，大致流行于春秋晚期至战国早期；羽状地纹镜出现较晚，主要流行于战国晚期，代表作有河南郑州市二里冈94号墓羽状地纹铜镜等。②花叶纹镜。为在羽状或云雷等地纹上添加花叶一类主题纹样的铜镜。按花、叶组合及形态的差异分为叶片纹镜、花瓣纹镜、花叶纹镜三小类。依叶片和花瓣的多少，花叶纹镜又有三叶直至十二花叶诸型。这类镜流行时间较短，主要在战国中晚期，数量也不很多，如传河南汲县出土的十二叶纹镜（梁上椿旧藏）等。③山字纹镜。或称T字镜、火纹镜，是战国铜镜中数量最多、分布最广的铜镜。以在羽状或云雷地纹上施山字形主题纹样为特征。山字纹均旋转排列，有左旋、右旋两种，山字纹间往往衬托以花叶纹。根据山字纹的多寡，又可分三山、四山、五山、六山四小类，其中以出现于战国中期的四山镜最早，也最普遍。晋文化山字纹镜出土的数量很少，纹样也只有四山镜一种；但从晋文化分布区以北的河北易县燕下都出土多面四山镜陶范，以及晋文化以南的楚文化中山字纹镜十分流行的情况来分析，当时这种铜镜在晋文化中也应是常见镜类。④动物纹镜。或称禽兽纹镜，是以实有和虚幻的动物为主题纹样，并衬以羽状或云雷地纹的一类铜镜。这些纹饰按构图可分为单圈、双圈、柿蒂诸小类，按动物形象又可分为兽面纹、凤鸟纹、蟠螭纹、怪兽纹、走兽纹等小类。动物纹的各单元一般彼此分离，布局与稍晚的抽象成云水状的云象纹镜不同。晋文化的动物纹镜出现最早，最迟也在春秋晚期。如果追溯这种镜纹的渊源，甚至还可追溯到西周、春秋之际的河南三门峡市上村岭双虎纹铜阳燧。

在这些铸纹镜中，出现最早的是动物纹镜和纯地纹镜中的散虺纹镜，其年代至迟在春秋晚期。当这些铜镜在晋文化中出现并流行的时候，其他文化还只有少许素背镜发现。从较早的铸纹镜多发现于晋国或三晋，且侯马市晋国铸铜遗址出土有多面春秋晚期及战国早期以前的散虺纹镜和动物纹镜陶范的现象来看，春秋以后铜镜的兴起和发展很可能首先在晋地，通常所说的战国铜镜风格应形成于晋文化之中。

晋文化的铜器嵌错工艺素来发达，在这种工艺影响下发展起来的嵌错镜代表了春秋、战国时期制镜工艺的最高水平。已知的嵌错镜几乎都属晋文化，在楚文化中迄今未见嵌错镜发现，这或许与南北铜镜工艺传承不同有关。嵌错镜的花纹均用金银丝错成，有的嵌错镜还嵌以绿松石。不同色泽的质料组成的花纹交相辉映，美丽异常。纹饰构图主要有斗兽纹镜和虺龙纹镜两种，它们据传都出土于洛阳市金村古墓中，年代约在战国中晚期。从嵌错镜出土数量少和河北平山县中山王墓曾发现有金银嵌错镜残片来看，它在当时应是上层贵族使用之物。

晋文化铜镜在其发展演变的历史进程中发生过较大变化，可分为3期。第一期为春秋中期，虽然迄今只在山西闻喜县上郭村19号墓中出土一面，但从相邻地区出土的铜镜来看，这时的晋文化铜镜应属于西周以来的早期铜镜范畴。铜镜体形较小，镜面平直，镜体较薄，镜缘略凸，镜背多为素面。第二期为春秋晚期及战国早期，已知数量仍然较少，分布不广，只见铸纹镜一种，装饰纹样主要为动物主纹及散虺地纹。第三期即战国中晚期，这时铜镜已成为广泛使用的照容器具，镜的直径变大，半环钮变宽（有的已近似半球形钮），几乎均有钮座。镜的种类增多，除铸纹镜外，透雕镜、彩绘镜、嵌错镜也陆续出现。纹饰构图及纹类也变得丰富多彩，突破了早段环列主题纹样的单一花纹布局，流行将主体纹样分割成若干个构图单元或使用几何图案为主题，并开始将反映社会生活的斗兽、狩猎等图像用于装饰。多种铜镜工艺，多种铜镜类型，多种铜镜装饰，这些都标志着战国时期铜镜工业的兴起，以及铜镜繁荣、发展和定型时代的来临。

参考书目

杜迺松：《战国铜镜初探》，《故宫博物院院刊》1984年1期。
孔祥星、刘一曼：《中国古代铜镜》，文物出版社，1984。

（孙 华）

Dongliuquan zhuniu huhuiwen tongjing
东柳泉猪钮虎虺纹铜镜

春秋晚期晋国铜制照容用具。1976年由山西省考古研究所在新绛县柳泉公社东柳泉大队采集。现藏于山西省考古研究所。

直径15.1厘米、厚0.2厘米。平面作圆形，镜面微凸，镜背中立猪形钮。纹饰分三区配置，窄平边缘猪钮作竖耳短尾站立状，体外遍布鬃毛。内区外围施圆点相间的斜芒

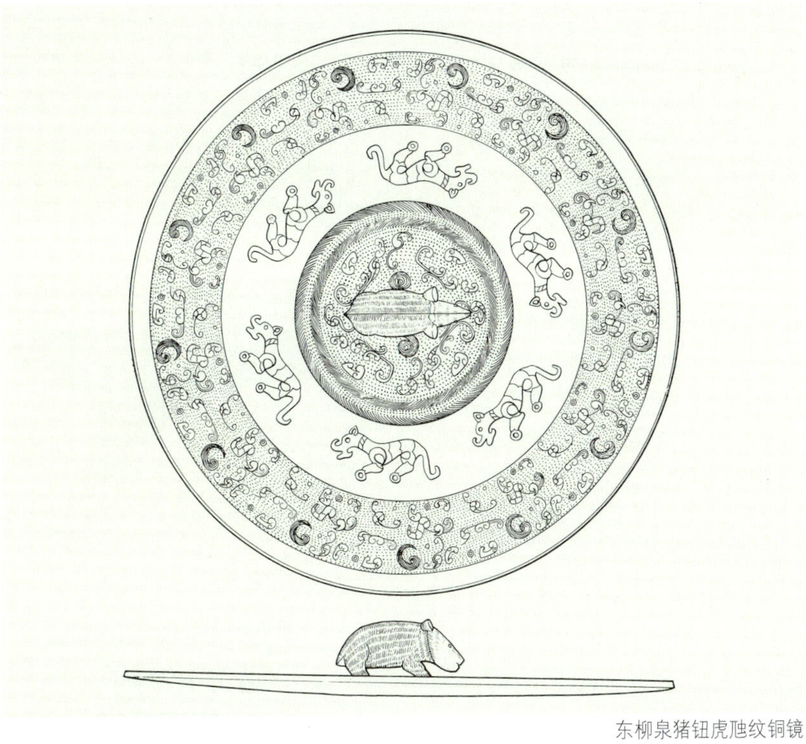

东柳泉猪钮虎虺纹铜镜

纹，内饰以圆点为地的散虺纹。中区凸起，素地，上有6只作浅浮雕状同向环绕排列的虎。外区纹饰与内区相似，在圆点地纹上施13组散虺纹。猪钮造型写实生动，与图案化的虎纹和散虺纹形成强烈的对比，纹样风格与侯马晋国晚期铸铜遗址所出陶范（包括镜范）的纹饰相同，是春秋晚期产于晋都新田（今山西侯马）的产品。

中国铜镜从夏代产生以来，长期只为少数权贵所用，直至战国时期才普及。该镜制作精良，这在铜镜发现极少的春秋时期更弥足珍贵。该镜镜钮作野猪形，这与山西曲沃县曲村出土的西周早中期之际的晋中韦父铜盉盖钮造型相同，很可能是晋国铜器器钮喜用的装饰。

（王金平 孙 华）

Fenshuiling huaye panchiwen tongjing

分水岭花叶蟠螭纹铜镜

战国早期韩国铜制照容用具。1965年由山西省文物工作委员会晋东南工作组在长治市分水岭126号韩国贵族墓中发掘出土。现藏于山西省博物馆。

直径11厘米。平面呈圆形，桥形钮，圆钮座，窄平缘。主题纹样以双旋纹分隔为内外两区：内区以六瓣花叶为主体，花叶中填浮雕状兽面纹，其外以麻布纹为地；外区满布蟠螭纹，螭体一些部位突起如浮雕，余部填以麻布纹。在外区与镜缘间，还施一周绹索纹。其花纹之繁富，在先秦时期十分少见，是战国前期铜镜的代表作。

该镜动物纹样抽象，作几何图案排列，并运用浮雕与平雕相结合的手法，给人以庄重富丽的感觉。镜纹的套圈状布局亦见于同墓地另一墓出土的双圈虎纹镜及山西侯马市晋国铸铜遗址出土的镜范上，这应是晋地铜镜纹饰的传统布局的具体反映。

（孙 华）

Jincun jin-yincuo doushouwen tongjing

金村金银错斗兽纹铜镜

战国中晚期周王室铜制照容用具。传出土于河南洛阳市金村战国墓。现藏于日本永青文库。

直径17.5厘米。平面呈圆形，由两层拼合，镜背略大，镜面包嵌于镜背凸起的外缘中。小圆形钮，圆钮座外绕以凹面环带，环带外伸出3叶使钮座形如花蒂，纹区宽阔，其外有较宽的镜缘。主纹区以3组对称的联体双龙纹将其分为3段，每段分别饰以骑士搏虎、二兽相斗、展翅凤鸟图案。其中斗虎的骑士戴胄披甲，手持短剑，正驭马冲向已经逃窜但又回首反扑的猛虎，颇为生动。所有纹样皆以金错为主，双龙纹并辅之以银错，极为华丽。

该镜运用多种铜器铸造工艺和装饰工艺，系战国时期特种工艺铜镜的代表作。纹饰将生动的追猎图画分列于图案化的镜背纹样布局中，活泼而不凌乱，对称而不呆板，反映出当时制镜匠师高超的技艺和创作匠意。

（孙 华）

金村金银错斗兽纹铜镜

Jincun jincuo huilongwen tongjing

金村金错虺龙纹铜镜

战国中晚期周王室铜制照容用具。传出土于河南洛阳市金村战国古墓。现藏于加拿大安大略博物馆。

直径约20厘米。平面呈圆形，小圆钮，圆钮座，钮座外以一周6枚小乳钉为饰，主纹为6条金错虺龙纹，其中3条虺龙头部靠近镜钮，龙头作侧视之形，龙尾曲至近缘处，周身有2排不同的重环纹状的鳞纹；另外3条虺龙头纹部在镜缘处，头为俯视之形，两耳竖立，周身布满不同形

状的鳞纹。6条虺龙两两缠绕，头尾相交，形成连续不断、错落有致的构图。镜缘为9个乳钉纹间以一组斜角云纹组成的连续图案。镜缘纹饰细密，镜体主纹疏朗，整体布局疏密有致。该镜工艺复杂，纹饰布局和表现手法巧妙，是战国铜镜中的杰作。（何志国）

金村金错虺龙纹铜镜

Jinwenhua tongge

晋文化铜戈

春秋中期至战国晚期晋文化的铜制兵器。为晋文化分布区最重要的兵器种类。

春秋、战国时期，是中原地区车战的鼎盛阶段，兵车的数量急剧增加，作为战车的主要中距离格斗兵器——铜戈也得到相应的发展。戈的数量越来越多，形制越来越合理，制作也越来越精湛。在晋文化贵族的男性墓葬中，一般都随葬铜戈，有的高级贵族墓随葬的数量多者可达数十件。

造型仍采用传统的将戈头捆缚在戈柄之上的扁内戈，但较之周文化铜戈，胡部普遍加长，戈头与柄的结合部加大，捆缚得更加牢固。戈援也由较直变得略弯曲，周边刃缘明显，能更好地发挥戈的勾啄作用。按照戈援的长短，可将晋文化铜戈分为长援、中援和短援3型：①长援型，出现于春秋中晚期之际，战国以后较为流行。形态演变表现为援由上昂变得下勾，内由下垂变得上翘，援锋由三角形逐渐变为尖角形。②中援戈，沿袭西周铜戈的固有形态，在春秋中期至战国早期为晋文化铜戈的主体，以后较为少见。形态演变不似长援戈那样明显，其援前部由宽变窄，由明显的三角援变为尖角援。③短援戈，数量较少，主要流行于春秋、战国之际。此外，在晋文化高级贵族的墓葬中也偶尔出土一些制作精美的管銎戈。这些管銎戈仿自北方戎狄的管銎戈，纹饰完全为晋文化自身的特点，工艺水平也明显高于其他铜戈。如山西太原市金胜村虎鹰管銎铜戈。（孙 华）

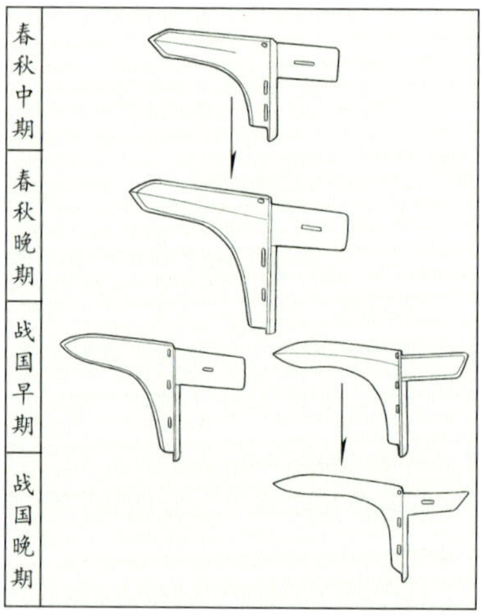

晋文化铜戈形态演变示意图

Jinshengcun hu-ying guanqiong tongge

金胜村虎鹰管銎铜戈

春秋、战国之际晋国铜制兵器。1988年由山西省考古研究所在太原市金胜村附近的晋国正卿赵氏墓（251号墓）中发掘出土。现藏于山西省考古研究所。

全长20.3厘米、援长13厘米、銎深5.5厘米。柳叶形前锋，长援，横断面中间扁厚，两侧呈锐角。援中心透镂纹样，惜已朽蚀不可辨。短胡，椭圆形銎腔，上有穿孔。銎上部与内上立雕一猛虎扼雄鹰图案。虎昂首张口，拱身卷尾，前爪抓鹰身，后爪扼鹰头。鹰虽处于劣势，仍奋力挣扎，双爪紧攀銎腔外侧的凸棱。虎身饰鳞纹、卷云纹和重环纹；鹰身饰羽毛纹和鳞纹，鹰爪下饰一周连珠纹（贝纹）。该戈锋刃锐利，銎部装饰造型生动。类似的铜戈在山西万荣县庙前村春秋墓等内也有发现，证实这件兵器系典型的晋国兵器。（侯 毅）

金胜村虎鹰管銎铜戈

Jinwenhua tongmao

晋文化铜矛

春秋、战国时期晋文化的用于击刺的铜制兵器。其中有向前逐渐收聚成锋的圆骹，骹两侧有对称的扁平叶刃，骹的圆銎中可安插圆形的长柄。是晋文化的重要兵器之一。

铜矛在晋文化墓葬中发现很少，如山西侯马市上马墓地5座晋文化墓葬出土铜戈172件，但仅出土铜矛2件；河南洛阳市中州路260座春秋、战国墓中竟未出土一件铜矛，致使有的学者认为铜矛是晋文化很少使用的的兵器。实际情况恐怕未必。春秋、战国时代的战争形式仍然以车战为主，车战的中距格斗武器主要是用于勾啄的戈，用于击刺的矛是附属于车的徒兵使用的兵器。驾车的甲士在当时仍主要由各级贵族担任，他们死后随葬的兵器自然也就用具有标志身份含义的铜戈而不用铜矛；而社会地位低下的徒兵死后，又往往不能用铜矛随葬。这或许就是晋文化铜矛发现较少的原因。在年代较晚的晋文化大型墓葬中，铜矛数量有增多的趋势，如山西长治市分水岭14号墓出土有24件铜戈，同时也出土了10件铜矛；河南辉县琉璃阁甲墓出土有铜戈11件、铜矛10件。这其中固然不能排除有部分铜矛本是铜戟的组成部分（戟为矛、戈组成的复合兵器），但其中也有不少专用的铜矛。铜矛数量的增加既与战国时期战争方式开始变化，步兵在军队中的作用和地位的上升有关，也与当时军队士兵尤其是步兵身份的变化有关。

铜矛按形制区分主要有两类：①双叶矛，骹部两侧的叶刃较宽，是西周以来铜矛的传统样式，也是晋文化铜矛的主流，如山西侯马市2008号墓铜矛；②三叶矛，诞生于春秋中期以后，如山西长治市分水岭269号墓铜矛。铜矛形态的演变主要反映在叶刃上，即叶刃由较宽变得较窄，叶的最宽处由靠近中央逐渐移至叶的后尾。在一些级别较高的晋文化贵族墓中还有个别形态别致的铜矛发现，如山西侯马市上马13号墓出土的铜矛。

（孙 华）

〖晋文化其他铜器〗

Liyu niuxing tongzun
李峪牛形铜尊

春秋晚期晋文化的铜制温酒器具。1923年出土于山西浑源县李峪村春秋墓葬中。现藏于上海博物馆。

长58.7厘米、通高33.7厘米。整体造型为一只鼻部穿有铜环的牛，

李峪牛形铜尊

牛体中空，在牛的颈、背、臀上各凸起一圆形器口，背孔可纳入一铜质盛酒圆桶，前后二孔可注热水以温酒。通体饰浮雕式兽面衔凤纹，纹样为同一花纹模翻印，按所饰部位不同而取纹饰的全部、局部或倒置。牛颈部和背孔口沿部位还饰有造型逼真的浮雕牛、虎、熊、豹等动物纹。它是目前所见春秋时期惟一的温酒铜尊，牛被穿鼻带环，这为先秦牛形铜器所仅见，造型可能采自当时用于农耕的牛。尊上所饰纹样为春秋晚期晋国铜器所习见，除见于晋国铜器外，亦多见于晋都新田（今山西侯马〕铸铜遗址出土的陶范上，故该尊应为晋国制品。

（李夏廷）

Jinshengcun hutou tongzao
金胜村虎头铜灶

春秋、战国之际晋国铜制炊器。是中国先秦时期惟一的青铜灶，也是迄今所见年代最早的青铜灶具。1988年由山西省考古研究所在太原市金胜村附近的晋国正卿赵氏墓（251号墓）中发掘出土。现藏于山西省考古研究所。

由灶体、釜、甑和烟筒4部分组成。灶体高41厘米、宽47厘米，由灶门至烟道口长46厘米，灶体加烟筒通高160厘米。灶门作上窄下宽的梯形状，其上浮雕虎头，虎环眼圆睁，眉及鬓角毛发呈漩涡状，鼻梁为扉棱状，灶门即为虎口。灶体两侧各有一绞链式提手，背部有圆形灶眼，其上安放釜与甑，甑的底部有箄孔，釜、甑两侧皆有一对铺首衔环。灶底部无底，灶腹壁铸有许多小凸刺，为灶壁内侧搪泥方便。灶眼之后有一烟道，其上设子母口可扣接烟筒，烟筒共有4节，与灶体衔接。虎头灶形体较大，分开数件携带比较方便。

金胜村虎头铜灶

山西南部古代先民素有使用釜灶的传统。从仰韶文化的庙底沟类型到龙山时代的陶寺文化，都把釜灶作为主要炊具之一。这件虎头灶的出土，表明晋文化曾大量吸取了当地古文化的因素，并进一步发扬光大。

（侯 毅）

Zhongshanwang Cuomu jinyincuo long-fengzuo tongfang'an
中山王嚳墓金银错龙凤座铜方案

战国中晚期之际中山国铜制食器。1974年～1978年由河北省文物管理处在平山县三汲乡灵山下的中山国国君嚳的墓中发掘出土。现藏于河北省博物馆。

边长48厘米、通高37.4厘米，重18.6千克。从下至上可分为3部分：下部为圆形底座，座周围联接生动

可爱的卧鹿造型的四足。中部外围饰4只双身夔龙，回绕的龙尾斜撑住昂起的龙头，既增强了结构强度，又给人以稳定的美感。在2条龙之间各立一展翅欲飞的凤鸟，凤首从龙尾的纠结处伸出，凤尾则与云水组成一半球形镇，以增加座的重量。上部为放置于4只龙首上的一斗二升式斗拱托举的案框，案面可能为漆木制作，已朽烂不存。案为青铜铸就，铜件表面遍布金银错的花纹。纹饰因对象而异，龙施鳞，凤施羽，鹿饰梅花，几何形构件则以斜角云纹为饰。在案框内侧有刻铭：“十四祀右使车啬夫郭痣工疥”。其年代与中山王嚳铁足大铜鼎等同墓出土的其他铜器相同。

中山王嚳墓金银错龙凤座铜方案

案是古代陈设食物及食具的器具，一般以漆木制作，先秦铜案仅此一件。该案运用铸、焊、铆、镶、错等多种工艺，制作极为精致，造型别具匠心，是一件难得的战国时期铜制工艺品。器上的仿木结构建筑的斗拱，是研究战国时期建筑的重要资料。（孙 华）

Niaoshou beixing tongzan

鸟首杯形铜瓒

战国中晚期晋文化的铜制酒器及礼器。或称鸟形勺、鸟形爵。现藏于北京故宫博物院。

通长16.7厘米、器高7.2厘米。主体如同圆形高柄杯，直口无唇，深腹微鼓，圜底下接矮柄的圈足。器的腹部前面有曲颈昂首的鸣鸟，后有弯曲上扬再向后直伸的扁平长柄。除鸟身上饰有羽状纹外，器身素净无纹饰。

鸟首杯形铜瓒

瓒是祼祭神祇和宴享宾客的酒器，它的形状与勺相似，故往往被误认为勺。相似形状的陶瓒曾在河南辉县固围村等地有所出土，湖北荆门市包山2号墓也出土过2件漆瓒。该漆瓒前端饰鸟嘴状装饰，同墓出土的遣册上记作“二雕瓒”。可证这种鸟首饰的杯形铜器确应为瓒而不是勺。（孙 华）

Zhongshanwang Cuomu xizu tongxing

中山王嚳墓犀足铜鋞

战国中晚期之际中山国铜制食器及酒器。或称筒形器。1974年~1978年由河北省文物管理处在平山县三汲乡灵山下的中山国国君嚳的墓中发掘出土。现藏于河北省博物馆。

中山王嚳墓犀足铜鋞

口径24.5厘米、通高58.8厘米。重39.6千克。器形如大竹筒状，直圆口，深直腹，平底，下以3只独角小犀牛为足。器腰有仿竹节的箍带，上设对称的衔环铺首。筒外及犀牛身上均施浅细的蟠虺纹。这种如同大竹筒的器物在西汉、东汉时期常见，其自名为“鋞”。战国时期，铜鋞尚罕见，除该鋞外，只有平山县6号中山王墓中尚有发现。它是已知年代最早的铜鋞之一。中山国疆域南邻古卫地，在那里的淇水侧畔直到西汉、东汉时还有大片的竹林，仿照竹筒的铜鋞最早发现于这一带，或许与此地理环境有关。

参考书目

裘锡圭：《鋞与桱桯》，《文物》1987年9期。

（孙 华）

Zhongshanwang Cuomu niuxing tongqizuo

中山王嚳墓牛形铜器座

战国中晚期之际中山国铜制用具。1974年~1978年由河北省文物管理处在平山县三汲乡灵山下的中山国国君嚳的墓中发掘出土。现藏于河北省博物馆。

中山王嚳墓牛形铜器座

2件成对，大小相仿，造型接近。其中一件为犀牛像座，长55.5厘米、高22.1厘米，重19.4千克；另一件为水牛像座，长53.5厘米、高22.3厘米，重18.6千克。器座皆背负犀首方銎，銎内木柱已朽，具体用途不明。由于是器座，两种牛像的腿都设计得很短，以降低重心，避免倾倒。牛皆长颈、短足、细长尾，与实际的犀牛和水牛相比，神似而形不似。牛作奔走中突然停止之状，四足前伸，身体后坐，于静态中蕴含有动态；而后垂的长尾则起到支点的作用，增加了器座的稳定感。牛身遍布金、银、铜错的云水纹为装饰，斑斓璀璨，是功用与造型完美统一的工艺佳作。

犀牛在战国时期已不见于长江流域以北地区，而在中山王墓出土铜器中，犀牛形象数见，这说明中山国与南方古国间应当存在着交往关系，故其工匠能够摹仿南国犀牛的形象铸造铜器。该犀牛器座的犀牛头长三只角，属于少见的三角犀，其形象与《后汉书·章帝纪》李贤注引《交州记》所记三角犀相似。

（王光尧 孙 华）

Zhongshanwang Cuomu hushilu tongqizuo
中山王墨墓虎食鹿铜器座

战国中晚期之际中山国铜制用具。1974年～1978年由河北省文物管理处在平山县三汲乡灵山下的中山国国君譽的墓中发掘出土。现藏于河北省博物馆。

中山王譽墓虎食鹿铜器座

长50厘米、通高22厘米，重26.6千克。以虎为主体造型，虎身扭曲作剧烈撕咬之状，背负两个虎头状双銎。虎的后肢用力蹬地，前肢抬起抓住在虎口挣扎的小鹿，鹿腿下垂代替虎的前腿支撑地面。既表现出虎的气势和力量，又保证了作为器座所首先应当具备的稳定和平衡，构思颇为巧妙。器表以金银错出虎和鹿的细部特征及毛皮花纹，黄白相映，璀璨夺目。是战国时期最为杰出的铜制造型工艺品。

虎的形象在商周铜器上常见，虎形器足也早就出现。但先秦时期虎的造型如同其他动物造型一样，一般都作站立或蹲伏状，像该器座这样将虎作成扑食运动之状是西汉以后才流行的。辉煌的西汉、东汉艺术导源于战国，由此可见一斑。

（孙 华）

Zhongshanhou Wei tongyue
中山侯惟铜钺

战国早中期中山国铜制兵器。因作器者为中山侯惟而得名。是已知年代最早的中山国国君自作用器。1974年～1978年由河北省文物管理处在平山县三汲乡灵山下的中山国国君譽的墓中发掘出土。现藏于河北省博物馆。

中山侯惟铜钺

长29.6厘米、宽25.5厘米，重2.4千克。为宽身直内型，通常将这类兵器称作钺。柲带帽和镦，原应有柲。凸弧刃，两翼外展，短边内收，阑有凸齿，钺身有一圆穿，近阑处饰三角纹及万字纹；长方形窄内，内尾也饰万字纹。在钺身前部，铸有铭文两行16字：“天子建邦，中山侯焦（惟）作此军钺，以敬（警）厥众。”中山国的建立应是得到了周王室的诰命，故铭文强调“天子建邦”。这对探讨中山国与周王室的关系及中原诸国的关系是很重要的资料。

该钺铭文中的中山国君之名不见于文献记载，但其称侯而不像同墓出土的中山王譽器称王，可知其年代必在“天子建邦”以后至公元前323年中山君称王以前。按文献及中山王墓铜器铭文所记中山国君世系，中山武公初立在周威烈王十二年（公元前414年），以后为桓公（铭文或称桓王）、成王。故学者们多认为其为武公或桓公所作。

（孙 华）

Zhongshanwang Cuomu duozhi tongdeng
中山王譽墓多枝铜灯

战国中晚期之际中山国铜制灯具。1974年～1978年由河北省文物管理处在平山县三汲乡灵山下的中山国国君譽的墓中发掘出土。现藏于河北省博物馆。

中山王譽墓多枝铜灯

出土于墓主室东侧的左库中，被拆卸后放置一木箱中。宽47厘米、通高84.5厘米，重13.85千克。为15盏树形灯，灯下部为镂空夔龙纹的圆座，以3只双身共首、虎口衔环的卧虎为足，座上有2个腰围短裙、手捧果品的养猴人正翘首仰望灯枝上嬉戏的小猴。灯柱如树干，笔直挺拔，上细下粗，柱顶及旁出的弯枝上各托举一灯盘；枝分7层，两两相

对，交错排列，由下至上逐层收缩。树枝上多有小鸟及小猴，其中有2只全身悬空的小猴，一臂抓握树枝，另一臂指向座上的养猴人，二者间形成呼应。树干上部还有一条绕树欲上的蟠龙。这些人和动物形象，生气勃勃，构思颇为巧妙。

铜灯兴起于战国，但树形的多枝灯则多见于西汉、东汉时期，战国时期尚罕见。它是已知年代最早、工艺最佳的多枝灯。其由大小不同的8节铸件通过铆榫联接拼合而成，工艺精巧，西汉、东汉时期铜制造型工艺品的制法大多与此类似。

（孙　华）

Zhongshanwangmu yinshouyong tongdeng

中山王墓银首俑铜灯

战国中晚期之际中山国铜制灯具。1974年～1978年由河北省文物管理处在平山县三汲乡灵寿故城内的6号中山王墓中发掘出土。现藏于河北省博物馆。

中山王墓银首俑铜灯

通高66.4厘米，重11.6千克。主体为一个站立于兽纹矮方座上的人像，该像头为银制，眼嵌黑石，身着阔袖深衣，衣上饰云纹，纹内填以朱漆和黑漆；右手握一螭首，螭口含竖立的错银夔纹灯柱，柱上铸有爬柱之猴，柱顶托一灯盘；左手捉一蛇尾，蛇首向上承顶灯盘，另一蟠曲于灯盘下面的蛇昂首支撑前蛇的腹部。灯的柱和盘都能拆卸拼接，设计颇为精巧。

该灯构思巧妙，3个灯盘交错分列于不同高度，形成一个稳定的三角造型；高低错落的灯盘各有3个火主(炷)，它们等距分列于盘的外圈，减少了灯盘的阴影范围。作为灯主体的人像，造型细致逼真，既展现出当时匠师对人像的高度把握力，也是研究当时人物造型艺术和服饰的重要资料。

（孙　华　王光尧）

Zhongshanwang zhaoyutu tongban

中山王兆域图铜版

战国中晚期之际的表现中山国君陵墓规划图的铜版。是中国已知年代最早的建筑规划图。1974年～1978年由河北省文物管理处在平山县三汲乡灵山下的中山国国君嚳的墓中发掘出土。现藏于河北省博物馆。

中山王兆域图铜版

因所在的椁室曾被盗墓者纵火焚烧，出土时已变形。长94厘米、宽48厘米、厚1厘米。整体呈长方形，一面设一对铺首，另一面为中山王墓兆域图。该图以金银错的线条表现出这位中山国君陵园主体的平面布局：外围为两周长方形的中、内墙垣，其内是凸字形坟丘，最里面的坟丘上并列着王堂、二后堂和体量较小的二夫人堂。图的每一部分，皆有文字说明其位置、名称及尺度大小，在图的中心部分还有一段总的说明文字：“王命赒为兆法阔狭小大之制。有事者官图之。进退违法者死亡赦，不行王命者殃连子孙。其一从，其一藏府。”由此可知，当时的兆域图版共两块，此版就是其中随葬的一块。

该铜版出自中山王嚳墓中，应为该王的墓域平面图。所绘、所记该王墓葬规制与嚳墓遗迹的实际情况基本吻合，是研究当时建筑规划水平和当时墓葬制度的宝贵材料。

参考书目

河北省文物研究所：《嚳墓》，文物出版社，1996。

黄盛璋：《中山国铭刻在古文字、语言学上若干研究》，《古文字研究》第7辑，中华书局，1982。

傅熹年：《战国中山王嚳墓出土的“兆域图”及其陵园规制的研究》，《考古学报》1980年1期。

（孙　华）

Zhongshanwangmu tongsha

中山王墓铜翣

战国中晚期之际中山国铜制棺饰。因形同汉字的“山”字，故通常称“山字形器”。1974年～1978年由河北省文物管理处在平山县三汲乡灵寿故城内的6号中山王墓中发掘出土。现藏于河北省博物馆。

出土时分置于椁室两侧的东西二库中，位于库内众多器物的最上部，与帐架和皮帐等物同在一处。共6件，形体巨大，均高143厘米、宽80厘米、厚0.5厘米。器下有圆銎，上作三股叉的形状。又作扁圭形，中间一股较长，两侧者尾部内卷如卷云。相同的器物也发现于中山王嚳墓内，只是器形较小而稍显厚重。它们都应是插于木柱上使用的器具。

关于该器的用途，学者们或以为是陈设在帐前表示中山国族徽的礼器，或以为是类似隋、唐时期列戟制度的仪仗。从其出土情况、数量及上部作圭形来看，它更可能是先秦礼书所记的周人饰棺之“翣”的一种特别的形制。按照周制，诸侯饰棺用6翣，“黼翣二、黻翣二、画翣二，皆戴圭”(《礼记·丧大记》)。

这些山字形器的情况正与之相符。

（孙　华）

中山王墓铜翣

Liyu tongqi

李峪铜器

战国早期以晋文化铜器为主体的铜制器具。又称浑源彝器。1923年在山西浑源县李峪村东南2.5公里的庙坡金谷洞附近首次被盗掘出土，其中大多数为法国商人L.瓦尼埃克收购，现藏于法国巴黎基美博物馆；留存当地的约36件（包括残器和车马器），其精品后为上海博物馆收藏。1964年，山西省博物馆张颔到浑源李峪调查，征集铜器2件，并确定庙坡至木瓜堰一带为春秋、战国时期的一个墓葬区。1975年，大同市博物馆又征集到李峪村两座墓葬（后来编号为1号、2号墓）出土的铜器数件。1978年，山西省考古研究所又在这两座墓葬旁的3号墓中发掘得铜器数件。中华人民共和国成立后所获的3批铜器总计20余件，分藏于大同市博物馆和山西省博物馆。

李峪铜器造型优美，花纹细腻，文化内涵复杂，首次出土后就引起海内外收藏家和学者们极大的兴趣。先后有麻国华《浑源出土古物图说》（1935）、商承祚《浑源彝器图》（1936）等专书著录。在已知的80余件李峪铜器中，有鼎、甗、鬲、簋、敦、豆、壶、盘、匜、鉶、罍、尊等容器，以及剑、戈、镞、镳、衔、带钩、铜泡、削、匕首等兵器和车马杂器。从器形和纹饰上观察，这些铜器的年代多数在战国早期，少数可早至春秋晚期。其中三分之二的铜器与晋国铜器及晋都新田（今山西侯马）铸铜陶范有明显的一致性，如附耳鼎、附耳鬲、分体甗、龙鋬和环耳盖豆、牛形尊、龙耳壶、索箍壶、索箍罍、圈足匜、三足盘等，它们都应为晋国所制，属于晋文化的范畴；另有部分铜器具有北方青铜文化色彩，如三足环耳罐、椭方鍑、圜底壶和镳、衔等，应属古代戎狄族系的遗存；还有少数与东面燕文化铜器为同一类型，如带鸟兽首的环耳鼎和环耳鉶、下腹带鼻的衔环耳壶、三足匜等，它们应为燕国所制。这批铜器虽无铭文，但大多制作精湛，装饰华美，具有很高的工艺水平和学术价值。

浑源在春秋时期属于戎狄民族所建的代国的势力范围。代与晋、燕为邻，与晋国关系尤为密切。公元前475年，代被晋卿赵襄子所灭，从此浑源一带成为赵氏辖地。因此，关于李峪铜器的国别，学术界也有代国、燕国和赵国3说。从李峪铜器年代多在战国早期，铜器中晋、燕铜器与北方戎狄铜器共存而以晋文化铜器为主的情况来分析，李峪铜器应当主要为灭代以后赵人的遗存。

参考书目

李夏廷：《浑源彝器研究》，《文物》1992年10期。
赵化成：《东周燕代青铜容器的初步分析》，《考古与文物》1993年2期。

（李夏廷　孙　华）

Xinzheng tongqi

新郑铜器

春秋中晚期郑国铜器集群。因出土于河南新郑县郑韩故城中而得名。新郑铜器出土批次多，数量大，等级高，年代相对集中，是春秋中晚期郑国铜器和晋文化铜器的代表。

新郑中国银行3号祭祀遗址出土的蟠螭纹铜鼎

郑国是春秋时期周王朝的一个重要诸侯国。郑国始封君名恒公友，为周厉王少子、宣王弟。周宣王二十二年（公元前806年）封弟友于郑地，都棫林（今陕西华县）。周幽王时东迁占有虢、郐等八邑另立新都称新郑，直至郑康公二十一年（公元前375年）韩灭郑，新郑一直是郑国的都城。由于郑国及以后的韩国都以新郑为都城，郑韩故城内外历来出土铜器甚为丰富，其中绝大多数为郑国铜器。比较重要的郑国铜器出土有以下几批：

①1923年，在新郑县南街李家楼打井时发现大批铜器，计有鼎22、鬲9、甗1、簋8、瑚6、敦2、盉6、壶6、牺尊1、罍3、匜3、盘3、炉1、镈钟4、甬钟19等约700余件，并有丢失现象。铜鼎有立耳无盖、附耳无盖、附耳带盖的列鼎3套，最多一套9件；铜壶也分方壶、椭方壶、圆壶三套，每套2件；水器也是三套盉和盘。其礼器等级为9鼎8簋，这是春秋时期列国文化中最高的等级，故一般学者都认为该铜器群为郑伯墓的随葬品。该铜器群有王子婴次炉，王国维考证王子婴次即楚庄王弟令尹子重（《春秋》称“王子婴齐”），故该铜器群的年代应为春秋中晚期之际前后。②1993年，在新郑金城路1号祭祀遗址施工中被推毁的1号铜器坑中出土了4件立耳大鼎和被压碎的16件鬲、簋、壶等铜器残片。其后，河南省文物研究所在该地又发现了2、3号铜器坑和24座春秋时期的中小型墓葬。2号坑有序放置铜

镈钟4件，钮钟两套20件；3号坑出土有大鼎6、鬲4、簋4、豆1、鉴1；墓葬出土铜器有鼎、瑚、敦、鉌、匜、盘等。这批铜器器壁均较薄。③1993年，在新郑卷烟厂发掘春秋铜器墓10座，其中一座为5鼎墓，出土有鼎9、鬲1、釜1、甗2、簋3、瑚5、敦4、鐎7、钫2、匜4以及兵器、车马器等57件。④1995年，在新郑城市信用社发现铜器坑一个，随后又发掘出铜器坑5座，其中4座被盗，未被盗的4号铜器坑出土鼎9、鬲9、簋8、豆1、方壶2、圆壶1、鉴1。9号铜器坑出土铜镈钟4、钮钟20，放置位置、大小、形态和纹饰同金城路1号铜器坑。⑤1996年～1997年，在新郑市中国银行3号祭祀遗址发掘铜器坑16座，除3座被盗外，其他13座内分别埋藏青铜礼乐器计334件。其中6座坑埋礼器，7座坑埋乐器。礼器坑内铜器组合分两种，其中3座出土铜器均为鼎9、鬲9、簋8、豆1、方壶2、圆壶1、鉴1；1座为9鼎、9鬲。铜器形制和纹饰也基本与金城路1号、3号，信用社4号坑的铜器相同。乐器坑每坑内埋镈钟一套4件，钮钟二套20件。

以上5批铜器的出土地点均位于郑韩故城东城中南部，除李家楼大墓以及金城路、卷烟厂的中小型墓铜器群外，其余都为专门用途的器物坑出土。铜器坑分礼器坑和乐器坑两类，礼器坑的铜器组合以鼎、鬲、簋、豆、壶、鉴为基本组合，这种组合缺少墓葬铜器组合所有的盥洗礼所用的水器（匜、盘），显得有些特别。铜器坑所出与铜器墓所出究竟是年代的差异还是埋藏性质的差异，是首先应当注意的问题。根据金城路、信用社和中国银行铜器坑的铜器组合、形制和纹饰都基本相同，而与李家楼大墓等铜器有一定的差异来看，这些铜器坑的铜器似乎应当略早于李家楼大墓等的铜器，年代为春秋中期。从铜器坑与殉马坑和墓葬同在一处，而最高等级的李家楼大墓和大多数铜器坑的礼器又都是9鼎8簋的等级等现象分析，这些铜器坑可能应当与郑国公族墓地有关。铜器坑的埋藏性质有祭祀和随葬两种可能。

参考书目

蒋鸿元：《新郑出土古器图志》，《新郑出土古器图志》发行所，1923。
关百益：《新郑古器图录》，商务印书馆，1929。
孙海波：《新郑彝器》，1936。
关百益：《郑冢古器图考》，中华书局，1940。

（蔡全法　马俊才）

新郑中国银行3号祭祀遗址出土的瓦沟纹铜圆壶

Zhongshanwangmu tongqi

中山王墓铜器

战国中晚期中山国国君墓葬中随葬的铜制器具。1974年～1978年由河北省文物管理处在河北平山县三汲乡中山国最后一个都城古灵寿城内外的两座中山国君墓（城西的𰯼墓和城内的6号墓）中发掘出土。是已出土的战国中晚期中原系铜器中数量最丰富和年代最明确的一批，不仅为这一时期铜器的研究提供了一批重要标准器，也为研究战国历史增添了一批重要实物资料和文字材料。

𰯼墓和6号墓均为中字形积石积炭墓，椁室早年被盗，铜器几乎都出自椁室两侧未被盗扰的左、右库中。𰯼墓出土铜器除鼎、甗、鬲、瑚、豆、壶、方壶、鍪、盉、盘、匜、盆、盛、钮钟等成组成套的容器外，还有作为陵园规划的兆域图铜版、金银错四龙四凤方案、多枝铜灯、银错双翼神兽、金银错牛形器座等精美而别致的器物。在这些铜器中，9件成列的鼎和14件成编的钟，是标示墓主身份和地位的主要礼器。铁足大鼎、龙扉方壶和嗣𧊒蚉壶的长篇刻铭，记载公元前316年中山国趁燕国内乱和齐破燕国之机，兴兵征燕，攻城掠地的事件，可补文献之缺。6号墓的主要铜器也有9件一套的鼎，以及羞鼎、甗、鬲、簋、瑚、豆、壶、盘、盂、匜、牺尊等礼器，并有6件成组的巨大山字形棺饰（翣）、银错镶金及绿松石牺尊、银首人铜灯等别致的器物。据铜器铭文和文献的比较研究，学者们已指出，中山王𰯼是中山王𧊒蚉之父，卒年在公元前310年前后不久。6号墓虽未出土有关铭文材料，但墓葬规模、形制和出土礼器等级，都足以说明它亦为一代中山王墓，铜器风格与中山王𰯼墓相似，年代也应相去不远。

这批铜器品级高，数量大，质量精，不仅反映当时中山国的铜器冶铸工艺水平，也足以代表战国中晚期三晋及北燕一带铜器制作的技术工艺及时代风格。其中单纯的铸纹铜器已经少见，代之而起的是用金、银嵌错工艺的色彩斑斓的铜器及素面无纹或素面刻铭的简练明快的铜器。龙凤鹿座方案、牛形器座、虎噬鹿形器座、双翼神兽等采用金银嵌错工艺的铜器，工艺复杂，造型优美，花纹艳丽，极富匠心。中山王𰯼铜方壶、中山嗣王铜壶（嗣𧊒蚉壶）等素面铜器，以工整隽秀的铭文作装饰，使铭文的记事功能和装饰功能完美地结合在一起，堪称这类铜器的典范。此外，还有一批前所未见的铜器新种类，如兽足鍪、多枝灯等，它们在秦至东汉时期方流行。

中山王𰯼墓出土有90件带铭文的铜器，其中4件长铭铜器是最重要

的一批战国古文字材料。中山王兆域图铜版铭文字数达400余字，除中山王的诏命外，还用金银嵌错中山王陵园规划的平面图及墓园各部分大小规制的文字说明，是研究当时墓葬制度和建筑技术的珍稀资料。中山王嚳铁足大铜鼎和中山王嚳铜方壶均作于中山王嚳十四年，其铭文字数在400字以上，除记有中山国参与齐国伐燕这一不见于现存文献的重要史实外，还记有越国灭吴后至战国中晚期之际的中山王于十四年(中山王嚳十四年)犹存的信息，可证《史记·越王勾践世家》之误。中山嗣王铜壶为中山王嚳十三年作，其上有嚳子𧊒蚉在嚳死后加刻的铭文182字。铭文颂扬先王嚳的慈爱贤明，称赞司马赒“率师征燕大启邦宇”的功烈，亦为战国史研究的重要史料。

关于这批铜器的文化属性，学者们无论是主张中山为白狄所建，还是认为中山为魏国别封的，都一致将包括铜器在内的中山文化归属于华夏文化或中原文化系统之中。至于其具体文化归属，大多数认为应属晋文化范畴，但从地理位置、铜器风格等方面来看，中山国铜器与燕文化关系也很密切，具有浓厚的燕文化因素。中山国铜器铸造工艺应当是在晋、燕文化先进铸铜工艺的影响熏陶下发展起来的。

参考书目

河北省文物研究所：《嚳墓》，文物出版社，1996。

河北省文物管理处：《河北省平山县战国时期中山国墓葬发掘简报》，《文物》1979年1期。

（孙 华）

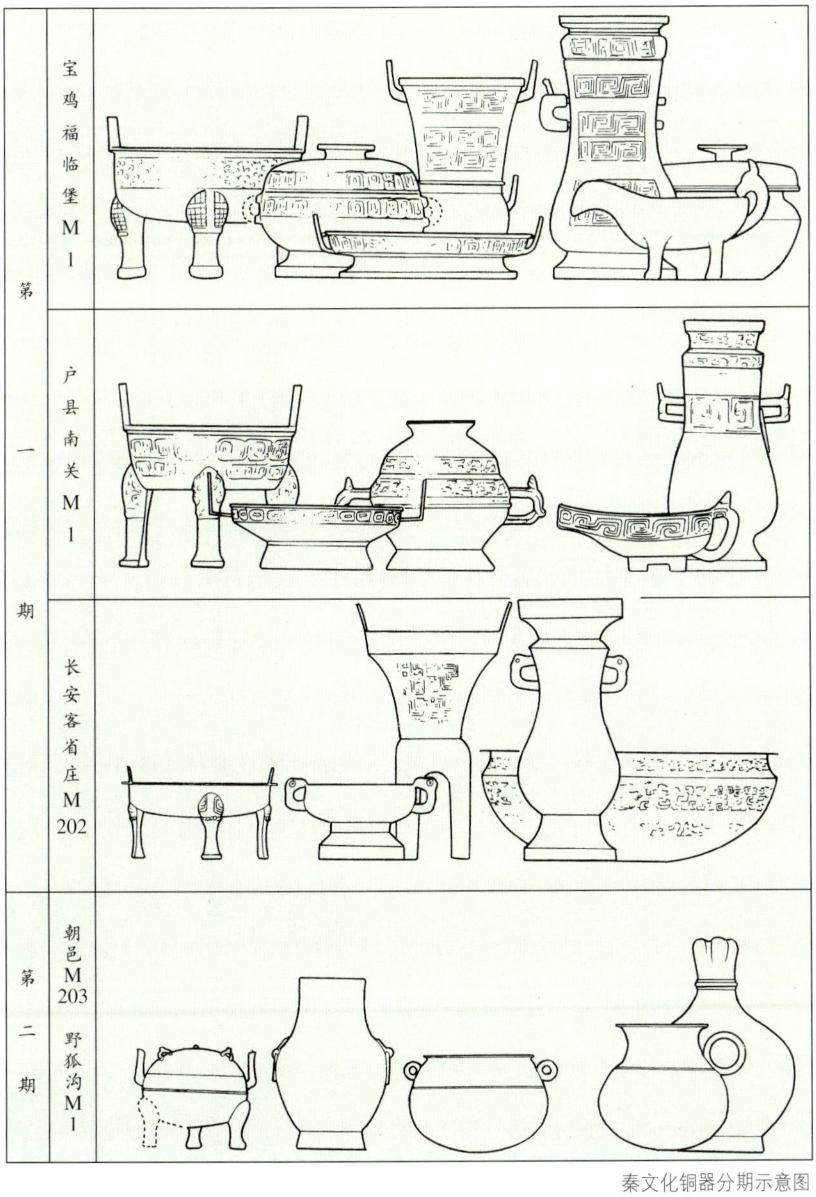

秦文化铜器分期示意图

Qinwenhua tongqi

秦文化铜器

春秋早期至秦统一前主要分布于陕西渭河流域的以秦国为主体的考古学文化的铜制器具。直接继承西周时期周文化铜器的风格，制作工艺、种类组合、形制花纹和器上铭文都显现出不同于东方晋文化铜器和南方楚文化铜器的特色，亦显现出努力保持西周铜器旧制的发展趋势。较同时期的晋文化与楚文化，铜器工艺较为落后并缺乏创新。

秦人先世是杂处在“西垂”西戎活动区的嬴姓族的一支。西周中期，这支嬴姓族的小宗非子之族为周孝王养马于“汧渭之间”，被孝王封为附庸，邑于秦。秦从此成为族名，并在周宣王时代替被西戎灭掉的大宗大骆之族为周王朝镇守西垂。当西周灭亡、平王东迁时，秦襄公救周有功，被列为诸侯，据有周人故地，迅速发展起来。春秋中期，秦穆公称霸西戎，成为五霸之一。但战国中期以前，秦国始终“僻在雍州，不与中国之会盟”，经济文化落后，故中原诸国对秦比较歧视，视之如夷狄。直至秦孝公任用卫鞅（商鞅）变法，秦国骤然强盛，揭开了秦国历史的新的一页。在秦的历史发展进程中，秦襄公至秦穆公时是一个很大的转折时期，这时秦文化的文化特质逐渐形成，开始位居从周文化中脱胎出来的5个亚文化之一。秦文化铜器也在这时自成系列而可与晋器、楚器相区别。

● **发现与认识** 秦文化铜器最早见于著录的是宋代出土的秦公钟，其后出土的著名秦器当推1919年发现于甘肃天水县的秦公簋。这两件秦国国君自作铜器，由于铭文较长且记有秦国先公事迹，素为人们所重。清光绪年间出土于陕西户县的

宗妇铜器群，是已知等级最高的秦文化铜礼器组合，因铭文没有关于它国别的信息，判定为秦器已是1978年的事了。就在这一年，在陕西宝鸡市太公庙出土一组秦武公铸制的秦公钟，它不仅有助于解决聚讼已久的先前发现的秦公钟和秦公簋的年代问题，也给春秋秦器断代提供了一件年代较明确的标准器。不过，非考古发掘出土的秦文化铜器最多的还是兵器，它们不少带有铭文，随着秦国国力的扩张和秦统一六国的进程散布到全国各地，是研究秦国兵器制造管理制度等的重要材料。

在已知秦文化铜器中，考古发掘所获铜器数量多且价值高。它们一般出自小型墓中，组合完整，又有共存陶器，使秦文化铜器的分期及特征等基本问题逐渐为人们所认识。除墓葬铜器外，在秦都雍城（今陕西凤翔县南）一带，1977年～1986年还陆续发现了一批春秋中期至战国早期的铜器，其中马家庄宫殿基址出土的铜建筑构件，高王寺窖藏铜器中的部分秦器，尤其是秦公1号大墓的劫余铜器，使人们开始意识到秦国高级贵族所用铜器与低级贵族所用铜器间的差异，丰富了人们对秦国铜器的认识。1987年以后，甘肃礼县大堡子山春秋初期前后的秦公陵墓被盗掘，大量早期秦国国君的铜器流散海外，使人对秦国早期铜器风格和秦文化铜器的形成历程有所了解。

● **种类与形制** 可分容器、乐器、兵器、度量衡器和起居饰容器具。容器在相当长的一段时间内沿用西周中晚期形成的组合，种类以鼎、方甗、簋、方壶、匜、盘为主，另有敦、豆、鉶、盆等器类；直到周文化铜器传统衰微后，才形成以鼎、釜、釜甑、鍪、圆壶（多蒜头壶）、钫为主，并有榼、盘、匜、盆的新组合。其中前一种组合与同时期晋、楚文化基本相似，但晋、楚文化常见的铜瑚却几乎不见，铜豆和敦也相对较少。而后一种组合的主体则几乎不见于晋、楚文化，釜、釜甑、鍪等因素可能来自巴蜀文化。铜乐器只发现铜编钟（包括镈钟）。兵器有戈、矛、铍、剑、弩机、镞，其中形态如剑的铜铍较有特色。铜度量衡器有升、权、砝码3种，后为秦代所沿用，反映出从卫鞅变法时起就开始推行统一度量衡的历史背景。起居饰容器具包括铜镜、灯、带钩等，为战国中后期诸文化普遍使用的器具。

铜容器形制颇有特色：鼎保留西周时期立耳无盖鼎的传统，腹如浅盆或盘，三足粗矮且外张，与晋、楚文化铜鼎以附耳带盖鼎为主显然不同；甗和壶均盛行方形造型，战国晚期出现的蒜头圆壶也具有秦文化特色；簋的鋬耳小如半环纽，其下多无珥。这些形制、风格都不见于其他文化铜器。

● **纹饰与铭文** 纹饰的总体风格和演变规律与晋文化大体相同，但在种类多寡、组配格局、细部做法等方面却有自己鲜明的特征。纹饰主要有蟠虺纹、波带纹、云龙纹（包括龙目纹、云目纹、反卷龙纹、反卷云纹）3类，其他还有交龙纹、连蝉纹、重环纹、绹索纹、云雷纹等。纹饰在器上一般呈带状布局，纹类组合习用蟠虺纹带配波带纹带，或蟠虺纹带配绹索纹带。纹饰的做法上以蟠虺纹较有特点，这种蟠虺纹以双钩线条组成的勾连蟠虺纹（虺蛇多带头目）为基本构图单元，以相同的勾连蟠虺纹左右延展或四向铺陈组成铜器的主纹，线条转曲僵直。这些都与东方诸文化不同。

在春秋、战国时期的汉文字体系中，秦系文字别树一帜。它继承西周晚期金文字体规整一派的风格，文字形体在发展过程中，规整程度不断提高，象形程度不断降低，并且正体与俗体之别也不像东方诸国那样显著。已发现的秦文化铜器铭文材料，春秋时期均为铸铭，战国时期多为刻铭。铸铭属正体秦系文字，笔法圆折，为后来小篆所本；刻铭属俗体秦系文字，刻写虽草率急就，但字形与正体相似，笔法方折，与以后的隶书有渊源关系。

● **分期与年代** 从春秋早期偏晚阶段开始形成自身特点以后，秦文化铜器一直在缓慢地向前发展。到战国中期，随着秦与中原诸国交往的日益密切，秦文化铜器风格也随同中原铜器风格的变化而发生巨大的转变。一般将其发展演变过程分为前后两期。

前期：春秋早期偏晚阶段至战国前期。铜容器的器类组合为鼎、方甗、簋、方壶、盘、匜，纹饰流行蟠虺纹、波带纹和云龙纹，铭文均为铸铭。该期可细分为3段：①第1段，年代大致相当于春秋早中期之际，以陕西户县3号墓和宝鸡市福临堡1号墓铜器群为代表。铜器所反映出的秦文化特征尚不显著，与西周晚期铜器作风相似。鼎、簋腹皆较深，甗的形体显得粗壮，方壶的口部小于腹部，花纹主要为重环纹和连蝉纹。②第2段，年代在春秋中期后段至晚期，以宝鸡市秦家沟1号墓和户县南关1号墓铜器群为代表。铜鼎和簋的腹部变得略浅，簋的双耳略大，甗的形体显得略瘦，壶口变得与腹部等大或略小。花纹为典型的秦式勾连蟠虺纹和波带纹。③第3段，年代在战国前期，以陕西凤翔县高庄10号墓和长安县客省庄202号墓铜器群为代表。鼎、簋腹更浅，甗体更瘦高，壶口大于或等于腹部，显得头重脚轻。花纹变得简约，波带纹与绹索纹最为流行，刻纹、嵌错纹开始出现。

后期：战国中期后段至秦统一前后。以陕西大荔县朝邑203号墓为代表。容器以鼎、釜、釜甑、鍪、圆壶和钫为基本组合，器形也与前期大相径庭。鼎均为球腹附耳盖鼎，圆壶中流行一种小口细长颈的蒜头壶；除一些高品级铜容器器表可能用多种工艺做成精美的几何纹样外，普通铜容器器表多素净无纹饰。铭文以刻铭为主，内容多为铜器主造、监造、制作者职官人名，或铜器容量、重量等的记录。

参考书目

李零：《春秋秦器试探》，《考古》1979年6期。
陈平：《试论关中秦墓青铜容器的分期问题》，《考古与文物》1984年3、4期。

（孙 华）

Qinwenhua tongding

秦文化铜鼎

春秋、战国时期以秦国为主体的考古学遗存的具有二提耳、盆形腹和三蹄足的圆形铜制容器。以其众多的数量、鲜明的特点和清晰的发展演变轨迹成为最具秦文化自身文化特征的器类。

种类比较单一，除甘肃礼县大堡子山秦公铜鼎采用具有前期周文化铜鼎遗风的腹壁外垂的形制外，其余皆作腹壁内收的造型。后一类鼎是秦国贵族普遍使用的铜鼎样式，在铜器群中数量与周文化铜鼎一样，以1、3、5的单数存在。在战国晚期以前，其形制特点均为立耳、浅腹，蹄足往往粗大并位于比较靠外的位置上，外壁或饰具有秦文化特点的蟠虺纹，或素面无纹饰。它的演变规律表现为腹越来越浅，腹壁越来越内倾，鼎足由适中变粗大再变瘦高。从战国早中期之际起，中原晋文化带盖铜鼎的形制逐渐在秦地传布，秦文化固有的铜鼎逐渐消失。

（孙　华）

Dabaozishan Qingong tongding

大堡子山秦公铜鼎

西周晚期至春秋早期秦国铜制食器及礼器。因作器者为秦公而得名。1987年～1990年在甘肃礼县大堡子山的秦公墓中被盗掘出土，随即被走私贩运至香港等地，其中4件为上海博物馆购回。现藏于上海博物馆。

为大小相次的一组或两组列鼎中的一部分，由大至小，口径与通高分别为42.3厘米和47厘米、37.8厘米和38.5厘米、26厘米和25.9厘米、24.2厘米和24.2厘米。如果是同一组铜鼎的话，第2鼎与第3鼎之间的大小差别恰为其他鼎间差别的一倍，其间应还缺一鼎，原来全套铜鼎应为5鼎或7鼎的规制。形态均立耳折沿，束颈垂腹，底部近平，蹄足粗高。耳饰重环纹，颈饰云目纹，腹饰龙目纹。器内腹壁铸铭文2行6字："秦公作铸用鼎"。"秦"字像双手持杵捣禾实之形，这应是秦国国名文字的原始形态。

大堡子山秦公铜鼎

该鼎的形态粗看近似西周晚期的史颂鼎和师望鼎，纹饰也为西周晚期常见的纹类，但其腹部比史颂鼎和师望鼎要浅，蹄足截面已与其他春秋时期秦文化铜鼎一样呈内空的半环形，纹饰也显得比周文化同类纹饰粗拙。它应是西周末期或春秋初期秦人模仿周文化同类铜鼎制造的仿制品，在已知秦文化铜鼎中最为古老。

参考书目

李朝远：《上海博物馆新获秦公器研究》，《上海博物馆集刊》第七期，上海书画出版社，1996。

（孙　华）

Qinwenhua tonghufu

秦文化铜虎符

战国时期秦国国君授予臣下兵权和调动军队的凭信。虎符形如虎，分左右两半，分存地方和中央，国家需要调遣军队时，遣使者至地方合符，符合，地方才能受命；地方有事需要大规模使用军队时，也需上报中央，经过合符这一程序才可发兵。秦国铜虎符是最早采用虎形的铜兵符，对秦统一后相当长一个时期内的兵符形式有着深远的影响。

已知秦国铜虎符共2件。年代稍早的为陕西西安市郊秦杜县遗址附近出土的杜虎符，上有铭文40字，秦最高统治者称"君"。年代稍晚的是传世的新郪虎符，有铭文31字，秦最高统治者称"王"。它是发给秦驻新郪将领的凭证，新郪为韩地，年代应在秦灭韩至秦统一间（公元前230年～公元前221年）。此外，年代在秦统一之后的虎符有传出土于山东临城的阳陵虎符，其上有铭文8字，秦最高统治者称"皇帝"。这些秦虎符的形状有从立状到卧状的演变，铭文前半部分却都很相似，均为金错的"甲兵之符，右在君（王、皇帝），左在杜（新郪、阳陵）"等。其文字的内容和形式都很有特色。

秦国铜虎符在秦统一后，成为一种制度通行全国。汉承秦制，同样沿用秦国的兵符形制。但西汉、东汉虎符的虎多呈卧势，主要铭文位于中缝，字多银错，与秦文化铜虎符在形制上有明显区别。

（孙　华）

Du tonghufu

杜铜虎符

战国时期秦国杜县掌管的铜制兵符。1978年出土于陕西西安市山门口公社北沈家桥村北春秋至秦时的杜县西1公里处的秦汉遗址中。现藏于陕西历史博物馆。

长9.5厘米、高4.4厘米、厚0.6厘米，重83克。为左半部分，精铜铸就，呈深赤褐色。虎作站立状，头部高昂，胸部挺直，收腹弯背，两腿微曲，尾巴上卷，威武有神。腹内有三角形合榫，耳上方有一内大外小的圆孔。符面有铭文9行40字："兵甲之符，右在君，左在杜。凡兴士被甲，用兵五十人以上，必会君符，乃敢行之。燔獘之事，虽毋会符，行殹。"铭文为错金篆书，谨严典重。其出土地点与铭文中的"左在杜"正好相合。

该虎符是已知年代最早、文字最多且出土地点明确的虎符。传世的战国晚期秦新郪虎符及传出自山东临城的秦统一后的阳陵虎符，铭文与该虎符大致相同，但虎已作卧势，与传世的西汉泗水虎符相仿。

杜铜虎符

该虎符的年代当为战国中期前后。

（孙　华）

Qinwenhua duliangheng tongqi

秦文化度量衡铜器

战国中后期秦国颁行的铜制计量器具。在战国时期各国计量铜器中，秦国计量铜器多有不同王世的检验铭文，且与秦代乃至于西汉、东汉时期的计量铜器前后衔接，是研究战国计量制度的重要材料。

秦国自商鞅变法以后，厉行法制，颁行了一系列法律制度。统一计量用器就是其中之一。湖北云梦秦简中的《效律》对计量器的误差限度加以法令规定：计量器误差超过规定的限度，官啬夫就要受到惩处。为了保证有关计量器法令的贯彻执行，秦国还有律令规定，度量衡器须每年由官方查验校正，方能行用。这就是《吕氏春秋·仲春纪》所说："仲春之月……日夜分，则同度量，钧衡石，角斗桶，正权概。"商鞅铜升量、高奴禾石铜权等秦国计量器先后镌刻有不同王世的律令等铭文，从一个方面反映出这段历史背景。

秦国计量铜器种类较全，除尚未发现铜度具即铜尺外，其他计量铜器均有出土。已知铜量有长方形量和椭圆形量两种，容量有一升、二升、二升半、四升、半斗、一斗等种，其中可肯定为战国时期秦国的铜量有北私府铜半斗量、商鞅铜升量。半斗量容980毫升，升量容202毫升，半斗大致相当于5升。根据这两件秦国铜量以及其他一些有记容量铭文的铜器，结合湖北云梦秦简和秦国文献中"甬不正"、"角斗桶"等文字，可知秦国量制为桶（甬）、斗、升三级，它们之间的相互关系为1桶＝10斗，1斗＝10升，其中1升约相当于今200毫升。

战国时期秦国的铜衡器可以确定的只有高奴禾石铜权一件（另有一些有秦代两诏的铜权，制造年代也可能在战国时代），由该权"禾石"的重量单位和该权的自重，可知当时秦国1石相当于今30千克左右；但据私官铜鼎等秦器的记重铭文与器重的比值，秦圜币的记重铭文，并参照秦统一后若干铜衡器上所记重量和文献的记载来看，可进而推定战国时期秦国的衡制与秦至东汉时期一样，均为石、斤、两、铢四级，进位关系是：1石＝120斤，1斤＝16两，1两＝24铢。其中1斤约当今250克。

秦文化商鞅方升柄上铭文记："十八年……大良造鞅，爰积十六尊五分尊壹为升。"十八年为秦孝公十八年，这一年"卫鞅为大良造"（《史记·秦本纪》），由于计量器关系到国家赋税收入，商鞅在为大良造的当年就颁发了标准记量器。据研究，商鞅升量中的"尊"为"寸"的假借字，一升的容积是以16.2立方寸来求得的。可见，至迟在战国中期的秦国，计量器已采用"以度审容"的方法来确定长度、容积的相互关系。这种方法在秦代以后得到继承和发扬，形成"同律、同度、同量、同衡"一整套比较严密的计量器理论体系。战国时期秦国度量衡制度和计量器，也随着秦统一六国，被推行至全国并被西汉、东汉所沿用，对后世产生深远而广泛的影响。

参考书目

陈梦家：《战国度量衡略说》，《考古》1964年6期。

丘光明：《试论战国容量制度》，《文物》1981年10期。

（孙　华）

Beisifu tongbandouliang

北私府铜半斗量

战国时期秦国铜制量具。因上刻有"北私府"的铭文而得名。1982年发现于陕西礼泉县药王洞乡南晏村南的一小陶罐中。现藏于陕西历史博物馆。

北私府铜半斗量

铜量色泽墨绿。椭圆形。量长20.8厘米、宽12.5厘米、深6.1厘米、通长20.8厘米，重1275克，容水量980毫升，与秦国半斗的容积基本相合。口沿下施一周折棱，短方銎，可纳柄，平底微鼓。量柄面刻铭3行："左"、"北私府"、"半斗、一"；柄左刻一"私"字。左右侧外壁上分别刻两个相同内容的秦始皇诏，斗底刻有秦二世诏。这些刻铭分属3个时期：柄上刻铭最早，年代当在量铸造后不久的战国时期；右侧秦始皇诏刻于秦始皇统一度量衡之时；左侧秦始皇诏及斗底二世诏则是秦二世重颁秦制时所加刻。

椭量是秦量中最常见的形制，

现已发现的10余件秦铜量中，除3件升量为长方形外，其余均作椭圆形，容量则有斗、半斗、三分之一斗和四分之一斗4类。可见，秦国及秦王朝在铜量的形状上也有严格的规定：即升量作方形，升以上作椭圆形。“私府”在西汉、东汉时期是指皇后、太子及诸侯王家掌管财产的官署，即“天子曰少府，诸侯曰私府”（《汉书·路温舒传》颜师古注）。根据此量刻辞，可知这种官署在战国时期的秦国就已出现了。

参书目

陈孟东：《陕西发现一件两诏秦椭量》，《文博》1987年2期。
朱捷元：《关于“两诏秦椭量”的定名及其他》，《文博》1988年4期。

（孙 华）

Shangyang tongshengliang

商鞅铜升量

战国中期秦国铜制量器。又名商鞅方升。因铭文记其为商鞅（卫鞅）所颁制而得名。出土地点不明。最早著录于《秦金石刻辞》（公元1914年）。曾藏安徽合肥龚氏家。现藏于上海博物馆。

商鞅铜升量

连柄长18.7厘米。由青铜铸成。形如带柄长方盘。器外除连柄一面外皆刻篆体铭文。左壁及前壁文字为商鞅制量时初刻，文字分别为：“十八年，齐逵（率）卿大夫众来聘。冬十二月乙酉，大良造鞅，爰积十六尊（寸）五分尊（寸）壹为升”和“重泉”。底部及右壁铭文系秦始皇时加刻，文字分别为：“廿六年，皇帝尽并兼天下诸侯，黔首大安，立号为皇帝，乃诏丞相状、绾，法度量则不壹，歉疑者，皆明壹之”和“临”。据这些铭文并结合《史记·秦本纪》可知，该量系秦孝公十八年（公元前344年）大良造商鞅制造的标准升量，容量为当时的十六又五分之一立方寸，颁发所至为重泉（今陕西蒲城县东南）；秦始皇二十六年（公元前221年）秦灭六国后，该升经有司检验核审后加刻始皇帝统一度量衡的诏书转发临（今地不明）作为标准器使用。

该升的容积有几个不同的测量数据，最精确的数据是202.15立方厘米。由此推算，商鞅时期秦尺应合今23.19厘米。传世的刻有始皇诏的铜方升共3件，形制、大小都很接近，但另两件未见其他铭记，当为秦统一后所颁制。商鞅方升的铭文及容积，说明秦国从孝公时期到统一王朝时期度量衡制度都是相同的。它是秦始皇以秦国固有制度统一六国的实物例证。

参考书目

唐兰：《商鞅量与商鞅量尺》，《北大国学季刊》五卷四号，1935。
马承源：《商鞅方升和战国量制》，《文物》1972年6期。

（孙 华）

Gaonu Heshi tongquan

高奴禾石铜权

高奴禾石铜权

战国时期秦国铜制衡器。为秦国高奴县制作的重量为一石的秤锤（权）。1964年出土于陕西西安市阿房宫遗址。现藏于陕西历史博物馆。

底径23.6厘米、通高17.2厘米，重30750克。作带钮半球形，钮粗壮，平底。壁面一侧铸有“三年，漆工𠟭，丞诎造。工隶臣牟。禾石。高奴”的铭文；另一侧分别刻有秦始皇二十六年诏书、秦二世元年诏书及“高奴石”3字。铸铭系该权制造者身份和名字、制造地点和权本身重量的铭记。东汉许慎《说文解字·禾部》称：“秳，百二十斤也。”据此折算，当时秦国每斤合今256.3克。刻铭则是该权在使用过程中陆续加刻的。由这些铭文可知，秦国早在战国时就由政府管理衡器制造；秦始皇统一全国度量衡时，有关方面对该权进行验定后刻上始皇二十六年诏书以示符合标准；秦二世即位后，有关方面再次检验了该权，并加刻了二世元年诏书。这是一件使用时间很长的战国时秦国及秦王朝的标准衡器，反映出秦王朝重视计量器的管理并经常检验计量用器的史实。

（孙 华）

〖秦文化其他铜器〗

Gaowangsi yaoyan tongyan

高王寺腰沿铜甗

战国早期秦国铜制食器。1977年出土于陕西凤翔县纸坊公社高王寺秦都雍城内的马家庄宗庙基址附近的一窖穴内。现藏于陕西历史博物馆。

高王寺腰沿铜甗

口径19厘米、通高30.6厘米。属甑鬲分体类甗。甑部形如盆鉴，平折沿，颈微束，溜肩平底，底部铸穿孔为箅，颈外附双耳。鬲部小口直颈，广肩圆转，联裆蹄足，口外附可活动的盘形沿，肩部有环钮。花纹简练，甑部饰4周绹索纹和2周蟠虺纹，鬲部饰蟠虺纹和波带纹各一周。

甗设腰沿的器形罕见。腰沿的增添既可减少烟火对甑部的熏烘，又可防止汤沸灭火，设计颇为巧妙。

（孙 华）

Dabaozishan Qingong tonggui

大堡子山秦公铜簋

西周末期至春秋初期秦国铜制食器。作器者为秦公。1987年～1992年在甘肃礼县大堡子山一秦公墓中被盗掘出土，1993年走私贩运至香港后，其中2件被上海博物馆购回。现藏于上海博物馆。

大堡子山秦公铜簋

为列簋，原成套的数量当为大小形制相同的4件或6件。一件口径18.8厘米、通高23.5厘米，另一件口径23.9厘米、通高18.6厘米。盖如覆碗，上有较高的圈状捉手。器身敛口，鼓腹，矮圈足，肩腹两侧安兽首带珥鋬，圈足周围有3只兽首小蹄足。盖的圈顶内环绕一周斜角云纹，盖面和器腹施瓦沟纹，盖壁和器肩饰云目纹。云目纹各单元间均隔以小兽面纹，盖上的兽面为正置，器身的兽面为倒置，盖器兽面相对，非常奇异。铭文铸于器内及盖内，盖器对铭，2行5字："秦公作宝簋"。铭文字体近篆书，"秦"字作双手持杵在臼中捣禾实之形，与有的大堡子山秦公铜鼎铭文相似。该簋形态和纹饰均近似于西周晚期的师寰簋，只是其盖壁和器肩较陡峭。秦文化铜簋的典型特征在该簋上尚未反映出来。

参考书目

李朝远：《上海博物馆新获秦公器研究》，《上海博物馆集刊》第七期，上海书画出版社，1996。

（孙 华）

Tianshui Qingong tonggui

天水秦公铜簋

春秋中期秦国铜制食器及礼器。因作器者为秦公而得名。传1919年出土于甘肃天水县附近。先为安徽合肥张氏收藏，后入北京故宫博物院。现藏于中国历史博物馆。

天水秦公铜簋

通高21厘米。属圈足敛口簋。盖如矮圈足豆或盘覆盖于器身的子口上，器口微敛，腹微鼓，器身两侧有对称的兽首，无珥鋬，器底接外撇的矮圈足。器表以瓦沟纹为主体纹样，盖沿及器口各饰一周勾连蟠虺纹，圈足饰环带纹。器盖铸铭10行53字，器身铸铭5行51字，盖、身铭文相连，记述一位秦公造作此宗彝时的话。这位秦公在铭文中追述了自皇祖受命以来"十又二公"的功烈，表明自己要"帅秉明德"，"咸畜胤士"，"灶囿四方"。在簋的外壁有秦汉时人加刻的"西一斗七升大半升，盖"和"西元器，一斗七升，奉簋"的铭文，可知它在秦汉时期已为西县官物。西县即秦国早期都邑西垂，这正与该簋的出土地相合。

该簋铭文内容及文词均与宋代出土的秦公钟相近，均为同时的作品，也是最重要的秦国有铭文铜器。由于对秦国受命先公认识的不同，学术界对该簋的年代有秦成公、穆公、共公、桓公、景公（不算出子，如算出子则为秦宣公、成公、康公、共公、桓公、景公）诸说。从形制已与春秋早期周文化铜簋有别而呈典型的秦文化铜簋的模样，纹饰已细化为典型的春秋中期以后新纹样的情况来看，该簋的年代当以秦共公至秦景公时期（公元前608年～公元前537年）的可能性最大。

参考书目

容庚：《商周彝器通考》，哈佛燕京学社，1941。
张政烺：《"十又二公"及其相关问题》，《纪念顾颉刚学术论文集》，巴蜀书社，1990。
李零：《春秋秦器试探》，《考古》1979年6期。

（孙 华）

Shangcunling jincuo daigu tongfanglei

上村岭金错带箍铜方罍

战国中期秦国铜制酒器。1974年～1975年出土于河南三门峡市上村岭西的5号墓中。现藏于河南省博物馆。

上村岭金错带箍铜方罍

口阔15.6厘米、通高32厘米。平面呈方形，器身侈口卷沿，直颈折转，广肩圆折，中腹直下，下腹圆收，平底，圈足。器口内套盝顶形盖，盖之四角立云形翼，四翼的角尖正与器口四角内沿相对。器盖制作极精，表面有如后世的"黑漆古"，疑其曾经髹漆；盖面金错对卷云纹、三角云纹和勾连云纹。器身颈部四面中央原有圆形镶嵌饰件，两旁金错勾连云纹。肩腹部四角及四面均饰如箍的宽带，带上以细金丝错成对角云纹，箍带间铸蟠虺纹。圈足也以金错三角云纹为饰。该罍造型矮胖，纹饰以铜榼常用而其他器类基本不用的宽箍带为构图单元，这在铜器中较为少见。与该罍大体类似的铜方罍只见于上海博物馆及美国A.M.赛克勒的藏品，这2件方罍为传世品，完整程度及工艺水平均略逊于该罍。

该罍出土时内置一柄环首直柄圆勺。装饰风格与同墓中出土的上村岭金错带箍铜方鉴相同，当为同时同地的制品。形态新颖，装饰纹样除传统的蟠螭纹外，均为战国中期后盛行的纹样，年代当在战国早中期之际或中期早段。由于该罍出土地三门峡在战国早中期地处魏、韩、秦三国间，国别尚难确定，以属于秦国的可能性更大一些。

（孙　华）

Shangcunling yuzhuangwen tongcuo daigu tongke

上村岭羽状纹铜错带箍铜榼

战国中期秦国铜制酒器。或称扁壶。1974年～1975年出土于河南三门峡市上村岭西的5号墓中。现藏于河南省博物馆。

口径12.5厘米、通高34.3厘米。圆形小口微侈，短颈，扁圆饼状器腹，前后腹壁微鼓，平底，长方形矮圈足。左右两肩有衔环铺首。颈饰三角纹，腹壁四角及四周有窄箍带，箍带上嵌错红铜纹饰，带间壁面满铸羽状地纹。装饰精致，制作精工。

铜榼是比较常见的秦器。上海博物馆、荷兰阿姆斯特丹国立博物馆亚洲艺术陈列室等处收藏的铜榼与此非常相像。不过这些铜榼基本都是传世品，而该榼的出土地点清楚，并有共存器物，价值尤为重要。

（孙　华）

上村岭羽状纹铜错带箍铜榼

Shangcunling jincuo daigu tongfangjian

上村岭金错带箍铜方鉴

战国中期秦国铜制水器。1974年～1975年出土于河南三门峡市上村岭西的5号墓中。现藏于河南省博物馆。

上村岭金错带箍铜方鉴

口阔30.8厘米、通高21.6厘米。状如斗，宽方唇，内折平沿，短直颈微束，腹壁向下渐收，平底矮圈足。器腹转角及四壁作出壁柱、壁穿状箍带，器外四面中央各以一条爬龙为鋬耳。器表满布以金丝和绿松石错嵌成的各种几何纹饰：口沿为菱形对角云纹，颈部为勾连云纹，腹部箍带上施云雷纹，其内填菱形对角云纹，腹下近圈足处纹饰与口沿同，圈足饰联菱纹。4个龙耳上也铸以各种对云纹和卷云纹，并嵌以绿松石为饰。该鉴制作精工，花纹华丽，世所罕见。其造型近似春秋末期的安徽寿县蔡侯墓铜方鉴和战国早期曾侯乙铜方鉴，但工艺和花纹却为战国中后期流行的做法，年代当在战国中期偏早阶段。

（孙　华）

Taigongmiao Qingong tongzhong

太公庙秦公铜钟

春秋早期偏晚秦国铜制乐器。作器者为秦公，是已知铭文字数最多的秦国铜器。1978年发现于陕西宝鸡县杨家沟公社太公庙大队的一个窖穴中。现藏于宝鸡市博物馆。

太公庙秦公铜钟

共8件，其中齐口镈钟3件，弧口甬钟5件。齐口者一般称秦公镈，形制相同，大小相次，最大者通高75.1厘米，重62.5千克；最小者通高64.2厘米，重46.5千克。弧口者即通常说的秦公钟，也为体量依次递减的相同形制，最大者通高48厘米，重24千克；最小者通高27.6厘米，重6千克。大多挂钩尚存。秦公钟为有钲、篆、枚分区的标准型钟，短甬带旋，前出旋虫，舞部、篆间、鼓部分别饰龙目纹、行龙纹和对凤纹。钟体铸铭文，较大的2钟和较小的3钟分别相连成篇。秦公镈钟体两侧及两中有由镂空龙凤组成的扉棱，扉棱至舞部聚合为钮。钲部不分区，在上下两道由变形蝉纹、窃曲纹和菱形钉组成的纹带间饰蟠龙主纹。铭文铸于鼓部，每件钟铭文单独成篇，内容及字数与弧口甬钟全同，仅行款相异。全篇铭文共135字（含重文4、合文1），铭文以“秦公曰”开始，回顾了自先祖受命历经文、静、宪三公的业绩，

夸耀自己的德行，阐明铸作此钟的目的。铭文记述的秦国史事，不仅对解决聚讼已久的传世秦公钟铭很有帮助，而且为秦国早期历史的研究提供了新材料。

秦国早期诸公世次，《史记·秦本纪》与《秦始皇本纪》记述不同。该钟铭文历数文公、静公、宪公然后及时公，这个次第与《秦始皇本纪》相合而与《秦本纪》不同，由此可以断定后者是错误的。根据钟铭所记秦君世次，学者们均推断其为秦武公（公元前697年～公元前678年）时之器。秦国自文公迁都“汧渭之会”，宪公又迁居平阳，其地都在今宝鸡一带。秦公钟出土于宝鸡，从一个侧面证实了史籍中关于这一时期秦国都邑地望的记载。

（孙　华）

Qingongmu panhuiwen tongjing

秦公墓蟠虺纹铜镜

春秋晚期偏早阶段的秦国铜制照容铜器。1978年由陕西省考古研究所在凤翔县南指挥西村墓主人为秦景公的1号大墓中发掘出土。现藏于陕西省考古研究所。

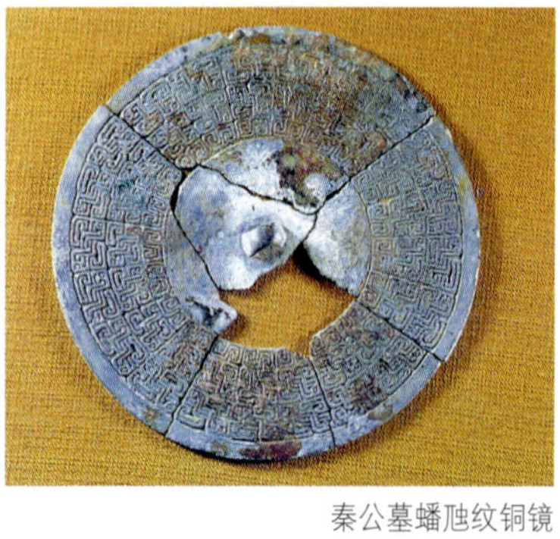

秦公墓蟠虺纹铜镜

直径11厘米。镜面平坦，镜背中心为半环钮，圆形钮座较大，其外饰以细密的具有典型秦文化作风的蟠虺纹，镜缘为较窄的平缘。

自夏代至战国中期以前，铜镜在中国铜器发展的潮流中一直只是一股断断续续的涓涓细流，春秋时期的铜镜尤其罕见。该镜所在的秦公1号大墓，根据同出石磬上的铭文分析，为秦景公（公元前576年～公元前537年）之墓，故该镜的年代必在秦景公死以前，是一件年代较明确的春秋铜镜。

（孙　华）

Chuwenhua tongqi

楚文化铜器

春秋中期至秦统一前后以楚国为主体，包括臣服于楚的诸国诸族的考古学文化的铜制器具。在春秋、战国由周文化发展而来的诸亚文化的铜器中，以其高超的工艺水平、鲜明的文化特点而著称于世。与晋文化铜器一起，南北辉映，代表了当时铜器发展的最高水平。

楚是有着悠久历史和古老文化的古族。至迟在商代后期，楚人开始兴起，成为商王朝在南方的劲敌（《诗经·商颂·长发》）。周文王时，楚与周建立联系，楚先祖熊绎甚至还曾为周王室效力（《左传·昭公十二年》）。此后，周、楚关系恶化，周王室时有征伐楚国之举。不过在整个西周时期，楚还是周王朝羁縻之下的一个不大听话的属国。随周王室的衰落，春秋初年，楚君熊通自立为武王，与周王室公开决裂。这时的楚国，国力仍然有限，所以后来的楚沈尹戌追述这段历史时说：“至于武、文，土不过同（方百里为同）”（《左传·昭公二十三年》）。楚国的强大是在楚文王启濮地和灭卢、罗以后。与楚的发展历史相对应，楚国铜器在春秋早中期之际以前，其组合、形制和纹饰都与周文化铜器相同，自身风格尚未形成；此后，楚文化铜器就与中原诸文化铜器风格渐异，富有特色的楚系铜器开始出现。随着楚国的强大，江汉之间乃至于江淮一带的众多小国，或被楚国兼并，或臣服于楚，成为楚的属国。战国中期，楚威王灭越，楚文化的分布地域逐渐从江汉地区扩展到整个长江中下游地区及东南沿海地区。楚文化铜器的分布情况就从一个侧面记录了楚国历史的发展进程。

● **发现与认识**　楚国铜器早在北宋就有出土的记录，当时发现于湖北嘉鱼县的楚公逆钟，作器者为西周晚期的楚公熊鄂。该钟与后来发现的作器者可能为楚公熊仪的楚公家钟情况类似，形制、纹饰及文字都与周文化铜钟无别。1916年，瑞典人O.卡尔伯克在安徽寿县收集的一批战国晚期楚国铜器公布后，引起了学术界对楚文化铜器的注意，并因此提出所谓“淮式”铜器的问题。1933年安徽寿县朱家集大墓盗掘出土了大量战国晚期楚王室铜器，以及这一时期湖南长沙附近战国楚墓被盗出土铜器的流传，晚期楚文

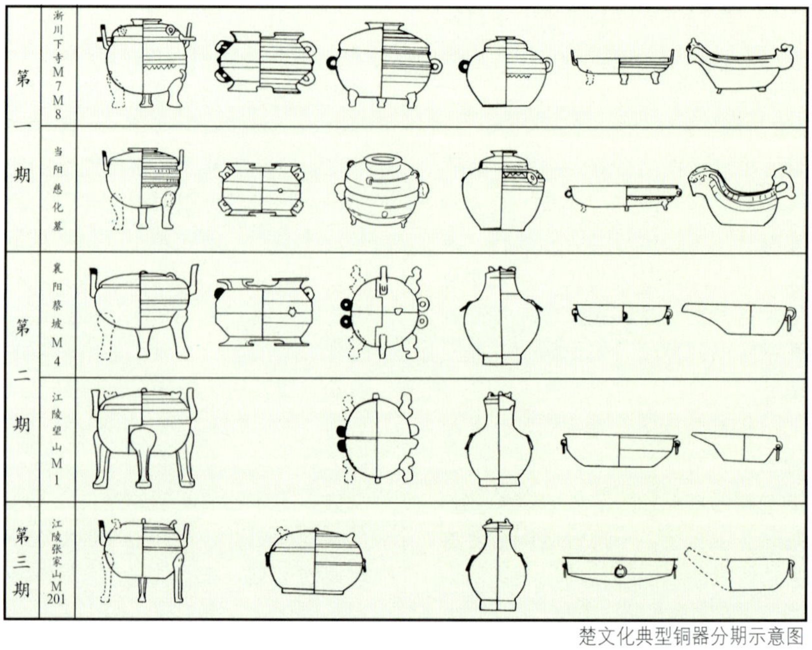

楚文化典型铜器分期示意图

化铜器的面貌开始展现在人们的面前。1935年出版的刘节《楚器图释》一书，对寿县楚王室大墓铜器进行系统研究，代表了这一时期楚文化铜器的研究水平。从1951年湖南长沙市郊楚墓发掘开始，出土的楚文化铜器逐年增多，人们对楚文化铜器面貌的认识也逐渐深化。先后发掘出土有楚文化铜器群的重要墓葬则有安徽寿县蔡侯墓、河南信阳市长台关1号墓、湖北江陵县望山1号和2号墓、湖北随州市曾侯乙墓、河南淅川县下寺1号和2号墓、湖北荆门市包山2号墓，等等。通过对这些楚文化铜器墓文字材料的分析，为楚文化及其铜器的研究确立了若干个年代王世基本明确的基点。随着材料的增多和研究条件的成熟，20世纪80年代以后，遂出现了一批研究楚文化铜器的著述。此外，考古工作者通过对湖北江陵县雨台山墓地、当阳县赵家湖墓地等几处楚文化墓地的发掘和整理，并在对这些墓地进行分期的同时，也对出土的铜器进行了分类和分期。通过这些研究，楚文化铜器风格的形成时间、铸造工艺、类型与组合特征、发展演变规律、特质及其对周边文化的影响等问题也就越来越清楚。

● 材质与工艺 楚文化分布区域及影响区域素以铜矿丰富而著称。在楚文化分布区内发现的年代在春秋、战国时期的铜矿采冶遗址就有湖北大冶市铜绿山、阳新县港下、钟祥县谢家湾和铜宝湾、鄂州市汀祖铜灶、湖南麻阳县九曲湾、江西瑞昌县铜岭等多处。其中著名的铜绿山铜矿采冶遗址即是开始于西周早期、一直沿用至西汉时期的规模宏大的矿冶遗址，其采冶的鼎盛期正是楚文化形成并发展的春秋、战国时期。铜绿山遗址长约2公里、宽约1公里，发现的采矿遗迹有竖井、斜井、平巷等，井巷均以木框支护，掘进深度达到50余米。井巷内出土有采掘、装载、提升矿石的工具。冶铜遗址发现有多座炼铜竖炉和残存的炉壁、矿石、铜块和大量的炉渣。炉渣总量多达40万吨以上，据估算这里所炼红铜当在4万吨左右。楚地铜矿采冶规模由此可见一斑。

丰富的铜矿资源和发达的铜矿采冶工业，促进了楚文化铜器制造业的繁荣和技术的进步。根据墓葬出土铜器的成份测定，楚文化铜器的材质主要分为锡青铜和铅锡青铜两类，其中兵器主要为高锡的二元合金锡青铜，礼器则多为三元合金铅锡青铜和锡铅青铜。作为兵器的铜合金含锡普遍较高，有的兵器的锋刃部位含锡较高而柄部含锡较低，如湖北当阳县赵家湖出土的铜剑，剑柄和剑身分铸，剑身采用高锡的锡青铜而剑柄采用铅锡青铜。这些都表明当时的楚人对于含锡量多寡所引起的机械性能的变化已有较多的认识。楚文化铜器铸造工艺最为突出的一项成就是在继续大规模使用范铸法的同时，率先采用失蜡法工艺来铸造那些多层透空的附饰和花纹。春秋中晚期之际的下寺铜荐鬲、下寺铜盏、下寺兽耳兽足铜禁等，这些铜器的构件和附饰均是采用失蜡法铸造的。技艺纯熟的范铸法与新兴的失蜡法，再加上金银错、填绘漆、镶嵌玉等装饰新工艺，使得楚文化铜器在春秋、战国时期的铜器中最为引人注目，达到了铜器制作工艺的最高水平。

● 种类与组合 食器有可用作烹饪的鼎、鬲、甗，用作盛食的簠、瑚、豆、盏、敦、盛，还有用作挹取的匕；酒器有尊、尊缶和斗；水器有盉、匜、盘、鉴、浴缶；乐器有钟、镈、铙、鼓座等；兵器有戈、戟、矛、殳、剑、镞、弩机等；工具有斧、锛、削、刻刀、锯、镰等；另有车马器、镜、灯、带钩、符节、权量等。铜器不仅种类丰富多彩，而且类型繁多，仅鼎一种就有镬鼎、鼾、䵅、鐈鼎、浴鼎等不同功用和形态的分别。

已知楚文化铜器基本上都出自墓葬，墓葬铜器群的种类和数量多数随墓主的等级身份各有不同。大致可分为3等，每个等级铜器的种类、数量都有明显的等差：①第一等，随葬有煮牲用的大型镬鼎和形制相同、大小相次的鼾，一般还配以双数的簠，均有成组的编钟。此等又分三级，第一级有湖北随州市曾侯乙墓和安徽寿县李三孤堆楚墓，前者墓主人为楚的附属国国君，后者墓主人为楚王或王后。该等级的墓葬铜器几乎囊括当时所有的铜礼乐器种类，其鼎制为9件鼾配8件方座簠。第二级如河南淅川县下寺2号墓，墓主人为楚王的重臣，鼎制为7件鼾配2件圈足簠。第三级如湖北荆门市包山2号墓，墓主人为楚工尹，鼎制为5件鼾，无簠。②第二等，随葬有成组铜礼器，但不随葬鼾，一般也不随葬成组铜编钟。铜礼器中食器、酒器和水器俱全，以鼎、瑚、盏（或敦、或盛）、壶（或缶）、匜、盘为基本组合。该等级墓葬很多，根据列鼎的数量等可分为5鼎或4鼎、3鼎或2鼎等若干级，所有者的身份应为中级贵族。③第三等，只随葬少量不配套的铜礼器，或仅有一两种食器，或仅有食器和水器。其所有者一般为低级贵族。

楚文化铜礼器中的食器重视鼎、簠、瑚、盏、敦而不重甗、鬲、豆、鉌；酒器种类较单调，只有壶和尊缶两种，不见或罕见罍（罏）、錍、鈚；水器中有流行浴缶而罕见其他中原系文化常见的铜鉴。这些构成了楚文化铜器不同于其他文化铜器的种类组合特征。

● 纹饰与铭文 采用范铸、模铸、镶铸、嵌错、刻镂、漆绘等方法加以装饰。范铸是传统的铜器花纹制造方法，用翻制、模印的带花纹的外范铸成花纹，这种纹饰是楚文化铜器纹饰的主体。模铸纹饰是伴随失蜡法在春秋中晚期之际新出现的铜器花纹制造方法，是用蜡捏塑成纹饰形状的蜡模，然后在失蜡后铸型的空腔中浇铸铜液形成纹饰，采用这种方法可铸出极为复杂的透空附饰和花纹。曾侯乙铜鉴缶、曾侯乙铜尊盘等器表繁复的纹饰，都是用失蜡法模铸的花纹。镶铸纹饰流行于春秋晚期至战国早期的楚文化铜器中，是用熔点较高的红铜制成的纹样贴附于铸型的模、范之间，然后浇铸熔点较低的青铜液铸成器体，经打磨后红色的花纹显露在青黄色的器壁上，别有一番意味。嵌错纹饰是战国中晚期继镶铸纹饰后在楚地流行的纹饰种类，是铜器铸造时在预留的花纹凹槽中嵌入金、银丝或片，然后锤打、磨光形成花纹。有的铜器在金银错的花纹上还镶嵌玉和绿松石，色彩斑斓，非常美观。刻镂纹饰是用锋利的工具在薄胎的素面铜器上刻镂的花纹，虽然早在春秋晚期的江苏六和县程桥1号墓铜盘上就有所发现，但它是否属于楚文化尚不能肯定。明确的楚文化的刻镂纹饰铜器出现较晚，表现方式也与晋文化等不同。漆绘纹饰是在楚文化发达的漆器工艺影响下的产物，主要用于铜镜的背纹，绚丽的彩漆覆盖在铜器上面，既美观、光洁又可防止锈蚀，是战国中晚期楚文化铜器特有的装饰方法。

铜器纹饰的动物纹样主要为各种图案化的夔龙纹、龙目纹、蟠螭纹，蟠虺纹、蟠蛇纹，另有少量凤鸟纹、云水纹和人物纹等。几何纹样有对错三角纹、垂叶三角纹、反卷云纹、勾连雷纹、绹索纹等。夔龙纹一般作侧行状态，龙首均有弯曲的长角。蟠螭纹等变体很多，布局有整体勾连难分的，也有呈方格状布列的；线条有弯曲圆转的，也有折转的；表现手法也有平凸、双钩、尖浮等区别。云水纹和三角纹是战国中晚期楚文化铜器的常见主题纹样，影响到以后秦至东汉铜器的装饰风格。

楚文化铜器铭文具有浓厚的地域特点，是楚系文字最重要的组成部分。郭沫若早就指出：以楚、徐为重心的“南文尚华藻，字多秀丽”。楚文化铜器铭文字体修长，用笔多故意屈曲，具有艺术化的趋向。高品级的铜器流行被称作“鸟虫书”的美术字。所谓鸟书，是以鸟的形状来装饰字体；所谓虫书是将笔划屈曲回绕，状如虫蛇。刻意的美化，以致有的鸟虫体的铭文难以辨认。楚系文字还有一些专有名词用字，如束腰平底鼎写作“䵼”、带盖箍口鼎写作“緐”等。战国时期楚国铜器铭文的特点尤为突出：首先，记事铭文往往以楚国当年（或认为前一年）发生的重大事件来记年，如“大司马昭阳败晋师于襄陵之岁”（鄂君启金错铜节）等；其次，有的文字有独特的写法，如岁字，楚系文字作“戢”（鄂君启金错铜节），齐系文字却作“戠”（陈酋铜釜）。这是辨识楚文化铜器的参照因素之一。

● **分期与年代** 对于传世和零星出土的带有铭文的铜器，尤其是有纪年、王名和文献记载人名的铜器，郭沫若在《两周金文辞大系图录考释》中已作了初步考订。但对楚文化铜器作全面分期和断代却是在大量典型楚文化墓地墓葬分期的基础上，伴随楚文化的分期和年代的研究逐渐深入的。楚文化铜器的分期，有按历史发展时期分为春秋早、中、晚和战国早、中、晚期6期的，也有将春秋铜器分为4期，战国铜器分为3期共7期的。如把楚文化形成前的楚国铜器摒弃出去，并注意楚文化铜器发展演变的节奏和层次的话，可将其发展进程分为3期5段：

第一期：春秋中晚期。是楚文化铜器风格形成和发展的时期，集中分布在长江中游的江汉平原一带。以鼎、瑚、盏、缶、盘、匜为基本组合，另有盆、鬲等。鼎盖多圈状捉手，盘多有三足，匜流均为上昂的兽首状封顶流。纹饰流行各种复杂的铸纹，出现少量嵌铸纹饰。该期可划分为2段：前段为春秋中期，这时的楚文化铜器风格刚刚形成，典型铜器群数量不多，如河南淅川县下寺7号和8号墓、湖北谷城县新店春秋墓等铜器群。后段为春秋晚期，楚文化铜器在此时已获得较大的发展，典型铜器群有湖北当阳县慈化楚墓、河南淅川县下寺1号和2号墓、湖北襄阳县山湾33号墓铜器。

第二期：战国早中期。是楚文化铜器发展的鼎盛时期，分布范围从长江中游逐渐扩大到长江下游。铜礼器以鼎、敦、壶、盘、匜为基本组合，另有甗、豆、缶、盉等器类。兵器中吴越式剑在楚文化中广泛流行。鼎盖多以环钮为捉手，盘一般无足，匜流为较平的敞口流。金银错、漆绘、刻纹等装饰流行。该期也可以分为2段：前段为战国早期，典型铜器群如湖北襄阳县蔡坡4号墓铜器；后段为战国中期，典型铜器群如河南信阳市长台关1号和2号墓、湖北江陵望山1号和2号墓铜器。此段新文化因素开始出现，产生铜樽、灯、盛等新器类，铜镜趋于流行。

第三期：战国晚期。楚文化铜器在此期逐渐走向衰落。典型铜器群如湖北江陵县张家山201号墓、安徽寿县朱家集楚王室成员墓铜器群。铜礼器以鼎、盛、壶、盘、匜为基本组合，制作普遍欠精，素面铜器相当流行。除朱家集楚王室成员墓铜礼器尚基本保留旧有制度外，其他中小型墓的传统铜礼器制度已基本被破坏，新的文化时期即将到来。

参考书目

刘彬徽：《楚国青铜礼器初步研究》，《中国考古学会第四次年会论文集》，文物出版社，1983。

李零：《楚国铜器类说》，《江汉考古》1987年4期。

（孙　华）

Chuwenhua tongding

楚文化铜鼎

春秋中期至战国晚期楚文化煮牲、盛牲、盛羞及煮水用的铜制容器。在功能、礼器地位上均与周文化铜鼎相同或相近，但在种类、形态上和数量配置上却有自己的特色。是楚文化铜器的主要礼器，对认识楚文化与周文化的关系有着较大的意义。

种类多样。根据用途和鼎口大小，可分为用作食器的大口鼎和用作水器的小口鼎两种。大口鼎是通常意义上的铜鼎，按底部形态明显有平底鼎和圜底鼎两个类别。平底鼎是楚文化特有的铜鼎类型，作立耳外侈、敞口束腰、平底蹄足之形，有的口上还加平板状鼎盖。这类鼎

自铭为“鼾”，出土时鼎内还往往有牛、羊、豕等牲骨，对照文献中“煮于镬曰亨（烹），在鼎曰升”的说法，可知其是因荐升牲体而得名。有的学者指出，鼾之名来自一种自名为“登鼎”的平底鼎，这也与文献所记“登，升也”（《尔雅·释诂》）的训释相符。鼾均出土于楚文化圈中诸国国君、令尹等高级贵族墓葬中，一墓仅出一套大小相次的列鼾，其数有9件和7件两种，它是楚文化中标明高级贵族等级身份的最重要的铜鼎。这种铜鼎的产生最早可以上推到春秋早期，湖北随州市刘家崖出土的盅鼎，其作附耳、垂腹、平底之形，铭文为“盅作登鼎，其永宝永之”，可视为楚系鼾的最原始形态。不过真正完全具备楚文化鼾特征的还是春秋中期的克黄铜鼾，其束腰处较高，束腰及腹底转曲圆和，蹄足直立，可作为早期鼾的代表。春秋末期的蔡侯申鼾一组7件和战国早期的曾侯乙铜鼾一组9件，束腰处降低，束腰及腹底转折明显，蹄足微外撇，可作鼾盛行期的代表。战国晚期的鼾仅发现楚王墓鼾一组9件，其双耳及蹄足更加外撇，代表了楚文化鼾的最后形态。

圜底鼎是商、周文化传统鼎的形制，为春秋、战国时期南北方共有的主要鼎类。楚文化圜底鼎分无盖大鼎和有盖中小型鼎两种。无盖大鼎在一个铜器群中一般仅1～2件，且只见于高级贵族墓中，自名“鼾”，大概就是文献中所说的用于煮牲的“镬”。春秋中晚期之际的淅川县下寺1号墓铜镬鼎，立耳，无颈，深腹，圜底，可为楚文化早期镬鼎的代表。战国早期的曾侯乙墓铜镬鼎，附耳，短颈，腹较浅，底近平，是典型的楚文化镬鼎。附耳外撇、颈稍长、腹较深、三足粗巨的安徽寿县李三孤堆楚王墓铜镬鼎是这种铜鼎的最晚形制，其年代已在战国末期。有盖鼎数量很多，组合各异，形态多样。它在一个铜器群中可以有几套，每套或形态相似、大小相次，或形态相似、大小相当，也有形态大小各异而拼凑成组的。有别于周文化

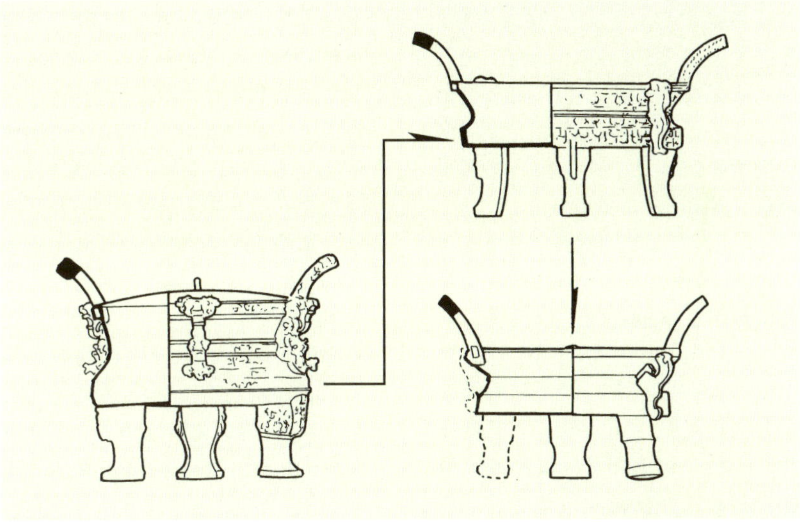

楚文化铜鼾形态演变示意图

所使用的大小相次的列鼎，楚文化列鼎往往两两成对相次，较为独特。圜底鼎的自铭除“鼎”或“食鼎”的通名外，还有“鼾”、“緐”、“鞞”、“石它”等专名或别名，在这些器名前往往也加有“食”等表示其功用的修饰文字。鼾或称盂鼎，也就是盂形之鼎或用途似盂之鼎，“鼾”是这种鼎的专名。这一鼎名早在西周时期就已出现，春秋时普遍见于楚文化诸国。春秋中期至战国早期楚文化中有一种形体较大，形态作附耳、折沿、束颈、中腹，鼎盖放鼾口之上的圜底鼎，一般出于大型墓中，数量以一两件居多。该型鼎自铭为于，形态演变规律表现为腹部由内收较急到内收较缓，应当就是楚系鼎中的鼾。緐也称緐鼎，是春秋中期至战国早期楚文化及受楚影响的诸文化带盖圜底鼎中的常见类型，附耳，敛口，深腹，盖均罩鼾口之外。这种鼎形态的演变表现为鼎盖由圈状单捉手变为三环钮，圜底由较平变为较圆，足由较短直变为较长且外撇。在楚文化铜鼎中最常见的环底带盖鼎为一种形体呈扁圆形的敛口鼎，出现于战国早期，流行于战国中晚期。从早期到晚期的变化是鼎足由低矮到高长。它的流行时间正当前两型有盖鼎消亡之时，具有取代鼾和緐鼎作用的意味。

小口鼎自铭为“浴鼎”、“汤鼎”。其小口，鼓腹，圜底，附耳，鼎口有带环平盖。据《楚辞·九歌》“浴兰汤兮沫华芳”的诗句及这类铜鼎“余敢敬明祀”的铭文，推测这类鼎当为煮水洗身以便祭祀之用。从严格意义上说，它与用作食器的鼎不属于一类。浴鼎在楚文化中出现于春秋中晚期之际，沿用至秦统一后，形态变化主要表现在鼎耳由直立到外折和鼎足由低矮到高长上。它在楚文化中使用很普遍，通常每个铜器群只出土一件。吴越文化的浴鼎应当是受楚文化浴鼎的影响而发展起来的。

参考书目

高崇文：《东周楚式鼎形态分析》，《江汉考古》1983年1期。

李零：《楚国铜器类说》，《江汉考古》1987年4期。

张亚初：《殷周青铜鼎器名、用途研究》，《古文字研究》第18辑，中华书局，1992。

（孙 华）

Kehuang tongshengding

克黄铜鼾

春秋中期楚国铜制食器及礼器。因器内有“克黄之鼾”的记名铭文而得名。是中国已知年代最早的楚国升鼎。1990年由河南省文物研究所在淅川县仓房乡陈庄村东沟和尚岭1号楚墓中发掘出土。现藏于河南省文物考古研究所。

口径26厘米、通高46厘米，重4.3千克。采用分铸法铸造，先分铸耳、体、足和饰件，再合为一器。

立耳外撇，侈口方唇，收颈束腰，腹部微鼓，平底蹄足。耳饰三角形纹，颈部饰蟠螭纹，并有两个兽形饰，凹腰处饰一周绹索纹，腹部饰二周垂鳞纹，足上饰兽面，底部正中有“克黄之鼾”的铭文。

“克黄”为楚国贵族，其事迹在《左传》楚庄王九年中有记载：他是楚国令尹子文的孙子，令尹斗班的儿子，楚庄王时的箴尹（谏官），曾出使齐国，归至宋，听说楚国发生了若敖氏叛乱，其家族若敖氏被诛杀，克黄以国事为重，毅然回国复命，楚庄王念其祖父治楚有功，释放克黄，改其名为生。此事发生在公元前605年，而鼎的铭文为“克黄”，可见此鼎铸造于公元前605年以前，即克黄改名以前。此鼎为年代最早的典型楚式鼾，是标准的断代器。

（曹桂岑）

克黄铜鼾

Wangzi Wu tongshengding

王子午铜鼾

春秋晚期楚国铜制食器及礼器。亦可称令尹子庚鼾鼎、鄬子倗鼎。因上有“王子午……自作蠶彝鼾”的铭文而得名。1978年由河南淅川县文物管理委员会在淅川县下寺墓主人可能为鄬子倗的2号墓中发掘出土。现藏于河南省文物考古研究所。

一套7件，形制相同，大小相次。最大者口径66厘米、通高68厘米；最小者口径58厘米、通高63厘米。采用分铸焊接法和分铸铸接法成型。盖如伞形，顶有桥形钮。立耳外撇，侈口方唇，束腰鼓腹，口沿与下腹间置6个昂首凹腰扬尾的怪兽形鋬，平底下接粗矮的蹄足。外表装饰极为繁复，精细异常：盖面饰蟠螭纹两周，耳、口、腰饰浮雕状蟠虺纹，颈上满布细小的蟠虺纹；腹上纹饰分上下两组，上层为构图单元较小的曲折纹，下层为构图单元较大的卷羽曲折纹；鼎足上部中起蟠虺纹的扉棱，两旁则以浮雕状的羽虺构成兽面。盖上有玉箸体铭文“倗之鼾”，器腹铸铭文14行86字（包括重文5），记述王子午自作这套鼎，用来祭祀皇祖文考，以求长寿多福。铭文最后说：“令尹子庚，緊民之所亟，万年无期，子孙是制。”可知这套列鼎铭文中的王子午当即令尹子庚，这也正与先秦名、字意义相关的命名习俗相吻合。至于盖铭中的倗，学术界意见分歧较大。有的学者认为他与王子午、令尹子庚是同一人；有学者认为倗为王子午之孙，即同墓所出的王孙诰钟铭的王孙诰之子；还有学者认为鼎盖为后配，倗或鄬子倗即文献中的薳子冯。无论是从哪一说，该鼎之鼎身为王子午（令尹子庚）所作应无疑问。据《左传》记载，公子午（楚先称王。楚王之子，《左传》称公子而楚人称王子）楚康王二年（公元前558年）为令尹，死于楚康王八年（公元前552年），该鼎当铸于这6年间。

该鼎出土时鼎内尚有鼎实遗留，7件铜鼎中有5件存有牛骨，这为深入研究楚国用鼎制度提供了线索。该鼎年代明确，精工细作，是春秋中晚期之际楚文化铜鼾的标准器型。

（孙　华）

王子午铜鼾

Zenghou Yi tongshengding

曾侯乙铜鼾

战国早期曾国铜制食器及礼器。1978年由湖北省博物馆等单位在随县（今随州市）擂鼓墩曾国国君乙的墓中发掘出土。现藏于湖北省博物馆。

曾侯乙铜鼾

共9件，形制相同，大小略有差别。以浑铸、分铸、焊接法铸成。C.87号鼎口径45.8厘米、腹中径38.4厘米、底径42.1厘米、通高35.5厘米，重20.6千克。敞口，厚方唇，无颈。耳弧形外撇立于口沿之上，浅腹。腹中部内收呈束腰状，中腰有凸弦纹带。大平底，底径接近于口径。腹外有对称的4条拱曲的圆雕龙形附饰，龙腹足紧贴鼎腹，龙口衔住鼎沿，龙尾则作上翘的龙首状。兽蹄形足，足根接于底面。足上部饰浮雕的涡云纹，中有一凸起的扉棱。器身和耳部也镶嵌花纹。腹部凸弦带以上为一周鸟首龙纹，以下为勾边粗云纹。耳面为勾边粗云纹，耳侧壁为棱形纹。腹部龙形附饰，躯体阴刻鳞纹和涡云纹。9件鼎的内壁均有铭文2行7字“曾侯乙作持用终”。出土时内均存鼎实，分别为牛、羊、豕、鱼、腊、肠、胃、肤、鲜鱼、鲜腊。

鼾是楚文化分布区各国高级贵族用鼎制度中表示身份地位的正鼎，这9件鼎与同时出土的8件簋构成“九鼎八簋”，正与墓主身份相吻合。迄今鼾仅在大型楚墓如河南淅川县下寺1号和2号墓，以及蔡侯墓等与楚关系密切的方国国君墓葬中出土。该型鼎在春秋中晚期已被楚国铸造得尽善尽美，是典型的楚式鼎。鼾

出现于曾侯乙墓，形象地标明了楚国与曾国的主从关系，说明曾侯乙墓鼎是在楚式鼎的影响下而仿铸的。不过，鼎的形成似与曾器颇有关系。随州曾数次出土了春秋早中期的曾国铜鼎，形制为束颈、鼓腹、平底、附耳（或立耳）、蹄足。这种形制的鼎对楚鼎的问世当有所启发。

（万全文）

Heshangling tianqi yunwen tongding

和尚岭填漆云纹铜鼎

春秋、战国之际楚国铜制食器及礼器。1990年由河南省文物研究所在淅川县仓房乡陈庄村东沟和尚岭1号楚墓中发掘出土。现藏于河南省文物考古研究所。

和尚岭填漆云纹铜鼎

口径32厘米、通高36厘米，重12.4千克。先浑铸成器，后在花纹中填漆而成。平面呈圆形，上承盖，子母口，附耳，鼓腹、圜底、蹄足。盖微隆起，有3个带状环钮。盖面正中为一圆，内有3个对卷云纹，外有3组带状对卷云纹。附耳作圆角长方形，微外侈，内有长方形孔，鼎耳的内外饰卷云纹，侧面饰变形“山”字纹。器身饰2组带状卷云纹，中间施绹索纹一周。蹄足的上部亦饰卷云纹。该鼎保留完整、造型优美，做工精致，是一件楚国青铜器精品。

（曹桂岑）

Zhuke wei jizhui datongding

铸客为集缀大铜鼎

战国晚期楚国铜制食器及礼器。或称铸客大鼎。因铸客为集缀所铸而得名。1933年安徽寿县李家集农民在被称作李三孤堆的楚王（或认为是楚王夫人）大墓中盗掘出土。现藏于安徽省博物馆。

铸客为集缀大铜鼎

口径87厘米、通高112厘米，重400千克。折沿，方唇，束颈，附耳，双耳粗巨外撇，鼓肩，平底，3只粗壮的蹄足安置于肩下腹侧。肩部施2道箍状旋纹，足上饰浮雕状对云纹。口沿刻铭文12字，可以释读的是前面“铸客为集缀”5字和最后“缀为之”3字，另在足上有“洋□”2字。“铸客”为铸器者，“集缀”有的学者认为是楚国主管祭祀的机构。该鼎则是专为楚王主管祭祀的机构所铸造的祭器。

该鼎高大雄伟，造型稳重，体态匀称，不仅是最大最重的春秋、战国时期的铜鼎，也是楚国铜鼎造型艺术发展到最后阶段的一件杰作。

（郑 彤）

Chuwenhua tonggui

楚文化铜簋

春秋中期至战国晚期楚文化的用于盛装饭食的铜制容器。与周文化铜簋的礼制功能基本相同，但在数量组合和形态上有着自己的特点。在高级贵族的铜礼器中沿用时间很长，是楚文化中有特色的器类之一。

使用比同时期中原诸文化普遍，但随葬铜簋的墓葬仍主要以高级贵族为主，一般贵族较少使用。从已有材料分析，铜簋在楚文化铜器中的组合有两种情况：在国君以下诸贵族的墓葬中，无论铜鼎数量多少，铜簋往往仅两件，如湖北当阳县赵家湖2号墓为1鼎2簋，金家山9号墓为2鼎2簋，河南淅川县下寺2号墓为7鼎2簋；而在国君一级的墓葬中，铜簋均为8件，如安徽寿县蔡侯墓、李三孤堆楚王室大墓（有的学者推定为楚幽王墓）、湖北随州市曾侯乙墓和擂鼓墩2号墓，都是8件簋配9件或7件鼎，其铜礼器制度仍然属于“周礼”的系统。普通贵族与国君一级所用铜簋的形态也有差别：普通贵族一般使用敛口圈足簋，如当阳县赵家塝2号和3号墓、淅川县下寺1号和2号墓铜簋；而高级贵族则使用敞口方座簋，如蔡侯申墓、曾侯乙墓、李三孤堆墓铜簋，此外传世的昭王之瑝簋也为敞口方座簋。

楚文化的圈足敛口簋和敞口方座簋均是从周文化中继承和发展而来的。在西周铜簋中，敞口方座簋出现最早，敛口三足簋直到西周晚期才出现。在楚文化中，敛口圈足簋只发现于春秋时期，战国时已经不见；敞口方座簋却只见于春秋晚期至战国晚期。这种现象说明，在战国时期的楚文化中，只有国君出于礼仪的需要才使用这种传统的旧礼器；但并不能因此就说，春秋晚期以前的楚文化铜器群就没有敞口方座簋，只不过至今尚无春秋晚期以前楚文化国君一级的铜器群发现。

铜簋在楚文化中使用时间很长，直到战国晚期还有铜簋发现。这似乎是楚文化铜簋不同于中原晋文化及其他文化的特点之一。春秋中晚期，敛口圈足簋簋身由低变高，腹壁倾斜度由大变小，圈顶由小变大；从春秋晚期到战国晚期，敞口方座簋体态由高变低，腹部由深变浅，腹壁由微鼓变得倾斜，方座逐渐变矮且壸门由窄变宽。

（孙 华）

Guizipeng tonggui
鄬子倗铜簋

春秋晚期楚国铜制食器。因作器者为鄬子倗而得名。1978年由河南淅川县文物管理委员会在淅川县下寺2号墓中发掘出土。现藏于河南省文物考古研究所。

鄬子倗铜簋

2件成对，仅1件保存较完整。口径27厘米、通高30.5厘米，重16千克。上承盖，盖隆起作覆碗形，上有圈足状捉手。器身子口纳于盖内，敛口，弧肩，鼓腹，平底，圈足上斜下直并附以3小足。器身两侧安兽首状双耳，盖、身各施高耸的夔龙状扉棱4道。器上纹饰以横瓦纹为底，尚有春秋早期遗风；盖下部、器肩部及圈足上各饰蟠螭纹宽带一周，下腹两道瓦沟纹中填以重环纹。铭文铸于盖内，共3行9字，每行最后1字残缺，依它器铭文补全为"楚叔之孙鄬子倗之簋"。鄬子倗或以为即令尹子庚（王子午），或以为是文献中的薳子冯，也还有其他一些意见。该簋形态与下寺1号墓铜簋几乎相同（后者无三足），器上铭文又无疑与该墓群最早一组墓的8号墓所出铜器铭文中的"楚叔之孙以邓"有关，他们均为楚国王族应无疑问。

该簋形制沿袭春秋早期的敛口簋而来，但器体变高，器耳上翘，花纹和装饰远比西周晚期至春秋早期铜簋精美繁复，是春秋、战国时期铜簋的代表作之一。

（孙 华）

Chuwenhua tongzhan
楚文化铜盏

春秋中期至春秋、战国之际楚文化的铜制盛食器具。称盏盂应当更为合适。因形态似带足的盆盂且铭文自名为"盏"或"盏盂"而得名。形态为折沿、束颈、鼓腹、环底，腹侧有对称的四环钮，腹下有三短足。是楚文化中颇具地域特色和时代特色的铜器种类。

楚文化铜盏自名者凡三见，即传世的王子申盏、湖北随州市义地冈出土的敓行盏和楚王酓审铜盏。这种铜盏不是杯盏之盏，而是古代文献中"盌盞"之盏，作用与盂类似。《广雅·释器》称："案盞……盂也。"王子申盏盖铭中盏盂连称的自名，即说明这一问题。盂是盛放煮熟饭食的器具(《汉书·东方朔传》颜师古注："盂，食器")，盏的用途也当如此。这种铜器主要出土于楚文化分布区，中原地区仅见于受楚影响较大的郑地。数量不多，一个铜器群一般只有1件。已发现年代最早的铜盏是春秋中期的湖北当阳县赵家湖铜盏，最晚的是春秋、战国之际的湖北骆城县宜家山1号墓铜盏，年代最为明确的则是春秋中晚期之际的楚王酓审铜盏。其演变规律是：春秋早中期之际的盏盂腹斜而底平，双耳上翘，三足甚短，盖上单捉手较小；春秋中晚期之际的盏盂腹略鼓而底近平，双耳平出，三足垂直，盏盖的单捉手较大，有的圈状捉手与环钮并存；春秋、战国之际的盏盂，腹收成圜底，双耳如小环，三足外撇，盖上中心捉手被三环钮取代。其发展进程与楚文化带盖圜底鼎近似。

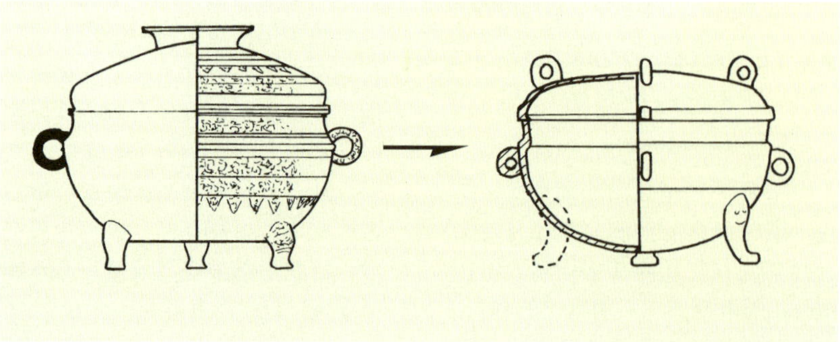

楚文化铜盏形态演变示意图

铜盏流行时间较短，在它出现以前，铜器群中相当于铜盏地位和功用的是无足双耳的铜盆；在它消亡前后，三足三钮的合碗体铜敦取代了它的地位。因此，楚文化铜器中的盏是与盆和敦有密切亲缘关系的器物。有的学者将铜盏称为"盏式敦"或"盆体敦"，就是出于这个原因。

参考书目

程欣人等：《古盏小议》，《江汉考古》1983年1期。

李零：《楚国铜器类说》，《江汉考古》1987年4期。

（孙 华）

Chuwang Yanshen tongzhan
楚王酓审铜盏

春秋中晚期之际的楚国铜制食器。因自名为楚王酓审之盏盂而得名。约1985年前后从湖北一带盗掘出土。为美国纽约克里斯蒂拍卖公司的拍卖品。

口径24厘米、通高20厘米。形似带盖的三足圆盆，盖如覆碗，上有圆形镂空提手，旁有4个环钮，盖沿下有4个兽面形卡口。器身折沿，方唇，束颈，圆腹，圜底，腹侧有对称的环形钮，并施凸旋纹两道，腹下有3个镂空蹄形足。捉手和蹄足都作虺蛇蟠结之状；盖面、器颈、器腹及环钮上均以细密的蟠虺纹为饰。器内有铭文2行6字为："楚王酓审之盂"。楚国铜器铭文中的酓字相当于文献中楚王名常见的熊字。熊审为楚共王之名，其在位年代据记载为公元前590年～公元前560年。

该盏的铸造年代不出这30年间，尤以楚共王晚年的可能性更大。

该盏的形态与河南新郑市李家楼铜盏、淅川县下寺铜盏相近，其蟠虺纠结的捉手尤与下寺铜盏非常相像。它代表了春秋中晚期之际楚文化高品级铜盏的流行样式。在同类型铜盏中，它年代最明确，品级最高，是铜盏研究中难得的标准器。

（孙 华）

Chuwenhua tongdui

楚文化铜敦

春秋晚期至战国晚期楚文化中流行的盛放饭食的铜制器具。严格说来应称作铜盏敦。是由中原地区鼎形之敦和楚地的盏相结合，首先在楚地产生的新器种。其盖、身形态相同或相似，上下均有三捉手或三足，两侧均设环形耳，二者相合体如球形或卵形。其形制对周边文化铜器有较大的影响。

楚文化铜敦是与铜盏有亲缘关系的器种。安徽寿县李家嵗堆楚墓中出土的铜敦口沿上有“大府之馈盏”的铭文，湖北荆门市包山2号楚墓出土的记载随葬器物的遣册上，也称其为“盏”，可知这种器物在楚地应被称作“盏”。由于同种器物在齐地被称作敦，且以敦来称呼楚文化中的这类器物已为人所习用，根据“名从主人”和“约定俗成”的古器定名原则，如果将这种铜器称之为“盏敦”，更能反映出它的特征及其与盏盂的联系和区别。

铜敦有3种形态，其区别主要表现在捉手和器足上：①第一种，上足下足，由两个器身相合而成；②上钮下足，一器一盖相合而成；③上钮下钮，两个器盖相合而成。在这3种铜敦中，第一种敦年代最早，数量很少，只存在于春秋早中期之际至春秋、战国之际不长的时间内。如河南新郑市李家村1号墓和安徽寿县蔡侯墓铜敦。第二种敦一般也较早，在春秋中晚期之际的新郑市李家楼大墓和春秋晚期的河南淅川县下寺11号墓中就已出现，战国早期较为流行，以后少见。第三种敦似乎最早出现于齐鲁文化之中，楚地的这种铜敦在环钮的上下多伸出云形翼，战国中期后成为楚文化铜敦的主要形态，其云形翼尖向外卷折，颇像上足下足的敦，但与那种上下均为小蹄足的由两个器身相合而成的敦完全不同。

形态的演变主要表现在器体、捉手或器足上。春秋晚期至战国早期，体形多呈较短的球形，环形捉手蹄形足，捉手不出翼或翼较短。战国中期以后，形体多长如卵形，环形捉手环形足，捉手和足都伸出长翼。传世铜敦中有一种上环下足但又体长如卵兼具早晚形态的铜敦，其一般嵌错有精致的花纹，是豪华形的铜敦形制。

参考书目

李零：《楚国铜器类说》，《江汉考古》1987年4期。

刘彬徽：《东周时期青铜敦研究》，《湖南博物馆文集》，岳麓书社，1991。

（孙 华）

Chuwenhua tongfou

楚文化铜缶

春秋晚期及战国时期楚文化的铜制盛酒及盛水容器。分尊缶与浴缶两类。基本形态均为中口短颈、肩腹圆鼓、平底或带矮圈足，只不过前者形体较高而后者形体较矮。是楚国及受楚国影响的诸国高级贵族使用的铜器，影响所及遍布当时南方诸青铜文化。

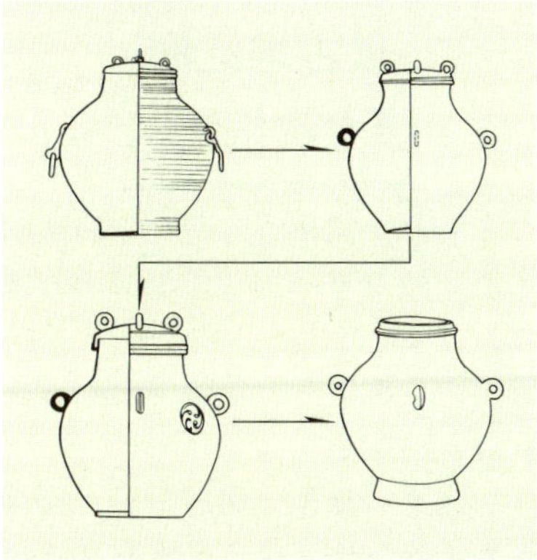

楚文化铜尊缶形态演变示意图

缶在先秦时期本指盛装液态食品的中口鼓腹器物，多为陶制，故《说文解字》释缶为“瓦器，所以盛酒浆”。铜缶中的尊缶的形态特征如《急救篇》颜师古注所说，为“大腹而敛口”。缶的形制与铜罍相像，流行时间又恰为铜罍衰退之时，尊缶应当也是从罍演变而来的器类之一。浴缶的形态与“大口而卑”的瓿有几分相似，《广雅·释器》释瓿为“缶也”，或许浴缶与瓿也有点渊源关系。无论从功用还是从来源讲，尊缶与浴缶都不像是一类器物。不过它们均自铭为缶，流行时间和地域又基本相同，故学者们往往将它们当作一类器物来对待。

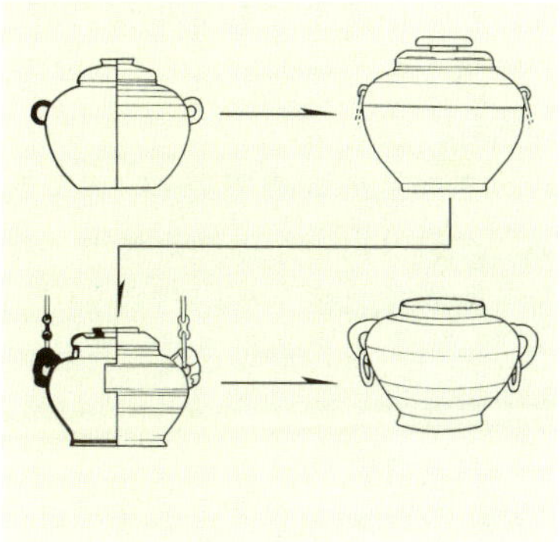

楚文化铜浴缶形态演变示意图

尊缶为盛酒铜器，一般带盖，形状多如体态适中的小口圆腹罐（但曾侯乙墓的尊缶体高达1.3米），方形者较少，肩腹部均有4个对称的圜钮。自名为“尊缶”（仅栾氏缶单称缶），在楚简中被写作“迅缶”。最早在春秋晚期出现于楚地，以后传播至周围地区，在四川盆地等边远地区一直沿用到秦代。所见最早的铜尊缶是河南淅川县下寺1号和2号墓铜尊缶，最晚的是四川涪陵县小田溪墓铜尊缶。尊缶有方、圆两型，方尊缶又称鉴缶，只见于安徽寿县蔡侯墓和湖北随州市曾侯乙墓，由铜鉴和尊缶组成，当是冰酒或温酒之器。圆尊缶最为常见，是尊缶的主体，它的演变规律是：在形态上，缶颈由短逐渐变得稍长，肩腹转曲由浑圆变成圆折且最大径逐渐上移；在装饰上，经历由腹部施多道箍状旋纹至通体素面再至腹部多饰圆涡纹等3个阶段。

浴缶为盛水铜器。《左传·襄公九年》“具绠缶，备水器”的缶或许即指此。一般也带盖，形状如体态矮胖的圆腹罐。颈短如子口，通常为盖所掩而不见；肩上立双耳，耳内往往套环。自名或为浴缶，或为盥缶，也有的单称缶。在楚简中却被称作“卵缶”。它的出现与尊缶大致同时而略早，春秋晚期后流行于楚地及其周围地区，战国晚期后消失。已知最早的铜浴缶发现于河南淅川县下寺7号墓中，最晚的铜浴缶则出自安徽寿县李家崮堆楚王墓，流行时间与尊缶基本相当。浴缶的演变规律不及尊缶明晰，除肩部逐渐耸起和纹饰演变这两点近似尊缶外，其足部似乎在逐渐收小，圈足似乎也有由内向外、由矮向高的发展趋势。

尊缶及浴缶是楚文化的典型器类，通常只出土于大型墓葬中。尊缶一般成对配置，出土4件尊缶的则方、圆各一对；浴缶通常单件出现在器物群中。

参考书目

李零：《楚国铜器类说》，《江汉考古》1987年4期。
刘彬徽：《论东周青铜缶》，《考古》1994年10期。

（孙　华）

Guizipeng tongyufou
鄬子倗铜浴缶

春秋晚期楚国铜制水器。因作器者为鄬子倗而得名。1978年由河南淅川县文物管理委员会在淅川县下寺2号墓中发掘出土。现藏于河南省文物考古研究所。

2件成对，大小、形制、花纹基本相同。一件口径26.6厘米、通高49.6厘米，重32.1千克；另一件口径26.7厘米、通高49.5厘米，残重28.5千克。盖作覆钵状掩于器口上，圜顶，斜壁，顶上设3环钮。器身直口，方唇，短颈，圆腹，圈足极矮；整个器形就如同截去了上下端的圆球。在器身肩部两侧设对称的4环钮，内套链环耳2个。器表纹饰嵌纹与铸纹相间：盖顶、器肩、器腹均以嵌红铜的行龙纹为主，龙首尾相连，两两呼应，器身龙纹上下还有几何纹饰；盖顶与盖壁之间、器身中腰及足端则铸以多道蟠虺纹。其中上面2道蟠虺纹中还间以漩涡纹。铭文铸于盖内及器身口沿上，文字相同，皆为“楚叔之孙鄬子倗之浴缶”10字。作器者倗之名，见于下寺墓地中央的1号～3号墓不少铜器中，为该组墓主墓的墓主人之名。结合同墓出土的王子午铜鼎等分析，该浴缶年代在春秋中晚期之际或稍后，是迄今出土的年代最早的嵌错工艺作品之一。根据对其嵌错花纹的观察，它是先铸造花纹，然后再将铸好的花纹嵌入器范内铸器而成，有助于人们对春秋、战国时期嵌错工艺的认识。

（孙　华）

鄬子倗铜浴缶

Hougudui hongtongcuo longwen tongyufou
侯古堆红铜错龙纹铜浴缶

春秋、战国之际楚文化的铜制水器。1978年～1979年由河南省博物馆等单位在固始县侯古堆1号墓陪葬坑中发掘出土。现藏于河南省文物考古研究所。

通高42厘米。属浴缶类，器盖套覆于器口外，盖上有矮圈柄状捉手。器身为短直颈、圆耸肩、近似平底的矮圈足，肩上立兽首形双环耳，耳内套坠及地面的环链。纹饰采用镂空、浮雕、嵌错多种工艺而成。盖钮的细柄由4条镂空蟠龙组成，环耳的兽头用高浮雕来表现，器上其他部位则均施以嵌错红铜的花纹。这些花纹除肩部6个圆涡纹外，其他各层皆作龙纹及连梭纹。龙与梭排列组合的差异构成各层不同花纹，使得整体纹饰既统一和谐又富于变化。不过铜错花纹彼此间距太近，给人以拥挤之感。

该缶形体高大，花纹繁富，是同类器中的精品。从嵌错花纹可知，它是先用红铜预铸成花纹钉附在内范上，然后浇铸器体，加工打磨而成。这对研究先秦嵌错工艺的工艺流程有着重要的参考价值。

参考书目

固始侯古堆一号墓发掘组：《河南固始侯古堆一号墓发掘简报》，《文物》1981年1期。
裴明相：《略论楚国的红铜铸镶工艺》，《中原文物》1992年2期。

（孙　华）

侯古堆红铜错龙纹铜浴缶

Zenghou Yi tongjianfou
曾侯乙铜鉴缶

战国早期曾国铜制酒器及礼器。因作器者为曾侯乙，由方鉴和方尊缶两部分组成而得名。1978年由湖北省博物馆等单位在随州市擂鼓墩曾国国君乙的墓中发掘出土。现藏于湖北省博物馆。

共2套，形制、纹饰基本相同。方鉴和尊缶的器身均浑铸而成，附饰、龙耳、兽形足等则分铸后再与器身焊接。C.139号方鉴口部边长分别为62.8厘米、63.4厘米，通高63.2厘米；尊缶口径23.8厘米、通高51.8厘米，共重168.8千克。C.141号方鉴口部边长分别为62.8厘米、62厘米、通高63.3厘米；尊缶口径23.6厘米、通高52.4厘米，共重170千克。鉴身断面基本呈正方形，直口，方唇，短颈，深腹，圈座附四兽形足。镂孔方盖，盖面中空，四边各有一兽面衔环钮；盖沿四边各有两兽面形衔扣以使器身与盖结合得更好。器口每边正中和四角上各加一块曲尺形和方形附饰，用凸榫与口沿上相应的榫眼套接。鉴身四面和四角共有8个拱曲攀伏的龙形耳钮，龙头均与口沿上各个相应附饰的子榫成等腰距离，成为附饰的支柱。龙形耳钮的尾部均有小龙缠绕，并立有两朵五瓣小花。兽形足的头部作龙首状，口和前肢衔、托器底，后足蹲地。鉴底结构分为两层：外层呈圆饼形下凹，中有十字形凸梗；内层为一圆盘，恰好嵌入外层的下凹部位，器内壁又伸出3个小凸榫将圆盘卡住，并加焊固定。圆盘上有呈品字形分布的3个弯钩，其中前一弯钩带有可活动的倒钩。尊缶器身的横断面也呈正方形，直口，方唇，鼓腹，平底，圈足。盖呈方形隆起，四角附竖环钮，盖沿内折，并有与器口扣接的子母榫。缶身腹部的四边各有一竖环耳。圈足一侧有2个长方形榫眼，相对的另一侧有1个长方形榫眼，与方鉴底部的3个弯钩相合以稳定鉴身。方鉴和尊缶主要饰浮雕的变形蟠螭纹。在方鉴盖的中间方框边缘及鉴身内壁刻有相同的铭文“曾侯乙作持用终”，尊缶的盖内也刻有相同铭文。

该鉴缶形制为迄今仅见，设计巧妙，铸工精美，显示出高超的青铜铸造水平。在鉴与其内的尊缶之间有较大的空隙，当用以盛放冰块，“春始治鉴，凡外内饔之膳羞鉴焉，凡酒浆之酒醴亦如之，祭祀共冰鉴”（《周礼·天官·凌人》）。可知，鉴缶也是当时重要的礼器之一。

（万全文）

曾侯乙铜鉴缶

Zenghou Yi da tongzunfou
曾侯乙大铜尊缶

战国早期曾国铜制酒器。1978年由湖北省博物馆等单位在随州市擂鼓墩曾国国君乙的墓葬中发掘出土。它们是已经发现的最大的铜缶，现藏于湖北省博物馆。

一对两件，形制相同。一件口径48厘米、通高126厘米，重327.5千克，另一件口径46厘米、通高125厘米，重292千克。穹窿形斜壁矮盖，盖面边缘对列4环钮，盖壁另出一环钮衔环链与器肩蛇形钮相连。器身敛口，无颈，溜肩，鼓腹，下腹近底处先收后张，以加大平底着地面积。器腹施对称的大环钮4个，环钮上下的器腹上各施一道箍状凸旋纹。纹饰为印模铸制，纹类多样。盖面花纹作4重套环布局，中央为6圈不同的纹样组成的圆饼形图案，其外饰两周浅浮雕状多体蟠螭纹，其间夹饰一周平雕状单体蟠螭纹带。器身花纹呈5层带状布局，上下各为一周内填变体蟠螭纹的垂叶纹，中间为3周变体蟠螭纹。肩部铸铭文2行7字：“曾侯乙作持用终”。器体高大，分上下两截分铸，然后铸接成型，充分反映出这一时期曾国铸铜工艺的水平。其器形与通常所见的楚文化小尊缶相似，但颈部不明显，形制尚保留早期尊缶的特点。

（孙　华）

曾侯乙大铜尊缶

Zenhou Yi tongyufou
曾侯乙铜浴缶

战国早期曾国铜制水器。因作器者为曾侯乙而得名。1978年由湖北省博物馆等单位在随州市擂鼓墩曾国国君乙的墓中发掘出土。现藏于湖北省博物馆。

共4件，形制结构、装饰题材相同，大小略有差别。C.189缶口径25.2厘米、通高35.8厘米，重31.6千克。上设盖，器身直口，方唇，短颈，圆肩，鼓腹，平底，圈足。盖缘直壁，罩住器口，置于肩上，盖中心有喇叭形提手，近盖沿处有一

周等距离分布的5个圆饼形乳突，上腹部也有一周等距离分布的6个圆饼形乳突。肩腹间设2个兽面形环耳，耳上各套一提链。提链由3节组成，两端的2节为圆环，中间1节呈相连双环形，介于两环之间的直梗的两端作兽口衔环状。盖上喇叭形提手饰浅浮雕的星点状螭云纹，盖沿饰勾连粗云纹，盖沿和腹部有棱形界纹5周。圆乳突上饰四分式涡纹。4件浴缶的镶嵌和铸镶纹饰所用的嵌填物质不同，有两件（C.186、C.189）镶嵌绿松石，多已脱落；另两件（C.187、C.188）为铸镶法形成的紫铜花纹。4件器盖内和器肩部都有铭文“曾侯乙作持用终”。

曾侯乙铜浴缶

这种形制的器物在春秋中晚期的楚墓中出土得比较普遍，与中原地区的同类器形制有别。河南淅川县下寺春秋楚墓出土的这类器自铭“浴（浴）缶”，安徽寿县蔡侯墓出土的则自铭为“盥缶”，均表明其为水器。该缶与楚器形制接近，纹饰相似，是受楚国青铜文化影响所致。

（万全文）

Luanshi tongzunfou

栾氏铜尊缶

战国早期楚国铜制酒器。或称栾书缶。因作器者为栾书的后裔而得名。出土时间、地点不详，最早著录于容庚《商周彝器通考》。现藏于中国历史博物馆。

口径16.5厘米、通高40.8厘米。器体较高，隆盖，盖上设4环钮。器身直口带沿，中颈，广圆肩，弧腹，矮圈足；肩腹间也设4环钮。除钮上施斜角云纹外，器表光素而以错金铭文为装饰。铭文位于两面的颈、肩部，计5行40字：“正月季春元日己丑，余畜孙书已，择其吉金，以作铸缶，以祭我皇祖虘（虞），以祈眉寿。栾书之子孙，万世是宝。”器盖内另有铭文2行8字，为器身铭文头一句，或以为是伪刻。

该缶素净的器表衬托着熠熠闪光的错金长篇铭文，两者对比强烈，典重庄严，是件不可多得的铜器精品。关于其年代、国别和作器者，学术界尚存几种看法：有的学者认为它为春秋中期晋国铜器，作器者为《左传》中的晋国执政大臣栾书；有的认为是春秋晚期楚国铜器，作器者为栾书之子盈；此外还有作于战国或稍后，作器者尚难确定诸看法。该缶造型取自楚文化中常见的圆尊缶，根据楚国铜器的分期断代研究成果，它的年代当属战国早期。铭文中称作器的目的之一是“以祭祀皇祖虘”，虘即晋国的始祖唐叔虞，可知铭文中的栾书确为晋国大臣栾书，该缶应为流亡至楚国的栾书后裔所作。

（吉琨璋　孙 华）

栾氏铜尊缶

Chuwenhua tongzhong(fu bo nao)

楚文化铜钟（附镈、铙）

春秋、战国时期楚文化的按一定音阶编排的铜制打击乐器。以数量众多、组合完整和发展序列完整而著称于世，在楚文化铜器中具有重要地位。

迄今为止，尚未发现西周晚期以前的楚国铜钟，传世的西周晚期的楚公冢钟和出土的楚公逆铜钟是楚文化形成前的最早的楚国铜钟。从春秋中期起，楚文化铜钟开始普遍使用，王子婴次钟、王孙诰钟、郘子受钟、蔡侯申钟、曾侯乙钟、长台关钟等都是著名的楚文化铜钟。楚文化铜钟的数量和类型组合关系与中原晋文化铜钟类似，春秋时期以8件或9件为基本编成单位，其中钮钟均为9件，镈钟则多为8件，使用两组编钟的墓葬往往以一组钮钟配一组镈钟，如黝钟、蔡侯申钟、番子成周钟等均如此。战国以后，铜编钟的数量也呈现增加的趋势，组合也更加复杂，如战国中期的河南信阳市长台关楚墓的铜编钟为钮钟13件（最大的1件有铭文，可能不是一组）。值得注意的是，在级别很高的楚文化贵族墓中的编钟往往以甬钟为主，如王孙诰钟由26件甬钟组成，蔡侯申墓除随葬蔡侯申镈钟外还随葬吴国的甬钟12件，湖北随州市擂鼓墩2号墓铜编钟为甬钟26件，数量多达64件的曾侯乙钟甬钟就占了45件。甬钟应是高级贵族所用的铜编钟类型。

楚文化铜编钟是从周文化铜编钟发展而来，与周文化和晋文化一样，铜甬钟出现较早，在西周晚期已有楚公冢钟和楚公逆钟，且一直沿用到战国中期，如随州市擂鼓墩2号墓铜编钟。钮钟出现于春秋中期，下落不明的楚王领钟是已知最早的楚文化铜钮钟，它一直延续到战国中期以后。镈钟在楚文化中出现较晚，只流行于春秋晚期和战国早期，黝镈、蔡侯申镈、番子成周镈等均属于这一时期。楚文化铜编钟的发展进程与中原其他文化相似，甬钟和编钟的形态演变规律均为钟体由较宽短变狭长，鼓部由窄变宽，于部的弧度经历由小到大再到较大的变化；其中甬钟的甬部由短小变粗长，钮钟的钮部由较矮小的梯形变为较瘦长的长方形。

参考书目

赵世纲：《曾侯乙钟与与楚钟》，《曾侯乙墓编钟研究》，湖北人民出版社，1992。

（孙 华）

Ezi Shou tonggezhong

倗子受铜歌钟

春秋中晚期楚国铜制乐器。因上有“倗子受”、“歌钟”记名铭文而得名。1990年由河南省文物研究所在淅川县仓房乡陈庄村东沟和尚岭2号楚墓中发掘出土。现藏于河南省文物考古研究所。

一套9件，形制相同，大小依次递减，高13.5厘米～23.6厘米，重1.01千克～2.83千克。为钮钟，钟身扁体较长，上部略小于下部，舞平，上有长方形钮。于部（钟口）向上收成弧形。钲部两侧各有9枚，枚上饰漩涡纹。每组枚间有篆带，篆带饰三角形纹和云纹。鼓部饰蟠龙纹，龙首相对，躯体较大，呈侧身状。钟壁厚薄不一，表面未饰纹样处研磨光滑。钲部均有铭文，大部分钮钟的左右鼓部也有铭文。各钟铭文字数不一，钟大字多，钟小字少，由大至小分别由2钟、3钟和4钟组成一篇，3篇铭文的内容相同，均27字。铭文为：“惟十又四年叁月惟戊申，亡挫东鄂，倗子受作黼彝歌钟，其永配厥休。”“倗子受”不见史载，“惟十又四年叁月惟戊申”又未标明为哪一位王。有的学者从干支上考证，认为与楚庄王十四年三月十八日相符，认为钟为楚庄王十四年（公元前600年）所铸。从形态上分析，该钟与河南淅川县下寺1号墓出土的春秋中晚期之际或稍早的敬事天王钟相似而略晚，其年代也可以晚到春秋晚期偏早阶段。它是春秋中晚期楚国带纪年的一套珍贵音乐文物。

（曹桂岑）

倗子受铜歌钟

曾侯乙铜钟

Zenghou Yi tongzhong

曾侯乙铜钟

战国早期曾国铜制乐器。因上有“曾侯乙”的记名铭文而得名。1978年由湖北省博物馆在随州市擂鼓墩曾国国君乙的墓中发掘出土。现藏于湖北省博物馆。

共64件，另有楚惠王赠送给曾侯乙的铸钟1件，分3层共8组悬挂在呈曲尺形的铜、木结构的钟架上。钟架长10.83米、高2.73米，由6个佩剑武士形铜柱和8件圆柱承托着两端以青铜套加固的7根彩绘木梁。上层为3组钮钟19件，中层为3组甬钟33件，下层为2组大型甬钟12件及楚镈钟1件。其中最大者通长153.4厘米，重203.6千克；最小者通长20.4厘米，重2.4千克。钟体共重2500千克。钟及架、钩上共有3755字铭文，内容为编号、记事、标音及乐律理论，铭文多数错金。钟铭所见律铭28个，阶名26个，绝大多数为迄今仅见。每件钟均有呈三度音程的两个乐音，可被分别击发而互不干扰，也可同时击发成悦耳的和声，总音域达5个八度。在约占三个半八度的中部音区，由于有三套音列结构大致相似、音色相异的编钟，可清晰地演奏各种乐曲，而且十二个半音俱全，可旋宫转调，演奏出完整的五声、六声或七声音阶的乐曲。钟用分铸、焊接、铸镶、错金、磨砺等方法制作而成，采用圆雕、浮雕、阴刻、彩绘等技法，以赤、黑、黄及青铜本色为基调，装饰以人、兽、龙、凤、花瓣、几何形等题材，庄重肃穆、雄奇绮丽。这套编钟是中国已知规模最大、数量最多、制作最精、音律最全、音域最广、音色最好、保存完好的一套先秦编钟，为中国古代音乐史、科学技术史、工艺美术史等学科的研究，提供了十分重要的资料。

在西周、春秋和战国时期，礼与乐是“相须为用”的，“礼非乐不行，乐非礼不举”。作为礼乐制度的重要载体，同时也是八音之首的钟，在楚国尤其受到重视。楚人的尚钟之风，无疑影响着春秋中期起即沦为楚国附庸的曾国。曾侯乙编钟实际上充分体现出当时楚国的铸造技术水平以及音乐文化的发达程度。

（万全文）

铜器

Baoshan panchiwen tongnao
包山蟠螭纹铜铙

战国中期偏晚阶段楚文化的铜制乐器。1986年～1987年由湖北荆沙铁路考古队在荆门市十里铺镇王场村墓主人为楚左尹邵𬺈的包山2号墓中发掘出土。现藏于荆门市博物馆。

口长9.5厘米、柄长11.5厘米、通高27.5厘米。总体形态如同身体修长的倒置的甬钟。较厚的凹弧口，体腔修长如合瓦，舞部中央有圆孔，与透空的直柱形长柄相通，柄端有箍带一周。铙体两面外壁铸3层对称云龙纹，内壁整面饰对称的云凤纹，舞部内外均铸四分的云龙纹，柄部饰透空的勾连纹；龙凤纹均抽象分解，形如蟠螭。

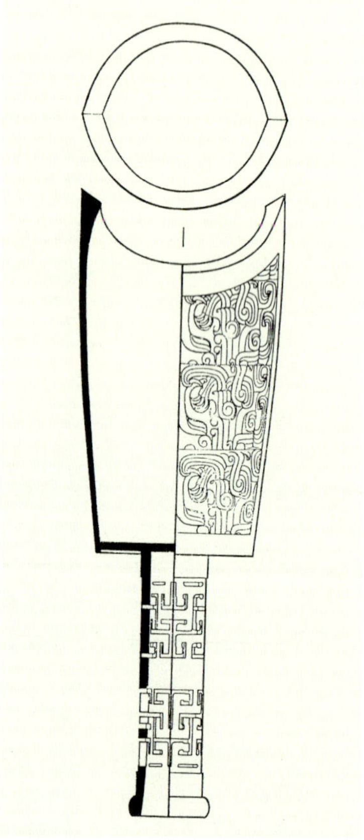

包山蟠螭纹铜铙

此铙在同墓所出遣册上记为“铙”，出土时与漆木鼓一起放置于南椁室中，是用途和名称都可以确定的惟一的先秦时期铜铙。其制作精湛，连器内亦满铸花纹，这在铜乐器中很少见。（孙 华）

Chuwenhua tongjing
楚文化铜镜

春秋、战国时期楚文化的铜制照容用具。数量众多，种类多样，工艺复杂，在春秋、战国铜镜中占有重要地位。

铜镜在中国南方地区出现较晚，春秋早期以前的铜镜在楚地几乎不见。直到春秋中期楚文化形成以后，铜镜才在楚地逐渐传布开来。不过，在战国中期以前，铜镜在楚文化中并不流行，只有较高级的贵族墓葬中才随葬铜镜。从战国中期开始，铜镜在楚地广泛流行，出土数量之多，分布之广，居当时诸考古学文化的首位。

楚文化铜镜皆为中原系单钮镜，镜面光洁可以照容，镜背以不同的工艺装饰各种图案。根据镜背纹饰的有无和装饰工艺的不同，可分为3种:

（1）素地镜：指镜背素净无纹饰或只有简单的旋纹和连弧纹的铜镜。至迟在春秋中期就已出现，一直沿用到战国晚期。绝大多数为圆形镜，方形镜只在湖北宜城县楚皇城魏岗1号墓和江陵县望山1号墓中各出土一面。其中，无纹素地镜又出现最早，春秋中晚期之际的河南淅川县下寺3号墓铜镜和春秋、战国之际前后的湖北江陵县溪峨山7号墓铜镜均属素地无纹镜。有纹素地镜

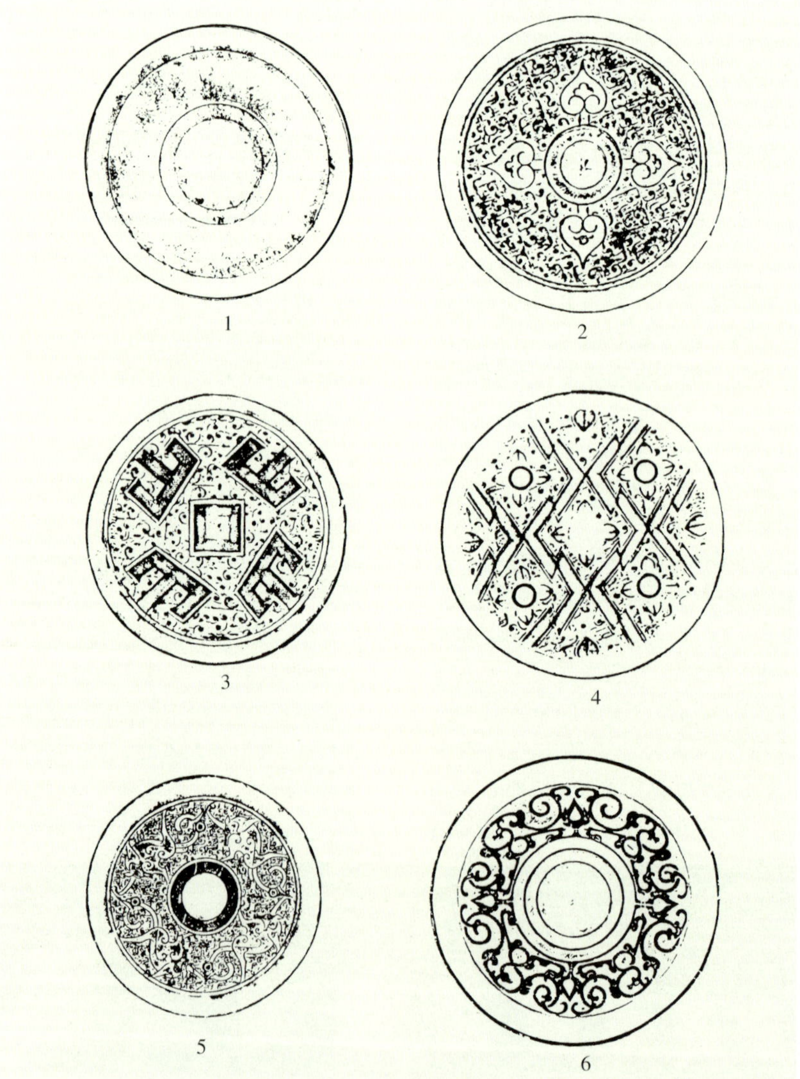

1.旋纹镜 2.四叶镜 3.四山镜 4.菱花镜 5.四兽镜 6.蟠螭镜

楚文化铸纹铜镜分类举例

在战国中期才出现，其中旋纹镜出现稍早，连弧镜则稍晚，前者如江陵县雨台山520号墓铜镜，后者如湖南长沙市丝茅冲24号墓铜镜。在铸纹镜出现以后，素地镜日益消失。

（2）铸纹镜：指镜背满铸复杂纹样的铜镜。至迟于战国早中期之际就在楚文化中出现，战国中晚期颇为流行。有透空铸纹镜和普通铸纹镜两类：①透空铸纹镜。是由略小的镜面嵌套于略大的铸有透空纹饰的镜背而成。或圆形，或方形，主体纹样均为夔龙纹或蟠虺纹。它是富有特色的楚文化铜镜之一，较同时期其他考古学文化发现数量最多，制作最精湛。包山髹漆透空蟠螭纹铜镜、包山髹漆透空四凤纹铜方镜、张家山透空蟠螭纹铜镜等为其代表作。②普通铸纹镜。是楚文化铜镜的主体，数量和型式都最多。几乎均呈圆形。根据装饰纹样的不同，可分为纯地纹镜、花叶纹镜、山字纹镜、菱花纹镜、动物纹镜、蟠螭纹镜和连弧纹镜7类。其中山字纹镜分布广、数量多，为楚文化铜镜中最具有代表性的镜型，有四山、五山、六山3式，其中以四山纹镜产生较早，使用最普遍。

（3）漆绘镜：镜体如同无纹素地镜，直径通常较大，素平的镜背上用彩漆绘制云龙凤纹、云气纹等纹饰，富有漆器的效果，十分艳丽。它是在楚文化发达的漆器工艺影响下的产物，是楚文化特有的铜镜种类，在楚国上层贵族中比较流行。长台关漆绘夔凤纹铜镜、包山漆绘龙凤纹铜镜为其代表作。

楚文化铜镜制造业的发生较中原晋文化慢一个节拍。在晋文化已经普遍使用铸纹镜的春秋晚期和战国早期，楚文化还只见到少量素地镜。战国中期以后，楚文化铜镜制造业迅速发展，除众多纹饰各异的普通铸纹镜外，还涌现出透空铸纹镜、漆绘镜等新镜类，使楚文化铜镜制造业全面超过中原诸文化。不过，楚文化铜镜发展也是不平衡的，在江汉平原地区和长江下游地区，铜镜使用不很普遍，上层贵族喜用透空镜和漆绘镜，个别下层贵族和士庶仍沿用简陋的素地镜，如江陵县雨台山发掘的558座楚墓中仅有9座墓随葬有9面素地镜；而在湖南地区，铜镜的使用相当普及，如长沙楚墓中就有许多随葬了铜镜，其中以普通铸纹镜占绝大多数，山字纹镜（尤其是四山镜）大多出自这一地区。

参考书目

高至喜：《论楚镜》，《文物》1991年5期。

（孙　华）

Changtaiguan qihui kui-fengwen tongjing

长台关漆绘夔凤纹铜镜

战国中期楚文化的铜制照容用具。1958年由河南省文化局文物工作队在信阳市长台关2号楚墓中发掘出土。现藏于河南省文物考古研究所。

长台关漆绘夔凤纹铜镜

直径12.4厘米。平面呈圆形，扁钮，小圆钮座，周缘不凸起。镜背素平，以彩漆图案为饰。粉红色地，上绘相交的3只夔凤纹，夔凤身躯作反卷云形，剪形长尾，尾端向外弯卷，相邻夔凤的躯体相互叠压，尾部互相缠绕，夔凤身上绘鳞状羽纹，尾部有排列均匀的平行斜线，羽毛的颜色以银灰和黑色相间，足绘黄彩，绘制精巧，色彩艳丽。

彩绘铜镜是战国中、晚期楚地新兴的制镜工艺，色彩丰富，成本低廉，装饰效果与金银错铜镜有异曲同工之妙。该镜绘制精细，笔法纯熟，为已知楚彩绘铜镜中最为美观的作品之一。与之同时出土的还有一件彩绘云纹铜镜。

（何志国　孙　华）

Baoshan qihui long-fengwen tongjing

包山漆绘龙凤纹铜镜

战国中期偏晚阶段楚文化的铜制照容用具。1986年～1987年由湖北荆沙铁路考古队在荆门市十里铺镇王场村的包山1号战国墓中发掘出土。现藏于荆门市博物馆。

包山漆绘龙凤纹铜镜

直径19.7厘米、厚0.2厘米。平面呈圆形，镜面微凸。镜背除中央设拱形小钮外，其余均素平光滑，上以红、黄、金3种漆绘制成精美的纹饰：主纹区为对称的联体龙凤纹，龙凤均作回首相顾状，龙似无角，凤有羽冠，均身披羽鳞纹，两旁衬以云气；镜缘周边饰三角卷云纹。花纹构图巧妙，线条流畅，色彩艳丽，非常美观。

漆绘镜是楚文化中最富特色的铜镜种类。该镜与河南信阳市长台关漆绘夔凤纹铜镜尽管都以龙凤为题材，但二者构图、主纹形态和色彩都不相同，各具特色，堪称楚文化漆绘镜的双璧。

（孙　华）

Baoshan xiuqi toukong panchiwen tongjing

包山髹漆透空蟠螭纹铜镜

战国中期偏晚阶段楚文化的铜

制照容用具。1986年～1987年由湖北荆沙铁路考古队在荆门市十里铺镇王场村，墓主人为楚左尹邵𬯎的包山2号墓中发掘出土。现藏于荆门市博物馆。

直径14.9厘米、厚0.3厘米。由分铸的镜面与镜背扣合而成。平面呈圆形，镜面略小于镜背，衬以绢后套嵌于稍大的镜背中。镜背中央为柿蒂钮座和拱形小钮，其外为透空的4组蟠螭纹。蟠螭纹饰间交错分布三角地纹和乳钉纹。镜缘较宽，饰以勾连云纹。镜背髹黑漆，镜缘纹饰上原嵌有绿松石，多已脱落。

透空纹铜镜是战国中期新产生的铜镜种类，以楚地出土者最多。该镜年代较早，纹饰布局疏朗大方，并用漆和绿松石装饰，为这类铜镜中的代表作之一。（孙　华）

Baoshan xiuqi toukong sifengwen tongfangjing

包山髹漆透空四凤纹铜方镜

战国中期偏晚阶段楚文化的铜制照容用具。1986年～1987年由湖北荆沙铁路考古队在荆门市十里铺镇王场村墓主人为楚左尹邵𬯎的包山2号墓中发掘出土。现藏于荆门市博物馆。

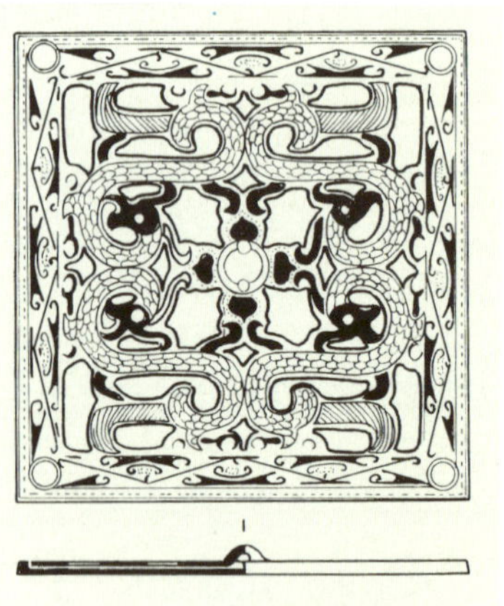

包山髹漆透空四凤纹铜方镜

边长11.1厘米、厚0.25厘米。由略小的镜面衬垫一块绢嵌入略大的镜背合成。平面呈方形，镜背透空髹黑漆，中央为拱形钮和柿蒂形钮座，四方各饰一条反首卷尾的夔凤纹。四边镜缘为嵌错绿松石的勾连云纹，四角各有一乳钉纹。

该镜纹样布列严整，主纹粗放突出，较常见的透空蟠螭纹方镜更显得美观大方，与河南洛阳市金村出土的透空禽兽纹铜方镜有异曲同工之妙。（孙　华）

Zhangjiashan toukong panchiwen tongjing

张家山透空蟠螭纹铜镜

战国晚期楚国铜制照容用具。1976年由湖北荆州地区博物馆在江陵县张家山201号楚墓中发掘出土。现藏于荆州博物馆。

张家山透空蟠螭纹铜镜

直径20.5厘米。平面作圆形，镜面平整，嵌套于较大的镜背中。镜背中有拱形小钮和花蒂形钮座，外缘不很宽，钮座与镜缘间以羽地纹和乳钉纹组成的圈带将纹区分为内外两区，内区饰透空大小蟠螭纹各4对，外区饰透空的双红交叉云纹。

透空纹铜镜背纹一般不分区，像该镜这样镜体宽大、纹饰内外分区的铜镜仅此一件，非常珍贵。（孙　华）

〖楚文化其他铜器〗

Xiasi tongjianli

下寺铜荐鬲

春秋中晚期之际楚国铜制食器及礼器。自名“荐鬲”。1978年由河南淅川县文物管理委员会在淅川县下寺2号楚墓中发掘出土。现藏于河南省文物考古研究所。

2件成对，大小、形制、纹饰及铭文基本相同。一件口径15.6厘米、通高12.5厘米；另一件口径15.5厘米、通高12.6厘米。斜折沿，束颈，弧肩，鼓腹，联裆，蹄足，口腹间攀附圆雕状回首短尾怪兽6个，肩腹部饰较粗放的蟠螭纹。沿鬲口铸铭文15字（内重文2），铭文起首的人名已被刮去，文字最多一鬲也只余“自乍（作）荐鬲，子子孙孙永保用

下寺铜荐鬲

之”诸字，作器者已不可知。

该鬲兽耳造型复杂，玲珑剔透，难以用块范铸成，可能是采用失蜡法铸制而成的。它们虽出于鄬子倗墓中，但非倗所作，其相对年代还应略早于同墓其他的失蜡法铸造的器物，在中国古代铜器冶铸史上占有重要的地位。（孙 华）

Hougudui hongtongcuo long-luwen tongqi

侯古堆红铜错龙鹿纹铜盉

春秋、战国之际楚文化的铜制食器。1978年～1979年由河南省博物馆等单位在固始县侯古堆1号墓的陪葬坑中发掘出土。现藏于河南省文物考古研究所。

2件成对。口大7厘米×7.3厘米、通高30.5厘米。形如方盘盖豆，盖和盘形制相同，均作覆斗形，盖顶四角、盖壁及豆盘两侧各焊接一环状钮，盘的平底接八角形细柄，柄下承以柱础状器座。器表均以错红铜的神兽纹为主题：盖顶中央饰圆涡纹，四边以连梭纹为边框，其间饰4对夔龙纹；盖壁及器壁各饰3层对龙或对鹿纹，其间以连梭纹相分隔；器柄每面皆饰一梭形，圈足上也饰一周对龙纹和连梭纹。盖器对铭，铭文为“㚸之食盉”。

侯古堆红铜错龙鹿纹铜盉

该盉形制与湖北随州市擂鼓墩2号战国墓出土的铜盉类似，是少见的铜豆形制。前者与后者相比，造型更稳重，纹饰更精美，是一件难得的铜错铜器。（孙 华）

Baoshan xianke yun-shuiwen tongcheng

包山线刻云水纹铜盛

战国中期偏晚阶段楚国铜制食器。1986年～1987年由湖北荆沙铁路考古队在荆门市十里铺镇王场村的包山4号楚墓中发掘出土。现藏于荆门市博物馆。

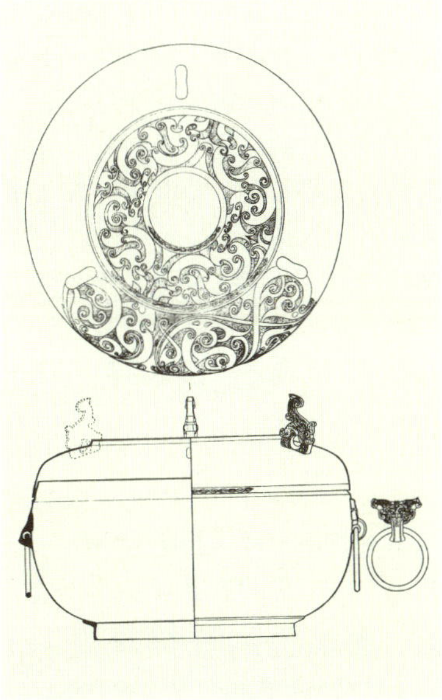

包山线刻云水纹铜盛

口径21.8厘米、通高16.4厘米，重1.05千克。用锡青铜锻制成型，器壁极薄，器表镀锡呈黑漆色。平面作圆形，盖中部为凸起的平顶，盖壁斜倾转直，罩在器身子口上，壁面等距离分列3个兽首环钮；器身上直下收，底安圈足，器肩两侧有衔环的铺首。盖上满布线刻纹样：盖顶中央和周边、盖沿各刻一周绹索纹，其间刻流畅婉转的云水纹。

中原系铜器以发达的范铸法为基本特征，锻制铜器罕见，铜容器采用锻制的更少。该盛锻制技艺高超，刻纹线条舒展，并采用表面处理工艺，堪称楚文化铜器由盛至衰转变阶段的佳作。（孙 华）

Caitaishi tonghe

蔡太史铜鉌

春秋中期蔡国铜制饮酒具。因作器者官职为蔡太史而得名。约20世纪70年代出土于湖北一带，后被武汉市文物商店收购。

蔡太史铜鉌

口径8.5厘米～12.5厘米、通高9厘米。平面作椭圆形，短领略外侈，溜肩，鼓腹，平底，肩两侧有相对的二环首，其中一耳作牛首形，下腹施凸旋纹一周，环耳下也有纵向的凸带与凸旋纹相连。在一环耳两旁的器壁上有铭文5行18字：“唯王正月初吉壬午，蔡太史作其鉌，永保用之。”蔡为姬姓诸侯国，春秋中期为楚国的附庸，公元前447年为楚国所灭；太史是蔡国官名。该鉌自名为“鉌”，为确定这类铜器的名称和探讨其功能提供了依据。（孙 华）

Baoshan yingshou yixing tongbei

包山鹰首匜形铜杯

包山鹰首匜形铜杯

战国中、晚期之际楚文化的铜制酒器。1986年～1987年由湖北荆沙铁路考古队在荆门市十里铺镇王场村墓主人为楚左尹邵𪻐的包山2号墓中发掘出土。现藏于荆门市博物馆。

2件成对，口宽14.3厘米、通高7.5厘米，重0.3千克。杯口平面呈桃形，前端的流伸出并扬起作鹰首，鹰喙衔珠，后端折收上翘如鸟尾，杯口两侧略低，近口沿处为一略内曲的杯壁，其下弧形收束为杯腹及杯底，下托以椭圆形的圈足。整个杯除了对鹰首作传神的刻制外，其余均素面无装饰，杯的整体造型就如同一只正要展翅飞翔的雄鹰。它是战国中、晚期铜器风格转变时期素净一派铜器中具有代表性的杰作之一。（孙 华）

Xiasi long'er huzu tongfanghu

下寺龙耳虎足铜方壶

下寺龙耳虎足铜方壶

春秋晚期楚国铜制酒器及礼器。1978年由河南淅川县文物管理委员会在淅川县下寺1号墓中发掘出土。现藏于河南省文物考古研究所。

2件成对，大小、形制、纹饰基本相同。一件口大18厘米～22.7厘米、通高79厘米，重25.6千克；另一件口大18.6厘米～22.7厘米、通高79.2厘米，重26.05千克。壶口立冠，冠下沿出4个兽首卡住壶口。壶侈口、长颈、凹肩、鼓腹、圈足，颈上短边设对称的回首爬龙为耳，圈足长边下以2只伸颈卧虎为足。装饰纹样以蟠虺纹为主：壶冠镂空成蟠虺，壶颈上饰变形蕉叶纹，下饰变形窃曲纹；肩、腹四隅四中用三棱形箍带隔为两层，每层各8块，其中肩部填以蟠虺纹；圈足上饰变形环带纹。在龙耳虎足外表也布满螭虺纹，其中耳多对虺，足为蟠虺。所有花纹均很细小，极其繁复。

该壶铜质精良，造型优雅，工艺精湛，是春秋晚期最具代表性的大型铜壶。其造型、纹饰与河南新郑市李家楼出土的龙耳虎足方壶几乎相同，它们应是年代相近、甚至产地相同的器物。安徽寿县朱家集楚墓出土的楚惠王二十六年（公元前463年）的曾姬无卹壶，年代较之略晚，壶体尚存该壶的遗制，但上无冠，下无虎足，已是这种式样铜壶的末流余韵。（孙 华）

Zenghouyi tong lianjin shuanghu

曾侯乙铜联禁双壶

战国早期曾国铜制酒器及礼器。1978年由湖北省博物馆等单位在随州市擂鼓墩曾国国君乙的墓中发掘出土。现藏于湖北省博物馆。

曾侯乙铜联禁双壶

一禁上置双壶。两壶大小、形制基本相同，其中一件口径33.8厘米、通高99厘米，重106千克；另一件口径32.6厘米、通高99厘米，重99千克。禁长117.5厘米、宽53.4厘米、高13.2厘米，重35.2千克。禁、壶为分铸、焊接而成。壶敞口，厚方唇，沿稍内敛，长颈，圆鼓腹，圈足。壶盖隆起，顶有一衔环的蛇形钮。盖沿外套装一件饰勾连纹的镂孔盖罩。壶顶两侧攀附两条拱屈的龙形耳，龙头上装饰圆雕的两小龙，龙尾上附饰一小龙。两耳的下根均套一圆环。腹部有凸棱形的3条横带和4条纵带，将腹面有规则地分成8个方块，每块内浮雕蟠螭纹。壶颈部、盖面、龙耳和圈足等部位均饰浮雕蟠螭纹，颈部还内填蟠螭纹的蕉叶纹。壶颈内壁均有铭文2行7字：“曾侯乙作持用终。”禁有两个并列的凹下的圆圈，中空，以此承两壶。禁中间和四角有方形、曲尺形的凸起装饰。禁两长边以对称的四兽为足，兽的口部和前肢衔、托禁板，后足下蹲。禁面和侧面均饰纹样，其中方形和曲尺形凸起部位为浮雕的蟠螭纹，其他部位为平雕的多体蟠螭纹。

禁为先秦贵族祭祀、宴享时陈置酒器、食器的案形器具。有关禁的形制及其使用方式在《仪礼》等文献中多见记载。禁迄今出土不多，除该禁外，多为漆木禁，集中发现于楚文化分布区。关于禁的位置、使用情形在一些战国铜器上的祭祀宴射图中也可见到：当时在祭宴场面的中心位置设长方形案形禁，禁承两（壶），上加勺，这与《仪礼》等文献的记载相吻合。该联禁双壶是迄今所知战国时期惟一的一件铜禁实物，为《仪礼·士冠礼》所记“两甒有禁”的实物例证。（万全文）

Hougudui xianke duihuwen tongjiaohu

侯古堆线刻对虎纹铜鐎壶

春秋、战国之际楚文化的铜制

酒器。1978年～1979年由河南省博物馆等单位在固始县侯古堆1号墓陪葬坑中发掘出土。现藏于河南省文物考古研究所。

侯古堆线刻对虎纹铜鐎壶

通高19厘米。上置伞状盖，盖顶有钮套环。壶身小口，直颈，耸肩圆转，浅腹，圜底，肩部立对称环状耳，底下接三蹄形短足。器表满刻花纹，除肩部为一周带状回环纹外，其余均为以梭形纹相隔的对虎纹。另在盖顶环钮旁饰圆涡纹。造型奇特，纹饰流畅，堪称珍品。装饰工艺虽不同于同墓出土的铜错龙纹缶和铜错龙鹿纹铜盘，但内容却如出一辙。它们都是同时期同地区的制品。

鐎为温酒器，其形制为“三足有柄”（《一切经音义》卷十五引《韵集》）。该壶下部为带三足的圜底，与鐎形态类似；但上部却更像是壶，且有耳无柄，故可称之为鐎壶。类似的铜器在传世品中曾有少量发现，但造型及工艺均不及此。

（孙 华）

Changtaiguan tongcuo toukong goulianyunwen tongzun

长台关 铜错透空勾连云纹铜樽

战国中期楚国铜制酒器。1957年由河南省文化局文物工作队在信阳市长台关1号楚墓中发掘出土。现藏于河南省文物考古研究所。

长台关铜错透空勾连云纹铜樽

共2件，大小、形制、花纹均相同。口径12.01厘米、底径10.2厘米、足高1.3厘米、通高14厘米。平面作圆形，口大底小，直口，直腹，平底，底边设饰有兽面的三蹄足。装饰变化较多，工艺极精细：口沿下及近底部各施带状嵌错红铜的勾连云纹，云纹中镶嵌以绿松石，黄地与红绿花纹相衬托，颇为美观；器身铸以镂空的6组兽面图案，兽面上遍布由纤细的线条构成的漩涡云水纹和三角云雷纹，兽眼周围还饰有麻点纹；底部亦铸有镂孔纹饰，以重圆纹为中心，绕以4朵卷云状凤鸟纹，给人以旋转流动之感。

樽是一种用途很广的容器，但该樽周壁及底壁均镂空，这就限制了它的使用范围。从出土情况来看，它的旁边散布不少可能为《墨子》佚篇的竹简，故可能就是用来盛装竹简的器具。

（孙 华）

Baoshan jin-yincuo yunlongwen tongzun

包山金银错云龙纹铜樽

包山金银错云龙纹铜樽

战国中期楚文化的铜制食器。1986年～1987年由湖北荆沙铁路考古队在荆门市十里铺镇王场村墓主人为楚左尹邵𠠷的包山2号墓中发掘出土。现藏于荆门市博物馆。

共2件，形状、大小相同。口径24.8厘米、通高17.5厘米，重4.5千克。樽上有带子口的器盖，盖大平顶，宽斜面，短直壁，顶中心置一兽面套环桥形钮，盖面边缘设4个昂首凤鸟环钮。器身作上大下小的圆筒状，口部有内勾的平沿，平底周边设3只矮蹄足，直壁两侧各有一衔环铺首。盖顶、盖面和器壁满饰金银错的龙纹和云纹，盖沿和器壁下端还各饰一周勾连云纹。云龙纹在盖和器上的构图、造型均不同，盖以4条相对独立的比较形象的龙纹构成四分图案，器则以6组相互勾连的比较抽象的龙纹组成连贯的花纹。尊内髹以红漆，揭开盖后内外色彩形成鲜明的对比。

该樽在同墓的遣册中称之为“二罕虏”，并说明其装饰为“皆彤中漆，外二金”，这与实物非常切合。“虏”为“觳”的借字，《说文·角部》释觳为“盛觵卮也”。卮为酒器。与该樽形状相同的器物在西汉、东汉时期也作盛酒之用，但它出土时内尚存鸡、鸟的骨骼，结合遣册记录来看，应当是用于装肉或肉汤。这对考察该类器物用途的演变有着一定的参考价值。

（孙 华）

Zenghou Yi tongzunpan

曾侯乙铜尊盘

战国早期曾国铜制祭祀用品（即祼器）。因作器者为曾侯乙且全器由一尊一盘组成而得名。1978年由湖北省博物馆等单位在随州市擂鼓墩曾国国君乙的墓中发掘出土。现藏于湖北省博物馆。

尊由尊体和各种附件、附饰组成，口径25厘米、通高30.1厘米，重9千克。尊喇叭口，长颈，圆鼓腹，高圈足。盘也由盘体和各种附件、附饰组成，口径58厘米、通高23.5

曾侯乙铜尊盘

厘米，重19.2千克。盘直口，方唇，短颈，浅腹，平底，四兽形足。尊、盘的各种纹饰和附饰非常复杂。在尊的口、颈间，器壁作内外双层，内层为有规则的镂空网状结构，外层以一些分布不规则的铜梗相互勾连，并与口沿上的花纹相连接。口沿由高低两层透空附饰组成，内外两圈，错落相间。每圈有16个花纹单位，每个单位由形态不一的四对变形虺组成。每条虺互不依附，各由其下端立于外层器壁的铜梗上的弯曲的小铜梗支撑，整个口沿形成玲珑剔透又错落有致的立体花环状；颈部饰蕉叶纹和浅浮雕的变体蟠螭纹，并附加4条立体圆雕的龙形装饰；腹部饰浮雕的变体蟠螭纹，并附加4条双身蟠龙作装饰；圈足的上部为镂空的蟠螭纹，下部饰简化的蟠螭纹，躯体内填以浮雕状的涡云纹，还附饰4条曲张多姿的双身龙。整个尊体上共装饰28条蟠龙和3条蟠螭。盘的口沿饰镂空的变形蟠虺纹，耳面的透空附件与尊口一样，腹部为浅浮雕的简化蟠螭纹。盘上共装饰龙56条，螭48条。尊、盘均有铭文，尊颈部刻“曾侯乙作持用终”，盘底有相同铭文，似由原铸铭文“曾侯遡之口口”改刻而成。尊、盘的口沿部由失蜡法铸造而成。

该尊盘为已知采用失蜡法铸造的最精美的铜制品，是研究中国古代青铜铸造工艺的重要实物。已知最早的明确的失蜡法铸件是春秋晚期的下寺兽耳兽足铜禁等的附饰，它与该尊盘在技术上无疑具有传承关系。该尊盘工艺精湛，手法熟练，风格奇特，足以说明失蜡法铸造工艺是春秋、战国时代的铸造匠师独立创造并发展起来的。

（万全文）

Xiasi shou'er shouzu tongjin

下寺兽耳兽足铜禁

春秋晚期楚国铜制礼器。1978年由河南淅川县文物管理委员会在淅川县下寺2号楚墓中发掘出土。现藏于河南省文物考古研究所。

通长131厘米、通宽67.6厘米、通高28.8厘米，重94.2千克。呈带耳足的扁长方体，除禁面为单层板外，禁体周围由3层粗细不等的铜梗相互套结而成：内层粗直的铜梗构成禁体框架；中层略粗而蟠屈的铜梗作为花纹的依托；表层细铜梗绕成细密的蟠虺纹。禁身四周攀附头上尾下、宽角长舌的怪兽耳，前后各4，左右各2。禁下以怪兽为足，禁足的位置在禁耳之间，前后各3，左右及四隅各1。兽耳和兽足外表均饰以浮雕状的蟠虺纹。

该禁附加耳足多且大，构造复杂，工艺精湛，为中国古代铜器精品之一。尤其重要的是，它是中国最早的明确采用失蜡法铸造的铜器之一，又是春秋、战国时期所见的惟一一件带足铜禁，无论在中国铜器冶铸史上，还是在先秦铜器的研究上，都具有重要的价值。

（孙　华）

下寺兽耳兽足铜禁

Zenghou Yi tongguolüqi

曾侯乙铜过滤器

战国早期曾国铜制酒器。因作器者为曾侯乙而得名。1978年由湖北省博物馆等单位在随州市擂鼓墩曾国国君乙的墓中发掘出土。现藏于湖北省博物馆。

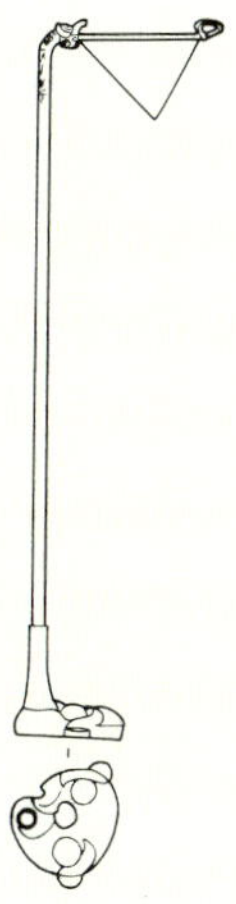

曾侯乙铜过滤器

过滤器由漏斗、长杆、器座构成。通高88.5厘米，重4.6千克。漏斗与器座、长杆分铸，用铅锡合金焊接。漏斗作三角锥形体，斗口呈等边三角形，其中一角与立于器座的长杆相接，另两角顶部各伸出一环形钮。尖底，有呈圆形排列的镂孔，内有6孔未穿透。器座以一蜷曲卧伏的怪兽躯体为造型，颈部为一长圆杆，口衔住漏斗的一角，用以支托漏斗。全器除环钮上饰斜角云纹外，其余皆为素面。圆杆上端有铭文1行5字："曾侯乙作持。"

这种过滤器为首见。视其形制特点，且出土时与酒器相近，故应为滤酒用具。

（万全文）

Xujialing guaishou qianshi tonggujia

徐家岭怪兽嵌石铜鼓架

春秋晚期铜制乐器构件。1990年由河南省文物研究所在淅川县仓房乡沿江村徐家岭9号楚墓中发掘出土。现藏于河南省文物考古研究所。

徐家岭怪兽嵌石铜鼓架

一套2件。出土时两器头相背，形制相同。通高48厘米，重量分别为22.105千克和21.94千克。怪兽作龙首、虎身、虎尾、龟足之形，龙首张口吐舌，齿犀利，头上有6条蛇形龙，其中4条昂首，头向前，腰触地，尾上翘，另外2条居后排，头伏在两侧外排龙的腰部，扬尾，素面。前排4条龙饰垂鳞纹，其身上刻有凹槽，槽内镶嵌孔雀石的龙、凤鸟、虎、云纹、涡纹等，以及凸起的爪。头的两侧有2个柿蒂状的花形饰。背上有一插孔，插孔一作方形，另一为矩形，插孔内各插一曲体方形座，其座上又立一奔驰状的怪兽，龙首，有双角，张口，长颈，其前腿立于座上，两条后腿夹着底座上怪兽的颈，翘尾，其上镶嵌云纹、涡纹等。口内衔一条蛇形龙，龙昂首，吐舌，双角，曲体，卷尾。其中一件怪兽的后腿上有一插孔，其内插一方形镂孔座，为两条龙相蟠而成，用以插鼓锤。

从怪兽的铸造看，蛇状龙、曲体插座怪兽、龙头、舌、底座怪兽、镂孔方座均系分铸，用时组合为一体。尤其是曲体插座怪兽的头上置有一活动的插销，用时提起，待蛇形龙放入口内后，再将插销按下，使二者合为一体。蛇形龙的颈部右上部有一环钮，底部怪兽的前腹右侧也有一环钮。出土时两怪兽头均向外，两个环钮相对，可能用以悬挂系绳。它们在铸造技术、镶嵌工艺、造型构思上均达到相当高的水平，是两件造型生动、结构巧妙、制作精致的文物精品。

（曹桂岑）

Zenghou Yi tongguzuo

曾侯乙铜鼓座

战国早期曾国铜制乐器。为曾侯乙所作建鼓的底座，是曾侯乙铜编钟配套乐器的组成部分。1978年由湖北省博物馆在随州市擂鼓墩曾国国君乙的墓中发掘出土。现藏于湖北省博物馆。

曾侯乙铜鼓座

底径80厘米、通高54厘米，重192.1千克。采用分铸铸接、焊接相结合的方法铸造。整体呈圆锥形，由圆形底座、承插空心圆柱和纠结穿绕的圆雕群龙构成。圆形底座是由一铜圈（即座底周沿）及圈内数根弯曲不齐的铜条构成的圆形中凸的网状结构。圈外壁饰一周浅浮雕蟠龙纹，并对称竖置4个环钮，扣穿4个铜环，为鼓座提手。铜圈内壁连接数根铜条，承插圆柱突居于鼓座正中，口如盘，身如管，内空透底。圆柱上部被圆雕群所簇拥，下部与圆座底内的弯曲铜条相连。口沿内圈刻"曾侯乙作峙"5字铭文。外圈及外缘镶嵌绿松石，出土时已脱落。簇拥着承插圆柱的龙群，由8对主龙躯干及攀附其身的数十条小龙组成，仰首弄尾、穿插纠结的群龙通过圆雕和高、浅浮雕等相结合的装饰手

法来表现，造型极其生动繁复。

立于鼓座之上的单柱式的建鼓，为迄今所见同形鼓中最早的实物，过去仅在战国铜器刻纹和西汉、东汉时期壁画、画像石里见过其形象。这面直径74厘米、鼓腔长106厘米的鼓，为同出鼓中的庞然大物，故鼓座铸造得既大且重，又非常精美，以加强其在乐队中的地位。

（万全文）

Changtaiguan tongwenju

长台关铜文具

战国中期楚国铜制文具。1957年由河南省文化局文物工作队在信阳市长台关1号楚墓中发掘出土。现藏于河南省文物考古研究所。

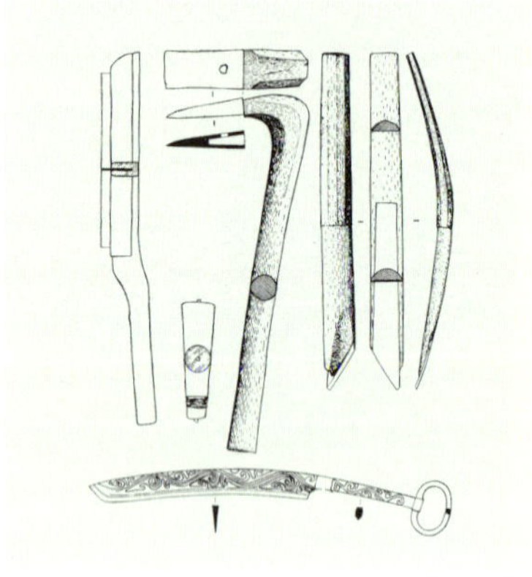

长台关铜文具

出土时放置于一个带四足的长方形小木箱内。计有锯1、锛1、削2、夹刻刀2、刻刀子3、锥1。木柄铜锯通长29.3厘米、宽3厘米、厚1厘米，锯条呈长条形，齿小，锯身置于木柄侧面的凹框内，左侧再缚以同凹框大小相等的木条。木柄铜锛通长28厘米，木柄为一根头端弯曲的木棍，首端纳于铜锛头的长方形銎中，銎正面有穿，内插有竹钉将锛头固定在木柄上。铜削通长23.6厘米，凸背凹刃，细长柄，椭圆形环首，环柄缠以丝织品，削身饰鎏金的连续勾云纹。木柄夹刻刀通长20.6厘米，铜刀身呈长条形，双刃中锋，刀形似剑，刀身两侧夹有柄，柄后端呈六棱柱体，前端为不甚规整的圆柱体。木柄铜刻刀通长23.1厘米～26.6厘米，刀身作前宽后窄的长条形，前端单斜刃，除刃部外的刀身均嵌于木柄凹槽中；木柄嵌刀一面平整，另一面前部为弧形，后部起棱线3道，柄面髹黑漆。木柄铜锥残长9.8厘米，锥尖已残，插于一前细后粗的髹漆木柄之中，柄前端绕以细丝线。

铜文具是以竹简木牍为书写材料时必不可少的特殊工具：锯用于将简牍锯割整齐，锛用于将简牍刨制平整，削用于刮光简牍，刻刀可在简牍上刻出记号并刮去错误的字句。这套种类齐全、保存完好的铜文具，有助于了解当时文具的组合情况及使用情况，是中国先秦时期文房用品的代表性用具之一。

（孙　华）

Zenghou Yi tongluju

曾侯乙铜炉具

战国早期曾国铜制生活用具。1978年由湖北省博物馆在随州市擂鼓墩曾国国君乙的墓中发掘出土。现藏于湖北省博物馆。

由炭炉、箕、漏铲组成。出土时箕盛漏铲，置于炭炉之中。炭炉口径43.8厘米、通高14厘米，重16.2千克，直口，平沿，方唇，短颈，浅腹，平底，三兽形矮足。兽首反顾向外，头部顶托腹底，身尾着地。炉外壁设对称的双环耳，每对耳钮上套接一副由4节连环相互连接而成的提链，提链末端接一圆圈形握手。箕全长29厘米、通高5.2厘米，重1.6千克，呈三角箕形，平底，器表及曲栏模仿竹篾编织的形状。漏铲器身亦如箕形，连柄通长38.6厘米，重1.6千克，铲底口部中间呈尖突形，底有菱形漏眼53个，后壁上沿中间呈尖角上突。附圆杆形柄，柄近器身处有曲度，接于后壁腰际。炉及漏铲上均铸镶红铜棱形纹、勾连云纹、蟠龙纹等纹样。三器均有相同“曾侯乙作持用终”的铭文。

与之形制同样的炉具在河南信阳市长台关1号楚墓和湖北江陵县望山1号楚墓内也有出土，长台关1号墓铜炉在出土时尚有木炭数块，表明它们应是用于冬季取暖的一套器具。

（万全文）

Baoshan liren qingpan tongdeng

包山立人擎盘铜灯

战国中期偏晚阶段楚国铜制生活用具。1986年～1987年由湖北荆沙铁路考古队在荆门市十里铺镇王场村墓主人为楚左尹邵𬁡的包山2号墓中发掘出土。现藏于荆门市博

曾侯乙铜炉具

物馆。

2件成对，均由灯盘、柱和铜人组成。428号灯的灯盘口径8.6厘米、铜人高7.1厘米、通高16.3厘米，重0.4千克。灯盘较浅，平沿内斜，斜弧壁。盘外壁施2周凸棱，盘中有高1厘米的锥状灯钎。盘下为上粗下细的圆形灯柱。铜人头挽右髻，发髹黑漆，宽额，浓眉大眼，直鼻，小嘴，圆颌，耳微外侈。右衽，广袖，博带，深衣，左手扪胸，右手执灯。其下接方形座，两柱之间以榫卯结合。柱座上铸四分蟠螭纹，深衣下摆饰红铜错勾连纹。该灯造型浑朴，铸造精美，装饰手法简洁，形象生动，是一件拙中见巧的铜器。

（万全文）

包山立人擎盘铜灯

Ejun Qi jincuo tongjie

鄂君启金错铜节

战国晚期楚王颁赐给鄂君启的免征商队关税的铜制凭证。是中国古代文字最多的铜符节。1957年和1960年分两次出土于安徽寿县丘家花园。现分藏于中国历史博物馆和安徽省博物馆。

共5枚，分属舟节和车节两套，舟节长31厘米，车节长29.6厘米。原来每套应为5枚，均为青铜铸造，合在一起组成一个完整的竹筒形。每块铜节的中部有竹节状凸起，将其分为上长下短的两段，金错铭文也按两段排列。舟节每节表面有文字9行164字，车节每节表面有文字9行147字；每行文字上下段相连。铭文表明，此铜节是楚大司马昭阳在襄陵打败晋国军队那年，大工尹脽根据楚王的命令召集所属官吏为鄂君启的府库而续作。铭文限定了舟、车的数量和通行路线，指明不能贩运的物资种类，记述马、牛和徒卒等驮负的货物与舟、车的换算和折扣关系，规定了不同种类货物的征税机构和免税范围；两套铜节的使用期限均为一年，在所规定的货物种类和数量范围内，关卡见到此铜节就不征税，反之就要征税。铭文中的“大司马昭阳败晋师于襄陵之岁”，也就是《史记·楚世家》“楚使柱国昭阳将兵攻魏，破之于襄陵”的楚怀王六年（公元前323年），铜节的制作年代十分明确。

鄂君启金错铜节

该节铭文内容丰富，是研究当时楚国商业经济、水陆通道、关税制度和历史地理的宝贵材料。自出土以来，一些专家对铭文进行了研究，铭文内容已基本清楚；但在个别文字的释读、一些地名的地望及舟车二节规定的交通路线等方面，学术界尚存不少分歧。

（孙　华）

Huangnikeng Wangming tongjie

黄泥坑王命铜节

战国晚期楚国铜制符节。因节上铭文以“王命”开头而得名。1946年出土于湖南长沙市东郊黄泥坑的一座小型墓葬中。现藏于中国历史博物馆。

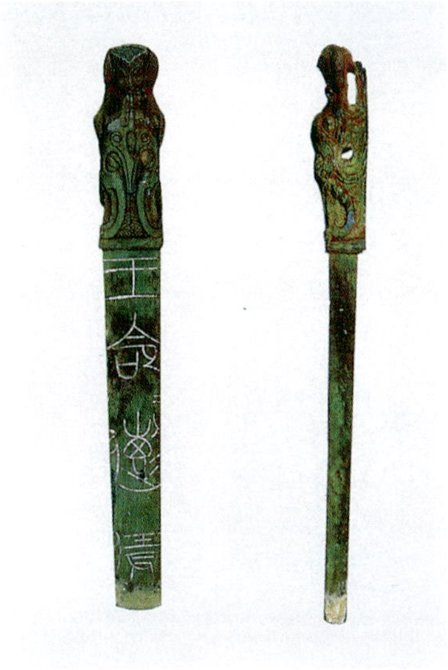

黄泥坑王命铜节

长20.6厘米、宽2.5厘米。形如前有兽头的长方形铜条，正面有铭文9字（含重文1）：“王命遡任一担食者之。”对于这段铭文，学者们的释读略有差异。按照有的学者的解释，铭文是说王命令驿站，凡持节者有一担物质经过驿站，就应供给饭食；按照另一种解释，铭文的意义是王命专任使者，所到之处供给一担食馔。

该节是研究楚国驿传和符节制度的实物资料。传世的王命节共3件，形制、大小与此相同，但因无出土地点和对比材料，曾被清人误认为是汉器。该节出土于楚地，文字又与鄂君启节类似，由此可以推定，所有王命节都应当为楚国的铜符节。

（孙　华）

Yanke tongtongliang

燕客铜箭量

战国中期楚国铜制量器。因铭文以“燕客”开头而得名。1980年由湖南省博物馆在长沙市废铜中拣选获得。现藏于湖南省博物馆。

口径15厘米、通高13厘米，重1.2千克，容2300毫升。作圆筒形，直口，直壁，平底，一侧有鋬。外壁一方框中有铭文6行58字(含重文2):“郾(燕)客藏嘉问王于莪郢之岁，享月己酉之日，罗(罗)莫敖藏无，连敖屈上，以命攻(工)尹穆丙、工差(佐)竞之、集尹陈夏、少集尹龚赐、少工佐孝癸，铸廿金剐（筲），以賹（益）香（和）□。”铭文开始以楚国惯用的大事纪年法纪年，惜此事铭文失载，年代难以断定。铭文大意是封于罗的莫敖臧无等命令工尹穆丙等铸制20件铜筲量以与其他容量的量器配合使用。该量有自名，并提到其他两种量的名称，这是探讨楚国量制的重要资料。

参考书目

李零：《楚燕客铜量铭文补正》，《江汉考古》1988年4期。
何琳仪：《长沙铜量铭文补释》，《江汉考古》1988年4期。

（孙　华）

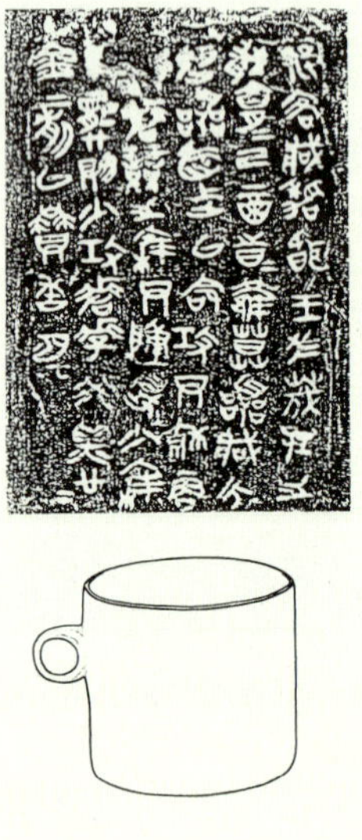

燕客铜筲量

Zenghou Yi mu tongqi

曾侯乙墓铜器

战国早期曾国铜制品及楚文化典型墓葬铜器群。为曾国国君乙的随葬铜器，是迄今出土的先秦时代铜器中数量最多的一批，以器大体重、种类齐全、造型完美、铸造精工为特征，代表铁器普遍应用之前先秦金属工艺的高峰，为研究当时的社会生产发展水平提供了重要资料。1978年由湖北省博物馆在随州市擂鼓墩曾侯乙的墓中发掘出土。现藏于湖北省博物馆。

包括礼器、乐器、兵器、马饰、生活用具、杂器及主棺外棺的框架等，青铜总量达10.5吨。礼器共117件，其中食器有鼎、鬲、甗、簋、炉盘、瑚、豆、鼎形器、鉌、匕等；酒器有大尊缶、联禁大壶、提链壶、鉴缶、尊盘、罐、过滤器、勺；水器有浴鼎、匜鼎、盥缶、鉴、盘、斗等。其中9件束腰平底的鼎、8件方座簋等礼器代表着墓主的国君身份。乐器包括编钟、钟架、鼓座、磬架等。兵器有戈、戟、矛、殳等。用具包括炭炉、箕、漏铲、镇、熏等。

在这批数量庞大、器类丰富的青铜器群中，许多器物形制独特，如双层的炉盘、兽座立柱的漏斗、三足鼎形器、冰鉴等为迄今所仅见。器物装饰精细繁缛，富丽多彩。装饰纹样以各种动物纹样和几何形图案为主，往往是在继承的基础上加以创新。装饰手法和制作方法有平雕、浮雕、圆雕、镂空及模印、镶嵌、铸镶数种，各种技法通常被融为一体，浑然天成。大部分器物有铭文，但字体风格与笔划并不一致，或工整秀丽，或松散草率，应非出自一人手笔。青铜器群体现出的高超的青铜冶铸技术，如形大体重的下层甬钟的出现，表明当时已有足够的熔炉，足够高的炉温和足够强的鼓风能力；全套64件编钟，大小、厚薄异常精确，纹饰细密而清晰，表明分范合铸技艺相当娴熟；大量器物的耳、足和其他附件、附饰的存在，说明分铸法、焊接技术已广泛应用；出土的尊盘为已知失蜡法铸件中的最精品。

姬姓曾国早在西周时期就存在于江汉地区，历年来出土的西周及春秋早期的曾国铜器，数量远多于同时期的楚国铜器，这或许说明曾国的青铜铸造技术及规模曾一度领先于后起的楚国。曾国在春秋中期便沦为楚的附庸，奉楚为宗主国，恭谨勤劳，累世不渝。悬挂在64件编钟正中的楚惠王所赠的镈钟，即颇具象征意义。9件楚式的鼎，更形象地标明楚与曾的主从关系。曾、楚两国的这种特殊关系，使这批青铜器深深地打上了楚文化的烙印，尤其在技术方面反映了楚国的青铜铸造技术水平。因此，人们也习惯于将这批青铜器视为楚文化铜器的代表。不过，这批青铜器在风格方面颇具个性，尚保留着某些曾国自身的文化传统因素。

参考书目

湖北省博物馆：《曾侯乙墓》，文物出版社，1989。

（万全文）

Qiwenhua tongqi

齐文化铜器

春秋中期至秦统一前以齐国为主体的考古学文化的铜制器具。主要分布于山东一带，包括的诸侯国有齐、鲁、莒、邾、滕、郜等。这些国家的统治者既有西方的周人，也有商人和东夷，他们共处于东夷故地，故其文化带有浓厚的东夷文化色彩。这些国家在当时以齐国国力最强，其他小国多依附于齐。文化传统和地缘政治等方面的原因致使这一地区在周文化分裂后就逐步形成以齐国为中心的地方文化。铜器成为构成该文化特色的一个重要方面。

在周王朝的东方地区，齐和鲁是西周初最重要的诸侯国。进入春秋时期，齐国率先崛起，成为“挟天子以令诸侯”的第一位霸主；而周公之后的鲁国却逐渐衰落，失去了大国的地位和作用。随着齐国的强盛，以齐国为主体的区域政治中心的形成及周王朝这一全国政治中心作用的日益减弱，使得山东地区从西周后期就已出现的与周文化趋同的文化发展趋势又发生了逆转，逐渐形成了以齐国为主体的齐文化。与之相适应，齐文化铜器在保持周文化传统并与整个周文化同步发展的同时，也产生并形成了自己的区域性文化特点。齐文化铜器在春秋、战国时期中原系铜器中虽不像晋、楚文化那样引人注目，但也是构成当时中原系铜器的重要一环，值得重视。

● **发现与认识** 典型的齐文化铜器在北宋时就有出土记录。北宋宣和五年（公元1123年），山东淄博市临淄即出土有包括著名的叔夷钟在内的春秋晚期铜器数十件，引起当时金石学家们的注意。清代齐文化铜器的重要发现主要有两起：一是咸丰十七年（公元1857年）山东胶县灵山卫出土的3件齐国量器——子禾子釜、陈纯釜、左关鉌；一是光绪十九年（公元1893年）河北易县出土的春秋中期齐侯所作嫁女媵器4件（鼎、敦、盘、匜各1）；这为研究齐国量制及齐、燕关系提供了新材料。民国年间，传世的“陈侯四器”（陈侯午簋1、陈侯午敦2和陈侯因姿敦1）引起学术界的关注，

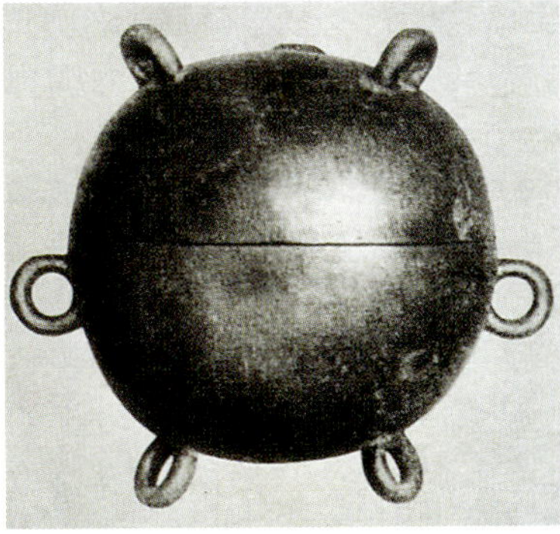

陈侯午铜敦

徐中舒先生论证陈侯午即田齐时期的齐桓公午，陈侯因姿即齐威王因齐，从而为齐文化铜容器提供了一组年代明确的标准器。但铜器的大量发现及文化面貌的基本展露还是在中华人民共和国建立以后，发掘出土和征集的齐文化铜器不胜枚举。在临淄齐故城、曲阜鲁故城及滕州、淄川、临朐、临沂、沂水、莒县、莒南、长清、平度、诸城、莱芜等县市都出土有成组的齐文化青铜器。如1963年临朐县杨善公社铜器群包括有列鼎、瑚、敦、壶、鉌、编钟等铜器，其中的公孙土折提链铜壶的作器者见于《左传·襄公二十九年》，是春秋晚期齐文化铜器中一件重要的标准器；1970年诸城县臧家庄一座战国中晚期之际墓葬的随葬器物坑中出土的包括鼎、豆、壶、罐、编钟、编镈在内的38件铜器，鼎、豆均为5件，壶有几种新的形制，弥补了战国中晚期齐文化铜器材料的不足；1977年～1978年在曲阜鲁故城发掘的春秋战国墓葬中，有12座墓出土有铜礼器，其年代从春秋早期一直延续到战国晚期，对认识和了解鲁国铜器的发展演变有着重要价值；1978年在滕州市薛国故城发掘的春秋中晚期的薛国墓葬中，3座墓葬的铜礼器均为7鼎6簋的等级，另有一座墓还出土有“薛侯行壶”铭文的铜提链壶1件，可能是薛国国君一级的墓葬，这对了解当时齐文化圈诸侯国铜器的组合情况及齐文化铜器发展水平的认识大有裨益；1978年在山东沂水县刘家店子发掘的两座春秋中期莒国大墓中出土了大宗铜器，其中1号墓就出土有鼎16、鬲9、甗1、豆7、壶7、罍4、瓿2、盉2、鉌1、匜1、盘1等礼器，并有铜钮钟9件，錞于1件，丰富了春秋中期齐文化铜器的种类。此外，1963年肥城县小王庄出土的13件陈侯为其女所作的媵器，1969年烟台市上夼出土的叔口鼎等铜器，1983年滕州市姜屯乡庄里西出土的包括9件滕侯编钟在内的铜器群等，这些有明确出土地点的国君作器为探讨齐文化铜器的分国和古国地望等问

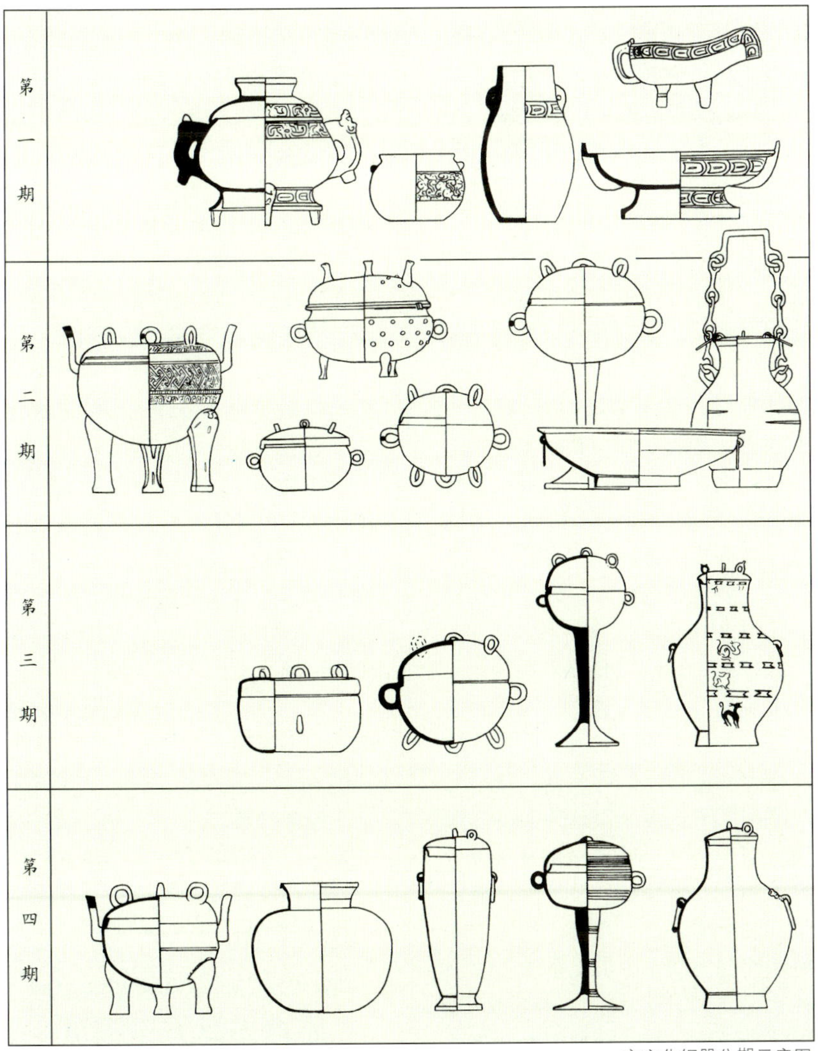

齐文化铜器分期示意图

题奠定了基础。

● **种类与形制** 种类较为丰富，其中食器有鼎、鬲、甗、炉、簋、瑚、敦、豆、鉶等，酒器有壶、錍、鈚、罍、鑐、[金詹]、提梁壶等，水器有盉、匜、盘、鉴，乐器有钟、镈、錞于等，兵器有戈、矛、斧、剑、镞等，此外还有铜工具及车马器等。除鑐、[金詹]、提梁壶、錞于等不见或罕见于中原晋文化外，其余铜器均为当时中原系铜器的常见种类。铜器组合随年代、国别和身份而有所不同，春秋中晚期大致同等级墓葬的铜器组合至少可分为3种情况：①均为鼎、鬲、簋、盉、壶、匜、盘，不使用铜编钟等乐器，为基本保留西周旧制的铜器组合，如滕州市尤楼村薛国墓葬铜器集群；②基本上是鼎、鬲、甗、豆、鉶、壶、匜、盘（另有罍、缶、盉），并有铜编钟等乐器，还增加豆作为主要食器，新的因素较为浓厚，如沂水县刘家店子莒国大墓铜器群；③为鼎、甗、瑚、敦、鉶，有编钟等铜乐器，缺少酒器及水器。这种缺水器或水器不全的现象在其他一些同时期的齐文化铜器群中也屡有所见，反映出周人传统的盥沃礼在齐文化圈的没落状况。如临沂县凤凰岭大墓铜器群。

不少铜器在形态上颇具特点。鼎形态多样，除晋文化常见的无盖或弧顶盖的中腹鼎外，还有鼎足粗壮的平盖浅腹鼎和平盖特深腹鼎。鬲的形态与东南地区徐文化等的铜鬲相似，均为短沿尖足的高领联裆鬲。甗皆分体甗，但甑部为折肩，圈足插入鬲部口沿内，鬲部肩立双耳，这与晋文化铜甗不同（晋文化铜甗甑部为溜肩，圈足套在鬲口外，鬲部肩施衔环铺首）。簋有方座和圈足两类，以只有一个连接点的曲颈龙首鋬最富特色。瑚在齐文化中显得有些守旧，直至春秋晚期还有盖和器均四坡斜面、立壁不显的形制。敦可分盆形敦、鼎形敦、盛形敦3类，其中盆形敦是齐鲁地区对铜盆的称呼，器形比较别致的却为盖较器身低矮、器表布满乳钉纹的鼎形敦，以及盖以三环为钮、器身为平底或三环足的盛形敦。豆基本上皆为带盖豆，有浅盘和深盘两类，后一类为铜豆的主体，豆盖与豆盘相扣如扁圆球，盖面设三环钮，豆柄高瘦，这与晋、燕诸文化均有所不同。鉶亦可分两类，一类与晋文化铜鉶相似，腹较浅，有对称的双环耳；另一类腹深似罐，仅有一耳，如左关鉶。壶几乎不见中原其他文化常见的椭方壶，而以长颈圆垂腹的双耳圆壶、中颈鼓腹的环耳圆壶、短颈长腹的提梁壶等为主，其中提梁壶在齐文化中颇为流行，而为其他文化所罕见。匜可分为3种类型，即槽状长流（流上或有兽首）的蹄足匜、槽状长流的平底匜及兽首短流鼎形匜。后一种是介于徐文化兽首匜形鼎与燕文化鸟首匜之间的一种形态，如沂水县李家庄、临沂县中洽沟等出土的兽首流鼎形匜。錞于只见于沂水县刘家店子铜器群中，为断面呈椭圆形的圜顶无盘型，年代在春秋中期，为錞于中年代最早的一例。此外，还有一些被称作罐的素面铜器，其小口、短颈、鼓腹、平底的形制，带有当地传统风格。

● **纹饰与铭文** 装饰崇尚简朴，金银错、镶嵌和漆绘铜器均不见或罕见。很少有像晋、楚文化铜器那样添加复杂的以各种动物为造型的附饰，纹饰也显得较为简约，不如晋、楚文化铜器铸纹那样精工细腻。素面铜器所占比例较大。纹饰种类大多与晋文化相同，蟠螭纹、蟠虺纹、蟠蛇纹、垂叶纹、乳钉纹、斜线三角纹、斜角龙纹、斜角云纹、勾连雷纹等较为常见，其中乳钉纹、斜线三角纹等在其他文化中少见，可视为齐文化因素的纹样。应当注意的是，齐文化铜器纹饰尚存一定程度的守旧性，这一点在薛国铜器上表现得最为明显。西周晚期至春秋早期周文化铜器流行的重环纹、垂鳞纹、波带纹、横瓦纹、窃曲纹、云目纹等，在春秋中晚期的薛国铜器中仍然是主要纹饰种类。战国中期的陈侯午簋也以波带纹为主纹，战国晚期的臧家庄鸟首提梁铜壶全身仍布满横瓦纹，都说明了这一问题。

铭文排列整齐规矩，精严浑厚。铸造的正体铭文有3种不同的风格：第一类如齐侯铜盂鉴铭文，字体较长，严谨流畅，笔道圆转，纵笔多拉长且刻意屈曲；第二类如陈曼瑚、陈纯釜铭文，字体修长，笔划折转，起笔重而收笔轻，纵笔直且较长；第三类如国差铜𦉜铭文，字体较方正，结构稍显松散，笔道较硬朗，纵笔短且较直。鲁大司徒厚氏元铜簠铭文等字体介于第二类、第三类间，但字体不够秀美，笔道也不够迂曲。春秋时期的铭文沿袭周文化铜器铭文的字体及书体，风格一般属于第一类铭文。战国时期铭文以第二类为主，纪年多书当年执政大臣名字作“某某立事岁”，特征颇为鲜明。

● **分期与年代** 东方地区古国众多，铜器的文化结构比较复杂，关于年代分期这一基本问题尚研究得不够。从已有材料看，春秋中期以后可分为4期：

第一期，春秋中期。典型铜器群有淄博市临淄东古城村齐国铜器、曲阜市鲁故城202号墓鲁国铜器、滕州市尤楼村1号墓薛国铜器、沂水县刘家店子1号和2号墓莒国铜器等。

第二期，春秋晚期。典型铜器群有临朐县杨善公社和淄博市磁村齐国铜器、滕州市尤楼村2号和4号墓薛国铜器、临沂市凤凰岭大墓莒国或禹国铜器等。

第三期，战国前期。典型铜器群有济南市左家洼战国墓、平度市东岳石16号墓、长岛县王沟10号墓等齐国铜器。

第四期：战国后期。典型铜器群有诸城县臧家庄墓和葛布口等齐国铜器。

参考书目

徐仲舒：《陈侯四器考释》，《历史语言研究所集刊》第三本。

（孙 华）

linzi long'er fangzuo tonggui

临淄龙耳方座铜簋

春秋中期齐文化的铜制容器及礼器。传山东淄博市临淄区出土，共出土相同的铜簋6件、铜壶2件及铜鉴1件等大件铜器。多流出国外，仅1件于1959年为北京故宫博物院征集。现藏于北京故宫博物院。

口径23.1厘米、通高33.9厘米。穹隆形盖，盖上有宽大的镂空莲花形捉手。器身短颈，折肩，鼓腹，矮足，方座，从下腹两侧伸出一对龙首为耳，龙作挺胸昂首、怒目吐舌之形，胸下爬一卧虎，虎的卷尾恰为垂珥。簋盖、腹和方座四周，各饰一周波带纹，颈及圈足各饰一周重圜纹。纹饰线条如双钩，粗放简练。

临淄龙耳方座铜簋

该簋耳部造型与通常铜簋不同，相似的铜簋也见于临淄齐故城内的河崖头村东出土的春秋中期龙耳圈足铜簋和战国时期的陈侯午簋。临淄为齐国首都，陈侯午即田氏代齐后的齐桓公午（田、陈古通），这种形态的铜簋应为齐文化特有的铜簋样式。该簋在已知齐文化龙耳方座簋中铸造工艺最精，最具典型性。

（孙　华）

Songgong Luan tonghu

宋公䜌铜瑚

春秋、战国之际宋国铜制食器及礼器。因作器者自名为宋公䜌而得名。1978年～1979年由河南省博物馆等单位在固始县侯古堆1号墓陪葬器物坑中发掘出土。现藏于河南省文物考古研究所。

2件成对，口大33.5厘米×26.5厘米、通高25厘米。盖、器形制相同，盖冠或器足外侈，冠足每面中部开宽扁的阙门。盖坡和器腹斜倾较甚，两侧各施仰首卷尾的兽形鋬耳，坡腹与口部直壁相交处有一窄平台。器表均饰云雷纹。器内铸铭文2行20字：“有殷天乙唐孙宋公䜌作其妹句敔夫人季子媵瑚。”字体古雅，与当时楚系文字风格有别。

宋公䜌铜瑚

该瑚铭文中的作器者宋公䜌，即宋景公栾（景公之名，《左传·昭公二十五年》作栾，《汉书·古今人表》作兜栾，《史记·宋世家》作头曼；后二者皆为栾字的音近异写），其在位年代在公元前516年～公元前451年。该瑚系宋景公为嫁与吴王作夫人的妹妹句敔夫人所作的媵器，年代应当在景公前期。它是年代、国别均十分清晰的铜瑚标准器，为判断同时期数量众多的相同型式的铜瑚的年代提供了标准器。

（孙　华）

Ludasitu Houshi Yuan tongfu

鲁大司徒厚氏元铜簠

春秋中期鲁国铜制食器。1931年出于山东曲阜县林前村。现藏于北京故宫博物院。

口径25.5厘米、通高28.3厘米。带盖，盖形如覆盘，上有镂空莲瓣状捉手；器身折沿，方唇，直腹，粗圈足镂空且中腰折收。盖面、器腹和圈足上均饰以凸起而粗放的蟠虺纹。盖器对铭，共4行23字（含重文2）：“鲁大司徒厚氏元作善匿（簠），其眉寿万年，子子孙孙永宝用之。”厚氏出自鲁孝公之子惠伯革（字厚），传世铜器有鲁伯厚父盘，形制与纹饰呈现西周、春秋之际的风格，年代、国别、爵位和名字均与文献记载中的惠伯革相符，应当与惠伯革为同一人。该簠当系厚父子孙所作。

该簠捉手所采用的开放的花瓣形的造型，常见于春秋前后的铜壶壶冠和壶盖上，但在簠、豆类捉手上却很罕见，颇具特色。簠上遍布的纹饰，或如浅浮雕，或如镂空雕，其繁复程度也是罕见的。

（孙　华）

鲁大司徒厚氏元铜簠

Lu Guifu tongdui

鲁归父铜敦

春秋中期鲁国铜制食器。因作器者为鲁国一名为归父的贵族而得名。出土于河北唐县东筒垅村北，后被河北沧州地区文化局文物组征集。

鲁归父铜敦

口径23.3厘米、器身高9.4厘米、通高16.5厘米。整体作带盖双耳盆形。盖呈覆碗状，盖沿有3个卡口卡在器口沿处以免器盖滑动。器身侈口，束颈，折肩，腹内收，底近平，肩下设一对环耳。装饰极简易，仅器盖握手内有漩涡纹、器身肩上施2道旋纹。器盖内铸铭文2行11字："鲁子仲之子归父为其善（膳）敦。"铭文中的子仲和归父即《春秋左传》、《史记·鲁世家》中的鲁国贵族襄仲及其儿子归父，襄仲事鲁僖公、文公和宣公三代，宣公以庶长子身份为鲁公，就是由于襄仲杀了嫡子恶和视而被襄仲拥立为国君的。襄仲和鲁宣公死后，季文子和臧宣叔逐襄仲之族，归父奔齐。襄仲死于宣公八年（公元前601年），归父敦为归父自作用器，其铭文不称襄仲之谥而称氏，可知其铸于襄仲死前，年代不晚于公元前601年。

该敦为器主人、年代均可考定的鲁国铜器，对于鲁国历史及这类铜器的名称和断代等方面的研究均有一定意义。相近形态的铜敦也见于山西侯马市上马5号墓、河南新郑市李家楼、洛阳市中州路2415号墓、信阳市平桥1号墓及湖南衡阳市保和圩等地，它们的年代应相差不多。不过，信阳平桥等同形器自铭为"盆"，这或许是南方和北方对这类器物称呼不同的缘故。

参考书目

李家浩：《鲁归父敦小考》，《文史》第二十六集。

（孙 华）

liujiadianzi tongling

刘家店子铜鐳

春秋中期齐文化分布区内的莒国铜制酒器及礼器。1977年出土于山东沂水县院东头公社刘家店子村西2号莒国大墓中。现藏于山东省博物馆。

2件成对，口径22.7厘米、通高54厘米。上承盖，盖微鼓，上有一蟠龙，龙首扬起为捉手。器身侈口，短颈，广肩，圈足，肩、腹间设对称的两个兽首环耳。口缘饰勾连纹，肩部施几何纹带，通腹饰以首与身分离的抽象的环带状龙纹，龙首置于环带间为饰。该鐳形态与西周晚期或春秋初期的仲义父铜鐳相似，但形体更灵秀，装饰极富特色，为同类器中之姣姣者。

（王光尧）

刘家店子铜鐳

Guochai tongdan

国差铜罐

春秋晚期齐国铜制酒器。传世品。最早著录于清阮元《积古斋钟鼎彝器款识》卷八和清严可均《全上古三代秦汉三国六朝文》卷十三。现藏于台北中央博物馆。

国差铜罐

口径24.6厘米、通高34.6厘米。小口，平折沿，短直颈，广折肩，肩下有箍带一周，设对称的4个铺首衔环，腹部缓收，圜底近平。器表素面，肩部铸铭文10行52字，铭文以"国差立事岁"开头，大意是国差当政那一年，工师□在西郭铸造4件装酒的铜罐，用来祈求侯氏多福无咎，齐国安宁无事，子孙永远昌盛。国差，一般认为即《左传》中的国佐，他于鲁宣公十年（公元前599年）聘鲁，鲁成公十八年（公元前573年）被杀，该罐的铸造年代当在此期间。

该罐自名为罐，这在已知铜器中仅此一例。其腹部广大，与罐为"大罂缶"的解释正好相符（《史记·货殖列传》引徐广说）；其国别为齐，也正合《方言》卷五"甇，……齐之东北海岱之间谓之儋"的记载。与之形态相似的铜器发现极少，河南新郑市李家楼大墓所出的四龙扉棱小口大腹铜器，应当归入罐类。

（孙 华）

Gongzi Tuzhe tilian tonghu

公子土折提链铜壶

春秋晚期齐国铜制酒器。或称公孙窹壶。1963年出土于山东临朐县杨善公社。现藏于山东省博物馆。

公子土折提链铜壶

口径8.5厘米、通高44厘米，重2.85千克。带环钮捉手的弧顶盖，曲颈较高，长腹中鼓，圈足低矮。壶颈两侧环钮内套环链提梁，提链从器盖两侧的套环中穿过，使提链放下时不致触地，器盖揭开时不致失落。器表素净光洁，仅在腹中央施凸旋纹两道。壶前方的旋纹间有环状鼻一个，其作用当与铜鋬类似。

在壶的器颈有铭文6行39字（含重文2字）：“公孙寣立事岁饭者月，公子土折作子中姜𨚕之盘壶。用祈眉寿万年，永保其身，子子孙孙永保用之。”有的学者已经指出，“公孙寣”也就是《左传·襄公二十九年》齐景公时的公孙灶（子雅），他于齐景公三年（公元前545年）执政，死于齐景公九年（公元前539年）。该壶当铸于这6年间，是年代明确的齐文化铜器的标准器。

（孙 华）

Wushugeng tonghu

武叔庚铜壶

春秋晚期齐国铜制礼器及水器。旧称齐侯锺。因作器者为“殷王之孙，右师之子，武叔曰庚”而得名。出土时间、地点不详，清乾隆十四年至四十六年（公元1749年～公元1781年）入贡清宫内府。先存放热河（今河北承德市）避暑山庄，民国初年运至北平（今北京），入内务部古物陈列所，后拨归南京博物院筹备处。现藏于台北故宫博物院。

平面作圆形，口微侈，颈内曲，圆肩。鼓腹，下接台状矮圈足。肩部施相对的衔环铺首。器表除肩部施2道旋纹外，其余皆素面，而以工整的刻铭兼作装饰。壶原先应为一对，铭文相连，今存一壶铭文共27行178字（含重文2）。记述的是齐国武将武叔庚在围莱、入莒、戍陆寅（？）3次战役中，勇猛无敌，战功卓著，先后受到齐灵公、齐庄公的赞扬和赏赐之事。铭文所记齐师围莱之役见于《左传·襄公六年》，入莒之役很可能与《左传·襄公二十四年》所记崔杼伐莒侵介根之役为同一事件，这些都可以印证并补充史籍的记载。由于刻铭笔划浅细，文字有多字锈蚀不清，对有的字句的理解，学术界尚存分歧。关于壶的年代，或认为是齐庄公时，或认为是齐景公二年（公元前546年）之时，以后一说更为合理。

参考书目

张光远：《春秋晚期齐庄公时庚壶考》，《故宫季刊》16卷3期。
张政烺：《庚壶释文》，《出土文献研究》（一），文物出版社，1985。
李家浩：《庚壶铭文及其年代》，《古文字研究》第19辑，中华书局，1992。

（孙 华）

Zangjiazhuang niaoshou tiliang tonghu

臧家庄鸟首提梁铜壶

战国晚期齐国铜制酒器。1970年出土于山东诸城县臧家庄一座战国墓的随葬坑中。现藏于山东省博物馆。

臧家庄鸟首提梁铜壶

底径14.1厘米、通高56厘米。器盖与器身相合成鸟首，盖面即为鸟面，有凸起的鸟目和鸟喙的上半，器口前端的尖流即为鸟喙的下半，造型非常巧妙。器身曲颈，溜肩，深腹，矮圈足，颈两侧的钮上套有提梁，腹部后侧有小环。提梁下部为弯曲的纵梁，纵梁顶端连接可活动的横梁，器盖以一个圆环与提梁相连，整个提梁的形状和结构如同双辕马车的辕衡。器表通体饰以横瓦纹，装饰简洁。

鸟的形象是中国最早用作器物造型的动物形象，以鸟首作为器盖也是鸟首壶等最流行的做法。该壶在传统的鸟首壶的基础上又有了进一步的改进，更加重视器物造型与使用功能的统一。壶的提梁在器盖连系环的制约下始终保持直立状态，活动的提梁和腹部的提环使得倾倒壶中酒浆更加容易。现藏于美国堪萨斯尼尔森博物馆的鸟首提梁铜壶的造型与该壶较为相似，也应为战国晚期齐文化的铜器。

（孙 华）

Zangjiazhuang beixing tongzun

臧家庄杯形铜尊

战国晚期齐国铜制酒器。或称长壶、杯形壶。1970年出土于山东诸城县臧家庄一座墓的器物坑中。现藏于山东省博物馆。

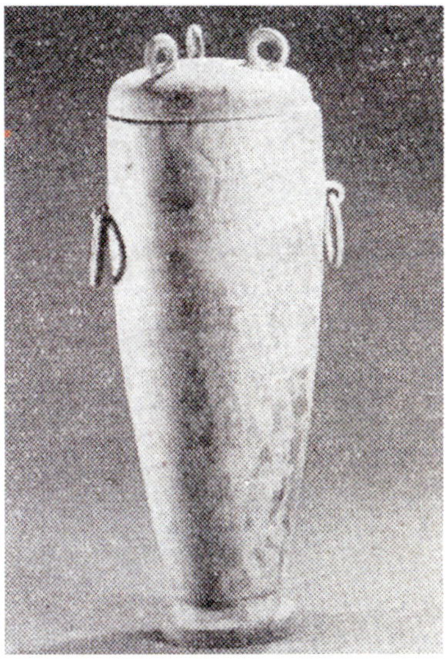

臧家庄杯形铜尊

2件成对，口径11.5厘米、通高32.9厘米。弧顶盖，盖舌插入器身，盖顶有3个半环钮。器身为直敞口，深斜腹，矮圈足，器身上部两侧有钮套提环。整个器物造型简洁明快。

该尊所代表的器类在战国中晚期方出现，其名称尚不能确定。同类器在西汉早期的广西贵县罗泊湾1号墓等也有出土，形态和体量都与之相似。

（孙 华）

Lusitu Zhongqi tongpan

鲁司徒中齐铜盘

春秋早期鲁国铜制水器及礼器。因作器者为鲁司徒中齐而得名。1977年～1978年由山东省博物馆等单位在曲阜市鲁国故城望父台墓地48号墓中发掘出土。现藏于曲阜市文物管理委员会。

鲁司徒中齐铜盘

口径38.6厘米、通高10.3厘米。平面呈圆形，浅盘折沿，附耳外折，耳上饰作引颈鸣叫之形的圆雕卧牛。圈足呈两段式，旁立3个人形短足；人皆裸体，背向盘蹲立，双手后扣于圈足底，作抬盘欲起之状。盘外饰对卷云纹，圈足饰垂鳞纹。内底铸铭文3行15字："鲁司徒中齐肇作盘，其万年永宝用享。"根据盘上花纹及共出器物，可知年代已在春秋早期。其以立体的动物和人作饰件和构件，增强了装饰效果，在盘类器物上尚属首例。人物裸体，且着意刻出双乳和脐孔，这是西周、春秋之际时尚的反映。

（孙 华）

Qihou tongyujian

齐侯铜盂鉴

春秋晚期齐国铜制水器。因铭文称其为齐侯所作"宝盂"而得名。1957年由河南省文化局文物工作队在孟津县平乐公社邙山坡上的一个灰坑内发现。现藏于洛阳博物馆。

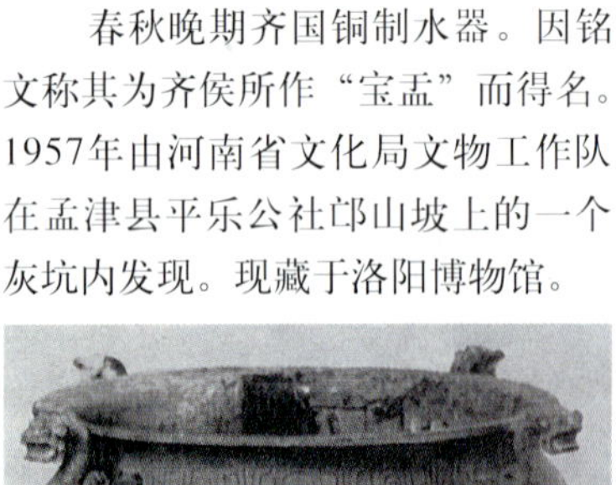

齐侯铜盂鉴

口径75厘米、通高43.5厘米，重75千克。侈口，卷沿，鼓腹，圈足，器身有4个龙形套环耳。腹外饰环带纹两层，纹饰由单凸线组成，简练朴实。上腹内壁铸有铭文5行26字（包括重文2）："齐侯作朕（媵）子仲姜宝盂，其眉寿万年，永保其身，子子孙孙永保用之。"铭文自名为盂而器形为鉴，这对于认识盂与鉴的关系很有启发。铭文字体清瘦秀丽，笔道纤细匀称，堪称书法佳品。

从铭文及出土地点来看，该鉴是齐侯为出嫁给周王的女儿"仲姜"所作。在历史文献中，春秋时期周王曾两次娶齐侯之女为妻，一在公元前603年，周定王娶齐惠公之女（《左传·宣公六年》）；一在公元前558年，周灵王娶齐灵公之女（《左传·襄公十五年》）。该鉴当在此期间制作。

（孙 华）

Zihezi tongfu

子禾子铜釜

战国早期齐国铜制量器。因铭文记述子禾子的命令而得名。1857年出土于山东胶县灵山卫。现藏于上海博物馆。

子禾子铜釜

口径22.3厘米、底径19厘米、通高38.5厘米，容积20460毫升。形如腹部安双耳的圆肩罐。器表有范缝未加打磨，肩腹上刻铭文9行，铭文锈蚀多字，难以通读，大致内容是某某执政之年，子禾子布命陈得：左关使用的釜和鉌的容量分别以仓廪之釜和半升为标准，关人不得自行其事。如关人不听从命令，则要予以惩罚。关于其年代，一种意见认为铭文中的"陈得"即陈璋获方壶铭文中的"陈得"，后者年代在齐宣王五年（公元前314年），该釜年代应与之相近；一种意见认为"子禾子"即"子和子"，是田和为姜齐大夫时的尊称，该釜当是周安王十六年（公元前386年）田和为诸侯前铸造的。从铭文字体等方面分析，前一种意见较为妥当。

根据历史文献，在田氏代齐的过程中，田氏曾革新量制，以便民用。该釜与同时出土的陈纯釜、左关鉌，为研究战国时期容量制度提供了珍贵的实物资料。

（孙 华）

Yanwenhua tongqi

燕文化铜器

春秋中期至战国末期以燕国为主体的考古学文化的铜制器具。出土地域包括河北中北部和北京、天津地区，以及山西东北部的部分地区。在器形、花纹和铭文上都有不同于晋文化铜器的一些特点，与齐文化铜器也有较大差异，是春秋、战国时期中原系统铜器最偏北的组成部分，对北方诸族青铜文化有很大影响。

燕国是周王朝最北面的封国，与戎狄为邻。春秋以降，戎狄来侵，燕与中原的联系常被阻隔，很少参加中原诸国的盟会，"几灭者数矣"（《史记·燕召公世家》）。在与戎狄的长期斗争中和相对比较封闭的环境中，燕国铜器在春秋中期以后逐渐形成了自己的特色与风格。在当时中原诸大国中，齐国是燕国的重要邻邦，关系最为密切。春秋中期，齐桓公曾伐山戎以救燕；战国中期，齐宣公又曾趁燕国内乱之机袭破燕国；故以燕国为主体的燕文化铜器与以齐国为主体的齐文化铜器在中原系铜器中最为相近。燕国的西面和南面先后有代、中山两个华夏化的戎狄国家，两国与燕国有着密切

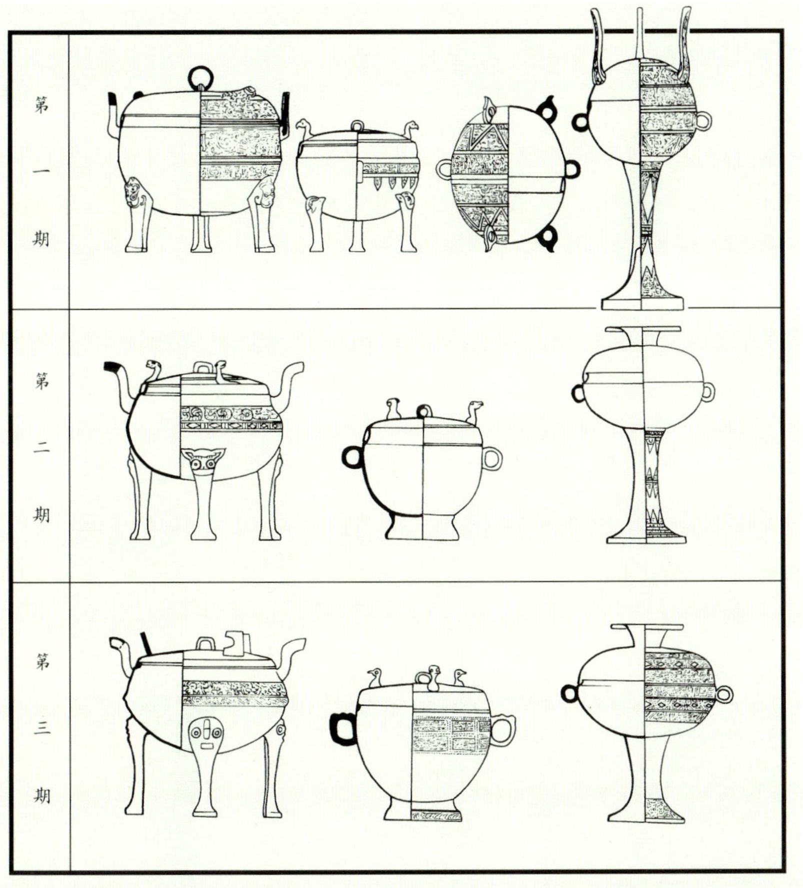

燕文化铜器分期示意图

的关系，铜器风格也颇多相近之处，并有所谓“燕代式铜器”的名称。此外，活动在燕国北境燕山山地一带的戎狄古族，他们的铜器在接受燕国先进工艺的同时，某些装饰作风也给燕国铜器以一定的影响。

● 发现与认识　作为燕文化主体的燕国铜器，传世品以铸有燕国君王名字的兵器最为著名。有铭文的燕国铜礼器见于著录的只有燕侯库豆（《西清古鉴》）、燕侯库簋（《筠清馆金文》）、陈璋伐燕获方壶等数器。考古发掘出土的成组的燕国铜器是1950年河北唐山市贾各庄燕国墓随葬铜器，其礼器数量较多，是已知燕国铜器中最完整的礼器组合。以后在河北易县燕下都、新乐县中同村、三河县双村1号墓和回村1号墓、容城县晾马台，北京怀柔县城北、顺义县龙湾屯、通县中赵甫等燕国墓葬和遗址中还陆续出土一批燕文化铜器，丰富了人们对燕文化铜器的认识。尤其是易县燕下都遗址，历年出土的燕国铜器数量众多，精品纷呈。如1966年在老姆台附近发现的高62厘米的青铜铺首，1967年在东贯城采集的阙形铜饰件，1971年在武阳台出土的有“右府君”铭文的铜象尊，以及该遗址出土的铸有燕国国君称谓等铭文的铜戈、铜矛、铜剑等。这些对认识战国中晚期燕国铜器制作工艺、研究燕君世系和职官制度，以及对燕国铜器进行断代编年，都有着重要价值。另外，1982年江苏盱眙县南窑庄还出土有齐宣王时齐将陈璋伐燕时所获的错金银重金络𦉜。通过对传世及出土的燕国铜器形制、装饰和铭记的分析，燕国及燕文化铜器的基本特征逐渐为人们所认识，一些过去不清楚国别的传世铜器，如襄安君鈚（《尊古斋所见吉金图录》）、王后右酉方壶（《西清古鉴》）、百卌八重金鉀（《陶斋吉金图录》）等，也被辨识为燕器。

● 技术与工艺　迄今在燕文化分布范围内尚未发现春秋早中期的铜器。燕文化铜器的铸造技术和工艺是否如晋文化等文化的铜器一样在春秋早中期之际已摆脱了西周中期后段以来铜器铸造业的衰败守旧风气的影响，尚不得而知。不过，至迟在春秋晚期以后，燕文化铜器的铸造工艺就已呈现出复兴和精进的趋势，一些新技术、新工艺在燕文化分布区内广泛使用，涌现出一批质量精好、造型复杂、花纹细丽的具有清新时代气息的铜器。河北唐山市贾各庄18号墓的鸟首流匜和狩猎纹壶，北京通县中赵甫高柄豆等，年代均在春秋、战国之际，风格已与春秋早期以前的周文化铜器迥然有异，而具有鲜明的燕文化特色。在铸造技术方面，传统的范铸法被进一步改进，制成了一批像老姆台衔环铜铺首、东贯城阙形铜饰件这样器形复杂的器物。特别是后者为一件仅高21.5厘米的铜饰，在立体的阙（或观）的模型上铸接、焊接有圆雕状的人物鸟兽的宴乐场面，反映出燕国工匠的高超造诣。铸造工艺上最突出的进步是运用失蜡法来铸造器形复杂、雕镂繁琐的器物。盱眙县南窑庄重金络𦉜外有用失蜡法铸造的玲珑剔透的网套，壶身还有金银错花纹和镶嵌的绿松石装饰，工艺精湛，风格独特，是春秋、战国楚文化圈以外仅见的失蜡法铜器制品，其年代虽较楚文化失蜡法铜器制品略晚，但工艺水平却毫不逊色。

● 种类与形制　迄今发掘的燕国铜器大多出自较小的墓葬中，器类组合只能代表中、低级贵族的规制，种类也难以全面反映燕国铜器的全貌。已知铜礼器有鼎、甗、簋、豆、鉶、敦、罍、壶、盘、匜、鉴、勺、匕等类，以鼎、豆、鉶或鼎、豆、敦为最基本的器类组合。从燕下都16号墓（中字形大墓，已被盗）仿铜陶礼器来看，高级贵族的礼器组合应为鼎、豆、簠、簋、盨（？）、壶、尊、盉、缶、鉴、盘、匜、编钟等，其中具有显著燕文化特征的铜器有鼎、豆、敦、盘、匜。鼎的附耳高出盖沿且向外折，蹄足高

瘦；豆的柄部细高，其大盘浅腹豆倒置如矮柄豆，小盘深腹豆上立高钮，倒置如铏；敦体呈椭圆卵形，钮小足低，三环钮上（盖）下（器）端仅出小尖尾；盘特征如鼎，盘大足小，两耳高而外折；匜形如鸟，鸟首流加鸟形鋬，造型巧妙，别具一格。已知铜兵器绝大多数属战国时期，主要有戈、矛、剑3类。戈数量最多，皆长胡长援戈，分为胡部有孑刺和无孑刺两类，铭文自名为戈者很少，多自名为鍨、锯、鍨。有的学者认为胡部有刺的戈称鍨（戣），无刺的称锯；有的学者认为可组合为戟的戈称鍨，单装戈称鍨。矛的数量仅及戈的十分之一，有大、小两类，均圆銎、隆脊、双血槽。部分矛也可能是戟的刺部。剑数量最少，铭文除自名为剑外，还有自名“钛”者，皆为平脊、无首的扁茎剑，形态较为原始。

● 装饰与铭文　装饰比较丰富多彩，从工艺上看，有铸纹、刻纹，亦采用红铜错、金银错和镶嵌玉石等手法；从表现形式上看，既有立体圆雕状和浮雕状纹样，也有浅浮雕状和阴线状纹样；从纹样种类上看，既保留西周时期周文化铜器的夔龙纹、波带纹、垂叶纹等传统纹样，又流行春秋、战国时期中原系铜器的蟠螭纹、蟠虺纹、菱形纹、绹索纹、三角云纹、勾连雷纹等时尚纹类。嵌错的狩猎纹也较常见，具有燕文化特色的铜器装饰主要是：①在器盖上特别喜欢采用鸟、蛇等动物的立体形象为钮；②流行较为写实但在布局上又有图案装饰意味的线状动物纹样，其中鸟纹占有相当大的比例。

燕文化铜器的铭文也很有特色。燕的国名在西周金文中写作“匽”，战国金文则写作“郾”。铭文纪年一般用国君在位年数，这与晋文化相同；但在年后又多记月数，这在晋文化铜器中较为少见。铭文中的“年”字写作上“禾”下“土”，意思与“容”字写作“[illegible]”相当，这均与其他文化的铜器铭文有别。战国时期燕文化铜容器与中原晋文化等一样，也多记容量，其容量单位则为燕国特有的“觳、鈃”。战国铜兵器铭文多有燕国君王的名字，他们是郾侯筐、郾侯载、郾侯脮、郾侯（王）职、郾侯（王）戎人、郾王詈、郾王喜，除燕成侯载、燕昭王职和末代燕王喜之名见于文献记载外，其余燕君名字均失载。据文献记载，并结合燕国兵器的形制演变与铭文辞例的考察，一些学者对《史记·燕召公世家》所记的燕君世系与铜器铭文所记燕君名字的关系进行排比，认为郾侯筐为僖侯，脮为易王，戎人为惠王，詈为武成王。这不仅有利于燕史研究，对于燕国铜器的分期断代也大有裨益。

参考书目

杜廼松：《论东周燕国青铜器》，《文物春秋》1994年2期。

石永士：《燕王兵器研究》，《中国考古学年会第四次年会论文集》，文物出版社，1983。

黄盛璋：《战国燕国铜器铭刻新考》，《内蒙古师大学报》（哲学社科版）1983年3期。

（孙　华）

Zhongzhaofu gaobing tonggaidou

中赵甫高柄铜盖豆

战国早期燕国铜制食器。1981年出土于北京市通县中赵甫村西的战国早期墓中。现藏于首都博物馆。

腹径18厘米、底径14厘米、通高50.2厘米。盖、盘均呈半球状，盘子口承盖，盖、盘相合如球状。盖有3只立羽状耳，倒置后可作3足。盘两侧各有一环形钮为鋬，高柄圈足。通体装饰纹样，盖耳及盘鋬饰斜角云纹，盖顶中央饰圆涡纹，向下至口依次为绹索纹、三角纹、蟠虺纹；盘口以下分别为蟠虺纹和三角纹；柄部饰连贝纹、绹索纹、蝉纹的组合纹饰，圈足饰变形夔纹。所有纹饰均衬以云雷纹，层次丰富，整体华丽，不失为燕国铜器中的精品。

春秋初期，燕国与中原交往尚不密切，春秋晚期以后方较频繁。这种交往具体反映在铜器中，即出现了有浓厚晋式青铜器器形及纹饰风格的铜鼎等，但燕国青铜器有自己强烈的地区色彩，如三鸟首或曲尺形钮盖的鼓腹鼎、高柄带盖豆，盖上或施抓手或置三长蹄形钮。三长蹄形钮盖豆并非仅见于青铜器，还见于陶器，可见其特殊性与普遍性。

（吉琨璋）

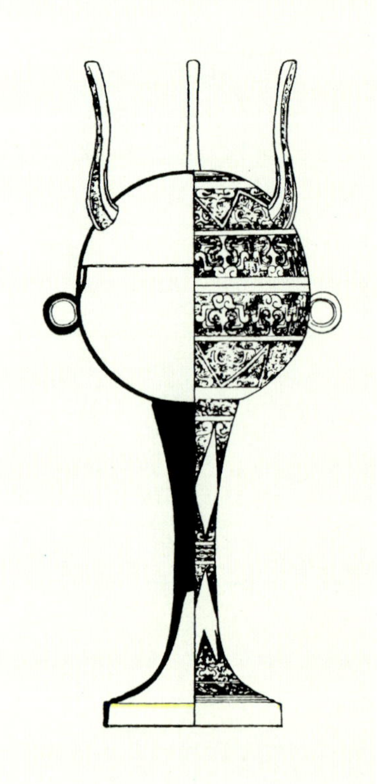

中赵甫高柄铜盖豆

Nanyaozhuang zhongjin luoling

南窑庄重金络𬭚

战国中期燕国铜制盛酒器。因上有“重金络𬭚”的自铭而得名。1982年发现于江苏盱眙县穆店公社南窑庄一圆形窖穴中。现藏于南京博物院。

口径12.8厘米、足径13.8厘米、通高24厘米。形如一带圈足的圆壶，造型极其精致复杂。由内外3层构成：最外层是套在肩下的一圈横箍，其上设相间的衔环铺首和虎形竖耳各4个，箍带、铺首和竖耳上有细如发丝的错金银流水云纹，兽头上尚嵌有绿松石（已脱落）；中层是套在𬭚肩腹部的网络，网络由96条蟠龙和576枚五瓣花钉组成，给人以镂空透雕的感觉；内层是𨱆体，侈口，长颈，圆肩，圈足。口内沿和圈足内外缘皆刻有铭文。口沿铭文为制作时所刻，格式及字体为燕国风格，铭文为“廿五，重金𦁤（络）[illegible]（𨱆，或释壶、𨱦）受一䛇（觳）五𦁉。”意思是这件编号为25的“重金络𨱆”容量为一觳五升。圈足内缘可能为作器者的名字，已被錾凿，难以辨识。外缘刻铭与传世的陈璋方壶铭基本相同，记载它是齐王五年，也就是陈得当政的那年初冬，为齐国大将陈璋攻伐燕国所获。据考证，陈璋伐燕的齐王五年，即齐宣王五年（公元前315年），故该器属于战国中期或早期燕国的宝器。

南窑庄重金络𨱆

该𨱆造型复杂，工艺精湛。器身与络套分别采用不同的铸造方法，装饰手法既有错金银和刻镂，也有镶嵌松石，几乎集中当时所有的铜器工艺技术。铭文还记录战国时期齐伐燕的重大历史事件，堪称一件具有重大历史和艺术价值的铜器珍品。（孙 华）

Jiagezhuang niaoshouliu tongyi

贾各庄鸟首流铜匜

战国早期燕文化的铜制水器。1952年由中国科学院考古研究所在河北唐山市贾各庄西战国墓地18号墓中发掘出土。现藏于中国历史博物馆。

通长22.9厘米、通高16厘米。平面呈椭圆形，前有鸟首形流，鸟首的尖喙倾水时可开启，后有鸟首向后伸出的鋬。口前端略高起，短束颈，圆腹环底，腹下有3条兽首细蹄足。鸟首流刻划细致，眼、喙、毛、羽均详加表现，身则只在口部施绹索纹，上腹施羽鳞纹。器内底饰并列前飞的双鸟纹。其纹饰与造型内容统一，简繁得体，是春秋、战国时期铜匜的佳作。

贾各庄鸟首流铜匜

匜为水器，造型通常为兽首流、兽首鋬，足也往往低矮。但该匜以鸟为造型，故足瘦高，纹饰也不用水族动物而用飞禽，具有浓厚的燕赵地方风格。（孙 华）

Dongguanyingzi Yanwang Zhi tongge

东官营子燕王职铜戈

战国中期偏晚阶段燕国铜制兵器。因由燕王职主作而得名。1967年发现于辽宁北票县东官营子。现藏于辽宁省博物馆。

东官营子燕王职铜戈

全长27厘米、援长18厘米。长援昂起，中脊两侧起血槽，刃缘明显；长胡三穿，刃缘有二棘刺，上下有阑；直内尾端下阙，中有一穿，内上有浅刻的虎纹。胡上有铭文7字：“郾（燕）王职作御司马。”御司马为燕国官名。从其他燕王职作御司马戈的铭文看，其铭文中的“马”字下当还有一“癸”字。燕王职一般认为是燕昭王（公元前311年～公元前279年），也有的学者认为是燕昭王前的一代燕王（公元前313年～公元前312年）。

传世和出土的燕王职铜戈约有35件，其官名、器名有所不同。该戈在燕王职铜戈中属于铸造精好的一类，它出自辽宁地区，很可能是战国晚期燕国经营辽东时的遗物。

参考书目

张振泽：《燕王职戈考释》，《考古》1973年4期。

（孙 华）

Laomutai xianhuan tongpushou

老姆台衔环铜铺首

战国晚期燕国铜制建筑饰件。1966年由河北易县燕下都遗址内的练台大队第五生产队农民在挖土时发现。现藏于河北省文物研究所。

老姆台衔环铜铺首

环径29厘米、通高62厘米，重21.5千克。兽面巨目棘鼻、尖角尖齿，其上以正视的攫蛇雄鹰为额，相对的凤鸟为嘴，两条巨龙由下而上，盘踞兽面两侧。兽面下为截面呈八角形的半环钮，内套一环，环面以相对的龙纹为饰。铺首的铸造

运用多种复杂的成型工艺，造型严谨，动物形象生动，给人以浮雕和透空的效果，精细异常。

该铺首本为建筑上的铜饰件，却如此宏伟精美，足以反映出燕国铜器工匠高超的铸造技艺和燕国统治者宫室庙堂的豪华奢侈。

（孙 华）

Dongguancheng quexing tongshijian

东贯城阙形铜饰件

战国时期燕国铜制饰件。1967年由河北省文化局文物工作队在易县燕下都遗址中的东贯城村采集。现藏于河北省文物研究所。

东贯城阙形铜饰件

边长2.6厘米、通高21.5厘米。平面呈方形，身如方柱形，以栏杆分为3层，下层四面均饰相对的几何图案，中层和上层铸浮雕状的人物和动物。其上为至角出头的枋和平座，座的四面各伸出一根八角形拱，拱头各栖一鸟。座上有单间方形小屋一间，屋作单檐盝顶，顶上有后部相连的鸟形中墩花样，四脊上各有一龙。屋内中有一人坐于矮几上，其前有鼎，鼎旁一人正在揭去鼎盖，两旁各跪一人在演奏乐曲。

该饰件的下端有孔，四周还有圆穿，原可能是插在某种木器上的饰件。其造型刻意模仿当时城阙或楼观形象，对研究战国时期木构高层建筑和当时的社会生活有着重要的价值。

（孙 华）

Beifang Diqu Chunqiu-Zhanguo tongqi

北方地区春秋战国铜器

春秋中期至战国晚期中国北方诸文化及文化类型的铜制器具。地域范围大致从东面的燕山山地起，向西沿长城走向，直至甘肃河西走廊的东部，涵盖内蒙古东南部、河北及北京北部、辽宁西南部、宁夏、陕西北部和甘肃东部这一广阔地区。春秋、战国时期，是这一地区铜器最为繁盛的阶段，无论在铜器的分布范围和种类上，还是在铜器的自身风格和文化特征上，都远远超越以前各阶段，是与同时期中原系铜器并列的中国最重要的铜器系统。所谓“绥远式青铜器”和“鄂尔多斯青铜器”实际上均主要指这一时期的北方系铜器。

● **文化背景** 北方系铜器在春秋、战国时期脱颖而出，有着深刻的历史文化背景。商代后期以后，伴随着自然环境的恶化，北方地区人们的经济生活也从农业经济逐渐向半农半牧经济和畜牧经济蜕变。一些逐水草而居的游牧部落开始驰骋在这片辽阔的荒原上，并不时将自己的活动舞台扩展向南面的中原农业区。西周时期的獫狁曾给周王朝构成严重的边患，组织中原各国平息这些边患是周王室的重要职责之一，《诗经》及西周铜器铭文中就有不少篇章记述了周王朝及其属国与獫狁的战事。周平王东迁以后，周王室失去了号令诸侯国的能力，活动在北方的一些古族趁机发展起来。这些强大的古族在号令其他北方古族的同时，将自己的一些文化特质也传布到北方广大地区。北方地区普遍发现的春秋、战国时期的双环首直刃铜短剑，相同构造的铜带头和带鐍，造型和纹饰相近的联珠饰、管状饰、云目饰，以及大量动物造型的饰件等，就是这一历史文化背景的具体反映。

● **区域特征** 春秋、战国时期北方地区的铜器铸造工艺比以前有了较大提高。铜器中立体造型的动物饰件、镂空的带饰等，都具有较高的工艺水准和很高的艺术价值。特别是在内蒙古中南部、宁夏固原地区和甘肃庆阳地区等中心地带出土的铜器，表面往往呈现白色光泽，分析研究表明，它们都经过了表面镀锡处理。经过镀锡处理的铜器不易生锈，既能减缓铜器的腐蚀，提高使用寿命，又能使铜器较长时间保持银白色光泽，增强铜器的美观。这不仅是这时期北方地区技术上的一项成就，也是该地区铜器的显著特征之一。

春秋、战国时期北方地区铜器仍然基本上以小件铜器为主，少见大件容器。种类主要有随身佩带的兵器和工具，以及作为约束革带的带具和饰件。分布广、特色鲜明的典型兵器和工具有环首直刃短剑、弧背刀、锥筒等；典型带具和饰件有虎形和环形带鐍，云形、管状、兔首形和连珠形带饰，各种动物造型的饰件和断面呈圆形的小铃等；此外还有外端形如圆环形带鐍的铜马衔。环首直刃短剑有双环首和单环首两类，也有介于二者之间的环首短剑，是北方地区男子普遍佩带的兵器和工具；锥筒是一种两头敞开的长空筒，用来盛装铜锥，断面或呈矩形或呈方形或呈圆形；虎形带头是一种造型似虎或虎噬鹿（羊）的铜板，多成双成对出土于死者腰前，是当时北方地区革带带头的一种装饰及括束铜器；环形带鐍是一侧带钮的有尖舌的圆环，革带的一端固定在钮上，另一端可从环中穿过，折转后将带鐍的舌从带孔插入。这与同时期中原地区的带钩明显有异。

● **分期断代** 北方铜器在商代晚期形成自己独特的文化特色后，经历西周中期以后一段时间的相对衰落，到春秋、战国时期又走向兴盛，形成了独具北方草原风格的文化风格。对于这个新风格的出现和形成时间，目前还缺少足够的材料来确定，不过，从北京延庆县3处玉皇庙遗存墓葬的年代上限已经到了春秋中期来看，其形成年代应当不会迟于春秋中期。至于其年代下限，各地区该系铜器风格的消亡时间不尽相同，燕山、军都山地区从战国中期开始就逐渐融汇于燕文化中，而内蒙古中南部却一直延续到战国晚期。在这450年左右的时间里，北方地区铜器大致经历了3个发展阶段。

早期：约当春秋中期。这时北方系铜器风格刚刚形成，整体文化特征尚不确定，分布范围有限，仅有玉皇庙遗存早期铜器等为数不多的标本。北方系铜器种类还不多，仅有戎釜、直刃短剑、连珠带饰、兔形带饰等几种。直刃短剑的剑首呈比较写实的双鸟头相对的形状。

中期：约相当于春秋晚期及战国早期。这时北方系铜器走向繁盛阶段，玉皇庙遗存、毛庆沟遗存、杨郎遗存均已发展起来。铜器出土地点和出土数量增加，具有自身特色的铜器种类和形制都相当丰富。直刃短剑、弧背刀、锥筒、虎形带头、环形带鐍，云形、管状、兔首形和连珠形带饰等典型器物分布颇为广泛。直刃短剑均为双环首或近似双环首，环形带鐍环较圆且钮较小。

晚期：约相当于战国中期至晚期。为北方系铜器走向衰落的时期，也是匈奴文化开始萌生的时期。北方地区东部的玉皇庙遗存在此时逐渐融汇于燕文化中，西部的毛庆沟和杨郎遗存虽继续存在，但铁器已比较普遍地使用，锥管、虎形带头、管形带饰等一些典型铜器已经消失。直刃短剑剑首已经变成单环首，环形带鐍的钮变大、环变扁，作立体动物造型的器物增多。

● **区域类型** 春秋、战国时期北方地区铜器分布范围十分广阔，除延伸至甘青地区的沙井文化（严格地说，沙井文化也应属于北方青铜文化系统的范畴），以及兼具北方系和东北系铜器特征的辽西青铜文化外，可根据其文化传统和铜器异同分为东、西两个小区。东区铜器即分布于燕山、军都山一带的玉皇庙遗存的铜器，西区铜器则包括分布于内蒙古中南部的毛庆沟遗存和分布在宁夏及甘肃平凉一带的杨郎遗存的铜器。

北方东区铜器以北京延庆县玉皇庙、河北滦平县炮台山、张家口市宣化区小白阳村墓葬铜器为代表。受中原系铜器尤其是燕文化铜器影响较深，铜器群中常有中原系铜容器存在，但以北方系共有的铜器如环首直刃短剑、虎形带头、环形带鐍、连珠带饰等占主导地位。环首直刃短剑以各种形体的双环首为主，弧背刀柄一般作环首，动物造型的立体饰件较少。

北方西区铜器以内蒙古凉城县毛庆沟、杭锦旗桃红巴拉、准格尔旗西沟畔墓地铜器为代表。基本上不见中原系铜容器，戈等中原铜兵器也较为少见。除环首直刃短剑、虎形带头、环形带鐍、连珠饰等外，还有较多的云形带饰、兽首带饰、兔形带饰及各种动物造型的立体饰件。环首直刃短剑以近似单环首者居多，弧背刀柄端多为一穿孔弧背刀、锥筒等；典型带具和饰件有虎形和环形带鐍，云形、管状、兔首形和连珠形带饰，各种动物造型的饰件和断面为圆形的小铃等，鹤嘴锄仅见于这一地区。

● **研究状况** 春秋、战国时期北方系铜器具有不同于中原系铜器的强烈的草原文化色彩，很早就引起学术界的注意。1935年，日本的水野清一和江上波夫在其《内蒙古·长城地带》（《东方考古学丛刊》乙种第一册，1935）一书中就已收集著录了一批这时期的北方系铜器，并提出“绥远式铜器”的名称。他们认为，中国春秋、战国时期的北方系铜器的年代上限约在公元前500年前后，其来源是黑海沿岸的斯基泰。以后，前苏联多位学者在他们的论著中也涉及到春秋、战国时期的北方系铜器，他们多就动物造型带饰的形态、纹饰风格及其来源问题进行推测，在关于包括中国北方在内的动物纹样（野兽纹）起源的问题上，他们的观点多与水野清一等相近，即这种纹样风格的创造者是黑海沿岸地区和亚洲中部草原的居民——斯基泰人。1980年以来，随着北方地区春秋、战国时期文化面貌的逐渐清晰，以及北方周邻地区文化谱系的建立，为研究这一时期北方系铜器奠定了坚实的基础。田广金等学者对北方系铜器作了比较全面的研究，使人们对其年代分期、区域类型及其族属和渊源等问题的认识有了长足的进展。田广金等认为北方系铜器源于中国北方鄂尔多斯及其附近地区，这从商及西周北方系铜器风格的形成地域来说，无疑是正确的；但从虎形带头、连珠带饰、兔首带饰等一些典型器类最先在北方地区东端的夏家店上层文化中出现的事实，以及春秋、战国北方青铜文化系统3个主要文化中以东部的玉皇庙遗存年代最早的情况分析，春秋战国时期新北方系铜器应当产生于北方地区东部，由东向西并向北逐渐扩展。

参考书目

田广金、郭素新：《鄂尔多斯青铜器》，文物出版社，1986。

A.П.奥克拉德尼科夫(前苏联)：《西伯利亚考古学——昨天、今天和明天》，《苏联历史问题》1968年5期。

（孙　华）

Maoqinggou yicun tongqi

毛庆沟遗存铜器

春秋、战国时期分布于内蒙古中南部一带青铜文化的铜制器具。其地域包括北至阴山、南入毛乌素沙漠、东近大马群山、西到狼山的广大地区，主要指河套地区、鄂尔多斯高原及北京、河北的北部山地的青铜文化的铜器。这种文化遗存尚无通行的考古学文化命名，有的学者建议命名为“桃红巴拉文化”，有的学者将其称作“毛庆沟类型”。

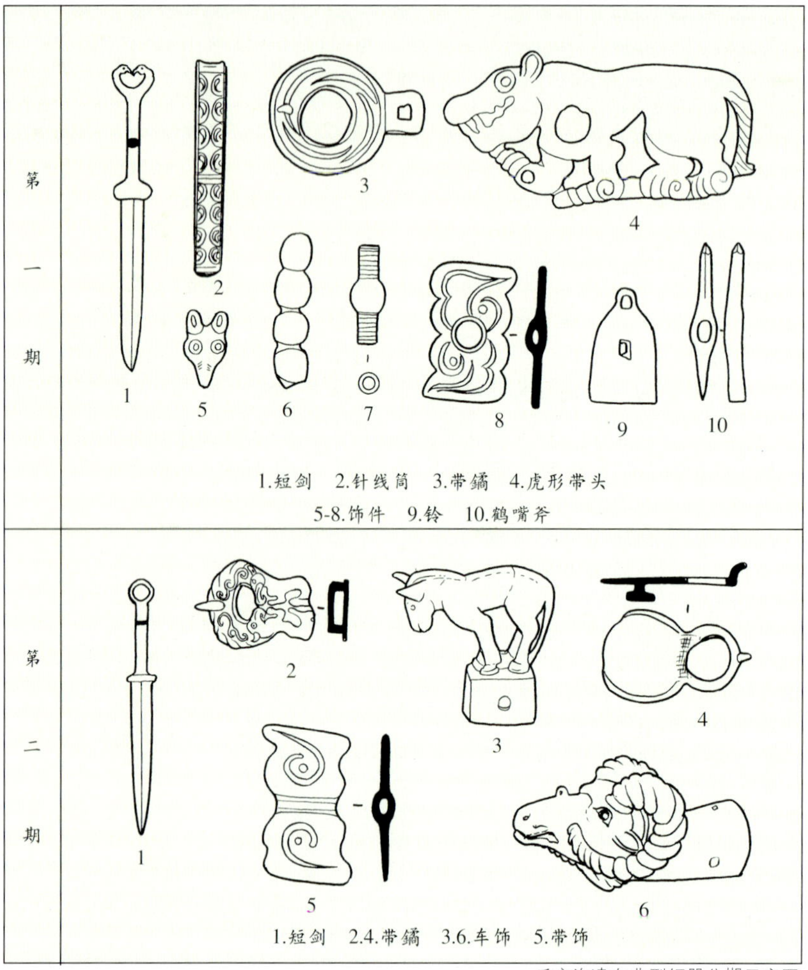

毛庆沟遗存典型铜器分期示意图

在这种遗存与马庄遗存和玉皇庙遗存的关系确定以前，这里暂时先将其典型遗址——内蒙古凉城县毛庆沟遗址命名为毛庆沟遗存。它是春秋、战国时期北方地区青铜文化系统的主体，其铜器对以后这一地区兴起的匈奴文化铜器有着重要影响。

● **发现与认识** 毛庆沟遗存分布区是所谓“绥远式”或“鄂尔多斯式”青铜器的中心，早在20世纪30年代就已引起学术界的注意。日本学者江上波夫和水野清一的《内蒙古·长城地带》(《东方考古学丛刊》乙种第一册，1935）一书就已对包括这类遗存铜器在内的铜器进行了著录和研究。1958年和1960年，在内蒙古和林格尔县范家窑子和土默特右旗的水涧沟门分别出土了一批包括铜短剑、刀、带饰在内的铜器，被认为可能属于战国时期匈奴的遗存。20世纪70年代以后，随着一系列考古发掘获取的铜器材料的公布，其基本面貌和文化背景才逐渐清楚。1973年，在杭锦旗阿门其日格公社桃红巴拉村发掘墓葬6座，另在其附近的公苏壕发掘墓葬1座，均出土有典型的春秋、战国时期北方系铜器。1979年在乌拉特中后联合旗杭盖戈壁公社呼鲁斯太大队发现的3座墓葬中也出土有短剑、鹤嘴斧、球管带饰、立鹿饰等铜器。不过，真正比较全面地对该遗存及其铜器进行研究还是在1979年凉城县永兴公社毛庆沟村墓地发掘以后。在毛庆沟墓地共发掘79座墓葬，出土铜器较为丰富，使人们对其种类组合、形态特征、年代分期、与周邻文化铜器的关系等问题有了较全面的了解。

● **种类与形制** 全为兵器、工具、饰件和车马器，饮食用具仅有征集获得的形态较早的戎釜和一些铜勺。一般男性墓主的墓葬均随葬有一组兵器和带饰等，个别有铜斧等工具。女性墓主的墓葬随葬有工具和带饰等铜器，无兵器，工具一般也均为铜锥管及铜锥。规格稍高、随葬铜器较多的墓葬还有车马器。兵器主要是短剑和镞，鹤嘴斧也较常见，另有很少的中原系铜戈和铜矛。工具有斧、刀削、锥及锥筒等，其中尤以削刀和锥筒数量最多，最具特色。饰件包括带鐍、带头、带钩、觿、铃及带饰，带饰多动物造型或装饰动物纹样，其数量和种类最多，也最引人注目。车马器有軎、衔、镳、当卢、节约等，与中原青铜文化系统基本相同。

铜器形态总的说来属于典型的春秋、战国时期北方系铜器风格。剑均为直刃有格扁茎环首短剑，剑首以双鸟头相对或相背形成的单环或双环为主，也有个别的采用双鹿相背等形制。刀有刀背外弧、刀锋下垂和刀背内曲、刀锋上翘两类，刀柄后端或穿孔或环首，其中以穿孔弧背刀最为常见。斧除特点鲜明的鹤嘴斧外，主要为长方銎的直边窄刃斧，另有个别的圆銎弧边阔刃斧，当为北来的文化因素。饰件中的带头、带鐍和各种造型的带饰是该遗存最具流行的铜器种类（见毛庆沟遗存铜带具)，其中连珠饰、兽首饰、花朵饰、云形饰等带饰均在该遗存墓葬中有所出土。觿似锥而短，首部有兽首、花朵或铃形装饰，并有环可以拴系在衣带上，据推测是用来解带结的挑针。铃有两种，即平面呈菱形等、立面呈人字形的及平面为圆形、立面为齐口圜顶的。

● **分期与族属** 毛庆沟遗存的代表性遗址——毛庆沟遗址的墓葬已经被分为具有先后关系的4组。基于此，可将毛庆沟遗存铜器分为两期：

第一期：春秋晚期至战国中期。器具基本上皆为铜制，不见或罕见铁制品。铜器器类组合为短剑、削刀、带头（或带鐍)、带饰、锥管和铃。短剑一般为各种形态的双环首

剑，带头一般作卧虎形，带鐍为圆环加小钮，带饰以云形饰、连珠饰等最为常见。

第二期：战国中期偏晚及战国晚期。铁器使用逐渐广泛，许多短剑和带头已为铁制品所取代。铜器器类减少，虎形铜带头、锥管、铜铃基本不见，带鐍变成椭圆环大钮或小环加圆牌形钮，新出现各种立体动物造型的饰件。秦至东汉时期匈奴文化的因素在此期已经出现。

据文献记载，毛庆沟遗存的分布区应属白狄族系活动的区域。《国语·齐语》载："（齐桓公）西征攘白狄之地，至于西河。"《史记·匈奴列传》称："晋北有林胡、楼烦之戎。"《史记·赵世家》又说："（赵武灵王）西遇楼烦王于西河而致其兵。"可见战国时期林胡、楼烦的活动地域与春秋时期白狄的活动地域相合。毛庆沟遗存铜器应当属于林胡和楼烦，也就是春秋时期白狄的遗物。

参考书目

田广金、郭素新：《鄂尔多斯青铜器》，文物出版社，1986。

（孙 华）

Maoqinggou yicun zhiren huanshou tongduanjian

毛庆沟遗存直刃环首铜短剑

春秋中期至战国晚期分布于内蒙古中南部一带以内蒙古凉城县毛庆沟遗址为代表的考古学文化的近距离击刺用的铜制兵器兼工具。有"触角式剑"（包括"变形触角式剑"）、"直柄直刃短剑"等不同名称。其剑首并非模仿动物的触角，而是为两个相向动物的头首弯曲成的双环，称"触角式剑"有名不达义之嫌；剑首也有不同的形状，除相对的双鸟首、抽象简化鸟首而成的双环首、尖桃形首外，还有少量单环首和其他形态的剑首。因此，将这类短剑作为直刃环首短剑中的一种应当更准确一些。

其均为双刃平行至前部收聚成锋的短剑身，剑身中有折脊或凸脊。剑格略宽于剑身，可分横直格、人字格、对兽格（包括相对的兽首、鸟首）、桃形格等多种形态。剑茎多呈扁平的窄长方形，茎两面或有一两道纵向的凹槽，并铸有人字纹、折线纹、斜格纹、野兽纹等几何纹样。剑首部分最具特色，既有较写实的相对的双鹰首、相背的双羊组成的双环状剑首，颈部相连双鸟首构成的单环剑首，也有比较抽象的对卷云形或漩涡形双环剑首，圆形、扁圆形或尖桃形的单环剑首。短剑多插在悬挂于腰带左下侧（少数位于右下侧）的剑鞘内，剑鞘可能为皮革之类，不用铜饰。

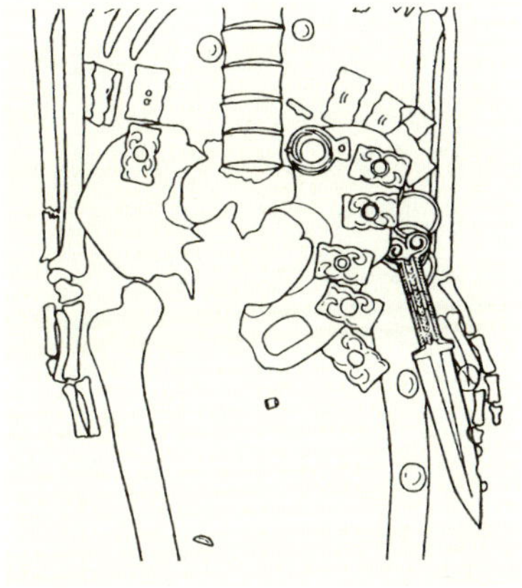

短剑佩带位置

出土地点散布很广，东起辽宁西部，西至甘肃东北部，出土数量最多的地点则集中在内蒙古中南部、河北北部和北京北部，以及宁夏南部。这些直刃短剑以内蒙古凉城县毛庆沟墓地第一期墓葬所出者形态较为古朴，如毛庆沟双鹰首铜短剑，年代为春秋晚期；稍后者如毛庆沟遗址第二期墓葬的毛庆沟假双环首直刃铜短剑，年代为战国早期；较晚的如毛庆沟遗址第三期墓葬的55号墓铜短剑，年代已在战国中期甚至更晚。其演变规律为：剑首从写实的鸟形双环首到较抽象的卷云状双环首或尖桃形首，再到简单的单环首；剑茎由多带凹槽的宽茎到无凹槽的窄茎；剑格由多样化的形式逐渐简化成为一字格和人字格两种形式。其总的发展趋势是越来越简易，越来越失去该遗存铜直刃短剑的特色。到战国中晚期，已逐渐为铁短剑所取代。

毛庆沟遗存短剑来源尚不十分明确。从毛庆沟遗存的年代上限晚于东面的玉皇庙遗存来看，其直接来源很可能是玉皇庙遗存的铜短剑。其早期铜短剑多带凹槽（有的凹槽还透空），这与西周时期分布于北京和河北北部、辽宁西部的张家园文化和夏家店上层文化的直柄直刃剑的剑茎情况类似。故可推测张家园文化和夏家店上层文化的直柄直刃剑应首先发展成为当地玉皇庙遗存的直刃铜短剑，再由玉皇庙遗存传布到毛庆沟遗存中。

参考书目

乌恩：《关于中国北方的青铜短剑》，《考古》1978年5期。

高浜秀（日）：《鄂尔多斯青铜短剑的型式分类》，《东京国立博物馆记要》第十八号，1983。

田广金、郭素新：《鄂尔多斯青铜器》，文物出版社，1986。

（孙 华）

Maoqinggou shuangyingshou tongduanjian

毛庆沟双鹰首铜短剑

毛庆沟双鹰首铜短剑

春秋晚期毛庆沟遗存的铜制兵器兼工具。1979年由内蒙古自治区文物工作队在凉城县永兴公社毛庆沟59号墓中发掘出土。现藏于内蒙古自治区博物馆。

全长27.3厘米、剑身长17.1厘米。剑身中脊凸起，两刃平行，前部渐收成锋；剑格作人字形，比剑身略宽，剑茎截面近似菱形，前有人

字形箍，箍中设一圆穿，柄中央起脊；剑首为写实性的两个相对的鹰首，鹰目圆睁，双喙下勾形成剑首的双环。

该剑的制作和保存均较好，特别是剑首双鹰首的刻制细致传神，是同类短剑中的上品。对于了解所谓“触角式”剑首的渊源和演变有着一定的意义。 （孙 华）

Maoqinggou jiashuanghuanshou zhiren tongduanjian

毛庆沟假双环首直刃铜短剑

战国早期毛庆沟遗存的铜制兵器兼工具。1979年由内蒙古自治区文物工作队在凉城县永兴公社毛庆沟60号墓中发掘出土。现藏于内蒙古自治区博物馆。

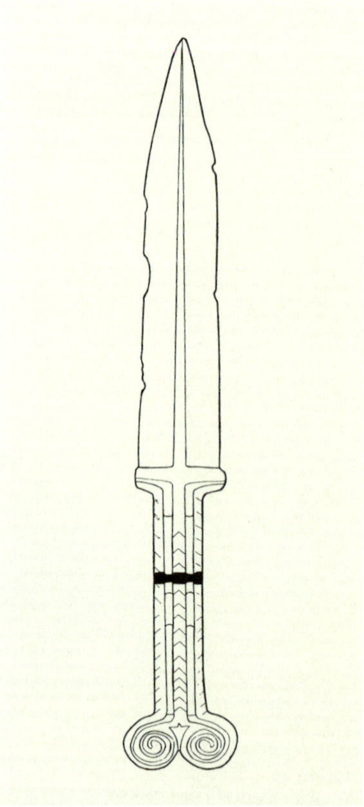

毛庆沟假双环首直刃铜短剑

全长26.6厘米、剑身长15.6厘米。剑身中有凸起的剑脊与剑格相连，两刃平行，前部收聚成锋；剑格较剑身略宽，垂直于剑身；剑茎作扁平的长条形，茎上有2道透空的凹槽，两槽之间饰折线纹，两侧饰斜线纹；剑首作2个向内卷曲的漩涡形环，可能是相对鸟首的简化和抽象。

该剑与悬挂它的革制铜带具出于墓主人腰部，位置清楚，为了解这种短剑的悬挂方式及其与革带的关系提供了佐证。其剑脊、剑格与茎脊相连呈十字形，用料省而强度大，造型简洁实用。

（孙 华）

Maoqinggou yicun hezui tongfu

毛庆沟遗存鹤嘴铜斧

春秋、战国时期以内蒙古凉城县毛庆沟遗址为代表的考古学文化的铜制兵器兼工具。形态有如鹤嘴，是毛庆沟遗存最富特色的铜器之一。

整体形状与现代仍在使用的十字镐头近似，中部有鼓起的圆形或椭圆形銎，可以安装圆形或椭圆形木柄。斧身作长条形，一端有较宽的刃部，是名副其实的斧；另一端刃部较窄，有的还作尖锥状。除可以用作砍伐树木的斧斤外，还应当与现代的十字镐一样，可作为挖土的工具。

铜斧在内蒙古凉城县毛庆沟、杭锦旗桃红巴拉、伊金霍洛旗公苏壕、准格儿旗玉隆太等墓地或墓葬中都有出土，另在宁夏固原县马庄、于家庄等墓地中也有发现。是分布于内蒙古高原中南部毛庆沟遗存和黄土高原的马庄遗存共有的铜器，以前者为最多。出土鹤嘴斧的墓葬墓主人一般为男性，出土时多位于死者头部右侧，也有的放在其他部位。桃红巴拉1号墓鹤嘴铜斧出土时还有尚未完全朽烂的木柄穿插在斧銎中。从其出土位置来看，很可能原有较长的木柄。

年代最早的鹤嘴铜斧见于分布在内蒙古东南部和辽宁西部的夏家店上层文化中，如春秋早期的内蒙古宁城县南山根101号墓中就出土有方銎的鹤嘴铜斧。毛庆沟遗存鹤嘴铜斧出现于春秋中晚期，流行于战国早中期，它的来源可能与先前的夏家店上层文化的影响有关。春秋晚期至战国中期，鹤嘴铜斧的形态变化是由较短的椭圆形銎到圆形銎，斧身由较窄长到较宽短，刃部也由窄变宽。战国中期以后，鹤嘴铜斧逐渐被鹤嘴铁斧所取代。

（孙 华）

Maoqinggou yicun tongdaiju

毛庆沟遗存铜带具

春秋、战国时期以内蒙古凉城县毛庆沟遗址为代表的分布于内蒙古东南部的考古学文化的革带上的铜制括束用具及饰件。是毛庆沟遗存等这一时期北方地区共有的铜器器类，具有强烈的草原文化气息和鲜明的时代特色。

主要用于系在人腰间的革带上，根据功用和形态的不同，可以大致分为带头、带鐍及带饰等3种。

● **铜带头** 指固定于革带两头以方便束结，并起一定装饰作用的带具。只在少数墓葬中出土。一般作较大的立虎或卧虎形，造型有较写实和较抽象两类，前者出现较早，后者年代可能稍晚。它或单独或成对位于死者腰间中部。单独的铜带头虎身前部有较大的圆穿，一端固定在虎形带头后部的革带从人腰后绕过，另一端穿过虎形带头前部的圆穿，反转系结在带头前的革带上。成对的铜带头出土时均为二虎相对之形，虎身上有数个小圆孔，可能原来曾固定在革带两端，铜带头间以较细的革带系结。

● **铜带鐍** 指固定在革带一头顶端的括结部件，其功用有如中原系铜器的带钩，但形态完全不同。东汉许慎《说文解字·角部》称：“觼，环之有舌者……鐍，觼或从金、矞。”可分两种类型：一类作环钮相连形，环的一侧有凸起的齿状舌，另一侧有长方形或梯形小钮可以固定革带，如毛庆沟59号墓铜带鐍。另一类呈环圆相连形，环的一侧有凸起的齿状舌可插入革带的孔中，另一侧则为一块较大的圆板，圆板的后部有菌状钮可以将带鐍固定在革带上，如毛庆沟11号墓铜带鐍。前一类型至迟在春秋晚期就已经产生，一直延续使用至战国晚期，在形态上具有从圆环加小钮到椭圆环加大钮的发展演变规律；后一类型带有中原系铜带钩的某些特征，年代较晚，仅流行于战国中晚期。这两类铜带鐍的使用方式都是固定在革带头端，革带尾端从下至上穿过圆环，再折转将革带的穿孔套在圆环的齿状舌上。这与铜带钩的使用方式有所不同。

● **铜带饰** 指革带上穿带的装饰性铜饰件，位置和功用有如后世的带銙。形态纷繁，有双龙形、云目形、连珠形、兔首形、兽首形、花朵形和简单的圆泡形等多种样式，背面皆有小钮。一般一条革带只用一种铜带饰，以云目形最为多见。这种云目形饰实际上是双龙形饰的简化和抽象，很可能是周文化双龙形玉项饰的仿制品。这些铜带饰到战国晚期基本趋于消失。

毛庆沟遗存较晚阶段的带具中出现有一些中原系铜带钩和铁带具，以及一些长方形黄金带头，这说明战国中晚期包括毛庆沟遗存在内的北方系铜带具已经受到南北外来文化因素的影响。新的带头和带扣即将产生。

参考书目

乌恩：《中国北方青铜透雕带饰》，《考古学报》1983年1期。

（孙　华）

Maoqinggou huxing tongdaitou

毛庆沟虎形铜带头

战国早期毛庆沟遗存革带用的铜制括结器具。1979年由内蒙古自治区文物工作队在凉城县永兴公社毛庆沟55号墓中发掘出土。现藏于内蒙古自治区博物馆。

全长10.3厘米、通高5.1厘米。整体作立虎形，虎立耳怒目，龇牙咧嘴，前腿举起至下颌，爪部夸张使四足下端相联为一体，尾部下垂，与后足相接。虎的前身有大圆穿一，背面有拱形钮可以穿连革带。整个带头的轮廓完整，具有足够的强度，又体现出虎的真实形象。出土时位于死者腰部，估计原固定在革带的一端。

（孙　华）

Mazhuang yicun tongqi

马庄遗存铜器

春秋、战国时期分布于宁夏及甘肃东部庆阳地区的青铜时代及早期铁器时代遗存的铜制器具。该遗存以宁夏固原县杨郎乡马庄墓地为代表，也有的学者将其命名为“杨郎类型”，考虑到固原县杨郎乡境内已发现多处同类遗存的墓地，“类型”往往又被用作比“文化”低一个层次的的术语，所以将这种未被正式命名的考古学文化以典型遗址命名为马庄遗存或马庄文化应当更为妥当。马庄遗存铜器是春秋战国时期北方地区铜器的重要组成部分之一。

● **发现与认识** 马庄遗存是20世纪80年代以后才被发现和逐渐认识的一种属于北方青铜文化系统的考古学文化。其铜器分布北起毛乌素沙漠，南抵渭北台塬边缘，东至陕北的洛河侧畔，西逾屈吴山和六盘山的广大区域内，中心区位于宁夏固原县至中宁县间的清水河流域一带。铜器均出自墓葬，几乎所有墓葬都随葬有数量不等的小件铜器。出土铜器的主要墓葬或墓地有宁夏固原县鸦儿沟、杨郎乡蒋河、大北山和马庄、头营乡王家坪、彭堡乡撒门村和于家庄、西吉县新营乡陈阳川村、中宁县关帝乡倪丁村、中卫县狼窝子坑，此外，在甘肃宁县、镇原、正宁、庆阳等地也发现有该文化的铜器。其中以宁夏南部的固原县最为集中、最为典型，特别是在于家庄墓地、马庄墓地分别发掘墓葬31座和49座，获得了大批铜器之后。通过对该地区铜器等遗物的分析研究，并对照比较周邻同时期其他文化的遗迹和遗物，有的学者提出将“庆阳和固原地区”作为春秋、战国时期北方少数民族文化的一个独立分区的主张，有的更进而提出以“杨郎类型”命名该区域春秋晚期至战国晚期考古学遗存的建议。

● **种类与组合** 均为小件铜器，种类主要有兵器、工具、带具和饰件，此外还有一定数量的车马器。铜兵器有短剑、矛、戈、镞；工具有斧、刀、锥筒等；铜带具有带鐍、带头、带钩及作各种形状和造型的带饰；车马器有軎、缨座、当卢等。它们在墓葬中的出土情况基本相似，车马器往往与牛、马、羊的头和蹄等一起放在宽大的竖穴墓道内，死者生前随身使用的铜兵器、工具和带饰等随死者一起放在窄小的倾斜洞室内。死者头颈部有铜耳环、耳坠，手旁有铜手镯、指环，腰部上下散布铜带鐍、带头、带钩及各种形制的带饰。长柄的戈头位于死者头旁，短柄的矛头位于死者腹边，短剑、刀削、针管、锥管挂于死者

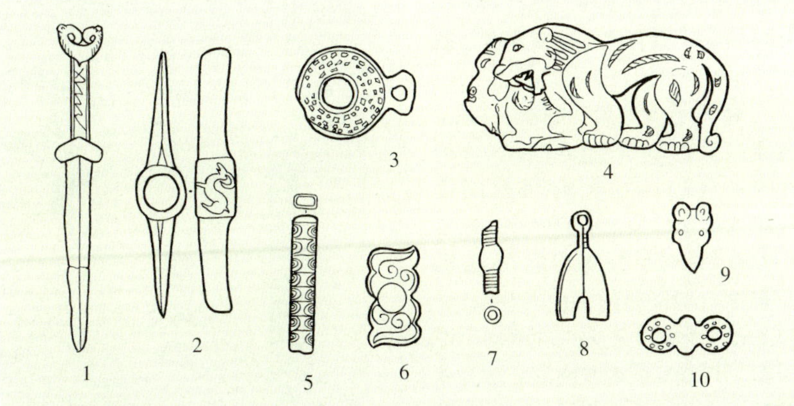

1.短剑　2.鹤嘴斧　3.带鐍　4.虎形带头　5.针筒　6.7.9.10.带饰　8.铃

马庄遗存铜器

腰下两侧。墓葬出土铜器的基本组合为一套兵器、一套工具、一件括结带具或若干带饰，有的还有一套车马器。

● **形制与装饰** 短剑可分为两类，最常见的一类为丫字格、长条形柄、环首或双环首的长柄短剑，较少见的一类为山字格、螺旋形柄、菌状首的短柄短剑；前者为马庄遗存等北方青铜文化系统最有区域特色的铜剑，后者为川西至滇西高原地区战国至西汉时期流行的铜剑样式。矛为短身长骹矛，阔叶形折边叶，锥状骹较长，这种矛在其他文化中几乎不见，独具特色。戈也分为两类，一类为具有北方传统的銎内戈，一类为战国早期前后中原地区流行的中胡三穿戈。镞大多为北方传统的管銎镞，有圆锥型、双翼型、三棱型等类，镞身粗短，有一定特点。斧有长方形空首斧、鹤嘴斧两类，后者是马庄遗存与毛庆沟遗存共有的因素。刀削一般为直背或弧度不大的弧背，刀首有穿孔而不是环首，这也与毛庆沟遗存相同。铜带具和饰件有虎形、环形、环圆相连形的带鐍，云目形、球管形、兔首形和连珠形带饰，此外还有尖桃形马缨座、当卢、马衔、车軎、动物造型的饰件和断面呈椭圆形的小铃等北方系铜器。带鐍中有一端为圆环（或蛇、索等绕成的近似环形），另一端的小扣作卧鹿等动物造型的类型，这在它处基本不见。

装饰很简单，只有卷云纹、折线纹、斜格纹、连珠纹、锯齿纹、斜角云纹等几何纹样，另有动物纹样对鸟纹，它可能与短剑剑首作两鸟首相对之形的习俗有关。

● **年代与族属** 根据固原县于家庄17号墓与马庄遗存铜器共存的中原式铜戈和马庄墓地采集的2件铜戈皆为战国早期前后的样式，以及宁夏中宁县倪村2号墓中出土的战国早期前后晋文化的三虎六豕铜镜，可知该文化年代上限应在战国早期以前，可能早至春秋晚期。从有相当数量墓葬中出土铜带钩，以及马庄12号墓出土有山字格铜柄铁剑的情况来分析，其年代下限已经接近西汉初。在这个年代范围内的马庄遗存分布区主要活动着义蕖、大荔、乌氏、朐衍等戎狄古族。《史记·匈奴列传》称："岐、梁山、泾、漆之北有义蕖、大荔、乌氏、朐衍之戎。"马庄遗存铜器应当就是这些古族的遗物。

参考书目

钟侃、韩孔乐：《宁夏南部春秋战国时期的青铜文化》，《中国考古学会第四次年会论文集》，文物出版社，1983。

许成、李进增：《东周时期的戎狄文化》，《考古学报》1993年1期。

（孙　华）

Yuhuangmiao yicun tongqi

玉皇庙遗存铜器

春秋、战国时期分布于北京和河北北部山地的青铜文化的铜制器具。该文化遗存尚无通行的考古学文化的命名，有的学者建议以北京延庆县玉皇庙墓地作为典型遗址称之为"玉皇庙类型"，但更多的学者却喜欢用他们所认为的该遗存所属的族属来命名，称之为"山戎文化"或"白狄文化"。在这种文化尚未确切命名及其文化内涵尚未被深刻认识之前，暂以发现和公布材料较多的延庆县玉皇庙墓地作为典型遗址称之为"玉皇庙遗存"，应是比较恰当的。玉皇庙遗存是春秋、战国时期北方地区最重要的考古学文化之一，对以后这一地区兴起的匈奴文化铜器和鲜卑文化铜器风格有着重要的影响。

● **发现与认识** 1963年～1964年河北怀来县北辛堡春秋晚期至战国早期的两座带墓道的较大型墓葬中就出土有包括双环首短剑、环首刀等铜器，当时受材料的限制，将其当作燕文化遗存。1979年在河北滦平县虎什哈乡炮台山发掘了35座有殉牲的墓葬，其中遗物最丰富的6号墓有与燕文化铜敦和铜剑共存的具有地方特点的铜鸟喙镳等铜马器和车器。1985年在河北张家口市宣化李家堡乡小白阳村发掘有殉牲习俗的墓葬48座，出土大量双环首短

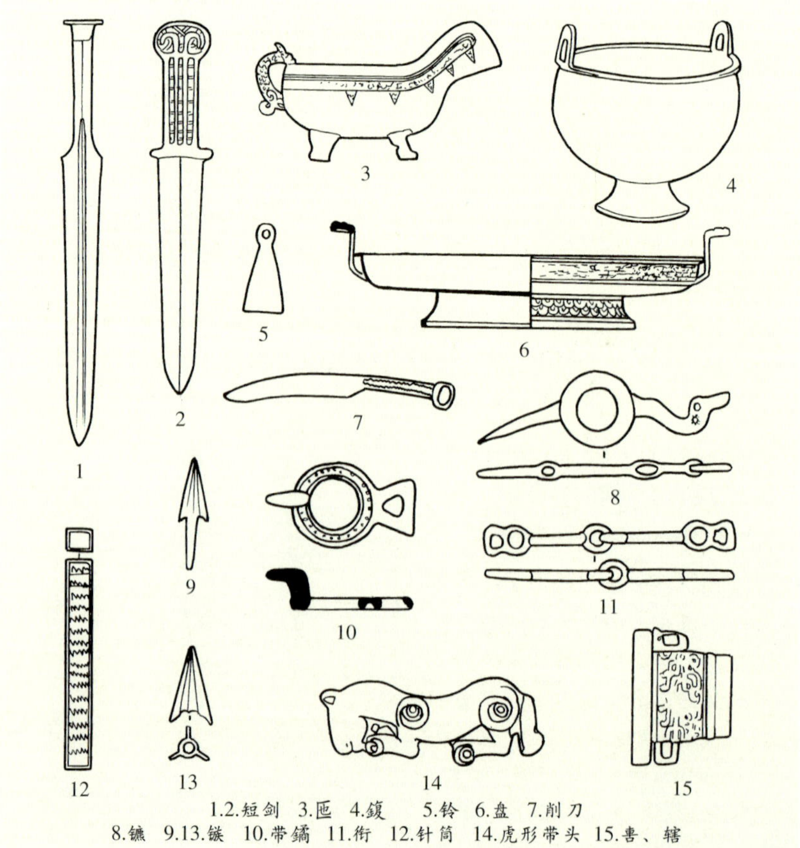

1.2.短剑　3.匜　4.鍑　5.铃　6.盘　7.削刀
8.镳　9.13.镞　10.带鐍　11.衔　12.针筒　14.虎形带头　15.軎、辖

玉皇庙遗存典型铜器

剑、单环首短剑和圆首短剑，以及卧虎形带头、针管等不同于燕文化的铜器。这些考古发掘出土的铜器，连同河北北部不少县市发现的具有浓厚地方特色的铜短剑，使学术界对河北北部一带春秋战国时期的文化背景有了一些认识。1985年，北京市文物研究所在延庆县境内进行专题考古调查，在10余个地点收集到属于玉皇庙遗存的铜器200余件，并对靳家堡乡的玉皇庙、大柏老乡的戎芦沟和西梁垙3处墓地进行多次发掘，获得大量具有鲜明文化特色的铜器。通过考察这些墓地出土的北方系铜器与中原系铜器的共存关系，以及一些典型铜器自身的演变轨迹，使学术界对这一文化发展进程的认识有了很大进展。这些铜器还说明，春秋中期至战国早期燕国北部山区的文化面貌既不同于燕文化和夏家店上层文化，也与以内蒙古凉城县毛庆沟墓地为代表的毛庆沟遗存铜器有着一定的差别，从而为区分玉皇庙遗存与北方地区其他青铜文化或文化类型提供了依据。

● **种类及特征** 玉皇庙遗存墓葬多随葬有铜器，以随身佩带的铜兵器、用具和饰件等小件铜器最为常见。铜器组合有男女的分别，男性墓随葬铜器通常较多，一般腰束革带，革带的一端有铜带鐍，带间穿缀有各种形式的铜带饰，铜短剑和刀削悬挂在腰带右侧；棺内大多放有铜斧、锛、凿、镞等工具和兵器，富有者还放置铜軎、辖、镳、衔等车马器和中原系铜容器。女性随葬铜器较少，带上除少许饰件外，多不用铜带具，常见锥、锥筒等。

从文化结构的角度来看，玉皇庙遗存铜器具有明显的中原系和北方系之别。中原系铜器主要为燕文化铜器，这与该文化虽地处燕、晋北境，但距燕国中心区近而距晋国（包括“三晋”）中心区远的地理位置有关。属于燕文化因素的铜容器有鼎、簋、豆、敦、鈚、匜、盘等。这些鼎和盘的双耳多较高且向外折，敦有卷云状环钮及矮足，器上多鸟、蛇装饰，花纹多以连续交错的三角形为基本构图布局。这些都具有典型的燕文化铜器的风格。属于中原系的铜器还有戈、圆茎剑、带铤镞等兵器及軎、辖等车器。这些中原系铜器直接来自燕和三晋地区，是该文化与邻近燕、晋文化交流的产物。北方系铜器主要是具有文化特色的双环首直柄直刃短剑等兵器及鸟首镳、圜顶铃、铃形饰马器和饰件。另有北方地区常见的环首躬背马、鋬尾镞，以及卧虎形、双龙形、卷云形、边珠形带饰等。

● **年代与族属** 从已知材料看，玉皇庙遗存铜器以延庆县军都山的几处墓地出土者年代最早，年代上限可至春秋早中期之际。不过，该文化的繁盛期却无疑在春秋晚期及战国早期。正是在这时，其自身文化风格形成，出现了怀来县北辛堡这样的大型墓葬，延庆县玉皇庙、葫芦沟和西梁垙等墓地也繁盛于此时。该文化的典型铜器双环首短剑等在东起滦河、西接阴山南麓的广大地区皆有出土。此后，玉皇庙遗存开始衰落，而西面的毛庆沟遗存等仍在延续。这种时间及空间分布状况，为推断其族属提供了重要线索。

据文献记载，在燕、晋北境活动的具有影响力的强大古族，春秋早中期之际为山戎，它曾大举入侵燕国，引起齐国等中原国家的恐慌，故有齐桓公北伐山戎之举。山戎在遭到齐国打击后一蹶不振，不大可能是繁盛于春秋、战国之际的玉皇庙类型遗存的主体古族。在山戎之后，频繁活动于燕、晋北境的主要古族是遭秦、晋打击而东移的北狄。这些北狄支系众多，有白狄、赤狄之分，并有鲜虞、代、潞、肥等若干狄人国家。他们散布在从内蒙古河套地区到滦河流域的广大地区，分布地域和强盛时间与玉皇庙遗存基本相合。在这些狄人中，有的支系与燕国关系密切，如白狄所建的肥国在春秋晚期的公元前527年被晋灭后，肥子奔燕，燕国将其安置在滦河下游（《汉书·地理志》辽西郡肥如县下引应劭注）。这正与玉皇庙遗存与燕文化遗存犬牙交错且紧邻燕国中心区的分布状况相一致。因此，有的学者将玉皇庙遗存推断为白狄文化，应是比较恰当的。

参考书目

田广金、郭素新：《鄂尔多斯青铜器》，文物出版社，1986。

北京市文物研究所：《北京延庆军都山东周山戎部落墓地发掘纪略》，《文物》1988年8期。

韩嘉谷：《从军都山东周墓谈山戎、胡、东胡的考古学文化归属》，《内蒙古文物考古文集》，中国大百科全书出版社，1994。

（孙 华）

Yuhuangmiao yicun shuanghuanshou tongduanjian

玉皇庙遗存双环首铜短剑

春秋中期至战国晚期分布于北京、河北北部一带的玉皇庙遗存的兵器兼工具。亦有“触角式剑”、“直柄直刃短剑”等不同的称谓。

均双刃平行，至前部收聚成锋的短剑身，剑身中有折脊或凸脊。剑格略宽于剑身，形态有直格、后折、后曲、双曲等多种。剑茎多呈扁平的长方形，茎两面或有一两道纵向的凹槽，并铸有人字纹、折线纹、连珠纹等几何纹饰。剑首最具特色，或作较写实的相对的鹰首、羊首，或作抽象的对卷云形、相切的圆形，此外还有作相对的立熊图案的剑首。多悬挂于腰带右下侧，剑鞘可能为皮革之类，不用铜饰，形状不辨。

双环首直刃短剑是环首直刃短剑中的一类，出土地点很广，涉及东起辽宁西部、西至宁县东部的广大地区，出土数量最多的地点则集中在包括北京北部山区在内的河北北部和内蒙古东南部。这些双环首短剑，以北京延庆县军都山等地的早期标本年代最早，年代可以早到春秋早中期之际。内蒙古东南部的杭锦旗、桃红巴拉墓地所出也不晚，或许能早到春秋中期。不过，北京及河北北部的这些双环首短剑年代主要集中在春秋晚期至战国早期，

以后就很少见到；而在内蒙古东南部和宁夏东南部，这类剑却一直流行到战国晚期。在辽宁西丰县西岔沟西汉早期的鲜卑墓葬中也还出土有双环首铜柄铁剑。双环首直刃短剑的这种时空分布状况，可能与使用这种短剑的北方戎狄古族，在中原燕、赵等国的打击下，以及其后在北方强大的匈奴压迫下，逐渐向东和向西流散迁徙的背景有关。

双环首直刃短剑的主要分布区域，商代晚期及西周早期已分布有朱开沟晚期文化、魏营子文化等青铜文化，在这些青铜文化中流行着兽首直柄直刃剑和铃首直柄直刃短剑。有的学者已经指出，双环首直刃短剑应当由兽首或铃首直柄直刃短剑嬗变而来，这是很有可能的。

参考书目

乌恩：《关于中国北方的青铜短剑》，《考古》1978年5期。

郑绍宗：《中国北方青铜短剑的分期及形制研究》，《文物》1984年2期。

田广金、郭素新：《鄂尔多斯青铜器》，文物出版社，1986。

（孙 华）

〖东北地区春秋战国铜器〗

Sanguandianzi quren duanjing tongjian

三官甸子曲刃短茎铜剑

战国早期铜制兵器。1976年出土于辽宁凌源县凌北乡三收甸村的青铜短剑墓中。现藏于辽宁省博物馆。

全长44.5厘米、身长35厘米。由剑身、柄、加重器3部分组成。作曲刃短茎式，剑身柱状脊有锉磨棱面。剑锋部较长，近中部节尖较圆滑，前段叶刃近平直，后段叶刃呈弧形，叶尾圆收。柄呈丁字形，中空，口呈喇叭状，周身饰有纹样。靠近柄首处有一对方形穿孔，无纹饰。柄首呈梯形，饰三角形纹。剑柄端有加重器2个，以铁矿石磨制，镶嵌于柄首槽内，顶部施3道棱脊，底平直，一端呈乳头状，中间一深沟槽，似系绳之处，乳头状一端相对置于槽内。

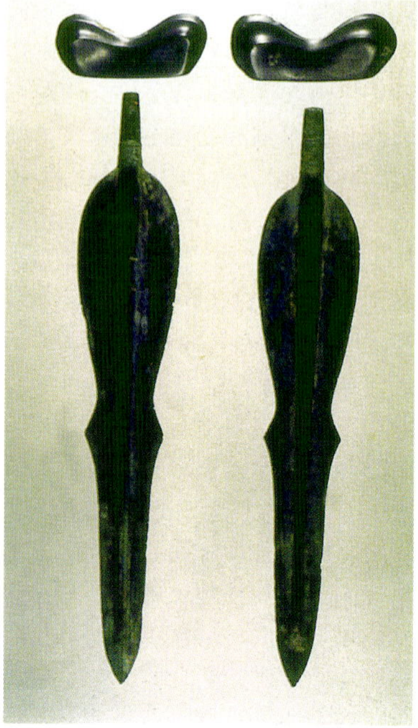

三官甸子曲刃短茎铜剑

曲刃短茎剑身、柄、加重器三者合为一体者尚较少见，该剑对认识曲刃短茎剑形制特征及结构有一定价值。

（董新林）

Sanguandianzi shuangshexianwa tongdaishi

三官甸子双蛇衔蛙铜带饰

战国早期铜制饰件。1976年出土于辽宁凌源县凌北乡三官甸村的青铜短剑墓中。现藏于辽宁省博物馆。

三官甸子双蛇衔蛙铜带饰

全长20厘米、宽5.7厘米、高4厘米。范铸而成，表面磨光。蛙前肢撑立，后肢屈缩，作栖息状。2条蛇各衔蛙收屈后肢，蛇腮肥大，头呈三角形。蛇身相纠结形成3个椭圆，尾稍翘，蛇身截面呈半圆形。蛙背和眼均镶嵌绿松石。蛙从嘴尖到尾有一道细缝中线。蛙腹底有一道柱状梁，蛇腹底设3个半环形钮，以备穿带。制作精美，栩栩如生，充分体现出战国时期北方地区青铜器的冶铸技术和文化特色。

（董新林）

Nandonggou yaoyuxing tongshijian

南洞沟鳐鱼形铜饰件

战国中期或稍早东北地区青铜文化系统的铜制马饰。具体文化归属尚不确定。1966年出土于辽宁喀左县南洞沟一座石棺墓中。现藏于辽宁省博物馆。

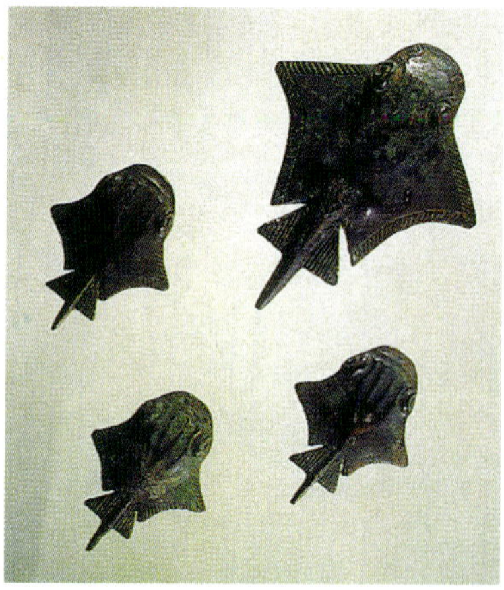

南洞沟鳐鱼形铜饰件

计有当卢2件，全长15.7厘米、宽13.1厘米；节约8件，全长9.5厘米、宽9.3厘米。均作鳐鱼之形，身体扁平，短身、宽鳍、细尾。鱼身上面详细刻制出双目、背脊和鳍纹，下面则分别设双横梁（当卢）和X形镂孔的圈梁（节约），以穿束和管束马的络带。该铜饰造型生动逼真，将装饰和实用功能很好地结合起来，艺术价值较高。

以动物造型为铜马饰是北方青铜文化固有的习俗，鳐鱼为海鱼，是海滨居民才可能采用的动物造型。该铜饰形象地反映出春秋、战国时期东北滨海地区与北方草原地区文化的融合与交流状况。

（孙 华）

〖西北地区春秋战国铜器〗

Shajing wenhua tongqi

沙井文化铜器

西周后期及春秋时期分布于甘肃河西走廊东端北部民勤、永昌、金昌一带的青铜文化的铜制器具。沙井文化以民勤县沙井遗址为代表，是甘青地区最后的青铜文化之一，其铜器对于认识这一地区从青铜时代向铁器时代的转化，以及该文化与北方游牧民族诸文化的关系，具有一定意义。

● **发现及认识** 1923年，瑞典学者J.G.安特生的助手白万玉在甘肃民勤县征集到出自该县沙井村的铜器6件，并循此线索找到沙井遗址，采集到包括小件铜器在内的一批铜器。次年，安特生亲赴沙井等地调查并发掘，获得铜刀等小件铜器及其他遗物。经研究，安特生将沙井遗存定为青铜时代，并将中国西北地区史前文化的最后一期称之为沙井期，并推断其年代为公元前2000年～公元前1700年（1943年他将年代修正为公元前700年～公元前500年）。后来，1979年～1981年，经发掘单位对甘肃永昌县三角城遗址的蛤蟆墩、上土沟岗、西岗和柴湾岗墓地的发掘，又获得了一大批铜器，亦皆小件器物，一般佩带于死者身旁。由于气候干燥，铜器与穿缀系连它们的皮革及麻毛绳等均保存相当完好。在有的墓葬中，铜器还与铁器同出。它们不仅大大丰富了沙井文化铜器的材料，而且增进了人们对于这些铜器的认识。有的学者比较了沙井和三角城两地沙井文化遗存的关系，将沙井文化分为以沙井为代表的早期和以三角城为代表的晚期，两期的年代范围相当于西周及春秋时期。

● **种类与器形** 分武器、工具和饰件3种。武器有刀、镞两类。刀既可用作武器，又可用作工具，是沙井文化常见器物，往往配有皮制的刀鞘，形态有直背翘锋环首、弧背凹刃垂锋、凹背凸刃翘锋、直体双刃前锋等多种。镞的刺部多作三棱锥体、个别作圆锥体出三翼。工具有斧、锥两类，斧为长方形銎内式，椭圆銎、腰微束、刃较直，或许也可用作武器。锥数量较多，一般为四棱锥体，末端插入木柄；也有的锥体作圆锥体，后端连镂空铃形握手，形态颇为别致。饰件出土数量最多，其中有用于人体装饰的耳环，穿缀于衣带或马具之上的带扣、饰环、饰牌、饰管、小铃等，覆盖于死者双目上的缀铜泡皮覆面，还有将各种铜饰件用皮条穿连起来的鞭形器。饰环和饰牌形态多样，可分圆形、梯形、花朵形、连环形、连珠形等。此外，沙井文化中还有用于照容的铜镜，镜作圆形单钮，是甘青地区和中原地区铜镜的基本样式。

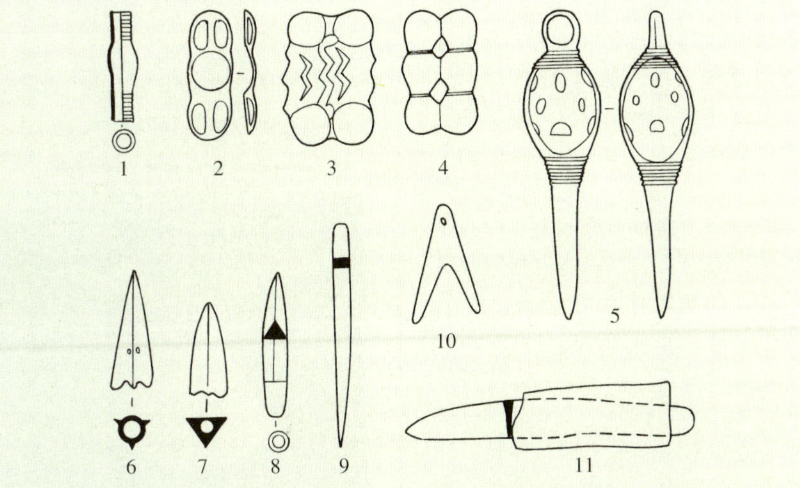

1.管形饰 2-4.联珠饰 5.铃首锥 6-8.镞 9.锥 10.缀饰 11.削刀

沙井文化铜器举例

● **特征与族属** 已知铜器无大件容器，主要是人和马身上的装饰品，洋溢着北方青铜文化系统的气息。其中球首锥多见于分布在内蒙古中南部一带的毛庆沟遗存铜器中，双列联珠饰在宁夏、内蒙古、河北北部一带的春秋、战国时期青铜文化中也较常见，而中段鼓起的管形饰、人字形铃更广泛地存在于甘青地区、北方地区及东北地区当时众多的青铜文化中。严格地说，沙井文化与甘青地区固有的青铜文化不属同一系统，将沙井文化归属北方青铜文化系统要比归入西北青铜文化系统更加恰当。不过，其铜器中缺乏北方系铜器最典型的直刃短剑、带鐍、带头、锥筒和动物造型的车饰，与北方文化系统中的毛庆沟遗存、马庄遗存和玉皇庙遗存铜器的差异也较大。其铜器制作欠精、形态不大规整，晚期又有铁器出现，反映出铜器工艺水平不高和青铜文化的没落。

目前多数学者认为沙井文化铜器的创造者和使用者是西迁以前的大月氏人，也有的推测为乌孙人，还有的将之笼统归于氐羌系统。根据铜器具有浓郁的北方系铜器的风格，陶鬲既有陇东寺洼文化、"铲足鬲遗存"的作风，也有北方朱开沟文化以来的蛇纹鬲传统，以及其来源和分布区周围古族活动的情况来分析，沙井文化应是甘青地区的一支与北方地区有着密切关系的古族的遗存。

考参书目

甘肃省文物考古研究所：《永昌三角城与蛤蟆墩沙井文化遗存》，《考古学报》1990年2期。

甘肃省文物考古研究所：《甘肃省文物工作十年》，《文物考古工作十年》，文物出版社，1991。

李水城：《沙井文化研究》，《国学研究》第二卷，北京大学出版社，1993。（孙 华）

Tiemulike yicun tongqi
铁木里克遗存铜器

春秋、战国之际至西汉、东汉之际分布于新疆西北伊犁河流域一带的考古学文化的铜制器具。这种遗存的分布区东至天山中部的阿拉沟，西出国境与哈萨克斯坦境内的同类遗存连为一片，在中国境内的这种遗存以新疆新源县的铁木里克墓地为代表，故暂称为铁木里克遗存。它的年代较晚，铜器制造业在新疆诸文化中最为发达，铜器风格也完全不同于西北地区其他文化，颇具中亚特色。

伊犁河是发源于天山中部流入哈萨克斯坦的巴尔哈什湖的内陆河，其上游的贡乃斯河一带是植被良好的高山牧区，中下游则为宽阔的宜于农耕的河谷地带。溯流东上，穿越天山中的阿拉沟，可至吐鲁番盆地；沿河西去，可至中亚的七河地区。这样的地理环境使得伊犁河流域与中亚七河地区的文化遗存有着密不可分的联系，构成了同一考古学文化区。新疆伊犁河流域一带出土的铜器与中亚七河地区出土的铜器几乎完全一致，即清晰地反映出这一问题。

● **发现与认识** 铁木里克遗存最早发现于1961年，当时在新疆昭苏县夏台（也写作“下台”）和萨勒卧堡（也写作“萨尔霍布”）清理出两座墓葬，获得小件铜器。1976年在新疆尼勒克县的哈拉图拜发掘的3座墓葬中也发现有小件铜器。1976年～1977年在新疆乌鲁木齐市南山矿区的阿拉沟东口发掘的4座大型木椁墓，虽均被盗，但保留器物较多的30号墓出土有方座承狮铜盘，使人们对这种遗存与哈萨克斯坦境内的所谓“塞克人遗存”的关系有了比较清楚的认识。1981年～1982年在新疆新源县铁木里克又发掘15座墓葬，获得多种陶器及小件铜器，使人们对该文化的面貌有了较全面的了解。此外，在新源县巩留县和察布查尔县等地还出土一批铜器，其中新源县巩乃斯河南出土的铜方座承兽盘、折足大鼎、武士俑、对兽铜环等，是铁木里克遗存中最为丰富的铜器群，为认识该文化铜器种类和组合的重要材料。

● **工艺与特征** 伊犁河流域及其邻近地区有着丰富的铜矿资源。这些铜矿至迟在战国时就已被当地的人们开采和利用。1982年～1983年在尼勒克县奴拉赛山区和圆头山谷中发现古铜矿冶炼遗址2处，遗址中有采矿竖井10余处，井下有原木支撑的平巷；离矿井不远处有冶铜遗址，除炼渣外，还有一些含铜量约60%的粗炼铜锭。铁木里克遗存的铜器应当就是使用这些铜矿冶遗址提供的铜料而在当地铸制的。由于铜矿资源的丰富和锡矿等资源的缺乏，虽已晚至战国至东汉，但仍有相当数量的红铜器，呈现青铜器与红铜器并存的局面。铜器铸造可能采用“失蜡法”，有的复杂的铜器如高足承兽方盘的兽、盘、座间还采用“贴焊”的方法焊接固定（即在焊接处先贴铜片数块，再向铜片上倾注铜液使之焊合），工艺比较进步且独特。

由于年代较晚，其铜器往往与铁器并存，铜器中多大型容器，兵器和工具也颇为可观。铜容器中有“鼎”、“釜”、盘3类，“鼎”为敛口圆肩，深腹圜底，肩部有两个对称的横环耳，三足向外斜伸，足下部接地处垂直下折；其形制与中原系铜鼎迥然异趣。“釜”直口，深腹，底接圈足，口上立半环耳，耳上有帽；这种“釜”是西至里海东岸，东至吉林榆树的北方草原地区富有特色的炊器。盘均为方形平折沿平底浅盘，分两类：一类器底设4个外倾的柱足，如察布查尔方盘；一类器底设方圈足，器内有立体的兽类装饰，如*阿拉沟承狮铜方盘*。工具中最具特色的是銎身臿、管銎弧首斧、弧背翘首刀、凿等。其中臿作长方形，臿身后部中央开圆銎以纳柄；斧设管銎，銎上圆转不显，身微下勾，窄刃；刀弧背，翘首，柄部短且与刀身无明显分界，当是嵌于骨木柄内使用的器物。

● **年代与族属** 铁木里克遗存铜器与中亚七河地区同类遗存基本相同，二者均有折足“鼎”、圈足“釜”、方盘等大型铜容器，以及銎身铲、管銎斧等兵器和工具。此外，二者陶器和墓葬形制也极为相似。它们无疑属于同一文化。中亚七河地区的这类遗存，根据苏联学者A.H.伯恩斯坦等人的研究，其年代大约在公元前7世纪～公元前4世纪；从放射性碳素断代数据看，铁木里克遗存年代最早的一个数据是公元前770年～公元前426年（铁木里克墓地2号墓北室木椁朽木），最晚的一个数据是公元前92年～公元129年（昭苏夏台墓葬填土木炭），多数数据集中在公元前5世纪至纪元前后之间。由于铁木里克遗存年代晚于中亚地区同类遗存，有的学者提出它是中亚地区同类遗存不断向东迁移的产物。中亚这类遗存的族属，一般认为是所谓塞克人（Saka）的文化。铁木里克遗存文化面貌同于中亚这类遗存，并有被认为是塞克人的典型器类的方座承狮方盘，该地区历史上也曾有塞克人活动的记载，故很可能同属塞克人的遗存。

参考书目

A.H.伯恩施坦：《中部天山和帕米尔阿赖地区历史考古概述》，《苏联考古学资料与研究》第26册，1952。

水涛：《新疆青铜时代诸文化的比较研究——附论早期中西文化交流的历史进程》，《国学研究》第一卷，北京大学出版社，1993。

（孙 华）

Alagou chengshi tongfangpan
阿拉沟承狮铜方盘

阿拉沟承狮铜方盘

铜器

战国至东汉时期新疆铁木里克遗存的铜制礼器。1977年由新疆维吾尔自治区社会科学院考古研究所在托克逊县阿拉沟30号墓中发掘出土。现藏于新疆维吾尔自治区博物馆。

边长29.6厘米、通高32厘米。采用分铸法铸造，狮子、托盘、器座分别铸好后再将3部分焊接成一体。双狮并立于盘中，狮长10厘米、高8厘米。托盘呈正方形，腹很浅，盘下接方形高座，座呈上小下大的喇叭形。双狮占据盘的中心位置，表明该盘不会是普通装盛食物的托盘，估计应有某种特定的用途（用于宗教活动）。同类铜盘在哈萨克斯坦曾有发现，被认为是塞克人的文化遗存。（孙 华）

〖西南地区春秋战国铜器〗

Ba-Shu wenhua tongqi

巴蜀文化铜器

春秋、战国时期分布于四川盆地的青铜文化的铜制器具。根据历史文献，这一时期的四川盆地东部为巴国所据，西部为蜀国疆土，故学术界通常将该考古学文化冠以古国古族的名称来命名。它以先前的新一村文化铜器工艺传统、器类组合和形制纹饰为基础，并吸收邻近楚文化部分因素，形成自身独特的风格，以具有鲜明特色的器物群及奇异的巴蜀符号为人所注目。与三星堆文化铜器、十二桥文化铜器和新一村文化铜器一道构成四川盆地一带铜器发生、发展和衰落的全过程。

● **发现与认识** 巴蜀文化铜器很早就有出土，因出土地点不明，以致于有人误将巴蜀铜器当作夏器。抗日战争时期，大批学者云集四川，成都市西门外白马寺坛君庙出土的一批巴蜀铜器始为学术界所注意，有的学者据此提出了“巴蜀文化”的命名。不过，这批铜器因非发掘出土，故当时不少学者对巴蜀铜器仍持怀疑态度。中华人民共和国成立后，大批巴蜀铜器被发现和发掘出来。1954年四川巴县冬笋坝和昭化县宝轮院船棺墓地的发掘，出土了一批战国后期至西汉初期的巴蜀文化铜器，使人们对这种铜器的年代、族属有了初步的认识，从而掀开了巴蜀铜器发现与研究的新的一页。由于材料的局限，当时不少学者根据铜器和船棺墓的一些文化现象，对照历史文献透露的巴人传说及其习俗，将它们一律当作巴人的遗物，并且提出“巴人成蜀”之说来解释蜀地出土的这些铜器及船棺墓。1965年成都市百花潭战国早期偏晚阶段的10号墓（可能为船棺墓），1972年四川涪陵县小田溪战国末期至秦的3座中型土坑墓，以及1976年四川绵竹县清道战国中期偏晚阶段的船棺墓出土的铜器，除多为巴蜀系铜器外，还有铜错社会生活图案壶、清道嵌错龙纹铜豆、蟠虺纹提梁壶、二十六年蜀守戈等典型的中原系铜器，这使人们对巴蜀铜器的年代分期、巴蜀文化与中原诸青铜文化的关系、秦举巴蜀后巴蜀文化的面貌等问题有了新的认识，也使得一度流行的“巴人成蜀”之说陷入了困境。巴蜀文化铜器最重要的发现是1980年四川新都县九联墩大型木椁墓出土的铜器群。该墓早年被盗，在未被盗扰的腰坑中出土铜礼器、兵器及工具达188件，推测是蜀国高级贵族（一说可能是蜀国王侯）墓葬的遗物。其数量众多，种类配套，保存完好，对研究巴蜀文化铜器的年代、文化构成、礼器组合及工艺水平等有着重要价值。其中像邵之食鼎等为数不少的楚文化铜器，为认识当时蜀楚关系提供了前所未有的新材料，将巴蜀铜器研究推向了一个新阶段。

● **种类与形制** 主要有容器、乐器、兵器、工具和印章5种。容器包括中原系礼器及巴蜀系生活用器两大类。前者只见于较大的墓葬中，有鼎、甗、豆、敦、壶、罍、缶等，器形基本采自同时期楚文化铜礼器。其中如邵之食鼎等就很可能是来自楚地，但铜罍却基本保持着西周中期周文化铜罍的旧制，表现出浓厚的保守性。后者几乎凡是出土铜容器的墓葬均有出土，器类有釜、鍪、釜甑（甗）、豆（碗形）、盆、盘、

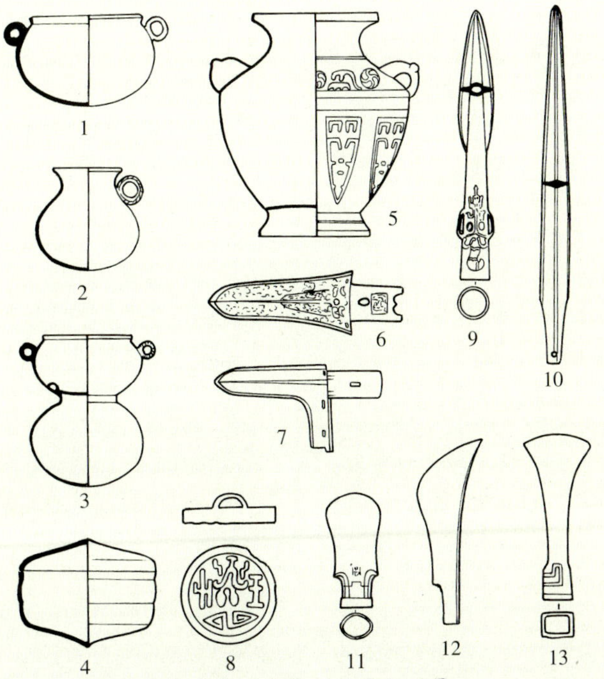

1.釜 2.鍪 3.釜甑 4.尖底盏 5.罍
6.7.戈 8.印章 9.矛 10.柳叶剑 11.钺 12.削刀 13.斧

巴蜀文化铜器举例

尖底盛几类，其中尤以釜、鍪和釜甑为多。这些铜容器的组合及形态与巴蜀文化居址和墓葬出土的陶器大致相同，它们是该文化人们主要的生活器皿。乐器只见编钟、钲、錞于3类。编钟出土不多，应是高级贵族使用的乐器，形制与中原地区相同，仅新津县飞机场出土的虎纹编钟在装饰纹样上稍有特色。錞于在川东及湘西地区较为多见，皆作虎钮带盘之形。兵器富于特色，几乎所有随葬铜器的墓葬都出土有兵器，从中可见巴人和蜀人的尚武精神。兵器种类主要有戈、钺、剑、矛、镞等，另有无郭弩机，只见于战国末期以后，当为秦人传入。戈多无胡或中胡，无胡戈的援部又多作三角形，形制与商、西周之际的铜戈颇为类似。有胡戈中有一种上下出短胡的双胡戈，为它处罕见，颇具特色。剑可分为巴蜀柳叶剑和中原标准剑两型，在九联墩大墓铜器群中，这两种剑各出土5件，显现出蜀国高级贵族的佩剑时尚。柳叶剑是十二桥文化时期就已出现的固有剑型，但在巴蜀文化中数量大增，成为主要剑型。钺均为銎内钺，体腔中空似袋，很别致。工具在墓葬中颇为常见，有斧、斤、凿、刀、削、锯、锥等类。其中方銎长体阔刃斧、前锋宽阔的宽首刀和前部向一侧弯曲的曲头斤，具有自身特色。印章数量很多，大小不一，印面可分为方形、圆形、矩形、山字形4种形状，上多为所谓的巴蜀符号；印背或为拱形钮，或为兽形饰，也有做成其他形状的。

● **装饰与符号** 因铜器种类不同，装饰可分为两类。中原系铜器上的纹饰基本采自先前或同时中原诸文化流行的铜器花纹，动物纹样有蟠虺纹、对兽纹、变体对兽纹、涡状三兽纹、变体散虺纹等，几何纹样有垂叶纹、云水纹、漩涡纹、三角勾连云纹等，另有表现采桑、弋射、宴乐、攻战等社会生活的图案。巴蜀系铜容器器表绝大多数为素面，但兵器上一般均加以装饰，主要分为两种情况：①最常见的是通常的铸纹，有虎、鸟、螳螂、蜥蜴等，多与一些“巴蜀符号”相配；②采用表面特殊处理工艺铸成的“虎皮斑纹”。这些纹饰罕见于其他文化中，为巴蜀文化所特有。

“巴蜀符号”是巴蜀文化铜器上最具特色的文化因素。这种符号可分为两大类：一类为类似手、心（或称花蒂）、水波、火星、牛角、藩篱、戈钺等物的图形符号，多与动物等纹样集合在一起，构成具有神秘意味的符号及图像组；另一类则由近乎汉字的符号组成，较为少见，多铸于中胡铜戈上。这两类符号在战国中期以前比较少见且简单，战国晚期极为流行，且复杂多样。关于“巴蜀符号”的性质，学术界有图像、文字、图腾、徽识、巫术符号等不同的意见。从这种符号有不同的种类来看，其性质也不应是一致的：前一类可能是徽识、巫术符号之属，后一类则或许是在“文字异体”的战国时期流行于巴蜀的一种汉字的变体。

● **年代与分期** 已知巴蜀文化铜器以战国中晚期者居多，战国早期的很少，春秋时期的几乎不见。这种情况与整个巴蜀文化遗存的发现状况基本一致，其原因有待于进一步的探讨。据现有材料，巴蜀文化铜器的分期可以秦灭巴蜀稍后为界分为两期：

第一期：战国早中期。以新都县九联墩大墓及绵竹市清道船棺墓铜器群为代表。另包括成都市百花潭10号墓、无线电机械工业学校古墓、中医学院古墓等出土的铜器。这时铜器多楚文化因素。传统的罍、尖底盛等器类时见。釜甑一般为联体型，腰部较短，釜部圜底无足；钺体形宽扁，銎套较短，两边刃较直或略内曲。“巴蜀符号”尚不盛行，一般为简单的可能代表家族或氏族的徽识。

第二期：战国后期至西汉初期。以成都市羊子山172号墓和涪陵县小田溪1号墓铜器群为代表。另包括广元市宝轮院、巴县东笋坝、峨嵋市符溪等墓地出土的铜器。此时楚文化因素减少，秦文化因素出现。已不见罍、尖底盛等铜器。釜甑变为分体式，腰部加长，釜部底变平且有三短足；铜钺形体和銎套均变长，两边内凹。铜器上盛行“巴蜀符号”，符号种类繁多。

● **族属与国别** 据《蜀王本纪》、《华阳国志》及《史记》的记载，在秦惠文王后元九年（公元前316年）灭巴蜀以前，四川盆地东部为巴国所据，西部为蜀国所有。秦灭巴蜀后，在蜀地三封蜀侯，在一段时间内对蜀地还是采取间接统治的办法。这种历史背景及其他一些缘故，使巴蜀固有的文化传统并未因秦举巴蜀而立即中断，在四川盆地一直延续至秦统一乃至于西汉初期才逐渐融汇到秦汉文化之中。因此，这一时期四川盆地出土的具有该地区文化特征的铜器无疑应属于巴国和蜀国，或者说是以巴人或蜀人为主体的古族的遗存。不过，需要指出的是，目前巴蜀文化的铜器主要发现于蜀地，在巴地尚未见有年代在秦举巴蜀以前的巴人铜器出土。巴人铜器有何特点？巴、蜀铜器有何异同？这些都尚待进一步的考古发掘和研究。

参考书目

杜迺松：《论巴蜀青铜器》，《江汉考古》1985年3期。

（孙 华）

Ba-Shu wenhua jiandi tongcheng

巴蜀文化尖底铜盛

战国早中期巴蜀文化的铜制盛食用具。或称尖底盏、尖底盆。由较浅的尖顶器盖和较深的尖底器身扣合而成。是巴蜀文化铜器中最具特色的铜容器。

尖底器是以四川盆地为中心的考古学文化固有的因素。浅腹的陶制尖底盏早在商代前后期之际广汉市三星堆器物坑中就已出现，深腹的铜制尖底罐在西周时期的宝鸡強国墓地中已普遍存在，但像尖底盛这样的器物却只见于巴蜀文化中。

铜制的尖底盛当是模仿自陶制的尖底盛，在四川成都市指挥街等遗址就曾出土有陶尖底盛。尖底盛的器盖如倒扣的尖底盏，尖顶，斜壁下部转曲，与器口相合。器身口部微侈，直肩双曲，下腹斜收成尖底。该器的用途及用法目前尚不清晰，以盛装食品的可能性为大，为防止倾斜，使用时或许需要有器座相配。

铜制尖底盛在战国早期的四川成都市无线电机械工业学校墓、百花潭10号墓及战国中期的成都市青羊宫战国墓和绵竹县清道1号墓中都有发现，多成对出现，形态基本相似。（孙 华）

Qingyanggong longwen jiandi tongcheng

青羊宫龙纹尖底铜盛

战国中期巴蜀文化的铜制食器。或称尖底盏。1973年由四川省博物馆在成都市西郊青羊宫旁的一座战国墓中清理出土。现藏于四川省博物馆。

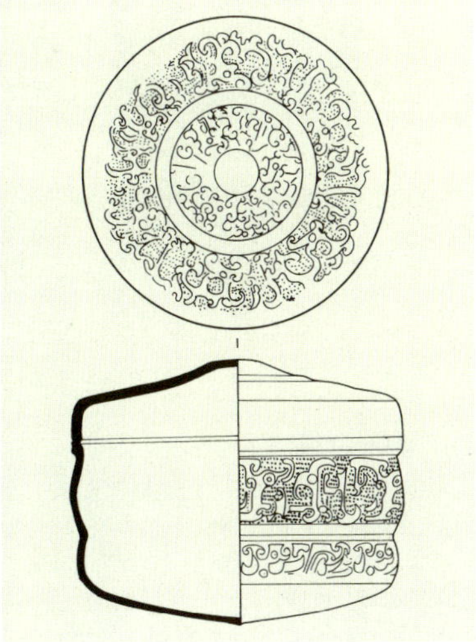

青羊宫龙纹尖底铜盛

口径11.4厘米、通高9厘米。由深浅各一的尖底盏相合而成。盖放于器身之上，短直壁，攒尖顶。器身微侈口，双鼓腹，尖底。盖、身各施铸纹2周：器盖上层及器身下层为单线的蟠虺纹，器盖下层及器身上层为衬以粟米纹的龙纹，各层花纹间隔以凸旋纹。花纹特征与巴蜀文化中铜鼎、缶等中原系铜器相同。

尖底盛是巴蜀文化中最具文化特征的铜器之一，系仿照该文化中流行的陶器而制作。一般的铜尖底盛如同陶尖底盛一样，器表均素面，而该盛之上却饰以楚文化铜器流行纹样的变体。它以巴蜀地方因素为本，以楚文化因素为表，颇为独特。（孙 华）

Ba-Shu wenhua liuyexing tongjian

巴蜀文化柳叶形铜剑

春秋、战国时期巴蜀文化的铜制兵器。剑形如柳叶，是巴蜀文化最富特色的兵器之一，同时由于其独特的表面处理工艺并铸有丰富多样的“巴蜀符号”，对巴蜀文化铜器和巴蜀历史的研究都具有重要的价值。

属于扁茎剑的一种。由剑身和剑茎两部分组成。剑身刃部从后向前逐渐收聚形成前锋，两刃有锷（刃缘），剑有中脊，两缘有血槽。剑茎为前宽后窄的扁茎，脊或有或无，一侧或中央有圆穿，穿多为2个，个别的作单穿。剑茎用两块木板或竹片夹合，其外缠绕线绳（缑），有的还髹以黑漆，如新都九联墩大墓柳叶剑。剑均为青铜铸制，工艺比较精良。不少剑身多有所谓“虎皮斑纹”，它可能是铜剑进行表面处理后的痕迹，具有防止锈蚀的功能。剑身后部一般有“巴蜀符号”等装饰，两面装饰通常有别，最常见的主题符号是一面为虎纹，另一面为“手心纹”。

柳叶形剑在四川盆地及其邻近地区有着相当悠久的历史。早在相当于商代晚期及西周时期的新一村文化中就有这种铜剑出土。到春秋、战国时期的巴蜀文化中，柳叶形剑的数量大大增加，考古发掘出土的已经在150件以上。这些铜剑一般出自墓葬之中（船棺墓尤其多见），每座墓以1件最为常见，涪陵县小田溪1号墓甚至还出土了8件。

根据使用方式和形体长短，可分为两类：①剑身较长的短距离击刺用兵器。这类剑数量最多，占巴蜀文化柳叶铜剑的90%以上。一般有剑脊，长度在30厘米以上，并且年代越晚，剑体越长，最长的为涪陵县小田溪1号墓出土的柳叶剑1件，长度达66.5厘米。这与中原系铜剑和吴越系铜剑的发展演变规律相同。②剑身较短的远距离遥掷和近距离防卫用兵器。这类剑一般无明显中脊，多插在铜制的剑鞘中。鞘有单剑鞘和双剑鞘两种，前者如绵竹县出土的金错铜剑鞘，仅余鞘盖，整体形制不明；后者如成都市西郊墓、三洞桥墓铜剑鞘，形如袋，两剑室并列，两旁有附耳。这些柳叶形短剑均饰较为相近的“良”字纹，或许别有寓意。

在巴蜀文化铜器中还有少量在剑身与剑茎间加装了剑格的所谓“改装剑”。这类兵器有的可能确为模仿中原系或吴越系而改装的柳叶形剑，但根据出土现象分析，有的原来应是加装有扁圆形长柄的铜铍，如1955年在宜宾市三谷祠征集的所谓柳叶剑。改装型柳叶剑和铜铍均只见于战国晚期。

参考书目

童恩正：《中国西南地区青铜剑的研究》，《考古学报》1977年2期。

江章华：《巴蜀柳叶剑研究》，《考古》1986年9期。

（孙 华）

Ba-Shu wenhua tongge

巴蜀文化铜戈

春秋、战国时期巴蜀文化的铜制兵器。是巴、蜀两国作战时最主要的中距离勾啄用兵器。素以造型和装饰多样、形态古朴守旧而为学术界所关注。

在墓葬和窖藏中均有出土，而以墓葬中发现得最多。在各墓出土的铜兵器中，戈常常是数量最多的一种，如战国早期的成都市百花潭10号墓出土有铜戈11件，剑、钺、矛等兵器则分别为1件、2件和6件；新都县九联墩大墓出土铜戈30件，剑、钺、矛等兵器则分别为10件、10件和5件。已知铜戈以战国早中期为最多，战国晚期以后逐渐减少。

已知铜戈均为穿内戈，形态多样。根据胡部的有无和形态，大致可以分为3类：①无胡戈。其上下刃较直，援锋、脊与内在一条轴线上，上下阑侧各有一长方形穿，内有一穿。为铜戈中最古老的形态，中原地区在夏代就已出现，西周早期以后基本消失，而在四川地区战国时期仍大量存在。根据援部形态的区别，该类戈还可以分为两型：一种为三角形援戈，其贯穿巴蜀文化的始终。援有宽、窄之分，宽三角援型戈援部大致呈等腰三角形，内上为圆穿，如成都市百花潭中学墓和新都县九联墩大墓宽三角援无胡戈；窄三角援型戈戈锋或下垂，内部穿一般作尖桃形，如新都县九联墩大墓窄三角援无胡戈。另一型为圭形援铜戈，援锋呈三角形，援后端略宽，援体近似玉圭，其数量不多，仅见于战国中后期，如著名的兵避太岁铜戈。②双胡戈。其上下刃后部外展，形成上下相对的双胡。绝大多数皆为上下胡对称，援有中脊，援本设一圆穿，近阑处设二长方形穿，内部多为菱形穿，如新都县九联墩大墓和峨眉市符溪砖瓦厂出土的双胡戈。只有很少的双胡戈上胡短小而下胡较长，如现藏于四川省博物馆的战国晚期的虎纹双胡戈。这类铜戈尽管不很多，但在整个战国时期都可见到。③单胡戈。均为中援中胡或中援长胡，阑侧有三穿，内上置一穿。其数量和形态较多，其中以援、内、胡彼此成直角，内上缘比援上刃略低的一型较早，可能从春秋晚期一直延续到战国中期，如战国早期的百花潭10号墓单胡戈；另一型援部上昂且前端较大，胡部较长，援、胡间为钝角的铜戈可能出现较晚，主要流行于战国中晚期。

这3类铜戈在巴蜀文化墓葬铜器群中有着比较固定的搭配关系，一般是无胡、单胡、双胡戈并存，成都市西郊战国墓、百花潭10号墓、中医学院战国墓、京川饭店战国墓等出土的铜戈皆如此。在九联墩大墓等墓葬中，这些类型的铜戈还有数量比例关系。它们或许是巴蜀军队执戈士兵分类在墓葬中的反映。

通常上饰较多的纹样，纹样除兽面和少许鸟纹外，以虎纹最为常见。虎头和虎前身一般布置在援本上，虎后身则分布在内上，也有虎身在胡部或整只虎纹都蟠曲在援本上圆穿周围的做法。在战国中晚期的铜戈上，有的铸有一种很像文字的“巴蜀符号”，其含义不明。

参考书目

冯汉骥：《关于“楚公蒙”戈的真伪并略论四川“巴蜀”时期的兵器》，《文物》1961年11期。

童恩正：《中国西南地区青铜戈的研究》，《考古学报》1979年4期。

（孙　华）

Bingbitaisui tongge

兵避太岁铜戈

战国中期前后巴蜀文化的铜制兵器。旧名大武戚或大武开兵戚。因上有“兵避太岁”（旧释“大武开兵”）的铭文而得名。1960年发现于湖北荆门县东桥大坝地区的一座战国墓中。现藏于荆门市博物馆。

援长13.6厘米、内长8.3厘米。为短援无胡型，援部宽短，近阑处二穿，上下刃几乎平行，近锋处才突然折收成锋；援两面中后部有矩形框，内铸浮雕状神像。内部狭长，中有穿，后部方框内饰叶蔓状花纹，框下有“兵避太岁”4字铭文，分两面转读排列。

此戈形状与通常的中原式和巴蜀式铜戈均不相同，图像循援锋向下排列、铭文循内尾朝上排列，这也不同于普通铜戈。最引人注目的是，它所装饰的神像身披鳞甲，头有双角（羽冠？）及顶饰，两耳带蛇，左手持龙，右手握虹，束腰，鸟状足下右踏日，左踩月，胯下另有一升龙。对于这一图像的内容及神像的名义，一般认为此神即铭文所说的太岁，是古代行军作战需回避的天象和天神。铸有这种神像的这件形制特殊的铜戈，应当是为了征战举行的某种宗教仪式时使用的器具。它是古代原始宗教的产物，是当时盛行的兵阴阳家思想在铜器上的反映。

兵避太岁铜戈

参考书目

俞伟超、李家浩：《论“兵避太岁”戈》，《出土文献研究》，文物出版社，1985。

李零：《湖北荆门“兵避太岁”戈》，《文物天地》1992年3期。

李家浩：《再论“兵避太岁”戈》，《考古与文物》1996年4期。

（孙　华）

Hongguang qizi tongge

红光奇字铜戈

战国中期巴蜀文化的铜制兵器。因上铸有不同于汉文字的奇异铭文而得名。1972年出土于四川郫县红光公社七大队四队的一座战国墓中。现藏于四川省博物馆。

红光奇字铜戈

援长17.8厘米、胡长8厘米、全长25.3厘米。为直援、直内、中胡三穿式。援有凸起的中脊，前部斜收成锋，后部及内的两面铸有虎纹。虎纹前部比例较大，呈浮雕状，后部因纳柲故仅以阴线表示。虎头向戈锋，张口吞脊，口中有一不甚规则的穿孔；内上虎身后部另有一圆穿。胡部两面各有一组不同的巴蜀符号。援上部铸出一行10余字铭文，这种文字在四川地区战国铜兵器上数见，其构成文字的符号与汉文字有关但又明显不同，当是春秋、战国时期蜀国或巴蜀两国所使用的文字。秦灭巴蜀后，随着秦国各种统一措施的实施，这种文字很快消亡，现已无法释读。（孙 华）

〖巴蜀文化其他铜器〗

Jiuliandun Shaoshi tongding

九联墩邵氏铜鼎

战国中期巴蜀文化的铜制食器。因上有“邵之食鼎”铭文而得名。1980年由四川省博物馆等单位在新都县马家公社九联墩战国大墓中发掘出土。现藏于四川省博物馆。

口径22厘米、通高26厘米。造型与楚文化铜鼎中常见的带盖鼎相同。鼎子口上覆圜顶盖，盖顶中心设龙钮提环，周围分列3只卧牛形钮。鼎身直口，鼓腹，平底，附耳较直，三蹄足较直较高。除盖顶中心饰三角雷纹、绹索纹和点地勾连纹各一周，三足上部饰变形兽面纹外，器表主体纹样均为带状布列的点地凤鸟纹。凤鸟纹共4周，盖、器各2周。铭文铸于盖内，4字排成两列，其内容、行款与字体都与湖北出土的邵之御鉴相仿。邵即昭，为战国时期楚国著名的贵族族氏。有的学者认为该鼎很可能属楚器，也有的学者认为它是蜀器。该鼎铸制精致，在巴蜀地区出土的同类楚文化因素的铜鼎中具有代表性。这样的铜鼎出自蜀地的中心地区，对于研究当时的蜀楚关系具有重要的意义。

（孙 华）

九联墩邵氏铜鼎

Jiuliandun zongsuo tiliang tonghu

九联墩棕索提梁铜壶

战国中期巴蜀文化的铜制酒器。1980年由四川省博物馆等单位在新都县马家公社九联墩战国大墓中发掘出土。现藏于四川省博物馆。

口径10.6厘米、通高34.4厘米。平面呈圆形，伞形矮盖，盖面设4个对称的环形钮，其中一钮系粗棕绳与壶身上一侧的铺首相连。壶颈不长，稍微内曲，肩部圆鼓，下有直圈足，肩部设相对的衔环铺首，两个铺首的环上系粗棕索为提梁。

该铜壶与其他铜器一起浸泡在厚木板围成的腰坑的清水里，故出土时完好如新，金黄光亮，连提挈的棕绳也完好保存。它对于了解当时这种带衔环铺首铜壶的提挈方式很有帮助。

（孙 华）

九联墩棕索提梁铜壶

Xiaotianxi yincuo yun-shuiwen tonghu

小田溪银错云水纹铜壶

战国晚期及秦代巴蜀文化的铜制酒器。1972年由四川省博物馆等单位在涪陵县小田溪1号墓中发掘出土。现藏于四川省博物馆。

小田溪银错云水纹铜壶

口径15.3厘米、通高50.6厘米。平面呈圆形，伞形器盖，盖面分列抽象的鸟形钮。壶颈微内曲，圆肩，鼓腹，下有直圈足，肩部两侧设对称的衔环铺首。壶盖纹饰分两周，盖顶饰总体构图近似漩涡纹的对卷

云纹，其外为细密的云水纹；壶身口沿饰交错的勾连云纹窄带，其下为以对卷云纹为基本构图单元的云水主纹，主题纹样下的素地上有12片心形垂叶纹，圈足上饰一道水波纹。这些花纹均由银错线条构成，色彩艳丽；卷云纹按对称构图，虽相互重叠，富于变化，令人眼花缭乱，却也疏密有致，繁而不乱。

该壶以简洁的造型配以繁丽的纹饰，纹饰旋转跌宕却又不失均齐规整，具有良好的装饰效果。它是战国晚期巴蜀文化铜器受楚文化铜器影响而产生的新的装饰风格。同样格调的铜壶在四川广元市也发现一件，但装饰效果却不及此。

（孙 华）

Xiaotianxi jincuo tongzhong

小田溪金错铜钟

战国末期巴蜀文化的铜制乐器。1972年由四川省博物馆等单位在涪陵县小田溪1号墓中发掘出土。现藏于四川省博物馆。

共14件，形制相同，大小递减。最大者身高21厘米、铣间19.5厘米、通高27.5厘米，最小者身高8.6厘米、铣间6厘米、通高14.6厘米。为钮钟。钟钮呈长方形，形态随钟体大小递减而变得窄长，钮内有兽首插销以悬钟。钟体如合瓦，体态较长，略有收分，最宽处在钲鼓相交处。钲部以凸线分隔为钲、篆、枚诸区，枚作半球形，鼓部较高，于部弧度较大。钟上以金丝错成花纹，纹类以各种变体的几何纹和云水纹为主，颇为华丽。

嵌错工艺自春秋晚期产生以来，一直为高级铜器所广泛采用，但铜乐器花纹用嵌错尤其是用金错的却很少见。陕西临潼县秦始皇陵园出土的秦代钟的纹饰也以金错成。该钟年代接近秦代，这或许表明金错铜钟是那时高级铜乐器的时尚。

（孙 华）

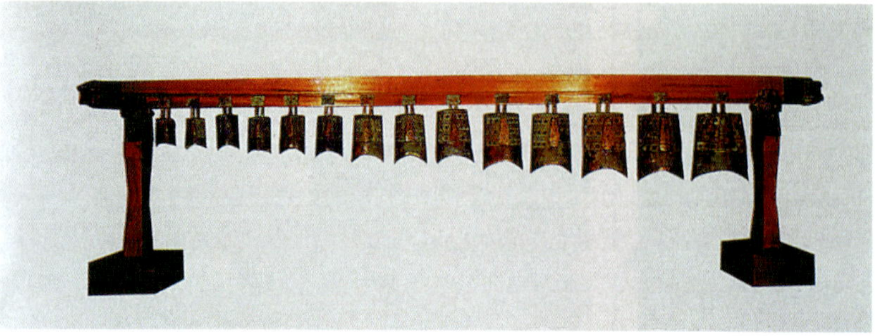

小田溪金错铜钟

Wanxian huniu tongchunyu

万县虎钮铜錞于

万县虎钮铜錞于

战国晚期巴蜀文化的铜制乐器。1928年出土于四川万县，旋为时任华西协合大学教授的美国人鹿依士博士所得，其后回归该校博物馆。1952年拨归四川大学博物馆。现藏于四川大学博物馆。

通高72厘米，重28千克。整体呈椭圆锥头形。顶部呈浅盘状，盘平沿外侈，盘心及四周刻一圈11种花纹符号。正中设虎钮，虎四肢伫立，头部硕大，昂首龇牙咧嘴。虎身、虎尾残。钮下刻虎纹。錞于颈极短，肩部隆起，肩以下渐收成椭圆形直筒状。铸制工艺过程较为复杂：先分别模铸虎钮、顶盘、筒形器身，然后铸接成型，最后刻制盘心花纹。

錞于为春秋战国至西汉时期常见器物，大多为青铜器，另有少量原始青瓷器。该錞于高大雄浑，在全国已知300余件青铜錞于中名列前茅。盘顶中心所立虎钮及钮下所刻虎纹，为古代巴蜀文化铜器常见的图像，不少学者将虎与巴人的祖神或图腾相联系。盘心四周及中心铭刻的11种花纹符号，为已知巴人铜器中铭刻“巴蜀符号”最多的一件。有的学者认为它们属于巴蜀文字，是一种处于象形文字原始阶段的文字；亦有人认为它们是巴人及与巴人有关的部族的图腾。

（陈德富）

Jiuliandun Ba-Shu fuhao tongyin

九联墩巴蜀符号铜印

战国中期巴蜀文化的铜制印章。是已知体量最大、印文最形象的巴蜀文化铜印。1980年由四川省博物馆等单位在新都县马家公社九联墩战国大墓中发掘出土。现藏于四川省博物馆。

边长3.5厘米、高1.4厘米。作盝顶方形，印背中有拱形钮，四坡各饰一简体兽面纹。印文上部中央似为甲衣一领，两旁各有铜钲一枚；下部为二人抬负一物，其间放有一铜罍。对于这些印文的含义，有的学者认为该印文为族氏徽识，同墓所出其他铜器上常见符号实际上是该印文的简体；有的学者认为印文中有双铎，这与文献中“两司马执铎”的记载相合，印文的内容应是表示持有者司马的身份地位。从该印文的内容结合该墓出土众多铜器上的符号来看，铜印符号为族氏徽识，并且该族以拥有强大武备为特征，是很有可能的。

参考书目

杜迺松：《论巴蜀青铜器》，《江汉考古》1985年3期。

（孙 华）

九联墩巴蜀符号铜印背纹

Dongnan Diqu Chunqiu-Zhanguo tongqi

东南地区春秋战国铜器

周平王东迁至秦统一时期中国东南部安徽、江苏、浙江、上海、江西和福建北部诸考古学文化的铜制器具。该地区部分文化在西周时期就已有比较发达的青铜冶铸业，诞生了像“后湖熟文化”铜器这样较有特色的铜器制作工艺。到了春秋、战国时期，东南地区的铜器已发展到了顶点，铜器出土的地点大大增加，数量急剧增多，区域特征更加强烈，制作技艺更加精湛，可与当时中原地区铜器相媲美。

● **文化背景** 春秋以前，东南地区富有地方文化传统的区域一般只限于长江以南，长江以北的安徽大部分地区和江苏北部地区基本上均为商文化或周文化的分布区。周王室东迁后，周王朝的国力一落千丈，西周中晚期就不大听命于周王朝的活动于淮河流域的东夷诸国很快独立，从而在考古学文化上形成一个新的文化区，产生了具有鲜明区域文化特色的徐文化铜器。与此同时，长江以南地区的“后湖熟文化”等也在继续发展。春秋中期以后，该文化分布区的吴国和越国逐渐强盛起来，开始将自己的势力推向长江以北地区，吴、越相继与齐、楚等强国争霸于中原。与此相对应，在“后湖熟文化”基础上形成的吴越文化这时也不再限于江南一隅，江北的徐文化逐渐被江南的吴越文化所融汇。强大的吴越文化在将自己的文化因素向北散布的同时，也将自己的文化特质向南辐射，影响到更南的南方地区青铜文化。战国时期，西面的楚国日益强盛，东南越国却日见衰落，越、楚间这种国势的消长影响到考古学文化上，就是楚文化因素在东南地区逐渐取代吴越文化因素。周显王四十六年（公元前323年），楚威王大举伐越，“杀王无强，尽取故吴地至浙江……而越以此散，诸族子争立，或为王，或为君，滨于江南海上，服朝于楚”（《史记·越王勾践世家》）。由于这一原因，吴越文化故地大多已变为楚文化分布区，南部的吴越文化因素则与更南的百越文化因素融合在一起，故独立的吴越文化已不复存在。战国中期以后的东南地区不再见到有明显吴越文化特点的铜器，正是这一历史文化背景的反映。

● **区域特征** 东南地区春秋、战国时期的铜器包括后湖熟文化、徐文化、吴越文化以及势力扩张后的楚文化等4个文化的铜器。后湖熟文化是吴越文化产生的基础，徐文化仅在春秋早中期前后短暂地存在一个时期，楚文化是从战国早期开始逐渐取代吴越文化而进入东南地区的外来文化。真正能代表春秋、战国时期东南地区本地文化特征的主要是后湖熟文化和吴越文化，该地区春秋、战国铜器的区域文化特征实际上也主要就是这两个文化铜器的特征。这些特征主要表现在4个方面：①仍然存在着从西周晚期就已出现的所谓的“文化滞后”现象，西周中期以前在中原地区流行的一些铜器种类、形态和花纹在春秋、战国时期的东南地区却长期沿用。例如三段式尊和两段式尊、提梁壶等器类，变体夔龙纹、简化兽面纹等纹饰，在春秋晚期甚至更晚都能够见到。②器壁轻薄且多素面无纹的越式鼎出现很早，至迟在西周晚期就已出现三足外撇的越式鼎。越式鼎在当时东南地区诸文化中也是常见的铜器，如江苏吴县何山墓铜器群、丹徒县王家山铜器群中都有素面越式鼎发现。③有一组最早产生并流行于该地区的铜兵器、乐器和农具。兵器中的圆茎剑，乐器中的錞于，农具中的双翼耨、锯镰等，都是出现较早、使用广泛的铜器种类，其中制作精良、坚韧锋利的圆茎铜剑，对其他地区铜兵器的工艺和形制有着重要影响。④铜器花纹中构图单元很小和单元纹样交错的勾曲网格纹、几何棘刺纹，以及由西周早期中原系铜器上一种反首夔龙纹简化、抽象出来的各种变形勾连云纹，都很有地方特色。

● **分期与分区** 因与周围其他地区的联系远比先前广泛，吴、越两国先后强盛并北上中原争霸，极力将自己纳入中原诸国的范畴。在这种情况下，东南地区这一时期铜器也逐渐摆脱先前因脱离中原影响而形成的特有的保守现象，铜器发展逐步走向与中原周文化诸亚文化同步发展的轨道。大致可分为3期：

第一期，春秋早中期。主要以西周时期就已出现的土墩墓铜器（即后湖熟文化铜器）为主体，具有较强烈的保守性。相对说来，在长江以北的淮河中下游地区，徐文化铜器特征在这一时期表现得最为鲜明；在江浙地区（包括皖南），仍是后湖熟文化的延续期，依然流行西周中期以前中原流行的部分铜器（如簋、尊、提梁壶、圈足盘等）。

第二期，春秋晚期及战国早期。为吴越文化的繁荣时期，也是具有中原新风气的铜器在东南地区重新出现并流行的时期，铜器制作转精，纹饰细腻。淮河中下游地区徐文化趋于消失，具有徐文化特色的铜器和带有徐国铭文的铜器散布于江南地区的许多地点（如浙江绍兴市坡塘306号墓的徐器，江苏丹徒县北山顶墓的舒器等）。江浙一带的吴越文化在此时兴起，其铜器既有东南地

区传统因素，又有当时晋、楚、齐文化铜器的因素，技艺高超的吴越铜剑在这时定型并广泛行用。

第三期，战国中晚期。是东南地区文化传统趋于消亡的时期，也是楚文化势力进入东南地区的时期。东南地区固有的铜器特质在此时已很少见。

参考书目

李学勤：《东周与秦代文明》，文物出版社，1984。

董楚平：《吴越徐舒金文集释》，浙江古籍出版社，1992。

（孙　华）

Xuwenhua tongqi

徐文化铜器

春秋时期分布于淮河流域一带以徐国为主体的青铜文化的铜制器具。分布地域包括安徽和江苏的北部，以及河南东南部。这一带春秋时期活动着以嬴姓的徐国为中心，包括与徐同姓的钟离、黄，以及偃姓的英、六、桐、巢、蓼、群舒等国。这些国族在西周王朝覆灭以后，代表一支以当地文化因素为主，有别于中原青铜文化，而受吴、楚等国青铜文化影响的青铜文化。春秋时期淮河流域最重要的国家是属于淮夷的徐国，徐国铜器数量较多，序列清楚，故将这一时空范围内的青铜文化的铜器称之为徐文化铜器。

徐为古族古国，西周时期曾为淮夷之首，强大一时，“乃率九夷以伐宗周”（《后汉书·东夷传》）。西周晚期，徐受到周王室的沉重打击，但随着西周王朝的灭亡，徐在淮河流域站稳了脚跟，吸收当地的土著文化，创造出自己的文明。春秋中期以降，随着吴、楚的强大，徐及“群舒”等小国虽然继续延续着自己的文化，但接受较多外来因素，自身特色渐趋没落，直至春秋末年陆续被楚、吴所灭。徐文化铜器的发展进程正是这段历史的真实写照。

● **发现与认识**　徐国铜器早在清代就有出土。清光绪十四年（公元1888年），江西高安县清泉出土铜器12件，其中有徐王弔又觶1件、徐王义楚觶2件和徐□尹者故鉦钺等徐器。徐义楚见于《左传·昭公六年》，这时他尚未为王，徐王义楚器必在鲁昭公六年（公元前536年）以后不久。这些晚期徐器，虽然年代明确，但出土地点远在徐国疆域以外，文化特征也不够鲜明。1959年安徽舒城县凤凰嘴一春秋墓葬中发现一批精美的青铜器，其中包括平盖鼎、兽首匜形鼎、带把盉形甗、素面浴缶等，其形制和纹饰颇具特色，不见于周邻各文化，报告编写者根据墓葬所处的年代和地理位置，推测为“群舒”之器。1974年在湖北汉川县的一座墓葬中也曾发现过这种典型的铜器，但鉴于当时的材料和认识，没有引起足够的重视。20世纪80年代以来，又先后在安徽舒城县五里砖瓦厂、肥西县长庄村、怀宁县人形河及河口镇、六安县燕山村走马岗等地墓葬中陆续出土器类组合和形制、纹饰都与舒城县凤凰嘴墓葬所出特征相同的铜器群，它们集中分布于安徽舒城县及其周围地区，年代不出春秋早中期。学者们一般根据这一带春秋时期是被称为“群舒”的诸偃姓小国活动的地域，认为它们是群舒的铜器，从而使得人们对徐文化铜器中的所谓群舒铜器有了比较清楚的认识。与此同时，在安徽以西的淮河上游地区也发现了与群舒铜器基本特征相似但又有所区别的铜器群，如河南罗山县高店村出溪君单铜器墓和溪季宿车墓、潢川县磨盘山古墓、光山县宝相寺黄君孟墓、信阳县平西5号墓等墓葬出土的铜器，铭文表明，它们都是黄国公族及其后裔的器物。黄为徐的同姓国，因依附于齐国不向楚国纳贡而于公元前648年被楚所灭，黄国铜器的年代主要应当在楚灭黄国以前。这使人们对徐文化铜器主要分布地域、基本特征、分期与分区等问题有了更深刻的认识。此外，1980年舒城县九里墩一座春秋晚期墓葬还出土一件有铭文鼓座，有的学者考证其为群舒之物，并据此再论徐、舒同源的观点。由于该墓被盗，没有发现早期墓葬所出的那些具有特色的铜容器，而较多的是生产工具、兵器、乐器及车马饰件，又缺乏鲜明的文化特点，它们是否属于徐文化的遗存还不能确定。

● **类型与纹饰**　有容器、乐器、兵器、工具、车马器等。容器以多种类型的鼎（如兽首匜形鼎、立耳无盖鼎、附耳平盖鼎、小口带盖浴鼎）、折肩高裆尖足鬲、带把盉形鬲、带把盉形甗、环耳或兽耳大圈足壶、素面平盖缶最为常见，此外还有豆、尊、罍、觶、匜、盘、鉴、勺、器盖等。乐器有钟、钲、鼓座。兵器有剑、矛、戟、戈、殳、镦。工具有斧、锛、铲等。铜容器的基本组合以兽首匜形鼎、立耳无盖鼎或附

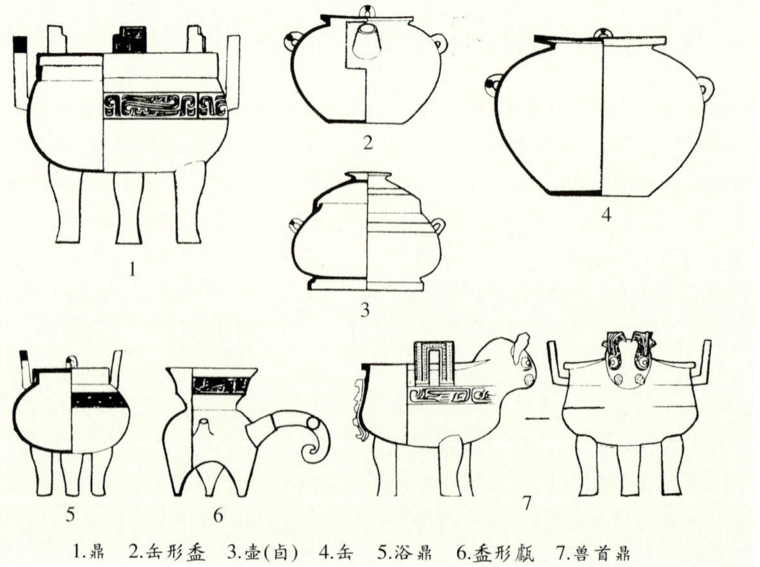

1.鼎　2.缶形盉　3.壶（卣）　4.缶　5.浴鼎　6.盉形甗　7.兽首鼎

徐文化东区的典型铜器

铜器

耳平盖鼎、带把盉形甗、素面平盖盥缶为中心，有的加折肩高裆尖足鬲、带把盉形鬲、环耳或兽耳的大圈足壶、三足匜等。这些铜器形制颇具特色，兽首鼎造型别致，整体形态与鼎无异，但鼎的前部口沿做出生动逼真的兽首，后部一般还做出扉棱状兽尾，鼎口上或加平盖，安徽寿县肖严湖兽首匜形鼎盖后端还伸出鼎口，作成鸟尾的形状；带把盉形甗整体如甗形，上部为盘形或钵形的浅腹甑部，下部为联裆鬲形，中腹有短管流和角状把手。此外，尖锥状袋足鬲、环耳大圈足壶（或称作簋）、素面平盖缶等也都是不同于吴、楚文化的典型器物。器表装饰趋于简化，多素面，有纹饰的多呈带状分布于器腹和盖。纹样有窃曲纹、蝉纹、蟠螭纹、垂珠纹、斜角云纹、波纹环带纹、连珠纹等。铜器群的兽首鼎（牺鼎）、蝉纹鼎、锥状袋足鬲、带把盉形甗（盘口盉）等最具特色，应属当地的一支土著青铜文化的遗物。

● **分期与年代** 淮河流域小国众多，西周时这些小国被统称为东夷或淮夷，它们在周王朝渐趋衰落的情况下，由徐国率领开始反叛周王朝，周王朝为此经常兴兵征伐，西周晚期大量的征伐东夷、淮夷的金文就是这段历史的反映。周王室东迁后，原先王室号令已经难以推行的淮河流域也率先脱离周王朝的羁绊，出现一批相对独立的国家和古族，形成自身文化特征，并在春秋早期偏晚阶段，其文化特征开始在铜器风格上体现出来。这种具有区域文化色彩的铜器在春秋早中期之际达到最繁盛的时期，这时的铜器较多地反映出自己的特色，少见外来文化因素。春秋中期偏晚阶段以后，由于逢源于大国之间，自己的文化因素逐渐减弱，文化特征越来越不明显，外来文化因素所占比例增加，墓葬的随葬品亦复杂多样。因此，可以把徐文化铜器分作早晚两大期，两期差别明显，早期基本上代表徐文化自己的特征，而晚期则反映出它逐渐没落的历史。

早期：春秋早中期。典型铜器群如舒城县凤凰嘴墓铜器、光山县黄君孟夫妇墓铜器。随葬品数量多3~7件，同类器物重复的较少，如鼎，一墓多为1件，最多的也只有3件，其等级并不高，甚至可能没有形成类似中原周文化的礼制，反映地位高低尊卑的似乎只是是否随葬铜容器及铜器数量的多少。铜器组合以鼎、甗、壶、缶为主，代表器类有兽首鼎、蝉纹鼎、折肩高联裆鬲、角状柄盉形甗。装饰纹样主要为窃曲纹、蟠螭纹、重环纹。没有发现铜乐器、车马器。

晚期：春秋晚期。典型铜器群只有九里墩墓葬铜器，传世和出土的有铭文徐国铜器大多均属此期。墓葬铜器组合与前期有着明显的不同，不仅发现有铜容器，而且铜乐器、兵器、车马器、生产工具俱全。随葬品数量巨大，九里墩墓残存青铜器就多达170多件。由于被盗的原因，没有发现太多的容器，更没有发现像早期那样的具有自身特色的器具。

早晚期墓葬随葬品的变化，可以窥知徐文化在江淮间发生、发展和灭亡的过程。早期墓葬铜器器类和各墓铜器数量虽然不很多，但徐文化特征显著，反映出徐文化诸国相对独立的历史。而晚期墓葬虽然随葬品种类、数量都远非早期能比，但主要是外来文化因素，徐文化铜器的特色已经很难辨识。

● **分区与国族** 严格说来，徐文化铜器只应包括春秋早中期自身文化特征显著时期的铜器。它们明显可以分为河南东南部即淮河上游地区的以黄国为主体的铜器和安徽西南部即淮河下游地区以所谓“群舒”为主体的铜器等两个区域类型。淮河上游地区铜器以鼎、壶、𬭚、甗、匜、盘为基本组合，鼎中不见兽首匜形鼎，壶皆为附耳壶，有𬭚而无缶，这都更接近中原地区（狭义）铜器特征，但像黄君孟夫妇墓鼎等铜器均为2件，这又与中原铜礼器制度不合。淮河下游地区铜器以鼎、壶、缶、甗为基本组合，鼎中有最具特色的是兽首匜形鼎，壶为提梁壶，缶为平盖罐形缶，其特征有更多的东夷及吴越文化色彩。

关于淮河上游地区铜器，由于很多铭文自名属于黄国，此外还有繁国，其主体国别已经可以确定。对于淮河下游地区铜器，由于没有

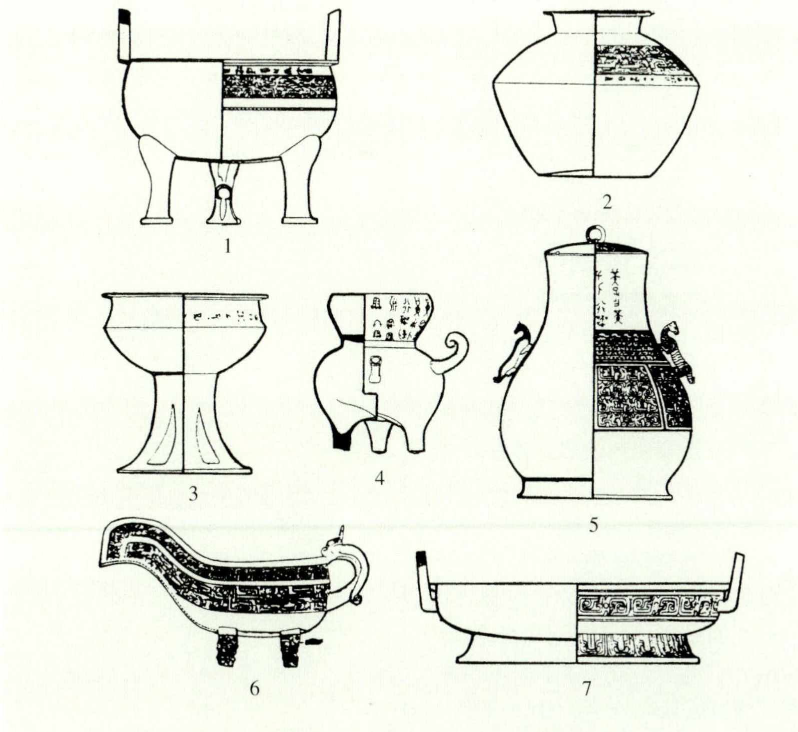

1.鼎 2.缶 3.豆 4.盉形甗 5.壶 6.匜 7.盘

徐文化西区的典型铜器

出现铭文，学术界一般根据文献将其主体国族推定为“群舒”。不过，群舒是指以今安徽舒城县为中心的舒蓼、舒庸、舒鸠等同冠以舒字为名的小国，不足以作为江淮间广大区域内出土铜器所属文化的国别及族属；并且舒及群舒在《左传》等文献记载中主要活动在春秋中期偏晚阶段以后，这与这一带富有地方色彩的铜器群的存在年代不相吻合。从各方面的材料来看，与其推定该区域铜器属于“群舒”，还不如推定属于徐国更加合适。《春秋·僖公三年》（公元前657年）有“徐人取舒”的文字，这是徐国凭借齐国等讨伐楚国之机，将势力扩展至淮河以南地区史实的记录。在楚灭黄，进而将徐国势力赶出淮南地区，原先活动在这一带的包括“群舒”在内的小国在摆脱徐人控制以前，淮南地区应在徐国的直接控制之下。徐与黄都是同姓古国，具有相似的文化传统和在春秋早中期之际一度相对独立于诸大国之外的经历，所以它们的铜器才有不同于其他文化的特色，且铜器特色的存在年代才如此短暂。

参考书目

李学勤：《东周与秦代文明》，文物出版社，1984。

李国梁：《群舒故地出土的青铜器》，《文物研究》第六期，黄山书社，1990。

（张钟云 孙 华）

Xuwenhua tongding

徐文化铜鼎

春秋早中期以徐国为主体的青铜文化的铜制食器。基本形态与中原系统其他青铜文化相同，但细部形态和纹饰及使用情况却存在着许多差别，是构成徐文化铜器特质的重要要器类之一。

可分立耳平盖鼎和无盖鼎、附耳平盖鼎、兽首匜鼎和小口浴鼎4类。在一个铜器群中，附耳平盖鼎多2件成对，立耳平盖或无盖鼎则或双或单，兽首匜鼎均为1件，小口浴鼎仅在舒城河口镇1号墓等个别铜器群内发现。在这些铜鼎中，立耳平盖或无盖鼎是从周文化同类铜鼎中发展而来的鼎型，通常无盖的立耳鼎形态更近似中原系铜鼎，如河南光山县黄君孟夫妇墓无盖铜鼎、安徽寿县肖严湖无盖铜鼎等；而带盖的立耳鼎三足较高且靠在一起，有一定地方特点，如安徽六安县思古潭平盖鼎。附耳平盖鼎均敛口垂腹，口上罩平顶盖，肩两侧有一对垂直的大附耳，可以将鼎铉穿过附耳压住器盖来抬运铜鼎，如安徽舒城县凤凰嘴平盖铉鼎。兽首匜鼎最具徐文化自身特色，它总体形态如同普通的附耳铜鼎，但鼎口前端相当于两足之间的位置上有带角的兽首，与兽首相对的一足上方的腹壁上有扉棱状兽尾鋬。这种兽首匜鼎在淮河下游地区的舒城县河口镇1号墓、舒城县凤凰嘴墓、怀宁县人形河墓和寿县肖严湖墓出土有4件。另在浙江绍兴县坡塘306号墓亦出土一件这种鼎的残器，有的学者根据该墓出土的有铭文的徐国铜器认为该墓为南迁徐人的遗存。（孙 华）

Xutaizi Bochen tongding

徐太子伯辰铜鼎

春秋中期徐国铜制食器。因作器者为徐太子而得名。1979年出土于湖北枝江县。现藏于宜昌博物馆。

口径28.8厘米、通高25.7厘米。立耳外卷，斜折沿，腹浅且略鼓，下有截面呈半圆形的兽足。腹上部饰蟠螭纹带一周，下部施一道凸旋纹。鼎腹内壁有铭文4行28字：“唯五月初吉辛酉余太子伯辰□作为其好妻□□鼎于□□，永宝用之。”铭文中的余字即文献中徐国之徐的较古的写法，铭文的意思是徐太子伯辰□在某地为其妻铸造了这件铜鼎，希望能永远保有它。该鼎形态和花纹颇似春秋中期的作风，其年代当在春秋中期偏早阶段。它是已发现的徐国有铭文铜器中最早的一件。

（孙 华）

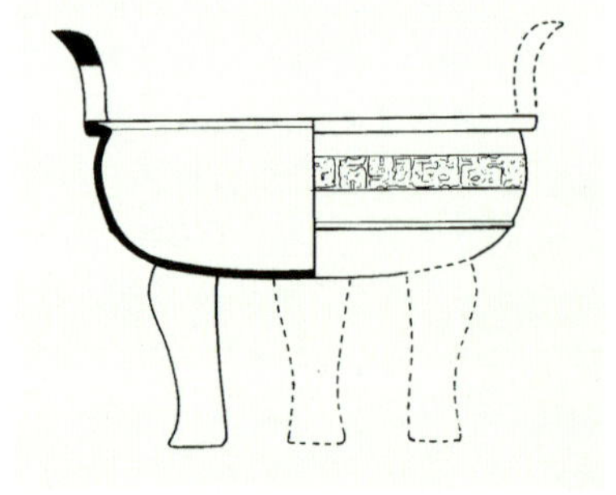

徐太子伯辰铜鼎

Fenghuangzui shoushou tongyiding

凤凰嘴兽首铜匜鼎

春秋早中期之际徐文化的铜制食器及礼器。1959年由安徽省文化局文物工作队在舒城县凤凰嘴一座墓葬中清理出土。现藏于安徽省博物馆。

口长19.1厘米、宽19.8厘米、耳

凤凰嘴兽首铜匜鼎

及身高23.2厘米～23.7厘米。整体造型如同一抽象的鹿。鼎前作鹿首，鼎口即鹿背，其上平盖前端翘起，以与高起的鹿首相合。鼎身侈口，附耳，鼓腹，圜底，底下接三蹄形足，鼎后以扉棱代鋬。盖上饰勾连云纹两周，耳廓饰连点纹，肩部有变形夔纹一周，并在前腿以上部位施呈漩涡状排列的重环纹。造型构思巧妙，花纹简洁明快，堪称徐文化铜器的杰作。

该鼎装饰纹样较春秋早期的同类纹样已经变形，但还未完全细化，尚存春秋早期花纹的作风，其确切年代当在春秋中期偏早或早中期之际。它是已知兽首铜匜鼎最为精好的一件。（张钟云）

Xuwenhua tongyan

徐文化铜甗

春秋早中期以徐国为主体的考古学文化的铜制炊器。或称盉形甗。大多有较深的盘状或钵状的甑部，鬲部肩的两足间有短管，管旁的足脊上有上翘并弯卷的角状把手。把手由两段拼成，上半部多做成卷曲角状，个别如兽首，两段连接处各有一对穿孔，并以它物通过穿孔使两段连接。它是徐文化铜器中最有特色的器类之一，对周围其他文化也有一定的影响。

一般出自土坑墓中，每座墓一般只出土一件。在安徽舒城县凤凰嘴、五里砖瓦厂和幸福村，肥西县小八里，怀宁县杨家牌，庐江县岳庙和泥河，六安县燕山村以及河南光山县黄君孟夫妇墓等墓葬中均有发现。黄君孟夫妇墓出土的黄子盉形铜甗的腰间有圆形木箅，安徽临河县老丘堆陶盉形甗腰间做出箅孔状，据此可以肯定这是用作蒸食物的炊器而不是煮水或装水的水器。器上的短管流应当是蒸东西水不足时加水之用的。

可分两种形态，一种甑部作钵形，如舒城县五里砖瓦厂盉形甗；另一种甑部为盘形，如舒城凤凰嘴盉形甗。从两种铜甗在淮河流域并存，以及与这两种铜甗共存的其他铜器形态相似等方面分析，这两种铜甗应当不是年代早晚不同而形成的形制差异。钵形甑部折甗似以肥西县小八里铜甗较早，其甑部为敞口、斜腹；舒光山黄子盉形铜甗年代稍晚，口部已经收敛；城县五里砖瓦厂铜甗可能最晚，其甑部已经为敛口鼓腹。盘形甑部的甗形态演变规律不太明显，似乎有甑部由深而浅、肩部逐渐耸起的演变迹象。

在徐文化铜器中还有一种与盉形甗相似的器类——盉形鬲。盉形鬲小口，耸肩，联裆，尖足，裆间有管状流，裆脊设上卷的角状把手，有的鬲口上还覆以器盖。除没有甑部外，其余形态均与盉形甗完全相同。这种鬲在六安县燕山村墓和光山县黄君孟夫妇墓中都与盉形铜甗同出。它们都是徐文化中最有文化特征的器类，其角状把手的做法则很可能受到长江以南"后湖熟文化"陶鬲的影响。（孙 华）

Huangzi hexing tongyan

黄子盉形铜甗

黄子盉形铜甗

春秋早中期之际徐文化中的黄国铜制炊器。或称黄子鉶。因铭文称其为黄子所作而得名。1983年由河南信阳地区文物管理委员会等单位在光山县宝相寺黄君孟夫妇墓中发掘出土。现藏于信阳地区文物管理委员会。

口径11.2厘米、器高18.4厘米。器表呈紫铜色。领部甚高如敛口钵形，身部如鼓腹联裆柱足的鬲，其中两足间裆缝处有短流，流旁袋足脊上有上卷的角状鋬首。其整体形态颇似甑部很矮的甗。领外表铸有铭文6行16字："黄子作黄甫人行器，则永寳（宝）口，霝冬（终）霝後。"该甗铜质精良，并铸有较长的铭文，年代明确，为铜甗这一徐文化常见的典型器类中的代表作。（孙 华）

〖徐文化其他铜器〗

Huangzi tonghu

黄子铜壶

黄子铜壶

春秋早中期之际徐文化黄国铜制酒器。因系黄国国君为其夫人所作而得名。1983年由河南信阳地区文物管理委员会等单位在光山县宝相寺黄君孟夫妇墓中发掘出土。现藏于信阳地区文物管理委员会。

共2件，形制、纹饰、铭文均相同。口径10.3厘米～12厘米、通高30.7厘米。器表呈紫铜色。平面呈椭圆形，上带盖，盖顶施环钮；壶口微侈，长颈，溜肩，垂腹，矮圈足。肩部施有2个对称的虎形耳。壶盖饰窃曲纹，肩腹部纹饰分3层：上层为半环纹，中间作三角纹，下层系以绚索纹分为8组的蟠螭纹。花纹带自上而下逐层加宽，颇具韵律。壶颈上铸“黄子作黄父（甫）人行器，则永祜宝霝终霝後”的铭文。

该壶形制和装饰纹样与信阳市平桥繁夫人龙嬴行壶相近，但较后者精致美观。其纹饰以较细密的长舌蟠螭纹为主体，铭文铸于器物外表。这些都不同于春秋早期以前的旧传统，而是春秋中期流行的新风气。《左传·僖公十二年》（公元前648年）记载：“黄人恃诸侯之睦于齐也，不共楚职……夏，楚灭黄。”黄子壶的年代应早于此年。它是春秋早中期之际的重要铜器。

（孙　华）

Xuwang Yichu tongduan

徐王义楚铜耑

春秋晚期徐国铜制酒器及礼器。因系徐王义楚所作，自名为耑而得名。清光绪十四年（公元1888年）在江西高安县城西清泉市出土，最早著录于刘心源《奇觚室吉金文述》（卷十七）。现藏于台湾台北市中央博物院。

口径9.2厘米、通高20.6厘米。整体作圆觯形，敞口，长颈，垂腹，外撇的两段式矮圈足。器表素净无纹饰，铸有铭文4行35字：“唯正月吉日丁酉，徐王义楚择余吉金，自作祭耑，用享于皇天及我文考，永保□（予）身，子孙宝。”字体拘谨，仿自西周金文却又不失春秋时代气息。该器及徐王弁又耑为同类铜器中仅有的有自名的铜器，如果其名称与西周中期以前同类铜器相同的话，西周这时期这类铜器的命名就得重新考虑。

该耑形态如同西周中期偏早阶段周文化的所谓铜觯，铭文却明言其为春秋晚期徐王义楚所作。徐王义楚也就是《左传·昭公六年》（公元前536年）中聘于楚被楚扣留后又逃归的义楚，他当时尚未即位为徐王，为徐王必在公元前536年后不久。春秋晚期的徐国尚使用西周时期的铜酒器，这一方面说明东南地区诸青铜文化的铜酒器存在着一定的保守性，另一方面也暗示源自周文化的部分铜礼器在退出日常礼器群之后，在庙堂祭祀等重要场合还在使用。徐王义楚耑铭自述此耑为“祭耑”，是“用享于皇天文考”的祭器，所以才沿用早已不再采用的古礼器形制。

（孙　华）

徐王义楚铜耑

Tangjiashan panshegai tonghe

汤家山蟠蛇盖铜盉

西周末期及春秋早期徐文化的铜制酒器或水器。1979年出土于安徽繁昌县城东环城公社汤家山顶。现藏于繁昌县文物管理所。

汤家山蟠蛇盖铜盉

口径15.6厘米、通高29厘米。整体作圈足罐形。器盖较低，盖面蟠蛇，蛇首于盖中伸起作钮。器身侈口，短颈，广肩圆转，鼓腹内收，矮圈足外撇，前出管状流，后设半圆形鋬手，鋬上及器盖有拱形钮，其间以链相连。器表装饰极为简练，肩上和下腹各以一周变体云目纹为主纹，另在流上和鋬上分别饰以三角纹、斜角云纹和卷云纹。

该盉造型独特，花纹以中原系铜器纹饰为本而略加改变，无疑应为当地的产品。繁昌位于长江以南的皖南地区，春秋早期属徐国的势力范围。与之同时出土的鼎、甗、簋、盘、钟等也具有徐文化风格。

（孙　华）

Wu-Yue wenhua tongqi

吴越文化铜器

春秋晚期至战国中期分布于今江苏、浙江、安徽南部及上海地区考古学文化的铜制器具。这一地区曾先后被吴、越两国所占据，两国文化间的差异也不很明显，故学术界通常将以吴、越两国为主体的文化称作“吴越文化”。吴越文化铜器文化因素复杂，特征鲜明，并具有领先于其他文化的铜兵器制造技术，是中国南方地区诸文化铜器中最重要的组成部分之一。

吴与越皆为古国。《史记》等文献称吴为周太王长子太伯之后，越为夏少康庶子之裔。对于这些记载，学术界的意见颇多歧异，但无论吴、越王室是否是中原古族的支系，吴、越一带人们与中原诸国“习俗不同，语言不通”，而吴、越两国“接土邻境，壤交通属，习俗同，言语通”却是肯定的（《吕氏春秋·知化》）。共同的地理环境、共同的语言和习俗，使得两国铜器风格也基本相同，构成一个统一的文化区。

● **发现与研究**　吴、越铜器，尤其是兵器和农具，早在先秦时期就名闻远近。《周礼·考工记》等文献中就记载有关于吴越剑之精良和农具之普及的文字。北宋时，吴越铜器越王者旨於赐钟已被《宣和博古图》著录。清代以后，吴、越铜器出土日多，引起金石学家和古文字学者的普遍重视。见诸著录的吴器有者减钟、吴王夫差鉴、吴王寿梦戈、吴季子之子逞剑、吴王光戈、吴王夫差剑，越器有者汈钟、姑冯句鑃，其次句鑃、越王剑、越王之子剑、越王者旨於赐剑、越王者旨于赐矛、越王州句剑等。吴、越铜乐器、兵器及其铭文的基本情况开始为人们所了解。20世纪50年代以后，通过考古发掘和调查出土的吴、越铜器日渐增多，其面貌随之展现出来。重要的铜器群有江苏武进县淹城内城护城河发现的春秋晚期的铜尊、三轮盘、牺首圈足盉、句鑃等；浙江绍兴市坡塘306号战国早期墓出土的鼎、尊、盉形甗、鐎形盉、盝顶鼓座、伎乐铜屋等；江苏丹徒县北山顶春秋晚期墓出土的包括“舍王之子遷邟”所作的编钟、3件成编的虎钮錞于、保存完好的鸠杖在内的大量铜器；江苏丹徒县谏壁王家山战国早期墓出土的越系 鼎、提梁盉、虎子及盘、匜、鉴等刻纹铜器。这些铜器多出自形制独特的大型墓葬，地方色彩浓厚，共存关系清楚（特别是多与陶瓷器共存），且有带铭文的器物，它们是探讨吴越文化铜器组合、年代和特征的最重要的材料。此外，在江苏六合县程桥、吴县何山、武进县孟河等地墓葬中发现的与较多楚文化铜器共存的吴越文化铜器或纯粹的楚文化铜器，对了解吴越文化与楚文化铜器的关系及楚文化最终取代吴越文化的情况提供了重要材料。在江苏苏州城东北、昆山县庄、浙江绍兴市西施山、永嘉县西岸、安徽贵池县等地出土的包括大量农具在内的铜器窖藏，印证了历史文献中关于吴、越铜农具使用十分普遍的记载。至于在湖北、山西、山东等地楚、晋、齐文化中出土的吴、越铜兵器，则反映出吴、越兵器制造的繁荣进步和这些国家间关系上的一些问题。

● **技术与工艺** 铜器制作工艺精湛，不仅运用春秋、战国以来的多种新兴工艺技术，还创造出若干新的制铜工艺。这些技术成就集中体现在代表一个时代最高技术成就的兵器制造业上。吴越铜兵器，尤其是铜剑，制作工艺极为复杂：在铜合金的选择上，理化检测结果表明，吴越文化已改变湖熟文化在铜合金中加铅较多的做法，多使用锡青铜和低铅的锡铅青铜，铜料精良；在铸造工艺上，采用二次浇铸工艺，先用含锡较少、韧性高的铜合金铸造剑脊和茎，再用含锡多、硬度大的铜合金浇铸剑锷，使得铜剑既坚韧又犀利。吴越铜兵器十分注重铸后加工工艺。《淮南子·修务训》称：“夫纯钧、鱼肠之始下型，击则不能断，刺则不能入。及加之砥砺，摩其锋锷，则水断龙舟，陆剸犀甲。”出土的吴、越兵器，除经磨砺、嵌错使之光洁美观外，器表还普遍有黑色几何形暗纹。据研究，这些黑色暗纹可能属于含硫的有防止锈蚀作用的硫化铜，经硫化处理的铜兵器，至今保存完好，闪耀寒光。

吴越地区对于铜容器的制作不及对兵器那样重视和考究，这与中原诸国形成鲜明的对比。不过，在一些被认为属于春秋晚期或战国早期的吴国墓葬中，屡屡出土一些器壁很薄的刻纹铜器，如江苏六合县程桥1号墓出土的宴饮猎射纹铜盘残片，丹徒县谏壁王家山古墓出土的刻纹铜盘、匜、鉴等。这些刻纹铜器年代都可早到春秋末期，比中原地区刻纹铜器出现得早，故有的学者提出了这种刻纹工艺应为吴地所首创的观点。

● **形制与纹饰** 铜容器有鼎、甗、瑚、豆、尊、壶、缶、盉、盘、匜、鉴等器类。鼎有楚系鼎和越系鼎两类，其中越系鼎有盘口垂腹和直口浅腹两型，均小立耳，三足细高且外撇，是当地传统越系鼎的演变和发展。甗形制独特，其甑部盘口深腹，鬲部如带三矮足的釜，腰上有管，可向鬲部添水。尊是从湖熟文化中沿袭而来的传统器类，形如三段式觚，装饰当地别具特色的棘刺纹。盉可分3类：①当时各文化常见的三足提梁盉；②从徐淮文化

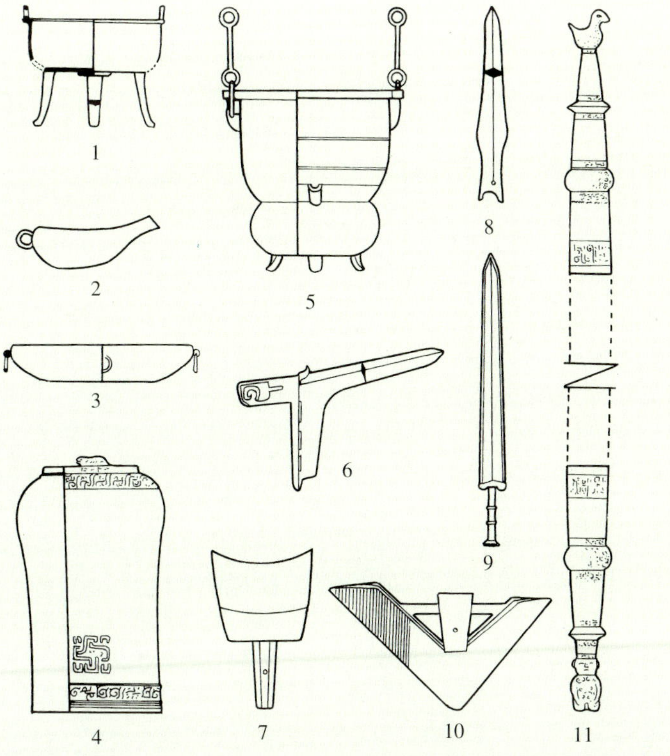

1.鼎 2.匜 3.盘 4.錞于 5.甗 6.戈 7.句鑃 8.矛 9.剑 10.耨 11.鸠杖

吴越文化典型铜器

沿袭而来的甗形盉；③形制与纹饰均不见于它处，是具有吴、越地方特色的器类，如淹城牺首圈足盉。盘、匜、鉴均有两大类，一类器壁较厚，造型较复杂，饰铸纹；另一类器壁较薄，造型简单，多饰刻纹。瑚、豆、缶等器类基本上呈现出典型的楚文化风格。

铜乐器主要有编钟、句鑃和錞于。编钟种类、形制和纹饰均与中原无别，钟上多长篇铭文，铭文除人名有特点外，其余均套用周人诗文，庄重典雅。句鑃是吴越地区特有的乐器，其形似倒置的素面甬钟，多大小相次成编。錞于是源于徐淮文化的军乐器，在吴地使用很普遍，并有它处少见的3件成编和圜顶曲体的錞于。

铜兵器有剑、钺、矛、戈、镞等类。剑制作精良，其中剑镡平行、剑格宽厚的圆茎剑，影响到同时周边文化，并为以后中原地区所效法。钺为短骹銎内式，形制似矛，为它处所不见。矛多两刃内曲，骹口上弧，椭圆形銎，也很有吴越地方传统特点。

铜工具特别是农具，品种繁多，有耨、臿、锄、犁、铧、“破土器”、镰、刀、锯、斧、凿等多种。其数量之多，分布之广，是其他文化无法比拟的。农具中带篦齿纹的双翼耨、弧背篦齿纹镰和所谓“破土器”等，均较有特色。铜鸠杖，精工细作，拥有者身份不低，也是很值得注意的吴越文化铜器。

吴、越铜器的纹饰有铸造而成的夔龙纹、蟠螭纹、蟠虺纹、云雷纹、卷云纹等，嵌错而成的兽面纹和铸纹镶嵌相结合的棘刺纹，刻镂而成的宴乐、狩猎纹，以及可能如有的学者推测的是在含锡量较高的器表用特殊物理化学方法处理出来的暗花菱形纹。在这些纹饰中，棘刺纹是湖熟文化就已出现的纹饰做法，上海松江县凤凰山棘刺纹尊的这类纹饰中有明显的嵌胶印痕，估计是镶嵌绿松石脱落后的痕迹。流行于兵器上的暗花菱形纹，严谨规整，是吴越文化特有的纹饰，体现了很高的技术水平。铭文皆较考究，行文多4字成句，句尾用韵，字体修长，笔划宛曲，颇为美观。尤其是王子僚铜戈、越王勾践铜剑等上的鸟虫书更具装饰意味。

● **年代与王世**　吴越文化铜器的年代相当集中，绝大多数都属于吴、越最强盛的时期即春秋晚期及战国早期。在年代较明确的有铭吴越文化铜器中，能早到春秋中期的仅有“工𢿌王皮難之子者减”所作的者减钟和吴王寿梦戈；能晚到战国中期的也只有者汈钟。由于已知礼乐器多为王室成员铸器，故其铭文多有王名或王子的名字，有的可与文献记载印证。经研究，确切可考的吴、越王器有如下几代（括号内是文献记载中名）：

吴王是野（寿梦）公元前585年～公元前561年

吴王光（阖闾）公元前514年～公元前496年

吴王夫差（夫差）公元前495年～公元前473年

越王鸠浅（勾践）公元前496年～公元前465年

越王者旨於赐（鼫与）公元前464年～公元前459年

越王州句（朱句）公元前448年～公元前412年

除以上诸王外，见诸铜器铭文的越王名还有“亓北古”，是史籍中的哪一代越王，学术界尚存分歧。有的学者排比了铜器铭文的吴国名，指出吴国在诸樊以前作“工𢿌”，阖闾时作“攻敔”或“攻吴”，最后省称“吴”。吴国称王始于寿梦（据《史记·吴太伯世家》），吴越文化铜器形成自己的风格也在这前后。就在吴王夫差和越王勾践先后称霸的同时，西面一个更强大的国家楚国也正在迅猛发展，以楚国为主体的独具特色的楚文化已分布到江淮之间乃至江南部分地区，所以即使在吴越文化鼎盛时期的铜器中，也包含有显著的楚文化铜器因素。随着吴越文化与楚文化彼此的消长，吴越文化铜器中的楚文化成份愈来愈浓，到战国中晚期之际楚灭越后，其已基本上被楚文化铜器所取代。

参考书目

陈佩芬：《记上海博物馆所藏越族青铜器——兼论越族青铜器的纹饰》，《上海博物馆集刊》第4辑，上海古籍出版社，1987。

曹锦炎：《吴越青铜器铭文述编》，《古文字研究》第17辑，中华书局，1989。

（孙　华）

Wu-Yue wenhua tonggoudiao

吴越文化铜句鑃

春秋、战国时期吴越文化的铜制打击乐器。多自名为“句鑃”，形如倒置的编钟而身长柄细，是富于吴越文化色彩的铜器之一。

句鑃一词不见于文献记载，通常认为它是钲的别名，或将其归于钲类。钲又名丁宁，《左传·宣公四年》载：“伯棼射王，汰辀，及鼓跗，著于丁宁。”杜预注：“丁宁，钲也。”表明，钲或丁宁为一种军乐器。句鑃一般大小相次，多件成编，其数可多达13件。铭文中有“以享以孝”（《姑冯句鑃铭》）、“以宴宾客，以乐我诸父”（《配儿句鑃铭》）的文字，表明它是在庙堂上演奏的乐器而不是军中使用的乐器。句鑃的形制也与钲或丁宁有别。钲的柄较粗，柄端有首便于把持；而句鑃柄细不便手执，柄端无首以便插于座架上。此外，在文献记载中，丁宁或钲流行于吴、楚等地，《国语·吴语》记吴、晋之战：“王（吴王）乃秉枹，亲就鸣钟、鼓、丁宁、錞于，振铎，勇怯尽应。”而在考古发现中，句鑃仅见于吴、越地区，不见于楚地，钲在吴、越一带又罕见。句鑃不宜与钲及丁宁相混是显而易见的。

吴、越铜句鑃早在清代就有出土的记载。著名的姑冯句鑃，清乾隆年间出土于江苏常熟。清道光初年，浙江武康县（今德清县）又出土铜句鑃一组共13件，其中2件有铭文，作器者为“其次”（《宝素室金石书画编年录》）。1957年江苏武进县淹城内城护城河发现的铜句鑃一组7件；1974年江苏高淳县青山茶场和顾陇公社松溪大队分别发现铜句鑃2件和8件。1977年浙江绍兴城关狗头山又出土配儿句鑃2件。此外，在浙江绍兴、海盐等地的战国墓中还有成编成套的原始瓷句鑃发现。这些出土句鑃的地点均在吴、越疆域内，句鑃无疑是吴越文化所特有的乐器种类。

句鑃是从铜铙演变而来的乐器。高淳县青山茶场的铜铙，从同时出土的铜钟来看，应当年代最早，可能早至春秋早期。其他句鑃的年代多为春秋晚期以后。青山茶场句鑃体较宽而柄无旋座，较晚的配儿句鑃、其次句鑃则体窄而柄有旋座。这可能是年代早晚不同的具体表现。

（孙 华）

Wu-Yue wenhua tongchunyu

吴越文化铜錞于

春秋晚期及战国早期吴越文化的铜制打击乐器。形如顶有钮可悬挂，周壁上粗下细的封顶圆筒。吴、越地区出土早期铜錞于的数量较其他地区为多，对探讨錞于这种乐器的起源、发展、演变和传播有着重要价值。

吴越文化铜錞于

錞于作为先秦打击铜乐器的一种，它顶部设钮的悬挂方式，封顶周壁而下端开敞的形态特征都与铜钟相似，故古人一般将之归属钟类。

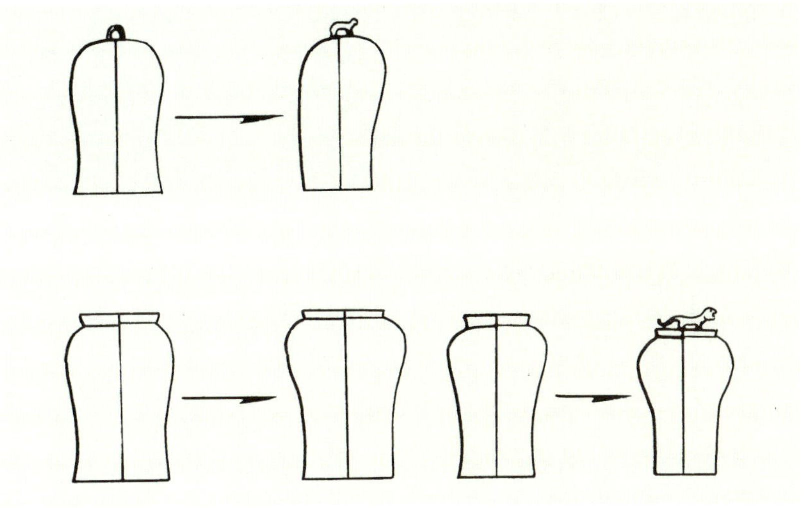

吴越文化铜錞于形态演变示意图

东汉许慎《说文解字》释錞字说："錞，大钟，淳（錞）于之属。"《淮南子·兵略训》注释錞于也为"大钟也"。可见二者确有相通之处。但錞于截面形态呈椭圆形，这又与钟截面呈合瓦之形完全不同。錞于椭圆形的截面形态和体长而下部略收的立面形制，使得它的共鸣效果较好，声调低昂而舒长。因此，古人多将錞于与鼓相配，作为战争中指挥军队进退的号令乐器。《国语·晋语五》载："战以錞于、丁宁，儆其民也。"《吴语》记吴国作战情况又称："王乃秉枹，亲就鸣钟、鼓、丁宁、錞于，振铎，勇怯尽应。"錞于除用于指挥作战外，还可以"与鼓相合"，用于庙堂享孝（《周礼·地官·鼓人》郑玄注）。

錞于产生于春秋时期，盛行于战国至西汉时期的南方地区（尤其是西南地区）。据现有材料，年代能早到春秋时期的錞于只有山东沂水县刘家店子1号墓铜錞于、江苏丹徒县王家山墓錞于、安徽寿县蔡侯墓錞于和宿县芦古城子錞于等不多的几件，另外浙江海盐县长川坝和江西修水县曾家山錞于的年代也较早，当不晚于战国早期。除刘家店子錞于外，其他早期錞于的出土地点都集中在长江下游的吴越文化分布区。因此，錞于很可能起源于东南地区，以后才逐渐传播至西南及中原。

铜錞于的形态主要有两种：①圜顶无盘类錞于。数量很少，仅见于春秋中晚期，早期形态以春秋中期偏晚阶段的刘家店子铜錞于为代表，晚期形态以战国早期的王家山铜錞于为代表。形态变化表现为：钮由环钮变为兽钮，口由开敞变收束。②平顶有盘类铜錞于。数量较多，沿袭时间很长，分布范围也最广。它可能在春秋中期就已出现，芦古城子铜錞于为其最原始的形态，经春秋晚期的曾家山铜錞于和战国早期的长川坝铜錞于，以后发展成为西南广大地区常见的虎钮錞于样式。从春秋中期到战国晚期，其形态演变表现为：钮由环钮到小兽钮再到大虎钮，盘壁由斜侈到略外卷再到向外的平折沿，鼓部由微鼓变成圆鼓，口部由略外张的大口变成直筒状的小口。此外，还有少量錞于形态介于二者之间，或平顶而盘沿不明显，如蔡侯墓铜錞于；或圜顶而有盘，如战国晚期的湖南溆浦县大江口铜錞于。

参考书目

熊传新：《中国古代錞于概论》，《中国考古学会第二次年会论文集》，文物出版社，1982。

（孙 华）

Beishanding huniu tongchunyu

北山顶虎钮铜錞于

春秋晚期吴国铜制乐器。1984年由丹徒考古队在江苏丹徒县北山

顶的一座大型土墩墓中发掘出土。现藏于南京博物院。

一套3件，形制相同，均大小依次递减，通高分别为46厘米、44.2厘米、41.5厘米。为椭圆形带盘侈口式，虎钮，平顶，盘口竖直，鼓肩，直腹，口微外侈。虎钮上施折线纹，盘内以蝶形纹带分为4区，每区填以简化的变形蟠龙纹。相似的变形蟠龙纹组成的纹带也施于肩部和口部，口部纹带上方还有一组印章般的变形蟠龙纹。其造型与战国至东汉时期流行于西南地区的錞于基本相同，花纹简练而统一，纹样风格则颇具东南地区吴越文化铜器的特色。

该錞于是中国已知年代最早的虎钮带盘錞于，也是最早的3件成组铜錞于。它出土时内置铜钲（丁宁）一件，其旁还有鼓、桴的残件，组成了一组军乐器，与文献记载的军乐器组合可相互印证。

（孙 华）

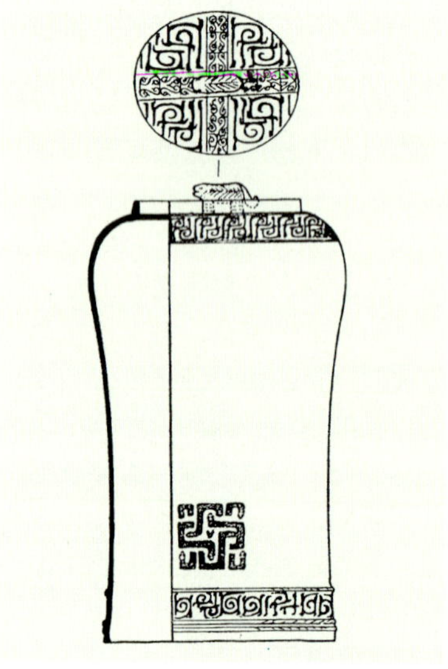

北山顶虎钮铜錞于

Wangjiashan tongchunyu

王家山铜錞于

战国早期越国铜制乐器。1985年由江苏镇江市博物馆在丹徒县谏壁镇东南王家山的一座墓葬中发掘出土。现藏于镇江市博物馆。

共3件，形状相同，大小相次。口长径分别为24.5厘米、22.3厘米、20.8厘米，通高分别为56.5厘米、49.6厘米、43厘米。均作圜顶、圆盘、屈身式。圜顶中心设虎形钮，以便穿绳悬挂。肩头圆和外鼓，肩下腰部前面突起而后部凹入。口部侈敛情况不一，前后纵向内收而左右横向外侈。整个錞于正视左右对称，侧视则向后倾斜。顶施虎钮，顶面饰云纹和三角云纹3周，肩腹部饰相间的3道漩涡纹和2道简化呈三角云纹状的变形夔龙纹，在肩头后方还饰有神面，口部饰对称的鸟纹和变体云纹。

王家山铜錞于

该錞于形制别致，其上部圜顶与年代最早的山东沂水县刘家店子錞于相似，其下部略收又为较晚錞于习见的形式，该錞于体腔前曲，这在已知錞于中仅此一例。值得注意的是，其上所饰神面形象，也见于西汉早期的广西贵县罗泊湾西汉墓出土的属于岭南青铜文化因素的羊角铜钟上。东南青铜文化与岭南青铜文化之间的联系，由此可见一斑。

（孙 华）

Wu-Yue wenhua tongjian

吴越文化铜剑

春秋晚期至战国中期吴、越两国铸造的最具特色的铜制兵器。以铸造精良、坚韧锋利和形体秀美而闻名于世，代表了先秦兵器乃至于青铜器铸造工艺的最高水平。

吴、越地处东南水网纵横、荆棘林莽之地，地理环境的制约使得吴、越军队的兵种结构和作战方式均与中原不同。就在中原诸国大力发展战车和与之相应的长兵器时，吴越却更注重发展步兵和水兵，并相应发展了适合于步兵和水兵使用的剑。作为一种既能击刺又能劈杀的短兵器，剑佩带方便，在吴、越一带得到广泛应用。有的学者对已知春秋、战国时期的有铭文铜剑进行统计，在119柄有铭铜剑中，吴越剑就有54柄，接近有铭文铜剑总数的二分之一。由于剑在吴、越尤受重视，故吴、越工匠在铸剑上取得了空前绝后的成就，其工艺之精美在春秋晚期就已名闻遐迩，倍受中原各国贵族的喜爱。脍炙人口的“季札赠剑”的故事（《史记·吴太伯世家》），以及中原许多国家均发现吴、越铜剑的事实，充分反映出那个时代对于吴、越铜剑的重视和喜爱。

吴、越铜剑制作工艺考究，独具匠心。其剑身坚韧耐用，横击而不断；锋刃犀利非常，所向披靡；剑表装饰多样，长期使用而不锈蚀。经对越王勾践铜剑等的无损检测结果可知，吴越剑的剑心、锋刃和格等不同部位上的合金成分均不相同。剑心往往采用含锡量较低、韧性较好的青铜合金，有的还采用铁心，以防剑身折断；锋刃采用含锡量高的青铜合金，以提高杀伤力；格则采用含铅的三元合金，以铸出精细的花纹。此外，剑的表面还经过硫化等表面处理工艺，使之能经久不锈。正由于吴、越地区有这样一批掌握了高超铸剑技术的工匠，才涌现出像欧冶子、干将、莫邪等名传千古的铸剑名师，遗留下像吴王夫差剑和越王勾践剑这样精美绝伦的名剑。

吴、越型铜剑最早起源于浙江一带的越地。早在西周时期，那里就出现一种无格有翼圆茎短剑。发展到春秋早期，其剑身变长，出现宽格，除剑身两刃向剑锋斜收较甚这一点外，它与典型的吴越剑已很相似。吴国在春秋后期崛起后，这种铜剑得到改进和发展，形成前窄后宽的两段式剑身、较厚的剑格、圆柱形剑茎等吴、越铜剑的风格。春秋末期越王勾践灭吴后，吴国铸剑工匠全为越国所有，制剑工艺也为越国所继承。现已发现的吴国有铭文铜剑从春秋中晚期之际起，先后有吴王光剑、吴王夫差剑和一些吴王太子剑，而有越王名字的铜剑最早的就是灭吴的越王勾践剑，其他如越王者旨于赐（鼫与）剑、越王州句剑（朱句）剑、越王不光（不扬）剑，均比越王勾践剑晚。越剑与吴剑的承袭关系是显而易见的。随着楚国的强大和楚国势力的东渐，吴、越铜剑也深深影响到楚国的铸剑工艺，并且在楚灭越后，大量精美的吴、越铜剑落到楚人的手中。楚剑实际上也是在吴、越铜剑的技术基础和艺术传统上发展和流行的。

（孙 华）

Wuwang Fuchai tongjian

吴王夫差铜剑

吴王夫差铜剑

春秋晚期吴国铜制兵器。因主造者为吴王夫差而得名。剑的出土地点与时间均不明，可能是20世纪80年代后期被盗掘出土，流散到香港。现藏于台北王振华先生的古越阁。

全长58.3厘米。剑身分为前窄后宽的两段，中缝起脊，剑锋尖刺，刃缘明显。剑格上端尖而下内卷，两面饰镶嵌绿松石的兽面纹。剑茎为圆柱形，中有两道凸箍。剑身光素，近格处铸铭文2行10字："攻敔王夫差自作其元用。"字体为纤细有力的正书，其中"攻"、"敔"、"夫"、"差"等字与其他吴王夫差剑字形不同，颇有特色。但也有的学者据此认为铭文系伪刻。

在该剑以前传世及出土的吴王夫差铜剑至少有6柄，即传河南辉县琉璃阁、河南洛阳市中州路、湖北襄阳、山东邹县等出土者及中国历史博物馆和山东博物馆所藏者。该剑精制完好，是已知吴王夫差剑及吴国铜剑中保存最完好，制作颇为精良的一柄。

（孙 华）

Wangshan Yuewang Goujian tongjian

望山越王勾践铜剑

望山越王勾践铜剑

春秋晚期越国铜制兵器。为越王勾践所作。1962年由湖北省博物馆在江陵县望山1号战国楚墓中发掘出土。现藏于湖北省博物馆。

出土时插于黑漆木鞘内，完好无锈。全长55.6厘米。剑身呈前窄后宽的两段式，中央起脊，刃缘分明。剑身两面满饰黑色的菱形几何图案。剑格前尖后卷，上铸兽面纹，纹饰正面用蓝色琉璃，背面用绿松石镶嵌。剑茎作圆柱形，后有圆台形剑首（镡）。剑身近格处有铭文2行8字："郕（越）王鸠（勾）浅（践）自作用剑。"文字为错金鸟虫书，在暗蓝色剑身的衬托下，显得格外鲜明。

越王勾践是越国历史上最著名的灭吴称霸的君王。勾践所作的这柄剑是已发现年代明确的最早有铭文的越国兵器，也是已知最为精良的一柄吴越文化铜剑。它出土于战国中期偏晚的楚墓中，应当是楚灭越后从越国掠夺的战利品。

（孙 华）

Yuewang Zhezhiyuci tongjian

越王者旨於赐铜剑

春秋、战国之际越国铜制兵器。因作剑者为越王者旨於赐而得名。20世纪90年代初从南方楚地盗掘出土后出现于香港古玩市场，后由杭州钢铁集团购回并捐赠给浙江省博物馆。

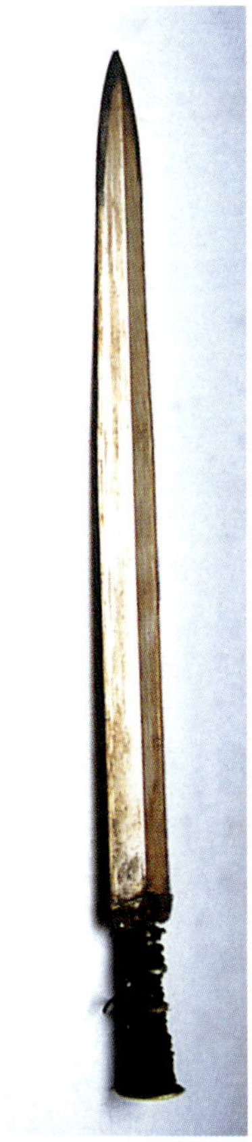
越王者旨於赐铜剑

全长52.4厘米。青铜铸成，剑外套有乌黑如新的木胎漆剑鞘。剑身有中脊，两刃平行，前部略窄，刃缘分明，前端渐收成锋。剑格宽厚，前作人字坡形，后侧两端内卷。剑茎呈圆柱形，上有两箍，后接圆盘形剑首，剑茎上保存着有丝质缠缑。在剑格两面铸鸟虫书的"戉（越）王戉（越）王者旨於赐"铭文8字。铭文为双钩，笔道间镶嵌绿松石。全剑完整无缺，光洁锋利，至今仍然寒气逼人。

越王者旨於赐，据考证即《史记·越世家》的"鼫与"，《越绝书》中的"与夷"，是越王勾践之子，在

位仅6年（公元前464年～公元前459年）。越王者旨於赐铜剑虽然发现了8柄，从保存状况来说，以该剑保存最为完好，在同类越王剑中堪称极品　（孙　华）

Wu-Yue wenhua tongpi

吴越文化铜铍

春秋、战国时期吴越文化的既可刺击、又可劈杀的铜制兵器。形制独特，颇具吴越文化的地方特色。

形制似矛，通常与矛相混，实际上二者区别十分明显。吴、越的铜矛，骹部较长，圆銎，叶或呈短尖叶形，或呈长琵琶形；而吴、越的铜铍，形体长而骹短，椭圆形銎，两刃平直。在兵器中，矛是只用于刺击的长兵器，其柄呈圆形，纳柲的銎自然也呈圆形；铍与戟一样，既可前刺，又可横击，为了便于凭手感确定援或刃的方向，柄作椭圆形，纳柄之銎也必为椭圆形。湖北江陵县马山砖厂2号战国墓出土的“吴王夫差铍”，铭文就自名为“铍”而不为矛，即为其证。

铍是战国时期新产生的兵器种类，形制通常似剑而装长柄，故《说文解字·金部》称：“铍……一曰剑而刀装者。”中原诸国的铜铍形状大多似扁茎剑，吴、越铜铍形状却似大型的矛。《方言》卷九“錟谓之铍”郭璞注：“今江东呼大矛为铍。”汉晋时的江东指今吴、越地区，吴、越铜铍似大矛而不似剑，这与考古发现的情况正好相符。

（孙　华）

Wuwang Fuchai tongpi

吴王夫差铜铍

春秋晚期吴国铜制兵器。因为吴王夫差所作且自铭为铍而得名。1983年由湖北省博物馆等单位在江陵县马山砖瓦厂2号战国楚墓中发掘出土。现藏于湖北省博物馆。

长29.5厘米。形似矛，器身中空，中有三棱脊，两侧直刃锋利，椭圆形短銎，口缘内凹，骹旁有虎头环钮。器形遍布棱形格纹，铍身近骹处有错金铭文2行8字：“吴王夫差自作用铍”。“铍”字多隶定为“鉟”，读作“锴”，将它归为矛属（《说文解字·金部》）。但从同铭文中的“乍”与此字所从偏旁相对照，两者差异较大，当以释“铍”为是。

吴王夫差铜铍

该铍制作精工，是吴国兵器中的精品。它出土于战国晚期的楚国墓葬中，当与越灭吴、楚又灭越的历史事件有关。

（孙　华）

Wu-Yue wenhua tongnou

吴越文化铜耨

春秋中晚期及战国时期吴越文化的铜制农具。前部形如犁铧的人字形铧冠而左右往往不对称，后部有方銎可安木柄。是吴越文化中最有东南文化传统的铜农具。

耨是除草的中耕农具。《吕氏春秋·任地篇》载：“耨柄尺，此其度也。其耨六寸，所以间稼也。”高诱注：“耨所以耘苗也。刃广六寸，所以入苗间也。”吴、越地区发现的铜耨，其前缘宽大，入土不深，刃缘又像镰一样，密布篦纹齿，宜于除草，应当是一种向前推进的除草中耕农具。有的铜耨上有横梁以踏脚，为除草中耕农具而不是收获农具，这是可以肯定的。

吴越文化铜耨发现较多，在江苏苏州和浙江绍兴、定海、永嘉、湖州、舟山及安徽贵池等地都有铜耨出土。耨的形制有3类：第1类形如“个”字，两翼与銎柄间无横梁相连；第2类右翼与銎柄间有单梁相连；第3类两翼与銎柄间有双梁连接。在这3类铜耨中，后一类比前一类要显得进步，或许它们之间有早晚先后的演变关系。

在吴越铜农具中，还有一种与耨密切相关的传统农具——“破土器”。其设斜方銎，下接两侧长短不一的长方形横直刃。它可能与当地龙山时代良渚文化的石制“斜把破土器”有渊源关系。唐兰先生称之为“句欘”，徐中舒先生称之为“犁錧”。有的学者认为它与开发水田的稻作农业有关。

（孙　华）

Wu-Yue wenhua tonglian

吴越文化铜镰

春秋中晚期及战国时期吴越文化的铜制工具。以出土数量多、分布广、制作精而著称，是吴越文化中最为流行的收获用铜农具。

镰或写作鎌，古称“铚”或“刈钩”。铚是一种无柄或短柄的短镰，《说文解字·金部》称：“铚，穫禾短镰也。”其镰身较直，后部有穿孔，可用绳索将镰身捆于柄上或套在手指上。它被用于掐取禾穗（《小尔雅·广物》），今称爪镰。刈钩是一种镰身弯曲如钩的长镰，《汉书·龚遂传》载：“诸持鉏钩田器者皆为良民。”颜师古注：“钩，镰也。”吴越文化铜镰大都体态较弯曲，前端窄而下勾，后端宽阔可装柄或手持。这种铜镰最初可能仿自蚌镰，故江苏仪征市破山口和浙江海宁县出土的铜镰形如蚌，刃部也无篦纹齿。春秋晚期以后，铜镰制作转精，镰身较长，弧度也较大，刃上多施很宽的篦齿纹，如浙江嵊县出土的战国早期的铜锯镰，江苏苏州窖藏出土的战国中期铜镰。

（孙　华）

Wu-Yue wenhua tongjiuzhang

吴越文化铜鸠杖

春秋战国时期吴越文化的铜制礼仪用具。因杖上有鸠形装饰而得名。虽也见于其他一些青铜文化中，但吴越文化铜鸠杖制作考究，形制规范，最具代表性。

迄今共发现3件实物：①浙江湖州市棣溪镇出土的铜杖镦。其杖首已失，从镦下压一跽坐之人，可知其为鸠杖之镦而非兵器之镦。②江苏丹徒县北山顶古墓出土的一柄铜鸠杖，其杖首与杖镦形状基本相同，惟杖首顶栖一鸠，而杖下压一跪坐之人。虽杖柄已朽，从杖首与镦间的距离可加以复原。杖首长21.2厘米、镦长19.2厘米、全长229.4厘米，它是保存状况最好的一件吴越文化铜鸠杖。③浙江绍兴县坝头山出土的铜鸠杖，该杖非考古发掘出土，但杖首和镦的造型精巧，花纹细丽，是已发现铜鸠杖中工艺最好的一件。

鸠在中国古代东方是有特殊意义的动物。《左传·昭公十七年》载："少皞挚之立也，凤鸟适至，故纪于鸟，为鸟师而鸟名……祝鸠氏，司徒也；鴡鸠氏，司马也；鳲鸠氏，司空也；爽鸠氏，司寇也；鹘鸠氏，司事也。五鸠，鸠民者也。"由于鸠有聚民鸠治之义，故远古东方崇鸟部落的各氏族首领有以鸠为名和持鸠杖以为标志的习俗。夏至西周时期，随着王权的确立和国家职官制度的形成，过去的氏族首领已逐渐失去决定国家大事的权力，只保持受人尊崇的地位。原先象征聚民鸠治权力的鸠杖也成为具有一定社会地位的贵族长老的标志，并逐渐形成一套赐鸠杖以尊国老的养老制度。这套制度至迟在周代后期就已形成，《周礼·夏官·罗氏》的职司就是"掌献鸠杖以养老"（《吕氏春秋·仲秋纪》高诱注引）。西汉、东汉时期，汉王朝还有"年始七十者，授之以玉杖……玉杖长九尺，端以鸠鸟为饰"的制度。吴越文化铜鸠杖年代在春秋战国时期，这时中原鸠杖已成为贵族长老"老有所养"的标志。而在吴越地区，像北山顶铜鸠杖所在的墓葬，规模宏大，随葬有多种兵器和军乐器，其持有者地位不低。吴、越铜鸠杖究竟是实际权力的象征，还是养老制度下的遗存，尚有待进一步的研究。

（孙 华）

Batoushan tongjiuzhang

坝头山铜鸠杖

春秋、战国时期越人铜制礼仪用具。1990年出土于浙江绍兴县漓渚镇中庄村坝头山。现藏于浙江省文物研究所。

坝头山铜鸠杖

出土时竹木质杖柄已朽，仅余青铜杖首和杖镦。杖首长26.7厘米、镦长30.7厘米。杖首上小下大，上立一短喙翘尾鸠，中有箍状凸棱二道，下为圆銎。杖镦上大下小，上为圆銎，中部也设凸棱二道，下有一裸体文身人像，跽坐，以头承杖。杖首、镦装饰基本相同，云雷纹、三角纹、蟠虺纹、水波纹等纹样呈箍带形布满杖首及镦。其造型精致，装饰华美，在已知吴越文化铜鸠杖中工艺最佳。

（孙 华）

〖吴越文化其他铜器〗

Caihou Shen shoumianwen tongzun

蔡侯䜌兽面纹铜尊

春秋晚期蔡国铜制酒器及礼器。因作器者为蔡侯䜌而得名。1955年出土于安徽寿县西门内的蔡侯墓中。现藏于安徽省博物馆。

蔡侯䜌兽面纹铜尊

口径25厘米、通高29.7厘米。为三段式觚形尊，大口外侈，颈部粗长，鼓腹直壁，圈足高直，下端外撇。腹部铸兽面纹。尊口内壁铸铭文23行95字（含重文3字），大意是某元年正月初吉辛亥，蔡侯䜌敬受天命为君，开始辅佐周天子，这时蔡侯䜌为其长女孟姬制作媵器，要孟姬以文王母亲为榜样，"敬配吴王"，使子孙繁荣昌盛。铭文中的蔡侯䜌一般认为就是《春秋·哀公四年》中的蔡昭侯申，盘铭表明蔡国当时仍奉周王正朔，铭文中的元年即与蔡昭侯同元的周敬王元年（公元前519年）。它是一件年代明确的吴越文化铜尊，对了解东南地区铜尊的发展演变有着重要价值。

该尊形态纹饰古朴，有西周早期铜尊的遗风，在同时期铜器中比较罕见。它是东南地区铜酒器长期恪守西周盛时旧制的反映。铜器铭文反映出这一时期的蔡国依附于吴国，惴惴不安，试图以婚姻等手段加强蔡、吴关系，以使蔡国能苟延残喘的历史。该尊出土时放置于带有相同铭文的蔡侯𩡝四龙鋬铜盘上，二者可能像曾侯乙铜尊盘那样有固定的搭配关系。

参考书目

于省吾：《寿县蔡侯墓铜器铭文考释》，《古文字研究》第1辑，中华书局，1979。

（孙 华）

Wuwang Fuchai tonghe

吴王夫差铜盉

春秋晚期吴国铜制酒器兼水器。因作器者为吴王夫差而得名。约20世纪80年代被盗掘出土，后流出国外，由香港何鸿章出资购得并捐赠给上海博物馆。现藏于上海博物馆。

口径11.7厘米、盉高27.8厘米。小口，直领，上罩平顶直壁的器盖，盖顶中心有钮套环链与透空的提梁相连。器腹如扁球体，前有双曲的龙头短管流，后有透空蟠虺状的扉棱形鋬，下设3只略外撇的蹄足。提梁固定在盉身肩部，形如虹形之龙，龙头在前，龙尾小且上卷，提梁上有透空蟠虺状扉棱，扉棱在提梁正上方中断，以便捉手。盉盖顶、盖壁各饰一周盘虺纹，器身有3道箍带，其间填以细小的蟠虺纹，最下一道箍带下饰垂叶纹。在盉肩部近口处铸有铭文一周："敔王夫差吴金铸女子之器吉。"铭文中第一字"敔"为吴国国名，第二个"吴"当为动词，铭文意为吴王夫差用铜为某女子铸造此器。由于铭文中的女子无国名和姓，这与周代贵族为其亲属作器的称谓不同，故有的学者推测铭文中的女子有可能就是历史上著名的美女西施。西施是吴国打败越国后越王勾践进献给吴王夫差的，如此说不误，则该盉就为吴王夫差胜越到越王勾践灭吴这一不长年代范围内的制品。

该盉年代明确，铭文虽短但颇有深意，是铜盉研究的标准器。其提梁采用焊接法与器体相连，提梁上透空的纹饰又非失蜡法所不能铸制，对考察吴越文化铜器的制作工艺有着重要的意义。

参考书目

陈佩芬：《吴王夫差盉》，《上海博物馆集刊》第七辑，上海书画出版社，1996。

（孙 华）

吴王夫差铜盉

Yancheng xishouliu tongyi

淹城牺首流铜匜

春秋晚期吴越文化的铜制注水器。1958年出土于江苏武进县淹城乡淹城村内护城河中的淤泥中。现藏于中国历史博物馆。

淹城牺首流铜匜

口径23.7厘米、通高21厘米。卷沿，矮领，圆肩，鼓腹，矮圈足。器腹一侧有牺首管状流，牛首上昂，双角尖锐；另一侧相对处施扉棱状鋬。器腹饰细密的垂鳞纹，牛首饰云雷纹，颈饰细小的垂鳞纹。该匜体形如簋，流形似鉟，这在铜匜中仅此一例。

（郑 彤）

Wuwang Guang tongjian

吴王光铜鉴

春秋晚期吴国铜制水器。因上有吴王光作器的铭文而得名。1955年出土于安徽寿县西门内的蔡侯墓中。现藏于安徽省博物馆。

一对2件，形制、大小、纹饰和铭文均相同。口径57厘米、通高35厘米。方唇平折沿，短直颈，肩不显著，腹部下收，平底。颈肩两侧有内套垂环的兽首环耳。器表密布蟠虺状棘刺纹。器腹内壁有4个小圆环，内底铸铭文8行52字："隹（唯）王五月，既字白期，吉日初庚，吴王光择其吉金玄銧白銧，以作叔姬寺吁宗𪔅（彝）荐鉴，用享用孝，眉寿无疆。往已！叔姬虔敬，乃后孙勿忘。"铭文中的"既字白期"，学术界分歧较大，郭沫若释为月相"既生霸期"，陈梦家认为是吴王僚之字，唐兰解释作吴王为其子举行冠礼取"白期"为字，郭若愚则解

吴王光铜鉴

释作吴王为其女叔姬举行笄礼有期。吴王光即吴王阖闾。该鉴铭文大意是：某年五月的吉日，吴王光选择优良青铜为其子叔姬制作宗庙祭祀用铜鉴，希望叔姬能尊敬君主，子子孙孙都不要忘记。

该鉴形态与中原诸国铜鉴相似，装饰则体现出典型的吴越文化风格，铭文可与同墓所出吴王光铜编钟的铭文相呼应。它对研究吴国历史和吴、蔡关系等有着重要的作用。

（孙 华）

Wuwang Fuchai tongjian

吴王夫差铜鉴

春秋晚期吴国铜制水器。因作器者为吴王夫差而得名。完整的吴王夫差铜鉴共4件，其中1件据传1940年或1943年出自河南辉县琉璃阁，后与其他2件均归上海博物馆，另1件于清同治年间出土于山西代县蒙王村（《山西通志·金石志》），现下落不明。现存3件除1件藏中国历史博物馆外，其余藏上海博物馆。

形制、大小基本相同，现藏于中国历史博物馆的一件口径76.5厘米、通高44.8厘米。平折沿，束颈，有肩，平底。口部与肩部之间对列4耳，其中2耳为攀附器沿的卷尾爬龙，2耳作兽首半环形，内套圆环。颈、肩及上腹部各饰一周细密的具有东南地区传统的蟠虺纹，其下施垂叶纹。腹内铸铭文2行12字："吴王夫差择其吉金自作御监（鉴）。"铭文中的吴国国号单称"吴"而不像其他3件吴王夫差鉴那样称"攻吴"，值得注意。

吴王夫差铜鉴

该鉴与吴王光铜鉴相似但腹部略浅，体量更大。同一国家前后两位国君的同类自作用器均被发现，这本来就非常罕见，吴王光和吴王夫差又都是历史上著名的君王，这更显其珍贵。

（孙 华）

Caihou Shen silongpan tongpan

蔡侯𬭚四龙鋬铜盘

春秋晚期蔡国铜制水器及礼器。或称蔡侯卢。因作器者为蔡侯𬭚而得名。1955年出土于安徽寿县西门的蔡侯墓中。现藏于安徽省博物馆。

口径49.2厘米、底径38.5厘米、通高16.2厘米。平沿，方唇，腹部略鼓，下有外撇的两段式圈足。盘外壁附有4个对称的反首卷尾爬龙鋬。腹部饰蟠虺纹，圈足饰垂鳞纹。内底铸铭文16行95字（含重文3字），记录蔡侯𬭚开始承受天命，辅佐周天子时的"元年正月，初吉辛亥"，蔡侯𬭚为出嫁给吴王的大女儿孟姬制作铜盘，用它来举行各种祭祀活动，以使子孙永远受到佑护。蔡侯还谆谆教导孟姬要以文王之母作为榜样，恭敬勤勉，作吴王的好配偶，夫妇长寿，子孙昌盛。铭文中的蔡侯𬭚即蔡昭侯申，自名也与其他盘不同，而是自名为"盤"即舟，这正与古人把舟解释为尊下盘的说法相吻合（《周礼·春官·司尊彝》郑玄注引郑司农说）。铭文字体修长，排列齐整，与同时出土的蔡侯𬭚兽面纹铜尊皆为吴越文化铜器铭文书法的精品。

寿县蔡侯𬭚墓共出土铜盘4件，除该盘外其他均残损。其形态比同时期其他铜盘显得古朴，但盘的4个爬龙鋬又是同时期铜鉴等喜爱的附件。它出土时上置以蔡侯𬭚兽面纹铜尊，它们均为周敬王元年（公元前519年）所铸，是一组年代明确、铭文重要的吴越文化铜器。

参考书目

于省吾：《寿县蔡侯墓铜器铭文考释》，《古

文字研究》第1辑，中华书局，1979。

（孙　华）

Yancheng sanlun tongpan
淹城三轮铜盘

春秋晚期吴越文化的铜制水器。1958年出土于江苏武进县淹城公社古淹城内城的护城河中。现藏于中国历史博物馆。

淹城三轮铜盘

口径26厘米、通高15.6厘米。平面呈圆形，浅腹，折沿，平底，圈足甚矮，其下设三毂，毂外安六辐小轮，前轮出双辕，辕作龙首形，反首转向盘内。盘外壁饰细密的棘刺纹，带有鲜明的东南地区青铜文化的地方色彩。

铜盘做成带轮的车形，这是惟一的一例。它与同时出土的淹城牺首流铜匜一样，是吴越文化铜器中独具匠心的器具。（孙　华）

Senliu tongbo
遷邟铜镈

春秋晚期吴越文化的铜制乐器。因作器者为遷邟而得名。1984年由江苏丹徒考古队在丹徒县北山顶大型土墩墓中发掘出土。现藏于镇江博物馆。

一套5件，最大者通高31.8厘米、通高23.2厘米。钟钮由2条夔龙和6条小龙纠结而成，夔龙身饰重鳞纹，小龙身饰三角云纹。钟身作上小下大的合瓦形，钲、枚、篆各部以绹索纹相间隔。枚作盘龙状，篆部同舞面均施蟠螭纹，鼓部隧上施两两相对的变形夔龙纹。在钟一面的钲间及左右鼓部铸铭文，各钟铭文相同，有的钟有缺字。完整的铭文计72字（内有重文4字），大意是：“舍王之孙寻楚觥之子遷邟”用上等好铜铸造龢钟，用来孝享先祖和娱乐我心，子子孙孙要永远保持和使用它。其文字与遷邟钮钟相同。铭文中的舍字即舒字，系江淮间古国名。舒国于周灵王二十四年（公元前548年）附吴叛楚，被楚国所灭。舒王之孙很可能就是亡国后居住在吴国的舒国王族。而遷邟镈及其所在的遷邟墓则是春秋晚期舒国与吴、楚二国关系的实物见证。值得注意的是遷邟镈铭文中还有“以夏以南”的文字，这不仅说明东南地区舒、吴贵族与中原诸国贵族一样，行文喜用《诗经》的诗句，而且说明中原雅音与南音向来有着千丝万缕的联系，所以中原与南方的乐器才有如此多的相似之处。（孙　华）

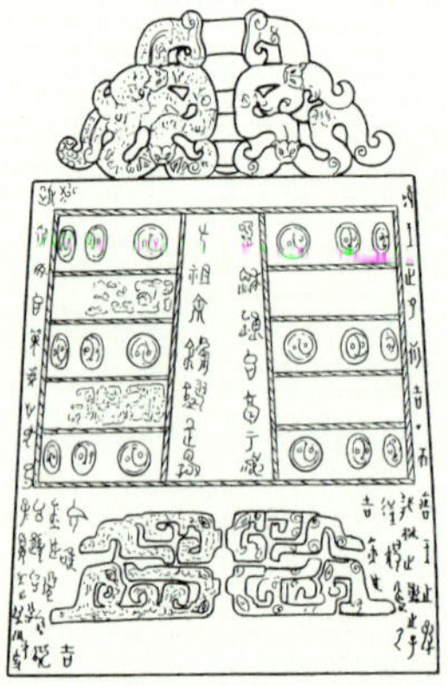

遷邟铜镈(4号钟)

Potang jiyue tongwu moxing
坡塘伎乐铜屋模型

春秋晚期吴越文化的铜制房屋模型。1982年由浙江省博物馆在绍兴市坡塘306号墓中发掘出土。现藏于浙江省博物馆。

面阔13厘米、进深11.5厘米、通高17厘米。平面呈长方形，下部为不高的台基。屋身面阔、进深各三间，前面开敞，仅保留檐柱2根，两山壁面为格子落地窗，后壁辟小窗一扇。屋盖为四角攒尖顶，顶尖处立八角柱，柱顶卧一鸟。台基和屋面均饰以勾连云纹，顶饰反转云纹。屋内有圆雕状裸体伎乐六人，一人敲击悬鼓，一人吹笙，二人抚琴，二人正跽坐交手而歌。写实意味极为浓厚。

该铜屋是极为罕见的完整的春秋晚期建筑模型，为考察实物资料极其匮乏的春秋战国时期建筑，尤其是南方地区的建筑提供了宝贵资料，与河北易县燕下都东贯城阙形铜饰堪称南北双璧。铜屋内的圆雕状伎乐人物，是当时吴越贵族使用伎乐的一个缩影，对于了解当时风俗和贵族生活状况有着重要意义。

（孙　华）

坡塘伎乐铜屋模型

Huanan Diqu Chunqiu-Zhanguo tongqi
华南地区春秋战国铜器

春秋、战国时期中国中南部以越人为主体的青铜文化的铜制器具。称百越青铜文化系统铜器。主要分布在吴越文化及楚文化南面的广东和广西两省，以及湖南、江西的大部分地区。先秦时期这一地区的居民主要是越人，由于连绵山岭和密布水网的阻隔，使得这一带古族间的统一事业进行得很迟缓，“自交趾到会稽七八千里，百越杂处，各有种姓”（《汉书·地理志》颜师古注引臣瓒语）。中原人士对这些越人难于分辨，故以“百越”

这类集合名词来称呼。百越有着悠久的历史和古老的文化，不过在春秋以前青铜文化并不发达，大量的铜器在春秋、战国时期才出现。这些铜器的文化构成复杂，既保留有古老的西周前期铜容器形制，又不乏同时期吴越文化和楚文化的因素，但更主要的因素却为该文化所独有。百越青铜文化铜器是当时华南地区铜器的重要组成部分，对秦至东汉时期这一地区的铜器风格产生了重要影响。

● **文化背景** 约自西周中期偏晚阶段开始，随周王朝国力的衰微，周文化对中国南方的影响力大大减弱。长江流域及其以南地区的文化面貌开始发生一系列显著变化。首先，先前长期存在的东南地区与华南地区的区域差异大大缩小，大南方的共性开始增加。这种共性在春秋、战国时期的铜器上表现得尤为突出，越式鼎等铜器在南方不同地区、不同文化中都有出土。其次，南方各青铜文化在这时普遍趋于繁荣，这种繁荣与先前部分地区在中原青铜文化影响下文化走向兴旺的情形相反，它是长江流域以南地区地方文化向南北扩展形势下的产物。它的繁盛时间大致与北方戎狄青铜文化系统同步，与春秋时期“南夷与北狄交，中国不绝若线”（《春秋公羊传·僖公四年》）的历史背景相印证。第三，南方的铜酒器普遍存在着某种程度的保守性，西周中期以前周文化的一些器类和器形在南方不同地区和文化中仍然存在，这与西周中期以后该地区同中原周文化联系中断或减少有关。处在这样一个历史文化氛围中的华南地区的青铜文化及其铜器自然也就与东南地区的后湖熟文化和吴越文化有着密切的联系。

● **区域特征** 可分容器、乐器、兵器、工具、仪仗和生活用器几大类。容器有鼎、尊、罍、缶、壶、盉、鉴、盘。鼎数量较多，除广西恭城县秧家的楚式鼾等少许中原系鼎，以及资兴旧市276号墓夔龙纹鼎等一些年代较早的铜鼎尚保留一些周文化铜鼎旧有的形制外，百越系铜鼎大致有敞口、敛口、盘口3类，这些鼎的耳多上宽下窄，足有尖角状和细棍状，足多外撇或外侈。尊只在湖南衡山县霞流市、广西恭城发现3件，均为敞口垂腹圈足的西周中期周文化铜尊样式，但装饰布局和纹样却完全呈百越文化风格，多数口沿内还装饰纹样，非常别致。湖南衡阳市对蛇纹提梁壶等提梁壶的形态和纹饰的情况与尊的情况类似。其他容器均来自或仿自楚文化、吴越文化甚至晋文化，反映出外来文化因素对百越青铜文化系统的影响。

乐器有钟、钲和铃。以编钟为主，编钟钟数最多者为广东肇庆市松山1号墓（6件），其次为清远县马头岗1号墓（5件）。钟均为甬钟，这与中原地区同时期多为钮钟的情况有所不同。

兵器有剑、矛、钺、戈、镞。戈为典型的中原系铜兵器，其余主要为百越系兵器。除受吴越文化和楚文化影响而出现的圆茎剑外，越系剑有扁茎无格剑、椭圆茎弓形格剑、人形茎有格剑。扁茎无格剑最为流行，剑身一般有凸脊，剑身或斜折转联剑茎，或横折转联剑茎，扁茎上中有一圆穿，可夹装短木柄，有的木柄后端还套圆形的铜剑首；弓形格短剑的剑身宽短，剑格向前鼓起呈弓形，剑茎断面呈椭圆形，剑身中央有抽象的人形纹饰；人形茎剑只见于湖南长沙市树木岭，剑身似弓形格剑，剑茎作站立的人形。矛有骹两侧带双耳或单耳、骹正面带单耳和骹部无耳无钮者3类，后两类是百越青铜文化固有的铜矛样式。钺的数量和种类都很多，从钺首形制来看，有扁圆銎和长方銎两种，前一种又有不对称靴形、不对称扇形、对称风字形3类，后一种又有不对称靴形、不对称风字形、对称有肩铲形、对称折边扇形、对称弧边风字形5类。镞均为带铤镞，有阔叶状和双翼状两类，后一类又有双翼宽短和双翼瘦长两型，瘦长型双翼镞在百越系铜镞中数量最多、分布最广。

工具有斧、刮刀、削、叉、锯、镰。斧与钺相似而刃部较窄，都作长条风字形，銎首以长方形为最多，另有椭圆形和六边形者。刮刀是一种形状近似竹叶、叶脉处有折脊的可能用作剥取兽皮的工具，是百越系铜器最富特征的工具之一。

器表多素面，装饰纹样以蚕形蛇纹、燕尾纹、王字纹、连续三角纹、列虺纹、简化神面纹等最有区域特点。装饰布局除呈带状布列外，满布器身的蚕形蛇纹等一般按4对8只的构图排列。

● **分期与分区** 百越系青铜器的形成是多源的，几种主要文化因素的形成时间和产生地域均有不同。如越系鼎等早在西周时期就出现于东南地区的后湖熟文化中，春秋中期以前流行于湖南一带，而在广西则到战国时期才出现；又如宽长身细短骹的矛、对称折边扇形钺、瘦长双翼镞等，则很可能源于广东地区。从百越系铜器产生、形成、繁荣、衰落的发展进程来观察，可将之分为3期：

第一期：春秋早期前后。是百越系铜器特质的萌生期。这时华南地区的青铜文化刚刚开始游离于中原青铜文化系统之外，新兴起的青铜文化只在湖南有所发现，两广地区的青铜文化面貌尚不明朗，共同的区域特点还未出现。越式鼎等铜器还保留一些西周时期周文化的旧制，独立的文化特征还不鲜明。

第二期：春秋中晚期。是百越系铜器特质的形成期。华南地区形成旧市遗存、元龙坡遗存、大梅沙遗存3支青铜文化鼎立的局面，各文化铜器都有较鲜明的自身特点，共同的区域铜器特征尚不很多。

第三期：战国时期。是百越系青铜器发展的繁盛期。广大华南地区铜器风格的共同点十分鲜明。越式鼎、扁茎无格剑、长骹折叶矛、扇形钺、靴形钺、弧边斧、瘦长双翼镞、竹叶形刮刀这些典型越式铜器在湖南和两广地区均相当流行。

华南地区的春秋、战国铜器大

致按湖南的旧市遗存、广东的大梅沙遗存、广西的元龙坡遗存的分布区划分为3个区域，不过，像广西平乐县银山岭铜器集群却不能按省区归入元龙坡遗存，这个地点位于广西东北部，与大梅沙遗存中心分布区距离更近，将其划归大梅沙遗存应当更加合适。

参考书目

黄展岳：《论两广出土的先秦青铜器》，《考古学报》1986年4期。

李龙章：《湖南两广青铜时代越墓研究》，《考古学报》1995年3期。

（孙　华）

Jiushi yicun tongqi

旧市遗存铜器

春秋、战国时期分布于湖南中部及南部湘江流域的青铜文化遗存的铜制器具。这些铜器所属的文化遗存尚未正式命名，暂以延续时间较长、出土遗物较丰富的湖南资兴县旧市墓葬为代表称为“旧市遗存铜器”。是在湖南皂市上层文化消亡、本地固有传统中断以后出现的全新风格的百越青铜文化系统的组成部分，在百越系铜器中年代最为古老，对探索百越系铜器的形成、传播和发展进程具有重要意义。

● **发现与认识**　1963年在湖南衡南县保和圩农场胡家港一座被认为是春秋中期的墓葬中出土了一组铜器，其中包括铜鼎17件、盉形甗和盆各1件、钲2件，并随葬剑、戈、矛、镞、斧、刀等兵器和工具。1965年，在湖南湘乡县大茅坪的一座当时被认为是春秋早期（应为春秋晚期）的墓葬中出土一组铜器，除中原式的容器和兵器外，还包括扁茎剑、刮刀等典型南方系铜器。1975年在湖南湘潭市古塘桥枫树村的一座年代被推断为春秋中期的墓葬中也出土有鼎和戈、镞、铲、斧等铜器。这些零散发现的铜器群都分布在湘江中游一带，铜器既有浓郁的南方系铜器的色彩，又有一些中原系铜器的因素，这为认识湖南春秋时期的文化面貌奠定了基础。1978年～1980年，在湘江上游的主要支流东江旁的资兴县旧市发掘一处春秋墓地和两处战国墓地，共发掘春秋墓20座，出土铜器60余件；在清理的80座战国墓中，楚文化因素与百越青铜文化因素并存，其中38座以百越系铜器为主。发掘者认为旧市春秋墓年代在西周末期至春秋早期，战国墓年代从战国早期至战国末期。以后又有学者对旧市春秋墓和战国墓的年代进行重新分析，将其年代分别推后至春秋中晚期和战国中晚期。旧市墓地的发掘和研究，使人们对春秋、战国时期湖南地区青铜文化的铜器面貌和发展进程有了较深入的了解：当湖南本地传统的皂市上层文化在西周中期衰落以后，与之文化传统完全不同的百越青铜文化系统因素开始在湖南广泛传布，并至迟在春秋中期开始形成旧市遗存；这种遗存在春秋晚期楚文化进入湖南以后在湖南南部依然存在，只是随着时间的推移，其文化因素在当地越来越少而已。在旧市墓地发掘的前后，西周晚期的湖南湘潭县青山桥铜器窖藏、春秋早期的长沙市金井干塘坳、春秋晚期的耒阳县灶市墓、春秋末期的湘乡县何家湾墓和战国早期的湘乡县五里桥墓及祁东县小米山墓也先后出土具有旧市遗存特征的铜器群，这些更丰富了人们对旧市遗存铜器和整个百越系铜器的认识。

● **种类与组合**　除旧市遗存形成前的湘潭市青山桥铜器群出自窖藏外，其余均出自墓葬。这些墓葬

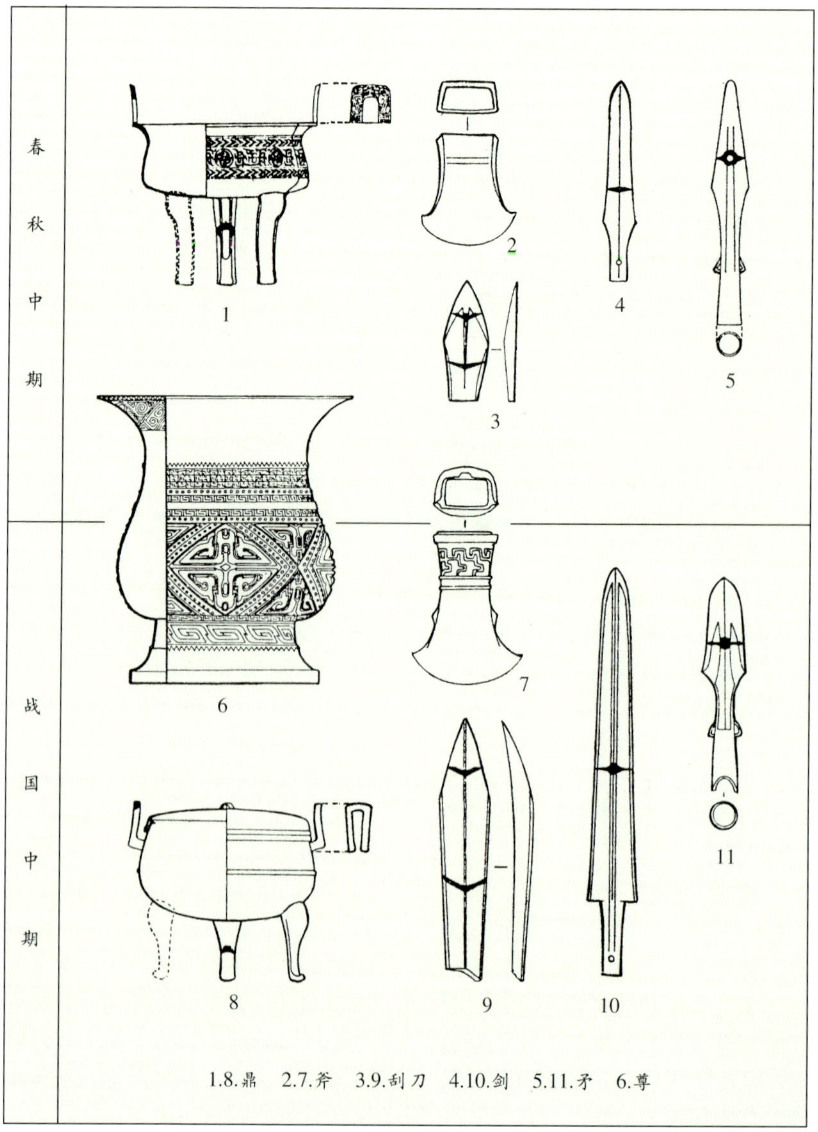

旧市遗存典型铜器

出土铜器主要有容器、兵器和工具，此外个别还出现乐器。容器虽包括鼎、盉形甗、盆、敦、尊、尊缶、提梁壶（卣）、壶、浴缶等器类，文化构成复杂，多数显现出楚文化因素，真正具有百越文化特质的主要是铜鼎，此外尊和提梁壶（卣）也较有特色。越式鼎的体量都不大，数量却不小，往往一座墓葬出土数件，多者如衡南县胡家港墓出土17件铜鼎。铜尊只在衡山县霞流市出土一件，尊体似西周中期周文化铜尊之形，纹饰却有春秋、战国时期百越系铜器的鲜明特色，另在旧市遗存与元龙坡遗存和大梅沙遗存交互作用区的广西恭城县秧家庄出土了2件。提梁壶形体及装饰的情况与铜尊相同，在湖南岳阳市凤形嘴、湘潭市金棋村和衡阳都有这种提梁壶出土。铜兵器有剑、矛、戈、钺、镞5类，其中扁茎剑、折叶矛、瘦长体双翼镞是最常见的百越系铜兵器，此外还有少许不对称型钺（靴形、扇形）。铜工具有斧、铲、凿、削、刮刀5类，以方銎弧边斧和圭首刮刀最有特色。铜乐器仅在衡南县胡家港出土2件钲，不见两广地区最为流行的铜甬钟。最典型的旧市遗存墓葬铜器组合为越式鼎、扁茎剑、折叶矛、瘦长体双翼镞、方銎弧边斧和刮刀。铜器器类的组合除无编钟外其余与广东大梅沙遗存基本相同，二者的差异是部分铜器器形的差异而不是器类的不同。

● **形制与纹饰** 铜鼎形态多样，敞口、卷沿、垂腹且三足直立的兽足鼎，敞口、短沿、圜底且三足外撇的空锥足鼎，宽沿、鼓腹且三足外撇的盘口鼎等，都是年代较早，其他百越系文化铜器中不见的鼎型（见旧市遗存铜鼎）。铜尊和提梁壶（卣）的形态如西周早期偏晚至中期前段周文化的觯形尊，但纹饰布局及共存器物却表明它们为春秋时期的遗物。广西恭城县秧家庄出土的两件铜尊应属于旧市遗存。铜兵器中的扁茎剑都作坡状脊、无格、剑茎上有一穿之形，未见圆形剑首，剑身两刃与剑茎两侧的连接有斜曲转接、斜折转接和垂直转接3种，前者年代最早，后者最晚。折叶矛形态较多，主要为管銎直通锋部、凸棱状脊、叶部较薄的形制，有长体、短体，宽叶、窄叶等型，骹两侧一般有三角形或半环形双耳，极富特色；不见广东大梅沙遗存最常见的坡状脊宽叶细骹矛。钺以方銎的曲边勾刃的对称型钺为主，仅有很少椭圆形銎的不对称型钺；不见大梅沙遗存流行的折边扇形钺。镞以瘦长体双翼镞为主，宽短体双翼镞为少数，前一类镞两翼边刃由直变曲，锋部角度由小变大。铜工具中的斧形如对称型钺，但体态窄长，刃角后勾不明显。刮刀施三角锋，主要呈圭形，少见叶形，圭形刮刀似有从宽短到细长的演变规律。

纹饰以春秋时期的铜器较为常见，战国时期仅少数铜器装饰有重复的几何纹样。动物纹样有简化夔龙纹、桑叶形对蛇纹、蛙纹、龟纹、蜥蜴纹等，几何纹样有燕尾纹、圆涡纹、云雷纹、卷云纹、列旭纹等。其中以桑叶形为构图单位的对蛇纹（另有蛙纹、龟纹等）和作为边栏的燕尾纹，以及由许多细小的S形小蛇排列组成的列旭纹等，都颇具特色。

● **年代与分期** 湖南地区西周中期以后的青铜文化以春秋早中期之际为界，这个界线以前、以后的铜器既有密切联系也有较大的差异，扁茎剑、折叶矛、瘦长体双翼镞和刮刀等典型百越文化铜器在春秋早期似乎尚未出现。能否将西周晚期和春秋早期的铜器归入旧市遗存还需要进一步研究。如果将这些铜器归入旧市遗存，那么，旧市遗存铜器就应当分为3期：①第一期，年代在春秋早期前后，上限可至西周晚期。以湘潭县青山桥窖藏和长沙市金井干塘坳墓葬铜器群为代表，器类单调，主要为鼎，金棋村蛇纹提梁壶等也可归入该期。典型的百越系兵器和工具还基本不见。干塘坳人面扁茎剑有可以纳柄的剑格，剑茎上有两穿，与以后的扁茎剑的形制不同，或许本是铜铍。鼎有敞口卷沿兽足鼎和敞口短沿锥足鼎两类，器表一般装饰纹样，以变形夔龙纹、夔凤圆涡纹、重环纹、斜角卷云纹等为主题纹样，附属纹样主要为作为边栏的燕尾纹。②第二期，年代在春秋中期至战国早期。以资兴县旧市春秋墓和衡南县胡家港、湘潭市古塘桥枫树村等墓葬铜器为代表。为旧市遗存的繁荣期，铜器种类多样，除鼎、尊、提梁壶及当时中原地区流行的盆、缶等礼器外，扁茎剑、折叶矛、曲边勾刃钺和斧、瘦长体双翼镞和刮刀等百越系兵器和工具广为流行。鼎新出现敞口浅腹兽足鼎和盘口宽沿撇足鼎，原有的敞口短沿锥足鼎腹部变深，三足较直且足尖折收。扁茎剑剑身曲收为剑茎，瘦长体双翼镞锋部斜展为双翼。纹饰变得简单草率，圆涡夔凤纹的夔凤已变成近似方格勾连纹的形状，斜灞篱纹、云雷纹、卷云纹等几何纹样多作为主题。高品级的尊、提梁壶等铜器上流行桑叶形对蛇纹、蛙纹、龟纹等装饰纹样。③第三期，年代在战国中晚期前后。以资兴旧市战国墓铜器为代表。为旧市遗存的衰落期，铜器中楚文化的因素大大增加，传统的尊、提梁壶等器类已经不见，铜鼎新出现并流行敛口附耳鼎，鼎身基本都为素面。扁茎剑剑身斜向折收或垂直折转为剑茎，瘦长体双翼镞锋部圆收为双翼。纹饰流行S状列旭纹、密集的斜线纹等。战国前后的旧市遗存铜器与两广地区百越系铜器有较多的共性。

参考书目

李龙章：《湖南两广青铜时代越墓研究》，《考古学报》1995年3期。

（孙 华）

Jiushi yicun tongding

旧市遗存铜鼎

春秋、战国时期分布于湖南一带的旧市遗存的铜制炊器。作三足、两耳、盆盂形，形制与中原系铜鼎相似且有一定的渊源关系，其中素面无纹、折沿盘口或无沿敛口、三

足瘦高外撇的“越系鼎”，是构成百越青铜文化系统鲜明特色的因素之一。

铜鼎是旧市遗存铜容器中数量最多的一种，单位数量比例超过了中原系青铜文化的用鼎数量。湖南衡南县胡家港春秋中期墓中出土铜容器19件，鼎就占17件；春秋末期的湘乡县何家湾春秋1号墓出土铜容器7件，鼎达4件（其中越式鼎3件）。在这些铜鼎中，越式鼎一般都体小质轻，与中原式铜鼎显然有别。

除中原周文化和楚文化的铜鼎外，具有地方特色的越式鼎可根据口沿情况和鼎体形状分为敞口卷沿、敞口短沿、盘口宽沿、敛口无沿4类：①敞口卷沿鼎。口沿外侈，垂腹，底近平，足为内收的兽足，与其他越式鼎有所不同。器表多饰有简单草率的中原系铜器主纹（如夔龙纹）和越地流行的附纹（如作边栏的燕尾纹），是兼具中原和百越文化特色的铜鼎，其出现年代有可能早到西周晚期，春秋早期最为流行，中期就已少见。主要为立耳鼎，附耳者仅有长沙市金井干塘坳敞口卷沿鼎等很少几例。②敞口短沿鼎。均为立耳，主要作收腹圜底之形，类型和数量较多。又可分3型：第一型，年代最早，主要在西周晚期至春秋早期，鼎足为外撇空锥足，多饰与敞口卷沿鼎相似的花纹，如长沙市金井干塘坳的夔龙纹和重环纹敞口锥足鼎；第二型，年代从春秋早期到春秋晚期，鼎足为直立的简化兽足，形态有从深腹到浅腹的变化，如衡南县胡家港瘦足鼎；第三型，年代在春秋中晚期，鼎足为外撇的板条形，较细长，截面作尖角状，如湘潭古塘桥枫树村敞口撇足鼎。③盘口宽沿鼎，立耳，体如圜底铜釜，下有略外撇的细足，春秋中期衡南县胡家港盘口宽沿鼎是目前发现的时代最早的盘口宽沿鼎。战国以后在两广地区的青铜文化中颇为流行。④敛口无沿鼎，多带盖，都为附耳，三足或外撇或外侈，个别作矮蹄形，资兴县旧市战国墓基本上均出土这类铜鼎，其年代在战国中期以后。

在诸越文化系统的铜鼎中，最先出现越式鼎风格的是江苏、安徽南部及浙江一带后湖熟文化铜鼎。安徽屯溪市奕棋1号墓和江苏丹徒县烟墩山等地墓葬中出土有一种小立耳、圜底盆形、锥足外撇的铜鼎，其形制糅合该文化的陶鼎和周文化的铜鼎，年代在西周中期至春秋早期，它们可视为早期越式鼎或越式鼎的渊源之一。就在苏皖一带后湖熟文化越式鼎作风出现的同时或稍后，湖南旧市遗存的青铜文化，随着周文化影响力的减弱和消失，原先传播至此的西周早中期周文化铜鼎未与中原同步发展，渐渐形成自己的风格。鼎腹浅而足高，足的截面如中空的桃形，鼎上花纹也变得很具地方色彩，形成越式鼎的另一个重要来源。由此可见，越式鼎的传统最早出现在接近中原地区的青铜文化中，分东、西两条路线由北向南渐次传播。（孙　华）

Hejiawan daigai yueshi tongding

何家湾带盖越式铜鼎

春秋末期旧市遗存的铜制食器。1982年由湖南湘乡县博物馆在湘乡县城东郊何家湾1号墓中发掘出土。现藏于湘乡县博物馆。

何家湾带盖越式铜鼎

口径19.8厘米、通高22.8厘米。鼎口上有圆板状平鼎盖，盖两侧有缺口，以卡住鼎耳，中央环钮内套环，盖缘等距分布三环钮。立耳外撇，耳上有牛角形装饰，浅腹，腹壁外倾，平底，下有3只外撇的细鼎足，鼎足截面呈半圆形。鼎身除双耳外，素面无纹饰，鼎盖满布5圈细密的阴线花纹：最内一圈为对雷纹，其外为斜角雷纹，再外为蟠螭纹，最外两圈作虺纹。此外，鼎耳上也满饰虺纹。

与之同时出土还有典型的楚式鼎、盏敦、尊缶等铜器，该鼎年代明确，造型清秀，纹饰突出从上向下的视觉效果，是越式鼎中最为精彩的一件。（孙　华）

〖旧市遗存其他铜器〗

Xialiu shewen tongzun

霞流蛇纹铜尊

霞流蛇纹铜尊

春秋中晚期旧市遗存铜制酒器。20世纪70年代被洪水从湖南衡山霞流市湘江堤岸下冲出，后由湖南省博物馆从废铜中拣选。现藏于湖南省博物馆。

口径15.5厘米、通高21厘米。侈口，卷沿，长颈，溜肩，垂腹，圈足较高且外撇。器口内沿面有8个立体动物造型，其下衬托有一圈花纹。尊颈下部饰大三角构图的对折云纹，尊肩腹部的主纹以4片桑叶状作为构图轮廓，其上散布蚕形的变体蛇纹。圈足上还饰一道很窄的人字纹。

该尊的造型与西周中期周文化铜尊有几分相似，但圈足稍高，口沿内饰立体动物造型和纹带，主体纹饰为变体蛇纹，这些均为百越系铜器时才有的特征。广西恭城蛇蛙纹铜尊和恭城斜格对折云纹铜尊的形制和装饰都与该尊相似。

（孙　华）

Hengyang duishewen tiliang tonghu

衡阳对蛇纹提梁铜壶

春秋早中期旧市遗存铜酒器。或称龙首蛇纹卣。1988年出土于湖南衡阳市。现藏于衡阳市博物馆。

衡阳对蛇纹提梁铜壶

口径24.4厘米、通高50厘米。器壁较薄。立壁弧顶盖，盖顶有四角攒尖顶小钮，盖壁向下内收，套在器的子口上。器身斜肩，鼓腹，两段式矮圈足，肩部两侧钮上套龙首提梁。盖面等距设四条镂空扉棱，其间饰以云雷纹为地的对蛇纹，蛇形似蚕，衬托以小蛇、蜥蜴，两蛇间有蛙、蜥蜴等。盖壁饰一周云雷纹地的S形反转云纹。器身肩腹部以一龟形图案为中心，两侧饰对蛇纹。腹部以粗放的斜角反转云纹为地，以4片“桑叶纹”为主题纹样，内外各有一对蚕形蛇纹，蛇纹间有龟纹、蛙纹等。壶体造型近似湖南岳阳市莲塘村凤形嘴铜提梁壶，纹饰布局则与衡山市霞流蛇纹铜尊如出一辙，为旧市遗存铜器所独有。但从纹饰细部来观察，此提梁壶比凤形嘴铜提梁壶和霞流蛇纹铜尊略显古朴。相似的提梁铜壶还曾出土于更北面的湖南湘潭市金棋村，它反映了自皂市遗存衰落后，百越文化系统在湖南地区的广泛传布。　（孙　华）

Xialiu wushiwen xuexing tongyue

霞流武士纹靴形铜钺

春秋中晚期旧市遗存铜制兵器。20世纪70年代被洪水从湖南衡山霞流市湘江堤岸下冲出，后由湖南省博物馆从废铜中拣选。现藏于湖南省博物馆。

霞流武士纹靴形铜钺

全长12.7厘米、通高9.7厘米。整体形态如同一只靴子，椭圆形管銎，钺身一边方折较短，另一边弯曲下勾较长，刃部倾斜较直。在銎一侧有半圆形环，可穿挂装饰。钺身两面在与钺身相同形状的框子里饰武士形象，武士腰间佩剑，举手作舞蹈状。该钺形状奇异，在不对称铜钺中未见有相同造型的例子。装饰花纹以简练的线条表现人物形象，这在百越系铜器纹饰中仅此一件，极其宝贵。　（孙　华）

Shumuling renxingjing tongduanjian

树木岭人形茎铜短剑

战国时期旧市遗存的具有南方地区特色的铜制兵器。1974年由湖南省博物馆在长沙市树木岭一座战国晚期墓葬中清理出土。现藏于湖南省博物馆。

树木岭人形茎铜短剑

通长20.8厘米、身长12.8厘米、身宽3.5厘米。以青铜铸就，锋部稍残。剑身宽扁，中无剑脊，有格。茎作立人形，人像头梳高髻，髻尾梳辫垂于脑后，双耳戴坠饰，上身赤裸，露出双乳，腰系带席纹和垂缨络的围裙，带后系绳带结成的尾饰，双手带钏镯，叉腰直立于剑格上。这种剑茎作人形的铜剑在云南江川县李家山、广东清远县马头岗、内蒙古宁城县南山根等地都有出土，是南方和北方春秋至西汉青铜文化共有的因素，是一种值得注意的文化现象。不过，这些不同地区出土的人形茎铜短剑，其剑身形制和人物服饰均不相同，它们显然属于不同的古族。真正与该短剑的人物造型及服饰几乎完全相同的人形茎短剑，只见于越南东山文化中，这反映了两地间密切的文化交流。

（孙　华）

Dameisha yicun tongqi

大梅沙遗存铜器

春秋、战国时期分布于广东一带青铜文化的铜制器具。主要分布在珠江三角洲及西江、北江流域。该文化还没有正式名称，暂以既有居址堆积又有铜器墓葬的深圳市大梅沙遗址作为典型遗址来命名。其铜器与同时期广西境内的元龙坡遗存基本相同又有一定区别，陶器却存在着显著的传统差异，从铜器来分析可以确定该文化是南方百越青铜文化系统中的一个单独的考古学文化。

● **发现与认识** 广东的百越系铜器发现和著录都很早，但真正通过考古调查和发掘获取的铜器却已到了20世纪60年代。1962年～1963年在清远县三坑圩马头岗连续发现两座据认为是春秋时期或春秋、战国之际的墓葬中出土有铜器数十件，使人们得以比较完整地从铜器群的角度观察该地区铜器的文化面貌。此后，在广东肇庆、四会、德庆、罗定、怀集、佛岗、广宁等县市先后发现多个墓葬铜器群。此外，在曲江县石峡遗址上文化层、深圳市大梅沙遗址的墓葬中也出土一批较早风格的铜器，为认识该文化铜器的文化背景及其发展演变轨迹提供了重要的材料。通过对这些材料的梳理和分析，学者们开始对大梅沙遗存铜器的年代进行了重新审视，就广东这些铜器的年代和创造者，广东乃至于两广地区青铜文化的产生和发展进程等问题展开了讨论。或认为广东青铜文化发生于商或西周，繁盛于春秋和战国时期；或认为包括广东在内的两广青铜器最早不过春秋晚期，有的铜器群年代已晚至秦至东汉时代；或认为广东地区铜器的埋藏年代都已到秦统一以后，是秦始皇开拓岭南时戍边者的遗存。

● **种类与组合** 铜器种类较为丰富，有鼎、罍、缶、盉、鉴、壶、盘等容器，钟、钲、铎等乐器，剑、矛、钺、戈、镞等兵器，斧、凿、削、刮刀、叉（？）等工具，以及镇、人首柱饰等。铜器的组合根据墓葬大小有复杂和简单之别，较大型的墓葬铜器群基本组合为鼎、罍（或缶或鉴或盘）、钟（或钲或铎）、剑、矛、钺、斧、刮刀，此外有用作棺饰的人首柱饰；小型墓铜器群的基本组合一般无大型墓的铜容器和乐器，而只以剑、矛、钺、斧和刮刀为随葬品。这种铜器组合也就是以一套极具百越青铜文化系统色彩的兵器和工具为基础，再配以本地食器越式鼎和一两种外来的酒水器和打击乐器的组合。越式鼎、扁茎剑、圆茎短身剑、弓形格剑、折叶矛、折边扇形钺、瘦长体双翼镞、弧边斧、折脊刮刀和人首柱饰等，是春秋、战国时期南方百越系铜器的典型器类，除折边扇形钺、圆茎短身剑只见于大梅沙遗存外，在湖南旧市遗存铜器中和广西元龙坡遗存铜器中也可见到。

● **形制与纹饰** 铜器中尤以鼎、剑、矛、钺、刮刀、镇等最具特色。鼎有中原式和百越式两种，中原式鼎与罍、缶等一样是从楚地输入的，数量不多；绝大多数鼎都为越式鼎。越式鼎器壁单薄，三细足多外撇，素面无纹饰；可分为无盖立耳和有盖附耳两类，前一类出现较早，数量较多，多数为直口无肩型，也有少量盘口有肩型。剑也有中原式和百越式之分，中原式剑出现稍晚，主要见于较大型墓葬中，反映出当地上层人士对中原系铜剑的崇尚和中原对岭南地区的影响，其中少量中原式圆茎剑剑身很短，剑柄粗长，具有一定特点。百越式剑类型较多，较多的一型为剑身有凸脊，无格，茎上有一圆穿的扁茎短剑，茎上夹装圆木柄，其中较晚的铜剑木柄后端还套圆形的铜剑首；较少的一型为弓形格短剑，广泛见于中国南方及印支半岛。矛大都是叶刃后部折转的百越式矛，大致有3型：①身部与骹部有明显分界、骹部较瘦长；②骹部与身部分界不明显、骹部粗短；③骹如锥管、骹部延伸入矛身。钺一般为方銎首的对称型，分有肩铲形钺、折边扇形钺和弧边勾角钺3种形制。刮刀是一种形状近似竹叶、叶脉处有折脊的可能用作剥取兽皮的工具，有短有长，边刃或折或弧。镇多作半球形，是受东南地区吴越文化半球形镇影响的产物，在百越青铜文化系统中仅见于大梅沙遗存中。此外，在广东及广西东部的墓葬中还往往出土一种人首柱形器，它往往分成前后两对出土，有的学者认为它是当时架棺立柱的装饰。

装饰纹样以比较细密的几何纹饰为主。中原系铜器主要是战国早期以后吴越文化和楚文化中流行的蟠虺、羽地、三角、绹索、云雷等纹样。如铜钟与中原系铜钟一样，在篆带上饰斜角云纹，鼓部饰勾连云纹。除对虺纹、云雷纹、联续三角纹外，最独特的是兵器上的“王”字纹和抽象的尖角神面纹装饰。兵器上纹饰的布局比较独特，尖角神面纹以两个或多个从上而下排列在剑身或矛身中央，王字纹一般位于矛骹上部或折边扇形钺的首部；铜矛矛身后部以脊为中线对称饰前窄后宽的云雷纹，折边扇形钺则在钺首箍头状云雷纹前饰窄长的连续三角纹。

● **年代与分期** 可分为4期：①第一期，年代当在春秋晚期前后。以深圳市大梅沙墓葬铜器集群和曲江县石峡遗址上层铜器为代表。铜矛多而剑少，剑仅有扁茎剑一类，钺只有弧边勾刃钺而不见扇形钺。剑锋缘很窄，无格无剑首；矛身较长，叶刃微内曲，骹部很细；钺身较宽短，边和刃的弧度较大。器表多素面无纹饰。②第二期，年代在战国早期偏早。以清远县马头岗1号和2号墓铜器群为代表。出现中原系罍、盥缶等铜器及折边扇形钺等兵器。百越式鼎多作腹壁内收、足近乎直立的形制；矛身仍较长；折边扇形钺扇面宽大。装饰纹样以云雷纹为主，不见王字纹、尖角神面纹，连续三角纹细小。③第三期，年代当在战国中期前后。以四会县鸟旦山1号墓、罗定县南门垌1号墓铜器群为代表。中原式剑在该期出现，百越式鼎一般作腹壁较直或微鼓、三足外撇的形态；矛身边短，叶刃外鼓；折边扇形钺身部较宽。流行王字纹、尖角神面纹、较长的连续三角纹等装饰纹样。④第四期，年代可能已经在战国晚期偏晚阶段至西汉初期。暂以肇庆市松山北岭1号墓铜器群为代表。已出现战国中期偏晚阶段楚文化的银错铜壶，秦汉时期南越文化和石寨山文化中才流行的铜提桶，百越式鼎也变为敛口带盖、三足僵直之形，先前一些典型的百越系铜器兵器已经不见。

随着秦王朝统一事业的进行，以及西南地区以铜鼓为代表文化的东渐，延绵数百年的大梅沙遗存和其他百越青铜文化一样，其文化特质逐渐湮没。

参考书目

徐恒彬：《广东青铜时代概论》，《广东出土先秦文物》，香港中文大学文物馆，1984。

区家发：《广东先秦社会初探——兼论38座随葬青铜器墓葬的年代与墓主人问题》，《东南文化》1991年1期。

（孙 华）

Dameisha yicun tongzhen

大梅沙遗存铜镇

战国中期至秦、西汉之际广东大梅沙遗存的用以镇压坐席的铜制生活用器。体中空，有的内部灌有铅柱以加重；底平沿开敞，顶有鼻环可以提手。是一种具有东南地区特色的铜器。

主要有两类，其中主要的一类是外形作大半个圆球形的半球形镇，这种铜镇在广东四会县高地园1号墓、广宁县铜鼓岗14号墓中都有发现。另一类是方形盝顶的方屋形镇，仅见于广东肇庆市松山北岭古墓。一套完整的铜镇多为4枚（如北岭松山古墓铜镇），但也有仅出2枚、1枚的。高地园半球形镇年代约在战国中期，形体较圆较高，底沿略向内收；铜鼓岗半球形镇年代约在战国晚期至西汉初，形体较扁矮，底沿内敛严重。二者或许有早晚演变关系。

先秦时期的人们皆席地而坐，坐席是当时人们家中的重要陈设。坐席由竹或草编成，新编制的席容易弯曲翘起，为了防止席角卷折和牵挂衣裳，往往需要用重物压住席角，于是专用的镇诞生。铜的质量重，色泽美，又不易损坏，因而成为当时广泛使用的镇的材质。大概是由于北方多用性温的草席（莞席、蒲席），新席弯曲上翘的问题不严重，而南方多用性凉的竹席，新席不易平展，故铜镇首先出现于南方地区。已知年代最早的铜镇是战国早期的湖北随州市曾侯乙墓的半球形镇，随后吴越文化和大梅沙遗存中也都出现了半球形铜镇。其中吴越文化还有仿铜的原始瓷镇，两广青铜文化还有方屋形铜镇。西汉以后，随着北方兽形镇的流行，南方这种半球形镇就逐渐消亡了。

大梅沙遗存半球形铜镇形态演变示意图

参考书目

孙华：《半球形器用途考略》，《南方文物》1995年1期。

（孙 华）

Songshan yincuo tianqi yunlongwen tonglei

松山银错填漆云龙纹铜罍

战国晚期至西汉初期大梅沙遗存铜制酒器。1972年由广东省博物馆等单位在肇庆市松山北岭战国墓中发掘出土。现藏于广东省博物馆。

2件成对，口径14.9厘米、通高23.5厘米。上置伞状小盖，盖顶有钮，钮内套环。器身侈口，宽平内折沿，长颈，耸圆肩，矮直圈足。肩部施对称的衔环铺首。器表饰状如行云般的交龙纹。纹饰分为宽窄不等的6层，是先铸出阴线的花纹，然后在细线条中错银，粗线条中填漆，构成红白相间的云龙图案。纹饰线条轻快流畅，色彩鲜明艳丽，美观异常。

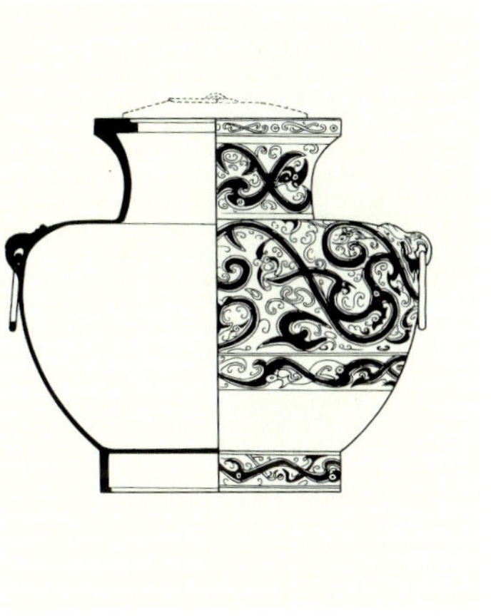

松山银错填漆云龙纹铜罍

该罍形制比较别致，花纹表现独具匠心，这样精美的铜器发现于岭南地区，尤为珍贵。

（孙 华）

Yuanlongpo yicun tongqi

元龙坡遗存铜器

春秋、战国时期分布于广西境内的以邕江流域为中心的青铜文化的铜制器具。该文化尚无正式命名，暂以遗存较丰富、年代较早、内涵较单纯的武鸣县马头乡元龙坡墓地为代表来命名。元龙坡遗存是广西已知最早的青铜时代遗存，其铜器文化特征显著，发展演变序列清楚，很有特色。

● **发现与认识** 20世纪70年代以来，广西东北部的桂江上游地区先后发现两批重要的青铜器，其一为1971年在恭城县加会乡秧家庄一座墓葬中出土的包括5鼎、2尊、1罍、2钟和剑、钺、戈、镞、斧、棺饰等在内的33件铜器，其中共存的楚式鼎、觯形尊、缶形罍等中原系铜器，使当时的学者作出了这些铜器属春秋晚期前后的判断；其二是1974年平乐县东银山岭110座墓葬出土的377件铜器，发掘者认为它们的年代为战国时期，下限可至西汉初期，以后又有的学者将其年代范围重新限定为西汉早期或南越国早期。以上这两批铜器，使笼罩在迷雾中的广西地区青铜文化的面貌显露出大

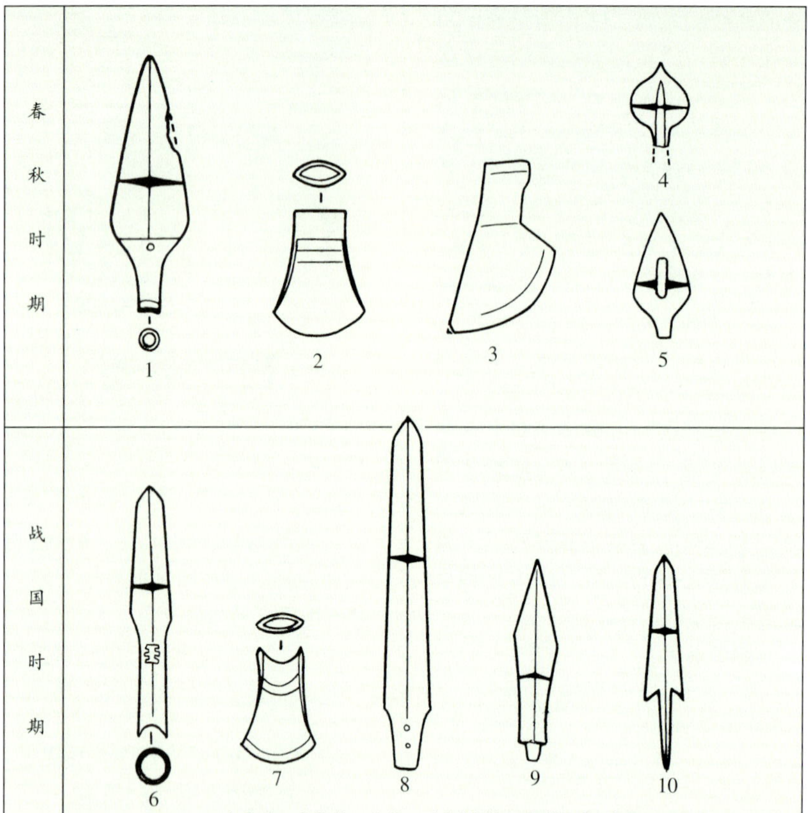

元龙坡遗存典型铜器

体轮廓。只是因为这两批材料地理位置偏于广西东北，银山岭墓葬的年代又显然偏晚，其铜器的文化构成很可能带上湖南和广东青铜文化因素，不能完全反映广西本地铜器的风格。对广西青铜文化和青铜器获得全面和深刻的认识，是在20世纪80年代广西中心地带武鸣县的两处青铜时代墓地发掘和公布以后。1985年在武鸣马头乡元龙坡发现一处规模较大的青铜时代墓地，共发掘土坑墓296座，出土铜器110多件。铜器除1件带有西周中期以前形制特征的提梁壶（卣）外，其余皆为矛、钺、镞、斧一类兵器和工具，器类简单，形态古朴，虽然对该墓地年代上限是否能到西周尚存疑议，但其年代无疑在广西乃至于两广地区为最早。同年，在武鸣马头乡安等秧山上又发现一处青铜时代墓地，共发掘土坑墓86座，出土铜器86件。铜器组合、器类形态等都与元龙坡有较大差异，已经有较多的中原式铜剑，并有中原式铜带钩。其年代较晚，发掘者推测其年代在战国时期，以后还有的学者将其年代改断在西汉早期。这两处文化面貌有着显著差异的墓地铜器都位于武鸣县境内，为认识广西青铜文化和铜器的年代分期和发展规律奠定了基础。此外，在武鸣县的两江乡三联村独山岩洞墓中还发现一组铜兵器和工具共12件，丰富了对于广西铜器埋藏类型和器物种类的认识。

● 种类与形制 可分容器、兵器、乐器等类。容器有鼎、尊、罍、提梁壶，乐器有钟、铃，兵器有剑、戈、矛、钺、镞、斧、刮刀等。墓葬铜器的基本组合为矛、钺、斧、镞，或剑、钺、矛、斧、镞，较大的墓葬才随葬鼎等容器。鼎均为素面无纹饰的越式鼎，有无盖敞口斜腹、有盖附耳鼓腹、盘口立耳鼓腹诸型。剑有中原式和百越式，其中百越式扁茎短剑的剑身有凸脊、无格、茎上有一圆穿，有的有分离的圆剑首。矛有宽叶细骹、骹部甚短的，也有宽叶曲刃、骹锥直抵矛锋的，还有折刃长骹等形式。钺有不对称型、弧边对称型，另有很少折边扇型。斧数较多，形如风字。所有兵器和工具的銎以扁圆形为多，少数长方形的应是受到广东青铜器影响所制。刮刀形状似竹叶，叶脉处有折脊。铜器纹饰有云雷纹、连续三角纹、王字纹、双角神面纹等。纹饰比较简单。

● 分期与年代 广西地区春秋、战国时期的成群的铜器不多，年代序列尚不完整。仅就元龙坡、韦坡村、独山洞、安等秧山、银山岭这几批铜器材料来说，可分为3期：①第一期，年代应当不晚于春秋中期。只有武鸣县元龙坡铜器集群，铜器组合以矛、钺为中心，越式鼎、扁茎剑、瘦长体双翼镞、刮刀等百越系铜器的典型器类似乎均未出现。矛流行宽叶细骹矛，并有锥状骹曲刃矛；钺主要为极其宽短的弧边钺，另有不对称钺；镞为中央有长穿的阔叶无脊镞。此外还有风字形斧。所有兵器和工具的銎部都呈扁圆的梭形。除旋纹外未见其他装饰纹样。②第二期，年代大致在战国早中期。以武鸣县独山岩洞墓、恭城县秧家庄墓、宾阳县韦坡村1号墓等铜器群为代表。该期铜器受到湖南旧市遗存铜器和广东大梅沙遗存铜器两方面的影响，器类增加，新出现中原系的剑和戈，百越系的扁茎剑、瘦长体双翼镞、刮刀，大梅沙遗存的折边扇形钺等。百越系铜器装饰云雷纹、王字纹、简化神面纹等纹样。③第三期，年代已在战国晚期并延续至西汉初期。以武鸣县安等秧山墓葬等铜器群为代表。中原系铜器的因素在该期占有较大比例，百越系铜器以剑、斧为多，矛、钺较少，与第一期形成鲜明的对比。鼎宽沿盘口，或带盖敛口，三足较僵直；扁茎剑锋缘加宽，普遍带分离的圆剑首；铜矛已不见短细骹的宽叶矛。除第二期的纹样外，有的带盖鼎的装饰与其陶器类似。

参考书目

蒋廷瑜、蓝日勇：《广西先秦青铜文化初论》，《中国考古学会第四次年会论文集》，文物出版社，1985。

（孙　华）

Qin zhi Donghan tongqi

秦至东汉铜器

（公元前221年～公元220年）

秦、西汉、东汉时期中国各地区各文化的以铜为主要材质的器具。这时期铜器制造业在经历了2000多年的发展演变进程后，即将走过战国中晚期开始的回光返照的余晖，铜器在人们日常生活中的地位在不断降低。另一方面，强大的秦汉帝国的综合国力，纵横北方广阔草原地区的匈奴王国的崛起，以及南方地区青铜文化的高度发展，又给这一时期的铜器带来若干新气象。绚丽多彩的秦汉文化铜器，富有草原色彩的北方地区铜器和风格清新的南方地区铜器，使得这一时期铜器在中国铜器发展史上仍然占有相当重要的地位。

● **时代背景** 秦王朝结束了战国时期诸侯割据的局面，建立了中央集权的大一统王朝，开创了中国历史上一个全新的时代。从此广泛推行的郡县制代替了传统的封建制，由中央政府控制的官营手工业作坊遍及全国各地，各地间的商业往来也较过去更为频繁。在这种背景下，秦汉王朝直接统治范围内生产的铜器如同其他手工业产品一样，无论是工艺、种类，还是形制、纹饰，都呈现基本一致的状况，中国大部分地区延续了千百年的区域文化差异从此逐渐消失。就在中原地区由分裂逐步走向统一之时，在中国北方广阔的草原及荒漠地区，春秋时期就已出现的骑马民族开始强大，到战国末期，在长城以北地区活动的匈奴骤然崛起，东击东胡，西逐月氏，南并楼烦、白羊，北服浑窳、丁零，逐渐成为秦汉王朝北面的劲敌，形成以匈奴为主体的北方草原文化区系。与此同时，在岭南地区及云贵高原地区，原先互不联系的两个文化区开始沟通，战国时期出现的具有鲜明特色的青铜文化骤然繁荣，形成南方青铜文化区系。此外，在川西、滇西高原及其相邻的青藏地区也在南北两大文化区系形成的同时，出现并形成一个绕过中原文化区系而连接南北文化区系的以石棺墓为特征的新的考古学文化。这些文化区系及文化，构成秦及西汉中期前后中国青铜文化及早期铁器文化的总体格局。从西汉中期起，汉王朝的国力极为强盛，北方的匈奴在汉王朝连年大规模的反击下开始走向衰落。东汉初期，匈奴又分裂成为南匈奴和北匈奴，南匈奴依附于汉王朝，北匈奴继续与汉王朝为敌。公元90年前后，北匈奴在汉王朝与南匈奴的联合打击下被迫向西方远迁，具有鲜明特色的匈奴文化从此一蹶不振。南方的南越等，在汉武帝时期先后被汉王朝灭亡，极具地方特色的石寨山文化铜器中的汉文化因素不断增加，还保持部分先秦百越系铜器特色的南越文化铜器已基本失去自己的特色，只有铜鼓这一最具南方文化传统的铜器得以保留并延续下去。

从战国时期开始被广泛使用的铁器，到这一时期已经取代铜器成为金属冶铸业的主体。在秦汉王朝统治区域，铁器冶铸业的巨大收益使之成为当时中央王朝与地方豪强争相置办的重要工业部门，盐铁专营还是私营在西汉时期一度成为当时争论最多的一项政策，铜器无论从生产规模和使用范围上都比铁器大为逊色。兵器、炊具、工具、带具等一些过去被铜器占据的领域，随着铁器冶铸技艺的提高和一些技术难点被克服，也大多或部分为铁器所占据。不过，由于铜器鲜艳的色泽和锈蚀较缓慢等特点，使得铜器在高品级用具上仍然占有一席之地。铜器耐磨损和反光等性能，也使得铜器在金属铸币、铜镜等领域仍然有着铁器所不能动摇的地位。此外，铁器也是当时重要的战略物资，汉王朝曾一度有禁止铁器出口的法令。在中国北方匈奴等古族活动区域和南方“南夷”和“西南夷”活动区域，铜器使用仍相当广泛。所以，尽管铜器冶铸工业在秦汉时代已经走向衰落，但当时的铜矿冶炼、铜器铸造和装饰工艺还是有着若干的创新和发展。

● **技术成就** 铜器冶铸业取得的技术成就主要体现在4个方面：①在铜矿采冶方面，不仅能够用孔雀石冶炼铜，而且掌握了黄铜矿的冶炼技术。冶炼黄铜需要先将矿石粉碎并加以焙烧，去掉矿石中的大部分硫，才能冶炼出铜，工艺比较复杂。②在铸造方面，突出成就主要有两项，即“叠铸法”的发明和推广，以及“失蜡法”的使用范围扩大。所谓叠铸法是将多套铸型重叠组合在一起，使之可以利用共同浇口来浇铸铜液（或其他金属液）。这样一次浇铸就可以得到较多的铸件，提高了生产效率，降低了成本，适宜于大批量铸造小型兵器、工具、饰件和铸币。失蜡法这一春秋、战国时期就已运用的铸造复杂铜器附件和花纹的方法，在此时不仅秦汉王朝铜器铸造工场用来铸造难以用范铸法成型的器具和玺印等，南方地区的石寨山文化等也采用这种工艺来铸制贮贝器等带圆雕状群像的器物，使用范围更加广泛。③在成型工艺方面，做法比以前各代更加简单实用，普遍推广了铆接成型工艺。器壁一般比较轻薄，大型和较复杂的铜器一般都分铸为若干段，每段两端留有穿孔，可以将各段套接在一起，用铆钉固定。这既方便了大型器物的成型，又可在出现部分损坏时加以部分更换，有的器物还可随时拆卸进行清洗内部等工作。西汉、东汉时的大型铜车和铜马，以及甗等一些铜容器均采用铆接成型工艺。④在装饰工艺方面，推广和发展了鎏金工艺。鎏金又称“烧金”或“火镀”，是将纯金熔化后加入水银（汞Hg）混合制成金汞剂（又称“金泥”），把它涂在器物上，汞遇热蒸发后，金即留存于器表，使青铜器如同金光闪闪的黄金器。这种装饰新工艺除在秦汉文化铜器中广泛使用外，在石寨山文化铜器、南越文化铜器中也都有发现，并为以后各代所沿用。

● **时代特征** 从战国中晚期起，中国铜器风格开始发生重要的变化。秦至东汉时期，传统的铜器种类已经减少甚至消失，以新的铸造工艺、新的器类组合和新的装饰手法制成的铜器逐渐成为主流，具有鲜明的时代特征。首先，许多传统的铜器种类在此时基本消失，如春秋、战国时期中原系铜器中的鬲、簋、瑚、敦、豆、鉌、盘、匜等已不见；春秋、战国时期北方系铜器中的环首直柄直刃短剑、虎形带头和带鐍等也基本不见于这时的匈奴和鲜卑文化铜器中。其次，这时产生或流行一大批新的铜器，如秦汉文化的釜、樽、鐎盉、鐎斗、耳杯、灯、熏炉、镜、镇等，南方地区石寨山文化和南越文化的铜鼓、提桶、贮贝器、圜首编钟、羊角编钟等，北方地区匈奴文化和鲜卑文化的野兽相搏或相戏的铜带具和铜柱饰。第三，装饰风格变化显著，阴阳凸凹的浮雕状铸纹这一传统纹样已经罕见，阴线和不同色彩已成为主要装饰手法，金银错、鎏金、线刻等比战国时期更加流行。尤其是鎏金装饰工艺，广泛行用于秦汉王朝及南、北边区。

● **分期与分区** 在以生产工具为分期标准的中国社会发展史上，秦至东汉时期已属铁器时代。由于社会发展不平衡，当黄河及长江流域早在战国时期就广泛使用铁器的时候，南方的岭南地区及云贵高原却进入铜器时代的鼎盛时期，直至汉武帝平定南越和西南夷后，这些地区才广泛开始使用铁器，以致于在云南青铜文化墓葬的研究中，学术界往往将铁器的有无作为断代的重要标准之一。

第一期：秦至西汉早期。与战国中晚期在中国铜器发展史上应当属于同一发展阶段，皆为从广义的周文化向汉文化转变的时期。秦汉王朝文化系统、北方草原文化系统、南方滇越文化系统并存，并且3个文化系统铜器的总体面貌几乎与原有的战国中晚期铜器面貌一脉相承，密不可分。铜鼎仍是铜器群的重要组成部分，战国中晚期出现的蟠螭纹镜、透空云纹镜等依然常见。金银错、镶嵌、鎏金等装饰工艺比战国中晚期更加流行。

第二期：西汉中期至东汉中期。是典型西汉、东汉铜器风格形成和繁荣的时期。秦汉王朝铜器与北、南诸文化铜器的差异逐渐缩小。分段铆接的铜器做法广泛使用。金银错和镶嵌等精工细作的铜器已经少见，代之而起的是装饰比较简易的铜器和素面铜器。鼎已较少见，钫逐渐消失。新出现的日光镜、昭明镜、规矩镜、连弧镜等典型汉镜流行。

第三期：东汉晚期。是西汉、东汉铜器风格向魏晋南北朝铜器风格转变的时期。南方边区诸文化已经融汇于秦汉文化中，除铜鼓外，其他富有地方色彩的铜器已基本消失。北方边区的鲜卑文化取代先前盛极一时的匈奴文化，铜器的区域特色已经不太明显。神兽镜、画像镜等与典型汉镜风格不同的新铜镜开始出现。

秦至东汉铜器明显可分为中心地区、北方边区、南方边区等3个大区：①中心地区。为秦汉王朝直接统治的地区，典型铜器群有河北满城县中山靖王刘胜夫妇墓、陕西兴平县茂陵1号冢陪葬坑、西安市三桥铜器窖藏、甘肃武威雷台东汉墓铜器等。器类包括鼎、甗、染炉、壶、樽、鋞、灯、熏炉、镜等多种，器表多素面，高品级的铜器多采用金银错、镶嵌或鎏金等工艺来装饰。②北方边区。为匈奴和鲜卑先后驰骋的草原地区。典型铜器集群有内蒙古准格尔旗西沟畔和宁夏同心县倒墩子墓葬铜器。以动物造型的装饰、动物纹带具和带饰为特征，器类单调。③南方边区。是南越、滇、夜郎曾经盘踞的地方。典型铜器群和集群有广东广州市南越王墓、广西贵县罗泊湾1号墓、云南晋宁县石寨山墓地、贵州赫章县可乐墓地等出土的铜器。器类包括铜鼓、提桶、羊角钟、圜顶钟等多种，装饰以阴线的各种纹饰和图案最富特色。

参考书目

林巳奈夫（日）：《汉代の文物》，京都，1976。

孙机：《汉代物质文化资料图说》，文物出版社，1991。

（孙 华）

Qin-Han wenhua tongqi

秦汉文化铜器

秦至东汉时期中央王朝直接统治区域内的铜制器具。分布范围以黄河流域为中心，北部大致以长城为界，南界随时间早晚有所不同。由于秦汉王朝强大的综合国力，再加之艺术的发展创新，为铜器制造业提供了进一步发展的生机和活力，使这时的铜器中既不乏堪与前一时期铜器媲美的精品，又形成反映时代特色的新的主要产品门类。推陈出新的饮食器具、蔚为大观的铜镜、佳作纷呈的铜灯和铜熏炉等，都是这一时期具有代表性的流行铜器种类。

● **发现与认识** 秦汉文化的铜器早在北宋、南宋时期的金石学著作中就已有著录，此后直至清代均有人就某件有铭文的铜器进行考释。由于秦汉文化铜器已基本脱离先秦儒家经典所记商、周彝器的范畴，因而它一直没有引起学术界足够的重视。20世纪50年代以后，随着考古事业的发展，新的秦汉铜器群或集群不断发现，并伴随着大量秦汉墓葬的发掘和分期研究的进行，其总体面貌和发展进程已逐渐为人们所认识。重要的发现主要有：①1953年在河南洛阳市烧沟发掘西汉中期至东汉晚期的墓葬225座，通过对这些墓葬的排序分期，一片迷茫的西汉、东汉五铢钱和铜镜的发展演变轨迹基本清晰。②1961年陕西西安市三桥镇高窑村一西汉晚期铜器窖藏中出土铜器22件，它们应为上林苑所有，是年代明确的汉王朝皇家铜器群。③1968年河北满城县西汉中山靖王刘胜及其夫人窦绾墓中出土大批铜器，其中刘胜墓带扃熊足铜鼎、刘胜墓鎏金银云龙纹铜壶、长乐宫乳钉纹铜壶、长信宫鎏

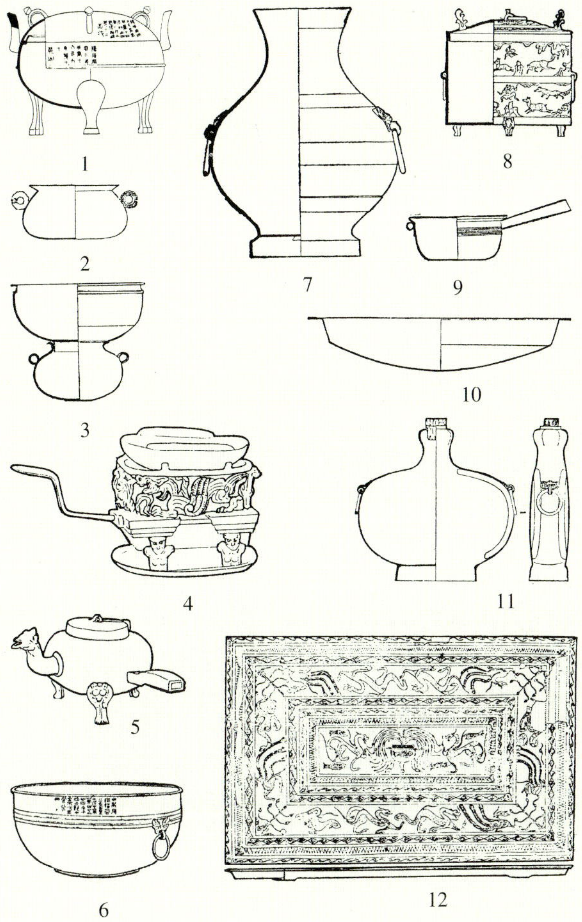
1.鼎　2.釜　3.甗　4.染炉及耳杯　5.鐎斗　6.銅　7.壶　8.温酒樽
9.刁斗　10.盘　11.榼　12.案

秦汉文化常见铜器举例

金宫女铜灯、刘胜墓羊尊铜灯、窦绾墓凤鸟铜灯等极品，对了解当时铜器的工艺水平有着很重要价值。④1969年甘肃武威县雷台东汉晚期墓中出土以众多车马仪仗模型为代表的铜器群，其中造型奇佳的雷台铜马式被推为当时造型艺术的代表作。⑤1975年在湖北云梦县睡虎地发掘秦代墓葬5座，出土铜器组合为鼎、鍪、钫或蒜头壶等，其中11号墓年代为秦始皇三十年（公元前217年）或稍后，这为认识秦代铜器树立了一个可靠的标尺。⑥1978年在陕西临潼县秦始皇陵旁的一个从葬坑中出土不同类型的大型秦代铜马车2辆，为复原当时的马车和了解中国古代马车形制和马的系驾方式提供了珍贵的资料。⑦1981年陕西兴平县茂陵1号冢从葬坑内出土一批精美的汉武帝时期皇室铜器，其上多刻器物名称、高度、重量、容量、产地和年月，是西汉、东汉高品级铜器的最重要的发现之一。⑧1982年山西朔县平朔煤矿发掘战国晚期至东汉晚期的墓葬1285座，这些墓葬被分为6期，其中第3期~第5期均有成组铜器出土，丰富了对西汉中期至东汉早期铜器的认识。

● 生产与经营 从战国时期起，中国长期沿袭的村社手工业就已经衰落，城市手工业从高级贵族的垄断中解放出来，新出现以出售产品为主要目的的市井手工业工场。铜器制造业在当时是一种技术含量较大、专业化程度较高的手工业门类，生产和管理都比较复杂。从铜器铭文和文献记载可知，当时铜器生产和经营主要有官营和私营两种形式。

官府经营的铜器工场有的由中央王朝直接掌管，有的为地方政府管理。中央直接经营的铜器工场分属尚方、寺工和上林苑等。尚方是中央王朝少府下的手工业部门，主要为皇室铸造御用器物，代表当时高品级铜器制造的最高水平，其产品往往为其他作坊所效仿，所以西汉、东汉铜镜的铭文中常以“尚方作镜”来自我标榜。这时的铜器铭文中未见考工所作铜器的自名，却常见“寺工”之名，如秦始皇兵马俑坑出土的铜铍上有“十七年寺工□，工写”和“寺工”的铭文。有的学者认为寺工就是文献中的“寺互”。上林苑铜器见于陕西西安市三桥镇高窑村出土的上林铜鉴，其铭文为：“上林铜鉴。容五石，重百卌斤，鸿嘉三年四月工黄通造八十四枚，第三十二。”属于地方各级政府管理的铜器铸造工场在许多郡国和县侯都有，重要的产铜地区还设置有隶属于郡的铜官。如《汉书·地理志》记丹阳郡有铜官，丹阳出产的铜料在当时十分著名，所以铜镜上常见“善铜出丹阳”的铭文。郡营铜器工场最著名的有蜀郡、广汉郡和河东郡等，“蜀郡西工”铭文的铜器在蜀郡以外的地方也屡有发现。王国一般也经营铜器工场，考古发现的带有王国名的铜器就有代、楚、齐、中山、常山、山阳、广陵诸国。

伦敦布鲁埃特行存金银错蒜头壶

私营铜器工场在西汉、东汉时期普遍存在，有的达到相当规模。中山靖王刘胜及其夫人窦绾墓中出土的铜器中，有6件属于私人铜器作坊的产品，如中山内府铜钫记为“中郎柳市洛阳”，中山内府铜鋗铭文为“郎中定市河东”。有的学者认为，汉景帝以后，严禁诸侯王与中央及地方官吏沟通，地方官营手工作坊不大可能为中山王铸铜器，这些铜器应是中山王派人从各地私营铜器作坊中购买的。山东苍山县柞城出土的铜壶和铜盆上分别有“江陵黄阳君作”、“蜀郡董氏作”的铭文，无疑属私营作坊的产品。此外，在西汉、东汉铜镜铭文中也常见私营铜器作坊夸耀自己铜镜品质优良的文字，如“王氏作镜真大巧”、“吕氏作镜自有纪”等。

● **技术与工艺** 秦汉王朝的铜器冶铸业虽已不像商、周王朝那样在社会生活中占有重要地位，但冶铸规模仍颇为可观，在技术和工艺上也有一定的发展和进步。西周以来兴起的湖北大冶市铜绿山矿冶遗址在西汉时仍在使用。河北承德市的一处西汉铜矿的竖井深度达100多米，井的中部向周围开平巷采矿，井口附近有多处冶矿遗址，遗留有圆饼形铜锭，表明该矿开采的铜矿石是就地冶炼成铜锭，然后再运至铸造铜器的地方。铜锭上的年代铭文只记年数不记年号，推测它们的年代是在西汉前期汉武帝行用年号以前。广西北流县铜石岭发现有西汉晚期及东汉时期的3口铜矿井，在矿井北面100米处就有冶铜遗址，遗址内发现直径约半米的炼铜竖炉14座，并有陶鼓风管、炼渣和圆饼形铜锭，铜锭经检验属于含铜量96.64%的纯铜。山西运城市中条山中的洞沟铜矿遗址有多座矿洞，它们随矿脉走向开凿，深度在20米以内，遗物较少，规模虽逊于前两处铜矿，但该矿矿脉为黄铜矿，需要先将矿石粉碎并焙烧去硫，才能冶炼出铜，工艺比较复杂。根据矿洞间的崖壁上所刻的光和二年（公元179年）、中平二年（公元185年）和甘露年间（公元256年～公元260年）的题名，可知其开采年代应在东汉及三国前后。从这些采冶遗存来看，当时是在铜矿附近就地冶炼出铜材，然后将粗铜的铜锭运往有铸铜作坊的地方。铜矿采冶技术有所发展，规模也相当可观。

秦汉王朝继承战国时期中原诸国发达的铜器铸造技术，金银错、镶嵌、刻纹等装饰工艺在此时特别是在秦及西汉早期更为发达。此外，当时工匠还创造或推广了若干新的铸铜技术和装饰工艺，使铜器在当时社会的某些方面占有相当重要的地位。新出现或新流行的工艺技术是：①发明并推广“叠铸法”。将多块铸型叠装在一起，利用共同的浇口，可一次浇铸多件铜器。采用这种工艺来大批量铸造小型兵器、工具、饰件和铸币，提高了产量，降低了产品成本。如西安市郭家村新莽“大泉五十”钱范，每套范由23合（46块）陶范叠合在一起组成，外抹草拌泥，每合范可铸8枚，一套范一次就可铸造“大泉五十”184枚。②分段铆接成型工艺获得一定发展。分段铆接工艺是把比较难铸造的大型铸件和一些特殊器类分段铸造，再套接起来，用铆钉连接固定，使大型铜器的制造更趋简易。当时大型铜车、铜马基本采用这种新工艺。如河北徐水县防陵村2号墓出土的铜马，就是耳、头、身、腿各部分别铸造，然后把各部铆接起来而成型，各段接缝严密，反映出当时分段铆接技术的纯熟。③鎏金工艺普遍采用。这种在器表涂抹“金泥”，然后烘烤蒸发掉“金泥”中的汞，使金牢固地附着于铜器表面的工艺，产生于战国晚期，但在西汉、东汉时期才得到推广和普遍应用。鎏金铜器不仅使铜器更加华丽美观，而且还具有防止铜器氧化锈蚀的作用。长信宫鎏金宫女铜灯、未央宫鎏金高柄博山铜熏炉、建武廿一年鎏金承旋铜樽等，均为两汉时期鎏金铜器的精品。④铜器镀铬表面处理工艺的发明和运用。秦始皇兵马俑坑出土的铜剑、刘胜墓出土的铜镞等铜器的表面均有一层很薄的保护层，经分析是用铬化物进行了处理。这种镀铬处理工艺使铜兵器耐磨防锈，往往出土时表面仍光洁如新。

● **类型与装饰** 种类丰富多样，形制千姿百态。按用途大致可分为饮食器、起居用具、武器、舆服用具、娱乐用器、度量衡器、迷信用品等种类。饮食器中有少量的带有周文化传统的铜礼器，如鼎、甗、盛、壶等，更多的是新流行的日用铜器，如灶、染炉、鐎盉、鐎斗、盆、鋗、樽、鋞、鈁镂、榼（钾）、卮、杯、魁、斗、案等。起居用具包括照容的镜、照明的灯、燃香的熏炉、装砚的砚盒、压席的镇等。武器类虽然绝大多数已为钢铁制品，但戈、戟、铍、铩、剑、刀、镞、弩辄、弩机等仍有部分为铜制。舆服用具包括实用的铜制车马器和带具（带钩、带头、带扣、带銙），以及作为仪仗的车、马、俑等模型。娱乐用器包括钟、铎、铃、錞于等传统的铜乐器，也有新出现的铜律管、博具、玩具等。度量衡器是当时铜器的重要类型，数量之多，系列之全，其他时代罕与其比。度器有丈、尺和仅见的卡尺，量器有斛、斗、升、合、龠、撮和分，衡器有衡、累和权，另有中央王朝为了统一计量器而颁发的铜制诏书。迷信用品则有铜制摇钱树、式盘、圭表和独角兽等。此外，还有符节、带钩、玺印等。

装饰呈现两种明显不同的风格：一种以金银错、镶嵌、鎏金、漆绘、刻镂等装饰工艺在铜器表面创造出类似于彩绘的生活画面和各种图案，使器表色彩艳丽，好似金器或漆器；另一种器表不施任何花纹，仅以造型和光素的外表取胜。装饰纹样主要有3大类：①以流畅旋转的云水纹为构图的主体，在云或水的间隙处填以神怪、仙人、禽兽等；②以富于动态的人物和动物的画像作为构图的主体，在周围点缀山峦、云气等；③以几何纹为构图的主体，如锯齿、斜格、波带、旋带等。以前两种纹样最具时代和文化气息，汉画这一在砖、石等载体上表现得最为突出的艺术形式，在铜器上也

得到很好的体现。

● **分期与年代** 西汉中期以前的制作工艺与战国时期几无差别，铜器在质量上也不比中国铜器发展上的最后一个高峰期——春秋、战国时期逊色，并且尚有相当数量的战国中后期铜器在西汉早中期仍在沿用。这就使得西汉早期铜器与战国晚期铜器之间并无截然可分的界限，秦至东汉铜器走出战国铜器的余晖并形成自身文化风格，已是西汉中期之时。参照铜镜等主要铜器类别的产生和发展状况，可将秦至东汉铜器分为3期:

第一期：秦及西汉早期。典型铜器群有秦始皇陵铜器、云梦县睡虎地9号墓和11号墓铜器、山东淄博市临淄区窝托村齐王墓铜器等。基本组合为鼎、钫、壶（鍾）、盘、匜，并常见釜、鍪、樽、鋞、蒜头壶、榼等。鼎仍是铜器群的重要组成部分，战国中晚期出现的蟠螭纹镜、透空云纹镜等依然常见。金银错、镶嵌、鎏金等装饰工艺比较盛行。

第二期：西汉中期至东汉中期。典型铜器群有刘胜墓铜器、兴平县茂陵1号冢丛葬坑铜器、西安市高窑村窖藏铜器和山西平朔煤矿第3期~第5期墓葬铜器。分段铆接工艺使用广泛。采用金银错和镶嵌等装饰手法的铜器逐渐减少，代之而起的是装饰比较简易的铜器和素面铜器。以鼎、甗、钫、壶（鍾）、灯、熏、镇为常见组合，并有鐎盉、染炉等器类。铜灯流行釭灯，熏炉流行博山盖，镇为兽形镇，新出现日光镜、昭明镜、规矩镜、连弧镜等典型的汉镜，并开始流行。

第三期：东汉晚期。典型铜器群有武威市雷台东汉墓铜器等。以甗、壶（鍾）、樽、灯、熏炉的组合为主。车马仪仗模型流行。神兽镜、画像镜等与典型汉镜风格不同的新铜镜开始出现。该期铜器风格在东汉王朝灭亡后仍然流行，一直延续到西晋时期才逐渐被新的铜器风格所代替。

参考书目

林巳奈夫（日）:《漢代の文物》，京都，1976。

孙机：《汉代物质文化资料图说》，文物出版社，1991。

黄盛璋：《寺工新考》，《考古》1983年9期。

（孙 华）

Qin-Han wenhua tongding

秦汉文化铜鼎

秦、西汉、东汉时期秦汉王朝统治区域内的三足两耳的盛肉用铜制容器。经过春秋、战国时期“礼坏乐崩”的冲击，秦代以后，西周时期形成的用鼎制度已若存若亡，并在东汉最后消亡。这一时期是铜鼎这种中国古代铜器中心器种发展演变的最后阶段。

用鼎制度是以成列的铜鼎、与之配套的其他铜器及鼎内的鼎实为标志，秦以后这套鼎制几乎不复存在。尽管西汉时期墓葬随葬鼎的现象还相当普遍，这时皇家宗庙中也还具备一些铜鼎等祭器以仿效周礼，但这时的鼎以陶鼎最多，并有相当数量的漆鼎，铜鼎已比较少见。就是像河北满城县中山靖王刘胜墓这样随葬有大批铜器的诸侯王墓，其铜鼎数也不过3件，并且它们大小、形制各不相同，在铜器群中的地位和作用显然已与战国时期以前不可同日而语。鼎实在这一时期也发生了许多变化，湖南长沙市马王堆1号西汉墓出土遣册所记正鼎3套（9鼎1套、7鼎2套）和陪鼎3套（均为3鼎）的鼎实均为羹，正鼎所盛羹的种类有“鹿肉鲍鱼笋白羹”之类异味，这与周礼的牢鼎鼎实不合。反映出汉人在追求食品味道与礼制的天平中更倾向前者的时代风气。

西汉中期以前，鼎的形制与战国中晚期并无多大差异。鼎仅见食鼎一种，其鼎盖覆于鼎身子口外，盖和身相合为圜顶圜底的扁球体形，盖顶多有三兽钮或三环钮，器口两侧有略向外撇的双耳，肩腹间设凸棱一周，器腹底接矮蹄足。装饰工艺与战国中晚期一样亦可分为两种，大多数铜鼎素面无纹饰，少数制作精美的铜鼎则饰以错金银的纹饰。前一种铜鼎中比较别致的是刘胜墓带扃熊足铜鼎，它以可前后翻转的伏兽来闭锁或开启鼎盖，以三立熊代替通常的蹄足。后一种铜鼎与战国晚期铜鼎有时很难分别。如江苏涟水市三里墩铜鼎，出土于汉武帝时期的墓葬中，但形态和工艺却与战国时期无别，它究竟是前代的传世品，还是西汉采用传统工艺的制品，目前尚难确定。由于西汉中期以后的铜鼎发现较少，形态演变规律不甚明朗。参照陶鼎的演变规律，秦至西汉晚期铜鼎由顶较隆起、耳略外撇、体态较圆、蹄足较粗逐渐变为顶较平、耳略内倾、体态较扁、蹄足较细。 （孙 华）

Liushengmu daijiong xiongzu tongding

刘胜墓带扃熊足铜鼎

西汉早中期之际秦汉文化的铜制食器及祭器。1968年由中国科学院考古研究所等单位在河北满城县西汉中山靖王刘胜的墓中发掘出土。现藏于河北省博物馆。

共2件，其中制作较精的一件（编号4102）口径17.2厘米、鼎高18.1厘米、盖高4.7厘米。为带盖食鼎，鼎盖如覆盘，盖面微鼓，盖壁折转，套于鼎身子口外。鼎口微敛，附耳微外撇，鼓腹，圜底，口下、腹间各有一道凸棱。腹下以3只生动可爱的小立熊代替通常的蹄足。该鼎最为奇特的是盖上附饰和鼎耳结构：盖面周边等距分列四兽钮而不是常见的三钮，鼎耳无封顶，其间以轴穿过一伏兽的臀部，使之可以上下翻转。合盖时，先将伏兽上翻，盖好后，翻下鼎耳伏兽，再转动鼎盖，使鼎耳伏兽的兽头正好卡在鼎盖兽钮的颔下，鼎盖于是被锁闭。结构颇为巧妙。

在先秦文献及实物中，鼎有扃可以抬扛和关闭。扃多为木质，它从鼎耳穿过并压于鼎盖上。用铜制作的扃一般较短，仅能起到锁闭鼎盖的作用。故《礼记·曲礼》孔颖

达疏中称："礼有鼎扃，所以关鼎。"该鼎的闭锁装置是传统鼎扃的改进与发展，极为珍稀。（孙 华）

刘胜墓带扃熊足铜鼎

Qin-Han wenhua tongyan (fu fu qi zeng)

秦汉文化铜甗（附釜、锜、甑）

秦、西汉时期秦汉文化流行的铜制蒸饭器具。由下部装水受热以产生蒸气的"釜"或"锜"及上部盛装食品的"甑"两部分组成，是西汉晚期以前铜器群中的重要组成部分。

先前时期的甗本是由上甑下鬲组成的炊器。随着鬲在战国时期的逐渐消亡，其形态也发生较大变化。秦、西汉时期甗的下部已不再是空足有裆的鬲，而变成折沿、圆肩、圜底之形。形态可分两种：①下部形态很像是战国时期楚系鼎中的"浴鼎"，也有点像加了三足的釜。如江苏睢宁县刘楼铜甗；②下部就是釜或鍪，圜底无足，如湖北宜昌市前坪西汉铜釜甑。前一种三足甗的下部应当称作"锜"（《说文解字·金部》："江淮之间谓釜曰锜。"《诗·召南·采蘋》"维锜及釜。"《释文》"锜，三足釜足也。"）。后一种无足甗的下部应称作釜或鍪。对于无足甗，汉人或将这种甗的下部仍然称作鬲，而将甗上面的甑部统领原先整体的名称称之为甗；或将甗的下部称作甗，而将甑部仍称作甑。湖北云梦县大坟头1号西汉墓出土有由釜和甑组成的铜炊器一套，同时出土的遣册记作"金鬲、甗"，即将甑称作甗；而河北满城县中山靖王刘胜墓出土的以盆为盖的铜釜、甑铭文为："御铜金饔甗甑一具，盆备。"却将釜称作甗。可见西汉时虽仍保留"甗"这一器名，但这种炊器各部分的名称已不很清楚。为防止混淆，可将秦、西汉时期上甑下釜或锜的炊器统称为甗，甗的上部称甑部，下部有三足者称锜部，无三足者称釜部。其铜甗造型在战国时期就已出现于晋文化中，西汉时期开始流行，东汉时期逐渐消失。从战国时期到西汉时期，铜甗甑部、釜部或锜部由高变矮，腹由深变浅。

釜是秦汉时期流行的炊器。这种器物在当时的字书中被细分为"鍑"、"釜（鬴）"两类。鍑既是这种器物的通名，又特指"如釜而大口者"，釜应当就是"鍑属"中小口的一类。《说文解字·金部》释鍑为"如釜而大口者"，释鬴（釜）则为"鍑属也"。由此可知鍑为通名，并特指大口的釜（《方言》则认为鍑和釜主要是不同地域对同一种器物称呼："釜，自关而西或谓之釜，或谓之腹。"）此外，还有也属于鍑属的"鍪"（《说文解字·金部》："鍪，鍑属。"），它是一种"似釜而反唇"或体形较小的"小釜"的器物（《急救篇》颜师古注）。所以，一般将体量和口径较大、颈较短、腹较浅的炊器称作釜，而将体量和口径较小、颈稍长、腹较深的炊器称作鍪。铜釜和铜鍪在战国中期开始先后在巴蜀文化和秦文化中出现，秦、西汉时传布到秦汉王朝全境，西汉以后已很少见。（孙 华）

Liushengmu liujin tongyan

刘胜墓鎏金铜甗

西汉早中期之际秦汉文化的内外作鎏金装饰的铜制炊器。1968年由中国科学院考古研究所等单位在河北满城县西汉中山靖王刘胜墓中发掘出土。现藏于河北省博物馆。

口径37厘米、通高64.4厘米。由盖、甑、釜3部分组成。盖作折沿、深腹、平底的覆盘形。甑作折沿、直肩、收腹、圈足之形，圈足罩在釜口之外。釜直口，耸肩，鼓腹，平底，腹部设腰檐。在盖沿、甑沿和釜肩均刻有铭文，三者除器名不同外，余均相同，其中甑上器名备举甗的3个部分："御铜金饔甗甑一具，盆备。卅七年十月，赵献。"表明该甗的盖由盆来充任，可以兼作盆来使用；甑还是称甑，但釜可称作甗。这对了解西汉时期铜甗各部分的名称很有价值。甗的外壁呈黑色，内壁却鎏金，说明鎏金不仅是为了装饰，而是利用金的化学稳定性来防止铜锈污染食物。甗的釜部由上下两段铆合成型，可拆开清洗釜内的水垢。全器设计周密，工艺考究，在秦至东汉铜炊器中也是仅见的。（孙 华）

刘胜墓鎏金铜甗

Qin-Han wenhua tonghu

秦汉文化铜壶

秦汉王朝统治区域内的盛酒或其他食物的铜制容器。或称铜鍾。基本形态为侈口、长颈、圆肩、鼓腹、圈足或假圈足，肩两侧多有带环的铺首。这种形态的壶在战国中期就已较为常见，这一时期使用更加广泛，是最常见的铜器种类之一。

壶是商代就已产生的古老的铜器种类。汉代的铜壶是承袭战国一种壶形而来，其他种类纷繁的战国壶形均被淘汰。在战国晚期至西汉早期，铜壶中常见一种方形壶，其立面似壶而平面则呈正方形。这种铜壶在秦汉时期流行不长，西汉晚期以后就已消失，其自名则为"钫"。如中山靖王刘胜墓出土的铜方壶，其铭文为：“中山内府铜钫一，容四斗，重十五斤八两。第一。卌四年中郎柳市洛阳。”《说文解字·金部》：“钫，方鍾也。”鍾是壶在秦汉时期的通称，汉代铜壶铭文自名多称“鍾”而不称“壶”。刘胜墓金银错鸟篆铜壶铭文有“为壶盖”、“㦃尊成壶”的自名，与之形态基本相同的中山内府鍾铭文则自称“中山内府鍾一”，表明汉代壶和鍾均指同一类器物。不过，在长沙马王堆1号汉墓遣册中，却壶、鍾并列，壶记作“髹画壶二，皆有盖，盛米酒”，鍾记作“髹画鍾一，有盖，盛温酒”。似乎壶、鍾又有某些区别。或许壶在使用上皆成双成对，而鍾却每每单独一器。鍾在先秦时期是量器的一种（《孟子·告子上》赵歧注：“鍾，量器也。”），是一种较大的容量单位，其具体容量有不同的说法。这种功能是壶所没有的。不过作为量器的鍾与盛酒水的鍾是否为同一类器物，还难以肯定。

铜壶用以盛酒，这既见于汉代学者对古器名的解释（如《周礼·掌客》郑玄注说：“壶，酒器也。”），也见于当时人对壶这种器物所盛物品的记录（如马王堆汉墓遣册）。鍾，《说文解字·金部》释为“酒器也”，马王堆1号汉墓遣册也说它用来“盛温酒”。壶、鍾功用基本相同。甘肃武威磨嘴子49号东汉墓出土的两件绿釉陶鍾，其器壁墨书分别为“酒鍾”、“水鍾”，可见鍾不仅用以盛酒，也可用以盛装水等其他物品。

西汉前期铜壶或铜鍾的形态沿袭战国铜壶的形制，只是腹部更膨大，衔环的铺首更靠近腹部。西汉后期以后铜壶数量减少，壶底部多变大，造型不及以前优雅。

（孙　华）

Sanlidun yincuo niaozu tonghu

三里墩银错鸟足铜壶

西汉早期秦汉文化的铜制酒器。1965年由江苏南京博物院在涟水县河网公社刘桥大队三里墩的一座西汉墓中发掘出土。现藏于南京博物院。

三里墩银错鸟足铜壶

通高73厘米。口上罩穹顶盖，盖面环布三鸟，盖心开孔，另罩一盖，其上有花瓣形钮，钮上栖一大鸟为捉手。器身侈口，长颈，斜肩，垂腹，圈足，肩上有二环耳，环耳各套一环，环耳上贴兽面；圈足下环列3只展翅欲飞的立鸟为器足。器表通体装饰银错蟠纹、斜方和三角形云纹及以绿松石组成的粗大锯齿纹和斜方格纹等纹样，并杂以鎏银的圆泡，纹样颇为繁复。

该壶造型巧妙别致，装饰风格与通常的西汉、东汉铜器不同而与战国晚期铜器相近。由于所在墓葬中出土有五铢钱，年代当不会早于汉武帝时，墓中出土的铜器具有战国作风的又有多件，因而学者们多认为该壶为传承战国工艺传统的西汉铜器。如果这种推测不错的话，这为研究秦至东汉铜器工艺的传统和流派提供了重要线索。不过从现已发现的几座西汉早中期王陵出土的铜器几乎不见这类风格铜器的事实来看，也不能排除该壶及其他铜器为战国铜器流传至西汉中期才被用于随葬的可能。

（孙　华）

Changlegong rudingwen tonghu

长乐宫乳钉纹铜壶

西汉早中期之际汉王朝长乐宫中使用的铜制酒器或水器。1968年由中国科学院考古研究所等单位在河北满城县西汉中山靖王刘胜墓中发掘出土。现藏于河北省博物馆。

长乐宫乳钉纹铜壶

口径14.5厘米、足径17.9厘米、通高45厘米，重11.2千克。壶上有盖，盖上立三云形钮，盖壁下收，与其下斜侈的器口相对应。壶身小口微侈，圆肩，鼓腹，圈足外侈，肩腹两侧施一对铺首衔环。器表均以统一的斜格乳钉纹为装饰，其中壶盖的斜格构图如六角星形，壶身的斜格则由两道鎏金银的横向宽带分为上、中、下3组。斜格由鎏金的箍带组成，箍带的交叉点上镶嵌银乳钉，斜格内填嵌斜格乳钉纹的绿琉璃。壶上3处刻铭文，分别作“甄氏”（盖子口）、“甄氏，大官，五斗五升，今长乐食官”、“右□重四十斤一两八朱六□”。由此可知，该壶原为长乐宫中之物，以后才转属于刘胜。

该壶造型庄重大方，装饰统一协和，色调华丽典雅，是西汉早期铜壶的代表作。其制作工艺和装饰基本保持了战国时期传统，与传出土于河南洛阳市金村古墓的战国铜壶在工艺、造型和纹饰等方面均相

近。（孙 华）

Liushengmu liujin-yin yunlongwen tonghu

刘胜墓鎏金银云龙纹铜壶

西汉早中期之际秦汉文化的铜制盛酒器。1968年由中国科学院考古研究所等单位在河北满城县西汉中山靖王刘胜墓中发掘出土。现藏于河北省博物馆。

刘胜墓鎏金银云龙纹铜壶

口径20.2厘米、通高59.5厘米，重16.25千克。伞形盖，盖面分立3个云形钮，盖壁倾斜下收，与斜侈的器颈连为一体。壶身侈口，曲颈，圆肩，鼓腹、两段式圈足，肩腹两侧施对称铺首衔环。器表满饰鎏金银的纹样：盖面饰3只鎏金夔凤纹，盖壁和器口饰鎏银卷云纹，器颈为金银相间的三角纹（蕉叶纹），肩腹部为4条鎏金的一首双身云龙主纹，圈足上部鎏金，下段为鎏银的卷云纹。器内髹以朱漆，以防止内壁的锈蚀。在圈足壶底有铭文18字，可知该壶原为楚元王刘交家主膳官用以盛酒之器。它归刘胜所有，应当是刘交之孙刘戊参与“七国之乱”，兵败国除，楚王家财产被朝廷没收以后之事。它保存完好，装饰精美，金光银色，交相辉映，为古代铜器中的精品。（孙 华）

Liushengmu jin-yincuo niaozhuan tonghu

刘胜墓金银错鸟篆铜壶

西汉早中期之际秦汉文化的铜制盛酒器。1968年由中国科学院考古研究所等单位在河北满城县西汉中山靖王刘胜墓中发掘出土。现藏于河北省博物馆。

刘胜墓金银错鸟篆铜壶

共2件，形制、纹饰、铭文大体相同。一件口径15.5厘米、足径18.8厘米、通高44.2厘米；另一件口径15.7厘米、足径18.3厘米、通高40厘米。壶带盖，其上立3枚云气状钮，盖面中心饰蟠龙纹，周缘置以鸟鱼装饰的篆书铭文，两壶盖钮间铭文分别为“有言三，甫金鯠，为壶盖，错书之”及“髹赶盖”。壶身侈口，短颈，鼓腹，圈足，肩上有衔环铺首。器表以龙，虎及云气纹组成的箍带分为3段，其间饰以鸟篆铭文。两壶器表铭文相同，均以4字为句，隔句押韵，一韵到底，内容是赞誉壶中所盛酒浆的美好：“盖圜四符，隧尊成壶，盛兄（况）盛味，于心佳都。隃于口味，交闰血肤，延年去病，万年有余。”该壶铭文和花纹皆以金银嵌错，金主银辅，金辉银灼，耀人眼目。文字故意屈曲变形，笔划均作鸟鱼之状，虽难辨认但极富图案意味，与壶上纹饰浑然一体，具有良好的装饰效果。它既是西汉、东汉时期工艺美术的杰作，也是研究上古音韵到中古音韵过渡阶段的珍贵实物资料。（孙 华）

Qin-Han wenhua tongzun

秦汉文化铜樽

秦至东汉时期秦汉王朝统治区域内的主要用于盛酒的铜制容器。除在鸟兽尊方面仍尚存少许传统的造型外，普通铜樽的类型已与先秦时期完全不同。是当时铜制饮食器中最受重视的器种之一。

有盆形和筒形两类。盆形樽樽体如盆，大口浅腹，腹壁内收，口上或罩以器盖，底或安三足或接圈足。以圈足者为多，三足者仅见于山西右玉县大川、甘肃武威市雷台等地。右玉县大川出土的三足盆形樽口沿有铭文：“勮阳阴城胡傅铜酒樽，重百廿斤。河平三年造。”可证这类器物应名为樽，用于盛酒。筒形樽仿自大竹筒，其上口开敞，直壁，平底，下多设三矮足，口沿、中腰、底边均施竹节状箍带。这类器物旧称奁或斛，王振铎先生首先将其定名为樽。右玉县大川追猎纹筒形樽与前述盆形樽为同时同人所制，其铭文自名为“温酒樽”，可证这种器物确为樽属，是樽中的温酒樽类。至于温酒的含义，学术界有不同的看法。日本学者林巳奈夫等以为温酒是以火热酒；唐兰先生则将温读作“醞”，认为温酒“是反复重酿多次的酒”；孙机先生根据筒形樽三足低矮难以受火，并有难以加温的无足漆、陶质筒形樽，从而赞同唐说，主张筒形樽是用来盛装冷的醞酒，不是温器。如依唐、孙之说，西汉、东汉铜樽以其所盛酒类的不同而有盆形樽和筒形樽的区别，前者用以盛反复重酿的清酒，后者用以盛普通的白酒。

筒形樽在使用时通常直接陈放在案上以备酌酒，讲究的还在樽下施“承旋”。现藏于北京故宫博物院的建武廿一年鎏金承旋铜樽，旋上铭文即自名为“承旋”，其形如圆形三足的案。旋也就是镟，《说文解字·金部》称：“镟，圆炉也。”本指盛炭升温的圆形炉具。承旋的用途可能主要用于承托，与主要用于升温的镟有别。有的学者以为旋为檈的假借字，“檈，圆案也”（《说文解字·木部》），不过檈的形状和用途固与樽下承盘相似，而这类器物自称旋而不称檈，似乎表明旋与檈还是有所差别的。筒形温酒樽下承以圆炉，可知林巳奈夫所作的筒形樽是热酒器具的推断，还是适用于部分带承旋的筒形樽的。

参考书目

王振铎：《张衡候风地动仪的复原研究》，《文物》1963年2、4、5期。

孙机：《释“清白各异樽”》，《文物天地》1987年2期。

（孙　华）

Yincheng Hufu liujin tongjiuzun

阴城胡傅鎏金铜酒樽

西汉晚期成帝河平三年（公元前26年）制作的秦汉文化的铜制盛酒器。因铭文表明其为“阴城胡傅”所有而得名。1962年出土于山西右玉县大川村。现藏于山西省博物馆。

阴城胡傅鎏金铜酒樽

口径65.5厘米、高36.7厘米。作三虎承托的铜盆状，斜折沿，溜肩，鼓腹，平底，下腹周围以3只蹲坐的猛虎为器足。肩腹部设箍带，在3虎足间的箍带上设衔环铺首。器表以箍带分为上下两层，上层为奔驰的虎、鹿、羊等画像，下层为象、虎、熊、鹿、力士等画像，画像皆鎏银妆彩，器壁则通体鎏金。口沿处刻“勮阳阴城胡傅铜酒樽，重百廿斤。河平三年造”等字样的铭文。该樽器体雄大，纹饰粗犷，颇具汉帝国的气度。

（孙　华）

Leitai liujin yincuo yun-shuiwen tongjiuzun

雷台鎏金银错云水纹铜酒樽

东汉晚期秦汉文化的铜制酒器。1969年由甘肃省博物馆等单位在武威县城北名为“雷台”的庙宇基址下墓主人为东汉“守左骑千人张掖长张君”的墓中发掘出土。现藏于甘肃省博物馆。

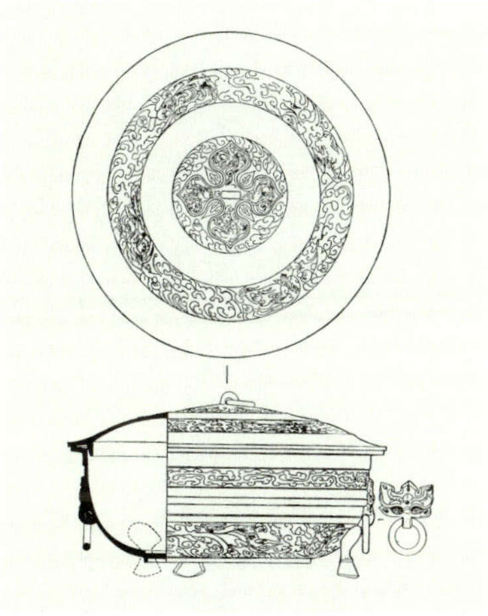

雷台鎏金银错云水纹铜酒樽

口径23.8厘米、通高14厘米。作圆盆形，上有盖，盖弧顶，顶设环钮。器身折沿，浅腹，平底，底下设极矮的圈足，腹壁下立3个矮蹄足，器壁两侧有对称的衔环铺首。樽体内外均饰有鎏金错银的瑞兽云水纹，器外纹饰除盖顶所饰柿蒂纹外，其余均呈环带状布列。另在盖内和器内底饰有盘龙纹和瑞兽云水纹。纹饰精细，黄白相间，异常美观。

（孙　华）

Zhongling Hufu tongwenjiuzun

中陵胡傅铜温酒樽

西汉晚期秦汉文化的铜制盛酒器。因器上铭文表明其为“中陵胡傅”所有而得名。1962年出土于山西右玉县大川村。现藏于山西省博物馆。

中陵胡傅铜温酒樽

共2件，形制、纹饰相同。口径23厘米、通高25厘米。上覆伞状盖，盖顶设环钮，盖面周围施3只凤形钮。器身呈平底圆筒状，两侧有铺首衔环，下承3只立熊形足。器表满饰浮雕状图案。盖面以宽带旋纹分为内外两周，内铸凸起的龙、虎、熊的形象。器身设上、中、下3道箍带，其间的壁面铸浮雕状追猎场面，画面中有连绵的山峦、骑马或徒步的猎者、逃奔的虎、熊、狼、鹿等野兽。器口沿和盖唇刻隶书铭文：“中陵胡傅铜温酒樽，重廿四斤。河平三年造。”

该樽自名温酒樽，为确定这类铜器的名称提供了证据。其装饰以素净的器表衬托凸起的图案，给人以浮雕画像的艺术效果。

（郑　彤）

Jianwu nianyi-nian liujin chengxuan tongzun

建武廿一年鎏金承旋铜樽

东汉早期光武帝建武二十一年（公元45年）制作的秦汉文化的铜制温酒器。因下设承旋且上有“建武廿一年”的铭文而得名。现藏于北京故宫博物院。

口径35.3厘米、承旋径57.5厘米、通高41厘米。呈带伞状盖的圆筒形，直口，直壁，平底，两侧有衔环铺首，下有3只蹲坐状的熊足。樽放在承旋上，承旋作平折沿、斜壁的三足浅盘形，足作蹲坐的熊形，熊一只前足上举托盘，另一只前足按在地上，与樽的熊足造型有所不同。盖顶饰柿蒂纹，盖面圈带上分列3个兽形小钮，樽身施3道竹节状宽带。承旋盘沿下有铭文："建武廿一年，蜀郡西工造乘舆一斛承旋，雕蹲熊足，青碧闵瑰饰。铜承旋径二尺二寸。铜涂工崇，雕工业，珠工康，造工业。造护工卒，史恽、长汜、丞荫、椽巡，令史郧主。"记录了该樽的制作年代和地点、器物名称和形态、各道工序的工匠和监督制造的官吏等情况。樽及承旋通体鎏金，熊形足上还镶嵌绿松石和红水晶，这正与"青碧闵瑰饰"的铭文相合。

温酒樽下托盘称承旋，这仅见于此樽的铭文，有助于这类铜器名义的确定。该樽造型简练大方，色彩和谐美观，红绿宝石点缀在金色的主色调中，既富丽堂皇，又不失典雅。（郑 彤）

建武廿一年鎏金承旋铜樽

Qin-Han wenhua tongxing

秦汉文化铜鋞

秦、西汉时期在秦汉王朝统治区域流行的铜制盛酒容器。呈带3个矮蹄足的圆筒形，形似温酒尊，但体形更加细瘦，器身施数道竹节状凸棱，两侧有半环耳以装提梁，口上均有盖。是颇有时代特色的器物。

铜鋞这类器物早在商、西周之际就已出现。当时的中原系统铜礼器中有一种直上直下的带提梁的筒形器，学者们多称之为卣，如上海博物馆等单位所藏的古父己卣等。这种铜器与商、西周铜器卣（当为壶）的形态差异较大，而与西汉、东汉时期的铜鋞非常相似，或许两者间有一定的渊源关系。不过，无论是商、西周筒形器还是秦至西汉铜鋞，它们的主体形态都很像一段竖直的大竹筒，铜鋞上往往还铸出竹节的形状，其祖型无疑应为竹制的提桶。秦至东汉时期中原地区尚残存有小片的竹林，汉武帝还曾命令伐淇园（今河南淇县一带）之竹以堵黄河决口，竹提桶在中原也并非罕见之物。《说文解字·金部》称："鋞，温器也，圜直上。"这里的"温"字，可能当如西汉、东汉温酒尊中的"温"字，释为反复重酿多次的清酒。"圜直上"正与这类器物的形态特征相符。在陕西咸阳市马泉西汉墓中出土的铜鋞，器内有液体凝固痕迹，很可能是酒浆挥发后形成的。与鋞有密切关系的鋞程，学者们已论定它为酒器。故盛酒也无疑是铜鋞的主要用途之一。现藏于日本宁乐美术馆的一件缺失提梁的三足铜鋞，其上刻有"河平元年供工昌造铜鋞"的铭文，从而使这种铜器的名称得以论定（见河平元年三足铜鋞）。

西周早期以后，铜鋞已不再见到，直到战国中晚期之际才在河北平山县中山王墓中又复出现。中山王嚳墓犀足铜鋞以3只立兽为器足，瘦长的筒形器身中腰设竹节，只是器口无盖，并以对称的衔环铺首代替提梁。铜鋞到秦以后已基本定型，各地出土的铜鋞形态均很相似。铜鋞有无足和有足两种类型。无足者如广西贵县罗泊湾1号墓漆绘铜鋞，有足者如陕西咸阳市马泉三足铜鋞。这两种铜鋞均主要流行于西汉时期，东汉时期基本不见。

参考书目

裘锡圭：《鋞与鋞程》，《文物》1987年9期。

（孙 华）

Heping yuannian sanzu tongxing

河平元年三足铜鋞

西汉晚期成帝河平元年（公元前28年）制作的秦汉文化的铜制盛酒器。现藏于日本宁乐美术馆。

河平元年三足铜鋞

尺度大小不明。提梁已失。器盖罩于器身子口上，与器身浑然一体。盖平顶，直壁，顶上有菌状小钮。器身形如圆筒，直口，直壁，平底，筒壁上部两侧有二小钮，器底有三蹄足。口沿、中腰、底边各有一道竹节状箍带。器壁上有刻铭三行："河平元年供工昌造铜鋞，容二斗，重十四斤四两，护武、啬夫昌主，右丞谭、令谭省。"铭文不仅标明该鋞的绝对年代，而且自述它的名称，为认识这类器物提供了实物证据。（孙 华）

Qin-Han wenhua tongke(fu pi)

秦汉文化铜榼（附椑）

秦至东汉时期以秦汉王朝为主体的铜制盛酒容器。基本形态特征为小口，短颈，椭圆形或扁圆形体，矮圈足。它是当时各种材质、各种形态的扁壶的统称。

与春秋、战国时期的铜钘有明显的先后发展关系。湖北云梦县大坟头秦、西汉之际的墓葬中出土的蒜头铜扁壶，在同墓出土的木牍上尚被称作“鈚”。不过，西汉、东汉时期这种器物通常已不称作鈚，而是称为“榼”。在朝鲜石岩里出土的鎏金铜釦漆扁壶，其铭文为“阳朔二年广汉郡工官造乘舆髹彤画木黄釦榼”（梅原末治：《支那汉代纪年铭漆器图说》图版五，京都，1944），可证这种扁壶应名为“榼”。“榼”字古音与“甲”相近，故汉人又将“榼”字写作以“甲”字为声符之字。漆木质的扁壶或写作“椑”，铜质的扁壶或写作“钾”。如湖北江陵县凤凰山162号墓出土的漆扁壶，遣册就记作“椑榼”；江西九江地区征集的西汉铜扁壶，其铭文自名为“于兰家铜钾”。

关于榼或钾的用途，《说文解字·木部》称：“榼，酒器也。”只叙述榼的用途，未言及其形制。西汉、东汉铜榼中有自名者，如陕西西安市北郊出土的河间食官铜榼，圆口、短颈、椭圆形矮扁体、长方形圈足，器身有刻铭：“酒，河间食官，榼容二升，重十一斤二两。”可知其为盛酒容器。

铜榼有两种形制：一种壶身截面和圈足平面均呈长方形，器口多作蒜头形，肩部两侧均设铺首衔环。这种铜榼比较常见，如陕西汉中市安中机械厂西汉铜榼还保存着尚未完全朽烂的提索，提索先箍套在圈足上，然后从铺首衔环中穿过，为了解这种扁壶的挈提方式提供了证据。另一种壶身截面和圈足平面均作椭圆形，直口斜侈，肩上设两小钮。这种铜榼较少，《西清古鉴》卷三十四著录的所谓“汉长匜”就属于这种铜榼。后一种铜榼的造型乃至于纹饰作风都与当时流行的被习称为茧形壶的陶器相似，二者可能属于同类器物。

铜榼是战国中晚期就已出现的器类。秦及西汉早期，这种铜器使用日益广泛。它在秦、西汉墓葬中一般以单件随葬，但在陕西关中地区和山西晋南地区的西汉早期墓葬中，属于榼类的陶茧形壶却往往成双成对。西汉中期以后，铜榼逐渐罕见，东汉以后基本消失。

在西汉、东汉铜器中还有一种被称作“錍鄜”的瘦长体椭圆形扁壶。有的学者将其归入榼，即钾类，认为錍、钾音近可通。从榼（钾）与錍各有独立的发展脉络来看，錍与榼本属两类不同类型的扁壶，但由于它们同属扁壶，尤其是壶体截面呈椭圆形的铜榼，其形体如稍微拉高，就与錍非常相像，所以二者有时也出现相混的现象。1970年江苏金坛县白塔公社出土的一件东晋前后的青瓷扁壶，其形态应属于錍，但刻铭却自名为“钾”。西汉、东汉铜錍发现不多，传世的鱼形铜錍是其中富有特色的一例。

参考书目

孙机：《说钾》，《文物》1980年10期。

裘锡圭：《说鈚、榼、錍榼》，《中国历史博物馆馆刊》第13～14期，1994。

（孙　华）

yuxing tongpi

鱼形铜錍

西汉早期秦汉文化的造型似鱼的铜制盛酒器。传世品。现藏于北京故宫博物院。

鱼形铜錍

高32.5厘米，重2.4千克。整体造型如同一条头上尾下的鲤鱼。鱼口大张为器口，鱼腹圆鼓，鱼尾展开作为圈足。鱼的背脊有鳍，脊背和上腹有相对的衔环铺首。器表除圈足和背脊有仿照鱼尾和鱼鳍的纹饰外，其余部分不施任何纹饰。该錍鄜造型构想富于创造，表现手法逼真自然，在已知铜錍中当推第一。也有的学者认为它的年代应属战国时期。

（孙　华）

Qin-Han wenhua tongdeng

秦汉文化铜灯

秦至东汉时期秦汉文化的铜制照明用具。灯虽在战国时期就已出现，但到秦以后才广泛使用，种类也日益多样。这一时期铜灯工艺精美，构思巧妙，为当时铜器的主要种类之一。

铜灯是照明用具，往往放在室内醒目的位置，兼有实用和装饰双重作用，故每每刻意制作。铜灯所用燃料有动物油脂、植物油和蜡，将麻蕡的烛安置于灯盘内，再加注油膏和融化的蜡，就可点火照明。单烛的灯亮度有限，铜灯按照需要有单火主(炷)和多火主(炷)、单盘和多盘诸种，其中多盘的多枝灯在战国时就已出现，西汉、东汉时流行开来。多枝灯有三枝至十三枝不等，如西汉早期的广西贵县罗泊湾九枝铜灯，东汉晚期的甘肃武威县雷台十二枝铜灯等。由于燃油生烟，污染室内，为保持空气新鲜，西汉时便发明了带抽烟虹管和藏烟装置的釭灯。西汉、东汉釭灯造型多样，以人物为造型的如长信宫鎏金宫女铜灯，以牛为造型的如甘泉银错牛形铜釭灯，以鸟为造型的如望牛岭雁形铜釭灯，其设计各具匠心。多枝灯和釭灯虽然明亮华丽，但不便移动和携带，贮油也少，于是又出现多种形态的行灯、卮灯和吊灯。行灯状如鐎斗，有柄便于手握，使用比较方便，如四川郫县出土的东汉铜行灯。卮灯有两类，一类形同带盖的铜卮，深腹可多盛装油，卮盖向上翻起可当作灯盘，如重庆出土的铜卮灯；另一类如同带承旋的

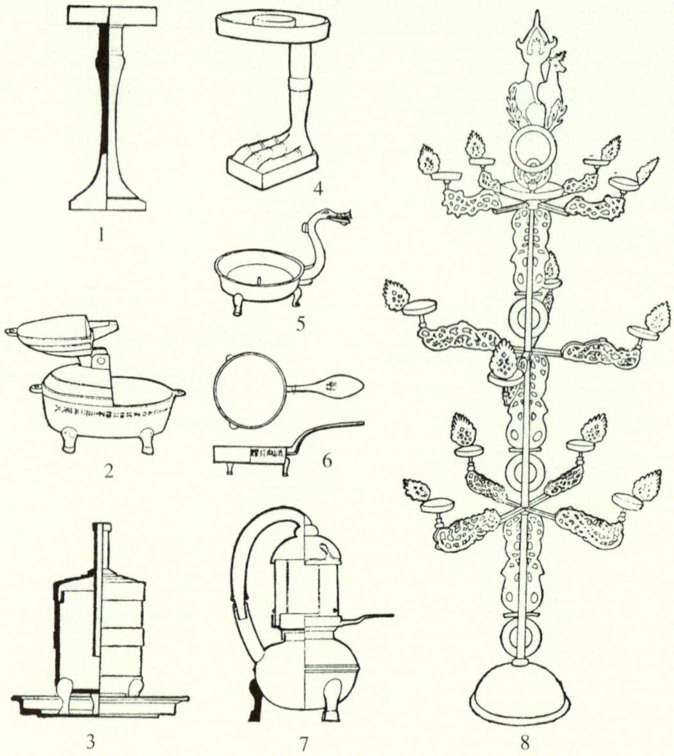

秦汉文化铜灯的主要种类

小型温酒尊，尊上带盖，盖顶有穿灯烛的铜管。中山靖王刘胜墓出土的这类铜灯自名为“铜卮锭”，明确记述其属于卮灯。与先秦时代一样，当时人仍席地而坐，几、案等家具均较低矮，灯放其上，光线上射，遇人遇物会产生阴影，影响照明效果，故又出现了铜吊灯。

普通的单盘铜灯以豆形灯最为古老，使用也最广。这种灯上为浅盘，盘中常有钉状火主(炷)以挑烛，盘下承以高柄的圈足。豆形灯的变体是凤鸟灯，它用凤鸟代替灯柱，赋予灯以强烈的装饰性。凤鸟灯有凤鸟居灯盘之下，昂首用喙托起灯盘者，如和平元年凤鸟铜灯；也有凤鸟立灯盘旁边，以喙衔灯盘边缘者，如窦绾墓凤鸟铜灯。后一类凤鸟灯的简体，也就是仅以鸟足作灯柱和灯座，即所谓的雁足灯。雁足灯灯盘通常作环形凹槽状，槽内设三火主(炷)，可同时燃点三烛灯火。雁足灯一般不高，故有短灯之称。如江苏邗江县甘泉东汉墓出土的雁足灯即自名为“铜雁足短灯”。

参考书目

孙机：《摩羯灯》，《文物》1986年12期。
孙机：《两件新出的水禽衔鱼釭灯》，《文物天地》1987年5期。

（孙 华）

Liushengmu yangzun tongdeng

刘胜墓羊尊铜灯

西汉早中期之际秦汉文化的铜制羊形灯具。1968年由中国科学院考古研究所等单位在河北满城县中山靖王刘胜墓中发掘出土。现藏于中国历史博物馆。

全长23厘米、通高18.6厘米。造型如卧羊，羊体肥硕，卷角短尾，形态逼真。羊体中空用以贮油，出土时其内留存油脂残渣。羊背与主体分铸，二者间在羊颈部以枢钮相连接。当羊背下扣时，它既是羊体的一部分，又是羊尊的器盖；当手捉羊背提钮将其翻起，平放于羊头之上时，它又成为羊灯的灯盘。灯盘形如小匜，剩余灯油可从流嘴倾倒入尊腹。其造型生动，设计巧妙，是西汉同类灯中的佳作。

（孙 华）

刘胜墓羊尊铜灯

Changxingong liujin gongnü tongdeng

长信宫鎏金宫女铜灯

西汉早中期之际秦汉文化的铜制灯具。1968年由中国科学院考古研究所等单位在河北满城县中山靖王刘胜的妻子窦绾墓中发掘出土。现藏于中国历史博物馆。

通高48厘米，重15.782千克。作跽坐持灯的宫女之形。由头部、身躯、右臂、灯座（分握柄、圈足两部分）、灯盘、灯罩（由两块大半圆的屏板组成）几部分分铸组合而成。宫女梳髻覆帼，深衣跣足，头部微俯，挺身跪坐，左臂右曲支托灯座，右臂上举扶持灯罩。灯罩可转动开合以调节受光方向及受光面的大小，覆盖在灯罩上的宫女长袖恰起烟管作用，可将油烟导入中空的宫女身体内贮存以保持室内清洁。其结构极其巧妙自然，反映了西汉制灯工匠高超的技艺和创新精神。器表通体鎏金，装饰华美。它出土于窦绾的身旁，应是她生前的喜爱之物。

该灯铭文多达9处65字。其中灯的上部、灯座底部周边为“长信尚浴，容一升少半斗，重六斤。百八拾九。今内者卧。”下部灯座外侧面则刻“阳信家，并重二钧十二斤。

七年。第一。”其他铭文器主均为阳信家。由此引发该灯的最初所有者为谁的问题。有的学者认为灯铭中的“阳信家”指阳信夷侯刘揭之家，其子因罪国除后，灯入皇太后所居的长信宫，以后又赐给中山国王后窦绾；也有的学者认为，该灯应先属皇太后长信宫尚浴府，后归阳信长公主家，最后才转属中山王后所有。从该灯“长信”等文字刻于灯座隐蔽处等分析，后一种意见较为妥当。

（孙　华）

长信宫鎏金宫女铜灯

Douwanmu fengniao tongdeng

窦绾墓凤鸟铜灯

西汉早中期之际秦汉文化的铜制灯具。1968年由中国科学院考古研究所等单位在河北满城县中山靖王刘胜的妻子窦绾墓中发掘出土。现藏于中国历史博物馆。

灯盘直径19厘米、通高30厘米。由铅锡青铜分铸的圆环形灯盘、凤鸟形灯柱和蟠龙形灯座3部分铸接在一起组成。灯盘如凹槽，内分3段，每段一火主(炷)。一昂首翘尾、展翅欲飞的凤鸟口衔灯盘，站立于作为灯座的蟠龙之上。蟠龙头部昂起，上望灯盘。

该灯造型注重整体的动态而不事细部雕琢，凤鸟的羽毛在铜灯铸成后用阴刻细线表示，造型简练，繁简有致。传世的东汉和平元年（公元150年）凤鸟铜灯，其造型与该灯相似，只是凤鸟作仰首托灯盘状，灯座为龟而不是龙。二者各具匠心。

（孙　华）

窦绾墓凤鸟铜灯

Ganquan yincuo niuxing tonggangdeng

甘泉银错牛形铜釭灯

东汉时期秦汉文化造型为牛的铜制照明用具。1980年由江苏南京博物院在江苏邗江县甘泉广陵王刘荆墓中发掘出土。现藏于南京博物院。

甘泉银错牛形铜釭灯

全长36.4厘米、通高46厘米。座为身长腿短、俯首扬尾的牛形，牛背负灯座，座上承带短柄的灯盘，盘上有圆屋形的灯罩。屋壁设门为散光口，周壁开菱形格子窗，门的位置可以旋转移动以调整光柱方向。屋顶为穹隆形，顶的中央有与牛首相连的圆管，可将油烟导入中空的牛腹。灯表面饰以流畅的银错云水神兽纹。该灯形态美观，重心稳定，结构合理，比湖南长沙市桂花园出土的牛形铜釭灯更胜一筹。

（孙　华）

Wangniuling yanxing tonggangdeng

望牛岭雁形铜釭灯

西汉晚期秦汉文化的铜制照明用具。1971年由广西壮族自治区文物工作队在合浦县城东南郊望牛岭大型西汉木椁墓中发掘出土。现藏于广西壮族自治区博物馆。

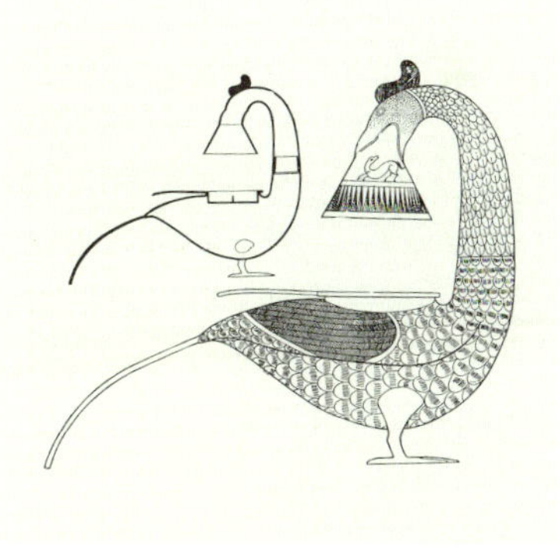

望牛岭雁形铜釭灯

共2件，形状、大小均相同，长42厘米、高33厘米。整体以雁为造型，雁作回首站立状，长尾下垂及地，与站立的鸟足组成3个支点，既增强了造型的美观，又保证了器身的稳定。器表通体细刻羽毛，颇为美观。雁身内部成空腔，颈部套接，背部开圆孔，孔内放一单柄灯盘，中有火主(炷)。灯盘的大小与其上雁嘴内所衔灯罩大致相当，膏炷燃烧的烟灰可全部纳入喇叭状灯罩，通过头、颈进入身内，沉积于腹腔积水之中，从而保持室内清洁。其结构巧妙，造型优雅，制作精巧，令人叹为观止。

雁形釭灯是西汉后期广泛流行的铜灯类型。该灯出自汉王朝南部边郡合浦，类似的铜灯在属于当时北部边郡的山西朔州（汉属雁门郡）等地也有出土。在已出土的这些雁形釭灯中，该灯是造型最为美观合

理的一件，最具代表性。

（孙 华）

Qin-Han wenhua tongxunlu

秦汉文化铜熏炉

秦至东汉时期以秦汉王朝为主体的考古学文化的熏香用铜制器具。或称铜香炉。为具有透空器盖、可通过这些穿孔散发香气的鼎形、豆形、鐎斗形或雁形铜容器。这种用途的铜器在战国时期还极其罕见，到西汉、东汉时却骤然兴起，出现一大批设计巧妙、造型优雅、工艺精绝的作品，并成为西汉、东汉时期新兴铜器的重要种类。

燃烧具有香味的薰草以改善室内空气，至迟在战国时期就已经出现。战国早期的浙江绍兴市坡塘306号墓出土的徐王之孙坏铜燃炉，器高不到5厘米，应当就是燃烧香草的熏炉。现藏于美国大都会博物馆的一件铜鸟钮敦形铜熏炉，从风格上看可能属于战国时期齐文化的遗存。不过，战国时期的铜熏炉还很少，可能只在南方和东方地区使用。直至西汉、东汉时期，铜熏炉以及陶熏炉仍以南方为多，以后才在各地广泛行用。据统计，广东广州市400余座西汉、东汉墓共出熏炉112件，而同时期河南洛阳市烧沟的220余座墓葬仅出土熏炉3件。西汉、东汉燃香之炉已被称为“熏炉”或“香炉”，前一种名称见于容庚《善斋吉金录》著录的铜熏炉铭文，后一种名称则见于东汉蔡质《汉官仪》中（《后汉书·钟离意传》李贤注引）。汉代熏香仍用薰草（蕙草或茅香），湖南长沙马王堆1号西汉墓出土的陶熏炉中就装有蕙草。

西汉、东汉铜熏炉形态多样，从熏炉特有的器盖形态的角度，可将其分为普通器盖的熏炉和博山形盖的熏炉两大类。普通器盖铜熏炉有鼎形、豆形、鐎斗形和鸟形诸型。鼎形熏炉如河北满城县中山靖王刘胜墓熊足鼎形铜熏炉，形态似带盖鼎而耳为四环，鼎足为3只负重立熊，

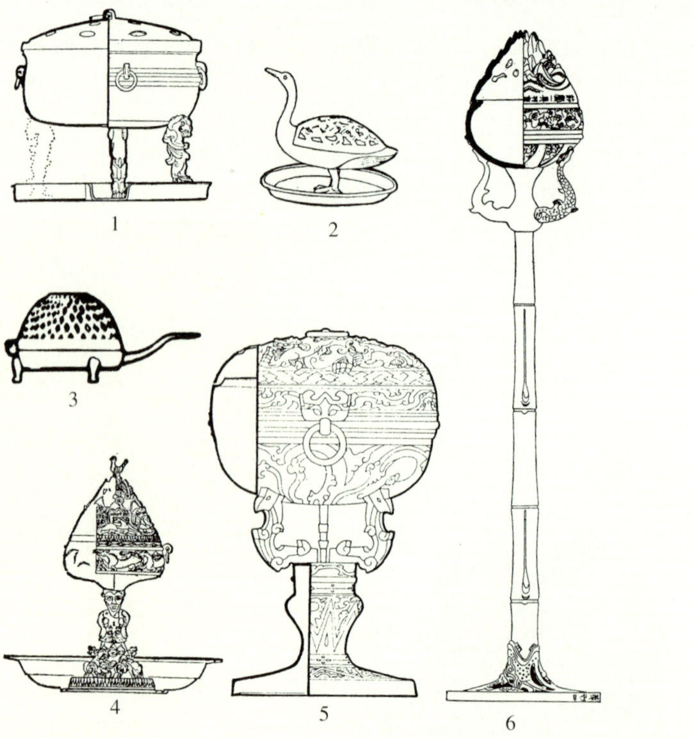

1.鼎形炉 2.鸟形炉 3.行炉 4.6.博山炉 5.豆形灯

秦汉文化铜熏炉的主要种类

其下有平底的炉盘。豆形铜熏炉如江苏徐州市小龟山鎏金豆形铜熏炉，它除盖为透空，盘与柄之间有鸟形支架外，整体形态与铜盖豆没有太大差别。鐎斗形铜熏炉为带长柄的三足浅盘熏炉，形态近似当时的行灯，可以称作行炉，如江苏扬州市凤凰河行灯形铜熏炉。铜行炉由于炉盘浅，为了多装薰草，透空的炉盖比其他类型的熏炉更加隆起。鸟形铜熏炉造型如雁鹅或孔雀，鸟腹中空，背部有透空的可开启的炉盖。这类熏炉有带炉盘和不带炉盘两型，前者将鸟足固定在盘中央，以盘为座，如山东诸城县杨家庄子雁形铜熏炉；后者为保持稳定，在鸟足后方还加一支撑，形成鼎立的三足，如陕西咸阳市出土的孔雀形铜熏炉。博山形盖铜熏炉是将熏炉盖做成重峦叠嶂的山形，烟孔隐藏于山凹间，当缕缕香烟升起之时，炉盖就如同云烟缭绕的山峦，因而最为当时人喜爱。旧题西汉刘歆撰的《西京杂记》卷一记有长安巧工丁缓“又作九层博山香炉，镂为奇禽怪兽，穷诸灵异，皆自然运动”。刘胜墓金错博山铜熏炉也作多层博山，峰峦间散布着猎者、虎豹、野猪和树木，虽不能自然运动，但也颇为工巧。西汉、东汉博山铜熏炉一般呈豆形，豆柄或作力士、神怪，或作蟠龙等形，由于熏炉上重下轻，为加强稳定性，博山形熏炉下多有与豆柄相连的承盘，如安徽泗洪县出土的羽人博山铜熏炉。在西汉、东汉博山铜熏炉中，最为特殊的是陕西兴平县茂陵“羊头冢”1号从葬坑中出土的未央宫鎏金高柄博山铜熏炉，该炉柄为高近半米的竹筒形，柄上出三插拱承托炉盘，设计和制作都很精巧，曾是未央宫中皇帝御用之物，为当时铜熏炉的代表作。

铜熏炉在东汉以后的三国至南北朝时期仍在广泛使用，但制作工艺却已不如西汉、东汉时期考究。

（孙 华）

Liushengmu jincuo boshan tongxunlu

刘胜墓金错博山铜熏炉

西汉早中期之际秦汉文化的铜制熏香炉具。1968年由中国科学院考古研究所等单位在河北满城县中山靖王刘胜墓中发掘出土。现藏于中国历史博物馆。

刘胜墓金错博山铜熏炉

足径9.7厘米、通高26厘米。由博山形罩盖和豆形炉身相扣而成，其中炉身又是将分铸的炉盘、炉座套合后用铁钉铆合而成。炉盖及炉盘上部铸出高峻挺拔的层层山峦，用以使香烟升腾的镂孔和奔走出没的各种野兽掩映于高低起伏的山峰间。山间还点缀三两支小树及追猎场面，给这幅山景带来勃勃生机。山峦部分用细如毫发的金丝错加以勾勒渲染，使山峦如处在流动飘逸的彩云间。炉盘下部及炉座上端金错粗线条的云水纹，炉座圈足则为透雕状云水纹及三龙纹。

该熏炉工艺精湛，美不胜收。尤其在造型上，不只是把熏盖做成重叠的山形装饰，炉盘上部也铸出山峦数座，使盖、盘浑然一体。它是已知博山炉中最精美的一件，是西汉铜器中的工艺杰作。

（孙 华）

Weiyanggong liujin gaobing boshan tongxunlu

未央宫鎏金高柄博山铜熏炉

西汉中期秦汉文化熏香用铜制炉具。1981年由陕西咸阳地区文物管理委员会等单位在兴平县西吴公社豆马大队俗称“羊头冢”的大型西汉墓南侧的1号丛葬坑中清理出土。现藏于茂陵博物馆。

未央宫鎏金高柄博山铜熏炉

底径13.3厘米、通高58厘米。分段铸造后铆接成型。为下有圆形底座的长柄博山炉。炉盘和炉盖与通常博山炉相似作山峦重叠之形，盘下有从柄端伸出的三螭首承托。高柄如5节竹竿，非同寻常。柄的下端插在底座的2条镂空的蟠龙口中。器表以少见的鎏金鎏银为饰，金银相衬，富丽堂皇。炉盖和底座边沿刻有大致相同的铭文，其盖铭为：“内者未央尚卧，金黄涂竹节熏卢一具，并重十斤十二两（座铭为“十一斤”）。四年内官（座铭为“寺工”）造，五年十月输。第初三（座铭为“四”）。”由此可知该熏炉当时的名称，它本是未央宫皇帝御用之物。

该熏炉是仿照带有真实木柄和竹柄的高柄熏炉的制品，是西汉、东汉铜熏炉中最为特别的一例。由于为皇家制品，设计工巧，工艺精湛，非普通熏炉所能及，反映出西汉鎏金铜工艺的高超水平。

（孙 华）

Xiaoguishan liujin douxing tongxunlu

小龟山鎏金豆形铜熏炉

西汉中期秦汉文化的铜制熏香铜炉具。1972年由江苏南京博物院在徐州市铜山县拾屯公社孤山大队小龟山的一座西汉中期的崖墓中发掘出土。现藏于南京博物院。

小龟山鎏金豆形铜熏炉

通高22.3厘米。由熏盖、承盘、支架、熏柄4部分组成，形似盖豆。盖如环底的覆盘，盖顶有钮套环，3条镂空的虎纹组成盖面，香烟可透过镂孔升腾飘散。承盘敛口，深腹，两侧各施一衔环铺首，形如战国时期盖豆的豆盘。其下有鸟首形的支架，支架固定于上部鼓出的熏柄之上。通体鎏金，盖沿、盘沿、盘腹、柄柱和柄座分别饰以双线的勾连雷纹、云水纹和三角云纹。该熏炉以优雅别致的造型、流畅多样的花纹、精细多样的工艺，成为豆形铜熏炉中最优秀的杰作。

（孙 华）

Qin-Han wenhua tongjing

秦汉文化铜镜

秦至东汉时期以秦汉王朝为主体的考古学文化的铜制照容用具。该期铜镜是战国铜镜这一发展高峰的延续，但在铜镜使用的普及程度及铸镜业的规模方面，秦汉铜镜不仅远远超过战国铜镜，并且在铜镜制作工艺、艺术风格和铜镜种类上，从西汉中期起就逐渐形成完全不同于战国铜镜的汉镜特色。西汉、东汉铜镜因此成为中国铜镜发展史上的又一高峰。三国以后实际上是这一时期铜镜发展的延续和末流。

● **发展过程** 秦代铜镜由于脍炙人口的“秦镜照胆”的故事（《西京杂记》卷三），以及后来唐镜中自诩为“秦王镜”的铭文，早已为人们所注意。但由于秦王朝存在年代短暂，铜镜难以形成稳定的风格，秦代铜镜的面目一直笼罩在迷雾之中。梁上椿《岩窟藏镜》等书所列“秦镜”均无可靠的年代依据。湖北云梦县睡虎地秦墓发掘以后，9号墓出土有斗兽纹镜、11号墓出土有蟠螭纹镜，由此得知，秦镜特征与战国中期以后铜镜并无多大差别，是战国至西汉早期铜镜发展的中间环节。

西汉早期铜镜仍然保持着战国铜镜的风格。制镜工艺复杂多样，一些精工细作的铜镜堪与战国镜媲美。除作为铜镜主流的铸纹镜外，还有嵌错镜、透雕镜、彩绘镜等战国传统铜镜工艺。铜镜基本上均呈圆形，镜体薄，镜面平，周缘窄，镜钮也多为先前常见的三弦拱形钮。铸纹镜的纹样种类主要还是战国时期流行的素旋纹、山字纹、连龙纹（或称蟠虺纹）、四叶纹等，内外区的分划不明显。西汉早期铜镜的这种状况，再加之西汉早期墓葬中也有用前代铜镜随葬的可能性，使得学者们对某些铜镜究竟属战国还是西汉的认识颇有分歧。如山东淄博市临淄区商王庄嵌错三环钮镜，多数学者将其归入战国镜，也有的学者认为它属西汉镜；又如通常归属战国时期的六山镜，年代明确的惟一例子却出自西汉早期的广东广州市象岗山南越王墓中。西汉早期镜与秦镜一样，在中国铜镜分期中显然更适宜与战国中晚期铜镜归属于同一期。当然，西汉早期也出现像方内草叶镜和方内四虺镜这样的不见于战国时期的新镜类，这种典型汉镜的出现标志着一个新的铜镜发展时期的到来。

随着汉武帝以来的政治统一，全国各地文化、艺术也趋于一致，铜镜形制和花纹在全国呈现出高度的一致。从西汉中期开始，铜镜开始形成真正的汉代风格。汉镜特征一旦形成，就以前所未有的势头迅速传播，东至朝鲜，北达俄罗斯，南到越南，都有汉镜发现的记录。传布范围的广阔和使用数量之巨大，以及其他一些原因，使得汉镜的风格根深蒂固，使用的时间远远超越西汉、东汉时期。从中国铜镜发展史的角度讲，汉镜期应当从西汉中期开始一直到唐镜风格形成的唐高宗时才结束，延续将近700年。

● **特征** 在合金成分上均为高锡的铜、锡、铅三元合金，三者的平均比例大致为：铜68%、锡24%、铅6%，这与战国铜镜差异较大而与唐镜非常相似，为铸镜铜合金的合理配置。青铜合金中锡的作用不仅可加大铜器的硬度，还可增强铜器的耐磨性，在含锡量超过20%时，其色泽还会由黄转白；而青铜合金中的铅虽有降低合金机械性能的弊端，但加铅量小于6%时，总的机械性能降低并不多，且能降低冶金熔点，提高流动性和耐磨性。镜要反光照容当然以白色为佳，要铸造镜上精美的花纹需要考虑合金的流动性，镜铸好后以及在使用过程中都需反复打磨，这又要具备好的耐磨性。西汉、东汉铜镜合金的比例，恰与铜镜的工艺及功能特点相吻合。在铸造工艺上最为人称道的是所谓

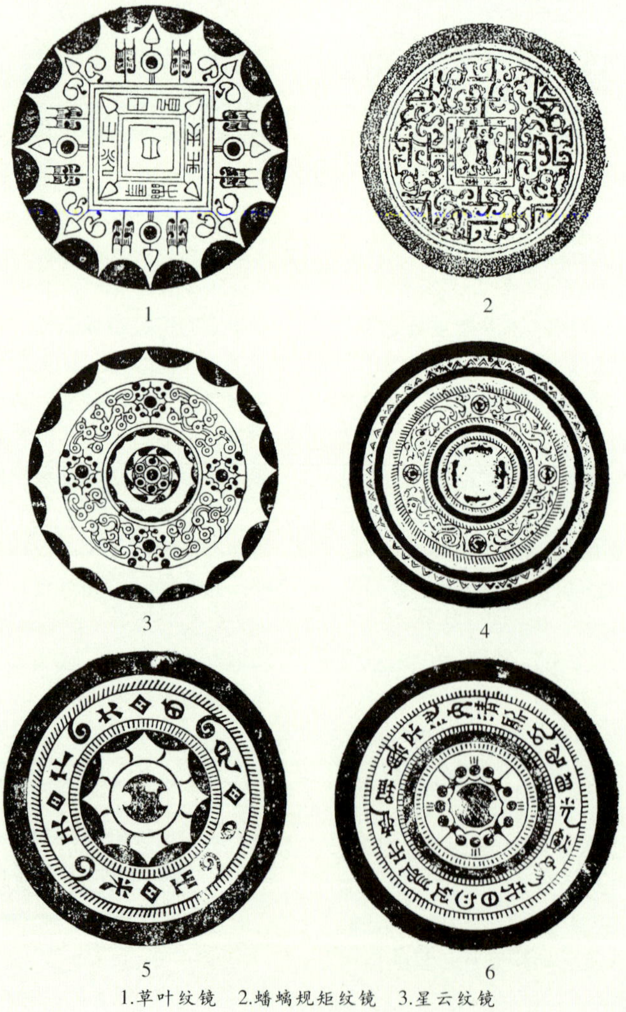

1.草叶纹镜 2.蟠螭规矩纹镜 3.星云纹镜
4.四乳四螭纹镜 5.日光镜 6.昭明镜

西汉铸纹铜镜举例

的“透光镜”，用这种铜镜的镜面反射日光等光源，镜背花纹和铭文在墙面上也清晰可见。透光镜的透光效应和机理，是由于在铜镜的铸造和加工过程中的各种应力和外力作用，使镜面产生不均匀变形造成的。要使镜面“映日则背花具见”（周密《云烟过眼录》语），需要铜镜具有合理的纹样结构，花纹要凸起，素地要较薄，镜缘要宽厚，西汉时期的连弧日光镜的纹样结构恰好最能满足这些要求。

在形态特征上，西汉、东汉铜镜越来越重视镜钮和钮座，单调且单薄的拱形钮已被牢固厚重的半球钮所取代，有的镜类还将镜钮做成连峰形或伏兽形。钮座的装饰意味也日益加重，漩涡、蒲花、连珠、四蒂形状的钮座纷纷出现。其中四蒂钮还逐渐变大并外展，成为新的四蒂镜类的主题纹饰。镜缘有宽平缘、窄平缘、连弧缘、三角缘等多种形态。镜纹的布局也突破了战国镜的单一模式，已将纹样分内外区布置为最常见的花纹格局。内区内侧即钮座外围边栏也显得极为突出，有方框、圆环、连弧、四蒂诸种，逐渐成为对内区纹饰布局很有影响的构图因素。花纹布局既有前代的旋列、分列，也有新出现的顺列、对列等。花纹种类变化多样，有草叶、星云、规矩、连弧、四蒂、虺龙、夔凤、四神、禽兽、仙人、人物等，主题纹样不再施地纹来衬托，纹样明快简洁。镜上铸铭文在西汉时开始出现，它既是一种表意手段，同时也是一种装饰手段。日光镜、昭明镜等的铭文甚至成为装饰的主体。

● **种类** 种类蔚为大观，目前因不同的标准而分类纷杂，并以主纹种类及特点赋予各类铜镜以不同的名称。除工艺独特的嵌错镜、透雕镜、彩绘镜外，就铜镜的主流圆形铸纹镜来说，如果以最影响纹样布列的钮座外围边栏形态作为分类的第一标准的话，可将西汉、东汉铜镜分为圆环、方框、连弧和柿蒂4种。座外圆环的铜镜在西汉初期只是简单的圈带，西汉中期前后一段时间很少采用，西汉晚期又比较流行，属于这种镜纹布局的只有禽兽纹镜类（四乳禽兽纹镜、多乳禽兽纹镜）。座外方框的铜镜出现于西汉早中期之际，西汉中期至东汉中期最为流行。方框内多有铭文，按内区主题纹样分类先后有四螭纹镜、花瓣纹镜、草叶纹镜、规矩纹镜和部分铭带镜等。座外连弧的铜镜由座外圆环镜发展而来，西汉中期的星云纹镜的连弧还较小，被约束在圆环内；西汉晚期至新莽时期连弧镜和铭带镜的连弧已变大，成为主题纹样。座外柿蒂的铜镜发展与座外连弧镜有点类似，它是较小的柿蒂逐渐外伸，先变成具有分割内区作用的四蝠形，然后复成为镜背的主题纹样，主要流行于东汉中晚期及其以后。

在丰富多彩的秦至东汉铜镜中，习称的草叶纹镜、星云纹镜、连弧纹镜、规矩纹镜、柿蒂纹镜、神像纹镜等都是比较典型的汉式镜。①草叶纹镜。钮有从拱形钮到兽形钮再到半球钮的变化，座外有大方框，框上有铭文，框外对称布置4棵或8棵草叶纹饰，为内向连弧纹镜缘。根据纹样布局及细部特征，又有四乳草叶纹镜、四乳花瓣草叶纹镜、规矩草叶纹镜等类型。②星云纹镜。连峰钮，圆钮座，座外圆环内套小连弧，不用铭文，内连弧镜缘。主纹是图案化的四螭龙，螭龙的骨节处饰以凸起的小乳钉，这些乳钉与螭龙间的4颗大乳钉大小呼应，高低错落，形如群星，故又习称为“百乳镜”。③连弧纹镜。半球钮，圆钮座或连珠钮座，宽平镜缘。有内连弧外铭带的双纹区和以连弧为主纹的单纹区两类，前一类根据铭文内容的不同有日光连弧纹镜、昭明连弧纹镜、清白连弧纹镜、铜华连弧纹镜的分别；后一类根据附属纹样和铭文则有素连弧纹镜、云雷连弧纹镜、长宜子孙连弧纹镜的不同。④规矩纹镜。为当时最流行的铜镜类型。半球形钮，柿蒂钮座或圆钮座，座外方框，镜缘比较复杂。主纹区在方框四面中央出“T”形符号与镜缘内边的“L”形符号相对，与方框四角相对的镜缘内边则出“V”形符号。在这些符号间则饰有不同的纹饰，根据这些纹饰的内容，规矩镜又有禽兽规矩纹镜、四神规矩纹镜、五灵规矩纹镜、几何规矩纹镜等型式。关于规矩纹镜的名称及规矩纹的含义，学术界分歧较大，有的学者根据唐兰旧藏汉镜拓片有的“刻镂博局去不祥”的文字，认为规矩纹镜是仿照当时六博图式，应当更名为博局镜；也有的学者根据六博图式系仿照当时方术的式盘所制，指出规矩纹应当是天地框架的表象，代表“法象天地”的意义。⑤柿蒂纹镜。或称变形四叶镜。半球钮或兽形钮，圆钮座，镜缘形态多样。纹样布局以向四周辐射的放大的柿蒂纹将主纹区分为4区，每区填以兽面、夔凤等纹样，故又有兽面柿蒂纹镜、夔纹柿蒂纹镜、八凤柿蒂纹镜诸型式，其中尤以兽面型最常见。⑥神像纹镜。包括所习称的神兽镜和画像镜两类。半球钮，圆钮座，铭带或纹带镜缘。主纹区为浮雕状的人物、神兽，或以神像为主题纹样，风格与其他镜迥异。神像的布置有以镜钮为圆心环绕布列的环绕神兽纹镜、按镜背中轴上下分层排列的重列神像纹镜和以镜钮为圆心相对布列的对称画像纹镜。这类铜镜为南方地区的产品，主要流行于长江以南地区。

● **分期** 如不计带有浓厚战国铜器特点的秦及西汉早期铜镜，典型的汉镜可分为3期。

第一期：西汉中晚期。其特点为：①半球形钮完全取代战国时期弦纹拱形钮，一度出现伏兽钮、蛙形钮和连峰状钮。流行四叶纹钮座和连珠钮座。镜缘一般为平缘，断面不再呈弧形内凹。②以四乳钉为组织主题纹饰的基点，把镜背分为4等分，其间布置主题纹饰。③突出主题纹饰，地纹逐步消失，主纹成为铜镜的单一纹饰。主纹朴素，图案简单，结构简化，宽平的素缘不加装饰。西汉晚期出现具有透光效果的透光镜。④铭文开始成为铜镜

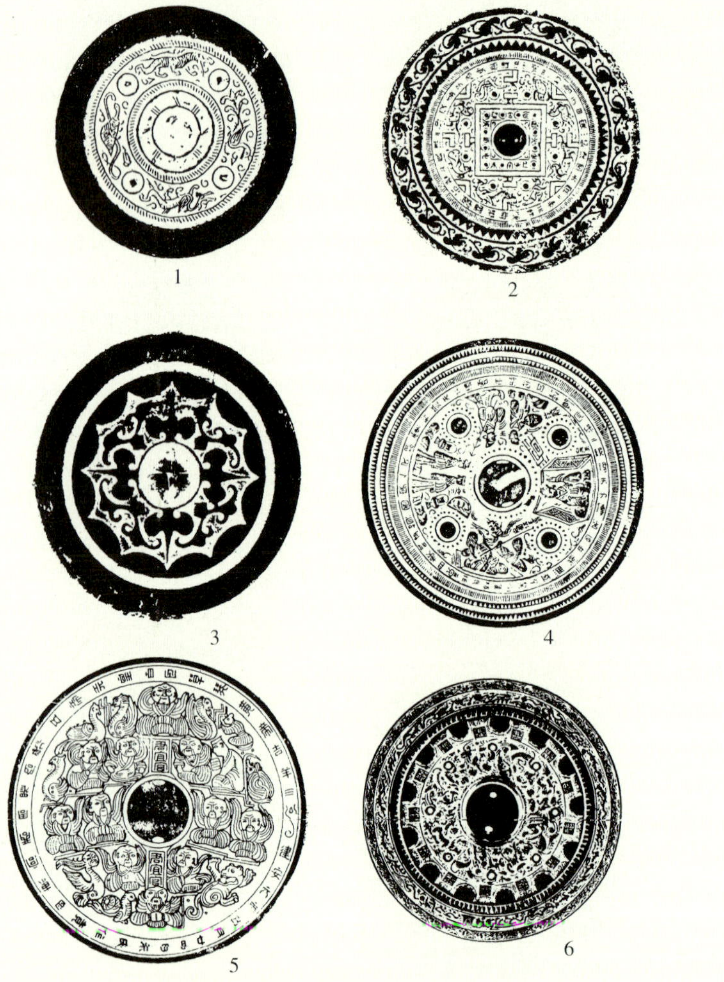

1.四乳四螭纹镜 2.规矩五灵纹镜 3.连弧四蒂纹镜
4.人物画像纹镜 5.重列神像纹镜 6.对列神兽纹镜

东汉铸纹铜镜举例

背纹的重要组成部分。西汉晚期铭文字数增多，内容主要反映相思之情和企求富贵、享乐等内容，如"长相思、毋相忘，常富贵，乐未央"等，以"昭明"和"日光"铭最为流行，如"内清质以昭明，光辉象夫日月，然雍塞而不泄"、"见日之光，天下大明"等。⑤流行的铜镜类型有四乳草叶纹镜、四乳花瓣草叶纹镜、规矩草叶纹镜、星云纹镜、四乳四螭纹镜、日光连弧纹镜、昭明连弧纹镜、禽兽规矩纹镜、四神规矩纹镜等。

第二期：新莽至东汉前期。其特点是：①主题纹样以四神为中心，形象各异的禽鸟、瑞兽为铜镜的主题纹饰，构图精巧，生动活泼，造型形象化，具有强烈的现实感。纹类种类繁多，内容丰富，排列灵活。②铭文以"尚方"铭文为最多，出现纪年铭文和宣传铜镜质地的"善铜"、"佳镜"铭文，标明铜镜生产的商品化。铭文内容常见祈祷高官、子孙蕃昌、长生不老等吉祥语。出土的"居摄元年"（公元6年）铭文镜为已知最早的纪年铜镜。③注重铜镜边缘装饰，以四神、四灵、仙人瑞兽为主题的纹饰非常精美，并配以流云纹、三角锯齿纹、双线折波纹等边缘装饰。

第三期：东汉中晚期及三国时期。其特点是：①半球钮有逐渐变大的趋势，镜面凸起明显，镜背边缘向上翘起。镜缘出现断面呈三角形的"三角缘"和"斜缘"。②铜镜背纹布局发生几种新的变化，一方面镜钮外的柿蒂被极度拉长放大，形成几种柿蒂纹镜；另一方面随着钮座外围边栏的简省，钮座变得简洁，主纹区扩大，方便了主题纹样的布置，布局走向多样化，形成了环绕、对列、四出、重列等多种构图方式。③铜镜纹饰表现技法多样，题材广泛，新出现的画像镜采用平面浮雕，富于装饰意味；神兽镜为圆面浮雕，以立体感取胜。这些铜镜纹饰隆起突出，高低起伏，突破以往铜镜画面的平面效果。纹样除传统的纹饰外，还有神人车马、历史人物、神仙神兽等图像。④常见记氏、记地、纪年和宣传铜镜的铭文，纪年铭文较过去流行。铭文分长短两类，长者多为4句，每句7字。如"尚方人竟真大巧，上有仙人不知老，渴饮玉泉饥食枣，浮游天下遨四海。"⑤流行的铜镜种类主要有简化规矩纹镜、多乳禽兽纹镜、兽面柿蒂纹镜、夔纹柿蒂纹镜、八凤柿蒂纹镜、环绕神兽纹镜、重列神像纹镜、人物画像纹镜、对列铭文双夔镜、对列双头龙凤纹镜等。制镜中心这时开始形成，出现洛阳、会稽郡、江夏郡、广汉郡和蜀郡等铸镜中心。官私铸镜业普遍发展，"尚方"是西汉、东汉时期为皇室制造御用物品的官署，铸有"尚方"铭文的铜镜，往往制作精致，记氏铭文铜镜为私坊制造。记氏镜的大量发现和铜镜多被随葬于墓葬中的现象，表明铜镜在当时已成为一般性商品。

参考书目

孔祥星、刘一曼：《中国古代铜镜》，文物出版社，1984。
何堂坤：《关于透光镜机理的几个问题》，《中原文物》1982年4期。
周铮：《"规矩镜"。应改成"博局镜"》，《考古》1987年12期。
孙机：《托克托日晷》，《中国历史博物馆馆刊》第3期。

（孙 华 何志国）

Shuihudi doushouwen tongjing

睡虎地斗兽纹铜镜

秦代秦汉文化的铜制照容用具。

1975年～1976年由湖北孝感地区文物考古短训班在云梦县城关西郊睡虎地9号墓中发掘出土。现藏于湖北省博物馆。

睡虎地斗兽纹铜镜

直径10.4厘米、缘厚0.2厘米。属圆形铸纹镜类，镜背设弦纹拱形钮，双重方钮座，宽镜缘，纹区以麻布状勾连纹为地，上以斗兽纹为装饰主题。在斗兽纹中，2位握剑持盾的武士与奔虎、立豹相间对称布列于四方，颇具装饰意味；虎、豹分别与武士相对，形成斗虎和斗豹两组图案，构思别具匠心。

该镜出自秦代墓葬，年代以秦统一后的可能性最大。其制作工艺及形制保存着战国时期的风格，斗兽图案也与战国中晚期的河南洛阳市金村金银错斗兽纹铜镜相似，反映出秦代铜镜工艺仍未摆脱战国铜镜的工艺传统。（孙　华）

Shangwangzhuang jin-yincuo sanhuan tongjing

商王庄金银错三环铜镜

西汉早期秦汉文化的铜制照容用具。1963年出土于山东淄博市临淄区商王庄。现藏于山东省博物馆。

直径29.8厘米、厚0.7厘米。镜背中心无钮，镜外廓设等距的3环钮，其内套环。纹饰作四等分构图，以宽平的勾连云纹将镜背分割成方格状，其上错金丝。镜的中心，内区四角及外廓相对于内区的中轴处各嵌一银乳钉（共9枚，已失落4枚）。在格内填以细线的勾连云纹，纹间镶嵌绿松石为地。

该镜制作极精，工艺复杂，是西汉早期铜镜中的杰作。其使用方式与通常铜镜不同：一种可能如广东广州市南越王赵昧墓嵌绿松石三环镜那样，以绶连系三环，三绶向内交结于镜背中心，以手持绶；一种可能是三绶向外，将镜悬挂于镜架之上。其制作工艺和装饰纹样与战国晚期铜镜类似，故也有学者认为其属战国晚期。（孙　华）

商王庄金银错三环铜镜

Qiwangmu yunlongwen juxing tongjing

齐王墓云龙纹矩形铜镜

齐王墓云龙纹矩形铜镜

西汉早期秦汉文化的铜制照容用具。1979年由山东淄博市博物馆在淄博市大武公社窝托村南齐王墓5号随葬坑中发掘出土。现藏于淄博市博物馆。

宽57.7厘米、高115.1厘米。整体作长方形，镜背设柿蒂座的镜钮5个，1个居中，另4个上下成对分列。一条蜿蜒的飞龙盘曲于镜钮云气间，镜缘饰以连弧纹。铜镜图案化的龙纹旁衬托与龙纹相似的云纹，消除了一条龙纹的不对称感觉。

该镜体量巨大，形体与近代的穿衣镜类似，为铜镜中所仅见。《西京杂记》卷三记载的“秦镜照胆”故事中的秦咸阳宫铜方镜，“广四尺，高五尺九寸”，与其尺寸相差不大。这类铜镜不宜手持，应是悬挂于镜架上的大型固定铜镜。

（孙　华）

Hongmiaopo caihui che-ma-renwu tongjing

红庙坡彩绘车马人物铜镜

西汉早期秦汉文化以彩绘车马人物作为镜背装饰的铜制照容用具。1963年在陕西西安市红庙坡出土。现藏于西安市文物管理委员会。

红庙坡彩绘车马人物铜镜

直径27.5厘米。镜背中央为拱形三弦钮，圆钮座，为内外区纹样布局，两区间以3道重圆环带相隔，有内向16连弧镜缘。在素净的镜背上以不同的色彩为地，钮座和外区为朱红色，内区为浅青色，钮座外、内外区间的环带及镜缘为翠绿色，环带和连弧边线为乳白色。内区和外区的底色上还描饰画像。内区绘对称的4朵红花，花的两侧以绿色和白色绘藤蔓叶片；外区以绿色绘等距离的4乳钉，其间以白色等色彩绘制骑马或徒步的各种人物。该镜镜面宽阔，色彩斑斓，图画生动，线条流畅，是彩绘铜镜中最精美的一面。

（孙 华）

liujin Zhongguo daning guijuwen tongjing

鎏金中国大宁规矩纹铜镜

西汉中期秦汉文化以鎏金工艺的规矩纹作镜背装饰的铜制照容用具。因上有“中国大宁”字句的铭文而得名。1952年在湖南长沙市市郊西汉墓中出土。现藏于中国历史博物馆。

缘厚0.6厘米、直径18.6厘米。整体作圆形，镜背中心设半球形钮，柿蒂纹钮座，平窄镜缘。钮座外为方框，框外主纹区以“规矩”为主体，其间饰以阳线的羽人、神兽、云气等花纹，内外“规矩”间有一铭文环带，环带的边缘及铭文都由与周围纹饰相同粗细的阳线构成，保持了规矩纹整体的完整性。主纹区外依次为锯齿、梳栉和曲折连点纹的环带。铭文篆书，隔句押韵，文句为“圣人之作镜兮，取气于五行。生于道康兮，咸有六章。光象日月，其质清刚。以视玉容兮，辟去不祥。中国大宁兮。子孙益昌。黄裳元吉有纪纲。”

鎏金中国大宁规矩铜镜

已知鎏金的西汉、东汉铜镜很少，且均为规矩镜类。北京故宫博物院和广西壮族自治区博物馆各藏有一面鎏金规矩铜镜，但纹饰和铭文内容不及该镜丰富。

（孙 华）

Qin-Han wenhuan tongzhen

秦汉文化铜镇

秦至东汉时期用以镇压坐席等的铜制器具。是当时极富时代气息的铜制品，大都将实用功能与装饰功能相结合，具有很高的工艺价值。

秦至东汉时期的人们仍习惯于席地而坐，以床、榻、枰为主要的坐具。木制的床榻须铺设草编或竹编的坐席才比较舒适，但新的或卷好存放后再使用的坐席四角往往上卷翘起，容易牵挂使用者的衣裳，影响室内的美观，所以当时往往在坐席的四角使用镇来镇压。坐席是当时居室的重要家具，放在十分醒目的位置，故镇的材料、造型和装饰亦十分讲究。当时镇以铜、玉、石等制作，以铜镇出土最多。这些铜镇往往4件一套，有的出土时还按当时所镇压的席子的四角放置。

铜镇体量不大，一般底径6厘米～9厘米、通高3.5厘米～7.5厘米，重0.6千克～0.8千克。为了增加重量，有的铜镇内部还灌铅。一般呈半球形，底部平整，与坐席的接触面大，有利于压稳坐席；表面弧凸，不易碰伤使用者。镇往往以动物为造型，如虎、豹、鹿、羊、熊、龟、蛇等。为了与镇的整体形态保持一致，以及防止牵挂衣服，这些动物通常采用盘曲踞卧的姿式。为了使铜镇更加美观，往往再加以鎏金、金银错、镶嵌宝石贝玉等装饰工艺。如陕西西安市小白杨村西汉墓的鎏金银铜虎镇、河北满城县刘胜墓鎏金豹形铜镇、河北定县40号西汉墓银错铜羊镇、河南三门峡市后川西汉墓镶贝铜鹿镇、山西阳高县12号西汉墓嵌贝铜龟镇及浑源县毕村西汉墓嵌贝铜龟镇等。在这些铜镇中，不少造型优雅，装饰华丽，将镇的使用功能和装饰功能很好地结合起来。它们是当时的一种实用家具，同时也是极具匠心的艺术品。

铜镇最早出现于春秋、战国时期，战国早期曾侯乙墓出土的半球形龙纹铜镇是已知年代最早的铜镇。在战国时期的吴越及百越地区，也有不少半球形铜镇被发现。这些半球形镇外形与秦汉文化的镇类似，它们无疑是西汉、东汉镇的主要来源。只是半球形镇的龙纹等只是妆点铜镇的纹饰，不似汉镇那样将整个铜镇铸造成一只盘曲的动物，后者的艺术价值更高。东汉以后，铜镇虽然仍在使用，但已经不像西汉、东汉时期那样讲究。现藏于北京故宫博物院的南北朝时期的金错蟠龙铜镇，造型和纹饰都已不如西汉、东汉时期铜镇。唐代以后，随着人们坐的方式的改变，低坐姿让位于高坐姿，低坐姿所必须的镇压坐席的镇已失去存在的价值，铜镇连同其他质料的镇一起，便从家具中完全消失了。

参考书目

孙机：《汉镇艺术》，《文物》1983年6期。

（孙 华）

Liushengmu liujin baoxing tongzhen

刘胜墓鎏金豹形铜镇

西汉早期镇压坐席的铜制器具。1968年由中国科学院考古研究所等单位在河北满城县中山靖王刘胜墓中发掘出土。现藏于河北省博物馆。

刘胜墓鎏金豹形铜镇

一对2件，宽5.9厘米、高3.5厘米，重0.315千克。整体以豹为造型，豹作伏卧状，身体蜷曲，头部微偏，整体造型控制在半球形状内。豹身鎏金，在金地上以银错出豹纹斑点，头、足、尾部的小斑点则以点錾錾成。豹的口部涂朱，双眼镶嵌红玛瑙。豹体内灌铅，使镇体小质重，更加实用。

兽形铜镇是西汉、东汉时期最为流行的铜镇样式。该镇的整体形态虽稍嫌写实，凸凹对比较为明显，但豹的造型逼真，装饰在已知铜镇中也最为华丽。（孙 华）

Qin-Han wenhua tongche-ma

秦汉文化铜车马

秦至东汉时期铜制车和马的模型。既有用作相马的马式，又有供主人使用的骑马或车驾，还有表现主人身份地位的车马仪仗。它们不仅对考察当时的造型工艺有着重要价值，对研究当时的马的种类和来源、车的形制和结构，以及马与车的系驾方式等更有着难得的作用。

先秦时期马不单骑，基本上均作驾车之用，只是在极特别情况下方出现贵族骑马的现象。战国后期，赵武灵王胡服骑射，骑兵逐渐成为军队的重要兵种。但由于贵族乘车已相沿成习，再加之用于骑乘的马具不完善，当时的贵族官僚仍喜欢乘车而不是骑马。《后汉书·舆服志上》载："一器而群工致巧者，车最多，是故具物以时，六材皆良。舆方法地，盖圆象天，三十辐以象日月；盖弓二十八以象列星……秦并天下，阅三代之礼……汉承秦制，御为乘舆。所谓孔子'乘殷之路'者也。"马车及其骑马的导从是主人身份和等级的重要标志物，当时对于各级官僚所用车马的数量、种类和装饰都有严格的规定。由于当时使用真车和真马随葬的习俗已没落，所以将生前标志身份和等级的马车及导从骑吏的模型放在墓内成为一种时尚。墓葬出土铜车马模型随墓主身份高低多寡不一，少者仅出一车或一马，如四川绵阳市何家山铜马，贵州兴义县万屯铜辇车；多者结驷连骑，场面蔚为壮观，如甘肃武威县雷台铜车马等。

马是当时重要的生产资料和作战工具，备受统治者的重视，汉武帝为了获取汗血马甚至不惜发兵远征大宛。观察马的骨相和外形以判断马优劣的相马术在汉代相当盛行，出现一些用铜制作的良马的标准模式。甘肃武威县雷台铜马式（习称"马踏飞燕"），就是当时相马术流行的实物例证。

从驾马数量来说，已知秦至东汉铜马车只有四马和一马两种，前者只见于秦始皇陵铜马车，其余墓葬出土的铜马车均驾一马，不见汉画像中的驾三马和驾二马的情况。这种现象可能是由于当时双辕车的使用日渐普遍，先秦的单辕车只有皇帝的金根车、高级贵族使用的驷马安车等不多的几类。因这些单辕车主要为高级贵族甚至皇帝的乘舆，其驾马数也就以四马为常，二马者反而比较少见。双辕车是西汉时期兴起并逐渐流行的车型，双辕车驾马以一马为主，左右各增加一匹马的驾三马的情况比较少见。像《汉书·王莽传》所记巨人巨毋霸"轺车不能载，三马不能胜"这样的例子甚少，《乐府诗·陌上桑》中所称"府君从西来，五马立踟蹰"这样驾五马的现象就更罕见了。从乘坐方式来看，铜马车有立乘的高车（如秦始皇陵1号铜车），也有坐乘的安车（如秦始皇陵2号铜车）；从马车的形制来看，有轺车、辎车、辇车等多种。除马车外，在东汉晚期雷台铜车马仪仗中，还出现铜牛车，这是东汉晚期就已出现，三国以后才流行的贵族官僚乘牛车习俗的反映。

秦汉铜马及各种铜车均以铜分段铸造，然后再拼合铆接在一起。铜车马大小不一，大者约真正车马的二分之一，如秦始皇陵铜马车、何家山铜马等；小的不足半米，如雷台铜车马。铜马的造型，在秦及西汉时期比较写实，如陕西兴平县羊头冢鎏金铜马；东汉以后更重写意，如雷台铜车马及雷台铜马式。东汉的铜马往往造型简练传神，威武雄健，但制作却显得有些程式化。它们是秦汉工匠在长期造型实践中的经验总结和广泛运用，而不是具有个性的艺术家的个人创造。

参考书目

孙机：《始皇陵2号铜车对车制研究的新启示》，《文物》1983年7期。

孙机：《略论始皇陵1号铜车》，《文物》1991年1期。

（孙 华）

Qinsihuangling tongmache

秦始皇陵铜马车

秦代大型彩绘铜制马车模型。1980年由陕西秦俑考古队在临潼县郦山山麓秦始皇陵封土西侧的大型陪葬坑中发掘出土。现藏于秦始皇兵马俑博物馆。

共2乘，在坑中呈西向放置，1号车居前，2号车殿后；出土时均已破碎。大小约为真车马的二分之一，

秦始皇陵2号铜马车

皆单辕双轮驾驷之车，但形制截然不同。1号车通长225厘米、通高152厘米，为依乘的立车（也可称高车、轺车），因车内配载有弩、箭、盾等兵器，又可称戎车或戎路。其车舆平面呈横长方形，前面及左右两侧立栏板，前边有轼，后边设门，舆中伞座上插有一圆形伞盖。一佩长剑的御者双手持辔立于舆中。2号车通长317厘米、通高106.2厘米，为坐乘的安车（也可称辎车）。其车舆平面呈凸字形，分前后两室，前室的前端及左右两侧前部设有低矮的栏板，其内跽坐一腰佩短剑、双手执辔的御者；后室较前室略宽，供主人所乘。室的四周除栏板外还设有墙，其中前墙及两侧各置一窗，后墙有门以供出入。墙上覆有椭圆形“如鳖而长”的车盖（鳖甲）。两辆马车均通体彩绘，彩绘以乳白色为地，其上用红、蓝、绿诸色绘成各种卷云纹及几何纹，色彩庄重，华贵典雅。

这2辆铜马车全系仿照真车真马制作，且仿制得极为逼真，无一不与真马车相同。这不仅是研究秦代舆服制度的确切实物例证，也是探讨先秦时期马车的系驾方式和细部结构的最为翔实的实物资料。

参考书目

陕西秦俑考古队：《秦始皇陵二号铜车马清理简报》，《文物》1983年7期。

陕西秦俑考古队：《秦始皇陵一号铜车马清理简报》，《文物》1991年1期。

（孙　华）

Yangtouzhong liujin tongma

羊头冢鎏金铜马

西汉中期铜铸的良马模型。1981年由陕西咸阳地区文物管理委员会等单位在兴平县西吴公社豆马大队俗称“羊头冢”（编号为1号无名冢）的大型西汉墓南侧的1号丛葬坑中清理出土。它是西汉铜马的代表作。现藏于茂陵博物馆。

全长76厘米、通高62厘米。分铸焊接或铆接成型。马作伫立状，口微张，露出六齿，两耳竖立，鬃毛从耳间一直延至颈背相交处。颈部前伸，身躯修长，尾部下垂，马蹄较小。整体形态接近秦始皇陵铜马车的铜马而与东汉铜马迥然有别。马通体鎏金，制作甚工。

该马造型逼真，不带鞍具，应当不是普通的乘骑而是当时良马的写照。其形态尽管与古代相马法式有所不同，但用途可能相似。

（孙　华）

羊头冢鎏金铜马

Wantun tongjuche

万屯铜辇车

东汉晚期铜制马车模型。1975年由贵州省博物馆等单位在兴义县万屯8号东汉墓中发掘出土。现藏于贵州省博物馆。

系架一马的双辕车，马长45厘米、高88厘米，车长95厘米、宽60厘米、高69厘米。车和马均用高铅的铅锡青铜分段铸造（合金成分为铜47.35%、铅30.7%、锡7.6%），然后拼装铆合。马作缓步行走状，由耳、头、颈、身、尾和四足共11段组成。铜车为双辕辎车，可分为轐、衡、辕、轮、轴、舆、篷几部分。轐、衡、辕相连为一体，双辕弯曲上翘，前端通过纤细的衡和弓形轐架在马背上，后端与车舆相接。轮共12辐，车辐纤细，更显得车的轻灵。轴上有轐以托车舆。车舆呈纵长方形，车箱两輢和后挡蒙一云纹铜箔。輢上为拱形车篷，篷以外包铜箔的竹杆为梁，上覆带簟席纹的铜箔。它是西汉、东汉时期铜马车中制作较精细、保存较完好的一例。

该车舆上覆卷篷形盖，这种车在西汉、东汉时期称作辇车，为辎车中的一类。《说文·车部》：“辇，大车驾马也。”甘肃武威县雷台铜车马中有带卷篷的铜马车3乘，其驾马胸部分别有“冀张君夫人辇车马”等铭文。该车与雷台铜辇车相似，也应为辇车类。

（孙　华）

万屯铜辇车

Leitai tongchema

雷台铜车马

东汉晚期表现官僚出行仪仗的铜制模型。1969年由甘肃省博物馆等单位在武威县城北名为“雷台”的庙宇基址下墓主人为东汉“守左骑千人张掖长张君”的墓中发掘出土。现藏于甘肃省博物馆。

由铜俑45个、铜马38（铜马式除外）匹、铜车14辆组成。所有车骑均以块范分铸后焊接或铆接成型。车骑排列次序是：骑士17、骑马5、一马斧车1、一马轺车4、骑马1、一马小车和一马辇车各1、骑马1、一马辇车2、骑马1、小车1、大车3、牛车1。车皆有“御奴”，骑马或有“牵马奴”，此外还有“从婢”多人。其中那些象征主人乘坐或拉车的铜马身上多有刻铭，如“冀张君骑一匹，牵马奴一人”，“守张掖长张君郎君前夫人辇车、马，将车奴一人，从婢一人”、“守左骑千人张掖长张君骑马一匹，牵马奴一人”等，这些铭文为了解这些铜仪仗所有者和墓主的身份提供了重要信息。

这套铜车马数量众多，排列有序，造型逼真，用途分明，是已知场面最大、制造最佳的秦至东汉时

雷台铜车马

期铜车马组合，对研究当时铜器造型工艺及官吏仪仗等有着难得的价值。 （孙 华）

Leitai tongmashi

雷台铜马式

东汉晚期用于相马的铜制良马标准模式。造型如同一只踏在飞鸟上的奔马，故习称马踏飞鸟（燕或隼）。1969年由甘肃省博物馆等单位在武威县城北名为“雷台”的庙宇基址下墓主人为东汉“守左骑千人张掖长张君”的墓中发掘出土。现藏于甘肃省博物馆。

雷台铜马式

长45厘米、通高34.5厘米。马作奔腾状，昂首扬尾，三足腾空，全部重心都集中在踏在一只鸟上的后足上，既表现出马超过飞鸟的奔驰速度，又使鸟起到器座的作用，艺术价值极高。

该铜马在墓中与其他铜车骑显然有别，并非用作墓主的仪仗模型，而是当时用作选择良马的标准模式。古书中记载的一些马式，其造型正与此类似。

参考书目

周本雄：《武威雷台东汉铜奔马三题》，《考古》1988年5期。

胡平生：《“马踏飞鸟”是相马法式》，《文物》1989年6期。

（孙 华）

Hejiashan tongma

何家山铜马

东汉晚期殉葬用铜制模型。1990年由四川绵阳市博物馆在绵阳市中区何家山2号崖墓中发掘出土。现藏于绵阳市博物馆。

作侍者牵挽行走状，马长115厘米、高134厘米，侍者高67厘米。马先按头、颈、胸、腰、臂、腿9段分铸，各段连接处做出子母口和钉孔，然后套合铆接成型。铸工精细，器壁极薄，厚度仅0.2厘米～0.4厘米。马为雄性，昂首竖耳，正张口嘶鸣，头顶中央鬃鬣梳辫成髻；伸颈，颈背鬃毛梳理整齐；腹部硕健，马尾上翘，尾末梢结成球形髻；四肢瘦长，左前蹄微举。马前所站牵马侍者，头戴平上帻，身穿襦衣，右手上举作牵马之状。马体高大，与前面身矮体瘦的侍者形成鲜明的对照。这种对比夸张的艺术手法，突出了马的雄健和气势。类似的表现手法还见于广西贵县风流岭等地出土的铜马中，反映出当时的时尚和工匠的艺术才华。

汉王朝与北方的骑马民族战争频繁，马作为重要的战争资源和技术装备备受重视。以膘肥体壮马的模型殉葬是当时的风气。铜马不乏体型高大的实例，如河北徐水县房陵村铜马中最高的一匹高115厘米；流失到英国伦敦的铜马高达127厘米。而该马无论是高度还是长度都超过这些铜马，是中国已知最大的秦至东汉铜马。 （文齐国）

何家山铜马

Sanpanshan qiancuo shouliewen tongpini

三盘山嵌错狩猎纹铜軘輗

西汉时期秦汉文化以多种装饰

工艺制成狩猎图案的铜制车器。1965年由河北省博物馆在定县（今定州市）三盘山22号东汉墓中发掘出土。现藏于河北省博物馆。

三盘山嵌错狩猎纹铜軘輗

直径3.5厘米、器高26.4厘米。器如圆形竹筒，中空，从中间分为上、下两段，以子母口套接在一起。器表以竹节纹分为4节，每节均在镀银的地上金错各种精美的花纹，并镶嵌绿松石和红玛瑙作点缀。其中上起第一节以乘龙驭象为主题纹样，第二节以骑士射虎为主题纹样，第三节以骆驼、虎、豕为主题纹样，第四节主题纹样则为凤鸟纹。主题纹样周围以山峦、云水、游龙、天马、飞鹤、猛虎、野牛、熊罴、鹿獐、奔兔、野猪、孔雀、雁鹤等衬托，华丽异常，美不胜收。

铜軘輗是连接轺车伞柄上段与下段的铜质构件，有单独一段和上下两段两种，该軘輗出土时即放置在3号车内。铜軘輗以素面者为多，像该軘輗这样装饰有极其精美花纹的只在朝鲜乐浪古墓中发现一件。不过这件铜軘輗除金银错花纹外还以黑漆衬地和镶嵌宝石，工艺比乐浪古墓出土的铜軘輗更复杂。

（孙　华）

Qin-Han wenhua duliangheng tongqi

秦汉文化度量衡铜器

秦至东汉时期秦汉文化的铜制计量器具。包括铜度器、量器和衡器3类。这一时期是中国计量器发展的重要时期，全国计量器已由中央统一颁行。秦始皇兼并六国后开始“一法度衡石丈尺”（《史记·秦始皇本纪》），标准器由国家统一颁发，器上刻有皇帝诏文，并定期对度量衡器进行校验和检查（云梦秦简《工律》）。汉王朝建立以后，也很重视度量衡器的统一和管理，尤其是在王莽执政时期，刘歆奉王莽之命制定非常规范的度量衡制度，制造了一批非常精密的计量铜器，在中国度量衡发展史上写下重要的一页。

秦至东汉时期的计量方法比先秦时期有了长足的进步。在基本计量单位的制定、计量单位的进位制度等方面均更加严密和更加合理。先秦时期使用的积黍起度之法虽仍是当时制定计量基准的方法之一，但至迟在西汉时期就已出现以黄钟律管为基本计量单位的起度的主要方法。律管是乐律的定音管，在管子口径相同的情况下，音的高低随管的长短而变化。黄钟律是十二律中的最低音，律管最长。以黄钟律管为基点，分别按照不同的比例缩短，即可制成其他律管。当时人们以黄钟律管为标准，管长为秦汉尺9寸，管内所容1200粒黍的重量为12铢，从而确定了长度、容积和重量的相互关系，使中国计量器制度更加科学和严密。这就是司马迁《史记·封禅书》所谓“同律、度、量、衡”。

铜以其优异的材质性能成为度量衡器的首选材料。计量铜器从战国时期出现以后，到这时应用更加普遍。传世和出土的这一时期铜度、量、衡器为数不少。秦代仅有铜量器和铜衡器两种，其中铜量器上刻秦始皇诏书铭文，有一升量、二升半量、三升量和一斗量，形状为带短柄的长方形和椭圆形两种，均与战国时期秦国的铜量器相似；铜衡器只发现铜权一种，权有环形、半球形、八角台形3种形制。

已知西汉、东汉时期的计量铜器种类齐全，度器、量器和衡器齐备。西汉、东汉度制分引、丈、尺、寸、分5级，各级间采用十进位制。引是较大的长度单位，按照新莽时期的规定，标准引用竹制造，没有铜制的引器。寸、分这两级较小的长度单位一般都在铜尺上标出，不再单独制作。已知铜度器只有铜丈和铜尺两种，其中铜丈仅发现甘肃定西县称钩驿新莽铜丈一件；铜尺则数量较多，完整的如湖南长沙市东郊雷家嘴东汉铜尺、山东掖县坊北村东汉晚期铜尺、安徽合肥市西郊乌龟墩东汉末期铜尺等。通过对这些铜度器的实测，可知西汉时期一尺长约23.1厘米，东汉时期稍有增加，至东汉末期一尺已增至23.75厘米。总体而言，增长幅度不很大。在铜度器中，新莽始建国元年铜卡尺特别引人注目，其长半尺，尺面有寸、分的刻度，可比较方便准确地测量圆柱直径或器物内径。量器主要有龠、合、升、斗、斛五级，其进位关系是2龠＝1合，10合＝1升，10升＝1斗，10斗＝1斛（《汉书·律历志》），这些不同容量的铜量器都有实物发现，如河南睢州市出土的东汉光和大司农铜斛量、传世的东汉元初大司农铜斗量、传世的西汉黾池宫铜升量、传世的永平大司农铜合量、陕西咸阳出土的铜龠量等。此外，具有特别用途（如用药）的容量小于龠的小型铜量器实物也有发现，如河南陕县出土的铜撮量、传世的东汉二分铜量等。西汉、东汉铜量起初沿用秦量器的形状，以后主要为圆形，仅少量作方形。量柄长度随量的大小而有所不同，容量越大，柄越短；容量越小，柄越长。大的铜斛和铜斗量多作圆桶形，小的铜合、龠、撮、分量则作带长柄的斗勺形。其中最为著名的是传世的始建国元年铜嘉量，它是当时的标准量器，一器兼有斛、斗、升、合、龠五量，并有铭文记其容量。根据对这些铜量的实测结果，可知新莽一龠为10毫升左右，一斛为20400毫升～20097.5毫升左右。衡器为等臂型天平，如甘肃定西县称钩驿所出新莽铜衡，铜衡的悬权有铜环和铜累两种。据《汉书·律历志》可知，新莽复古时期铜权应当主要采用环形，其他时期可能以半球带钮的累为主。权有铢、两、斤、钧、石5种，进位不等，24铢＝1两，16两＝1斤，30斤＝1钧，4钧＝1石。铜累主要见于西汉时期，东汉以后累多为铁制。从现存铜累重量分析，两汉一斤约合今250克。

参考书目

万国鼎：《秦汉度量衡亩考》，《农业遗产研究集刊》1958年2期。

（孙 华）

Chenggouyi Xinmang tongzhang

称钩驿新莽铜丈

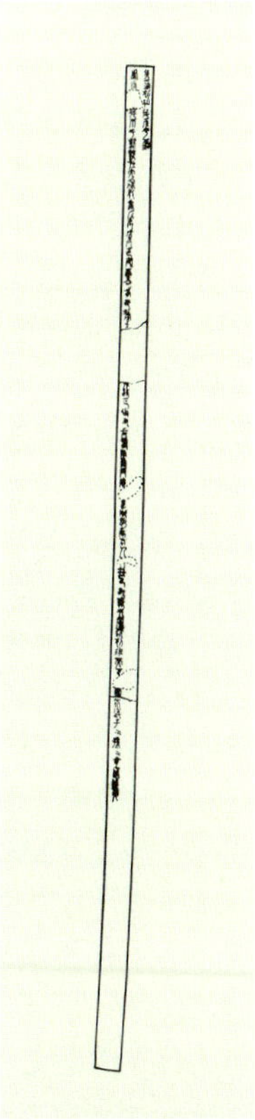

称钩驿新莽铜丈

新莽时期丈量长度的铜制器具。1927年出土于甘肃定西县称钩驿。现藏于中国历史博物馆。

略有残损，残长228.46厘米、宽4.62厘米。形似长条形筒牍，表面无刻度，只有篆书铭文2行81字："皇帝初祖，德币于虞，虞帝始祖，德币于新。岁在大梁，龙集戊辰，戊辰直定，天命有民。据土德受，正号即真，改正建丑，长寿隆崇。同律度量衡，稽当前人，龙在己巳，岁次实沈。初班天下，万国永遵。子子孙孙，享传亿年。"据形状、长宽比例和铭文，可知该丈即新莽始建国元年（公元9年）颁行的标准铜度。《汉书·律历志》载新莽标准铜度是："其法用铜，高一寸，广二寸，长一丈，而分寸尺丈存焉。"所述的高、宽（广）、长度的比例恰与该丈相符。据其高度和宽度，结合《汉书·律历志》的记载，可推算出新莽时期的度制是分＝0.231厘米，寸＝2.31厘米，尺＝23.1厘米，丈＝231厘米，引＝2310厘米。它在秦汉时期度量衡器的研究中具有非常重要的价值。

（孙 华）

Shijianguo yuannian tongkachi

始建国元年铜卡尺

新莽时期丈量长度的铜制器具。作于新莽始建国元年（公元9年）。传世品。现藏于中国历史博物馆。

始建国元年铜卡尺

全长14.22厘米。由固定尺和活动尺两部分组成，两尺等长，刻线相对。固定尺前部下方有成直角折转的前卡，尺身中央开导槽，尺正面刻为五寸，前边四寸每寸又刻为十分，尺身上缘卧有一鱼，后端有卡套；活动尺前端下有与尺身成垂直的后卡，卡后有可以穿过手指的环形拉手。后卡上端伸出卡在固定尺身上，活动尺身又穿插在固定尺后端的卡套内，尺正面刻为五寸。在尺的后面刻有"始建国元年正月癸酉朔日制"的篆书铭文。使用方法是：一手握住固定尺的鱼形柄，另一手通过环形拉手，左右拉动，使双卡卡住工件，即可在固定尺读出工件的尺寸。

该卡尺是迄今发现的世界上最早的游标卡尺，使测量圆柱体和圆球体的直径以及器物内径等直尺不易做到的问题迎刃而解。它的出现，是中国科技史的一项成就，在中国度量衡史研究中具有重要地位。

（郑 彤）

Shijianguo yuannian tongjialiang

始建国元年铜嘉量

新莽始建国元年（公元9年）颁发全国的标准铜量器。或称刘歆铜斛。全套共5种，因每种铭文的首句皆冠以"律嘉量"的文字而得名。传世品，后入清宫，曾著录于清梁诗正《西清古鉴》卷34。现藏于台北故宫博物院。

始建国元年铜嘉量

中为带3道箍带的大圆筒，两侧伸出两臂挑2小圆筒。大圆筒及右侧小圆筒底上移，使之分隔为2节，构成大小容量不等的5量：大圆筒正置为斛量，倒置为斗量；左侧小筒为升量；右侧小筒正置为合量，倒置为龠量。其形制与《汉书·律历志》中"其法用铜。方尺而圜其外，旁有庣焉。其上为斛，其下为斗，左耳为升，右耳为合、龠"的记载相同。经测量，斛量口径32.948厘米、深22.895厘米，容20097.5毫升；斗量口径32.5645厘米、深2.2675厘米，容2012.5毫升；升量口径6.494厘米、深5.7795厘米，容191.825毫升；合量口径3.29厘米、深2.4165厘米，容21.125毫升；龠量口径3.231厘米、深1.2865厘米，容10.65毫升。斛量正面铸王莽"同律度量衡"的总铭，背面与其余各量相同，均铸有与量口方向一致的分铭。分铭记载着各量的名称、尺度、容积，在最小的龠量上还交待其容量标准"容如黄钟"，即等于黄钟律管的容量。这些数据是研究新莽度量衡制度的重要材料。

该量是中国古代结构最巧妙、制造最精确的铜量器，它以律管定基元，合以上诸量均采用十进位制，这些均代表当时计量方法的最高水平，是当时科学技术成就在度量衡器上的具体反映。它制作精良，并有详细的铭文记录尺度、容量，从晋代的荀勖以来，不少学者都曾根据同类新莽嘉量来复原“晋前尺”。流传至今完整的新莽嘉量仅此一器，是研究和校正西汉、东汉及其以前度、量的旷世瑰宝。

参考书目

王国维：《中国历代之尺度》，《观堂集林》卷十九。

马衡：《新嘉量考释》，《北平故宫博物院年刊》创刊号，1936。

（孙　华）

Han Wenghua tonggu

汉文化铜鼓

汉王朝灭掉南越国并将统治区域扩展至云贵高原地区以后南方古族继续保留的富有文化传统的铜制打击乐器及礼仪用器。铜鼓的形态与中原传统的对称双鼓面的建鼓不同，为不对称的单鼓面的足鼓，由圆形的鼓面、隆起的鼓胸、内弧的鼓腰和外侈的圈足组成，胸、腰转折处一般设对称的双耳或四耳，有的鼓面上还装饰立体的人物或动物。汉王朝统治时期是南方地区铜鼓从单一向多元转变的时期，也是铜鼓发展的繁荣阶段，在中国古代铜鼓研究和历史研究中占有重要地位。

主要分布于广西大部和广东西部地区、云南中部的滇池地区、贵州西部及四川南部少数地区。铜鼓出土及传世的均有，出土的铜鼓一般无其他伴出物，有共存器物、年代较明确的汉王朝铜鼓主要有：①1955年广西贵县高中8号墓出土1面西汉晚期铜鼓，同出铜容器、铜镜、五铢钱和铁兵器等30余件；②1972年广西西林县发现的西汉中期前后的铜鼓，它由4面铜鼓构成，2面套合在一起的小鼓内装人骨放在倒置的大鼓内，再用另一大鼓扣在上面。同出有铜骑俑、钟、剑等400余件；③1975年广西藤县横村冷水冲出土一面铜鼓，鼓内有东汉早期四耳陶罐1件；④1978年在贵州赫章县祖家老包153号东汉墓中出土铜鼓1面，同出有其他铜器、陶器。它们为铜鼓的分期断代研究提供了重要依据。

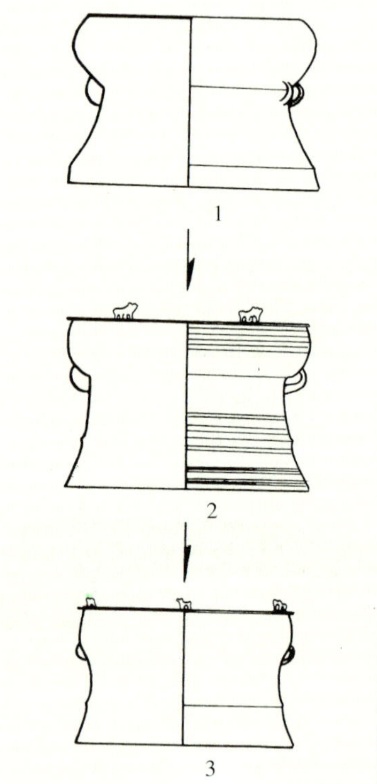

1.石寨山型　2.冷水冲型　3.北流型

汉文化铜鼓形态演变示意图

● **类型**　自1902年德国学者黑格尔在其颇具影响的《东南亚的青铜鼓》中将东南亚铜鼓分为4个具有先后关系的式别以后，中国学者闻囿、洪声、汪宁生、李伟卿及中国古代铜鼓研究会等都对铜鼓作过类型学分析和排比，提出多种分类方式、名称和不尽相同的发展演变序列，其中最为简明的是中国古代铜鼓研究会在《中国古代铜鼓》一书中所提出的把中国古代铜鼓分为万家坝型、石寨山型、冷水冲型、北流型、灵山型、遵义型、西盟型和麻江型8型的分类方法。在这8型铜鼓中，石寨山型鼓、冷水冲型鼓和北流型鼓主要属于这一时期。石寨山型鼓以云南晋宁县石寨山古墓群所出铜鼓为代表，其鼓面略大于腰径但小于胸径，鼓胸最大径偏上，腰部较长，足部较短。器表纹饰以人物和动物组成的图案为主题：鼓面一般有带芒的太阳纹及多重晕圈，晕圈中多施翔鹭一周；鼓身胸、腰多有反复出现而有韵律的行船、舞人、立牛等纹样。冷水冲型鼓以广西藤县横村冷水冲出土的一面铜鼓得名，它与石寨山型鼓均为胸、腰、足三段分明的铜鼓，但较之体量高大，鼓面多出短檐，胸部微大于或等于鼓面，足部较高，鼓面周边多有立体的蛙、牛、马等附饰，纹饰中翔鹭、舞人、船纹等像生纹饰已经简化和抽象。北流型鼓以广西北流县出土的铜鼓为代表，体态硕大，胸、腰分段已不很明显，鼓面大于鼓胸，周边出檐，檐部下勾，腰部粗大且内弧较小，腰足间多以尖凸棱分界，鼓面立体蛙形饰件较小且较简单，纹饰一般为细小的云雷纹，少数为钱纹等。

● **年代**　根据一些典型铜鼓的共存器物及对其进行类型学分析，一些学者提出石寨山型鼓发展至冷水冲型鼓，与石寨山型有一定关系的北流型鼓发展为东汉以后的灵山型鼓等意见。石寨山型鼓出现最早，在战国晚期就已出现在云南地区的石寨山文化中，西汉早期广泛传布到云贵高原和广西地区。据广西贵县高中西汉晚期的8号墓出土有石寨山型较晚形制的铜鼓，推测该型鼓的流行时间应一直到东汉初期。冷水冲型鼓是石寨山型鼓的后继类型，其较早形态的铜鼓发现于西汉早期的云南晋宁县石寨山10号墓和西汉中期前后的广西西林县铜鼓墓中，其典型形态的铜鼓——广西滕县冷水冲100号鼓，根据同出的四耳罐分析，年代在东汉早期，可知该型鼓的流行时间从西汉早期到东汉以后。北流型鼓由于均零散出土，没有共存器物提供可靠的年代信息，其年代一直是学术界争议较多的一个问题。有的学者根据鼓上的五铢钱纹等因素分析，推论北流型鼓从西汉晚期一直流行到南朝。

（孙 华）

年代较为明确的冷水冲型铜鼓。

（孙 华）

连续三角纹等。该鼓形态和纹饰均与冷水冲二骑四蛙铜鼓相似，二者年代也应相近。该鼓鼓面上的牛拉橇立体装饰在其他铜鼓上不见，为了解当时南方古族的社会生活提供了形象资料。

（孙 华）

lengshuichong erqi siwa tonggu

冷水冲二骑四蛙铜鼓

东汉早期铜制单面打击乐器及礼仪用器。1975年出土于广西藤县新城大队横村生产队的冷水冲。现藏于广西壮族自治区博物馆。

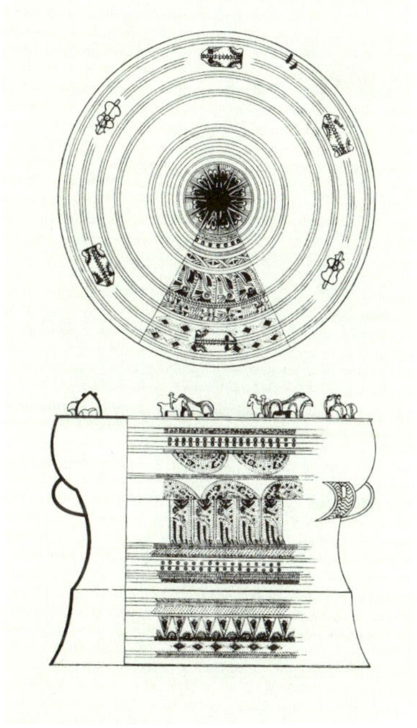

冷水冲二骑四蛙铜鼓

面径83.7厘米、通高60.2厘米。鼓面出极短的檐，面径微小于胸径，胸部微鼓，腰部内曲，足部高且外撇。胸、腰间有两两相对的4耳。鼓面周边环列2个骑士和4个青蛙。鼓面中心为十二芒太阳纹，芒间填花瓣，其外共17晕，晕间由内至外分别为水波、重圆、梳栉、交叉、变形羽人、变形翔鹤、眼形纹；鼓胸由上至下饰水波、重圆、梳栉、变形船纹、索辫、变形船纹；腰上部为变形羽人纹，下部为索辫、斜线、梳栉、重圆、索辫、梳栉、水波纹；足部从上至下分别为叶脉、斜线、连续三角、太阳水波、眼形和叶脉纹。该鼓的形制属于铜鼓分类中典型的冷水冲型，据鼓内所盛装的陶罐分析，应属于东汉早期，是年代较为明确的冷水冲型铜鼓。

Guiping niulaqiao lishi tonggu

桂平牛拉橇立饰铜鼓

东汉早期铜制单面打击乐器及礼仪用器。1954年从广西桂平县征集。现藏于广西壮族自治区博物馆。

桂平牛拉橇立饰铜鼓

面径82.4厘米、足径83厘米、通高59厘米。属冷水冲型。鼓面径略小于胸径，檐部极短，鼓胸中部略凸；腰部较高，中部内曲；足部高且外撇。胸腰之际有相对的辫纹扁耳和无纹环耳各2个，另在鼓内的胸、足内壁各施小环钮4对。鼓面周边环列4个四足蛙和2个牛拉橇的立体装饰。鼓面中心为十二芒太阳纹，其外共17晕，晕间饰水波、重圆、梳栉、变形羽人、变形翔鹤纹等，鼓胸饰水波、变形船纹等，腰部饰变形羽人、重圆纹等，足部饰连菱、连续三角纹等。

Shuitong'an yunleiwen tonggu

水桶庵云雷纹铜鼓

东汉早期岭南地区古族铸制的铜制单面打击乐器及礼仪用器。清乾隆年间（公元1736年～公元1795年）出土于广西北流县，旋为该县水桶庵收藏。现藏于广西壮族自治区博物馆。

面径165厘米、残高67.5厘米，重达300千克。属北流型。鼓面宽平，边缘下勾；鼓胸略为下垂，腰粗短，足部已残，腰足转折明显。在胸腰转折处施对称的索状环耳2对。装饰纹样单一，鼓面四旋五晕，中心一晕起八芒太阳纹，其外诸晕饰云雷纹；胸、腰以旋纹分出窄而密的层晕，晕间也以云雷纹为饰。

据文献记载，从西汉至唐，岭南两广地区的古族有铸铜为大鼓，鼓惟高大为贵的习俗。流行于西汉晚期以后的北流型铜鼓素以形体硕大而著称，历史上还曾出土过面径达181厘米的铜鼓（《桂平县志·古迹》）。不过这些记载中的最大铜鼓

水桶庵云雷纹铜鼓

现已不存，该鼓可推为世界现存铜鼓体大之最。该鼓在同型鼓中属早期形制，并参照岑溪五铢钱纹铜鼓的年代，其年代可能为东汉早期。

参考书目

蒋廷瑜：《粤式铜鼓的初步研究》，《古代铜鼓学术讨论会论文集》，文物出版社，1982。

（孙 华）

Cenxi wuzhuqianwen tonggu

岑溪五铢钱纹铜鼓

东汉早中期岭南地区古族的铜制单面打击乐器及礼仪用器。1953年在广西岑溪县县城发现，次年被征集入藏广西壮族自治区博物馆。现藏于中国历史博物馆。

岑溪五铢钱纹铜鼓

鼓面直径90厘米、足径88厘米、通高53厘米。青铜铸制。属北流型。鼓面宽阔，大逾胸足；鼓心凸起十二芒太阳纹，其外以同心圆纹分鼓面为九晕圈，圈内分别填饰云纹、波纹和五铢钱纹；鼓面周边铸有两两相对的立体的6只立蛙。鼓身分胸、腰、足3段，胸腰间竖立2对辫状扁耳，身上由上至下饰16道带状云纹、波纹和五铢钱纹，其中五铢钱纹3道。整体造型稳重，立像抽象传神，纹饰简练清晰，是典型的铜鼓工艺发达期的制品。

五铢钱纹铜鼓是广西东南部的古族在当时中央政府政治、经济影响下铸造的器物。类似的铜鼓广西曾不止一次出土，如清乾隆五十七年（公元1792年）编修的《郁林县志》所记文昌阁五铢钱纹鼓、1936年编修的《北流县志》所记的泗洲庵五铢钱纹鼓等。这表明以当时流通的货币五铢钱按捺在铜鼓范模上作为铜鼓纹样较为常见，只是这些五铢钱纹鼓现已大多佚失不存，保留至今的只有该鼓一件。据该鼓上五铢钱的“五铢”二字的写法与东汉五铢钱相似，钱纹用五铢而不用更具装饰意味的“四出”（东汉晚期五铢的背纹），其年代应为东汉早中期。

参考书目

洪声：《广西古代铜鼓研究》，《考古学报》1974年1期。
蒋廷瑜：《试论五铢钱纹铜鼓》，《中国历史博物馆馆刊》1984年6期。

（孙 华）

〖秦汉文化其他铜器〗

Douwanmu jincuo zhuque shuanglian tongdou

窦绾墓金错朱雀双联铜豆

西汉早中期之际秦汉文化的铜制容器。或称朱雀衔环杯。1968年由中国科学院考古研究所等单位在河北满城县中山靖王刘胜的妻子窦绾的墓中发掘出土。现藏于中国历史博物馆。

窦绾墓金错朱雀双联铜豆

宽9.5厘米、通高11.2厘米。双豆并列，其间一兽四足立于两豆圈足上。兽背上立有一昂首展翅、翘尾衔环的朱雀。朱雀所衔之环为玉质，朱雀毛羽以金丝错出，颈、腹嵌4颗绿松石；豆为深腹粗柄，盘内外饰金错的柿蒂纹，柄上施金错的交错尖叶纹，纹间嵌圆形及心形的绿松石各13颗。出土时双豆盘内均遗留朱红色残迹，推测它为放置化妆品之用。

该豆颇为小巧，但制作精工，装饰华丽，虽用于装饰的朱雀大于实用的双豆，似有喧宾夺主之嫌；但它与先秦时期豆的用途已大相径庭，它陈放于闺阁中的装饰功能并不亚于实用功能。它是西汉时期铜器中罕见的艺术珍品，似与战国楚文化造型艺术有着一定的渊源关系。

（孙 华）

Tushan hupan dailiu tonghu

土山虎鋬带流铜壶

东汉时期秦汉文化的铜制盛酒器或盛水器。1970年出土于江苏徐州市土山的一座东汉砖室墓葬中。现藏于南京博物院。

通高13.8厘米。侈口，曲颈，广肩，鼓腹，圈足外侈。腹部前有管状流，流的上端向前折转，上栖一鸟；壶后部以一昂首卷尾的虎为鋬，虎前足攀于壶口，后足蹬在壶的肩下。颈和腹的中部施凸起的箍状凸旋纹。其体态小巧可爱，造型富于创新，尤其是作为捉手的虎形鋬，达到造型与功能的高度统一。

（孙 华）

土山虎鋬带流铜壶

Doumacun jincuo tongxizun

豆马村金错铜犀尊

西汉早期秦汉文化的铜制酒器。1963年出土于陕西兴平县豆马村。现藏于中国历史博物馆。

全长57.8厘米、通高34.4厘米，重13.3千克。犀牛作昂首伫立、直视前方之形，双目嵌黑石，鼻角长而额角短，展现古代曾生息于中国的苏门犀的形象。犀背开椭圆形口，上覆带枢轴的素面盖，嘴角衔管状流。器表遍以金错的云水纹为饰。

该尊造型准确逼真，形象健壮威武。形态与商代末期的小臣艅铜犀尊相似而更为华丽，是秦至东汉铜器中难得的佳作。它出土时放置于一大陶瓮内，瓮又放在一个直径约1米的圆坑中，埋藏性质应属窖藏。犀尊腹内放有镜、带钩等小件铜器及尊口盖铜器1件。同出器物凡能判断性质的均属西汉时期。也有的学者认为该尊为秦代作品。

西汉和东汉时期，传统的肖形尊仍然存在。其制作工艺承续战国时期，两者间难以划一条清晰的分界。在已知西汉、东汉肖形尊中，以该尊最为著名。像这样制作精美的肖形铜尊在西汉已经不多，东汉时期更为少见。

（孙 华）

豆马村金错铜犀尊

Loyang Jichechang liujin yuren tongqitong

洛阳机车厂鎏金羽人铜器筒

东汉中晚期秦汉文化的铜制器具。1988年由河南洛阳市文物工作队在洛阳机车厂一东汉砖室墓中发掘出土。现藏于洛阳市文物工作队。

洛阳机车厂鎏金羽人铜器筒

高约15.3厘米。整体造型为双手抱挟一平面呈前方后圆、内部中空器具的跽坐羽人。羽人尖头披发，大耳高耸，眉脊突起，高鼻深目，尖嘴露齿，颐有短须；其背有双翼，身着右衽深衣，衣下端有垂羽，大有飘逸之气。器外表鎏金，并铸有阴线的云水纹和三角纹，通体流光溢彩，精美异常。

该器筒羽人的大小、造型及神韵，均与陕西西安市西汉、东汉遗址中出土的一尊青铜羽人极为相似，所不同的是后者手中未见抱扶器具（估计原有，但脱落散失），不及前者完整，花纹也不如前者细致。从羽人姿态和所持器具形态来看，它应是用来插放案头用品之类的文具。

（孙 华）

Tushan liujin shouxing tongyanhe

土山鎏金兽形铜砚盒

东汉早期秦汉文化的铜制文具。1969年在江苏徐州市土山，墓主人可能为汉明帝之子彭城王的东汉墓葬中发掘出土。现藏于南京博物院。

土山鎏金兽形铜砚盒

长25厘米、宽14.8厘米、通高10.5厘米。整体作伏兽形，该兽头有长角，身有双翼，大概是传说中的神兽天禄。它张嘴露齿，从嘴角向后，兽体分为上背和下腹两部分：上部盒盖背设小钮，以便揭取；下部砚座内嵌砚石，石面光洁，上放柱状石砚子。砚盒通体鎏金，其上鎏银的云水纹间，镶嵌着近百颗红珊瑚、青金石和绿松石。金光宝气，富丽华美。

铜制兽形砚盒是东汉特有的砚种。现藏于安徽省博物馆的一件出自肥东县草鞋乡大孤堆东汉墓，形状与该砚盒相似，但造型和工艺稍逊。

（孙 华）

Wangniuling tongwu

望牛岭铜屋

西汉晚期秦汉文化的铜制房屋模型。1971年出土于广西合浦县望牛岭的一座大型木椁墓的左耳室内。现藏于广西壮族自治区博物馆。

望牛岭铜屋

面阔79.3厘米、进深42.7厘米、通高37.3厘米。平面作长方形，表现一干栏式建筑，8根短柱抬起屋身，前檐有廊，廊为三间四柱，两次间有简单的田字形栏杆。屋身由壁柱和壁穿构成框架，其间为薄木板或编壁墙的模样。前壁正中设两扇板门，门下有较高的门槛，门有门环。悬山屋顶，前檐出檐较远。屋顶各有12瓦垄，并铸出仰覆板瓦形状。

该铜屋模型结构简洁朴素，穿斗式的构架、纤细的檐柱和轻薄的屋面和墙壁，反映出当时南方地区普通房屋的情况。（孙 华）

Liushengmu liujin xiangyu tongzhen

刘胜墓鎏金镶玉铜枕

西汉早中期之际秦汉文化的铜制枕具。1968年由中国科学院考古研究所等单位在河北满城县中山靖王刘胜的墓中发掘出土。现藏于中国历史博物馆。

出土时位于主室内死者所罩玉衣头下。全长44.1厘米、通高17.6厘米、宽8.1厘米。体呈长方形，形作后部相连的双龙形，龙头上昂，两前爪恰为枕的4足，枕体上面两侧铸浮雕状双兽纹，双兽的中央饰兽面纹。枕体鎏金，枕面及枕的前后两侧镶雕花玉板。枕面装饰浮雕的云水纹，两侧饰浮雕云龙纹。枕的两端及龙首嵌各种形态的玉石，玉多透雕花纹。枕的底板另铸安于枕下，底有4孔，孔上嵌质地较差的玉石。枕内还装有花椒，这大概就是《楚辞·离骚》“杂申椒与菌桂兮”的香料申椒之属。

刘胜墓鎏金镶玉铜枕

迄今发现的秦至东汉时期铜枕极少，该枕及刘胜的夫人窦绾墓中出土的铜枕尤为珍贵。该枕造型精巧，装饰华丽，比窦绾墓铜枕更胜一筹。（孙 华）

Xiaheqing tongdujiaoshou

下河清铜独角兽

东汉晚期秦汉文化的铜制宗教迷信物品。1956年出土于甘肃酒泉市下河清的东汉晚期墓葬中。现藏于甘肃省博物馆。

全长74.7厘米、身高24.5厘米。由可以拆卸的角、身、尾3部分组成，角、尾均插入身躯内。兽作俯身扬尾之形，头似虎而有长长的带刺独角，身似马或鹿却遍体鳞甲，尾既大且长，与秦至东汉铜马的尾巴显然有别。足和尾形状呈薄片状，比较独特。

下河清铜独角兽

独角兽形器是河西走廊和陕西地区东汉墓中时常见的用具，或铜制或陶制，均放置于墓门外。关于它的名称，有的学者称之为“獬豸”，认为它是镇墓驱邪之兽。按张揖《汉书注》称：“獬廌（豸）似鹿而一角也”（《文选》晋张景阳《七命》李善注引），该独角兽身似鹿，头又有一角，这与獬豸的形象比较相似。甘肃武威市雷台东汉墓铜独角兽，出土时放置于墓门口，大小与其相近，但角较粗短，四足较长，形态不及其威武。（孙 华）

Beifang Diqu Qin zhi Donghan tongqi

北方地区秦至东汉铜器

秦至东汉时期分布于中国长城以北草原荒漠地区的先后以匈奴、鲜卑为主体的古族集团的铜制器具，为当时铜器的重要组成部分。分布地域东起辽东，西至西域，北极漠北，南邻长城，包括今内蒙古全部，新疆、宁夏、辽宁和黑龙江的大部。在这一区域内，从春秋中晚期开始出现的新的北方系铜器，曾经一度繁荣。到战国晚期，这些铜器的风格开始发生一些新的变化，到秦至东汉时代终于形成与春秋、战国时期铜器既有密切联系又有一些区别的匈奴文化铜器和鲜卑文化铜器。

● **文化背景** 从战国末期起，中国北方地区连续发生一些重要历史事件，从而影响整个北方文化的分布格局。首先是匈奴的崛起，在冒顿单于（公元前209年～公元前174年）率领下，匈奴从一个默默无闻的小族一下子强大起来，很快统一了北方草原荒漠地区的众多小国和小族，成为秦、汉王朝的劲敌。为抵御强大匈奴的入侵，秦汉王朝相继修建万里长城，使得这道巨大的工程成为区别中国北方地区文化与秦汉中央王朝文化分布区的一条明显的界线。在这条界线正北方的广大地区，是雄踞的匈奴；在匈奴东面，是被匈奴击破而向东北逃遁的乌桓和鲜卑（主要为拓跋鲜卑和东部鲜卑）；在匈奴西面，是被匈奴奴役的西域诸国。在秦汉时代北方地区的三大文化中，鲜卑、乌桓与匈奴的文化面貌最为接近，达

到几乎难以分辨的地步。有的墓地族属究竟是匈奴还是鲜卑，学术界尚有不同的看法。匈奴称雄于北方的局面，在汉武帝以后逐渐发生变化。随着汉王朝国力的增强，汉王朝军队连续多次深入北方草原和荒漠，给匈奴以沉重的打击。西汉晚期后匈奴内部矛盾的激化和分裂，又使得匈奴国力进一步衰落。东面的乌桓和鲜卑，西面的乌孙等国，以及匈奴北方的丁零都先后摆脱了匈奴的羁縻。到东汉早期，匈奴又分为南、北两个匈奴，南匈奴依附于汉王朝，与北匈奴进行了多次战争。在东汉王朝、南匈奴和其他古族的多次打击下，北匈奴先是西遁至西域乌孙故地，以后又西迁至更远的地方。东汉中晚期桓帝时期，鲜卑檀石槐“西击乌孙，尽有匈奴故地”（《后汉书·鲜卑传》）。从而北方地区由以匈奴文化为主体变成以鲜卑文化为主体，并影响到以后魏晋南北朝文化的格局。

● **区域特征** 匈奴等北方古族集团都是骑马民族，为追逐丰美水草放牧牛羊，其生产、生活流动性极强。这种流动所带来的文化传播使得北方广大草原和荒漠地区的文化面貌具有相当大的一致性。匈奴、鲜卑及其以北和以西的古族都使用大致相似的铜釜鍑，均佩戴风格一致的野兽纹铜带鐍、带头和带饰，均有立体动物造型的铜柱饰。这从一个侧面反映出这种文化的传播与融合。

匈奴、鲜卑等游移不定的生活使得他们的生活用器崇尚简单实用，审美意趣集中在人和马的装饰方面。由于这些古族普遍掌握了铁器冶铸工艺，武器、工具等基本上皆采用铁器，使北方地区诸文化的铜器已经不似北方地区春秋、战国铜器那样数量众多，分布广泛。铜器只有作为炊器的铜釜鍑，系束用革带上的铜带头、带扣和带饰，但带饰数量和种类已不及以前丰富，另有一些可能装饰车子等立柱用的立体动物造型的铜饰件。春秋、战国时代极其流行的双环首直柄直刃铜短剑已经为较长的铁剑代替，但作为革带括结用具的带头和带鐍，在这时更加发达。匈奴文化中造型别致、纹饰多样的透空“野兽纹”带头和带鐍，鲜卑文化的浮雕状神兽纹带鐍，给北方地区铜器带来浓厚的草原气息。铜器装饰工艺比较简单，铜釜镬一般不施纹饰，带具铸出透雕或浮雕状纹饰。纹饰题材以人兽相搏、野兽相搏以及各种动物造型为主，构图重视对称规律（尤其是动物造型），尖叶形的图案除用作主题纹饰的树形背景外，还广泛用作动物身体的纹饰单元。鎏金装饰工艺在北方边区诸文化的铜带具上应用得较为广泛。

● **分区** 北方边区在秦至东汉时期主要活跃着匈奴、鲜卑和乌孙诸国族为主体的3个古族群，尽管在某些时候某个族群曾一度成为北方边区占主导地位的古族，但由于不同文化传统的影响，这时期北方铜器还是大致可分为北方中部边区、北方东部边区和北方西部边区3个文化区：①匈奴文化区铜器。主要分布于蒙古高原地区，南以秦汉长城为界，北逾贝加尔湖，东近额齐古纳河流域，西越阿尔泰山山脉。该区铜器以比较多样的铜带具和带饰、多种动物造型的柱饰为特征。②鲜卑文化区铜器。主要分布于东北地区大兴安岭两侧的草原及森林地带。该区铜器虽与匈奴文化区铜器相似，但一种具有鲜卑古代历史传说性质的神兽纹铜带鐍却不见于匈奴文化，颇有特色。③乌孙文化区铜器。分布于新疆天山山脉以北地区，以伊犁河流域为中心。据文献记载，乌孙原居于甘肃河西走廊一带，西汉初期才迁徙到具有中亚文化传统的新疆西北部伊犁河流域一带，因而其铜器既具有中国北方系铜器的部分特征（如铜釜镬、羊首刀等），又带有浓厚西域和中亚文化的色彩（如包金镶宝石的铜带扣等）。

参考书目

田广金、郭素新：《鄂尔多斯式青铜器》，文物出版社，1986。
林干：《匈奴史》，内蒙古人民出版社，1976。

（孙 华）

Xiongnu wenhua tongqi

匈奴文化铜器

战国末期至东汉晚期以匈奴人为主体的北方古族群的铜制器具。是构成匈奴文化的重要组成部分，也是北方地区秦至东汉铜器的主体。

镂空双鹿纹铜带饰

匈奴原只是活动于蒙古高原至南西伯利亚一带北方诸多古族之一。关于匈奴的族源，有的学者主张匈奴即西周时期的猃狁，春秋时期的戎狄，战国时期的胡（如王国维：鬼方昆夷玁狁考，见《观堂集林》卷十三）；也有的学者主张匈奴的同族只包括战国时期的林胡、楼烦和义渠（如黄文弼：古代匈奴民族之研究，《边政公论》第2卷第3、4、5合期）；还有的学者主张匈奴为非蒙古高原及其周围的土著，而是西来古族（如岑仲勉：伊兰之胡与匈奴之胡，《真理杂志》第1卷第3期）。从文化传统的角度看，匈奴原先应当是活动在蒙古高原北部的古族，到战国后期强盛后才逐渐南移，与中原诸国开始发生联系。文献中关于匈奴的最早记载是燕太傅鞠武谏燕太子丹说：“愿太子急遣樊将军入匈奴以灭口……北讲于单于。”（《战国策·燕策三》）。有的学者认为，此章抄自《史记·刺客列传》），这已是战国末期之事。匈奴的强盛并成为中原北方的强邦大族，应在秦及西汉初。《史记·匈奴列传》载：“（匈奴）自淳维以至头曼千有余岁，时大时小，别散分离，尚矣。其世传不可得而次云。然至冒顿而匈奴最强大，尽服从北夷，而南与中国

为敌国……”在冒顿单于的统领下，匈奴不仅统一了北方地区诸族，还东逐东胡，西服西域诸国，成为汉王朝北面的强敌。从匈奴开始强盛到北匈奴西迁和南匈奴散居中原，匈奴经历西汉早中期的强大、西汉晚期和东汉早期的分裂与东汉晚期的衰亡和西迁等3个发展阶段。其铜器也伴随这个发展进程从特色鲜明到逐渐暗淡，以致于最终难以辨认。

● **发现与认识** 作为汉王朝北方的强邦大族，匈奴遗留下来的文物却相当有限。这可能与匈奴以游牧为主体的经济形态有关。传世及出土的铜器数量也不多，最早引起学者们注意的是那些汉王朝颁赐给匈奴王侯的铜质印章。清冯云鹏等的《金石索》就收录有这类铜印，王国维《匈奴相邦印跋》(《观堂集林》卷十八)是一篇当时对匈奴铜印进行研究的随笔。1933年，A.萨尔莫尼《卢芹斋收藏的中国——西伯利亚艺术品》一书著录了一批精美的匈奴铜带饰，引起学术界的普遍重视。1980年在内蒙古东胜县补洞沟发掘的8座竖穴土坑墓中出土了富有特色的镜、连珠带饰、耳环等西汉早期铜器。同年在准格尔旗西沟畔发掘的8座竖穴土坑墓中出土了鎏金小铜马49件，以及铜镞、耳环、指环、圆泡等，其中西汉早期的4号墓出土了精美的金头饰等。1955年~1957年陕西长安县沣西汉武帝前后的140号墓，出土了长方形铜带鐍、圆形透空铜饰等铜器。1985年在宁夏同心县倒墩子发掘27座偏洞室墓，出土了削刀、饰牌、环及五铢钱等铜器，其年代为西汉中晚期，根据墓葬所在地望并结合文献记载，一些学者推测其为归附汉王朝的某支匈奴人的墓葬。从蒙古人民共和国发掘的匈奴木椁墓、内蒙古发掘的匈奴竖穴土坑墓和宁夏发掘的匈奴偏洞室墓葬来看，匈奴的文化构成比较复杂，对于哪种文化因素是匈奴文化的主体，还需进一步研究。

● **种类及特征** 匈奴文化铜器以多种形态的铜釜鍑，以野兽相搏为主体的透空铜带鐍、带头和带饰，生动的动物造型的柱头饰件等为基本器类。釜鍑是匈奴文化最主要的炊器，它来源于春秋、战国时期的铜戎釜，到秦至东汉时已主要为铁制品，但仍有相当数量的铜制品。其铜釜鍑作双提耳、深腹、小圈足之形，与春秋、战国时期北方地区诸文化的铜戎釜相比，体量较大，腹部也更深。铜带头、带鐍和带饰是匈奴文化最具特色的器类，它们一般以北方草原上常见的兽类作为基本题材，也有的以二人相扑、人兽关系为题材；通常以二兽相搏(或相戏)或二兽相对为构图，也有的作正面独兽或多兽排列布局；动物种类有虎、牛、马、鹿、羊、骆驼等；皆以镂空浮雕手法表现，具有浓厚的图案化意味。北方地区春秋、战国铜器中的环形铜带鐍、单一卧虎或立虎形铜带头，以及云目形、龙目形、联珠形铜带饰等，在匈奴文化铜带具中已基本不见。铜制动物造型的柱饰均作立体圆雕状的兽类造型，表现手法写实逼真，只有内蒙古准格尔旗西沟畔出土的立鹿饰件等，将鹿角放大延长成提手，手法夸张。这些立体动物饰件所表现的动物有马、鹿、羊等，它们或蹲或站，相当生动可爱。

参考书目

田广金、郭素新：《鄂尔多斯式青铜器》，文物出版社，1986。

(孙 华)

Xiongnu wenhua tongfu-huo
(Fu Xianbei wenhua tongfu-huo)

匈奴文化铜釜鍑(附鲜卑文化铜釜鍑)

战国末期及秦、西汉、东汉时期流行于中国北方地区的以匈奴为主体的考古学文化的铜制炊器。以敞口、深腹、口沿上有相对的二提耳为基本形态，在西周晚期至春秋早期的北京延庆县西拨子村铜器窖藏中就有发现，以后在晋、燕文化及北方地区诸文化中也偶有所见，但只有在匈奴及鲜卑等文化中，才得到广泛应用。匈奴的强盛及其以后的迁徙，在铜釜鍑这种铜器的发展和传播上具有重要的意义。

榆树县老河深铜釜鍑

釜鍑是匈奴等北方古族最主要的炊器。《东观汉记》载："邓遵破匈奴，得釜鍑二三千枚"(《太平御览》卷七五七)。可见釜鍑在匈奴使用之广泛。釜鍑在当时已经多以铁铸，由于是炊器又很少随葬在墓葬中，因而考古发掘所获的铜釜鍑数量很少。匈奴铜釜鍑只在内蒙古鄂尔多斯等地有所发现。鲜卑铜釜鍑则在内蒙古乌兰察布盟二兰虎沟、吉林榆树县老河深墓葬都有出土。另在魏晋时期的北燕、后燕等一些鲜卑人建立的小国的墓葬中也出土一些。通过这些发掘所获铜釜鍑，匈奴文化及鲜卑文化这种铜器的种类和发展演变轨迹已基本清楚。

铜釜鍑在春秋、战国时期还作一种敞口、中腹、圈足的形制，如山西侯马市上马村春秋晚期的2008号墓出土的铜釜。西汉以后，其类型渐趋多样，可分带圈足和无圈足两类。带圈足的有矮圈足和高圈足二型，前者如东汉中期的二兰虎沟铜釜鍑，后者如西汉晚期至东汉初期的老河深铜釜鍑。无圈足的铜釜鍑出现可能较晚，西汉晚期到东汉初期的老河深鲜卑墓平底铜釜鍑为已知年代较明确的铜釜鍑中最早的一例。这些铜釜鍑的双耳虽然基本上皆为提耳，但耳的形态富于变化，有半环形、圆环形、凸字形、长方形、拱形、梯形多种，圆环形和半环形耳还常附有菌状小钮。匈奴及

鲜卑文化带圈足铜釜镬的形态变化主要体现在腹部的形态和深浅上：西汉早期，敞口、无肩、腹较深；西汉晚期至东汉早期，变成敛口、有肩、腹更深，如老河深圈足铜釜镬；东汉晚期以后，又逐渐变成敞口、直腹的形制，但其腹部更深，辽宁朝阳市袁台子后燕墓出土的铜釜可作为这时期铜釜的代表作。

参考书目

顾智界：《鄂尔多斯式铜（铁）釜的分析》，《北方文物》1986年3期。

冯恩学：《中国境内的北方系东区青铜釜研究》，《青果集》，知识出版社，1993。

（孙　华）

Xiongnu wenhua tongdaiju

匈奴文化铜带具

秦至东汉时期中国北方地区以匈奴为主体的考古学文化的括结革带用的铜制带具。包括主要起装饰作用的铜带头，具有固定扣舌的铜带鐍，以及一些纯粹用于革带装饰的铜带饰。它们虽然在北方地区春秋战国铜器中就广泛存在，但匈奴文化铜带具的动物题材更加丰富，风格与先前的铜带具也发生了许多变化，是匈奴文化最重要也最富特色的铜器种类之一。

匈奴铜带具存世较多，大都为征集品，缺乏断代的依据，匈奴铜带具往往与先前北方戎狄诸文化铜带具混在一起。西汉武帝前后陕西长安县沣西140号匈奴人墓葬出土的长方形铜带鐍，出土时横置于死者腰部，这既为判断这类铜带具的年代提供了一件标准器，也使人们了解到它们的用途和使用方式。宁夏同心县倒墩子西汉中期前后匈奴墓葬出土的23件铜带具，一般位于死者腰部以下，多半出自墓主人腰的两侧，其余放置于足端，这更为判断西汉时期匈奴铜带具提供了重要材料。铜带具多者一墓4件，少者一墓1件，带具出土时有的还有革带残迹，如同心县倒墩子1号墓2件铜带具间以革带相连，带上还有2个穿孔；5号墓2件透空铜带具的背面桥形钮内也穿有革带；19号墓2件浮雕状花纹的铜带具，其中一件背面有钮固定在革带上。

匈奴铜带具均以青铜铸制，带具纹饰以透空铸纹最多，另有浮雕状铸纹，有的带具还鎏金，较为美观。外形以比较规整的长方形为主，春秋、战国时期最为流行的有带梯形扣的圆环形带鐍已经消失，卧虎形带头和带鐍这时也较为少见。结构有带头、带鐍和带扣3种。带头多成双成对出土，它是位于革带两头的装饰性带具，其形态以长方形最多，另有圜首方尾形和卧马形带头。带鐍形态与带头相似，也有长方形和圜首方尾形两类，但带鐍的首端有固定的舌，可以插在革带穿孔中束结革带，这与作纯粹装饰的带头不同。带扣发现不多，有环首方尾和椭圆形两类，它们中有横梁，梁上双耳夹套活动的长舌。带扣固定在革带一端，革带另一端由下至上从带扣中穿过，长舌插入革带的穿孔中，即可防止革带滑脱。根据对同心县倒墩子匈奴墓地出土的23件铜带具的统计，长方形铜带头及带鐍就占17件。这些长方形带具一般都有规矩的边框，边框上饰索辫、草叶、条带等纹饰，框内纹饰以透雕状的相对、相背、相戏或相搏的动物纹样为主。动物包括骆驼、马、牛、羊、虎、鹿等，具有北方草原地区特色；也有龟蛇相交的玄武等图案，如同心县倒墩子14号墓玄武纹铜带头，反映出汉文化因素对匈奴文化的影响；此外还有像客省庄角抵图案铜带鐍那样的以人物为主题纹样的铜带具。由此可见，匈奴文化铜带具尽管是承袭先前北方戎狄诸文化铜带具发展而来，但其形态、结构和纹饰都发生许多变化，二者存在着显著差异。（孙　华）

Keshengzhuang juedi tu'an tongdaijue

客省庄角抵图案铜带鐍

西汉前期匈奴文化的铜制革带括结用具。1955年由中国社会科学院考古研究所在陕西长安县客省庄140号西汉墓中发掘出土。现藏于中国体育博物馆。

长13.6厘米、宽7厘米。呈长方形，正面铸出对称图案：中央为两个肩胸相抵，各以双手分抢对方腰、腿的角抵者，两旁对立带马具的马两匹，其后衬以枝叶繁茂的树丛。人和马皆作浮雕状，树丛则以镂孔表现，虚实相间，主次分明，构思颇为巧妙。

客省庄角抵图案铜带鐍

动物及人物造型的青铜带饰是先秦及西汉、东汉时期北方骑马民族流行的装饰。该带鐍中的角抵者均头披发、着长裤，显然是当时北方民族的形象。这种带鐍发现于西汉王朝首都长安附近，说明关中地区与北方地区间存在着一定的文化交流。带鐍上的角抵形象是中国最早关于角抵的实物记录，是研究中国体育史的重要文物资料。

（孙　华）

Daodunzi toudiao jielue tu'an tongdaitou

倒墩子透雕劫掠图案铜带头

西汉中期匈奴文化的铜制带饰。1985年由宁夏回族自治区文物考古研究所等单位在同心县王团乡倒墩子匈奴墓地10号墓中发掘出土。现藏于同心县文物管理所。

长10.7厘米、宽4.7厘米～6.8厘米。形如刀把，装饰图案以一株枝干弯曲的大树为背景，树木茂盛的枝叶和大地构成带头的边框，框内以类似透雕的手法铸出劫掠的图案：

一位匈奴骑士驱马冲向一辆架牲的双轮辎重车，骑士一手执剑，另一手抓住一人的头发，随同骑士的一只猛犬也扑向此人，另一犬跃于车上。这是当时以游牧为主要经济形态的匈奴人劫掠邻近农业地区的写照，富有浓郁的草原地区文化气息。

（孙 华）

倒墩子透雕劫掠图案铜带头

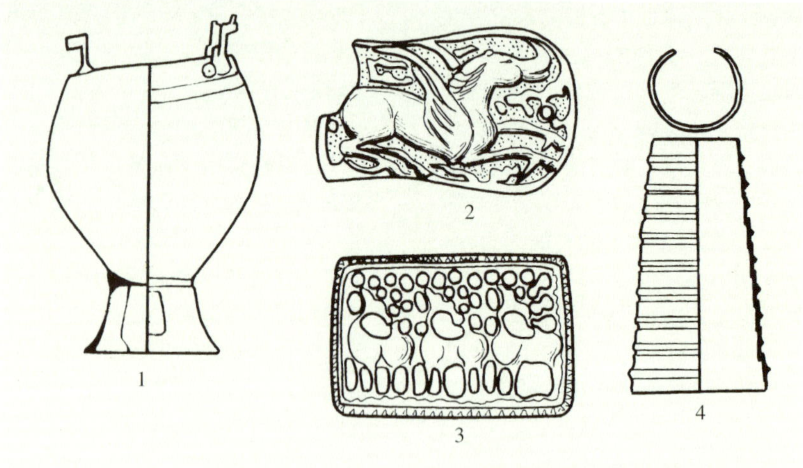

1.釜镬 2.神马纹带鐍 3.三鹿纹牌饰 4.腕饰

早期鲜卑文化典型铜器

Xianbei wenhua tongqi

鲜卑文化铜器

西汉、东汉时期及稍后的以鲜卑人为主体的考古学文化的铜制器具。分布地区主要集中在今内蒙古东北部和吉林一带。是当时北方地区秦至东汉铜器的重要组成部分。

● **历史背景** 鲜卑在先秦时期称东胡。《史记·匈奴列传》："燕北有东胡、山戎。"索隐引服虔云："东胡、乌丸之先，后为鲜卑。在匈奴东，故曰东胡。"鲜卑活动地域在周代曾一度达到长城沿线地区。西汉初期，鲜卑被匈奴冒顿单于击破，向东迁徙至吉林一带。直至东汉时期，随着匈奴的衰落和迁徙，鲜卑才向西南发展逐渐成为北方最强大的古族。鲜卑部落众多，主要有拓跋鲜卑和东部鲜卑两支。当时活动于秦汉王朝北方边区的主要是东部鲜卑，因而当时文献中所记的鲜卑应当主要指东部鲜卑而言。王沈《魏书》记西汉初期"自为冒顿单于所破，远窜辽东塞外，不与余国争衡，未有名通于汉，而自与乌丸相接"（《三国志·魏志·鲜卑传》裴注引）中的鲜卑应指东部鲜卑；东汉中晚期"南抄汉边，北拒丁零，西击乌孙，尽据匈奴故地"的以檀石槐为君长的统治北方草原地区的鲜卑也是东部鲜卑。拓跋鲜卑原生活在今大兴安岭北部一带，内蒙古鄂伦春自治旗阿里河镇西北至今尚有被称为"先帝旧墟石室"（《魏书·礼志》语）的嘎仙洞。据《魏书·帝纪·序纪》载，其"国有大鲜卑山，因以为号。其后，世为君长，统幽都之北，广漠之野，畜牧迁徙，射猎为业"。经过67世，出现一位有作为的君长毛立，"统国三十六，大姓九十九，威振北方，莫不率服"。又经5世至推寅，拓跋鲜卑在他的带领下，"南迁大泽，方千余里"，迁到内蒙古呼伦贝尔湖一带。以后经过8世至诘汾，他率部众继续南迁，在"山谷高深，九难八阻"的困难形势下，"有神兽，其形似马，其声类牛，先行导引，历年乃出，始居匈奴之故地"。诘汾之子力微，传说是诘汾与天女所生，被拓跋鲜卑尊为始祖，其时相当于汉末三国。拓跋鲜卑从此开始强盛，很快取代东部鲜卑成为中国北方最为强大的古族。

● **发现与认识** 根据鲜卑在秦至东汉时期的活动范围，以及东部鲜卑与拓跋鲜卑的地理位置和势力的消长，以下几批铜器应当属于东部鲜卑和拓跋鲜卑：①1952年和1956年在内蒙古察右后旗二兰虎沟墓葬群出土的铜器，种类有铜釜镬、三鹿纹带头（鐍）、双龙纹带头（鐍）、网纹带头（鐍）、鎏金铜指环和日光镜、长宜子孙镜、四乳镜等汉系铜镜，这批铜器及其所在的墓葬，先是被当作匈奴文化遗存，后来通过与札赉诺尔鲜卑墓地铜器的比较，又将其归入拓跋鲜卑铜器。②1959年～1960年内蒙古满州里市木图那雅河东岸札赉诺尔墓地出土一批铜器，种类有釜镬、带具、带饰、钏镯、指环、规矩镜等，其中神兽纹浮雕带鐍、鹿纹透空带鐍等，具有一定鲜卑文化特色，被认为是拓跋鲜卑的遗物。③1963年内蒙古巴尔虎旗完工墓地出土少量铜带扣、带饰等，种类较少，年代估计较早。④1979年内蒙古伊敏车站及其附近的孟根楚鲁的墓葬中出土铜带具、铜饰针和铜钏31件。⑤1980年吉林榆树县老河深墓地出土各种铜器789件（包括铜泡424件），种类有釜镬、带鐍、带钩、带扣、饰牌、钏、环、泡、铃和汉系铜镜等，其中6件铜带鐍，上有浮雕状的鎏金神兽，与鲜卑传说中非牛非马的神兽类似，发掘者认为它们属于拓跋鲜卑的遗存，但也有的学者根据其地理位置与拓跋鲜卑迁徙路线不合，认为它们应属于东部鲜卑。此外，1960年西丰县西岔沟古墓群亦出土许多铜器，这批材料的文化因素复杂，其年代为西汉晚期至东汉早期，正处在匈奴衰落但鲜卑尚未崛起之时；其地理位置也正在当时匈奴、鲜卑和乌桓相交地带，故学者们对其族属有匈奴、乌桓和东部鲜卑3说。通过这些发现，鲜卑铜器的文化面貌已基

本为人们所认识。

● **种类和特征** 鲜卑铜器与匈奴铜器大同小异。容器只有釜镬一种，与匈奴文化铜釜镬大体相似。主要器类为各种带具、带饰、耳饰、指环、腕饰、臂钏、小刀等，此外还有铜柄铁刃的刀、剑等物。铜釜镬分有圈足和无圈足两类，均作立耳、敛口、圆肩、鼓腹之形，肩上多饰大连弧纹。前者如老河深镂孔圈足铜釜镬，后者如老河深平底铜釜镬。铜带具有带头、带鐍、带钩、带扣4类。带头一般呈长方形，周围有整齐的边框，类型和数量比匈奴文化少，其中以三鹿纹透空铜饰牌较有特色。铜带鐍形态有长方形和圜首方尾形，均如带头一样成双成对出土，其一前端有穿革带的孔和舌，表面有浮雕状神兽纹。神兽为带双翼的马形，嘴上有向后弯曲的角，蹄部有分叉的趾。铸这种神兽的带鐍一般皆鎏金，显现其使用者所具有的尊崇地位，为鲜卑文化中最具特征的铜器。铜耳饰形近葫芦，上有小圆泡，与该文化的金银耳饰形态有别。此外，该文化的铜柄铁剑，剑柄为梯形剑格，叠珠形或双环形剑首。剑首前者为其他文化所不见，后者则具有春秋、战国时期北方双环首短剑的遗意。文献记载东部鲜卑原为活动在燕国北面的东胡，应当是可信的。

参考书目

吉林省文物考古研究所：《榆树老河深》，文物出版社，1987。

（孙　华）

Laoheshen liujin shenshou tongdaijue

老河深鎏金神兽铜带鐍

西汉晚期及东汉初期鲜卑文化的铜制带饰。1987年由吉林省考古研究所在榆树县大坡公社后岗大队老河深53号墓中发掘出土。现藏于吉林省博物馆。

长11.2厘米、宽7.2厘米、厚0.15厘米。青铜铸造，器表通体鎏金。器体大致呈长方形，前后端各设一圆形穿孔，背面后端孔上还置一横梁，当为穿带之用。器面铸出浮雕状神兽，兽的四周牌面凸凹不平，好似翻动的云水，衬托出神兽昂首扬尾、奋翅奔腾的形象。神兽肩生双翅，如同当时及隋、唐时期石刻中的天马形象；嘴部一角上翘，又形似现存于南亚地区的犀牛。该神兽的形象在榆树老河深和札赉诺尔等地鲜卑墓葬带鐍上常见，应当就是《魏书·帝纪·序纪》记载中魏圣武帝率部众南徙，“山谷高深，九难八阻”，“有神兽其形似马，其声类牛，先行导引，历年乃出”的神兽。它是基于鲜卑祖先圣迹传说并吸收汉人神话中的天马形象的金属工艺品。（孙　华）

老河深鎏金神兽铜带鐍

Nanfang Bianqu Qin zhi Donghan tongqi

南方边区秦至东汉铜器

秦至东汉时期分布于中国岭南地区及云贵高原诸青铜文化的铜制器具。从考古学文化的角度来说，该区域铜器作为一个文化系统的主要组成部分，其文化特质在春秋、战国时期就已形成，到西汉以后又基本上与中原文化融为一体。该区域青铜文化兴起和该区域铜器制造业繁荣之时，正是中原青铜文化系统终结和铜器制造业衰落之时。该地区铜器对于理解中国青铜文化发展的地区间不平衡性，对于认识该地区生产力发展水平和文化间的联系等，都具有重要的作用。

● **文化背景** 岭南地区和云贵高原地区本为两个独立的文化区，但战国至西汉初期一系列历史事件和随之带来的古族迁徙，在很大程度上影响了这些地区的文化格局，使得两个区域的文化面貌开始有不少相同和相似之处。据《交州外域记》（《水经注》卷七三引）等文献记载，战国中晚期之际秦灭蜀后，蜀王子曾率众3万南迁，来到红河下游地区，征服当地的雒人并建立国家，蜀王子自称为安阳王。据《汉书·西南夷两粤朝鲜传》等记载，秦末至西汉武帝时期割据岭南地区的南越国为了与强大的汉王朝相抗衡，曾“以财物役属夜郎，西至同师”（《史记·西南夷列传》），岭南地区与云贵高原古族间的联系从此紧密。汉武帝时，汉王朝国力空前强大，当北方的匈奴威胁暂时缓解以后，汉王朝出兵灭掉南越，并征服云贵高原诸古族，使这两个地区都纳入汉王朝的直接控制之下。在这种历史背景下的南方边区，其文化面貌呈现出较多的一致现象，发展进程也有着大体相似的趋势。秦至西汉中期，分布于云贵高原上的石寨山文化达到繁荣，岭南地区则形成富有特色的南越文化，二者的青铜器存在着不少共同的地方文化因素；西汉中期以后，石寨山文化开始衰落，南越文化也被秦汉文化所取代，铜器中的中原汉式铜器开始占据主导地位。

● **区域特征** 南方地区铜器的使用极为广泛，出土遗物中的数量比例不仅超过同时期任何一个地区，也超过先前各时代和各地区。铜材被用作铸造各种容器、乐器、兵器、工具及其他生活用器，其中以铜提桶、石寨山型铜鼓、羊角带穿铜编钟、一字格铜剑等为该地区分布较广、具有区域特征的铜器。铜器中素面者占有相当大的比例，铸纹是主要的铜器装饰手段，纹饰线条以阴线为主，也有在平凹的轮廓内加阳线构成的图案。纹饰线条纤细，主题有人物、动物和几何纹样3大类。这种纤细的阴线纹在西汉中期汉王朝势力扩展到云贵高原和岭南地区以后，逐渐影响到了中国南方大部分地区，形成了秦汉铜器南、北风

格的地域性不同。

● **分期分区** 秦汉南方边区在西汉中期以前都为地方割据政权或其他古国古族所据，西汉中期以后岭南地区成为汉王朝的直接统治区域，而云贵高原地区虽也在汉王朝的统治之下，但原先的古国古族仍然颇为强大，汉王朝往往仅能略加羁縻。在这种历史背景影响下，秦汉时期南方边区铜器的分期及分区也明显可以一分为二。就分期来说，大致可以以西汉晚期为界分早、晚两期：早期的铜器具有比较浓厚的地方特色，文化构成复杂，秦汉中原系铜器风格尚不占主导地位；晚期的铜器则以中原汉系铜器为主，地方特色除铜鼓外，已经不太明显。就分区来看，岭南地区和云贵高原显然各为一个文化区，后者的贮贝器、高足尊、带立牛形和倒柄形提手的壶、小直颈的长颈瓶、牛形钮的针线樽和针线筒、圜顶钮钟、葫芦笙、粗柄无格剑、管銎啄戈、管銎双翼钺、管銎军斧、招魂伞、两头上翘的枕以及形态各异的扣饰等，都不见于前一个地区。

参考书目

张增祺：《滇池区域青铜文化内涵分析》，《南方民族考古》第一辑。
黄展岳：《论南越国出土的青铜器》，《铜鼓和青铜文化的新探索》，广西民族出版社，1993。

（孙 华）

Nanyue wenhua tongqi

南越文化铜器

西汉早期前后分布于中国岭南地区的以南越国为主体的考古学文化的铜制器具。它既继承先秦时期岭南地区诸青铜文化的传统，又大量吸收中原秦汉文化及西南石寨山文化等因素，形成具有不同于先前该地区诸青铜文化和同时期其他文化的铜器风格。

南越国是秦末由秦王朝南海郡龙川令真定人赵佗建立的地方政权。据《史记·南越列传》、《交州外域记》（《水经注》卷七三引）等文献记载，南越国以番禺（今广东广州市）为国都，统治区域包括南海、桂林、象郡、交趾、九真诸郡，统属西瓯、骆越诸国族。南越国秦灭时建国（公元前207年），至汉武帝元鼎六年（公元前111年）被汉王朝所灭，前后割据岭南地区近百年。南越国是在秦统一岭南后不久建立的国家，赵佗立国后又采用“和集百越”的政策以争取当地土著的支持，所以南越文化保留有浓郁的百越青铜文化系统的特质；在汉王朝威慑下的南越国，限于自身实力，不得不向汉王朝称臣，接受汉王朝封号，所以其文化又不可避免地受到汉文化的强烈影响。并且，出于自身生存的需要，“南越以财物役属夜郎，西至同师”（《史记·西南夷列传》），与夜郎、滇等西南夷联系密切，云贵高原上的石寨山文化等因素也传入南越文化之中。这些使得南越文化铜器的文化构成相当复杂，以百越系铜器、汉系铜器、云贵系铜器为主要组成部分。

● **发现与认识** 具有南越文化自身特征的铜器一般均伴随汉系铜器出土，对于它们的文化性质的认识是随岭南地区秦至东汉墓葬年代分期问题的解决而逐渐明确的。1972年发掘的广东肇庆市松山北岭1号墓出土的铜器139件，其中多数是具有浓郁百越系铜器特色的铜器，当时据同出的战国中晚期风格的中原系铜罍、壶等推断其为战国中晚期属于百越青铜文化系统的遗存。1974年在广西平乐县银山岭发掘的战国末期至西汉早期的墓葬中出土一批很有地方特色的铜器。1976年广西贵县罗泊湾1号墓出土包括铜鼓、羊角钮钟、提桶及漆绘铜壶、鋞、盆等铜器共192件，其年代为西汉早期的南越国时期，南越文化铜器与百越青铜文化系统铜器的分别从此逐渐开始清晰。尤其是1984年广东广州市象岗山南越王墓出土500余件高品级的铜器，使人们得以较为全面地认识南越国铜器的文化构成、特征及工艺水平等问题。根据这些材料，黄展岳先生先后发表《论两广出土的先秦青铜器》和《论南越国出土的青铜器》，将松山北岭古墓、银山岭古墓群等原被提早至战国时期的铜器确定为南越国时期，南越文化铜器的面貌和特征逐渐被揭示出来。

● **材质及工艺** 两广地区有比较丰富的铜矿和锡矿资源，为当地铜器冶铸业的发展提供了条件。《太平寰宇记》（卷一八五）记铜陵县“铜山，昔越王赵佗于此铸铜”，广西北流县铜石岭发现有西汉至南朝的古铜矿采冶遗址，表明两广地区的铜矿资源至迟在南越国时期就已经得到开发和利用。广西贵县罗泊湾1号墓出土的5件百越系铜器，其

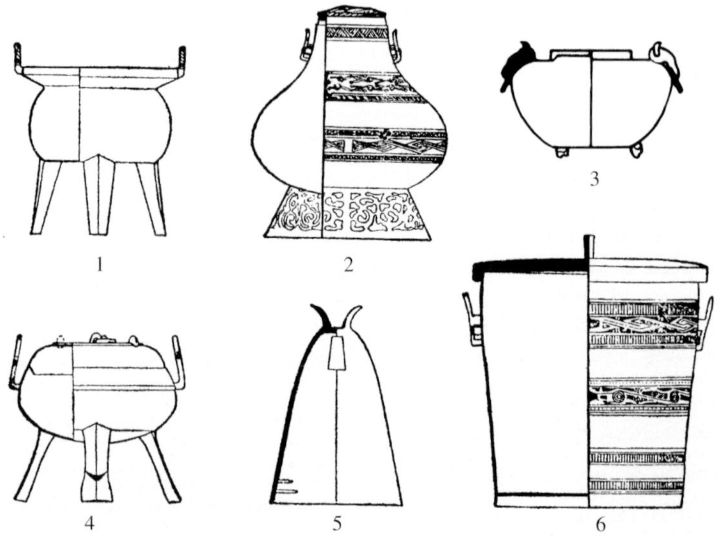

1.4.越系鼎 2.瓿壶 3.浴缶 4.羊角钮钟 6.提桶

南越文化典型铜器

含锡量和含铅量分别为5.95%～10.1%、6.94%～17.3%；南越王墓具有地方色彩的5件铜器，含锡量和含铅量分别为7.15%～10.6%、0.23%～8.73%，合金成分中的锡含量和铅含量均较低（南越王墓铜器的含铅量尤其偏低）。这与中原秦汉文化铜器的合金成分大致相同。铜器铸造以陶或泥质的范铸法为主，也有少量精美的铜器采用失蜡法铸制，如南越王墓的屏风铜构架。铸造方法有浑铸、分铸、铆接、焊接等，与秦汉文化铜器基本相同，但采用中原地区一般用来铸造小件无纹饰器物的两分范来铸造大中型有纹饰的器物，以及广泛沿用春秋、战国时期的活芯垫法及在铜器中部设置浇口的做法，则反映出南越文化铜器在某种程度上的保守和落后。

● **器类及器形** 铜器使用范围相当广泛。种类有容器、乐器、兵器、工具、车马器和其他生活用器。容器有鼎、鍪、鋞、提桶、钫、壶、榼、鋗、浴缶、盘、鉴、匜、鐎、勺等。其中属于秦汉文化因素的有盖鼎、鍪、鋞、钫、壶、榼、鋗、鐎等，属于先前百越系诸文化和楚文化因素的有越式鼎、鉴、匜、浴缶等，属于南越文化自身因素的有提桶等。乐器有编钟、勾鑃、铙、铜鼓和琴瑟的附件（铜琴轸、铜瑟枘）。在南越王墓内放置乐器的东耳室中，铜甬钟一套5件、铜钮钟一套14件、勾鑃一套8件与石编磬同出，反映出南越王室铜乐器主要受周文化及吴越文化传统的影响；而在广西贵县罗泊湾1号墓中，小铜鼓1件与羊角钟1件、筒形钟2件、悬鼓1件同放于东器物坑中，却集中表现出当时南方边区铜乐器的地方特色。兵器有剑、矛、戈、钺、弩机、镞等。工具有锯、印版。车马器有踵、衡末、[illegible]轐、盖弓帽、镳、衔、当卢、缨座、节约、方策、络饰等。其他铜器有炉、灯、熏、镜、带钩、带头、印章、符节，以及屏风、仪仗和棺椁上的铜构件和铜饰件等，这些大体上都与秦汉文化同类铜器相同。在南越文化铜器中，最具有自身文化特色的是越式鼎和提桶。越式鼎是从先秦百越系统诸青铜文化的越式鼎发展而来，鼎有盘口宽沿、盘口窄沿、敛口无沿3型，以三扁足外撇、素面无纹饰为共同特征（见南越文化铜鼎）。提桶为下部封闭、上端开敞、侧壁有对称提耳的圆筒形器，一般带盖（无盖者当为木制盖），有的还带提梁。它出现于战国时期，西汉前期在两广地区流行，并传布至云南石寨山文化和越南的东山文化中。

● **装饰与花纹** 铜器中素面者占有相当大的比例，在装饰纹样的铜器中，早晚风格和南北风格并存。装饰工艺除铸纹外，还有鎏金、鎏银、金错、银错、铜错、镶嵌、粘贴、彩绘、漆绘、刻镂等。其中在中原地区只见于战国早期以前的红铜错在南越文化中仍然存在，战国中期以后出现在楚文化铜器中的漆绘铜器在南越文化中却颇为流行。在铜器主体装饰工艺的铸纹中，有两种截然不同的风格：①由阴线构成的富有南方边区色彩的花纹种类。花纹有人物纹样、动物纹样和几何纹样3大类。人物纹样和动物纹样呈图案化的对称和有韵律的布置，一般在圆形器物表面按同心圆分隔呈首尾相接排列，如飞鸟（翔鹭）；器物周壁由上至下分层排列不同的纹饰，每层以多个相同的构图单元组成一个有联系的主题，如行船（竞渡）、舞蹈、群鹿等。几何纹样包括太阳纹（星纹）、云雷纹、栉篦纹、旋带纹、连菱纹、连璧纹等。这些多具有浓厚的石寨山文化因素的铸纹风格。②由阳线构成的具有中原地区春秋、战国铜器传统作风的花纹种类。有动物纹样和几何纹样两类。动物纹样有蟠螭纹、蟠虺纹、游龙纹、熊首纹等，几何纹样有三角纹、斜角云纹、连弧纹等。这些纹样许多在西汉时期的中原地区已经消失，但在南越国中却继续沿用。

参考书目

广西壮族自治区博物馆：《广西贵县罗泊湾汉墓》，文物出版社，1988。
广州市文物管理委员会等：《西汉南越王墓》，文物出版社，1991。
黄展岳：《论南越国出土的青铜器》，《铜鼓和青铜文化的新探索》，广西民族出版社，1993。
李龙章：《广州西汉南越王墓出土青铜器研究》，《考古》1996年10期。

（孙 华）

Nanyue wenhua tongding

南越文化铜鼎

西汉早期前后以南越国为主体的考古学文化中的三足、两耳、盆盂形的铜制炊器。是南越文化中数量最多、最有特色的铜容器。

主要有两类。一类是来自或仿自秦汉文化的中原型铜鼎，形态作盖器相合如圜顶圜底的扁圆形球，盖上有钮，三足为较直的矮蹄足。这类鼎在先秦时期的两广地区还很罕见，南越国时期却一跃而为铜鼎的主体，在高级贵族墓中尤其如此。广东广州市南越王墓出土该类铜鼎18件，广西贵县罗泊湾1号墓出土该类铜鼎3件。另一类是直接承袭春秋、战国时期的百越型铜鼎，其腹部一般较浅，器底多为平底，三足为外撇且较高的扁足。百越型铜鼎在南越国时期仍然非常流行，在中低级墓葬中随葬的铜鼎以该类为更多。可分鼓腹无沿、鼓腹盘口、直腹盘口3型：①敛口无沿鼎。出现于战国中期以后，上多带盖，敛口，附耳，以双耳随敛口内倾、上宽下窄最富特色。②盘口宽沿鼎。早在春秋中期就已经出现，在南越国时期成为百越型铜鼎的主体，南越王墓中即出土该型鼎9件。其上均不设盖，侈口，鼓腹，体如平底或圜底铜釜，索辫状半环耳紧贴盘口之外。③盘口窄沿鼎。约出现于战国末期，数量不多。其宽唇，窄沿，浅腹，平底，腹壁较直，设低矮的长方形立耳。广西平乐县银山岭汉墓群出土有多件该型铜鼎。

南越文化的百越型铜鼎与先秦的百越型铜鼎一样，通常器壁轻薄，素面无纹，底部常常有烟炱，它们

应当都是实用的炊器。在百越型铜鼎中，盘口窄沿鼎和盘口宽沿鼎在南越国统治时期相当流行，以后便很少见。只有南越文化中相对较少的敛口无沿鼎在西汉中期以后还在继续流行，直至东汉晚期的广州市先烈路惠州坟场5036号墓中还有该型铜鼎出土。（孙 华）

Nanyue wenhua tongtitong

南越文化铜提桶

南越国统治时期前后分布于广东、广西及其邻近地区的一种铜制容器。形如上部略大的粗圆筒，下端的平底上移形成矮圈足，腹壁两侧的上部附有对称的双耳，口上往往设置有铜制或木制的的桶盖。它是南越文化最富特色的铜器，曾传布到西面的石寨山文化和南面的东山文化之中。

已知南越文化铜提桶在20件以上。出土数量最多的单位为广东广州市象岗山南越王墓中，共出土9件；其次是广西贵县罗泊湾1号墓，计出土4件。其他如广东肇庆市松山古墓、广州市南越文化墓葬、广西贵县罗泊湾2号墓、贺县河东高寨古墓亦出土1～2件铜提桶。这些铜提桶形态大同小异，可分为两种类型：最多的一种是双耳为提耳，耳上往往设多道横梁的提桶，如南越王墓祭神图铜提桶；另一种数量较少，双耳作附环耳，内套提梁，如南越王墓提梁铜提桶。这些提桶外壁往往饰数道纹带，一般1～2道主题纹样位于上部，表现行船（祭神、竞渡）、菱形、连璧等方面内容；另有2道梳篦、三角等次要纹饰居于下部。据广州市先烈路龙生岗4013号东汉早期墓出土的陶提桶盖上所书的“藏酒十石，令兴寿至三万岁”的文字，可知这些提桶主要用于储酒。

铜提桶可能在战国晚期就已出现。已知年代最早的铜提桶为肇庆市松山北岭古墓出土的提桶，年代可以早至战国末期至西汉初期；稍后的是南越王墓和罗泊湾1号、2号墓出土的提桶，年代在西汉早期；最晚的是广州汉墓出土的提桶，年代可能已在西汉中期。从铜提桶的早晚关系来看，其形态经历从肩、腹部微外鼓，到肩部微外凸而腹部微内收，最后到肩、腹部都内曲成凹腰之形。到西汉中期以后，铜提桶已基本不见，但陶提桶却依然存在，并一直沿用至东汉时期。

参考书目

黄展岳：《铜提桶考略》，《考古》1989年9期。

（孙 华）

Nanyuewangmu jishentu tongtitong

南越王墓祭神图铜提桶

西汉早期南越国南方系铜制容器。1983年由中国社会科学院考古研究所等单位在广东广州市象岗山南越王赵眛的墓中发掘出土。现藏于广州西汉南越王墓博物馆。

口径35.5厘米、腹径37厘米、高40.4厘米。器盖已失（或原为木制器盖，已朽烂）。器身呈圆筒形，子口，口比底稍大。肩部微鼓，腹部略收。器底悬空，形成矮圈足。肩部附设对称的复耳，外耳为带梁桥形耳（已残），内耳为贯耳；耳内遗留有藤质提系残痕。桶外铸纹饰3组：近口沿处饰以三角连点纹为边栏、以勾连菱形纹为主题的几何纹带，近底足处饰由相对的三角、连点、连环纹组成的几何纹带，桶腰则饰以连点纹为边栏、以4只首尾相接船舶为主要构图单元的主题花纹。主题花纹的船上有置架起的船台、戴羽葆的楹鼓、饰羽毛的旗帜等设施，每船上有5名头戴长羽冠、腰悬羽毛的羽人，其中一人手执弓矢，一人击鼓鸣金，一人手握斧钺首级，一人手捉人牲待杀，还有一人摇橹行船。在每只船下另有鸟、龟、鱼的图像。各构图单元虽然繁复，但将几个大致相同的单元连接在一起，却又有周而复始、繁而不乱的韵律。

铜提桶是秦至东汉时期南方青

南越王墓祭神图铜提桶

铜文化系统的典型器物之一，但装饰以常见于南方铜鼓之上的行船图案为主题纹样的提桶却很罕见。关于这种图案的内容，一般认为与祭祀河神或海神有关。该提桶主题纹样中的人物均身着羽毛盛装，又有杀人的场面，应是南方古族以人为牲祭神的写照。它出土时套放于另两件同型提桶之内，是年代较明确、纹饰较丰富的具有地方特色的南方边区秦至东汉铜器。（孙 华）

〖南越文化其他铜器〗

Nanyuewangmu liujin tonghu

南越王墓鎏金铜壶

西汉早期南越文化的铜制盛酒容器。1983年由中国社会科学院考古研究所等单位在广东广州市象岗山南越王赵昧的墓中发掘出土。现藏于广州西汉南越王墓博物馆。

南越王墓鎏金铜壶

口径12.8厘米、足径17.5厘米、通高37厘米。盘口宽唇，细颈鼓腹，两段式圈足，腹壁设衔环铺首2个。该壶原带盖，盖已破碎掉落壶内，锈结成块。壶外表有3道较宽的凹旋纹，通体鎏金，非常华丽，反映了南越国鎏金铜器的制作水平。与之同时还出土一件较大的鎏金铜壶，但器表鎏金大多已脱落。

（孙 华）

Nanyuewangmu silun tonglu

南越王墓四轮铜炉

西汉早期南越国铜制取暖用具。1983年由中国社会科学院考古研究所等单位在广东广州市象岗山南越王赵昧的墓中发掘出土。现藏于广州西汉南越王墓博物馆。

长61厘米、宽52.5厘米、通高11厘米。平面呈长方形，四周宽平沿中央低四角高，沿面内侧有若干小圆柱支撑。沿面及四壁均分为3块，前后各有2个衔环铺首。炉底中部略低，四周稍浅，靠近四角各有一可以推动的带轴小轮。炉沿面及炉壁面满饰细密的铸纹，每面均3组，中央一组周边以小龙纹组成边框，其内为3层小龙纹；两侧2组周边也以小龙纹为边框，其内饰较大的蟠蛇纹。炉内填有泥土以保温和隔热。

该炉制作精细，工艺考究。这样的铜炉在气候炎热的南越国可能并非主要用于烤火取暖，而是用作烧烤食品的器具。（孙 华）

Luopowan 1-haomu qihui tongxing

罗泊湾1号墓漆绘铜鋞

西汉早期南越文化中的中原系铜制酒器。1976年由广西壮族自治区博物馆等单位在贵县罗泊湾1号西汉墓中发掘出土。现藏于广西壮族自治区博物馆。

口径14厘米、底径12厘米、通高42厘米。器形似“圜直上”的竹筒（《说文·金部》），圆形，直腹，有盖，圈足，带提梁。盖顶部施圆环状瓦沟纹3道，中心有钮。器身上有子母口以纳盖，口部、中部和底部各施3道旋纹，使器身呈两节竹筒状。在器身近口处有一对称的铺首环钮，内系活动提梁。器表用漆彩绘，除器盖和圈足侧面分别彩绘连续云水纹和斜角勾片纹外，器身以竹节状凸棱和2道漆绘线条分为4层，每层皆绘人物、禽兽、云气等图像，大概表现神话故事一类内容。漆绘画面内容丰富，图像生动，线条流畅，具有较高的历史价值和艺术价值。（孙 华）

Lopowan 1-haomu qihui tongpan

罗泊湾1号墓漆绘铜盘

西汉早期南越文化的铜制盛水器。或称盆。1976年由广西壮族自治区博物馆等单位在贵县罗泊湾1号墓中发掘出土。现藏于广西壮族自治区博物馆。

口径50厘米、底径44.4厘米、通高13.5厘米。折平沿，直壁折转，圜底近平，盘壁上设4个对称的衔环铺首。口沿和周壁内外用彩漆绘制流畅艳丽的图画。口沿描饰菱形图案。外壁图画以4个铺首分隔为4组，其内分别绘制不同的人物和动物，表现追猎、舞剑、拜谒等不同场面，其故事含义不得而知。内壁绘制2条游龙，其间点缀以云水和游鱼等，2条龙纹间的间隔利用外壁铺首的铆钉绘制柿蒂纹，另2颗铺首的铆钉则利用作为龙口中的含珠，设计构思颇为巧妙。

罗泊湾1号墓漆绘铜盘

该盘以彩漆作为装饰，这在西汉、东汉时期铜器中并不多见。盘上漆绘保存完好，线条舒展流畅，是研究当时绘画的重要资料。

（孙 华）

Lopowan 1-haomu feiniaowen sanzu tongpan

罗泊湾1号墓飞鸟纹三足铜盘

西汉早期南越文化的铜制食器或炉具。或称三足案。1976年由广西壮族自治区博物馆等单位在广西贵县罗泊湾1号墓中发掘出土。现藏于广西壮族自治区博物馆。

口径60.5厘米、底径55厘米、通高11厘米。其制法是：先锯下废弃铜鼓的胸部以上部分，鼓面朝下为底，再在底下接上3只小蹄足，两侧壁安装2只铺首衔环的提耳。由于该盘是用铜鼓改制而成，故敞口无沿，盘底中部向上凸起，盘内素面无纹而盘外壁和外底却装饰铜鼓上常见的花纹。器壁饰2周梳篦纹。器底中央为云雷纹带环绕的十二角太阳纹（星纹），其外绕以4只展翅飞翔的飞鸟纹，最外圈也为2周梳篦纹。根据盘心有火烤的痕迹，推测其作烤火或烧烤肉食之用。它是古代利用旧铜器改造成为新器类的一个范例。

（孙 华）

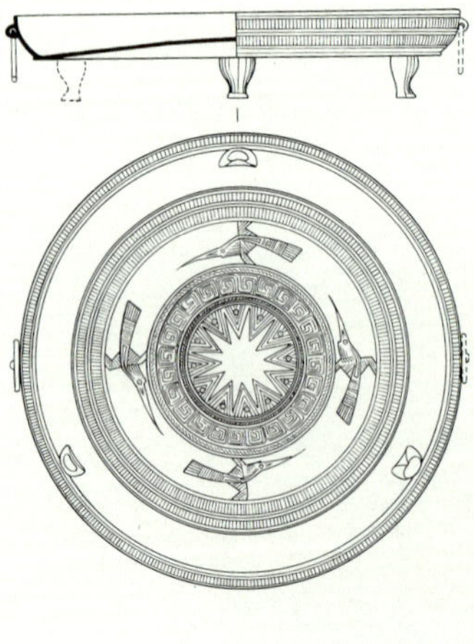

罗泊湾1号墓飞鸟纹三足铜盘

Luopowan 1-haomu datonggu

罗泊湾1号墓大铜鼓

西汉早期南越文化的铜制乐器。1976年由广西壮族自治区博物馆等单位在贵县罗泊湾1号西汉墓中发掘出土。现藏于广西壮族自治区博物馆。

面径56.4厘米、足径67.8厘米、通高36.8厘米，重30.75千克。双合范铸造，铜质精良，器表色泽青黑。为圆形单面鼓，鼓面小于鼓胸而大于鼓腰，鼓胸膨大突出且最大径偏上，鼓腰部上小下大，下接鼓足。在鼓胸部和腰部间有瓣状小扁耳两对。纹饰皆阳纹。鼓面中心为十二芒太阳纹，其外绕3组晕圈：内晕在3周同心圆间饰以重圆纹和变体勾连雷纹；中晕为翔鹭　鱼纹；外晕除3周同心圆外还饰以锯齿纹和重圆纹。鼓胸以划船图为主体，上下分别界以锯齿纹和重圆纹。划船图有首尾相接的舟船6艘，每船有划手4人，绝大多数戴高耸的羽冠。鼓腰装饰以舞蹈图为主体，其下界以锯齿纹和重圆纹。舞蹈图由两列舞者组成，每列舞者以纵向的锯齿纹和重圆纹分隔为4组，每组2人~3人不等。舞者皆头立羽冠，下着羽裳，其上有鹭鸟飞翔。鼓足一侧横刻隶书“百廿斤”3字铭文。该鼓纹饰内容丰富，是研究当时广西一带民俗的重要材料。纹饰的表现方式已向图案化方向发展，构图重视对称韵律，具有较强烈的装饰效果。

罗泊湾1号墓大铜鼓

该鼓在中国古代铜鼓分类中属石寨山型，是这种形式铜鼓的标准形制，在铜鼓及南方青铜文化研究中有着重要的意义。出土该鼓的罗泊湾1号墓是带殉人和车马坑的甲字型竖穴土坑木椁大墓，其墓主人为南越国分封的土著首领或委派的桂林郡监守，其年代在西汉初期。如此年代明确的铜鼓是石寨山型铜鼓研究的难得标准器，成为衡量其他同型铜鼓及其共存物的重要参照物。

（孙 华）

Nanyuewangmu sidi long-fengwen tongjing

南越王墓四蒂龙凤纹铜镜

西汉早期南越国的中原系铜制照容用具。1983年由中国社会科学院考古研究所等单位在广东广州市象岗山南越王赵眛的墓中发掘出土。现藏于广州西汉南越王墓博物馆。

直径26.6厘米。属铸纹镜中的四蒂纹镜。三弦钮，宽带圆钮座。钮座与边缘间的主纹区，以宽带状的四蒂纹分隔内外。内向连弧纹镜缘。内、外主纹区均在细密的折边菱形地纹上施相间的龙、凤主纹；龙凤纹皆由状如卷云的凸线条构成，抽象简练，具有剪纸般的装饰效果。

南越王墓中共出土2面四蒂龙凤纹铜镜，另一面与之大小相近，纹饰略异，主题纹样比较写实。这2面铜镜镜面平坦宽大，纹样构图奇特，颇为罕见。梁上椿旧藏传出土于陕西西安的四蒂龙凤纹镜，其纹饰风格与这两面镜类似，但镜体较小且主纹不分内外区，其历史价值和艺术价值都不及这两面镜。关于这类铜镜的年代，学术界有战国晚期、秦、西汉早期3种说法。

（孙 华）

Nanyuewangmu liushanwen tongjing

南越王墓六山纹铜镜

西汉前期南越国的中原系铜制照容用具。1983年由中国社会科学

院考古研究所等单位在广东广州市象岗山南越王赵眜的墓中发掘出土。现藏于广州西汉南越王墓博物馆。

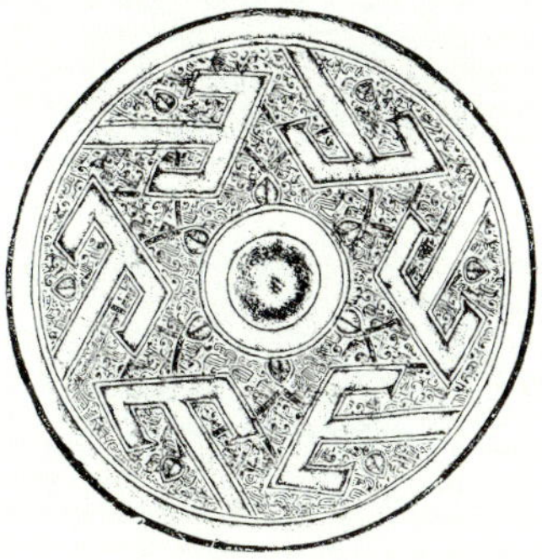

南越王墓六山纹铜镜

直径21厘米。属铸纹镜中的山字镜类，三弦拱形钮，双重圆钮座，窄卷缘。在钮座与边缘间饰3重花纹：底层为羽状地纹，中层为六连叶纹，上层为左旋的六山主纹。其大小及纹饰与现藏于中国历史博物馆的六山铜镜相近。

六山镜是山字镜中罕见的种类，在南越王墓六山镜发现以前只见传世品，其年代多认为在战国晚期。该镜是考古发掘出土的年代较明确的惟一的六山镜，它出自汉武帝时的南越王墓中，说明这类山字镜的流行年代很可能已在西汉早期。

（孙　华）

Nanyuewangmu sanhuanniu tongjing

南越王墓三环钮铜镜

西汉早期南越国王室使用的中原式铜制照容用具。1983年由中国社会科学院考古研究所等单位在广东广州市象岗山南越王赵眜的墓中发掘出土。现藏于广州西汉南越王墓博物馆。

直径29.8厘米、边厚0.7厘米。属多环钮复合镜类，由分别铸制的镜面和背托两层组成。镜面为含锡近铜一半的锡铅青铜，背托则为含铅竟然达一多半的铅青铜。镜托作凸边浅盘状，托盘正面套住镜面，并以漆粘结牢固。背面以9枚鎏金乳钉为构图基点，通过这些点将镜缘区等分为4段，将主纹区分为相连的12个构图单元。主题纹样由红铜的几何勾连纹组成，其纹面上错以金银丝，其旁空隙处嵌以绿松石。镜缘较宽，内以红铜铸出相连的卷云纹，其上和其旁也分别以金银丝和绿松石为饰。在镜缘上还设有等距的三钮，钮中套环，环内系绶带为捉手。绶带向心相结于镜中乳钉处，为人们提供了这类镜绶带系结方法的信息。

该镜构造复杂，工艺精巧，装饰绚丽多彩，是兼具多种工艺的中国古代铜镜珍品。类似的铜镜在山东淄博市临淄区商王庄也出土一面，该镜亦应为中原一带的产品。从铜镜的工艺和纹饰特征来看，它尽管出自西汉墓中，但有可能是战国时代的遗物；也有的学者认为它属西汉早期。（孙　华）

南越王墓三环钮铜镜

Lopowan shizhi tongdeng

罗泊湾十枝铜灯

西汉早期南越文化的铜制照明用具。1976年由广西壮族自治区博物馆等单位在广西贵县罗泊湾1号墓中发掘出土。现藏于广西壮族自治区博物馆。

底径20厘米、通高85厘米。灯作树形，树干、枝、叶形灯盘和顶端的鸟形灯盘均分别铸造，然后以榫卯套接在一起。灯座似圆形覆盘，座上树干下粗上细，下部呈耸肩瓶形。树干伸出3层树枝，每层3枝，树枝方向层层交错。每枝前端托一阔叶形（桃形）灯盘，盘中设火主。树顶为一伸展双翅的鸟形灯盘。该灯制作精好，造型简洁，拼合稳定，为多枝灯的佳作。该灯共有10枝（包括树尖），树顶栖鸟，灯盘中的火烛点燃以后，正与《山海经·海外东经》中所记的“九日居下枝，一日居上枝”的扶桑相合，也与四川广汉市三星堆器物坑中的象征扶桑或若木的铜树相似。它应当是按照远古太阳神话而制作的。

（孙　华）

罗泊湾十枝铜灯

Nanyuewangmu jincuo tonghujie

南越王墓金错铜虎节

战国后期至西汉前期南越国的铜制信物。1983年由中国社会科学院考古研究所等单位在广东广州市象岗山南越王赵眜的墓中发掘出土。现藏于广州西汉南越王墓博物馆。

南越王墓金错铜虎节

长19厘米、高11.6厘米、厚1.2

厘米。由含锡量达40%的锡青铜铸造而成。体如虎形的扁平铜板，虎作昂首蹲伏状，张口，露齿，躬腰，卷尾，姿态生动有力。虎的细部以粗线条表现，斑纹则在铸出的柳叶形浅槽中贴金箔表现。在虎节正面金错铭文“王命命车徒”5字（包括重文），文字工整，瘦劲有力，与较宽而飘逸的斑纹形成鲜明的对比。

该虎节是经过科学发掘出土的惟一一件铜符节。它与传世的一件铸有“王命命传赁”铭文的铜虎节文字内容和字体相近，在湖南长沙曾出土过一件与后一虎符铭文相同的铜龙节。长沙为楚地，这几件铜节的文字又都呈楚国文字的风格，表明它可能是战国后期楚国的遗物，也可能是南越国仿照楚国铜虎节制造的器物。（孙 华）

Shizhaishan wenhua tongqi

石寨山文化铜器

战国时期至西汉中期分布于云南滇池一带的以云南晋宁县石寨山墓地为代表的青铜文化的铜制器具。或称滇文化铜器。该文化的铜器制作工艺是在本地铜石并用文化或早期青铜文化技术基础上并吸收域外斑清文化因素而发展起来的，技术工艺和文化特征与分布于红河下游的东山文化铜器及广西南部青铜文化遗存铜器属同一系统，而与中原系铜器完全不同。它是中国古代青铜文化中种类最丰富、形制变化最多样的文化之一，对研究西南地区青铜文化的产生和发展、铜鼓传统的形成和传播，以及这一地区人们的生产和生活，都具有重要价值。

● **发现与认识** 石寨山文化铜器发现很早，1918年云南广南县南乡出土的饰有舞蹈行船纹的铜鼓，就是该文化的典型铜器。1955年～1960年对晋宁县石寨山墓地进行了4次发掘，清理墓葬50座，出土铜器达4000余件，该文化铜器面貌从此展现在人们面前。通过出土遗物的研究，人们认识到石寨山文化铜器是战国至西汉时期以滇人为主体的遗存，并提出“滇文化”的命名。1964年发现的祥云县大波那古墓，以铜为棺，墓内出土铜鼓、牛、圜顶钟等，将石寨山文化的影响范围扩大到滇西洱海地区。1972年在江川县李家山又发现一处石寨山文化墓地，共发掘27座墓葬，出土铜器1000余件，其中的各种与纺织工业有关的铜工具为首次发现，丰富了人们对于该文化铜器的认识。1975年～1976年在云南省楚雄县万家坝墓地清理墓葬79座，出土铜器898件，其遗物大多属于石寨山文化的范畴，但又具有浓郁的滇西北地区青铜文化色彩。其中5面铜鼓，形态古朴，是探究铜鼓渊源和演变规律的重要材料。1977年～1982年对曲靖市珠街镇八塔台古墓群进行了6次发掘，清理战国至西汉的墓葬250座，使人们认识到滇东地区石寨山文化或与石寨山文化相关的青铜文化的铜器情况。1979年发掘的昆明市呈贡天子庙44座石寨山文化墓葬，出土青铜器300余件，其中铜提桶等在云南为首次发现，为石寨山文化铜器增加了新的种类。此外，在云南东川、陆良、禄劝、玉溪、路南、通海、弥勒等地也都发现石寨山文化铜器，这为了解石寨山文化的分布等问题提供了线索。在发现并认识石寨山文化铜器的同时，周围其他青铜文化的铜器也有许多发现，这为考察石寨山文化铜器的分布及其与周邻文化的关系奠定了基础。

● **技术与工艺** 云南有丰富的铜矿和锡矿资源，但云南地区发现铜器并不早，剑川县海门口发现的年代可能为西周时期的铜器是云南已知最早的铜器。石寨山文化青铜冶铸业的兴起有可能受到来自滇西地区较早青铜冶铸技术的影响。由于资源丰富，石寨山文化的青铜冶铸业一旦兴起，就有着其他地区罕见的发展势头，铜器发现数量之多，应用之广，为其他青铜文化所少见。铜器的材质主要为锡青铜，另有少量的铅青铜和红铜。金相分析结果表明，铜剑等兵器的硬度最大，锡含量约为20%左右；铜鼓的锡含量为15%左右；铜镯等装饰品硬度较小，含锡量在10%以下，比较容易根据需要加以弯曲。这说明石寨山文化的人们已经基本掌握根据器物不同的用途来调整铜、锡比例，以满足对于器物硬度的需求。除常见的铜锡等合金外，江川县李家山的一件铜镯，其表面呈黑色，材质柔软，经检测属于含银量约10%的铜银合金，这种铜合金较为少见。铜器铸造以范铸法为主，大波那铜棺等大型器物可能以地坑范铸法铸造。贮贝器上复杂的立体人物、动物、房屋组成的画面和透空扣饰据分析均以失蜡法铸成。铜器的装饰比较广泛地采用了鎏金、镀锡、镶嵌玉石、粘贴绿松石等工艺，其中以镀锡工艺最常见。有的学者认为是高锡铜器铸造时采用保温缓冷措施，从而造成铜器表面含锡高、内部含锡低的现象，使铜器表面形成一层银白色的保护层。这些都反映出石寨山文化铜器冶铸技术在并不长的时间内已达到相当高的水平。

● **种类及形制** 可分容器、乐器、兵器、工具、葬具、饰件和一些尚不能判明其功用的器具等几大类。容器有釜、甑、甗、鐎斗、盆、豆、壶、杯、提桶、贮贝器、针线樽、针线筒等。乐器有铜鼓、编钟、锣、铃、葫芦笙。兵器有剑、矛、戈、钺、啄、戗、狼牙棒、镞、弩机、甲等。葬具有棺、伞、枕等。工具有锄、镢、斧、锛、镰、凿、削、刀、锥、绕线板等。饰件有扣饰、镯、钏、钗、耳环、衔、杖首等。其中类似铜鼓的高领釜、带立牛形钮和圆柄形捉手的壶、专门铸造的盖上铸各种社会生活场面的凹腰桶形贮贝器、牛形钮的针线樽和针线筒、万家坝型和石寨山型铜鼓、羊角钮钟和圜顶钮钟、葫芦笙、一字格剑、粗柄无格剑、长身短骹矛、太阳纹铜戈、梭形銎钺、狼牙棒、下有俑握举的招魂伞、两头上翘的枕、銎部断面作三角形的心形锄和

1.釜 2.4.瓶 3.壶 5.针线樽 6.釦饰 7.圜顶钟 8.贮贝器 9.铜鼓

石寨山文化典型铜器（一）

长方形锄、形态各异的扣饰等，是该文化最常见和最具特色的器物。

铜器造型别致，即使是铜容器也与其他文化有所不同。高足尊作喇叭口，折鼓腹，圈足粗且高，几近器高的一半。长颈瓶作小口直颈、细颈修长、球形圆腹之形，下设矮圈足。觚形杯如同周壁内曲、下部封堵的圆筒，器盖上有很高的喇叭形捉手。兵器形态多样，仅剑就有无剑格、一字格、山字格几类（以前两类为主），其中剑柄又有扁套茎、人形茎、兽形茎、螺旋茎多种形制，此外剑身还有直刃和曲刃的分别。戈有两类：①将扁平的内横插入戈柄的直内戈，有无胡、有胡两型，大概源于巴蜀系戈，但在纹饰方面有较多的改变和增添；②带椭圆形管銎可插入戈柄的管銎戈，有宽本和窄本两型，后者又称啄戈，在石寨山文化中颇为流行。钺为椭圆形銎，以对称形（或基本对称形）钺为主，另有少量不对称形钺，其中对称形钺又有双翼和扇形两型。

● **装饰与纹饰** 装饰工艺除极其流行的铸造立体附饰和花纹外，还有鎏金、镀锡、镶嵌玉石和粘贴绿松石等工艺，其中以鎏金和粘贴绿松石富有一定的特点。鎏金装饰除通体鎏金的铜扣饰等小件铜器外，贮贝器等其他大件铜器只对盖上立体群像中的最主要人物进行鎏金，例如石寨山骑士四牛盖铜贮贝器上的骑士、石寨山战争群像盖铜贮贝器上的统帅、石寨山“诅盟”场面盖铜贮贝器群像中的主祭者等，鎏金起着显示主要人物的尊贵并使主次分明的作用。粘贴绿松石的铜器在石寨山文化中数量不很多，主要见于铜扣饰表面，绿松石一般均呈小圆圈形，将其密集粘贴在铜扣饰表面，组成各种几何图案，异常美观。同时盛行铸以各种立体人物和动物为装饰的做法，如杯、壶、针线盒等容器的器盖上往往有立牛等为钮，贮贝器盖上往往密布立体的社会生活场面，铜管銎军斧、管銎双翼钺、管銎啄戈等兵器则喜用立体的动物为耳，有的铜矛下悬挂立体的铜人，有的剑茎也作成人形茎。这些人物和动物均采用写实手法，刻制细致生动，极具特色。铜器上的立像附饰一般根据所表现的内容自由布置，不大讲究对称，但在有的管銎兵器上和圆形扣饰上，立像附饰有的采用轴对称布列（如石寨山12号墓管銎斧）或首尾相接的布列（如石寨山13号墓管銎斧），有的采用向心旋转布列（如石寨山群猴

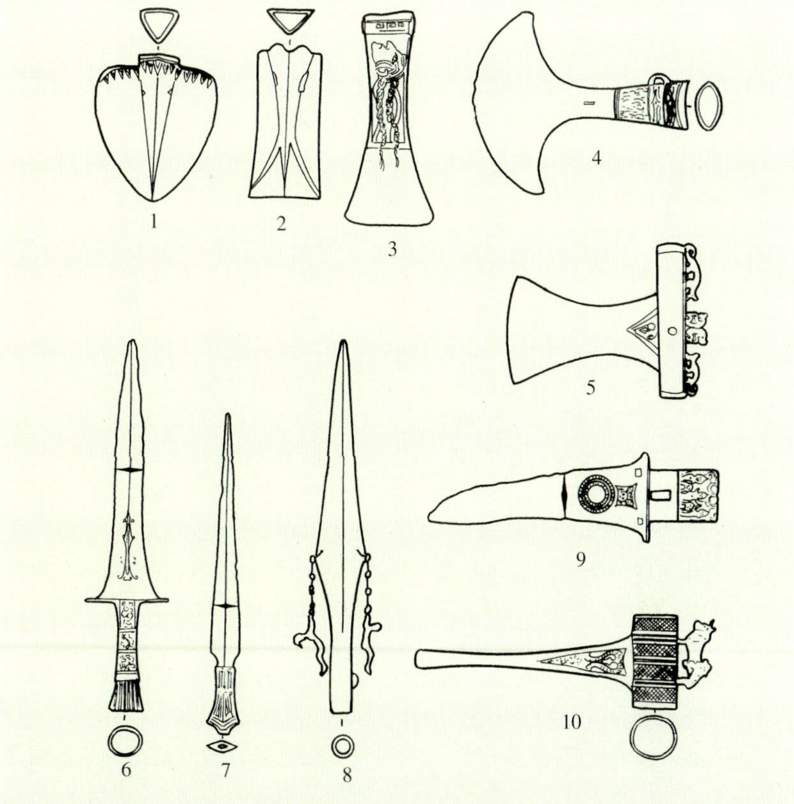
1.2.锄 3.斧 4.5.钺 6.7.剑 8.矛 9.戈 10.啄

石寨山文化典型铜器（二）

铜扣饰)，富有节奏和韵律。

器表装饰纹样皆为铸纹，以线刻状纹样为主，也有少量浮雕状花纹。线刻状纹样主要以平凹和阴线相结合的手法表现，也有的以平凸和阳线相结合的手法表现。铸纹有人兽纹样和几何纹样两种题材，其中人兽纹样有的为主题比较明确的组合图案，如歌舞、行船（竞渡）、飞鸟（翔鹭）等，这些图案通常按圈带状布置，用相同的多个图案组合成彼此独立但又首尾相连的连续图案，铜鼓、贮贝器、提桶等均装饰这种图案；也有比较复杂但主题杂乱的组合花纹，如石寨山圜顶钮钟、铜臂甲、大波那屋形铜棺等上以虎、豹、猪、鹰、雁、蜥蜴、蛇等图像构成的看似杂乱无章的画面；此外还有不少以单一的人物或动物图像作主题纹样，如兵器、工具等上的人形纹、蛇纹等。几何纹样有锯齿纹、连圈纹、旋带纹、梳篦纹、星角纹、光芒纹、折线纹、编织纹、斜格纹、云雷纹、漩涡纹等。它们有的作为铜器的主体纹饰，有的作为人兽纹样的附属纹饰。

● 分期与年代 云南地处中国西南边陲，青铜文化风格独特，对于该地区青铜文化及铜器的分期和年代存在不同的看法。多数学者将滇池周围地区石寨山文化遗存及其铜器分为4期：①第一期，春秋晚期至战国中期。地方特点非常鲜明，极少受外来影响，典型铜器组合为无格扁柄剑、半圆形銎斧、铜矛、长方形或圆形扣饰等，有的大墓有贮贝器、壶、狼牙棒、枕等铜器。②第二期，战国晚期至西汉早期。出现一字格剑、方銎斧、心形锄、长方形叶脉脊锄等铜器，大墓中第一期的兵器及生活用器仍然存在。③第三期，西汉中晚期。方銎斧成为铜器的主要形制，铜农具盛行，流行铜柄铁剑、铜柄铁矛，铜镜等，在中原系铜器中较为常见。④第四期，西汉晚期至东汉初期。大致与第三期相同，但铜铁复合器消失，纯铁器增多，铜釜、鐎斗、盆、耳杯等中原系铜器开始普及。这个分期及年代判断存在一些问题，也引起过一些争论。首先，在分期上，各期之间的界线不太分明，各期间的文化特征的变异率并不均衡，与其划分为4期还不如划分为3期更为合理。其次是在年代上，该文化已知的最早铜器能否早到春秋晚期，该文化的繁盛期是否开始于战国，均有一定问题。综合各方面材料，石寨山文化及其相关遗存的铜器应划分为3期：

①第一期，战国早中期。典型材料有万家坝23号墓、大波那铜棺墓和木棺墓出土铜器。是石寨山文化铜器风格的形成期，铜器主要分布于滇池以西地区。典型铜器如鼓形釜、筒形杯、万家坝型铜鼓、周壁较直的圜顶钮钟、扁套茎的无格剑、椭圆形或半圆形銎的钺（斧）、阔叶长骹和剑形短骹矛，銎端凹入锄身的心形锄和长条形锄等。器表装饰较为简单，素面铜器比例较大，立体附饰尚未流行。铜器具有四川及滇西北青铜文化的因素，但基本没有岭南地区青铜文化因素存在。

②第二期，战国晚期至西汉中期偏早阶段。典型材料有石寨山6号墓等早期墓、李家山第一类墓、天子庙诸墓等出土的铜器。是石寨山文化铜器风格最显著的时期，铜器出土地点遍布滇池洱海周围地区。典型铜器有觚形杯、高足尊、小口直颈瓶、针线樽及针线盒、贮贝器、石寨山型铜鼓、上大下小的圜顶钮钟、葫芦笙、一字格剑、管銎钺及管銎戈、方銎斧、銎端略凸出的心形锄和长条形锄、多种形态和装饰的扣饰。鎏金铜器、人兽题材的立体附饰和富有石寨山文化特征的纹饰流行。铜器中出现较多的中原汉文化和岭南南越文化因素。

③第三期，西汉晚期。典型材料有石寨山晚期墓、李家山第二、三类墓等出土铜器。是石寨山文化铜器风格逐渐消失的时期。该期石寨山文化典型铜器已大大减少，釜、鍪、壶、鋗、鐎、盆等中原系铜器增加，原先的南越文化因素和西北草原文化因素已基本消失。

石寨山文化铜器特色极其鲜明，在该文化系统中，其出现年代最早，铜器数量也最多，它们无疑为居住于云贵高原的土著居民所创造。关于创造该文化铜器的古族族属，学者们一般根据文献记载和晋宁县石寨6号墓出土的“滇王之印”金印，认为分布于滇池周围的滇池类型为滇人的遗存，进而推断滇西类型为昆明等古族。云贵高原古族众多，《史记·西南夷列传》载：“西南夷君长以十数，夜郎最大。其西靡莫之属以十数，滇最大。自滇以北君长以十数，邛都最大。此皆魋结，耕田，有邑聚。其外西自同师以东，北至楪榆，名为嶲、昆明，皆编发，随畜迁徙，毋常处，毋君长，地方可数千里。”在这些古族中，夜郎国力最强，按照《汉书·西南夷传》“南粤以财物役属夜郎，西至桐师，然亦不能臣使也”等记载，其影响范围已达到以游牧为主要生产方式的昆明之属相邻的地域。因此，从分布范围等方面来看，认为石寨山文化铜器为以夜郎为主体的古族群的遗存应当比认为它们是以滇人为主体的古族群的遗存更合理。其中滇池类型铜器无疑属于滇人等古族群，滇西类型应当属于昆明、嶲等古族群，至于滇东和贵州西部的具有浓厚石寨山文化风格的铜器，则应当与以夜郎为主体的古族群有关。

参考书目

王大道：《滇池区域的青铜文化》，《云南青铜器论丛》，文物出版社，1981。

张增祺：《云南青铜文化研究》，《云南青铜文化论集》，云南人民出版社，1991。

（孙　华）

Shizhaishan wenhua tongzhubeiqi

石寨山文化铜贮贝器

战国晚期至西汉中期石寨山文化特有的一种用以贮存海贝的铜制容器。一般仅发现于规模较大、随葬器丰富的墓葬中，在墓中的位置多与铜鼓、编钟等石寨山文化礼乐器在一起，是该文化象征权力、地位和财富的重要器物。其上丰富的装饰内容，是研究石寨山文化社会生活的难得形象资料，也是研究石寨山文化与沿海地区青铜文化联系的重要证据。

石寨山文化人们的经济生活中已出现原始商业，以贝、牛等自然物作交换媒介。用以贮存来自中国东南海域的海贝（货贝）的贮贝器是贵族财富的标志，也是权威的象征。

贮贝器集中出土于石寨山文化的中心区即云南滇池附近的晋宁县石寨山墓地、江川县李家山墓地和呈贡县天子庙墓地，此外仅在贵州威宁县中水发现1件。年代最早者为秦代，最晚者为西汉中晚期之际，以西汉中期者为最多。均青铜铸就，形制可分3类：①桶形贮贝器。数量最多，约占已知全部贮贝器的三分之二。其侈口，束腰，圈足外撇，体态如同商代前期的粗体觚。②鼓形贮贝器。数量约占已知全部贮贝器的三分之一，器形与石寨山文化铜鼓相似，但鼓面为可开启的器盖，足端封闭为器底。③异形贮贝器。已知仅2件，器形或像盆洗，或如仓房，非贮贝器的标准形态。

贮贝器形体高大，制作精工，盖上或腰部均有生动活泼、内容复杂的图像。器腹图像用阴线表示，反映人物和动物，构图比较图案化。盖上图像同为立体铜群像，像的种类既有颇具特色的房屋庙堂和礼仪生活用器，也有形态各异、丰富多彩的人物和动物。群像设有两种构图方式：一种以一主像为中心，周围环列相同的人物或动物。这种构图主要用于桶形贮贝器盖上，比较富于装饰意味。另一种只见于鼓形贮贝器盖，构图比较自由，内容有祭祀、战争、纳贡、纺织、农事等，人物数量最多者达127人。它是石寨山文化人们的族际关系、经济形态、社会生活和文化特色的真实写照。

参考书目

娓山胜（日）：《贮贝器考》，《古代文化》1982年23卷8、10号。京都。

李伟卿：《贮贝器及其装饰艺术研究》，《云南民族学院学报》1989年4期。

（孙 华）

shizhaishan qishi siniugai tongzhubeiqi

石寨山骑士四牛盖铜贮贝器

西汉中期石寨山文化用于贮存货贝的铜制容器。1956年由云南省博物馆在晋宁县石寨山墓地10号墓中发掘出土。现藏于云南省博物馆。

石寨山骑士四牛盖铜贮贝器

通高50厘米。属桶形贮贝器，身如圆桶，上大下小，中腰收束，腰部有对称的虎形竖耳一对；平底，三足，足呈长方形。器盖以子母口嵌盖于器上，盖面中立一柱，围柱配置4头立牛；柱顶设一方台，台上高置一马，马背驮一鎏金骑士。骑士挽髻于顶，短袖窄裤，腰中束带，膝下系绑带，跣足，左腰佩带鞘短剑，衣饰佩戴等都表明其是贵族。马身材矮小，鬃毛甚长，昂首伫立，长尾曲垂。4头牛体肌丰满，角长而弯，肩起高峰，当为《后汉书·西南夷传》所记“封（峰）牛”，即今天所称的瘤牛。两虎向上，作攀登状。人物、动物形态逼真，各生理部位比例准确，端正匀称。全器制作工艺程序为：先塑成单个铸像的蜡模，然后涂泥制范、焙烧脱模和浇铸成器，铸像下部都设置凸榫；组装时按照布局在器盖上钻上榫眼，扣榫合卯，焊接加固；在合金溶液铸满范腔后采取保暖缓冷措施，使器表形成一层高锡合金，增强了防腐性能，器表光洁无铸痕。它充分反映出石寨山文化青铜器冶铸技术的成就。此外，又表现出当时贵族拥有大量财富并高高在上的场景，是当时贵族生活的真实写照。货贝来自中国东南海域，贮贝器是研究石寨山文化与沿海地区青铜文化联系的重要证据。

（耿德铭）

Shizhaishan zhanzheng qunxianggai tongzhubeiqi

石寨山战争群像盖铜贮贝器

西汉中期石寨山文化用于贮存货贝的铜制容器。1956年由云南省博物馆在晋宁县石寨山墓地内被称之为滇王之墓的6号墓中发掘出土。现藏于云南省博物馆。

石寨山战争群像盖铜贮贝器

出土时器内满贮货贝。盖面径33厘米、通高53.9厘米，重22.07千克。由2具铜鼓上下重叠焊接而成。属鼓形贮贝器，有底有盖。2鼓器身纹饰相同。胴部各铸羽人及船纹6组，腰部各饰牛与羽人纹，足部和胴上均刻三角齿纹和同心圆涡纹带。盖面现存圆雕状5骑18人的战争场面，人高约6厘米，人马驰骋争杀大致按

逆时针方向进行。中央一骑主将形体较大，戴盔衣甲，右手执矛下刺，右前方一人扑地挣扎；盖缘驰骋3骑；一戴盔衣甲者纵马俯冲，刺向一坠马者，坠马者左手支地挣扎欲起，其前一负鞍惊马正向前奔逃，俯冲者左侧一人负盾佩剑横矛倒刺；这3骑之后，又有一骑戴盔衣甲直驰而来，正刺向一扑倒于地的败者，其左侧一具尸体，裸身无头。逸马前方有浴血奋战3人：1人戴发箍，执盾佩剑持矛刺杀；其右后侧一戴箕形帽、衣长及膝者持盾执器（器已残断）；后者之右前一着窄衣者双手举弩欲发。盖面另一端有4人：一戴盔衣甲者向中央纵马进攻，马右一秃头长衣随从；其左侧相对2人，一立者戴盔衣甲手执兵器，面对一两辫垂背的跪地求饶者。4人后方又有3人：站立椎发辫者2人，皆双手交叉被捆绑，前站一人佩剑监视。这一雕铸场面，从激战到敌人被俘、投降，表现一次战争的全过程，人、马栩栩如生，观者如临其境。戎马作为重要作战工具，均腰壮肌丰。兵器主要为矛和剑，也用弓弩，并普遍用盾，一部分地位较高者戴盔贯甲，战士徒步作战，指挥者骑马。战胜者估计为“滇”人，战败者大概是《史记·西南夷列传》所记载的“编发，随畜迁徙，毋常处”的“昆明”人。

石寨山文化未见文字材料，在青铜器上雕铸大量生动的立体人物、动物、建筑场面，形象地记录了该文化人们社会生活的重大事件。此器盖展现的正是其中一场惊心动魄的部落战争的真实情景。

（耿德铭）

Shizhaishan zumeng changmiangai tongzhubeiqi

石寨山“诅盟”场面盖铜贮贝器

西汉晚期石寨山文化用于贮存货贝的铜制容器。1956年由云南省博物馆在晋宁县石寨山墓地12号墓中发掘。现藏于云南省博物馆。

出土时器内尚遗留有货贝。盖直径32厘米、通高53厘米。属桶形贮贝器，形如中腰内收的圆桶，两侧设虎形双耳，虎作昂首攀登之状，平底，下有三兽爪形足。盖平面雕铸人物，尚存者有127人，人高3厘米～6厘米，错综密集，布局严整，主次分明。全局以一干栏式建筑之下层平台为活动中心，台高与人齐，四角以柱承之，其上正中前后立巨柱以承屋顶，上层屋顶人字形双檐，下层屋顶四角出檐恰覆平台，四周无墙壁围栏，台左右两边各直列6件铜鼓，后边横列4件铜鼓，前台口左右各设一梯。台后柱前一高凳，一人踞坐其上，头梳桶形圆髻，髻顶为银锭式，耳戴蚌蛤式大环，双腕戴璧形巨镯，腹前一圆镜形带扣，跣足；其右后置2件铜鼓，鼓上置尊、盂等用具，鼓前2件巨盘内盛食物之类；其左前一列5人，右前一列3人，均背鼓席地而坐，人前各有盂形饮器，台口一人正升梯捧物而进，腿后拖三叉形后幅，9人皆挽髻于顶。台前右角一大鼎，上横大勺，鼎外一牛一羊，其前2人挽髻拖幅，右手执刀；左角一大镬，镬外一马一猪，旁立宰猪刑马者多人。台左边缘有2虎，其前置一死犬，立一挽髻者看守；虎前尚立一孔雀，一女子正持蛇以饲。虎台之间原有乐器4组，现存一组为铜鼓、錞于各一，悬之簨虡，一挽髻拖幅者双手各举一锤击之。台前左右边缘坐滇族女子多人，似观礼者。台后左右较远处各置一巨型铜鼓，其间左立一铜柱，上有蟠蛇2条，柱脚巨蛇已将一人吞噬一半；右立一牌，上有缚一裸体挽髻男子。场内另有多数人物布置在台与巨鼓之间，这些人皆为与滇不同的民族。整个场面生动壮观，内容丰富，景象繁忙。

盖面场景系一“牺牲列兽”且有人牺的隆重“诅盟”仪式。据《华阳国志》记载，诅盟是古代南方少数民族的重要制度，凡有重大事情则设立祭坛，供奉祭品，举行典礼，以盟誓相约束。雕铸中滇人与邻近部族（不下七八种）云集诅盟于社坛，场面包括礼仪建筑设施，祭祀演礼，集会中的观光、贸易、游戏活动等三大部分；踞坐高台者为主盟人，其前列坐者为与盟部族首领，还有乐队和众多侍者、役者，全面展现出一幅与滇国王侯君长直接有关的政治、宗教、民俗活动场景，是十分珍贵的民族史资料。

（耿德铭）

石寨山“诅盟”场面盖铜贮贝器

Shizhaishan wenhua tonggu

石寨山文化铜鼓

战国至西汉末期石寨山文化的最重要的铜制乐器，也是一种表示权力和地位的铜制礼器。或称云南早期铜鼓。包括万家坝型和石寨山型两型早期铜鼓。它在已发现铜鼓中年代最早，且多为发掘出土，有共存关系，对研究铜鼓的分期、年代、起源、演变和传播，具有举足轻重的作用。

铜鼓是中国南方地区及东南亚一带从先秦时期一直流行到近代的具有区域文化传统的铜器。基本形态为上有供敲击的鼓面和凸起的鼓胸，下有筒状或喇叭状的鼓腰以及与鼓腰相连的鼓足，胸腰间还有供提挈的鼓耳。这种单面铜鼓完全不同于中原青铜文化系统的双面鼓，对于它的起源，学术界曾有不同的推测。但自石寨山文化中的万家坝型铜鼓发现以来，由于该型铜鼓的年代不晚于战国晚期，形态在铜鼓中最为原始，并且在云南楚雄市万家坝等地出土的该型铜鼓中，鼓多倒置，鼓面有烟炱，鼓形也与同出铜釜非常相似；因此，不少学者的意见均趋向于铜鼓起源地在云南中西部之间，源于铜釜一类炊器。

石寨山文化铜鼓的器身立面明显地分为胸、腰、足3段，胸、腰间和腰、足间转折分明，鼓面小于足径，鼓面周边无立体动物饰件。据其细部差异，又可分为具有先后发展关系的两个型式，或称之为万家坝型和石寨山型，或称之为云南Ⅰ式和Ⅱ式，此外还有一些冠以研究者名字的分类名称（如黑格尔Ⅰ式等）。这两种型式的铜鼓数量占已知中国早期铜鼓的90%以上。

万家坝型铜鼓是以楚雄市万家坝23号墓4面铜鼓为标准形制而得名，集中发现于云南中部偏西地区，是石寨山文化中最具特色的铜鼓型式。由于刚从铜釜中分离未久，该型铜鼓制作不精，鼓内还往往装饰花纹。形制特征主要表现为：鼓面极小，等于甚至小于腰上径；鼓胸极度外鼓，最大径偏下；鼓腰外撇斜度大；器表素面或仅有简单的几何纹样。鼓面太阳纹的芒或有或无，其外多无晕圈，鼓身仅腰部或有简单的雷纹。

石寨山型铜鼓是以云南晋宁县石寨山墓地出土铜鼓为代表。该型铜鼓通常被国外学者称之为黑格尔Ⅰ式铜鼓。主要形制特征表现为：鼓面稍大，略大于腰径；鼓胸外鼓适中，且最大径上移；器表纹饰增多，出现人物和动物组成的图案。鼓面一般都有带芒的太阳纹及多重晕圈，晕圈中并多有翔鹭一周；鼓身胸、腰多有反复而有韵律的行船、舞人、牛纹等纹样。

关于石寨山文化铜鼓的年代，就如同该文化年代一样，有多种不同的意见。对万家坝型铜鼓的年代，多数学者根据出土万家坝型铜鼓的云南祥云县大波那木椁铜棺墓和楚雄市万家坝23号墓棺椁的放射性碳素断代数据（公元前512年～公元前387年、公元前825年～公元前454年、公元前806年～公元前454年），认为在春秋早期至战国早期，但棺椁都是生长时间长的大树木，其测定年代或有偏早的可能。从共存器物及与石寨山型铜鼓共存器物的关系来看，将其年代推定在战国早中期前后，恐怕更为合适。至于石寨山型铜鼓的年代，由于有多面该型铜鼓与已知年代的中原系器物共存，可知其流行年代主要在西汉时期，年代上限不会超过战国中晚期之际。

参考书目

今村启尔（日）：《关于先（黑格尔）Ⅰ式铜鼓》，《东京大学考古学研究室研究记要》，1979。

中国古代铜鼓研究会编：《中国古代铜鼓》，文物出版社，1988。

李昆声、黄德荣：《再论云南早期铜鼓》，《考古》1990年5期。

（孙　华）

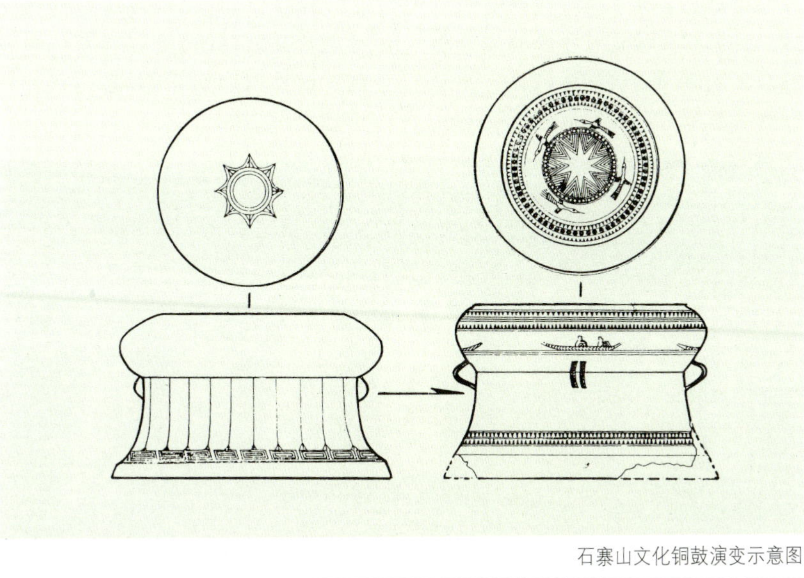

石寨山文化铜鼓演变示意图

Wanjiaba 23-haomu tonggu

万家坝23号墓铜鼓

战国时期石寨山文化的铜制乐器及礼器。1975年～1976年由云南省博物馆在楚雄县万家坝23号墓中发掘出土。现藏于云南省博物馆。

万家坝23号墓153号铜鼓

共4面，其中以153号鼓最具代表性。出土时铜鼓两两相对排列成平行的2组，鼓上放置架托棺的木板。153号鼓面径41厘米、足径63厘米、通高37厘米。锡铅青铜质，双合范铸造。属圆形单面鼓，鼓面特小，面径小于腰径，鼓胸甚大且最大径偏下，鼓腰上小下大，下接低矮的鼓足。在胸与腰连接处设小扁耳两对。纹饰皆阳纹，鼓面中心凸起太阳纹，外绕三晕八芒。腰饰叉足纵线17道，足部饰雷纹。鼓内壁环列菱形网纹和如意云纹各3组，另饰四足爬虫纹一个。整体装饰简单，形制古朴。

这4面鼓在中国古代铜鼓分类中属于万家坝型。该型鼓为中国南方单面铜鼓系列中最为原始的型式，发现数量不多，通常器壁浑厚，器表粗糙，工艺水平不高。无论在形态上还是在工艺上，该型鼓都与同时期铜釜的形状颇为近似，故不少学者认为铜鼓应起源于炊器。153号鼓是万家坝型铜鼓的标准形制，鼓上的烟熏痕迹是早期铜鼓兼具炊器和乐器双重功能的重要证据，同时出土的其他众多的共存器物又是判断这类铜鼓年代的重要参照物。它们在铜鼓研究中具有重要的学术价值。

（孙 华）

Shizhaishan wenhua tongzhong

石寨山文化铜钟

战国至西汉末期石寨山文化的主要打击铜乐器之一。平面呈橄榄形，立面呈半个或大半个椭圆形，这与其他地区平面呈橄榄形或圆形、立面呈梯形或长方形的铜钟均不同。它是富有西南区域文化特色的铜乐器，与铜鼓、铜葫芦笙为石寨山文化铜制乐器的3个主要组成部分。

铜钟在石寨山文化及相关文化均有广泛的分布，据统计，在云南出土的铜钟就有11批38件。相当数量的铜钟皆成组出土，形态相同，大小依次递减。成组的编钟有6件、4件、2件3种组合，其数量呈双数递增。一套6件者如云南楚雄县万家坝1号墓铜编钟、晋宁县石寨山6号墓铜编钟、昌宁县大横山铜编钟，一套4件者如昌宁县漭水坝铜编钟、广西容县龙井土讹铜编钟等，一组2件者如云南施甸县大围山铜编钟、广西西林县铜鼓墓之编钟，此外零星出土的单件铜钟为数也不少。出土6件一套铜编钟的石寨山6号墓可能为西汉中期的滇王之墓，由此推测，石寨山及其相关文化铜编钟这种数量的不同或许具有等级的含义。从形态上分析，钟可分为两种类型，一种为羊角穿钟，钟体上小下大，顶有鸟首向两侧歧出如羊角，上部有长方形穿孔可以悬挂，钟体多素面，如万家坝羊角钮铜钟、龙井土讹铜钟等；另一种为圜顶钮钟，钟体上大下小，顶部有半环形钮可供悬挂，表面一般铸有蛇、钮、卷云等纹饰，如石寨山圜顶铜编钟、烂坝山圜顶铜钟等。羊角铜钟分布范围偏东，最东可至广西中部的容县，最西到云南中部偏西的楚雄；圜顶铜钟的分布却明显偏西，东不过云南中部的晋宁，西南却到达怒江东岸的施甸。这两类铜钟在地域分布上大部分重合，且重合地域主要在石寨山文化分布区。

石寨山文化及其相关文化的两类铜钟均呈双数依次递增，钟数最多达到6件，测音结果又表明，每件铜钟都可奏出2个乐音。这些现象说明，这些铜钟里大小依次排列的编钟应当具有演奏乐曲的功能，属于旋律乐器的范畴。铜钟形态的变化以羊角穿钟最为明显，其演变主要体现在钟口长度与钟高度的比例及羊角形附饰的倾斜程度上：战国时期的万家坝羊角铜钟钟体宽矮，钟壁坡度很大，羊角饰下端分离较远，向两侧伸出如倒八字；西汉早期的罗泊湾人面羊角铜钟钟体稍长，钟壁坡度减小，羊角饰下端距离较近，仍成倒八字；西汉末期的龙井土讹铜编钟钟体瘦长，钟壁较直，羊角饰下端连在一起，正视如倒人字或丫字形。圜顶钮钟的变化虽然不像羊角穿钟那样明显，但战国时期的云南楚雄县大波那圜顶钮钟钟体较短，钟壁内收坡度较小；西汉中期的石寨山圜顶钮钟钟体较长，钟壁内收坡度较大，其发展演变轨迹较为清晰。

（孙 华）

石寨山文化圜顶铜编钟

Wanjiaba yangjiaoniu tongzhong

万家坝羊角钮铜钟

战国晚期至西汉早期石寨山文化的铜制乐器。1975年由云南省博物馆在楚雄市城东南万家坝古墓群1号墓中发掘出土。现藏于云南省博物馆。

共6件，按大小依次排列。最大者口长13.3厘米、宽11.3厘米、通高21.9厘米，最小件口长9.5厘米、宽8.2厘米、通高15厘米。青铜铸制。钟体呈上小下大的半椭圆形，横截面呈橄榄形，两侧各有一合范线，顶有歧出的双羊角，其下设长方形竖穿孔，钟底（于部）平齐。素面。钟音清朗，测音分析证明含有六声或七声音阶的音素，表明当时西南地区少数民族器乐已不局限于简单的五声音阶。作为古代奴隶主贵族的“庙堂之乐”，该编钟是研究西南少数民族古代社会较为重要的史证材料，亦有助于研究中国古代音阶的形成和发展。

万家坝羊角钮铜钟

铜器

同类编钟在云南晋宁县石寨山、广西贵县罗泊湾等亦有出土，可见铜编钟曾流行于西南较广阔的少数民族地区。

（耿德铭）

Shizhaishan wenhua tongshijian

石寨山文化铜饰件

战国晚期至西汉晚期石寨山文化的铜制服饰。以数量多、种类复杂和刻制逼真而著称，是石寨山文化重要的铜器类型，对研究石寨山文化的社会生活有着重要价值。

石寨山文化铜饰件均出土于较大型的墓葬中，每座墓往往随葬不同类型的铜扣饰多件，一般出土于死者胸、腹部周围。如云南江川县李家山24号墓就出土铜扣饰18件，其中圆形者10件，长方形和不规则形者各4件。这些铜扣饰背面均置一挂钩，可以悬挂或系缚在衣服上作为装饰。种类和形式相当丰富，大体可分圆形、长方形和不规则形3种。其中圆形扣饰数量最多，直径5厘米~20厘米，形态有几分类似于当时中原地区的瓦当，正面中央多有镶嵌的乳钉状圆心，周围或粘贴绿松石。长方形扣饰长10厘米左右，正面铸凸线花纹或嵌贴绿松石，四边有透空的动物或云水边栏。不规则扣饰表现由透空圆雕状的人物、动物、房屋等组成的狩猎、祭祀、战争、歌舞、野兽相搏等画面，自由生动，有的表面还鎏金。

石寨山文化铜饰件具有鲜明的文化特征，与同时期北方地区的匈奴文化铜带具等有着许多不同：①石寨山文化铜饰件纯粹用于装饰，形态多样，可不考虑功用对形态的要求；而北方匈奴文化等的铜带具则具有括结革带的实用功能。②石寨山文化的圆形和不规则形的铜饰件基本不见或罕见于匈奴文化，而匈奴文化的环形铜带鐍、虎形铜带头（鐍）等也不见于石寨山文化。③石寨山文化铜饰件上装饰的人物和动物的布局较为自由随意，不像匈奴文化那样比较讲究对称。④石寨山文化铜饰件与匈奴文化铜带具主题纹样有一定差异，二者除均流行马、牛、鹿、虎等动物外，前者还有猴、蛙、蛇、孔雀等，后者则另有骆驼、马鹿等动物；前者的祭祀、镖牛、歌舞等题材也不见于后者。⑤石寨山文化铜饰件除鎏金装饰外，还常镶嵌或粘贴玛瑙、玉石、绿松石等，后两种装饰手法在匈奴文化铜带具中基本不见。此外，匈奴文化等的透空铜带具几乎均设较为规整的边栏，而石寨山文化的铜扣饰一般仅在下边加一条大蛇作为联系各构图单元的纽带。扣饰的特征非常鲜明。

石寨山文化铜饰件中有不少野兽相搏、人兽相搏的题材，这与北方所谓“斯基泰野兽纹”有几分相似，有的学者认为石寨山文化这类题材的产生曾受到北方文化因素的影响。不过，从石寨山文化铜扣饰具有鲜明的地方特征，以及在西南与北方的文化传播走廊中尚缺乏同样的野兽纹风格的饰件的情况看，这种推测还需更多的材料来证实。

（孙 华）

Shizhaishan liujin gewu tongkoushi

石寨山鎏金歌舞铜扣饰

西汉中期石寨山文化的铜制服装饰件。1956年由云南省博物馆在晋宁县石寨山墓地13号墓中发掘出土。现藏于云南省博物馆。

石寨山鎏金歌舞铜扣饰

高12厘米、宽18.5厘米。以透雕手法表现二男子舞蹈的场景。二男子以深目高鼻为显著特征，脑后各挽一小髻，着左衽紧身长袖衣，束腰，紧身长皮裤垂及足面，跣足。腰左佩长剑，剑以带负于右肩。两臂前后左右伸展，双手各持一钹，足踏于一蜿蜒曲折的长蛇身上，昂首弓腰曲膝，边歌边舞，节奏强烈，动作酣畅、奔放、优美，气氛欢快。整体铸工精细，人物形象生动逼真。

该饰件塑造的是乐工在为“滇”人表演歌舞的形象。表演者面貌显非云南土著民族，舞蹈有浓郁的异国情调，服饰迥异于西南民族习尚，就连所佩剑的长度亦超过滇文化其他剑类，显非滇人所有。在石寨山青铜器上表现的人物图像中，这种形象仅在纳贡和舞乐两种场合出现5人，表明与滇人的关系颇为疏远。《华阳国志·南中志》记永昌郡有“身毒之民”和“掸人”（印缅侨民），《后汉书》、《滇考》记载掸国王曾屡次遣使诣阙纳贡、献乐，在云南保山县三国蜀墓中曾出土深目高鼻的南亚人种形象陶俑。该扣饰是研究中国古代与南亚文化交流的宝贵材料。

（耿德铭）

Shizhaishan liujin shalüe tongkoushi

石寨山鎏金杀掠铜扣饰

西汉时期石寨山文化的铜制服装饰件。1956年由云南省博物馆在晋宁县石寨山墓地中发掘出土。现藏于云南省博物馆。

长15.1厘米、宽9厘米。通体鎏金，背面有挂钩。以透空的杀掠场面为造型：两个带甲武士正一前一后押解着劫掠的牛、羊、妇、孺得意而归。其中一个武士左手提一首级，右手握绳牵着被捆绑的妇女，妇女还背负一幼儿；另一武士右手执短戈，左手提着刚割下的首级，脚踩在丢弃一旁的尸体上，正驱赶着俘获的一头牛和两头羊。下方以倒下的尸体和盘曲的蟒蛇相联系，

增强了整体的完整性。

铜饰件常以野兽相搏、人兽相搏为主题，但以战争劫掠场面为主题的却不多见。该饰件造型合理，人物刻制生动逼真，是当时西南地区古族间战争和杀掠的生动体现。

（孙 华）

石寨山鎏金杀掠铜扣饰

Shizhaishan liujin toukong gewu tongkoushi

石寨山鎏金透空歌舞铜扣饰

西汉时期石寨山文化的铜制服装饰件。1956年由云南省博物馆在晋宁县石寨山墓地中发掘出土。现藏于云南省博物馆。

石寨山鎏金透空歌舞铜扣饰

长13厘米、宽9.5厘米。大致呈长方形，以田字形方框为构架，背部有矩形挂钩，正面附以透空的立体歌者为主题装饰，表面通体鎏金。8位歌者分上、下两层跪坐排列，上层4人除一人作单手挥舞状外，其余3人均举双手而歌；下层4人或举勺，或捧壶，或抱錞于而歌，或执笙吹奏；所有人均对襟短衣，腹部有圆形饰件，旁边放有小壶（？），其中下层左侧2人间还置一盆（？）。该扣饰的整体造型虽稍嫌呆板，但个体人物却刻制细腻，是了解石寨山文化风俗难得的形象资料。

（孙 华）

Lijiashan tage tongkoushi

李家山踏歌铜扣饰

西汉时期石寨山文化的铜制服装饰件。1972年由云南省博物馆在江川县李家山一座石寨山文化的墓葬中发掘出土。现藏于云南省博物馆。

直径7.1厘米。整体呈圆形，由中央的圆饼、透空的主纹带和宽平的外缘3部分组成。背面设矩形挂钩，正面中心嵌绿色玉珠为圆心，周围及外缘粘贴3周绿松石小圆圈，内外圈之间以透空的18位踏歌者相联系。踏歌者手挽手作向心排列，沿顺时针方向转动。这使人联想起中国西南少数民族围绕篝火，手臂相连，踏地为节而歌的场景。

该扣饰构思新颖，将生动的踏歌场面与几何形的框架有机地结合在一起，构图既有图案化的规整，又具运动的韵律。

（孙 华）

李家山踏歌铜扣饰

Shizhaishan qunhou tongkoushi

石寨山群猴铜扣饰

西汉时期石寨山文化的铜制服装饰件。1956年由云南省博物馆在晋宁县石寨山墓葬中发掘出土。现藏于云南省博物馆。

石寨山群猴铜扣饰

直径13.5厘米。整体大致呈圆形，由内外两部分组成，背面设矩形挂钩。内圈为铜镜形圆板，圆板中心嵌红色玛瑙为乳钉，其外以2道旋纹分为3区，内区漆绘8道光芒，其余部分粘贴绿松石圆片，其外有凸起的边缘。外圈为透空的10只通体鎏金的猴子，猴子首尾相接，以长尾相互缠绕，生动而滑稽。该扣饰将生动的猴群组织成图案化的外圈，色彩也由内至外分层变化，鲜艳而和谐，富有南方地方特色。

（孙 华）

〖石寨山文化其他铜器〗

Shizhaishan tubanwen duxi tonghe

石寨山凸瓣纹镀锡铜盒

西汉中期石寨山文化的铜制容器。1956年由云南省博物馆在晋宁县石寨山古墓群12号墓中发掘出土。现藏于云南省博物馆。

口径13.4厘米、通高12.5厘米。整体形态近似带盖的矮柄豆。盖顶隆起，盖沿内收与器沿相对。器口较直，肩部圆鼓，腹部收敛与平底相连，底接略外撇的矮圈足。器表镀锡，除盖面饰两周旋纹并施3只立体的卧兽钮外，器盖和器身的主体纹样均为一圈交错相对排列的凸瓣纹。装饰纹样虽然简单，却因凸起于器表，与中国铜器的传统纹样完全异趣，因而分外引人注目。

与其相似的铜器只在石寨山11

号墓中出土一件，另在山东淄博市临淄区窝托村西汉初期的齐王墓附葬坑、广东广州市象岗山西汉早中期之际的南越王赵昧墓中各出土一件与之特征相似的银盒。后两件凸瓣纹银盒，纹饰采用锤揲技法制成，铜质的圈足皆为后配，其工艺、形态和纹饰均呈现典型的古波斯阿契美尼德王朝至安息王朝的金银簋罍的风格，故学者们皆认为它们是从西亚输入的产品。石寨山的这两件镀锡铜盒，其主体形态和主体纹样具有鲜明的西亚风格，但整体形态、附属纹样和工艺却已具有秦至东汉时期铜器的色彩，它们应是以汉王朝或南越国改造过的西亚金银簋罍为蓝本仿制的铜器。

参考书目

孙机：《凸瓣纹银器与水波纹银器》，《中国圣火》，辽宁教育出版社，1996。

（孙　华）

Tianzimiao wuniugai sanzu tongtitong

天子庙五牛盖三足铜提桶

天子庙五牛盖三足铜提桶

战国末期至西汉早期石寨山文化的铜制盛储器具。1979年由云南昆明市文物管理委员会在滇池东北2公里的呈贡小古城乡天子庙古墓群第41号墓中发掘出土。现藏于昆明市文物管理委员会。

口径29厘米、底径21.54厘米、通高9.5厘米。作圆筒形，上粗下略收束，平底，下焊短小的三楔形足，口沿处设对称的向上的吠犬形耳一对。盖与器身以子母口扣合，盖面略向上弧鼓，中央铸有铜鼓状圆台，台上焊铸一立牛，盖周缘四方原焊有首尾相接的4头立牛，出土时尚存3牛；盖侧有对称的贯耳一对，与沿耳对应；盖面、桶身纹饰及其布局近似于石寨山型铜鼓。盖面中央太阳纹部位为圆台立牛所压盖，其外铸四晕（无主晕），晕圈刻饰三角齿纹带和同心圆纹带；牛身刻饰斜线纹、连涡纹；盖耳刻人字纹、弦纹。桶身铸十二晕，主晕二组，上组表现羽人竞渡场面，并刻4艘新月形船，每船4人，船与船间刻水鸟；下组以斜格和同心圆纹纵分为6格，每格铸一行进中的不同姿态的牛，3牛背上各立一水鸟，2鸟作起飞状。主晕上下各晕圈刻饰三角齿纹和同心圆纹带。圆台立牛大而健壮，昂首伫立，角短尖前翘，肩峰高突，尾长曳及后蹄；盖周缘3牛形态近似圆台牛，但形体较小。

铜提桶是两广地区南越文化中的常见器类，石寨山文化中的这类铜器应当是南越文化的因素。该提桶既吸收南越文化铜提桶的基本形制，又添加该文化所特有的附加装饰，是该文化早期昙花一现旋即销声匿迹的工艺奇葩。

（耿德铭）

Lijiashan 17-haomu liniu gaojing tonghu

李家山17号墓立牛高颈铜壶

西汉早期石寨山文化的铜制酒器。1972年由云南省博物馆在江川县李家山古墓群17号墓中发掘出土。现藏于云南省博物馆。

李家山17号墓立牛高颈铜壶

通高28.5厘米。作长圆体高盖型，盖高与器身之比近3:4。直口，口大而微侈，口径与腹径之比近4:5。颈长而阔，上粗下渐收细，剖面作倒梯形。壶身位于中腰，腹呈扁圆形，均匀丰腴。圈足为较高的喇叭口形，足口外撇。器表装饰因锈蚀严重而模糊不清，可辨识者有双旋纹和三角齿纹。豆形盖，覆盘形豆足置于壶口，豆柄圆柱形，假腹盘侧视呈碟形。豆柄饰双旋纹、竹节纹，足面施以鸟纹。盖顶焊铸一立牛，牛作伫立状，体肌丰实，肩峰突起，昂首前视，角短尖，尾长垂及豆盘。

李家山墓群出土立牛高颈壶6件，其中作豆形盖者3件，设计均颇为精奇，结构合理。器虽高峻但柄顶小而壶身大，周正平稳庄重；虽不像中原地区一般铜壶有耳有系有提梁，但以牛身为捉手，豆柄可握执，便于使用。《诗·大雅·生民》：“印盛于豆。”毛传：“豆，荐菹醢也。”豆是盛放肉酱、味品和咸菜的器皿；牛是滇人财富的象征。壶上饰以圆雕牛、豆，为滇族奴隶主美酒佳肴豪富生活情景的生动写照。

（耿德铭）

Lijiashan huyaoniu tongzu

李家山虎咬牛铜俎

西汉早期石寨山文化的铜制食器。1972年由云南省博物馆在江川县李家山古墓群第24号墓中发掘出土。现藏于云南省博物馆。

出土时残破成近百块碎片，后经修复。全长76厘米、通高43厘米。主体呈立牛状，俎以牛的四脚为俎足，前后足蹄之间设横梁，其肩峰突起，背部铸成椭圆形微凹的有沿俎面。俎一端牛臀上爬有一向上直立的猛虎，弓背伏首紧咬牛尾根，前爪紧抓牛臀部，后爪抓住牛后肢，虎身线刻斑纹。俎另一端则为牛头，双目圆睁，双耳作扇动状，两角弯曲向前上翘，躯体强健；大牛腹下横置一犊立于蹄间横板之上，小牛在大牛庇护下神态憨厚安祥。该俎构图处理十分得体而生动：自牛角沿背脊至虎头形成一弧线，牛、虎前后呼应；大小牛之间纵横交错，使简单的构图富有变化；硕大丰实的牛头使铜俎重心向前，但扑爬牛尾的虎又使器身平衡，横置的牛犊还增强了全器的稳定性；牛与虎搏斗时武器在头顶，虎避其锋利击其薄弱的尾部，当猛虎出现时大牛为保护自己的后代不惜牺牲生命加以掩护，反映出生活的真实状况。全器浑厚庄重，既符合祭祀功能而又充满盎然的艺术情趣，受到广泛的喜爱和赞美，被誉为石寨山文化青铜艺术的杰出代表作。

俎在中原地区用于置放食物，特别是用于盛放肉食。西周三年瘐铜壶铭文中有周王赐"彘俎"、"胙俎"的记载。该案作动物造型，既受到中原地区的影响，又具有浓郁的地方和民族特色。（耿德铭）

李家山虎咬牛铜俎

Lijiashan shuangniu tongzhen

李家山双牛铜枕

战国末期至西汉早期石寨山文化的铜制生活用具。1972年由云南省博物馆在江川县李家山古墓群17号墓中发掘出土。现藏于云南省博物馆。

李家山双牛铜枕

长50.3厘米、宽10.6厘米、高15.5厘米。呈长条马鞍形，中部弧平，两端上翘，端顶各铸一圆雕立牛。背面饰勾连雷纹图案，正面以双旋纹为地，浮雕3组猛虎噬牛图像。虎全身饰斑纹，牛身上饰连涡纹。线刻、浮雕、圆雕相互叠连，协调统一。3只猛虎扑抱在3头牛背上，虎前爪紧抓牛前胛，后爪紧抓后胛，虎口紧咬牛头、颈；虎眼圆睁，虎耳上竖；为强调虎力集中于四肢和头尾，虎颈、肢、尾雕铸粗壮而腹部被收细，尾显现有节奏的曲动状；牛在压咬中挣扎，曲腿扭头，鼓目翘角，腹部下垂。虎的强悍残暴，牛的痛苦挣扎，表现得淋漓尽致。而伫立两端的牛却安祥悠闲。搏斗于野外的动物现象和作为财富象征的家畜情态适成鲜明对照，给人以强烈的艺术感染力。

以枕垫头，这在中原地区至迟流行于西周时期。但以铜、石为枕并以之殉葬，在中原最早见于西汉中期的刘胜墓鎏金镶玉铜枕。石寨山文化的铜枕出现的时间与中原地区相差不多，数量却比中原地区更多，仅在李家山墓地就出土有6件。它们出土时均置于人骨架头部，有的枕上尚有头骨残片，显然是给死者垫头之用。这些铜枕中央凹下，两端翘起并饰以立体的动物形象，文化特色非常鲜明。该枕即其中最有代表性的作品之一。

（耿德铭）

Lijiashan tonghulusheng

李家山铜葫芦笙

战国晚期至西汉早期石寨山文化的铜制乐器。1972年由云南省博物馆在江川县李家山古墓群24号墓中发掘出土。现藏于云南省博物馆。

共2件，一件通高28.2厘米，另一件通高26厘米。两笙主体均为形态逼真的匏状体，以圆壶状的匏腹为音斗，往上渐敛为细长弯曲的颈管，在曲管中段上仰面设一吹孔，在音斗正面（吹孔背面）有笙笛（插入笙斗的音管）孔5个或7个，各为横列的2排（上3下2、上4下3），孔间相互串通；笙笛已朽，但从管内填满的泥土可知其原状；在曲管上端各焊一圆雕立牛，牛伫立竖耳，昂首注目，肌体强健丰实，肩峰突起，长角弯曲上翘，尾长曳及管，形态逼真。

笙是中国古老的簧管乐器，据《新唐书》、《蛮书》等文献记述，葫芦笙在云南古代民族中极为流行，至今仍为彝、傣、苗、纳西等民族的共有乐器。笙由笙斗、笙笛和笙簧3部分组成，虽音量较小，音域较窄，但音色柔美，和音强烈，用于独奏、合奏及歌舞伴奏。在云南铜鼓图像中，直管葫芦笙插管竖吹，而出土于李家山及晋宁县石寨山和祥云县大波那的曲管笙则直接以器面圆孔侧吹。这种造型特异的葫芦笙，是石寨山文化独有的铜器品种。

（耿德铭）

李家山铜葫芦笙

Dabona wuxing tongguan

大波那屋形铜棺

战国时期石寨山文化的铜制葬具。1964年由云南省文物工作队在祥云县大波那古墓中发掘出土。现藏于云南省博物馆。

长200厘米、宽62厘米、通高80厘米左右，重275千克。作干栏式屋形，由棺底、四壁、两坡共7块构件拼合而成，每块构件分别铸造。底板四周刻凹槽以固定四壁，脚柱从凹槽内的12个长方孔内穿出，然后在柱顶插横销以托起棺底。顶作两面坡状，屋脊长于屋檐，与石寨山贮贝器所见房屋形象相同。在屋面两端，有檩条7根伸出；在屋脊两端有鸱尾状脊饰。棺的前后檐墙上铸云雷纹；两山墙铸虎、鹿、猪、鹰、燕等动物纹样；屋顶铸叶脉主纹，其内填以云雷纹。所有纹饰均以细阳线构成，作风与石寨山文化其他铜器纹饰同。

该棺器形巨大，需用强度较高的铸范方能铸成。据放射性碳素断代并经校正，该墓年代为公元前512年～公元前387年。据《史记·西南夷列传》记载，滇西洱海地区在西汉时期尚处于“随畜迁徙，毋常处，毋君长”的游牧阶段，但铜棺、铜鼓等大型器物所需冶铸作坊、随葬品中大批生产生活用具和房屋、“六畜”模型的出现，证明战国前后这里已有较发达的定居农业。棺内存置铜杖一支，相似于洱海地区后来崛起的南诏国高级官员使用的“权杖”，联系到高贵的铜棺和丰富的随葬品，推测墓主人应为“昆明”人的豪酋。

（耿德铭 孙 华）

大波那屋形铜棺

〖秦至东汉时期南方边区其他铜器〗

Lanbashan huanding tongzhong

烂坝山圜顶铜钟

战国晚期至西汉早期与石寨山文化有密切关系的滇西南青铜文化的铜制乐器。1988年出土于云南昌宁县城关镇烂坝山。现藏于昌宁县文物管理所。

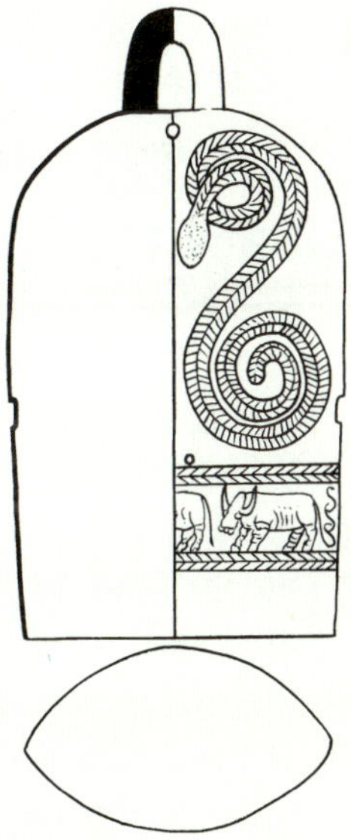

烂坝山圜顶铜钟

口长19厘米、宽10.5厘米、通高37.5厘米，重3千克。铜呈紫色，夹少许砂。钟身平面呈椭圆形，钟顶面弧凸呈圜顶状，设半圆形扁钮，体腔上阔下渐稍收，两铣由上至下略向内倾，狭鼓，平口。正背面、两侧中段及顶中有散音孔。面音孔圆形，直径0.9厘米；侧音孔作长方形，长1.9厘米、宽1厘米；顶音孔呈正方形，1.1厘米见方。钟虽久经沉埋，但出土后仍音色清脆悦耳，并呈双音频。钟两面装饰纹样对称。上部三分之二钟面饰双蛇螺旋纹，左右各一。蛇身卷曲蜿蜒，动感较强；头椭圆形，躯体饰以鳞节；右蛇头下伸，前身向左盘卷于钟面上段，后身向右盘卷于钟面中段；左蛇相反。钟面中下部有平行的两绳纹横带，其间饰3头首尾相接的牛，各作伫立之状，体态健壮稚拙。纹饰线条流畅，纹络颇为精细。蛇、牛两种动物形象，皆属石寨山文化青铜器上最流行的装饰，蛇象征土地和水神，牛象征财富并多被奴隶主用作牺牲，钟面图案与农牧、祭祀有关。与该钟形制相同、装饰纹样类似的铜钟曾在昌宁东西两侧的南涧、施甸单件出土，均应为单独使用的特钟。该钟及昌宁南部发现的与石寨山文化铜钟类似的铜钟，表明两地间有较多的文化联系。（耿德铭）

Sanguo zhi Nan-Beichao tongqi

三国至南北朝铜器

三国、西晋、东晋及南北朝时期中国各地区以铜为主要材质制作的器具。由于社会动荡和战乱频繁，社会经济遭到极大破坏，手工业受到很大影响，铜器制造业处在一种停滞、衰退的状态。作为历代政治中心的黄河流域是各国争夺的中心地区，受战争的破坏也最大；南方地区相对安定，北人纷纷南迁，使南方地区的社会经济和文化较秦至东汉时期有较大发展。这时的铜器出土数量不多，品级较低，形态多模仿瓷器，无论在技术上还是艺术上都缺乏创新。但是，伴随南方诸王朝与海外的交往，中国铜器制品和工艺却流传甚广，对日本等地的铜器生产影响深远。

● **时代背景** 除西晋短暂的统一外，这时的中国出现长达300余年的分裂局面。北方古族在这期间纷纷进入中原，出现空前的民族大融合。在这种历史背景下，各地区文化面貌上的差异也进一步缩小，但由于从西晋以后长期的南北对峙，以及僻处一隅的某些由少数民族建立的国家尚保留较多的自身文化传统，这一时期的文化除存在比较明显的南北差别外，在北方还存在一些更小的地区之间的差异。中国铜器制造业的重心继续向钱币倾斜，铜制器具除铜镜外，数量不断减少，制作日益简易。造成这种结果的原因主要有3个：①钢铁冶铸技术在西汉后期以后取得突破性的进展，原有的不能满足社会需求的柔软熟铁和脆硬生铁，已逐渐为刚柔兼备的钢铁所取代。原先还需用铜来制造的某些兵器和用具，已普遍改用钢铁来制造。②瓷器在这时获得巨大发展，已经脱离原始瓷器的阶段，这些精美的瓷器逐渐成为日常生活的主要器皿，铜器在这一领域的地位进一步下降。③金银器制作工艺经过秦至东汉时期的发展，已基本摆脱传统青铜制作工艺的影响，逐渐成为统治阶级高级器具的主体，原先金银错、鎏金等工艺的高等级铜器已不如秦至东汉时期居显要地位。除以上几个主要原因外，铁器时代铜器的最大产品门类铜镜在这个时期也处于停顿状态，并且随着佛教在这个时期的广泛传播，相当一部分铜材被用来铸造佛像，这些也在一定程度上影响到这一时期铜器生产的发展。

● **发现状况** 流传下来的这一时期铜器的数量不多，再加之多为造型简单的素面器物，不大为人所重，见于著录的这一时期铜器很少，有的铜器还被误认为是西汉、东汉时的铜器（如北宋《宣和博古图》所著录的“汉龙首鐎斗”等实际上就是南朝晚期的铜器）。考古发掘出土的这一时期铜器一般出自墓葬，窖藏铜器只有江苏镇江市金山园艺场出土的梁太清二年（公元548年）铜器群等极少例子。这时期墓葬出土铜器的数量一般不很多。三国铜器集中发现于安徽马鞍山市三国吴大将军朱然墓，该墓出土铜炭炉、熨斗、鐎、水注及铜镜等一批铜器，

三国两晋南北朝时期南区铜器举例

为认识三国铜器提供了一组标准器。东晋铜器主要集中发现于江苏南京市象山东晋咸康七年（公元341年）的王兴之墓及象山7号墓。十六国铜器群有辽宁北票县西官营子卒于北燕太平七年（公元415年）的北燕贵族冯素弗墓出土的51件铜器。南朝的铜器群有梁太清二年（公元548年）的江苏镇江市金山窖藏铜器群及湖北当阳县长坂坡1号墓出土的铜器等。北朝铜器群有山西寿阳县贾家庄北齐河清元年（公元562年）的顺阳王厍狄迴洛墓铜器。这些铜器群，年代和国别比较明确，所有者大都是当时地位很高的人物，它们基本反映出当时铜器的制造工艺、种类组合、器物风格、发展进程和地区差异。

● 技术成就 由于日用铜器多朴实无华，人们一般认为这时的铜器铸造工艺不高。不过从遗留至今的大量精美的鎏金铜造像，以及当时文献反映的铜器冶铸情况来看，当时铜器冶铸规模也还是相当可观，冶铸技术也并非完全停滞不前。

三国时期的铜器冶铸遗址只在湖北鄂城县有所发现，在这一孙吴前期都城遗址附近的铜灶和小铜山两地发现有采铜和冶铜遗址，其中一口古井中出土的双提耳铜釜上有“官”和“黄武元年作三千四百卅八枚”的铭文，表明该釜是孙权时期某官营铜器作坊所生产的3438件铜釜中的一件，这说明当时东吴的官营铜器作坊仍具有较大的生产能力，证实“吴主孙权以黄武四年采武昌铜铁作千口剑、万口刀”（《古今刀剑录》）的记载并非夸大。三国蜀在冶铜技术上也取得一些进展。东晋常璩《华阳国志·南中志》称：“螳螂县因山名也，出银、铅、白铜、杂药。”白铜是铜与镍或砷的合金，从当地资源和以后云南以出产镍白铜著名的情况看，常璩所说的白铜应当是指镍白铜。镍白铜的外观似银，具有优异的抗腐蚀性，是明清时期才在中国广泛使用的铜合金。要获得镍白铜需把镍铁矿和铜矿进行合理搭配，经过反复多次的煅烧和冶炼，工序相当繁复。南北朝时期佛教盛行，铜铸佛像及寺庙建筑饰件很多，大的铜佛像和铜构件如北魏永宁寺佛殿有“丈八金像一躯，中长金像十躯”（杨衒之《洛阳伽蓝记》卷一），永宁寺塔高十丈，塔刹上的可容二十五石的金宝瓶及其下的“承露金盘”也均为鎏金铜件；小的鎏金铜造像传世及出土的都不少，有的造型和细部刻制均极其复杂，如北魏神龟元年（公元518年）卦夏□造交脚弥勒乌像、正光三年（公元522年）魏氏造释迦佛像等。要铸制这样的铜像和铜件，需要很高的铸铜技术和采用失蜡法铸铜工艺，从而使失蜡法在这时应用更广泛。

● 时代特征 器表绝大多数为素面，风格朴素。用途以日常生活用器为主，另有一些建筑、帷帐和马具饰件，兵器和工具较少。器类有炉、锅、釜、甑、铛、鐎、鐎斗、熨斗、杯、碗、盘、樽、瓶、唾壶、盆、鋗、熏、灯、镜、印章、弩机等，其中铛、釜、鐎斗、熨斗、唾壶等，皆为沿用时间长、使用范围广、最具时代特征的常见器类。铛为敞口浅腹、平底三足的炊器，似鼎但无双耳（《集韵》：“铛，釜属，通作鎗”），是用作煮饭的炊器，也可用作温酒（《世说新语·德行》：“（陈遗）母好食铛底焦饭。”《北史·孟信传》：“乃自出酒，以铁铛温之。”）。釜作敛口、圆肩、平底之形，口部或有双耳可装提梁将釜悬于火上，故也有称之为“提梁罐”的；但从冯素弗墓铜甗（釜甑）的釜部形态来看，将这种炊器称之为

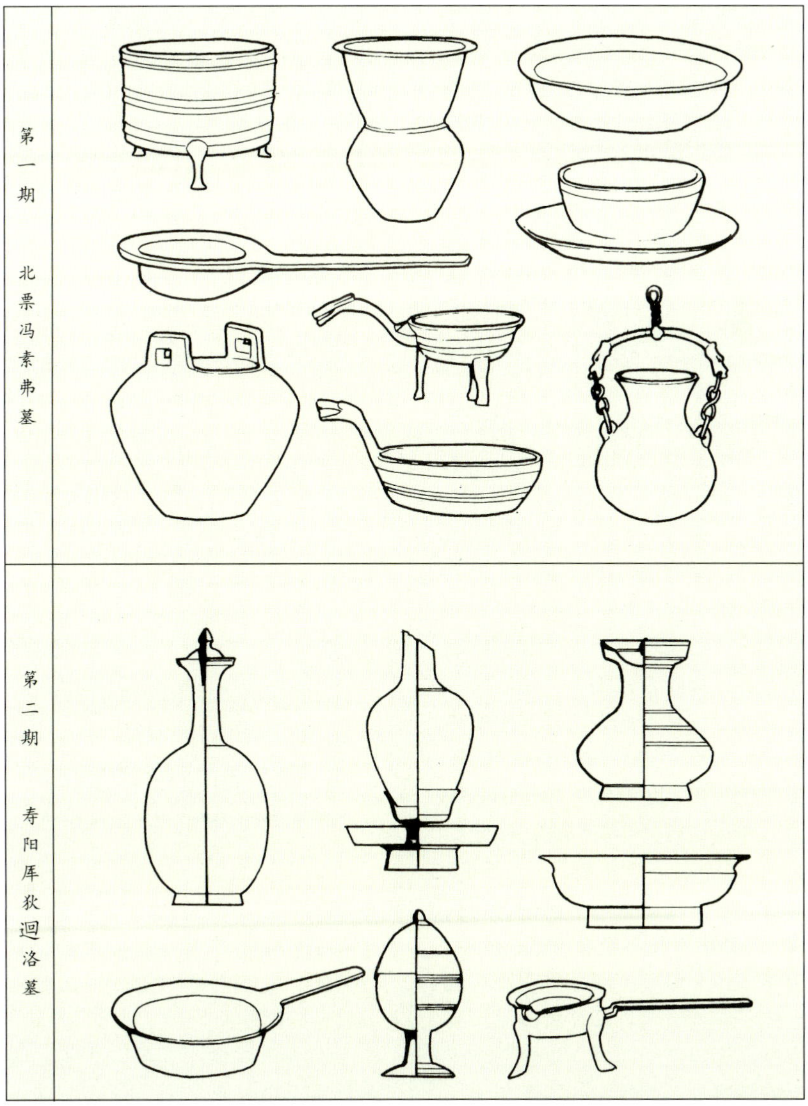

三国两晋南北朝时期北区铜器举例

釜应该更加合适。鐎斗为敞口带流、三足带长柄的温酒或温羹的铜容器，是当时演变轨迹最清楚的具有断代意义的重要铜器种类（见三国至南北朝铜鐎斗）。熨斗是在西汉、东汉时期就已出现的铜器，形如无足的鐎斗，但腹部较浅，柄均为长直柄。杯敞口，曲腹，圈足，是南北朝时期才流行的新器类，有矮足杯和高足杯两类，杯下或承以托盘，有的高足杯还带耸起很高的器盖。瓶小侈口，细长颈，大鼓腹，是这一时期新出现的器类，主要有腹部呈立卵形的鼓腹瓶和腹部呈桃形的广肩瓶两类。唾壶类似西汉、东汉时期的壶（鍾），但体态更矮，形制为盘口、粗长颈、广肩、垂腹、矮圈足，是当时非常流行的器物种类。此外，还有一种类似熨斗的长柄铜器，如当阳县长坂坡1号墓出土者，这种形状的器物见于当时佛教造像供养人所持，应是用于焚香的行炉。这些铜器一般为素面，有的施加几道简单的旋纹。鎏金铜器在这时的北方地区相当流行。

● **分期与分区** 就器类组合和总体风格来说，可大致分两期：①第一期，三国、西晋、东晋时期。以马鞍山市朱然墓、南京市象山7号墓、北票县冯素弗墓铜器为代表。该期铜器组合以釜、鐎斗、熨斗为基本器类，有的另加铛或唾壶。铜器尚保留有较多东汉铜器的影响，在鐎盉、鐎斗、熨斗、画像镜等东汉就已出现的器类中，鐎盉等器物在逐渐消失，而鐎斗、熨斗等却开始流行。新出现铛、提梁釜和唾壶等器类。铛腹部较浅，三足低矮；提梁釜似仅见于此期，其肩部由略外凸到极度外鼓；鐎斗口部外侈，腹部较浅，三足矮细；唾壶颈部较短，圈足低矮。②第二期，南北朝时期。以镇江市金山窖藏、长坂坡1号墓、寿阳县厍狄迴洛墓铜器为代表。该期典型铜器组合为铛、鐎斗、熨斗、杯、唾壶，新出现并流行高足杯、细颈瓶、行炉等新器类，其中高足杯等是受西方金银器影响产生的新器类。铜容器的器形与前一期相比，器体普遍变得瘦高，三足普遍长且外撇，造型更加美观稳定。铛腹稍深，高足外折；鐎斗斗体较小较深，足高且下端粗巨；唾壶颈部变长，圈足变高。

东汉王朝崩溃后，魏、蜀、吴三国鼎立局面形成，其中南方的蜀和吴国力稍逊，往往以联合的方式对抗北方的魏国，中国南北开始出现分隔。自东晋时期起，南北分裂局面及北方边区鲜卑等游牧古族的聚合与割据的形势，更使得铜器风格存在着南北差异和地域性的显著不同。因此，当时铜器大致可分为南北两大区：①南区，为六朝统治区域，其西至四川盆地，东到海滨，北界大致为汉江、淮河一线。器类主要有铛、釜、鐎斗、熨斗、唾壶等，造型较北方地区优雅，装饰崇尚素净。②北区，主要为十六国及北朝统治地区，其西含甘陇，东至辽东，南界随南北势力的变化而在汉江、淮河南北移动。器类主要有釜、釜镬、鐎斗、熨斗、杯、瓶、唾壶、马具等，器表多鎏金，鎏金铜马具在一些地区相当流行。

参考书目

南京市博物馆：《南京象山5号、6号、7号墓清理简报》，《文物》1972年11期。
黎瑶渤：《辽宁北票县西官营子北燕冯素弗墓》，《文物》1973年3期。
王克林：《北齐厍狄迴洛墓》，《考古学报》1979年3期。
刘兴：《江苏梁太清二年窖藏铜器》，《考古》1985年6期。
安徽省文物考古研究所等：《安徽马鞍山东吴朱然墓发掘简报》，《文物》1986年3期。

（孙　华）

Sanguo zhi Nanbeichao tongjiaodou

三国至南北朝铜鐎斗

三国、西晋、东晋及南北朝时期的铜制容器。为一种下有三足、旁有长柄、敞口带流的温酒或温羹的容器，是当时非常流行且富有时代特色的铜器种类。

铜鐎斗来源于春秋、战国时期就已出现的铜鐎（盉），因而铜鐎斗也与铜鐎经常相混。在名称上，《说文·金部》称：“鐎，鐎斗也。”以鐎斗来解释鐎；在形状上，《韵集》说鐎是“三足，有柄”（唐·玄应《一切经音义》引），这也未表明鐎和鐎斗的区别。故从北宋的《宣和博古图》到清代的《西清古鉴》等，都将这两种铜器名为“鐎斗”。根据有自铭的铜鐎和鐎斗可知，鐎形态为扁球形小敛口，而鐎斗形态为盆形大敞口。铜鐎的用途，传世的富平侯家鐎自铭为温酒（《汉金文录》），铜鐎斗的用途则用于盛羹和温羹。另一种与铜鐎斗相似的铜器是刁斗，《史记·李将军列传》：“不击刁斗以自卫。”集解引孟康说：“以铜作鐎器，受一斗，昼炊饭食，夜击持行，名曰刁斗。”刁斗属鐎类但无足，可以敲击斗底，故通常将一种似鐎斗而无足的铜器称为刁斗。

两晋南北朝铜鐎斗形态演变示意图

铜鐎斗在西汉时期就已出现，山东沂水县荆山西汉墓的铜鐎斗与铜鐎共存，前者为折沿敞口、浅腹圜底，并带有龙兽长曲柄，这与传世有自名的建始二年（公元前31年）铜鐎斗已非常相似（《陶斋吉金录》卷六）。铜鐎斗出现后，铜鐎与鐎斗仍然长期并存，在辽宁朝阳市唐代早期的左才墓中还见有铜鐎。不过，三国至南北朝时期鐎已不太流行，十分流行的是秦至东汉时期还不多见的鐎斗。无论在南方还是北方，均有铜鐎斗出土，南方的东晋王兴之墓与北方的北燕冯素弗墓出土的鐎斗的形态都很相似。鐎斗的形态可分为两类：一类器柄为直柄，如江苏镇江市郊梁太清二年（公元548年）窖藏铜鐎斗；一类器柄为龙首曲柄，如江西大余县新城乡观路村铜鐎斗。两类铜鐎斗的演变规律大致相同，它们皆口部由大变小，腹由浅变深，底由圜底变为平底，足由低矮直立变成高长外撇，曲柄类的龙首由低垂逐渐变得高昂。南北朝晚期的铜鐎斗以直柄类较多，但两类铜鐎斗在隋、唐时代仍未消失，如辽宁朝阳市唐左才墓出土的直柄铜鐎斗和河南偃师县杏园村唐李景由墓出土的凫首曲柄铜鐎斗。

（孙 华）

longshoubing tongjiaodou

龙首柄铜鐎斗

南北朝晚期南方地区铜制炊器。1971年～1981年由北京市文物工作队在废铜中拣选获得。现藏于首都博物馆。

口径16.5厘米、斗高26厘米、连柄长26.5厘米。属曲柄类，侈口，折沿，直腹，平底，高足外撇，中有膝节。斗旁安龙首曲柄，与柄相对的斗口有上翘的宽尾。其器柄如同探头出海的蛟龙，颈身纤细，极富飘逸之感。

龙首柄铜鐎斗

该鐎斗造型优雅，保存完好，为三国至南北朝铜鐎斗中的上乘作品。从形态上分析，它的年代应为南朝晚期，产地应为梁、陈一带。

（孙 华）

Sanguo zhi Nan-Beichao tongjing

三国至南北朝铜镜

三国、西晋、东晋及南北朝时期中国各地区的铜制照容用具。由于政权林立，战乱不休，社会经济遭到严重破坏，铜镜大都制作粗糙，缺乏创新，处于一种停滞不前的状态中。由于各国各族逐鹿中原，北方地区屡遭兵燹，原居于黄河流域的人们大规模南迁及随之而来的南北对峙，东汉时期就已出现的铜镜南北分派的趋势更加明显，南方铜镜的发展也逐渐超越北方。南方铜镜，尤其是吴和两晋镜的制成品及制作工艺，已通过海上通道传入日本，给日本的铜器制造业以很大影响。

● **工艺风格** 主要沿袭汉镜的工艺及风格。铜镜只见铸纹镜一类，西汉时期采用彩绘（漆绘）、嵌错等装饰工艺的铜镜早在东汉时期已经不再制造，新的制镜工艺又尚未产生，铜镜制作业正处在两汉时期与隋唐时期两个高峰间的低谷之中。这时铸纹镜的背纹种类也相当单调，东汉中晚期出现的对列夔凤镜、重列神像镜、环列神兽镜、变形四叶镜在这时极为流行。由于重列神像镜、环列神兽镜等在东汉时期就主要铸制并行用于南方地区，东汉以后出现的长期南北分裂对峙局面更使得铜镜的区域性差异不断加大。因此，当时铜镜具有工艺和风格守旧、种类少而集中及存在南北地域性差异等特点。不过，由于这一时期佛教的广泛传播，佛教造像遍及全国，铜镜主题纹样不可避免地也带上时代的烙印。新出现的佛兽镜给这一时期凝固的铜镜纹样带来一丝新的气息。

● **种类** 比较简单。形制基本均为圆形，镜缘有宽缘和窄缘、平缘和三角缘的分别。根据主题纹样的布列方式，可将这时的铜镜分为对列、重列、环列、四分（柿蒂）4类，每类中按主题纹样的不同又可分为若干型式。如对列类有对列夔凤纹镜和对列双夔纹镜，重列类有重列神像纹镜、重列佛像纹镜，环列类镜有环列神兽纹镜，柿蒂类镜有柿蒂鸾凤纹镜、柿蒂兽面纹镜、柿蒂佛像纹镜等。

神兽纹镜以早期道教诸神人和神兽及佛像为主题纹样。按布局的不同又可分为重列神兽镜和环列神兽镜两类。前者神像头部均按同方向布列，有的还用纵横相交的直线划分区段，神像间配置以青龙、白虎、朱雀、玄武等神兽；后者神像或佛像环列镜钮作放射性布置，主题纹样以四神（或佛）四兽为主，也有的为二神四兽。

● **特点** 主要表现在：①继续使用汉镜，大致保持汉镜风格，有一种化繁就简的趋势；东汉时期习见的环带鸟纹镜、禽兽纹镜、对立式龙虎纹镜、钮下独立式龙纹镜和放射状四叶纹镜仍然存在。②南北铜镜呈不平衡发展，北方主要沿袭使用汉镜，南方制镜业继续发展，浙江绍兴、湖北鄂城已成为重要的铸镜地区，并出土大量记地、纪年铭文铜镜，如“扬州会稽山阴师唐豫命作竟”、“武昌元作明镜”、“黄武七年七月丙午朔七日甲子纪主治时大师陈世严作明竟”等。③铜镜类型集中，创新品种较少，出土许多纪年铭文镜。新出现钮下作涡状三虎纹、涡状四龙纹诸镜和扁圆形大钮诸镜，如扁圆大钮卷草纹镜、对鸟纹镜、“位至三公”对鸟纹镜、龙纹镜。流行变行四叶纹镜、变形四叶鸾凤镜、变形四叶佛像鸾凤镜、变形四叶兽首镜、夔凤纹镜和瑞兽镜等。④在南方，东汉时期出现的神兽镜，到三国、西晋、东晋时特别盛行。三国时出现佛兽镜，流行到西晋时期。与西汉、东汉神兽镜相比，东吴神兽镜没有直行吉祥铭文，神兽形态一般较小，排列错落有序，留有一定空间，各阶段的线索划分鲜明，神兽的数目增加较多。吴晋佛兽镜铸佛像、菩萨、飞天等图像，与西王母、东王公和龙虎等神兽混杂，成为长江中下游地区这一时期铜镜的装饰特征之一，反映出佛教在该地区的普及和盛行状况。⑤魏晋时期，日本流行一种三角缘神兽镜，其上铸汉式神兽图案和铭文，镜缘断面呈三角形，为中国工匠赴日所铸。十六国战乱不已，铜镜铸造业几处停顿，东晋政权比较

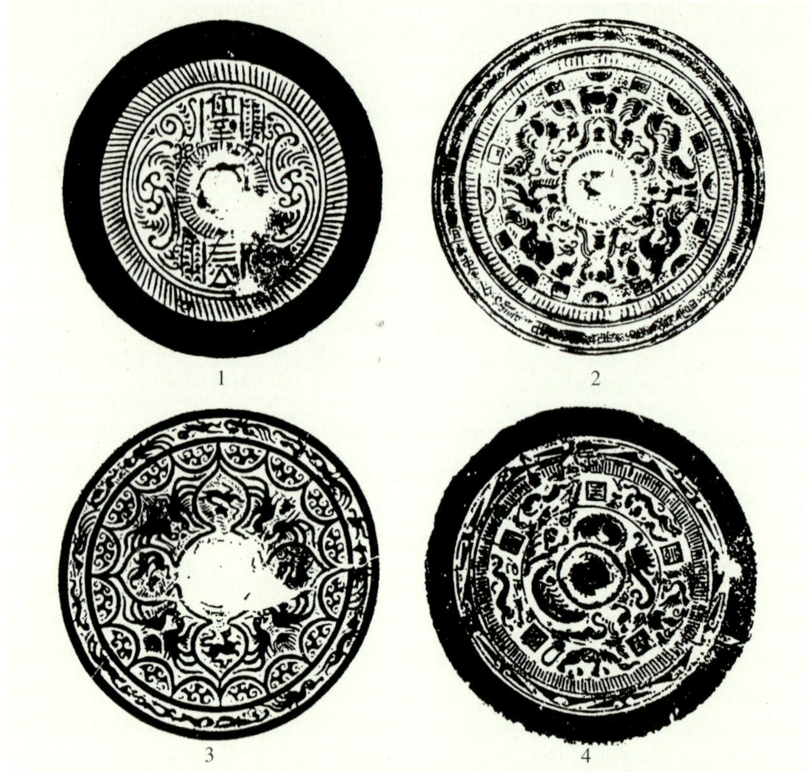

1.位至三公直行铭文双凤纹镜　2.太康三年对置式神兽纹镜
3.变形四叶瑞兽对凤纹镜　4.龙虎禽兽纹镜

三国两晋南北朝铜镜举例

稳定，铸镜业得以维持，主要流行神兽镜，图纹日趋简化。南北朝时期，北方铜镜主要沿袭东汉以来旧式镜，数量少，出现花鸟题材装饰，北朝铜镜中画像镜的镜面较大，人物形象清风秀骨，刚柔兼备，神兽形体修长，并界格雕以十二生肖，用花草云水补白。南方铸镜生产也呈现衰退局面，神兽镜、夔凤镜花纹简化，质量粗陋，南朝神兽镜最早出现新型的六出葵花缘装饰，开隋唐葵花镜的先声。

（何志国）

Echeng shidi foxiang duifengwen tongjing

鄂城柿蒂佛像对凤纹铜镜

六朝时期的铜制照容用具。湖北鄂州市出土。现藏于鄂州市博物馆。

直径16.3厘米。平面呈圆形，半球钮，平直宽素缘。宽大的柿蒂纹将镜背分成4区，柿蒂间的每区有2只相对的凤鸟，凤鸟振翅翘尾，尖喙相向。柿蒂中都有佛像，三瓣各有一尊坐像，坐佛均有圆形项光，结跏趺坐于龙、虎莲座上。另一瓣中有3尊像，居中主像头有项光，侧坐于莲花座上，手托面部，作半跏思维态；两胁旁侍一跪一立，头上均无项光。近镜缘处有内向十六连弧圈，每个弧内分别有龙、凤或虎等图像，皆作奔驰状。

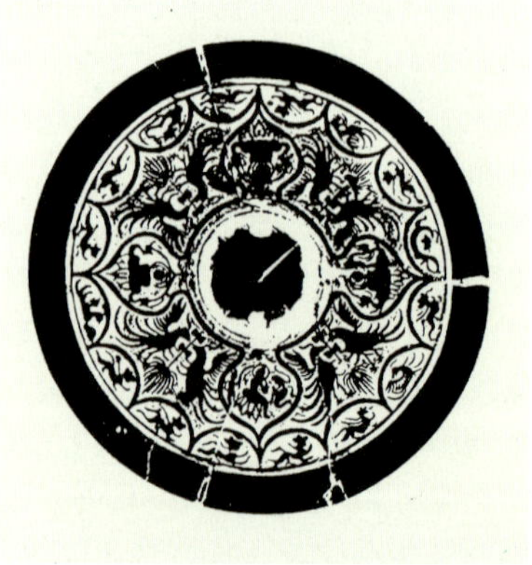

鄂城柿蒂佛像对凤纹铜镜

以佛像为装饰题材，是长江中下游地区三国吴及西晋时期铜镜上流行的装饰特征之一。该镜为研究中国南方早期佛教艺术的重要资料，表明佛教已经在这一地区比较普及。

（何志国）

Sanguo zhi Nan-Beichao tonggu

三国至南北朝铜鼓

三国、西晋、东晋及南北朝时期云贵高原及岭南地区古族中传统铜制乐器及礼器。自战国时期产生以来，铜鼓随南方古族间联系的增强和古族的迁徙传布到更加广阔的地区。这一时期铜鼓比较流行，是中国古代铜鼓发展的重要阶段。

● **保存情况**　岭南豪酋铸大铜鼓以显示权威是当时的一种风气。《后汉书·马援列传》李贤注引晋裴渊《广州记》称："俚獠铸铜为鼓，鼓唯高大为贵，面阔丈余。初成，悬于庭，剋晨置酒，招致同类，来者盈门。豪富子女以金银为大钗，执以叩鼓，叩竟，留遗主人也。"正由于这些缘故，传世和出土的这一时期铜鼓数量较多，分布较广，种类也较多。传世和出土的两晋南北朝时期铜鼓数量不下百面，分布范围北至四川嘉陵江中游的阆中、南抵海南岛南端、东迄西江中游的藤县、西达云南中部的晋宁。其中以广西金秀县平道、横县云表公社六合村、桂平县蒙峪公社沙岗朱屋背窖藏等出土的铜鼓较为重要。这些铜鼓大都伴出瓷器等遗物，对判断这一时期铜鼓的类型、年代和不同类型铜鼓的年代对应关系有着重要启迪作用。

● **类型**　主要有冷水冲型、北流型和灵山型3种：①冷水冲型鼓。以广西藤县濛江公社横村冷水冲出土的一面铜鼓得名。其与石寨山型鼓较为相似，皆为胸、腰、足三段分明的铜鼓；但冷水冲型体量较高大，鼓面多出短檐，胸部微大于或等于鼓面，足部均较高，鼓面周边多施立体的蛙、牛、马、骑士、水禽等附饰，翔鹭、羽人、船纹等像生纹饰已简化和抽象。②北流型鼓。得名于广西北流县出土的铜鼓。其体态硕大，胸、腰分段已不很明显，鼓面大于鼓胸，周边出檐，檐部下勾，腰部粗大且内弧较小，腰足间多以尖凸棱分界，鼓面立体蛙形饰件较小较简单，纹饰一般为细小的云雷纹，少数为钱纹等其他纹饰。③灵山型鼓。以广西灵山县出土的典型铜鼓而得名。其与北流型比较相似，但鼓面较薄且不下勾，鼓胸向鼓腰收缩缓和，胸、腰分界几乎消失，鼓面边沿多饰6只立体的三足蛙，晕间多饰钱纹。

● **年代** 由于已知铜鼓大都是零星出土的，有共存关系的极少，并且鼓身很少带有明显的年代信息，因而确定其年代较为困难。冷水冲型鼓年代较为明确，属于该型典型形制的金秀县平道110号鼓同出有南朝的黄釉陶碗，可知该型鼓从西汉、东汉时期一直沿用到南北朝时期。北流型鼓的年代，据广西桂平县蒙峪公社沙岗朱屋背窖藏的典型北流型鼓与较典型的冷水冲型鼓同出的现象，以及较晚形制的北流型鼓开始出现东汉末期以后才有的四出五铢钱纹的事实，推测其年代下限也已跨入南北朝时期。灵山型鼓，一般认为是从北流型鼓发展而来。从较早的灵山型鼓四出钱纹似东汉末期的四出五铢钱，以及较晚形制的灵山型鼓（广西灵山县绿水公社绿水村出土铜鼓）有唐开元通宝钱同出的例子来看，该型鼓的使用时间应从东汉末一直到唐，是主要流行于三国至南北朝时期的铜鼓类型。

冷水冲型鼓是南方众多古族共同使用的一种铜鼓，在云南、四川、贵州、广西和广东都有发现，而以两广地区发现最多。北流型和灵山型鼓的分布范围大致相同，均分布在广西东南部和广东西南部。这一带在两晋南北朝时期活动着乌浒、俚等古族，故学术界多认为他们是北流型和灵山型铜鼓的创造者和使用者。

参考书目

中国古代铜鼓研究会：《中国古代铜鼓》，文物出版社，1988。

（孙 华）

Hongyicun leiwa sichuqianwen tonggu

红宜村累蛙四出钱纹铜鼓

三国至南北朝时期南方古族的铜制单面打击乐器和礼器。1950年～1980年出土于广西横县南乡公社红宜村。现藏于横县文物管理所。

面径78.7厘米、足径78.2厘米、通高45厘米。属灵山型，大鼓面出檐，胸部略鼓，腰部粗壮但中部微内曲，足部外侈且较高，胸、腰、足分界不明显。胸腰之际有珠边辫状耳两对。鼓面周边有立体的三足蛙6个，其间3只蛙背上还负有小蛙。鼓面中心为十芒太阳纹，其外十七晕，晕间施四出钱纹、连钱纹和变形舞人纹，鼓身在密布的旋纹间也施四出钱纹和连钱纹。该鼓在灵山型鼓中属于偏早的形制，与北流型鼓比较接近，其四出钱纹也类似于始铸于东汉晚期的四出五铢钱。该鼓的年代当以两晋时期前后更为确切。

（孙 华）

〖三国至南北朝其他铜器〗

Huangwu yuannian Wuchang Guantongfu

黄武元年武昌官铜釜

三国时期吴国于黄武元年（公元222年）官营作坊生产的铜制炊器。1977年出土于湖北鄂城县城关西南一口古井中。现藏于鄂城县博物馆。

口径12.8厘米、通高20厘米。直口无唇，圆肩，腹部微内曲，平底。口外立有对称的半环耳，耳微外倾，内套长方形铁框。铜釜表面仅肩部施一道旋纹，旋纹上的肩部有刻铭12字："黄武元年作三千四百卅八枚"，其下肩腹转曲处另有"武昌"、"官"3字。器腹靠底处有一破洞曾用铸铁浇补，表明该器是经过较长时间使用的实用器具。

该釜是三国至东晋时期铜釜的典型式样，釜上铭文表明它为孙权时期武昌官营铜器作坊所铸，并且该作坊至少曾生产这类铜器3438件。这对了解东吴的官营铜器作坊的生产规模和当时铜器的流行器类都有帮助。

（孙 华）

黄武元年武昌官铜釜

Shedihuiluomu liujin daigai tongping

厍狄迴洛墓鎏金带盖铜瓶

北齐铜制酒器。1973年由山西省文物工作委员会在寿阳县贾家庄葬于北齐河清元年（公元562年）的顺阳王厍狄迴洛的墓中发掘出土。现藏于山西省博物馆。

通高18.2厘米。小口带盖，盖为平沿穹顶，尖顶形盖钮如同插在盖上的铜锥，锥下部伸入器类，锥尖接两根长铁丝。器身侈口，卷沿，细长颈，卵形瓶身下接外侈的矮圈足。通体素面鎏金。

该瓶采用南北朝时期铜瓶的典型形态，河北景县封氏墓出土的铜瓶就与此非常相似。它所在墓葬的年代和墓主都很明确，可作为南北朝时期同类铜器的分期标准器。其保存完好，制作较精，在同类器中

最具代表性。与之同时出土的还有2件不同形制的鎏金铜瓶及其他鎏金铜器。（孙 华）

Fengsufumu tonghuzi

冯素弗墓铜虎子

十六国北燕时期铜制亵器。1965年由辽宁省博物馆在北票县西官营子卒于北燕太平七年（公元415年）的北燕贵族冯素弗的墓中发掘出土。现藏于辽宁省博物馆。

冯素弗墓铜虎子

全长38厘米、通高24厘米。整体作昂首扬尾的伏虎状，虎体中空，虎首张口含圆管，颈后伸出云形鬣与虎背相交形成提梁，前身两侧有翼，项、背、胸、尾刻细线。造型和纹饰均很有特色。

三国至南北朝时期的虎子多以青瓷制作，形态较抽象，且主要流行于南方地区。该虎子用铜铸造，造型比较写实，又出自东北地区，极为难得。（孙 华）

Qianliang jincuo tongnitong

前凉金错铜泥筒

十六国时期前凉升平十三年（公元369年）宫廷中作部铸制的盛放封泥的铜容器。1966年由陕西省博物馆在西安市收集。现藏于陕西历史博物馆。

口径7.9厘米、通高11.7厘米。器身如竹筒状，盖已失，子口，侧壁上部施3个半环钮，平底下边设3只矮蹄足。器表以金丝错出5道3组花纹，由上而下分别为垂帏、云水、龙虎、忍冬和锯齿。器底有金错隶书铭文47字，铭文分两组排列，上面为单行“灵华紫阁服乘金错泥筩”10字，下面为4行排列的“升平十三年十月，凉中作部造。平章殿帅臣范晃，督臣基毋务，舍人臣史融，错匠邢苟，铸匠王虏。”升平十三年是前凉最后一王张玄靓时所改奉的东晋年号，这时玄靓的叔叔张天锡专权，7年后，前凉被前秦苻坚所灭。苻坚为张天锡起宅于长安城，封之为归义侯。该泥筒大概就是这时带到西安的。

前凉金错铜泥筒

十六国时期，战乱频繁，不遑制作，遗留下的铜器很少。该泥筒制作较精且有较长铭文，尤为难得。该器自称泥筩，《急就篇》有“芬薰脂粉膏泽筩”句，颜师古注说：“筩者本用竹筩，其后转用金玉杂物。”筩即用铜仿竹筒制作的器物。铜筩也就是铜鋞，其用途不尽一致。该筒小而铭文自称泥筩，内尚存紫泥残迹，无疑为盛装紫泥之用。紫泥以武都所产最为著称，《汉旧仪》谓天子玺书封泥用武都紫泥。武都在前凉境内，前凉统治者以之盛封泥是很自然的。

参考书目

秦烈新：《前凉错金泥筩》，《文物》1972年6期。

陈直：《出土文物丛考》，《文物》1972年6期。

（孙 华）

Jiangwangmiao sanzhi tongdeng

蒋王庙三枝铜灯

蒋王庙三枝铜灯

东晋时期铜制照明器具。1958年出土于江苏南京市蒋王庙。现藏于南京博物院。

承盘直径33厘米、通高68厘米。属多枝灯类，主体形如挺拔的莲蓬，笔直的灯柱顶端承托一灯盘，中部偏上处两侧伸出曲枝各托一灯盘。曲枝上有对称的花蕾，下有卷叶形支撑。灯柱固定于较大的承盘上，盘下有3只外卷的扁足。整体造型简练，稳定大方，是多枝灯发展到最后阶段的实物标本。（孙 华）

jincuo panlong tongzhen

金错蟠龙铜镇

南朝时期用于镇压席角以防卷折的铜制器具。现藏于北京故宫博物院。

金错蟠龙铜镇

全长及通高均11.4厘米。作蟠曲昂首的龙形，龙首微张，长角弯曲，三足据地，一只前足上扬作挠

首状，形象颇为生动。龙的全身皆装饰以简单的金错纹饰，龙爪饰较小圆圈纹，其上部位则饰较大的圆涡纹，以表现龙身的鳞片。

该镇是罕见的南北朝时期的高品级铜器，造型新颖，与西汉、东汉时期蟠龙镇迥然不同。只是过分夸张的形态和过多凸起的部分，容易牵挂衣襟，造型艺术未能很好地与使用功能结合在一起，这一点反而不如西汉、东汉时期铜镇。

（孙 华）

Sui-Tang-Wudai tongqi

隋唐五代铜器

隋王朝建立后至宋王朝建立前中国各地区的以铜为主要材质的器具。与三国至南北朝铜器一样，属于中国铜器发展史上的衰落时期，冶铸技术没有多少创新，使用范围进一步缩小。不过，由于隋、唐王朝强大的综合国力和包容四方的雍容器度，使得这时期铜器制作在总的衰落气氛中也显露出某种程度上的盛世景象。借鉴并采纳漆器和金银器装饰工艺的宗教供养器具和各类华丽铜镜等，从一个侧面反映出隋唐经济文化的发达和繁荣。

● **时代背景** 隋王朝结束了自西晋以后长期的分裂混乱局面和南北对峙的政治文化格局，中国遭受长期战乱破坏的社会经济得到恢复和发展。唐王朝继承隋王朝的统一基业，在政治、经济和军事等方面实施一系列改革措施，将中国古代社会推向秦汉王朝以来又一空前鼎盛的发展阶段。这种繁荣景象反映到铸铜工业方面，就是铜币铸造规模空前扩大，铜钱数量急剧增加；铜镜制造业一改三国至南北朝时期的停滞守旧的面貌，呈现出厚重而雍容华贵的新风尚；为宗教等目的而铸造的各种铜器在这时大大增加，大型铜铁铸件时有所见。不过，当时高级贵族的生活用具偏重于精工细作的贵重金银器，一般官民喜用美观而价廉的瓷器，铜在当时人们的观念中，“为兵不如铁，为器不如漆”，被几乎排斥在日常生活用器之外。为了满足铸币对铜料的需求和保证经济的稳定，唐王朝开始“禁卖铜锡及造铜器”（《新唐书·食货志》）。正是由于这个原因，除了铜镜外，隋唐时期日用铜器发现极少，只有少量的宗教用铜器等遗留了下来。

● **技术成就** 当时铜器冶铸技术和工艺没有重要的创新和改进，但在冶铜和铸铜规模、铸造大型和精密铜器的技术上却有所发展。唐代废除从汉武帝以来一直沿用的五铢钱，改铸“开元通宝”。为铸出优质的铜币，唐高祖武德四年（公元621年），欧阳询进开元通宝的“蜡（蜡）样”（《唐会要》卷八、卷九）。这是中国文献对失蜡法铸铜的最早记载，虽然在此前的春秋晚期就已有采用失蜡法铸造的铜器发现。隋、唐经济发达，货币流通量远远超过前代，需用大量的铜、锡和铅才能满足需要，故唐代矿冶业也颇为繁荣。据《新唐书·食货志》载：“唐天宝十一载……天下炉九十九……每炉岁铸钱三千三百缗，役丁匠三十，费铜二万一千二百斤，鑞三千七百斤，锡五百斤。”唐宪宗元和初年（公元806年），全国每年产“铜二十六万六千斤，铁二百七万斤，锡五万斤，铅无常数”；到唐宣宗时（公元847年～公元859年），唐王朝所征税就有“铜六十五万五千斤，铅十一万四千斤，锡万七千斤”。铜的产量增加很快。当时的铜除大量用作铸币外，还用作铸造佛道像设、寺庙供养器具和日常生活用器。武则天时在洛阳用铜、铁200万斤铸造高达105尺的“天枢”（《新唐书·武则天传》），唐玄宗时僧一行用铜铁铸造黄道游仪、浑天仪等仪器。这些都反映出唐代铜器冶铸的技术水平。

● **时代特征** 铜器种类按用途可分寺庙用器、生活用器、特殊用器几大类。寺庙专门用器有钟、函、塔、香炉、香熏等。日常生活用器有炉、鐎斗、熨斗、钵、杯、盆、瓶、罐、注子等容器，以及灯、镜、勺、刀、锁、镊、钩等。特殊用途的铜器包括军旅使用的符，辟邪消灾的龙等。在这些铜器中，较为常见且具有时代特色的是钟、函、香炉、香熏、罐、注子、鱼符和铜镜。铜钟是当时寺庙官署悬挂的单独报时示警的响器，上为圆形圜顶龙钮，钟壁微外弧，钟口平直或作连弧波曲形。这种铜钟出现于南北朝晚期，现存最早的一例为南朝陈太建七年（公元575年）铜钟，但从唐代起才开始流行。唐、五代铜钟钟体瘦长，腹壁较直但中部微外鼓，钟口微内收，有平直口和波曲口两类：前者如唐代宗宝应元年至大历三年（公元762年～公元768年）的四川黔江县赵国琛铜钟，后者如武则天时期（公元684年～公元705年）的甘肃武威市大云寺铜钟。铜函为佛教供奉舍利的箱函，通常作长方形盝顶形，隋代静志寺鎏金铜函是现已发现的最早的铜函。铜香炉和香熏造型似战国中晚期的楚系铜鼎，3只粗壮的兽足斜撑住盒形炉体，形态稳重而优雅。罐和注子形态如当时的同类陶瓷器，罐作侈口短沿、圆肩平底之形，有的带盖；注子侈口，带盖，圆肩，短流，后带耳形执手。鱼符是唐代新出现的器类，用以代替从秦代就已成定制的虎符（武则天时期也曾行用龟符），如陕西西安市唐长安城清思殿遗址出土的有“同均府左领军卫”铭文的铜鱼符。

一般器表均为素面，宗教用器多刻以线条流畅的阴线花纹，器表往往鎏金，颇有豪华气度。其中最引人注目的是铜镜，它除运用传统的鎏金、错金、镶料（石）工艺外，还使用平脱、螺钿的漆器制造工艺及贴银等金银器制造工艺，并在铜镜装饰题材、纹样种类等方面都进行创新，从而在铜镜发展史上形成另一个发展高峰。

从东晋及南北朝时期开始的经济文化重心的南移，在隋、唐时期已充分显现出来，饱受战乱之苦的中原地区正在逐渐失去昔日的辉煌。尽管隋、唐两代的政治中心仍然在黄河流域，但经济文化重心的转移

所必然带来的政治中心的南北离异，在唐亡以后不久就开始表现出来。

（孙　华）

Sui-Tang-Wudai tongjing

隋唐五代铜镜

隋、唐、五代时期铜制照容器具。伴随当时经济发展，文化繁荣，作为当时手工业的主要门类的铜镜制造业也有很大发展。铜镜不仅在传统的铸纹镜方面有显著变化，而且在其他新兴手工业的影响下出现不少先前所不见的特种工艺镜。尤其是唐代铜镜以其工艺复杂、制作精湛、种类众多、纹饰新颖而著称，成为中国铜镜发展史上的巅峰阶段。

● **特征**　隋、唐铜镜种类繁多，花样翻新。传统的铸纹镜，就镜的总体形制来说，已不再限于先前圆镜和方镜两类，圆镜周缘除传统的圆边镜外，还出现并流行菱花镜和葵花镜。就镜的背纹布局来说，先前盛行的内外区分划的布局虽仍存在，但内外区间的多重环带已大多变为单线，内区扩大而外区缩小，不少铜镜甚至不再分区；这使得主题纹样有了更多的可供变化的自由空间。就纹样种类来说，既有沿袭前代的四神、规矩、铭带等，更多的则是新产生的瑞兽葡萄、鸾鸟花草、飞仙高士、对鸟团花等富有时代气息的新纹样。唐代除运用传统的鎏金、错金、镶料（石）工艺外，还将平脱、螺钿等漆器工艺，贴银等金银器工艺运用于铜镜的制作中，产生一批质量上乘、美不胜收的铜镜精品。这些细密厚重、银白光洁的铸纹镜，以及宽阔气派、色彩艳丽的特种工艺镜，使得唐代铜镜呈现出空前绝后的多样化特点。

隋、唐铜镜的铭文以四言句最多，五言句次之，属骈体诗文式，内容多以镜的本身为主题，如“光正随人，长命宜新”，“镜发菱花，净月澄华”等。铭文字体皆正体楷书，不同于汉镜多用篆体和各种简化字。镜铭一般不用纪年，也不记工匠的名字。

隋、唐是继秦和汉以后的又一个大一统的封建帝国，国力强盛，这使得全国的铜镜呈现极大的一致性。这种现象表明，当时存在着某些重要的铸镜地区。《新唐书·地理志》提到的隋、唐铸镜的中心有并州和扬州两处。已知并州铜镜的材料不多，而扬州铜镜的资料却很丰富。尤其扬州的“方丈镜”、“百炼镜”、“江心镜”等贡奉镜极为精致。当时扬州铜镜除贡奉外，还通过各种渠道运销到许多地方，十分流行。

● **分类**　种类繁多。从装饰工艺的角度来看，它们显然分别属于铸纹镜和贴纹镜两个系列。从镜体形态的角度来看，这两个系列的铜镜又可分别分为方形、圆形和花形3种。就主体铸纹镜来说，方形（包括近似方形）镜数量较少，可分直角正方形、抹角椭方形和花形椭方形3类。圆形镜数量较多，根据背纹布局的不同，可分为内主外从的内外纹带、主次不分的内外纹带，以及整个镜背作为一个纹区3类。其中第一类纹样有四神规矩、四神十二辰、瑞兽铭带、瑞兽花草、鸾鸟瑞兽、雀绕花枝、八卦奇字等；第二类纹样主要是唐代最为流行的瑞兽葡萄；第三类纹样有四兽追戏、花枝团花、对凤对鸟等。花形镜是唐代新出现并流行的铜镜形态，它有菱花和葵花两种。菱花镜的纹样布局有内外纹带和单一纹区两类，前者的外区为附属的花草，内区为主题纹样，主纹与单一纹区一样有鸾鸟瑞兽、雀绕花枝、仙人高士和狩猎等；葵花镜的纹样布局以单一纹区为多，纹样有鸾鸟瑞兽、雀绕花枝、仙人高士、花枝团花、对凤对鸟、云龙等。贴纹镜即特种工艺镜，其装饰工艺有银壳、平脱、螺钿、嵌错、鎏金几种。银壳镜形态主要为菱花形，圆形者仅獐羊村银壳画像铜镜一例，其为仿古铜镜，形制比较特别；平脱镜和螺钿镜主要作圆形和葵花形，不见菱花形。除菱花形银壳镜多采用内外两区的纹饰布局外，其他特种工艺镜一般采用单一纹区的纹饰布局，花纹的题材与铸纹镜相似。

在当时各类铜镜中，最为人们所珍爱的是用特种工艺制成的银壳金花镜、金银平脱镜和螺钿镜。银壳金花镜是在铜镜背面嵌套银质的背壳，使原铸纹镜的花纹凸现于银背，或在素净的银壳上錾刻精细的花纹，然后再鎏金的一种形似金质或银质的贵重铜镜。金银平脱镜是将锤打成极薄的金箔或银箔修剪錾刻成所需要的纹样，然后将其粘贴在涂满漆的素平的镜背上，漆干后

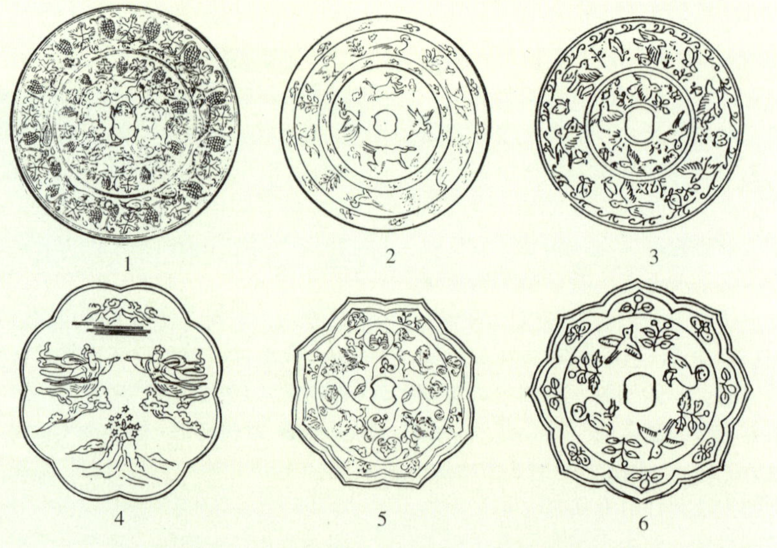

1.圆形瑞兽葡萄镜　2.圆形鸾鸟瑞兽镜　3.圆形雀鸟花枝镜
4.葵花形月宫飞仙镜　5.菱花形鸾鸟瑞兽镜　6.菱花形雀绕花枝镜

盛唐时期铸纹铜镜举例

经打磨抛光，成为色彩对比鲜明、华丽富贵的铜镜。螺钿镜是在素平的镜背上用漆粘贴剪裁琢磨成各种形状的贝壳和蚌片，使之成为精美的图画或图案。这3种铜镜耗工费时，当时为富贵人家使用的奢侈品。尤其是金银平脱镜，所用材料贵重，色彩艳丽，更为唐代人们所看重。《广异记》(《太平广记》卷三三四引)所载韦栗女死后魂魄仍念念不忘"漆背金花镜"的故事，以及唐代诗文中关于金银平脱镜的描写（如王建《老妇叹镜》"嫁时明镜老尤在，黄金镂画双凤背"的诗句），就形象地反映出当时的时尚。

● **分期** 一般分为4期：①第一期，隋至初唐时期。这时铜镜制造业尚未完全摆脱三国至南北朝铜镜的影响，铜镜样式严整规范，形态一般为圆形，布局拘束严谨，多分区配置纹饰。背纹仍以传统的题材为主，多见四神规矩、四神十二辰、瑞花铭带镜，主题纹饰以灵异瑞兽为主，圈带铭文及善颂善祷的祯祥铭文等多为西汉至南北朝时期铜镜中常见的传统因素。新出现由四神镜演变而来的瑞兽葡萄镜，其继承中国铜镜的传统，但在造型风格上又有许多变化：铭带消失，内外区分别已不明显，出现葡萄纹样，瑞兽由静态趋向动态，造型更为丰腴，构图也由紧密变得活泼开放。此外，瑞花铭带镜虽仍保留传统的纹样布局和铭带，但纹饰中新加入大量的花叶花枝图案，已开隋唐铜镜大量采用植物纹样的先河。②第二期，盛唐时期。这时铜镜制造业获得极大发展，新工艺、新形态、新纹饰的铜镜不断出现。镜形以圆形为主，菱花形次之，葵花形较少，另有少许方形和亚字形等变形镜。镜钮以圆形为主，也有兽形钮、龟形钮和花形钮。在纹饰布局上，圈带铭文已消失，纹饰不再受内外区界的束缚，能更好地表现主题纹样。纹饰题材更为广泛，先前的四神十二生肖等题材退居次要地位，植物、瑞兽、飞禽成为铜镜的主要纹饰。葡萄、花草、飞禽、蜂蝶等题材的图案构思十分巧妙，已达到运用自如的成熟阶段。仙人一类人物故事题材也开始涌现，花鸟镜颇为流行。从纹饰内容看，这时铜镜还可细分为前后两段：前段以瑞兽葡萄镜最为盛行，鸾鸟瑞兽镜、雀绕花枝镜继瑞兽葡萄镜后也受到人们的钟爱；后段新出现对鸟镜、飞仙镜、云龙镜等。盛唐社会经济高度繁荣，铜镜艺术也呈现出浓郁的"盛唐气象"。金银平脱镜、银壳金花镜、鎏金镜等均从盛唐开始在上流社会中使用。③第三期，中唐时期。这时铜镜继承盛唐崇尚奢华的时尚，除金银平脱镜、银壳金花镜等继续流行外，螺钿镜也盛行开来。铜镜的形态以葵花形和圆形为主，镜钮也基本采用圆形的钮座。纹饰布局基本是单一纹区，构图更加灵活多样，纹样的写实意味增强。背纹题材主要为对鸟、花雀、团花、飞仙、高士、盘龙、四夔、瑞兽等。其中尤以各种对鸟镜、团花镜等最为流行。真子飞霜镜和高士宴乐镜的流行反映出中唐时期战乱不止，人民渴求安宁的历史背景。④第四期，晚唐至五代时期。为唐镜的衰落时期，也是中国铜镜发展史的转折时期。铜镜制作已失去盛唐及中唐时期的富丽堂皇和变化多姿，特种工艺镜基本不见，铸纹镜也简单粗放。镜形除圆形外，亚字形、方形镜（包括圆角方形）流行。主题纹饰除对鸟、花蝶、龙凤、团花等纹样外，含有宗教趣旨的纹样开始盛行，如以道教的八卦为主纹，配以星象、生肖、干支、符箓等各种八卦镜，单纯饰以佛教吉祥万德之所集的"卐"形符号的万字镜。布局层层密密，分割配置，较为单调，又出现圈带铭文。作风粗拙，表现手法远不如盛唐丰富。

唐代中外交流异常频繁，"丝绸之路"上各国商旅往来不绝，唐代铜镜也在这频繁的交流中运至国外。在日本、朝鲜、蒙古、伊朗及西亚诸国都发现有唐镜。尤其以日本数量最多，如正仓院就收藏有瑞兽葡萄镜、金银平脱镜、螺钿镜等数十面，在高松冢古坟和法隆寺五重塔相继出土有海兽葡萄镜，成为中日文化交流的重要实物证据。

参考书目

孔祥星：《隋唐铜镜的类型与分期》，《中国考古学会第一次年会论文集》，文物出版社，1980。
颜娟英：《唐代铜镜纹饰之内容与风格》，《中央研究院历史语言研究所集刊》第六十本第二分册，1990。
徐殿魁：《唐镜分期的考古学探讨》，《考古学报》1994年3期。

（孙 华 文齐国）

Jinwanzhen damaqiu huaxiang tongjing

金湾镇打马球画像铜镜

盛唐时期铜制照容用具。1975年出土于江苏邗江县金湾镇。现藏于扬州市博物馆。

金湾镇打马球画像铜镜

直径18.5厘米。作菱花形，半球形钮，内主外从的纹区布列，内外两区间以葵花形凸线分隔，葵花与镜缘菱花的花瓣交错，给外区留下布置纹样的空间。内区装饰浮雕状的打马球图，图中4个骑士挥舞着前端弯曲的鞠杖纵马驰逐，有的"飘飘拂画球"，有的"俯身迎未落"（沈佺期《幸梨园亭观打球应制》）。周围点缀着山石及花枝。外区为图案化的蜂和折枝花，二者相间布置。

打马球是唐代盛行的竞技体育，上至皇室显贵，下至州郡官吏，都喜好此项活动。将打马球的场面作为铜镜纹饰，正是当时时尚的反映。已知打马球画像的铜镜共2件，现藏于北京故宫博物院的打马球画像铜镜为传世品，镜体较小，保存也不如金湾镇出土的这面铜镜完好。

（孙 华）

feixian shanyue linghua tongjing

飞仙山岳菱花铜镜

唐代前期铜制照容用具。现藏于台北故宫博物院。

边长19.3厘米～19.5厘米。作方菱花形，为八瓣菱花，四角花瓣大，其间花瓣小。半球钮，四叶云头纹钮座，窄素镜缘。镜钮座外的四方各有仙山一座，其间为口衔花枝的飞禽。四角大菱花内各有一手持仙草、足踏云气、披帛飘扬的飞仙。近镜缘处为禽鸟流云纹带。该镜的造型与常见的菱花镜不同，四小菱花与背纹中的四山四禽组成一菱形，与其外的四飞仙及四大菱花的方形错落布置，构图规整而不呆板，是唐代飞仙山岳镜的佳作。（孙 华）

Zhangyangcun yinke huaxiang tongjing

獐羊村银壳画像铜镜

獐羊村银壳画像铜镜

唐代中期采用包银工艺制作的仿古铜制照容用具。1984年在河南孟津县朝阳乡獐羊村出土。现藏于孟津县文物管理委员会。

直径22厘米。整体作圆形，半球形钮，双弦连珠纹钮座，其外为浮雕状画像主纹区，纹饰旋列，主纹为相对的二佛像及二马车。一佛结跏趺坐于仰莲座上，背后有辐射光束，两侧有4只扶摇而上的天雀和2位舞人。与该佛隔钮座相对，也有一结跏趺坐佛像，惟背光下卷，两侧光束上卷，仰莲四周施以藤蔓。马车一侧为四马双轮辎车，马皆作奔腾状，车厢呈户牖齐全的高轩形，车顶前后有二天雀振翅飞翔。另一侧的马车驾6马，车形与前车相同。主纹区以外为铭文带，首尾以5枚小乳相间，铭文右旋排列：“永元五年四夷服，多贺国家人民息，胡虏殄灭天下复，风雨时节五谷孰，长保二亲得天力。吴胡傷里。”字体作楷书，字迹清晰，笔划工整。铭带以外依次装饰栉齿、锯齿、折线水波纹各一周。窄高镜缘。镜以铜质铸纹镜为体，其外包银版锤揲出镜背花纹，然后将银版周边卡入铜镜缘固定而成。

该镜仿汉画像镜风格，但从其包银工艺、铜镜形制、铭文和书法风格诸方面考察，其铸造年代当属唐代。（何志国）

yinke jinhua shanshui renwu tongjing

银壳金花山水人物铜镜

盛唐时期采用贴银镀金工艺制成的铜制照容用具。可能在唐代即输入日本。现藏于日本正仓院。

直径达40.7厘米。整体作菱花形，八菱花瓣，半球形钮。镜背套银壳，其上刻錾花纹。纹饰作内主外从的双区布局，内区表现吹笙抚琴的人物，配以蟠龙、翔凤和山水；外区为禽鸟枝蔓和边缘铭带。主题纹样和铭文镀金。熠熠金花布列于银白色的宽大镜背上，华丽壮观。该镜镜体宽大，被公认为盛唐时期金花银壳铜镜的代表作。

（孙 华）

Sui-Tang-Wudai tonggu

隋唐五代铜鼓

隋、唐、五代时期云贵高原及岭南地区古族中传统的铜制乐器及礼器。《隋书·地理志下》记：“自岭已南二十余郡……诸蛮则勇敢自立，皆重贿轻死，唯富为雄……并铸铜为大鼓，初成，悬于庭中，置酒以招同类。”《旧唐书·南蛮传》也说：“……宴聚则击铜鼓吹大角，歌舞为乐。”可见在隋唐时期岭南地区的不少古族中，铜鼓仍是具有财富和地位象征的重要器物。已知这一时期铜鼓数量虽不很多，但铜鼓类型却发生较大的变化，是铜鼓发展进程中一个承上启下的时期。

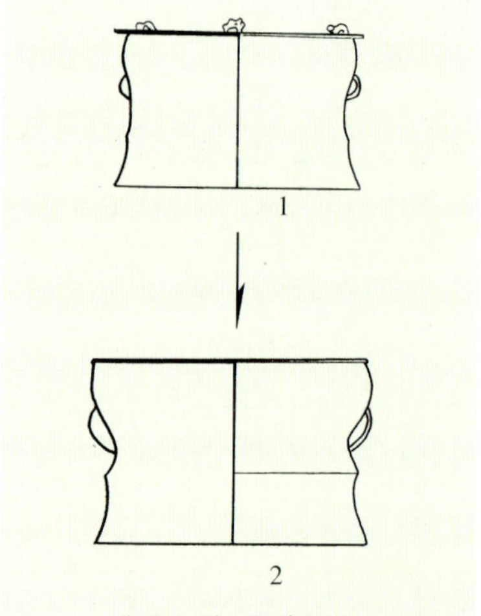

1.灵山型　2.遵义型

隋唐时期流行铜鼓举例

● **类型**　主要有灵山型、遵义型两种。另有西盟型鼓，有的学者认为它年代上限也可到唐代。灵山型鼓以出土该型典型铜鼓的广西灵山县而命名，其鼓胸、腰、足分段已不很明显，鼓面大于鼓胸，周边出檐，鼓胸向鼓腰收缩缓和，腰部粗大且内弧较小，鼓面周边沿多饰6只立体的三足蛙，晕间多饰钱纹。遵义型鼓以贵州遵义市杨粲夫妇墓铜鼓为代表，基本特征表现为：鼓面一般无立体装饰，面径大致与胸径相当，檐部一般很短；鼓胸向鼓腰过渡自然，分界基本消失；腰部较短，腰、足间分界形成显著的尖棱；胸腰间的两对扁耳变大，鼓身纹饰变得简略；其形态介于先前流行的冷水冲型和以后流行的麻江型鼓之间。至于西盟型鼓，其形态比较特别。

● **年代及分布** 灵山型鼓主要流行于三国至南北朝时期，但从广西灵山县绿水公社绿水村出土的该型铜鼓内遗留有唐开元通宝钱的现象分析，灵山型鼓在唐代应当还在使用。遵义型鼓的典型器为年代在1086年～1247年间的杨粲夫妇墓铜鼓，但1953年出土于云南昆明市官渡区小学的一面较早形制的遵义型铜鼓，同出有唐代的大铜铃，其年代应当为唐代。由此推知遵义型铜鼓的流行年代是唐至南宋时期。

灵山型鼓的分布范围大致在广西东南部和广东西南部，那里隋、唐时期是乌浒、俚人活动的区域；作为分布范围很广的冷水冲型和麻江型鼓之间过渡形态的遵义型鼓，其分布范围也基本上与冷水冲型相吻合，北至四川南部，东南到广西西北，西至云南中部，这里隋唐时期活动着被统称为僚的古族集群。这些铜鼓的使用者可能就是这些居民。

参考书目

中国古代铜鼓研究会：《中国古代铜鼓》，文物出版社，1988。

（孙 华）

〖隋唐五代其他铜器〗

Jinglongguan tongzhong

景龙观铜钟

唐代中期睿宗皇帝为长安城内著名皇家道观景龙观而亲自主造并撰铭的大型铜制乐器。因该钟铸于唐睿宗景云二年（公元711年），又称景云钟。现藏于陕西省博物馆。

口径165厘米、通高247厘米，重6000千克。铜锡合金，全钟由5层26块外范铸成。截面呈圆形，圜顶，长身，下端微收，口作六角弧，顶有蒲牢钮。钟外壁以宽栏分为5段：最上面一段为穹顶，仅饰4乳钉；第2段至第4段又各分为6格，除第4段中央一格铸唐睿宗李旦御书的铭文外，其余诸格都铸以鹤、龙、凤、狮、独角兽、飞天、宝镜的形象；最下面一段饰兽面纹及蔓草纹。铭文共18行292字，骈文，书体为具有八分遗意的正书。铭文概括道教的一些基本观念和景龙观的创建历史，渲染了该钟铸造的过程和该钟的功能，其中像“广召鲸工，远征凫匠，耶溪集宝，丽壑收珍”这类描述铸钟工匠技艺高超和选料精良的文字，并非虚语。该钟用料考究，铸制精工，声音洪亮，集中体现出唐代铜钟的制作工艺水平。

（孙 华）

Jingzhisi liujin tonghan

静志寺鎏金铜函

隋代铜制佛教供养器具。1969年出土于河北定州市静志寺遗址中。现藏于定州市博物馆。

静志寺鎏金铜函

口宽23.4厘米、通高20厘米，重7.95千克。平面呈方形，盝顶形盖套在函身子口上，盖壁和器壁垂直，平底。函的表面编刻阴线花纹：盖顶为外方内圆的花边宽带，其内有持叉踏龟的天王；四坡面上下有重叠花瓣纹带的边栏，其间每面有3个团花状布置的菩萨和神怪的主纹，旁边填以花卉衬地；盖壁四周在上下编织纹间饰忍冬纹。器壁四周以忍冬纹带为边框，左右边框内为对联状铭带，其内有2个尖拱楣龛，龛内莲座上各有菩萨像一尊。铭带内有楷书铭文80字，大意是隋仁寿三年（公元603年）在静志寺废塔基中掘出北魏兴安二年（公元453年）舍利石函，大业六年（公元610年）将这些舍利重新安置于佛殿内。该函应当就是为了重新安放这些舍利而铸造的。在函盖内顶还有北宋太平兴国二年（公元977年）将舍利迎出供养七昼夜的墨书题记。它不仅是一件精美的铜制工艺品，而且在中国古代佛教史研究上也有重要的意义。

（孙 华）

Dayunsi liujin tonghan

大云寺鎏金铜函

唐代前期用于大云寺供奉舍利的铜制佛教供养器具。1964年由甘肃省文物工作队在泾川县城北水泉寺东南半公里处清理出土。现藏于甘肃省博物馆。

边长11.5厘米、身高9厘米、通高12厘米。函由边角铆接铜板构成。平面呈方形，盝顶，盖顶部中央有莲花宝珠钮，盖后有二银铰链与函身相连，盖前正中设银如意头锁盖拉手，拉手下端前卷成管状锁插，与函身两个团花锁插相对。函身四壁垂直，下有底座，包边和包角比函盖宽。函面满刻鱼籽地忍冬纹，纹饰鲜明。在锁插内挂有鎏金铜锁，还附有带环链的钥匙。函的表面及锁匙均鎏金，使整个铜函不仅制作精巧，而且颇为富丽豪华。根据铜函外所套石函上的铭文，可知该铜函及其内的银椁金棺一样，都是唐代早期武周延载元年（公元694年）所制。

佛教的舍利瘗埋制度在中国的流传过程中，如同佛教的其他方面一样，也在不断世俗化和中国化。舍利由最初的以罐坛瘗埋逐渐发展演变成为中国传统的以棺椁瘗埋。该铜函与其内的银椁、金棺正是舍利瘗埋形式从罐坛向棺椁转变的最早实物标本，对研究中国佛舍利瘗埋制度的演变有着重要价值。

（孙 华）

Famensi liujin tongta

法门寺鎏金铜塔

唐代中期铜制建筑模型和佛教供养器具。1987年由陕西法门寺考古队在扶风县法门镇法门寺塔的地宫前室中清理出土。现藏于法门寺博物馆。

通高53.5厘米。仿照单层方形木塔铸制，由塔座、塔身、塔刹3部分组成。塔座共3层，逐层内收。下层仿砖石基座，中、上层均仿木构平座，每层周围都绕以斗子勾栏，正中设虹形踏步以供升降。塔身为3间方形单檐攒尖顶，檐柱细长，上联重楣。柱头斗拱做法为斗口跳，补间施人字拱。当心间设双扇板门，次间开直棂窗，正面门前对列二护法力士。屋面铸出瓦陇和脊饰。塔刹盛高，方形须弥座上共有六重相轮，其上为宝盖、圆光、仰月和宝珠。

法门寺鎏金铜塔

法门寺是文献记载中供奉有释迦牟尼真身舍利的4座中国佛教寺庙之一。唐代皇室曾多次迎奉法门寺舍利入宫供奉，法门寺塔地宫瘗埋之物也多是唐代皇室布施，品级之高，无与伦比。根据《法苑珠林》等佛教文献和法门寺地宫出土的《大唐咸通启送岐阳真身志文》，法门寺地宫出土遗物基本上均为唐懿宗咸通十四年（公元873年）最后一次迎奉佛骨入宫时所布施。但该铜塔的斗拱形制却不似晚唐风格，很可能是唐代中期唐皇室某次迎奉佛舍利活动的遗物。该塔出土时外罩彩绘汉白玉的阿育王塔，内有盛放佛指的银棺，在中国建筑史和佛教史研究上均有着重要意义。

（孙 华）

Taiyuanfu Wupanguan tongxinglu

太原府武判官铜行炉

五代时期太原府武判官的铜制礼佛香炉。传世品。现藏于中国历史博物馆。

太原府武判官铜行炉

全长41.8厘米、通高15.2厘米。炉身似花朵形，由上下两部分组成。上部中央为一圆杯，杯口周围有八瓣花形宽沿，杯底有花蒂形杯托；下部为八足的八角形莲座，座上莲花的中心插上面的杯托。在杯的后侧有线刻菩萨像的3朵云形叶片和龙形斜撑与长柄相连，柄呈三弦槽形，后部折转下垂。柄左侧有“太原府武判官造押”8字铭文。

行炉是佛教徒盛香礼佛的重要器具，在石刻和壁画的供养人图像中常见，但实物却比较少见。该行炉造型和制作均十分精美，是当时铜炉的代表作。

（孙 华）

Caochangpo liujin tiexin tonglong

草场坡鎏金铁心铜龙

唐代使用多种材料和工艺制成的铜制艺术品。1975年出土于陕西西安市南郊草场坡。现藏于陕西省博物馆。

共2件，质地、大小、造型完全相同。长28厘米、高34厘米，重2.78千克。铜龙的制造工艺复杂，主要经历3道工序，即首先用铁制成龙体的大致轮廓，然后在铁芯上覆蜡提拔出细部而形成完整的蜡模，经熔模浇铸成铜龙，最后在铜龙表面鎏金。龙整体作飞腾状，头部高昂，尾部飘起，前腿直蹬，后腿上举；整体形态刚柔相济，极富动感，既显得流动飘逸，又表现出力量和气势。其造型风格与西安南郊何家村唐代窖藏出土的鎏金银碗底部的龙纹颇为相似。

该龙工艺精湛，是唐代制铜工艺和造型艺术的珍品。这样的铜龙被成双埋入地下，应为有意埋藏。有的学者据其出土地点和文献记载，推测它们是唐朝燕国公张说为接通地脉而埋的。

（孙 华）

草场坡鎏金铁心铜龙

Beisong zhi Qing tongqi

北宋至清铜器

北宋、南宋和辽、金、西夏及元、明、清各时期的以铜为主要材质的器具。这时的铜器制作虽然只是手工业生产的一个次要门类，生产和交换规模远不及陶瓷业，但由于铜器在人们的生产和生活中具有特殊作用，铜器制造业并没有停滞不前。在铜矿冶炼技术上创造出胆铜法和黄铜冶炼法，扩大了白铜生产规模，铸造出许多庄严的大型铜像和精美的仿古铜器，并引进和发展了铜胎珐琅器；这些使得铜器在日薄西山的发展总趋势中也不时闪耀着一些绚丽的霞光。

● **发展过程**　宋王朝的建立结束了唐末、五代以来的动荡局面，人民的生活相对安定，加上宋王朝所制定的一系列放松对民间手工业和商业限制的政策，使得手工业和商业较之以前有了长足的进展，科学技术发展到巅峰阶段。这反映在铜矿采冶和铜器的铸造上，就是生产规模更加扩大，出现像江西信州铅山铜铅矿、广东韶州铜铅锡矿、广东岭水铜场等工人达10万人的大型采矿冶炼工场，铜料的产量大增。据《宋史·食货志》记载，北宋皇祐年间全国产铜量达5100834斤、铅98151斤、锡330695斤，到元丰初年，全国铜、铅、锡的产量就分别达到14605969斤、9197335斤和2321898斤，产量增长速度惊人。宋王朝是一个统治疆域和国家实力均远逊于汉、唐王朝的弱小王朝，在宋王朝的北方分布着辽、金和西夏诸国，在宋王朝西南也有大理等国。这些国家，特别是北方的辽、金和西夏，在大量吸收中原文化的同时，也在一定程度上保留了本国的文化传统，并创造出一些具有本国文化色彩的新因素，如辽王国富有特色的铜殓具，金王国纹饰独特的铜镜等。北方的铜矿资源不及南方丰富，铜又是重要的战略物资，为保证铸钱的原料，辽、金王朝都颁布严厉的铜禁，其中尤以金王朝的铜禁为甚。如辽清宁年间（公元1055年～公元1064年），“诏禁诸路不得货铜钱，以防私铸；又禁铜铁卖入回鹘。法益严矣”（《辽史·食货志下》）。金大定十一年（公元1171年），“禁私铸铜镜。旧有铜器悉送官，给其值之半，惟神佛像、钟、磬、钹、钴、腰束带、鱼带之属则存之”（《金史·食货志·钱币》）。这些铜禁限制了辽、金铜器生产的发展，其铜器生产规模和使用范围都远逊于宋王朝。

元王朝灭掉金和宋王朝以后，建立了疆域十分广阔的新王朝。元王朝推行扶持各种宗教的政策，不惜耗费大量财力及人力修建庙宇和塑造神像。为铸造铜像，元朝除设有铸泻等铜局外，还专设有级别较高的出蜡局。《元史·百官志》载：“出蜡局提举司，秩从五品……掌出蜡铸造之工。至元十二年始置局，延祐三年升提举司。”失蜡法铸铜技术在元代有较大发展。元代私人经营的铸铜作坊也有相当的规模，南宋著名的姜娘子铸铜作坊在元代仍享有盛誉。元代官、私所铸铜器数量较大，质量也较高，不少铜器还被明代宫廷作为模仿的蓝本。明《宣德鼎彝谱》著录的不少铜器带有“照元朝内府铸”或“仿元朝姜铸款式”的铭文，就说明元代铜器铸造业的兴旺和对明代铜器的影响。

明代是中国历史上经济比较发达的时代，资本主义生产方式开始萌芽。由于明王朝从建国开始就取消对民间采矿的限制，允许私人经营矿冶生产，又降低了税率，“每三十取二”（《明史·食货志》），包括铜矿和其他有色金属在内的采矿和冶炼规模得到空前的发展。四川会理、云南个旧、广西桂平、江西大庾等重要铜矿从这时开始大规模开采。原料的丰富促进了铜器制造业的发展，出现一大批选材优良、铸制精工的铜制品。皇家铸器选料极其讲究，著名的宣德三年（公元1428年）制作的铜鼎彝，其用铜均经过反复的精炼，其中内府鼎彝用铜精炼达12次之多，并添加有金、银等贵重金属材料，以致于宣德炉在当时就“与南金和璧共价”（明项子京《宣德博论》），“宣铜一炉，价百四五十金”（明《陶庵梦忆》）。受皇家铸器风格的影响，明代民间私家铸器也颇重视铜材的选择和铸工精细，涌现出甘文台、周文甫等铸器名家。明《陶庵梦忆》在记述甘文台所制铜炉时称：“苏州甘回子文台，其拨蜡范沙，深有心法，而烧铜法等分两，与宣铜款识，分毫无二，俱可乱真。然其与人不同者，尤在铜料。”

清代继承明代旧制，允许民间自行经营铜矿和铜厂，铜矿采冶继续保持很大的生产规模。据《清史稿·食货志》记载，清初云南的铜场获得恢复和发展，大的铜场有工人六七万人，小的也有万余人，最大的汤丹铜场的年产量达到1300万斤。白铜的重要产地四川会理在康熙二年（公元1663年）听民开采以后，到乾隆年间已经有立马河、九道沟、清水河和黎溪等多座大型铜矿厂，其中规模最大的黎溪厂有炼炉216座，年产白铜6.3万余斤。这些铜除用于铸造铜币、铳炮和神像外，也大量用于日用铜器、仿古铜器和铜胎珐琅等的制作。此外，从明代开始流行的铜胎珐琅（其主要工艺门类掐丝珐琅，又称景泰兰），给明清铜器注入了新的生机。

● **技术成就**　在冶铸技术和制作工艺上均取得较大成就，集中表现在以下几个方面：①创造出胆铜法冶炼技术。胆铜法是北宋时期出现的一项重要技术成就，可大大提高铜产量。这种制铜法的基本原理是：辉铜矿和黄铜矿在水中细菌作用下会生成硫酸铜，硫酸铜溶解于水就是所谓“胆水”，胆水遇铁就把硫酸铜中的铜置换出来。具体制法有“烹熬法”和“浸泡法”两种。《宋史·食货志下》记：“崇宁元年提举江淮等路铜事游经言：‘信州胆铜古坑二：一为胆水浸铜，工少利多，其水有限；一为胆土煎铜，土无穷而为利寡。’”北宋、南宋时期铜产量的提高在很大程度上应与这种新的炼铜方法有关。②黄铜提炼法发明和推广。黄铜是铜与锌的合金。锌在中国古代被称作“倭铅”，由于氧化锌还原为锌的温度比锌的沸点高，冶炼比较困难。北宋、南宋时期采用将炉甘石（碳酸锌）和铜封闭合炼的方法获得黄铜（鍮石），明代先将炉甘石装入封闭的泥罐内炼成倭铅，再将倭铅与铜合炼获得黄铜。黄铜价格低廉，铸造性能好，因而在北宋以来被广泛用来代替青铜。黄铜冶炼的方法在清代才被传播到欧洲等地。③镍白铜生产规模

扩大。镍白铜即铜和镍的合金，色泽似银发白，故被称作“白铜”。这种合金早在三国及西晋、东晋时期就已冶炼成功，但直到唐代，白铜仍较稀少，故《旧唐书·舆服志》有“自余一品乘白铜饰犊车”的规定。镍白铜的大规模生产是在明、清两代。镍白铜具有优异的抗腐蚀性和美观的色泽，在明、清两代日常生活用器的铸造上得到广泛应用，并出口到欧洲，一度推进了当地的冶铜技术。④出现一批大型铜件。北宋以后大型铜器的铸造不仅采用传统的范铸法，失蜡法也应用很广泛。诞生了四川峨嵋山万年寺宋普贤像，北京觉生寺明永乐大钟等一批著名的大型铜铸件。明宋应星《天工开物·冶铸篇》所记的“铸朝钟之法”，记录了铸造像大铜钟这样大型铜器的方法和工艺流程。⑤铜制热兵器发明并大量铸造。中国从元代开始用铜来铸造火铳和火炮，这主要是因为中国有着铸造大型铜器的久远传统和高超技术，再加之青铜质地坚韧，不易爆裂的缘故。中国的铜铳炮从元代开始就是整体铸造成型的，而同时期欧洲国家火炮多用锻铁条拼接再加箍制成炮管，耐受的膛压有限，明显落后于元代铜铳炮。

● **分期与分区** 北宋至清，时间跨度近千年，经历4次大的改朝换代，北宋、南宋时期还并存辽、金、西夏、大理等王朝，各个时期和不同地区的铜器都存在着一些差异。从铜器种类和风格方面来考察，大致可以分为3期：①第一期，北宋前期。这时铜器尚存唐、五代遗风，典型的北宋、南宋铜器风格尚未形成。这一时期仿古铜器还未形成风气，时代总体风格正在孕育中。②第二期，北宋后期至明代早期。仿古铜器之风兴起并流行，并从元代开始出现铜胎珐琅器。铜制热兵器逐渐成为铜器的一个重要类别。③第三期，明代中期至清代末期。仿古铜器、铜胎珐琅器走向极盛，传统的铜镜走向衰落。

由于北宋、南宋时期长期的南北对峙局面，使得铜器风格也出现一些地区性的差异，形成两宋铜器和辽金铜器两个区系。前者铜器数量和种类较多，仿古器相当发达，铜镜尤具时代气息。后者铜器数量较少，铜镜具有明显的自身特色。

（孙 华）

Beisong zhi Qing fanggu tongqi

北宋至清仿古铜器

北宋、南宋及元、明、清时期出于复古礼仪的需要和对古代文化的爱好等目的，仿照先秦及西汉、东汉铜器实物或参照古代文献的记载铸造的铜制器具。这种铜器不同于专为牟取暴利而伪造的古铜器，前者只求器形和花纹大体相似，有的带上当时学者对于古代礼器的理解和创新，不少仿古铜器还在铭文中明确记载仿制的年代；而后者却为了使人上当受骗，力求伪造得惟妙惟肖，器形、纹饰和铭文均仿照古器，有的还刻意作旧以表示历史悠久。仿古铜器是北宋至清铜器的重要组成部分。

延庆龙纹鬲形铜炉（元）

● **发展过程** 仿制古代铜器的风气出现于北宋。这是宋王朝重视礼教、喜好古物这一历史背景下的产物。北宋、南宋时期，金石学兴起，上至皇帝，下至一般官吏均热衷于收藏商周青铜器，其中尤以宫廷内府收藏最为丰富。为了宗庙礼仪的需要，宋王朝曾多次仿照当时内府所藏铜器铸造铜礼器和乐器。清代尚存于内府的宋徽宗大晟编钟及现藏于北京故宫博物院的宣和铜山尊均为北宋皇家的仿古铜器。

元代承袭北宋、南宋遗风，元成宗时曾设出蜡局为各地庙宇祭祀需要提供仿古祭器。现藏于北京故宫博物院的有元成宗“至大”年号的仿西周的铜罍，应当就是当时出蜡局的仿古制品。

燕螺纹铜壶（清）

明代诸帝王大多好古，至明宣宗朱瞻基时发展至一个高峰。据《宣德鼎彝谱》记载，宣德三年（公元1428年），皇帝下令工部用精铜铸造宫廷、宗庙、藩府等所用的礼器，“款式巨细，悉仿《宣和博古图录》及《考古图》诸书，并内府所藏柴、汝、官、哥、定各窑器皿款式典雅者”。这些仿古铜器的数量多达3300余件。明代末期崇祯年间，“习文翰，嗜古玩”的潞王朱常访（《卫辉府志》卷九）也铸造一批仿古铜器，现藏于北京故宫博物院的潞国四足铜鼎即为流传下来的明代仿古铜器的代表作。此外，明代地方为祭祀礼仪需要也铸造有仿古铜器，如山东兖州市九州大道原兖州文庙遗址即出土有明成化二十三年（公元1487年）铸造的407件（套）青铜礼乐器，其中包括鼎、豆、爵、盘等8种，基本上皆仿商周青铜礼器制作，其中同一时期铸制的青铜豆即达283件，当时铸造规模之大可见一斑。

清代坊间通常以伪造古器为主，但清宫仍继续制造仿古铜器，仿古铜器的特征与明代相似，惟仿古之风已不及明代兴盛。现藏于北京故宫博物院的燕螺纹铜壶、出戟大尊等，均为清代仿古铜器的代表作。

● **特征** 北宋至清各代的仿古铜器各有一些不同的特点。北宋、南宋时期所仿古器的时代从商一直至南北朝，仿制较精，创新较少，仿古器的体量一般都较大。所仿器类除鼎、簋等少量食器外，主要是尊、罍、觥、壶、觚、爵、斝等酒器，另有乐器钟，水器匜和盘等。金银错、镶嵌绿松石和鎏金的做法比较流行。

明代所仿古器的时代与北宋、南宋时期相似，但食器种类增加，鼎、甗、簋、盨、敦均齐备；不仅仿古代铜器，也仿北宋、南宋时期著名瓷窑的瓷器，出现不少形态怪异的器类，如出戟大尊、百环方形觚、筒形觯等。这些铜器上有的有当时铸制的年号，有的则书古代年号，还有的书人名；也有少量金银错、镶嵌和鎏金的仿古铜器。在明代仿古铜器中，最著名的是宣德炉，这种铜炉本是明宣德年间为郊坛太庙所铸的供炉。同时还仿照其他多种鼎彝。由于选料精，铸造好，宣德炉受到当时和以后人们的普遍重视。明项子京《宣炉博论》评价宣德炉说："其款式之雅，铜质之精粹，如良玉之百炼，宝色内涵，珠光外现，迥非它物可以比方也。"明、清两代仿制的宣德炉很多，真伪杂糅，以致于真的宣德炉已很难确定。

清代仿古铜器多仿商周铜器，但种类及数量要少于明代，器类有鼎、尊、罍、觚、壶等，形制别致的仿古铜器有百环尊、出戟大尊、天鸡尊、方口觚等。很少采用金银错、鎏金等装饰手法。（孙 华）

Xuanhe tongshanzun

宣和铜山尊

北宋徽宗宣和三年（公元1121年）制作的铜制仿古礼器。因器上铭文标明为"山尊"而得名。现藏于北京故宫博物院。

口径17.4厘米、通高29厘米，重5.4千克。属觚形尊，作三段式，上侈口长颈，中为微鼓的直腹，下为不高的外撇圈足。器外从上至下施4条锯齿状扉棱，扉棱间至上而下分别填以蕉叶纹、对虺纹、兽面纹等。在尊内腹底有仿西周金文字体的铭文5行26字："唯宣和三年正月辛丑，皇帝考古作山尊，秩于方泽，其万年永保用。"表明了它是宋徽宗赵佶在宣和三年为皇家祭祀地祇场所方泽坛而制作的仿古礼器。

宣和铜山尊

北宋王朝素来重视对三代古器的考证，到宋徽宗赵佶在位时期，还成立专门的礼制局以考订和仿制三代礼器。这类礼器多制作于政和年间（公元1111年～公元1118年），宣和年间尚有不多的续作，但存世数量不多。该尊作为现存的惟一一件有明确纪年铭文的北宋仿古礼器，不仅制作工艺考究，而且铭文体例与所知其他北宋仿古礼器不同。它对理解北宋王朝这一段刻意追求古礼，"必行革千古之陋，以成一代之典"的历史，很有帮助。

参考书目

周铮：《宣和山尊考》，《文物》1983年11期。

（孙 华）

penshui shuanglong tongxi

喷水双龙铜洗

宋代或明代制作的具有奇特物理性质的铜制容器。或称龙洗。现藏于旅顺博物馆。

口径42.3厘米、通高18.7厘米、耳高5.5厘米，重6.1千克。平面呈圆形，侈口，斜壁，平底，口沿上有一对门形提耳。器表光素，内底铸出云水纹及吞云吐雾的双龙纹。其奇妙之处在于：当洗内装上水后，用洗过的湿手搓磨双耳，盆就将发出悦耳的嗡鸣，并从龙纹的口近处等4个部位喷出高达一尺的水柱，给人以双龙吐水的奇异观感。

该洗的振动和喷水机理，通常认为是利用了物理学的共振原理，即持续地摩擦盆耳，使空气发生振动而出声，较强的共振波可使盆内的水翻滚飞溅。但戴念祖等学者指出，龙洗的振动和喷水是自激振动所致；王大钧先生更通过实验和理论分析论证龙洗的振动和喷水机理是一个壳体和液体藕合系统的自激振动问题。经过物理学家们的反复研究，铜龙洗的有趣现象的深刻科学道理已经被正确地揭示——它的振动是由于干摩擦引起的自激振动与它所具有的特殊模态形式决定的，它的喷水是干摩擦引起的自激振动与壳液藕合系统具有两个镜面对称结构的湿模态巧妙结合相互作用的结果。该洗除具有艺术观赏功能外，还具有极高的科学价值，是研究中国古代科学技术史的重要实例。

参考书目

戴念祖：《喷水鱼洗起源初探》，《自然科学史研究》1983年2期。

王大钧：《关于古代文物的力学性质的研究》，《科技考古论丛——全国第二届科技考古学术讨论会论文集》，中国科学技术大学出版社，1991。

刘习军等：《中华文物龙洗（鱼洗）有趣现象的非线性分析》，《科学通报》第41卷第5期。

（孙 华）

Beisong zhi Qing tongjing

北宋至清铜镜

北宋、南宋及元、明、清时期（包括了西夏、辽、金等）中国各地

区的铜制照容器具。这时铜镜数量、形态和纹饰种类虽仍较多，但缺乏像唐代那种气势恢宏、精工细作、工艺特别的高品级铜镜，标志着中国铜镜制作由极盛逐渐走向衰落。明代以后，铜镜制作的颓势更加显著，玻璃镜开始走上历史舞台，并最终取代铜镜。

与以前各时代铜镜相比，这时铜镜形态的最大变化是带柄铜镜出现。带柄镜不用在镜钮上穿系绶带，直接手持镜柄照容，使用比较方便。在带柄镜流行的同时，传统的具钮镜也在继续使用和流行，从而使北宋以后的铜镜明显分为具钮镜和带柄镜两种。具钮镜数量和种类很多，既有圆形镜，也有方形镜，此外还有亚字形镜、钟形镜、炉形镜、桃形镜。其中圆形具钮镜的镜缘又有圆缘镜、葵花镜和菱花镜3类，方形镜又有委角方形镜、圆角方形镜两类。带柄镜种类较少，主要为圆形镜，此外有葵花镜、叶形镜。

这时铜镜的背纹均为单一的铸纹镜，有的连花纹都不铸造，仅记铸镜作坊的字号。从镜背装饰的角度看，可大致分为仅带字号的素面镜、以花纹为主的纹饰镜和以文字符号为主的铭文镜。字号镜的镜背基本上为素面，仅印章般的框子内有铸镜者的铭记。根据铭记地点的不同，字号镜又有湖州镜、建康镜、饶州镜、成都镜等分别，其中尤以湖州镜最为著名。从字号镜铭记可知，湖州石家所制铜镜在当时享有很高的声誉，坊间已经有不少仿制者。纹饰镜背纹有花卉、花鸟、双龙、双鱼、八卦、神仙人物等等。

在近千年的发展历程中，铜镜的形态和装饰也发生了一些变化，但在总体上仍然有许多共同的特点：①材质从西汉以来高锡的铜锡铅三元合金变成为高铅的铜铅锡三元合金，含锌量也显著增加。②制造工艺远不及唐镜讲究，不仅特种工艺镜销声匿迹，就是普通铸纹镜也显得不够精工。③形态多种多样，既有带柄镜，又有具钮镜，除葵花、菱花等标准形态外，仿照铜钟、香炉、果叶等镜形出现。④带有铸镜作坊主人名称的字号镜流行，字号形如长方形印章，内有作坊名称，特征十分显著。（文齐国）

kuileixi huaxiang tongjing

傀儡戏画像铜镜

南宋时期以傀儡戏画像为背纹的铜制照容用具。传世品。现藏于中国历史博物馆。

边长10.9厘米。整体作方形，半球形小钮，四周凸起的窄镜缘。整个镜背均表现表演杖头傀儡戏的情景：背景为周围绕栏杆的方形戏台，台前支有帷幕，幕后一人双手举着杖头傀儡在表演，幕前有看戏的童子5人，童子或坐或卧，有的手持小鼓，有的交头接耳，有的袖手看戏。它是罕见的以戏剧情景为装饰题材的铜镜，画面构思巧妙，人物造型生动，与一些儿童题材的北宋、南宋时期绘画作品有异曲同工之妙。（孙 华）

傀儡戏画像铜镜

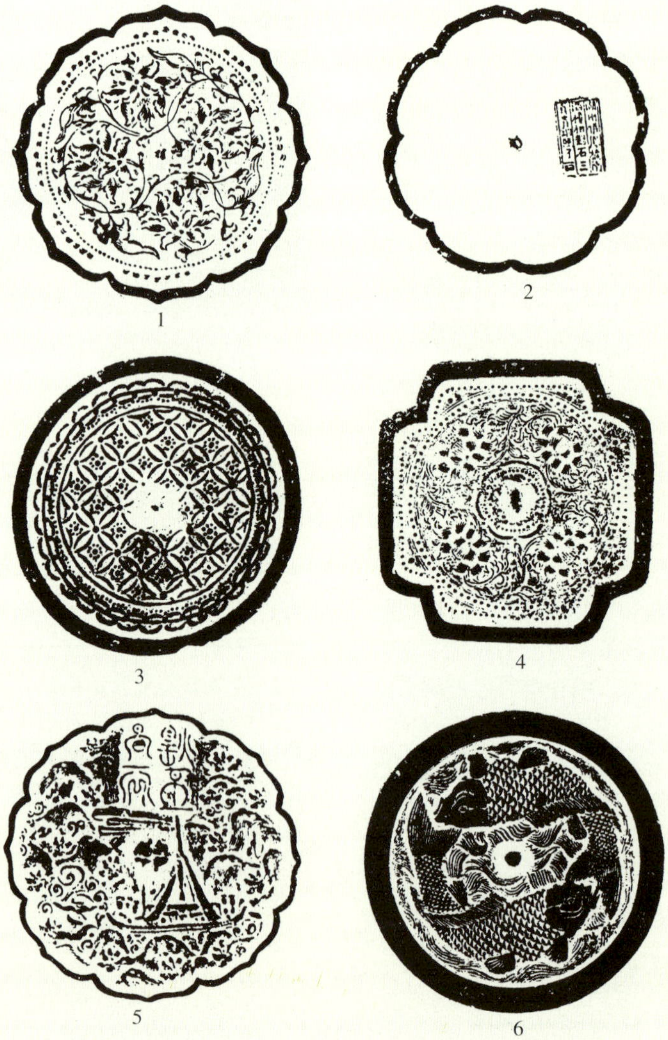

1.菱花形缠枝四花镜 2.葵花形湖州石三镜 3.圆形连线锦纹镜 4.亚字形缠枝四花镜 5.菱花形海舶镜 6.圆形双鱼纹镜

宋金时期具钮铜镜举例

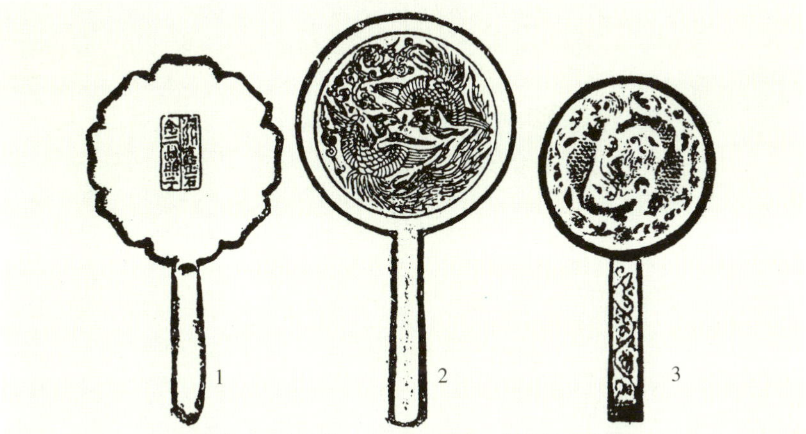

1.菱花形石念淑镜 2.圆形双凤镜 3.圆形双鱼镜

宋金时期带柄铜镜举例

cuju huaxiang tongjing

蹴鞠画像铜镜

南宋时期以踢球画像为背纹的铜制照容用具。现藏于湖南省博物馆。

蹴鞠画像铜镜

直径11厘米。整体作圆形，圆形钮，窄镜缘。在宽大的纹区内铸出浮雕状蹴鞠图像：在一贵族的后庭内，远处有石砌便道和太湖石假山，在道旁的草坪上有一对少年男女正在对踢一球，其后还有男女侍者各一人，手中抱着或肩上搭着踢球人脱下的衣服。该镜画面形象生动，饶富情趣。

用足踢球，古称蹴鞠，鞠也就是"以皮为之，实以毛"的足球（《汉书·霍去病传》颜师古注）。蹴鞠在先秦时期就已出现，当时是一种军事体育项目，唐及南宋、北宋时期成为上层男女喜爱的一种娱乐活动，直至明代仍较为流行。该镜是罕见的以古代体育活动为题材的文物，与之图像内容完全相同的蹴鞠画像镜在中国历史博物馆也收藏有一面，它们很可能是同一范模的制品。另有学者认为，该镜的年代为明初，但从镜纹中人物的装束来看，应当属南宋时期。（孙 华）

Zhangjiayingzi
Jialingpinqiewen tongjing

张家营子迦陵频伽纹铜镜

辽代以佛教迦陵频伽像为背纹图案的铜制照容用具。1956年出土于辽宁建平县张家营子。现藏于辽宁省博物馆。

张家营子迦陵频伽纹铜镜

直径23.8厘米。整体作圆形，半球形钮，宽平的镜缘。背纹以相对的迦陵频伽（人首鸟身）像为主题纹样，上下衬托以忍冬花纹。花纹皆为阳线，其间的素地上填以黑漆，将主题纹样衬托得更加突出。

中国古代铜镜宗教人物题材主要取材于道教和民间俗神，以佛教为题材者少见。辽代铜镜本来就发现不多，这面以佛教迦陵频伽为背纹的铜镜自然就更显得珍贵。它从一个侧面反映出佛教在辽国境内广泛传播的状况。（孙 华）

Acheng shuangyu shuicao
quandai tongjing

阿城双鱼水草圈带铜镜

金代以双鱼为背纹图案的铜制照容用具。1964年出土于黑龙江阿城县。现藏于阿城县文物管理所。

阿城双鱼水草圈带铜镜

直径43厘米。整体作圆形，圆钮无钮座，主纹区为两尾首尾相接的鲤鱼，鱼跃起在水面上，口吐气泡，鳞鳍清晰；水波以细密的线条表现，浪花翻滚，卷起片片水草。在主纹区周围是一圈水草纹。外为素平的镜缘。该镜镜体宽大，纹饰精细生动，是已知最大、最好的双鱼纹铜镜。（孙 华）

Yuan-Ming-Qing tongchongpao

元明清铜铳炮

元、明、清时期铸造的铜制热兵器。铳炮是对古代金属管形射击火器的概称。中国古代铳炮肇始于元，而以清末为下限，包括铜、铁两大类。铜质铳炮主要以青铜铸造，另有少数以其他铜合金制成（文献中有以"黄铜"、"红铜"铸铳的记载）。铜铳炮是中国早期热兵器的主

流，并在相当长一段时间内居于世界领先地位。

从文献记载的情况看，以从金的“铳”字指称管形射击火器，始见于元代晚期（《元史·达礼麻识理传》、徐勉之《保越录》），这与存世实物反映的情况基本一致。这一时期青铜铳炮的发展，可划分为元至明正德朝及明嘉靖朝至清末两个大的发展时期。

● 元至明正德年间铜铳炮

元代至明正德朝，是中国传统铳炮的发生、发展期，青铜铳炮占主流地位。该期可以分为元代、明洪武和建文、明永乐至正德朝3个阶段：

第一阶段，元代（公元1271年~公元1368年）。是中国古代铳炮的创始期。在此之前，非金属质的早期管形火器已有100多年的历史。1132年，南宋陈规制成长竹竿火枪；1232年，金人创制飞火枪；1259年，寿春府发明以巨竹为筒、发射“子窠”的突火枪。金属管形射击火器便是在此基础上进一步发展而诞生的。就目前所知，中国古代金属铳炮的最早实物是元代制品，数量极其有限。它们全部为铜制品，其中3件带有年号铭文：一件铭文为“至顺三年二月十四日绥边讨寇军第叁佰号马山”（现藏于中国历史博物馆）；一件铭文为：“射穿百札声动九天”、“神飞”、“至正辛卯”、“天山”等字（现藏于中国军事博物馆）；一件铭文为：“天祐丙申朱府铸造”（现藏于余杭市博物馆）。其中至顺三年为公元1332年，至正辛卯年为公元1351年，天祐丙申年即公元1356年。这3件铳皆元末之物。另外，1970年~1974年曾在北京通县、黑龙江阿城县半拉城子、陕西西安市景龙池、内蒙古托克托县黑城各发现一件铜铳，据分析也应为元代之物，其中通县铳结构更原始，制作更粗糙，年代可能早于上述有铭文的3件铳。存世元代铜铳皆单管铳，包括两个品种：一种为轻型铳，口径较小，铳身细长，药室隆起，铳尾中空以安木柄，由单兵手持使用，故称手铳、手把铳。如“至正

元代天祐丙申铜手铳

辛卯”铳、“天祐丙申”铳等；另一种是较重型的铳，口径较大，形体粗短，需装于架上发射，因其口部外侈呈碗形，故称碗口铳、盏口铳，如“至顺三年”铳。这两种铳都在药室壁上开火门（点火孔），皆从铳口装填火药，碗口铳于铳口处安放一枚石或铁质的球形大弹丸，手铳则发射石或铁质散弹。这两种火铳，后来便演变成为枪、炮两个系列。

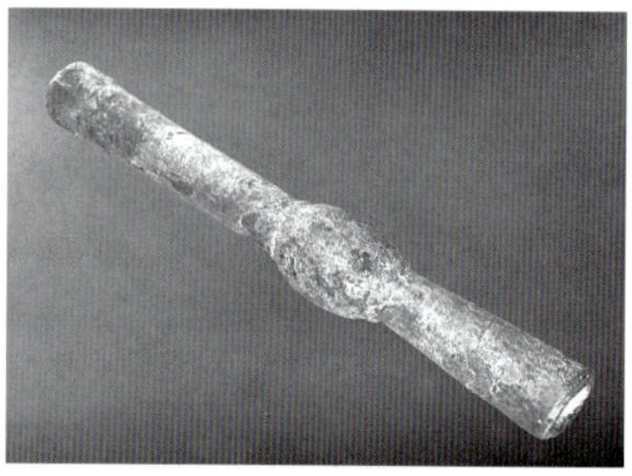

元代铜手铳

中国古代金属管形射击火器之所以从铜铳滥觞，主要是因为青铜质地坚韧，不易爆裂，中国古代青铜冶铸业历史悠久，技术水平登峰造极，故顺理成章地移植于铳炮的铸造，而且一开始就是整体模铸成型，起点较高。欧洲国家研制火炮几乎与中国同时起步，但早期火炮多用锻铁条拼接然后加箍制成炮管，耐受的膛压有限，明显落后于元代铜铳。

第二阶段，明洪武至建文年间（公元1368年~公元1402年）。随着明朝的建立，铳炮的发展也进入新时期。

明洪武五年铜手铳

明初青铜铳炮的发展主要体现于4个方面：①经过元明之际的血火洗礼，明太祖朱元璋极为重视火铳这种新式武器，视之为神器，洪武初年不许各地自造，而统由中央的宝源局铸造，分发各卫、所使用。宝源局本是铸钱机构，这也体现出早期铜铳制造与传统青铜冶铸技术的密切关系。1964年河北赤城县出土的洪武五年（公元1372年）铜手铳，铭文为：“骁骑右卫胜字肆佰壹号长铳筒重贰斤拾贰两洪武五年八月吉日宝源局造。”现藏于中国军事博物馆的洪武五年铜碗口铳，铭文为：“水军左卫进字四十二号大碗口筒重二十六斤洪武五年十二月吉日

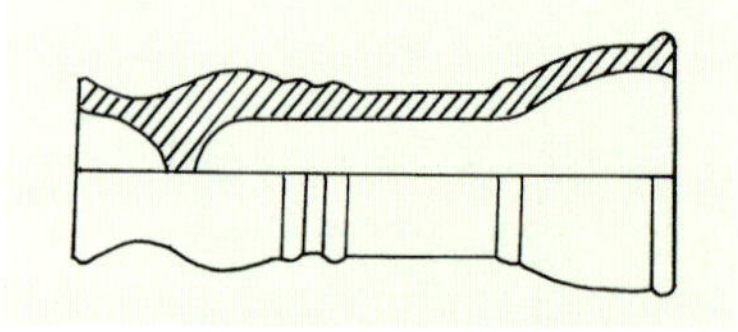

明洪武五年铜碗口铳

宝源局造。”各地旧藏和新发现的洪武八年以前的铜铳还有几件，铭文格式完全相同，反映出当时造铳已有严格的制度。随统治范围扩大，明初新卫、所不断增置，火铳需要量越来越大，集中制造日益困难。约洪武十年，明廷便将造铳权力下放，各卫（或府）、所可以直接制造。1971年内蒙古托克托县出土的洪武十年铜手铳，铭文为“凤阳行府造重三斤八两监造镇抚刘聚教匠陈有才军匠崔玉洪武十年月日造。”现存还有不少洪武十年至十八年的铜铳，皆卫、所制造，铭文中均无铳的编号，但绝大多数铭文有监造、教匠（或教师）、军匠（或习学军匠、习学军人）三级或其中二级人名。这些严格的制度，促进了铳炮质量的提高。②铳炮的主要品种仍是手铳和碗口铳，但已发展出新品种。1972年河北宽城县出土的洪武十八年铜铳，形制类似于手铳，但铳身加长，口径增大，形体粗重，需装于架上发射，是较早的一件直膛铜炮。③碗口铳的形制有较大改进。现藏于中国军事博物馆的洪武五年铜碗口铳及1964年山东冠县出土的洪武十一年铜碗口铳的身长、口径与元至顺三年铳相仿，但重量超出一倍多。这是因洪武碗口铳管壁明显加厚、能耐更大的膛压所致。另外，洪武

年间碗口铳的口部更为外敞，药室更加隆起。这些均说明碗口铳的形制更加成熟。④铳炮趋于大型化。不仅在手铳铳型的基础上发展出直膛铜炮，而且碗口铳的管壁加厚、重量增加。更有甚者，1988年山东蓬莱市营子里村出土的2件洪武八年铜碗口铳，一件口径26厘米、长61厘米，铭文为："莱州卫莱字七号大砲筒重壹佰贰拾斤洪武八年二月日宝源局造。"另一件口径26厘米、长63厘米，铭文格式全同，自铭为："重一百二十一斤。"这是明初铳炮大型化的显著之例，两铳铭文也是现知中国古代以"砲（炮）"来指称重型金属管形射击火器的最早之例。

第三阶段，明永乐至正德年间（公元1403年~公元1521年）。为铜铳炮发展的高峰期。永乐皇帝即位后，加强了对火器的控制，铳炮制造复由中央统一掌握。洪武十三

明永乐十九年铜手铳

年，明廷已成立专门的造兵机构军器局，洪武二十八年又设兵仗局，中央政府的造兵能力显著提高，永乐以后的铳炮便是由这两个局主制。随着造兵制度的改变，火铳铭文款式也发生变化。现存永乐年间铜铳铭文普遍只有编号和制造年月两个内容，趋于简化，但格式、用字极为统一，尤其是采用统一的编号，随年递增。这些铳应均为中央两局所造。1978年辽宁辽阳市出土的永乐七年（公元1409年）铜手铳，铭文为："天字贰万贰千伍拾捌号永乐柒年玖月日造。"现藏于首都博物馆的正统元年（公元1436年）铜手铳，铭文为："天字玖万捌千陆佰拾贰号正统元年叁月日造。"可见天字铳的编号，在永乐之后还有所延续。在已知铜铳中，永乐还有以奇字（12046号）、武字（4344号）、英字（15034号）、功字（2282号），正统有以胜字（12775号），成化有以烈字（2282号），弘治有以神字（149号）编号的铜铳，铭文格式皆相同。这些编号是否表示实际生产的件数，尚待考查，但可以肯定，这一时期尤其是永乐年间的造铳数量极为庞大，形成一个高潮。这与明成祖南征北战，重视火器有很大关系。永乐前期设立的神机营，是世界上第一支专门的火器部队。

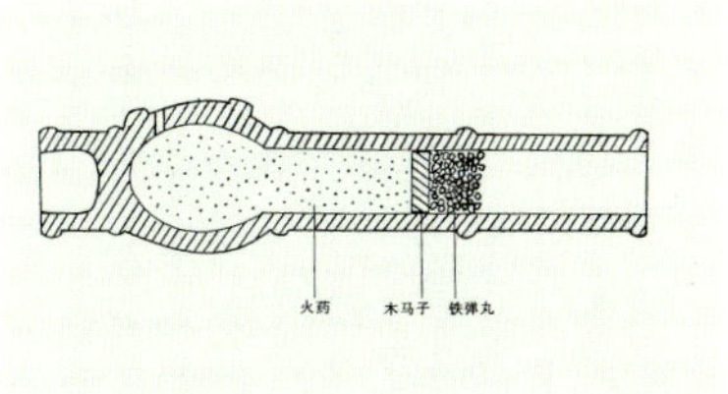

明 永乐十三年铜炮

从存世实物可明显看出，永乐年间铜铳普遍具有规格统一、铜质精良、铸作精细、形制规整的特点，其工艺质量和规范化程度在元、明铜铳中是第一流的。永乐年间铜铳有几项重要的技术改进：①手铳的身管改变原有的直筒形，自铳口至药室逐渐增大，形似现在的粉笔，因而使管壁自铳口至药室逐渐增厚。说明当时人们对火药燃烧所形成的气体压力自药室前至铳口递减分布的规律已有认识，故据以做出这一合理的设计；②铜铳的火门上普遍增设一个长方形的曲面火门盖，可以翻旋，以防止雨水打湿点火的药线和药室内装填的发射药；③开始在火药与铁弹间加装木活塞（"木马子"或"木送子"），其大小与铳管内径基本吻合，能够起到承弹闭气，提高膛压，增强射击威力的作用。1967年河北万全县沙家店出土的永乐十三年铜铳，铳管内遗有装填物，内为火药，外为铁弹子，中为一个木活塞，大小与铳管内径基本吻合，这也就是后来文献中所说的"木马子"或"木送子"，为已知铳炮装木马子的最早一例。

技术先进，质量上乘，标志着中国古代青铜铳炮在永乐年间达到一个高峰。其后直至弘治、正德年间基本承袭永乐时期的成果。1965年在湖南株州市发现的直膛铜炮，铭文为"正德陆年拾月内汝宁府毕昭守御千户任伦奏准铸造"，口径22厘米、长81厘米，重348千克，说明这时在火炮大型化方面继续有所发展。从弘治年间开始，朝廷也批准一些地区有限制地制造一些铳炮。地方造铳的铭文款式，自与统一编号的中央造铳有别。

● 明嘉靖元年至清末铜铳炮

明嘉靖元年至清王朝覆亡时期（公元1522年~公元1911年），这一时期铜铳炮主要仿照欧洲传来的铳炮，因铁制铳炮的发展，铜铳炮渐趋衰落并最终被淘汰。

15世纪初叶，欧洲的枪炮制造技术有很大发展，借鉴铸钟技术，开始以铜铸造枪炮，同时发明了应用于手持枪的火绳枪机——世界上最早的机械点火装置。15世纪中晚期，中国铳炮基本停留在永乐年间的水平上，而欧洲枪炮却迅速改进：一方面火炮益趋重型化，各项技术不断改进，出现铸铁炮并迅速发展；另一方面，手持枪日益轻型化，较为灵便、准确的火绳枪发展成熟。于是欧洲枪炮技术全面超越了中国。

16世纪初，随欧洲殖民主义者东侵，西方先进火器开始传播到中国。正德十二年（公元1517年）葡萄牙人来到广东，献给广东佥事顾应祥一门火炮。由于明人称葡萄牙为佛郎机，因而称其炮为佛郎机铳或佛郎机。正德末年（约公元1521年），广东巡检何儒招降葡萄牙军舰上的中国人，获其铸炮之法。嘉靖二年（公元1523年）即成批仿制，以后制造规模越来越大。也就在嘉靖年间，铁制火绳枪传入中国，明人称之为鸟铳，亦大量仿制。由此开始了以仿制欧洲铳炮为主的时代，直至清末可分为5个阶段：

第一阶段，明嘉靖至万历年间（公元1522年~公元1620年）。主要为仿造佛郎机铳。葡萄牙人携来的佛郎机铳系以铁铸（顾应祥《静虚斋异阴录》、郑若曾《筹海图编》等），明人嘉靖初年的仿制品皆以铜铸（《大明会典·火器》、《明史·兵器》），可能承袭中国固有的青铜铸铳的传统；后来则铜、铁并行，这当是西方先进技术影响所致。

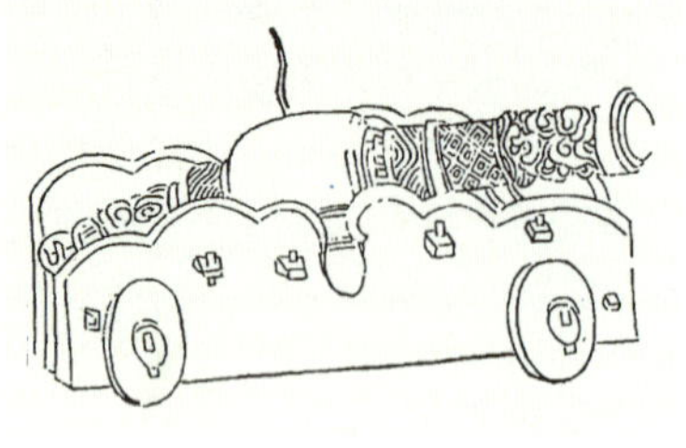

明《筹海图编》铜发熕炮

嘉靖四十年成书的《筹海图编》载有一种“铜发贡”，贡或作熕，当是gun的音译。“每座约重五百斤，用铅子一百个，约重四斤……其制出于西洋番国，嘉靖年始得而传之，中国之人更运巧思而变化之，扩而大之以为发熕。发熕者，乃大佛郎机也。”此炮是前装炮，与佛郎机不是一类，其药室隆起，与中国传统铳炮相似，但有炮耳轴，使用轮式炮车，则明显受到西方的影响。或许它是结合中西铸炮技术而制成的。迄今未见这种炮的实物。存世有崇祯戊辰年（公元1628年）造的铜发熕炮，已属当时流行的红夷炮型，两者非一类制品。

嘉靖年间以后，中国传统铳炮在某些方面仍有所发展，主要体现为创制出长管多箍铁炮和三眼铁铳等。在青铜铳炮方面，手铳的身管明显加长，口径稍有增大。据《明会典·火器》记载，嘉靖七年兵仗局用铜制造160支无敌手铳，每支重16斤，发各边使用，以后每年皆制造。现藏于河北省文物研究所的嘉靖十年无敌铜手铳，口径3.1厘米、长73.4厘米，铭文为：“胜字柒佰伍拾玖号无敌手铳嘉靖辛卯年兵仗局造重拾伍斤。”另外三眼铳等也或以铜制。但从全局观察，中国传统铳炮的进步不大，作用日益减弱，地位迅速下降。

第二阶段，明天启至崇祯年间（公元1621年～公元1644年）。早在15世纪后期，欧洲就出现统一炮制的趋势，即淘汰杂乱的炮种，统一火炮的形制规格。至16世纪后期，前装、长身管的铁或铜铸加农炮成为主要炮种，设计先进（以口径为基数，按比例计算各部尺寸），结构合理，铸造精良，具有身管长、管壁厚、弹道低伸、射程远、命中精度高、威力大、安全可靠等优越性。万历后期（约17世纪初），明人首先从活动于东南沿海的荷兰舰船上见识到这种当时世界上最先进的火器，便“视佛郎机为笨物”（沈德符《万历野获编》）。由于明人称荷兰人为红毛夷、红夷，因此称其炮为红夷炮。后来引进的这种火炮，虽并非来源于荷兰，也袭用这一名称，或概称之为西洋大炮。

天启年间，辽东边患益急，徐光启等人主张“练精兵，致利器”，致力于引进西洋大炮，当时主要是通过澳门的葡萄牙人购募，另从沉没于广东沿海的英国船上获得一些，数量皆很有限。天启末年开始仿制，崇祯二年（公元1629年）以后成批仿造，其法传自于利玛窦、汤若望等西方传教士，崇祯末年并聘汤若望主持造炮。

明崇祯元年铜发熕神炮

欧洲加农炮以铁制为主。天启年间引进的西洋大炮主要是铁炮，现存崇祯年间仿造的西洋大炮，也主要是铁炮。但明末介绍西洋大炮制造方法的两部主要著作《西法神机》和《火攻挈要》都只记述炼铜铸炮之法，并说“生铁铸则易炸”、“大铳宜用铜铸”。现存于北京八达岭的一门崇祯元年（公元1628年）仿制的红夷型铜炮，口径7.8厘米、长170厘米，有：“崇祯戊辰年兵仗局铸造捷胜飞空灭虏安边发熕神炮……”铭文。

随着红夷炮的传入，中国传统铳炮的地位进一步下降，佛郎机铳也面临被淘汰的命运。

第三阶段，清顺治至康熙年间（公元1644年～公元1722年）。清人崇尚骑射，本不会制造和使用火器。天启六年（公元1626年），明军在宁远之战中以新引进的西洋大炮重创后金，清人极为震动，遂网罗匠师，决意仿制，于后金天聪五年（公元1631年）制成第一门大炮。其后，清人对火器愈发重视，铳炮制造规模日益扩大，技术不断提高，至康熙时达到高峰。由于清代铳炮从仿制西方起步，之后也循此路线发展，故入清后，中国传统铳炮就寿终正寝了。

清初火枪仍以铁制火绳枪为主，清人习称之为鸟枪。火炮以红夷炮为主，因清讳夷字，故改称红衣炮。主要以青铜铸造。现藏于中国历史博物馆的崇德八年（公元1643年）神威大将军炮，铜体铁心，口径13厘米、长264厘米，满、汉文铭文为：“神威大将军大清崇德八年十二月日造重三千七百斤。”此炮铸于清入关前夕，身长和口径不亚于现存的崇祯年间明廷仿制的红夷炮。康熙十三年（公元1674年），为平定三藩之乱，特命比利时传教士南怀仁主持造炮。南怀仁竭尽心力，迨至康熙二十六年病逝，铸造出大量火炮，并撰《神威图说》，传授铸炮之法。据《清文献通考》载，康熙二十八年共造这种炮61门，重三千六百斤至七千斤。现藏于中国历史博物馆的武成永固大将军铜炮即其中最巨者，代表清初仿制西洋大炮的最高水平。

清代以炮重七千斤至五百六十斤为重炮，三百九十斤至二十七斤为轻炮（《清文献通考》）。现存于河北秦皇岛市山海关长城的两门康熙五十七年威远将军铜炮，作红衣炮型，长100厘米和101厘米、口径4厘米和5厘米，重约85千克，是典型的轻炮。

清初还仿西方臼炮制造一些冲天炮，身管短，口径大，弹道弯曲，用以发射爆炸弹（其法明末已传来，《西法神机》称之为飞彪铳，但未见仿制实物）。现存实物有藏于北京故宫博物院的康熙二十九年威远将军铜炮，口径21.2厘米、长69厘米，重375千克，上铸满、汉铭文：“大清康熙二十九年景山内御制威远将军总管监造御前一等侍卫海青监造官员外郎勒理笔贴式巴格匠役伊存政李文德。”

清康熙二十九年威远将军铜炮

第四阶段，清雍正至道光年间（公元1723年～公元1850年）。康熙三十年，三藩之乱平定，火器制造由兴旺转趋消寂。闭关锁国，承平日久，雍正朝以后，铳炮技术因袭祖制，停滞不前，甚至不断退化，火炮越造越轻，变而为抬炮，再变而为抬枪。至道光二十年（公元1840年）前后，为抗御英人，赶造了一些重炮，但皆为康熙红衣炮的旧制，不同的是，多以铁铸造。

第五阶段，清咸丰至宣统年间（公元1851年～公元1911年）。从19世纪60年代起，清政府开始大量购置西方近代钢制枪炮，继之又开设新式工厂进行仿造。自此，明代中期以来从西方传来的老一代火器渐被淘汰，青铜铳炮随之退出历史舞台。

参考书目

郭永芳、林文照：《明清间西方火炮火枪传入中国历史考》，《亚洲文明论丛》，四川人民出版社，1986。

成东：《明代前期有铭火铳初探》，《文物》1988年5期。

成东、钟少异：《中国古代兵器图集》，解放军出版社，1990。

王兆春：《中国火器史》，军事科学出版社，1991。

钟少异主编：《中国古代火药火器史研究》，中国社会科学出版社，1995。

（钟少异）

Zhishun sannian tongjiachong

至顺三年铜架铳

元代至顺三年（公元1332年）生产的铜制管状热兵器。1935年发现于北京房山区云居寺。现藏于中国历史博物馆。

至顺三年铜架铳

口径10.5厘米、通长35.3厘米，重6.4千克。整体作粗短的圆筒形，铳口呈喇叭形以散焰，铳身基本为前后相等的圆筒形，药室不鼓起，上方有插入点火药捻的孔洞。铳尾较短，两侧各有一个方形穿孔。铳身上方镌刻有“至顺三年二月十四日。绥边讨寇军第叁佰号。马山”的铭文。表明其铳铸造于至顺三年，是用于边防作战的铜兵器。

该铳是中国已知有明确纪年的最早的火铳。其形体粗短不便手持，体量不大而药室两侧无耳，也不可能用车托负。从它有穿孔位于铳尾推断，该铳的使用方式当是：用栓销穿过尾孔将其固定在长凳状木架上，在铳身前部支垫木块以调节其俯仰角度。这种火铳属于“大者发用车，次及小者用架、用桩、用托”（《明史·兵四》）的中型架铳。

参考书目

王荣：《元明火铳的装置复原》，《文物》1962年3期。

（孙　华）

Folangji tongchong

佛郎机铜铳

明代后期仿照西方一种铁制兵器制作的铜制兵器或铜铁制复合兵器。正德末年（约公元1521年），广东巡检何儒招降葡军舰船上的中国人，获其铸炮之法。嘉靖二年（公元1523年）即成批仿制，以后制造规模越来越大。由于当时称葡萄牙为佛郎机（转译自Frangi，本是伊斯兰教徒对欧洲人的泛称，源自对Frank的不准确读法），因而称其炮为佛郎机铳或佛郎机。佛郎机铳的口径较小，威力并不很大，在欧洲本不流行，传到中国后，明廷却大量仿制，这反映出当时中西火器制造技术已有一定差距。

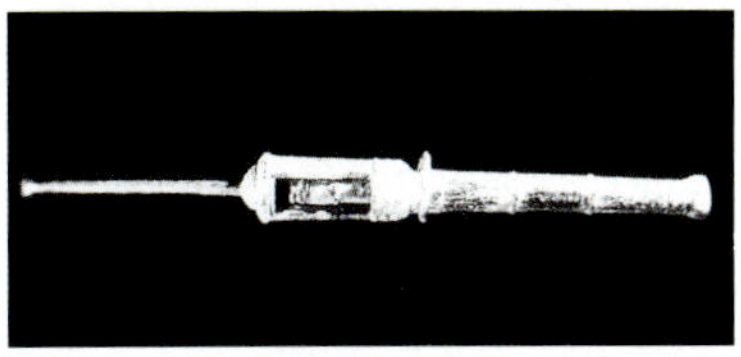

明嘉靖二十二年佛郎机铜铳

佛郎机铳是一种后装火炮，由一母铳和若干子铳（4个～9个）组成。这种火炮有这样一些优点：①母铳后部有腹，腹上开有长孔，用于安放子铳。子铳预先装填有火药和弹丸，战时轮流发射，较传统火炮减少了装填弹药的时间，提高了射速。②不再使用杀伤力不大的散弹，而是采用同于口径的圆铅弹，提高了膛压和弹丸的初速。③母铳较细长，并设有准星和照门，提高了射程和射击精度。现藏于首都博物馆的嘉靖二十二年佛郎机铳，母铳铜铸，口径4厘米、长91厘米（不计尾柄），铭文为“嘉靖二十二年造年例胜字三百六号工匠张南文”；子铳铜体铁心，口径3.5厘米、长23厘米，铭文为：“胜字十七号。”明戚继光曾称，造佛郎机铳，“母铳铜铁不拘，子铳必用熟铁”（《练兵实纪》），但存世实物中，有许多佛郎机子铳是铳体铜质而膛内壁铁质。铁膛较铜膛耐烧蚀，能延长使用寿命，铜铳体不易炸裂。铜、铁结合的这项技术，在清代火炮制造中仍在采用。

据文献反映，嘉靖年间曾对佛郎机铳进行多项改造，形成多种规格，如有大样、中样、小样、马上佛郎机等，现已难以详稽。1978年辽宁辽阳市出土的一件佛郎机子铳，铜体铁心，口径2.7厘米、长29.3厘米，铭文为：“胜字陆千贰佰柒拾肆号佛郎机中样铜铳嘉靖辛丑年兵仗局造重捌斤捌两。”该铳形制类于中国传统手铳，尤其是火门加盖，与明永乐型铳相同，可见当时改造佛郎机铳，也参酌了中国传统的造铳

技术。另据《明会典·火器》记载，从嘉靖二十二年始，军器局每年将105门手把铜铳和碗口铳改为中样佛郎机。迄今未见这类改制品的实物。

参考书目

成东：《明代后期有铭火炮概述》，《文物》1993年4期。

（钟少异）

Wucheng Yonggu dajingjun tongpao

武成永固大将军铜炮

清代前期由比利时传教士南怀仁仿西方火炮为清廷设计，康熙二十八年（公元1689年）制造的铜制热火炮。因上有"武成永固大将军"字样的铭文而得名。1900年八国联军攻破北京后，被德军作为战利品掠至北京东交民巷的德国使馆中，第二次世界大战后收回。现藏于中国历史博物馆。

武成永固大将军铜炮

口径15.5厘米、长360厘米，重约3500千克。为带轮车炮。炮身口作碗形，前细后粗，上饰箍状布列的花朵纹、蕉叶纹、云雷纹和星纹，并有满、汉铭文"大清康熙二十八年铸造武成永固大将军。用药十斤，生铁炮子二十斤，星高六分三厘。制法官南怀仁，监造官佛保硕思泰，作官王之臣，匠役李文德、颜四"。炮身中部有双耳放置于木制炮架上，炮架原固定在四轮炮车上，现存炮车为双轮，或可能只是原炮车的后半截，从现存炮车同19世纪欧洲野战炮车相似的情况看，当为后来配置。该炮在《钦定大清会典图》卷一百中有图式及文字予以详细记录。

据《清文献通考》卷一百九十四记载，康熙二十八年共造这种炮61门，重三千六百斤至七千斤，该炮是其中最巨者，系遵南怀仁遗法铸制，体大式精，代表了清初仿制西洋大炮的最高水平。

参考书目

舒理广等：《南怀仁与中国清代铸造的大炮》，《故宫博物院院刊》1989年1期

（钟少异）

Yuan-Ming-Qing tongzhi tianwen yiqi

元明清铜制天文仪器

元、明、清时期皇家天文研究机构制造的用于观测天象的铜制仪器。是中国古代重要的天文观测设施，在中国科学技术史上占有重要的地位。

中国古代的天文学向来发达，在相当长的一段时间内曾走在世界的前列。中国古代天文学的一大特点就是勤于观测，而观测天象需要制作天文仪器，并不断地对这些仪器进行改进，从而推动了中国天文仪器的创制和发展。

据文献记载，早在先秦时期，天文学家就已用所谓的睿玑玉衡来测量天体。西汉时期已有落下闳造浑天仪的正式记载。这些早期的天文仪器经过东汉的贾逵和张衡，唐代的李淳风、张遂和梁令瓒，宋代的韩显侯、舒简、沈括、苏颂、韩公廉等天文学家的不断改进、增置和创造，其设施已相当复杂，体制基本完备，已具备天体测量、显象演示和观象授时等多种功能。元代著名天文学家郭守敬受命参与编制新历，他正确地认识到"历之本在于测验，而测验之器莫先于仪表"（《元史·郭守敬传》）。他在总结前代制造仪器的成就和不足后，从简单实用的原则出发，突破传统的束缚，制成简仪、圭表、玲珑仪、浑天象等多种新仪器，成为当时世界上最先进的天文仪器。

朱元璋建立明王朝后，最初定都南京，故将元大都（今北京）所有的宋、元铜制天文仪器全部运到南京鸡鸣山观星台上安放。明成祖迁都顺天府（今北京）后，原在南京的天文仪器并没有随之北迁，皇家司天部门无法准确地观测天象，因而在明正统年间（公元1428年～公元1442年）又在北京按照南京古天文仪器仿铸了圭表、浑天仪、简仪、浑天象各一台，以后又陆续有所增添修改。明王朝灭亡后，清王朝建都北京，将明南京的古天文仪器悉数运到北京，放置于观象台上（在今北京建国门内）。康熙时期，西方传教士南怀仁、纪理安等人先后入主当时的司天部门"钦天监"，改用欧洲天文学度量制。旧有天文仪器一来年久失修，二来与西方天文度量制不合，于是按西法先后设计铸造8件天文仪器陈放于观象台上。原先的元、明古天文仪器先是被新铸仪器拆换下来，后来又大多被纪理安等当作废铜销毁溶化另造新仪。保存下来的清以前铜制天文仪器就只有元代的圭表、明代的浑仪和简仪3件而已。它们在抗日战争期间被转移到南京，以后一直安放在南京紫金山天文台上。这些世代传承的古天文仪器是研究中国古代天文学史的宝贵材料，具有很高的历史价值和科学价值。

清代按西法制造的天文仪器共8件，计康熙八年（公元1669年）制造的天体仪、黄道仪、赤道仪、地平经仪、地平纬仪、纪限仪，康熙五十四年铸制的地平经纬仪，以及乾隆九年（公元1744年）铸制的玑衡抚辰仪。这些仪器制成后，本来都陈放于观象台上，后因八国联军攻入北京，赤道仪等5件天文仪器被法军运至法国使馆内，两年后归还；而天体仪等3件仪器则被德军掠至德国，陈列于柏林的波茨坦宫，直至1921年才归还中国。这些天文仪器以后就一直放于北京观象台，成为研究中西科技文化交流的重要文物。

参考书目

薄树人：《北京古观象台介绍》，《文物》1962年3期。

（孙　华）

Yuanzhi tongliangtianchi

元制铜量天尺

元代铜制天文仪器。又名影表尺、天文尺。是元代著名天文学家郭守敬在大都（今北京）监造的铜圭表的铜圭部分，是现存最古老的铜制实用天文仪器。元朝灭亡后，圭表与其他元制天文仪器一同迁运南京。清代康熙年间，又将南京的元、明天文仪器尽迁到北京。元制圭表的竖表被另铸的高一丈的铜表所代替，量天尺也被加刻上营造尺尺度。抗日战争期间被转移到南京。现安放于江苏南京市紫金山天文台。

元制铜量天尺

全长517.6厘米、南端宽88.2厘米，北端宽71厘米、厚3.5厘米。形如边尺很短的丁字尺，北端有一个由封闭水渠围绕的直径3.4厘米的水池，池周围刻廿四方位，为中国现存最早的水罗盘。尺的主体中央是水渠围绕的元刻尺度，其长度为元明量天尺的一丈七尺五寸，每尺合今24.525厘米。作平行双尺，这既给铜尺两边观测者以读数的方便，又可减少读数的误差。水渠外侧靠近铜尺两侧是清乾隆年间另按清营造尺加刻的尺度。尺的南端是立表的插孔，周围水渠与量天尺水渠相通。其构思奇巧，制作精密，是元代天文仪器仅存的硕果。

量天尺是用来测量日影长短圭表的卧圭部分，同时也是制造其他天文仪器的尺度标准。早在先秦时代，中国先民就已发现，通过长期观测阳光下竖立的木柱在地上的投影长短变化，可以确定夏至、冬至和回归年的长度，并以此制定历法，预报节气。为了观测的方便和测量的精确，最迟在西汉、东汉时期，就开始以铜来制造专门的圭表。测量表影长短的圭，元代始称量天尺。古代通常的尺度在东汉以后不断变大，量天尺则因事关天文历法，故历代相沿不改。这具元代量天尺为认识南北朝以来天文专业用尺，考校南北朝以来天文仪器的尺寸，以及研究古代尺度，提供了宝贵实物资料。

参考书目

伊世同：《量天尺考》，《中国古代度量衡论文集》，中州古籍出版社，1990。

（孙　华）

Mingzhi tonghunyi

明制铜浑仪

明代铜制天文仪器。或称浑天仪、候仪。是最能代表中国传统天文仪器成就的大型仪器，也是世界现存最重要的古代测天仪器之一。明英宗正统三年及四年（公元1438年～公元1439年）行在司天监监正皇甫仲仿南京古浑仪而铸制，制成后放置于齐化门的观象台上（今北京古观象台）。抗日战争期间被转移到南京。现安放于南京紫金山天文台。

根据构件用途的不同分别采用锡青铜、铅锡青铜和黄铜铸造而成。其结构主要分为观测和支撑两部分。观测部分主要有3组相互关联的环圈：最外一组称六合仪，它由水平的地平圈、南北直立的天元子午圈和斜向的天常赤道圈组成；中间一组是可在六合仪中转动的三辰仪，它由天常赤道圈内的游旋赤道圈和与之垂直相交的二分圈、二至圈（该圈为双环）组成；最里一组称四游仪，它只有一道平行的双环，双环间夹有一根中有圆孔的方形窥管，管的中央连于环心，管可在双环间转动。观测时将窥管圆孔对准所要测的星体，再根据需要测定的项目分别转动内层或中层的环圈，就可在环圈刻度上读得所求度数。支撑部分由上下两部分组成：上层为支柱5根，即中央支撑天元子午圈的直立的鳌云柱及四角支撑地平圈的略向内倾的飞龙柱；下层为5个方形基座承托的趺座，座面四周设水渠，可保持仪器安放的水平。整体制作精巧，结构复杂，造型优美，具有很高的科学价值和艺术价值。

浑仪是中国最古老的测量天体位置的仪器。用它可测量全天恒星的入宿度和去极度，廿八宿宿度，日月五星的运行，以及历法中的天文数据等，用途十分广泛。正因如此，浑仪至迟在西汉、东汉时期就成为天文学家的主要观测仪器，以后历代屡加改进。唐代浑仪已具六合、三辰、四游三重环圈，体制基本完备。明制浑仪是按照古仪仿制，

明制铜浑仪

它所仿的古仪，学术界有宋浑仪和元浑仪两种说法。无论是仿宋还是仿元，它从形式到内涵都是属于宋元遗制，一直在观测天文的实践中使用到明末清初。在某种意义上说，它是中国传统天文学成就的象征。

参考书目

潘鼐、徐振韬：《明制浑仪》，《中国古代天文文物论集》，文物出版社，1989。

北京科技大学冶金史研究室等：《浑仪、简仪合金成分及材质的研究》，《文物》1994年10期。

（孙 华）

Mingzhi tongjianyi

明制铜简仪

明制铜简仪

明代铜制天文仪器。因系明代仿制的简化了的浑仪而得名。是世界上首次使用赤道装置的天文观测仪器，代表当时天文仪器制作的最高成就。明英宗正统三年和四年（公元1438年～公元1439年）行在司天监监正皇甫仲仿照南京所存元代郭守敬所创制的简仪而铸制，制成后放置于齐化门的观象台上（今北京古观象台）。抗日战争期间被转移到南京。现安放于南京紫金山天文台。

按照不同用途分别采用锡青铜、铅锡青铜和黄铜铸造。这些构件主要有用于支承的趺座、柱架和用于观测的赤道系统环圈、地平系统环圈4部分。趺座作长方形，长440.6厘米、宽297.4厘米。座下有6个方形短柱，座框四周有保证仪器水平贯通的水渠。座上柱架共2组，即固定观测环圈的左右相交呈A形的北极云柱和左右相交呈X形的南极云柱，以及支撑云柱的4根龙柱。云柱和龙柱分别铸以高浮雕状的卷云和蟠龙，使之更加庄严美观。在北极云柱顶端安装有一个较小的确定北极极点的定极环，在南极云柱交叉点处安装有百刻环，环内十字架上叠装赤道环。以定极环心与赤道环心为轴心，其间安装可东西游转的四游双环，环两面刻周天度数，环面设一条可绕环中心旋转的观测用“窥衡”，可用以观测天体的入宿度及去极度数。以上4个环圈就构成仪器的赤道系统。在趺座北部座面上，水平安放有阴纬环，中轴与北极云柱横梁间安装有可旋转的立运环，环面有“窥衡”，可据此测定天体的地平方位和出地高度。这2个环圈就构成仪器地平系统。

简仪是元代著名天文学家郭守敬在总结前代天文仪器的成就及存在问题的基础上，突破唐代以来相沿的制仪旧制，将浑仪各组环圈解放出来，分别安装，使得圈环相套、结构复杂的浑仪变成结构简易、操作方便的简仪，并克服了浑仪圈环遮挡天区的弊病。它是中国传统天文仪器的研究和制作水平的代表作。

参考书目

北京科技大学冶金史研究室等：《浑仪、简仪合金成分及材质的研究》，《文物》1994年10期。

（孙 华）

〖北宋至清其他铜器〗

Qidan tongfumian

契丹铜覆面

相当于五代及北宋时期的辽契丹贵族死后脸上覆盖的铜制面具。由先前流行的其他质料的覆面演变而来，到辽代成为以铜为主要材质、形状仿生人面目的金属面罩。它具有鲜明的时代特色和文化特色，对了解契丹丧葬习俗和辽代埋葬制度具有一定作用。

覆面是以金属铸出整个死者面部以及眉、眼、鼻、嘴、耳五官，形成一个封闭的面壳。覆面所用材料有金、银、铜3种而以铜质为主，其中铜覆面又有鎏金、鎏银和铜本色的区别。这与宋人文惟简《虏廷事实》描述契丹贵族死后，“以刃破腹，取其肠胃以涤之，实以香药盐矾，五彩缝之。又以尖苇筒刺于皮肤，沥其膏血且尽，用金银为面具，铜丝络其手足”的情况大致吻合。面具材质的不同，则反映出这些契丹贵族等级高低的差别。

契丹贵族死后用铜覆面的情况，在辽代早期就已出现。辽代早期的内蒙古察右前旗豪欠营子2号和3号墓出土的鎏金铜面罩，是迄今发现年代最早的铜覆面。不过，以铜为主的金属覆面的流行却是在辽代中晚期，内蒙古察右前旗豪欠营子6号墓鎏金铜覆面、翁牛特旗解放营子辽墓铜覆面、敖汉旗白塔子辽大康七年（公元1081年）铜覆面、辽宁新民县巴图营子辽墓鎏金铜覆面等已知的契丹铜覆面均属这一时期。与铜覆面一起出土的一般都有铜丝网络的尸罩，这也正与文献记载相吻合。

关于契丹贵族死后为何要使用金属覆面的问题，学术界尚有不同的看法：有的学者以为与萨满教一类宗教信仰有关；有的学者认为它与铸有“肴炬如来必破地狱”的佛教铜牌属于一套殓尸用具；还有的

认为它是契丹贵族沿袭和发展先前古族覆面习俗而来。从金属覆面往往与金属网络的尸罩同出，以及文献关于契丹贵族处理尸体的方式诸方面综合考虑，契丹贵族的金属面具和尸罩就如同西汉、东汉贵族的玉衣一样，是为了试图保护死者尸体不朽所作的努力。（孙 华）

lubu tongzhong

卤簿铜钟

北宋晚期宫廷铸造的大型铜制乐器。因钟体满铸卤簿仪仗纹饰而得名。是现存铸造工艺最精细，纹饰内容最丰富的北宋、南宋时期铜钟。它最初可能悬挂于北宋都城汴梁的宫禁中，金人攻入汴京后，被掠至燕京（今北京），放置于宛平县印山院；清代被移置承德离宫或寺院；清亡后，它被军阀汤玉麟移至他的奉天官邸。现藏于辽宁省博物馆。

口围256厘米、通高184厘米。截面呈圆形，圜顶高钮，钮作相对的坐龙抢珠状。直筒状壁，钟口微侈，口缘作八连弧形。钟外表以5道箍状旋纹分隔为6区，除定区即第1区无纹饰外，其余各区均铸有精美的浮雕状图案：第2区～第4区表现的是北宋帝王出行的舆服制度和宫卫制度，展示帝王出行的车驾服制，并有汴梁皇宫门阙的形象；第5区纹饰宛如一幅山水画长卷，山峦、流水、林木、小桥、房舍均予表现；第6区饰海水浪卷纹，其间按方位铸有四神和四仙。在第6区的“朱雀”旁有金代验刻的“右街僧官宛平县仰山院”的铭记；第4区与宫阙相对处有清代加刻的“大清乾隆年造”的年款。这些是北宋以后该钟流传经历的真实记录。

该钟是迄今仅存的北宋宫廷用铜钟，形象地记录了北宋王朝的舆服制度，具有很高的历史价值和艺术价值。

参考书目

王明琦：《卤簿钟的年代研究》，《辽海文物学刊》1992年2期。（孙 华）

Jueshengsi Yongle dazhong

觉生寺永乐大钟

明成祖永乐年间明京师铸钟厂铸造的铜制礼器及法器。铸成后，先放置于内府所属的汉经厂。万历年间移至万寿寺。清雍正年间，根据庄亲王的建议，被移到北京城西北新敕建的觉生寺，并为之修建了居于寺后中轴线上的别具一格的大钟楼。现仍在北京海淀区原觉生寺（今北京大钟寺古钟博物馆）的大钟楼内。

最大径330厘米、通高675厘米，重达465000千克。经测定，金属成分系含铜80.54%、含锡16.4%、含铅1.12%的锡青铜，与《周礼·考工记》中的“六齐”中的“钟鼎之齐”相近。推测是采用地坑造型制范及合范、地槽式浇铸的铸朝钟法铸造而成，与明宋应星《天工开物》中的铸鼎图所表现的相近。钟作平面呈圆形的圜顶敞底型，由钟钮和钟体两部分组成。钟钮似抽象的四足躬背的立兽形，其背梁穿挂于钟楼横梁上的吊环内。吊环由上下两个U形半环组成，上半环扣于梁上，下半环穿于钟钮内，两者间以一根体量不大但承受力颇强的低炭钢芯的铜销子相连接。钟体上小下大，上端圜顶中央开一圆孔，以减缓共振对钟体的影响；下部逐渐向外撇，边缘做成八连弧形。钟内外遍铸汉文及梵文佛教经咒，汉文经咒主要为永乐十五年（公元1417年）御制《诸佛世尊如来菩萨尊者神僧名经》，梵文咒语系藏传佛教中流行的兰查体梵文。这些经咒文字对研究明初佛教及汉藏文化交流具有重要价值。

该钟以形大体重、铭文众多、钟声宏亮和工艺卓绝而著称于世。该钟体量虽不及铸于1733年的俄罗斯“皇钟”巨大，但后者铸造并不成功，也从未能挂起鸣响过。该钟铭文字数多达23万余字，不仅堪称铜器铭文之最，而且字体工整娟秀，是明代馆阁体的代表。该钟音响效果极佳，敲击起来，不仅“声闻数十里”，而且使人感到钟声“时远时近”（《长安客话》），非同寻常。该钟由于体量极大，铸造难度很大。明代的工匠不仅成功地将大钟铸造出来，而且合范准确，文字清晰，反映出很高的铸造工艺水平。因此，人们将之称为“古钟之王”。

参考书目

夏明明等：《永乐大钟悬挂结构力学问题初探》，《文物》1990年7期。（孙 华）

Yangcanmu tonggu

杨粲墓铜鼓

南宋时期南方古族的铜制打击乐器。1957年由贵州省博物馆在遵义市高坪葬于南宋淳祐七年（公元1247年）的播州土司杨粲的墓中发掘出土。现藏于贵州省博物馆。

杨粲墓铜鼓

面径44.2厘米、通高27.9厘米。鼓面宽平，周围出短檐。鼓胸与鼓腰分界不明显，腰部内曲，腰与足连接处凸起折棱，高足外撇，足壁内凹。胸、腰间对称装并列双耳。鼓面一弦分晕，共十二晕，中心为十二芒太阳纹，其外分别为重圆、斜格、旗帜、树叶纹等；胸部饰乳钉、斜格和重圆纹；腰饰重圆、树叶和角形纹。

该鼓在铜鼓的分类上属于遵义型鼓的典型形态，它的年代下限不会晚于墓的年代；而鼓上留下的有元祐通宝铜钱的垫片表明，其年代上限不能早于北宋哲宗元祐年间（公元1086年～公元1093年）。它是少见的年代比较明确的遵义型铜鼓，为遵义型铜鼓研究的标准器。

（孙 华）

陶 器

陶 器 目 录

Xinshiqi Shidai taoqi

新石器时代陶器

（距今约1.2万年～4000年）

中国境内新石器时代各考古学文化的陶制器具，包括生活器皿、生产工具、装饰品、乐器、玩具、葬具、随葬明器、宗教祭祀用具、陶塑工艺品等。在新石器时代末期，还出现了建筑用的陶制排水管道。

中国新石器时代约开始于距今1.2万年，结束于距今4000年；在一些偏远地区，结束的下限要更晚一些。陶器最早发明于新石器时代，它作为一种使用面相当广泛的日用消费品，迅速地参与并作用到人类日常生活的各个领域，在人类的生产、生活中扮演了重要角色。中国有着悠久的陶器生产历史，在漫长的历史岁月中，古代工匠们创作出大量美观实用的陶制品，并难得地保留到今天，成为世界文化宝库中一笔珍贵的历史遗产。受质地和硬度的影响，陶器是一种易破碎、外形变化快、时代特征强的日用器皿，它能够敏感地反映出不同地区、不同时期人类物质文化中的一些细微变化。而不同地区、不同时代人类群体的生活习俗、文化传统也往往通过陶器的类别、组合、形态及花纹装饰等方面体现出来，具体指示出各考古学文化的时空差异。因此，世界各国的考古学家、人类学家对陶器这一文化特质均给予了极大地关注，陶器也因此成为考古学家们阐释文化分期、判断年代和跨文化研究的重要素材，特别是在新石器时代考古研究中更有着重要的科研价值。

● **定义与性能** 陶器是以自然界蕴藏的普通易熔粘土为原料，经人为筛选、浸润、淘洗、沉淀（发酵）、制坯成型、晾晒脱水等一系列复杂工序，再放入窑炉内，用火加热焙烧至一定温度，最后方能得到具有稳定性良好、有一定抗压能力、不变形的陶器。这就是明代著名科学家宋应星在《天工开物·陶埏》中所总结的：“水火既济而土合。”普通易熔粘土的主要成份是硅和铝，它无毒、无味，有良好的可塑性，是制作各种生活用具的良好原材料。从各项工艺指标看，陶器的坯体一般尚未烧结，无透明性，有气孔和明显的吸水性，其抗压极限强度为200千克／平方厘米～400千克／平方厘米，抗弯强度为150千克／平方厘米～200千克／平方厘米，可经受轻微的机械冲撞力，其硬度和密度明显低于后世出现的瓷器。

● **起源和历史意义** 现有考古资料尚不能充分说明陶器最初是如何发明的。早在19世纪，已有一些人类学家注意到，最早的陶器有可能是人类将泥土涂抹在竹木编织物或木质容器的表面，经火烧烤后偶然得到的。F.恩格斯从L.H.摩尔根的《古代社会》和E.B.泰勒的《初期人类史》等著作中引用民族志资料时说过这样一段话：“在许多地方，也许是在一切地方，陶器的制造都是由于在编制或木制容器上涂上粘土使之能够耐火而产生的。在这样做时，人们不久便发现，成型的粘土不要内部容器支撑，也可达到这一目的。”1503年，漫游南美东海岸的冈内维勒上校记述：“在没有陶器以前，则采用一种粗陋的方法，即将食物盛于涂了粘土的篮子内，或置于张有兽皮的土坑中加水，然后再用烧热了的石头块投之，使之煮沸。”从事物发展的逻辑进程分析，原始的土坑兽皮烧石煮沸法应出现在陶器发明以前。冈内维勒上校还提到：“土著家用的木制容器，甚至煮沸食物的壶罐，都涂有约一指厚的粘土，以防止火的焚烧。”这条资料说明，如果人们将涂有粘土的篮、筐一类器皿放置在火塘旁，其有机质部分被火焚烧是常有的现象，当这种经验积累到一定程度，人们便会得到粘土经火烧结后能够硬化、固化的知识，并引发人们能动地制造陶器，这一推测符合陶器发明的逻辑进程。但是，美洲印第安人发明陶器的民族志资料在世界范围内似乎并不具备普遍意义，在当时和以后的考古发掘和民族调查中均未找到这方面的实物证据。所以，有的学者认为，1843年马克西米林所报导的在曼丹发现的一种直接成型法，是极古老的制陶术。其方法是先将粘土塞入一个粗糙的近似于容器的模具中，翻制出容器雏形，再用一只手抓握卵石垫在器内，另一只手持木棒从外侧对着石垫位置拍打加固、定型。从制陶术的发展进程看，这种“模制法”与初始阶段的制陶术最为接近，很可能是人类早期制陶术中的基本方法。陶器发明后，制作工艺先后经历了模制法、泥片贴塑法、泥条盘筑法、轮制法等技术阶段。

陶器的出现是人类物质文化发展到一定阶段的必然产物，也是人类最早利用火的能量改变一种物质的化学性质，主动创造出的人工合成产品。一般而言，陶器的发明与人类进入新石器时代、实行定居生活、从事农业生产有着必然联系，在中国的古史记载中就有“神农耕而作陶”、“舜耕历山，陶河滨”等传说。考古发现证明，在大多数情况下都是先有农业而后才发明陶器的，但也有例外。中国是世界上最早发明陶器的地区之一，在江西、河北、湖南、广西等地已发现了距今10000年前的古老陶器标本。陶器出现后，可为人们提供大量易消化、有营养的熟食，从根本上改变了人类的饮食结构，对于人体进化、脑力发展等有着积极的意义。同时，陶器也给人类的生活提供了极大方便。史前时期，男子主要从事野外狩猎。妇女则操持家务、经营采集、从事农业生产，致使妇女在陶器的发明和生产中做出了重要贡献。

● **制陶工艺** 明宋应星在《天工开物·陶埏》中讲到：“一杯（陶杯）工力，过手七十二，方克成器。”可见制作陶器的工艺十分复杂，其基本工序可分为以下3个步骤：

①选料与加工。制作陶器的第一步是选择适合的易熔粘土原料，为满足不同器类的使用功能，须对粘土作不同的处理。如制作需要经常在火上炊煮食物的容器，须在原

料中填加一定数量的羼和料，如经筛选的细石英砂粒、碾砸的陶器碎末（熟料）、蚌壳粉末、植物茎叶碎末、焚烧后的有机物炭末等。填入羼和料的陶器质地变粗，陶胎孔隙较大，可增加器表摩擦系数，增强热传导性和耐热急变性，利于加热使用。一般的日常饮食、储藏器皿多选择纯泥质陶，不加羼和料，有的还须经过捏练、陈腐等特殊方法的处理，使器表光洁、胎质细腻。还有的在器表描绘、装饰各种图案花纹。

②成型与修整。制作陶器先后经历了原始模制、泥片贴塑、泥条盘筑、泥圈叠筑、慢轮修整、内模翻制、快轮拉坯等不同的工艺过程。除慢轮修整和快轮拉坯属半机械工艺外，其余均为手工技术。新石器时代早期的制陶工艺相当原始，使用原始模制、捏制或泥片贴塑技术，陶器胎骨厚重，厚薄不匀，夹砂陶占很大比重，器类十分简单，绝大多数为圜底大口器，表面装饰简陋。随着制陶手工业的发展，逐渐发明了泥条盘筑、泥圈叠筑等进步的方法，泥质陶数量明显增多，陶胎厚薄匀称，造型趋于复杂，除圜底器外，还有平底器、三足器和圈足器，种类大大增加，器表装饰出现了陶衣、彩陶及其他各种纹样。约距今6000年～5500年，陶轮问世，这是人类制陶史上的一次革命。早期的陶轮均为手动，为陶工用手转动的圆盘，可安装在一个固定的轴衬上。手动陶轮旋转速度较慢，多用来修整加工陶器外形，使之造型更加规整、对称。距今4600年前后，出现了脚踏式陶轮，旋转速度大大提高，利用陶轮的高速旋转产生的离心力，将泥料提拉成所需器形，使陶器的外形更加规整、对称，胎体变薄，厚薄匀称，提高了质量，产量亦可成倍增长，故快轮制陶术代表着新石器时代制陶业的最高水平。快轮制陶对原料的要求较高，需要将陶土处理得更加细腻，因此，轮制陶器中泥质陶比例加大，器表装饰简化，出现与旋转有关的弦纹、轮旋纹、竹节纹等，格调素雅。快轮制陶术是在慢轮技术基础上发展起来的。据研究，在快轮制陶术出现以前，制陶工作主要由妇女承担；当快轮技术出现后，制陶成为专业的生产部门，这一行业旋即转由男子经营。在快轮技术流行的同时，范模制陶法也出现了，即将粘土原料放入器模，经挤压翻制出陶器的部件，多用来制作袋足器。

③入窑焙烧。陶器的烧成温度一般为900℃～1050℃，最高不超过1100℃，若超出这一温度，陶器会烧坏变形。低于900℃，陶器质地则较差。新石器时代的陶器烧成温度一般偏低，大多是在氧化焰氛围下烧成的。新石器时代从早期到晚期先后经历了露天堆烧、平地封泥烧、窑烧几个大的发展阶段。晚期后段开始使用还原气氛烧成技术。陶器质量的高低，除原料因素外，很大部分取决于窑炉的结构和对窑温火候的控制。在陶器发明之初，尚未出现陶窑，这一时期一般在平地或土坑内堆烧陶器。由于陶器是在燃烧不充分的氧化焰氛围下烧成的，温度较低，火候不匀，故陶器质地松软，硬度差，胎心往往色泽较深，器表呈红色或褐色，常出现颜色不匀现象，即器表有灰黑色斑痕。新石器时代中期发明了陶窑，烧成工艺有了很大改善，由于陶窑结构尚不完善、密封差，烧成气氛仍为氧化焰氛围，致使陶色以红色、褐色居多，但器表颜色深浅不一的现象有所减少。新石器时代晚期前段，陶窑结构有所改进，已能较好地控制窑温，烧成陶器色泽纯正，以红色、桔黄色居多。随着时间的推移，灰色陶比例也逐渐增多。新石器时代晚期后段，陶窑结构又有所改善，密封程度提高，采用还原气氛烧成技术，陶器成品多呈灰色或灰黑色。新石器时代中晚期，在长江中下游和黄河下游地区均不同程度地出现了少量的白陶，其原料有的为滑石粘土，有的为高岭土（坩子土）。

陶器的烧成气氛是指陶窑内气体的组成及氧化、还原的能力。气体中含有多余的氧时，具有将坯体所含物质氧化的能力，称氧化气氛。气体中若含CO，可将坯体中所含的铁质还原为FeO，称还原气氛。还原气氛有强弱之分，CO含量在4%左右时为强还原，在2%以下为弱还原。新石器时代早期、中期的陶器主要在氧化气氛下烧成，陶器还原比值的平均值为0.17～0.63，用普通粘土制作的陶器，氧化烧成后一般为红色或橙黄色。还原气氛烧成出现在新石器时代晚期，其还原比值高于0.68，用普通粘土制作陶器，还原气氛烧成后呈灰色。

新石器时代的陶窑有横穴式、并穴式和竖穴式3种，窑炉结构随时间推移而逐步完善。陶窑包括窑室、窑箅、火膛、火门、火道、火眼、窑柱、窑墩、烟道（烟囱）、窑顶等部分：窑室为放置陶坯的地方；火门为投放燃料的入口；火膛是投放燃料的地方；火道输送火力并将火力扩散至窑室通道；烟道起排烟作用；窑箅是将火膛与窑室分隔为上下两层的土箅，窑箅上即为放置陶坯的窑室；窑柱是火膛内支撑窑箅的柱子；窑墩为窑室底部承放陶坯的土墩、石墩；窑顶为窑室的顶部。从新石器时代中期开始出现了横穴式陶窑，窑室、火膛横置于地面下，火道一般较长，窑室底部略作斜坡状，窑室与火膛底部大多处在同一平面上。新石器时代晚期陶窑结构改变较大，火膛底部加深，火道变为双股或多股（作叶脉状或北字形状），窑室底部出现窑箅，反映出烧造工艺不断完善；将火膛底部降低，有利于火力向窑室内部输送；火道增多可使火力进入窑室更加均匀；窑箅的设置是为了避免陶器直接接触火焰。这一时期略晚阶段，并穴式陶窑较为流行，这是横穴式窑向竖穴窑过渡的中间形态，其特点是将火膛大部分移至窑室，使火力更加集中，减少热力耗散，提高窑温。横穴式窑和并穴式窑均为氧化焰氛围，烧成的陶器以红色为主，颜色较纯正，倘若温度控制不当，陶器表面会出现色泽不匀的斑驳现象。竖穴式窑在新石器时代很少见，其结构是窑室与火膛上下叠置，呈圆筒状，这一设计更加有利于火力向上抽送，使燃烧更为充分、增加窑温，提高陶器烧成质量。窑炉结构的完善还体现在密封程度的加强方面，在还原焰氛围下烧成的陶器多呈灰色，若采用窑内渗炭工艺，可烧出纯净的黑陶。新石器时代晚期，陶器烧成温度已达1000℃左右。

● **分区** 中国幅员辽阔，各地区自然环境有很大差异。受地域、气候和资源的影响，从新石器时代开始便形成3个不同的经济文化区，不同的地区又有着不同的文化传统和制陶工艺。

地处长城沿线以北的北方地区纬度高，气温低，属森林草原地貌，局部有大片的荒漠沙丘，自然环境较差，农业经济长期不发达，是以狩猎——采集为主的经济文化区，其制陶业相对落后，器类简单，器表长期流行刻划或压印的“之”字纹。

地处中国腹心地带的黄河流域气候温和，河谷密布，自然条件优越，很早就形成以旱地农业为主的经济文化区。这里制陶手工业发达，器类丰富，造型复杂，装饰考究，流行绳纹、篮纹、方格纹等，也是彩陶发源并流行的地区。从制陶原料看，以黄河流域为代表的中原地区多选择可塑性好、含钙量较低的红粘土为原料，而广泛存在的马兰黄土、全新世黄土则不宜用来制陶。这是因为黄土颗粒较粗，可塑性差，不利于陶器成型，加之黄土含钙高，有的甚至夹杂钙质结核，对陶器的烧成影响较大。经模拟实验，中原地区河流两岸的淤积黄土无法制作陶器。此外，中原地区也很少见到用高镁质易熔粘土制作的陶器，这可能与该区域缺少这一原料有关。

长江流域是中国古代文明的另一个重心区，这里气候温暖，雨量充沛，河湖水网密布，植被发达，很早便开始经营稻作农业生产。其新石器时代陶器的特点是：①在以普通易熔粘土制作陶器时，既用红粘土，也用黄粘土和灰白粘土。②以高镁质易熔粘土和高铝质耐火粘土制作的白陶明显多于中原和北方地区。长江中游一带蕴藏有丰富的滑石粘土和高岭土资源，为制作白陶提供了较为充足的原料，这一技术也同时影响到陕西南部、长江下游、珠江三角洲一带。③夹炭陶、夹蚌陶发达，还原烧成技术水平也高于北方。南方的夹炭陶多以碳化稻壳或植物茎叶为羼和料，暗示出江南稻作农业的兴旺；夹蚌陶以碾碎的蚌壳、田螺壳为羼和料，反映出江南水乡制陶手工业与渔猎采集经济关系密切。长江流域的陶器种类丰富，流行镂孔、戳印和线刻纹装饰。

● **分期** 中国的新石器时代分为早、中、晚3大期。新石器时代早期距今约1.2万年～9000年，是陶器发生的时期。目前发现的陶器数量极少，绝大多数为残片，陶胎中普遍掺有较大的石英砂粒，使用原始模制技术和泥片贴塑法、捏塑法成型，工艺原始，器类极简单，无刻意的装饰。新石器时代中期距今9000年～7000年，制陶工艺有很大改进，普遍采用泥片贴塑法、捏塑法和泥条盘筑法，以红色、褐色陶为主，烧成温度提高，但器表存在色泽不匀的现象，装饰普遍比较简单。在黄河流域，彩陶开始萌芽。新石器时代晚期分为前后两段，晚期前段距今7000年～4500年，制陶手工业发展很快，流行泥条盘筑法，慢轮修整技术普及，器类丰富，红色陶仍数量居多，色泽纯正。随着时间的推移，黑灰色陶比例逐渐增多。装饰手法多样，黄河流域彩陶流行。晚期后段距今4500年～4000年，制陶手工业突飞猛进，快轮制陶术普及，产量提高，造型规范。黑色、黑灰色磨光陶流行，风格素雅凝重。在黄河流域，随着袋足炊具的普遍出现，范模制陶工艺发展很快。

● **装饰** 器表装饰是制陶过程中一个重要环节。新石器时代早期陶器做工粗糙，朴实无华，一般不加装饰。随着制陶技术的进步，器类逐渐增多，装饰也越来越考究。陶器的表面装饰可分为两个系统，一是用专用工具在器表加工出花纹，如使用缠绕绳子的木棍或刻划花纹的拍子在陶坯表面滚压、拍打出绳纹、篮纹、方格纹等纹样，或用其他工具在器表戳印、刻划或堆塑花纹，其中大部分是在制坯阶段完成的。此类装饰除具有美化陶器的功能外，最主要的目的是为了加固陶器、利于烧成、方便使用。二是用“毛笔”将不同的矿物颜料绘饰在器表，形成各种美丽的图案，分彩陶、彩绘陶两种。彩陶是在未经焙烧的陶坯表面绘饰花纹，再入窑经高温焙烧，使矿物颜料牢固地附着于器表，不易脱落。彩绘陶是在烧成的陶器表面绘饰花纹，绝大多数为红彩，颜料不易保存。器表装饰的花纹表达了人类群体的审美心理，画面内容、形式受到了考古学文化所固有的历史文化传统的制约，也正因为如此，彩陶花纹对氏族成员往往具有强烈的感召力和认同感。有些独特的花纹很可能就是某一氏族原始宗教中的神圣象征符号，具有特殊的文化功能。

陶器制作不仅是原始社会重要的经济生产活动，也是艺术创造活动。由于粘土具有良好的可塑性，可随时激发工匠的想象力和创造欲，故新石器时代的人们常常将实用与审美情趣结合起来，塑造出大量的陶塑工艺品，使陶器在造型艺术的殿堂中占有重要的一席之地。由于不同地区的人类群体拥有不同的文化背景和历史传统，陶器装饰也往往因此形成不同的区域特征。在不同的时期，艺术风格会发生相应转变，这也是考古学研究的一项重要内容。

● **器类** 陶器发明后，很快渗透到人类生产和生活的各个领域，在日用陶器中，用于烹饪、饮食、储藏的各类容器所占比重最大。其次为大量供殉葬使用的陶明器，早期的随葬品多为实用器，后来逐渐

开始制作明器（指专为死者制作，不具备使用功能的代用品）。其他还有各种陶工具、乐器、装饰品、祭祀用具等。工具类包括收割农作物的陶刀、狩猎用的陶弹丸、捕捞用的陶网坠、捻线用的陶纺轮、鞣制兽皮用的陶锉和制作陶器用的陶槌、陶垫、陶拍子等；乐器类有埙、铃、鼓、哨、号角、响球、响器等；装饰品类有陶笄、陶手镯、陶链环等。在新石器时代，陶器还普遍用作葬具，有些造型奇特的器皿则被赋予某种宗教功能，用于专门的礼仪祭祀活动。

参考书目

俞伟超：《中国早期的“模制法”制陶术》，《文物考古论文集》，文物出版社，1986。

李家治等：《新石器时代早期陶器的研究——兼论中国陶器的起源》，《考古》1996年5期。

李文杰：《中国古代制陶工艺的分期与类型》，《自然科学史研究》第15卷第1期，1996。

（李水城）

Huanghe Shangyou Diqu Xinshiqi Shidai taoqi

黄河上游地区新石器时代陶器

新石器时代黄河上游地区诸考古学文化的陶制器具。该区域的地理范围包括内蒙古托克托县河口以西的广大地区，行政区划包括甘肃、宁夏、青海、新疆及内蒙古西部地区。

● **分区** 黄河上游地区的新石器时代文化在空间上分为陇东、陇西、内蒙古西部与新疆4个地区。陇东地区的文化面貌与陕西关中地区比较一致，考古学文化发展序列为老官台文化→仰韶文化。仰韶文化晚期，陇东地区的仰韶文化演变为常山下层文化，并逐渐发展为齐家文化。陇西地区包括青海东部和甘肃河西走廊，这里最早的新石器时代文化为仰韶文化庙底沟类型，并在该文化的基础上发展出马家窑文化（包括马家窑、半山、马厂3个类型），大约在马厂类型阶段的中晚期，齐家文化进入该地区。内蒙古西部地区的文化面貌目前尚不十分明确。在新疆地区，至今尚未发现明确属于新石器时代的陶器遗存。

● **制陶工艺** 黄河上游地区长期保持着手工制陶的工艺传统。在陇东地区，新石器时代中期的老官台文化陶器使用泥条盘筑法制作，分段制坯，对接成型，也有部分使用泥片贴塑技术，器类较为简单，流行交错绳纹装饰。到了仰韶文化、马家窑文化和齐家文化时期，普遍使用泥条盘筑方法，慢轮修整技术普及，陶器的造型、种类和装饰有很大变化。该区域陶器的特点是，从常山下层文化、马家窑文化开始，广泛流行橙红、橙黄色陶器，并长期保持手工制陶加慢轮修整的工艺传统，造型比较简单，广泛使用各种不同造型的平底带耳罐，三足器、圈足器的比例一直很低。另一现象是时代越晚，陶器的质量越差，这种趋势一直持续至新石器时代结束。这表明黄河上游地区的制陶手工业相对落后，技术保守，在窑炉的结构和烧造工艺上变化不大。另一原因是，自马家窑文化至齐家文化，黄河上游地区的经济形态逐步发生转变，畜牧业经济的比重有所上升，与之互为因果的是某些地区的农业经济相对萎缩，这一变化是导致当地制陶业工艺停滞、技术水平下降的重要原因之一。经检测，马家窑文化的泥质红陶烧成温度为760℃～1050℃，彩陶烧成温度为800℃～1050℃；齐家文化红陶的烧成温度为800℃～1100℃。

● **装饰** 黄河上游地区陶器装饰的突出特点是，彩陶特别发达，而且区域特色明显，时代特点突出。渭河上游地区是彩陶的起源地，在老官台文化晚期，为构图简单的彩陶萌芽阶段，该地区彩陶大多是在陶器口沿绘红彩宽带纹，少量是在器内壁绘红彩符号，这是中国已知年代最早的彩陶标本，其风格与世界上其他国家、地区发现的早期彩陶有着共同的原始特征。陇东地区仰韶文化时期彩陶的装饰有半坡类型的鱼纹、折线纹、宽带纹、拟人面纹；庙底沟类型的弧边三角纹、圆点勾连纹、花瓣纹；仰韶文化晚期，该地区的彩陶数量仍比较多，构图上保持了庙底沟阶段的作风，但线条疏朗，出现白彩纹样。至常山下层文化时，在陇东地区已很少见到彩陶。在陇西地区，马家窑文化的彩陶急剧攀升，其比例高达30%～50%，有的墓地随葬彩陶比例高达85%，成为中国新石器时代彩陶最为发达的地区。在马家窑文化的不同阶段，彩陶花纹显示出不同的时代风格，马家窑类型的彩陶绘黑色彩，个别用白彩勾边，花纹风格细腻，构图繁缛，以弧线、圆点为主，很多画面富有水波流动的韵味。从绘画笔触可看出，当时画工们已使用了“毛笔”，并借助轮盘辅助作画。半山类型的彩陶使用黑、红复彩构图，盛行黑彩锯齿纹间红彩条带，构成一种固定的模式，最常用的典型纹样有齿带纹、漩涡纹、圆圈纹、葫芦纹、凸弧纹、垂弧纹、折线纹等。马厂类型的彩陶流行在器表施以红色陶衣，风格比较粗犷，最富有代表性的纹样有人蛙纹、四大圆圈纹、几何网格纹、菱格纹、折线纹等。齐家文化时期，彩陶已很少见，一般绘红色单彩，大多构图简洁，流行纹样有倒三角纹、对三角纹、网纹等，也发现有个别花纹繁缛的彩陶绘密集的折线纹。无论马家窑文化还是齐家文化，夹砂陶最为常见的纹样是泥条附加堆纹、绳纹、篮纹等，外观比较粗糙。

● **器类** 在陇东渭河上游地区，老官台文化阶段的典型器有深腹平底罐、深腹三足罐、圆腹罐、三足钵、圜底钵、圈足碗、小口瓮等。仰韶文化阶段的典型器与关中地区大致相同，有小口尖底瓶、葫芦瓶、小口细颈壶、弦纹夹砂罐、瓮、尖底缸、盆、钵等。常山下层文化的基本器类组合为双耳罐、单耳罐、盆、瓮、壶、碗。马家窑文化的典型器有罐、瓶、壶、瓮、盆、钵、碗、盉；齐家文化时期出现少量空袋足器，如鬲、盉、甑、斝等，夹砂罐为主要炊具，最有代表性的器皿有双大耳罐、高领篮纹罐、枭面罐、盆、钵、尊、豆等。除一般日常生活用具外，该地区还发现有少量陶乐器、生产工具、陶塑工艺品，著名的如马家窑文化的陶鼓、陶铃，齐家文化的陶响器等。

参考书目

马清林等：《甘肃古代各文化时期制陶工艺研究》，《考古》1991年3期。

李文杰等：《黄河流域新石器时代制陶工艺的成就》，《华夏考古》1993年3期。

（李水城）

Majiayao wenhua taoqi

马家窑文化陶器

新石器时代晚期马家窑文化的陶制器具。马家窑文化于1923年在甘肃临洮县马家窑遗址首次发现，后正式命名，分布中心在甘肃中西部和青海东部，距今5200年～4000年。

● **文化类型与分布** 马家窑文化分为3个不同时期的文化类型。

①马家窑类型 也称马家窑期。得名于甘肃临洮县马家窑遗址，属马家窑文化早期，距今5200年～4600年。分布中心在甘肃中西部和青海东部，影响范围很广，东面深入到陕西宝鸡地区，西至甘肃河西走廊西部的酒泉市，北达宁夏南部的西（西吉）、海（海原）、固（固原）地区，南抵四川阿坝自治州的茂汶、理县一带。

②半山类型 也称半山期。得名于甘肃广河县半山遗址，为马家窑文化中期，距今4600年～4300年。其分布中心与马家窑类型接近，但略有变化，东界退至甘肃天水附近，北面扩张到甘肃景泰县，南达洮河中游的甘肃康乐县，西界仅在甘肃永昌境内有分布。在青海，该类型向西深入到黄河上游的同德县一带。

③马厂类型 也称马厂期。得名于青海民和县马厂塬遗址，为马家窑文化晚期，距今4300年～4000年。分布面再度向西、向北迁移，主要集中在甘肃、青海交界处及甘肃河西走廊地区。

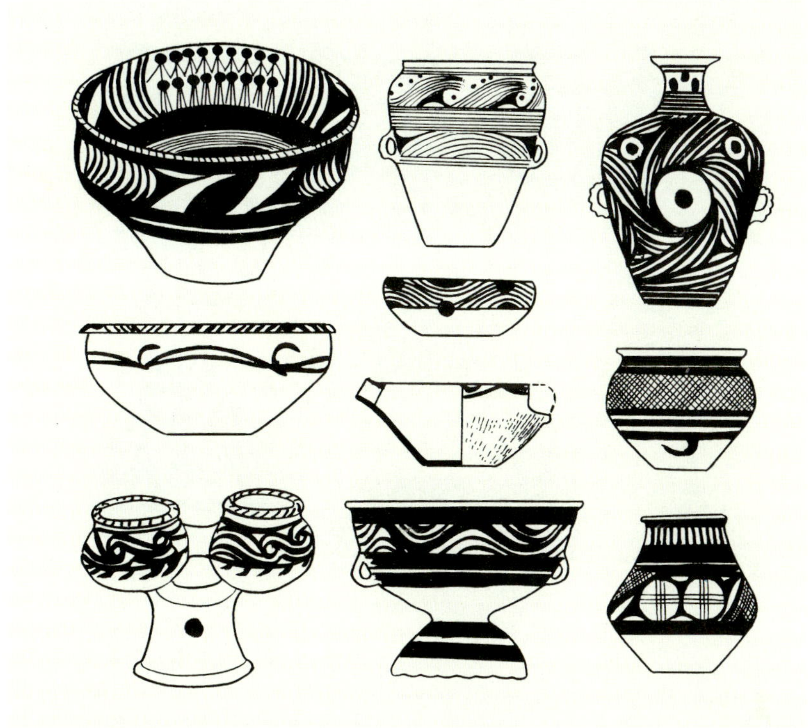

马家窑类型陶器

● **制陶工艺** 在马家窑文化的不同阶段，陶器在质地、造型、组合、装饰等方面有着明显的变化。马家窑类型的陶器仍停留在手工制作阶段，流行泥条盘筑技术，大型器皿采用分段制作、对接成型的方法，慢轮修整比较普及。陶色以细泥橙黄、橙红色为主，也有一定数量的红陶、灰陶；泥质陶做工较为细腻，烧制火候高，质地坚硬；夹砂陶比较粗糙。在马家窑类型中，发现有个别陶器的质地为上半部泥质、下半部夹砂，极为罕见。这种陶器既适于在火上炊煮食物，又保持上半部光滑细腻的外表，很有特点。在兰州市雁耳湾遗址还发现少量夹砂白陶，其原料为经过淘洗的高岭土并掺以细砂，显示出较高的制陶工艺水平，也是这一时期该地区出现的新产品。马家窑类型的彩陶数量大大增加，在生活遗址中，彩陶的比例接近陶器总量的30%，在墓葬中比例一般达50%。彩陶做工十分精细，无论数量、种类及花纹构图等方面均达到了前所未有的水平。从彩陶花纹的构图可以看出，当时慢轮工艺应用普遍，不仅用陶轮修整陶器，也作为绘饰彩陶的辅助用具。在兰州市曹家嘴、东乡县林家等遗址曾发现有马家窑类型的横穴式陶窑，其中林家遗址的陶窑窑室为圆形，直径1.3米，窑箅周围有火孔，顶部与窑室间隔一层夯土，火膛呈长方形。

半山类型的制陶业基本保持前一时期的水平，器类、造型较马家窑类型有所改变，彩陶的数量又有所增加，在生活遗址中其比例占陶器数量的37%，随葬品中其比例最高达85%。花纹的构图和配色变化十分明显，最为突出的是盛行黑红复彩花纹、锯齿纹，成为半山类型彩陶特有的纹样，强化了装饰效果。半山类型夹砂陶中白陶、灰白陶数量略有增多，主要用来制作陶罐，器表常装饰经切割而成的细泥条附加堆纹。在兰州市青岗岔遗址发现的半山时期陶窑为横穴式结构，窑室已不存，从残余部分观察呈方形，火膛部分作椭圆形，面积2.32平方米，面积较前一时期增大，每窑烧制陶器的数量有所增加。在青海同德县宗日遗址发现的陶窑为圆形，窑床用卵石铺垫，结构较特殊。

马厂类型的制陶工艺和装饰与半山时期大致相同，在黄河沿岸与

马厂类型陶器

湟水一带，马厂类型继承了较多的半山类型因素；在甘肃河西走廊地区则逐渐形成另一种风格。马厂类型的彩陶数量与半山类型基本持平，但质量呈逐渐下降的趋势，器表打磨不如半山类型精细。彩陶花纹大多继承半山而来，但河西走廊一带流行施黄白衣、绘黑彩，构图流行粗细搭配的几何线条纹，较为独特。马厂类型早期尚保留黑红复彩的构图，从中期开始，器表流行施红色陶衣，绘黑色单彩。马厂类型晚期，制陶工艺明显趋于草率，彩陶花纹构图草率、散漫，画风粗放，纹样简洁，器表所用陶衣色泽浓暗，花纹多呈深灰色，与底色对比、反差减弱，色调沉闷暗滞。至马厂末期，彩陶数量降低，彩陶也最终走向了衰落。马厂类型的夹砂陶与半山类型大体一致。在兰州市白道沟坪遗址发现一处马厂阶段的窑场，共清理出12座陶窑，全部为竖穴式结构，窑室作正方形或近正方形，面积约1平方米。窑箅上均等地设火眼9个，整齐地排列成3行，火门呈椭圆形，这种方形陶窑为别处所少见。在窑场内还发现储藏制陶原料的作坊遗迹，包括揉合粘土胶泥的土坑、研磨彩色颜料的石盘、调配紫红色颜料用的调色陶碟等遗迹和遗物，说明当时制陶的整个过程都是在窑场内完成的。从陶窑的分布看，该窑场将陶窑分割为4个单元，每一单元包含数量不等的窑，共用一个“灰土坑”，构成一个有机的整体，组成既有联系又有区别的生产单位，但每一生产单位间的生产规模有所不同。这种有序的安排，目的是为了便于管理、操作，提高生产率。该窑场的发现及马厂时期墓葬中随葬陶器数量的明显增加，证明马厂阶段制陶业的生产规模有了较大发展。

经检测，马家窑类型的泥质彩陶器烧成温度为900℃～1050℃。青海乐都县柳湾墓地半山类型彩陶器烧成温度为800℃，吸水率为9.2%；马厂类型彩陶器的烧成温度为760℃，吸水率为9.85%；马厂类型夹砂红陶的烧成温度为1020℃，吸水率为8.17%。

● **装饰** 在陶器装饰上，以彩陶最具特色，无论是彩陶的种类、数量及花纹等方面都达到一个新层次，不同阶段表现出不同的装饰风格。马家窑类型的彩陶流行黑色彩，总体风格是构图繁缛，布局有序，画面流畅，动感强烈，流行弧线条、圆点组合的几何形花纹。在青海东部、河西走廊一带有少量彩陶在黑彩花纹周边勾勒白彩作点缀，有的遗址还发现个别以白彩绘制的彩陶。马家窑类型最富代表性的纹样有波浪纹、同心圆纹、漩涡纹、圆点纹、网格纹、蛙纹、变形鸟纹、水虫纹、垂幛纹、鲵鱼纹等。在青海东部、河西走廊发现有描绘人物、人面或动物画面的彩陶，最为著名的是人物舞蹈纹彩盆，已发现有5人一组、9人一组、11人一组、13人一组的舞

半山类型陶器

蹈纹盆5件。还有一些人面纹图案，一般隐含在主题花纹之中。马家窑类型彩陶的另一特点是内彩发达，在钵、盆、豆等大口器皿内壁绘繁密的花纹。夹砂陶多装饰散乱的绳纹、附加堆纹等，外观较粗糙。

半山类型陶器装饰也以彩陶为主，而且数量更多，构图基本延续马家窑类型的母题，但在着色、构图方面有较大突破，流行黑红复彩构图，最为典型的是两道黑彩锯齿纹夹一红彩条带纹。代表性花纹有圆圈纹、葫芦纹、漩涡纹、弧线纹、三角折线纹、齿带纹、菱格纹等，以几何构图最多，表现人物、动物的纹样极少，花纹布局考究，装饰效果突出。20世纪20年代在甘肃广河县曾出土3件彩绘人首器盖（现分藏于瑞典和法国），造型相当奇特，彩绘也很精彩。半山类型的夹砂陶流行在肩腹部装饰贴塑的细泥条堆纹，有的经切割处理。此外，还发现有少量刻划纹。

马厂类型的彩陶数量居高不下，装饰风格承接半山类型，特别是在马厂类型早期，尚保留一定的黑红复彩构图。马厂类型中期变为黑色单彩，流行施红色陶衣，代表性花纹有人蛙纹、四大圆圈纹、网格纹、折线纹、三角纹、方格纹、菱格纹等，尤以人蛙纹和四大圆圈纹最为突出。马厂类型的夹砂陶装饰与半山类型基本相同。

在乐都县柳湾墓地出土的马厂彩陶中曾发现有139种用黑彩绘制的“符号”，如+、X、0、I、一、八、II、A、*、←、↓等。这些“符号”均在陶坯未入窑前所绘，以单体字符居多，个别为双字符，一般绘在陶器下腹部未着彩的地方，也有的绘在器底。除少量“符号”字体较草率外，多数结构规整。对此类符号的意义，学术界有不同认识，有的学者认为应属最早的文字，有的学者认为是陶工制陶时留下的作为识别各自产品的标记，其功能与仰韶文化的刻划“符号”相同。

● **器类** 马家窑类型的器类比较丰富，日常生活用具有小口壶、细颈瓶、钵、盆、瓮、豆、甑、碗、罐、尖底瓶、杯、盅、勺及夹粗砂的缸、瓮等；装饰品和工具类有陶环、镯、刀；乐器类有响铃（乐器或玩具）。半山类型器类较马家窑类型略有减少，常用器有小口长颈壶、单耳长颈瓶、高低耳壶、侈口罐、矮领瓮、高领瓮、双耳罐、单耳罐等，这一阶段还流行一种模仿禽鸟造型的鸭形壶。半山类型晚期，在湟水下游一带又出现了陶鼓。此外，在半山类型中还发现有个别人首彩陶器盖。马厂类型以小口瓮及各种形态的带耳罐、双耳盆数量最多，新出现单把杯、敛口带盖瓮等，总体风格是器耳、盲鼻类附件发达，也有一些造型奇特的器皿，如彩绘人首陶罐、人首器口彩陶罐、人首器口彩陶瓮、浮雕人物彩陶瓮、蛙形罐、双蛙浮雕篮形小罐、哑铃状陶响器、提篮形陶响铃等，此类陶器应有某种特殊用途。

参考书目

青海省文物管理处考古队等：《青海柳湾》，文物出版社，1984。

青海省文物考古研究所：《民和阳山》，文物出版社，1990。

马清林等：《甘肃古代各文化时期制陶工艺研究》，《考古》1991年3期。

甘肃省博物馆等编：《甘肃彩陶》，文物出版社，1979。

青海省文物考古队编：《青海彩陶》，文物出版社，1980。

（李水城）

Shangsunjiazhai yizhi wudaowen caitaopen

上孙家寨遗址舞蹈纹彩陶盆

（见上孙家寨陶盆舞蹈纹图）

Shizhaocun yizhi wawen caitaobo

师赵村遗址蛙纹彩陶钵

新石器时代晚期马家窑文化马家窑类型的陶制盛储器。1981年～1989年由中国社会科学院考古研究所在甘肃天水市师赵村遗址中发掘出土。现藏于中国社会科学院考古研究所。

师赵村遗址蛙纹彩陶钵

通高5厘米、口径16.4厘米、底径6厘米。泥质橙黄陶，手制。大敞口，斜弧腹，平底。器口沿周边绘垂弧纹，腹内壁绘褐色单彩蛙纹。蛙纹构图写实，身体肥硕，四肢短小，前端为半圆形蛙首，正中绘蛙眼一对，蛙腹部浑圆，中心部位绘有细密的网格纹，以象征蛙背部的纹样，网格纹外侧空白无纹，夸张地表现出青蛙腹部的肥硕。

（李水城）

renwu wudaowen caitaopen

人物舞蹈纹彩陶盆

新石器时代晚期马家窑文化马家窑类型的陶制盛储器。出土时间、地点不明（推测应出自甘肃、青海一带）。现流失日本。

人物舞蹈纹彩陶盆

通高11.5厘米、口径34厘米。细泥质橙黄色陶，手制，经慢轮修整。大敞口，宽平沿，弧腹，平底。腹部捏塑一对鸡冠形器耳，器表打

磨光滑，绘黑色彩。腹部外侧绘流动的水波纹，在弧形线条组成的水波中穿插卵点纹，盆沿面绘细密的网格纹，盆内绘3组舞蹈纹，每组舞蹈人物由5人组成，排列成一排，相互作手拉手状，双腿交叉，翩翩起舞。下身处绘有一短短的突出物体，有的学者认为是尾饰，也有的学者认为是男性生殖器。在3组舞蹈人物之间绘弧线和弧边三角构成的几何纹。

这种舞蹈纹彩盆在马家窑文化中已出土5件，画面有5人、9人、11人、13人之别。该盆绘画最为精彩，是马家窑文化彩陶器中不可多得的精品。（李水城）

Zongri yizhi erren taiwu caitaopen

宗日遗址二人抬物彩陶盆

新石器时代晚期马家窑文化马家窑类型的陶制盛储器。1995年由青海省文物考古研究所在青海同德县宗日遗址第192号墓中发掘出土。现藏于青海省文物考古研究所。

宗日遗址二人抬物彩陶盆

通高11.3厘米、口径24.2厘米、底径9.7厘米。细泥质橙黄色陶，手制，经慢轮修整。敞口，弧腹，平底。器表打磨光滑，绘黑色彩。腹部外侧绘三线组结纹，盆沿面绘弧线三角纹，内彩主题纹样为4组对称的二人抬物图案，间以横竖条带纹。主纹样中的人物为侧面形象，用圆点表示头颅，粗线表示身躯，细线表示四肢。二人面面相对，微屈脊背，正在合力用双手托起一个圆形的硕大物体。寥寥几笔，形象地勾勒出一幅纯朴、优美的原始风情画面。（李水城）

Hetaozhuang yizhi caitaopen

核桃庄遗址彩陶盆

新石器时代晚期马家窑文化马家窑类型的陶制盛储器。1978年由青海省考古队在民和县核桃庄遗址马家窑类型1号墓中发掘出土。现藏于青海省博物馆。

核桃庄遗址彩陶盆

通高11.8厘米、口径29.7厘米、底径12厘米。泥质橙黄陶，手制，慢轮修整，器表打磨光滑。大口，微内敛，圆唇，宽沿，弧腹，平底。器表内外通体绘黑色彩，口沿沿面绘斜线网格纹、卵点纹，外腹壁绘三线并列的水波纹、弧勾纹。内腹壁底部绘同心圆纹、卵点纹，间绘两组水波纹、卵点纹。马家窑文化马家窑类型彩陶的内彩特别发达，该盆花纹构图繁密，为马家窑类型彩陶中内彩花纹的典型作品之一。（李水城）

Sanping yizhi xuanwowen caitaoweng

三坪遗址漩涡纹彩陶瓮

新石器时代晚期马家窑文化马家窑类型的陶制盛储器。1954年在甘肃永靖县三坪遗址采集。现藏于中国历史博物馆。

通高50厘米、口径18.4厘米。细泥质橙黄色陶，手制，经慢轮修整。器口内敛，口沿面平整，口沿外侧捏塑4枚鸟喙状钩纽，圆弧深腹，腹两侧置器耳一对，平底。器表打磨光滑，绘黑色彩，花纹以流动的水波纹为主，用平行线将瓮的腹部分割为3层，最上面一层绘弧边三角花卉，中间一层绘漩涡纹、同心圆纹、卵点纹，最下一层绘水波纹和“变形鱼”纹。该器高大秀丽，工艺精湛，陶质细腻，花纹布局有序，构图繁缛瑰丽，为马家窑文化彩陶器中的精品，享有“彩陶王”之美誉。（李水城）

三坪遗址漩涡纹彩陶瓮

Hetaozhuang yizhi caitaohu

核桃庄遗址彩陶壶

核桃庄遗址彩陶壶

新石器时代晚期马家窑文化马家窑类型的陶制水器。1978年由青海省考古队在民和县核桃庄遗址马家窑类型1号墓中发掘出土。现藏于青海省博物馆。

通高28.5厘米、口径13厘米、底径12厘米。泥质橙红陶，手制，经慢轮修整。器表打磨光滑。造型特征为小喇叭口，圆唇外卷，细长颈，圆鼓腹，平底。通体绘黑色彩，口沿内绘三组单斜线纹，器颈至肩部绘密集的平行线纹，以及用网格、弧边三角构成的圆圈纹，内填三线十字卵点纹，腹部花纹母题为密集的水波卵点纹，上下间绘横条带纹。该壶器表彩绘构图繁缛，绘制极为精细，为马家窑文化彩陶器中最富特征的作品之一。（李水城）

Jinquan yizhi caitaohu

金泉遗址彩陶壶

新石器时代晚期马家窑文化马家窑类型的陶制水器。1974年出土于甘肃永靖县金泉七十亩地遗址。现藏于甘肃临夏回族自治州博物馆。

金泉遗址彩陶壶

通高26厘米、口径9厘米、底径8厘米。泥质土黄陶，手制，经慢轮修整。器表打磨光滑。造型为小喇叭口，细长颈，圆鼓腹，平底，腹中部置一对环耳。器表绘黑色彩，从器颈到腹部依次为宽带纹、细线纹、弧边三角纹和由曲线构成的漩涡纹，涡心内绘网格纹。该壶的造型和装饰花纹具有马家窑类型末期的典型风格，由此马家窑文化陶器已逐渐过渡到半山类型。

（李水城）

Shizhaocun yizhi fudiao renshou caitaoguan

师赵村遗址浮雕人首彩陶罐

新石器时代晚期马家窑文化半山类型的陶制盛储器。1981年～1989年由中国社会科学院考古研究所在甘肃天水市师赵村遗址中发掘出土。现藏于中国社会科学院考古研究所。

师赵村遗址浮雕人首彩陶罐

通高23厘米、口径14.3厘米、底径9.9厘米。泥质橙黄陶，手制。矮领，侈沿，圆弧腹，腹中部置双小耳，平底。在器腹上部正中位置捏塑一凸起的人面浮雕，人面额顶有一圆突，柳叶眉、大眼、高鼻、小口微张，五官配置协调、比例匀称。人面以外的空间全部绘黑色彩，面部四周绘一黑彩弧圈，人首下部有一弧形圈，下绘树枝状叶脉纹，以此圆圈表示人的躯体，左右两侧及下部绘有表现四肢的纹样。人形圆圈周围绘竖列锯齿纹及密集的“十”字纹。（李水城）

Dibaping yizhi lingwen fu'er caitaoweng

地巴坪遗址菱纹腹耳彩陶瓮

新石器时代晚期马家窑文化半山类型的陶制盛储器。1973年由甘肃省博物馆在广河县地巴坪遗址中发掘出土。现藏于甘肃省博物馆。

地巴坪遗址菱纹腹耳彩陶瓮

通高34.5厘米、口径17厘米。泥质橙黄陶，手制，器表打磨光滑。器口略小，矮领，圆鼓腹，平底，腹部最大径处置环形小耳一对。器表用黑红复彩绘几何形花纹，器口内绘垂弧纹，口外绘三角锯齿纹，腹部绘菱形田字纹，黑彩向红彩一侧绘密集的锯齿纹，主纹样下绘水波纹。（李水城）

Danmacun yizhi caitaohu

旦麻村遗址彩陶壶

新石器时代晚期马家窑文化半山类型陶制水器。1982年由青海省文物考古研究所在青海循化县旦麻村遗址中发掘出土。现藏于青海省文物考古研究所。

旦麻村遗址彩陶壶

通高40厘米、口径12厘米、底径14厘米。细泥质橙红色陶，手制，慢轮修整。小口，直颈，圆鼓腹，平底，腹中部置一对小耳。器表打磨光滑，绘黑色彩。颈部花纹由漩涡纹、圆点纹构成变形的鸟首，腹部绘由几何弧线宽带纹、锯齿纹构成的曲线纹，下附宽带纹、水波纹。该器颈部所绘变形“鸟”纹与马家窑类型的同类纹样近似，但器形与花纹为典型的半山式样，由此可证马家窑类型与半山类型之间的亲缘关系。（李水城）

Yangshan yizhi juchiwen taogu

阳山遗址锯齿纹陶鼓

新石器时代晚期马家窑文化半山类型供随葬用的陶制乐器。1980年由青海省文物考古研究所在民和县阳山遗址第23号墓中发掘出土。现藏于青海省文物考古研究所。

阳山遗址锯齿纹陶鼓

通高35厘米、大口径23.5厘米、小口径12.5厘米、鼓筒径8厘米。质地为夹少量细砂的土黄陶，手制，使用泥条盘筑法分段制作鼓口和鼓腰，再对接成型。鼓身作细长的圆柱状，较小的鼓口呈钵形，口下一侧置环形小耳一只；另一端鼓口呈大喇叭状，口外侧有环形小耳一只，周边捏塑鸟喙形钩纽6枚，用于捆绷兽皮鼓面。器表抹光，鼓身绘黑色彩；小口一端外侧绘锯齿纹一周，口沿内绘波浪纹；大口一端外侧绘3股锯齿纹和一周条带纹。与此器相同的陶鼓目前仅见于甘肃与青海交界的大通河下游与湟水流域，均为墓中随葬明器。其中甘肃永登县乐山坪墓地发现有6件，青海民和县阳山墓地出土有3件、采集1件。经对墓主人进行性别鉴定，阳山墓地随葬陶鼓的3座墓的墓主人均系男性（或以男性为本位的合葬墓），随葬品的数量明显多于不出陶鼓的墓，可见当时陶鼓的占有者具有不同于一般氏族部落成员的身份和地位。

鼓是一种打击乐器，形制大小不一，鼓口蒙以兽皮或蟒皮，击之可发出轰响，在古代主要用于乐舞、祭祀及军事活动，如用于指挥歌舞仪式，用于原始宗教祭祀活动，用于战争中鼓舞士气、鼓励士兵冲锋陷阵和勇猛杀敌。鼓出现的时间一直没有定论，据《易·系辞》、《吕氏春秋·古乐篇》、《礼记·名堂位》等文献记载，早在史前伊耆氏时便出现了陶鼓，并用来演奏。最早的鼓应是木质或陶质的，在今天有些少数民族中还能见到质地、形态十分原始的鼓，如广西壮族的蜂鼓，整个鼓腔用陶土烧制，两头粗，中间细，两端蒙以牛皮，尚保留较原始的特征。考古发现的史前时期陶鼓在外形上与某些少数民族使用的鼓形态接近，同古籍记载也相吻合。新石器时代陶鼓发现不多，只在某些地区一些规格较高的墓葬中有少量发现。凡随葬陶鼓的墓当属具有特殊身份的人物，如部落中的首领、僧侣及巫师类神职人员。

（李水城）

Liuwan yizhi renxing fudiao caitaoweng

柳湾遗址人形浮雕彩陶瓮

新石器时代晚期马家窑文化马厂类型的陶制随葬器。1978年在青海乐都县柳湾遗址中采集。现藏于中国历史博物馆。

通高33.4厘米、口径9.2厘米、底径12厘米。泥质橙黄色陶，手制。形体瘦长，直口，长颈，深弧腹，下腹部置双耳，平底。下腹以上部位施红色陶衣，一面绘有黑彩大圆圈网格纹、人蛙纹，颈部绘交错斜线；另一面从器口到腹部捏塑一浮雕裸体人像，人首位于瓮颈部，面部五官俱全，八字眉，小眼，高鼻，肥硕大耳，张口。人体位于瓮腹部，捏塑有四肢、双乳、肚脐和形象夸张的外生殖器。上肢细小，双手作捧腹状；下肢直立，双足外撇。在浮雕的突出部位，用黑彩描绘出人体的外轮廓，手法稚拙粗犷。有的学者认为该人体表现的生殖器具有男女两性的双重特征，似乎表现的是集男女为一身的阴阳人。

学术界对该瓮表面捏塑的浮雕裸体人像有不同的认识，有的学者认为属男性，有的学者认为是女性，也有的学者认为是集男女两性特征于一身的阴阳人。据民族志资料，这种阴阳人造型的器皿具有强烈的萨满教寓意，它所表现的是氏族成员所尊崇的那些先天具有沟通天地鬼神、可作为人神媒介的萨满巫师形象，故塑有萨满巫师形象的器皿应有着特殊的神力，不同于一般的日常生活用具。（李水城）

柳湾遗址人形浮雕彩陶瓮

Liuwan yizhi rentouqikou caitaohu

柳湾遗址人头器口彩陶壶

新石器时代晚期马家窑文化马厂类型的陶制随葬器。1974年由青

海省文物管理处考古队等单位在乐都县柳湾遗址216号墓中发掘出土。现藏于青海省文物考古研究所。

柳湾遗址人头器口彩陶壶

通高22.5厘米、口径5厘米、底径8.5厘米。泥质黄褐陶，手制。造型奇特，壶口较小，颈部向一侧倾斜，口、颈部为一捏塑的圆雕人首，头顶为壶口，腹部作浑圆的球形，腹中部置小耳一对，平底。壶口捏塑的人首面部五官俱全，使用堆塑、镂空的表现手法，用黑彩描绘头发、胡须、睫毛等，人面双目半睁半闭，鼻尖翘起，口部微张，头两侧用泥片捏塑双耳，耳后饰两道刻划纹，腹部绘黑彩大螺旋纹4组。该器腹部与器口一起巧妙地构成一矮肥墩实的人物造型，人物神态傲慢夸张，是一件具有实用价值的工艺品。

（李水城）

Changshan Xiaceng wenhua taoqi

常山下层文化陶器

新石器时代晚期黄河上游地区常山下层文化的陶制器具。常山下层文化因首次发现于甘肃镇原县常山遗址下层而得名，主要分布在甘肃境内的陇山两侧和宁夏南部山区的西（西吉）、海（海原）、固（固原）一带，其影响范围东达陕西宝鸡，南至甘肃天水，西抵兰州附近，距今约4900年～4200年。常山下层文化是从陇东地区的仰韶文化晚期发展而来，在较长一段时间里，它与陇山西侧的马家窑文化并存，二者间互有影响，最终演变为齐家文化。

● **制陶工艺** 陶器均手工制作，方法有两种：①泥条盘筑分筑法。对体积较大的器皿，整体一次成型有困难，一般采用分段制坯，对接成型的方法。②手工捏制法。仅限于个体偏小的器皿，如杯、小罐等。陶坯制成后需经拍打、刮削、抹平修整。陶胎普遍较厚，泥质陶多为橙黄色，其次为红褐色，表面一般经打磨处理。夹砂陶多为红褐、灰褐色，胎内掺杂砂粒，外观较粗。普遍使用氧化焰烧制，氧化不充分，器表色泽斑驳。也有些陶器火候偏低，质地较疏松，硬度较差。

● **装饰** 以素面陶器为主，器表装饰以拍印篮纹比例最高，而且多为横向或斜向排列。另一特殊之处是，有相当一部分陶器肩部以上部分打磨光滑，在肩部偏下位置戳印一周圆点或断续的短线纹，腹部饰篮纹或绳纹。其他常用纹样有附加堆纹、刻划纹、竖条纹、方格纹、水波纹、叶脉纹、席纹等，施纹方法有拍印、滚压、附加、刻划、戳印、捏塑和彩绘等。彩陶发现很少，主要有小口鼓腹罐、瓮、钵、盆等，多绘红色单彩，典型花纹有交叉复线“X”纹、折线纹、网格纹、串贝纹、条带纹等，少量钵、盆绘内彩，有些纹样接近马家窑文化半山类型、马厂类型。

● **种类** 器类简单，绝大多数为平底器，主要有单耳罐、双耳罐、钵、碗、小口壶、喇叭口瓮等。也有个别动物造型的工艺器皿。

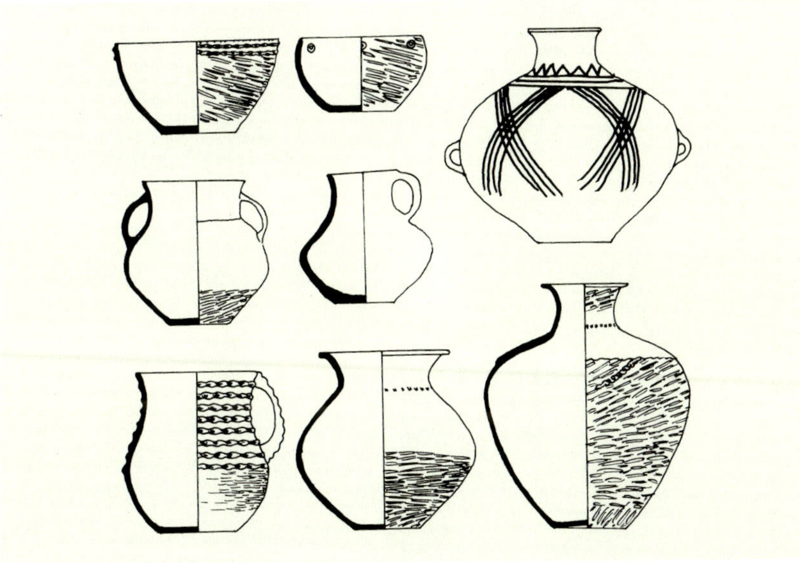

常山下层文化陶器

参考书目

中国社会科学院考古研究所泾渭工作队：《陇东镇原常山遗址发掘简报》，《考古》1981年3期。

宁夏文物考古研究所：《宁夏固原店河齐家文化墓葬清理简报》，《考古》1987年8期。

宁夏文物考古研究所：《宁夏海原县菜园村切刀把墓地》，《考古学报》1989年4期。

李文杰：《宁夏南部山区新石器时代的制陶工艺》，《考古与文物》1993年2期。

（李水城）

Yuanmaoliang yizhi taojishouhu

圆峁梁遗址陶鸡首壶

新石器时代晚期常山下层文化的陶制水器。1986年采集于宁夏固原县程儿山乡水泉村圆峁梁遗址。现藏于固原县文物管理所。

通高21厘米、口径7.5厘米、底径8厘米。泥质灰陶，手制，器壁较薄。该器模仿鸡的造型，腹部作圆球形，小口，长颈，壶口歪向一旁，口沿下有一对宽錾耳，平底。器口前部捏塑出鸡首，作昂首张喙的形态，颈部较短，鸡首两侧戳印三角形眼，眼中间戳印圆孔象征瞳孔，眼睛斜下方捏塑半月形鸡耳，鸡首顶部有微微向上隆起的鸡冠，颈下饰一周戳印纹，器耳饰竖列条纹。

壶腹上半部素面磨光，近底部饰浅篮纹，器底压印席纹。

（李水城）

圆峁梁遗址陶鸡首壶

Qijia wenhua taoqi

齐家文化陶器

新石器时代晚期齐家文化的陶制器具。齐家文化1924年首次发现于甘肃广河县齐家坪遗址，后正式命名。分布范围极广，东至陕西宝鸡，西至甘肃河西走廊中部、湟水上游及黄河上游，南抵洮河上游，北至内蒙古西部阿拉善左旗境内，距今约4300年～3900年。

● **制陶工艺** 绝大部分陶器为手工制作，普遍使用泥条盘筑法，大型器皿分段制作器颈、器腹、器底，再对接成型。小件器皿直接用手工捏塑。陶色以橙红色、橙黄色为最多，其次为灰色、褐色和黑灰色。细泥陶做工较为精细，但很少做打磨处理。夹砂陶外观较粗糙。经检测，泥质红陶的烧成温度为1020℃～1100℃，夹砂红陶的烧成温度为800℃～900℃。

● **装饰** 以素面陶居多，常用装饰为拍印篮纹、绳纹及附加堆纹、戳印纹、刻划纹等，一般泥质陶器表多饰篮纹，夹砂陶多饰绳纹、附加堆纹。在洮河以西地区的齐家文化中有少量陶器表面绘彩，特点是用红彩、红褐彩，构图简洁疏朗，常用倒三角纹、对三角蝴蝶纹、网格纹等，也有个别彩陶构图繁缛，通体绘密集的折线三角纹、水波纹，这些彩陶多为细泥质红陶罐，花纹绘在器腹部。

● **器类** 以平底器为主，有少量袋足器、圈足器和圜底器。种类比较丰富，典型器有双大耳罐、高领折肩罐、双耳罐、豆、堆纹夹砂罐、枭面罐、钵、鬲、碗、尊、盉、鬶、甗、刻槽盆等。最有特点的为双大耳罐、高领折肩篮纹罐、枭面罐和花边口堆纹夹砂罐等。除生活用器外，也有少量工艺造型器皿，如鸟形壶、陶塑人首、陶羊。另有陶响铃、陶响瓶等乐器及陶纺轮、陶垫等工具。

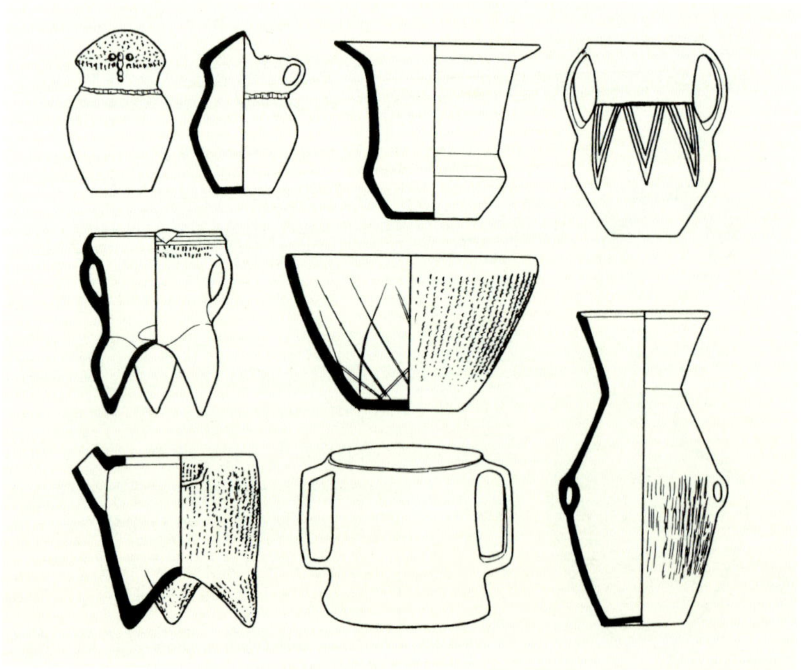

齐家文化陶器

参考书目

中国科学院考古研究所甘肃工作队：《甘肃永靖大何庄遗址发掘报告》，《考古学报》1974年2期。

中国科学院考古研究所甘肃工作队：《甘肃永靖秦魏家齐家文化墓地》，《考古学报》1975年2期。

青海省文物管理处考古队等：《青海柳湾》，文物出版社，1984。

马清林等：《甘肃古代各文化时期制陶工艺研究》，《考古》1991年3期。

（李水城）

Shangsunjiazhai yizhi shuangda'er caitaoguan

上孙家寨遗址双大耳彩陶罐

新石器时代晚期齐家文化的陶制容器。为日用生活用具，也常作随葬明器使用。1976年由青海省文物管理处在青海大通县上孙家寨遗址齐家文化墓地中发掘出土。现藏于青海省文物考古研究所。

上孙家寨遗址双大耳彩陶罐

通高10.5厘米、口径7.5厘米。泥质橙红色陶，手制，慢轮修整，器表磨光。喇叭状侈口，高颈，圆弧腹，平底，器口与肩部之间置宽柄双大耳，耳面饰三角形、圆形镂孔，排列位置颇似人面五官，腹部绘红彩倒三角纹。这种造型的陶罐和彩绘是齐家文化中最具代表性的器类与装饰。（李水城）

Qijia wenhua niaoxing taohu

齐家文化鸟形陶壶

新石器时代晚期齐家文化陶制动物造型水器。1995年由甘肃省文物商店收集。现藏于甘肃省文物商店。

齐家文化鸟形陶壶

通高11.5厘米、长20厘米、宽5厘米。泥质橙黄陶，手制。该器模仿禽鸟造型，前面一侧为突出的鸟首，喙部微张，圆眼外突，短颈，上翘的尾部构成器口，口沿压印齿状花边，器腹近椭圆形，平底。器表压印圆珠纹，脊背压印一周齿状花边，腹部一面刻划羽翼纹，另一侧刻划蜥蜴纹。鸟头部残存部分红彩痕迹。该器形态较小，为齐家文化中不多见的陶塑工艺品。

（李水城）

Huanghe Zhongyou Diqu Xinshiqi Shidai taoqi

黄河中游地区新石器时代陶器

新石器时代黄河中游地区诸考古学文化的陶制器具。该区域的地理范围西北起自内蒙古托克托县河口，东至华北平原及河南东部，南抵河南南阳与湖北西北部，其行政区划包括今内蒙古河套平原之一部，山西、陕西、河南、河北诸省及湖北局部地区。黄河中游是华夏文明的发祥地，这里水深土厚，历史悠久，在中国古代历史中占有举足轻重的地位。考古发现证实，这里也是新石器时代陶器最早产生的地区之一。

● 文化分区 空间上分为3大文化区及若干亚文化区，各区域间的考古学文化发展序列从早期到晚期一脉相承，不同地区的文化面貌呈现出较大的共性，但又具有一定的地方特色。这些都集中体现在该区域陶器的造型及花纹装饰方面。

①以渭河流域为中心的晋陕豫三省邻境区。考古学文化序列依次为老官台文化→仰韶文化（含半坡、庙底沟、西王村、庙底沟二期4个类型）→客省庄文化、陶寺文化。

②以河南洛阳、郑州为中心的中原区，考古学文化的发展序列依次为裴李岗文化→仰韶文化（含半坡、庙底沟、秦王寨类型）→王湾三期文化。

③以太行山东麓为中心的豫北冀南区。考古学文化的发展序列依次为南庄头类型遗存→磁山文化→仰韶文化（含后冈、大司空村类型）→后冈二期文化。

④分布在上述3大文化区范围周边的仰韶文化亚文化区，如内蒙古东南部河套文化区，河南、湖北交界的豫南鄂北文化区。

● 文化分期 黄河中游地区的新石器时代文化分为早、中、晚3期。早期距今约1.2万年～9000年，是陶器发明、产生的初期阶段。考古发现的早期的陶器均为碎片，造型普遍很简单，目前仅发现河北徐水县南庄头遗址一处。

中期距今9000年～7000年，陶器制作有很大进步，普遍使用泥片贴塑法、泥条盘筑法成型，器类增加，造型以圜底器和圜底三足器为主。该阶段的考古学文化有老官台文化、裴李岗文化和磁山文化。

晚期可分为前后两段，前段距今7000年～4500年，制陶手工业已形成规模，技术手段日臻完善，流行泥条盘筑法，慢轮修整技术普及，制陶工艺有了很大提高。陶器颜色较纯正，以红陶为最多，但随着时间推移，黑灰色陶比例渐次增加。器类丰富，装饰手法多样，彩陶流行。该阶段的考古学文化为仰韶文化。晚期后段距今4500年～4000年，快轮制陶术和密封式陶窑出现并普及，陶器以灰色、灰黑色为主，造型规范，种类繁多。制陶业内部出现分工，生产规模不断扩大，该阶段的考古学文化有客省庄文化、陶寺文化、王湾三期文化和后冈二期文化。

● 制陶工艺 黄河中游地区时代最早的陶器标本是在河北徐水县南庄头遗址出土的距今约11000年的陶器（残片），这也是中原地区目前发现的年代最早的陶器。从陶器（残片）的形态分析，这一时期只能采用露天堆烧的方法，烧成温度很低，胎质松软，器壁厚薄不一，器形简单。这些特征表明南庄头遗址陶器尚处在陶器最初发明的阶段。

从距今8500年开始，黄河中游地区的制陶业已有明显的进步，开始步入初步繁荣期。制陶工艺和烧成温度较前一阶段有了很大提高，普遍使用泥片贴塑法、泥条盘筑法、泥条圈筑法成型。出现了横穴式陶窑，陶器以红色、红褐色为主，器类增加，已能够制作一些造型较为复杂的器皿。各地陶器造型和种类有较大的相似性，常见有三锥足钵、筒形深腹罐、圈足碗、圜底钵、小口双耳壶、盂、支脚等。器表装饰常用交错绳纹、篦点纹、附加堆纹。在渭河流域还出现了最早的一批彩陶，构图十分简单。

仰韶文化阶段，制陶手工业有了突飞猛进的发展，泥条盘筑和慢轮修整工艺普及，陶色以红色为主，随着时间的推移，灰黑色陶比例逐渐增多。造型分为平底器、三足器、圜底器、尖底器、圈足器等多种，类别相当丰富。在装饰上最突出的是彩陶增多，花纹丰富，并形成不同的区域特色和时代风格。夹砂陶常用绳纹、线绳纹、篮纹、指甲纹、附加堆纹装饰，阶段性变化也较明显。烧造工艺不断改进，陶窑多为横穴结构，出现少量并穴窑和极个别的竖穴窑。陶窑结构的改善，使窑内温度提高，可增加陶器的硬度并提高质量。这一时期的陶窑面积

仍比较小，每窑仅能烧制数件陶器。仰韶文化的陶窑均分布在村落附近，这说明陶器生产是由氏族集体掌握的。

距今4500年～4000年，黄河中游地区进入到龙山时代，这是个动荡的时代，各地的考古学文化步入新的整合时期，这一时期大致相当古史传说中的唐尧、虞舜时期，各地的文化面貌尽管仍存差异，但统一性大大加强。龙山时代的制陶手工业有了突飞猛进的发展，具体表现在快轮制陶工艺和密封陶窑两个方面。陶窑仍以横穴式结构居多，并穴式窑、竖穴式窑数量增加，陶窑密封程度加强，多数用还原焰氛围烧制陶器，并不同程度地采用了渗炭工艺，陶色以灰色、黑色为主，质量提高，造型更加复杂，器类繁多，特别是袋足炊器广泛出现，大型陶器增加。黄河中游地区是最早发明并使用范模技术制造袋足器的地区，该技术的出现和流行对制陶工艺的改进乃至青铜铸造业中的范铸法的产生有着深远影响。在装饰方面，绳纹、篮纹和方格纹更加流行，素雅凝重的磨光黑陶成为新的时代风尚，彩陶完全衰落。龙山时代陶器的烧成温度已普遍达到1000℃左右。

龙山时代晚期，随着城邦化时代的到来，人类的居住方式有了进一步改善，陶器除用来制作一般生活器皿、生产工具和工艺品外，也开始用来制作建筑构件，如下水管道、火候很低的“砖”等，扩大了陶器的应用范围。龙山时代的陶窑多零散地穿插于生活居址中，制陶手工业已从仰韶时期的氏族集体所有过渡转移到由一些富有生产经验的家族所有，表明随着社会的发展，生产关系开始发生变革。

参考书目

李文杰：《黄河流域新石器时代制陶工艺的成就》，《华夏考古》1993年3期。
保定地区文物管理所等：《河北徐水县南庄头遗址试掘简报》，《考古》1992年11期。
李家治等：《新石器时代早期陶器的研究——兼论中国陶器的起源》，《考古》1996年5期。
李文杰：《中国古代制陶工艺的分期与类型》，《自然科学史研究》第15卷，第1期，1996。

（李水城）

Laoguantai wenhua taoqi

老官台文化陶器

新石器时代中期黄河中游地区老官台文化的陶制器具。老官台文化20世纪50年代末首次发现于陕西华县老官台遗址，后正式命名。其分布中心在甘肃东部、陕西境内的渭水流域以及陕西南部的汉水流域。老官台文化是仰韶文化的前身，也有的学者称其为“前仰韶文化”。

● **分期与分区** 老官台文化分为早、晚两期。早期以甘肃秦安县大地湾遗址第一期和天水市西山坪遗址第一期为代表，距今7800年～7200年。晚期以陕西宝鸡市北首岭遗址下层、甘肃天水市师赵村第一期和西山坪遗址第二期为代表，距今7200年～7000年。也有的学者主张将老官台文化划为两个地方类型，一个以渭水流域的华县老官台遗址为代表，称老官台类型；另一个以汉水流域的陕西西乡县李家村遗址为代表，称李家村类型。

● **制陶工艺** 陶器全部为手制，使用泥条盘筑法和模具敷泥法成型，用料多以夹细砂的粘土为主。制作工艺以内模敷泥法为主，外模敷泥法为辅，有的学者将这种工艺总结为“模具敷泥法”，并认为这是中国新石器时代早期制陶方法中的一种，也是老官台文化制陶技术的核心，在制陶工艺史上具有重要地位。陶器胎体偏厚，器内壁大多经刮抹、抹光处理。陶色以夹砂灰褐色为主，红褐色次之，另有少量黑色、灰黑色和红色，器表颜色不纯，有灰黑色、红褐色斑块，大多数陶器内胎呈灰黑色，与器表略有差异。夹砂红褐陶烧成温度较高，质地坚硬；灰褐陶火候略低，硬度稍差；有些器皿内壁呈黑色，如李家村遗址出土的陶器表面普遍为红色，内壁作灰黑色，特征突出，有的学者认为这是使用了倒扣覆烧工艺的结果。由于器物在烧造时为倒扣着的，故内壁在焙烧时因缺氧而还原成黑灰色，外壁因暴露故氧化充分而呈红色、红褐色。也有的学者认为这是采用了窑外渗炭工艺所致。另外，李家村类型三足器的胎内多掺入蚌壳粉末和石英砂。使用此类羼和料的陶器器表颜色灰白，接近长江中游地区新石器时代陶器的作风，与渭河流域不同。此外，在陕南一带还发现了少量器表施压印纹的白陶，与长江中游地区新石器时代的同类

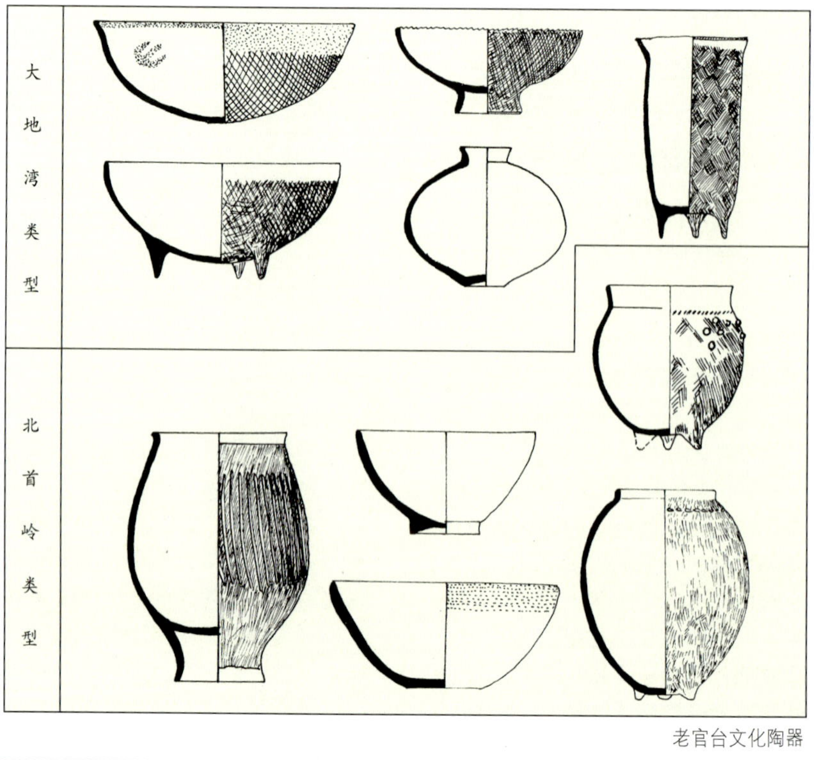

老官台文化陶器

陶器相同，这表明陕南地处黄河、长江两大流域之间，两个地区很早就有了文化交流。经检测，老官台文化的陶器烧成温度为900℃左右。

在李家村遗址和北首岭遗址下层发现有老官台文化的陶窑，北首岭遗址下层发现的陶窑为横穴式，窑室平面作圆形，火膛与火道处在同一个水平面上，显示出一定的原始性。

● **装饰** 少量陶器器表素面，外壁打磨光滑，制作较精。多数陶器表面通体拍印交错绳纹，排列富有规律，一般作左斜绳纹叠压右斜绳纹，这种纹样是用缠绕绳索的圆棍向相反方向滚压两遍所致。也有的在绳纹上附加带状排列的乳钉，也有的陶器在口沿上用拍印绳纹的工具压出锯齿状花边。在老官台文化晚期，出现有少量构图简单的彩陶，多为宽带纹，常饰于钵、碗类器皿的口沿内外，可谓中国新石器时代彩陶之滥觞。此类彩陶的制作程序是，先将口沿内外打磨光滑，外侧较宽，内侧较窄，然后在磨光部分绘红色彩。另有个别陶器内壁绘有“彩色符号”，这些“符号”具有指事意义，与后来仰韶文化陶器上的“刻划符号”性质相同。

● **器类** 比较简单，造型缺少变化。典型器有筒形深腹罐、三足深腹罐、圜底钵、圈足碗、小口圆腹瓮、小杯等。有的遗址还发现有陶塑人像等工艺造型器皿。

参考书目

魏京武：《李家村遗址陶器的制陶与烧陶技术》，《庆祝武伯纶先生九十华诞论文集》，三秦出版社，1991。

李文杰等：《甘肃秦安大地湾一期制陶工艺研究》，《考古与文物》1996年2期。

陕西省考古研究所等：《陕南考古报告集》，三秦出版社，1994。

（李水城）

Dadiwan yizhi caitao sanzubo

大地湾遗址彩陶三足钵

新石器时代中期老官台文化的陶制饮食器。1978年～1982年由甘肃省博物馆文物工作队在秦安县大地湾遗址中发掘出土。现藏于甘肃省文物考古研究所。

大地湾遗址彩陶三足钵

通高12.5厘米、口径27厘米。夹细砂泥质红陶，手制，外壁呈红褐色，内壁作灰褐色，口沿外壁上部及口沿内壁打磨光滑，大敞口，弧腹，圜底，下附3只短圆锥形器足，口沿外绘红彩宽带纹一周。这是中国已知时代最早的新石器时代彩陶标本之一。（李水城）

Peiligang wenhua taoqi

裴李岗文化陶器

新石器时代中期黄河中游地区裴李岗文化的陶制器具。裴李岗文化1958年最初发现于河南漯河市翟庄遗址，1978年通过对河南新郑市裴李岗遗址的正式发掘而命名，分布中心在豫中一线，几乎覆盖了今河南的大部地区，距今8000年～7000年，其年代早于当地的仰韶文化，二者间应有传承关系，但在文化面貌上还存在缺环。

● **文化分期** 裴李岗文化分为早、中、晚3期。早期以河南舞阳县贾湖遗址第一期为代表，陶器中绝大多数为夹砂陶，泥质陶很少，器类简单，仅有圜底器和平底器两种，典型器有角组深腹筒形罐、兽头形支脚、深腹圜底罐等。器表装饰分施红衣磨光和拍印绳纹两类。中期以裴李岗遗址为代表，陶器以泥质红色陶为主，器表多经打磨处理，器类略有增多，出现三锥足器和圈足器。晚期以河南汝州市中山寨遗址下层为代表，陶器造型、种类与中期大致相同，但烧造火候提高，硬度增加，泥质陶表面均打磨光滑，制作更为精细。在河南巩义市瓦窑嘴裴李岗文化晚期遗址还发现有一些工艺相当进步的陶器，其

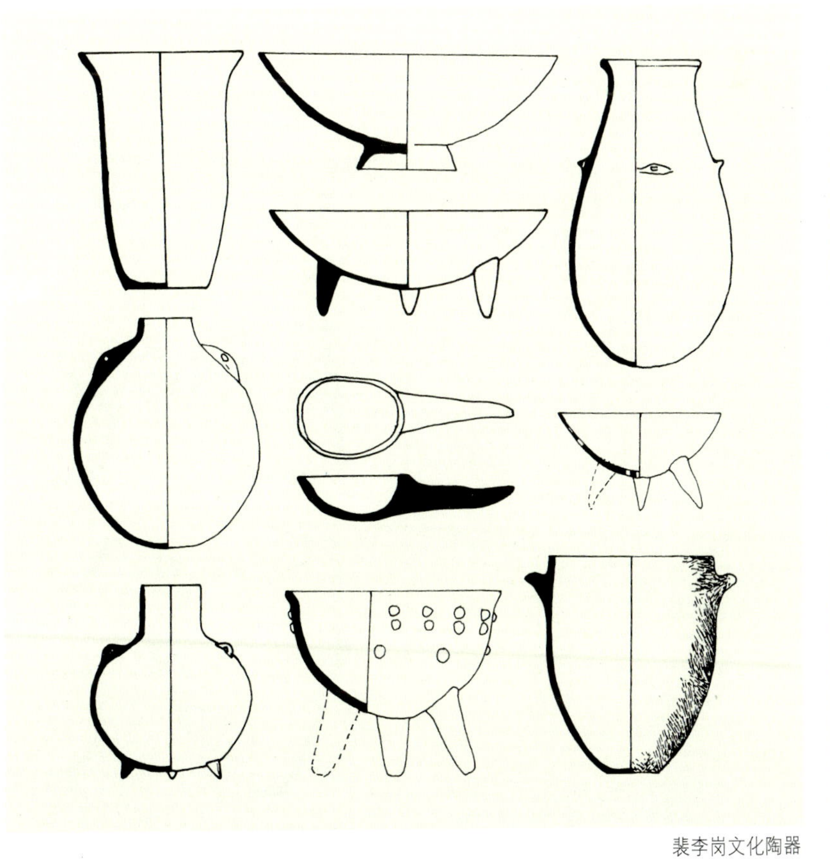

裴李岗文化陶器

中15%的陶器为泥质黑陶，技术水平较高，陶胎薄而均匀，有的器壁胎厚仅2毫米，器形规整，出土器中以碗最多，色泽漆黑而富有光泽，内壁磨光，外壁饰辐射状竖线刻划纹。

● **制陶工艺** 制陶业已初具规模，陶器全部为手制，主要采用泥条盘筑法成型，陶胎有厚薄不匀的现象。按质地分为夹砂与泥质两大类，二者比例依时间早晚有所改变，偏早阶段几乎全部为夹砂陶，偏晚阶段泥质陶数量增加。陶色以红色、红褐色为主，其中泥质红色陶比例高达50%以上，灰陶极少见。一般泥质陶器表略经打磨处理，夹砂陶胎内掺细砂或蚌壳粉末，大多素面不加装饰。经检测，裴李岗文化夹砂红陶的烧成温度为900±20℃，泥质红陶的烧成温度为960±20℃。

在裴李岗、贾湖等遗址发现有残存的横穴式陶窑，其平面为瓢形，由窑室、火膛、火道、烟孔几部分组成，窑室作圆形，直径96厘米，南侧残存5个半圆形火孔，周围散布大量陶器残件。这种结构的陶窑已与仰韶文化早期的陶窑接近。

● **装饰** 素面无纹的陶器占绝大多数，常见纹样有绳纹、压印纹、刻划纹、篦点纹、弧线篦纹、划纹、指甲纹和乳钉纹。在裴李岗文化晚期，出现个别彩陶和施红衣陶，绘有简单的黑彩或红彩宽带纹，多用在碗、钵一类饮食器皿的外口缘部分。

● **器类** 较为丰富，典型器有小口双耳壶、深腹罐、圜底钵、三足钵、鼎、圜底壶、三足壶、勺、圈足碗、盆形甑、三足钵形甑，其中三足钵、深腹圜底罐及肩部饰半月形双小耳的小口壶、勺最富特色。除一般日用生活器皿外，还有陶塑人面、猪首和羊头等原始工艺品。

参考书目

河南省文物研究所：《河南考古四十年·裴李岗文化》，河南人民出版社，1994。

中国社会科学院考古研究所河南一队：《1979年裴李岗遗址发掘报告》，《考古学报》1984年1期。

中国社会科学院考古研究所河南一队：《河南汝州中山寨遗址》，《考古学报》1991年1期。

（李水城）

Peiligang yizhi taosanzuhu

裴李岗遗址陶三足壶

新石器时代中期裴李岗文化的陶制水器。1977年由河南省博物馆等单位在新郑县裴李岗遗址中发掘出土。现藏于河南省博物馆。

裴李岗遗址陶三足壶

通高14.5厘米、口径5.8厘米。泥质红色陶，手制。造型为喇叭形小口，长颈，球形圆腹，圜底。器底附3只圆锥足，肩部设半月形器耳一对，器表素面抹光。这种造型的陶壶是裴李岗文化中最常见的典型陶器。裴李岗文化中也有大量器底不加三足的这种造型的陶壶。

（李水城）

Cishan wenhua taoqi

磁山文化陶器

新石器时代中期黄河中游地区磁山文化的陶制器具。磁山文化因1973年首次发现于河北武安县磁山遗址而得名，其分布范围南起漳河，北至拒马河、大清河，以河北中南部为中心，距今8500年～7000年。

● **制陶工艺** 陶器全部为手制，普遍使用泥条盘筑法和捏塑法成型，工艺比较原始，有相当一部分陶器内壁出现凹凸不平或左右不对称现象。纯泥质陶数量不多，特别是在早期阶段，夹砂红褐陶约占陶器总量的85.41%，晚期泥质红陶有所增加。大多数陶器胎内以石英类粗砂、细砂或云母屑等作羼和料。焙烧火候偏低，经检测，夹砂红陶的烧成温度为700℃～930℃。

● **装饰** 约有三分之二陶器的器表为素面，但装饰纹样的阶段性变化明显，早期素面陶占陶器总量的50%，晚期增至80%。装饰纹样主要有绳纹、篦点纹、编织纹、附加堆纹、剔刺纹、刻划纹和乳钉纹等，以绳纹数量最多。特点是早期篦点纹装饰较多，晚期大为减少。最有特点的纹样是双线或多线排列的连续折弧状小窝篦点纹和波折状细泥条附加堆纹。

● **器类** 以平底器为主，有少

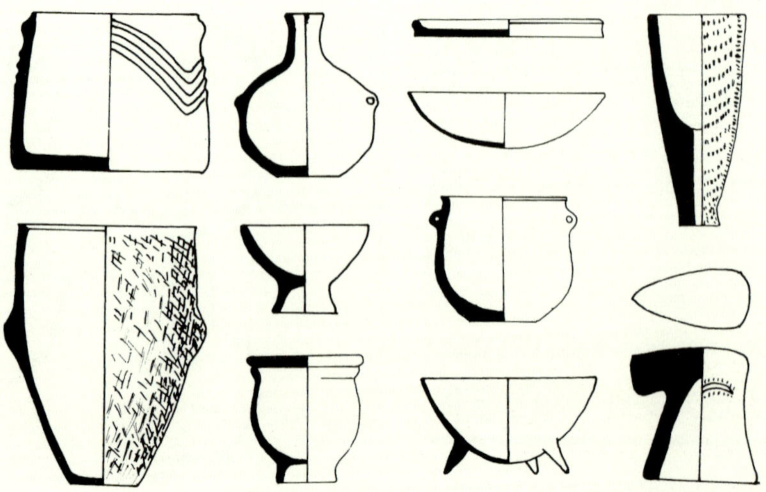

磁山文化陶器

陶器

量圈足器、三足器。典型器包括椭圆形陶盂、倒靴形支脚、小口双耳壶、敞口深腹罐、圈足碗、圜底钵、长方形浅盘、三锥足陶钵等。其中陶盂和倒靴形支脚最富特色，二者相加的数量占已发现陶器总量的50%以上。此外，在磁山遗址中还发现有华北地区年代最早的陶纺轮。

参考书目

河北省文物管理处等：《河北武安磁山遗址》，《考古学报》1981年3期。

佟伟华：《磁山文化的陶盂和支座》，《磁山文化论集》，河北人民出版社，1989。

（李水城）

Cishan yizhi tuoyuanxing fujiaduiwen taoyu

磁山遗址椭圆形附加堆纹陶盂

新石器时代中期磁山文化的陶制炊器。1978年由河北省文物管理处等单位在河北武安县磁山遗址第94号灰坑中发掘出土。现藏于河北省文物研究所。

磁山遗址椭圆形附加堆纹陶盂

通高17厘米、口径19.5厘米、底径21厘米。夹砂灰褐色陶，手制。大口，稍内敛，斜直腹壁，腹部较浅，大平底，俯视为椭圆形。外腹壁上部饰3股贴塑的并列弧线泥条附加堆纹。口沿外两侧贴塑一对圆形乳钉饰。

盂和倒靴形支脚是磁山文化陶器中最有特点的器类，二者数量占陶器总量的一半以上，若加上残片，比例则高达60%~70%。在所有成组出土的陶器中，陶盂与支脚往往共存。在经过统计的46组器物组合中，未见1组例外。这两种器物出土时，有的将支脚放在陶盂内，有的陶盂直接架在支脚上，保持正在使用的姿势，难得地保留了两种器皿搭配使用的证据。在三足炊具未出现前，这种搭配使用的炊具是一种普遍的文化现象。在华北地区，陶支脚产生于磁山文化，但流行时间很短，仰韶文化时便被三足器所取代。（李水城）

Yangshao wenhua taoqi

仰韶文化陶器

新石器时代晚期黄河中游地区仰韶文化的陶制器具。仰韶文化由瑞典学者J.G.安特生于1921年首次发现于河南渑池县仰韶村遗址，后正式命名。其分布范围极其广阔，中心区位于陕西关中、河南西部和山西南部一带，东抵太行山东麓的华北平原，西至黄河上游的青海东部，北临内蒙古河套平原至河北张家口一线，南达汉水流域的湖北西北部至南阳一带，总面积逾100万平方公里。年代距今7000年~4500年，延续时间长达2500年之久。

● **分区与分期** 仰韶文化分布范围广，延续时间长，可分为如下一些不同的地方类型和亚文化区：

⑴、晋陕豫三省邻境地区 这里是仰韶文化分布的中心地区，按时代可分为如下4个发展阶段：

①半坡期 也称半坡类型。得名于陕西西安市半坡遗址下层，为仰韶文化的早期。与渭河流域的老官台文化有着传承关系，距今7000年~6000年。半坡期还可细分为前后两个发展阶段，前段称半坡类型，距今7000年~6500年；后段称史家类型，距今6500年~6000年。半坡类型陶器以平底器为主，其次为圜底器和尖底器，极少见圈足器和三足器，基本器类有小口尖底瓶、小口平底瓶、圜底钵、圜底盆、夹砂罐、瓮等。器表主要装饰线绳纹、弦纹、锥刺纹、指甲纹等纹样。彩

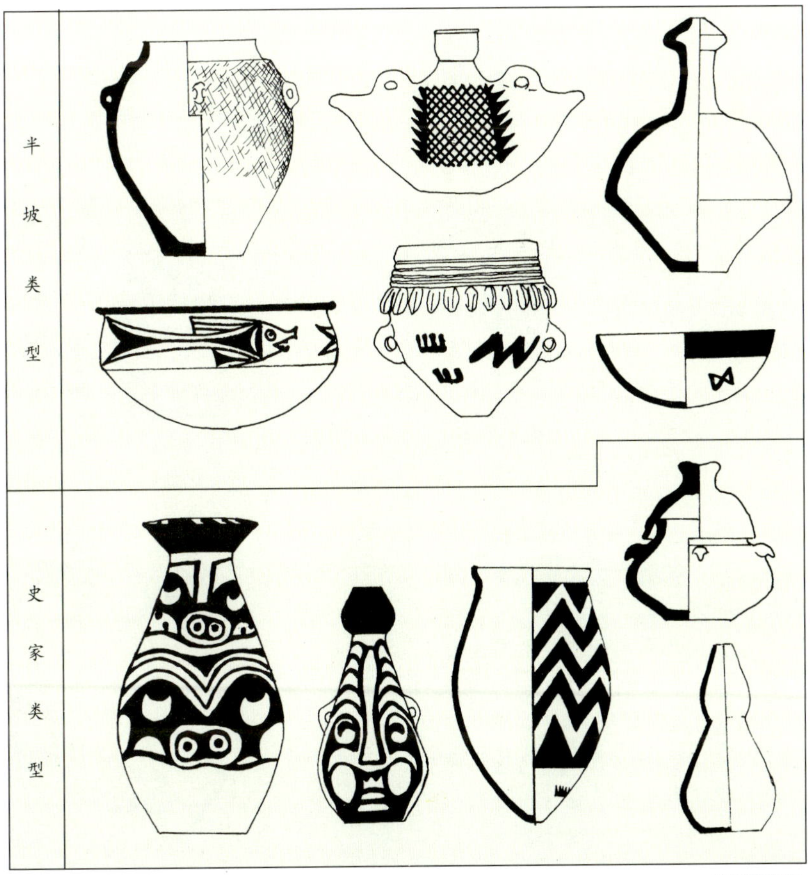

半坡期陶器

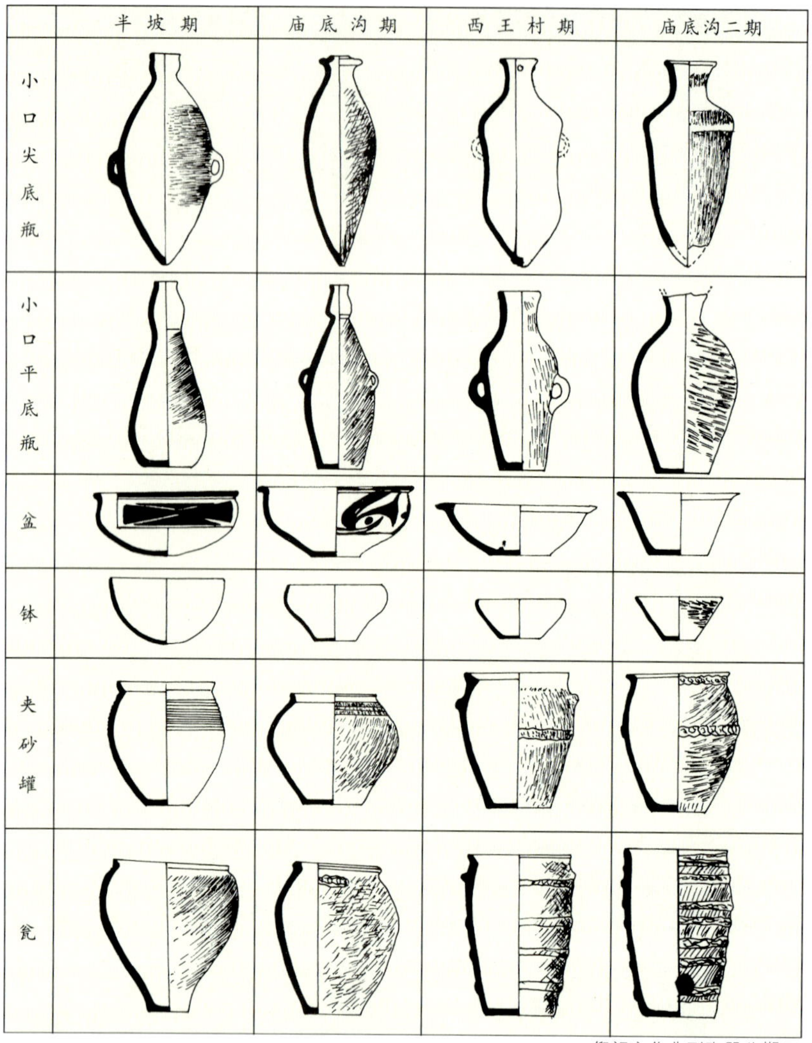

仰韶文化典型陶器分期图

陶数量不多，均绘黑色彩，构图以直线条为特征，流行宽带纹、三角纹、波折纹、网格纹、菱形纹等纹样；动物类像生花纹以表现鱼的画面最多，其他还有鹿、羊、蛙等纹样。其中鱼纹、人面鱼纹最具代表性。史家类型陶器有葫芦瓶、小口尖底瓶、平底瓶、细颈壶、带盖盂、钵、盆等，彩陶数量略有增加，较半坡类型彩陶的风格有很大改变，流行“鱼鸟合体”纹、人面纹、变形鱼纹等，构图大多比较抽象，颇具神秘色彩。

在半坡期陶器上，经常发现有“刻划符号”。具有刻划符号的陶器在半坡遗址共发现110多件，在临潼姜寨遗址发现130余件。据统计，符号的种类达数十种，它们多刻划在钵、碗类器皿口沿的外侧或器底。学术界对其性质尚有不同的认识，有的学者认为这是制陶工匠留下的指示、记事符号，也有的学者认为它们属最早的汉字系统，或与汉字的起源有着密切关系。

②庙底沟期 也称庙底沟类型。得名于河南陕县庙底沟遗址，为仰韶文化中期，距今6000年~5500年。这一阶段仰韶文化有了很大发展，势力向四周大力扩张，影响力远达黄河下游、长江中下游和北方长城沿线地区。陶器以平底器为主，圜底器大为减少，三足器普遍出现。陶器种类与半坡期大致相同，新出现釜、灶、鼎等器类。器表装饰与半坡期大致相同，但彩陶花纹构图变化甚大，数量也有所增加；仍流行黑色彩，但有分化的趋势，在关中及陇东一带延续使用黑色单彩，在豫西、豫中一带出现施白色陶衣为地，绘黑红复彩，形成3种颜色的美丽构图。这一阶段普遍流行几何曲线纹，最有代表性的花纹是圆点、弧边三角、勾叶等曲线组成的植物类花瓣纹，构图活泼，线条圆润流畅，色彩醒目。动物类纹样以表现鸟的画面最为突出，也有少量的蛙纹、蜥蜴纹。在河南汝州市阎村和洪山庙等遗址出土有这一时期的彩陶瓮棺葬具，器表绘有表现人物、

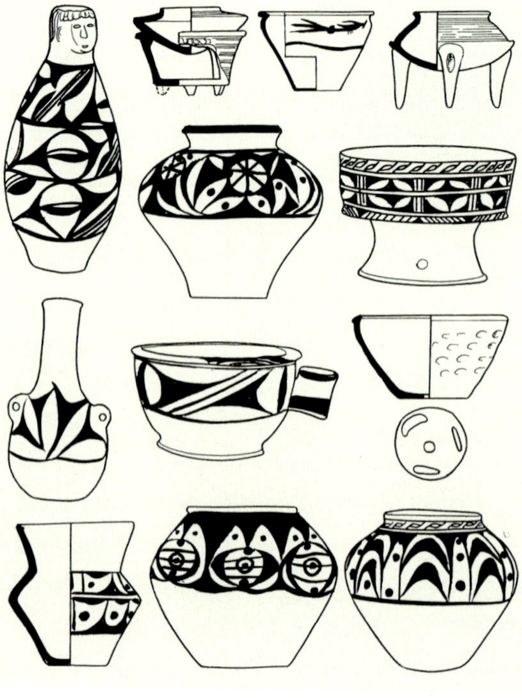
庙底沟期陶器

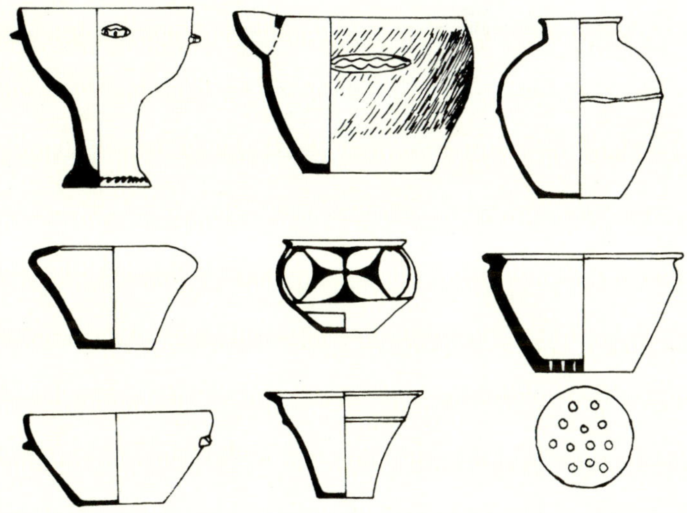

西王村期陶器

动物、植物等内容的画面，最著名的为鹳鱼石斧图，是极难得的史前美术作品。其他还有狩猎图、龟蛇图、双鱼（或男性生殖器）图、日月图、花瓣纹、蜥蜴纹，也有的在器表浮雕蜥蜴、人、鸟等，将这些花纹、浮雕装饰在陶葬具上，显然具有某种特殊的原始宗教含义。

③西王村期　也称西王村类型。得名于山西芮城县西王村遗址，为仰韶文化晚期，距今5500年～5000年。陶器仍以平底器为主，形态和组合有所变化，出现一批新器类，如带流罐、堆纹深腹罐等。其中变化最大的是灰黑色陶的比例明显增加，器表装饰变为以绳纹、附加堆纹、横向拍印的篮纹为主。彩陶数量锐减，构图简洁。但在陇东地区仍有一定数量的彩陶，构图风格仍保留庙底沟期的作风，也发现有个别描绘珍贵画面的彩陶，著名的有人面蜥蜴纹瓶、四犬争斗鱼纹罐等。

④庙底沟二期　也称庙底沟二期文化。得名于河南陕县庙底沟遗址，为仰韶文化末期，距今5000年～4500年。陶色已变为以灰黑色为主，除平底器、三足器外，新出现使用模制法制作的袋足器，个别的还使用了轮制工艺。造型与西王村期比较接近，新出现扁足鼎、斝、单把罐等器类。器表装饰以横向、斜向排列的篮纹最为流行，其次为附加堆纹、绳纹；彩陶很少见，仅发现有个别彩陶敞口罐，纹样简单，

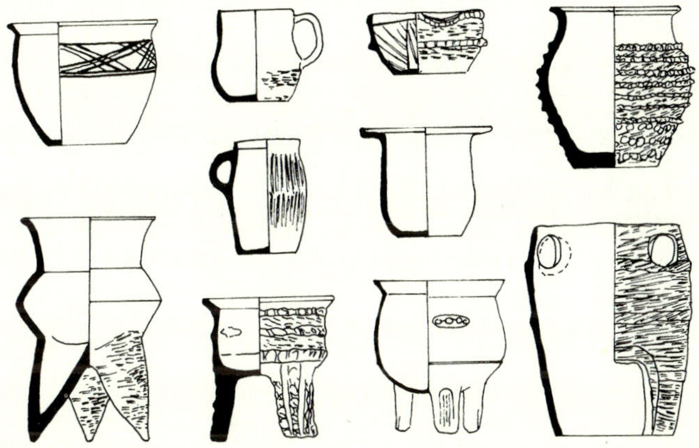

庙底沟二期陶器

多绘黑彩或红彩网格条带纹，构图草率。

(2)、郑州——洛阳及邻近地区

该区域的仰韶文化与当地新石器时代中期的裴李岗文化有着较密切的渊源关系，与关中地区的仰韶文化有着一定差异，最为显著的是该地区三足器（鼎）数量较多，器类组合也有所不同。在半坡——庙底沟阶段，该地区与关中一带的仰韶文化尚保持较大的共性，基本器类组合也较为接近，但有一定比例的三足器。在西王村——庙底沟二期阶段，两者的距离逐渐拉大，因此，该区域这一阶段的仰韶文化又称秦王寨类型（得名于河南荥阳县秦王寨遗址）或大河村类型（得名

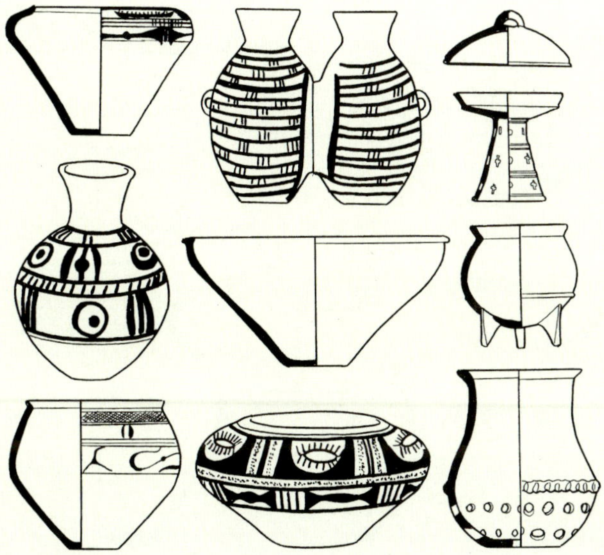

秦王寨类型陶器

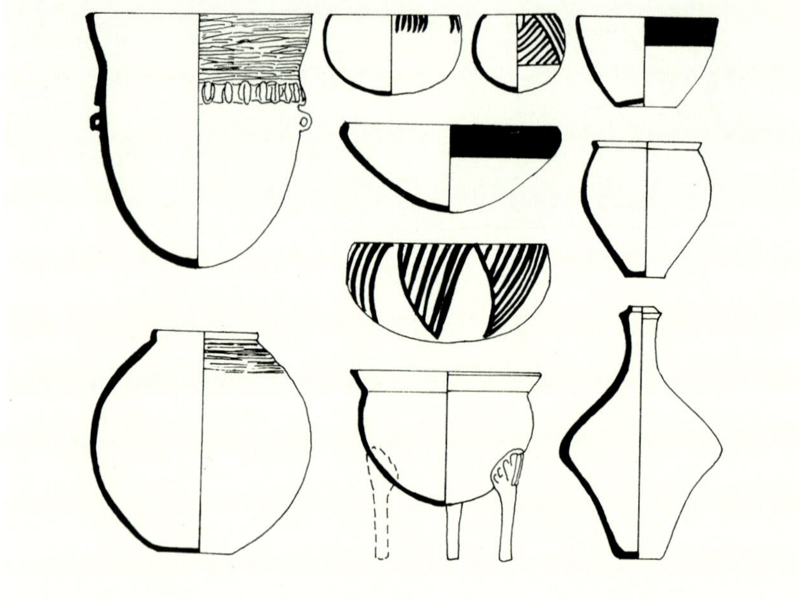

后冈类型陶器

于郑州市大河村遗址)。从这一阶段开始,灰黑陶比例增多,器表流行装饰绳纹、附加堆纹,出现白衣红黑复彩构图的彩陶花纹,常见弧边三角纹、睫毛纹、新月纹、太阳纹、梳形纹、古币纹、带状网格纹等,画面新颖别致,地方特点突出。典型器有小口尖底瓶、钵、豆、鼎、壶、甑、带嘴罐、盆等。

(3)、冀南豫北地区 指太行山东麓的河北南部及河南北部一带。该地区的仰韶文化是在磁山文化基础上发展起来的,由于所处地域的关系,除受到黄河下游史前文化的影响外,同北方地区的红山文化也有一定的文化交流,与关中地区典型的仰韶文化存在较大差异。按时间先后,该地区的仰韶文化大致分为如下3个文化类型:

①后冈类型 得名于河南安阳市后冈遗址,绝对年代相当于半坡类型。陶器陶色多为红色,造型以平底器和圜底器为主,有少量的三足器。素面陶占大多数,器表装饰流行弦纹、刻划纹等,彩陶仅占全部陶器的1%,数量很小,但地方特点突出,流行紫红彩,纹样简单,有宽带纹、斜线纹、短线纹和三角纹等。典型器有红顶碗、红顶钵、圜底鼎、细颈瓶、小口壶、大口圜底罐、夹砂罐等。器表多为素面,少数饰弦纹、刻划纹、锥刺纹。在河北境内还发现有陶釜、甑、灶、支脚等,由于器类上的差异,也有的学者将河北境内这一时期的遗存称为南杨庄类型。

②钓鱼台类型 得名于河北曲阳县钓鱼台遗址,绝对年代相当于庙底沟类型。陶器陶质以红陶、灰褐陶为主,典型器有敛口钵、卷缘曲腹盆、敛口鼓腹罐、碗、小口壶、尖底瓶、夹砂深腹罐等。彩陶较为常见,一般泥质红陶多绘彩,以黑色为主,也有黑褐彩、黑红复彩。花纹有条带纹、回旋勾连纹、花瓣纹、网格纹、三角斜线纹等。灰褐陶多饰连弧状细绳纹。

③大司空村类型 得名于河南安阳市大司空村遗址,主要分布于邢台以南的漳河流域,绝对年代相当于关中地区的西王村——庙底沟二期或豫中地区的秦王寨类型。陶器均为平底器,灰陶约占50%,其次为泥质红陶,还有少量的泥质黑陶、白陶。主要器类有敛口钵、折腹盆、碗、彩陶罐、小口高领罐、篮纹罐、簋形器、筒腹罐及个别的鼎。多数陶器素面磨光,泥质灰陶常饰附加堆纹、刻划纹、绳纹,泥质红陶多饰篮纹或彩绘,其他还有少量篮纹、方格纹。彩陶约占陶器总量的8%~9%,多为紫红彩,黑彩极少,分为红地深红彩和黑灰地红彩两种;线条以几何曲线纹居多,花纹有弧边三角加斜线纹、睫毛纹、蝶须纹、带状网格纹、波状弧线纹、横S纹、涡纹、同心圆、带状网格、梳形纹、

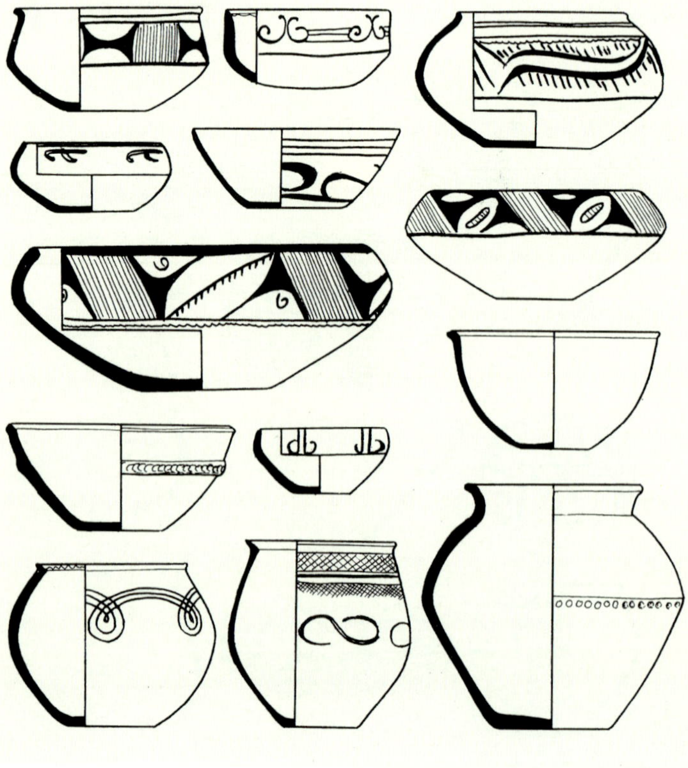

大司空村类型陶器

下王岗类型陶器

波浪纹、双钩纹等。

⑷、汉水中游地区 分布于湖北西北部和河南南阳一带。这里地处长江流域与黄河流域的交汇地带，史前文化面貌兼具两大地区的特点。在仰韶文化时期，这里分布有半坡类型和庙底沟类型的遗存，但地方特点突出，曾以河南淅川县下王岗遗址而命名为仰韶文化下王岗类型。在这一阶段的陶器中，平底器、三足器、圈足器各占一定比例，器类组合包括小口尖底瓶、豆、细颈瓶、鼎、钵、簋形器、附杯形大圈足盘、长颈壶、筒形瓶、陶响球等。器表装饰流行刻划纹。压印纹、弦纹、镂孔和附加堆纹。彩陶较为常见，花纹与关中地区有相近的成份，如半坡期的鱼纹和庙底沟期的弧边三角花瓣纹。西王村时期，该区域被长江中游地区的屈家岭文化所占据。

⑸、河套地区 地理范围包括西起内蒙古包头、东至河北张家口一带的北方长城沿线。该地区的史前文化含有仰韶文化早、中、晚不同时期的因素，相当于半坡——后冈类型阶段，以包头市阿善遗址第一期遗存为代表，称阿善类型。以红陶为主，典型器有圜底钵、圜底盆、小口壶、弦纹罐；有少量彩陶，黑红两彩均有；花纹有宽带纹、平行线纹，文化面貌接近晋中地区。相当于庙底沟阶段的遗存以内蒙古清水河县白泥窑子、河北蔚县三关等遗址为代表，称白泥窑子类型。以红陶为主，典型器有敛口钵、曲腹钵、卷缘曲腹盆、杯口尖底瓶、平底瓶、夹砂罐、瓮等；器表多饰弦纹、绳纹；彩陶较为发达，以黑彩为主；花纹有勾连纹、花瓣纹、垂弧纹。相当于秦王寨类型的以内蒙古托克托县海生不浪遗址为代表，称海生不浪类型。陶色以灰褐色为主，典型器包括喇叭口尖底瓶、敛口折腹罐、夹砂罐、敛口折腹钵、碗、盆、豆、壶等；器表装饰流行横向或斜向排列的篮纹、绳纹、附加堆纹，也有一定比例的彩陶，多绘红彩，有的绘黑红复彩；典型花纹有鱼鳞纹、菱格纹、相互缠绕的组索纹、三角锯齿纹等。从文化因素分析，该地区的仰韶文化除受到关中地区的影响外，也受到晋中和冀北一带原始文化的影响。

● **制陶工艺** 制陶业发达，以手工制作为主，普遍使用泥条盘筑法，但大件陶器往往采用分段制坯、对接成型的技术，小型器直接用手工捏塑。在陕西西安市半坡、长安县马王村、铜川市李家沟、甘肃宁县阳呱等遗址发现有仰韶文化的陶质轮盘，足见当时慢轮修整工艺已相当普及。陶色以红色为主，其次为褐色、灰色、橙色，另有少量黑色陶，而且时间愈晚，黑灰色陶的比例愈高。在半坡期和庙底沟期，红色陶比例最高，从西王村期开始，黑灰色陶比例逐渐增加，至庙底沟

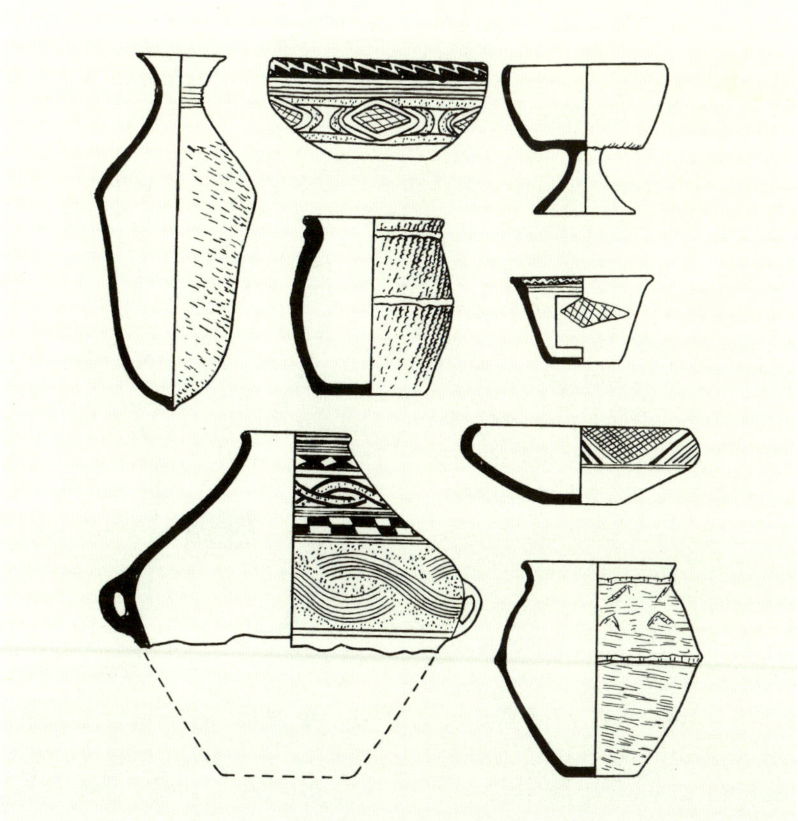

海生不浪类型陶器

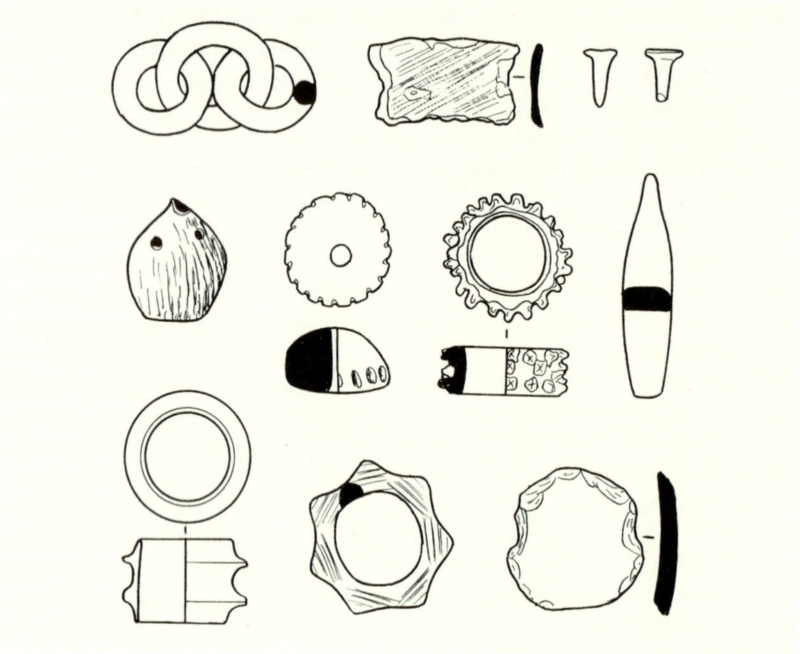

仰韶文化陶工具、乐器和装饰品

二期，灰黑色陶已占据主要地位。这一变化表明陶器的烧造工艺不断有所改进。经检测，陶器的烧成温度在900℃～1000℃左右，吸水率达6.62%。

陶窑一般面积不大，每窑烧制的陶器数量有限。半坡遗址陶窑有带中柱的横穴式窑、并穴式窑和竖穴式窑3种，包括窑室、火道、火膛、火眼、火门几部分。陶窑以横穴式为主，一般有较长的火道，窑室底部与火膛基本处于同一平面。火道长，对提高窑温有一定影响，带有一定的原始性。通过对陕西临潼县姜寨等遗址的发掘，证实半坡期的氏族内部拥有专门的陶器制造场所，当时窑场分布在村落周围，属氏族集体所有。庙底沟期陶窑仍以横穴式结构为主，但形态有所变化。从考古发现看，有一些窑在火膛底部下挖较深的坑，在窑内挖出环形火道，火道上设箅孔和火眼，结构较半坡期有所改进。陕西彬县下孟村遗址陶窑平面呈8字形，窑室作圆筒状，四壁涂有厚0.5厘米的草拌泥，已被烧成青灰色，颇为坚硬，窑室底部周边筑环形火道，上敷草泥土，等距离戳出10个菱形火眼。西王村（秦王寨）期陶窑多变为并穴式，在大司空村遗址发现的带箅孔的竖穴式窑，火膛与窑室垂直，间隔有很短的火道。这种竖穴结构有利于窑温迅速升高，可提高陶器的烧成质量，是一种进步的窑型。庙底沟二期陶窑也为并穴式，庙底沟遗址发现的这一时期陶窑，窑室内火道分为8股，中央3股，左右两股各有两三股分叉，由火膛向上直通窑室底部，火道上部的窑箅戳有椭圆形火眼25个，火门、火膛和火道上均涂抹草拌泥。

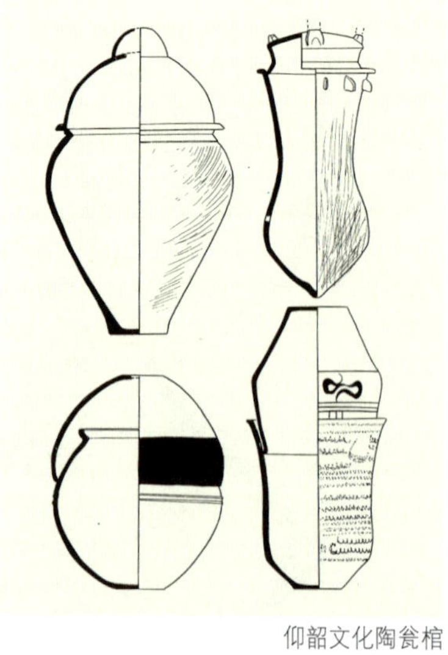

仰韶文化陶瓮棺

● **装饰** 流行线绳纹、绳纹、凹弦纹、附加堆纹、乳钉纹、锥刺纹、指甲纹、压印纹、篮纹。彩陶陶质均为质地细腻的红色陶，多数绘黑色彩，少量在器表施白色陶衣，绘黑彩或黑红复彩。在不同地区和不同时期，彩陶的装饰风格有很大变化，半坡期使用几何直线构图，流行鱼纹、人面鱼纹、三角纹、折线纹；庙底沟期流行曲线构图，以植物花瓣纹、鸟纹最富代表性；西王村期以后，彩陶逐渐衰落。豫中、豫北、冀南及河套一带彩陶的地方特色比较突出。

● **器类** 包括日常生活用具、生产工具、丧葬用具、装饰品、随葬品等几大类。在日常用具中，饮食器有钵、碗、杯、豆，炊具有釜、罐、甑、鼎、斝、灶，汲水储水用具有尖底瓶、葫芦瓶、细颈壶，储藏用具有盆、瓮、罐、缸等。生产工具以平面作长方形、两侧带凹槽的刀数量最多，其他还有陶锉、纺轮、弹丸。装饰用具有笄、镯、环、链环等。乐器有埙、号角、响球等。陶瓮棺在仰韶文化中广泛使用，所用器类包括瓮、缸、盆、鼎、尖底瓶等，一般个体较为高大。随葬用明器占较大比重，早期随葬陶器多为实用器，从庙底沟期开始，出现了专门为了随葬而制作的明器。西王村期以后，用于随葬的陶器大为减少。此外，在仰韶文化中经常发现一些造型稚拙、古朴的陶塑人物、动物造型的工艺器皿，有较高的艺术价值。

参考书目

中国科学院考古研究所等：《西安半坡》，文物出版社，1963。

西安半坡博物馆等：《姜寨》，文物出版社，1988。

中国科学院考古研究所：《庙底沟与三里桥》，科学出版社，1959。

严文明：《仰韶文化研究》，文物出版社，1990。

李湘生：《试析仰韶文化彩陶的泥料、制作工艺、轮制技术和艺术》，《中原文物》1984年1期。

（李水城）

Yangshao wenhua xiaokou jiandiping

仰韶文化小口尖底瓶

新石器时代晚期黄河中游地区

仰韶文化的陶制汲水器。是随同仰韶文化一同出现、一起消亡的典型陶器，为仰韶文化的象征物之一。制作和使用于距今7000年～4500年。

小口尖底瓶均为夹细砂红色陶质，均使用泥条盘筑法分段制坯，对接成型，造型特殊，口部很小，腹部修长，尖底，有的在腹中部置一对器耳，供穿系使用。大多流行在腹部装饰斜向排列的线绳纹。从使用角度分析，小口尖底瓶设计十分巧妙，其下部为细长的尖底，整体呈流线型，这种造型在汲水时入水方便，入水后由于水的浮力和器物的重力，尖底瓶会横浮于水面，这时水可从器口灌入瓶腹内，待水将灌满时，尖底瓶又会自动立起，在水中呈悬浮状。尖底瓶口部细小，搬运时可最大限度地减少水的流失。

对上述小口尖底瓶功能的传统认识，学术界尚有不同的看法。经实验，有的学者认为这种器皿极有可能是中国历史上最早的“欹器”。所谓“欹器”，《荀子·宥坐》讲得很明确：“虚则欹，中则正，满则覆。”说的是如用绳子提起空腹的欹器时，欹器是倾斜的；如将水灌至一半，欹器呈直立状态；如将水装满，欹器则自动倾覆。据有的学者观察，仰韶文化半坡类型的小口尖底瓶多数将器耳安置在腹部最大径的偏下位置，这显然会造成不稳定、易倾覆的后果。由于欹器具有上述特性，故小口尖底瓶的最大功能应是用于农业灌溉的器皿，至少也是一种具有以上两种功能的特殊用具。由此可知，仰韶文化的居民在6000年前已开始用小口尖底瓶来灌溉农田。

河南洛阳和郑州一带发现的小口尖底瓶多为双唇口亚腰造型，器体较大，除作为日常汲水用具外，也普遍用作埋葬死者的葬具，用法是将尖底瓶拦腰截断，把死者尸骨敛入瓶中，再对接下葬。

小口尖底瓶贯穿于仰韶文化的始终，在不同时期，其外形不断有所改变。半坡期小口尖底瓶的口部作杯形，腹部肥胖，器身相对较为矮胖。庙底沟期小口尖底瓶变为双唇口，腹部瘦长。西王村期小口尖底瓶再变为喇叭口，腹中部内收成亚腰。庙底沟二期小口尖底瓶仍保留喇叭口造型，但肩部加宽，转折明显。除时代风格的变化外，也有空间上的差异，这些富有规律性的变化使得小口尖底瓶成为仰韶文化陶器研究中的重要器皿，受到学者们的格外重视。

参考书目

戴念祖：《中国古代的力学知识》，《中国古代科技成就》，中国青年出版社，1978。

严文明：《仰韶文化研究》，文物出版社，1990。

（李水城）

Jiangzhai yizhi xiaokou jiandiping

姜寨遗址小口尖底瓶

新石器时代晚期仰韶文化半坡类型的陶制水器。1972年由陕西省考古研究所在临潼县姜寨遗址内发掘出土。现藏于陕西历史博物馆。

姜寨遗址小口尖底瓶

通高41厘米、口径5.8 厘米。泥质红陶，手制。杯形小口，细颈，弧形深腹，尖底。在腹部偏下部位置环形器耳一对，自肩部至腹中部拍印有规整的斜向绳纹。这种造型的尖底瓶为仰韶文化半坡类型尖底瓶的典型式样。（李水城）

Yangshao wenhua xiaokoupingdiping

仰韶文化小口平底瓶

新石器时代晚期黄河中游地区仰韶文化的陶制水器。是仰韶文化特有的器类之一。小口平底瓶的形态系模仿自然界中的葫芦果实而来，半坡期小口平底瓶尚保持葫芦的造型，故又称“葫芦瓶”。

小口平底瓶均为细泥质地，以红色陶数量最多，使用泥条盘筑法分段制作，对接成型。器口极小，腹身狭长，平底。器表大多经打磨处理，比较光滑，一般素面不加装饰，有的绘黑彩花纹。

小口平底瓶在仰韶文化半坡期史家类型中最为流行，庙底沟期时，外形有较大改变，除保持小口造型外，器口和腹身的比例相差悬殊，西王村期阶段的小口平底瓶一变为腹部粗胖的喇叭口瓶；庙底沟二期时，小口平底瓶已变为喇叭口罐。

参考书目

严文明：《仰韶文化研究》，文物出版社，1990。

（李水城）

Jiangzhai yizhi renmianwen caitao huluping

姜寨遗址 人面纹彩陶葫芦瓶

新石器时代晚期仰韶文化半坡期的陶制水器。1972年由陕西省考古研究所等单位在临潼县姜寨遗址76号墓中发掘出土。现藏于陕西历史博物馆。

通高21.5厘米、口径3.5厘米、底径6厘米。细泥红陶质，手制，器表打磨光滑。造型模仿葫芦，杯形小口，口缘微内敛，细颈，腹部圆弧狭长，腹中部置双小耳，平底。器口外侧绘黑彩宽带，腹部绘变形的人面纹2组，人面五官构图相当抽象，神秘费解。其造型和彩绘图案展现出仰韶文化半坡期史家类型的

典型风格。也有的学者认为，这种花纹的结构正好处在半坡类型向庙底沟类型过渡的中间环节。

（李水城）

姜寨遗址人面纹彩陶葫芦瓶

Dadiwan yizhi renshou caitaoping

大地湾遗址人首彩陶瓶

新石器时代晚期仰韶文化庙底沟期的陶制实用艺术造型器皿。1973年由甘肃省博物馆文物工作队在秦安县大地湾遗址中发掘出土。现藏于甘肃省博物馆。

通高31.8厘米、口径4.5厘米、底径6.8厘米。细泥红陶质，手制，平底，器表打磨光滑。该器巧妙地模仿人体造型，瓶口塑造成一少女的头部形象，人面五官俱全，面目清秀，双目和鼻孔镂空，口部微张，鼻尖上翘，前额留有齐眉短发，头两侧置半月形双耳，耳垂各有一穿孔，说明当时的女性在耳朵上佩戴有装饰品。彩瓶腹部细长，模仿人体形状，器腹中部置双小耳（已残失），恰似少女的双臂。器表施红色陶衣，腹部绘黑彩弧边三角花瓣纹，构图繁缛有序，象征少女身着的艳丽服装。（李水城）

大地湾遗址人首彩陶瓶

Bingyacun yizhi renshou caitaoping

冰涯村遗址人首彩陶瓶

冰涯村遗址人首彩陶瓶

新石器时代晚期仰韶文化庙底沟类型的陶制实用艺术造型器皿。1989年由甘肃甘南藏族自治州博物馆在卓尼县木耳乡冰涯村遗址内发掘出土。现藏于甘南藏族自治州博物馆。

通高24厘米、口径6厘米、底径7厘米。泥质红陶，手制。器口塑造成人首，束颈，瘦长弧腹，平底。人面部采用刻、塑结合的手法，剔刻出篦纹，绘以黑彩，象征下垂的发辫，眉骨略隆起，五官位置比例适当，鼻梁挺直，双眼和口部镂空，作月牙形，双耳戳印成两个凹坑，器腹部绘由弧线构成的花瓣纹4组。该瓶较好地表现出一位亭亭玉立的少女形象，造型及彩陶花纹与甘肃秦安县大地湾遗址出土的仰韶文化彩陶瓶类似（见大地湾遗址人首彩陶瓶）。（李水城）

Yangshao wenhua taopen

仰韶文化陶盆

新石器时代晚期黄河中游地区仰韶文化的陶制盛储器。也常用作瓮棺的盖，使用范围很广。

均手工制作，以泥条盘筑法成型。陶质以细泥红陶为主，质地细腻，造型及装饰有明显的阶段性变化。半坡期陶盆多为圜底或小平底，腹部较深，个体较大，有些陶盆绘黑彩或棕红彩，在器口沿面等距离绘斜线、三角、箭头等几何纹样，外壁绘鱼纹、变形鱼纹，也有的在盆内壁绘人面鱼纹、蛙纹、鱼纹、奔鹿纹。凡绘内彩的陶盆，画面内容往往两两对称，颇富神秘色彩。有些用作瓮棺盖子的盆在盆底钻一孔，似为方便死者灵魂出入，是原始宗教中灵魂信仰的具体表现。庙底沟期陶盆的造型较半坡期有较大变化，腹部加深，下腹呈S形内敛弧曲，器表彩绘一变为以弧线三角、勾叶、圆点组成的植物类花瓣纹，内彩消失。西王村期陶盆腹部变浅，器口沿面加宽，不见彩陶。庙底沟二期陶盆腹壁斜直，深腹，平底；器表均为素面，不加装饰。

参考书目

严文明：《仰韶文化研究》，文物出版社，1990。

（李水城）

Banpo yizhi renmian-yuwen caitaopen

半坡遗址人面鱼纹彩陶盆

新石器时代晚期仰韶文化半坡期的陶制盛储器，或用作瓮棺盖。1956年由中国科学院考古研究所在陕西西安市半坡遗址第18号瓮棺中清理出土。现藏于中国历史博物馆。

半坡遗址人面鱼纹彩陶盆

口径39.5厘米、通高16.5厘米。细泥红陶质，手制，器表磨光。大口，宽沿，卷弧腹，圜底略平。口沿面绘8组等距离分布的黑彩几何纹。盆内壁绘两两对称的人面鱼纹及鱼纹。人面神态安祥，鼻梁挺直，小口，作眯眼睡眠状，眉毛以上涂黑，嘴角两侧各伸出一条似衔于口中的鱼，头戴尖帽，帽沿左右两侧各有一鱼。与人面呈90度角的位置又以洗练的线条绘2条小鱼，它们似在水中嬉戏。整个画面构图活泼生动，又颇具神秘感。

人面鱼纹盆是仰韶文化半坡期的典型器皿，盆内所绘人面鱼纹是半坡期最富代表性的图案，在陕西临潼县姜寨、西安市半坡、宝鸡市北首岭、南郑县龙岗寺等遗址均有发现。画面造型大体相同，除姜寨遗址出土一件人面纹作睁眼状外，其余均作闭目养神状。从这类陶盆的用途看，它们显然与当时的宗教信仰有关。

学术界对以该盆为代表的彩绘纹样一直存在不同的解释。有的学者认为它表现的是原始社会时人们对一种水甲虫的崇拜，或许与古埃及人视蜣螂为神物的习俗相同；有的学者从鱼产卵极多这一点出发，认为这种画面寄托了人类祈求土地丰产、人类繁衍的希望；但大多数学者认为这是当时人们所崇拜的一种图腾形象。其他还有巫术面具说，日神、月神说，祖先形象说，巫师做法说，头颅崇拜说，外星人说，婴儿出生说等多种解释。

（李水城）

Yukou yizhi huabanwen caitaopen

峪口遗址花瓣纹彩陶盆

新石器时代晚期仰韶文化庙底沟期的陶制盛储器。1977年出土于山西方山县峪口遗址。现藏于山西省考古研究所。

峪口遗址花瓣纹彩陶盆

通高23厘米、口径35厘米。泥质红陶，质地细腻，手制，器表打磨十分光滑。大口，口沿外侈，上腹部圆鼓丰满，下腹内敛成S形曲腹，平底。做工相当精致，口沿面全部涂黑，上腹位置绘由新月、弧边三角、圆点纹样构成的花瓣，画面布局疏朗，图案清新淡雅，为仰韶文化庙底沟期彩陶器中的精品。

（李水城）

Dahecun yizhi baiyi caitaopen

大河村遗址白衣彩陶盆

新石器时代晚期仰韶文化秦王寨类型的陶制盛储器。1972年由河南省博物馆在郑州市大河村遗址中发掘出土。现藏于河南省博物馆。

通高21厘米、口径21厘米。泥质红陶，手制，器表打磨光滑。敛口，肩部圆鼓突出，腹部较深，下腹部内曲，平底。上腹部约五分之二位置施白色陶衣，绘黑红复彩，花纹作几何形，分为上下两组，上面一组主体纹样为篦梳纹，间以弧边三角和菱形纹；下面一组主体纹样为弧边三角纹加圆点纹，间隔处绘若干竖短线纹。这类器形与花纹是郑州一带仰韶文化流行的式样。

（李水城）

大河村遗址白衣彩陶盆

Yangshao wenhua taobo

仰韶文化陶钵

新石器时代晚期黄河中游地区仰韶文化的陶制饮食器。使用很普遍，阶段性变化比较明显。

陶质以泥质红陶为主，手制，器表打磨光滑。造型和装饰的变化趋势为：半坡期陶钵为深腹圜底，大口直立，流行在器口绘黑彩宽带纹；庙底沟期陶钵变为器口内敛，下腹作S形向内敛曲，平底，彩陶花纹多为由曲线弧三角、圆点、勾叶组成的花瓣纹；西王村期陶钵腹部变浅，敛口，平底，素面不加装饰；庙底沟二期陶钵为敞口，腹部再度变深，腹壁斜直，素面不加装饰。

参考书目

严文明：《仰韶文化研究》，文物出版社，1990。

（李水城）

Yangshao wenhua jiasha taoguan

仰韶文化夹砂陶罐

新石器时代晚期黄河中游地区

仰韶文化的陶制炊食用具。用途广泛，外形变化阶段性明显。

陶质以夹砂红陶、红褐陶为主，手制，质地较粗。半坡期夹砂罐为深腹造型，小平底，器表常饰数道凹弦纹，有的在弦纹下加饰斜向线绳纹。庙底沟期夹砂罐下腹向内弧曲，器表装饰与半坡期大致相同。西王村期夹砂罐一变为直筒造型，腹部加深，器表饰拍印绳纹，并贴塑数股附加泥条堆纹。庙底沟二期夹砂罐在造型、纹饰等方面大体保持西王村期作风，但器表底纹流行拍印篮纹，或在篮纹上再贴塑附加堆纹。

参考书目

严文明：《仰韶文化研究》，文物出版社，1990。

（李水城）

Yangshao wenhua taoweng

仰韶文化陶瓮

新石器时代晚期黄河中游地区仰韶文化的陶制储藏器。也常用作葬具，多用来埋葬夭折的婴幼儿。陶瓮是仰韶文化中个体最大的陶容器，形态阶段性变化比较明显。

均手制。陶质以夹砂红陶、红褐陶为主。半坡期陶瓮个体高大，大口，小平底，器表饰斜向线绳纹。庙底沟期陶瓮腹部圆鼓，口部略变小，底部增大，器表装饰绳纹。西王村期陶瓮和庙底沟二期陶瓮变为直筒形，个体略缩小，器表流行装饰数股附加泥条堆纹，底纹装饰为绳纹或篮纹，与仰韶文化夹砂罐作风相同。

参考书目

严文明：《仰韶文化研究》，文物出版社，1990。

（李水城）

Dazhang yizhi taowengguan

大张遗址陶瓮棺

新石器时代晚期仰韶文化庙底沟期的陶制葬具。1978年由河南临汝县文化馆在临汝县大张遗址内发掘出土。现藏于河南省博物馆。

大张遗址陶瓮棺

通高65厘米、口径30.5 厘米。夹砂红陶质，手制。整体呈葫芦状，大口，亚腰，尖底。器口外捏塑一周鸟喙状鋬，上腹部圆弧下收成细腰，下腹呈橄榄形，一侧穿有一圆孔，器表打磨光滑，素面无纹。此类造型的器皿为当时专门制作的葬具，流行于以嵩山为中心的河南伊川、临汝一带，是很有地方特点的埋葬用具，一般在瓮口还配有一盆形器盖，用于封盖器口。瓮棺靠近下腹处有一穿孔，目的是让死者的灵魂自由出入。

（李水城）

〖仰韶文化其他陶器〗

Luonan yizhi renshou taohu

洛南遗址人首陶壶

新石器时代晚期仰韶文化半坡期的陶制实用艺术造型器皿。在陕西洛南县采集。现藏于陕西历史博物馆。

通高23厘米。泥质红陶，手制。人头形器口，束颈，鼓腹，平底。器口部巧妙地塑造出一幼童的头部，系采用捏塑、镂空相结合的技法，塑出人面五官。其中眼睛和口部采用镂空技法，鼻子和耳朵为捏塑，鼻梁挺直，头发也塑造得相当逼真。整体造型为头部昂起，面部栩栩如生，似乎表现小孩正在诉说着什么。该器颈部后侧有一圆形突起，似应为捉手。在人耳下部和器颈间原应有一对器耳，象征人的手臂，已脱落不存。

（李水城）

洛南遗址人首陶壶

Beishouling yizhi chuanxing taohu

北首岭遗址船形陶壶

新石器时代晚期仰韶文化半坡期的陶制水器。1959年由中国科学院考古研究所在陕西宝鸡市北首岭遗址第98号墓中发掘出土。现藏于中国历史博物馆。

通高15.6厘米、口径4.5厘米、体宽24.9厘米。细泥红陶质，手制，器表打磨光滑。整体造型为菱角状，设计十分精巧，腹部横置，极似船的形状。杯形小口，与半坡期小口尖底瓶相同，颈部很短，器身两端尖尖，略向上翘起，肩部两侧各有一只半环形器耳，腹部绘黑彩网状花纹，恰似一张捕鱼的大网，表明当时已出现木船并用于水中捕捞。该器是黄河流域已知年代最早的船体模型，说明在6000年前，作为水上交通工具的木船不仅流行于江南水乡，也出现在北方的黄河流域。与该陶船造型接近的器皿在陕西南郑县龙岗寺仰韶文化遗址中也有发现，但做工大为逊色。

（李水城）

北首岭遗址船形陶壶

Taipingzhuang yizhi taoyingzun

太平庄遗址陶鹰尊

新石器时代晚期仰韶文化庙底沟期的陶制随葬用具。1958年由北京大学历史系考古专业在陕西华县太平庄遗址第701号墓中发掘出土。现藏于中国历史博物馆。

太平庄遗址陶鹰尊

通高36厘米、口径20.8厘米、腹径30厘米～32.4厘米。细泥黑陶质，手制，器表打磨光滑。整体造型为一只威武的雄鹰，鹰昂首挺胸，双目圆睁，炯炯有神地傲视前方。鹰体态丰满，腹腔浑圆，两翼微张，双腿粗壮，尖喙利爪，尾翼下垂成一扁宽的柱足，巧妙地起到三点承重的稳定作用。鹰首后为马鞍形器口，口缘有子母口凹槽，估计原器应配有盖。该尊体魄雄峻，雄鹰线条洗练夸张，造型极有气势，是一件罕见的新石器时代陶塑艺术珍品。

该尊出土于仰韶文化庙底沟期一成年女性的墓中，该墓随葬品比较丰厚，特别是随葬有这件造型精美的鹰尊，显示出墓主人生前地位显赫，受人尊敬。这也从另一个侧面暗示，这位女性墓主人在当时拥有较高的社会地位。（李水城）

Wangwan yizhi heitaodou

王湾遗址黑陶豆

新石器时代晚期仰韶文化庙底沟二期的陶制饮食器。1960年由北京大学历史系考古专业在河南洛阳市王湾遗址第487号灰坑中发掘出土。现藏于北京大学赛克勒考古与艺术博物馆。

通高22.2厘米、口径23.5厘米。细泥质黑皮灰胎陶，手制，慢轮修整，对接成型，器表内外打磨十分光滑，漆黑油亮。上为双腹豆盘，下接喇叭形高圈足，器柄部装饰有若干圆形镂孔。（李水城）

王湾遗址黑陶豆

Yancun yizhi guanyu shifutu taogang

阎村遗址鹳鱼石斧图陶缸

（见鹳鱼石斧图）

Keshengzhuang wenhua taoqi

客省庄文化陶器

新石器时代晚期黄河中游地区客省庄文化的陶制器具。客省庄文化于20世纪50年代在陕西西安市客省庄遗址首次发现，后正式命名，主要集中分布于陕西境内的渭水流域，距今4500年～4000年。

● **制陶工艺** 陶器绝大多数为手制，普遍使用泥条盘筑法和模制

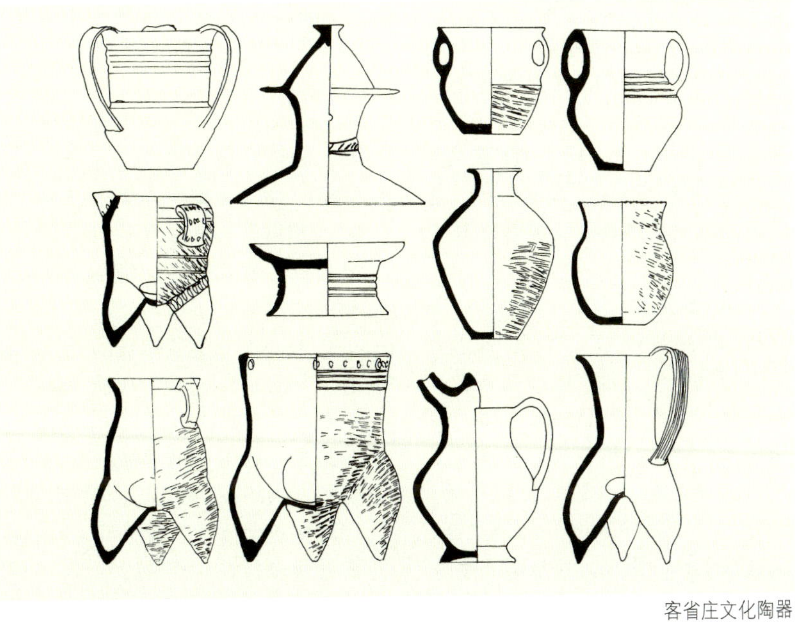

客省庄文化陶器

法成型，仅有少数小型泥质陶器使用了快轮制作工艺。陶质分泥质、夹砂两大类，泥质陶原料均选用粗泥，未经细致加工，质地略显粗糙。夹砂陶大多数羼和料比较细，羼和料比例较低，夹砂较多的陶器数量不多。陶器的烧成温度较高，一般不见陶质疏松的现象。

以西安为界，可将客省庄文化分为东西两区。西安以东地区的陶器以灰色为基调，据统计，客省庄遗址出土的灰色陶占陶器总量的80%以上，红色陶仅占18%。西安以西地区陶器以红色为主，灰陶较少。这一反差表明两个地区在陶器的烧成工艺上有较大的差异。

陶窑以横穴式为主，在客省庄遗址发现的3座陶窑中，保存最好的一座为竖穴式，窑室作椭圆形，长径126厘米、短径100厘米，窑底有“北”字形火道，两条纵行火道从窑室底部向下延伸与火膛底部相通，两侧的支火道与纵行主火道相连。火膛口小底大，坑口位置与窑室底部大体处在同一平面。这种结构的陶窑面积不大，每窑烧造陶器的数量有限。经检测，客省庄文化红色陶的烧成温度达1000±50℃。

● **装饰** 绝大多数器表有装饰，其中绳纹占35%，可分为较细的条状绳纹和不成条的麻点状绳纹。篮纹占40%，用陶拍子拍印而成。一般绳纹、篮纹都布满陶器表面，这种纹样除具有装饰效果外，主要起加固陶胎和修整的功能。其他还有方格纹、附加堆纹、凹弦纹、刻划纹、戳印纹、弦纹及个别的彩绘。有些陶器将口沿加工成锯齿状，这是客省庄文化陶器富于特色的装饰手法。

● **器类** 依造型分三足器、平底器和圈足器3大类，典型陶器组合为单把绳纹鬲、罐形篮纹鬲、无耳鬲、双耳罐形斝、袋足鬶、盉、大圈足豆、喇叭口折肩罐、双耳（或三耳）罐、碗、斗笠状捉纽器盖、瓮等。三足器中大部分为袋足器，仅有极个别的陶鼎。平底器主要为饮食器、储藏器。圈足器有豆和盘，数量较少。

参考书目

苏秉琦等：《西安附近古文化遗存的类型与分布》，《考古通讯》1956年2期。

中国社会科学院考古研究所：《武功发掘报告》，文物出版社，1988。

陕西省考古研究所康家考古队：《陕西临潼康家遗址发掘简报》，《考古与文物》1988年5期～6期。

（李水城）

Adicun yizhi dan'er shengwen taoli

阿底村遗址单耳绳纹陶鬲

阿底村遗址单耳绳纹陶鬲

新石器时代晚期客省庄文化的陶制炊食器。1953年采集于陕西长安县阿底村遗址。现藏于北京大学赛克勒考古与艺术博物馆。

通高23.3厘米、口径12.5厘米。夹砂灰陶质，手制加模制成型。小口，口沿略向外侈，沿面加工成锯齿状。颈部微束，尖袋足较高，尖裆，颈肩处有单鋬耳一只，耳面饰乳钉纹。颈部抹光，袋足饰竖列的粗绳纹。

鬲是一种造型特殊的炊具，器腹下部附加3只袋足。《说文解字·鬲部》对鬲的解释是：“鬲，鼎属。”鬲最早起源于黄河流域的仰韶文化晚期，到距今4500年～4000年的龙山时代逐渐普及，成为北方地区主要的炊食器具，并最终成为一种颇具中国传统文化色彩的特殊器皿。陶鬲底部有袋足，袋足之间的裆部夹角大小不一，裆底与地面保持一定的高度，形成一个不大的空间，这一造型有利于最大限度地增加物体表面的受热面积，方便炊煮食物。

（李水城）

Taosi wenhua taoqi

陶寺文化陶器

新石器时代晚期黄河中游地区陶寺文化的陶制器具。陶寺文化因首次发现于山西襄汾县陶寺遗址而得名，分布范围限于山西南部峨嵋岭与吕梁山之间的临汾盆地，在汾河、浍河、滏河交汇处分布最为密集，年代距今4500年～3900年。

● **制陶工艺** 陶寺文化制陶业的发展经历了不断变化、日益进步的过程。陶寺文化早期，普遍使用泥条盘筑法成型，有些陶器的口沿用慢轮修整，陶胎大多较厚，以褐色（含灰褐色、黄褐色）陶为主，器表颜色有不纯正的现象，显示出烧造时对火候控制不当。随着时间的推移，泥质灰色陶比例逐渐增加，出现了泥质磨光黑陶，或在器表施黑色陶衣，器表装饰以绳纹为主。陶寺文化晚期，制陶工艺技术提高，使用轮制、模制、手制3种工艺，轮制技术的比重明显增加，特别是泥质陶较多地使用了快轮制作技术，在陶器内壁常见拉坯时留下的螺旋印痕，器底留有切割时造成的偏心涡纹。这一阶段的陶器胎壁厚薄匀称，造型规整，已能熟练地控制焙烧火候，陶器硬度提高，器表色泽纯正，陶胎与器表均呈纯灰色，器表装饰主要为篮纹。模制技术主要用于制作袋足器，可分为同时脱模和三足分制两种，一般先分别制作袋足，再将三足捏合、聚拢，在三足上用泥条盘筑法接制器腹、器颈和口沿。

经化验分析，陶寺文化的制陶原料为当地所产的黄色粘土（即离石黄土），夹砂陶胎内多掺入含长石、云母类成份的砂粒作瘠性原料，少

数掺纯度较高的石英砂。这使得陶器在化学成份上表现出含铁量较高及碱土金属、碱金属含量较高两大特点，这两类氧化物都有较强的助熔作用，可使陶器的烧成温度达到850℃。经检测，陶寺文化随葬陶器的烧成温度为650℃～750℃，生活居址中出土的日用陶器的烧成温度达850℃。这一差异暗示，当时在制陶业内部已出现比较细致的分工，有的专门生产无使用价值、火候较低的随葬明器，有的专门制作质地优良的日常生活用具。

陶寺遗址陶窑的结构为并穴式，窑长196厘米、窑室直径102厘米～142厘米，内火道作川字形。在山西襄汾县丁村遗址发现的陶寺文化横穴式陶窑，平面略近瓢形，分窑室、火膛、火道、火门和出灰口几部分。窑室呈圆形，底部直径150厘米，设有叶脉状火道，主火道为2股，与火膛相接，火膛底部低于窑床。

● **装饰** 除素面陶器外，夹砂类陶器普遍装饰绳纹，也有的在器表先拍打出绳纹，再经抹平、打磨，形成隐线状绳纹。泥质陶多装饰篮纹，或在器表施黑色陶衣。陶寺文化中还有个别的彩绘陶，均系烧成后绘彩，程序是先在器表施黑色陶衣为地，再用红、黄、白等不同矿物颜料绘制花纹，或直接在红陶器表面绘黄彩、白彩花纹，色彩醒目鲜艳，常用圆点、条带、漩涡、回纹组成几何图形花纹，也发现有绘制精美的龙纹和变体动物纹。其中有些花纹与商、西周青铜器上的夔纹图案接近，故有的学者认为，后来铜器上的夔纹应来源于陶寺文化的彩绘花纹。经对彩陶颜料取样化验，其成份包括朱砂、方解石、孔雀石、黄磷铁矿、蒙脱石、赤铁矿粉末等天然矿物，其中有相当一部分是在当地获取的。

陶寺文化的彩绘陶大都出土于那些规格较高的大型墓。显然，这些彩绘陶在当时应属高级奢侈品，能够享用这些彩绘陶的墓主应是那些凌驾于一般氏族成员之上的贵族或地位较高的神职人员。

● **器类** 造型以平底器和三足器居多，圈足器很少。按使用功能分为炊器、盛储器、饮食器、水器几类；炊器类有釜、灶、鬲、斝、甑；盛储器有瓮、大口罐、折肩罐、盆；饮食器有豆、盘、碗、钵、杯、觚；水器类有壶、扁壶等。除日常生活用具外，还发现有陶乐器，如铃、埙、鼓等。此外，还有制陶用的模具、陶垫等工具。

参考书目

中国社会科学院考古研究所山西工作队等：《1978～1980年山西襄汾陶寺墓地发掘简报》，《考古》1983年1期。

中国社会科学院考古研究所山西工作队等：《陶寺遗址1983～1984年Ⅲ区居住址发掘的主要收获》，《考古》1986年9期。

中国社会科学院考古研究所：《山西襄汾陶寺遗址陶片的测试和分析》，《考古》1993年2期。

李敏生等：《陶寺遗址陶器和木器上彩绘颜料的鉴定》，《考古》1994年9期。

（李水城）

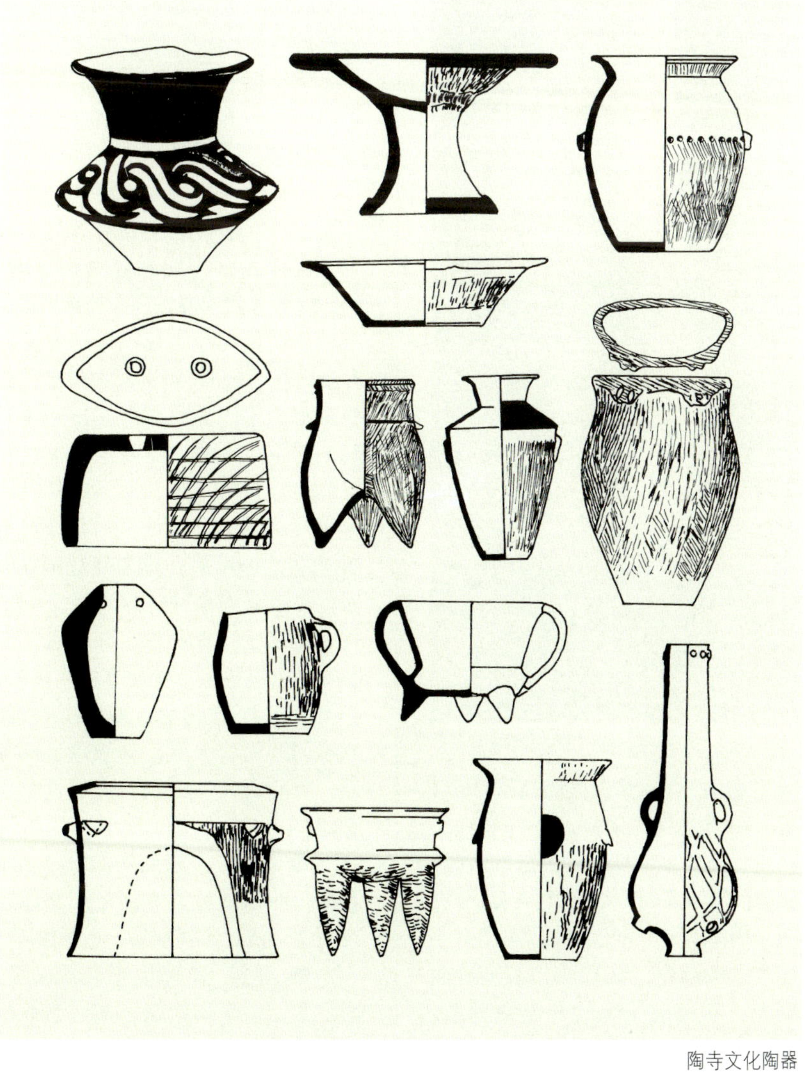

陶寺文化陶器

Taosi yizhi caihui longwen taopan

陶寺遗址彩绘龙纹陶盘

新石器时代晚期陶寺文化的陶制随葬明器。1980年由中国社会科学院考古研究所在山西襄汾县陶寺遗址第3072号大墓中发掘出土。现藏于中国社会科学院考古研究所。

通高17.8厘米、口径37厘米、底径11.8厘米。泥质褐色陶，手制，盘内壁打磨光滑，器表施黑色陶衣。大敞口，斜折沿，腹壁斜收，平底。盘外壁曾装饰绳纹，后经打磨，呈隐绳纹状。盘内壁用红彩绘制一条盘曲的蟠龙，龙首形似鳄鱼，身体似蛇，无腿无爪，头顶有角形耳，

圆眼，小而有神，口半张，上下腭有利齿，一根羽状长舌吐出口外。龙身体表面绘两排半月状鳞片，龙尾部分因色彩脱落形制不明。这条彩绘龙绘制得极为生动传神，原型似来源于蛇，并综合鳄鱼、鸟或其他动物特征而成。

根据陶寺遗址所处的地理位置并结合历史文献，有的学者认为该地与夏人的起源地关系密切，特别是这件彩绘龙纹盘的出土，与夏人尊崇龙为图腾的记载暗合。

（李水城）

陶寺遗址彩绘龙纹陶盘

Taosi yizhi caihui changjing taohu

陶寺遗址彩绘长颈陶壶

新石器时代晚期陶寺文化的陶制礼仪用具。1978年由中国科学院考古研究所在山西襄汾县陶寺遗址第3015号墓中发掘出土。现藏于中国社会科学院考古研究所。

陶寺遗址彩绘长颈陶壶

通高17.2厘米、口径17厘米、底径7.7厘米。泥质褐陶，手制，并经陶轮修整，器表磨光。喇叭口，高颈，扁折腹，平底。肩部以黑色陶衣为底色，用红、黄双色彩描绘出圆点卷云纹，颈下部绘黄、红复彩窄条带各一周。（李水城）

Taosi yizhi taotuogu

陶寺遗址陶鼍鼓

新石器时代晚期陶寺文化的陶制宗教礼仪用具。1980年由中国社会科学院考古研究所在山西襄汾县陶寺遗址第3002墓中发掘出土。现藏于中国社会科学院考古研究所。

陶寺遗址陶鼍鼓

通高83.6厘米、鼓筒口径11.6厘米。泥质褐陶，手制。上部有细长的筒状鼓颈，下部有一圆鼓的鼓腹，颈腹间置双小耳。鼓底中央有1个镂孔，周围有3个小孔，鼓口四周有一圈突起的圆纽，共12枚。鼓身表面磨光，腹壁装饰绳纹并贴塑泥条，构成不甚规则的连续三角和菱格形图案。此器上下连通，据研究，应为中国古文献中记载的“以瓦为匡”的“土鼓”。它出土于陶寺墓地的大型贵族墓内，具有昭示身份、地位的功能，或可在宗教祭祀活动中充任法器。（李水城）

Wangwan Sanqi wenhua taoqi

王湾三期文化陶器

新石器时代晚期黄河中游地区王湾三期文化的陶制器具。王湾三期文化因1958年首次发现于河南洛阳市王湾遗址而得名，分布范围集中在洛阳、郑州一线的伊水、洛水流域，是在当地仰韶文化秦王寨类型基础上发展起来的，距今4500年～4000年。

● **制陶工艺** 分为手制、轮制和模制3种，以轮制技术为主，手制与模制方法为次，手工制陶仍占一定比例。据对河南登封县王城岗遗址出土的陶器统计，早期夹砂灰黑陶数量最多，其次为泥质灰黑陶，另有少量的泥质黑陶、泥质红陶；晚期泥质灰陶成为主要陶系，另有少量泥质黑陶、泥质红陶和白陶。陶器烧造火候普遍较高，质地坚硬。

在河南临汝县煤山遗址曾发现有集中在一起的4座横穴式陶窑。这些陶窑的平面呈葫芦形，窑室作圆形。其中最大的一座陶窑窑室直径130厘米～140厘米，窑室底部有叶脉状火道4股，火道上架有用草泥土制成的“土坯砖”，烟道建在窑室后面，窑壁表面涂抹一层草泥土，经长期烧烤已呈青灰色、天蓝色。河南陕县三里桥遗址发现有横穴式窑，窑室面积约2平方米，底部有4条间隔均匀的沟状火道，火膛略呈椭圆形，口小底大，火膛深度超过窑室底部。

● **装饰** 以素面陶器居多，器表流行拍印篮纹、方格纹，其他还有绳纹、弦纹、刻划纹、指甲纹等。

● **器类** 造型以平底器居多，圈足器、三足器次之，圜底器极少见。按用途划分，炊器类有鼎、甑、

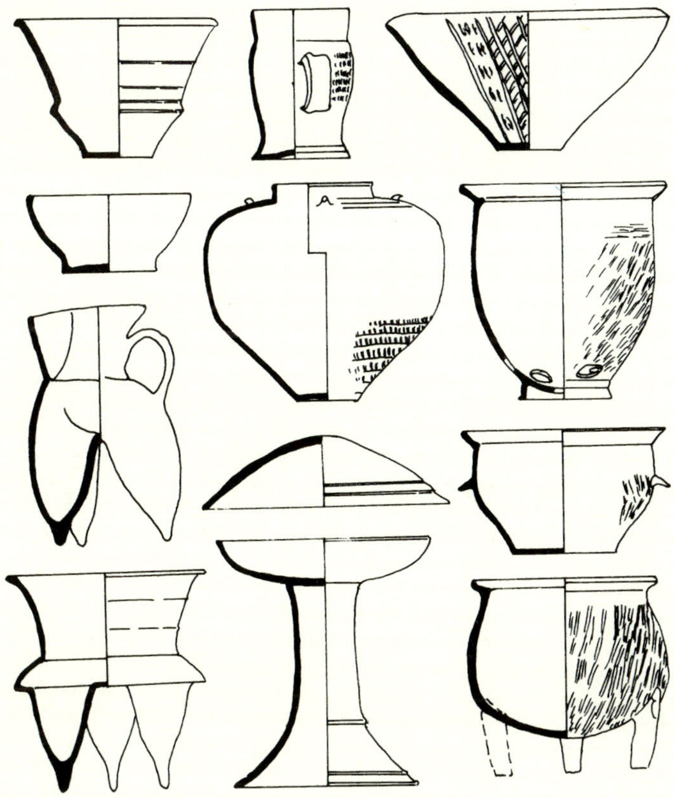

王湾三期文化陶器

斝、鬲、甗；盛储器类有盆、瓮、罐；饮食器类有豆、钵、碗；水器类有杯、盉、鬶（爵）。此外，还有加工食物的刻槽盆及纺轮、陶拍、弹丸等工具。

参考书目

北京大学考古实习队：《洛阳王湾遗址发掘简报》，《考古》1961年4期。

河南省文物研究所等：《登封王城岗与阳城》，文物出版社，1992。

（李水城）

Hougang Erqi wenhua taoqi

后冈二期文化陶器

新石器时代晚期黄河中游地区后冈二期文化的陶制器具。后冈二期文化因首次发现于河南安阳市后冈遗址而得名，集中分布在太行山以东的河南北部和河北南部一带，是在当地仰韶文化大司空村类型的基础上发展起来的，并与山东西部的龙山文化互有影响，距今4500年~4000年。

● **制陶工艺** 分为手制、轮制和模制3种，快轮制陶工艺比较普及，但通体使用轮制技术的仅限于碗、盆、罐等部分中小型器皿，大型陶器的底部使用手工制作，器腹以上部分采用轮制方法。陶质分为夹砂灰陶、泥质灰陶、夹砂红陶、泥质红陶、泥质黑陶和夹细砂黄白陶几个系列，其中泥质灰陶占陶器总量的50%左右，其次为夹砂灰陶和泥质灰陶。

在河南安阳市八里庄和河北邯郸市涧沟等遗址中曾发现有后冈二期文化的陶窑。八里庄陶窑平面呈瓢形，窑室为椭圆形，内有平行火道5股，火膛也作椭圆形。在火膛南侧有一长方形操作坑，坑内放置有陶器等遗物。

● **装饰** 素面陶占绝大多数，器表普遍打磨光滑。装饰纹样有篮纹、绳纹、方格纹、附加堆纹、麻点纹、乳钉纹、划纹、弦纹等。

● **器类** 造型以平底器居多，圈足器、三足器次之，圜底器极少见。按用途划分，炊器类有鼎、甑、鬲、甗、斝；盛储器类有盆、瓮、缸、盘、罐；饮食器类有豆、钵、

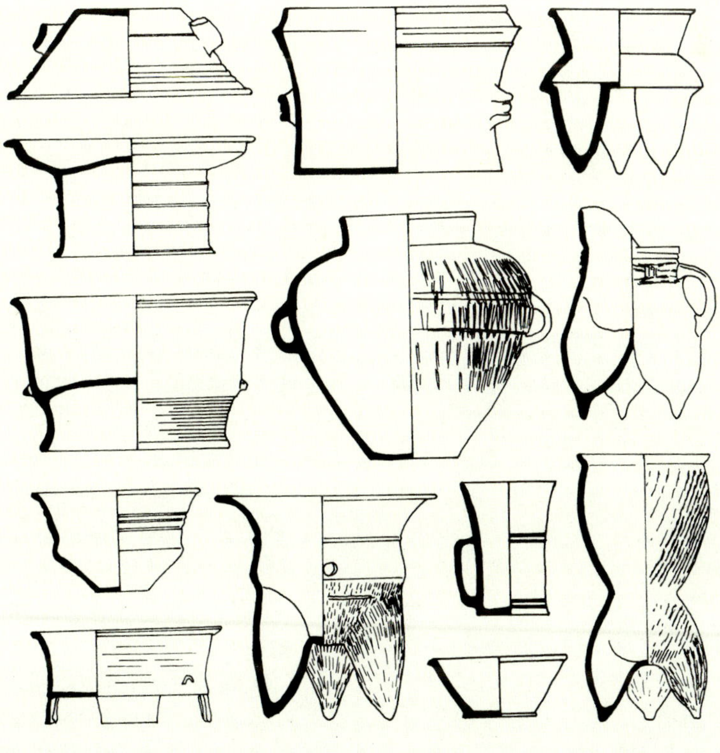

后冈二期文化陶器

盂、碗；水器类有杯、鬶。其中以罐和盆所占比例最高。陶质工具类有纺轮、陶拍、弹丸等。建筑构件有河南淮阳市平粮台遗址出土的陶下水管道，每节水管长0.35米～0.45米，作圆筒状，一端略细，直径0.23米～0.26米；另一端稍粗，直径0.27米～0.32米。这些水管均轮制而成，外表拍印篮纹、方格纹、绳纹、弦纹等纹样，也有个别的为素面。

参考书目

安阳工作队：《1979年安阳后冈遗址发掘报告》，《考古学报》1985年1期。

中国社会科学院考古研究所：《新中国的考古发现与研究》，文物出版社，1984。

（李水城）

Huanghe Xiayou Diqu Xinshiqi Shidai taoqi

黄河下游地区新石器时代陶器

新石器时代黄河下游地区诸考古学文化的陶制器具。该地区的腹心地带位于山东中部的泰沂山系，东临大海，故又称“海岱地区”。其地理范围大致包括山东全境及江苏北部、安徽淮北一部。在新石器时代，这里是一个相对独立的考古学文化区，史前文化序列的发展与中原地区基本保持同步，制陶工艺相当发达。

● **分区** 分为鲁中南苏北地区、鲁北、鲁西和胶东4区。其中鲁西一带属于文化交汇地带，鲁北与鲁中南的文化因素比较接近，胶东地区的文化面貌比较独特。黄河下游地区的考古学文化发展序列为后李文化→北辛文化→大汶口文化→龙山文化。胶东沿海区的考古学文化发展序列为白石村一期文化→邱家庄一期文化→北庄一期文化→大汶口晚期文化→龙山文化。总体上看，胶东沿海区的史前文化同属大汶口——龙山文化体系，但文化面貌与鲁中南地区一直保持有某些差异，特别是在早期阶段表现得更为充分，胶东处于沿海地带，居民的经济生产、生活习俗及文化传统均与内陆有着较大的不同，这些差异有相当一部分反映在制陶工艺、陶质、器形、器类等几个方面，如胶东地区的陶器普遍填加滑石粉、云母屑、蚌壳粉末等羼和料，形成沿海陶器的一大特色。到了距今5000年左右的大汶口文化晚期，上述两个区域的文化面貌才逐渐趋于一致。

● **分期** 黄河下游地区新石器时代文化分为4个阶段：第一期为后李文化，距今8500年～7500年；第二期为北辛文化，距今7500年～6500年；第三期为大汶口文化，距今6500年～4500年；第四期为龙山文化，距今4500年～4000年。在胶东沿海地区，与北辛文化和大汶口文化早期阶段大体相对应的是白石村一期文化——邱家庄一期文化——北庄一期文化。

● **制陶工艺** 距今8500年～5000年，该区域的制陶业与黄河中游地区大体保持相同的水平。后李文化时期，陶器制作比较粗糙，显示出相当原始的特征。从北辛文化到大汶口文化的早中期，仍以手工制陶为主，慢轮修整技术出现，三足器比较发达。约从大汶口文化中晚期开始，制陶业进步很快，在同时期的诸考古学文化中居于领先地位，代表了这一阶段制陶业的最高水平。集中表现在：①快轮制陶技术出现；②密封陶窑开始使用；③能够制造薄胎细泥黑陶产品；④能够制造白陶器皿。龙山文化时期，制陶手工业又有了长足的发展，陶器造型更加考究，门类丰富，胎体细腻，厚薄均匀。最能体现龙山文化制陶业水平的是蛋壳黑陶杯，这种器皿胎体很薄，工艺要求极高，制作工艺十分复杂，制坯时需采用“原始机械”进行切削，方可达到超薄效果；在烧成阶段还需使用“原始匣钵”类窑具，方能保证烧制成功。

● **装饰** 阶段性变化明显。后李文化陶器做工粗糙，绝大多数素面无纹，仅个别饰附加堆纹、戳印纹、压划纹、绳纹，这些纹样大多带有加固陶器的功能，装饰性不突出。北辛文化陶器流行一种宽约2毫米的细泥条堆纹装饰，很有特色。这一阶段开始出现彩陶，仅有宽带纹一种，比较简单，是黄河下游地区最早的彩陶标本。大汶口文化陶器装饰风格较为素雅，流行几何形镂孔装饰，彩陶数量明显增多，构图富有地方色彩，其中有部分花纹明显受到黄河中游地区仰韶文化庙底沟类型的影响。在胶东沿海地区还发现有少量绘黑黄复彩图案的彩陶，为该区域的特产，只是发现为数甚微。从大汶口文化晚期开始，陶器普遍装饰篮纹，最为重要的是发现了10余种刻划涂朱的“文字符号”，内容有“日”、“月”、“山”、“斧”、“锛”等，有的学者认为这是一种图形文字，对探索汉字起源有着重要价值。龙山文化风行素雅的磨光黑陶，器表装饰多为与轮制工艺相关的弦纹、划纹、竹节纹等，也有一些饰镂孔、篮纹，在个别蛋壳杯和其他器皿上刻划有精美的云雷纹、兽面纹，与后世的铜器花纹类似。山东邹平县丁公遗址还发现有一件上刻5行11字的陶片，陶文行款规整，书体类似行草，多曲笔，有明显的进步性，对探索汉字的起源具有重要价值。

● **器类** 阶段性变化亦十分显著。后李文化陶器个体普遍较大，造型简单，种类单一，大型圜底缸占陶器总量的80%。北辛文化陶器种类增多，以鼎的比例最高，其他典型器还有小口壶、圜底钵、支脚等。大汶口文化陶器种类大为丰富，造型复杂，同一门类的器物往往出现数种不同的形态，典型器有鼎、袋足鬶、实足鬶、豆、背水壶、觚形杯、高柄杯、尊、缸、双耳壶、罐、盉等。龙山文化的陶器种类与大汶口文化大体相同，但在造型、颜色、质地和类别等方面又有所变化，最有代表性的器皿有长流袋足鬶、鬼脸足鼎、甗、环足盘、蛋壳高柄杯、罍、壶、鬲等。

参考书目

山东省文物管理处等：《大汶口》，文物出版

社，1974。
中国社会科学院考古研究所：《胶县三里河》，文物出版社，1988。
山东省博物馆等：《邹县野店》，文物出版社，1985。
李文杰：《黄河流域新石器时代制陶工艺的成就》，《华夏考古》1993年3期。

（李水城）

Houli wenhua taoqi

后李文化陶器

新石器时代中期黄河下游地区后李文化的陶制器具。后李文化因20世纪90年代山东淄博市临淄区后李遗址的发掘而得名，主要分布在泰沂山系北侧和鲁西北平原一带，距今8500年～7500年。

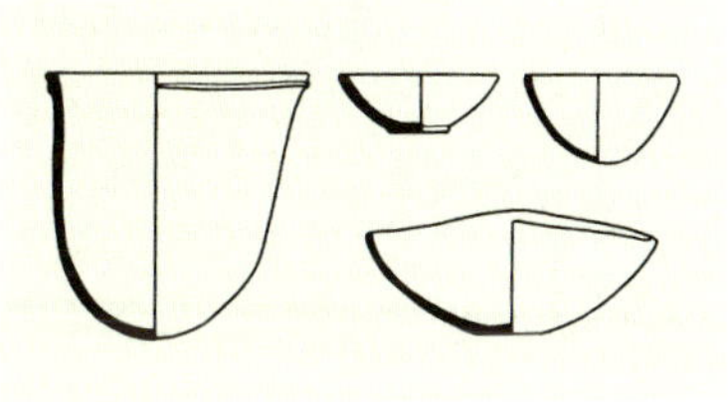

后李文化陶器

● **制陶工艺** 尚处在原始手工制作阶段，普遍使用分段制坯法，再经对接成型。首先用较厚的泥饼模制器底，再用泥条盘筑法续接成型。陶器质地单一，全部为夹砂陶，羼合料除粗砂粒外，也使用蚌壳末和云母屑，由于烧成温度低，火候不匀，以红色和红褐色陶最多，也有极少的灰褐陶和黑褐陶，器表有颜色斑驳的现象。陶器外形不很规整，有些甚至左右不对称，器口圆度较差，表面粗糙。经检测分析，陶器所用原料与遗址附近的土壤相同，说明当时尚未掌握对陶土进行特殊处理的技术环节。

陶窑分为窑室、火膛和泄灰坑3部分。窑室呈圆形，面积较小，如烧制形体较大的陶器，每窑一次只能烧一件。窑内设有火孔，窑壁烧结度不高。

● **装饰** 大多数陶器不加装饰，有极个别的陶器在腹部装饰附加堆纹，或在器口部装饰简单的纹样，如戳印纹、压划纹、捺压指甲纹、手捏纹和极少的绳纹。

● **器类** 造型简单，胎体厚重，其中圜底器比例高达95%左右，平底器极少。陶器个体较大，有相当一部分口径和高度达到40厘米～50厘米。器类十分单调，如大型圜底陶缸就占陶器总量的80%，其余还有釜、盆、双耳罐、圈足碗、长颈壶、钵、支脚、陶箕形器、陶轮轴等。有些盆、钵在器底捏塑乳钉状短足，数量4枚～8枚不等，可视为三足器出现的先兆。还发现有少量造型简单的小型陶塑像、陶弹丸等。

参考书目

山东省文物考古研究所等：《山东章丘市小荆山遗址调查、发掘报告》，《华夏考古》1996年2期。
王永波：《海岱地区史前考古的新课题——论后李文化》，《纪念城子崖遗址发掘60周年国际学术讨论会文集》，齐鲁书社，1993。

（李水城）

Beixin wenhua taoqi

北辛文化陶器

新石器时代中期黄河下游地区北辛文化的陶制器具。北辛文化1964年发现于山东滕县北辛遗址，后经正式发掘而命名，分布范围以汶河、泗河流域为中心，包括鲁中南山地（即泰沂山脉）及其周围地区。北辛文化是在后李文化的基础上发展起来的，距今7500年～6500年。

● **制陶工艺** 陶器均手制，以泥条盘筑法为主，造型比较规整对称。夹砂陶陶胎偏厚，多数羼和料为细石英砂粒，少量为蚌壳粉末。陶色以黄褐色、红褐色为主，少量灰色、灰黑色，器表多见灰黄色、浅黄色斑块。泥质陶陶胎略薄，以红色为主，个别呈灰色或灰黑色。器表多经打磨处理，较为光滑细腻。烧成温度较高，质地坚硬。在北辛文化晚期，出现了慢轮修整技术。

● **装饰** 主要用于夹砂陶器，多见附加堆纹、刻划纹、压印纹、篦纹、乳钉纹、指甲纹、锥刺纹、席纹等。其中一种宽约2毫米的细泥条堆纹使用频率最高，也最有特点。这种堆纹往往由几条并列的细泥条堆贴成折线、菱形、条带、方格、编织等形状。彩陶开始出现，数量很少，有红彩、黑彩两类，装饰在

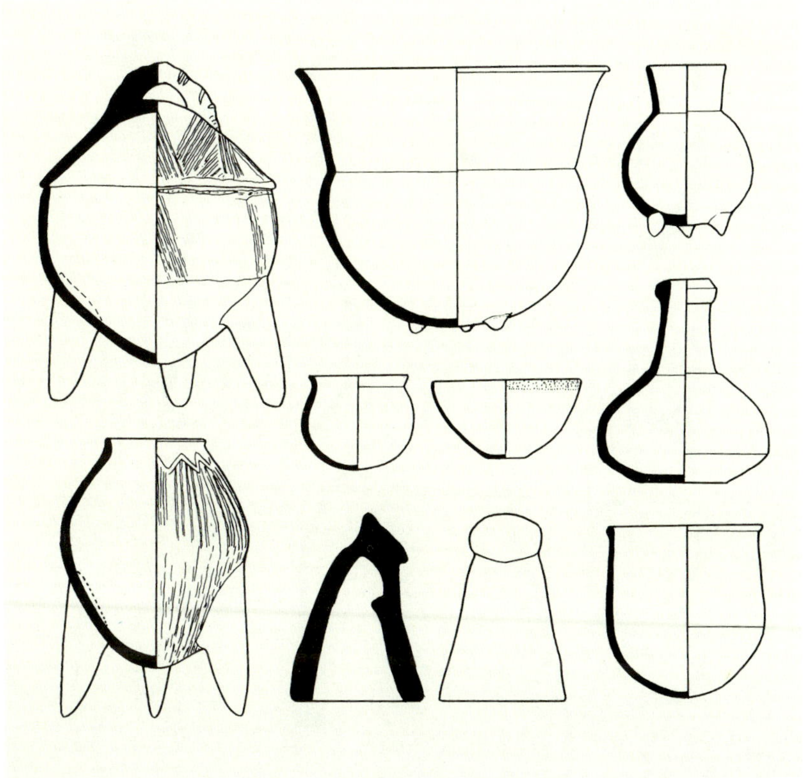

北辛文化陶器

钵、碗一类器皿口沿外侧，构图很简单，均为宽带纹，黑彩带一般较宽，红彩带略窄。

● **器类** 造型以三足器和平底器居多。典型器有垂腹锥足鼎、敞口釜、小口双耳壶、圜底钵、红顶钵、盆、盘、罐、支脚、漏器和勺等，其中以鼎数量最为丰富。

参考书目

中国社会科学院考古研究所山东队等：《山东滕县北辛遗址发掘报告》，《考古学报》1984年2期。

吴汝祚：《北辛文化》，《中国原始文化论集》，文物出版社，1989。

（李水城）

大汶口文化彩陶器

Dawenkou wenhua taoqi

大汶口文化陶器

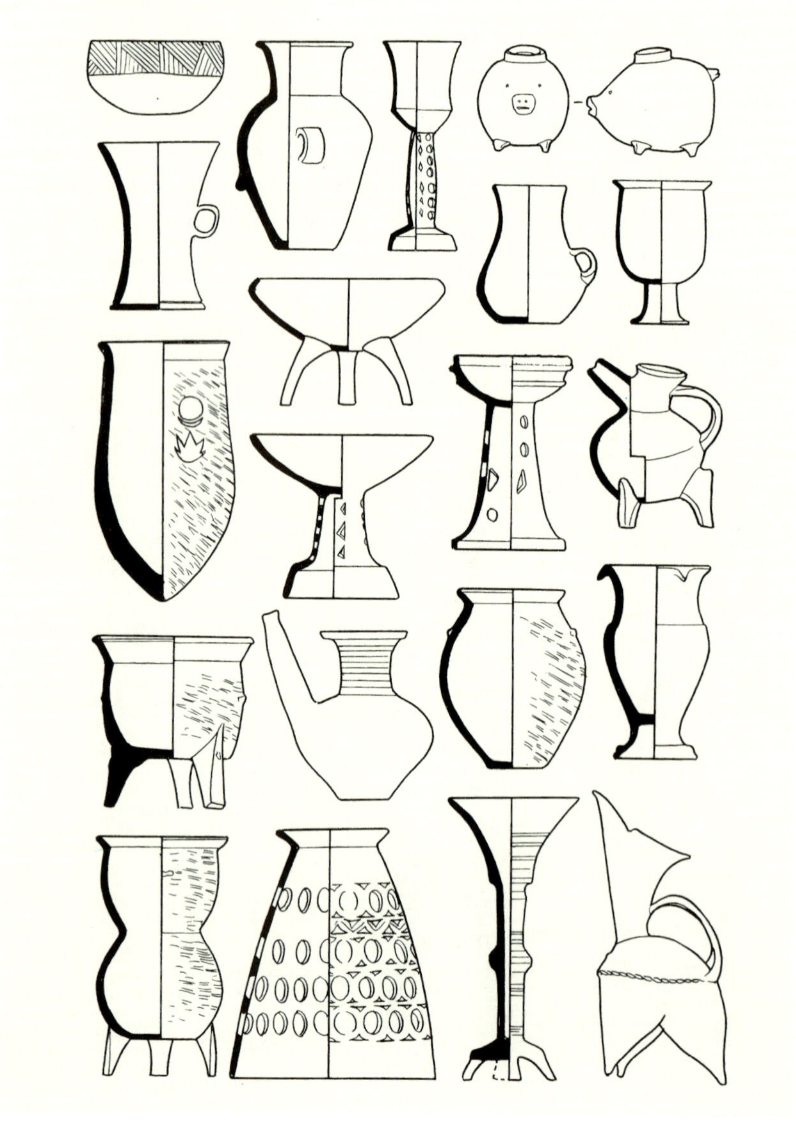

大汶口文化陶器

新石器时代晚期黄河下游地区大汶口文化的陶制器具。该文化1959年首先发现于山东宁阳县堡头遗址，曾一度命名为堡头类型，后经对泰安市大汶口遗址的发掘而重新命名。分布范围主要集中在山东及江苏北部和安徽淮北地区，并向周围地区产生辐射影响，距今6400年～4500年。

● **分区** 大汶口文化分布范围较广，势力最强盛时，影响力曾北达辽东半岛，南至江淮之间，西抵河南中部。在不同地区，文化面貌有所差异。可大致分为东西两区，西区以鲁中南和苏北一带为中心，暂称为"泰沂区"，该区是大汶口文化分布的中心；东区指胶东半岛地区，暂称为"沿海区"。两区所处地理位置不同，居民在经济形态、生活习俗等方面有很大差异，特别是在大汶口文化早期，两地文化差异尤为明显，这突出表现在"沿海区"陶器流行在陶土中填加滑石粉、云母碎屑、蚌壳粉末等羼合料，陶器造型具有区域特色，有些为"泰沂区"不见或少见的器形，如盆形鼎、蘑菇纽小口圜底壶、筒形罐等。到了大汶口文化晚期，两区间的文化面貌渐趋一致。

● **分期** 大汶口文化分为早、中、晚3期，其中早期距今6400年～

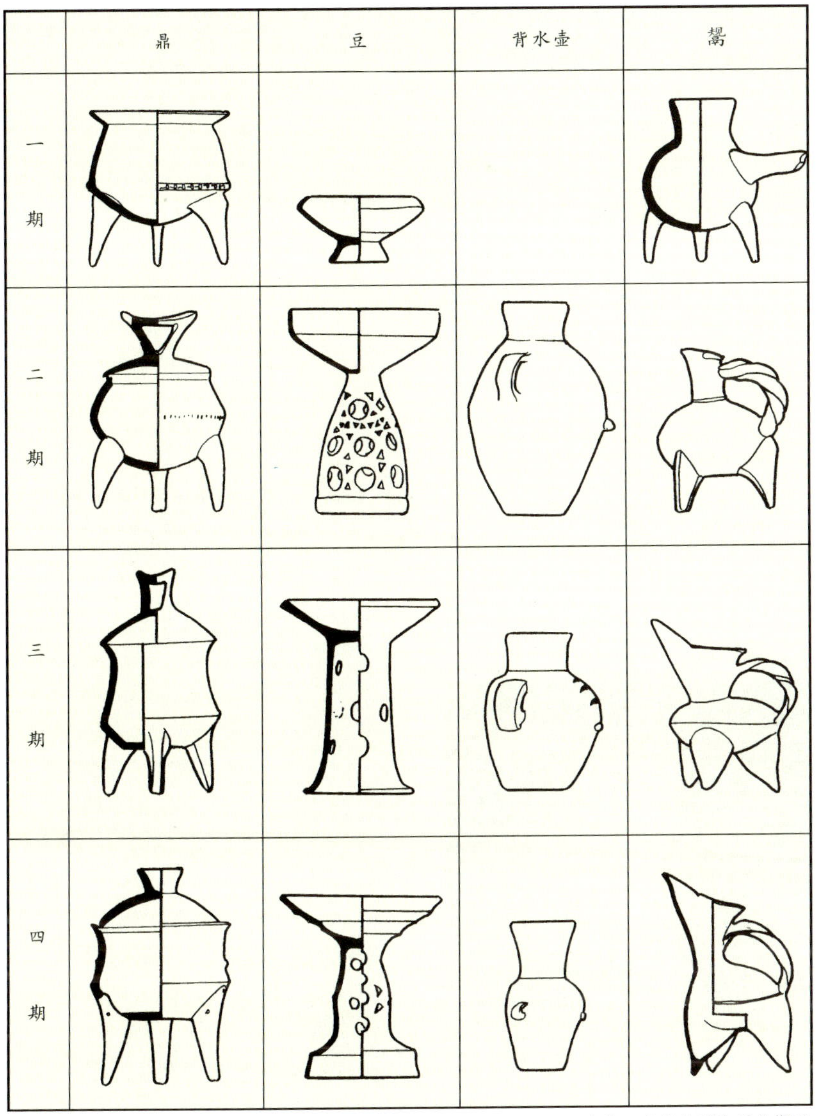

大汶口文化典型陶器分期图

5900年，中期距今5900年～5000年，晚期距今5000年～4500年。

● **制陶工艺** 基本上处于手工阶段，流行泥条盘筑法成型，慢轮修整技术普及，特别是在大汶口文化的早期、中期更是如此。造型普遍比较规整对称，以红色陶为主。大约在大汶口文化的中期偏晚阶段，出现了快轮制作工艺，但仅限于制作一些小型器，袋足器均手制而成。这一时期灰陶、黑陶比例增加，出现了少量白陶制品，表明陶工对陶土原料的认识在不断深化，烧成工艺不断改进，造型更加复杂，门类丰富。大汶口文化晚期，制陶技术的进步尤为显著，为同时期诸考古学文化中的佼佼者，这具体表现在：①灰陶、黑陶比例增加，说明陶窑结构有较大的改进；②已能使用快轮制作个体较大的容器；③大型陶容器数量增多，有高达70厘米～80厘米的大口尊，有高50厘米以上、有6层透雕编织纹的大镂孔圈足豆及支座等；④出现一批质地坚硬、色泽明快的薄胎白陶器；⑤已能够烧制胎厚1毫米～2毫米的高柄杯。

大汶口文化陶窑有横穴式和井穴式两种，横穴式窑窑室呈圆形，面积约1平方米，窑室底部设叶脉状火道，其中3股为主火道，每股主火道又分出2～3股浅短的分火道，火道底部向下斜伸与椭圆形火膛相通，火门为喇叭形，有的开在火膛上部，有的开在火膛侧面，在火门与火膛交界处置封石。经检测，山东兖州市王因遗址出土的大汶口文化红陶片烧成温度达1000℃左右。

● **装饰** 陶器风格普遍素雅，磨光素面陶数量多，器表装饰有几何形镂孔、附加堆纹、弦纹、突棱纹、篮纹等。彩陶比较常见，但数量不多。在早晚不同时期，彩陶花纹有明显的变化。早期阶段的彩陶使用红、黄、白、黑、赭等色绘制，均系单色彩，很少有将多种颜色绘在同一器物上的现象。流行三角纹、横条带纹等多元素构成的花纹。在早期阶段偏晚，出现复彩花纹，一般以红色、褐色或白色陶衣为底，绘黑色、红色复彩花纹，常见花瓣纹、八角星纹、勾连纹、连山纹、折线纹等，构图比较复杂，色彩搭配考究，最常见纹样是由圆点、勾叶和弧边三角组成的花瓣纹。此类纹样明显受到仰韶文化庙底沟类型的影响，但不是停留在简单的模仿上，在构图和色彩搭配上均有所创新。中期阶段彩陶的数量增加，流行圆圈纹、网格纹、漩涡纹、回纹、串贝纹、斜栅纹、花瓣纹、辐射太阳纹、八角星纹、三角纹等，大多为黑彩，少量施白衣绘黑红复彩，也有的用白彩勾边点缀，特征突出。在胶东沿海地区，这一时期的彩陶流行黑彩弧边三角勾连纹，个别彩陶绘黑黄复彩，比较罕见。大汶口文化晚期，彩陶没落，风格有很大改变，流行红彩网格纹、水波纹、菱形纹、三角纹等，构图简约、草率。经检测分析，彩陶的颜料主要选用天然矿物颜料——赭石。

大汶口文化动物造型陶器

鲁中南及皖北地区遗址曾出土一批大汶口文化晚期刻划彩绘“图形符号”的大口缸，这些符号有规

律地刻划在口沿外侧上部，也有个别的刻在近底部，并涂以朱红色，有些符号的结构近似象形文字，有的形态比较抽象，不易辨识。这些符号与汉字起源关系密切，具有重要的研究价值（见凌阳河遗址刻符大口陶缸）。

● **器类** 造型复杂，分为平底器、三足器、圈足器3大类。器类多样，按使用功能划分，包括炊器类的鼎、甗、甑、夹砂罐；水具类的鬶、盉、高柄杯、觚形杯、背水壶、瓶；饮食器类的豆、碗、盘、尊、钵；盛储器一类的盆、罐、缸、瓮；杂器类的器座、器盖等。其他还有乐器类的鼓、铃、号角；工具类的纺轮、陶拍、陶垫。此外还有一批既有使用功能又具艺术欣赏价值的动物造型器皿，著名的有兽形壶、猪形鬶、犬形壶、猪形壶、龟形提梁圈壶、鸟首器柄三足壶、螺蛳形陶盉、陶屋模型及人物、动物类陶塑工艺品等。

参考书目

山东省文物管理处等：《大汶口》，文物出版社，1974。

山东省博物馆等：《邹县野店》，文物出版社，1985。

北京大学考古实习队等：《山东长岛北庄遗址发掘简报》，《考古》1987年5期。

山东省文物考古研究所等：《山东莒县凌阳河大汶口文化墓葬发掘简报》，《史前研究》1987年3期。

山东省文物考古研究所等：《莒县大朱家村大汶口文化墓葬》，《考古学报》1991年2期。

（李水城）

Dawenkou wenhua baitaoqi

大汶口文化白陶器

新石器时代晚期大汶口文化的白陶器。从大汶口文化中期开始，出现了用坩子土（即高岭土）烧制的白陶器，这种色调素雅的器皿多用作酒器、水器。

白陶器器表颜色分纯白、浅黄、灰白、青灰和粉红几种，色泽明快淡雅，做工精细，器壁较薄，烧成火候高，质地坚硬。依质地分为夹砂和泥质两种，夹砂陶多用来制作陶鬶或极个别的陶鼎；泥质陶多用来制作高柄杯、单耳杯、豆、壶、盉、尊等档次较高的酒器、饮食器。白陶的出现，表明当时的工匠对陶土原料的认识已更加深入。经检测，山东泰安市大汶口遗址出土的白陶器烧成温度达900℃以上。

（李水城）

Dawenkou yizhi baitaohe

大汶口遗址白陶盉

新石器时代晚期大汶口文化的陶制水器。1959年由山东省文物管理处等单位在泰安市大汶口遗址第47号墓中发掘出土。现藏于山东省博物馆。

大汶口遗址白陶盉

通高15.4厘米、口径13厘米。泥质白陶，轮制与手制结合成型，器表莹润洁白，打磨光滑。大口，高颈，扁圆折腹，平底，上腹一侧置管状前冲长流，器底附3只扁凿形短足。该器制作精致，造型美观，具有较高的工艺价值。它出土于大汶口文化晚期一座大型墓葬中，墓主人很可能是地位较高的氏族或部落上层人物，当时只有某些贵族才能享用此类奢侈品。

（李水城）

Dawenkou wenhua taogu

大汶口文化陶觚

新石器时代晚期大汶口文化的陶制饮酒器。觚是一种造型特殊的器皿，最早出现于大汶口文化中。觚之名始见于《论语·雍也》中“觚不觚”。《说文解字·角部》对觚的解释是：“觚，乡饮酒之爵也；一曰：觞受三升者谓之觚。”今日通称的陶觚，因其造型与铜觚相似，故沿用北宋以来对一种形似喇叭的青铜器的命名。对于陶觚的用途，目前尚无定论，大多数学者认为它应属于酒具。

陶觚在不同时期呈现出不同的

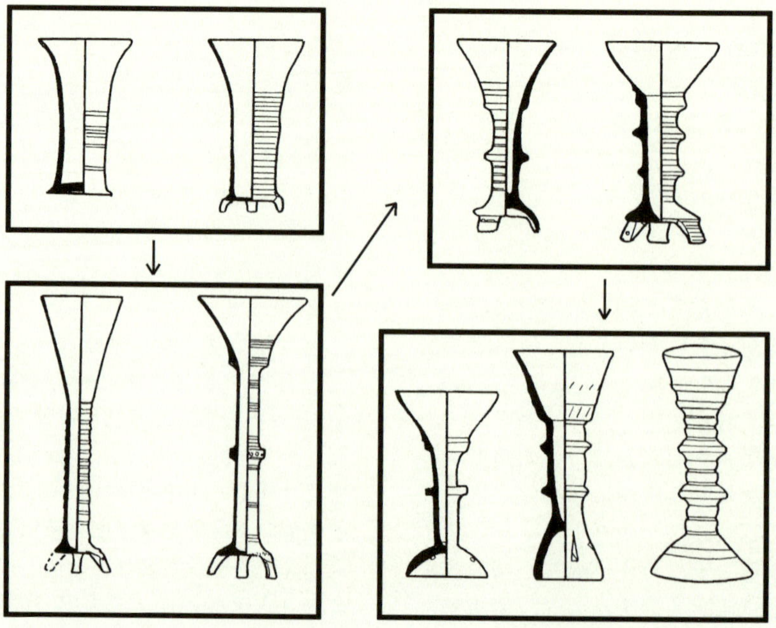

大汶口文化陶觚演变示意图

形态：早期形体粗矮，喇叭口，亚腰，平底或微凹底，底部无足，形似一器腹瘦高的陶杯；中期形体瘦高，柄部细长，大喇叭口与柄部界线分明，器底出现3枚爪状小足；晚期器柄再度变粗，器底变为喇叭状高圈足，也有些仍保留3枚爪状小足，器表流行多股凸棱装饰。

因发现有个别陶觚在三爪足上穿有小孔，故有的学者推测这种陶觚可能是与其他器物配套使用的用具，如将三足朝上放置，可用作支撑它物的器座。也有的陶觚上下贯通，不可能作为容器使用，估计陶觚中有些可能是专供宗教祭祀活动使用的法器。从陶觚最早的形态及演变谱系分析，大多数陶觚为一种器体细长、喇叭口造型的杯形器，作为饮酒用具的可能性最大。而器底穿孔的陶觚，可能是专门为随葬而制作的明器，为强调其特殊功能，特意在器底凿孔，表示与实用器相区别。

参考书目

高广仁：《试论大汶口文化的分期》，《考古学报》1978年4期。
吴汝祚：《论大汶口文化的类型与分期》，《考古学报》1982年3期。

（李水城）

Dawenkou wenhua taobeishuihu

大汶口文化陶背水壶

新石器时代晚期大汶口文化特有的陶制汲水器。造型为小口，腹部有两个偏向一侧的器耳，腹部一侧较平缓，另一面圆鼓突出，在圆鼓一侧的下腹部饰鸟喙状錾一枚。这种造型的目的在于方便使用，即在背水时，腹部平整的一面正好贴附在人的背部，利于背负运输。背水壶是大汶口文化较晚阶段出现的器类，随着时间的推移，外形改变较大。早期为泥质红陶质，器形较大，腹部深度大于腹径，造型有尖底、平底之分。中期以灰色陶为主，腹部深度与腹径大体持平，器底加大。晚期仍以灰色陶为主，出现少量白陶、黑陶，壶颈部变粗拉长，体积缩小，失去实用价值，多为供随葬用的明器。自大汶口文化以后，背水壶这一器形便消亡了。

参考书目

高广仁：《试论大汶口文化的分期》，《考古学报》1978年4期。
吴汝祚：《论大汶口文化的类型与分期》，《考古学报》1982年3期。

（李水城）

Dawenkou wenhua taogui

大汶口文化陶鬶

新石器时代晚期大汶口文化的陶制水器。是大汶口文化先民创造发明的一种造型特殊的三足器，在大汶口文化和龙山文化中广为流行，并影响和传播到周围其他地区，在黄河中上游、长江中下游乃至华南地区都不同程度地有所发现。

鬶之名源于《说文解字·鬲部》："鬶，三足鬴也，有柄、喙。"鬶下设三只器足，或实足，或袋足，一侧从器口至器足上部置手柄，器口一侧有形似鸟喙、便于液体流淌的流口。鬶造型复杂，是制陶业发展到一定阶段的产物。考古发现证明，鬶是专门用于烧水用的器皿，最早的鬶出现在大汶口文化早期晚段，造型为一种带柄的三足小口罐，质地为夹细砂红陶。从大汶口文化中期开始，出现夹细砂白陶鬶。此后，鬶的造型不断变化，日益向美观、实用的方面发展。大汶口文化早期陶鬶为小喇叭口，长颈，腹部一侧有桥状手柄，腹部长圆，较高，下附3只扁凿形实足。总的特点是，器腹浑圆或呈卵圆形，有宽带或绞索状把手。大汶口文化中期陶鬶腹部变为扁圆折腹形，腹底面积加大，增大了受热面积，另一最大的变化是出现了袋足。大汶口文化晚期陶鬶流口上翘，流的位置前移，颈部拉长，底部三足配置从等边三角形变为等腰三角形，袋足变得肥大，足部与腹部界线消失。

参考书目

高广仁等：《史前陶鬶初论》，《考古学报》1981年4期。

（李水城）

Beizhuang yizhi hai'ouxing taogui

北庄遗址海鸥形陶鬶

新石器时代晚期大汶口文化的陶制水器。1984年由北京大学考古系在山东长岛县大黑山岛北庄遗址第64号房屋基址中清理出土。现藏于北京大学赛克勒考古与艺术博物馆。

北庄遗址海鸥形陶鬶

通高19厘米、口径6厘米、腹长径23.5厘米、宽13.5厘米。夹砂夹滑石粉灰褐色陶质，手工制作。整体造型模仿海鸥，前端为向外倒水的流口，并巧妙地塑造出海鸥的头部，捏塑戳印出了鸟喙、牙齿、眼睛、耳朵、羽毛等，做工精细。腹部作椭圆形，表现出海鸥的躯体，两侧捏塑出翘起的短翼，后端设计成细高的喇叭形鬶口，表示海鸥的尾翼，由此可向器内注水。该器腹下原配3只器足，后曾折损，经修理整齐后继续使用。器颈、器腹饰锯齿状附加堆纹。

（李水城）

Dawenkou yizhi baitaogui

大汶口遗址白陶鬶

新石器时代晚期大汶口文化的陶制水器。1959年由山东省文物管理处等单位在山东泰安市大汶口遗址第47号墓中发掘出土。现藏于山东省博物馆。

通高23厘米、口径13厘米。夹砂白陶质，手制，器表经打磨处理，较为光洁。侈口，束颈，前冲长流，

扁圆折腹，圜底，器腹与器颈间置组索状鋬手，下附乳状袋足3只，腹中部饰一周经切割的附加堆纹。该鬶出土于大汶口遗址一座晚期的大型墓中，一般在等级比较高的大型墓中才随葬有如此精美的白陶器皿。

（李水城）

大汶口遗址白陶鬶

Dawenkou wenhua taoding

大汶口文化陶鼎

新石器时代晚期大汶口文化的陶制炊器。鼎是一种古老的炊食用具，《说文解字·鼎部》称：“鼎，三足两耳，和五味之宝器也。”鼎的外形分为两部分，上部为一大口容器，下部附3只器足，由于经常要在火上加热烹煮，绝大多数陶鼎为夹砂质地，以增强其耐热急变性能。鼎在新石器时代早期已经出现，使用范围广，延续时间很长。

陶鼎是黄河下游地区使用最为广泛的炊食用具，造型颇富变化，依腹部造型的差异可分为钵形鼎、罐形鼎、釜形鼎、盂形鼎几类。鼎的外部形态呈现出明显的阶段性变化：早期以钵形鼎最多，腹部较浅，大口，折腹，圜底，腹下附较高的圆锥形足；中期陶鼎腹部加深，仍为圜底造型，大多为扁凿形足；晚期陶鼎多作罐形，腹部较深，折腹明显，平底，下附扁凿形足。

参考书目

高广仁：《试论大汶口文化的分期》，《考古学报》1978年4期。
吴汝祚：《论大汶口文化的类型与分期》，《考古学报》1982年3期。

（李水城）

〖大汶口文化其他陶器〗

Dawenkou yizhi bajiaoxingwen taodou

大汶口遗址八角星纹陶豆

新石器时代晚期大汶口文化的陶制盛食器。1974年由山东省博物馆在泰安县大汶口遗址中发掘出土。现藏于山东省文物考古研究所。

大汶口遗址八角星纹陶豆

通高29.3厘米、口径26.2厘米。泥质红色陶，手制，器表打磨光滑。微敛口，宽折沿，盆形深腹，下附喇叭形高圈足。器口沿面施黄白色陶衣，绘7组相对的红彩半月纹，每2组图案间绘短线纹5道。腹部施红色陶衣，绘白彩八角星5枚，以竖线为间隔，八角星中心有方孔，周边用黑彩勾边。圈足部位绘两周相对的白彩半圆形纹。该豆造型典雅秀丽，彩绘色泽艳丽，花纹构图精美，是大汶口文化彩陶中的精品。

八角星纹是大汶口文化彩陶中最有特点的花纹，学术界对其有着不同的解释：有的学者认为它代表的是光芒四射的太阳；有的学者认为这是一种原始纺织机械上的部件；还有的学者认为它是与龟甲一类古卜祭祀用具相关的图解式符号。

《说文解字·豆部》称：“豆，古食肉器也。”说明豆自古就是一种盛食器皿，其造型也证明了这一点。豆的上部为盛放食物的浅盘，中间为器柄，下部为圈足，这种结构十分适合远古尚无家具，人们席地而坐就食的生活习俗。豆这种器形出现时间早，使用范围广，延续时间很长。

（李水城）

Lingyanghe yizhi kefu dakou taogang

凌阳河遗址刻符大口陶缸

新石器时代晚期大汶口文化晚期的陶制盛储器。1957年出土于山东莒县凌阳河遗址大汶口文化墓地中。现藏于莒县博物馆。

凌阳河遗址刻符大口陶缸

通高52厘米。夹砂灰陶质，手制，厚胎，器表略经抹光处理，表面颜色不纯正，一半为灰色，另一半呈灰黑色。大口，外折沿，深腹，尖底。器口以下通体装饰拍印的斜向篮纹，口外一侧阴刻太阳、月亮和山峰（日、月、山）层叠组成的图像符号。有的学者将此符号隶定为“旦”字，并认为这是中国最早的象形文字之一。

这种刻划有“图形符号”的陶缸集中出土于山东诸城、莒县及安徽蒙城县蔚迟寺等大汶口文化晚期遗址。据统计，已发现的刻划符号种类已达20余种，部分与日、月、山、斧、锛等象形文字的结构相似，也有一些形态比较抽象费解的符号。学术界对这类符号的意义尚有不同的认识：有的学者认为这是一种具有指示意义的图形符号；有的学者认为应属最早的汉字；也有的学者认为其中有些是与酿酒有关的图案符号。无论怎样，这些符号对探讨汉字的起源有着重要的价值。

（李水城）

Dazhucun yizhi taohaojiao

大朱村遗址陶号角

新石器时代晚期大汶口文化的陶制乐器。1979年由山东省博物馆等单位在莒县大朱村遗址第19号墓中发掘出土。现藏于山东省文物考古研究所。

大朱村遗址陶号角

通长39厘米、口径8.5厘米。夹砂褐色陶质，器表局部呈灰黑色，手制。形状犹如牛角，造型写实。窄平沿，圆唇，喇叭口，内中空，用力吹奏可发出鸣响。号角表面压印3组瓦棱纹，间以2组斜向篮纹，表现出牛角外表的质感。

这件陶号角保存完整，在大汶口文化中属首次发现，在大朱村遗址其他墓葬中还发现有同类号角的残件。除大汶口文化外，在陕西华县井家堡仰韶文化遗址中也曾出土有一件陶号角，其造型与该号角相似，表明新石器时代晚期黄河流域已普遍出现了这种陶质乐器。

（李水城）

Qianzhai yizhi huibaitao gaobingbei

前寨遗址灰白陶高柄杯

新石器时代晚期大汶口文化的陶制饮酒器。1981年由北京大学历史系考古专业在山东诸城县前寨遗址第75号墓中发掘出土。现藏于北京大学赛克勒考古与艺术博物馆。

前寨遗址灰白陶高柄杯

通高27.1厘米、口径9.5厘米。泥质灰白陶，手制，对接成型，经慢轮修整，器表打磨光滑。上部为一小杯，口沿外侈，内曲弧腹，圜底，下接中空的细高柱形柄，中间粗，两头稍细，器底圈足作圆盘台座状，造型美观大方。器柄装饰上下叠置的圆形、三角形、菱形镂孔。

（李水城）

Huating yizhi zhuxing taoguan

花厅遗址猪形陶罐

新石器时代晚期大汶口文化的陶制实用性艺术造型器皿。1987年由南京博物院在江苏新沂县花厅遗址第21号墓中发掘出土。现藏于南京博物院。

通高8.9厘米、长10.6厘米。泥质黑皮陶，手制。整体作卵圆形，以一只憨态可掬的小肥猪为造型，猪的脊背上设圆形器口，矮领，口沿外侈。前侧塑造出猪首，拱鼻，嘴微张，鼻上方两侧戳印出菱形小眼，体后侧上方塑有短尾，下附短锥状四足。其器表不加任何纹样装饰，而以高超的雕塑技法，生动地表现出一只体型肥硕、神态逼真的小猪形象，颇为精彩。

（李水城）

花厅遗址猪形陶罐

Huating yizhi loukong taoqi

花厅遗址镂孔陶器

新石器时代晚期大汶口文化的陶制器具。1989年由南京博物院在江苏新沂县花厅遗址中发掘出土。现藏于南京博物院。

花厅遗址镂孔陶器

通高34厘米、口径21.5厘米、底径19厘米。泥质红陶，器表施红褐色陶衣，手制。整体作壶形，喇叭口，束领，弧腹，喇叭状圈足。肩部、腹中部和下腹部饰凹凸弦纹，腹部有圆形、三角形镂孔数组，每

一组镂孔结构形似一组双联玉璧，并装饰有梳篦状刻划纹。

（李水城）

Longshan wenhua taoqi

龙山文化陶器

新石器时代晚期黄河下游地区龙山文化的陶制器具。龙山文化1928年首次发现于山东章丘县龙山镇城子崖遗址，曾被称作“黑陶文化”、“山东龙山文化”和“典型龙山文化”。龙山文化分布中心在鲁北和鲁中南地区，影响力远达辽东半岛和江苏北部；由大汶口文化直接发展而来，年代距今4500年～4000年。

● **制陶工艺** 根据对山东潍坊市姚官庄龙山文化遗址出土陶器的统计，夹细砂陶占陶器总量的60.7%，烧成温度高，质地坚硬；其次为泥质黑陶，占28.4%，胎质细腻，胎内不含杂质，火候高，色泽纯正，质地坚硬；再次为夹粗砂陶，仅占7%，外表较粗，质地略差；另有少量的夹滑石粉末陶。在龙山文化遗址中常发现有以高岭土为原料的白陶器皿，其选料、加工和烧制工艺较大汶口文化又有进步，但品种减少，绝大多数为陶鬶，在江苏徐州市高皇庙遗址曾发现有白陶杯、碗、豆等器类，但较为少见。

已普遍采用快轮技术制作陶器，造型规整对称，胎体厚薄均匀，器底可见清晰的轮制偏心圆切割痕。夹砂陶及附件仍使用手制或手制加轮修的方法，有些陶器主体用快轮成型，再分别附加不同的附件。考古发现证实，龙山文化中期偏晚的鬶袋足为手制（如日照市尧王城遗址出土者），龙山文化晚期的鬶袋足开始使用轮制技术，内外壁有拉坯留下的螺旋式指印，制作程序是先轮制出袋足，再将三袋足捏合聚拢，与器颈装配成型。在山东地区未发现模制的袋足器，可见该地区的袋足器是由手制直接发展为轮制的，与黄河中游地区的三足器的制作工艺明显不同。快轮制陶工艺的普及，对提高产量有着极大的促进作用。

龙山文化早期，灰黑色陶所占比例较大。到了龙山文化晚期，普遍使用了密封陶窑和渗炭工艺，颜色漆黑的泥质磨光陶占据了主要地位，在同时期诸考古学文化中显示出很高的制陶水平，特别是蛋壳黑陶杯代表着龙山文化制陶业的最高水平。此类蛋壳杯胎体超薄，厚度不足1毫米，而且器表还要镂空、刻花，制作难度很大。一些学者推测，在制作蛋壳陶杯时，很可能使用了一种可切削的“原始车床”，在烧成时使用了“匣钵”一类窑具。蛋壳陶杯的实用性较差，工艺要求又极高，是制陶手工业专门化的产物，需要有经过特别训练、有经验的工匠才能制作（见龙山文化蛋壳陶高柄杯）。据对山东兖州市西吴寺遗址出土陶器的研究，陶器原料的选制十分讲究，一般选择遗址附近的低熔点黄色粘土为原料，只有在制作陶鬶时，才从远处运来白瓷土作为陶衣。成型的陶器在质地粗细上虽存在等级差异，但所有陶器在制作过程中均经过除杂、淘洗、沉淀、踩炼、揉炼和陈腐等工序。西吴寺遗址发现的陶窑在结构上尚存在缺陷，即窑室距火膛较近，火道较短，窑床上火眼过密，这样在烧黑色陶时，陶器受到火焰的低烧有脱色现象，造成器表局部呈灰、橙、褐3色。由于黑陶在烧成阶段大部分时间保持还原焰气氛，所以这种烧成缺陷往往呈大面积的灰色，偶尔也有呈橙色或褐色的。由此看来，当时陶器烧成工艺仍存在不平衡的现象。经检测，龙山文化红陶的烧成温度为950℃±20℃，泥质黑陶的烧成温度为1000℃左右，城子崖遗址出土白陶片的烧成温度为800℃～900℃。

● **装饰** 以素面磨光陶为主，风格素雅，有些泥质红陶在器表施白色或黄白色陶衣，再经打磨处理。器表装饰多为与轮制技术相关的轮旋纹、凹弦纹、压划纹、竹节纹等，其他常见纹样有附加堆纹、镂孔、乳钉、篮纹，在个别陶器上还发现有精美的刻划云雷纹、兽面纹，其构图与后世青铜器花纹颇为近似，这种有着特殊花纹装饰的陶器应属贵重的礼仪器具。陶器表面盛行盲鼻、乳突、乳钉和鸟喙形鋬纽等附件。在山东邹平县丁公遗址发现有一片龙山文化晚期的刻字陶片，所刻文字共5行11字，行款规整，书体多曲笔，

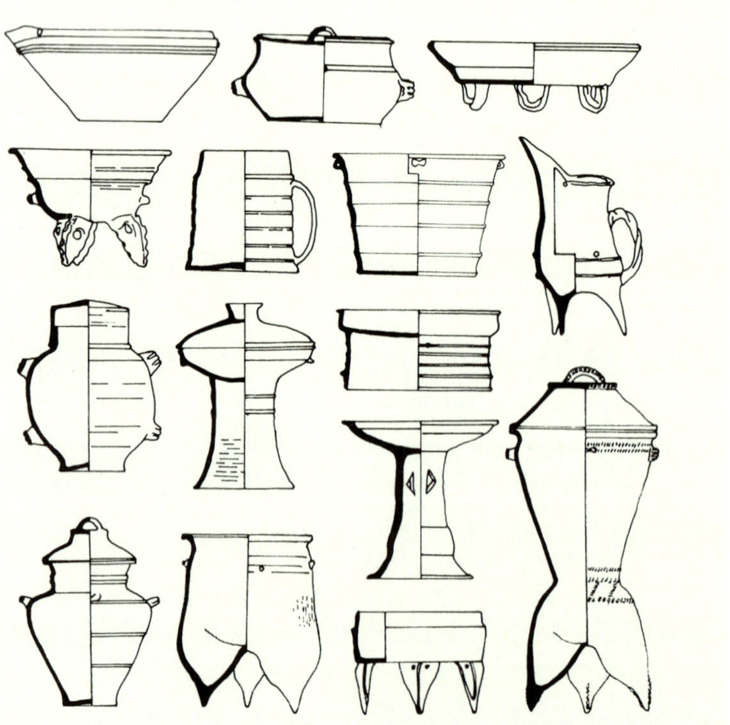

龙山文化陶器

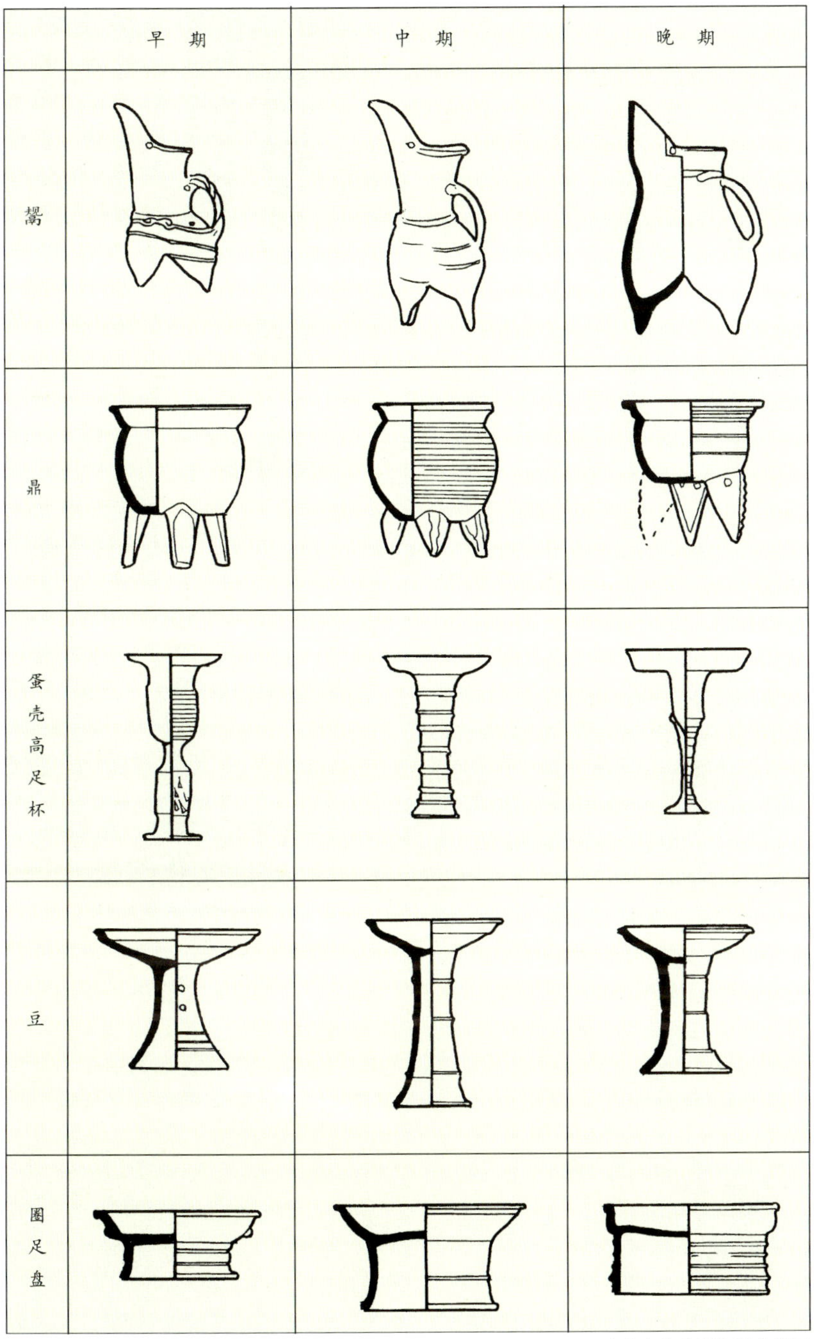

龙山文化典型陶器分期图

颇似行草。学术界虽然对此尚有不同的认识，但陶片文字对于探索汉字的起源、中国文明的起源以及对龙山文化社会性质的认识无疑具有积极的意义。

● **器类** 与大汶口文化晚期接近，但造型、颜色、质地等方面有所变化，造型更为精巧、考究，门类十分丰富，袋足器、圈足器、三足器发达，并开始流行一种假圈足内凹底陶器。典型器有长流粗颈袋足鬶、环足盘、蛋壳高柄杯、四耳带盖罍、长嘴盉、鬼脸足盆形鼎、甗、高柄豆、夹砂罐等；其他还有壶、瓮、瓶、盂、尊、盆、单耳杯、大口尊、勺等。也有一些具有较高艺术价值的陶塑工艺品，如陶塑人首、陶鸟、浮雕蜥蜴、陶畜圈等。另有陶拍子、陶垫、网坠、弹丸、纺轮等生产工具，以及陶环等装饰品。

参考书目

中国社会科学院考古研究所：《胶县三里河》，文物出版社，1988。

国家文物局考古领队培训班：《兖州西吴寺》，文物出版社，1990。

山东大学历史系考古专业教研室：《泗水尹家城》，文物出版社，1990。

（李水城）

Longshan wenhua danke taogaobingbei

龙山文化蛋壳陶高柄杯

新石器时代晚期龙山文化的陶制酒器、礼仪用具。蛋壳陶杯胎体薄如蛋壳，杯身表面漆黑黝亮，制作工艺高超，是龙山文化富有代表性的器皿，也是显示其制陶业高度发达的重要标志之一。

蛋壳陶杯脱胎于大汶口文化的薄胎高柄杯，选用普通易熔粘土为原料，经过细致的加工和仔细淘洗，质地细腻，胎内不含任何杂质。高度一般不超过25厘米，重量大多50克～70克，有的甚至不足50克。胎体超薄，厚度一般不足1毫米，尤其是杯口外缘最薄，厚仅0.3毫米～0.5毫米，因考虑到承重，杯柄和底座厚度略有增加，但也不超过1毫米～2毫米。一般上部为一卵圆腹小杯，口沿沿面较宽，腹下接较高的器柄，底部附加圈足。也有的将杯腹部隐蔽在器柄内，形成内胆外壳的两层器壁，设计极为精巧。杯身以素面居多，有装饰者多在器表饰细密的弦纹，或将器柄制成竹节状，有的还在杯柄部雕刻几何形镂孔组成的花纹，工艺之精令人称奇。制作这种技术水平很高的器皿，应是制陶业内部产生专门化分工的产物。

经模拟实验推测，蛋壳杯的制作经历了惯性陶轮成型、拉坯成型、拉坯与“车床切削”结合成型3个阶段。在前两个阶段，可能使用了一种较圆钝的“刀具”进行切削，后一阶段又发明了与坯体接触面很小的锋利的薄刃“刀具”。生产蛋壳杯的陶轮属于一种“高精度惯性陶轮”，在当时应是最精密的“手工机械工具”。在入窑焙烧阶段，为避免蛋壳杯坯体受燃烧气流冲击而发生破坏性移动，也为了避免蛋壳杯体与火

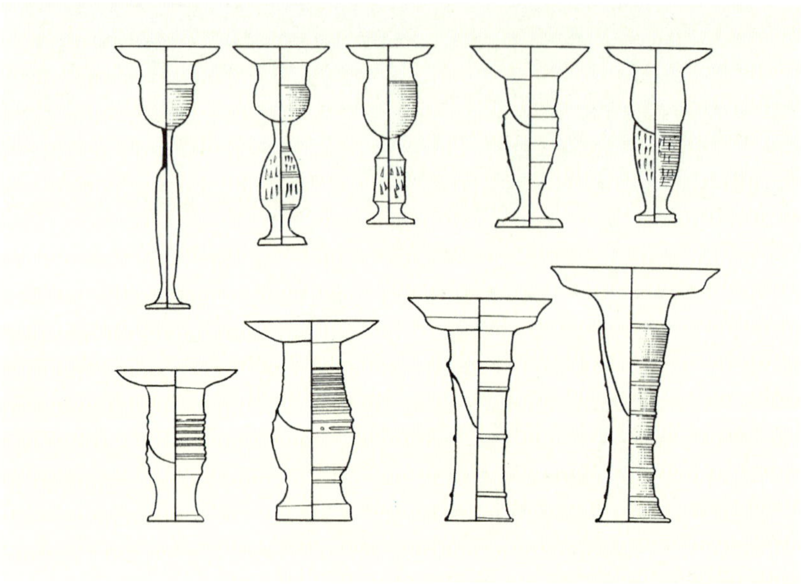

龙山文化蛋壳陶高柄杯演变示意图

焰直接接触，便发明并使用了一种原始“匣钵”作窑具（山东诸城县博物馆曾收集到一件烧制蛋壳杯的“匣钵”实物），目的是使蛋壳杯不因温度过高而烧流变形，还能提高陶器的成色。在焙烧的最后阶段，还要经过一道渗炭工序，使陶杯获得漆黑的颜色。出窑后的蛋壳杯马上要对杯体作抛光处理，以提高器表的光泽度。经测试，蛋壳杯的吸水率极低，平均值为万分之四十三，用肉眼几乎观察不到。在如此之薄的陶杯器壁上能作到基本不渗水，这不能不说是人类制陶史上的一个奇迹，也显示出龙山文化制陶业的极高水平。

经研究，蛋壳陶杯的实用性能较差，因器体重心位于上半部，加之杯体既轻且薄，若盛入液体，必然头重脚轻，极易倾覆。杯子大敞口的造型，加大了液体外溢的流向范围，不适宜饮用。特别是这些陶杯在生活居址中很少发现，而是出土于一些规格较高的墓葬中，显然不是一般氏族成员使用的日常用具，而属于高级礼仪器皿，能够使用这种器物者应该是那些拥有特殊社会地位的人。历史上，一般的日常用具与特殊的礼仪用具有很大不同，后者往往工艺复杂，造型精美脱俗，成本高昂，有较高的工艺要求，龙山文化的蛋壳陶杯恰好具备了这些特点。

蛋壳陶杯的外形具有明显的阶段性变化：早期为碟形口沿，盅形杯身，圜底，管状柄较粗，饰弦纹或镂孔；晚期为大盘形口，细高杯身，尖底，器底下垂至器柄内，下附喇叭状圈足，器柄饰竹节弦纹。从工艺上看，早期工艺水平高，技术呈上升趋势；晚期胎壁加厚，做工有逐渐粗放的趋势，工艺水平有所下降。龙山文化以后，蛋壳陶杯最终走向消亡。

参考书目

钟华南：《大汶口——龙山文化黑陶高柄杯的模拟试验》，《考古学文化论集》（2），文物出版社，1989。

吴汝祚：《龙山文化的蛋壳高柄杯》，《文物天地》1993年1期。

杜在忠：《试论龙山文化的“蛋壳陶”》，《考古》1982年2期。

（李水城）

Donghaiyu yizhi danketao gaobingbei

东海峪遗址蛋壳陶高柄杯

新石器时代晚期龙山文化的陶制礼仪用具。1973年由山东省博物馆在日照县东海峪遗址龙山文化墓葬中发掘出土。现藏于山东省文物考古研究所。

东海峪遗址蛋壳陶高柄杯

通高26.5厘米。细泥黑陶质，轮制，外表通体打磨，漆黑油亮，胎壁薄如卵衣。上部为杯，杯体作卵圆形，大喇叭口，宽沿，深腹，圜底，腹部表面饰弦纹。杯底下为细管状高柄，柄中部加粗，状若花苞，柄部透雕细密的长条点状镂孔，柄下附圆盘台座圈足。该杯造型精美秀丽，胎薄体轻，工艺极为考究，为龙山文化蛋壳陶杯中的极品。

（李水城）

Longshan wenhua taogui

龙山文化陶鬶

新石器时代晚期龙山文化的陶制水器。为龙山文化中广泛流行的日用生活器皿之一。

造型似模仿禽鸟类动物，分为弧形连裆鬶和分裆袋足鬶两种。陶质以泥质陶为主，器表大多施棕黄色或白色陶衣，多数打磨光滑，器表流行附加堆纹或贴塑乳钉。在制作工艺上，早期陶鬶使用手制与模制相结合的技术，晚期开始用轮制工艺制作袋足，再将3只袋足捏合聚拢，接出颈口。造型呈现出明显的阶段性变化：早期鬶一般为细高颈，有高耸前冲的长流，瘦袋足，用双股泥条绞结成纽索状鋬；晚期鬶颈部短粗，流部前冲，袋足肥大，手柄作扁条状。也有的陶鬶流口作冲天的长管状，或在口上附加一盖，比较特殊。

据研究，龙山时代以后，鬶成为夏人所尊崇的礼仪用具，称之为“鸡夷（彝）”。如《礼记·明堂位》所记：“灌尊，夏后氏以鸡夷，殷以斝，周以黄目。”

参考书目

高广仁等:《史前陶鬶初论》,《考古学报》1981年4期。 （李水城）

Yaoguanzhuang yizhi rudingwen taogui

姚官庄遗址乳丁纹陶鬶

新石器时代晚期龙山文化的陶制水器。1960年由山东省博物馆等单位在潍坊市姚官庄遗址中发掘出土。现藏于山东省博物馆。

姚官庄遗址乳丁纹陶鬶

通高29.7厘米。泥质橙黄陶，手制，器表打磨光滑，施土黄色陶衣。直口，圆唇，长颈，器口前部有高耸的冲天鸟喙流，下附3只肥硕的袋足，颈部与袋足之间安置一组索状手柄，颈下部、腹部和器足装饰突棱纹3股，袋足和手柄上饰散点状乳钉。该鬶酷似一只蹲甸的大鸟，造型奇特，在龙山文化中仅发现此一件。该鬶出土时器内底尚存水垢，外壁留有烟熏痕，应为日常使用的实用器。 （李水城）

Longshan wenhua taoding

龙山文化陶鼎

新石器时代晚期龙山文化的陶制炊食器。多数为夹砂质地，以黑色和黑灰色陶为主，大多素面无纹，有装饰者多饰凹凸的弦纹。依造型可分罐形鼎和盆形鼎两种。鼎腹部一般使用轮制方法成型，三足用模制或手制技术制作，而后再将器足与器腹套接。从器形的发展趋势看，龙山文化早期的陶鼎沿面宽大外折，腹部略显瘦高，下附扁凿形器足；晚期的陶鼎为方唇折沿，沿面较窄，圆鼓腹，下附“鬼脸”（即鸟首）器足。 （李水城）

Yaoguanzhuang yizhi guilianzu taoding

姚官庄遗址鬼脸足陶鼎

新石器时代晚期龙山文化的陶制炊器。1960年由山东省博物馆等单位在潍坊市姚官庄遗址中发掘出土。现藏于山东省博物馆。

姚官庄遗址鬼脸足陶鼎

通高18.3厘米、口径24.8厘米。细泥质黑陶，轮制与手制相结合制作成型，器表打磨光滑。大敞口，斜弧腹，上腹部装饰突棱纹两周，下腹置桥形小耳一对，器底附三只“鬼脸”（鸟首）器足。该鼎为龙山文化中最富特征的典型陶器之一。 （李水城）

〖龙山文化其他陶器〗

Tianwang yizhi shuang'er daigai dataoyan

田旺遗址双耳带盖大陶甗

新石器时代晚期龙山文化的陶制炊器。1982年由山东省文物考古研究所在淄博市临淄区桐林乡田旺遗址中发掘出土。现藏于山东省文物考古研究所。

通高114厘米、口径44.4厘米。夹砂黑灰陶质，手制。口沿外侈，微束颈，上腹斜直，细腰，高裆，瘦高袋足，有较细高的实足根，颈下置一对桥形贯耳和一对小耳，饰2股短斜线刻划纹，上腹饰8股凹弦纹，腰部饰平行和斜向的附加堆纹5股，足尖内外装饰竖列的短线附加堆纹，细腰处内壁附一带孔的圆形陶箅。器口上配一覆盆形器盖，平顶，盖面有桥形提梁，盖顶周边和提梁侧面饰刻划纹。与之同时出土的还有同类式样的较小的陶甗3件，田旺遗址双耳带盖大陶甗为其中最大的1件，也是龙山文化中所见最大的1件。据估算，用其蒸一次饭，足够十几人同时用餐一次。

田旺遗址双耳带盖大陶甗

甗是一种利用蒸气加工食物的用具。《说文解字·瓦部》解释为：“甗，甑也，一曰穿也。”特征是底部附加三足（有袋足、实足两种），器下半部为鬲形，注水加热。腰部较细，可放置带孔圆箅。上半部为罐形，放置食物，待水煮沸产生蒸气即可加工食物。新石器时代的甗多为上下连成一体的单体器物，也有的为复合结构，上部为甑（罐形，器底有孔若干，用于放置待加工的食物），下部为鬲，二者套合为甗。

（李水城）

Xisicun yizhi bangxing taoxiangqi

西寺村遗址蚌形陶响器

新石器时代晚期龙山文化动物造型陶制玩具。1985年出土于山东胶南市西寺村遗址。现藏于胶南市博物馆。

西寺村遗址蚌形陶响器

长径9厘米。泥质黑陶，手制。造型完全模仿自然界中的河蚌，腹背两面隆起，平视呈椭圆形，中空。腹两侧有对称的弧状缺口，逼真地表现出一只微微张开口的河蚌。下面一片蚌壳上有4个不规则的圆孔，腹腔内植入3个小泥球，摇动时可发出声响，整体构思十分巧妙，应是当时的陶质玩具。（李水城）

Beifang Diqu Xinshiqi Shidai taoqi

北方地区新石器时代陶器

新石器时代中国北方地区诸考古学文化的陶制器具。该区域的地理范围特指北方长城沿线及其以北地区，包括辽宁、吉林、黑龙江、北京及内蒙古自治区东南部和河北北部。

● **文化分区** 北方地区新石器时代文化按空间分布和文化内涵可分为内蒙古东南部、北京、辽西地区、辽东半岛、辽北和松嫩平原等若干文化亚区。在内蒙古东南部、河北北部、北京、辽西这一大范围内的史前文化依次为兴隆洼文化→上宅文化→赵宝沟文化→红山文化→富河文化→小河沿文化；在辽东半岛一带依次为小珠山文化早期、中期和晚期；在辽北地区依次为新乐下层文化→高台山文化；在松嫩平原一带分布有昂昂溪文化，在兴凯湖附近有新开流文化。

● **文化分期** 北方地区新石器时代文化可分为3大期：第一期距今8200年～6500年或略晚，包括兴隆洼文化、上宅文化、赵宝沟文化、新乐下层文化；第二期距今6500年～5000年，包括红山文化、富河文化、小珠山下层文化、新开流文化等；第三期距今5000年～4000年，包括昂昂溪文化、小河沿文化、小珠山中层文化、小珠山上层文化和高台山文化。

● **制陶工艺** 北方地区幅员辽阔，不同地区的自然环境差异很大，各地存在的经济生产方式也有很大的不同。在自然条件恶劣的高寒荒漠草原地区，农业难以发展，很早便形成了以狩猎采集为特征的经济文化区，有的地区直接走上畜牧业经济的道路。在自然条件较为优越的平原河谷地带，农业经济相对发达，也经营一定的畜养业。自然环境和经济形态的差异对制陶业的规模和水平影响较大，因此北方地区长时期保留着手工制陶传统。距今6000年以前，主要采用泥条盘筑法、泥条圈筑法，分段制作陶坯再对接成型。陶器烧成温度偏低，质地较松软，颜色以红褐色为主，器表色泽不匀，器类简单。距今6000年以后，制陶工艺已有很大进步，普遍采用泥条盘筑法成型，慢轮修整技术较为普及，陶色变为以红色、红褐色为主，器表色泽较均匀，陶器硬度提高，器类明显增加。考古发现这一时期的陶窑（红山文化）均为横穴式，有较长的斜坡洞式火膛，已能够烧造体高近1米的特大型陶器，反映出当时制陶手工业的发展状况。与中原地区相比，北方地区的制陶业仍处于相对落后的状态，这种状况一直延续到新石器时代结束。

● **装饰** 比较简单，地方特色突出，广泛流行压印、刻划的之字纹，分为横向、竖向两种排列方式，有的以之字纹衬底，再装饰其他纹饰。在不同的考古学文化中，之字纹的式样、排列方式有所不同。其他常用纹样还有刻划纹、压印纹、编织纹、附加堆纹、篦点纹等几何纹及少量表现动物的图案，有些构图相当精美、考究。在红山文化、小河沿文化和小珠山文化中还有少量彩陶，多数绘黑彩，均为几何花纹。

● **器类** 比较单调，其中筒形罐所占比例最高，使用时间也最长，在不同时期的考古学文化中广泛存在，造型因时间和地域的不同表现出一定的差异。筒形罐的用途很杂，既可作为炊器，也可用于储藏，还可承担水器的功能，不同的用途主要通过器体的大小来体现。在距今6000年以前的诸考古学文化中，除广泛使用筒形罐外，其他器类还有钵、豆形器、碗等。距今6000年以后，北方地区的陶器种类逐渐丰富起来，并出现了表现人物、动物的陶塑艺术品及专门用于宗教祭祀的特殊器类，陶器开始在人类的生活中扮演多重角色。

参考书目

杨虎：《辽西地区新石器——铜石并用时代考古学文化序列与分期》，《文物》1994年4期。
北京市文物研究所：《北京考古四十年》，北京燕山出版社，1990。

（李水城）

Xinglongwa wenhua taoqi

兴隆洼文化陶器

新石器时代中期北方地区兴隆洼文化的陶制器具。兴隆洼文化因1983年以来对内蒙古敖汉旗兴隆洼遗址的发掘而得名，主要分布在内蒙古东南部和辽宁西部，以西辽河流域和大小凌河流域为中心，距今8200年～7400年。

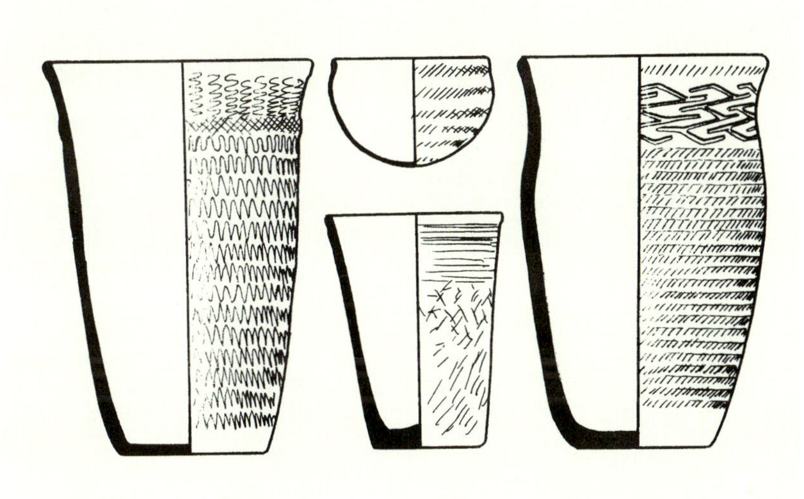

兴隆洼文化陶器

● **分期** 兴隆洼文化目前初步分为早、晚两期，陶器形态因时间的推移有所变化。早期陶器全部为夹砂褐陶，筒形罐口大底小，呈大喇叭口造型，装饰刻划的之字纹比较散乱；钵和碗多为圜底，器表装饰以席纹为主的编织纹。晚期开始出现少量泥质陶，筒形罐器口与器底尺寸大小相若，腹部呈直立的筒状；钵和碗变为平底。普遍流行之字纹装饰，排列相当规整。

● **制陶工艺** 均为手工制作，程序是先捏制出器底，再用泥条分段盘筑（或圈筑）出器坯，然后将各部位粘接成型。陶质以夹砂黄褐陶和红褐陶为主，烧制火候偏低，质地疏松，硬度较差。晚期开始出现少量泥质褐陶，陶器的硬度有所增强。

● **装饰** 主要使用压印、刻划的方法进行装饰，种类比较简单，流行一种连续排列的之字纹，成为该文化最有特色的装饰，另有弦纹、席纹、附加堆纹及交叉组合而成的刻划纹、压印纹等，而且大多为通体装饰。装饰的之字纹分为刻划压印与篦点形两大类。据研究，早期的刻划压印之字纹呈散漫无规律的交叉形，后来逐渐变为较规整的交叉形，最后演变成规整的之字纹。早期的篦点之字纹呈散漫无序的坑点状，后来逐渐排列比较规整，最后变为排列整齐的篦点之字纹。有的学者认为当时用以制作之字纹的工具主要为细石器。除大量的之字纹外，在辽宁阜新市查海遗址出土的兴隆洼文化陶器上还有捏塑的“蟾蜍”、“蛇衔蛙”等动物浮雕装饰。

● **器类** 比较简单，以一器多用为特色。如占陶器比例最高的筒形罐既可作为炊器，也可用作水器和储藏器。其他饮食器有钵、碗及数量较少的杯、盅等。陶纺轮的出现，表明这一时期已有简单的纺织手工业。

参考书目

中国社会科学院考古研究所内蒙古工作队：《内蒙古敖汉旗兴隆洼聚落遗址1992年发掘简报》，《考古》1997年1期。

辽宁省文物考古研究所：《阜新查海新石器时代遗址试掘简报》，《辽海文物学刊》1988年1期。

杨虎：《试论兴隆洼文化及相关问题》，《中国考古学研究》，文物出版社，1986。

（李水城）

Xinglongwa yizhi changkoutongxing taoguan

兴隆洼遗址敞口筒形陶罐

新石器时代中期兴隆洼文化的陶制容器。1986年由中国社会科学院考古研究所在内蒙古赤峰市敖汉旗兴隆洼遗址第159号房屋基址中发掘出土。现藏于中国社会科学院考古研究所。

通高36.4厘米、口径26.2厘米、底径14厘米。夹砂灰褐色陶质，手制。大敞口，圆唇，斜直深腹，平底。器外表口沿下施凹弦纹和一周凸起的泥带，带上装饰网格压印纹并叠印交叉斜线纹，其下饰凹弦纹。腹部主体纹饰为细密的横排短斜线交叉纹，近器底处素面不加装饰。

兴隆洼遗址敞口筒形陶罐

北方地区曾分布有数支不同时代的考古学文化，它们有着一个共同的特点，就是普遍使用筒形罐。史前时期，长城以北的居民主要从事狩猎采集经济，制陶业相对不很发达，筒形罐便是这种环境背景下的产物。筒形罐在距今8000年左右的新石器时代中期出现，延续使用时间长达4000年，直至新石器时代结束，才正式退出历史舞台。筒形罐的用途较杂，大多用作炊器，也有的作水器和储藏用具，其使用功能主要通过器形的大小来体现。

（杨虎　李水城）

Shangzhai wenhua taoqi

上宅文化陶器

新石器时代中期北方地区上宅文化的陶制器具。上宅文化因1985年北京平谷县上宅遗址的发掘而得名，主要分布在燕山南麓的滦河流域，地理范围包括北京、天津及河北北部，距今7200年～6500年。也

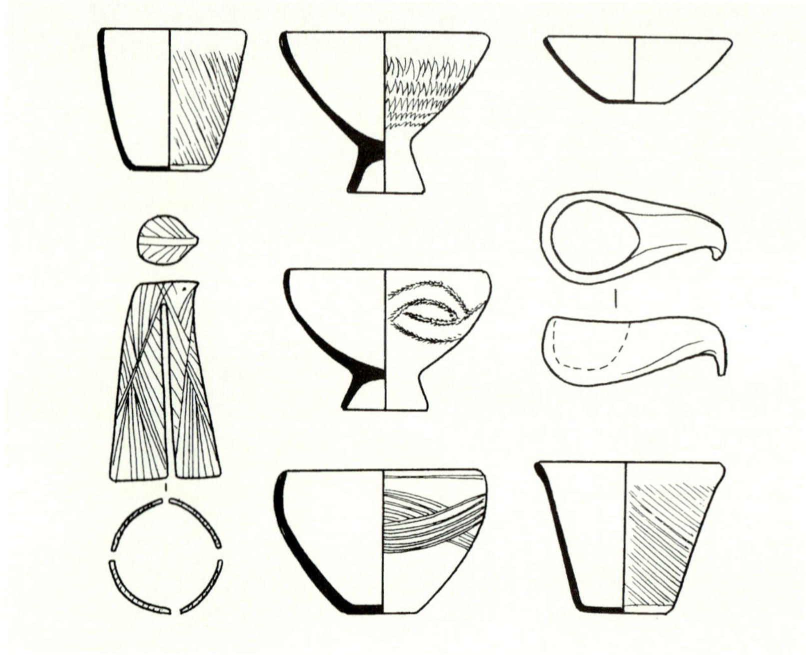

上宅文化陶器

有的学者认为，该文化应属于赵宝沟文化燕南类型。

● **分期** 上宅文化延续时间长达数百年，不同阶段的陶器在形态上有一定差异，早期以夹砂红褐陶为主，器表流行装饰弦纹、压印网格纹，筒形罐唇沿较厚，口沿下多装饰一股或数股附加堆纹；碗、钵类饮食器底部较小。晚期出现少量泥质陶，以灰褐色陶器居多，器表装饰较早期丰富，出现一定数量的圈足器，筒形罐口沿下部多装饰一凹条，饰三角形凹点戳印纹。

● **制陶工艺** 全部为手工制作，小件陶器使用捏制法直接成型，部分使用泥条盘筑法、泥片贴筑法制作。器壁普遍较厚，质地疏松，火候不匀，器表颜色不很纯净，以夹砂、夹滑石、夹云母褐色陶为主，泥质陶数量不多，以红褐色为主，有的呈灰褐或黄褐色。灰陶胎内夹砂、夹滑石等羼和料，使用泥条盘筑法分段制坯，对接成型，胎壁略薄。有些陶器外壁为红色，内壁呈黑色，经模拟试验，这种外红内黑的陶器采用了“窑外渗炭”工艺，为陶器烧成工艺中最后的一道工序。也有些陶器上半部呈红色，下半部作灰色，界线层次分明，这一现象也与烧成工艺有关，即在烧造中，将陶坯在窑内多层叠垒，致使器表因暴露、隐藏的部位不同而产生不同的氧化、还原反应，导致器表产生不同的色泽。

● **装饰** 多数陶器施加装饰，常用压印之字纹、斜线三角纹、重叠人字纹、菱形几何纹以及抹压条纹、刮条纹、篦点纹、剔刺麻点纹等，最富特点的有三角形凹点纹、戳印条纹、抹压纹、刮条纹、双S形之字纹、十字交叉纹、斜线三角纹等。

● **器类** 造型以平底器为主，另有部分圜底器、圈足器，不见三足器，也没有带耳、带鋬类附件的器皿。基本组合有深腹筒形罐、钵、碗、盆、杯盅、舟形器、陶球、勺、鸟首支架、鸟首形镂孔器，还有猪首、羊头、熊头、海马、蛇等小型动物陶塑及陶耳珰形器等装饰品。一些学者认为，其中陶鸟首形镂孔器是当时人们为满足某种精神需求而制作的特殊用具，有祭祀或图腾崇拜的功用。

参考书目

北京市文物研究所等：《北京平谷上宅新石器时代遗址发掘简报》，《文物》1989年8期。
北京市文物研究所等：《北京平谷北埝头新石器时代遗址发掘简报》，《文物》1989年8期。
北京市文物研究所：《北京考古四十年》，北京燕山出版社，1990。

（李水城）

Xinle Xiaceng wenhua taoqi

新乐下层文化陶器

新石器时代中期北方地区新乐下层文化的陶制器具。新乐下层文化因1973年对辽宁沈阳市新乐遗址的发掘而得名，主要分布在以沈阳为中心的辽宁中部地区，距今约6500年。

● **制陶工艺** 陶器全部手工制作，使用泥条盘筑方法分段制坯，对接成型。夹砂红陶和夹砂褐陶约占陶器总量的90%以上，夹砂黑陶占4%，泥质陶数量极少。烧成温度不高，质地较疏松，技术原始，表明制陶工艺不很发达。

● **装饰** 器表大多有装饰，最为流行的是压印之字纹，其次为刻划纹、弦纹和锥刺纹，包括点状弦纹、折线纹、弧线纹等。曾发现黑、红两种颜料，但未发现彩陶。

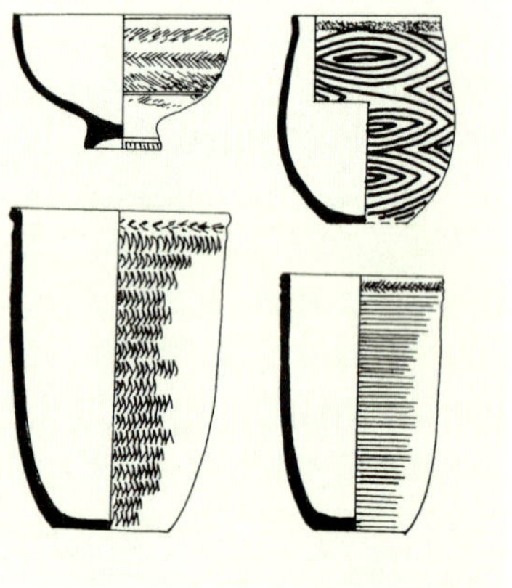

新乐下层文化陶器

● **器类** 筒形深腹罐约占该文化陶器总量的90%以上，主要为炊食器和储藏器，饮食器仅有圈足碗一种，其他还有斜口器、小罐等。斜口器是一种很有特色的用具，对其使用功能尚有不同看法，有的学者认为这是一种储藏火种的器具。此外，还发现有个别形制简单、造型粗犷的小件陶塑动物。

参考书目

沈阳市文物管理办公室：《沈阳新乐遗址试掘报告》，《考古学报》1978年4期。
沈阳市文物管理办公室等：《沈阳新乐遗址第三次发掘报告》，《考古学报》1985年2期。

（孙祖初　李水城）

Zhaobaogou wenhua taoqi

赵宝沟文化陶器

新石器时代中期北方地区赵宝沟文化的陶制器具。赵宝沟文化最初发现于1982年，1986年通过对内蒙古敖汉旗赵宝沟遗址的发掘而正式命名，主要分布在燕山南北一带，覆盖空间包括内蒙古东南部、河北北部和辽宁西部地区，距今7200年~6500年。

● **类型** 赵宝沟文化可分为燕北和燕南两个文化类型。以内蒙古敖汉旗小山、赵宝沟遗址为代表的燕北类型，分布中心为教来河、大凌河上游，基本陶器组合为筒形罐、圈足钵、尊形器、敛口鼓腹罐，纹饰多见内填篦点或线刻的菱形几何纹、直线几何纹和动物纹。以河北迁西县西寨、迁安县安新庄、三河县孟各庄遗址为代表的燕南类型，基本陶器组合为筒形罐、圈足钵、红顶钵、双耳壶，纹饰多见压印之字纹、斜线三角纹、重叠人字纹及菱形几何纹、抹条纹等。

● **制陶工艺** 以手工制陶为主，普遍采用泥条盘筑技术，分段制作陶坯，对接成型，小件器皿用手工直接捏制。器表大多经过简单的压磨处理，器内壁也经过压磨，光洁度较外壁要高。以夹砂质地为主，泥质陶比例甚低。陶色以褐色为最多，分黄褐、红褐和灰褐等，器表以黑褐色最为常见。由于烧造时火候控制不力，有些器表颜色不很匀称。赵宝沟文化中还发现有个别泥质磨光黑陶，有的陶胎极薄，显示出较高的工艺水准。

● **装饰** 大多数器表有装饰，素面陶甚少。一般每器装饰一种花纹，少数饰两种纹样，纹样有主次之分，次要纹样起陪衬、补白功能。典型纹样有压印成排的之字纹、相互缠绕的S形纹、太阳纹、压划几何纹、菱形纹、抹压条纹、刮条纹以及刻制精美的猪首蛇身、鹿、鹰等动物组成的灵禽瑞兽纹。在动物类纹样中，以表现鹿首的图案数量最多，且构图规范，手法纯熟，表现出相当高的艺术魅力，同时也暗示出该文化大量从事狩猎采集经济的史实。鹿应是当时居民最主要的狩猎对象，长期的生产实践使原始艺术家们对鹿这一类动物极为熟悉，有着特殊的情感，并反复在陶器上予以艺术再现。

● **器类** 造型不很复杂，以平底器数量最多，另有少量圈足器、假圈足器和凹底器。器类简单，典型器有敞口弧腹筒形罐，直口直腹椭圆底罐、圈足鼓腹罐、尊形器、圈足钵及陶盂、豆形器、碗、斗笠形器盖等。

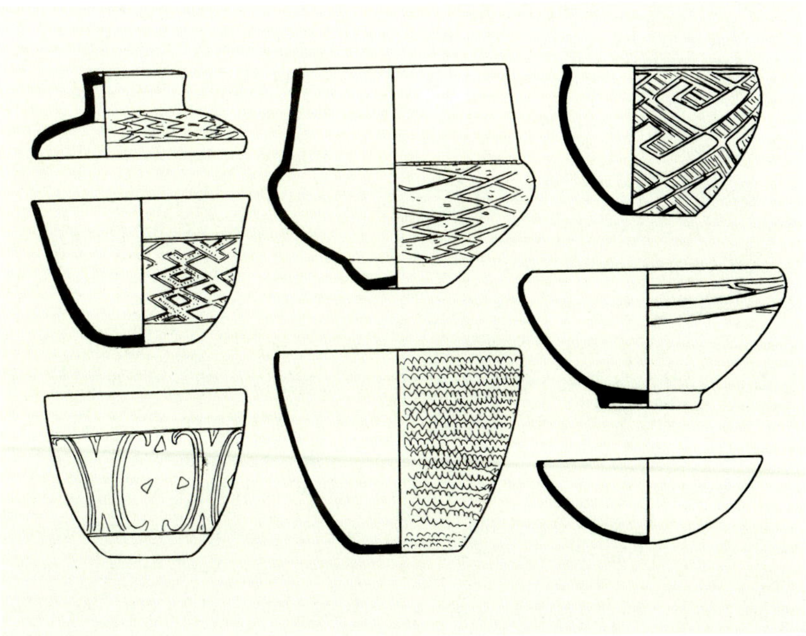

赵宝沟文化陶器

参考书目

中国社会科学院考古研究所内蒙古工作队：《内蒙古敖汉旗赵宝沟一号遗址发掘简报》，《考古》1988年1期。

中国社会科学院考古研究所内蒙古工作队：《内蒙古敖汉旗小山遗址》，《考古》1987年6期。

（李水城）

Xiaoshan yizhi ruishouwen taozun

小山遗址瑞兽纹陶尊

（见小山陶尊瑞兽纹图）

Hongshan wenhua taoqi

红山文化陶器

新石器时代晚期北方地区红山文化的陶制器具。红山文化1935年首次发现于内蒙古赤峰市红山后遗址，20世纪60年代经重新发掘而正式命名，主要分布于辽宁西部、内蒙古东南部和河北北部，距今6500年~4900年。

● **分期** 红山文化分为早、中、晚3期。早期以内蒙古敖汉旗兴隆洼遗址133号房址为代表，年代距今6500年~6000年，陶器全部为红陶和红褐陶质，制作工艺较原始，种类单调，装饰简单。中期以赤峰市西水泉遗址为代表，年代距今6000年~5500年，制陶工艺水平较早期有明显提高，泥质陶的比例已超过50%，器类大为增加，出现一些造型复杂的器类，器表装饰规整的之字纹，彩陶较为普及。晚期以辽宁喀左县东山嘴遗址为代表，年代距今5500年~5000年，泥质陶的比例继续增多，出现黑色、灰色陶，器形更复杂，创造出一些新的器形和装饰纹样，制陶工艺技术更加成熟，还出现了陶塑人物、动物和专门的祭祀用具。

● **制陶工艺** 全部为手制，绝大多数使用泥条盘筑法成型，小型

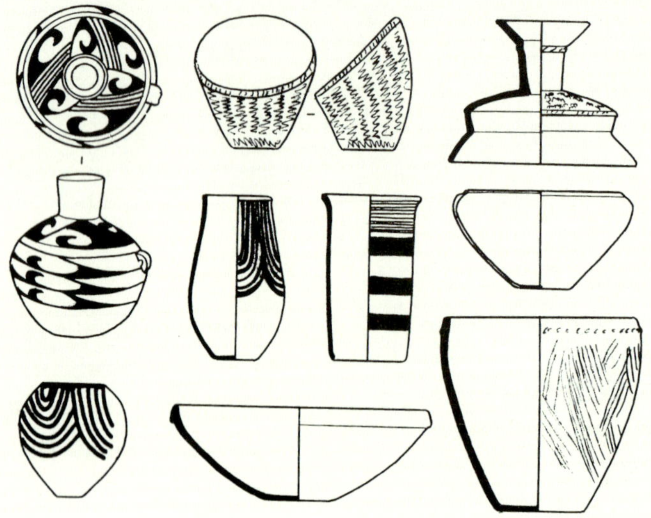

红山文化陶器

器用手工捏制。据对赤峰市西水泉遗址出土陶器的统计，泥质陶占陶器总量的54%，陶色以泥质红陶和夹砂褐陶占绝大多数，另有少量灰陶、黑灰陶。在制作上，夹砂陶与泥质陶从陶土原料的处理到烧制工艺方面均显示出不同的特点：泥质陶烧成火候较高，质地坚硬，色泽较纯净；夹砂陶烧制火候和做工较泥质陶均略逊一筹。造成上述差异的原因除原料质地外，也有烧成上的因素。在红山文化晚期，泥质红陶数量增多，出现了少量泥质磨光黑陶、灰陶，已采用慢轮修整技术，已能够制作器形高大的无底大型筒形器和广肩小底瓮，反映出这一时期制陶工艺已取得巨大进步。

红山文化陶窑全部为横穴式，窑的结构包括窑柱、窑箅和较长的斜坡洞式火膛，可分单室窑和连室窑两种。内蒙古敖汉旗四棱山遗址发现有6座红山文化中期陶窑，窑室四周均砌筑石块，内壁涂抹草拌泥。1号窑为单室，包括窑室、火道和火膛3部分，窑室呈马蹄形，直径约1.4米，底部倾斜，整齐地设置4个窑柱，柱上敷草拌泥，柱与柱间为自然火道，火膛呈长条形，设在窑室一侧。6号窑为连室，设双火膛，窑室作长方形，面积2.7平方米，窑室底部倾斜，按一定距离设置8个窑柱，局部尚保留部分券顶，极为难得。连室窑是单室窑的发展，结构较单室窑进步。红山文化陶窑的火道较长，这可以使窑内温度升高不至于过猛，比较适合这一阶段的制陶业水平。经对西水泉遗址红陶片进行检测，低者烧成温度约600℃，高者达900℃～1000℃。

● **装饰** 红山文化的夹砂陶流行在器表装饰压印线形之字纹、篦点之字纹和附加堆纹。泥质陶以素面居多，彩陶比例不高，但较常见，一般在器表施红色陶衣，绘黑彩，花纹多为几何形，流行宽带纹、蝌蚪状斜平行线纹、垂鳞纹、弧三角勾叶圆点纹、菱形棋盘格纹、同心圆纹、鱼尾纹、人字纹等。有些纹样明显受到仰韶文化后冈类型的影响，如“红顶钵”、“红顶碗”及平行斜线纹等。

● **器类** 以平底类造型为主，日常生活用具有筒形罐、钵、盆、双耳罐、腹耳瓮、器盖、器座、壶、豆、三足杯、带流壶等，器类比较丰富。在该文化中出现有大型陶塑人像、动物和禽鸟塑像、小型孕妇塑像及专供祭祀使用的筒形器座等特殊用具。

参考书目

中国社会科学院考古研究所内蒙古工作队：《赤峰西水泉红山文化遗址》，《考古学报》1982年2期。

杨虎：《关于红山文化的几个问题》，《庆祝苏秉琦考古五十五年论文集》，文物出版社，1989。

李恭笃：《内蒙古敖汉旗四棱山红山文化陶窑》，《史前研究》1987年4期。

郭大顺等：《辽宁省喀左县东山嘴红山文化建筑群址发掘简报》，《文物》1984年11期。

李恭笃：《辽宁凌源县三官甸子城子山遗址试掘报告》，《考古》1986年6期

（李水城）

Sanguandianzi yizhi tongxing taoqizuo

三官甸子遗址筒形陶器座

新石器时代晚期红山文化的陶制祭祀用具。1979年由辽宁省博物馆在凌源县三官甸子遗址发掘出土。现藏于辽宁省文物考古研究所。

三官甸子遗址筒形陶器座

通高40厘米、上口径25厘米、下口径29厘米。泥质红陶质，手制。整体作筒状，圆弧腹，器口和器底口沿外侈。器表面磨光，以黑色彩绘饰4组弧边三角勾连波浪纹。

筒形器是一种用途特殊的器皿，没有器底，不能作为容器使用。该类器多集中出土于祭祀遗址或堆放于大型积石冢周围，显然是专门用于宗教活动或祭祀死去的氏族贵族成员的特殊器物，为红山文化特有的器皿。筒形器最早发现于20世纪30年代，当时对其用途并不了解，加之当时发现的都是残件，故曾误将其复原成一种彩陶深腹筒形罐。20世纪70年代以来，在辽西阜新市胡头沟、喀左县东山嘴、凌源县三

官甸子、建平县牛河梁等遗址陆续发现了一大批完整的筒形器，才最终了解到它的真实形态和特殊用途。1985年在辽宁建平县、凌源县交界的牛河梁遗址发现有一座长11米、宽4.4米的器物坑，坑内堆放大量的筒形器，总数达100件左右，该器物坑显然具有特殊的祭祀性质，坑内发现的筒形器大小不一，最大高63.6厘米，最矮仅23.6厘米，多数高40厘米～50厘米，口径18厘米～25厘米。其陶质均为泥质红色陶，外表施红色陶衣，烧成火候偏低，硬度较差，其中有一部分在腹部绘黑彩弧三角波浪纹。20世纪80年代中期在牛河梁女神庙遗址南1公里第二地点发现有4座结构复杂的大型积石冢，其中4号冢石墙内侧排列有一圈彩陶筒形器，数量十分可观，祭祀场面宏大。这里出土的筒形器均在腹部半边绘彩，有花纹的一面集中朝向积石冢外侧，显然是膜拜祭祀时供观赏及烘托气氛所用，目的性很强。（顾援）

Zhizhushan yizhi chuilinwen taoguan

蜘蛛山遗址垂鳞纹陶罐

新石器时代晚期红山文化的陶制盛储器。1963年由中国科学院考古研究所在内蒙古赤峰市敖汉旗蜘蛛山遗址发掘出土。现藏于中国社会科学院考古研究所。

蜘蛛山遗址垂鳞纹陶罐

通高37厘米、口径16厘米、底径10厘米。泥质红陶，手制。器形瘦高，小口，圆唇，圆弧深腹，小平底。器表自口沿至下腹中部绘黑彩垂鳞纹4组，每组图案以一竖线为中心，外绕6条垂弧线，构图虽然简单，但绘制得相当精细，布局亦很规整。该器造型为红山文化的典型式样，彩绘花纹也为红山文化所独有。（杨虎　李水城）

Sidaowan yizhi kedouwen taobo

四道湾遗址蝌蚪纹陶钵

新石器时代晚期红山文化的陶制饮食器。1981年由中国社会科学院考古研究所在内蒙古赤峰市敖汉旗蜘蛛山遗址中发掘出土。现藏于中国社会科学院考古研究所。

四道湾遗址蝌蚪纹陶钵

通高7.5厘米、口径21.4厘米。泥质陶，口部为红色，腹部呈灰色，手制，经慢轮修整，器形规整。大口，方圆唇，上腹为直壁、直口，下腹圆弧，圜底。器表自口沿以下至上腹部在红色底色上绘黑彩斜线纹，构图作上下对称的三角形，花纹绘制精细，宛若水中游动的蝌蚪，富有地方特点。该器造型及红顶灰腹的质地，显然受到了仰韶文化后冈类型的影响，但彩陶花纹却是北方红山文化特有的风格，反映出中原仰韶文化与燕山南北的史前文化一直存在着文化交流。（杨虎　李水城）

Fuhe wenhua taoqi

富河文化陶器

新石器时代晚期北方地区富河文化的陶制器具。富河文化因1962年内蒙古巴林左旗富河沟门遗址的发掘而得名，主要分布于内蒙古东南部的西拉木伦河北岸和乌尔吉木伦河流域，距今6500年～5000年。该文化很可能是在继承了西拉木伦河以北的部分兴隆洼文化因素而发展起来的。

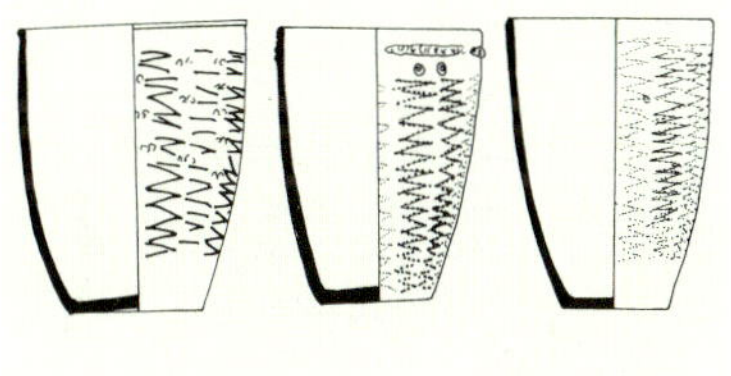

富河文化陶器

● **制陶工艺**　富河文化的居民从事以采集狩猎为主的经济生活，制陶手工业相对较为落后。陶器全部为手工制作，使用泥条盘筑法分段制坯，对接成型。个体较小的器皿直接采用捏塑法制作。胎内均夹砂，火候不高，硬度较差，器表颜色以黄褐色居多，灰褐色次之。无论表面有无花纹装饰，均经过压磨处理。经对富河沟门遗址出土的夹细砂灰色陶片检测，烧成温度为700℃～800℃。

● **装饰**　器表普遍装饰横排竖压的之字纹、篦点纹。据统计，在富河沟门遗址中装饰此类纹样的陶器占全部陶片的20%；其次为装饰之字线纹（也称弧线纹），还有的在罐口沿外侧装饰一段对称的附加堆纹、刻划纹，有些器底印有编织纹。

● **器类**　十分简单，以大口筒形罐占绝对多数，其他还有少量的钵、碗、斜口罐及个别的圈足器等。

参考书目

中国科学院考古研究所内蒙古工作队：《内蒙古巴林左旗富河沟门遗址发掘简报》，《考古》1964年1期。

（孙祖初　李水城）

Xiaoheyan wenhua taoqi

小河沿文化陶器

新石器时代晚期北方地区小河沿文化的陶制器具。该文化1974年通过对内蒙古赤峰市小河沿乡白斯

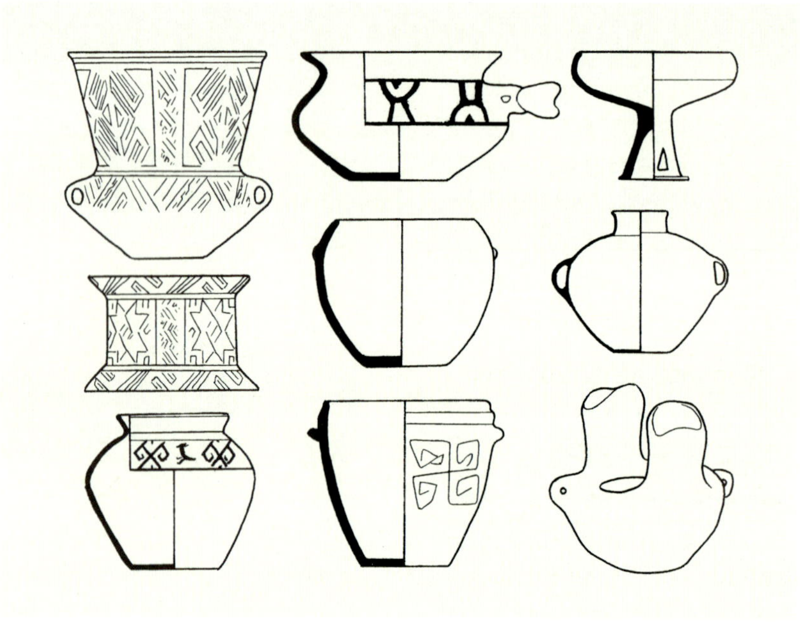

小河沿文化陶器

朗营子遗址的发掘而得名，主要分布在内蒙古东南部、辽宁西部和河北北部，距今4900年～4600年。

● **制陶工艺** 全部为手制，普遍使用泥条盘筑法分段制作陶坯，对接成型。大多数胎内夹砂，砂粒较粗大，烧制火候偏低，陶质松软，器表粗糙。以夹砂褐陶为主，其次为夹砂灰陶和夹砂红陶，泥质陶数量较少，呈黑灰色或红色。

● **装饰** 除素面陶器外，多数器表施拍印绳纹、刻划纹和方格纹，这些纹样一般呈斜线交叉状，作排列规整、细密的网格纹，其他还有由绳纹、刻划纹组成的菱形纹、回形纹，个别陶器有镂孔。另有少量彩陶，以夹砂褐陶居多，普遍绘黑色单彩，花纹绘于器表的上半部，如罐类器绘在肩腹部、陶豆绘在口沿外侧，纹样简单，以几何纹为主，常见竖线间对三角纹、竖线间垂鳞纹、斜折线间三角纹、回纹、卐字纹、八角星纹、相互缠绕的连续S形纹、菱形网格纹等，个别陶器绘内彩，还发现有彩绘陶器或刻划“符号”。白斯朗营子遗址出土一件着白色陶衣、绘红彩的陶尊和器座，用红彩绘主题花纹，黑彩勾边、补白，用横线、竖线、折线、八角星等组成几何纹，构图繁缛，画面精美。该文化陶器中也有少量陶器绘奔鹿、奔犬等动物纹，反映出狩猎——采集经济在小河沿文化先民的经济生活中占有一定比重。

● **器类** 造型以平底和圈足器为主，以夹砂灰陶筒形罐数量最多，而且大多数在口沿外侧设双小耳，与北方地区其他考古学文化的筒形罐有所不同。常见器类组合为罐、钵、盆、壶、豆，还有少量的尊形器、器座、碗、小口罐、大口罐、鸟形壶、双连口壶、勺形器、枕状器及个别捏塑的猪、狗等动物造型器皿。尊形器和八角星花纹反映出黄河下游地区原始文化对该文化的影响。

参考书目

辽宁省博物馆等：《辽宁敖汉旗小河沿三种原始文化的发现》，《文物》1977年12期。

李恭笃：《试论小河沿文化》，《中国考古学会第二次年会论文集》，文物出版社，1982。

郭大顺：《大南沟—种后红山文化类型》，《考古学文化研究》（2），文物出版社，1989。

（李水城 孙祖初）

Shipengshan yizhi niaoxing taohu

石棚山遗址鸟形陶壶

新石器时代晚期小河沿文化的陶制水器。1977年由辽宁省博物馆在内蒙古翁牛特旗石棚山遗址第62号墓中发掘出土。现藏于内蒙古自治区博物馆。

石棚山遗址鸟形陶壶

通高37厘米、腹径32厘米、底径11厘米。夹砂红褐陶质，手制。整体造型模仿一只禽鸟，器口部巧妙地设计成鸟首，鸟喙大张，状若嗷嗷待哺的雏鸟。壶颈细长，腹部呈椭圆形，小平底。与鸟头相对的另一侧塑有一上翘的鋬钮，象征鸟的尾翼，在相当鸟的前胸和尾下位置有一对环形耳。该器表面原绘有黑彩花纹，但大部脱落，仅在鸟首部位残留一对戳印圆点凹窝和两道黑彩横线纹，象征鸟的眼睛和羽毛。

（李水城）

Xinkailiu wenhua taoqi

新开流文化陶器

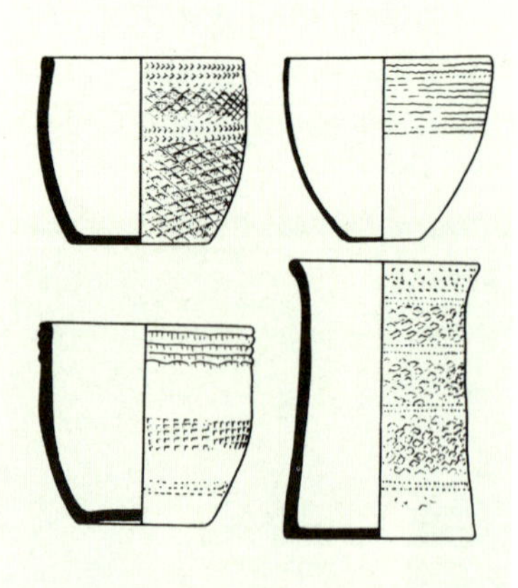

新开流文化陶器

新石器时代晚期北方地区新开流文化的陶制器具。新开流文化因1972年对黑龙江密山县新开流遗址的发掘而得名，主要分布在黑龙江下游地区及兴凯湖沿岸，年代距今

6000年左右。

● **制陶工艺** 新开流文化是一支以捕鱼、狩猎为主要经济形态的原始文化，制陶手工业较为落后。陶器全部为手工制作，使用泥条盘筑法，分段制作陶坯，再对接成型。陶质以夹砂褐色陶为主，烧成温度偏低，器表色泽不很纯净。

● **装饰** 多数器表有装饰，主要使用刻划和拍印的方法，一般通体布满花纹，主要有菱形纹、三角纹、方格纹、鱼鳞纹、篦点纹、圆窝纹、网纹、波折纹、附加堆纹、凹弦纹等。

● **器类** 造型很简单，器类单一。最主要的生活用具为筒形深腹罐，可用于炊煮食物，也可用作储藏和汲水。还发现有个别的陶塑动物类工艺造型器皿。

参考书目

黑龙江省文物考古工作队：《密山县新开流遗址》，《考古学报》1979年4期。

（孙祖初 李水城）

Xiaozhushan wenhua taoqi

小珠山文化陶器

新石器时代晚期北方地区小珠山文化的陶制器具。小珠山文化因1978年对辽宁长海县小珠山遗址的发掘而得名，主要分布于辽东半岛南端沿海一线和附近的海岛上，年代距今6000年～4100年。根据小珠山遗址的地层关系和文化内涵，可将该文化分为3期：早期为小珠山下层文化，距今6000年～5500年；中期为小珠山中层文化，距今5500年～4500年；晚期为小珠山上层文化，距今4500年～4100年。

● **制陶工艺** 早期的陶器均手工制作，以泥条盘筑法为主，陶胎普遍较厚，胎内夹砂或夹滑石粉，火候偏低，器表颜色不纯正，以红褐陶和黑褐陶为主，多使用压印和刻划方法装饰几何纹样。陶器造型简单，种类单调，以筒形罐数量最多。中期的制陶工艺与早期基本相同，陶器以红褐色夹砂陶为大宗，出现一定数量的泥质红陶，器表装饰以刻划纹为主，器类有所增多，除筒形罐为代表的土著因素外，还出现了一部分来自胶东半岛大汶口文化的器类和花纹装饰。晚期的陶器仍以手制为主，有少量磨光黑陶和黑皮陶使用了快轮制陶工艺，显然也是受到胶东半岛原始文化影响的产物。陶器以夹砂褐陶最多，泥质黑陶、黑皮陶和夹砂红陶比例较低。素面陶增多，装饰以刻划纹最具代表性，器类中有一些胶东龙山文化的盘形鼎、袋足鬶、细柄豆、带把杯、环足盘等。小珠山文化3个阶段陶器的演变反映出辽东与胶东古文化的交流状况及受胶东古文化影响的程度，即早期尚保持着浓厚的土著色彩，从中期开始逐渐受到胶东地区古文化的冲击，出现了鼎、尊、鬶、豆等外来的器类和弧边三角勾连纹彩陶装饰；晚期来自胶东的文化影响依旧强盛，最明显的是龙山文化磨光轮制黑陶的出现。

● **装饰** 不同阶段具有不同的特点。早期多使用压印、刻划装饰方法，流行席纹、之字纹、人字纹、网格纹、叶脉纹、水波纹、弦纹等，土著色彩十分强烈。中期的装饰与早期接近，新出现了少量黑彩弧边三角勾连纹彩陶，其风格与胶东半岛沿海地区发现的一致，应是受到

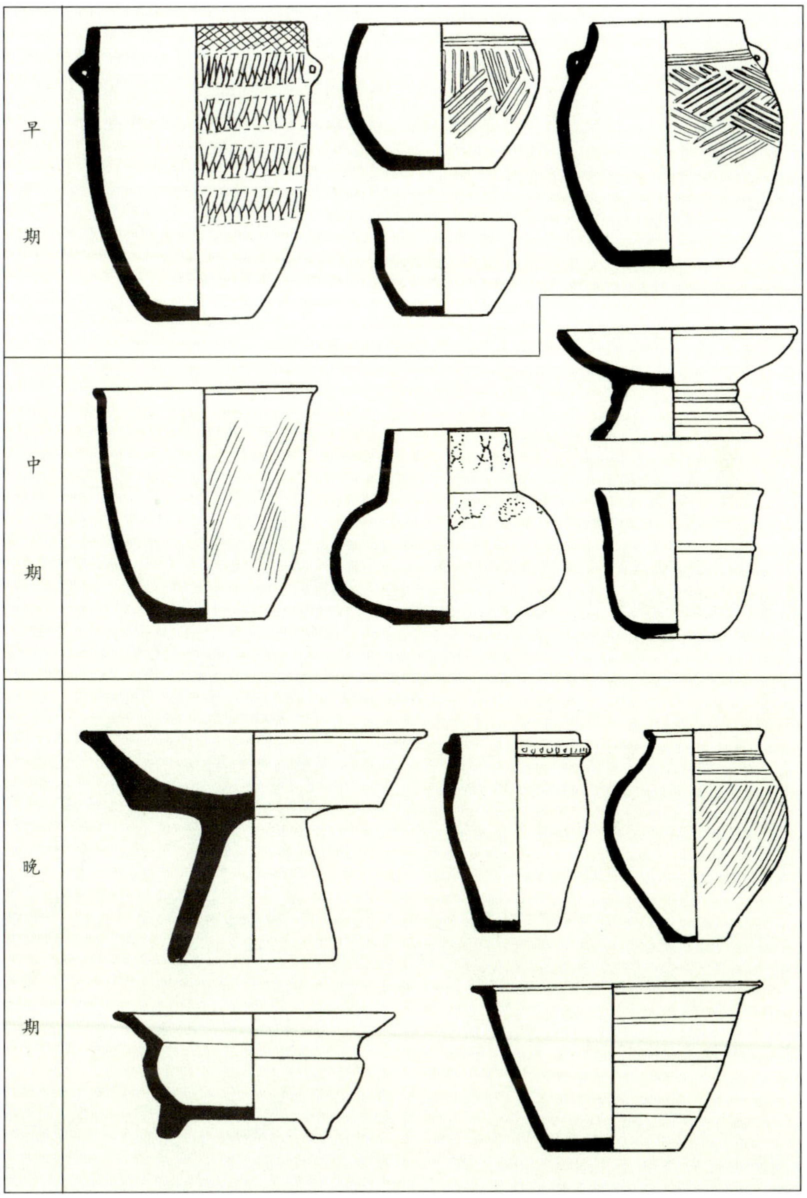

小珠山文化陶器

这一带原始文化影响的产物。晚期的装饰以刻划纹比例最高，主要流行网纹、水波纹、人字纹、八字纹、斜线纹、花瓣纹，其次为附加堆纹、弦纹和篦点纹。

● **器类** 造型简单，早期尤为单调，以筒形罐为主，还有少量钵、盆、盘、勺、鼓腹罐等。从中期开始，随着胶东半岛原始文化逐渐越海北上，出现了鼎、尊、鬶、豆等大汶口文化的器类。晚期，以往占比例最大的筒形罐数量锐减，深腹罐数量激增，反映出这一阶段文化面貌变化很大，胶东对辽东的文化渗透十分强烈，龙山文化的陶器已占一定比例，如盘形鼎、袋足鬶、细柄豆、带把杯、盘、盆、瓮、甑、舟形器等。

参考书目

辽宁省博物馆等：《长海县广鹿岛大长山岛贝丘遗址》，《考古学报》1981年1期。
辽宁省博物馆等：《大连市郭家村新石器时代遗址》，《考古学报》1981年1期。

（孙祖初　李水城）

Changjiang Shangyou Diqu Xinshiqi Shidai taoqi

长江上游地区新石器时代陶器

新石器时代长江上游地区诸考古学文化的陶制器具。地理范围包括四川宜宾市以西的广大地区，行政区划包括今四川一部、云南、贵州和西藏等省、自治区。

● **文化分区** 长江上游地区的新石器时代文化按地域和文化内涵分为3个文化亚区：①大墩子——礼州文化区，分布在四川西部安宁河流域和云南东北的龙川江流域；②白羊村文化区，分布在云南洱海东岸一带；③西藏境内的新石器时代文化，包括分布在昌都地区的卡若文化和分布在拉萨河谷一带的曲贡文化。

● **文化分期** 长江上游地区新石器时代文化的绝对年代大多偏晚，卡若文化距今5555年～4750年，是西藏地区目前所知年代最早的考古学文化；白羊村文化和曲贡文化距今4000年左右；大墩子——礼州文化年代最晚，距今约3500年。

● **制陶工艺** 长江上游地区的自然环境较差，气候多变，农业经济不很发达，制陶手工业相对落后。全部依靠手工制作，流行泥条盘筑法，小型器用手工直接捏制，在有的文化中已出现慢轮修整工艺。多数陶器为夹砂质地，颜色以褐色、灰色最多，焙烧火候偏低，质地较差，外观比较粗糙。在该地区诸史前文化中，曲贡文化陶器的制作工艺最为进步。

● **装饰** 装饰简朴，风格粗犷，流行刻划、压印、锥刺、剔刺等方法装饰陶器，不同文化的陶器有着不同的装饰风格。该地区常用纹样有篦点纹、弦纹、附加堆纹、线绳纹、乳钉纹、菱形纹、人字纹、三角纹、曲折纹、连弧线纹、涡纹等。在卡若文化陶器中还发现有极个别的表面绘黑褐彩的彩陶。

● **器类** 造型普遍较为简单，器类单一。炊器类以罐、釜最为常见，各种造型的陶罐数量最多，其他还有钵、豆、碗、瓶、盘、壶等，形态多较为固定，缺少变化。

参考书目

云南省博物馆：《元谋大墩子新石器时代遗址》，《考古学报》1977年1期。
礼州遗址联合考古发掘队：《四川西昌礼州新石器时代遗址》，《考古学报》1980年4期。
云南省博物馆：《云南宾川白羊村遗址》，《考古学报》1981年3期。
西藏自治区文物管理委员会等：《昌都卡若》，文物出版社，1985。
西藏文管会文物普查队：《拉萨曲贡村遗址调查试掘简报》，《文物》1985年9期。

（李水城）

Dadunzi-Lizhou wenhua taoqi

大墩子——礼州文化陶器

新石器时代晚期长江上游地区大墩子——礼州文化的陶制器具。大墩子——礼州文化得名于1974年发掘的四川西昌市礼州中学遗址和1972年发掘的云南元谋县大墩子遗址，分布在长江上游的安宁河谷地和云南北部的龙川江流域，年代距今约3500年。

● **制陶工艺** 全部为手工制作，个体较大的器皿使用泥条盘筑法成型，小型器采用手工捏制。陶胎内普遍夹砂，以红褐陶为主，少

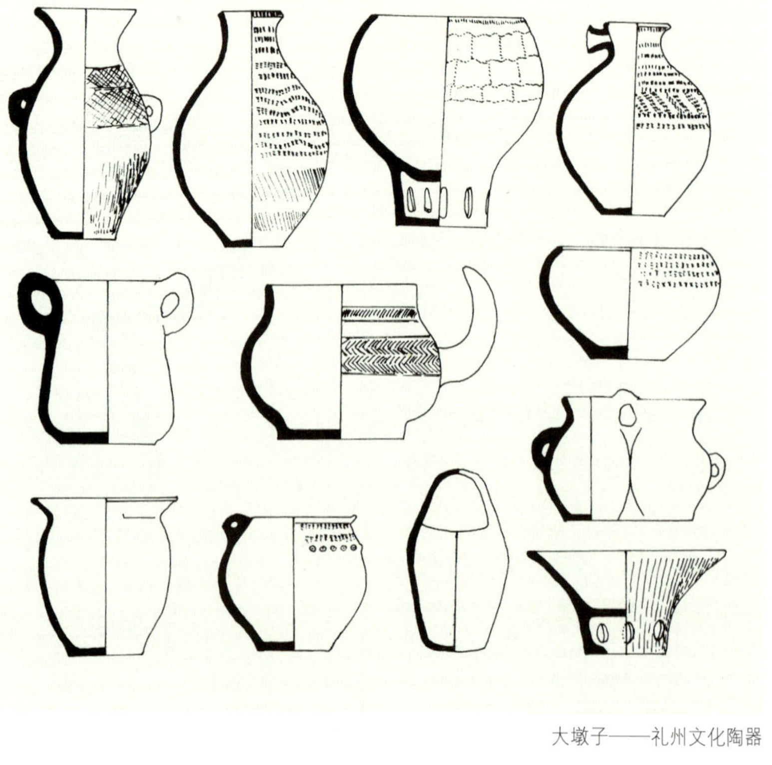

大墩子——礼州文化陶器

量呈灰色，外观粗糙，烧成火候偏低，质地疏松，器表色泽不纯，表面红色、内壁灰色或外灰内红的陶器相当普遍，甚至同一器物表面会出现红、灰、褐等不同色泽，也有个别陶器表面施黑色陶衣。在礼州遗址曾发现有残存底部的横长穴式陶窑，火膛平面呈圆形。经检测，大墩子遗址出土的红色陶烧成温度为900℃。

● **装饰** 大多数器表素面无纹，有装饰者构图也很简单。常见弦纹、锥刺纹、刻划纹、篦纹和附加堆纹等。

● **器类** 以各种罐类造型的器皿为主，其他还有钵、碗、瓶、盘、豆、带嘴壶和器盖等，造型很有地方特色。

参考书目

云南省博物馆：《元谋大墩子新石器时代遗址》，《考古学报》1977年1期。
礼州遗址联合考古发掘队：《四川西昌礼州新石器时代遗址》，《考古学报》1980年4期。

（李水城）

Dadunzi yizhi jixing taohu

大墩子遗址鸡形陶壶

新石器时代晚期大墩子——礼州文化的陶制葬具。1972年由云南省博物馆在元谋县大墩子遗址第9号瓮棺内中发掘出土。现藏于云南省博物馆。

大墩子遗址鸡形陶壶

通高12厘米、口径4厘米、长12.6厘米、宽9厘米、底径5.4厘米。

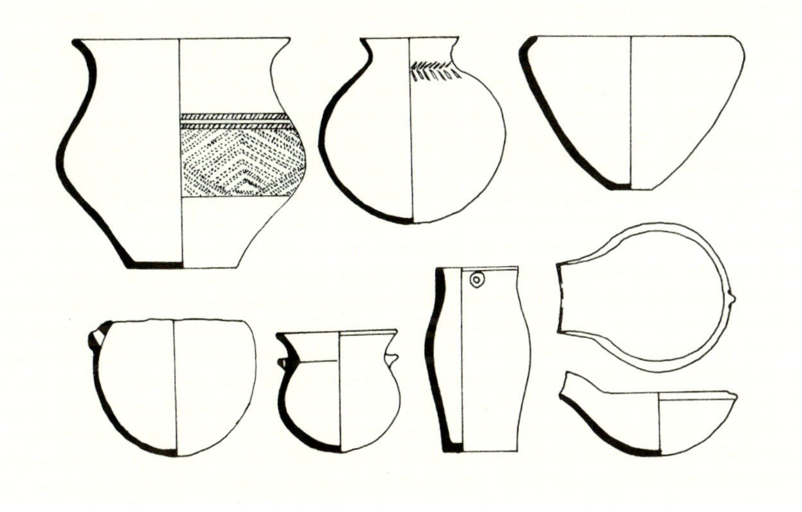

白羊村文化陶器

夹砂灰色陶质，手制，器表颜色不匀，大部分泛红褐色。整体似模仿鸡（或其他禽鸟）的造型，形态粗犷、质朴。鸡首居于器口，口沿外两侧贴附一对泥饼状乳突，象征鸡的眼睛。壶颈微束，器表通体饰斜向点线压印纹，象征鸡的羽毛。在背部和尾部贴饰3行泥饼状乳突，底部设假圈足。（李水城）

Baiyangcun wenhua taoqi

白羊村文化陶器

新石器时代晚期长江上游地区白羊村文化的陶制器具。白羊村文化1972年发现于云南宾川县白羊村宾居河东岸，1973年经发掘正式命名，主要分布在云南洱海东岸一带，距今4000年左右。

● **制陶工艺** 全部依靠手工制作，普遍使用泥条盘筑技术，小型器采用捏制法成型。胎内全部夹砂，褐色陶数量最多，灰陶次之，少量呈红色、橙红色。器表大多经简单的打磨处理，焙烧火候不高，陶胎较厚。晚期有些陶器的口缘使用慢轮修整，胎壁也略微变薄，硬度增加，工艺有所进步。

● **装饰** 大多数陶器素面无纹，有装饰的陶器流行刻划纹、绳纹、点线纹、剔刺纹、附加堆纹、乳钉纹和压印纹，以刻划纹数量最多，可细分为弦纹、菱形纹、细线纹、人字纹、三角纹、方格纹、曲折纹、平行线纹等多种，常表现为复合式纹样，即将几种花纹集于一身。绳纹有粗细之别，压印纹分单线与复线两种式样。

● **种类** 造型主要为圜底、平底两类，器类简单。基本组合为罐、钵、圜底釜、杯、缸、带嘴釜等。

参考书目

云南省博物馆：《云南宾川白羊村遗址》，《考古学报》1981年3期。
王大道：《再论云南新石器时代文化的类型》，《西藏考古》第一辑，四川大学出版社，1994。

（李水城）

Karuo wenhua taoqi

卡若文化陶器

新石器时代晚期西南地区澜沧江流域卡若文化的陶制器具。卡若文化因1977年对西藏昌都县卡若遗址的发掘而得名，分布在西藏昌都地区澜沧江上游河谷地带，距今5555年～4750年。

● **制陶工艺** 卡若文化的居民主要从事狩猎——采集经济，陶器制造业较落后，皆手制，胎内均夹砂，器表大多粗粗打磨，焙烧火候偏低，质地疏松，外观较粗糙，颜色分黄、灰、红、黑4种，以灰色、黄褐色陶的数量最多。经对西藏林芝县云星遗址出土的夹砂红陶进行检测，其烧成温度仅为600℃，卡若文化陶器的烧成温度应大致与此

相同。

● **装饰** 器表普遍施加装饰，绝大多数使用刻划纹、压印纹，常见纹样有曲折线纹、连弧线纹、篦点纹、竖条纹、附加堆纹、绳纹、篮纹等，发现有极个别的彩陶，绘黑褐色彩，纹样极简单。

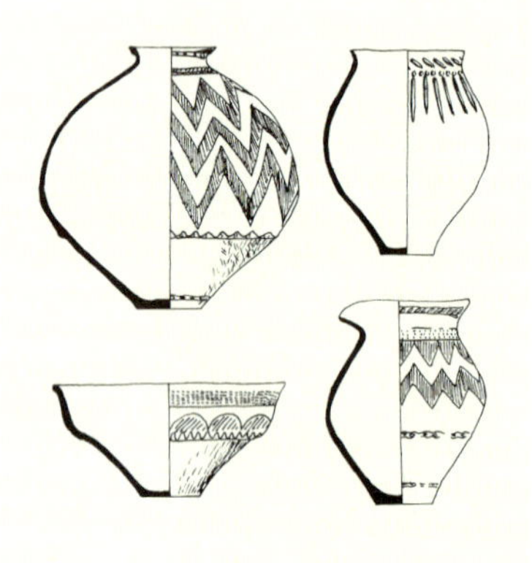

卡若文化陶器

● **器类** 造型以平底器为主，器类相当简单，造型缺少变化。基本陶器组合为罐、钵、盆、碗等。

参考书目

西藏自治区文物管理委员会等：《昌都卡若》，文物出版社，1985。

（李水城）

Karuo yizhi shuanglian taoguan

卡若遗址双连陶罐

新石器时代晚期卡若文化的陶制容器。1978年由西藏自治区文物管理委员会等单位在西藏昌都县卡若遗址第9号房屋基址中发掘出土。现藏于西藏自治区文物管理委员会。

卡若遗址双连陶罐

通高19厘米、口径11.3厘米、底径8.4厘米。夹细砂黄陶质，手制。造型奇特，喇叭口，宽沿，束颈，腹部作相连的双体造型，有2个器腹和器底。陶罐颈部和肩部置一对小耳，颈部饰一周双钩刻划条带纹。颈部和上腹部饰刻划折线纹、弧形纹，在折线纹和弧形纹内填以短细线，并绘黑褐彩。左右腹所饰花纹略有不同，一腹饰以刻划的双钩三角折线纹，在刻划纹范围以外施黑褐彩，但彩绘仅在器腹中部以上部位；另一腹饰刻划以双钩菱形纹为主的纹样，刻划纹内外均绘黑褐彩，延伸至下腹部。（李水城）

Qugong wenhua taoqi

曲贡文化陶器

新石器时代晚期西藏拉萨河谷一带曲贡文化的陶制器具。曲贡文化1984年首次发现于拉萨市北郊曲贡村，后经正式发掘命名，距今4000年～3500年。曲贡遗址海拔3685米，为中国已知海拔最高的新石器时代遗址。

● **制陶工艺** 全部为手制，已出现慢轮整修工艺，陶器造型对称、规整，按质地分为夹砂和泥质两大类。夹砂陶陶胎较厚，羼合料多为石英砂粒，个别掺有云母碎末，陶色以黑色、黑褐色居多，其次为红褐色，红陶、灰陶数量最少，烧成温度较高，质地较坚硬。由于火候控制不当，也有一些陶器表面呈现色泽不匀的现象。泥质陶胎壁较薄，质地细腻，烧成温度较高，以黑色、褐色陶最多，器表大多经打磨处理，有些泥质陶表面打磨十分光滑，器表打磨光滑的黑陶最为常见，有些磨光陶胎壁很薄，最薄仅1.5毫米，显示出较高的制陶技术。

● **装饰** 器表采用磨光、磨花、剔刺、刻划等装饰工艺，不见拍印类施纹工艺，装饰纹样朴素、大方、简练，常用平行线纹、人字纹、波折纹、戳印点纹、圆圈纹、网纹、附加堆纹、三角纹、方格纹、重菱格纹、弦纹、乳钉纹及三角形镂孔等。特点是将几种纹样集于一身，形成复合纹样。施纹位置较为固定，如重菱纹多饰于器物的肩部，锥刺纹饰于领部或肩腹相交处，压印纹、竖向划纹饰于器口，人字纹饰于领部，之字纹常饰于耳上，三角镂孔多饰于耳或圈足上。

● **器类** 造型以圜底器占绝大多数，也有部分圈足器，独不见平底器。造型较简单，多数陶器附加器耳，以罐类器所占比例最高，包括单耳罐、双耳罐、高领罐、大口罐等，其他还有圈足碗、钵、豆、单耳杯等。

参考书目

西藏文管会文物普查队：《拉萨曲贡村遗址调查试掘简报》，《文物》1985年9期。
王仁湘：《关于曲贡文化的几个问题》，《西藏考古》第一辑，四川大学出版社，1994。

（李水城）

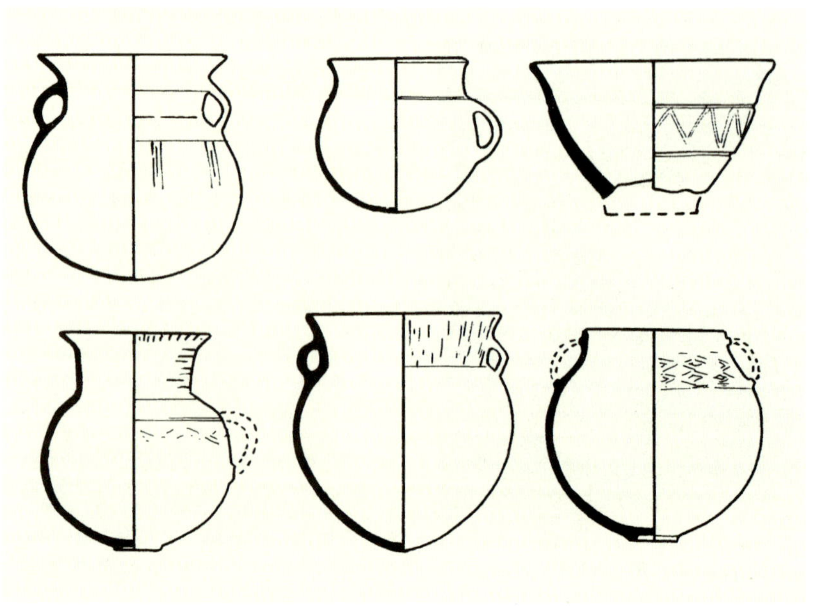

曲贡文化陶器

陶器

Changjiang Zhongyou Diqu Xinshiqi Shidai taoqi

长江中游地区新石器时代陶器

新石器时代长江中游地区诸考古学文化的陶制器具。该地区的地理范围西起四川宜宾，东至江西湖口，范围十分广阔，其行政区划包括湖北、湖南、江西3省及重庆、安徽的部分地区。

● **文化分区** 长江中游地区的新石器时代文化分为4个文化区：①三峡——鄂湘文化区，该地区的新石器时代文化序列依次为彭头山——城背溪文化→大溪文化→屈家岭文化→石家河文化；②鄱阳湖·赣江文化区，该地区的新石器时代文化序列依次为仙人洞文化→拾年山文化（含筑卫城文化）；③长江三峡地区的前巴蜀文化；④湖北、安徽、江西3省交界地带的薛家岗文化。

● **文化分期** 长江中游地区的新石器时代文化分为5个大的文化发展阶段，第一阶段距今12000年～9000年，以湖南道县玉蟾岩、江西万年县仙人洞等遗址为代表；第二阶段距今9000年～6800年，包括彭头山文化、皂市下层文化和城背溪文化；第三阶段距今6800年～5300年，属大溪文化时期；第四阶段距今5300年～4600年，包括屈家岭文化和拾年山文化的部分内容；第五阶段距今4600年～4000年，主要为石家河文化和拾年山文化的部分内容。

● **制陶工艺** 长江中游地区的制陶业有着较为独特的技术传统，在距今12000年～9000年的第一阶段，该地区出现了中国最早的一批陶器，在湖南道县、江西万年县等地出土有这一阶段的陶器标本，使用普通易熔粘土为原料，几乎全部为夹砂陶，除掺入粗细不等的石英砂外，也有少量的云母片。陶胎壁厚薄不均，内壁凹凸不平，烧成温度低，质地松软，色泽不匀，器表多有褐色、黑色斑块。这一时期的陶器采用手制技术制作，工艺原始，器类极简单，已知仅有大口圜底罐一种。这些是中国乃至世界上已知时代最早的陶器之一，对探索陶器的起源有着重要的价值。

第二阶段时，制陶工艺已有明显进步。除部分使用泥片贴塑法成型外，泥条盘筑技术已很常见，陶胎内普遍掺有石英砂、植物茎叶或蚌壳粉末等羼和料，其中，夹炭陶比较突出，胎内填加植物类有机羼合料，很有特点。器表装饰以绳纹为主，外观较粗糙。陶色以红色、红褐色居多，器类增加，流行圜底器造型。在皂市下层文化中发现有少量白陶和彩陶，其中白陶是中国已知年代最早的白陶标本。

大溪文化代表了长江中游地区制陶业发展的第三阶段，仍以泥条盘筑法为主，工艺水平有很大提高，陶色以红色为主，其中外表红色、内壁黑色（或灰黑色）的陶器数量较多，特征突出。这种现象被认为是采用覆烧技术的结果，因覆烧时陶器内外壁氧化程度不同，遂造成陶器表里色泽不一。也有的学者认为这是采用了窑外渗炭工艺所致。在洞庭湖西北一带的早期大溪文化遗址中，普遍出现了白陶。到了大溪文化晚期，制陶工艺又有了很大的发展，黑灰陶比例增加，快轮制陶术出现，胎体变薄，胎质细腻，器类增加，流行圈足器、平底器、三足器、圜底器。泥质陶器表施红衣现象较为普遍，装饰风格有较大改变，彩陶流行，数量不多，富有地方特色。

第四阶段的屈家岭文化陶器使用手制、慢轮修整、快轮成型3种方法制作，颜色变为以灰色、黑色为主，夹砂陶的羼和料除石英砂粒外，也有碎陶器末、稻谷壳类有机质等。这一时期制陶业的成就突出表现在：①已能够制作薄胎蛋壳陶，胎厚达0.5毫米～2毫米；②发明晕染式彩陶；③能够生产特大型陶器；④制陶业内部分工细化，出现流水生产作业方式，造型更加规范、程式化。经测试，屈家岭文化陶器的烧成温度达900℃。

第五阶段的石家河文化时期，红色陶曾一度复兴，但不久又回复到以灰陶为主。石家河文化早期，陶器多泥质，器表素面磨光，做工较细。石家河文化晚期，陶器变为以夹砂质地为主，素面陶数量锐减，大型陶器的数量和种类增加，技术进步，不少陶器底部出现使用快轮技术造成的切割痕迹，说明快轮制陶术已较为普及。特别是有些陶器下半部用快轮制作，上半部用泥条盘筑法成型，比较少见。

● **装饰** 在距今9000年以前的新石器时代早期，陶器多施以较粗放的绳纹，有些陶器内外壁均饰绳纹，这是使用原始模制工艺的结果。这一时期，施纹的主要目的并非用于装饰，而是为了增加陶胎质地的密度。距今7000年以前，彭头山文化陶器流行拍印、滚压而成的绳纹，以及剔刺纹、戳印纹、刻划纹和镂孔、齿状花边等。在城背溪文化陶器中，有70%的陶器拍印绳纹，分为粗、细两种，施纹程序一般是从上向下拍打陶器，形成重叠交错的绳纹，比较杂乱。其他纹样还有划纹、篦点纹、捺窝纹、戳印纹等。皂市下层文化陶器中压印纹流行，次之为绳纹、剔刺纹，在湖南怀化出土的一批压印凤鸟纹陶器，构图神秘奇特，有很高的艺术价值。在皂市下层文化和城背溪文化中已出现了红衣装饰和少量彩陶，均用红彩，纹样简单。大溪文化陶器外观素雅，泥质陶器表普遍施红衣，彩陶不多，以黑彩花纹为主，有的施白色陶衣、绘黑红复彩。花纹中一类为花瓣纹、弧边三角纹，是受到中原地区仰韶文化庙底沟期彩陶影响的结果。另一类为土著纹样，如波浪纹、横人字纹、三角纹、草叶纹等。鄂西与湘西北的彩陶花纹有所不同，反映出不同区域有着不同的文化传统。大溪文化中出现一种薄胎彩陶碗，器表绘具有晕染效果的彩色图案，十分独特。大溪文化晚期，开始出现朱绘陶。大溪文化素面陶器以戳印纹装饰最为流行，

早期多装饰在陶盘表面，组成几何纹条带，纹样结构繁缛。大溪文化中晚期多装饰在陶器的圈足部位，流行“X”、“O”、“C”等字母形状组成的图案带，有些因用力过猛，将器壁戳穿，形成小镂孔。屈家岭文化陶器风格素雅，大多不加装饰。流行凸棱、瓦棱、镂孔、绳纹和划纹，仍保持少量的彩陶，多选用泥质红陶，在器表施红色或白色陶衣，绘黑彩网格、平行线、圆点和弧线三角等纹样，其中一种具有晕染效果的彩陶，特点是将两三种不同颜色的陶衣涂于器表，再绘花纹，由于色彩间的重叠，在陶器表面形成陶衣与花纹色彩边缘浓淡相间、相互浸润的独特艺术效果，为该文化最有特点的装饰工艺。晕染式彩陶花纹有横条加重弧纹、菱形方格纹、宽窄条带纹、圆点纹、方格纹等。屈家岭文化陶器还有一大特点是朱绘陶增多。石家河文化陶器流行篮纹、方格纹、刻划纹、戳印纹及镂孔，彩陶消失。在赣江流域，拾年山文化陶器主要装饰刻划纹、拍印纹、戳印纹、附加堆纹和镂孔，部分泥质陶表面施红衣或黑衣。

● **器类** 距今9000年前，器类极为简单，目前可确认的仅有大口圜底罐一种。距今9000年～7000年，器类逐渐增多，但不同地区器类造型差异较小，一器多用现象比较普遍，常见圜底釜、圜底罐、盘、壶、碟、碗和支脚。距今7000年后，器类极大丰富，大溪文化的基本器类包括鼎、豆、簋形器、圈足盘、曲腹杯、碗、筒形瓶、支脚、器座、壶、瓶、罐等。三足器、圈足器比例最高，以圈足器最为发达。屈家岭文化的器类有宽扁足鼎、短柱足鼎、豆、甑、盆、壶、碗、罐、高足杯、壶形器、大口缸等。拾年山文化的器类有鼎、豆、壶、钵、罐。石家河文化的器类有鼎、釜、鬶、盉、缸、罐、豆、甑、杯、壶和刻槽盆；该阶段制陶业最显著的变化是袋足炊器的出现，反映出黄河中游的史前文化已扩展到长江中游地区。除日用生活器皿外，还广泛使用陶垫、陶拍、陶锉、纺轮等工具，也有一批数量可观的人物类、动物类陶塑工艺造型器皿。

参考书目：

何介钧：《湖南早期新石器时代文化遗存》，《东南亚考古论文集》，香港大学美术博物馆，1995。

张绪球：《长江中游新石器文化概论》，湖北科学技术出版社，1992。

中国科学院考古研究所：《京山屈家岭》，科学出版社，1965。

何介钧：《石家河文化浅析》，《纪念城子崖遗址发掘60周年国际学术讨论会文集》，齐鲁书社，1993。

（李水城）

Xianrendong wenhua taoqi

仙人洞文化陶器

新石器时代早期长江中游地区仙人洞文化的陶制器具。仙人洞文化特指江西万年县仙人洞遗址下层文化层，因1962年对万年县仙人洞遗址的发掘而得名，其分布范围仅限于鄱阳湖东南的万年县一带，距今约12000年～9000年。

● **制陶工艺** 全部手制，使用泥片贴塑法分层制作，或采用模制技术成型，烧成温度低。陶胎厚重，质地粗糙，器壁凹凸不平，大部分陶胎厚0.7厘米～0.8厘米，最厚者达1.5厘米。胎内掺有大小不等的石英砂粒，颗粒大者直径达1厘米，厚0.5厘米。多数陶器内外壁颜色一致，也有的外表作红褐色，内壁呈深灰色或黑灰色，或外壁和陶胎为灰黑色，内壁呈红色，甚至还有同一件器物出现了红、灰、黑3种不同的颜色。这种器表色泽不匀、器壁凹凸不平、夹杂有大石英砂粒的现象，显示出制陶工艺尚处在相当原始的阶段。从出土的陶片结构观察，这一时期尚处于平地堆烧陶器的阶段。

● **器类与装饰** 未发现完整陶器，仅能复原出直口圜底罐和侈口圜底罐两种器形，器类相当单一。器表大多施加宽粗的绳纹，有的甚至在器内壁也留下粗糙的绳纹印痕，证明当时可能使用了原始的模制成型工艺。所见绳纹排列一般呈叠压交错状，也有的粗绳纹仅经过了简单的加工抹平。其他还发现有网结纹、戳印圆窝纹等，均很简单。

参考书目

江西省文物管理委员会：《江西万年大源仙人洞洞穴遗址试掘》，《考古学报》1963年1期。

江西省博物馆：《江西万年大源仙人洞洞穴遗址第二次发掘报告》，《文物》1976年12期。

（李水城）

Pengtoushan wenhua taoqi

彭头山文化陶器

新石器时代中期长江中游地区彭头山文化的陶制器具。彭头山文化因1988年对湖南澧县彭头山遗址的发掘而得名，主要分布于洞庭湖西北一带的澧阳平原，距今9000年～7500年。

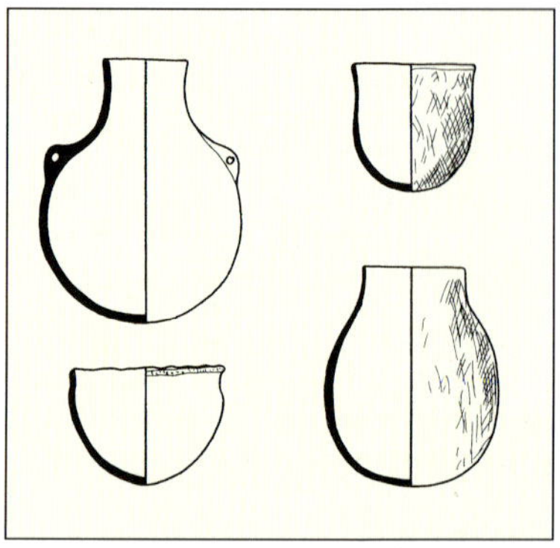

彭头山文化陶器

● **制陶工艺** 陶器全部手制，小型陶器使用捏制方法成型，较大的器皿采用泥片贴塑法成型，也发现有两种技术交替使用的现象。陶质无明显的夹砂或泥质之别，除陶支脚外，陶器胎内普遍掺有稻壳、谷秆一类有机质，约占陶器总量的90%以上，属夹炭陶性质。这种质地的陶器胎体呈黑色或深灰色，器表大多施加一层厚约1毫米的陶衣，表面呈红褐色或橙黄色，容易脱落。陶胎普遍较厚，器表凹凸不平，常遗留有刮削、抹平、打磨等制作时留下的痕迹。有些陶器左右造型不很对称，外观较粗糙，尚保留较多的原始特征。在烧造上很可能采用的是平地堆烧法，烧成温度低，硬度较差。在偏晚阶段，已能制作形体较高大的圜底器，造型对称，表现出制陶工艺已有较大的进步。

● **装饰** 纯素面陶很少，器表大多有装饰，以通体拍印的交错绳纹数量最多，采用拍印、滚压两种方法装饰，以拍印为主。一般拍印的绳纹作长条形，比较清晰；滚压出的绳纹较为凌乱，多装饰在近器口处或陶器的口唇处，多数陶器口沿由于装饰滚压绳纹而呈锯齿状。其他常见纹样有剔刺纹、戳印纹、刻划纹及花边饰、镂孔等，刻划纹一般作双线大网格形式。

● **器类** 有圜底釜、双耳小口壶、盘、钵、支脚、碗、盆、碟和三足罐。造型比较简单，流行圜底器，缺少变化，造型固定者较少，有些器类间差异不很明显。

参考书目

湖南省文物考古研究所：《湖南澧县彭头山新石器时代早期遗址发掘简报》，《文物》1994年8期。
湖南省文物考古研究所：《湖南澧县梦溪八十垱新石器时代早期遗址发掘简报》，《文物》1996年12期。
何介钧：《湖南早期新石器时代文化遗存》，《东南亚考古论文集》，香港大学美术博物馆，1995。

（李水城）

Pengtoushan yizhi shuang'er huandi xiaokou taohu

彭头山遗址双耳圜底小口陶壶

彭头山遗址双耳圜底小口陶壶

新石器时代中期彭头山文化的陶制盛储器。1988年由湖南省文物考古研究所在澧县彭头山遗址中发掘出土。现藏于北京大学赛克勒考古与艺术博物馆。

通高36.7厘米、口径13厘米、腹径33.8厘米。夹炭红褐陶质，胎内还掺有少量细砂，手工制作。小口，球形圆腹，圜底，肩部设置一对小耳。器表素面，涂抹一层较细的泥浆陶衣，颜色不匀，有灰黑色斑块。

双耳圜底小口壶是彭头山文化中最常见的典型器。该器胎内夹有稻谷壳、杆一类有机质羼和料，通过对这些有机质的分析研究，证实长江中游地区是中国稻作农业的重要起源地。（李水城）

Zaoshi Xiaceng wenhua taoqi

皂市下层文化陶器

新石器时代中期长江中游地区皂市下层文化的陶制器具。皂市下层文化因1977年和1981年对湖南石门县皂市遗址的发掘而得名，主要分布于湘西北一带，距今7500年~6800年。

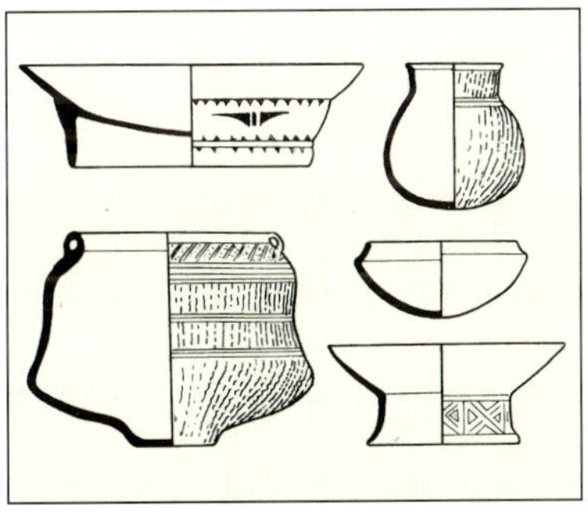

皂市下层文化陶器

● **制陶工艺** 陶器全部手工制作，出现泥条叠筑技术，有的分段制作陶坯，再对接成型，小型器使用捏塑法成型。造型规整，胎壁变薄，厚薄较均匀。器表大多经过打磨处理，外观较平滑，烧成工艺改进，硬度普遍增高，器表色泽也趋于纯正。这一阶段有少量陶器表面施红色或白色陶衣，质地以夹砂为主，夹炭陶的比重明显下降，泥质红陶、红褐陶数量增多，并出现颜色较纯正的灰陶及少量的白陶，如在湖南岳阳市坟山堡皂市下层文化遗址发现有距今7500年左右的白陶，这种白陶以高镁质易熔粘土（滑石粘土）为原料，是目前长江中游地区乃至中国境内所知年代最早的白陶标本。已经出现能够有效地控制火候的地下式陶窑。

● **装饰** 器表装饰比较复杂，一改彭头山文化中普遍施加粗乱绳纹的作风，使用拍印、压印、篦点、刻划、剔刺、镂孔等多种施纹方法，纹样种类增多，更加富于变化。各类纹样中以绳纹居多，结构由粗变细，由散乱变为规整有序。在湖南怀化市高庙遗址出土的一批压印篦点纹的陶器，不仅有各种几何花纹，还有由篦点纹构成的富于变化的凤鸟纹、太阳纹、神徽纹等，构图夸张、奔放，艺术表现手法娴熟，画面组织神秘，构图规整、设计精美，艺术价值较高。在湖南长沙县南托乡大塘遗址还发现有个别用红彩绘制的双凤朝阳、太阳、干栏式建筑等类图案的彩陶器，很有特色，是研究当时原始宗教和原始艺术的珍贵资料。

● **器类** 造型可分圜底器、平底器和圈足器3类，以罐类器数量最多，包括高领罐、卷沿罐、盘口罐、直口罐等10余种。其他还有双耳罐、双耳釜、折沿釜、盘口釜、钵等，造型复杂，特点是器表转折，棱角突出。

参考书目

湖南省博物馆：《湖南石门皂市下层新石器遗存》，《考古》1986年1期。
何介钧：《湖南早期新石器时代文化遗存》，《东南亚考古论文集》，香港大学美术博物馆，1995。

（李水城）

Chengbeixi wenhua taoqi

城背溪文化陶器

新石器时代中期长江中游地区城背溪文化的陶制器具。城背溪文化因1983年对湖北宜都县城背溪等遗址的发掘而命名，主要分布于鄂西北地区长江两岸，在江汉平原西部也有少量发现，距今7500年左右。

● **制陶工艺** 陶器全部手工制作，部分使用泥片贴塑法，一些个体较大的器皿使用泥条盘筑法分段

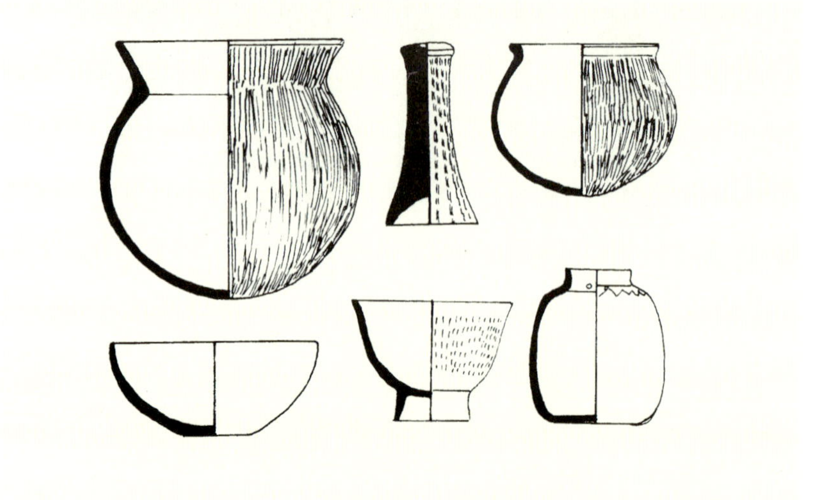
城背溪文化陶器

制坯，对接成型，接茬处往往留有明显的对接痕。器内壁有凹凸不平现象，有些在局部还保留明显的手工压抹印记。制陶工艺保留一定的原始特征，烧成温度偏低，质地较松软，表面色泽多不纯正，夹杂灰褐色斑块。晚期，红陶比例增加，据统计，红褐色陶已占陶器总量的80%。总体来看，该文化陶器有3个特点：①陶胎内普遍掺有较细的砂粒或蚌壳粉末；②夹炭陶数量较多，羼合料以碳化的稻谷壳、茎叶为主，此类陶器的胎芯呈炭黑色或灰黑色，胎较厚，质地疏松，重量轻；③夹砂陶器表用泥浆抹平或施陶衣，外表看极似粗泥陶。有的学者从制陶工艺的角度出发，认为城背溪文化的陶器尚处在平地堆烧阶段，在陶胎内掺入有机质，目的是为了在烧陶时引起内燃，达到提高火候、增加陶器硬度。后随陶窑的出现，这种夹炭陶才逐渐被淘汰。经检测，陶器的烧成温度仅有600℃。

● **装饰** 约70%的陶器拍印绳纹，施纹程序是从器物上部向下拍打，造成花纹交错重叠的效果。绳纹分为粗、细两种，细绳纹排列比较规整。其他纹样还有刻划纹、篦点纹、按窝纹、戳印纹及镂孔等。晚期出现了少量施加陶衣的陶器，颜色有红、黄、白等。还发现有极个别的彩陶，一般将黑彩绘在施红衣（或不施陶衣）陶器的醒目位置，如钵口沿、罐肩部。构图很简单，均为直线条纹。

● **器类** 基本器类组合为圜底釜、圜底钵、圈足盘和支脚4种。其次还有罐、壶、碟、碗等，造型简单，缺少变化。炊具中以陶釜比例最高，约占陶器总量的一半以上，是当时最主要的炊食器皿。晚期出现有双耳扁壶、三足鼎、盆、三足盘等，造型逐渐复杂。除生活用具外，还发现一件陶纺轮，是长江中游地区目前已知年代最早的纺织捻线工具。

参考书目

张绪球：《长江中游新石器时代文化概论》，湖北科技出版社，1992。

杨权喜：《试论城背溪文化》，《东南文化》1991年5期。

（李水城）

Daxi wenhua taoqi

大溪文化陶器

大溪文化陶器分区图

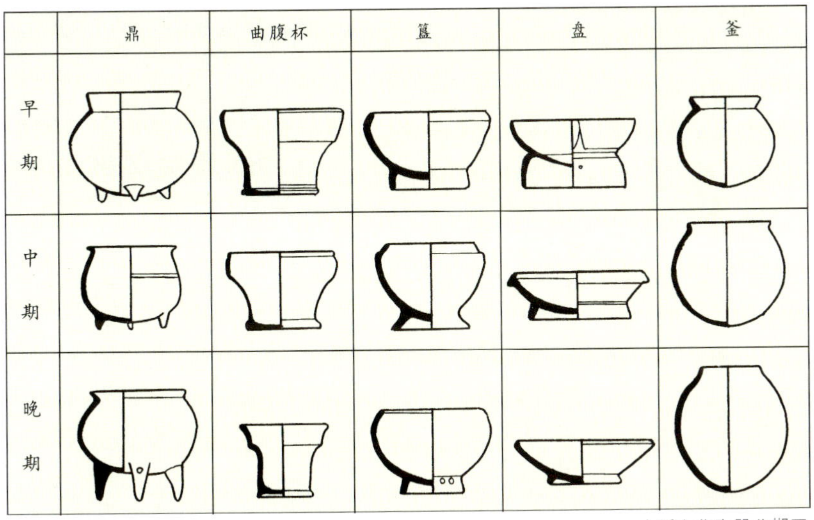

大溪文化陶器分期图

新石器时代晚期长江中游地区大溪文化的陶制器具。大溪文化1959年首次发现于四川巫山县（今属重庆市）大溪遗址，1962年正式命名。分布范围西起三峡、鄂西北地区，东抵鄂中江汉平原，并有向鄂东渗透的迹象，南达湘西北一带，鄂西——江汉平原——洞庭湖西北一线为该文化的分布中心。大溪文化是在彭头山——城背溪文化的基础上发展而来的，距今6500年～5000年。

● **文化分区及分期** 据大溪文化的空间分布和文化面貌上的差异，可分为若干地域类型，最主要的有两个，一为鄂西北类型，另一为湘西北类型。两个类型的文化渊源不同，前者源于城背溪文化，可以湖北枝江县关庙山遗址为代表，称为大溪文化关庙山类型；后者源于彭头山——皂市下层文化，可以湖南安乡县汤家岗遗址为代表，称为大溪文化汤家岗类型。根据大溪文化的演变，可分为早、中、晚3期，早期距今6000年前后；中期距今6000年～5500年；晚期距今5500年～5000年。

● **制陶工艺** 早期陶器全部依靠手工制作，使用泥条盘筑法成型，出现慢轮修整技术。多数遗址以夹炭红陶为主，其他还有夹砂灰陶、泥质灰陶、黑陶、橙黄陶和少量白陶。夹炭陶胎内填加稻壳、杆等有机质碎末。夹砂陶除掺加砂粒外，也有的掺碎陶末、蚌壳粉末（以蚌壳末、螺壳末为羼和料）。器表一般经打磨处理，流行施红衣（少量施白衣）的作风。烧造火候一般，器表颜色有不纯正现象。有些遗址出土的陶器主要为粗泥红陶，夹炭陶少见，显示出不同地区不同的制陶工艺传统。随着时间的推移，大溪文化中夹炭、夹砂、夹蚌陶数量逐渐降低，泥质陶比例攀升。早期以圜底器、圈足器为主，釜和支脚为主要炊具，器形普遍粗矮、厚重，为大溪文化特征初步形成期。大溪文化中晚期，仍延续使用泥条盘筑法，慢轮修整技术普及，红陶和施红衣陶数量降低，随着还原烧成工艺和渗炭技术的出现，黑色、灰色陶比例上升，黑灰陶在有些遗址已占据主要地位。陶釜的数量锐减，陶鼎逐渐成为常用的炊具。大溪文化晚期出现了个别快轮成型的陶器，多为小型器皿。另一个代表大溪文化制陶业水平的是细泥薄胎黑陶和蛋壳薄胎彩陶的出现，做工相当精细，为大溪文化陶器中的精品。上述工艺的出现具体反映出大溪文化制陶业的长足进步。湖南安乡县划城岗大溪文化遗址发现有用大红土块砌成的陶窑，分窑室、火口、烟囱、火道几部分，火膛外鼓，最大直径130厘米，这种陶窑估计每窑可烧小件陶器10件左右，烧成温度达600℃～850℃。

与同一时期其他诸考古学文化相比，大溪文化陶器中最有特点的是：有相当一部分陶器外表为红色、橙红色，内壁呈黑色或灰黑色。经模拟实验，这种内黑外红的陶器是采用覆烧工艺的结果。所谓覆烧，就是将陶器倒扣在窑内焙烧，陶器外表因裸露氧化而成为红色，内壁因封闭渗炭而呈黑灰色。还有部分陶器表面局部呈黑色，应是采用窑外渗炭工艺的结果。晚期的黑陶采用了窑内渗炭技术。经检测，彩陶的烧成温度为830℃，吸水率为9.28%；黑陶的烧成温度为780℃，吸水率为7.33%；灰陶烧成温度为810℃，吸水率为7.4%；夹砂红陶的烧成温度为750℃，吸水率为5.6%。

● **装饰** 泥质陶表面普遍施红色陶衣，有时陶衣涂抹较厚，呈深红色。流行在圈足或器柄上装饰各种形状的几何形戳印纹，如O、X、R、Z、Y、半圆、三角、新月、长方、长条等形状的装饰带，富有特色，有些因用力过猛穿透陶胎形成镂孔。其他装饰还有弦纹、刻划纹、附加堆纹、镂孔和彩绘。彩陶数量不多，时兴红衣黑彩，在鄂西还有施白衣、红白衣及绘黑彩、黑红彩的陶器。花纹分为两类：①弧边三角构成的花瓣纹，仅见于鄂西地区，应是受到黄河流域仰韶文化庙底沟期彩陶影响的产物；②漩涡波浪纹、纽索纹、横人字纹、回纹、草叶纹、网格纹等，是长江中游地区的土著纹样，漩涡波浪纹、纽索纹在湘西北地区特别发达，地方性更加鲜明。还发现有少量橙黄陶薄胎碗，器表绘黑彩或赭彩，画面具有晕染效果，工艺独特。在大溪文化偏晚阶段，镂孔装饰增多，彩陶数量锐减，构图草率，出现了在黑陶器表面绘红彩的朱绘陶。夹砂陶常在器表拍印绳纹、篮纹。刻划类装饰减少，戳印纹、弦纹和镂孔流行。湖北宜昌市杨家湾遗址还出土有一批大溪文化晚期的“刻划符号”，大多刻在陶器的底部，数量大，种类多，“符号”结构比较复杂，是探索汉字起源的重要材料之一。

● **器类** 分平底器、圜底器、

圈足器、三足器几大类，以圈足器最为发达。种类丰富，特征鲜明，基本组合包括罐形鼎、深腹豆、浅腹豆、簋形器、圈足盘、三足盘、曲腹杯、单耳杯、圈足碗、筒形瓶、小口高领瓶、支脚、器座、小口细颈壶、高领罐、小口罐、盆、釜、钵、碟、瓮、器盖等。其中簋形器、圈足盘、三足盘、曲腹杯、筒形瓶、支脚、高领罐等为最富特色的器类。

参考书目

四川省博物馆：《巫山大溪遗址第三次发掘》，《考古学报》1981年4期。

湖南省博物馆：《安乡划城岗新石器时代遗址》，《考古学报》1983年4期。

李文杰等：《大溪文化的制陶工艺》，《中国原始文化论集》，文物出版社，1989。

李知宴：《论大溪文化陶器的工艺特色》，《南中国及临近地区古文化研究》，香港中文大学出版社，1994。

（李水城）

Daxi wenhua baitaoqi

大溪文化白陶器

新石器时代晚期大溪文化生产和使用的白陶器。最早出现并发达于大溪文化早期，即距今6000年前后，集中分布于湖南西北部一带，这里是长江中游地区白陶的主要产地，并由此向外辐射影响到周边其他地区。大溪文化晚期，白陶数量锐减。

白陶是一种在氧化焰气氛中烧成的陶器，表里皆为白色，也有的胎骨颜色稍暗，微泛黄色、灰色或粉红色，多数白陶胎体内掺有细砂类羼和料，少量为纯泥质陶。白陶的原料与一般陶器成份不同，经检测，白陶胎骨的主要成份为SO（含68.92%）和MgO（含23.38%）；粘土原料分为两种，一种是以氧化硅（SiO2）和氧化铝（Al2O3）为主的白粘土，即高铝质易熔粘土（高岭土），另一种是以氧化硅和氧化镁（MgO）为主的白粘土，即高镁质易熔粘土（滑石粘土）。此类粘土氧化铁含量很低，在氧化气氛下烧成的陶器呈白色或其他浅色调。高岭土类白陶的化学组成与红陶、灰陶、黑陶相比，都以氧化硅、氧化铝为主要成份，但白陶所含氧化硅、氧化铝类化合物比例较一般陶器略高，烧失量也较低，原料质地较纯，只含较少的有机质和易分解的盐类，而一般的红色、灰色、黑色陶器胎体内氧化铁含量较之白陶普遍要高出一倍以上，所以高铝质易熔粘土白陶的出现对后世瓷器的发明影响深远。

大溪文化的白陶胎内多掺细砂，烧成火候较该文化其他陶器为高，器表呈洁白、黄白或灰白颜色，素雅美观。多为盘、豆类圈足器，器表流行用不同形状的戳模、拍子压印的几何花纹，一般通体装饰，排列密集，形状各异，种类有曲折纹、锯齿纹、篦点纹、联珠纹、方格链条纹、波浪纹、连弧纹、横日字纹、指甲纹、圆圈纹及镂孔等，有些白陶表面还用红彩绘饰花纹。大溪文化晚期，白陶数量锐减，种类单一，仅发现陶豆一种。据统计，湖南安乡县划城岗遗址出土的白陶约占陶器总量的10%，数量相当可观。经检测，湖南澧县三元宫遗址出土的白陶化学成份有高铝质和高镁质两种，烧成温度达880℃，吸水率11.74%。

参考书目

湖南省博物馆：《湖南省安乡县汤家岗新石器时代遗址》，《考古》1982年4期。

任式楠：《论华南史前印纹白陶遗存》，《南中国及临近地区古文化研究》，香港中文大学出版社，1994。

（李水城）

Tangjiagang yizhi yinwen baiyi taopan

汤家岗遗址印纹白衣陶盘

新石器时代晚期大溪文化的陶制饮食器。1978年由湖南省博物馆在安乡县汤家岗遗址第24号墓中发掘出土。现藏于湖南省博物馆。

通高6.5厘米、口径19厘米。手制，胎体为粗泥红陶质，外表施较厚的白色陶衣。大口，口缘内敛，斜弧腹壁，圜底，大喇叭状圈足，造型稳重大方。器表饰繁密的压印纹，口沿、器腹上下及圈足部位共压印7组“X”形压印纹，腹部主体纹样为一周12组折曲纹，每组7个折角。圈足饰2周压印纹，最下1周为齿状带纹。在主图案之外以密度为每平方厘米7个的小方格组成地纹。这些花纹无相互重叠、上下移位现象，凹凸分明，花纹繁缛、流畅，是用特制模具经仔细压印而成的。

这种造型的陶盘是湘西北地区大溪文化早期阶段最有特色的器皿，其中有相当一部分为白陶，反映该区域从很早起就对这种特殊的粘土有了深刻的认识。后来，以圈足陶盘为代表的长江中游地区文化因素逐步向南扩展，最远波及到华南地区的珠江三角洲地区，并对当地的史前文化产生了重要影响。（李水城）

汤家岗遗址印纹白衣陶盘

Daxi wenhua taoxiangqiu

大溪文化陶响球

新石器时代晚期大溪文化的陶制玩具（或乐器）。为大溪文化最有代表性的典型陶器之一，除在大溪文化村落居址中有所发现外，也常用于随葬。

该文化陶响球为手工制作，其程序是先制作2个空心的半圆，再经粘接组和成一圆球。直径一般在10厘米以下，内腔中空，装入细碎陶粒或小砂石，摇之可发出哗哗声响。在陶球表面等距离装饰一定数量的戳印凹窝或圆孔，再以圆孔、凹窝为基点，用篦点纹、刻划细线条纹将圆球表面分割为均等的几何形，表明当时的工匠已掌握了初步的几何学知识。在鄂西北地区发现有施白衣绘黑红复色的彩陶球，制作十分精美。陶响球很可能是当时的儿童玩具（或一种简单的原始乐器），目前发现的陶球绝大多数为圆形，在重庆巫山县大溪遗址还发现有做成圆锥形状的陶响器，其功用与圆形陶球相同。（李水城）

Daxi yizhi biwen taoxiangqiu

大溪遗址篦纹陶响球

新石器时代晚期大溪文化的陶制玩具（或乐器）。1959年由四川长江流域文物保护委员会文物考古队在巫山县大溪遗址中发掘出土。现藏于四川省博物馆。

大溪遗址篦纹陶响球

直径5.6厘米。夹细砂红陶质，手制，对接成型。整体作圆球形，空心。球体表面戳印等距离分布的6个圆形小孔，再用尖利的工具在器表戳印排列规整的双股篦点纹，组成对称的扇形图案，将球面均等地分割为8组。球体内装入若干细小砂粒，摇之沙沙做响。该球做工精细，花纹对称美观。（李水城）

〖大溪文化其他陶器〗

Daxi yizhi bolangwen tongxing taoping

大溪遗址波浪纹筒形陶瓶

新石器时代晚期大溪文化的陶制随葬明器。1975年由四川省博物馆在巫山县大溪遗址第114号墓中发掘出土。现藏于四川省博物馆。

大溪遗址波浪纹筒形陶瓶

通高17厘米、口径7.5厘米、底径8厘米。细泥红陶质，手制，器表打磨光滑，施红色陶衣。喇叭口，竹节形筒状器身，两端粗中间细，平底。器表上半部绘黑彩横条带纹、组索纹。这类造型的陶筒形瓶是大溪文化最富特色的典型陶器之一。（李水城）

Qujialing wenhua taoqi

屈家岭文化陶器

新石器时代晚期长江中游地区屈家岭文化的陶制器具。屈家岭文化1955年首次发现于湖北京山县屈家岭遗址，后正式命名。其分布范围与大溪文化基本重合，但对四周的影响力超过大溪文化，该文化的北界在鄂西、汉水中游和南阳盆地一线，并渗透到河南郑州附近的黄河沿岸及陕西南部的商县，东界至湖北武汉、黄陂一带，南界达湘西北地区。屈家岭文化是在大溪文化基础上发展而来的，距今5000年～4600年。

● **制陶工艺** 包括手制、慢轮修整、快轮制作3种，较多地使用了快轮制陶工艺，一般中小型器皿用快轮拉坯成型，个体较大的容器仍手工制作，再经慢轮修整加工。夹砂陶掺入石英砂粒和经碾碎的陶器碎末，仍保留一些夹炭陶。陶色以灰色为主，黑色次之，红色再次之，在不同的时期，比例有所变化。屈家岭文化早期，制陶工艺已具有较高水平，造型普遍比较规整，胎体厚薄均匀，有些杯、碗类饮食器胎壁很薄，工艺要求较高。这一时期的制陶业有一很大的变化，即内部分工更加细致，产品的规范化程度大大提高，具体表现在不少陶器的主体部位造型相同，根据不同的需要配以附件，或三足，或圈足，或器柄，与主件组成不同的器类，最典型的有双腹豆、双腹碗、双腹鼎等，反映出制陶业内部已出现了“流水作业”的集约化方式，大大提高了劳动生产率，以满足社会对陶器的大量需求。晚期，快轮制陶技术进一步普及，制作工艺方面却不如早期精细，胎体有增厚的现象。这一时期制陶工艺的进步主要表现

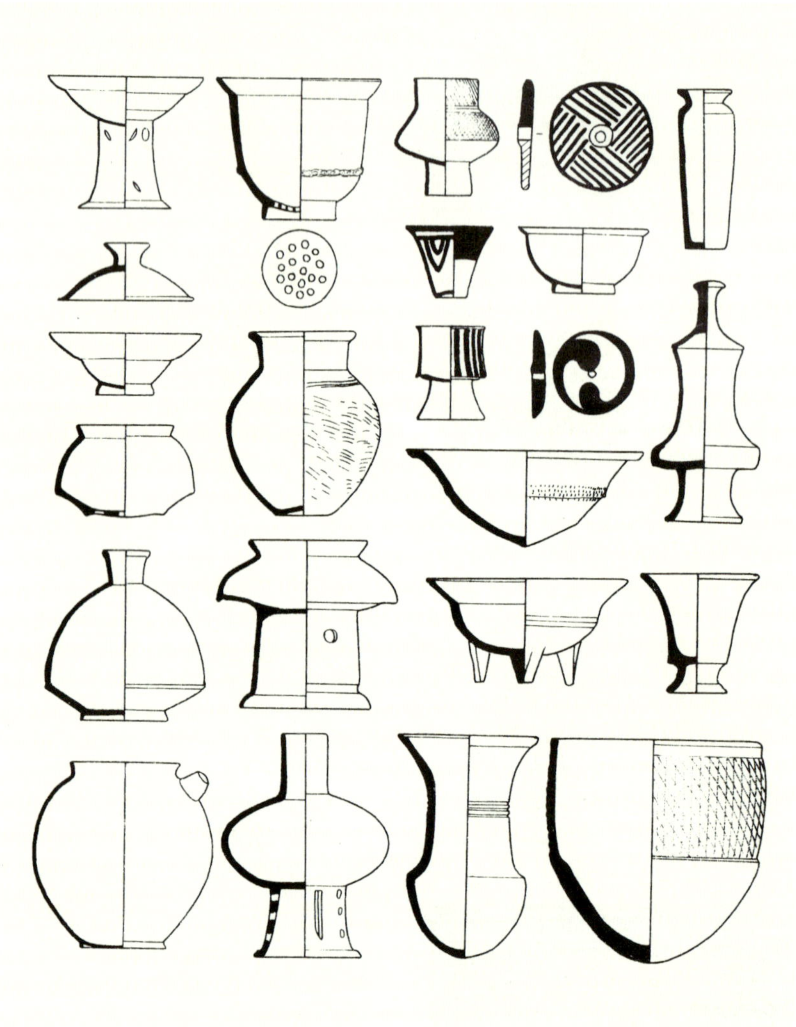

屈家岭文化陶器

在两方面：①普遍能够生产特大型陶器，如口径宽达86厘米的大型陶锅，形体高大的陶缸、陶臼，大型管状陶器等；②发明胎厚0.5毫米~2毫米的薄胎陶器，其中有少量精美的蛋壳彩陶。

在湖北郧县青龙泉遗址曾发现有屈家岭文化的横穴式陶窑，平面作葫芦形，窑室为圆形，火膛底部低于火道。经对青龙泉遗址出土陶片进行测试，其彩陶和灰陶的烧成温度均在900℃左右。

● **装饰** 以素面不加装饰为特点，外观朴实无华。常用装饰以凸棱纹、瓦棱纹为主，其次还有镂孔、绳纹、篮纹、划纹和彩绘。彩陶数量不多，但很有特点，多数彩陶先在器表施红色或白色陶衣，再用黑彩绘饰花纹。惯用直线、弧线、圆点、半圆、横条加重弧等几何线条，花纹流行棋盘格、卵点、菱形、水涡纹等，特点主要在于：①以黑红复彩居多，色彩搭配浓艳活泼，注重装饰效果；②构图工整严谨，无论是棋盘格纹、漩涡纹，还是网格纹，都像是一幅工笔画，运笔着色精雕细琢，在平面分割上很少出现错乱草率现象。特别是薄胎蛋壳彩陶，继承了大溪文化的工艺传统，制作更加精细，均为细泥橙黄陶，器表一般通体施红、灰、黑3种陶衣，包括器内壁和器底部，不同的颜色重叠使用，再在陶衣上绘画黑、红、橙黄等不同颜料组成的花纹。由于色彩重叠，故造成陶衣与彩绘颜料相互浸润、色泽浓淡相间、宛若云霞的奇特艺术效果。具有这种晕染风格的有杯、碗、壶等少数几种器皿，在当时，此类器皿很可能有特殊的功用。朱绘陶的数量较大溪文化时期增多，颜色易脱落，难保存，所见花纹多为组索纹、菱格纹和弦纹。此外，还发现一批刻划有“图形符号”的大型陶缸，造型与黄河下游大汶口文化的同类器相同，“刻符”的位置、图形也很接近，估计其性质、功用也应相同。

● **器类** 以三足器、圈足器所占比例最大，流行双腹造型，如双腹豆、双腹碗、双腹鼎等。其他典型器还有宽扁足鼎、短柱足鼎、罐形鼎、高足杯、大口缸、高领罐、喇叭形薄胎杯、圈足壶形器、束颈小罐、高圈足杯、大盆、臼、敞口碗、甑、蛋壳彩陶碗、器盖、陶球等。除一般日用器外，还发现有四耳管状器、细管形器、乳钉管形器、粗大的子母口管形器等。据研究，这些管状器是与宗教祭祀有关的特殊用具，而细管形器、乳钉纹管形器应与男性生殖崇拜有着较密切的关系。

参考书目

中国科学院考古研究所：《京山屈家岭》，科学出版社，1965。

张绪球：《长江中游新石器时代文化概论》，湖北科学技术出版社，1992。

（李水城）

Qujialing wenhua caitao fanglun

屈家岭文化彩陶纺轮

新石器时代晚期屈家岭文化的陶制捻线工具。是屈家岭文化陶器中特征十分突出的陶制品，主要集中出土于湖北京山县屈家岭、天门市石家河等遗址。

屈家岭文化彩陶纺轮

造型一面平齐、一面略微呈凸弧形，器表大多施一层橙黄色陶衣，一面绘黑色、红褐色花纹。构图多以中心圆孔为轴心，将圆面分割为3、4、5不同等份，再绘以平行短直线纹、弧线纹、卵点纹、同心圆纹、连续螺旋纹、漩涡纹、阴阳鱼等花纹。这些纺轮个体扁薄小巧，做工较精，如天门市石家河谭家岭遗址出土的一枚彩绘泥质红陶纺轮，直径3.4厘米，厚0.8厘米，器表绘黑彩花纹，有的极似阴阳太极图。由于彩陶纺轮的分布范围仅集中在湖北江汉平原的局部地区，而且个体明显偏小，实用价值似乎不大，故有的学者推测它可能是当时在局部地区流通的“原始货币”，还有的学者认为它是在玉璧出现之前用于祭天的法器。对这些看法还有待于深入研究。

参考书目

蔡运章：《屈家岭文化的天体崇拜——兼谈纺轮向玉璧的演变》，《中原文物》1996年2期。

（李水城）

〖屈家岭文化其他陶器〗

Huanglianshu yizhi heitao gaobingbei

黄楝树遗址黑陶高柄杯

新石器时代晚期屈家岭文化的陶制水器。1965年由河南省博物馆在淅川县黄楝树遗址中发掘出土。现藏于河南省博物馆。

黄楝树遗址黑陶高柄杯

通高19.5厘米、口径7.5厘米。细泥黑陶质，轮制，器表打磨光滑。上部为一小杯，喇叭口，宽沿，斜直折腹，下部为粗大的器柄，圆盘状底座，杯腹下部饰2股凹弦纹，弦纹间饰竖列刻划纹，柄部饰圆形镂孔，每排2枚，共4排；另饰2组凹弦纹，每组2股，其间饰叶脉状刻划纹。

（李水城）

Sanyuangong yizhi rudingwen gangxing taoqi

三元宫遗址乳钉纹缸形陶器

三元宫遗址乳钉纹缸形陶器

新石器时代晚期屈家岭文化中期随葬用的陶制明器。1974年由湖南省博物馆在澧县梦溪三元宫遗址第24号墓中发掘出土。现藏于湖南省博物馆。

通高28.5厘米、口径35.6厘米。细泥红陶质，手制成型，器表素面并经打磨处理。侈口，圆唇，圆鼓腹，小平底，颈部贴塑一周密集的乳钉。此类装饰有乳钉纹的器皿在长江中游地区、黄河中下游地区及东南沿海一带都有发现，表现出中国远古文化所具有的统一性。

（李水城）

Sanyuangong yizhi dataopen

三元宫遗址大陶盆

新石器时代晚期屈家岭文化的陶制炊食器。1974年由湖南省博物馆在澧县梦溪三元宫遗址中发掘出土。现藏于湖南省博物馆。

通高42厘米、口径67厘米。夹砂红色陶质，手制，胎体较厚，器表施一层红色陶衣。敛口，圆唇，鼓腹，圜底，器腹装饰凹弦纹数周，刻划交叉网格纹3组和短竖条纹2组。

该器形体高大，陶胎厚重，为当时的炊食用具，功能与今日煮饭之锅相同。能够制作这种特大型的陶器，集中反映了屈家岭文化制陶工艺所取得的长足进步。

（李水城）

三元宫遗址大陶盆

Dengjiawan yizhi taoguanxingqi

邓家湾遗址陶管形器

长江中游地区新石器时代晚期屈家岭文化的陶制宗教祭祀用具。1987年由湖北荆州地区博物馆等单位在湖北天门市邓家湾遗址中发掘出土。现藏于荆州博物馆。

邓家湾遗址陶管形器

通高157厘米、下口径31厘米。泥质红陶，手制。由上下两段管形器套合组成，上面一件整体略细，上部为一细长管，顶部封口，中部略偏下作圆球形，表面饰多枚突起的长乳丁，下半段亦作圆筒状，表面饰6道凸起的附加堆纹。下面一件管形器筒径较粗，也作上细下粗状，高度略低，器表饰多股凸起的附加堆纹，排列十分密集。上下两段管状器正好相互套合，细管状器的下口直径与粗管状器的上口直径尺寸基本相同。

一些学者认为，这种管状器应

拾年山文化陶器

是当时举行祭祀活动的用具，它的形状与甲骨文、金文中的“祖”字相似，而“祖”字则是对男性生殖器的象形化模写，由此可见，管状器很可能是屈家岭先民举行祭祀活动时所用的法器，以管状器象征祖先，在祭祀中祈求祖先保佑氏族繁衍兴旺、降福免灾。此类器皿的出土，证实了在当时的社会中宗教观念和宗教活动已有显著的发展。

（李水城）

Shinianshan wenhua taoqi

拾年山文化陶器

新石器时代晚期长江中游地区拾年山文化的陶制器具。拾年山文化因1986年对江西新余市拾年山遗址的发掘而命名，分布范围以赣江下游、鄱阳湖沿岸为中心，其影响力较广，向西影响到湖南中部，向南影响到粤北、闽北地区，距今5500年～4800年或更晚。

● **制陶工艺** 包括手制、轮制、模制3种，陶器的主体部位一般使用手制或轮制法成型，器足、圈足、器耳等附件使用模制技术，然后将主件与附件套合粘接成型。圜底器普遍以手工制作。据统计，约占该文化陶器总量44%的陶器为夹砂红陶和夹砂灰陶，31%为泥质灰陶，23%为泥质红衣陶和泥质黑衣陶，其余还有极少的泥质黄褐陶和白陶。泥质陶颜色比较均匀，器表多经过打磨处理。夹砂陶羼和料均为石英砂粒。经对江西修水县跑马岭遗址出土陶片的检测，红陶的烧成温度为800℃～900℃，夹砂灰陶为600℃～700℃。

● **装饰** 器表以刻划纹和拍印纹为主，也常用戳印和镂孔的方法。纹样有圆圈纹、篮纹、绳纹、折线纹、八字纹、竖条纹、V形纹和附加堆纹等。部分泥质陶表面施红色或黑色陶衣，处理得比较光洁。

● **器类** 以三足器、圈足器数量最多。按使用功能划分，属日常生活用具的有异形高足鼎、豆、壶、钵、罐、袋足鬶、杯、盆、釜、碗；工具类有陶垫、陶拍、陶锉、陶纺轮；另有个别的陶塑工艺造型器皿。

参考书目

江西省文物考古研究所等：《江西新余市拾年山遗址》，《考古学报》1991年3期。

（李水城）

Shijiahe wenhua taoqi

石家河文化陶器

新石器时代晚期长江中游地区石家河文化的陶制器具。石家河文化1955年首次发现于湖北天门县石河镇，曾先后使用过“湖北龙山文化”、“季家湖文化”、“桂花树三期文化”、“青龙泉三期文化”、“长江

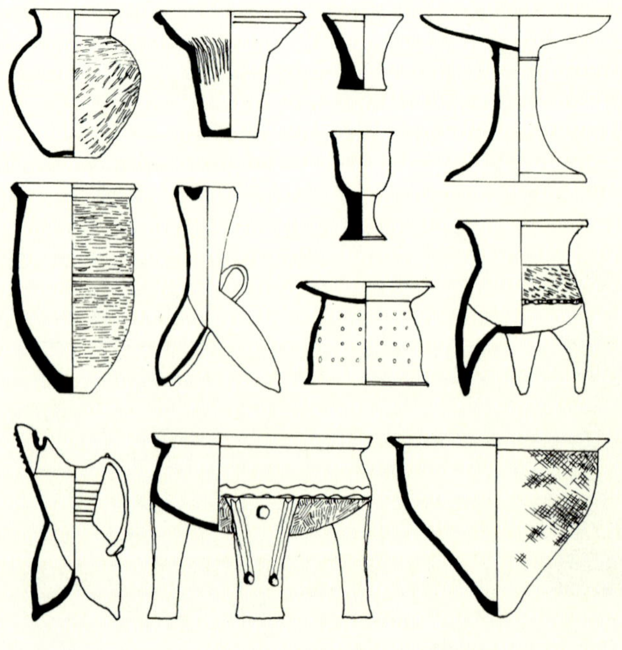

石家河文化陶器

中游龙山文化”、“石家河文化”等不同名称，根据考古学文化的命名原则，1984年正式启用“石家河文化”一名。该文化的分布以江汉平原腹心地带的湖北京山、天门为中心，西北抵达鄂西北汉水中游和豫鄂两省交界处，西南至湘西北洞庭湖西岸，东南在鄂赣两省交界处，东界达鄂东黄岗至鄂州一线。石家河文化是在屈家岭文化的基础上发展起来的，距今4600年～4000年。

● **制陶工艺** 呈现明显的阶段性。早期的制陶工艺尚保留有屈家岭文化的部分特征，以泥质灰陶为主，有少量彩陶器及彩陶纺轮，开始出现了一些新器形，如鬶、平底钵等。中期，屈家岭文化的因素基本消亡，自身文化特征形成，红陶比例骤增，比例高达70%，泥质灰陶反而退居次要地位。石家河文化晚期，泥质灰陶再度复兴，成为主要陶系，而且有装饰的陶器总量也超过了素面陶。总体看，石家河文化制陶业的进步主要表现在以下方面：①普遍使用快轮制陶工艺，凡是能使用轮制方法制作的陶器均使用快轮工艺，有些器皿不适宜整体一次成型，就采用分别轮制部件再拼接成型的方法。陶鬶类袋足器则使用了模制成型技术。②已能够成批生产大型陶器，这一时期有的陶缸、陶瓮高达1米左右。在此之前，这种特大型容器尚不多见，表明当时的陶器制作及烧成工艺均有了较大幅度的提高，容积更大、结构更完善的陶窑已经出现。更重要的一点是，制陶业已突破了家庭手工业的格局，成为独立的手工业生产部门。1978年在湖北房县七里河遗址发现的一座竖穴式陶窑，其火膛呈扁筒状，高0.3米，中央略鼓，长方形，南北长1米，东西宽0.66米。火门作椭圆形，周围为红烧土。火膛正上方为窑室，仅存带窑箅的底面，平面近圆形，直径大于1米，上面有7个直径5厘米～8厘米的圆形箅孔。③制陶手工业内部分工更为细致，产品种类比较固定、单一，出现在一个村落中只生产一种或几种产品的现象。如在天门市三房湾遗址中约100平方米的范围内，出土有大量的红陶小杯，据粗略统计，总量达数万件之多。另外，在天门市邓家湾遗址亦出土有各种造型陶塑小动物、人物塑像，数量也相当可观。制陶业内部出现的这种细致分工和产品专项化的现象，既有利于提高劳动生产率、增加产量，也与商品生产的进一步发展密不可分。④烧成工艺水平提高，如天门市石家河肖家屋脊遗址出土的陶器几乎全部为灰色，色泽纯正，而红陶则寥寥无几。经对湖北枝江县关庙山遗址、郧县青龙泉遗址出土的灰色陶进行检测，其还原比值高达20.19。

● **装饰** 早期阶段的陶器以素面居多，有装饰者纹样以篮纹为主，其次有弦纹、少量附加堆纹、方格纹及镂孔，尚保留个别的彩陶，花纹有细线网格纹、晕染纹和彩陶纺轮。中期阶段有装饰的陶器比例上升，依数量之高低依次为篮纹、方格纹和绳纹，彩陶已消亡。晚期阶段有装饰陶器的数量已超过素面陶，使用频率最高的依旧是篮纹，其次为绳纹和方格纹，新出现拍印的叶脉纹，也有镂孔、弦纹、刻划纹、戳印纹等。到石家河文化末期，绳纹逐渐取代篮纹成为主要纹样。

● **器类** 造型比较复杂，主要器类有折腹宽扁足鼎、罐形鼎、高领罐、红陶鬶（分平捏葫芦形流和管状流两种）、釜、瓮、缸、盆、钵、豆、甑、杯、碗、壶、盘、红陶盉、器座和澄滤器（有盆形、漏斗形两种）等。除日用器皿外，也生产一些陶塑工艺品及陶质生产工具。

参考书目

张绪球：《长江中游新石器时代文化概论》，湖北科学技术出版社，1992。
何介钧：《石家河文化浅析》，《纪念城子崖遗址发掘60周年国际学术讨论会文集》，齐鲁书社，1993。

（李水城）

Daiziping yizhi guanzhuangliu taogui

岱子坪遗址管状流陶鬶

岱子坪遗址管状流陶鬶

新石器时代晚期石家河文化的陶制水器。1980年由湖南省博物馆在湘乡县岱子坪遗址内发掘出土。现藏于湖南省博物馆。

通高28厘米。泥质红色陶，手制。小口，微呈喇叭状，口前一侧捏塑有管状流口，颈部细长高耸，无明显腹部，下附3只瘦长的乳状袋足，有少许实足根，颈、腹交界处一侧置宽鋬耳。通体素面无纹。

该器造型为长江中游地区龙山时代陶鬶特有的式样，造型与黄河下游和东南沿海一带的陶鬶明显不同。长江中游地区的陶鬶应是受到黄河下游原始文化影响的产物，但在造型上逐渐形成这一地区特有的形态。 （李水城）

Changjiang Xiayou Diqu Xinshiqi Shidai taoqi

长江下游地区新石器时代陶器

长江下游地区新石器时代诸考古学文化的陶制器具。该地区的地理范围西起江西湖口，东至长江入海口，北迄江苏宁（南京）镇（镇江）地区，南到大海，行政区划包括江苏、浙江、上海及安徽、江西两省的部分地区。

● **分区** 可分3个文化区，一是

以浙江宁（宁波）绍（绍兴）平原为中心的河姆渡文化区；二是以太湖周边为中心的马家浜文化——崧泽文化——良渚文化区；三是包括皖南、赣东北、鄂东及江苏宁镇一带的薛家岗文化区。

● **分期** 依时间推移和文化面貌的改变而分为3大期：第一期以河姆渡文化早期、马家浜文化为代表，距今约7300年～5900年；第二期以崧泽文化、薛家岗文化为代表，距今5900年～5300年；第三期以良渚文化为代表，距今5300年～4100年。1977年在江苏溧水县神仙洞内的堆积中发现了一片陶片，埋藏层位距今1.1万年，这在长江下游地区尚属孤例，其性质和年代还有待于研究。

● **制陶工艺** 呈现出明显的阶段性变化，在质地、类别方面与长江中游地区新石器时代陶器有某些相似因素，具体表现在：①流行夹炭陶、夹云母陶、夹蚌壳陶；②造型以圈足器、三足器为主，以釜、鼎类为主要炊具。在河姆渡文化、马家浜文化阶段，制陶业已初具规模，普遍流行夹炭陶，陶器外观较粗，重量轻，吸水性强。烧成火候不高，质地疏松，硬度偏低。其次，还有一些夹砂红陶、夹蚌红陶及部分灰白陶。有些陶器表面施红衣，此类陶器在质地、硬度等方面均已超过夹炭陶。总体来看，这一阶段的制陶水平尚保留较多的原始因素，有些陶器底部有因贴筑泥片而增厚的现象。崧泽文化时期，普遍流行泥条盘筑技术，出现慢轮修整工艺，陶胎厚薄匀称，造型较规整，质地以夹砂红褐陶、泥质灰黑陶为主，另有一些夹云母陶，烧成温度提高，工艺明显进步。良渚文化时期，快轮制陶工艺普及，以夹细砂的灰黑色陶和泥质灰胎黑皮陶数量为最多，陶胎变薄，厚薄均匀，造型规整，制陶工艺达到了较高的水平。

● **装饰** 在时空两方面存在较大的差异，在浙江宁绍平原一带，常用绳纹、刻划几何纹、动物纹、植物纹等作装饰，特别是刻划动物纹、植物纹特征突出。夹砂陶器底普遍拍印交错绳纹。太湖周边地区的陶器流行素面风格和施红衣的作风，夹砂陶器器表以绳纹为主，其次为附加堆纹、弦纹、压划纹、编织纹、波浪组索纹、镂孔及个别的彩绘陶。良渚文化时期，陶器仍保持素面风格，器表多经打磨处理，有些用极细的线条在器表刻划云雷纹、重菱纹、变形鸟纹或排针状戳印纹，也有个别的彩绘陶，绘朱红、黄彩两种颜色的花纹。此外，在河姆渡文化、马家浜文化、良渚文化的个别陶器上还发现有用生漆配制的颜料作为装饰，证实长江下游地区是中国最早出现并使用生漆的地区。再有就是个别陶器表面刻写有“符号”，良渚文化陶器上发现有4个“符号”连在一起的标本，字体结构较抽象，似已脱离图画摹写阶段，是探讨汉字起源的重要资料。

● **器类** 以圈足器、三足器最为发达。偏早阶段的陶器普遍流行以腰沿陶釜为特征的炊具，偏晚阶段以陶鼎取代了陶釜。主要器类有腰沿釜、罐、盆、盘、支脚、豆、钵、鼎、盉、壶、杯、碗、鬶、甗、甑等；除日用器皿外，还发现有陶箅架、斧、网坠、纺轮、拍子、弹丸、陶球等陶工具、模型及少量人物、动物、禽鸟造型的陶塑工艺器皿。

参考书目

浙江省文物管理委员会等：《河姆渡遗址第一期发掘报告》，《考古学报》1978年1期。
南京博物院：《江苏吴县草鞋山遗址》，《文物资料丛刊》第3辑，文物出版社，1980。
上海市文物保管委员会：《崧泽》，文物出版社，1987。
安徽省文物工作队：《潜山薛家岗新石器时代遗址》，《考古学报》1982年3期。
南京博物院：《长江下游新石器时代文化若干问题的探析》，《文物》1987年4期。

（李水城）

Hemudu wenhua taoqi

河姆渡文化陶器

新石器时代中晚期长江下游地区河姆渡文化的陶制器具。河姆渡文化因1973年首次发现于浙江余姚县河姆渡遗址而得名，主要分布在浙江钱塘江以南的宁（宁波）绍（绍兴）平原，东面抵达舟山群岛，距今7300年～5300年。

● **制陶工艺** 陶器全部手工制作，普遍使用泥条盘筑法成型，有不少圜底陶器使用泥片贴筑法，器

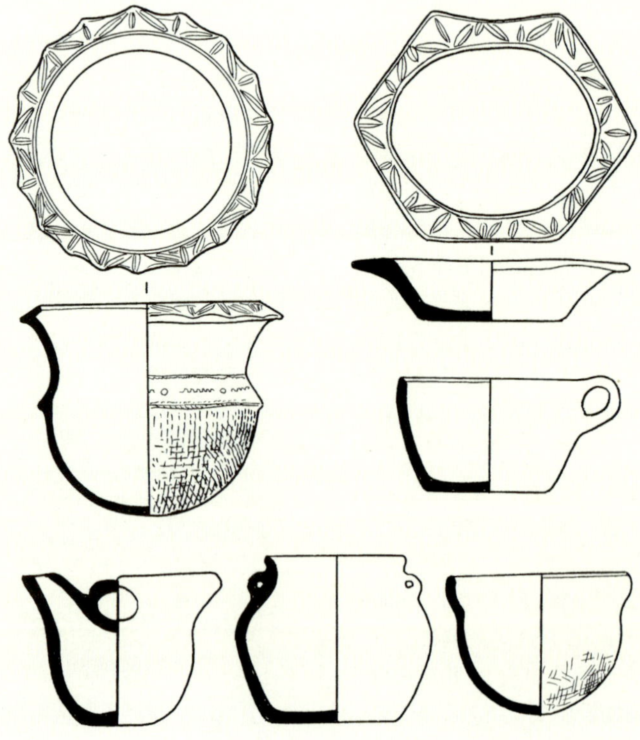

河姆渡文化陶器

底普遍有增厚现象，外观较粗糙，显示出较原始的工艺。流行夹炭陶，以灰黑色陶数量最多，其中夹炭黑陶胎内含有大量炭结晶粒，胎心呈黑色，这是将植物茎叶碎末、碳化稻壳等有机质作为羼和料，在火候较低且缺氧的还原焰窑炉中烧制而成的，夹炭陶器壁粗厚，质地疏松，硬度低，重量较轻，吸水性强。也有的学者认为，河姆渡文化那些器表呈黑色的陶器是使用了窑内渗炭技术的结果。除夹炭陶外，另有夹砂红陶、红褐陶及泥质灰陶。经检测，夹炭陶的烧成温度为800℃～900℃，吸水率达16.77%～25.37%。在河姆渡文化晚期，红陶、灰红陶比例明显增多，烧成温度提高，陶器硬度有所改善。其中红色陶烧成温度为800℃～850℃，吸水率为15.71%～18.17%，泥质灰陶烧成温度达950℃～1000℃。

● **装饰** 种类比较复杂，常用绳纹、刻划几何纹、动物纹、植物纹等作装饰，以刻划动物纹、植物纹最富特点。这类纹样大多装饰在釜、罐类器皿的腹部、口沿，种类有刻划猪、鱼、鸟、谷穗、树叶、花草植物等。用作炊具的夹砂陶底部普遍拍印交错绳纹。在河姆渡文化偏晚阶段，素面陶比例增多，绳纹仍经常使用，并出现镂孔装饰，动植物类花纹消亡。此外，在河姆渡文化中还发现个别施白色陶衣、器表涂绘带光泽深色花纹的陶器（残片），以往认为这是河姆渡文化的彩陶，实际上这种涂料具有“漆膜”的特征，此类陶器应为漆绘陶器或最早的漆胎陶器。

● **器类** 多为平底器、圜底器，也有少量袋足器。种类包括敛口肩脊釜、敞口肩脊釜、筒式釜、双耳大口罐、斜腹盆、宽沿盘、盆形甑、釜形鼎、盆形鼎、异形鬶、垂囊盉、多角腰沿釜、扁腹釜、猪嘴形支脚、象鼻形支脚、镂孔豆等。基本器类组合为釜、罐、盆、盘、钵等，其中肩脊釜、敛口弧壁钵、双耳罐、垂囊盉及各种陶支脚是河姆渡文化最富特色的陶器。

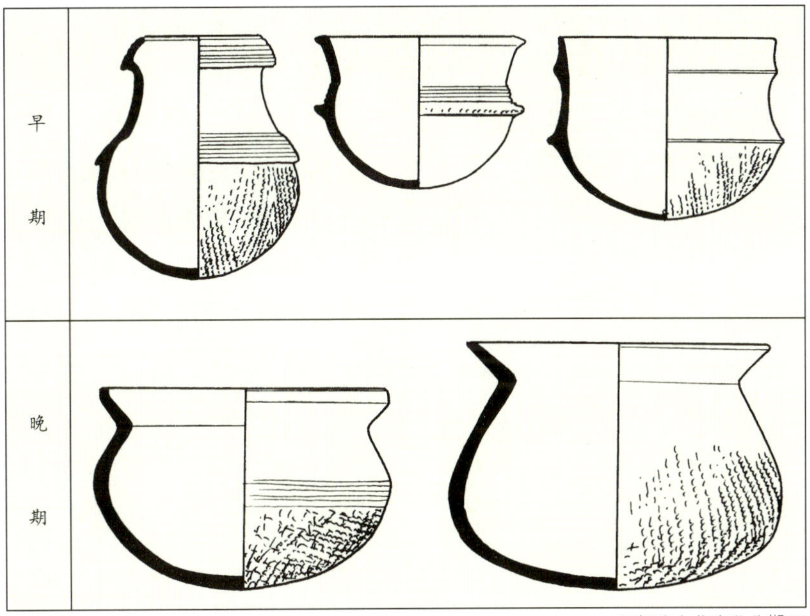

河姆渡文化陶釜分期图

参考书目

浙江省文物管理委员会等：《河姆渡遗址第一期发掘报告》，《考古学报》1978年1期。

河姆渡遗址考古队：《浙江河姆渡遗址第二次发掘的主要收获》，《文物》1980年5期。

刘军等：《中国河姆渡文化》，浙江人民出版社，1993。

（李水城　杨楠）

Hemudu wenhua taofu

河姆渡文化陶釜

新石器时代中晚期河姆渡文化的具有代表性的陶制炊器。质地多为夹炭陶或夹砂黑灰陶，手工制作，形态比较复杂，分为敛口、敞口、盘口、直口等不同的造型，器腹底部流行拍印交错绳纹，有相当一批陶釜在腰部增设一较宽的凸沿，又称腰沿釜。腰沿的出现是为了方便将陶釜架在支脚类灶具上使用，既可遮挡火焰上冲，也便于控制陶釜支撑高度，达到最佳的炊煮效果。釜的形态变化主要表现在颈与肩脊部位的消长上。早期的陶釜颈部粗壮，肩脊发达，个体较高大，口、颈、肩、腹等部位造型棱角分明，器壁剖线富于变化。晚期的陶釜已无明显的器颈和肩脊，腹壁弧度变得圆缓，器体向扁矮的方向发展。

（杨楠）

Hemudu yizhi shuyewen yaoyan taofu

河姆渡遗址树叶纹腰沿陶釜

新石器时代中晚期河姆渡文化的陶制炊器。1973年由浙江省文物管理委员会等单位在余姚县河姆渡遗址中发掘出土。现藏于浙江省博物馆。

河姆渡遗址树叶纹腰沿陶釜

通高22.8厘米、口径23.8厘米。夹炭黑陶质，手制。敛口，宽沿，束腰，圜底，口缘沿面宽大，捏制成十八角造型，上面刻划有图案形树叶纹装饰，釜的腰部内弧，表面饰弦纹、压印点纹、圆圈纹和水波线纹，腰部正中至肩脊部位加塑一周凸沿，腰沿以下至釜底部饰有拍

印的交错绳纹。（李水城）

〖河姆渡文化其他陶器〗

Hemudu yizhi zhuwen taofangbo
河姆渡遗址猪纹陶方钵

新石器时代中晚期河姆渡文化的陶制饮食器。1977年由浙江省文物管理委员会等单位在余姚县河姆渡遗址第四文化层中发掘出土。现藏于浙江省博物馆。

通高11.7厘米、口长21.7厘米、口宽17.5厘米、底长17厘米、底宽13.5厘米。夹炭黑陶质，手制，器表磨光。整体作长方形，俯视钵口呈圆角长方形，口大底小，腹壁斜直，平底。陶钵腹壁两长边各刻划一头奔走的猪，采用白描手法，猪竖耳长吻，圆形大眼，背有鬃毛，腹部圆鼓，短尾下垂。其比例准确，构图洗练，形态生动，细部毛发刻划得也很逼真。

河姆渡遗址猪纹陶方钵

新石器时代，猪是人类最早驯化的家畜之一，在人类的早期生活中起到了重要作用。因此，史前时期人们经常以猪作为艺术表现的对象。该钵上刻划的猪是中国已知年代较早的一幅，以形象的画面提供了河姆渡文化居民驯化家猪的史实。据发掘资料统计，在河姆渡遗址出土的猪骨中，一两岁的猪占54%，2～3岁的猪占36%，足见当时饲养的猪大多是在幼年至成年期间便被宰杀食用，这一发现对远古时期动物驯化史有着重要的研究价值，其本身也是一件珍贵的原始艺术品。

（李水城）

Majiabang wenhua taoqi
马家浜文化陶器

新石器时代中晚期长江下游地区马家浜文化的陶制器具。马家浜文化因首次发现于浙江嘉兴县马家浜遗址而得名，主要分布在浙江的杭（杭州）嘉（嘉兴）湖（湖州）地区和江苏的太湖周围，南抵浙江钱塘江北岸，西北接近于江苏常州，在江苏北部也有少量发现，距今7400年～5900年。

● **制陶工艺** 以手制为主，较大的器形采用泥条盘筑法分段制坯，对接成型。有个别器物使用了慢轮修整技术，器形普遍比较规整。陶色在不同的遗址有不同的反映，总体上看，以夹砂、夹蚌壳末的红褐陶数量最多，泥质红陶次之，其次还有少量夹砂灰黑陶、泥质灰黑陶。据统计，上海青浦县崧泽遗址61T2马家浜文化层出土的砂红褐陶占该文化陶器总量的69.14%、泥质红陶占28.91%、夹砂黑陶占1.17%、泥质灰陶占0.58%、泥质黑皮陶占0.2%。这大致反映出马家浜文化各类陶器的比例。在马家浜文化的不同阶段，陶器质地、色泽有所变化，早期阶段的陶器以夹炭、夹砂灰黑陶、灰红陶为主，浙江桐乡县罗家角遗址、江苏吴县草鞋山遗址出土的夹炭陶较多，以碳化稻壳等有机质为羼和料。中期阶段的陶器以夹砂、夹蚌壳粉末的红褐陶为主，也有一些灰黑陶、灰红陶。晚期阶段的陶器以夹砂红陶、泥质红衣陶为主，白陶（有些呈灰白色）数量明显增加。马家浜文化陶器具有两大特点：①器表大多经过打磨处理，红色陶衣的使用很普遍；②有表里颜色不一的现象，部分夹砂陶和泥质陶外表为红色、内胎呈黑色，表明其在烧制时采用覆烧工艺或窑外渗炭技术。经检测，陶器的烧成温度为800℃～850℃。

● **装饰** 多数陶器素面无纹，器表流行施红衣的作风，少数陶器的红衣色泽十分鲜艳，颇具特色。带装饰的陶器一般将花纹装饰在器表的醒目位置。施纹方法有刻划、戳印、压捺、镂孔、拍打等，流行的纹样有米点纹、斜线纹、弦纹、三叶纹、圆圈纹、捺窝纹、小镂孔等。最具代表性的纹样是捺印的浅浮雕纹、压印的纤细篦纹。在陶釜一类炊具的下腹至器底部位置普遍拍印绳纹。此外，在江苏吴县等地还发现有个别的漆绘陶器。

● **器类** 造型以圜底、平底为

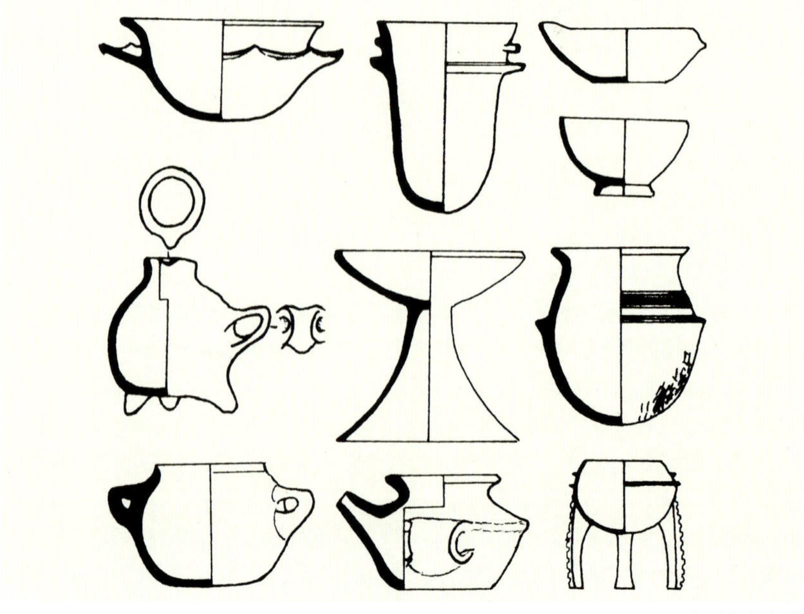

马家浜文化陶器

主，也有一定数量的三足器、三袋足器。炊具中最具特色的有宽边腰沿釜（分弧腹壁腰沿釜和直筒形腰沿釜两种）、双目式足根釜形鼎。饮食器中常见喇叭状圈足豆、牛鼻耳罐；水器类有陶盉、三足壶、杯等。其中陶盉的形态相当复杂，有罐形盉、三实足盉、角柄盉、单耳盉等。其他常见器类还有盆、盘、钵、壶、碗、箅圈架、角柄罐、支脚，以及网坠、纺轮、陶拍子、陶斧模型、陶弹丸等陶工具和少量动物造型陶塑工艺品。

参考书目

南京博物院：《江苏吴县草鞋山遗址》，《文物资料丛刊》第3辑，文物出版社，1980。
罗家角考古队：《桐乡县罗家角遗址发掘报告》，《浙江省文物考古所学刊》，文物出版社，1981。
张福康：《罗家角陶片的初步研究》，《浙江省文物考古所学刊》，文物出版社，1981。

（李水城　杨楠）

Majiabang wenhua baitaoqi

马家浜文化白陶器

新石器时代中晚期马家浜文化制作和使用的白陶器。在马家浜文化晚期阶段，出现了白陶。这些白陶器表、内胎颜色不尽一致，有些胎骨呈灰黄色或灰白色，烧成温度较高，经对浙江桐乡县罗家角遗址出土的白陶器的化验分析，其原料内含有可能是辉石、角闪石或绿泥石一类矿物风化后形成的大量纤维状矿物。白陶的原料主要有两种，一种为高铝质易熔粘土（即高岭土），另一种是高镁质易熔粘土（即滑石粘土），马家浜文化白陶的原料应属后一种。在马家浜文化白陶中，最常见的器类为陶豆，这也是该文化最常见的饮食器。马家浜文化白陶是长江下游地区目前所知年代最早的白陶标本。

参考书目

张福康：《罗家角陶片的初步研究》，《浙江省文物考古所学刊》，文物出版社，1981。

（李水城）

Majiabang wenhua taofu

马家浜文化陶釜

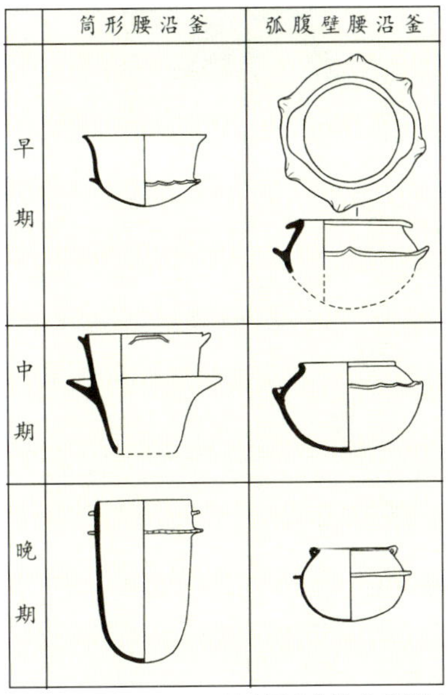

马家浜文化陶釜分期图

新石器时代中晚期马家浜文化的陶制炊器。均手工制作，以夹砂红陶质为主。特征是在腹部外壁捏塑一周凸沿，器口与凸沿之间常加置对称的小鋬或器耳，器表均素面无纹，普遍施红衣。

可分为直筒形腰沿釜、弧腹壁腰沿釜两类。直筒形腰沿釜分布范围较广，延续时间很长，在造型上又有平底、圜底之别，器形变化趋势为：早期比较矮小，晚期逐渐增高，腰沿随器腹的加高而不断上移，腰沿以上部位由大敞口发展为筒形直口，腰沿以下由圜底变为平底。一般早期的陶釜为宽斜沿，晚期变为窄平沿。弧腹壁腰沿釜比较矮，其变化趋势为：早期为侈口，多捏塑出斜向的锯齿形腰沿或多角形腰沿；从中晚期开始变为低直口，腰沿一变为平荷叶边的造型。

（杨楠　李水城）

〖马家浜文化其他陶器〗

Meiyan yizhi shuiniaoxing taohu

梅堰遗址水鸟形陶壶

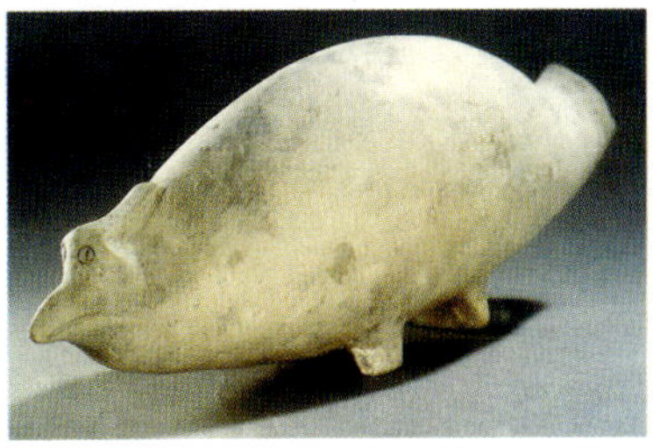
梅堰遗址水鸟形陶壶

新石器时代中晚期马家浜文化有实用价值的陶制工艺器皿。1960年由江苏省文物工作队等单位在吴江县梅堰镇袁家埭遗址中发掘出土。现藏于南京博物院。

通高11.7厘米、长32.4厘米、腹宽10.2厘米。泥质灰胎陶，手制。采用圆雕的表现手法，塑造出一只正在觅食的水鸟，俯首翘尾，尖喙圆眼，眼窝内琢有点状纹，头顶有一扁平的条形长冠。壶后端为鸟尾，也是壶的流口，作微微向上翘起状，便于注水。壶底附加三足，前面两足较小，巧妙地构成水鸟的脚爪；后面一足横置，比较宽大，起支撑作用。该器准确地表达出水鸟在水边觅食的刹那间的表情，构思巧妙，神态生动逼真，富有浓郁的水乡生活气息，是一件颇为精彩的具有实用价值的陶塑工艺品。

（李水城）

Songze wenhua taoqi

崧泽文化陶器

新石器时代晚期长江下游地区崧泽文化的陶制器具。崧泽文化因首次发现于上海青浦县崧泽遗址而得名，主要分布于太湖地区，其源于马家浜文化，距今5900年～5300年。

● **制陶工艺**　以手制加轮修的方法为主，模制技术为辅，广泛使用泥条盘筑法，或一次成型，或分段制坯、对接成型，再辅以轮修处理，在陶器口沿、腹部常留有细密的轮修弦纹。晚期出现了快轮制陶工艺，陶器底部多留有轮旋切割的痕迹，胎壁变薄而均匀，形体对称。圈足器、三足器仍沿用分段制坯法，

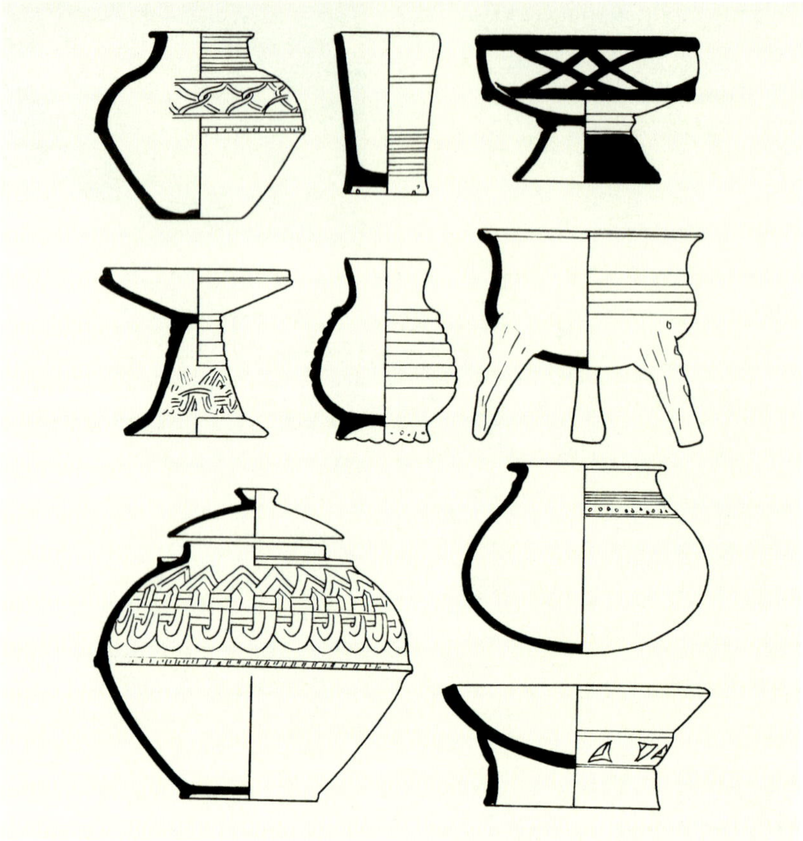

崧泽文化陶器

将成型的主体与附件衔接，最后加固。陶质可分为夹砂红褐陶、泥质红陶、灰陶、黑皮陶等几类，以夹砂红褐陶和泥质灰黑陶为主。夹砂陶胎内掺有稻草屑、蚌壳粉末、细砂等，夹炭陶质地疏松，有气孔。泥质陶质地细腻，陶色有红色、深灰色、灰白色，颜色表里一致，烧成火候较高。泥质黑皮陶是采用了窑内渗炭工艺的结果，内胎呈灰色、橙黄色，器表黑色，也有的呈铅灰色光泽，表皮易脱落。经统计，崧泽遗址61T2崧泽文化层出土夹砂红褐陶占该文化陶器总量的54.91%、泥质灰陶占30.48%、泥质红陶占8.82%、泥质黑皮陶占5.79%。

● **装饰** 器表常装饰附加堆纹、弦纹、压划纹、镂孔，也有少量的彩绘陶。不同纹样的装饰位置较固定，附加堆纹一般装饰在器物的肩腹接合部，呈锯齿状凸起，主要起加固陶器的功用；压划纹装饰在器物肩腹部，或通体使用，纹样有编织纹、波浪纹；镂孔多选择在圈足部位，以圆形、弧边三角、长方形等组成装饰带；彩绘颜料有红褐色、淡黄色两种，或通体施红衣，绘红褐彩宽带纹、连圈纹，或间以黄彩花纹点缀。这种彩绘陶均为烧成后绘制，颜色不易保存。在个别遗址中也发现有少量弧边三角花瓣纹彩陶，这显然是受到黄河流域仰韶文化庙底沟期彩陶影响的结果。崧泽文化陶器流行将杯、壶等器皿的圈足切割成花瓣状，很有特点。另外在个别陶器上还发现有刻划符号和动物类图案。

● **器类** 造型以平底、圈足和三足器为主，其中陶鼎的器足样式十分复杂，分为扁方形、凹弧形、扁铲形、凿形、三角形、尖锥形等不同形式。早期阶段的鼎足一般比较短，晚期尺寸加长。罐、壶类器皿腹部多作折棱、瓦棱式样，豆柄多呈竹节状，显得棱角分明。常见器类有鼎、釜、甗、豆、盘、碗、钵、盉、壶、杯、过滤器、觚、陶臼、尊、瓶、甑、澄滤器、盆、罐、坛和三口器等。常见器类组合为鼎、豆、罐、壶。其他还有网坠、纺轮、弹丸、饼形器等陶工具及装饰用的陶环等。

参考书目

上海市文物保管委员会：《崧泽》，文物出版社，1987。

（李水城 杨 楠）

Dafen yizhi renshou huluxing taoping

大坟遗址人首葫芦形陶瓶

新石器时代晚期崧泽文化的陶制艺术造型器皿。1990年出土于浙江嘉兴市大坟遗址。现藏于嘉兴市博物馆。

大坟遗址人首葫芦形陶瓶

通高21厘米。泥质浅灰色陶，手制，器表留有十分清晰的慢轮修整痕迹。整体作弧曲三腹的葫芦形，器底为崧泽文化最典型的花瓣状矮圈足，瓶顶作圆弧状，顶端捏塑一小巧玲珑的人首，面部五官清晰，双目内凹，鼻梁隆起，张口，头两侧有宽大的双耳，上有穿孔，瓶颈细长，人头后部捏塑有上翘的鸭嘴形发髻，髻上设小穿孔，在相当于人的前胸位置侧开一圆形器口，人首顶部和器口上方各穿一小孔，有的学者认为该瓶的造型系模仿女性躯体。它的器口一反常态地开在侧面，造型十分别致。但这种设计并不实用，估计该瓶在当时很可能是宗教祭祀用器皿，用途较为特殊。

（李水城）

Songze yizhi niusuowen taogaiguan

崧泽遗址纽索纹陶盖罐

崧泽遗址纽索纹陶盖罐

新石器时代晚期崧泽文化的陶制盛储器。1974年由上海市文物保管委员会等单位在上海青浦县崧泽遗址中发掘出土。现藏于上海博物馆。

通高26.2厘米、口径15.2厘米。泥质黑色陶，器表施黑色陶衣，手制。小口，矮领圆弧腹，矮圈足，口上有盖，盖面有喇叭状捉纽，肩部附一周矮直沿，其造型酷似今日之泡菜坛。矮直沿上有12个小孔，3个小孔为一组，对称排列，腹中部转折处捏塑一股纽索状附加堆纹。上腹部刻划有纽索状竹编花纹，为崧泽文化中最为流行的装饰纹样。

（李水城）

Liangzhu wenhua taoqi

良渚文化陶器

新石器时代晚期长江下游地区良渚文化的陶制器具。良渚文化由崧泽文化发展而来，因1936年首次发现于浙江余杭县良渚镇而得名，其分布区域主要在太湖周围，南抵钱塘江，西北达江苏常州，东至大海，影响力远达江苏北部和浙江北部，距今5300年～4100年。

● **分期** 良渚文化延续时间很长，可分为早、晚两个发展阶段。早期阶段以泥质灰陶为主，以黑皮陶、夹砂灰黑陶为辅。晚期阶段泥质黑皮陶比例大增，居主要地位，另有少量泥质灰陶、夹砂灰红陶。

● **制陶工艺** 普遍采用快轮工艺，部分造型较特殊的器皿用手制与模制相结合的方法，造型规整，器表普遍经打磨处理，有些器类的制作显示出很高的工艺水平，如有的陶器器身主体为泥质，器底与器足为夹砂质，将不同的粘土原料配制在陶器的不同部位，既达到实用的目的，又产生出美观的效果。良渚文化陶器以泥质灰胎黑皮陶最具代表性，烧成温度一般不很高，器表黑色陶衣易脱落，这类陶器是采用还原焰烧成后再经短暂的窑内渗炭工艺所致。此外也有少量表里皆黑的陶器，烧成温度高，器壁薄，有些胎厚仅1.3毫米～2毫米，可与龙山文化的蛋壳陶相媲美（见龙山文化蛋壳陶高柄杯）。其他还有泥质灰陶和夹细砂红陶，夹砂红陶表面多施红褐色陶衣。随葬用陶器质地一般较粗，器形也偏小，工艺较差，特别是有些随葬用器在生活居址中很少见，反之，生活实用器也很少用于随葬，反映出这一时期制陶业内部已出现不同的产品分工。经检测，良渚文化灰陶的烧成温度达900℃。

良渚文化陶器

● **装饰** 陶器以素面居多，大多经打磨处理，器表较光洁。除磨光陶外，流行的装饰有弦纹、篮纹、绳纹、划纹、锥刺纹、附加堆纹、镂孔和彩绘，尤以镂孔最为发达，分圆、椭圆、窄条、长方、弧边三角等不同形状，多施于豆柄、圈足上。彩陶很少，有些陶器表面施粉红色陶衣、绘红彩；有的施红衣、绘黑彩；还有的施黄衣、绘红彩，或在黑色陶器上绘金黄彩，色彩对比强烈，花纹构图简洁，流行弦纹、方格纹、纽索纹等。还常见一种极为精细的刻划装饰纹样，构图繁复，种类有云雷纹、重菱纹、龙（蛇）涡纹、飞鸟纹、相互缠绕的鸟首蛇身纹、成排的针点戳印纹、漩涡勾连纹、曲折纹、双线编织纹等；凡装饰此类纹样的陶器制作都很考究，造型庄重，胎薄质优，有带盖鼎、带盖双鼻壶、彩绘背水壶、宽柄单把带流杯等；饰有此类花纹的陶器大多出自大型墓葬，并伴随有大量的玉器，显然它们已不属于一般的生活用具，而是具有昭示身份、等

良渚文化彩绘刻纹陶器

级、权力等特殊功能的礼仪用具，只有那些高于一般氏族成员的高级贵族、宗教领袖方能享用。

在浙江余杭县南湖遗址和江苏吴县澄湖遗址曾发现有刻划“符号”的良渚文化陶器，有些“符号”结构抽象，似已脱离早期的图画阶段。有的器物上“符号”多达4个，连在一起（见澄湖遗址鱼篓形贯耳陶壶），这些发现对研究汉字的起源具有重要价值。

● **器类** 以圈足器、三足器为主，主要器类有杯、碗、盆、罐、盘、豆、壶、簋、尊、鬶、釜、鼎、盉、大口尖底缸等，最具代表性的为鱼鳍足鼎、断面T字足鼎、大圈足盘、竹节高柄豆、双鼻圈足壶、贯耳罐、圈足簋、圈足尊、带流宽柄杯、高裆细颈袋足鬶及带柄罐、卷沿瓮、过滤器、带流罐、大平底罐、椭圆盘形豆等。

参考书目

上海市文物保管委员会：《上海青浦福泉山良渚文化墓葬》，《文物》1986年10期。

常熟市文物管理委员会：《江苏常熟良渚文化遗址》，《文物》1984年2期。

浙江省文物考古研究所：《余杭吴家埠新石器时代遗址》，《浙江省文物考古研究所学刊》（1980～1990），科学出版社，1993。

浙江省文物考古研究所：《余杭良渚庙前遗址发掘的主要收获》，《浙江省文物考古研究所学刊》（1980～1990），科学出版社，1993。

（李水城）

Liangzhu wenhua taoding

良渚文化陶鼎

新石器时代晚期良渚文化的陶制炊器。均为夹砂质地，使用轮制与模制结合的工艺成型，陶色以红色为主。造型很有特点，也比较复杂，仅鼎足就分为鱼鳍形、剖面T

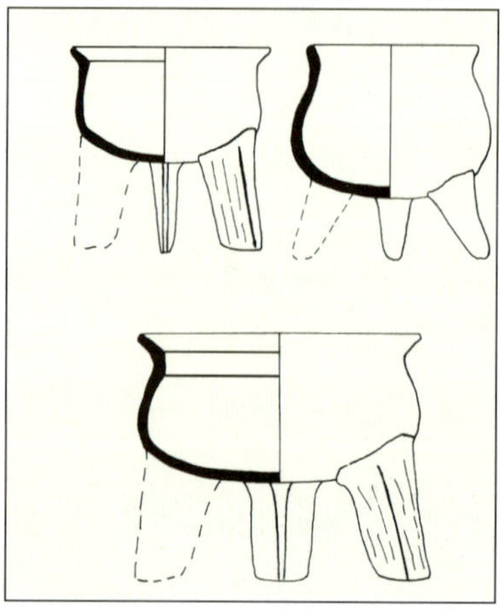

良渚文化陶鼎分期图

字形、扁凿形3种。其中，扁凿形足陶鼎主要见于良渚文化早期，数量比较少。鱼鳍形足、剖面呈T字形足陶鼎为良渚文化的主流，二者间有着密切的演变关系，鱼鳍形足鼎最早起源于崧泽文化，到良渚文化时，鼎足由两侧扁薄、中间较厚的鱼鳍形足逐步向外侧面加宽的方向发展，最终演变为剖面T字形足，鼎腹也有一个由深向浅变化的过程，腹部最大径逐渐下移。（杨 楠）

Fuquanshan yizhi panchiwen daigai taoding

福泉山遗址蟠螭纹带盖陶鼎

新石器时代晚期良渚文化的陶制炊器。1984年由上海市文物保管委员会在青浦县福泉山遗址良渚文化第5号墓中发掘出土。现藏于上海博物馆。

福泉山遗址蟠螭纹带盖陶鼎

通高25.8厘米、口径26.4厘米。夹砂红陶质，用轮制与模制相结合的方法制作，器表经打磨处理，施黑色陶衣。侈口，高领，扁腹，平底，器底附3只剖面呈T字形器足，足面饰新月形、圆形镂孔各2枚。鼎口上配斗笠形器盖，盖顶为弧形，正中置桥形提梁，盖面、盖纽及器表装饰细线镂刻的圆涡纹、叠线纹、平行弦纹、变体鸟纹、勾连纹等，组成一种近似蟠螭纹的繁缛花纹，构图细密，精雕细琢，十分精美。这种造型考究，装饰华美的陶鼎在良渚文化时期仅出土于一些高规格的大型墓葬中，是一件具有礼仪功能的特殊用具。（李水城）

〖良渚文化其他陶器〗

Chenghu yizhi biexing taohu

澄湖遗址鳖形陶壶

新石器时代晚期良渚文化有实用价值的陶制工艺造型器皿，可作水器使用。1974年出土于江苏吴县澄湖遗址。现藏于苏州博物馆。

通高10.6厘米、腹径17厘米。泥质灰色陶，手制。器表施黑色陶衣，打磨光滑。造型模仿鳖，腹部作扁圆形，背部圆弧隆起，小平底。壶前面一侧置一向上翘起的圆形壶嘴，器腹周边捏塑锯齿状附加堆纹，以象征鳖的裙边，沿裙边塑4只短爪，上有小孔，便于系绳使用。背脊中央纵贴一股附加堆纹。该器构思巧妙，造型夸张、洗练，极富想像力，为良渚文化中造型精湛的陶质工艺器皿之一。（李水城）

澄湖遗址鳖形陶壶

Chenghu yizhi yulouxing guan'er taohu

澄湖遗址鱼篓形贯耳陶壶

新石器时代晚期良渚文化的陶制水器。1974年出土于江苏吴县澄湖遗址第127号水井内。现藏于吴县文物管理委员会。

澄湖遗址鱼篓形贯耳陶壶

通高12厘米。泥质黑陶，轮制，器表磨光。造型模仿竹编的鱼篓，直口，直颈，弧腹下垂，小平底，左右肩部设贯耳一对，颈部饰弦纹。壶腹部刻有4个并列在一起的“符号”，一个为八角星，一个为斧钺类工具，一个近似甲骨文中的“五”字，最后一个为箭头形状。刻纹笔道细如毫发。经研究，壶上所刻“符号”是在陶器烧好后刻制的，对这几个“符号”的涵义，目前学术界尚存争议，有的学者认为这是“中国迄今发现最原始的文字”，也有的学者认为这是“中国最古老的太阳年星历记录”。目前，在良渚文化中已发现数件带有刻符的陶器，如现藏于美国哈佛大学赛克勒博物馆的一件良渚文化陶器圈足上刻有“符号”多达9个，笔迹清晰，结构较进步，字体与商代甲骨文近似，有2个“符号”与商代吴城文化的“刻划符号”相同，其涵义尚有待研究。这些“刻写符号”是研究汉字起源的珍贵实物资料。（李水城）

Chenghu yizhi niusuowen caihui taohu

澄湖遗址纽索纹彩绘陶壶

新石器时代晚期良渚文化的陶制水器。1974年出土于江苏吴县澄湖遗址。现藏于苏州博物馆。

澄湖遗址纽索纹彩绘陶壶

通高10.6厘米。泥质灰陶，薄胎，轮制成型，器表施黑色陶衣。小口，高颈，圆弧腹，矮圈足。颈部满绘黄色彩，腹部用黄彩绘纽索纹两组，间以横条带纹。在烧成的陶器表面绘黄彩花纹，极为罕见。（李水城）

Fuquanshan yizhi bianxingniaowen changliu taobei

福泉山遗址变形鸟纹长流陶杯

新石器时代晚期良渚文化陶制饮水器。1984年由上海市文物保管委员会在青浦县福泉山遗址第5号墓中发掘出土。现藏于上海博物馆。

福泉山遗址变形鸟纹长流陶杯

通高15厘米、口径7.4厘米、底径7.4厘米。泥质灰陶，轮制与手制结合成型。口沿外侈，前侧为前冲翘起的流口，束颈，弧腹，平底，腹部一侧置宽鋬大耳。通体用细线

镂刻出精美的曲折纹、变形鸟纹，口沿外饰5组平行线纹。该器造型别致，做工精细，花纹细密繁缛，为良渚文化陶器中的精品。（李水城）

Qingpu yizhi heitao zhuhui gaiguan

青浦遗址黑陶朱绘盖罐

新石器时代晚期良渚文化的陶制盛食器。1986年出土于上海青浦县。现藏于上海博物馆。

通高25厘米。泥质黑皮陶，器表打磨光滑，轮制成型。小口，矮领，扁圆腹，喇叭口高圈足。器口上有细长捉纽器盖，盖上有圆形镂孔和凸弦纹，圈足部位饰由弧边三角和柳叶状镂孔组成的装饰。该器造型别致，工艺精湛，器表原有宽带纹朱绘图案，现已大部脱落。

（李水城）

青浦遗址黑陶朱绘盖罐

Xuejiagang wenhua taoqi

薛家岗文化陶器

新石器时代晚期长江下游地区薛家岗文化的陶制器具。薛家岗文化因1979年首次发现于安徽潜山县薛家岗遗址而得名，分布范围以皖河流域为中心，西界达鄂东地区的龙感湖和赣东北一线，东达巢湖，北至大别山麓的岳西县，南抵长江沿岸，距今6000年～5300年。

● **制陶工艺** 以手工制陶为主，广泛使用泥条盘筑法，慢轮整修技术比较普及，小件器皿使用捏塑法，胎壁厚薄匀称，造型规整。质地以夹砂陶为主，羼和料主要是细砂粒和云母粉末，泥质陶数量较少。器表颜色以灰色、黑色居多，少量为红褐色，也有个别的白陶和夹砂白衣红陶。由于烧成温度不很高，器表有颜色斑驳不一的现象。据陶器外形的变化，薛家岗文化分为早、晚两期，不同时期内陶器的色泽、质地大致相同，器类组合也无明显改变。

● **装饰** 以素面无纹的陶器居多，器表大都经打磨处理，常用装饰纹样有刻划折线纹、组索纹、斜线纹、锥刺纹、凹凸弦纹和镂孔等。发现少量彩绘陶，绘在烧好的陶器口沿、豆柄或圈足上，主要为宽带纹，构图很简单，颜色保存不佳。

● **器类** 造型以平底器、三足器和圈足器为主，基本器类组合由鼎、豆、盆、壶构成。其他还有罐、甗、觚、盆、杯、钵、碗和器盖等，最有特色的器类为鸭嘴扁足鼎、枫叶足鼎、鸡冠耳碗、带横柄的三足壶等。在晚期阶段，还发现有较多的陶球，球体表面透雕若干圆孔，在圆孔间锥刻椭圆形或三角形线纹，多用于随葬。此类陶球在长江中游地区是大溪文化和屈家岭文化的典型器，薛家岗文化陶球应是受到长江中游地区史前文化影响的产物。

参考书目

安徽省文物工作队：《潜山薛家岗新石器时代遗址》，《考古学报》1982年3期。

安徽省文物考古研究所：《安徽潜山县天宁寨新石器时代遗址》，《考古》1987年11期。

（李水城）

Huanan Diqu Xinshiqi Shidai taoqi

华南地区新石器时代陶器

新石器时代华南地区诸考古学文化的陶制器具。该区域的地理范

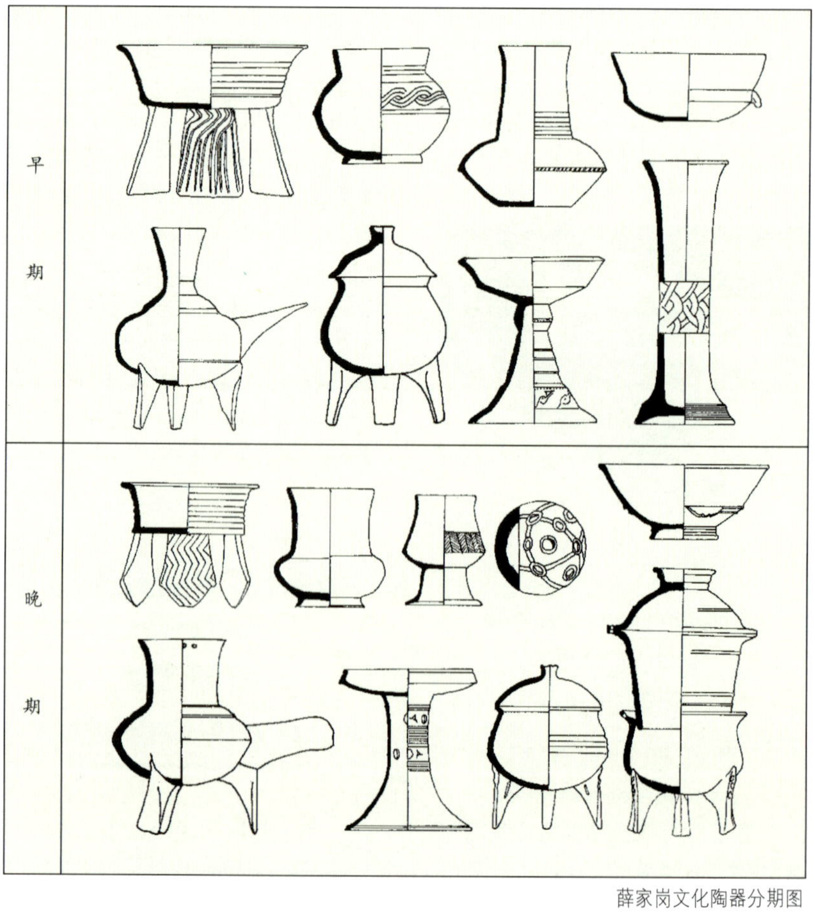

薛家岗文化陶器分期图

围包括岭南、东南沿海一部及南海地区，行政区划包括福建、台湾、海南、广东、香港和广西等省、区。

● **分区** 华南地区新石器时代的文化大致可分为3个大的地理单元，亦作3个考古学文化区，即珠江三角洲文化区、闽台文化区、广西文化区。

● **分期** 华南地区新石器时代文化分为早晚两个大的阶段。新石器时代早期文化主要集中在粤北、桂北山地，这里石灰岩地貌发育，主要表现为洞穴遗址，代表性的有广西桂林市庙岩、甑皮岩及广东英德县青塘等。其中庙岩遗址出土陶片的年代超过距今1万年，对探索陶器的起源有着重要意义，甑皮岩和青塘遗址出土的陶片也在距今9000年左右。目前这一阶段的陶器发现数量很少，且均为碎片，器形很简单，主要为圜底罐一类器皿。新石器时代晚期华南地区的考古学文化可分为两段，前段距今6000年~5000年，以广东深圳市咸头岭、福建平潭县壳坵头两处遗址为代表，暂称作咸头岭——壳坵头文化。后段距今5000年~4000年左右，可以粤北地区的石峡文化和闽江下游的昙石山文化为代表。广西文化区这一阶段的新石器时代文化序列还不很清楚。台湾宝岛与大陆很早就存在文化交往，其最早的新石器时代文化可追溯到距今6000年~5000年，以大坌坑文化为代表，此时开始出现陶器，工艺较原始，火候偏低，质地粗糙松软，颜色以橘红、深褐为主，器类主要有釜、钵、圈足罐等，器表普遍装饰粗绳纹、刻划纹，也有少量彩陶。从文化面貌看，大坌坑文化与大陆东南沿海，特别是广东、福建一带以绳纹为特征的原始文化非常类似，显然两地间有着密切的文化联系。台湾岛距今5000年~3500年的史前文化分为北部的圆山文化、芝山岩文化，中部的牛骂头文化，南部的牛稠子文化和东部的绳纹陶文化。距今3500年~2000年的史前文化分为北部的植物园文化、中部的营埔文化、南部的大湖文化和东部的卑南文化、麒麟文化。总之，台湾岛的新石器时代文化年代下限比较晚。

● **制陶工艺** 以手工制陶为主，早期阶段的陶器采用模制法或泥片贴筑法，从工艺看，陶器质地粗糙，羼和料粗大，器壁厚薄不匀，烧成温度低，硬度差，表面颜色斑驳，以褐色陶为主，器类简单。晚期前段的陶器使用泥片贴筑法和泥条盘筑法，口沿大多经过修整，陶胎厚薄不匀。烧成火候偏低，胎体多呈灰黑色或黑色，表面色泽不纯，以橙黄色或灰褐色的夹砂粗陶占绝对优势，其次为泥质橙黄陶、红陶及少量白陶，有些夹砂陶以碎蚌末为羼和料，有些掺细砂的陶器质地较细腻。晚期后段陶器的制作工艺分为手制、模制、轮制3种，以轮制与模制相结合的工艺为主，一般是主体部位使用轮制工艺，三足、器耳等附件模制成型，最后与主件套接合成。工艺有着明显进步，器表多经抹平，器壁厚薄匀称，造型规整。陶色较杂，以灰色、红色居多，夹砂陶多为质地较粗的灰褐色陶，另有少量的黑陶、白陶，其中黑陶多为泥质黑皮陶。受长江中游地区原始文化的影响，华南地区出现了少量的白陶，经统计，在深圳大黄沙、后沙湾等遗址出土的白陶占华南地区新石器时代陶器总量的1.2%，咸头岭遗址占2.4%，黑沙湾遗址占4%。

台湾发现的新石器时代文化有数支，其中分布在东海岸的卑南文化陶器比较系统，该文化使用手制工艺，已出现简单的慢轮修整技术，陶器烧成温度偏低，质地疏松，以夹砂红色陶的数量最多。

在新石器时代末期，华南地区出现一种火候很高、胎质较坚硬的泥质灰色陶，器表普遍拍印几何形花纹，这就是风格独特的几何印纹陶。商、西周时期，此类陶器在江南地区广为传播，并为日后印纹硬陶和原始瓷的出现奠定了基础，在中国陶瓷发展史上占有重要的一页。

● **装饰** 器表装饰分为4类：①普遍使用绳纹、附加堆纹、弦纹类装饰；②沿海地区陶器流行用贝壳边缘捺印的贝印纹；③拍印叶脉纹、编织纹等几何花纹；④出现个别的彩陶。其中以贝壳压印纹最富特色，一般选用文蛤、蚶子类软体动物的外壳，利用贝壳的齿状边缘在陶器口沿、肩腹部压印和刻划几何形花纹，形式多样，富于变化。在陶釜、陶罐等夹砂类炊具腹部和底部，普遍拍印、滚压排列规整的绳纹。彩陶数量很少，大多绘赭红色彩，流行表现浪花一类的题材，富有沿海地区的文化特征。在昙石山文化中发现的彩陶构图散漫。台湾岛发现的史前文化陶器主要装饰绳纹、刻划纹，也有少量的彩陶。其中卑南文化的陶器以素面居多，格调素雅，少有装饰。

● **器类** 包括釜、罐、钵、盘、豆、杯、器座、碗、盆等。除一般生活器具外，也有纺轮、陶拍、网坠等陶工具。在造型上，晚期偏早阶段以圜底器最为发达，圈足器普遍；偏晚阶段流行三足器、圈足器。石峡文化陶器流行子母口造型，昙石山文化陶器以圈足器、圜底器数量最多，卑南文化陶器多为平底、圈足造型，以双耳罐类器为数最多。

参考书目

张光直：《新石器时代的台湾海峡》，《考古》1989年6期。

广东省博物馆等：《广东曲江石峡墓葬发掘简报》，《文物》1978年7期。

福建省博物馆：《闽侯昙石山遗址第六次发掘报告》，《考古学报》1976年第1期。

宋文薰等：《卑南遗址发掘资料整理报告》第三卷，《国立台湾大学考古人类学专刊》第十二种，1988。

臧振华：《台湾考古》，台北，1995。

（李水城）

Xiantouling-Keqiutou wenhua taoqi

咸头岭——壳坵头文化陶器

新石器时代晚期华南、东南沿海地区咸头岭——壳坵头文化的陶制器具。咸头岭——壳坵头文化得名于广东深圳咸头岭和福建平潭壳

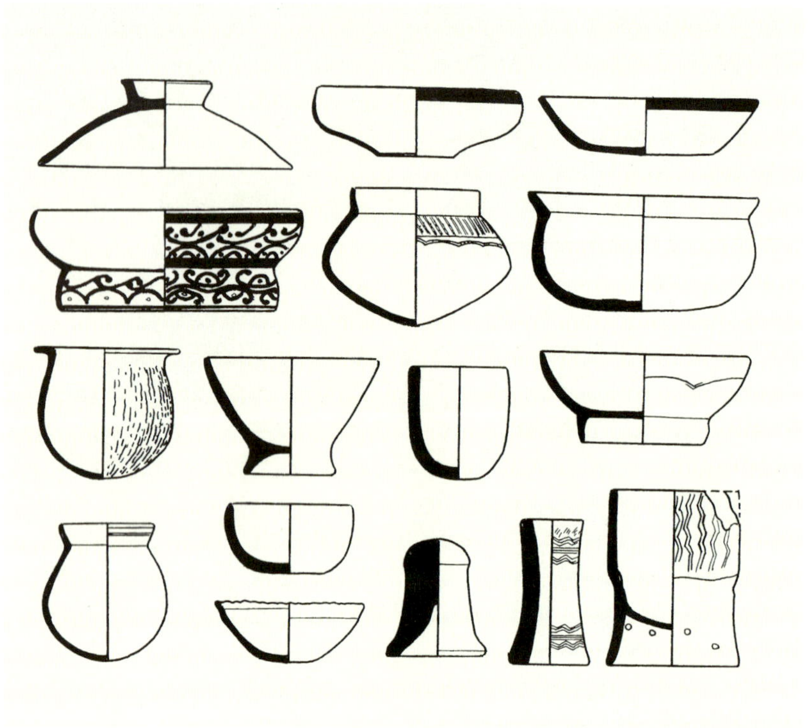

咸头岭——壳坵头文化陶器

坵头两处遗址，其分布范围东起福建平潭和金门岛，西至广东深圳、香港一线，集中发现于珠江三角洲和北江、东江、西江等流域下游地区，福建沿海及附近岛屿上，主要表现为沙丘和贝丘堆积。距今6000年～5000年。

● **制陶工艺** 采用泥片贴筑法和泥条盘筑法成型，出现慢轮修整工艺，胎壁厚薄不很均匀，器内壁往往有拍打成型时留下的垫窝痕迹，显得凹凸不平。烧成温度偏低，胎体呈灰黑色或黑色，器表色泽不匀，以表皮橙黄、灰褐等颜色的夹砂粗陶占绝对优势，约占该文化陶器总量的96%强，其余为泥质橙黄陶、红陶及少量白陶。夹砂陶中有的以碎蚌末为羼和料，少量夹细砂陶质地较细腻。经对广东珠海市后沙湾遗址出土的白陶进行检测，胎质普遍较软，重量轻，密度较差，吸水率高达32.29%，烧成温度约650℃，与该文化的红陶质地接近。

● **装饰** 除素面陶外，普遍流行绳纹装饰，其次为几何形贝齿划纹、贝齿印纹，余为弦纹、拍印叶脉纹、编织纹、附加堆纹、彩绘等。经模拟实验，该文化中最有特点的贝齿纹选用毛蚶、扇贝等软体动物的外壳，利用贝壳边齿在陶器口沿、肩部捺印花纹，种类多样，富于变化，或连续排列，或分割断开。釜、罐类夹砂陶炊具器表多拍印绳纹，排列规整。花纹装饰部位较为固定，一般上腹部饰竖列绳纹，下腹部饰交错绳纹，肩部饰压印的贝齿纹。还发现有一些编织纹，大多是将陶坯放在编织物上晾晒脱水时附着的。彩陶数量较少，质地多为泥质橙黄陶或红陶，器表施红衣，绘赭红彩，花纹多为表现翻滚的浪花、流动的水波等，富有沿海文化的色彩，与该文化居民居住海边，生产、生活多与海水打交道有着密切关系。

● **种类** 以圜底器最为发达，圈足器比例也较高，常见的器形有圜底釜、罐、钵、圈足盘、豆、高足杯、器座、碗、盆等。

参考书目

冯永驱等：《深圳史前沙丘遗址陶器纹饰制作模拟实验》，《南中国及临近地区古文化研究》，香港中文大学出版社，1994。

邓聪等：《大湾文化试论》，《南中国及临近地区古文化研究》，香港中文大学出版社，1994。

任式楠：《论华南史前印纹白陶遗存》，《南中国及临近地区古文化研究》，香港中文大学出版社，1994。

（李水城）

Xiaomeisha yizhi quanzu caitaopan

小梅沙遗址圈足彩陶盘

小梅沙遗址圈足彩陶盘

华南地区新石器时代晚期咸头岭——壳坵头文化的陶制盛食器。1989年由广东省博物馆在深圳市小梅沙遗址中发掘出土。现藏于深圳博物馆。

通高8.6厘米、口径23.6厘米、足径20厘米。夹细砂橙黄陶质，手制。器口较大，口缘微内敛，弧腹，微圜底，下附大圈足。胎质较细，烧成温度不很高，器表内外均经打磨处理，再施以暗红色陶衣，绘赭红彩。图案为连弧、圆点构成的浪花，分成3组绘在器腹、圈足及圈足内壁。每组花纹以条带为间隔，主纹样为两周方向相反的浪花，圈足上两周浪花纹之间用一周刻纹浪峰相隔，每一浪峰上下各穿一圆孔，整组画面较为写实。同类彩陶在广东东莞、增城以及香港等地均有所发现，为珠江三角洲一带很有特色的彩陶。追溯其源，这种器形是长江中游地区史前文化向珠江三角洲一带渗透影响的结果。（李水城）

Shixia wenhua taoqi

石峡文化陶器

新石器时代晚期华南地区石峡文化的陶制器具。石峡文化1973年首次发现于广东曲江县石峡遗址，1977年以石峡遗址下文化层为代表而正式命名。主要分布在粤北的北江、东江流域，在粤东、粤西地区也有少量分布，年代距今5000年～4000年。石峡文化与江西赣江流域的新石器时代晚期文化关系密切，

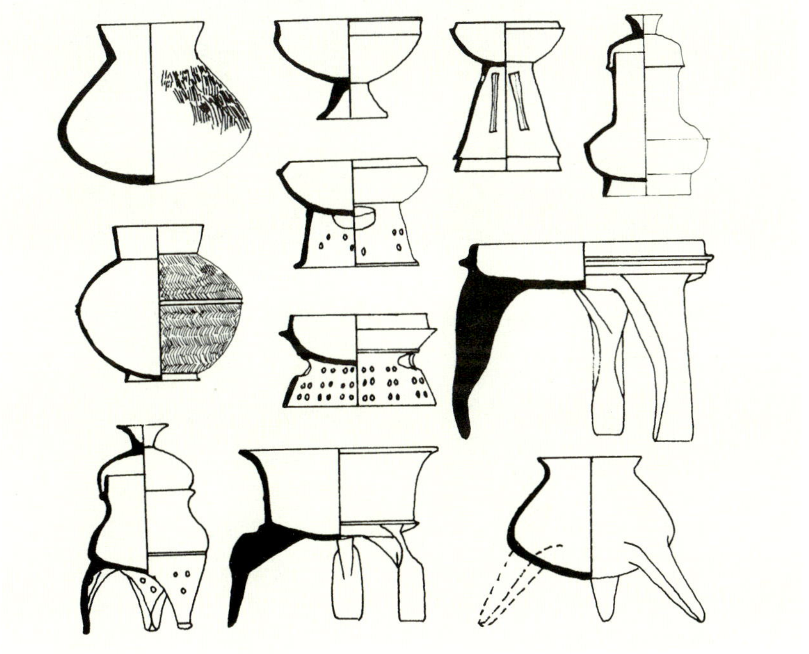

石峡文化陶器

从地理走向看，粤北与赣南有河谷相通，属同一地理文化圈，鉴于石峡文化兼有长江中下游、赣江等地的文化因素，故有的学者提出石峡文化应属渗透到粤北地区的“外来文化”。

● **制陶工艺** 技术上分手制、轮制、模制3种，以模制和轮制方法为主，大多采用轮制与模制技术相结合的方法。陶器的主体部位一般使用轮制方法，附件采用模制工艺。陶器胎壁厚薄较为匀称，造型规整。按质地分为夹砂、泥质两大类，以灰褐陶和灰黄陶占绝大多数，也有一些呈青灰色、黑色、红色，还发现有个别的白陶。黑陶多为灰胎黑皮，表面黑色陶衣容易脱落，夹砂陶以灰褐色为主，质地较粗，经检测，石峡文化灰陶的烧成温度为900℃～1000℃。

● **装饰** 以素面为主，约占该文化陶器总量的70%。造型风格表现为棱角分明。常用装饰纹样有绳纹、附加堆纹、凸棱纹、划纹、弦纹、锥刺纹及镂孔等。不同花纹的装饰部位比较固定，一般压印纹多饰于瓮、罐、豆、鼎的肩腹部，种类有方格、斜方格、曲尺等；绳纹多装饰在釜、鼎类炊具腹部和底部，镂孔多选择在圈足部位。

● **器类** 造型以三足器、圈足器最多，尤为流行子母口造型，三足器器足普遍高大，典型器有扁凿足盘形鼎、罐形鼎、釜形鼎、枭面足鼎、圜底釜、圈足盘、高圈足豆、圈足壶、小口罐和纺轮等。石峡文化的鼎、盘、豆一类器皿造型独特，很有地方特点。此外，在该文化中有些陶器明显来自其他文化，如长江下游地区良渚文化的贯耳壶等。

参考书目

广东省博物馆等：《广东曲江石峡墓葬发掘简报》，《文物》1978年7期。

（李水城）

Shixia yizhi panxing taoding

石峡遗址盘形陶鼎

新石器时代晚期石峡文化的陶制炊器。1976年由广东省博物馆等单位组成的石峡发掘小组在曲江县石峡遗址中发掘出土。现藏于广东省文物考古研究所。

通高21厘米、口径25厘米。夹砂红陶质，采用轮制与手制相结合的手法制作成型。上部豆系轮制而成，直口，浅盘，微圜底，器表外侧近底部有一周凸棱装置，形成子口模样。鼎足手制或模制而成，高近15厘米，足根部为扁凿形。这种造型的盘形鼎为石峡文化所独有。

（李水城）

石峡遗址盘形陶鼎

Tanshishan wenhua taoqi

昙石山文化陶器

新石器时代晚期东南沿海地区昙石山文化的陶制器具。昙石山文化1954年首次发现于福建闽侯县昙石山遗址，于1976年正式命名。主要分布于福建闽江下游，年代距今4000年左右，可分为早、晚两期。昙石山文化与台湾高雄市凤鼻头遗址第3、第4文化层有某些相似的因素，反映出海峡两岸远在史前时期就存在文化上的交往。

● **制陶工艺** 以手工制陶为主，采用泥条盘筑法成型，圈足器和三足器采用分段制作、对接成型的方法，以红陶和灰陶数量最多。早期的陶器以红陶为主，灰陶较少，陶质分细泥、夹细砂、夹粗砂3种，一般细泥陶表面经打磨处理，比较光滑；夹砂陶表面有施红衣的作风，烧制火候偏低，器表颜色斑驳不一。晚期的陶器制作工艺有明显进步，最突出的是出现并使用轮制技术，口沿多经修整，器表经磨光处理，器壁厚薄匀称，颜色以灰色居多，黑陶次之，并开始出现泥质灰色几何印纹硬陶，陶器的造型也有较大改变，种类较早期增加。

在昙石山遗址发现有一座窑场，经清理的7座陶窑依次坐落在10平方米范围内的缓坡上，均为无窑箅的横穴式窑，窑室直径70厘米～80厘

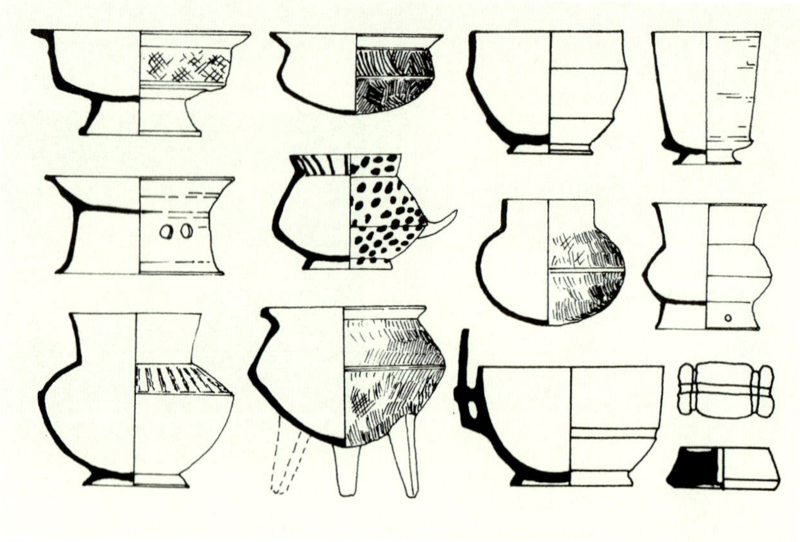

昙石山文化陶器

米、深50厘米～60厘米，陶窑上口略收成袋形，火膛开在窑室前方，平底拱顶，呈斜坡状通向窑室，有的火膛与窑室之间还用大石封口。在每座陶窑的窑室内均放置若干截成尖锥体的陶器作为支垫，以替代窑箅。经检测，昙石山遗址下层出土的灰色陶烧成温度为900℃～1000℃，夹细砂灰色陶的烧成温度为950℃～1100℃，后者火候已达到相当的高度，应属印纹硬陶范畴。

● **装饰** 以素面陶器居多，装饰纹样有绳纹、篮纹、附加堆纹、压印曲尺纹及镂孔等。彩陶数量很少，流行散漫的卵点纹、宽带纹、横竖线纹等，均使用红彩绘画。晚期，几何印纹陶比例增加，出现斜方格纹、叶脉纹、双圈纹等拍印的几何纹。

● **器类** 以圈足器、圜底器最为发达。按使用功能划分，炊具类有圜底大口釜、鼎、圜底罐；盛储类有盆、圈足簋；水具类有壶、杯；饮食类有豆、碗、钵等。除一般生活用具外，还有纺轮、陶拍和网坠等陶制工具。

参考书目

福建省博物馆：《闽侯昙石山遗址第六次发掘报告》，《考古学报》1976年第1期。

张其海等：《福建省闽侯昙石山遗址陶器分析》，《考古》1965年4期。

栗建安：《福建沿海地区的彩陶》，《南中国及临近地区古文化研究》，香港中文大学出版社，1994。

（李水城）

Beinan wenhua taoqi

卑南文化陶器

新石器时代晚期台湾东海岸地区卑南文化的陶制器具。卑南文化于20世纪30年代发现，1980年因修筑铁路曾作过大规模的发掘，先后达13次之多，后正式命名。主要分布在台东平原、花东纵谷和台东海岸山脉南部以至恒春半岛，以台东市南王里卑南遗址最具代表性。该文化年代下限较晚，距今3500年～2000年。据研究，该文化的后继者很可能是东海岸一带阿美族的古代文化。

● **制陶工艺** 陶器皆手制，在器皿口缘和圈足部位往往保留有修整的痕迹，绝大多数陶器胎内掺杂细砂类羼和料，少量砂粒较粗。以红色陶器占绝对优势，胎心多呈灰黑色或黑色，其余有少量泥质陶。烧成温度普遍偏低，胎质较为松软。

● **装饰** 以素面陶为主，有装饰的陶器纹样也很简单，有刺点纹、指甲纹、席纹、划纹等，且大多装饰在纺轮、器盖一类器物的表面，容器类仅个别有装饰。

● **器类** 造型较单一，以罐类器皿最多，约占全部陶器的三分之二，形制较复杂，分单耳罐、双耳罐、无耳罐等，其余还有双耳壶、瓶、盆、盘、勺、豆、杯、盂、器盖等。除日用陶容器外，陶质工具有纺轮和陶锤，还有少量陶塑动物、陶人面等陶塑工艺品及陶环等装饰品。该文化中还出土有相当一批无使用价值的小型陶器，似属明器性质。随葬用的陶器主要为双耳圈足壶一类器皿。

参考书目

宋文薰等：《卑南遗址第11－13次发掘工作报告》，《国立台湾大学考古人类学专刊》第十二种，1988。

宋文薰等：《卑南遗址发掘资料整理报告》第三卷，《国立台湾大学考古人类学专刊》第十二种，1988。

臧振华：《台湾考古》，台北，1995。

（李水城）

卑南文化陶器

Xiadai taoqi

夏代陶器

(约公元前21世纪～公元前17世纪)

夏代诸考古学文化的陶制器具，包括各类日用器皿、生产工具、随葬明器、乐器、陶塑工艺品、冶炼铜器的陶范、陶模具及建筑用陶等。夏代已进入青铜时代，开始出现和使用青铜容器、武器和工具，漆器手工业也有较大发展。新兴的铜器铸造业、髹漆业对制陶手工业影响并不很大，制陶业依旧是重要的社会生产部门，陶器仍然是人们日常生活中的必需品。

● **分区** 据《史记·夏本纪》和《竹书纪年》记载，夏代自禹至桀，立国400余年，历14世17王。传说夏人主要活动于河南西部和山西南部，这与现今的考古发现大致吻和，在豫西、晋南一带发现的二里头文化，很可能就是历史上夏人创造的文化。在夏王朝疆域以外地区，同时并存有其他几支土著文化，比较重要的有在太行山东麓一带的商人系统文化、黄河下游海岱地区东夷人的岳石文化、西方关中地区渭河流域的周人系统的文化、北方长城沿线以夏家店下层文化代表的东胡诸族文化、西北河西走廊地区西羌系统的四坝文化、南方长江下游吴越系统的马桥文化等。

● **制陶工艺** 中国古代文献中有一些零星涉及到夏人制陶工艺的记载，如《墨子·耕柱篇》有“陶铸昆吾”的记述，说的是夏代昆吾一族善于制陶、铸铜。在中原地区，夏人基本延续着新石时代晚期的制陶工艺，陶窑的结构和形制也无明显改变，快轮制陶术较为普及，但手工制陶依旧存在，大批袋足器仍使用模制与手制相结合的方法。陶器质地分为细泥与夹砂两大类，颜色有褐、灰、红、黑等，以褐色陶和灰色陶为主。制陶工艺的进步集中体现在器物种类、纹样装饰等方面。在河南郑州发现的一批夏代陶窑，结构分并穴式、竖穴式两种，外观呈馒头形，分窑室、火膛、窑箅、支柱、火门等5部分。

在夏人统治疆域以外地区其他诸考古学文化的制陶工艺水平不太平衡。除一般陶器外，在长江以南的广大地区，这一时期广泛出现一种新产品，即几何印纹硬陶，其进步性体现在制陶工艺的改善和窑炉结构的变化等方面，也是开发新原材料的结果，使陶器的硬度大幅度提高。这种新工艺很快传播到北方的黄河流域，在河南淅川县下王岗遗址曾出土一片属于夏代早期、也是中原地区时代最早的印纹硬陶标本，后来同类标本在河南偃师县二里头、山西夏县东下冯、翼城县感军、永济县东马铺头等遗址也有发现。在东方的海岱地区，新石器时代的制陶业一直处于领先地位，这一时期发展出的岳石文化，较多地继承了龙山文化的制陶技术，但在工艺和产品种类等方面较龙山文化大为逊色，呈现出某些衰退的趋势。在长城地带以北的夏家店下层文化和西方的四坝文化中仍普遍实行手工制陶传统，在装饰上还有较多的彩陶和彩绘陶。

● **装饰** 不同地区的考古学文化在陶器种类和装饰风格上呈现出一定的差异。其中二里头文化陶器大多素面无纹，少数器表打磨光滑，流行绳纹、篮纹和附加堆纹等几何类纹样，也有个别加工较精细的磨光陶，器表饰刻划的动物纹、神兽纹。黄河下游地区的岳石文化陶器以素雅见长，流行素面磨光陶，个别施彩绘。北方地区的夏家店下层文化陶器使用绳纹、弦纹、附加堆纹和篦点纹装饰，也发现一批绘制相当精彩的随葬彩绘明器。西北的四坝文化陶器继承当地广泛使用彩陶的传统，彩陶所占比例较高，夹砂陶常用刻划纹、压印纹。在长江下游地区，马桥文化陶器大量使用拍印几何纹。

● **器类** 夏代的生活用具仍以陶器为主，以二里头文化为代表的夏人集团制作的陶器门类比较丰富，边远地区其他土著文化陶器的类别相对简单。按使用功能可区分为炊器、酒水器、饮食器、盛储器、乐器、随葬明器、建筑用陶等几大类，炊器类包括深腹罐、鼎、鬲、甗、甑、花边口罐；酒水器类有爵、觚、盉、壶；饮食器类有豆、瓦足簋、盘、钵、碗；盛储器类有大口尊、盆、瓮、尊形器、三足瓮等。其他还有乐器类陶埙、陶铃及供随葬用的陶质葬具等。随葬明器的造型与种类同日常用具大致相同，做工略显粗糙，个体稍小。建筑用陶仅发现陶下水管道一种，应用较新石器时代晚期普遍，分泥质灰陶和黑灰陶两种，采用泥条盘筑方法成型。在偃师县二里头大型宫殿基址下埋设有相互套接供排水用的泥质黑灰陶水管，分为细长型、短粗型两种，胎质细腻，火候高，质地坚硬，制作工艺明显提高。

参考书目

中国硅酸盐学会编：《中国陶瓷史》，文物出版社，1982。
中国历史博物馆等：《夏县东下冯》，文物出版社，1988。
中国社会科学院考古研究所：《二里头陶器集粹》，中国社会科学出版社，1995。

（李水城）

Erlitou wenhua taoqi

二里头文化陶器

夏代黄河中游地区二里头文化的陶制器具。二里头文化因1959年河南偃师县二里头遗址的发现而得名，主要分布在河南西部的伊、洛、汝、颍诸水沿岸及山西南部的汾水下游地区；它是以夏人为主体的考古学文化，年代为公元前21世纪～公元前17世纪。

● **分区** 二里头文化分为二里头和东下冯两个地方类型。二里头类型分布于河南西部，以偃师县二里头遗址为代表；东下冯类型分布在山西南部，以山西夏县东下冯遗址为代表。两个类型有许多共同的文化特征，特别是在陶器类别、组合、形态等方面有很大共性，但也存在一定差异。如东下冯类型陶器

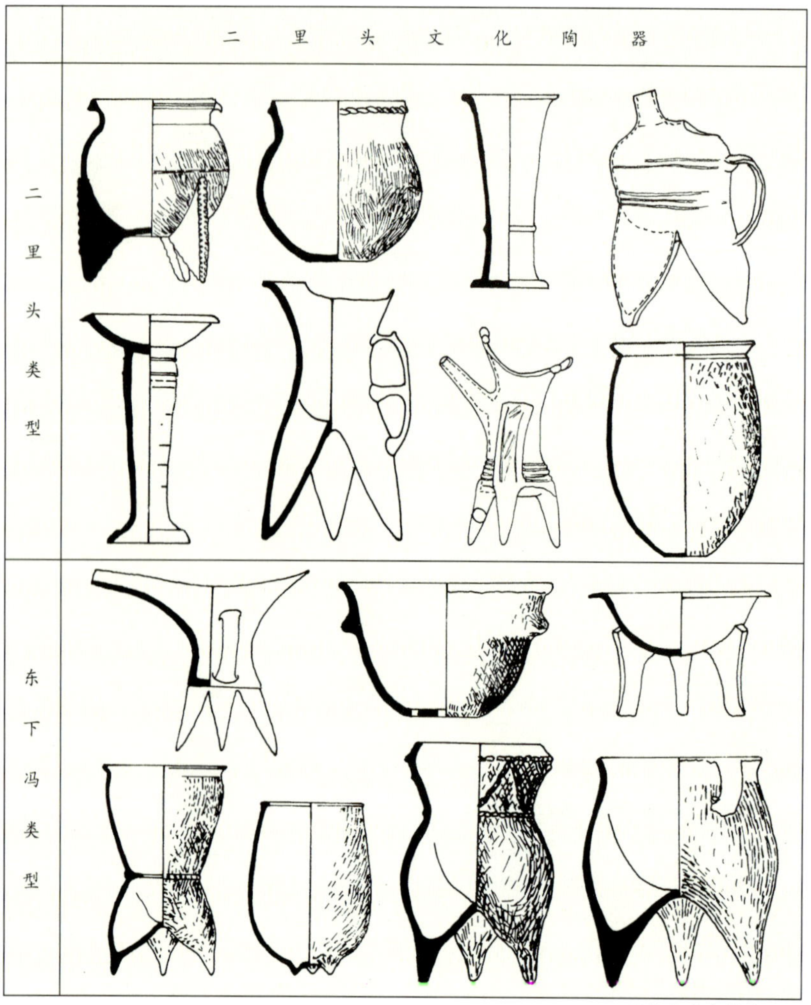

二里头文化陶器分区图

中鬲多鼎少，不见瓦足簋和陶觚；二里头类型阶段鼎的数量增多而鬲却很少见，也不见晋南一带流行的蛋形三足瓮。造成上述差异的原因既有地域因素，也有文化渊源、文化传统上的关系，二里头类型源于当地新石器时代晚期的王湾三期文化，东下冯类型源于当地的晋南陶寺文化，同时也受到北部太原一带古文化的影响。

● **分期** 二里头文化分早、晚两期。早期陶器制作工艺考究，陶色以褐色为主，有一定数量的磨光黑陶，以平底器居多，圜底器略少。早期花纹装饰精致、工整、美观，流行篮纹、细绳纹装饰，还有一定数量的方格纹等，仍保留较浓的新石器时代晚期陶器的作风，有些甚至与王湾三期文化的陶器很难区分，如鬶、觚的造型瘦高，鸡冠耳盆为小平底，瓦足簋为弧形器足、饰凸棱纹等。晚期工艺粗放、简朴，陶色普遍变为浅灰色，圜底器流行，整体风格接近于郑州商代早期，陶鬶粗矮肥胖，觚高度降低，形若陶杯，瓦足簋三足变为舌形，鸡冠耳盆由平底变为圜底。装饰花纹单调、简约，甚至粗糙。流行使用粗绳纹装饰，器内壁多留有麻点痕迹，篮纹、方格纹消失。但也有一些较精致的纹样，如装饰缨络纹、堆纹的鼎、鬲，还有一些模仿同期铜器花纹的云目纹、雷纹、兽面纹等，有的精致程度甚至超过铜器。总体看，二里头文化晚期制陶工艺的下降与铜器、漆器等的兴旺与流行有着密切关系，社会上层对陶器的兴趣减低，致使制陶业受到冷落，陶器风格从此转向质朴、粗放。

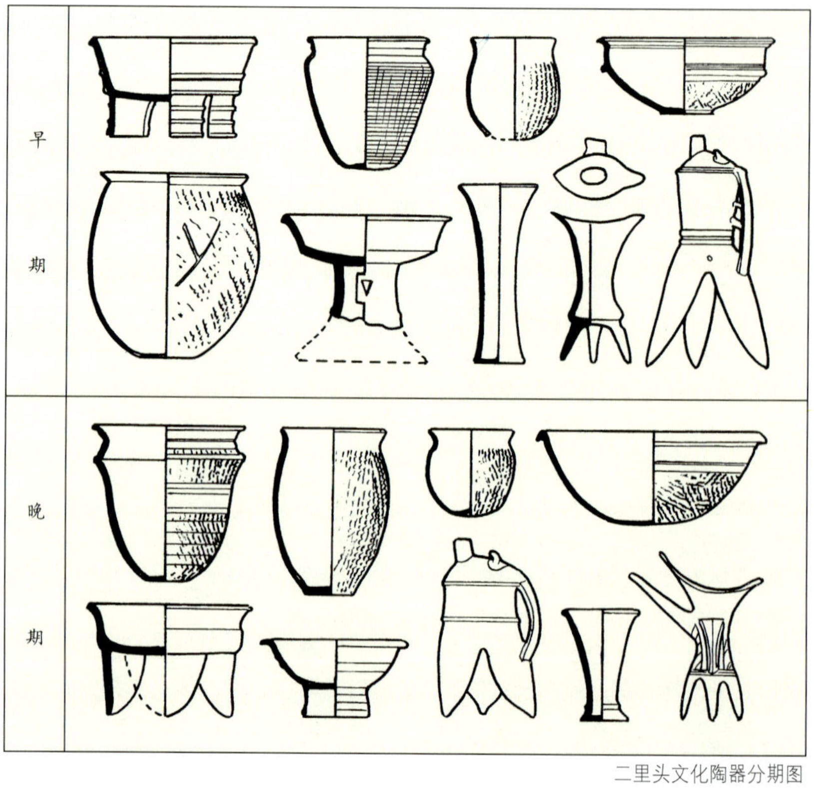

二里头文化陶器分期图

● **制陶工艺** 承继新石器时代晚期的制陶工艺，快轮制陶术比较普及，袋足器仍沿用模制与手制相结合的方法。变化主要反映在陶器的种类、造型和纹样装饰几方面。所发现的陶窑外观均呈馒头形，分为窑室、火膛、窑箅、支柱、火门几部分，形制、结构延续新石时代晚期的传统。在河南偃师县二里头、郑州市洛达庙、山西夏县东下冯等

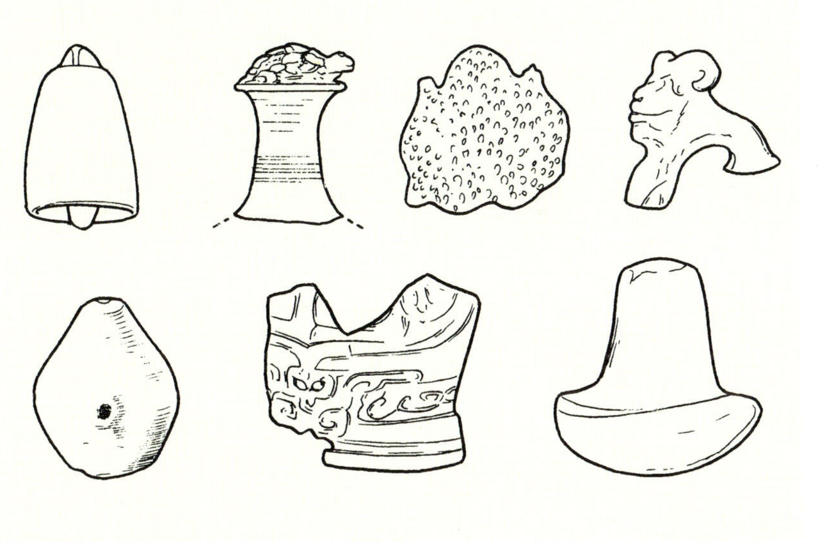

二里头文化其他陶器

遗址发现有竖穴陶窑，窑室直径1米～1.9米，窑室底部有用草拌泥制成的窑箅，上设圆形箅孔，下设长方形窑柱，火膛为圆形、圜底。这种馒头窑能使火焰均匀地从火膛进入窑室，增高窑内温度，加大焙烧火候，提高陶器的烧成质量。

● **装饰** 流行拍印绳纹、篮纹及附加堆纹。篮纹、方格纹是从当地新石器时代晚期延续下来的，至此时数量大为减少，逐渐被绳纹所取代。附加堆纹的运用颇为频繁，除装饰功能外，主要目的是为了加固陶器。磨光泥质陶表面常见拍印的回纹、叶脉纹、漩涡纹、云雷纹、圆圈纹和花叶纹等几何纹样，也有少量制作精细的磨光陶器器表饰刻划精细、形象生动的动物纹、神兽纹等，如二里头遗址出土的两件泥质刻纹陶片，一件用线刻手法刻有飞舞的龙纹，另一件刻有一首双身的龙（蛇）纹。二里头遗址还出土有两件透底器，器表各塑有3条、6条盘蛇（龙）浮雕，做工较精细，蛇身刻划菱形纹，器表或素面或刻云雷纹。其他还发现有兔、蝌蚪、饕餮等动物类纹样。此外，还发现有少量受到江南一带古文化影响的印纹陶，器表拍印人字纹、方格纹、曲折纹、S纹、花瓣纹等。

● **器类** 按造型分圜底、三足、平底、圈足几大类。按功能划分，炊器类有深腹罐、花边口罐、鼎、鬲、甗；饮食器类有瓦足簋、高柄豆、圈足豆、杯、钵；酒水器类有觚、爵、鬶、盉；盛储器类有鸡冠耳盆、大口尊、缸、瓮，还有用于加工食品的澄滤器等。其中花边口圆腹罐、深腹罐、瓦足簋、鸡冠耳盆、冲天管状流盉是二里头文化中最有特点的器皿。其他还有铃、埙等陶质乐器，透底器一类礼器及祭祀用具，羊、龟、蛤蟆等陶塑工艺品，陶垫子、陶拍子一类陶工具及陶下水管道。

参考书目

中国社会科学院考古研究所：《二里头陶器集粹》，中国社会科学出版社，1995。

中国历史博物馆等：《夏县东下冯》，文物出版社，1988。

（李水城）

Erlitou yizhi huangtaohe

二里头遗址黄陶盉

夏代二里头文化早期的陶制酒器、水器。1982年由中国社会科学院考古研究所在河南偃师县二里头遗址第20号墓中发掘出土。现藏于中国社会科学院考古研究所。

通高22.5厘米。泥质橘黄色陶，手制，器表经打磨处理。顶部作弧形，后侧有一半圆形注水口，前面一侧置冲天管状流口，粗直颈，下附3个乳状袋足，与流口相对一侧置宽柄鋬，口沿下和袋足上饰2股附加堆纹，柄部饰刻划纹。

二里头遗址黄陶盉

盉是一种有细小管状流口的容器，用来盛放液体，最早出现于新石器时代晚期的龙山时代。《说文解字·皿部》的解释是：“盉，调味也。”这种造型的盉是二里头文化中最富代表性的器皿，后来被商文化所继承，并出现青铜制品，其造型与陶盉完全相同。

（李水城）

Erlitou yizhi huitaochangliugui

二里头遗址灰陶长流鬶

二里头遗址灰陶长流鬶

夏代二里头文化早期陶制酒器、

水器。1984年由中国社会科学院考古研究所在河南偃师县二里头遗址第51号墓中发掘出土。现藏于中国社会科学院考古研究所。

通高26厘米。泥质灰色陶，轮制与手制相结合成型，通体打磨光滑。顶部作弧形，状如兽头，前部两侧各饰一枚乳丁，以象征动物的双目，前侧置高翘前冲的长流，象征动物的鼻、口，弧顶后侧有圆形注水口，细高颈，折肩，圆弧腹，假圈足，小平底。与鬶口相对一侧置宽錾器耳，器颈、錾、圈足饰凸棱纹，肩部和上腹部饰凹弦纹、指甲线纹。（李水城）

Erlitou yizhi feilengwen taoding

二里头遗址扉棱纹陶鼎

夏代二里头文化晚期陶制炊器。1984年由中国社会科学院考古研究所在河南偃师县二里头遗址第2号灰坑中发掘出土。现藏于中国社会科学院考古研究所。

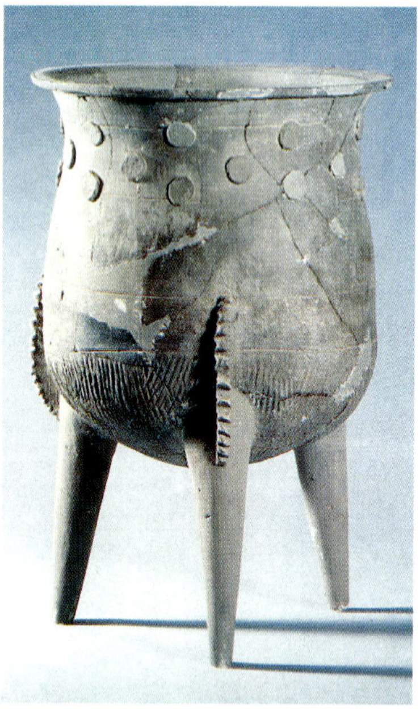

二里头遗址扉棱纹陶鼎

通高约30.5厘米、口径29厘米。夹砂灰色陶质，采用轮制与手制相结合的方法制作。大口外侈，束颈，圆弧垂腹，圜底，器底下置3只圆柱状高足（足尖残失）。足根外侧饰竖列的扉棱装饰，外侧压印锯齿状花边。鼎腹上半部经打磨处理，器口下外侧贴塑圆形泥饼装饰，下腹至器底饰交错拍印的绳纹和两股凹弦纹。（李水城）

Yueshi wenhua taoqi

岳石文化陶器

夏代及商代初期黄河下游地区岳石文化的陶制器具。岳石文化1960年首次发现于山东平度县东岳石村遗址，1979年正式命名，主要分布在山东境内，影响颇为广泛，南界达长江北岸的苏北地区，北至辽东半岛南端，东抵河南开封地区。在岳石文化的中心区以外，该文化往往与当地土著文化混合共存。岳石文化是海岱地区东夷族群的文化，来源于龙山文化，年代距今3900年～3600年。

● **制陶工艺** 分手工和快轮制作两种方法。以泥质黑皮灰胎陶、泥质灰陶和夹砂褐陶数量最多，泥质陶普遍使用快轮制作，陶胎厚重，厚薄匀称，器形规整，表面多经打磨处理。夹砂陶多手工制作成型，胎内约半数以上掺加云母碎末，少量掺加滑石粉。造型以平底子母口器为主，也有少量的三足器，多数陶器配有器盖。经研究，陶器可分为3组，分别代表着该文化的早、中、晚3个时期。第一组器类较为复杂，以灰陶居多，黑陶亦占一定比例，器表多饰凸棱，常用附加堆纹、弦纹为装饰；第二组陶器种类较简单，以灰陶为主，器表多饰横向交错的细绳纹；第三组器类十分简单，全部为灰陶，器表装饰竖列的粗绳纹。

● **装饰** 器表普遍施突棱，显得棱角分明，特征突出，大多数陶器素面不加装饰。在有装饰的陶器中，泥质陶流行绳纹、弦纹及少量方格纹、乳钉纹、云雷纹，也有个别的彩绘陶。夹砂陶表面一般也经打磨、抹光处理，常见附加堆纹、刻划纹和少量的戳印纹、绳纹。彩绘陶多选择泥质黑陶或灰陶，器类有豆、尊、器盖和罐等，以朱红色单彩较为常见，个别绘红、白色复彩，图案简洁，色彩明快，花纹有豆点状云纹、三角纹、条带纹、波浪纹等。颜色容易脱落，这些彩绘陶不适宜作实用器，多为随葬明器。另外还有的在器表涂朱红彩装饰。

● **器类** 造型以平底器为主，另有少量三足器。包括子母口尊形器、子母口罐、蘑菇组器盖、三足簋形器、圈足簋、舌足鼎、豆、盂、盆、瓮、舟形器、杯、堆纹袋足甗、罐等。其中子母口尊形器、子母口罐、堆纹袋足甗、舌足鼎等是岳石

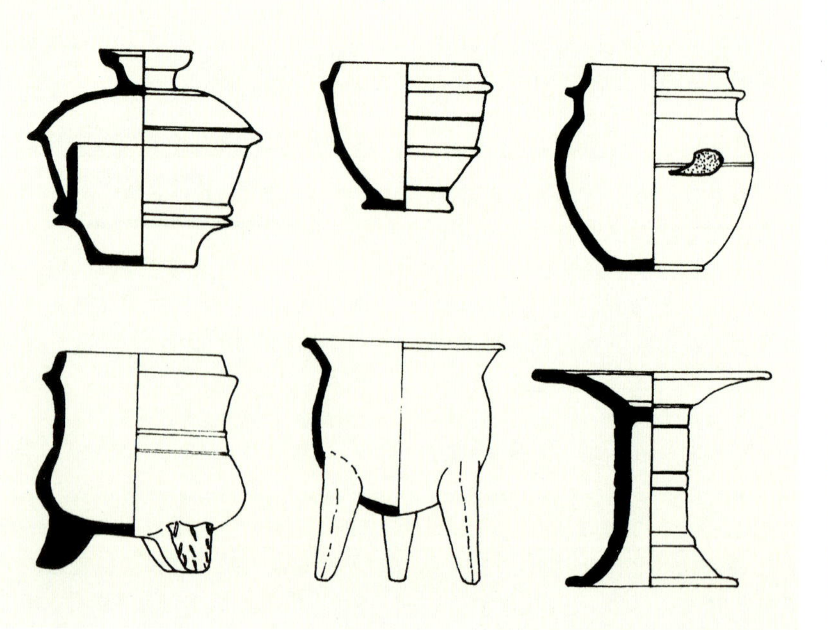

岳石文化陶器

文化中最富代表性的器皿。

参考书目

中国科学院考古研究所山东发掘队：《山东平度东岳石村新石器时代遗址与战国墓葬》，《考古》1962年10期。
山东大学历史系考古专业教研室：《泗水尹家城》，文物出版社，1990。

（李水城）

Siba wenhua taoqi

四坝文化陶器

夏代及商代初期黄河上游地区四坝文化的陶制器具。四坝文化因1948年首次发现于甘肃山丹县四坝滩遗址而得名，一度曾使用“四坝式陶器”、“火烧沟类型”、“火烧沟文化”等名称。分布范围东起甘肃河西走廊的武威，西至安西，距今4000年~3500年。该文化是甘青地区新石器时代晚期文化不断向西拓展的产物，其余脉日后向西一直渗透到新疆东部的哈密盆地，族属为古代西羌中的一支。

● **制陶工艺** 陶器全部手工制作，采用分段制坯再对接成型的方法。胎质以夹砂陶占绝大多数，分夹细砂、夹粗砂两大类，基本不见纯细泥陶。陶色以褐色（含红褐、灰褐色）最多，也有少量灰陶和黑灰陶。其中夹细砂陶器表大多施紫红色陶衣，并经打磨处理，较为光洁。彩陶所占比例颇高。从工艺上看，制陶水平不高，烧成火候偏低，外观较粗，特别是明器的质量更为粗陋，反映出中国西部地区在环境因素的作用下，畜牧业经济比重加大，制陶工艺呈现出衰退的趋势。

● **装饰** 大多数陶器上有装饰。夹粗砂陶器一般使用刻划、压印或贴塑法饰凹弦纹、附加堆纹、乳钉纹、点状纹、X纹、Z纹及个别的绳纹。彩陶所占比例较高，占该文化陶器总量的20%~50%，在不同遗址比例则有所不同。一般先在器表施紫红色陶衣，再用一种质地极浓稠的黑彩（或暗褐色）颜料描绘图案，由于颜料过于浓稠，所绘花纹均凸起于器表。花纹分几何、动物类两种，前者主要为横竖线条、三角、菱形、网格、折线、田字格、回形及Z、N、X等纹样；后者既有表现动物的，也有反映人物的内容。表现动物的内容有羊、犬、鹿、蜥蜴等，画面结构有的比较写实，有的已高度抽象化。表现人物画面的彩陶数量不多，构图有正面、侧面之分，有的画面相当抽象，作正面构图的一般三人为一组，作相互间手拉手的造型，所表现的多为女性，体态修长，细腰，着曳地长裙，双臂合于胸前，作轻歌曼舞状。作侧身造型的亦三人一组，人物作顶礼膜拜状。这些彩陶构图精美，显示出较高的艺术功底。此外，还发现有个别刻划人物狩猎图案的陶器精品。

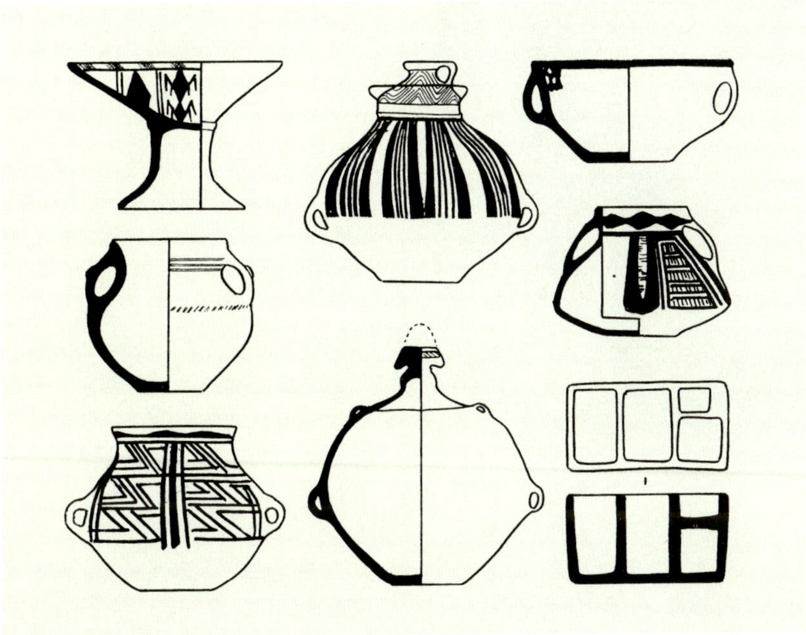

四坝文化陶器

● **器类** 绝大多数为平底器，类别较简单，以各种形状的罐数量最多，分双耳罐、单耳罐、四耳带盖罐、筒形盖罐、双大耳罐、无耳罐等，其他还有腹耳壶、豆、瓮、双耳尊、盘、勺、多子盒、长方形四足盒、器盖等。除日用器皿外，还发现有彩陶埙及动物、人物造型的陶塑工艺品。

参考书目

许永杰等：《甘肃民乐县东灰山遗址发掘报告》，《考古》1995年12月。
李水城：《四坝文化研究》，《考古学文化研究》（3），文物出版社，1993。

（李水城）

Siba wenhua taoxun

四坝文化陶埙

夏代及商代初期黄河上游地区四坝文化的陶制乐器。均出土于四坝文化墓葬之中。

四坝文化火烧沟遗址陶埙

手工分片制坯，对接粘合成型，器表经打磨处理，做工比较精细。平面呈扁圆形，极似一条肥硕的鱼，内中空，上端有一吹孔，器表有2个~3个音孔，下端制成鱼尾形状，周身绘几何线条构成的图案。通过向吹孔内送气，并控制音孔的开合，可演奏一些简单的乐曲。这种工艺

相当进步的埙在同时期其他考古学文化中尚不多见，有的学者对四坝文化陶埙的音律进行研究，证明当时已基本掌握七声音阶的概念。如1976年甘肃玉门市火烧沟遗址出土的陶埙，通长9厘米、宽6.8厘米，夹细砂红褐陶质，器身作滚圆的鱼形，前端有一小吹孔，后端为鱼尾，腹部和背脊各有一音孔，器表绘浓稠的红褐彩花纹，一面为X纹间三角纹，另一面绘网格纹，尾部穿一小孔，以便穿绳随身携带。

参考书目

吕骥：《从原始氏族社会到殷代的几种陶埙探索我国五声音阶的形成年代》，《文物》1978年10期。

（李水城）

〖四坝文化其他陶器〗

Huoshaogou yizhi renxing shuangzu caitaoguan
火烧沟遗址人形双足彩陶罐

夏代及商代初期黄河上游地区四坝文化的陶制工艺造型器皿。1976年由甘肃省博物馆文物工作队在玉门市火烧沟遗址第84号墓中发掘出土。现藏于甘肃省文物考古研究所。

火烧沟遗址人形双足彩陶罐

通高10.8厘米、口径5.8厘米。夹细砂红褐陶质，手制。上部为一双耳彩陶罐，外侈口，圆唇，束颈，圆鼓腹，双大耳。下部在罐底以下塑造一对着毡靴站立的人足，与上部陶罐结合，形似一站立的人体，罐腹部肥硕圆鼓，象征人体。罐腹两侧置器耳，象征叉腰的双臂，造型夸张，构思精巧，想像力丰富。器表用浓稠黑彩绘制花纹，腹部图案分两部分，用横竖线隔出一方框，框内绘相互叠置的4组菱格纹，口沿内绘一周短竖线纹，双足绘Z形纹。

（李水城）

Huoshaogou yizhi renxing xiaotaoping
火烧沟遗址人形小陶瓶

夏代及商代初期四坝文化的陶制艺术造型器皿。1988年由甘肃省文物考古研究所在玉门市火烧沟遗址中采集。现藏于甘肃省文物考古研究所。

火烧沟遗址人形小陶瓶

通高21.5厘米。夹细砂红陶质，手制。采用圆雕的手法塑造出一站立的人物形象，人头顶为器口，人面五官俱全，柳叶眉，双目圆睁，炯炯有神，翘鼻，双小耳，嘴角上扬作微笑状，给人以栩栩如生的感觉。该器采用捏塑、镂空、雕刻等技法，塑造的人物四肢比例匀称，肩部较宽，双臂下垂，双手似插入裤袋内，巧妙地构成器耳。此人下着长裤，足蹬高靴，靴尖向上高高翘起。人面及身体以浓稠的黑色彩描绘纹样，颈、腰至股部绘网格纹，似象征其衣着纹样。双乳微微耸起，细腰，下腹阴部位置竖刻一道凹槽，暗示所表现的是一位女子。该瓶是四坝文化陶器中一件罕见的陶塑艺术精品。

（李水城）

Xiajiadian Xiaceng wenhua taoqi
夏家店下层文化陶器

夏代及商代初期北方地区夏家店下层文化的陶制器具。夏家店下层文化于1935年发现，1960年通过对内蒙古赤峰市夏家店、药王庙等遗址的发掘而正式命名，其分布范围在辽宁西部、河北北部和内蒙古东南部，距今4100年～3500年；族属为夏代及商代早期生活在北方长城沿线的东胡诸族。

● **制陶工艺** 陶容器普遍采用泥条盘筑法，主体分段制作陶坯，再对接成型。器足、器耳等附件用手工捏制，再用榫卯方法与器身套合衔接。有些陶器的口沿和底部有慢轮修整的痕迹，在有的遗址曾发现少量快轮成型的陶器，个体均较小。袋足器用模制方法制作器足，再经捏合与器口对接。按质地可分为夹砂灰陶、夹砂褐陶、泥质灰陶、泥质黑陶、泥质红陶及少量的泥质黄陶。日用生活器皿烧制火候较高，质地坚硬，颜色多呈青灰色，器表装饰绳纹。随葬用明器烧成温度偏低，胎心为红色，器表呈黑色，均经打磨处理，表明在该文化的制陶业中已出现不同的产品分工。

● **装饰** 以素面陶、素面磨光陶数量最多，器表装饰主要有绳纹、附加堆纹、篮纹、三角划纹、铆钉

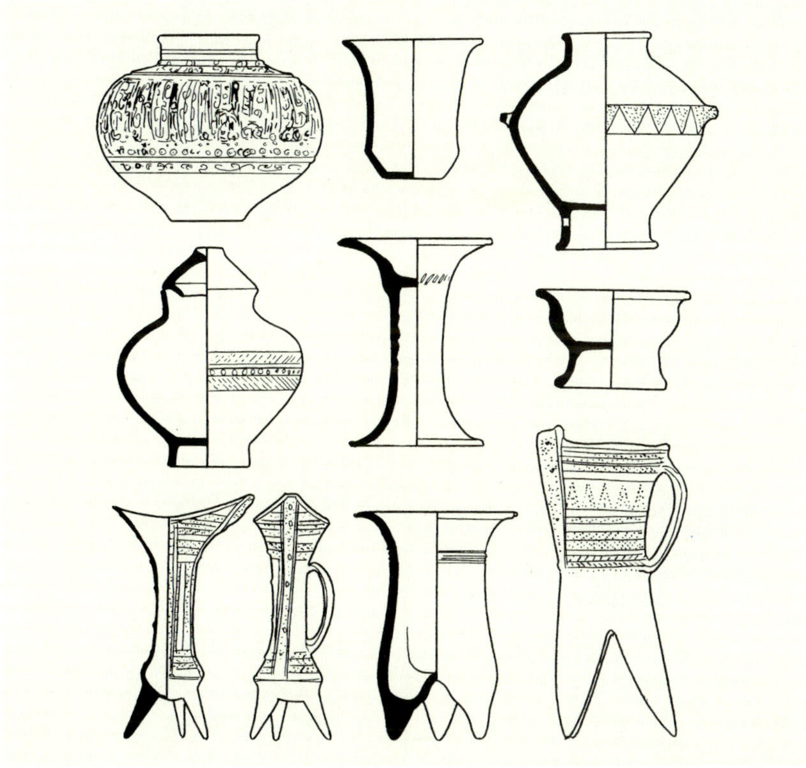

夏家店下层文化陶器

纹和彩绘。其中彩绘陶数量较多，且特征突出，在内蒙古敖汉旗大甸子墓地共发掘640座夏家店下层文化墓葬，随葬彩绘陶器的墓达200余座，出土彩绘陶器400余件。这些彩绘是在烧好的陶器表面用毛笔绘制的，颜料中添加有胶着性调和剂，可使色彩较牢固地附着于器表。彩绘陶纹样多达150余种，其特点是用白色彩（HgS）绘画主题花纹，再用红彩（$CaCO_3$）填地。图案可概括为两大类：①中心主题花纹。内容多为较抽象的动物面部或徽帜类图像，结构比较复杂，单元画幅也较大。②辅助花纹。通常画在主题图案的边缘或在区分画面时使用，构图比较复杂，一般由卷曲的线条构成多种二方或四方的连续单元。也有少数构图以兽面为中心，再以二方连续花纹为辅助，其中有些云雷纹、兽面纹的造型与商代青铜器图案相似，故有的学者认为二者之间必有某种联系。有的学者认为，夏家店下层文化彩绘花纹很可能是模仿当时的毛纺织品样式而来，由此可说明该文化有着浓厚的草原游牧文化气息。这些彩绘陶器多出自一些规格较高的墓葬，属于珍贵的随葬器皿，具有显示死者等级、地位、身份和财富的功能。

● **器类** 按造型可分平底器、三足器、圈足器3大类，尤以平底器和三足器数量最多。主要器类有尊形筒腹鬲、罐形鼎、罐、圈足盆、瓮、尊、壶、豆、甗、盘、爵、鬶等。其中薄胎陶爵、陶鬶和彩绘陶器均出土于规格较高的墓，是具有礼仪功能的特殊用具。由于该文化分布地域广阔，故陶器的形态、类别、花纹等存在一定的地区差异。

参考书目

中国社会科学院考古研究所：《大甸子》，文物出版社，1996。

刘观民、徐光冀：《夏家店下层文化彩绘纹式》，《庆祝苏秉琦考古五十五年论文集》，文物出版社，1989。

（李水城）

Dadianzi yizhi caihuitashi taoguan

大甸子遗址彩绘塔式陶罐

夏代及商代初期夏家店下层文化的陶制礼器。1974年由中国科学院考古研究所在内蒙古赤峰市敖汉旗大甸子遗址第5号墓中发掘出土。现藏于辽宁省博物馆。

通高27.5厘米、口径约7厘米、底径约8厘米、下腹径18.5厘米。泥质黑色陶，手工分段制作，对接成型。小口，口沿外侈，细长颈，上细下粗，腹部分为上下两部分，状若葫芦，底部附较高的假圈足，口沿外侧、器颈上部捏塑4枚乳突饰，上腹肩部贴塑数枚贝形纹，双腹间亚腰处饰3周凸棱纹。该器造型奇特，做工考究，器表打磨比较光滑。以黑色陶胎为底色，用红、黄两色绘制花纹，器颈部、腹部绘三周回形纹，间以三角纹、柳叶纹，利用陶胎的本色巧妙地构成3种颜色搭配的构图。

在内蒙古敖汉旗大甸子遗址发掘的600余座夏家店下层文化的墓葬中有200余座随葬彩绘陶器，其中彩绘塔式陶罐仅此一件，弥足珍贵。

（李水城）

大甸子遗址彩绘塔式陶罐

Dadianzi yizhi juanyunwen caihui taoli

大甸子遗址卷云纹彩绘陶鬲

夏代及商代初期夏家店下层文化的陶制礼器。1974年由中国科学院考古研究所在内蒙古赤峰市敖汉

旗大甸子遗址第12号墓中发掘出土。现藏于中国社会科学院考古研究所。

通高27厘米、口径21厘米。泥质黑灰色陶，手工制作，经慢轮修整，器表打磨十分光滑。大喇叭口，圆唇，粗长颈，乳状瘦袋足，有实足根。器表和口沿内用红、白、黑3色彩绘出卷云纹，并组合成变形兽面纹样，构图精美，色彩华丽。该器造型采用夏家店下层文化的典型式样，也是该文化最富特征的器类，因腹部高深，又称筒形深腹鬲或尊形筒腹鬲。

（李水城）

大甸子遗址卷云纹彩绘陶鬲

Dadianzi yizhi juanyunwen caihui si'er taolei

大甸子遗址卷云纹彩绘四耳陶罍

大甸子遗址卷云纹彩绘四耳陶罍

夏代及商代初期夏家店下层文化的陶制礼器。1974年由中国科学院考古研究所在内蒙古赤峰市敖汉旗大甸子遗址第12号墓中发掘出土。现藏于中国社会科学院考古研究所。

通高30厘米、口径11.5厘米。泥质黑灰色陶，手工制作，经慢轮修整，器表打磨十分光滑。小口，圆唇，短颈，弧腹，平底。器表面和口沿内用红、白等色绘制出由卷云纹组成的变形兽面图案，通体色彩华丽，构图繁缛，颇为美观。

（李水城）

Maqiao wenhua taoqi

马桥文化陶器

夏代及商代初期长江下游地区马桥文化的陶制器具。马桥文化于1959年首次发现于上海市上海县马桥遗址，先后经数次发掘，后以该遗址第4文化层命名，分布于太湖流域和杭州湾一带。该文化是在当地新石器时代晚期良渚文化的基础上发展起来的，并同时受到来自中原地区夏商文化和福建沿海一带的几何印纹陶文化的影响，年代约相当于中原地区的夏代及商代早期。

● **制陶工艺** 主要以轮制技术为主，依陶系可分出3种不同的制陶工艺：①夹砂红陶。使用泥条盘筑法成型，器表多饰绳纹，器类有舌足鼎、束腰甗、釜等炊具；②几何印纹陶。陶色为黄色或紫褐色，亦使用泥条盘筑法成型，器表拍印篮纹、叶脉纹、云雷纹等，有些在口沿上刻划有“符号”，流行凹底、圜底的造型，器类主要为饮食用具；③泥质灰陶或泥质灰胎陶。多使用快轮技术成型，器表以素面为主，所饰花纹多模仿铜器，流行平底器、圈足器，以饮食器为主。陶器的烧

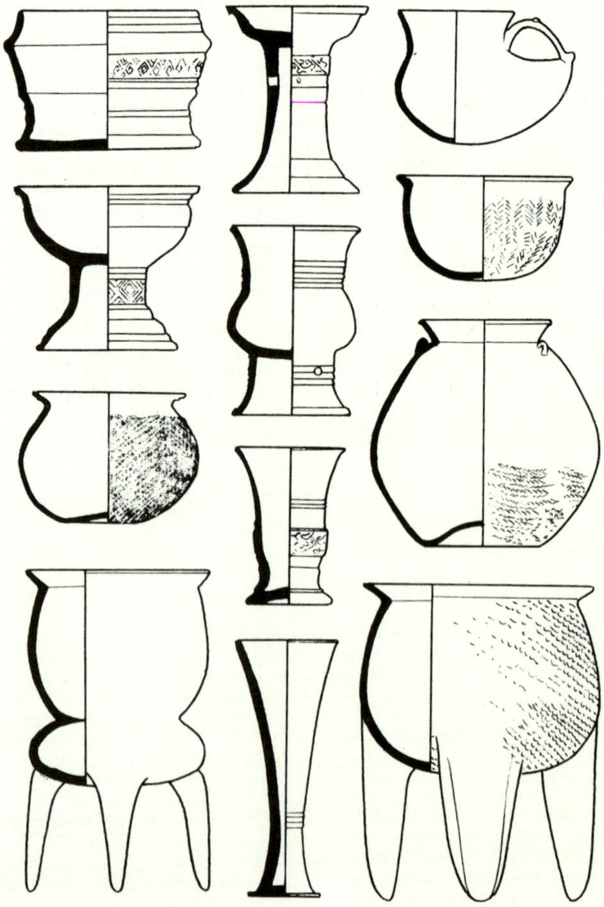

马桥文化陶器

成温度差别较大，硬度不一，有些陶器表面色泽不纯正，颜色分为淡黄、橘黄、紫红、紫褐等几大类，一般陶器颜色越深，硬度也越高。据统计，马桥遗址第4文化层出土陶器可分为夹砂红陶、泥质红褐陶、泥质灰陶3大类。其中泥质红褐陶占该文化陶器总量的41.1%、泥质灰陶占33%、夹砂红陶占25.9%。

● **装饰** 器表多数有纹饰，一般通体装饰，纹样分3大类：①模仿青铜礼器的花纹。如云雷纹、鱼纹、鸟纹等，呈带状构图，装饰在器腹中部，一周或数周，器类主要为泥质灰胎红衣陶或黑衣陶；②拍印编织纹。以篮纹、叶脉纹、方格纹为主，其次为席纹、曲折纹、回纹等，此类陶器烧制火候偏高，器内壁往往留有制作时拍打留下的垫窝；③绳纹类。均饰于夹砂炊器表面。此外，在少量泥质灰胎黑衣陶上还有一种用细线刻划的花纹，也有个别陶器的口沿上刻有“符号”。

● **器类** 分为炊器、饮水饮酒器、饮食器、盛储器、杂器几大类，种类十分丰富。炊器类有鼎、甗、釜；饮水饮酒器类有盉、觚、觯、杯、壶；饮食器类有圈足簋、豆、盘、碗、碟；盛储器类有盆、罐、盂；杂器类有器盖、箕形器等。

马桥文化陶器明显包含几种不同的文化因素：①土著因素。源于当地的良渚文化，器类主要有尊、豆、盘等；②中原地区南下的夏、商文化因素。器类包括觚、觯、卷沿盆等；③福建沿海一带北上的几何印纹陶因素。如鸭形壶一类器皿。

参考书目

上海市文物管理委员会：《上海马桥遗址第一、二次发掘报告》，《考古学报》1978年1期。

（李水城）

Xiadai yinwen yingtaoqi

夏代印纹硬陶器

夏代出现的一种陶器新产品。因质地较一般陶器细密，烧成温度高，硬度大，器表拍印有几何纹而得名。印纹硬陶是在江南地区新石器时代晚期出现的几何印纹软陶的基础上发展起来的。印纹硬陶所选原料为一种含铁量较高的粘土，烧成后胎体呈紫褐色、红褐色、灰褐色、黄褐色，也有少量为砖红色，有些印纹硬陶烧制火候极高，已达到烧结程度，胎体坚硬，叩之可发出类似敲击金属的声响。其中以紫色印纹硬陶的烧成温度最高，灰褐色、黄褐色和红色烧成温度相对略低。有些印纹硬陶表面呈现出光泽，达到似施有一层薄釉的效果。经检测，印纹硬陶与原始瓷所用原料同属“碎屑类耐火粘土”，但二者化学成份有较大差异，这主要表现在印纹硬陶中Fe_2O_3含量较原始瓷高，其性质仍属陶器范畴。在制作工艺上，印纹硬陶均使用泥条盘筑法成型，器表用几何印纹陶拍不断击打，拍印出几何纹，内壁用陶垫承接陶拍的打击，故留有垫窝。附件类均采用捏制法制作，再与主件粘接。

印纹硬陶在长江以南地区分布很广，器类也比较丰富，有鼎、釜、罍、豆、罐、盆、尊、瓿、钵、碗、盂、杯、器座、纺轮、网坠、刀等，几乎囊括各种日常生活用具。受南方地区的影响，北方黄河流域也出现少量印纹硬陶产品，在河南淅川县下王岗遗址曾出土一件时代相当于夏代阶段的叶脉纹印纹硬陶罐，是北方地区所见时代最早也最完整的印纹硬陶标本。在山西夏县东下冯、翼城县感军、永济县东马铺头、河南偃师县二里头等遗址也出土有一些拍印人字纹、方格纹的印纹硬陶片。其中二里头遗址还出土有拍印曲折纹、S纹、花瓣纹的灰色印纹软陶片。

也有的学者认为，二里头遗址发现的印纹硬陶显然与南方地区的影响有关。二里头遗址印纹硬陶花纹种类多，纹样清晰，庄重大方，很有气势。这是南方地区印纹硬陶所不及的，南方印纹硬陶的兴盛应在二里头文化之后。因此，有关北方地区印纹硬陶由南方而来的观点还有待于再研究。

参考书目

中国社会科学院考古研究所：《二里头陶器集粹》，中国社会科学出版社，1995。
彭适凡：《中国南方古代印纹陶》，文物出版社，1987。

（李水城）

Shangdai taoqi

商代陶器

（约公元前16世纪～公元前11世纪）

商代诸考古学文化的陶制器具。包括日用生活器皿、生产工具、随葬用明器、仿铜礼乐器、陶塑工艺品、冶炼铜器所用陶范模、陶质建筑构件等。商代已进入青铜时代的繁荣期，青铜铸造业十分发达，漆器手工业、原始瓷器手工业均已有相当程度的发展，这些新产品的出现对制陶手工业产生了一定的冲击，但陶器在整个社会特别是在广大社会下层民众的日常生活中依旧占有十分重要的地位，制陶业仍是当时重要的产业部门。

● **分区** 公元前16世纪，成汤灭夏，商王朝建立，其统治疆域大大超出夏代。在商人控制的疆域以外，同时并存有数支土著青铜文化，比较重要的有长江中游地区的皂市中层文化、吴城文化，长江下游至东南沿海一线的湖熟文化、黄土崙文化，西南成都平原古蜀国的三星堆文化，西北甘青地区羌人系统的诺木洪文化、卡约文化、辛店文化、唐汪文化和寺洼文化，陕西关中西部羌人系统的刘家文化，东北地区辽宁中部的高台山文化，辽东半岛的羊头洼文化等。

● **制陶工艺** 在中原地区，商人的制陶工艺分为两大类，多数陶器使用轮制技术制作，一些造型复杂的器皿则使用模制与手制相结合的方法。陶质分泥质、夹砂两种，陶色有灰、褐、红、黑和少量的白色、黄白色陶，其中灰色陶占绝大多数，这与当时通行使用还原焰陶窑烧造陶器有着密切关系。在长江以南的广大地区，自夏代开始出现

的几何印纹硬陶更加流行，原始瓷开始出现，制陶工艺进一步提高。随着经济的发展，人们对陶器的需求量增加，制陶业规模扩大，内部分工更加细致，产品具有明显的商品性质。在商王朝统治疆域以外的其他地区，制陶手工业的发展很不平衡，不少地区仍停留在手工制陶阶段，特别是在西北、长城沿线的北方地带和东北等偏远地区表现得最为突出。江南一带几何印纹硬陶、原始瓷的生产对中原地区有着一定的影响，在北方黄河流域地区也出现了少量同类产品，这些为日后瓷器的产生奠定了基础。

商代的陶窑在结构上与夏代大体相同，陶器烧成温度有所提高，这与窑炉结构的改进是分不开的。商代陶窑分并穴式和竖穴式两种，但以竖穴式为主，外观仍为馒头形，窑箅厚薄不匀，有圆形箅孔，火门为圆角长方形，窑室面积不很大，每窑烧制的陶器数量有限。长江下游地区商代陶窑的结构已有很大改变，开始出现龙窑，如浙江上虞发现有烧制印纹硬陶的龙窑窑址，长达5米以上，显示出相当进步的因素。长江中游地区的商代陶窑仍为竖穴式，面积普遍较小。

● **装饰** 中原地区的陶器普遍有装饰，素面磨光陶为数不多。以拍印绳纹所占比例最高，约占同期陶器的五分之四强。其他还有戳印、拍打、堆塑、刻划等纹样，一些制作精良的仿铜陶礼器表面装饰与青铜器相同的花纹。在长江中游地区，皂市中层文化陶器也以绳纹装饰居多，同时流行拍打、戳印的几何纹，附加堆纹，模仿铜器的花纹及镂孔。吴城文化陶器流行拍印几何印纹，最有特色的是戳印的圆圈联珠纹。东南沿海一带的陶器也普遍拍印几何形印纹。三星堆文化陶器以素面为主，作风简洁。西北地区诸考古学文化的陶器保留有相当比例的彩陶、绳纹、刻划纹装饰较为普遍。东北地区的陶器绝大多数为素面，有的文化中有个别风格独特的彩绘陶。

商代的陶器上多刻划有文字或符号，在河南郑州、安阳、河北藁城、磁县、邢台等商文化遗址，以及江西樟树市吴城遗址、陕西扶风县周原遗址均有发现，内容分为数字符号、方位符号、族名人名、记事、卦辞及一些不可释读的符号。商文化的陶文与甲骨文相同，以象形文字数量最多；吴城文化的陶文多不能辨识，属何种系统尚有争论。周原遗址出土的商末、西周初陶文内容多属卦辞一类。

● **器类** 十分丰富，尤以商文化陶器的门类最为完备，分日用陶器和仿铜陶器两大类，按使用功能分为炊器、酒器、水器、饮食器、储藏器、冶炼金属用具、乐器、工具、建筑用陶及随葬用明器等。在商王朝以外的其他地区考古学文化中，陶器种类相对要简单的多。

参考书目

河南省文化局工作队：《郑州二里冈》，科学出版社，1959。

中国社会科学院考古研究所：《殷墟发掘报告》（1958～1961），文物出版社，1987。

河北省文物研究所：《藁城台西商代遗址》，文物出版社，1985。

中国硅酸盐学会编：《中国陶瓷史》，文物出版社，1984。

（李水城）

Shang wenhua taoqi

商文化陶器

商代中原地区商文化的陶制器具。商王朝已进入青铜时代的繁荣期，统治疆域大大超出夏王朝，东

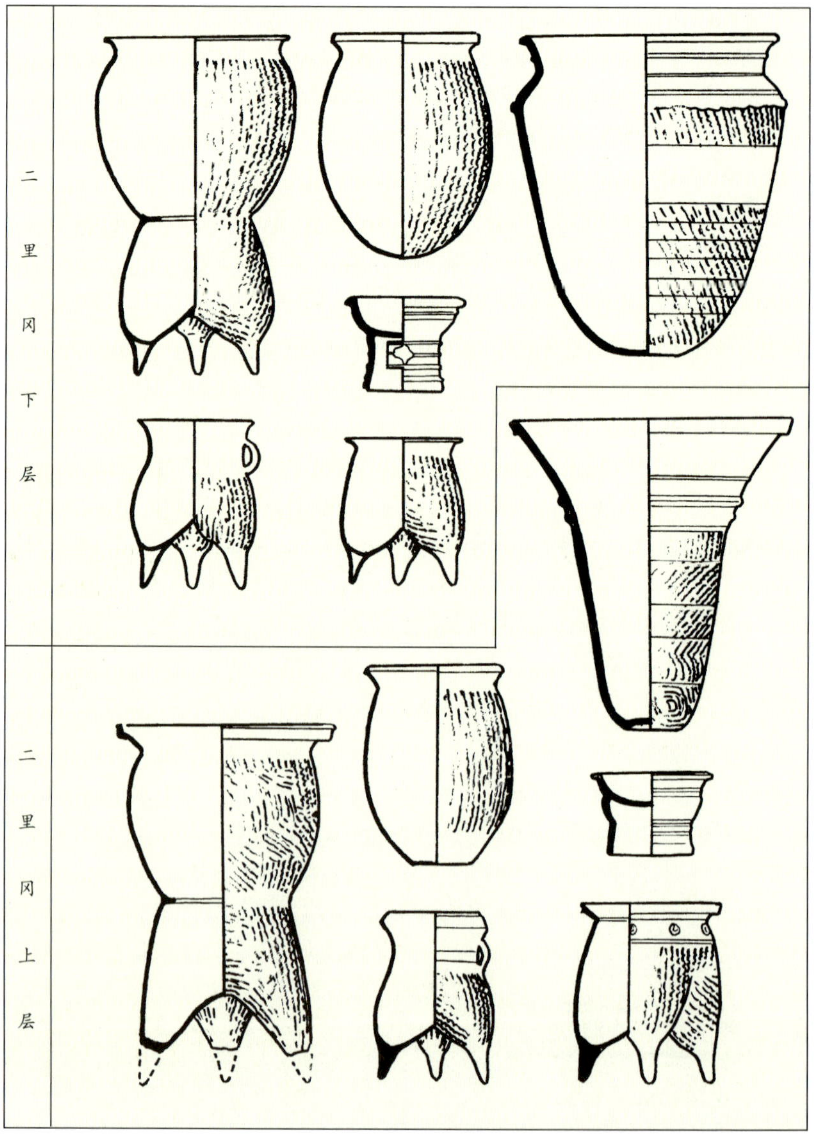

商文化早期陶器

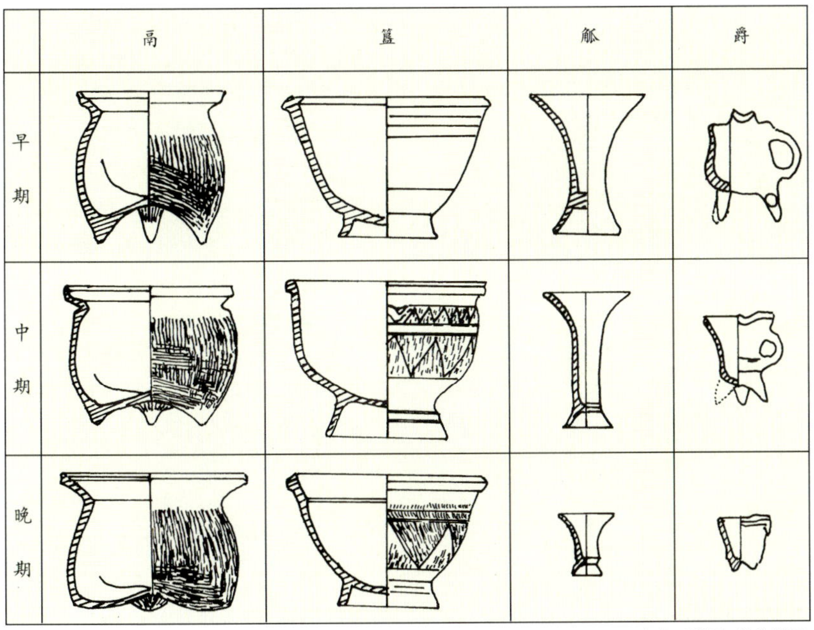

商代后期陶器分期图

至大海，西抵关中，北至长城沿线，南临长江。商文化的青铜冶铸业高度发达，但作为日常用具的陶器在整个社会中仍占有举足轻重的地位。

● **分期** 公元前16世纪，商王朝建立。据《史记·殷本纪》记载，商人立国约600年，最初统治中心在河南郑州至偃师一线，晚期都城迁至河南安阳（即殷墟）。商文化分早、晚两期，早期以郑州市二里冈遗址为代表，距今3600年~3300年；晚期以殷墟遗址为代表，距今3300年~3100年。

● **制陶工艺** 普遍采用轮制工艺制作，有些造型复杂的器皿采用模制工艺或模制与手制相结合的方法。按质地分为泥质、夹砂两大类，陶色有灰、褐、红、黑及少量白色和黄白色，其中灰陶是最主要的陶系，这与当时普遍使用还原焰陶窑烧制陶器有着密切关系。随着经济的发展，社会上对陶器的需求量增加，致使制陶业规模扩大，内部分工也更加细致，产品日益商品化。在河南郑州发现的商文化早期的制陶工场内，陶窑分布密集，产品全部为泥质陶，种类有盆、甑、簋几种。在河北邢台、磁县发现的陶作坊所生产的产品全部为夹砂质地，器类仅有陶鬲一种，这种产品种类单一或只生产少数几类产品的陶作坊，是随着陶器商品化带来制陶业内部分工细致化而出现的。商文化晚期，在安阳市殷墟出土的陶器共分为7个陶系，泥质灰陶占绝大多数，夹砂灰陶次之，泥质灰陶的原料一般不做特殊处理，胎内不加羼和料，使用轮制或模制方法成型，焙烧温度很高，颜色呈纯净的灰色，质地坚硬。夹砂陶胎内加有大量的细砂粒，制作方法与泥质灰陶相同，烧成火候也很高，但器表色泽不很纯净。其他还有少量的泥质红陶、夹砂红陶、泥质黑陶、细泥白陶、细泥硬陶等。商文化晚期，原始瓷和印纹硬陶产品增多，生产地点有河南郑州、辉县、安阳和河北邢台、藁城等地。还出现以高岭土为原料制作的刻纹白陶，器形均仿照同时期的青铜器，器类有瓮、罐、尊等多种，工艺相当进步，其产地主要集中在商文化晚期的都城安阳及其附近，数量很少，十分珍贵，上述几类产品集中代表了商文化制陶工艺的最高水平。在殷墟发现的商文化晚期的陶范以普通易熔粘土为原料，掺有较多的细砂粒，提高了耐火度，使陶范具有较好的耐热急变性，有利于铸造铜器。

商文化陶窑的结构与夏代大体相同，分并穴式和竖穴式两种，以竖穴式为主。外观仍为馒头形，内部结构有所改进，具体表现在火膛增高、箅孔加大等方面。随着结构的改进，能较好地控制窑温，陶器烧成温度有所提高。在郑州市铭功路西侧曾发现有商代早期的制陶作

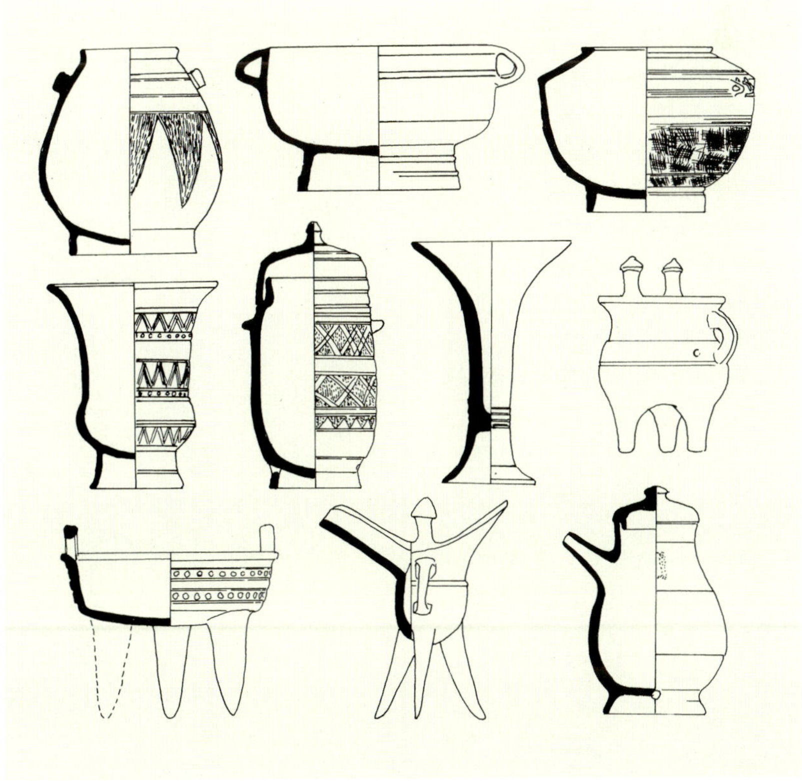
商文化仿铜陶礼器

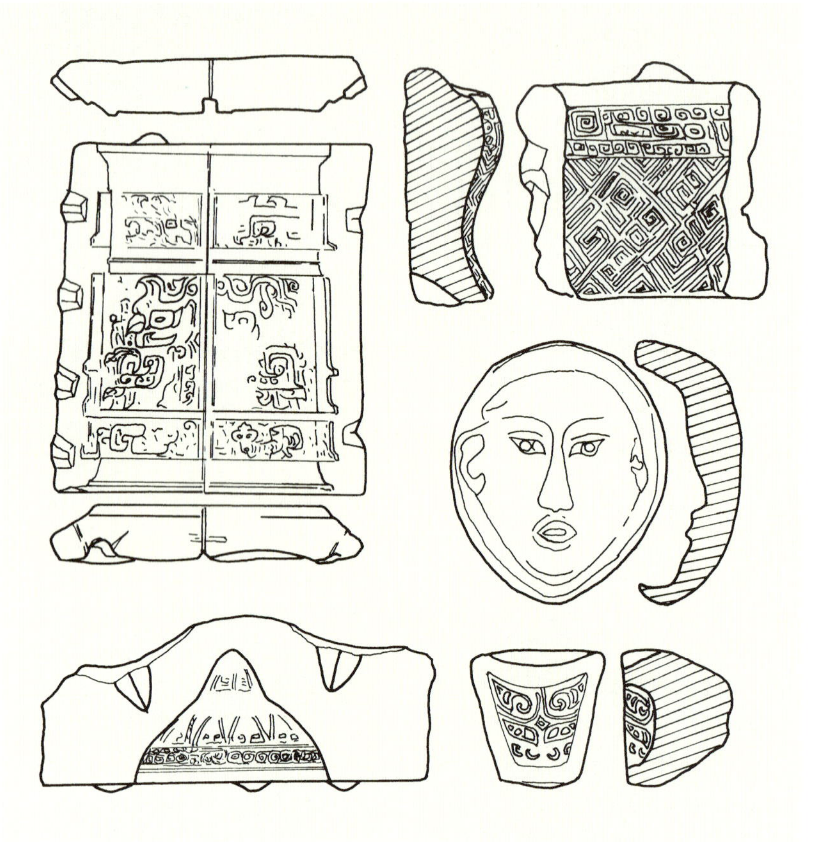

商文化陶范

坊，在1400平方米的范围内，共发现陶窑14座，作坊房屋10余座，陶窑平面均作圆形，竖穴式结构，上部为窑室，下部为火膛和火门，中间隔以窑箅，箅下设方形窑柱支撑。在陶窑和作坊房屋周围出土有制作陶器用的陶拍、陶印模等工具，以及大量的陶容器残次废品和陶坯等。在河南柘城县孟庄遗址发现的商代陶窑平面近椭圆形，直径1.14米，窑箅厚薄不匀，有圆形箅孔，火门呈圆角长方形，窑室周壁向上弯弧，顶部估计应为穹窿形。

● **装饰** 大多数陶器表面有装饰，以拍印绳纹为主，占陶器总量的五分之四强，其他还有附加堆纹、凹凸弦纹、方格纹、篮纹、编织纹、植物纹及少量的朱绘陶。商文化中流行制作仿铜陶礼器，造型与铜器相同，器表花纹与青铜器相同的有饕餮纹、夔纹、云雷纹等，纹饰相当精美。此外，有些陶器上刻划有文字符号，在河南郑州市二里冈、安阳市殷墟、河北藁城台西、磁县下七垣、邢台市曹演庄等遗址均有发现，以殷墟发现的数量最多。这些陶文多数是在陶坯制成后、入窑前刻划的，笔划宽深。少量是在烧好的陶器上刻制的，笔道浅窄。还发现有个别用毛笔书写的文字。其内容包括数字符号、方位符号、族名人名、记事、卦辞和不可释读的符号等6类，文字结构多与甲骨文相同，以象形字数量最多，而且象形的程度更高，结构简略。

● **器类** 分日常生活用具和仿铜陶礼器两大类。按使用功能又分为炊器类的鬲、甗、鼎、釜、甑；酒器和水器类的爵、斝、盉、尊、觚、罍、瓿、壶、卣、觯、杯；饮食器类的豆、盘、钵、盂、簋、碗、斗、勺（铲）；储藏器类的大口尊、盆、罐、瓮；杂器类的漏斗、簸箕形器、器盖；冶炼金属用具有厚胎陶缸、陶范、陶模、陶鼓风管；乐器类有鼓、铃、埙；工具类有纺轮、网坠、陶拍子、陶垫等。其他还有大量的随葬陶明器。商代随葬陶器的基本组合为：鬲、簋、觚、爵。建筑用陶仅发现陶下水管道一种，但形制变化较大，商文化早期的管道结构与夏代一致，作一头粗一头细的直筒形。商文化晚期除沿用商

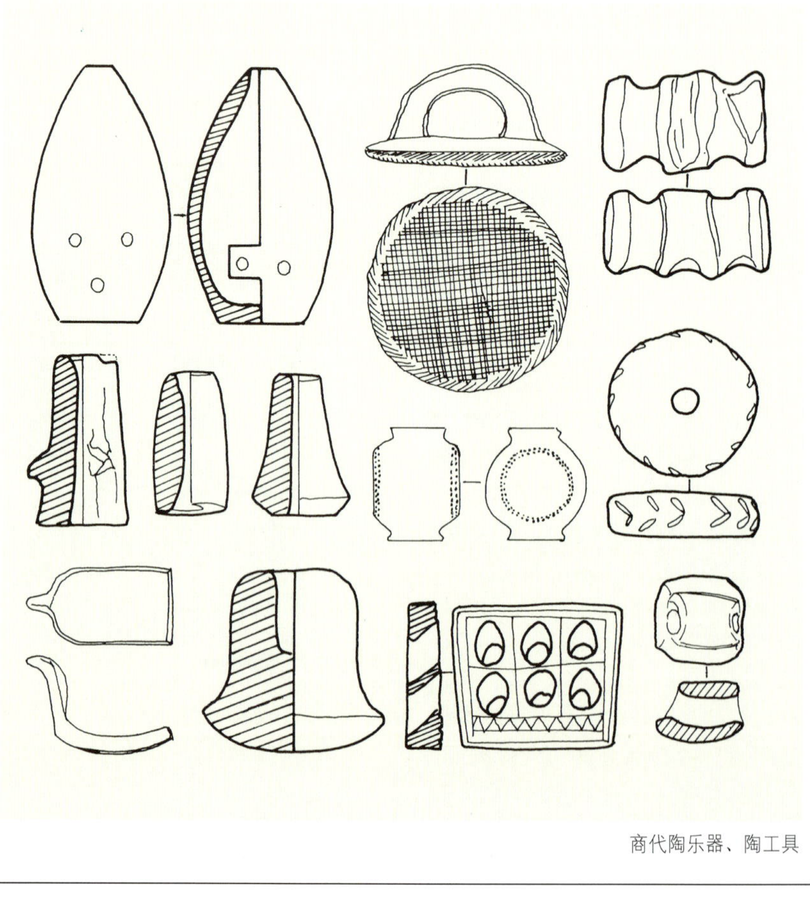

商代陶乐器、陶工具

文化早期的直筒形管道外，另出现两种新的造型：①筒形水管。两端口径相等，管口平齐，器表饰绳纹、弦纹；②三通水管。作“T”字形，两端口径相等，管中部垂直分出一支，口径与两端大体相同，可在纵横的两条水管之间起垂直连接功能。此类管道实物在河南安阳市白家坟村西有所发现，铺设在夯土建筑下，用于排水。

参考书目

北京大学历史系考古教研室商周组编著：《商周考古》，文物出版社，1979。
河南省文化局工作队：《郑州二里冈》，科学出版社，1959。
中国社会科学院考古研究所：《殷墟发掘报告》（1958～1961），文物出版社，1987。
李季：《殷代陶器》，《考古》1988年10期。
周仁等：《我国黄河流域新石器时代和殷周时代制陶工艺的科学总结》，《考古学报》1964年1期。

（李水城）

Shang wenhua kewen baitaoqi

商文化刻纹白陶器

商文化晚期以高岭土为原料，经高温烧制而成的细泥白陶礼器。20世纪30年代以来，在考古发掘中所获完整的白陶器仅10余件，而且大多出土于商代晚期的都城——河南安阳，以殷墟小屯、西北冈等遗址最为集中；另在河北藁城县台西村、山东济南市大辛庄、河南辉县琉璃阁等地也有少量发现。白陶在当时的产量十分有限，是一种贵重器皿，仅供社会上层人物使用。商代以后，这种白陶工艺随之消亡。

商文化的刻纹白陶色泽皎洁雅致，大多洁白无暇，有的器表微泛橙红色或象牙白色，质地细密坚硬，造型庄重华美。器类相当丰富，有簋、壶、豆、罍、尊、瓿、卣、觯、箕、大口尊、鼎、爵等。除大口尊、豆与一般灰陶器的造型相仿外，其余器类均模仿同时期的青铜器，器表装饰也与铜器相同，如饕餮纹、夔龙纹、回纹等，花纹镂刻精美，构图严谨规范。殷墟出土的刻纹白陶Al_2O_3含量高达33.75%～39.73%，显示出当时对高岭石的选择和加工技术已有很大的提高。经测试，刻纹白陶的烧成温度达1000℃～1100℃，硬度相当高，为商文化制陶业中的杰出代表。

参考书目

中国社会科学院考古研究所：《殷墟发掘报告》（1958～1961），文物出版社，1987。
河北省文物研究所：《藁城台西商代遗址》，文物出版社，1985。

（李水城）

Yinxu kehua leiwen baitaolei

殷墟刻划雷纹白陶罍

商代晚期商文化的刻纹白陶礼器。传出土于河南安阳市殷墟遗址。现藏于台北故宫博物院。

殷墟刻划雷纹白陶罍

通高33.2厘米、腹径28.3厘米。以白色高岭土为胎，轮制成型。胎体颜色皎洁、质地细腻，器表经反复细致的打磨，呈现出玉质般的洁白光泽。造型端庄秀丽，小口，圆唇，短直颈，弧形深腹，小平底。两侧肩部置圆雕牺首器耳一对，器腹下部正中置圆雕兽首一枚，肩部饰夔龙纹，腹部饰三角折线纹，三角折线纹内填规整的云雷纹，肩部以下和器底上方各饰一周上下相向的三角雷纹，线条刚劲有力，腹部折线云雷纹内凹，起间隔作用的素面磨光部分微微凸起，具有强烈的凹凸对比效果。该器做工极为考究，所饰花纹及器形模仿同时期的青铜礼器，为目前所见商代白陶器中难得的佳作。（李水城）

Yinxu kehua leiwen baitaobu

殷墟刻划雷纹白陶瓿

商代晚期商文化的刻纹白陶礼器。出土于河南安阳市殷墟遗址。现藏于北京故宫博物院。

殷墟刻划雷纹白陶瓿

通高20厘米、口径18.5厘米。以白色高岭土为胎，轮制成型。胎质洁白细腻，器表呈象牙色，微泛黄，有光泽。侈口，圆唇，球形圆腹，矮圈足，造型庄重雅致。器表所饰花纹全部由直线条构成，显得刚劲有力，器颈部饰长条形雷纹，腹部图案为双层，以云雷纹为地，主题花纹为凸起的粗大折线雷纹。该器造型、花纹模仿同时期的青铜器，制作精良。（李水城）

Yinxu kehua yunleiwen baitaodou

殷墟刻划云雷纹白陶豆

商代晚期商文化的刻纹白陶礼器。出土于河南安阳市殷墟遗址。现藏于中国历史博物馆。

殷墟刻划云雷纹白陶豆

通高31厘米、口径22.5厘米。以白色高岭土为胎，胎质细腻，分别轮制出盘和圈足，再经对接成型。造型庄重雅致，大敞口，口沿微内敛，斜平沿，弧腹，平底，粗大器柄，大喇叭口圈足。豆外侧拍印云雷纹两排，柄部拍印环钱纹，圈足上部饰长条状雷纹和凸起的几字纹。该器造型、花纹模仿青铜器风格，工艺精湛，为商代白陶器中罕见的精品。（李水城）

Shang wenhua taoli

商文化陶鬲

商代商文化的陶制炊器。也是常用的随葬明器，在商文化陶器中占有相当大的比例。

均为夹砂陶胎，或手制或模制，有的器口经慢轮修整，陶色以灰色为主，部分呈灰褐色或棕褐色。皆深腹，分裆，下附3只袋足，器表普遍装饰绳纹。

造型有明显的阶段性变化。早期陶鬲整体比例作竖长方形，腹径小于通高，口缘下卷，圆唇、高裆，足根为细长的尖锥状，腹壁胎较薄，器表饰细密绳纹。晚期陶鬲分3个发展阶段，以殷墟所出陶鬲为例，晚商早段陶鬲腹径与通高基本相等，整体比例近正方形，翻缘，方唇，裆部仍较高，足根呈粗短的圆锥形，质地较粗，器表饰粗绳纹；晚商中段陶鬲整体比例呈扁方形，腹径大于通高，方唇折缘，裆部明显降低，实足根已不很明显，陶质较粗，腹壁厚，器表饰粗绳纹；晚商晚段陶鬲整体比例仍作扁方形，腹径大于通高，裆部再降低，实足根消失，质地较粗，器表饰粗绳纹。

（李水城）

Shang wenhua taogui

商文化陶簋

商代商文化的陶制日用盛食器，也是常用的随葬明器。簋的器形源于陶盆，在商文化陶器中占有很大比重。

质地均为泥质陶，颜色以灰色为主，采用轮制工艺成型，外腹壁一般经打磨处理。均大敞口，圆弧腹，圜底，下附圈足，器表饰弦纹或刻划三角纹。不同时期的陶簋形态变化较大：商代早期陶簋腹部较深，整体近盆形，大敞口，圆唇，深弧腹，下附较大的矮圈足，器表饰弦纹；商代晚期陶簋似碗形，敞口，方唇，侈沿，深腹，下腹略内折，喇叭口小圈足，器表流行装饰弦纹和刻划三角纹。

（李水城）

〖商文化其他陶器〗

Erligang yizhi taotiewen taolei

二里冈遗址饕餮纹陶罍

商代早期商文化的仿铜陶制礼器。1953年由河南省文化局文物工作队在郑州市二里冈遗址中发掘出土。现藏于中国历史博物馆。

二里冈遗址饕餮纹陶罍

通高31.3厘米、口径12.4厘米。细泥质黑色陶，轮制成型，胎骨细腻，器表打磨光滑。小口，迭唇，长颈，折肩，圆弧腹，圜底，喇叭形圈足。器颈饰凸棱纹两周，肩部饰凹弦纹，上腹部压印饕餮纹一周，圈足饰凹弦纹、凸棱纹。该罍造型模仿同时期的青铜罍，做工精美，为商代早期仿铜陶礼器的佳作。

（李水城）

Shamaoshan yizhi taopaizi

纱帽山遗址陶拍子

商代长江中游地区的陶制工具。20世纪60年代初出土于湖北武汉市汉阳纱帽山遗址。现藏于湖北省博物馆。

纱帽山遗址陶拍子

高5.9厘米、面径9.2厘米。夹砂红陶质，器表呈褐色，手制。陶拍正面圆形外弧，背有桥形弧状捉手，捉手面上刻有一组图案，下部为一图案化的人形，面部简单地刻出双眼和嘴，躯干用较粗的线条表示，四肢稍细，作伸展状，手足均刻有3指。人形上方刻有一倒置的箭头，正指向此人头顶，箭头尾部连接两个回形雷纹，雷纹一侧刻有一折线纹样。这一图案极为难得地记述了商代发生在纱帽山遗址的一件自然灾变事件，画面上方的雷纹代表一场雷雨前空中突然响起的一个炸雷，雷纹一侧的折曲纹样代表雷鸣之前刺眼眩目的闪电，雷纹下方的箭头直指下方人物的头顶，表示这个炸雷产生的电流正好击中地面上一位不幸的人，此人双目紧闭，口部大张，四肢伸展，形象、生动地描绘出雷电伤人的瞬间惨剧。该幅画面天真稚拙，简练而生动，反映出当时人类对雷电等自然现象的朴素认识，并强烈地感受到自然现象的强大威力，以及对这类自然现象发自

内心的深深的恐惧。该陶拍是制陶时用于拍打承托的垫子，用于陶器内壁，以增强陶器的质密度。

（李水城）

Nuomuhong wenhua taoqi

诺木洪文化陶器

夏代末年至西周初年西北地区诺木洪文化的陶制器具。诺木洪文化1959年发现于青海都兰县诺木洪搭里他里哈遗址，后正式命名，主要分布于青海柴达木盆地东南缘海西州境内，是西北地区新石器时代晚期齐家文化向西扩散发展过程中分裂出的一支。该文化的畜牧业经济占很大比重，生活用具以陶器为主，其族属为古代西羌中的一支，距今3700年～3000年。

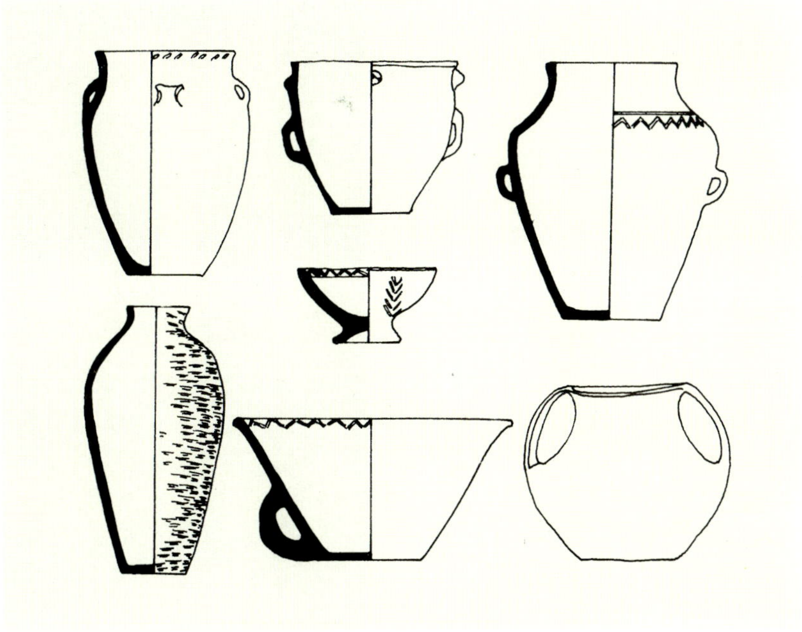

诺木洪文化陶器

● **制陶工艺** 较为落后，仍停留在手工制陶阶段，使用泥条盘筑法，分段制坯，对接成型。陶质以夹粗砂红陶和夹砂灰褐陶为主，器表一般经过粗略的打磨，陶胎较厚重，外观粗糙。

● **装饰** 以素面陶为主，有些陶器口缘内外侧和器表施灰黑色、红色或灰白色陶衣。装饰纹样主要有篮纹、压印纹、锥刺纹、附加堆纹、弦纹等，以压印几何纹最为流行，常见三角纹、圆点纹、人字纹、丁字纹、波浪纹、平行斜线纹和圆圈纹等。诺木洪文化早期还保留有少量彩陶，绘黑红色复彩，颜料浓稠，凸起于器表，构图简洁草率，花纹有曲折线纹、纵横线纹等。

● **器类** 种类较单调，以各种罐类器皿占绝大多数，如大口罐、双耳罐、单耳罐、四耳罐、小口罐等，其他器类有缸、瓮、盆、杯、碗等，除少量圈足器外，绝大多数为平底器。

参考书目

青海省文物管理委员会等：《青海都兰县诺木洪搭里他里哈遗址调查与试掘》，《考古学报》1963年1期。

吴汝祚：《略谈诺木洪文化》，《青海考古学会会刊》第三辑，1981。

（李水城）

三星堆文化陶器

Sanxingdui wenhua taoqi

三星堆文化陶器

夏、商时期西南地区三星堆文化的陶制器具。三星堆文化因最初发现于四川广汉市三星堆遗址而得名，主要分布在四川川西平原广汉至成都一线，影响力远达川东长江三峡地区和陕西南部的汉中一带，是以古蜀族为主体的青铜时代文化，绝对年代相当于中原地区的夏代末年至西周初。

● **制陶工艺** 分手制、慢轮整修和快轮成型3种，有些器皿使用捏塑法直接成型。陶色以灰色、褐色为主，可细分为泥质灰陶、夹砂褐陶、夹砂灰陶及少量红陶和黑皮陶。还发现有少量薄胎陶器，胎厚仅1.5毫米，反映出较高的制陶工艺水平。在三星堆遗址曾发现一座陶窑，长220厘米、宽163厘米，窑室平面呈马蹄形，面积较大，窑底为斜坡形，比较平整，后侧有一烟道。

● **装饰** 以素面陶为主，少量

陶器表面经打磨处理，再施以黑、白色陶衣。有装饰的陶器常用拍印、压印、刻划、附加等手法，常见纹样有绳纹、弦纹、附加堆纹、S纹、圆圈纹、波浪纹、方格纹、云雷纹等。装饰部位较为固定、有一定规律，一般粗细绳纹装饰在罐类器皿的肩部，云雷纹装饰在鸟首柄勺的鸟首上，盖纽、器柄一般装饰戳印纹，镂孔常用于豆柄和鸟首柄勺的柄部。

● **器类** 造型有小平底器、尖底器、圈足器和袋足器等几大类，最有代表性的器皿为细高柄豆、瘦高袋足盉、尖底罐、小平底罐、圈足罐、灯座形器、三袋足炊器、器座、喇叭形盘、尖底杯、鸟首柄勺、圈足浅盘、器盖、喇叭口束颈瓶、壶、觚形杯、碗、矮圈足豆等，这些陶器的造型颇具地方特色，尤以尖底器、小平底器、细高柄豆、瘦高袋足盉的特征最为突出。

参考书目

四川省文物管理委员会等：《广汉三星堆遗址》，《考古学报》1987年2期。

（李水城）

Sanxingdui yizhi xigaobing muwen taodou

三星堆遗址 细高柄目纹陶豆

夏、商时期三星堆文化的陶制盛食器，也可能是一种祭祀用具。1980年～1981年由四川省文物管理委员会考古队在广汉市三星堆遗址中发掘出土。现藏于四川省文物考古研究所。

通高45.5厘米、盘径17.5厘米、圈足径17厘米。泥质褐陶，使用轮制和手制方法成型。顶部承托一浅小的豆盘，豆盘下为细高的空心豆柄，底部为喇叭形圈足。器柄上端有圆形小穿孔，圈足与豆柄交接处饰凸棱纹，圈足上刻有一目纹记号。该豆柄部纤细、超高，不太实用，很可能是一种专门用于祭祀的器皿。（陈德安　李水城）

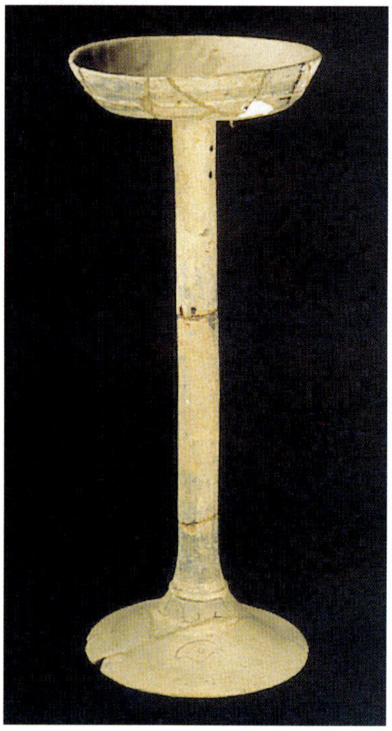

三星堆遗址细高柄目纹陶豆

Sanxingdui yizhi taodaizuhe

三星堆遗址陶袋足盉

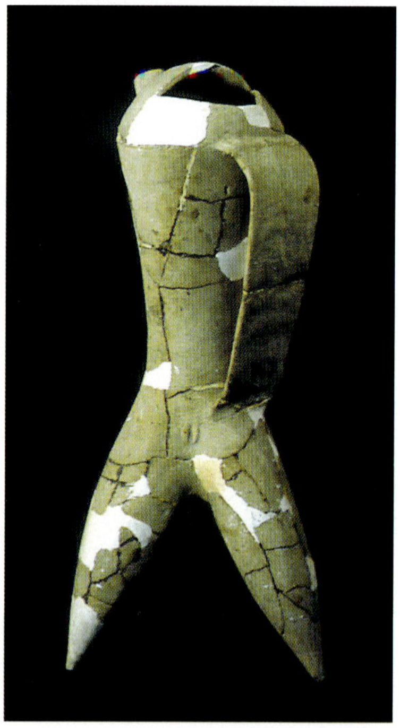

三星堆遗址陶袋足盉

夏、商时期三星堆文化的陶制酒器、水器，或可能是一种特殊的祭祀用器皿。1980年～1981年由四川省文物管理委员会考古队在广汉市三星堆遗址发掘出土。现藏于四川省文物考古研究所。

通高48厘米。泥质灰陶，手制。上为隆起的弧顶，顶部后侧开有一半圆器口，前侧有一前冲的管状短流，筒状高颈，器身修长，腰间微束，饰一周凹弦纹。器口下至腰间置宽带形鋬耳，上饰刻划的人字纹，下附3只瘦袋足，尖裆，无实足根。裆部以上各贴塑一贝形堆纹。此类造型的盉是三星堆文化的典型陶器，从渊源分析，显然受到中原二里头文化的影响。（陈德安　李水城）

Gaotaishan wenhua taoqi

高台山文化陶器

夏、商时期东北地区高台山文化的陶制器具。高台山文化因1973年对辽宁新民县高台山遗址的发掘而得名，是下辽河流域年代最早的青铜时代文化，分布于以柳河流域为中心的辽宁北部地区，年代约相当于中原地区的夏、商时期。

● **制陶工艺** 普遍采用泥圈套接法分段制作陶坯，附件使用手工捏塑法，再将附件与器身衔接成型。陶质以夹砂红陶和红褐陶为主，也有一些夹砂灰陶。不同器类在制作上有所差异，如壶类器皿多采用泥圈套接法制作，鬲、甗、鼎一类器皿使用模制或手制法将器足与器身相接，钵、碗一类体积较小的器皿用手工直接捏塑成型。

● **装饰** 绝大多数陶器素面无纹，有装饰者纹样也极简单，最常用的纹样是附加堆纹，一般附着于陶器的颈腹部，有些壶类器在表面施红色陶衣，或在器表饰简单的刻划纹、压印纹和镂孔。

● **器类** 按造型分平底器、三足器、圈足器3类，品种不很丰富，形态缺少变化，造型富有地方特色。主要器类有袋足鬲、甗、罐、瓮、壶、钵、碗、杯、勺、盘、豆及三足罐等10余种，其中小口壶、圈足深腹豆形器、双腹豆、直腹瘦袋足鬲、三足罐等最具典型性。日用陶器和随葬明器有比较严格的区别，

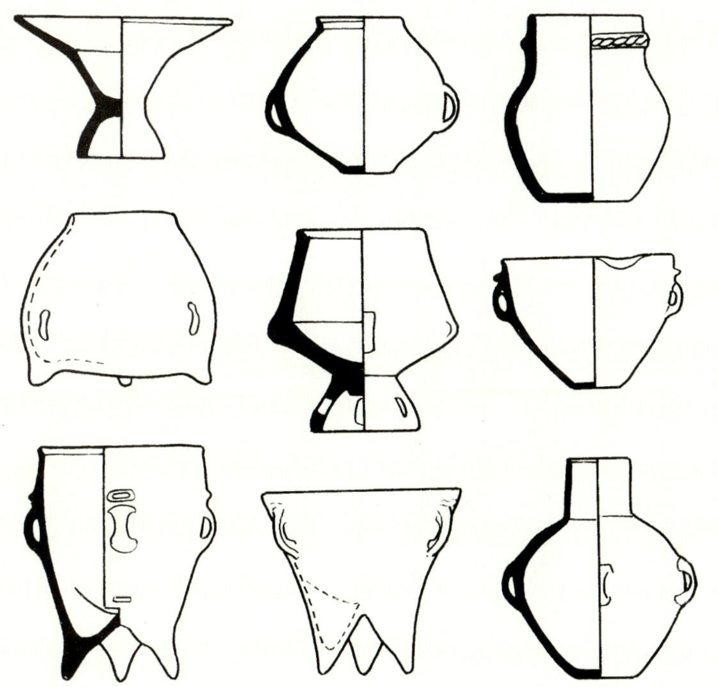
高台山文化陶器

日常用具中的鬲、甗、鼎等严禁为死者随葬，可用于随葬的陶明器仅有壶、钵、碗等几类，偶尔也有用陶罐随葬的，这已成为该文化一种固定的习俗。

参考书目

沈阳市文物管理办公室：《新民东高台山第二次发掘》，《辽海文物学刊》创刊号。

（孙祖初）

Zaoshi Zhongceng wenhua taoqi

皂市中层文化陶器

长江中游地区皂市中层文化的陶制器具。皂市中层文化得名于湖南石门县皂市遗址中层文化堆积，是长江中游地区受到商文化一定影响的土著文化，年代大致相当于中原地区的商代及西周早期。

● **制陶工艺** 分手制、轮制和模制3种。陶质有泥质红胎黑皮陶、泥质灰胎黑皮陶、泥质红胎黄皮陶、泥质灰陶、泥质红陶、泥质黑陶、夹砂红褐陶、夹砂灰陶、夹砂红陶和红色硬陶等多种，以泥质红胎黑皮陶数量最多，夹砂红褐陶次之，二者数量之和约占该文化陶器总量的三分之二强。一般炊食类器均为夹砂红陶质，盛储饮食器多为泥质黑皮陶或泥质灰陶。按造型可将皂市中层文化的陶器分为3组：①商文化典型器。种类有鬲、假腹豆、假腹双耳簋、爵、伞柱斝、伞状捉手器盖。装饰方面包括圈足器上的十字形镂孔、炊器表面的乳钉纹、扉棱等。这些器类和花纹有的模仿商文化陶器的式样制作，有些可能是从中原地区直接引进的。②经改造的商文化陶器。整体造型保留商文化作风，但在局部上作了某些改造，并附加一定的土著因素，器类有高圈足假腹豆、圈足簋、联裆鬲等。③土著陶器。为当地新石器时代晚期延续下来的器类，包括釜、釜形鼎、大圈足盘、细高柄豆、绳切纹圈足碗、喇叭口罐、扁足鼎等。这3组陶器有两个来源，一个来源于中原地区商文化，另一个为当地土著文化。据统计，第①、②两组的陶器仅占皂市中层文化陶器总量的四分之一，当地土著文化因素从始至终一直居主导地位。

在湖南岳阳市费家河遗址曾发现一批皂市中层文化的陶窑，陶窑平面呈瓢形或圆形，均为竖穴结构，窑室面积较小，圆形窑最大的直径64厘米，最小的仅44厘米；瓢形窑最长124厘米，窑室直径仅84厘米。陶窑火口为新月形，火口下有梯形窑门，窑内有较高的半月形窑床，无火道、窑箅。发掘者认为这批陶窑属封闭式窑，出土陶器以夹砂红陶数量最多，其次为黑皮陶，另有

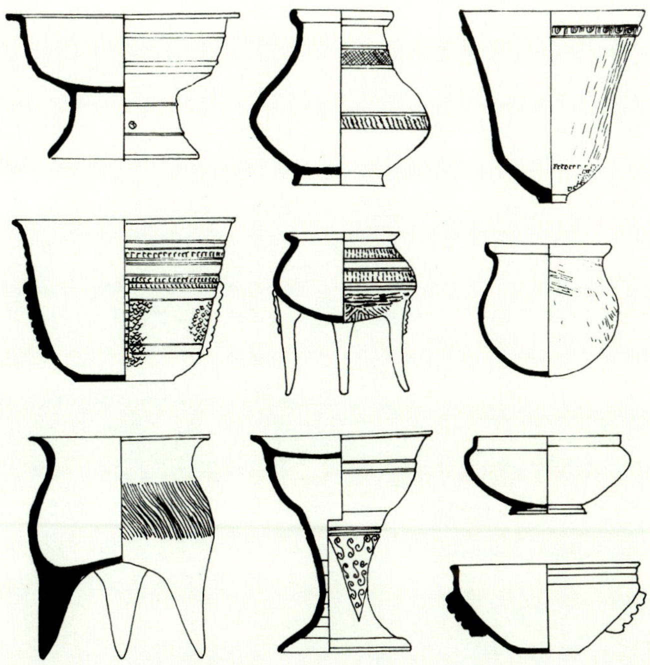
皂市中层文化陶器

10%左右的硬陶，2%的釉陶。经测试，此类陶窑的烧成温度为600℃～700℃，火候偏低。

● **装饰** 器表装饰因器而异，一般炊器多在腹部饰粗、细绳纹或弦纹；碗、钵类饮食器在圈足上饰绳纹；簋、豆类器在圈足和柄部饰弦纹、十字镂孔；大口缸类器在器表饰附加堆纹、拍印贝纹、叶脉纹，再通体拍印方格纹、篮纹。较独特的纹样还有云雷纹、S形纹、重圈纹等，使用单模戳印的方法，主要装饰在罐、簋、假腹豆3种器物上。此外，还有的陶器装饰仿铜器花纹，如在釜、鼎类器足上及方体尊、盆、大口缸的腹部贴附长条扉棱，豆柄和伞状捉手器盖上饰十字镂孔，假腹豆柄部饰蕉叶纹等。也有一些陶器饰几何形印纹，以重圈纹、云雷纹数量最多，余为方格纹、S形纹，为该文化土著因素的装饰。

● **器类** 相当丰富，有扉棱纹釜形鼎、釜、罐、碗、豆、鬲、假腹豆、甑、簋、盆、扉棱纹方体尊、大口缸、盆、直口圜底罐、爵杯、斝、圈足状捉手器盖、伞状器盖等，所占数量多、发展序列完备的器类为釜形鼎、罐、碗、高柄豆、矮柄豆。其中鬲、假腹豆、假腹双耳簋、爵、斝、伞状捉手器盖等是商文化的典型器，在该文化中所占比例较低。另有个别陶器或花纹模仿铜器作风，如假腹双耳簋、带伞柱陶斝等，这些仿铜陶器与一般日用器可能有着不同的使用功能。除生活用具外，还发现有陶拍子、陶纺轮等工具。

参考书目

湖南省文物考古研究所：《湖南石门皂市商代遗存》，《考古学报》1992年2期。

（李水城）

Yangtouwa Wenhua taoqi

羊头洼文化陶器

商代辽东半岛地区羊头洼文化的陶制器具。单坨子类型于1895年由日本学者鸟居龙藏首先在辽东半岛发现，1933年日本学者在辽宁大连市发现单坨子、羊头洼等遗址，至今尚未正式命名，暂称“羊头洼文化”。该文化遗存集中分布在辽东半岛南端的沿海一线，年代大致相当于中原地区的夏代末年至西周初年。

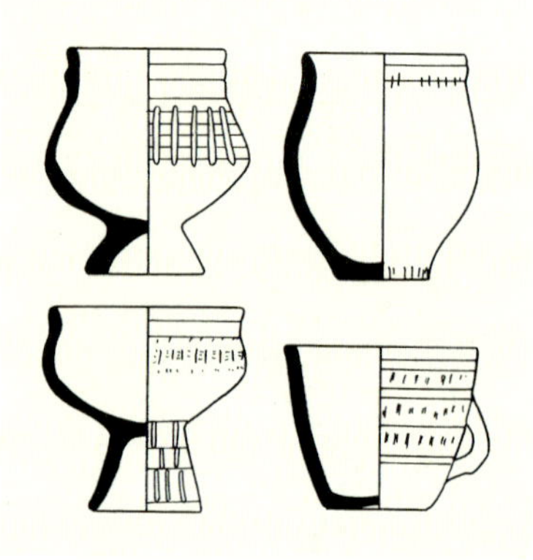

羊头洼文化陶器

● **制陶工艺** 分手制和轮制两类，腹腔圆正的陶器大多使用轮制技术成型，做工较为精细，造型规整；圈足器采用分段制坯，对接成型的方法；三足器使用手制法；小型器使用手工捏制。陶质以夹砂灰陶和泥质黑陶为主。

● **装饰** 以素面陶数量最多，器表大多经打磨处理，部分陶器装饰泥条凸棱纹、刻划纹、锥刺纹，还有个别的彩绘陶。彩绘陶制作相当精细，胎体为较细腻的泥质黑陶，器类多为一种小口小圈足的鼓腹罐，一般在器腹上部三分之二部位绘白色、粉红色复彩，花纹有阶梯和方块几何纹两种，色彩搭配醒目、艳丽，花纹布局一丝不苟，极为规范，为东北地区彩陶中不可多得的精品。

● **器类** 按造型分为小圈足器、小平底器两类，也发现有极个别的三足器。主要器类有口大底小的圈足罐、凹底罐、壶、簋、圈足碗、舟形器、豆、长把杯、瓶等，其中小圈足罐、长把杯、舟形器等富有地方特色。随葬陶器组合与日用陶器差异较大，以罐、壶、碗为主，绝不使用作为主要日用生活器具的三足器。

参考书目

Wu Gin-ding, Prehistoric Pottery in China, London, 1938.
滨田耕作（日）：《貔子窝》，《东方考古学丛刊》乙种第一册，1929。

（李水城）

Dantuozi yizhi caitaoguan

单坨子遗址彩陶罐

商代辽东半岛羊头洼文化的陶制盛储器。中华人民共和国成立前出土于辽宁大连市单坨子遗址，其复制品现藏于北京大学赛克勒考古与艺术博物馆。

共两件，出土时已残。一件通高14.1厘米～14.4厘米、口径20厘米、底径8.5厘米。泥质黑色陶，轮制。口较大，方唇，极短的直颈，圆鼓腹，细小的高圈足。器表绘彩，在器口沿处和器腹下部与圈足交接处绘朱红彩细线纹，在器口以下至下腹处用粉红色和白色绘方格交叉阶梯纹，白色和粉红色相互交错，构图极规整、细腻。

另一件通高26厘米、口径13.5厘米、底径7.8厘米。泥质黑色陶，轮制。口稍小，方唇，极短的直颈，圆鼓腹，细小的高圈足。器表绘彩，在器口沿处绘一组白色和粉红色构成的梯格纹，腹部图案为三分式，每组图案以腹中部的一个红十字为中心，红十字的外围是黑底色构成的黑十字，黑十字的外围是白色的十字纹。十字纹的周围是用粉红色和白色绘成的曲折线纹，构图繁缛。

单坨子遗址彩陶罐（复制品）

这两件彩陶罐的装饰富有特色：它们以黑陶本色为底色，使器表构图呈现红、白、黑3种色调，给人以色彩缤纷、艳丽活泼的视觉效果。

（李水城）

Liujia wenhua taoqi

刘家文化陶器

商代及西周早期西北地区刘家文化的陶制器具。刘家文化因1981年陕西扶风县刘家村的发掘而得名。主要分布在陕西宝鸡地区的渭水中游一带，年代相当于商代至西周早期。刘家文化来源于陇东渭水上游一带，后东迁至宝鸡地区，发展为以姜姓为主体的羌族部落，后与活动在漆水河流域的姬周部族融合。

● **制陶工艺** 陶器全部手工制作，使用泥条盘筑法、模制法成型，其中模制法多用于制作袋足，一般容器采用泥条盘筑法制作。绝大多数陶器为夹砂质地，纯泥质陶数量很少，羼和料有石英砂粒或研碎的碎陶末，烧成温度适中，质地较硬，颜色分为红褐色、灰黑色和灰褐色几种，有些陶器表面色泽不匀，杂有灰黑色斑块。

● **装饰** 以拍印细密规整的绳纹见长，鬲、罐等均通体装饰。其他常用纹样有粗绳纹、附加堆纹、刻划纹、压印纹、乳钉纹和细泥条蛇形堆纹，有些陶器口沿外侧流行贴塑锯齿花边附加堆纹，器耳面流行X形刻划纹或压印点状纹。

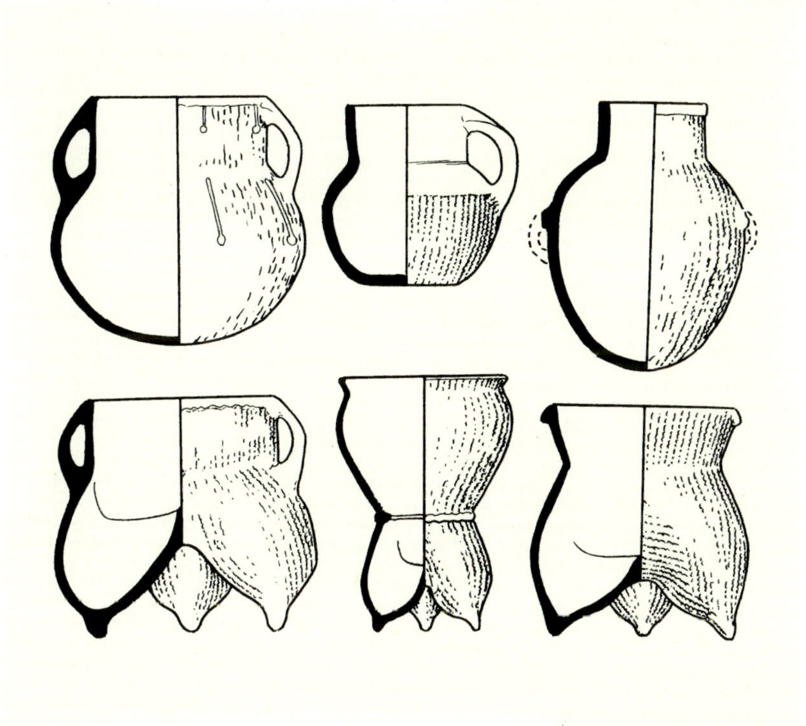

刘家文化陶器

● **器类** 分袋足器、圜底器和平底器3类，代表器有双耳高领乳状袋足鬲、双鋬耳高领乳状袋足鬲、双耳罐、双耳圜底罐、腹耳圜底壶、单耳罐、盆和折肩罐等。其中双耳鬲、双鋬耳鬲、双耳圜底罐、腹耳圜底壶等为该文化最富特征的器类。

参考书目

陕西周原考古队：《扶风刘家姜戎墓葬发掘简报》，《文物》1984年7期。
刘宝爱：《宝鸡发现辛店文化陶器》，《考古》1985年9期。

（李水城）

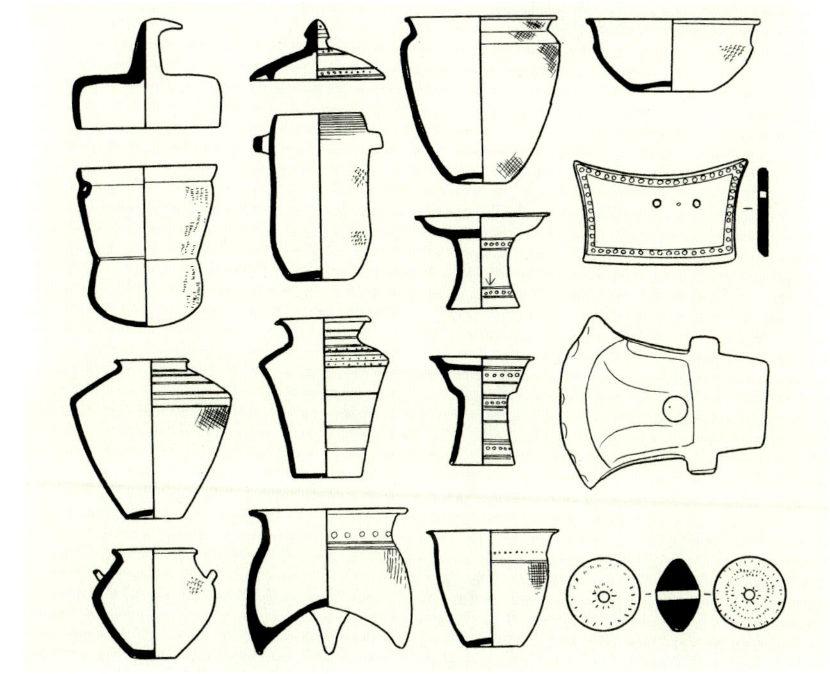

吴城文化陶器

Wucheng wenhua taoqi

吴城文化陶器

商代及西周早期长江中游地区吴城文化的陶制器具。吴城文化因1973年对江西清江县（今樟树市）吴城遗址的发掘而得名，分布范围以鄱阳湖——赣江流域为中心，其影响力远达广东北部和福建北部，年代距今3400年～3000年。吴城文化是受到中原商文化强烈影响并有着鲜明区域特征的土著青铜文化，对其族属学术界尚有不同认识，有的学者认为它与商文化关系密切，应属同一文化系统；有的认为它是古越族的遗存；还有的认为它属三苗系统。

● **分期** 吴城文化分为3期：第一期相当于商代早期；第二期相当于商代中期；第三期相当于商代晚期至西周早期。

● **制陶工艺** 分轮制、模制和手制3种，尊、罐、盆一类容器使用快轮工艺成型，三足器采用模制与

手制相结合的方法，豆类圈足器采用轮制方法分段制坯，对接成型。按质地分泥质或夹砂灰色软陶、泥质或夹砂灰色硬陶、釉陶和原始瓷4大类，另有一些夹砂红色软陶和泥质红色硬陶。在不同阶段，各陶系存在一定的比例差异。第一期主要以夹砂灰陶和夹砂红陶为主，印纹硬陶、原始瓷数量仅占全部陶器的4%，装饰以粗绳纹为主。第二期、第三期转为以灰色陶为主，印纹硬陶和原始瓷的数量不断增加，第二期上升至5%，第三期上升至30%，反映出制陶手工业不断取得进步，器类也有较大更新。有相当一部分陶器与中原商文化陶器形态接近，甚至随葬陶器的基本组合也完全相同，展现出商文化对江南地区的强烈影响。吴城遗址发现有并穴式陶窑，窑室面积1.1平方米，每窑可烧制的陶器数量有限。

● **装饰** 多数陶器饰拍印滚压绳纹，戳印圆圈纹、拍印方格纹、云雷纹、S纹、人字纹、叶脉纹、水波纹和米字纹等。其中以压印成排的重圈联珠纹最有特色。在吴城文化的陶器和石范上还发现有66个刻划“文字符号”，绝大多数是在陶坯制成后，焙烧、施釉前刻划的，一般刻在陶器肩部或器底，多者12字、7字、5字、4字，少者2字、1字，大多数为单字。这些“文字”，特别是早期阶段的“文字”多不能辨识，晚期的“文字”有的结构接近甲骨文，如“五”、“矢”、“在”、“戈”、“大”等字更是与甲骨文十分相像，很可能是受甲骨文影响的产物。从文字刻写笔法看，大多比较草率，有些明显是当时工匠们在劳动过程中匆忙刻就的。对此类“文字”，学术界有不同认识，有的学者认为它与甲骨文关系密切，应属同一体系；也有的学者认为这是一种与甲骨文完全不同、已经失传的文字。

● **器类** 分平底器、圈足器和三足器几种。按用途划分，炊器类有鼎、鬲、甗、甑；盛储器类有假腹豆、折肩罐、盆、尊、大口尊、缸、瓮、罐；饮食器类有钵、盂、碗；酒具仅有斝和爵两种；陶工具发现较多，有马鞍形陶刀、钺、纺轮、网坠、陶拍、杵、垫、研磨器等。随着时间的推移，陶器组合呈现出明显的变化：第一期的组合为折肩罐、尊、钵、豆；第二期、第三期新增加大口尊、盆及刀、纺轮、杵等工具。马鞍形陶刀、鸟形捉手器盖及重圈连珠戳印纹等是吴城文化最富特色的器类和装饰。

参考书目

江西省博物馆等：《江西清江吴城商代遗址发掘简报》，《文物》1975年7期。

（李水城）

Wucheng yizhi ma'anxing shuangkong taodao

吴城遗址马鞍形双孔陶刀

商代及西周早期吴城文化的陶制工具。1974年由江西省博物馆等单位在樟树市（原清江县）吴城遗址中发掘出土。现藏于江西省博物馆。

吴城遗址马鞍形双孔陶刀

长9厘米、中心宽7.6厘米。泥质灰色陶，模制。刀背略呈长方马鞍形，单面直刃，顶部凹曲，左右两侧内弧，呈亚腰状，近刀背处有穿孔两枚，器表四周双面戳印重圈联珠纹。

马鞍形陶刀是吴城文化最有特点的陶器，为收割用工具，目前共发现100余件。它们均使用模制法制作，按质地可分为泥质、夹砂硬陶、原始瓷几种，造型大体一致，刀背均呈两端高中间低的马鞍形，单面刃，双孔，正反两面压印方格纹、叶脉纹、网格纹、重圈联珠纹，有的还刻有“文字符号”。大量制作和使用这种程式化的陶刀，反映出吴城文化的农业生产已相当发达。

（陈拨　李水城）

Hushu wenhua taoqi

湖熟文化陶器

商代及西周早期长江下游地区湖熟文化的陶制器具。湖熟文化首次发现于江苏江宁县湖熟镇，于1959年正式命名，分布范围东起茅山山脉，西达九华山山脉，南至黄山和天目山，北抵长江，以江苏宁（南京）镇（镇江）地区和安徽皖南东部为中心。绝对年代为公元前1540年±90年~公元前1195年±105年，大致相当于中原地区的商代及

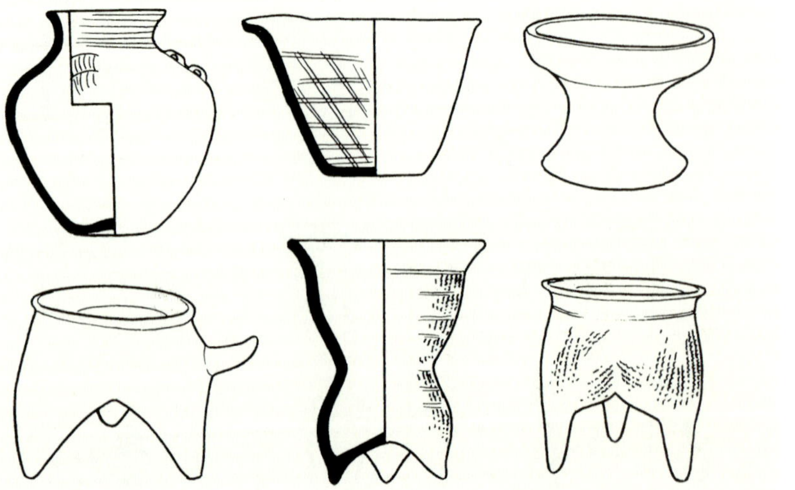

湖熟文化陶器

西周早期。湖熟文化来源于以江苏江宁县点将台遗址下文化层为代表的一类遗存，同时受到中原地区商文化、周文化和长江中游地区楚文化的影响，后逐渐发展为长江下游地区的吴越文化。也有的学者认为，湖熟文化是从中原地区迁移至江南的，在向南发展的进程中，大量接受几何印纹陶为代表的土著文化因素，这在陶器造型和器类组合等方面表现得较为充分。

● **制陶工艺** 使用轮制和手制两种方法，以夹砂红陶所占比例最高，其他还有泥质灰陶、泥质黑陶、印纹硬陶和原始瓷等。在湖熟文化早期，印纹硬陶所占比重并不突出，随着时间的变化，印纹硬陶的比例逐渐增多。

● **装饰** 除印纹硬陶和素面陶外，多数器表装饰绳纹。印纹硬陶主要装饰拍印的几何纹，阶段性变化明显：早期阶段流行梯格纹、贝纹、云雷纹和饕餮纹；晚期转为以云雷纹、回纹、折线纹、复线菱格纹装饰为主。

● **器类** 较为丰富，炊器有带柄鬲、鼎、釜、甗；饮食器有豆、钵、盘、杯、簋；盛储器有盆、罐、坛、瓮、尊；其他还有器盖、刻槽盆等。还发现有用于冶炼铜器的陶范、陶坩锅等用具。

参考书目

尹焕章等：《湖熟文化》，《考古学报》1957年1期。

（杨 楠 李水城）

Huangtulun wenhua taoqi

黄土崙文化陶器

商代及西周早期福建及其邻境地区黄土崙文化的陶制器具。黄土崙文化分布于东南、华南沿海一线，涉及到广东、福建及江西、浙江4省局部地区，年代距今3500年～3000年。

● **制陶工艺** 以轮制技术为主，附件使用手制、模制方法单独制作，再将其与主体部件衔接。绝大多数陶器为掺少量细砂的泥质灰色硬陶，

黄土崙文化陶器

焙烧火候颇高，胎体呈灰白色，质地细密，吸水性较弱，叩击时声音清脆，近似敲击金属的声音，已接近瓷器的特征。因烧造时对火候控制的不同，硬陶器胎色呈现浅灰、深灰、灰黑等不同的颜色，一般颜色越深，火候也越高，有部分硬陶器的口颈部位甚至出现褐色浅釉斑痕。除硬陶外，也有一些泥质红陶、夹细砂红陶和黄陶，器表拍印几何印纹，有的在器表施一层褐色或黑色陶衣，此类胎质较软的陶器又称印纹软陶。

● **装饰** 仅有少量陶器为素面，多数陶器用拍印、刻划、锥刺、镂孔、凸棱等方法进行装饰，纹样有对角交叉纹、斜方格加条带纹、回形勾连纹、勾连雷纹、菱形纹、席纹、方格纹等。有些器皿还装饰虎、山羊、夔龙等动物形饰件，这些动物形饰件是用S形、卷云形、螺旋形泥条堆塑的。也有少量罐、杯等器表施黑色陶衣，颇似彩绘陶。

● **器类** 相当丰富，讲究造型，流行圜底、凹底、突棱把手、折肩、折腹的造型，特别流行一种带圆盘状底座造型的器皿，线条美观，棱角突出，地方特点十分突出。器类有釜、豆、杯、罐、壶、尊、簋、钵、勺、盂、盘、虎形器、鼓形器等，以杯口壶、釜形豆、带流壶等最具代表性，还有纺轮、网坠等陶工具。

参考书目

福建省博物馆：《福建闽侯黄土崙遗址发掘简报》，《文物》1984年4期。

（李水城）

Shangdai yinwen yingtaoqi

商代印纹硬陶器

商代的各类印纹硬陶器。在长江中下游和黄河中下游地区都有发现。经检测，其原料成份与原始瓷大体相同，说明二者之间关系密切。

在河南郑州市早商文化堆积中曾出土有几何印纹硬陶器，胎色以紫褐色最多，黄褐色次之，也有少量呈棕灰色，常见器形有圜底小口瓮、圜底尊、圜底罐等，器表装饰以拍印的云雷纹、人字纹为主，另有少量方格纹、轮旋纹、绳纹及由云雷纹、人字纹组合而成的复合纹

样。在河北邢台市曹演庄、藁城县台西等商文化遗址中发现的少量印纹硬陶器，造型、花纹与郑州所出者相同。商代晚期的印纹硬陶在河南安阳市殷墟、辉县琉璃阁、河北藁城县台西、山东青州等地均有发现，器类、花纹延续商代早期的风格，胎色多为灰色，个别紫褐胎硬陶器表面呈现一层富有光泽的薄釉质。长江流域的印纹硬陶从出土数量、品种等方面都大大多于黄河流域，除有与黄河流域相同的圜底瓮、尊、罐外，还有圜底釜、敞口碗、浅盘高柄豆和陶杯等器类，胎色以紫褐色、黄褐色为主，也有一些作红褐色、红色，器表普遍拍印叶脉纹、云雷纹、人字纹、方格纹、曲折纹和回形纹。

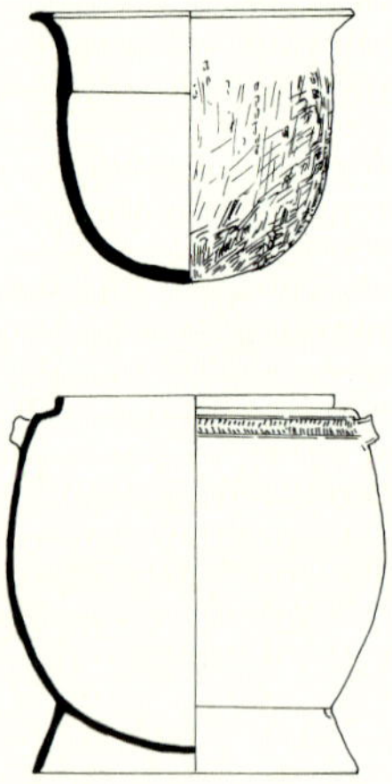

商代印纹硬陶器

黄河流域出土的印纹硬陶数量少，器类简单，器形多带有江南陶器的造型风格，表明中原地区的印纹硬陶是在江南影响下出现的，有的甚至是从江南直接输入的。与此同时，制作印纹硬陶的工艺也同时传入中原，在郑州市二里冈早商遗址曾发现有烧坏变形的硬陶“废品”，在河南淮滨县沙冢遗址曾出土过制造硬陶器的叶脉纹陶拍，甚至还发现装饰饕餮纹、夔纹的硬陶器皿，表明在制作某些硬陶时曾参考青铜器的花纹装饰，将铜器花纹移植到硬陶器上。

湖北黄陂县盘龙城出土的商代早期硬陶含SiO_2为71.72%、Al_2O_3为19.53%、助熔剂为9.63%。安阳市殷墟出土的商代晚期硬陶含SiO_2为69.07%～71.72%、Al_2O_3为20%～23.11%、助熔剂为7.73%～8.75%。硬陶所用的原料是瓷石或高硅质粘土，含高岭石少的瓷石的耐火度一般为1300℃～1410℃，含高岭石多的达1580℃。商代晚期的硬陶烧成温度已达1000℃～1050℃。

参考书目

河南省文化局文物工作队：《郑州二里冈》，科学出版社，1959。

中国社会科学院考古研究所：《殷墟发掘报告》（1958－1961），文物出版社，1987。

彭适凡：《中国南方古代印纹陶》，文物出版社，1987。

（李水城）

Xizhou taoqi

西周陶器

（公元前11世纪～公元前771年）

西周时期各考古学文化的陶制器具。包括各种日常生活用具、生产工具、随葬用品、陶塑艺术品、乐器、冶炼铜器的陶范模及陶建筑构件等。西周时期社会上层人物普遍使用青铜器、原始瓷器、漆器等高档用具，对陶器仍有一定的需求。对广大社会下层民众而言，陶器则是必备的日常生活用具。此外，随葬用明器也是一项重要的产品，社会需求量很大。制陶手工业在当时社会经济生活中仍占有重要地位。

● **分区** 公元前11世纪，周武王姬发灭商，建立周王朝。随着周王朝的兴盛，周文化迅速向四面扩散，其疆域北接辽宁，南逾长江，西至陇东，东临大海。在周王朝统治范围以外的偏远地区，并存有数支土著文化：在长江下游一带，湖熟文化仍延续一段时间（见湖熟文化陶器）；在东南、华南沿海一带，越人系统的几何印纹硬陶文化持续发展；在西北，甘肃、青海并存有辛店、唐汪、卡约、寺洼等几支青铜时代的文化；在河西走廊东部有沙井文化，西部有骟马文化；在新疆东部的哈密盆地有焉不拉克文化，中部焉耆盆地有察吾乎沟口文化；在北方长城沿线东侧为夏家店上层文化的势力范围；在东北吉（吉林）长（长春）地区分布有西团山文化，在松（松花江）嫩（嫩江）平原分布有白金宝文化。

● **制陶工艺** 据《左传·定公四年》记载，周灭商以后，周王赏赐给康叔“殷民七族”，其中有陶氏一族就是专门以烧制陶器为职业的族系，这表明至少从西周初年开始，制陶业已成为一项世袭的专门产业。在周文化系统内，主要生产灰色陶器，另有褐陶、红陶和黑陶器，装饰比较简单，普遍使用轮制与模制相结合的方法，手工制陶仍占较大比重，产品日益规范化、商品化。随着制陶技术的提高和陶窑结构的改善，已能制作特大型陶器。

在西周王朝势力范围以外的其他土著文化中，制陶业发展很不平衡。在长江以南地区，制陶工艺水平较高，产品多为原始瓷器、印纹硬陶器，以平底器为主，延续手工制陶技术。在西北和东北地区，制陶工艺落后，大多都停留在手工制陶阶段，器类相对比较简单，其中西北地区依然保留着制作彩陶的传统，器类以罐、壶类居多，有少量的三足器；东北地区与西北地区较为接近，但彩陶极罕见。

● **装饰** 周文化陶器比较朴实，器表流行粗绳纹装饰，其他常见纹样还有篦纹、弦纹、刻划三角纹等。一般夹砂陶均通体饰绳纹，间或施刻划纹、线纹。仿铜陶礼器装饰与铜器相同的云雷纹、回纹、重圈纹、S纹等。在边远地区的土著文化中，陶器装饰各有特色，如西北的甘肃、青海、新疆等地流行彩陶；长江下游、东南沿海至华南一带流行拍印几何纹，种类有编织席纹、方格纹、云雷纹、曲尺纹，以及其他抽象的变形动植物纹。对这一类纹样，有的学者认为是对同时期某些铜器花纹的模仿，也有的学者认为这是江南地区大量使用竹木编织品的写照，还有的学者认为这是对蛇一类爬行动物的抽象化处理，并反映出古越人对蛇的图腾崇拜。

● **器类** 西周陶器种类相当复杂。同商代陶器相比，从西周中期开始，仿铜陶礼器数量减少，特别是酒器锐减，饮食器增加，这与铜器种类的变化一致。这一时期的随葬陶器组合为鬲、簋（盆）、豆、罐，全部为日常炊食用具，与商代以酒器（觚、爵）为主的组合形成鲜明对照，反映出两个王朝在文物典章制度等方面具有明显的不同。炊器中以鬲的数量最多，约占同时期陶炊器总量的80%以上。其他还有各类盛储饮食器具、随葬用明器、葬具、乐器、工具及冶炼用的陶范、陶模和个别的印章。西周时期建筑用陶生产已有很大发展，除以往常见的下水管道外，又新出现板瓦、带瓦当的筒瓦、半圆瓦当和砖等产品，显示出这一时期的建筑构件较以往有了很大改进。

参考书目

陕西省文物管理委员会：《长安普渡村西周墓的发掘》，《考古学报》1957年1期。

中国科学院考古研究所：《沣西发掘报告》，文物出版社，1962。

中国社会科学院考古研究所沣西发掘队：《1967年长安张家坡西周墓葬的发掘》，《考古学报》1982年2期。

中国硅酸盐学会编：《中国陶瓷史》，文物出版社，1982。

（李水城）

Zhou wenhua taoqi

周文化陶器

西周至春秋早期周王朝统治疆域内的陶制器具。包括各种日常生活用具、生产工具、随葬用品、陶塑艺术品、乐器、冶炼铜器的范模、建筑用陶等。公元前11世纪，周武王灭商，西周立国，据史书记载，西周王朝为巩固政权，先后进行了3次大的分封，将周人同姓王侯及受宠的异姓王侯分封到一些新占领的地区，委以重任，达到分而治之的目的，周人文化也随之迅速扩散到各个分封领地。周王朝的统治范围比商朝更为庞大，其疆域北接辽宁，南逾长江，西至陇东，东临大海。

● **文化分期** 周文化分为3期，早期的绝对年代为公元前11世纪至公元前10世纪中叶；中期为公元前10世纪中叶至公元前9世纪中叶；晚期为公元前9世纪中叶至公元前7世纪中叶。

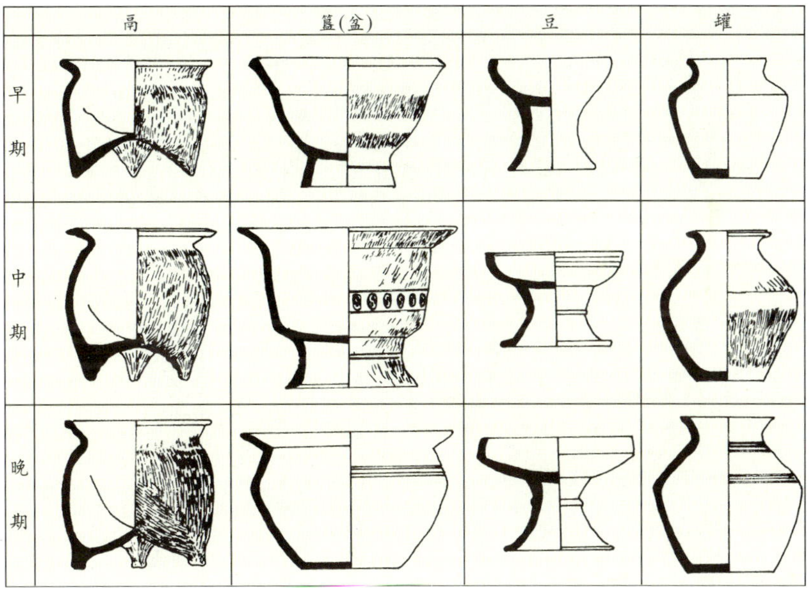

周文化典型陶器分期图

● **制陶工艺** 延续商人的制陶工艺，同时接受商代晚期商文化的某些器类和造型，产品以灰陶为主，多采用轮制技术成型，鬲一类袋足器用模制与手制相结合的方法制作。在不同时期，制陶工艺有着明显变化，西周早期主要生产灰色陶，也有一些磨光红陶、褐陶和黑陶，多使用轮制与模制相结合的方法。陶鬲的造型与商文化有着明显的区别，簋、豆形制与商代晚期商文化同类陶器形态接近。西周中晚期，灰陶仍占主要地位，快轮制陶较为普及，造型规范。这一时期制陶工艺的进步主要反映在两方面：①能制作一

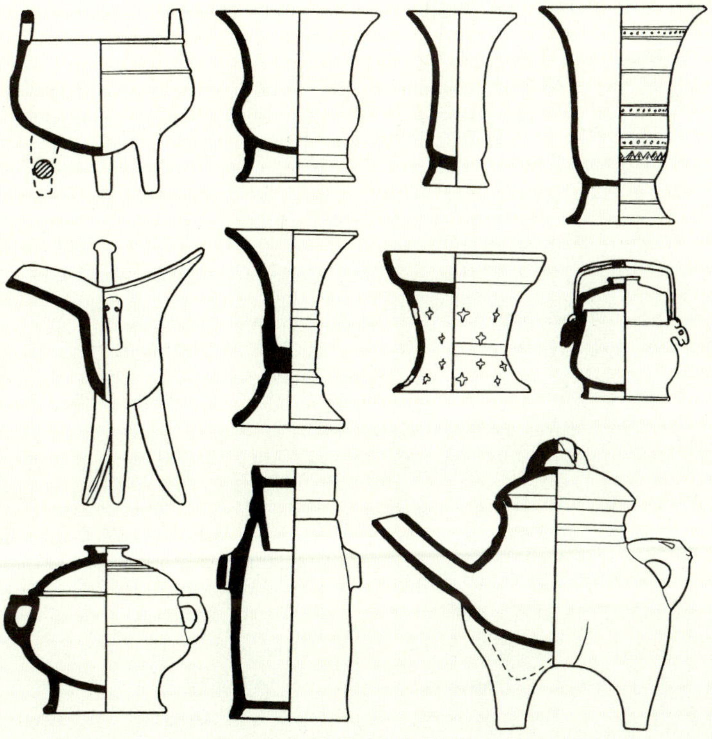

周文化仿铜陶礼器

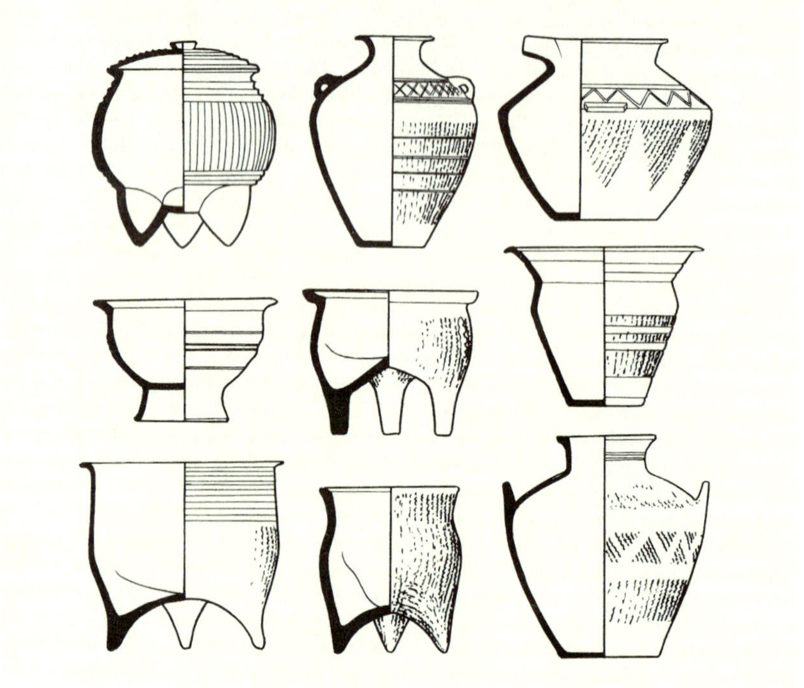

周文化日用陶器

些特大型的灰陶容器。陕西户县马营村出土的一件蛋形三足陶瓮，通高108.8厘米、腹径75厘米、胎厚2厘米，据测试，它可储存小麦两石（150千克）；②原始瓷和印纹硬陶的生产又有了进一步的发展。在西周贵族墓中常有发现，江南地区的出土量则高于北方。

周文化陶窑继承商代晚期的结构，沿用圆形竖穴式馒头窑，并穴式窑数量较少。窑的结构分为两种：①由窑室、窑箅、火膛、支柱和火门组成；②窑内不设支柱，由窑室、火膛、窑箅、火门组成。窑顶均作拱形，烟囱估计建在窑顶中间，窑室、火膛较商代晚期有所扩大，单位产量增加。随着建筑用陶的增加，西周时已出现专门烧造建筑用陶的窑炉，其结构与烧造一般陶器的窑不同，分窑室、火膛、烟囱3部分，火膛位于窑室前面，烟囱设计在后部，窑门、火膛、窑室、烟囱呈直线排列，火膛距窑室距离缩短，这一结构可使火焰直达砖坯，加快受热速度，提高窑内温度。烧制一般生活用器的窑，火道相应要长一些，有的还增设一窑箅，以调控火力，使陶坯各部位受热均匀，保证质量。

● **装饰** 普遍装饰粗绳纹，也有篦纹、弦纹、刻划三角纹及个别的朱绘。夹砂陶器表一般通体饰绳纹，或间施刻划纹、线纹，如簋一类器皿的下半部装饰绳纹，上半部饰刻划三角纹、篦纹。西周时期的仿铜陶礼器数量减少，器表装饰仍很精致，主要有云雷纹、回纹、重圈纹、S纹等。

● **器类** 酒器数量减少，饮食器增多，随葬陶器基本组合为鬲、簋（盆）、豆、罐，全部为日常生活用具，与商代注重酒器的制度形成鲜明对照。西周陶器类别较为复杂，炊器中以鬲数量最多，约占同时期炊器的80%以上，器形有明显的阶段性变化，即鬲足逐渐变矮，以至于最后消失，最终被圜底陶釜所取代。其他常用炊器类有甗、甑、鼎；酒器类有壶、方壶、罍、尊、爵；饮食器类有簋、豆、圈足盘、碗、勺；盛储器类有罐、瓮、盆、盂；乐器类有埙；工具类有陶拍子、陶垫子、纺轮等，其余还有器盖、陶胄、陶葬具及冶炼铜器用陶范、陶模，建筑用板瓦、筒瓦、半圆瓦当和砖等。

参考书目

中国科学院考古研究所：《沣西发掘报告》，文物出版社，1962。
中国硅酸盐学会编：《中国陶瓷史》，文物出版社，1982。
北京市文物研究所：《琉璃河西周燕国墓地》（1973～1977），文物出版社，1995。
梁星彭等：《我国新石器时代——西周时期陶窑综述》，《考古与文物》1982年1期。

（李水城）

Zhou wenhua taoli

周文化陶鬲

西周至春秋早期周文化的陶制炊器。是当时最主要的炊食用具，也是常用的随葬明器，出土量约占同期炊器的80%以上。造型比较复杂，有明显的阶段性变化，是西周考古学研究中分期断代的重要器类。

使用模制与手制相结合的方法制作，大多数鬲为灰色、灰褐色陶质，造型与商代陶鬲有很大差异，新出现了裆部内凹的“瘪裆鬲”和模仿铜器造型的仿铜陶鬲。形态演变主要表现在裆部和袋足上：西周早期陶鬲裆部较高，多作圆弧形，“瘪裆鬲”袋足较瘦，足尖明显，整体呈扁方形；西周中期陶鬲的整体比例近正方形，袋足变浅，“瘪裆鬲”极少见；西周晚期陶鬲整体比例近正方形，有较宽的折沿，裆部大大降低，夹角不明显，实足根呈短矮的圆柱状。仿铜陶鬲大多为扁腹造型，腹部、足根流行贴塑竖向凸起的扉棱装饰。总体上看，随着时间的推移，鬲的袋足部分日益变矮、萎缩，裆部降低，最终袋足消失，变为圜底陶釜。这一变化过程暗示，鬲的消亡或许与灶台的出现密切相关。

鬲是周人最主要的随葬用具之一，用于随葬的陶鬲既有实用器，也有专门制作的明器。

（李水城）

Zhou wenhua taodou

周文化陶豆

西周至春秋早期周文化主要的陶制饮食器，也常用作随葬明器，与鬲、簋（盆）、罐等构成西周随葬陶器的基本组合。西周时期，豆的产量很大，造型有明显的阶段性变化，是西周考古学研究中分期断代的典型器之一。西周早期陶豆柄部较粗、较矮，豆柄流行镂空的十字孔，与商代晚期陶豆的造型十分接近。西周中期陶豆柄中部变细，开始出现一周凸棱装饰。西周晚期陶豆盘径加大，豆盘变浅，豆柄中部较中期略变细，仍保留凸棱装饰，器底为喇叭形圈足。

（李水城）

Zhou wenhua taogui

周文化陶簋

西周至春秋早期周文化主要的陶制盛食器、饮食器，也是常用的随葬明器，与鬲、豆、罐等共同构成西周随葬陶器的基本组合。簋的造型有明显的阶段性变化，是西周考古学研究中分期断代的典型器之一。西周早期陶簋与商代晚期的造型基本相同，开始出现少量敛口折沿高圈足簋。西周中期陶簋为宽折沿，圈足普遍增高，器腹底部内折，较为平坦。西周晚期陶簋数量急剧减少，最终演变为素面陶盆。

（李水城）

Qucun yizhi fangzuo taogui

曲村遗址方座陶簋

曲村遗址方座陶簋

西周时期周文化的陶制饮食器。1982年由北京大学考古专业等单位在山西曲沃县曲村遗址第7031号墓中发掘出土。现藏于北京大学赛克勒考古与艺术博物馆。

通高15.6厘米、口径20厘米、足边长14厘米。夹砂褐色陶质，簋盘系轮制成型，圈足系手制而成，再将二者对接成型。大敞口，宽沿，直腹壁，圜底，器底下部接正方形大喇叭口圈足。器表打磨光滑，腹部和圈足饰凹弦纹，下腹部饰短绳纹，圈足饰刻划的斜线网格纹。目前，这种造型的陶簋在西周陶器中仅此一件。

（徐天进）

Zhou wenhua taoguan

周文化陶罐

西周至春秋早期周文化的陶制储藏器，亦为常用的随葬明器。外部形态呈现明显的阶段性变化，是西周考古学研究中分期断代的典型器之一。西周早期陶罐造型为喇叭口，折肩，器体最大直径在罐肩部；西周中期陶罐最大直径移至上腹部；西周晚期陶罐的形体变得瘦长，领部加高，肩部转折明显，器表多装饰弦纹，个别有朱绘。

（李水城）

〔周文化其他陶器〕

Beiyao yizhi taodingfan

北窑遗址陶鼎范

西周时期周文化铸造铜器所用的陶范。1974年由河南洛阳市文物工作队在洛阳市北窑铸铜遗址中发掘出土。现藏于洛阳市文物工作队。

出土范为铸造铜鼎腹部陶范的一部分。长26厘米。泥质黄褐色陶，使用模制方法制作。范内面模刻有由饕餮纹、圆涡纹、云雷纹组成的3层花纹带，做工十分精细，范与范连接处有供相互套合的榫卯，工艺要求很高。它对了解西周时期的铸铜工艺有着重要的研究价值。

（李水城）

北窑遗址陶鼎范

Qucun yizhi danxing taoweng

曲村遗址蛋形陶瓮

西周时期周文化的陶制饮食器。1982年由北京大学考古专业等单位在山西曲沃县曲村遗址第7113号墓中发掘出土。现藏于北京大学赛克勒考古与艺术博物馆。

曲村遗址蛋形陶瓮

通高24.4厘米、口径16.8厘米。泥质灰色陶，表皮呈灰褐色，轮制加手制成型，器表打磨光滑。口部内敛，上配斗笠状器盖，盖顶有一圆形捉纽。器颈部较短，圆折腹，呈卵圆形，圜底，器底下附3枚乳状袋足，上腹装饰瓦棱纹。

蛋形瓮为新石器时代晚期出现的一种容器，造型特殊，一般形体较高大，分布范围仅见于山西、陕西北部和内蒙古东南部，延续时间较长，最晚延续到西周时期。曲村

遗址出土的这件蛋形瓮，形体变小，饰瓦棱纹，为西周时期的典型样式。（徐天进）

Xiajiadian Shangceng wenhua taoqi

夏家店上层文化陶器

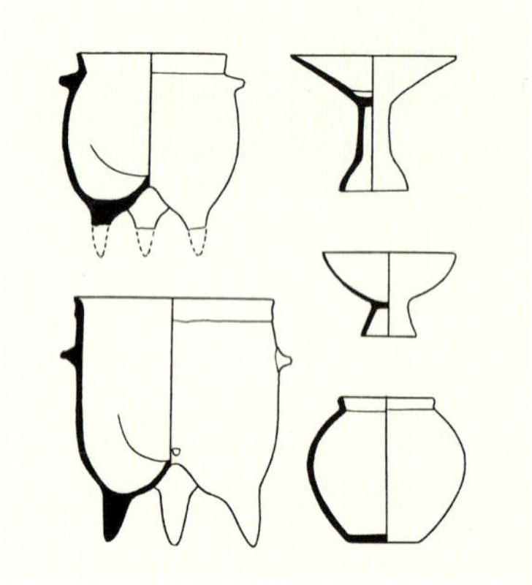

夏家店上层文化陶器

西周及春秋时期北方长城地带东部地区夏家店上层文化的陶制器具。夏家店上层文化因1960年对内蒙古赤峰市夏家店、药王庙两处遗址的发掘而得名，其分布范围在内蒙古东南部、辽宁西部和河北北部一带，以老哈河流域为中心。学术界对该文化的族属认识尚不一致，有的学者认为该文化是活跃在燕山以北的山戎部族遗存；有的认为属东胡系统；也有的认为是东胡与山戎两民族的共同祖先。

● **制陶工艺** 陶器均手工制作，工艺较为落后，大型容器采用泥条盘筑法分段制作陶坯，套接成型，器表附件用榫卯与主件接合而成，豆柄用泥片卷合，再与豆盘衔接，小型器直接用手工捏制。陶胎全部夹砂，羼和料主要为石英砂粒，器表经打磨处理，外观较为粗糙。由于烧成温度偏低，器表颜色不很纯正，多数外表呈红褐色，局部有灰黑色斑块。经检测，内蒙古敖汉旗周家墓地出土的夏家店上层文化陶串珠含SiO_2为49.27%～67.98%，CaO为1.16%～8.81%，MgO为26.49%～33.74%；Al_2O_3、Fe_2O_3、K_2O、Na_2O、CuO均为微量，表明夏家店上层文化对高镁质易熔粘土的选择加工较新石器时代晚期已有明显提高。

● **装饰** 绝大多数器表素面磨光，不加任何装饰。有一些罐、盆类盛储器表面施红色陶衣，最常见的是在器口外侧装饰附加堆纹，形成较厚的叠唇。

● **器类** 比较简单，基本组合有鬲、罐、豆、盆、壶、钵、碗等，按使用功能分为炊器类的鬲、甗、鼎；饮食器类的豆、碗、钵等。其中大口直腹筒形锥足鬲、双耳钵形长锥足鼎、喇叭口细柄豆为该文化最具特色的器类。

参考书目

中国科学院考古研究所内蒙古工作队：《赤峰药王庙、夏家店遗址试掘报告》，《考古学报》1974年1期。

中国科学院考古研究所内蒙古工作队：《宁城南山根遗址发掘报告》，《考古学报》1975年1期。

（李水城 孙祖初）

Baijinbao wenhua taoqi

白金宝文化陶器

西周及春秋时期东北松（松花江）嫩（嫩江）地区白金宝文化的陶制器具。白金宝文化因1974年对黑龙江肇源县白金宝遗址和吉林大安县汉书遗址的发掘而得名，主要分布于松嫩平原，距今3000年～2500年。

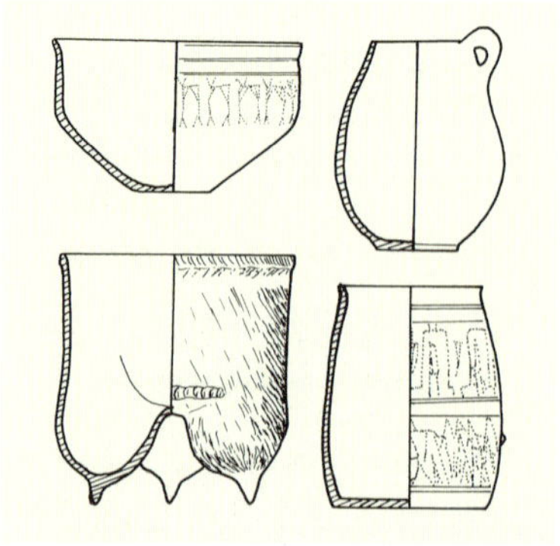

白金宝文化陶器

● **制陶工艺** 陶器全部手工制作，大型器皿常使用泥条盘筑法分段制坯，套接成型；三足器先手制出三足，再将袋足捏合聚拢，续接器口成型；小型器直接用手工捏制。陶质以夹砂陶最多，羼和料多为较细的石英砂粒，外观较粗糙，烧成温度不很高，器表颜色主要分红衣陶和褐色陶两种。已发现的陶窑剖面呈袋状，窑室作椭圆形，内设二层台，面积仅0.8平方米，每窑烧制陶器数量有限。

● **装饰** 以素面陶器为主，器表大多经简单的打磨处理，部分陶器表面施红衣。装饰纹样主要有绳纹、压印动物纹、回形纹、篦点纹及少量的附加堆纹、刻划纹和锥刺纹。最有特点的纹样是一种由篦点纹构成的图案化的动物纹，可辨认出的有鹿、羊、蛙、骆驼等，反映出该文化畜养业和狩猎经济占有较大的比重。

● **器类** 比较简单，炊器类有大口乳状袋足鬲、侈口筒形罐和支脚；水器仅有小口壶一种；饮食器和盛储器类有盆、碗、双耳罐、单耳杯等。其他还有陶纺轮等工具。

参考书目

黑龙江省文物工作队：《黑龙江肇源白金宝遗址第一次发掘》，《考古》1980年4期。

（孙祖初）

Xituanshan wenhua taoqi

西团山文化陶器

西周初至战国时期东北吉（吉林）长（长春）地区西团山文化的陶制器具。西团山文化因1964年发现于吉林市西团山遗址而得名，分布范围东起威虎岭，西至伊通河西岸，北迄拉林河流域，南到东辽河北岸，其族属很可能属于以“肃慎”为主体的民族，距今3200年~2200年。

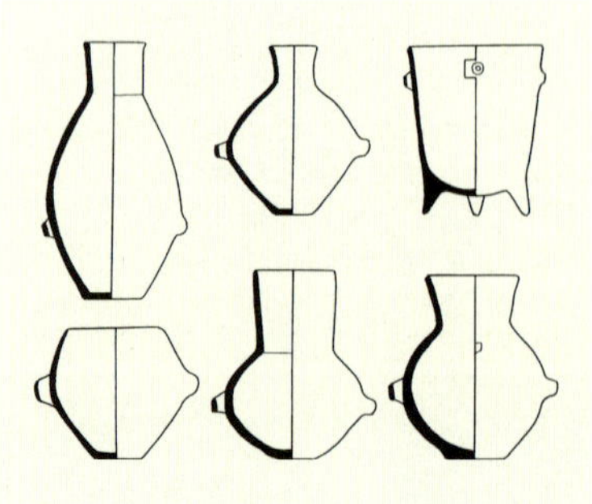

西团山文化陶器

● **制陶工艺** 制陶业相对比较

落后，所有陶器均手工制作，工艺粗放，大型器常用泥圈套接法分段制坯，再套接成型，小型器直接用捏塑法成型。所见陶器全部为夹砂陶质，以褐色陶为主，烧成温度偏低，器表色泽不匀。有些陶器表面经刮抹或简单打磨，器类十分简单。西团山文化延续时间长达千年，但陶器外形变化并不大，反映出制陶工艺长期无大的改进。陶器在使用功能上存在分离现象，如随葬明器以壶、罐、钵、碗为基本组合；生活实用器皿以鼎、鬲、罐、碗、豆为基本组合，这一现象反映出该文化在制陶手工业内部已有分工，按不同的需求生产不同的产品。

● **装饰** 素面陶占绝大多数，很少有施加装饰的陶器，仅发现个别陶器在器表捏塑乳钉饰件。

● **器类** 造型相当简单，缺少变化。器类有大口筒腹锥足鬲、大口斜腹锥足鼎、长颈双耳小口壶、横耳敛口罐、深腹钵、盆、豆、碗等。以大口斜腹锥足鼎、大口筒腹锥足鬲和长颈双耳小口壶最具代表性。

参考书目

东北考古发掘团：《吉林西团山石棺墓发掘报告》，《考古学报》1964年1期。

（孙祖初）

Xindian wenhua taoqi

辛店文化陶器

商至春秋时期西北地区辛店文化的陶制器具。辛店文化因1923年首次发现于甘肃临洮县辛店村而得名。辛店实为辛甸之误，因沿用已久，故仍从惯称。主要分布于甘肃、青海交界处的黄河沿岸及洮河、大夏河、湟水沿岸，族属为古代西羌民族中的一支，距今3600年～2600年。

● **分期** 根据陶器形态的变化，可将辛店文化分为3期：第一期为山家头期，即辛店文化早期，得名于青海民和县山家头墓地，年代大致相当于中原地区的夏末商初；第二期为姬家川期，为辛店文化中期，得名于甘肃永靖县姬家川遗址，年代大致相当于中原地区的商代晚期及西周早期；第三期为张家咀期，为辛店文化晚期，得名于甘肃永靖县张家咀遗址，年代大致相当于中原地区的西周晚期及春秋时期。

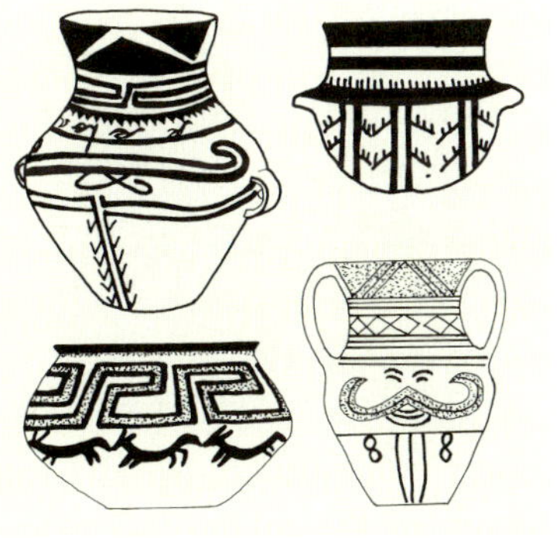

辛店文化彩陶器

● **制陶工艺** 陶器全部手工制作，普遍使用泥条盘筑法分段制坯，对接成型，小型器用手工直接捏制。陶胎内羼和料有石英砂粒、碎陶末（熟料）和云母，质地较粗。在不同阶段内，陶器质地和形态有着明显变化，如山家头期陶器几乎全部为夹砂陶。据统计，红褐陶占该文化陶器总量的93%，其余为少量泥质红陶、夹砂黑陶和夹砂灰陶，烧成温度较低，器表色泽不匀，有灰黑色斑块。姬家川期陶器主要为夹粗砂红陶、红褐陶和少量泥质灰陶，器表一般经打磨处理，流行施黄白色或灰白色陶衣。张家咀期陶器以橙黄色陶为主，器表色泽不纯，夹杂有灰黑色斑块。有些陶器表面经打磨处理，再施以黄白色、灰白色陶衣，有少量施红色或紫红色陶衣。

● **装饰** 器表主要装饰绳纹、附加堆纹、刻划纹，另有部分彩陶。夹砂陶多饰绳纹、附加堆纹和刻划纹，胎质较细的陶器大多绘彩。装饰花纹有着明显的阶段性变化：山家头期陶器所饰绳纹细密规整，彩陶往往先在器表拍印绳纹，经粗磨后再绘彩，颜料以黑色（个别红色）为主，花纹有回纹、折线纹、交叉T字纹、网格纹和个别动物纹；姬家川期陶器所饰绳纹仍延续细密规整的作风，彩陶仍为黑彩，线条宽大粗犷，层次分明，构图很有规律，一般在器口、颈部绘回纹、横条纹、曲线纹，肩腹部绘大角双钩纹、S纹，下腹绘垂线纹。常见花纹有云雷纹、波折纹、三角纹、圆圈纹、同心圆纹、十字纹、T字纹等，以大角双钩纹最为典型，在此类花纹空白处常用太阳纹、犬纹、X纹补白，构成这一时期特有的风格；张家咀期彩陶变化很大，出现红黑复彩构图，一般先将绘彩部位用红彩或紫红彩绘

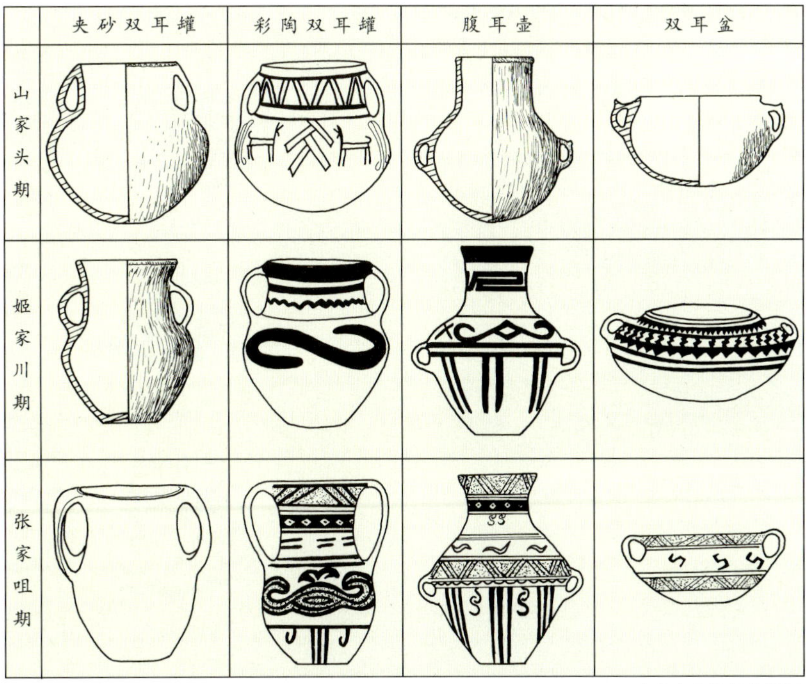

辛店文化陶器分期图

宽带纹，再在红彩宽带上绘黑彩花纹，流行复线双钩纹、勿字纹、S纹、菱格纹、涡纹、折线纹、飞鸟纹、勾连纹等。这一时期双钩纹流行，一般由3组复线构成，在双钩相连的上方绘羊角纹，下部绘弧线纹，空白处用太阳纹、龟纹、蟹形纹、S纹补白。

● **器类** 较为简单，以各种造型的罐、壶数量最多，基本器类组合为双耳罐、单耳罐、腹耳壶、双耳盆、双耳乳状袋足鬲、单把杯、双大耳罐、器盖、盘、瓮、甑、鼎等。不同阶段的陶器造型有着明显的变化：山家头期以圜底器居多；姬家川期以凹底器最具特色；张家咀期变为以平底器为主。

参考书目

中国社会科学院考古研究所：《新中国的考古发现与研究》，文物出版社，1984。

中国社会科学院考古研究所：《甘肃永靖张家咀与姬家川遗址的发掘》，《考古学报》1980年2期。

甘肃省文物考古研究所等：《甘肃临夏莲花台辛店文化墓葬发掘报告》，《文物》1988年3期。

（李水城）

Liuwan yizhi caitaoxue

柳湾遗址彩陶靴

商初辛店文化早期（即山家头期）的陶制模型明器。1989年由青海省文物考古研究所在乐都县柳湾遗址中采集。现藏于青海省文物考古研究所。

柳湾遗址彩陶靴

通高11.6厘米、口径6.6厘米、底长14.6厘米、底厚0.4厘米～0.6厘米。夹砂红陶质，手制。整体模仿皮靴的造型，陶靴前尖后方，靴腰作圆筒状，靴帮与靴底衔接处向内凹曲，内中空。器表施紫红色陶衣，靴筒绘黑彩双线回纹，靴帮和靴面绘双线条带纹、三角纹。

该器为当时制陶工匠模仿当时日常所穿的皮靴而制成的，极难得地再现了辛店文化早期人们所穿皮靴的式样及缝制工艺。彩陶靴分为靴腰、靴帮和靴底3 部分，可明显地看出，鞋帮和靴底为分别制作，说明当时在制作皮靴时选用不同部位的兽皮分别制作靴帮和靴底，工艺比较进步。值得注意的是，该靴帮、底连接处向外突出，证明当时已出现反绱的制靴技术，这一技术至今仍为国内外制鞋业所普遍使用。它的发现将反绱制鞋工艺在中国出现的时间大大提前，对人类制鞋历史的研究有着积极意义。

（李水城）

Lintao caitao dan'erli

临洮彩陶单耳鬲

商代晚期及西周早期辛店文化中期（即姬家川期）的陶制炊器。在甘肃临洮县采集。现藏于甘肃省博物馆。

通高9.5厘米、口径10厘米。夹细砂红色陶质，手制。大口，短颈，单耳，下接乳状大袋足。器表绘黑色彩，口沿外绘宽带纹，袋足部位绘大羊角双钩纹。

临洮彩陶单耳鬲

鬲为一种炊食器具，器表流行拍印绳纹，绘彩陶鬲为辛店文化所特有，但数量不多。考虑到鬲是一种需要经常在火上烧煮食物的用具，器表所绘花纹很快会被烟炱覆盖，显然这种彩陶鬲不是一般的日常炊食用具，很可能有着某种特殊用途。在辛店文化中曾发现有形体极大的彩陶鬲（残件），器高达50厘米～60厘米，十分罕见。

（李水城）

Tangwang wenhua taoqi

唐汪文化陶器

西周及春秋时期西北地区唐汪文化的陶制器具。唐汪文化因1956

唐汪文化陶器

年发现于甘肃东乡自治县唐汪川山神遗址而得名，主要分布于甘肃永靖、东乡、临夏及青海东部的黄河沿岸和湟水流域，曾被命名为“唐汪式陶器”。唐汪文化陶器与辛店文化和卡约文化有共存现象，其族属应为古代西羌人中的一支。

● **制陶工艺** 陶器全部手工制作，流行以泥条盘筑法分段制坯，对接成型。胎内普遍掺有细砂或砸碎的陶器碎末。彩陶数量较多，器表一般打磨光滑，施红色陶衣。

● **装饰** 彩陶所占比例颇高，以黑彩为主，个别绘红彩，再用黑彩勾边。花纹很有特点，绝大多数为弧线三角勾连纹组成的花纹带，间以横S纹、X纹、勿字纹、斜线三角纹补白，风格雷同，也发现有极个别的陶器绘饰动物纹。

● **器类** 比较简单，以双大耳长颈罐为主，其他还有双小耳罐、单耳盆、小口壶、豆、双耳杯、鼎、大口罐和鬲等，造型比较独特。

参考书目

安志敏：《略论甘肃东乡自治县唐汪川的陶器》，《考古学报》1957年2期。
格桑本：《青海民和核桃庄拱北台路西一号灰坑出土的唐汪类型陶器》，《青海考古学会会刊》，1983。
赵志军等：《试论唐汪式陶器的文化归属问题》，《考古与文物》1988年2期。

（李水城）

Shanshen yizhi goulianwen shuangda'er taoguan

山神遗址勾连纹双大耳陶罐

西周及春秋时期唐汪文化的陶制饮食器。1956年出土于甘肃东乡自治县唐汪川山神遗址第12号墓。现藏于北京大学赛克勒考古与艺术博物馆。

通高23.8厘米、口径13厘米、底径7厘米。泥质橙黄陶，手制，器表经打磨，施紫红色陶衣。口沿外侈，粗长颈内弧，圆鼓腹，小平底。颈腹处置宽大的双耳，器颈与腹部绘黑彩弧边三角勾连纹、横S形纹、涡纹和横条纹，口沿下绘变形的之字纹，双耳耳面绘斜线纹。这种双大耳陶罐和彩绘花纹是唐汪文化中最有特色的器类与装饰。

（李水城）

山神遗址勾连纹双大耳陶罐

Siwa wenhua taoqi

寺洼文化陶器

商代晚期至春秋时期西北地区寺洼文化的陶制器具。寺洼文化因1923年发现于甘肃临洮县寺洼山遗址而得名，主要分布于甘肃中部和东部，最东端已渗透到陕西宝鸡、凤县一带，距今3300年～2500年。学术界对寺洼文化的族属认识尚不一致，有氐羌、戎狄等不同说法。考古发现证实，在陇东一带，寺洼文化与周文化有着密切交往。

● **制陶工艺** 陶器全部手工制作，使用泥条盘筑法成型，小型器直接捏制成型。以夹砂褐陶数量最多，余为灰陶、红陶、褐陶、橙黄陶和黑陶，陶胎中普遍掺杂砂粒和砸碎的陶末，外观较粗糙。烧成温度偏低，器表色泽不匀，有灰黑色斑块。

● **装饰** 大多数陶器素面无纹。凡有装饰的陶器最多为附加堆纹，其他还有少量的绳纹、刻划纹，纹样简单，以刻划曲折线纹最多，有少量陶器在器表、器耳或器底刻划有“符号”，还发现有个别绘白彩、黑彩的彩绘陶，花纹简洁、粗犷，有圆点、弧线和网格等。

● **器类** 可分为平底器、三足器和圈足器3类。以罐数量最多，包

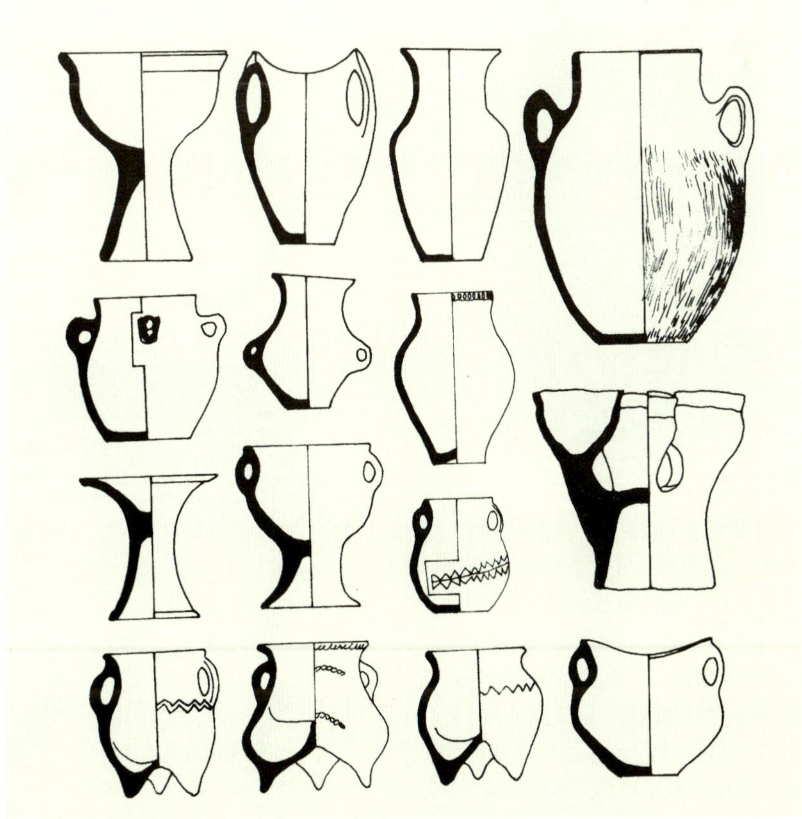

寺洼文化陶器

括双耳罐、单耳罐、无耳罐，其他还有壶、瓮、鬲、豆等，有些陶器造型特殊，如双马鞍口罐、簋式豆、双耳素面鬲等，为该文化最有特色的陶器。

参考书目

夏鼐：《临洮寺洼山发掘记》，《考古学报》，第四册，1949。

中国社会科学院考古研究所泾渭工作队：《甘肃庄浪徐家碾寺洼文化墓葬发掘纪要》，《考古》1982年6期。

甘肃省文物工作队等：《甘肃西河栏桥寺洼文化墓葬》，《考古》1987年8期。

（李水城）

Anguozhen yizhi shuangma'ankou taoguan

安国镇遗址双马鞍口陶罐

商代晚期至春秋时期寺洼文化的陶制盛储器。1958年由甘肃省博物馆在平凉县安国镇遗址采集。现藏于甘肃省文物考古研究所。

安国镇遗址双马鞍口陶罐

通高23.6厘米、口径10厘米。夹砂红色陶质，手制，表皮呈灰黑色，素面，较为粗糙，经打磨处理。器口作双马鞍口造型，即正视时器口呈大马鞍形，侧视时双耳上端作小马鞍形，束颈，圆鼓腹，平底。器口至肩部置较大的双耳。该器为寺洼文化中最富特色的典型陶器。

（李水城）

Kayue wenhua taoqi

卡约文化陶器

商至春秋时期西北地区卡约文化的陶制器具。卡约文化于1923年发现于青海湟中县云固川卡约村，后被命名，初因译音之误，曾被称作“卡窑文化”，后改为卡约文化。主要分布在青海东部黄河两岸及湟水中上游一带，东界进入甘肃永靖县，西界达海南州西部，其族属应为古代西羌中的一支，距今3555年～2690年。

● **制陶工艺** 卡约文化的经济形态属半农半牧式，且分布地点越西，畜牧业经济所占的比重越大。制陶工艺较落后，陶器均为手制，采用泥条盘筑法分段制作器底、器腹和器口，再将各部分对接成型。胎质以夹砂红褐陶数量最多，也有少量灰陶、黑陶和泥质红陶。陶胎中羼和料为石英砂粒、蛭石类矿物质和碾碎的陶末。夹砂陶器器表多不作处理，外观粗糙。泥质陶器器表略经打磨。青海民和县官亭乡下喇家遗址鬲足陶内模的发现，表明卡约文化制陶业中已存在范模制陶技术。

● **装饰** 以素面陶器为主，不少陶器表面施紫红色陶衣，色彩凝重。器表主要装饰刻划纹、附加堆纹、乳钉、绳纹，也有少量彩陶。绳纹排列较疏朗，刻划纹流行单线、复线曲折纹。彩陶数量不多，多绘黑彩，个别绘红彩，花纹有网格纹、回纹、三角折线纹、Z纹、S纹、横竖线纹等。在青海循化县阿哈特拉等遗址还发现有些陶器绘大角羊、鹿、犬等动物纹，构图精美，风格

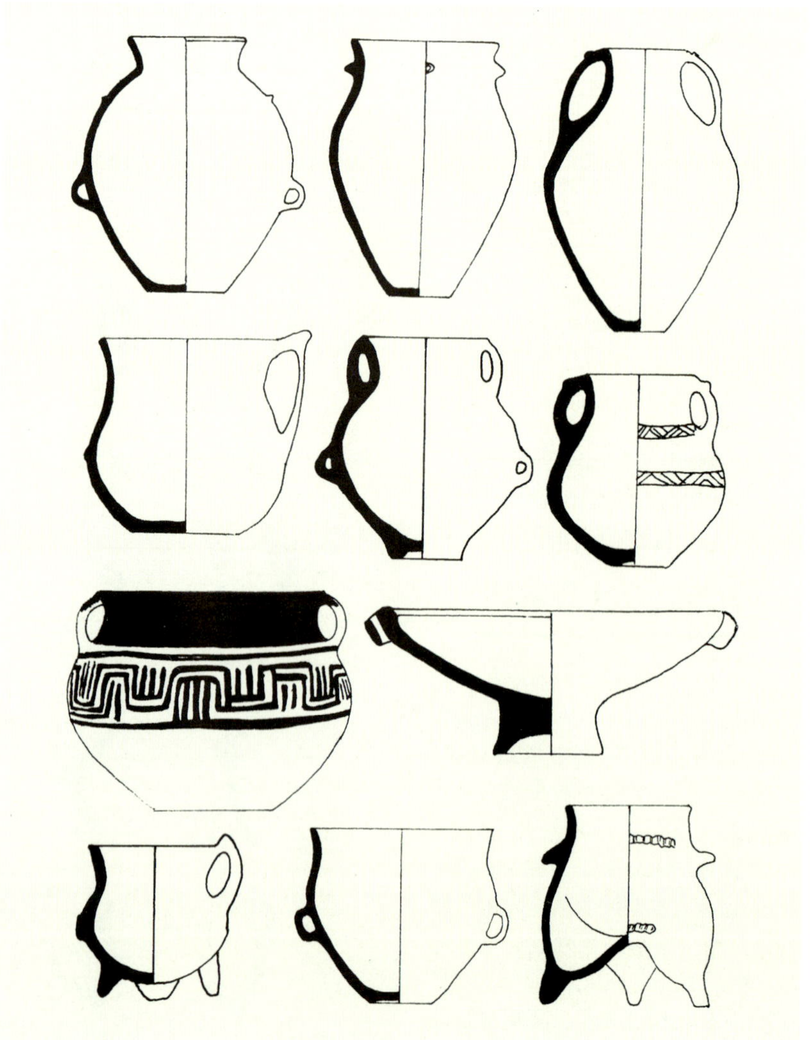

卡约文化陶器

粗犷，形象地再现出卡约文化畜牧业和狩猎经济情形（见阿哈特拉遗址鹿纹彩陶罐）。

● **器类** 造型简单，以各种陶罐的数量最多，分单耳罐、双耳罐、四耳罐数种，个体也有大小之别，这些陶罐既用于炊煮食物，也可用于储藏，有些个体较大的陶罐甚至用作埋葬死者的葬具，用途相当广泛。其他器类还有盆、盘、鬲、豆、杯、瓮等。

参考书目

青海省文物考古队等：《青海贵德山坪台卡约文化墓地》，《考古学报》1987年2期。

赵生琛等：《青海古代文化》，青海人民出版社，1986。

俞伟超：《关于卡约文化和唐汪文化的新认识》，《考古类型学的理论与实践》，文物出版社，1989。

（李水城）

Ahatela yizhi luwen caitaoguan

阿哈特拉遗址鹿纹彩陶罐

商至春秋时期卡约文化随葬用的陶制器具。1980年由青海省文物管理处考古队在循化县脱龙都乡阿哈特拉山卡约文化墓地中发掘出土。现藏于青海省文物考古研究所。

阿哈特拉遗址鹿纹彩陶罐

通高13厘米、口径12厘米。夹细砂橙红陶质，手制。侈口，折沿，方唇，束颈，圆鼓腹，最大腹径位置靠下，平底。在器领和上腹部置一对小耳。器表上腹部和口沿内施浓艳的红色陶衣，器腹中部绘7只伫立张望的黑彩大角鹿，颈部绘一条网格纹带，口沿面绘三角折线纹和X纹。该器所绘花纹形象地再现了卡约文化时期当地的生态环境以及人们经常进行狩猎活动的场景。

（李水城）

Shajing wenhua taoqi

沙井文化陶器

西周至战国初期西北地区沙井文化的陶制器具。沙井文化因1924年发现于甘肃民勤县沙井村附近而得名，主要分布于甘肃河西走廊东侧的民勤、永昌、金昌一带，其族属应是从古代西羌人中分化出的一支，距今3000年～2400年。

● **制陶工艺** 沙井文化的居民从事半农半牧式经济生活，制陶手工业较为落后。陶器全部手工制作，夹砂陶占绝大多数，陶胎中的羼和料多为含蛭石类矿物的砂粒，陶色以红色、红褐色为主，做工较粗。晚期出现了少量轮制细泥灰陶，器表装饰断绳纹，这种陶器应是从外部输入的商品，而非沙井文化所制。

● **装饰** 以素面陶居多，器表纹样主要为附加堆纹，也有少量绳纹，流行在器表施暗红色陶衣，还有少量彩陶，使用暗红色颜料，所绘花纹分为2种：①三角纹、横竖线纹、网格纹、菱形纹等几何纹，②绘天鹅、大雁、野鸭等与水有密切关系的飞禽、水禽花纹，构图精美，显示出较高的艺术水准，也暗示出当时沙井文化所在地的生态环境比较好，尚存有由内流河形成的大面积终端湖，湖岸周围聚集有大批水鸟。在彩陶中还发现有一件宽大的器耳残件，上面绘有一身着长袍的人物图案，弥足珍贵。

● **器类** 造型较简单，以罐、杯、鬲、豆类为主，其他还有壶、

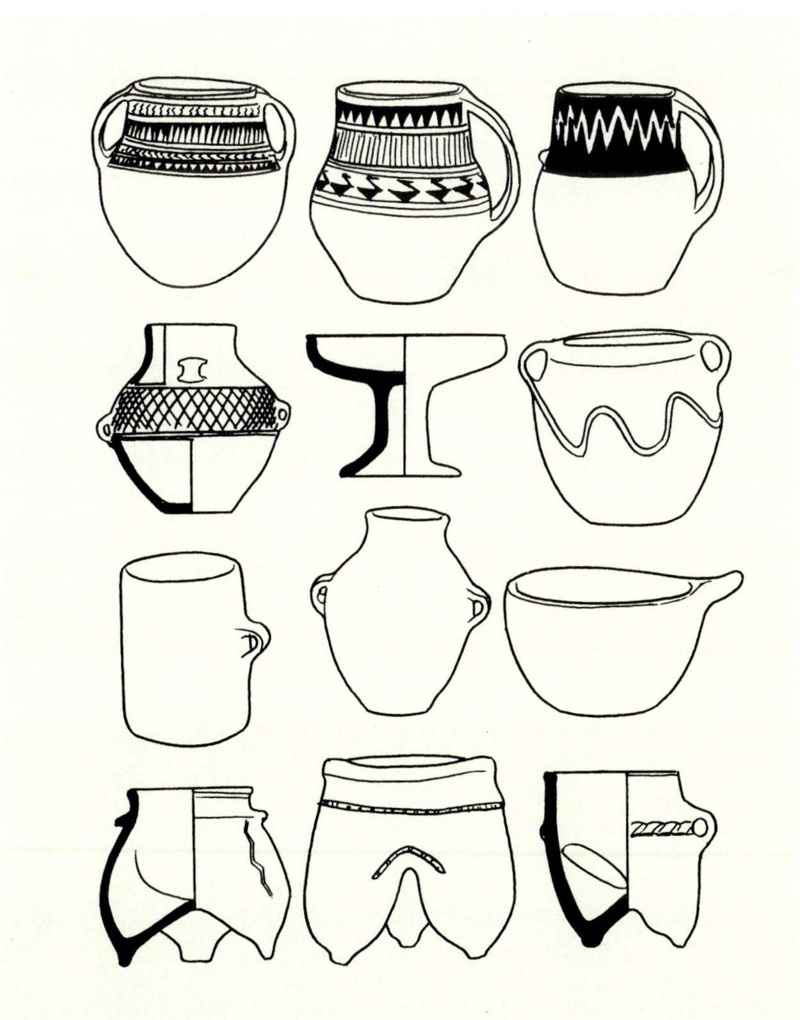

沙井文化陶器

盆、碗、瓶等，其中一种宽柄大单耳杯数量最多，也是沙井文化最有代表性的器皿。

参考书目

甘肃省文物考古研究所：《永昌三角城与蛤蟆墩沙井文化遗存》，《考古学报》1990年2期。
李水城：《沙井文化研究》，《国学研究》（二），北京大学出版社，1994。

（李水城）

焉不拉克文化陶器

Yanbulake wenhua taoqi

焉不拉克文化陶器

商末至西周时期焉不拉克文化的陶制器具。焉不拉克文化1957年最初发现于新疆哈密市三堡焉不拉克，1986年经正式发掘后命名，主要分布于新疆东部哈密至吐鲁番盆地一带，距今3300年～2800年。

焉不拉克文化彩陶豆

● **制陶工艺** 陶器均手工制作，使用泥条盘筑法成型，个体较大的器皿分段制坯，对接成型；个体较小的器皿用手工直接捏制。陶胎中普遍掺有砂粒，纯泥质陶少见。以红色陶为主，烧成温度适中。

● **装饰** 主要为彩陶，特别是随葬陶器中彩陶数量较多，一般先在器表施一层红色陶衣，再用黑彩绘饰图案，常见花纹有三角纹、曲线水波纹、弧线纹、十字花纹、S纹等几何纹，也发现有少部分动物类纹样，个别陶豆、陶钵类器皿施内彩。

● **器类** 以平底器和圈足器为主，造型简单，主要器类有双耳罐、腹耳壶、单把杯、双耳盆、单耳豆、单耳钵、单耳罐等。

参考书目

新疆维吾尔自治区文化厅文物处等：《新疆哈密焉不拉克墓地》，《考古学报》1989年3期。

（李水城）

Chawuhugoukou wenhua taoqi

察吾乎沟口文化陶器

西周及春秋时期新疆中部地区察吾乎沟口文化的陶制器具。察吾乎沟口文化因1983年对新疆和静县察吾乎沟口遗址的发掘而命名，主要分布于新疆中部的焉耆盆地、博斯腾湖西部和北部的库尔勒、和硕、焉耆、和静、温宿等县市，距今3000年～2500年。

● **制陶工艺** 陶器全部手工制作，大型器皿使用泥条盘筑法分段制坯，对接成型；小件陶器直接捏

察吾乎沟口文化陶器

制而成。绝大多数陶器胎体夹砂，纯泥质陶极少见，以红褐色陶为主，烧成温度适中，外观较粗。

● **装饰** 多数陶器素面无纹，少量在器表饰斜向刺点纹、凸弦纹。彩陶数量不多，一般先在表面施一层红色陶衣，再在绘彩部位施黄白色陶衣，用紫红彩绘饰花纹，也有的在红色陶衣上直接绘黑彩花纹。花纹大多绘在陶器上半部或肩、颈部位，构图大多比较简洁，流行在器颈处绘一周横条带纹，或在器腹一面绘斜条带纹，特征突出，讲究实用，如使用者用右手持这种绘彩陶器的器耳，绘有花纹的一面正好面向他人，可达到展示彩陶花纹的目的。常见花纹有竖条、网格、棋盘格、菱格、大三角、折线和回纹等。

● **器类** 器形较单调，以各种造型的罐类器为主，典型器有带流单把杯、单耳罐、单把杯、圜底罐、双耳罐及单耳钵、钵、壶、单耳小杯、陶釜等。带流单把杯为察吾乎沟口文化最具代表性的器类，它的出现与使用同制作和食用奶制品有着密切关系，由此暗示出畜牧业在该文化的经济生活中占有重要的地位。此外，在该文化中还发现有捻线的陶纺轮类工具。

参考书目

中国社会科学院考古研究所新疆队等：《新疆察吾乎沟口一号墓地》，《考古学报》1988年1期。

中国社会科学院考古研究所新疆队等：《新疆和静县察吾乎沟口二号墓地发掘简报》，《考古》1990年6期。

（李水城）

Chawuhugoukou yizhi zhiwuwen caitaoguan

察吾乎沟口遗址植物纹彩陶罐

西周及春秋时期察吾乎沟口文化的陶制水器。1984年由新疆维吾尔自治区社会科学院考古研究所在和静县察吾乎沟口墓地内发掘出土。现藏于新疆维吾尔自治区考古研究所。

通高35.6厘米。泥质红陶，手制。小口，长颈，球形圆腹，小平底。器表通体绘深红色彩，局部用红彩绘网状纹和植物类花纹，共分为4组。（王炳华）

察吾乎沟口遗址植物纹彩陶罐

Chawuhugoukou yizhi luotuowen dailiu caitaoguan

察吾乎沟口遗址骆驼纹带流彩陶罐

西周及春秋时期察吾乎沟口文化的陶制水器。1984年由新疆维吾尔自治区社会科学院考古研究所在和静县察吾乎沟口墓地内发掘出土。现藏于新疆维吾尔自治区考古研究所。

察吾乎沟口遗址骆驼纹带流彩陶罐

通高21.3厘米。夹砂红陶质，手制。大敞口，一侧出流，圆腹，平底，器颈一侧置单鋬小耳。器表施白色陶衣，绘红彩花纹，腹部主体花纹为一周首尾相续的双峰骆驼纹样，骆驼双腿卧地，头颈前伸，作跪卧休息状。（王炳华）

〖西周其他陶器〗

Panyu dan'er yinwen yingtaopen

番禺单耳印纹硬陶盆

西周时期华南地区的陶制盛储器。出土于广东番禺县。现藏于中国历史博物馆。

番禺单耳印纹硬陶盆

通高12.4厘米、口径17.4厘米。淡棕色硬陶胎，器表呈黄褐色，轮制加手制成型，烧制火候较高。大口，短颈，折肩，弧腹，平底。器口一侧置单宽鋬耳，器颈经打磨处理，肩部饰数股弦纹，腹部拍印规整的云雷纹。（李水城）

Cunqiu-Zhanguo taoqi

春秋战国陶器

（公元前770年～公元前221年）

春秋、战国时期各考古学文化的陶制器具。包括日常生活用具、生产工具、随葬品、陶塑工艺品、建筑用陶、冶炼铜器用的陶范及陶模等。这一时期，青铜冶炼业继续发展，一系列新的青铜工艺技术诞

生，铁器出现并逐渐普及，漆器制造业步入第一个高峰期，原始瓷生产也较前一时期有了长足的发展，这一系列进步为人们物质生活的改善创造了条件。铁器的出现和使用，使人类最终告别了石器，并很快取代青铜工具、青铜兵器和陶质炊器，意义重大。当时漆器和原始瓷器等日常生活用具的普及，对制陶手工业必然产生一系列的冲击，致使陶器在社会生活中的地位有所变化，但在广大下层民众中，陶器依然是不可缺少的日常生活用具。随着列国城市的发展，建筑用陶的需求量日益增加，故制陶业仍是重要的手工业部门。

● **文化分区** 春秋、战国时期，周王室地位逐渐下降，各诸侯国势力日益增强，形成与周王室分庭抗礼的格局。在西周分封的基础上已逐渐发展出几个大的文化区，如黄河中游地区的晋文化，黄河下游地区的齐文化，长江中游地区以楚、曾、蔡等国为代表的楚文化，长江下游和华南沿海一带的吴越文化和百越文化，陕西关中和陇东一带的秦文化，燕山南北的燕文化。在这些文化区以外的周边地区，并存着一些少数民族文化，如漠北地区的匈奴文化，西北甘肃、青海、宁夏及新疆东部地区的羌戎文化，西南四川盆地的巴蜀文化，云南滇池周围的滇文化。

● **分期** 公元前770年，周平王率王室自镐京东迁洛阳，史称东周。东周分为春秋、战国两大阶段。春秋从公元前770年周平王东迁洛邑（今河南洛阳）起至公元前476年周元王继位止，因史书《春秋》记载这段历史而得名。战国所跨年代从公元前475年起至公元前221年秦始皇统一止。

● **制陶工艺** 春秋、战国时期，列国城市化进程加快，由此引发出一系列社会变革，并极大地刺激了商品经济和手工业的发展，也使得制陶业的生产规模扩大，行业分工更加细致，很多陶窑的产品种类固定化，产量增加。这一时期普遍出现列国都城，布局分为宫城、郭城两部分，宫城范围较小，为王宫官署所在地，城内设由王室控制的官营手工业作坊，其中也包括个别的陶作坊。郭城为平民百姓居住区，面积较大，城内有很多民营手工业作坊，特别是陶作坊数量较多，专门生产供一般百姓使用的日用陶器。随着土地私有制的逐步确立，私营工商业的迅速发展，使得制陶业内部分工明显，其中设在郭城内的陶作坊中有相当一部分就属于私营性质。

春秋、战国时期制陶业的成就突出表现在生产规模扩大、轮制技术普及、陶窑结构完善等方面，特别是密封陶窑普及。在黄河流域和长江流域的广大地区，延续使用轮制法、模制法及手制法，产品基本为泥质灰陶，也有少量黑陶、褐陶和红陶。在长江流域及东南、华南沿海地区，除生产灰陶外，仍继续保持生产几何印纹硬陶和原始瓷的传统。受南方地区的影响下，黄河流域也少量地烧制带釉硬陶和原始瓷。在边远地区的少数民族文化中，因制陶业落后于中原和江南地区，故与前一时期相比变化不大，仍普遍以手工制作技术为主，产品基本为红陶或红褐陶。进入战国以后，中原和江南地区的轮制工艺已发展到一个新阶段，普及程度更高；模制法有单模、复模之分，与以往所用的内模法有着明显区别。陶器采用还原气氛烧成，烧成温度增加，普遍达到1000℃～1050℃。从某种意义上说，从战国开始，制陶手工业已步入了一个新的发展时期。随着铁器、青铜器、原始瓷、漆木器等手工业门类对制陶业的冲击，战国时期日用陶器的品种、门类和产量都有所降低。最为明显的是夹砂陶数量锐减，这表明随着铁制炊具的出现和普及，夹砂陶不可避免地要被淘汰，铁制炊具的新时代已经到来。

与西周时期相比，春秋中期以前的陶窑结构无明显的改变，窑室以圆形居多，面积仍比较小，烟道设在窑顶。春秋中期以后，开始出现设有台式窑床的窑，烟道移至窑室后壁，设置排烟孔道与窑室相通，窑炉结构日趋完善，这些变化对控制陶器的烧成温度和产品质量的提高有很大的帮助。这一时期由各国官府控制的窑场的规模都比较大，如山西侯马市晋国窑址的面积达1平方公里，窑场内陶窑连成一片，生产规模相当可观。战国时期，各地私营性质的陶作坊占地面积小，规模不大，产量也有限。在河北武安曾清理出一批战国时期的陶窑，窑室面积3平方米～7平方米，陶器上均戳印标记，经营者为个体手工业者。在长江以南的江浙一带，前一阶段出现的龙窑规模又有所扩大，这种结构的窑炉可明显提高陶器烧成温度，并大大增加产量，为日后瓷器的产生奠定了基础。

● **装饰** 同前一时期相比，陶器装饰更为简约，素面无纹陶器占绝大多数。常用装饰为拍印绳纹、磨压瓦棱纹、磨光压印暗纹、彩绘等几大类。其中磨压暗纹为一种新兴的装饰工艺，主要用于泥质灰陶器的表面，如豆、盂类饮食器多在内壁饰磨压暗纹，罐、壶在肩部饰磨压暗纹。绳纹与以往相同，多装饰在鬲、釜、罐、盆、甑、瓮等炊器或储藏器的上腹部；瓦棱纹多装饰在鬲、釜一类器皿的肩部或盆的上腹部；大型器表面多用附加堆纹，既作装饰，又起加固作用。彩绘工艺发达，多用于随葬陶明器，在黄河流域和长江中游一带十分流行，所用颜料近10余种，一般为红、白、黑3色，色彩鲜艳华丽，花纹主要是由三角纹、曲线纹、雷纹、点纹等构成的图案带。

装饰纹样各地区呈现出不同的区域风格，如北方的燕国流行刻划或彩绘的鱼纹、虎纹及其他动物纹、狩猎纹，风格粗犷厚重；南方的楚国常用菱形几何纹，风格轻灵飘逸；晋文化地区流行压磨暗纹和彩绘，保持一种正统威严之风；在长江以南及沿海地区，流行拍印几何纹，种类繁多，有方格纹、环纹、半环纹、重环纹、米格线纹、回纹、席纹、云雷纹、米格纹、叶脉纹等。还发现有个别陶器表面髹漆装饰。

陶器表面常见刻划、压印符号，大致分两类：①在烧好的陶器上用利器刻制，分符号、数码、豁口纹、线条纹等几种；②在未烧制的陶坯上刻写，大多仅两三笔，结构简单。这些刻符绝大部分不是文字，而是表示占有或持有者的标记，如陶工用以表示陶坯入窑位置、产品批号或制造者特有的标记等。“陶文”多见于豆柄、罐口、器肩部、瓦面上，采用戳印或铭刻的手法，内容有工匠姓名、陶器产地、作坊名称、官职、吉语等。

● **器类** 按造型可分为平底器、三足器、圈足器和圜底器4类。按使用功能划分，炊器有鬲、釜、甑、鼎、罐；饮食器有豆、盂、盘；盛储器有瓮、盆、罐；水器有壶、匜；用于铸造金属器的有范、模、芯；工具有纺轮、拍子、垫子、槌、研磨器、球等；葬具有瓮、甑、釜、鬲、深腹盆、罐、高颈壶等；建筑用陶有瓦、瓦当、砖、管道、井圈等。瓦当均呈圆形。春秋时期，中原地区使用薄砖，厚度与瓦相当。战国后期的砖增厚，并出现长达1米的空心砖。这一时期的薄砖主要用来铺地，空心砖大多用来营建墓穴。此外，也有一些陶塑工艺品。

由于各地区生活方式和文化传统上的差异，列国陶器在造型上表现出较鲜明的地域特色，在晋文化中，陶器基本组合为鬲、罐、豆、鼎、壶、盘、匜等；长江中游地区的楚文化为鬲、罐、壶、簠、敦、瓿、勺、匕等；东南、华南沿海地区流行几何印纹硬陶器、釉陶器、原始瓷器，器类组合以壶、罐、罍、提梁盉、瓿为主，造型别具风格。到战国晚期，列国随葬用陶明器的统一性大大加强，普遍流行以鼎、豆、壶、盘、匜为基本组合，但日用陶器仍保持各文化区的特色。

参考书目

中国硅酸盐学会编：《中国陶瓷史》，文物出版社，1982。

中国科学院考古研究所：《洛阳中州路》（西工段），科学出版社，1959。

山西省考古研究所：《侯马铸铜遗址》，文物出版社，1994。

河北省文物研究所：《燕下都》，文物出版社，1995。

（李水城）

Jin wenhua taoqi

晋文化陶器

春秋、战国时期黄河中游地区各国的陶制器具。包括春秋时期的晋国和后来由晋国分裂出来的韩、赵、魏三国以及周王室。晋文化的分布区北到河南南部，南抵淮河以北，西至渭河与黄河汇合处，东达鲁、豫、皖交界的平原地带。春秋、战国时期，该地区人口密集，经济发达，也是西周文化传统保留最为充分的地区。在晋文化范围内，还有一些小诸侯国，如春秋时期分布在豫西的虢国、豫中的郑国及战国时期称王于冀中地区的中山国等。

● **分区** 春秋以降，周王室势力衰微，其统治范围仅限于洛阳王畿周围很小的一块地盘。晋国的统治中心在晋南汾河谷地，西周初年，成王灭唐，封其弟叔虞于唐，后改称晋，都新田。公元前453年韩、赵、魏三家分晋，公元前376年晋亡。韩国的疆域初在晋东南、豫中一线，都阳翟（河南禹县），公元前375年韩灭郑，迁都于郑（今河南新郑），其疆土介于魏、秦、楚之间，军事地位重要，公元前230年为秦所灭。赵国先祖被封于赵（今山西洪洞北），其后事晋献公，三家分晋后都晋阳（今山西太原东南），公元前386年徙都邯郸，其疆域在晋中、陕东北、冀西南一带。赵武灵王时，赵灭中山，败林胡、楼烦，将冀西、晋北与河套的大片土地据为己有，公元前222年被秦所灭。魏国先祖被封于魏（今山西芮城北），都安邑（今山西夏县西北），其疆域初在晋南，后向东南扩展，西取秦中地，北灭中山，南击楚，取大梁，公元前361年，迁都大梁（今河南开封），将统治中心移至中原腹心地带。公元前225年，魏为秦所灭。虢国在今河南三门峡一带，为春秋时期姬姓诸侯国，公元前655年被晋所灭。郑国在今河南新郑，公元前375年被韩国所灭。公元前323年，中山国曾与燕、韩、赵、魏等4国相继称王，战国时期扮演了重要角色，其疆域在今河北灵寿、平山一带，公元前406年被魏所灭，后一度复国，迁都灵寿（河北平山），公元前296年为赵国所灭。

● **分期** 据河南洛阳地区出土的春秋、战国时期陶器的形态变化，可将晋文化分为6期：①春秋早期（公元前770年至公元前7世纪中叶）。陶器形态与西周晚期大致相同，随葬陶器组合为鬲、盆、豆、罐，全

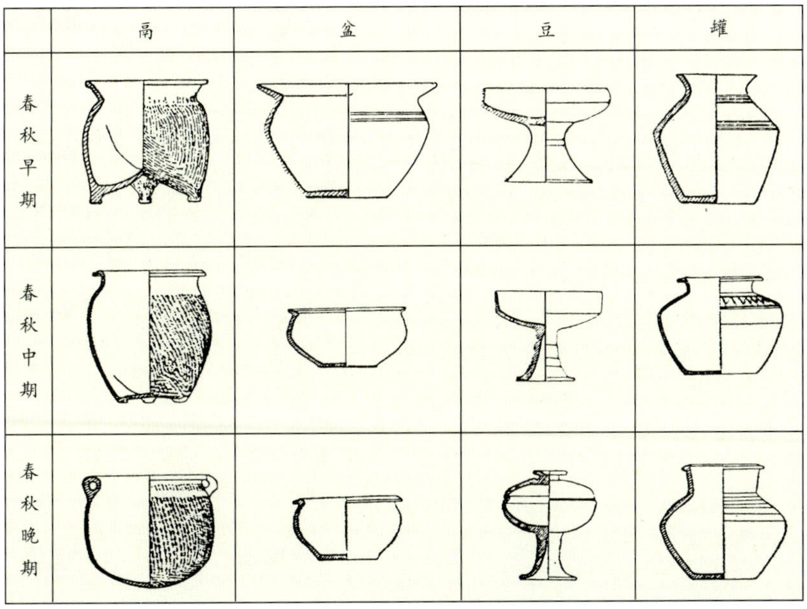

春秋时期晋文化典型陶器分期图

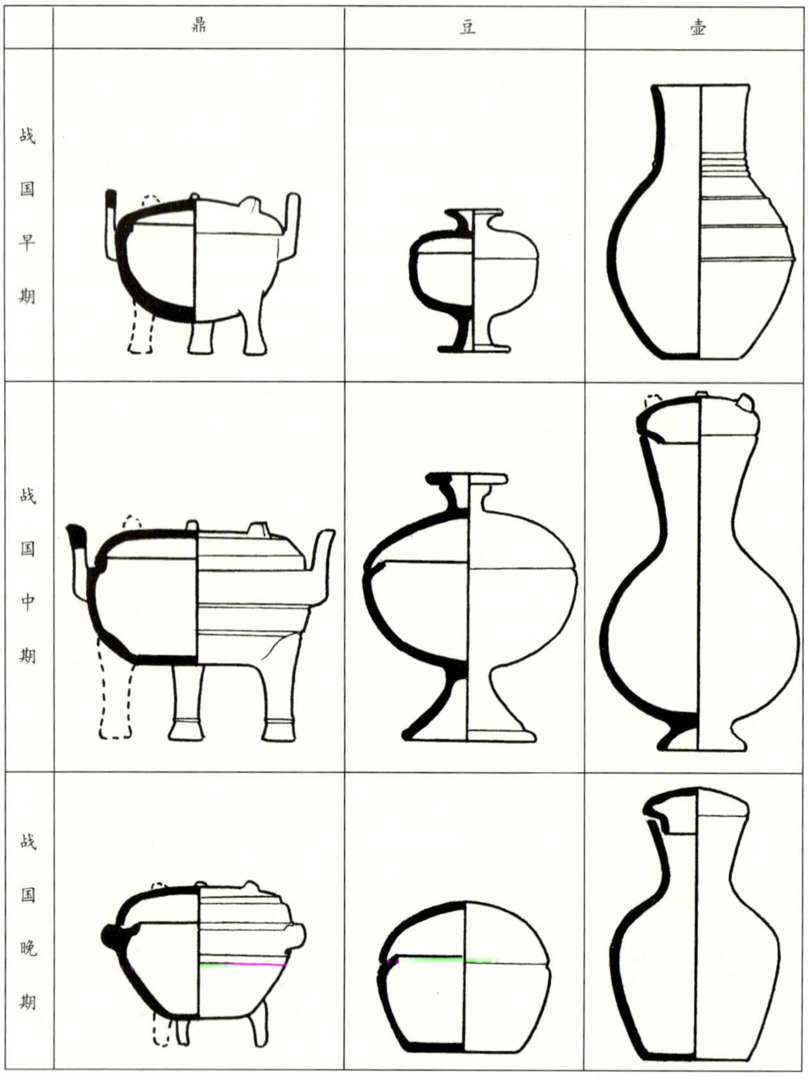

战国时期晋文化典型陶器分期图

部为日常生活用具。②春秋中期（公元前7世纪中叶至公元前6世纪中叶）。随葬陶器组合与春秋早期相同，器形变化很大。陶鬲袋足基本消失，仅保留3只短矮的足根。盆腹部变浅。豆变为细柄喇叭口圈足。壶造型更加矮胖。③春秋晚期（公元前6世纪中叶至公元前5世纪中叶）。随葬陶器组合为鼎、釜、盆、豆、罐。鼎为新增加的仿铜陶礼器。釜由前一阶段的鬲演变而来。豆大多带盖。罐颈部、腹部增高。④战国早期（公元前5世纪前后）。随葬陶器组合为鼎、盖豆、壶、小壶、盘、匜、碗。自战国始，流行鼎、豆、壶为基本组合的陶礼器，表明这一时期社会变革激烈，旧礼制受到强大冲击，庶人与士这两个对立阶层在使用礼器方面的严格界线被冲破。战国早期鼎为圜底造型，腹部加高。豆盘变深、柄部降低。壶外形瘦长，直颈。⑤战国中期（公元前4世纪前后）。随葬陶器组合与战国早期相同，典型器外形变化较大。鼎由圜底变为平底。壶变为喇叭口，斜直颈，球形圆腹，常用弧顶三纽器盖，有的附加矮圈足。⑥战国晚期（公元前3世纪前后）。随葬陶器组合为鼎、盒形敦、壶、盘、匜。盒形敦逐渐取代陶豆。鼎耳与三足萎缩。壶为喇叭口、折肩、大平底。在有些地区，也存在以鼎、豆、尊、敦为主的基本组合。

● **制陶工艺** 晋文化地区各国的陶器有很大的共性，在造型、器类、陶质、色泽、随葬品组合等方面都十分接近，以泥质灰陶为主，另有少量夹砂灰陶，普遍使用快轮工艺，烧成温度高，质地坚硬。以山西侯马出土的晋国陶器为例，仍以普通易熔粘土为原料，质地分为泥质、夹砂两类，夹砂陶主要用于鬲、釜、鼎类炊器，所占比例尚不足晋国出土陶器总量的20%，大多数为泥质陶，占晋国出土陶器总量的80%以上。泥质陶的原料也有粗细之别，大多数陶土未经处理，质地略显粗糙；少量陶土经过特殊处理，质地细腻。陶器的颜色分为灰、

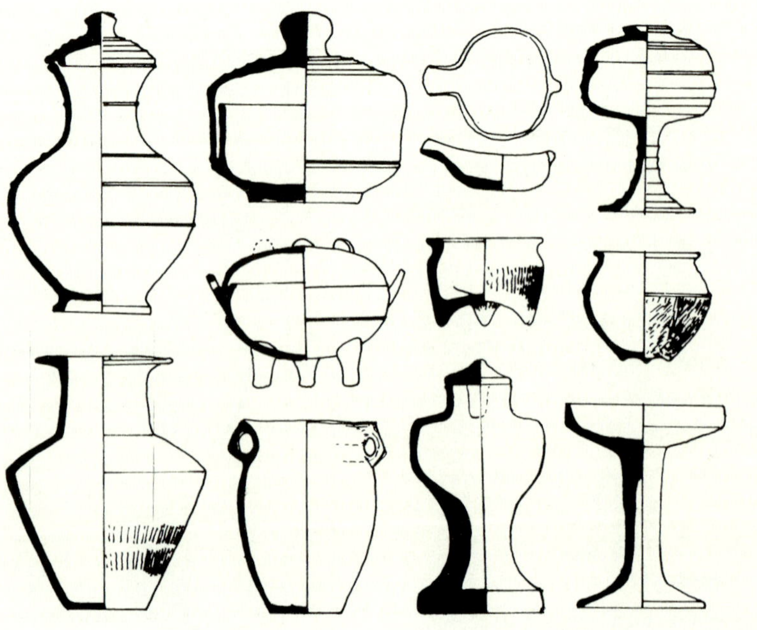
晋国陶器

黑灰两种，早期黑灰色陶数量较多，普遍采用快轮成型，如盆、罐等器可一次成型，形体较大的器皿采用泥条盘筑法分段制作出底、腹、颈、口沿等，再经对接成型，最后还要将坯体在轮盘上修整，器内壁常留有对接的痕迹。豆盘与豆柄分别轮制而成，再经对接成型。鼎足、鼎耳等附件单独制作，与主件套接。鬲足多采用泥片卷合法，将三足聚拢，再接制出器口。陶瓦使用泥条盘筑法先制成一圆筒，再用线一分为二或一分为四。晚期陶质以灰色陶为主，制作方法与早期相同，但有些泥质陶待毛坯阴干后，还必须在陶轮上进行压磨抛光等技术处理，部分夹砂陶鬲、釜、瓮、罐类器在内壁常涂抹一层细腻的白色石灰质陶衣，目的是使内壁光滑且不渗漏。还有的在陶坯表面涂刷一层炭灰类涂料，烧成后器表呈暗灰黑色，但此类陶器表皮极易脱落。晚期有少量陶瓦采用内模轮制技术成型。在河南新郑韩国故城遗址出土有一批形体高大的陶器，颜色以灰色为主，器壁薄，质地细，火候高，胎质坚硬，体现出很高的工艺水平。从工艺看，韩国早期的陶器以灰黑色为主，春秋中期以后，转为以青灰色为主，另有少量磨光黑陶和红陶。灰陶一般多用来制作盆、甑、罐、盂、豆及各种建筑材料，红陶多制作鬲、釜类炊器，磨光黑陶多见于春秋早期，器类有瓮、盂等。河北邯郸市赵国故城遗址出土的陶器绝大多数为泥质灰陶，少量为夹砂灰陶，工艺进步，烧成火候高，质地坚硬。上述现象表明，春秋、战国时期晋文化地区的制陶手工业大体处在同一水平线上。特别能够反映这一时期制陶业发展水平的是：各国普遍使用快轮技术制作大型陶器，如粗大的陶井圈等。另外，大型空心砖的出现也是制陶业进步的显著标志之一。

在山西侯马、河南洛阳、河北武安等地还发现有这一时期的陶窑。山西侯马市牛村晋国古城的春秋晚期竖穴式陶窑，结构较西周时期有了较大改进，窑室为椭圆形，直径112厘米～136厘米，内设环形台，烟囱设在后壁，窑底之上30厘米～34厘米处有安插炉条的龛孔，台上架设圆柱形炉条，可放置陶坯。改用炉条作窑箅是一大进步，可在炉条断损后随时更换，延长窑炉的使用寿命。这一时期由官府控制的窑场规模很大，侯马晋国窑场面积达1平方公里，窑场内陶窑密集，连为一片，使用时间长达百年，反映出当时社会对陶器的需求量仍相当大。随着城市化进程的加快，列国都城大兴土木，砖、瓦一类建筑用陶的产量猛增。这一时期各地陶窑均有各自的重点产品，手工业内部分工趋于细化。此外，陶器在青铜器、铁器铸造业中发挥着巨大的作用，在侯马晋国铸铜作坊遗址中，仅陶范就出土3万余件。晋国早期陶范刻制花纹简朴，构图整齐，线条匀称，镂刻较深，风格较粗犷，但种类单一。晚期陶范花纹构图繁缛，镂刻浅细，线条流利舒畅，图案新颖。

● **装饰** 流行拍印绳纹、压印暗纹、彩绘。据对侯马晋国都城出土陶器的统计，无论夹砂陶还是泥质陶，均以绳纹装饰为主，主要施在罐、碗、盆一类泥质陶器和鬲、釜一类夹砂陶器上，约占同期陶器的50%～60%。绳纹的粗细、深浅及排列方向因器而异，并随时间的推移而有所变化。泥质陶流行压磨暗纹装饰，占该文化陶器总量的15%左右。暗纹是在制坯过程中将器表磨光，在打磨的同时磨压加工出花纹，种类有螺旋纹、锯齿纹、网格纹等，以豆为例，暗纹均装饰在豆盘内，构图多作三分旋转式，有三鸟、三鱼、鸟衔鱼、对鸟、独鸟及S纹、菱格纹等，画面活泼，技巧娴熟。还发现有三角、云形、曲线及难得的车战、舞蹈仪式等暗纹图案，车战暗纹图案包括压印的独辕战车、披甲战马及车上车下披甲的执幡武士；舞蹈仪式暗纹图案中有宫殿建筑、桑树、人物等，构图简洁，形象生动，布局协调，施纹技法与同期铜器花纹近似。其他还有瓦纹、宽带凹旋纹、凹凸弦纹、附加堆纹、

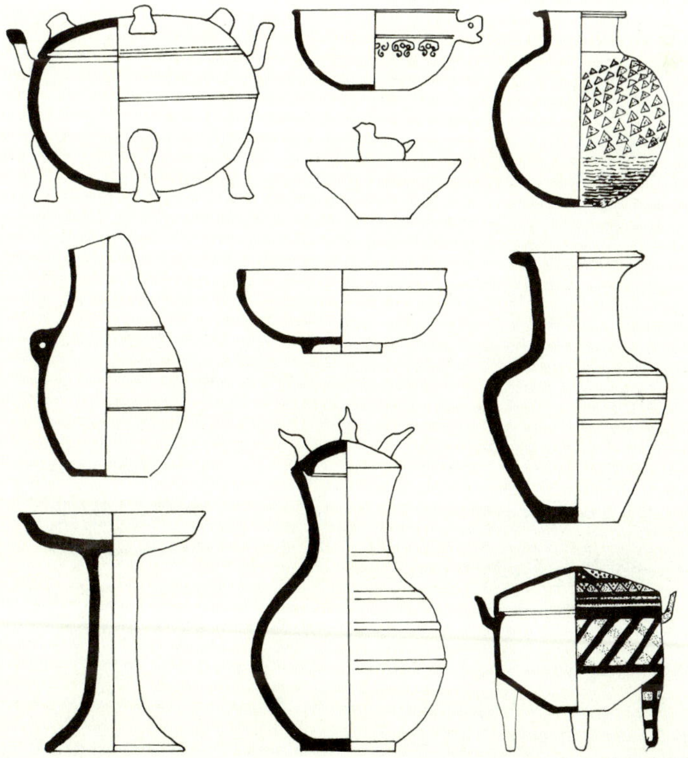

赵国陶器

拍印几何纹。

● **器类** 日用陶器品种雷同，按使用功能划分，炊器有鬲、釜、鼎、夹砂双耳罐、圜底盆、盆形甑；饮食器有钵、盂、盖豆、盘豆、杯、簋、盒、小盘等；储藏器有高颈罐、矮领罐、瓮、缸、罍、双耳壶、鉴、大盘、带流盆；杂器有鸭形尊、鸟柱盘等；工具有拍子、垫子、纺轮、研磨器、饼、杵等；制造用陶器种类繁多，包括制作各类容器、兵器、工具、农具及钱币的模、范等；随葬明器的基本组合为鬲、釜、鼎、豆、壶、盘、匜，经常搭配的还有甑、瓮、罐、碗、盆等。仿铜陶礼器风靡一时，造型有所创新，包括一批很有特点的器类，如鸟柱盘、莲瓣盖壶、鸟首柄匜等。在韩国流行一种配有拱背回首龙形兽耳的陶器，龙颈、尾与器壁衔接，多装饰在器腹部，器类有罐、壶、罍等。在河南登封市阳城遗址出土有“廪陶量”、“阳城陶量”等韩国陶量器。春秋、战国时期，不少庶民百姓仍以陶器为葬具，如侯马晋国遗址发现大批瓮棺，其他用于葬具的陶器还有鬲、釜、甑、罐、瓮、壶等，均属日常生活用具。陶建筑构件包括砖、瓦、下水管道、排水槽、井圈等。

参考书目

中国科学院考古研究所：《洛阳中州路》（西工段），科学出版社，1959。
蔡全法：《郑韩故城出土的陶瓷工艺浅析》，《中原文物》1988年4期。
山西考古所侯马工作站：《侯马晋国陶窑遗址勘探与发掘》，《考古与文物》1989年3期。
山西省考古研究所：《上马墓地》，文物出版社，1994。

（李水城）

Jin wenhua taoli

晋文化陶鬲

春秋、战国时期晋文化地区的陶制炊器。也大量用作随葬明器。鬲的使用在晋文化地区一直持续到春秋中期，外形变化富有规律性：春秋早期陶鬲的形态与西周晚期基本一致；从春秋中期开始，鬲足逐步收拢、萎缩；春秋晚期，陶鬲三足消失，最终演变为圜底陶釜。从此，鬲这种具有中国传统文化特色的三足陶器在黄河中游地区退出了历史舞台。

（李水城）

Jin wenhua taoding

晋文化陶鼎

春秋、战国时期晋文化地区的仿铜陶制礼器。也广泛用作随葬明器。在不同时期，鼎的外形有着明显的变化：春秋早中期的鼎与西周晚期造型接近，敞口，圜底，立耳，柱足或兽蹄足；春秋晚期及战国早期的鼎为子母口，口沿内敛，弧腹，圜底，短蹄形兽足，口沿两侧附立耳，多数配有弧顶器盖，盖顶设三爪纽；战国中晚期的鼎为子母口，口沿内敛，两侧附立耳，直折腹，平底，兽蹄足，盖顶较平，设有三爪纽；战国晚期，鼎耳萎缩，鼎足变短。

器表以素面居多，常用凹弦纹为装饰，有些饰压磨暗纹，相当精彩。在随葬明器中，彩绘陶鼎比较常见。

春秋、战国时期，周王室势力衰弱，列国群雄并起，从西周时期开始执行的用鼎制度逐渐被打破，上至列国国君，下至一般贵族纷纷效法使用“列鼎”，以抬高身份。至战国时，一般庶民也可用陶鼎随葬。

（李水城）

Cuomu heitaoding

譽墓黑陶鼎

战国时期中山国供随葬用的陶制礼器。1977年由河北省文物管理处在河北平山县战国中山王譽的墓中清理出土。现藏于河北省博物馆。

通高41.2厘米、最大径39.4厘米，重8.8千克。泥质灰胎黑衣陶，鼎腹部轮制，鼎足、耳、盖纽等附件模制而成，经粘接成型。鼎腹部扁圆，口部左右附弧折立耳，口上配覆钵器盖，盖顶设三枚鸟首器纽，腹下置三兽蹄足。器表打磨精细，呈现漆黑油亮的光泽，腹上部饰一周凸棱纹，器盖顶部和上腹部装饰极精致的压磨暗纹，盖顶花纹为三角纹内填锯齿线，整体呈十五角星形，中心圆圈内为由几何纹构成的六角花瓣。腹上部主体花纹为奔跑的变形野兽，间以螺旋纹为衬。该鼎为中山国王室用器，做工考究，造型凝重，颇有王者气魄，为战国陶器中罕见的精品。

（李水城）

譽墓黑陶鼎

Jin wenhua taodou

晋文化陶豆

春秋、战国时期晋文化地区的陶制饮食器。为当时主要的饮食用具，也是重要的随葬明器。由于列国文化传统上的差异，各国制造的陶豆外形略有差异，有鲜明的时代特征：春秋早期的豆与西周晚期造型一致，盘大而浅，无盖，粗柄，柄中部略细，饰凸棱纹，下附喇叭状圈足；春秋中期的豆盘呈直壁折腹状，细柄，喇叭状圈足；春秋晚期的豆大多配有器盖，弧腹，敛口，细柄，喇叭状圈足；战国早期豆盘加深，盘下部转折较明显，盖顶略平，器柄变短；战国中期豆为深弧腹，喇叭状圈足，盖顶圆弧。战国晚期时，随葬用陶豆逐渐消失，被一种盒形敦所取代。

器表多素面无纹，柄部惯用弦纹、凸棱纹作装饰，盘内流行暗纹装饰，如山西侯马晋国都城出土的豆盘内多饰有压磨暗纹，纹样有三鸟、三鱼、双鸟、螺旋、S形、同心圆等，呈三分式旋转构图，设计对称，构图活泼、流畅。

（李水城）

Jin wenhua taohu

晋文化陶壶

春秋、战国时期晋文化地区陶制水器，也是重要的随葬明器。普遍用陶壶作为随葬品的风俗始于战国时期。各国制作的陶壶造型有所不同，有鲜明的时代特征：战国早期陶壶形体略瘦长，直颈，圆弧腹，平底，无盖；战国中期的陶壶颈部斜直，喇叭口，束颈，球形圆腹，出现弧顶三组器盖，有些附喇叭形矮圈足；战国晚期的陶壶为喇叭口，束颈，折肩，斜弧腹，大平底。

器表流行装饰压印暗纹、刻划纹和彩绘装饰，各国的装饰风格略有差异。彩绘陶壶多为随葬明器。

（李水城）

Baijiacun 43-haomu caihui taohu

百家村43号墓彩绘陶壶

战国时期赵国供随葬用的仿铜陶制礼器。1957年由河北省文化局文物工作队等单位在河北邯郸市百家村第43号战国墓中发掘出土。现藏于北京大学赛克勒考古与艺术博物馆。

通高53.2厘米、口径18.3厘米、腹径46.8厘米。泥质灰陶，轮制成型，器表附件系模制而成。喇叭口，口缘外侈，口上配以五莲瓣组弧顶器盖，束颈，卵圆形垂腹，矮圈足，造型端庄秀丽。腹部饰4股凸棱纹，颈下两侧贴塑一对浮雕铺首，兽鼻有纽，穿以圆环。壶盖与器表绘朱红彩花纹，盖顶绘卷云纹，器身图案完全模仿铜器，从上到下共分6层，依次为心形卷云纹、龙纹、漩涡纹、龙纹、卷云纹、心形卷云纹。此类纹样是中原风格与北方游牧民族艺术相结合的产物。

（李水城）

百家村43号墓彩绘陶壶

〖晋文化其他陶器〗

Niucun Gucheng yizhi Jinguo huwen taofan

牛村古城遗址晋国虎纹陶范

牛村古城遗址晋国虎纹陶范

春秋时期晋国铸造铜器所用的陶范。1959年由山西省文物管理委员会在侯马市牛村古城遗址南侧的平阳机械厂基建工地中发掘出土。现藏于山西省考古研究所。

残长8.1厘米、高11厘米、厚6.2厘米。泥质土黄色陶，模制。为一虎头形半模，背面平齐，老虎嘴下、头后略有残损，虎头采用高浮雕的手法表现，圜形大眼，心形小耳，大张口，口内上下露出锋利的獠牙。范模表面雕刻精细的卷云纹、鱼鳞纹、螺旋纹、目纹、S纹等，形象地展现出虎皮花纹的特征，手法写实，工艺细腻。

（李水城）

Cuomu heitaoyazun

嚳墓黑陶鸭尊

嚳墓黑陶鸭尊

战国时期中山国供随葬用的陶制礼器，亦作酒器。1977年由河北省文物管理处在河北平山县中山王嚳的墓中清理出土。现藏于河北省博物馆。

通高27.8厘米、长36.2厘米，重3.2千克。泥质灰胎黑衣陶，尊腹部和器盖系快轮制成，器足、鸭首、鸭尾等附件模制而成，再与器身对接成型。小口，短直颈，扁圆腹，平底。口上配有斗笠形器盖，盖顶设圆饼状捉纽，器底附一对鸭足。尊前方模塑有长嘴、弯颈、大眼的鸭首，鸭嘴巧妙地做成流口，与鸭首相对的另一侧为弧三角形鸭尾。尊表面压磨暗纹，盖顶图案为菱形几何纹、卷云纹，腹部饰由双股弦纹构成的花纹带两组，上面一组主体图案为奔跑的变形野兽纹，下面一组图案为依次排列的菱形几何纹、

卷云纹，鸭首饰螺旋卷云纹，装饰淡雅、清新。该器表面经过细致的打磨，呈现出漆黑油亮的光泽，似涂有一层薄薄的黑漆，做工十分精美，造型惟妙惟肖，是战国陶器中难得的佳作。（李水城）

Cuomu heitaoniaozhupan

嚳墓黑陶鸟柱盘

战国时期中山国供随葬用的陶制礼器。1977年由河北省文物管理处在河北平山县中山王嚳的墓中清理出土。现藏于河北省博物馆。

嚳墓黑陶鸟柱盘

通高23.4厘米、直径35.7厘米，重3.8千克。轮制成型，盘内中央直立一圆柱，柱顶有一只飞鸟，为手工捏塑再对接而成。浅腹，圆唇，宽折沿，腹弧壁内收，平底、圈足。盘中心圆柱顶部长颈鸟尖喙鼓目，展翅飞翔。器表经细致的打磨处理，漆黑油亮，似涂有一层薄薄的黑漆，器表磨压精美的暗纹，盘沿面饰螺旋卷云纹，盘内壁有由菱形几何纹、螺旋卷云纹组成的花纹装饰带，立鸟圆柱上饰数组凹弦纹。这种造型的鸟柱盘是晋文化随葬明器中一种特有的器形，该盘为其中最精美的一件。在中山王墓还出土有与该器造型雷同的鹰柱铜盆。在河南辉县固围村魏国王室墓中也出土有类似器皿。

据考证，战国时出现的鸟柱盘是由商周时期一种带中柱的铜盂演变而来，盘中飞鸟象征着可取天火的阳燧。这种造型特殊的器皿与战国时开始使用豆形灯的风气相应，很可能是当时的一种灯具，当盘内盛满油膏，将浸透油的灯芯搭在鸟背上，再用反光的阳燧镜引下“明火”将灯点燃，鸟柱盘就成了照耀祭品的“明烛”，燃烧着圣火的神灯。（李水城）

Qi wenhua taoqi

齐文化陶器

春秋、战国时期黄河下游地区以齐、鲁两国为主体诸国的陶制器具。齐、鲁两国所在地包括今山东全境和江苏北部地区，这里历史上是东夷人的起源地，有古老的文化传统，战国时经济、文化相当发达。

● **分区** 齐、鲁两国为黄河下游地区的诸侯大国，两国的文化面貌有较大差异，依考古学的命名原则可分别称之为齐文化和鲁文化。齐国姜姓，原为西周初年姜太公吕尚的封地，立国于营丘，后逐渐强盛，陆续吞并一批沿海诸侯小国，将疆域扩展至鲁北和整个山东半岛，南至泰山与鲁国为界。公元前386年，齐公室被大臣田（陈）氏取代，公元前221年为秦所灭。鲁国为姬姓国，原为周公长子伯禽的封国，都曲阜，所辖地域在泰山以南，春秋时国力已日渐衰落，战国时沦为诸侯小国，公元前256年被楚国吞并。

● **制陶工艺** 齐、鲁两国的陶器均以轮制为主，也有少量模制、手制而成，以泥质灰陶最多，其次为少量的黑皮陶、灰褐陶和红陶。齐、鲁两国在文化传统上的差异，突出地反映在陶器造型、组合两方面，在山东淄博市临淄齐故城遗址出土的陶器以泥质夹砂灰陶和夹砂褐陶为主，另有少量红陶，大多数陶器素面无纹。鲁国陶器地方特色突出，以山东曲阜鲁故城遗址出土的陶器为例，泥质陶占绝大多数，夹砂陶比例很小，后者主要用来制作鬲、釜一类炊器和个别的罐、盆类盛储器。陶色单一，基本为灰色陶，呈现出阶段性变化，其中春秋时期为深灰色，战国时变为浅灰色，总的特点是类别相对简单，也较为稳定。

淄博市临淄区后李遗址发现的齐国陶窑包括窑室、窑箅、火膛、火门、泄灰坑几部分，窑室为圆形，直壁，直径120厘米，壁面和窑箅上涂抹草拌泥，烧结程度很高。窑箅

齐国陶器

陶器

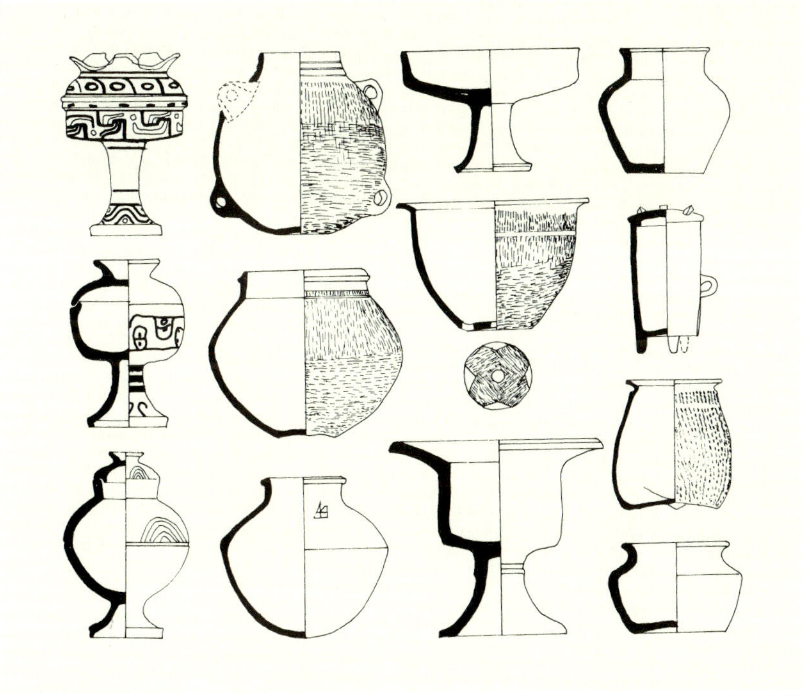

鲁国陶器

设6个火孔，中间为圆形，周边作长条形，呈放射线状分布。火膛为扁圆形，直壁券顶。西周及春秋时期的曲阜鲁故城陶窑状若圆形窑穴，包括窑门、火膛、火道、火眼、窑箅几部分，窑箅作圆形，表面平整，直径210厘米，上面均匀地分布7个火眼，每个火眼都与一条火道相通，火道呈竖筒状，窑箅下部为火膛。

● **装饰** 齐国陶器以弦纹装饰最为普遍，另有少量压印暗纹和彩绘陶，彩绘陶在器表用红、黄、白3种颜料绘花纹，多为几何类纹样，构图繁缛，有不少模仿铜器的纹样，如菱格纹、三角蕉叶纹、绳索纹、三角纹、网格纹等。流行在豆柄、罐口沿和肩部、陶瓦面戳印陶文。鲁国陶器以素面居多，常用纹样有绳纹、压印暗纹、凹弦纹、瓦纹及彩绘等，部分陶器表面施陶衣，彩绘陶数量较少，所绘花纹也主要是模仿铜器的花纹，有重环纹、三角回纹、圆圈纹、勾连纹和窃曲纹等。无论齐国、鲁国，陶鬲、釜一类夹砂炊器和少量盆、瓮类盛储器均流行绳纹装饰，凡施彩绘的陶器基本上均为随葬明器。

● **器类** 齐国陶器以圈足类见长，陶器中豆的造型最为复杂，种类多样，“齐式绳纹鬲”很有特点，使用时间一直持续至战国。典型器有素面鬲、齐式绳纹鬲、素面甗、细高柄豆、粗柄豆、带盖豆、莲花瓣盘豆、矮座豆、齐式豆、罐、小口罐、双兽耳罐、盂、提梁壶、莲瓣盖壶、三足壶、立耳环纽带盖鼎、盘、三足盘、双耳彩陶盘、匜、环纽带盖舟、高圈足双兽耳簋、环纽带盖敦、盒形敦、笾、圜底深腹盆、圜底釜、甑、洗、钵等。其中高圈足双兽耳簋、矮座豆、齐式豆、粗柄豆、莲花瓣盘豆、素面鬲、齐式绳纹鬲、素面甗、环纽带盖舟、双耳彩陶盘是齐文化中最富特色的器皿。在临淄齐故城还出土有制作精良的仿铜彩绘鼎、仿铜牺尊、量、彩绘乐舞俑、彩绘演奏俑、彩绘编钟、编磬、鼓、鸟、埙等随葬用陶器，以及用灰陶、红陶制作的“齐法货”铸币陶范。随葬明器基本组合为仿铜鼎、豆、壶、盘、匜，与中原晋文化接近。

鲁国陶器以圜底器居多，流行厚胎“鲁式鬲”，无素面鬲。经研究，鲁国陶鬲的使用时间较齐国短，早在春秋末年便被陶釜所取代，豆的种类也远不如齐国复杂，战国时开始衰落。典型器有绳纹鬲、盆形甑、圜底盆、平底盆、凹底罐、圜底罐、瓮、盘形豆、球腹带盖豆、高足豆式簋、带盖罍、莲瓣盖壶、卮、钵、盂、釜、杯、三足盘、洗、器盖等。在鲁故城还出土有陶垫、陶范、纺轮、陶棒、埙、动物塑像等陶制品。其中高足豆式簋、卮、带盖罍、球腹带盖豆是鲁文化中最富特色的典型器。随葬陶器基本组合为釜、罐、平底壶、罍等。

齐、鲁两国的陶器中还有大量建筑构件，包括瓦当、筒瓦、板瓦、方砖、壁砖、排水管道、井圈等。齐瓦当均为半圆形，流行的画面是在瓦当中间模印一棵树，两侧对称地模印出人骑马、双兽、龙、虎、马、卷云等图案，最有代表性的纹样有树木双兽、树木卷云、树木双目、树木双禽等。鲁瓦当分半圆形素面瓦当和圆形卷云纹瓦当两种，纹样十分简单。

参考书目

山东省文物管理处：《山东临淄齐故城试掘简报》，《考古》1961年6期。
山东省文物考古研究所：《曲阜鲁故城》，齐鲁书社，1982。
国家文物局考古领队培训班：《兖州西吴寺》，文物出版社，1990。

（李水城）

Qigucheng yizhi Gongqu taoliang

齐故城遗址公区陶量

战国时期齐国陶制量具。传出土于山东淄博市临淄齐故城遗址。现藏于中国历史博物馆。

齐故城遗址公区陶量

口径20.5厘米、高17厘米，容量为4847升。泥质灰陶，轮制而成。广口，直腹，平底。腹部有戳印铭

陶器

文两处，一处为阳文“公区”；一处为阴文“□里人□”。

“公区”及“公豆”、“公釜”等铭文，均为齐国陶量的自铭。带有这些铭文的陶量，属齐国官定的标准量器。从该陶量铭文内容及容量分析，当属田氏代齐以后的齐国区量。与之铭文完全相同的陶量在临淄一带也有发现。（魏成敏）

Qigucheng yizhi wangsheng taoliang

齐故城遗址王粉陶量

战国时期齐国陶制量具。1965年由北京大学历史系考古专业在山东淄博市临淄齐故城遗址内发掘出土。现藏于山东省文物考古研究所。

齐故城遗址王粉陶量

口径7.6厘米、底径6.2厘米、高7.4厘米。口及腹部出土时已残，经复原后实测容量为209升。泥质灰陶，轮制而成。广口，鼓腹，作鼓腹杯状。腹部戳印铭文两处，一处为“王粉”二字，比较清晰；另一处亦二字，前面一字为“王”，后面一字模糊难辨，很可能也是“粉”字。

该器与齐故城遗址公区陶量等齐国量器铭文格式相同，属齐国官定的标准量器。所印“王粉”二字为已知陶量中保存最完整者。以往由于“王粉”二字保存不完整，一度多将其误释为“王料”或“王鍾”。历史上齐国国君在田氏代齐后方称王，故此陶量应为田氏代齐后的升量。（魏成敏）

Chu wenhua taoqi

楚文化陶器

春秋、战国时期长江中游地区楚国及受楚文化强烈影响的曾、蔡等国的陶制器具。西周时，楚人先祖被周成王封于丹阳，其领地最初在湖北西部和河南南部，后迁都郢（今湖北荆州市江陵区），并不断扩充领土，使其疆域迅速扩展至江汉平原及洞庭湖沿岸，战国时又进一步拓展到安徽、江西、山东、江苏、浙江等地。楚国所在地区的自然环境与黄河流域有很大不同，文化传统也大相径庭，经济、文化比较发达，国力甚强，为春秋、战国时期的诸侯列强之一，公元前223年为秦国所灭。

● **制陶工艺** 楚国陶器的制作以轮制为主，模制、手制为辅。一般圜底器、平底器轮制成型，圈足器分别轮制器身、圈足，再对接合成。陶斗、匕、勺、盘、匜及附件类衔环铺首、鸟兽装饰采用手制、模制技术。簠、钫等作长方形、方形造型的器皿，使用模制技术。按陶质可分为3大类：①泥质黑褐陶系。胎质细腻，一般不填加羼和料，焙烧火候高，质地坚硬，此类质地的器皿包括一般生活用具中的鬲、盂、罐、豆，也有一些个体偏小的随葬明器。②夹砂灰陶系。胎质较粗，羼和料分粗砂、细砂，烧成温度高，器类有鬲、长颈罐等，亦属日常生活用具。③泥质灰陶系。可再细分为两种，一种为仿铜陶礼器，陶土经淘洗，不加羼和料，质地较细，烧成温度不很高，质地略松软，基本为随葬明器；另一种烧成温度高，质地坚硬，器类有盂、长颈壶、罐

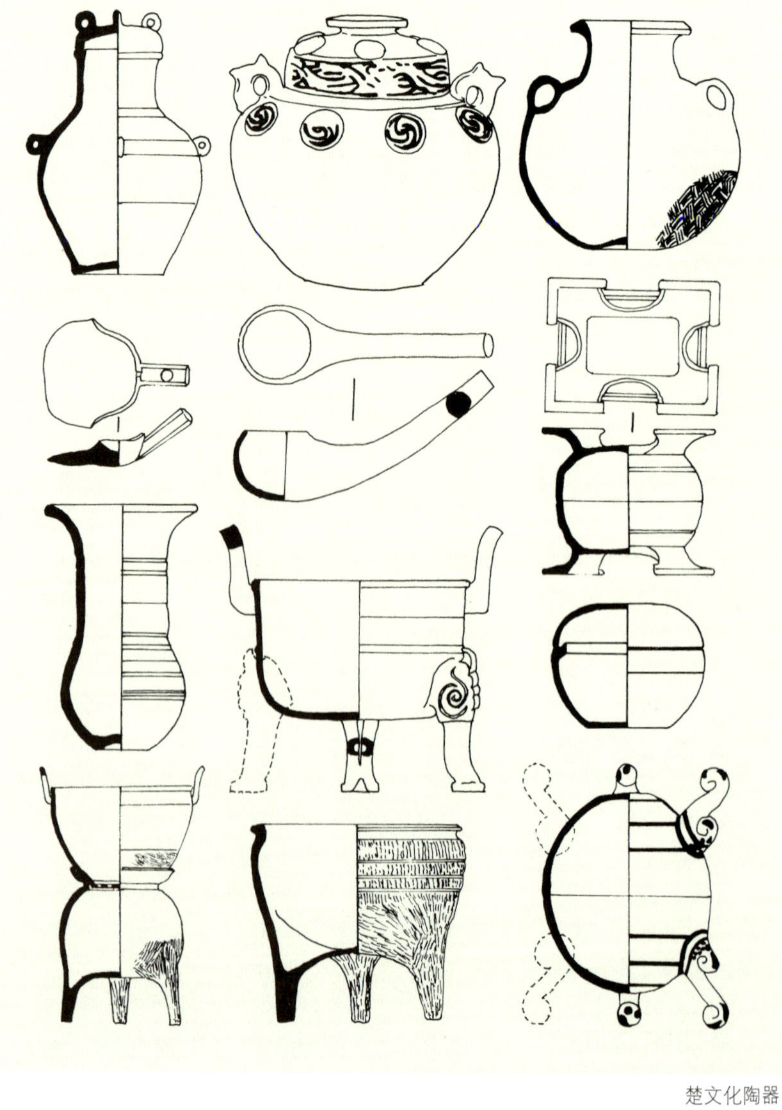

楚文化陶器

陶器

等，为日常用具。

在江陵纪南城发现的楚文化陶窑，平面形状分为长方形、椭圆形、近葫芦形3种，窑室作方形或椭圆形，面积6平方米～9平方米，较前一时期明显扩大，单位产量提高。这种结构的陶窑为半地下横穴式，亦称倒焰式馒头窑。从前到后分为窑前室、窑室（包括火门、火膛、窑床）、烟囱3部分，三者基本处在同一中轴线上。火膛底部低于窑室底面，门道呈方形、长方形或梯形，窑室后部设圆形烟道。建筑方法是在生土上挖坑，窑壁及窑床面以灰黄色土夯筑而成，质地细腻，内加少量陶末。窑壁经修整再涂抹一层厚约2厘米的细泥，夯土窑壁和窑床十分坚固，经长期火烧，表面形成厚8厘米～9厘米的红烧土硬面。

● **装饰** 器表以素面居多，常用绳纹、弦纹、压磨暗纹及彩绘几种装饰。鬲、长颈壶、盂、罐等日常生活用具器表多拍印绳纹，有个别的鼎底部也饰绳纹，排列大多比较规整。弦纹分凹、凸两种，常见于泥质胎轮制而成的陶器上，如鼎、簠、壶、盖豆、罐等器的盖面、颈腹部及鬲口沿等部位。彩绘习见，特点是在灰黑色陶器上绘红、黄、深黑色彩，流行卷云纹、蟠螭纹、菱格纹、雷纹等，色彩华丽。压磨暗纹也很流行，多饰于豆盘内、罐肩部，纹样有S纹、方格纹、圆圈纹、辐射线纹、十字纹、三角锯齿纹等。其他装饰还有兽面、压印圆圈、浮雕铺首衔环及动物类圆雕器纽等。楚国也制造空心砖，表面均模印花纹，典型的有方块棂格、并列S纹、花瓣等。

● **器类** 分日常用器和随葬明器两大类。实用器有楚式柱足鬲、凹底盂、长颈凹底壶、高颈凹底罐、双耳罐、碗式盖豆、细柄浅盘豆等。随葬明器又分为仿铜陶礼器和一般性用具，典型器有带盖立耳兽足鼎、环纽带盖壶、环纽敦、假圈足钫、盒、环耳鼎、提梁三足壶、盘、环耳罍、带盖簋、簠、勺、斗、匕等。其中柱足鬲、长颈壶、凹底罐、簠、敦、壶等为楚国最富特征的陶器。除日用器与随葬器外，还有器座、拍子等工具及杂器，建筑用的陶板瓦、筒瓦、圆瓦当、陶井圈、下水管道、空心模印花砖等。

参考书目

湖北荆州地区博物馆：《江陵雨台山楚墓》，文物出版社，1984。
湖北省宜昌地区博物馆等：《当阳赵家湖楚墓》，文物出版社，1984。
湖北省文物考古研究所：《纪南城新桥遗址》，《考古学报》1995年4期。

（李水城）

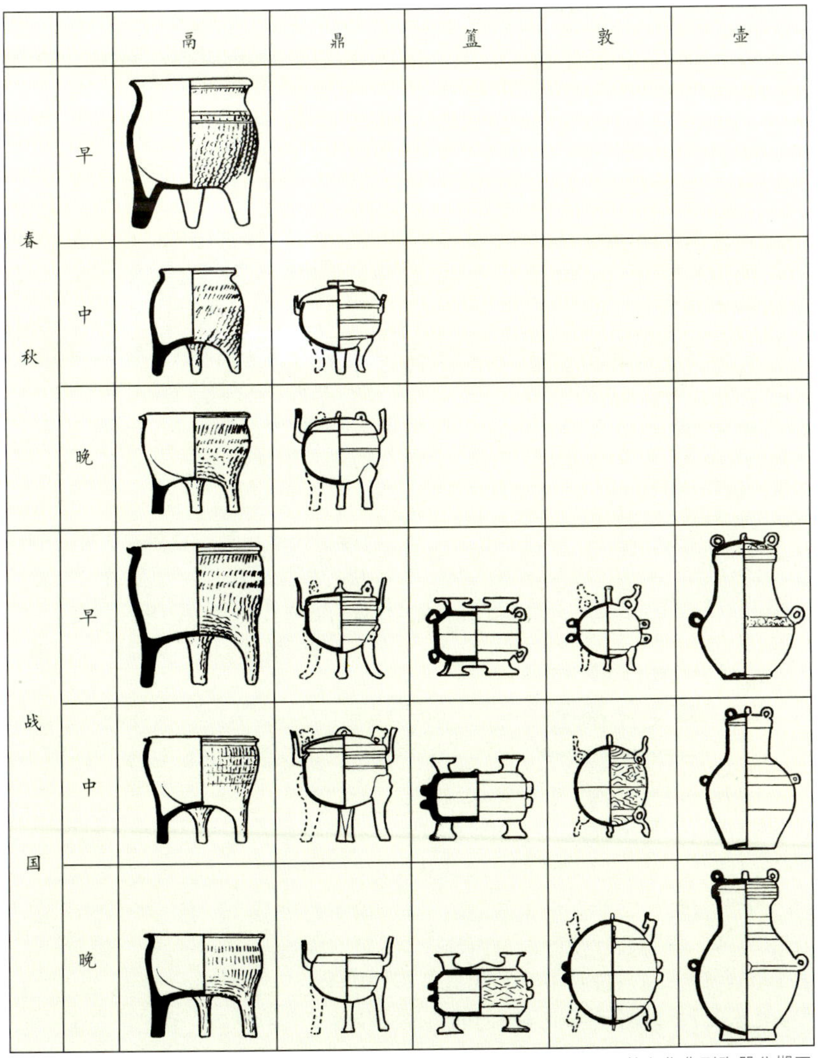

楚文化典型陶器分期图

Chu wenhua taoli

楚文化陶鬲

春秋、战国时期楚国的陶制日用炊器。也有相当一部分为供随葬用的明器。手制或模制成型，胎内均夹砂，质地较粗，器表灰色或红褐色。外形富有特色，器底附有较高的圆柱状器足，袋足较浅，为楚式鬲特有的风格。器表流行拍印绳纹、抹压断绳纹、凹弦纹等，也有少量素面无纹的陶鬲。楚式鬲外形有明显的阶段性变化，为考古学分期研究的典型器。通过对湖北荆州市江陵楚纪南城附近楚墓出土陶鬲的研究，了解到楚式鬲的变化趋势为：鬲口部由小变大，腹部由深变浅，圆柱器足由短变高，早期柱足间距较开，晚期逐渐向一起靠拢。大约在战国晚期，楚式鬲消亡。春秋、战国时期受楚文化影响较深的曾、蔡等国也使用此类形制的陶鬲。

参考书目

湖北荆州地区博物馆：《江陵雨台山楚墓》，文物出版社，1984。
湖北省宜昌地区博物馆等：《当阳赵家湖楚墓》，文物出版社，1984。（李水城）

Chu wenhua taofu

楚文化陶簠

春秋、战国时期楚国制作使用的仿铜陶礼器，有相当一部分为供随葬用的明器。陶簠最早出现于春秋、战国之际，是楚文化中特征最突出的典型器，主要用于盛储。该器造型模仿同时期的铜器，用模制技术成型，一般为泥质灰胎或灰褐胎，器表呈黑灰色，部分素面，流行弦纹、戳印纹、彩绘几种装饰。造型分为上下两部分，上部为盖，下部为盒，上下形制相同，均作圆角长方形，盖顶设4纽，盒底附4足，上下扣合，若将器盖除去，亦可作为容器使用。陶簠的演变趋势为：器形由矮渐高，整体由长方形变为近正方形，腹壁、盖、底等部位外形由方折向圆润发展，器足、盖纽逐渐变大，外侈也更加明显。

参考书目

湖北荆州地区博物馆：《江陵雨台山楚墓》，文物出版社，1984。
湖北省宜昌地区博物馆等：《当阳赵家湖楚墓》，文物出版社，1984。
（李水城）

Jiudian 77-haomu taofu

九店77号墓陶簠

春秋、战国时期楚国的仿铜陶礼器。1982年由湖北省文物考古研究所在江陵县九店第77号楚墓中发掘出土。现藏于湖北省文物考古研究所。

九店77号墓陶簠

通高18.5厘米、长24厘米、宽18.1厘米。泥质灰色陶，以手制与模制相结合的手法制作成型。器体作长方形盒状，上部为盖，下部为盒，上下扣合而成。盖与盒造型相同，盖顶与器底四角置4纽4足。表面饰红黄复彩菱格纹，为楚国彩绘陶的典型装饰纹样。

（杨定爱 韩楚文）

Chu wenhua taodui

楚文化陶敦

春秋、战国时期楚国的仿铜陶礼器。为楚文化中最有特点的器皿。因上下两半扣合成一圆球状，又有俗名叫西瓜鼎。采用轮制与模制相结合的方法制作，多为泥质灰陶、灰褐陶质，少数为红陶质。敦最早出现于春秋、战国之际，广泛作为日常生活用具，也被大量用作随葬明器。其造型模仿同时期的铜器，整体浑圆或卵圆，分半圆形器身与器盖两部分，圜底弧顶，器底置3足，顶部设有3纽，上下两半造型相同，甚至器足与盖纽的形状也大多相同，若将器盖除去，亦可作为容器使用。陶敦器表大多素面不加装饰，有的在表面饰彩绘花纹或戳印纹。该器的演变趋势为：早期陶敦上下两半相合，整体作扁圆形，后来逐渐演变为圆形，晚期变为卵圆形。

参考书目

湖北荆州地区博物馆：《江陵雨台山楚墓》，文物出版社，1984。
湖北省宜昌地区博物馆等：《当阳赵家湖楚墓》，文物出版社，1984。

（李水城）

Yan wenhua taoqi

燕文化陶器

春秋、战国时期北方地区燕国的陶制器具。燕国疆域在华北北部的燕山南北一带，包括河北、北京及辽宁部分地区，其影响力最东达辽东半岛。燕为姬姓诸侯国，西周初年，封周太保召公奭于燕，都蓟（今北京），战国时迁都武阳（今河北易县），是为下都。燕昭王时大败齐国，击东胡，国土向东北扩展。公元前226年，燕为秦所败，退守辽东，公元前222年被秦所灭。燕国地处长城沿线，与北方各少数民族接触频繁，乃至杂居相处，自西周以来逐渐形成较为独特的文化面貌，春秋、战国时期，燕国在文化上极力靠拢中原地区的晋文化。

● **制陶工艺** 与春秋、战国时期各诸侯国的制陶工艺大体相同，但有其独特的一面。在河北易县燕下都遗址曾出土戳印有“左陶尹”文字的陶器残件，证明燕国有官营的制陶业，并设有专门管理制陶的官吏。在燕下都制陶遗址中还发现有铁颈锁和铁脚镣，说明当时的官营制陶工人中有些身份为奴隶。燕国陶器基本以快轮拉坯成型，手制和模制技术仅限于制作一些无法轮制的器类及各种附件、器足。质地分为泥质、夹砂两类，颜色有灰色和红色，灰陶占绝大多数，夹砂红陶次之，泥质红陶比例最低。燕下都的墓葬中出土的随葬陶器绝大多数为泥质红陶，胎内夹杂少许细碎的蚌壳末，它们的造型均模仿当时的铜器，颇有气势，烧成温度高，做工精致，不少同类器造型、个体相近，把手、器耳、器足均为模制套接，表明燕国制陶业的内部分工十分细致。燕国的日用陶器中有一定数量的红陶，胎内普遍掺有蚌壳碎屑（俗称鱼骨），使用手工制陶技术，此类质地的陶器有釜（俗称鱼骨盆）、釜鼎等，是燕国所特有的器类。在北京房山区良乡镇常庄曾发现有燕国专门烧制砖瓦的陶窑。

● **装饰** 以拍印绳纹的比例最高，其他较为流行的纹样有压印暗纹、弦纹、彩绘、刻划纹、瓦棱纹等。刻划类纹样有山形、飞兽、纽索、垂叶、交叉S形、锯齿纹等；拍印类纹样有饕餮、雷纹、蟠螭、双凤垂叶纹等，多模仿铜器纹样。彩绘类花纹复杂，有三角云纹、卷云纹、锐角云纹、蕉叶纹、斜角雷纹、鳞形纹、菱形雷纹、圆环纹、花瓣纹等，其中兽面、夔龙、夔凤、虎、鱼、鸟、鹿等动物类花纹占很大比重。这些花纹也大多模仿铜器装饰而来，制作相当精细，既有时代特征，又有地域色彩。燕国陶器的器柄、器耳、器足、器盖等也多有装饰，如方冠兽首、长耳兽首、羊首、象首、鸟、老虎等圆雕动物形器耳及兽首纽盖、莲花瓣器盖等。此外，陶器上也常戳印陶文。建筑用陶亦多装饰纹样，瓦当表面流行模印的饕餮兽面、双龙、双鸟卷云、山云、双龙饕餮、人面、双鹿、窗棂、树木卷云、草叶卷云、几何凸线、山形太阳花卉饕餮等纹样，其中饕餮兽面纹最具代表性，此类纹样在中原地区已被淘汰，但在燕国仍频繁出现，反映出燕文化滞后的一面。陶瓦多模印有三角山形纹、菱形纹、绳纹。下水管道表面均饰绳纹。

● **器类** 按使用功能可分为5大类：①日用生活用器。主要为夹蚌屑的红色或灰色陶，种类有夹蚌红陶釜、圜底釜、筒形深腹实足鬲、瓮及泥质灰陶细柄豆、碗式盖豆、高领罐、绳纹盆、圈足碗、尊、弯颈壶、瓦纹大瓮、甑等。其中圜底釜、筒形深腹实足鬲、弯颈壶等为燕文化最有特色的器皿。②随葬用明器。基本组合为泥质灰陶鼎、豆、鬲、壶、盘等，这几类器皿约占该文化随葬陶器总量的95%。此外，也有少量夹砂红陶鬲、釜等日用器。

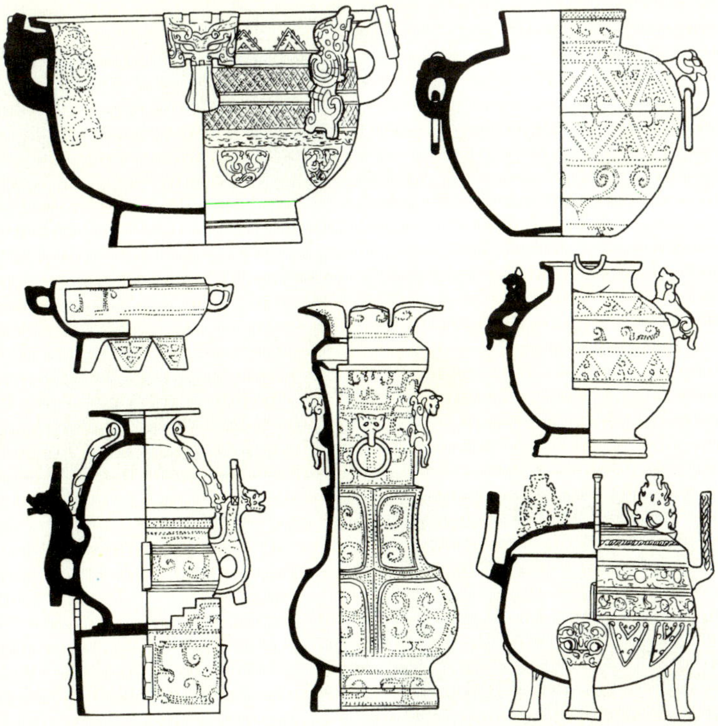

燕文化仿铜陶礼器

在随葬陶器中有一批工艺水平很高、成组成套的仿铜陶礼器。战国时期，仿铜礼器流行，造型与铜礼器相同，种类有双耳方壶、兽足列鼎、四足兽耳小方鼎、细柄带盖豆、兽耳高足豆、莲瓣盖兽耳壶、带盖双耳刻纹壶、方座兽耳带盖簋、兽首流匜、鸟首匜、三足匜、四兽耳鉴、双立人抬盘、圈足盘、尊、兽足匜、牺匜、兽耳匜、兽耳杯、编钟、甬钟、镈钟、纽钟、句鑃、仓、匕、环等。③陶范类。主要用于铸造铜器、钱币、武器等。④葬具。在燕文化分布区普遍流行瓮棺葬风俗，以婴幼儿瓮棺葬最多，个别用于成人。多使用日用陶器，如盆、釜、罐、甑等，特别以3件陶釜（即鱼骨盆）相互套接的形式最为常见。⑤建筑构件。主要有筒瓦、板瓦、脊瓦、脊饰、瓦钉、吻兽、兽头形脊饰、半圆形瓦当、筒状井圈、陶下水管道、陶弯头等，还有一种外表饰蝉纹的凹形建筑材料，用途不明。

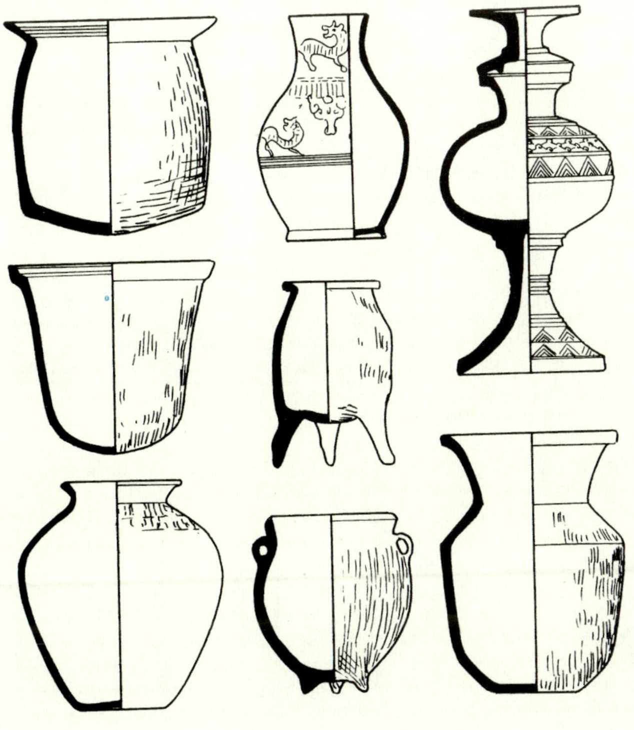

燕文化日用陶器

参考书目

河北省文物研究所：《燕下都》，文物出版社，1996。

（李水城）

Songyuan yizhi caihui fangkou yuanfu taohu

松园遗址彩绘方口圆腹陶壶

春秋、战国时期燕文化的供随葬用的陶制礼器。1956年出土于北京昌平县松园遗址燕国墓地。现藏于首都博物馆。

通高71厘米、器口长和宽均20厘米。泥质红陶，以模制与手制相结合的方法制作成型。方口，器口微外侈，颈部细长，扁圆腹，喇叭

松园遗址彩绘方口圆腹陶壶

口方形矮圈足，壶腹表面饰凸起的棱形纹。该器器体高大，腹部突棱装饰和方口方底造型给人以棱角分明之感。器口上配有方形平顶器盖，壶颈正反两面贴塑浮雕衔环铺首，左右两侧贴塑一对回首垂尾的虎形圆雕器耳，器表从上至下用朱红彩绘制繁缛的卷云纹。该器从造型到花纹装饰均模仿当时的铜礼器，与其相同的彩绘陶器在河北易县燕下都大墓中也有发现，为燕国流行的式样。　（李水城）

Yanshi taoli

燕式陶鬲

春秋、战国时期燕文化的陶制炊器。1961年出土于河北。现藏于北京大学赛克勒考古与艺术博物馆。

燕式陶鬲

通高23厘米、口径13厘米。夹砂红陶质，手制，胎内夹杂有较多的蚌壳碎片。卷缘，方唇，短束颈，弧状深腹，圜底，圆柱高足。器表拍印横竖排列的绳纹。这种筒形深腹造型的鬲为燕国所特有，除陶鬲外，燕国陶器中还有大量深腹盆，胎质、陶色及装饰与燕式鬲完全一致，因其胎内夹杂大量蚌壳碎末，俗称“鱼骨盆”。　（李水城）

Qin wenhua taoqi

秦文化陶器

春秋、战国时期西北地区秦国的陶制器具。其部落首领非子初被周孝王封于秦（今甘肃东部），作为周人的附庸活动于渭水上游地区。周宣王时秦仲受命为大夫，周平王时秦襄公因护驾有功被封为诸侯，都雍（今陕西凤翔）。秦穆公时，先后攻灭12国，称霸西戎。秦孝公时，迁都咸阳，国力日渐强盛，收河西，灭巴蜀，取汉中，击三晋、楚、齐、鲁、燕等国，公元前221年，秦始皇统一全中国。秦文化有着浓郁的区域风格，在很大程度上继承了周文化传统，并对后来的汉文化产生了深远影响。

● **制陶工艺**　与当时其他诸侯国的整体水平相近，陶系主要分为泥质灰陶、夹砂灰陶和夹砂红陶。制法有轮制、慢轮修整、模制和手制几种，以轮制、模制技术为主，附件或小件器手工制作。一般圆形

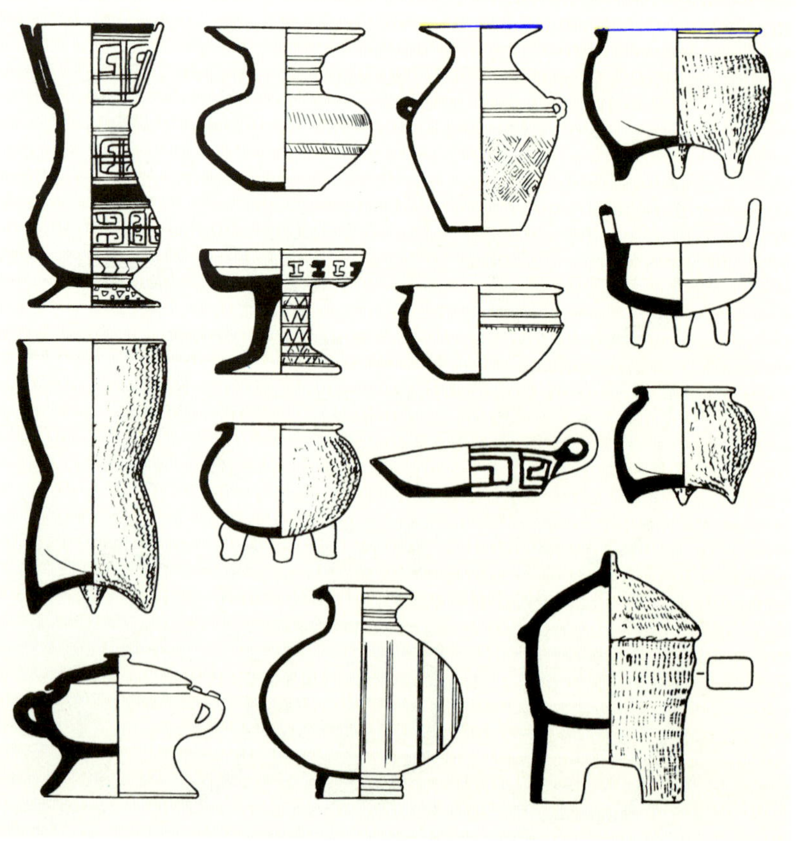

秦文化陶器

陶器

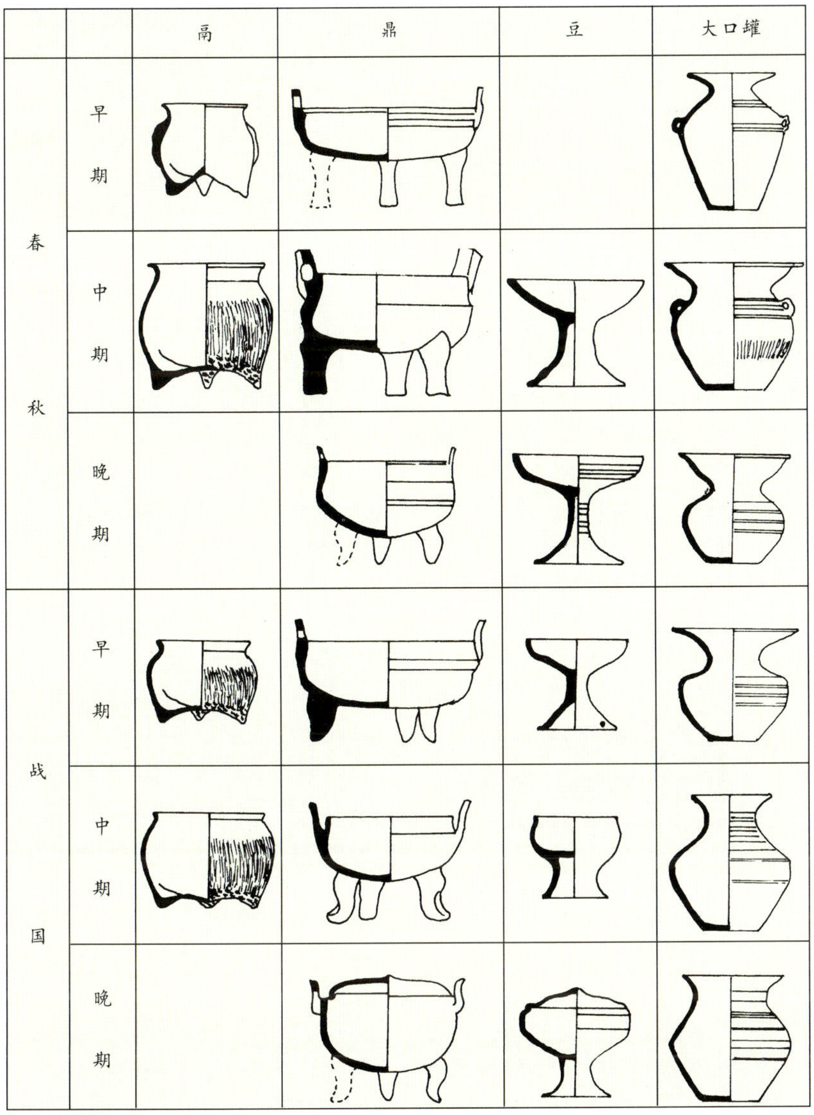

秦文化典型陶器分期图

容器采用轮制拉坯一次成型，鬲、釜类造型复杂的炊器用模制与手制相结合的方法，茧形陶壶造型特殊，器腹采用轮制和分段模制的方法，再经对接与器口结合成型。陶炊器原料大都不经淘洗，胎内夹有较多砂粒作羼和料，烧制火候高，胎体坚硬，表面呈灰黑色或青灰色；饮食器或盛储器的原料加工较细，胎内掺加少量细砂，器表外观较粗；陶壶类水器胎土细腻，器表略为光洁；泥质陶烧制火候大多比较充分，表面呈青灰色，胎体内外一致，硬度较高。随葬明器外表呈灰褐、红褐色，做工大多较粗糙，火候较低，胎质略松软。

● **装饰** 器表流行绳纹、瓦棱纹、弦纹、篮纹、方格纹、暗纹、指印纹等，也有一定比例的彩绘陶。上述纹样有的是在制陶过程中进行的，有些是专门加工制作的。不同用途的陶器所用纹样比较固定，如绳纹多饰于鬲、釜、罐、茧形壶等器的表面，特别是鬲、釜类器表装饰纹样较特殊，器身上半部绳纹较细，下半部和器足部位饰粗绳纹，有的甚至为粗大的麻点纹；釜上半部饰绳纹，下半部饰交叉网状篮纹或方格纹。壶、罐、盒类器常饰弦纹、瓦纹或压磨暗纹；彩绘陶基本用于随葬明器，一般选用红、白复彩，图案多模仿铜器，常用勾连雷纹、三角云纹、折线纹、回纹、三角点纹、十字纹、工字纹、宽带纹、圆圈纹、水波纹等；陶方壶在立耳上先刻划兽面、兽角和兽耳，再用彩色勾勒兽面的眼、口、鼻等五官位置；器盖及捉纽流行绘七角星、五角星和圆涡纹等。秦文化晚期开始出现一种特制的陶瓿，专门用于随葬，器表多模刻陶文，再用朱书描摹，内容多反映器内盛放的粮食数目等。秦瓦当上模印的图案极有特色，流行表现动物类的花纹，常见麋鹿、犬、獾、虎、马、龟、蟾蜍、龙、凤、鸟、雁、鹤等题材。其中奔鹿、飞凤、猎人斗兽、虎、夔龙、夔凤、四兽、龟、雁、蟾蜍、三鹤等构图生动，线条流畅，飘逸传神，有很高的艺术价值。战国晚期，秦瓦当转而流行花瓣、叶纹、花蕾、树木等植物纹及云山纹、夔纹、屋形纹、涡日纹、卷云纹等新题材。

● **器类** 按使用功能可分为5类：①日用生活器。有连裆绳纹鬲、圜底釜、细腰甗、甑、平底盆、浅盘细柄豆、喇叭大盘口壶。②随葬明器。少部分制作工艺尚好，火候略高，多数制作粗糙，火候低，质地松软。其中有相当一部分仿铜陶礼器，种类有立耳盆形鼎、釜形鼎、圈足假腹双耳簋、大圈足双耳簋、方口兽面立耳壶、匜、铺首衔环钫等。日用陶器有三足盖罐、四足盘、钵、茧形壶、刻纹朱书瓿、双耳罐、碗形豆、长方形盘、双耳罐、小口罐、瓮、彩绘杯等。③模型明器。秦国是春秋、战国时期最早出现并使用模型明器的国家，并由此构成秦文化很有特色的一面。秦文化的模型明器种类较简单，主要有圆筒攒尖顶仓房（有的顶部站立一鸟，或下附圈足）、陶牛、牛车、车轮、陶灶、骑马俑等。④葬具。多使用由三足瓮对接而成的瓮棺。⑤建筑构件。种类有瓦、瓦当、砖、管道和井圈等。陶瓦上常刻划、戳印文字，春秋时期的瓦文多刻写而成，笔划纤细，书体近似金文。战国时期的瓦文以戳印方式居多，书体均系小篆。文字内容有制瓦官署、作坊地点等。秦瓦当作圆形或半圆形，春秋时期瓦当为半圆形，分素面及装饰绳纹两种，战国时期主要为圆形瓦当，流行动物、植物纹样。战

国晚期，出现大半圆的大瓦当，为一种十分特殊的产品，装饰风格也有所突破，很可能是专门用于高规格的宫室建筑材料。

秦国陶器在造型、组合上呈现出强烈的区域风格，其中茧形壶、大盘口壶、大圈足簋、兽面立耳方壶、三足盖罐、陶仓、陶牛、牛车、车轮、骑马俑、陶灶等为秦国独有的器类。由秦文化所开创的使用模型明器随葬的习俗对日后西汉的丧葬制度具有深远的影响。

参考书目

雍城考古工作队：《凤翔县高庄战国秦墓发掘简报》，《文物》1980年9期。

宝鸡市博物馆等：《陕西宝鸡茹家庄东周墓葬》，《考古》1979年5期。

韩伟：《略论陕西春秋战国秦墓》，《考古与文物》1981年1期。

（李水城）

Qin wenhua taoli

秦文化陶鬲

春秋、战国时期秦国的陶制炊食器，也常作为随葬明器使用。秦国地处关中，在文化习俗上较多地继承了西周的历史传统，陶鬲的造型较多地保留了西周的风格。春秋早期的陶鬲整体近正方形，大袋足，分裆，裆底距地面位置较高，素面不加装饰。从春秋中期开始，在鬲肩部以下部位流行拍印绳纹，足根、器底拍印大麻点。战国时期的鬲整体变为扁方形，裆部位置大大降低，袋足日渐萎缩，并最终演变为陶釜。

（李水城）

Qin wenhua taoding

秦文化陶鼎

春秋、战国时期秦国的仿铜陶礼器，也常作为随葬明器使用。在造型上有着很明显的阶段性变化：春秋早期为盘形腹、立耳、下附粗壮的兽蹄形足，器表多素面不加装饰；春秋中期以后，腹部逐渐加深；战国时期的鼎腹部再加深，足下端变细，足尖略外撇。（李水城）

Qin wenhua taodakouguan

秦文化陶大口罐

春秋、战国时期秦国的陶制日用盛储器，也常作为随葬明器使用。大口罐是在西周陶罐的基础上发展而来的，在造型上突出浅盘形的大喇叭口，肩部设置双耳。外形有明显的阶段性变化：春秋早期罐口呈喇叭状，但口径尺寸不超出腹径，颈部较细，折肩，斜腹，平底，器表多饰有弦纹；从春秋中期开始，罐口明显加大，口径超出腹径，腹部变为扁圆形，仍流行弦纹装饰，但肩部的双耳逐渐消失；战国中期时，罐口再度变小，直径小于腹径，圆鼓腹，平底。（李水城）

Qin wenhua taojianxinghu

秦文化陶茧形壶

春秋、战国时期秦国流行的一种造型十分独特的陶制水器。因其腹部造型酷似蚕茧而得名。茧形壶除用于日常生活外，也常用作随葬明器。造型特征为：小口，腹部呈横置的长卵圆形，器底附加矮圈足。在制作上采用轮制与手制相结合的方法，分别制作器口、器腹和圈足，再将各部位结合成型，腹部流行装饰简单的凹弦纹。（李水城）

Wuyue wenhua taoqi

吴越文化陶器

春秋、战国时期长江下游地区吴越文化的陶制器具。吴、越两国地处东南沿海，春秋时期曾先后称霸。吴国是由南下的姬姓周人与“断发纹身，羸以为姓”的荆蛮土著联合建立的国家，其疆域位于长江下游，都吴（今江苏苏州），所辖区域包括今江苏、上海大部地区及安徽、浙江之一部，公元前473年被越国所灭。越国的疆域包括今江苏北部运河以东地区、江苏南部、安徽南部、江西东部和浙江北部一带，都会稽（今浙江绍兴），战国时国力日衰，约公元前306年被楚国吞并。春秋、战国时期，广东、广西、江西、福建等地也广泛分布有越人系统的文化，由于这些地区风俗习惯、文化传统比较接近，素有“百越”之称，故当地的陶器也与吴越文化有部分相似之处，惟地域特征更加突出。

● **制陶工艺** 吴越文化所在的东南沿海一带是最早开始制作和使用几何印纹陶、原始瓷的地区，特别是印纹硬陶的生产很普遍，这种硬陶胎内掺有细砂，采用泥条盘筑法、泥条圈筑法制坯，经反复拍打成型，器内壁往往留有圆形的垫窝痕迹，器表普遍拍印几何纹，种类较简单，多为罐、坛类盛储器。印纹硬陶烧成温度很高，胎色呈深紫色、紫黑色或深灰色，质地极硬，叩之铿锵有声。经化验，印纹硬陶的原料成份中氧化铝的含量较高，需经高温烧制，故常与原始瓷同窑焙烧。吴越文化地区也生产泥质红陶、泥质黑皮灰胎陶、泥质黑皮红胎陶、夹砂红陶、泥质灰陶、灰黄陶等，这类陶器的硬度大大低于硬陶，器表也拍印几何纹，又称印纹软陶。在江南地区，当时显然已选用不同的原料生产不同用途的产品，如原始瓷胎质细腻，表面光滑，多用来制作饮食器；印纹硬陶质地粗硬，坚固耐用，体积较大，多用来制作储藏器。总体上看，春秋时期以江浙一带为中心的吴越文化印纹陶的生产最为发达，战国以后，印纹陶的生产呈现衰退趋势，数量、器类和花纹样式等方面均大为减少，反之，原始瓷的产量日益增多，并逐渐成为主要的产品。战国晚期，江浙一带印纹陶已很少见，是中国南方最早结束生产和使用印纹陶的地区。

此外，福建、广东、广西及江西部分地区也生产几何印纹硬陶、釉陶和原始瓷，器类、形态、花纹、釉质等方面均保留西周以来的传统，多圈足器、圜底器，种类较吴越地

区的陶器复杂。西周晚期至战国早期，两广地区流行拍印夔纹的印纹陶，形成特有的印纹陶风格，陶系分为两类，一类胎质较松软，夹砂，呈橙黄色，器表拍印方格纹、雷纹；另一类质地较细腻，烧制火候高，质地坚硬，有的器表施黑色陶衣，拍印麻布纹、席纹、米字纹等。百越地区的印纹陶延续时间相当长，直至两汉时期。

吴越文化的窑址已发现多处。浙江绍兴市富盛乡长竹园战国窑场规模最大，是越国陶器的重要产地，其中1号窑为龙窑，窑两侧不起墙，直接从窑底起拱顶，故窑内空间较矮；在窑内堆积中发现有几何印纹硬陶、原始瓷和一些扁圆形托珠，表明此窑曾混烧硬陶和原始瓷。这一时期尚未出现专门的窑具，为防止陶坯与窑底出现粘连，在陶坯与窑底间用托珠或硬陶片作隔垫。长竹园1号龙窑已被破坏，推测其长度可能不超过6米，呈短、矮、宽的形态，尽管这种结构的窑还较为原始，但较西周时期已有很大进步，可将窑温升高到1200℃以上，大大提高了陶器的烧成质量。

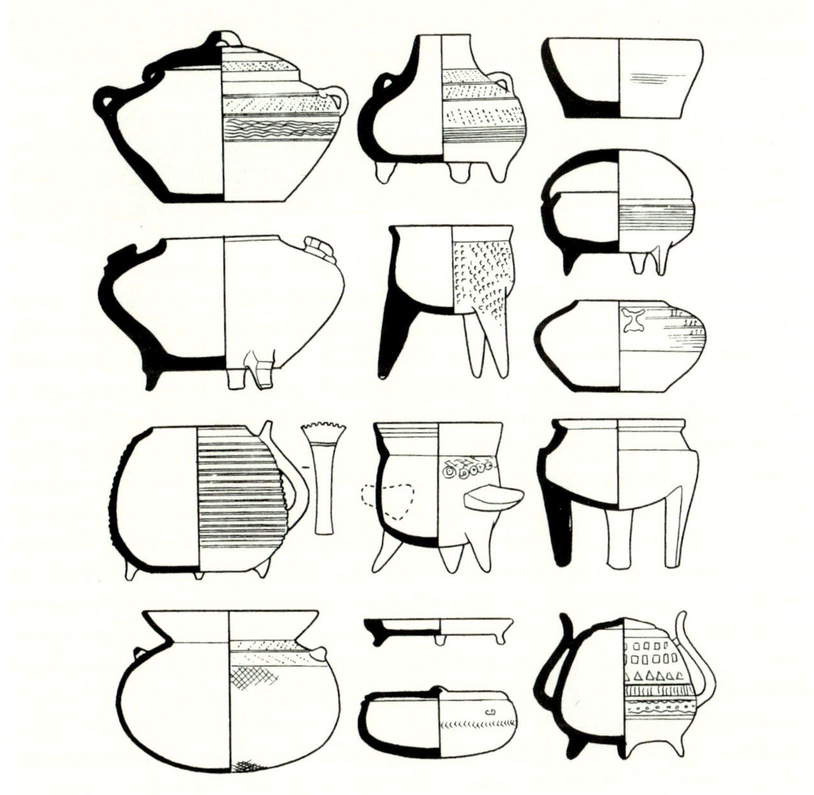

百越陶器

● **装饰** 流行用刻有几何花纹的拍子在陶器表面通体拍印花纹，纹样种类繁多，有云雷纹、曲折纹、S纹、圈点纹、蕉叶纹、米格纹、小方格纹、弦纹、夔纹及组合的方格纹、麻布纹、杉叶纹、回纹、席纹等，也有的在陶器上半部拍印米筛纹，下半部拍印麻布纹；或在肩部饰刻划的波浪纹，腹部拍印麻布纹、回纹。印纹陶流行在器肩部贴塑泥条器耳，形式多样，一般无实用功能，仅起装饰作用，常见用扁薄泥片捏制S形把手、捏塑兽形耳等，或单或双，构成印纹陶富有特色的造型。

● **器类** 造型较为独特，印纹硬陶以坛、罐类盛储器数量最多，可细分为敛口大底罐、盆、瓮、S形宽柄把手罐、兽耳罐、小口罐、乳突短足罐及足尖外撇的扁足鼎、束腰甗、鬲、圈足豆等，其他还有陶纺轮、陶羊角形器等工具。在江苏苏州出土有立耳陶鼎、豆、敦、铺首衔环壶、鉴、盘等一批仿铜陶礼器。浙江海盐出土的一批原始瓷及釉陶制作的乐器甬钟、句鑃、錞于、铃、纽钟、磬等，造型完全模仿当时的铜器或玉石器，做工精美，工艺考究。在吴越文化陶器中，以中尖外撇的扁足鼎、S形宽柄把手罐、兽耳罐等最富特色。在华南一带的百越文化中，流行三足器、圜底器，常见S形宽柄把手、兽形器耳一类附件，与吴越文化陶器有着一定的相似因素，区域色彩也更加突出，典型器有锥足鼎、三足罐、圜底釜、

吴越文化陶器

双耳带盖罐、匏壶、三足盘等。

参考书目

苏州博物馆考古组:《苏州虎丘东周墓》,《文物》1981年11期。
江西省历史博物馆等:《江西贵溪崖墓发掘简报》,《文物》1980年11期。
广西壮族自治区文物工作队:《平乐银山岭战国墓》,《考古学报》1978年2期。
广东省文物管理委员会等:《广东增城、始兴的战国遗址》,《考古》1964年3期。

(李水城)

Qijiadun yizhi yinwen taoguan

戚家墩遗址印纹陶罐

战国时期吴越文化的陶容器。1964年由上海市文物保管委员会在上海金山县戚家墩战国墓中发掘出土。现藏于上海博物馆。

戚家墩遗址印纹陶罐

通高11.6厘米、口径8厘米。泥质灰色陶,轮制,胎质细腻。敛口,扁圆形鼓腹,平底,器底附3只乳突状短足,肩部置一S形宽带把手,把手上端相对肩部一侧装饰附加堆纹,下部装饰两组刻划网格纹,器身通体拍印细密的方格纹。该器造型美观,烧成温度高,质地坚硬,击之铿锵有声,为吴越文化印纹陶器中的精品。(李水城)

Guixi yizhi yinwen xishou taoding

贵溪遗址印纹牺首陶鼎

春秋、战国时期吴越文化的印纹硬陶仿铜礼器。1979年由江西省历史博物馆等单位在贵溪县第10号崖墓中发掘出土。现藏于江西省博物馆。

贵溪遗址印纹牺首陶鼎

通高14.5厘米。泥质灰褐色陶,表皮呈黑灰色,采用手制与模制相结合的手法制作成型,器表经打磨处理。大敞口,浅腹,圜底,通体拍印云雷纹,腹中部捏塑组索状附加堆纹一周。鼎口沿一侧模塑一高高昂起的兽头,作为流口。兽面圆眼外凸,大口,头顶横立一火焰状冠饰。器口左右置一对方形竖耳,与兽首相对的另一侧附一菱形兽尾,鼎腹底部接3只兽蹄形器足,使器整体构成一怪兽的造型,设计奇巧。此类造型的牺首鼎是春秋、战国时期吴越文化(包括百越文化)中富有代表性的仿铜陶礼器。

(李水城)

Wuhua kuiwen youtaofu

五华夔纹釉陶釜

战国时期华南地区百越文化的釉陶炊器。1940年出土于广东五华县。现藏于香港博物馆。

五华夔纹釉陶釜

通高25厘米、口径17厘米、腹径25厘米。泥质灰白胎,手制,烧制火候高,质地坚硬结实,器表施薄而不匀的褐黑色釉。小口,短领,圆鼓腹,圜底,最大腹径位于器下腹部。肩部饰斜线篦点纹、凹弦纹3周,肩至上腹部拍印夔纹5行,行间呈重叠不整的现象,下腹拍印方格纹。该器是广东、广西地区迄今发现的保存最完整、制作最为精良的夔纹带釉硬陶标本。

(李水城)

Bashu wenhua taoqi

巴蜀文化陶器

春秋、战国时期西南地区巴蜀文化的陶制器具。史载巴国国君姬姓,为周人南土封国,称南蛮,最初起源于鄂西的清江流域,主要活动于湖北西部和三峡一线,后退居川北阆中地区。蜀人起源于川西地区,统治中心在成都平原,后向东拓展,曾与巴长期交战。巴蜀文化主要分布在今四川、重庆境内,与之接邻的湖北、湖南、贵州也有发现。公元前316年,秦灭巴、蜀。

● **制陶工艺** 巴、蜀两国的陶器形态和种类比较接近,不易区分。陶质以灰陶、灰褐陶、褐陶为主,夹砂质地居多,其他还有夹砂红褐陶、红陶和泥质红陶、红胎灰皮陶、黑陶等。各遗址在陶质、色泽等方面表现并不一致,以四川成都市青羊宫遗址为例,夹砂褐色粗陶占出土陶器总量的90%以上,纯灰色陶数量很少,陶器的烧成温度较高。也有些遗址出土的陶器以灰色为主。巴、蜀制陶业使用轮制和慢轮修整技术,手制或模制技术也很常见,多限于制作器足、器纽等附件。陶土一般不作淘洗和特殊的加工,外表质地较粗,胎体偏厚,焙烧火候不匀,硬度较差,有些器表色泽斑驳,陶胎与器表有色泽不一的夹心现象。随葬明器分为泥质、夹砂两类,以夹砂为主,烧成温度低,质地松软,有些陶器出土即粉碎,质量很差。日常生活用具质地较好,

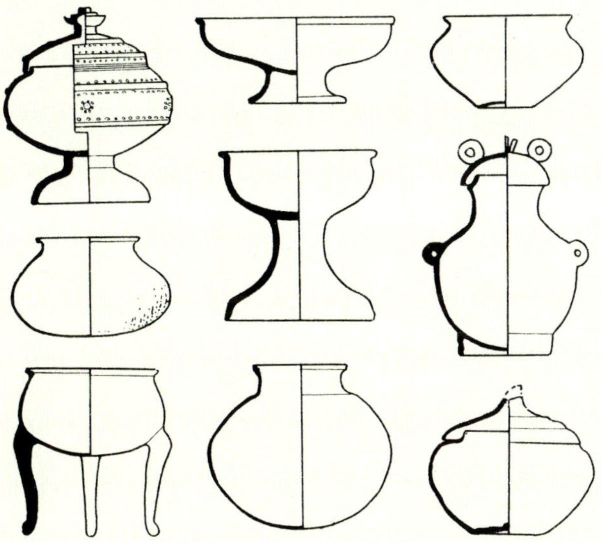

巴蜀文化陶器

说明当时制陶业内部已出现分工。

● **装饰** 相当一批陶器器表素面，不加任何装饰。有纹样的陶器以绳纹居多，可分为粗绳纹和细绳纹两类，多装饰在夹砂陶釜一类炊器的下腹和底部。其他常见的纹样有堆塑纹、压印纹、刻划纹、弦纹、附加堆纹、拍印纹等，主要花纹种类有S纹、菱格纹、螺旋纹、同心圆纹、X纹、乳钉、叶脉纹、轮辐纹、箭头纹、米字纹及刻划的“图文符号”（也称巴蜀图语）。也有个别陶器表面涂朱或施黑色、灰黑色陶衣，其中豆、罐一类器皿装饰堆塑纹、压印纹，很有特色。

● **器类** 造型有明显的地方特色，以圈足器、圜底器为主，还有一定数量的尖底器、尖顶器和凹底器。圈足器一般个体较小、偏矮；三足器仅发现鼎一种。主要器类包括各种造型的圜底釜、釜形高足鼎、堆塑纹带盖豆、尖底盏、尖底杯、小圈足罐、带盖罐、大口瓮、矮圈足豆、尖底盏形豆、带盖釜、盆形釜、带盖碗、双耳甑、细柄豆、碗形豆、长颈圈足壶、圈足杯、盆、盒、圈足盘、钵、器盖、碗、罍、盂、鍪、印章等。其中圜底釜、鍪、双耳甑、带盖罐、尖底盏形豆、尖底盏、尖底杯等为巴蜀文化最富特色的器皿。除生活用具外，也制作一些仿铜礼器，如环纽壶、鼎、敦、豆等，有些接近楚文化陶器的作风。其他还发现有圆锥形纺轮、建筑用灰陶板瓦及个别的瓮棺等陶制品。

参考书目

四川省博物馆：《四川犍为巴蜀土坑墓》，《考古》1983年9期。

四川省文管会等：《四川大邑五龙战国巴蜀墓葬》，《文物》1985年5期。

（李水城）

Chunqiu-Zhanguo youtaoqi

春秋战国釉陶器

春秋、战国时期的釉陶制品。釉陶器是在长江流域商、西周时期的几何印纹硬陶基础上发展而来的。早在商、西周时期，在长江下游就出现了专门烧制硬陶和原始瓷的长条状龙窑。春秋、战国时期，窑的规模又有扩大，釉陶和原始瓷的生产有了很大发展。龙窑的结构可使炉温增高，提高陶器的烧成温度，增加产量，也为日后瓷器的产生奠定了基础。受江南地区的影响，黄河流域地区也能烧制少量釉陶。如在山西侯马市晋国陶窑作坊遗址内已发现有少量釉陶残片和原始瓷残片。釉陶均为细泥质，烧成火候高，胎体多呈灰褐色，少数为红褐色，器表均施加一层略泛红褐色的薄釉，与胎体结合部分呈红褐色、酱红色或紫褐色，表面拍印有几何花纹，有小方格纹、方格米字纹、回纹、席纹、叶脉纹等。这些釉陶的质地、颜色、釉色和器形与江南地区战国时期的同类器相似。由此可证，晋国（包括后来分裂出的韩、赵、魏）曾与吴、楚等国有着密切的文化交往，但其中也不排除有些是从江南而来的舶来品。然而，北方出土的釉陶与南方有所不同，特别是器表花纹中不用水波纹等，风格独特。在侯马晋国遗址曾发现一片因窑温过高而烧变形的标本，可以肯定是在当地烧造的。此外，北方地区也能烧造少量的原始瓷，经检测，烧成温度达1230℃。

参考书目

山西省考古研究所：《侯马铸铜遗址》，文物出版社，1994。

（李水城）

QinzhiDonghan taoqi

秦至东汉陶器

（公元前221年～公元220年）

秦、西汉、东汉时期的各类陶制器具。包括各种日常生活用具、生产工具、随葬陶器、模型明器、建筑用陶、冶炼金属用范模、陶塑艺术品、低温釉陶器等。这一时期，铁器已基本普及，社会生产力水平大为提高，漆器手工业极度繁荣，东汉时期，瓷器手工业已有重大进展，这些新型手工业产品的出现和使用对制陶业产生巨大的冲击，陶器在社会日常生活中的地位降低，并开始逐渐退出日常的饮食领域，生产逐步转向随葬用明器、模型明器等方面。随着建筑业的发展和建筑结构的改变，促使建筑用陶的生产有了很大发展。制陶工艺仍在不断提高，这主要表现在灰陶的普及、釉陶的出现和瓷器的发展几个方面。

● **分期** 根据王朝的更替可将这一时期分为秦、西汉和东汉3个大的阶段。秦（公元前221年～公元前206年）是中国第一个统一的封建王朝，立国仅15年，在物质文化方面，

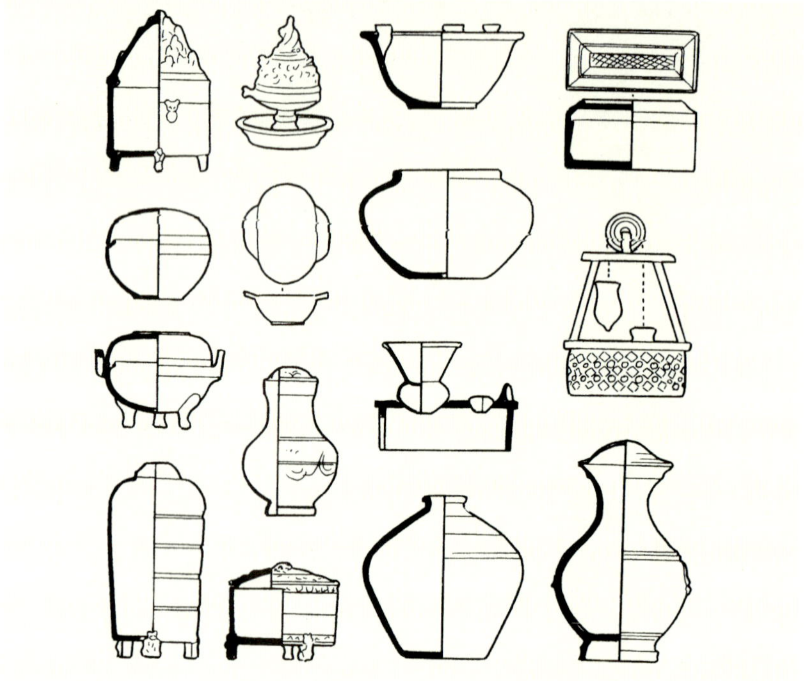

西汉黄河流域陶器

基本保持了战国以来的传统。西汉（公元前206年～公元25年）延续秦制，特别是在西汉初年，仍大量保留着先秦的文化特征，各地的文化风俗同战国晚期差别并不很大。汉武帝以后，农业、手工业和商品货币关系已达到一个前所未有的高度，随着生产力和封建关系的不断调整，经济逐步复苏，国家日渐强盛，物质文化也得到飞速的发展。东汉时期（公元25年～公元220年），北方黄河流域连年战乱，土地兼并激化，人口锐减，城市经济衰败，大土地所有者迅速发展扩张，西汉后期发展起来的大地主豪强在各地已形成势力集团，庄园经济有了空前的发展，自然经济比重得到强化。随着对长江以南地区的开发，人口有所增加，经济得以复苏，农民土地问题有所改善，农业、手工业部门有了较大的发展。但整体上看，东汉时期经济文化的发展不像西汉时期那样表现为国家的强大统一，而是呈现出国家的贫弱及政治的不稳定。

● **分区** 最初仅用于称谓中原地区的“中国”一词在这一时期已成为全国的统称。按照大的经济地理区划可分成黄河、长江两大文化区，其中长江流域还可再分为长江中游、长江下游、华南3个亚文化区。秦至西汉初期，各地区的文化面貌基本保持战国末年形成的格局。汉武帝以后，随着统一局面的加强和社会的稳定，各地区间的经济文化交流加强，文化面貌也逐渐趋于统一，但仍旧存在着较明显的地域色彩。在汉王朝系统内，可分为4个大的经济地理文化区：①以渭河流域为代表的关中文化区。这里是秦、西汉王朝的京畿之地，经济、文化也最为发达。②关东地区（即函谷关以东的黄河中下游地区）。文化面貌同关中大体一致，经济文化比较发达。③长城沿线新开辟的河西、河套地区。经济文化较为落后。④江淮以南的南方区。这里楚文化影响深厚，各地区间经济文化发展不平衡，与黄河流域的文化面貌存在着较大差异。东汉时期，统治重心转移到洛阳，各地间文化面貌的趋同现象加强，但文化传统的差异依旧存在。在汉政权统治疆域以外的周边地区，并存有一批少数民族文化，如在长城以北有以匈奴为代表的骑马民族文化，东北地区有以乌桓、鲜卑为代表的游牧文化，在西南川、滇、黔有濮、賨、滇、夜郎等民族的西南夷诸族文化，在东南沿海及岭南一带有以越族为代表的土著文化。

● **制陶工艺** 在继承春秋、战国时期制陶工艺的基础上，生产规模、烧制工艺又有了新的发展，其中以西汉、东汉时期的灰陶器和低温釉陶器的工艺成就最高。从制陶手工业的发展水平看，黄河、长江流域仍保持最高的技术水平，黄河流域主要生产泥质灰陶、低温釉陶。长江流域主要生产釉陶、印纹硬陶、泥质灰陶、原始瓷等。在周边地区，除百越一系仍延续生产釉陶、印纹硬陶外，其他地区的制陶业相对落后，与春秋、战国时期相比，变化不大。

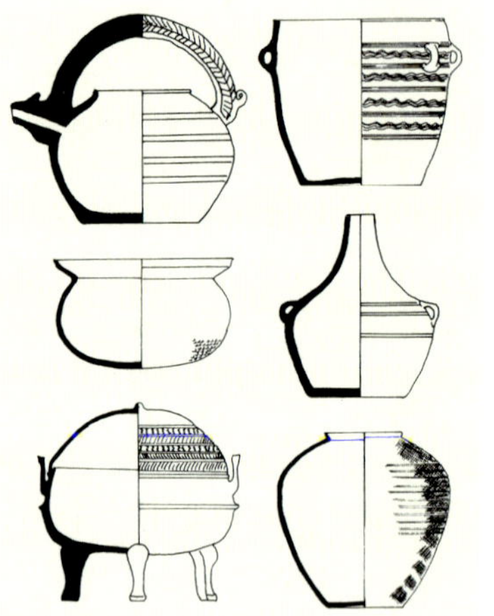

西汉华南地区陶器

秦代制陶工艺 基本保持战国末年的格局，快轮制陶术相当普及，主要生产泥质灰色陶器，随葬用明器为制陶手工业的重要产品，砖、瓦类建筑构件的生产有了很大的发展。秦代的制陶手工业可分为两大系统：①官府作坊。分中央经营和地方政府经营两类，由中央政府控制的作坊，产品往往戳印有官署、产地一类的标记，产品大多是供营建宫殿、陵园所用的砖瓦建筑材料，日用陶器极少。由地方政府经营的作坊，产品一般戳印有“市”、“亭”一类标记，产品既有营建宫殿及陵园所用的砖、瓦类建筑材料，也有一般的日用陶器。②民营作坊。由私营手工业者控制，职业世代沿袭。

所产陶器多属日常用具，也打有戳记。上述情况表明，秦代由中央政府控制的作坊专门服务于朝廷，产品不具备商品的性质，受官府控制的因素很大。地方政府控制的作坊的产品既服务于朝廷，也有面向市场的一般商品，有一定的自由度。民营作坊主要生产供市场营销的日用产品，受官府控制因素较小。秦代官营作坊内的制陶工匠有相当一部分由犯人（刑徒或工奴）构成，在修建秦始皇陵园时，就曾组织有庞大的刑徒制陶工匠队伍。秦代陶俑的制作水平极高，秦始皇陵兵马俑坑出土的陶俑规模宏大，集中展示出秦代制陶业的规模和水平。

秦代陶窑发现较多，体积普遍较战国时期扩大，如陕西临潼县秦始皇陵周围发现有大批陶窑，窑室面积5平方米～6平方米，单位产量明显增加。位于临潼县骊山西麓的秦芷阳邑官营窑场遗址面积达1平方公里，陶窑结构特殊，有的2孔～3孔窑共用一个前室，这种结构既可节省占地面积，也便于统一管理，还有利于提高工效。陶窑内设置窑柱，烟囱设在窑的后壁。在秦始皇陵周围还发现有专门为陵园烧制砖、瓦、下水管道及生活用具的地下式窑，地下部分为一整体，分前后室，前室呈斜坡状，包括堆放燃料的地方和券顶状火门；后室分火膛、窑室、窑床、烟囱几部分，火膛位于中间，位置较低，连通前后室。窑床稍有倾斜，位置升高。火膛降低有利于火力集中，能有效控制窑内温度。有的窑内设有3个烟道，烟囱与窑顶隔开，地面部分用砖砌成。

西汉东汉制陶工艺 汉承秦制，各地官府普遍经营制陶手工业，并设有专门管理制陶业的官吏，民营陶作坊在各地十分普及，不同的作坊均在产品上戳记商标产地，如"河亭"、"河市"、"邯亭"、"安亭"等，所谓"亭"、"市"，即当时由各地官府控制的手工业区和商业区。与秦代一样，当时的官营作坊依旧大量使用刑徒（犯人）作为劳力。

仍以普通易熔粘土为原料，轮制技术发达，工艺有很大提高，凡圆形容器均使用快轮制作，造型规整对称；模制法、手制法亦普通使用。产品以灰色陶为主，其中泥质灰陶数量最多，陶色呈纯正的青灰色。这种灰陶焙烧火候较高，质地坚硬，烧成温度达1000℃以上。灰陶生产遍及全国，种类繁多，用途广泛，代表这一时期陶器生产的主流。此后，历代灰陶的制作和烧成技术均未超出这一时期的水平。另一大的变化是大型陶器数量增加，河南洛阳等地出土的陶瓮高度普遍达到50厘米以上，河北满城县西汉中山靖王刘胜墓陶瓮高达70余厘米。

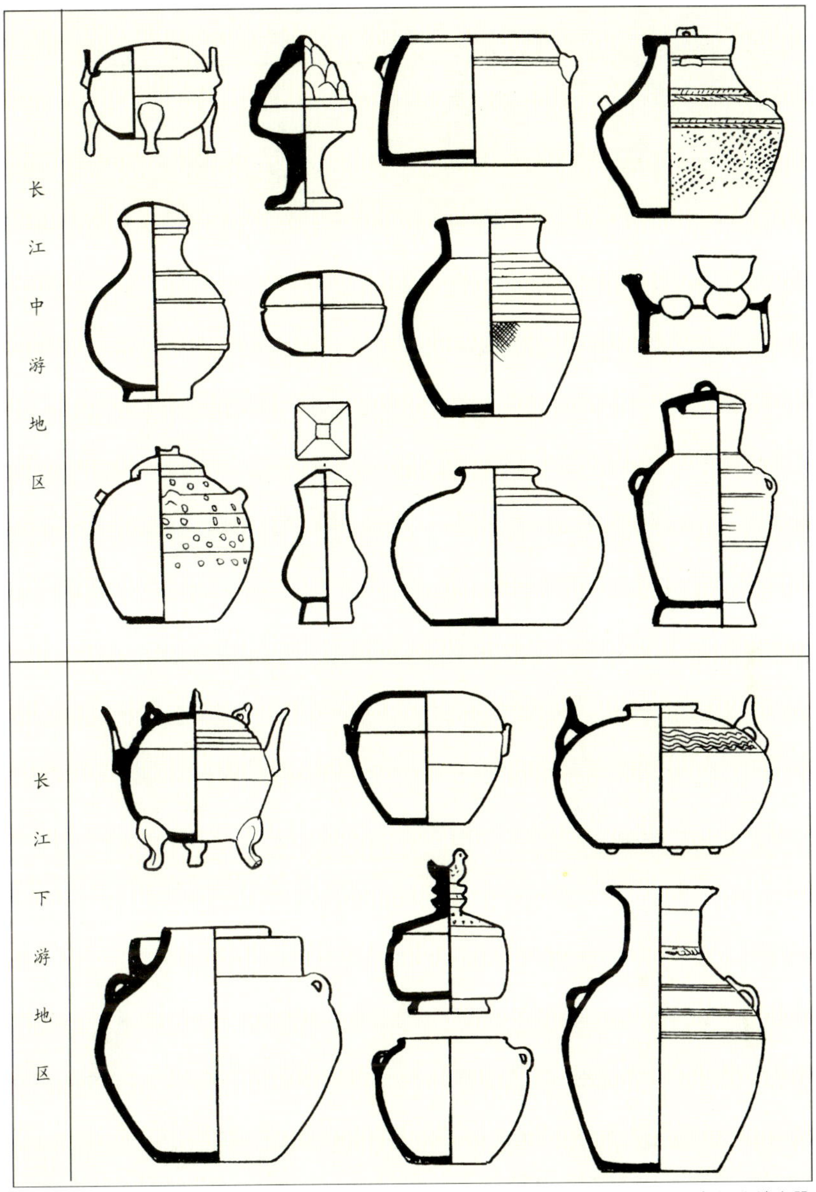

西汉长江流域陶器

西汉中期低温釉陶的出现是制陶手工业一项重要的发明。低温釉陶最早见于陕西关中地区，流行范围也仅限于关中至洛阳一线，但发展速度极快，东汉时已遍及整个北方，并扩展到长江流域。釉陶制作工艺比较复杂，其质地多为泥质红陶，少数为灰陶，原料颗粒较粗，胎体气孔多且大，结构松软。低温釉陶的制作方法与一般陶器相同，不同的是待制好陶坯后要在器表施一层厚厚的色釉，再入窑烧制。经检测，低温釉陶的化学成份与先秦时期的陶器相近，所用原料为一般粘土，胎内含氧化铅、氧化硅、氧化铜、氧化铁、氧化钙、氧化钠、氧化钾等元素，吸水率高达11.2%

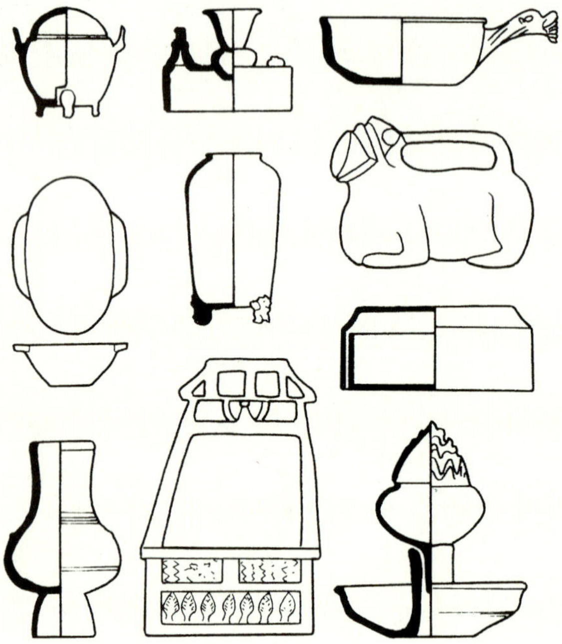

东汉黄河流域陶器

～12.6%，与瓷器相差甚远。东汉时期，釉陶的制作工艺成熟，产品门类齐全。东汉晚期，关中地区战争频繁，社会动荡，手工业遭受重大创伤，釉陶生产逐渐减少，种类亦日趋单调，以后直到南北朝时才又重新振兴。在长江以南地区，继续保持春秋、战国时期的传统，以生产印纹硬陶为主，其原料密度大，粘性强，烧成温度高，胎质坚硬，器形富有江南地区特点，主要为瓮、罐、壶、盒、碗等日常生活用具，在广东、广西、福建及湖南长沙一带流行匏壶、四联罐、五联罐等造型特殊的器皿。硬陶器流行在肩、腹部贴塑器耳、器纽，在罐、盒类容器的底部附加有3只短足，其造型、装饰与先秦时期有较大的一致性。在长江下游地区，除灰陶外，也生产原始瓷和釉陶，特别是原始瓷的制作水平和产量不断提高，也正是在这一基础上，东汉时首先在长江下游的江浙一带烧制出成熟的青瓷。

西汉、东汉时期陶窑的结构和形状较前一时期有所改进，战国晚期开始出现的一种平面呈椭圆形的窑至西汉前期仍继续使用，不同的是窑室空间加大，单位产量增加。为保障火力能在较大的窑室内向纵深延伸，开始在窑壁下沿、窑床周边开出直通烟道的沟槽。在河北武安县发掘的午汲古城陶窑，窑室面积明显增大，火道加长，烟道设计改进。西汉前期，方形窑逐步取代椭圆形窑，窑内设有多个烟道，由于随排烟孔道增加，点火后可使窑内火力走向更加均匀，减少了废品率，提高了产品质量。在河南新乡发现的西汉时期的半地穴窑，有对称的双火膛，平面呈中间粗两头细的橄榄形，由窑门、火膛、窑床、烟道、烟囱几部分构成，全长6.68米、宽2.22米。火膛设在窑的东西两头，两端各设一窑门，南北窑壁设烟囱6个，窑内尚存有陶豆、盆、罐、碗、甑、瓮、空心陶球和空心砖等遗物。这种双火膛窑较单火膛窑有明显的优越性，特别是将窑床设在两端火膛中间，可增加窑温，使陶坯受热率均匀，提高了成品率。新型窑的出现和陶窑结构的不断改进，是此时陶窑的一大特点，这与战国以来城市发展带来的对建筑用陶构件（砖、瓦）需求量的激增有着直接关系。与此相适应的是，烧

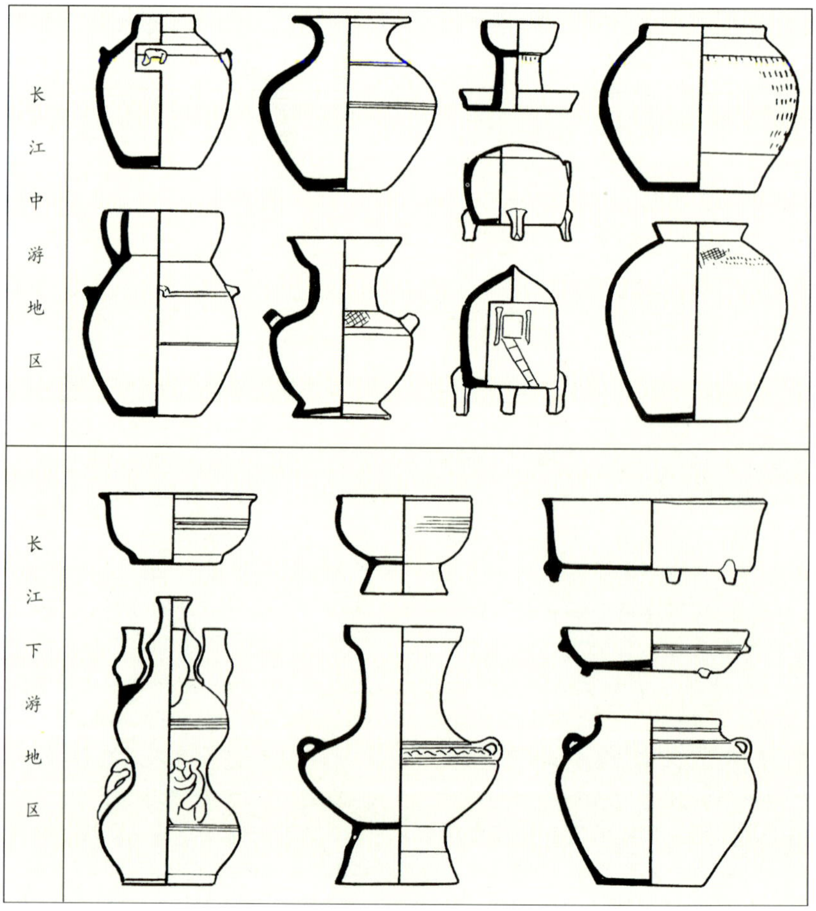

东汉长江流域陶器

制砖、瓦的陶窑数量大增，还出现专门烧制陶俑的大型窑和烘制钱范的小烘窑。一般烧制陶器的窑室面积较小，烧制砖瓦、陶俑的窑室空间增大。在汉长安城北宫遗址发现的20余座西汉时期的砖瓦窑，已发掘出11座，形制基本相同，分为前室、火门、火膛、窑室和排烟设施几部分，前室为长方形，斜坡状；火门立面为长方形；火膛平面为不规则的半圆形，窑室平面呈椭圆形，长径2.6米～3.1米，两侧壁面为弧状，表面涂抹草拌泥。烟道在窑室后面，多数为1个烟道，少数为3个烟道。这11座陶窑规模相同，排列紧密有序，布局规整。在窑场内出土有砖、瓦、瓦当及其他遗物，以建筑材料居多，如素面砖、绳纹砖、花纹砖、方格纹砖、博局纹砖、几何纹砖、板瓦、筒瓦、半圆瓦当、圆瓦当、窑具、支垫等。从陶窑的布局和产品看，这一窑场应为“将作大匠”统一管理的“官窑”，“将作大匠”的职责是“掌治宫室”，显然这座窑

东汉华南地区陶器

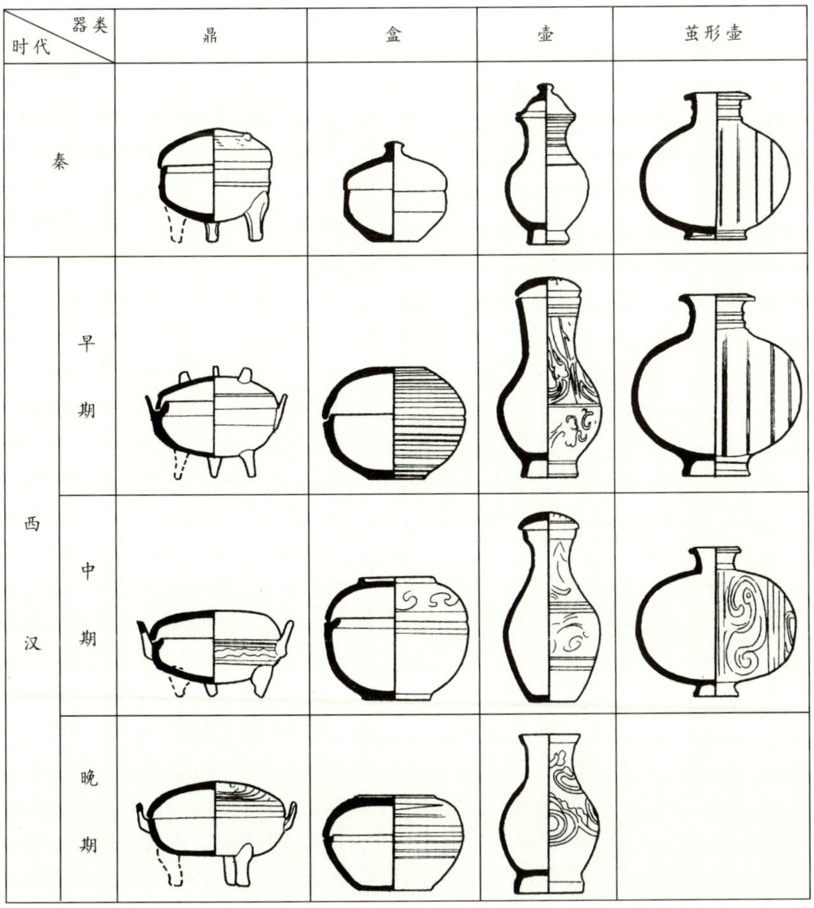

秦、西汉典型陶器分期图

场的产品可能专供修造西汉时北宫、未央宫和武库等宫廷建筑时使用。

● **装饰** 秦代陶器大多素面无纹，有装饰的陶器以绳纹最为突出，部分随葬明器在烧成后绘彩，颜色易脱落。经对秦始皇陵兵马俑群器表所饰彩绘的检测，所用颜料多为天然矿物，如红色为红丹、朱砂和氧化铁，绿色为孔雀石，白色为白铅矿，蓝色为蓝铜矿。还使用磷灰石、重晶石、高岭土为填料，以增加颜料涂层的厚度，使其经久耐用。秦代已能够将这些矿物按不同比例调配出不同颜色的涂料，有些需经一定的化学工艺才能合成，表明当时已具有较成熟的化学知识。从战国晚期开始，流行在器表戳印、题写文字，内容多为工匠姓名、官署、产地等。秦代官营手工业实行“物勒工名”制度，一般由中央掌管的作坊注明官署、人名；地方市府掌管的作坊注明“某市、某亭、某人”；民营作坊注明“某亭、某里、某人”，一般在2字以上，有的多达6

字，书体以小篆居多，也有的介于篆、隶之间，隶书少见。“物勒工名”制度的实行，有利于提高产品质量，也便于对工匠的控制。

西汉、东汉陶器器表大都素面，与轮制技术相对应，此时器表多留有轮旋弦纹，有的在局部装饰简单的几何划纹、压印纹等。西汉前期，绳纹尚有保留，西汉中期，绳纹绝迹。各地普遍生产随葬用彩绘明器，均在烧好的灰陶上绘制花纹，颜色易脱落。一般先在器表施白色陶衣，绘黑红复彩，也有的施红色陶衣，绘黑色单彩，颜色鲜艳，构图精美，常见纹样有青龙、白虎、朱雀、玄武一类四神纹及云气纹、铺首衔环纹、仙人故事纹等。从东汉开始，流行在博山炉、壶一类陶器及大型空心砖的表面模印浮雕装饰，多为神兽、云气、神仙人物、车马、山川、植物树木、飞鸟、野兽、狩猎等内容，其中还有一些高浮雕、圆雕作品。还有的陶器表面髹漆，成为不多见的陶胎漆器。西汉、东汉时期的陶器中也不乏一些艺术精品，如洛阳出土的百花陶灯、彩绘盘柱博山炉等，工艺精湛，集中展示出当时艺术的粗犷雄浑、博大精深。两汉陶器继续盛行在器表戳印陶文，字周边设边框，或单或双，以隶书为主，少数为篆书，也有的字体介于隶、篆之间。此类戳记按器物用途分为两类，一类戳印在日用器皿的内外壁，另一类戳印在陶瓦的内外壁，中原地区多为“某市、某亭”，中央官署多作“某官、某署”，陶工姓名极少见。岭南及东南沿海地区发现的陶文分戳印、刻划两种，如南越国出土的陶器上发现60余种符号，福建崇安汉城发现陶文40余件，多为不同数码或陶工所做的指示类符号。随着当时黄老之学的盛行，在随葬陶器中常发现一种朱书的镇墓文陶瓶，内容均属符咒一类。

● **器类** 秦代陶器的基本组合为釜、盂、鼎、甑、瓮、罐、茧形壶、蒜头壶等，造型保留浓厚的战国秦文化陶器的特征。秦代一般的陶模型明器与战国时期基本相同，开始出现大型的陶俑，制作水平极高。陶量具广泛使用，在湖北云梦县睡虎地秦墓、内蒙古赤峰市大桥遗址等处发现有秦代陶斗和陶量。此外，还广泛使用陶工具，有拍子、压锤等。

赤峰大桥遗址秦诏版陶量

西汉、东汉的陶器有平底、三足、圈足几大类，器类多样，容器可分为两大类：①仿铜陶礼器。如鼎、豆、锺、钫、壶等，除鼎、锺贯穿于整个西汉、东汉时期外，其他器类均呈逐渐衰落的趋势，如战国时期盛行的豆在西汉早期尚有孑遗，但很快就消亡了；陶钫在西汉特别流行，东汉逐渐绝迹。②日常生活用具。种类繁多，形式复杂，容器类有瓮、罐、瓶、盒、盆、碗、耳杯、樽、灯、案、熏炉、扑满等，器形随时代推移不断有所改变，西汉初年承续秦文化的传统，模型明器流行。西汉中期以后，厚葬之风兴起，模型明器种类激增，出现水井、磨盘、猪圈、楼阁、水榭、碓房、农田、陂塘等反映建筑、农业生产活动的模型，以及马、猪、牛、羊、狗、鸡、鸭、鹅一类家禽家畜，乃至人物及鞋、耳环、杈等，可谓应有尽有，而且时代越晚，种类越多、越杂。这一时期广泛出现各种陶建筑模型，形象地再现了当时各地的建筑形式，是研究当时文化、风俗、艺术、建筑的重要资料。

从西汉开始，陶器造型的地区差异日益缩小，但各地仍存在一些具有地方特色的产品，如江南地区特有的弦纹硬陶罐、弦纹壶、五联罐、“堆塑形器”等。五联罐是一种造型奇特、用途特殊的器皿，一般是在一个大罐的肩部附着4个小罐，器腹堆贴猴、鸟、爬虫等浮雕饰物，为江南地区一种与宗教信仰有关的随葬用器皿。“堆塑形器”是东汉时流行于浙东北的一种形制特殊的器皿，其下部为一覆钵，钵上为一细长圆柱，柱上堆塑有鸽子、胡俑、熊、驼鸟等人物和动物形象，被认为是佛教东渐的产物。据研究，此物名窣堵波（梵文“浮屠”），系一种覆钵塔的变体，专用于安置佛骨舍利。当时华南一带陶器的造型也很有特色，一类是富有地方风格的“越式陶器”，绝大部分为泥质的印纹硬陶，种类有瓮、三足罐、连体罐、瓿、三足盒、连体盒、釜、匏壶、提筒等；另一类为中原或长江中游地区流行的汉式、楚式仿铜陶礼器，多为泥质软陶。这两类陶器共存，反映出该地汉、越居民杂处融合的史实。这时墓葬中还常出土用陶瓦制作的买地券，上面刻写当时土地买卖的文书，有很高的史料价值。此外，各地也发现有一些用缸、瓮一类大型陶器作为葬具的现象。

秦至东汉时期建筑类用陶包括各种砖、瓦、瓦当、下水管道、井圈等，其中砖、瓦为大宗产品，砖的种类十分复杂。秦代出现条砖，坚实细腻，制作精良，为官营手工业产品。西汉时期，建筑用方砖和空心砖表面多模刻压印图案，东汉时，建筑墓葬所用的画像砖在一些地区流行。墓砖除印有纹饰外，也有吉语砖、纪年砖。还有一种特殊的刑徒砖，为徒隶墓葬所用的标记。秦代瓦当分为半圆形、圆形、大半圆形3种，图案流行动物纹、卷云纹、葵纹、植物纹等，构图考究，画面精美，造型生动，尤以夔龙、夔凤、奔鹿、鱼、虎、云纹、叶纹、日涡纹等最富特色。在陕西咸阳、临潼、辽宁绥中等地发现有秦代的巨型瓦当，直径达52厘米，表面模印的夔纹浮雕图案仿照铜器花纹，颇具王者气势。西汉、东汉瓦当分圆形、半圆形（西汉中期以后半圆瓦当消失），瓦当模印花纹内容统一，盛行卷云纹，也常用篆书文字，内容以吉语颂词为多，也有宫苑、官署、

祠墓的名称，四神（青龙、白虎、朱雀、玄武）瓦当流行于王莽时期，多用于表示四方，构图极为传神，集中展示出西汉、东汉艺术的博大精深。

参考书目

洛阳区考古发掘队：《洛阳烧沟汉墓》，科学出版社，1959。

王仲殊：《汉代的陶器》，《汉代考古学概说》，中华书局，1984。

袁仲一：《秦民营制陶作坊的陶文》，《考古与文物》1981年1期。

袁仲一等：《秦代中央官署制陶业的陶文》，《考古与文物》1981年1期。

（李水城）

〖秦汉文化陶器〗

XihanDonghan youtaoqi

西汉东汉釉陶器

西汉、东汉时期的各类低温釉陶制器具。釉陶是在800℃左右的低温氛围中烧成的，釉药中含大量氧化铅，又称"铅釉陶"、"软釉陶"，加之最初仅流行于北方的黄河流域，也称"北方釉陶"。釉陶的发明是西汉、东汉时期制陶手工业取得的突出成就之一，也为后世各种低温釉陶的产生奠定了基础。

釉陶的原料为一般粘土，烧成后内胎呈砖红色或土黄色，胎体结构松软，颗粒较粗，气孔多且大，器表釉料附着不很牢固，易脱落、变质，实用价值不大，所以在生活居址中发现很少，多用作随葬明器，这一习俗直至北朝后期乃至唐代低温三彩器出现后才有所改变。釉陶的最大特点是在器表涂有铅类助熔剂和金属呈色剂釉料，可产生光洁的釉层。加入铅类助熔剂可降低烧造的温度，加入金属呈色剂可使器表呈现漂亮的颜色。早期釉陶的釉色多呈棕黄色，也有的呈黄褐色或黑色，甚至有颜色较杂的现象。绿色釉陶出现时间较晚，东汉时开始流行。有些绿釉陶表面泛出一层银白色或金黄色的光泽（即所谓"银釉"），主要成份是白铅矿和石英的混合物，它是在地下埋藏过程中，因铅硅酸盐玻璃质釉长期被水和碳酸气侵蚀分解而形成的层状沉积，加之光线的作用而形成的。

釉陶产生于公元前2世纪中叶，最初主要流行于经济和手工业最为发达的陕西关中至河南洛阳一线，已知最早的釉陶出土于陕西西安汉武帝时期的一座墓内。对釉陶的起源，学术界有不同看法，一种观点认为，釉陶的出现与汉武帝时加强与西方的贸易，受到西亚安息王朝釉陶的影响有关；另一种观点认为釉陶是在中国独立起源的。

釉陶出现后发展很快，至西汉后期已广为普及，器类有壶、小壶、樽、罐、洗、博山炉、人物俑、动物俑等。据对洛阳市烧沟西汉墓群的统计，其中出土随葬的釉陶器占该墓群全部出土陶器的4.3%。东汉时，釉陶遍及黄河流域及整个北方地区，并扩展到长江流域，种类大大增加，有仓、钵、盒、魁、几、勺、杯，以及猪圈、猪、狗、鸡、鸭、水井等各种模型明器。在河南、甘肃、陕西等地还发现有水榭、高楼、坞壁楼阁等建筑模型，制作相当精致。在北方铅釉陶兴起的同时，长江流域开始出现一种薄釉硬陶器，釉色浅黄或浅绿色，烧成温度很高，其质地与釉陶有所不同，而与日后出现的青瓷器关系密切，可归入青釉系统。低温釉陶自产生以来，几千年来一直延续生产使用，至今在北京、山西等地仍有生产。

参考书目

张福康等：《中国历代低温色釉的研究》，《硅酸盐学报》第8卷第1期。

李知宴：《汉代釉陶的起源和特点》，《考古与文物》1984年2期。

姜晓霞：《汉代铅釉陶器"银釉"的分析》，《文物》1992年6期。

（李水城）

Doujitai Xihanmu jiangyou taoguan

斗鸡台西汉墓酱釉陶罐

西汉时期的陶制盛储器。1933年～1937年由原北平研究院史学研究所考古组在陕西宝鸡市斗鸡台西汉墓中发掘出土。现藏于北京大学赛克勒考古与艺术博物馆。

通高14厘米、口径10厘米、腹

斗鸡台西汉墓酱釉陶罐

径19.8厘米。夹砂红色陶质，轮制。小口，短直颈，圆鼓腹，平底。通体饰酱红色釉，肩部和上腹部装饰一周用绿釉绘制的新月纹和佛手状花纹。在西汉陶器中，铅釉陶中施酱釉者已属少见，该罐在酱色釉面上再绘花纹更属罕见，为西汉、东汉釉陶器中难得的佳作。

（李水城）

Longquan Donghanmu lüyou taohuzi

龙泉东汉墓绿釉陶虎子

东汉早期的陶制亵器。1973年由江苏省文物工作队在新沂县唐店乡龙泉东汉墓中发掘出土。现藏于南京博物院。

龙泉东汉墓绿釉陶虎子

通高18厘米、长25厘米、宽13厘米。陶胎，模制。整体造型为一四肢蜷曲的卧虎，虎首高昂，张口露齿，须髯俱全，面向左方，尾部

上翘回转与左耳相交，巧妙地构成该器的提梁，右耳处为管状流口。通体施绿色釉，刻有薄浅的羽状花纹，象征老虎的毛皮。该器造型新奇别致，与以往所见的以虎口为流的虎子不同，风采别样，艺术性地再现出老虎这一兽中之王威风八面、虎虎有生气的形象。（李水城）

Guojiacun Donghanmu shouliewen lüyou taohu

郭家村东汉墓狩猎纹绿釉陶壶

东汉时期的低温釉陶制盛储器。出土于陕西西安市郭家村东汉墓。现藏于中国历史博物馆。

郭家村东汉墓狩猎纹绿釉陶壶

通高42.5厘米、口径16.5厘米。泥质红色陶胎。小口，略外侈，长颈微内敛，圆鼓腹，最大腹径靠近肩部，下腹内收，小平底。在肩两侧模印铺首衔环浮雕器耳，上腹部压印狩猎纹图案带，主体纹样为一人骑马疾驰，张弓待射，山野之中有奔走的虎、鹿、羊、马等动物和其他飞禽走兽。画面布局紧凑，繁而不乱，格调粗犷。通体施绿色釉，由于长期埋藏地下，受水土侵蚀，器表留有水锈痕迹，釉色已变成黄褐色。该壶为东汉低温釉陶壶中的典型样式。（李水城）

Doudian Donghanmu lüyou taozun

窦店东汉墓绿釉陶尊

东汉时期的低温釉陶制温酒器。1983年由陕西省考古研究所在咸阳市窦店东汉墓地中发掘出土。现藏于北京大学赛克勒考古与艺术博物馆。

窦店东汉墓绿釉陶尊

通高23厘米、直径20.5厘米。泥质红色陶，以轮制与手制相结合的手法制作成型，通体施绿色釉。整体作圆筒形，大口，直腹壁，平底，下附3只短兽足。口沿上配有尖顶博山器盖，盖顶模印有浮雕山峰，腹壁模印弦纹、浮雕奔虎图、云气纹、树木纹、骑射人物、铺首衔环纹等，构图繁缛，颇为精美。

（李水城）

Shixiazi Donghanmu youtao yaoqianshuzuo

石匣子东汉墓釉陶摇钱树座

东汉时期的低温釉陶制明器。1994年由北京大学考古学系在四川忠县（今属重庆）石匣子东汉墓中发掘出土。现藏于忠县文物管理所。

通高34厘米、前后长29.4厘米、左右宽21厘米。泥质红色陶，以范模模制再对接套合成型。器表施低温铅釉，由于长期埋藏地下，现呈银白色。下部为长方形底座，座上趴卧一只硕大的蟾蜍，翘首，鼓目，咧嘴，作不堪重负状。蟾蜍背负一长方形台座，上跪卧一公羊，羊首平视前方，弯角，短须，神态安祥。羊臀部塑有短尾和外生殖器。羊背部正中立有一高10厘米的短圆柱，柱中央设一直径2厘米的圆孔，用来插放铜质钱树。

石匣子东汉墓釉陶摇钱树座

类似的摇钱树器座主要出土于四川东汉及三国时期的墓葬中，在陕西南部、云南、贵州等地也有少量发现。均陶质，造型不尽相同，器顶均有一孔，用以插放钱树。器表多模印有浮雕图案，种类有羊、龟、蟾蜍、怪兽、坐在龙虎座上的西王母、抱瓮骑羊人、舞人、抚琴人，以及有人挥杆打钱树上的钱并挑走打落的钱等，内容十分丰富。摇钱树座出土时，周围常散落有铜铸的钱树树枝（或残片），树枝上铸有串串的铜钱、凤鸟、猿猴、车马、伏羲、西王母、羽人、宫阙等，用透雕的剪影形式表现，反映出当时民间流行的神怪故事和某种精神寄托。在古代传说中，摇钱树是一种采不尽、摘不绝，能够永远繁衍钱财的神树。尽管在早期文献中很少发现这方面的记载，但在民间一直盛行不衰，至今民间还流行纸做的摇钱树，并用于祭祀、扫墓等仪式，在清代的木版年画中也发现有表现这方面内容的作品。在摇钱树座中，羊是一种常见的形象，含“吉祥”

之意。该树座为蟾蜍负羊的造型，十分罕见，与其形态接近的树座在四川彭山县豆芽沟176号东汉墓和江口东汉墓中也有发现。除羊骑蟾蜍的造型外，还发现有羊骑龟的树座，隐喻“长寿”之意。

（李水城）

Donghan lüyou zhuque taodeng

东汉绿釉朱雀陶灯

东汉时期供随葬用的陶制明器。现藏于北京大学赛克勒考古与艺术博物馆。

东汉绿釉朱雀陶灯

通高60厘米、中盘径32.5厘米、底径24.7厘米。泥质红色陶，采用模制与手制相结合的手法制作成型，器表通体施绿色釉。造型较复杂，灯顶塑有一只展翅欲飞的神鸟——朱雀，站立在圈足圆盘上，背负一圆形灯，中部的圈足盘沿面一周穿有5孔，每孔各插一只羊首小灯盘，底部圈足为大喇叭形，圈足上装饰“米”字镂空纹。这种朱雀背负灯盘的造型为西汉、东汉时期陶灯的常见样式。

（李水城）

Sijiangou 9-haomu taodushu

泗涧沟9号墓陶都树

西汉时期供随葬用的陶制明器。1969年由河南省博物馆等单位在济源县轵城南泗涧沟西汉至王莽时期的9号墓中发掘出土。现藏于河南省博物馆。

泗涧沟9号墓陶都树

通高63厘米。通体施釉，上半部呈暗绿色，下半部为黄色。树顶有大鸟一只，鸟头顶有冠，颈部较长，直竖，身体亦直竖。鸟下之树有9枝，枝端有叶上翘，3枝构成一轮，大体处在同一水平位置。由上至下第一、第三、第四枝各有一鸟，第二、第六、第九枝上各坐一猴，其余3枝空无物。第一、第二、第三、第四、第六枝枝叶外侧塑有一鸣蝉，第五、第七、第八、第九枝叶面无蝉而有花。树根部呈三角枝状，支座台面上塑有鸣蝉、奔獐及踞坐的狒狒，狒狒两手各持一长物而食；另有3位裸人，左腿上屈，左肘置膝上，右腿下屈着地而坐。此外还塑有一些花木杂草等。它出土于该墓的前室之中，同墓中还随葬有舞乐杂俑7人。

据郭沫若先生考证，此树为古代传说中的“扶桑树”，反映了“后羿射日”后的故事情节。树顶之鸟即象征后羿射日后所剩下的最后一个太阳，至此，正义战胜了邪恶，万物起死回生，天下太平。后来，他又根据《玄中记》记载，认为此树应为“桃都树”，傲立于树顶的大鸟正是世间众鸡随其朝鸣的“天鸡”。据《说郛》卷四《玄中记》载：“东南有桃都山，上有大树名曰桃都，枝相去三十里，上有天鸡，日出初照此木，天鸡即鸣，天下鸡皆随之。”关于桃都树，传说在树下还有二神，说的是辟邪之神与桃都、天鸡的联系，鸡的形象同样被用来作为辟邪的吉祥动物。该器再现了传说中的桃都树形象，极为难得。

（李水城）

Qinzhi Donghan taoding

秦至东汉陶鼎

秦、西汉、东汉时期供随葬用的陶制礼器。造型有明显的阶段性变化。以山西曲沃、翼城交界的天马——曲村遗址出土的秦及西汉时期的陶鼎为例，秦代的陶鼎器腹较深，器底略呈尖圜形，下附圆柱状粗大短足；西汉早期的鼎腹部略变浅，圜底，三足变细，口沿两侧置斜立耳；西汉中期的鼎腹部继续变浅，圜底，短柱足；西汉晚期的鼎为浅腹，平底，下附兽蹄形足。

（李水城）

Qinzhi Donghan taohu

秦至东汉陶壶

秦、西汉、东汉时期供随葬用的陶制礼器。造型有明显的阶段性变化。以山西曲沃、翼城交界的天马——曲村遗址出土的秦及西汉时期的陶壶为例，秦代的陶壶器口上配有斗笠状器盖，盖顶置圆形捉纽，壶口为喇叭状，束颈，球形圆腹，下附小圈足；西汉早期的陶壶为长颈，圆鼓腹，小圈足，鼎盖变为浅弧形，无捉纽；西汉中期阶段的壶腹部明显变瘦，盖顶呈浅弧形；西汉晚期的壶口部为喇叭形，颈部短粗，圆鼓腹，大圈足。这一时期用于随葬用的陶壶器表多绘有彩色花纹，图案以云气纹居多。

（李水城）

Shaogou Xihanmu sishen caihui taohu

烧沟西汉墓四神彩绘陶壶

西汉时期随葬用的陶制明器。

1980年由河南洛阳市文物工作队在洛阳市烧沟西汉墓中发掘出土。现藏于洛阳市文物工作队。

烧沟西汉墓四神彩绘陶壶

通高46.7厘米、口径17厘米、腹径32厘米。泥质灰色陶，轮制。喇叭形小口，束颈较长，圆鼓腹，圜底，台座式圈足，器口上配有覆钵器盖。器表施白色陶衣，用红、赭、黑、粉红、桔黄等多种颜色绘几何形条带纹，腹部主体纹样为青龙、白虎、朱雀、玄武四神形象及云气纹，器肩部两侧模压铺首衔环浮雕。（李水城）

Wuyingshan 1-haomu caihuitao fuhu jiuniao

无影山1号墓彩绘陶负壶鸠鸟

西汉时期供随葬用的陶制明器。1969年由山东济南市博物馆在济南市北郊无影山1号西汉墓中发掘出土。现藏于山东省博物馆。

通高51厘米、宽43.5厘米、总长38厘米。泥质灰陶，双壶系轮制而成，鸠鸟为模制，对接成型。下部为一只体魄雄健、昂首挺立的鸠鸟，作展翅欲飞鸣叫状，展开的双翅上负有一对陶壶，鸠鸟通体绘白彩为地，再用墨彩描绘鳞状羽毛。陶壶为西汉时期的典型式样，器口微侈，长颈，扁圆鼓腹，下附圈足，器口上配弧顶器盖，盖顶塑3只鸟首器纽。壶颈部绘朱红色倒三角锯齿纹，腹部绘几何纹。该器造型奇特，为西汉、东汉时期随葬陶器中不可多得的精品。

无影山1号墓彩绘陶负壶鸠鸟

鸠是一种鸠鸽科种类的鸟的统称。据传说，鸠能从嗉囊中分泌出一种乳汁以哺育雏鸟，古人视其为“不噎之鸟”，并以此比喻老人进食顺畅不噎。因此，鸠也被看作是一种吉祥之鸟。传说上古三代时，对老而贤者享以酒食，以礼敬之，谓之养老。《周礼 · 夏官司马 · 罗氏》载：“罗氏掌罗乌鸟，蜡则作罗襦，中春罗春鸟，献鸠以养国老，行羽物。”西汉时，将敬老习俗与授“鸠杖”制度联系起来，即授予一定年纪的老人以杖头刻有鸠鸟形象的拐杖，并给予特殊的待遇。《后汉书.礼仪志》载：“仲秋之月，县道皆案户比民。年始七十者，授之以玉杖，哺之糜粥。八十、九十，礼有加赐，玉杖长（九）尺，端以鸠鸟为饰。”据清王先谦集解引惠栋曰：“《风俗通》云：‘汉高祖与项籍战京索间，遁丛薄中。时有鸠鸣其上，追者不疑，遂得脱。及即位，异此鸟，故作鸠杖，赐老人也。’”该器以负壶之“不噎鸟”造型，壶内装载不噎之食物——“糜粥”，蕴含中国传统文化中敬老、养老的美德，同时也透露出西汉、东汉社会中人们普遍存在的祈望延年益寿、长生不老的思想。在无影山1号墓中还出土一件彩绘鸠鸟双人双鼎陶器，造型亦十分奇特（见无影山1号墓彩绘陶载人双鼎鸠鸟）。（李水城）

Wuyingshan 1-haomu caihuitao zairen-shuangding jiuniao

无影山1号墓彩绘陶载人双鼎鸠鸟

西汉时期供随葬用的陶制明器。1969年由山东济南市博物馆在济南市北郊无影山1号西汉墓中发掘出土。现藏于山东省博物馆。

无影山1号墓彩绘陶载人双鼎鸠鸟

通高40.5厘米。泥质灰色陶，系模制、手制再经对接而成。下部为一只高大雄壮的鸠鸟，体魄雄健，昂首挺立作展翅欲飞状，粗壮的双腿站在一块厚陶板上。鸠鸟体表绘白色陶衣为地，用墨彩绘扇面鳞状羽毛。在张开的双翅上站立两人和一对带盖大鼎。2人相向而立，面部涂白彩，墨线绘五官。一人双手持伞，伞的边缘绘红彩几何纹；另一人双手作揖，身着赭衣，墨彩描绘衣带花纹。后面两只大鼎为典型的汉式，敛口，圆形器盖，盖面绘白彩。鼎上设蘑菇纽，顶部模印花纹，立耳。鼎腹部绘黑红彩心形花纹。鼎足造型奇特，由3位双手合于腹部的力士构成。该器工艺精湛，堪称极品。其造型可能与同墓出土的彩

绘负壶鸠鸟有相同的寓意。

（李水城）

Qing-Xihan taojianxinghu

秦西汉陶茧形壶

秦、西汉时期日常用的陶制水器，亦为随葬用的明器。因器腹部造型极似蚕茧而得名。茧形壶最早出现于战国时期关中地区，流行于秦及西汉中期，是秦文化最具特色的器类。小口，细颈，腹部作长椭圆形，横置，底部附圈足，器表饰竖列的凹弦纹、绳纹或彩绘。茧形壶造型有着明显的阶段性变化，以山西曲沃、翼城县交界的天马——曲村遗址出土的秦至西汉时期的茧形壶为例，秦代茧形壶为小口，直颈，器腹两端略呈尖圆形，下附低矮的圈足；西汉早期茧形壶腹部两端变得比较圆缓，圈足加高；西汉中期茧形壶腹部两端变得极为圆鼓，口部变小，颈部变细，圈足变小。西汉中期以后，茧形壶消亡。

（李水城）

Shaoguo 125-hao Xihanmu caihui taojianxinghu

烧沟125号西汉墓彩绘陶茧形壶

西汉时期供随葬用的明器。1953年由河南洛阳考古发掘队在洛阳市烧沟第125号西汉墓中发掘出土。现藏于河南省博物馆。

烧沟125号西汉墓彩绘陶茧形壶

通高28厘米、口径18厘米、底径18厘米。小口，细颈，卵圆形器腹，横置，器底下接小圈足。器表彩绘花纹，腹部用朱红、白色绘西汉时期流行的云气纹。茧形壶最早起源于陕西关中地区，是秦文化中最具特色的器类，战国至西汉中期流行。

（李水城）

Xihan-Donghan taoyan

西汉东汉陶砚

西汉、东汉时期研墨用的陶制文书用具。除专门烧制的以外，也有的利用质地细密的砖、瓦为原料雕刻制作而成的。陶砚最早出现于西汉时期。早期的陶砚质地多不够细密，硬度低，吸水率较高，造型简单，多作圆饼形。从西汉后期开始，陶砚的造型逐渐复杂，有圆形砚、带盖砚，也有的在砚底附加3只熊足。考古发掘出土的还有十二峰砚、龟形砚等造型复杂的砚，为早期阶段陶砚中难得的精品，它们一般无使用痕迹，应系专供随葬使用的明器。

（李水城）

shi'erfeng taoyan

十二峰陶砚

十二峰陶砚

西汉时期的陶制文具。现藏于北京故宫博物院。

通高17.9厘米、长径21.5厘米、短径18.5厘米。细泥灰色陶，手制，素面。砚中部作不规则的圆形，下有叠石状3足，造型奇特。砚面作箕形，上窄下宽，斜面。砚池边三面环抱突兀的十二奇峰，内有3峰，内中峰为一小山，由多块山石组成，峰下有一龙首（或螭首），张口高鼻，口中有一孔，与山峰后侧之扁形水滴相通，水经龙口内小孔滴落砚上。内左右两峰，各有一背负山峰的人像，高额深目，头戴高冠，面貌雄壮，神态平和，袒胸露腹，肌肉发达，双手按膝下蹲，作背负山峰状，显示出力大无比的气概。砚外围共设9座山峰，与砚面浅边相连，山峰表面塑出道道沟壑，突出了山峰的险峻，表面用简洁的横列凹凸纹表现出层层叠砌的岩石，线条流畅。外左3峰残缺，后经修补而成。砚池作不规则的圆形，圆底，环绕砚之三面，深约2.5厘米，阔约2厘米。水滴位于后部，作扁圆形，深4厘米，通向内中峰龙口内小孔中。砚底附设3扁足，前面两足较高，后一足略矮，前高后低，乃有意为之。该砚造型遒劲、新奇，出土时间和地点不明，根据其形状、山形、水滴及人物造型风格推测其为西汉时期的遗物。

（苏洲）

〖秦汉文化其他陶器〗

Luoyang Xihanmu taocang

洛阳西汉墓陶仓

西汉时期供随葬用的陶制模型明器。出土于河南洛阳西汉墓。现藏于北京大学赛克勒考古与艺术博物馆。

通高63厘米、口径12.5厘米、肩径38.2厘米、底径34.5厘米。泥质灰色陶，轮制。小口内敛，圆唇，弧折肩，直筒腹壁，大平底。近器底处有一圆形镂孔，器表装饰数周凹弦纹和竖绳纹，腹部一侧用毛笔朱书“小麦万石”4字，表明此仓为储藏小麦所用。与其配套的同类陶仓共有4件，形制大小基本相同，其余3件在器腹朱书“白米万石”、“大豆万石”、“粟巨万石”，表示粮仓内装有不同的粮食。这种成套的粮仓

模型明器在西汉时期的黄河中游一带应用较为普遍。（李水城）

洛阳西汉墓陶仓

Guangzhou Dongjiao Donghanmu taochuan moxing
广州东郊东汉墓陶船模型

东汉时期供随葬用的陶制模型明器。1954年由广东省文物管理委员会在广州市东郊东汉墓地内发掘出土。现藏于中国历史博物馆。

通高16厘米、长54厘米。泥质灰陶，表面呈橙红色，采用模制与手制相结合的手法制作。船艏艉狭窄，中间宽，平底。艏有碇，艉设舵，舵杆通过舵室，固定在艉部，船上共设3个仓室，捏塑出6位人物，他们分立于船上不同部位，作操作状。该船舵的造型与近代不同，尚保留由梢演变而来的痕迹，舵比梢短，但较一般内河船的舵要长一些。

舵是造船史上的一项重要发明，在出土文物中舵首见于此船，因此它在船史研究中具有重要价值。按照船上塑造的人物身高比例，大致推算此船实际的长度应为14米～15米，载重量相当于《释名》所记的“五百斛以上”之船。该船甲板上布置6组矛和盾，形状与甘肃嘉峪关市3号魏晋墓所绘“宿营图”中同类兵器相似，或许说明这是西汉、东汉时期一艘供内河武装所用的船舶模型。

（李水城）

广州东郊东汉墓陶船模型

Qilihe Donghanmu baihua taodeng
七里河东汉墓百花陶灯

东汉时期供随葬用的陶制明器。1972年由洛阳市文物工作队在洛阳市涧西七里河东汉墓中发掘出土。现藏于洛阳市文物工作队。

七里河东汉墓百花陶灯

通高92厘米、灯盘底径40厘米。分为灯盏、灯柱、灯座3部分，顶部为一朱雀造型的灯盏，用黑、红两色绘出羽毛，朱雀口中含圆形宝珠一颗。在灯座、灯柱之间的圆形灯盘上及上层与中层灯盏之曲枝后部，端坐有乘龙羽人，似应象征仙界气象。灯整体为繁复的树枝状，灯柱上插有12枝曲枝灯盏和4条飞龙，其上端坐12位肩部生有羽翼的羽人，羽人头戴冠，下着红色短裤，两手平伸，双腿搭于曲枝上。周围贴塑8只卧蝉及火焰花、柿蒂纹，灯柱下为一只象征长寿的乌龟。圆柱表面绘彩，以白彩为地，上涂朱，墨绘连弧纹。底部为覆钵形灯座，象征群山环抱的山峦，表面白地涂朱，墨绘云纹，上面贴塑各种动物和人物，以象征人寰。从上到下共分4层，包括2位仙人和30余只动物，动物有猴、蝉、虎、兔、鹿、蛙、羚羊、狼、猪、狗10种，它们形态各异，或奔走跳跃，或蹲伏坐卧，装饰繁复，精美绝伦，为东汉陶器中令人叫绝的工艺造型器皿。

这种造型的灯在西汉、东汉时期使用十分普遍。据考证，它是从战国时期一种带中柱的鸟柱盘演化

而来的。在朝鲜平安南道大安市德兴里高句丽永乐十八年(公元408年)壁画墓内前室墓顶东侧绘制的一幅画中，一只大鸟旁有榜题:“阳燧之鸟，履火而行。”说明灯上端立于仙界之巅的鸟代表着被神化了的阳燧，是可获取天火的神鸟。该灯若全部点燃，青烟缕缕，光辉一片，其景宛若仙境，反映出东汉时期人们祈盼长生不老，向往神仙境界，羽化升天的愿望。（李水城）

Shiguanzang wenhua taoqi

石棺葬文化陶器

战国末年至东汉时期分布在四川西北部、云南西北部和西藏东部地区的一支考古学文化的陶制器具。该文化分布范围很广，东起川西岷江上游地区茂汶县、理县，西至西藏昌都地区的澜沧江流域，北达四川甘孜草原，南抵滇西北的德钦县至四川汉源、雅安一带。这一地区的自然条件恶劣，交通不便，难以同外界交往，在很长一段时间里，始终保持着独特的文化面貌。该文化流行将死者葬入用石板或石块垒砌的棺椁中，上面加盖石板，特征突出。追溯其源，该文化的族属很可能与甘肃、青海地区的氐、羌族后裔有关，春秋、战国之际，可能迫于某种压力开始向西南一带迁徙，后扩散至川西北及周围地区，与当地居民融合而形成一支文化特征独特的考古学文化。但也有的学者认为，该文化的族属是西南地区的柞都夷和冉駹夷。

● **制陶工艺** 石棺葬文化延续时间较长，在不同时期、不同地域，制陶工艺有着较大差异。大多延续手工制作传统，有的地区出现轮制技术，采用泥条盘筑法成型。按质地划分，可分为泥质黑陶、泥质灰陶、泥质红陶和夹砂红陶几大类，泥质陶胎体较为细腻，细泥黑陶、灰陶烧制火候高，红陶烧制火候偏低，器表多经打磨处理，外表细腻。夹砂陶胎内多以白色石英砂粒为羼和料，外观较粗糙。

● **装饰** 多数陶器器表素面，不加任何装饰。有装饰的陶器流行使用刻划、压印、捏塑、拍印、戳印等方法，纹样有网格纹、斜线纹、折线纹、旋涡纹、篦纹、乳钉纹等。其中最有特点的为一种在双大耳罐腹部压磨加工出左右对称的螺旋纹，个别还在螺旋纹上镶嵌绿松石珠、小铜泡，十分华丽、贵重，还有的在器耳上镶嵌绿松石。有的遗址出土的双大耳罐腹部堆塑浮雕牛头，风格粗犷，特征突出。

● **器类** 造型比较单一，以双大耳罐数量最多，个别双大耳罐在器底附加3只短足。其他还有豆、簋形器、壶、碗、杯、钵、甗等。在有些遗址出土的器物中，有少量受到巴蜀文化影响的器皿，如陶釜、尖底盏形豆、尖底器等典型的巴蜀文化器物。双大耳罐是石棺葬文化最富特征的器皿，均选用磨光黑陶，器口正中前后折出近90度角，平面近似菱形，器口出折角以方便液体向外倾倒，口沿至器腹两侧置宽大的流线型双大耳，腹部多饰有压磨而成的螺旋纹，并流行在器腹中部或器耳、器颈部贴塑乳钉纹，特别是双大耳罐的造型和螺旋纹装饰酷似牛、羊类食草动物的头部，宽大的双耳和螺旋纹象征牛、羊头顶的大角，这一特殊的造型表示畜牧业在该文化的经济生活中占有相当的比重。

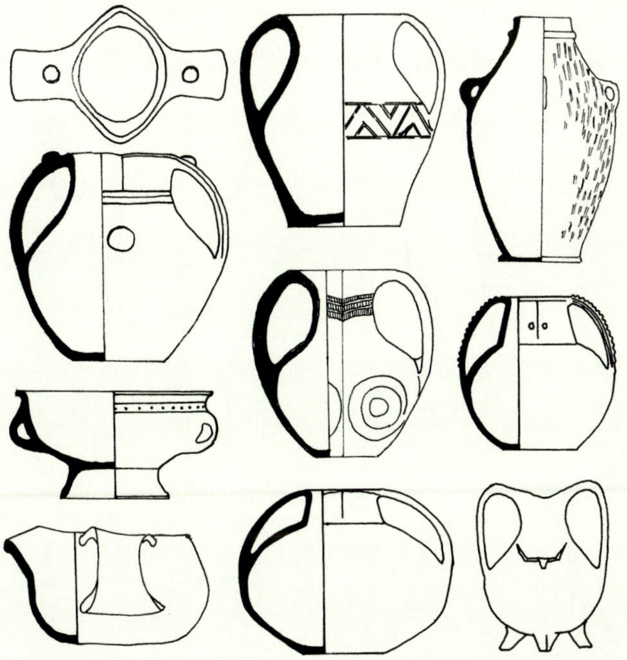

石棺葬文化陶器

参考书目

云南省博物馆文物工作队:《云南德钦县纳古石棺墓》,《考古》1983年3期。
冯汉骥等:《岷江上游的石棺墓》,《考古学报》1973年2期。
西藏文管会文物普查队:《西藏贡觉县香贝石棺墓葬》,《考古与文物》1989年6期。
四川省文管会等:《四川茂汶羌族自治县石棺葬发掘报告》,《文物资料丛刊》(7),1983.

（李水城）

Maowen shuangda'er heitaoguan

茂汶双大耳黑陶罐

秦、西汉时期石棺葬文化随葬用的陶制明器，也是日常生活用具。1960年由四川省博物馆在茂汶县发掘出土。现藏于四川省博物馆。

口径11.2厘米、通高16.5厘米。泥质黑色陶，手制，器表打磨光滑。小口，束颈，圆鼓腹，平底。器口俯视近似菱形，双大耳呈流线形从器口连接至器腹最大径处，腹部正中有一垂直的棱状凸起，在此凸棱

两侧压磨粗大的螺旋纹，造型似模仿牛、羊类食草动物的头部。器颈部饰阴线刻划纹和密集的短竖线纹。该罐为石棺葬文化的典型陶器，具有独特的风格。（李水城）

茂汶双大耳黑陶罐

Dashimu wenhua taoqi

大石墓文化陶器

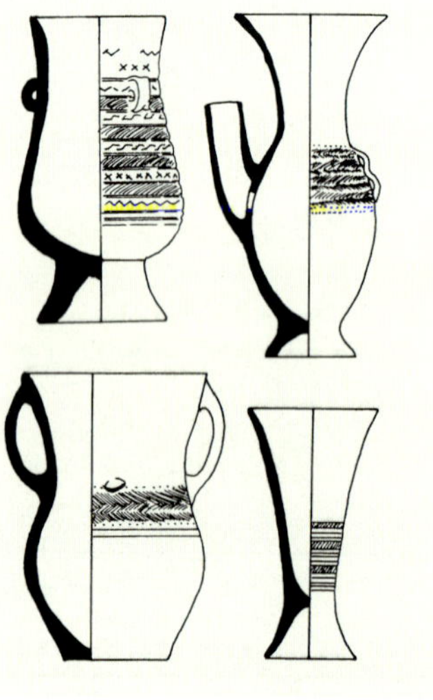

大石墓文化陶器

战国末年至东汉时期西南地区一支以大石墓葬俗为特征的考古学文化的陶制器具。大石墓文化主要分布于四川西昌和凉山一带的安宁河谷，流行将死者丛葬在一种用巨石垒砌的大型墓穴内，墓顶用巨石覆盖，墓内人骨少则数十，多者数百，均不使用葬具。大石墓的主人应是当时活动于西南一带的濮人或笮人，追溯其源，该文化应与新石器时代末期活动在该地区的礼州——大墩子文化有着一定关系。

● **制陶工艺** 分为手工泥条盘筑法和快轮制作两种，陶质分细泥黑陶、夹砂灰陶和夹砂红褐陶几种，烧成温度普遍偏低，器表颜色不纯正，多有灰黑色斑块，器类比较简单。

● **装饰** 流行刻划、压印或贴塑纹样，已知均为几何形花纹。特点是在陶器腹部组合成较有特点的花纹带，主要有凹弦纹、人字纹、斜线纹、点纹、折线纹、X纹等，也有的在腹部贴塑乳丁为装饰。

● **器类** 造型比较简单，但很有特色。典型器有大喇叭口带嘴圈足壶、觚形器、双耳平底罐、釜、带耳圈足尊、杯等。

参考书目

四川省联合考古调查队：《西昌坝河堡子大石墓发掘简报》，《考古》1976年5期。

西昌地区博物馆等：《西昌坝河堡子大石墓第二次发掘简报》，《考古》1978年2期。

西昌地区博物馆：《西昌河西大石墓群》，《考古》1978年2期。

刘世旭：《试论川西南大石墓的起源与分期》，《考古》1985年6期。（李水城）

Dian wenhua taoqi

滇文化陶器

战国晚期至东汉时期西南地区滇文化制作和使用的陶制器具。滇人属西南夷中的一支，主要活动于云南昆明和滇池周围。春秋时期，滇池周围的土著文化进入青铜时代，西汉中晚期，铁器的使用已十分普遍。该文化居民以经营农业经济为主，兼营畜养业和渔猎经济。

● **制陶工艺** 除手工制陶外，快轮制陶术已经出现，常使用刮削方法对器表进行简单的修整，再经拍打处理。容器类几乎全部为夹砂陶质，只有陶纺轮和陶球等用纯泥质陶。制陶粘土较粗糙，胎内普遍掺有破碎的螺壳和石英砂粒。陶色主要为红色和灰色，因烧制阶段火候控制不力，颜色多不纯正，有的器表呈灰色间红色，有的内红外灰，或灰中泛红。还有部分陶器表面施一层黑色陶衣。

● **装饰** 以素面陶器为主，部分在器表施黑色陶衣。主要采用轮弦、刻划和压印等方法装饰，纹样简洁朴实，流行网格条带纹、斜线条带纹、泥条堆纹、乳钉纹和水波纹等。有个别陶器表面施以釉彩。

● **器类** 造型很有特点，分为平底器、圜底器、三足器、圈足器几大类。器类包括高圈足豆、球腹罐、钵、圜底釜、尊形器、长颈壶、盒、扁足鼎、盘、大喇叭圈足器、高圈足杯、炉等，其中鼎、豆、盒、炉等器皿的造型明显受到战国至西汉时期长江中游地区楚文化的影响。

参考书目

云南省博物馆：《云南晋宁石寨山古墓群发掘报告》，文物出版社，1959。

昆明市文物管理委员会：《呈贡天子庙滇墓》，《考古学报》1985年4期。

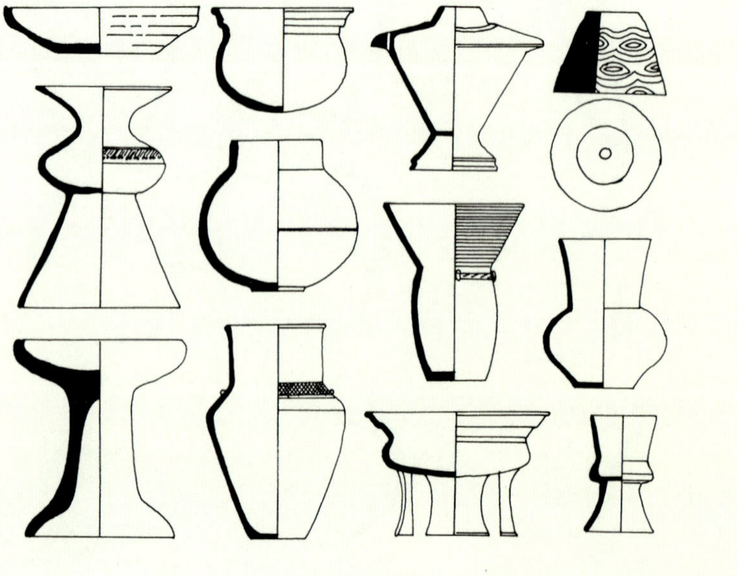

滇文化陶器

云南省博物馆文物工作队：《昆明大团山滇文化墓葬》，《考古》1983年9期。

（李水城）

Yelang wenhua taoqi

夜郎文化陶器

战国末年至东汉时期西南地区夜郎国范围内的陶制器具。夜郎为西汉、东汉时期西南夷中一个较大的部落，史称南夷，原居地在贵州西部、北部及云南的东北部和四川南部，秦、西汉初，夜郎进入定居的农业社会。西汉初年，贵州北盘江一带诸王多自立为侯，汉武帝遣使招抚，置县，属犍为南部都尉，公元前27年，夜郎国灭。夜郎国的族属有彝、苗、仡佬、布依等多种说法。20世纪70年代以来在贵州赫章县可乐、威宁县中水两地发掘了一批古墓，时代从战国晚期至东汉，出土文物有强烈的土著色彩。特别是在威宁县中水墓群出土的陶器上发现有40余件“刻划符号”，其中有28个被隶定为古彝文，这些发现对探索夜郎的族属问题提供了重要线索。

● **制陶工艺** 陶器均手工制作，工艺粗糙、原始，器壁厚重，有的薄厚不一，质地普遍较差。所有陶器均夹砂，有灰色和红色两种，焙烧温度不稳定，器表色泽不均匀。在贵州沿河县城北发现有主要用来烧制砖、瓦类建筑构件和小型陶器的东汉半地穴式陶窑，所出文物与赫章县可乐等遗址及贵州其他地区发现的东汉时期遗物相近。窑室平面作规整的正方形，面积7.4平方米，窑室后壁等距离排列烟道3个，窑床四周挖有排水通道，用来注水对陶器作渗炭处理。

● **装饰** 陶器大多素面无纹，有装饰者纹样也比较简单，常使用镂孔、刻划方法，花纹有斜方格网纹、平行短竖线、篦纹、锯齿纹、波浪纹、绳纹等。“刻划符号”多刻划在杯、罐一类器皿的口沿内面、腹部和器耳等比较显眼的位置。

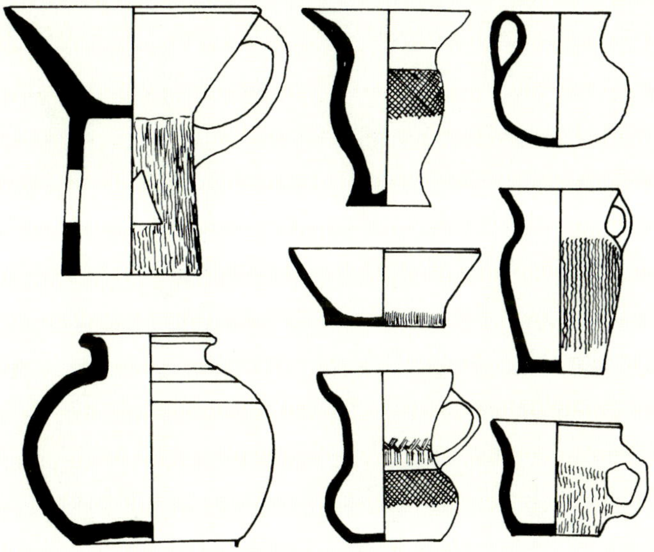

夜郎文化陶器

● **器类** 造型简单，以平底器为主，另有极少量的圜底器、圈足器。器类有单耳高足豆、单耳罐、平底碗、单把杯、喇叭口瓶形器、单耳釜、盘和网坠等，其中单耳罐、碗、杯数量最多，还有一些质地粗糙、器形小、无使用价值的明器。

参考书目

贵州省博物馆考古组等：《威宁中水汉墓》，《考古学报》1981年2期。
贵州省博物馆考古组等：《赫章可乐发掘报告》，《考古学报》1986年2期。

（李水城）

Xiongnu wenhua taoqi

匈奴文化陶器

战国晚期至东汉北部长城沿线及长城以北地区匈奴部族制作和使

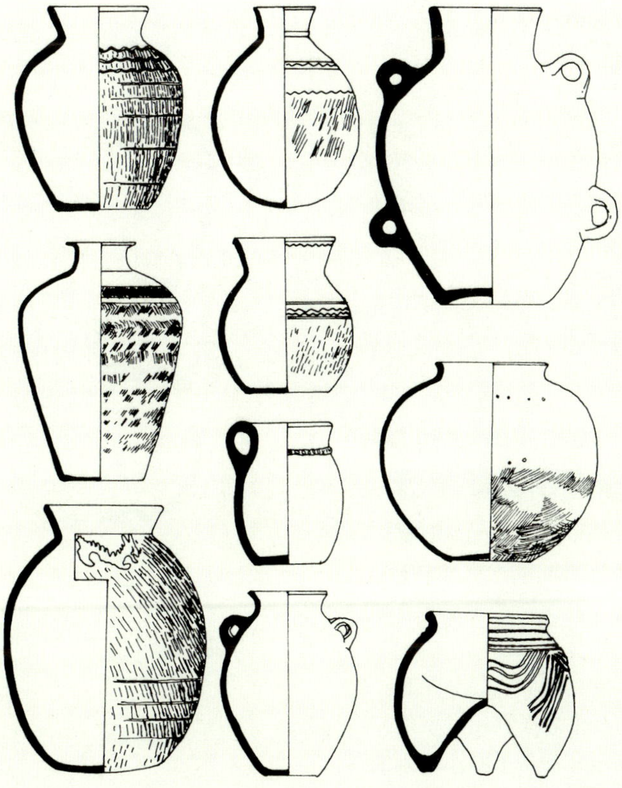

匈奴文化陶器

用的陶器。匈奴又称胡，为北方大漠草原中强悍的游牧民族。战国、秦、西汉时期，聚集在内蒙古阴山南北的匈奴部族崛起，并逐渐吞并分布在这一地区的若干少数民族，势力日渐强盛，屡屡侵扰长城以南的农业民族，对汉王朝构成很大威胁，相互间战争频繁。东汉以后，匈奴衰落，一部分退走，一部分融入到北方汉民族内。

● **制陶工艺** 匈奴实行逐水草、居无常处的游牧式经济，生活不安定，制陶手工业不发达。考古发现的匈奴陶器中有相当一部分为手制的红褐色陶，也有部分陶器与西汉、东汉时期的灰陶类似，这其中有很大一部分可能是互通贸易而得到的汉人产品。大多带有器耳，以适应游牧生活的需要。东汉时期，与汉人为邻的匈奴人多数走上汉化的道路，汉式陶器被广泛使用，如青海大通县上孙家寨遗址匈奴墓中随葬的基本为汉式陶器。

● **装饰** 十分简单，绳纹装饰普遍，亦流行在罐、瓮的肩部饰刻划波浪纹、折线纹、凹弦纹，这些几何纹样多与绳纹搭配使用。另有少量的细泥条蛇形堆纹、附加堆纹及个别的刻划动物纹。

● **器类** 以各种造型的陶罐数量最多，其次是用于盛放、储藏用的陶瓮和储水用的陶壶。多数陶器有器耳，可供穿系绳索，以便随身携带，具有适应游牧生活的特点。

参考书目

田广金等编：《鄂尔多斯式青铜器》，文物出版社，1986。

（李水城）

Sanguo zhi Nan-Beichao taoqi

三国至南北朝陶器

（公元220年～公元589年）

三国、西晋、东晋及南北朝时期的陶制器具。东汉灭亡后，北方地区割据政权林立，战乱频繁，民不聊生，江南地区则相对平稳，这一差异加速并推动了北人的大批南迁，从而大大促进了对长江流域的

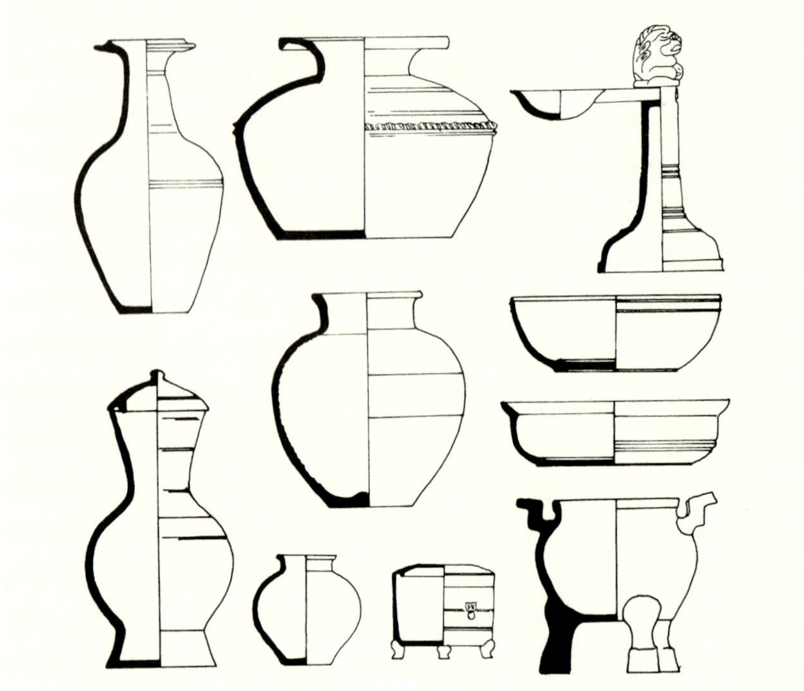

北朝陶器

开发。南北朝时期南北政权对峙，双方战事不断，严重制约了经济、文化的发展，也必然给制陶手工业以巨大冲击。这一时期，瓷器制造业已有很大发展，南北两大瓷系已初露端倪，这一新的趋势对制陶业无疑是雪上加霜，使得日用陶产品急剧衰落，产品更多地转入到随葬用明器、釉陶、建筑用陶及大型储藏用具方面。

● **分区** 在长达3个多世纪的时间里，除西晋灭吴曾有过短暂的统一外，各地基本上处于政权割据状态之中，这种南北分裂的格局一直

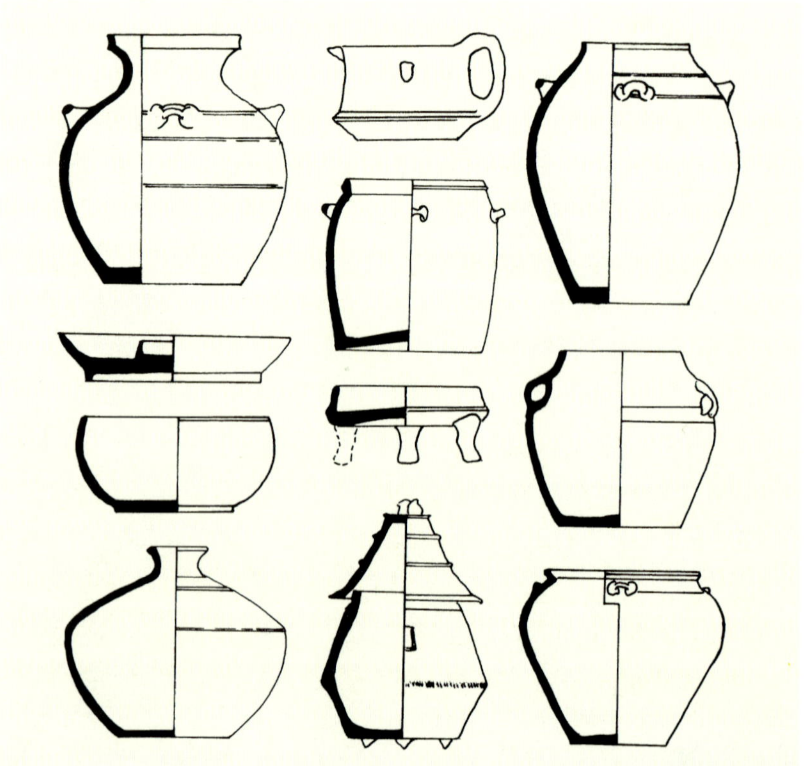

南朝陶器

持续到隋统一。按照这一政治格局可将这一历史阶段分为南、北两大块，北方的割据政权先后有曹魏、西晋、十六国、北魏、北齐、北周；南方的割据政权先后有孙吴、东晋、宋、齐、梁、陈。在黄河流域和长江流域以外的一些偏远地区并存有一些少数民族政权，如东北地区的高句丽、北方长城地带的鲜卑、新疆东部地区的高昌等。

● **制陶工艺** 无论南方还是北方，皆主要生产泥质灰陶，也有少量红陶。在广大的黄河流域，制陶手工业远不如西汉、东汉时期发达。三国两晋时期，民间制作的陶器多为粗糙的灰陶，质量较差，火候低，但在造型上有较大改变，如洛阳一带西晋墓中出土的陶器在造型上明显受到南方地区青瓷的影响，如盘口壶、双耳罐、四系罐、多子盒等。釉陶器仍在烧造，但数量大大减少，质量也远不如西汉、东汉时期。总之，从三国至东晋的200年间，北方地区制陶业萎靡不振，一片衰落。北方地区的陶俑制作，早期阶段技巧尚不成熟，造型呆板。北魏孝文帝以后，突破了前代的框框，注重人物、动物的神态刻划，在继承西汉、东汉造型艺术的基础上，又吸收佛教艺术的特点，人物俑造型写实，比例匀称自然，形式丰富。这些为后来隋、唐时期雕塑艺术的辉煌奠定了基础。

南方地区出土的这一时期的日用陶器数量不多，随葬品均为火候偏低、质地松软的灰陶，与前一阶段实用的硬陶有着天壤之别。有些陶碗、耳杯、盘在器表涂朱或施一层白粉，多为随葬用明器。这一阶段南方地区出土的陶缸较多，高80厘米、口径40厘米、底径30厘米，形体高大，胎体为青灰色，器表施黑褐色釉，器表饰线纹或锯齿纹，为实用器具。看来从此时起，日用陶器除大型储藏用具外，其他已逐渐退居次要地位。与此同时，随葬陶明器更加流行，模型明器尤多，陶色以红色为主，外表涂一层极薄的棕黄色釉，三国吴、东晋时期的陶器分灰、红两种，以生活用具、粮食加工工具、家畜圈舍一类模型明器居多，随葬用明器的烧成温度普遍偏低，质地较差，种类以谷物加工工具、生活用具、家畜、家禽为主，东晋以后主要生产青灰色陶，器类有各种人物俑、动物俑、几、案、牛车等，以仪仗车马为主。这一时期南方地区的陶俑造型粗陋呆板，数量不多，有的极其粗陋，毫无特色。在江南一带，这一阶段墓葬中流行随葬一种具有地方特色的五联罐和堆塑人物罐。

随着瓷器制造业的兴盛，陶窑的结构有了进一步改善，特别是江南一带，普遍采用龙窑结构，龙窑体积大，热效率高，节省燃料，造价低，可大大降低单位成本。建筑用陶在各地都有烧造，考古发现南北朝时期的砖瓦窑有椭圆形、束腰式。在浙江漓渚发现的砖瓦窑窑床距地表深1.6米、长3.46米，有火道7条，窑墩6个，有的窑后面设烟囱。这一时期砖瓦窑规模普遍较大，反映出当时社会上对建筑用陶需求量的增加，产品质量也有了较大的提高。

● **装饰** 大多数陶器素面，不加任何装饰，器表普遍有轮制时留下的细密轮旋纹。有装饰的陶器纹样简洁，流行弦纹、水波纹、刻划纹、附加堆纹及少量兽面铺首浮雕贴塑。江南地区的陶器流行在器表贴塑龟、蛇、犬、羊等动物及仙人等，有的将陶器塑造成动物或房屋建筑的形状。釉陶继续发展，器表施酱色或茶色釉。

● **器类** 多数为供随葬使用的明器，包括日常生活用具、粮食加工工具、家畜圈舍模型及陶俑等。日用陶器形态简单，器表多不加任何装饰，种类有缸、灶、案、几、勺、灯、盆、桶、盖缸、香熏、多子盒、托盘、耳杯、罐、盘、钵、炉、五联罐、堆塑人物罐、砚等。模型明器、工具类有磨、舂、杵、碓、臼、筛、箕、帚、仓、灶等，种类繁多，造型逼真，有些器物的造型甚至与近代南方某些同类器物相差无几，形象地再现出这一时期生产、生活的场景，也透露出大地主庄园经济的发达状况。陶质家具是这一阶段新出现的明器门类，已发现的有凭几、案、卧榻、步障座，这些是了解当时室内家具陈设的珍贵实物资料。陶砚、瓷砚更加流行，以三足砚数量最多，也有部分箕形砚。南北政权的对峙并不能阻隔两个地区的文化交流，从陶器的造型和组合可看出，这一时期文化的统一性甚至有所增强，但在器类及组合上，黄河流域与长江流域仍存在有一定差异，如中原地区的随葬陶器基本组合为樽、四系罐、多子盒、小口细颈瓶、碗、钵、灯、小口罐、假圈足壶、盆、香炉、灶、仓、井、磨、碓及各种人物俑、动物俑等。江南地区的随葬品组合为四系罐、鸡首壶、盘口四系壶、耳杯、碗、多子盒、香熏、唾盂、虎子、五联罐、堆塑人物罐、仓、灶、井、磨、碓及各种人物俑、动物俑等。三国至南北朝时期，多数陶器的造型与同时期瓷器相同。

建筑用陶包括各种砖、板瓦、筒瓦、瓦钉、瓦当等。最普通的砖作长方形，呈青灰色，上面印有花纹，一般长35厘米、宽17厘米、厚5厘米；西汉、东汉时期常见的大型空心砖这时已很少见。东晋的砖更小，纹饰简单。南朝时，花纹砖有了很大发展，即在砖的一面模印花纹，在墓中用数十乃至上百块拼成一幅大型壁画，内容多表现历史故事、社会上层人物的生活场景等，布局和构图有所创新。这种砖印画在技法上一反以往的阴刻形式，流行阳文模印，也有一些继承西汉、东汉时期画像石、画像砖的工艺传统。南北朝时期的墓砖多印有花纹，也有一些吉语砖、纪年砖、彩绘砖等。彩绘砖多见于西北地区，内容多反映墓主人生前生活，有较高的历史艺术价值。其他还有贴墙砖、仓砖、塔砖等，有的刻印记事文字。这一时期的瓦当均作圆形，随着佛教东渐，西汉、东汉时期盛行的卷云纹一变为莲花纹。早期莲花花瓣

尖瘦，以后日渐宽肥。洛阳发现的瓦当有莲花瓦当和兽面瓦当，以莲花瓦当为最，其中又以6个双瓣宝装式莲花、中间凸起一圆珠、四周辅以联珠纹者最多，构图整齐大方。此外，也有一些吉语文字、纪年文字的瓦当，字体在隶楷之间。北朝的板瓦，有的刻写造瓦人的名字，称瓦削文字。这一时期已出现琉璃瓦，多用于寺庙建筑。

参考书目

中国硅酸盐学会编：《中国陶瓷史》，文物出版社，1982。（李水城）

Xianbei taoqi

鲜卑陶器

东汉至南北朝时期北方地区鲜卑族的陶制器具。东汉以来，在长城以北地区，鲜卑逐渐取代匈奴成为北方最强大的少数民族，仅十六国中由鲜卑人建立的政权就达一半。此后，北朝主要的统治集团多由鲜卑人组成。考古发现的鲜卑遗迹分布很广，可确认的有辽宁、青海湖一带的慕容鲜卑，黑龙江至内蒙古河套东部的拓跋鲜卑。

● **制陶工艺** 鲜卑人以游牧为生，制陶手工业比较落后，所见鲜卑陶器分为手制夹砂陶和轮制细泥陶两类，以夹砂褐陶数量最多。因烧成火候不佳，器表颜色不纯净，多有黑灰色斑块，外观也较粗糙。鲜卑人除自制陶器外，也从汉族农业区交换并输入陶器。

● **装饰** 凡夹砂类陶器表面多装饰竖向排列的压磨暗条纹，细泥轮制陶表面流行压磨暗条网格纹，也有的用滚压法压印八字纹、重菱纹、篦点纹等几何纹样，个别陶器饰刻划动物纹。

● **器类** 主要分罐、壶两大类，其他还有手制的褐陶大口罐、壶、杯、尊，以及轮制的双耳小罐等，造型比较简单。此外，在鲜卑遗址中发现有来自汉族地区的双耳灰陶罐一类产品，表明鲜卑人与中原农业区保持着一定的贸易往来。

参考书目

宿白：《东北、内蒙古地区的鲜卑遗迹》，《文物》1977年5期。
吉林省文物考古研究所：《榆树老河深》，文物出版社，1987。（李水城）

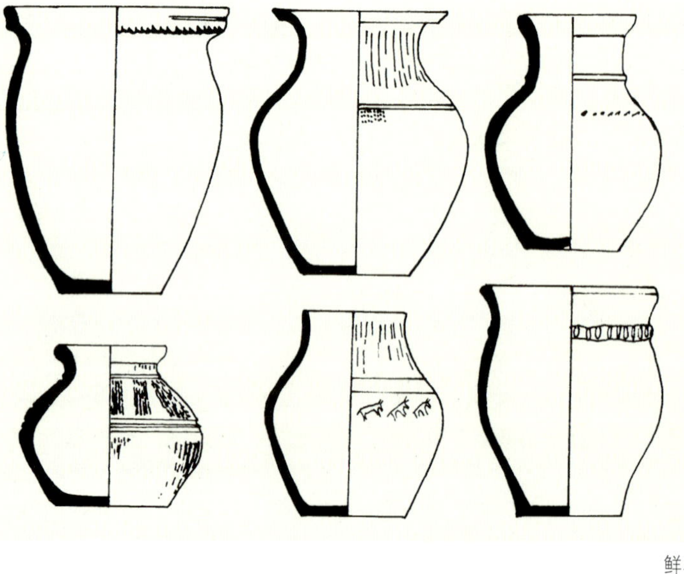
鲜卑陶器

Gaogouli taoqi

高句丽陶器

三国至唐代东北地区少数民族政权高句丽的陶制器具。高句丽又称“高夷”、“句骊”、“高丽”，既代表民族，又代表政权。高句丽的活动中心在辽宁东部、吉林东南部和朝鲜半岛北部一带，依山为城，踞山扼水，具有独特的生活方式和文化特色。西汉时，高句丽南下吉林浑江流域的桓仁地区，东汉时势力扩张，经济发展较快，后被割据辽东的公孙政权所败，遂东迁丸都城（今吉林集安）。十六国时，高句丽与前燕慕容政权争战不休。公元341年兵败，国力大衰。南北朝时，高句丽一直与北朝各政权通使往来，接受册封。公元560年，北齐废帝封其王为高丽王，从此改称高丽。隋、唐两朝与高丽战争不断。公元668年，唐大败高丽，攻占平壤，高丽亡。

● **制陶工艺** 制陶业的发展呈现出明显的阶段性，工艺随着社会生活的需要和进步而不断发展变化，并受到中原地区的强烈影响。高句丽早期（公元3世纪以前），基本停留在手工制陶阶段，产品多数为夹砂粗陶，个别为夹细砂陶，泥质陶很少。烧成温度低，陶色有黄褐、红褐、灰褐等，色泽不纯正，工艺较原始。高句丽中期（公元4世纪～公元5世纪），轮制技术普及，以泥质陶为主，夹砂陶略少，烧成温度也大大提高，陶质较坚硬，器表颜色较纯正，多为灰、黑或土黄色。这一时期出现了低温釉陶，均为红褐色胎，火候较低，烧成温度在800℃左右，器表施黄绿色釉，均为随葬明器，是中原地区丧葬习俗影响的结果。高句丽的釉陶工艺是从中原地区传入的，时间在东汉以后。在吉林集安出土的黄釉陶器既有中原风格，也有高句丽传统陶器的作风。高句丽晚期（公元6世纪以后），陶器以轮制为主，几乎全部为泥质陶，烧成温度提高，质地细腻坚硬，颜色纯正，颜色以灰、黑和黄色为主，低温釉陶已很少见。

● **装饰** 比较简单，早期陶器基本素面无纹，后逐渐出现刻划、压印类装饰，纹样有凹弦纹、波浪纹、垂幛纹等，中期以后接受中原文化的影响，出现低温黄绿釉陶。晚期阶段出现压磨暗纹装饰。

● **器类** 以各式罐、壶数量最多，流行大喇叭口、细长颈、腹部装饰4只桥形贯耳的平底罐，特征非常明显。另有一种四贯耳陶壶在遗址和墓葬中亦出土较多，是高句丽

陶器

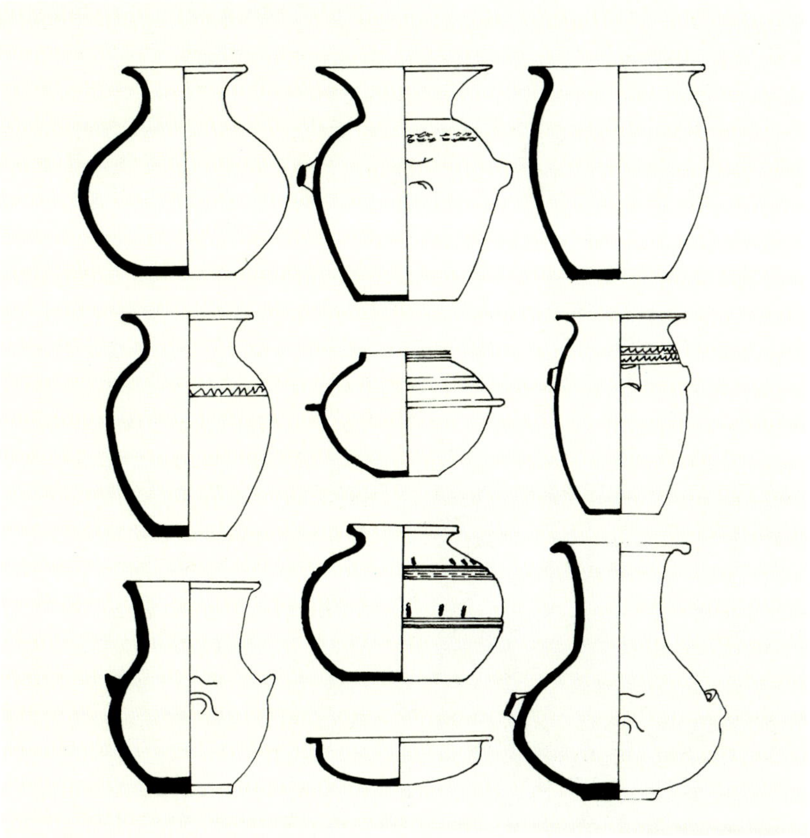
高句丽陶器

特有的传统器皿。其他典型器还有大口罐、鼓腹罐及盘、盆、钵、甑、砚台、枕、虎子、瓶、盖碗、仓、瓮、耳杯、釜、灶、枕等器类，大部分是从中原地区引进的器类。除一般日常生活用具外，高句丽也制造砖、瓦一类陶质建筑构件。

参考书目

耿铁华等：《集安高句丽陶器的初步研究》，《文物》1984年1期。
（李水城）

Gaochang taoqi

高昌陶器

南北朝至唐代初期新疆东部地区高昌国的陶制器具。高昌自公元5世纪中叶立国，由最初的高昌郡向四外扩张，至麹氏高昌时，其疆域南接河南（指罗布泊以南的吐谷浑国境），东连敦煌，西次龟兹（今库车一带），北邻敕勒（在天山北麓）。公元640年，高昌为唐王朝所灭。高昌境内的居民多为西汉以来屯戍西域的汉人后裔，语言、风俗、制度与中原相近，由于国势较弱，世代臣服于北邻的柔然、高车、突厥等游牧民族。

● **分期** 根据新疆吐鲁番市阿斯塔那——哈拉和卓古墓群的发掘，高昌陶器的演变分为如下几期：①西晋至南北朝中期（公元3世纪～公元6世纪）。随葬品普遍为灰色陶器，器形均较大，种类有瓮、釜、甑、灯、罐、壶、盆、盘、碗等，瓮上有汉文墓书，反映出汉魏中原地区文化习俗的强烈影响。②南北朝中期至唐初（公元6世纪～公元7世纪）。为麹氏高昌时期。随葬陶器中质地坚硬的灰色陶逐渐被一种特殊的彩绘陶取代，器形普遍变小，质地粗劣，器表通体涂黑，再绘以红、白、绿3色花纹，纹样多为仰莲式、俯莲式点弦纹，器类有碗、罐、盆、盘、灯等。③盛唐及中唐（公元7世纪～公元8世纪）。随葬陶器以罐、碗、灯、盆最为常见，盘也较多。前一阶段在器表流行的仰莲式、俯莲式点弦纹减少，彩绘中有的仅绘白色环形纹及十字纹。大历年间的墓葬出土有绘白彩宝相花纹陶器。这一阶段陶器的烧成温度不足，晚期甚至有不少未经烘烧的陶坯用于随葬。也有少量质地坚硬、制作精良的碗和盘出土，为日常生活中使用的实用器。

● **制陶工艺** 日用生活器皿发现不多，多为灰色陶，质地坚硬，制作精细。在吐鲁番市阿斯塔那、哈拉和卓、交河沟西、鄯善县鲁克沁等地发现的高昌郡和高昌国时期的墓葬中出土有大量随葬彩绘陶器。这些随葬陶器普遍采用轮制工艺制作，先烧出素胎陶器，再在器表施黑色陶衣，内壁施红色陶衣，器表

高昌陶器

绘彩，图案风格雷同。这种黑衣彩陶只见于墓葬，不见于生活居址，是麴氏高昌时期专门用作随葬的明器，特点十分突出。

● **装饰** 流行在器表施黑色陶衣，内壁施红色陶衣，再在外表黑地上绘红、白、绿、蓝等不同颜色组成的图案，花纹有连续卷草纹、圆点纹和仰莲纹、俯莲纹等。其中卷草纹是中原地区的常用纹样，它在高昌国陶器上大量出现，显然是受中原地区埋葬习俗影响的产物。自西汉以来，中原地区大批汉人西迁新疆，这些汉人虽然远离故土，但长期保持中原的文化习俗，将大量汉人习俗带至高昌，对当地土著文化产生了重要影响。此外，在高昌陶器上流行绘一种圆点联珠纹，这是西亚一带萨珊波斯的传统图案，表明西亚、中亚一带的古代文化曾影响到这一地区。

● **器类** 主要有小口罐、壶、盆、瓶、细柄豆、碗、四耳罐、钵、灯盏等。其中在器底附着3只兽蹄形足的陶盆造型很有特色。随葬陶器中除部分彩绘陶器制作较精致外，多数做工粗糙，装饰简单，个体较小，有些甚至是未经烧制的泥坯。

参考书目

新疆维吾尔自治区博物馆：《吐鲁番县阿斯塔那——哈拉和卓墓群发掘简报》，《文物》1970年3期。

新疆首届考古专业人员训练班：《交河故城、寺院及雅尔湖古墓发掘简报》，《新疆文物》1989年4期。

（李水城）

Asitana 186-haomu dan'er caihui taoguan

阿斯塔那186号墓单耳彩绘陶罐

北朝至唐初高昌国的供随葬用的陶制明器。1977年由新疆维吾尔自治区博物馆等单位在吐鲁番市阿斯塔那186号墓中发掘出土。现藏于新疆维吾尔自治区博物馆。

通高24.5厘米、口径11.5厘米。夹细砂泥质灰色陶胎，轮制。侈口，鼓腹，平底，一侧有单耳。通体以黑彩为地，再用深红、桔红、白、绿4种颜色绘制花纹，图案分为5层：第1层、第2层绘圆点纹，第3层绘卷草纹，第4层绘莲瓣纹，第5层绘弧线和圆点结合的组合纹，器口和内颈施桔红色陶衣。在以黑彩为地的陶器上用红、绿、白彩绘连续的卷草、莲瓣和圆点纹样，这种装饰是麴氏高昌时期随葬陶器特有的风格，其中卷草纹样明显来自中原地区，反映出中原文化对高昌文化的强烈影响。

（李水城）

阿斯塔那186号墓单耳彩绘陶罐

Asitana 116-haomu caihui sanzu taofu

阿斯塔那116号墓彩绘三足陶釜

阿斯塔那116号墓彩绘三足陶釜

北朝至唐初高昌国的供随葬用的陶制明器。1973年由新疆维吾尔自治区博物馆在吐鲁番市阿斯塔那116号墓中发掘出土。现藏于新疆维吾尔自治区博物馆。

通高23厘米、口径30.3厘米。夹细砂泥质灰色陶胎，轮制加手制成型。大口，口沿外侈，斜直腹，大平底，底下附3只毡靴形器足。器外壁绘黑彩为地，再用红、白、绿3种颜色绘制花纹，其中以绿彩绘几何线条纹，以白彩绘圆点联珠纹、花瓣纹和边饰，以红彩绘圆点花芯。口沿和内壁施深红色陶衣。

以圆点组成的联珠纹是西亚地区萨珊波斯风格的典型图案，高昌国陶器装饰此类花纹表明中西文化在新疆东部发生碰撞并融合，进而形成一种独特的装饰纹样。此墓还出土有高昌义和元年（公元614年）和重光二年（公元621年）张头子夫妻随葬衣物疏及张弘震的墓表，可确认此墓下葬的年代为唐代初年。

（李水城）

〖三国至南北朝其他陶器〗

Zhaoshigang Wumu feiniao renwu gucangguan

赵士岗吴墓飞鸟人物谷仓罐

三国时期孙吴地区供随葬用的陶制器具。1955年由南京博物院在南京市光华门外葬于吴凤凰二年（公元273年）赵士岗的墓葬中发掘出土。现藏于南京博物院。

通高34.3厘米、腹径23.8厘米。泥质红陶胎，轮制加模制成型。顶部为一圆形器盖，器盖周边装饰刻划弦纹和竖条纹。罐上部正中为器口，器口前塑有楼阁双阙，双阙后为门檐和屋脊，罐口周边有凸起的沿面，双阙前竖立一对圆柱。在楼阁四周捏塑10余位力士像，均作拱手交叉于胸前的姿势。屋脊上捏塑有簇拥在一起的飞鸟和4个盂形小罐，飞鸟正在争抢啄食。罐圆弧腹，微束颈，平底，器腹表面饰2组凹弦

纹，贴塑有浮雕装饰一周，内容包括9个铺首衔环、2个人首鸟身神像及一对凤凰及狮子、人物骑兽。此罐器表装饰繁复，集中展示出南朝制陶手工业在捏塑、模印、堆贴等方面的工艺水平。

赵士岗吴墓飞鸟人物谷仓罐

飞鸟人物罐在江南地区西晋、东晋及南朝墓中比较常见，少量为陶制品，多为青瓷制品。它源于东汉晚期长江流域出现的一种五联罐，主要流行于东吴至东晋初期，尤以吴景帝至西晋惠帝时（公元258年～公元306年）出土数量最多，集中发现于浙江、江苏和安徽3省，在江西也偶有发现。早期的五联罐造型简单，一般是在一大罐的肩部附加4个造型相同的小罐，后来造型日趋复杂，罐口增加了堆塑的重楼、双阙、环列的人物塑像，重楼上还有群集的飞鸟，罐腹部贴塑龟、蛇、犬、羊等浮雕动物。据研究，谷仓罐的原产地在浙江越窑、婺窑、瓯窑的分布区内，以会稽郡越窑腹地为中心，由此辐射影响到周围地区。对此器的名称一直有着不同意见，此器自铭为“䣕”，又有“谷仓”、“堆塑瓶（罐）”、“神亭罐”、“魂瓶”等不同叫法。已发现的谷仓罐常有铭文，大多是祝愿谋求高官、祈求吉祥、延年益寿、多子发财等内容。谷仓罐上的雕塑内容，一方面表现的是丧葬礼仪的场面，目的是超度死者的亡灵，使死者灵魂得以安息；另一方面是为了保佑活人，以对死者的虔诚来祈求后人长寿、升官、发财。也有的学者认为此类器皿不是用于储藏所用的谷仓，而是表现佛教东传至江南地区后出现的一种新的文化现象，如飞鸟人物罐上部的建筑表现的是当时大兴佛寺庙宇的历史事实，堆塑人物浮雕为随佛教东传而来的胡僧形象，密集的飞鸟则是佛教中作为佛祖象征物的鸽子。

（李水城）

Sui-Tang-Wudai taoqi

隋唐五代陶器

（公元581年～公元960年）

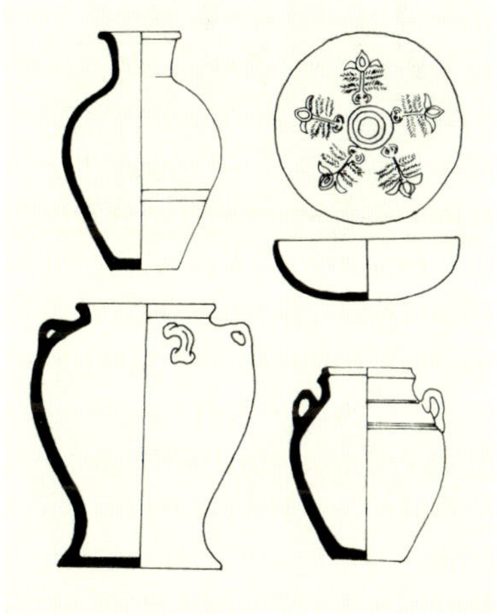

隋代陶器

隋、唐、五代时期的陶制器具。这一时期瓷器手工业已有突飞猛进的发展，初步形成一批名窑，产品远销日本及朝鲜半岛、东南亚、西亚、北非等地部分国家。随着瓷器的飞速发展，陶器在社会中的功用进一步降低，陶制日用饮食器皿基本上为瓷器所取代，陶器主要为随葬明器、模型明器、各类俑和建筑构件。与此不同的是，唐代低温釉陶的生产却有了很大的发展，尤以唐三彩器最为著名，工艺成就也最高。

● **分区与分期** 可分为黄河流域和长江流域两大区。比照器形的发展变化，可大致分为4个发展阶段：①隋代（公元581年～公元618年）。普遍使用陶器作为随葬品，而且大多为日常生活用具。以罐、瓶为例，整体造型较为短粗，器腹圆鼓，胎体厚重，塔式罐尚未出现。器表装饰十分简单，一般是在制坯成型阶段，在器表刻划简单的花纹，不见绘彩装饰。模型明器较为常见，主要有灶、房屋、磨、井栏等，开始出现双色低温釉陶，为日后唐三彩的出现奠定了基础。②初唐至盛唐（公元7世纪～公元8世纪）。随葬陶器仍以日常生活用具为主，开始出现一些器形小、无使用功能的陶明器，模型明器逐渐减少，有部分陶器表面开始出现贴花装饰。罐、瓶类造型仍比较短粗，胎体较厚重，出现塔式罐和唐三彩器。③中唐至晚唐（公元8世纪～公元9世纪末）。随葬陶器中实用类生活用具数量大大减少，质量低劣的陶明器数量增加。彩绘陶器和唐三彩明器的数量明显增多，种类十分丰富。④晚唐至五代（公元9世纪末～公元10世纪中叶）。使用陶器随葬的墓葬比例降至80%，使用日用陶器随葬的数量更少，大多数采用规格相同、形制统一、工艺粗糙的明器。塔式罐的使用极普遍，唐三彩、釉陶的数量开始减少并逐渐消失。

● **制陶工艺** 基本采用快轮制作，造型普遍规整，胎体厚薄匀称，器表留有清晰的轮旋痕，附件多采用模制技术，再与主件衔接。模型明器、陶俑使用手制或模制方法制作。以陶质区分，分为泥质灰陶、泥质红陶、细泥黄褐陶3大类，灰陶所占比例最高。陶土大多经过简单淘洗，焙烧时使用还原焰气氛，器表呈青灰色，烧成温度较高，胎质坚硬。此类灰陶多为日用陶器。泥质红陶、黄褐陶为数不多，使用氧化焰气氛烧成，火候偏低，胎质疏松，器表多施红色陶衣，部分绘彩，此类陶器多为随葬明器。另有一些制作相当精致的陶器，器表经打磨处理，光滑细腻。陶砚一类文具的制作也颇为精细。

瓷器手工业的长足发展，一方面对陶器生产造成很大冲击，但从工艺上也促进了制陶手工业的进步。

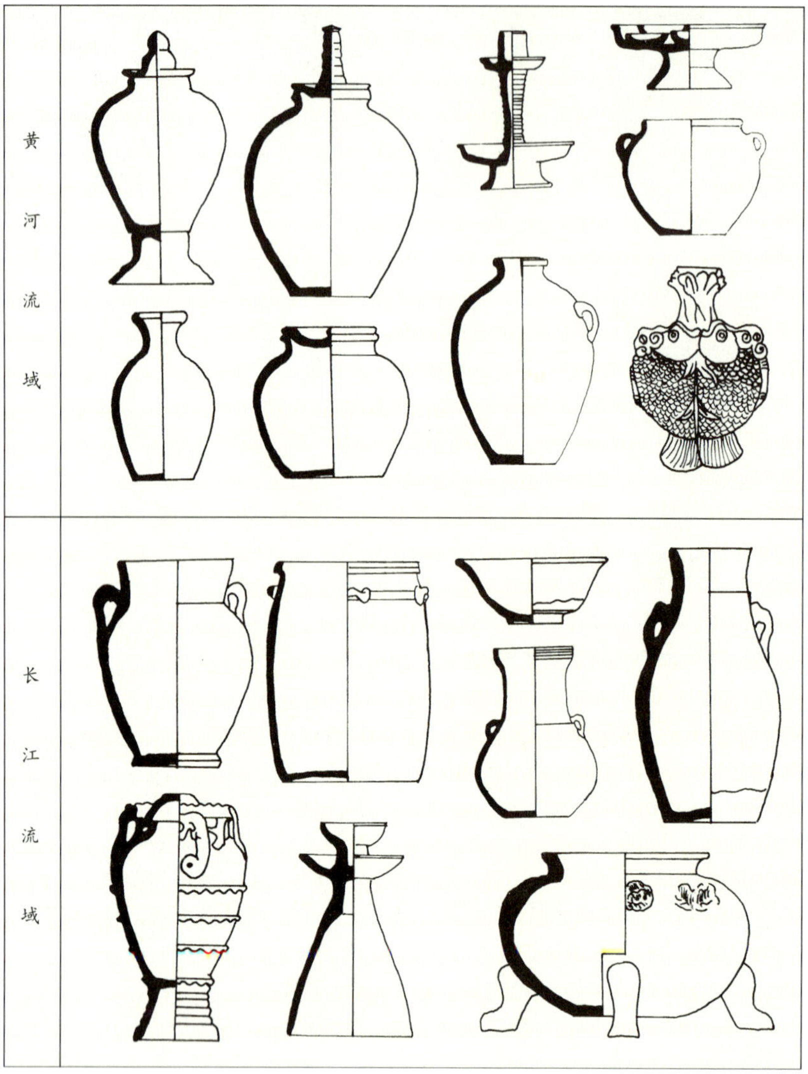

唐代陶器

唐、五代时期，一些特大型的陶器数量增多，有的陶瓮高达200厘米，为以往所不见。在新疆高昌故城、龟兹故城等唐代古城址中曾出土有成列的巨制大瓮，每组多达二三十件，它们应系藏储用具，可用于盛水、酿酒等。这一阶段的瓷窑中使用了制作瓷器用的陶范，在陕西铜川市四中遗址出土的一批五代时期的耀州窑陶外范，内壁整洁光滑，刻有花纹，外壁相对较粗糙，使用时将坯体放置在范内模压成型，花纹直接模印在陶器外表。陶范花纹为阴刻，模印出的瓷器表面花纹为凸起的阳线，颇具贴花装饰的浮雕效果。在唐代耀州窑遗址仅发现有造型范，可模塑人物、动物等立体形象，需要双范或多范，分别模制，粘接成型。也有模印花纹的陶范，但只能在器表局部戳印花纹，不具备成型功能。五代成型陶范的出现可减少工序，提高工效，较之唐代有很大进步。西安、洛阳、扬州等地出土有较多的唐三彩和釉陶器，此类产品成功地运用了低温彩釉工艺，为瓷器装饰过渡到釉上彩和釉下彩工艺起到了承前启后的作用，为后世多色釉瓷的产生奠定了基础，对明代琉璃和清代素三彩也有所影响。

在隋、唐两京地区发现有占地面积大、排列有序的窑址，陶窑的结构符合《唐会要》记载的“穿掘为窑”的形式。如位于唐代王陵区附近的陕西富平陶窑为穹窿顶结构，中间有挖开的通道，通道内连接几十座小窑，组合成有序的窑群，操作时各部门互不干扰，轮流作业，利于装坯和出窑，具有省工、省料、废品少的优点。这种“穿掘为窑”形式即现代有些农村仍延续使用的所谓“暗窑”。富平陶窑出土有兽面梯形砖、筒瓦、板瓦、鸱吻、绳纹砖、瓦当、手印砖等，应是当时官方为修筑王陵和陪葬墓而专设的砖瓦窑场。洛阳唐代砖瓦窑是在生土中挖出方坑，再向四周扩展出近方形的土洞窑室，除烟囱外整座窑都在地面以下，窑顶部有渗水孔，当砖瓦烧成后，从渗水孔向窑内浇水，水流入窑内在高温下造成一种还原氛围，使砖、瓦还原成青黑色。窑内出土物有板瓦、筒瓦、瓦当、兽面梯形砖、绳纹砖、莲花座等，此类陶窑除烧制砖瓦外，也兼烧其他建筑构件。

● **装饰** 以西安出土的陶器为例，一般实用陶器装饰较简朴，多使用压印纹、弦纹。随葬明器装饰较为考究，先在器表施白色陶衣，再用红、黄、褐、黑、浓绿、浅绿、棕、蓝等不同颜料描绘花纹，底色细腻洁白，画面色彩丰富，十分艳丽。当时流行的纹样主要有宝相花、云日纹、卷草纹、锯齿纹等。其中宝相花在唐代最为流行，一般装饰在陶器的主体部位，纹样以梅花为中心，围绕以四瓣对称的莲瓣，莲瓣之间绘云头纹、花瓣纹，构图设色严谨有序。云日纹的装饰部位与宝相花相同，图案比较圆肥，排列严整。莲瓣纹多绘制在器盖、器座或器身的肩、颈和下腹部，分仰莲、覆莲两种形式。流云纹构图活泼，一般绘制在主体花纹四周，起补白、陪衬作用。卷草纹绘制部位与莲瓣纹相似，但一般用卷草纹就不用莲瓣纹，反之亦然。此外也经常使用磨压暗纹，不很显眼，需在光线照射或在不同角度时才能显现出来，构图较简单，有弦纹、连续S纹和平行宽带瓦棱纹等。

● **器类** 唐代逐渐淘汰以往粗重笨拙的器类，代之以精巧秀丽、雍容富贵的造型，特征鲜明，开一代新风，工艺也更加成熟，种类浩繁，造型极其繁杂。容器类有塔式盖罐、塔式瓶、壶、瓶、碗、盘、罐、盆、坛、瓮、香炉、四系罐、盘口壶、盏、魂瓶等。模型明器类有房屋、磨、碓、灶、井栏。陶俑类有各种造型的人物、天王、武士、胡人、牛、马、骆驼、驴、神怪、镇墓兽等。其他生活用具还有灯盏、器座、砚台、印章及一些用途不明的鼓形器、轮形器等。新疆吉木萨尔县北庭古城遗址内发现有不少制作较精美的陶棺，为当时祆教（拜火教）教徒流行使用的葬具，此类陶棺在前苏联中亚地区常有出土，表明新疆与中亚地区在宗教信仰和文化上存在着密切联系。从唐代开始，受佛教影响，西南地区的南诏国（云南）也实行火葬，葬具多使用罐、瓮等陶瓷器皿，外表装饰浮雕莲瓣或十二生肖图案。随着中外文化交流的兴盛，唐代陶器中出现一些受西方文化影响的新器形，如源于波斯的凤首壶，来自希腊的兽首角状杯、花瓣口有柄壶等。在陶俑中也出现大量表现西方人种的形象。隋、唐、五代时期的陶建筑构件有方砖、条砖、莲花纹方砖、宝相纹方砖、手纹条砖等，种类相当多，随着佛教的兴盛，唐代继续沿用模印莲花纹瓦当，形成一时风尚。

参考书目

李知宴：《西安地区隋唐墓葬出土陶瓷的初步研究》，《考古与文物》1981年1期。

中国社会科学院考古研究所洛阳唐城队：《隋唐砖瓦窑发掘简报》，《考古》1992年12期。

（李水城）

Tang Sancaiqi
唐三彩器

唐代的低温铅釉陶制器具。因在器表多施黄、绿、褐3种色釉而得名。唐三彩始制于初唐高宗年间，盛唐时达到顶峰，中晚唐以后逐渐衰落。唐三彩的出现将中国陶器制作工艺又推上了一个新的高峰，当时产品就曾远销世界上许多国家，对中国传统文化的传播起到了重要的推动作用。

● **制作工艺** 制造唐三彩的原料是粘土或瓷土（坩子土），制作工艺相当复杂，包括选料、制胎、成型、素烧、施釉、釉烧、开相等数道工序，一件作品需经过制模、轮制、压印、捏塑、雕刻、修整等一套复杂的工艺过程。陶坯制成后，先入窑素烧至1100℃左右，待出窑冷却、施釉，经两次入窑釉烧至900℃而成。釉烧窑温较素烧为低，可达到使器物不变形、釉与胎密合度好、不脱釉的目的。

追溯唐三彩的渊源，似乎经历了单色釉→双色釉→三彩釉的进化历程。施釉是制作三彩的一项重要工序，唐三彩实际上并不限于黄、绿、褐3种基调，也有浅黄、浅绿、深绿、蓝、白、紫、黑等多种釉色。三彩釉的主要成份是硅酸铅，呈色剂为各种金属氧化物，如黄色为铁或锑，赭黄色为铁，绿色为铜，蓝色为钴，紫色为锰等。釉色光泽艳丽，加之各种色调交错使用，可达到千变万化的独特效果，其制作水平超过以往历代低温釉陶的工艺。唐代工匠已能熟练掌握和运用釉色的融熔、流动、浸润等特点，在操作中有时使用多种色釉自然流淌浸润的方法，有时使用点彩或平行带状彩，使釉层表面形成晶莹温润的色彩和光泽，典雅富丽，造成一种釉色浓而下溢，釉彩下垂流动、相互浸润的奇妙效果。还能将上述施釉工艺与贴花、刻花、印花、捏塑、浮雕等工艺结合，使器表装饰呈现五彩缤纷、美不胜收的艺术效果。唐三彩充分运用低温釉的性能和多种釉色的组合，使器表装饰更加复杂、华美。还汲取姊妹工艺技术之长，参考当时的染缬技法，使釉彩制作达到色彩斑斓的艺术效果。从唐三彩的出土物中可以找到唐代著名的“玛瑙缬”、“鱼子缬”、“撮晕缬”等纹样的痕迹，借此可了解唐代纺织印花工艺的发达状况。

在河南巩义、密县、登封和陕西铜川及河北内丘等地均发现有制作唐三彩的作坊遗址，其中以陕西铜川市黄堡乡发现的唐代三彩窑炉最为重要。黄堡三彩陶窑平面呈马蹄形，面积较唐代烧制瓷器的窑要小得多。以10号窑为例，火膛呈扇形，无漏灰和通风设施，面积仅3.5平方米。窑床后有两座烟囱，窑床与烟囱间建有隔墙，墙下有吸火口。除面积较小外，这种窑的结构与烧制瓷器的窑相同。所不同的是，三彩陶窑的窑床下烧土层颜色淡而薄，说明窑内温度较烧制瓷器的窑要明显低一些。在黄堡乡一带还出土一批素烧三彩器坯和烧制三彩釉的小窑炉，证明三彩器确实采用的是二次烧成工艺。唐代烧造三彩的另一个重要产地是河南巩义市黄冶村，在当地发现有用耐火砖修建的三彩陶窑。

唐三彩多用来制作明器，也有部分日常生活用具。一般实用器的烧成温度较高，达900℃～1100℃，胎体较薄，厚度一般不超过1厘米，表层釉面光润明亮，渗水率较低。在殿堂、寺庙或其他宗教遗址中发现的唐三彩，均为实用器皿。唐三彩明器的烧成温度偏低，仅为700℃～800℃，胎体成熟度较差。

● **产地** 唐三彩的制作并非完全由官府垄断，各地均有烧造，商品性很强，其中以陕西、河南两地最为著名。洛阳、长安为唐代的东西二都（即当时的东京、西京），这里聚集了大量的皇亲国戚、达官贵人、巨贾富商、外国贵宾，这些人生前生活奢靡，死后也争相攀比，厚葬成风，唐三彩作为一种时髦用具很快便在这些地区流行开来。洛阳是制作唐三彩的中心之一，这里生产的唐三彩以瓷土为原料，胎骨为白瓷胎，釉色风格艳丽，花纹繁缛，器表多装饰陕西关中一带罕见的几何纹、点彩纹和垂带纹。巩义市黄冶村为洛阳唐三彩的重要产地，其产品有生活用具、儿童玩具、随葬明器等。日用器皿往往内外施釉，釉色晶莹，注重装饰，广泛使用贴花工艺，特别是仕女俑的造型俏丽飘逸，体态适中。陕西关中是制作唐三彩的另一个中心。那里的唐三彩用陶土烧制，胎骨呈红色，特点

是釉色清丽素雅，器类丰富，有洛阳唐三彩所不见的楼阁、庭院、山峦、水榭等模型明器。关中仕女俑体态圆肥丰满，颇具唐风，但不见玩具一类产品。江苏扬州出土的唐三彩陶塑与西安、洛阳的作风有所不同，似乎也应有制作唐三彩的作坊，但学术界对此尚有不同意见。

● **装饰** 十分讲究，按内容可分为两大类：①立体装饰。包括使用手工捏塑，或用特制模具压印各种人物、动物及植物造型。②平面装饰。包括刻花、印花、釉彩等多种技术相互搭配使用，常见纹样有宝相花、蔓草、莲叶、荷花、杏叶、灵芝、流苏、珍珠、铺首、动物、人物等。三彩雕塑保持秦汉以来写实的艺术传统，并创造性地运用低温釉彩，使器表绚丽斑斓，表现出富有浪漫色彩的盛唐气象，其中不乏艺术杰作，人物俑衣着塑造极为出色，有曹衣出水、吴带当风的意境。

● **器类** 相当丰富，分生活用具、儿童玩具、人物俑、动物俑、模型器皿、建筑材料等几大类。生活用具又细分为水酒器、饮食器、炊器、化妆器、文具等，水酒器类有壶、尊、瓶、罐、奁、樽、扁壶、耳杯、细颈瓶、盆、盅、象首杯、卮、凤首壶等；饮食器类有盘、豆、碗、盂、钵、盒、杯等；化妆器类有粉盒；炊器类有釜、甑、斗；文具类有水盂、水注、砚台、洗等；其他生活器皿还有唾盂、香炉、塔式罐、枕、灯等。模型用具有马车、牛车、房屋、庭院、家室、钱柜、榻、碓、井、灶、水池、仓、假山、厕所等。陶俑类包括人物类的天王、武士、文官、贵妇、男女仆从、牵马牵驼俑、乐舞俑、骑马俑；神怪类有镇墓兽、十二生肖、共命鸟等；动物类有马、骆驼、驴、牛、羊、猪、狗、鸡、鸭、鹅、兔、狮、虎等；儿童玩具类有马、虎、犀牛、猴、狗、雀、燕、鸠、龟、骆驼、鸳鸯、象、人骑马、人骑驼、抱婴、抱狗、抱狮、伎乐、口哨、小铃、人头、猴头等。建筑类材料有瓦当、筒瓦、板瓦、龙头脊首套饰等。

● **外销情况** 唐三彩不仅当时在国内风行，并迅速传至海外，公元8世纪中叶至公元9世纪，出口量大增，其足迹遍及亚、非、欧三大洲，包括前苏联的中亚地区及日本、伊拉克、伊朗、叙利亚、约旦、埃及、苏丹、印度尼西亚等国均有出土，在当时的中外文化交流中，唐三彩器起到了特殊使者的作用。扬州是唐代江南地区最大的城市，也是当时重要的贸易集散地和外贸港口，许多外销唐三彩器从这里起航运往海外。与此同时，三彩工艺也开始走出国门，在国外很快就出现了仿制品，如朝鲜和日本就有仿制的“新罗三彩”和“奈良三彩”。据统计，在日本已有14个地点出土过唐三彩，另在一都一府18个县出土有“奈良三彩”。在唐三彩中还有胡瓶、凤首壶、象首杯、牛首杯、鸂鶒鸟酒卮等造型别致的器皿，它们基本上是在外来文化影响下创造出来的。

参考书目

陕西省考古研究所：《唐代黄堡窑址》，文物出版社，1992。
余扶危等：《唐三彩概述》，《中原文物》1994年1期。
夏梅珍：《试论扬州出土唐三彩的窑口》，《东南文化》1990年1～2期。

（李水城）

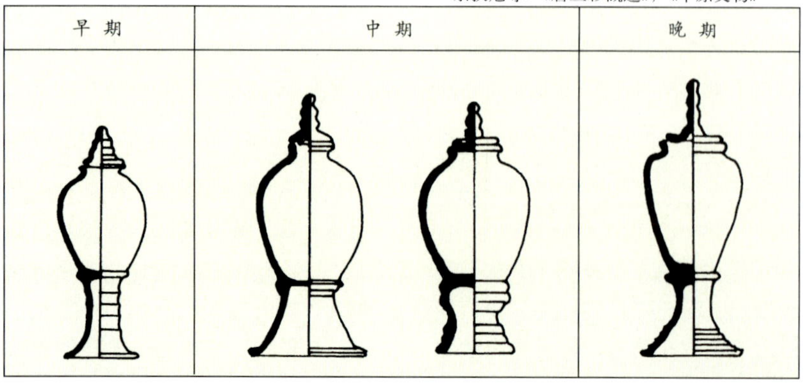

唐塔式罐演变示意图

Zhongbaocun Tangmu sancai tashiguan

中堡村唐墓三彩塔式罐

唐代供随葬用的三彩明器。1959年由陕西省博物馆在西安市西郊中堡村唐墓中发掘出土。现藏于陕西历史博物馆。

中堡村唐墓三彩塔式罐

共2件，形制、花纹大致相同。通高69.5厘米、底径10.1厘米。小口，束颈，上部为塔式罐器盖，盖组螺旋形似塔刹；中部为器身，呈倒梨形，肩部圆鼓，下腹内收为小平底。在肩部最大径处等距离贴塑白色象首和蓝色双角龙头高浮雕各3枚，罐底坐落在3层仰覆的莲花瓣上，花瓣下为高大的喇叭口底座，承托着盛开的莲花和罐身。该器造型高大华丽，端庄秀美，通体施黄、绿、褐、橙等色釉，呈现出纷纷点点的艳丽色泽，光彩鉴人，富丽堂皇。

塔式罐是随着佛教盛行而出现的一种宗教寺庙用器，其造型模仿印度的舍利塔而来，多出土于盛唐以后的墓葬之中，具有明显的佛教色彩。此类器造型高大，略近塔形，

一般由3部分组成，中部为罐形器身，肩腹部圆鼓，小平底；上部为器盖，顶部塑有高耸的圆雕装饰；下部为高大的喇叭形底座，有的还塑造盛开的莲花。该罐表面装饰莲花、象首为域外佛教艺术中常见的形式，但龙首雕塑却为中国传统文化所特有，可谓中西合璧之佳作。

塔式罐延续时间很长，自唐中宗时期开始出现一直流行到唐末。根据对西安地区唐墓出土的塔式罐的研究，其造型变化的特点是：早期盖纽粗矮，底座较细高；中期盖纽变细加高，呈串珠状，广肩，喇叭底座宽大；晚期盖纽变得细高，罐口加大，折肩，喇叭口底座较为纤细、狭小，远不如前雄伟。

（李水城）

Jiliqu Tangmu sancai lianhuadeng

吉利区唐墓三彩莲花灯

吉利区唐墓三彩莲花灯

唐代的三彩日常生活用具。1987年由河南洛阳市文物工作队在洛阳市吉利区唐墓中发掘出土。现藏于洛阳市文物工作队。

通高45.5厘米、灯碗口径9.3厘米、底座直径22.6厘米。由灯座、灯柄、灯盘、灯盏4部分组成，灯顶部为碗形灯盏，灯盏由一仰莲托置，仰莲下为一托盘，灯柄为竹节形，每节竹节压印一周联珠纹。柱中部有两朵荷花，一仰一覆，相对而置。灯柄坐落在一个与覆莲相接的覆盆式台座上，座上贴塑有贝、兽、力士等浮雕装饰。该灯造型典雅精致，色彩华丽，为洛阳出土唐三彩器中的精品。

（李水城）

Tawancun Tangmu sancai jishouhu

塔湾村唐墓三彩鸡首壶

唐代供随葬用的三彩酒具。1965年出土于河南洛阳市东郊塔湾村唐墓内。现藏于洛阳市文物工作队。

塔湾村唐墓三彩鸡首壶

通高32厘米、口径3.8厘米～5.1厘米。整体模仿鸡的造型，上部为鸡首，模印塑造出写实的鸡首，器口开在鸡首顶部，颈部细长，扁圆腹，喇叭形圈足，器口至肩部置一捉手。壶腹部两面模印浮雕花纹，一面为骑马射猎图，四周配以云气纹；另一面为展翅飞翔的凤鸟团花云气纹。

（李水城）

tiehua shuangchi'er sancaiping

贴花双螭耳三彩瓶

唐代三彩酒具。现藏于日本东京国立博物馆。

贴花双螭耳三彩瓶

通高47.4厘米。白色陶胎，瓶体快轮制作成型，螭首柄和腹部贴花模制而成，再经贴塑、对接成型。小盘口，口沿外侈，细长颈，圆鼓腹，下腹内收成小平底。瓶口至肩部置螭首器耳一对，螭嘴大张，咬住瓶口，设计颇为精巧。瓶腹部正中贴塑3朵宝相团花，瓶口外侧和螭颈部贴塑乳钉。腹部以上施黄、绿、褐三彩低温釉。该瓶造型为唐代标准式样，造型精美，色彩华丽，是难得的三彩佳作。

（李水城）

yinhua fengshou sancaiping

印花凤首三彩瓶

唐代三彩日用酒具。传世品。现藏于日本白鹤美术馆。

通高35.5厘米、口径5.7厘米、底径8.8厘米。主体用快轮制作成型，

瓶口和器柄模制、捏塑而成，器底圈足系对接而成。特点是将瓶口捏塑成一凤鸟的头部形象，喙部微张，巧妙地构成流口，颈部细长，器腹呈椭圆形，底接喇叭口小圈足。器口一侧至肩部置黍草茎器耳，造型恰似一变形的螭首。瓶颈装饰数周凸棱纹，器表装饰分为4组，颈基和器底为覆莲纹、仰莲纹，肩部和下腹部饰浮雕的椭圆形忍冬纹，腹中部主体花纹为4组浮雕凤鸟，凤鸟周边用忍冬纹补白。通体施黄、绿、褐3色釉彩，以黄绿色为主。该瓶设计精美，釉色格调素雅，造型有强烈的波斯风格，反映出盛唐时期中西方文化交流颇为密切。

（李水城）

印花凤首三彩瓶

huabankou dan'er sancaiping

花瓣口单耳三彩瓶

唐代的三彩日用酒具。现藏于日本私家。

通高35厘米、腹径19厘米、底径13厘米。瓶体轮制而成，器口为花瓣状，有手工捏制的流口。细长颈，扁球形圆鼓腹，下接喇叭状圈足。龙首柄和腹部贴花模制、贴塑而成，对接成型。器口后部至肩部置螭首器耳一只，螭嘴大张，咬合瓶口后部。器颈装饰竹节纹，肩部饰两股凹弦纹和浮雕装饰，腹部主体花纹为模印的浮雕图案，有狩猎骑马人物、翩翩起舞的凤鸟和四瓣团花纹。通体施黄、绿、褐3色釉。该器造型明显模仿西方的同类金属器，特别是器底大喇叭口、高圈足的造型具有强烈的域外文化色彩。

（李水城）

花瓣口单耳三彩瓶

tiehua changjing sancaiping

贴花长颈三彩瓶

唐代的三彩日用酒具。现藏于日本东京国立博物馆。

通高25.3厘米、口径7.5厘米、底径8.8厘米。器体轮制而成。喇叭口，宽沿，圆唇，细长颈，球形圆腹，喇叭状高圈足。器颈中部饰凹弦纹数股，肩部和器底贴塑树叶纹，腹部模压贴塑纵菱形宝相花纹4组，通体施黄、绿、褐3色釉。与该器相同的三彩瓶残片在日本福冈市冲之岛的宗相神社曾有出土，反映出唐三彩对日本陶瓷手工业的强烈影响。

（李水城）

贴花长颈三彩瓶

Banzhuwan fudiao sancaiguan

斑竹湾浮雕三彩棺

五代时期陶制三彩火葬用具。1973年出土于四川乐山县斑竹湾。现藏于四川省博物馆。

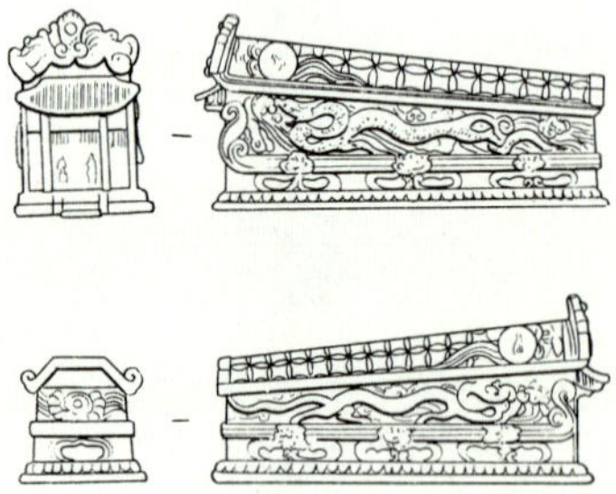

斑竹湾浮雕三彩棺

通长81.5厘米，前高（连棺盖）40.5厘米、后高24厘米，棺座前宽29厘米、后宽25厘米，棺身前宽27厘米、后宽18厘米。琉璃釉陶质，模制。通体施琉璃釉彩，有黄、绿、褐3种颜色。棺身坐落在装饰莲瓣纹的棺座之上，左右侧棺墙各开3门，左侧棺身饰浮雕青龙，右侧饰浮雕白虎，均以波浪水花纹衬底。棺后墙开一门，饰浮雕花卉水波纹。棺盖为弧券顶，顶面以铜钱变化而来

的花瓣纹为地，盖前左右配以日、月纹，日中有金乌，月中有玉兔，并配以部分天象图，表示天穹。棺正面为一殿堂建筑，飞檐翘角，耸立在两层台基之上，台基正中有3级踏道，道两旁附垂带，台基上立4檐柱，将殿堂分为3开间，中间一间跨度约为两边次间的两倍。左右檐柱下有莲花柱础，柱础与檐柱间刻有一板状圆盘，是起防潮作用的构件，殿堂角柱直立台基之上。中心间和两次间的4檐柱下部用地栿连接，上部施阑额，阑额之上不施普柏枋，具有隋、唐时期建筑的风格。中心间两檐柱上放斗拱，栌斗置于柱顶，斗上放拱，以承托檐枋。中心间阑额正中上面，置补间铺作斗拱一朵，屋顶由5脊组成，正脊两端置无翅鸱吻，屋面施筒瓦和板瓦，勾拢组织均匀，中心间正面有双肩格子门，格子门三分之二处置横板腰串，下为障水板、无腰华板，其上浮雕两位门神。两次间作坎墙，上有直棂窗格。该棺虽为葬具，但器表所装饰的精细的浮雕纹样对研究五代时期西南地区的木结构建筑具有重要价值。

（理成）

Sui –tang youtaoqi

隋唐釉陶器

隋、唐时期制作和使用的各类低温釉陶制器具。釉陶也称琉璃，与唐三彩器同属低温釉陶，但也有一定区别。唐代单色釉陶与西汉、东汉时期的单色铅釉陶一脉相承，胎色有红、黄两种，釉色仅有绿、黄两色。有些釉陶器由于长期深埋地下，器表生出银色釉斑，与西汉、东汉釉陶器表面的“银釉”相同。

唐代除生产自己的釉陶外，也进口一些国外的釉陶器，在江苏扬州唐城遗址曾出土一批罕见的波斯釉陶器（残件），种类有壶、罐等日用器皿和玩具，胎体普遍厚重，质地疏松，胎色多呈淡黄色，内外施釉，釉色有淡绿、翠绿、墨绿、蓝绿等，釉色不很均匀，绿釉多不透明，有乳浊感和剥落现象。古代波斯素以制作釉陶著称，这些波斯釉陶的出土说明扬州在当时的海外贸易、交通等方面具有重要地位。

参考书目

周长源等：《扬州出土的古代波斯釉陶研究》，《文物》1988年12期。

（李水城）

Tang-Wudai dengniyan

唐五代澄泥砚

隋、唐时期的陶制文具。隋、唐、五代时期，砚的生产有很大发展，尤其值得称道的是创始于唐代的澄泥砚，它与端砚、歙砚、洮砚并称为中国的“四大名砚”，前3种砚均以天然石料雕琢而成，独澄泥砚以泥土为之，外表光溢似漆，叩之铿然有声，触手生晕，含津益墨，是上好的砚品，故唐人评砚以澄泥砚为第一。澄泥砚除在温差方面略逊色于石砚外，其他均与石砚不相上下；加之具有可塑性，易于艺术方面的加工，还可控制质密度，在颜色上也便于发挥创造。

澄泥是一种经过滤的细泥，以这种原料制成的陶砚与一般的砖瓦砚有很大区别，但其产生无疑是受到了砖瓦砚的启示。制作澄泥砚时，需将扎紧口的空绢袋放入汾河水中，借助水流将细微的粘土颗粒冲入绢囊，得到沉淀的细泥，待取出后经捣熟加工，再模制烧造而成，此即澄泥得名之由来。

澄泥砚最初产地历来有两说，一说在绛州（今山西新绛），另一说在虢州（今河南灵宝）。据文献记载，澄泥砚以山西绛州一带的产品质量最佳，也是唐代澄泥砚的重要产地。后来，河南虢州、山东青州所产澄泥砚也曾名噪一时。这几处澄泥砚的重要产地均位于华北沉积粘土矿床带，拥有优质的原材料。山东青州、潍州一带所产的澄泥砚不拘古法，将长石类助熔剂或页岩类骨料磨成粉末作为羼和料掺入澄泥原料中，以提高砚的质量，故此类砚又称“石末砚”。

唐代澄泥砚的造型主要为南北朝以来流行的箕形砚、风字砚，也有模仿两汉时期的龟形砚、石渠砚等，形态创新不多，尚处在草创阶段，雕刻在制坯阶段进行。河南洛阳曾出土一方唐代早期的龟形澄泥砚，造型考究，雕刻细腻逼真；陕西宝鸡市博物馆亦藏有唐代的五峰砚、箕形砚，为唐代澄泥砚中的珍品。

参考书目

蔡鸿茹：《澄泥砚》，《文物》1982年9期。

（李水城）

〖隋唐五代其他陶器〗

ershi’erzu biyong taoyan

二十二足辟雍陶砚

唐代的陶制文具。现藏于北京故宫博物院。

二十二足辟雍陶砚

通高15厘米、直径34厘米。泥质灰色陶胎，以模制和手制相结合的手法制作成型，素面。砚面呈圆形，四周环绕下凹的水池，习称“辟雍”砚。砚面周边装饰模印的莲瓣、乳钉及兽面，底部附加排列紧密的22只柱状兽蹄足，足上端为兽首造型。

唐代砚多为圈足砚和箕形砚，圈足砚又称辟雍砚，砚底器足数量多寡不一。该砚装饰繁缛，工艺精湛，为盛唐时期的作品。

（李水城）

Yuetegan renshou niutou Laitong taojiaobei

约特干人首牛头来通陶角杯

隋、唐时期的陶制饮器。1976年由新疆维吾尔自治区博物馆在和田县约特干遗址中发掘出土。现藏于新疆维吾尔自治区博物馆。

约特干人首牛头来通陶角杯

通长19.5厘米。泥质黄褐色陶胎，手制加雕塑成型，胎体细腻，烧成温度很高。作两头细、中间粗的橄榄形，一端有圆形器口，另一端有较细的流口，腹部中空。整体被巧妙地塑造成一位头戴螺形高帽的人首，人面额顶塑有皱纹，天庭饱满，蛾眉，高鼻，深目，浓须长髯，大耳，神态慈祥，面带微笑，具有明显的高加索人种特征。人物塑造形神兼备，雕塑技艺不凡。人颈下方巧妙地塑有一牛头，人头顶为器口，牛嘴处为另一端的细小流口。

杯上塑造的白种人应是“丝绸之路”上经常过往的外国商旅形象。相同的器物在约特干遗址曾先后发现数件，但完整器仅此一件。有的学者认为，新疆和田地区原来“信巫”，这是此类器皿进入该地区的社会思想基础。杯上的长须白种人并非印度人或过往商旅的形象，而是于阗国王。据研究，这种造型特殊的器皿最初起源于西方，在古希腊克里特岛，就发现有公元前1500年的此类器皿，但下部无兽首装饰，希腊人称其为“来通”（RHYTON），由希腊语RHEO（流出）派生而来。特征为上部大口，下部有细小的泄口，形似角状漏斗，常用于注入酒类液体。当时人们相信来通角杯是圣物，用其盛酒能防止中毒，如举杯一饮而尽，是向酒神致意的表示。它传入亚洲后曾广泛流行于美索不达米亚、外阿姆河流域及中国新疆在内的广大地区，影响甚至远达中原内地。除在新疆发现的少量陶质品外，多数用金属、瓷、玉、玛瑙等贵重物制造，做工极精细。从佛教传入新疆并流行的时间来看，此类器最早在新疆出现的年代应不晚于公元4世纪前期。（李水城）

Longmen Shenhuimu heiqi taobo

龙门神会墓黑漆陶钵

唐代禅宗七祖神会生前传道时所用的陶制遗物。1984年由河南洛阳市文物工作队在洛阳市龙门西山唐代神会墓中发掘出土。现藏于洛阳市文物工作队。

龙门神会墓黑漆陶钵

通高7.5厘米、口径18.8厘米、壁厚0.3厘米。泥质灰色陶，轮制，胎质细腻。大敞口，口沿微内敛，圆弧腹壁，小平底。器表打磨光滑，通体髹黑色漆，光洁油亮。与之造型相同的陶钵在同墓中共出土3件，它们大小相次，出土时叠放在一起，为唐代制作精致的手工艺品。

1983年在洛阳龙门西山北麓发现的神会身塔塔基石室，呈正方形，用石板垒砌，在东壁第一块石板内侧镌刻楷书“大唐东都荷泽寺殁故第七祖国师大德于龙门宝应寺龙首腹建身塔铭”。石室内未发现尸骨或骨灰，但有一些随葬的佛具，如铜手炉、净瓶、勺、银盒和陶胎漆钵等。有的学者推测，这组精美的佛具是神会生前传道时所用的遗物。

唐代佛教宗派众多，禅宗广泛流行，主要原因在于其不立文字，摒弃繁琐教义，不需苦修，主张顿悟见性，一念悟时，众生是佛，易于大众接受。值得注意的是，“身塔铭”已明确称神会为“第七祖”。过去据密宗《禅门师资承袭图》，认为到贞元十二年（公元796年）才由皇帝下敕立荷泽神会为禅宗第七祖，现知神会身塔建于永泰元年（公元765年），此时神会已称七祖。这较之原来所知的年代大大提前，表明那时南宗已确立为禅宗的正统，后来皇帝的敕命只不过是最后确认这一事实而已。这一发现对研究中国佛教史和禅宗的历史均极为重要。此外，“身塔铭”的出土为探寻唐代龙门宝应寺遗址也提供了准确的位置。（李水城）

Wanyunsi Houshan Tangmu taotan

湾云寺后山唐墓陶坛

唐代陶制随葬用具。1940年出土于广东新会县河塘湾云寺后山唐墓中。现藏于广东省博物馆。

通高84.8厘米、口径12厘米。灰色陶胎，以轮制、模制相结合的手法制作成型，器表呈灰白色。整体造型瘦高，分为器身与器盖两部分，器口外侈，卷沿，短颈，橄榄形器腹，近底处有双孔。器底下为内凹式高圈足。上下腹之间装饰水波式附加堆纹5股，腹中部饰2周水波纹和2组弦纹，其下贴11片莲花花

瓣，每个花瓣中有一人物造像，器肩部贴塑一张牙舞爪的蟠龙，其下贴鱼、狮、鸱及15位人物。盖与器身相合处为浅盘，上捏塑楼阁，地面分两级平台，状如莲花须弥座，中间有斜弧形梯级，两侧分立4位或伫立、或击铙、或捧物的神态各异的人物。座前左右立一翘尾鸱，两侧分立一个五级浮屠及3位人物。座中部为楼阁，中央坐有1人，前置神台及高足灯，阁顶饰斗拱飞檐。

湾云寺后山唐墓陶坛

该器通体施酱釉（大部脱落），造型及花纹装饰中有多处反映佛教题材，具有浓郁的宗教色彩。此类陶坛在长江以南地区多为盛放死者骨灰的葬具，也有的作为随葬品以盛放粮食。（李水城）

Tubo taoqi
吐蕃陶器

唐代青藏高原地区的吐蕃政权统治区的陶制器具。时代为公元7世纪初至公元9世纪中叶。吐蕃立国可追溯到公元前2世纪，传说第一代吐蕃赞普（国王）时开始进入奴隶社会，由山南地区的雅隆部落联盟建立奴隶制政权，至松赞干布，建立了以赞普（国王）为中心的奴隶制中央集权国家。从此开始向外扩张，与唐王朝多次发生战争。吐蕃势力最盛时，所控区域西起中亚，北至新疆南部，东至四川西部及甘肃陇山以西的广大地区，并于公元763年攻陷长安。后由于连年战争，内部矛盾激化，至公元846年吐蕃王朝瓦解。已知吐蕃王朝的遗迹、遗物主要集中在今西藏范围内，尤以石棺葬遗迹发现最多。吐蕃以游牧经济为生，制陶手工业较落后。

● **制陶工艺** 绝大多数陶器为夹砂红色陶，少量为灰色、黑色陶，均手工制作，个别陶器使用慢轮修整技术，烧造火候普遍偏低，胎质较松软。

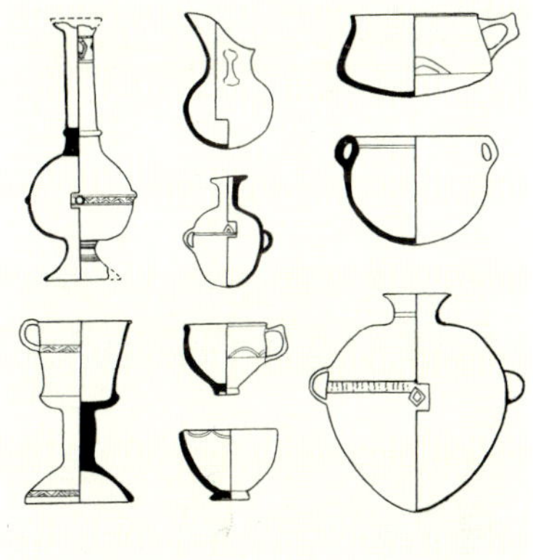

吐蕃陶器

● **装饰** 以不加装饰的素面陶为主，有装饰者多使用刻划、拍印方法，常见纹样有弧线纹、曲折线纹、菱格纹、三角纹、戳印纹等。

● **器类** 比较简单，以圜底、圈足造型为主，有少量平底器，基本器类有带流圜底壶、带流罐、双耳釜、小口罐、单耳罐、碗、杯、钵、小口尖底瓮等，还有一些造型较奇特的器皿，如细柄单耳杯、长颈圆腹瓶形器等。

参考书目

西藏自治区文物管理委员会文物普查队：《西藏拉孜、定日二县古墓群清理简报》，《南方民族考古》第4期。
西藏自治区文物管理委员会文物普查队：《西藏昂仁县古墓群的调查与试掘》，《南方民族考古》第4期。
（李水城）

Bohaiguo taoqi
渤海国陶器

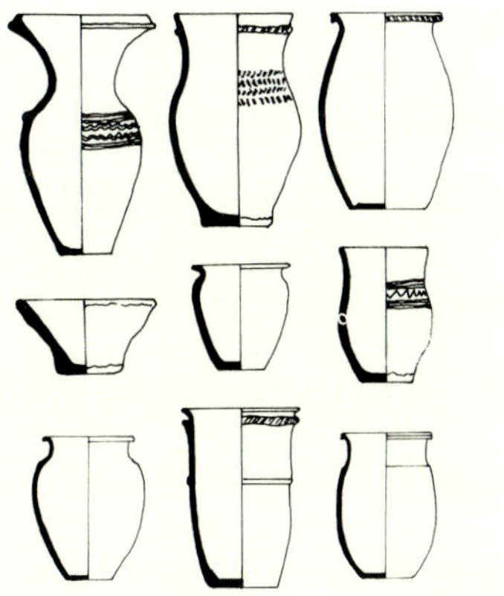

渤海国陶器

唐、五代时期主要分布于东北地区的靺鞨、粟末部少数民族地方政权统治区的陶制器具。靺鞨为东北地区的古老民族，西周至秦称肃慎，西汉至三国时称挹娄，南北朝时称勿吉，隋、唐时称靺鞨，曾长期归属夫余。北魏时势力强盛，改称勿吉，占据松花江流域，臣服中原。公元698年，粟末首领大祚荣率部在今吉林敦化和牡丹江上游一带建立震国。公元713年唐册封大祚荣为“渤海郡王”，从此“去靺鞨号，专称渤海”，遂为唐王朝藩臣，成为中央政府管辖下的一个州。公元926年，契丹人攻占夫余城，渤海国灭亡。渤海国强盛时，地“方五千里”，南至今朝鲜咸镜南道的龙兴江，东到日本海，东北至乌苏里江下游，北抵松花江，西达伊通河，西南到辽河流域，辖东北大部地区、朝鲜半岛北部和俄罗斯沿日本海的部分地区。渤海建国后，在中原文明的冲击下，迅速完成封建化进程，其典章制度、百官礼仪、艺术宗教、文字教育、生活习俗等无不仿效唐王朝，与华夏文明迅速靠拢，社会经济有了很大发展，农业成为主要的经济部门，各项手工业也有了较大发展。

● **制陶工艺** 以手工制陶为主，多采用分段方法制坯，对接成型，连接处往往涂抹泥条加固，已掌握慢轮修整技术。陶质分泥质与夹砂两类，陶色有褐色、黄褐色和灰色几种，烧制火候不高，器表颜色不纯净，有灰黑色斑块，外观较粗糙。早期陶器不见釉陶，从中期开始引进中原的制作技术，能够烧造釉陶制品。吉林和龙县北大村渤海国墓地出土的三彩釉陶瓶和三彩搅胎陶碗，制作工艺已有一定的水平，与中原地区的同类器皿比较，色彩尚不够艳丽，釉色较呆板，光泽度略差。

● **装饰** 一般在器物口沿外和上腹部装饰简单纹样，主要有附加堆纹、凹凸弦纹、刻划水波纹、梳齿纹、斜线压印纹、指甲压印纹、乳丁纹和三角形点纹等，大多采用专门的工具经戳印、滚压制成。釉陶制品器表有绿、黄两种颜色。

● **器类** 比较简单，基本上为平底器、圈足器，以各种造型的罐最多，其他还有钵、碗、瓮等饮食器、盛储器。也大量制造砖、瓦类建筑构件，瓦面多印有文字，其中汉字占十之七八，证明渤海国是使用汉字的。瓦当纹样较复杂，以莲瓣纹和卷云纹最常见。

参考书目

黑龙江省文物考古工作队等：《黑龙江东宁县大城子渤海墓发掘简报》，《考古》1982年3期。

王承礼等：《吉林敦化六顶山渤海古墓》，《考古》1961年6期。

（李水城）

Beisong-Nansong taoqi

北宋南宋陶器

（公元960年～公元1279年）

北宋、南宋及辽、金、西夏的陶制器具。北宋王朝结束了五代十国以来的分裂割据局面，社会逐步走向安定，经济得以恢复，人口增加，商品贸易有了新的发展。瓷器的生产步入了中国历史上的繁盛期，陶器的作用日益降低，产品的主流已完全转向砖瓦类陶建筑构件及随葬明器等方面。

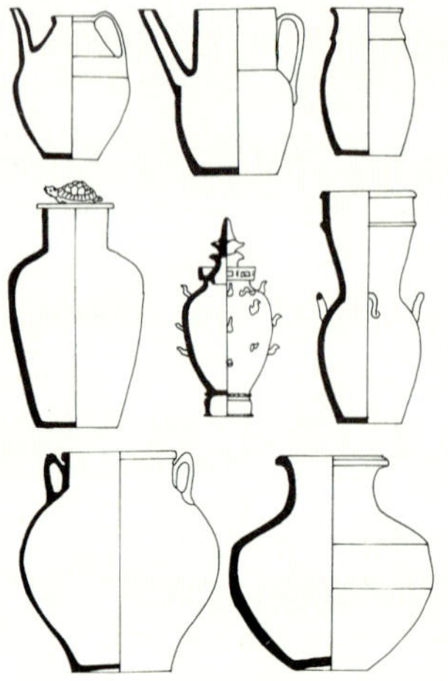

北宋南宋陶器

● **制陶工艺** 北宋、南宋王朝的陶器绝大多数为泥质灰色陶，器类主要有用于储藏的各种陶容器和随葬明器。容器一般使用轮制技术成型，随葬用陶俑、各类模型明器采用模制方法制作。这一时期制陶业中开始大量生产缸胎陶器，其原料与瓷质接近，惟胎质较粗，似介乎于陶与瓷之间，加工不精，类似今天的耐火土成份，烧成温度很高，质地坚硬，不渗水，器表施釉。此类产品适用于制作各种水器、酒器，也广泛用来制作各种窑具，如匣钵、支钉等。

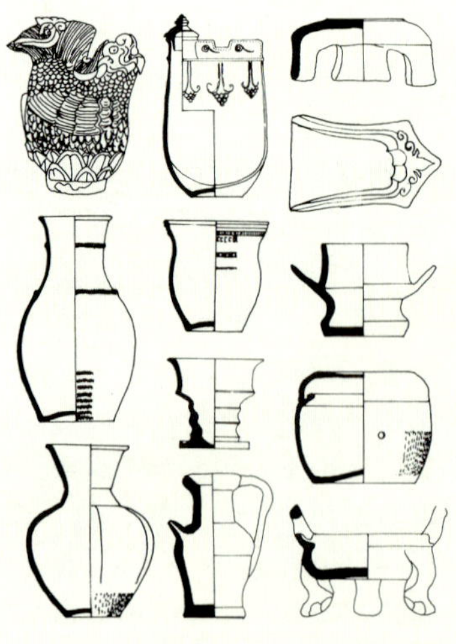

辽陶器

辽（公元916年～公元1125年）是北方鲜卑人后裔契丹建立的政权。唐时置松漠都督府，任契丹首领为都督。公元916年，契丹族迭剌部首领耶律阿保机统一契丹及周邻各部，国号契丹，都皇都（今内蒙古巴林左旗南波罗城）。公元947年，改国号为辽，改皇都为上京。其疆域东北达日本海、黑龙江口，西抵阿尔泰山，北至克鲁伦河（今蒙古人民共和国中部），南至冀北、晋西北与北宋对峙，公元1125年为金所灭。辽代陶器生产比较普及，而且自成体系，技术传统受到中原汉文化的强烈影响，但又保持着契丹民族特有的风格，陶器造型很有特点，体现出浓厚的北方游牧民族特色。辽建国后，灰色陶器数量减少，釉陶产量增加，大型墓葬中随葬灰陶十分少见，反映出这一时期人们对随葬品的需求已有很大改变。从工艺变化看，早期陶器一般为灰色、黄褐色，也有青灰色和黑色的，颜色比较纯正。晚期陶器转为以深灰色为主，器胎变薄，质地细腻；炊器陶质以红色、红褐色夹砂陶为主，多使用模制工艺，器底多制成内凹状。辽三彩器模仿唐三彩器的制作工艺，造型别致，色艳而不俗。考古发现的辽代陶窑有林东南山窑、赤峰缸瓦窑。契丹民族有火葬习俗，多用灰陶罐类容器盛放骨灰。

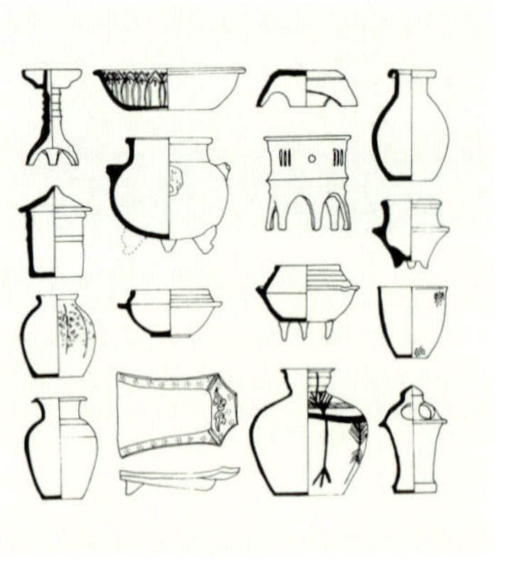

金陶器

金（公元1115年～公元1234年）是北方女真族建立的王朝。公元1115年，金太祖在黑龙江阿城建国，公元1153年金海陵王迁都燕京（今北京），公元1161年定为中都。公元1125年灭辽，次年灭北宋，公元1214年迁都汴京（今河南开封）。其统治疆域东北至日本海、鄂霍次克海、外兴安岭，西北达蒙古，西以河套、陕北、陇东与西夏接壤，南以秦岭、淮河为界与南宋对峙长达100余年，公元1234年蒙古与南宋联合灭金。金太宗完颜晟注重“务本业”和“实内地”的经济政策，并将大批汉人手工匠人从中原迁至“金源内地”，为金地陶瓷生产的发展注入了生机，此举改变了以往金人粗制滥造陶器的现象，工艺技术日臻完善。在河南上蔡县还发现有金代的三彩低温釉陶，器类有枕、灯等，但数量很少。在山西朔州市曾发现金代多人丛葬的火葬墓，也选用灰陶罐类容器盛放骨灰。

● **装饰** 陶器大多素面无纹，不加任何装饰；施釉现象比较普遍。其中辽代陶器流行装饰篦齿纹、凹凸弦纹、附加堆纹、刻划纹、压印纹等，器底常模印“钱币”、“田”、“十”等纹样和文字，有些器表经细致的打磨。辽代特有的黑色磨光陶器表面颜色漆黑，光可鉴人，工艺相当细腻。辽代陶瓷在装饰上受中原地区影响，分胎上装饰和釉色装饰两种技法，有模仿中原和契丹式两种，后者民族风格更加突出。少量金代陶器施加压印纹、刻划纹、拍印纹，也发现有极个别的陶器朱绘花纹。

● **器类** 北宋、南宋时期灰陶器大多用作随葬明器，造型多模仿同期瓷器，包括各种盏、碗、注子、盘、钵、瓶等，较大型的储藏器有罐、瓮、缸、坛及灯、砚台等杂器。北宋、南宋也常使用各类人物动物俑、陶质家具、模型明器随葬。辽代陶器造型分为两类，一类为中原汉式陶器，主要为食具、茶具、储藏用具、日用杂器和建筑用陶等；另一类为契丹式，富有北方游牧民族风格，典型器有鸡冠壶、鸡腿坛、长颈瓶、凤首瓶、海棠式长盘、皮囊壶、鸡冠壶、马蹬壶、凤头壶、注壶、暖盘、碗、盘、碟、瓶、扑满等。其中海棠式长盘的造型与唐代金属锤揲的曲边长盘相似，方碟、三角碟、花碟等器皿的造型也可能源于木器或金属器皿。这一时期的建筑用陶有砖、瓦、瓦当和屋顶饰件等，瓦当上模印兽面纹极为流行，这种装饰一直影响到近现代。

参考书目

中国硅酸盐学会编：《中国陶瓷史》，文物出版社，1982。

宿白：《白沙宋墓》，文物出版社，1957。

冯永谦：《辽代陶瓷的成就与特点》，《辽海文物学刊》1992年2期。

（李水城）

Beisong-Nansong sancai ji diwen youtaoqi

北宋南宋三彩及低温釉陶器

北宋、南宋及辽、金、西夏的低温釉陶和三彩制品。宋代低温三彩铅釉陶是唐三彩的延续，生产比较普遍，但宋三彩只在北方个别地区有所生产，在北宋都城汴京（今河南开封）一带发现较多，生产规模和产品种类与唐代已不可同日而语，特别是大型三彩器皿、陶俑已极少见。“宋三彩”的特点是釉彩浓度大，色泽艳丽，注重装饰，多采用传统的刻花填色技术，常见器类有塔、匣一类模型明器和盒、灯、枕等日常生活用具，造型较为秀丽。著名的宋三彩可以河南密县法海寺出土的三彩舍利塔、舍利匣等为代表。在河南济源曾发现有烧制宋三彩的陶窑，产品有琉璃瓦构件和三彩陶枕等用具。在河北磁县观台窑也有较多的出产，以黄、绿、褐3色为主，装饰多采用印花和刻花工艺，种类有枕、炉和素烧陶坯等，显然也使用二次烧成技术。在河南禹县扒村窑出土的三彩不限于黄、绿、白3色，还有的使用黑、红双色彩，在宋三彩中十分罕见。此外，在河北磁县、河南禹县还发现有纯绿釉、黄釉陶器，绿色釉色泽鲜艳。

辽代烧制釉陶的历史可追溯到立国以前，按釉色不同分白釉、黄釉、绿釉3种，单色白釉陶一般在淡红色陶胎上挂白色陶衣再加工施釉，有的釉面有细小的开片，有些在器表施刻划纹、附加泥条堆纹，黄釉色泽不纯，颜色深浅不一，色调变化大，色泽多偏棕红，有些釉色相当悦目。一般绿釉颜色自然莹润，墨绿色釉色彩深沉凝重，浅绿色釉格调素雅，也有个别绿色釉加绘黄彩花卉。辽代釉陶生产范围日益扩大，能够烧造大型器皿和建筑构件，也广泛烧造随葬釉陶明器。

辽三彩是在继承唐三彩工艺的基础上发展而来的，造型很有特点，与唐三彩器相比，别有一种清新感。辽三彩在质地、釉色上与渤海三彩有某些相似，较之唐三彩已有较大改变，色釉一般由黄、绿、白3色构成，光泽度较差，不见唐三彩中的蓝釉，缺乏唐三彩中那种釉彩融溶流动的特殊艺术效果。器类较多，有皮囊壶、鸡冠壶、马蹬壶、凤头壶、碗、盘、碟、壶、瓶、扑满和长盘等，绝大多数是契丹人所特有的日常生活器皿。辽三彩产品个体大小相差悬殊，小者如日常饮食用具中的杯、碟等，大的有用于宫殿寺庙建筑的巨型鸱吻、佛像等。

辽代有不少窑口烧制低温釉陶，上京临潢府故城西南的内蒙古巴林左旗林东南山窑以烧造三彩为主，质地较差，胎质细软，呈淡红色。胎上皆挂化妆土，粉衣上施黄、绿、白3色釉或单色釉，釉色不鲜艳，易脱落。也生产少量绿釉陶，胎质较一般釉陶细腻，绿釉呈正绿色，色浊不透明，光泽度较差。内蒙古赤峰市缸瓦窑也生产三彩和单色釉陶，胎质细软，呈淡红色。三彩釉作黄、绿、白3色，色泽娇艳光亮，可与唐三彩媲美。单色釉色泽比较厚重、雅致。辽代低温釉陶、三彩有其独放异彩的一面，色彩富于变化，在中国的陶瓷发展史上占有重要地位。

金代的河北磁县观台窑也生产黄、绿低温铅釉陶器，典型器有方形双耳花瓶、兽首衔环圆花瓶、狮子莲花灯座、三彩炉、枕等。多使用模制技术，花纹凸起。采用二次烧成技术，但胎与釉结合不好，釉易脱落。

在河南上蔡县发现有金代三彩低温釉陶枕、灯等，数量很少。

参考书目

中国硅酸盐学会编：《中国陶瓷史》，文物出版社，1982。
冯永谦：《辽代陶瓷的成就与特点》，《辽海文物学刊》1992年2期。

（李水城）

Fahaisi Songsancai shelixia

法海寺宋三彩舍利匣

北宋咸平元年（公元998年）由张姓工匠制作的三彩宗教用具。1966年由河南省博物馆在密县法海寺北宋真宗时期七级白石舍利塔的塔基内清理出土。现藏于河南省博物馆。

法海寺宋三彩舍利匣

通高46.5厘米、横宽33厘米。由基座、匣身、匣首3部分组成，匣身中空，俯视呈正方形，侧视为长方形，下部基座为仿砖石结构的叠涩须弥式，四角为莲花纹角柱和蹲狮，盒身四壁中部为封闭的假门，门上塑乳钉铺首，门旁捏塑天王像，盒角贴塑狮子装饰，门上部和两侧装饰莲花图案。匣身内壁刻有“咸平元年十一月三日张家记”的题记。匣盒为平顶四厦的盝顶，四周装饰一周蕉叶纹，上模印团花，四角饰展翅飞翔的蝴蝶，四厦中部有两个圆形镂孔，镂孔两侧装饰莲花、云朵图案，在盖顶内部镌刻“咸平元年十一月三日施主仇知训”的题记。匣表面施褐、黄、绿3色釉，釉彩浓度大，颜色颇为鲜艳。与河南洛阳生产的唐三彩器一样，胎骨用高岭土烧成，火候高，质地坚硬，叩之有清脆的金属声，原料选择和加工处理得相当精细。装饰手法与唐三彩一样，主体部位使用模制、雕刻工艺，细部使用绘画、贴塑或雕刻相结合的方法，模印贴花技术尤为娴熟，工艺精湛。如匣盖上模印的饰件有展翅飞舞的蝴蝶、含苞盛开的莲花及云朵等，做工颇为精细。

该匣上的题刻为北宋咸平元年，是已知有明确纪年且年代最早的一件宋三彩作品。从题记可知，该匣的制作出自一位姓张的陶瓷工匠之手，为当时佛教信徒仇知训为僧人特意请工匠制作的。

（苏　洲）

Fahaisi Songsancai shelita

法海寺宋三彩舍利塔

法海寺宋三彩舍利塔

北宋咸平二年（公元999年）制作的三彩釉陶制佛寺宗教用具。1966年由河南省博物馆在密县法海寺北宋真宗时期的七级白石舍利塔塔基内清理出土。现藏于河南省博物馆。

高98厘米。由塔基、塔身、塔刹3部分组成。基座和一、二层塔身为下节，塔刹和上5层塔身为上节，出土时分作两节并列放置。塔的基座作仿砖石结构的叠涩须弥式，上面装饰有方形角柱、间柱及宝塔、伏鹿、宝莲、仰莲等图案。第一层塔身较高，四壁开门，门内各有坐佛一尊。门额及两侧饰有麒麟、天王、力士、宝莲、云朵、联珠纹等图案。从第二层塔身起，诸层按比例递减收缩，有坐佛、莲花、云朵等装饰，各层塔身的中部分别设有间隔交错的假窗。塔檐上有施仿木构建筑的筒瓦和板瓦，翼角挑起。第二层塔身刻有“咸平二年四月二十八日施主仇（知）训”题记。塔刹下部有覆钵，其上为7层相轮、莲盖、仰莲和宝珠。

该塔造型秀丽，比例匀称，釉色鲜艳，是一件珍贵的建筑模型明器，它不仅表现出宋三彩的工艺成就，也反映了当时人们崇信佛教的社会时尚。（苏　洲）

Huifacheng Liaosancai yinhuaping

辉发城辽三彩印花瓶

辽代的三彩釉陶制日用水器。1962年由吉林省博物馆在辉南县辉发城遗址中发掘出土。现藏于吉林省博物馆。

通高23厘米、口径4厘米。土黄色陶胎，质地较粗糙，轮制。管状小口，短直颈，长圆弧腹，平底。通体施黄、绿、蓝、褐4色釉，器表从上到下模印5组花纹，以腹中部的纹样最精彩，在两组平行线构成的海棠花纹轮廓内模印两组画面，一组表现碧波荡漾的大海上有一神态自若的仙人骑着一条大鱼破浪前行；另一组描绘大海上一高耸的楼阁下有一仙人拱手而坐。瓶的肩部

模印繁缛的缠枝花卉，颈部和下腹部模印几何纹样。该瓶装饰图案层次错落有致，堪称辽三彩器中的精品。（李水城）

辉发城辽三彩印花瓶

Batuyingzi Liaosancai yinhuachangpan

巴图营子辽三彩印花长盘

辽代三彩釉陶饮食器。1956年由辽宁省博物馆在新民县巴图营子辽墓中发掘出土。现藏于辽宁省博物馆。

巴图营子辽三彩印花长盘

通高2.1厘米、口长30.1厘米、口宽17.9厘米。黄白色陶胎，模制，胎质较粗，质地坚硬。平面作八曲海棠花冠式，沿面宽大，平底。盘内模印有盛开的牡丹花及翩翩飞舞的两只蝴蝶，盘口沿面周边模印唐草花纹，按花式部位的不同施以绿、黄、白3色釉，白地、黄花、绿叶，色调搭配明快。盘内外沿壁饰黄绿釉，色调均匀，光艳润泽，有细微开片。（李水城）

Shalihaolai Liao lüyou jiguanhu

沙力好来辽绿釉鸡冠壶

辽代早中期的釉陶水器和酒器。1975年由吉林省博物馆在奈曼旗（今属内蒙古）沙力好来辽代墓葬中发掘出土。现藏于吉林省博物馆。

通高25厘米、口径6厘米。淡黄色陶胎，手制。管状小口，口缘微外侈，短直颈，器口后部有供穿系用的马鞍形双孔鼻纽，扁形器腹，腹侧面有模印的皮条和针脚装饰，完全模仿皮囊壶的样式。通体施绿色釉，有细碎的冰裂纹开片，表面呈现光艳的银色光斑。壶腹部正反两面压印卷草纹，构图简洁，自然流畅。

沙力好来辽绿釉鸡冠壶

鸡冠壶是辽代陶瓷器中特征鲜明的典型器，富有浓郁的草原游牧民族气息，造型大多模仿皮囊壶。该壶为辽代陶鸡冠壶中的代表作。（李水城）

Liao lüyou pinang bianhu

辽绿釉皮囊扁壶

辽代釉陶日用水器。现藏于日本东京国立博物馆。

通高31.7厘米、腹长径17.2厘米。夹砂黑色陶胎，手制，通体施墨绿色釉。壶体作长半圆形，扁腹，小平底。壶顶前侧设管状小口，口缘微外侈，圆唇，短直颈，器口上配一斗笠状器盖，盖顶设蘑菇纽，盖面饰刻划纹、凹弦纹。器口后有供穿系的孔两个，每一穿孔后有一圆雕人物造型，形似骑在马上飞奔驰骋。壶腹部饰刻划的卷草，壶周边压印模仿缝制皮囊壶的针角印痕。

辽绿釉皮囊扁壶

此类造型的器皿是契丹民族的很有特色的生活用具，便于携带，非常适合游牧民族在草原上迁徙流动的生活。也有的学者根据这种器物的造型特征，称其为鸡冠壶。该扁壶是辽代同类器中的精品。（李水城）

Liao lüyou kehua fengshouping

辽绿釉刻花凤首瓶

辽代釉陶日用水器。现藏于日本东京国立博物馆。

通高37.5厘米。黄褐色夹砂陶胎，瓶体轮制成型，口部手制。整体造型模仿海冬青（一种鹰鸟，是契丹民族酷爱的一种猛禽，以捕食天鹅为生）的形象。花瓣杯形口，

口沿外侈，杯口下为海东青的头部，细长颈，圆弧腹，下腹内收成喇叭口状小平底。器底以上施绿色釉，局部泛黄绿色。器颈部饰竹节纹，肩部饰凹弦纹，腹部装饰刻划的大牡丹花。该瓶造型修长秀丽，整体模仿一只昂首挺立的海冬青，颇为精彩。

（李水城）

辽绿釉刻花凤首瓶

Faku Liao heiheyou gaihu

法库辽黑褐釉盖壶

辽代陶制日用水器。1974年出土于辽宁法库县。现藏于辽宁省博物馆。

通高53厘米、口径13.5厘米。胎色淡红胎，质地细腻，轮制成型。小口，细长颈，圆鼓腹，小平底。器口上配斗笠状器盖，器颈部饰3股凸棱纹，肩部饰3股凹弦纹。器表通体施黑色釉，漆黑油亮。这种造型的黑釉陶器是契丹民族中很有代表性的陶制品。（李水城）

法库辽黑褐釉盖壶

Jinsancai huabankou kehuaping

金三彩花瓣口刻花瓶

金代北方民窑生产的陶制陈设插花用具。1954年在北京征集。现藏于首都博物馆。

金三彩花瓣口刻花瓶

通高74厘米。白色砂胎，轮制。五出花瓣口，细长颈，圆鼓腹，最大腹径靠近肩部，大喇叭口高圈足。器表通体施深绿、浅绿釉，器腹上下装饰4道弦纹，满饰花叶纹，填以黄、绿、白3色釉。

（理成）

Beisong-Nansong dengniyan

北宋南宋澄泥砚

北宋、南宋及辽、金时期的陶制文具。这一时期澄泥砚的制作工艺更加完善，并陆续创造出一些新产品，具有很高的工艺水平，其成就突出表现在以下3方面：①在澄泥原料中配入一定比例的黄丹为助熔剂，达到既降低烧成温度，又提高澄泥砚质地、密度和机械强度的目的，这表明当时已熟练地掌握了添加剂技术以改变陶砚的物理性能，提高质量。②对烧成的澄泥砚“入墨蜡，贮米醋而蒸之五七度”，以达到降低陶砚吸水率的目的，这种“后处理技术”是这一时期澄泥砚制作工艺中一项杰出的贡献。③将色坯与绞泥工艺运用到澄泥砚的制作中，为后代多色澄泥砚的产生奠定了基础。这一时期的澄泥砚产地均在北方，由于原料来源简便，经济实惠，便于民间生产，产地遂不断增加。著名的澄泥砚产地有山西绛州、河南虢州和相州、山东柘沟镇和尼山（泗水）、河北滹沱河沿岸及江苏南通。

这一时期澄泥砚传世品较多，与唐代相比，除形态有别外，质地更加细腻坚硬，几乎与石质相同，故受到当时书法家的青睐。但自出现端砚、歙砚等石质名砚后，世人的爱好逐渐转移，澄泥砚逐渐衰落。究其原因，主要是技术失传。因此，有的学者指出，澄泥砚另有制法，其地道的制作工艺因是秘方，至宋代已失其大半。

在河南新乡宋墓曾出土有箕形砚、风字砚等不同形态的澄泥砚，砚内尚保留墨迹，应为实用器。此外，在传世作品中还发现有抄手式澄泥砚。

参考书目

方晓阳：《澄泥砚工艺小考》，《文物》1991年3期。

（李水城）

Shushi exing dengniyan

苏轼鹅形澄泥砚

北宋时期的陶制文具。传为北宋大文学家苏轼的遗物。现藏于北京故宫博物院。

苏轼鹅形澄泥砚

通高2.7厘米、长径12.7厘米、短径8.8厘米。澄泥质地，手工模制成型。造型为一只回首转颈的鹅，鹅身侧面从后向前作渐深的斜坡，浅处为砚堂，深处辟为水池。砚背面有“鹅戏”两字隶书铭，并署“东坡居士轼”楷书款。该砚质地细润，造型别致，经历代辗转收藏，最后流入清宫，乾隆皇帝对其颇为赏识，特作咏砚诗一首，命工刻于砚侧。诗谓：“澄泥制砚肖鹅皃，背刻东坡想用之，设以换群遗事谕，斯人诚不愧研斯。”诗后钤：“太璞”御印，并楷书“乾隆辛丑季夏御题”8字。该砚配有紫檀砚盒，亦作鹅形。

（苏 洲）

Beisong-Nansong taohunping

北宋南宋陶魂瓶

北宋、南宋时期流行于长江以南地区的一种供随葬用的陶制器具。多见于江西、湖南、四川、广东、广西等地，造型很有特点，器口周围、器腹部捏塑有人物、鸟兽或装置数层角状装饰，有的在瓶颈部位饰日、月纹或朱雀、青龙、白虎、玄武四神，以表示方位。还有的在器颈部环绕12个兽面人物，此即《宋史·凶礼》中所称的“十二时神”、《大汉原陵密葬经》所称的“十二元辰”。夹杂在十二时之间的还有“仰俑”、“伏俑”（实为明器神煞中的“仰观”和“伏听”）。此类“魂瓶”出土时器内多空无一物，也发现个别器内盛放稻谷，很可能是兼有象征谷仓功能的随葬器皿，是长江中游地区和华南一带很有特色的随葬用明器。

参考书目

陈定荣：《南宋立鸟龙虎人物堆塑瓷瓶》，《文物》1990年9期。

（李水城）

〖北宋南宋其他陶器〗

Cifengzhen yizhi yuanyang mudanwen taowanmo

磁峰镇遗址鸳鸯牡丹纹陶碗模

北宋、南宋时期四川磁峰窑制作瓷器的陶制模具。系为模印碗内花纹的模子。1978年在四川彭县磁峰镇遗址中采集。现藏于四川省博物馆。

直径18厘米、通高5厘米。用红色粘土翻模制作，再经烧制而成。平面呈圆形，剖面作短圆柱状，后部有短粗的捉手。模面凸弧圆鼓，顶部中心部位平缓，上面阴刻花纹，分内外两层，内层中心为鱼龙卷云纹，外层为牡丹鸳鸯折枝纹，纹样刻划相当精细。

磁峰镇遗址鸳鸯牡丹纹陶碗模

制作瓷器所用陶范分为外范与内范两种，外范内壁光滑，刻有花纹，外壁较粗糙，制作时通过挤压使器物成型，同时在器表模印出陶范内壁的花纹。内范是在陶范模表面刻出花纹，在制作瓷碗、钵类容器时，通过挤压将花纹模印在碗、钵一类器物的内壁。陶范多使用刻花工艺，然后入窑烧成，质地坚硬，可长期使用。

（李水城）

Shiluwenyong Songmu taotan

石录汶踊宋墓陶坛

北宋、南宋时期的陶制随葬用具。1983年由广东阳春县博物馆在阳春县马水乡石录汶踊宋墓中发掘出土。现藏于阳春县博物馆。

石录汶踊宋墓陶坛

通高74厘米、口径10厘米。泥质灰褐陶胎，采用轮制与模制相结合的手法制作成型，器表施酱褐色釉（已大部脱落）。该器由器身、器盖两部分组成，盖顶作亭台楼阁式，顶端两层为楼阁，檐角上翘，装饰有镂空花窗，外周饰一层镂空菱形装饰。器身瘦高，器口内敛，短颈，广肩，深腹，下设高圈足。陶坛肩部贴塑两周花纹带，一周贴有两条龙尾和龙爪，龙身下为一圈供养人，每个供养人之间有长方形镂孔，外围一周饰镂空卷草花叶纹。陶坛腹部贴塑水波纹及缠枝卷草花卉。圈足部位有6枚塔形镂孔。该坛做工精巧，花纹装饰复杂，为两广地区北宋、南宋时期陶坛的代表作。

（李水城）

Guantaiyao yizhi mojie taojishi

观台窑遗址摩竭陶脊饰

金代建筑用的陶制屋脊装饰。1987年由河北邯郸市文物管理所等单位在河北磁县观台窑遗址内发掘出土。现藏于磁县文物管理所。

观台窑遗址摩竭陶脊饰

通高36.7厘米、底座长10.9厘米、宽16.3厘米。土黄色陶胎，使用熟泥模制，两片对接而成，胎质粗，烧制火候高，质地坚硬。以一倒立的摩竭形象为造型，摩竭双足倒立支撑，头部前伸，怒目圆睁，鱼身高高上扬，翘尾。头顶有角，双耳后卷，大嘴，露出一对锋利的獠牙，眼珠用黑彩点绘。肩部有一对不大的翅膀。身体模印鱼鳞，尾部、鳍部戳印箅点。该器为素胎琉璃器，系古代建筑中屋顶所用的脊饰。

摩竭是印度神话传说中一种长鼻利齿、鱼身鱼尾的动物，梵文称makara，汉译摩竭、摩羯、摩伽罗等，其形象或源于鲸鱼，或源于鳄鱼，或认为集鲸鱼、鳄鱼、大象3种动物的不同特征而成，被视为河水之精、生命之本。公元4世纪末，摩竭形象传入中国，在隋、唐以后的文物中较为常见，随着时间的推移，其造型逐渐中国化。摩竭的形象后来被广泛用于中国建筑的屋顶构件，如鸱尾、鱼尾等皆由摩竭形象变化而来。

（李水城）

Yuan-Ming-Qing taoqi

元明清陶器

（公元1271年～公元1911年）

元、明、清时期的陶制器具。元代结束了南宋、金、西夏3方对峙的局面，其落后的生产方式给中原地区的社会、经济、文化发展带来了一些逆转。但元政府提倡农业，鼓励外贸，重视有一定技能的手工业工匠，规定其职业可世袭，这对手工业的复苏和发展起到了一定的促进作用，同时统一的社会局面也有利于国内市场的流通和商品经济的繁荣。元代瓷器手工业不断创新，在中国陶瓷发展史上占有辉煌的一页。这一时期的陶器主要为随葬明器、大型储藏用具和建筑构件等。明、清两代，城市工商业进一步繁荣，市场对手工业产品的需求量增加，瓷器制造业飞速发展，陶器的作用进一步降低，仅在储藏用具中有所保留，随葬品中也有一定的陶制品和釉陶制品。明、清两代出现了法华器和紫砂两种新的工艺陶器，标志着元、明、清时期的制陶业又有了新的进展。

● **制陶工艺** 陶器制作基本延续北宋以来的传统，除生产灰陶外，缸胎陶器的生产有了很大发展。元代陶器主要有泥质灰陶、釉陶，所见容器均使用快轮制作成型，随葬陶俑、模型明器依旧使用模制技术

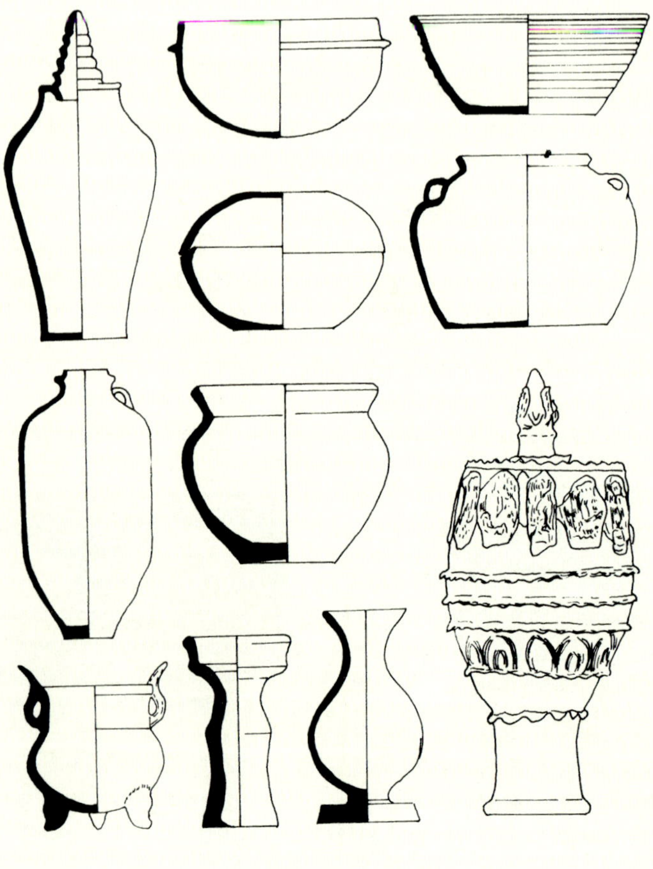

元代陶器

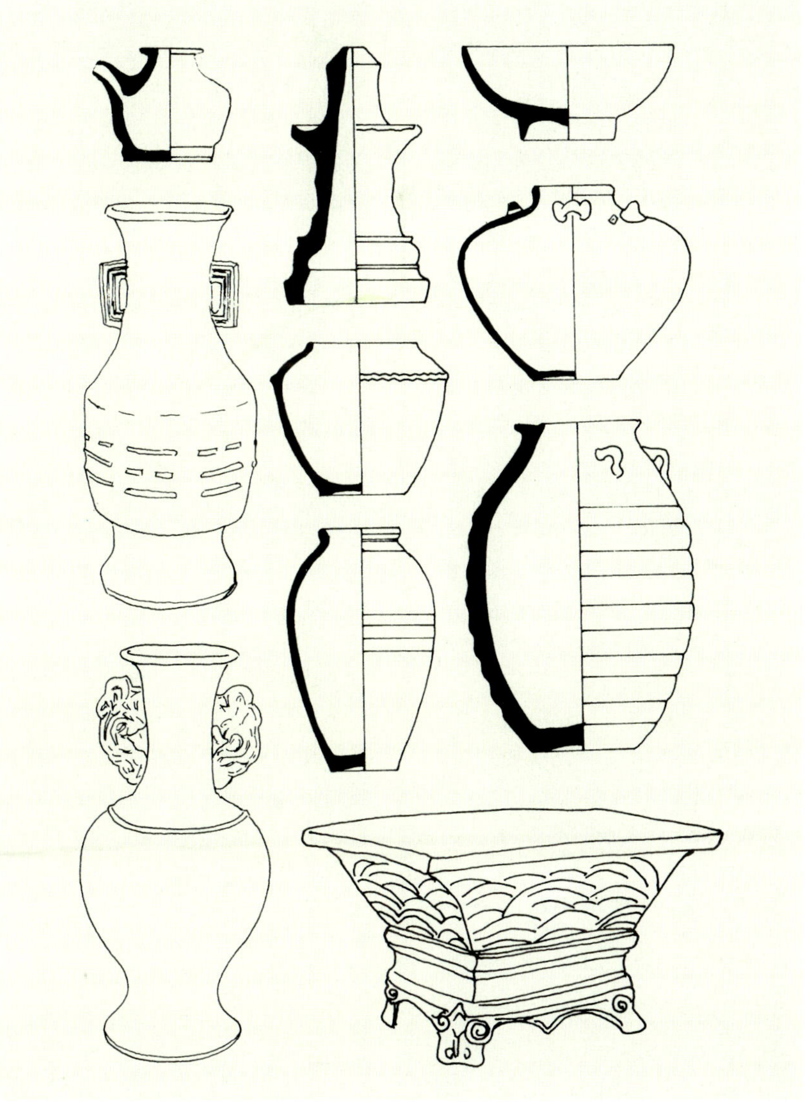

明清陶器

制作。在北方黄河流域，仅有个别地点生产单彩或三彩低温釉陶，种类有双耳三足炉、鼎等，数量和品种均较少，釉色光泽度差。各类缸胎窑具在陶瓷业中占有较大比重，包括各种印花陶模具和辅助性窑具，如匣钵、支钉等。明、清时期的陶器烧造火候很高，质地坚硬，泥质灰色陶器仍使用一般粘土为原料，釉陶大多数使用质地较细密的瓷土，器表挂釉，硬度颇高。

明、清时期，江苏宜兴成为日用陶器的最重要产地，据《宜兴县志·土产》记载，其产品有“砖瓦、石灰、缸、瓮、瓶等”。明末清初，宜兴出产的日用陶器品类相当繁多，从储藏蔬菜的缸、坛，到砂锅、药罐等烹饪器皿，以及瓶、盆等一应俱全。在装饰上主要采用“贴花”技法，也有少量使用刻花、镂雕为饰。

元代时，山西蒲州一带创烧出一种名为“法华”的低温釉陶，它是在低温琉璃器的基础上发展起来的新产品，其胎质与琉璃基本一致，配釉的方法也大致相同，但使用的助熔剂为牙硝一类，与琉璃有别。法华器产品主要有香炉、罐类容器及八仙、观音、菩萨、狻猊等人物和动物造型器皿。明代时，晋南一带的法华器制作水平有很大的提高，产量也大大增加，逐渐形成一种具有特殊装饰效果和鲜明地区风格的产品，在明代民间制陶手工业中独树一帜。法华器主要出产于山西、北京一带。

明、清两代，江苏宜兴出现一种用特殊澄泥为原料制作的陶器，因其颜色绛紫，故名“紫砂”。紫砂在中国陶瓷发展史上是个独特的体系，它的出现与盛行同唐代以来中国饮茶习俗的流行密切相关。清雍正前后，在紫砂工艺中又创制出一个新品种，即将紫砂工艺与景德镇釉上彩技术相结合，在烧成的紫砂表面施色釉彩绘，再经低温烘烧而成，此类作品破坏了紫砂固有的朴实雅致的风格。明代在宜兴鼎山还出产一种模仿北宋钧瓷的低温釉陶，表面釉彩多呈天蓝色，釉质晶莹光亮，人称“宜钧”。清代宜钧坯体细腻，突出了釉彩的美观，有的还使用刻花装饰。

明、清时期广东著名的陶器产地要数石湾窑，其产品器体厚重，胎骨灰暗，釉厚而无光泽，以蓝色、玫瑰紫、墨彩、翠毛釉等色最佳。产品种类极多，有日常用具、文房用具和室内陈设用具、建筑用瓦脊、仿古铜器式花瓶及人物雕塑等，石湾窑的产品是中国民间陶瓷的一个重要组成部分。

● **装饰** 陶器多素面无纹，不加装饰，少量使用压印、刻划、拍印等方法饰以简单的纹样，也有个别陶器在表面施轮旋纹，或捏塑浮雕类装饰。釉陶器使用各色釉料。

● **种类** 陶器、釉陶器多用作随葬明器，无论是随葬明器还是少量日用器大多模仿同时期的瓷器造型，种类有盏、碗、盆、注子、鸡腿坛、盘、钵、瓶、香炉、罐、四系罐、盒、云耳瓶、立耳瓶；大型的储藏用具有罐、瓮、缸、坛；杂器类有灯台、砚台、魂瓶等。在随葬品中仍使用陶俑和模型明器，种类复杂，陶俑类有人物骑马、牵马、胡人骑驼、卫士、男侍、女侍、马、驼、龙、牛、鸡、羊、狗、鸭、龟等，其中亦不乏制作精美者。此外，还有用于盛放骨灰罐、盒、坛等葬具。建筑用陶规模更大，产品有各种砖、瓦、瓦当及屋顶饰件等，北京城墙砖、明代长城砖的砖面多刻有烧造的时间、地点、窑工姓名等

文字。

参考书目：

中国科学院考古研究所等：《北京后英房元代居住遗址》，《考古》1972年6期。

中国硅酸盐学会编：《中国陶瓷史》，文物出版社，1982。（李水城）

Ming-Qing liuliqi

明清琉璃器

明、清时期生产的各类琉璃制品。琉璃可指两种不同的物质，一种指古代的铅玻璃；另一种指陶胎琉璃釉制品。此处仅指后者。琉璃器表面所施之釉以铅为助熔剂，用含铁、铜、钴、锰的物质为着色剂，再配以石英制成。一般采用二次烧成工艺，先烧好素胎，再施琉璃釉经低温釉烧而成。

琉璃最早可追溯到春秋、战国时期，西汉、东汉时期低温釉陶有很大发展，隋、唐至元一直延续生产，历代都没有固定的名称，或曰釉陶，或名金银釉、缥瓦、三彩等。及至这种铅釉被用在建筑用陶上才改称琉璃。究其命名之源，可能是沿用了魏晋时期从海市进入的色玻璃类琉璃而得名，并将二者混淆。后来，人们又将玻璃类琉璃称料器或料烧，琉璃也逐渐成了铅釉陶器的统称。明代时大量烧造琉璃，产量超过以往历代，发展很快，特别是大量的建筑构件均使用琉璃。明初，宫廷建筑所用琉璃瓦在南京聚宝山烧造，永乐年间都城迁往北京后，琉璃瓦产地主要在海王村（即琉璃厂）一带，后迁至门头沟琉璃渠村烧制。明代琉璃釉色有黄、绿、紫、蓝几种。除建筑用琉璃外，明、清两代也烧制其他各类琉璃用具。

琉璃的重要产地有两处，一处在北京，另一处在山西。特别是山西，烧造琉璃有悠久的历史，汉代的釉陶在山西汾河中下游发现就比较多。公元4世纪时，铅釉琉璃始用于建筑，如北魏平城（今山西大同）建造宫殿时，其殿台、鸱尾就使用了琉璃。在山西省博物馆还藏有出土于山西介休附近的北朝时期绿釉菩萨。随着寺庙建筑的兴旺，明代山西琉璃有了空前的发展，规模之大、技术之精，超过历代。制作工艺承袭了元代的传统技法，多在作品上留有作者姓名、籍贯、制作时间等题记。使用原料均以细致的坩泥为胎，纹饰精细清晰，色釉匀称光亮。规模较大的纪念性建筑，亦或以琉璃为主，或为纯琉璃制品，如现存山西大同市的洪武九年（公元1376年）雕造的琉璃九龙壁，全长45.5米、高8米，为明初山西琉璃建筑的代表作。其他琉璃器还有塔、楼阁、牌坊、照壁、香亭、神龛，以及日用、陈设、玩赏物品，如花瓶、鱼缸、神像、供器等，种类繁多，不胜枚举。琉璃制品兴盛于山西，并外流到其他地区，成为山西琉璃的另一个系统。

明、清两朝，皇家园林御苑、宫廷建筑、陵园墓地、宗教庙宇、佛塔供器多选用琉璃制品，这大大地刺激了琉璃手工业的发展。

参考书目

陈万里：《说山西琉璃》，《文物参考资料》1956年7期。

高寿田：《山西琉璃》，《文物》1962年4～5期。

中国硅酸盐学会编：《中国陶瓷史》，文物出版社，1982。（李水城）

Ming fahuaqi

明法华器

明代的法华制品。法华原名“粉花”，元代创始于山西蒲州，是在低温琉璃的基础上发展起来的新品种。法华胎质与琉璃器基本相同，配釉和烧造方法也大体一致，不同的是法华以牙硝为助熔剂。据《南窑笔记》记载：“法蓝、法翠……本朝有陶司马驻昌南，传此二色，云出自山东琉璃窑也。其制用涩胎上色，复入窑烧成者。用石末、铜花、牙硝为法翠，加入青料为法蓝。”所谓“法蓝”、“法翠”很可能指的就是法华器的蓝色和孔雀绿两种颜色。

法华在制作时使用彩画中的沥粉技术，先用一种特制带管的泥浆袋在陶胎上勾勒出纹样轮廓，再分别以蓝、黄、紫等釉料填出底子和颜色，经入窑烧造而成。法华成品表面釉“色蓝如深宝石之蓝，紫如深色紫晶之紫，黄如透亮之金珀。”颜色素雅，又名“三彩法华”。法华为明、清时期民间陶瓷手工业中独树一帜的新产品，具有特殊的视觉效果和鲜明的民族风格。明中叶以后，在山西南部的临汾、霍州、长治、晋城一带盛行，清代停烧，流传至今的法华器多为明代产品。

“法华”之名来源说法不一，有的学者认为法华原名“粉花”，为沥粉的简称。因晋南口音“粉”、“法”二音相近，乃误传为法华，相沿习久，因以为名。也有的学者认为，法华之得名与此类产品专用于寺庙法事有关。首先，法华器制作工艺复杂，外观华丽，但胎质疏松，吸水率高，表面釉层极易脱落破损，并不适宜作为生活用具。其次在装饰上多表现道家、佛家故事，作品也多为八仙人物、释迦如来、观音菩萨等宗教人物，有浓郁的宗教色彩。加之法华器风格素雅，很可能多用于寺庙宫观中举行宗教仪式时的法器或供器，法华之名即由此而来。

法华产品多为小件的花瓶、罐、香炉及动物和人物雕塑等。器表装饰使用贴花、堆花、雕镂等工艺，花纹线条刚劲挺拔，凸起处有高浮雕的艺术效果。法华釉色深厚，以孔雀蓝、紫、赭、青等为主色，并辅以孔雀绿、白、黄等间色。图案有人物故事、花卉等，特别流行一种构图奔放、色彩浓艳的螺纹，给人一种特殊的艳美感，极富乡土特色。1968年安徽歙县三百碗山头出土一批明初法华釉明器，胎色微呈黄红色，质地松软，吸水率较高，叩之无声，器表绿釉凸花，填黄、紫等色釉，釉面较光泽，显露出银白色，为铅、硅二元系统配料，用低温氧化焰烧成。1980年在山西朔县出土一批明代中期的窖藏法华器，器类有寿星、胡人乐舞俑、琵琶乐伎俑、舞伎俑、八仙人物俑、骑鱼

人物俑、假山人物俑、麒麟等，其色釉主要有孔雀绿釉、黄釉和紫釉。釉色深沉古朴，使用模、塑相结合的手法制作，人面五官细部使用刀修技法，根据身体和装饰的不同部位施釉，裸露的人物皮肤均素胎，仅施一层白粉，与服饰形成鲜明的对照。这批法华器制作精细，人物性格刻画生动，形神兼备，有较高的艺术价值。除山西外，在江南瓷都景德镇也曾仿烧法华器，但均系瓷胎，装饰上也采用沥粉技术，在胎表面制成凸起的花纹，先施单色地釉，再在素面花纹上填釉，入窑用低温氧化焰烧成。

参考书目

高寿田：《山西琉璃》，《文物》1962年4期～5期。

中国硅酸盐学会编：《中国陶瓷史》，文物出版社，1982。（李水城）

panlongwen fahua xianglu

蟠龙纹法华香炉

明代的法华器具。1953年在山西太原市征集。现藏于山西省博物馆。

蟠龙纹法华香炉

通高72.5厘米、口径47.5厘米。泥质灰白胎，以模制和手制相结合的手法制作成型。直口，口沿微外侈，颈较长，圆鼓腹，圜底，下附3只足尖外撇的兽蹄足。口沿两侧置外弧的立耳，耳面满饰联珠纹。口沿外饰联珠纹、云朵纹、水波卷草纹，腹部饰繁缛的花草纹、蟠龙纹。足根部模印兽首图形。器表施黄绿釉，相间俏色。该器造型端庄大方，做工细腻精致，整组装饰采用高浮雕的表现形式，线条流畅自然。

（李水城）

kongque mudanwen fahuaguan

孔雀牡丹纹法华罐

明代的法华容器。现藏于瑞士日内瓦（The Baur Collection）。

孔雀牡丹纹法华罐

通高37厘米。砖红色陶胎，轮制成型。直口，方唇，粗颈较高，圆弧腹，平底，底边外凸。器表通体施蓝、孔雀蓝、绿、黄4色釉，器颈部模印一周云朵纹、莲瓣纹，肩部模印云朵纹、璎珞纹，并悬挂有钱币、铃形纹作为点缀。腹部主体花纹为孔雀、牡丹、蝴蝶、假山、花草等，近器底处模印忍冬纹。

（李水城）

shuangceng toudiao renwu fahuaguan

双层透雕人物法华罐

明代的法华容器。现藏于日本松冈美术馆。

通高34.2厘米、口径18.4厘米、底径21.3厘米。胎体系轮制成型，再经镂雕处理。直口，圆唇，短粗颈，圆鼓腹，下腹内收，大平底，底边外凸。该器内外双层透雕而成，内层为容器，外层为镂空花纹装饰。器颈部模印卷云纹，肩部为一周镂空的牡丹花叶，腹部主体纹样为镂空的琴棋书画人物，以镂空的卷云和花叶为地，器底之上为镂空的莲瓣忍冬纹，整体呈现出浮雕效果。通体施蓝、孔雀蓝、黄、紫、象牙白等色釉，器口内施绿釉。通体色调素雅凝重，有强烈的乡土特色。该罐制作工艺复杂，造型精致，镂雕细腻，为明代法华器皿中罕见的精品。

（李水城）

双层透雕人物法华罐

haishui lianhua xianren fahuaguan

海水莲花仙人法华罐

海水莲花仙人法华罐

明代山西生产的法华容器。1972年出土于北京朝阳区明墓。现藏于首都博物馆。

通高43.8厘米、口径22.6厘米。陶胎，轮制成型。大口，圆唇，直颈，圆弧深腹，平底。器表通体施蓝色釉，用黄、褐、白、浅蓝等彩釉装饰花纹图案，器口内施绿色釉。器肩部饰一周缨络纹，腹中部为八仙渡海图，海水波涛翻滚，人物造型各异，瓶底饰莲瓣纹。该器釉色凝重，做工细腻，画面考究。

（李水城）

lianhua bailuwen fahuaguan

莲花白鹭纹法华罐

明代的法华容器。现藏于日本松冈美术馆。

莲花白鹭纹法华罐

通高38.8厘米、口径20.5厘米、腹径34.7厘米。轮制成型。微侈口，圆唇，短粗颈，圆鼓腹，下腹内收，大平底。器颈部模印卷云纹，肩部模印一周莲瓣忍冬纹，腹部主体花纹为一幅荷塘景物，池塘水面上数朵白莲、荷叶正随风荡漾。花丛中站立着几只白鹭，或回首眺望，或行走觅食，或在水中栖息，罐底部模刻翻滚的波浪。整组画面描绘出一幅恬静优美的田园风光，画面虽然是静态的，却给人以生机勃勃之感。器表通体施蓝、孔雀蓝、黄、紫、象牙白等色釉，器口内施孔雀蓝釉，色彩凝重素雅，构思精巧，做工细腻。

（李水城）

Yuan-Ming-Qing dengniyan

元明清澄泥砚

元、明、清时期陶制文具。澄泥砚发展到明、清时期，已逐渐衰落，但仍保持着端庄厚重的作风，形式多样，有些雕刻得相当精细，其艺术价值每每高于使用价值。

制作工艺的进步主要表现在工艺更成熟、雕刻精益求精等方面。在烧造技术上，明、清时期的澄泥砚较以往又有较大变化，在原料的选择上相当精细，并创造出了绿豆沙、鳝鱼黄、朱砂、玫瑰紫等质量上乘的名优产品，有的紫色如肝如栗；有的色绿如翠如碧；黄者有赭黄、干黄之别；而朱砂澄泥色赤如朱，鲜艳夺目。《清砚史》曾记述："澄泥之最上者为鳝鱼黄，其次为绿豆砂，又次为玫瑰紫……然不若朱砂澄泥之尤妙。"在造型上，也呈现出多样化、艺术化的特点，有长、方、圆、八角等不同形态。与以往不同的是，开始出现在砚上镌刻诗句，并成为一时风尚。

参考书目

蔡鸿如：《古砚浅谈》，《文物》1979年9期。
蔡鸿如：《澄泥砚》，《文物》1982年9期。

（李水城）

yinhan renwu dengniyan

饮翰人物澄泥砚

饮翰人物澄泥砚

元代的陶制文具。原由天津文物收藏家徐世章先生收藏，后捐献给天津市艺术博物馆。

长14.1厘米、宽10厘米、通高2.3厘米。澄泥质地，胎体细腻。砚体为一人物造型，粗眉，阔鼻，双目圆睁，头戴双齿帽，右手持扇，左手抚腹，足蹬靴。巧妙地将一人腹部设计为砚堂，将人嘴设计为水池，人面表情夸张，口部大张作呐喊状，神态生动，惟妙惟肖。古砚中以人为造型者极罕见，澄泥人物砚更属稀有。

（苏　洲）

heyu zhusha dengniyan

河鱼硃砂澄泥砚

明代的陶制文具。现藏于天津市艺术博物馆

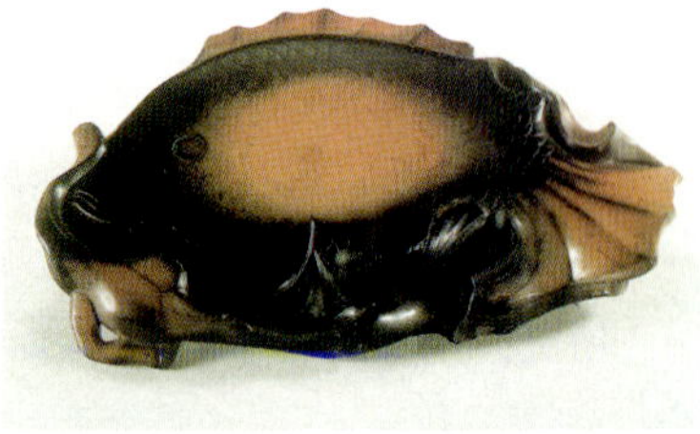

河鱼硃砂澄泥砚

长24厘米、宽15.4厘米、通高2.2厘米。澄泥质地，胎体细腻，质地优良。砚正面设计成一扬尾立鳍的大鱼，背部依托荷花。为突出鱼的形象，在鱼的四周及托鱼的荷叶上，烧制前都着以黑色，朱墨双色映衬，烘托出一尾大鱼艳雅的红色。这种着色方式，强化了色调的对比，艺术效果更佳，使作品从造型到设色均达到近乎完美的境界。该砚质地、做工俱佳，雕刻线条流畅，画面活泼，工艺精湛，为澄泥砚中难得的佳作。该砚无使用痕迹，很可能专供收藏把玩之用的雕刻艺术品。

（苏　洲）

chanchu dengniyan

蟾蜍澄泥砚

明代陶制文具。原由天津文物

收藏家徐世章先生收藏，后捐献给天津市艺术博物馆。

蟾蜍澄泥砚

长20厘米、宽15厘米、通高7.7厘米。澄泥质地，胎质细腻。整体造型为一只雕塑的蟾蜍，昂首鼓目，四足伏地，作跃跃欲跳的姿态。蟾蜍背负一片荷叶为砚堂，头部另一侧塑有一莲蓬为点缀，颈部有一小孔为水滴，荷叶蒂衔于蟾蜍口中。该砚造型生动、活泼有趣，是一件珍贵的雕塑艺术品。

蟾蜍在中国古代被视为一种吉祥动物，早在西汉、东汉时期就出现了以蟾蜍为造型的砚。古时称科举中的为“蟾宫折桂”，后人们将砚作成蟾蜍状，有喻示读书进取之意，反映出读书人渴望进取的心态。

（苏 洲）

jinchan dengniyan

金蟾澄泥砚

清代陕州工匠王玉瑞制作的陶质文具。现藏于天津市艺术博物馆。

金蟾澄泥砚

长11厘米、宽9.2厘米、通高4.5厘米。澄泥质地，胎质细腻。整体造型取自一只模印而成的圆雕蟾蜍，蟾蜍鼓目前瞻，四足伏地。上下对半剖开，上部为盖，盖顶前为蟾首，背部绘莲蓬纹和密集的圆珠纹，花纹表面描金。下部以蟾蜍四肢和腹部构成砚堂。砚底楷书“陕州工艺局澄泥砚王玉瑞造”印铭。

清代陕州即今河南三门峡和灵宝一带，工艺局为清末官办或官督商办的手工业机构。陕州地区制作澄泥砚有悠久的历史，灵宝县南虢州所产澄泥砚早在唐代即相当有名。该砚展示出清代陕州制作澄泥砚的工艺水平。

（苏 洲）

Ming-Qing zishaqi

明清紫砂器

明、清两代的紫砂陶制品。紫砂是江苏宜兴地区特有的一种澄泥陶，因其色绛紫，故名。紫砂的产生与唐代以来饮茶习俗的兴盛有密切关系，据说用紫砂茶具泡茶不走味，贮茶不变色，盛暑时泡茶隔夜不馊。而且使用年代越久，器身色泽愈发光润古雅，所泡之茶也愈发纯郁芳馨，故紫砂享有“世间茶具称为首”之美誉。北宋文人欧阳修、梅尧臣均有歌咏“紫瓯”的诗句，说明早在北宋时紫砂产品就已诞生。1976年在江苏宜兴市丁蜀镇平角山北宋、南宋时期的古窑址堆积中发现的紫砂残片，证实了紫砂初始于北宋之说。目前已知时代最早并有明确纪年的紫砂实物为明司礼太监吴经墓紫砂提梁壶。紫砂出现后，不仅为中国人民喜爱，也为欧亚一些国家的人民所钟情。早在公元15世纪，日本就从中国学会了制作紫砂壶的技术。公元17世纪，中国茶叶和紫砂壶同时传入西方，被西方称为“红色瓷器”。公元18世纪，德国人学会制作紫砂。20世纪初，中国紫砂曾在巴拿马、伦敦、巴黎等地的博览会上展出，并于1932年在芝加哥博览会获奖。

● **制作工艺** 紫砂的原料为一种颗粒较粗的陶土，属高岭土——石英——云母类型，富含铁、硅一类元素。烧成温度介于1100℃～1200℃之间，采用氧化焰烧成。按颜色可将紫砂分为3种：①“紫砂泥”。颜色呈紫红或浅紫色，质地细腻柔韧，可塑性很强，渗透性良好，肉眼可见胎内所含云母微粒，烧成后呈紫黑色或紫棕色；②“绿泥”。呈灰白色或灰绿色，烧成后为浅灰色或灰黄色；③“泥红”。棕红色，烧成后呈灰黑色。上述3种原料在江苏宜兴均有蕴藏，尤以紫砂泥储量最丰富。

紫砂器的优越性表现在以下几方面：①陶土经澄滤、炼制后，可塑性极好，焙烧时有良好的收缩率，不易变形；②紫砂成品的吸水率小于2%，表明其胎内气孔率介于陶与瓷之间，紫砂器良好的透气性可能与其特殊的显微结构有关，此类结构最适宜制作茶具和栽花用具。③紫砂泥料中的分子呈鳞片状排列，成品冷热急变性能好，热传导性低，在用于茶具方面优于瓷器；④紫砂可烧制出几十种不同颜色，凭借的是原料所呈现的天然色泽，构成紫砂特有的高雅、质朴风格。

由于紫砂原料对温度、湿度非常敏感，工艺要求很高。制好的紫砂坯件需经细致的加工处理，待坯体阴干后再装入匣钵焙烧，烧成后还要磨光上蜡，这些成为制作紫砂特有的工序。紫砂一般不需上釉（也有少量施釉），坯体成型后，器表雕刻书画文字需用粉末着色，烧成后色泽鲜艳，永不褪色。彩绘的紫砂，需经两次装烧而成。在紫砂壶上雕刻花鸟、山水和书法的现象始于晚明，盛于清嘉庆以后，后逐渐成为紫砂中一种独特的装饰工艺。

明代烧制紫砂并非设置专窑，而是与陶缸一类器皿同窑焙烧，需用匣钵装套，所需温度为1000℃～1250℃。烧成的紫砂颜色有海棠红、朱砂紫、葵黄、墨绿、白砂、淡墨、沉香、水碧、冷金、闪色、葡萄紫、榴皮、梨皮、豆青、新桐绿、琅轩翠等，不仅色彩繁多，名称也颇为雅致。

紫砂主要采用手工捏制，清代雍正、乾隆时曾出现大量模制而成的紫砂器，至陈曼生时重又提倡古法，实行捏制。从工艺角度看，模制法易精，工艺进步；捏造之法难精，工艺上均属绝活，故前者便于

仿制，后者极难作伪。历代名家所制紫砂均以控制见长。

● **器类** 明代紫砂以各类茶具为主，尤以茶壶为大宗，造型千奇百怪，丰富多采。其次为花盆类，再次为各类小件容器、文具用品、玩具、装饰品、鼻烟壶、蟋蟀罐等。清代紫砂品种增多，除大量茶具外，还有花盆、陈设物品、玩具等，造型较明代更为奇特，并出现大量觯、卣类模仿古代铜器的作品，还发展出一批水仙、垂莲、橄榄、冬瓜、菱花等仿瓜果类器皿，做工极为考究、精细。

● **紫砂名家** 几百年来，制作紫砂的名家高手不断涌现。文献中有明确记载的从明正德年间（公元1506年～公元1521年）供春学金沙寺僧制作茗壶开始，传世品中供春所制紫砂壶极其罕见，故有“供春之壶胜于金玉”之说。明嘉靖、万历年间（公元1522年～公元1619年）制作紫砂的名家有时鹏、董翰、赵良、元畅“四大家”，但他们的作品也传世甚微。供春曾带过时大彬、赵良璧、陈鸣远3个徒弟，以时大彬最负盛名，他的作品能够突破良师藩篱，有“宜兴妙手数供春，后辈返推时大彬”的美誉，但存世品中多为伪作。明末清初著名的紫砂大师为陈鸣远，其号鹤峰、壶隐，独到之处是以雕塑装饰见长，款识书法颇为雅健，上追晋唐，开紫砂工艺一代新风。清代紫砂工艺日益精进，不仅成为文人赏玩之物，也被纳为宫廷贡品。清乾隆、嘉庆年间（公元1736年～公元1820年），陈鸿寿（号曼生）制作紫砂侧重于在壶身截取平面，并在平面处镌书名款，将紫砂茗壶与诗书画艺术结合，对宜兴紫砂振兴有很大贡献。清道光、咸丰年间（公元1821年～公元1861年），邵大亨也是一位制作紫砂的高手，他的作品构思精巧，线条饱满流畅。紫砂器传世名品中伪器颇多，鉴定真伪十分困难，地下出土实物可起到一种标尺作用，有助于鉴定真伪，弥补文献之不足。

清雍正年间（公元1723年～公元1735年）前后，在紫砂工艺中开创出一个新品种，即在烧成的紫砂表面施以色釉彩绘，再经低温烘烧而成，它是将紫砂工艺与景德镇釉上彩结合的一种尝试，但此类产品破坏了紫砂器皿所固有的朴实、雅致的特色。

参考书目

韩其楼：《紫泥新品泛春华——宜兴的紫砂陶茶具》，《文物》1979年5期。

王正书：《从出土实物谈陈曼生和他的紫砂壶》，《文物》1985年12期。

中国陶瓷编辑委员会编：《中国陶瓷·宜兴紫砂》，上海人民美术出版社，1989。

梁伯泉主编：《宜兴紫砂》，文物出版社·两木出版社，1991。

（李水城）

Wujingmu zisha tilianghu

吴经墓紫砂提梁壶

明代宜兴窑生产的紫砂茶具。1965年出土于南京市中华门外马家山明司礼太监吴经墓。现藏于南京市博物馆。

吴经墓紫砂提梁壶

通高17.7厘米、口径7厘米。胎内夹砂，呈肝红色，质地较粗，壶面有缸坛飞釉。球形圆腹，平底，弧形弯嘴，器嘴与腹部相接处贴塑四瓣柿蒂纹。圆角四棱提梁，转折处为倭角，后部有一穿绳系盖的小孔。器口上有葫芦纽器盖，盖内有“十”字筋。该壶造型朴实，做工严谨工整。与其同时出土的砖刻墓志明确记载吴经下葬的日期为明嘉靖十二年（公元1533年），它是现存紫砂器中时代最早并年代较为确切的珍贵文物。（苏 洲）

Luweizhenmu zisha dingzugai yuanhu

卢维祯墓紫砂鼎足盖圆壶

明代紫砂大师时大彬制作的紫砂茶具。1987年由福建漳浦县文化馆在漳浦县盘陀乡庙埔村明万历年间户、工二部侍郎卢维祯（公元1543年～公元1610年）的墓中清理出土。现藏于漳浦县文化馆。

通高11厘米、口径7.5厘米。通体呈栗色，局部微泛黄，表面布满梨皮状小白斑点，器盖上尤为明显。直口，短直颈，圆鼓腹，平底，假圈足，曲状壶嘴置于腹前部正中。器柄断面呈圆形。壶盖为弧顶，等距离设置3只外撇的扁鼎足器纽，盖与器口扣合严密。壶底部单行竖排“时大彬制”阴刻楷书款识，刀法娴熟有力，字体方正，起笔处多圆折。

卢维祯墓紫砂鼎足盖圆壶

与该壶同时出土的还有明万历四十年（公元1612年）墓志等纪年文物，它出土时盖圈有轻度磨损，说明这是墓主人生前使用过的实物。它经考古发掘出土，年代较为确切，对研究时大彬的紫砂艺术有重要参考价值。（苏 洲）

Shidabinkuan zisha taihong diaoqi zhihu

时大彬款紫砂胎红雕漆执壶

明代紫砂大师时大彬制作的紫砂茶具。现藏于北京故宫博物院。

通高13厘米、口径7.8厘米。壶

身呈方形，略呈上阔下敛状，圆口，平环形柄，冲天管状曲流，四角有过底矮足。平底，外表满髹黑漆，中心漆层下隐约可见“时大彬制”直行楷书款，似为阴刻。壶外髹红漆厚约3厘米，上雕刻多种花纹图案。壶腹四面开光，两面为山水人物，两面为杂宝纹。器柄、壶嘴上为流云飞鹤，肩、盖上亦为杂宝纹。该壶造型端庄朴雅，装饰华美，为紫砂与雕漆工艺结合之佳作。这一工艺始于明代，作品多为壶类，有时大彬款识的雕漆紫砂壶此为仅见，极为珍贵。（苏 洲）

时大彬款紫砂胎红雕漆执壶

Donghutang zisha sixi bianhu

东湖塘紫砂四系扁壶

明代的紫砂器皿。出土于江苏无锡县东湖塘乡。现藏于无锡县文物管理委员会。

东湖塘紫砂四系扁壶

通高14.5厘米、口径 3.3厘米。器表面作栗色。壶身扁圆，顶部有小口，短颈，器底附小圈足，器口前部一侧有弯曲的短流嘴，口上原有器盖，现已缺失。壶身两侧上下置四穿系，以便穿系携带。壶腹正中一面刻一尾鲤鱼，另一面刻一男童练功图，男孩旁竖排刻写正楷“独占鳌头”4字，字迹工整，无名款。（苏 洲）

yinhua pengchatu zishahu

印花烹茶图紫砂壶

清代的紫砂茶具。现藏于北京故宫博物院。

印花烹茶图紫砂壶

通高15.3厘米、口径4.8厘米。以紫红色砂泥制作，器表呈砖红色。壶身作六方形，直口，短颈，折肩，内折底，冲天管状流，如意式曲柄；斗笠形器盖，上有桃形捉纽，器盖与壶口套合严密，整体造型瘦长挺拔。壶身三面印制烹茶图案，有两人在茶楼案几旁坐饮，一书僮在廊中煮水，另一书僮端两只茶杯作送茶状，四周有松、竹、梅及洞石陪衬。壶身另三面镌刻清乾隆御制诗：“雨中烹茶泛卧游书宝有作。烟溪山雨相空濛，生衣独坐杨柳风。竹炉茗碗泛清濑，米家书画将无同。松风泻处生鱼眼，中泠三峡何须辨。清香仙露沁诗脾，座间不觉芳堤转。”诗后篆刻阳文“乾隆”2字章式款。该诗为乾隆七年（公元1742年）夏至那天，乾隆帝由地坛礼毕返回圆明园途中所作；烹茶图取材于乾隆御制诗，诗画结合，形式与内容有机地融为一体。（苏 洲）

taoxing zishabei

桃形紫砂杯

清代紫砂工艺师圣思制作的茶具。现藏于南京博物院。

桃形紫砂杯

通高8厘米、口径10.1厘米。胎质细净，颜色暗红。造型模仿剖开的半只桃子，折枝为柄，表面以枝、叶、花浮雕为装饰。杯下附有3足，亦由枝、叶、桃子果实组成，枝干中心蚀空，表面留有斑斑疤痕，枝叶、树干刻划极其逼真。杯子腹部一面镌刻有“阆苑花前是醉乡，拈翻王母酒霞觞”的诗句，款署“圣思”，并戳记“圣思氏”篆书阳文方印。杯下部有近代名艺人裴石民所配的杯托，杯托高3.5厘米、直径14.5厘米。颜色为灰褐色，外表模仿树皮，托内镌刻130余字。该杯造型巧夺天工，为宜兴紫砂器中的精品。（苏 洲）

zhujie zisha tilianghu

竹节紫砂提梁壶

竹节紫砂提梁壶

清代宜兴制陶名工陈荫千的紫砂作品。现藏于南京博物院。

通高13.5厘米、口径6.7厘米～7.5厘米。器表呈赤赭色，质地坚实，器表打磨光滑。造型模仿竹节，器口内敛，折肩，筒形直腹，大底，矮圈足。壶腹中缠绕凸起的竹枝一周，壶嘴巧妙地雕琢成3节弯曲的竹节，壶盖弧顶，盖顶模印竹叶数片，盖纽和提梁均制成相互缠绕的竹节形状。该壶造型凝重素雅，朴实无华，工艺精湛。（苏 洲）

Dadongpo zisha tilianghu

大东坡紫砂提梁壶

清代制作的紫砂茶具。现藏于宜兴紫砂工艺厂。

大东坡紫砂提梁壶

通高48厘米。壶身用紫泥制成，器身呈紫褐色，紫中泛红，表面光滑润泽。壶嘴、盖纽、提梁呈灰褐色，系用绿泥制作，色泽凝重。壶体造型为圆球形，小口，短颈，弧顶圆盖，平底。三叉提梁、壶嘴和盖纽均模仿树枝的形状，惟妙惟肖。该壶腹部镌刻有砖瓦文字图案，并刻隶书：“时在壬午孟东之吉，立信陶厂出品。逸公氏摹古并镌。”在壶盖内印有“郭记”款。

据传，当年北宋大文豪苏东坡所设计的壶就是这种造型，该壶个体较大，故名大东坡提梁壶。（苏 洲）

meizhuang zisha tilianghu

梅桩紫砂提梁壶

清代紫砂工匠范占制作的紫砂茶具。现藏于江苏苏州市文物商店。

梅桩紫砂提梁壶

通高21厘米。通体呈黄褐色。造型模仿梅花树桩，壶身呈圆筒状，平顶，大平底。壶身塑有黄色蜡梅数朵，口上弯曲的提梁模仿一旁出的枝条。壶盖呈不规则圆形，盖纽模仿一枝留有梅花和数朵花蕾的梅桩。壶底部印有圆形金鼎商标。该壶并非出自名家高手，但做工十分精细，质感极强，而且尺寸较大，为紫砂茶具中的佳作。（苏 洲）

Ming-Qing Yijunqi

明清宜钧器

明、清时期紫砂器中一种带釉陶器。产于江苏宜兴鼎山，是一种模仿北宋钧瓷釉色的低温釉陶，因其釉色与宋代钧窑有某些相似之处，习称“宜钧”。在烧成技术上与宋钧有很大不同，前者用氧化气氛，后者用还原气氛。

据文献记载，宜钧流行于明代中叶，所用陶土质地细腻润泽，表面釉彩多为天蓝色，质地晶莹光亮。其品种甚多，器类有长颈瓶、小口罐、荷叶盘、桃形洗、壶等。釉色以天青、天蓝、云豆色居多，也有月白色。有部分花釉与广钧极为相近，釉层较厚，开片细密，不甚透明，浑厚古朴，胎色有紫、白两种。白胎原料为宜兴白泥，紫胎用宜兴紫泥制成。釉料中加入含P_2O_5的石灰窑窑汗作熔剂，引入的窑汗使釉层带有乳浊感。用含铁、铜、钴、锰等物质作着色剂，生坯施釉，烧成温度在1200℃左右。

明代后期制作宜钧最为成功的窑场是所谓的欧窑，欧窑釉色以灰蓝色最为珍贵，其色介于灰墨、灰绿之间，“灰中带有蓝晕，艳若蝴蝶花。”构成欧窑的基本色调。宜钧发展到清代，坯体更加细腻，突出了釉彩的美观，也有的在器表使用刻花装饰，以乾隆、嘉庆年间宜兴丁山葛氏兄弟的作品最为出名。他们继承了欧窑的传统，釉彩丰富，宜钧独绝，色泽蓝晕，比欧窑进步。宜钧在清代已流传到欧洲、日本等地，其制作工艺也随之外传。

参考书目

中国硅酸盐学会编：《中国陶瓷史》，文物出版社，1982。

（李水城）

lujunyou fangzhonghu

炉钧釉方钟壶

清代的宜钧茶具。现藏于南京博物院。

炉钧釉方钟壶

通高21.8厘米、方口纵8.9厘米、横10厘米。褐红色陶胎，质地细腻，手制。整体作方钟形，器口略内敛，子母口，方形四注式壶盖，盖顶有

桥形捉组。短颈，微弧腹，扁环形把手，管状前冲短流，流下部紧贴壶腹壁，大平底。器表通体施浅蓝色炉钧釉，通体呈黄褐色。器底有一阳文篆书方印，字迹模糊不辨。

（苏 洲）

〖元明清其他陶器〗

Shijiaoyishan Yuanmu taotan
石交椅山元墓陶坛

元代的陶制葬具。1976年由广东揭阳县博物馆在揭阳县新亭镇石交椅山元墓中发掘出土。现藏于揭阳县博物馆。

石交椅山元墓陶坛

通高43厘米、口径14.2厘米。泥质灰色陶胎，采用轮制与手制相结合的手法制作。上设覆钵式器盖，盖顶饰莲花瓣器组，盖面绘3组棕褐彩卷草纹、2朵卷云纹。器身直口，矮颈，溜肩，球形圆腹，平底略内凹。器表贴塑人物造像，残留有部分褐色彩绘。器底作莲花座，座子正中开一长方形门框，门楣上堆塑一朵桃花，枝叶向两侧展开。门框内刻有两扇门及门扉、门环，门两侧贴塑一对身着戎装、手持器械的武士俑。坛子腹部左右贴塑一龙一虎，龙身描绘鳞栉，虎身绘条带彩纹，均作腾云驾雾状。在龙虎之上各有一组生肖俑，每组6尊，共12尊，各自站立于祥云之上。俑身着长袍，双手持笏，头冠上捏塑生肖形象。该坛造型奇特，工艺复杂，画面丰富，是一件反映当时民间风俗的优秀作品。它出土时内装有火烧的人骨骨殖，同类器在广东廉江县及云南镇西县元、明时期的火葬墓中也有发现。此外，在江西、福建一带出土的骨灰罐上也常常堆塑龙虎纹，看来凡有此种装饰的陶坛可能是当时骨灰罐的流行式样。

（李水城）

Nantou Houhai Yuanmu caihui taoping
南头后海元墓彩绘陶瓶

元代陶制日用水器。1981年由广东深圳市博物馆在深圳市南头后海元墓中发掘出土。现藏于深圳市博物馆。

南头后海元墓彩绘陶瓶

通高37.6厘米、口径12.7厘米。泥质灰黄色陶胎，轮制。小口，直颈，广肩，斜弧深腹，圈足。肩部两侧置桥形纽耳一对。与器耳相对应的圈足部位有两枚穿孔，供系穿绳索使用。颈部和圈足分别绘有一周褐色彩，器腹部绘褐彩花卉纹5组，从上向下的第1组、第4组为仰莲纹、覆莲纹，第2组、第5组为缠枝卷草花叶纹，正中1组为主体花纹，绘2组盛开的大牡丹花，枝叶舒展，周边以龟背锦纹相衬。该器造型美观大方，花纹绘制精细，布局有序，与同时期的瓷器造型和花纹完全一致。

（李水城）

Houyingfang yizhi toudiao liuliqitai
后英房遗址透雕琉璃器台

元代祭祀器具。1972年由中国科学院考古研究所等单位在北京元代后英房遗址中发掘出土。现藏于首都博物馆。

后英房遗址透雕琉璃器台

残高38厘米、下部口径31厘米。泥质灰胎陶，采用轮制与手制相结合的手法制作，再经镂雕等工艺处理。下部为一圆鼓凳状造型，鼓凳以上似花冠状，饰有镂空的唐草、荷花、莲蓬，透雕花叶卷草一周，中部器座圆筒形，周边捏塑5个“S”形装饰。腹部上下饰凹弦纹，器座中部有4组龛形镂孔，周边饰以卷草纹。该器内壁露有红色陶胎，有明显的麻布印痕，外表通体施翡翠、黄、蓝3色釉。根据该器的造型推测，在该器顶上原应有承托之物，很可能是一件专门用于祭祀的特殊用具。

（李水城）

Haidian Yuan sancai loudiao longfenglu

海淀元三彩镂雕龙凤炉

元代陶制祭祀用具。1964年出土于北京市海淀区。现藏于首都博物馆。

海淀元三彩镂雕龙凤炉

通高37厘米、口径22厘米。低温釉陶质，手制。圆形大口，束颈，球形圆腹，腹下置三只短矮的兽蹄足。器口上镂雕博山，构成炉顶，口沿两侧置立耳一对。器表满雕镂空的花纹，施黄、绿、蓝、白4色釉彩，炉顶镂雕的仙山中有一条黄色蛟龙，蜿蜒穿行于蓝色山岩之中，似腾空飞行而去。香炉腹部浮雕出繁密的花叶、云朵，施以蓝、绿、白3色釉彩，器底3矮足施黄褐釉。炉身镂雕一龙一凤，相互追逐，嬉戏游翔于花丛之中。龙与凤施黄色釉，在蓝、绿、白相间的花叶和云朵映衬下，格外醒目。整座香炉雕镂花纹繁缛，层次错落有致，各色釉彩与镂空花纹交相辉映，造成一种华丽的艺术效果，为元代三彩器中的精品。（李水城）

石 器

石器目录

Jiushiqi Shidai shiqi

旧石器时代石器

（约250万年前至距今约1.2万年）

旧石器时代远古人类有意识地打制而成的各种石制品。石器的制作，是人类在适应自然环境、利用自然资源方面迈出的划时代的一步，人类从此告别了古猿。石器和木器等的制造标志着人类从古猿进化为人。迄今世界上最早的石制工具发现于非洲坦桑尼亚奥杜韦峡谷、肯尼亚的科比福拉及埃塞俄比亚的奥莫和哈达尔地区，年代距今约二三百万年。中国迄今发现的最早一批石器是在重庆巫山县及山西芮城县西侯度地点，距今约180万年。

分布情况 迄今除天津、上海之外，中国境内其他30个省、市、自治区都发现有旧石器遗存，时代跨越旧石器的早、中、晚3个时期。根据石器的特点，以秦岭、淮河为界可分成北方和南方两个地区，其中北方地区包括华北、东北、西北及新疆地区，南方地区包括西南、华中、东南、华南和青藏高原等地区。旧石器时代的遗物和遗迹一般分布在石灰岩洞穴和河流阶地的砂石层中，分为原地埋藏和异地埋藏两种方式。中国境内发现的第一件有确切记录的旧石器时代石器，是1920年由法国神父桑志华在甘肃庆阳地区发现的，现藏于天津自然博物馆。

分期 旧石器时代在地质历史上属于第四纪的更新世阶段，分为早、中、晚3期。其中旧石器时代早期属早更新世和中更新世阶段，距今约250万年～13万年；旧石器时代中期属晚更新世的早段，距今约13万年～5万年；旧石器时代晚期属晚更新世的中晚段，距今约5万年～1.2万年。从约距今1.2万年开始，人类开始逐步步入新石器时代。

特征 中国旧石器时代石器以石片石器、砾石石器为主，石核石器较少；一般采用锤击法打片，也有的采用砸击法或其他方法打片，以向背面加工为主。在种类上，以砍砸器、刮削器、尖状器数量最多，构成中国旧石器时代石器的主体，从早期到中晚期，形制趋于复杂。砍砸器也是基本类型之一。雕刻器出现较早。石球从早期到晚期均有发现。手斧不发达，用途与大型砍砸器相同。从早期到中、晚期，加工技术不断改进，北方地区石器有向小型化方向发展的趋势，从直接打击法逐渐发展出使用间接打击法和压制法等工艺，器形逐渐规整，刃口大多向锋锐发展。旧石器时代晚期出现了细小石器，以及刮制、磨光的骨质工具。石镞已诞生，这种新的生产力要素（弓箭）为狩猎经济的发展起到了重要的推动作用。从原料来看，一般就地取材，并注重选择优良质地，种类多达60余种，主要包括石英、石英岩、燧石、角岩、脉石英、硅质岩等。晚期阶段，主要是燧石和硅质岩，表明远古人类在选择石器原料方面认识水平在不断提高。

功用 旧石器时代最常见的石器有3种，即刮削器、尖状器和砍砸器。一般认为：割切和刮削用工具，所占数量和种类最多；刮削器可用于加工猎获物；尖状器具有切割的功能，可用于加工猎获物和挖掘植物的根茎；砍砸器用途较复杂，不仅起到砍、劈、锤砸和挖掘作用，用于获取和加工生活资料，还可用于制作工具。

随着旧石器时代石器文化的产生和发展，旧石器时代早期以后，北方地区和南方地区石器间的差异变得越来越大，尤其是到旧石器时代晚期更为突出，各个地区均表现出除主体文化面貌之外的一些区域性文化特征，同时也存在广泛的交流与传播关系。北方地区和南方地区在石器文化的内涵上也存在一些相似的因素，南、北方地区文化的交流随着旧石器时代的发展日益广泛。 （朱晓东）

Beifang Diqu Jiushiqi Shidai shiqi

北方地区旧石器时代石器

旧石器时代分布于秦岭和淮河以北，包括华北、东北和新疆等广大地区的各类石制工具。年代距今约180万年～1万年。

旧石器时代早期石器 时代为早更新世和中更新世，距今约180万年～13万年。代表性的出土地点有山西芮城县的西侯度和匼河、垣曲县南海峪，河北阳原县的小长梁和东谷坨，陕西蓝田县公王岭，北京房山区周口店，内蒙古呼和浩特市大窑四道沟，辽宁营口市金牛山、本溪市庙后山等遗址和地点。其中西侯度地点石器是迄今中国境内发现的时代最早的石器之一，距今约180万年。周口店北京猿人遗址石器是这一阶段石器文化的典型代表。但根据已发现早期地点的文化水平分析，它们很难说是最早的人类文化。中国古人类文化及石器的起源还应向前追溯。

器类 包括刮削器、尖状器、砍砸器、石锥、雕刻器、石球等。其中刮削器占石器组群的主体，尖状器以小型者居多，砍砸器亦常见。石锥、雕刻器、石球在大多数石器地点中均少见，器形也不典型。

制作工艺 在长达100多万年的时间里，制作工艺较为缓慢地向前发展着。在石料选择上，尽可能寻找优质原料。使用锤击法、砸击法、碰砧法打制石片，形制逐步规整。随着时间的推移，石器类型不断增加，修理技术逐步提高，精致标本出现的比例增大。在使用锤击法加工石器方面逐步由多样性走向以向背面加工为主的方式，同时以小石器为主的文化类型对石器文化的发展产生了深远的影响，这套石器制作技术基本为后人继承，并制约着北方地区旧石器时代中期石器文化的发展。这一时期已出现大规模石器制造场，如呼和浩特市大窑四道沟地点石器，时代属于旧石器时代

早期稍后阶段，出土的石器包括刮削器、砍砸器、尖状器、刀形器和石锤等，还出土有许多大型燧石块，有的长达1.5米、宽和厚各1米，周围密布人工打制的石片和石块。有意义的是，有些石片可以同大燧石交合在一起，显然是从大燧石上打下来的。此外，还发现几件可以复合到一起的石片、石核。这为了解早期人类开采石料、制作石器提供了珍贵的实物资料。

旧石器时代中期石器 主要石器地点有北京房山区周口店第15地点，山西阳高县许家窑、襄汾县丁村、曲沃县里村西沟、太原市古交、大同市青磁窑，陕西长武县窑头沟、大荔县甜水沟，甘肃庆阳县赵家岔，辽宁喀左县鸽子洞等遗址及地点，其中以襄汾县丁村地点群最具代表性。其地质时代为晚更新世早期，距今约13万年～5万年；石器类型和加工技术基本是早期的延续和发展，表现出一定的进步性。类型主要有刮削器、砍砸器、尖状器、雕刻器、石锥、石砧、石球等，以刮削器数量最多，砍砸器次之；石球出土的数量虽不十分突出，但在许家窑等个别地点，出土数量多达2000枚。石器以向背面加工为主，也有向破裂面及错向、交互、复向加工的。出现了利用骨、木棒等软锤打片的技术。

旧石器时代晚期石器 时代为距今约5万年～1.2万年的晚更新世中晚期。主要石器地点有内蒙古乌审旗萨拉乌苏，山西朔州市峙峪、沁水县下川、蒲县薛关、吉县柿子滩、襄汾丁村77:01地点、宁夏灵武县水洞沟，河北阳原县虎头梁，河南安阳市小南海，陕西韩城县禹门口，甘肃环县刘家岔，辽宁海城县小孤山、凌源县西八间房，吉林榆树县周家油坊，黑龙江哈尔滨市阎家岗、齐齐哈尔市昂昂溪等遗址和地点。石器类型增多，以小型为主，除早、中期常见的石器外，还出现石钻等新型工具。典型细石器开始出现，以山西沁水县下川、蒲县薛关、河北阳原县虎头梁等地点为代表，构成这种石器工业的主要成分是用间接打击法和压制法产生的细石叶以及典型的柱状、锥状、楔状等式样的细石核。石叶工具种类增多，用途专门化趋于明显，与旧石器时代中期相比在类型上更加多样化，工艺上也更加进步。此外，在新疆玉龙喀什河、尼雅河和洛甫以南的第三阶地或第三级洪积扇表面又采集到一批打制石器，根据新疆第四纪主要沉积物分层表，第三阶地或第三级洪积扇堆积属于晚更新世，这批以石英岩等砾石为原料，包括砍砸器等类型的石器，有些可与华北地区丁村地点群的同类石器相对比。

研究状况 1973年，著名考古学家贾兰坡先生等提出，华北地区旧石器时代的发展至少有两个系统，即“匼河——丁村系”或称“大石片砍砸器——三棱大尖状器传统”和“周口店第一地点——峙峪系”或称“船头状刮削器——雕刻器传统”，俗称大石器传统和小石器传统。对这一观点，也有的学者提出了不同看法。（朱晓东）

Xihoudu didian shiqi

西侯度地点石器

北方地区旧石器时代早期石制品。地质时代属早更新世，据古地磁断代测定，年代距今约180万年。1961年和1962年由山西省博物馆在山西芮城县西侯度村地点中发掘出土。

西侯度地点砍砸器和刮削器

石器数量不多，种类主要有刮削器、砍砸器和三棱大尖状器。刮削器又分为凹刃、直刃和圆刃三种；砍砸器也有单面和两面加工之分。三棱大尖状器仅有一件，系采集所得，学者们认为它与上述石器同属一个时代。该器原为一轮廓和断面呈不规整三角形的砾石，尖端被修理成锐尖状。这种石器亦发现于陕西蓝田县公王岭、山西芮城县匼河、河南三门峡和山西襄汾县丁村等地点，只是在加工上有粗糙和细致之分。据研究，这是一种具有区域性文化特征的挖掘工具。根据石核和石片打击情况看，该地点石器采用锤击、砸击和碰砧3种方法打制而成，原料包括石英岩、脉石英和火山岩。

该地点石器是中国境内已知时代最早的旧石器时代石器之一，从石器的打制和形态特征上来分析，它尚不是中国最早的石器。中国石器的起源还应向前追溯。（朱晓东）

Gongwangling didian shiqi

公王岭地点石器

北方地区旧石器时代早期石制品。地质时代属早更新世晚期，据古地磁断代测定，年代距今约115万年～110万年。1964年由中国科学院古脊椎动物与古人类研究所在陕西蓝田县城东16公里的公王岭村南侧发现，后又进行多次调查和发掘。著名的蓝田猿人头骨化石即出土于此。

公王岭地点砍砸器

出土石器共26件，其中7件为刮削器，又可分为单直刃、单凹刃、端刃等不同种类。长度均在5厘米以下，最短仅2.6厘米。均用锤击法加工，有向破裂面、向背面、复向和交互打击等不同的加工方式，修理相当粗糙，有较多的原始性。石料主要为石英岩，还有石英和细砂岩。这些石制品均出土于蓝田猿人化石层上的红色土层中，故有可能是公王岭蓝田猿人使用的工具。反映出当时人类制造工具的初级水平。

（朱晓东）

公王岭地点手斧

Donggutuo didian shiqi

东谷坨地点石器

北方地区旧石器时代早期的石制品。地质时代属早更新世，据古地磁断代测定，年代约距今100万年。该地点位于河北阳原县东谷坨村西北一带，1981年发现，随后由中国科学院古脊椎动物与古人类研究所、天津自然博物馆等单位进行发掘。

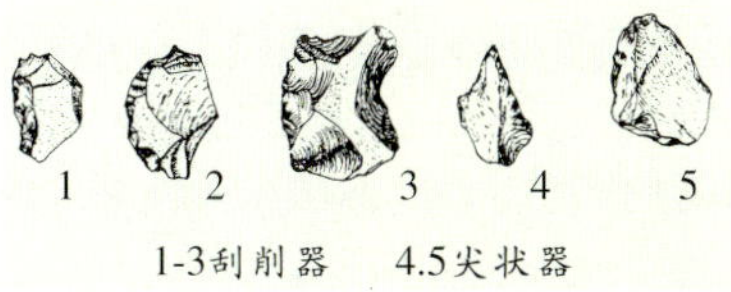

东谷坨地点石器

石器类型包括刮削器、尖状器和砍砸器几大类，以刮削器所占比例最大，砍砸器最少。刮削器又分凹刃、直刃、凸刃、凸凹刃、多边多刃和双凹刃等不同种类。尖状器可分为钝尖宽身、锐尖宽身、钝尖长身和锐尖长身等不同种类。长度一般在4厘米以下。采用锤击法、砸击法、碰砧法打制石片。原料主要有火山碎屑岩、石髓、燧石、玛瑙和轻度变质的石灰岩。石料较好，加工较细致。

该地点石器在类型和制作方法上与北京猿人遗址石器有较大的相似性，应属同一系统。它的发现，为研究华北地区旧石器时代早期文化提供了重要资料。

（朱晓东）

Beijing Yuanren yizhi shiqi

北京猿人遗址石器

北方地区旧石器时代早期石制品。地质时代属中更新世，据铀系法断代、裂变径迹法断代及古地磁断代，年代为距今70万年～20万年。遗址位于北京市房山区周口店镇龙骨山东北坡，文化堆积达13层，1921年由瑞典人J.G.安特生发现，以后发掘研究工作一直不断。现藏于中国科学院古脊椎动物与古人类研究所等单位。

北京猿人遗址石器

出土石器数以万计，以石片石器为主，石核石器很少，类型包括刮削器、尖状器、石锤、雕刻器、砍砸器、球形器等。除砍砸器、球形器体形较大外，其余较小。刮削器数量最多，有盘状、直刃、凹刃、凸刃、多边刃等形状。根据石料的不同，分别采用直接打击法、碰砧法和砸击法打制石片，其中用砸击法制作的两极石核和两极石片在全部石制品中占有很大比重，并构成北京人文化的重要特色之一，第二步加工多用石锤直接打击，以一面打击为主，并且绝大多数由破裂面向背面加工，单刃石器居多。总体上看，石器制作较粗糙，刃缘不平齐。但尖状器、雕刻器却是例外，虽出土数量较少，器形小，但制作精致，技术水平在世界范围内同时期的人类文化遗存中也属罕见。石器原料主要为脉石英、砂岩、石英岩、燧石等。

北京猿人遗址是世界著名的旧石器时代遗址，出土的人类化石和石器数量之多及用火遗迹之丰富，是迄今所知的同时代遗址无法相比的。该遗址石器以小石器为特征，为华北地区旧石器文化早期的主要代表，与山西朔州市峙峪地点构成北京人遗址——峙峪系统，对中国华北、西南的旧石器文化有巨大影响。

（朱晓东）

Zhoukoudian di 15 didian shiqi

周口店第15地点石器

北方地区旧石器时代中期石制品。地质时代属晚更新世早期，年代距今20万年～10万年。该地点位于北京房山区周口店镇龙骨山，在北京猿人遗址南约70米的岩溶洞内。1934年和1935年发掘出土。

周口店第15地点石器

总数逾千件。分为砾石石器（包括砍砸器、截头长砾石工具、小砾石石器）、石核石器（包括石球）、石片石器（包括有使用痕迹的石片、刮削器、尖状器、石锤、圆盘状器、雕刻器和两面器等）。以刮削器为主，尖状器为重要器形，雕刻器和砍砸器居次要地位。用锤击法向背面加工，大都制作精致，且以小型者居多。原料为石英、砂岩、燧石、火成岩等。在类型和加工技术上均与

北京猿人遗址相似，同时也显示出一些特色，如砸击技术衰落，锤击法打片技术有所提高，石锤减少，修理把手的大石片的出现等，由此可认定它们是北京猿人石器文化的直接继承者，并且又有了进一步的发展。（朱晓东）

Dingcun didianqun shiqi

丁村地点群石器

北方地区旧石器时代早期、中期和晚期的石制品。1953年由中国科学院古脊椎动物与古人类研究所和山西有关单位在山西襄汾县丁村附近发现，随后进行了多次调查、发掘。

山西襄汾丁村地点砍砸器

旧石器时代早期石器 出自汾河的第Ⅳ阶地，地质时代为中更新世晚期。石器分为砾石石器和石片石器两大类，砾石石器所占比例较小，包括三棱大尖状器、砍砸器、石球3种。其中三棱大尖状器制作较好，在修理上较山西芮城县西侯度地点的同类器物要复杂得多。石片石器占绝大多数，类型包括尖状器、刮削器、砍砸器。尖状器中的大尖状器制作精致，颇具特色。石器原料为角岩。

旧石器时代中期石器 出自汾河的第Ⅲ阶地砂层和砂砾层中，地质时代为中更新世晚期，也有的学者认为属于晚更新世早期，年代约距今21万年～16万年。包括石核石器和石片石器两大类。石核石器占少数，类型包括砍砸器和石球。砍砸器用交互法打制而成，分单边和多边两种。石球多数以石灰岩为材制作，一般重500克～1300克。石片石器占多数，类型包括单边和多边形器、厚尖状器、小尖状器和刮削器。其中厚尖状器又可分为鹤嘴形尖状器和三棱大尖状器。后者是丁村地点最具特色的器物，由于最早发现于丁村，又称为“丁村尖状器”。其为砍砸器的一种。采用厚大石片制成，器身厚重，两侧为单面向背面加工，修理十分精致。又可以分成两种类型：一种是斜向打击，侧刃较锐，前端尖刃扁锐，刃部横断面呈钝角三角形；另一种是垂直加工侧刃，尖部经打制使之缩窄，呈窄锤状，刃部横断面呈锐角三角形，另一端是手握的地方，也经过加工修理。由于从横断面观看呈三棱状，故称三棱大尖状器。原料为角岩，一般约长18厘米，多发现于旧石器时代中期，在山西芮城县西侯度、匼河、陕西蓝田县公王岭等地点也有发现。通常认为这种器物具有多种功用，也有的学者认为是挖掘块茎的工具。石器的二步加工多数是在石砧上碰击而成的。

丁村地点石球

旧石器时代晚期石器 主要发现于汾河第Ⅱ级阶地上的丁村77:01地点。地质时代为晚更新世晚期，据放射性碳素断代，年代为距今26400年±800年。分为以角岩、石灰岩为原料的打制石器和以燧石为主要原料制作的典型的细石器两大类。前者包括刮削器、砍砸器、石球等3种，与旧石器时代中期的石器近似，承袭中期的打制方法。细石器占大多数，包括石核式刮削器、斜边雕刻器、石镞、尖状器、锥钻等种类，尤以石核式斜刃刮削器、歪尖扁圆底石镞、斜边雕刻器独具特色。（朱晓东）

Xujiayao didian shiqi

许家窑地点石器

北方地区旧石器时代中期石制品。地质时代为晚更新世早段，年代距今约10万年。1973年在山西阳高县许家窑村和河北阳原县侯家窑村之间的梨益沟发现，后由中国科学院古脊椎动物与古人类研究所进行了3次发掘。

计1万余件。类型包括刮削器、尖状器、雕刻器、石钻、砍砸器、石球等，其中以刮削器和石球最多。石球最大的直径达10厘米以上，重

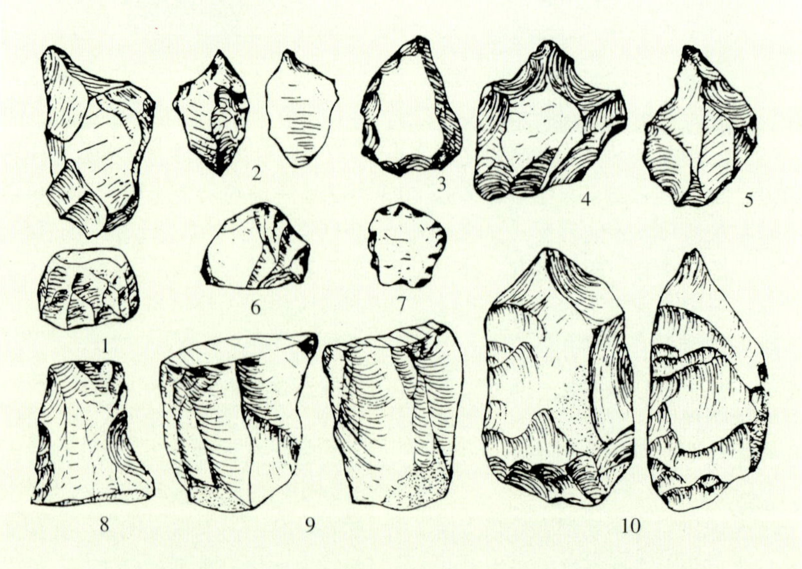

1.圆头刮削-尖状器 2.石钻 3.屋脊形雕刻器 4.齿状尖状器 5.喙状尖形器 6.7.短身圆头刮削器 8.两侧刃刮削器 9.原始棱柱状石核 10.龟背状刮削器

许家窑地点石器

量超过1500克；最小的直径在5厘米以下，重量不足50克。石球形状有圆形、长圆形、扁圆形等，可用作狩猎武器。有些学者认为，小石球可能为狩猎工具“飞石索”的弹丸。石器多为小型器，加工精细，技术类型上与北京猿人遗址石器十分相似，也有一些进步的石器种类，如圆头刮削器和短身圆头刮削器等均独具特色。以石英、燧石、火山岩等为原料。

许家窑地点的发现，为研究旧石器时代中期向晚期的发展与过渡提供了重要资料。有的学者认为，许家窑人是北京猿人的后裔。

（朱晓东）

Gezidong didian shiqi

鸽子洞地点石器

东北地区旧石器时代中期洞穴地点石制品。地质时代为晚更新世早段。1956年在辽宁喀左县水泉乡发现，后由辽宁省博物馆进行了多次发掘。

出土石器数量不多，以石片石器为主，包括刮削器、尖状器、砍砸器和雕刻器等。其中刮削器占大多数，制作精细，分为单刃、凸刃、凹刃和复刃等。尖状器制作粗糙，砍砸器器体粗大，用砾石制成，雕刻器不很典型。数量上占多数的凹刃刮削器和粗糙制作的尖状器均表现出独特的面貌。以石英岩、燧石和岩浆岩等为原料。采取直接锤击法一面加工、二面加工和错向加工。

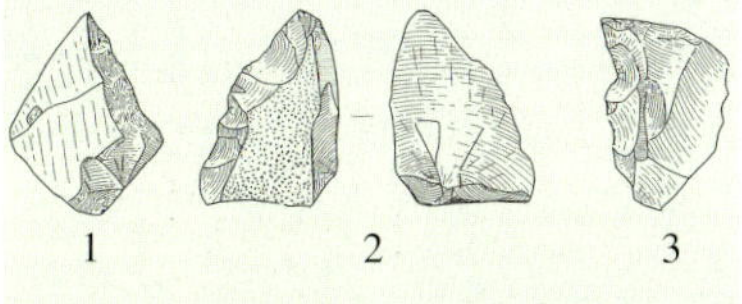

1.2 刮削器 3.尖状器

鸽子洞地点石器

该地点石器是中国东北地区最早发现的旧石器。从总体上看，仍然属于中国北方地区以小石器为主的文化传统。有的学者认为，它是北京猿人遗址石器向东北方向发展的重要一支。（朱晓东）

Shuidonggou didian shiqi

水洞沟地点石器

北方地区旧石器时代晚期石制品。地质时代属晚更新世中晚段，距今约2万年。1920年在宁夏灵武县城东北约30公里长城南侧水洞沟沟口西岸发现，后经多次发掘。

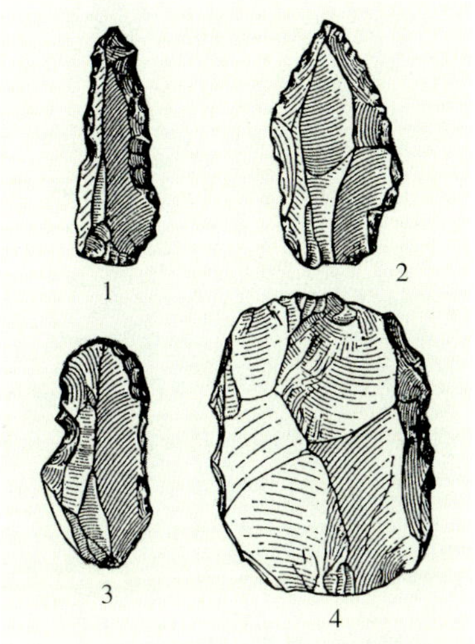

1、2. 尖状器 3.端刮器 4.长身石核

水洞沟地点石器

类型包括尖状器、刮削器（端刮器、新月形边刮器、凹缺刮器、双直刃边刮器、单直刃边刮器）、砍砸器、雕刻器和钻具等。以刮削器居多，其中直刃刮削器占半数以上；砍砸器很少，用大石片制成。采用锤击法修理石器，个别精致的可能用压制法修成。在所有石器中，细石器占主体，属北方细石器文化遗存的一部分。石器原料为白云岩砾石、石英岩、燧石砾石和玛瑙石块。

该地点石器是中国境内最早发现的旧石器时代文化遗物之一，与内蒙古乌审旗萨拉乌苏地点石器一起，首次向世人展示了中国旧石器时代的遗存。（朱晓东）

Salawusu didian shiqi

萨拉乌苏地点石器

北方地区旧石器时代晚期石制品。地质时代为晚更新世中晚段，距今约5万年～3.5万年。1922年在内蒙古乌审旗萨拉乌苏河沿岸发现，后经多次发掘。

类型包括刮削器、尖状器、雕刻器、钻具等，以刮削器数量最多。以细小石器为特征，尺寸较小，一般长2厘米～3厘米，重量多在1克～2克左右。以硅质岩、石英岩和燧石为原料。用锤击法打制而成。这些特征与比它早的北京房山区周口店、山西阳高县许家窑，以及比它晚的山西朔州市峙峪、河南安阳市小南海等遗址出土的石器基本相同，说明它们之间关系密切。

由于该地点石器细小，过去被人们称为“细石器”。但与全新世地层出土的典型细石器有着明显的区别，它采用锤击法打制而成，而典型细石器是用间接打击法和压制法生产的。

（朱晓东）

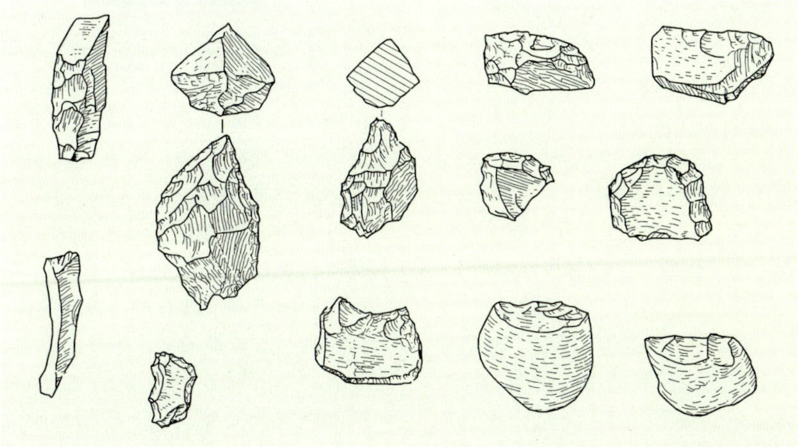

萨拉乌苏地点石器

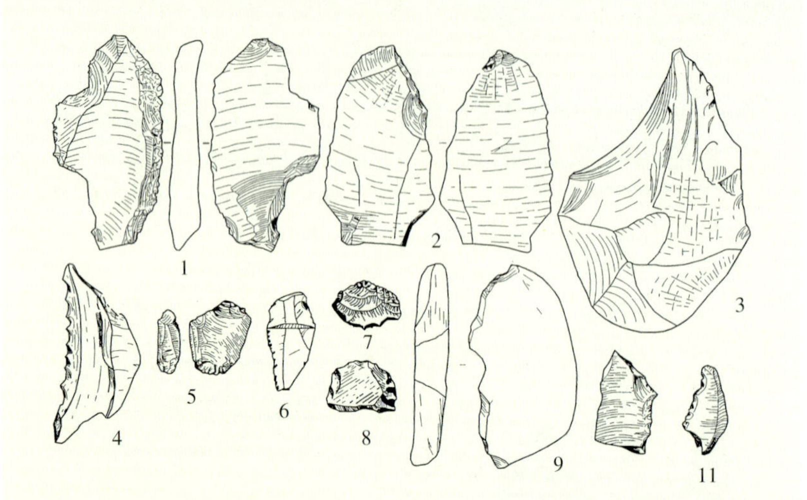

1.斧形小石刀　2.石镞　3.骨尖状器　4.锯齿凹刃刮削器　5.扇形石核　6.小石片
7.圆盘状刮削器　8.短身圆头刮削器　9.磨制石墨器　10.屋脊形雕刻器　11.凿形雕刻器

峙峪地点石器

Shiyu didian shiqi

峙峪地点石器

北方地区旧石器时代晚期石制品。地质时代属晚更新世中晚段，距今约2.8万年。1963年在山西朔州市峙峪村发现，由中国科学院古脊椎动物与古人类研究所发掘。

共2万多件。以小型石器、细石器为主，大石器极少，砍砸工具不见。制作精致。有刮削器、尖状器、雕刻器等类型，其中刮削器数量最多，又分为单刃、双刃、端刃和复刃等种类，向背面加工，修理细致。此外还有斧形小石刀、石镞等，数量虽少，但意义重大。斧形小石刀由半透明水晶制成，弧形刃口宽约3厘米，轮廓像宽刃的小斧，在刃缘相对一边有一个短柄状突出，估计是为镶嵌骨把、木把而打制的，器形周正对称，工艺精湛。它的出现表明复合工具已经诞生，亦展示出了该地点石器的进步特征。石镞只一件，长2.7厘米、宽1.5厘米，采用薄且长的燧石片制成，一侧边缘保留石片原来的锋刃，另一侧进行精致的加工修理；一端制成锋利的尖，另一端（尾端）的左右两侧修理变窄，成为一个较短的镞铤。这是迄今中国发现最早的镞，表明当时人类已开始使用弓箭，狩猎技术已有了很大提高，在人类征服自然的历程上具有重要意义。

峙峪人沿用北京猿人使用的砸击法等传统技术，同时又掌握了间接打制不规则小石片的技术，修理、制作一般比较规整。原料有脉石英、石英岩、硅质灰岩、燧石和火成岩等。

该地点石器不论时代还是文化特征，都与内蒙古乌审旗萨拉乌苏、河南安阳市小南海等地点出土石器有许多共同之处，表明它们之间存在着文化上的联系。它的发现，为研究北方地区旧石器时代晚期细石器技术的起源和发展提供了重要资料。（朱晓东）

Xueguan didian shiqi

薛关地点石器

北方地区旧石器时代晚期石制品。地质时代属晚更新世中晚段，距今约1.3万年。1964年在山西蒲县薛关镇发现，后由山西省考古研究所多次调查、发掘。

类型包括刮削器、尖状器、砍砸器、雕刻器、石锥等。以中小型石片石器为主，细石器占重要地位。其中刮削器数量最多，可分为单刃、双刃、端刃和复刃等种类，以半月形刮削器为典型代表，用指垫法加工而成。尖状器是制作最好的一类石器，大多数用指垫法修成，器形上窄下宽，从尖部向尾部以均匀的弧度展宽，尾端加工成半圆形的锐刃。砍砸器分单刃、双刃、多刃等类，其中盘状砍砸器加工精致。雕刻器常见有笛嘴形雕刻器。石器原料为燧石、石英岩、石髓、玛瑙、角岩等。粗大石器用石英岩直接打击加工，细石器用燧石以间接打击法加工。石器组合与下川地点接近，较多地保留北方地区小石器、细石器文化特点，同时又反映出独特的面貌，成为向新的文化传统发展的过渡类型。（朱晓东）

Xiachuan didian shiqi

下川地点石器

北方地区旧石器时代晚期石制品。地质时代属晚更新世中晚段。据放射性碳素断代，年代为距今2.4万年～1.6万年。1970年在山西沁水县下川和垣曲县、阳城县的交界地带发现，1973年、1974年由山西省文物工作委员会进行发掘。

分粗大石器和细小石器两大类。前者包括尖状器、刮削器、砍砸器、石锤、磨盘等，不占主要地位。原料为砂岩、石英岩。后者可分为小型石器和典型细石器，均以燧石为原料，小型石器用直接打击法多向背面加工。典型细石器为该地点石器的代表性器物，采用间接打击法和压制法修理，多数用长石片、石叶，少数用石核制成。石叶系采用间接打击法和压制法从细石核上剥制细小石片，形状长而薄，有很小的台面，背面有平远的石片疤，横断面呈三角形或梯形。当时生产石叶的技术已达到高度成熟的水平。类型包括石刀片、刮削器、尖状器、石锥、雕刻器、石镞、琢背小石刀、锯齿刃器等。其中多数器物制作精巧细致，风格独特。石刀片细小锋利，为复合工具的组成部分；锯共发现9件，在一侧或两侧有几个齿，有的还带短把，其中一件长5.5厘米、宽3.1厘米，锯齿部分长5厘米。其功能应与现代锯相同；琢背石刀共22件，一般长4厘米、宽1.5厘米左右。由燧石石片制成，将一边精敲细琢，使之圆钝作为刀背，另一边则保持石片原有的锋利作为刀刃；石镞共13件，一般长约3厘米。用压制法将小长石片制出锐尖和周边，两面加工，分圆底、尖底两种，与其他旧石器时代晚期诸地点相比数量多，形制规整，制作技术先进；刮削器数量最多，用厚石片制作，分单刃和端刃两类，主要用于刮削、切割；雕刻器有斜边、屋脊形、鸟喙形3种。制作精细，器形固定，尖刃明显；尖状器为微型三棱尖状器，由厚石片加工而成，用于制作狩猎的矛等武器。

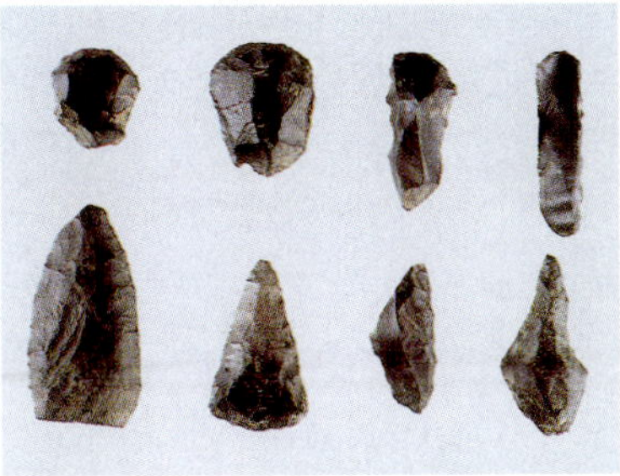

下川地点尖状器、刮削器及石镞等

下川大量细石器的发现，表明复合工具已被广泛使用，为生产工具、狩猎工具的多样化制作提供了可能。它代表旧石器时代石器制作技术的最高水平。有的学者认为，下川的细石器工艺是由丁村地点群旧石器时代晚期的77：01地点的细石器工业发展而来的（见丁村地点群石器），并对以后新石器时代的细石器工艺产生了重要影响。它对研究北方地区细石器工艺传统的发展具有重要的价值。 （朱晓东）

Xiaonanhai didian shiqi
小南海地点石器

北方地区旧石器时代晚期石制品。地质时代为晚更新世，据放射性碳素断代，其下部地层的年代为距今22150年±500年，上部地层的年代为距今11000年±500年。1960年和1978年由中国社会科学院考古研究所在河南安阳县善应乡一石灰岩洞穴中两次发掘出土。

小南海地点砍砸器和刮削器

类型包括刮削器和尖状器两种。刮削器占大多数，种类较复杂，可分为圆形、长边、复刃、双边、多边形等。弧背刮削器类型固定，数量居多，是该地点最具代表性的种类，包括弧背长边刮削器、弧背复刃刮削器。修理上多向背面加工，也有向破裂面加工的，将一侧长边修理成刃，刃口较锐，刃缘呈波纹状，又可分为凹刃、直刃、凸刃等种类，以凹刃者居多，尺寸一般在6厘米以下。尖状器数量较少，其中菱形和三角形尖状器独具特色。石器形体较小，一般长度在4厘米以下，采用砸击法打片，石器工艺在技术传统上与北京猿人遗址石器有密切关系。此外，细小石核和长条形石叶接近于细石器，可看作细石器的雏形，与之相似的遗存在北方地区的宁夏灵武县水洞沟、内蒙古乌审旗萨拉乌苏、山西朔州市峙峪和沁水县下川等地点中均有发现。原料为燧石、石英、石髓、石灰岩等。 （朱晓东）

Nanfang Diqu Jiushiqi Shidai shiqi
南方地区旧石器时代石器

分布于秦岭和淮河以南，包括西南、华中、东南和青藏高原等广大地区的旧石器时代的石制品。年代约距今170万年～1万年。

旧石器时代早期石器 主要石器地点有云南元谋县大那乌村和上那蚌村之间的元谋猿人地点及贵州黔西县观音洞、桐梓县岩灰洞，江西乐平县涌山岩，湖北大冶县石龙头、郧西县白龙洞、郧县龙骨洞、房县兔子洼、房县莲花湾等遗址和地点，其中以黔西县观音洞和大冶县石龙头最具代表性。1962年发现的江西乐平县涌山岩地点石器，是中国南方地区确认的第一处旧石器时代早期石器遗存。湖北大冶石龙头地点的石器属中更新世。

类型包括砍砸器和刮削器。其中以砍砸器为主，多用石核或砾石制作，分单边和多边，粗大厚重。刮削器多以石片制成，器形较小，修理痕迹细小，刃缘较为锐利。石器原料为石英岩、燧石、石英砂岩等。种类较少，反映出一定的原始性。

旧石器时代中期石器 目前发现的地点较少，主要有贵州水城县硝灰洞、湖北长阳县的下钟家湾及广东曲江县马坝狮子岩马坝人地点，其中以硝灰洞地点为代表。分布于水城县西北11公里的三岔河右岸的硝灰洞地点，共出土石器56件，其中石片33件，包括锐棱砸击石片28件，加工修理成器的有5件。

旧石器时代晚期石器 属于这一时期的石器地点发现较多，在多数省区均有分布，主要有云南呈贡县龙潭山、路南地点群、丽江人地点、昆明市龙潭山第2地点，贵州兴义县猫猫洞、普定县白岩脚洞和穿洞、威宁县草海，四川汉源县富林、铜梁县张二塘、资阳县黄鳝溪，广西柳州市白莲洞和大龙潭、桂林市宝积岩及百色盆地群，湖北房县文峰塔、襄阳县山湾、荆州市鸡公山、房县樟脑洞，江苏东海县大贤庄，台湾台东县长滨，青海霍霍西里、柴达木盆地小柴达木湖，西藏定日县苏热、色林错的卢令等。代表性地点有贵州兴义县猫猫洞、四川汉源县富林及铜梁县张二塘的铜梁地点等。

虽地域差别很大，但具有一定共性。以石片石器为主，砾石、石核和小石块制成的石器占一定比例。类型包括砍砸器、刮削器、尖状器，刮削器居多，砍砸器所占比

例较北方地区高，打片方法包括锤击、砸击、碰砧、锐棱砸击等4种，其中锐棱砸击法独具特色。修理石器的方法较多，包括向背面和向破裂面加工，极少采用交互打击法，也不见有压制法和间接打击法。原料为石英砂岩和石英岩砾石。从总体看，石器尺寸较小，修理较为粗糙。石器中的椭圆形长边刮削器、长条形圆头刮削器和钝尖尖状器与华北地区同时期的石器相似，表明两地在当时有一定的文化传播与交流。

西南地区是研究人类起源和文化发展的重要地带，这一地区的旧石器时代考古发现与研究，对于解决古猿变成人这一课题有着重要意义。另外，在青藏地区发现的旧石器时代晚期石器地点，反映出晚更新世阶段青藏高原的气候和地理环境较之于现在更适宜于人类生存。这一地区旧石器时代考古工作只是在20世纪七八十年代才有较大的发展。总的来看，该地区的石器地点发现与研究仍处于初步阶段，整个文化面貌还不清楚。

参考书目

吴汝康、吴新智、张森水主编：《中国远古人类》，科学出版社，1989。

（朱晓东）

Yuanmou Yuanren didian shiqi

元谋猿人地点石器

南方地区旧石器时代早期石制品。地质时代属于早更新世，据古地磁法测定，年代距今170万年±10万年。1973年由中国科学院古脊椎动物与古人类研究所在云南元谋县大那乌村和上那蚌村之间发掘出土。

共4件，包括刮削器3件和尖状器1件。刮削器又可分为双刃、复刃和端刃3种，端刃刮削器修理工艺最佳。形状较小，采用锤击法复向加工。原料为石英岩。

1965年曾在石器出土地点发现2枚猿人牙齿化石，被命名为“元谋猿人”，这是迄今为止中国境内发现的最古老的猿人化石。以上4件石器也是中国南方地区所知最古老的石器。结合猿人化石分析，至少可以说明早在100多万年以前，中国南方地区已有人类生存。

（朱晓东）

元谋猿人地点刮削器

Guanyindong didian shiqi

观音洞地点石器

南方地区旧石器时代早期石制品。地质时代属于中更新世。1964年在贵州黔西县沙井乡井上村观音洞发现，后由中国科学院古脊椎动物与古人类研究所和贵州省博物馆多次发掘。

共3000多件。类型包括刮削器、端刮器、砍砸器、尖状器、雕刻器、石锥、凹缺刮器等。其中以刮削器居多，占总数的80%以上。刃部多较厚钝，不同边缘使用不同的修整方式，可分为单边、双边和多边等类。端刮器可分为单端和双端刮器；尖状器可分为厚尖状器和错向尖状器。采用锤击法单向加工，器形不规则，大小差别较大，大多数是长4厘米以下的小型石器。刃缘不甚平齐，刃角近乎直角，复刃石器占多数，成品率高但不定型，表明加工技术仍有较大原始性。原料为硅质灰岩、脉岩、硅质岩、燧石、玉髓、细砂岩等。它是南方地区旧石器时代早期文化的代表性遗存，为研究南方地区旧石器时代文化的起源和发展提供了重要资料。

（朱晓东）

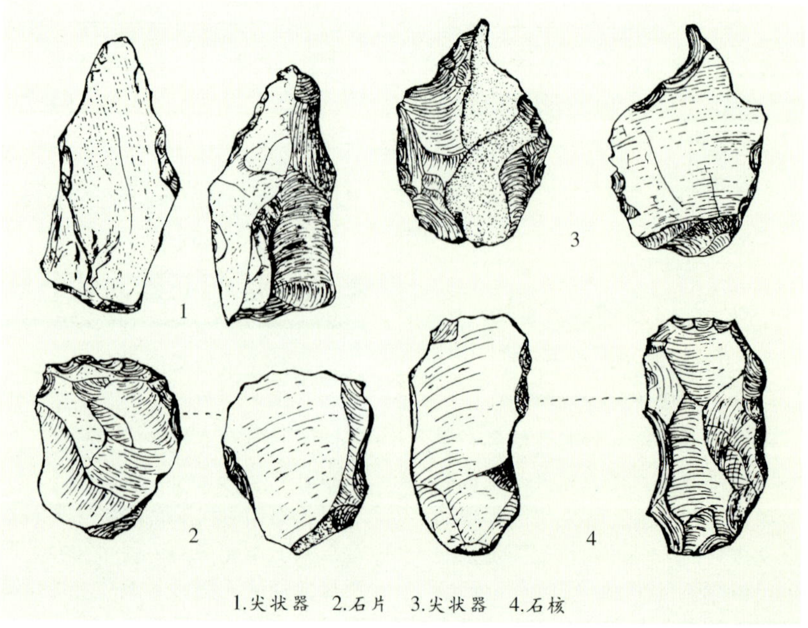

1.尖状器 2.石片 3.尖状器 4.石核

观音洞地点石器

Dadong didian shiqi

大洞地点石器

南方地区旧石器时代中期（？）石制品。地质时代属于中更新世晚期至晚更新世早期。1992年由贵州六盘水市文物管理委员会等单位在六

盘水市盘县特区珠东乡十里坪村大洞内试掘出土。

类型包括边刮器、端刮器、凹缺器、钻具、砍砸器和手斧，其中边刮器在数量和类型上占多数。采用锤击法加工，加工方式较多。多数为石片制成，以中、小型为主。在制作、加工技术及类型上与贵州黔西县观音洞地点石器相近，但在修理台面技术的应用程度上更高一些。原料以燧石为主，其次还有玄武岩和硅质灰岩、钟乳石等。它们的发现，为研究华南地区旧石器时代中期（？）石器工业提供了新的重要实物资料。（朱晓东）

Fulin didian shiqi

富林地点石器

南方地区旧石器时代晚期石制品。地质时代属于晚更新世。1960年在四川汉源县富林镇发现，1972年发掘。

类型包括刮削器、尖状器、雕刻器及一件加工粗糙的砍砸器。其中刮削器数量最多，分为单刃、端刃和复刃等，从破裂面向背面加工，修理细致。尖状器较少，多数侧刃锐利，正尖形较多，修理细致。雕刻器很少，用石片粗加工制成，石器多为小型，长度一般在5厘米以下。原料为燧石、石英、水晶和石英砂岩等。石器的类型、技术风格等方面均与北方地区小石器传统有着密切关系，代表了中国南方地区旧石器时代晚期的一支区域性文化，是研究这一地区旧石器时代晚期石器的产生与发展的难得的资料。（朱晓东）

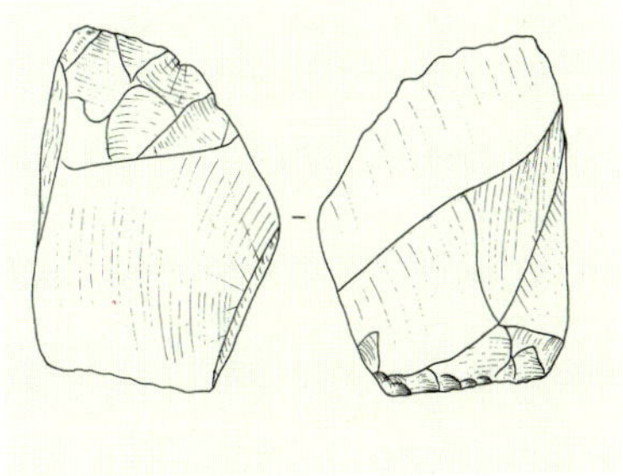

富林地点石器

Tongliang didian shiqi

铜梁地点石器

南方地区旧石器时代晚期石制品。地质时代为晚更新世，据放射性碳素断代，年代为距今21550年±310年。1976年在四川铜梁县张二塘附近发现。

类型包括砍斫器、边刮器、端刮器和尖状器，其中砍斫器占总数的三分之一，这种现象在同时代其他石器地点尚未见到。采用锤击法陡向垂直打击而成，刃角多在80°以上，刃缘钝厚，复向加工，复刃石器占大多数，与贵州黔西县观音洞地点石器有着较为密切的关系（见观音洞地点石器）。石器形体较大，尺寸一般约长8厘米、宽6厘米、厚2厘米。以石英岩、燧石等砾石为原料。该地点石器是南方地区旧石器时代晚期另一个重要区域性文化的代表。（朱晓东）

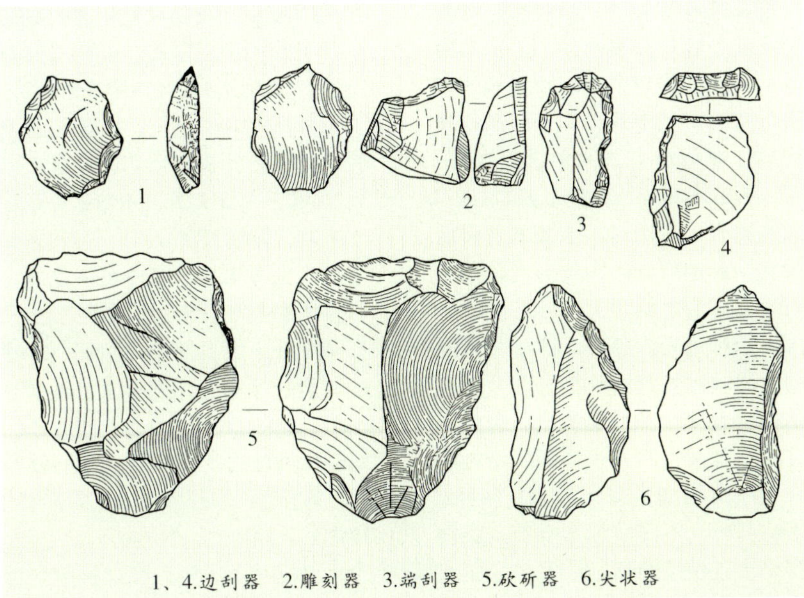

1、4.边刮器　2.雕刻器　3.端刮器　5.砍斫器　6.尖状器

铜梁地点石器

Maomaodong didian shiqi

猫猫洞地点石器

南方地区旧石器时代晚期石制品。地质时代属于晚更新世，据铀系法断代测定为距今14600年±1200年。1974年在贵州兴义县顶效乡猫猫山发现，次年进行发掘。

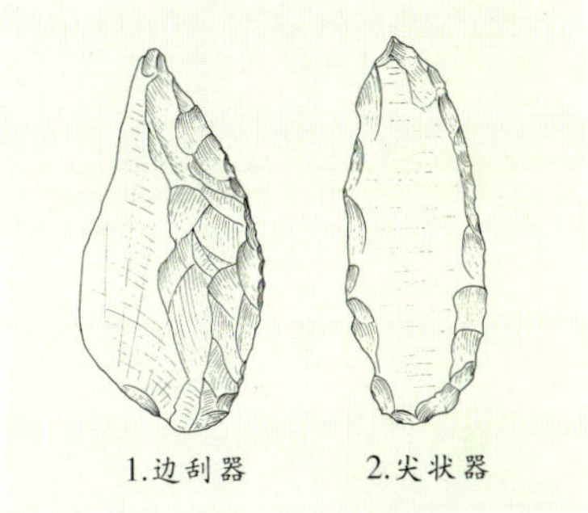

1.边刮器　2.尖状器

猫猫洞地点石器

类型包括边刮器、端刮器、尖状器、砍砸器和雕刻器等。采用锐棱砸击法打片，修理较为精致，器形固定。以边刮器占绝大多数，尖状器次之，大多数为背面向破裂面加工，采用指垫法使器形规整，刃缘匀称。形体一般较大。原料主要为质软的变质粉砂岩、砂岩、泥质岩，另有少量燧石。该地点石器的诸多特征在南方地区极为少见，为探索南方地区旧石器时代晚期石器的产生与发展提供了重要实物资料。（朱晓东）

Changbin didian shiqi

长滨地点石器

南方地区旧石器时代晚期石制

品。地质时代为晚更新世末期，距今约15000年。1968年在台湾台东县长滨乡八仙洞发现，以后进行多次发掘。该地点是由一些高度不同的海蚀洞穴组成，主要包括潮音、乾元、海雷等洞穴。

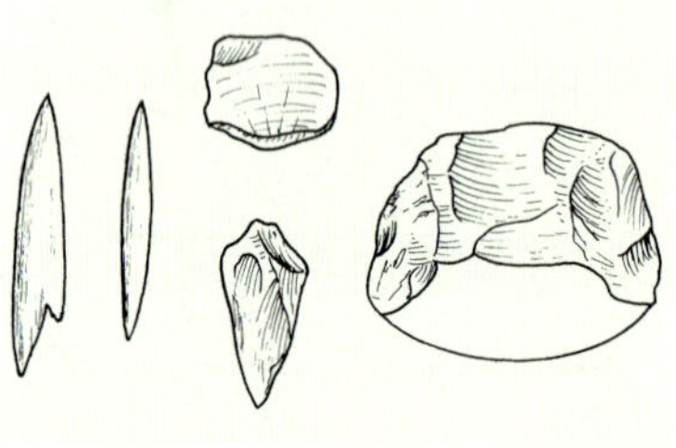

长滨地点石器

类型包括刮削器、尖状器和砍砸器。采用锐棱砸击法打片，也有用锤击法的，向背面加工。刮削器和尖状器器形较小，采用石片制作；砍砸器较为粗糙，以砾石制成，有修理和使用痕迹。原料为硅质砂岩、橄榄岩、石英岩等砾石。该地点的发现，为研究中国大陆与台湾远古文化间的传播与交流提供了重要资料，并说明在1.5万年前大陆与台湾的文化传播与交流就已经开始。

（朱晓东）

Xinshiqi Shidai shiqi

新石器时代石器

（距今约1.2万年～4000年）

相对旧石器时代而言，新石器时代是石器发展的鼎盛时期。除打制石器和细石器外，磨制石器大量出现，并广泛应用于农业、渔猎、原始手工业和日常生活，在生产和生活中起着重要的作用。磨制石器与陶器的发明、植物栽培、家畜驯养和纺织的兴起等，共同构成了新石器时代的重要标志。在长达万年的发展过程中，新石器时代石器经历几个阶段性的改进和变化，同时在不同地区又表现出一定的地方特色和发展的不平衡性。

总体特征 与旧石器时代相比，新石器时代石器的特征可归纳为以下几点：①新石器时代早期磨制石器不占优势，打制石器仍很普遍；许多石器仅刃部磨光或通体略经琢磨，表面较为粗糙，形体也不甚规范；打制石器已相当定型，不少已是磨制石器的雏形。②新石器时代中期以后，磨制石器占据主导地位，工艺成熟，造型更加规整、适用，器类明显增加，分工越来越细。与此同时，钻孔技术十分普遍，尤其是长江流域和东南沿海一带更为盛行。钻孔工艺的普遍出现，说明装柄式复合工具大量增加，反映出工具的进步性。③随着磨制与钻孔技术的发展，新石器时代晚期又出现了抛光、管钻及微刻等新工艺；特别是各地出现了一批造型精美、工艺高超的玉器和石制礼乐器，标志着石器的使用已从生产领域扩大到精神生活领域。④旧石器时代晚期出现的细石器在新石器时代仍在延续，但已退至长城沿线及其以北的森林草原地区，成为畜牧和渔猎经济的一大特色。⑤不同的地区、不同的经济类型，造就了不同的石器种类。如与农业经济相适应的斧、铲、镰、刀和石磨盘，与狩猎经济相适应的细石叶、石镞和石刃骨器等。新石器时代不少石器类型与后代的金属工具有着直接的渊源关系。

制作工艺 大致包括如下程序：①根据需要选择适当的石料。如要制作砍伐工具，所选石料一般是硬度较高的矽质灰岩、石英岩、砂岩和玄武岩等；如要制作刀、铲等薄体工具，多选用易于剥片成形的页岩、片麻岩和变质岩等，硬度相应较低；制作细石器，常采用燧石、蛋白石和脉石英等比较坚韧的石料。总的来看，在选料方面基本是因地制宜，就地取材。②选形。即按照石器需要的形状、大小、长短、厚薄去选择适当的砾石。这对节省劳动、缩短制作时间都很有利，尤其是制作大型石器更是如此。③将选定的砾石按不同方式打制成坯。这一工序是关键步骤，技术性很强。不同石料、不同器形乃至不同部位均要求有相应的打制技术，这样才能更准确地把握器形、减少残次品、节省劳动。④根据需要对石坯进行雕琢、打磨以至钻孔、抛光等。经过这4道工序，一件完整的石器才算加工完成。当然并不是每件石器都要经过这几道工序，这要看石器的用途和作用而定。如打制石器与细石器就不需要最后一道工序，而一些具有特殊意义的玉石礼器和雕刻艺术品（像玉石琮、璧及饰件等），不仅诸道工序俱全，还要经过磨刻甚至微刻等细加工。

分类 根据石器的制作工艺，可分为打制石器、间接打制的细石器和磨制石器3大类。

打制石器　广义上指用各种方法打制而成的石器，狭义上仅指用直接打击法打制而成的石器。打制石器在新石器时代早期仍占相当比例，有的承袭旧石器时代的器形和打法，如砍砸器、盘状器和刮削器等；有的已具磨制石器的雏形，如打制的斧、铲、刀等。新石器时代中期以后，打制石器的数量迅速减少，但在不少地区仍有一定的分布，如南方沿海地区常用的渔猎工具——蚝蛎啄，北方地区的石球和盘状器等（见庙底沟遗址盘状石器），特别是在边远地区，打制石器一直延续到青铜时代。这反映了不同的经济类型和地理环境在生产工具发展中的制约作用。

细石器　基本是以间接打制法产生的细石叶及经过使用或经第二步加工的小型刮削器、尖状器和石镞等，包括剥离石叶后剩下的石核。主要分布于北方地区，黄河流域也较常见。石叶器形窄小，长度多不到3厘米，主要与骨、木等结合成复合工具，如骨梗石刃刀、矛和匕首之类（见马家窑文化骨梗石刃刀）。石镞是细石器中最典型的种类之一，形制可分平底、凹底三角形、柳叶形和长身等几类。细石器工具多与狩猎、畜牧经济有关，在北方草原地带十分流行，历经整个新石器时代，直至秦、西汉、东汉时期还比较常见。

磨制石器　指先经过打制，再经琢制，修整成坯，然后磨制而成

的石器。形体规范，刃部锋利。特别是钻孔技术推广后，由手握石器变为穿绳或装柄，使用更加方便、省力。

按用途不同可分为生产工具、加工工具和生活用品3类。生产工具最多，种类有斧、锛、凿，用于砍伐、木作；铲、镰、刀，用于农耕、收割；纺轮、网坠和石镞、石矛等，用于纺织、渔猎。加工工具主要有石磨盘、棒、杵、臼、砺石等，种类相对较少。生活用品种类庞杂，以装饰品为主，早期很少，中晚期以后大量增加，除珠、管、坠和镯、环、佩等各类头饰、项饰、佩饰外，还有束发用的笄、缝衣的针、画彩用的调色盘及石刻、石雕艺术品。新石器时代晚期，以琮、璧、璜、玦和钺、权杖等为代表的玉石礼器和宗教用品的出现，标志着当时的社会生活已发生了深刻的变化。

分区 根据石器的种类及特点，大体可分为黄河流域、长江流域、珠江流域及邻近地区等3个大区。（见黄河流域新石器时代石器、长江流域新石器时代石器、华南及邻近地区新石器时代石器）

参考书目

中国社会科学院考古研究所编著：《新中国的考古发现和研究》，文物出版社，1984。
曾骐：《我国新石器时代的生产工具综述》，《考古与文物》1989年5期。

（李宗山）

Huanghe liuyu Xinshiqi Shidai shiqi

黄河流域新石器时代石器

新石器时代分布于黄河流域的人工制作的石制品。在黄河上、中、下游，从早到晚形成系列，种类复杂多样。

黄河上游地区石器 地理范围包括青海、甘肃、宁夏和内蒙古西部等地区。按文化发展的区系特点可将之划分为南北两大部分。

南部地区石器 以甘肃中南部和青海东部为中心。在新石器时代中期阶段，陇东与渭水上游地区分布着大地湾一期文化，其石器以打制为主，磨制石器约占总数的十分之一，不少石器仅刃部磨光，未见钻孔石器。器类主要有斧、铲、刀、敲砸器、刮削器、盘状器、研磨器等，尤以斧数量最多。此外，还发现有石核、石料和细薄的石英石片等。继大地湾一期文化之后，这里为仰韶文化的分布区之一，代表性遗址有甘肃秦安县大地湾、天水市师赵村等。其磨制石器明显增多，器形有斧、锛、铲、刀、凿等，不少石器通体磨光，器形相当规整，打制石器仍占一定的比例；还有少量细小石核与石叶。进入仰韶文化中晚期，除前期常见器形外，又出现了磨制的匕首、镞、臼和纺轮等，打制的盘状器、石球仍常见，细小石器已不多；生产工具中常见斧、刀、锛、凿、铲、球和纺轮等，加工工具以磨石、臼等为主。部分刀、铲磨制精细，带有钻孔，一般为两面对钻而成。石料多取自板岩、砂岩、石英岩等，对石料已有一定选择。其中最具代表性的石器为长方形或梯形弧刃石斧与长方形单孔石刀。前者以大型为主，器体厚重，通体磨光，是最主要的砍伐工具；后者多在近刃部对钻一孔，磨制精细，是最典型的收割工具。另外还有不少石质装饰品和日用器具，尤以磨制精美的“T”字形石笄与石环最具特色。

与仰韶文化晚期遗存大致相当的还有石岭下类型。分布范围较广，除渭河上游地区外，还包括甘肃南部乃至青海东部的湟水下游地区。其石器特点与大地湾遗址第四期遗存比较接近，但数量较少，自身特征不够明显。

马家窑文化是继石岭下类型之后，分布于黄河上游地区范围最广的新石器时代晚期文化，自早至晚可分为马家窑、半山和马厂3个类型，分别代表3个发展阶段。这一时期的石器制作与加工工艺已非常发达，地方特点比较明显。（见马家窑文化石器）

从马家窑文化发展而来的是齐家文化。分布范围与马家窑文化大致相同，其下限已进入公元前二千纪的青铜时代早期，已有一定数量的铜器制品。作为主要生产工具的石器仍占绝对优势，不少石器已选用硬度较高的玉石料。生产工具主要有石斧、刀、镰、铲、凿等，石刀和石镰多穿孔磨光，长方形双孔石刀十分流行，是主要的收割工具；还普遍使用石杵、石臼、石磨盘等研磨加工工具，说明粮食生产与加工工序已比较完备。（见齐家文化石器）

北部地区石器 分布范围在内蒙古中南部和以河套地区为中心的黄河上游地区，并向西、向北同沙漠、草原地区连成一片，其中有一类农业与狩猎、畜牧并重的文化遗存引人注目。这一类文化遗存自早至晚发展关系比较明显的典型遗址有内蒙古包头市阿善（一至三期）、清水河白泥窑子、伊金霍洛旗朱开沟（第一、二期文化）及凉城县老虎山与准格尔旗大口等。新石器时代中期石制工具以大型的打制和磨制石器为主，另有少量细石器。在大型石器中，打制石器多于磨制石器，种类有石球、敲砸器、盘状器、砍伐器、刮削器及个别的斧形器与凿形器等，其中石球数量很多，也最典型。磨制、琢制石器仅见石磨盘、磨棒和磨石等加工工具。新石器时代晚期偏早阶段的石制工具的种类和数量迅速增加，大型石器仍占多数，其中磨制石器占一半左右，打制与琢制石器基本相当。器形有斧、锛、铲、刀、球、盘状器、砍砸器、磨盘、磨棒、磨石、凹形器和纺轮等。斧多为磨制，一般为窄首宽刃，也有长条形平刃或弧刃者，断面呈椭圆形；打制石斧较厚重，略有亚腰。锛、铲、刀亦多为磨制，锛很少，铲多较宽大，制作不很精致。刀的数量较多，形体比较规整，可分为长方形两侧带缺口与长方形穿孔两类，前者多打制或琢制，与仰韶文化的同类石刀基本一致（见仰韶文化石刀），后者绝大多数磨制精细，体薄刃利，又分单孔与双孔两

种，单孔石刀较多，孔多位于中部，两面对钻而成，有些在石刀两面中部先磨成对称的沟槽，再对钻成孔；双孔石刀数量少，制作精，造型规整，与马家窑文化的同类石刀比较一致（见马家窑文化双孔石刀）。打制的石球与琢制的磨盘、棒等仍比较普遍。细石器约占五分之一，器形有镞、刮削器、钻刻器、骨梗石刃刀、石核、石叶和石片等。石镞多呈三角扁平体，剥制精细，分平底与凹底两种。新石器时代晚期偏晚阶段石器的种类和数量继续增加，仍分为大型石器与细石器两部分。大型石器所占比例有所减少，细石器的数量有所增多。磨制石器已占大多数，其次为琢制石器，打制石器退居次要地位。石斧一般通体磨光，厚体宽刃，横断面由椭圆形发展为长方形，刃部更加锋利；石铲也以磨制的最普遍，并出现穿孔石铲；石刀均磨制，两面磨槽钻孔的石刀流行，单孔与双孔石刀已占多数，两侧有缺口的石刀已逐渐减少。细石器中以镞的数量最多，制作精细，有三角形与柳叶形、平底与凹底之分，大的长约5厘米，小的如指甲。嵌石叶的骨梗石刃刀仍较流行。

这一地区新石器文化既与中原地区的仰韶——龙山文化和甘肃地区马家窑文化有着密切的联系，又明显具有自身特点。尤其是打制的大型石器和细石器始终占有重要地位，说明其经济生活在以原始农业为主的同时，狩猎与畜牧经济仍占有较大比重。

此外，在这一地区还发现有大量的较为单纯的细石器文化遗存，与新疆和内蒙古北部地区连成一片，总数已不下百余处。由于多是沙漠或半沙漠地区，尚未进行大规模的调查与发掘，但石器特点比较明显，以细石器特征最为突出，磨制石器仅占一小部分。细石器基本采用间接打击法制成，石料多取自燧石，器形有石叶、石核、刮削器、条形尖状器和镞等。石叶多为长条形，分窄而薄和宽而厚两种，横剖面多呈梯形或三角形，包头市转龙藏遗址还出土有两刃压剥精细、一端平齐的叶形石器；石核有锥状、扁体和圆柱体等；刮削器又分圆头短体刮削器、条形刮削器和三角形刮削器等；石镞则以平底或凹底三角形最多见。磨制石器仅见梯形弧刃石斧、梯形弧刃石锛以及石磨盘、石磨棒等几种，总体上反映出一种农业、狩猎和畜牧经济混杂的文化特征。

黄河中游地区石器　地理区域兼跨晋、陕、豫三省及邻近部分地区，以黄土高原和汾渭流域为中心，向东包括中原地区。在新石器时代中期出现有一系列地方文化，如关中地区的老官台文化，豫中、冀南地区的磁山文化、裴李岗文化等。在老官台文化石器中，磨制石器占多数，另有少量的打制石器与细石器；磨制石器包括舌形铲或双肩铲、斧、圭形凿、锛、刀和砺石等；打制石器主要有斧、刀、刮削器、尖状器和敲砸器等；细石器不典型，仅见小石片、石核和刮削器几种。磁山文化与裴李岗文化的石器特点比较接近，如均有相当数量的石磨盘、棒和两端弧刃的石铲等，但二者的差别也显而易见（见磁山文化石器、裴李岗文化石器）。

继新石器中期文化之后，在整个黄河中游地区广泛分布着仰韶文化，前后延续达2500年，石器工具从早到晚也发生了明显变化，其中发展系列比较典型的石器种类有斧、铲、刀、镞等（见仰韶文化石器）。

在龙山时代，中原地区形成中原龙山文化（见中原龙山文化石器）。在关中地区则形成客省庄文化，其石器特点与中原龙山文化接近，不同的是有一种穿孔多在中间近刃部的长方形石刀，颇具地方特色（见客省庄文化石刀）。

黄河中游地区新石器时代的农业较黄河上游地区发达。因此，同农业生产与加工相适应的各种大型磨制石器较上游地区更加普遍，制作工艺也明显进步一些。细石器与打制石器比较少见。

黄河下游地区石器　分布范围以山东为中心，包括苏北、淮北的部分地区。早期遗存以后李文化为代表，典型遗址有山东淄博市临淄区后李官庄、章丘县西河与小景山等，其石器制作分磨制与打制两种，磨制石器较多，常见器类有磨盘、磨

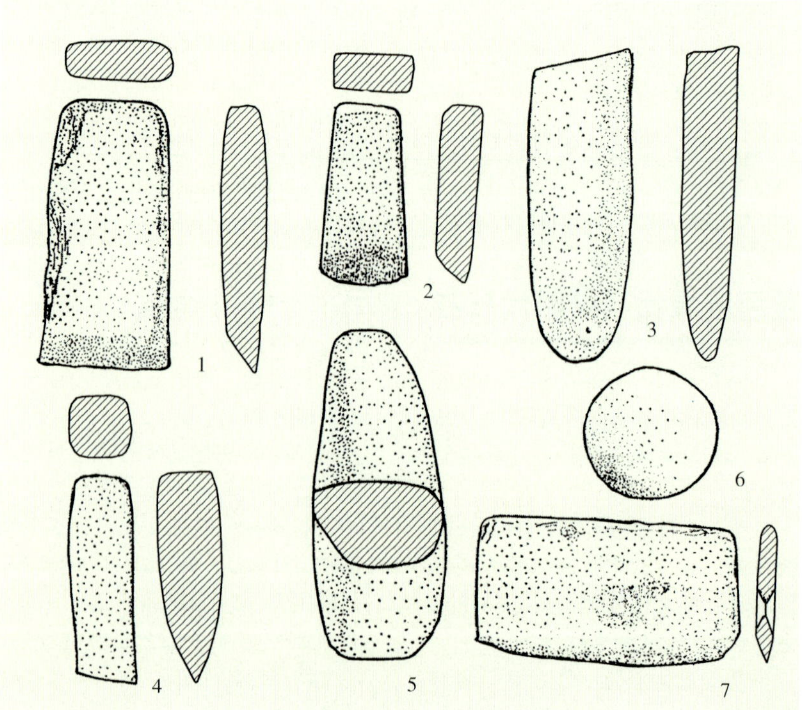

1、2.锛　3.锄　4.凿　5.杵　6.球　7.刀

客省庄文化石器

棒和铲等；多系黄褐色细砂岩质，经打、琢、磨制而成，器身常留有打制的疤痕，不见穿孔技术。磨盘作椭圆形，无足，上下两面都有使用过的磨擦痕迹。石铲体较厚，多呈正方形，弧刃，磨光，为主要掘土工具。打制石器以作为炊具用的支架最典型，呈条形曲体，与陶支架形体相似。后李文化石器的种类虽少，但已基本能满足农业生产种植、加工等活动的需要，说明原始农业在当时经济生活中已占有重要地位。新石器时代中期以北辛文化为代表，其石器的种类和数量都有所增加，但打制石器仍占有较大比例（见北辛文化石器）。

进入新石器时代晚期，这一地区广泛分布着大汶口文化，影响范围也空前广阔。石器的磨光、穿孔技术被普遍应用，还出现了更为先进的玉石加工工艺（见大汶口文化石器）。这一系列先进技术在新石器时代晚期的龙山文化时期更有了进一步的发展，石器的种类和形制趋于系统化、规范化，达到了石器发展史上的鼎盛阶段（见龙山文化石器）。

参考书目

严文明：《仰韶文化研究》，文物出版社，1989。

任相宏：《黄河下游新发现的后李文化》，《中国文物报》，1992.2.16。

（李宗山）

Majiayao wenhua shiqi

马家窑文化石器

新石器时代晚期马家窑文化石制品。马家窑文化因甘肃临洮县马家窑遗址的发掘而得名，1924年发现，1957年以后对一些重要遗址进行多次发掘。主要分布于甘肃、宁夏和青海东部地区。

多为农业生产工具及加工工具。常见器形有斧、锛、凿、铲、刀、镰、纺轮以及磨盘、棒与杵、臼等，基本上通体磨光，常见穿孔，器形比较规整。另外也常见与狩猎、畜牧经济有关的石球、石镞及少量细石器和石刃复合工具（见马家窑文化骨梗石刃刀），说明狩猎、畜牧经济在马家窑文化的经济生活中占有一定的比重。

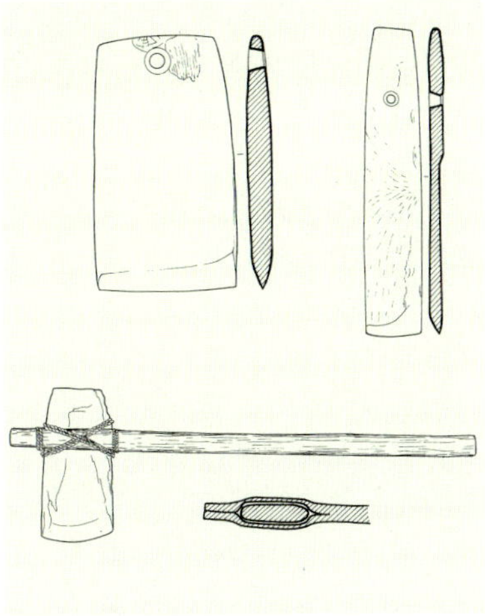

青海乐都县柳湾遗址马家窑文化石斧

原料以就地取材为主。对不同器形与用途的石器在选材方面已较为注意，如铲、刀等薄体工具多取自板岩与页岩，而斧、锛等木作工具多取自硬度较高的大理岩与砂岩，细石器则多用燧石、石英岩打制而成。说明对石器的性能已有进一步认识。

从器形的发展演变看，石斧在早期阶段多不穿孔，形体窄长，较厚重；晚期穿孔技术使用增多，形体较窄短轻巧，磨制更精致。晚期石锛一面多有凹槽，一部分石凿也是如此，应具有专门的用途。石刀在早期阶段除长方形单孔者（少数双孔）较多见外，还有不少两侧带缺口者，晚期阶段则以长方形双孔石刀最典型（见马家窑文化双孔石刀）。还有少量石刀的两侧或一侧刻成锯齿状，这一特点不见于其他文化。骨梗石刃刀在马家窑文化中比较流行，尤以甘肃永昌县鸳鸯池马厂类型墓地出土最多，是一种复合工具，与畜牧经济有关。此外，尚有相当数量的绿松石饰片、石珠、石管以及模仿海贝制成的石贝和筒形、环形石臂饰等。

参考书目

青海省文物管理处考古队等：《青海柳湾》，文物出版社，1984。

（李宗山）

Majiayao wenhua shuangkong shidao

马家窑文化双孔石刀

新石器时代晚期黄河上游地区马家窑文化中流行的石制切割工具。主要出土于居住遗址中，数量较多，是该文化最主要的石器工具之一。

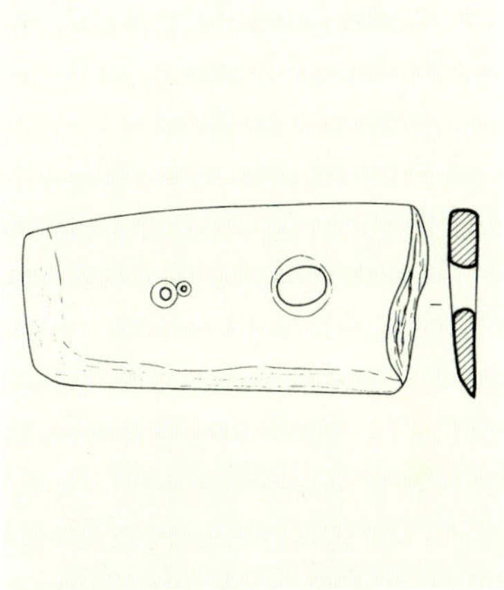

青海乐都县柳湾遗址马家窑文化双孔石刀

多用板岩和砂岩磨制而成，作长方形，一般长约10厘米、宽约4厘米，背部较平，或略内凹，居中或近刃部两面对钻两孔。刃部系打制后双面加工而成，多呈凸弧形，有的因长期使用而形成凹刃。

可分两类：一类是在两侧或一侧加工成锯齿状，在兰州市花寨子半山类型墓葬中出土有一件，采用黑色硅质板岩磨制而成，质地坚硬细腻，刃部因使用而凹入很深，一侧制成锯齿状，长11.6厘米、宽3.5厘米。在甘肃永昌县鸳鸯池马厂类型墓地出土有12件，其中一件为圆角长方形，两侧均有弧形锯齿，长8厘米、宽4.2厘米～4.6厘米。这种锯齿状石刀除为收割工具外，可能还有其他用途。另一类双孔石刀两侧无锯齿，数量远较前者为多，是主要的收割、加工用具。不少石刀的背端呈凹弧形，刃边作凸弧形，中间穿孔多靠近刃部，便于系绳手握。这种双孔石刀在使用时于双孔之间缚绳，用手指套入以割取谷穗等，与仰韶文化的同类石刀用法大体相似。

（李宗山）

Majiayao wenhua gugeng shirendao

马家窑文化骨梗石刃刀

新石器时代晚期黄河上游地区马家窑文化的石、骨复合工具。又称“骨梗刀”或“石刃刀”。1923年由瑞典学者J.G.安特生首先在青海西宁市朱家寨墓葬中发现，之后陆续在甘肃永昌县鸳鸯池、兰州市花寨子、土谷台、东乡县林家、永靖县大何庄和青海乐都县柳湾等遗址和墓地中出土，是北方和西北地区畜牧、渔猎经济文化中极富特色的一种工具。

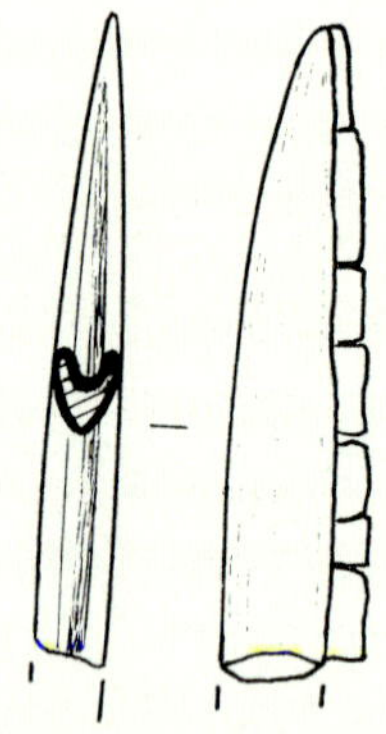

青海乐都县柳湾遗址马家窑文化骨梗石刃刀

骨梗多呈长条形或长三角形，前端尖锐，后端装柄，一般骨柄与刀梗为同一块骨料加工而成，有的骨柄与刀梗分制合成，结合部常有穿孔。柄部也多穿孔，便于悬挂。骨梗一侧或两侧挖出凹槽，内嵌石叶或细长石片。骨梗多用大型动物的肢骨或肋骨制成，石刃多用燧石等高硬度石料压剥而成。部分石刃刀用胶状粘合剂加固。

骨梗石刃刀在马家窑文化中分布较为广泛，其中以鸳鸯池马厂类型墓地发现最多，共20余件，可分3种：①短柄单刃。即骨梗一侧装入石刃，有短柄，又分为通柄式和装柄式两类。前者刀身与刀柄为整块骨料制成，如永昌县鸳鸯池75号墓出土的一件，刀身用牛肋骨磨制而成，直背，外弧刃，体扁平；刃由4片小燧石页嵌装而成，并用黑色胶状物加固，残长18.2厘米。后者是刀身与刀柄分别制成后再装配到一起，结合部常留有小孔以便用绳带捆缚，基本形制为单刃短柄，颇似削刀，便于切割动物皮肉。②短柄双刃。即骨梗两侧均装有石刃，短柄，器身扁平，呈前端尖锐后端宽扁的短剑形状，平面略呈等腰三角形，亦分通柄式和装柄式两类。通柄式除鸳鸯池墓地出土较多外，还见于甘肃景泰县张家台、高家滩、永靖县大何庄和东乡县林家等遗址。装柄式形同匕首，柄部多有1孔～2孔，用以穿绳加固，数量不多。③无柄。即骨梗一侧或两侧嵌装薄石刃，无短柄，一侧有刃者用法似同石刀，两侧有刃者用法似同双刃刮削器。

骨梗石刃刀在中国分布范围极广，西南、西北和东北几个地区都有发现，还见于蒙古与中亚地区，与草原沙漠地带的渔猎、畜牧经济有着密切联系，在某种程度上反映了这些地区的经济特色。此类石刃刀在距今8000年以前即已出现，延续使用至青铜时代后期，对金属工具的制作影响很大。甘肃临夏县魏家台子遗址出土的齐家文化铜刃骨刀，就说明了这一点。

（李宗山）

Qijia wenhua shiqi

齐家文化石器

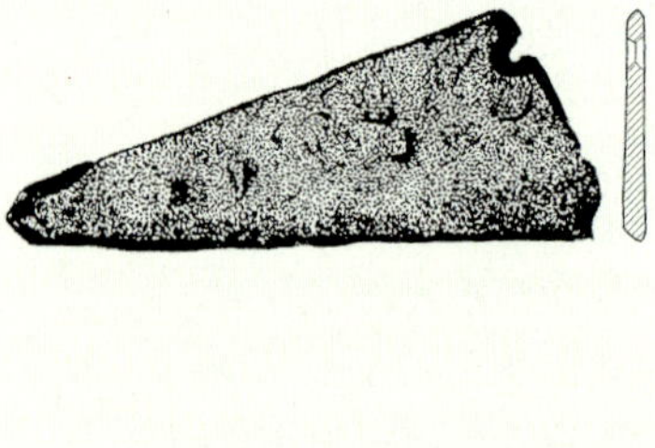

青海乐都县柳湾遗址齐家文化石磬

新石器时代晚期黄河上游地区齐家文化的石制品。该文化主要分布于黄河上游及河西走廊一带。因1924年首先发现于甘肃广河县（原宁定县）齐家坪遗址而得名。

石器多用比较坚硬的石料制成，器类有斧、锛、刀、铲、凿、镰、钻、矛、璧及星形器、磨盘、磨棒等，以农业及手工工具为主，另有部分渔猎工具和装饰品。大部分经过磨制，但相当数量的器物磨制不精，也有一些打制而成的盘状器和石锄等。除采用两面钻孔技术外，管钻法使用较广。其中石斧形制多样，以长方形或梯形者居多，有的钻一孔或双孔。石刀多为长方形双面刃，部分钻双孔，大部分为单孔，无两侧呈锯齿状的现象。石凿制作规整，磨制精细，横剖面多呈正方形，类似现在的木工凿，表现出较高的石器制作水平。矛、石球和星形器也有发现，这些工具可能用于狩猎或战争，表明狩猎在当时的经济生活中仍占有一定地位。

此外，还有两个重要发现：一是在不少墓葬中发现有相当数量的玉石璧。甘肃武威市皇娘娘台遗址石璧达80多件，包括圆形、椭圆形和圆角方形3类，以圆形最多，器体大小不等，有的出土时成套叠放。主要用大理石、砂岩之类磨制而成，多数磨制不很精细，有的尚留有锯截痕迹。中间用管钻法穿孔，孔壁多呈斜面，说明管钻工艺还不十分成熟，钻具控制不稳定。如此众多的石璧集中出土，显然具有特殊用意。二是在青海乐都县柳湾齐家文化1103号墓中出土了一件大型石磬。这件石磬为长三角形，残长42.4厘米、高18厘米、厚2.2厘米，以粉砂岩制成，呈灰黑色，扁薄宽大，形制规整，略经打磨，尚可看出明显的打制痕迹。靠上角对钻一孔，已残，右侧部分形制不明。无论其形制还是打磨、钻孔工艺，都较中原龙山文化石磬有着明显地改进，说明这种石制打击乐器自龙山时代产生以后，便已逐渐走向成熟。

参考书目

谢端琚：《试论齐家文化》，《考古与文物》1981年3期。
张忠培：《齐家文化研究》（上、下），《考古学报》1987年1～2期。

（李宗山）

Liuwan yizhi shiqing
柳湾遗址石磬

（见齐家文化石器）

Huangniangniangtai yizhi shibi
皇娘娘台遗址石璧

（见齐家文化石器）

Cishan wenhua shiqi
磁山文化石器

新石器时代中期黄河中下游地区磁山文化的石制品。该文化因1973年首次发现于河北武安县磁山遗址而得名，主要分布于太行山以东的河北中南部地区，距今8500年～7000年。

河北武安县磁山遗址
磁山文化石磨盘与石磨棒

该文化石器在中国新石器时代中期文化中具有一定的代表性，并与旧石器时代末期的下川文化石器有着一定的渊源关系。其特点主要表现在：①磨制石器已占多数，所磨制的斧、铲不够精致，器表常遗留有打击疤痕，不见穿孔。打制石器仍占一定比例，以打制规整的斧、铲等较为常见，并有少量石凿、石锤和敲砸器、刮削器等。琢制而成的石磨盘、石磨棒数量甚多，为一大特色。②从器形看，石铲普遍呈舌形，为两端弧刃或一端刃，有的上端略加工出双肩状，便于捆绑木柄；石斧外形与石铲相似，较石铲更为厚重；石磨盘一般有四足，少数无足或仅有三足，平面以两端出尖的柳叶形较多见，也有一端较平，另一端出尖的鞋底形；磨棒多呈圆柱状或扁圆柱状，与磨盘配套出土；用于木作加工的梯形石锛、条柱状石凿以及用于切割的片状石刀和石镰等也有一些，但数量不多。③选料尚带有一定的随意性，打制的半成品和石器废料较常见，磨制精细、棱角分明的石器极少，同一种石器的形体往往不够稳定，磨制技术不很成熟；④从生产、加工工具的种类和数量来看，砍伐用的斧，挖掘用的铲，研磨粮食、树籽用的磨盘和磨棒数量最多，共占石器总数的90%以上。它们是当时最主要的劳动工具，表明原始农业已成为生产的主要部门；该文化大量骨制渔猎工具的发现又说明当时的采集和狩猎经济仍占有较重要的地位。

参考书目

邯郸市文物保管所等：《河北磁山新石器时代遗址试掘》，《考古》1977年6期。
河北省文物管理处等：《河北武安磁山遗址》，《考古学报》1981年3期。

（李宗山）

Peiligang wenhua shiqi
裴李岗文化石器

新石器时代中期黄河中下游地区裴李岗文化石制品。该文化因1977年河南新郑县裴李岗遗址的发掘而得名，主要分布于嵩山周围及其以东、以南的河南地区。据放射性碳素断代，距今8000年～7000年。

裴李岗文化石器特点鲜明，代表了中原地区新石器时代中期阶段石制工艺的最高水平，主要表现在以下几方面：①以磨制为主，另有少量打制石器和细石器。除在一些石铲之上常留有打击疤痕外，多数石器加工精细，并在个别小型石器及石制装饰品上采用钻孔技术。②种类有磨盘、磨棒、镰、铲、斧、刀、凿、矛、弹丸、石片、柄形器及各种绿松石装饰品等。其中前5种石器数量最多，也最典型。③磨盘、磨棒与锯齿刃石镰为该文化最具特色的代表性器物，皆经琢磨而成，造型十分规整（见裴李岗文化石磨盘棒、裴李岗文化锯齿刃石镰）。石铲在各类石器中数量最多，普遍为两端弧刃的长条形或一端弧刃的舌形，还发现有个别的有肩石铲；石铲形体扁平狭长，通体磨制，有的长达40多厘米。这类石铲是当时的主要农业工具。石斧多呈梯形弧刃，剖面呈椭圆状，以小型石斧较多见，是砍伐用的主要工具。石刀数量少，其他还有矛、弹丸等狩猎武器。柄形器的用意应与同出的刻符龟甲、獐牙有关，为原始宗教专用物。各种形状的钻孔绿松石饰品则说明当时的人体装饰已有明显发展。④选料方面比较成熟。如用硬度很高的燧石、石英制作细石器；用硬度较高的砂岩、玄武岩类制作石磨盘、磨棒和斧、凿；用易于加工的灰岩、板岩类来制作铲、镰；还利用绿松石来制作装饰品等。⑤该文化石器普遍用于随葬，应为死者生前个人所有物。墓中所出石器一般可分作石磨盘、棒与石斧、镰、铲两组，两组石器很少共存，这或与墓主人的性别有关，也表明当时人们对石器工具十分重视。⑥从各种生产和加工工具的出土情况可以看出，裴李岗文化的原始农业已有很大发展，主要石器种类皆与农业有关。如石磨盘、棒用于加工谷物，斧、铲用于砍伐与挖掘，镰、刀用于收割等，它们在生产工具中已占有十分突出的地位。同时，打制石器和细石器还不同程度地存在，特别是用于渔猎的骨、角器数量仍相当可观，在以舞阳市贾湖遗址为代表的豫中东南部地区尚有超过石制工具的趋势，说明当时的采集和狩猎经济仍占有较大比重。

参考书目

开封地区文管会等：《河南新郑裴李岗新石器时代遗址》，《考古》1978年2期。
中国社会科学院考古所河南一队：《1979年裴李岗遗址发掘报告》，《考古学报》，1984年1期。
河南省文物研究所：《河南舞阳贾湖新石器时代遗址第二至六次发掘简报》，《文物》，1989年1期。

（李宗山）

Peiligang wenhua shimopan-bang

裴李岗文化石磨盘棒

新石器时代中期黄河中下游地区裴李岗文化的主要石制粮食加工工具。常出土于墓葬与窖穴中，多用砂岩琢制而成。

河南新郑县裴李岗遗址
裴李岗文化石磨盘与石磨棒

分两大类：一类是平面呈椭圆形或前宽后窄的鞋底形，下有四乳突足或柱足，为裴李岗文化所独有；另一类平面呈椭圆形或两头尖形、无足。其制法是先将磨盘底部凿平或凿出4足，再将盘面凿下约2厘米，然后略加粗磨而成。一般中部较两端下凹，或前低后高。石磨棒多呈圆形或椭圆形棒状，有的一面较平，一般与石磨盘同出，使用时即用磨棒在磨盘上碾磨粮食，将植物籽实去皮或磨碎加工。这类工具在集中采集阶段即已出现，在新石器时代早中期阶段的北方地区较为流行，在裴李岗文化中常用于随葬。到仰韶文化时期，它在中原地区逐渐被淘汰。（李宗山）

Peiligang wenhua juchiren shilian

裴李岗文化锯齿刃石镰

新石器时代中期黄河中下游地区裴李岗文化的典型石制收割工具。主要分布于以裴李岗遗址为中心的河南中部地区，迄今出土数量已达200余件。一般出自墓葬中，常与石铲、石斧共为一组，且很少见于随葬石磨盘的墓葬中。

河南新郑县裴李岗遗址
裴李岗文化锯齿刃石镰

主要用石灰岩磨制而成，制作精细。一般长10厘米～20厘米、宽4厘米～6厘米。形制多为拱背长条形，前有尖锋，刃部平直或稍内凹，有细小的锯齿；锯齿多由两面对磨而成，齿尖微向前倾，齿距0.2厘米～0.5厘米，柄部宽而上翘，下部磨有1个～2个缺口，个别穿孔，以便用绳索固定在木柄上。柄部宽大，柄下端与镰体形成一个钝角，不大利于收割。以后龙山文化的石镰柄和镰体呈垂直状态，较其进步。

这种锯齿形石镰为其他文化所不见，自身特点十分突出，应主要用于原始农业植物的收割。也有的学者认为它还可能用作制陶时压印花纹的工具。（李宗山）

Yangshao wenhua shiqi

仰韶文化石器

新石器时代晚期黄河流域仰韶文化石制品。仰韶文化因1921年首先发现于河南渑池县仰韶村遗址而得名，据放射性碳素断代并经校正，年代距今7000年～4500年（包括“庙底沟二期文化”）。目前所发现的这类遗址已近2000处，经过大规模发掘的也有数十处。石器制作工艺有很大的发展，不仅数量和器类迅速增加，而且逐步系统化、规范化，在不同地区和不同的发展阶段各具特点。

特点主要表现为以下几方面：①有比较发达的磨制石器，包括斧、锛、铲、凿、刀、镞等器类，穿孔技术不太发达，还有琢制的磨盘、磨棒和打制的两侧带缺口的石刀（爪镰）、敲砸器和盘状器等，尤以磨制的厚体石斧、舌形铲或心形石铲以及打制的石刀、盘状器等最为典型。②遗址中多有出土，亦用于随葬。它们是当时主要的生产与加工工具，在用途上分工较为明显，如石刀用于收割庄稼；石铲用于翻地或挖地穴；斧、锛、凿应是用于木料取材和加工的手工工具；退化了的石磨盘、石磨棒仍用于加工粮食，而镞、网坠和盘状器等则主要用于渔猎。③取材广泛，选料与加工工艺已有明显改进，如斧、锛等砍斫器多用高硬度的石料制作，而铲、刀等则多用易于剥片成形的板岩或页岩类制成，对石料性能已有相当的认识。

陕西西安半坡遗址仰韶文化石斧、石锄

仰韶文化分布范围广、延续时间长，故各时期又有所不同，既表现连续性，又显示出地区特点。仰韶文化早期的打制石器占将近一半，穿孔技术很不发达；石斧横剖面多呈椭圆形；石铲多打制或粗磨；打制的两侧带缺口的石刀比较流行。中期阶段的磨制石器已占大宗，器类增多，穿孔石器已较普遍，铲、刀等翻土、收割工具明显改进，打制的两侧带缺口的石刀减少。在以河南陕县庙底沟遗址为代表的三门峡地区流行心形石铲与打制的盘状石器。仰韶文化晚期阶段磨制石器已占绝对优势。石器选料与加工工艺相当成熟。石斧横剖面多呈长方形，器体厚重，更加适于砍伐；长

方形穿孔石铲与石刀的数量迅速增加，尤其在东部地区更为多见。

距今5000年～4500年的庙底沟二期，相当于仰韶文化第4期，原称庙底沟二期文化，具有仰韶文化向龙山文化过渡的性质，故也有的学者将它归入中原龙山文化的早期阶段。这一时期的石器在选料加工与钻孔技术等方面又有了新的进步，对石料岩性已有比较成熟的认识。石器以农业和手工工具为主，另有少量渔猎工具。石斧是主要的砍伐工具，数量较多，均经磨制。与前几期的石斧相比，梯形石斧数量减少而长方形石斧增多，横剖面由椭圆形变为钝角长方形或厚方形，器体窄长厚重，刃部更为锋利，使用效率明显提高。锛、凿等木器加工工具已形成大小不同系列。除继续使用长体舌形石铲外，还出现较多扁平长方形平头石铲与有肩石铲，穿孔技术更加成熟，缚柄更为牢固。尤其是长方形穿孔石刀和石镰的使用较为广泛，生产效率明显提高，表明农业生产已有迅速发展。石镞与网坠等器类的增多反映出渔猎经济仍占一定比重。此外，庙底沟二期的多数遗址中还出土有数量众多的石环一类装饰品。石环多为两面琢钻成孔，然后打磨，断面呈三角形或圭形（与陶环形状相似），直径多3厘米～6厘米。还发现有利用残断石环加工而成的石璜，其两端各钻一孔，小巧精致，与其他石环共存。这对于理解环、璜之间的发展关系有着重要价值。

参考书目

严文明：《仰韶文化研究》，文物出版社，1989。
中国科学院考古研究所等：《西安半坡》，文物出版社，1963。
西安半坡博物馆等：《姜寨》，文物出版社，1988。
中国科学院考古研究所：《庙底沟与三里桥》，科学出版社，1959。

（李宗山）

Yangshao wenhua shichan

仰韶文化石铲

新石器时代晚期黄河流域仰韶文化中最典型的石制掘土工具。主要出土于遗址中，数量多，分布地域广，绝大多数都有使用痕迹，主要用于挖掘。由磁山文化、裴李岗文化和老官台文化的两端弧刃石铲发展而来。

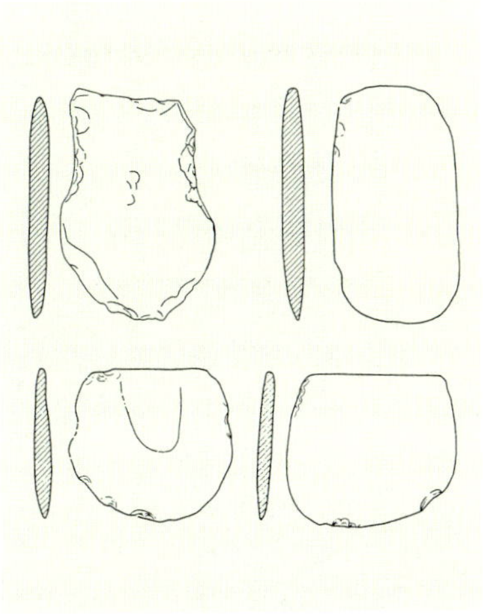

陕西宝鸡北首岭遗址仰韶文化石铲

多用砂质灰岩及角闪岩之类石材制成。刃部磨光或通体磨光。形态主要为舌形、心形或圆弧刃长方形，平刃石铲较少。多数铲形体扁平厚重，一端有刃，另一端有凹面或肩，有些地区还常见穿孔石铲，便于绳索捆绑装柄。

其发展脉络清楚，反映出生产力水平逐步提高。仰韶文化第一期时，数量较少，打制石铲占一定比例，形体不很规整，显得比较笨重，多呈心形或椭圆形，有的学者称其为石耜；仰韶文化第二期时，数量大增，主要有心形和长舌形两种，个体比较宽大，前部突出，多呈弧形刃，形制较稳定，一般均经磨制，穿孔石铲开始增多；仰韶文化第三期时，出现梯形穿孔石铲和有肩石铲，通体磨光者已很常见，穿孔技术更加成熟，器形趋于多样化，大、中、小型石铲已形成系列；仰韶文化第四期时，流行长方形石铲，刃多比较平直。梯形弧刃石铲和有肩石铲也占相当比例。平刃石铲较普遍。后两期石铲体宽而薄、刃部更加锋利。铲刃从圆弧刃演变为平刃。特别是第三期以后穿孔石铲增多，出现有肩铲，更适于捆绑安柄。

另外，河南淅川县下王冈仰韶文化早期石铲颇具地方特色，可分为前后两个发展阶段：前段共发现石铲14件，分别用青色火成岩或白色大理岩磨制而成，制作比较精致。后段共发现石铲15件，主要用板岩制成，也有用大理岩和透闪岩加工的，除一件较粗糙外，余均磨制，器表平整光滑。前后两段可以看出两种发展关系：第一种较多，均穿孔，早段多为上窄下宽的扁平长方体，弧形双面刃，中心靠上部对钻一孔，整体打磨光滑，多有使用痕迹；晚段又进一步分化，一是发展为扁平长舌形，通体更加窄长，近顶中部钻一孔；一是向石钺方向发展，扇形，大孔，整体更趋于精美，似已成为具有礼仪功能的非实用器。第二种略少，无孔，早段比较粗糙，器形不很规整，有打制疤痕；晚段多已磨光，均呈长方体，分直刃与弧刃两种，是主要实用器。

下王冈仰韶文化早期前段与半坡类型时代相当，石铲制作方面已相当进步。尤其是第一种石铲，应是后来石钺的祖型，代表这一时期石器加工工艺的最高水平。

参考书目

严文明：《仰韶文化研究》，文物出版社，1989。

（李宗山　韩建业）

Yanshao wenhua shidao

仰韶文化石刀

新石器时代晚期仰韶文化主要的石制切割工具。又称爪镰。1921年首次发现于河南渑池县仰韶遗址。一般出土于居住遗址中，很少用于随葬。在石制工具中占突出地位。

仰韶文化石刀在已知仰韶文化石器中数量最多，但制作不精。大部分经过磨制，少数在打制后未经第二步加工，形制可分两类：一类是两侧带缺口的长方体弧刃或直刃石刀，绝大多数系打制而成。使用时在两缺口之间绑上绳子，将大拇指套在绳圈内来割取谷穗。常与同形制的陶刀共存。另一类是长方形

不带缺口的石刀，分打制与磨制两种。打制者有一部分系半成品；磨制者数量较多，制作精细规整，常有穿孔。

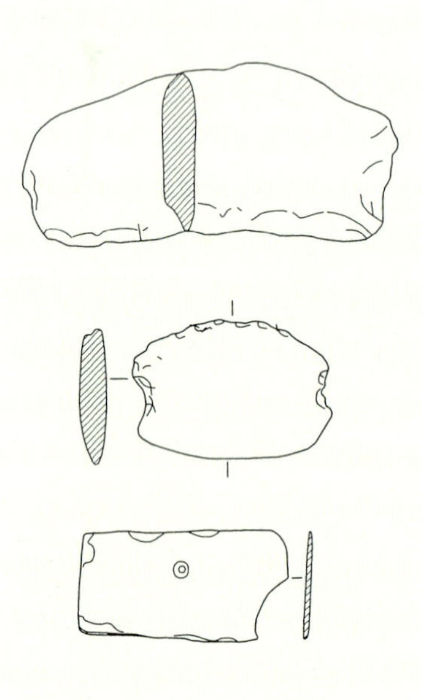

陕西宝鸡北首岭遗址仰韶文化石刀

从发展线索看，早期石刀为数很少，以打制为主，多呈圆角长方形，不便拴绳；中期数量大增，两端带缺口者十分普遍，又出现了长方形穿孔石刀，便于拴绳；晚期以磨制占大多数，两侧有缺口者开始减少，长方形有孔石刀迅速增多。石刀在仰韶文化石质生产工具中占很大比重，如河南陕县庙底沟遗址出土的石制生产工具共有2415件，除去2230件盘状器外，石刀计100多件。汉中、豫南地区仰韶文化遗址中出土的石刀数量虽然少，但制作精，自身特点明显，两侧带缺口的石刀很少见。如陕西南郑龙岗寺遗址出土的竖柄式钻孔起脊斜刃刀等形态很特殊。 （李宗山）

〖仰韶文化其他石器〗

半坡遗址石矛

Banpo yizhi shimao

新石器时代晚期仰韶文化的石制狩猎工具。1954年～1956年由中国科学院考古研究所等单位在陕西西安市半坡村遗址中发掘出土。现藏于西安半坡博物馆。

共5件。器形窄长、尖利。分打制与磨制两种，前者3件，后者2件。形制上可分为菱形石矛、长铤有段石矛和柳叶形石矛3类。标本P6772，用矽化石灰岩打制而成，器身扁平，一面中部有脊，横断面略呈三角形，刃部锋利，柄部残断，残长6.7厘米、宽4厘米、厚1.6厘米。标本P6407，用角闪岩石片磨制而成，器身扁平，横断面呈长方形，锋刃厚钝，中部有段，两侧留有明显的击痕，长7.8厘米、宽4.2厘米、厚0.7厘米。它的发现，标志着仰韶文化早期这种新型的狩猎工具已逐渐为人们所利用。 （李宗山）

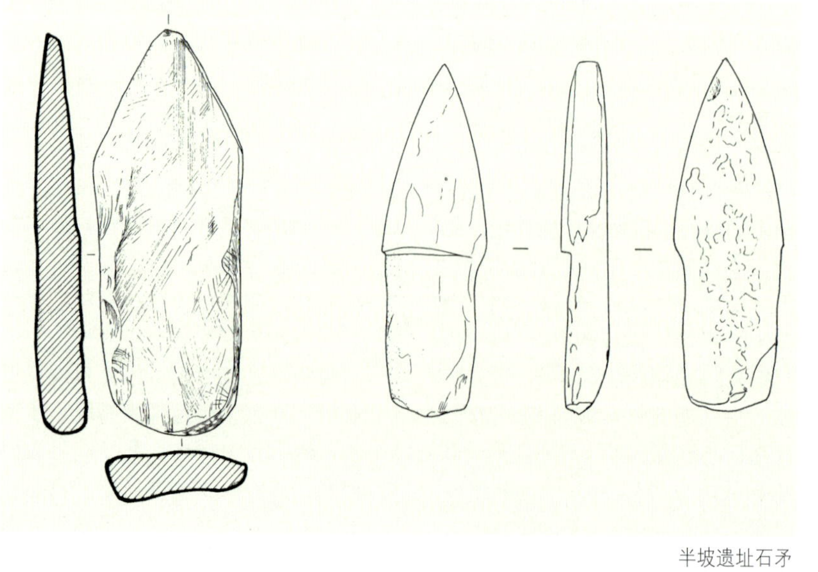

半坡遗址石矛

姜寨遗址石砚

Jiangzhai yizhi shiyan

新石器时代晚期仰韶文化用于研磨颜料的石制用具。距今6500年～5700年。为中国已知时代最早的石砚。1972年～1979年由陕西西安半坡博物馆等单位在陕西临潼县姜寨仰韶文化遗址中发掘出土。现藏于西安半坡博物馆。

姜寨遗址石砚

共16件，同出的还有19件石研磨棒，分属于遗址的第一期、第二期、第四期，以第一期出土最多。多用砾石制成，器身经磨制，平整光滑，底部多磨平，上面有一个或两个臼窝，深浅不一，圆滑光亮，常有残留颜料痕迹；它和石研磨棒、水杯、颜料等组成配套的绘画工具。如出土于84号墓的一件，平面略呈方形，砚面及底部平整，器表中部有一直径7.1厘米、深2厘米的规整圆形臼窝，窝内壁及砚面上有许多红颜料痕迹。臼窝上有一梯形扁平石盖。盖下另有一石研棒，棒长5.1厘米、宽1.8厘米、厚1.2厘米。棒头已磨成斜角形，显然系经过长期使用所致。它与红色颜料块和小水杯等同时出土。

与姜寨遗址第一期、第二期同时的陕西宝鸡市北首岭遗址中，上层也出有14件石砚，同出的还有14件研磨棒。北首岭遗址石砚和研磨棒的形制与姜寨同类遗物十分相似，其中大多数出土时均留有红色颜料痕迹，用途当亦相同。这类石砚在稍晚的其他仰韶文化遗址和黄河下游的大汶口文化中也有发现，多与绘制彩陶有关。这说明仰韶文化时

期已有相对固定的绘画工具，对研究当时的颜料配制与绘画等提供了实物证据。（李宗山）

Miaodigou yizhi panzhuang shiqi

庙底沟遗址盘状石器

新石器时代晚期仰韶文化庙底沟类型的主要石制工具。以1956年~1957年由中国科学院考古研究所等单位在河南陕县庙底沟遗址中发掘出土的最多，共2200余件，占全部石器的93%。数量如此之多，在同时期其他遗址中罕见，这也是仰韶文化庙底沟类型石器的突出特点之一。

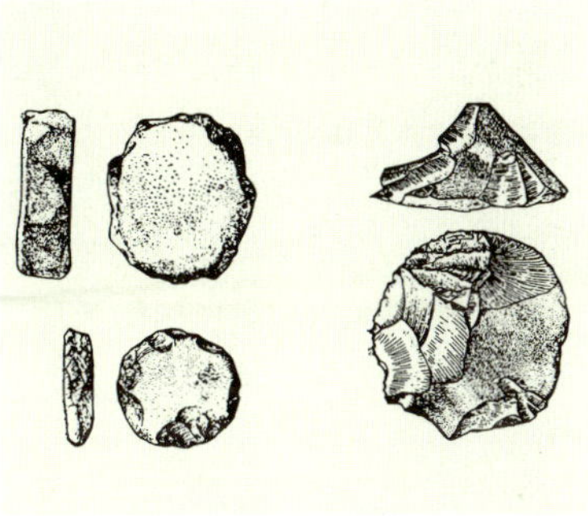

庙底沟遗址盘状石器

其多用天然砾石打制而成，呈圆形或椭圆形，有的一面还保留有原来的砾石面，个别也有利用石铲残片加以改制而成的，一般直径8厘米~16厘米。多出自灰坑，少者1个，多者达74个。根据有无锋刃可分为两类：一类从一面垂直打下，边沿较平整无锋刃，共1496件；另一类由一面或两面交互打出锋刃，共743件。它的用途多种多样，可以砍劈、刮削、敲砸、切割等，可能是一种安柄石器，也不排除作为一种投掷狩猎工具的可能。这类石器延续时间长，分布地域广，除仰韶文化分布区外，在江西万年县仙人洞、山东滕县（今滕州市）北辛、甘肃永靖县大何庄与秦魏家、内蒙古赤峰市药王庙和夏家店、辽宁大连市郭家村、四川西昌市礼州等其他地区的许多遗址中都有发现。

（李宗山）

Zhongyuan Longshan wenhua shiqi

中原龙山文化石器

新石器时代晚期分布于中原地区的龙山文化的石制遗存。中原龙山文化是与山东龙山文化（又称典型龙山文化）相对而言的，亦可细分为后冈二期文化、王湾三期文化、陶寺文化。主要分布于黄河中下游地区的河南大部及河北、山西南部等。年代距今4500年~4000年。石器制作技术与工艺在仰韶文化的基础上又有明显发展，地方特点进一步增强。

磨光与钻孔技术已十分成熟，磨制石器占绝对多数，其中通体磨光者比例最高。抛光工艺与管钻工艺都已出现，钻孔孔壁光滑整齐。种类增加迅速，造型更趋于规范、合理，以石刀最典型，长方形单孔石刀更加流行，长方形双孔和半月形石刀也迅速发展起来。锛、斧、铲等，不仅数量增多，而且大、中、小自成系列，分工愈来愈细。还出现三角形石犁、有柄石抹子、有銎石拍子等新型工具。尤其是穿孔石钺、石磬和具有男性崇拜性质的石祖，反映出当时社会的新变化。

对石材的认识和利用进一步提高。首先，高硬度玉石器的加工技术比较成熟，不少石器被多次改造利用。其次，不同器类和用途的石器，在选材上更加科学，石磬等乐器的出现亦说明这一点。

中原龙山文化的分布地区较广，不同地区的石器特点亦有一定差别。如东部和南部地区的锛、铲等制作一般较精美，刀孔多靠近刀背；而西部内地的锛较少，斧、铲等多较厚重宽大，刀孔多靠近刃部；受北方文化影响，北方偏北地带尚有一定数量的细石器。（李宗山）

Zhongyuan Longshan wenhua shiqing

中原龙山文化石磬

新石器时代晚期中原龙山文化石制打击乐器。为中国迄今所知最早的石制乐器。主要发现于山西南部，1978年以后，由中国社会科学院考古研究所等单位在襄汾县陶寺墓地中发掘出土。仅见于大型墓，

河南登封王城岗中原龙山文化石器

常与鼍鼓和彩绘陶礼器等共存。

陶寺墓地3015号墓石磬

磬因石而发声，商代甲骨文中的“磬”字便作以手击石状。它是古人在制作石器的过程中发明的，当人们打制石料时，铿锵悦耳的击石声十分优美，特别是属于石灰岩类的“青石”、“灰石”等，敲击声音更为清脆，人们便逐渐学会用这类石料制作专门的打击乐器。至于石磬的形体，古代文献中早有记载，如《周礼·考工记·磬氏》云：“磬氏为磬，倨句一矩有半，其博为一，股为二，鼓为三。参分其股博，去一以为鼓博；参分其鼓博，以其一为之厚。已上则摩（磨）其旁；已下则摩其端。”这里所说的倨句是指磬体上端的交角（磬折），股是指磬体宽而短的一侧，鼓是指窄而长的另一侧，股博与鼓博则分别指股与鼓外端的宽度。从上述记载中可知，至少在春秋以前，石磬制作已有明确规定，形体上早已脱离初期形态。对于石磬的来源，学术界则有不同说法：一说来源于穿孔石铲或石刀，另一说认为来源于穿孔石犁或耘田器。均与石制生产工具有关。

石磬用料以石灰岩为主，这类石料主要由$CaCO_3$组成，一般结构粒度较匀细，惟大理石（石灰岩的一种）粒度略粗，有时被误认为玉质。至于通常所说的“青石”，一般均属青色或青灰色石灰岩。用真正玉石制作的磬数量极少，音质亦难控制。故磬在古文献中又常被称作“鸣石”、“鸣球”（《山海经校注·中山经》、《尚书·益稷》）。

陶寺墓地3015号大墓石磬，系用青色灰岩打制而成，器表略作修整，大致呈椭圆形，器大厚重，上端对钻一孔，用以穿绳悬挂；通长达80厘米，敲击时声音清脆。这种大型单体石磬应属于“特磬”，与大型鼍鼓、土鼓、彩绘蟠龙纹盘、案及石钺等同出，表明它有着特殊的仪礼用意。

距襄汾不远的闻喜县西官庄乡南宋村遗址，在调查中亦发现一件石磬。此磬石质细腻坚硬，形制与陶寺墓地石磬十分相似，孔内尚有磨蚀痕迹，应是系绳所致。通长83.3厘米、宽33.3厘米，重达41.5千克。股部（宽而短的一端称股）上端稍残，致使石磬悬挂时不能平衡。磬表略经加工，股部稍厚，鼓部（窄而长的一端称鼓）略薄，分别击之，前者开阔宏亮，后者清脆悦耳。从遗址内涵看，此磬时代亦属中原龙山文化，距今已4000多年。为石磬的起源提供了新的佐证。

以上石磬均出土于晋南地区，这里是夏文化的重要分布中心之一。“磬与鼓”的组合代表了当时礼乐制度的最高规格，它为探讨中国文明的起源和早期音乐史提供了重要资料。（李宗山）

Taosi mudi shiqi

陶寺墓地石器

新石器时代晚期中原龙山文化陶寺类型（或称陶寺文化）的石制品。年代距今4500年～3900年。1978年以来由中国社会科学院考古研究所等单位在山西襄汾县崇山西麓的陶寺墓地中发掘出土。现藏于中国社会科学院考古研究所。

陶寺墓地“V”字形石厨刀

石器形制新颖，制作精美，以大、中型墓出土最多，亦最典型。除石磬为打制及个别燧石石镞采用压制法加工外，余皆磨制。器形多样，造型规整，按用途大致可分为礼器、乐器、生产工具和武器等几大类。

礼器数量较少，主要出土于大墓中，与陶、漆礼器等往往配套出土。有石钺、石琮、石瑗和异形石刀等，多与同类玉器共存。如陶寺3031号墓石钺，呈灰绿色，近玉质，靠上部对钻一孔，整体磨制十分精细，无使用痕迹。石琮、石瑗的形体多偏小，制作较玉琮、玉瑗略逊色。石刀种类较多，有直背弧刃石刀、长方形穿孔石刀及“V”字形石厨刀等，陶寺3015号墓出土的石刀呈长方形，器体扁薄，两端近背部各穿一孔，为单面钻，双面直刃，很精美；造型别致的“V”字形石厨刀（又称“曲尺形石刀”），有的长达60厘米，斜柄宽刃，磨制光滑；常与漆俎同出，极具地方特色。另外，一些大墓中还出土各种精巧的装饰品，显然非一般人所用，与彩绘蟠龙纹盘及鼍鼓等应同属礼器。

乐器仅石磬一种，在大型墓中与鼍鼓同出，均为单件，形体厚重，一般长约80厘米，是中国出现最早的石制打击乐器（见中原龙山文化石磬）。

生产工具和武器最多，主要出土于大、中型墓中，种类有斧、铲、锛、刀、镰、镞、磨盘、磨棒和纺轮等，在一些大墓中常出土成套的斧、铲和锛。石镞数量更多，如3015号大型贵族墓就随葬石镞111件，且成束摆放。

该墓地制作精美、类型多样的石器作为随葬品，表现出特定的宗教与礼仪内涵。陶寺墓地位于晋西南夏文化的中心地区，对于探讨夏文化起源及早期文明产生等问题具有十分重大的意义。从其发达的石器制造水平、礼乐器的增多和精美装饰品的普遍使用等来看，当时的社会分化现象明显，社会组织已向更高的阶段转化。（李宗山）

Hougang yizhi shipaizi

后冈遗址石拍子

新石器时代晚期中原龙山文化

的石制制陶工具。1979年由中国科学院考古研究所在河南安阳市后冈遗址中发掘出土。现藏于中国社会科学院考古研究所。

高9.5厘米，底面面积约8.5平方厘米。整体呈蘑菇状，末端有一銎，用以安柄。全身打磨，光滑规整，造型美观。在同时期或稍早的遗址中常出土有陶拍子，但像这样规整的石拍子却不多见。该器在制陶时用以按压容器内壁，使陶坯更加规范、结实。它的出现，表明制陶工艺已取得了新进展。

（李宗山）

Hougang yizhi shizu

后冈遗址石镞

新石器时代晚期中原龙山文化石制狩猎工具与武器。自1931年由前中央研究院历史语言研究所在河南安阳市后冈遗址首次发掘以来已出土近100件，多数出土于居住遗址中。1958年以后出土的现主要藏于中国社会科学院考古研究所。

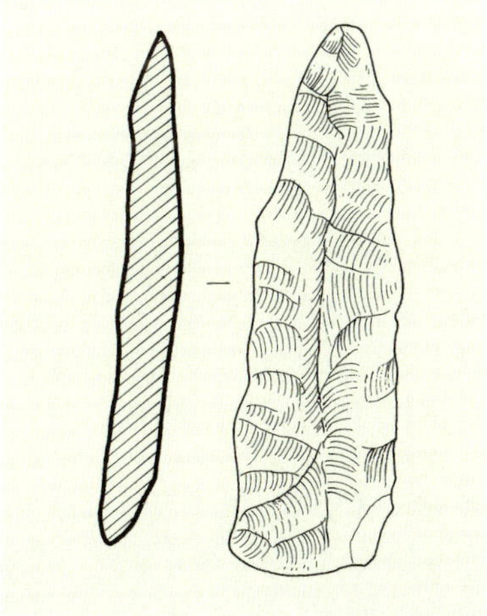

后冈遗址石镞

大都用石灰岩加工而成。均磨制精细，规整美观。依照其外形和横截面可分为4类：①呈扁平三角形，平底，一般长约3厘米；②呈四棱形，圆锥铤，一般长5厘米～6厘米；③呈三棱形，圆锥铤，多长4厘米～6厘米；④前锋呈三角形，器身作圆柱形，圆锥铤，长约6厘米～8厘米。在这4类石镞中，第①类石镞较少，第③类、第④类石镞最多。如此规整而又形式多样的石镞为仰韶文化所不见，却在龙山时期的其他大型遗址中屡屡发现，有的还成批出土于大墓中。这可能与龙山时代频繁的部落战争有关。

（李宗山）

Keshengzhuang wenhua shidao

客省庄文化石刀

新石器时代晚期黄河中游地区客省庄文化石制切割工具。年代距今4500年～4000年。分布于关中泾河、渭河流域，是客省庄文化中数量最多的石制生产工具之一。

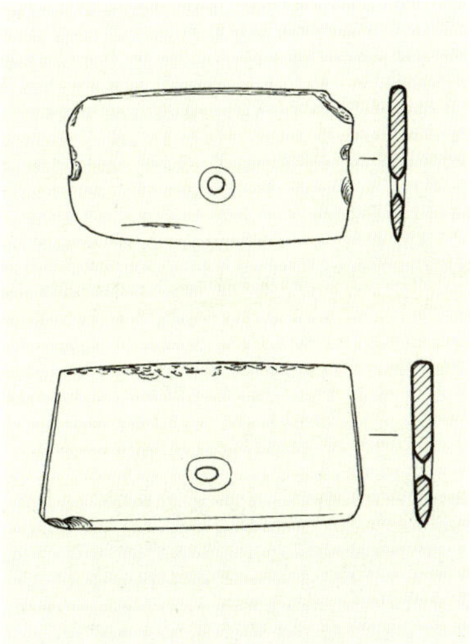

客省庄遗址石刀

石料多选自沉积岩、变质岩和砂岩等，硬度并不很高，易于成形。以扁平长方体单孔石刀最为多见，均磨制而成，刃部较直，多为两面加工；孔常位于中间近刃部，绝大多数两面对钻而成。此外，还有一定数量的长方形无孔和两侧有缺口的石刀，一般加工较粗，器形多不很规整，应是仰韶文化的遗制；另有少量新出现的长方形双孔或菱形双刃石刀，加工则比较精致。均有使用痕迹，许多是经过再加工后继续使用的。从扁平长方体单孔石刀的制法与使用痕迹看，与长方形双孔石刀和两侧带缺口的石刀用法应有所不同。它们不仅分布广泛，而且数量众多，在陕西西安市客省庄遗址中就发现有81件，占所有出土农具的85%，在当时生产中居于突出地位。

（李宗山）

Chang'an Hualouzi yizhi shiji

长安花楼子遗址石戟

新石器时代晚期客省庄二期文化石制钩刺兵器。为中国已知时代最早的石勾兵。1985年由陕西省考古研究所在长安县花园村西花楼子遗址中发掘出土。现藏于陕西省考古研究所。

残长10.4厘米、柲长4.3厘米。戟身呈柳叶形，下面偏上部位穿3孔，下部残断；戟刺双面刃，扁薄而锋利，偏下部横出戟柲；柲亦为两面弧刃，柲端又钻一孔，说明早在距今4000年以前，戟这种武器便已出现，它兼有矛与戈（镰）两种功能，是早期复合兵器的代表。

（李宗山）

Beixin wenhua shiqi

北辛文化石器

新石器时代中期黄河下游地区北辛文化的石制品。该文化主要分布于以泰沂山系为中心的山东地区，因1978年～1979年首先在山东滕县北辛遗址发现和发掘而得名。

北辛文化石器明显带有原始性。一方面存在着相当数量的打制石器，如砍伐器、敲砸器、盘状器和刮削器等，打制方法和造型方面已颇为进步。斧、铲、刀等的打制已基本定型化。另一方面磨制石器种类少，多比较粗糙，形体不太规整。主要有斧、铲、锛、磨盘、棒以及镰、刀等；尤其是宽大扁平的石铲和石磨盘最具代表性。前者数量很多，主要采用矽质灰岩、泥灰岩制成。这类灰岩打击时成层分裂，有利于制作大型片状石器。因此，石铲多比较宽大，打磨亦比较精致。如江苏邳县大墩子遗址下层石铲，有的长50厘米、宽25厘米。只是因石质

较软，又是主要的生产工具，出土时多已残破，许多又被改制成小型石铲。石铲多呈长方形或梯形，根部常有装柄的凹槽或磨蚀痕迹。石磨盘多无足，平面以圆角三角形最多，次为圆角长方形或椭圆形，其他石器多比较厚重。另外，穿孔技术尚不发达，仅在个别石匕首、砥石上发现有穿孔。

与磁山文化、裴李岗文化等同时期的石器相比，既有时代共性，又有自身特色，如所发现的少量石匕首，不仅形制新颖，还在匕首上采用钻孔技术。特别是采集的时代略晚的江苏邳县大墩子遗址石匕首，通体磨制，器身扁薄体长，环形柄，一侧较直，尖部略起脊，十分精美，是中国新石器时代中期文化中不可多得的石器精品。（李宗山）

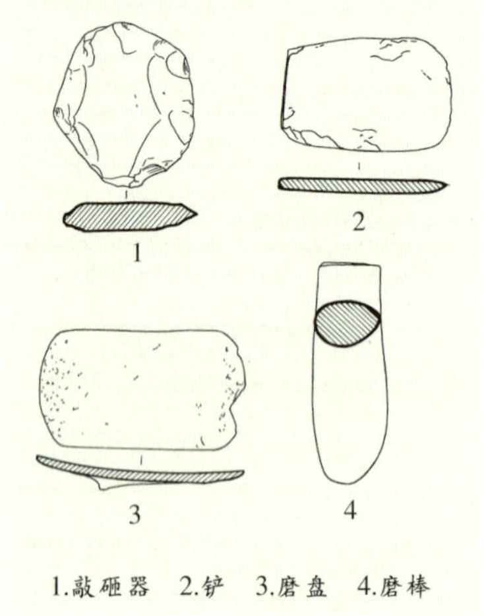

北辛文化石器

Dawenkou wenhua shiqi

大汶口文化石器

新石器时代晚期黄河下游地区大汶口文化的石制品。该文化因1959年山东泰安市大汶口遗址的发掘而得名，是在北辛文化基础上发展起来的，分布范围除山东外，还包括江苏北部地区等。

与北辛文化石器相比，石器制作与加工工艺大为进步。主要表现为以下几方面：①磨制石器非常发达，除早期阶段尚有少量磨制粗糙并留有部分打制痕迹的石铲和石斧外，多数石器均通体磨光。尤其是中晚期阶段还出现了抛光工艺。②钻孔技术自早期至晚期发展迅速，多为两面对钻，中晚期以后还出现了更为先进的管钻工艺。③种类和数量大大增加，除北辛文化既已出现的器形外，又出现了穿孔石钺、双孔石刀、有段石锛、有肩石铲以及石矛和石纺轮等。④加工制作系统化。如斧、铲、锛、镞等，不仅形式多样，而且大、中、小各成系列，用途各异。说明生产工具的分工更趋于合理化、多样化。⑤石料的选材、加工方式有很大改进，如石斧、石锛多选用高硬度的蛋白石、流纹岩等，石铲、石钺等多选自辉绿岩、矽质灰岩等；制作从切割坯料、琢制成形到钻孔、打磨、剖光等一整套工序已十分完备。尤其是对玉质石器的认识和利用，标志着石器（广义）加工工艺已获得了重大突破。

山东长岛北庄遗址大汶口文化石网坠

山东长岛北庄遗址大汶口文化石斧

大汶口文化的石器，在种类、造型和加工工艺等方面，都已走在同时代诸考古学文化的前列，不仅反映了当地先民的高超技艺，而且代表了石器文化发展史上的一个重要阶段。（李宗山）

Dawenkou wenhua shiyue

大汶口文化石钺

新石器时代晚期大汶口文化石制工具及武器。主要出自大、中型墓葬中，多无使用痕迹，应为礼器，是墓主人生前身份地位的重要标志之一。

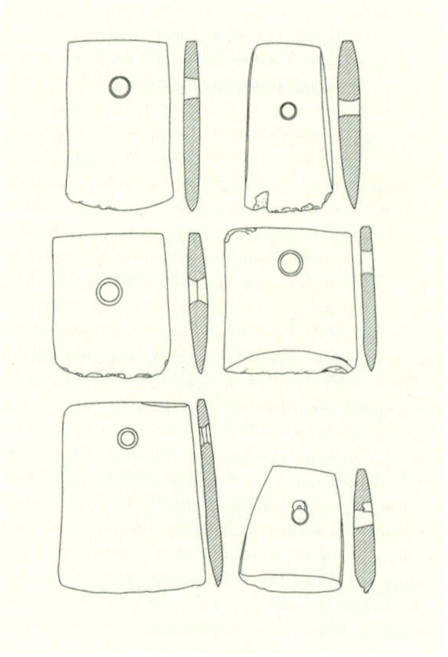

山东胶县三里河遗址大汶口文化石钺

在大墓中常成套出土，不仅数量较多，而且制作精良；从选材、切割到钻孔、打磨的整套工序已十分成熟，并已采用管钻、抛光等新技术。典型遗址除大汶口墓地外，还有胶县三里河、邹县野店、邳县大墩子和临沂市大范庄等。石料多选自辉绿岩、矽质灰岩。钺身上部皆穿孔，器形扁薄宽大，有长舌形、长梯形、扇形和宽扁形诸种。刃部以弧形为多，宽直刃者亦占相当比例。在晚期阶段还出现形制相同的精美玉钺，表明选材加工技术更为进步。石钺形态与石铲、石斧比较接近，显然是从后两者发展而来，并逐渐为氏族、部落贵族和军事首领所专有，成为权杖一类具有礼仪

功能的重器。它同长江下游地区良渚文化石钺、玉钺在性质和用途方面基本一致。（李宗山）

Dawenkou wenhua shichui

大汶口文化石锤

新石器时代晚期大汶口文化的石制研磨敲砸工具。1959年以后陆续发现于该文化的重要墓葬和遗址中。

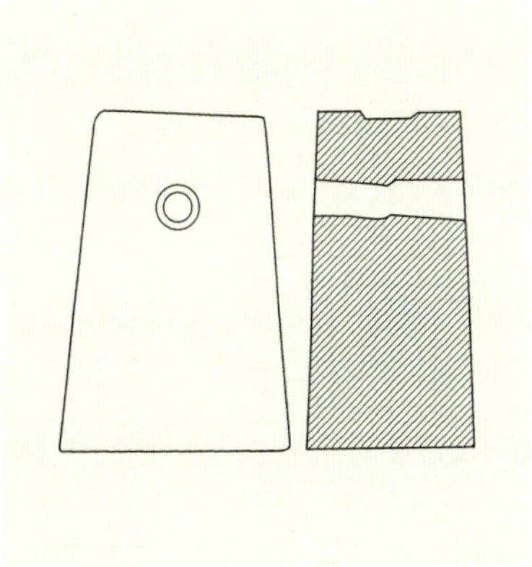

山东胶县三里河遗址2110号墓石锤

数量不多，特点突出，尤以山东泰安市大汶口99号墓和胶县三里河2110号墓出土的2件最具代表性。大汶口99号墓石锤用白色灰岩制成，通高9厘米，形如称砣，平肩，肩以上正面近方形，中间靠根部对穿一孔，长方形平顶；肩以下呈扁圆形，弧形锤面，通体磨光，加工精致。其装柄方式当是把木杆挖出榫槽，嵌入锤顶，然后在榫槽两侧对称穿孔，并用绳通过锤顶的孔部捆缚在木杆上，结构比较先进。三里河2110号墓石锤系砂岩制成，正面呈梯形，侧面呈长方形，上部对钻一圆形长孔，顶部有一条凹槽，六面均光滑平整，棱角分明。高8.1厘米、顶宽4.4厘米、底宽5.7厘米。其装柄方式与前者略有不同，即将木杆直接嵌入锤顶的槽内，再以绳通过锤上部的长孔把木杆牢牢捆扎在锤顶上。

类似的石锤在其他遗址中也有发现，但多比较粗糙。学术界对于这类石锤的详细用途还有不同的看法，有的学者认为其中一些应为制陶工具，用于拍打陶坯内壁；还有的学者认为少数石锤可能是一种法器或权衡等。

（李宗山）

Dawenkou wenhua shifanglun

大汶口文化石纺轮

新石器时代晚期大汶口文化的石制纺织工具。1959年以后随着对大汶口文化遗址与墓葬的发掘陆续出土。出现时间较陶纺轮略晚。在北辛文化阶段尚未发现，在大汶口文化中十分流行。

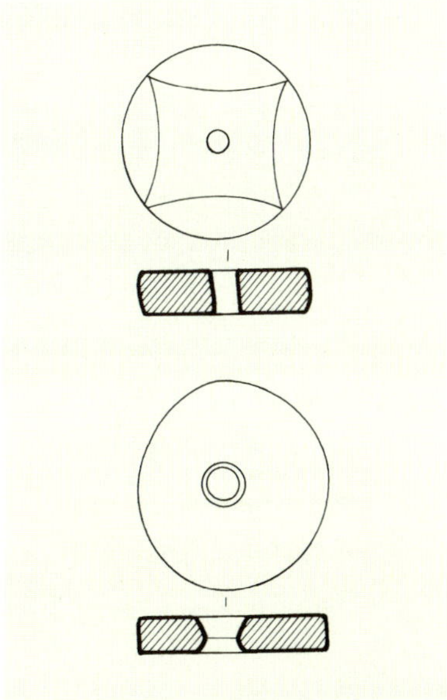

邹县野店遗址石纺轮

一般采用云母片岩、片麻岩或大理岩等磨制而成。均呈圆饼状，中央穿一小孔，用以穿轴捻线，横断面多呈扁长方形、圆锥形或椭圆形，有些在轮面上还刻有纹饰。大小相差不大，风格比较接近。几乎每个遗址中都有发现，特别是在山东泰安市大汶口、邹县野店，江苏邳县大墩子等遗址出土数量较多。一方面反映当时纺织手工业已有很大发展，纺织工具已进入新的发展阶段，另一方面亦说明钻孔技术十分普及。

石纺轮除在大汶口文化中比较流行外，还常见于大溪文化等同时代其他考古学文化中，并一直延续到夏、商以后，在中国纺织工具史上占有重要地位。

（李宗山）

Longshan wenhua shiqi

龙山文化石器

新石器时代晚期黄河下游地区龙山文化的石制品。龙山文化又称典型龙山文化，主要分布于以泰沂山系为中心的山东半岛及邻近地区，是发现最早、研究最为全面的中国新石器时代文化之一。该文化石器在大汶口文化基础上发展而来。

磨制与钻孔技术更加成熟和普遍。不仅用于斧、钺、铲等，而且更多地用于刀、镰。选材和加工制作更加科学化、系统化。石器在生产中的分工越来越细，种类更加齐全，功能进一步完善。用石器随葬

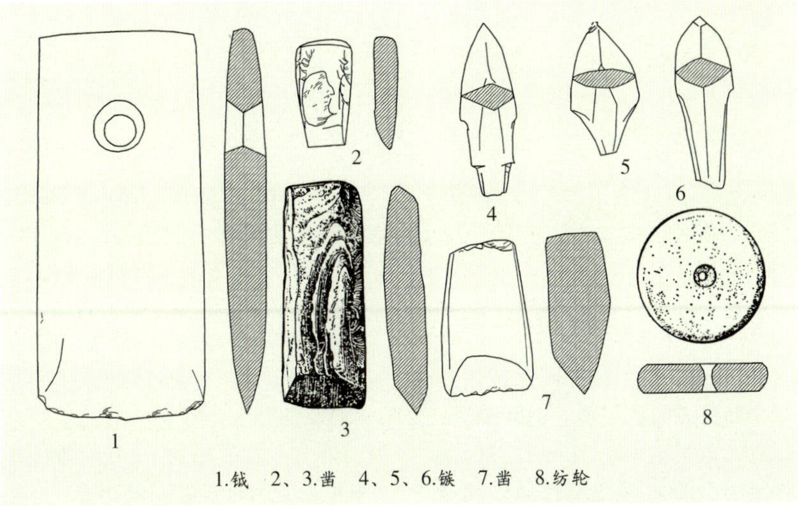

山东胶县三里河遗址龙山文化石器

的现象明显减少。

钺、镞、矛等杀伤性武器不断增多。多孔玉钺、石钺和有銎长石矛都已出现。尤其是石镞，不仅数量多，形式变化复杂，制作精致，而且在大墓中往往集中出土，成束摆放，这在龙山时代的其他考古学文化中也是不多见的。石刀，特别是半月形双孔石刀（又称爪镰）普遍出现，反映出农业经济已获得进一步发展。磨制精细、造型轻巧的小石锛的出现，展现了木器加工、雕凿工艺已进入了一个新阶段。

龙山文化后期，石器加工工艺的发展出现了新变化。玉器加工业更为发达，作为生产工具的石器很难再有新的突破，只是在生活用具和石制艺术品等方面略有发展。以石制生产工具为标志的石器工业在此时已发展到最高阶段。

（李宗山）

Longshan wenhua banyuexing shidao
龙山文化半月形石刀

新石器时代晚期龙山文化的石制切割工具。在多数遗址中很常见，是石制生产工具中最富有特色的一种。

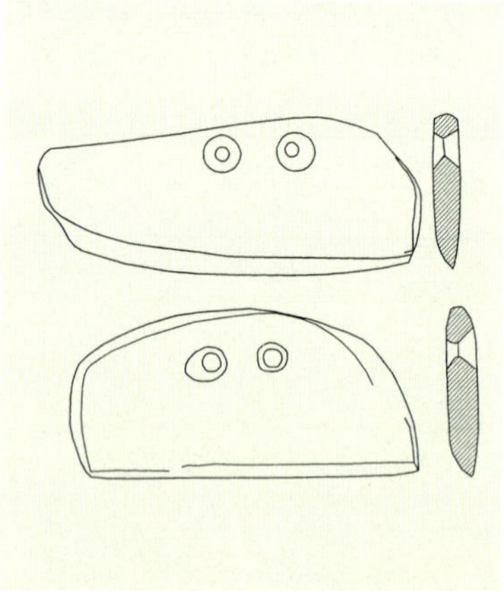

山东胶县三里河遗址龙山文化半月形石刀

形体不大，石料多选自流纹岩、页岩或闪长岩等。通体磨光，一面或双面直刃，许多刀刃因长期使用而略向内凹。背部弓起呈半月形，中部偏上钻有双孔。使用时手握刀背，以绳穿孔相勒，极似现代中国北方地区传统的收割工具——爪镰。

半月形石刀是长方形双孔石刀的进一步发展，在大汶口文化时期很少见，龙山文化时期才逐渐流行起来。初期背部的弧度很小，两侧有直边。以后逐渐向半月形发展，至龙山文化晚期，其数量可与长方形双孔石刀比肩。尤其是在山东龙山文化之后的岳石文化阶段，半月形双孔石刀更占有绝对优势。

半月形双孔石刀在豫东一带的中原龙山文化中亦较常见（见中原龙山文化石器），其他地区出现的时间一般要晚一些，有些地方这种工具甚至沿用到商、西周时期。如辽宁宽甸县战国时期的一处燕国窖藏中还出土有形制完全相同的半月形双孔铁刀，反映出二者之间的承继关系。

（李宗山）

Longshan wenhua xiaoshiben
龙山文化小石锛

新石器时代晚期龙山文化流行的一种典型的石制加工工具。在该文化的很多遗址中都有发现，数量相当可观。

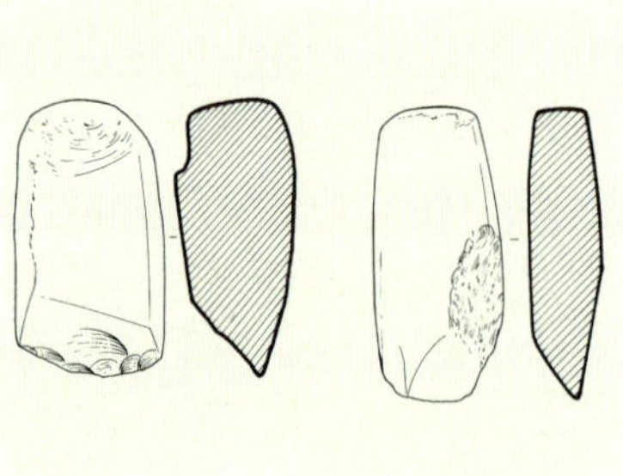

龙山文化小石锛

石料硬度较高，多为石英岩、砂岩或燧石等，通体磨光，制作小巧。平面呈长方形、方形或梯形等，横断面多为扁梯形，分平刃与弧刃两种。一般长3厘米～6厘米，厚约1厘米～2厘米。使用时应装有曲尺形木柄，为复合工具。

小石锛在大汶口文化时期比较多见，龙山时代进一步发展，分布范围遍及长江、黄河流域和沿海地区，并一直延续到商、西周时期。

（李宗山）

〖龙山文化其他石器〗

Yinjiacheng yizhi shuangkong shilian
尹家城遗址双孔石镰

新石器时代晚期龙山文化重要的石制切割工具。1979年～1986年由山东大学历史系考古专业在泗水县尹家城龙山文化遗址中发掘出土。现藏于济宁市博物馆。

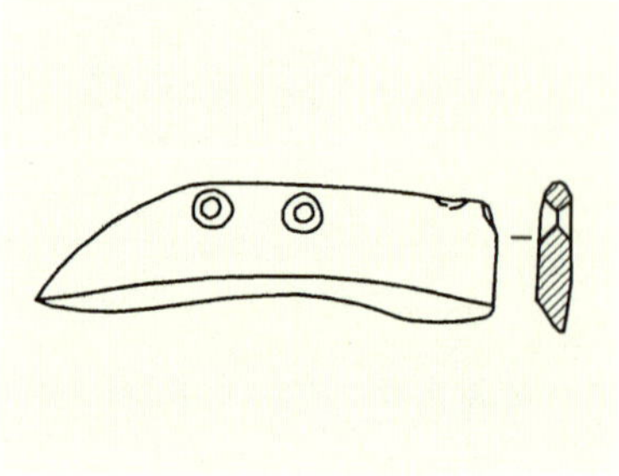

尹家城遗址双孔石镰

双孔石镰用蛇纹岩磨制而成。标本H73:6，长12.8厘米、宽3.4厘米、厚0.7厘米，通体漆黑光亮，单面刃，刃部内凹，有磨蚀痕迹。背部有对钻的双孔，孔上缘至背顶有磨蚀的沟槽。无论整体造型或刃部加工方式均与当代铁镰无异。从背部双孔部位和磨蚀痕迹来看，当时似未装柄，用法应与爪镰相同，兼作镰与双孔石刀用。这类石镰在龙山文化的许多遗址中都有发现，一般不见钻孔，主要用于收割稼禾。它与爪镰的基本区别在于是否装柄使用。

（李宗山）

Zouxian Nanguan yizhi shiju
邹县南关遗址石锯

新石器时代晚期龙山文化的石制工具。1973年出土于山东邹县南关约2公里处的沙层中。现藏于济宁

市博物馆。

长26厘米、中宽8厘米、背厚1厘米。通体呈扁扇状，磨制精细。锯齿两面对磨而成，其中一面的几个锯齿尚未磨完，只界出齿距；近两端处各钻一孔，背部磨有插肩，可能石锯原嵌在木槽内，用绳子通过两端的孔捆在木棍上，使用时拉动木棍两头。此锯为已知最完好的磨制石锯之一。同类工具还见于陕西凤县郭家湾等遗址。锯的发明是木作工具史上的一次革命。

（李宗山）

Changjiang liuyu Xinshiqi Shidai shiqi

长江流域新石器时代石器

新石器时代分布于长江流域的诸考古学文化的石制品。长江为中国第一大河，整个流域横跨10余个省、市、自治区。在这辽阔的区域内，以磨制石器和稻类栽培为代表的原始农业得到了逐步发展，成为中国早期文明的又一个摇篮。

长江上游地区石器 目前该地区考古工作较少，典型的新石器时代遗址发掘不多。藏东地区以昌都县卡若遗址为代表，川西地区仅作一些初步调查。可分为3大类：①基本属于细石器遗存。主要器形有锥形石核、柱状石核、小石叶、小石片和圆头刮削器等，石料多取自燧石、石英和碧玉类，与黄河上游地区的细石器文化遗存关系比较密切，并有一定数量的石刃复合工具。在这类遗存中一般不见陶器。②体形较大的打制石器数量较多，打制方法较为进步，主要有砍砸器、盘状器和刮削器等。③磨制石器出现时间偏晚，有斧、锛、凿、刀、镞等，尤以穿孔石刀和磨制梳形石器更具特点。因这一地区环境复杂多变，原始农业起步晚，狩猎畜牧经济一直占有重要地位。

长江中游地区石器 这一地区以江汉平原为中心，由山地过渡为平原。早期阶段的文化遗存在湖南道县玉蟾岩有所发现，石器以打制为主，种类简单，包括砍砸器、刮削器等。

新石器时代中期阶段遗址在湖南澧县彭头山、石门县皂市和湖北宜都县城背溪、花庙堤等遗址均有所发现，石器以打制为主，多利用河卵石或天然砾石打成石片，有的把石片稍作加工即行使用，有的则把砾石进一步加工成斧、锛、砍砸器和石球等。常保留部分自然石面，劈裂面不加琢磨，有的仅将刃部稍加磨光。部分地区还发现用燧石打制的细石器，但缺乏典型的石核和石叶。磨制石器少，形体较小，仅限于斧、锛、凿等少数几种。

新石器时代晚期阶段以大溪文化为代表，年代距今6500年～5000年。本身又可以分为几个地方类型：以四川巫山县大溪遗址为代表的三峡地区石器与以湖北宜都县红花套和枝江市关庙山遗址为代表的鄂西地区石器特点比较接近，不仅种类和数量众多，而且工具形制规范，制作精细，已形成系列化，大、中、小型石器一应俱全，尤以斧、锛、凿、刀、铲、锄和纺轮等最为常见。前6种工具以大、中型最多，代表器类有巨型石斧、圭形石凿和打制双肩石锄等。界于这两地区之间的宜昌市中堡岛大溪文化遗址，其石器除具有种类、数量多的特点外，还突出表现为打制石器占大宗、砍伐工具多的特点。打制石器已趋于定型，虽多用石片制作，但石片大小比较适宜，多在劈裂面加工成型，制作技术已相当进步。洞庭湖区的大溪文化石器数量少，种类简单，早期仅见斧、锛等种类，晚期增加少量铲、凿、刀等，形态比较固定，加工精细，并有少量的有肩有段石器。

湖北宜都红花套遗址大溪文化石锤

新石器时代晚期阶段还有屈家岭文化和石家河文化，相当于仰韶文化晚期及龙山时代。石家河文化是在屈家岭文化的基础上发展起来的，石器特点表现出较大的共性。切割、穿孔与抛光技术已十分发达，各地出现一定数量的小型锛、斧、凿等加工工具，形态小巧。穿孔的石斧、石铲、石刀和磨光的石镰、石镞等已比较多见，尤以平顶直边或亚腰宽弧刃穿孔石铲最典型（见屈家岭文化穿孔石铲），湖南安乡县划城岗遗址还出土有屈家岭文化早期阶段的精美朱绘石钺（见划城岗遗址朱绘石钺），说明石器的用途已有新变化。此外，湖北郧县青龙泉、大寺等遗址出土的大量打制双肩石锄，为这一阶段常用的农具。总的来说，石器种类有所增加，但数量不如大溪文化突出，与黄河流域新

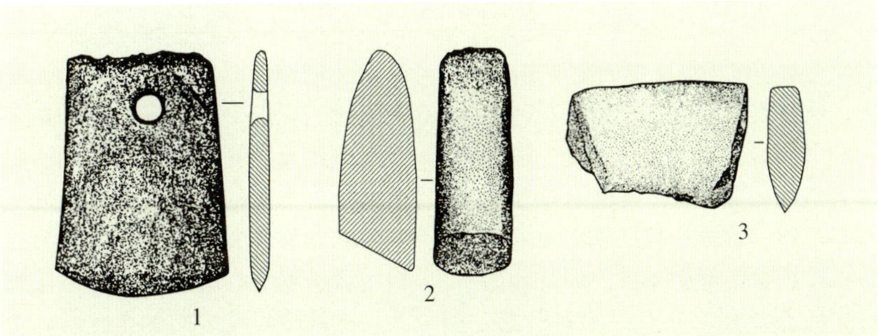

1.铲　2.凿　3.镰

湖北京山屈家岭遗址石器

石器时代石器相比有较大的区别。

另外，在接近长江下游的鄱阳湖地区还存在着具有地方特点的两种新石器时代文化：①新石器时代早期阶段的仙人洞文化，以江西万年县仙人洞遗址为代表。仙人洞遗址下层石器特点比较原始，打制石器占绝对多数，一般仅打出刃部便使用，很少第二步加工修整，有的还保留砾石面。常见砍砸器、刮削器、盘状器等；磨制石器少，制作粗糙，有的系用砾石自然形状稍作加工，器类仅有石凿、锥形器、两端尖的梭形器、扁圆形穿孔石器等几种。形体多不规整。仙人洞遗址上层石器与下层差别不大，仅新出现磨光扁平石锛等个别器形，石器制作技术有所进步，已属新石器时代晚期。②新石器时代晚期文化，以江西修水县山背遗址群为代表，石器一般磨制都很精细，主要包括各种形式的有段石锛、石斧、石刀、石镞以及穿孔石铲、斜刃石凿、四边带缺口的网坠等。数量较多且富有特色的是大型厚重长条有段石锛，段脊高突，一般下段比上段长约一倍以上，与分段居中的长方形有段石锛不同。有些长方形细小有段石锛，长仅3厘米～4厘米，十分精巧。石斧中除较多的长条形或扁平长方形石斧外，个别的两面有段石斧和长柄斜双肩石斧亦比较特殊。石刀以弓背半月形为主，其他还有梳形、梯形、长方形等，普遍穿1孔～4孔。石器特点与湖南大溪文化有一定联系。

长江下游地区石器 以宁(南京)镇（镇江）平原和太湖流域为中心，新石器时代文化自成系列。新石器时代中晚期以河姆渡文化为代表，主要分布于杭州湾南岸的宁（宁波）绍（绍兴）平原，年代距今7300年～5300年。河姆渡文化石器一般磨制不精，种类少，早期尚未见穿孔石器，斧、锛等均较厚硕；晚期不仅石器增多，磨制光滑，而且还出现穿孔石斧和双孔石刀等新器类。其他还有扁平长条石锛、凿与石纺轮等，尤以梯形不对称刃石斧和厚重的拱背石锛最具特色。许多石器出土时还与木柄连在一起，为研究当时石器的安装使用技术提供了宝贵资料。

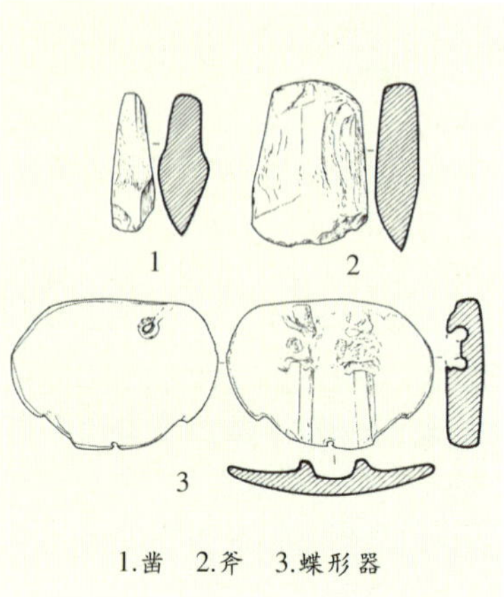

河姆渡遗址石器

新石器时代晚期的文化类型较多。分布于安徽南部的薛家岗文化，石器特点十分突出，尤以磨制精细的大型多孔石器最具代表性（见薛家岗文化石器）。其中刀、铲之上的彩绘图案也见于江汉流域的大溪文化晚期及屈家岭文化的同类器形上，它们的社会意义及时代特点已引起学术界的广泛关注。分布于宁镇地区的北阴阳营文化，与薛家岗文化有较多联系。石器大都磨制精美，多见舌形穿孔石斧和环状大石斧（见北阴阳营文化环状石斧）；其他如穿孔石锄、七孔石刀、长条拱背或起脊石锛等，也各具特色。玉石、玛瑙等制作的精美装饰品常见。太湖流域在新石器时代中晚期分布着马家浜文化，晚期为崧泽文化。年代距今7400年～5900年的马家浜文化石器磨制技术已比较发达，器类以锛最多，体型比较厚重。另外，舌形穿孔石斧也很有代表性，一般两面钻孔，形状呈上窄下宽、弧刃、断面为椭圆形，磨制技术较高，是该文化石斧的主要形式。它和扁平穿孔石锄及穿孔石铲等，与北阴阳营文化有一定的联系，在其晚期直接过渡为崧泽文化。崧泽文化石器较前者有明显改进，一般均通体磨光，少数器形已采用抛光技术。主要器形有宽面弧刃穿孔石铲（钺）、长方形穿孔石斧、扁体石锛、长条形石锛、石凿和石镞等。不少精美石器均出土于墓中，似已作为财富的象征。

崧泽遗址13号墓石斧

新石器时代晚期还有良渚文化，其石器制作工艺已达到鼎盛阶段。尤其是建立在石器加工工艺基础上的玉器加工业十分繁荣，大量玉石礼器、武器和装饰品的出现，表明石器制作已达到最高水平。作为权势、地位象征的宗教礼仪用器已成为不可缺少的内容。作为生产工具的石器，无论就种类、形制或加工方式，都已进入到一个崭新的阶段（见良渚文化石器）。

参考书目

何介钧：《湖南新石器时代文化的分区研究》，《考古学文化论集》（一），文物出版社，1987。

文物编辑委员会编：《文物考古工作十年》（1979～1989），文物出版社，1990。

（李宗山）

Daxi wenhua shiqi

大溪文化石器

（见长江流域新石器时代石器）

Daxi wenhua juxing shifu

大溪文化巨型石斧

新石器时代晚期大溪文化大型石制砍斫器。自1959年开始发掘四川巫山县（今属重庆）大溪遗址以来不断出土。常见于早期遗址或墓葬中，晚期阶段已很少见。是该文化石制工具的代表之一。

湖北松滋桂花树遗址大溪文化石斧

多呈长方形或长梯形，石质坚硬，长度一般不小于20厘米，如湖北宜都县红花套遗址出土的一件扁平石斧长达43.1厘米，大溪遗址墓葬出土的一件厚重长条石斧亦长达38厘米，宽度多在10厘米以上。顶部与刃部多呈弧形，也有少量平顶平刃者；顶部一般较薄，刃部更是尖锐锋利。纵剖面很像长梭形，器体厚重。一般多经磨制，但通体精细磨光、棱角分明的很少，有些仅磨一面或打琢兼施。

（李宗山）

Daxi wenhua guixing shizao

大溪文化圭形石凿

湖北宜都红花套遗址大溪文化圭形石凿

新石器时代晚期大溪文化的典型石制生产工具。有的称之为雕刻器。主要见于以重庆巫山县大溪遗址为代表的三峡及鄂西地区。以正面呈石圭形的最具特点，并且很常见，一直延续到屈家岭文化。

多通体磨光，平顶，凿身作长条形，由两侧磨成三角形直刃，侧面近长方形，一般长约10厘米，宽约3厘米，石质比较坚硬。是大溪文化石器中加工最为精致的一种。

（李宗山）

Daxi wenhua shichu

大溪文化石锄

新石器时代晚期大溪文化的重要石制农作用具。或称之为手斧。主要出自遗址中，大溪文化早期、晚期均很常见，是大溪文化富有特色的石制工具。

多选用硬度较高的石料，加工方式比较简单。一般打制成形后略加修整便使用，少数经过琢制和粗磨。顶部窄长或呈双斜肩状，便于手握与装柄；刃部较宽，多呈弧形。器体扁而宽大，长度多在20厘米左右，器形不甚规整，均有使用痕迹，刃部常有崩残现象。至大溪文化晚期，这种石锄的肩部更加突出，为屈家岭文化有肩石锄的祖型。

（李宗山）

大溪文化石锄

Qujialing wenhua shiqi

屈家岭文化石器

（见长江流域新石器时代石器）

Qujialing wenhua chuankong shichan

屈家岭文化穿孔石铲

新石器时代晚期屈家岭文化的石制掘土工具。大溪文化晚期出现，从屈家岭文化早期始更为流行。主要分布于两湖平原，是该文化主要的农业生产工具之一。

一般通体磨光，有1～2个穿孔。依形态可分3种：第一种作横长方形，平顶，弧刃，形态似刀但更宽大。主要分布于洞庭湖区，不仅数量较多，而且很有特点。尤以湖南华容县车轱山三期墓葬出土的一件最典型，宽平顶，直边，双面弧刃，近顶部钻双孔，通体磨光，器形规整。第二种形态更接近石钺。数量少，主要出自大、中型墓葬。平顶或略凸出，亚腰，双面宽弧刃，中心部位偏上穿1～2个大孔，个别施以朱绘。通体扁薄修长，磨制精美，多无使用痕迹。应属特殊用器。第三种形态近似纵长方形或梯形，比较多见，分布地区较广。多为平顶、直边、弧刃，刃部稍宽，均穿孔。通体扁薄宽大，制作较为精细。石铲在屈家岭文化早期阶段常用来随葬，有些器形并不实用；中晚期以后石铲数量增多，除洞庭湖区仍常用石铲随葬外，江汉地区多为实用器，出土时残损现象较为常见。

（李宗山）

Huachenggang yizhi zhuhui shiyue

划城岗遗址朱绘石钺

新石器时代晚期屈家岭文化的彩绘石制礼器。1980年由湖北省博物馆在安乡县划城岗遗址63号墓中发掘出土。现藏于湖南省博物馆。

出土时位于墓室中部。长15.6厘米、刃宽11厘米。器身扁平，呈亚腰斧钺形，平顶，宽弧刃外张，近中心部位穿一大圆孔，孔壁中间下凹，孔以上朱绘双斜线和卷云纹。

原报告称之为钺，但从其形态和精美程度看，应为钺，是具有权威性质的礼仪用器。

63号墓是屈家岭文化早期墓葬中随葬品最多的一座，总数达77件。与这件石钺伴出的还有成套的鼎、簋等陶礼器，不少陶器朱绘各种花纹，说明墓主人的身份非同一般，当为氏族显贵。（李宗山）

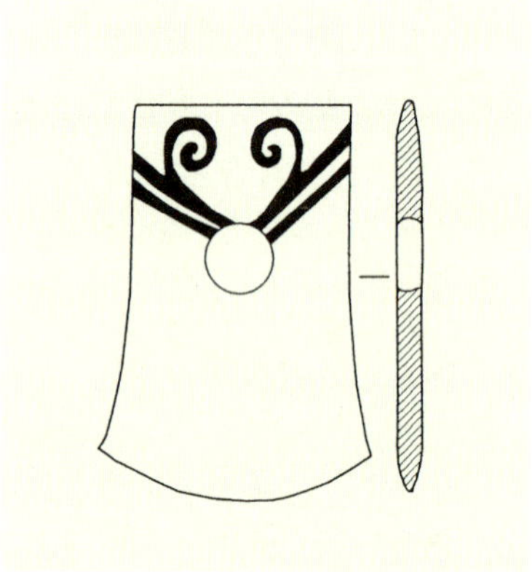

划城岗遗址朱绘石钺

Shanbei wenhua shiqi
山背文化石器

新石器时代晚期山背文化的石制品。该文化主要分布于江西修水与鄱阳湖地区，以江西修水县山背遗址为代表，1961年发现并试掘。所出石器磨制精细，种类包括斧、锛、刀、镞、铲、凿、矛、网坠和石球等。

石器中以锛数量最多，分有段、常型两种，以前者为主，尤以大型厚重长条有段石锛最有特色。段脊高耸，一般下段比上段长约一倍以上，不同于分段稍偏中部的扁长形有段石锛。有些长方体小型有段石锛，长仅3厘米～4厘米，制作十分精巧，用途当与大型石锛有所不同。石斧除以长方形厚体或扁平体比较多见以外，还有个别两面有段石斧和长柄斜双肩石斧，为其他文化所不见。石刀以弓背半月形为主，也有作梳形、梯形和长方形等形状者，普遍穿孔，有单孔、双孔及四孔之别。有些石刀制作十分精致，没有使用痕迹，显然不是一般的实用器。镞多为长菱形，分有铤与无铤两种，数量仅次于石锛。石铲均穿孔，扁薄宽大。石凿多斜刃，横剖面呈椭圆形或方形，比较厚重。网坠以四边带缺口者最多。另外还有一种形似良渚文化的“耘田器”，比较特殊。总的来看，在山背文化石器中，农业生产工具占绝对多数，石器种类多，分工细，制作工艺成熟，已处于比较发达的原始农业阶段。

（李宗山）

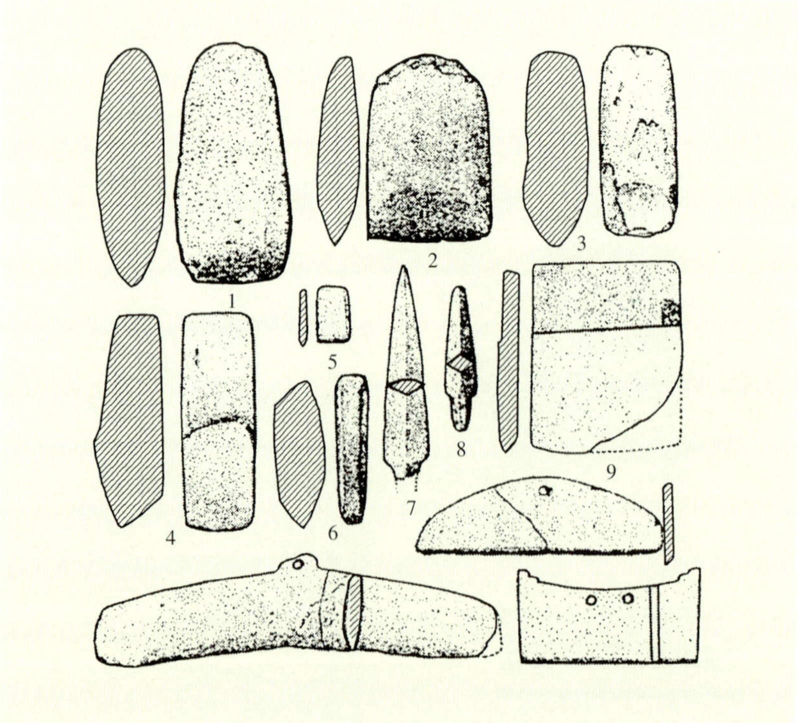

1.石斧 2.石斧 3.石斧 4.有段石锛 5.石凿 6.石凿 7.石镞 8.石镞 9.有段石铲 10.石刀 11.镰形器 12.石刀

山背文化石器

Hemudu wenhua shiqi
河姆渡文化石器

（见长江流域新石器时代石器）

Majiabang wenhua shiqi
马家浜文化石器

（见长江流域新石器时代石器）

Xuejiagang wenhua shiqi
薛家岗文化石器

新石器时代晚期薛家岗文化的石制品。该文化以安徽潜山县薛家岗遗址第二期、第三期遗存为代表。主要分布于大别山以东、巢湖以西的江淮地区。年代距今6000年～5300年。1979年～1980年由安徽省文物工作队等单位对薛家岗遗址进行了重点发掘，发现石器近200件。

早期石器全部磨制而成，种类有石铲、锛、凿、环及石饰等，数量不多。石铲较厚重，弧刃，中心偏上部位对钻一孔；石锛、石凿磨制精细，小巧玲珑。

晚期石器数量大增，种类有扁平长方形石铲，弧刃石钺，有段石锛，大型石凿和多孔石刀等。其中以9孔～13孔的大型石刀最富特色。部分刀、铲的穿孔周围绘有花果形图案。磨制精细，棱角规整，刃部锋利。选材、制作相当严格。如刀、铲、锛等主要为泥质页岩，而斧、钺、镞的质料多为花岗片岩或紫砂岩。有些刀、铲类石器，尤其是上绘花果形花纹的刀、铲，可能已不再是实用的生产工具，而是具有仪礼功能的用具。这对研究中国的礼

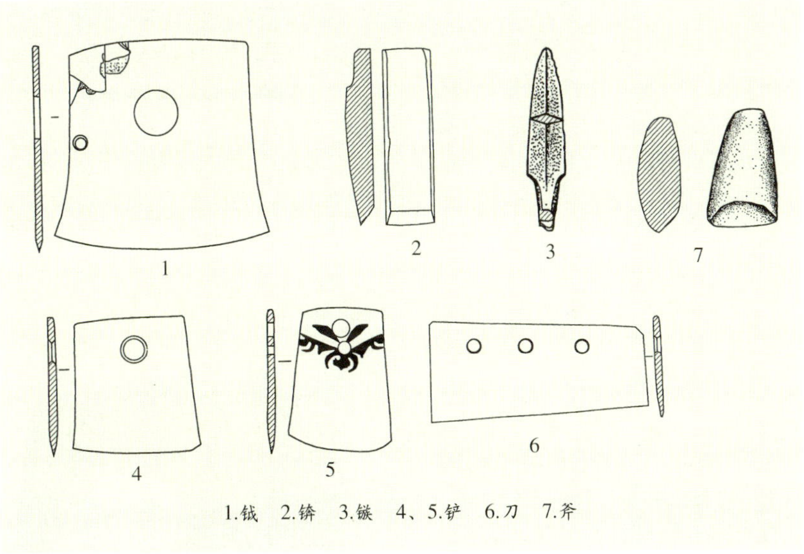

潜山薛家岗遗址石器

制和薛家岗文化的社会性质具有重要价值。

（李宗山）

Xuejiagang yizhi duokong shidao

薛家岗遗址多孔石刀

薛家岗遗址13孔石刀

新石器时代晚期薛家岗文化的石制切割工具。年代距今6000年～5300年。1979年～1980年由安徽省文物工作队等单位在潜山县薛家岗遗址第3期文化墓葬中发掘出土。现藏于安徽省文物考古研究所。

共36件，用泥质页岩磨制而成，工艺极为精致。器体扁薄，呈长条形，长约13.4厘米～50.9厘米、宽约6.5厘米～12厘米、厚0.4厘米～0.8厘米；多一端窄，一端宽，近背部穿孔，有单面钻孔和对钻两种，孔为奇数（1孔～13孔不等）；刃部磨制锋利。有的钻两排孔，可能是第一排破损后又补钻了一排。有的在孔下绘有红色花果形图案，如编号为M58:3的石刀，长43.2厘米、宽9厘米～12厘米。近背部钻成一排9孔，每孔下均绘红色花果形图案，十分精美。

这些多孔石刀均为随葬品，且穿孔均为奇数，尤其是绘有红色图案者，应与宗教礼仪有关。类似的多孔石刀在长江中游地区大溪文化晚期的湖北黄冈市螺蛳山遗址中已有出土，新石器时代晚期长江下游地区的北阴阳营文化墓葬中也较常见（见北阴阳营文化石器）。

一般认为，这些多孔石刀是切割用的生活和生产工具，刀背上嵌装木柄，便于手握；也有的学者根据民族学资料，认为是一种古老的用于织布机上的打纬工具——机刀。

（李宗山）

Beiyinyangying wenhua shiqi

北阴阳营文化石器

新石器时代北阴阳营文化的石制品。该文化因江苏南京市北阴阳营遗址的发掘而得名，主要分布于江苏宁镇地区，年代距今6000年～5000年。1955年～1958年由南京博物院对北阴阳营遗址进行了4次发掘，在下层墓葬中清理出大量磨制精致的石器和玉石装饰品。现主要藏于南京博物院。

制作工艺比较发达，种类主要有斧、铲、锛、凿、刀、镰、锄、矛、镞、球、环形器和纺轮等，石质多为凝灰岩、辉长岩、角页岩，钻孔技术分一面钻和对钻两种。石刀分两类，一类为半月形穿孔石刀，弧背平刃或平背弧刃；另一类为长方形多孔石刀，在背部穿2孔～7孔，与薛家岗遗址多孔石刀颇为类似。石斧与石铲发现很多，仅北阴阳营墓地就发现石斧134件，一般刃部与两侧边缘弧曲相连，形似舌状，分无孔椭圆形、单孔或双孔梯形、杯形和有肩穿孔等4种类型。石锛除常见的梯形外，还有长条形、宽长方形一面呈弧背或出横脊的石锛。另外，在墓葬中还随葬有方孔石锄，中间方孔可安柄使用。环状石斧和七孔石刀等均出自墓葬，制作十分精致，可能是与某种宗教信仰有关的特殊用具。

（李宗山）

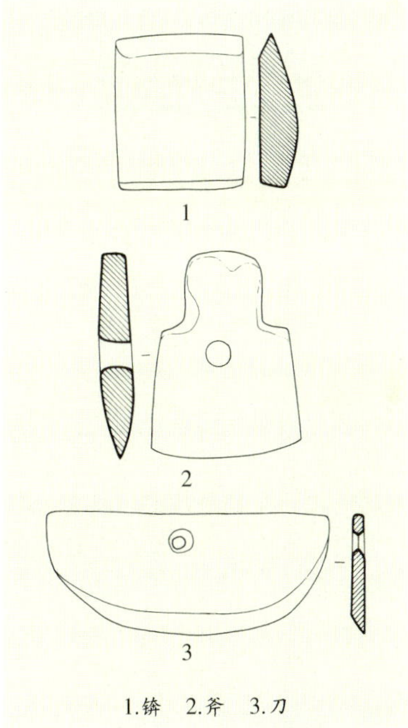

北阴阳营文化石器

Beiyinyangying wenhua huanzhuang shifu

北阴阳营文化环状石斧

新石器时代晚期北阴阳营文化的特殊石制工具。主要发现于墓葬中，数量很少。

磨制精细，一般单面钻孔，形体扁薄规整，其来源似与舌形石斧有关。如1955年～1958年江苏南京

市北阴阳营遗址下层墓葬中所出土的一件，直径23厘米，形似西周玉璧，惟顶部平切去一块，外缘有刃，纵剖面呈上宽下尖，中间为一大圆孔。在使用时从大孔内直接安柄，与锄的安柄方式相同。可能是作为伐木或耕种的工具，也可能有权杖之类的用途。（李宗山）

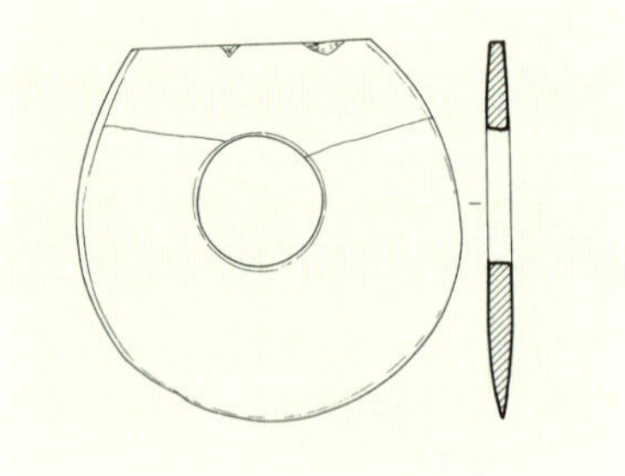

北阴阳营遗址环状石斧

Songze wenhua shiqi

崧泽文化石器

（见长江流域新石器时代石器）

Liangzhu wenhua shiqi

良渚文化石器

新石器时代晚期良渚文化的石制品。良渚文化是继崧泽文化之后在杭州湾、太湖流域兴起的考古学文化，因首次发现于浙江余杭县良渚镇而得名，年代距今5300年～4100年，以发达的玉、石工艺闻名于世。

与崧泽文化相比，石器制作工艺又有很大发展。磨制、钻孔、抛光技术应用更加广泛。除少量石器保留有打制痕迹外，均采用磨制技术，石斧、石锛等还加以抛光，钻孔技术除多用两面对钻外，还出现了管钻工艺。

石器种类较多。除继承崧泽文化的器形外，还出现了不少新器种。如农业工具类的有肩石铲、石镰、三角形石犁、耘田器；武器类的扁平柳叶形镞、断面呈菱形的短铤镞，以及扁平穿孔石钺；还有有段石锛、半月形石刀与斜柄石刀等。器形富有特点，分工明确。尤其是农业工具，分工细且制作精致实用，部分新器形的出现标志着农业生产较前一时期已有高度发展。

部分石器已具有礼仪性质，一些石器被专门用来随葬，且往往成套出土。如石钺，制作极为精致，有的还刻有兽面纹、鸟纹等，常与成套的玉璧、玉琮等出于大型墓中。用于随葬的石钺均器身扁薄，无使用痕迹，已经失去实用价值，而成为身份地位的重要标志（见良渚文化石钺）。

良渚文化先民对玉质石器的认识和利用已十分深入，石器选材精良。这不仅标志着石器制作技术已有重大突破，也反映出良渚文化时期社会的重大变革。

（李宗山）

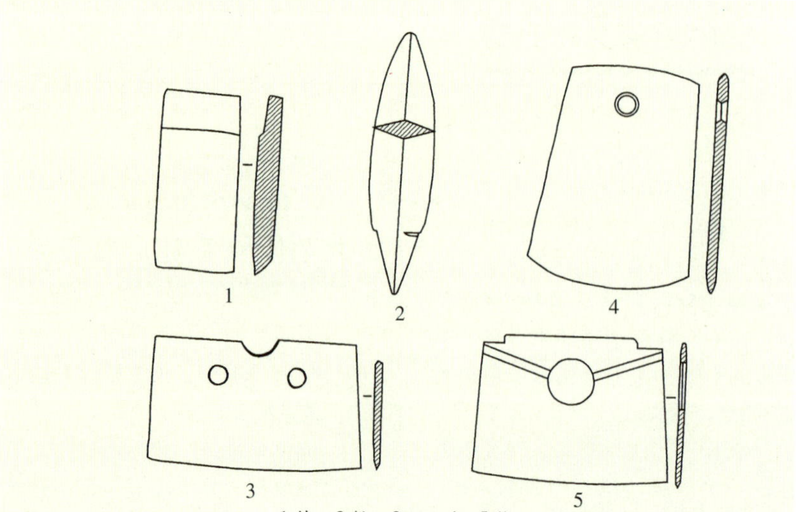

浙江余杭瑶山墓地77号墓良渚文化石器

Liangzhu wenhua shiyue

良渚文化石钺

新石器时代晚期良渚文化的典型石制品。为良渚文化发达的石器工艺的代表。20世纪30年代以来不断发现，在同时代诸考古学文化中别具特色。

良渚文化石钺

石钺主要出自大、中型墓葬中，形制规整，器形类似石铲；器体扁平，中间厚，边缘薄；顶端或平齐、或弧凸、或出肩；刃部大多为弧刃，较宽阔。一般通体精磨，上部都有一个双面管钻的大圆孔。除具有武器的功用外，有一部分已演变为专门显示权力地位的礼仪用器，是氏族、部落贵族、军事首领所持有的权杖或法器。

石钺制作精致，刃部多无使用痕迹，有的在肩、角处还刻有精细的兽面纹或鸟纹等。除具有琮、璧等礼器的神秘外，还有一种威严感。在浙江余杭县反山墓地和瑶山、汇观山祭坛等大墓中，随葬石器均仅石钺一种。汇观山4号大墓出土石钺多达48件，为目前良渚文化墓葬出土石钺之冠。其中有的为窄肩或顶部中间出一方形块状楔，以用于装柄。有些石钺出土时成堆叠放在一起，绝大多数无使用痕迹，反山14号、16号和20号墓所出石钺，多数在穿孔上方涂有放射状或车辐状的朱砂红彩，具有特殊的用意。结合反山、瑶山等装柄玉钺出土的位置分析，石钺在使用时装有长柄，特别是作为权杖或法器的石钺，往往在顶端嵌有冠饰，下端嵌有尾饰

（端饰），柄上有的还嵌有微小的玉粒。石钺用料精良（精品均为玉质），磨制精细，有的还刻满羽状纹、卷云纹，以及神人兽面纹和鸟纹等。从其在墓中放置的部位分析，石钺握持时柄与身体上下平行，尾端向下，石钺位于肩处，刃部向外，很像侧抱令牌状。有关石钺的功能问题已引起学术界的关注，它对于深入了解当时的社会性质具有重要意义。

（李宗山）

Liangzhu wenhua shiyuntianqi

良渚文化石耘田器

新石器时代晚期良渚文化的石制农业用具。因形状与现代中国南方地区使用的耘田用具相似而得名。在良渚文化遗址比较常见。

浙江吴兴钱山漾遗址良渚文化石耘田器

器形规整，呈“凸”字形，两翼上翘，刃部对称，中间略尖突，或呈弧形。除少数钝厚未开锋外，多数刃部锐利。在背部居中的凸起部位常穿有一圆孔，一般认为是供插木柄或竹柄使用的。突出部分用以系绳索，使柄插在孔内不致脱落。耘田器是良渚文化先民的特有发明，反映出该文化稻作农业的发达状况。也有的学者认为这种耘田器当属刀类，而非中耕除草松土工具。

耘田器在良渚文化之后还继续存在。浙江定海县出土有战国时期的“铜臿”，形制与耘田器十分接近，应是金属工具出现后的发展形态。

（李宗山）

Liangzhu wenhua youbing shidao

良渚文化有柄石刀

新石器时代晚期良渚文化的新型石制切割工具。又称“斜柄石刀”、“破土器”或“斜把破土器”。为良渚文化颇具特色的石制工具。

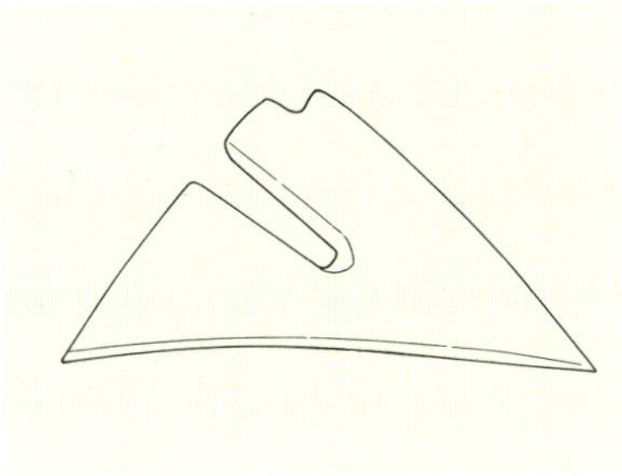

良渚文化有柄石刀

质料多为片状页岩或板岩。器身扁薄，略呈三角形，顶端有一个斜向的柄。柄下部略内收，便于缚柄或手握；前端较尖，底边多为单面刃。制作比较粗糙，通体布满打琢痕迹，仅有部分将刃部磨光，与良渚文化发达的石器制作工艺极不协调。有的学者认为这是安装木柄后用来在土地上划出沟槽的农业工具，称为“破土器”；有的学者结合陶寺龙山文化所出的“V”字形石厨刀而认为此类器与农具无关，其中形体较大者主要用于宰割和庖厨，形体较小者可用于切割与刮削。这类工具已发现不少，在以后的马桥文化中仍较为流行。

（李宗山）

Liangzhu wenhua sanjiaoxing shili

良渚文化三角形石犁

新石器时代晚期良渚文化的石制生产工具。亦称之为“三角形石刀”或“石犁铧”等。主要分布于太湖周围及杭州湾一带。是良渚文化比较常见的石器之一。

一般宽大扁平，磨制而成。按形态可分为两种：一种作等腰三角形，两侧边磨出刃部，中线前后穿1孔～5孔，后端常带若干缺口，长20厘米以上，最大的长达60余厘米；从个别石犁上的木柄残痕看，原来的木柄也应有孔，用绳对称穿入石犁的孔中，用法同臿或耜。称其为石犁仅据外形而言，用法与犁完全不同。另一种为不等边三角形，仅一边有刃，刃端尖锐，刃部上方有一斜向的长方形或三角形凹槽，与刃对应一角有一凹缺口。其缚柄方法一般认为是先把挖有榫槽的木杆插入石犁上端，再用绳通过凹槽与缺口将木杆缚住，用法与前者类似，均为农业松土工具。这种石犁在崧泽文化阶段已有个别发现，至马桥文化时期仍流行于这一地区。

（李宗山）

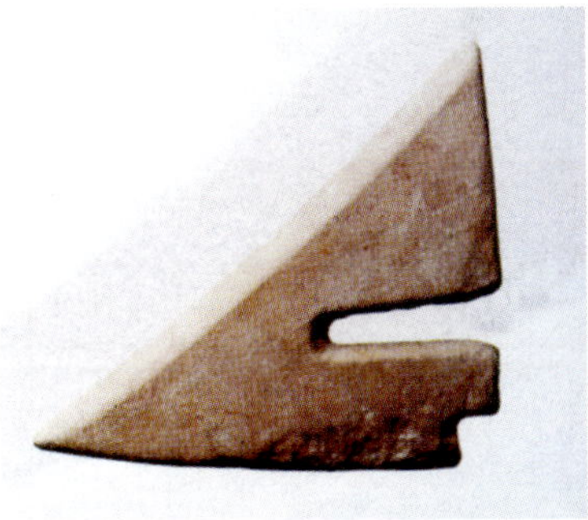

良渚文化三角形石犁

Hai'an Qingdun yizhi shiqi

海安青墩遗址石器

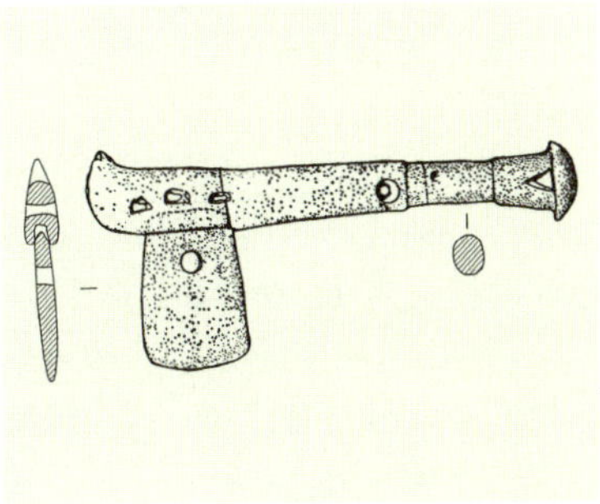

江苏海安青墩遗址有柄陶斧

新石器时代晚期良渚文化的石制品。该遗址位于江苏海安县城西北约28公里处，是长江南岸对长江北岸影响最为明显的一处典型遗址，石器主要出自墓葬中，基本特点是：种类不多，但非常集中；器形规整，特征鲜明，一般都磨制比较精细，穿孔技术比较发达，有段石器占有

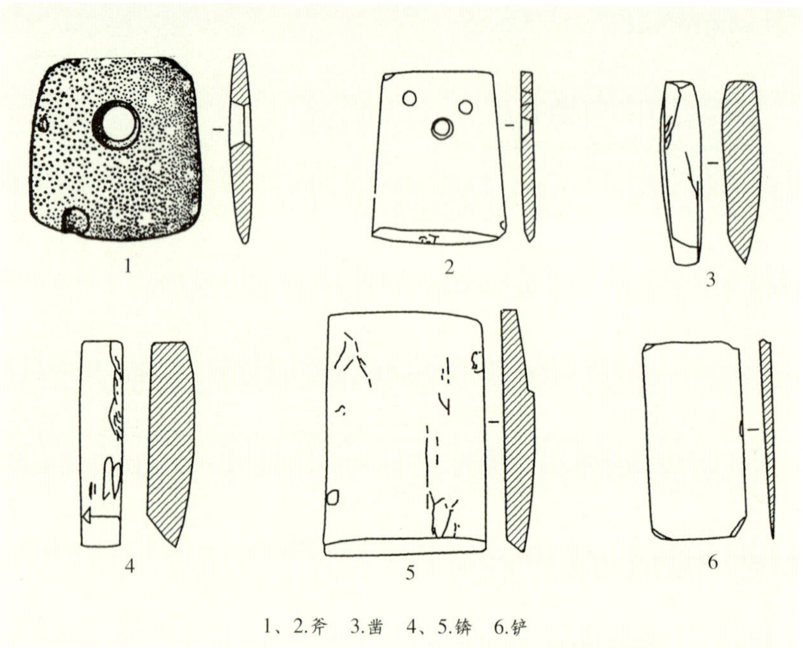

江苏海安青墩遗址良渚文化石器

一定比例。

石锛与穿孔石斧（钺）占绝对多数。前者分常型石锛和有段石锛两种。常型石锛占大宗，其中尤以长条方柱体锛最具特点，多作平背或略作弧形，器体厚重；长方形扁体石锛亦比较多，刃部较直，制作精致。有段石锛较宽扁，段脊靠上。穿孔石斧（钺）形式较多，器体扁薄宽大，平顶或弧顶，弧刃或直刃，均钻1孔～3孔。有一种宽弧刃大孔石斧，制作工艺尤为精湛，其功能与石钺类似。石凿、石铲数量很少，不典型。此外还有不少石制环、坠等装饰品。

值得一提的是，遗址中层还出土一件装柄石斧的陶制模型，分柄和穿孔斧两部分。柄为椭圆形棒状，前粗后细，前端翘起，有浅槽可嵌入穿孔斧；槽后有三孔，可穿绳缚住穿孔斧使其固定在槽内；柄后端作半月形，并有三角形穿孔。中部偏后有手握的圆柄，其前尚有一孔。这件陶模型是按实物仿制的，尽管形体较小，但从其制作精致这一点看，原物绝非一般用器，很可能是具有权威的礼仪用器。同时，它也为研究当时穿孔石斧的装柄方法提供了实物证据。

（李宗山）

huanan ji linjin Diqu Xinshiqi Shidai shiqi

华南及邻近地区新石器时代石器

以广东、广西两省为中心，包括邻近的福建沿海和云南、贵州部分地区，以及海南、台湾等地的珠江流域及其邻近地区新石器时代人类石制遗存。由于发现与研究起步较晚，在许多地区尚有缺环。其石器的发展在不同时期、不同地区又各有特点。

依据地理环境可分为如下3大类：

洞穴遗址石器 主要分布于岩溶地形发育较好的广西桂林和南岭地区，珠江上游的云贵高原区和南部沿海的石灰岩山地也有发现。新石器时代的洞穴遗址有广东阳春县独石仔、英德县青塘，广西桂林市甑皮岩、柳州市白莲洞，以及云南麻栗坡县小河洞、广南县铜木黎洞和海南三亚市落笔洞等。石器都是打制的砍砸器、刮削器、盘状器和石锤、石钻，少数遗址发现有打制的燧石小石器，其中又以石镞、长薄小石叶比较典型。磨制与钻孔石器很少，多将刃部稍稍磨光，器形仅有斧、锛等简单的几种。稍晚阶段出现较多的磨制石器和穿孔砾石器。除流行磨刃石器外，有的已通体磨制。器形有长身与短身斧、锛、杵、磨盘和磨棒等，还发现有磨制有肩石器。打制石器中出现腰形网坠等。另外，在广东南海县西樵山还发现了新石器时代的石器制造场，在7个当时人工开采石料所形成的洞穴中，出土有大量石器，自新石器早期至晚期从未间断，特别是这里发现的大量双肩石器和细石器，为研究该地区的石器制作传统与特点提供了重要依据（见西樵山遗址石器）。

贝丘遗址石器 主要分布于沿海与河流沿岸。多数以渔猎经济为主。分布比较集中的地点有广西南宁、柳州、桂平、钦州，广东潮安、肇庆、珠江三角洲以及福建闽江下游等。另外在海南与台湾等地也发现相当多的此类遗址。在早期贝丘遗址中，打制石器占多数。最有特点的是一种使用尖端采蚝的蚝蛎啄，数量相当多。其他还有打制的砍砸器、手斧状石器、三角形石器和亚腰形网坠等。多采用两面加工，器形比较规整，也见一些单向打击而成的粗大石器。磨制石器少，通体磨光的更少。器形仅见斧、锛、凿、磨盘和石杵等少数几种，多刃部磨光。斧、锛中已出现双肩器形。晚期贝丘遗址分布普遍，石器工具中大都经过粗细不同程度的磨制。南宁地区的斧、锛多为弧顶长条形或梯形，另有少量宽双肩石斧、矛、杵、磨棒、石钻和网坠等。闽江下游地区以石锛最流行，尤以一面平整，另一面呈人字形起脊，横剖面呈等腰三角形的梯形石锛最具特色（见昙石山遗址石锛）。珠江三角洲地区的斧、锛等多通体磨光，分大小两种。除长条形和梯形斧、锛外，还有长柄有肩锛、有肩有段锛以及石锤、石凿，柳叶形或三棱形石镞等。在海南等地发现不少同类石器，并出土有平肩长身石铲、大石铲和石磨盘等。台湾的同类遗址有较早的大坌坑文化遗存，稍晚的凤鼻头文化遗存和牛稠子文化遗存。前段石器种类少，磨制石器中出现通体磨光的斧、锛、镞等。后段石器种类增多，石斧分打制、磨制与有肩数种，磨制石器已普遍，除石斧外，还有刀、锛、锄、凿、矛、镞等。晚期贝丘遗址已不很单纯，农业生产工具和粮食加工用具增多，螺、蚌、贝类明显减少，说明当时农业经济已占有重要地位。

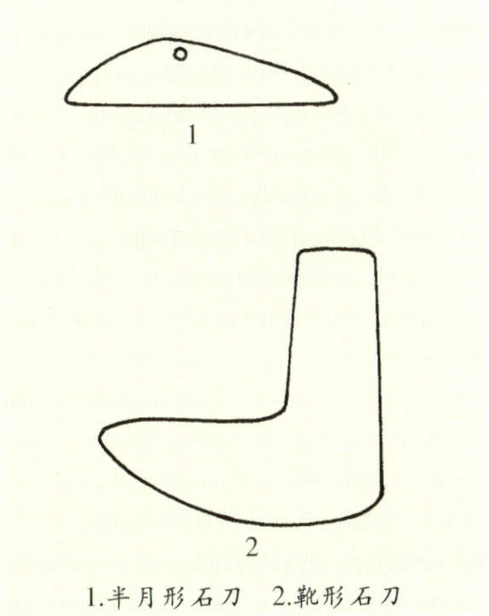

凤鼻头文化石器

台地遗址石器 主要分布于距水源较近的海滨高岗与河岸台地上。早期遗址少，中晚期以后逐渐增多。主要以农业经济为主，兼营渔猎。所出石器在广西桂南地区很有特色。以隆安、扶绥、邕宁等县的左、右江交汇地区最为集中，向东延伸至广东西部地区。最典型的就是一种双肩亚腰形石铲。不仅数量多，形制奇特，而且多集中出土，很少有使用痕迹（见*华南双肩亚腰形石铲*）。其他石器有斧、锛、锄、犁、凿、镞等。双肩石斧与贝丘遗址中所出相同。广东地区的同类遗存以石峡文化为代表。石器种类丰富，制作精致，磨光、钻孔技术十分发达，与北方同时代的发达农业文化有不少共性（见*石峡文化石器*）。另外，在台湾也发现有这类遗存，其时代偏晚，代表性遗址有台北市芝山岩、台中县牛骂头等。石器以磨制与打制的斧、锛、刀、镞和网坠比较多见，另有少量打制或磨制的锤、凿、杵、矛和砍砸器等。磨制石器已占多数。

以上3类遗址除在文化特征与空间分布上有所不同外，也与不同的经济类型和时代早晚有关。如洞穴遗址多属于新石器时代早期，沿袭了旧石器时代的居住传统，多分布于海拔较高的山岭地区，以采集、狩猎经济为主，石制工具带有明显的原始性。随着新石器时代中晚期农业经济的发展，洞穴遗址的居民渐渐走下山来，在河流、湖滨的二三级台地上建立新的居民点，发展种植经济，从而形成这一时期广泛分布的台地遗址。其石制生产工具发达，磨制石器已占相当比重。至于贝丘遗址则始终与渔猎经济相依托。海滨、沙岗、湖岸、河谷就成了人们天然的聚居地，以致创造出专门采蚝的工具——蚝蛎啄。因此，这三类遗址的石器特点，在一定程度上反映了不同时期经济文化的特色。

参考书目

文物编辑委员会编：《文物考古工作十年》（1979～1989），文物出版社，1990。
杨式铤：《广东新石器时代文化及相关问题的探讨》，《史前研究》1986年12期。
戴国华：《华南地区新石器时代早期文化的类型与分期》，《考古学报》1989年3期。

（李宗山）

Shixia wenhua shiqi

石峡文化石器

石峡文化石器

新石器时代晚期石峡文化的石制品。石峡文化因广东曲江县石峡遗址的发掘而得名，主要指其下层遗存。年代距今5000年～4000年。石器数量多，造型新颖，加工精致。

特点主要反映在两方面：①器形多样，制作精美。常见器形有镢、铲、锛、凿、镞、钺等，多通体磨光，并已采用切割、钻孔和抛光等技术，钻孔石器以两面对钻者居多。②随葬石制生产工具的比重很大，且不少工具富有地方特色。尤以石镢、大小型号的石锛、石凿等最具代表性。

石镢的形制与现代铁镐相似，长身，弓背，两端有刃，上窄下宽，非常适合当地红壤土层的掘土需要。石铲多呈长梯形或长方形，器体扁薄，两面平刃或弧刃，首端多齐平，均穿孔。石锛的数量占大宗，均为单面刃，又分长身锛、梯形锛、有段锛和有肩锛4种。以长身锛最多，器身背面隆起弧度较大，断面略呈梭形，弧刃，器体大而厚重；梯形锛与有段锛有长身和短身之分。器形规整，磨制精细；有肩锛数量少，均有明显双肩。石凿数量也不少，有长身方体和长身有段两种，刃部有单面平刃直口和单面卷刃凹口之分，而且常组合成套，说明木作工具已自成系列，木作手工业已专门化。石镞数量最多，占石器总数的一半以上，形制多样，磨制精美，其中又以柳叶形双脊有铤石镞和三棱形石镞最有特色，既可用于狩猎，又是部落战争中的常用武器。石钺则以大型居多，长身亚腰，斜弧形刃，体厚一般不足1厘米，质料为硬度较低的透闪岩。此外还有少量石锥、石网坠、砺石以及石环、石片饰等装饰品，反映出这一文化高超的石器制作工艺和地方特点。

石峡文化中发现有一批玉器，种类有琮、璧、璜等，其形态与长江下游地区良渚文化的同类玉器相似，联系到石峡文化中曾发现有良渚文化的典型陶器——贯耳壶，表明这两支文化曾有过文化交流。

（李宗山）

Fengbitou wenhua shiqi

凤鼻头文化石器

（见华南及邻近地区新石器时代石器）

〖华南及邻近地区新石器时代其他石器〗

Xiqiaoshan yizhi shiqi

西樵山遗址石器

新石器时代珠江下游地区咸头岭——壳坵头文化的石制品。西樵山文化因首次发现于广东南海县西樵山遗址而得名，主要分布在珠江三角洲一带。主要遗存属于新石器时代晚期。西樵山遗址自1958年开始调查与发掘，在此首先发现当时人工开采石料的大型石器制作场，共有20处以上，为岭南地区史前时期最大的石料开采与加工基地。这为研究新石器时代南方地区的石器制造工艺、规模及石料开采方式提供了宝贵资料。

在西樵山遗址的文化堆积中出土了大量石片、石料及为数众多的石制废品、半成品和少量成品，原料主要有霏细岩，次为硅质岩。该文化生产工具中有两类石器最有代表性。一类是打制而成的细石器，以柱状、锥状、楔状石核和长薄小石叶为特点，与北方地区的细石器属同一技术传统；另一类为有肩石器，分布十分广泛，包括斧、锛、铲等，以斧、锛最多。西樵山石器制造场出土的多为石器半成品，刃部多未经磨光，斧、锛器形难辨。可分为4种形式：①呈圆盘状，柄部不突出；②略呈扇形，短柄溜肩，弧刃薄体；③器身呈梯形，长柄或短肩，肩角大于90度，弧刃为多；④短身宽刃，肩多直角，平刃。另外还常见一种有段石器，以有段石锛最多。有肩石器大小厚薄相差悬殊，可能功用不同。一般长3厘米～14厘米、宽2厘米～8厘米、厚0.3厘米～2厘米，该类石器一般早于有段石器。

在西樵山遗址中还发现不少椭圆形和梯形石斧、扁平锛、长身矛、三角形或双翼带铤镞，以及刮削器、敲砸器和穿孔石饰等各种磨制或打制石器，延续时间很长，上限可到新石器时代早中期，下限至新石器时代晚期乃至更晚。

参考书目

杨式铤：《试论西樵山文化》，《考古学报》1983年1期。
广东省博物馆：《广东南海县西樵山遗址》，《考古》1983年12期。

（李宗山）

Tanshishan yizhi shiben

昙石山遗址石锛

新石器时代晚期昙石山文化的典型石制工具。1954年～1974年由福建省博物馆等单位在福建闽侯县恒心乡昙石山遗址中、下层中发掘出土。现藏于福建省博物馆。

昙石山遗址石锛

主要用黑色燧石制成。器身及刃部一般是打制后稍加磨制，少数磨制较精。形体以扁平长方形和梯形最多，分大、小两种。尤以一面平整，另一面弧背或人字形起脊，横剖面呈等腰三角形的石锛最有特色。有的器身特别厚重。从早期到晚期制作技术有所发展，早期形制不固定，打制后略经磨制；中期刃部定型，以长方形为主；晚期磨制更细，大、小石锛形成系列。并且出现形制规整、棱角分明、大体呈方形的石锛，以及极小的有段起脊石锛。

（李宗山）

Huanan shuangjian yayaoxing shichan

华南双肩亚腰形石铲

新石器时代晚期流行于华南地区的典型石制品。分布范围包括广西南部和广东西部的大片地区，其中又以左右江汇合地带的广西隆安、武鸣、扶绥、邕宁和南宁等5个县市最为集中。典型遗址有隆安县大龙潭、扶绥县中东等。

多用砂质页岩、板页岩等加工而成，多数通体磨光，少数打制。磨光石铲中常常是一面磨制精美，

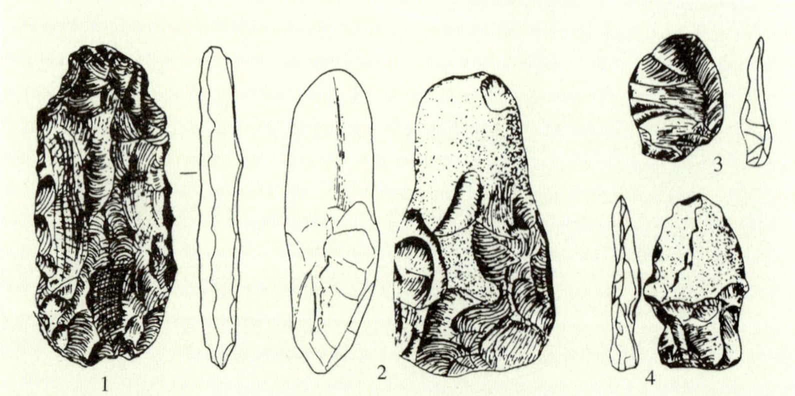

1　2　3　4

1、2.斧　3.镞　4.矛

西樵山遗址石器

而另一面则磨制粗糙，显得凹凸不平。造型上的突出特点是皆有双肩，短柄，左右对称，肩下略内收成亚腰，舌形弧刃。自早期到晚期有一定的发展关系，早期石铲的肩角不很突出，亚腰不明显或无亚腰，整体似舌形，刃部比较锋利，多为实用器。与今天的铁铲颇为接近，其直接前身应是当地新石器时代中期流行的有肩石铲（见西樵山文化石器）。晚期石铲不仅双肩宽大，肩角突出，而且肩部还出现对称花边形扉棱；肩以下内收成弧形，呈束腰状，舌形弧刃，整体造型优美，制作规整。

广西隆安出土的大石铲

值得注意的是，这些石铲出土时多成组放置在一起，每组2件～10件，有的竖立排成队列，有的侧立围成圆圈或“门”形，有的则平置叠放，很有规律。其中又以刃部朝天竖立排列者居多，其下常有成片红烧土。同时，有很多石铲刃缘钝厚，或个体细长扁薄，或个体硕大厚重，多为非实用器，估计应是与祭祀或宗教礼仪有关的特殊用具。

参考书目

覃彩銮：《从石铲遗存看桂南地区新石器时代晚期的农业》，《农业考古》1984年2期。
郑超雄、李辉：《广西桂南“石铲遗址”试论》，《考古与文物》1991年3期。

（李宗山）

Liaoheliuyue ji linjin Diqu Xinshiqi Shidai shiqi

辽河流域及邻近地区新石器时代石器

新石器时代分布于辽河流域及其邻近地区的石制品。除新石器时代早期遗存尚属空白外，其他各段遗存均较为丰富。就石器发展的特点看，该地区一直存在着两大系统——细石器和大型石器。尤其是细石器遗存更具特色，种类多，制作精，特征鲜明，在当时的经济生活中占有重要的地位。

西辽河流域石器 西辽河流域主要包括内蒙古东南部与辽宁西部及冀北滦河流域的交汇地区。新石器时代中期的石器以兴隆洼文化为代表。该文化因1983年～1984年发掘的内蒙古敖汉旗兴隆洼遗址而得名，经放射性碳素断代，年代距今8200年～7400年。按加工技术石器可分为打制、压制、磨制和琢制4类。打制石器数量最多，最具代表性的是锄形器，其使用痕迹与刃边垂直，当为掘土工具。另有少量铲形器、盘状器、敲砸器等。细石器数量较少，具有代表性的是把窄石片一侧加工后，嵌入骨制刀形或镖形器的凹槽中作为石刃，组成复合工具，石材多为碧玉类。大型磨制石器主要有斧、锛、凿、刀、饼形器等。石斧横剖面呈椭圆形，弧刃或斜弧刃；锛有长短之分；刀系以大型打制石片为坯，磨刃而成，有的体长，直背斜刃；有的宽短，凸弧刃。琢制石器有磨盘和磨棒，有的房址中还出有石杵。从石器特点看，当时已有比较发达的原始农业。与兴隆洼文化同时的早期遗存还见于辽宁阜新县查海等遗址。文化特征与新石器时代晚期的红山文化有直接联系。所出较多的打制或磨制锄（耜）、斧、刀、铲、磨盘、磨棒等石质生产工具及细石器在红山文化阶段更为发达。

继兴隆洼文化之后的是赵宝沟文化，以内蒙古敖汉旗赵宝沟与小山遗址为代表，经放射性碳素断代，年代距今7200年～6500年。赵宝沟文化的石器分磨制石器、琢制石器和细石器3种，以磨制石器数量居多，制作技术精良，其中又以石斧和大型石耜最具代表性。石斧用料坚硬，多呈长方体，中间较厚，四边渐薄，锋刃锐利，别具风格的是将斧的两侧长边均磨成平面。石耜在兴隆洼文化阶段尚未发现，为这一时期的新品种（见赵宝沟文化石耜）。琢制石器主要有磨盘、磨棒等。细石器多为石片、石核，有的石片作长矛头形，十分精致。石核多呈铅笔头状。小山遗址石器以压制细石器最多，达3000多件，燧石质，多灰色。有刮削器、圆锥形石核和条形石片等，仅条形石片一种即达2490件，说明细石器制作已十分发达；另有磨制石耜、斧、凿、环状器和饼形器等。尤以一件刻有人面形的大型穿孔斧形器最为特殊（见小山遗址穿孔斧形器）。琢制的石磨盘、棒与赵宝沟遗址所出者十分相似，明显继承兴隆洼文化石磨盘、棒的形制特点。从石器类型来看，赵宝沟文化有较多的压制细石器和大型磨制石器，有明显的进步性。

赵宝沟文化之后是红山文化。红山文化石器的基本特点仍表现为细石器、磨制石器和打制石器三者共存。细石器制作工艺有很大发展，总数约占三分之一，以横剖面呈梯形或三角形的窄小石叶最多；石镞也很常见，另有指甲形刮削器和两边修整的尖状器。磨制石器有斧、锛、凿、刀和石耜等，种类和数量明显增加。其中最具代表性的是桂叶形石刀和大型石耜，后者数量更多，形体较赵宝沟文化同类器形更为宽大，是当时重要的生产工具。打制石器数量相对要少，有敲砸器、斧状器和桂叶形石器等，尤以两端尖长的桂叶形石器最有特色。此外，还有一定数量的石磨盘和石磨棒等加工工具。

较红山文化略晚的是富河文化，年代距今6500年～5000年。该文化以内蒙古巴林左旗富河沟门遗址为代表，石制工具以细石器数量最多，约占全部石器的三分之二以上，其中石叶形细石器又占全部细石器的三分之一以上。这类细石器绝大多数无第二步加工，横剖面多呈不规则的扁梯形或三角形，尤以宽体长石叶更具特色，一般长6厘米～8厘

米，最长的达13厘米。其他细石器还有各类石核、圆头短体刮削器、条形尖状器、钻形器和石镞等，石镞形式单一，均为圭形柳叶状，扁平细长，有平底与凹底之分。另有些骨梗石刃的复合工具。打制石器较多，有敲砸器、梭形器、锛形器、凿形器、刮削器、尖状器和锄形器等，并以敲砸器为最多。长方形锛形器，扁平规整，为其他细石器文化所罕见。锄形器的用途应与红山文化石耜接近，为该文化的典型器之一。磨制石器数量很少，仅有斧、锛和磨盘、棒等。

新石器时代晚期遗存还有小河沿文化，主要分布于西拉木伦河以南。它上承红山文化，下接夏家店下层文化，年代距今4900年～4600年。石器仍分为大型石器和细石器两大类。前者有磨制梯形石斧、石铲和琢制的磨盘、棒等，后者有细石叶、石镞、石核等。尤其是该文化的石刃复合工具，不仅数量多，而且很有特色。如翁牛特旗石棚山墓地一处就出土13件。其共同特点是均有柄（有的柄部残断），刃部呈弧形外凸，背部多呈弧形下凹。有的柄部穿孔，有的做成匕首状。以一面刃为主，把石叶或石片嵌入骨槽内，有的还留有黑色胶状物加固石片。石刃的质料多为高硬度的燧石、碧玉等，采用压剥法制成。与早期石叶石刃相比，这时的石刃多用长条形薄石片，由两面仔细压剥成条痕或鳞状痕，石片短而宽，其耐用与锋利程度显然大于石叶，说明较早期石刃工具又有所发展。

骨梗石刃刀的流行时间在各地有所不同，而出现最早的当推东北地区和内蒙古东南部。如新石器时代中期的敖汉旗兴隆洼遗址中就发现两件，到红山文化阶段比较常见，并构成这一地区生产工具的一大特色。

石器
608

东辽河流域石器 东辽河流域主要指辽东平原地区，这里的石器文化发现较少，特点不很突出。其邻近的辽东半岛与沈阳地区却有着较为系统的石器文化发展序列，典型文化和遗址有新乐下层文化、小珠山文化遗址、后洼遗址和晚期的岫岩北沟遗址（见新乐下层文化石器、小珠山文化石器、后洼遗址石器）。仅就东辽河流域而言，偏早阶段遗存以东辽县大架子山遗址为代表。石器以打制为主，有切割器、刮削器、敲砸器等。磨制石器有长条形石镞。此外还有石磨盘等加工工具。

中期以后的石制遗存更少。在饮马河、伊通河流域在内的中游地区常见一种亚腰形磨制石铲。打制石器与磨制石器、细石器共存，后两者的种类和数量呈递增趋势。

另外，在辽河流域以北的吉（吉林）长（长春）地区和黑龙江中南部也分布有一系列的新石器文化遗存。吉林地区以吉林农安县左家山遗址为代表。其第一期文化的延续时间与敖汉旗兴隆洼遗址、沈阳新乐遗址下层和辽东小珠山遗址下层大致相当。石器特点与辽河流域有密切关系，磨制的石斧、石磨盘、棒等比较多见，细石器以小石叶最典型。左家山遗址第二期、第三期文化与小珠山遗址中、上层的时代比较接近，类型明显增多，计有斧、锛、磨盘、棒、矛、镞、钻和石环、石龙等。磨制石器占绝对优势，与红山文化的关系比较密切。黑龙江中南部的石器文化遗存比较分散，中西部以齐齐哈尔市郊昂昂溪遗址为代表，南部则有新开流文化（见新开流遗址石器），时代均属新石器时代中期。丰富多彩的细石器文化遗存为其特色。渔猎经济在当时的经济生活中起着重要作用。

地处燕山以北的辽河流域及其邻近地区，是中原同北方和东北地区的文化交汇中心，在石器制作工艺和造型方面也呈现出复杂多样的特点，展示出这一地区丰富的文化内涵和不同的经济形态。

参考书目

佟柱臣：《中国东北地区和新石器时代考古论集》，文物出版社，1989。
金旭东：《东辽河流域的若干种古文化遗存》，《考古》1992年4期。

（李宗山）

Xinle Xiaceng wenhua shiqi

新乐下层文化石器

新石器时代中期新乐下层文化石制品。年代距今约6500年。新乐下层文化于1973年由辽宁沈阳市文物管理办公室在沈阳市北陵附近的新乐遗址调查和发掘时首次发现，后多次发掘。新乐下层文化主要分布在以沈阳为中心的辽宁中部地区，是中国东北地区目前发现的时代最早的新石器时期遗存。

石器特点表现在3方面：①以磨制石器为主，器形有斧、锛、凿等，尤以磨制的长三角形石镞最具特色。②打制与琢制石器，有砍砸器、石铲、网坠和磨盘、磨棒等。③细石器，多在腹面两侧作第二步加工，种类有长条形石片加工而成的钻，长身镞和等腰三角形镞、刮削器等。

新乐下层文化石器的发现，为了解这一时期辽东地区的经济生产方式和类型，探索该地区的“细石

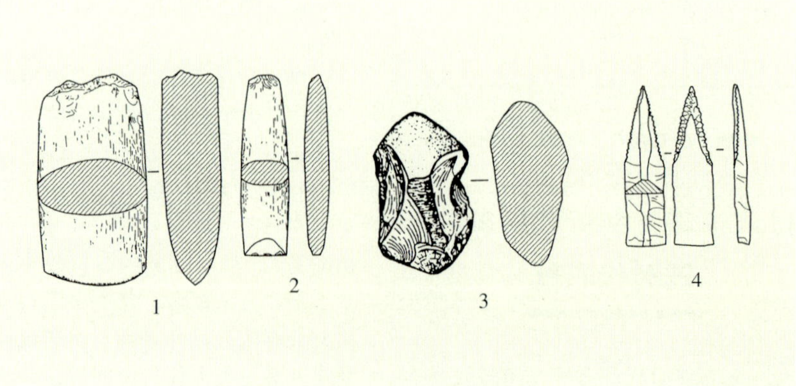

1.斧　2.凿　3.砍砸器　4.镞

辽宁沈阳新乐遗址下层石器

器文化”提供了重要实物资料。

（李宗山）

〖赵宝沟文化石器〗

Zhaobaogou wenhua shisi

赵宝沟文化石耜

新石器时代中期赵宝沟文化典型石制用具。有的学者称之为“石犁”。1986年由中国社会科学院考古研究所在内蒙古敖汉旗赵宝沟、小山及翁牛特旗小善德沟等遗址内发掘出土。现部分藏于中国社会科学院考古研究所。

内蒙古翁牛特旗小善德沟遗址石耜

通身磨光，扁平体，圆凸刃，正锋。按形体可分为锄形和鞋底形两种，前者刃部较宽，上部多收成圆肩状；后者刃部较尖，器身较窄，形体也普遍较小。多在器顶中部打磨出浅凹，可能和装柄有关，使用方式如同石铲。这种石耜后在红山文化中流行，形制发展为烟叶形和草履形等多种（见红山文化石器）。从其使用痕迹分析，当为掘土和松土之具。（李宗山）

Xiaoshan yizhi chuankong fuxingqi

小山遗址穿孔斧形器

新石器时代晚期赵宝沟文化石制器具。1985年由中国社会科学院考古研究所在内蒙古敖汉旗东南小山遗址2号房址中发掘出土。现藏于中国社会科学院考古研究所。

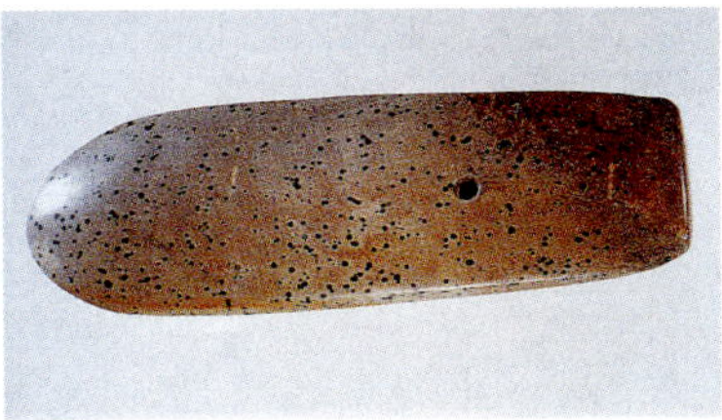

小山遗址穿孔斧形器

出土时位于2号房址的西南部，为凝灰碎质岩。长18.2厘米、最宽处5.5厘米、厚2.4厘米。表面灰色，局部为紫红色，杂以黑斑，全身磨光。顶端平，稍窄且薄，两面外鼓，最厚处靠近前端（约在通体长三分之一处），两侧磨平，各具一对侧棱。圆尖刃稍偏于一侧，正锋，刃钝。靠近顶端钻一圆孔，内壁可见密集的螺旋纹痕，孔径0.7厘米，自孔下缘起，器身有一周呈浅灰色，宽3.1厘米～3.5厘米，为安装木柄之处。靠近顶端有一面刻一人首，纹痕细浅，面部轮廓和两眼十分清晰，可见鼻、嘴，皆近三角形。这件斧形器制作精细，尤其是顶端所刻人面，应具有某种宗教含意。

（李宗山）

Hongshan wenhua shiqi

红山文化石器

新石器时代晚期红山文化石制品。红山文化主要分布于西辽河与大凌河流域。因1935年内蒙古赤峰市红山后遗址的发掘而得名。年代距今6500年～4900年。1962年以后通过对该文化重点遗址的多次发掘，获得大批颇具特色的石器，为了解当时的石器生产工艺和经济形态提供了实物资料。

该文化石器在中国北方地区具有一定的代表性：①大型石器中以磨制石器为主。尤其是以掘土工具（又称石耜、石犁）和桂叶形双孔石刀最典型。前者除一些为打制半成品外，皆经过磨制。器形分烟叶形和草履形两种，个体较大，宜于深耕。后者通体磨制光滑，刃、背呈对称弧形，近背部穿两孔。其他磨制石器还有斧、锛、凿、铲等。斧、锛数量较多，多呈梯形弧刃，一般形体不大，为主要的砍伐、木作工具。石凿与石铲数量少，前者形体狭长，多不甚规则；后者主要是利用自然石片磨制而成，很少钻孔。另外，琢制后略经粗磨的磨盘、磨棒和研磨器等加工工具也比较常见。②打制石器数量较少。常见器形为锄形器、敲砸器、刮削器、斧状器和桂叶形石器等。另有不少打制的半成品。③细石器为该文化的一大特色，约占石器总数的三分之一。质料分燧石、碧玉、玛瑙、水晶等。尤以燧石最多。石核多为圆锥体，较小。石镞分三角形平底与凹底两种，后者多于前者。横剖面呈梯形或三角形的长条小石叶在细石器中数量最多，一般长3厘米～4厘米，宽0.5厘米～1厘米。另有指甲形刮削器和两边修整的尖状器等。

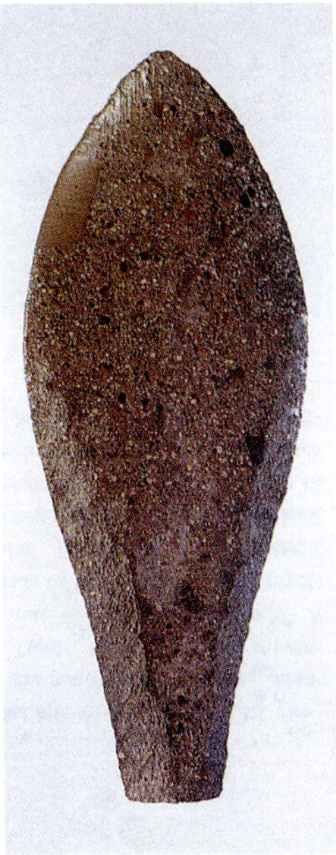

内蒙古赤峰狐狸井子遗址红山文化石耜

红山文化的石器制作与加工工艺已相当进步，尤其是该文化大量精美玉器的发现更能说明这一点。磨制生产工具和细石器共存，表明该文化在以原始农业生产为主的同时，还兼营畜牧、渔猎等。

参考书目

刘观民、徐光冀：《辽河流域新石器时代的考古与认识》，《中国考古学会第一次年会论文集》，文物出版社，1980。
杨虎：《关于红山文化的几个问题》，《庆祝

苏秉琦考古五十五年论文集》，文物出版社，1989。（李宗山）

〖辽河流域及邻近地区其他新石器时代石器〗

Xiaozhushan wenhua shiqi

小珠山文化石器

新石器时代晚期小珠山文化石制品。1978年由辽宁省博物馆等单位在辽宁长海县广鹿岛小珠山遗址中发掘出土。小珠山遗址文化堆积分上、中、下三层，分别代表3个不同的发展阶段。年代距今6000年～4100年。

下层石器以打制为主，占生产工具总数的57%。器形有刮削器、盘状器、网坠和石球等。磨制石器仅见石斧和石磨盘、石磨棒等，石斧呈长条形，较厚重，弧背，宽弧刃，横剖面呈椭圆形，通体磨光。

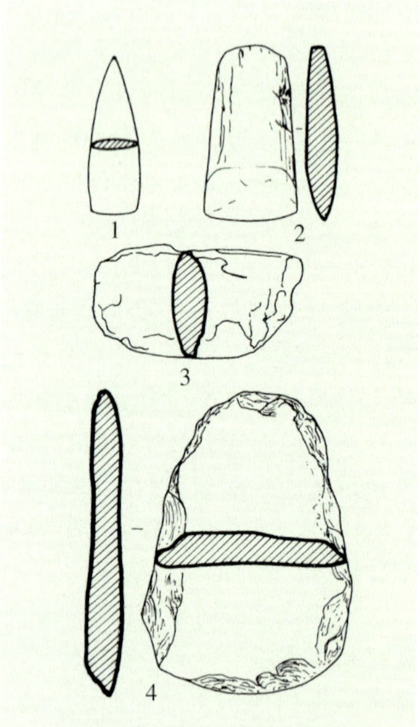

1.镞 2.斧 3.刀 4.铲

小珠山遗址石器

中层石器以磨制者占多数，器形有斧、锛、刀、镞、杵及石磨盘、石磨棒等。磨制石镞数量最多，扁平体，平面略呈三角形，平底；横剖面分三角形、梭形和柳叶形几种。打制石器数量减少，有铲、刀、镞、网坠等几种类型。

上层以磨制石器为主，种类有斧、有肩斧、锛、双孔刀、镞、杵和磨棒等。石斧皆厚重，双面弧刃；锛扁平、斜刃；双孔石刀多为半月形，直背，弧刃，孔近背部；镞为柳叶形和三角形，三角形镞有平底、凹底两种，双侧刃，横剖面呈棱形。打制石器很少，只有镞和网坠等二三种。

尽管自早期到晚期石器制作技术不断进步，种类不断增加，但从下、中、上层石器基本上保持农业生产加工工具、狩猎工具、渔猎工具的组合来看，三个时期的经济结构、经济类型并没有发生大的变动。

（李宗山 王玉东）

Houwa yizhi shiqi

后洼遗址石器

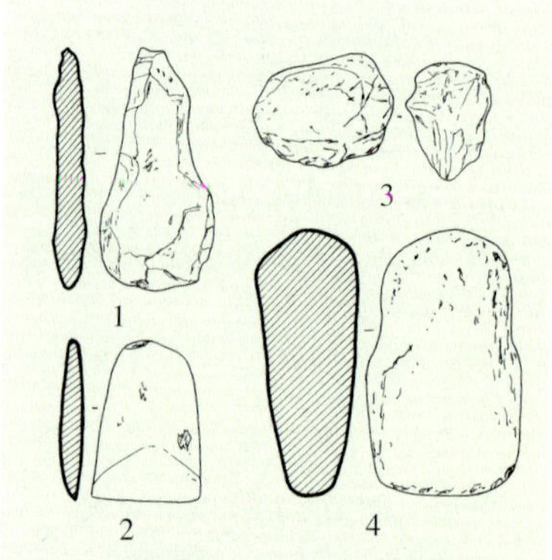

1.镰 2.锛 3.砍砸器 4.锤

后洼遗址石器

新石器时代晚期辽东地区后洼遗址出土的石制遗存。年代约距今6200年～5000年。1983年～1984年由辽宁省博物馆等单位在辽宁东沟县三家子村后洼遗址中发掘出土。在该地区新石器时代文化中具有一定的代表性。现主要藏于辽宁省博物馆。

下层遗存中共发现石器600余件，按不同用途可分为以下几种：①农业工具最多，计271件，分打制与磨制两种，以磨制为主。种类有斧、刀、镐、锄、磨盘、磨棒等，仅后两种就有240件，分粗细两种质地，大小不等，可见粮食加工业已非常发达。横断面呈椭圆形的扁平长条石斧，数量也不少，为砍伐工具。打制的有柄有肩或亚腰形石锄则是这一时期的典型掘土工具。②渔猎工具次之。数量最多的是石网坠，可分为3种，即两侧打成缺口的卵石网坠，打制的亚腰形网坠，以及以滑石为料、磨制规整、一面有一两道沟槽的网坠，计62件。大小差别明显的石球有56件，与23件磨制的柳叶形双脊双刃石镞同为主要狩猎工具。其他还有少量的扁平长条形石矛、砍砸器、刮削器和盘状器等。③手工工具又次之。共发现131件，仅磨石就有81件，主要为石灰岩质，有的表面留有深浅不一的磨制沟槽。32件石凿应是当时最主要的木作工具，均用玉石磨制而成，器形较小，大都单面直刃或斜刃，刃宽于顶，呈梯形或长条形（不少应称作小石锛）。另外还有少量的石锥、石砧等，石料取自玉石或花岗岩质，硬度很高。④石雕刻艺术品与装饰品。前者共计25件，形体较小，一般长3厘米～4厘米，最大的不过6厘米，小的仅1厘米，大都为滑石质，少数为玉质，一面或两面雕刻。种类有人像、猪、虎首、鹰形、鱼形、蝉形、虫形坠饰等，雕刻手法简洁，特点突出，为同时期其他文化所罕见。装饰品20余件，形体也都很小，主要以滑石为料，计有穿孔石坠、环、玦、月牙形饰、勾形饰、方形饰以及管、珠等，多用于佩挂。后洼下层遗存与辽东地区小珠山下层遗存有一定联系，年代也比较接近，约距今6200年（见小珠山文化石器）。

遗址上层经放射性碳素断代，年代约距今5000年，出土石器相当多。农业工具中以磨制为主，少量打制。数量最多的是石磨盘与石磨棒，共72件，次为石斧，计21件，形制与下层差别不大。另有少量石刀和打制石锄等。渔猎工具较下层远为增多，总数达400多件，仅石网坠就有285件，还有50件打制后磨成的大小石球，38件柳叶形双脊双刃石镞，以及磨制的长条形石矛与打制的刮削器、盘状器等。手工工具中仍以磨石和小型石凿为大宗，还新出现石锤、石错（琢玉工具）等新型工具，石锤的一面或两面有凹坑和凹面，石错为扁平长条形。装饰品与石质雕刻品有所减少，前者共发现12件，计有石坠、环、管、珠和扣状器等。扣状器的扣面和柄部呈圆形，中间有一凹槽，应为镶嵌之物。石雕刻品有人头像、鸟头和鱼形饰各一件，用石灰岩或玉石料雕刻而成，风格与下层一致。

遗址石器种类多、数量大，尤其是大量雕刻、装饰艺术品的出土，展示出当时居民丰富的精神世界和审美观念。从不同用途的石器所占比例来看，下层的农业生产工具最多，而上层的渔猎工具则超过其他所有石器总和的两倍，表明下层文化时期，原始先民是以农业为主，兼营渔猎；而到上层文化时期则是以渔猎为主，兼营农业。这应与地理环境和气候的变化有关。

（李宗山）

Xinkailiu yizhi shiqi

新开流遗址石器

新石器时代晚期东北地区新开流文化的石制遗存。1972年由黑龙江省博物馆在黑龙江密山县兴凯湖畔的新开流遗址中调查并发掘出土。遗址文化堆积分为上、下两层，属于同一文化性质，上层年代为公元前4100年左右。现藏于黑龙江省博物馆。

以细石器居多，大型石器数量少，农业工具更少；除网坠外大部分经过磨制，一般磨制粗糙，有些只磨刃部。细石器有镞、尖状器、刮削器、石叶、石片和石核等。石镞数量、种类都很多，其中长身镞极具特色；数量最多的是三角形圆底镞和柳叶形镞，二者合占石镞的一半以上，加工方式相同，均是于腹背两侧同时进行再加工。此外还发现有磨制石镞，形制与打制石镞类似。细石器中刮削器和尖状器的数量也比较多，其中以有柄的圆头刮削器和鸟喙形尖状器最有特色。磨制石器有斧、锛、凿等。斧厚重，横剖面呈半圆形，有些刃宽顶窄。

新开流遗址石器中以渔猎工具占多数。结合出土的生活用具、动物遗骸及鱼窖等遗迹分析，可知当时人们的经济生活是以渔猎为主，尤以渔业最发达。

（李宗山）

Xia zhi Zhanguo shiqi

夏至战国石器

（约公元前21世纪～公元前221年）

夏代二里头文化至秦始皇统一六国以前的石制遗存。前后经历夏、商、西周、春秋和战国5个阶段，石器制造业出现深刻的变革，在生产和生活中的重要地位逐渐被青铜器，尤其是被后来兴起的铁器所削弱。

夏、商石器 前后沿续近1000年（约公元前21世纪～公元前11世纪），石器工具在农业生产中仍起着主导作用；铜质工具仅占很小的比例。

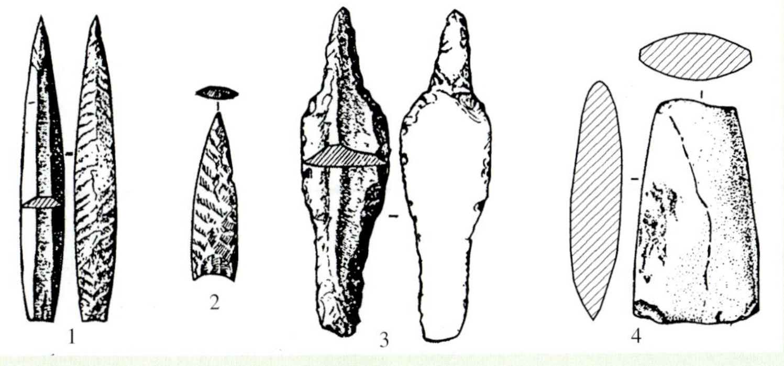

1、2.镞 3.鸟喙形尖状器 4.斧

新开流遗址石器

总体特征 从处于夏代阶段的中原二里头文化、山东岳石文化、东北夏家店下层文化、东南地区的马桥文化可以看出，这一阶段的石制生产工具仍很盛行，并进一步向专门化、系统化方向发展。除耕作农具外，还有成套的粮食加工工具、木作工具、渔猎工具、制陶工具乃至绘画、雕刻工具以及石制的日常用具和与铸铜业相关的石范、磨石等。礼、乐类石器亦获得飞速发展，大量石质装饰品、玉石工艺品等，较新石器时代更为发达。

到商代中晚期，青铜武器、手工工具和日常用器增多，已经部分取代石器和陶器。石器除在生产领域中继续保持主流地位外，在功能和结构方面也不断改进、分化。部分器形仍呈发展势头，质料更为考究，加工工艺更加精良。这从河南郑州商城、安阳市殷墟、湖北黄陂县盘龙城及山东益都县（今青州市）苏埠屯等大量同时代聚落遗址和墓葬中可以反映出来。西周以后，特别是春秋时期，随着青铜器的发达和铁器的兴起，石器开始走向衰落。

制作工艺 与新石器时代一脉相承，在加工程序和制作技术上又有所改进：①石器选料精当严格，如板岩、页岩类主要用以制作铲、镰、刀等，开采量相当大；石英岩、砂岩、辉绿岩等多用以制作砍斫用的斧、锛、凿等；而色白质细的大理岩则多用来制作石质礼乐器和雕刻艺术品等。开采石料一般都有固定场所，石料剥离与成形技术明显改进。②由于技术的改进，石料对石器成形的限制也明显减小，硬度较高的玉石器均可达到理想的形制。这就为石器的批量生产和专门化作业创造了条件。③从切割石料、打制成形到磨光、钻孔乃至雕刻等一整套技术已趋于系统化、专门化。大型石器作坊遗址屡有发现。锯截、琢磨和钻孔技术的改进，大大提高了石器成品率。粗大笨重的打制石器和细小繁杂的复合工具逐渐退出农业文化区，代之而起的是分工明确的磨制石器和青铜用具。

器类 ①生产与加工工具。仍主要为传统器形，包括铲、镰、刀、斧、锛、凿、镞、矛、网坠、纺轮和磨盘、磨棒、砺石等。绝大多数为磨制而成。特有器形如马桥文化的长三角形穿孔石犁、斜柄三角形石刀、耘田器及岳石文化的方孔石镢等（见马桥遗址石器、岳石文化方孔石器）。生产与加工工具中尤以刀、镰、铲、纺轮、网坠的数量最多，一般占全部石器的一半以上。手工工具中有不少已被青铜制品所取代，已出土相当数量制造青铜工具和武器用的石范（见夏至战国石范）。②生活用具。数量不多，仅在殷墟等大型遗址、墓葬中发现有少量石案（俎）、盆、碗、调色盘、勺以及医疗用的石砭镰等（见台西遗址石砭镰）。③武器。数量增加。除斧、镞、矛等亦可作为武器使用外，还包括戈、戚、钺等。此时青铜武器数量大增，已部分取代石制武器。④礼乐器。石礼器除部分为仿自铜、陶礼器的簋、罍、盘、豆、盂、觯以外，主要是小型的璧、琮、圭、璋、璜、玦和钺等，这类遗物多出土于大中型墓葬或都邑遗址中，器表常刻有精美的花纹。石制乐器种类少，以石磬最为普及。石磬均出自王宫遗址或大墓中，分单体特磬与成套编磬两种，器形硕大精美，有的还刻有精美的花纹（见夏至战国石磬）。⑤装饰品。数量和品种都有所增加。一般采用优质石料，如燧石、玛瑙、绿晶、绿松石、白色大理石和孔雀石等。玉石装饰品数量更多，工艺精湛，种类有佩、环、镯、珠、管、笄、坠饰、串饰及雕刻的人物、动物圆雕及俏色工艺品。

西周、春秋、战国石器 与前一段相比有以下特点：①作为生产与加工工具的石器，在农业、渔猎和手工业经济中仍起着重要作用。但这种作用随着青铜工具的增多，特别是春秋以后铁农具的出现和推广已逐渐减小，石器在出土遗物中所占的比例亦明显减少。②作为生活用具与礼乐器的石器已多被铜器和玉器所取代，惟石磬这种打击乐器在西周时期发展得更加成熟，形成按磬体大小排序、按数量多少标明等级的编磬制度，这种制度到春秋以后更加流行，成为代表贵族身份地位的礼乐重器。③作为武器的石器种类已不多。先是被青铜武器取代，后又被铁制武器所取代。④作为装饰品的石器多出自中下层贵族墓中，尤其是春秋以后更为流行。石质一般较为粗劣，多制成动物形、几何形片状佩饰，刻纹者不多，几乎都属于明器。而质料精美的玉石、玛瑙、绿松石等装饰品，仍以大中型墓比较常见。

随着青铜器的来临和发展，特别是战国以后铁器的应用和推广，在人类早期数百万年历史中起决定作用的石器除在礼乐器、装饰品中仍占有一定地位外，其他已逐渐退出生产、生活、军事领域。

参考书目

河南省文化局文物工作队：《郑州二里冈》，科学出版社，1959。

中国社会科学院考古研究所：《新中国的考古发现和研究》，文物出版社，1984。

张光直：《中国青铜时代》，三联书店，1990。

（李宗山）

Xia zhi Zhanguo shifan

夏至战国石范

夏代至战国时期的石制金属铸造用具。主要用于铸造铜器，晚期阶段也有部分用于铸造铁器。

早期石范主要见于属于夏代二里头文化的山西夏县东下冯遗址。主要用片麻岩雕刻制作，分单范与合范，所铸器类有斧、锛、凿、镞等，主要是工具、武器和装饰品，容器类石范尚未发现（见东下冯遗址石范）。在西北甘肃河西走廊的四坝文化中也发现有这一时期铸造铜镞的石质镞范。

商代是中国青铜器发展史上的兴盛阶段，石范在这一时期也有很大发展，不仅种类和数量增加，分布范围也不断扩大。其中最有代表性的要属分布于赣江——鄱阳湖流域的吴城文化石范，出土数量较多，大都用红色粉砂岩雕刻而成，范上常刻有文字符号；除锛、斧、戈、钺、镞等工具和武器范外，还出现了铸造斝、鼎等大型容器的石范；范腔中还雕刻有兽面纹、蝉纹等。说明这时南方地区的青铜铸造业已十分发达（见吴城遗址石范）。

西周时期，用石范铸造铜器的地点不断扩大，北面已达内蒙古东南部一带，向南深入到两广和贵州等地。在内蒙古敖汉旗李家营子和山湾子遗址曾分别发现一处石范窖藏及两扇青铜曲刃短剑石范。前者出土两套完整的斧范和一套锥范、装饰品范，制作细致规整，密合度高而稳定，其合范技术和浇铸工艺已达到很高水平。后者青铜曲刃短剑与石范共出，从剑茎至剑锋一次铸成，制范技术已相当进步。在广西武鸣县元龙坡墓群出土的一批石范中，可辨器形的有6件，残碎的30余件，均为红砂岩质；计有双斜刃钺、单斜刃钺、扇形钺、斧、镦、镞、圆形器、钗形器等，有的范面还刻有“[illegible]”和“[illegible]”符号。各类器形均有相应的青铜实物出土，说明是当地铸造的。其中圆形器很可能为车轮构件。另外，在贵州毕节县瓦窑遗址中还发现剑、鱼镖等石范6件，时代约当商末西周初。石范的广泛发现，说明铜器铸造业在西周时期已得到广泛传播。

春秋、战国之际，石范铸铜工艺在边远地区更加普及。以云南剑川县鳌凤山墓地出土的斧、钺石范为代表，石范制作规整，两两相扣，合缝严密。所铸器形在出土实物中也有发现，铸造方法与内地基本一致。此外，贵州古夜郎文化中也使用石范，尤以普安县铜鼓山遗址出土的石范最为集中。包括剑、戈、鱼钩，以及带“[illegible]”符号的钺范等数十件。还发现陶、石质的剑茎模件和纹饰模件，以及坩埚等铸铜工具，显示出战国以后古夜郎人发达的青铜铸造工艺。东北地区的石范见于吉林通化县小都岭，是一批用灰色滑石制作的石范，包括矛、斧、镜范，共10件，保存较好。矛范为

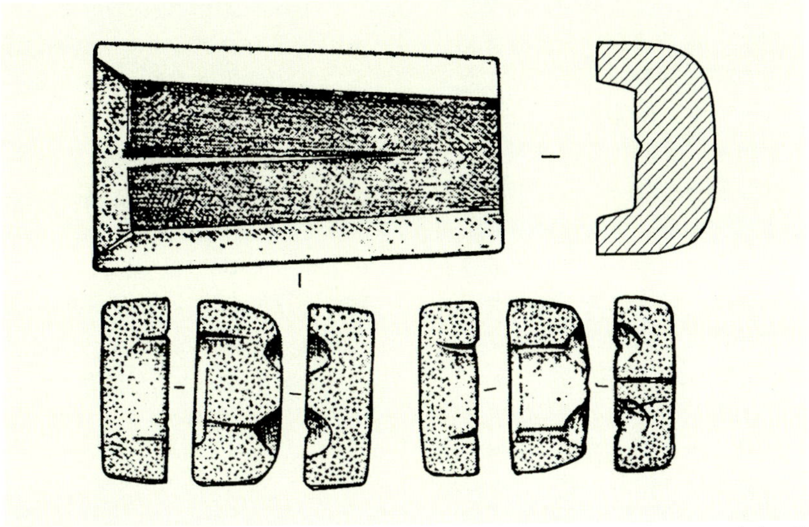

东下冯遗址石范

两扇合范，矛呈柳叶形，带銎；斧、镜范皆单扇，除一范一斧和一范一镜外，还有一范双斧和将一斧、一镜同刻一范的。这些石范是研究战国时期浑江流域青铜冶铸工艺的宝贵实物资料。

从发展趋势看，石范最早出现于中原地区，而后向南、向北不断传播，后来成为中原地区以外周边地区冶铸业流行的铸造工具。所铸造的器物以工具、武器类为主。由于石范雕刻费时费工，受材料限制较大，因此石范尽管出现很早，但在发展中终究无法具备陶范的优越性，到商、西周时期，中原地区已主要改用陶范铸造铜器，战国时期还使用了铁范。边远地区使用的石范，最终也为陶范和铁范所取代。

（李宗山）

Dongxiafeng yizhi shifan

东下冯遗址石范

夏代二里头文化东下冯类型的铸铜用具。1974年～1979年由中国科学院考古研究所等单位在山西夏县东下冯遗址发掘出土。主要见于第三期至第五期文化中。共10块。是已知时代最早的铜器铸范。现部分藏于中国社会科学院考古研究所。

主要用片麻岩雕刻而成。早期种类有大、小斧范及凿范等。从斧范形制看，两块大的作长梯形，范外呈圆弧形，范内作出长梯形斧腔。范长13.6厘米～13.8厘米、宽6.5厘米～7.4厘米、厚3.4厘米～3.9厘米，另外两小块均系斧刃部的小段分范，范外有两圆锥形浇口。这些斧范虽不成套，但形制相同，斧身、斧刃为分范合铸，均作长梯形，长约14厘米、宽3.5厘米～4.5厘米，銎亦作长方形。斧的中央有一竖道突棱，形制十分规整。晚期石范除斧范外，还出现一块斧、凿、镞的多器合范。此范仅存一部分，用长方形片麻岩石板双面雕刻而成，石质松软。其中一面残留3个双翼镞的范腔，并排成一列；镞的两翼尖锐修长，铤身有脊，剖面作菱形。这种镞的实物在该遗址中尚未发现。范的另一面有一个斧形和一个凿形腔，一端边沿各有一个浇注口。范体残长8.1厘米、宽8厘米、厚1.6厘米。

东下冯遗址石范

这些石范的发现，说明早在二里头文化时期，铜器铸造工艺已经成熟。不仅出现分范合铸，而且还可以多器合范，大大提高了生产效率。它们和二里头遗址出土的铜器等对探讨中国文明的起源和冶金技术发展史都具有重要意义。

（李宗山）

Wucheng yizhi shifan

吴城遗址石范

商代中晚期吴城文化的石制铸铜模具。1973年由江西省博物馆和北京大学考古专业在江西清江县（今樟树市）吴城遗址中首次发掘出土，迄今已发现各类石范百余件。现主要藏于江西省博物馆。

吴城遗址的文化堆积共分三期，石范以第二期文化层出土最多，第一期、第三期较少。石质多为红色粉砂岩，亦有少量灰白色或青色砂岩。这类石料质地松软，便于挖凿制范。从石范形体看，以长方形石范居多.一般根据所铸器形充分利用范面，顶部常留有铜液浇注口，并刻有“↓”形标记。背面磨制光滑，有的还刻有文字和符号。如“个”（矢）、“仐”、“×”、“ㄓ”（又）、“－”、“|”等。大都为单体字。

按石范所刻器形可分为以下几种：①锛范。分素面与刻纹两种。纹饰有蝉纹、兽面纹等。在吴城文化早期已有发现，二期数量最多，均为双扇合范。器形呈收腰长条形，两端较宽，十分规整。②戈范。多为直内戈范腔，无胡无穿，援两边有刃，中间起脊，全器略有弧度，戈形与所出的青铜戈、石戈形制完全一致，上下范之间刻有“|”形合范符号。③钺范。多呈长方形，钺之范腔呈梯形，圆肩宽直刃，制作精美。④镞范。分长铤三角形镞范与短铤双翼形镞范两种，或一范刻一支，或一范刻两支、三支。后一种形制很有地方特点。⑤容器范。发现较多，可确认器形的有斝范、鼎范等。另外还发现不少铸造斧、凿、刀等的石范，多为双扇合范。

这些石范与木炭、铜渣等集中出土于遗址东区，表明这里可能是专门铸造铜器的作坊。大型青铜容

器石范的出土，证明这时的铸铜工艺比较发达，分铸焊接等工艺已经出现。该遗址所出石范数量之多，在商代方国遗存中是仅有的，为探讨中国早期冶金史及商代方国青铜文化提供了大批珍贵资料。

（李宗山）

Xia zhi Zhanguo shiqing

夏至战国石磬

夏代至战国时期的石制打击乐器。历经千余年的发展，石磬在制作和使用上已日趋鼎盛。

二里头文化石磬

二里头文化时期，石磬发现的数量较新石器时代晚期增多，分布面积扩大。山西夏县东下冯遗址、河南偃师市二里头遗址、内蒙古赤峰市夏家店下层文化遗址等都有出土。制作较为原始，部分经过磨制。磬体结构较山西襄汾县陶寺龙山文化石磬已明显改进（见中原龙山文化石磬），造型与钻孔部位更为合理。最有代表性的是二里头遗址出土的石磬，其形制与耘田器类似，磬面已磨制，中间脊部凸出，穿一大孔，宽的一边稍短，窄的一边较长，底部略内凹，已具标准石磬的雏形。与石磬同出的还有玉钺、玉戈等多种精美玉器以及爵、戚、戈等青铜器，显见墓主人的身份、地位非同一般。这同商、西周以后石磬多出于大、中型贵族墓的现象是一致的，说明此时的石磬已逐渐成为贵族阶层的专用奢侈品。

至商代中晚期，石磬的形体逐渐走向定型化，并开始出现成组的石编磬。单体大型石磬除河北藁城县台西等遗址出土有少量外（见台西遗址石磬），主要发现于河南安阳市殷墟的墓葬中，包括大型虎纹石磬两件，另有一些单体刻纹石磬与石磬残段等。其中虎纹特磬雕刻最为精美，殷墟武官村虎纹石磬为单面雕刻；殷墟洹河南岸殷王宫遗址出土的石磬，双面雕刻，长88厘米、高28厘米、厚4.2厘米～4.6厘米，虎纹作游走势，探头张口，塌腰耸肩，后身蓄势向前，尾端作鱼尾形，上下衬以蚕纹、云雷纹等，雕刻线条刚劲流畅，音质优美，与前者同为商代乐器之精品。此外，也发现有三五成组的石编磬各一套。

石磬的成熟阶段是西周时期，鼓、股分化已比较明显，形体结构与音律变化已相当稳定。有关标准石磬的最早记载见于《周礼·考工记·磬氏》，从中可作如下推断：

令股博＝1

则股长＝1 x 2＝2

鼓长＝1 x 3＝3

鼓博＝股博 x （3－1）／3＝2／3

厚＝鼓博 x 1／3＝2／9

倨句＝90° x 3／2＝135°

把这一规定与出土实物比较，西周以后的石磬大致与此相符，误差一般在1厘米～3厘米之内，倨句夹角差不到10°，说明当时的石磬制作已相当规范化。

随着礼乐制度的建立，用磬和用鼎制度一样也有着严格规定，不同身份地位的人，用磬形式和数量亦不相同。结合文献记载和出土实物看，这时的磬分特磬与编磬两种：单悬而形体较大者为特磬，形体由大而小依次成套悬挂者为编磬。编磬一般3件～13件不等，每磬分别代表不同的音质，一般均能奏出两个八度之内的五声音阶（宫、商、角、徵、羽），悬挂时鼓部下倾，倾角相当一致，便于敲击，常与铜编钟合奏金石之乐，成为代表身份地位的礼乐重器。据《周礼·考工记》记载，当时磬的制作已有严格的规程和专业作坊。

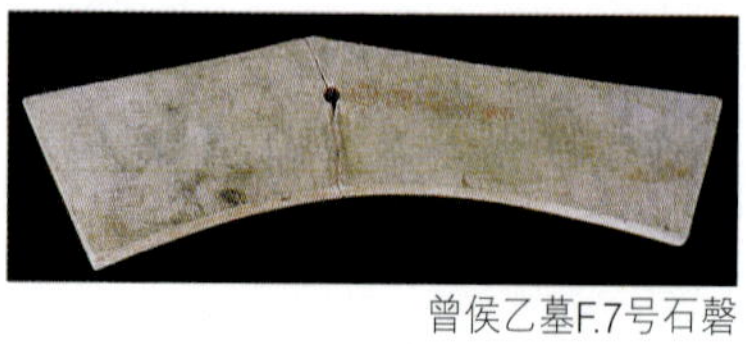

曾侯乙墓F.7号石磬

春秋、战国时期，石编磬盛行，多出土于大中型墓中，一套编磬最多达数十件，大小有序，音质纯正优美，有的还刻纹施彩，十分华贵。比较著名的有河南洛阳春秋石磬、曾侯乙墓石磬，山东阳信县西北村战国殉葬坑和河南汲县山彪镇1号战国墓出土的编磬等。秦代以后的墓葬中还常出土陶、木制作的磬，属明器类。尤其是西汉以后，因礼崩乐坏和胡乐的传入，作为传统打击乐器的石磬逐渐减少。

（李宗山）

Erlitou yizhi shiqing

二里头遗址石磬

（见夏至战国石磬。）

Taixi yizhi shiqing

台西遗址石磬

商代中晚期的大型石制打击乐器。1973年～1974年由河北省博物馆等单位在河北藁城县台西遗址中清理出土。现藏于河北省博物馆。

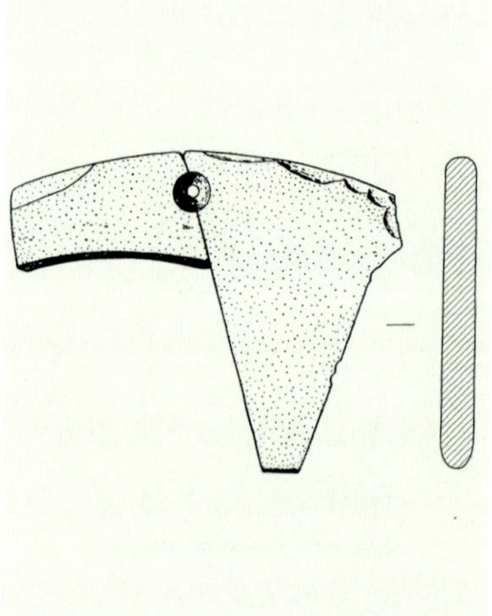

台西遗址石磬

共2件，系用大型灰岩石料磨制而成，做工精细。较完整的一件出自112号墓中，为大型磨制双穿石磬。该墓还出土有中国最早的铁刃铜钺，表明墓主人的身份非同一般。石磬整体呈三角形，扁薄宽大；股部略残，磬折（倨句）十分明显，底边呈直线，近顶部对钻两穿：一在正中，一在其侧。长55.4厘米、高约23.5厘米。这种形制较二里头三期的大墓中出土的石磬又有所发展（见夏至战国石磬）。另一件出自遗址地层中，只保存中间的一段。从残部看，形体似乎比前者还大。上为弧形，下线平直，顶端有单穿。这种形制仍具有原始形态。说明在商代中期前后，石磬的原始型与发展型已呈并存状态，为西周时期标准石磬的普及奠定了基础。

（李宗山）

Fuhaomu shiqing

妇好墓石磬

商代晚期的石制打击乐器。1976年由中国科学院考古研究所在河南安阳市小屯村西北的商代妇好墓中发掘出土。现藏于中国社会科学院考古研究所。

妇好墓枭纹石磬

共5件，2件出于墓室填土中，形体较小；3件出于椁内，形体较大，其中2件较完整。分为3种形式。第1种1件。青灰色，碳酸盐岩，略呈长条形，上端窄下端宽，上端近平齐，下端略外凸；两端较薄，无棱角，两侧棱角分明，近顶端中部有一圆穿，穿径1.8厘米，其上有因长期悬挂而形成的坠痕。表面磨光。在磬的一侧上端刻“妊冉入石”4字。“妊冉”可能是族名或人名。“入石”即“入贡之石”。“石”字作“𠂆”形，“𠂆”即为石制之磬身。该磬长44厘米、宽8.5厘米~12厘米、厚2.4厘米~3.2厘米。第2种1件，黑色石灰岩质，作扁平长方形，顶端呈弧形，下端平，近顶端一侧有圆穿，穿径1厘米。该磬两面均雕刻有单线鸱枭形纹，枭作站立状，钩喙大眼，矮冠短翅，长尾内卷，五爪刚健有力。长25.6厘米、宽6.7厘米~8厘米、厚1厘米~1.6厘米。第3种3件，均为白色泥质灰岩磨制而成。最长的1件完整，系利用岩石的自然层理制成，一面稍鼓起，上端有穿，穿径3.3厘米，其上有悬挂磨损痕迹。“股”与“鼓”已略具雏形，下侧不平。长97厘米、宽42厘米、厚4厘米。另1件上侧近直，一端稍残缺。靠后上部有两个并列圆穿，穿径约3厘米，其上有悬挂磨损痕迹，下侧略似磬折形。残长51.5厘米、宽32厘米、厚4厘米。最小的1件断为两截。上侧稍斜，并有缺损，中部有圆穿，穿径3厘米，其上亦有悬挂磨损痕迹。一端残，残长47厘米、宽30厘米、厚约4.2厘米。这3件石磬1件较大，另外2件递次减小，石料相同，形亦相近，均有使用痕迹，可能是一套编磬。

从妇好墓所出的5件石磬看，这时的磬体已有一定规矩。穿孔部位与悬挂方式比较一致。惟鼓、股的分化尚不明显，磬体还带有一定的原始性。

（李宗山）

Wuguancun huwen shiqing

武官村虎纹石磬

商代晚期的大型石制打击乐器。因其正面刻有精美的虎纹而得名。1950年由中国科学院考古研究所在河南安阳市殷墟武官村北的一座大型商代晚期墓（属殷墟二期）中发掘出土。现藏于中国历史博物馆。

出土时平放于墓椁顶部偏西处，下有一方雕花木板。长84厘米、高42厘米、厚2.5厘米。用一块青白色大石板雕磨而成，形似鲸鱼头状。正面雕一虎形猛兽：阔鼻大眼，巨口獠牙，身体作下伏后躬状，蓄势待扑；除虎口的牙齿用单线条表现外，其他部分均采用双钩，线条刚劲流畅，技法娴熟。磬背面光平，有几处涂红色和小部分极细的划纹。磬体前宽后窄，上呈弧线形，底部较平，偏前部上方穿一孔，用以悬挂。因是单体，应为特磬。股、鼓的分化不明显，悬挂时窄端下倾，成31°角，已初步具有鼓端窄长而下倾的形式。敲击时音质纯正、悠扬，近于铜声。该石磬的发现对研究中国的早期音乐史具有重要意义。

（李宗山）

武官村虎纹石磬

Fufeng kuiwen shiqing

扶风夔纹石磬

西周时期的石制打击乐器。1980年由陕西周原考古队在扶风县召陈乙区西周居住基址中清理出土。现主要藏于扶风县博物馆。

共约15件。皆用青黑色石灰石磨制而成，分素面和刻纹者两种。其中刻纹石磬有13件，素面石磬有2件；大小有序，厚薄不一；最厚的达6.2厘米，最薄的为3.2厘米。完整或基本完整的3件，均阴刻盘绕屈曲的夔龙纹，纹饰精细，内填朱砂。形制亦基本一致，制作十分规整。大小则依次递减，应属编磬类。

这组编磬仍具有商代晚期石磬的“鲸鱼头形”特征，但已出现明显的磬折形式；鼓博、股博之间的比例已比较稳定，敲击时音质纯正；惟鼓、股下缘仍基本平直，较

《周礼·考工记》所载的标准石磬略有差距。从基本完整的几件来看，每件正背两面的雕刻手法相同，在倨句以下雕刻象头龙身夔纹，耳上竖，鼻上卷，牙尖而内弯，伸向前方，眼作尖“S”形，眼珠滚圆；近股博处饰夔龙纹，龙身体细长，鼓部夔龙形头似象，已趋于简化，3条夔龙相互交错缠绕，布满磬面，给人以威严、神秘的感觉。在磬面周边以直线和弧线勾出轮廓，显得画面饱满而不溢，动而不乱。在鼓与股的上边刻饰有西周中晚期青铜器上流行的重环纹，下边刻有连续鳞纹。均采用阴线刻手法，出土时线内填满朱砂。

这15件石磬不仅形制相同，而且13件刻纹石磬的纹饰、内容一样，又同出于一地，大小、厚度递减，表明西周不但流行编磬，而且每套编磬的数目较商代晚期又有增加，其中最高规格的编磬至少要在13件以上，而且刻纹饰彩，十分华贵。说明西周时期的“金石之乐”更为成熟，使用这组礼乐器的所有者身份显要，应为王侯一类人物。这为探明周原遗址的性质和当时的礼乐制度提供了珍贵的实物资料。

（李宗山）

Luoyang Chunqiu shiqing

洛阳春秋石磬

春秋晚期的石制打击乐器。1958年由河南文化局文物工作队在配合洛阳市中渠工程时在一座春秋大型墓葬中清理出土。现藏于洛阳市博物馆。

一套10件，均用石灰岩切割磨制而成，倨句、鼓、股分明，表面光滑规整，大小依次递减；最大者通长55厘米、高15.5厘米、厚2.7厘米，最小者通长25.1厘米、高11厘米、厚2厘米。倨句处均有穿孔，孔径1厘米～2.3厘米，均为管钻而成，悬挂时鼓部下倾，倾角均在40°左右，磬体下部多呈拱形，弧度不大；鼓上角至鼓下角多呈凸弧形或斜方形。与《周礼·考工记·磬氏》所载的标准石磬相比，该套编磬的鼓博、股博均偏大，而鼓长、股长多偏小，平均误差在0.22厘米～1厘米之间，形制也并不十分一致，尤其是磬底与鼓下角差异较大，说明这套编磬的制作技术还不十分成熟。从音质、音律的测定看，音域在两个八度之内，音质清晰，构成五声音阶。与山西侯马市上马村春秋晚期13号晋墓出土的编磬比较接近。

（李宗山）

Zenghouyimu shiqing

曾侯乙墓石磬

战国早期的石制打击乐器。是中国迄今发现的数量最多的成套编磬。1978年由湖北省博物馆等单位在湖北随县（今随州市）擂鼓墩曾国国君乙的墓葬中发掘出土。现藏于湖北省博物馆。

出土时大小有序，排列整齐，分两层悬挂于青铜磬架之上。每层两组，一组6枚，一组10枚，共计32件。均用石灰岩加工而成，多数因盗洞坍塌和水浸而粉化、残断，但都可以复原。其中最大的一件鼓博10.8厘米、鼓上边32.4厘米，股博13.5厘米、股上边22.3厘米，厚2.7厘米，倨句夹角163度；最小的一件鼓博4.9厘米、鼓上边7.6厘米，股博5.7厘米、股上边6.6厘米，厚1.4厘米，倨句夹角155度。这些石磬演奏时悬挂于磬架之上，每磬可发一音，音的高低由磬的形体而定，大而薄则音低，小而厚则音高。按磬的大小依次排列悬挂，音量由低到高。

除下层5号磬外，其余各磬均刻有铭文，少数尚留有墨书，内容为各自的编号、阶名及有关乐律等。从铭文可知，战国早期各诸侯国所用十二律名称，制度并不统一，故有各国律名、阶名、变化音名之间对应关系的记载。反映了当时各国之间在政治、文化艺术领域里相互交流的情况，是研究战国音乐史的珍贵文字资料。

编磬与编钟等乐器在墓中置于中室，东室和西室有陪葬者，均为青年女性，可能就是原乐队的演奏者或歌舞者。这些布局当是曾侯乙生前生活的真实反映。

此外，在该墓北室还出有3件漆木磬匣，匣内无磬，有成排的磬槽，其中2件各有14槽，一件有13槽。磬架上的32枚石磬按其自身编号均可放入相应的磬槽中。另外还有9枚石磬未同时随葬，当为备用石磬。

曾侯乙墓石磬不仅规模空前，而且大量的铭文、精美的磬架和明确的悬挂方式亦前所未见。这套编磬音域跨3个八度，丰富的半音显示了旋宫转调的功能。令人惊奇的是，其中的最高音竟与今天钢琴的最上一键（C8）相同。这反映了中国古代音乐制作的高度成就，扩大了对战国时期宫庭乐器的认识，是研究中国音乐史和社会生活史不可多得

曾侯乙墓石编磬全景（磬块为复制品）

的珍贵资料。（李宗山）

〖夏至战国其他石器〗

Erlitou wenhua shilian

二里头文化石镰

夏代二里头文化的石制农业收割工具。自20世纪50年代发掘至今已出土很多。特别是河南偃师县二里头和山西夏县东下冯遗址出土最多。现多藏于中国社会科学院考古研究所。

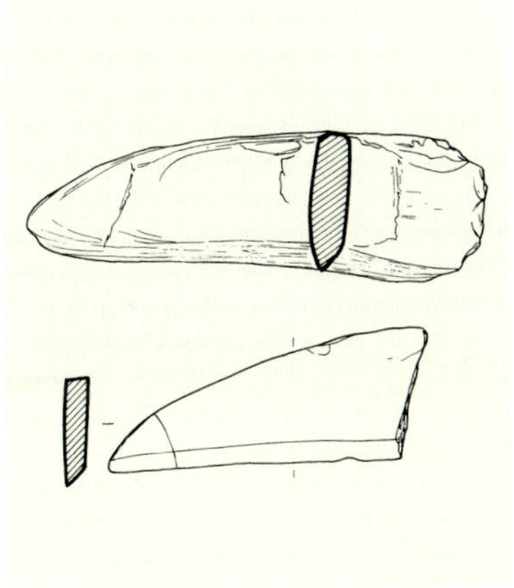

二里头遗址石镰

主要用砂岩、板岩、片麻岩等加工而成。一般磨制较精细。主要出自遗址中。大部分残断缺损。可分4类：第1类呈月牙形，弯背凹刃，形体细长，尖部突出，刃多两面加工，数量较少。第2类呈长条形，镰体扁平细长，弧背，直刃或略内凹，尖部较圆钝，出土数量最多，是当时最流行的形式。第3类亦作长条形，但尾部下斜成胡，较尖部明显加宽，有些因长期使用而成尖刀状，数量也较多。第4类仅见于山西襄汾县大柴遗址等，数量较少，发掘者称之为“凹背石刀”，其实也是石镰的一种。这种“石刀”的背部皆有一凹窝，并常在凹窝下方对钻一孔，窄肩、宽刃，刃部因长期使用而略内凹。其用法与近现代尚且使用的爪镰相同，故应称之为“石爪镰”。使用时将虎口卡于凹窝处，有的则通过孔部系一绳环，将拇指和食指插于绳环内捏住刀背使用。这是人们在长期劳动实践中的一项创造，也说明当时的收割工具已趋于多样化、定型化。其中第2类石镰与部分无孔石刀的形态很接近。刃部除双面刃外，单面刃者亦不少。第3类石镰在以后的二里冈文化时期非常流行，数量也超过了石斧、石铲等工具。从石镰形制看，前三类在使用时应装有木柄，用法与石刀有所不同。

（李宗山）

Yueshi wenhua fangkong shiqi

岳石文化方孔石器

夏代岳石文化特有的石制生产工具。又称“方孔石锄”、“方孔石镢”。岳石文化属东夷文化范畴，1960年因在山东平度县东岳石遗址首次发现而得名。方孔石器在岳石文化中比较多见，出土数量仅次于石铲和石刀。

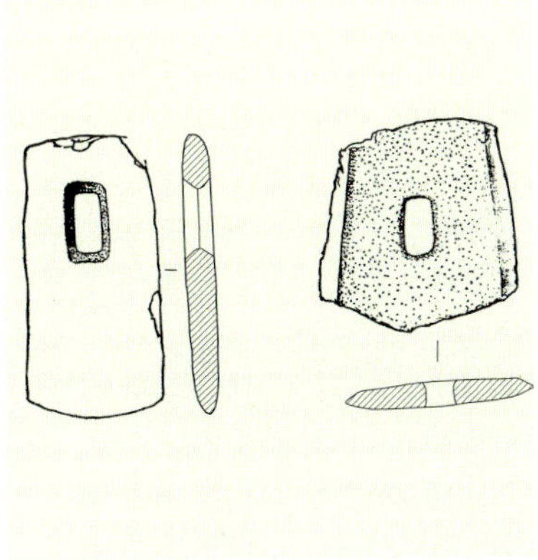

山东泗水尹家城遗址岳石文化方孔石器

多数采用蚀变闪长岩等打、琢、磨制而成。以长身形最为多见，器体较厚重，在中部偏上部位先钻后琢磨而成长方形大孔；多为三面刃（下部与两侧），从泗水县尹家城遗址的发现来看，这类工具应装有柄，主要用于砍伐或刨掘，与石斧或石铲的用途接近，但效率明显提高。如标本T302⑦:10，通体琢制，双面刃，长17.5厘米、宽8.8厘米、厚1.9厘米。这种石器流行时间主要是夏、商时期，代表了东夷文化的地方特点。

（李宗山）

Yinjiacheng yizhi shiyan

尹家城遗址石砚

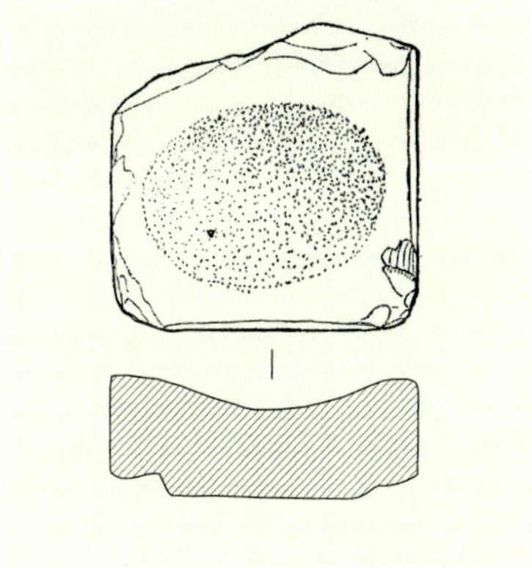

尹家城遗址石砚

夏代岳石文化的调色研磨工具。1979年～1986年由山东大学历史系考古专业在山东泗水县尹家城遗址岳石文化地层中清理出土。现藏于山东济宁市博物馆。

共3件，用块状细砂岩磨制而成。盘较浅，器形比较规整。如标本T224⑦:34，平面略呈方形，一角已残。正面为凹窝状浅盘，最深处1.4厘米，盘表面有一层赭色颜料，与同期陶器上的红色彩绘相同。背面正中雕琢出一块边长8厘米、高1.1厘米的方台，台面磨制光滑，当为对陶器施彩的用具。与石砚同出的还有石研磨器2件，器体较小，研磨面略呈椭圆形。研磨面上尚留有红色颜料痕迹。它们的发现，为中国绘画史的研究又增添了新的宝贵资料。

（李宗山）

Taixi yizhi shibianlian

台西遗址石砭镰

商代中期的石制医疗用具。是中国现存最早的石制医疗用具之一。1973年由河北省博物馆在河北藁城县台西村商代遗址第14号墓中发掘出土。现藏于河北省博物馆。

出土时放置于墓西侧二层台上一具长方形漆盒内。长20厘米、最宽处5.4厘米，未见安柄痕迹。经鉴定，它是一件商代的医疗器具——砭镰。

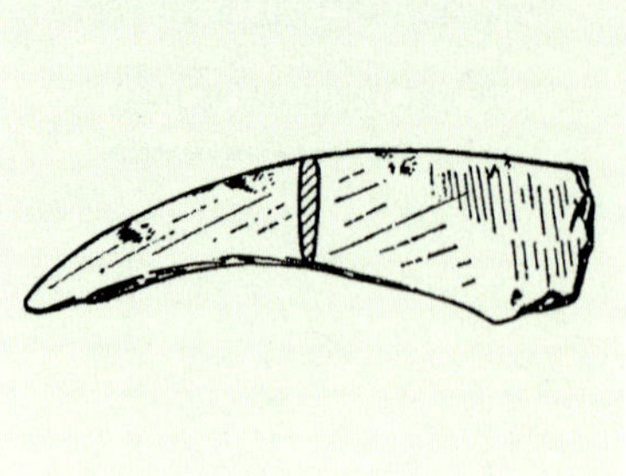

台西遗址石砭镰

砭镰是砭石的一种，用锋利的刃口切割肿疡和泻血等，历代医药文献中，常常可以看到有关砭镰的记载，清代的文献还保存有一些“砭镰”的图像，其中提到的“大弓刀”、“小弓刀”、“湾刀”、“镰式（刀）”等，在宽度、长度、弧度等方面均具有镰的特征，证明它是由古代的砭镰演变、发展而来的。这件石砭镰以及在台西商代遗址中出土的中药桃仁、郁李仁等，在一定程度上反映出商代医药学的发展水平。

另外，1963年在内蒙古多伦旗头道新石器时代晚期遗址中也出土一件小型石砭镰。长仅4.5厘米，一端扁平，有半圆形刃，可用于切割，另一端呈锥形，可用作针刺泻血等。该器的形状、大小同内蒙古发现的古代青铜针相似，尤其接近于清代文献中“小弓刀”的形式。或可作为石质医疗器具的又一早期例证。

（李宗山）

Yinxu shiliqi

殷墟石礼器

商代后期的石制礼仪用器。殷墟位于河南安阳市西北郊洹河两岸。20世纪初发现，1928年开始发掘，出土的商代文化遗物琳琅满目。其中石制品占有较大比例，包括工具、武器、礼乐器和装饰品等。尤其是具有礼仪性质的石器，在这一时期有很大发展。

大致可分为以下几类：①仿铜礼器。个体一般较小，主要用白色大理石雕琢而成。器表光滑，造型精美。典型器有簋、豆、盂、觯、瓿和小型的罍、壶、罐等。盂、觯等均有盖，有的盖雕成动物形。器身常刻有精美的饕餮纹、云雷纹、弦纹和动物纹等。该类石礼器以妇好墓所出最多，也最典型。在殷墟1003号大墓出土的石簋断耳上，刻有12字铭文，弥足珍贵。②祥瑞、仪仗用具。包括琮、璧、瑗、璜、璋、圭和柄形器等。虽不如同种玉器多，但加工工艺并不逊色，亦用于祭祀、辟邪和庆典等礼仪场合。璧、璋、圭等常成套出土，放置部位也较有规律。如殷墟西区1713号墓所出的8件石璋，均放于墓主肩右侧。③乐器。仅石磬一种。已发现10多件。大型单体特磬以武官村大墓虎纹石磬为代表。同种石磬在洹河南岸王宫遗址中也有出土（见*夏至战国石磬*）。大小成套的石编磬已发现两组。一组出于妇好墓中，共3件，大小有别，形制大体相同。该墓还出有2件较小的石磬（见*妇好墓石磬*）。另一组出于殷墟西区93号墓中，共5件。磬体扁平，呈不规则长五角形，近宽端穿一孔（有一件穿两孔）。石质为灰白色或青灰色石灰岩，表面磨光，用彩色绘出鸟兽纹。该类石磬均出于大、中型墓，说明拥有石磬的墓主人，身份地位相当高贵。④武器。有钺、戚、矛、戈等，数量不多，制作精致，多无使用痕迹，主要用于与军事有关的祭祀、礼仪等场合。⑤装饰品。有环、佩、珠、坠以及石龟、石鳖、石虎等部分精美的石雕艺术品和佩饰（玛瑙、绿松石、孔雀石等），也仅见于大中型墓。此外，还有一些制作精美的工具，如铲、锤、杵等，数量较少，也没有使用痕迹。

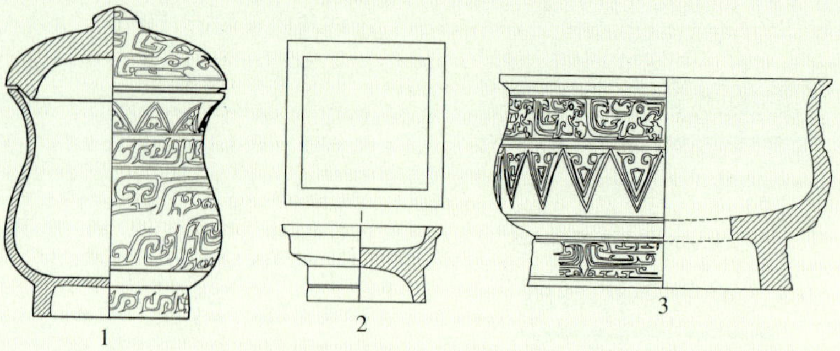

1.妇好墓石觯 2.1001号墓石方皿 3.1004号墓石簋

殷墟石礼器

殷墟出土的石礼器，种类齐全，数量众多，在商代后期具有很强的代表性，为研究这一时期的礼仪制度和石器制作工艺提供了典型的实物资料。

参考书目

中国社会科学院考古研究所安阳工作队：《1969～1977年殷墟西区墓葬发掘报告》，《考古学报》1979年1期。
中国社会科学院考古研究所：《殷墟发掘报告》（1958～1961），文物出版社，1987。

（李宗山）

Maqiao yizhi shiqi

马桥遗址石器

夏、商时期马桥文化的典型石制品。1960年和1966年由上海市文物保管委员会在上海县马桥镇东马桥遗址第4层中发掘出土。现藏于上海博物馆。

质料有板岩、页岩和硅岩等，一般均磨制，有的通体磨光。器形有斧、锛、锄、犁、镰、刀、凿、钻、矛和镞等。石斧扁平、翘刃，磨制精美，中间穿一大孔，上部或出柄，或下凹成槽，明显受青铜斧的影响。石锛数量多，大小差异很大，分有段起脊和常型两种，最小的仅长2.9厘米，为主要的木工工具。石锄均为长柄、有肩、宽刃，打磨兼施，取代石铲而成为主要的掘土工具。三角形石犁多已残破，均用

页岩加工而成，两侧磨成单面刃，中轴部位有3个～4个穿孔，是典型的耕作农具。石镰和各类石刀在石器中占有很大比重，其中石镰多为一端宽的长条形，装柄处有的磨成凹槽或穿孔；石刀种类多，有半月形、长条形、三角形、斜柄或直柄形以及铲刀等，前两种均有2个～3个穿孔。磨制的长方形石凿和圆柱形石钻也很有特点，有的石凿与该层所出的铜凿很相像，也是重要的木作工具。作为武器或渔猎工具的石镞、石矛，不仅数量多，而且制作精细，如有铤双翼石矛、横剖面呈菱形的圆铤双翼起脊石镞等，都颇具代表性。

马桥遗址石器已明显具有青铜时代的特点，它上承良渚文化，下限约在西周早期，与湖熟文化有密切的关系。（李宗山）

Xiawanggang yizhi renmianxing shiyue

下王岗遗址人面形石钺

西周时期的石制礼器。1971年～1974年由河南省博物馆等单位在河南淅川县下王岗遗址中清理出土。现藏于河南省博物院。

长10厘米、宽9.4厘米、厚1.1厘米。系火成岩磨制而成。顶部呈弧形凸起，两侧边略内凹成亚腰，双面宽弧刃（一角已残），中心部位单面穿一圆形大孔，两上角又各有一对称的圆形小孔，制作十分精致。参照商、西周时期的兽面形青铜钺来看，该钺的设计颇有大口圆眼的“人面形”或“兽面形”作风，应是具有特殊用途的权杖或礼器。（李宗山）

Qufu Lugucheng jianxing shige

曲阜鲁故城剑形石戈

西周中期的石制武器。因其外形似剑，被发掘者称为“石剑”。是迄今所知形体最长、最别致的巨型石戈之一。1977年～1978年由山东省文物考古研究所等单位在曲阜市鲁国故城30号大墓中发掘出土。现藏于曲阜市文物管理委员会。

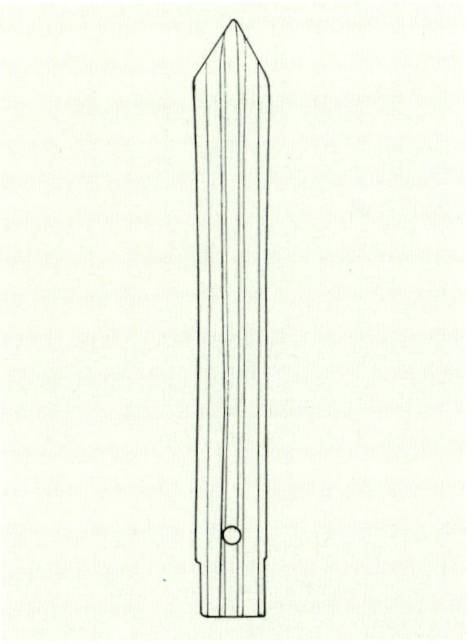

曲阜鲁故城剑形石戈

长29.9厘米、宽3.5厘米、厚1.5厘米～3厘米。系用细质石料磨制而成。出土时摆放于棺盖之上，器身呈长条圭形，下有短内，内与戈身结合部有一圆穿，尖部呈等腰三角形。自戈尖以下有3道凹槽，边刃部较钝。该戈与其他墓所出土的直内有孔玉、石戈造型一致，惟形体更加窄长，与后来流行的长兵器——剑很接近。这种大的剑形石戈在山西曲沃县北赵村西周中晚期晋侯墓、河南三门峡市西周晚期虢国墓地大墓中也有发现，埋藏位置一样，是当时一种特殊的葬俗，或有表明墓主人身份、地位的作用。（李宗山）

Huoma Jinguo shigui

侯马晋国石圭

春秋晚期至战国中期晋国石制礼器。1964年～1965年由山西省文物管理委员会在山西侯马市牛村古城城南的一座晋国石圭作坊遗址中发掘出土。现藏于山西省考古研究所。此作坊遗址面积约4900平方米，出土大量与石圭有关的生产遗物及石圭成品、残品、半成品，对研究石圭加工工序和制作技术具有重要意义。

石圭中形制稍完整者多为尖首、折肩、方底，多数肩底同宽，厚度一般为0.15厘米～0.2厘米。从大量石圭残品、半成品及同出的众多石片、石料、石刀、磨石等来看，石圭系用石刀打制成形后，再用磨石加工而成。大、小石圭有一定规格，显然已形成系列。

圭是一种礼器，多与祭祀有关，用作随葬品时一般仅见于大中型墓，是身份和地位的象征。春秋晚期到战国初期，用圭随葬现象已很普及，当时也用玉圭。石圭片还作为载书盟辞的简册。

石圭在陕西、河南、山东等省均有发现。侯马晋国石圭作坊所在地为晋国晚期都城“新绛”，从晋景公十五年（公元前585年）至三家分晋（公元前376年），延续200余年。陕西蓝田县泄湖镇10号墓内也出土7件石圭，它们排列大小有序，最大者长6.1厘米，最小的长3.6厘米，为一套，其时代相当于战国中晚期。这一形式对解释石圭的用途有着重要的参考价值。石圭的大量出土，反映了商周时期礼制风俗的一个侧面。（李宗山 李梅田）

Doujitai mudi shiquan

斗鸡台墓地石权

西周早期的石制衡器。是中国迄今所知时代最早的石权。1933年～1935年由北平研究院史学研究会考古组在陕西宝鸡市斗鸡台沟东区A3号墓中清理出土。

高约8.7厘米。系用砂岩质的河卵石略加磨制而成，通体呈梨状，上部略凸出，圜形底，近上部对钻一孔以系绳。因形体与称重的权很相似，故名。这种石权在秦汉以后较常见，如湖南资兴县东汉墓和江苏南京市北郊郭家山东晋墓等，都出有石权形器。有的与铜权或铁权

等形体很接近。铜权的出现是在春秋以后，铁权的出现则更晚，说明铜权和铁权是由石权发展而来的。

（李宗山）

Xiasi 1-haomu shipaixiao

下寺1号墓石排箫

春秋晚期楚国的石制管乐器。1978年由河南省文物研究所等单位在河南淅川县下寺1号楚墓中发掘出土。现藏于淅川县博物馆。

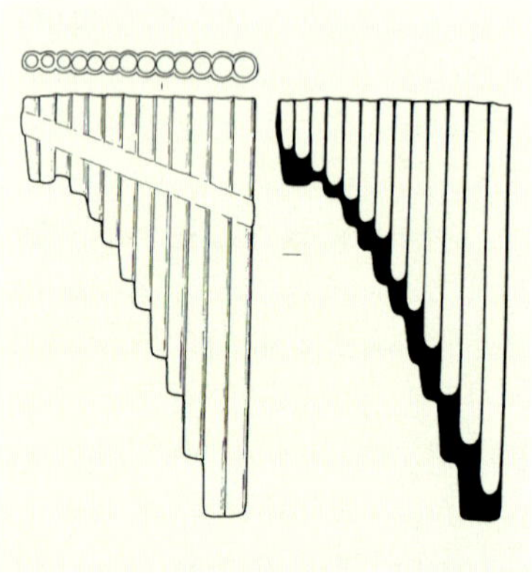

下寺1号墓石排箫

出土时已断为两截，原器呈三角形，由13根白色石管组成，石料硬度较高，制作精致。排箫上端平齐，钻有13孔；下端长短依次递减，刻成13管并列之状，中间刻一横带，以示用带缚管。管壁厚0.1厘米，管与管之间壁厚不及0.1厘米。最长的1根管长15厘米、孔深1.75厘米、孔径0.45厘米。管孔的深度与管长不一致，但均未钻透。除第7管因口部残破过甚，不能发音外，其余12管仍能吹出高低不同的音阶。测音结果表明该排箫不仅音阶齐全，而且音域宽广，应为实用器。它与湖北随州市曾侯乙墓出土的竹排箫形制相同，是中国此类乐器中的最早实例。

（李宗山）

Shuihudi 4-haomu shiyan

睡虎地4号墓石砚

战国晚期秦国石制文具。1975年～1976年由湖北省博物馆、孝感地区第一期亦工亦农文物考古训练班等单位在云梦县睡虎地4号战国墓中发掘出土。现藏于湖北省博物馆。

长6.8厘米～7厘米、宽5.3厘米～6厘米、高2厘米。砚体由一块不太规则的含炭硅质页岩或板岩的鹅卵石制成，平面略呈圆角方形，顶面较平滑；上置一高2.2厘米的研墨石，亦以同类鹅卵石加工制成，近似圆饼。均有使用痕迹，出土时尚存有墨迹。

与之同时出土的还有一残长1.2厘米、直径2.1厘米的圆柱状墨块以及写给墓主人衷的2件家信木椟和竹简等。结合同一墓地时代为秦始皇三十年（公元前217年）的11号墓出土的毛笔及大批竹简等分析，可以确认至迟于战国晚期石砚已用于书写文字，砚的功能已开始发生了重大转变。

（江 晓）

Shanbiaozhen 1-haomu shiqi

山彪镇1号墓石器

战国晚期魏国贵族墓出土的石制品。1935年由郭宝钧先生等人在河南汲县山彪镇西一座战国晚期墓葬中发掘出土。计126件，部分藏于河南省博物馆，另一部分于中华人民共和国成立前被运往台湾。

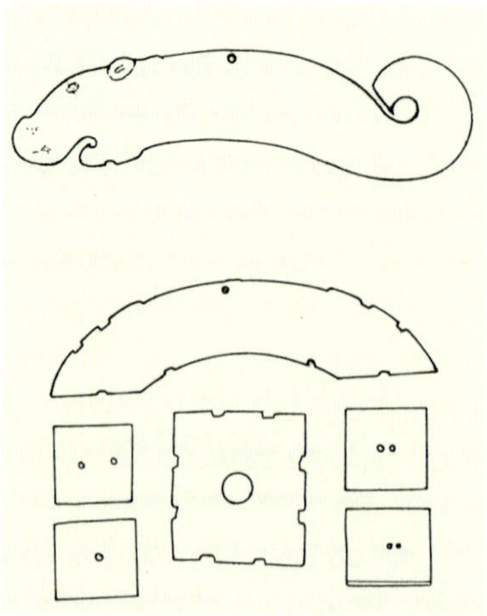

山彪镇1号墓石器

可分3类：乐器类仅石磬一套10枚。分二层放置，色白质脆，皆已断裂，虽无缺失，但音律已难明确。形状均似曲尺形，棱角分明。最大者鼓上边长41.9厘米、股上边长28.9厘米、厚3.6厘米，倨句夹角140°，重约7.3千克；最小者鼓上边长15.6厘米、股上边长11.7厘米、厚2.3厘米，重不足1千克。磬体各部比例与《周礼·考工记》所载大致相符，说明当时的石磬制作有严格的规制。装饰品类最多，共76件，形体均小。包括石璜、石龙、石冲牙、方形石饰和琮形饰等，以方形石饰最多，色青白，皆涂朱，极薄，中有2小孔，可互相联缀。石璜、石龙亦皆涂朱，石龙形似璜，用法当与璜同。琮形饰上圆下方，中心有孔未钻透，方底各边有两小缺口，若中腰截半之琮。石冲牙形近方形，中有圆孔，每边有两缺口，与《礼记·玉藻》所载“佩玉有冲牙”之冲牙形体一致。实用器类也不少，包括砺石、石刀、石匕和石尺形器4种，另有石印章一枚。砺石有大、中、小之分，皆长条状，多与刀、锯等同出。石刀仅1件，作斜长方形，凸背，刃微凹，长6.6厘米、宽3.2厘米、厚0.6厘米。石匕皆出大鼎中，数量较多，与兽骨同出，多断残，色青，长条薄片形，一端平齐，一端尖锐如圭首，适于食肉之用。石尺形器状如尺，无刻度，扁平窄长，两端平齐，色白，磨制光滑，用途不详。该墓所出石器种类在春秋、战国的大型墓葬中比较齐全，代表了当时贵族阶层随葬石器的基本特点，对研究当时石器用途的转化有着重要意义。

（李宗山）

Qin zhi Qing shiqi

秦至清石器

（公元前221年～公元1911年）

从秦始皇统一六国至清王朝灭亡，在这漫长的封建社会中，石器在社会生产和生活中担当与先秦时期明显不同的角色。在造型、功用与制作工艺等方面均发生了实质性的变化。

主要变化表现在以下几方面：

①由于冶铁技术的发达，石器在生产领域中逐渐消失。但秦至东汉时期边远地区还有少量石质生产工具，三国以后基本上被铁工具所取代。②在加工领域，石器仍占有重要地位。主要有以磨、碾、碓、臼、杵等为代表的粮食加工工具与手工业领域中的打磨工具等。尤其是石磨的出现，较战国以前广泛使用的石磨盘、石磨棒是一大进步（见秦至清石磨）。③在生活领域中，石器用途仍较为广泛，除与建筑有关的各种石材、石制品外，还包括日常用的石凳、案、熏炉和灯等。尤其是属于文房用品的石砚，在这一阶段已有很大发展（见秦至清石砚）。④石刻工艺发展迅速，表现在：a.摩崖石刻与造像艺术的发展，尤其是佛教传入后而兴起的石窟寺艺术，使大型石刻艺术进入繁荣时期。b.与建筑、工程有关的各种石雕艺术品乃至建筑本身，如石塔、石柱、石桥等等，尤其是以北京圆明圆和故宫为代表的皇家宫殿石雕建筑群，更是这一阶段石制工艺发展的典范。C.与埋葬制度有关的各种石制棺椁、石模型明器、石碑、石兽等兴起，尤其以西汉、东汉、南北朝时期流行于南方地区的石模型明器和画像石最引人注目。历代墓碑的发现也蔚为大观。

秦至清代石器，无论在使用方式、社会功能和制作工艺等方面，都与战国以前的石器有着很大不同。战国以前的石器主要在生产领域中起着主导作用，而秦以后的石器已基本上从生产领域中退出，作为户外的石器生产工具已不复存在。

（李宗山）

Qin zhi Qing shimo

秦至清石磨

秦至清代碾磨粮食或脱壳去皮的石制加工工具。在中国起源很早，是随着采集经济的发展与原始农业的兴起而出现的。在旧石器时代晚期的下川文化中便出现为去掉植物种子的外皮而制作的原始的研磨盘，其形状不太规则，多是利用自然面较平整的小型砾石与石块制作而成，还称不上真正意义的石磨。新石器时代出现形制较为固定的石磨盘与石磨棒。磨盘多呈椭圆形或长条形盘状。磨棒多呈圆形或椭圆形短柱体（见裴李岗文化石磨盘棒）。另外，还有一种扁圆形的磨饼，用法与磨棒类似。这种形式一直延续到夏、商以后。

秦代是粮食加工史上的重要变革时期，出现了新型的转动石磨，采用轴承原理，手工转动上盘以碾磨粮食。磨齿的分布较有规律，但还保留有琢制磨盘的痕迹。最初的磨盘上下两扇并非都是圆形，一般上小下大，磨面琢制成坑窝形齿，使用时用手推拉转动。至迟在秦代早期开始出现上下叠置的圆形石磨（见秦都栎阳遗址石磨）。另外，在河北邯郸市赵王城石器作坊遗址中出土的石磨可能要早到战国晚期。

至西汉初年，石磨已迅速普及，其模型也陆续见于墓葬中，形体一般较小。凿成坑窝形齿的石磨已基本不见，沟槽形齿的石磨得到了进一步发展，同时也出现畜力拉磨的形式。如葬于西汉武帝时期的河北满城县中山靖王刘胜夫妇墓中出土的一套石磨，形态与现代石磨已较为接近，磨下还有承接粮食的铜漏斗，磨旁则有一具拉磨牲畜的遗骸。这是利用畜力加工粮食的最早实物。西汉中期以后，石磨形体逐渐加大，上扇顶部普遍出现以横梁隔开的半月形粮食漏斗，磨齿除放射状槽形齿之外，还出现纵横交错的斜齿组合，后者加工效率明显提高，并沿用至今。

东汉时期发明了“水礲（磨）”、“水碓”等。石磨多置于圆形石台之上以承接磨出的粮食，石台周边高起，台下多附三足。同时，较杵、臼更为先进的“地碓”、“双人捣碓”等加工工具也推广开来。三国至南北朝时期又创造出“连磨”和“水碾”，利用畜力、水力带动轮轴转动加工粮食，大大提高了效率。

隋唐以后，除继承两汉以来的石磨外，还出现了“滚动石碾”、“转盘石碾”等新型粮食加工工具。石磨形体加大，磨盘加厚，制作更加精细合理，分布范围遍及中国南北。直到明、清以后，石磨、石碾、石臼等仍是中国粮食加工的主要工具，并对现代机械、电动磨碎工具的发明有着重要的启示作用。

石磨作为中国传统的粮食加工工具，经历战国以前的原始形态和秦以后的发展形态，由分体发展为合体，由人工推动发展成畜力、水力、机械牵引。它为秦以后北方地区广泛流行的面食和豆制品的加工提供了必要条件，在粮食加工工具史上起着重要的作用。

（李宗山）

Qindu Yueyang yizhi shimo

秦都栎阳遗址石磨

战国晚期或秦代的石制粮食加工工具。20世纪60年代由陕西省文物管理委员会在陕西秦故都栎阳遗址中调查发现。现藏于陕西历史博物馆。

仅存下扇，由颗粒状砂岩琢制而成，呈灰白色，杂有黑红斑块。砂粒胶结度很高，十分坚硬，非常适于磨碎粮食。磨扇平面呈圆形，中部微鼓起，较边沿高2.45厘米、直径55.5厘米、厚8厘米。磨中心有3厘米见方的竖孔，中置铁芯，芯的凸出部分已残缺。铁芯周围10厘米处无齿，其余部分均凿有枣核形小窠为齿，共7排，齿长2.5厘米，最宽处2厘米，边沿齿成三角形，缺口向外，便于加工的粮食流出。整个磨齿的排列自内向外递增，最内一排38齿，第二排至第四排依次为46齿、51齿、60齿，各齿相互顶直，排列整齐。自第五排起则变为交错排列，各为60齿。这种规则的排列方式即便于磨盘转动，又可迅速均匀地将粮食磨碎成粉，是粮食加工史上的一项重要发明。

该磨使用时间有可能早到战国

晚期。这种琢齿方式在西汉初期又有所发展，出现放射状槽形齿，加工效率明显提高。同类石磨在陕西临潼郑庄秦石料加工场遗址中也有出土，是中国最早的3件转动型石磨。它们的结构、形态和使用方式开启了后代石磨的先河。

（李宗山）

Yandaishan xihan shimo

烟袋山西汉石磨

西汉中期的石制粮食加工工具。1985年由南京博物院在江苏仪征县烟袋山1号西汉墓中发掘出土。现藏于南京博物院。

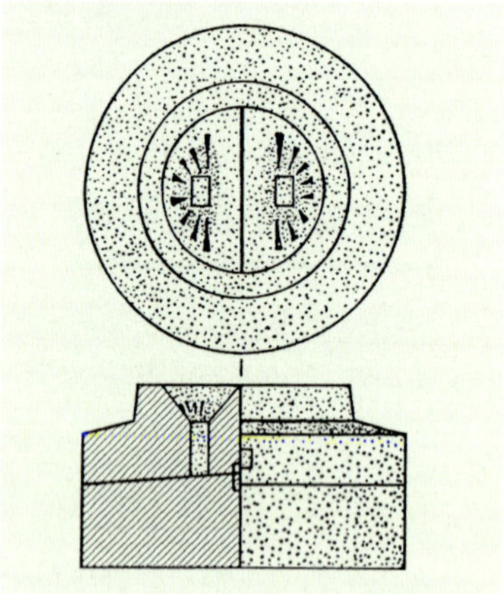

烟袋山1号西汉墓石磨

一套两件，由粗砂岩琢磨而成。通高9.8厘米、盘径17.5厘米。呈圆形，分上、下两扇，上扇表面有一凸起的圆形漏斗，斗中又以隔梁分成两半，各有一长方形进物孔，孔附近刻有便于进物的凹槽，磨盘侧面有一方孔供装推杆。下扇磨盘的中心部位亦有一方孔，供装磨轴。两扇磨盘的工作面光滑，下扇中部隆起，上扇中部略内凹。形体较小，不太实用。

类似石磨在江苏仪征县胥浦101号西汉墓中亦有出土。虽为随葬的小型明器，但结构十分科学。这种石磨目前已可追溯到秦代（见秦都栎阳遗址石磨）。河南、河北、山东等地也发现有西汉时期的石磨，表明其流行时期应在秦代以后。

（李宗山）

Qing zhi Qing shideng

秦至清石灯

秦至清代的石制照明用具。石灯出现的时代相当早。西方在旧石器时代晚期便发现有利用空心石头制作的石灯，内置苔藓等物浸油而燃。不过在新石器时代以前，用以照明的用具主要是篝火与火把。

中国迄今发现时代最早的一件石灯，是在新疆哈密市五堡古墓群中发现的，时代约当西周或略晚。石灯的普遍出现应在秦代以后。早期石灯均呈陶豆形，形态简单，制作古朴，与华贵精巧的铜灯相比远为逊色。到西汉晚期，石灯与铜灯、铁灯、陶灯一样，种类增加，造型趋于多样化。如东汉时期所出现的兽形石灯，灯座之上有的雕一蟾蜍，有的雕一龟或一天禄，背上承托灯柱盘（见淮阳1号东汉墓石灯），雕刻手法娴熟，动物形象栩栩如生。另外，在北齐王陵墓中出土的彩绘石灯也很有特点，其中一墓出有4件，每件高达53厘米以上，灯盏作圆钵状，八棱体灯柱，下连圆形灯台和方形底座，灯台用红彩绘制覆莲图案，通体挺拔修长，风格一新。

唐代以后，一些户外石灯常有高大基座和防风外罩。灯座多精雕细刻。灯室多雕成亭台楼阁状。其中又以寺庙的长明灯、供养灯和大型陵墓前的神道灯最为典型。北宋以后，除日常用石灯外，在航海中还建有石塔灯，一直延续到近现代。

（李宗山）

Huaiyang 1-hao Donghanmu shideng

淮阳1号东汉墓石灯

东汉中期的石制照明用具。1988年由河南周口地区文物工作队等单位在淮阳县北关1号东汉陈王刘崇墓中清理出土。现藏于淮阳市博物馆。

通高46厘米、底座直径22厘米、天禄长22厘米。系用整块青石料雕刻而成，出土时完好，发掘者称其为“天禄承盘”。石灯下部有一圆台形底座，上雕一天禄。天禄头生双角，尖圆耳耸起，昂首，圆眼，狮

淮阳1号东汉墓石灯

鼻，张口露齿，颏下垂长须，肩生双翼，长尾卷曲，四肢欲起，作奋力承托状。天禄背承灯柱，柱顶出四斗拱，上托圆形灯盘。盘外中部有一周凹槽，内有直径9厘米、深3厘米的圆槽，槽内刻放射状线条。灯柱和灯盘外阴刻卷云纹、波折纹等。整体设计精巧，造型新颖，兼实用和艺术于一体，是中国灯具史上不可多得的艺术精品。

（李宗山）

Changzi Tangdai shideng

长子唐代石灯

唐代大历八年（公元773年）制作的供寺庙使用的石质长明灯。现存于山西长子县慈林山法兴禅寺。

通高2.4米。用青石雕成，下为海棠形须弥座，束腰雕凿8个伎乐人，姿态生动，边上刻有“唐大历八年岁次癸丑十一月朔十九日庚寅清信士董希璇……于此寺敬造长明灯台一所”等铭文。座上置圆形仰、覆莲座，上为雕空的八角形灯亭。灯亭有圆柱8根，柱中部雕一束莲瓣，柱头精雕成卷杀，上置栌斗；柱间施阑额，柱下置四方柱础。灯亭四面开门，另四面假做成破子棂窗，灯光可由四门射出。亭盖为八角攒尖顶，筒板瓦垅，勾头滴水，脊上附脊兽，顶端安置山花蕉叶宝珠顶。该灯不仅造型别致，雕刻技法奇巧，而且有明确的纪年，对研究唐代灯具的特点和建筑、雕刻艺术等方面都具有很高的价值。

（雷生霖）

Xihan zhi Qing shizhenzhi

西汉至清石镇纸

西汉至清代的石制文房用具。与西汉、东汉时期常见的具有避免人起身下坐时折卷席角的镇不同，镇纸是随着书法和绘画艺术的发展而出现的。据考古资料可知，石镇纸至迟在西汉就已出现，最初主要是在书画时用以压绢、帛，东汉以后才渐渐用以压纸。镇纸作为古代常见的一种文房用品，魏晋隋唐时不断普及，北宋至元以后形式丰富多彩，成为中国文具史上的一个重要门类。

西汉、东汉时期，石镇纸皆为长方形，造型古朴。如湖南怀化市盈丰村5号墓出土的一件西汉中期滑石质镇纸：镇面作长方形，纵剖面略呈弓形，长10.2厘米、最厚处1.4厘米，为时代较早的石镇纸之一。另外，在湖南益阳西汉晚期至东汉中期墓中也出有石镇纸数件，均呈长方形薄石板状，长约14厘米、宽4厘米～5厘米、厚约0.5厘米，板面光滑平整。其中一件与石砚同出。

三国至唐代，随着造纸业的发达，书画艺术迅速发展起来。文房用具已成为文人墨客的案头必备之物。除石镇外，还出现玉镇、瓷镇、铜镇等。各类镇纸的制作都比较精致，有些刻有花纹图案。但总的来讲，玉、石镇纸仍占多数，形态与东汉石镇纸差别不大。惟隋唐时期的镇纸多成双成对，对石材的选择很讲究，石质细腻光滑，有的敲击声响如磬。

北宋至明代，镇纸发展到极至。其装饰性功能逐渐超过使用功能，成为文人、官吏书房和公堂案头上的装饰物。造型也趋于多样化、艺术化，制作技术更加精湛，有的刻纹绘彩，书以吉语雅诗或雕成动物、山水景致等。如浙江诸暨县南宋董康嗣夫妇墓中出土的两件石雕犀牛镇纸，外形基本相同，犀牛呈卧伏状，四肢屈曲，昂首突目，独角向后倾斜，角尖向上，口鼻上翘，两耳耸立，作警觉状。造型生动，做工精巧。石质细腻，磨制光滑，通体黝黑。长9.2厘米、高5厘米、底宽3.1厘米。此墓还出有蕉叶白端砚和石笔架等文具。

参考书目

怀化地区文物工作队：《湖南怀化西汉墓》，《文物》1988年10期。

方志良：《浙江诸暨南宋董康嗣夫妇墓》，《文物》1988年11期。

（李宗山）

Qing zhi Qing shiyan

秦至清石砚

秦至清代用以书写和绘画的石制文具。石砚在中国起源很早，最初主要是用来研磨、调和颜料以绘彩。如距今6500年左右的陕西临潼县姜寨仰韶文化遗址中便发现有绘制彩陶的研磨工具，是已知最早的原始石砚（见姜寨遗址石砚）。夏、商至春秋时期，石砚虽陆续有所出土，但数量较少，就功能而言，仍主要用于研磨彩绘颜料，是石砚发展的初级阶段。

真正用于书写的石砚，与书写工具的变化分不开，是书写材料多样化的结果。因此，笔与砚密不可分，只有用笔墨书写才有可能刺激石砚的发展。据考古资料可知，最迟在战国时期，砚就已与笔墨配套。如春秋晚期出土于晋国都城附近的“侯马盟书”、战国早期曾侯乙墓出土的大批竹简等都是用毛笔书写而成的。1975年发掘的湖北云梦县睡虎地战国晚期4号秦墓葬中即发现有石砚、研墨石，两者均以鹅卵石加工制成，上有使用痕迹。

最初用于书写的石砚多呈圆饼形，简单而无纹饰，所用砚材亦不固定。上面磨平作为砚面，底面多比较粗糙，另附一块小研石。研石多呈柱状或圆锥状。这种形式一直延续到西汉晚期。

自西汉开始，石砚数量迅速增加，形制稳定，最常见的仍是圆饼形石砚，表面光滑，底部一般不加磨制，常与柱状研磨石或墨块同出。如湖北荆州市江陵凤凰山出土的一套完整文具，有石砚、墨、简和削刀等。到东汉时期，类型逐渐复杂，出现精雕细刻、带盖附足的圆形盒式砚，并迅速流行开来。这时的砚多分为两部分，成大小弦月状；砚盖常雕有异兽或花纹，尤以盖上雕成2个～6个螭或龙的形制最典型，螭、龙作聚首盘绕状；有些还刻有吉语铭文。这类砚在中原地区很流行，四川、甘肃、内蒙古等省、区

也都有出土。如甘肃省博物馆收藏的一件东汉螭盖三足石砚，砚盖雕作双螭盘绕，双螭张目竖耳，互咬对方颈部，砚盖四周斜面阴刻二虎和斜平行线纹。砚面平坦，周边略低，与盖扣合紧密。砚下鼎立三足，足正面均阳刻熊首。该砚通高12.8厘米、直径达32.3厘米，造型古朴生动，堪称汉砚佳品。

此外，西汉时期还出现长方形黛板式砚。这种长方形的石板有的作研墨写字之用，有的则作研磨石黛供妇女画眉之用。有些比较讲究的黛板式石砚还配有精美的漆盒或铜盒，特别是漆盒，利用绘画装饰，更增添了观赏效果。

三国至南北朝时期，圆形三足石砚继续使用，并出现了五足、六足石砚。这时北方雕刻的方形石砚已广为流行，以北魏和北燕的石雕方砚为代表，带有浓厚的地方风格。晚期出现分隔式长方石砚和瓷砚、陶砚等，有砚池和砚床，墨块可直接在砚池中研磨，研磨石迅速被淘汰。

唐代经济、文化高度发达，为文房四宝的普及和发展提供了重要的社会基础。朝廷重视文章书法，以文取仕，书画艺术繁荣，故唐代是砚发展的重要阶段。这时最为流行的是箕形砚，圆头、身微瘦、尾阔，下附双足或单足，酷似簸箕状。当时对砚材的质地已有相当认识，端石、歙石两种名贵砚材已被开采利用，红丝砚、澄泥砚等也相继出现。一度流行的圆形三足瓷砚则被多足辟雍砚取代。北宋以后，除端石、歙石仍继续开采外，北方还出现绿色石砚——洮砚，因出于甘肃临洮而得名，形色俱佳。石砚造型以属于风字形系统的长方形抄手砚为主流，砚面一端低一端高，底部挖空，两墙足，便于用手抄取。砚的两端尺寸稍有不同，砚堂端略阔，墨池端稍窄，两墙足内敛，一般无纹饰，但边缘刚劲挺拔，高雅脱俗。

元代基本继承北宋、南宋时期风格，但制砚工艺略显粗犷古朴。

明、清时期，砚又发生了巨大变化，由实用型向工艺型发展，选材更为讲究。除端石、歙石、临洮石等传统砚材外，还出现松花石、水晶、翡翠、玉石、象牙等新型砚材。制作风格由古朴、简洁趋于华丽繁缛，更加注重工艺。造型依然流行风字形砚，但新异石砚增多。刻有吉语雅诗、名人题款的新型石砚在明初已出现并流行，雕刻题材以山水、花鸟、人物最多见。一般讲，明代至清初的石砚多端庄厚重，大件作品居多，装饰不甚繁琐。在乾隆年间及其以后，雕刻趋于精细繁密，所表现的内容为花草树木、飞禽走兽、云霞日月、山川景物、历史典故、金石碑刻等，华美绝伦。由此出现了不同的工艺流派，如高雅脱俗的浙派，丰满富丽的“广作”等。从明、清传世品来看，文人用砚以雅见长，民间用砚以质朴为主，宫廷用砚注重精美，用材考究。不同的艺术风格、不同的砚材构成明清石砚异彩纷呈、琳琅满目的局面。

（李宗山）

Jinqueshan Xihanmu qihe shiyan
金雀山西汉墓漆盒石砚

西汉早期的石制研墨文具。1978年由山东临沂市博物馆等单位在临沂市金雀山11号西汉墓中清理出土。现藏于临沂市博物馆。

金雀山西汉墓漆盒石砚

漆盒为长方形，盖与盒身各长21.5厘米、宽7.4厘米、厚0.9厘米。盒内有长方形凹槽嵌一石板砚，端部另有一方形凹槽嵌研磨石。漆盒外表用朱红、土黄、深灰和黑色线条绘出两幅云兽纹漆画。盒盖与盒底画面大致相同，均以一虎、一熊为中心，相对作争斗状，旁有四小兽，穿插以流云纹。画面技法纯熟，色彩鲜艳。动物形象生动逼真。盒内髹赭漆。所嵌石板砚呈青灰色，石质细腻，磨制光滑平整。长16厘米、宽6厘米、厚0.2厘米。研磨石呈方形，长和宽均2.5厘米、厚0.2厘米，胶合在一块长和宽均2.5厘米、厚1.1厘米的台形木块上。放置时木块向上，捏住木块即可将研磨石提出放在石板砚上研墨。出土时盒内尚残留粒状黑墨，石板砚上也留有墨迹。与之同时出土的还有竹制笔筒和毛笔等，它们为研究西汉时期文房用具的发展提供了宝贵资料。

（李宗山）

Yanxi sannian shiyan
延熹三年石砚

东汉晚期的石制研墨文具。1978年由河南安阳地区文物管理委员会等单位在河南南乐县宋耿洛村东汉墓中发掘出土。现藏于安阳市博物馆。

出土时放于墓中室石祭案正中。通高12.8厘米、直径32.3厘米。整体作圆形，分砚盖、砚座两部分。砚盖石质呈蓝黑色，细腻坚硬、色泽光亮，由6条相互缠绕的高浮雕飞龙构成。龙身阴刻龙鳞，饰以羽翼，6龙首相聚，旋转长腾，戏一宝珠，宝珠上铭“君”。龙周围阴刻云纹，极富动感。制作者以浮雕与线刻相结合，雕刻出群龙云游飞动、欢快流畅的画面。

砚座石质呈棕褐色。砚面平滑，一侧用阴线界出一弦月形平台，平台中间刻一耳杯状砚池，围以阴刻波浪纹。砚面有一周宽沿，与砚盖相扣合，沿上阴刻一周隶书铭文，长达40余字，标出“延熹三年”（公元160年）纪年。砚座的外侧刻一周莲瓣图案。座底下弧，光亮平滑，等距离雕刻三兽形足。三兽瞪目张口，双耳直立，两爪按膝，作奋力承托状。三足间以阴线刻波浪纹围绕砚底一周。砚底正中以旋转波浪纹围绕一圆心。圆心正中有篆书“五铢”字样。

该砚保存完好，使用高浮雕、浅浮雕、阴刻、阳刻、透雕等多种雕刻技法，造型、图案、纹饰的构思和布局独具匠心，堪称东汉雕刻艺术佳作，也是中国迄今所知时代最早的纪年石砚。（李宗山）

Datong Beiwei shidiao fangyan

大同北魏石雕方砚

北魏时期的石制研墨文具。1970年由山西大同市博物馆在该市城南的一处北魏建筑遗址中清理出土。现藏于大同市博物馆。

长和宽均21.6厘米、高9.1厘米。用浅灰色细砂岩雕成，作正方形，造型精美。砚面正中突出一边长12厘米的方形砚盘，以联珠纹和莲花纹作花边。砚盘两侧中部分别有对称的耳杯形水池和方形笔舔，水池两端有鸟兽作饮水状，笔舔两侧有人物图案4组，分别为仙人骑兽、角抵、舞蹈、沐猴。砚面对角有莲座笔插及联珠纹圆形笔舔。砚的四侧雕刻有云龙、朱雀、力士、水禽衔鱼等图案，每侧用联珠纹分隔成7个方格。砚底正中雕莲花1朵，周边雕莲花8朵，构成砚底图案。具有浓厚的佛教艺术风格，从砚表面浮雕的耳杯形水池、云龙、朱雀、力士、水禽衔鱼等纹饰以及下部壶门还保存着方形图案等观察，它比大同东郊石家寨北魏太和八年（公元484年）琅琊康王司马金龙墓出土的石雕砚的时代略早。

大同是北魏早期都城平城所在地。在魏孝文帝迁都洛阳前的近百年中，平城一直是北魏的政治、文化中心。它发现于靠近旧城的东南城墙外，据《水经注》等记载，这一带应是北魏永宁寺的旧址，该砚可能为该寺之物。

（解廷琦）

Mashaoting Fuqi Hezangmu duan-sheshiyan

马绍庭夫妻合葬墓端歙石砚

北宋时期的石制文房用具。1988年由安徽合肥市文物管理处在该市南郊北宋马绍庭夫妻合葬墓中发掘出土。现藏于合肥市博物馆。

端砚长19.2厘米、上宽12.6厘米、下宽13.2厘米、高3.4厘米。出于1号棺（马绍庭本人）中，为长方形抄手砚。砚堂刻有长方形墨池，砚底刻出长方形抄手。石色灰黑泛红，石质细腻光滑，墨池内尚残留墨迹。同出的还有徽墨一锭，上题篆书“歙州黄山张谷囗”7字。

歙砚出于2号棺（马绍庭之妻）中，出土时放于漆砚盒内。砚长22.1厘米、上宽12.3厘米、下宽13厘米、高3.5厘米。呈长方形，石色青莹，石理缜密，坚润如玉。砚堂刻卵形墨池，边线凸起，平底，底部刻有长方形线框，制作精细。盒长24.2厘米、宽15.2厘米、高7.4厘米。盒呈矩形，木胎内外髹黑漆，素面；底板与盖板系粘接而成，四角有极细密的榫卯相嵌接。盒身内沿四周拼粘厚0.5厘米的木条作子口，盖为母口。与歙砚同出的还有徽墨一锭、木胎漆砚一方及文具盒一件。徽墨上有楷书题款“九华朱觐墨”。漆砚为圆形，有盖，应为化妆调色用。文具盒的形制及髹漆方式与砚盒同，惟较窄。盒内并排放有5支毛笔。

该墓位于古歙州重地，墓主夫妇均系北宋晚期名门之后，所出砚、墨、笔等均为上品，是文房用具史上的一次重要发现。（李宗山）

Jianyang Yuanmu shiyan

简阳元墓石砚

元代的石制研墨文具。1974年由四川省文物管理委员会在简阳县东溪公社园艺场的一石室墓中清理出土。现藏于四川省博物馆。该墓共出石砚17方，为中国目前出土石砚最多的一墓。

用材以青石为主，亦有一些精美的石料，如端石、歙石、有纹花石等。形制包括圆饼形石砚1方、圆形三足砚3方、长方抄手砚9方、长方圆角砚3方、花石箕形砚1方。圆形砚直径均在20厘米左右；长方形砚大小不一，最长的达31厘米，个别的附有双足。多数砚造型古朴，虽没有任何纹饰，但制作较为精细，通体磨制光滑。

该墓出土的圆饼形和圆形三足砚为西汉至南北朝时流行的形制；箕形双足砚与唐至南宋时期的典型形制十分相似；长方抄手砚和长方圆角石砚则具有明显的北宋、南宋砚特征。推测墓主人生前可能是一位砚品收藏家。如此众多的石砚集中出于一墓，为研究砚史提供了难得的资料。（李宗山）

Penglai xiandao shiyan

“蓬莱仙岛”石砚

元代的石制研墨文具。1952年上海市青浦县元代任氏墓出土。现藏于上海博物馆。

长18.2厘米、宽11.6厘米、通高4.2厘米。作长方形，底边稍宽，带盖。砚堂内镶入紫红色端石。石内有翡翠斑，周围刻一圈竹节纹，石上为小长方形砚池。砚额阴刻山峦数重，中刻隶书“蓬莱仙岛”4字，左右刻有对句，左为“醴泉华池”，右为“朱明曜真”。砚背有篆书“泽之”款。“泽之”应为墓主名字。“蓬莱”一向被古人视为仙境之地，在砚上刻此题记，表明祈盼墓主人死后羽化升仙的宗教意念。石中嵌以端石，合二为一，可谓独具匠心。

（泰 然）

Gucongyi moke shiguwenyan

顾从义摹刻石鼓文砚

明代的石制研墨文具。原为明

顾从义摹刻石鼓文砚

朝宫中之物，后赏赐于顾从义。顾氏在砚上摹刻石鼓文。之后，该砚曾几经转手。中华人民共和国成立后，由徐世襄后人捐献于天津市艺术博物馆。

高10.4厘米、直径19.5厘米。作圆形，砚面刻“而师”、“马荐”两石文，中夹“内府之宝”4字印。砚底刻“吾水”、“吴人”两石文，中间凹处阴刻隶书“石鼓”2字、篆书“子子孙孙用之永保”，落款为楷书“东海顾从义摹勒上石”。石砚四周并列刻“吾车”、“汧殹”、“田车”、“銮车”、“猷作”、“霝雨”6石文。石砚有盒，盒用紫檀木制成，做工精细。盒盖顶雕牡丹花纹一周，中央镶嵌墨玉螭纹雕饰。盒周围有清代学者程瑶田的长跋《石鼓砚记》和孙效曾的题诗。砚底有清道光二十一年（公元1841年）朱善旂跋语。朱氏本人亦收藏有类似的摹刻石鼓文砚，惟砚体作长方形，现藏于天津艺术博物馆。这些题记和跋语有助于了解此砚的流传经过和文物价值。石鼓文是中国最早的石刻文字，顾从义摹刻的这方石鼓文砚，对研究石鼓文的内容、字行排列、复原石鼓文的顺序有着重要的参考价值。

（雷生霖）

Qing songhuashiyian

清松花石砚

清早期至中期御用石砚中的精品。因产于松花江上游地区而得名。松花石又名松花玉。石色分深绿与浅绿两种，间杂黄色，纹如刷丝，属变质砂岩或板石岩类；石质细腻温润，坚硬致密，为制砚良材。

松花石砚明初即已出现，被误认为“绿豆砚”，后经琢砚名家金殿扬确认。清廷所见松花石砚最早的是康熙年间的产品，至乾隆三十九年（公元1774年）止，只有120块，均为松花石制作的精美砚品。北京故宫博物院现藏清松花石砚已不足80方，有款者50余方，以康熙至乾隆年间的数量最多。

松花石砚有各种形状，以长方形最多，另有圆形、椭圆形、桃形、钟形、铃形、葫芦形等，砚池分瓜池、荷叶池、麒麟池、如意池、桃形池、嵌螺钿池等多种。除以光素无纹者居多外，少数精品雕有日月、云水、夔龙、伏虎等纹饰。其中天津艺术博物馆收藏的一件伏虎松花石小砚非常有特色，呈伏虎形，由盖和砚堂两部分组成，长9厘米、宽4.7厘米、通高2.9厘米。盖面隆起，雕出虎头、双耳、尾；砚堂雕成虎身状，下有四足伏地。松花石以浅绿、深绿、绛紫为基本色，黄色极少见，此砚黄色质料的斑斓纹理与伏虎有机地结合在一起，别具情趣。

松花石砚由于其石料产自清始祖发祥地松花江流域，故在清代，特别是康、雍、乾三朝，对之极为推崇，誉之为“发墨与端溪同，品在歙坑之右”。尽管有溢美之辞，但其上品之精良确是名副其实。

（李宗山）

Qin zhi Qing rigui

秦至清日晷

秦至清代利用日影位置变化测定时刻的一种石制计时仪器。日晷以石制品最多见，又称太阳时计或太阳钟。“晷”字的古义是太阳的影子。西汉以后常把圭表测得的太阳影长称“日晷”。大约元、明以后才把测天体方位以定时刻的仪器称为“日晷”。明末以后，作为测时仪器名称的“日晷”才流行于世。日晷部件包括一根晷针和刻有时刻线的晷盘。

中国日晷起源于圭表测影，历史相当久远。远在3000多年前的商代甲骨文中，就已出现可能与观测太阳影长有关的文字。据史料记载，西周曾在今河南登封县内建有利用土圭测日影的“周公测景台”。《史记·司马穰苴列传》中有“立表下漏”的记载，可证明在春秋时代已使用圭表来测定时间。每当日中时，将圭表影子指向正北的瞬间定为正午，即当地真太阳时十二时。但用这种方法在一天里只能得到一个时间读数，故而它不能用来校正漏刻的快慢。后来发明了把时角坐标网通过表端投影到一个平面上，这样就可以从太阳影子得到白天任何时刻的读数，这就是日晷。西方日晷的历史几乎与中国并行发展。据史籍记载，以公元前740年鲁达同王所创设的日晷为最早。希腊最古的日晷是由默冬设计的，于公元前433年建于雅典。公元前306年由古棱设计的罗马日晷则是意大利最早的日晷。

按装置地点，日晷分为固定与便携两式。固定式日晷一般固定安装在观象台内。中国多装在宫殿、寺观等宽敞平台上；外国多设在教堂中。由于常年处于风吹雨淋之中，晷面刻度极易锈蚀毁坏，故固定式

石器

日晷多为石质晷面，金属晷针。便携式日晷随地可装，一般附带有确定晷针方向的指南针，小巧玲珑，工艺精细，质地多种多样。

根据晷针和晷面的取向和相对位置的不同，还可把日晷分为：赤道式日晷、地平式日晷、立晷、斜晷等类型。其中赤道式日晷和地平式日晷最为常见。

赤道式日晷 晷面与地球的赤道面平行。即晷面和地平面成一角度。这一角度随地理纬度的不同而变化。在晷面的中心立一根垂直于晷面的铜或铁制晷针。晷针与地球自转轴的方向平行。这种日晷晷面时刻线均匀划分，结构简单，读时直接准确。春分到秋分的夏半年中，可从晷盘上半面观测时刻；秋分到春分的冬半年中，可从晷盘下半面观测时刻。但在靠近春分或秋分的日子，晷面与日影射来的方向平行，不便于观测准确的针影位置。古今中外的学者多公认赤道式日晷是中国创造发明的。据清代梅文鼎的《日晷备考三考》、《勿庵历算书目》载，他家乡安徽宣城有一具唐制日晷，惜无其他文献佐证。明确的记载初见于南宋曾敏行《独醒杂志》，其中谈到他的族人曾瞻民发明“晷影图”，所述结构和后世赤道式日晷基本相同。在中国宫殿、庙宇乃至园林中的固定日晷都是赤道式日晷。今北京故宫等地还保存有相当数量的清代制造的石质赤道式日晷。

地平式日晷 晷面与地平面平行，晷针与晷面斜交，交角等于本地纬度。这种日晷只用晷盘的上表面和一条晷针，就可测定白昼的任一时刻。装置简单，晷面上的时刻线划分不均匀。地平式日晷最早出现于欧洲，一直为西方各国沿用。中国最早关于地平式日晷的明确记载是《隋书·天文志》，其中提到隋开皇十四年（公元594年），鄜州司马袁充发明的短影平仪。晷面圆周均分为十二辰，圆心立表。袁充测定不同节气里太阳走过一辰所需的时间，载列为表。但因每一个时辰的时间长度相差悬殊，未被后人采纳。直到明朝后期，随着西方传教士的东来，地平式日晷才传入中国，逐渐流行起来。

迄今中国出土的年代最早的日晷，是清光绪二十三年（公元1897年）在托克托城（今内蒙古呼和浩特市）出土的石质日晷盘面及山西右玉出土的日晷残石。按盘上文字的书法考察，它们的制作年代当在西汉初期。两石晷形制基本相同。在正方形平面上刻有大小两个同心圆。大圆上每隔1/100圆弧的地方刻有一个浅孔，共69孔。每孔向内刻有一条辐射线，到小圆周为止。圆心刻有一略大的深孔。这种石刻合于中国古代把一天分为100刻的时刻制度（见托克托石日晷）。关于这块日晷盘面的含义，学术界一直存在分歧。有的学者认为是一种测定地方真太阳时的日晷，但究竟是地平式日晷还是赤道式日晷，意见也有不同。有的学者认为它们不能据表影随时读出时刻，仅仅是用作漏壶的校准器。有的学者则认为它们可能不是日晷，而是一种置于地平面上，用来测定方向或方位角的仪器。

参考书目

陈遵妫：《中国天文学史》，上海人民出版社，1980。

崔振华、徐登里：《中国天文古迹》，科学普及出版社，1979。

李国栋：《指南针与日晷》，《故宫博物院院刊》1983年2期。

孙机：《托克托日晷》，《中国历史博物馆》第3期，1981。

（郭福祥）

Tuoketuo shirigui

托克托石日晷

西汉初期用来测定日影方向以定时间的石制天文用具。是中国现存最早的石晷仪之一。清光绪二十三年（公元1897年）在托克托城（今内蒙古呼和浩特市）出土。现藏于中国历史博物馆。

边长27.4厘米、厚3.5厘米。以大理石雕琢而成，质地细密。平面呈方形，晷面中央为一直径1厘米的未穿透的圆孔。以中央圆孔为圆心，晷面上刻2个同心圆，其中圆面的大部分在2个圆之间刻有夹角相等的69条辐射线，辐射线与外圆的交点处钻有小圆孔，每个小孔处记有1～69的数字；其余部分为空白。如果补齐圆面间的辐射线，可知它们等分圆周100份，与一日百刻之数相当，两条辐射线的夹角等于中国古代地平经度3.6525度。两圆之间刻有一正方形，正方形的四角还刻有它的对角线的延长线。正方形之外还刻有当时常见的象征天宇的TLV纹，其中“T”代表四仲（东、南、西、北），“V”代表四维（东北、东南、西北、西南），目前一般认为其凿刻的时间要稍晚一些。

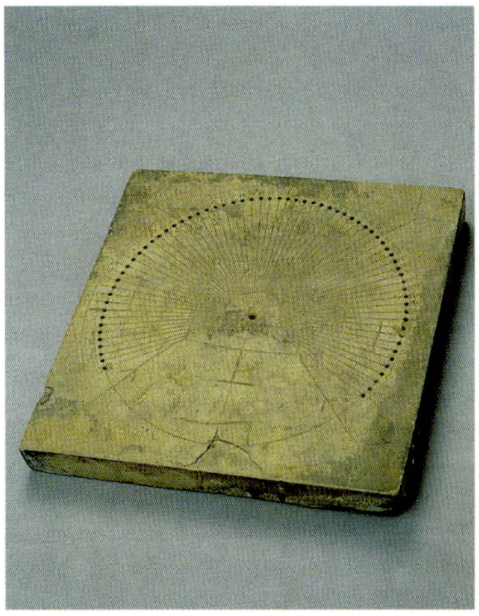

托克托石日晷

据研究，这一日晷在使用时需平放，中央小孔内立“正表”，在外圆的小孔中立“游仪”，将“正表”与“游仪”照准日出、日落时的太阳的位置，就可以计算出当天白昼的长度，可以对当时水平相对较低的漏壶所测时间予以校正，两者配套使用，可大大提高精度。

类似的石日晷在山西右玉也曾出土过一件，但仅为一角。加拿大安大略皇家博物馆亦收藏有一件传河南洛阳市金村出土的石日晷，但一般认为它是近代据托克托日晷摹刻而成的一件赝品。

参考书目

孙机：《托克托日晷》，《中国历史博物馆》第3期，1981。

（谷 莜）

北京故宫太和殿日晷

Beijing Gugong Taihedian rigui

北京故宫太和殿日晷

清代设置于北京紫禁城太和殿台基东侧的石制计时仪器，为赤道式固定日晷。现仍放置于北京故宫博物院太和殿前的方形台基上。

晷面直径72.5厘米、厚8.5厘米。汉白玉石质，呈圆盘状，斜立于方形台基上。铁制的晷针最大直径0.6厘米、全长68.4厘米，插在晷面中心，两端尖锐。晷面上下两半边圆周上均匀地刻出注有十二时辰并分初正的时刻线。文字为满汉两种。晷面上半边的字迹和刻线多已风蚀剥落。下半边刻度仍清晰，为九十六分法。九十六分法是清代日晷普遍采用的时刻划分法，显然是受到了西方天文计时法的影响。晷盘与底座面成50°交角，与北京的地理纬度基本相合，正适于在北京测时。日晷放置在高2.7米、边长1.65米的石座上。整体制作精细，为清代固定式日晷的代表。类似日晷在北京故宫的其他地方还有数处，惟形体较小，不似太和殿日晷如此引人注目。（郭福祥）

〖秦至清其他石器〗

Dancheng Xihan shizuota

郸城西汉石坐榻

西汉晚期的石制家具。为中国迄今发现时代最早的石坐榻之一。1958年出土于河南郸城县竹凯店的一座西汉砖室墓中。现藏于郸城县文物管理所。

长87.5厘米、宽72厘米、高19厘米。以青色石灰岩制成，平面呈长方形，四角有曲尺状足，榻面刻有隶书一行：“汉故博士常山大（太）傅王君坐榻”。榻即榻字。该榻形制在西汉、东汉画像石中亦多有发现，漆、木质实物也屡有出土，展现出当时较为流行的坐具的面貌。该坐榻的出土对研究中国古代室内家具的形制、名称等提供了重要资料。（李宗山）

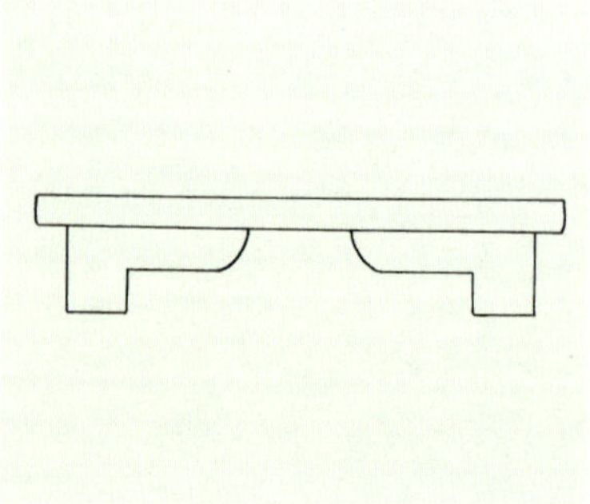

郸城西汉石坐榻

Wangdu Donghanmu caihui shizhen

望都东汉墓彩绘石枕

东汉晚期的石制枕形器。1955年由河北省博物馆等单位在河北望都县2号东汉墓中发掘出土。现藏于河北省博物馆。

共2件，形状相同。长35.3厘米、宽11.6厘米、高11.2厘米。平面为长方形，横断面为六角方形。每件以长方形石板12条、六角形石板3块组成。前者为面，后者作梁，前者两端均穿1～2孔，后者六边均有榫槽，扣合后衔接紧密。每块石板两面均绘有彩画。六角形石板的绘画内容有云气纹、“双凤含仙草”、“东王公”、“西王母”、“四神”及云车、骑士等。长方形石板的绘画内容比较一致，外面均绘群仙朝拜图，上贴金片衬托，里面绘骑士、鸟兽奔驰图。其绘法是先以墨笔画出单线轮廓，然后再加填朱色与贴金。其器形别致，彩绘精美，在已知东汉石枕中极为罕见。

（李宗山）

Jinxian shiyaonian

晋县石药碾

唐代的石制研磨中药器具。1983年由河北石家庄市文物保管所在晋县北张里村唐墓中清理出土。现藏于石家庄市文物保管所。

长26.3厘米、宽5.5厘米、高2.7厘米。用汉白玉制成，由碾槽、碾轮、碾盖3部分组成。碾槽平面长方形，凹槽呈船形，最大深度3.5厘米。碾槽上端三面开出燕尾槽，以供碾盖推进拉出。正、背、端面上分别雕饰三角、网格、回字、门锁等花纹图案。碾槽与长方形基座合雕而成。基座长23厘米、宽5.5厘米、高2.4厘米。正、背两面均雕壶门图案。碾轮直径9厘米，中央微鼓，呈扁圆形。中心有一圆孔，以便穿轴。圆孔周围有连珠纹和柿蒂纹浅浮雕。碾盖中间立雕云头纽，纽上及其周围雕以束带、花卉纹饰。该药碾设计合理，做工精细，使用方便，反映出唐代中药研磨技术的进步。

（雷生霖）

Yuan longwen loukong shixianglu

元龙纹镂空石香炉

元代前期的石制供香用具。1991年发现于内蒙古呼和浩特市市郊辛辛板村。现藏于内蒙古自治区博物馆。

口径18.5厘米、通高23.5厘米。以黄砂石雕刻，圆口、高颈、球状腹，内部镂空。唇部雕莲瓣纹，口沿外侧由长方形双耳和前后相对的两朵宝相花分割为4部分。正面阴刻“已亥年□□兀”（已亥应为己亥之误）；背面刻“功德□闫世荣”。香炉两侧雕有与口沿平齐的长方耳，一个全部残损，另一个保存稍好，浅浮雕一位身穿短襟束腰长袍的人，其装束与元代壁画中常见的蒙古袍相同，只是长袍上部因残损已模糊不清。长方耳下雕有两龙形长耳，连接于颈和腹底部。颈部有两朵左右对称的宝相花，两花之间雕刻一组盘龙卧于缠枝牡丹中；腹部圆雕一昂首引颈的盘龙，亦卧于缠枝牡丹中。炉呈圜底，鼎立三兽形足。整体造型精美，雕刻技法相当成熟。尤其是口部还有年款等铭文，不仅为香炉的断代提供了重要依据，而且对研究元代佛教艺术等亦有一定的参考价值。

（李宗山）

Dengfeng Guanxingtai shiguichi

登封观星台石圭尺

元代石制天文仪器，是中国现存最早、最完备的石圭尺之一。现存于河南登封县观星台。观星台为元代著名天文学家郭守敬所建，距今已有700多年的历史。圭尺亦叫量天尺、影表尺、天文尺等，主要用来测定表影的长短，以计算季节的变化。历代制造天文仪器也以此尺为标准。

观星台平面呈凹字形，缺口向北，台下北侧沿中央子午线自南向北用36方青石板连接而成一条巨型石圭，即量天尺。石圭南端深入台北侧凹字形缺口343厘米（合量天尺一丈四尺），圭面长3119.6厘米，加上北端近地表处凸出的石制出水槽台，总长3129.4厘米。据《元史·天文志》记载，石圭“长一百二十八尺”。以此尺数乘以明刻量天尺平均值，即128×24.525=3139.2厘米，与实测总长相差约10厘米，误差不到1/300。台顶小室是明代后建的，位于台顶凹处东西相对的小室窗口下沿，其高度与台顶围墙相等。未建小室前，这里实际上也是围墙，东西相距恰为量天尺五尺，围墙顶端刚好可以安放《元史》所载之六尺测影横梁。经实测，围墙顶端下距圭面976厘米，再加上史载测影横梁半径的理论值3.2厘米，总高为979.2厘米，与郭守敬四丈高表之计算值（981厘米）相比，相差微乎其微。从它的一系列有关数据不难看出：元、明量天尺尺度是相同的，有着明显的传承关系；不仅石圭依据量天尺修建，台体建筑也以量天尺为准，而且把观星台与量天尺巧妙地结合起来，既节省了建造开支和时间，也使观测条件更为完善，是天文史上的一项伟大创造。

（李宗山）

玉 器

玉器目录

Xinshiqi Shidai yuqi

新石器时代玉器

（距今约1.2万年～4000年）

新石器时代人类利用质地良好的石料或玉料制成的礼器、装饰品和生产工具。中国是世界上最早制造和使用玉器的国家之一。全世界有3个国家以玉器工艺闻名，即中国、中美洲的墨西哥和大洋洲的新西兰，其中以中国的玉器传统最为源远流长，其玉器数量之大、种类之繁、工艺之精在世界上都首屈一指。中国古代琢玉原料为硬玉、软玉、蛇纹石、玉髓、碧玉等。软玉是主要玉材，包括角闪石族透闪石及阳起石等，硬度6度～6.5度，颜色基本呈白、绿、青、墨、黄5种。软玉主要产自新疆和阗、陕西蓝田、河南南阳等地，其中和阗玉以开采历史悠久、玉质温润、产量巨大而著名，成为数千年来中国玉料最重要的产地。硬玉则专指翡翠而言，硬度在7度左右，产于中国云南与缅甸交界地区，北宋以后传入内地。原始人类对玉器的认识有一个发展过程，当时人们常把质地比一般石材更细腻坚硬、色彩绚丽斑斓近似玉质的彩石视为宝物，因此古人对玉的笼统概念是“石之美者”，并对这些充满神秘感的“美石”予以信仰和崇拜。由于生产技术水平较低，加工这些石料不易，所以琢制成型的彩石更显珍贵，这是人类对玉的最初认识。这一时期的玉器质料较杂，并非像后世玉器以角闪石族透闪石等纯玉料制成，而是杂以各种石料，所以此时玉器可称为彩石玉器。

● **主要分布区域** 从各史前遗址出土的玉制品来看，质地和硬度各异，色彩不一，器形、纹饰和制作技术表现出浓厚的地方色彩。各地重要的史前遗址几乎都出土过玉器，其中辽河流域、黄河流域、长江中下游和岭南等地区是玉器集中分布的地区，尤以东北、山东、江浙、广东等沿海半月形地带为最多。

辽河流域是中国玉器出现最早的地区。距今七八千年前的内蒙古敖汉旗兴隆洼遗址和辽宁阜新市查海遗址出土有玦、匕、凿等玉器（见兴隆洼文化玉器）。距今约6500年和距今6000年～4100年的沈阳市新乐下层文化遗址和大连市长海县小珠山遗址出土有斧、锛、凿、环等玉器。代表辽河流域玉器风格的是距今6500年～4900年的红山文化玉器，其数量和种类均较多，器形以龙形、马蹄形、勾云形器和多孔联璧等为主，器表多为素面，个别器物饰弦纹，具有浑厚、朴实、豪放的风格。

黄河流域是出土玉器范围最广泛的地区。黄河上游的青海乐都县柳湾和甘肃武威市皇娘娘台等遗址出土有玉珠、玉饰、锛、璜、铲、璧等，分别属于马家窑文化和齐家文化，年代距今分别为5200年～4000年和约4300年～3900年。黄河中游以客省庄文化玉器最为著名，代表地点有陕西神木县石峁和延安市芦山峁，器形有斧、钺、璋、戚、戈、璧、琮、刀及动物形象等，年代距今4500年～4000年。此外，山西襄汾县陶寺遗址和河南洛阳、偃师、孟津等龙山文化遗址中发现有璜、环、玦、铲等，时代较早的陕西西安市半坡和临潼县姜寨仰韶文化遗址中有少量的坠饰和佩饰。主要集中分布于山东地区的大汶口文化和龙山文化玉器数量较多，质量也较高。其中距今6500年～4500年的大汶口文化玉器有钺、凿、璧和装饰品等；距今4500年～4000年的龙山文化玉器有斧、锛、铲、刀、凿及各种装饰品。

长江中下游地区是出土玉器最为精致的地区，西起川鄂交界地区的四川巫山县大溪遗址，东至江浙一带的良渚文化遗址，玉器的制作和使用都很发达。在以江汉平原为中心的长江中游地区，距今6500年～5000年的大溪文化玉器包括璜、玦、环、坠等；距今5000年～4600年的屈家岭文化玉器，目前发现数量较少，仅有龟头形玉器等；继屈家岭文化发展而来的石家河文化，年代距今4600年～4000年，玉器工艺较为发达，目前湖北天门、钟祥、荆州等地均有出土，主要有人面雕像、兽面雕像、蝉、鸟等。安徽潜山县薛家岗遗址年代距今6000年～5300年，玉器主要有铲、环、璜、琮、玉饰等；安徽含山县凌家滩薛家岗文化遗址出土有斧、镯、璧、玦、璜、管、刻纹玉片、龟、笄、玉人等玉器，年代距今6500年左右；江苏南京市北阴阳营遗址年代距今6000年～5000年，出土有璜、管、坠、玦、珠等。太湖周围和浙江北部的原始文化处于长江中下游制玉最发达的地区，其各原始文化间玉器风格互有影响或具有承袭关系；这一地区迄今发现时代最早的玉器出土于浙江余姚县河姆渡遗址中，有璜、玦、管、珠等，年代距今7300年～5300年。马家浜文化和崧泽文化的遗址和墓葬中出土有各种形式的璜及玦、琀等，它们的年代均晚于河姆渡文化，分别距今7400年～5900年和距今5900年～5300年。良渚文化年代距今5300年～4100年，其玉器以种类繁、数量多、制作精而闻名于世，器形以立雕的各种高矮、粗细不一的琮和柱形器以及平雕片状的冠形器、牌饰和璜形器为主，主题纹饰为繁缛或简化的神人兽面纹（见良渚文化玉器）。

岭南地区玉器主要出自粤北的石峡文化，器形有琮、璧、璜、玦、笄等，年代距今5000年～4000年。另外，西藏拉萨市曲贡文化和昌都县卡若文化遗址出土的玉锛、台湾台东县卑南文化遗址出土的双人连体玉玦也颇具地方特色。

● **原料来源和制作工艺** 受地理环境的影响，新石器时代各文化之间的物质交流并不广泛，人们获得玉石料的主要方式是就地取材。例如经测试分析，含山县凌家滩墓地所出土的玉器原料是安徽本地的物产，而良渚文化玉器原料可能出产于古代太湖地区周围。新石器时代玉器的制作过程大致有审材设计、开料、钻孔、雕刻纹饰和抛光等工

序。玉石的硬度一般在6度以上，因此，制玉工具的强度决定了玉器成型质量的优劣。当时玉料的切割和钻孔主要是用砂和水加解玉工具通过摩擦来进行的。解玉工具有两种，一种是片状的锯和圆杆状的空心或实心钻，用于开料和钻孔，其质料为石、骨、牙、竹、木等；另一种是用韧性较强的纤维制成的细柔的线，可随意改变切割方向，用于透雕。从玉器花纹可以看出，勾线阴刻和几何与动物形图案的阳线浮雕是表现玉器纹饰的两种基本琢刻方式，钻孔则采用两面对钻或一面钻法，还有可以拐弯的特殊钻法。从玉器的形制和残留在器物上的圆弧凹痕迹象来判断，当时已运用旋转的机械工具——砣机来碾磨玉器。但由于当时金属工具还未出现，所以这种砣机应是最原始的，估计是用杆穿纺轮横担在木具上，蘸砂加水，以滚动方式解玉。砣机的诞生是制玉工艺史上的一次技术革命，对中国古玉的发展具有深远的影响。从新石器时代晚期玉器所反映的制作技艺可以推测，当时制玉工艺与石器工艺已经分离，已成为独立的行业。

● **用途** 新石器时代玉器一般用作装饰品、生产工具和礼祭用品。装饰用玉是原始人类制作和使用玉石的一个最重要的方面，数量最多，常见的种类有玦、璜、环、管、串饰等。早在旧石器时代晚期，人类就产生了朦胧的审美意识和审美行为，并加工各种富有美感的饰物来装饰自身，因此，最早出现的玉器几乎都与装饰品有关。虽然各地原始文化中玉质饰品不尽相同，但所饰部位基本一致，如玦为耳饰，璜、管、珠、坠是项饰，管、珠亦可作腕饰，双璜则合成环形臂饰等等，这说明审美意识起着主导作用。这些玉饰悬挂于身，可增加人体美感。生产工具主要有锛、凿、铲等，其形制与石制品并无差别，有的玉质工具上还留有使用痕迹，说明他们是直接用于生产活动的。由于玉质工具硬度较大，制作不易，使用性能强于一般石制工具，因此原始人类在使用时是倍加爱惜的。礼祭用玉有琮、璧、钺等，反映出原始人类赋予玉器的宗教意义和社会等级制度。原始人类认为自己的祖先是某种动物或植物，将其作为图腾崇拜的神灵，并将此种图腾作为本氏族族徽，与邻近氏族相区别。这种宗教意识在玉器上则表现为神秘奇异的纹饰和造型。良渚文化玉琮上常雕刻有精细的神人兽面纹，被称为“神徽”。有的学者认为琮与璧是礼拜天地的法器，是用来沟通人与神之间的中介物体。红山文化的猪龙形玉饰和长鬃龙也可能具有图腾的意义，或即该部落联盟的立体形象。玉器所反映的社会制度主要体现在用玉的多寡及象征权力的玉器上。葬玉较多的墓主人应为身份显赫的部落首领、巫师及神职人员。浙江余杭县反山良渚文化20号墓葬中即随葬有170件玉器，其中包括1件象征着杀伐大权的带柄玉钺，说明墓主人是集神权、政权、族权于一身的统治人物。

参考书目

中国玉器全集编辑委员会：《中国玉器全集·原始社会》，河北美术出版社，1992。
邓淑苹：《试论中国新石器时代的玉器文化》，《新石器时代玉器图录》，台北，1992。

（古 方）

Xinlongwa wenhua yuqi

兴隆洼文化玉器

新石器时代中期兴隆洼文化的玉制品。兴隆洼文化发现于20世纪80年代初，因内蒙古敖汉旗兴隆洼遗址的发掘而得名，主要分布在西辽河流域、大小凌河流域；在北至吉林西南边缘、南抵燕山南麓的广大地区均已发现明显具有这一文化特征的遗物。据放射性碳素断代，兴隆洼文化的年代距今8200年～7400年，是中国东北地区已确认的年代最早的新石器时代文化，其玉器是迄今中国已知时代最早的真玉器，是内蒙古东南部至辽宁西部地区新石器时代晚期的赵宝沟文化、红山文化、小河沿文化及青铜时代夏家店下层文化玉器的直接源头。

绝大多数为科学发掘品，另有少数系调查所获，总数量目前已达50余件。主要出土地点有内蒙古敖汉旗兴隆洼、辽宁阜新市查海和巴林右旗锡本包楞等地。出土情况可分为4类：①出自遗址的堆积层内，见于查海遗址；②出自房址或窖穴的堆积层内，见于兴隆洼遗址；③出自房址的居住面上，见于兴隆洼遗址；④出自墓葬内，以居室墓为主，见于兴隆洼、查海、锡本包楞等遗址。

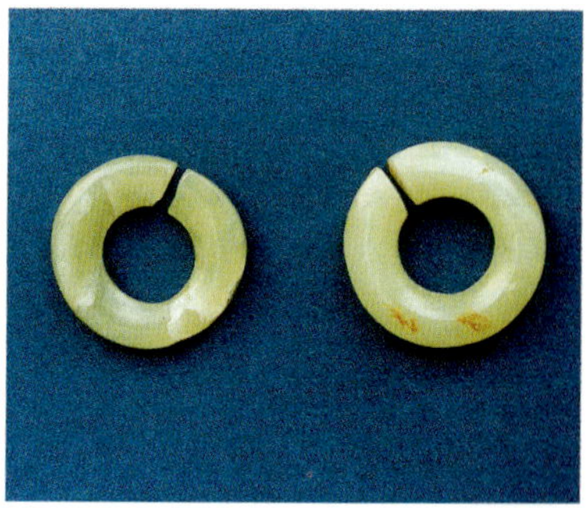

兴隆洼遗址117号墓玉玦

玉质属于阳起石——透闪石软玉类，色泽呈淡绿、黄绿、深绿、淡青、乳白或浅白色。在玉材选择方面，已经初步具有鉴别玉材的能力，能够将玉从石材中分辨出来，并因材质的大小、优劣，将玉材加工成不同形态的玉器。在雕琢玉器过程中已经掌握了抛光、钻孔等技术，并且日趋熟练，形成了鲜明的时代风格。玉器大多通体抛光，素面，目前尚未见到器表有装饰纹样的例证。玉器的钻孔式样可分成两类，一类是单面钻成的圆孔；另一类是两面对钻而成的长孔。

玉器以小型制品为主，器类比较单一，主要有玦、匕形器、弯条形器、管、斧、锛、凿等，在很大程度上体现出早期玉器的原始特征。玉玦出土数量最多，选材和加工均比较讲究，是兴隆洼文化玉器的典型器类之一。玉玦的形制可分成两类：①呈柱状，两端面光平，侧面有一道细长的缺口；②呈环状，侧面有一道窄缺口，器体中部略起脊，横截面呈多角形或近似椭圆形，内

外侧边缘较薄。匕形器数量较多，加工精细，亦为兴隆洼文化的典型玉器，体呈长条状，一面略内凹，另一面外弧；末端平齐，前端呈圆弧形，缘边磨薄，靠近末端中部有一单面钻成的小孔。弯条形器数量不多，目前仅知兴隆洼167号房址内一座居室墓中出土1件，呈弯弧状，末端较粗，端面不齐整；前端渐细，呈圆尖状；靠近末端中部有一个单面钻成的小孔。玉管呈长柱状，两端面不齐整，中部有一两面对钻而成的长孔。玉斧、锛、凿等出土数量很少，有的通体磨光，刃部锋利；有的侧面和顶部留有切割痕或疤痕。

从造型及墓葬内玉器置放部位来看，兴隆洼文化所发现的玉器可大体分成装饰玉与仿工具型玉两类。前者有玉玦、管、弯条形器等，后者包括玉匕形器、斧、锛、凿等。玉玦多成对出自墓主人左右耳部，是墓主人直接佩戴的一种耳饰。弯条形器出自墓主人颈部，应是一种项饰。玉管在墓葬中未有发现，但兴隆洼118号墓内随葬的9件形制相近的石管散落在墓主人颈部周围，应是穿缀在一起佩戴的项饰，由此可以推断非墓葬内出土的玉管也是一种项饰。匕形器在墓葬中的出土位置有两例比较明确，其中锡本包愣墓葬中一对匕形器出自墓主人腰部，查海7号房址内的一座居室墓随葬的大、中、小三对匕形器，分别放置在墓主人颈部、胸部、腰部，据此推测其或为身体上的一种挂饰，或为衣服上的缀饰，有时也可用作项饰。玉斧、锛、凿目前未见于墓葬内，其功能尚难判断，有的学者推测它们应具有“神器”的功用。

兴隆洼文化玉器的发现，将中国琢磨、使用真玉器的年代上推至距今约8000年前的新石器时代中期。其造型与工艺既有一定的原始性，又有其进步的一面，为人们探寻中国更早琢制真玉器的时期，提供了重要的依据。它的发现，有助于加深人们对兴隆洼文化制玉技术水平、宗教信仰、审美情趣及社会结构等问题的认识，对于研究东北地区其他史前文化玉器的年代、特征、发展序列、相互关系等方面也有着一定的借鉴作用。

（刘国祥）

Hongshan wenhua yuqi

红山文化玉器

新石器时代晚期红山文化的玉制品。分布于内蒙古东南部、辽宁西部、河北北部地区，年代距今6500年～4900年。玉器出土地点除较集中于老哈河、大凌河流域外，西拉木伦河以北的林西县、巴林右旗、阿鲁科尔沁旗等地区也甚多见。在内蒙古翁牛特旗三星他拉、辽宁阜新县胡头沟、凌源县三官甸子、建平县牛河梁、喀左县东山嘴的遗址和墓葬中曾先后发掘和采集了大批玉器。

● 种类和用途 依造型和题材，可分为动物形玉器和其他佩饰，而以动物形玉器为主体，有玉龟、玉鱼、玉鸟、双龙首璜、长鬃龙、猪龙形玉饰等；其他佩饰包括勾云形玉佩、马蹄形玉箍、兽面纹丫形器、方圆形边似刃的玉璧、双联或三联玉璧、玉环、玉珠和棒形玉等，未发现琮一类的礼器。红山文化墓葬中的玉器组合，主要为勾云形饰、马蹄形箍、猪龙形饰及龟、鸟等。勾云形饰置于人骨头部，马蹄形箍置于人骨头部和胸部，猪龙形饰放在人骨腰部，玉鸟置于人骨胸部。可见红山文化玉器大多用于佩饰。

● 琢制和风格 红山文化玉器多通体磨光，采用圆雕、浮雕、透雕、钻孔、线刻等技法制成，琢制技术日臻成熟。红山文化玉器风格质朴而豪放，突出特点是对各种动物形象特殊的艺术概括，讲求神似和准确的对称感。龟、枭所雕线纹都是用来表示形体各部位的，多数玉饰边缘磨成似刃的锐角，玉面上经细加琢磨表现出的浅凹槽纹路，或隐或现，富于变化，具有特殊的装饰美感。红山文化玉器的颜色呈碧绿、淡青、淡黄、深绿或黄褐色，应是就地取材加工而成，其准确质地尚待进一步检验。

● 渊源、影响和宗教意义 红山文化玉器处于原始玉雕的成熟阶段，它源于这一地区新石器时代较早阶段的玉雕业。距今七八千年的内蒙古敖汉旗兴隆洼遗址、辽宁阜新市查海遗址以及较晚的沈阳市新乐遗址及大连市长海县小珠山遗址都出土有小件玉器，有玦、凿、匕等，形制虽简单，但初步发展起来的玉雕技术，对红山文化玉器的制作无疑会产生影响。红山文化玉器中的勾云形饰、猪龙形饰等与河南安阳市殷墟商代妇好墓玉器中的同类器形相似，这说明红山文化玉器与商文化玉器有一定的渊源关系。红山文化某些玉器造型可能具有图腾崇拜的宗教意义。红山文化所分布的地区从新石器时代早期开始，一些大型墓葬就随葬猪骨，这种风俗一方面可能把猪作为财富象征，另一方面则可能将猪作为图腾崇拜的动物，因此，红山文化玉器中大量猪龙形象玉饰的出现并不是偶然的，它可能是红山文化先民们崇拜礼祭的对象。

参考书目

方殿春、刘葆华：《辽宁阜新县胡头沟红山文化玉器墓的发现》，《文物》1984年6期。

翁牛特旗文化馆：《内蒙古翁牛特旗三星他拉村发现玉龙》，《文物》1984年6期。

辽宁省文物考古研究所：《辽宁牛河梁红山文化“女神庙”与积石冢群发掘简报》，《文物》1986年8期。

（古 方）

Niuheliang 15-haomu matixing yugu

牛河梁15号墓马蹄形玉箍

新石器时代晚期红山文化的玉制佩饰或乐器。1983年～1985年由辽宁省文物考古研究所在辽宁建平县牛河梁遗址15号墓中发掘出土。现藏于辽宁省博物馆。

上口径8.4厘米、下口径6.8厘米、高11.5厘米。出土于墓主人头

骨下方，玉质呈青绿色，表面布满土蚀褐斑。器体为椭圆形筒状，上大下小，呈倒置马蹄形。上口呈斜坡形，口沿磨成刃状，下口平齐，有使用痕迹，近底边处有一小孔。器壁较薄，表面光素平滑。

牛河梁15号墓马蹄形玉箍

此式样玉器为红山文化玉器中体形较大的一种，发掘出土和传世品较多,在墓葬中一般位于墓主人头部或胸部。它的用途历来说法不一，有的认为是束发器，有的认为是护臂器或祭祀中的乐器。（高 翔）

Jianping zhulongxing yushi

建平猪龙形玉饰

建平猪龙形玉饰

新石器时代晚期红山文化的玉制装饰品。1983年～1985年由辽宁省文物考古研究所在辽宁建平县采集。现藏于辽宁省博物馆。

高15厘米、最宽10厘米、断面最厚4厘米。玉质呈青色，器表浸蚀较重，呈牙白色。整体作“C”字形，断面近椭圆形。猪龙形首，双耳耸立，大眼圆睁，吻部前突，鼻上有数道阴刻皱纹，口部刻有外露的獠牙。首、尾相接处为一条细窄而不琢断的缺口，以作为微张的嘴。器身光素无纹，中央有一个大圆孔，背部近颈处有一个小孔，均对钻而成。

该玉饰又名兽形玦，在红山文化遗址和墓葬中出土甚多，形制大致相同，它的用途与新石器时代常见的作耳饰用的扁平状玦不同，可能是用来悬佩的。这种猪、龙合一的形象应有某种图腾崇拜的意义。

（高 翔）

Sanguandianzi gouyunxing yushi

三官甸子勾云形玉饰

新石器时代晚期红山文化的玉制装饰品。1979年由辽宁省凌源县文化馆在该县三官甸子采集。现藏于辽宁省博物馆。

三官甸子勾云形玉饰

长22.5厘米、宽11.5厘米、最厚0.5厘米。玉质呈淡绿色。整体作扁平长方形，边缘磨成刃状。器中央透雕一个勾云形孔，四角各有一个不规则的弧状勾云形出头，正面的勾云形体上有随形的凹槽，另一面平滑，四角各横穿一孔，可供穿系。此式样玉器的出土物和传世品较多，还有两端作鸟头形的。勾云形玉饰常出土于墓主人胸前，有的学者认为它具有“灵魂不灭”的深刻寓意。

（高 翔）

Hutougou lianhuanxing yushi

胡头沟连环形玉饰

新石器时代晚期红山文化的玉制装饰品。1973年由辽宁省博物馆文物队在辽宁阜新县胡头沟村石棺墓中发掘出土。现藏于辽宁省博物馆。

胡头沟连环形玉饰

通长6.4厘米、最宽3厘米。玉质呈青绿色。作扁平体，两侧雕琢出两组对称的“V”形缺口，整器形似三个不规则相连的环，自上至下依次增大，三环内均有大小不一的圆孔，顶环上部磨出一道浅槽，器边缘及孔周磨成刃状。其形制与山东邹县野店大汶口文化墓葬所出玉串饰中的联璧形饰相同，故用途也应一致。（高 翔）

Fuxin Fuxingdi shoumianwen yaxing yuqi

阜新福兴地兽面纹丫形玉器

新石器时代晚期红山文化的玉制装饰品。1982年由辽宁省阜新县文化馆在该县福兴地公社遗址中采集。现藏于辽宁省博物馆。

长12.1厘米、最宽6厘米、厚0.3厘米。玉质呈黄色。器体呈作平板状，似丫字形，两面纹饰相同，器上部作兽面形，双尖耳外凸，用

阴线刻出圆形大眼及眼周鼻部的皱纹，嘴未作雕饰；中部两侧有相同的外凸形脊；下部作长方形，表面布满平行弦纹，末端有一圆穿。其器表纹饰琢刻精美，为红山文化玉器之冠。上部的兽面纹实为立雕猪龙形首的平面展开形象，因此它的用途应与猪龙形玉饰相同。器体表面数道平行弦纹也是红山文化陶器上习见的纹饰。

（高 翔）

阜新福兴地兽面纹丫形玉器

Hutougou sanjiaoxingshou yugui

胡头沟三角形首玉龟

新石器时代晚期红山文化的玉制艺术品。1973年由辽宁省博物馆文物队在辽宁阜新县胡头沟村石棺墓中发掘出土。现藏于辽宁省博物馆。

胡头沟三角形首玉龟

长4.8厘米、最宽2.8厘米、最厚0.5厘米。玉质呈淡绿色。龟体较长，背弧凸，近椭圆形。龟首呈三角形，嘴端略尖，有数道浅的阴刻弦纹，颈前伸，四肢作蜷伏状。此器雕刻简练、生动传神、形态逼真，是红山文化玉器中的佳作。同棺中还出土一件玉龟，体形稍长，与此龟似为雌雄一对，这可能与生育繁衍有关，也可能是人与神的媒介，后世龟成为长寿的象征大概源于此。

（高 翔）

Balinyouqi huangyuxiao

巴林右旗黄玉枭

新石器时代晚期红山文化的玉制装饰品。1973年由内蒙古巴林右旗文物馆在该旗红山文化遗址中发掘出土。现藏于巴林右旗文物馆。

巴林右旗黄玉枭

长4.2厘米、宽4.6厘米、最厚1.5厘米。玉质呈黄色。枭作展翅欲飞状，首呈三角形，钩喙，阴刻圆形双目，双翅阴刻羽毛纹，足端阴刻数道直线表示鹰爪。枭背有3个相通的圆孔，以供穿系佩带或嵌插。造型讲求左右对称，各部位雕琢近几何形，有较强的美感。玉枭在红山文化中发现多件，说明枭可能是先民们极为推崇的鸟类。

（高 翔）

Sanxingtala changzong yulong

三星他拉长鬃玉龙

新石器时代晚期红山文化的玉制装饰品。1971年由内蒙古翁牛特旗博物馆在该旗三星他拉村采集。现藏于翁牛特旗博物馆。

高26厘米、剖面直径2.3厘米～2.9厘米。玉质呈墨绿色。龙体卷曲，呈“C”形。吻部前伸，略向上翘，嘴紧闭。鼻端截平，上端有锐利的凸棱线，端面上有对称的双圆洞，为鼻孔。双眼细长，呈棱形，额上及下颚上阴刻细密的方格网状纹。颈脊凸起长鬃，占龙体三分之一以上。鬃呈扁平片状，边缘呈刃状，弯曲上卷，末端尖锐。龙尾内卷，龙背有对钻的孔，以绳系挂，龙的头尾恰好处于同一水平线上。为一整块玉料圆雕而成，通体琢磨，光滑圆润，龙体造型独特，长鬃飘举，极有生气。它是中国迄今所知时代最早的玉龙。

（高 翔）

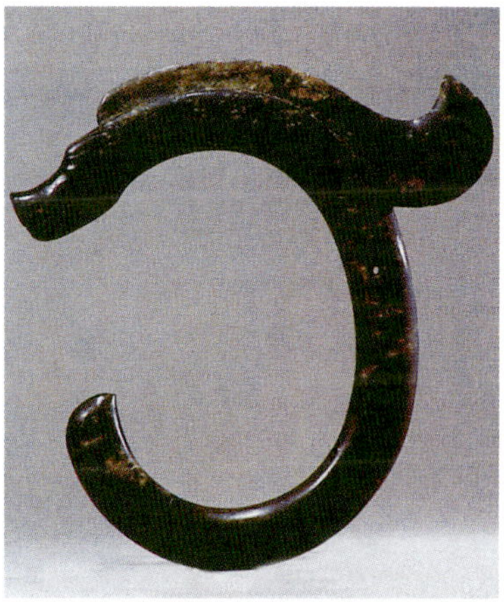

三星他拉长鬃玉龙

Daxi wenhua yuqi

大溪文化玉器

新石器时代晚期大溪文化先民制作和使用的玉制品。分布于长江中游西段的两岸地区，年代距今6500年～5000年。主要出土于重庆巫山县大溪遗址和湖北松滋县桂花树的大溪文化墓地。形体较小，器类有玦、璜、璧、环、坠等，均为扁平状，其中以玦、璜的数量最多。玦的形状不十分规整，出于人头骨两侧。璜的数量较多，主要有弧形、桥形和半璧形3种。璜的两端有穿孔，半璧形璜外缘刻成连续锯

齿状，其装饰手法是大溪文化玉器独具特色的工艺。大溪文化玉器主要用作装饰，有耳饰、项饰和臂饰等。耳饰为玦和坠，璜和璧作项饰，悬佩于颈上或胸前，臂饰主要是环。从总体上看，大溪文化玉器雕琢业并不发达，器类较单纯，但其意义在于大溪文化玉器与长江中下游地区原始文化的玉器非常相似，例如大溪文化的弧形璜、桥形璜、半璧形璜与薛家岗文化、崧泽文化、良渚文化等同类器物的器形很接近。这为研究史前各文化间玉器风格的关系，长江中下游地区玉器的共同性和特殊性以及大溪文化玉器的渊源提供了实物资料。

参考书目

四川长江流域文物保护委员会文物考古队：《四川巫山大溪新石器时代遗址发掘记略》，《文物》1961年11期。

（古 方）

Daxi renmianxing yupei

大溪人面形玉佩

新石器时代晚期大溪文化的玉制装饰品。1959年由四川长江流域文物保护委员会文物考古队在巫山县大溪遗址中发掘出土。现藏于四川省博物馆。

大溪人面形玉佩

高6厘米。玉质呈棕褐色。器体扁平，作椭圆形，中央正面雕出人面形象，作正视状，双目作圆圈形，直鼻梁，无耳。顶端有2个椭圆形穿孔。表面磨制光滑，雕琢较精。该佩饰在大溪文化玉器中仅发现此一件，比较珍贵。它雕刻的人面似猴脸，亦可看作是三峡地区先民们对常见动物猿猴所进行的生动描绘。

（古 方）

Shijiahe wenhua yuqi

石家河文化玉器

新石器时代晚期石家河文化的玉制品。年代距今4600年～4000年。已知数量在200件以上。主要发现于湖北天门市石家河遗址群中的肖家屋脊、罗家柏岭，湖北钟祥市六合、荆州市江陵区枣林岗及湖南澧县孙家岗等遗址。多数出土于墓葬，特别是肖家屋脊遗址出土的玉器绝大多数见于瓮棺之中，只有少数发现于遗址灰坑和地层中。已知玉器均为装饰品，数量较多的种类有蝉、人头像、兽面、璜等，管、珩、鸟、笄形器、坠等也较为常见，琮的数量极少。玉质未经鉴定，表面大多为白色或乳白色，有些略带绿色或灰色，个别呈乳黄色。光泽和透明度一般较差。在制作工艺上，主要采用切割、雕琢、钻孔、抛光等工艺技术。切割玉料的方法仍是传统的线切割；雕琢采用浮雕、透雕和圆雕技法，其中浮雕运用得最普遍，一般以浅浮雕为主；单体的透雕和圆雕作品均较为少见，圆雕往往与其他技法结合使用。钻孔使用极为普遍，钻头有空心和实心两种，分别用来钻大孔和小孔。

与良渚文化玉器相比，石家河文化玉器以小型作品见长，不见大型作品，亦不见良渚文化中常见的玉礼器琮。同时，表现现实生活的题材相当广泛，对人和动物的琢刻，如人面、龙、凤、鸟、蝉、虎、牛等，多数都能以小见大，惟妙惟肖，为不可多得的精品。

参考书目

张绪球：《长江中游新石器时代文化概论》，湖北科学技术出版社，1992。
张绪球：《石家河文化的玉器》，《江汉考古》1992年1期。
杜金鹏：《石家河文化玉雕神像浅说》，《江汉考古》1993年3期。

（贾汉清）

Xiaojiawuji remian yudiaoxiang

肖家屋脊人面玉雕像

新石器时代石家河文化晚期的玉制雕像。年代距今4600年～4000年。1988年由石家河考古队在湖北天门市石家河遗址群中的肖家屋脊遗址6号瓮棺内发掘出土。现藏于湖北荆州博物馆。

肖家屋脊人面玉雕像

高3.7厘米。玉质呈浅黄绿色。采用平面透雕和浅浮雕相结合的技法雕刻而成。表现一着冠的人面形象，冠为平顶，两侧各有一个向后弯曲的兽角形头饰。两耳戴大环，环上可见圆形衣领。五官端正，下颏瘦削，脸上有皱纹，表情严肃。雕像内部正中有极细的纵向隧孔，以供佩戴。

石家河文化的人面玉雕像在湖北钟祥市六合及天门市石家河遗址群中的罗家柏岭遗址也发现数件。它们多为正面像，另有侧面像，相互间造型存在一定差异。有的学者认为它们所表现的为巫觋一类的宗教人物，佩戴它们可沟通人与神的关系，从而得到神灵的庇护；也有的学者认为它们是原始的玉神像。

（贾汉清）

Sunjiagang toudiao fengxing yupei
孙家岗透雕凤形玉佩

新石器时代晚期石家河文化的玉制装饰品。1991年由湖南省文物考古研究所在湖南澧县孙家岗14号墓中发掘出土。现藏于湖南省文物考古研究所。

长12.6厘米、宽6.2厘米。玉质乳白色，表面较光滑，略受沁蚀。呈扁平片状，纹饰以透雕技法制出。凤鸟头顶羽冠，曲颈长喙，喙下有一变形小兽。凤翅舒展，长尾下垂并向后弯卷。凤身装饰有阴刻线条。此凤造型生动，形神兼备，线条较流畅，轮廓清晰，具有较高的欣赏价值。透雕佩饰在新石器时代玉器中发现很少，仅在山东龙山文化和长江下游良渚文化遗址中出土一些，是当时琢玉工艺达到一个新水平的标志。同墓中还出土一件透雕龙形玉佩，形制略小，造型及琢制方法相似，可能是作为一对器物随葬的。

（古　方）

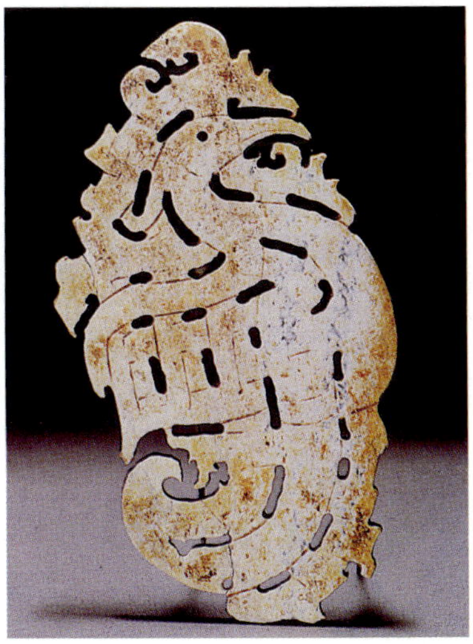

孙家岗透雕凤形玉佩

Xiaojiawuji yuhumian
肖家屋脊玉虎面

新石器时代晚期石家河文化晚期玉制牌饰。年代距今4600年～4000年。1988年由石家河考古队在湖北天门市石家河遗址群中的肖家屋脊遗址6号瓮棺内发掘出土。现藏于湖北荆州博物馆。

肖家屋脊玉虎面

两耳间宽3.5厘米、高2.2厘米、厚0.3厘米。玉质呈碧绿色。采用平面透雕和浅浮雕技法雕刻而成。虎目圆睁，双眉突出，双耳直立，耳中心各穿一小孔。其造型略显简略，雕琢简单，但线条婉转流畅，抛光精细，颇为精彩。造型与之类似的玉虎面在湖北钟祥市六合等遗址内也有发现。

（贾汉清）

Xiaojiawuji yudiaoniao
肖家屋脊玉雕鸟

新石器时代晚期石家河文化晚期玉制艺术品。年代距今4600年～4000年。1988年由石家河考古队在湖北天门市石家河遗址群中的肖家屋脊遗址6号瓮棺内发掘出土。现藏于湖北荆州博物馆。

肖家屋脊玉雕鸟

身长1.2厘米、两翅间宽3.95厘米。玉质呈碧绿色。采用圆雕和浅浮雕相结合的技法，造型生动。长喙下钩，双目圆睁，额上部到后颈间雕刻出披毛，胸背宽阔坚实，呈展翅翱翔的形态。其造型舒展有力，自然生动，是新石器时代玉雕作品中的佳作。也有的学者认为该器为飞鹰雕像。

（贾汉清）

Xiaojiawuji yudiaochan
肖家屋脊玉雕蝉

新石器时代晚期石家河文化晚期玉制装饰品。年代距今4600年～4000年。1988年由石家河考古队在湖北天门市石家河遗址群中的肖家屋脊遗址6号瓮棺内发掘出土。现藏于湖北荆州博物馆。

肖家屋脊玉雕蝉

长2.6厘米、宽1.8厘米、厚0.4厘米。玉质呈灰绿色，采用平面透雕和浅浮雕相结合的技法雕刻而成。蝉头部、腹部和双翅的轮廓清晰，头、腹相接处对钻一孔。整体雕琢简单，用刀寥寥，着重表现蝉的凸鼓双眼，达到了形神兼备的艺术效果。

玉蝉是石家河文化玉器中数量最多的一种，在石家河遗址群中的肖家屋脊、罗家柏岭及湖北钟祥市六合等遗址均有出土，有的雕琢较为精细，蝉体的口、眼、翅、须等均琢刻细腻；有的雕琢略显简单。该蝉是后一种雕琢中的代表作。

（贾汉清）

Songze wenhua yuqi
崧泽文化玉器

新石器时代崧泽文化制作和使用的玉制品。分布于长江下游太湖周围及三角洲地区，处于新石器时代中期，年代距今5900年～5300年。

主要出土于上海青浦县崧泽遗址墓葬中，共计24件。

玉器多以碧玉制成，质地致密、细腻，色彩柔和，硬度为6度～6.5度。据推测，当时制作玉器的取材范围西至苏州太湖边，南至嘉兴地区海滨，在崧泽附近几公里到数十公里内均有玉矿石出露。玉器多为扁平形，系将玉料锯割成片状后再加琢磨，在有的器物表面，还留有锯割的痕迹。器表磨制光滑，穿孔多用单面钻，然后再在另一面稍加修整。可分为装饰用玉和葬玉两类，包括璜、玦、璧、镯、琀等。璜的数量最多，式样有弧形、桥形和半璧形3种，璜体宽薄，两端平直，多有穿孔，个别的璜似鱼形、鸟形，用钻孔的方法表示鱼、鸟的眼睛部位。璜、玦、璧、镯用作佩饰，墓葬中不少女性颈部悬挂玉璜。玉琀有心形、璧形和扁平圆形3种，出土时含在人口中，当为葬玉。崧泽文化分布范围与良渚文化大致相同，年代较良渚文化为早，虽然玉器出土数量较少，两者玉器器形也不相同，但为良渚文化发达的琢玉工艺奠定了基础。

参考书目

上海市文物管理委员会：《崧泽——新石器时代遗址发掘报告》，文物出版社，1987。

（古 方）

Songze qiaoxing yuhuang

崧泽桥形玉璜

新石器时代崧泽文化的玉制装饰品。1974年由上海市文物管理委员会在上海青浦县崧泽遗址中发掘出土。现藏于上海博物馆。

崧泽桥形玉璜

长11.2厘米。玉质呈墨绿色。器体扁平，倒置似拱桥形，上端两侧有小孔。器表磨制光滑。桥形璜是一种特殊样式的璜，长江中下游地区史前遗址中较常见，出土时多置于人骨胸部，系为胸饰。

（古 方）

Songze xinxing yuhan

崧泽心形玉琀

新石器时代崧泽文化丧葬用玉。1976年由上海市文物管理委员会在上海市青浦县崧泽遗址中发掘出土。现藏于上海博物馆。

崧泽心形玉琀

长4.2厘米。玉质呈墨绿色。器体作鸡心形，中穿一大圆孔，系以管钻单面钻成。器表光滑，通体琢磨精致。崧泽遗址共出土玉琀3件，均含于人口中。玉琀是专为死者制作的一种丧葬用玉，盛行于西汉和东汉时期。该玉琀与同一遗址中出土的其他玉琀是中国已知时代最早的玉琀。（古 方）

Liangzhu wenhua yuqi

良渚文化玉器

新石器时代晚期良渚文化制作和使用的玉制品。年代距今5300年～4100年。主要分布在长江下游地区，出土地点集中在太湖地区，南以钱塘江为界，西北至江苏常州市一带。重要地点有江苏武进县寺墩遗址，吴县张陵山、草鞋山遗址，上海青浦县福泉山墓地，浙江余杭县反山墓地及瑶山祭坛遗址。

● **材料** 良渚文化玉器大多失去原有的半透明光泽而呈粉白色，这是因长期埋于地下受沁蚀所致。福泉山墓地出土有惟一一批受沁蚀较少的玉器，其颜色呈黄绿色和黄褐色。良渚文化的一些玉器经鉴定属透闪石——阳起石系列软玉，少数为叶蛇纹石、迪开石和石英。玉料的来源应是就地取材。

● **种类与纹饰** 按器形来分有琮、璧、冠状器、三叉形器、柱形器、锥形器、镯、半圆形饰、璜、牌饰、串饰、新月形饰、动物形饰、带钩、钺、钺形饰、插座、端饰和柄形器等。从用途来看，琮、冠状器、三叉形器、钺为礼器，是史前时代人类崇拜神灵用器。琮是玉器中体积最大的一种，呈多节方柱状，最长的达36厘米；通体刻有繁简不一的花纹，主题纹饰为神人兽面像，衬以直弦纹和卷云纹。有的学者认为琮是原始巫教中沟通天地的中介物，说明以兽面神为崇拜核心的神权已诞生。冠状器和三叉形器常出土于死者头部一侧，应是作冠冕之用。有的冠状器和三叉形器上雕有神人兽面像，可见，据有此类器物的死者的社会地位较高，可能是巫师一类的人物，反映出原始宗教活动是良渚文化部落集团最重要的社会活动。宗教活动则是由头戴神冠、手执玉琮而手舞足蹈的巫师主持祭祀诸神。钺也是一种礼器，置于死者身侧，可能为军事统帅权的象征。在反山墓地出土的玉器中，玉钺原有组合安柄装置。镯、半圆形饰、璜、牌饰、串饰、新月形饰和动物形饰为装饰品，分饰人体各部位。如半圆形饰为头饰，串饰多悬于颈部，镯为臂饰，璜和牌饰佩于胸部，新月形饰和动物形饰则缝缀在衣服上。插座、端饰和柄形器都是些组装器件中的玉质部分。玉器的主要纹饰为兽面和神人组成的神人兽面像，还有鸟纹、龙首纹、羽状纹和卷云纹等。雕刻技法多为阴线刻，还有减地浅浮雕和透雕等。

● **制玉技术** 普遍采用砂解法，即用砂和水加解玉工具通过摩擦来

切割玉料。从玉器上留下的痕迹来观察，切割玉料通常采用以片状硬性物件的直线运动为特征的锯切割和筋、弦等柔性物体作弧形运动为特征的线切割两种方法。同时管状钻被大量使用，它与线切割相结合，运用于玉器的镂孔和透雕。镂孔时通常采用两面对钻。玉器上细密的阴线花纹，主要是手工直接雕刻的，这些细若游丝的阴线往往由若干条划痕拼组而成。玉器雕成后，表面还要打磨光滑，达到光可鉴人的效果。良渚文化的琢玉技术代表了新石器时代制玉工艺的最高峰。

参考书目

浙江省文物考古研究所等：《良渚文化玉器》，文物出版社、两木出版社，1989。

（古　方）

Zhanglingshan 1-haomu sumian yubi

张陵山1号墓素面玉璧

新石器时代晚期良渚文化的玉制礼器。1982年由南京博物馆等单位在江苏吴县张陵山东山1号墓中发掘出土。现藏于吴县文物管理委员会。

张陵山1号墓素面玉璧

直径23.5厘米、孔径4厘米、厚1厘米～1.3厘米。器表以淡绿色为主，带暗绿色和黄褐色斑点，色彩斑斓；边缘有白色蚀变痕迹。整体呈扁圆形，中有对钻圆孔，孔壁有旋纹和0.1厘米宽的钻槽。器表磨制光滑，背面有直径20.2厘米的圆弧线切琢痕迹，系盘状工具加工所致。成分经鉴定为透闪石——阳起石软玉。良渚文化玉璧均为素面，出自墓葬之中，尺寸大小及随葬数量不一。有的学者认为良渚文化玉璧的功能，可能与财富观念有关。

（高　翔）

Fanshan 12-haomu dayucong

反山12号墓大玉琮

新石器时代晚期良渚文化的玉制礼器。是已知最大的良渚文化玉质礼器，又称琮王。1986年由浙江省文物考古研究所在余杭县反山墓地12号良渚文化墓葬中清理出土。现藏于浙江省文物考古研究所。

反山12号墓大玉琮

高8.8厘米、射径17.1厘米～17.6厘米、孔径4.9厘米，重约6500克。玉质呈黄白色，表面有不规则的紫红色瑕斑。整体作扁矮的方柱体，俯视近似玉璧形。琮体四面中间由约5厘米宽的直槽一分为二，由横槽分为4节。在四面直槽内上下各琢一神人与兽面复合像，计8个。单个图像以浅浮雕和细线刻技法雕琢而成，高约3厘米、宽约4厘米。神人面部呈倒梯形，重圈为眼，宽鼻，阔嘴。神人头部上戴线刻卷云纹帽，外套高大的羽冠，羽冠上线刻出放射状的羽翎。神人耸肩，平臂，弯肘，五指平张叉向腰部，下肢作蹲踞状，脚为蜷曲的三爪。在神人的胸腹部以浅浮雕突出威严的兽面纹，其重圈为眼，宽鼻，阔嘴，两侧外伸两对獠牙。这种神人兽面复合像应是良渚人崇拜的“神徽”。在分为四节作角尺形的长方形凸面上以转角为中轴线向两侧展开，每两节琢刻一组简化的象征性的神人兽面纹图案，四角相同，左右对称。在兽面纹两侧各雕一鸟纹，可称为“神鸟”。这种以转角为中轴线向两侧展开的简化带冠人面与兽面的组合纹是良渚文化玉琮纹饰的基本特征。这件玉琮放置在墓主人头骨左下方，是一件神圣崇高的礼器。它在制作技术上显示出极高的工艺水平，是良渚文化玉器的杰作。

（高　翔）

Sidun 3-haomu shiyijie renmianwen yucong

寺墩3号墓十一节人面纹玉琮

新石器时代晚期良渚文化的玉制礼器。1982年由南京博物院在江苏武进县寺墩遗址3号良渚文化墓葬中发掘出土。现藏于南京博物院。

高33.2厘米、上端射径8.1厘米、下端射径7.3厘米、上端孔径6厘米、下端孔径5.8厘米。玉质呈青白色，表面有铁质蚀化所致的褐色花斑。整体作上大下小的长方柱形，外方内圆，中有对钻而成的圆孔，孔壁平整光滑，制作水平较高。外表分十一节，每节四角皆饰人面纹，共44组。每组人面纹均以边棱为中线，由两条凸起平行的横棱和转角上的凸横档组成，十分简单。

该琮为已知良渚文化玉琮中较长者。这种长方柱体形玉琮在墓中出自人体胸腹部，常以数个围成环形，似用绳穿系。这表明墓主人身份可能是神职人员，这些玉琮则是

他生前使用的法器。

（高 翔）

寺墩3号墓十一节人面纹玉琮

Yaoshan 9-haomu zhuxing yuqi

瑶山9号墓柱形玉器

新石器时代晚期良渚文化的玉制礼器。1987年由浙江省文物考古研究所反山考古队在余杭县瑶山墓地9号良渚文化墓葬中清理出土。现藏于浙江省文物考古研究所。

瑶山9号墓柱形玉器

通高4.2厘米、直径4.7厘米。玉质呈白色，表面有黄褐色结晶。通体作扁圆柱形，中部有一上下贯通的小圆孔。上端带盖，盖顶弧凸，底部平整，底中有斜向对钻而成的小孔。柱体上有3个浅浮雕的兽面纹，兽面双眼为管钻而成的重圈，外眶有椭圆形的眼睑，以桥形凸面相连。兽面宽鼻，大阔嘴，额部刻有羽状纹。该器制作精细，布局规整，装饰精美，堪称同类器中的佳作。

此类玉器大多出土于棺盖之上，部分出土于棺底。在棺盖上的往往有3件柱形玉器等距离分布在墓内中部的纵轴线上，似为葬具上的某种附件或与某种葬俗有关。（高 翔）

Fanshan 12-haomu shenren-shoumianwen yuyue

反山12号墓神人兽面纹玉钺

新石器时代晚期良渚文化雕刻有神人兽面纹饰的玉质礼器（包括冠饰、钺身和端饰）。1986年由浙江省文物考古研究所反山考古队在余杭县反山墓地12号良渚文化墓葬中清理出土。现藏于浙江省文物考古研究所。

反山12号墓神人兽面纹玉钺

钺高17.9厘米、上端宽14.4厘米、刃宽16.8厘米、厚0.8厘米；冠饰前端高4.6厘米、后端高3.6厘米、宽8.4厘米；端饰高2.3厘米、长8.4厘米。钺体玉质呈青色，表面有少许褐斑，略有透明。钺体作风字形，两侧边略内弧，左右不对称。钺体上部有一直径仅0.5厘米的小孔，小孔上方有捆扎和擦磨的痕迹。钺两面刃部上角均有一浅浮雕的神人与兽面复合像，下角为浅浮雕鸟纹。在钺体上雕刻鸟纹，在已知良渚文化玉钺中仅此一件。钺体磨制精细，抛光精致，通体光洁闪亮。

冠饰和端饰玉质呈白色，一侧有紫褐色瑕斑。它们是钺柄上下的玉质饰件，玉钺整体在墓内实测长约80厘米，出土时位于墓主人左侧。它可能是墓主人生前所持的象征权力的神杖。

（高 翔）

Yaoshan 11-haomu changwen shuangjiao longshou yuhuang

瑶山11号墓长吻双角龙首玉璜

新石器时代晚期良渚文化雕刻龙首形象的玉制装饰品。1987年由浙江省文物考古研究所在余杭县瑶山墓地11号良渚文化墓葬中清理出土。现藏于浙江省文物考古研究所。

瑶山11号墓长吻双角龙首玉璜

高3厘米、宽8厘米、厚0.4厘米。玉质呈白色，表面有青褐色斑。整体如倒置的桥形，中间较厚，两端略薄。上部的两端各对钻2小孔，下弧缘的窄面用浅浮雕技法雕琢出4个纵向排列的龙首形装饰。龙首作方形，嘴内刻上列门牙9枚，下唇及下列门牙皆隐去，似被口内所含物体所掩。眼眶用阴线刻成，眼球及眉脊用圆雕技法表现，略凸出于璜的表面，两眼上方有一对凸起的犄角。这种长吻双角的兽的形态，与常见的良渚文化兽面纹不同，似可认作龙。该器与透雕璜出土时，均有玉管串饰相连，其位置约在死者胸、腰部。它们和圆牌饰相连分布排列，可能是一组胸饰或覆盖于尸体的佩饰。（高 翔）

Yaoshan 11-haomu toudiao yuhuang

瑶山11号墓透雕玉璜

新石器时代晚期良渚文化以透雕技法琢制的玉制装饰品。1987年由浙江省文物考古研究所在余杭县瑶山墓地11号良渚文化墓葬中发掘出土。现藏于浙江省文物考古研究所。

瑶山11号墓透雕玉璜

高4.8厘米、宽12.7厘米、厚0.35厘米。玉质呈白色。整体作半璧形，中间设半圆孔，孔的两侧各钻一用于系挂的小圆孔。两面用透雕及阴线刻技法琢出兽面图案。两端各对钻一较大孔为兽面的眼，用阴线勾勒出椭圆形的眼眶。下用阴刻线及条形镂孔作嘴。中心部位用弧边十字和弧边三角形的镂孔表现兽面的鼻梁和鼻孔。整器清晰地保留着镂孔的琢治痕迹。凡镂孔部位，均先用阴线勾勒出部位，用管钻法钻透，然后用线切割的方法扩成图形。它是研究良渚文化琢玉工艺的一件难得的标本。（高 翔）

Yaoshan 10-haomu shenren-shoumianwen yupaishi

瑶山10号墓神人兽面纹玉牌饰

新石器时代晚期良渚文化雕琢神人和兽面形象的玉制装饰品。1987年由浙江省文物考古研究所在余杭县瑶山墓地10号良渚文化墓葬中发掘出土。现藏于浙江省文物考古研究所。

瑶山10号墓神人兽面纹玉牌饰

高6.2厘米、宽8.3厘米、厚0.6厘米~1.2厘米。玉质呈白色，局部表面有褐色斑。整体平面如倒立的三角形，底角圆钝呈弧形。全器为神人与兽面的组合图像，下半部为兽面图形，眼眶呈椭圆形，以阴线重圈为眼珠，以扁圆凸起的鼻翼表现出兽的嘴部，嘴内用阴线表现出4枚獠牙底缘侧面。牌体上端为神人头像，神人脸作倒梯形，橄榄形眼眶，单圈的眼球，蒜状鼻和扁圆的嘴，均用阴线刻表示。嘴内还刻上下牙齿各4枚。神人头戴高大的长方形羽状冠，上阴刻11组羽状纹。神人颈的两侧有椭圆形镂孔。神人两侧线刻卷云纹等纹样。整器上部较薄，兽面部位略厚。器背面平整，有4组横向隧孔，应为缀孔之用。该器雕琢精细，工艺精巧。（高 翔）

Fanshan 14-haomu sanchaxing yuguanshi

反山14号墓三叉形玉冠饰

新石器时代晚期良渚文化冠帽上的玉制装饰品。1986年由浙江省文物考古研究所在余杭县反山墓地14号良渚文化墓葬中发掘出土。现藏于浙江省文物考古研究所。

通高3.65厘米、宽5.9厘米。玉质呈灰白色。整体略呈山字形，下端圆弧，上端分为三叉。正面微弧凸，背面3叉的上端和下端正中部均有凸块，凸块上皆钻出上下贯通的小圆孔。正面正中用阴线细刻兽面纹及蹲踞的下肢，兽面上方刻冠顶外缘。两边叉上端用阴线刻一对神鸟。背面4个凸块上也用阴线细刻出两只圆眼和卷云纹等纹饰，刻纹纤细，肉眼难以辨认，为良渚文化玉器中罕见的雕刻工艺精品。该玉饰出土于墓主人头骨上方，中部叉孔上方有一根长玉管，应是插在冠帽上的饰件。（高 翔）

反山14号墓三叉形玉冠饰

Fanshan 15-haomu toudiao guanxing yuqi

反山15号墓透雕冠形玉器

新石器时代晚期良渚文化以透雕技法琢刻的冠形玉制礼器。1986年由浙江省文物考古研究所反山考古队在余杭县反山墓地15号良渚文化墓葬中发掘出土。现藏于浙江省文物考古研究所。

反山15号墓透雕冠形玉器

通高3.9厘米、上宽6.8厘米、厚0.3厘米。玉质呈黄色，局部表面有茶褐色的斑块。器体扁平，上宽下窄，上端作冠顶状，下端扁榫上有3个等距的小孔，两面以透雕和阴线刻技法雕出肢体完整的神人像，神人头戴羽冠，冠状饰顶端边框为冠顶，脸为方形，单圈圆眼，阔嘴，嘴内刻牙齿。神人四肢张开，相互盘连在一起。整体装饰繁复，刻工精细。

该器是良渚文化玉器中惟一有全形神人像的作品。它既可嵌插，又可销插固定，原应镶接在某种木质实体的顶端。在冠状饰的下方还发现有成片的朱砂和用于镶嵌的小玉粒，这可能是巫觋所用的一种法器。在反山和瑶山墓地中还出土10余件未透雕的冠形器，器表阴刻神人形象。（高 翔）

Yaoshan 1-haomu longshou yuzhuo

瑶山1号墓龙首玉镯

新石器时代晚期良渚文化雕刻有龙首形象的玉制装饰品。传世品称为“蚩尤环”。1987年由浙江省文物考古研究所在余杭县瑶山墓地1号良渚文化墓葬中清理出土。现藏于浙江省文物考古研究所。

瑶山1号墓龙首玉镯

直径7.4厘米、孔径6厘米、高2.6厘米。玉质呈灰白色。整体呈环状，内壁平直光滑，外壁正面较宽，以浮雕加线琢刻出4个相同的龙首形装饰突出于器表，利用环身的宽平面表现龙首的正面图像。图像上部琢出一对突起的圆形眼球，两眼上方用阴线刻出近似方形的两耳。图像下部为宽平的咧开的嘴，上唇宽厚平直，嘴内雕出上门齿9～10枚，在上唇的两侧琢出圆形突起的鼻孔。细审该图像的各部分，眼和牙源自水牛或鹿，鼻形如猪鼻，整体似为各种动物的结合图形，结合环曲的镯身来看，其表现的却是中国传统观念中龙的形象。（高 翔）

Fanshan 20-haomu shenren-shoumianwen yuzhuixingqi

反山20号墓神人兽面纹玉锥形器

新石器时代晚期良渚文化雕刻有神人兽面纹饰的玉制装饰品。1986年由浙江省文物考古研究所在余杭县反山墓地20号良渚文化墓葬中发掘出土。现藏于浙江省文物考古研究所。

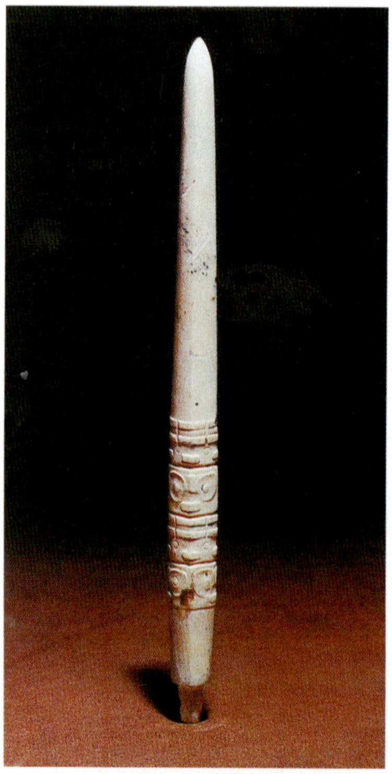

反山20号墓神人兽面纹玉锥形器

长14厘米。玉质呈白色，有褐色和浅青色结晶块。通体作方锥体形，上端钝尖，下端出小短榫，榫上钻有一小横孔，中段偏下琢刻4节2组简化的神人兽面纹。第1节、第3节为神人面纹，各有4组，每组以四角的边棱为中线，下部小凸横档表示阔嘴，嘴上部两侧刻重圈圆眼，眼上再施2组平行细弦纹象征冠；每2组神人面纹共用一眼。第2节、第4节饰兽面纹，每节各有2幅，上下2节兽面纹相错分布。兽面纹上部以椭圆形凸块为眼睑，眼睑上浮雕一重圈的圆眼，眼睑间以桥形凸块相连，眼睑下部中间设小凸横档表示阔嘴。兽面纹的各部位均刻饰纤细的曲线，图案十分繁缛。

良渚文化的玉锥形器目前共发现100余件，除方体外，还有圆锥体的，皆光素无纹。良渚文化墓葬中出土的玉锥形器，大多以集束状放置于墓主人头骨的上方，尖端多指向上方，似象征羽冠的羽毛。（高 翔）

Fanshan 14-haomu shoumianwen yudaigou

反山14号墓兽面纹玉带钩

新石器时代晚期良渚文化雕刻有兽面纹饰的玉制用具。1986年由浙江省文物考古研究所在余杭县反山墓地14号良渚文化墓葬中发掘出土。现藏于浙江省文物考古研究所。

反山14号墓兽面纹玉带钩

长7.5厘米、宽4.5厘米、厚3.6

厘米。玉质呈粉白色，上有浅黄色斑块。通体作扁方体形，正面弧凸，背面平直，一端设有上下贯通的圆孔，用于穿绳连结；另一端挖琢成弯钩状。正面上雕琢出兽面纹，兽面较为简单，仅表现出以桥形凸面相连的椭圆形的眼睑、单圈圆眼及微内凹的扁方形宽鼻。

该带钩正面雕琢纹饰，为已知良渚文化玉带钩中所仅见。它出自墓主人腰部，用途明确，是中国已知时代最早的玉带钩之一。它制作精巧，反映出良渚文化贵族的服饰已十分讲究。（高 翔）

Yaoshan 4-haomu huangguan yuchuanshi

瑶山4号墓璜管玉串饰

新石器时代晚期良渚文化以玉璜、玉管串成的玉制装饰品。1987年由浙江省文物考古研究所在余杭县瑶山墓地4号良渚文化墓葬中发掘出土。现藏于浙江省文物考古研究所。

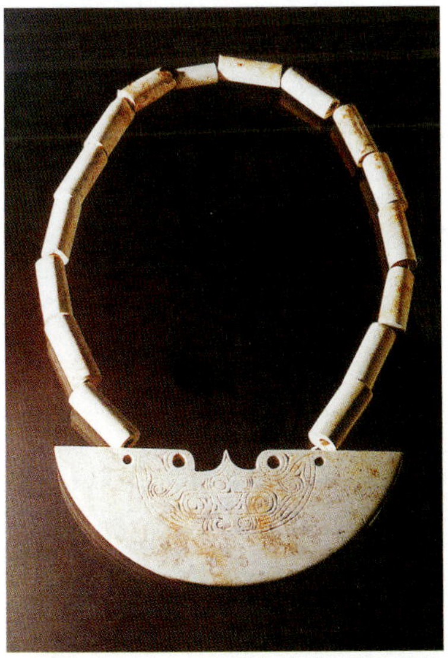

瑶山4号墓璜管玉串饰

璜宽14.7厘米、高5.7厘米；管长2.5厘米～3.1厘米、直径1.2厘米～1.3厘米、孔径0.5厘米。璜玉质呈浅黄色，上有浅灰色结晶。璜整体作半璧形，上端两侧各有一圆孔以用于系挂，背面平素，正面有线刻兽面图案，画面着重表现长方形的巨嘴及两对獠牙。玉管呈粉白色，作圆柱形，中有一对钻而成的小孔。出土时16节管首尾相接并与璜紧密相连，可确知原为贯联成串的佩饰。全串直径较小，仅略大于璜的弧圆长度，应是一种颈饰。（高 翔）

Fuquanshan 74-haomu zhuzhui yuchuanshi

福泉山74号墓珠锥玉串饰

新石器时代晚期良渚文化以玉珠、锥形器等串成的玉制装饰品。1984年由上海市文物管理委员会在青浦县福泉山遗址74号良渚文化墓葬中发掘出土。现藏于上海市文物管理委员会。

玉串饰由2件玉管、6件玉圆锥形器及大小不一和形态各异的47颗玉珠串联而成。高30厘米、宽28厘米。玉质或呈湖绿色，或呈乳白色。玉管作圆形，中空，位于串饰的下部，中间以2颗玉珠相隔。锥形器分列左右两侧，每侧3件，左右两侧对称排列，中间锥形器两边各串2颗玉珠，玉珠或作腰鼓形，或呈圆珠形。整个串饰颇为美观，它出土于墓主人胸部，应为颈饰。

（高 翔）

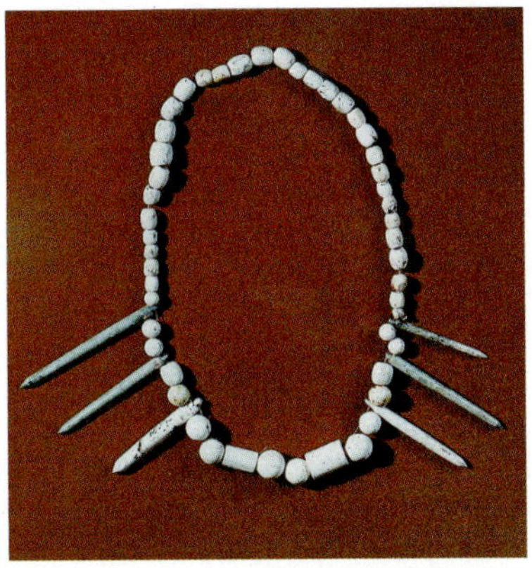

福泉山74号墓珠锥玉串饰

Fanshan mudi zhanyi yuniao

反山墓地展翼玉鸟

新石器时代晚期良渚文化的玉制装饰品。1986年由浙江省文物考古研究所反山考古队在余杭县反山墓地中发掘出土。现藏于浙江省文物考古研究所。

共4件，分别长5.5厘米、3厘米、4.3厘米、2.6厘米，宽5.8厘米、5.1厘米、5.3厘米、4.7厘米。除一件玉质呈黄色外，其余皆作白色，表面均有深浅不一的褐斑。均平雕而成，皆作展翅飞翔状，头部及尖喙前伸，两眼略鼓或作重圈，两翼向外平展，背部微凸或浅凹。背面均钻一对或两对小孔，可穿缀。其造型简单，雕工寥寥，但形象较为生动，展现出较高的工艺水平。

这些玉鸟分别出自反山墓地14号、15号、16号、17号等4座墓的墓主人的脚端和头端，应具有不同的寓意。（高 翔）

反山墓地展翼玉鸟

Keshengzhuang wenhua yuqi

客省庄文化玉器

新石器时代晚期客省庄文化制作和使用的玉制品。主要采集于陕西神木县石峁和延安市芦山峁等遗址中，年代距今4500年～4000年。

色泽较杂，有黑、青黄、红、深绿、碧绿、灰、白等色，玉质温润晶莹，经鉴定，系由墨玉、玉髓、石英岩、大理石岩、蛇纹石等质料磨成，硬度6度～7度。玉料来源当在陕北本地及其附近的内蒙古、甘肃和关中一带。可分玉制礼器、装饰品和工艺品。玉礼器有琮、牙璋、圭、钺、戚、戈、斧、刀等，其中琮分上下两节，并饰有兽面纹，与良渚文化玉琮风格相近。牙璋和戈是目前所见同类玉器中时代最早的形制，这些礼玉可能与祭祀、军旅、战争、杀伐有关。装饰品有璜、璧和璇玑，用作悬佩。工艺品包括人头雕像、玉蚕、虎头、玉蝗、螳螂等，形体较小，制作精美，为商代动物形玉雕的盛行开启了先河。

客省庄文化玉器器形大，种类多，琢玉工艺水平较高，多数玉器雕琢细致，边缘整齐。一些玉器上还有琢制时留下的弧形曲线，说明当时已使用原始砣具。多数玉器器表光素无纹，并留有大小不同的圆孔，系单面钻成。其突出特点是，玉礼器品种齐全，形制规范，这为研究探索礼玉的渊源及中国古代礼制的起源提供了实物资料。

参考书目

戴应新：《陕西神木县石峁龙山文化玉器》，《考古与文物》1988年5、6期。

（古 方）

Shenmu Shimao cemian rentou yudiaoxiang

神木石峁侧面人头玉雕像

新石器时代晚期客省庄文化的玉制装饰品。1976由年陕西省考古研究所在神木县石峁采集。现藏于陕西历史博物馆。

神木石峁侧面人头玉雕像

高4.5厘米。玉质呈白色，局部有褐色浸斑。体扁平，双面雕刻，头像作侧视，头束椭圆形高髻，鹰钩形鼻，嘴半张，下唇稍长，阴线刻出橄榄形大眼。脑后有外凸的耳形，细颈，颊钻一圆孔，可供穿系。雕刻手法古拙，各位比例虽失当，但形象传神，表现出健美的体魄与憨厚的神情。

（高 翔）

Dawenkou wenhua yuqi

大汶口文化玉器

新石器时代晚期大汶口文化制作和使用的玉制品。分布于山东泰山周围地区，东达黄海之滨，北抵渤海南岸，西到鲁西平原东部，南及江苏淮北一带，年代距今6500年～4500年。主要出土于山东泰安市大汶口、邹县野店、茌平县尚庄、安邱县景芝镇、胶县三里河和江苏邳县大墩子等地的大汶口文化遗址中。

玉器颜色以深浅不一的绿色为主，还有青、红、白等色，玉材主要来自山东等地，泰山、邹县和莱阳市都有玉岩矿。按用途可分作工具和装饰品两类。工具包括铲、凿和镞形器，玉质晶莹圆润，通体磨光，器形规整，制作精致，无使用痕迹。装饰品有作头饰的笄、串饰，作颈饰的玉石管，作腕饰的玉镯和指环，作臂饰的臂环，基本上不见玦和璜。男性和女性墓葬中均出土装饰玉，常有玉石混用的情况，可见玉器在当时是很珍贵的。大汶口文化早期玉器很少见，中、晚期玉器种类逐渐增加，其特点是环镯器比较常见，且截面形状多变。江苏北部的大汶口文化遗址处于大汶口文化与良渚文化接触地带，因此，一些玉器器形，如琮、锥形器等，具有浓郁的良渚文化玉器风格，反映出南北方文化的交流和融合。

参考书目

山东省文物管理处、济南市博物馆：《大汶口》，文物出版社，1974。

（古 方）

Dawenkou tixing yuchan

大汶口梯形玉铲

新石器时代晚期大汶口文化的玉制工具。1959年由山东省文物管理处、济南市博物馆在泰安市大汶口遗址中清理出土。现藏于中国历史博物馆。

长19厘米、厚0.7厘米。玉质呈墨绿色。器体扁平，呈两腰约收的梯形。铲背平直，铲刃系两面磨成，刃口锋利。铲体上端有一个由两面对钻而成的孔。器表光素无纹，琢制极为精细，通体抛光圆润，是已知大汶口文化玉器中最精美的一件。

（高 翔）

大汶口梯形玉铲

Yedian duohuangxing yuchuanshi

野店多环形玉串饰

新石器时代晚期大汶口文化的玉制装饰品。1971年由山东省博物馆在邹县野店遗址中发掘出土。现藏于山东省博物馆。

玉串饰由单环、双环、四联环及绿松石坠等11件玉饰组成。单环直径3厘米～5.1厘米，双环长6.8厘米，四联环长4.8厘米，绿松石坠长

3厘米。玉质呈青色和白色，玉色斑斓。制作不甚规整，环内孔边缘较薄，有的呈扁心圆，器表磨制光滑。出土于墓主人头骨上，应为头饰。

（高 翔）

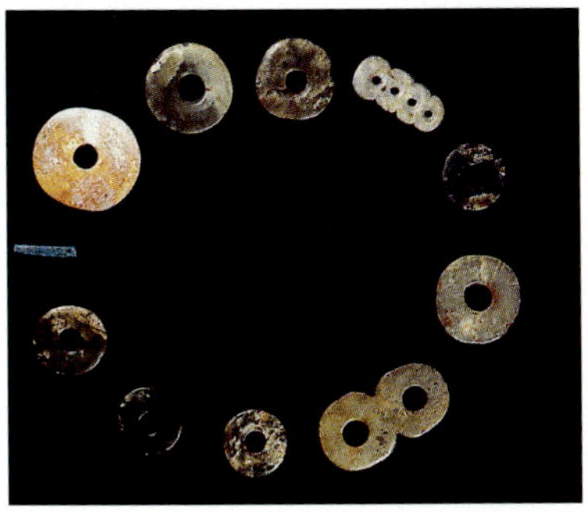

野店多环形玉串饰

Longshan wenhua yuqi

龙山文化玉器

新石器时代晚期龙山文化制作和使用的玉制品。分布于山东、江苏、河北沿海及辽东半岛一带，年代距今4500年～4000年。主要出土地点有山东日照市两城镇、胶县三里河、临朐县朱封、泗水县尹家城等。

器形多为与生产工具有关的礼器，如钺、斧、锛、铲、刀、凿等，还有一些为装饰品，如环和璇玑形环状器等，日用玉器为笄。玉器制作技术水平很高，日照市两城镇遗址出土的玉锛上阴刻有狰狞的兽面纹，线条婉转自如，极为清晰流畅，因此表现出的兽面纹形象很生动；朱封龙山文化墓葬中出土的玉笄，代表龙山文化琢玉的最高的水平，透雕的笄首是目前所见时代最早的镂雕作品。龙山文化在时代上与大汶口文化相衔接，分布地域也大致相同，玉器种类中亦以生产工具形礼玉占多数，因此，龙山文化玉器风格应是继承大汶口文化而来的，玉器的取材范围也应基本相同。

参考书目

刘敦愿：《记两城镇发现的两件石器》，《考古》1972年4期。

中国社会科学院考古研究所山东队：《山东临朐朱封龙山文化墓葬》，《考古》1990年7期。

（古 方）

Tengzhou Lizhuang xuanjixing huanzhuang yuqi

滕州里庄璇玑形环状玉器

新石器时代晚期龙山文化的玉制装饰品。1978年由山东省博物馆在滕州市（原称滕县）里庄遗址中发掘出土。现藏于山东省博物馆。

滕州里庄璇玑形环状玉器

直径8厘米。玉质呈青灰色，局部有褐色浸斑。器体扁平，外缘雕琢3个形状相同、向同一方向旋转的齿牙，其间附饰3组锯齿纹。此式样玉器常见于黄河中下游龙山文化遗址中，曾被认为是观测天文的璇玑，后经夏鼐先生考订为装饰品，用途与环相同，器上作旋转状的齿牙可能具有某种礼仪或宗教上的意义。

（高 翔）

Liangchengzhen shoumianwen yuben

两城镇兽面纹玉锛

新石器时代晚期龙山文化的玉制礼器。1969年由山东大学历史系在日照县两城镇征集。现藏于山东省博物馆。

长17.8厘米、上宽4.5厘米、下宽4.9厘米、厚0.8厘米。玉质呈墨绿色，局部有白斑和白色侵蚀。器体呈扁平长方形，背端和两侧面规整平直，器表平滑，双面刃。近背部一端两面均以阴线雕刻兽面纹，形象狰狞。制作精致，无使用痕迹。兽面纹似有某种宗教意义，应为礼器。兽面纹的雕刻讲究构图对称，线条婉转流畅，体现出较高的工艺水平。

（高 翔）

两城镇兽面纹玉锛

Linqu Zhufeng toudiaoshou yuji

临朐朱封透雕首玉笄

新石器时代晚期龙山文化的玉制装饰品。1989年由中国社会科学院考古研究所在山东临朐县朱封遗址墓葬中发掘出土。现藏于中国社会科学院考古研究所。

通长23厘米。由笄首和笄身组合而成。笄首玉质呈乳白色，笄身玉质呈墨绿色。笄首呈扁平扇形，对称透雕纹饰，镂孔间有阴刻线纹饰。笄身断面略呈扁圆形，一端尖锐，另一端有深槽，用以嵌插笄首，通体有3组竹节状旋纹。造型优美，线条流畅，通体磨光，特别是透雕的笄首，为中国新石器时代玉器所仅见，体现出极高的琢玉工艺水平。同墓中还出土一件雕首玉笄，玉质呈乳色，笄首雕成钩状，全笄共浮雕3个人像。

（高 翔）

临朐朱封透雕首玉笄

Beinan wenhua yuqi

卑南文化玉器

新石器时代以台湾台东县卑南遗址为代表的卑南文化制作和使用的玉制品。分布于台湾花东纵谷、海岸山脉南段东麓、台东平原及大武山东麓河阶及面海坡地，年代距今3500年～2000年。主要出土于台东县卑南遗址墓葬中。

多数玉器呈碧绿色，玉材来自花莲县地玉矿。器类除少量坠、棒、管、镞外，常见的是玦形饰，共出土1300多件。这种玦形饰式样很多，除有大陆常见的圆形玦外，绝大多数作带有缺口的环形及环外缘附加4个突起的形状，其他还有长条形、方形、两翼形等，其中以单人和双人兽形玦最为奇特。这些玦形饰制作精致，风格独特，代表台湾史前文化最高的工艺水平。这些玉器主要用作装饰，玦形饰出土时均在人头耳部两侧，应为耳饰；玉坠作头饰；棒形和管形玉作颈或胸饰。繁杂的玉器种类反映出卑南先民丰富的精神生活。

参考书目

连照美、宋文薰：《台东县卑南文化公园考古试掘报告》，《国立台湾大学考古人类学专刊第十五种》，1989。
（古　方）

Beinan Yizhi shuangren lianti yujue

卑南遗址双人连体玉玦

新石器时代晚期卑南文化的玉制装饰品。1980年～1988年由台湾大学人类学系在台东县卑南遗址中清理出土。现藏于台湾台东县“国立台湾史前博物馆”。

卑南遗址双人连体玉玦

长6.6厘米、宽3.9厘米、厚0.35厘米。玉质呈墨绿色。器体扁平，透雕出双手叉腰而立的二人，形象均为平肩，细腰，双腿略分，脚下有踏板，膝部有一横道。二人头顶一只侧卧的兽，尖耳张口，拱身翘尾，眼睛以未穿透的圆坑表示。磨制平滑，雕琢较精，所表现的可能是祭祀的场面。类似的人兽形玦在台湾北部圆山文化的芝山岩遗址中亦有发现。（古　方）

〖新石器时代其他玉器〗

Hemudu Yizhi yujue

河姆渡遗址玉玦

新石器时代中期河姆渡文化的玉制装饰品。1979年由浙江省文物管理委员会、浙江省博物馆在余姚县河姆渡遗址中清理出土。现藏于浙江省博物馆。

直径3.2厘米。玉质呈青色。器体扁平，呈环形，有一较大的缺口，中孔管钻而成，孔壁整齐。

玉玦是中国新石器时代出土最早、数量最多、范围最广泛的玉器，常用作耳饰。河姆渡文化年代距今约7000年，是江浙地区最古老的原始文化。这件玉玦对于探讨这一地区玉器的渊源及演变具有重要的意义。（高　翔）

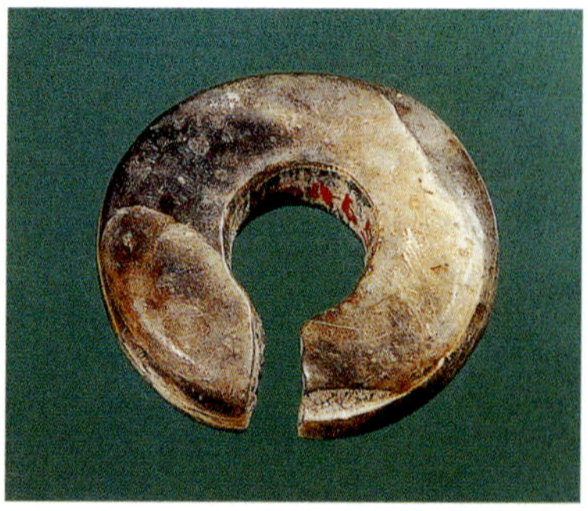

河姆渡遗址玉玦

Lingjiatan Yizhi kewen yupian

凌家滩遗址刻纹玉片

新石器时代薛家岗文化的玉制礼器。年代距今6000年～5300年。1987年由安徽省文物考古研究所在含山县凌家滩墓地中发掘出土。现藏于北京故宫博物院。

凌家滩遗址刻纹玉片

长11厘米、宽8.2厘米、厚0.2厘米～0.4厘米。玉质呈牙黄色。平面呈长方形，两短边略内弧，并各对钻5个圆孔，一长边上对钻9个圆孔，另一长边在两端对钻4个圆孔。玉片上的纹饰均以阴线刻出，中央为一个小圆圈，内刻方心八星纹，小圆圈外刻有大椭圆圈。两圆圈间以直线平分8等份，每份刻一圭形纹。在大椭圆圈外对着长方形玉片的四角处各刻一圭形纹。有人认为所刻图形与神、太阳、山川有密切联系，是远古的河图、洛书和八卦。该玉片的出土，表明早在五六千年前中国就已有历法存在，在中国科技文化史上具有特殊位置。

（高 翔）

Lingjiatan Yizhi yuren

凌家滩遗址玉人

新石器时代薛家岗文化的玉制艺术品。年代距今6000年～5300年。1987年由安徽省文物考古研究所在含山县凌家滩墓地中清理出土。现藏于北京故宫博物院。

凌家滩遗址玉人

高9.6厘米、宽2.2厘米、厚0.8厘米。玉质呈灰白色。体扁，作站立状。方脸，长眼，粗眉，蒜头鼻，阔嘴，上唇留短须，两耳各钻一圆孔，头戴圆冠，冠上饰2排方格纹，脑后刻4条横线，似与冠饰有关。两臂弯曲，十指张开置于胸前，腕部饰有臂环。腰部饰一周斜线纹，似表示腰带。赤双足，左右脚均刻五趾。其人体比例匀称，造型优美，展现出江淮地区原始先民的面貌和风采，也是中国新石器时代玉器中罕见的人体全身雕像。

（高 翔）

Shixia Yizhi yucong

石峡遗址玉琮

新石器时代晚期石峡文化的玉制礼器。1977年由广东省博物馆在曲江县石峡遗址中清理出土。现藏于广东省博物馆。

高13.8厘米、边宽6.6厘米～7厘米、孔径4.8厘米～5.2厘米。玉质呈灰色，杂有黑斑。器呈长方柱体，上径略大，四面中间各有一条宽直道，把每面的纹饰分开。每边角自上而下浅浮雕5组图案相同连接两面的凸弦纹，象征简化的兽面纹。石峡遗址共出土玉琮6件，年代距今5000年～4000年，其中一件与良渚文化玉琮相似，表明两地之间互有文化交流和往来。

（古 方）

石峡遗址玉琮

Karuo Yizhi yuben

卡若遗址玉锛

新石器时代晚期卡若文化的玉制工具。1977年由四川大学历史系考古专业与西藏自治区文物管理委员会在昌都县卡若村遗址中发掘出土。现藏于西藏自治区文物管理委员会。

卡若遗址玉锛

共2件，最长一件长22厘米。玉质皆呈青色，表面有深褐色浸蚀。均为扁体长方形，四边有棱。长的一件为双面刃，短的一件为单面刃，均有使用痕迹，应为实用品。

卡若文化的年代距今5555年～4750年，玉锛出土较多，另外，西藏拉萨市曲贡村新石器时代遗址中也出土数件玉锛，形制与这2件相仿，可见玉锛是西藏高原史前遗址中较常见的实用玉器。

（古 方）

Xia-Shang-Xizhou yuqi

夏商西周玉器

（约公元前21世纪～公元前771年）

夏代、商代和西周时期以玉和美石为原料制作的礼器、实用器和装饰品。这一时期是中国玉器发展的成长阶段，统一国家的形成加强了各地之间的文化交流，使得玉器风格趋于一致并不断创新，制玉工艺技术的进步使作品质量大为提高，作品的艺术效果也进一步增强，对后世影响深远的玉器礼制化也完备于这一时期。

夏代玉器 关于夏文化的问题目前仍在探索，很难准确断定哪些玉器是属于夏文化的，夏朝年代范围约为公元前21世纪～前17世纪，因此这里所说的夏代玉器是指在夏纪年范围内各地遗址中出土的玉石器。夏代玉器出土较少，而且本身特点不明显，既有新石器时代晚期龙山时代玉器的风格，又与商代早期玉器相近，反映出一种过渡阶段的性质。

据文献记载，夏王朝统治中心在今豫西和晋南一带，河南偃师县二里头遗址一、二、三期和山西夏县东下冯遗址所出玉石器是研究夏

代玉器的重要实物，但这两处遗址所出玉器不多。二里头遗址第二期墓葬中出土有玉管状饰、玉块、石圭形饰和绿松石饰等，其形制与该遗址第四期遗存中的商代早期玉器相似；第三期遗址及墓葬中出土有璋、钺等玉质礼器，制作精致，可作为这一时期玉器的代表作。其中刀、圭等玉器与龙山文化、良渚文化有某些继承关系。玉器纹饰多以阴线刻成，刀、戈和牙璋上刻有数道平行的直线纹，圭上装饰有云雷纹。玉器装饰的另一个特点是在玉钺和牙璋两侧雕出复杂的扉牙，这可能是某种礼制的象征。东下冯遗址仅出土小玉块和2件齿边玉璜，皆光素无纹。河南龙山文化晚期一些遗址的时代虽在夏代纪年范围内，但出土玉器极少，如登封县王城岗龙山文化晚期遗存中仅有一件玉环，形制与新石器时代同类器物无异。山东地区的岳石文化时代与夏代纪年大致相同，目前仅在泗水县尹家城岳石文化遗存中见到一件块形玉器，造型简单。

商代玉器　商代高度发达的奴隶制极大地促进了手工业技术的进步，在玉器制作上，分布地域较前更加广阔，器形和纹饰较前更加复杂、精致，琢制工艺更加娴熟。商代玉器是在新石器时代晚期玉器基础上发展而来的，具有承上启下的作用，对西周时期玉器产生深远的影响。商代玉器主要出土于中原地区，特别是商代晚期的河南安阳市殷墟一带。

● **分期**　依据时代特点可分为早、中、晚三期。商代早期玉器以河南偃师县二里头第四期遗存的玉器为代表，种类有刀、琮、璜、柄形器、块、镞等，特别是柄形器上的兽面纹，采用勾彻工艺刻成，雕琢精细，线条流畅圆熟，反映出很高的制玉工艺水平。商代中期玉器主要采集和出土于河南郑州市市郊，二里冈、铭功路、南关外、杨庄村等遗址中，种类有璧、璜、圭、戈、璋、柄形器、笄、环等，多数形制与纹饰与二里头遗址三期、四期玉器相近，但不见玉钺。湖北黄陂县盘龙城和李家嘴商代中期遗址墓葬中出土有戈、雕刀、笄、柄形器等玉器，其风格与商代晚期接近，富有特点的是盘龙城出土的一件形体较大的玉戈，长达92.5厘米，传世品中也可见这样的玉戈，一般刃部无使用痕迹，应为礼玉。商代晚期玉器出土地点很多，主要有河南安阳市殷墟、罗山县蟒张后李商代墓地、四川广汉市三星堆祭祀坑和江西新干县大洋洲商墓。殷墟是商晚期的都址，出土有1000余件玉器，其中最重要的是妇好墓出土的755件玉器，不仅种类多样，制作精美，而且时代明确，是研究商代王室玉器重要的实物资料。蟒张后李商代墓地共出土玉器75件，有璧、琮、璜、块、戈、刀、锛、凿和动物形玉雕等。三星堆2个祭祀坑中共出土玉石器300余件，以礼器为主，还有少量的工具，器形有璋、戈、璧等。大洋洲商墓是已知出土玉器最多的一座商墓，共有1072件，有琮、璧、块、璜、戈、矛、羽人、柄形器、镯等。这一时期玉器特点是分布范围广阔，礼玉种类和式样繁多，动物形玉雕和人物玉雕大量增加。

● **用途**　按用途可分作礼仪器、用具、装饰品及工艺品等类。礼仪器包括琮、圭、璧、牙璋、簋、盘、戈、矛、钺、大刀等，多出自贵族墓葬和祭祀坑中，与社会等级制度和祭祀天地山川有关。用具分工具和日用器两类，工具有斧、锛、凿、各种刀具、纺轮、铲、镰，除个别器物外，大多无使用痕迹，可能是象征性的，而非实用之物；日用器包括臼和杵、调色盘、梳、耳勺、鍱、匕、觿等，大多有使用痕迹。装饰品数量最多，作佩戴和嵌插之用，有头饰的笄、腕饰的钏形器、佩戴的串珠，器物上或衣上的坠饰以及柄形器、圆箍形饰等，很多玉饰以动物和人物形象表现。工艺品作观赏用，均为圆雕，有玉龙、玉虎、怪鸟等。另外，还有作为葬玉的口琀及用途不明的器座形器、拐尺形器等。

● **玉料来源和制作工艺**　质地优于新石器时代玉器，从玉器的颜色来看，主要以深浅不一的绿色、青色和褐色为主，还有灰、白、黄、黑等，表明它的原料来源也是比较广泛的。妇好墓出土的玉器经鉴定证实大部分是以新疆和阗玉制成。和阗所产软玉是玉料中的佳品，当时人们已充分认识到它高雅的质感。另外，陕西、甘肃和河南也是玉料的重要产地，松石则出自湖北等地。商代已具有了相当规模的制玉作坊和一批经验丰富的玉工，在殷墟曾发现有玉、石半成品的房址，估计可能是磨制玉石器的场所。殷墟玉器除在当地制造外，亦有部分是某些方国向殷王室贡纳的。商代的琢玉工艺已经达到相当精巧细致的程度，玉料的运用是按照一定的要求进行的，如成对的动物形玉雕都是分别从一块玉料上切割下来后，再琢磨成型的。许多作品的雕琢综合运用研磨削切、勾线阴刻、阳刻浮雕、钻孔、抛光等多种技法。这些综合在一起的琢制技术，大都达到很高的水平，曲直线自然、流畅、舒展，深浅浮雕柔润、细腻。另外，从一些嵌有绿松石饰的铜器来看，当时可能已盛行“铜镶玉”的工艺。商代的琢玉工具有铊子、管钻、桯钻和锯等，青铜工具的出现大大提高了琢玉质量。铊子是可转动的圆形工具，安装在简单的车床上，可随意加工玉器纹饰；管钻用来穿凿璧、环等体薄而孔眼大的玉器，戈上的穿也多用管钻；桯钻是实心杆钻，一般用于体较厚的小型佩带玉饰，有些孔眼很深的柄形器也多采用此法；锯分直条锯和丝锯两种，直条锯用于切割玉料，丝锯用来镂孔。一些松石嵌片背面留有粘痕，可知当时已使用了胶粘物将它们粘贴到青铜器上。

● **艺术风格**　据形体可分为两类，一类为扁平体，表面阴刻或浮雕纹饰，另一类为圆雕玉器。扁平体玉雕的外轮廓普遍呈圆弧状，雕琢出的动物或人像，绝大多数采用正侧面剪影的手法，既具有高度的写实性，又具有丰富的想像力，用熟练而准确的外轮廓线勾出生动的艺术形象。玉雕的细部都是靠线刻和穿孔来表现的，眼睛刻得很大，细部羽毛或衣饰则近似铜器纹饰的装饰手法，多以勾卷的双线组成连续图案，使细部与轮廓有机地融合为一体，形成完美和谐的艺术风格。圆雕玉器虽然数量不多，但形象逼真，雕琢精细，具有很强的艺术魅力，如圆雕玉人人体比例大体适当，发辫或发髻雕刻细致，人面表情生动，衣纹柔和协调，以简练概括的线条勾画出肌肉和衣纹的特点；圆雕的虎、象、熊、牛、枭、螳螂等作品，采用概括和夸张的手法，各个局部的特殊质感和习性特征相当明显，而一些兽头鸟身的非写实作品，则抓住兽、鸟的主要特征，并巧妙地合为一体，表现得极为自然。商代玉器风格的另一突出特点是巧于运用玉料上的各种自然颜色，创作造型与颜色绝妙配合的“俏色”产品，如玉鳖的壳和肚的颜色黑白分明，眼睛和爪尖的颜色为黑色，显得栩栩如生，可见当时玉工对于作品有着严密构思和尽善尽美的要求。

西周玉器 出土地点分布在东起沿海，南达江淮流域，北抵燕山南北，西至甘肃东部的辽阔区域内，而关中和中原则为最集中之地。关中地区是西周王朝统治中心，长安县沣河两岸为京畿之地，斗门镇、张家坡、客省庄的西周墓中出土有圭、琮、璜、环、刀、璧、锛、戈、柄形器和各种动物玉饰等，种类繁多，制作精细。扶风、岐山交界处的周原地区是周族故地，出土有大批玉石器，其中最丰富的是强家1号墓，共出土玉石制品550多件。此外，一些封侯的高级贵族墓地出土的玉器也相当多，比较重要的有陕西宝鸡市茹家庄和竹园沟的弶国墓地、甘肃灵台县白草坡㶅伯和㒸伯墓、山西曲沃县北赵村晋侯墓地、河南三门峡市上村岭虢国墓地、平顶山市北滍村应国墓地、湖北黄陂县鲁台山荆国墓地及北京房山区琉璃河燕国墓地等。西周早中期的玉器无论是在造型、纹饰方面，还是在器类组合、制玉工艺上，与商代晚期基本相同，因此它们的用途及反映的礼制意义也应一致。西周晚期的玉器则明显地呈现出礼制化增强的趋势，突出特征是出现了瞑目、握玉等葬玉。

参考书目

夏鼐：《商代玉器的分类、定名和用途》，《考古》1983年5期。
曲石：《商代玉器》，《华夏考古》1991年2期。
北京市玉器厂技术研究组：《对商代琢玉工艺的一些初步看法》，《考古》1976年4期。
中国社会科学院考古研究所：《殷墟玉器》，文物出版社，1982。
杨建芳：《西周玉器分期初探》，《香港中文大学中国文化研究所学报第十七卷》，1986。

（古　方）

Shang-Xizhou yubi

商西周玉璧

商、西周时期的玉质礼器和装饰品。器形为扁平圆形，中央有圆孔。古文献中把器身宽度是内孔径一倍的圆形玉器称为璧，反之则称为瑗。但发掘出土的商及西周玉璧绝大部分不符合这种比例，故有的学者认为应将他们统称为璧。玉璧最早见于新石器时代中期，它的形制源于纺轮或圆环形石斧，它的出现可能与原始先民以其象征财富或祭祀有关。按《周礼》记载，璧按纹饰有谷璧、蒲璧之分，而且已与圭、琮等礼器组合使用。商及西周时期玉璧形制基本与新石器时代玉璧相同，均为素面，形制较小。殷墟妇好墓中出土玉璧16件，孔径大小不一。其中有一种内孔缘凸起一道窄棱的璧，造型较特殊。殷墟的另一座商代贵族墓曾出土玉璧数件，多置于墓主人的胸或腹部，可知玉璧亦作敛葬之用。西周时期玉璧见于甘肃灵台白草坡西周前期墓、北京昌平白浮西周初期木椁墓及河南三门峡上村岭西周末年虢国墓地等，数量不多，主要用于装饰。这一时期玉璧与春秋战国相比，形制与纹饰有很大区别。

参考书目

周南泉：《论中国古代玉璧》，《故宫博物院院刊》1991年1期。

（古　方）

Fuhaomu tuyuan yubi

妇好墓凸缘玉璧

商代晚期玉制装饰品。1976年由中国科学院考古研究所在河南省安阳市殷墟商代妇好墓中发掘出土。现藏于中国社会科学院考古研究所。

妇好墓凸缘玉璧

直径18.6厘米、内径6厘米、内璧高1.4厘米、璧体厚0.4厘米。玉质呈绿色，上有褐斑。玉璧造型奇特，内孔缘两面均凸起，形成一周突棱，棱壁较直。璧两面各饰4组同心圆刻线，每组刻线由1条粗线和3条细线构成，线条既规整又流畅，制作工艺水平较高，表明商代旋转速度快的砣具已经被使用。

与之类型相近的凸缘璧在妇好墓中共发现4件，形制均较大，制作较规整，抛光度高，玉质多呈褐色，且大小有依次递减的现象，似属同一组合。它们是一种特殊形制的璧，其凸缘可能是为了便于制作手镯而琢出的。

（古　方）

Xia-Shang-Xizhou yugui

夏商西周玉圭

夏、商、西周时期玉制礼器。器形为扁平长条形。下端平直；上

端略呈圆弧形、圆弧凹形或平直等，有刃；有一个或两个圆形穿孔。圭是当时一种重要礼器，是体现王侯贵族身份高低的标志，用途极为广泛。《周礼》中记载圭的形制达10余种，河南安阳市殷墟商代妇好墓中出土的3类玉圭分别与古文献中所记载的“琬圭”、“琰圭”和“镇圭”形制相近，但也有的学者认为它们不能称作圭，而是工具或武器。已知时代最早的玉圭为河南偃师县二里头遗址出土的夏代玉圭。商代玉圭则主要发现于妇好墓中。这一时期玉圭多数为素面，也有的表面刻直槽纹或云雷纹。商、西周时期小型墓中常见的则是石制平底尖首圭，它们与后世所见圭相同，多成批出自棺椁之上，似有一定的礼制意义。

参考书目

夏鼐：《商代玉器的分类、定名和用途》，《考古》1983年5期。

（古　方）

Erlitou yunleiwen pingshou yugui

二里头云雷纹平首玉圭

夏代玉制礼器。时代为二里头文化三期。1980年由中国社会科学院考古研究所在河南偃师县二里头遗址Ⅲ区2号墓中清理出土。现藏于中国社会科学院考古研究所。

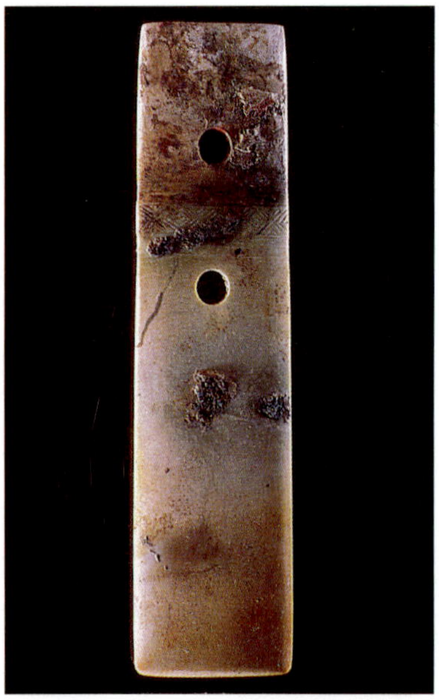

二里头云雷纹平首玉圭

长17.4厘米、宽4.4厘米。玉质近象牙黄色，局部有翠斑。器作扁平长条形，上、下端均较平直，两面刃，近顶端有大小略有不同的两个圆孔，两孔间饰弦纹、菱形云雷纹，上面圆孔上端的一侧有3道朱条纹，接近刃部的一面与顶端附有残存的麻布痕迹。该器通体磨光，制作规整，与河南安阳市殷墟妇好墓中出土的槽纹圭等玉圭相比，具有较强的原始性（见妇好墓槽纹玉圭）。

（黎　龙）

Fuhaomu caowen yugui

妇好墓槽纹玉圭

商代晚期玉制礼器。1976年由中国科学院考古研究所在河南安阳市殷墟商代妇好墓中清理出土。现藏于中国社会科学院考古研究所。

妇好墓槽纹玉圭

长22.7厘米、下端宽3.8厘米、穿径0.9厘米、厚0.9厘米。玉质呈深绿色。体较为狭长，下端齐平，上端略外凸，圆角，刃部较厚。近下端处施一圆穿，在圆穿上端阴刻4条平行横线，其上又刻8条竖直的阴线直通刃部，中间6条阴线两两成组，外侧2条单阴线上端向外弧曲。制作工艺较为精湛。

与之造型基本一致的玉圭在妇好墓中共出土3件，它们与清末吴大澂《古玉图考》中著录的“琬圭”相似。

（黎　龙）

Xia-Shang-Xizhou yuzhang

夏商西周玉璋

夏、商及西周时期的玉制礼器。器呈扁平长条形。常见的玉璋为端刃凹形或分叉，璋体近柄部两侧有扉棱，柄上有穿，有的学者称之为牙璋。牙璋最早见于新石器时代晚期客省庄文化的陕西神木县石峁遗址中。按《周礼》记载，璋为半圭形，但标准半圭形的璋并没有发现，只有四川广汉市三星堆遗址出土的边璋端刃呈斜坡状，与半圭形璋形状近似。关于玉璋的用途，文献记载有礼南方、祀山川、享后、殓尸及赠宾客等，有的学者认为牙璋即如《周礼》所言，“以起军旅，以治兵守”，即统军用的牙璋，但三星堆遗址出土的一件石边璋上所饰的山川人物纹中，牙璋则夹立于山峰之间，因此，玉璋可能是用来祭祀山川的礼器。

参考书目

陈显丹：《牙璋初论》，《四川文物》1989年1期。

（古　方）

Sanxingdui niaoxingduan yuzhang

三星堆鸟形端玉璋

商代晚期玉制礼器。1986年由四川省文物管理委员会、四川省文物考古研究所等单位在广汉市南兴镇三星堆1号祭祀坑中发掘出土。现藏于四川省文物考古研究所。

三星堆鸟形端玉璋

长38厘米。玉质呈乳白色，一侧略带黑灰色。器身一侧外弧，一侧内曲，两面各琢一璋形图案。身与柄之间有3组阴刻的平行线纹，在

2条平行线纹相对应处，刻齿状扉棱。柄身之间钻一圆穿。其射部镂刻成鸟形，虽略有残损，但琢刻精细，栩栩如生。该璋射部作鸟形，十分奇特，为商文化所不见，表明蜀人虽然在物质文化方面与中原商文化联系密切，在宗教意识、祭祀礼仪制度方面也与商文化有相近之处，但在玉器制作等方面，却具有强烈的地方特色。（谷 莜）

Shang-Xizhou yucong

商西周玉琮

商、西周时期玉制礼器。器形为中央圆孔，外周正四方或钝角四方形。玉琮最早见于新石器时代长江下游地区原始文化遗存中，其纹饰以神人兽面纹最富特征。商代玉琮形制与新石器时代玉琮大致相同，惟纹饰变化很大。器表一般光素无纹，也有的四角的凸棱上刻平行弦纹和圆点纹，有的刻饰蝉纹，或突起呈半圆形。据《周礼·考工记》记载，琮按尺寸大小分大琮、组琮、瑑琮等，一般为王后所用之器。河南安阳市殷墟商代妇好墓出土的玉琮中有2件琮被定为大琮和组琮。陕西西安市沣西西周井叔墓有一件兽面纹玉琮，雕琢较精，其纹饰风格对春秋、战国玉琮有较大影响。关于琮的用途，有的学者认为它与古老的殓尸风俗有关，也有的学者认为琮的方圆表示地和天，它可能是礼地之器。

参考书目

周南泉：《玉琮源流考》，《故宫博物院院刊》1990年1期。

邓淑苹：《由“绝地天通”到“沟通天地”》，《故宫文物月刊》第六卷第七期，1988。

（古 方）

Fuhaomu dacong

妇好墓大琮

商代晚期玉制礼器。因造型与清末吴大澂的《古玉图考》所著录的“大琮”接近而得名。1976年由中国科学院考古研究所在河南安阳市殷墟妇好墓中发掘出土。现藏于中国社会科学院考古研究所。

高10.4厘米、射径4.2厘米～4.5厘米、射壁0.2厘米～0.4厘米。玉质呈淡褐色，有棕色斑。造型外圆内方，射较高，圆度较差，上下均各饰阴线四周；中部断面近方形，四角雕凸棱，凸棱两侧各刻一条竖线。表里均抛光，琢磨简练。该琮发现于商王武丁时期的妇好墓中，应是专门为商王等高级贵族服务的玉器作坊生产的。它的造型及工艺上承新石器时代晚期良渚文化玉琮，只是纹饰略显简素。与大琮同时出土的还有组琮等13件琮和琮形器，既反映出玉琮在商代社会中的重要地位，又说明作为传统礼器的玉琮在商代仍很流行。（谷 莜）

妇好墓大琮

Fuhaomu zucong

妇好墓组琮

商代晚期玉制礼器。因造型与清末吴大澂的《古玉图考》中所著录的“组琮”相似而得名。1976年由中国科学院考古研究所在河南安阳市殷墟妇好墓内清理出土。现藏于中国社会科学院考古研究所。

通高2.8厘米。玉质呈墨绿色，略透明。器体外方内圆，体较矮。上下两端有短射，射高0.4厘米、射径6.7厘米、射壁厚0.5厘米。器体四角雕出凸棱，上刻平行阴线纹及圆点形纹；体面中部还各饰竖直阴线2组，每组3条。其玉质较好，雕刻颇为规整。

妇好墓中还出土3件组琮，造型与此琮相同。妇好墓组琮的造型与良渚文化玉琮相近，均为外方内圆，体矮似镯，有短射，二者的渊源关系较为明显。（谷 莜）

妇好墓组琮

Zhangjiapo 170-haomu niaowen yucong

张家坡170号墓鸟纹玉琮

西周时期玉制礼器。1985年由中国社会科学院考古研究所在陕西长安县张家坡170号西周墓中发掘出土。现藏于中国社会科学院考古研究所。

张家坡170号墓鸟纹玉琮

长5.5厘米、宽4.3厘米、孔径3.3厘米、厚0.5厘米。玉质呈青褐色。

方筒形，两端琢成圆口，中心有大圆孔上下穿透。在器表方体四面，各以双钩线雕一鸟纹，尖喙，垂冠，扬翅，钩爪，长尾垂地。这种鸟纹是西周常见的动物纹饰，曾被大量装饰于铜器上，是西周玉器重要的断代标志之一。

（古 方）

Shang-Xizhou yuhuang

商西周玉璜

夏、商及西周时期玉制礼器和装饰品，器体作弧形，约为璧的三分之一。玉璜是新石器时代常见的装饰品之一。古文献中称璜为半璧形，是祭祀北方的礼玉，但目前所见商周玉璜绝大多数为璧、环的三分之一，只有少数接近二分之一，而且璜体两端均有用于穿系的小孔，因此，璜的用途应为佩饰。商代玉璜多为素面，也有一些雕琢精致，制成龙形或鱼形，表面刻有鳞纹、三角纹等。西周玉璜除素面外，多在璜面刻变体兽纹。玉璜既可单独佩戴，又可串联成组佩，在河南三门峡市上村岭虢国墓地2001号墓中，墓主人身上一套最大的组佩即由7件玉璜与串饰穿缀而成。

（古 方）

Fuhaomu longxing yuhuang

妇好墓龙形玉璜

商代晚期玉制礼器。1976年由中国科学院考古研究所在河南安阳市殷墟商代妇好墓中清理出土。现藏于中国社会科学院考古研究所。

妇好墓龙形玉璜

长11厘米、宽1.1厘米、厚0.5厘米。玉质呈淡绿色。体稍薄，断面呈长方形。龙张口，圆眼，鼻、角等部位亦雕刻清晰；身两面饰菱形纹和三角形纹；尾端有榫，上有孔，可作镶嵌之用。在妇好墓中共出土12件，与新石器时代及妇好墓中出土的其他未经雕琢的素璜有很大区别。玉璜制成后，再重点雕琢商人崇拜的龙头、眼等主要特征，既增强本身作为礼器的神秘感，又富于装饰效果，展现出商代玉器具有象征性和装饰性的特点。

（谷 菽）

Fuhaomu yuxing yuhuang

妇好墓鱼形玉璜

商代晚期玉制佩饰。1976年由中国科学院考古研究所在河南安阳市殷墟商代妇好墓中发掘出土。现藏于中国社会科学院考古研究所。

妇好墓鱼形玉璜

长10.5厘米、宽2.4厘米、厚0.3厘米。黄玉质。璜体弧度约为圆周的二分之一。造型朴拙，口作小孔，背呈弧形，外凸，胸鳍与腹鳍向两侧展开约0.75厘米，尾分为“八”字形，两侧亦各有一小孔。两面还各刻3条弧线，采用浮雕和圆雕相结合的方法制玉，雕刻极为精巧。在妇好墓中共有5件，大小不一，以鱼为造型精心雕制成佩饰，使玉璜更具装饰效果，鱼的胸鳍与腹鳍向外伸展，更加富于立体感。

（谷 菽）

Fuhaomu zhaiti yuhuang

妇好墓窄体玉璜

商代晚期玉制礼器。1976年由中国科学院考古研究所在河南安阳市殷墟商代妇好墓中发掘出土。现藏于中国社会科学院考古研究所。

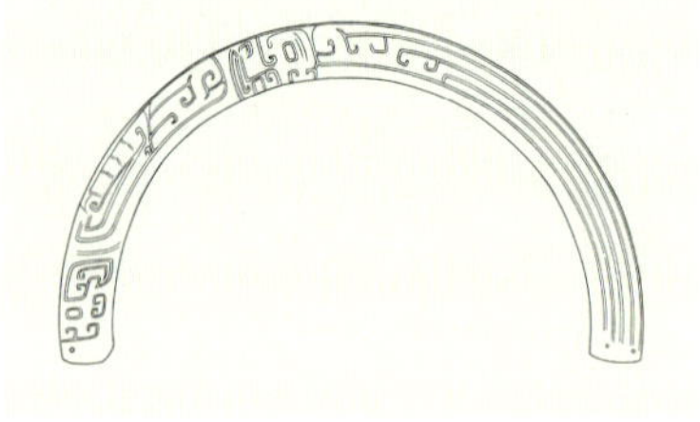

妇好墓窄体玉璜

长18.4厘米、宽1.6厘米、厚0.3厘米。玉质呈黄褐色，晶莹润泽。体大而窄，弧度接近圆的二分之一，一端有两孔，另一端设一孔。两面阴线雕刻的花纹基本相同，中部雕刻人形图案，细眉方目，大耳，耳下有卷曲的上肢，身、尾似鸟，短翅，长尾下弯，一足作站立状，头上似戴由变形云纹构成的高冠。尾下又雕刻一似戴高冠的侧身人面。雕刻花纹较为精致，展现出商代玉雕的高超技艺。造型颇为独特，大而窄的体形同其他玉璜迥然有别。为妇好墓中出土的73件玉璜中长度最大的一件。

（谷 菽）

Chang'an peijianchang niaowen yuhuang

长安配件厂鸟纹玉璜

西周时期玉制佩饰。1978年在陕西长安县配件厂内出土。现藏于西安市文物局。

长安配件厂鸟纹玉璜

长9.1厘米、宽3厘米。玉质青

色泛白，有土浸。器身上下出脊，表示喙、冠、项羽，展现出一只鸟的外形轮廓。以阴刻线及斜偏刀雕饰出繁密的平行线与不同形状的云雷纹。一端有孔，顶部亦设一孔。该璜体部简略，具有图案化的装饰效果。（谷 菽）

Jinhou Sumu sihuang lianhuan yupei

晋侯苏墓四璜连环玉佩

西周晚期晋国玉制装饰品。1992年由北京大学考古系等单位在山西曲沃县北赵村晋侯墓地的晋侯苏墓中发掘出土。出土时置于墓主人胸腹之上，系墓主人佩戴的3组主要玉佩之一。现藏于山西省考古研究所。

晋侯苏墓四璜连环玉佩

玉佩由玛瑙及绿松石珠串联的4璜、1珩、1环组成。璜两两左右相对，长约16厘米、宽约4厘米。其中上方一对玉璜内外缘有牙，表面琢刻云龙纹；下方一对玉璜内外缘无牙，表面线刻斜角云纹。珩在下方一对玉璜的下方中央，呈内贯两穿孔的扁长方体。环缀于珩下，直径12.6厘米、孔径6.6厘米，器表磨光无纹饰。玉佩最上方一对玉璜的上端穿孔未见宾珠穿连，有可能此组玉佩与其上的双璜连环玉佩有关系。

该玉佩结构复杂，璜、珩、环三者关系清楚，佩戴者诸侯身份明确，是西周时期罕见的完整的诸侯玉佩。玉佩的组合方式与佩戴方式既与同墓地的西周早中期之际的晋侯玉佩不同，又与同时期的晋侯夫人墓玉佩有别。它是研究西周晚期诸侯一级玉佩形制特点的重要材料。（孙 华）

Shang-Xizhou yuhuan

商西周玉环

商及西周时期玉制装饰品。器作扁平圆形，中央圆孔较大。《尔雅》曰："肉好若一谓之环。"即指器宽度与内孔径相等的圆形玉器称为环。但实际上出土的商周玉环多与此比例不符。商至西周玉环一般为素面，河南安阳市殷墟妇好墓出土的突棱玉环和附透雕饰玉环形制较特殊。据古文献记载，玉环为表示和好的信器，而考古发掘中所见玉环均为佩饰，较大的套于臂上，较小的多置于腰间。（古 方）

Fuhaomu futoudiaoshi yuhuan

妇好墓附透雕饰玉环

商代晚期玉制装饰品。1976年由中国科学院考古研究所在河南安阳市殷墟商代妇好墓中发掘出土。现藏于中国社会科学院考古研究所。

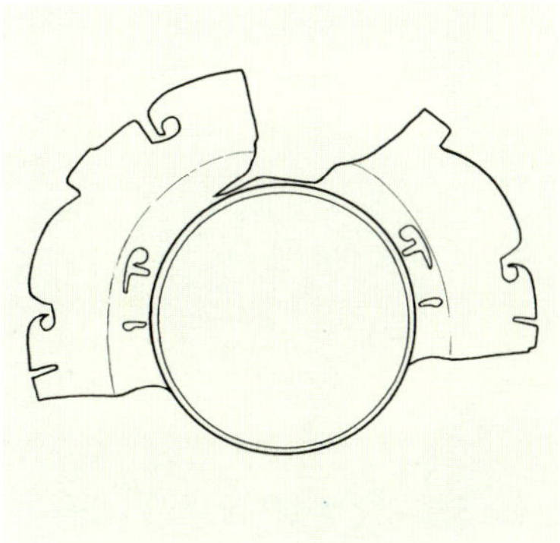

妇好墓附透雕饰玉环

直径12.7厘米、孔径6厘米、环体厚0.2厘米、内壁高1.6厘米。玉质呈黄褐色。两面突起呈圆口状，孔壁直而光滑，周缘有用青铜丝锯镂成的卷口和小而直的镂空花纹，环体内侧亦有镂空的花纹。环两面各雕四组周线，在孔壁一侧上下各有一小孔。妇好墓中共出土玉环23件。除一件半成品外，其他22件玉环均与璧形制相似。附透雕饰玉环环体上的镂空花纹，造型独特，与妇好墓中出土的数目众多的长条镂空片的花纹相近，可能是先钻孔而后向外加工出所需要的形状，并以一种狭小扁平的青铜工具磨平，再经抛光制作而成。（谷 菽）

zhuyuangou 6-haomu quanxing yuhuan

竹园沟6号墓圈形玉环

西周早期玉制佩饰。1980年～1981年由陕西宝鸡市博物馆在宝鸡市区渭水南岸的竹园沟6号墓中发掘出土。现藏于宝鸡市博物馆。

竹园沟6号墓圈形玉环

直径6.7厘米、孔径6.2厘米、环体宽1.4厘米。玉质呈绿色，色泽光亮但不透明。环呈圆圈状，环表面中部一周微鼓，孔壁打磨十分光滑，薄而轻巧，制作精致且规整。该玉环与河南安阳市殷墟妇好墓中出土的部分玉镯形器的造型相似，也应用作臂饰。（谷 菽）

Xia-Shang-Xizhou yujue

夏商西周玉玦

夏、商及西周时期玉制装饰品。器作璧形，器身有一缺口。玉玦是新石器时代最早出现的玉器种类之一。多为素面，出土在人耳部，作耳饰用。多数形制及用途与新石器时代相同，商代还有雕刻精美的龙形玦和虺形玦，后者有穿孔，应为佩饰。西周玉玦中还有一种周边沿尖薄、断面呈三角形的玉玦，形制颇为特殊。

（古 方）

Fuhaomu tuanshen longxing yujue

妇好墓团身龙形玉玦

商代晚期玉制佩饰。1976年由中国科学院考古研究所在河南安阳市殷墟商代妇好墓中发掘出土。现藏于中国社会科学院考古研究所。

妇好墓团身龙形玉玦

直径7.8厘米、孔径2.5厘米、厚0.5厘米，玉质呈黄褐色。呈圆形，中间有小缺口，边宽孔小，孔面与玦面平，两面雕蟠龙纹，龙的头、尾衔接，脊背作扉棱形，形制规整。龙口微张，露齿，目字形眼，角向后伸，尖尾外卷，身、尾双线阴刻云纹图案，雕工精整。以抽象化的龙纹为造型，是商代晚期出现的一种新类型，改变了自8000多年前内蒙古敖汉旗兴隆洼遗址玉玦以来多素面抛光少雕琢的传统，使实用的耳玦或佩饰成为优美的艺术品。妇好墓中还出土8件龙形玉玦，造型与此基本相同。（谷 萩）

Fuhaomu huixing yujue

妇好墓虺形玉玦

商代晚期玉制佩饰。1976年由中国科学院考古研究所在河南安阳市殷墟商代妇好墓中发掘出土。现藏于中国社会科学院考古研究所。

直径5.8厘米、孔径1.5厘米～1.7厘米、厚1.8厘米。玉质呈绿色，有褐斑。虺作盘卷状，圆形，中有小缺口，形体较粗，头、尾衔接；嘴微启，露舌，眼球鼓起，细眉大耳，无角，背脊雕菱形纹兼三角形纹，身上饰鳞纹，雕工精湛，造型朴拙可爱。虺颈部有左、右对钻的孔，当作耳玦用，应为佩饰。虺形玦在妇好墓中还有4件，形制大致相同。

（谷 萩）

妇好墓虺形玉玦

Fuhaomu chibian yujue

妇好墓齿边玉玦

商代晚期玉制佩饰。1976年由中国科学院考古研究所在河南安阳市殷墟商代妇好墓中发掘出土。现藏于中国社会科学院考古研究所。

妇好墓齿边玉玦

直径9厘米、孔径5.8厘米、孔壁高1.2厘米、边厚0.2厘米。玉质呈米黄色。圆形，边窄孔大，孔周两面突起呈圆口状，边雕作蟠龙形，蟠龙头、尾衔接，中有缺口。头部造型简约，仅有微张的口及牙齿；背脊刻成扉棱形，龙身有2组分别由2条细刻线构成的圆形周线，圆形周线系缺口切割之前雕琢而成的，龙尾外卷，整体雕琢精致，堪称佳作。其颈部钻有一小孔，表明其当时为佩饰而非耳玦。该玦虽雕成蟠龙纹，但与妇好墓中出土的其他8件边宽孔小、孔面与玦面平的龙形玦造型差异较大，其孔周突起圆口状更为罕见。

（谷 萩）

Shang-Xizhou yuge

商西周玉戈

商、西周时期玉制礼器。造型仿青铜戈。商代早期玉戈援部上下侧的刃大致平直对称，双刃锋锐，尖端作三角形，内援分界不明显，颇尖似圭；商代中期的玉戈体形较大，并开始出现脊棱和凹槽；商代晚期的玉戈形制较小，雕琢精细，纹样较多，有的边缘雕扉棱，有的戈体上刻云雷纹等纹饰，河南安阳市殷墟还出土有铜内玉援戈、朱书玉戈和刻字玉戈等。西周玉戈除继承商玉戈形制外，还出现一种戈体弯弧的玉戈。商代玉戈常出自大、中型墓中，一般无使用痕迹，江西新干县大洋洲商代吴城文化墓葬中有5件玉戈被折成数段放在棺内，应具有某种礼仪的意义。

参考书目

杨建芳：《商代玉戈之分期》，《香港中文大学中国文化研究所学报》第十三卷，1982。

（古 方）

Fuhaomu tongna yuyuange

妇好墓铜内玉援戈

商代晚期玉制礼器。1976年由中国科学院考古研究所在河南安阳市殷墟商代妇好墓中发掘出土。现藏于中国历史博物馆。

长27.8厘米，援长15.8厘米。玉质呈灰黄色。器体扁薄轻脆，通体抛光，光亮照人。作长条三角形，

上、下两边出刃，中部起脊，前锋作三角尖状，十分锐利，中部近末端处有一直径0.5厘米的圆穿，末端被插入铜内中。铜内有上、下阑，阑后有柲槽，上有朽木痕迹，表明戈系装柄使用，内的前段近方形，饰饕餮纹，遍镶绿松石。内后段作鸟形，歧冠伸出后缘外，鸟身上亦满嵌绿松石。该戈玉援部分雕工精湛，琢磨细致，并成功地使用绿松石镶嵌工艺和青铜铸造工艺，使其成为难得的艺术珍品，此戈是中国目前发现最早的玉、青铜合制品。从其无使用痕迹等分析，该戈应非实用的武器，可能作为仪仗或祭祀之用，用来标榜奴隶主贵族的财富、身份及地位。此外，妇好墓中还出土另一件铜内玉援戈，其玉援作长条形，呈淡绿色，制法与上述铜内玉援戈相似，铜内呈长方形，亦嵌绿松石。（谷 菽）

妇好墓铜内玉援戈

Fuhaomu kezi yuge

妇好墓刻字玉戈

商代晚期玉制礼器。1976年由中国科学院考古研究所在河南安阳市殷墟商代妇好墓中清理出土。现藏于中国社会科学院考古研究所。

通长38.6厘米；援作长条三角形，长26.4厘米、宽10.1厘米。玉质呈黄褐色，上有黑斑。形体较宽短，援上下两边开刃，中出脊由前锋直通至内。内呈长方形，也有边刃，后缘近直。内前端有圆穿，靠援处有安柲痕迹，柲痕宽3.5厘米；内后端一面刻有字迹纤细的“卢方旹入戈五”大字刻铭，“卢方”为方国名。亦称“卢方伯”或“卢伯”，曾见于殷墟甲骨卜辞，“旹”当为人名。刻铭表明“卢方”的“旹”贡纳的戈共有5件，其中有刻铭的仅发现此一件，是“卢方”的玉作坊自己生产的，表明商代除殷都王室为最大的玉器生产中心外，其所控制的方国也曾大量制造玉器，并向商王贡纳玉器或原料。（谷 菽）

妇好墓刻字玉戈

Xiaotun 18-haomu zhushu yuge

小屯18号墓朱书玉戈

商代晚期玉制礼器。1977年由中国科学院考古研究所在河南安阳市小屯18号墓中发掘出土。现藏于中国社会科学院考古研究所。

小屯18号墓朱书玉戈

长20.5厘米。玉质呈绿色。援作长三角形，上下两边出刃，内较短，上有2穿。在援的前段一面发现有用毛笔书写的朱红色文字，计有7字，出土时字迹鲜艳，均较清晰。内容大致反映了商王朝与“沘”族之间的战争。制作年代在武丁时期或稍早。在玉器上书写纪事的朱书文字，在商代玉器中极少见，对探讨中国古代书法及商王室与“沘”族的关系有着重要价值。

（谷 菽）

Jinhou Sumu dayuge

晋侯苏墓大玉戈

西周晚期晋国玉制礼器。1993年由北京大学考古系等单位在山西曲沃县北赵村晋侯墓地中的晋侯苏墓内发掘出土。与一件大玉环相叠放置于墓主人胸腹部正中，系棺内众多殉葬玉器之一。现藏于山西省考古研究所。

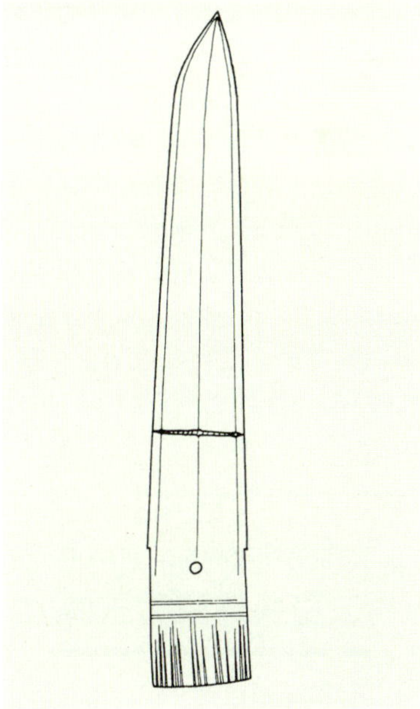

北赵村晋侯苏墓大玉戈

通长58.8厘米、宽8.7厘米。由质地细腻的牙黄色美石琢磨而成。长援、短内、无胡。援部有中脊，上下刃向前渐收成锋，援内相交处有一圆穿，内有直线两条，其后并有横线15道。无论从援和内的长度比例，还是从穿的位置来看，该戈都不可能安装在柲上，其用途与通常的戈有别。

该戈系墓主人怀抱之物，其礼器地位显然重要。在同一墓地较早的晋侯墓中未见有怀抱玉戈的现象，而在其旁的晋侯夫人墓及同时或稍后的河南三门峡市上村岭虢国墓地的虢君及夫人墓的墓主人则均怀抱玉戈，可见这种礼仪用玉应出现于西周中期以后，它是表示墓主国君及与之相当的君侯夫人身份和地位的重要礼器，其形态或功用可能与古文献中所记载的王晋大圭、执镇圭，公执桓圭，侯执信圭，伯执躬圭（《周礼·春官·典瑞》）之圭有些类似。（孙　华）

Xia-Shang-Xizhou yuyue

夏商西周玉钺

夏、商、西周时期玉制礼器。器体平面作长方形或近梯形，下端刃平直或圆弧。最早的玉钺见于新石器时代良渚文化墓葬中，为王权的象征。夏、商、西周时期玉钺有两种形制，一种近上端面有一小圆穿，两侧面平直；另一种为圆弧刃或连弧刃，器身中央有一个较大的圆孔，两侧面有雕琢出的扉棱，这种钺也称作戚，是夏、商、西周时期所特有的一种玉器。据古文献记载，钺是帝王进行征伐的象征物，因此玉钺可视为一种仪仗礼器。

（古　方）

Erlitou lianhuren yuyue

二里头连弧刃玉钺

夏代玉制礼器。时代为二里头文化三期。1975年由中国科学院考古研究所在河南偃师县二里头遗址中发掘出土。现藏于中国社会科学院考古研究所。

共2件，均以青玉制成，形制亦相同，仅大小略有差异。一件玉钺刃背间最宽9.6厘米、厚0.6厘米、孔径约5.2厘米，背部呈圆形，两侧近直，上有2组计6个凸齿，刃分4段，两面斜磨而成，段与段交接处较厚，中部有一非正圆的大圆孔。另一件玉钺形体较大，中间圆孔钻成后未经加工，形成一面大一面小状，并留有螺纹，说明当时应采用青铜管钻一类的琢玉工具透孔，技术设备尚不很完善和严谨，青铜管钻在钻进玉料后旋转时有晃口现象。这2件玉钺为中国已知发现时代较早的玉钺实物，琢磨较为精细，制作水平较高，是研究夏代玉器的重要实物资料。（谷　菽）

二里头连弧刃玉钺

Liutaizi yuanhuren yuyue

刘台子圆弧刃玉钺

西周早期玉制礼器。1979年由山东济阳县博物馆在济阳县姜集乡刘台子发掘出土。现藏于济阳县博物馆。

刘台子圆弧刃玉钺

长4.4厘米、宽3.5厘米、厚0.2厘米。青玉质，局部呈褐色。整体作椭圆形，顶与刃均呈弧形，双面刃，较薄而锋利。两侧稍内凹，各有齿牙形突起一排。器中部有一大圆孔，为管钻而成；顶端中部亦设一小圆孔。两面均打磨光滑，抛光洁亮，工艺精湛，造型与出土于河南偃师县二里头遗址中的夏代二里头连弧刃玉钺相似，其刃部采用圆弧形，似由璧改制而成，或可称做“璧钺”。（谷　菽）

Xia-Shang-Xizhou yudao

夏商西周玉刀

夏、商、西周时期玉制工具和礼器。造型可分长方梯形和动物形等。夏代玉刀仅见有二里头七孔梯形玉刀，形制与新石器时代晚期相仿。商代早期的玉刀作梯形，并有数个穿孔，光素无纹，有新石器时代玉刀的风格；商代晚期和西周时期的玉刀有两类，一类是作半圆形、梯形和平背单面刃形，有的刀身雕刻精美的兽纹或龙纹；另一类为动物形刻刀，刀柄部皆雕成各种动物形象，以鱼形为最多，鸟类次之，还有壁虎、夔形等，刀刃至动物的尾端磨成斜刃，柄端大都有小孔，可以悬佩。（古　方）

Erlitou qikong tixing yudao

二里头七孔梯形玉刀

夏代玉制礼器。1975年出土于河南偃师县二里头遗址。现藏于偃师县商城博物馆。

宽9.5厘米、厚0.1厘米～0.5厘米、刃长65厘米。玉质呈墨绿色，形体扁长，呈梯形，平背较短，两面斜磨而成的刃较长。刀两端斜边雕琢对称的凸齿各6个，近两端处阴刻交叉及平行的弦纹和几何纹。刃与背之间以两条平行阴刻线相隔。近刀背处以一面穿孔的方法钻平行等距的7个圆孔。造型与新石器时代青莲岗文化、薛家岗文化等史前文化中盛行的多孔石刀相似，但其扁

薄宽大，琢磨较为精细，已失去实用功能，当为一种礼器。

（谷 菽）

Fuhaomu xiaoyudao

妇好墓小玉刀

商代晚期玉制工具。1976年由中国科学院考古研究所在河南安阳市殷墟商代妇好墓中清理出土。现藏于中国社会科学院考古研究所。

妇好墓小玉刀

共2只，成一对，通长13.2厘米、宽3厘米、厚0.4厘米，仅尖端刻纹稍有差异，玉质均呈墨绿色，刀背较厚，背部雕出锯齿形扉棱，刃两面磨制而成。刀身两面阴刻以∽形纹为主的纹饰，上下还阴刻与刀身平行的线纹。造型模仿商代的铜弯刀，表面光洁，刻线精细，小巧玲珑，堪称难得的艺术佳作。其刃部无使用痕迹，推测应为象征性的工具。

（谷 菽）

Fuhaomu bihuxing yukedao

妇好墓壁虎形玉刻刀

商代晚期玉制工具。1976年由中国科学院考古研究所在河南安阳市殷墟商代妇好墓中清理出土。现藏于中国社会科学院考古研究所。

长5.1厘米、刃宽1厘米。玉质洁白，近透明。以昂首爬行的壁虎为造型，壁虎圆形微鼓，两前足外伸，宽尾，尾末刻出两面磨制而成的斜刃，胸部钻有可佩戴的小孔。玲珑小巧，光洁度较高，闪现晶莹光泽，显示出商代玉器抛光技术已达到较高水平。结合刃部无使用痕迹分析，它应是一件象征性的工具。

妇好墓中共发现2件壁虎形玉刀，它们均为圆雕而成，造型较为生动。商代以壁虎为造型制作精美的玉器，并随葬于可能为商王武丁的配偶妇好墓中，作为妇好死后享用之物，说明壁虎的某些习性及功用已被人们认识，很可能是壁虎因尾断可再生的习性，与人们追求长存等相吻合，故被当作一种神物或瑞兽。

（谷 菽）

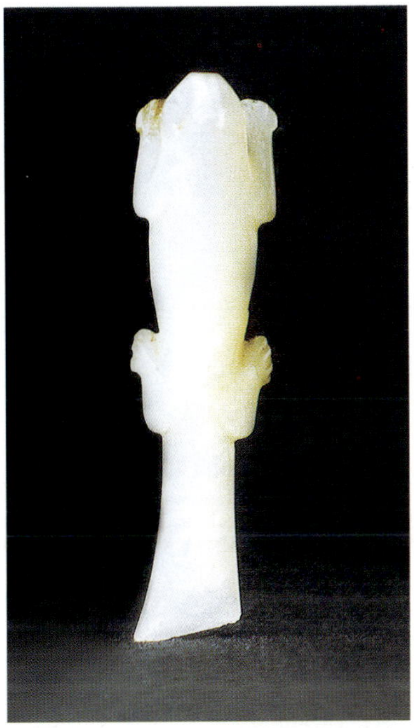

妇好墓壁虎形玉刻刀

Fuhaomu yuxing yukedao

妇好墓鱼形玉刻刀

商代晚期玉制工具。1976年由中国科学院考古研究所在河南安阳市殷墟商代妇好墓中清理出土。现藏于中国社会科学院考古研究所。

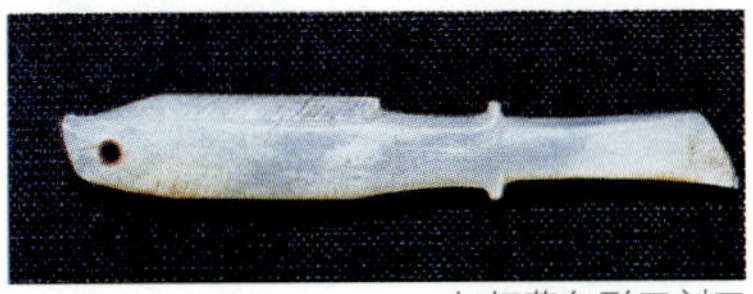

妇好墓鱼形玉刻刀

长6.5厘米、刃宽0.8厘米、厚0.3厘米。白玉质。整体作鱼形，鱼头、尾和鳍皆雕刻清晰，线条简练，眼作小圆孔，既是小型艺术品，又可实用。

鱼形玉刻刀在妇好墓中共出土11件，其形象不尽相同。多以浮雕方法两面刻纹而成，尾后均雕出刀柄和由两面磨成的斜刃。在造型、雕刻方法等方面与新石器时代良渚文化的鱼形佩饰有一定的渊源关系，但更加注重对鱼的头、尾、鳍等主体部位的雕刻，工艺水平更为突出，十分小巧可爱。

（谷 菽）

Fuhaomu niaoxing yukedao

妇好墓鸟形玉刻刀

商代晚期玉制工具。1976年由中国科学院考古研究所在河南安阳市殷墟商代妇好墓中清理出土。现藏于中国社会科学院考古研究所。

长9.8厘米、刃宽1.2厘米、厚0.4厘米。玉质呈黄褐色。形似伏状鹦鹉，长钩喙，“臣”字形目，短冠短翅，翅雕翎纹，肢前屈，雕3爪，长尾作刀柄形，斜刃，冠下钻一小孔，既可作佩饰，亦可实用。该器雕琢精细，制玉水平较高，是难得的艺术珍品。在妇好墓中共出土7件，其中3件似鹦鹉，4件似长尾小鸟，多在尾端刻出刀刃，少数在尾后另刻出刀柄和刀，刃由两面磨制而成。

（谷 菽）

妇好墓鸟形玉刻刀

Fuhaomu longwen dayudao

妇好墓龙纹大玉刀

商代晚期玉制礼器。1976年由中国科学院考古研究所在河南安阳市殷墟商代妇好墓中清理出土。现藏于中国社会科学院考古研究所。

通长33.5厘米，刀身宽5.2厘米、厚0.5厘米、柄长3.2厘米。玉质呈黄色，略有褐斑。刀身窄长，凹背凸刃，刀尖略上翘，刃系两面磨制而成，稍有残损。刀背上雕锯出齿形薄棱。柄短亦薄，可能安有木柄。刀背两面均雕龙纹，龙头朝向柄端，张口，目字形眼，细长眉，钝角向后，长身尖尾，直通尖端，身尾雕菱形纹，两侧填饰小三角形纹。刀身近龙头处管钻一圆孔。与妇好墓中同时出土的玉戈、矛、钺、戚、斧等构成玉制仪仗，它们多与青铜仪仗相结合，用以显示墓主人妇好身份、地位之尊崇。其形制较简单，仿商代青铜弯刀造型，无大的创新，而以雕制精工取胜，龙纹雕刻极为精致，刀身表面光洁，实为难得的佳作。

（谷　菽）

妇好墓龙纹大玉刀

Fuhaomu taotiewen tixing yudao

妇好墓饕餮纹梯形玉刀

商代晚期玉制工具。1976年由中国科学院考古研究所在河南安阳市殷墟商代妇好墓中清理出土。现藏于中国社会科学院考古研究所。

长9.2厘米、宽4.3厘米、厚0.3厘米。玉质呈褐色。器呈梯形，直背稍短，两面磨制而成的直刃稍长。两面均似饕餮纹，口向刀背，一面刻纹规整流畅；另一面饕餮两眼大小不一，亦不对称，似属勾刻。靠背端有并列的两孔。该刀造型应源自新石器时代盛行的梯形石刀，制作较为精致，应为象征性的工具。

（谷　菽）

Xia-Shang-Xizhou bingxing yuqi

夏商西周柄形玉器

夏、商、西周时期玉制装饰品。是这一时期特有的一种装饰品。器作扁平长条形或方柱形，长短厚薄不一，下端收缩为短榫，榫上常有小孔。夏代的柄形器仅见于河南偃师县二里头遗址，上饰莲花瓣纹及凸弦纹等纹样。商代的柄形器较小，多为素面。个别早期柄形玉器上刻有精美的兽面纹；晚期除兽面纹外，有的还刻出几组花瓣纹及蝉纹。西周时期柄形玉器除素面外，有的还装饰凤鸟纹和斜棱纹，器身最长者可达23厘米。前人误称此器为“琴拨”，也有的学者认为它是《周礼》中记载的璋。柄形玉器常出土于墓主人的胸侧和腰部，所以可能是佩饰。

（谷　菽）

Erlitou shoumianwen bixing yuqi

二里头兽面纹柄形玉器

夏代二里头文化的玉制装饰品。1975年由中国科学院考古研究所在河南偃师县二里头遗址中发掘出土。现藏于中国社会科学院考古研究所。

二里头兽面纹柄形玉器

通长17.1厘米、柄部宽1.8厘米、厚1.5厘米～1.8厘米。玉质呈青色，光泽鲜润。略呈扁平长条形，通体分10节。柄部饰莲花瓣纹，顶端一凸弦纹，顶端处三面各有一小穿孔，三孔相通。腰间略内凹，下部略小，腰部与下部之间亦有一凸弦纹。第2节与第6节形式相似，每一面有用双钩和单阴线刻饰的半部兽面纹。两面合为一完整的兽面纹。第3、第5、第7、第9节较小，皆内凹，中有一凸弦纹，第4、第8节亦饰莲花纹。末端即第10节用线刻和浮雕方法琢成兽形，靠底端有一对圆穿。其所饰莲瓣与河南安阳市殷墟妇好墓出土的商代晚期妇好墓莲瓣纹柄形玉器相似；兽面纹也与妇好墓中发现的1089号标本相似，可看出该器对商代晚期柄形玉器的影响。在出土的夏、商、西周时期众多的柄形玉器中，以该器纹饰最为精美，制作工艺最佳。其勾线兽面纹曲直线结合得十分自然、流畅、舒展；深浅浮雕磨制得相当柔润、细腻、匀称；玉质优良，光洁度较高，色泽温润，展示出夏代早期中国琢玉工艺所取得的令人惊叹的成就。此外，二里头遗址还曾发现一件已钻过孔的由它物改制而成的白色柄形玉器。

（谷　菽）

Fuhaomu lianbanwen bingxing yuqi

妇好墓莲瓣纹柄形玉器

商代晚期玉制装饰品。1976年由中国科学院考古研究所在河南安阳市殷墟商代妇好墓中清理出土。现藏于中国社会科学院考古研究所。

通长15.3厘米、宽1.1厘米、厚1厘米。玉质呈乳白色，质地纯净，色泽莹润。体窄长，断面近方形，体雕5段莲瓣纹，柄上端刻阴线两条，下端有尖状榫，线条较为流畅、自然，抛光水平亦较高。所雕莲瓣纹与夏代二里头文化的二里头兽面纹柄形玉器上的莲瓣纹十分接近，应与它有较为密切的关系。柄形玉器

在妇好墓中共发现6件，均呈扁平长方形，上雕琢莲瓣纹，制作较为精致。（谷 萩）

妇好墓莲瓣纹柄形玉器

Rujianzhang 1-haomu fengniaowen bingxing yuqi

茹家庄1号墓凤鸟纹柄形玉器

西周中期玉制装饰品。1974年～1975年由陕西宝鸡市博物馆在宝鸡市茹家庄1号墓中发掘出土。现藏于宝鸡市博物馆。

茹家庄1号墓凤鸟纹柄形玉器

长13.7厘米、宽3.7厘米、厚0.5厘米。玉质呈粉绿色，色泽温润，略透明。平顶，顶下两侧微内凹，两面打磨光滑，上以流畅的阴线雕刻一对凤鸟纹，上端凤鸟昂首前视，高冠飘动，仪态大方，下端凤鸟回首卷尾，别具情态，勾喙下还有一圆穿孔。榫部斜收短薄，下接由带扉棱小玉条、带线槽小长方形玉饰、小圆形玉饰、小蝉形玉饰、小绿松石片等组合而成长8.5厘米的镶嵌部分。（谷 萩）

Shang-Xizhou yuren

商西周玉人

商、西周时期玉制艺术品和装饰品。以圆雕和平雕技法制成。主要见于商代晚期，作站立、跪坐、侧身等姿态，另外还有玉人头。圆雕跪坐玉人形象较多，有的长脸尖颔，长眉大眼，头戴装饰束发圆"頍"，身着长衣或短裙，腰间有短宽柄器；有的瘦脸尖颔，辫盘于头顶，腹部悬一长条形"蔽膝"。圆雕玉人无穿孔，应为用于欣赏的艺术品，平雕玉人多有穿孔，当为装饰品。（古 方）

Fuhaomu guizi yuren

妇好墓跪姿玉人

妇好墓跪姿玉人

商代晚期玉制艺术品。1976年由中国科学院考古研究所在河南安阳市殷墟商代妇好墓中发掘出土。现藏于中国历史博物馆。

通高7厘米。玉质呈青色，通体有黄褐色浸痕。圆雕而成，作跪姿，即当时通行的坐姿，双手扶膝，长脸尖颔，弯月形细长眉，"臣"字形双目目视前方，凸鼻宽平，小口闭合。头梳一条长辫，辫根在右耳后侧，向上盘至头顶，由头顶绕至左耳后侧，再由左耳伸向右耳，辫梢与辫根相接。头上戴用以束发的圆箍形"頍"，"頍"前连有卷筒状饰。顶露发丝，上有左右对穿的小孔，似作插笄用，靠前又有一小孔。身着衣，交领垂于胸前，衣袖窄长至腕，腰束宽带，衣下摆长至足部，衣上遍饰云纹。腹前悬长条形"蔽膝"，下缘至膝部，脚着鞋。腰左侧插一宽柄器，其上端作卷云形，下端弯曲似蛇头，柄一面饰节状纹和云纹，与衣饰不连。该玉人雕琢虽较为简练，但身体比例比较适当，琢刻入微，神态生动。似在凝神沉思，又像是在倨傲正坐。因出土于妇好墓中，有人推测其即为妇好形象；也有人认为它表现的应是妇好的奴隶、臣仆；有人认为它是一种装饰品；也有人认为是专供欣赏的文玩。虽然该玉人表现的内容及功能目前尚难以确定，却仍不失为商代玉器制作工艺的杰出代表作，也是研究商代服饰等方面的难得的实物资料。妇好墓中还出土4件圆雕跪姿玉人，其神态及服饰等有一定的差异。（谷 萩）

Fuhaomu ceshen yuren

妇好墓侧身玉人

商代晚期玉制装饰品。1976年由中国科学院考古研究所在河南安阳市殷墟商代妇好墓中清理出土。现藏于中国社会科学院考古研究所。

高11.5厘米、厚0.4厘米。玉质呈黄褐色。作侧身蹲踞状，头微昂起。目字形大眼，耳较大，口微启。头上戴一冠。臂卷曲于胸前，膝上耸，姿态很不自然，反映的可能是墓主人妇好的奴隶或臣仆。其小腿下有三角形榫，上有圆孔，既可作佩饰，也可供插嵌或镶嵌。

妇好墓中还出土3件与其在造型、制作方法等方面类似的侧身玉人。它们采用侧身造型，人体比例大体适当，雕琢虽简约，但写实性较强，展示出商代玉匠师对人体的观察已十分细致，能善于把握人体的主要特征。

（谷 菽）

妇好墓侧身玉人

Fuhaomu luoti yuren
妇好墓裸体玉人

商代晚期玉制装饰品或艺术品。1976年由中国科学院考古研究所在河南安阳市殷墟商代妇好墓中清理出土。现藏于中国社会科学院考古研究所。

高12.5厘米、肩宽4.4厘米、厚1厘米。玉质呈青灰色。呈裸体站姿。一面为男性，椭圆脸，双目微突，大耳外侈，眉宽且长，扁鼻嘴阔，头上梳两根上翘的角状发髻，耸肩，双手置胯间，显现男性生殖器，膝部略内屈，以不同线条表示肌肉。另一面为女性，形象与男性近似，惟背较弯，小口，双手置腹部，显现女阴。五官形貌基本写实，身体四肢略作变形，男女两像均具典型的蒙古人种特点。脚下有伸出的短榫似作插嵌之用，或即柄形玉器的另一种形式，或是专门用于奴隶主贵族赏玩的艺术品。以镂雕和阴线纹琢制，采用立姿，头梳上翘的发髻，在妇好墓及商代的人物雕像中尚属仅见，为研究商人的发式等提供了珍贵的实物资料。同时，男、女两面玉人均作明显显示其性具状。结合中国新石器时代发现的男、女裸体形象及陶祖等分析，它反映的应是一种求合之相，是商人对子孙繁衍的祈望，艺术地再现了商人的生殖崇拜观念。（谷 菽）

妇好墓裸体玉人

Dayangzhou Shangmu dunzuozhuang yuyuren
大洋洲商墓蹲坐状玉羽人

商代晚期吴城文化的玉制装饰品。1989年由江西省文物考古研究所、新干县博物馆在新干县大洋洲乡程家村劳背沙洲一座墓葬中清理出土。现藏于江西省文物考古研究所。

通高11.5厘米、身高8.7厘米、背脊厚1.4厘米、前胸厚0.8厘米。玉质属青田玉，呈枣红色。浮雕而成，作侧身蹲坐状，两面对称。头戴高羽冠，粗长眉，目字形大眼，高勾鼻，嘴微启，半环形大耳，头顶后部掏雕出3个相套的链环。臂卷曲于胸前，手向内握成拳状，屈腿，膝向上耸，脚与臀部齐平。脚底有短榫，榫部有横凹槽，并拢的小腿下部有一斜穿孔。腰背至臀部阴刻鳞片纹和羽纹，肋下至腿部雕刻出羽翼。其制作极为精巧，并经打磨抛光，滑润洁净，尤其是相套链环的制作，更代表了当时玉器制作的最高水平。上饰羽翼及羽纹，是中国已知最早的羽人形象，表现了中国古人“羽化成仙”的神仙思想的起源至迟应在商代。造型及雕刻方法与河南安阳市殷墟妇好墓中出土的侧身玉人大体相似，同时说明商文化与分布在赣江——鄱阳湖流域的吴城文化有着密切的联系。

（谷 菽）

大洋洲商墓蹲坐状玉羽人

Jinhou Sumu yuren
晋侯苏墓玉人

西周晚期晋国人形玉制装饰品。1992年由北京大学考古系等单位在山西曲沃县北赵村晋侯墓地中的晋侯苏墓内发掘出土。现藏于山西省考古研究所。

宽3.3厘米、通高9.1厘米，玉色暗绿，有杂质。作正面站立状，头顶发饰卷起成穿孔，以系悬挂之绳索。人似为女像，头周围如蓬松的披发（或头饰），面形为浓眉、大眼、阔鼻。双手下垂，放于身侧，两足并立，足尖向外上翘。人着高领衣，

领下开短衽，腰部收束。下裙向下展开，裙前有垂叶形缀饰。衣领、腰际及下裙周边刻交叉细线纹带，似表示衣裳的镶边。

秦以前玉器人物形象较少，且多作侧面的、较为抽象的造型，琢刻也往往不够精细。该玉人作正面站立之形，前后两面服饰皆仔细刻出，十分罕见。它不仅对研究西周时期的人物造型艺术很有价值，也是研究当时服饰的珍贵材料。

（孙 华）

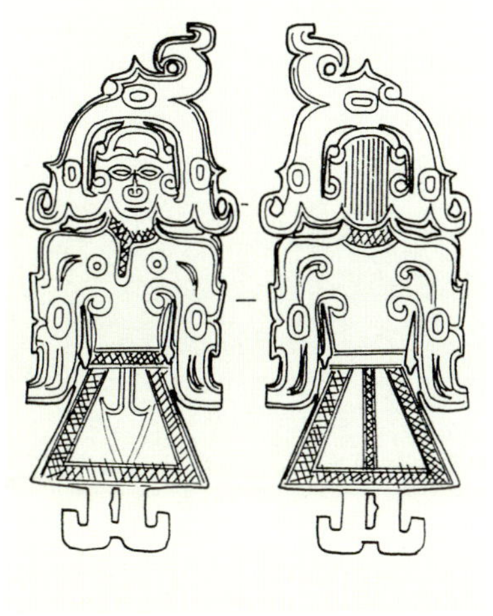

晋侯苏墓玉人

Shang-Xizhou yulong

商西周玉龙

商、西周时期玉制装饰品。以圆雕和平雕技法制成。主要见于商代晚期和西周时期，龙体作蟠曲状，头尾衔接，眼珠外凸，有钝角，有爪或无爪，身饰鳞纹和卷云纹。龙的形象可能源于新石器时代红山文化玉猪龙形饰，与新石器时代相比较，这一时期龙的造型更为生动形象，雕琢也更加精致。

（古 方）

Fuhaomu yupanlong

妇好墓玉蟠龙

商代晚期玉制装饰品。1976年由中国科学院考古研究所在河南安阳市殷墟商代妇好墓中发掘出土。现藏于中国社会科学院考古研究所。

妇好墓玉蟠龙

长径7厘米、厚1.5厘米。玉质呈墨绿色。器作蟠曲形，头尾相接，中有缺口，尾尖内卷。张口露齿，眼呈目字形，眉细长，头上两角向后伸出，腹部下置两短足，中背突起。身、尾饰菱形纹兼三角形纹，背两侧饰三角形纹。背部有左右穿透的小孔，尾尖一面有一未透的圆孔，说明可能是供佩戴的装饰物。与妇好墓中出土的龙形玦形状接近，仅是脊背无扉棱。采用侧面剪影手法，重点琢刻龙的头部等主要特征，外缘轮廓线流畅、舒展，刻工精整，形象生动。妇好墓中还出土多件玉龙，铜器上的龙纹形象亦较多，说明龙在商代社会生活中具有较高的地位。

（谷 菽）

Fuhaomu juanwei yulong

妇好墓卷尾玉龙

商代晚期玉制装饰品。1976年由中国科学院考古研究所在河南安阳市殷墟商代妇好墓中发掘出土。现藏于中国社会科学院考古研究所。

长8.1厘米、高5.6厘米。玉质呈墨绿色，一面微呈褐色。龙头微昂起，张口露齿，目字形眼，眼珠突起，眉似绳索，细而弯曲，两角后伏，背中央有扉棱状凸脊。龙身较粗，蟠卷至右侧，尾尖内卷。身、尾饰菱形纹兼三角形纹。两短足向前屈伸，各有4爪，左侧外足饰云纹，右足光素无纹饰。龙身与足着地部分有磨损痕迹。下颌正中有一上下对钻的小孔，可佩戴，也可能是供奴隶主贵族赏玩的艺术品。系圆雕而成，造型庄重且生动，富于立体感，雄健有力，气势逼人，显示出商代玉器工匠熟练的制玉技巧和高超的工艺水平，被认为是研究商代玉龙形态的典型作品。

（谷 菽）

妇好墓卷尾玉龙

Puducun jianwei huanti yulong

普渡村尖尾环体玉龙

普渡村尖尾环体玉龙

西周中期玉制装饰品。1954年由陕西省文物管理委员会在长安县斗门镇普渡村一座西周墓中发掘出土，现藏于陕西历史博物馆。

外径5厘米、宽1厘米、厚0.2厘米。龙作环体，形近圆形。龙吻前

伸，嘴微张，圆眼，无角，尖尾，体两面雕饰相同的龙纹。整体造型精巧，曲线优美，动感强烈，为西周时期玉龙的代表作。

（谷 菽）

Shang-Xizhou dongwuxing yudiao

商西周动物形玉雕

商、西周时期玉制艺术品和装饰品。以圆雕和平雕技术制成。商代早期的玉雕动物作品仅见有鱼；商代晚期的玉雕动物作品很多，分走兽类、禽鸟类、水族类和昆虫类等，走兽类有虎、象、熊、鹿、猴、马、牛、狗等，其中以圆雕的虎、象、熊最具特色，虎多作行走状，张口露齿，尾上卷，饰卷云纹；熊均作蹲坐状，前肢抱膝，饰卷云纹；象作站立状，长鼻上伸，四肢粗短，饰卷云纹。禽鸟类包括鹤、鹰、鸱枭、鹦鹉、雁、鸽、燕雏、鸬鹚等，其中鹦鹉形象繁多，雕琢逼真。水族类有鱼、蛙、螺狮等；昆虫类有蚕、蝉、螳螂等。西周的动物形玉雕不见鹦鹉，而鱼形玉雕数量和种类很多，常见的还有各式牛和鹿。绝大多数动物形玉雕为写实性作品，一些造型奇特的神鸟怪兽可能与商族的原始图腾有关。

（古 方）

Fuhaomu ceshen huishou yufeng

妇好墓侧身回首玉凤

商代晚期玉制装饰品。1976年由中国科学院考古研究所在河南安阳市殷墟商代妇好墓中发掘出土。现藏于中国社会科学院考古研究所。

长13.6厘米、厚0.7厘米。玉质呈黄褐色，光洁柔润。器作侧身回首状，略呈“C”字形，两面纹饰相同，圆眼，喙尖如鸡。3个柱冠顶部相连。短翅微展，上减地雕阴线翎纹，长尾自然弯曲，尾翎分开，素洁无纹饰，中有透穿而成的细长镂孔。身前亦有透穿镂空孔，腰间两侧各置一外凸圆钮，钮上有圆孔，可供佩挂。其造型舒展，曲线优美，重点突出凤首、尾等部位的主要特征，尾虽修长与翅等部位不显协调，却具有极强的艺术感染力，给人以飘然欲飞之感，同时应用多种手法制玉，细部线条虽简练但极精致，整体轮廓与细部雕刻结合，显示出商代玉器匠师丰富的想象力和熟练的技巧，堪称商代玉器的代表作。该器不仅仅是一种装饰品，还可能是一种图腾形象，体现出商人对凤的珍视。

（谷 菽）

妇好墓侧身回首玉凤

Fuhaomu changfangti juanyunwen yuhu

妇好墓长方体卷云纹玉虎

商代晚期玉制艺术品。1976年由中国科学院考古研究所在河南安阳市殷墟商代妇好墓中发掘出土。现藏于中国社会科学院考古研究所。

长14.1厘米、高3.5厘米。玉质呈深绿色，圆雕而成。作行走状，体长圆，方口微昂，张口露出利齿，方形大眼注视前方，须呈八字形，长尾下垂，尾尖上卷，身饰云纹，尾饰节状纹。较为奇特的是外凸的双耳似龙角，富有想象成分，既体现出商人对龙的尊崇和喜爱，也展示了商代玉器工匠浪漫主义的情趣。玉虎的其他部位，如利齿等，均琢刻得极为逼真，反映了以写实为基础的商代玉器艺术特色。在妇好墓中还出土7件玉虎，其中3件圆雕，4件浮雕，多作行走状或急驰状，也有的作伏卧状，造型各不相同，或运用写实用法，形象逼真；或作艺术夸张，栩栩如生。

（谷 菽）

妇好墓长方体卷云纹玉虎

Fuhaomu juanyunwen yuxiang

妇好墓卷云纹玉象

商代晚期玉制艺术品。1976年由中国科学院考古研究所在河南安阳市殷墟商代妇好墓中发掘出土。现藏于中国社会科学院考古研究所。

两件成对。均以褐色玉材圆雕而成，色泽深浅及大小稍有不同。色泽稍深的一件略大，长6.5厘米、高3.3厘米；色泽稍浅的一件略小，长6厘米、高3厘米。两者的形象、纹饰基本相同。均作站立状，长鼻上伸，鼻尖内卷成一圆孔；三角形口微启，小眼细眉，大耳下垂，身躯浑圆肥硕，四肢粗短，尾下垂，其身、足饰卷云纹，背、尾饰节状纹。商代玉器匠师在深入观察象的体形特点的基础上，准确地把握住象的长鼻卷曲、体硕肥圆、四肢粗短等主要特征，并加以高度概括和适当的夸张，使玉象格外娇憨活泼，逗人喜爱，堪称商代玉雕艺术的代

表作之一。同时，这两件玉象形象基本相同，应是由同一人设计，用同一块玉料或相近的两块玉料雕琢而成的。妇好墓中同时出土的一对浮雕玉马也是如此，说明商代玉器工匠在玉料的选择和使用方面已有比较审慎的考虑。

（谷 莜）

妇好墓卷云纹玉象

Fuhaomu yuandiao yuzuoxiong

妇好墓圆雕玉坐熊

商代晚期玉制艺术品。1976年由中国科学院考古研究所在河南安阳市殷墟商代妇好墓中发掘出土。现藏于中国社会科学院考古研究所。

妇好墓圆雕玉坐熊

高4厘米。玉质呈褐色和浅绿色。作蹲坐状，前肢抱膝，臀下压一三角形短尾，头微抬，面呈三角形，张口露舌，目字形大眼上视，颈上有上下穿通的小孔，半圆形小耳上凸，身饰卷云纹。此坐熊为中国已知时代最早的玉熊实物之一，形态憨厚可掬，生动活泼，雕琢精细。在妇好墓中还出土2件玉雕坐熊，造型基本相同。

（谷 莜）

Fuhaomu huishou yuwoniu

妇好墓回首玉卧牛

商代晚期玉制艺术品。1976年由中国科学院考古研究所在河南安阳市殷墟商代妇好墓中发掘出土。现藏于中国社会科学院考古研究所。

妇好墓回首玉卧牛

长11厘米、高5.8厘米、厚1.5厘米。玉质呈墨绿色，上有褐斑。作伏卧回首状。头部圆雕，身部浮雕。张口翘鼻，2鼻孔相通，目字形眼，双角后伏。直颈，饰鳞纹，体形长，身饰卷云纹，背饰节状纹，前肢前屈，后肢屈于腹下，尾下垂，前、后肢下部正中分别刻有小槽，可供镶嵌。玉牛雕琢精细，造型生动，颇富情趣。其造型之所以作回首伏卧状，主要是根据此件籽玉前部高耸，后部较低的自然形态而设计的，反映出商代玉器工匠已善于因材施艺。此器采用新疆籽玉为原料，说明在和阗一带河谷中采集籽玉至今已有3000多年的历史。此外，妇好墓中还出土有3件姿态各异的玉牛。

（谷 莜）

Rujiazhang lizi yulu

茹家庄立姿玉鹿

西周中期玉制装饰品。1974年～1975年由陕西宝鸡市博物馆在宝鸡市区渭水南岸的茹家庄西周強国贵族墓中清理出土。现藏于宝鸡市博物馆。

茹家庄立姿玉鹿

长7.2厘米、通高8.8厘米、厚0.4厘米。玉质呈灰褐色。作驻足站立状，直颈昂首，阴线雕刻的圆目平视前方，鼻、口微启，似正在嘶鸣，头顶的双角分枝高高耸起，并有一圆形穿孔，可供佩戴或系挂。蹄足短尾，身体丰满。通体琢磨光滑，莹润光洁，造型写实，同时目、角、蹄等主要部位被略作夸张，加以着重琢刻，使其别具神采，有剪纸般的装饰效果，与妇好墓侧身回首玉凤等为代表的商代晚期动物形象玉雕的琢刻手法相似。此外，在強伯墓中还出土有回首站立、张望、奔跑等不同形象的玉鹿，均具有较高的艺术水平。

（谷 莜）

Fuhaomu yubentu

妇好墓玉奔兔

商代晚期玉制装饰品。1976年由中国科学院考古研究所在河南安阳市殷墟商代妇好墓中发掘出土。现藏于中国社会科学院考古研究所。

妇好墓玉奔兔

长10厘米、高5.8厘米、厚0.5厘米。玉质呈黄褐色。作奔跑状，张口露齿，大眼圆睁，长耳上翘，短尾后伸，尾尖略上卷，前、后足均雕出5爪，前足上有一小圆孔，可供佩戴。造型以写实为基础，并略具艺术夸张成分，耳、尾等主要特征表现极为充分，同时加以寥寥数笔的阴线雕饰，使之形象生动，极富动感。它是中国已知时代最早的兔形玉器之一。与*妇好墓卷云纹玉象*等同时期作品一起，体现出制玉匠师对动物及人物形象的概括和把握的深厚功力。此外，妇好墓中还出土2件造型相同的作拱身觅食状的浮雕玉兔，表现手法和风格与玉奔兔近似，亦为十分成功的作品。

（谷 菽）

Fuhaomu qujing yuhe

妇好墓屈颈玉鹤

商代晚期玉制装饰品。1976年由中国科学院考古研究所在河南安阳市殷墟商代妇好墓中发掘出土。现藏于中国社会科学院考古研究所。

妇好墓屈颈玉鹤

共2件，造型基本相同。一件高9.8厘米、厚0.2厘米，玉质呈浅褐色，体扁平，双足并立，作站立状，似刚出水而正在梳理身上的羽毛，长颈下屈，以双钩和单阴线刻出羽毛纹装饰，头向下，屈于胸前，以小圆孔作眼，双短翼微张，长尾下垂，足较粗短，身饰翎纹。颈足部各有一小孔，可穿系佩挂。另一件高12厘米、厚0.3厘米，呈黄褐色，体稍大，圆眼（未钻通）。商代玉器匠师在制作玉鹤时采用正面剪影手法，捕捉到鹤伫立时的典型姿态，重点琢刻鹤首、颈、翼等主要部位特征，外轮廓线熟练且准确，使鹤静中有动，生机盎然，具有极强的艺术感染力。此为中国已知最早的鹤的形象，也是最早的玉鹤实物。

（谷 菽）

Fuhaomu yuchixiao

妇好墓玉鸱枭

商代晚期玉制装饰品。1976年由中国科学院考古研究所在河南安阳市殷墟商代妇好墓中发掘出土。现藏于中国社会科学院考古研究所。

妇好墓玉鸱枭

高5.8厘米。玉质呈黄褐色，局部有黑斑。圆雕而成，昂首站立，面呈三角形。钩喙长伸，圆眼微凸，双耳竖起，头上饰细直毛。胸部微凸，双翼并拢，宽尾下垂，四肢粗短，其中右足有爪。两翼巨大，上饰翎纹，背与胸饰兽面纹。尾与足之间有小槽，足下两侧各有未钻穿的小孔，头顶后有一上下对穿的小孔，既可佩带，亦可镶嵌。钩喙和双耳极为突出，同时脚爪粗壮有力，与下垂的双尾呈鼎立状，置放十分平稳，造型设计颇具匠心。在妇好墓中共发现6件，4件圆雕，2件浮雕，造型与同墓出土的一对大铜枭尊相类似，皆成站立状。

（谷 菽）

Fuhaomu yuduiwei shuangyingwu

妇好墓玉对尾双鹦鹉

商代晚期玉制装饰品。1976年由中国科学院考古研究所在河南安阳市殷墟商代妇好墓中发掘出土。现藏于中国社会科学院考古研究所。

妇好墓玉对尾双鹦鹉

高8.1厘米、厚0.3厘米。玉质呈深褐色。以浮雕方法雕刻，采用双尾相连的鹦鹉造型，均圆眼微凸，钩喙（其中一只稍残）前伸，短冠上翘，有一圆孔。短翅，长尾下垂，尾尖上卷，足向前屈，上雕4爪。两尾相连处有一小孔，可供佩戴。造型较为独特，风格似今天的剪影艺术，并上加线刻，装饰性较强。玉对尾双鹦鹉既对称规整，又形象生动，展示出较高的工艺水平。与之同时出土的还有高冠鹦鹉等20件浮雕鹦鹉（见*妇好墓高冠玉鹦鹉*）和一件圆雕鹦鹉（见*妇好墓圆雕玉鹦鹉*），形象各异，雕刻手法与此对尾双鹦鹉相似，工艺水平亦较高，同为中国已知时代最早的玉质鹦鹉形象。

（谷 菽）

Fuhaomu gaoguan yuyingwu

妇好墓高冠玉鹦鹉

商代晚期玉制装饰品。1976年

由中国科学院考古研究所在河南安阳市殷墟商代妇好墓中发掘出土。现藏于中国社会科学院考古研究所。

妇好墓高冠玉鹦鹉

高11.2厘米、厚0.3厘米。玉质呈褐色，作站立状，钩喙前伸，目字形大眼，高冠后垂并内卷，短翅，尾尖上翘，肢前伸，有3爪，耳、背作不规则的扉棱状，并有半封闭的钻孔。冠、身、肢、尾等部分饰双钩卷云纹，两面饰纹基本相同；耳上有一圆孔，可供佩戴。商代玉器匠师在琢制此器时注重突出其钩喙、目、尾等部位特征，并雕琢高冠，使其造型新奇、优美，装饰性极强，与同墓中出土的玉对尾双鹦鹉有相同的剪影效果。妇好墓中出土的高冠鹦鹉数量较多，此鹦鹉是其中十分精彩的一件。

（谷 菽）

Fuhaomu yuandiao yuyingwu

妇好墓圆雕玉鹦鹉

商代晚期玉制工艺品。1976年由中国科学院考古研究所在河南安阳市殷墟商代妇好墓中发掘出土。现藏于中国社会科学院考古研究所。

高9.3厘米。玉质呈灰色，略显灰黄。作站立状，尖钩喙，大圆眼，短冠下垂，粗长颈，颈上饰两周凸弦纹，翎纹短翅，双足作方柱状，足下有一带圆孔短榫，足与尾之间有一小槽。在妇好墓中出土的21件玉质鹦鹉中，仅此一件为圆雕作品。雕刻精细，表面光洁，既抓住鹦鹉钩喙有冠等特点，又在写实的基础上加以合理的夸张，头部硕大，面部特征突出，双足亦十分粗硕，经商代玉器匠师的精心设计和雕琢，整体造型和谐美观，形象格外生动逼真。

（谷 菽）

妇好墓圆雕玉鹦鹉

Fufeng Qijiacun 19-haomu yuduiniao

扶风齐家村19号墓玉对鸟

西周早中期玉制装饰品。1978年由陕西周原考古队在扶风县黄堆公社齐家村19号墓地中清理出土。现藏于宝鸡市周原博物馆。

一雄一雌共2件，玉质呈乳白色，半透明，浮雕而成。雄鸟高4厘米，作站立状，大圆眼，圆尖高冠，双翅舒展，长尾自然下垂，足较粗硕。雌鸟高3.5厘米，作孵卧状，大圆眼，圆尖高冠，张嘴呈啼鸣状，两翅后翘，小尾下垂微分。用流畅的阴线线条展示细部特征，雕刻精巧细腻，二者均钻有小孔，可穿系佩戴。该墓墓主人的身份为士。玉对鸟及玉鱼、玉鸟、玉觿等16件同时出土的带穿孔的小玉饰置放于墓主人的口中，当为葬玉，为研究西周礼制提供了珍贵的实物资料。

（谷 菽）

扶风齐家村19号墓玉对鸟

〖夏商西周其他玉器〗

Fuhaomu leiwen yugui

妇好墓雷纹玉簋

商代晚期玉制礼器。1976年由中国科学院考古研究所在河南安阳市殷墟商代妇好墓中发掘出土。现藏于中国社会科学院考古研究所。

妇好墓雷纹玉簋

口径12.5厘米、高20.5厘米、壁厚1厘米～1.6厘米。玉质呈碧绿色，造型仿同墓出土的铜簋。直口微外

侈，平沿方唇，口下直，颈上饰两周凸弦纹，腹部微鼓，圜底略外凸，下接一直矮圈足。腹部外侧有对称的4条扉棱，扉棱间饰波形雷纹。圈足上下分饰一周或两周凹弦纹，其间为云纹兼目纹。整体造型以圆柱形为基础，稳重端庄，纹饰规整美观，堪称精品。在妇好墓中还出土一件白玉簋，其形制、纹饰等与雷纹玉簋大致相同，造型亦美观，刻纹亦精细。它们被置放在妇好墓的椁顶上，东、西并列，一件内还放有两件骨勺和一件铜匕。有的学者认为它们是生活用具。这两件玉簋和妇好墓中同时出土的圈足盘等玉容器为中国已知时代最早的玉质器皿之一，证实商代玉匠已能琢制玉容器，且已具较高水平，充分反映出商代琢玉工艺的新成就。

（谷 菽）

Fuhaomu yuquanzupan

妇好墓玉圈足盘

商代晚期玉制礼器。1976年由中国科学院考古研究所在河南安阳市殷墟商代妇好墓中发掘出土。现藏于中国社会科学院考古研究所。

妇好墓玉圈足盘

口径14.6厘米、高4.3厘米。玉质半透明，上有部分黄斑。口部呈圆角长方形，宽平沿，圆唇，腹微内收，中部饰一周弦纹，平底。圈足较高，两侧或两端分别施三个或一个十字形镂孔。制作较为规整，琢制较精细，展示出商代玉容器制作工艺的较高成就。它与同时出土的妇好墓雷纹玉簋和白玉簋同为中国已知时代最早的玉质容器。

（谷 菽）

Fuhaomu liuyexing yumao

妇好墓柳叶形玉矛

商代晚期玉制礼器。1976年由中国科学院考古研究所在河南安阳市殷墟商代妇好墓中发掘出土。现藏于中国社会科学院考古研究所。

妇好墓柳叶形玉矛

共2件，一件长10.5厘米、宽4.6厘米、厚0.3厘米，玉质呈白色，上有黄褐色斑，前锋呈尖状；后端呈弧形，中部外凸，上有一小孔；矛身两面都有不明显的阳纹脊线。另一件与前件略似，长14厘米、宽4.2厘米、厚0.3厘米，玉质呈黄褐色，锋稍残；末端有一舌形突，上有三角形铜锈痕，可能是安装铜柄的痕迹。它们和同墓中出土的戈、戚、钺、大刀等仪仗器物，是探讨商代王室贵族仪仗礼器的重要实物资料。

（谷 菽）

Fuhaomu yumaoxingqi

妇好墓玉矛形器

商代晚期玉制礼器。1976年由中国科学院考古研究所在河南安阳市殷墟商代妇好墓中发掘出土。现藏于中国社会科学院考古研究所。

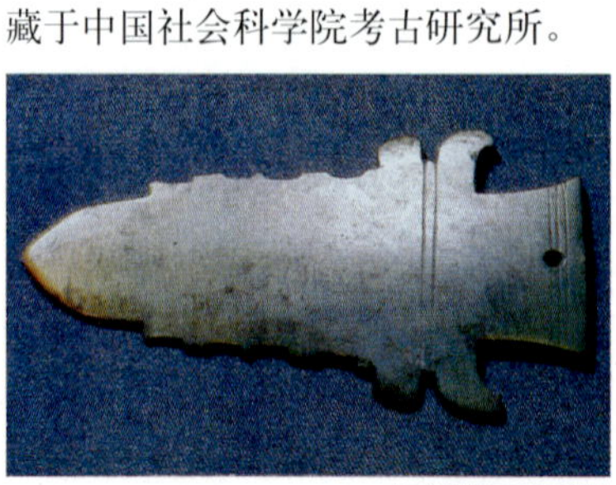

妇好墓玉矛形器

长12厘米、内长2.1厘米、内宽4厘米、厚0.4厘米。玉质呈绿色，锋呈尖状，两侧有对称的锯齿状扉棱，后端有2对外凸的阑，阑间刻有2条平行的阴线，近后端的阑尖部向后伸出，阑后的内略呈长方形，内末中部有一小圆穿，并有3条平行的阴线。除寥寥几道阴线刻饰外，整体光素，以造型新颖、刻工精细取胜，为难得的精品。该器与同时出土的妇好墓柳叶形玉矛造型差别较大，和当时战争中使用的青铜矛更为迥异，应是专门作为仪仗用的玉制礼器。

（谷 菽）

Fuhaomu shouwen yufu

妇好墓兽纹玉斧

商代晚期玉制礼器。1976年由中国科学院考古研究所在河南安阳市殷墟商代妇好墓中发掘出土。现藏于中国社会科学院考古研究所。

妇好墓兽纹玉斧

通长10厘米、内长2.5厘米、体厚2.6厘米。玉质呈深绿色，柄端呈黄绿色。长方形圆体，剖面呈椭圆形，上厚下薄，两侧内凹成小槽。刃系两面斜削磨制而成，作弧形。内呈长方形，较体为薄，柄身间有阶，近阶处施一圆穿，可固定木柄。身两面以单线和双钩线饰兽面纹，口向刃部，绳索纹眉，目字形眼，纹饰极为精致，表面光洁，无使用

痕迹，应是象征性的工具，为礼仪用器。（谷 菽）

Fuhaomu yujiuchu

妇好墓玉臼杵

商代晚期玉制用具。1976年由中国科学院考古研究所在河南安阳市殷墟妇好墓中发掘出土。现藏于中国社会科学院考古研究所。

妇好墓玉臼杵

高23.2厘米、口面径29.5厘米、孔径16厘米、深13厘米、壁厚8厘米。质料为硅质大理岩，色白。平沿厚壁，中心有深孔，下腹内收，小平底，底一侧质料稍缺，外表较粗糙，臼孔亦面大底小，周壁呈朱红色，光洁晶莹，亮可照人，应为长期使用所致，孔周及口面上均粘有朱砂。杵以棕色玉材琢磨而成，略呈圆柱形，长28厘米、径7厘米。头较粗，圆而光滑，柄端较细，略呈扁圆形，腰部微束，上有极光滑的宽旋纹，其部位与臼孔的深度较接近，可能系在研磨朱砂时将杵枕于孔沿长期作圆周的转动所形成的。玉臼和玉杵分别出土于妇好墓的墓室西北部填土中和椁室内，位置不同，但恰可配套，无疑是一套研磨朱砂的用具，制作亦十分精美。（谷 菽）

Fuhaomu yutiaosepan

妇好墓玉调色盘

商代晚期玉制用具。1976年由中国科学院考古研究所在河南安阳市殷墟商代妇好墓中发掘出土。现藏于中国社会科学院考古研究所。

长11.8厘米、宽6.5厘米、盘腹深0.4厘米。玉质表面呈灰白色，背面呈墨绿色。盘作长方形，前端敞口较薄，其他三侧边框高起，盘底满染朱砂。盘后雕双鹦鹉，鹦鹉背相对，作站立状，钩喙大眼，短翅长尾，尾尖内卷。在两尾相连处有一高起的圆纽，纽上有一圆孔，可供悬挂。盘两面刻纹基本相同。制作十分精美，有使用痕迹，应为商代奴隶主贵族日常使用的用具。

（谷 菽）

妇好墓玉调色盘

Fuhaomu shoumianwen yushu

妇好墓兽面纹玉梳

商代晚期玉制用具。1976年由中国科学院考古研究所在河南安阳市殷墟商代妇好墓中发掘出土。现藏于中国社会科学院考古研究所。

高7.1厘米、宽4.4厘米~4.9厘米、厚0.4厘米。玉质呈淡绿色。梳身近长方形，上窄下宽，背顶正中有一长条形纽，纽下设一圆孔，可供悬挂。梳面较宽，有齿8枚，两侧的齿稍宽，排列规整。齿的尖端较薄。梳背两面浅浮雕兽面纹，兽面作“臣”字形眼，细眉大角，巨鼻裂口，鼻中部饰菱形纹，兽口朝向梳齿。该梳小巧典雅，宜于实用。

与之同时出土的还有一件浮雕双鸟纹的扇面形梳，亦颇为精美。体现出商代奴隶主贵族生活之奢华。

（谷 菽）

妇好墓兽面纹玉梳

Fuhaomu shoumianwen yubi

妇好墓兽面纹玉匕

商代晚期玉制用具。1976年由中国科学院考古研究所在河南安阳市殷墟商代妇好墓中发掘出土。现藏于中国社会科学院考古研究所。

长14.7厘米、柄端宽2.1厘米、厚0.4厘米。玉质呈棕褐色，上有黑斑。造型仿自同时期的骨匕，呈扁平长方形，顶近平，两侧稍内凹，下端呈舌形，较薄。匕体一面柄端刻一蝉纹，匕面刻四蝉纹，头均朝下，方目尖嘴，两足外屈，双翼伸展，身短尾尖。另一面柄端上段刻两个对称的倒夔纹，下段刻张口的饕餮纹。匕面刻有3段饰纹，上段刻口向下方眉细目的兽面纹，中段纹饰似为目雷纹，下段刻三角形纹。匕柄中部有一小圆孔。整体纹饰极为精细，制作十分规整，工艺十分精美，堪称珍品。既反映出商代玉器匠师卓越的创造才能，也是奴隶主贵族奢侈生活的写照。与之同时出土的还有一两面抛光无纹饰的黄褐色玉匕。

（谷 菽）

妇好墓兽面纹玉匕

Fuhaomu jiaoxing yuxi

妇好墓角形玉觿

商代晚期玉制装饰品及用具。1976年由中国科学院考古研究所在河南安阳市殷墟商代妇好墓中发掘出土。现藏于中国社会科学院考古研究所。

共2件，均呈角形，形制略有差异。一件玉质呈深绿色，造型似羊角，长8.5厘米、厚0.3厘米，两面均饰节状纹，角的根部有2个并列的小圆孔。另一件玉质呈乳白色，长6.4厘米、厚0.4厘米，根部平齐，靠上中部有一个小孔，觿体两面抛光，圆润洁净。

觿作解结用，一般用角、象骨等制作；古人右佩大觿，左佩小觿，用于解大小不同的结。这2件玉觿呈角形，尚保留一些早期的特点。它们有大小之分，且均可佩挂，似与古文献记载相合。（谷 菽）

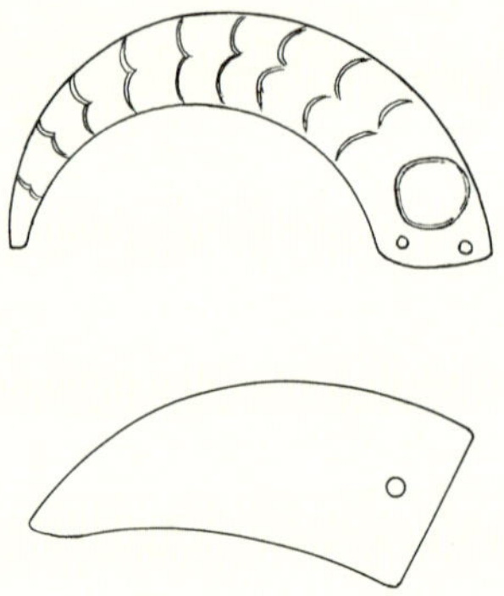

妇好墓角形玉觿

Baifucun 2-haomu mazhaxing yuxi

白浮村2号墓蚂蚱形玉觿

西周早期玉制装饰品及用具。1975年由北京市文物管理处在昌平县白浮村2号西周墓中发掘出土。现藏于首都博物馆。

白浮村2号墓蚂蚱形玉觿

长7.7厘米，出土于墓主人右侧腰部。觿首作蚂蚱形，双睛圆鼓，背平直，腹下鼓并有凹缺，尾部尖锐，似蚂蚱作匍匐状，蚂蚱颈部有一圆形穿孔，可佩挂。该器虽仅头部琢刻逼真，但整体形象简洁、生动，具有很高的艺术效果。达到装饰性与实用性较完美的结合，比商代晚期的角形觿更具艺术性。

蚂蚱，即蝗虫，是周人较常用的一种装饰题材，在陕西宝鸡市茹家庄、竹园沟等处西周墓葬中也发现有较多以蚂蚱为造型的玉雕作品。（谷 菽）

Fuhaomu kuixingshou yuji

妇好墓夔形首玉笄

商代晚期玉制装饰品及用具。1976年由中国科学院考古研究所在河南安阳市殷墟商代妇好墓中发掘出土。现藏于中国社会科学院考古研究所。

通长17厘米、杆长13.7厘米、厚0.2厘米。玉质呈黄褐色。造型与同时期殷墟出土的骨笄相似，呈扁长条形，笄杆由顶向下逐渐变细，尖端扁圆。笄首十分奇特，雕作夔形，目字形大眼圆睁，钩喙外凸，张口，短尾上卷，仅一足，形象威猛异常。制作工艺精湛，形象逼真，是工艺与实用完美结合的佳作。

（谷 菽）

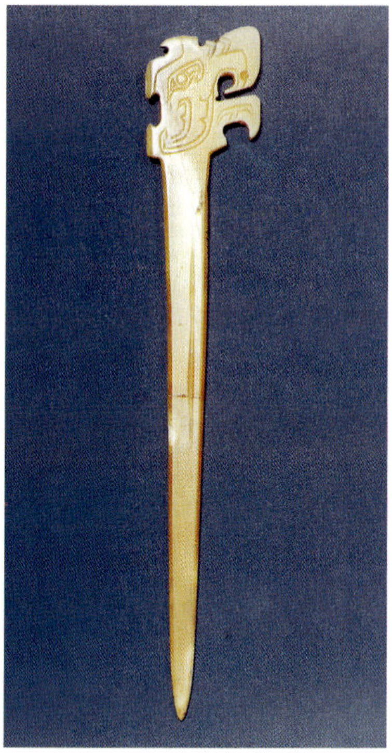

妇好墓夔形首玉笄

Qiangjiacun yuxianglian

强家村玉项链

西周中期玉制装饰品。1981年由陕西周原博物馆在扶风县黄堆乡强家村清理出土。现藏于陕西周原博物馆。

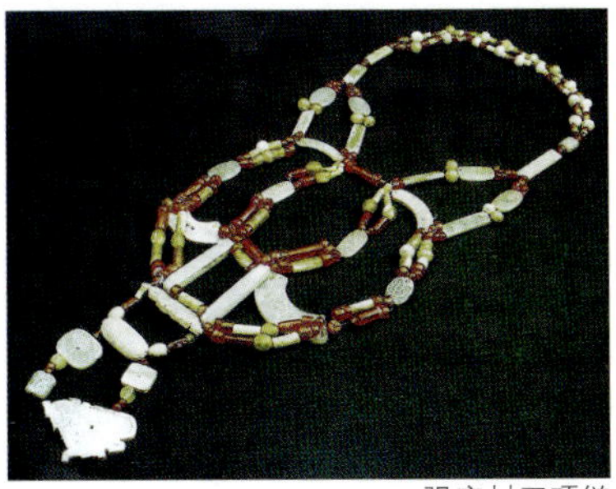
强家村玉项链

出土于墓主人头颈部。长约50厘米、宽约30厘米。由大小不一的玉璜、玉管、玉兽面和红、黄玛瑙等组成。玉质呈淡黄、淡绿、白三色。其整体组合较为复杂，且保存完整，色彩艳丽，是一件西周时期难得的装饰珍品。

（古 方）

Lugucheng 30-haomu kuilong matixing yuxianglian

鲁故城30号墓夔龙马蹄形玉项链

西周中期玉制装饰品。1977年~1978年由山东省博物馆等单位在曲阜县鲁国都城遗址中的“望父台”墓地30号墓中清理出土。现藏于山东省博物馆。

鲁故城30号墓夔龙马蹄形玉项链

出土于墓主人颈部。作双头龙形，由白色、淡绿色软玉制成的12件兽头、夔龙、蝉形饰件及红色寿山石石珠组成，其中夔龙形透雕饰件共6件，均回首卷尾，活泼生动，圆雕兽头亦十分雄奇生动，展现出高超的制玉工艺水平。寿山石石珠呈扁圆形，计40枚，与兽头连接处2枚一组，其余均4枚一组，色泽鲜艳，与浅颜色的玉饰件形成强烈对比，增强了项链的整体装饰效果。

（谷 荻）

Fuhaomu sanya xuanjixing yushi

妇好墓三牙璇玑形玉饰

商代晚期玉制装饰品。1976年由中国科学院考古研究所在河南安阳市殷墟商代妇好墓中清理出土。现藏于中国社会科学院考古研究所。

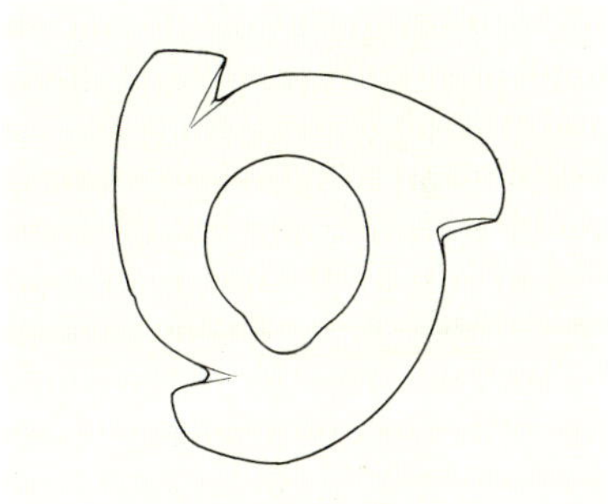
妇好墓三牙璇玑形玉饰

周缘长径6.1厘米、孔径2.3厘米、厚0.3厘米，玉质呈绿色。器体近圆形，周边有3个齿牙，均朝同一方向回旋，中有近似心形的穿孔，两面经打磨并抛光，较为光洁。在殷墟小屯的一座小孩墓中还发现一件玉璇玑，被置放在死者胸部右侧，应是和普通的璧、环类玉器一样作装饰品用。妇好墓中出土的玉璇玑形制仍较原始，结合后世的玉璇玑分析，可以窥见玉璇玑的发展过程。

（谷 荻）

Fuhaomu tuleng yuguxingshi

妇好墓突棱玉箍形饰

商代晚期玉制装饰品。1976年由中国科学院考古研究所在河南安阳市殷墟商代妇好墓中清理出土。现藏于中国社会科学院考古研究所。

高4.8厘米、孔径6.7厘米、壁厚0.1厘米。玉质呈米黄色。形体较粗高，两端边沿向外平折，中心有大圆孔，孔壁极薄。中部稍内收，腰间雕作圆盘形，圆盘边缘有5个长方形凸棱，凸棱两侧各刻3条竖道。圆盘上下的壁面各雕饰3周凸弦纹。整体打磨得十分光洁，体虽薄却十分规整。与同墓出土的其他呈粗矮圈状圆筒形等形状的27件玉圆箍形饰不同，形制特殊，是商代所特有的一种装饰品。

（谷 荻）

妇好墓突棱玉箍形饰

Shangcunling 2001-haomu yuniumian

上村岭2001号墓玉牛面

西周晚期玉制装饰品。1990年由河南省文物研究所等单位在三门峡市上村岭2001号虢国国君墓中发掘出土。现藏于三门峡市文物管理委员会。

上村岭2001号墓玉牛面

宽9.8厘米、高11.2厘米。玉质呈浅褐色。整体作片状，为牛头正面，双牛角弯曲对称，角根宽扁，上为尖状，立耳，“臣”字眼，腮两侧外鼓，嘴端有一圆孔。该牛面虽刻工较为简单，但生动地表现出牛憨态可掬的形象，观赏性较强。

（谷 菽）

Fuhaomu shouxing yushe

妇好墓兽形玉韘

商代晚期玉制用具。“韘”字即今日“扳指”（或称“搬指”），射箭时用它钩弦。它是中国已知时代最早的一件玉韘。1976年由中国科学院考古研究所在河南安阳市殷墟商代妇好墓中清理出土。现藏于中国社会科学院考古研究所。

妇好墓兽形玉韘

高2.7厘米～3.8厘米、直径2.4厘米、壁厚0.4厘米，玉质呈深绿色。韘体下端平齐，上端斜口，前高后低，内中空，正面以双钩线雕饰兽纹，兽口向下，细长眉，方形眼，双角尖似牛角，两耳后贴，身延伸至面部两侧且略上竖，尾下垂，短足前屈，足端有3爪。兽双目下各有一圆形穿孔。韘背面下端刻一条凹槽。

《说文解字》中曾记载：“韘，射决也，所以拘弦。以象骨，韦系，著右巨指。”玉韘恰可套入成人拇指，弓弦可纳入背面的凹槽，两个圆形穿孔可系绳缚于手腕，与《说文解字》中记载“韘”的用途正好相合，反映出中国用韘的历史至少可追溯到商代晚期。墓主人妇好可能是商王武丁的配偶，据殷墟甲骨文记载，她生前地位显赫，曾参与国家大事，从事征战、主持祭祀等活动，并多次带兵征伐四方。该玉韘刻纹精细，制作华美，出土于她的墓中，说明甲骨卜辞中关于她领兵征伐四方等记载是可信的。

（谷 菽）

jiazibiao canyuban

甲子表残玉板

商代玉制礼器。相传出土于河南安阳市殷墟。现藏于天津艺术博物馆。

甲子表残玉板

现存左侧边沿，其余部分有残缺，残长7.4厘米、残宽2.9厘米。玉质呈青灰色。上阴刻双钩文字，现残存“庚寅辛”3字，其中“庚”、“辛”2字已泐伤。据考证，上写120个字的甲子玉板应由6块组成，每组2行，每行10字，该板应属第3块，残存文字属第2行。殷墟出土的甲子表多刻在兽骨或龟甲上，用玉板的尚属仅见，特别是上面所刻的双钩大字，朴拙苍劲，堪称书法佳作，结合河南郏县出土的商代青铜簋上的双钩铭文分析，可确知至迟在商代中国已经出现双钩体。

（谷 菽）

Shangcunling 2001-haomu zhuiyu mianzhao

上村岭2001号墓缀玉面罩

西周晚期丧葬所用的玉制礼器。1990年由河南文物研究所和三门峡文物工作队在三门峡市上村岭虢国墓地2001号墓中清理出土。现藏于河南省文物考古研究所。

上村岭2001号墓缀玉面罩

青玉质，最大直径为10.7厘米，由印堂、眉毛、眼、耳、鼻、嘴、腮、下颏、髭须等大小12片组成，各部位特征明显。其中印堂呈梯形；两条眉毛均呈弧形，上各雕刻有一只极其生动、形象的凤鸟；眼呈杏仁状；耳部雕刻得的惟妙惟肖，尤其左耳耳廓具体形象，如一龙卷曲卧伏，头昂起，身饰花纹，头与身间镂空；右耳形状与左耳基本相似，只是似未曾琢雕完毕；鼻梁首挺而鼻头下垂；两腮纹饰弧曲；唇厚而口张；下颏为一玉璜形器，上饰卷云纹和线纹；髭须卷曲，上尖下厚，沿颊而下。各个玉片均有大小不等的孔，以供连缀。推测这组玉片是以丝线连缀穿孔，各片与主体部分连缀时，明暗孔处均有一颗小的红色玛瑙相连，可能衬以丝织物，形成面罩。这种面罩专门用于殓葬，即殓葬中的“瞑目”。它与山西曲沃县北赵村西周晋侯墓中出土的形状近似的玉面罩为中国目前所知最早的玉面罩。2001号墓死者应为虢国国君，殓葬玉器从头至脚皆有，其葬玉量之大、质量之精在发现的西周墓中尚属孤例，为西汉玉衣的祖形。

（山 石）

Fuhaomu yuqi
妇好墓玉器

商代晚期妇好墓中随葬的玉制品。该墓位于河南安阳市殷墟小屯村西北约100米处，为长方形竖穴土坑墓，1976年由中国科学院考古研究所发掘出土。现分藏于中国社会科学院考古研究所和中国历史博物馆等处。

玉器主要放置在棺内，玉簋、玉臼则出自填土中。共750余件，分为礼器、仪仗、工具、生活用具、装饰品、艺术品以及杂器等7类。礼器有琮、圭、璧、环、璜、玦和簋、盘等，品种齐全，这与妇好尊贵的等级地位有关。仪仗有戈、矛、钺和大刀等，形制多仿铜器，磨制细薄，纹饰精美。工具有斧、凿、锛、锯、刀、纺轮、镰、铲等，大多数无使用痕迹，可能是象征性器物。生活用具有研磨朱砂的臼和杵，调色的盘，以及梳、耳勺、匕、觿等，均为实用器。装饰品种类复杂，数量最多，有笄、钏、串饰和柄形器等，佩饰和嵌饰物大部分雕成各种动物形象，计有虎、象、熊、鹿、猴、马、牛、狗、兔、羊头、蝠形、鸟、鹤、鹰、鸱枭、鹦鹉、雁、鸽、燕、雏、鸬鹚、鹅、鸭、鱼、蛙、龟、鳖、螳螂、蝉、蚕和螺狮等，还有的雕成龙、凤、怪鸟、怪兽及人头和人物雕像，多数造型优美，姿态生动。艺术品均为圆雕，有玉龙、玉虎、怪鸟等。杂器有韘、玉链、块状或蝉形口琀等。玉器的色泽瑰丽多彩，以绿色为主，黄褐、棕褐次之，灰色、白色、黄色较少，玉料多数来自新疆，少数可能来自岫岩和独山玉矿。

据殷墟甲骨文记载，商王武丁的配偶名叫妇好，有男子风度，曾率军队征伐反叛的方国。这个妇好的时代、地位与妇好墓出土铜器上的铭文“妇好”时代相同、地位相似。另外，墓中出土的大量兵器说明其尚武的性格与甲骨文中所记载的妇好的性格正相吻合。因此，学者们多将妇好墓推定为武丁的配偶妇好之墓。殷墟甲骨文中记载妇好死于商王武丁晚期（约在公元前13世纪末期至公元前12世纪前期），故妇好墓玉器的年代当不晚于此。

妇好墓玉器是商王室玉作坊的产品，显示出当时造型艺术与琢玉技术已达到高度水平。其中人物雕像为研究商人的衣冠、发式和商代不同阶层的人物形象增添了新资料。动物雕像则对研究商代传说与当时实际存在的动物有着较为重要的价值。

参考书目

中国社会科学院考古研究所：《殷墟妇好墓》，文物出版社，1980。

（古　方）

Sanxingdui jisikeng yushiqi
三星堆祭祀坑玉石器

商代晚期古蜀国的2个祭祀坑中出土的以玉、石为原料制作的礼器和工具。遗址位于四川广汉县三星乡三星堆，坑为长方形斗状。1986年由四川省文物管理委员会、省文物考古研究所等单位发掘。现藏于四川省文物考古研究所。

坑内出土玉石器有300余件，主要为礼器和工具，还有少量的佩饰，种类包括璋、戈、琮、璧、环、刀、矛、凿、锛、锄、斤、斧、匕、铲、舌形器、珠、管穿等，其中璋的式样较多，可分为牙璋和边璋两类，牙璋中以歧锋刃形最具特色，还有的将射部透雕成锐角，一边成钝角，其中一件璋面上刻有山川人物图案，堪称佳品。玉石器纹饰有直线、回纹、网纹、云雷纹、山形、人物等，均以阴线刻成，另外，还有透雕的鸟纹、云雷纹等。在1号坑内，玉戈、玉璋等形制较大的玉石器主要分布在东南坑壁的东端；玉凿、玉锛、玉斧等形制较小的玉石器主要分布在坑的西角；坑中部散见少量玉石器。2号坑的玉石器，一部分出自尊、罍等青铜容器内，另一部分则出自于下层堆积的灰烬中。这2个祭祀坑是蜀国先民进行重大祭祀活动时的遗存，玉石器表面均有焚烧的痕迹，而且是被最先投入坑中的，因此当时的祭祀应有“燔燎”祭天、“瘗埋”祭地、“悬庪”祭山等形式。三星堆玉石器与中原商代玉器存在着一定的共性，如璋的形制应源于二里头文化的牙璋，玉戈、玉璧等则与河南安阳市殷墟商代妇好墓同类器物相同，这说明当时蜀国曾受到中原地区礼制的影响。

参考书目

四川省文物管理委员会、四川省文物考古研究所、四川省广汉县文化局：《广汉三星堆遗址一号祭祀坑发掘简报》，《文物》1987年10期。
四川省文物管理委员会、四川省文物考古研究所、广汉市文化局、文管所：《三星堆遗址三号祭祀坑发掘简报》，《文物》1989年5期。

（古　方）

Dayangzhou Shangmu yuqi
大洋洲商墓玉器

江西新干县大洋洲商代晚期大墓中出土的礼器、仪仗和装饰品。墓位于江西新干县大洋洲乡，为长方形竖穴土坑墓。1989年由江西省文物考古研究所等单位发掘。墓主人为赣江流域扬越民族奴隶制国家的最高统治者或其家属，下葬年代约在公元前13世纪。现藏于江西省文物考古研究所。

共1072件，占随葬品总数55%。色泽以绿色为主，灰色、米黄色、牙白色、白色次之，玉料有新疆和阗玉、陕西蓝田玉、浙江青田玉，绿松石则产自湖北郧县等地。种类分为礼器、仪仗和装饰品3种。礼器共34件，有琮、璧、环、璜、玦、神人兽面形饰等，均出自棺内，璧、环、玦等在棺中部两侧，人体的腰、腿部位，玦大小有序排列在腿部两侧。仪仗器有7件，为戈、矛等，琢制较精细，均无使用痕迹，其中5件玉戈均折成数块叠放在棺中部，反映了某种宗教礼制现象。装饰品有934件，品种繁多，有佩饰、镶嵌饰等，器形包括项链、羽人、镯、笄形坠饰、蝉、柄形器、玉管、夔龙

形器腿、鱼形坠、蛙形坠和长条形扉棱片等。这批玉器在造型、纹饰等方面与中原同时期的玉器相比，有很多相同之处，说明商代赣江流域与中原地区的文化交流是很密切的。蹲坐状羽人（见大洋洲商墓蹲坐状玉羽人）和神人兽面纹形饰是最精美的两件玉器，构思巧妙，线条流畅，制作水平较高，阴刻的兽面纹具有山东龙山文化玉器的风格。该墓出土的玉器对于研究商代江南地区的玉器品种、制作工艺及风格均具有难得的价值。

参考书目

江西省博物馆、江西省文物考古研究所、新干县博物馆：《新干商代大墓》，文物出版社，1997。
（古　方）

Tianma-Qucun Yizhi yuqi

天马——曲村遗址玉器

西周及春秋早期晋国贵族墓地玉制品。1980年～1993年由北京大学考古系和山西省考古研究所在山西曲沃县天马——曲村遗址墓葬中发掘出土，其中以北赵村晋侯墓地出土最多。这批玉器以等级高、延续时间长、保存完好、品类齐全和年代分期明确而著称。它是西周、春秋时期玉器中最重要的一批材料。现分藏于山西省考古研究所及北京大学赛克勒考古与艺术博物馆。

玉器数量众多。在出土玉器的数十座墓葬中，有晋国最高统治者晋侯及其夫人的，也有卿大夫及夫人的；年代最早的玉器可至西周早期成康之世，最晚的也在周平王东迁之后。这些玉器基本保存完整，陈放位置和彼此关系清楚，种类也多种多样：有琮、璧、瑗、环、璜、玦、珩、璸珠、戈、钺、刀、韘(扳指)及龙、虎、鹿、鸟、鱼、蚕等动物形饰和人形饰等。按功能可分为瑞玉、佩玉、葬玉诸种；按其出土位置可分为覆面、项饰、胸佩等类；按其形态则有几何形、像器形、像生形等样式。在这些玉器中，有用多件玉璜、玉珩、玉环及璸珠等组成的复杂的玉佩(见晋侯苏墓四璜连环玉佩)，有长达58.8厘米的玉戈（见晋侯苏墓大玉戈），有由52件玉器组成的双面缀玉的覆面，有可视为后世玉衣之源的全身葬玉，还有精细雕琢全身服饰的玉人（见晋侯苏墓玉人）等等。特别值得注意的是，北赵村晋国公族墓地多座晋侯及其夫人墓中出土的多组保存完好的玉器，等级高，晋侯与夫人各自的佩玉有同有异。男性的晋侯有玉琮、玉钺、多璜连环玉佩，多璜连环玉佩中的璜左右相对；女性的晋侯夫人则无琮无钺，多璜玉佩璜口向上，另有女性特有的玉牌下缀珠玑的玉佩。这些都是前所未见的周文化玉器精品。

该遗址玉器时间跨度较长，年代分期明确，各期玉器均包括不同身份、等级和性别。这为研究西周、春秋时期周文化墓葬玉器前后的发展变化，不同身份和等级贵族用玉制度的差异，玉石器组合的不同与佩戴者性别的关系，以及周文化玉器的功用、位置、组合方式等，均具有极其重要的意义。（孙　华）

Baoji Yuguo mudi yuqi

宝鸡弜国墓地玉器

西周早、中期弜国国君弜伯及其家属墓葬中出土的各种玉、石制品。墓地位于陕西宝鸡市竹园沟和茹家庄。1974年～1975年由宝鸡市博物馆发掘。墓葬年代约在成、康、昭、穆诸王时期。现藏于宝鸡市博物馆。

共2000余件，分礼器、仪仗、工具、装饰品、动物形玉雕品和杂器等6类。基本上未经扰动，出土位置和组合关系明确。礼器有璜、玦、璧、环、圭等，璜出土于死者颈、胸部位，玦集中在死者头上方和下腹左侧；仪仗用器包括戚和戈，戈的样式和数量较多，置于死者胸部和腰腹部，雕琢精细；工具有斧、锛、凿等，放在死者胸腹部，大部分制作粗糙；装饰品有串饰、柄形饰、玉管及圆形、舌形、角形、锥形玉饰等，串饰一般多出自于死者颈部，个别在胸腹部，串法主要是用同一或不同器形、质地的饰物串成单行，另外还有用玉贝串成的腕饰；动物形玉雕有鹿、虎、牛、兔、鸟、鱼、蚂蚱、蚕、蝉等，以平雕为多数，圆雕次之，写实性较强，造型优美，各具情态，雕琢得十分精致；杂器有小玉石子、石泡、方玉片、玉料等，小玉石子可能是古代娱乐对弈用的棋子。根据玉器出土位置复原墓主人身上所佩装饰为：双耳上戴有玉玦、颈部戴有项链、胸腹部挂有璜、玦及各种玉雕动物装饰，腕部戴有玉环或用玉贝串成的腕饰。弜国墓地所出玉器数量多，保存完好，是研究西周早、中期用玉制度的宝贵资料。

参考书目

卢连成、胡智生：《宝鸡弜国墓地》，文物出版社，1988
（古　方）

Shangcunling 2001-haomu yuqi

上村岭2001号墓玉器

西周晚期虢国某代国君墓随葬的玉制礼器、葬器和装饰品。该墓位于河南三门峡市北郊上村岭，为长方形竖穴土坑墓。1990年由河南省文物研究所等单位发掘。现藏于河南省文物考古研究所。

出土玉器达数百件，基本上保留着原来摆放的样子。外棺盖上放置着玉圭、玉戈、玉柄形器、玉戚等，中部放一件较大的玉戈。内棺盖上放置玉器较多，有璧、圭、戈、琮、柄形器、虎、鹿、狗、牛头、马面、鸟、龟、鱼等。棺内随葬品主要为玉器类，间有金、石器等。其南侧有一组合兽面，是由一件鼻形玉韘与两件獠牙形玉器组成，类似大象的面部。墓主人周身都放置玉器，面部覆盖缀玉面罩，胸部及两侧置有玉戈、玉璧、管状玉器等。颈部除有一串项饰外，另有一套玉组佩挂于颈部而达于膝下，这组玉佩是由7件由小到大依次递增的玉璜，间以左右对称的双排两行玛瑙与琉璃串珠连缀而成。死者口中含有许多石贝，手中有圆柱状握玉，脚端有2件条形玉片，另有2组8件小玉片也放置在脚端，据位置推测，当分别夹在每只脚的脚趾缝内。

该墓是目前所见惟一一座未经扰动的西周诸侯国国君的墓葬，完整的玉器组合是研究西周晚期用玉制度极为宝贵的资料。墓主人身上的葬玉包括缀玉面罩、玉握和足玉，这可能是西汉、东汉玉衣的雏形，为研究玉衣的发展演变规律提供了重要线索。此外，该墓出土的一件铜芯铁剑上所镶嵌的玉剑首，是中国已知发现时代最早的玉剑饰。

参考书目

河南省文物研究所、三门峡市文物工作队：《三门峡上村岭虢国墓地M2001发掘简报》，《华夏考古》1992年3期。（古 方）

Chunqiu-Zhanguo yuqi

春秋战国玉器

（公元前770年～公元前221年）

春秋、战国时期以玉、石等原料制成的各种器物。这一时期是中国传统玉器发展的鼎盛时期，玉器的制作和使用非常广泛，器物造型和纹饰多种多样。当时“礼崩乐坏”的社会背景及“百家争鸣”的艺术思想对玉器的发展有很大的影响，玉器的各种用途被系统化和理想化，玉器的礼制化臻于完善。

● **分区** 从目前发掘出土玉器的分布来看，大致可分为中原地区、关中地区和江淮地区。中原地区包括河南、河北、山西和山东，为晋、韩、赵、魏、燕、齐、鲁等诸侯国和方国的辖地，所出玉器数量最多。主要地点有河南三门峡市上村岭虢国春秋墓、洛阳市中州路东周墓、洛阳市金村周王室墓葬、辉县固围村魏国王室墓，河北邯郸市百家村赵国墓地、平山县中山王墓，山西长治市分水岭韩国贵族墓、侯马市上马村晋国墓地，山东淄博市临淄郎家庄齐国墓地、沂水县刘家店子莒国墓地、曲阜市鲁国故城战国墓地等。这一地区春秋早期的玉器风格与西周晚期十分接近，春秋中、晚期玉器纹饰由简变繁，双钩和隐起的涡纹大量流行，战国时期以璧、璜、环为主体的组佩最为常见，缀玉面罩、玉握、玉琀等葬玉也被广泛使用。关中地区是秦国的辖境，玉器主要出土地点有陕西凤翔秦故雍城宫殿和宗庙建筑遗址、凤翔秦公1号墓、户县宋村春秋秦墓、咸阳黄家沟战国秦墓等。这一地区春秋时期玉器多为礼器，纹饰华丽，器形规整，富有特征的是云雷纹玉璧；战国时期秦国玉器出土很少，主要是玦、璜、环等佩饰，形制简单，有的学者认为这是秦国玉器工艺受战争影响而发展缓慢的结果。江淮地区是一些宗周诸侯国和楚国的辖地。这些宗周诸侯国玉器出土地点有湖北随州市擂鼓墩曾侯乙墓，河南信阳市平桥西樊君夔夫人墓、光山县宝相寺上官岗黄君孟夫妇墓、固始县侯古堆宋勾敌夫人墓，安徽寿县蔡侯墓，江苏吴县吴国玉器窖藏和浙江绍兴市越国卿大夫祝墓等，这些诸侯国在春秋末、战国初年为楚国所灭，因此出土玉器均为春秋时期的标准器。玉器绝大多数为饰物，造型优美，雕琢精致，显示出极高的工艺水平。楚玉主要出土地点有湖北襄阳市余岗山春秋楚墓、河南淅川县下寺楚令尹子庚墓、信阳市长台关战国楚墓、淮阳市平粮台战国楚墓和安徽长丰县杨公乡战国楚墓等。楚国玉器最早见于春秋中、晚期，受周邻宗周国家玉器风格影响较大，器类和纹饰都很接近，战国时期楚国玉器与中原地区玉器相似，战国晚期已形成自身的风格特点，并影响到西汉、东汉玉器。

● **种类和纹饰** 按用途可分作礼器、用具、装饰玉和艺术品等4类。礼器包括祭祀玉、盟誓用玉和葬玉。祭祀玉有圭、璋、璧、璜、环、简等。陕西凤翔县秦宗庙遗址的祭祀坑中出土100多件祭祀玉，玉璧多至81件，玉璜21件，河南辉县固围村1号墓旁的2号祭祀坑中出土有50支玉简、6件玉圭、43件玉环和6件玉璜，由此可管窥春秋战国时期的祭礼；盟誓用玉主要见于山西侯马市和河南温县的东周盟誓遗址中，器形有圭、璋、简等，上书盟辞与璧、璜等同埋于祭祀坑中；葬玉有缀玉面罩、玉琀、玉握等。用具包括带钩、觿、匕、簪、韘、耳杯、梳、镜架等，器形不大，均为实用器，一些玉器上有明显的使用痕迹。装饰玉是春秋战国玉器中最精美、最富特色的部分，品种齐全，数量繁多。其中最常见的是玉组佩，它盛行于春秋晚期至战国时期，主要以小型的璧、璜、环为主体，以玉珠、管、方形玉片等串联，并悬缀觿和龙、虎形玉饰等，结构较复杂，完整的一套玉组佩长达1米以上，其他玉饰还有作耳饰的玦，衣服上的玉坠、片饰等。装饰玉上均有一或数个穿孔，用以穿系佩戴。艺术品主要用于观赏，数量虽然不多，但制作精致，如河南洛阳市战国墓出土的伏兽玉人和山东曲阜市鲁故城战国墓出土的玉马，玉质晶莹细腻，抛光洁亮，堪称珍贵的艺术品。春秋、战国时期玉器纹饰比较丰富，主要有涡纹、勾连纹、卧蚕纹、云雷纹、兽面纹、窃曲纹、蝉纹、集束纹等，其中云雷纹、蝉纹、集束纹是流行于春秋时期的纹饰，源于西周玉器纹饰，饰于玉牌上。云雷纹饰于璧、璜，蝉纹饰于玉管。其他纹饰均见于春秋、战国时期，涡纹和勾连纹是最为常见的纹饰。涡纹有阴刻和浅浮雕两种样式，多饰于璧、璜、龙、虎、管上；勾连纹常以勾彻法琢出，饰于璧、璜及一些玉容器上；卧蚕纹饰于玉璜、玉龙等饰物上；兽面纹常见于玉牌和玉璧上；窃曲纹则饰于玉牌和玉饰上。战国玉器纹饰繁缛，一件玉器上的纹饰常用几种图案组成。

● **玉料来源与制作工艺** 原料有白玉、青玉、墨玉、黄玉、碧玉以及水晶、玛瑙、汉白玉石等，玉色较杂，因此来源是多方面的。新疆和阗玉从商代起即输入中原地区，春秋、战国时已成为美玉的主要来

源。另外，由于战国时玉器需求量很大，所以就地取材也是玉材的重要来源之一，如河南南阳独山玉、辽宁岫岩玉、陕西蓝田玉、甘肃酒泉玉等著名玉矿在此时可能已被大量开采。春秋、战国时期水陆交通十分发达，各地间的物质文化交往及属国的进贡也是获得玉材的重要手段之一。这一时期的玉器制作主要集中于周王室的玉器作坊。据《周礼》记载，周王室设置许多机构来管理各种用途的玉器，其中最重要的是玉府，供给周王室日常生活用玉、丧葬殓玉和与诸侯会同的礼玉，另外还有内府收藏四方贡玉，天府则掌管天子及诸侯所执六瑞之玉等，制玉工匠是百工中的玉人。河南洛阳东周王城西北曾发现玉石装饰品作坊遗迹，有很多未制成的石环、石片，与洛阳中州路东周墓中的“缀玉面饰”相同。由于玉器在各地均有广泛出土，这表明周王室并未垄断玉器制作业，各诸侯国也应存有玉器作坊，如河南新郑市郑韩故城内曾找到一些玉器作坊遗迹。春秋、战国时期的玉器制作技术日臻成熟，琢玉工具已相当先进，这与铁器的广泛使用有密切关系。雕玉技法常见有平雕、剔地浅浮雕、高浮雕和透雕等，不仅镂雕和活环套接技术发达，装饰纹样精细，而且产品数量也在不断增多。玉器制作的另一特色是金属嵌玉作品较多，常用于带钩的制作上，嵌玉作品大都非常精致，颇有富丽华贵，光彩夺目的效果，这是受当时错金银工艺影响的结果。

● **风格特点** 主要表现在4个方面：①礼器中多见圭、璧，商代和西周以来的琮、戈、矛、斧、钺等礼仪器罕见乃至消失；②佩玉组合变化多端，简单者仅一璧一璜，复杂者则以璧、璜、环、龙形饰、虎形饰、珠、管等串联，玉佩配合讲究，上下左右对称；③用玉之风炽盛，王侯至平民墓葬中大多出土有多寡不一的玉石器，如洛阳中州路1954年～1955年发掘战国墓92座，其中52座出土有大量玉石器，特别是平民墓中的葬玉，许多为石质，但造型与大型墓所出葬玉一致，玉石相杂现象十分明显；④纹饰特点是满而密，器物表面布满饰纹，不留空白，饰纹结构抽象而精细，以线条粗细凸凹的变化，表现出不同层次，给人一种深奥莫测的神秘感。

参考书目

郭宝钧：《古玉新诠》，《历史语言研究所集刊》第20本下册，1948。

曲石：《两周玉器》，《考古学集刊》第七辑，1991。

贾峨：《关于河南出土东周玉器的几个问题》，《文物》1983年4期。

杨建芳：《春秋玉器及其分期》，《香港中文大学中国文化研究所学报》第十八卷，1987。

杨建芳：《战国早期玉器》，《香港中文大学中国文化研究所学报》第十九卷，1988。

（古　方）

Chunqiu-Zhanguo yubi
春秋战国玉璧

春秋、战国时期玉制礼器或佩饰。璧面纹饰图案主要有云雷纹、勾连纹、卷云纹、浅浮雕或阴刻的涡纹、兽面纹和重圈兽面纹等，另外还有素面璧。云雷纹璧见于春秋时期，勾连纹、卷云纹和涡纹璧则流行于整个春秋战国时期，兽面纹和重圈兽面纹璧是战国晚期才出现的。战国时期玉璧在造型上趋于多样化，玉璧内孔和外缘上常透雕有精美的附加纹饰，纹样多为动物造型。璧内孔常为一龙，外缘有龙、凤鸟和螭虎，呈对称和等距离分布。一般礼器的璧形制较大，造型规整；佩饰的璧形制较小，除圆形外，还有椭圆形和圆角方形，装饰华丽，常有附加纹饰。

参考书目

赵丛苍：《记凤翔出土的春秋秦国玉器》，《文物》1986年9期。

（古　方）

Huangjunmengmu panhuiwen yubi
黄君孟墓蟠虺纹玉璧

春秋早期玉制礼器。1983年由河南信阳地区文物管理委员会和光山县文物管理委员会在光山县宝相寺春秋时期黄君孟夫妇墓中发掘出土。现藏于信阳地区文物管理委员会。

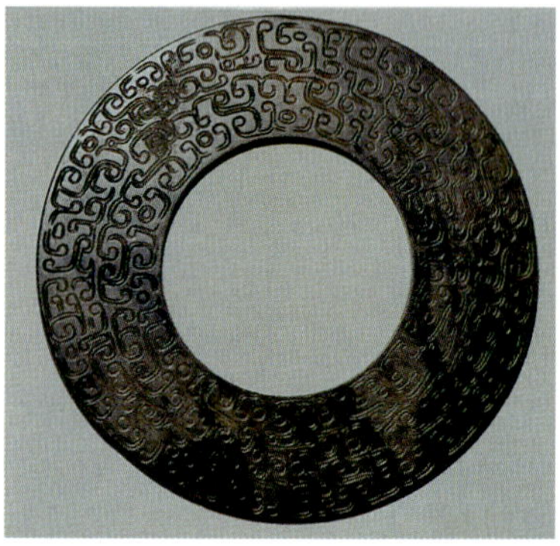

黄君孟墓蟠虺纹玉璧

外径11.6厘米、内径6厘米、厚0.2厘米～0.3厘米。玉质呈黑色。单面雕刻细密蟠虺纹，纹样流畅；另一面光素。整体制作规整，琢磨精细，抛光洁亮。

春秋时期以前玉璧一般为素面，从春秋早期开始其上出现纹饰，图案多为云雷纹、卷云纹等，纹样繁复。该器与春秋时期秦雍城遗址出土的雷纹璧等皆为春秋时期的代表性作品。

（黎　君）

Wangfutai 52-haomu kuishouwen yubi
望父台52号墓夔首纹玉璧

战国晚期玉制礼器。1977年～1978年由山东省博物馆等单位在曲阜市鲁国故城遗址西部“望父台”墓地52号战国墓中清理出土。现藏于曲阜市文物管理委员会。

周径19.9厘米、孔径6.9厘米、厚0.4厘米。青玉制成，质地温润，富有光泽。器表雕刻绹索纹，分作两层，外层表现4组互相缠绕的双尾龙纹，每一组间设边栏加以分隔；内层饰谷纹（卧蚕纹）。整体纹饰布局规整，线条流畅，相得益彰。此样式玉璧是战国晚期的典型器，并

对西汉、东汉玉璧影响很大。在同墓及同一墓地的58号墓中还发现有与之相似的玉璧4件。

（黎 君）

望父台52号墓夔首纹玉璧

Wangfutai 52-haomu chongquan kuishouwen yubi

望父台52号墓重圈夔首纹玉璧

战国晚期玉制礼器。1977年～1978年由山东省博物馆等单位在曲阜市鲁国故城遗址西部“望父台”墓地52号战国墓中清理出土。现藏于曲阜市文物管理委员会。

望父台52号墓重圈夔首纹玉璧

周径32.8厘米、孔径11.6厘米、厚0.7厘米、璧面宽10.6厘米。青玉质。璧面纹饰分三层，内外两层饰双尾龙纹。内层纹饰分为3组，有隔栏；外层纹饰分为5组，亦有隔栏。中层饰谷纹，三层纹饰之间以绹索纹相隔。此墓棺内死者身上从头至足放一层玉璧，身下垫一层玉璧，反映出战国时期“君子无故玉不去身”的佩玉礼俗和鲁国丧葬礼仪。该璧形体较大，雕刻精美，线条流畅，体现出鲁国工匠高超的玉雕工艺。

（黎 君）

Wangfutai 58-haomu toudiao shuangfeng yubi

望父台58号墓透雕双凤玉璧

战国晚期玉制装饰品。1977年～1978年由山东省博物馆等单位在曲阜市鲁国故城遗址西部“望父台”墓地58号战国墓中清理出土。现藏于曲阜市文物管理委员会。

望父台58号墓透雕双凤玉璧

周径4.4厘米、孔径1.5厘米。玉质呈青色。器中为玉璧，其上方和两侧有系耳，为相互背向的双凤，璧面上饰满谷纹。这类玉璧是用来佩戴的，单独使用或与玉管、玉珠、夔龙玉饰等相串联，组成一组玉佩饰，以供装饰。该玉璧的两兽耳造型独特，雕饰繁缛，为一件不可多得的上乘佳作。

（黎 君）

luoyang toudiao long-feng yubi

洛阳透雕龙凤玉璧

战国时期玉制装饰品。1987年由河南洛阳市文物工作队在洛阳市战国墓中发掘出土。现藏于洛阳博物馆。

直径14.8厘米。玉质呈青白色。外缘透雕有对称的双龙双凤。龙尾卷且上翘曲，呈半卧伏状，头回首凝望；凤则昂首直立，缨毛突出，羽翅丰满，较龙更为神采飞扬。璧面纹饰分两层，外层为浅雕的云纹，内层为粗犷的蟠螭纹。内孔透雕出一首尾相连的蟠龙，龙咬住尾上部，双眼大而有神，惟妙惟肖。在璧孔内和外缘上透雕龙凤的做法是战国晚期常见的一种纹饰式样，这样的玉璧往往雕琢得华丽精致，是专作佩饰之用的。

（黎 君）

洛阳透雕龙凤玉璧

Chunqiu-Zhanguo yucong

春秋战国玉琮

春秋、战国时期玉制礼器。玉琮最早见于新石器时代晚期的良渚文化玉器中，纹饰为神人兽面纹。商、西周时期玉琮出土亦较普遍，纹饰有蝉纹、兽面纹等。春秋战国时期发现较少，有素面琮、兽面纹琮和半琮3种。素面琮见于春秋战国时期，形体较小，造型简单，制作较粗糙。兽面纹琮和半琮见于战国早期的曾侯乙墓中，半琮可能作葬玉使用。从琮的形制来看，春秋、战国时期玉琮与商、西周玉琮基本相同，但纹饰有所变化，兽面纹风格是受西周兽面纹的影响，神秘感较强。春秋、战国时期玉琮数量的减少，似乎寓意这一时期琮的礼制色彩减弱，这与《周礼》等礼书所反映的用玉制度不符。西汉和东汉时期玉琮的数量亦极少见。

（古 方）

Zenghouyimu shoumianwen yucong

曾侯乙墓兽面纹玉琮

战国早期玉制礼器。1978年由湖北省博物馆在湖北随州市西郊擂

鼓墩战国时期曾国国君乙的墓中清理出土。现藏于湖北省博物馆。

曾侯乙墓兽面纹玉琮

通高5.4厘米、射高0.8厘米、中部直径6.6厘米、孔径5.5厘米、射厚0.5厘米、中部厚0.7厘米。呈青白色，局部有酱黄色杂质和裂痕。琮体矮小，外方内圆，器中部微大于两端，局部原微缺损。孔为对钻，射稍高。器表四面各阴刻一个兽面纹，射上阴刻横S纹，间饰阴刻的网纹。这件玉琮尽管形状同以前的玉琮有相似之处，但兽面纹形式和布局皆与以前不同，可视为战国早期玉器的代表作。（黎　君）

Chunqiu-Zhanguo yuhuang
春秋战国玉璜

春秋、战国时期玉制礼器和装饰品。春秋时期玉璜多为素面，或雕刻鸟纹、云雷纹。战国时期玉璜造型和纹饰增多，有边缘雕琢出齿边的璜、两端雕琢成龙首或虎首的璜以及整体饰透雕图案的璜，后一种璜常作龙首相背或龙首回顾状。纹饰有涡纹、勾连纹、卷云纹、网纹等，以浅浮雕、阴刻线或勾彻法制出。一些璜的上、下缘外侧常带有透雕纹饰，其纹样有龙、螭虎、凤鸟和卷云形，制作十分精细。多数玉璜上有一圆穿，作佩饰用。齿边素面璜上常有许多细小穿孔，又多出土于人面部，故可能是葬玉中缀玉面罩的组成部分。河南辉县固围村魏王室墓旁的祭玉坑中有一件大玉璜，十分精美，与玉圭、玉璧同出，应作祭玉之用。（古　方）

Huangjunmengmu niaowen yuhuang
黄君孟墓鸟纹玉璜

春秋早期玉制装饰品。1983年由河南信阳地区文物管理委员会和光山县文物管理委员会在光山县宝相寺春秋时期黄君孟夫妇合葬墓室中清理出土。现藏于信阳地区文物管理委员会。

黄君孟墓鸟纹玉璜

横宽11厘米、体宽2.5厘米、厚0.2厘米。青玉质。体扁平，形若圆环的三分之一。边沿有对称的凸脊，一面以中部为界，饰以双钩和单阴线琢成的简化而又变形的鸟纹和兽纹。璜的两横端各有一个小圆穿，可供系佩。雕琢细致，纹饰精美，是春秋早期玉璜的标准器。

（黎　君）

Zenghouyimu jinlüyuhuang
曾侯乙墓金缕玉璜

战国早期玉制装饰品。1978年由湖北省博物馆在湖北随州市西郊擂鼓墩战国时期曾国国君乙的墓中清理出土。现藏于湖北省博物馆。

长11.8厘米、宽2.7厘米、孔径0.1厘米～0.2厘米、厚0.25厘米。呈半璧形，由3道金丝连接大小2件玉璜组成。玉质呈青白色，局部带酱黄色杂质。全器共有16个小穿孔：其中大、小两璜的拼接处各有3个（上、中、下各1个），并相对应，用以穿纳金线；两端各有2个；余皆位于器中部的上、下边缘。小穿孔或对向或单向钻成。器边缘及中部共有18个方形的或尖形的小缺口（上8、下6、侧2、中2）。3道金丝平行连接大小两璜相对应的3对小穿孔，其中上、下两道金丝各在器的一面回折4次，另一面回折3次；中间一道金丝在器身的一面回折2次，另一面回折1次。两面雕刻云纹并阴刻斜线纹，以示龙形的五官和鳞甲，璜两端则饰张口的龙首。此玉璜特点是系孔众多，在战国玉璜中尚不多见，其佩挂时无疑还有其他饰物相随，或可能为成组玉佩中的珩。（黎　君）

曾侯乙墓金缕玉璜

Changtaiguan 1-haomu toudiao shuanglong yuhuang
长台关1号墓透雕双龙玉璜

战国中期玉制装饰品。1957年由河南省文物工作队在信阳市长台关西北1号战国楚墓中清理出土。现藏于河南博物院。

长台关1号墓透雕双龙玉璜

长8.6厘米、宽4厘米、厚0.3厘米。由整块玉透雕而成。2条龙呈蜷曲状，龙身在中部交融于一体。龙前爪较长，作爬行状，前端有穿；前爪后的鳍相交，上有2个对称穿；龙仰首回顾，口微张，有圆穿以饰眼。龙身通体均饰匀称纤细的卷纹和斜方格纹。该璜晶莹润碧，雕刻精细，为同类璜中较为精致的一件。
（黎 君）

Guweicun 1-haomu dayuhuang
固围村1号墓大玉璜

战国中期玉制装饰品。1950年～1951年由中国科学院考古研究所在河南辉县固围村魏国王族墓地1号墓旁的2号埋玉祭祀坑中清理出土。现藏于中国社会科学院考古研究所。

固围村1号墓大玉璜

玉质温润，色白而微绿。由7块美玉和2个鎏金铜饕餮头组成。器体呈弧形，弧外距全长20.2厘米、弧内距全长为14.4厘米。中央1块玉连鼻宽3.8厘米，呈长方形，微曲若扇面，上侧雕1马，回首垂尾卷卧；下侧1鼻，有穿可系，面琢勾连纹。两边的两块略长于前者，宽1.8厘米，玉质、纹饰与前者相同，但没有马、鼻。再外边的2块玉雕成龙头形，宽2.1厘米，昂首高视，口吻微裂，这5块玉中心皆空，有铜件中贯，联为一体。铜件在两端透出处，饰作小饕餮头，鎏金，各口衔一椭圆形透雕勾连纹玉片，宽4.1厘米、厚0.5厘米。该器形体大，布局匀称，雕工剔透，堪称艺术珍品。2号祭坑中同出玉简册、玉圭、玉环、小玉璜等，摆放秩序井然，从中可了解战国中期魏国王族的祭祀礼仪和当时玉器制作高超的工艺水平。（黎 君）

Jincun fudingshi shuanglongshou yuhuang
金村附顶饰双龙首玉璜

战国时期玉制装饰品。1928年在河南洛阳市金村战国时期东周王室墓中出土。现藏于美国堪萨斯市美术馆。

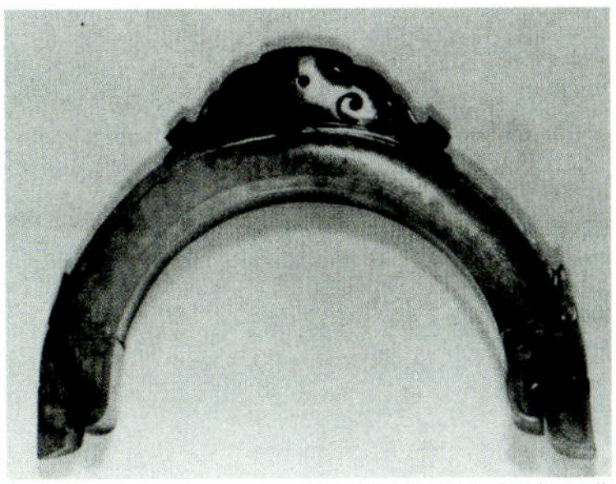

金村附顶饰双龙首玉璜

弧长14厘米、体宽1.1厘米、顶饰高1.1厘米。璜体呈半圆状，两端雕成龙首形。龙口微张，嘴作圆孔状，可供穿系。鼻呈刀状，略前伸。眼圆睁，以阴线刻出。耳后掠，耳下有一束羽状细划纹。璜面光素，靠上、下边缘处各琢两道窄棱。顶端外缘附有一卷云形饰，透雕而成，中央有一圆穿。构图对称严谨，雕琢简洁而不俗，为战国玉璜中较佳者。（古 方）

Zhongshanwang Cuomu fanghushou yuhuang
中山王譻墓方虎首玉璜

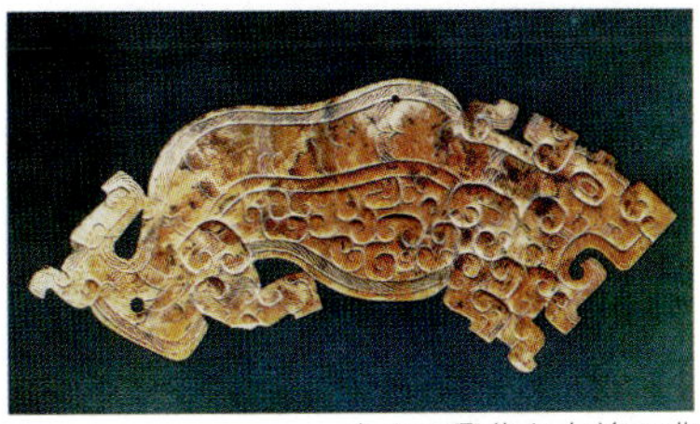

中山王譻墓方虎首玉璜

战国晚期玉制装饰品。1974年～1978年由河北省文物管理处在河北平山县城北灵山下战国时期中山王譻的墓中发掘出土。现藏于河北省博物馆。

长11厘米、宽4.8厘米。玉质呈青黄色，整体作扁平状。虎头呈方形，虎口大张，似发出怒吼之声，舌头倒翘，呈吞噬食物状；双目圆睁，呈椭圆形；尾向上卷曲；前腿屈下，后腿前压。身体呈卧伏状，身上饰云纹，意为虎斑，整个背、腹尾的曲线为绹索纹，颇为传神。在虎背和尾根外各有一圆穿，用来系佩。整体雕琢虽非圆雕，却独具神韵，淋漓尽致地描绘出一只卧虎的神情，寓动于静，是一件难得的艺术珍品。（黎 君）

Changfeng Yanggongxiang 2-haomu yunwen longshou yuhuang
长丰杨公乡2号墓云纹龙首玉璜

战国晚期玉制装饰品。1977年由安徽省文物工作队在安徽长丰县杨公乡楚国贵族墓地2号战国墓中清理出土。现藏于北京故宫博物院。

长丰杨公乡2号墓云纹龙首玉璜

横长15.4厘米、高6.6厘米、厚0.3厘米。青玉质，局部有深褐色浸斑。器扁平，呈不甚规则的璜形，两端雕对称的侧身龙形，一端龙头残损；另一端龙头完好，呈昂首前眺似吼状。龙身刻饰勾连云纹，左右纹饰对称。拱形龙身下镂雕一对首相背、长冠卷尾的立姿凤鸟，两凤鸟尾相连接。此器设计之巧，制作之精，在战国玉璜中极为罕见，璜上方有一穿，结系后挂佩。双龙腹下两穿，又可系其他的玉佩，如琚、瑀、璜等。这件玉璜可能就是古籍中记载的所谓“衡”、“珩”。
（黎 君）

Changfeng Yanggongxiang 2-haomu toudiao niaowen yuhuang
长丰杨公乡2号墓透雕鸟纹玉璜

战国晚期玉制装饰品。1977年

由安徽省文物工作队在安徽长丰县杨公乡楚国贵族墓地2号战国墓中清理出土。现藏于北京故宫博物院。

横长13.5厘米、体宽4厘米、厚0.3厘米。青玉质，扁平体，形若半环。玉璜弧背中部镂雕有两只对称的回首凤鸟，凤尾下卷，呈伏卧状。两端边沿饰不规则的凸脊。璜身两面饰以谷纹为底纹的勾云纹。靠近边沿阴线刻弦纹一周。虽未特意钻出穿，但璜背所雕凤鸟纹身上有多处镂空之处，可供佩系。这是工匠不拘泥于格式，巧妙构思的体现。

（黎　君）

长丰杨公乡2号墓透雕鸟纹玉璜

Chunqiu-Zhanguo yuhuan

春秋战国玉环

春秋、战国时期玉制佩饰。春秋时期玉环截面作扁平长方体，多为素面，亦有饰勾连纹者。战国时期玉环截面除扁平长方体外，还有作椭圆形和菱形体的，后一种玉环常与带钩同出于人体腰部，故可能是束带用具。纹饰有涡纹、卷云纹、勾连纹、绞丝纹等。玉环中最精美的是外缘上附饰龙、凤形象的环以及双环之间透雕卷龙纹的套环，纹饰细腻，造型生动。（古　方）

Zhongshanwang Cuomu youlong yuhuan

中山王譽墓游龙玉环

战国晚期玉制装饰品。1974年~1978年由河北省文物管理处在河北平山县城北灵山下战国时期中山王譽的墓中发掘出土。现藏于河北省博物馆。

中山王譽墓游龙玉环

直径6.4厘米。玉质呈黄褐色。整体扁圆，透雕、镂空而成，造型为3条龙环绕一环。两面饰纹相同。中央为一圆环，环体饰以绹索纹，环外镂雕3条形态相同的龙。3个龙头朝向一致，等距离环绕圆环。龙体作卷曲爬行状。龙口吻开张，回首凝望，耳高翘。龙身阴刻简单的人字纹，与爪相连的身上饰以勾云纹，爪呈弯曲状；龙尾微上翘，饰以绹索纹。3条龙雕刻精美，造型生动，在很大程度上体现了战国玉器构思自由奔放，不拘一格的特点。

（黎　君）

Jincun toudiao juanlong yutaohuan

金村透雕卷龙玉套环

战国时期玉制装饰品。1928年在河南洛阳市金村战国时期东周王室墓中出土。现藏于美国弗里尔美术馆。

金村透雕卷龙玉套环

外径11.4厘米、内径2.7厘米。玉质呈浅绿色，有褐色斑痕。器呈双环相套状，环面上饰浅浮雕的涡纹，环间透雕6只变体卷龙，龙体上以极精细的阴刻线琢出双线S纹、勾云纹、网状纹、羽纹等。整器构思奇巧，雕琢细腻，抛光明亮，显示出极高的制玉水平。

（古　方）

Chunqiu-Zhanguo yuxi

春秋战国玉觿

春秋、战国时期玉制装饰品及用具。据古文献记载，觿有锐角，似锥，有解结的实用价值，也可作佩饰。觿亦称衡牙，是成组玉佩中的一件，因用其冲击其他玉器而发声，故名。一般成对出现，大小一致，并与其他玉器组合在一起。从考古资料来看，春秋、战国时期玉觿上均有圆穿或镂孔，而且纹饰精美，造型相同的觿常成对出土，所以觿主要用作佩饰。它位于组佩最下方，左右对称，中间夹一方形玉，佩戴者行走时相互碰击而发出悦耳的响声。春秋时期玉觿似兽牙，较粗短，觿首作兽首，觿身纹饰有蚕纹、云雷纹、勾连纹等。战国时期玉觿除有粗短状觿外，多作细长长角状或弯曲的龙体，觿首作虎首或龙首，觿身饰涡纹、勾连纹、卷云纹等，一些觿体外缘附有透雕的云纹。

（古　方）

Huangjunmengmu kuilong yuxi

黄君孟墓夔龙玉觿

春秋早期玉制装饰品及用具。1983年由河南信阳地区文物管理委员会和光山县文物管理委员会在光山县宝相寺春秋时期黄君孟夫妇合葬墓中清理出土。现藏于信阳地区文物管理委员会。

共2件，均长6.5厘米、上宽1.5厘米、厚0.12厘米。皆青玉质，形

体、纹饰均相同。体扁平，极似兽牙。每个觿的两面均饰双钩夔龙纹样，夔龙张口，侧身，尾端则线刻5道线纹。在龙口部有一个小圆孔，用来系佩。该墓中还出土有另外两对形体、雕刻纹样相同的玉觿。

（黎 君）

黄君孟墓夔龙玉觿

Zhongshanwang Cuomu huxing yuxi

中山王譽墓虎形玉觿

战国晚期玉制装饰品。1974年~1978年由河北省文物管理处在河北平山县城北灵山下战国时期中山王譽的墓中发掘出土。现藏于河北省博物馆。

中山王譽墓虎形玉觿

长9.7厘米、厚3.6厘米，重20克。由黄玉雕成虎形，体扁平，上宽下尖。上端为虎头，图案化色彩较浓，两腿卷曲，身体卧伏，身满饰云纹，中部上端有一圆穿，用来系佩，尾如尖锥。

该墓中还出土有一虎头青玉觿，长仅6.8厘米、厚1.9厘米，重8克。该觿当是与虎形觿配对出现的。这与《礼记》所载“子事父母，左佩小觿，右佩大觿”相吻合。中山王譽佩觿，并非用于解绳结，而是反映人君有治成人之事的能力和美德。

（黎 君）

Jincun juanlongxing yuxi

金村卷龙形玉觿

战国时期玉制装饰品及用具。1928年在河南洛阳市金村战国时期东周王室墓中出土。现藏于美国弗里尔美术馆。

长10厘米。器作侧身卷曲龙形，以透雕技法琢成。龙口大张，咬一勾卷状饰。眼以阴线刻出，耳上翘，头顶上有一桃形饰。穿有一圆孔，以供系挂。龙体弯曲呈S形，左右两侧各有一足，踏于勾卷状饰之上。龙尾呈长角状，尾端尖锐。龙体上以阴线表现细部，并刻出勾云纹、变体兽纹等。造型优美，形象生动，线条流畅，既可作实用品，又可佩挂。

（古 方）

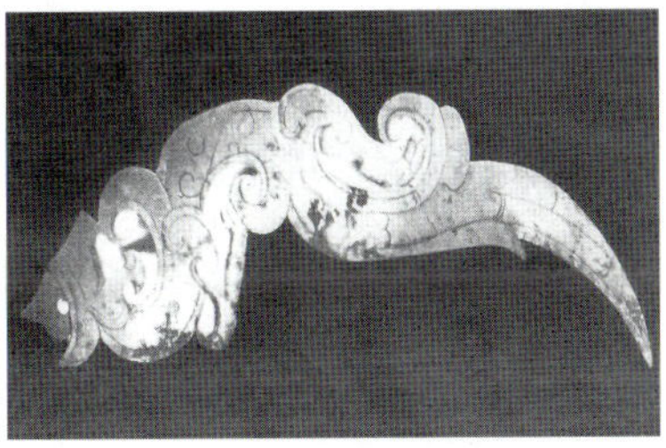

金村卷龙形玉觿

Changfeng Yanggongxiang 2-haomu yunwen longshou yuxi

长丰杨公乡2号墓云纹龙首玉觿

战国晚期玉制装饰品及用具。1977年由安徽省文物工作队在安徽长丰县杨公乡楚国贵族墓地2号战国墓中清理出土。现藏于北京故宫博物院。

长丰杨公乡2号墓云纹龙首玉觿

长11.5厘米、最宽3厘米、厚0.6厘米。青玉质，体呈扁平状，形若弯曲的兽牙，上宽下尖。上部雕有一龙首，眼圆睁，吻前伸，口微张，颈较短，颈以后龙身雕刻繁缛纹饰。龙身饰云纹，无足，尾尖如锥。造型优美，雕琢精细，为已知战国玉觿中最为精美的一件。

（黎 君）

Chunqiu-Zhanguo yujue

春秋战国玉玦

春秋、战国时期玉制佩饰。常见有两种形制，一种为新石器时代即已存在的样式，作扁平体形，多为素面，亦有雕琢龙纹、卷云纹、勾连纹或缺口部作双龙首形者；另一种作圆柱体状或鼓形，为春秋、战国时期所特有，玦体表面饰弦纹、兽面纹或素面。玉玦大多数出自人头骨耳侧，故知应为耳饰。

（古 方）

Huangjunmengmu kuilongwen yujue

黄君孟墓夔龙纹玉玦

春秋早期玉制装饰品。1983年由河南信阳地区文物管理委员会和光山县文物管理委员会在光山县宝相寺春秋时期黄君孟夫妇合葬墓中清理出土。现藏于河南博物院。

黄君孟墓夔龙纹玉玦

共2件，形制、纹饰、大小相同，皆外径5.5厘米、内径2.3厘米、厚0.3厘米。玉质皆呈黄褐色。体扁平，形如不相连的环。一面平素无纹，一面以双钩饰两组头向缺口两尾相交在一起的简化夔龙形。玉玦磨琢精细，纹饰线条婉转流畅，体现出玉工丰富的想象力和创造力。春秋早期玉玦出土较少，这2件玉玦是春秋早期玉玦的代表作。

（黎 君）

Huangjunmengmu bianti shouwen zhuzhuang yujue

黄君孟墓变体兽纹柱状玉玦

春秋早期玉制装饰品。1983年由河南信阳地区文物管理委员会和光山县文物管理委员会在光山县宝相寺春秋时期黄君孟夫妇合葬墓中清理出土。现藏于信阳地区文物管理委员会。

黄君孟墓变体兽纹柱状玉玦

共2件，大小、纹饰相同。高2.65厘米、外径2.3厘米、内径1.2厘米。玉质呈黄白色。呈圆柱形，外表满饰蟠螭纹，共4组，线条流畅，纹饰华丽。它们是已知春秋早期柱状玉玦中制作最精美者。

（黎 君）

Chunqiu-Zhanguo yudaigou

春秋战国玉带钩

春秋、战国时期玉制用具。最早出现于新石器时代良渚文化墓葬中，作束带之用。常见形制有4种：第1种作水禽形，钩体似鸭腹形，鸭嘴形钩首，纽近尾端，大多数光素无纹，亦有饰涡纹、方格网纹、圆圈网纹等；第2种作铲形，钩体为铲形兽面，钩首为龙首；第3种为分节带钩，以金属杆串联数件玉块制成，呈细长条形，钩首和钩尾作龙首或虎首形，钩体饰卷云纹；第4种为嵌玉带钩，即在金银质带钩中嵌入玉块、玉鸟等玉饰。第1种带钩最常见，流行于整个春秋、战国时期，第2种、第3种、第4种带钩战国时期才出现，特别是第3种、第4种带钩，造型优美，制作精良，既可实用，又有观赏价值，它们均出自大墓中，应为贵族所有。

（古 方）

Zenghouyimu longshou yudaigou

曾侯乙墓龙首玉带钩

战国早期玉制用具。1978年由湖北省博物馆在湖北随州市西郊擂鼓墩战国时期曾国国君乙的墓中清理出土。现藏于湖北省博物馆。

曾侯乙墓龙首玉带钩

青玉质，长6厘米、腹宽1.5厘米、腹厚0.9厘米。体呈琵琶形，方形头，底部有一圆纽。龙形首，长颈扁喙，颈、腹部正面雕刻涡纹，两侧和背面以及纽面，阴刻方格网纹和圆圈纹。曾侯乙墓共出土玉带钩6件，均呈短粗肥厚的琵琶形，钩首富于变化，属于早期形态，是已知时代较早的代表作。

（黎 君）

Wangfutai 3-haomu shuanglongshou fenjie yudaigou

望父台3号墓双龙首分节玉带钩

战国早期玉制用具。1977年～1978年由山东省博物馆等单位在曲阜市鲁国故城遗址西部“望父台”墓地3号战国墓中清理出土。现藏于山东省博物馆。

长19.7厘米。整体作龙形，由7块白玉件组成，中有穿孔，以带贯穿。尾部饰龙首，钩部饰兽头。背有圆形银纽，通体饰卷云纹，制作精良。由多块玉件串联组成一件带钩的做法并不多见，各玉件又雕有精美的纹饰，风格独特。

（黎 君）

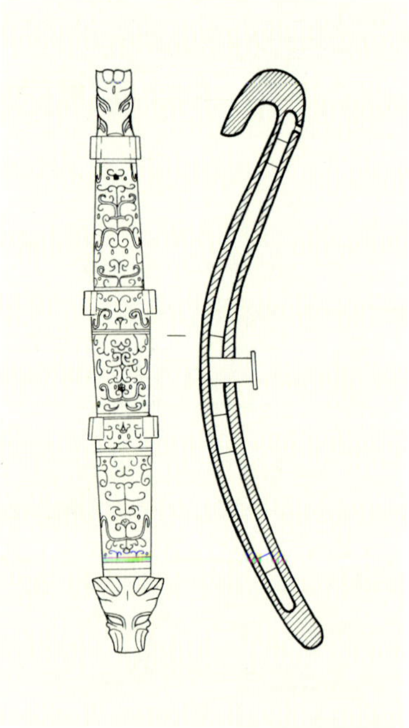

望父台3号墓双龙首分节玉带钩

Jincun chanxing shoumianwen yudaigou

金村铲形兽面纹玉带钩

战国时期玉制用具。1928年在河南洛阳市金村战国时期东周王室墓中出土。现藏于美国哈佛大学艺术馆。

金村铲形兽面纹玉带钩

长8.1厘米、最宽4.2厘米。钩首琢成禽首形，扁嘴，直鼻，大眼，矮钉状耳。钩体作铲形，正面用阴线刻出兽面，椭圆形眼，横宽鼻。兽面上方线刻2只相对的凤鸟，钩喙，长翅。这种形制的带钩在洛阳金村古墓中还出土有4件，在山东曲阜市鲁国故城战国墓中亦有发现，为战国中、晚期的典型器。

（古　方）

Chunqiu-Zhanguo yujianshi

春秋战国玉剑饰

春秋、战国时期用于装饰金属剑和鞘的玉制饰件及以玉雕成的玉剑。最早的玉剑饰见于河南三门峡市上村岭虢国墓地中出土的西周晚期的玉茎铜芯铁剑上。春秋、战国时期玉剑饰最早见于江苏六合县程桥春秋晚期墓中，仅为玉剑首和剑格，均作长椭圆形柱体。战国时期玉剑饰出土较多，形制也较完备，包括剑首、剑格、剑璏、剑珌等，纹饰有涡纹、卷云纹、兽面纹等。这些玉剑饰的形制直到汉代还在沿用，所饰之剑被称为“玉具剑”。玉剑仅见于战国早期的湖北随州市曾侯乙墓中，是非实用的装饰品。

（古　方）

Chengqiao 2-haomu yujianshou-ge

程桥2号墓玉剑首格

春秋晚期玉制剑饰。1972年由南京博物院在江苏六合县程桥2号春秋墓中清理出土。现藏于南京博物院。

首长4.9厘米、最宽3.9厘米、最厚2.6厘米。玉质呈青褐色。正视两面呈梯形，俯视两端呈长方委角形。两正面各以蚕纹组合成变形兽面纹，两侧面各以3道凹槽分隔4组长方形凸块，每块面隐起若干卧蚕纹。俯视较窄的一端中心有一穿而不透的圆孔，供剑柄插入；另一端以3道凹槽分成4凸面，其中央2块呈长方形，侧边的2块呈梯形，凸面均饰略异的云纹。格高3厘米、宽5.7厘米、厚2.9厘米。青玉质，两端呈椭圆形，中心有一菱形穿孔，孔周剔地隐起勾连云纹。周边用6道凹槽分隔成6组大小不等的凸面，皆作长方形，每块凸面均隐起不同的卧蚕纹。此器发现时，于菱形孔内插入青铜剑。这套玉剑首、格，时代较早，反映出春秋晚期玉剑饰的特点。

（黎　君）

程桥2号墓玉剑首

程桥2号墓玉剑格

zhongzhoulu 2717-haomu wowen yujianzhi

中州路2717号墓涡纹玉剑璏

战国时期玉制剑饰。1954年～1955年由中国科学院考古研究所在河南洛阳市中州路（西工段）2717号战国墓中清理出土。现藏于中国社会科学院考古研究所。

长3.1厘米。体中空，表面略呈长条形。下端孔较大，连接剑身；上端孔较小，剑柄从孔内穿过。两面均满饰涡形谷纹。

璏在2717号墓中出土的剑上多有发现，表明在战国中期璏的使用已较为广泛。

（黎　君）

Yangzishan 172-haomu yujianshi

羊子山172号墓玉剑饰

战国时期玉制剑饰。1955年由四川省文物管理委员会在四川成都市北郊羊子山172号战国墓中清理出土。现藏于四川省博物馆。

由首、格、珌3部分组成。剑首作圆形，直径4.5厘米、内圈直径为1.75厘米。玉质呈黄白色。正面内圈刻涡纹，外圈刻相连接的卷云纹。背面中心刻一圆圈，圈外6孔，两面相连，用来穿系丝线，固于茎端。格长5.25厘米、最宽2厘米，俯视似呈菱形，上端两边低中间高，下端则中部内凹。玉质呈青白色，有黑斑，两面均刻有兽面纹。珌长5.5厘米、宽4.25厘米～7.5厘米。玉质呈青白色，有黑斑。略呈梯形，两侧边微内弧，俯视呈梭形。前后两面呈兽面纹，首端有孔，用来系在剑鞘末端上。

羊子山172号墓玉剑首

一套完备的玉剑饰由剑首、剑格、剑珌、剑璏 4 部分组成，这套剑饰除璏外皆齐备，表明战国时期玉具剑形制已大致形成。玉剑饰的多寡亦反映墓主人的身份，地位较高者佩剑上的玉饰较为齐全。

（黎　君）

Zenghouyimu fenjieshi yujian

曾侯乙墓分节式玉剑

战国早期玉制艺术品。1978年由湖北省博物馆在湖北随州市西郊擂鼓墩战国时期曾国国君乙的墓中清理出土。现藏于湖北省博物馆。

曾侯乙墓分节式玉剑

通长33.6厘米、宽5.1厘米、中厚0.5厘米。玉质呈青白色，局部有裂痕或石化。出土时断为两截，拼接后成为一器，局部原微有缺损。剑由首、茎、格、璏、鞘、珌等6部分组成，分为5节：首、茎、格、鞘、珌分别各为1节，各节用金属物连接。其中剑首与茎用1道金属物连接，余皆用2道金属物连接。璏位于格的一面，作勾形，与格同属一节，并同为一块玉料雕出。剑首透雕成双龙形，两面阴刻出龙的眼、鳞、甲、爪等细部。格透雕，并单面（无璏的一面）雕刻云纹。除首、格外，其余皆素面。剑上各节的金属物连接方法是：在两节交接处，每节都有相对应的孔，再以金属物嵌进两节的孔内，金属物表面贴有纺织物。该剑为非实用的装饰品，其分节连接而不能活动折卷，有可能是受玉料较小的限制而作。战国时铜剑上的玉质剑饰已出现，而剑（铜剑、铁剑）的玉首、玉格、玉璏、玉珌俱全被称为“玉具剑”者，过去认为是始于西汉，然而该剑已通体用玉，突破了人们的传统认识。

（黎　君）

Chunqiu-Zhanguo yuren

春秋战国玉人

春秋、战国时期玉制装饰品和艺术品。分平雕和圆雕两种。春秋时期仅见平雕和圆雕的人首形玉饰。战国时期玉人样式较多，平雕玉人多雕出全身形象，如中山王墓牛角发形玉人及玉舞人等，圆雕玉人有洛阳小屯村1号墓伏兽玉人、曾侯乙墓双面玉人等。平雕玉人上多有穿孔或下端有榫，可佩戴或嵌插；圆雕玉人制作精致，抛光明亮，是用于观赏的艺术品。这些玉人不仅有很高的欣赏价值，而且是研究当时人们的容貌、服饰等的宝贵资料。

（古　方）

Huangjunmengmu renshou yushi

黄君孟墓人首玉饰

春秋早期玉制装饰品。1983年由河南信阳地区文物管理委员会和光山县文物管理委员会在光山县宝相寺春秋时期黄君孟夫妇合葬墓中清理出土。现藏于信阳地区文物管理委员会。

共2件，大小厚薄相同。外径3.8厘米、厚0.2厘米。玉质呈黄色。体扁平，作椭圆环形。两件正反面纹饰略有差别，图右一件，一面以阴线饰发、眼、耳、口、鼻和有鳞蛇身；另一面大体纹饰相似，惟目纹作圆圈形。图左一件，纹饰与图右同。两件皆作侧身人形，耳佩圆环，似一为男性，一为女性。

这两件人首玉饰制作精美，其人首蛇身的造型独特，为已知出土玉器中的孤品。据《玄中记》载“伏羲龙身，女娲蛇身”，这2件玉饰同出一墓，人首蛇身，可能就是传说中的“伏羲”和“女娲”的形象。

（黎　君）

黄君孟墓人首玉饰

Huangjunmengmu yuandiao yurenshou

黄君孟墓圆雕玉人首

春秋早期玉制装饰品。1983年由河南信阳地区文物管理委员会和光山县文物管理委员会在光山县宝相寺春秋时期黄君孟夫妇合葬墓中清理出土。现藏于河南博物院。

黄君孟墓圆雕玉人首

高3.8厘米、宽2.5厘米、最厚1.8厘米。玉质呈黄色，局部有褐色浸蚀。人首作椭圆形，圆雕成正视头像。头像顶端戴两侧沿下垂的冠帽，“臣”字形眼，高鼻梁，口微张，双耳佩环（或玦）。颈部刻成圆筒形，可套入它器，残缺一半。头顶至颈的中心有一垂直穿透的圆孔，亦可穿系佩饰。头像形象逼真，比例适当，雕刻精美，为同期玉器中不可多见的珍品，其冠戴、耳饰，又是研究黄国服饰的实物佐证。该头像出土时置于孟夫人姬的腰部，可能为姬生前随身佩戴的珍贵佩饰。

（黎 君）

Zenghouyimu shuangmian yuren

曾侯乙墓双面玉人

战国早期玉制装饰品。1978年由湖北省博物馆在湖北随州市西郊擂鼓墩战国时期曾国国君乙的墓中清理出土。现藏于湖北省博物馆。

曾侯乙墓双面玉人

高2.5厘米、宽1厘米、头长0.8厘米、孔径0.1厘米、厚0.7厘米。玉质呈青黄色。形体矮小，为整块玉圆雕成连体背脸的双人，上小下大，侧视近梯形。玉人着长裙，裙下平齐，无脚。有头、肩、身而没有嘴、鼻、手。脸呈瓜子形，两个面部相背，面部中间各凸起一脊，各刻出双眼、双眉于脊的上方两旁。其中一面眼圈涂黑，另一面则无。两人面共双耳，作横穿对钻小孔。头顶中心直穿一小孔与横穿相通。其用途可能为佩饰。玉人身上所着装束是研究当时长江流域居民服饰的珍贵资料。

（黎 君）

Zhongshanwangmu niujiao faxing yuren

中山王墓牛角发形玉人

战国晚期玉制艺术品。1974年～1978年由河北省文物管理处在平山县战国中山古灵寿城内西北的6号中山王陵的3号陪葬墓中清理出土。现藏于河北省博物馆。

共3件，最矮的一件高3.1厘米、厚1.2厘米；最高者高4厘米、厚1厘米；居中者高3.4厘米、厚1.3厘米。最高者玉色为黄色，其余2个玉色为黑色。3者均为扁平体，直立状，两手交错于腹前，以袖遮盖。头上发髻梳成牛角状，两端内翘，有的上刻线条，有的饰以方格纹。最高者头部两侧雕出方形凸作耳，另外2个无耳，面部器官以线刻而成。3人均身着花格纹窄袖长袍，为成人女子形象。中山王墓和陪葬墓中出土有许多玉质人物形象，有男有女，也有成人和儿童，它们可能起俑的作用。这些玉人的出土，对于研究、了解中山国的发式、服饰等生活习俗及历史有着重要的参考价值。

（黎 君）

中山王墓牛角发形玉人

Luoyang xiaotuncun 1-haomu fushou yuren

洛阳小屯村1号墓伏兽玉人

战国时期玉制装饰品。1957年由中国科学院考古研究所洛阳考古队在河南洛阳市小屯村东北的1号战国墓中清理出土。现藏于中国历史博物馆。

高3.1厘米、长3.3厘米、宽1.4厘米。玉质呈灰白色，通体有黑色斑点。器作一小孩骑伏兽状。小孩头梳双丫髻，胸后发丝呈环纹，脸面蛋形，鼻梁隆起，口微凸，双耳拳曲。双手前伸执兽耳，挺胸，头昂起，目视前方，威武异常。兽似一虎，身两侧刻有卷云纹，背臀部有双线斜格云纹，腹部有卷云纹。饰纹线条细若毫发，流畅生动。自人头顶直通兽腹有一小圆孔，可以系组佩戴。佩饰小巧玲珑，造型优美，制作精细，情调浪漫。在同一地点还出土有一件伏兽玉人，高2.5厘米、长1.8厘米、宽0.8厘米，基本形状与前者同，只是人发型为偏髻，双耳较大，虎头宽大，口微张。此类佩饰既可佩戴，又具观赏价值。

（黎 君）

洛阳小屯村1号墓伏兽玉人

Chunqiu-Zhanguo yulong

春秋战国玉龙

春秋、战国时期用作佩饰的玉制装饰品。龙体造型多为单或双S形，亦有作团身和圆体的。龙体两端多为一首一尾，也有的雕出双龙首，或相对，或相背。龙足作爪形或羽状，有的龙体无爪，似蛇形。玉龙除素面外常见纹饰有涡纹、卷云纹、勾连纹等。战国晚期玉龙还有缠体双龙、五重曲体龙等复杂造型，一些玉龙体侧外缘常附雕有精美的凤鸟等纹饰。

（古 方）

Changtaiguan 1-haomu quanshen yulong

长台关1号墓蜷身玉龙

战国中期玉制装饰品。1957年由河南省文物工作队在河南信阳市长台关西北小刘庄1号战国楚墓中清理出土。现藏于中国历史博物馆。

2件成对，形制相同。长10厘米、宽5.3厘米、上厚0.55厘米、下厚0.5厘米。玉质呈碧绿色，质地细密，富有光泽。器作单龙蜷身状，龙体略呈“弓”字形，龙首向上，口微张，眼镂空，颈及躯体蜷曲，尾部上卷，尾端贴靠躯体。龙身遍刻阴线卷云纹。龙躯体上部设一小圆穿，可供悬佩。该玉龙外轮廓线婉转流畅，颇为优美，是战国时期同类玉器中的佳作。 （黎 君）

长台关1号墓蜷身玉龙

Pingliangtai 16-haomu yuzhuangzu yulong

平粮台16号墓羽状足玉龙

战国晚期玉制装饰品。1979年～1980年由河南省文物研究所在淮阳县平粮台16号战国墓中发掘出土。现藏于河南省文物考古研究所。

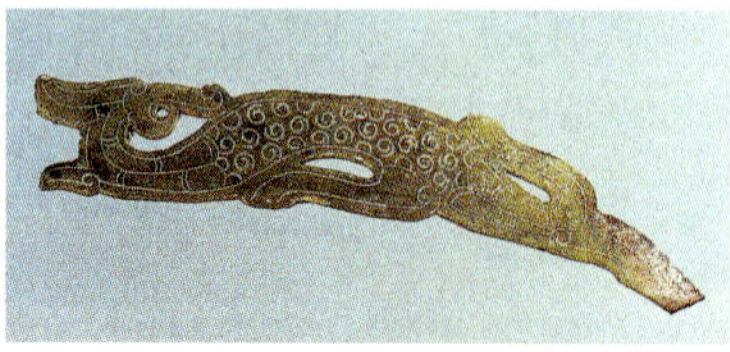

平粮台16号墓羽状足玉龙

长22厘米、宽3.5厘米、厚0.4厘米。玉质呈青色，半透明。整体作蜷曲状，回首，独角，尾部向后斜伸，一侧头、两足前伸作爬行状，另一侧一足与龙体相连接。该龙蜷曲处镂空，形成透雕。龙的周边有阴刻的轮廓线。整体雕琢阴线云纹。靠近脊背处钻一穿，以供悬佩。其足形状奇特，呈羽状，给人以凌空飞翔之感，颇为精彩。 （古 方）

Pingliangtai 16-haomu shexing yulong

平粮台16号墓蛇形玉龙

战国晚期玉制装饰品。1979年～1980年由河南省文物研究所在淮阳县平粮台16号战国墓中发掘出土。现藏于河南省文物考古研究所。

通长11.7厘米、厚0.4厘米。玉质呈白色，半透明，局部有淡青色浸斑。整体作蜷身单龙状，龙呈S形，回首上昂，张口露齿，上顶独角，身躯蜷曲，尾部较短，向下弯屈。龙身雕刻阴线卷云纹。龙身向上弧凸部分的正中设一小圆穿，可供悬佩。这种造型的玉龙是战国时期的典型器，河南信阳市长台关1号战国墓等墓中亦有发现。 （黎 君）

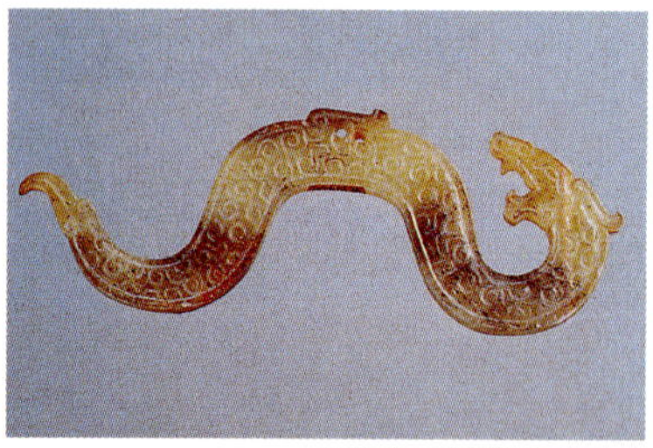

平粮台16号墓蛇形玉龙

Changfeng Yanggongxiang 2-haomu funiaoshi huishou yulong

长丰杨公乡2号墓附鸟饰回首玉龙

战国晚期玉制装饰品。1977年由安徽省文物工作队在长丰县杨公乡楚国贵族墓地2号战国墓中清理出土。现藏于北京故宫博物院。

高11.5厘米、长21.4厘米、厚0.9厘米。黄玉质，局部有褐色浸蚀。体扁平，通器镂空而成，两面纹饰相同。器作一龙形，龙口大张，龙头昂起，作回顾状，龙身屈呈“S”形，周身饰浅浮雕涡蚕纹。腹部有一圆穿，可供系佩。在龙颈两侧和尾部还饰有2只凤鸟，尤其尾部凤鸟，与龙尾相连，凤头下瞰，尾翘起，整个造型异常生动。这种造型奇特、形体较大的玉龙在战国时期极为罕见。 （黎 君）

长丰杨公乡2号墓附鸟饰回首玉龙

Jingcun toudiao shuanglong shuangfeng yushi

金村透雕双龙双凤玉饰

战国时期玉制装饰品。1928年在河南洛阳市金村东周王室墓中出土。现藏于美国堪萨斯州美术馆。

金村透雕双龙双凤玉饰

长6.8厘米、宽5.9厘米。整器作双龙双凤盘纠状，以透雕技法琢制。双龙首相背，张口，头后长鬣上扬成钩状，龙体相连，龙爪变形为长钩状。龙体上方雕出2只凤鸟，头相对，口略张，阴刻一只足踏于龙身，一翅舒展，作欲飞状，鸟尾长垂于龙首顶上。龙和凤鸟身上还刻有羽状纹、双钩线纹等。构思新颖，图案平衡对称，透雕空白处均做成弯曲状，动感极强，是战国装饰玉中的上等之作。

（古 方）

Chunqiu-Zhanguo zangyu

春秋战国葬玉

春秋、战国时期专用于殓尸的玉制礼器。包括缀玉面饰、玉琀和玉握。缀玉面饰是将玉片缝缀在织物上，然后覆于死者面部。最早见于西周晚期的河南三门峡市上村岭虢国国君墓和山西曲沃县北赵村晋侯及其夫人墓中，春秋及战国早期盛行将玉片制成人面五官形的面饰，战国中晚期新出现一种镂雕玉片的面饰。西汉、东汉时期的玉衣就是从缀玉面饰发展而来的。玉琀是含于死者口中的玉器，形体很小，多为残玉器和碎玉块，也有雕琢较好的玉禽兽、玉珠、玉贝等。玉握是死者手中握的玉器，多为长圆柱状，为西汉、东汉时期猪形玉握的雏形。

（古　方）

Zhongzhoulu 1316-haomu wuguanxing yumianshi

中州路1316号墓五官形玉面饰

战国中期葬玉。1954年～1955年由中国科学院考古研究所在河南洛阳市中州路（西工段）第1316号墓中清理出土。现藏于中国社会科学院考古研究所。

五官形玉面饰以玉制成的梯形印堂、粗直眉、杏仁眼、挺直的鼻、小口为主体。在相当于两耳的地方各放一件圆形石片；在两颊上有2块兽形玉饰；在嘴饰下各有2块兽形玉饰斜直放置，大小形状相同，且相互对称，或许是代表着胡须。在面部轮廓线的位置上尚有8片随面部轮廓线变化而呈不同形状的几何形玉饰片。这些玉饰排列有一定规律，各片玉饰上均有数量不等的小孔，以线连缀，并可能以丝织物为地，用来覆盖在墓主人的脸上。在缀玉面饰下还有2块兽形玉饰，可能是用来固定缀玉面饰的。五官形缀玉面饰是春秋战国时期最常见的面饰。

（黎　君）

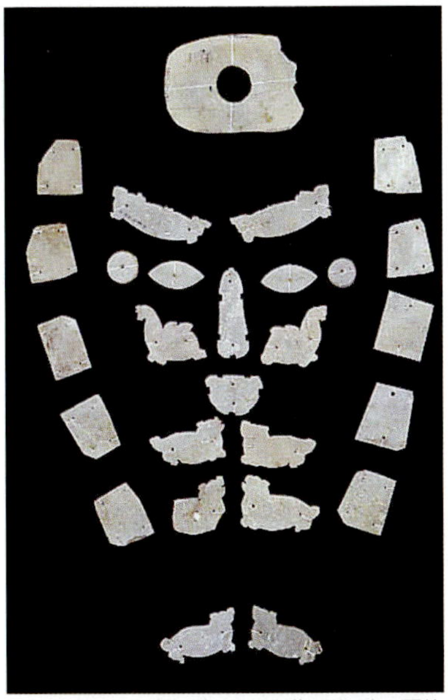

中州路1316号墓五官形玉面饰

Zhongzhoulu 2209-haomu loukong yumianshi

中州路2209号墓镂孔玉面饰

战国中期葬玉。1954年～1955年由中国科学院考古研究所在河南洛阳市中州路（西工段）第2209号墓中清理出土。现藏于中国社会科学院考古研究所。

中州路2209号墓镂孔玉面饰

面饰呈不规则的怪脸状。其中包括6件奇形怪状的石片，2件半月牙形石片，2件有穿圆形石片。2件半圆形石片，可能覆于眼睛之上；2件有穿圆形石片，大小不一，应表示双耳；位于眼睛上方的两块玉饰形状亦不相同，右侧的一块很像是一只回首凝望、拖着蜗庐的蜗牛，穿恰好代表蜗牛的眼睛，左侧一块除中部有一圆穿外，还镂刻一不规则孔，这两块玉饰可能代表眉毛。鼻饰则呈兽头形，耳竖起，口张开，颈昂起。两颊玉饰形状怪异，且都有镂孔。口饰的镂孔与左侧眉饰相同。洛阳中州路西工段发现的战国中期墓中有许多缀玉面饰，而这种怪脸形的镂孔面饰却很少见，可能是某种葬俗的反映。

（黎　君）

Zenghouyimu weidiao yuhan

曾侯乙墓微雕玉琀

战国早期葬玉。1978年由湖北省博物馆在湖北随州市西郊擂鼓墩战国早期曾国国君乙的墓中清理出土。现藏于湖北省博物馆。

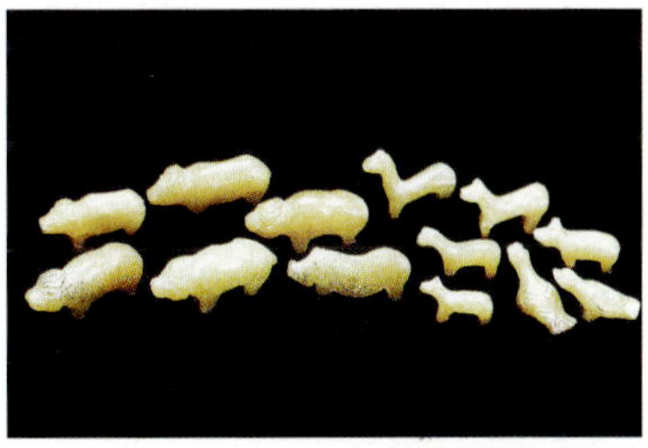

曾侯乙墓微雕玉琀

共21件，玉质呈青白色，略带黄色。通体抛光，光泽较亮。器形有牛、羊、猪、狗、鸭、鱼等，器小如豆，圆雕而成。玉牛共6件，翘首，头上有一对弯角，嘴微张，四足分开直立，挺胸收腹，腰脊略凸，形态逼真。其中3件的双角朝前弯曲，躯体分别长1.9厘米、2厘米和2.2厘米；另3件的双角向后弯曲，躯长分别为2.2厘米、2.3厘米和2.4厘米。6件玉牛均体宽0.5厘米、高0.8厘米。玉羊共4件，体长1.2厘米～1.5厘米、宽0.25厘米～0.4厘米、高0.6厘米～0.8厘米，昂首，头上有双角（一件缺左角），嘴微张，四足分开直立，挺胸收腹，臀部略高，无尾。玉猪共3件，大小相次，均昂首，翘嘴，躯体窄而长，腹部下垂，无尾。较大的一件双耳后竖，颈部阴刻出鬃毛，腰脊下凹，四足分开，作前倾站立状，形态生动，长2.1厘米、宽0.2厘米、高1厘米；中等的一件形状与前者相同，长1.6厘米、高0.8厘米；较小的一件无鬃毛，直腰，前后双足未分开，也作前倾站立。长1.4厘米、宽0.2厘米、高0.7厘米。玉狗共2件，昂首张嘴，双竖耳，挺胸收腹，弓背，臀高于肩，四足分开，作后倾站立状，前双足还微内屈，无尾。狗作吠状，动态感强。其中一件颈部略长，躯略窄，长1.6厘米、宽0.35厘米、高1.1厘米；另一件颈短体壮，长1.5厘米、宽0.5厘米、高1厘米。玉鸭3件，均为动态。长颈扁喙，嘴微张，翅、尾阴刻出羽毛，双足分开直立。其中2件引颈翘首，尾向下倾斜。分别长1.6厘米、1.4厘米，宽0.65厘米、0.6厘米，高0.8厘米、0.9厘米；另一件引颈平伸，头、耳、尾呈一条线，长1.7厘米、宽0.6厘米、高0.5厘米。玉鱼3件，雕法简练，以小缺口分别表示嘴和鳍，其中嘴和上鳍各为一小缺口，下鳍为两个小缺口。尾不分叉。鱼身中厚而边缘薄。分别长2.1厘米、2.2厘米、2.4厘米，宽0.6厘米，中厚0.1厘米。该墓所出玉琀之多，为战国墓中所仅见，6种禽兽状玉器形体极小，是已知时代最早、数量最多的一批微雕作品。

（黎 君）

Zenghouyimu yuanzhuxing yuwo

曾侯乙墓圆柱形玉握

战国早期丧葬所用的玉制礼器。1978年由湖北省博物馆在湖北随州市西郊擂鼓墩战国早期曾国国君乙的墓中清理出土。现藏于湖北省博物馆。

共2件，分别出土于墓主人左手和右手处。玉质呈灰白色，大小相同，上端直径1.8厘米、下端直径2.1厘米、高4.8厘米。通体抛光，圆柱形，两端平齐，上端略小于下端。器身上、下2段各饰阴刻的云纹，并间饰阴刻弦纹和斜线纹。这种圆柱形玉握在战国时期很盛行，河南洛阳市中州路战国墓中出土有多件。

（黎 君）

曾侯乙墓圆柱形玉握

〖春秋战国其他玉器〗

Guweicun 2-haomu changwei yuyingwu

固围村2号墓长尾玉鹦鹉

战国中期玉制装饰品。1950年～1951年由中国科学院考古研究所在河南辉县固围村魏国王族墓地2号墓中清理出土。现藏于中国社会科学院考古研究所。

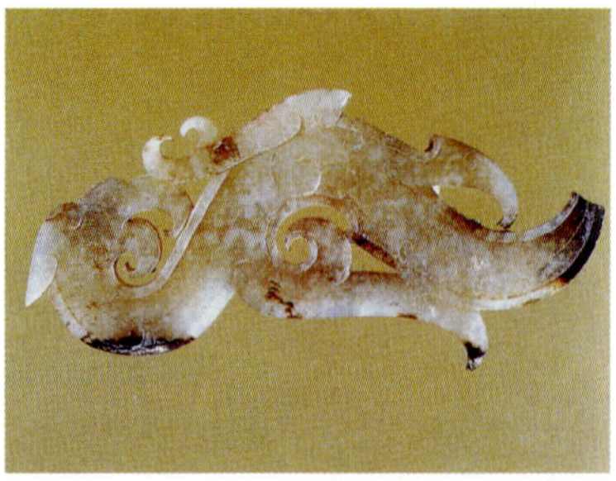

固围村2号墓长尾玉鹦鹉

长7.6厘米、厚0.5厘米。尾部稍残损。头向内低卷，钩喙，口大张，似梳理羽毛状；头上羽毛上翘；羽翅微张，长尾呈弧形；爪呈抓物状。该鹦鹉雕刻精美，纹饰繁缛，生动地表现出一只正在树上栖息、梳理羽毛的鹦鹉的形象。

（黎 君）

Wangfutai 3-haomu lizi yuma

望父台3号墓立姿玉马

战国早期玉制艺术品。1977年～1978年由山东省博物馆等单位在曲阜市鲁国故城遗址西部“望父台”墓地3号墓中清理出土。现藏于曲阜市文物管理委员会。

高5.7厘米。玉质呈青色，局部有红色浸斑。昂首竖耳，张目前视，马口微张，鼻有双孔，马鬃突起，马尾打髻，腿部肌肉清晰，马蹄分明，前腿直立，后腿弯曲，站立于方座之上。玉马线条简洁，雕磨细致，既有马的生动形象，又具雕塑艺术效果，堪称古代玉雕工艺的精品。该马为已知最早的立雕马。足下底座，既可保护马的四足，亦可增强器物的稳定性，可谓独具匠心。

（黎 君）

望父台3号墓立姿玉马

Huangjunmengmu gongshen yuhu

黄君孟墓躬身玉虎

春秋早期玉制装饰品。1983年

由河南信阳地区文物管理委员会和光山县文物管理委员会在光山县宝相寺春秋早期黄君孟夫妇合葬墓中清理出土。现藏于河南博物院。

长12.7厘米、宽6.2厘米、厚3厘米。玉质呈黄色。体扁平，一面平素无纹，一面以双钩饰一只张口、长卷尾、两足作爬行状、躬身的虎。口、尾各有一圆穿。虎虽呈扁平状，没有圆雕的虎那样逼真，却形象地表现出老虎卧伏时的姿态，表明春秋时期黄国的制玉水平已达到一定的高度。

（黎　君）

黄君孟墓躬身玉虎

Jincun yufuhu

金村玉伏虎

战国时期玉制装饰品。1928年在河南洛阳市金村战国时期东周王室墓中出土。现藏于美国华盛顿弗里尔美术馆。

金村玉伏虎

长14.8厘米、宽6.1厘米。玉质呈黄白色。作伏卧状，目圆睁，张口，耳上扬。虎首上以阴线饰羽状细纹。双腿呈盘屈状，肘部和足端雕出钩状爪。虎背呈凹形，雕出一钩状物，近背处的虎体上有一圆穿。虎身饰浅浮雕涡纹和勾云纹。虎尾下垂弯卷，其上阴刻单线和双钩线。以透雕、剔地浅浮雕、阴线刻等技法制成，又以渲染夸张的手法雕出硕大的虎背，来表现虎的威猛强健的姿态，是一件观赏性较强的饰品。

这样造型的玉虎在金村古墓中还有2件。

（古　方）

Xichuan Longshan 1-haomu fangpaixing yuchong

淅川龙山1号墓方牌形玉冲

春秋晚期玉制装饰品。1978年由河南淅川县文物管理委员会在淅川县丹江水库西岸龙山脚下春秋楚国墓地1号墓中清理出土。现藏于河南博物院。

高7.1厘米、宽7厘米～7.5厘米、厚0.2厘米。玉料经浸蚀后呈乳白色，玉质细腻。体扁，上宽下窄，若倒梯形，4边均有牙脊。正面下方中部隐起一兽面纹，以浮雕法刻成；其外以同样手法饰若干组对称的变形蟠螭纹，雕工极精。背面平素无纹。中线上下两端各有一小圆孔，似作镶嵌饰物或系佩之用。

淅川龙山1号墓方牌形玉冲

该墓主人可能是楚国令尹子庚的夫人。墓中共出土253件玉器，尤以装饰品为多。特别是该冲做工精美，纹饰细密，繁而不俗，是春秋晚期同类作品中的代表作，为罕见的精品佳作。

（黎　君）

Zenghouyimu sumian yushe

曾侯乙墓素面玉韘

战国早期玉制用具。1978年由湖北省博物馆在湖北随州市西郊擂鼓墩战国早期曾国国君乙的墓中清理出土。现藏于湖北省博物馆。

长4.3厘米、宽3.4厘米、高1.1厘米。玉质呈灰黄色，半透明，器表有光泽，局部含酱黄色杂质。通体作椭圆形，上下平齐，平面呈前尖后圆的椭圆形，中间有一个椭圆形穿孔，可套入成年人的拇指。后壁横钻一小孔，用于穿缀线绳。侧面突出一小钩，用于控弦。器表光素无纹饰。

韘是射箭时佩戴在右手大拇指上用来钩弦的工具，一般以象骨制成。该韘出土于墓主人左手掌附近，且以玉雕成，较为难得。这种形制的玉韘在山东曲阜市鲁故城、河南洛阳市中州路等地战国墓葬中亦有出土。

（黎　君）

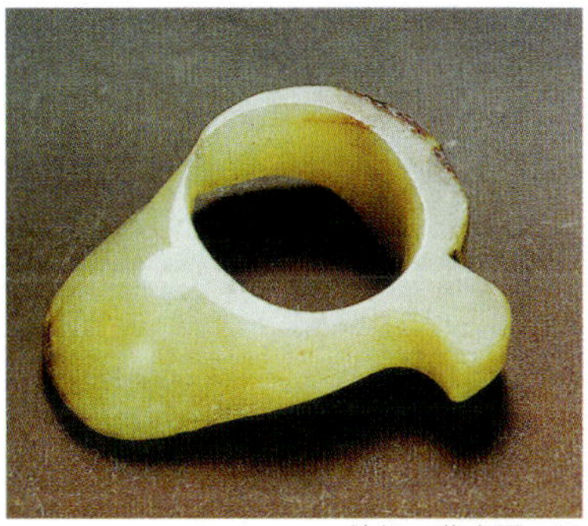

曾侯乙墓素面玉韘

Jincun futoudiaoshi tiaoxingyu

金村附透雕饰条形玉

战国时期玉制装饰品。1928年在河南洛阳市金村战国时期东周王室墓中出土。现藏于美国华盛顿弗里尔美术馆。

金村附透雕饰条形玉

长10.7厘米、宽1.3厘米。器作长方条状。器表饰勾连纹，一端平齐，另一端雕出一弯状饰，已残。条形玉一侧透雕出一只龙，张口，伸颈，作急奔状，拖曳长尾，尾端上卷，尾后雕出一钩状饰；另一侧透雕一组卷云形饰。制作精整，纹

饰秀美。条形玉两侧采用不对称图案的做法对西汉、东汉时期玉器影响较大。

（古 方）

Huangjunmengmu duichan yuguan

黄君孟墓对蝉玉管

春秋早期玉制装饰品。1983年由河南信阳地区文物管理委员会和光山县文物管理委员会在光山县宝相寺春秋早期黄君孟夫妇合葬墓中清理出土。现藏于信阳地区文物管理委员会。

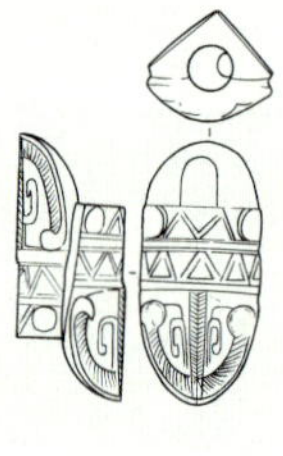

黄君孟墓对蝉玉管

通长2.7厘米、宽1.2厘米、厚1.1厘米，玉质呈黑色。玉管作两只蝉腹部上下相对状，尾尖外露，无纹。蝉头部饰三角纹，腹部刻出蝉翼形状。中各有一圆孔，纵贯头腹。2只蝉为一块玉圆雕而成，紧紧相连，造型独特，栩栩如生，是一件春秋时期难得的玉质动物形象佳作。

（黎 君）

Lucheng Luhecun 7-haomu yunwen yubang

潞城潞河村7号墓云纹玉棒

战国早期玉制装饰品。1983年由山西省考古研究所和山西晋东南地区文化局联合发掘队在潞城县西流乡潞河村7号墓中清理出土。现藏于山西省考古研究所。

长16.5厘米、横径2.3厘米、孔径0.75厘米。中空圆柱状。玉棒所饰纹饰分7节，每节长约2.1厘米，各节间有长约0.25厘米的素面格隔断。棒下端为素面格，上端饰密集琢刻的云纹。该棒琢制精细，纹线清晰，工艺水平较高。其用途当为佩饰。

（黎 君）

Jincun toudiao juanyunwen yushu

金村透雕卷云纹玉梳

战国时期玉制用具。1928年在河南洛阳市金村战国时期东周王室墓中出土。现藏于美国华盛顿弗里尔美术馆。

金村透雕卷云纹玉梳

长6.9厘米、宽5.4厘米。上部略呈半圆形，中间对称透雕卷云纹，梳身上阴刻弧状纹及勾云纹。下部为梳齿，共13根，齿端似锥，左右最外侧两根上阴刻S形。该梳造型规整，纹饰优美，当为实用器。

（古 方）

Zenghouyimu goulianwen yushu

曾侯乙墓勾连纹玉梳

战国早期玉制用具。1978年由湖北省博物馆在湖北随州市西郊擂鼓墩战国早期曾国国君乙的墓中清理出土。现藏于湖北省博物馆。

长9.6厘米、齿口宽6.5厘米、梳背宽6厘米、中部厚0.4厘米。玉质呈灰白色，通体抛光，光泽略淡。器体扁平，略呈梯形。齿口大于梳背。自梳背至齿部，厚度渐减，齿尖处极薄。梳有23齿，齿部平素无纹，梳背双面阴刻云纹和斜线纹。在梳背上端中间，穿一小孔，当用以系佩，可随时梳理发式。

（黎 君）

曾侯乙墓勾连纹玉梳

Yanshan gongxing yushi

严山拱形玉饰

春秋时期玉制装饰品。1986年由江苏吴县文物管理委员会在吴县严山吴国玉器窖藏中清理出土。现藏于吴县市文物管理委员会。

严山拱形玉饰

弧长8.4厘米、宽3厘米、厚0.5厘米。玉质呈淡绿色。作拱形瓦状，剖面为弧形，弧长接近半圆。两端琢出对称的高冠鹦鹉首，钩喙，头部各有一个直径0.4厘米的穿孔，似为目，头部以羽状细纹饰框边，颈

与器体相连。器表以十字阴刻线分隔成4部分，内填勾连纹和羽状细纹，器里光素无纹，抛光洁净。为整块玉料雕成，造型奇特，显示出高超的工艺水平，其用途可能为镶嵌物。与之同出的还有一件双系拱形脊饰，造型基本相似，均属首次发现。

（古　方）

Shangcunling 1820-haomu matixing yuchuanshi
上村岭1820号墓马蹄形玉串饰

春秋早期玉制装饰品。1956年～1957年由中国科学院、文化部组成的黄河水库考古工作队在河南三门峡市上村岭虢国贵族墓地中1820号墓墓主人颈部清理出土。现藏于中国社会科学院考古研究所。

上村岭1820号墓马蹄形玉串饰

由101颗鸡血石珠、10块马蹄形石饰、1块椭圆形玉饰、2块小石饰组成。鸡血石珠用双线串成双行，每隔若干颗珠子，双线并穿入1件马蹄形石饰中。椭圆形玉饰处于整组串饰的右下方，以它为起点，按逆时针顺序，在椭圆形玉饰和第1件马蹄形石饰之间，上下两行各穿5颗鸡血石珠；在第1件、第2件马蹄形石饰间，上行穿4颗鸡血石珠，下行穿3颗鸡血石珠；在第2件与第3件，第4件与第5件，第7件与第8件，第8件与第9件，第9件与第10件马蹄形石饰间上下行均各穿4颗鸡血石珠；在第3件、第4件马蹄形石饰间上下2行各穿5颗鸡血石珠；在第5件、第6件马蹄形石饰间上下2行各穿1件小石饰和4颗鸡血石珠；第6件、第7件马蹄形石饰间上下2行各穿3颗鸡血石珠；第10件马蹄形石饰和椭圆形玉饰间上下行各穿10颗鸡血石珠。在上村岭虢国贵族墓中，墓主人的颈、胸、头侧、腕部，棺、椁盖上，棺、椁间或椁外常发现有由珠、饰两类串成的串饰，一般珠呈管、菱、球形；饰为管形、长方形、马蹄形、贝形、蚕、蝉、龟和不规则形。其串连的方法并不相同。

该串饰造型华丽，工艺精美，堪称佳品。该墓墓主人是从苏国嫁到虢国的贵族女子，所以这件串饰从工艺到规格均代表着春秋早期虢国玉器制作的最高水平。

（黎　君）

Zenghouyimu sijie long-feng yupei
曾侯乙墓四节龙凤玉佩

战国早期玉制装饰品。1978年由湖北省博物馆在湖北随州市西郊擂鼓墩战国早期曾国国君乙的墓中清理出土。现藏于湖北省博物馆。

曾侯乙墓四节龙凤玉佩

长9.5厘米、宽7.2厘米、厚0.4厘米。玉质呈白色，局部有酱黄色杂质和石化现象。扁体，器面不平，为一块玉料透雕成4节，可以活动折卷。全器由4节和3个椭圆形环组成。其中中间1环是活动的，上下2环是固定的，3个环本身构成一龙（上环为龙首，中环为龙脊，下环为龙腹，第4节的穿孔部分似为龙尾），各节上的龙与凤分列左右，相互对称。第1节为对首的双凤；第2节为首相交错的较大的双卷龙，两龙尾部各为一凤；第3节为屈首相背的略小的双卷龙；第4节为对首的较小的双卷龙，两龙首相接处有一个对穿孔。器两面以极细的线条刻出龙、凤的眼、角、冠、嘴、爪、鳞甲、羽毛等细部和4条蛇。

该佩3环4节由一块玉镂雕而成，设计之巧，琢磨之精，为战国玉器之冠，亦是中国已知此类物的最早遗物之一。该佩饰有7条卷龙、4只凤鸟和4条蛇，布局严谨，造型美观，纹饰线条细如发丝，为这一时期罕见的玉雕精品。它出自墓主人腹部，可能为单独佩带之物。

（黎　君）

Zenghouyimu shiliujie long-feng yuguashi
曾侯乙墓十六节龙凤玉挂饰

战国早期玉制装饰品。1978年由湖北省博物馆在湖北随州市西郊擂鼓墩战国早期曾国国君乙的墓中清理出土。现藏于湖北省博物馆。

局部有缺损，长48厘米、宽8.3厘米、厚0.5厘米。玉质呈青白色，微有瑕疵。整体呈长带形，由5块玉料分雕成16节，然后用3个素面的椭圆形活环及一根玉销钉连接成一串。各节大小不一，一般作一小节与一大节相串连。玉销钉位于第6节、第7节间，其余各块玉间用活环套接，其中4个活环用金属榫插接成，可拆开；8个活环镂空而成，不可拆卸。

第1节的顶端横穿一个对钻小孔，为龙首状。各节均透雕成龙、凤形或璧、环形，并两面雕刻或阴刻这些龙、凤的细部，嘴、眼、角、鳞、羽、尾、爪无不形象逼真；璧、环上也浅雕有涡纹、云雷纹、绳纹等。除透雕的龙、凤外，还有两面雕刻或阴刻的龙、凤、蛇等，其中有的仅具首面。全器共透雕、雕刻和阴刻出37条龙、7只凤以及10条蛇，其中第14节、第15节上，出现凤爪抓蛇的图案。该挂饰玲珑剔透，可以自由卷折，集分雕连接、透雕、平雕、阴刻等玉雕技艺于一器，全器为一龙，龙上又刻龙凤蛇，它们的形象千姿百态，栩栩如生，并相互对称，是战国玉器中环节最多、纹饰最复杂的一件，堪称绝世之宝，代表战国早期琢玉工艺的最高水平。它可能为佩饰，也有可能为冠帽下的玉饰。（黎 君）

曾侯乙墓十六节龙凤玉挂饰

Jincun jinlian shuangwuren longxing yupei

金村金链双舞人龙形玉佩

战国时期穿金链玉制装饰品。1928年在河南洛阳市金村战国早期东周王室墓中出土。现藏于美国华盛顿弗里尔美术馆。

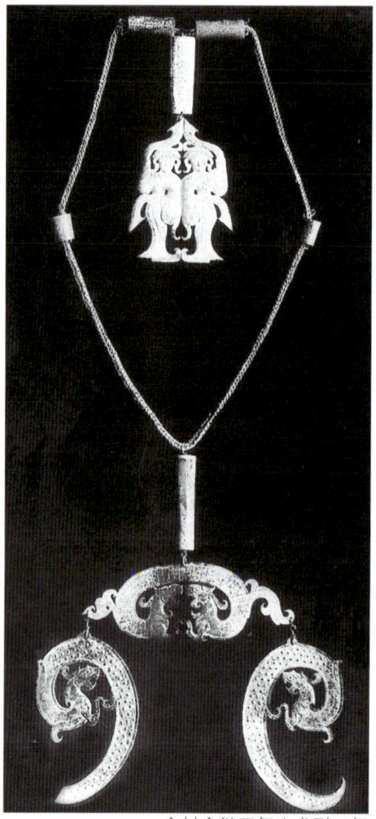

金村金链双舞人龙形玉佩

全长约41厘米。由玉管、双舞人佩、连体双龙佩和卷体龙形佩组成，以黄金链穿缀。佩饰上方为一对玉管，长2.5厘米，饰勾连纹，其下方有一勾连纹玉管，长3.9厘米，下悬系双舞人佩，高7.5厘米，透雕而成。舞女一手甩长袖于头顶之上，另一手置于腰间。黄金链拧成发辫状，左右对称各穿饰一只玉管。链下方坠一只长5厘米的玉管。玉管下有一件连体双龙佩，佩最长11.2厘米，双龙首相对，张口舞爪，龙体相连，饰勾连纹，两侧外缘附雕云形饰，各挂一件卷体龙佩。龙口大张，足踏勾卷形饰，龙弯成钩状，龙体饰浅浮雕涡纹。全器布局巧妙，各佩饰雕琢精致，金玉相映极其华丽，是一件难得的艺术珍品。（古 方）

Jincun goulianwen yu'erbei

金村勾连纹玉耳杯

战国玉制用具。1928年在河南洛阳市金村战国时期东周王室墓中出土。现藏于美国哈佛大学艺术馆。

长13.5厘米、宽9.8厘米。玉质呈黄褐色。杯口呈椭圆形，杯内打磨光滑，底部以阴线刻出双线椭圆形，内填勾卷的S形纹。杯口沿外侧有双耳，耳上透雕卷云纹。杯身作舟形，器表饰勾连纹和柿蒂纹，杯底为矮圈足，平面呈圆角长方形，底面阴刻双钩线S形纹。该杯仿漆耳杯形制雕成，杯内掏挖规整，纹饰雕琢精细，为实用器。已知战国时期玉耳杯仅见于洛阳金村古墓中，共3件，造型、纹饰大致相同。（古 方）

金村勾连纹玉耳杯

Jincun chi-feng goulianwen yuzun

金村螭凤勾连纹玉樽

战国时期玉制用具。1928年在河南洛阳市金村战国时期东周王室墓中出土。现藏于美国华盛顿弗里尔美术馆。

直径11厘米、通高9.5厘米。由器身和器盖组成。盖顶面呈弧圆状，中央有一半圆环形纽，纽周围阴刻4个对称的柿蒂纹，盖面上阴刻一周卷云纹。盖边缘镶嵌一周金饰，包

括3只立体凤鸟和3只爬行的螭虎。器身表面满饰勾连纹，中间以一周弦纹分为上下2栏。器身中部对称雕出一环形和一穿接活环的桥形纽。器底有3只兽蹄形足。制作极为精致华丽，无论是制玉技术，还是嵌金工艺，都达到了很高水平，是春秋、战国玉器最佳作品之一。

（古 方）

金村螭凤勾连纹玉樽

Yanshan wuguo jiaocang yuqi

严山吴国窖藏玉器

位于江苏吴县通安乡严山东南麓的春秋晚期吴国窖藏中埋藏的玉器、彩石器和料器。1986年由吴县文物管理委员会发掘。现藏于吴县文物管理委员会。

窖穴长约2米、宽约1.5米，坑底距地表深约0.5米。遗物出土后散失，存放位置和组合情况不详。后征集402件，其中玉器204件，初步鉴定为软玉，分礼器和装饰品2类。礼器有璧、环、璜、琮等，多数璧、环、璜上以剔地和勾彻法琢出浅浮雕或阴刻各种纹饰，以鸟纹、蟠虺纹为主，夹以羽状纹、网格纹，布局匀称，繁密而不乱；璜的弧长为圆周三分之一或接近，两端雕出变体夔龙首。装饰品有149件，种类繁多，有虎形佩、鸟形佩、长方形佩、拱形玉饰、双系拱形起脊饰、觿、镯、珠和管等，常成对出现，其中双系拱形起脊饰和鹦鹉首拱形饰属首次发现。装饰玉上的纹饰有蟠虺纹、变体夔纹、人面纹、卷云纹、羽状纹、弦纹等，雕琢精细，饰件上多有穿孔，用于系佩。

这批玉器数量多，质量精，应是吴国宫廷用玉，其主人估计是吴国贵族。春秋末年，越王勾践发动灭吴复仇战争，吴王率其下属仓惶逃遁，这批玉石器可能就是在此时草率埋藏的。

参考书目

吴县文物管理委员会：《江苏吴县春秋吴国玉器窖藏》，《文物》1988年11期。

（古 方）

Huangjunmengmu yuqi

黄君孟墓玉器

春秋早期黄国君主孟及其夫人孟姬合葬墓中出土的玉饰品。该墓位于河南光山县宝相寺上官岗，为长方形土坑竖穴墓，墓主下葬时代不晚于公元前649年，即楚国灭黄之年。1983年河南信阳地区文物管理委员会、光山县文物管理委员会发掘。现藏于信阳地区文物管理委员会。

孟姬棺内玉器保存完好，头骨上散落玉饰102件，胸前有1块玉璧，左腰间有1件玉雕人头和2件黑玉虎，左脚下散落玉饰21件。黄君孟墓内共出土玉器185件，玉色以深浅程度不一的黄色玉为主，有黄黑、黄褐、黄、黄白等，还有黑、青、青白、灰白等色。器形有璧、璜、环、人首玉饰、兽面饰、鸳鸯、鱼、蚕、蚕纹饰、螺形饰、人面纹饰、蝉纹管、对蝉管、长方形管、垂鳞纹饰、窃曲纹饰、兽首纹饰、双面纹饰、龟甲形饰、牙形饰、三角形饰、方形饰等，体型虽小，但雕琢极为精巧。玉器纹饰中，除保留西周以来盛行的三角纹、窃曲纹和写实的蝉纹、蚕纹、虎纹等古朴纹饰外，还出现春秋中叶至战国时期盛行的几何形细密勾连纹，而且占纹饰总数的一半左右，因此这批玉器是春秋早期向春秋中期过渡的典型器。孟姬棺内的玉器玉质和玉雕工艺比国君孟略胜一筹，数量也大大超出，是值得注意的现象。该墓出土多件蚕纹玉器，形象十分生动，说明当时养蚕业比较发达。

参考书目

河南信阳地区文管会、光山县文管会：《春秋早期黄君孟夫妇墓发掘报告》，《考古》1984年4期。

（古 方）

Zenghouyimu yuqi

曾侯乙墓玉器

战国早期曾国国君乙的墓葬中出土的以玉、石、水晶等原料制成的各类器物。该墓位于湖北随州市西郊擂鼓墩附近，曾侯乙下葬年代为公元前433年或稍后。1978年由湖北省博物馆发掘。现藏于湖北省博物馆。

绝大多数出自墓主棺内，头、脚各放少数，余皆分左、右两排或数排，自上而下地放置，棺盖上也有玉、石饰物，可能为棺罩上的饰件。颜色以青白、青黄、灰白、黄白、黄褐、青蓝色为主，少数为深绿、浅绿和白色，玉质不纯，一般都带有不同程度的杂质和裂痕。多数玉器通体抛光，色泽较亮，经鉴定，这批玉器属新疆和阗软玉。玉器分饰物、用具和葬玉3类。玉饰物的数量和种类很丰富，有璧、环、玦、璜、琮、方镯、佩、挂饰、剑、双面人、管、串饰、珠等，纹饰有涡纹、云纹、双龙纹等，形制、纹饰、大小、玉色基本一致的同类玉饰往往成对出现。用具包括玉带钩、玉梳和玉镖。葬玉64件，有琀、口塞、握、片、半琮、残器、璞料等，其中玉琀21件，出自墓主口腔内，器形有牛、羊、猪、狗、鸭、鱼等，器小如豆，圆雕而成，反映的可能是企望“长生不灭”和要求实惠的思想；玉片21件，分布于墓主上半身，均作长方形，有4个或2个小穿孔，其用途应是墓主“面幕”和衣服上的缀玉；残玉器和玉璞料则有护尸的意义。

这批玉器多数制作精致，如玉挂饰、玉剑等堪称战国玉器的杰作，雕刻技法有平雕、浮雕、阴刻、透雕、圆雕、穿孔等，一些玉器上尚

有制作时留下的痕迹。这批玉器保存完好，时代明确，是研究战国玉器制作工艺及使用制度的宝贵资料。

参考书目

湖北省博物馆：《曾侯乙墓》，文物出版社，1989。

（古 方）

Zhongshanwangmu yuqi

中山王墓玉器

战国时期中山国王陵出土的各种玉石制品。这批墓葬位于河北平山县城北灵山下，年代属公元前4世纪末。1974年~1978年由河北省文物管理处发掘。现藏于河北省博物馆。

共出土3000余件，其中中山王嚳墓出土玉器681件。玉质以黄玉和青玉为主，还有黑玉、白玉等。玉料经鉴定有新疆籽玉、辽宁岫岩玉、河南南阳独山玉等，石料则产自太行山。玉器器类有璧、环、带钩、鼻塞、坠、珠及雕成龙、虎、蛙等形象的玉佩和玉人等。纹饰主要有勾连纹、回纹、涡纹、圆圈、圆点、斜格、方格、直线、水波、几何纹和形态不同的凤、蛇、龟、兽、蝉、蚕、螭、饕餮等动物纹饰。这些玉石器造型优美，形式多样，设计巧妙，制作精致，其中以青玉带钩、蛙形小兽和白玉莲瓣纹圆形嵌饰为代表作。6号墓棺椁上镶嵌有方形饕餮虺龙纹石板，这种做法在燕、赵地区很流行。该墓还出土十几件玉人，有男女性、成年人和小孩，均着各式花格长裙，束腰窄袖，头结角髻，拱手或抱手而立，其形象为研究当时中山国国人的风俗习惯、人物面貌及其服饰提供了直观的感性材料。中山王嚳墓出土有几十件墨书文字的玉器，有的书写器物名称，也有的写上某人姓名或记述一件事，如“它玉环”、“它玉琥”、“它玉珩”、“集玉”、“集它玉”、“文君”、“平君”、“桓子”等，表明它们是中山王嚳长时间内收藏的珍物，为研究古代玉器的定名、用途等提供了难得的实物资料。

中山王墓出土的大批精美玉石器证明当时中山国国人已具有较高的手工业技术水平。

参考书目

河北省文物研究所：《嚳墓》，文物出版社，1996。

（古 方）

Lugucheng Chunqiu-Zhanguomu yuqi

鲁故城春秋战国墓玉器

春秋、战国时期鲁国故城外墓葬中出土的玉石制品。墓葬位于山东曲阜市西北角和药圃、斗鸡台、“望父台”等地，共28座，均为长方形竖穴土坑墓，分甲、乙两组。1977年~1978年由山东省博物馆等单位发掘。现藏于曲阜市文物管理委员会。

甲组墓18座，时代为春秋时期，出土玉石器较少，器类简单，有玦、环、戈、圭等。乙组墓10座，时代为战国时期，出土玉石器约200余件，器类有璧、环、玦、带钩、马、夔龙玉饰、环珠管组佩、璧形佩、韘、玉管、器纽、牌形玉饰、四翼形玉牙饰、柄形饰、剑、匕、石凿、错石、圆柱形石饰、玉石戈、石圭、铜削玉环首、兽面纹玉片、玉璜、玉棒、长条玉片、拱形起脊玉饰、桃形玉饰和各种形状玉珠等，大多造型规整，纹饰线条流畅，制作精致，如圆雕的立姿玉马、双龙首分节带钩等堪称战国玉器的佳品。一些较大的墓未被盗掘，玉石器出土位置明确，如4号墓棺内死者身上从头至足放一层玉璧（9件），身下垫一层玉璧（8件）；58号墓棺内死者身上身下也各置一层玉璧（共16件）。玉璧中有一种饰双周或三周纹饰带的璧，这种璧在汉代诸侯王墓中常见，亦作殓玉，由此可探究一些西汉、东汉葬玉制度的渊源。甲、乙2组墓葬玉器风格迥然不同，甲组墓玉石器与商代、西周玉器风格接近，可能属于当地原有居民的，乙组墓玉石器则与同时期中原玉器风格相同，应属于周人的遗物。

参考书目

山东省文物考古研究所、山东省博物馆等：《曲阜鲁国故城》，齐鲁书社，1982。

（古 方）

Jincun Zhanguomu yuqi

金村战国墓玉器

战国时期东周王室墓葬中出土的玉制品。墓葬位于河南洛阳市东10公里的金村，共8座，均为带有长墓道的大墓。20世纪20年代末墓葬被盗掘，大部分玉器流散海外，现主要藏于美国和日本的博物馆中。

器类有玉鸟、玻璃玉背镜、嵌玉带钩、玉耳杯、双舞人龙形玉樽、玉梳、玉杯、透雕龙虎纹璧、金链双舞人龙形玉佩、虺形玉佩、龙形玉佩、伏虎形玉佩、舞人玉佩、双龙玉佩、透雕虺龙怪兽形和龙凤形各式玉佩、玉韘、小玉璧、透雕涡纹玉璧、涡纹玉璧等，绝大多数为装饰玉，还有少数用具和嵌玉。玉器中以透雕龙虎纹玉璧、金链双舞人龙形玉佩、螭凤勾连纹玉樽、勾连纹玉耳杯和嵌玉带钩最为精致。金村古墓玉器是已知惟一一批属于东周王室的玉器，其精美程度为已知战国玉器之首，制作者为宫廷玉匠，代表了当时制玉工艺的最高水平。

参考书目

梅原末治（日）：《洛阳金村古墓聚英》（增订本），京都，小林出版部，昭和十九年（1944）。

（古 方）

Qin zhi Donghan yuqi

秦至东汉玉器
（公元前221年～公元220年）

秦、西汉和东汉时期用各种玉料制成的礼器、装饰品和艺术品。其中西汉、东汉时期的玉器工艺水平与战国玉器同为中国传统玉器发展的高峰。

秦代玉器 秦国统一六国之前，制玉业并不发达，用玉习俗也不盛行。秦始皇灭六国后，曾将关东六

国的珠宝玉玩毕集于秦都咸阳，但秦代仅存在短短的15年就灭亡了，因此这一时期的制玉工艺实际上处于停滞状态。目前发现的秦代玉器极少，陕西关中地区的凤翔、宝鸡、咸阳和临潼等地的秦代墓葬和遗址中曾出土少量玉器，种类有璧、圭、璜和动物形玉饰等，造型和纹饰与战国玉器相同，制作工艺也较简单，这说明秦代仍沿用战国玉器，未形成独特的风格。

西汉、东汉玉器 西汉、东汉是中国历史上第一个鼎盛时期，政治的稳定和经济的繁荣为制玉业提供了良好的社会环境，玉器的制作进入全面发展阶段，琢制技艺日益精湛，玉器品种层出不穷，各类玉器的功用也逐渐固定下来。

● **渊源和使用制度** 西汉、东汉玉器从战国玉器发展而来，在造型、纹饰及琢制技术等方面直接继承战国玉器的风格，并有所创新和发展。战国时期的一些主要玉器种类的造型，如附螭凤纹的璧、璜、环等在西汉早期仍然流行。一些战国玉器对于后来典型西汉、东汉玉器的形成有着重要影响，如战国墓葬中出土过不少带孔玉石片缝制的“缀玉面饰”和“缀玉衣服”，在西汉早期也出土过玉面饰，这可能就是西汉、东汉“玉衣”的雏形。战国玉器的一些主要纹饰也是西汉、东汉玉器的主要纹饰，如涡纹、蒲纹、螭纹、凤纹等。大约从汉武帝时期开始，玉器的发展经历了一个较大的变化。战国风格的玉器逐渐减少，而具有代表性的西汉、东汉玉器不断出现，如各种形状的心形佩、“翘首折腰”状玉舞人及形制完整的“玉衣”等。战国时期盛行的“组玉”在这时也大为简化。战国玉器同西汉、东汉玉器的差别突出地表现在玉器的使用等级上。在河南洛阳市中州路发掘的92座战国墓中有52座出土大量玉石器，可见战国时期使用玉器是比较普遍的；而在洛阳市烧沟发掘的225座西汉武帝至东汉晚期的墓葬中，仅有2墓出土3件玉器。目前所见大量精美的西汉、东汉玉器几乎都出自诸侯王墓中（见西汉东汉诸侯王墓玉器），说明玉器的使用已被皇室、王侯和高级官僚贵族所垄断。西汉、东汉帝陵及其寝园在历史上曾数次被盗毁，陵内一些随葬品和寝园中祭祀品也散失于陵外。如今在帝陵周围所采集的一些精美玉器，应属于帝陵内随葬之物，如长陵附近的出土的咸阳狼家沟“皇后之玺”、茂陵内采集的茂陵四神纹玉铺首，以及渭陵附近发现的玉熊、玉鹰、玉辟邪等。西汉、东汉帝陵的祭祀用品也有所发现。如陕西咸阳昭帝平陵与孝昭上官皇后陵之间一条路两旁各发现有一列东西向的成组玉饰，各组间距2米，每组玉饰中间为一玉璧，外有7个或8个玉圭围绕，圭的尖端均朝向玉璧。圭与璧的这种关系尚属首次发现，其寓意也耐人寻味。在《周礼》中，对于圭与璧的组合使用，有“四圭有邸”和“两圭有邸”的记载。有的学者认为应把圭和邸视为一物即外缘带有圭形象突起的璧，也有的学者认为圭和邸应为两物，“四圭有邸”当为四圭平放，底部相向。从平陵的发现来看，圭和邸确应为两物。尽管圭的数目与《周礼》所载不同，圭也不是底部相向，但它表示的祭祀意义应与“四圭有邸”和“两圭有邸”相同。

● **用途、器形和纹饰** 从西汉、东汉文献来看，玉器作为珍宝，广泛地应用于装饰、祭祀、典礼及随葬等方面。根据此时墓葬中玉器的位置，再结合文献来判断，各类玉器的用途可分为两类：一类是墓主生前使用的玉器；另一类是专用于殓葬的玉器。墓主生前用玉有礼仪用玉、随身的佩饰、实用器及艺术品。礼仪用玉包括器形较大的涡纹、蒲纹璧和圭，它们多出于棺内或棺椁之间，是墓主生前所珍爱的宝物。在传世的当时碑刻上尚可见到璧、圭与璜、璋、琮、琥这6种“瑞玉”的图形。但从考古发现来看，西汉、东汉仅沿用璧和圭，其他几种“瑞玉”或弃之不用，或改作他用。随身佩饰包括器形较小的璧及璜、环、玦、觿、心形佩、牌形玉、玉龙、玉人、串饰等，这些玉器上均有穿系的小孔。此类玉器主要是为美观悦目，因此造型小巧优美，制作精良。实用器包括带钩、笄、杯、盒、盘等，这些玉器制作都较精致，既有实用价值，又有装饰意义。艺术品包括座屏和圆雕玉器等，它们造型精美，纹饰华丽，具有很高的欣赏价值。专用于殓葬的玉器有兽面纹璧、玉衣、窍塞、蝉形琀、猪握等。这些葬玉附于墓主人身体之上，目的是企望尸体不朽。西汉、东汉玉器的纹饰主要以涡纹、蒲纹、卷云纹和龙、螭虎、凤鸟、兽面等各种动物纹为主。这些纹饰在西汉和东汉各个时期基本上都可见到。东汉时期的一些玉器上常刻有吉祥语及辟邪语句，在玉座屏上还出现了东王公、西王母这样的神话人物形象，不过，这类题材的纹饰少见。从整个西汉、东汉玉器的发展过程来看，纹饰的变化不大。

● **产地** 据西汉、东汉文献记载，其原料产地主要有两处，即西域的于阗地区（今新疆和阗）和长安附近的蓝田（今陕西蓝田）。通过对一些西汉、东汉玉器所作的岩矿分析鉴定，证实于阗地区和蓝田确是西汉、东汉玉料的主要产地。和阗玉有白玉、黄玉、碧玉等，其中以白如羊脂的玉材为上品，西汉、东汉玉器中的一些玉璧、玉剑饰等即以羊脂玉制成，光泽明亮，晶莹剔透。蓝田玉以青绿色为主，玉质不如和阗玉温润细腻，但因产地距京城很近，故在西汉可能被大量开采。西汉、东汉玉器的制作地是由中央朝廷来管辖的。从玉衣制作情况推断，玉器制作规模相当大，其作坊应当隶属于少府的属官东园匠（其职能是专作殓葬之器），而墓主生前使用的玉器，其作坊则应隶属于少府的属官尚方（其职能是制作供皇室玩好之物）。由于西汉、东汉墓中出土的殓葬用玉的种类比墓主生前用玉少得多，因此尚方所属的玉器作坊规模要超过东园匠所属的玉器作坊，不但生产玉器多，而且

器种也齐全。

● **制作工艺** 西汉、东汉玉器的制作过程大体有开料、琢制和抛光3个过程。开料是将琢制的玉坯从玉上切割下来。西汉、东汉玉器的成型技术可分为平雕和圆雕两种，故开出的玉坯也主要是厚薄不一的扁平状和大小不同的块状。开料的工具是锯。由于玉的硬度较大，所以在锯的时候需要用水加砂才能锯开。河北满城县西汉中山靖王刘胜墓出土的2套玉衣的玉片背面都有切割时遗留下来的锯痕，有的以圆片锯锯开，有的则采用直条锯，玉片上遗留下来的锯缝一般宽1毫米～1.5毫米，最窄的一条锯缝宽仅0.35毫米。这说明当时使用的锯已相当先进。将玉坯琢制成完整的器形并施以纹饰，是制玉工艺中关键的一道工序。铊子、管钻和桯钻是当时的主要琢玉工具。从西汉、东汉墓中出土的一些玉璧纹饰的阴刻线上尚可看出铊子琢刻的痕迹。这些阴刻线条流畅、舒展，说明铊子的机械化程度较高，这与当时已经使用齿轮、轴承等效率较高的轮轴机械是分不开的。管钻主要用于穿凿较大的孔，如璧的外缘和内孔，一些扁平片形玉器上的透雕部分等。桯钻主要用于穿凿较小的孔。一般西汉、东汉玉佩饰上用于穿系的小孔，呈上口大，孔底更显尖细的斜坡形，这应是桯钻留下的痕迹。玉器的抛光是制玉工艺的最后一道工序。从刘胜墓出土的玉衣片抛光情况看，当时的抛光技术已具很高水平，能把玉片表面磨得像玻璃一样光滑，使玉质感增强。据推测，当时可能使用"砂轮"和"布轮"等先进的打磨工具。西汉、东汉玉器纹饰的琢刻技法有阴刻线、剔地浅浮雕、透雕、高浮雕和圆雕等。阴刻线使用很普遍，见于各种平雕和圆雕作品的表面，用于表现表现事物的主体纹饰、装饰纹饰或人物、兽类等的细部。剔地浅浮雕多见于璧、璜等的涡纹及一些剑饰上的纹饰等。透雕主要见于平雕玉器中的各种佩饰，表现人物或兽的轮廓。圆雕作品通常是一些艺术品，有人物和动物等。这几种雕刻技法在使用上常常不是单一的，一件玉器上的纹饰往往需要使用几种不同的刻法来表现。西汉、东汉制玉工艺的另一特点是与金属、漆木细工相结合，产生出错金嵌玉的作品。它们不仅造型优美，而且精工细琢，纹饰华丽。最常见的嵌玉金属器是玉具铁剑和铜剑。镶嵌玉饰的铜器也较多。

参考书目

夏鼐：《汉代的玉器——汉代玉器中传统的延续和变化》，《考古学报》1983年2期。

（古 方）

Xihan-Donghan diling yuqi

西汉东汉帝陵玉器

（见秦至东汉玉器）

Xianyang Langjiagou Huanghou zhi xi

咸阳狼家沟"皇后之玺"

西汉早期玉制印玺。1968年由陕西咸阳市韩家湾公社狼家沟农民在当地采集。现藏于陕西历史博物馆。

宽2.8厘米、高2厘米，重33克。玉质呈白色，通体晶莹。作四方形，螭虎形纽，四侧阴刻云纹。印文阴刻篆书"皇后之玺"4字，字体端庄，布局齐整，刻工精细。玉玺出土地点距汉高祖长陵及吕后陵约1公里，因此，这枚玉玺可能是西汉末年长陵及吕后陵被毁时，遗落到沟中的。

据文献记载，西汉、东汉"皇帝六玺，皆白玉，螭虎纽。文曰：皇帝行玺……皇后玉玺文与帝同。皇后之玺，金螭虎纽"（东汉卫宏《汉旧仪》）。该玺与上述记载基本相符，与其他西汉官印相比，更为精细工整，故可能为吕后之印。也有的学者根据印文篆体及印面设计，推断它应属西汉文景时至西汉中后期之物。它是迄今所知西汉、东汉帝后所用玉玺中仅有的一件出土遗物，弥足珍贵。（古 方）

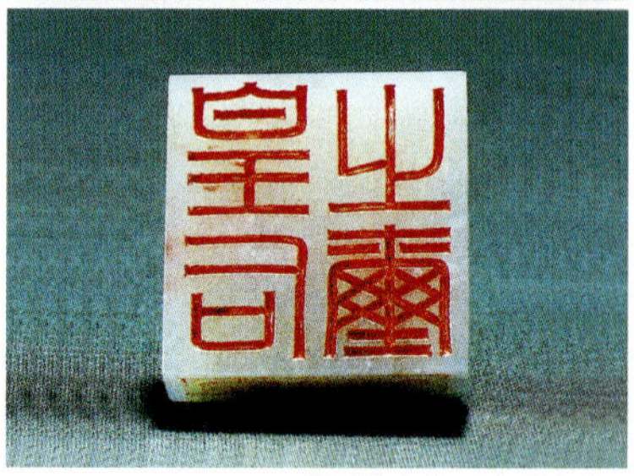

咸阳狼家沟"皇后之玺"

Maoling sishenwen yupushou

茂陵四神纹玉铺首

西汉中期玉制装饰品。1975年由陕西省博物馆在兴平县茂陵附近采集。现藏于茂陵博物馆。

茂陵四神纹玉铺首

宽35.6厘米、高39.2厘米、厚14.7厘米，重10.6千克。玉质呈苹果绿色。正面雕出一具兽面，双目圆睁，长鼻下卷，牙齿外露，形象甚为凶猛。兽面两侧用浅浮雕技法琢刻出四神。左边为青龙，作张牙舞爪状，紧靠青龙身躯处有一只回首钩喙的朱雀；右边为白虎，作奔走状，其下有玄武，作龟咬蛇状。整个兽面的细部则用精细的阴线纹点缀。在铺首上雕刻四神纹的目的是

为了保卫墓主灵魂的安全。铺首的背面有突起的长方形纽，中间有一方孔，孔内尚存有经过切削的金属，应是原在门扉上镶嵌的遗迹。它有可能是茂陵地宫墓门上的装饰品，后因兵乱或自然灾祸等原因而被埋在地下。它的矿物成分与现代蓝田玉相近，推测是用古代的蓝田玉料琢制而成。它为探讨历史上蓝田玉的开采与琢玉工艺提供了珍贵的实物资料。

（古　方）

Weiling yuxiong

渭陵玉熊

西汉晚期玉制艺术品。1976年由陕西咸阳市博物馆在咸阳市周陵乡新庄的渭陵附近采集。现藏于咸阳市博物馆。

渭陵玉熊

长8厘米、高4.8厘米。玉质近白色，局部有红褐色斑痕。为圆雕造型，作漫步行走状。两只圆眼生动有神，注视前方，双耳后抿，耳下和前后有简单的阴刻线条，以表示鬃毛。熊体丰满圆润，给人以肥胖笨拙、温顺可爱的感觉。与这件玉熊同时出土的还有玉俑头、玉辟邪、玉鹰等，皆为小巧玲珑、姿态生动的用于观赏的艺术品。这批玉器出土于汉元帝渭陵陵园的附属建筑遗址中，应是祭祀之物。西汉都城长安的南郊，为皇室园林——上林苑，方圆达数百里，其间放养无数的珍禽异兽，供皇帝及贵族观赏或猎获。该玉熊及其他动物造型玉器，或许就是这些珍禽异兽的写照。

（古　方）

Weiling yuxianren yuma

渭陵玉仙人驭马

西汉晚期玉制艺术品。1966年由陕西咸阳市博物馆在咸阳市周陵公社渭陵附近采集。现藏于咸阳市博物馆。

长8.9厘米、高7厘米。玉质呈白色，圆润光滑。马昂首挺胸，张口竖耳。马身两侧浅浮雕羽翼，马尾扬起，前蹄踏祥云板。马上骑一仙人，头扎方巾，身着短衣紧裤，双手抓马鬃，右手持两株灵芝草。玉马强壮雄健，如天马行空，驭手神态自若。整个作品主题应与求仙升天的思想有关。（古　方）

渭陵玉仙人驭马

Xihan-Donghan zhuhouwangmu yuqi

西汉东汉诸侯王墓玉器

西汉、东汉时期诸侯王墓中出土的各种玉制品。诸侯王墓除包括内地各诸侯国王、列侯墓外，还包括臣服于汉的地方割据者（如南越王）和边疆少数民族统治者（如滇王）的墓葬。诸侯王墓主要分布在河北中部、南部，山东、河南、江苏、安徽和湖南长沙周围。这些地区在西汉至东汉时期是诸侯王的主要分封地。由于中央朝廷常常把玉器作为宝物赐给诸侯王，因此诸侯王墓中玉器，不但数量大，而且种类多，制作精良，基本上反映了西汉、东汉贵族玉器的面貌，也是研究西汉、东汉用玉制度的重要依据。

玉器基本组合为璧、圭、璜、环、觿、心形佩、带钩、剑饰、蝉形琀、猪形握、玉衣等。这个组合在西汉和东汉400余年间经历一个由多变到稳定，形式由繁到简的过程。西汉前期的玉器较为繁杂，数量多，器物造型多变，这与当时诸侯王国势力强盛、“同制京师”的社会背景有关。璜、环、带钩、剑饰等造型变化较大。从西汉中期开始，玉器的组合开始出现简化的趋势，一些具有特色的玉器（如完备的玉衣和猪形握等）开始出现。西汉后期玉器组合与中期基本相同，变化不大，反映出玉器的使用制度已基本形成。显著特点就是一方面一些玉器造型同前期相比趋于简化；另一方面在原来的器形上又派生出一些新式样如窄长呈弧形的心形佩，琢刻逼真的蝉形琀等。东汉时期玉器的造型进一步简化，主要器类组合基本稳定，出土的玉器在种类和数量上虽多寡不一，但基本组合及造型没有大的变化。另一个特点是大型玉器增多，如玉座屏、卷云纹玉枕等，反映出制玉技术水平已有一定提高。

（古　方）

Xihan-Donghan zhuhouwangmu yubi

西汉东汉诸侯王墓玉璧

西汉、东汉时期诸侯王墓出土的玉制装饰品、礼仪用玉和葬玉。按造型和纹饰可分为涡纹璧、蒲纹璧、涡纹加蒲纹璧、兽首或鸟纹璧及外缘附透雕饰玉璧。前3种玉璧是礼仪用玉，西汉至东汉各诸侯王墓中均可见到。兽首或凤鸟纹璧绝大多数为墨绿色或青色，阴刻的兽首可能具有辟邪的意义。这类玉璧往往出自墓主的前胸和后背，有一定的排列方式。玉璧彼此间以织带连结，然后又在玉璧表面普遍粘贴一层织物，把前胸和后背的玉璧各自编联在一起。这种方式可能具有某种宗教意义。外缘附透雕饰玉璧一般有小孔，用于穿带悬挂。这类玉璧有大小两种，大的在璧外缘上方

雕出双螭形象；小的在璧外缘两侧雕出对称的龙凤。西汉、东汉时期存在一种缀璧悬挂的习俗，如“璧带往往为黄金釭，函蓝田璧，明珠翠羽饰之”（《汉书·外戚传》）、“兴造甲乙之帐，络以随珠和璧”（《汉书·西域传》）。这种悬璧形象在西汉、东汉时期的画像石上也常常可以见到。

（古 方）

Liushengmu shuangchi juanyunwen yubi

刘胜墓双螭卷云纹玉璧

西汉中期玉制装饰品。1968年由中国科学院考古研究所与河北省文物工作队在河北满城县陵山西汉中山靖王刘胜墓中发掘出土。现藏于河北省博物馆。

刘胜墓双螭卷云纹玉璧

通长25.9厘米、外径13.4厘米、内径4.2厘米、厚0.6厚米。玉质晶莹洁白。璧的两面饰两只张口卷尾、侧身相背的独角螭。螭首和螭身的细部以阴刻线刻出。顶端有桃形云纹，中间有一圆穿，用于悬挂。纹样优美，造型生动，是西汉、东汉玉璧中最精美的作品之一，也是西汉中期的典型器。它随葬于棺椁之间，是墓主生前最喜爱的宝物。类似于这种在璧缘上端透雕双螭形象的玉璧，在河北定州市中山简王刘焉墓和中山穆王刘畅墓中均有出土。

（古 方）

Ganquan Donghanmu yuzisun yubi

甘泉东汉墓“宜子孙”玉璧

东汉中期玉制装饰品。1984年由江苏扬州博物馆在邗江县甘泉老虎墩汉墓中发掘出土。现藏于扬州博物馆。

甘泉东汉墓“宜子孙”玉璧

通高9厘米、外径7厘米、内径2.2厘米。玉料似为蓝田玉。璧双面透雕，两边为对称的两只螭虎，作曲身奔走状。螭虎首、尾之间分别雕出“子”、“孙”2字。璧外缘上端透雕一只回首凤，其腹下雕出一“宜”字。整器纹饰细部以阴刻线来表示。西汉、东汉玉器中雕刻出文字的极少，“宜子孙”这类的吉祥语常见于东汉时期的器物上，因此该璧是东汉中期的标准玉器。“宜子孙”璧还见于山东青州东汉墓中。另外，北京故宫博物院收藏有2件雕有“长乐”、“益寿”字样的玉璧，时代亦应属东汉时期。

（古 方）

Xihan-Donghan zhuhouwangmu yuhuang

西汉东汉诸侯王墓玉璜

西汉、东汉时期诸侯王墓中出土的玉制装饰品。有两种样式，一种为半圆形或弧形扁平体，素面或阴刻涡纹；另一种作弧形扁平体，璜的两端雕刻成龙首，有的龙首作回顾状，有的璜体上部或下部有透雕的螭纹、凤鸟纹或卷云纹。广东广州市西汉南越王赵眛墓出土一件犀形玉璜，形制与河南洛阳市金村战国墓所出土的玉卧虎形制相近，这应是受战国玉器风格的影响。这些玉璜上均有小圆孔，便于穿挂，因此它们应是悬佩于身上的装饰品。

（古 方）

Xuzhou Zifangshan Xihanmu fuchiwenshi yuhuang

徐州子房山西汉墓附螭纹饰玉璜

西汉早期玉制装饰品。1976年由江苏徐州市博物馆在徐州市子房山西汉墓中发掘出土。现藏于徐州市博物馆。

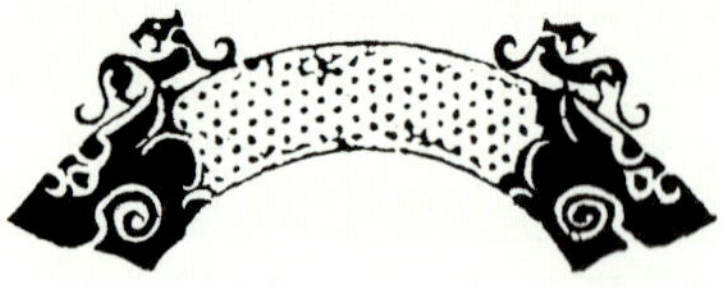

徐州子房山西汉墓附螭纹饰玉璜

长17厘米、宽3厘米、厚0.4厘米。玉质呈青色。两端为龙首，口微张，阴线刻出牙、眼和耳部。器身饰斜方格状的蒲纹，中间上方有一小孔。两只龙首上方透雕出两只相对的螭虎，作回首奔走状。雕琢精细，纹样优美，尤其是两只透雕的螭虎体现出较高的琢玉工艺。类似这样的玉璜在广东广州市西汉南越王赵眛墓和河北定州市40号西汉墓等内也有所发现。

（古 方）

Qiemoshumu shuanglongshou yuhuang

妾莫书墓双龙首玉璜

西汉晚期玉制装饰品。1977年由江苏扬州博物馆在邗江县“妾莫书”墓中发掘出土。现藏于扬州博物馆。

横高12厘米。玉质呈白色。整器用透雕技法琢刻出轮廓。两端作回顾状的龙首，张口露齿，上下唇外卷成钩状。器身上端为一只回首凤，钩喙，冠、尾造型相同；下端为对称的卷云纹。龙和凤均以阴线刻出羽翅、鳞甲和五官，琢刻线条流畅，构思新颖别致，透雕多采用勾旋状造型，使图案生动而富于变化。这种璜在西汉晚期较为多见，如河南永城县僖山西汉墓、山东五莲县张家仲崮西汉墓和江苏徐州市石桥2号墓等均有出土。

（古　方）

妾莫书墓双龙首玉璜

Xihan-Donghan zhuhouwangmu yuhuan

西汉东汉诸侯王墓玉环

西汉、东汉时期诸侯王墓出土的玉制装饰品。玉环是佩饰中较重要的一种，它既可以同其他玉佩组成串饰，又可单独系在不同颜色的绶带上，以显示身份的不同。有4种样式，第1种为扁平圆形，环面为素纹或涡纹；第2种环体作绞丝状，似手镯，仅见于西汉早期，与战国玉环风格接近；第3种环体为透雕的纹饰，图案较复杂，有龙、螭、凤和卷云纹等，雕琢精细；第4种环体亦作透雕的龙凤，内部有郭，又称套环，这种环也仅见于西汉早期。北京丰台区大葆台西汉墓中出土的一件透雕螭虎纹玉环，外缘上方透雕卷云纹，造型较奇特。

（古　方）

Nanyuewangmu shuanglong shuangchi yuhuan

南越王墓双龙双螭玉环

西汉早期玉制装饰品。1983年由广东广州市文物管理委员会、中国社会科学院考古研究所等单位在广州市象岗山西汉南越王赵眜墓中发掘出土。现藏于广州西汉南越王墓博物馆。

南越王墓双龙双螭玉环

直径9厘米、内径4.8厘米、厚0.4厘米。玉质呈青色，局部受沁蚀呈灰白色。环体扁圆，透雕出对称的两只奔腾的龙和螭虎。龙首作侧面回顾状，嘴角微张，耳后连接螭体，龙体缠绕卷云纹，尾与螭相连。螭虎首为正面，圆眼外凸，耳鼻作尖状，螭体亦缠绕卷云纹。龙和螭虎皆琢刻出一条遒健有力的脚。构思新颖，琢制精巧，反映出相当高的制玉水平。

（古　方）

Nanyuewangmu long-fengwen yutaohuan

南越王墓龙凤纹玉套环

西汉早期玉制装饰品。1983年由广东广州市文物管理委员会、中国社会科学院考古研究所等单位在广州市象岗山西汉南越王赵眜墓中发掘出土。现藏于广州西汉南越王墓博物馆。

南越王墓龙凤纹玉套环

直径10.8厘米、内径5.2厘米、厚0.5厘米。玉质呈青色，有浅褐色斑。环分内外2重。外环上有一圈弦纹，内环上阴刻7组双S纹。内环中雕琢出一只飞奔的龙，曲体昂首，张口露齿，长尾上卷，前、后足及尾伸于内环之外。内、外之间透雕一只凤，站立于龙爪上，作回首张口状，高冠和长尾分别伸展于龙体上下，作卷云纹。图案结构丰满，层次分明，龙凤姿态优美，富于立体感。

（古　方）

Dingzhou 40-haomu xianwei longxing yuhuan

定州40号墓衔尾龙形玉环

西汉晚期玉制装饰品。1973年由河北省博物馆、河北省文物管理处、定县博物馆在定县（今定州市）40号墓中发掘出土。现藏于河北省文物研究所。

最大直径7厘米。玉质呈黄褐色。由弯曲圆形的龙体构成。龙口大张，唇外卷，利齿上下咬住弯曲成钩状的尾。阴线刻出眼廓、耳和角，龙体上阴刻勾云纹和竹节纹。此龙未琢刻腿足，只雕出两个勾卷的羽状足，象征龙爪。整器雕刻简练、形

象生动，为西汉晚期典型的龙形玉环。（古 方）

定州40号墓衔尾龙形玉环

Xihan-Donghan zhuhouwangmu yuxi

西汉东汉诸侯王墓玉觿

西汉、东汉时期诸侯王墓中出土的玉制装饰品。这一时期的觿是一种佩饰，常成对坠于璜下，佩戴者行走时相互撞击，发出悦耳的声音。有两种样式，一种觿首作龙首或凤首形象，富于变化，觿体有细长、粗短及卷曲等形式，卷曲形觿见于西汉早期，粗短形觿见于东汉时期。觿的龙首或凤首均为透雕刻成，阴线刻出细部，有的作回顾状。另一种觿身外缘透雕纹饰，见于西汉中期。（古 方）

Xiaoguishan Xihanmu chi-fengwen yuxi

小龟山西汉墓螭凤纹玉觿

西汉中期玉制装饰品。1972年由江苏南京博物院在铜山县小龟山西汉墓中发掘出土。现藏于南京博物院。

长11.2厘米、最宽2.9厘米、厚0.5厘米。玉质呈深青色，局部有沁蚀白斑。作扁平角形，觿首为龙首，嘴微张，镂雕出三角形孔，用于系挂。觿体浅浮雕卷云纹并阴刻勾连纹。觿背透雕出螭虎和龙纹，螭虎作行走状，首为正面，头有角。凤首作回顾状，高冠长尾。这种样式在西汉、东汉玉觿中尚属仅见，觿背透雕纹样具有较强的装饰效果，整体造型和谐，制作也很细致，是已知西汉、东汉玉觿中最精美的一件。（古 方）

小龟山西汉墓螭凤纹玉觿

Xihan-Donghan zhuhouwangmu xinxing yupei

西汉东汉诸侯王墓心形玉佩

西汉、东汉时期诸侯王墓中出土的玉制装饰品。心形玉佩是西汉、东汉所特有的一种佩饰，又称鸡心佩，呈扁平心形，中央有圆孔，两侧有透雕纹饰。有3种样式，最常见的一种为椭圆形心形体，其上阴刻卷云纹，两侧对称透雕凤鸟或卷云纹，见于西汉早、中期；另一种为细长弧状心形体，两侧有宽大的透雕的龙凤或卷云纹，见于西汉晚期；还有一种仅见于东汉时期，心形体呈弧形，环绕有浮雕的螭纹。另外，北京丰台区大葆台西汉墓中出土的一件心形佩，心形体嵌于圆环中，造型独特。西汉、东汉的心形佩在形制上与玉韘非常相似，而玉韘在西汉中、晚期逐渐消失，因此心形佩是从玉韘演变而来的。根据心形佩在墓中所处的位置，它应是系于腰间的玉佩

（古 方）

Liushengmu juanyun fengwen xinxing yupei

刘胜墓卷云凤纹心形玉佩

西汉中期玉制装饰品。1968年由中国科学院考古研究所与河北省文物工作队在河北满城县陵山西汉中山靖王刘胜墓中发掘出土。现藏于河北省博物馆。

长5.2厘米、宽4.1厘米、厚0.3厘米。玉质呈白色，润泽光滑。呈椭圆形，心形体中央有一个圆孔。正面微鼓，背面略凹，两面均阴刻流云纹。两侧透雕纹饰，一侧为卷云纹，另一侧为回首的凤鸟，凤体作兽体形。琢磨精巧，花纹流畅，出土时表面涂朱。其造型采用西汉中期的典型样式。类似于这样的心形佩还见于广东广州市西汉南越王赵眜墓中。（古 方）

刘胜墓卷云凤纹心形玉佩

Qiemoshumu huishou longwen xinxing yupei

妾莫书墓回首龙纹心形玉佩

西汉晚期玉制装饰品。1977年由扬州博物馆在江苏扬州市“妾莫书”木椁墓中发掘出土。现藏于扬州博物馆。

妾莫书墓回首龙纹心形玉佩

长7.5厘米、宽4厘米。玉质呈白色。心形体作窄长弧形，两侧阴刻卷云纹。外侧透雕一条龙和卷云纹。龙作奔走状，回首张口，角上卷。它是西汉晚期心形佩所特有的一种形制。类似这样的心形佩在河南永城县僖山西汉墓和河北定州市40号西汉墓中均有出土。 （古 方）

Liuchangmu chanti shuangchi xinxing yupei

刘畅墓缠体双螭心形玉佩

东汉时期玉制装饰品。1969年由河北定县博物馆在河北定县（今定州市）北陵头村东汉中山穆王刘畅墓中发掘出土。现藏于定州市博物馆。

刘畅墓缠体双螭心形玉佩

高6.8厘米、横宽15.7厘米。玉质呈青色，局部受沁蚀呈褐色，佩体作扇形，中央有一个略呈长方形的孔，用于系挂。环绕心形体以浅浮雕和透雕技法琢制出2只缠体的螭虎，阴刻线装饰细部。螭首为正面，大眼直鼻，头上有角。心形体尖端处的螭虎首下雕有一只凤鸟，嘴中衔一颗圆珠，造型较奇特，为西汉、东汉心形玉佩所仅见。

（古 方）

Xihan-Donghan zhuhouwangmu yudaigou

西汉东汉诸侯王墓玉带钩

西汉、东汉时期诸侯王墓中出土的玉制用具。有两种样式，一种作兽形，钩的首尾均雕刻兽首，钩体或浮雕兽纹，或阴刻勾连纹或云纹，或为龙形合体；另一种为水禽形，鸭嘴形钩首，钩体似鸭腹，有的有翅，有的无翅。前一种多见于西汉早期，显然是受战国玉带钩工艺的影响，如广东广州市西汉南越王赵眛墓中出土的一件兽形玉带钩，由7节玉段组成，以铁条串接，它与山东曲阜市鲁故城战国墓出土的双龙首分节带钩非常相似。

（古 方）

Nanyuwangmu longxianhuan yudaigou

南越王墓龙衔环玉带钩

西汉早期玉制用具。1983年由广东广州市文物管理委员会、中国社会科学院考古研究所等单位在广州市象岗山西汉南越王赵眛墓中发掘出土。现藏于广州西汉南越王墓博物馆。

南越王墓龙衔环玉带钩

长18.8厘米、宽6.2厘米、厚0.6厘米、环径2.5厘米。玉质呈青色，有褐色、酱黄色斑。带钩呈S形，为龙、虎并体。钩首为虎头，钩尾为龙首，龙回首张口啮咬一圆环。钩体有一条中缝将龙、虎的躯体分开，虎雕刻一足，虎足伸爪攫环。带钩正面饰勾连卷云纹，背面光素，有扁圆形钩纽，纽面阴刻旋涡纹。整个带钩构思绝妙，主题形象生动传神，艺术性与实用性结合得臻于完美，显示出刻工丰富的想像力。雕刻水平和抛光技术也比较高，是西汉、东汉时期玉带钩中的精品。

（古 方）

Xihan-Donghan zhuhouwangmu yujianshi

西汉东汉诸侯王墓玉剑饰

西汉、东汉时期诸侯王墓中出土的装饰在铜剑或铁剑及其剑鞘上的玉器。西汉、东汉文献中称为“玉具剑”。完备的玉剑饰包括剑首、剑格、剑璏和剑珌。剑首常见的纹饰有两种，一种为阴刻勾连纹、柿蒂纹和涡纹等，广东广州市西汉南越王赵眛墓中出土一件喇叭口形剑首，正面外圈为勾连纹，内圈为柿蒂纹；另一种为浮雕螭纹或卷云纹。这两种纹饰常见于西汉时期。剑格、剑璏和剑珌除素面外，常见纹饰有阴刻的兽首纹、云纹、勾连纹、涡纹及浮雕的螭虎纹。西汉早、中期的玉剑格和玉璏上还装饰有透雕的鸟兽纹等。东汉时期的玉剑饰极少见，仅发现有阴刻兽面纹的剑饰。

（古 方）

Liuwumu longweng yujianshou

刘戊墓龙纹玉剑首

西汉早期剑上的玉制剑饰。1995年由江苏徐州汉兵马俑博物馆、南京博物院在徐州市狮子山西汉楚王刘戊墓中清理出土。现藏于徐州汉楚王陵博物馆。

刘戊墓龙纹玉剑首

通高21.5厘米、上宽7.2厘米、下宽4.2厘米、榫宽2.6厘米、厚0.5厘米～0.6厘米。玉质呈青白色，通体抛光，有玻璃质感。全器似倒梯形，长方形框内透雕一条游动回转的龙，龙首作回顾状，衔边框上端，头顶独角作云朵状。边框侧面和上端附饰透雕的卷云纹，下端有一带圆孔的插榫，用以嵌插在剑柄的末端。在长方形框内外透雕纹饰的做法，是西汉早中期玉雕工艺中常见的艺术表现手法，既规整精致，又不拘一格，生动传神。类似的玉饰在广东广州市西汉南越王墓、湖南长沙市象鼻嘴西汉墓及山东巨野县红土山西汉墓等墓葬中均有发现。

（古　方）

Liushengmu fudiao shuangchi yujianshou

刘胜墓浮雕双螭玉剑首

西汉中期玉制剑饰。1968年由中国科学院考古研究所与河北省文物工作队在河北满城县陵山西汉中山靖王刘胜墓中发掘出土。现藏于河北省博物馆。

刘胜墓浮雕双螭玉剑首

直径5.7厘米、高1.2厘米。玉质呈白色。剑首作扁圆柱体形，正面中央有一个圆形突起，上面阴刻4组卷云纹，周围浮雕2只身躯修长的螭虎。底部中心有两个相通的小孔，孔外有一圈凹槽，槽外有3个小孔。这些小孔是用于嵌固在铁剑柄端的。此器光润洁白，抛光较亮，衬托出极富动感的螭虎。双螭形象是西汉、东汉玉器上常见的主题装饰纹样，多以浮雕手法表现。该剑首上双螭的造型，是同类题材中较佳者。

（古　方）

Hongtushang xihanmu jiaoxing yujianshou

红土山西汉墓角形玉剑首

西汉中期玉制剑饰。1977年由山东菏泽地区汉墓发掘小组在巨野县红土山西汉墓中发掘出土。现藏于巨野县文化馆。

红土山西汉墓角形玉剑首

长6.5厘米、宽5厘米、厚1.6厘米。玉质呈青色，经浸蚀略呈灰白色。剑首略呈长方形，端处为斜梯形，似角。两面以浮雕和透雕相结合的手法雕琢出5只螭虎，肩饰卷云纹，螭虎作奔腾状，相互缠绕，十分生动。靠近剑柄的一端有3个圆孔，其中两侧的圆孔与中间的圆孔相通，作嵌固之用。西汉、东汉时期玉剑首多作扁平圆柱形，惟此剑首例外。这件玉剑首是已知玉剑首中雕螭虎最多的一件，既有实用价值，又有很强的观赏性。

（高　翔）

Nanyuewangmu chihu shoumianwen yujiange

南越王墓螭虎兽面纹玉剑格

西汉中期玉制剑饰。1983年由广东广州市文物管理委员会、中国社会科学院考古研究所等单位在广东广州市象岗山西汉南越王赵眜墓中发掘出土。现藏于广州西汉南越王墓博物馆。

横宽6厘米、中高1.6厘米、中厚1.95厘米。玉质呈黄白色。剑格俯视如菱形，中间有一长方形穿孔。正面浮雕一只作爬行状的螭虎，螭虎尾部雕一只小兽，双目圆睁，双爪紧抱虎尾。另一面琢刻兽面纹。

这种形制的玉剑格在西汉期间的墓中发现较多，在河北满城县西汉刘胜墓和山东巨野县红土山西汉墓中均有出土。它们的玉质多为白色，琢制精细，具有较高的欣赏价值。

（高　翔）

南越王墓螭虎兽面纹玉剑格

Nanyuewangmu fengniao shoumianwen yujiange

南越王墓凤鸟兽面纹玉剑格

西汉中期玉制剑饰。1983年由广东广州市文物管理委员会、中国社会科学院考古研究所等单位在广州市象岗山西汉南越王赵眜墓中发掘出土。现藏于广州西汉南越王墓博物馆。

南越王墓凤鸟兽面纹玉剑格

宽6.2厘米、中高4.1厘米、边高2.7厘米、中厚2.4厘米、边厚0.4厘米。玉质呈黄白色。格体较大，俯视呈菱形，中间有一菱形穿孔。格两面饰纹相同，中部阴刻兽面纹，左右两侧对称透雕凤鸟，凤鸟相对而立，张口，钩喙。透雕厚度达2厘米，抛光如镜，反映出极高的制玉水平。

（高　翔）

Liushengmu changti chiwen yuzhi

刘胜墓长体螭纹玉璏

西汉中期玉制剑饰。1968年由中国科学院考古研究所与河北省文物工作队在河北满城县陵山西汉中山靖王刘胜墓中发掘出土。现藏于河北省博物馆。

刘胜墓长体螭纹玉璏

长9.7厘米、宽2.3厘米。玉质呈白色。呈长方形，背面有銎。表面浮雕一只雄健有力而修长的螭虎，以浮雕的卷云纹衬托。雕刻纹饰线条流畅。螭虎造型生动，螭体布满整个璏面，但并不显拥挤，体现出颇具匠心的艺术构思。

（高 翔）

Liushengmu wuchi xiangxiwen yubi

刘胜墓五螭相戏纹玉珌

西汉中期玉制剑饰。1968年由中国科学院考古研究所与河北省文物工作队在河北满城县陵山西汉中山靖王刘胜墓中发掘出土。现藏于河北省博物馆。

刘胜墓五螭相戏纹玉珌

长3.8厘米～5.9厘米、宽6厘米～7.2厘米。玉质呈白色。呈斜梯形，剖面为长方形。两面浮雕5只螭虎，翻腾嬉戏于云海之间。上端有3个圆孔，两侧小孔斜通向中央圆孔，以利于嵌插剑鞘内。纹饰极为精美，5只螭虎的布局恰到好处，显现出玉工丰富的想像力和巧妙的构思。螭虎均以浮雕手法表现，形象各不相同，但皆生动传神，给人以呼之欲出之感。

（高 翔）

Xihan-Donghan zhuhouwangmu yuren

西汉东汉诸侯王墓玉人

西汉、东汉时期诸侯王墓中出土的人物玉雕作品。有两种样式，一种为圆雕玉人；另一种为平雕玉舞人。后一种玉舞人在西汉、东汉诸侯墓中发现很多，造型上也富于变化。这类玉舞人最早见于战国时期，西汉早期尚可见到双人连体舞人，西汉中期以后，玉舞人均为单体。雕刻形式有两种，一种是在长方形玉片上阴刻舞人形象，常刻出上半身，这种玉舞人见于西汉中、晚期；另一种为透雕玉舞人，造型优美，雕琢精细。玉舞人上面有小圆孔，便于穿挂，从河北满城县西汉中山靖王刘胜墓中出土的玉串饰复原样式来看，它常佩于胸前。玉舞人多出自诸侯王妻妾的墓中，史书也记载了不少西汉、东汉后妃因擅长轻盈优美的舞蹈而受到帝王宠幸之事，玉舞人的出现应是这种情形的反映。

（古 方）

Dabaotai Xihanmu qiaoxiu zheyaozhuang yuwuren

大葆台西汉墓翘袖折腰状玉舞人

西汉晚期玉制装饰品。1974年由北京市古墓发掘办公室在北京丰台区大葆台墓主人可能为卒于西汉初元四年（公元前45年）的西汉广阳顷王刘建墓中发掘出土。现藏于北京大葆台西汉墓博物馆。

高5.5厘米。玉质呈白色。透雕出女舞人的轮廓，阴刻舞人的五官和衣服。舞人甩长袖于头顶之上，另一袖置于腰间。整个玉舞人线条流畅，舞姿优美，有很强的立体感。所表现的这种以手、袖为主的舞蹈在西汉、东汉很流行，史书中称为“翘袖折腰”之舞。

（高 翔）

大葆台西汉墓翘袖折腰状玉舞人

Liushengmu fu'an yuren

刘胜墓抚案玉人

西汉中期玉制艺术品。1968年由中国科学院考古研究所与河北省文物工作队在河北满城县陵山西汉中山靖王刘胜墓中发掘出土。现藏于河北省博物馆。

高5.4厘米。玉质洁白晶莹。为圆雕，脸形瘦削，长眉短须，束发于脑后，顶戴小冠，冠带扎于颏下。身着右衽长衣，宽袖，腰间系带。玉人凭几而坐，双手置于几上。底面阴刻“维古玉人王公延十九年”10字。这件圆雕玉人可能是墓主用来祈求长寿的。玉人身上雕刻的服饰是研究当时衣着冠束的珍贵资料。

（高 翔）

刘胜墓抚案玉人

Xihan-Donghan zhuhouwangmu yuyi

西汉东汉诸侯王墓玉衣

西汉、东汉时期诸侯王死后穿的玉制殓服。史书中称之为“玉匣”、“玉柙”。玉衣的渊源可上溯到西周晚期出现的缀玉面饰。这种面饰在春秋战国时期极为流行，西汉早期的王侯墓中亦常见，真正的玉衣则是在西汉中期才形成的。玉衣的外观与人体形状一样，由许多玉片组成，玉片上有小的钻孔，玉片之间以金属丝或丝带编缀。已知发现的玉衣有20多套，有金缕、银缕、铜缕，缕别的不同反映出玉衣使用制度的差别。据西汉、东汉时期文献记载，西汉、东汉皇帝死后使用金缕玉衣，诸侯王、公主等使用银缕玉衣，大贵人、长公主使用铜缕玉衣。实际上这套严格的玉衣使用制度在西汉时并未建立，西汉诸侯王出土的玉衣大多数是金缕玉衣，东汉时这套玉衣使用制度才完全建立起来。玉衣是中央朝廷手工业作坊统一制作的，皇帝把它作为礼物赏赐给各地的诸侯王及其家属。玉衣的制作是一个非常复杂的过程，一件玉衣所需玉片常达2000多片。所用的玉片要经过开料、锯片、磨光及钻孔等工序，每一片玉片的大小和形状都必须经过严密的设计和细致的加工。据推算，西汉、东汉制作一件金缕玉衣约要一名玉工费10余年的功夫。西汉、东汉时期统治者使用玉衣的目的是为了显示其尊崇的身份和地位，并迷信玉衣可保尸骨不朽。东汉亡后，厚葬风气日衰，三国魏黄初三年（公元222年），魏文帝曹丕下令禁止使用玉衣，从此玉衣殓葬制度日趋消失。

参考书目

卢兆荫：《试论两汉的玉衣》，《考古》1981年1期。

卢兆荫：《再论两汉的玉衣》，《文物》1988年10期。

（古 方）

Liushengmu jinlü yuyi

刘胜墓金缕玉衣

西汉中期用黄金制成的丝缕加以编缀的玉制殓服。1968年由中国科学院考古研究所与河北省文物工作队在河北满城县陵山西汉中山靖王刘胜墓中发掘出土。现藏于河北省博物馆。

全长1.88米，分头部、上衣、裤筒、手套和鞋5大部分。头部由脸盖和头罩构成，脸盖上刻出眼、鼻和嘴的形象。上衣由前片、后片和左、右袖筒构成，各部分都是彼此分离的；前片制成胸部较广、腹部鼓起的体形，后片的下端制成人体臀部的形状。裤由左、右裤筒组成，手部制成握拳状，足部制成鞋形。玉衣全部由长方形、方形、梯形、三角形、四边形和多边形等玉片拼成，共用玉片2498片，金丝约1100克。

刘胜的妻子窦绾墓中亦有一套金缕玉衣，形制与刘胜玉衣基本相同。这两套玉衣是中国已知时代最早的完整的金缕玉衣。（高 翔）

刘胜墓金缕玉衣

Xihan-Donghan zhuhouwangmu zangyu

西汉东汉诸侯王墓葬玉

西汉、东汉诸侯王墓中专门为保存尸体而制造的随葬玉器。包括玉衣（见西汉东汉诸侯王墓玉衣）、兽面纹璧（见西汉东汉诸侯王墓玉璧）、窍塞、口琀、玉握、玉枕等。窍塞是施于死者身上九窍部位的玉器，目的是防止精气外逸而使尸体不朽。口琀是放在死者口中的玉器，西汉初年尚能见到以玉龙等为口琀的现象，西汉晚期直至东汉，口琀均作蝉形，其意义可能是它象征着清高洁雅和蜕脱再生。玉握是握在死者双手中的玉器，西汉、东汉的玉握除个别的为玉佩及璜形玉等外，均作猪形，东汉猪形握的嘴和尾部各有一孔，可能是为将玉猪固定于手中而用来穿系组带的。玉枕置于死者头下，其形制主要有两种，一种是用整块玉料琢成或用长方形玉板拼接而成，另一种为镶嵌玉饰的铜枕，如满城西汉刘胜墓的铜枕枕面和两侧镶有云纹和兽纹玉饰。此外，山东长清县双乳山1号济北王刘宽墓中出土的玉枕由9件玉片、3件玉板、2件玉虎头饰和竹板分3层组合而成，结构巧妙，造型新颖，尚属仅见。（古 方）

Liushengmu jiuqiao yusai

刘胜墓九窍玉塞

西汉中期葬玉。为堵塞死者眼、

鼻、口、耳、肛门、生殖器诸部位的玉器，由2件眼盖、2件鼻塞、1件口塞、2件耳塞、1件肛门塞和1件生殖器罩盒共9件玉器组成。1968年由中国科学院考古研究所与河北省文物工作队在河北满城县陵山西汉中山靖王刘胜墓中发掘出土。现藏于河北省博物馆。

刘胜墓九窍玉塞

眼盖为青玉，呈圆角长方形，表面微鼓，边缘有3个小孔，偏中部有1个小孔，大概是用于缝缀的，长4.5厘米、宽3厘米、厚0.4厘米、孔径0.1厘米～0.2厘米。鼻塞为青玉，略作圆锥体形，长2.2厘米、粗端直径1.2厘米。口塞为灰白色，平面呈月牙形，外侧有覆斗形凸起，内侧有三角形凸起，中部圆厚，两侧较薄，可能是卡于口内的，长7.2厘米、宽3厘米、厚1.7厘米～3.5厘米。耳塞为青玉，略作八角锥台形，长2.2厘米、粗端直径1厘米、细端直径0.9厘米。肛门塞呈灰白色，作锥台形，长4.4厘米、粗端径2.8厘米、细端径2厘米。生殖器罩盒是用玉琮改制成的，作圆筒状，一端封闭，长6.8厘米、直径6.6厘米。刘胜的妻子窦绾墓中亦出土有一套九窍塞，形制与该九窍塞相同，惟置于生殖器部位的玉器作圭形。（古 方）

Liuyanmu chanxing yuhan

刘焉墓蝉形玉琀

东汉时期葬玉。1959年由河北省文化局文物工作队在河北定县北庄东汉中山简王刘焉墓中发掘出土。现藏于河北省文物研究所。

长6厘米、宽3厘米。玉质洁白，润滑而有光泽。呈长方体，体扁圆，双眼突出。蝉的头、翼均以阴线刻出。雕刻形象逼真，刀法娴熟，为西汉、东汉时期蝉形琀的代表作。

刘焉墓蝉形玉琀

蝉形琀最早见于西汉晚期的山东巨野县红土山西汉墓中，但西汉时期的蝉形琀出土数量不多；东汉时期的玉蝉发现较多，造型基本一致。蝉形琀的形状与人舌大小相当，亦被称为押舌。（古 方）

Boxian Dongyuancun 1-haomu wozhuxing yuwo

亳县董园村1号墓卧猪形玉握

东汉时期葬玉。1977年由安徽亳县博物馆在亳县董园村1号东汉墓中发掘出土。现藏于亳州博物馆。

亳县董园村1号墓卧猪形玉握

长11厘米、高2.8厘米、宽2.1厘米。玉质呈青色，表面经浸蚀而呈灰白色。猪作伏卧状，雕出鼻、双耳、四肢轮廓及尾，并以阴线刻出嘴、额上皱纹及肢体细部，嘴及尾部各有一用于穿系的小孔。

西汉时期的猪形握极少见，东汉时期则较多，且往往成对出土；西汉时期的猪形握未有穿孔，东汉时期的猪形握在嘴和尾部多有穿孔。这种形制的玉握直到三国至南北朝时期仍相当流行。（古 方）

Liuyanmu bianti juanyunwen yuzhen

刘焉墓变体卷云纹玉枕

东汉时期葬玉。1959年由河北省文化局文物工作队在河北定县北庄东汉中山简王刘焉墓中发掘出土。现藏于河北省文物研究所。

刘焉墓变体卷云纹玉枕

长34.7厘米、宽11.8厘米、高13厘米。以整块玉料琢制而成，玉质呈青色。枕面两端略弧起，中间稍凹。枕体表面光滑，阴刻精细流畅的变体云纹。该枕重达13.8千克，是西汉、东汉时期最重的玉器之一。（古 方）

Xihan-Donghan zhuhouwangmu yurongqi

西汉东汉诸侯王墓玉容器

西汉、东汉时期诸侯王墓中出土的玉制用具。器类主要有杯、盒、水滴等。多见于西汉早期，制作精

致，器形与战国时期玉器相近，而且器身所饰勾连纹亦是战国时期玉器的主题纹饰，这可能是受战国时期玉器风格的影响，或直接使用战国时期玉器。西汉晚期和东汉时期的玉容器很少，且不及西汉早期精致。西汉、东汉时期玉容器的造型较小，大多可能为酒器，江苏涟水市三里墩西汉墓出土的一件用玉琮改制的银鹰座玉容器，则可能是用来盛放丹药一类的药具。

（古 方）

Liuwumu guolianwen yuzhi

刘戊墓勾连纹玉卮

西汉早期玉制酒具。1995年由江苏徐州汉兵马俑博物馆、南京博物院在徐州市狮子山西汉楚王刘戊墓中清理出土。现藏于徐州汉楚王陵博物馆。

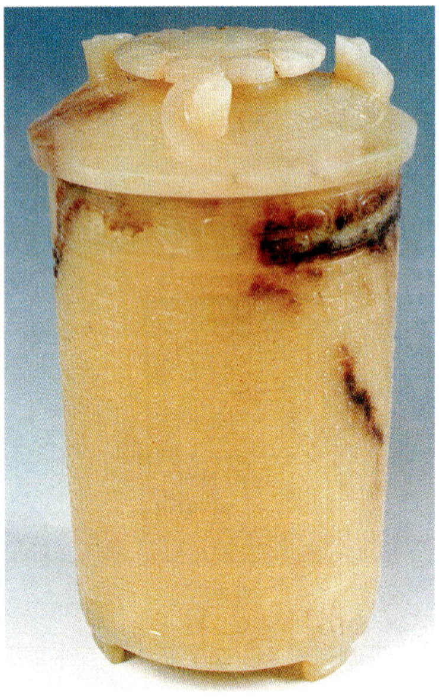

刘戊墓勾连纹玉卮

口径6.7厘米、通高11.6厘米、壁厚0.25厘米。玉质呈白色，半透明，有褐斑。由器盖和器身两部分组成，盖有子母口，与卮身相扣合。器身通体饰精致的勾连纹，器底设兽头状三小足。盖部中心饰浮雕的柿蒂花瓣，周围环雕3朵涡形卷云纹及一周阴刻的勾连纹。该卮制作十分规整，抛光晶亮，较完美地体现出玉质的内在美。

类似的玉卮仅见于北京故宫博物院收藏的传世玉卮。大型玉质容器的制作，流行于战国至西汉中期，常见于大型王侯墓中，如河南洛阳市金村周王室墓中出土的玉樽，广东广州市西汉南越王墓中出土的玉盒等，代表了当时制玉技术的最高水平。

（高 翔）

Nanyuewangmu xijiaoxing yubei

南越王墓犀角形玉杯

南越王墓犀角形玉杯

西汉早期玉制用具。1983年由广东广州市文物管理委员会、中国社会科学院考古研究所等单位在广州市象岗山西汉南越王赵眛墓中发掘出土。现藏于广州西汉南越王墓博物馆。

口径5.8厘米～6.7厘米、高18.4厘米。玉质呈青色，局部有朱红色浸斑。体如犀角，中空，口部呈椭圆形，杯底回卷，形成一条长而弯的绞丝状尾，缠绕于杯身下部，杯身上部和中部以浮雕和阴刻方法琢出卷云纹。造型奇特，制作精湛，为西汉、东汉玉器所仅见。杯内底部有重叠管钻痕，是研究当时制玉技术的珍贵资料。

（古 方）

Luopowan 1-haomu panzu yubei

罗泊湾1号墓盘足玉杯

罗泊湾1号墓盘足玉杯

西汉早期玉制用具。1976年由广西壮族自治区文物工作队在广西贵县罗泊湾1号西汉墓中发掘出土。现藏于广西壮族自治区博物馆。

口径4.5厘米、底径3.3厘米、高11.3厘米。玉质呈浅褐色，半透明。杯身呈筒形，下接一盘足，足底中空。杯口沿部饰一周卷云纹，杯身饰勾连纹。制作规整，纹饰精美，工艺水平较高。两广地区不产玉料，制玉工艺也很落后，因此这件玉杯应是从中原输入的，足显其珍贵。该墓主人为西汉及南越国的地方官吏。南越王可能将玉杯作为贵重礼物赏赐给他，他死后将其随葬在墓中。

（古 方）

Nanyuewangmu huohuan zimukou yuhe

南越王墓活环子母口玉盒

西汉早期玉制用具。1983年由广东广州市文物管理委员会、中国社会科学院考古研究所等单位在广州市象岗山西汉南越王赵眜墓中发掘出土。现藏于广州西汉南越王墓博物馆。

通高7.7厘米、盖高3.55厘米、径9.8厘米、身高4.35厘米、口径9.8厘米、圈足径3.05厘米、高0.45厘米。玉质呈青色，局部有黄褐色斑痕。由盒与盖组成，盒口与盖口均为子母口，盒身深圆圜底，下附小圈足，盖略隆，顶部有桥形立纽，内扣一个可转动的绞丝纹圆环。器表打磨光滑，遍体纹饰。整体纹饰构图严谨，线条流畅，雕镂精细。纹饰为阴刻和浅浮雕的柿蒂纹、勾连雷纹、凤鸟纹和卷云纹。造型优美，纹饰华丽，体现出当时高超的制玉技术。

（古 方）

南越王墓活环子母口玉盒

Guanglingwangmu feixiong yushuidi

广陵王墓飞熊玉水滴

东汉时期玉制用具。1984年由江苏扬州博物馆在邗江县广陵王墓中发掘出土。现藏于扬州博物馆。

通高7.7厘米。玉质呈白色。为坐姿，张口睁眼。熊背有双翼，右前掌托3株灵芝草。熊头顶部开圆孔，上置银盖。飞熊或寓意为神兽，灵芝被古人视为仙草，因此该器可能是用来盛放企求长生不死的丹药。

（古 方）

广陵王墓飞熊玉水滴

〖西汉东汉诸侯王墓其他玉器〗

Liuwumu yuwobao

刘戊墓玉卧豹

西汉早期玉制艺术品。1995年由江苏徐州汉兵马俑博物馆、南京博物院在徐州市狮子山西汉楚王刘戊墓中清理出土。现藏于徐州汉楚王陵博物馆。

刘戊墓玉卧豹

长23.5厘米、宽13厘米、高14.3厘米，重4754克。整体呈伏卧状，体态肥硕，雄健中亦显温驯，长尾似鞭而反曲。脖颈上套一镶缀海贝的颈圈，似为墓主家中豢养的宠物，放置于墓中亦有镇墓辟邪之功用。该器整体写实，是中国已知西汉时期最大的一件圆雕玉器，体现出较高的工艺水平。

（高 翔）

Nanyuewangmu changpaixing yushi

南越王墓长牌形玉饰

西汉早期玉制装饰品。1983年由广东广州市文物管理委员会、中国社会科学院考古研究所等单位在广州市象岗山西汉南越王赵眜墓中发掘出土。现藏于广州西汉南越王墓博物馆。

南越王墓长牌形玉饰

长14厘米、宽7.4厘米、厚0.4厘米～0.5厘米。玉质呈青色，器表受浸蚀而呈鸡骨白色。双面透雕，呈长方牌形，当中为一个长方形框，框内透雕变形鸟纹，框外上方饰一卷云纹，左右两侧分别透雕不对称物像，右侧为一只长卷尾凤鸟，足踏一璧，左侧透雕璎珞一串，其上饰一变形小鸟，方框下端雕一高冠卷尾的变形凤鸟。方框下方曾折断，后用金襻将断口连接。构图巧妙，纹饰繁缛，表现出丰富的想像力和高超的制玉技巧。

（古 方）

Nanyuewangmu lianti shuanglong yupei

南越王墓连体双龙玉佩

西汉早期玉制装饰品。1983年由广东广州市文物管理委员会、中国社会科学院考古研究所等单位在广州市象岗山南越王赵眜墓中发掘出土。现藏于广州西汉南越王墓博物馆。

长10.2厘米、宽6厘米、厚0.4厘米。玉质呈黄白色。整体平面略呈椭圆形，以二龙联体构成，龙身表面饰涡纹，周边有5个穿孔。双龙首为透雕，龙首张口对视，中间为一花蒂形饰物，两龙各伸一足共抓花蒂形饰物。纹饰线条流畅，双龙雄健有力，雕琢生动，为汉玉的珍品。

（古 方）

南越王墓连体双龙玉佩

Liushengmu fengshou yuji

刘胜墓凤首玉笄

西汉中期玉制用具。1968年由中国科学院考古研究所与河北省文物工作队在河北满城县陵山西汉中山靖王刘胜墓中发掘出土。现藏于河北省博物馆。

刘胜墓凤首玉笄

残长19.3厘米、宽1.5厘米。玉质呈白色，光洁无瑕。笄首透雕凤鸟和卷云纹，上涂有珠砂痕迹。笄身以阴刻线刻出卷云纹，笄末端刻鱼首，穿一圆孔，已残。

西汉、东汉时期的笄多呈长锥状，光素无纹，该笄笄首作透雕的凤鸟纹，鸟尾作为笄身，构思极为巧妙。该笄笄体光滑，当为实用器。

（古 方）

Boxian Fenghuangtai 1-haomu yugangmao

亳县凤凰台1号墓玉刚卯

东汉时期玉制辟邪用器。1972年由安徽亳县博物馆在该县凤凰台1号东汉墓中清理出土。现藏于亳州市博物馆。

高约2.2厘米、端面边长1厘米。玉质呈白色。长方形体，中有穿孔。四面共刻34字，文为“正月刚卯既央，灵殳四方，赤青白黄，四色是当。帝令祝融，以教夔龙，庠蝼刚瘅，莫我敢当”。

刚卯是西汉、东汉时期特有的一种逐鬼辟邪之物，西汉、东汉时期文献中亦有详细记载。玉刚卯的传世品较多，发掘出土者仅见于此。

（古 方）

亳县凤凰台1号墓玉刚卯

Liushengmu chiniu yuyin

刘胜墓螭纽玉印

西汉中期玉制用具。1968年由中国科学院考古研究所与河北省文物工作队在河北满城县陵山西汉中山靖王刘胜墓中发掘出土。现藏于河北省博物馆。

长和宽均2.7厘米、高2.2厘米。玉质呈灰白色，光洁明亮。方形，螭虎纽，印面无文。据西汉、东汉文献记载，汉朝“皇帝六玺，皆白玉螭虎纽”，可见螭虎纽印为天子之制。汉朝颁赐给诸侯王、列侯和外藩首领的信印质地有玉、金及鎏金铜印等，印纽大多为龟形或覆斗形。另外，云南晋宁县石寨山滇王墓中出土有蛇纽玉印。西汉前期诸侯王势力很大，百官制度与朝廷相同，该印正是这种状况的反映。

（古 方）

刘胜墓螭纽玉印

Liuwumu long-fengwen yuge

刘戊墓龙凤纹玉戈

西汉早期玉制礼器。1995年由江苏徐州汉兵马俑博物馆、南京博物院在徐州市狮子山西汉楚王刘戊墓中清理出土。现藏于徐州汉楚王陵博物馆。

刘戊墓龙凤纹玉戈

通长17.2厘米、宽11.2厘米、厚0.7厘米。玉质呈青白色，有沁斑。戈援部及胡部均阴刻勾连云纹，内部一面刻卷曲腾挪状的羽龙，另一面饰尖喙振翅状的凤鸟。援下部附有透雕的龙，龙作爬行回首状，造型生动别致，线条流畅洗练，为西汉早期玉雕佳作。该戈仿实用的曲内形青铜戈制作，但援端呈圆弧状，纹饰精美，装饰意味较浓，显然为作观赏之用的陈设器。

曲内形玉戈最早见于春秋中期的陕西凤翔县秦公1号墓中，西汉晚期的河南永城县僖山梁王陵中亦出土有这种形制的玉戈（见僖山西汉墓玉戈） （高 翔）

Xishan Xi-hanmu yuge

僖山西汉墓玉戈

西汉晚期玉制礼器。1986年由河南商丘地区博物馆在永城县僖山西汉墓中发掘出土。现藏于商丘市博物馆。

长18.3厘米、宽10.3厘米。玉质呈白色，有褐色浸痕。戈锋尖锐，援部弯曲，刃较锋利，胡上有三穿，内呈长方形，上有一穿。戈援部和内部两面阴刻勾连纹。该器仿铜戈而作，琢制细致，非实用器，是某种礼仪用具或观赏器。

（古 方）

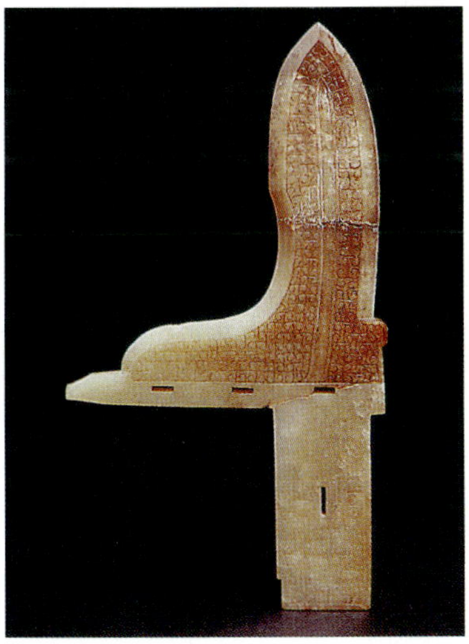

僖山西汉墓玉戈

Lurenmu fuchakong yubixie

吕仁墓附插孔玉辟邪

东汉时期玉制用具。1978年由陕西宝鸡市博物馆在宝鸡市北郊吕仁墓中发掘出土。现藏于宝鸡市博物馆。

长18厘米、宽6.7厘米、高18.5厘米。玉质呈青色。圆雕而成，辟邪昂首挺胸，张口露齿，身两侧浅浮雕羽翅，头部和背上有方柱形及圆柱形插孔，用于嵌插饰物，颈部及四肢上饰阴线羽纹。该辟邪威武雄健，生动传神，是迄今发现最大的一件玉辟邪。

（古 方）

吕仁墓附插孔玉辟邪

Nanyuwangmu shoushou xianhuan yupushou

南越王墓兽首衔环玉铺首

西汉早期玉制装饰品。1983年由广东广州市文物管理委员会、中国社会科学院考古研究所等单位在广州市象岗山西汉南越王赵眜墓中发掘出土。现藏于广州西汉南越王墓博物馆。

南越王墓兽首衔环玉铺首

通长16.7厘米、横宽13.8厘米。玉质呈青色，器表经浸蚀呈鸡骨白色。整器雕作兽首衔璧状，上部雕出一个兽面，左侧透雕一只回首螭虎，兽面头顶透雕卷云纹，兽面鼻部雕作横穿的方环，与一个璧套接，璧表面浅浮雕涡纹。该铺首雕刻线条流畅，特别是活环套接工艺体现出较高的制玉技术。

（古 方）

Dingzhou 43-haomu renwuwen yuzuoping

定州43号墓人物纹玉座屏

东汉时期玉制艺术品。1969年由河北定县博物馆在定县(今定州市)43号东汉墓中发掘出土。现藏于定州市博物馆。

定州43号墓人物纹玉座屏

长15.6厘米、高16.9厘米。玉质呈黄色，局部有褐色浸斑。以透雕的两侧支架和上下2块玉屏板卯合而成。屏板两端有榫，两侧支架作连璧形，有长方形卯孔。上层屏板正中雕出盘膝而坐的东王公形象，其下部和两侧有跪坐的妇人及凤、鸟、兽等，下层屏板正中为西王母，亦盘膝而坐，头部两侧饰日、月，两边各饰一妇人，四周饰龟、蛇、熊等。玉座屏是最大的一件西汉、东汉透雕作品，所饰图案反映神话传说内容，集人物、动物和景物于一

体，是研究西汉、东汉时期玉器纹饰题材演变的重要实证。

（古　方）

Liuwumu yuqi

刘戊墓玉器

西汉早期楚王刘戊墓中随葬的玉制品。种类和数量均较多，工艺特征具有浓厚的战国玉器风格，是研究西汉早期玉器工艺及用玉制度的珍贵资料。1995年由江苏徐州汉兵马俑博物馆、南京博物院在徐州市狮子山西汉楚王刘戊墓中清理出土。现藏于徐州汉楚王陵博物馆。

计200余件，包括璧、环、佩、璜、戈、耳杯、卮、觿、蝉、豹及玉饰等。多以优质和阗玉精制而成，造型优美，工艺精湛，令人叹为观止。玉豹长23.5厘米，整体作伏卧状，是中国已知西汉时期最大的一件圆雕玉器，为当时工艺水平的杰出代表。（见刘戊墓玉卧豹）。

墓中还出土金缕玉衣片4000余枚，皆晶莹剔透，加工和抛光极为精细，有的玉片仅0.5厘米见方。墓内还散置许多菱形、三角形、正方形、长方形玉版以及以不同形状的玉版粘连在一起组成的图案，表明殓葬墓主人刘戊的葬具是一套镶玉髹漆的棺椁，玉版便是粘贴在棺内周壁上的遗物。玉版多达1500余片，皆为优质碧玉，表面抛光，有的阴刻图案，异常华贵。

（高　翔）

Nanyuewangmu yuqi

南越王墓玉器

西汉南越国第二代王赵昧墓随葬的玉制品。1983年由广东广州市文物管理委员会、中国社会科学院考古研究所等单位发掘。现藏于广州西汉南越王墓博物馆。该墓位于广东广州市象岗山，与赵昧合葬的还有他的4位夫人。墓中前后两部分共7室，其中前室、东耳室、西耳室、主棺室、东侧室、西侧室出土玉器共计19种244件。赵昧死于汉武帝元狩元年（公元前122年），因此这批玉器的下限在西汉中期。

出土玉器按用途划分有礼玉、装饰玉、葬玉、日用器具及镶嵌器。礼玉仅有璧一类，包括蒲纹璧和涡纹璧；装饰玉的数量和种类最多，以组玉佩和玉剑饰为主。组玉佩共11套，一般组合为小璧、佩、环、璜、舞人、觿、珠、管等玉器，最多的一组佩饰由32件不同质料的饰物组成。玉剑饰共58件，包括剑首、剑格、剑璏、剑珌，剑饰数量如此之多，为西汉、东汉诸侯王墓所仅见；葬玉有丝缕玉衣、兽面纹璧、玉握和鼻塞。丝缕玉衣是以丝线穿缀的玉衣，与当时中原诸侯王穿的金缕玉衣有别，这可能是汉王朝以少数民族君王的礼遇来对待南越王。兽面纹璧置于墓主身体上下，具有辟邪作用。玉握为一对玉觿；日用器具有玉带钩、印章、盒、犀角形杯。带钩多达37件，纹饰繁多，造型优美，做工精湛；镶嵌器均为容器，有铜框镶玉盖杯、承盘高足玉杯、玉卮等。承盘高足杯由金、银、铜、木、玉等5种质料制作的器件构成，有的学者认为它可能是祈求长生的“承露盘”。从玉器遗留的痕迹来观察，当时的琢玉工艺有切、钻、刻、凿和改制等工序，一些造型和图案复杂的玉器可反映出当时极高的琢玉水平。玉器纹饰主要分为几何纹和动物纹两类。几何纹有弦纹、勾连纹、涡纹、蒲纹、柿蒂纹等；动物纹有兽面纹、龙纹、螭虎纹、凤纹等。纹饰的琢刻工艺有阴线刻、浮雕、高浮雕、透雕和圆雕等。

南越王墓中出土的很多玉器体现出浓厚的战国时期玉器的风格，这也是西汉早、中期玉器的特点。关于这批玉器的制作地点和玉料来源，目前还有不同看法。多数学者认为它们是在当地制作的，玉料的产地在今广东曲江县一带。

参考书目

广州市文物管理委员会、中国社会科学院考古研究所、广东省博物馆：《西汉南越王墓》，文物出版社，1991。

广州西汉南越王墓博物馆、香港中文大学文物馆：《南越王墓玉器》，两木出版社，1991。

（古　方）

Liushengmu yuqi

刘胜墓玉器

西汉中山靖王刘胜及其妻窦绾墓中随葬的玉制品。墓葬位于河北满城县陵山，1968年由中国科学院考古研究所与河北省文物工作队发掘，现藏于河北省博物馆。这2座墓开凿在山岩中，属夫妇并穴合葬。刘胜墓玉器共计13种80余件，主要出土在中室和后室；窦绾墓玉器共计11种40余件，主要出土在棺内。刘胜死于汉武帝元鼎四年（前113年），窦绾死年则稍晚于刘胜，因此玉器的时代也大约与此相当。

这些玉器均属软玉类，玉质有白玉、青玉和碧玉，经鉴定，玉器的矿物成分和物理性质与新疆和阗玉完全相同。玉器按用途来分有礼玉、装饰玉、葬玉、日用器具及镶嵌器。礼玉有璧和圭两种；装饰玉很少，有透雕双螭卷云纹璧、心形佩、舞人和串饰；葬玉有金缕玉衣和窍塞等；实用器具有笄和带钩；镶嵌器有嵌玉铜枕、镶玉棺。玉器的纹饰有涡纹、蒲纹、弦纹、卷云纹、凤鸟纹、夔龙纹、兽面纹等，雕刻技法以平板透雕和阴线刻为主，圆雕器仅有一件抚案玉人。

刘胜墓是中国首次发掘的未经盗扰的西汉诸侯王墓，而且年代明确，因此它所出土的玉器对于研究中国古玉的发展有着极为重要的参考价值。首先，该墓玉器是西汉中期的标准器，可以用它判断来历不明的西汉、东汉时期玉器的时代；其次，这些玉器与战国时期玉器风格截然不同，可作为西汉、东汉时期玉器的典型代表；第三，2套“金缕玉衣”的出土，解决了悬而未决的玉衣形制问题，首次完整复原了玉衣面貌。按西汉、东汉时期文献记载，金缕玉衣为天子之制，诸侯王下葬应用银缕玉衣，该墓的两套

玉衣均为金缕玉衣，这说明玉衣之制在当时尚未建立。另外，玉衣片上残留的锯缝痕迹，也为研究西汉、东汉时期的制玉工艺提供了重要的实物证据。

参考书目

中国社会科学院考古研究所、河北省文物管理处：《满城汉墓发掘报告》，文物出版社，1980。

（古　方）

Sanguo zhi Wudai yuqi

三国至五代玉器

（公元220年～公元960年）

三国、两晋、南北朝及隋、唐、五代时期以玉为原料制作的装饰品、实用器、礼玉和葬玉等。这一时期是中国玉器发展史上的低谷阶段，玉器的种类很少，数量锐减，自商、西周时期以来所形成的传统用玉制度在三国至南北朝时期已近尾声，隋、唐、五代时期的玉器则在向装饰化和实用化发展，孕育着玉器发展的新的繁荣期。

三国至南北朝玉器 主要出土地点有河南洛阳市曹魏墓、山西太原市北齐墓、辽宁北票市北燕冯素弗墓、湖南安乡西晋刘弘墓及江苏南京一带的东晋和南朝墓等。种类有玉璧、玉环、心形佩、云形珩、玉剑首、玉觿、带钩、玉蝉、玉猪、玉印、玉樽、玉盏、辟邪及一些很小的佩饰和动物形玉等。从形制上看，除云形珩是新出现的器形外，其余均与西汉、东汉时期玉器形制相同，其用途也是一致的。各地的大墓，如河南洛阳市北魏王室墓和江苏南京一带的东晋和南朝皇陵均遭到严重的盗毁，所剩玉器无几，这对于认识这一时期的玉器造成了很大的困难。这一时期的琢玉工艺呈现出停滞状态，除筒身玉杯、双螭虎心形佩、浮雕凤纹带钩等少数几件玉器制作较精致外，绝大多数玉器制作粗劣，玉质较差。造成这一时期玉器工艺衰落的原因是多方面的：①在社会政治动荡、战争频繁、军阀割据的分裂局面下，社会经济凋敝萧条，手工业也不例外，这极大地阻碍了琢玉业的发展；②玄学和佛学的流行冲击了传统的儒学礼制理论，礼法衰退，出现崇尚清谈、提倡放达的社会风气，故西汉、东汉时期玉器繁杂的器种和神秘的纹饰逐渐消失；③薄葬替代厚葬，魏文帝曹丕吸取西汉、东汉诸陵由于殓以“金缕玉衣”而被盗掘的教训，废除使用玉衣的制度，葬玉趋于简单化。另外，青瓷工艺的突起也对玉器的发展有着一定的影响。

隋、唐、五代玉器 从隋、唐时期开始，玉器的品种和艺术风格呈现出新的变化。三国至南北朝时期玉器发展进入低潮，传统礼制对于玉器的影响大大减少，制玉业的规模也逊于前代。在此基础上发展起来的隋、唐、五代玉器，在风格上逐渐摆脱了神秘感，向世俗化发展。虽然唐代史书仍记载有璧、琮、璜、圭等玉礼器，但在发掘出土品中极少见。目前所见这一时期玉器多为佩饰、实用器和带饰，其特点是以写实为主，浑厚自然，气韵生动。主要出土地点有陕西西安市隋李静训墓、西安市南郊何家村唐代窖藏、礼泉县唐李贞墓，广东韶关市唐张九龄墓，江苏南京市南唐李昪墓，安徽合肥市西郊南唐墓，四川成都市前蜀王建墓等，出土玉器虽不多，但反映了这一时期的特点。李静训墓出土有玉戒指、玉扣、玉刀、玉兔、玉盏等，器形小巧，多为实用品和玩赏物，其中金釦白玉盏和金镶白玉镯琢制精细，色泽柔润，金玉互衬，极其高雅。何家村唐代窖藏是目前发现数量最多的唐代玉器，计有白玉刻花羽觞、玉带銙、玉杵、方玉及镶金白玉镯等，种类较齐全，是唐代制玉工艺的代表作。李贞墓出土的一套玉佩饰，由云形珩、璜等7件玉器组成，张九龄墓中也有一套玉佩饰，由玉角形器、云形珩、璜等组成，这2套玉佩饰形制简单，工艺水平一般，但对于研究唐代佩饰的组合与形制是很有价值的资料。李昪墓出土的28片玉哀册和河南洛阳市唐代遗址中出土的唐哀帝的玉哀册残片，都是研究唐代礼玉的珍贵实物。合肥南唐墓出土的银鎏金头饰玉“步摇”两件，做工精细，玉“步摇”是晚唐和五代颇为流行的一种饰玉，玉片很薄，并雕有精致的花纹。王建墓出土玉器较多，有玉带饰、玉哀册、玉杯、玉绶饰等，玉器大多保存完整，是研究五代用玉制度的难得材料。另外，传世的这一时期玉器也较多，其中精品有玉飞天佩、透雕双凤佩、玉献壶人和献珠宝人带饰、云形杯、玉骑象人等。从出土物和发掘品中可以看出，隋、唐时期的制玉工艺水平相当高，对于阴刻、浮雕、透雕、圆雕、抛光等雕刻技法已应用得十分熟练，所表现的对象生动自然，线条婉转流畅，玉雕所选玉料多为洁白无瑕的羊脂玉，整个作品显得富贵华丽。尽管隋、唐时期金银器、瓷器、纺织刺绣等工艺十分发达，但玉器仍未失去华贵的地位。陕西扶风县法门寺塔基地宫中出土了4枚佛指舍利，其中1枚即放置于特制的玉棺中，可见玉器仍受到人们的尊崇。

参考书目

洛阳市文物工作队：《洛阳曹魏正始八年墓发掘报告》，《考古》1989年4期。

黎瑶渤：《辽宁北票县西官营子北燕冯素弗墓》，《文物》1973年3期。

中国社会科学院考古研究所：《唐长安城郊隋唐墓》，文物出版社，1980。

许勇翔：《唐代玉雕中的云龙纹装饰研究》，《文物》1986年9期。

冯汉骥：《前蜀王建墓发掘报告》，文物出版社，1964。

（古　方）

Luoyang Zhengshi banianmu tongxing yubei

洛阳正始八年墓筒形玉杯

三国时期玉制用具。1958年由河南洛阳市文物工作队在洛阳市曹魏正始八年（公元247年）墓中发掘出土。现藏于洛阳市文物工作队。

口径5厘米、通高13厘米。玉质洁白温润，系以新疆和阗玉材雕琢而成。呈圆筒形，平口深腹，近底部斜收呈弧线形，圆饼形足较高。该杯通体素面无纹饰，以造型见长，外轮廓线条流畅优美，整体庄重典雅，加之白玉无瑕，器表打磨十分光滑，给人以浑厚、华贵的感受。该玉杯随葬在墓室之中，是墓主人生前的生活用具和宠爱之物。它的出土，反映了当时的丧葬风俗和社会生活状况。（张兆祥）

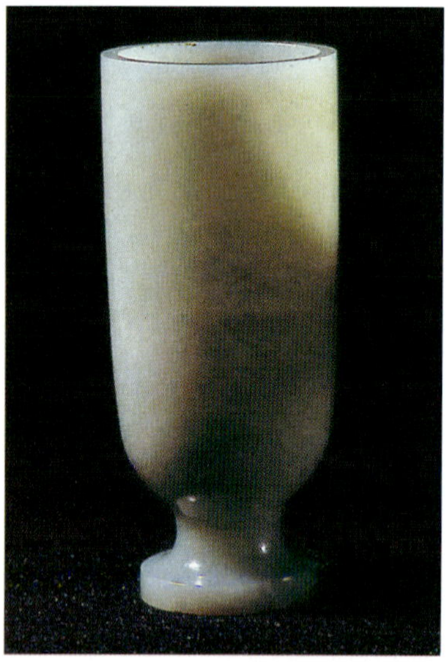
洛阳正始八年墓筒形玉杯

Liuhongmu shenshouwen yuzun

刘弘墓神兽纹玉樽

刘弘墓神兽纹玉樽

西晋时期玉制用具。1991年由湖南安乡县文物管理所在该县黄山头林场南禅湾西晋刘弘墓中清理出土。现藏于安乡县文物管理所。

高10.5厘米。玉质呈粉白色，表面受沁蚀。呈直筒形，器身以三道凹带纹分为上下两部分。上部分琢一对铺首衔环器耳，器身浅浮雕螭龙及升仙图案。下部分浮雕仙人、虎、熊、螭等内容。樽平底，下置三足，造型为熊背负樽体状。该樽纹饰构图巧妙，线条婉转多变，极富动感。

刘弘墓所出玉器，是目前所确知的惟一一批西晋玉器。这件玉樽是其中最精美者，为研究西晋玉器制作与使用情况提供了宝贵的实物资料。它在造型上与东汉陶樽、漆樽的形制无异，可知西晋玉器是承袭东汉玉器风格的。

（古 方）

Guojiashan guiniu yuyin

郭家山龟纽玉印

郭家山龟纽玉印

东晋早期玉制冥具。由江苏南京市博物馆在南京市中央门外郭家山墓葬中发掘出土。现藏于南京市博物馆。

边长2.8厘米、通高3.5厘米。玉质呈青灰色，有轻度浸蚀。呈正方形，光素无字。纽印形为一昂首爬行乌龟。饰面雕刻刀法洗练，艺术造型逼真，楚楚动人。该印制作简练，无印文，可以断定，它不是墓主人的生前使用之物，而是死后为其仿制的随葬品。

（张兆祥）

Guojiashan shuangchiwen xinxing yupei

郭家山双螭纹心形玉佩

东晋早期玉制装饰品。由江苏南京市博物馆在南京市中央门外郭家山墓葬中发掘出土。现藏于南京市博物馆。

郭家山双螭纹心形玉佩

长7.1厘米、宽4.6厘米、厚0.4厘米。玉质呈青色，经长期浸蚀，器表面呈灰色。佩体扁片状，外轮廓作长方委角形。中央有一椭圆形穿孔，两面纹饰相同，皆镂雕双螭虎。螭虎大小不一，作爬行状。采用镂空、线刻、圆雕等多种制作方法，将一块扁薄玉片雕琢得玲珑剔透。螭虎形象逼真，生动可爱，充分体现出制玉匠师的睿智和鬼斧神工的技艺。

（张兆祥）

Wuhu quanzu yu'erbei

芜湖圈足玉耳杯

三国吴至南朝时期玉制用具。安徽芜湖地区出土。现藏于安徽省博物馆。

口径9.8厘米～17厘米、高7厘米。呈椭圆形，两侧各附一月形耳。杯直口圆腹，近底处向内斜收，底部有一椭圆形圈足。器表无纹饰，但从造型结构上看，给人一种古朴典雅的美感。无论在制作风格，还是在造型创意上，该杯均有独到之处。造型端庄高雅，琢磨精细光润，棱角处理明快清新，这些足以代表南朝时期的制玉水平。

（张兆祥）

芜湖圈足玉耳杯

Xiangshan 7-haomu fengwen yudaigou

象山7号墓凤纹玉带钩

东晋时期玉制用具。1970年由江苏南京市博物馆在南京市栖霞区象山7号东晋墓中发掘出土。现藏于南京市博物馆。

象山7号墓凤纹玉带钩

通长7.5厘米、纽径1.7厘米。玉质呈青白色，局部受浸蚀。钩作鸟首形，腹面雕一凤，底部雕圆形纽。采用浮雕手法突出凤纹，凤作回首状，身躯呈S形，一朵凤冠向后翘卷，较大的凤尾与短小的羽翅相互衬托，夸张适度。鸟首作顾盼状，秦以前及西汉、东汉时期浮雕纹饰的玉带钩，所雕纹饰以螭虎和龙纹为主，浮雕凤纹者仅见于此。

（张兆祥）

Fengsufumu liuyunwen yujianshou

冯素弗墓流云纹玉剑首

十六国时期北燕玉制剑饰。1965年由辽宁省博物馆在北票县西官营子村葬于北燕太平七年（公元415年）的北燕贵族冯素弗墓中清理出土。现藏于辽宁省博物馆。

冯素弗墓流云纹玉剑首

直径4厘米、厚1.4厘米。玉质呈灰黄色。体扁呈圆饼状，正面中心部位略隆凸，外沿渐薄，其上浮雕及阴刻几条流云纹饰，背面平素无纹,中心阴刻一条牙槽，槽心穿一圆孔，与剑把连接。该剑首为中国已知时代最晚的剑饰，其形制与西汉、东汉时期玉剑饰差别较大，是了解南北朝时期玉剑首形式的珍贵实物资料。

（张兆祥）

Fengsufumu xianwen yuzhan

冯素弗墓弦纹玉盏

十六国时期北燕玉制用具。1965年由辽宁省博物馆在北票县西官营子村葬于北燕太平七年（公元415年）的北燕贵族冯素弗墓中清理出土。现藏于辽宁省博物馆。

冯素弗墓弦纹玉盏

口径8.6厘米、高3.3厘米。玉质呈灰黄色，有黑色斑纹。直口圆腹，近底处向内斜收，口沿饰一道突起粗阔的凸棱和几道阴刻的弦纹。造型端凝纯厚，线条圆浑流畅，体态丰硕，胎体琢磨精薄细润，棱角处理干净利落，展示出这一时期的制玉技术，是一件不可多得的珍品。

（张兆祥）

Nanchang Nanchaomu yunxing yuheng

南昌南朝墓云形玉珩

南朝时期玉制装饰品。1961年由江西省博物馆在南昌市郊一座南朝墓葬中清理出土。现藏于江西省博物馆。

横长7.6厘米。玉质呈青色。体作扁平片状，圆顶，上部沿边饰云牙，中间凸脊处有一圆穿，两侧委角，下部沿边的两凸脊处各有一圆穿。通体光素无纹饰。

珩属杂玉佩之一，是成组玉佩中最上一饰。这种形制的珩，是南北朝时新出现的玉器样式，可能是由西汉、东汉时期玉璜演变而来的。

（张兆祥）

南昌南朝墓云形玉珩

Nanjing Guanghuamen matouxing yushi

南京光华门马头形玉饰

三国吴至东晋时期玉制饰件。1955年由江苏南京博物院在南京市光华门外墓葬中发掘出土。现藏于南京博物院。

长4.7厘米、宽1.3厘米。玉质呈青白色。立雕而成，马头前伸，鼻部隆凸，鼻梁下凹，突出了隆凸的面额。双目圆睁，目光前视，嘴饰阴线作紧闭状，尖尖的三角形双耳

向后斜耸，侧面饰儿刀流畅阴线突出了耳的外部轮廓。马颈用不规则的六棱体表现，可能是嵌插在木制马体之上，专为随葬而制作。

（张兆祥）

南京光华门马头形玉饰

Shedihuiluomu xianbaozhu fengniaowen yuhuang

库狄迴洛墓衔宝珠凤鸟纹玉璜

北齐时期玉制装饰品。1973年由山西省文物工作委员会在寿阳县贾家庄葬于河清二年（公元562年）的北齐定州刺史顺阳王库狄迴洛墓中清理出土。现藏于山西省博物馆。

长9.7厘米、宽4.3厘米、厚0.4厘米。玉质呈乳白色。体扁薄，云头形，上部外缘饰有云牙，内沿边中央部位有一月牙形穿孔，下部凸脊上有一圆穿孔，左右委角沿边各有一个圆穿孔，器背面饰火焰纹，正面主体纹饰线刻一口衔宝珠的凤鸟，凤眼前视，一缕凤冠向后曲卷。双翅上以写实手法线刻出羽毛，三条修长的凤尾翻飞有序，双翅展开作欲飞的姿态，空间点缀流云纹，纹饰活泼严谨。采用阳刻手法，刀法简洁明快，造型优美，形态逼真，充分体现出这一时期琢玉匠师的熟练技巧。

（张兆祥）

Lijingxunmu shuanggu yuchai

李静训墓双股玉钗

隋代玉制装饰用具。1957年由中国科学院考古研究所在陕西西安市玉祥门外葬于隋大业四年（公元608年）的李静训墓中发掘出土。现藏于中国历史博物馆。

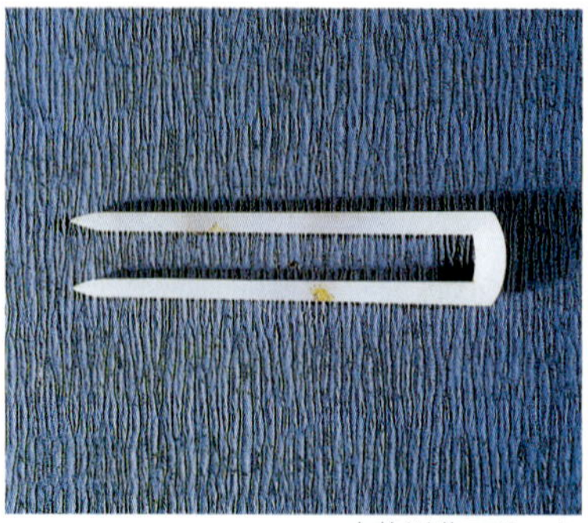

李静训墓双股玉钗

长8.1厘米、顶端宽1.8厘米。玉质洁白。有微红色斑痕。作双股平行的圆柱体，尾尖如锥，顶端凸起，弧形以双股连接。通体素面无纹饰，造型玲珑，做工精巧，器面碾磨光亮，虽没有华丽的纹饰，但具有一种纯朴、典雅而明快的艺术效果。其为实用玉器，是当时贵族妇女发髻的装饰。

（张兆祥）

Lijingxunmu fuwozhuang yutu

李静训墓伏卧状玉兔

隋代玉制装饰品。1957年由中国科学院考古研究所在陕西西安市玉祥门外葬于隋大业四年（公元608年）的李静训墓中发掘出土。现藏于中国历史博物馆。

李静训墓伏卧状玉兔

长2.7厘米、高2厘米。玉质呈白色。采用圆雕而成，兔作昂首状，双目前视，尖口，双耳后背，四肢弯曲，呈伏卧之势。除首尾有简单的阴线作毛发外，余皆光素，更显得腰臀丰满圆滑。腰部横穿一孔，便于穿系。琢磨光润，造型生动，表现出兔的天真可爱、机警活泼的神态，是隋代玉器中的精美之作，也是这个时期典型的作品。

（张兆祥）

Lijingxunmu jinkou yuzhan

李静训墓金釦玉盏

隋代玉制用具。1957年由中国科学院考古研究所在陕西西安市玉祥门外葬于隋大业四年（公元608年）的李静训墓中发掘出土。现藏于中国历史博物馆。

口径5.6厘米、足径2.9厘米、高7厘米。玉质呈白色。体作圆形，直口，镶有金口（称“金釦”），唇稍向外微卷，上阔，近底部微敛，底接圈足。整体光素无纹，造型高雅，琢磨细润，又衬托有富丽堂皇的金釦，黄白色泽交融，相映成辉，使其更加华贵，堪称隋代玉器珍品。

李静训墓金釦玉盏

釦器始于战国，盛于西汉至南北朝时期，隋、唐以后广为流行，特别是唐代玉雕器皿逐渐增多。目前隋代的釦器发现还很少，该盏为研究这一时期器形演变的珍贵的实物资料。

（张兆祥）

Lizhenmu zuyupei

李贞墓组玉佩

唐代玉制装饰品。1972年由陕西昭陵文物管理所在礼泉县兴龙村唐越王李贞墓中清理出土。现藏于陕西昭陵博物馆。

李贞墓组玉佩

由6件玉佩组成，最大的1件宽6.4厘米、高2.8厘米、各件均厚0.2厘米。皆青玉质。体扁平，左上角1件上窄下宽，两肩呈尖状，上饰云形边，两侧内弧，底边平直，两角尖形，上部凸脊内沿边外有一圆穿孔；右上角1件略呈委角菱形，上下衬以长方形边，器两侧各有一镂空月牙空孔，两侧沿边和委角的上下凸脊处有一圆穿；左下角1件作云形，上下及两侧各有一圆穿。其余3件形制基本相似，作半环形，其中2件的两端各饰一小圆穿。这6件玉器器表均光素无纹，琢磨较光润，形式各异，是一套完整的组玉佩，代表当时玉佩的风格。

（张兆祥）

Hejiacun shouwen yudaiban

何家村兽纹玉带板

唐代玉制用具，又名銙。1970年由陕西省博物馆在西安市何家村唐代窖藏中发掘出土。现藏于陕西历史博物馆。

何家村兽纹玉带板

共15块，其中铊尾2块，方形銙13块。长3.5厘米～4厘米。玉质呈青色，体扁。每块正面均以浅浮雕技法各雕饰一种动物，动物形式各异，有立有卧，皆栩栩如生。背面光素无纹。每块各有供与鞓结扎的穿孔。每块玉銙都精雕细琢，线条舒展流畅，力求动物形神兼备，集中展现出唐代的制玉水平。此外，何家村窖藏中还出土有正面雕饰击鼓、吹箫等各式人物的玉带板。

（张兆祥）

Hejiacun babanhuaxing yubei

何家村八瓣花形玉杯

唐代玉制用具。1970年由陕西省博物馆在西安市何家村唐代窖藏中发掘出土。现藏于陕西历史博物馆。

口径5.1厘米～5.5厘米、高3.5厘米。以珍贵的新疆和阗玉为材，玉质呈白色。杯体呈椭圆形，唇口微内敛，杯底饰椭圆形圈足，微向外撇。杯内光素，有与腹外壁相对的8条凸棱。腹外部8组花瓣上均饰有浅浮雕的卷草纹。纹饰清晰，刀法流利，线条婉转流畅，整体造型匀称和谐，美观高雅，犹如一朵盛开的鲜花。

（张兆祥）

何家村八瓣花形玉杯

Hejiacun xiangjin yuzhuo

何家村镶金玉镯

唐代玉制用具。1970年由陕西省博物馆在西安市何家村唐代窖藏中发掘出土。现藏于陕西历史博物馆。

直径7厘米。玉质呈白色，润泽晶莹。镯分3段，连接处均饰金质兽首，并有栓，可弯折。外缘饰有几道不规则的凸凹弦纹，余皆光素。金质兽首纹饰细密清晰，光亮夺目，与温润的白玉交相辉映，充分显示出唐代匠师们巧夺天工的琢錾技巧及创造才能。

（张兆祥）

何家村镶金玉镯

Tang'aidi jiwei yuce

唐哀帝即位玉册

唐代玉制礼器。1989年由中国社会科学院在河南洛阳市唐宫城中发掘出土。现藏于中国社会科学院考古研究所。

唐哀帝即位玉册

共10枚，多已残断，每枚长28.5厘米、宽2.7厘米～3.1厘米、厚1.2厘米～1.4厘米。玉质呈白色。均呈长条形，两端各有一小孔，孔径0.5厘米，用以系绳编缀，其中6枚刻有册文，多至8字，少仅6字，楷书阴刻，字内填金，玉册内容为唐哀帝即位册文。哀帝玉册是首次发现的唐代皇帝即位册文，为了解唐代皇帝即位玉册形制、礼制制度提供了实物证据。玉册始见于战国时期而盛行于隋、唐、五代时期，江苏南京市南唐李昇墓及四川成都市前蜀王建墓均出土有玉哀册。

（古 方）

qianfudiao yunlongwen yubi

浅浮雕云龙纹玉璧

唐代玉制装饰品。现藏于上海博物馆。

浅浮雕云龙纹玉璧

直径9.6厘米、孔径3.7厘米。玉质呈白色。璧两面纹饰各异，在内孔及外径边沿处均饰一圈阴刻弦纹，一面在内外两圈弦纹间浅浮雕4朵如意云纹，在如意云纹凹进部位饰一肩形纹加以点缀，烘托出画面的整体效果。另一面亦在两圈弦纹间浅浮雕单龙戏珠纹，龙头生双角，双眼后有髯，颈后毛发向后飘拂，上唇上翘呈梳状，下唇有须，龙身满饰鳞纹，背鳍排列紧密，前腿关节处有翼，腿关节处有毛，3趾，蛇形尾穿过后腿，呈“S”形弯曲，头尾之间琢雕火焰纹宝珠，展现出一条腾空而起的行龙，正在追赶一团火珠，整个画面生动活泼，富有生机。

（张兆祥）

qixiang yuren

骑象玉人

唐代玉制艺术品。现藏于北京故宫博物院。

长7.3厘米、高5.3厘米。玉质呈青色。展现一只大象跪卧于地，上骑一人，身着窄袖束腰和袍，足蹬长筒靴，深目高鼻，右手举于后背，左手置于膝盖之上，一腿作盘状，一腿呈下垂式，侧坐于象背之上，为典型的西域人形象。大象的四肢及下颏紧贴于地上，长鼻后卷，尾巴向前卷曲，双目合拢作闭目养神状，大耳后竖，神态可掬，富有浓郁的生活气息。这件骑象玉人，采用圆雕加饰阴刻线的手法，大象的一头一尾及人物的头部，经过精琢细雕最为精彩，条条阴刻线细密排列，纹丝如发，形神兼备，完美和谐，充满生机，集中再现了唐代琢玉技术之精华。

（张兆祥）

骑象玉人

yewei shuangfengwen yupei

曳尾双凤纹玉佩

唐代玉制装饰品。现藏于北京故宫博物院。

曳尾双凤纹玉佩

高6.3厘米、厚0.4厘米。玉质呈青色，局部有褐色浸蚀。体薄片呈花篮形，两面镂雕相同图案，皆为口衔莲花枝、卧于莲花之上的一对凤鸟。空间饰以缠枝莲纹，两只凤鸟雕琢完全对称，短小凤冠恰似一朵盛开的鸡冠花嵌于头上，细长的凤眼前视，面面相视，悠长的凤颈向外弯曲，颈后的翎毛向后翘卷，舒展的长尾向上自然弯曲，飘拂有序。该器采用镂雕加饰阴刻线的工艺，用镂空的手法雕出凤与莲荷的外轮廓，再以细密的阴线琢刻出莲荷及凤的羽翎，使凤与莲的形态惟妙惟肖，充满了浓郁的生活情趣。

（张兆祥）

Wangjianmu dadai yuban

王建墓大带玉板

五代时期玉制用具。1942年～1943年由中央研究院历史语言研究所等单位在四川成都市前蜀皇帝王建的陵墓中发掘出土。现藏于四川省博物馆。

王建墓大带玉板

由铊尾及銙组成。计8块，其中方形銙7块；圭形铊尾1块，形体最大。銙长7.8厘米、宽8厘米、厚1厘米。铊尾长19.6厘米、宽8.2厘米、厚1.1厘米。玉质洁白。銙与铊尾均呈扁片状。銙背面皆有与鞓结系的穿孔。正面主体纹饰为盘龙，龙的形状千姿百态，有的作昂首状，有的作回首状，有的二目合拢，悠闲自若，卷曲盘卧，神态各异；身上均饰有菱形的鳞纹，四趾龙爪刚劲有力。该带板均采用浅浮雕加饰阴刻的手法，龙纹琢刻婉转流畅，生动精美，充分体现出五代时期的龙纹特色，是研究这一时期龙纹发展及演变的珍贵资料。从铊尾上所刻的铭文可知，玉料在永平五年（公元415年）曾经火焚，后被前蜀皇帝王建发现并命工匠制成玉带。它为

了解五代时期的玉带形式提供了实物证据。

（张兆祥）

Beisong zhi Yuan yuqi

北宋至元玉器

（公元960年～公元1368年）

北宋、南宋及辽、金、西夏和元代以玉为原料制作的装饰品、日用品和艺术品等。这一时期玉雕开始呈现出新的面貌，反映出浓厚的生活气息，体现出作者对艺术的追求和理解。在风格上一扫古典玉器所具有的神秘色彩，礼制功能消失，玉器的使用不局限于统治阶层，而且为社会各阶层所接受，并逐渐商品化。在这种背景下，琢玉业得到了空前发展，制作技术水平也很高。这一时期玉器光泽晶莹，质地精良，禽兽花卉和玲珑剔透之器增多，写实能力较强，形神兼备，具有极高的造诣，这与当时绘画、雕塑艺术的成熟有密切的关系，许多玉器既有实用性，又有很高的艺术观赏价值。

● **北宋、南宋玉器** 多为传世品，考古发掘出土者很少。在浙江衢州市南宋史绳祖墓中出土有蛋形玉瓶、兔形镇、云璧连环器和荷叶玉杯等，制作均很精致，堪称佳品。江西上饶市南宋墓中出土的玉带饰上，以浮雕手法塑造人物形象，十分生动自然。其他出土地点的玉器有卧鹿、玉璧、玉盒、玉镯、玉簪、金镶玉钱、玉印、玉环等。传世玉器主要有观音像、子母狮、玉龟荷叶、兽耳云龙纹炉、鹿纹八角杯及各类小玉人等，其中玉雕童子的数量较多，造型极为生动，最常见的是执荷叶童子，具有很高的欣赏价值。

玉器的风格具有两大特点：①出现世俗化倾向。玉器的制作和使用转向民间，产生规模较大的玉器市场和专门贩卖玉器的店铺；②存在大量古玉和仿古玉。这是受当时盛行崇古之风的影响，为满足一部分人喜好上古三代玉器的需要而出现的。

● **辽、金玉器** 发掘出土者较多。辽代玉器重要出土地点是内蒙古哲里木盟奈曼旗辽陈国公主驸马合葬墓，出土的大量玉佩饰，制作十分精美，代表了辽代制玉水平。另外，内蒙古翁牛特旗解放营子和辽宁义县清河门的辽墓中也出土有飞天玉佩、玉带饰、竹节状白玉杆、牡丹花形白玉冠饰、双鹅带盖小盒、青玉发簪等一批精致玉器，亦为辽代玉器的代表作。金代玉器主要出土于北京房山县金代石椁墓，出土玉器10余件，有折枝花饰、折枝花锁、镂雕竹枝饰、双鹤衔草饰、孔雀形饰、双股钗、镯、环、长方形玉饰、三角形玉饰等，均以羊脂玉雕成，构图讲究对称，抛光洁亮，表现出极高的工艺水平。另外，北京丰台区乌古伦窝伦金墓出土的白玉花鸟佩、荷叶双龟佩，黑龙江绥滨县金墓中出土的玉藻鱼、玉人、玉鸟、玉飞天，绥化县奥里米古城出土的透雕双鹿玉牌饰、牵牛花形雕饰等，都是金代玉器中的佳作。

辽、金是北方草原游牧民族建立的政权，其玉器作品多表现自然界的动植物，充满山野情趣，在琢制技法上，辽代的玉器接近唐代的玉器作风，金代的玉器则受北宋、南宋玉器影响较大。辽、金玉器的材料多是从回鹘进贡或通过西夏获得的新疆和阗玉。代表辽、金玉器风格特点的是“春水玉”和“秋山玉”。所谓“春水玉”是以鹘捉鹅为主题的玉器作品，重要的传世作品有青玉鹘攫天鹅铊尾、青玉镂空海东青攫天鹅环、白玉镂空海东青捕鹅环等，图案均为一只鹰抓攫一只钻出水草之下的天鹅，欲食鹅脑，衬以荷叶、莲花和水草，反映的则是每年春天辽帝行至“春捺钵”（游牧部落迁徙的行营）时进行的狩猎活动。所谓“秋捺钵”，即是以山林虎鹿为题材的玉器作品，图案为山石、树木、虎或群鹿，重要的传世作品有青玉双鹿钩、白玉虎鹿鹰鹊双面玉雕等，所反映的是每年秋季辽帝在“秋捺钵”围猎，射虎杀鹿的情景。“春水玉”和“秋山玉”作品精致与粗犷风格并容，动物形象逼真，对明清玉器影响很大。

● **元代玉器** 元代在中国历史上存在时间较短，但在玉器发展史上却是一个承前启后的重要时期。元代沿用北宋、南宋制玉技术，设置专门机构来管理琢玉业，在元大都（今北京）、杭州等地形成较为发达的琢玉中心。主要出土地点有江苏无锡市钱裕墓、苏州市曹氏墓，安徽安庆市范文虎墓等，钱裕墓出土有玉笔、带钩、椭圆形饰、发簪和羊形、鱼形、人形等饰品；曹氏墓出土有玉佩饰、玉珞、玉座、玉带等；范文虎墓出土有虎纽玉押、贯耳白玉盖瓶等。传世玉器有龙纽玉押、牧马镇、龙纹活环等。这些玉器既继承了北宋以来琢玉玲珑剔透的作风，又在雕刻技法上有所创新。元代玉器最大的特点是大型玉器的雕造，元代晚期制作的“渎山大玉海”，堪称划时代的作品，充分展示了元代极高的制玉工艺水平，为明、清高度繁荣的玉雕业奠定了基础。

参考书目

李文信：《义县清河门辽墓发掘报告》，《考古学报》1954年8期。

衢州市文物管理委员会：《浙江衢州市南宋墓出土器物》，《考古》1983年11期。

张先得、黄秀纯：《北京市房山县发掘石椁墓》，《文物》1977年6期。

杨伯达：《女真族“春水”、“秋山”玉考》，《故宫博物院院刊》1983年4期。

无锡市博物馆：《江苏无锡市元墓出土一批文物》，《文物》1964年12期。

（古 方）

Xiaoxitian Beisongmu guiwozhuang yulu

小西天北宋墓跪卧状玉鹿

北宋时期玉制艺术品。1962年由北京市文物工作队在该市海淀区小西天北京师范大学内一座北宋墓葬中清理出土。现藏于首都博物馆。

长10.6厘米、高6.5厘米。玉质呈青色，圆雕而成。鹿正面饰灵芝状角，又称“珍珠盘”。昂首前视，双耳后耸紧贴于角下，敏捷的四足回屈作跪卧状，显现一副机警又温驯的神态。背面光素，上、下各有3对穿孔，可穿系结扎，似作嵌饰用。风格粗犷，光素无纹，角、耳、目及四足比例协调，加之独到的抛光技能，使整体造型简洁古朴，形态逼真。（张兆祥）

小西天北宋墓跪卧状玉鹿

Baiyinhan quanwozhuang yushou

白音汉蜷卧状玉兽

辽代玉制艺术品。1978年由内蒙古巴林右旗文化馆在该旗白音汉辽代窖藏中发掘出土。现藏于巴林右旗博物馆。

白音汉蜷卧状玉兽

长6.5厘米、宽1.5厘米、高3.8厘米。玉质呈白色，有褐色斑痕。采用圆雕加饰阴刻线雕琢而成，兽脊背弓起，4足弯曲作蜷卧状，尖嘴，小耳直竖，圆圆的双眼，目光前视，短尾及鬃毛利用天然的褐色斑痕雕琢而成。雕琢生动，卧兽憨态可掬，是辽代玉雕动物中有代表性的作品。（张兆祥）

Yixian Xishancun 4-haomu shuang'e daigai xiaoyuhe

义县西山村4号墓双鹅带盖小玉盒

辽代玉制用具。1950年由东北人民政府文化部文物处在辽宁义县清河门西山村4号辽墓中发掘出土。现藏于辽宁省博物馆。

长9.3厘米、高3.8厘米。玉质呈青色，通体有褐色浸蚀。整器由盖和盒两部分组成，盖原已散失。盒随形以浮雕加饰阴线纹琢成双鹅，鹅前后交错，敛翅作伏卧状，双颈环套且紧密相连，合为一体，神态安然，正在交颈憩息，给人一种温顺平和之感。双鹅前端有一圆口，口内空，作管状盒腔，可贮物，口较盒腔稍缩小，两侧各有一穿系小孔。

辽代时，许多家禽、家畜及动植物被广泛采用为装饰纹样，有的作为独立造型及实用器皿出现在各类器物中，该盒就是其中时代较早的一例。

（张兆祥）

义县西山村4号墓双鹅带盖小玉盒

Yixian Xishancun 3-haomu mudanhuaxing baiyu guanshi

义县西山村3号墓牡丹花形白玉冠饰

辽代玉制装饰品。1950年由东北人民政府文化部文物处在辽宁义县清河门西山村3号辽墓中发掘出土。现藏于辽宁省博物馆。

宽2.4厘米、高2厘米、厚0.6厘米。玉质呈白色，洁白无瑕。体扁略呈三角形，以浮雕加饰阴线手法琢制一朵牡丹花和两片枝叶并透雕3个三角形穿孔，背面光素无纹，分别饰有3个鼻穿，可供穿系结缀之用。它不仅反映出使用者的辽代贵族身份，也显示出这一时期琢玉工艺的高超技术。（张兆祥）

义县西山村3号墓牡丹花形白玉冠饰

Jiefangyingzi feitian yupei

解放营子飞天玉佩

辽代玉制装饰品。1970年由内蒙古翁牛特旗文化馆在该旗解放营子辽墓中发掘出土。现藏于赤峰市文物工作站。

解放营子飞天玉佩

长5.2厘米。玉质呈青白色。体扁，飞天的面形前部平直，下颌浑圆，眉清目秀，面带微笑，头戴平顶帽，上身着短袖紧身衣，下着长腿肥裤，肩披飘带，身底下一组朵云浮动，形体略呈三角形，体态秀美轻盈，飞于空中。肩披束带随风飘动，如同腾云驾雾一般。

飞天在佛教中是欢乐吉祥的象征。该飞天玉佩表现一秀美的女性，其体态略瘦，身披的飘带也较短，

为辽代的典型纹样，是研究这一时期飞天的很好素材。（张兆祥）

Chenguo Gongzhumu dongwuxing yupei

陈国公主墓动物形玉佩

辽代玉制装饰品。1985年由内蒙古自治区文物考古研究所在哲里木盟奈曼旗辽陈国公主墓中清理出土。现藏于内蒙古自治区文物考古研究所。

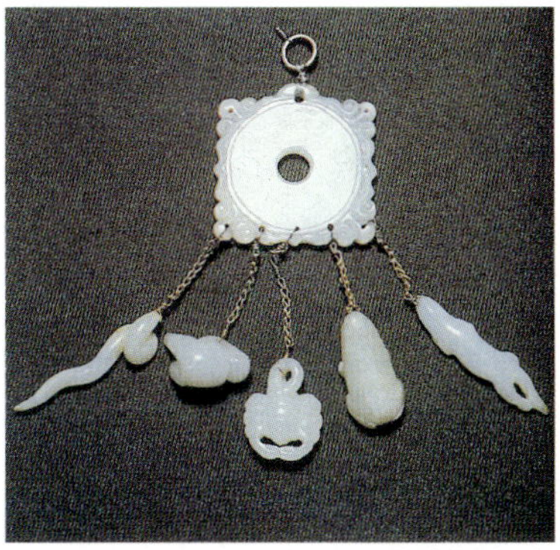

陈国公主墓动物形玉佩

共6件，上面一块基本呈方形的玉雕长边长5.35厘米，下方器链长2.7厘米～3.5厘米、动物饰件长2.4厘米～5.5厘米。皆为白玉质。上面玉雕周围有花牙边，正中央有一圆形穿孔，在孔的周围以阴刻线条琢出极细的十二生肖，上边凸脊处有一小长方形穿孔与上方的金环相连接，便于佩戴。下部边沿处有5个小圆穿，用金链垂挂蛇、蝎、猴、蛙、蜥蜴5种动物形玉饰。这5件动物形玉饰均圆雕而成，神态各异，造型独特，反映出辽代佩玉的典型风格。（张兆祥）

Chenguo Gongzhumu jiaojing yuanyangxing yupei

陈国公主墓交颈鸳鸯形玉佩

辽代玉制装饰品。1985年由内蒙古自治区文物考古研究所在哲里木盟奈曼旗辽陈国公主墓中清理出土。现藏于内蒙古自治区文物考古研究所。

陈国公主墓交颈鸳鸯形玉佩

长6.5厘米。玉质呈白色，圆雕而成。一对鸳鸯相对敛翅而卧，神态安祥，天真可爱，双颈紧贴一处，正在扭颈憩息。鸳鸯嘴及背间有一椭圆穿孔，可供穿系佩戴之用。该佩饰刀法明快简洁，器表碾磨光亮润泽，情趣俱出，充满浓郁的生活气息。（张兆祥）

Chenguo Gongzhumu fengzixing yuyan

陈国公主墓风字形玉砚

辽代玉制用具。1985年由内蒙古自治区文物考古研究所在哲里木盟奈曼旗辽陈国公主墓中清理出土。现藏于内蒙古自治区文物考古研究所。

长12厘米、宽7.1厘米、厚2.6厘米、足高0.8厘米。玉质呈青白色，体如“风”字形。前端平齐，后端呈弧状，墨池坡形向后倾斜，沿砚的边缘饰有凸脊的一道矮棱，底面平整光滑并饰有2个钉足。该砚小巧精致，各部位比例匀称，不加纹饰，以造型见长，风格古朴，棱角琢磨干净利落而光亮。它是墓主人陈国公主生前心爱之物，死后随葬于身旁，由此可以看出当时文风之盛。“风”字形砚是北宋、辽时期十分流行的一种砚的样式。（张兆祥）

Shishengzumu danxing yuping

史绳祖墓蛋形玉瓶

南宋玉制用具。1974年由浙江衢州市文物管理委员会在该市王家公社瓜园村葬于咸淳十一年（公元1275年）的史绳祖墓中清理出土。现藏于衢州市博物馆。

史绳祖墓蛋形玉瓶

连盖残高6.3厘米。玉质呈青色，由器身及盖两部分组成。器如蛋形，腹内空，外通体刻鱼鳞纹，底平，饰菊瓣纹。盖呈蘑菇状，面饰蘑菇纹，下有1厘米长的榫柄可插入瓶口，瓶口两侧和盖面各钻2孔，可穿系提挂，出土时瓶内盛装朱砂色粉末，当为墓主人生前丹青用物。该瓶造型匀称，轻盈俏丽，便于实用，又独具匠心，巧妙地将卵蛋造型移植在琢玉工艺上，足以反映出当时极高的琢玉水平。（张兆祥）

Shishengzumu yun-biyu lianhuanqi

史绳祖墓云璧玉连环器

南宋时期玉制装饰品。1974年由浙江衢州市文物管理委员会在该市王家公社瓜园村葬于咸淳十一年（公元1275年）的史绳祖墓中清理出土。现藏于衢州市博物馆。

史绳祖墓云璧玉连环器

最宽5.7厘米、通高6.8厘米、厚0.7厘米。玉质呈青色，由璧和云形饰两部分组成。璧光素无纹，沿边饰一方形扣环。云形饰呈鸡心状，边缘饰云牙纹，器面阴刻对称两组勾纹，中心琢雕一如意云形穿孔，一侧琢一方形轴心，与璧上的扣环相接。为一块玉料套雕，虽纹饰简练，但工艺较为复杂。

（张兆祥）

Shishengzumu heye yubei

史绳祖墓荷叶玉杯

南宋时期玉制用具。1974年由浙江衢州市文物管理委员会在该市王家公社瓜园村葬于咸淳十一年（公元1275年）的史绳祖墓中清理出土。现藏于衢州市博物馆。

史绳祖墓荷叶玉杯

口径9.8厘米～11.5厘米、高3厘米。玉质呈白色，出土时即有一缺口。俯视呈两片张开的荷叶，大叶作杯身，小叶覆盖杯把。在大片荷叶的背部雕有盛开的荷花和荷叶。镂雕卷曲的茎为杯足和把手。通体还以阴线刻饰叶子和花的脉络。是中国迄今所知同类作品中时代最早的一件，也是设计巧妙、造型独特的珍贵艺术品。（张兆祥）

Fangshan Changgouyu zhezhihua yushi

房山长沟峪折枝花玉饰

金代玉制装饰品。1974年由北京市文物管理处在房山县长沟峪金代石椁墓中发掘出土。现藏于首都博物馆。

房山长沟峪折枝花玉饰

残长7.3厘米、宽6.5厘米。玉质呈青色，通体镂雕一株八瓣折枝花卉，器有镂空孔，可作佩饰，亦可嵌饰。每瓣5个花叶为一组，叶片长而尖，叶面脉络由单阴线向外伸展。完全采用写实手法雕琢而成，充分体现出花卉本身的特点，枝干挺拔，花朵丰满，叶片舒展，同时也显示出琢玉匠师的高超设计才能。匠师根据植物生长动势，结构处理匀称适宜，使之花、枝、叶并茂，显现出奔放潇洒的艺术效果，为这一时期装饰风格的代表。

（张兆祥）

Fangshan Changgouyu kongquexing yushi

房山长沟峪孔雀形玉饰

金代玉制装饰品。1974年由北京市文物管理处在房山县长沟峪金代石椁墓中发掘出土。现藏于首都博物馆。

房山长沟峪孔雀形玉饰

长6.5厘米、宽2.2厘米、高3厘米。玉质呈青白色，圆雕而成。孔雀头顶高冠，头略向下低垂，长颈弯曲作缩状，双翅微微展开，作欲飞的姿态，后曳扇形的长尾，足下延伸一弯曲的钗股，头部作尖形，可供插戴之用。

孔雀古时称为文禽，被认为是具有“颜貌端正、音声清彻、行步翔序”等九德，千百年来一直被喻为吉祥宝贵之鸟，也是古器物上的常见装饰题材。该饰雕琢巧妙，造型别致，纹饰简练，既有实用价值，又符合审美的要求，堪称杰作。

（张兆祥）

Fangshan Changgouyu loudiao zhuzhi yushi

房山长沟峪镂雕竹枝玉饰

金代玉制装饰品。1974年由北京市文物管理处在房山县长沟峪金代石椁墓中发掘出土。现藏于首都博物馆。

长6厘米、宽5厘米。玉质呈青色。镂雕一折断并盘绕在一起的竹枝，一节雕出3片竹叶。采用写实手法突出一株鲜嫩的竹尖，3片竹叶及欲放的叶苞都雕刻得淋漓尽致，似

"嫩荷涵露"一般。竹节用圆雕加饰阴线刻的工艺琢磨而成，每段竹节粗细兼备，并饰以两道弦纹作为竹节的界线，使其立体感更加强烈，充满一派生机。是中国迄今所知时代最早的以竹为饰的玉器。

（张兆祥）

房山长沟峪镂雕竹枝玉饰

Fangshan Changgouyu shuanghe xiancao yushi

房山长沟峪双鹤衔草玉饰

金代玉制装饰品。1974年由北京市文物管理处在房山县长沟峪金代石椁墓中发掘出土。现藏于首都博物馆。

房山长沟峪双鹤衔草玉饰

横宽8.2厘米、高6厘米、厚0.6厘米。青玉质。体呈扁状，以镂雕加饰阴刻线纹制成振翅欲舞的双鹤，细长的双颈向外弯曲，嘴尖相对，口衔卷草相互交错，披于颈部而又垂落在双脚之上，双翅舒展，两腿合并交叉，似比翼齐飞。整体雕刻颇富韵味，十分动人，足见制玉匠师独到的设计和深厚的雕刻功力。

（张兆祥）

Fangshan Changgouyu zhezhihua yusuo

房山长沟峪折枝花玉锁

金代玉制装饰品。1974年由北京市文物管理处在房山县长沟峪金代石椁墓中发掘出土。现藏于首都博物馆。

直径7.2厘米～9厘米。玉质呈青色。体扁，略作椭圆形，器以镂雕加线刻的手法琢成2株折枝花卉，2枝折断的枝条缠绕相接，拧成了锁的系梁，恰似一只竹篮的提手。花叶阴阳相背，有舒有卷，俯仰有致，叶片多作尖状，随枝条向下延伸，披于枝条及花朵的周围。2朵盛开的鲜花，均由8个花瓣组成，排列规整地围绕在花蕊的周围，形成锁的主体纹饰，极富装饰效果。

房山长沟峪折枝花玉锁

折枝花锁是项饰的一种，用串珠连接，或用链索及丝带结系，垂挂于颈间，谓之"长命锁"。该锁雕刻精巧，为迄今所知最早、最精美的以折枝花组合而成的玉器之一。

（张兆祥）

Suibin Zhongxing xingzouzhuang yutongzi

绥滨中兴行走状玉童子

金代玉制艺术品。1973年由黑龙江省文物考古工作队在绥滨县中兴公社金墓中清理出土。现藏于黑龙江省博物馆。

绥滨中兴行走状玉童子

宽1.8厘米、高5.1厘米。玉质呈青色，圆雕而成。表现一行走状的童子形象，童子面形略圆，恬静的五官面带微笑，头戴纱帽，身穿短衣长裤，衣纹随风飘拂，清晰可见，左手持荷置于肩上，右手下垂身后，颈下佩项饰，两腿前后交错，正信步前行。该童子像雕琢细致，线条处理得当，立体感较强。

（张兆祥）

Aolimi Gucheng shuanglu yupaishi

奥里米古城双鹿玉牌饰

金代玉制装饰品。1974年由黑龙江省文物考古工作队在绥化县奥里米古城周围的金墓中发掘出土。现藏于黑龙江省博物馆。

底宽3.9厘米、高3.5厘米。玉质呈白色。体扁作三角形，镂雕而成。两侧边各饰一树，树梢与上角交接，树下立两只马鹿，一只长角弓背，双目前视；另一只回眸凝望，两鹿欲行而止，前雌后雄，成双成对。双鹿头顶一只大雁，引颈高飞。以

双鹿为主题，以树和飞雁为陪衬，描绘出一派秋高气爽的美好景象，展现出琢玉匠师的高超概括力和技术水平。

奥里米古城双鹿玉牌饰

该玉饰具有浓厚的地方特色，在很大程度上受到“秋山玉”的影响，为研究“秋山玉”提供了新的内容。（张兆祥）

hujue'e yushi

鹘攫鹅玉饰

金代玉制装饰品。现藏于北京故宫博物院。

鹘攫鹅玉饰

宽8厘米、高6.5厘米、厚2厘米。玉质呈青色。作椭圆形，正面弧凸。通体以镂空加饰阴线纹雕成，饰一只天鹅躲藏在荷叶丛中，上有一只海东青向天鹅俯冲而下，作追逐状。玉饰背面有一个随形椭圆形环，环内两侧有横穿的长方形孔，可供穿系。此器造型生动，琢制细腻，是典型的“春水玉”作品。（古方）

hu-lu-ying-que shuangmian yudiao

虎鹿鹰鹊双面玉雕

金代玉制装饰品。现藏于北京故宫博物院。

宽和高均6.5厘米、厚1.6厘米。玉质呈青色，局部有紫红色瑕斑。作扁平长方形。一面雕山崖，崖壁横出柞树树枝，虎伏于崖底，隐于树枝之下，前肢直立，后肢下卧，作蹲踞状，回首仰视，虎尾盘曲前伸，虎身有三周阴刻的虎皮纹。崖上有奔跑的双鹿。虎、鹿、柞树均为黄褐色。另一面雕出山石檀树，松下岩石立一鹰，树上方三鹊飞翔，并有一凸起圆组，其上雕一“日”字。该玉雕雕工精整，构图主次分明，将大自然盎盎生机浓缩于方寸之间，有较强的艺术感染力，是“秋山玉”中的佳作。（古方）

虎鹿鹰鹊双面玉雕

Wugulunwolunmu heye shuanggui yupei

乌古伦窝伦墓荷叶双龟玉佩

金代玉制装饰品。1980年在北京丰台区王佐乡米粮屯金大定年间的乌古伦窝伦墓中出土。现藏于首都博物馆。

乌古伦窝伦墓荷叶双龟玉佩

直径7厘米～10厘米、厚约1.3厘米。玉质呈青白色。器体略作椭圆形，正面略弧凸，镂雕出多层卷曲的荷叶和缠绕的水草。正面两扇宽大的荷叶中间，各雕一只正在伸首爬行的乌龟。

荷叶、乌龟的题材，常被称为“龟游”。该佩想像力丰富，造型生动，琢刻精致，是同类器中的代表作。（古方）

Qianyumu taoxing yubei

钱裕墓桃形玉杯

元代早期玉制用具。1960年由江苏无锡市博物馆在无锡市南郊莽于元延祐七年（公元1320年）的钱裕夫妇墓中发掘出土。现藏于无锡市博物馆。

钱裕墓桃形玉杯

宽6厘米～11厘米、高3厘米。局部有灰白色浸痕。造型为对剖的桃形，直口略外撇，外壁向下斜收逐渐加厚，底平。杯前尖嘴为杯流，蒂后部镂雕枝条为柄，镂雕叶片衬于把手的上下，上部叶片与杯口沿连接，下部叶片圈于杯底，这一巧妙的设计既增强了杯柄的力度，杯底也更加平稳，又能起到装饰效果，可谓两全其美。其造型选取对剖桃形，寓长寿之意，独具匠心，为迄今所知桃形琢玉杯中较早的出土遗物之一。

（张兆祥）

Qianyumu lianhua shuizaowen yudaigou

钱裕墓莲花水藻纹玉带钩

元代早期玉制用具。1960年由江苏无锡市博物馆在无锡市南郊莽于元延祐七年（公元1320年）的钱裕夫妇墓中发掘出土。现藏于无锡市博物馆。

长7.4厘米、宽2厘米。白玉质，表面有浸色。整体作琵琶形。钩首作莲苞状，并加饰阴刻莲纹。腹面镂雕莲花及水藻纹，腹下饰一桥形纽，并有一长方形穿孔。该带钩的造型基本沿袭传统的带钩式样，但上饰以莲花及水藻纹，在中国已知玉带钩中较为罕见。

（张兆祥）

钱裕墓莲花水藻纹玉带钩

Fanwenhumu guan'er baiyu gaiping

范文虎墓贯耳白玉盖瓶

元代玉制用具。1956年由安徽省博物馆在安庆市棋盘山元大德五年（公元1301年）和九年（公元1305年）的范文虎夫妇合葬墓中清理出土。现藏于安徽省博物馆。

范文虎墓贯耳白玉盖瓶

口径2.7厘米～3.2厘米、通高7.1厘米。玉质呈白色。整体造型为扁圆形，盖面平，饰有4组对称的如意云纹，小口，颈短而较瘦，瓶身向下逐渐增大并溜圆，腹的最大径垂于下部，颈的两侧饰以对称的贯耳，口沿及腹部之间饰有4圈弦纹，其余光素。瓶短颈、小口，与肥大的腹径在比例上形成了明显的对比；短颈、小口配上精致的云纹盖，几乎是短颈的沿伸，两只贯耳贴于颈的两侧，既增强瓶的装饰结构，又弥补颈部的削瘦感。该瓶外形轮廓稳定，给人以淳厚庄重的感觉。

（张兆祥）

Fanwenhumu huniu yuya

范文虎墓虎纽玉押

元代玉制用具。1956年由安徽省博物馆在安庆市棋盘山元大德五年（公元1301年）和九年（公元1305年）的范文虎夫妇合葬墓中清理出土。现藏于安徽省博物馆。

边宽3.5厘米、高2.7厘米。玉质呈青白色。纽圆雕一虎，鼻长，口阔，目光前视，双耳后耸，背上阴刻简练的几条斑纹，尾前屈，紧贴在后腿上，腹下有一横穿，便于结系。虎的四肢匍匐作伏卧状，似在机警地守卫玉押。押印为阳文符号，形似大小不同的游鱼，极为醒目地排列在印面的中心，四周皆为空白。

押是人们通常所称的押印，或花押，实际上就是一种象征有信誉作用的签署符号，一般人不易摹仿。出现于唐代，北宋、南宋时期较为流行，兴盛于元代，称“元押”、“元戳”。在传世的押印中，方形及长方形的较多见；押的符号也千变万化，有草书、楷书、八思巴文或花押符号等，该押印应属符号押之列。

（张兆祥）

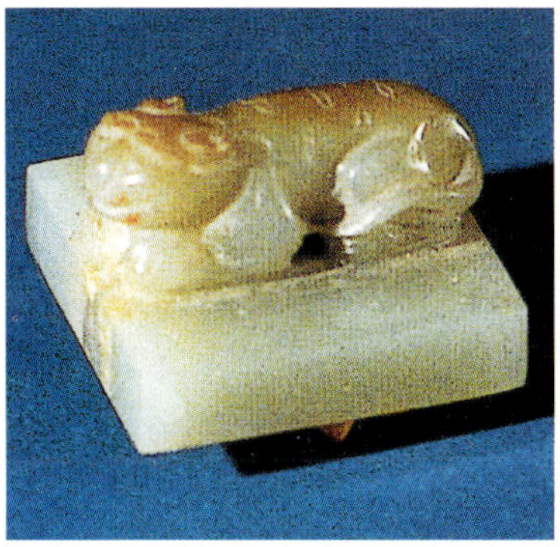

范文虎墓虎纽玉押

longniu yuya

龙纽玉押

元代玉制用具。现藏于北京故宫博物院。

龙纽玉押

边宽5厘米～5.8厘米、高4厘米。玉质呈白色。纽镂雕一龙，首下垂，目光下斜，似凝望着押面，毛发披于颈部之上，尾前抛，右爪卷曲，作卧式，2只前爪紧紧抓住押印的角，腹底设穿，便于系绶。印面作长方形，上有剔地阳文符号。该押采用玉质龙纽，应为元代帝王用器。

（张兆祥）

Dushan Dayuhai yudiao

“渎山大玉海”玉雕

元代至元二年（公元1265年）制作的玉质用具。又称“黑玉酒瓮”。现藏于北京北海团城玉瓮亭内。

口径135厘米～182厘米、最大周长493厘米、膛深55厘米、高70厘米。玉质青白中带黑，属杂色墨玉。体椭圆，膛内空，体外遍饰波涛汹涌的大海及出没于海浪中的鱼兽，有龙、马、猪、鹿、犀、螺等。鱼兽的身形、毛发、胡须、鳞甲、翅膀及惊涛骇浪、漩涡等纹饰，均采用浮雕加饰阴线刻来表现，形态生动，气势磅礴，既细腻精致又粗犷豪放，是元代玉雕之精品。

该玉雕在元代曾被置于广寒殿内，后历经兵燹水火之灾，器表纹饰略受磨损，后被道人当作菜瓮，清乾隆十年（公元1745年）被发现后，置于承光殿中，又进行过4次修饰。膛内有阴刻乾隆皇帝的咏玉瓮诗，又加配白玉底座，座通体满雕卷云纹，为典型的清代技法，与大瓮纹饰相对照，反映出不同时代的艺术风格，是中国目前所知最早的一件重达3500千克以上的大型玉雕，不仅代表元代的艺术风格，对清代的大型玉器雕造也深有影响。

（张兆祥）

“渎山大玉海”玉雕

Liao Chenguo Gongzhumu yuqi

辽陈国公主墓玉器

辽代陈国公主耶律氏与驸马萧绍矩合葬墓中出土的玉制品。1985年由内蒙古自治区文物考古研究所在哲里木盟奈曼旗青龙山镇发掘出土。现藏于内蒙古自治区文物考古研究所。该墓为砖砌多室墓，由前室、东耳室、西耳室和后室组成。陈国公主与驸马葬于后室尸床上，身着银丝网络，玉器即散布于网络内的胸腹间。耶律氏死于辽圣宗开泰七年（公元1018年），这批玉器当为辽中期作品。

共80余件，分佩玉、实用器和嵌玉3类。佩玉数量最多，有工具形玉佩和龙、凤、鱼等动物形玉佩，以及鸳鸯玉饰等，多穿以金链，根据出土情况判断，应是悬缀在腰带上的。这些玉饰体形不大，均为羊脂玉，抛光明亮，是死者生前玩好之物。实用器为风字形玉砚和玉水盂，皆以青白色玉雕成。嵌玉主要为腰带上的带銙和铊尾。如出土于后室的一条玉銙丝鞓蹀躞带存有方形玉带銙11件、大小不一的桃形玉带銙18件、圭形玉铊尾1件、圭形玉饰8件。蹀躞带是契丹服饰之一，同时也代表着官职的高低。

这批玉器质地优良，雕琢细致，特别是动物形玉佩中方形玉雕上琢刻有肉眼难以辨认的细如发丝的十二生肖形象，琢刻技法近于微雕，体现出很高的琢制水平。陈国公主墓玉器是目前所见辽墓中出土数量最多、雕琢最精美的一批玉器，堪称罕见的艺术精品，同时也反映出契丹在汉族文化的逐渐影响下，原来简朴的葬俗为豪华奢靡的厚葬风习所取代。

参考书目

内蒙古自治区文物考古研究所：《辽陈国公主墓》，文物出版社，1993。

（古 方）

Ming-Qing yuqi

明清玉器

（公元1368年～公元1911年）

明、清两代宫廷和民间以各种玉料制成的玉制品。明、清时期是中国玉器发展最辉煌的时代，宫廷玉器是这时玉器风格的代表，在数量、品种、加工技术、装饰纹样等方面都达到高峰，其中清乾隆时至嘉庆初年是玉器制作的全盛时期。

● **玉料来源和制作** 玉料主要依靠进贡和贩运获得，且多采用新疆产的优质玉料琢成玉器。新疆玉料产于和阗和叶尔羌地区，主要采于河水之中。嘉庆十七年（公元1812年）之前，这两处每年贡玉4000余斤，有时达二三万斤，其中包括部分山料。新疆距北京路途遥远，大型玉料的运输只能靠人畜挽拽，需3年多时间才能运达目的地，一路长途跋涉，耗费惊人。其他琢玉用料还有玛瑙和水晶，而翡翠和金刚石则是从国外输入的。

玉器制造工序极为复杂，碾制一件玉器需要画样、锯坯、做细、磨光、刻款等主要工序。制造所需工时也非常浩繁，速度很慢，一件大型玉器的制作往往耗费数年的功夫。明代琢玉主要地区有北京、苏州，清代则以苏州、扬州和京师“造办处”最负盛名。苏州所琢玉器，玉质柔和莹润，造型优美别致，还

有胎薄体轻和玲珑剔透的作品。扬州琢玉工艺则和绘画技巧结合起来，讲究构图上的透视效果，擅长雕制巨型玉器。京师“造办处”技术力量雄厚，主要是对原有的玉器进行改制、刻款、镌字及考色、配盖等，也琢制大型玉器。明、清两代发达的琢玉业培养出了大批能工巧匠，苏州的陆子刚就是明代嘉靖、万历年间最为著名的碾玉妙手。清代制玉名工更多，仅清宫档案中就留有几十个名字。

● **种类和用途** 当时玉器使用很普遍，种类繁多，用途也极为广泛，有饮食器、日常生活用品、装饰品、艺术品、文房用具、宗教用品和家具等。饮食器包括杯、盏、壶、盏托、碗、盘、碟、盆、筷、勺、叉及仿古造型的觚、觥等，这些饮食器可各自成组成套，多有变化；日常生活用品有盒、罐、唾盂、奁、花浇、熏炉、烛台、冠架、烟壶、烟嘴等，形制多样；装饰品包括各式佩饰、香囊、朝珠、手串、发簪、发箍、别子、手镯等，雕刻玲珑剔透，以巧取胜；陈设品有巨型玉山、仿古造型的尊、彝、簋、鼎、壶和珍禽异兽等，有的宏大庄重，有的灵巧活泼，展现出多种风格特点；文房用具有笔筒、笔洗、笔架、水盂、镇纸、砚滴和玉管笔等，这些作品有的豪华富丽，有的清新淡雅，既有实用价值，又可作观赏之用；宗教用品包括造像、五供、七珍、八宝、钵盂和香炉等，这些供器体形较大，玉质纯洁；家具有屏风、宝座、桌、椅、插屏、屏挂、床、榻等，屏面图案逐渐向社会生活化转变，并用以显示拥有者高显的社会地位和对财富的占有。明、清两代重要的礼仪用玉仍然存在，主要有璧、圭、特磬等。明定陵出土玉圭中有一件山形纹玉圭，上刻5座山峰，取安定四方之意，为帝王祭天地宗庙之礼器。清代制造的最大玉璧是北京故宫养心殿门外所立青玉素面璧，直径50厘米以上。另外，清宫还大量使用玉册。

● **风格特点** 明初玉器风格受北宋至元玉器影响较大，一些玉器的造型和纹饰与元代玉器相近。明代中晚期，玉器的制作已形成自身的独特风格，造型粗犷浑厚，雕工刚劲有力，线条、棱角分明；镂雕技术发达，出现了规则的二方连续图案，并能雕出上下不同的双层图案；仿古作品日趋成熟，一类是不作旧的仿古彝器，另一类是可乱真的假古玉；玉器表现出世俗化倾向，与日常生活相关的器物增多，以花鸟、动物、吉祥图案、文人画为多。清代宫廷玉器的造型不仅丰富多彩，而且变化无穷，既有传统风格的继承，又有其他艺术及外来文化的影响，还有宫廷玉器制造中的创新。巨型玉器的制作是清宫玉器风格的代表，充分体现出清宫玉器宏伟豪放的气势，云龙纹玉瓮是清代碾制巨型玉器的首次尝试。绘画对巨型玉器的制作影响很大，著名的“大禹治水图”玉山子、“会昌九老图”玉山子、“丹台晓春”玉山子及“秋山行旅图”玉山子等巨雕作品都是以名画为底本琢制的。仿古玉器以仿西汉、东汉佩饰和古青铜器为主，式样和数量繁多。仿西汉、东汉时期佩饰的多采用镂雕方法，纹饰很多是按照西汉、东汉时期玉器图案构成的。仿古青铜器的造型古朴稳重，几何性强，烘托出宫廷庄重的气氛。清宫玉器造型的创新还反映在对自然景物的直接表现方面，雕刻出了多种植物的枝干、花叶、果实，真实地再现自然界的景物，取材也极为广泛，名山大川、流云飞瀑、层峦叠翠、苍松碧竹无一不有，兼以人物、建筑为点缀，浑然一体，有鬼斧神工之妙。玉雕动物各部位比例匀称，达到真实准确的程度。清乾隆年间，具有阿拉伯艺术风格的痕都斯坦玉器贡入宫廷，带有大卷叶或番草纹饰的玉器被大量仿制，这对清代玉坛产生了深刻影响。

参考书目

中国玉器全集编辑委员会：《中国玉器全集·清》，河北美术出版社，1991。

邓淑苹：《漫谈清代玉器》，《文物光华》(四)，台北故宫博物院，1990。

（古 方）

Dingling shanxingwen yugui

定陵山形纹玉圭

明万历年间（公元1573年～公元1620年）玉制礼器。1956年由北京市文物调查研究组与中国科学院考古研究所在昌平县大峪山下葬于万历四十八年（公元1620年）的明神宗朱翊钧的定陵中发掘出土。现藏于定陵博物馆。

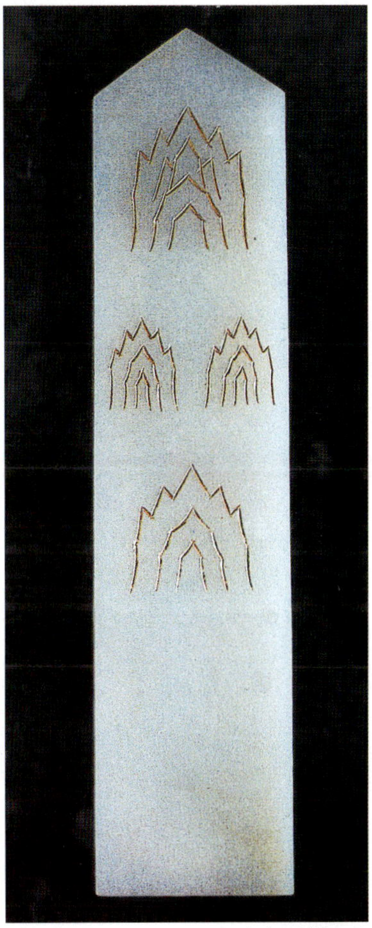

定陵山形纹玉圭

通长27.3厘米、宽6.5厘米、厚1厘米。玉质温润，晶莹透明。体扁，尖首方身，上部粗线阴刻4个山形纹，线条简洁流畅，山纹分上、下、左、右布列，上简下繁，左右对称，排列有致，内涂金粉图案，内外辉映，象征东西南北四镇名山，寓意“江山在握，安定四方”。其长度约合周尺一尺二寸，明显是参照《周礼·考工记》等书设计的，以合古制。它当是明代帝王祭天地宗庙、服冕服时所用的玉礼器。（张兆祥）

Zigangkuan yuhejinbei

“子刚”款玉合卺杯

明代制玉名家陆子刚制作的玉质礼器。因由两个筒形杯连接而成且上刻“合卺杯”3字而得名。现藏于北京故宫博物院。

“子刚”款玉合卺杯

横宽13厘米、高7.5厘米。玉质呈青色。杯底部有6个兽首足，杯体腰部各饰一圈绳纹，作捆扎状，双杯连接处镂雕一凤，凤颈弯曲，嘴依偎于翅膀之下，双爪紧紧抓住绳纹，凤的身体饰为杯的把手。另一侧凸雕双螭作盘绕爬行状，一只头似越过杯口，一只头置于口沿，双螭之间的绳纹结扎口上有一方形图章，上刻隶书“万寿”2字，杯身两侧分别有隶书诗文、杯名及款式，为剔地阳文。一侧诗文为“隰隰楚璞，既雕既琢。玉液琼浆，钓其广乐。”末署“祝允明”3字。诗上部有“合卺杯”3字。另一侧诗文为“九陌祥烟合，千香瑞日明，愿君万年寿，长醉凤凰城。”诗上部有“子刚制”3字。

铭文中的子刚即陆子刚，系明代嘉靖、万历年间的琢玉名家；祝允明（公元1460年～公元1526年），明代书法家，能诗文，与唐寅、文徵明、徐祯卿并称“吴中四子”，颇负盛名。该杯出自名家之手，并刻有大文豪的诗句，实属难得，诚为罕见传世之宝。

合卺，是中国古代结婚仪式之一。该杯被称为“合卺杯”，并琢饰螭凤及“万寿”等字样，应为明代帝王结婚时的贵重礼器。

（张兆祥）

Dingling hua’er yubei

定陵花耳玉杯

明万历年间（公元1573年～公元1620年）的玉制用具。1956年由北京市文物调查研究组与中国科学院考古研究所在昌平县大峪山下葬于万历四十八年（公元1620年）的明神宗朱翊钧的定陵中发掘出土。现藏于定陵博物馆。

定陵花耳玉杯

通高6.8厘米、杯直径5.8厘米、杯高5.5厘米、足高1.2厘米、托盘直径15.9厘米。玉质呈青白色，洁净无瑕，白中隐青。杯体呈圆形，撇口，腹较直，近底部斜收，圈足与盘相连接，两侧镂雕对称花形耳，高于杯口，花芯各嵌红宝石一枚，杯壁薄如纸，通体光素无纹，纯洁透明，尽展玉材之精美。底托为鎏金银盘，托盘中心部位为凸起的覆莲形杯座，四周为缠枝四季花卉纹，盘内嵌红、蓝宝石及玛瑙数枚。金玉相衬，黄红蓝白辉映，鲜艳夺目。该杯以其独特的造型、名贵的玉材，巧夺天工的艺术雕琢、奢华富贵的装饰工艺，展示出明代玉雕技艺的慑人神采。（张兆祥）

Dingling jintuo yujue

定陵金托玉爵

明万历年间（公元1573年～公元1620年）的玉制用具。1956年由北京市文物调查研究组与中国科学院考古研究所在北京昌平县大峪山下葬于明万历四十八年（公元1620年）的明神宗朱翊钧的定陵中发掘出土。现藏于定陵博物馆。

通高14.5厘米、金托盘高1.5厘米、直径19.7厘米。重499.5克。青玉琢制。体呈椭圆形，双螭耳，流和尾的两端阴刻龙纹，龙的两爪托着“万寿”2字。杯两侧分别镂雕蟠龙形把，蟠龙作攀附状，弓背，2个前爪紧紧抓住爵的口沿，爵外满身饰云龙纹和仿古纹，图案构成清晰，对称严谨，线条圆润。玉爵放在金托盘内的山形柱上，三牙形足插入孔中。金托盘内錾镂二龙戏珠纹，又嵌26枚红蓝宝石。该器极为华美富丽，达到了金、玉、宝石交相辉映的艺术效果，显现出极高的制玉、嵌玉工艺水平。

（张兆祥）

定陵金托玉爵

Zigangkuan shanshui renwuwen yufanghe

“子刚”款山水人物纹玉方盒

明代制玉名家陆子刚制作的玉质用具。现藏于北京故宫博物院。

“子刚”款山水人物纹玉方盒

口径7.2厘米、高6.2厘米。玉质呈青色。由盖和盒两部分组成，体呈正方形，近底部略收，圈足随器形制成方形，盖面弧凸，上剔地阳文山水人物和行书“桃江含宿雨，柳绿带朝烟”诗句。盒内空，可贮物，盒盖、盒体饰有子母口，盖后准确紧凑，无缝隙。盒与盖外壁上下通景，饰梅花、荷花、山茶花和石榴花，盒底中部在凸起的方圈内，剔地阳文“子刚”篆书款。

子刚即陆子刚，是明代琢玉名家，他的作品历来为人们所珍爱（见“子刚”款玉合卺杯）。

（张兆祥）

shuozi yuhu

寿字玉壶

明代晚期玉制用具。又称“寿”字执壶，因上刻“寿”字铭文而得名。现藏于北京故宫博物院。

口径8厘米～11厘米、通高34厘米。玉质呈青色。体扁，宽腹，圈足较高外撇。由盖和壶体两部分组成，壶口沿呈长方委角形，颈的两侧有一凸起的长方形框，并刻有阳文“寿”字，腹部两面隐起人物纹，间缀松、竹、梅、兰、灵芝、仙鹤及鹿纹等，螭形把上镂雕一立态夔龙，盖平，盖纽为一个呈坐姿的寿星老人和一只小鹿。通体以祈颂长寿为主题，装饰纹样繁密，文图并举，是明代晚期较为流行的装饰手法。（张兆祥）

寿字玉壶

juban yupan

菊瓣玉盘

清乾隆年间（公元1736年～公元1795年）的玉制用具。现藏于北京故宫博物院。

菊瓣玉盘

口径25.4厘米、高2.8厘米。玉质呈绿色，为优质新疆和阗碧玉。器体呈圆形，敞口，浅腹，矮圈足。壁底雕出5层菊瓣纹，每一菊瓣又呈凸凹面形，好似一朵盛开的菊花。胎体磨制厚薄均匀，壁如纸薄，近于透明，凸凹的菊瓣间距相等，层层有序，棱线折角明快流畅，柔和而又自然，制造技艺令人叹为观止。

（张兆祥）

guangsu yupan

光素玉盘

清代玉制用具。现藏于北京故宫博物院。

光素玉盘

口径66.6厘米、足径27.4厘米，重21千克。玉质呈浅碧色。器体呈扁圆形，平折沿，通体光素无纹，器底饰圈足。盘内底镌刻乾隆御题诗并刻有两方“乾隆宸翰”、“得象外意”印章。另一件玉盘与此件玉质形制大体相同。内底同样刻有乾隆御题诗句。从诗中得知此两件大盘是乾隆二十二年（公元1757年）追剿新疆阿睦尔撒纳时所获。两件器物均由新疆玉工所制，体形较大，厚重，做工简朴、粗犷，与当时清宫玉制器皿造型精巧透致、纹饰华丽的风格迥异，其中文字记述了当时的历史背景及器物的来历，是具有历史文献意义的珍贵遗物。

（张兆祥）

keshi dayuwan

刻诗大玉碗

清乾隆年间（公元1736年～公元1795年）的玉制用具。现藏于北京故宫博物院。

刻诗大玉碗

口径24厘米、高8.6厘米。玉质呈青色。体为圆形，圆唇且薄，口外侈，浅腹，近底部斜收逐渐变圆。壁薄呈半透明状，矮圈足，内镌刻阴纹隶书“乾隆年制”4字。内壁光素无纹，器外表满饰阴刻乾隆御题诗句及释注。清乾隆皇帝的御题诗句详细记述了玉料来源及清政府对私人贩玉屡禁不止的情况。

（张兆祥）

cuojin qianbaoshi yuwan

错金嵌宝石玉碗

清乾隆年间的玉制用具。约制作于乾隆五十一年（公元1786年）。现藏于北京故宫博物院。

口径14.1厘米、足径7厘米、高4.8厘米。玉质洁白无瑕，为优质新

错金嵌宝石玉碗

疆和阗玉。侈口，唇较薄，圆腹且浅，腹以下斜收，矮圈足，呈花瓣形。器上部口沿两侧饰2个桃形双耳，桃下垂，蒂向上弯曲，与口沿连接，叶片向下卷曲，覆盖在蒂与桃子之上，外腹下部嵌金枝叶片及花朵，每个花朵之上均镶嵌有红色宝石，共计180粒。器内壁镌刻楷书乾隆御题“酪浆煮牛乳，玉碗凝羊脂。御殿威仪赞，赐茶恩惠施。子雍曾有誉，鸿渐未容知。论彼虽清矣，方斯不中之。巨材实艰致，良匠命精追。读史浮大白，戒甘我弗为”诗句，并刻“乾隆丙午新正月”、“御题”及“比德”一印，碗内底部刻“乾隆御用”4字隶书。此碗造型玲珑透致，装饰独特，并吸收了西方文化的特点，金玉配宝石，互映生辉，鲜艳夺目。该碗当为乾隆皇帝在举行重大庆典时御殿赐茶用器。

（张兆祥）

loudiao chifeng mudanwen yuhuaxun

镂雕螭凤牡丹纹玉花熏

清代中期玉制用具。现藏于北京故宫博物院。

镂雕螭凤牡丹纹玉花熏

口径15.5厘米、底径8.4厘米、高12.3厘米。玉质呈白色，有绺纹。造型仿古器物制作，由盖和器身两部分组成，以镂雕、深浅浮雕和阴刻线等多种手法雕刻而成。整体造型近似圆球形，中间盖与器身衔接处有子母口及一道唇沿将熏体隔开，盖为平顶，底为实足。器身遍饰凤穿牡丹纹、螭龙穿牡丹纹图案。造型别致，设计巧妙，应为当时的宫廷仿古用具。

（张兆祥）

qianbaoshi yulu-ping-he

嵌宝石玉炉瓶盒

清代中期玉制用具。由大小不一的炉、瓶、盒3种器物组成，均为当时宫廷陈设及实用品。现藏于北京故宫博物院。

嵌宝石玉炉瓶盒

炉口径8厘米~10.5厘米、高10.5厘米；瓶口径1.9厘米~2.6厘米、高11.8厘米；盒口径6.5厘米、高3.8厘米。均为青色玉质。炉根据古代青铜器“簋”摹制，作圆角方形，由盖及器身两部分组成，盖似覆斗形，束颈，凸腹，底部斜收，器底有圈足。器两侧各饰一夔龙耳，两首相背，以翡翠镶嵌龙眼，首上饰一乳钉为龙角，盖与器身均饰1组8出戟云雷纹及夔龙纹。器身通体及双耳嵌4圈红色宝石。瓶呈扁状，束颈溜肩，肩以下饰斜纹，小平底，颈上琢一螭龙，首尾相接，肩部两侧均饰兽首衔环双耳，并饰螭一周，肩部上下各嵌两周红色宝石，颈部螭龙及兽首双眼也均嵌红宝石。盒为扁圆形，由盖和器身两部分组成，盖的中心部位由红宝石嵌饰一组花瓣形，盒盖及器身各嵌一周红色宝石。

（张兆祥）

shuangqing biyu zhutai

双擎碧玉烛台

清乾隆年间（公元1736年~公元1795年）玉制用具。现藏于北京故宫博物院。

双擎碧玉烛台

盘径20.8厘米~28.7厘米、高34.4厘米。碧玉质，圆雕而成。全器由烛座、烛柄、烛托和烛腔4部分组成。烛座琢一海棠式盘，壁内外均饰菊瓣形纹，内腹向外伸展，口沿内敛，底部斜收，盘底雕有花形足，底面阴刻“大清乾隆年制”6字填金篆书。烛柄为一含苞待放的花蕾，竖于烛座中央，下部饰一周花萼。烛托琢成双擎式，作下粗上细的弯柱状，通体浅浮雕花卉叶片纹，顶尖作卷状纹。烛腔呈欲开的花形，顶于双擎之上，两片花萼弯曲下垂与卷状纹紧贴一处，烛腔外浮雕两层花瓣纹，腔内空，可插烛。此烛台的造型以中国传统的灯具为基础，融合了西方的艺术特点，是乾隆年间独具特色的新型产品。

（张兆祥）

sidie’er huohuan yulian

四蝶耳活环玉奁

清代中期玉制用具。现藏于北京故宫博物院。

口径13.8厘米、通高12.2厘米、足距2.1厘米。玉质呈青色，为新疆和阗籽玉。体圆。由盖及器身两部分组成，盖为覆碗形，纽为四如意团抱对称卷草纹。每一如意头饰2个圆穿，四角各套一活环，腹部肥大，呈圆弧状，唇口较厚，唇以下琢雕四蝶套活环耳。盖面凸起8个海棠花形饰，间隔处浮雕轮、螺、伞等纹和4个夔凤捧"喜"字，器底有4个对称的灵芝形足。装饰纹样以吉祥数字排列，如"四夔龙"、"四夔凤"、"四蝶耳"、"四灵芝足"及"八喜"、"八如意"、"八活环"，取其四平八稳之寓意。这是清代生活工艺品装饰中习见的设计题材。

（张兆祥）

四蝶耳活环玉奁

baicai yuhuacha

白菜玉花插

清代中期玉制用具。现藏于北京故宫博物院。

高12.2厘米、宽6.1厘米。玉质呈青色。采用立体圆雕加饰阴线纹方法琢磨而成，白菜上部为椭圆形叶片，长短不一，边缘呈波浪状。中心叶片抱茎直立，外围叶片下垂作翻卷状，束颈，腰上部微收，下部逐渐加大，叶柄扁宽肥大，分内外两层，内叶柄近底部收拢。底托为凹凸不平的三角形地块与白菜通为一体。腹空，可插花。此花插颜色和造型近似实物，雕刻精细，是一件不可多得的艺术珍品。

（张兆祥）

白菜玉花插

Yujialetu yubitong

"渔家乐图"玉笔筒

清代中期玉制文具。现藏于北京故宫博物院。

"渔家乐图"玉笔筒

口径12.9厘米、高14.8厘米。以碧玉为材，上有瑕斑及黑色墨点。呈圆筒形，以深浅浮雕加饰阴刻手法，琢刻出悬崖峭壁，层峦叠嶂，古木参天，杂草丛生，空中流云飞鹤，一派幽深静寂的自然景色，山脚下浩淼湖水吞吐隐现，使江山格外壮观。一只渔船依山近林停泊，船舱上芦苇遮盖，被古树茂密的枝条所笼罩，一渔翁头戴竹笠，双手扶橹坐于船头小憩。临水丛林旁有一草亭，山间丛林中一老者携一童子背负一罐，似从湖边汲水而归。题材内容丰富，造型层次分明，景物写实富有生气，静心观赏如身临其境。小船、草亭、山林，结构严谨，人物琢刻细腻传神。从琢刻技巧到构思设计，表现出琢玉匠师浓厚的艺术修养和功力，作品生活气息浓郁，颇有诗意，是同类器物中的上乘之作。

（张兆祥）

loudiao yugan zonghaobi

镂雕玉杆鬃毫笔

清代中期玉制文具。现藏于北京故宫博物院。

长30厘米、杆及头长21.4厘米、杆径2.5厘米。杆为白玉，圆体中空，杆上端嵌碧玉顶，并饰一周回纹，下端以碧玉雕刻笔斗，扎有鬃毛。杆体浮雕纹饰，描绘一处傍水依山的大自然景色，峭峰壁立，谷涧幽静，山路蜿蜒，曲径通幽。一股清泉垂落而下，与山脚下波光荡漾的潭水相汇，远山及丛林隐于烟云之中，一老者气度潇洒轩昂，站立于岩石之上，面对崖壁，若有所思，身旁一童子临水屈膝作蹲式，以洗手中石砚，呈欲待研墨之势。纹饰内容丰富，构图严谨，层次清晰，景物写实，生意盎然。笔杆虽小，但所含景物庞杂，视野辽阔，方寸之内可望千里，大自然的野趣足以使人陶醉。

（张兆祥）

镂雕玉杆鬃毫笔

qiaoxing yubijia

桥形玉笔架

清代中期玉制文具。现藏于北京故宫博物院。

桥形玉笔架

长18.5厘米、宽5.4厘米、高8.2厘米。玉质呈青色，圆雕而成。整体以一座木结构的拱桥为造型，桥横跨河两岸，桥面雕琢圆形木纹。桥上行人南来北往，川流不息，有的骑驴，有的挑担，有的负薪，还有的坐于布袋上歇息，生活气氛十分浓厚。桥下由2排木桩支撑，每排4根并由穿带串结。木桩一侧2人欲从桥下驶过。岸边树木茂密，林立在桥的两侧，极具画面效果。该器构思奇巧，想像丰富，用虚实结合的手法，把生活及自然界的景观浓缩于小小的笔架之端，是一件既实用又具观赏价值的珍贵文玩用具。

（张兆祥）

yu-lian-heyeshi yuxi

鱼莲荷叶式玉洗

清代中期玉制文具。现藏于北京故宫博物院。

鱼莲荷叶式玉洗

长13.6厘米、宽9厘米、高6.1厘米。青玉质。造型为一片卷拢荷叶，似一叶小舟，一端尖，一端略阔。边缘呈波浪状，弯曲翻卷，覆仰有致。底部雕一束荷梗，梗顶端均饰含苞待放的荷花及累累的莲蓬。口沿两侧荷叶上雕刻有河螺、青蛙、螃蟹。底部侧面点缀水草并遍饰荷叶脉络。该玉洗描绘了夏季荷塘的景致，造型新颖，构图饱满，充满着生机和活力。这种寓静于动的艺术构想，也正是琢玉匠师的独到之处。

（张兆祥）

Wangxingzumu youlong xizhu yudaishi

汪兴祖墓游龙戏珠玉带饰

明代早期玉制装饰品。1960年由江苏南京市博物馆在该市中央门外汪兴祖墓中发掘出土。现藏于南京市博物馆。

汪兴祖墓游龙戏珠玉带饰

长8.9厘米、宽7.4厘米。玉质呈白色，为新疆羊脂玉。体扁，上作葵瓣形，下附一半圆形环，正面镂雕一游龙戏珠纹，龙作回首状，吻部较大并前伸，下颏饰两缕龙须，眼窄长，后角上翘，小耳，细颈，毛发稀疏向上翻卷。其间点缀云纹。边有随形框，器底部托金片，并有扣可与带结缀。出土时，带已朽，存玉14块，其中4块呈葵瓣形，镂雕游龙戏珠纹；8块呈半葵花形，仅镂雕云纹。它是迄今所知最早的明代玉带饰，其上饰龙纹、下有半圆形环的结构，尚有北宋至元时期遗风；14块带饰数目、形状亦与明代后期不同，当为元代向明代过渡期的典型作品。

（张兆祥）

Dingling heng-ju-yu chongya yuzupei

定陵珩琚瑀冲牙玉组佩

明万历年间（公元1573年～公元1620年）的玉制装饰品。1956年由北京市文物调查研究组与中国科学院考古研究所在昌平县大峪山葬于明万历四十八年（公元1620年）的明神宗朱翊钧的定陵中发掘出土。现藏于定陵博物馆。

定陵珩琚瑀冲牙玉组佩

通长33厘米。玉质呈白色。顶端用铜钩相系，上有玉珩一，玉珩下系5串玉珠，中间用琚、瑀相连，下面又系玉滴、玉璜，大致符合明代规定的杂佩制度。中国古代的杂佩风俗，到明代晚期仍在流行，这套组佩为了解明代晚期同类玉器提供了范例。

（张兆祥）

xianlingzhi shuangfeng yupei

衔灵芝双凤玉佩

清代中期玉制装饰品。现藏于北京故宫博物院。

宽3.9厘米、高7.1厘米、厚0.5厘米。玉质呈白色。体扁，略作长

方形，以镂雕加饰阴线琢成双凤，造型、纹饰完全一致，双凤口衔灵芝，长足下垂作站立状，凤首相对，凤冠短小，微微上翘，曲颈，长长的凤尾下垂，尾端向上翻卷，双凤间琢一椭圆形饰连接双凤，其上阴刻云纹，凤首相接处设一穿，以供穿系。

衔灵芝双凤玉佩

清代佩玉为宫廷用玉中的重要组成部分，不但数量大，而且品种极为丰富。该双凤佩就是这一时期玉佩中的精品。（张兆祥）

loudiao shanshui renwu yuxiangnang

镂雕山水人物玉香囊

清代中期玉制装饰品。现藏于北京故宫博物院。

镂雕山水人物玉香囊

直径7.1厘米、高2.3厘米。玉质呈白色，有沁色斑痕。整器为一圆形盒，由两面纹饰构成，一面镂雕网纹，似碧波荡漾的湖水，一老者依水畔而坐，仰望空中飞来的仙鹤，前后各有梅树两株，枝头上均饰两朵盛开的梅花；另一面饰同样网纹为湖水，一渔翁头戴斗笠，赤脚立于湖边一平台之上，正在紧拽手中网绳，将渔网高高拉起，其身后点缀芦苇及丛生的杂草。器中心饰一圆形穿孔，以黄色丝绳穿系，并结一珊瑚珠。该香囊纹饰构图新颖，器物造型别致，琢刻艺术精巧，既能佩戴，又能陈设垂挂，是独具匠心的上乘佳作。（张兆祥）

chuji yufanggu

出戟玉方觚

明代玉制艺术品。现藏于北京故宫博物院。

出戟玉方觚

口径8.4厘米～8.7厘米、高23.8厘米。玉质呈青绿色。器作方形，腰间由凸凹弦纹和三角形几何纹隔为3段，上部颈较长，大口呈喇叭状，中间一段腰部下移，腹呈直线形，下部略收，向下逐渐增大，呈八字形。口沿饰一周阴刻回纹，底角饰有三角形几何纹一周，器身上下两节饰有8组纵向的7节出戟，每组出戟间阴刻叶脉纹，并于中间的回纹锦地上饰一升龙，中间一节饰有4组出戟，四面各有一凸起的方框，每个面中间有3节出戟，戟的两侧各饰半个相对的兽面纹，下一节的形制与上节相同，只是叶脉中间未饰升龙。觚的顶端有方形孔，下端有一圆孔，两孔互不相通,中间有隔。该觚仿商、西周时期青铜觚制成，雕琢精致，是明代仿古玉的代表作。

（张兆祥）

Qiushan Xinglütu yushanzi

“秋山行旅图”玉山子

清乾隆年间（公元1736年～公元1795年）玉制艺术品。现藏于北京故宫博物院。

“秋山行旅图”玉山子

高130厘米、底宽70厘米、底厚30厘米、铜座高25厘米。玉质呈青白色，绺纹及黄色斑痕较多。全器为一立体圆雕，内容主要表现北方的景色：叠嶂重峦的山峰、寒林、深谷，隐于高峰丛林中的古寺，谷涧上的木桥及弥漫的岚烟，表现出一派秋尽冬来的荒寒气象。山路蜿蜒，木桥时隐时现，行旅者有的骑驴，有的负薪，从山脚直至近山顶处，络绎不绝，出没于山间及村落之中。根据清宫造办处档案记载，该玉材来自新疆和阗，开始在北京制作，后因工程进度较慢，就将玉材运置扬州，由扬州玉雕匠师用4年的时间雕琢完成。乾隆皇帝对此十分满意，并于乾隆三十五年（1770年）写诗称颂。从诗中可以看出玉山是当时琢玉匠师摹仿清宫廷画家金廷标的《关山行旅图》制成的。

（张兆祥）

Dayu Zhishuitu yushanzi
“大禹治水图”玉山子

清乾隆年间玉制艺术品。制作于清乾隆四十六年至五十三年（公元1781年～公元1788年）。现藏于北京故宫博物院。

“大禹治水图”玉山子

宽224厘米、高96厘米。玉质呈青色，绺纹较多。通体立雕，由器体和器座两部分组成，重5300多千克。器座以铜铸造而成，上嵌金丝，高60厘米。玉山的主体纹饰描绘传说中夏禹治水的故事：玉山上流泉飞瀑、峻岭重叠、洞壑深邃、古木苍松遍布其间；峭壁悬崖之上，民工们在禹的带领下，正在开山凿石，兴修水利，一派热火朝天的劳动场面。正面中部山石间镌刻“五福五代堂古稀天子宝”篆书方章，背面上部阴刻乾隆皇帝《密勒塔山玉大禹治水图》御题诗及注释，共约1700多字，下部有“八徵耄念之宝”篆书方章。从乾隆诗中可知玉材从新疆运往内地的情况。玉山的图稿是内务府画工按清宫旧藏“大禹治水图”摹仿设计出来的，由扬州玉工用6年时间将玉山雕成，又用1年的时间，由造办处玉匠朱永泰将御题诗、注释及图章款识，镌刻在玉山之上，前后共用8年时间，加运玉材共10余年，于乾隆五十三年（公元1788年）大功完结，置于紫禁城乐寿堂内，现仍在原处。该巨型玉雕是中国人民智慧和力量的结晶，也是一件举世瞩目的稀世珍宝。

（张兆祥）

Huichang Jiulaotu yushanzi
“会昌九老图”玉山子

清乾隆年间玉制艺术品。约制于乾隆五十一年（公元1786年）。现藏于北京故宫博物院。

“会昌九老图”玉山子

通高145厘米、横断面最宽90厘米、最大周围275厘米、铜座高41厘米。玉质呈青色，为新疆和阗玉，上有绺纹。为一山形立雕，主题纹饰描绘唐代会昌五年（公元845年）9位文人士大夫在洛京（今河南洛阳市）香山聚会宴游的情景，以镂雕、深浅浮雕及阴刻线纹等不同的手法表现出一幅幽深的自然景观：山石重叠、飞瀑奔泉，凉亭石桥掩映在苍松山壑间，且又有翠竹点缀在岩崖上，人物形态各异，有抚琴、对棋、品茶、观泉、童子侍奉等，体现出一种宁静脱尘的境界，充满着悠闲、自在，远离人间烟火的意境。山子的悬崖峭壁刻有形制不同的款识和御题诗句，款识为“古稀天子”、“会昌九老图”、“乾隆丙午年制”；御题诗下署“古稀天子之宝”、“犹日孜孜”2印。该玉山写实性较强，人物、山峦、凉亭、石桥、苍松、翠竹等各具特色，自然景观与意境的丰富和深幽，令人神往，不愧为清玉雕工艺之佳作。

（张兆祥）

Tongyin Shinütu yushi
“桐荫仕女图”玉饰

清乾隆年间（公元1736年～公元1795年）玉制艺术品。现藏于北京故宫博物院。

“桐荫仕女图”玉饰

长25厘米、宽10.8厘米、高15.5厘米。玉质呈白色，带有赭色玉皮，为一块天然玉料随形立雕而成。器中间琢成一个满月形洞门，两扇屏门一扇半掩，门内一女右手捧盒，门外一女手持莲花，二人隔门隙相望。琢玉匠师巧妙地利用赭色玉皮和洁白玉质琢制出桐叶、芭蕉、屋檐及石桌、石墩。该器据清宫无名氏油画《桐荫仕女图》移植而来，格调高雅，琢工巧妙，不愧为鬼斧神工之作。器底部刻有乾隆皇帝的御识文和御题诗。御识文为：“和田贡玉，规其中作椀，吴工就余材琢成是图。既无弃物，且完璞云，御识。”御题诗为：“相材取椀料，就质琢图形……。”下有两方印章“乾”、“隆”2字。从诗句中可知此器玉料来自新疆和阗，并由苏州玉工琢制而成。

（张兆祥）

yun-longwen yuweng

云龙纹玉瓮

清乾隆年间玉制艺术品。制成于乾隆四十四年（公元1779年）。现藏于北京故宫博物院。

云龙纹玉瓮

通高134厘米、最大径117厘米。碧玉质，颜色较深。由底座及器体两部分组成，器体作不规则的圆形，外壁浮雕九条形态不同的龙纹，其间点缀朵云。底饰紫檀座，与瓮结为一体，遍雕海水江山纹，器内光素，惟内底阴刻乾隆及内廷诸臣关于玉瓮联句，计1000余字。据瓮中内容及清宫内务府造办处档案记载得知，玉料来源于新疆叶尔羌，材料巨大，重达2000千克，途中载运较为艰难。玉瓮动工于乾隆四十一年（公元1776年），至乾隆四十四年（公元1779年）完成，共用4年时间，除途中耗资外，仅制作即用白银九千八百四十七两二钱四分九厘。瓮中还记述了清廷诸臣咏颂玉瓮工程之巨，玉质之美，可与“渎山大玉海”媲美等佳句。该玉瓮是继乾隆十八年修复“渎山大玉海”之后的第一个巨型之作。制成后，置于紫禁城清宫东暖阁，现仍存放于原处。

（张兆祥）

dunzuoshi yugou

蹲坐式玉狗

清乾隆年间（公元1736年～公元1795年）玉制艺术品。现藏于北京故宫博物院。

蹲坐式玉狗

宽13厘米、高16厘米。玉质呈青绿色。通体圆雕而成，后肢弯曲作蹲坐式，前胸宽大，细腰，脊背凸起，头微昂，双目前视，两耳下垂，耳尖上卷，鼻梁下凹，嘴阔，四肢肌肉隆起，面额琢刻数道皱纹，腰部两侧隐现几道肋纹，四脚掌均琢饰向内弯曲尖利的爪趾。制作精细，通体琢磨光润，神态逼真，当是为乾隆皇帝制作的玩好之物。

（张兆祥）

Canglangtingtu yuguaping

“沧浪亭图”玉挂屏

清代中期玉制艺术品。现藏于北京故宫博物院。

“沧浪亭图”玉挂屏

连木框宽106厘米、高74厘米。玉质呈青、白、黄、绿、墨诸色。主体纹饰为“沧浪亭”全貌。其中白玉构成假山，墨玉装饰楼阁、亭台，绿玉琢为树叶、青竹，青玉表示小山丘，黄玉分别点缀树的枝干、窗棂、小桥及亭柱。以墨漆髹地表现碧波荡漾的湖水景致。挂屏为紫檀边框，上框有镂空铜饰件，供悬挂。

“沧浪亭”是江南古园林之一，位于江苏苏州市城南的三元坊附近。北宋诗人苏舜钦临水筑亭，因有感于战国大诗人屈原《渔父》诗中“沧浪之水”之句而取名“沧浪亭”，并作《沧浪亭记》。以后历代屡有兴废，南宋韩世忠将之辟为住宅，元代改为寺庵，明代复建沧浪亭，直至清代。该亭特点是“未入园林先成景，一泓清水绕园过。”此挂屏据此景观摹制而成，画面幽静淡雅，取材别致，做工精细，展现出云烟叠翠、令人神往的江南美景。

（张兆祥）

fanggu shoumianwen yusigong

仿古兽面纹玉兕觥

清乾隆年间（公元1736年～公元1795年）玉制艺术品。现藏于北京故宫博物院。

仿古兽面纹玉兕觥

口径7.4厘米～15.8厘米、足径4.2厘米～7.7厘米、通高18.7厘米。碧玉质，微透明，局部有深色纹痕。由盖和器身两部分组成，器体扁圆，中间琢一道沟槽将器隔开，盖饰一卧兽，后肢伏于尾端，头及颈部覆

在前端的流上。纽为桥形，并套接一活环，器把为兽首吞龙形，器底饰椭圆形高圈足。器身雕琢对称的4组出戟纹，盖及器上部浅浮雕夔龙纹及勾云纹，下部浅浮雕兽面纹，圈足饰一周蕉叶纹，外底中间阴刻隶书“大清乾隆仿古”6字款。该兕觥是按青铜器的造型风格改制而来的新型作品，也是乾隆仿古器物中之珍品。（张兆祥）

biyu fanggudou

碧玉仿古豆

清乾隆年间（公元1736年～公元1795年）玉制艺术品。现藏于北京故宫博物院。

碧玉仿古豆

口径15.8厘米、宽20.9厘米、高25.1厘米。碧玉质，显青色。器为圆环，圜底，矮柄式。盖呈覆碗形，圆饼纽下有短柱与盖连接，豆盘为圆腹，圜底，耳口两侧对称饰圆环耳，豆柄低矮较粗，呈喇叭状，器外表满饰浅浮雕人物纹及飞禽走兽纹。盖内镌刻乾隆诗句：“和阗绿玉中为豆……。”末署“乾隆丁未御题”，并刻“古稀天子”及“犹日孜孜”2方印章。底足内侧刻“大清乾隆仿古”6字横款。该豆是乾隆年间仿古器物中的杰作，也是乾隆皇帝的宠爱之物。

（张兆祥）

fuyu yuhu

凫鱼玉壶

清乾隆年间（公元1736年～公元1795年）玉制艺术品。现藏于北京故宫博物院。

高42.6厘米、口径13厘米、足径12.7厘米。青玉，有瑕斑。壶颈较短，上侈平齐，腹为球形，下承宽圈足，两肩及腹下部饰铺首衔环。颈部隐起3道弦纹，间饰浮雕蟠螭及细刻云雷纹各一周，肩及腹部琢宽弦纹3道，间饰浮雕鱼纹、鸭纹、龟纹各一周。壶颈上部镌刻乾隆七言诗隶书“和阗绿玉尺五高……。”末署“乾隆壬午御题”及阳文“会心不远”、阴文“德充符”2方印章。器底阴刻隶书“大清乾隆仿古”。该玉壶按春秋晚期青铜圆形壶的造型摹制而来，与古制基本相同，惟腹下部增加两个铺首衔环耳。这也是乾隆时仿制古器的特点之一。

（张兆祥）

凫鱼玉壶

lianban shoumianwen yugui

莲瓣兽面纹玉簋

清乾隆年间（公元1736年～公元1795年）玉制艺术品。现藏于北京故宫博物院。

口径21厘米、高17.5厘米。深绿色碧玉，有黑色斑点。由盖及器身两部分组成。通体略呈球状，纽为圆柄形，口略外撇，器两侧琢雕兽首衔环双耳，圈足。纽上饰莲瓣纹，器盖及器腹部均有4组兽面纹。外底部阴刻“大清乾隆仿古”横行隶书款。造型精美，结构严谨，画面丰满，通体纹饰比例和谐，是清代仿古玉器的精品之一。

（张兆祥）

莲瓣兽面纹玉簋

Yuzuofoxiang

玉坐佛像

清代中期玉制供器。现藏于北京故宫博物院。

玉坐佛像

高13.6厘米、底宽8.3厘米、厚4.1厘米。青玉。立体圆雕，为一尊

释迦牟尼坐像，头顶一圆形饰，满头螺形卷发，大耳垂肩，长眉弯曲与隆起的鼻梁相接，双目下垂，嘴角微上翘。内着紧身衣，腰系打结博带，缨珞垂于胸前，外着宽松褒衣，从膝下上卷盖于小腿之上，肩上巾下垂，坠落在肩肘两侧，手腕戴有双镯，十指交叉平放在小腿上，手心向上作禅定印。双腿盘膝坐于须弥座上，脚心向上，也称“盘脚打坐”或“全跌坐”。体态丰满，端庄典雅，面容沉静，琢刻精细，反映了清代造像艺术的面貌。

（张兆祥）

yuwugong

玉五供

清中期玉制供器。现藏于北京故宫博物院。

玉五供

一组3件，炉高25厘米、口径12.9厘米、腹径15.5厘米、足距6厘米；蜡台高48.3厘米、中间盘径16厘米、底径12.6厘米；花觚高28.7厘米、口径15.9厘米、底径9.5厘米。均为青玉，由1炉、2镯台、2花觚合为一组，俗称五供。炉由盖、器身、柱足3部分构成。盖饰一花形纽，束颈并附双朝寇耳，鼓腹且深。蜡台由底、柱柄、托盘、蜡盏、蜡钎5部分构成。底座为喇叭口状，柱柄呈上尖下粗，柄手处略作宝相瓶形。蜡钎竖在蜡盏之上。花觚，敞口，长颈，鼓腹，腹下部略短，底下部外撇呈八字形。这5件玉器均饰兽面纹、蕉叶纹、云纹及卐寿、蝠寿等字样。底部还均附掐丝珐琅器座。五供为祭祀供器，明代出现，清乾隆、嘉庆、道光年间较为流行。

（张兆祥）

lianhuawen yusan-zulu

莲花纹玉三足炉

清代中期玉制供器。现藏于北京故宫博物院。

口径12.6厘米、宽21.5厘米、高22.5厘米。碧玉质，有黑色斑痕。由双耳、盖身、器身和器座4部分组成。盖和器身作6瓣形，纽雕琢仰覆莲花，腹两侧雕琢朝冠双耳，口沿与双耳间均有一圆柱与之相接。下端腹部雕琢相背的兽首。足与腹连接处均琢雕一仰覆莲花。足呈圆柱形，上粗下细插入带孔珐琅底座之中。器身及盖均浅浮雕折枝莲纹，三足均琢刻倒垂蕉叶纹。该炉吸取中国历代炉的优点，是造型既独特又符合宫廷陈设要求的精美之作。

（张兆祥）

莲花纹玉三足炉

Ming Dingling yuqi

明定陵玉器

明神宗万历皇帝朱翊钧及孝端皇后、孝靖皇后陵墓中所出土的玉制品。陵墓位于北京市昌平县大峪山下，1956年由北京市文物调查研究组与中国科学院考古研究所联合发掘。现藏于定陵博物馆。万历帝葬于万历四十年（公元1620年）。

定陵玉器共出土51件。主要出自万历帝棺内头部两侧，少数出于随葬器物箱内。绝大多数玉器呈白色，还有碧玉和红玉，部分玉器经鉴定为新疆和阗玉，另有一些可能属于河南密玉和辽宁岫岩玉。玉器分礼器、用具、装饰品和杂器4类。礼器有圭、璧、革带和几何形玉器，玉圭按纹样分为镇圭、脊圭、谷圭和素面圭，前3种是帝后冠服用玉；玉璧皆为素面，放置于帝后3具椁顶东端；玉革带共10件，带板玉质纯正，白玉细腻滑润，碧玉光洁明亮，每条带上玉板数目不同；几何形玉器包括六角形、正方形和圆形玉器各一件，属孝靖皇后所有，可能是妃嫔所特有的。用具包括金托玉爵、金托玉执壶、玉盆、花丝镂空玉盒、玉盂、金托金盖玉碗、鎏金银托双耳玉杯、玉皂盒、玉带钩等，玉质洁白，雕琢精细，以金银器衬托，十分华丽，反映出明代高度发达的金银嵌玉工艺。装饰品有佩饰、玉坠、八角形玉饰件等，其中佩饰共7副14件，所系玉饰绝大多数为白玉，少数为碧玉、红玉，还有个别为绿松石、铁蓝石、红玉燧和水晶石饰件，明代皇帝冕、弁服及皇后礼服均饰玉佩，王公贵族和文武大臣朝服也以不同玉料的玉佩来显示等级的差别。杂器部分包括32件玉料，放置在帝后椁外周围，绝大部分玉料上都贴有墨书标签，写明玉的质料和重量。这批玉器是一批明确的明代宫廷玉器，代表当时制玉工艺的最高水平，也为研究明代用玉制度提供了珍贵的实物资料。

参考书目

中国社会科学院考古研究所等：《定陵》，文物出版社，1990。

（古 方）

中国大百科全书出版社

总编辑
徐惟诚
社　长
单基夫

本书编辑出版人员

副总编辑
王德有
主任编辑
杨小凯
责任编辑
王铁柱　陈生铮
编　辑
刘　深　许丽君
图片编辑
王静祥
装帧设计
高　原　吴啸海　徐远志
责任印刷
曹　来